Heinen · Industriebetriebslehre

Edmund Heinen

Industriebetriebslehre

Entscheidungen im Industriebetrieb

Mit Beiträgen von:

Bernhard Dietel   Rainer Marr
Edmund Heinen   Arnold Picot
Ekkehard Kappler   Heinz Rehkugler
Peter Uwe Kupsch   Ralf Reichwald

Schriftleitung: Arnold Picot

9., vollständig neu bearbeitete und erweiterte Auflage

GABLER

Die Deutsche Bibliothek – CIP-Einheitsaufnahme

Industriebetriebslehre : Entscheidungen im Industriebetrieb /
Edmund Heinen. Mit Beitr. von Bernhard Dietel ... – 9., vollst.
neu bearb. und erw. Aufl. – Wiesbaden : Gabler, 1991
   ISBN 3-409-33152-2
NE: Heinen, Edmund [Hrsg.] ; Dietel, Bernhard

1. Auflage 1972
2. Auflage 1972
3. Auflage 1974
4. Auflage 1975
5. Auflage 1976
6. Auflage 1978
7. Auflage 1983
8. Auflage 1985
9. Auflage 1991

Der Gabler Verlag ist ein Unternehmen der Verlagsgruppe Bertelsmann International.

© Betriebswirtschaftlicher Verlag Dr. Th. Gabler GmbH, Wiesbaden 1991
Lektorat: Ute Arentzen

Höchste inhaltliche und technische Qualität unserer Produkte ist unser Ziel. Bei der Produktion
und Verbreitung unserer Bücher wollen wir die Umwelt schonen: Dieses Buch ist auf säurefreiem
und chlorarm gebleichtem Papier gedruckt. Die Einschweißfolie besteht aus Polyäthylen und
damit aus organischen Grundstoffen, die weder bei der Herstellung noch bei der Verbrennung
Schadstoffe freisetzen.

Die Wiedergabe von Gebrauchsnamen, Handelsnamen, Warenbezeichnungen, usw. in diesem
Werk berechtigt auch ohne besondere Kennzeichnung nicht zu der Annahme, daß solche
Namen im Sinne der Warenzeichen- und Markenschutz-Gesetzgebung als frei zu betrachten
wären und daher von jedermann benutzt werden dürfen.

Satz: LibroSatz, Kriftel/Ts.
Druck und Verarbeitung: Konrad Triltsch, Druck- und Verlagsanstalt Würzburg GmbH
Printed in Germany

ISBN 3-409-33152-2

Vorwort

Vor knapp 20 Jahren erschien die erste Auflage der „Industriebetriebslehre". Sie war von Anfang an konzipiert als ein **Lehrbuch der Allgemeinen Betriebswirtschaftslehre, das am Beispiel des Industriebetriebes argumentiert**, des nach wie vor häufigsten Unternehmungstyps. Seither wurde das Lehrbuch in sieben weiteren Auflagen unter Beibehaltung des bewährten achtteiligen Grundaufbaus zum Teil tiefgreifend weiterentwickelt. Neben diesen Neuauflagen zeugen mehrere Nachdrucke innerhalb der jeweiligen Auflage von der guten Resonanz am Markt betriebswirtschaftlicher Lehrbücher.

Angesichts der fortschreitenden Entwicklung des Faches ist nach zwei Jahrzehnten eine strukturelle Anpassung des Buches erforderlich geworden. Um die wichtigsten neuen fachlichen Erkenntnisse in angemessener Form in das Buch aufzunehmen und um dem Anspruch einer auf den Industriebetrieb angewandten Allgemeinen Betriebswirtschaftslehre weiterhin zu genügen, mußte die Gesamtkonzeption erneuert werden.

Zwar knüpft auch der Neuaufbau der Industriebetriebslehre an die bewährte Konzeption der entscheidungsorientierten Betriebswirtschaftslehre an. Es ergeben sich aber wesentliche strukturelle und inhaltliche Neugestaltungen, Änderungen und Erweiterungen, die im Ergebnis zu einem zehnteiligen „neuen" Buch führen. Schwerpunkte dieser **Neuerungen** sind:

- Vertiefung und Verbreiterung des **theoretischen Fundaments** der Betriebswirtschaftslehre aus dem Blickwinkel der industriellen Unternehmungsführung und auf der Grundlage der Entscheidungstheorie (z. B. Einbeziehung von Wettbewerbsanalyse, Transaktionskostenansatz, Systemansatz) **(neuer Teil 1)**,
- detaillierte Behandlung der **Informationswirtschaft:** Information als Produktionsfaktor, Informationsverhalten, Grundzüge und Methoden der Wirtschaftsinformatik und des Informationsmanagement **(neuer Teil 3)**,
- Darstellung der **produktionswirtschaftlichen Probleme und Methoden in einem ganzheitlichen Ansatz** mit integrierter Behandlung von Beschaffung, Materialwirtschaft und Produktion im Sinne moderner **Logistik-, PPS- und CIM-Konzepte sowie neuer arbeitsorganisatorischer Formen der Produktion (neuer Teil 4)**,
- Neugestaltung der Abhandlung zur **Kapitalwirtschaft** unter Berücksichtigung neuerer Erkenntnisse der **Investitions-, Finanzierungs- und Kapitalmarkttheorie** sowie des **Finanzmanagement (neuer Teil 7)**,
- eigenständige und ausführliche Darstellung des **industriellen Innovationsmanagement:** Forschung und Entwicklung, Technologiestrategie, Organisations- und Verhaltensaspekte der Innovation **(neuer Teil 8)**,
- umfassende Darstellung und Erörterung der **Rechnungslegung** des Industriebetriebes (Finanzbuchhaltung, Einzel- und Konzernabschluß) nach geltendem Handelsrecht sowie der **Bilanzpolitik (neuer Teil 10)**,

- Überarbeitung, z. T. Neuabgrenzung und Ergänzung der Darlegungen zu **Konsti-tutiven Entscheidungen, Absatz-, Personalwirtschaft und Kostenrechnung** unter Einbeziehung neuerer Erkenntnisse u. a. zu den Gebieten **Organisationsentwick-lung, Konzernorganisation, Multinationale Unternehmen, Regelungen für Rechtsfor-men, Scanning, Marktstrategie, Marketingkontrolle, Personalmanagement, Unter-nehmenskultur, Kostenrechnungstheorie, Prozeßkostenrechnung, Gemeinkosten-problematik (überarbeitete Teile 2, 5, 6, 9).**

In allen Teilen des Buches steht neben einer Sachdarstellung der jeweiligen Fachge-biete und ihrer theoretischen Grundlagen auch die Erörterung der besonderen Entscheidungsprobleme und -methoden sowie die Führung und Steuerung des be-triebswirtschaftlichen Geschehens durch Planung, Organisation und Information im Mittelpunkt.

Neben der inhaltlichen wurde auch die **didaktische Konzeption** weiterentwickelt. Zu den bewährten Hilfsmitteln (insbesondere Fettdruck, Marginalien, Abbildungen, System von Querverweisen, ausführliches Stichwortverzeichnis) treten wichtige Quel-lenverweise im Text sowie kommentierte Literaturhinweise (jeweils in Kurzzitatform) und Fragen bzw. Aufgaben zur Selbstkontrolle und Vertiefung im Anschluß an jeden Teil. In einem zusammenhängenden Verzeichnis am Ende des Buches ist die gesamte zitierte Literatur dokumentiert. Das Buch wurde vollständig neu gesetzt und trotz des gestiegenen Umfangs technisch so gestaltet, daß es als Lehr- und Handbuch für den Leser in individueller Weise nutzbar und praktikabel ist.

Somit liegt die „Industriebetriebslehre" sowohl inhaltlich als auch formal rundum erneuert vor. Auf ihrer bisherigen Tradition aufbauend ist sie von dem Autorenteam gedacht als ein **umfassendes modernes betriebswirtschaftliches Lehrwerk für Studenten und Praktiker, welches das gesamte Studium der Allgemeinen wie auch das der Indu-striellen Betriebswirtschaftlehre begleiten und als Nachschlagwerk dienen soll.**

Traditionsgemäß heißt es in der Betriebswirtschaftslehre „der" Unternehmer, „der" Aufgabenträger, „der" Entscheidungsträger, „der" Kostenstellenleiter, „der" Orga-nisator usw. Die Autoren standen vor der Frage, ob sie jeweils die männliche und weibliche Form, ein Kunstgebilde (z. B. UnternehmerIn) oder die klassische Aus-drucksform wählen sollten. Sie entschieden sich aus Gründen des Leseflusses für die letztgenannte Alternative. Wir bitten unsere Leserinnen um Verständnis.

Natürlich konnten die Autoren die Neugestaltung dieses umfänglichen Buches nicht ohne Unterstützung von vielen Seiten bewältigen. Soweit bei der Erarbeitung der einzelnen Teile besondere Hilfe geleistet wurde, ist dies auf dem jeweiligen Deckblatt ausdrücklich vermerkt.

Darüber hinaus waren umfangreiche formale und inhaltliche Abstimmungsarbeiten redaktioneller Art zu leisten, die sich über viele Monate hinzogen. Hierfür wurde bei der Schriftleitung an der Universität München ein Redaktionskomitee gebildet, des-sen laufende Arbeiten von Dr. Egon Franck mit großem Engagement und Geschick koordiniert wurden und dem darüber hinaus zeitweilig oder durchgehend die folgenden wissenschaftlichen Mitarbeiter angehörten: Dipl.-Kfm. Hans Koller

(TU München), Dipl.-Hdl. Anke Jaros-Sturhahn, Dipl.-Kfm. Eike Schulz, Dr. Matthias Maier und Dr. Helmut Dietl. Dieses Redaktionskomitee hat mit seiner sachlichen und engagierten, z. T. unter schwierigen terminlichen Restriktionen ablaufenden Arbeit die Schriftleitung sowie das gesamte Autorenteam sehr wirkungsvoll unterstützt. Dafür sei allen ganz herzlich gedankt!

Besonders aufwendig sind in einem solchen Projekt auch die Korrekturen der Druckfahnen, insbesondere auch deren Integration nach Rücklauf von den Autoren sowie die Erstellung des Stichwortverzeichnisses. Hier haben zusätzlich zu den Mitgliedern des Redaktionskomitees Dipl.-Kfm. Rahild Neuburger, Dr. Heinrich Seidlmeier, Dipl.-Kfm. Hans Niggl, Dipl.-Inform. Stefan Oldenburg, Dipl.-Inform. Carin Bornschein und Dipl.-Kfm. Hans-Georg Weber (Universität der Bundeswehr München) wichtige Hilfe geleistet, wofür allen vielmals zu danken ist.

Die sehr umfangreiche Textverarbeitung im Zusammenhang mit Manuskriptänderungen, -ergänzungen oder teilweisen Neuerfassungen sowie die Zusammenstellung des Literaturverzeichnisses wurden weitgehend von Claudia Wieland, Susanne Klein, Cornelia Hoplitschek, Nadja Nolten und Sabine Ebner mit großem Einsatz und mit Umsicht geleistet. Sie haben ferner die Fahnenkorrektur unterstützt. Dafür ebenfalls vielen Dank!

Selbstverständlich verbleibt trotz vielfältiger Unterstützungen die Verantwortung für Inhalt und Form dieses Buches bei den Autoren. Herausgeber und Schriftleitung, aber auch jeder einzelne Autor sind im voraus dankbar für jede Art von Rückmeldung aus dem Leserkreis. Erfahrungen, die mit dem Buch in Lehre und Studium gesammelt werden, sind eine wichtige Grundlage für dessen künftige Weiterentwicklung.

München, im August 1991
                              EDMUND HEINEN
                              (Herausgeber)

                              ARNOLD PICOT
                              (Schriftleitung)

Inhaltsverzeichnis

Zehnter Teil
Rechnungslegung

Autorenverzeichnis

Dr. Bernhard Dietel   Akademischer Oberrat
Seminar für Unternehmensführung
Ludwig-Maximilians-Universität München

Prof. Dr. Dr. h. c. mult.   em. Professor für Betriebswirtschaftlehre
Edmund Heinen   (ehem. Vorstand des Instituts für
Industrieforschung und betriebliches
Rechnungswesen)
Ludwig-Maximilians-Universität München;
Professor für Betriebswirtschaftlehre
Leopold-Franzens-Universität Innsbruck

Prof. Dr. Ekkehard Kappler   Takeda-Institut für Organisationstheorie
und Organisationsentwicklung
Lehrstuhl für Unternehmensführung und
Unternehmensentwicklung, Planung und
Organisation
Universität Witten/Herdecke

Prof. Dr. Peter Uwe Kupsch   Lehrstuhl für Betriebswirtschaftslehre,
insbesondere betriebliche Steuerlehre und
Wirtschaftsprüfung
Otto-Friedrich-Universität Bamberg

Prof. Dr. Rainer Marr   Lehrstuhl für Betriebswirtschaftslehre,
insbesondere Entscheidungs- und
Organisationsforschung, Personalwirtschaft
Universität der Bundeswehr München

Prof. Dr. Arnold Picot   Institut für Organisation,
Seminar für Betriebswirtschaftliche
Informations- und Kommunikations-
forschung
Ludwig-Maximilians-Universität München

Prof. Dr. Heinz Rehkugler   Lehrstuhl für Betriebswirtschaftslehre,
insbesondere Finanzwirtschaft
Otto-Friedrich-Universität Bamberg

Prof. Dr. Ralf Reichwald   Lehrstuhl für Allgemeine und Industrielle
Betriebswirtschaftslehre
Technische Universität München

Erster Teil

Industriebetriebslehre als entscheidungsorientierte Unternehmensführung

Von Edmund Heinen

Die Überarbeitung dieses Beitrages für die 9. Auflage erfolgte unter Mitarbeit von Helmut Dietl.

I. Betriebswirtschaftslehre und Industriebetriebslehre

1. Merkmale von Betriebswirtschaften

Betriebswirtschaften sind vielschichtige Gebilde. Ihre Aufgaben sind in erster Linie die Erstellung und Verwertung von Leistungen und die Erzielung von Einkommen für ihre Mitglieder. Betriebswirtschaften existieren nicht isoliert. Vielmehr sind sie eingebettet in die Gesellschaft. Deren Normen- und Wertesystem setzt Rahmenbedingungen für die betriebswirtschaftlichen Aktivitäten und Transaktionen. Betriebswirtschaften sind aufgrund der Art der Leistungen, die sie erstellen und verwerten, mit spezifischen sozioökonomischen Umwelten besonders intensiv verbunden, insbesondere mit den jeweiligen Beschaffungs- und Absatzmärkten. Entsprechend stark ist auch deren Einfluß auf das Geschehen in der Betriebswirtschaft.

Betriebswirtschaften und ihre Aufgaben

Die Erfüllung betriebswirtschaftlicher Aufgaben erfolgt arbeitsteilig, interdependent und kooperativ. Dieser Tatbestand erfordert die Gestaltung von Strukturen und Prozessen sowohl in den Betriebswirtschaften selbst, als auch zwischen den Betriebswirtschaften und ihren externen Kooperationspartnern.

Erstellung und Verwertung betrieblicher Leistungen sind das Ergebnis von Entscheidungen über die Kombination menschlicher Arbeit mit sachlichen Produktionsfaktoren wie Betriebsmitteln und Werkstoffen. Entscheidungen über das potentielle und aktuelle Leistungsprogramm sowie seine Realisierung sind abhängig von den Erkenntnissen, die eine Betriebswirtschaft durch Selbstbeobachtung (Unternehmungsanalyse) und Beobachtung ihrer sozialen, rechtlichen, technischen und ökonomischen Umwelt (Umweltanalyse) gewinnt. Dabei sollte sie ihr Augenmerk jedoch nicht nur auf aktuelle Stärken und Schwächen bzw. Gefahren und Gelegenheiten richten, sondern auch Informationen über zu erwartende Änderungen der Bedürfnisse, Forderungen, Wert- und Zielvorstellungen der von den Unternehmensaktivitäten unmittelbar oder mittelbar Betroffenen einbeziehen.

Leistungen als Ergebnis von Entscheidungen

Die Begriffe Betriebswirtschaft, Unternehmen, Unternehmung und Betrieb werden in der betriebswirtschaftlichen Literatur mit vielfältigen, unterschiedlichen und teils widersprüchlichen Inhalten belegt. Da diese Differenzierung im Sprachgebrauch der betrieblichen Praxis nicht nachvollzogen wird und um begriffliche Verwirrungen zu vermeiden, werden obige Begriffe in diesem Buch synonym verwendet.

Begriffsverwendung

3

2. Gegenstand der Betriebswirtschaftslehre

Betriebswirt-schaftslehre als Gesell-schafts- bzw. Sozialwissen-schaft

Die Betriebswirtschaftslehre gehört zu den Gesellschafts- oder Sozialwissenschaften. Sie versucht, das betriebswirtschaftliche Handeln und Verhalten von Individuen, Gruppen und Organisationen in der Gesellschaft zu erklären. Im Gegensatz zu anderen Wissenschaften bleiben die betriebswirtschaftlichen Forschungsbemühungen aber nicht auf dieses theoretische Erkenntnisinteresse beschränkt. Vielmehr wird versucht, demjenigen, der wirtschaftliche Probleme lösen will, neben einem allgemeinen Orientierungswissen auch konkrete Handlungsempfehlungen zu geben. Die Betriebswirtschaftslehre hat somit eine theoretische Erklärungs- und eine praktische Gestaltungsaufgabe zu erfüllen.

Erklärung

Erklärung im weitesten Sinne bedeutet, daß Gründe für das Auftreten von Phänomenen genannt werden. Wissenschaftliche Erklärungen sollten sich dadurch auszeichnen, daß derartige Gründe sorgfältig und systematisch überprüft wurden. Um solche Erklärungen geben zu können, bemüht sich die Wissenschaft um die Entdeckung allgemeingültiger Aussagen. Sie ermöglichen es, die Vielfalt beobachtbarer und denkbarer Sachverhalte auf eine geringere Zahl von Prinzipien, Gesetzen, Regelmäßigkeiten usw. zurückzuführen.

Für die am **naturwissenschaftlichen Erkenntnisideal** orientierte Erklärung sind **Gesetzeshypothesen** (allgemeine Ursache-Wirkungs-Behauptungen) von zentraler Bedeutung. **Ein empirisches Phänomen (Explanandum) gilt danach dann als „erklärt", wenn es durch Anwendung einer Gesetzeshypothese aus einer ebenfalls empirisch festgestellten Ausgangssituation (Antecedensbedingung) logisch abgeleitet werden kann** (vgl. Carnap 1959, Stegmüller 1974). **Gesetzeshypothesen und Antecedensbedingungen bilden zusammen die erklärenden Sätze (Explanans).**

Ein Beispiel mag diesen Prozeß der Erklärung verdeutlichen: Eine Unternehmung habe im Vergleich zu ihrer Konkurrenz überdurchschnittliche Absatzrückgänge zu verzeichnen. Diese Entwicklung stellt den zu erklärenden Tatbestand (Explanandum) dar. Eine Untersuchung des Preisbildungsverhaltens dieser Unternehmung bringe in Verbindung mit einer Marktanalyse zutage, daß die Unternehmung trotz nachlassender Marktnachfrage kurzfristig auf Vollkostenbasis kalkulierte. Diese Tatsache bildet die Ausgangsbedingung (Antecedensbedingung). Ein allgemeines betriebswirtschaftliches Gesetz besage nun, daß Unternehmungen, die bei rückläufiger Nachfrageentwicklung auf Vollkostenbasis ermittelte Preise ansetzen, überdurchschnittliche Absatzeinbußen erleiden. Dieses Gesetz bildet zusammen mit der sogenannten Antecedensbedingung die „Erklärung" für die überdurchschnittlichen Absatzeinbußen der betrachteten Unternehmung.

Erklärung und Prognose

Eine Gesetzeshypothese kann darüber hinaus dazu verwendet werden, Ereignisse zu prognostizieren. Ist das allgemeine betriebswirtschaftliche Gesetz durch die Realität hinreichend bestätigt, so ist bei rückläufiger Marktentwicklung ein überdurchschnittlicher Absatzrückgang als Folge einer Preisbildung auf Vollkostenbasis zu erwarten.

4

Erklärung und Prognose liegen somit auf einer wissenschaftlichen Ebene; sie sind zwei verschiedene Lesarten einer Symbolstruktur. Die Prognose ist für die praktische Bedeutung von Theorien besonders wichtig, weil sie die Möglichkeit eröffnet, die Folgen von Handlungsweisen im „Gedankenexperiment" zu ermitteln.

Die Überprüfung von Gesetzeshypothesen erfolgt durch systematische und kritische Konfrontation mit unterschiedlichen realen Anwendungsfällen. In welchem Falle eine Hypothese als widerlegt oder vorläufig brauchbar anzusehen ist und welche Folgerungen daraus zu ziehen sind, ist in der Wissenschaftstheorie umstritten.

Im Gegensatz zu den Naturwissenschaften erscheint es in den Sozialwissenschaften nicht von vornherein möglich, allgemeingültige Aussagen mit gesetzesartigem Charakter im obigen Sinn zu formulieren (vgl. Raffée 1974, Heinen/Dietel 1976 und Witte 1981). Dies ist gegenwärtig allenfalls für jenen Teil menschlicher Lebensäußerungen aussichtsreich, der biologisch determiniert ist.

Die **Sozialwissenschaften befassen sich jedoch in erster Linie mit menschlichem Handeln.** Darunter sind Lebensäußerungen denkender und fühlender Individuen zu verstehen, die nicht nach genetisch programmierten Mustern ablaufen, sondern gewählt werden. Als solche können sie durch eine **verstehende Analyse** erkannt werden (vgl. Weber 1968 S. 427 ff., v. Wright 1984). Der Wissenschaftler muß versuchen, Zielsetzungen und Situationswahrnehmungen des Handelnden zu erkennen und festgestellte Handlungsweisen darauf zurückzuführen. Grundlage des Verstehens ist die Annahme, daß auch der Wissenschaftler in einem vor allem durch Sprache vermittelten menschlichen Lebenszusammenhang steht, der ihm die Einfühlung in Handlungen anderer Menschen ermöglicht. Auf diese Weise gewonnene „Erklärungen" können ebenfalls in einem Ableitungsschema dargestellt werden, beruhen dann aber auf Motiven, Überzeugungen und Situationswahrnehmungen. Weiß man z. B., daß die Unternehmungsleitung eines Industriebetriebes anstrebt, den Marktanteil zu erhöhen, und ist weiterhin bekannt, daß sie dieses Ziel nur über einen Preiskampf erreichen kann, dann lassen sich Preis- und Kostensenkungsmaßnahmen verstehen und – mit Einschränkungen – prognostizieren.

Gegenstand der Sozial-wissen-schaften

Grundlagen des Verstehens

Betriebswirtschaften sind von Menschen gegründete und betriebene Zweckgebilde. Die intentionalen Strukturen der betrieblichen Wirklichkeit lassen sich nur verstehend erschließen. Die von der Betriebswirtschaftslehre angestrebten allgemeingültigen Sätze sind dabei meist idealtypischer Natur. Sie liefern eine erste Orientierung, auf deren Grundlage Handlungsweisen erklärt und prognostiziert werden können, auch wenn im Einzelfall Abweichungen auftreten mögen. Eine Vielzahl betriebswirtschaftlicher Aussagensysteme ist in diesem Sinne idealtypisch.

In sich widerspruchsfreie Systeme von Aussagen, die den Anspruch erheben, nicht nur für den Einzelfall zu gelten, werden als Theorien oder Modelle bezeichnet. Beide Begriffe werden meist synonym verwendet. Der Begriff Theorie kann gelegentlich auch die Gesamtheit der verschiedenen, zum gleichen Objektbereich entwickelten Modelle (der Wirklichkeit) bezeichnen.

Theorien und Modelle

Charakteristisch für jede Theorie- oder Modellbildung ist, daß die Realität nur symbolisch und zugleich unter Beschränkung auf das Wesentliche abgebildet wird (Abstraktion von Unwesentlichem). Damit tragen Theorien zur Komplexitätsreduktion bei. Eine vollständige Abbildung der Realität wäre – abgesehen von der Frage der Machbarkeit – ebenso nutzlos wie eine Nachbildung im Maßstab 1:1. Grundsätzlich gilt: Je einfacher eine Theorie sein soll, desto höher muß ihr Abstraktionsgrad sein. Was bei dieser Abstraktion als wesentlich bzw. unwesentlich angesehen wird, hängt von der Zwecksetzung der Theorie (des Modells) ab. Werden unterschiedliche Zwecke verfolgt, ist in der Regel eine Theorienvielfalt unumgänglich (vgl. Morgan 1986).

Gestaltung

Die zweite Zielsetzung betriebswirtschaftlicher Forschung besteht darin, den Menschen in Betriebswirtschaften bei der Lösung ihrer ökonomischen Probleme unmittelbare Hilfestellung zu geben (Gestaltungsaufgabe). Die Betriebswirtschaftslehre soll den Entscheidungsträger in der Betriebswirtschaft nicht nur in die Lage versetzen, mögliche Handlungsweisen zu entwickeln, sondern ihm auch helfen, die im Sinne seiner Zielsetzung günstigste Handlungsweise zu ermitteln.

Die Ermittlung von Gestaltungsempfehlungen erfordert somit dreierlei (vgl. Heinen 1985b):

(1) **Annahmen über die Zielvorstellungen** der Adressaten (z. B. Unternehmer, Arbeitnehmer). Diese zu rekonstruieren und empirisch abzusichern ist eine wesentliche Aufgabe der Zielforschung.

(2) **Erklärungsmodelle,** welche die Folgen der Verwirklichung bestimmter alternativer Handlungsweisen bzw. Entscheidungen im Hinblick auf die unterstellten Zielvorstellungen beschreiben.

(3) **Lösungsregeln,** die aus den Erklärungszusammenhängen heraus die Lösung oder Handhabung eines Problems unter Beachtung der Zielvorstellungen ermöglichen.

Anwendung auf konkrete Problemsituationen

Die Betriebswirtschaftslehre muß sich hierbei auf Grundstrukturen verschiedener Problemsituationen beschränken; die individuelle Situation einer Unternehmung kann nur in der konkreten Beratung berücksichtigt werden. Eine auf theoretisches Wissen gestützte Erarbeitung von Gestaltungsempfehlungen erfordert jedoch, daß die zum Zweck der Theoriebildung vorgenommene Beschränkung auf Ausschnitte überwunden wird, da die Gesamtproblematik an und für sich wesentlich komplexer ist. Anwendbarkeit und Erfolg von Maßnahmen, die einen gegebenen in einen erwünschten Zustand überführen sollen, setzen die Berücksichtigung möglichst vieler Folgewirkungen voraus. Gestaltungsempfehlungen entstehen somit nicht durch bloßes Einsetzen von Anwendungsbedingungen in Theorien. Es muß vielmehr immer geprüft werden, inwieweit die konkrete Situation durch das theoretische Instrumentarium erfaßt wird. Die jeweils notwendigen Ergänzungen sind einzelfallabhängig.

6

3. Abgrenzung der Industriebetriebslehre

Betriebliche Probleme lassen sich nach verschiedenen Gesichtspunkten analysieren und beschreiben. Wegen der Komplexität betriebswirtschaftlicher Fragestellungen ist es sinnvoll, das Gesamtobjekt „Betriebswirtschaft" gedanklich zu zerlegen und zu typisieren.

Es bieten sich drei Möglichkeiten an, verwandte betriebswirtschaftliche Probleme durch Spezialisierung vertieft zu untersuchen: die **Bildung spezieller Betriebswirtschaftslehren nach Funktionen, nach Institutionen und nach Methoden.** Wählt man die **Funktion als Gliederungskriterium,** so werden Grundaufgaben, die jede Betriebswirtschaft erfüllen muß, in den Mittelpunkt gerückt. Es ergeben sich z. B. die Betriebswirtschaftslehre der Produktion, des Absatzes oder der Finanzierung. Die **Einteilung nach Institutionen** zielt auf die Wirtschaftszweig- bzw. Branchenzugehörigkeit einer Betriebswirtschaft ab. Hier tritt die Industriebetriebslehre z. B. neben die Bankbetriebslehre, Versicherungsbetriebslehre, Verkehrsbetriebslehre, Handelsbetriebslehre usw. Ein weiteres **Unterscheidungsmerkmal** bildet die jeweils zugrundeliegende **Erkenntnismethode.** Unter einer wissenschaftlichen Methode versteht man ein systematisches Verfahren, das mit Hilfe einer eindeutig definierten und intersubjektiv nachvollziehbaren Vorgehensweise zu wissenschaftlichen Erkenntnissen gelangt (vgl. Wild 1975, Sp. 2655). Eine methodenorientierte Unterscheidung führt zu speziellen Betriebswirtschaftslehren, etwa der Systemforschung oder der empirischen betriebswirtschaftlichen Forschung.

Bildung spezieller Betriebswirtschaftslehren

Die Funktionen-, Institutionen- und Methodenlehren stehen als drei mögliche Wege zur Aufgabenbewältigung der Betriebswirtschaftslehre nebeneinander. In allen Wirtschaftsbetrieben wird beschafft, produziert (Banken „produzieren" z. B. Dienstleistungen), finanziert, abgesetzt usw. Gleichzeitig kann zur Erkenntnisgewinnung in jedem Funktionsbereich auf verschiedene wissenschaftliche Methoden zurückgegriffen werden. Die Funktionenlehre steht vor der Frage, inwieweit sie Besonderheiten der Funktionen einzelner Wirtschaftszweige in ihr Programm aufnehmen soll und welche wissenschaftlichen Methoden zur Erkenntnisgewinnung heranzuziehen sind.

Die Industriebetriebslehre ist eine Institutionenlehre. Das Problem einer Institutionenlehre besteht darin, alle Funktionen der speziellen Wirtschaftsbetriebe zu berücksichtigen, entsprechend ihrer jeweiligen Bedeutung zu gewichten und unter Zuhilfenahme geeigneter Methoden konkrete Problemlösungen zu entwickeln. So stellt zweifellos die Produktionsaufgabe den Industriebetrieb vor komplexere Probleme als etwa den Handelsbetrieb. Andererseits kann kaum angenommen werden, daß z. B. die Absatzfunktion im Industriebetrieb eine geringere Rolle spiele als im Handelsbetrieb und daher in der Industriebetriebslehre weniger eingehend zu betrachten sei. Ähnliche Überlegungen lassen sich auch für die Methodenlehre anstellen. Eine Industriebetriebslehre muß letztendlich alle Grundfunktionen mit den jeweils geeigneten Erkenntnismethoden untersuchen.

Die Bildung spezieller Betriebswirtschaften anhand der Kriterien Funktion, Institution und Methode ist in Abbildung 1.1 vereinfacht dargestellt. Die drei Kriterien können als unterschiedliche „Schnitte" durch den gesamten Objektbereich der Betriebswirtschaftslehre gesehen werden.

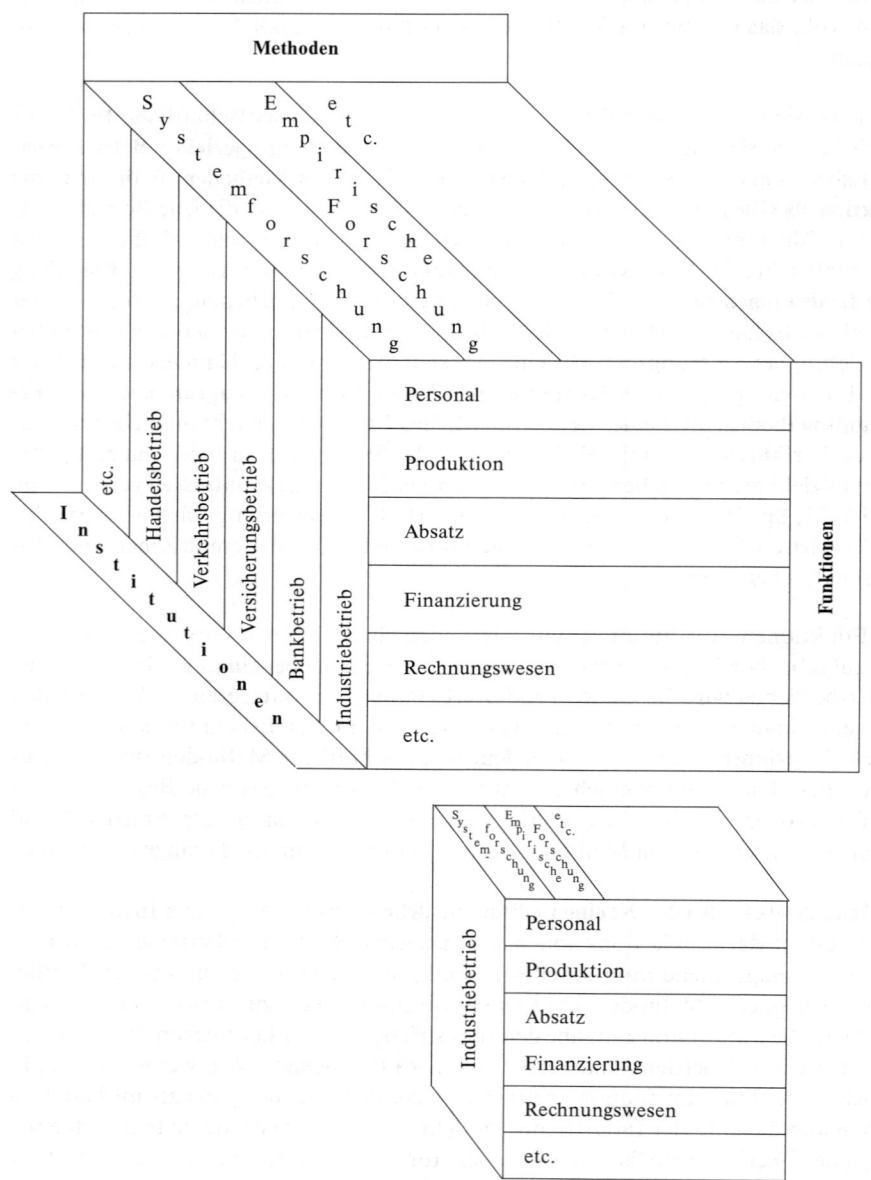

Abbildung 1.1: Bildung spezieller Betriebswirtschaftslehren

4. Charakterisierung von Industriebetrieben

Versucht man die Wirtschaftseinheiten im volkswirtschaftlichen Leistungszusammenhang voneinander abzugrenzen, so lassen sich idealtypisch die Gruppen „Produktionswirtschaft" und „Konsumtionswirtschaft" unterscheiden.

Konsumtionswirtschaften sind vor allem die privaten und öffentlichen Haushalte. Sie verbrauchen die ökonomischen Leistungen der **Produktionswirtschaften.** Die wirtschaftliche Wertschöpfung vollzieht sich überwiegend in den Produktionswirtschaften. Sie werden in Sach- und Dienstleistungsbetriebe unterteilt. Zu den **Dienstleistungsbetrieben** zählen im wesentlichen die Handels-, Verkehrs-, Bank- und Versicherungsbetriebe. Die **Sachleistungsbetriebe** dienen der Stoffgewinnung und -verarbeitung. Sie finden sich in erster Linie in der Industrie und im Handwerk.

Kategorien von Einzelwirtschaften

In den letzten Jahren haben Sachleistungsbetriebe in zunehmendem Maße auch Dienstleistungsaufgaben übernommen, so daß die Abgrenzungen nicht immer eindeutig vorgenommen werden können. Man denke etwa an die von Industriebetrieben angebotenen Finanzierungsdienste, Beratungsleistungen, Softwareprodukte, Schulungen usw.

Der **Stoffgewinnungsindustrie** gehören z. B. Betriebswirtschaften des Bergbaus und der Erdölgewinnung an. Beispiele für die **Stoffverarbeitungsindustrie** sind die Betriebswirtschaften der Textil-, Holz- und Metallverarbeitung. Diese grobe Einteilung könnte nahezu beliebig verfeinert werden. Die Vielstufigkeit des volkswirtschaftlichen Leistungsprozesses von der Phase der Urproduktion bis zur Herstellung der Endprodukte läßt hierfür eine große Vielfalt von Möglichkeiten zu.

Eine nähere begriffliche Bestimmung des Industriebetriebes erfordert eine Abgrenzung gegenüber dem Handwerksbetrieb, dem zweiten Betriebstyp im Rahmen der Stoffgewinnungs- und -verarbeitungsbetriebe. Wenn auch eine eindeutige Trennung zwischen diesen beiden Wirtschaftseinheiten nicht möglich erscheint, so können doch einige tendenzielle Unterscheidungsmerkmale hervorgehoben werden. Der Industriebetrieb beschäftigt im Gegensatz zum Handwerksbetrieb in der Regel eine größere Zahl von Mitarbeitern, bedient sich in größerem Umfang wissenschaftlicher Methoden bei der Arbeitsablauforganisation, sieht sich in stärkerem Maße einem anonymen Markt gegenüber, ist infolge der Anlagenintensität durch einen vergleichsweise höheren Kapitalbedarf und eine höhere Kapitalbindung gekennzeichnet und ersetzt in weit größerem Maße die Handarbeit durch die Maschinenarbeit.

Industriebetrieb und Handwerksbetrieb

Abbildung 1.2 zeigt ein idealtypisches Polaritätenprofil von Industrie- und Handwerksbetrieben anhand ausgewählter Kriterien.

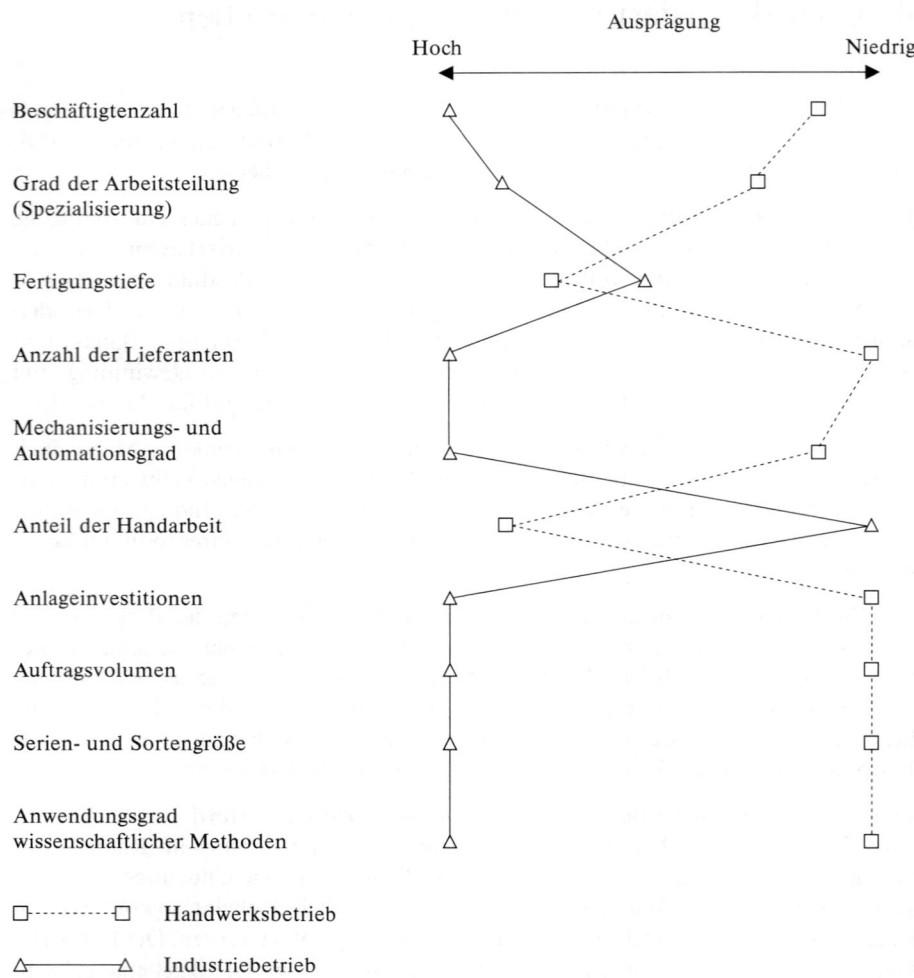

Abbildung 1.2: Polaritätsprofil von Industriebetrieben und Handwerksbetrieben

Anhand eines derartigen Polaritätenprofils lassen sich auch verschiedene Typen von Industriebetrieben untereinander abgrenzen. Ein Beispiel hierfür zeigt Abbildung 1.3 (in Anlehnung an Hahn 1975 und Kloock 1989a).

10

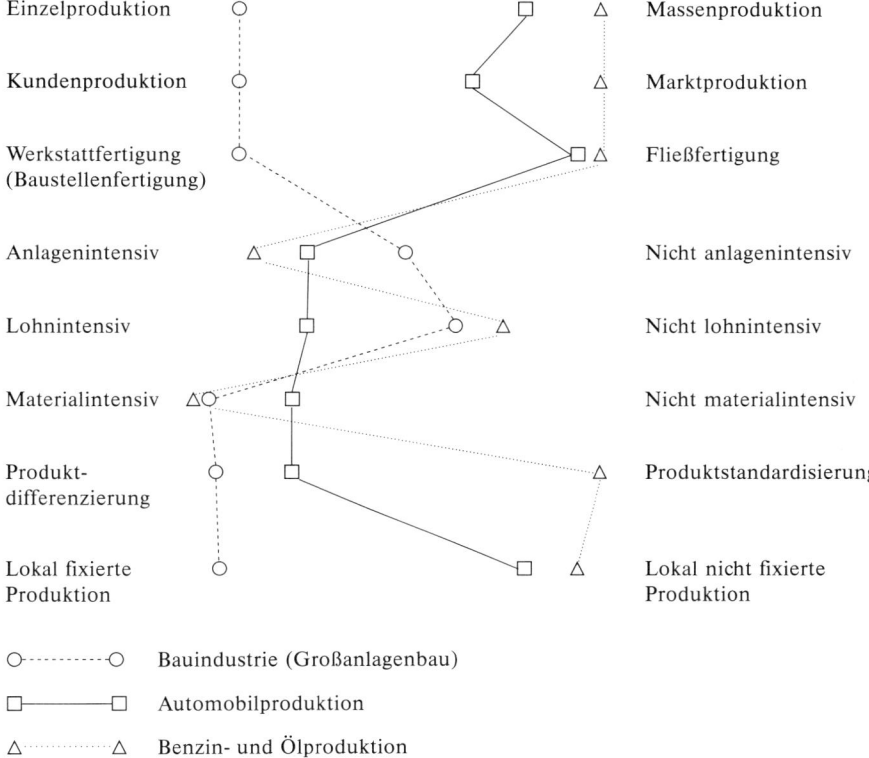

Abbildung 1.3: Polaritätenprofil unterschiedlicher Industrietypen

Die zunehmende Veränderung der Struktur von Industrie- und Handwerksbetrieben macht eine klare Grenzziehung praktisch unmöglich. Dies läßt sich am Beispiel der Fertigungstiefe erläutern (vgl. Picot 1991 a). Früher zeichneten sich Industriebetriebe durch eine sehr hohe Fertigungstiefe aus. In jüngerer Zeit ist ein zunehmender Fremdbezug von vorwiegend standardisierten Vor- und Zwischenprodukten zu beobachten. Auch Vertriebsaktivitäten werden in steigendem Maße an spezialisierte Händler übertragen. Damit verlagert sich die Hauptaufgabe des Industriebetriebes von der Produktions- hin zur Koordinationsfunktion. Dies kann im Einzelfall soweit führen, daß Unternehmen ihre gesamte Produktion auslagern und selbst keinen einzigen Mitarbeiter mehr im Fertigungsbereich beschäftigen. Unternehmen, die sich auf Koordinationsaufgaben beschränken, werden als **Schaltbrettunternehmungen** bezeichnet (vgl. Miles/Snow 1986). Der Charakter von Industriebetrieben ist einem laufenden Wandel unterworfen und läßt sich in kein starres Schema zwängen.

Veränderung der Struktur von Industrie- und Handwerksbetrieben

11

II. Entscheidungen im Industriebetrieb

Industrie-
betriebslehre
als ange-
wandte Wis-
senschaft

Die Aufgabe der Industriebetriebslehre besteht in der Erklärung und Gestaltung des industriellen Geschehens. Damit die Gestaltungsempfehlungen von den Verantwortlichen angewandt werden können, müssen sie sich an den in der Praxis auftretenden Entscheidungsproblemen orientieren und die von den Wirtschaftssubjekten verfolgten Ziele berücksichtigen. Diese Anforderungen werden vom Forschungsansatz der entscheidungsorientierten Betriebswirtschaftslehre aufgegriffen.

1. Forschungsansatz der entscheidungsorientierten Betriebswirtschaftslehre

Entschei-
dungsorien-
tierter Ansatz

Die entscheidungsorientierte Betriebswirtschaftslehre versucht, die Phänomene und Tatbestände der Praxis aus der Perspektive betrieblicher Entscheidungen zu systematisieren, zu erklären und zu gestalten. Aus dem Spektrum möglicher Erkenntnisobjekte hebt der entscheidungsorientierte Ansatz die vielfältigen Entscheidungsprozesse in einer Betriebswirtschaft hervor. Er befaßt sich demnach mit den Prozessen des Auswählens bzw. Entscheidens, die den ausführenden Tätigkeiten vorgelagert sind. Diese Betrachtung erfordert einen weitgefaßten Entscheidungsbegriff, der bewußte und rationale Entscheidungen ebenso einschließt wie Gewohnheits- oder Zufallsentscheidungen. Es ist demnach keine Tätigkeit denkbar, die nicht vorab Gegenstand einer (bewußten oder unbewußten) Entscheidung war.

Der entscheidungsorientierte Ansatz beschränkt sich nicht nur auf den unmittelbaren Wahlakt; vielmehr bezieht er sämtliche mit einer Wahlhandlung verbundenen Aktivitäten ein: das Problemerkennen ebenso wie die Alternativensuche und -auswahl, deren Durchsetzung und Kontrolle.

Inter-
disziplinärer
Ansatz

Die entscheidungsorientierte Betriebswirtschaftslehre betrachtet Betriebswirtschaften als soziotechnische Systeme. Bedingt durch die Arbeitsteilung bestehen sowohl innerhalb der Betriebswirtschaft selbst als auch zwischen ihr und der Umwelt zahlreiche und vielfältige Teilaufgaben und Beziehungen, die von diversen sachlichen Hilfsmitteln (Produktions-, Transport-, Informations-, Kommunikationstechnik) unterstützt werden. Dies erfordert ein begriffliches Instrumentarium, das auf Erkenntnisse aus anderen wissenschaftlichen Disziplinen, wie z. B. der Mathematik, Volkswirtschaftslehre, Ingenieurwissenschaft, Informatik, Rechtswissenschaft, Soziologie oder Psychologie, zurückgreifen muß. Eine in diesem Sinne entscheidungsorientierte Betriebwirtschaftslehre ist daher notwendigerweise interdisziplinär angelegt.

Abbildung 1.4 verdeutlicht den Forschungsansatz der entscheidungsorientierten Betriebswirtschaftslehre. Das breite obere Rechteck kennzeichnet den Aktivitätsbereich der Betriebswirtschaftslehre, das untere Rechteck deutet ihre interdisziplinäre Verbundenheit an.

12

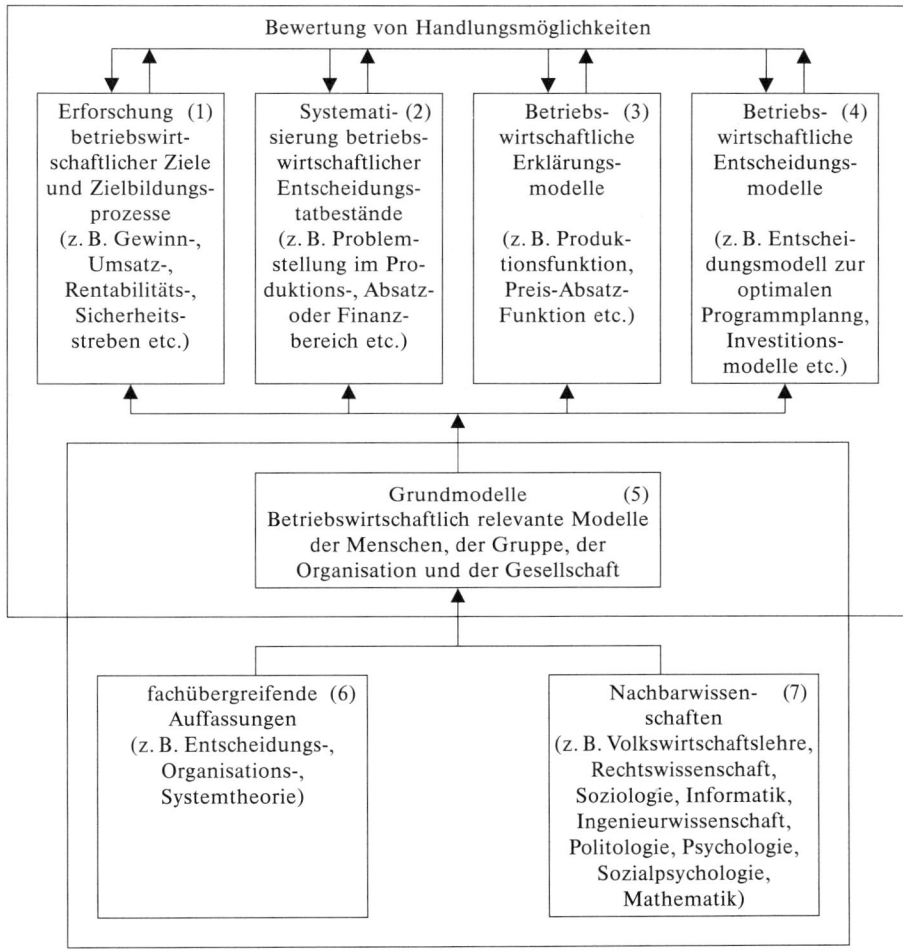

Betriebswirtschaftslehre

Bewertung von Handlungsmöglichkeiten

| Erforschung (1) betriebswirtschaftlicher Ziele und Zielbildungsprozesse (z. B. Gewinn-, Umsatz-, Rentabilitäts-, Sicherheitsstreben etc.) | Systemati- (2) sierung betriebswirtschaftlicher Entscheidungstatbestände (z. B. Problemstellung im Produktions-, Absatz- oder Finanzbereich etc.) | Betriebs- (3) wirtschaftliche Erklärungsmodelle (z. B. Produktionsfunktion, Preis-Absatz-Funktion etc.) | Betriebs- (4) wirtschaftliche Entscheidungsmodelle (z. B. Entscheidungsmodell zur optimalen Programmplanng, Investitionsmodelle etc.) |

Grundmodelle (5)
Betriebswirtschaftlich relevante Modelle der Menschen, der Gruppe, der Organisation und der Gesellschaft

| fachübergreifende (6) Auffassungen (z. B. Entscheidungs-, Organisations-, Systemtheorie) | Nachbarwissen- (7) schaften (z. B. Volkswirtschaftslehre, Rechtswissenschaft, Soziologie, Informatik, Ingenieurwissenschaft, Politologie, Psychologie, Sozialpsychologie, Mathematik) |

Abbildung 1.4: Forschungsansatz der entscheidungsorientierten Betriebswirtschaftslehre

Zielforschung

Aufgabe der Zielforschung ist es, die von der betriebswirtschaftlichen Praxis verfolgten Ziele zu ermitteln. Unter einem Ziel versteht man im allgemeinen einen angestrebten zukünftigen Zustand. Da in den wenigsten Fällen ausschließlich ein Ziel verfolgt wird, erhält man als Ergebnis meist **komplexe Zielsysteme** (vgl. Heinen 1976a). Innerhalb eines Zielsystems werden sowohl die **Zieldimensionen** als auch die **Zielbeziehungen** eindeutig bestimmt.

13

Ziel-
dimensionen

Bei der Formulierung und Festlegung betriebswirtschaftlicher Ziele sind drei Dimensionen zu berücksichtigen: **Inhalt, zeitlicher Bezug** und **angestrebtes Ausmaß.** Ein Ziel kann z. B. Gewinn- oder Umsatzstreben zum Inhalt haben (Zielinhalt). Weiter bedarf es der genauen Bestimmung, auf welchen Zeitraum sich die Zielverwirklichung beziehen soll (zeitlicher Bezug des Zieles). Schließlich muß festgelegt werden, ob ein Ziel in begrenztem oder unbegrenztem Umfang anzustreben ist (Ausmaß der Zielerreichung).

Ziel-
beziehungen

Jede Entscheidung setzt neben einer eindeutigen Formulierung der Ziele voraus, daß die zwischen den Zielen bestehenden Beziehungen erkannt und analysiert werden. Diese Beziehungen können verschiedener Natur sein. Grundsätzlich lassen sich drei Klassen von Beziehungen unterscheiden, die mit folgenden Aussagen kurz charakterisiert werden können:

(a) „Ziel A steht zu Ziel B in konkurrierender, komplementärer oder indifferenter Beziehung."

(b) „Ziel A ist wichtiger als Ziel B."

(c) „Ziel A und Ziel B stehen im Verhältnis Oberziel – Unterziel."

Zu (a): Die drei möglichen Ausprägungen dieses Zielbeziehungstyps (vgl. Abbildung 1.5) können erst erkannt werden, wenn konkrete Entscheidungssituationen vorliegen, d.h. wenn die Handlungsmöglichkeiten und deren Auswirkungen auf die Zielerreichung bekannt sind.

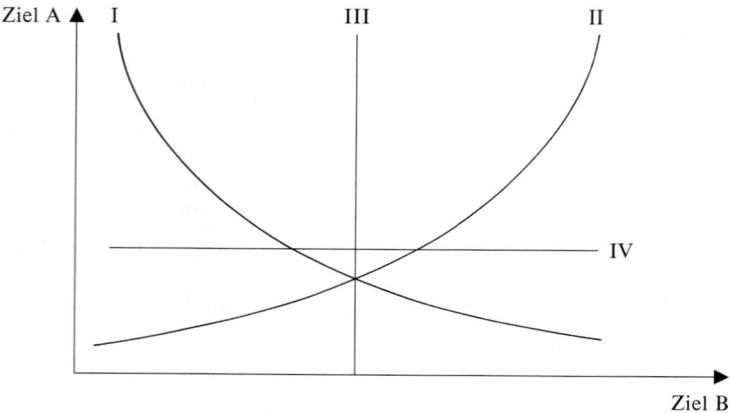

Abbildung 1.5: Konfliktäre, komplementäre und indifferente Zielbeziehungen

Konflikt

Zwei Ziele sind konfliktär (I), wenn eine Steigerung der Erfüllung des einen Ziels die Erreichung des anderen Ziels mindert.

Zwei Beispiele sollen diesen Sachverhalt verdeutlichen. Ist bei der Bestimmung des optimalen Fertigungsprogramms von der Absatzseite her eine Tendenz zur Ausdehnung des Sortiments mit der Absicht der Umsatzmaximierung festzustellen und strebt

14

die Fertigung das Ziel „Minimierung der Stückkosten" durch eine möglichst weitgehende Einschränkung des Produktfächers an, so liegt ein Konflikt zwischen Umsatzmaximierung und Kostenminimierung vor. Häufig ist auch ein Konflikt zwischen „Sicherung der Liquidität" und „Maximierung der Rentabilität" gegeben. Eine Verringerung liquider Mittel, z. B. durch zinsbringende Anlage, läßt die Erwartungen auf Erhöhung der Rentabilität steigen, jedoch kann diese Maßnahme zugleich zur Anspannung der Liquiditätslage führen.

Eine komplementäre Beziehung (II) zwischen zwei Zielen liegt vor, wenn eine Steigerung der Erfüllung des einen Ziels zugleich auch eine Erhöhung der Erfüllung des anderen Ziels bedeutet. *Komplementarität*

Es sind beispielsweise Entscheidungssituationen denkbar, bei denen eine Ausdehnung des Produktionsumfanges gleichzeitig zu einer absoluten Steigerung des Gewinn-, Umsatz- und Wirtschaftlichkeitszieles führt.

Von einem indifferentem Verhältnis (III, IV) zwischen Zielen kann gesprochen werden, wenn die Erfüllung des einen Ziels keinen Einfluß auf eine Erfüllung des anderen Ziels ausübt. *Indifferenz*

In diesem Zusammenhang ist zu betonen, daß zwischen zwei Zielen nicht immer nur eine der drei Beziehungen besteht. Vielmehr kann es je nach Ausmaß der Zielerfüllung zu komplementären, indifferenten oder konfliktären Teilzielbeziehungen kommen. Abbildung 1.6 zeigt diesen Sachverhalt anhand der Beziehungen zwischen Umsatz und Gewinn auf. Umsatz und Gewinn sind in der Regel komplementäre Ziele. Ab einem bestimmten Niveau führen Umsatzsteigerungen aber häufig zu keinem Gewinnzuwachs mehr (Zielindifferenz). Wird versucht, den Umsatz darüber hinaus zu erhöhen, steigen die Kosten überproportional, und der Gewinn sinkt (Zielkonflikt).

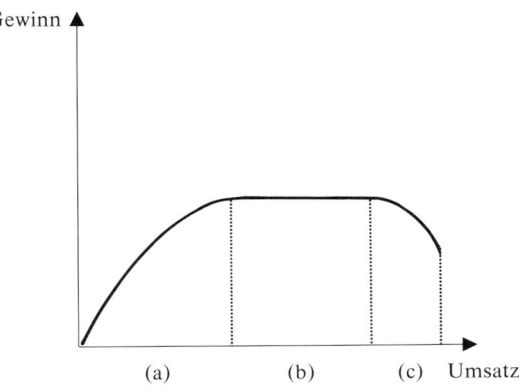

Abbildung 1.6: Bereiche der Komplementarität (a), der Indifferenz (b) und des Konflikts (c) zwischen Umsatz- und Gewinnziel

Zu (b): Bei konfliktären Entscheidungssituationen muß zwischen den Zielen eine Gewichtung vorgenommen werden. Der Entscheidungsträger muß sich im klaren darüber sein, welches Ziel er vorzieht. Diese Gewichtung ist Ausdruck einer subjektiv gebildeten Rangordnung des Entscheidungsträgers. **Dementsprechend lassen sich höher gewichtete Zielvorstellungen als Hauptziele bezeichnen, geringer gewichtete als Nebenziele.** Die Gewichtung ist in der Regel situationsabhängig und weist somit nur geringe zeitliche Stabilität auf.

Haupt- und Nebenziele

Haupt- wie Nebenziele können unbedingten Charakter annehmen. Die Sicherung der jederzeitigen Zahlungsfähigkeit ist hierfür ein Beispiel: Diese existenznotwendige Bedingung ist in der Regel nicht das Hauptziel einer Unternehmung (niemand wirtschaftet, nur um liquide zu bleiben). Sie kann jedoch temporär zum dominierenden Ziel werden und damit andere Zielvorstellungen in den Hintergrund drängen.

Ober- und Unterziele

Zu (c): Besteht zwischen mehreren Zielen ein zumindest teilweise komplementäres Verhältnis, so lassen sie sich in Ober- und Unterziele ordnen. **Die Formulierung von Ober- und Unterzielen in der Betriebswirtschaft wird auch als Entwicklung von Zielhierarchien interpretiert.** Durch die Vorgabe geeigneter Zwischen- und Unterziele ist man bemüht, alle Teilentscheidungen zu koordinieren und auf das Oberziel der Unternehmung auszurichten.

Die bisherigen Ausführungen zur formalen Struktur eines Zielsystems sind in Abbildung 1.7 zusammengefaßt dargestellt.

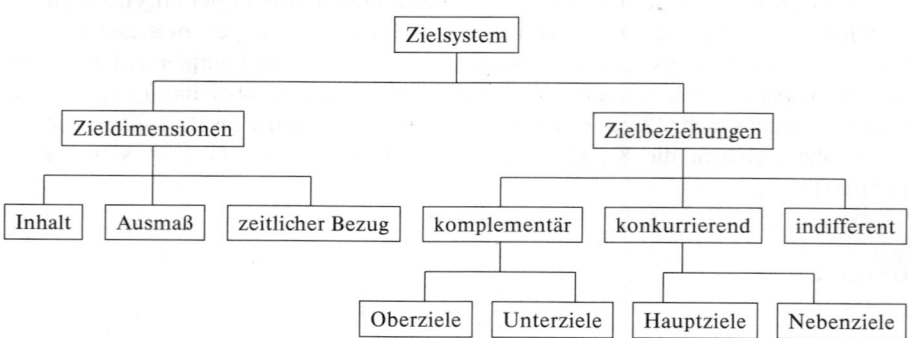

Abbildung 1.7: Formale Struktur eines Zielsystems

Im folgenden seien aus der Vielfalt möglicher Zielinhalte das Gewinn-, das Wirtschaftlichkeits- und das Sicherheitsstreben herausgegriffen und näher beschrieben. Das Handeln von Betriebswirtschaften in marktwirtschaftlichen Systemen wird in der Regel vom **erwerbswirtschaftlichen Prinzip** geleitet. Es beinhaltet für die Betriebswirtschaft das Ziel, Einkommen für jene Haushalte zu erwirtschaften, die das erforderliche Eigenkapital zu Verfügung stellen.

Gewinnbegriffe

Das erwerbswirtschaftliche Prinzip findet seinen Ausdruck im **Gewinnstreben.** Grundsätzlich ergibt sich der Gewinn als positive Differenz aus Leistungen und Kosten. Das Gewinnziel schlechthin gibt es nicht, da je nach Definition unterschiedliche Gewinnziele Leitlinien betriebswirtschaftlichen Handelns sein können. Diese

16

Ziele beruhen auf unterschiedlichen Konventionen, denn Leistungen und Kosten lassen sich nur aufgrund bestimmter Wertvorstellungen abgrenzen. Einen Überblick über mögliche Gewinnausprägungen gibt die Abbildung 1.8.

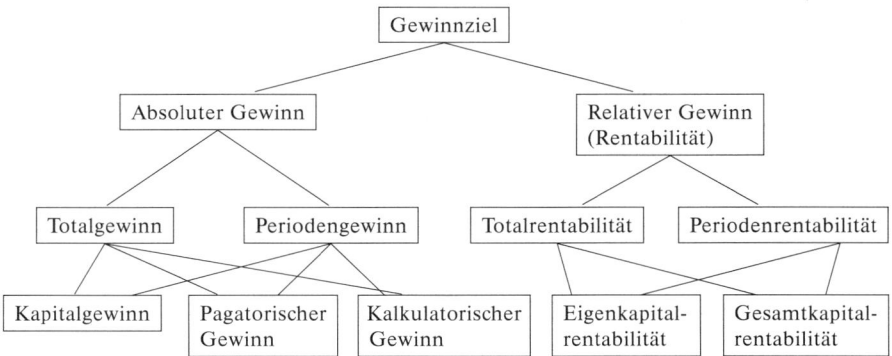

Abbildung 1.8: Gewinnbegriffe

Gewinn-formen

Totalgewinn und **Totalrentabilität** beziehen sich auf die gesamte Lebensdauer der Betriebswirtschaft. Wird dieser Zeitraum in Teilperioden zerlegt, so sind **Periodenge-winne** abzugrenzen. Die Unterscheidung des **absoluten Gewinns** in Kapitalgewinn, pagatorischen sowie kalkulatorischen Gewinn wird notwendig, weil unterschiedliche Bestandteile als Rechnungsgrößen zur Ermittlung des Gewinns herangezogen wer-den können. Im Fall des **kalkulatorischen Gewinns** werden z. B. Eigenkapitalzinsen als gewinnmindernde Kostenbestandteile betrachtet, bei der Ermittlung des **pagato-rischen Gewinns** dagegen nicht. Ob Eigenkapitalzinsen Gewinn- oder Kostenbestand-teile bilden, kann nicht absolut entschieden werden. Maßgebend ist vielmehr, zu welchem Zweck die verschiedenen Gewinnformen als Maßstab herangezogen werden sollen. So kann es auch sinnvoll sein, Zinsen jeglicher Art – also auch die Fremd-kapitalzinsen – als Gewinnbestandteile aufzufassen. Dieser Gewinnbegriff wird als **Kapitalgewinn** bezeichnet. In vereinfachter Form grenzt Abbildung 1.9 die unter-schiedlichen absoluten Gewinnbegriffe voneinander ab.

Kapitalgewinn		
Pagatorischer Gewinn		Fremdkapitalzinsen
Kalkulatorischer Gewinn	Eigenkapitalzinsen	Fremdkapitalzinsen

Abbildung 1.9: Abgrenzung der absoluten Gewinnformen

Rentabilität

Werden diese Formen des absoluten Gewinns zum eingesetzten Kapital ins Verhältnis gesetzt, erhält man zwei relative Gewinngrößen als Ausdruck des Rentabilitäts-strebens, die Gesamt- bzw. die Eigenkapitalrentabilität. Im Falle der **Gesamtkapi-talrentabilität** ist der Kapitalgewinn zum Gesamtkapital, im Falle der **Eigenkapital-rentabilität** der pagatorische Gewinn zum Eigenkapital ins Verhältnis zu setzen.

Wirtschaft- *lichkeit*	Das Wirtschaftlichkeitsstreben ist zwar kein dem Gewinnstreben gleichrangiges Unternehmungsziel, besitzt jedoch als Mittel zu Erreichung des Gewinnzieles auf allen Ebenen des Industriebetriebes erhebliche Bedeutung.

Das Wirtschaftlichkeitsprinzip fordert eine möglichst sparsame Verwendung der verfügbaren Mittel bei der betrieblichen Leistungserstellung und -verwertung. Operationalisiert wird dieses Prinzip durch die Forderung nach Maximierung des Verhältnisses von Output zu Input (das Wirtschaftlichkeitsprinzip ist damit eine Ausprägung des Rationalprinzips). Output und Input können dabei durch Mengen- wie durch Wertgrößen ausgedrückt werden.

Produktivität	Die mengenmäßige Fassung des Wirtschaftlichkeitsprinzips beinhaltet das Streben nach Produktivität. Sie ist als das **Verhältnis zwischen Faktorertrags- und Faktoreinsatzmenge** definiert:

$$\text{Produktivität} = \frac{\text{Outputmenge}}{\text{Inputmenge}}$$

Da Leistungen aus der Kombination mehrerer Einsatzgrößen entstehen, diese jedoch selten dimensionsgleich und damit addierbar sind (z. B. Arbeit, Kapital), können auch nur partielle Produktivitätskennzahlen gebildet werden (z. B. Arbeits-, Kapitalproduktivität).

$$\text{Arbeitsproduktivität} = \frac{\text{Outputmenge}}{\text{Arbeitsstunden}}$$

$$\text{Kapitalproduktivität} = \frac{\text{Outputmenge}}{\text{eingesetztes Kapital}}$$

Kennzahlen dieser Art beleuchten stets nur einen Aspekt der Leistungserstellung; partielle Produktivitäten dürfen daher nicht isoliert als Zielgrößen aufgefaßt werden. So bedingt beispielsweise das hinter der Automatisierung stehende Bemühen um Erhöhung der Arbeitsproduktivität in der Regel ein Absinken der Kapitalproduktivität. Diese Kennzahlen sind deshalb vorwiegend für Vergleichs- und Kontrollzwecke geeignet.

Kostenwirt- *schaftlichkeit*	Das Problem der Dimensionsverschiedenheit läßt sich lösen, wenn sowohl die verschiedenen zu kombinierenden Faktorarten untereinander als auch die produzierten Güter über einen einheitlichen Maßstab vergleichbar gemacht werden. Hierzu bietet sich die Verwendung von Kosten- und Leistungsgrößen an. Das Wirtschaftlichkeitsstreben erfordert dann einen Vergleich des mit geeigneten Faktorwerten (z. B. Preisen) gewichteten Faktorverzehrs **(Kosten)** und der aus dem betrieblichen Kombinationsprozeß anfallenden bewerteten Ergebnisse **(Leistungen).** In dieser speziellen Form kann es als Streben nach Kostenwirtschaftlichkeit gekennzeichnet werden.

$$\text{Kostenwirtschaftlichkeit} = \frac{\overset{\text{(Leistungen)}}{\text{bewerteter Output}}}{\underset{\text{(Kosten)}}{\text{bewerteter Input}}}$$

18

Dieses Streben bringt die Forderung zum Ausdruck, eine verlangte Leistung mit möglichst geringen Kosten zu erzielen bzw. mit einem gegebenen Kosteneinsatz eine möglichst große Produktionsleistung zu erbringen.

Das Sicherheitsstreben ist in der Regel im Zielkatalog jeder Betriebswirtschaft zu finden. Dies liegt in der Tatsache begründet, daß Betriebswirtschaften in eine Umwelt eingebettet sind, die sich ihrer Kontrolle weitgehend entzieht und die betriebswirtschaftlichen Entscheidungen mit Unsicherheiten belastet. *Sicherheit*

Das Streben nach Sicherheit findet in zwei Gruppen von Zielformulierungen seinen Ausdruck: in der Sicherung des Unternehmungspotentials und in der Sicherung der Liquidität.

Der Sicherung des Unternehmungspotentials liegt der Gedanke zugrunde, die „Leistungskraft" der Betriebswirtschaft aufrechtzuerhalten. Diese zunächst vage Formulierung läßt sich durch meßbare Erhaltungsmaßstäbe konkretisieren. Beispielsweise kann das ursprünglich investierte Kapital als nomineller Wert oder realer Wert (unter Berücksichtigung der Geldwertschwankungen) zur Beurteilung herangezogen werden. Eine rein substanzbezogene Form des Erhaltungsstrebens liegt dagegen vor, wenn als Maßstab die Produktionskapazität Verwendung findet. Das Streben nach relativer bzw. leistungsäquivalenter Kapitalerhaltung ist die in diesem Zusammenhang am weitesten gehende Forderung; sie verlangt eine Ausrichtung der Leistungsfähigkeit an Wirtschaftswachstum, Konkurrenz und technischem Fortschritt. *Sicherung des Unternehmungspotentials*

Die zweite Ausdrucksform des Sicherheitsstrebens – die Sicherung der Liquidität – wird auch als das Streben nach Aufrechterhaltung des finanziellen Gleichgewichts bezeichnet. **Eine Betriebswirtschaft befindet sich im finanziellen Gleichgewicht, wenn sie zu jedem Zeitpunkt den fälligen Zahlungsverpflichtungen uneingeschränkt nachkommen kann.** *Sicherung der Liquidität*

Diese Voraussetzung ist erfüllt, wenn die in einem Zeitpunkt zu leistenden Ausgaben nicht größer sind als die Summe der zu diesem Zeitpunkt anfallenden Einnahmen einschließlich der vorhandenen Zahlungsmittelbestände (dispositive Liquidität). Zur Liquiditätsbeurteilung werden auch bilanzstrukturorientierte Maßstäbe vorgeschlagen. In diesem Fall wird auf Bestandsgrößen wie Vermögens- und Kapitalbestände Bezug genommen, die sich je nach dem Grad ihrer Liquidierbarkeit unterschiedlich als Liquiditätsreserven eignen.

Die Einhaltung bestimmter Kapital- und Vermögensrelationen soll die Aufrechterhaltung der jederzeitigen Zahlungsfähigkeit gewährleisten. Hier sind die sogenannten horizontalen und vertikalen Finanzierungsregeln zu nennen. **Vertikale Finanzierungsregeln** schreiben ein bestimmtes Verhältnis zwischen Eigen- und Fremdkapital vor. **Horizontale Finanzierungsregeln** fordern, daß Investitionen mit bestimmter Kapitalbindungsdauer durch Geldkapital mit entsprechender Überlassungsfrist zu finanzieren sind. Beide Fälle sind Ausdrucksformen des Strebens nach struktureller oder konstitutiver Liquidität. *Finanzierungsregeln*

Während das Sicherheitsstreben meist nur in Form von Nebenbedingungen Berücksichtigung findet, stehen Gewinn und Rentabilität meist an der Spitze betriebswirt- *Zielhierarchie* schaftlicher Zielhierarchien. Ein Beispiel für eine Zielhierarchie in Gestalt eines Kennzahlensystems gibt Abbildung 1.10 wieder.

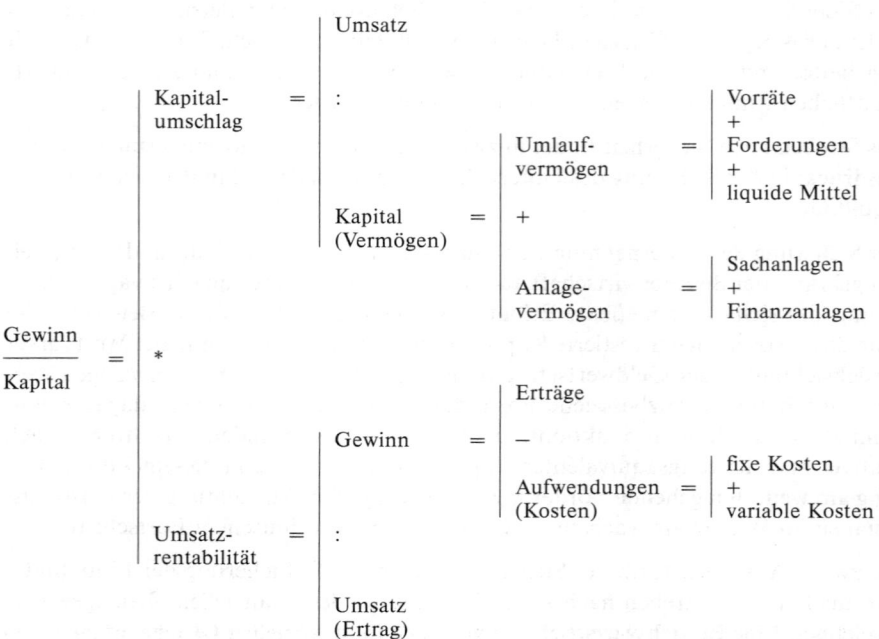

Abbildung 1.10: Kennzahlenhierarchie (Du Pont-Schema)

Ziele und Zielveränderungen im Entscheidungsprozeß

Zielsysteme bestehen in der Praxis häufig aus mehreren Oberzielen, die vergleichsweise unverbindlich formuliert sind und selten eindeutige Ziel-Subziel-Beziehungen enthalten.

Auch die Annahme, daß Ziele formuliert sein müssen, bevor Unterziele oder Mittel gewählt werden, ist idealtypischer Natur. Bei Verhandlungsprozessen, die in oder zwischen industriellen Organisationen ablaufen, ist nicht auszuschließen, daß die Verhandlungspartner sich auf ein Mittel einigen (z. B. Fusionsentscheidung), ohne sich vorher über gemeinsame Zielsetzungen verständigt zu haben. Sie halten allerdings die entsprechende Entscheidung für gut im Sinne ihrer – nicht ausdrücklich formulierten oder gar nur unbewußt vorhandenen – individuellen Zielsetzungen. Daß Ziele im Zeitablauf nicht konstant zu sein brauchen, folgt aus der Notwendigkeit ständiger Anpassung an Umweltveränderungen. Zielsetzungen erfolgen auch nicht absolut, sondern im Zusammenhang mit den zur Verfügung stehenden Mitteln; sie werden nicht selten so lange inhaltlich oder dem Anspruchsniveau nach modifiziert, bis Mittel zu ihrer Erreichung gefunden sind. Ebenso besteht die Möglichkeit, daß Ziele erst nachträglich zur Rechtfertigung bereits getroffener Mittelentscheidungen formuliert werden.

20

Systematisierung

Ziel der Systematisierung ist die gedankliche Erfassung des komplexen Objektbereichs und dessen analytische Aufgliederung in einzelne Elemente nach grundsätzlich beliebigen Kriterien. Die Entscheidungstatbestände in einer Betriebswirtschaft können beispielsweise in funktionsbezogene (z. B. Produktions-, Absatz-, Beschaffungs-, Finanzbereich) oder entwicklungsbezogene (Gründungs-, Umsatz-, Liquidationsphase) eingeteilt werden. Andere arteigene Gemeinsamkeiten werden bei der Unterscheidung strategischer, taktischer und operativer Entscheidungstatbestände (vgl. Kapitel III. 2 dieses Teils) oder bei der Unterscheidung wohlstrukturierter und schlechtstrukturierter Entscheidungen herausgehoben (vgl. Kapitel II. 2 dieses Teils).

Die entscheidungsorientierte Betriebswirtschaftslehre muß zum einen die in der Praxis anzutreffenden Systematisierungsansätze ermitteln. Andererseits muß sie auch eigene, zweckmäßige Einteilungen finden, die ein Problem nicht in unangemessener Weise „simplifizieren".

Erklärungsmodelle

Der Zusammenhang zwischen den als Entscheidungstatbeständen abgegrenzten betrieblichen Sachverhalten und den zu berücksichtigenden Zielen muß so präzise wie möglich erfaßt und dargestellt werden. Zu diesem Zweck sind **Erklärungsmodelle** zu konstruieren. Sie **sollen die Folgen alternativer Handlungsweisen für die Zielerreichung aufzeigen.** Meistens müssen für die Messung der Zielerreichung Zielkriterien bestimmt werden. Gelingt eine Quantifizierung der Modellgrößen, so können Erklärungsmodelle mathematisch formuliert werden (z. B. Kostenfunktionen, Preis-Absatz-Funktionen). Oft lassen sich Zusammenhänge nur verbal oder schaubildlich zum Ausdruck bringen, wobei lediglich tendenzielle Aussagen gemacht werden können (z. B. Motivationswirkungen unterschiedlicher Lohnformen). Erklärungsmodelle können zum einen im Interesse einer zutreffenden Beschreibung der betrieblichen Realität aufgestellt werden. Sie informieren dann über die in betrieblichen Entscheidungsprozessen (typischerweise) wahrgenommenen und berücksichtigten Zusammenhänge. Zum anderen kann der Neuentwurf von Erklärungsmodellen erforderlich werden, um bislang vernachlässigte oder nicht zutreffend beschriebene Zusammenhänge aufzuzeigen (z. B. ökologische Auswirkungen).

Erklärung und Voraussage von Entscheidungsfolgen

Entscheidungsmodelle

Erklärungsmodelle werden zwar im Hinblick auf die Darstellung zielrelevanter Konsequenzen von Entscheidungsvariablen bzw. Handlungsmöglichkeiten konstruiert, ermöglichen jedoch i. d. R. noch keine unmittelbare Ermittlung der günstigsten Alternative. Zu diesem Zweck müssen Entscheidungsmodelle entwickelt werden. Dabei sind die **Entscheidungsvariablen** (z. B. Mengen und/oder Preise) zu bestimmen und die Anspruchsniveaus für **Ziele** und **Nebenbedingungen** zu formulieren. Bei der Entwicklung von Modellen zur Lösung von Entscheidungsproblemen können verfügbare Problemlösungsverfahren Anregungen und Hilfestellungen liefern. Ergebnis der Konstruktionsbemühungen sind entweder sogenannte **„deskriptive"** oder **„präskriptive" Entscheidungsmodelle** (vgl. Kapitel II. 3 dieses Teils).

Aufgabe der Betriebswirtschaftslehre in diesem Bereich ist sowohl die Ermittlung bzw. Rekonstruktion von in der Praxis gängigen Entscheidungsmodellen, als auch deren Neukonstruktion auf der Grundlage einer wissenschaftlichen Sichtweise.

Grundmodelle und interdisziplinärer Bezug

Bei der Erfüllung der vier Teilaufgaben, Zielforschung, Systematisierung, Erklärung und Gestaltung, geht die Betriebswirtschaftslehre von Grundmodellen aus, die die Verhaltensweisen der Entscheidungsträger auf den wirtschaftlich relevanten Systemebenen Individuum, Gruppe, Organisation und Gesellschaft beschreiben und erklären.

Die Grundmodelle bilden die theoretische Basis der entscheidungsorientierten Betriebswirtschaftslehre. Sie werden teilweise unter Rückgriff auf Nachbardisziplinen entwickelt. Durch die Übernahme von Ergebnissen aus der allgemeinen ökonomischen Theorie, Individualpsychologie, Sozialpsychologie, Soziologie, Politologie, Informatik, Rechts- und Ingenieurwissenschaft sowie aus den fachübergreifenden Disziplinen, wie Mathematik, Systemtheorie, Planungswissenschaften und Organisationsforschung, ergibt sich eine interdisziplinäre Bereicherung der Betriebswirtschaftslehre. Diese Integration von Erkenntnissen anderer Wissenschaftsbereiche wird durch die Überschneidung der beiden großen Rechtecke der Abbildung 1.4 (S. 13) zum Ausdruck gebracht.

Industriebetriebslehre und entscheidungsorientierte Betriebswirtschaftslehre

Grundsätzlich ergänzt die Industriebetriebslehre das Wissenschaftsprogramm der allgemeinen Betriebswirtschaftslehre durch den erhöhten Konkretisierungsgrad, der ihre Aussagen über spezifische industriebetriebliche Tatbestände und Zusammenhänge prägt. Auf diese Weise wird eine höhere praktische Verwertbarkeit der Aussagen angestrebt. Zur Erfüllung dieser Forderung wäre es eigentlich notwendig, für jede denkbare Entscheidungssituation ein spezifisches Entscheidungsmodell zu entwickeln. Eine derartige Deutung der Anwendbarkeit der Industriebetriebslehre würde sicherlich nicht nur den Rahmen dieser Einführung, sondern vor allem den gegenwärtigen Entwicklungsstand der Industriebetriebslehre überschreiten. Es wird daher versucht, eine „allgemeine" Industriebetriebslehre zu entwerfen, deren Aussagen alle Typen von Industriebetrieben in genereller Weise betreffen. Eine weitere Konkreti-

sierung in Form der Entwicklung „spezieller" Industriebetriebslehren des Textil-
betriebes, des Maschinenbaus, der Chemiebetriebe usw. ist mit diesem Lehrbuch
nicht beabsichtigt.

**Die Industriebetriebslehre vermag nicht, für alle denkbaren Entscheidungssituationen
genaue Voraussagen über die Folgen von Handlungsmöglichkeiten zu machen, sondern
nur typische Konstellationen von Entscheidungsbedingungen herauszustellen.** Für die
Praxis bedeutet dies in der Regel, daß sie ihr Entscheidungsfeld selbst zu erforschen
hat. Die Industriebetriebslehre kann ihr dabei „nur" Hilfestellung geben, indem sie
mögliche Erkenntnismethoden aufzeigt und auf häufig bestehende oder zumindest
denkbare Ursache-Wirkungs-Zusammenhänge hinweist.

2. Typen betriebswirtschaftlicher Entscheidungen

Für die Analyse der in einer Unternehmung stattfindenden Entscheidungen können
unterschiedliche Merkmale von Bedeutung sein. Abbildung 1.11 gibt eine Übersicht
über mögliche Kriterien.

Kriterien			
Träger der Ent-scheidung (1)	Entscheidungs-konsequenzen (2)	Verlauf des Ent-scheidungsprozesses (3)	Struktur des Ent-scheidungsproblems (4)
Individual- und Kollektiventschei-dung (11) Zentrale und dezentrale Ent-scheidungen (12)	Entscheidung bei Sicherheit, Risiko und Unsicherheit (21) Lang-, kurz-, und mittelfristige Ent-scheidungen (22) Entscheidungen bei einfacher und mehrfacher Zielset-zung (23)	Simultane und suk-zessive Entschei-dungen (31) Programmierbare und nicht program-mierbare Entschei-dungen (32)	Wohl-strukturierte Entscheidungs-probleme (41) Schlecht-struktu-rierte Entschei-dungsprobleme (42)

Abbildung 1.11: Wichtige Typen betriebswirtschaftlicher Entscheidungen

**Entscheidungsträger ist, wer an bestimmten Entscheidungsprozessen teilnimmt und auf-
grund seiner Stellung oder Rolle in der Unternehmung befugt ist, das Ergebnis der
Entscheidungsfindung festzulegen.** Entscheidungsträger kann eine Person, eine Gruppe von Personen oder eine gesamte Organisation sein. Dementsprechend können
Individual- und **Kollektiventscheidungen** unterschieden werden (11).

*Träger der
Entscheidung*

23

Die mathematische Entscheidungstheorie vernachlässigt häufig diese Unterscheidung. In der sozialwissenschaftlich orientierten Forschung werden die Entscheidungen in erster Linie als Prozesse der menschlichen Informationsverarbeitung betrachtet (Theorie kognitiver Entscheidungsprozesse). Die Beschreibung und Erklärung individueller und kollektiver Entscheidungsprozesse basiert weitgehend auf den Erkenntnissen der Psychologie, der Sozialpsychologie und der Soziologie.

Besitzen in einer Unternehmung mehrere Personen oder Abteilungen Entscheidungsbefugnisse hinsichtlich jeweils unterschiedlicher Problemstellungen, wird von „**Entscheidungsdezentralisation**" gesprochen. Zentralisation liegt vor, wenn sämtliche Entscheidungsaufgaben von einer Person oder Abteilung wahrgenommen werden (12). **In der Realität besteht weder völlige Dezentralisation noch vollständige Zentralisation.**

Entscheidungen unter Sicherheit, Risiko und Unsicherheit

(21) Nach dem Informationsgrad des Entscheidungsträgers unterscheidet man Entscheidungen unter Sicherheit, Risiko, Unsicherheit (vgl. Knight 1921). Bei einer Entscheidungssituation unter **Sicherheit** weiß der Entscheidungsträger, daß Handlungen bestimmte Auswirkungen eindeutig und ohne Zweifel hervorrufen. Bei **Risikoentscheidungen** besitzt der Entscheidungsträger Kenntnis über die Eintrittswahrscheinlichkeiten der Folgen bestimmter Handlungen. Im Falle der **Unsicherheit** ist dem Entscheidungsträger zwar bekannt, daß eine bestimmte Umweltsituation zu bestimmten Konsequenzen der Handlungsalternativen führt, er kennt jedoch nicht die Eintrittswahrscheinlichkeiten der verschiedenen Umweltsituationen.

Lang-, mittel- und kurzfristige Entscheidungen

Je nach Länge der Bindungsdauer, der Bezugszeit und des Planungshorizontes einer Entscheidung lassen sich lang-, mittel- und kurzfristige Entscheidungen abgrenzen (22).

Bindungsdauer

Die Bindungsdauer ist der Zeitraum, für den die vorgelagerte Entscheidung Prämissen für nachgelagerte Entscheidungen setzt. Langfristige Entscheidungen gelten z. B. 4–10 Jahre, mittelfristige zwischen 1 und 3 Jahren; kurzfristige Entscheidungen gelten bis zu 1 Jahr.

Bezugszeit

Eine solche Fristeneinteilung läßt sich allerdings auch nach der Bezugszeit der Entscheidung treffen. Ein Plan als das Ergebnis eines antizipativen Entscheidungsprozesses enthält Merkmale eines anzustrebenden zukünftigen Zustandes. Beziehen sich diese Merkmale auf einen Zustand, der beispielsweise in 10 Jahren realisiert sein soll, kann man von einer langfristigen Entscheidung hinsichtlich der Bezugszeit sprechen. Dabei spielt es keine Rolle, daß die Bindungsdauer an die Entscheidung eventuell kürzer ist.

Planungshorizont

Sind mit einer Entscheidung bestimmte Erwartungen für die Zukunft verbunden, kann als drittes Kriterium für die Fristigkeit von Entscheidungen der Planungshorizont herangezogen werden. Er beschreibt den Zeitraum, über den hinweg Erwartungen bestehen bezüglich der Auswirkungen der Entscheidung auf die betriebliche Aufgabenerfüllung oder auf die Entwicklung der Unternehmung. Auch eine hinsichtlich der Bezugszeit kurzfristige Entscheidung kann langfristige Erwartungen auslösen.

24

(23) Die Auswahl von Handlungsmöglichkeiten kann anhand eines Zieles oder mehrerer Ziele (Kriterien) erfolgen. Entsprechend können **Entscheidungen bei einfacher und mehrfacher Zielsetzung** unterschieden werden.

Ziel-dimensionen

Sowohl die Entscheidungen eines einzelnen Individuums als auch die Entscheidungen mehrerer Individuen weisen häufig Interdependenzen auf. Die Entscheidungsprozesse verlaufen in gewisser Weise „vermascht". Ergebnisse eines Entscheidungsprozesses A werden als Grundlage oder Prämisse eines anderen Entscheidungsprozesses B benötigt und umgekehrt. Je nachdem, welche Konstellation vorliegt, muß eine gewisse Abfolge der Einzelentscheidungen eingehalten werden. Kriterium der Unterscheidung zwischen sukzessiven und simultanen Entscheidungen (31) ist die zeitliche Abfolge der Festlegung der Aktionsvariablen. Im **sukzessiven Entscheidungsprozeß** werden die einzelnen Teilentscheidungen zeitlich nacheinander gefällt, beispielsweise zunächst die Absatz-, dann die Produktions- und schließlich die Investitions- und Finanzierungsentscheidungen. Die auf den jeweils zeitlich vorgelagerten Stufen des Prozesses erfolgten Festlegungen von Entscheidungstatbeständen werden mehr oder weniger als endgültige Entscheidungen aufgefaßt. Sie bilden Daten für die nachfolgenden Entscheidungen. Infolge der Arbeitsteilung in Organisationen müssen die einzelnen Entscheidungstatbestände nacheinander festgelegt werden. Bei späteren Teilentscheidungen ergeben sich jedoch häufig Schwierigkeiten. Dadurch wird ein Rückkoppelungsprozeß ausgelöst, der zur Revision der früher getroffenen Teilentscheidungen führen kann. Im **simultanen Entscheidungsprozeß** erfolgt die endgültige Festlegung aller Entscheidungstatbestände gleichzeitig.

Verlauf des Ent-scheidungs-prozesses

(32) Das Begriffspaar „programmierbare und nicht programmierbare Entscheidungen" stammt von Simon (1957). Zahlreiche Entscheidungen (wie z. B. die Bestellung von Verbrauchsgütern) wiederholen sich im Zeitablauf, ohne sich in ihrer Struktur nennenswert zu ändern. Entscheidungen dieser Art lassen sich durch **generelle Regelungen,** d. h. durch die Vorgabe operationaler Kriterien und Methoden weitgehend standardisieren. Auf diese Weise können sie nicht nur leichter delegiert, sondern auch einer elektronischen Datenverarbeitungsanlage übertragen werden. Ihre Programmierbarkeit ist gewährleistet, wenn Zielkriterium sowie Menge und Art der zu verarbeitenden Informationen als längerfristig konstant anzusehen sind und eine Lösungsmethode bekannt ist. Diese Voraussetzungen sind bei **nicht programmierbaren Entscheidungen** nicht gegeben. Nicht programmierbare Entscheidungen sind häufig einmalige Entscheidungen. Programmierbare Entscheidungen werden auch als Routineentscheidungen bezeichnet.

Programmierbare Ent-scheidungen

Wohlstrukturierte Entscheidungsprobleme (41) sind durch das Vorhandensein folgender Merkmale gekennzeichnet: eine bestimmte Anzahl von Handlungsmöglichkeiten, Informationen über deren Auswirkungen **(Konsequenzen),** klar formulierte Ziele **(Prämissen)** sowie Regeln **(Lösungsalgorithmen),** mit deren Hilfe eine eindeutige Präferenzordnung der Alternativen gebildet werden kann. Wohlstrukturierte Probleme können analytisch gelöst werden. Sie sind damit programmierbar.

Struktur des Ent-scheidungs-problems

Häufig sind Entscheidungsprobleme **schlechtstrukturiert** (42). **Ein schlechtstrukturiertes Problem ist dadurch charakterisiert, daß ihm mindestens eines der Merkmale**

wohlstrukturierter Probleme fehlt. Dieser Typ ist bei einer Vielzahl der im Industrie-betrieb zu lösenden Probleme gegeben (z. B. Personalentscheidungen, Organisations-gestaltung, Gestaltung der Werbung und Absatzwege, Forschung und Entwicklung, Entwicklung von Informationssystemen). Intuition, Einfallsreichtum, Erfahrung usw. sind Elemente des Problemlösungsverhaltens in schlechtstrukturierten Entschei-dungssituationen.

3. Grundlagen der Entscheidungstheorie

Präskriptive und deskrip-tive Entschei-dungstheorie

In der Entscheidungsforschung unterscheidet man zwei Grundrichtungen. Die **nor-mative oder präskriptive Entscheidungstheorie** zeigt, wie sich Entscheidungsträger verhalten sollen, um dem Postulat der Rationalität zu genügen. Im Gegensatz hierzu wird im Rahmen der **empirisch-realistischen oder deskriptiven Entscheidungstheorie** versucht, Modelle zu entwickeln, die das tatsächliche Entscheidungsverhalten der Entscheidungsträger abbilden.

a) Präskriptive Entscheidungstheorie

Das Grundmodell der präskriptiven Entscheidungstheorie besteht aus zwei Teilen, dem Entscheidungsfeld und den Zielen des Entscheidungsträgers.

Entscheidungsfeld

Das Entscheidungsfeld umfaßt die Menge der möglichen Aktionen (Aktionsraum), die Menge der möglichen Umweltzustände und die Ergebnismenge.

Aktionsraum

Der Aktionsraum bildet den beeinflußbaren Teil des Entscheidungsfeldes. Er **besteht aus allen dem Entscheidungsträger zur Verfügung stehenden Aktionsmöglichkeiten.** Hierzu zählt in der Regel auch die Unterlassensalternative. Betriebswirtschaftliche Aktionen sind meist Kombinationen von Handlungsmöglichkeiten. Sie müssen so formuliert werden, daß sie den gegebenen Ressourcenbestand vollständig ausschöp-fen und sich gegenseitig ausschließen. Besitzt z. B. ein Unternehmen 1 Mio. Mark und folgende Investitionsmöglichkeiten: Kauf von Maschine A für 600 000 Mark, Kauf von Maschine B für 400 000 Mark, Sparanlage zu 10% Verzinsung p.a. in beliebiger Höhe, Beteiligung an einem anderen Unternehmen in Höhe von 1 Mio. Mark, so ergeben sich fünf Alternativen (a_i):

a_1: Kauf von Maschine A für 600 000 Mark, Spareinlage in Höhe von 400 000 Mark

a_2: Kauf von Maschine B für 400 000 Mark, Spareinlage in Höhe von 600 000 Mark

a_3: Kauf von Maschine A und Maschine B für zusammen 1 Mio. Mark

a_4: Spareinlage in Höhe von 1 Mio. Mark

a_5: Unternehmensbeteiligung in Höhe von 1 Mio. Mark

26

Die Menge der möglichen Umweltzustände spiegelt den vom Entscheidungsträger nicht beeinflußbaren Teil des Entscheidungsfeldes wider. Genau wie die Aktionen müssen sich auch die Umweltzustände gegenseitig ausschließen. Es sind nur diejenigen Umweltmerkmale zu berücksichtigen, die eine Auswirkung auf die Ergebnisse der Aktionen haben. Nach der Investitionsentscheidung des Unternehmens können z. B. drei relevante Umweltzustände (s_j) auftreten:

Menge möglicher Umweltzustände

s_1: schlechte Konjunkturentwicklung
s_2: mittlere Konjunkturentwicklung
s_3: gute Konjunkturentwicklung

Die Ergebnismenge erhält man, indem jeder Kombination aus Handlungsalternative (a_i) und Umweltzustand (s_j) das entsprechende Ergebnis (e_{ij}) zugeordnet wird. Diese Zuordnung wird als **Ergebnisfunktion f(a_i, s_j)** bezeichnet. Die Ergebnisfunktion läßt sich in einer Ergebnismatrix darstellen (vgl. Abbildung 1.12).

Ergebnismenge

Aktionen \ Umweltzustände	s_1	s_2	...	s_n
a_1	e_{11}	e_{12}	...	e_{1n}
a_2	e_{21}	e_{22}	...	e_{2n}
.	.	.		.
.	.	.		.
.	.	.		.
a_m	e_{m1}	e_{m2}	...	e_{mn}

Abbildung 1.12: Ergebnismatrix

Für das obige Beispiel ergibt sich bei einer Maschinennutzungsdauer von jeweils zwei Jahren folgende Ergebnismatrix (Abbildung 1.13). Als Ergebnis wird das jeweilige Endvermögen eingetragen.

Aktionen \ Umweltzustände	s_1	s_2	s_3
a_1	484 000	1 084 000	1 684 000
a_2	726 000	1 126 000	1 526 000
a_3	0	1 000 000	2 000 000
a_4	1 210 000	1 210 000	1 210 000
a_5	500 000	1 000 000	1 500 000

Abbildung 1.13: Ergebnismatrix des Investitionsbeispiels

27

Ziele des Entscheidungsträgers

Entschei-
dungsmatrix

Um eine Entscheidungsgrundlage zu erhalten, müssen die Ergebniswerte (e_{ij}) unter Berücksichtigung der Ziele des Entscheidungsträgers in Nutzenwerte (u_{ij}) transformiert werden. Dies geschieht mit Hilfe der Nutzenfunktion $g(e_{ij})$. Indem man in der Ergebnismatrix die Ergebniswerte (e_{ij}) durch Nutzenwerte (u_{ij}) ersetzt, erhält man die gewünschte Entscheidungsmatrix (vgl. Abbildung 1.14).

Umweltzustände / Aktionen	s_1	s_2	. . .	s_m
a_1	u_{11}	u_{11}	. . .	u_{1m}
a_2	u_{21}	u_{22}	. . .	u_{2m}
. . .	. . .	. . .		. . .
a_n	u_{n1}	u_{n2}	. . .	u_{nm}

Abbildung 1.14: Entscheidungsmatrix

Die Umformung der Ergebnis- in Nutzenwerte ist vor allem dann unabdingbar, wenn der Entscheidung mehrere zum Teil konkurrierende Ziele (Zielsystem) zugrunde liegen. Dagegen wird auf eine Transformation häufig verzichtet, wenn nur ein Ziel verfolgt wird und die Ergebniswerte wie im obigen Beispiel quantitativ ausgedrückt sind. Dies ist jedoch formal nur bei einer streng monotonen Nutzenfunktion zulässig.

Die beschriebenen Zusammenhänge zwischen Zielsystem, Entscheidungsfeld, Ergebnis- und Entscheidungsmatrix sind in Abbildung 1.15 graphisch dargestellt. Der gestrichelte Pfeil deutet an, daß das Entscheidungsfeld nicht vollkommen unabhängig, sondern bereits vor dem Hintergrund des bestehenden Zielsystems formuliert wird.

Dominanzkriterium

Zulässige
Aktionen

Mit Hilfe des Dominanzkriteriums wird der Aktionsraum auf die zulässigen (effizienten) Aktionen reduziert. **Zulässig sind alle Aktionen, die von keiner anderen Aktion dominiert werden.** Man sagt, eine Aktion a_i dominiert eine andere Aktion a_j, wenn sie bei keinem Umweltzustand zu einem schlechteren und bei mindestens einem Umweltzustand zu einem besseren Resultat führt. In obigem Investitionsbeispiel (vgl. Abbildung 1.13) wird Aktion a_5 von Aktion a_2 dominiert. Aktion a_5 ist somit unzulässig (ineffizient) und kann bei der Entscheidungsfindung vernachlässigt werden.

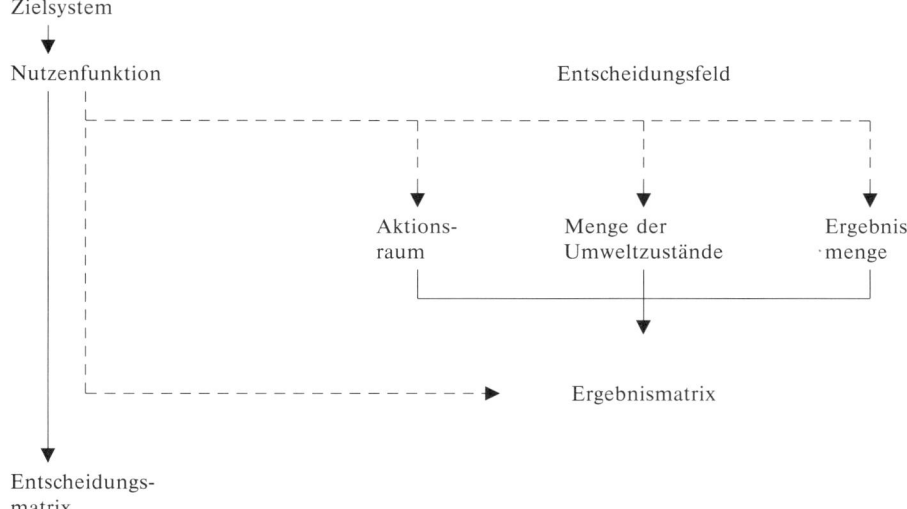

Zielsystem

Nutzenfunktion   Entscheidungsfeld

Aktions-   Menge der   Ergebnis-
raum   Umweltzustände   menge

Ergebnismatrix

Entscheidungs-
matrix

Abbildung 1.15: Zusammenhang zwischen Zielsystem, Entscheidungsfeld,
Ergebnis- und Entscheidungsmatrix

Entscheidungsregeln

Eine Entscheidungsregel ist ein Verfahren, das für ein Entscheidungsproblem die optimale(n) Aktion(en) auswählt. Die einzelnen Entscheidungsregeln sind jeweils für unterschiedliche Entscheidungssituationen entwickelt worden.

(1) Entscheidung unter Sicherheit

Entscheidungssituationen unter Sicherheit sind dadurch gekennzeichnet, daß der eintretende Umweltzustand bekannt ist **(vollkommene Information).** Aus dem Aktionsraum ist diejenige Aktion auszuwählen, die zum höchsten Nutzwert führt. Tritt in dem oben angeführten Investitionsproblem mit Sicherheit eine gute Konjunkturentwicklung ein, sollte sich ein nach Gewinnmaximierung strebendes Unternehmen für Aktion 3 entscheiden (vgl. Abbildung 1.13, S. 26).

(2) Entscheidung unter Risiko

Von einer Entscheidungssituation unter Risiko spricht man, wenn der zukünftige Umweltzustand zum Entscheidungszeitpunkt unbekannt ist, der Entscheidungsträger den möglichen Umweltzuständen aber Eintrittswahrscheinlichkeiten zuordnen kann. Diese Wahrscheinlichkeiten können „objektiven" Charakter haben (wenn sie theoretisch bzw. experimentell ermittelt werden), oder „subjektiv" z. B. durch Expertenschätzungen bestimmt werden. Es ist stets zu beachten, daß die Summe der Eintrittswahrscheinlichkeiten (p_j) aller Umweltzustände (s_j) eins ergibt ($\sum_j p_j = 1$).

29

Bayes-Entscheidungsregel

Nach der Bayes-Entscheidungsregel wird in Entscheidungssituationen unter Risiko diejenige Aktion gewählt, die den höchsten Erwartungswert des Ergebnisses über alle Umweltzustände aufweist. Im Rahmen des Investitionsbeispiels müßte ein gewinnorientiertes Unternehmen, das mit einer Wahrscheinlichkeit von 0,1 eine schlechte, mit 0,5 eine mittlere und mit 0,4 eine gute Konjunkturentwicklung erwartet, Aktion a_3 wählen (vgl. Abbildung 1.16).

Wird die Bayes-Entscheidung nicht auf Ergebnis- sondern Nutzwerte angewendet, spricht man auch vom sogenannten Bernoulli-Prinzip.

Umweltzustände / Aktionen	s_1 $p_1 = 0{,}1$	s_2 $p_2 = 0{,}5$	s_3 $p_3 = 0{,}4$	Erwartungswert $E(a_i)$
a_1	484 000	1 084 000	1 684 000	1 240 000
a_2	726 000	1 126 000	1 526 000	1 246 000
a_3	0	1 000 000	2 000 000	1 300 000
a_4	1 210 000	1 210 000	1 210 000	1 210 000

Abbildung 1.16: Bayes-Regel

Bernoulli-Prinzip

Nach dem Bernoulli-Prinzip wird diejenige Aktion gewählt, die den Erwartungswert der Nutzen maximiert. Mit Hilfe geeigneter Bernoulli-Nutzenfunktionen lassen sich die Risikopräferenzen der Entscheidungsträger berücksichtigen. Haben zwei Ergebnisse denselben Erwartungswert, z. B. bei einer Lotterie 1 Mio. DM Gewinn mit 10% Wahrscheinlichkeit oder 200 TDM mit 50% Wahrscheinlichkeit, dann bewertet ein **risikoscheuer Entscheidungsträger** erstere Möglichkeit mit einem geringeren Nutzwert, als die zweite. **Risikofreude** wird demgegenüber mit einer Höherbewertung der ersten Alternative, **Risikoneutralität** mit einer Gleichbewertung zum Ausdruck gebracht. Das Bernoulli-Prinzip bei Risikoneutralität entspricht folglich der Bayes-Regel. Ein weiteres Entscheidungskriterium, das die Risikoeinstellung berücksichtigt, ist das (μ, σ)-Prinzip (vgl. z. B. Bamberg/Coenenberg 1989).

(3) Entscheidungen unter Unsicherheit

Wenn für den Eintritt der verschiedenen Umweltsituationen keine Wahrscheinlichkeiten feststellbar sind, spricht man von einer Entscheidung unter Unsicherheit. Für diese Entscheidungssituation wurden mehrere Entscheidungsregeln entwickelt.

Laplace-Entscheidungsregel

Die Laplace-Entscheidungsregel unterstellt, daß alle Umweltzustände mit der gleichen Wahrscheinlichkeit eintreten. Sie entspricht einer Bayes-Entscheidungsregel bei Gleichverteilung der Umweltzustände. Wird das Investitionsproblem mit Hilfe der Laplace-Entscheidungsregel gelöst, muß Aktion a_4 realisiert werden (vgl. Abbildung 1.17).

Umweltzustände / Aktionen	s_1 $p_1 = 1/3$	s_2 $p_2 = 1/3$	s_3 $p_3 = 1/3$	Erwartungs-wert $E(a_i)$
a_1	484 000	1 084 000	1 684 000	1 064 000
a_2	726 000	1 126 000	1 526 000	1 126 000
a_3	0	1 000 000	2 000 000	1 000 000
a_4	1 210 000	1 210 000	1 210 000	1 210 000

Abbildung 1.17: Laplace-Regel

Spieltheorie

Eine Sonderform der Entscheidung unter Unsicherheit ist die Situation des strategischen Spiels. Hierbei wird die Menge der Umweltzustände als Aktionsraum eines rational handelnden Gegenüber gedeutet. Mit derartigen Entscheidungssituationen befaßt sich die Spieltheorie.

Minimax-Regel

Eine der bekanntesten spieltheoretischen Entscheidungsregeln ist die Minimax-Regel von Wald. **Nach dieser Regel wählt der Entscheidungsträger diejenige Alternative, die bei Eintritt der ungünstigsten Umweltsituation noch zum relativ besten Ergebnis führt.** Der Name Minimax ist darauf zurückzuführen, daß die statistische Entscheidungstheorie in der Regel mit Verlusttafeln arbeitet (d. h. die Ergebnisse werden in Verlustwerten ausgedrückt). Die Minimax-Regel führt folglich zur Minimierung des maximal möglichen Verlustes.

Abbildung 1.18 spiegelt die Konkurrenzsituation zweier Industriebetriebe wider. Beide „Spieler" können zwischen drei Preisstrategien wählen. In der Spielmatrix sind die von Spieler 1 hinzunehmenden Umsatzverluste (in Mio. DM) in Abhängigkeit von dem eigenen Preisverhalten und von der Preisstrategie des Konkurrenten aufgeführt. Die Minimax-Regel befolgend müßte Spieler 1 Aktion 3 wählen.

Strategie von Spieler 2 / Strategie von Spieler 1	s_1	s_2	s_3	Zeilen-maximum	
a_1	– 3	3	5	5	
a_2	3	2	4	4	
a_3	1	1	– 3	1	← Min!
Spaltenminimum	– 3	1	– 3		

↑
Max!

Abbildung 1.18: Beispiel einer Spielsituation

| | Zwei- Personen- Null-Sum- men-Spiele | Entsprechen die Gewinne von Spieler 1 den Verlusten von Spieler 2, dann spricht man von einem Zwei-Personen-Null-Summen-Spiel. Abbildung 1.18 (S. 31) kann als Zwei-Personen-Null-Summen-Spiel interpretiert werden, wenn die Umsatzeinbußen von Spieler 1 bei Spieler 2 Umsatzsteigerungen in gleicher Höhe bewirken. Dabei zeigt sich, daß Spieler 1 eine Umsatzeinbuße in Höhe von 1 Mio. DM nicht verhindern kann. Wählen beide Spieler ihre Strategie nach der Minimax-Regel, so kommt es zu Kombination a_3b_2. |

Zwei-Personen-Null-Summen-Spiele

Entsprechen die Gewinne von Spieler 1 den Verlusten von Spieler 2, dann spricht man von einem Zwei-Personen-Null-Summen-Spiel. Abbildung 1.18 (S. 31) kann als Zwei-Personen-Null-Summen-Spiel interpretiert werden, wenn die Umsatzeinbußen von Spieler 1 bei Spieler 2 Umsatzsteigerungen in gleicher Höhe bewirken. Dabei zeigt sich, daß Spieler 1 eine Umsatzeinbuße in Höhe von 1 Mio. DM nicht verhindern kann. Wählen beide Spieler ihre Strategie nach der Minimax-Regel, so kommt es zu Kombination a_3b_2.

Sattelpunkt

Da bei diesem Strategiepaar das maximale Gewinnminimum (Spieler 2) und minimale Verlustmaximum (Spieler 1) übereinstimmen, spricht man von einem Sattelpunkt. Der Sattelpunkt stellt eine Gleichgewichtslösung dar, existiert aber nicht in allen Fällen.

Die Minimax-Entscheidungsregel kann auch auf allgemeine Entscheidungssituationen unter Unsicherheit angewandt werden. Sie garantiert ein Mindestergebnis und wird deshalb besonders von pessimistischen Entscheidungsträgern bevorzugt. Nach der Minimax- (bzw. Maximin-) Regel wäre in dem Investitionsbeispiel Aktion 4 optimal (vgl. Abbildung 1.19).

Umweltzustände Aktionen	s_1	s_2	s_3	Min.	
a_1	484 000	1 084 000	1 684 000	484 000	
a_2	726 000	1 126 000	1 526 000	726 000	
a_3	0	1 000 000	2 000 000	0	
a_4	1 210 000	1 210 000	1 210 000	1 210 000	← Ma

Abbildung 1.19: Minimax- (bzw. Maximin-) Regel

Gefangenen-dilemma

Ein bekanntes Beispiel für ein Nicht-Nullsummenspiel ist das Gefangenendilemma: Die Situation des Gefangenendilemmas soll (der Name stammt aus einer Anwendung im amerikanischen Strafprozeßrecht) anhand eines betriebswirtschaftlichen Beispiels erläutert werden (vgl. Abbildung 1.20). Hierzu wird angenommen, es gäbe in einer bestimmten Region zwei marktbeherrschende Molkereien. Da der Milchumsatz derzeit stagniert, stehen beide Unternehmen vor der Wahl, den Umsatz durch Werbemaßnahmen zu fördern. Durch einen Werbeaufwand von 1 Mio. Mark kann ein Unternehmen den umsatzabhängigen Gewinn der Branche um 1,5 Mio. Mark steigern. Da Milch ein weitgehend homogenes Gut ist, kommt dieser Gewinnzuwachs jeder Molkerei zur Hälfte (750 000) zugute. Für das werbende Unternehmen ergibt sich aufgrund des Werbeaufwandes ein Saldo von − 250 000. Werben beide Molkereien gleichzeitig für je 1 Mio. Mark, erhöht sich der umsatzabhängige Gesamtgewinn um 3 Mio. Mark. Dies ergibt einen Nettogewinnzuwachs von je 500 000. Diese für beide vorteilhafte Handlungskombination ist instabil, da sich jede Molkerei durch eigennütziges (opportunistisches) Verhalten, d. h. nicht werben, verbessern kann. Werben allerdings beide nicht, gibt es auch keinen Gewinnzuwachs. Dies kann nur durch gegenseitige vertrauensvolle Kommunikation oder durch übergeordnete Regelungen verhindert werden.

		Molkerei 1	
		Werben	Nicht werben
M o l k e r e i 2	Werben	500 000 / 500 000	750 000 / −250 000
	Nicht werben	−250 000 / 750 000	0 / 0

Abbildung 1.20: Beispiel für die Situation des Gefangenendilemmas

Das Gefangenendilemma ist auf alle Situationen anwendbar, in denen eine Partei durch eigennütziges Verhalten Vorteile erzielt, eigennütziges Handeln aller aber zu unerwünschten Situationen führt. Beispiele sind der Umweltschutz, die Bezahlung von Steuern oder die Einhaltung von Kartellabsprachen.

Im Rahmen der präskriptiven Entscheidungstheorie wurde eine Reihe weiterer Entscheidungsregeln entwickelt, die von jeweils unterschiedlichen Risikoeinstellungen der Entscheidungsträger ausgehen (z. B. Minimax-Regret-Regel von Savage und Niehans, Pessimismus-Optimismus-Regel von Hurwicz usw., vgl. z. B. Bamberg/ Coenenberg 1989).

Entscheidungsmodelle der mathematischen Programmierung

Die Entscheidungsmodelle der mathematischen Programmierung stellen typische Beispiele für präskriptive Entscheidungsmodelle dar. Sie gehen in der Regel von sicheren Erwartungen aus und ermitteln auf der Grundlage mathematischer Funktionen und unter Verwendung exakter Lösungsverfahren (Algorithmen) aus einer Vielfalt von Lösungsmöglichkeiten die optimale Alternative. In einem mathematischen Entscheidungsmodell werden die Alternativen durch **Aktionsvariablen** (Instrumentalvariablen; unabhängige Variablen, über deren Fixierung der Entscheidungsträger befinden muß) zum Ausdruck gebracht. Die **Umweltparameter** stellen unbeeinflußbare entscheidungsrelevante Größen dar. Die **Zielfunktion** schafft den Zusammenhang zwischen den Zielen des Entscheidungsträgers, den Aktionsvariablen und den Umweltparametern. Schließlich existiert in der Regel eine Reihe von **Nebenbedingungen.** Sie geben an, in welchem Bereich die Aktionsvariablen des Entscheidungsmodells variieren können.

Bestandteile mathematischer Entscheidungsmodelle

33

Die Struktur eines einfachen Optimierungsmodells zur Bestimmung des gewinn-maximalen Produktionsprogramms für nur zwei Produkte unter Kapazitätsneben-bedingungen ist in Abbildung 1.21 wiedergegeben.

Zielfunktion:	Max $G = E - K$	(DM)
	$E = p_1 \cdot x_1 + p_2 \cdot x_2$	(DM)
	$K = k_1 \cdot x_1 + k_2 \cdot x_2 + K_f$	(DM)

Nebenbedingungen:

1. Kapazitätenbedingungen
   $a \cdot x_1 + b \cdot x_2 \leq M_I$ (Std., Maschine I)
   $c \cdot x_1 + d \cdot x_2 \leq M_{II}$ (Std., Maschine II)

2. Nichtnegativitätsbedingungen:
   $x_1 \geq 0$ (Stück)
   $x_2 \geq 0$ (Stück)

Legende:
x_1, x_2: Mengen der Produkte 1 und 2
G: Gewinn
E: Erlös
K: Gesamtkosten
K_f: fixe Kosten

k_1, k_2:   variable Stückkosten der Produkte 1 bzw. 2
p_1, p_2:   Verkaufspreise der Produkte 1 und 2
a, b, c, d: benötigte Bearbeitungszeit pro Stück der Produkte 1 und 2 auf den Maschinen I bzw. II

Abbildung 1.21: Beispiel eines linearen Optimierungsmodells

a, b, c, d sowie (k_1), (k_2) und (K_f) sind bei gegebenem technologischen Stand des Produktionsprozesses vom Entscheidungsträger nicht beeinflußbar. Auch die Absatzpreise sind im Fall vollkommener Konkurrenz Umweltparameter. Aktionsvariable stellen die zu produzierenden Mengen (x_1, x_2) der Produkte (1) und (2) dar. Die Nichtnegativitätsbedingungen garantieren, daß nur Lösungen ermittelt werden, bei denen die zu produzierenden Mengen nicht negativ sind. Diejenige Kombination der Produktmengen (x_1) und (x_2), die den größten Gewinn erbringt, ist die optimale Alternative. Sie läßt sich durch die Anwendung eines Lösungsalgorithmus (z. B.

Algorithmus

Simplexmethode) ermitteln. **Ein Algorithmus ist ein Verfahren, das die exakte Lösung eines Problems in einer endlichen, überschaubaren Anzahl von Schritten garantiert oder dessen Unlösbarkeit nachweist.** Die Simplexmethode zur Lösung linearer Programme ist ein Algorithmus in diesem Sinne.

Möglich-
keiten und
Grenzen prä-
skriptiver
Entschei-
dungsmodelle

Die formale Struktur des hier beispielhaft aufgezeigten Modells läßt sich auf eine Reihe von Entscheidungsproblemen im Industriebetrieb anwenden. Solange sich alle Gleichungen bzw. Ungleichungen linear formulieren lassen, erweist sich diese Methode als außergewöhnlich leistungsfähig. Zwar wurden auch Methoden zur Berechnung von Gleichungssystemen höheren Grades entwickelt; diese Verfahren der nicht-linearen Programmierung sind jedoch im Vergleich zu den linearen Modellen bedeutend weniger leistungsfähig. Sequentiell ablaufende Entscheidungsprozesse lassen sich – allerdings unter zum Teil gravierenden Einschränkungen – mit Hilfe der dynamischen Programmierung vorbereiten. Ihre Grenzen finden die Methoden der mathematischen Programmierung dort, wo sich die Probleme nicht mehr oder nur unter Restriktionen, die den Realitätsbezug des Modells stark vermindern, in wohldefinierter Form beschreiben lassen.

Die erforderlichen Voraussetzungen sind im Industriebetrieb nur in Teilbereichen gegeben. Die Annahme vollständiger Information über die Folgen des Handelns kann oft ebensowenig gemacht werden wie die des Festliegens von Organisationszielen, die ja einer stetigen Wandlung unterliegen. Darüber hinaus lassen sich zwar zahlreiche Entscheidungsprobleme mathematisch formulieren; oft gibt es aber keinen Algorithmus bzw. kein Verfahren zur optimalen bzw. annähernd optimalen Lösung. Die Bedeutung der mathematischen Entscheidungsmodelle liegt z. B. in den Bereichen der Beschaffungs-, Produktions- und Kapazitätsplanung (vgl. Teil 4 und 9). Für diese betrieblichen Teilbereiche lassen sich eher operationale Subziele entwickeln. Die Interdependenzen zwischen den einzelnen Variablen – erfaßt in Zielfunktion und Nebenbedingungen – ergeben sich dort aus klar ausgehandelten Bedingungen bzw. aus weitgehend eindeutigen technischen Zusammenhängen. Die präskriptive Entscheidungstheorie läßt sich generell auf programmierbare Entscheidungsprobleme anwenden.

b) Deskriptive Entscheidungstheorie

Die deskriptive Entscheidungstheorie will erklären, wie betriebswirtschaftliche Entscheidungen tatsächlich zustandekommen. Den Ansatzpunkt bildet das menschliche Verhalten im Entscheidungsprozeß. In einem ersten Schritt versucht man, das **Entscheidungsverhalten von Einzelpersonen** abzubilden. Hierzu wird das Phänomen „Entscheidungsprozeß" gedanklich in seine Elemente zerlegt. Als Hauptphasen lassen sich Willensbildung und -durchsetzung unterscheiden. In einem zweiten Schritt wird dann die Erklärung **mehrpersonaler Entscheidungsprozesse** angestrebt.

Der Prozeß der Willensbildung wird in einer Vorstufe durch die Feststellung eines ungelösten Problems angeregt. **Anregungsinformationen** liefern die Erkenntnis, daß die Wirklichkeit nicht dem gewünschten Sollzustand entspricht. Dieser Tatbestand veranlaßt die Gewinnung zusätzlichen Wissens, das in der anschließenden **Ursachenanalyse** zu einer Klärung und Präzisierung der offenen Fragen beiträgt. Die Anregungsphase endet mit einer genauen Beschreibung des Problems, sofern nach der Ursachenanalyse weiterhin ein Handlungsbedarf besteht. *Anregungsphase*

Die nächste Stufe des Entscheidungsprozesses, die Suchphase, leitet vom Stadium der „Unorientiertheit" zum Prozeß der Willenskonkretisierung über. Es sind die der Entschlußfassung vorausgehenden Maßnahmen zu treffen. **In der Suchphase werden die möglichen Handlungsalternativen und deren zu erwartende Konsequenzen erfaßt.** Aus der Prognose der Konsequenzen geht hervor, in welchem Umfang die einzelnen Handlungsmöglichkeiten die verfolgten Ziele erfüllen. Darüber hinaus ist festzustellen, inwieweit die Alternativen inner- und außerbetrieblichen Beschränkungen (z. B. rechtliche Normen) genügen, die der Einflußnahme des Entscheidungsträgers zum Zeitpunkt der Entscheidung entzogen sind. *Suchphase*

Auswahlphase

Mit der Auswahl- oder Optimierungsphase wird der Prozeß der Willensbildung abgeschlossen. Die zulässigen Alternativen sind nach gegebenen Zielkriterien in eine Rangordnung zu bringen. **Das Entscheidungsproblem ist gelöst, wenn eine Alternative gefunden ist, die unter Berücksichtigung des angestrebten Ausmaßes der Zielerreichung von keiner anderen übertroffen wird.**

Durchführungsphase

Mit der Entschlußfassung ist der abwägende Prozeß der Willensbildung abgeschlossen. Dem Wahlakt folgt die Realisation der Entscheidung (Willensdurchsetzung). Da Entscheidung und Ausführung meist personell getrennt sind, müssen hierzu anweisende oder unterrichtende Informationen vom Entscheidungsträger zum Ausführenden fließen. In der Regel besitzt der Ausführende noch einen Handlungsspielraum, den er durch eigene Entscheidungen ausfüllen muß.

Kontrolle

Alle Vorgänge im Rahmen eines Entscheidungsprozesses bedürfen einer laufenden Überwachung und gegebenenfalls einer Anpassung. Kontrollen beeinflussen somit den gesamten Prozeß der Willensbildung und der Willensdurchsetzung. Bei Abweichungen zwischen erwünschten und erzielten Ergebnissen fließen Revisionsinformationen zurück zum Entscheidungsträger. Sie führen zu Anpassungsmaßnahmen, d. h. lösen neue Entscheidungen aus. Der (Teil-) Entscheidungsprozeß nimmt damit einen neuen Anfang. **Die Kontrollinformation im Rahmen der Willensdurchsetzungsphase eines einzelnen (Teil-)Entscheidungsprozesses bildet die Anregungsinformation der Willensbildung eines neuen (Teil-)Entscheidungsprozesses** (vgl. Abbildung 1.22).

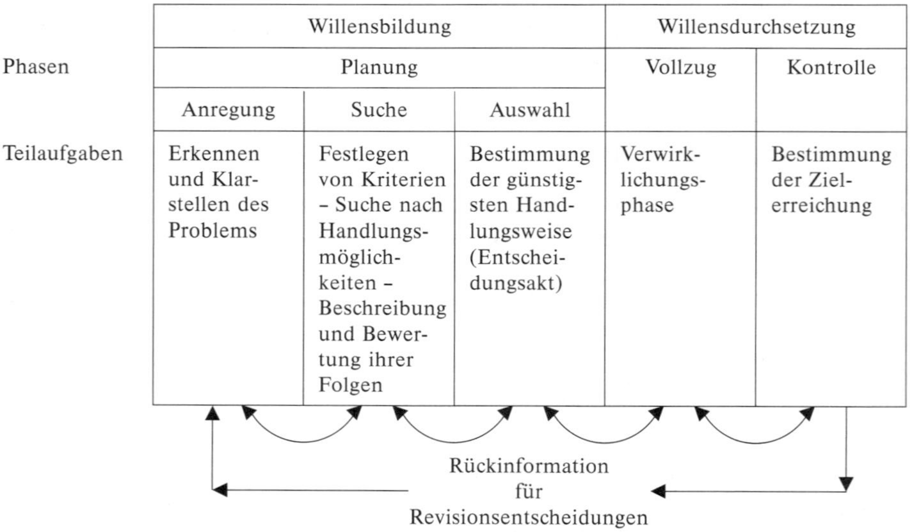

	Willensbildung			Willensdurchsetzung	
Phasen	Planung			Vollzug	Kontrolle
	Anregung	Suche	Auswahl		
Teilaufgaben	Erkennen und Klarstellen des Problems	Festlegen von Kriterien – Suche nach Handlungsmöglichkeiten – Beschreibung und Bewertung ihrer Folgen	Bestimmung der günstigsten Handlungsweise (Entscheidungsakt)	Verwirklichungsphase	Bestimmung der Zielerreichung

Rückinformation für Revisionsentscheidungen

Abbildung 1.22: Phasenschema des Entscheidungsprozesses

Teilentscheidungen

Zwei Gesichtspunkte charakterisieren die Phasen eines Entscheidungsprozesses. Es ist Tatsache, daß Entscheidungen nicht nur in der eigentlichen Auswahlphase getroffen werden. Vielmehr sind in allen Phasen Teilentscheidungen zu fällen, die das

Ergebnis des Gesamtentscheidungsprozesses wesentlich mitbestimmen. So sind z. B. Teilentscheidungen über die Art der Ermittlung der Handlungsmöglichkeiten, über die Bewertung der Auswirkungen, über das Kontrollverfahren sowie über die Weitergabe von Befehlen und Anweisungen zu fällen.

Zweitens sind Entscheidungsprozesse dadurch charakterisiert, daß **Informationen im Mittelpunkt aller Phasen** stehen. Informationen werden gewonnen, verarbeitet und weitergegeben. Anregungsinformationen werden zu Informationen über die zu lösenden Entscheidungsprobleme. Informationen über Ziele, Handlungsmöglichkeiten und deren Auswirkungen werden zu Informationen über den zu verwirklichenden Plan verarbeitet. Dieser Prozeß der Gewinnung und Verarbeitung von Informationen setzt sich fort, bis aus Kontrollinformationen und sonstigen Anregungsinformationen neue Entscheidungsprobleme abgeleitet werden. Während des Entscheidungsprozesses ist schließlich – insbesondere bei Mehrpersonenentscheidungen – ein Informationsaustausch (Kommunikation) erforderlich.

Entscheidungsprozeß als Informationsverarbeitungsprozeß

Das Phasenmodell des Entscheidungsprozesses beschreibt den Vorgang des Entscheidens als einen Prozeß der bewußten Informationssammlung, -verarbeitung und -übertragung. Ein Blick in das reale betriebliche Geschehen zeigt, daß dieses Bild des Entscheidungsprozesses in vielen Fällen nicht voll zutrifft. Einmalige Entscheidungen erfordern ein detailliertes Durchdenken der Entscheidungssituationen. Ihnen stehen routinemäßige Entscheidungen gegenüber. Die Mehrzahl der betrieblichen Entscheidungen liegt zwischen diesen Extremen. Bei sich wiederholenden Entscheidungssituationen reagiert der Entscheidungsträger auf die Anregungsinformationen mit einem Routineverhalten, sofern bisher mit dieser Verhaltensweise befriedigende Ergebnisse erzielt werden konnten.

Einmalige und Routineentscheidungen

Das hier dargelegte Phasenschema stellt eine weitgehend idealtypische Konstruktion dar, mit deren Hilfe die Erfassung und Erklärung des Entscheidungsprozesses erleichtert werden soll. Es dient somit der Beschreibung der im Rahmen eines Entscheidungsprozesses grundsätzlich denkbaren Abläufe. Das Schema erhebt nicht den Anspruch, reale Entscheidungsprozesse in ihrem zeitlichen Ablauf darzustellen (vgl. Witte 1988). Es enthält auch keine Aussage über die relative Bedeutung der einzelnen Elemente des Entscheidungsprozesses. Ebensowenig darf hieraus gefolgert werden, daß ein dem Schema gemäßes Entscheidungsverhalten zu optimalen Ergebnissen (in welchem Sinne auch immer) führt.

Mehrpersonale Entscheidungsprozesse

Die für die Betriebswirtschaftslehre besonders interessanten echten Entscheidungen werden im Industriebereich überwiegend von Personenmehrheiten (Gruppen) getroffen. Eine Erklärung dieser mehrpersonalen Entscheidungsprozesse setzt eine Analyse von Struktur- und Prozeßabläufen in Entscheidungskollegien voraus. Strukturmerkmale sind in erster Linie Kommunikations- und Machtbeziehungen sowie sozioemotionale Reaktionen zwischen den Gruppenmitgliedern. Der Prozeß gibt dagegen den Ablauf des Geschehens wieder. Tatsächlich bedingen sich Strukur und Prozeß gegen-

Struktur und Prozeß

seitig; ihre isolierte Betrachtung erweist sich jedoch zur theoretischen Erklärung des Gruppenverhaltens als vorteilhaft.

Die Struktur der Gruppe nimmt mit ihren Unterstrukturen maßgebenden Einfluß auf Ablauf und Ergebnis des mehrpersonalen Entscheidungsprozesses. Bei der Suche nach einer gemeinsamen Lösung eines Entscheidungsproblems bringen die Mitglieder eigene Tatsachen- und Wertvorstellungen in die Diskussion ein. Die beim einzelnen Gruppenmitglied individuell ablaufenden (intrapersonellen) Prozesse sind zu unterscheiden von interpersonellen Prozessen, die zwischen den Personen stattfinden. Eine Reihe von Überlegungen, die für Individualentscheidungsprozesse gelten, können auf das Entscheidungsverhalten von Gruppen übertragen werden. Die individuelle Entscheidung kann sich z. B. an mehreren Zielen orientieren. Bei der Mehrpersonenentscheidung ist ebenfalls von mehreren Zielen auszugehen, die auf die einzelnen Individuen unterschiedlich verteilt sind und von ihnen unterschiedlich gewichtet werden. Somit kann bei Gruppenentscheidungsprozessen zusätzlich zu individuellen Zielkonflikten ein interpersoneller Zielkonflikt entstehen. Die Mitglieder können die Auswirkungen von Lösungsmöglichkeiten unterschiedlich bewerten, d. h. es können sich aufgrund unterschiedlicher Zielvorstellungen voneinander abweichende Rangordnungen bei der Beurteilung der Konsequenzen ergeben (**Wertkonflikte**). Andererseits können die Mitglieder trotz gleicher Zielvorstellungen unterschiedliche Informationen über die Ursache-Wirkungs-Zusammenhänge besitzen, so daß sie zu voneinander abweichenden Vorstellungen über die Auswirkungen der möglichen Alternativen gelangen (**Überzeugungskonflikte**).

Typen mehr-personaler Entschei-dungsprozesse

Mehrpersonale Entscheidungsprozesse lassen sich entsprechend dem Auseinander-fallen von Wertordnungen einerseits und der Vorstellung der Ursache-Wirkungs-Zusammenhänge andererseits in vereinfachter Weise typisieren. Die Einteilung in Abbildung 1.23 geht auf Thompson/Tuden (1964) zurück.

Wissen über Ursache-Wirkungs-Zusammenhänge \ Rangordnung der Konsequenzen	Übereinstimmung	Abweichung
Übereinstimmung	Entscheidungsfindung durch Berechnung	Entscheidungsfindung durch Kompromiß
Abweichung	Entscheidungsfindung durch Ungewißheits-beurteilung	Entscheidungsfindung durch Inspiration

Abbildung 1.23: Typen mehrpersonaler Entscheidungsprozesse

Die Kombination der Ausprägungen „Übereinstimmung" und „Abweichung" der Gruppenmitglieder hinsichtlich der Merkmale **„Rangordnung der Auswirkungen"** und **„Wissen über Ursache-Wirkungs-Zusammenhänge"** ergibt vier Typen kollektiver Entscheidungsprozesse.

38

Der erste Typ ist durch Übereinstimmung der Vorstellungen der Mitglieder sowohl hinsichtlich der Rangordnung der Auswirkungen als auch hinsichtlich des Wissens über Ursache-Wirkungs-Zusammenhänge gekennzeichnet. Die Entscheidungsfindung geschieht hier über formalisierbare Auswahlvorgänge (Entscheidungsfindung durch Berechnung). Schwierigkeiten können sich bei Vorliegen eines unübersichtlichen Zahlenmaterials ergeben, das häufig nur unter Einsatz von elektronischen Datenverarbeitungsanlagen bewältigt werden kann.

Entscheidungsfindung durch Berechnung

Im Gegensatz hierzu entstehen im zweiten Typ (Entscheidungsfindung durch Ungewißheitsbeurteilung) Konflikte hinsichtlich der Beurteilung der Frage, welche Auswirkungen bestimmte Aktionen nach sich ziehen werden. Zukünftige Ereignisse werden von den einzelnen Mitgliedern unterschiedlich prognostiziert; eine Einigung muß durch eine gemeinsame Beurteilung der Situation erzielt werden. Dieser Typ kollektiver Entscheidungsfindung ist charakteristisch für das Verhalten von Mitgliedern in einem Team.

Entscheidungsfindung durch Ungewißheitsbeurteilung

Ein Team ist in erster Linie dadurch gekennzeichnet, daß alle Mitglieder dieselben Zielvorstellungen und dieselbe Ordnung dieser Ziele besitzen. In den Theorien des Teamverhaltens werden Konfliktarten untersucht, die auf den unterschiedlichen Informationsstand der einzelnen Mitglieder zurückgehen und abweichende Vorstellungen über den Eintritt bestimmter Auswirkungen möglicher Alternativen zum Inhalt haben. Die Team-Theorie untersucht in erster Linie den Einfluß von Kommunikationssystem und Informationsfluß auf die Effizienz der Teamentscheidung. Sie gelangt dabei zu der Empfehlung, Überzeugungskonflikte durch Verbesserung von Kommunikationsbeziehungen und durch allseits gleiche Informationsversorgung der Teammitglieder auszuräumen.

Team-Theorie

Wird aufgrund abweichender Zielvorstellungen keine Übereinstimmung über die Rangordnung von Auswirkungen erzielt, so steht die Gruppe vor Konflikten anderer Art (Wertkonflikte). Im Falle einer einheitlichen Beurteilung von Ursache-Wirkungs-Zusammenhängen läßt sich in der Regel eine Schlichtung durch eine allseits gebilligte Kompromißformel finden. Hierbei sind die individuellen Zielvorstellungen der Mitglieder zu gewichten (Entscheidungsfindung durch Kompromiß). Naturgemäß spiegelt diese Gewichtung die jeweilige Machtverteilung innerhalb der Gruppe wider.

Entscheidungsfindung durch Kompromiß

Beim vierten Typ der kollektiven Entscheidungsfindung erschwert sich die Situation noch dadurch, daß die Mitglieder sich uneinig über die Ursächlichkeit der Auswirkungen sind. Der Konflikt ist hier am stärksten. Nur durch schöpferische Ideen kann in diesem Fall verhindert werden, daß die Gruppenmitglieder auseinanderstreben, ohne das Problem zu lösen (Entscheidungsfindung durch „Inspiration", etwa durch Bildung einer Kommission, Bestellung eines Schlichters, Neuformulierung des Problems, Vertagung o. ä.). Kommt keine Lösung zustande, so kann – falls die Unternehmensverfassung oder Geschäftsordnung einen Beschlußzwang vorsieht – durch Abstimmung eine formelle Konflikthandhabung erreicht werden.

Entscheidungsfindung durch Inspiration

Die Erkenntnisse, die über das Gruppenverhalten im Rahmen sozialpsychologischer Analysen gewonnen werden, können für die Leitung eines Industriebetriebes nützlich sein. Erst die Kenntnis genereller Merkmale und typischer Prozeßabläufe von Gruppenentscheidungen ermöglicht es, auf die Effizienz von Entscheidungskollegien Einfluß zu nehmen.

Koordination organisatorischer Entscheidungsprozesse

Die Arbeitsteilung im Industriebetrieb ist nicht auf Ausführungsaufgaben beschränkt. Auf allen Ebenen werden neben den Ausführungsaufgaben Entscheidungsaufgaben wahrgenommen.

Da die Entscheidungen der einzelnen Entscheidungsträger in einem Industriebetrieb sich einerseits gegenseitig bedingen, andererseits aber häufig relativ unabhängig voneinander getroffen werden müssen, entstehen Koordinationsprobleme.

Die Bewältigung der Koordinationsprobleme ist eine der Hauptaufgaben der Unternehmensführung. Ihr stehen hierzu eine Reihe von Instrumenten zur Verfügung, die in Kap. III dieses Teils überblicksartig dargestellt und vor allem im zweiten Teil dieses Buches ausführlich erläutert werden.

Deskriptive Entscheidungsmodelle

Durch die Integration sozialwissenschaftlicher Erkenntnisse hat die betriebswirtschaftliche Entscheidungstheorie für die Erforschung schlechtstrukturierter Problembereiche richtungsweisende Impulse erhalten. In der Praxis werden die im Rahmen der deskriptiven Entscheidungstheorie entwickelten Entscheidungsregeln jedoch – vor allem aufgrund von Wirtschaftlichkeitsüberlegungen – auch zur Handhabung relativ wohlstrukturierter Probleme verwendet.

Die deskriptive Entscheidungstheorie versucht Entscheidungsregeln zu entwickeln, indem sie das dem Menschen eigene Problemlösungsverhalten in systematischer Form nachvollzieht. Dabei wird auf die extreme Flexibilität geistiger Prozesse bei der Lösung von Problemen ungewohnter Struktur zurückgegriffen. Ausgangspunkt bildet die – bisher vor allem in der Psychologie durchgeführte – Analyse kognitiver Prozesse.

(1) Untersuchung menschlichen Problemlösungsverhaltens

Kognitive
Prozesse
Der Entscheidungsträger besitzt kein vollständiges und logisch konsistentes System von Zielen, Wünschen oder Motiven, das ihm eine exakte Messung seines Nutzens oder Nutzenzuwachses zur Bewertung von Alternativen erlaubt. **Das Entscheidungssubjekt ist vielmehr ein informationsverarbeitendes System, dessen Verarbeitungskapazität und Verarbeitungsgeschwindigkeit begrenzt sind.** Der Mensch empfängt aus seiner Umwelt Informationen. Er versucht, diese unter Berücksichtigung seiner bisherigen Erfahrung in einem Denkprozeß problemsprechend zu ordnen. Er macht sich im Rahmen seiner Erkenntnismöglichkeiten zunächst über seine Umwelt gewisse Vorstellungen, d. h. er bildet ein **(kognitives) Modell der Entscheidungssituation** als

40

Basis für die Entwicklung seiner weiteren Verhaltensweisen. Die einzelnen Elemente einer Entscheidungssituation (Problemcharakter, Bewertungskriterien, Alternativen, Problemlösungsverfahren) sind nicht von Anfang an bekannt. Sie werden durch psychische Prozesse des Wahrnehmens, Erkennens und Assoziierens gewonnen bzw. durch ein gelerntes Repertoire geistiger (kognitiver) Informationsverarbeitungsprogramme entwickelt.

Zur Charakterisierung der im Menschen ablaufenden Problemlösungsprozesse gibt es in der Psychologie erste Ansätze. So wird z. B. angenommen, daß vor Beginn des Problemlösungsprozesses aufgrund bestimmter Informationen aus der Umwelt die „problemlose" Situation zur Problemsituation umgewandelt wird. Der Problemlösungsprozeß wandelt schrittweise die Problemsituation wieder in eine problemlose Situation um. Kennzeichnend für die Lösung komplizierter Probleme ist die Tatsache, daß die **Entscheidungsfindung nicht in einem umfassenden Wahlakt** geschieht. Es reihen sich **statt dessen** viele zum Teil **wiederkehrende Teilentscheidungen** aneinander. Diese Abfolge von Suchsequenzen charakterisiert das menschliche Problemlösungsverhalten. *Problemlösungsverhalten*

Die Abbildung des menschlichen Problemlösungsverhaltens verfolgt nicht nur rein beschreibende Zwecke; über die Erklärung des menschlichen Problemlösungsverhaltens sollen Ansätze gefunden werden, die für die Bewältigung vor allem schlechtstrukturierter Probleme herangezogen werden können.

Schlechtstrukturierte Entscheidungsprobleme können nicht von Algorithmen gelöst werden; Algorithmen kommen jedoch in wohldefinierten Teilen des Gesamtproblems zur Anwendung. An die Stelle analytischer Lösungsverfahren treten in schlecht strukturierten Teilen Heuristiken.

(2) Heuristiken als Lösungshilfen

Entscheidungsprobleme können schlechtstrukturiert sein, weil deren Lösung trotz Vorliegens einer operationalen Problemdefinition Schwierigkeiten bereitet. Bei operational definierten Problemen kann eine Lösungshypothese aufgrund bestehender Beschränkungen eindeutig verifiziert werden; das Entscheidungssubjekt kann also eindeutig bestimmen, ob eine vorliegende Lösung zulässig ist. Zur Erzeugung einer Lösung ist jedoch kein Algorithmus bekannt oder die Anwendung eines bestehenden Algorithmus ist aus wirtschaftlichen Gründen nicht sinnvoll. Im zweiten Fall spricht man davon, daß die heuristische Kraft des Algorithmus nicht ausreicht. Statt dessen verwendet man Heuristiken. Nach Streim (1975) wird ein Lösungsverfahren als heuristisch bezeichnet, wenn es *Heuristische Lösungsverfahren*

1. mit Hilfe nichtwillkürlicher, auf Erfahrungen beruhender Auswahlprinzipien
2. potentielle Lösungen vom Suchprozeß ausschließt und wenn
3. aufgrund des fehlenden Konvergenzbeweises keine Lösungsgarantie gegeben werden kann.

Der Suchprozeß wird geordnet und wirtschaftlicher gestaltet. Das Auffinden einer befriedigenden Lösung erfordert keine Untersuchung großer Mengen von Alternativen. In Entscheidungsbäumen (vgl. Teil 7, S. 952 ff.) erfolgt eine Lenkung des Suchprozesses in erfolgversprechende Äste. Je weniger Äste dabei untersucht werden müssen, desto stärker ist die heuristische Kraft des Verfahrens.

Heuristiken garantieren keine (optimale) Lösung. Es bleibt dem Entscheidungsträger überlassen, wann er den Suchprozeß abbricht. Meist wird er aus Gründen der praktischen Durchführbarkeit (Zeit, Kapazität) und/oder aufgrund kostenwirtschaftlicher Erwägungen beim Erreichen einer befriedigenden Lösung abbrechen. Welche Lösungen als befriedigend akzeptiert werden, hängt vom Anspruchsniveau des Entscheidungsträgers ab. Kann keine befriedigende Lösung gefunden werden, oder erscheint die Fortsetzung der Suche zu aufwendig, so wird meist das Anspruchsniveau abgesenkt.

Aus empirischen Untersuchungen („thinking-aloud"-Protokolle) des menschlichen Problemlösungsverhaltens ging der von Newell et al. (1960) entwickelte General Problem Solver (GPS) hervor. Im GPS werden die vom Menschen verwendeten heuristischen Lösungstechniken zusammengefaßt. Das Grundschema dieses allgemeinen Lösungsprogramms läßt sich in Anlehnung an Richards/Greenlaw (1966) darstellen (vgl. Abbildung 1.24).

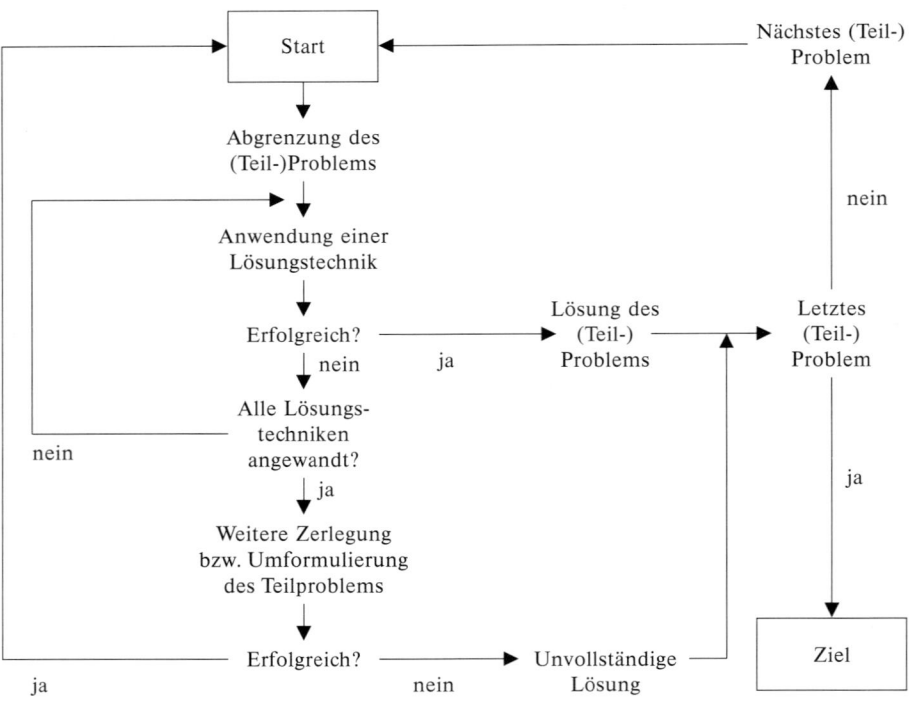

Abbildung 1.24: Heuristischer Problemlösungsprozeß

Ein gängiges heuristisches Verfahren ist die Methode der Zerlegung des Gesamtproblems in Teilprobleme (vgl. Abbildung 1.24). Der Suchprozeß beginnt mit dem Erkennen einer komplexen Problemsituation. Kann bereits zu Beginn eine Lösungstechnik angewandt werden, die zu einer befriedigenden Globallösung führt, so ist der Prozeß beendet. In der Regel muß jedoch eine Zerlegung des unüberschaubaren Gesamtproblems in übersichtlichere Teilprobleme erfolgen, für die geeignete Lösungsverfahren (Heuristiken oder Algorithmen) zur Verfügung stehen. **Über die Lösung von Teilproblemen wird schrittweise das Gesamtproblem einer Lösung zugeführt.** Es kann der Fall sein, daß der Gesamtprozeß mehrfach durchlaufen werden muß. Ferner kann sich eine Analyse des Anspruchniveaus hinsichtlich der Qualität der Problemlösung als notwendig erweisen.

Methode der Problemzerlegung

Ein weiteres heuristisches Verfahren ist die Abstraktionsmethode. **Unter Verzicht auf Details wird zunächst ein globaler Lösungsweg gesucht, der bei der darauf folgenden detaillierten Lösung als Orientierung dient.** D. h., das im Grunde wesentlich komplexere Problem wird im ersten Durchgang unter Zugrundelegung einer stark vereinfachten Problemdefinition gelöst. In weiteren Lösungsschritten (Iterationen) werden zusätzlich Elemente in die Problemdefinition aufgenommen, um so zu einer Lösung des ursprünglichen Problems zu kommen.

Abstraktion

Die Abstraktionsmethode ist verwandt mit der Methode des analogen Schließens. Beim analogen Schließen wird nach einer dem Problem ähnlichen Situation gesucht, die in der Vergangenheit bereits erfolgreich bewältigt werden konnte.

Analoges Schließen

Neben dem GPS gibt es eine große Anzahl spezieller heuristischer Verfahren. Insbesondere für viele Aufgabenstellungen der Kombinatorik existieren leistungsfähige heuristische Programme. Für Maschinenbelegungsprobleme, Reihenfolgeprobleme, Bandabstimmungen (vgl. Teil 4) und viele andere Aufgabenstellungen innerhalb einer Unternehmung gibt es ausgetestete und bewährte Heuristiken, die meist nahezu optimale Lösungen generieren.

Spezielle heuristische Verfahren

Entscheidungsprobleme können auch deswegen schlecht-strukturiert sein, weil **keine operationale Problemdefinition** vorliegt. Nicht-operationale Problemdefinitionen enthalten offene Beschränkungen. D. h., die Bedingungen, denen eine Problemlösung genügen muß, sind nicht oder nur ungenau spezifiziert. Die Problemstellung: „Konstruiere einen PKW mit ausreichendem Platzangebot und niedrigem Benzinverbrauch, der zu einem konkurrenzfähigen Preis angeboten werden kann" ist ein typisches Beispiel. Derartige Probleme müssen operationalisiert werden, indem die offenen Beschränkungen geschlossen oder aber als irrelevant betrachtet werden. Erst dann ist eine Lösung durch einen Algorithmus oder durch die Anwendung eines heuristischen Lösungsverfahrens möglich. Eine Trennung zwischen einer Phase der Entwicklung von Lösungshypothesen und dem Schließen offener Beschränkungen ist häufig nicht möglich. Das Entscheidungssubjekt muß zur Verifizierung einer Lösungshypothese überprüfen, ob die offenen Beschränkungen adäquat geschlossen wurden. Die Wechselwirkung zwischen Problemdefinition und Lösungshypothese bewirkt einen anhaltenden Suchprozeß nach neuen Lösungen. Das Schließen offener Beschränkungen ist stets nur vorläufiger Natur. Der Entscheidungsprozeß kommt

Schließung offener Beschränkungen

entweder durch inneren (Emotionen) oder äußeren (Einhaltung von Terminen) Zwang zum Ende.

Verhältnis
von präskrip-
tiver und des-
kriptiver Ent-
scheidungs-
theorie

Ein Vergleich von präskriptiver und deskriptiver Entscheidungstheorie zeigt, daß sich diese beiden Ansätze nicht gegenseitig ausschließen, sondern ergänzen: Mathematisch-statistische Entscheidungsregeln sind in abgrenzbaren und überschaubaren Teilbereichen extrem leistungsfähig und garantieren eine optimale Lösung. Ihre Anwendbarkeit stößt jedoch rasch auf Grenzen. Heuristische Verfahren hingegen sind von ihrer Konzeption her prinzipiell auf alle Entscheidungsprobleme anwendbar, ohne jedoch eine optimale oder auch nur befriedigende Lösung garantieren zu können. Mathematisch-statistische Entscheidungsregeln können zudem als Bausteine in eine Heuristik integriert werden.

4. Entscheidungsperspektiven im Industriebetrieb

Aufgrund der Komplexität eines Industriebetriebes kann eine Theorie allein nie alle auftretenden Entscheidungsprobleme erfassen. Die komplexitätsreduzierende Funktion von Theorien und Modellen erfordert eine Beschränkung auf ausgewählte Realitätsausschnitte. Hierdurch treten bestimmte Entscheidungsprobleme in den Mittelpunkt, während andere aus dem Blickfeld verschwinden.

Im folgenden werden wichtige Perspektiven zur Analyse von Industriebetrieben erläutert, wobei deutlich wird, wie jeweils andere Entscheidungsprobleme ins Zentrum der Betrachtung rücken. Zugleich werden damit wichtige Denkansätze der Betriebswirtschaftslehre vorgestellt, die die entscheidungsorientierte Betrachtungsweise ergänzen und vertiefen.

a) Der Industriebetrieb als Kombination von Produktionsfaktoren

Produktions-
faktoren

Die produktionsfaktororientierte Betrachtung des Industriebetriebes geht auf **Gutenberg** zurück (vgl. Gutenberg 1983). **Produktionsfaktoren heißen diejenigen Güter, die zur Herstellung und Verwertung betriebswirtschaftlicher Leistungen eingesetzt werden.** Gutenberg unterteilt die Produktionsfaktoren in **Elementarfaktoren** und dispositive Faktoren. Zu den Elementarfaktoren gehören objektbezogene menschliche Arbeitsleistungen (ausführende Tätigkeiten), Arbeits- und Betriebsmittel (z. B. Grundstücke, Gebäude, Maschinen, Hilfsstoffe, Betriebsstoffe etc.) sowie Werkstoffe (Rohstoffe, Halb- und Fertigfabrikate). Der **dispositive Faktor** wird durch die Betriebs- und Geschäftsleitung verkörpert. Ihre Aufgabe besteht in der zielgerichteten Kombination von Elementarfaktoren. Zu diesem Zweck können Planungs- und Organisationsaufgaben auf eigenständige Abteilungen übertragen werden. Planung und Organisation stellen dann – im Gegensatz zu den früher genannten **originären Produktionsfaktoren** – einen aus der Betriebs- und Geschäftsführung abgeleiteten **derivativen Faktor** dar. Dieser Zusammenhang ist in Abbildung 1.25 wiedergegeben.

Dispositiver Faktor (Betriebs- und Geschäftsleitung)		Elementare Faktoren		
		Objektbezogene menschliche Arbeits- leistung	Betriebs- mittel	Werk- stoffe
Planung	Organisation			
Derivative Faktoren		Originäre Faktoren		

Abbildung 1.25: Produktionsfaktorensystem von Gutenberg

Der betriebliche Kombinationsprozeß läßt sich am Beispiel der Automobilproduktion verdeutlichen. Das Endprodukt entsteht hier aus dem kombinierten Einsatz von Werkstoffen, wie etwa gewalztem Stahl (Rohmaterial), Blech- bzw. Kunststoffteilen (Halbfabrikate) und Reifen (Fertigerzeugnisse), menschlicher Arbeit sowie Arbeits- und Betriebsmitteln. Zu den objektbezogenen Arbeitsleistungen zählen in diesem Fall z. B. Schweiß-, Fräs- und Montagearbeiten. Die Arbeits- und Betriebsmittel umfassen u. a. Werkshallen, Industrieroboter, Kunststoffspritzanlagen, Energie und Schmiermittel. Die zielgerichtete Kombination dieser Elementarfaktoren obliegt der Betriebs- und Geschäftsleitung (dispositiver Faktor).

Aus faktortheoretischer Sicht bestehen betriebswirtschaftliche Entscheidungsprobleme in erster Linie darin, von mehreren Kombinationsmöglichkeiten die optimale Faktorkombination zu verwirklichen. Unter einer optimalen Faktorkombination versteht man diejenige Kombination von Produktionsfaktoren, die den höchsten Zielerreichungsgrad ermöglicht. Die den produktionswirtschaftlichen Entscheidungsmodellen zugrundeliegenden **Erklärungsmodelle versuchen, Gesetzmäßigkeiten zwischen Faktorertrag und Faktoreinsatz aus mengen- (Produktionsfunktionen) und wertmäßiger (Kostenfunktion) Sicht abzubilden.**

Ent- scheidungs- theoretische Probleme aus faktor- theoretischer Sicht

Für die Entwicklung produktions- und kostentheoretischer Erklärungsmodelle haben sich neben der Einteilung Gutenbergs weitere Klassifikationskriterien als nützlich erwiesen. Je nachdem, ob ein Produktionsfaktor im Kombinationsprozeß verbraucht wird oder nicht, handelt es sich um einen **Repetier-** (z. B. Werkstoffe) bzw. **Potentialfaktor** (z. B. Grundstücke, Gebäude, Maschinen) (vgl. Heinen 1983, S. 214 f.)

Man unterscheidet **knappe**, gegen Entgelt erworbene, und „**freie**", unentgeltlich zur Verfügung stehende Produktionsfaktoren. Diese Trennung gewinnt in Zeiten eines zunehmenden ökologischen Bewußtseins an Bedeutung. Luft und Wasser zählen heute in vielen Fällen zumindest innerhalb der gesetzlichen Grenzen nach wie vor zu den „freien" Gütern. Grundsätzlich ist die Systematisierung der Produktionsfaktoren von der jeweiligen Zwecksetzung abhängig. In manchen Fällen kann es z. B. nützlich sein, zwischen öffentlichen und privaten Gütern zu differenzieren oder Information als eigenständigen Produktionsfaktor zu berücksichtigen.

Der produktionsfaktortheoretische Ansatz stellt Fragen der Analyse, Planung und Organisation der Produktion in den Mittelpunkt, die naturgemäß im Industriebetrieb eine zentrale Rolle besitzen und heute stark mit Problemen der Materialwirtschaft verknüpft sind (vgl. Teil 4).

b) Der Industriebetrieb aus wettbewerbstheoretischer Sicht

Wettbewerb

Industriebetriebe versuchen, durch die Erstellung materieller und immaterieller Güter einen Beitrag zur Knappheitsbewältigung zu leisten. Sie befinden sich dabei in ständiger Konkurrenz zueinander. Hierdurch entsteht Wettbewerb. **Unter Wettbewerb versteht man einen fortlaufenden Prozeß der Suche nach neuen und besseren Möglichkeiten der Bedürfnisbefriedigung zur Steigerung des eigenen Erfolges.** Wettbewerb wird somit zu einem Entdeckungsverfahren, das neues Wissen erschließt und nachahmendes Lernen fördert (vgl. v. Hayek 1969). Dies setzt voraus, daß Wissen und Können ungleich verteilt sind. Besäßen alle Wirtschaftssubjekte identische und vollständige Informationen, gäbe es keinen Spielraum für unternehmerisches Handeln. Erfolgreiches Unternehmertum gründet sich auf Informationsvorsprünge in bezug auf Ressourcennutzungsmöglichkeiten auf der einen und Bedürfnispotentiale auf der anderen Seite. Durch die Verknüpfung von industrieökonomischen Erkenntnissen mit Fragestellungen der strategischen Unternehmensführung erarbeitete **Porter** (1988 und 1989) ein Instrumentarium zur Entwicklung, Beurteilung und Umsetzung unternehmerischer Ideen.

Grundbausteine des wettbewerbstheoretischen Ansatzes

Dieser Ansatz basiert auf drei Grundbausteinen:
- **Ermittlung der Wettbewerbskräfte in einer Branche (Branchenanalyse)**
- **Entwicklung grundlegender Wettbewerbsstrategien zur Erlangung von Wettbewerbsvorteilen**
- **Umsetzung der Wettbewerbsstrategien mit Hilfe der Wertschöpfungskette.**

Branchenanalyse und Wettbewerbskräfte

Der Erfolg eines Industriebetriebes hängt von der Attraktivität der Branche, in der er tätig ist, und von seiner eigenen Wettbewerbsposition innerhalb dieser Branche ab. Unter einer Branche versteht man in diesem Zusammenhang eine Menge von Unternehmen, die weitgehend substituierbare Produkte oder Leistungen herstellen. Die Automobilbranche z. B. umfaßt alle Automobilproduzenten.

Branchenattraktivität

Die Branchenattraktivität läßt sich anhand der innerhalb einer Branche bestehenden Wettbewerbskräfte analysieren. **Unabhängig davon, um welche Branche es sich handelt, wird ihre Attraktivität durch die fünf in Abbildung 1.26 angegebenen Wettbewerbskräfte bestimmt.**

46

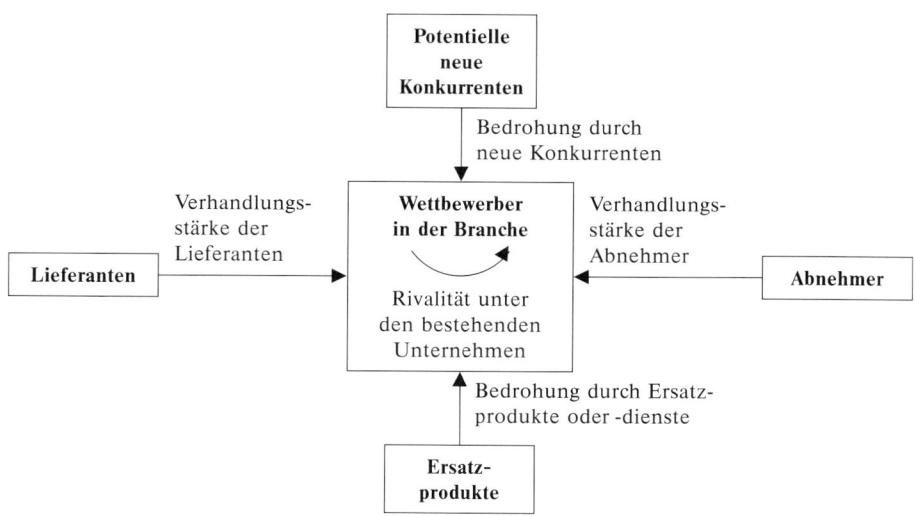

Abbildung 1.26: Wettbewerbskräfte einer Branche nach Porter

Durch den Eintritt neuer Marktteilnehmer erhöht sich die Rivalität innerhalb einer Branche. Dies führt in der Regel zu sinkenden Preisen oder steigenden Kosten, wodurch Gewinn und Rentabilität der Wettbewerber sinken. Die Gefahr des Markteintritts neuer Konkurrenten hängt von den Eintrittsbarrieren und den zu erwartenden Reaktionen etablierter Unternehmen ab. Hohe **Markteintrittsbarrieren** liegen z. B. dann vor, wenn die eingesessenen Wettbewerber eine hohe Kundenloyalität, vorrangigen Zugang zu den Vertriebskanälen und Rohstoffen, günstige Standorte, bevorzugte Vergabe staatlicher Subventionen oder hohe lern- und erfahrungskurvenbedingte Kostenvorteile genießen. Der Markteintritt kann darüber hinaus sowohl durch Umstellungskosten als auch durch Betriebsgrößenvorteile erschwert werden. **Umstellungskosten** entstehen einem Abnehmer oder Lieferanten, wenn er von einem etablierten zu einem neuen Wettbewerber wechselt. **Betriebsgrößenvorteile** liegen vor, wenn die Stückkosten (Durchschnittskosten) mit zunehmender Betriebsgröße sinken. Sie erfordern eine hohe Produktionsmenge und machen somit einen langsamen und kontinuierlichen Markteintritt unmöglich.

Gefahr des Markteintritts

Je größer die Rivalität unter den bestehenden Wettbewerbern ist, desto höher wird die Gefahr, Marktanteile zu verlieren. Der Rivalitätsgrad wird vor allem durch die Zahl der Wettbewerber, das Branchenwachstum, den Differenzierungsgrad der Produkte, das Verhältnis von Fixkosten zu Wertschöpfung und die Höhe der Austrittsbarrieren bestimmt. Austrittsbarrieren sind ökonomische, rechtliche, strategische oder emotionale Faktoren, die einen Industriebetrieb trotz niedriger oder gar negativer Erträge davon abhalten, die Branche zu verlassen. Stolz, Sozialpläne, spezifische Investitionen und Branchenverbundenheit können mögliche Austrittsbarrieren darstellen.

Rivalitätsgrad zwischen den bestehenden Wettbewerbern

Mittels einer kombinierten Analyse der Ein- und Austrittsbarrieren erhält man einen aussagekräftigen Einblick in die Gewinnstruktur einer Branche (vgl. Abbildung 1.27).

Je höher die Eintrittsbarrieren in eine Branche, desto höher sind die zu erwartenden Gewinne. Hohe Eintrittsbarrieren begrenzen die Zahl der Wettbewerber und verringern damit die Gefahr eines Preiskampfes oder Kostenanstiegs. Je höher die Austrittsbarrieren, desto unsicherer ist die Ertragslage einer Branche. Hohe Austrittsbarrieren verhindern das Ausscheiden von Wettbewerbern und damit den Abbau von Überschußkapazitäten in Konsolidierungsphasen.

		Austrittsbarrieren	
		Niedrig	Hoch
Eintrittsbarrieren	Niedrig	Niedrige, stabile Gewinne	Niedrige, unsichere Gewinne
	Hoch	Hohe, stabile Gewinne	Hohe, unsichere Gewinne

Abbildung 1.27: Barrieren und Gewinne

Die ungünstigste Situation stellt eine Branche mit niedrigen Eintritts- und hohen Austrittsbarrieren dar. Hierdurch werden in Aufschwungphasen neue Wettbewerber angelockt, während in Abschwungphasen ein entsprechender Rückzug von Wettbewerbern unterbleibt. Aus der Sicht eines Unternehmens bestehen im Idealfall hohe Eintritts- und niedrige Austrittsbarrieren.

Ersatz-
produkte

Nicht nur innerhalb, sondern auch zwischen einzelnen Branchen besteht häufig ein intensiver Konkurrenzkampf. Dabei befinden sich diejenigen Branchen miteinander im Wettbewerb, die sogenannte Substitutions- oder Ersatzprodukte herstellen, d. h. Güter, die die gleiche Funktion erfüllen. Beispiele für Substitutionsprodukte sind Buch und Film, Lastwagen und Eisenbahn, Stahl und Kunststoff usw. Der durch Ersatzprodukte erzeugte Konkurrenzdruck spiegelt sich in der Preiselastizität der Nachfrage nach dem Produkt der untersuchten Branche wider. Die größte Gefahr geht dabei von denjenigen Substitutionsprodukten aus, deren Preis-Leistungs-Verhältnis sich gegenüber dem Branchenprodukt ständig verbessert.

Verhand-
lungsmacht
der Abnehmer

Die Verhandlungsmacht der Abnehmer ist um so größer, je größer ihr Konzentrationsgrad (Großabnehmer), je besser ihr Informationsstand über die Situation der Anbieter, je niedriger die Umstellungskosten auf andere oder mehrere Lieferanten, je standardisierter und je unbedeutender die Produkte aus der Sicht der Abnehmer sind. Die Verhandlungsmacht der Abnehmer hängt darüber hinaus davon ab, inwieweit die Abnehmer glaubwürdig mit einer **Rückwärtsintegration** (Selbsterstellung der bislang von Lieferanten bezogenen Leistung) drohen können. Verhandlungsstarke Kunden können die Gewinnspanne einer Branche von der Erlösseite her auf ein Minimum herunterdrücken.

Verhand-
lungsstärke
der
Lieferanten

Die Überlegungen zur Verhandlungsstärke der Lieferanten sind denen zur Verhandlungsstärke der Abnehmer analog. Während verhandlungsstarke Abnehmer die Erlösseite beeinflussen, vermindern verhandlungsstarke Lieferanten die Gewinnspanne auf der Kostenseite.

48

Die Wettbewerbskräfte in einer Branche stellen kein Datum dar. Sie unterliegen vielmehr ständigen Veränderungen und können von den Wettbewerbern aktiv beeinflußt werden.

Wettbewerbsstrategien und Wettbewerbsvorteile

Über den Erfolg eines Unternehmens entscheidet neben der Branchenattraktivität die **Wettbewerbsposition, die das Unternehmen in seiner Branche einnimmt.** Um überdurchschnittliche Gewinne erwirtschaften zu können, muß ein Industriebetrieb Wettbewerbsvorteile gegenüber seinen Konkurrenten erwerben. **Porter schlägt drei grundlegende Strategien zur Erlangung von Wettbewerbsvorteilen vor: Kostenführerschaft, Differenzierung und Fokussierung.**

Unter Kostenführerschaft versteht man eine **Strategie, die darauf ausgerichtet ist, Kostenvorteile gegenüber den Konkurrenten zu erwerben.** Die Strategie der Kostenführerschaft kann auf Dauer nur von **einem** Wettbewerber der Branche erfolgreich verwirklicht werden. Kostenführerschaft basiert im wesentlichen auf Lernkurveneffekten und Betriebsgrößenvorteilen (economies of scale).

Kostenführerschaft

Beide Aspekte werden vom **Erfahrungskurvenkonzept** aufgegriffen. Dieses besagt, daß bei jeder Verdopplung der kumulierten Ausbringungsmenge die auf den Wertschöpfungsanteil bezogenen, inflationsbereinigten Produktionsstückkosten um 20–30% sinken (vgl. Teil 5, S. 665 ff.). Mit der Einschränkung auf den unternehmensinternen Wertschöpfungsanteil werden Vorleistungen wie z. B. Materialkosten und Zulieferteile ausgeschlossen. Die Realisierung von Erfahrungskurveneffekten und Betriebsgrößenvorteilen setzt einen hohen Marktanteil voraus. Kostenführerschaft erfordert darüber hinaus Prozeßinnovationen (vgl. Teil 8, S. 1087 f.), eine strenge Kostenkontrolle und meist hohe Anlageinvestitionen. Obwohl Qualität, Kundenbetreuung und Service nicht völlig vernachlässigt werden dürfen, spielen sie bei dieser Strategie eine untergeordnete Rolle.

Ein Kostenvorsprung stärkt die Position gegenüber Abnehmern und Lieferanten. Großkunden können den Preis höchstens bis auf das Niveau des zweitgünstigsten Herstellers drücken, gegenüber Lieferanten ist das Unternehmen meist Großabnehmer und damit in einer starken Verhandlungsposition. Rivalitätskämpfe innerhalb der Branche übersteht der Kostenführer aufgrund seiner überdurchschnittlichen Ertragslage und der im Vergleich zu den anderen Wettbewerbern höheren Gewinnspanne. Niedrigere Kosten schützen auch vor Ersatzprodukten. Durch den Aufbau von Eintrittsbarrieren (hohe Einstiegsinvestitionen, hoher Marktanteil, Betriebsgrößenvorteil, Erfahrungskurveneffekt) werden neue Wettbewerber abgehalten. Gleichzeitig entstehen aber auch hohe Austrittsbarrieren und eine gewisse Inflexibilität gegenüber Marktänderungen.

Wettbewerbsvorteile des Kostenführers

Differenzierung heißt, sich hinsichtlich Qualität und Leistung gegenüber seinen Konkurrenten abzuheben. Im Gegensatz zur Kostenführerschaft kann die Differenzierungsstrategie von mehreren Wettbewerbern einer Branche gleichzeitig erfolgreich

Differenzierung

verwirklicht werden. Differenzierung erfordert Produktinnovationen (vgl. Teil 8, S. 1087 f.), laufende Qualitätskontrolle und intensive Kundenbetreuung. Gelingt es dem Unternehmen, innerhalb seiner Branche eine gewisse Einmaligkeit zu erreichen, kann es für seine Produkte höhere Preise verlangen. Die Preiselastizität der Nachfrage nimmt ab. Die durch Differenzierung entstehende Kundenloyalität erhöht die Eintrittsbarrieren und vermindert die Gefahr von Ersatzprodukten. Geringe Preisempfindlichkeit und Einmaligkeit der Produkte schirmen das Unternehmen gegen den brancheninternen Wettbewerb ab und verringern die Verhandlungsmacht der Abnehmer. Gegenüber den Lieferanten entsteht häufig ein wechselseitiges Abhängigkeitsverhältnis (Qualität, Einmaligkeit), dem jedoch aufgrund der hohen Gewinnspannen mit einem entsprechenden Verhandlungsspielraum begegnet werden kann.

Fokussierung Anders als bei Kostenführerschaft und Differenzierungsstrategie, die beide branchenweit angelegt sind, beschränkt sich die Fokussierungsstrategie auf ein Marktsegment (vgl. Teil 5, S. 661 ff.). **Ziel der Fokussierungsstrategie ist es, eine bestimmte, eng abgegrenzte Abnehmergruppe zu versorgen.** Ein Buchverlag konzentriert sich z. B. auf die Käufergruppe „Studenten der Wirtschaftswissenschaften" und druckt nur wirtschaftswissenschaftliche Lehrbücher. Durch die Konzentration auf eine Marktnische gewinnt das Unternehmen spezifisches Know how. Dieser Wissensvorsprung kann sich sowohl in Kosten- als auch in Qualitäts- und Leistungsvorteilen äußern. Aufgrund der Konzentration auf Schwerpunkte erwirtschaftet das Unternehmen überdurchschnittliche Gewinne und bleibt lebensfähig.

Die drei grundlegenden Wettbewerbsstrategien sind in Abbildung 1.28 anhand der Kriterien Wettbewerbsvorteil und Wettbewerbsumfang voneinander abgegrenzt.

| | **Wettbewerbsvorteile durch** | |
	Niedrigere Kosten	Differenzierung
Branchen-weit	Kostenführerschaft	Differenzierungsstrategie
Segment-spezifisch	Fokussierung	

Wettbewerbsumfang

Abbildung 1.28: Grundlegende Strategietypen

Um im Wettbewerb erfolgreich bestehen zu können, muß sich die Unternehmensführung eindeutig für eine der drei grundlegenden Wettbewerbsstrategien entscheiden. Befindet sich der Industriebetrieb „zwischen zwei Stühlen", sinken Gewinn und Rentabilität auf unterdurchschnittliche Werte ab.

50

Wertschöpfungskette

Nachdem das Entscheidungsproblem der Wahl einer geeigneten Wettbewerbsstrategie erörtert wurde, ist diese erfolgreich umzusetzen. Hierzu hat Porter die Gliederung betriebswirtschaftlicher Funktionen fortentwickelt und – ähnlich wie bereits andere vor ihm (vgl. z. B. Bratschitsch 1974) – das Konzept der Wertschöpfungs- oder Wertkette entwickelt (vgl. Porter 1989, S. 57–92).

Als Wertschöpfung bezeichnet man den um die Vorleistungen verminderten Gesamtwert, den ein Unternehmen für seine Abnehmer schafft. Er setzt sich aus dem Wert der Wertschöpfungsaktivitäten und der Gewinnspanne zusammen.

Wert-
schöpfung

Man unterscheidet primäre und sekundäre Wertschöpfungsaktivitäten (vgl. Abbildung 1.29). Die primären Aktivitäten umfassen im Industriebetrieb typischerweise Eingangslogistik, Produktion, Absatz, Ausgangslogistik und Kundenservice. **Während die primären Aktivitäten in erster Linie physische (und raum-zeitliche) Veränderungen des Produkts zum Inhalt haben, erfüllen die sekundären Aktivitäten Unterstützungsfunktionen.** Sie dienen der Aufrechterhaltung der primären Aktivitäten. Zu den sekundären Aktivitäten zählen im Industriebetrieb typischerweise die Unternehmensführung, die Organisation und andere konstitutive Entscheidungen, das Rechnungswesen (Kostenrechnung und Rechnungslegung), die Kapital-, Informations-, Personal- und Innovationswirtschaft sowie die Beschaffung. Mit Beschaffung ist nicht die physische Bereitstellung des Inputs gemeint (diese ist ja Gegenstand der primären Aktivität Eingangslogistik), sondern die Managementfunktion des Einkaufs.

Primäre und
sekundäre
Aktivitäten

Abbildung 1.29: Wertschöpfungskette

Die gestrichelten Linien in Abbildung 1.29 deuten an, daß einzelne Unterstützungsaktivitäten, wie z. B. die Personal- und Innovationswirtschaft oder die Beschaffung, sowohl einzelne primäre Aktivitäten als auch die gesamte Wertschöpfungskette unterstützen können. **Die einzelnen Teilaktivitäten der Wertkette spiegeln weitgehend den Aufbau des vorliegenden Buches wider.** Beschaffung, Eingangslogistik, Produktion und Ausgangslogistik sind im Teil „Produktionswirtschaft", Absatz und Kundenservice im Teil „Absatzwirtschaft", das Rechnungswesen in den Teilen „Kostenrechnung" und „Rechnungslegung" dargestellt.

Mit Hilfe der Wertschöpfungskette kann ein Industriebetrieb in strategisch relevante Teilbereiche untergliedert werden. Für jeden dieser Teilbereiche lassen sich – der gewählten Wettbewerbsstrategie entsprechend – Gestaltungsempfehlungen formulieren. Verfolgt ein Unternehmen z. B. eine Differenzierungsstrategie, steht bei der Eingangslogistik die Qualitätskontrolle der beschafften Inputgüter im Mittelpunkt. Die Ausgangslogistik ist auf schnelle und pünktliche Lieferungen auszurichten. Im Absatzbereich sind auf Differenzierung angelegte Werbemaßnahmen zu ergreifen, der Kundenservice muß eine intensive Abnehmerschulung anbieten. Auch die unterstützenden Aktivitäten sind auf die gewählte Strategie hin auszurichten. Im Rahmen der Personalwirtschaft sind z. B. laufende Aus- und Weiterbildungsmaßnahmen der nach hohen Qualifikationsmaßstäben ausgewählten Mitarbeiter durchzuführen.

Verknüpfung von Wertketten

Die Wertkette eines Unternehmens ist in ein umfassendes System eingebettet (vgl. Abbildung 1.30). Die Wertketten der Lieferanten erzeugen die für ein Unternehmen notwendigen Inputgüter. Bis die vom Unternehmen erstellte Leistung in die Wertkette des Endabnehmers eingeht, durchläuft sie mehrere Vertriebskanäle, die als weitere Wertketten aufgefaßt werden können. Um Wettbewerbsvorteile zu erlangen, muß der Industriebetrieb seine Wertschöpfungskette in das umfassende System effizient einbinden.

Abbildung 1.30: Verknüpfung von Wertketten

c) Der Industriebetrieb aus transaktionskostentheoretischer Sicht

Leistungserstellung beruht auf Arbeitsteilung und Spezialisierung. Je weiter Arbeitsteilung und Spezialisierung fortschreiten, desto mehr Austauschbeziehungen werden notwendig. Dies konfrontiert den Entscheidungsträger eines Industriebetriebs mit dem Problem der **Auswahl geeigneter Koordinationsformen zur Überwachung und Beherrschung der zahlreichen und vielfältigen Tauschbeziehungen.** Mit der auf Coase (1937) zurückgehenden und vor allem von Williamson (1975, 1985, 1990) weiterentwickelten Transaktionskostentheorie steht ein Instrumentarium zur Verfügung, das

52

einen wertvollen Beitrag zur Systematisierung, Erklärung und Gestaltung sozioökonomischer Austauschprozesse und organisatorischer Strukturen leistet.

Im Rahmen der Transaktionskostentheorie wird die dem eigentlichen physischen Gütertausch zeitlich und logisch vorgelagerte Übertragung von Verfügungsrechten in den Mittelpunkt der Überlegungen gestellt. **Verfügungsrechte – sogenannte Property-Rights – sind die mit materiellen und immateriellen Gütern verbundenen, institutionell legitimierten Handlungsrechte eines oder mehrerer Wirtschaftssubjekte** (vgl. Furubotn/Pejovich 1972). **Die Übertragung dieser Rechte wird als Transaktion bezeichnet.**

Trans-aktionen

Jeder Industriebetrieb läßt sich somit als ein **System von Verträgen** kennzeichnen, das dazu dient, die für eine arbeitsteilige Leistungserstellung und -verwertung notwendigen Teilleistungen sicherzustellen und zu koordinieren.

Die bei der Übertragung von Verfügungsrechten anfallenden Anbahnungs-, Vereinbarungs-, Abwicklungs-, Anpassungs- und Kontrollkosten heißen Transaktionskosten. Transaktionskosten sind in erster Linie Informations- und Kommunikationskosten (Picot 1982a). Neben monetär erfaßbaren Größen beinhaltet der Transaktionskostenbegriff auch andere, schwerer quantifizierbare Nachteilskomponenten wie z. B. die im Rahmen einer Vertragsüberwachung aufzuwendende Mühe und Zeit. Die Gesamtkosten setzen sich aus Produktionskosten und Transaktionskosten zusammen. Die Transaktionskostentheorie geht davon aus, daß die Produktionskosten entweder von der Koordinationsform unabhängig oder positiv mit den Transaktionskosten korreliert sind. Die Produktionkosten sind daher für die Ermittlung der kostengünstigsten Koordinationsform nicht entscheidungsrelevant (Williamson 1990, S. 101–107).

Transaktions-kosten

Für die Abwicklung sozioökonomischer Transaktionen stehen verschiedenartige Koordinationsformen zur Verfügung. Vereinfachend lassen sich **drei grundlegende Koordinationsformen** unterscheiden:

Koordina-tionsformen

- marktliche Koordinationsformen (z. B. Kaufverträge)
- Koordinationsformen mittleren Grades (z. B. Kooperationsverträge)
- hierarchische Koordinationsformen (z. B. langfristige Arbeitsverträge)

Mit Hilfe des nachfolgenden Entscheidungsmodells läßt sich für jede Transaktion die transaktionskostengünstigste Koordinationsform ermitteln. Zunächst muß die zu koordinierende Austauschbeziehung hinsichtlich der **transaktionskostenrelevanten Eigenschaften Spezifität, Veränderlichkeit und Häufigkeit** untersucht werden.

Spezifische Transaktionsbeziehungen zeichnen sich dadurch aus, daß ein Wechsel des Transaktionspartners entweder unmöglich oder mit sehr großen Nachteilen verbunden ist. **Der Spezifitätsgrad einer Transaktion bemißt sich nach der Höhe des Wertverlustes, der eintritt, wenn das zur Verwirklichung dieser Transaktion erworbene Human- und Sachvermögen nicht im Rahmen der beabsichtigten Leistungsbeziehung genutzt, sondern seiner nächstbesten Verwendungsmöglichkeit zugeführt wird.**

Spezifität

Transaktionsspezifische Investitionen können unterschiedlicher Art sein.

53

Eine **standortspezifische Investition** liegt z. B. dann vor, wenn ein Stahlproduzent seine Fertigungsstätten in der Nähe größerer Erzvorkommen errichtet; die Anlagen sind an diesem Standort für andere Zwecke praktisch nicht nutzbar. Kauft dagegen ein Zulieferer der Automobilindustrie ein Spezialaggregat, um einen Kraftfahrzeughersteller mit den gewünschten, eigens auf ein bestimmtes Fabrikat zugeschnittenen Zwischenprodukten zu versorgen, spricht man von einer **(anlagen-)spezifischen Kapitalgüterinvestition.** Sie ist für andere Arbeitsvorgänge nicht verwendbar. Wird aufgrund der Zusatznachfrage eines bestimmten Abnehmers die Kapazität einer Universalmaschine für die Herstellung zusätzlicher Einheiten eines Standardproduktes erweitert, so handelt es sich um eine **abnehmerspezifische Investition,** wenn man beim Absatz der über den Normalbedarf hinausgehenden Produktmengen auf die Nachfrage dieses Kunden angewiesen ist. Als eine **Investition in spezifisches Humankapital** wird der Erwerb unternehmensspezifischen Wissens durch einen Arbeitnehmer bezeichnet (vgl. Picot/Dietl 1990).

Unspezifische, d. h. standardisierte Transaktionsbeziehungen und -objekte lassen sich mittels einfacher Marktverträge effizient koordinieren. Der Preismechanismus liefert in diesem Fall alle zur Abwicklung und Anpassung an veränderte Umweltbedingungen erforderlichen Informationen. Mit zunehmendem Spezifitätsgrad beginnen kurzfristige, spontane Marktverträge als Koordinationsinstrument zu versagen. Spezifische Transaktionsbeziehungen unterliegen der ständigen Gefahr von einem der beiden Transaktionspartner eigennützig zu Lasten des anderen ausgenutzt zu werden.

Die Opportunismusgefahr ist um so höher, je größer die Veränderungen sind, denen die zu untersuchende Transaktion, z. B. aufgrund unsicherer Umweltentwicklungen, im Zeitablauf unterliegt. Wegen der begrenzten menschlichen Informationskapazität (vgl. Simon 1976) können nicht alle Veränderungen vorausgesehen und im Rahmen eines Marktvertrages entsprechend berücksichtigt werden. Hochspezifische und stark veränderliche Austauschbeziehungen werden durch den klassischen Marktmechanismus nicht oder nur unter Inkaufnahme extrem hoher Transaktionskosten bewältigt. In diesem Fall stellen kooperative und hierarchische Koordinationsformen die transaktionskostengünstigere Alternative dar.

Die komparativen Vorteile einer Unternehmung (verstanden als ein langfristig angelegtes, integriertes, kooperatives, auch hierarchisches und arbeitsvertragliches Gebilde) im Vergleich zum Markt sind in diesem Zusammenhang äußerst vielschichtig, können aber schwerpunktmäßig wie folgt zusammengefaßt werden. Zum einen schränken intensivere und vorwiegend langfristig angelegte Anreiz-, Kontroll- und Sanktionssysteme die Freiräume opportunistischen Verhaltens erheblich ein. Sie stabilisieren die gegenseitigen Erwartungen und das Vertrauen. Gleichzeitig erhöhen die langfristige Orientierung sowie ein gemeinsamer Ressourcenbesitz die Interessenkongruenz der Beteiligten. Auf der anderen Seite werden hierarchisch koordinierte Leistungsbeziehungen den Erfordernissen einer veränderlichen Umwelt durch die Möglichkeit kurzfristiger, adaptiver und sequentieller Entscheidungen höherrangiger Instanzen in besonderer Weise gerecht.

Nehmen Spezifitäts- und Veränderlichkeitsgrad einer Transaktion mittlere Werte an, dann bilden zwischen Markt und Hierarchie liegende Koordinationsinstrumente die transaktionskostengünstigeren Abwicklungsformen.

Hält man die Veränderlichkeit konstant, so läßt sich der Zusammenhang zwischen Transaktionskosten, Spezifitätsgrad und der gewählten Koordination in Anlehnung an Williamson (1991) wie folgt darstellen (vgl. Abbildung 1.31).

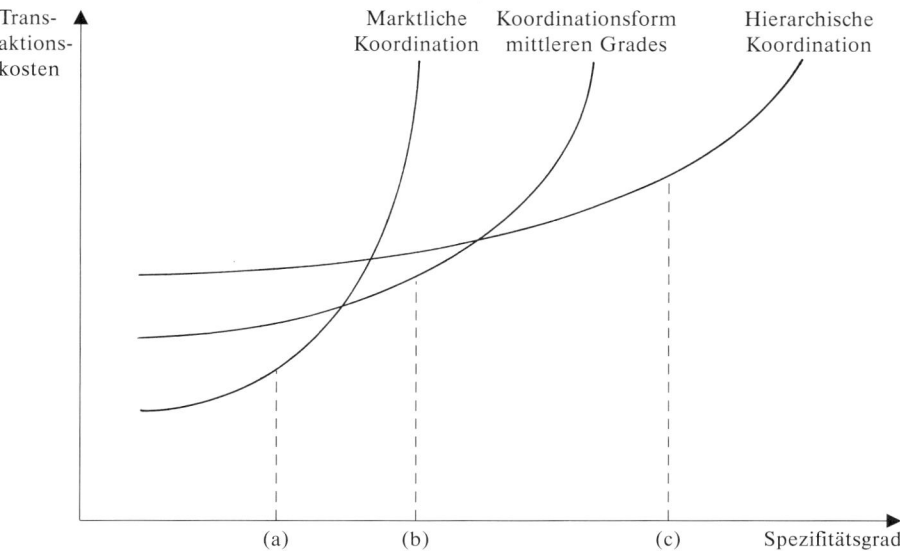

Abbildung 1.31: Zusammenhang zwischen Transaktionskosten, Spezifitätsgrad und Koordinationsform

Fall (a) bezeichnet eine relativ unspezifische Austauschbeziehung, z. B. den Kauf eines standardisierten Vorprodukts. Der Markt (z. B. kurzfristiger Kaufvertrag) stellt hierfür die günstigste Abwicklungsform dar. Alle relevanten Informationen werden vom Preissystem zur Verfügung gestellt (vgl. v. Hayek 1945).

Im Fall (b) handelt es sich um eine Transaktionsbeziehung mittleren Spezifitätscharakters, die sich am besten über langfristige Rahmenverträge und andere zwischen den Extremen Markt und Hierarchie liegende Abwicklungsformen koordinieren läßt. Ein Beispiel hierfür wäre der Vertrieb von Markenprodukten.

Hochspezifische Leistungsbeziehungen (c) schließlich müssen unternehmensintern (langfristige Arbeitsverträge) abgewickelt werden. Hierzu zählt z. B. die Planung der monatlichen Produktion oder die Entwicklung spezieller Steuerungsinstrumente für Werkzeugmaschinen.

Die Transaktionshäufigkeit spielt für die Beurteilung der Effizienz unterschiedlicher Koordinationsformen eine nachgelagerte Rolle. Eine hohe **Transaktionshäufigkeit stellt kein eigenständiges Entscheidungskriterium dar, verstärkt aber bereits vorlie-**

Häufigkeit

55

gende Tendenzen eines Marktversagens. Eine hohe Wiederholungsfrequenz verkürzt die Amortisationszeit von Kooperation und Hierarchie.

Rechtliche, technische und soziale Rahmenbedingungen

Neben den genannten Einflußgrößen sind die rechtlichen, technischen und sozialen Rahmenbedingungen einer Transaktion von Bedeutung. Rechtliche und technische Entwicklungen (Informations- und Kommunikationstechnik, Produktionstechnik) können zur Entstehung neuer Koordinationsformen führen oder die Eigenschaften der Transaktion verändern (vgl. z. B. Teil 3, S. 265 ff.). Das soziale Umfeld beeinflußt das opportunistische Verhaltenspotential der Transaktionspartner. Gemeinsame Werte und Normen, wie sie in einer starken Unternehmenskultur zum Ausdruck kommen (vgl. Heinen 1987), vermindern die Notwendigkeit „harter" Überwachungs- und Kontrollsysteme.

Aus transaktionskostentheoretischer Sicht ist der Industriebetrieb – sowohl intern wie in seinen Beziehungen zur Umwelt – als ein Geflecht expliziter und impliziter Vertragsvereinbarungen aufzufassen. Der Unternehmensführung stellt sich das Entscheidungsproblem, für jede Transaktionsbeziehung die effiziente Vertragsform auszuwählen (vgl. z. B. Rubin 1990).

Zugleich wird damit die **Leistungs- und Fertigungstiefe** eines Industriebetriebes festgelegt. Unter Fertigungstiefe versteht man den Umfang der Teilleistungen, der unter unmittelbarer Kontrolle des Industriebetriebes intern erzeugt wird (Picot 1991a). Vertikale Integration erhöht die Fertigungstiefe (vgl. Teil 4, S. 421 ff.).

Verbindung von transaktionskostenorientierter und wettbewerbstheoretischer Perspektive

Die transaktionskostenorientierte Sichtweise, die den Industriebetrieb als Netzwerk von Verträgen auffaßt, kann – wie Reve (1990) zeigt – mit dem wettbewerbstheoretischen Ansatz in Verbindung gebracht werden (vgl. Abbildung 32).

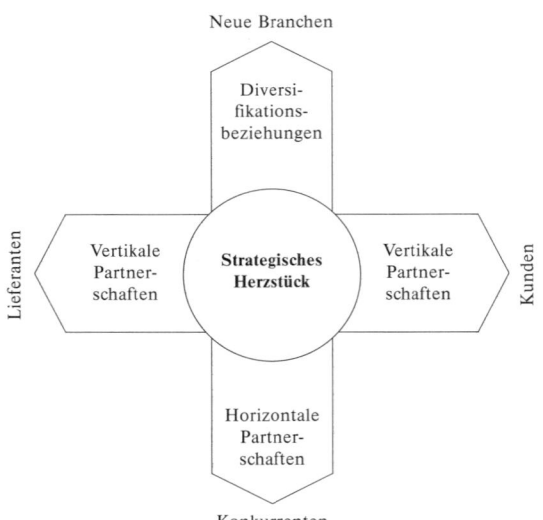

Abbildung 1.32: Vertragstheoretisches Modell der strategischen Unternehmensführung

Die hochspezifischen Leistungsbeziehungen bilden das strategische Herzstück, die Kernkompetenzen (vgl. Prahalad/Hamel 1990) eines Industriebetriebes und werden unternehmensintern koordiniert. Daneben besteht meist eine Reihe strategischer Partnerschaften mit Lieferanten und Kunden. Ein Industriebetrieb kann darüber hinaus auch horizontale Verbindungen mit Konkurrenten sowie Diversifikationsbeziehungen mit branchenfremden Unternehmen eingehen. Da diese Leistungsbeziehungen in der Regel durch mittlere Spezifitätsgrade gekennzeichnet sind, werden sie mit Hilfe von langfristigen Verträgen, Kooperationsverträgen oder Mindestbeteiligungen koordiniert. Für die unspezifischen Leistungsbeziehungen stellen kurzfristige Kaufverträge die geeignetste Abwicklungsform dar. Aus dieser Perspektive besteht die Aufgabe der strategischen Unternehmensführung darin, durch möglichst effiziente Vertragsbeziehungen Wettbewerbsvorteile zu erzielen. Die Sichtweise der Transaktionskostentheorie läßt sich auch auf die Gestaltung der Binnenbeziehungen einer Unternehmung ausdehnen (Zentralisierung/Dezentralisierung, Verselbständigung von Teilbereichen usw., vgl. z. B. Teil 3, S. 290 ff. und Teil 8, S. 1097 ff.).

d) Der Industriebetrieb als System

Unter einem System wird allgemein eine Menge von Elementen verstanden, zwischen denen Beziehungen bestehen. Kennzeichnend für industrielle Organisationen ist die relativ dauerhafte Beziehungsstruktur, die Zielgerichtetheit des Systems in bezug auf die Erstellung und marktliche Verwertung von Sach- und Dienstleistungen sowie die sich daraus ergebende Offenheit des Systems gegenüber der Umwelt (vgl. Ulrich 1978). Das System „Industriebetrieb" nimmt aus seiner Umwelt Input auf, transformiert diesen Input und gibt ihn als Output wieder an die Umwelt ab. Input des Systems sind beispielsweise Arbeitsleistungen, Informationen, Rohstoffe, Maschinen und Geld. Sie werden im industriellen Produktionsprozeß kombiniert und in veränderter Form als Output wieder an die Umwelt abgegeben. Zu diesem Output zählen nicht nur das individuelle Sach- und Dienstleistungsprogramm, sondern z. B. auch Gewinnausschüttungen sowie Bilanz- und Werbeinformationen (vgl. Abbildung 1.33).

Merkmale des Systems Industriebetrieb

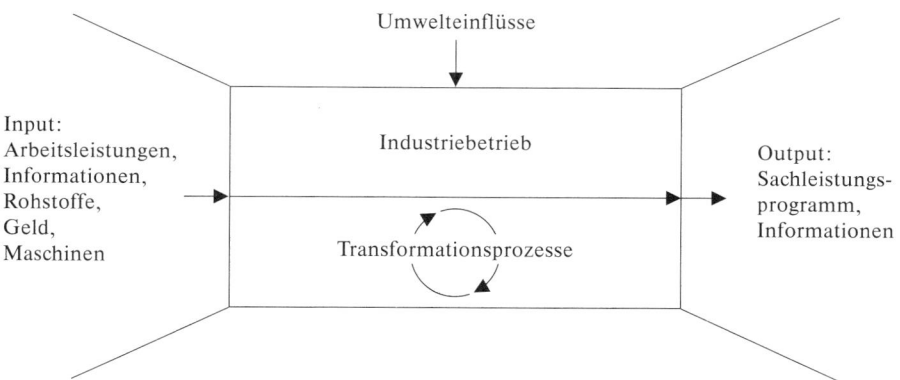

Abbildung 1.33: Grundschema des Systems „Industriebetrieb"

Handlungsträger dieser Verarbeitungsprozesse von Gütern und Informationen sind die im Industriebetrieb tätigen Menschen. Der Industriebetrieb unterscheidet sich von anderen Produktionswirtschaften dadurch, daß die Menschen im Rahmen des Transformationsprozesses in besonderem Maße Rohstoffe und Maschinen einsetzen. Daher ist es sinnvoll, den Industriebetrieb nicht nur als soziales, sondern als sozio-technisches System zu charakterisieren. Ein Großteil der Problemstellungen im Industriebetrieb ist durch das Zusammenwirken von Menschen, Maschinen und Technologien geprägt. Zahlreiche formelle und informelle Wechselbeziehungen mit der Umwelt rechtfertigen die Bezeichnung des **Industriebetriebes als offenes sozio-technisches System.** Die Eigenschaften der Systemelemente und insbesondere die Gestaltung der Beziehungen zwischen diesen Elementen sowie deren Verhältnis zur Umwelt sind entscheidend für Zustände und Verhalten des Systems Industriebetrieb.

Der Industriebetrieb läßt sich nach grundsätzlich beliebigen Kriterien in Subsysteme untergliedern. Nach dem Funktionsgesichtspunkt lassen sich beispielsweise Beschaffungs-, Produktions- oder Absatzbereich als (Sub-)Systeme beschreiben. Diese können selbst wieder (etwa nach Produkt- und Tätigkeitsart) in Untersysteme aufgeteilt werden. Dabei können einzelne Elemente zugleich mehreren Systemen angehören. Umgekehrt läßt sich auch ein Industriebetrieb als Untersystem des Systems „Industrieller Sektor" oder „Volkswirtschaft" kennzeichnen. Betrachtungsebene und Tiefe der Untergliederung werden durch das jeweilige Erkenntnisziel festgelegt.

Dynamik des Systems

Mit dieser globalen Skizzierung des Industriebetriebes als offenes soziotechnisches System ist noch nichts über die Bedingungen ausgesagt, die die Voraussetzungen für die Existenz und das Überleben des Systems in der sich wandelnden Umwelt bilden. Ein offenes System ist zugleich ein dynamisches System, d. h. die Elemente des Systems und ihre Beziehungen zueinander sowie zur Umwelt unterliegen einem ständigen Wandel. Das Überleben fordert eine kontinuierliche Anpassung an solche Umweltveränderungen (Störungen).

Für die globale Erklärung des dynamischen Verhaltens und der Überlebensbedingungen der Unternehmung in einer Wettbewerbswirtschaft bietet sich eine Modellvorstellung an, die den Industriebetrieb als kybernetisches System beschreibt.

Der Industriebetrieb als kybernetisches System

Kybernetische Systeme

Kybernetische Systeme zeichnen sich dadurch aus, daß sie nach Störungen, die ihr Gleichgewicht beeinträchtigen, unter bestimmten Bedingungen wieder in einen Gleichgewichtszustand zurückkehren bzw. einen neuen Gleichgewichtszustand entwickeln. Realisiert wird diese Tendenz mit Hilfe von Steuerungs- und Regelungsmechanismen. Beide Mechanismen treten oft kombiniert auf (vgl. Abbildung 1.34). Das Prinzip eines einfachen Steuerungs- oder Regelungssystems läßt sich am Beispiel eines Produktionsprozesses aufzeigen.

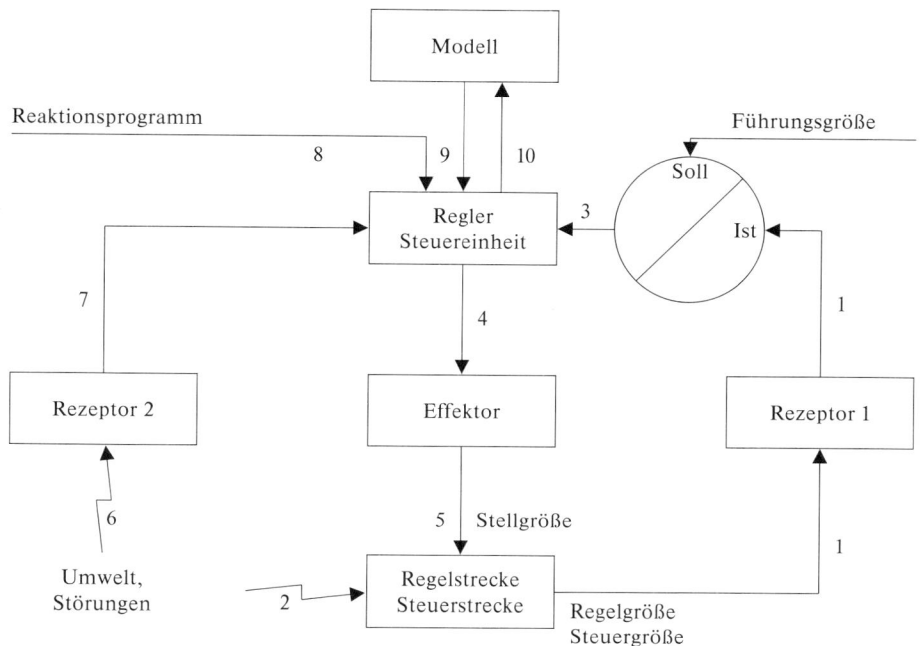

Abbildung 1.34: Steuerungs- und Regelungssystem

Die Regelung charakterisiert eine Art der Störungskompensation, die auf Rückkoppe- *Regelung*
lung beruht. Unter Rückkoppelung versteht man allgemein ein Prinzip, nach dem das
Ergebnis eines Prozesses gemessen und mit dem gewünschten Zustand (Sollzustand)
verglichen wird. Stellt sich eine Abweichung des Ist- vom Sollzustand heraus, so wird
eine Korrekturmaßnahme eingeleitet. Es handelt sich um einen Vorgang, der in natürlichen Organismen in vielgestaltigen Variationen verwirklicht ist und der die
Organismen trotz Störungen aus der Umwelt am Leben erhält.

Die Regelstrecke sei die Produktionsabteilung eines Industriebetriebes. Die vom Produktionsprozeß verursachten Kosten werden vom internen Rechnungswesen (Rezeptor 1) erfaßt (1). Durch den Einfluß verschiedener Störungen (2), wie z. B.
Preisveränderungen, Betriebsausfälle, Streiks oder Verschwendung, weichen die Istkosten von den geplanten Sollkosten (Führungsgröße) ab. In der Controllingabteilung wird diese Differenz ermittelt und dem Controller (Regler) übermittelt. Besteht
zwischen Soll und Ist Übereinstimmung (3), so erfolgt keine Aktivität. Stellt der
Controller Abweichungen fest, wird der Kostenstellenleiter (Effektor) informiert (4),
der über Anweisungen (Stellgröße) versucht, Kosten einzusparen und die Istkosten
wieder den Sollkosten anzunähern (5).

Bereits am Beispiel der Regelung lassen sich drei Merkmale kybernetischer Systeme *Merkmale*
aufzeigen: *kyberneti-*
scher Systeme

Erstens sind die **Elemente des Systems durch Informationswege verbunden.** Die Stellgröße ist die Anweisungsinformation an das Systemelement „Regelstrecke" (Weisung an die Produktionsabteilung, bestimmte Aktivitäten aufzunehmen bzw. aufrechtzuerhalten). Die Führungsgröße stellt ebenfalls eine Anweisungsinformation dar, ist jedoch an das System insgesamt gerichtet und definiert dessen Sollzustand.

Zweitens besteht das System aus **zwei Ebenen.** Während auf der operativen Ebene **(Regelstrecke)** produziert wird, obliegt der Controllingabteilung **(Regler)** die Überwachung bzw. die führungsgrößenorientierte Regelung dieser Tätigkeit.

Drittens wird deutlich, daß das **System nur unter gewissen Bedingungen im Gleichgewicht** bleiben kann: Die Leistung der Regelstrecke muß so angelegt sein, daß sie mit allen zu erwartenden Störungen fertig wird.

Steuerung

Unter Steuerung versteht man eine antizipative Störungskompensation, die ohne Rückkoppelungen auskommt. Die Planungsabteilung (Rezeptor 2) „beobachtet" die Umwelt (6) und meldet (7) zu erwartende Störungen an die Steuereinheit. Hierdurch können z. B. Preisänderungen der Einsatzgüter rechtzeitig erkannt werden. Die Steuereinheit prüft dann, welche kompensierenden Maßnahmen das Reaktionsprogramm (8) vorsieht, z. B. die Substitution des teurer gewordenen Einsatzgutes durch andere Inputfaktoren. Die Steuereinheit übermittelt an den Effektor einen entsprechenden Befehl oder Steuerimpuls (4), den dieser durch Veränderung der Stellgröße (5) an der Steuerstrecke ausführt. Die Preisänderung, die sich ansonsten später als Kostensteigerung ausgewirkt hätte, kann so schon im voraus kompensiert werden, indem der Kostenstellenleiter, ohne daß eine Rückkoppelung stattgefunden hat, die Produktionsabteilung anweist, eine Substitution der Einsatzfaktoren vorzunehmen. Diese einfache Programmsteuerung funktioniert allerdings nur dann, wenn für jede vom Rezeptor 2 wahrgenommene Störung eine Reaktionsmöglichkeit existiert.

Steuerung mit Hilfe von Modellen

Eine Variante stellt die Steuerung unter Zuhilfenahme eines Reaktionsmodells der Steuerstrecke dar. Mit Hilfe der Programmsteuerung können nur solche Störungen kompensiert werden, für die das Programm (8) eine Reaktion vorsieht. Andere Störungen können nur dann gehandhabt werden, wenn das Steuerungssystem solche Störungen wahrnehmen und die Reaktion der Steuerstrecke anhand einer Modellanalyse ermitteln kann. Die Steuereinheit führt in diesem Fall am Modell der Steuerstrecke (9, 10) eine Analyse durch, aufgrund derer sie in Erfahrung bringt, wie sich die Umweltänderung auf die Steuergröße auswirken, d. h. wie der zu erwartende Ist-Zustand ausgeprägt sein wird. Verfügt die Steuereinheit über verschiedene Reaktionsmöglichkeiten (8), muß sie diese solange am Modell simulieren (9, 10), bis sie eine Kombination von Reaktionen gefunden hat, mit der sie voraussichtlich eine Übereinstimmung von Soll und Ist der Führungsgröße erreichen kann. Diese Kombination von Reaktionen wird dann über Effektoren realisiert.

Eine Kompensation solcher (unbekannter) Störungen ist allerdings nur möglich, wenn das Modell die Steuerstrecke bzw. den Zusammenhang zwischen Steuerstrecke und Steuergröße adäquat abbildet, die zur Verfügung stehende Reaktionszeit für die Modellanalyse und -simulationen ausreicht und genügend Reaktionsmöglichkeiten zur Verfügung stehen.

Dieser Bezugsrahmen kann auf alle industriellen Entscheidungsprozesse übertragen werden.

Im Fall der reinen Regelung vergleicht eine Kontrollinstanz die Istausprägungen der Regelgröße mit den als Führungsgrößen vorgegebenen Zahlenwerten oder Zielen (Sollgröße). Ergeben sich keine Abweichungen zwischen Soll und Ist, greift das Management nicht ein. Werden dagegen Abweichungen registriert, so werden Dispositionen getroffen, die das Management zur Erreichung des Gleichgewichts für geeignet hält. Diese werden in Form von Stellgrößen an die Ausführenden weitergegeben.

Regelnde Entscheidungen

Im Fall der Steuerung handelt das Management bereits aufgrund von Hinweisen (Prognosen, Informationen) auf Umweltentwicklungen und mit Hilfe von Vorstellungen (Modelle, Theorien) über deren Einfluß auf die betriebliche Aufgabenerfüllung. Steuernde Entscheidungen werden bereits getroffen, bevor die Unternehmung in ein Ungleichgewicht gerät. Diese Art der antizipativen Störungskompensation läßt die Bedeutung eines Informations(sub)systems der Organisation deutlich werden, ohne das das rechtzeitige Erkennen von Störungen nicht möglich wäre. Im vorliegenden Beispiel wurde dieses im Rezeptor 2 subsumiert.

Steuernde Entscheidungen

In der Sprache der Kybernetik ist es folglich Aufgabe der Betriebswirtschaftslehre, die Regel- bzw. Steuerkreise zu erforschen, Empfehlungen zur Gestaltung der Systeme und deren Elemente zu geben, Hilfen bei der Bildung von Reaktionsmodellen zu stellen und dem Management Vorschläge zur Einstellung der Stellgrößen bei verschiedenen Störungen zu unterbreiten.

Vermaschte Steuerungs- und Regelungssysteme

Die bisherige Betrachtung sah den Industriebetrieb als ein globales System. Aufgrund der Spezialisierung einzelner Systemelemente ergibt sich in der Realität aber eine Arbeitsteilung. Es liegt deshalb nahe, den **Industriebetrieb als System einer Vielzahl vermaschter Steuerungs- und Regelungssubsysteme** zu betrachten.

Das Top-Management stellt dann beispielsweise die Steuerungs- und Regelungseinheit des in der Hierarchie am höchsten stehenden Systemkreises dar; die Regel- und Steuerstrecke ist dann die zweite Management-Ebene. Diese ist selbst wieder Regler eines Systemkreises niederer Ordnung. Die Betrachtung ließe sich nach unten beliebig fortsetzen.

Zwei Regel- bzw. Steuerkreise sind vermascht, wenn die Stellgröße des Regelkreises A gleichzeitig Führungsgröße eines Regelkreises B ist, wenn also der Regler des Kreises A die Führungsgröße des Regelkreises B beeinflußt. Neben der einseitigen Vermaschung (A beeinflußt B) kann auch eine wechselseitige Vermaschung vorliegen. Der Regelkreis A steuert dann die Führungsgrößen des Regelkreises B, und umgekehrt beeinflußt auch der Regelkreis B die Führungsgröße des Reglers A.

Vermaschung

Während bei einseitig vermaschten Regelkreisen der beeinflussende Regelkreis ein System höherer (hierarchischer) Ordnung darstellt, kann ein solches bei wechselseitig vermaschten Regelkreisen von vornherein nicht identifiziert werden. Erst im Verlauf konkreter Entscheidungsprozesse stellt sich heraus, welcher Regelkreis letztlich den größeren Einfluß (Macht) ausübt und somit die Führung übernimmt.

Es ist unschwer einzusehen, daß derartig wechselseitig abhängige Regelkreise der Koordination bedürfen. Entweder die Regler zweier Kreise einigen sich im Rahmen konkreter Entscheidungsprozesse selbst auf ein abgestimmtes Vorgehen (dezentrale Koordination), oder ein dritter Regelkreis höherer Ordnung gibt zentrale Koordinationsanweisungen. In der Realität treten zentrale und dezentrale Koordination meist gemeinsam auf.

Bedingungen der Lebensfähigkeit sozialer Systeme

Der Bereich möglicher Zustände, innerhalb derer ein System überlebt, ist begrenzt. Dies wird erkennbar, wenn die Zustände beschrieben werden, die für die Systemelemente und deren Beziehungen zulässig sind. Verläßt das System diesen Bereich, so bricht es zusammen.

Lebensfähig-keit eines Systems

Ein lebensfähiges System muß also bestimmte Eigenschaften aufweisen, die es in die Lage versetzen, den Systemzustand innerhalb des zulässigen Bereichs zu halten. Diese Eigenschaften werden als **„funktionale Erfordernisse" des Überlebens** bezeichnet. Aufgrund von Beobachtungen und Untersuchungen bestehender sozialer Systeme wurden Annahmen über solche Eigenschaften entwickelt. Dabei wird vermutet, daß bei Vorliegen dieser Eigenschaften das System langfristig eine Tendenz zu einem dynamischen Gleichgewichtszustand aufrechterhalten kann. Funktionale Erfordernisse in diesem Sinne sind:

(1) Die Fähigkeit zur produktiven bzw. wirtschaftlichen Gestaltung der ablaufenden Prozesse.

(2) Die Fähigkeit zur Selbsttransformation unter dem Einfluß wechselnder Umweltbedingungen (Störungen). Dabei sind künftige Umweltsituationen gedanklich vorwegzunehmen, entsprechende Anpassungserfordernisse aufzudecken und Möglichkeiten der Selbsttransformation zu entwickeln (Planung).

(3) Die Fähigkeit zur Integration, d. h. zur ganzheitlichen Verbindung der Elemente. Dies schließt die Abstimmung der einzelnen Elementkategorien – Menschen, Maschinen, Technologien – in sich und untereinander ein.

System-bedürfnis

Die Aufrechterhaltung dieser Fähigkeiten kann als „Systembedürfnis" und somit als Ziel des Systems betrachtet werden. Es ist insofern zielgerichtet. Bei Störungen (auch bei unbekannten) muß es in der Lage sein, ein neues Gleichgewicht zu finden und seine Aufgabe unter veränderten Bedingungen weiter zu erfüllen. Aus dieser Perspektive dienen die Entscheidungen der Unternehmensführung dem Überleben des Systems „Industriebetrieb".

62

III. Führungssysteme im Industriebetrieb

1. Grundlagen der Unternehmensführung

Als Unternehmensführung bezeichnet man die zielgerechte Gestaltung der Strukturen und Prozesse eines Unternehmens. Ein Teilaspekt der Unternehmensführung ist die Mitarbeiterführung. **Unter Mitarbeiterführung versteht man personenbezogene Handlungen, bei denen einzelne Personen oder Personenmehrheiten (Führende) auf andere Personen (Geführte) einwirken, um diese zu einem zielentsprechenden Handeln zu veranlassen** (vgl. Heinen 1984, S. 38). Führung im Sinne von Menschenführung tritt in all den Entscheidungsprozessen auf, in denen die Phasen der Willensbildung und Willensdurchsetzung personell getrennt sind. Erfolgreiche Mitarbeiterführung ist demzufolge eine unverzichtbare Voraussetzung arbeitsteiliger Leistungserstellung. Im Gegensatz zur Mitarbeiterführung beinhaltet die Unternehmensführung die ganzheitliche Gestaltung des komplexen Systems „Unternehmung" in einer veränderlichen Umwelt.

Unternehmens- versus Mitarbeiter- führung

Der umfassende Charakter der Unternehmensführung wird deutlich, wenn man ihre Funktionen untersucht. Im klassischen Unternehmensführungs- oder Managementprozeß unterscheidet man die in Abbildung 1.35 dargestellten Aufgaben (vgl. Koontz u. a. 1984). Die Funktionen Planung, Organisation, Gestaltung des Informationssystems, Personalauswahl und -entwicklung, Mitarbeiterführung und Kontrolle werden idealtypischerweise als aufeinander aufbauende Phasen des Führungsprozesses aufgefaßt.

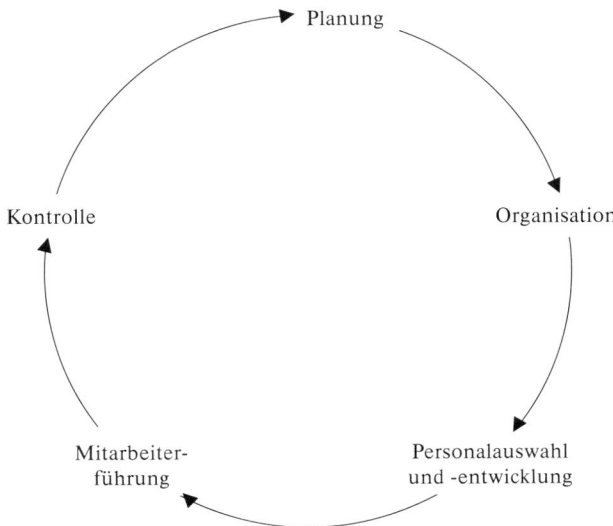

Abbildung 1.35: Der Unternehmensführungsprozeß (Managementzyklus)

63

Planung	**Unter Planung versteht man die geistig abstrahierende Vorwegnahme und Auswahl zukünftiger Handlungen.** Planung ist also eine spezifische Form der Entscheidungsfindung. Von anderen Entscheidungsprozessen unterscheidet sich die Planung durch ihren **antizipativen Charakter** und die ihr zugrundeliegende **abstrahierende Problemdefinition** (vgl. Kirsch 1990). Im Rahmen der Planung wird das ursprüngliche Problem durch gedankliche Abstraktion vereinfacht. Dies geschieht vor allem durch die Beschränkung auf wesentliche Problemmerkmale. Darüber hinaus bezieht sich die Planung auf die Bewältigung zukünftiger, bislang noch nicht eingetretener Situationen.
Organisation	Planung ist auf die gedankliche Ebene beschränkt. Zur Realisierung des Gesamtplans muß dieser in Teilaufgaben zerlegt und einzelnen Stellen oder Instanzen zugeordnet werden. Sie sind mit den zur Verwirklichung der Teilaufgaben erforderlichen Ressourcen, Kompetenzen und Weisungsbefugnissen auszustatten sowie mit den notwendigen Informationen zu versorgen. Dies erfolgt im Rahmen der Organisation (vgl. Teil 2) und durch unterstützende Informationssysteme (vgl. Teil 3).
Personalauswahl und -entwicklung	Stellen und Instanzen müssen personell besetzt werden. Dies erfordert die Auswahl geeigneter Mitarbeiter. Da sich die Stellenaufgaben im Laufe der Zeit verändern, muß das Leistungsprofil der Mitarbeiter durch Fortbildungsmaßnahmen und eventuell notwendige Neueinstellungen den neuen Anforderungen angepaßt werden (vgl. Teil 6).
Mitarbeiterführung	Nachdem die organisatorischen und personellen Voraussetzungen geschaffen wurden, erfolgt die tägliche Planrealisierung durch Anweisung, Motivation und Koordination der Mitarbeiter. Dies ist Aufgabe der erwähnten Mitarbeiterführung (vgl. Teil 6).
Kontrolle	Durch laufende Kontrollmaßnahmen wird geprüft, inwieweit die angestrebten Planwerte realisiert werden konnten. Planabweichungen führen zu einer Planrevision. Die Kontrolle leitet somit einen neuen Planungsprozeß ein (vgl. Teil 9).

Zur Unterstützung der Unternehmensführung werden in Industriebetrieben Führungssysteme eingeführt. Zu den wichtigsten Führungssystemen gehören Planungs- und Kontroll-, Informations- sowie Anreiz- und Sanktionssysteme.

2. Planungs- und Kontrollsysteme

Die Gesamtplanung eines Industriebetriebes ist in der Regel hierarchisch strukturiert. **Man unterscheidet drei Ebenen: strategische, taktische und operative Planung** (vgl. Abbildung 1.36).

Unter Strategie versteht man einen globalen Weg zur Erreichung vorgelagerter Ziele.

Strategische Planung	Strategische Planung ist ein andauernder Prozeß der Lösungssuche für mögliche zukünftige Probleme. Die strategische Planung ist tendenziell langfristig angelegt.

64

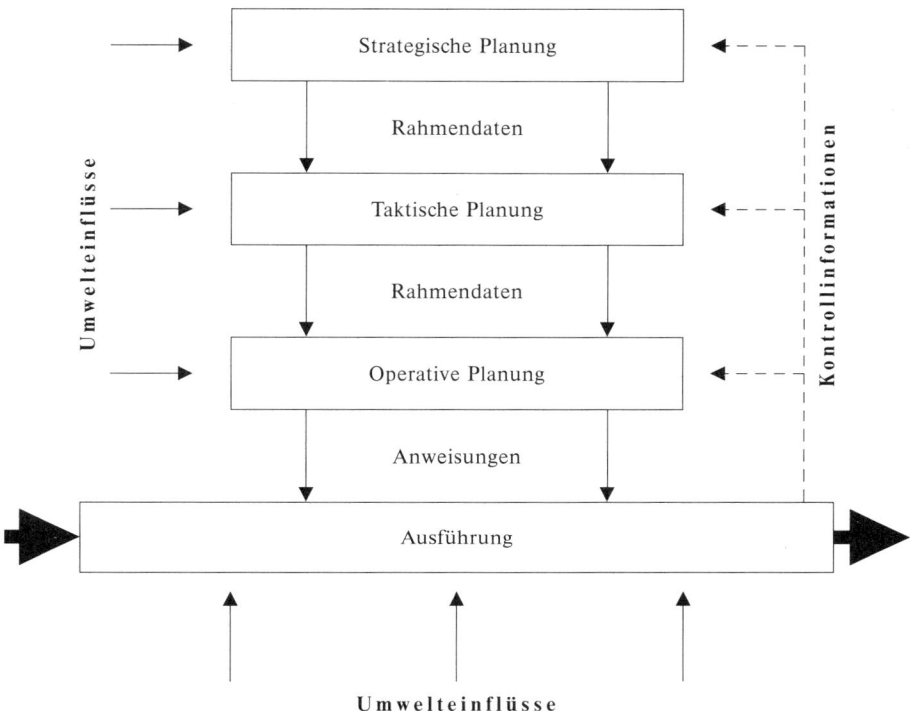

Abbildung 1.36: Planungsebenen eines Industriebetriebs

Ihre Hauptaufgabe besteht in der Sicherung bestehender und der Erschließung neuer **Wettbewerbsvorteile**. Anstatt von Wettbewerbsvorteilen spricht man in diesem Zusammenhang häufig auch von **Erfolgspotentialen**.

Das Grundmodell der strategischen Planung besteht aus einer **kombinierten Unternehmens- und Umweltanalyse**. Jede Veränderung der Umweltbedingungen kann als eine Gefahr für das Unternehmen aber auch als Gelegenheit zur Verbesserung der Wettbewerbsposition gegenüber den Konkurrenten betrachtet werden. Je nachdem ob der Industriebetrieb bezüglich einer speziellen Veränderung eine Stärke oder Schwäche aufweist, besteht entweder eine Chance oder ein Risiko. *Grundmodell der strategischen Planung*

Um zukünftige Gefahren und Gelegenheiten rechtzeitig erkennen zu können, bedienen sich viele Unternehmen einer strategischen Frühaufklärung (vgl. Müller 1981). Die strategische Frühaufklärung basiert auf dem Konzept der schwachen Signale (vgl. Ansoff 1976). **Schwache Signale** wie z. B. Indikatoren oder Trendänderungen kündigen zukünftige Ereignisse und Entwicklungen häufig schon frühzeitig an. Sie rechtzeitig zu erkennen ist somit wesentlicher Bestandteil der strategischen Planung. *Strategische Frühaufklärung*

Strategische Pläne beinhalten die zukünftigen Handlungsrichtungen, wie z. B. die zu verfolgende Wettbewerbsstrategie eines Industriebetriebes. Sie sind relativ vage und global formuliert und können nicht unmittelbar in operative Tätigkeiten umgesetzt werden. *Strategischer Plan*

65

Taktische Planung	**Die taktische Planung ist mittelfristig angelegt.** Als Entscheidungsprämissen fließen die durch den strategischen Plan vorgegebenen Rahmendaten in den Planungsprozeß ein. Diese werden auf der taktischen Ebene konkretisiert. Insbesondere sind die zur Umsetzung der Strategien erforderlichen Potentiale wie Kapitalausstattung und Investition (vgl. Teil 7), Organisationsstrukturen und Informationssysteme (vgl. Teile 2, 3 und 9) sowie Personal (vgl. Teil 6) bereitzustellen. Hierzu müssen ausgehend von den auf das Gesamtunternehmen bezogenen Strategien **Maßnahmenkataloge für die einzelnen Teilbereiche** ausgearbeitet werden. Da auf taktischer Ebene zahlreiche Interdependenzen zwischen den einzelnen Funktionsbereichen zu berücksichtigen sind, ist eine enge Zusammenarbeit aller Unternehmensbereiche unerläßlich (vgl. z. B. Pfohl 1981, S. 125). Typische taktische Probleme sind demnach die Investitions-, Budget-, Finanz-, Organisations- und Personalplanung.
Operative Planung	Die operative Planung ist bereichsbezogen und kurzfristig. Ihre Aufgabe besteht darin, bei gegebenen Potentialen und Kapazitäten die Prozesse durch **konkrete Handlungsanweisungen** zu lenken. Operative Planungsaufgaben sind z. B. die Materialbedarfs-, Materialbeschaffungs-, die Maschinenbelegungs- und Losgrößenplanung im Produktionsbereich (vgl. Teil 4).
Rollierende Planung	Die taktische und operative Planung wird häufig in Form einer rollierenden Planung durchgeführt. Hierbei erstellt man neben einem differenzierten Jahresplan einen Grobplan für ca. 2–5 Jahre. Nach etwa einem halben Jahr werden dann Detail- und Grobplan unter Berücksichtigung veränderter Planungsprämissen um jeweils 6 Monate fortgeschrieben.
	Die Planungshierarchie (vgl. Koch 1982) spiegelt sich im Strukturiertheitsgrad der jeweiligen Planungsprobleme wider. Auf der strategischen Ebene hat man es mit schlechtstrukturierten Planungsproblemen zu tun, die über eine Verschärfung der Planungsprämissen in relativ wohlstrukturierte operative Probleme transformiert werden.
Kontrolle	Planung an sich garantiert nicht, daß die geplanten Größen auch tatsächlich realisiert werden. Um dies sicherzustellen und um aus auftretenden Abweichungen zu lernen, ist Kontrolle nötig. **Unter Kontrolle versteht man den Vergleich von Plan- und Istwerten.** Der Kontrollprozeß verläuft in einer dem Planungsprozeß entgegenlaufenden Richtung (vgl. die gestrichelte Linie in Abbildung 1.36, S. 65). Werden im Rahmen der Kontrolle Abweichungen festgestellt, so können sie auf Fehlern in der Planung (z. B. falsche Umweltprognose) oder Fehlern in der Realisation (z. B. Nichtausführung eines Teilplans) beruhen (vgl. Pfohl 1981). Je nach Abweichungsursache sind andere Maßnahmen zu ergreifen.
Komplementarität von Planung und Kontrolle	**Planung und Kontrolle sind eng miteinander verknüpft. Planung ohne Kontrolle ist sinnlos, Kontrolle ohne Planung unmöglich** (vgl. Wild 1974).
Controlling	**Die Aufgabe der Schaffung und laufenden Anwendung eines institutionalisierten Planungs- und Kontrollsystems für die Gesamtunternehmung wird als Controlling bezeichnet.** In einem umfassenden Sinn wird unter Controlling ein Gesamtkonzept der Unternehmenssteuerung durch Planung, Budgetierung und Kontrolle verstanden.

Neben dem Aufbau und der Gewährleistung eines Planungs- und Kontrollsystems beinhaltet das Controlling auch die Festlegung von Planungsinhalten und schlägt Maßnahmen bei festgestellten oder erwarteten Abweichungen vor (vgl. Küpper 1988, 1990; Horváth 1990).

Controlling basiert stark auf den Instrumenten des internen Rechnungswesens (vgl. Teil 9), der Finanzbuchführung (Teil 10), der Finanzplanung (Teil 7) sowie auf den Teilplänen der operativen Funktionen. Es dient damit der Unterstützung von Steuerung und Koordination in Industriebetrieben.

3. Informationssystem

Informationssysteme unterstützen das Planungs- und Kontrollsystem. Als Teilaufgaben eines Informationsversorgungssystems gelten die **Ermittlung des Informationsbedarfs**, die **Informationsbeschaffung und -aufbereitung** sowie die **Informationsübermittlung** (Kommunikation). Die Erfüllung dieser Aufgaben wird durch die hochentwickelte Informations- und Kommunikationstechnik heute in vielen Bereichen erleichtert und unterstützt (vgl. Teil 3).

Aufgaben des Informationsversorgungssystems

4. Anreiz- und Sanktionssysteme

Das Anreiz- und Sanktionssystem dient zur Unterstützung der Mitarbeiterführung. Durch Anreize und Sanktionen sollen Motivation und Leistungsbereitschaft der Mitarbeiter erhöht sowie die Gefahr von Minderleistungen gesenkt werden (vgl. Teil 6).

Das formale Anreiz- und Sanktionssystem umfaßt einerseits die Anreize, die den Mitarbeitern für ihre erbrachten Leistungen angeboten werden, andererseits die Sanktionen, mit denen mangelnder Leistung begegnet werden kann. Zu den formalen Anreizen gehören monetäre Anreize (Entgelt, Prämien, Ergebnis- und Kapitalbeteiligungen), Ausbildungs- und Aufstiegsanreize sowie geplante soziale Anreize. Entlassungen, Gehaltskürzungen, Mahnungen und die Nichtgewährung formaler Anreize sind Beispiele formaler Sanktionen.

Formale Anreize und Sanktionen

Neben den formalen Anreizen und Sanktionen bietet der Industriebetrieb seinen Mitarbeitern auch vielfältige informale Anreize (z. B. Anerkennung, Gruppenzugehörigkeit) und Sanktionen (z. B. soziale Ausgrenzung).

Informale Anreize und Sanktionen

IV. Industriebetriebslehre und Allgemeine Betriebswirtschaftslehre

Dieser einführende Teil hat gezeigt: Industriebetriebslehre ist eine beispielhafte Anwendung der Allgemeinen Betriebswirtschaftslehre.

Wer eine Industriebetriebslehre als Institutionenlehre betreiben will, kommt an der Vielfalt betriebswirtschaftlicher Theorie- und Modellbildungen sowie entsprechender Führungsinstrumente nicht vorbei, sondern nutzt diese zur Analyse und Gestaltung von Industriebetrieben.

Das verarbeitende Gewerbe erzeugt knapp 50% unseres Bruttosozialproduktes. Damit sind industrielle Betriebswirtschaften wohl der größte in etwa homogene Anwendungsbereich der Allgemeinen Betriebswirtschaftslehre. Andererseits wächst der Dienstleistungs- und Informationssektor. Auch die Industriebetriebe transformieren sich immer stärker von reinen Produzenten und Anbietern stofflicher Produkte zu integrierten Sach- und Dienstleistern.

Dem muß auch die Industriebetriebslehre Rechnung tragen. Die Grenzen zwischen Allgemeiner Betriebswirtschaftslehre und Industriebetriebslehre verwischen demnach immer stärker. In diesem Sinne ist auch die vorliegende Industriebetriebslehre zu verstehen. Im Mittelpunkt steht die Aufbereitung und Nutzung allgemeinen betriebswirtschaftlichen Wissens für die Führung, insbesondere für das Verständnis und für die Gestaltungsaufgaben der vielfältigen Funktionen, Stellen und Personen des Industriebetriebes in marktwirtschaftlichen Umwelten.

Kommentierte Literaturhinweise

Einen Überblick über die entscheidungsorientierte Sichtweise bietet HEINEN (1976c, 1985a). Verschiedene Aspekte der Entscheidungstheorie beleuchten BAMBERG/COENENBERG (1989), KIRSCH (1977), BITZ (1981), REHKUGLER/SCHINDEL (1989a), MAG (1990) und WITTE/THIMM (1977). Der faktortheoretische Ansatz ist in dem Grundlagenwerk von GUTENBERG (1983) und mit Weiterentwicklungen bei HEINEN (1983) dargestellt. PORTER (1988, 1989) für den wettbewerbstheoretischen und ULRICH (1978) für den systemtheoretischen Ansatz sind als weitere Standardwerke zu empfehlen. Einführungen in die Transaktionskostentheorie finden sich in den Aufsätzen PICOT (1982a), PICOT/DIETL (1990), sowie weiterführend in den Werken von MICHAELIS (1985) und WILLIAMSON (1990).

Einen vertieften Einblick in das Gebiet der Unternehmensführung geben RÜHLI (1973, 1978), WELGE (1985, 1987, 1988), FRESE (1987), KIRSCH (1990), STAEHLE (1990) und STEINMANN/SCHREYÖGG (1990); insbesondere der Mitarbeiterführung ist der Sammelband von HEINEN (1984) gewidmet. Die Problematik der Planung und Kontrolle wird in der Arbeit von PFOHL (1981) vertieft. Speziell mit Fragen des Controlling beschäftigen sich KÜPPER (1988, 1990) und HORVÁTH (1990).

Gesamtdarstellungen zum Gebiet der Industriebetriebslehre vermitteln die von JACOB (1990) und SCHWEITZER (1990) herausgegebenen Werke. Einen Überblick über die allgemeine Betriebswirtschaftslehre geben SCHNEIDER (1987), BEA/DICHTL/SCHWEITZER (1988, 1989, 1990) und HAHN (1990). Einen Einblick in das Spannungsfeld zwischen Generalisierung und Spezialisierung innerhalb der Betriebswirtschaftslehre vermitteln die Beiträge in KIRSCH/PICOT (1989). Als wichtige Nachschlagewerke sind zu empfehlen: Das von KERN (1984) herausgegebene Handwörterbuch der Produktion, das von SZYPERSKI (1989) herausgegebene Handwörterbuch der Planung und das von KIESER/REBER/WUNDERER (1987) herausgegebene Handwörterbuch der Führung.

Fragen und Aufgaben zur Selbstkontrolle und Vertiefung

1. Grenzen Sie die Begriffe „Erklären", „Verstehen" und „Prognose" voneinander ab!

2. Welcher Stellenwert ist der Zielforschung im Rahmen der betriebswirtschaftlichen Gestaltungsaufgabe beizumessen?

3. Anhand welcher Kriterien lassen sich Industriebetriebe (a) untereinander, (b) gegenüber anderen Betriebswirtschaften abgrenzen?

4. Nennen Sie mögliche Zielbeziehungen und geben Sie jeweils ein praktisches Beispiel an!

5. Auf welche Weise läßt sich das Wirtschaftlichkeitsprinzip operationalisieren?

6. Erläutern Sie den Forschungsansatz der entscheidungsorientierten BWL!

7. Nehmen Sie zu folgender These Stellung: „Entscheidungsmodelle weisen einen zu hohen Abstraktionsgrad auf und sind deshalb für die Lösung praktischer Probleme ungeeignet"!

8. Stellen Sie den Zusammenhang zwischen Strukturiertheitsgrad und Programmierbarkeit von Entscheidungen her!

9. Welche Grundrichtungen der Entscheidungsforschung lassen sich unterscheiden?

10. Grenzen Sie die wichtigsten Elemente des betriebswirtschaftlichen Entscheidungsfeldes ab!

11. Wie kann eine Ergebnismatrix in eine Entscheidungsmatrix transformiert werden?

12. Was versteht man unter einer zulässigen Aktion?

13. Gegeben sei folgende Entscheidungs-(Nutzen-)matrix:

Umweltzustände / Aktionen	s_1	s_2	s_3
a_1	0	100	200
a_2	50	0	-50
a_3	10	10	10
a_4	-10	0	300

(a) Ist Aktion a_4 zulässig (effizient)?
(b) Welche Handlungsalternativen würden Sie einem Pessimisten empfehlen, welche einem Optimisten?
(c) Welche Aktion ist gemäß der Bayes-Regel optimal, wenn die Eintrittswahrscheinlichkeit des Umweltzustandes s_3 jeweils doppelt so hoch ist wie die der beiden anderen Umweltzustände?
(d) Es wird jetzt angenommen, die Umweltzustände seien Handlungsmöglichkeiten eines rationalen Gegenspielers und die Nutzwerte an diesen zu leistende Zahlungen. Um welche Art von „Spiel" handelt es sich? Hat dieses „Spiel" einen Sattelpunkt?

14. Erläutern Sie das Bernoulli-Prinzip!

15. Worin liegen die Grenzen präskriptiver Entscheidungsmodelle?

16. Der Weltmarkt für ein Industrieprodukt wird derzeit von zwei Großanbietern beherrscht, deren Umsatz jeweils 1 Mrd. Dollar beträgt. Marktforschungen haben ergeben, daß eine 25%ige Preissenkung seitens des Anbieters dessen umsatzabhängigen Gewinn um 11,25% erhöhen würde, während der seine bisherigen Preisforderungen beibehaltende Konkurrent eine umsatzbedingte Gewinnhalbierung hinnehmen müßte. Entscheiden sich beide Anbieter für einen Preisnachlaß in gleicher Höhe, müßten sie mit entsprechenden Gewinneinbußen rechnen, da der Markt bereits seine Sättigungsgrenze erreicht hat.

(a) Stellen Sie den Sachverhalt in einer Spielmatrix dar!
(b) Ermitteln Sie die nach dem Dominanzkriterium zulässigen Strategien! Ist das Dominanzkriterium für Entscheidungssituationen dieses Typs geeignet?
(c) Wie läßt sich eine für beide Anbieter optimale Lösung sicherstellen?
(d) Halten Sie eine Fusion beider Produzenten für realistisch?

17. Warum kann das Phasenschema des Entscheidungsprozesses nur als formale Grundlage bei der Erklärung von Entscheidungsabläufen herangezogen werden?

18. Welche Typen kollektiver Entscheidungsfindung lassen sich unterscheiden?

70

19. Erläutern Sie anhand eines Beispiels die Eigenschaften heuristischer Lösungsverfahren!

20. Beschreiben Sie den produktionsfaktortheoretischen Ansatz von Gutenberg!

21. Analysieren Sie anhand des wettbewerbstheoretischen Ansatzes die Attraktivität einer Ihnen bekannten Branche!

22. Grenzen Sie die Wettbewerbsstrategien der Kostenführerschaft, Differenzierung und Fokussierung voneinander ab!

23. Stellen Sie den Zusammenhang zwischen dem Spezifitäts- und Veränderlichkeitsgrad einer Transaktion einerseits und der Vorteilhaftigkeit von Kauf-, Kooperations- sowie langfristigen Arbeitsverträgen andererseits her!

24. Zeigen Sie Verknüpfungsmöglichkeiten zwischen der transaktionskostenorientierten Sichtweise und dem wettbewerbstheoretischen Ansatz auf!

25. Warum ist es gerechtfertigt, den Industriebetrieb als offenes soziotechnisches System zu bezeichnen?

26. Grenzen Sie die Begriffe „Regelung" und „Steuerung" voneinander ab!

27. Nennen Sie die funktionalen Erfordernisse eines Systems!

28. Inwiefern stellt Planung eine spezifische Form der Entscheidungsfindung dar?

29. Untergliedern Sie den Prozeß der Unternehmensführung in seine Hauptbestandteile!

30. Erläutern Sie folgende Aussage: „Planung ohne Kontrolle ist sinnlos, Kontrolle ohne Planung unmöglich"!

31. Was versteht man unter einer Strategie?

Zweiter Teil

Konstitutive Entscheidungen

Von Ekkehard Kappler und Heinz Rehkugler[*]

---

[*] Mitverfasser der ursprünglichen Form dieses Beitrages (1.–6. Auflage) war Günter Chmelik. Die Überarbeitung der 6. Auflage dieses Beitrages nahmen Ekkehard Kappler und Stephan Laske wahr.

Anregungen zu Abschnitt III. Standort stammen von Peter Uwe Kupsch und Arnold Picot (6. Auflage). Die 7.–9. Auflage wurden von Ekkehard Kappler und Manfred Wegmann bearbeitet.

Die Überarbeitung dieses Beitrages für die 9. Auflage erfolgte unter Mitarbeit von Daniel Dirks.

Vorbemerkung

Betriebswirtschaftliche Entscheidungstatbestände lassen sich grundsätzlich funktional (anknüpfend am Prozeß der Leistungserstellung und -verwertung) oder genetisch (anknüpfend an der chronologischen Entwicklung einer Betriebswirtschaft) systematisieren. Obwohl beide Systematisierungsmerkmale alle Entscheidungstatbestände einer Betriebswirtschaft erfassen könnten, hat sich in der entscheidungsorientierten Betriebswirtschaftslehre eine „Arbeitsteilung" bei der Zuordnung von Entscheidungen auf die genannten Merkmale ergeben. Probleme der Produktion, des Absatzes, der Beschaffung, der Investition oder der Finanzierung werden beispielsweise vorwiegend der funktionalen Analyse zugeordnet; den Gegenstand der genetischen Analyse bilden in erster Linie Fragen der Gründung und der Liquidation von Unternehmungen.

Entscheidungen, die vor allem in der Gründungsphase unumgänglich sind, werden im Teil 2 dieses Buches behandelt. In Teil 8 wird die Unternehmensgründung aus der Perspektive der Umsetzung einer innovativen unternehmerischen Idee betrachtet. Es sind Entscheidungen, die einen als langfristig gültig gedachten Rahmen für die nachfolgenden laufenden Entscheidungen zur Leistungserstellung und -verwertung abstecken (konstitutive Entscheidungen oder Metaentscheidungen). Nur grundlegend neue Sachverhalte sollten eine Revision dieser Entscheidungen in anderen Phasen des Lebens der Unternehmung notwendig machen (sekundäre konstitutive Entscheidungen).

Besonders typische Beispiele konstitutiver Entscheidungen sind die Strukturentscheidungen zur Organisation in der Gründungsphase (Kapitel I). Gerade die Erkenntnisse der letzten Jahrzehnte machen allerdings deutlich, daß mit diesen Entscheidungen auch die Weichen für den permanenten Prozeß der Organisationsentwicklung gestellt werden, so daß hier ein weiterer Schwerpunkt gesetzt werden mußte. Die Rechtsformenwahl (Kapitel II) sowie die Standortwahl (Kapitel III) komplettieren den Teil über konstitutive Entscheidungen. Sie gelten zwar nicht „für die Ewigkeit"; an die Fixierung der entsprechenden Freiheitsgrade wird aber die Erwartung einer gewissen Beständigkeit geknüpft. Zwar kann auch Investitionsentscheidungen, Lieferverträgen, Marketingkonzeptionen, Entlohnungssystemen, Informationssystemen und Kapitalbeschaffungsmaßnahmen konstitutive Kraft innewohnen; entsprechend der oben angeführten „Arbeitsteilung" werden diese und ähnliche Metaentscheidungen (insbesondere auch die spezifischen Organisationsfragen von Informationssystemen, Produktion, Marketing, Personal, Finanzmanagement, Innovation und Rechnungswesen) in den folgenden funktional orientierten Teilen des Buches behandelt.

In Industriebetrieben ist in aller Regel eine Vielzahl von Menschen an der Entscheidungsfindung und -durchsetzung beteiligt. Das arbeitsteilige, zielgerichtete Verhalten dieser Organisationsmitglieder ist durch ein System von Regelungen möglichst effizient aufeinander abzustimmen. Da das Kaleidoskop organisatorischer Regelungen äußerst vielgestaltig ist, werden einige Problemkreise ausgeklammert und an die „Personalwirtschaft" verwiesen (Teil 6). Es handelt sich dabei insbesondere um Fragen der Arbeitsbewertung, der Personalanweisung, der Ausbildung, der Entlohnung, der Konflikthandhabung in Organisationen. In diesem Teil 2 werden grundsätzliche Fragen des Aufbaus und der Fortentwicklung der Organisation im Rahmen des betriebswirtschaftlichen kollektiven Entscheidungsprozesses dargestellt. Damit wird an einem Punkt angesetzt, bei dem die Entscheidung der Individuen, in dieser Organisation mitzuwirken, bereits gefallen oder nicht in Frage gestellt ist. Es geht also um die Planung eines Systems, dessen Elemente ihre grundsätzliche Bereitschaft zum Systemzusammenschluß erklärt haben. Im Teil „Personalwirtschaft" wird es hingegen um die Frage der Systemteilnahme und die individuellen Voraussetzungen der Übernahme formaler Aufgaben im System gehen.

Die Wahl einer Rechtsform wird vom System gesellschaftlich bedingter juristischer Normen verlangt und wesentlich vom Inhalt dieser Normen sowie betriebswirtschaftlichen Überlegungen bestimmt. Hier sollen die für den Industriebetrieb relevanten Rechts- und Unternehmungsformen kurz charakterisiert werden.

Auch die Standortwahl kann von rechtlichen Vorschriften beeinflußt sein (z. B. durch Bauordnung, das Städtebauförderungsgesetz oder die Landesplanung und Raumordnung), sie wird jedoch im Rahmen dieser Vorschriften von einer Reihe sonstiger Faktoren ebenfalls mitbestimmt (z. B. Verkehrserschließung, Beschaffungs- und Absatzmöglichkeiten, Tradition), so daß es notwendig erscheint, diese sogenannten ökonomischen Einflußgrößen einer eigenen Analyse zu unterziehen.

I. Organisation

1. Organisationsproblem

a) Organisatorische Ziele

Arbeitsteilung in Organisationen

Betriebswirtschaften als Organisationen sind zielgerichtete, offene, soziale (im Falle von Industriebetrieben auch sozio-technische) Systeme, die Informationen gewinnen und verarbeiten. Ein System stellt eine Menge von Elementen dar, die durch verschiedene Beziehungen miteinander verknüpft sind. Menschen bedienen sich arbeitsteiliger Organisationen (Systeme), in denen sie ihre Bedürfnisse kommunizieren und versuchen können, sie zu befriedigen (vgl. Kappler u. a. 1979). Für den einzelnen ist dies wegen der großen **Bedürfniskomplexität** alleine häufig nicht mehr möglich. – **Menschen, die sich organisieren, vergrößern im allgemeinen ihre Fähigkeit zur Lösung komplexer Probleme (Kräftepotenzierung).** Auf diesen Zusammenhang zwischen Komplexität und System ist zu verweisen, wenn es um den Zweck von Organisationen geht (vgl. Luhmann 1973).

76

Die Ziele, die mit Hilfe von Organisationen erreicht werden sollen, ergeben sich aus der **Vielfalt der Bedürfnisse des Menschen**. Sportvereine, Krankenhäuser, das Militär, Schulen, Gemeindeverwaltungen oder die UNO sind in diesem Sinne ebenso Beispiele für Organisationen wie der Industriebetrieb. Die Organisationsprobleme des Industriebetriebs werden im folgenden dargestellt.

Im Industriebetrieb wirken Menschen arbeitsteilig und kooperativ zusammen, um Leistungen zu erstellen, sie marktlich zu verwerten und für die Mitglieder der Organisation Einkommen zu erzielen. Menschen arbeiten in einer Organisation mit, wenn die Anreize, die sie durch ihre Mitgliedschaft erhalten, mindestens den Beiträgen (z. B. Arbeitsleistungen), die sie der Organisation erbringen, entsprechen oder sie übertreffen.

Arbeitsteilung im Industriebetrieb

Aus der Vielfalt der möglichen Oberziele einer Unternehmung (vgl. Teil 1, S. 16) lassen sich die organisatorischen Unterziele „ableiten". Die organisatorischen Maßnahmen dienen dazu, die Leistungserstellung des Industriebetriebes gemäß dem Wirtschaftlichkeitsprinzip zu ermöglichen. Je günstiger das Verhältnis von Leistung und Kosten dabei ist, desto höher ist die **organisatorische Produktivität**. In der Literatur finden sich auch die Bezeichnungen **Leistungswirksamkeit** und **Effizienz**.

Ableitung organisatorischer Unterziele

Mit allen drei Begriffen wird ein möglichst günstiges Verhältnis von Mitteleinsatz und Zielerreichung beschrieben. Es kommt hinzu, daß dieses Verhältnis zugleich mit einer Niveauvorstellung verbunden ist: **Effizienz heißt günstige Zielerreichung und meint nicht nur Zielerreichung, unabhängig vom Mitteleinsatz (Effektivität).** Die organisatorische Produktivität ist nicht quantitativ meßbar, wenn sich die Zielkriterien nicht durch Zahlen ausdrücken lassen. Qualitative Ziele sind allerdings erfahrbar, wenn in einer Organisation schnelle und effiziente Entscheidungs-, Entscheidungsumsetzungs- und Kommunikationsbeziehungen bestehen.

Quantitative und qualitative Aspekte der organisatorischen Produktivität

Das **Substitutionsprinzip der Organisation** (vgl. Gutenberg 1962) kann als ein betriebswirtschaftlicher Versuch angesehen werden, eine allgemeine Aussage zur organisatorischen Produktivität zu machen. Zwei gegenläufige Tendenzen bilden die Ausgangspunkte für die Formulierung dieses Prinzips. Zum einen führen generelle Entscheidungen und Regelungen zur Entlastung der Organisation. Das Sozialsystem erfährt dadurch eine Steigerung der Stabilität. Zum anderen erhält gerade die Stabilität eine Tendenz zur Erstarrung. Je mehr die betriebliche Aufgabenerfüllung generell geregelt ist, desto schwieriger wird es, die betriebliche Tätigkeit an veränderte Umweltsituationen anzupassen. Die Flexibilität der Betriebswirtschaft nimmt ab. Daraus folgt, daß die Möglichkeiten der generellen Regelung betrieblicher Tatbestände mit zunehmender Unsicherheit über die erwarteten Entscheidungssituationen abnehmen. Umgekehrt ergibt sich: **Je häufiger und gleichförmiger die zu erfüllenden Aufgaben der Betriebswirtschaft sind, desto mehr wird die Tendenz wirksam, die fallweisen Regelungen durch generelle zu ersetzen.** In dieser sehr allgemeinen Fassung gibt das Substitutionsprinzip der Organisation einen gewissen Trend zur **optimalen Organisationsgestaltung** an. Der notwendige Kompromiß zwischen Stabilität und Flexibilität ist – abgesehen von den ungelösten Meßproblemen – allerdings nur anhand subjektiver Gewichtungen der beiden Kriterien zu finden.

Substitutionsprinzip der Organisation und organisatorische Produktivität

77

Die organisatorische Produktivität als ein durch organisatorische Maßnahmen zu erreichendes Ziel ist Bestandteil des Zielsystems der Unternehmung. Die organisatorische Produktivität zwischen Industriebetrieb und Umwelt wird durch die beiden gegensätzlichen Erfordernisse der Stabilität und der Flexibilität bestimmt. **Stabilität sichert die Austauschbeziehungen zwischen Industriebetrieb und Umwelt, wenn bestimmte Standards entwickelt wurden, die keine Veränderung erfahren müssen.** Beispiele sind routinemäßige Input-, Transformations- und Outputprozesse, die Vermeidung von Leerkapazitäten und Engpässen sowie die Verminderung von Ausschuß und Doppelarbeit; technisch ist an Einzweckaggregate zu denken.

Subziel Stabilität

Als offenes System hat der Industriebetrieb aber auch Austauschbeziehungen zu einer Umwelt, die ständigen Veränderungen unterworfen ist (vgl. Bleicher 1981). Ein Teil seiner Leistungen muß permanent einer sich wandelnden Umwelt angepaßt werden. Daneben unterliegen u. U. auch Quantität und Qualität der von der Umwelt benötigten bzw. erhaltbaren Ressourcen starken Veränderungen. **Flexibilität (systemtheoretisch auch Ultrastabilität) ist ein organisatorisches Ziel, dessen Inhalt organisatorische Regelungen im Falle ständiger Veränderungen zur Abstimmung von Unternehmung und Umwelt ausdrückt.** Beispiele solcher Regelungen sind flexibel gestaltete Input-, Transformations- und Outputprozesse, die Sicherstellung rascher Aufnahme und Weiterverarbeitung von Informationen, die Förderung innovativer und spontaner Problemlösungen sowie Maßnahmen zur schnelleren Annahme von Veränderungen. Im technischen Bereich sind Mehrzweckaggregate ein geeignetes Beispiel.

Subziel Flexibilität

Ein offenes System muß sich den aus seiner Offenheit ergebenden Veränderungen anpassen; es benötigt daher einen „Mechanismus", der es erlaubt, Veränderungen festzustellen, zu verarbeiten und mit entsprechenden Reaktionen zu beantworten. Dieser „Mechanismus" bindet Ressourcen, die bei einer statischen Umwelt für andere Leistungen genutzt werden könnten. Aber auch die Schließung des Systems, die eine gewisse Statik mit sich bringen könnte, bindet Ressourcen. Einer wie auch immer erhöhten Stabilität stünde in jedem Fall bei Umweltveränderungen eine verminderte Flexibilität gegenüber.

Zielkonflikt zwischen Stabilität und Flexibilität

Auf das Individuum bezogen sind die Subziele der Organisation die Sicherheit und die Selbständigkeit des einzelnen. Menschen streben einerseits nach Orientierung, sie wünschen Sicherheit für ihre Verhaltensweisen. Andererseits sind sie aber auch an der eigenen Entwicklung und Entfaltung interessiert (vgl. Suhr 1976), was ohne Freiheits- und Entscheidungsspielräume nicht möglich ist. Auch im Falle dieser Ziele werden an organisatorische Regelungen und Instrumente zum Teil widersprüchliche Anforderungen gestellt. Die Entscheidung über die zu erfüllenden Anforderungen ist dabei von Fall zu Fall zu treffen. Bei der theoretischen Formulierung organisatorischer Ziele und Zielwünsche ist allerdings auch zu beachten, daß die Ziele der im Industriebetrieb beschäftigten Menschen schon immer durch deren Tätigkeit und Geschichte (Sozialisationsmechanismus) mitbestimmt sind (vgl. Ortmann 1976).

Subziele Sicherheit und Selbständigkeit

78

b) Organisationsproblem als Koordinationsproblem

Die in Unternehmen eingesetzten Produktionsfaktoren sind nicht naturgegeben aufeinander und auf das angestrebte Ergebnis abgestimmt (vgl. Crozier/Friedberg 1979). Menschen verwirklichen in Organisationen ihre eigenen Ziele und die der Organisation. Damit Individuen und Gruppen in einem Unternehmen so zusammenarbeiten, daß ihre Zusammenarbeit der gewünschten Zielerreichung dient, sind Koordinationsmaßnahmen nötig. Die Koordinationsnotwendigkeit ergibt sich aus der Arbeitsteilung und den unterschiedlichen Zielen der Organisationsteilnehmer, dem Ausgleich der Organisationssubziele Stabilität und Flexibilität sowie Sicherheit und Selbständigkeit. Ferner sind politische, gesellschaftliche und wirtschaftliche Anforderungen der Umwelt zu beachten (vgl. Steinmann 1969). *Unterschiedliche Ziele der Organisationsmitglieder*

Koordination wird durch zielentsprechende organisatorische Arrangements zu erreichen versucht. Diese Bemühungen schließen für den Industriebetrieb konstitutive Organisationsentscheidungen in zwei wesentlichen Aspekten ein: *Koordination*

Arbeitsteilige Produktion erfordert die Entwicklung wirtschaftlicher Arbeitsbereiche und -plätze. Menschen müssen gemäß ihren Fähigkeiten und Kenntnissen sowie ihren Zusammenarbeitsmöglichkeiten in Arbeitsgruppen, Abteilungen, Sparten, Werken usw. so eingesetzt werden, daß sie aufgrund der Arbeitsteilung für die Erreichung der Ziele des Industriebetriebes besonders effiziente (Teil-)Aktivitäten gemeinsam hervorbringen können. *Arbeitsteilung*

Zum anderen ist die Bildung von Untereinheiten kein hinreichender Vorgang, um koordinierte Zusammenarbeit zu sichern. Es müssen vielmehr Koordinationsmechanismen gefunden werden, die die Teilaktivitäten der Untereinheiten persönlich, sachlich und zeitlich so aufeinander abstimmen, daß ihre Leistungen in ökonomisch sinnvoller Weise (z. B. kostengünstig) in das Endergebnis einfließen (vgl. auch Picot 1990a). *Persönliche, zeitliche und sachliche Abstimmung*

Der Prozeß der Identifikation und Schaffung von Teileinheiten einer Organisation sowie die Entwicklung von koordinierenden Verbindungsmechanismen soll „Organisationsgestaltung" genannt werden.

Der Industriebetrieb nimmt aus seiner Umwelt Ressourcen auf und gibt nach deren Verarbeitung an diese Umwelt wieder Leistungen ab. Damit muß die organisatorische Gestaltungsentscheidung aber nicht nur vom Ziel der Unternehmung, sondern auch von ihrer Umwelt her als mitbeeinflußt gedacht werden. Sie liefert zweckentsprechende Ressourcen, wie Geld, Informationen, Menschen, Maschinen, Energie, Roh-, Hilfs- und Betriebsstoffe. Die Umwelt eines Industriebetriebs ist aber nicht statisch; **einmal getroffene Strukturentscheidungen müssen somit nicht für alle Umweltkonstellationen Gültigkeit haben.** *Industriebetrieb und Umwelt*

Die zeitliche Ausdehnung des industriellen Produktionsprozesses weist auf ein weiteres Abstimmungsproblem hin. Die Ressourcen müssen nach Art und Menge auch zeitlich abgestimmt zur Verfügung stehen. Dies bedingt im Industriebetrieb spezielle Probleme der Lagerung und der Organisation der Fertigung. Auftragseingänge, Produktionsziele und Kapazitäten müssen in der Arbeitsvorbereitung aufeinander abgestimmt werden (vgl. Teil 4, S. 479 ff. und 498 ff.).

Die zeitliche Dimension verlangt eine Dynamisierung der Organisationsstruktur. Die Instrumente, die diese bewirken sollen, werden hier unter dem Stichwort Organisationsentwicklung zusammengefaßt. Der Absicht, eine endgültige Struktur von Beziehungen im Industriebetrieb zu schaffen, wirkt im Zeitablauf die unabdingbare Offenheit dieses Systems entgegen.

Der soeben diskutierten grundsätzlichen Zweiteilung entspricht die Gliederung dieses Beitrags. Nach der Beschreibung des **Organisationsproblems als Koordinationsproblem** im Kapitel 1 sollen Fragen der **Organisationsgestaltung** unter dem Aspekt konstitutiver Strukturbildung im Kapitel 2 behandelt werden. Dabei werden sowohl die Aktionsparameter der organisatorischen Strukturierung als auch die koordinierenden Verbindungsmechanismen analysiert. Im Kapitel 3 sind die **Entwicklungsmomente und -instrumente** darzulegen, die sich aus der Offenheit des Systems „Industriebetrieb" ergeben und die die Zuordnung der Organisationsentscheidung zu den konstitutiven Entscheidungen stark relativieren.

Transaktions-
kosten
In jüngerer Zeit wird das Koordinations- und Strukturgestaltungsproblem verstärkt auch mit Hilfe des Transaktionskostenansatzes untersucht (vgl. z. B. Williamson 1975, 1990, Picot 1982 a, 1990 a, Michaelis 1985 sowie Teil 1, S. 52 ff.). Dabei wird – vereinfacht ausgedrückt – die Beziehung von Teilaufgaben, organisatorischen Einheiten und Koordinationsformen so gestaltet, daß die „Reibungsverluste", d. h. die Koordinations- bzw. Transaktionskosten in Abhängigkeit von bestimmten Einflußgrößen minimiert werden, was zu effizienten Organisationslösungen führt.

Der Transaktionskostenansatz bezieht sich dabei nicht nur auf die interne Gestaltung der Unternehmung, sondern auch auf die Organisation der Arbeitsteilung mit dem marktlichen Umfeld (vertikale Desintegration/Integration, kurz- und langfristige Liefer- und Leistungsverträge usw.). Dieser Ansatz ist inzwischen auch intensiv empirisch überprüft worden (zu einem Überblick vgl. Picot 1991 a, Picot/Dietl 1990). Beispielhafte Anwendungen auf das Problem der Fertigungstiefenoptimierung, der organisatorischen Gestaltung von industrieller Forschung und Entwicklung sowie des Informationsmanagement finden sich in Teil 4 (S. 422 ff.), Teil 8 (S. 1097 ff.) und Teil 3 (S. 264 ff.).

2. Organisationsgestaltung

a) Organisationsstruktur

Wenn die Frage auftaucht, was eine Organisationsstruktur sei, denken Menschen in erster Linie an Organisationsschaubilder (Organigramme), auf denen die Beziehungen zwischen Individuen, Arbeitsgruppen und Abteilungen (z. B. eines Unternehmens) auf verschiedenen Ebenen einer Hierarchie dargestellt werden. **Mehrere**

80

Momentaufnahmen eines Industriebetriebes würden mit größter Wahrscheinlichkeit unterschiedliche Beziehungsmuster erkennen lassen. Eine nicht unerhebliche Zahl von Beziehungen wird aber in aller Regel öfter erscheinen als andere und stärker formalisiert sein. Zusammengefaßt können diese Beziehungen als die organisatorische Grundstruktur des Industriebetriebes bezeichnet werden. Entscheidungen, die die Grundstruktur des Industriebetriebs betreffen, werden als konstitutive Entscheidungen bezeichnet.

Die bisherigen Ausführungen haben u. a. die Menschen als Elemente des Systems „Industriebetrieb" benannt. Dies stimmt nur bedingt mit der Organisationstheorie überein. Zum einen können nicht nur Individuen, sondern auch Gruppen Elemente des Systems sein; zum anderen abstrahiert die Organisationstheorie vom Individuum insofern, als sie primär von Rollen als Systemelementen ausgeht. Es wäre jedoch mißverständlich, die Organisationstheorie mit der Rollentheorie gleichzusetzen, denn endgültig ausgeklammert wird das Individuum nicht. Beispielsweise wird in der sozialwissenschaftlichen Organisationstheorie die Rückwirkung auf die Rolle untersucht, die sich bei einem Wechsel des Rollenträgers ergibt. Auch das Problem der „Umfunktionierung" einer Rolle durch den Rollenträger ist bei einer Darstellung und Erforschung praktischer Organisationen zu beachten. Schließlich ist zu bedenken, daß Rollen nur dann existieren, wenn Organisationsmitglieder sie tatsächlich spielen. Die Organisation erscheint dem Menschen als relativ verselbständigtes, strukturiertes Gebilde, das anscheinend außerhalb des Individuums besteht. Neuere Organisationstheorien gehen davon aus, daß sich dieses Gebilde immer wieder selbst reproduziert und verändert. Dieser Prozeß wird als Selbstorganisation bezeichnet (vgl. Probst 1987). *Elemente des Systems „Industriebetrieb"* *Individuum und Rolle*

Generell ist eine Rolle mit einer Menge von Standards, Beschreibungen oder Normen gleichzusetzen, die irgend jemand mit dem Verhalten des Inhabers einer Stelle innerhalb eines sozialen Systems verbindet. Jedes Organisationsmitglied nimmt im Industriebetrieb eine Stelle ein, die einen Punkt im organisatorischen Raum repräsentiert. Der organisatorische Raum ist als Struktur der Beziehungen zwischen den Stellen bzw. den mit ihnen assoziierten Tätigkeiten aufzufassen. Jeder Stelle ist durch formale Regelungen eine Tätigkeitsmenge zugeordnet, durch die Verhaltenserwartungen an den Stelleninhaber umrissen werden. Zusammen mit den Erwartungen übergeordneter Instanzen über autorisierte Verhaltensnormen und Eigenschaften des Stelleninhabers bilden sie die formale Rolle, die er auf seiner Stelle zu spielen hat (vgl. auch Teil 6, S. 735 f.). *Rolle Stelle* *Formale Rolle*

Das formale Rollensystem beinhaltet jene Phänomene des industriellen sozialen Systems, die durch Entscheidungen geschaffen werden, die am Organisationsziel orientiert sind.

Die Definition formaler Rollen durch eine zur Autorisierung berechtigte Instanz (Kerngruppe) ist für die Unterscheidung von Organisationsmitgliedern und Organisationsteilnehmern von Bedeutung. **Organisationsmitglieder** (z. B. Arbeiter, Angestellte, Vorstand) gehören der Organisation an, d. h. sie haben über eine Eintrittsentscheidung (z. B. Arbeitsvertrag) die Mitgliedschaft erlangt und mit ihr eine formale Rolle **innerhalb** der Organisation übernommen. Die Mitgliedschaft definiert *Organisationsmitglieder und Organisationsteilnehmer* die Zugangsbedingungen zu anderen Rollen der Organisation. Organisationsmitglieder können sowohl der Kerngruppe als auch den Satellitengruppen der Organisation angehören. **Organisationsteilnehmer** (z. B. Banken, Lieferanten, Kunden) gehören zu den Satellitengruppen. Sie haben keine Mitgliedsrollen zu erfüllen. Damit sind die Beziehungen von Organisationsteilnehmern zur Organisation weniger eng als die der Organisationsmitglieder. Sie enthalten keine von der Kerngruppe autorisierten formalen Rollen. Kunden, Lieferanten oder Banken sind Organisationsteilnehmer, weil sie an die Organisation Beiträge leisten und von ihr Anreize empfangen, ohne formale Rollen übernommen zu haben (zur Anreiz-Beitragstheorie vgl. Teil 6, S. 745 ff.).

Formale und informale Organisationsbeziehungen

Organisationsmitglieder sind Menschen mit eigenen Zielen, Wünschen und Kontaktbedürfnissen und einem eigenen, mitunter von dem formalen Rollensystem relativ weit entfernten sozio-kulturellen Hintergrund. **Das formale Rollensystem ist asymmetrisch und interessenbezogen vorgeprägt.** Es drückt das Interesse des Industriebetriebes bzw. das der Kerngruppe aus. Nicht im offiziellen Zielsystem der Unternehmung berücksichtigte Ziele und Wünsche führen dazu, daß informale Beziehungen entstehen, die nicht auf Entscheidungen im Sinne des formalen Zielsystems beruhen. Diese informale Organisationsstruktur kann für die Erreichung des formalen Zielsystems nützlich oder hinderlich sein. Im einzelnen sind die Wechselwirkungen zwischen formalen und informalen Organisationsbeziehungen außerordentlich komplex und in ihrer Wirkung kaum allgemein zu bestimmen.

Dimensionale Betrachtung der Organisationsstruktur

In der Organisationsliteratur werden zur Behandlung der Organisationsstruktur unterschiedliche Vorschläge gemacht. Weitgehend durchgesetzt hat sich eine **dimensionale Betrachtung.** Von den einzelnen Autoren werden allerdings höchst unterschiedliche Dimensionen als wesentlich angesehen. Im folgenden wird auf die dimensionale Betrachtung von Hill/Fehlbaum/Ulrich (1989) zurückgegriffen. Sie verwenden die Dimensionen der Organisationsstruktur nicht nur zur Charakterisierung von Organisationsformen, sondern berücksichtigen bei den einzelnen Dimensionen der Organisationsstruktur besonders auch den Charakter ihrer Einsetzbarkeit als organisatorische Instrumente.

Der Entwurf einer organisatorischen Struktur ergibt sich als eine am formalen Zielsystem des Industriebetriebes orientierte Auswahl aus der Menge alternativer Gestaltungsmöglichkeiten, die für organisatorische Dimensionen bekannt sind. Die Fixierung dieser Auswahl und die Summe aller Dimensionsentscheidungen ergeben die formale Organisationsstruktur der Unternehmung. Im Industriebetrieb ist die Fixierung der Organisationsstruktur der Kerngruppe der Unternehmung vorbehalten. Entscheidungsgegenstand sind Variablen, die formal geregelt werden können. Sie sollen so detailliert bestimmt werden, daß die betreffende Organisation möglichst präzise auf die organisatorischen Ziele ausgerichtet wird (vgl. kritisch Zey-Ferrel/Aiken 1981).

Hauptdimensionen der Organisationsgestaltung

Als Hauptdimensionen der Organisationsgestaltung werden im folgenden beschrieben: Zentralisation/Dezentralisation, Hierarchie, Delegation und Partizipation, Standardisierung und Formalisierung.

Zentralisation/Dezentralisation

Zentralisation und Dezentralisation betreffen vor allem Fragen der Zuordnung von Aufgaben zu Stellen.

Ausgangspunkt solcher Bemühungen ist häufig die Aufgabenanalyse. Sie besteht im wesentlichen darin, den Gesamtkomplex der Aufgaben nach bestimmten Kriterien zu erfassen, zu zerlegen und zu gliedern.

(1) Aufgabenanalyse

Ansatzpunkt der Aufgabenanalyse sind die Elemente einer Aufgabe. Sie müssen zur Konkretisierung der Aufgabe inhaltlich bestimmt werden. Dies läßt sich durch eine Reihe von W-Fragen erreichen:

(a) Verrichtung: **WIE soll die Aufgabe gelöst werden?**
(b) Objekt: **WORAN soll die Verrichtung vollzogen werden?**
(c) Arbeitsmittel: **WOMIT soll die Aufgabenerfüllung erfolgen?**
(d) Zeit: **WANN soll die Aufgabe erfüllt werden?**
(e) Raum: **WO soll die geforderte Verrichtung durchgeführt werden?**
(f) Aufgabenträger: **WER soll die Aufgabe erfüllen?**
(g) Zweck: **WARUM soll die Aufgabe erfüllt werden?**

Fragen der Aufgaben-analyse

Mit Hilfe der Aufgabenanalyse sollen beispielsweise in einem Industriebetrieb die Beschaffungs-, Produktions-, Absatz-, Finanzierungs-, Leitungs-, Planungs- und Kontrollaufgaben voneinander getrennt und im Rahmen der Aufgabensynthese zu einheitlichen Aufgabenkomplexen (z. B. Stellen, Abteilungen, Ressorts) zusammengefaßt werden.
Die von Kosiol (1962) übernommenen Prinzipien der Aufgabenanalyse, die in den oben genannten Fragen zum Ausdruck kommen, lassen sich folgendermaßen unterteilen:

Verrichtung und **Objekt** sind die sachbezogenen Kriterien, die sich unmittelbar auf die entsprechenden Aufgabenelemente beziehen. Die übrigen Kriterien sind nach Ansicht Kosiols formaler Natur. Das **Rangprinzip** knüpft an die Unterscheidung von Ausführungs- und Entscheidungsaufgaben an. Es bestätigt damit die oft verwendete Trennung von Hand- und Kopfarbeit. Mit Hilfe des **Phasenprinzips** soll die Aufgabe in den Ablauf „Planung – Realisation – Kontrolle" eingeordnet werden. Die Anwendung des **Zweckprinzips** eröffnet die Möglichkeit, ausgehend vom Sachziel des Industriebetriebes sogenannte primäre Aufgaben (z. B. Produktion) und sekundäre Aufgaben (z. B. Verwaltung) zu unterscheiden.

Kriterien der Aufgaben-analyse

Die Kriterien der Aufgabenanalyse stehen gleichberechtigt nebeneinander. Acker (1961), der sie etwas anders zusammenfaßt, spricht in diesem Zusammenhang von der **Mehrdimensionalität der Aufgabenanalyse**. Ausgehend von seiner Unterteilung in (1) **Sachcharakter** (Herstellung, Vertrieb), (2) **Rang** (Leitung, Ausführung) und (3) **Phase** (Planung, Vollzug, Kontrolle) ergibt die grafische Darstellung einen Würfel, der mit Hilfe der entsprechenden Untergliederung sich in diesem Fall in zwölf Teilaufgaben zerlegen läßt (vgl. Abbildung 2.1).

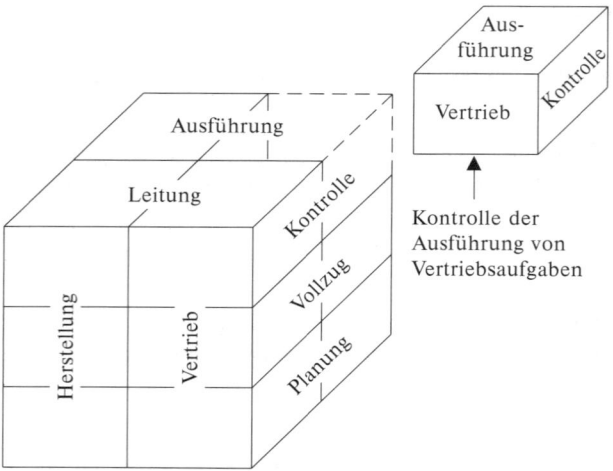

Abbildung 2.1: Beispiel für die Mehrdimensionalität der Aufgabenanalyse

(2) Aufgabensynthese

Die Gestaltung des Mosaiks der betrieblichen Aufgaben erfolgt über die Zusammenfassung der aufgabenanalytisch gewonnenen Elementaraufgaben zu abgegrenzten Aufgabenkomplexen. **Die Kriterien der synthetischen Aufgabenbildung und -verteilung**, die die detaillierten Anforderungen der Aufgabensynthese ausdrücken, beziehen sich auf:

(1) Den Personentyp, dem die Aufgabe übertragen werden soll,
(2) die aufgabenanalytischen Merkmale und
(3) die zusätzlichen Bestimmungselemente einer Aufgabe wie Arbeitsmittel, Raum und Zeit.

Die Diskussion der personellen Kriterien nimmt eine zentrale Stellung im Bereich des Personalwesens ein und wird dort behandelt (vgl. Teil 6, S. 778 ff.).

Verrichtung

Die Anwendung des **Verrichtungsmerkmals** führt zur Zusammenfassung gleichartiger Verrichtungen, z. B. in Werkstätten für Fräsen, Drehen oder Schleifen. Eine Verrichtungszentralisation aus technologischen Gründen ergibt sich unter anderem bei der Glasverformung durch Schmelzöfen, der Zuschneidewerkstatt in der Textilindustrie und dem Lagerkeller einer Brauerei. Schließlich kann auch an den einzelnen Stationen der Fließfertigung von **Verrichtungszentralisation** gesprochen werden.

Das **Objektmerkmal** bezieht sich auf den Gegenstand der Aufgabe. Hierzu zählen etwa zu bearbeitende Rohstoffe, Halbfertigerzeugnisse, Hilfsmittel und Werkzeuge, aber auch Lieferanten- und Kundenbeziehungen oder Finanzierungsfragen bei Investitionsvorhaben. **Objektdezentralisation** und Verrichtungszentralisation sind häufig miteinander verbunden, doch sind gerade die Fälle der Fließ-, Straßen- oder Reihenfertigung Beispiele dafür, daß das nicht notwendigerweise so sein muß. Die

Objekt

84

formalen Kriterien (Rang, Phase, Zweckbeziehung) können in der Aufgabensynthese zur Zusammenfassung der in der Aufgabenanalyse entsprechend erkannten gleichartigen Kategorien führen. Die Zusammenfassung von Planungs-, Realisations- und Kontrollaufgaben beispielsweise bedeutet eine **Zentralisation nach dem Phasenkriterium** und bestimmt die Dezentralisation nach anderen Kriterien. **Arbeitsmittel** und **Arbeitsverfahren** sind untrennbar verbunden; insofern handelt es sich bei den arbeitsmittelorientierten Kriterien grundsätzlich um Fragen der Aufgabenbildung und -verteilung nach dem Verrichtungsprinzip. Gerade im Industriebetrieb lassen sich viele Beispiele finden, in denen die Arbeitsmittel die dominierende Rolle übernommen haben. Ein Industriebetrieb, der über spezialisierte Großaggregate verfügt, wird sich in seinen Entscheidungen zur Bildung von Aufgaben sehr wesentlich von diesen Arbeitsmitteln leiten lassen. Für Prüfverfahren und -apparaturen erscheinen ähnliche Hypothesen als relativ plausibel. Ganz besonders ist in diesem Zusammenhang auf die Datenverarbeitungsanlage hinzuweisen. Lohnabrechnung, statistische Analysen, Offene-Posten-Buchhaltung mit integriertem Mahnwesen und viele andere Verfahren laufen über die Datenverarbeitungsanlage. Die Aufgabenumverteilung in diesem Sektor nach der Installation eines Computers ist ein typisches Beispiel für eine arbeitsmittelorientierte Aufgabenverteilung. Natürlich hat die Datenverarbeitung über EDV-Anlagen auch zur Aufgabenbildung beigetragen. Die Möglichkeiten zum Dialog mit der Rechenanlage lassen inzwischen aber auch wieder Dezentralisationsentwicklungen zu, die in der industriellen Praxis aus funktionalen und motivationalen Gründen aufgegriffen werden.

Phase

Die arbeitsmittelorientierte Synthese von Teilaufgaben ist nicht selten mit **räumlichen und zeitlichen Kriterien** der Aufgabenbildung und -verteilung verbunden. Zeitliche Aspekte spielen z. B. eine Rolle, wenn eine Datenverarbeitungsanlage während der normalen Arbeitszeit für die eigenen Zwecke Verwendung findet und in den restlichen 16 Stunden des Tages umschichtig vermietet wird. Die Trennung von Verwaltung und Produktion ist Ergebnis der Anwendung räumlicher Kriterien. Als räumliche Zentralisation kann die Schaffung von Großraumbüros gesehen werden. Je enger einzelne Teilaufgaben miteinander verknüpft sind, desto größer wird die Tendenz zur räumlichen Zentralisation sein: Transport- und Informationswege sollen möglichst verkürzt werden.

Raum
Zeit

Die durch Aufgabenanalyse und -synthese entstandenen formalen Organisationseinheiten und ihre Zusammenstellung ergeben je nach Zentralisations- bzw. Dezentralisationsgrad unterschiedliche strukturelle Abbildungen einer Organisation. Häufig wird die Organisationsstruktur durch die Gliederung der formalen Leitungs- und Weisungsbefugnis dargestellt.

Die einzelnen Organisationseinheiten können nach verschiedenen Kriterien gruppiert werden. Geht man bei der Differenzierung von der Zahl der in einer Organisationseinheit enthaltenen Personen aus, so ergeben sich **die Kategorien der Einpersonen- und der Mehrpersoneneinheit.** Stellen kennzeichnen den ersten Typ, Abteilungen, Kollegien und informale Gruppen gehören zur zweiten Kategorie. Die dispositive Gestaltungsmöglichkeit der Organisationseinheiten ist das Kriterium für

Kategorisierung von Organisationseinheiten

die Zweiteilung in **formale und informale Organisationseinheiten**. Entscheidungen zugänglich sind nur formale Organisationseinheiten. Informale Organisationseinheiten können dagegen nicht geplant werden.

(3) Formale Organisationseinheiten

Unter einer Stelle soll ein Aufgabenkomplex verstanden werden, der im Grunde vom Personenwechsel unabhängig zu denken ist (Kosiol 1962). Es liegt der Stellenbildung jedoch sehr wohl eine Vorstellung von den Fähigkeiten des potentiellen Stelleninhabers zugrunde.

Diese Definition enthält folgende Merkmale:

(1) die Stelle repräsentiert einen Komplex von Teilaufgaben;
(2) diese sind von einer einzigen Person zu erfüllen, der hierzu die erforderlichen Sach- und Hilfsmittel zur Verfügung stehen;
(3) die Stelle ist von der konkreten personellen Besetzung unabhängig;
(4) der Stelle liegt jedoch ein bestimmter Personentyp zugrunde, der über eine spezielle qualitative und quantitative Kapazität verfügt.

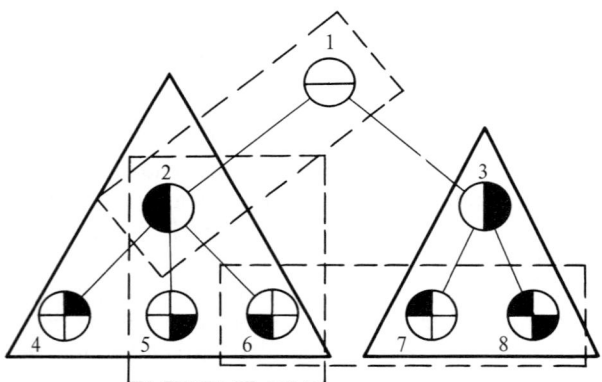

Abbildung 2.2: Organisation und Organisationseinheiten
(Ein schematisches Organisationsschaubild)

Die Kreise in Abbildung 2.2 repräsentieren Stellen in der Organisation. Die unterschiedlichen formalen Rollenerwartungen an das die Stelle besetzende Organisationsmitglied werden in der Abbildung durch die unterschiedliche Färbung der Kreissektoren symbolisiert. Der Begriff der Stelle ist nicht mit der Vorstellung eines bestimmten Raumes oder Ortes verbunden, wie das beim Arbeitsplatz der Fall ist. Die Stelle kann mehrere Arbeitsplätze aufweisen, was durch Dreiecke bzw. Rechtecke in Abbildung 2.2 wiedergegeben wird. Ebenfalls nicht an einen Raum oder Platz gebunden ist die Kostenstelle (siehe Teil 9, S. 1188 ff.), die aber dennoch von der organisatorischen Stelle unterschieden werden muß. In einer Kostenstelle arbeiten in der Regel mehrere Personen, so daß der Begriff in der organisatorischen Sprache

86

exakt „Kostenabteilung" heißen müßte. Von dem soziologischen Begriff der Rolle unterscheidet sich die Stelle dadurch, daß sie grundsätzlich nur die Elemente der formalen Rolle enthält.

Stelle und Rolle

Bei der Unterscheidung von Stellenarten finden sich am häufigsten zwei Kategorien. **Leitungs- und Stabstellen.** Wird über die Ausführung einer Arbeit nicht vom Ausführenden entschieden, so liegt ein Fall der Fremdentscheidung vor. Diese Anordnungsbefugnis ist charakteristisch für **Leitungsstellen.** Die Leitungsaufgabe enthält daneben auch die Forderung nach der Entwicklung schöpferischer Eigeninitiative; die Leitung soll nicht nur aufgrund von Anregungen reagieren, sondern aus eigenem Antrieb tätig werden (vgl. Rühli 1973 und 1978). Die Auswirkungen der Stellenbildung auf die individuelle Motivation werden in Teil 6 behandelt. Sind Leitungsaufgaben bewußt zusammengefaßt, so werden die entsprechenden Organisationseinheiten als Leitungseinheiten oder Instanzen bezeichnet. Der Begriff der Leitungseinheit zeigt, daß es sich um Singular- oder Pluralinstanzen handeln kann. Diese Unterscheidung ist wichtig, weil sie Anknüpfungspunkte zur Führungsstildiskussion bietet. Schwieriger als die Leitungsstellen sind die **Stabstellen** zu charakterisieren. **Stabstellen verfügen grundsätzlich nicht über Anordnungsbefugnisse.** Eine gewisse allgemeine Kennzeichnung gibt der Terminus Assistenzeinheiten, wobei „Einheit" wieder auf eine oder mehrere Personen hindeuten soll. Die Beifügung „Assistenz" leitet sich aus der Zuordnung zu anderen Organisationseinheiten ab, meist zu einer Leitungsstelle (Instanz).

Stellenarten

Um eine Abstimmung zwischen der Aufgabe der Leitungsstelle und der Kapazität des Stelleninhabers zu erreichen, kann die Gesamtaufgabe durch Entscheidungsdelegation (Entscheidungsdezentralisation) vermindert werden. Eine zweite Möglichkeit bietet die Zuordnung von Stabstellen. **Die Instanz behält sich die Entscheidungskompetenz sowie die damit verbundenen Initiativen und Anordnungsaufgaben vor. Einen Teil der Ausführungsaufgaben tritt sie dagegen an eine Stabstelle ab. Insbesondere handelt es sich dabei um Informations- und Beratungsaufgaben. Die Anordnungsbefugnis der Stäbe ist auf die mittelbar von der Erfüllung ihrer Aufgaben betroffenen Bereiche eingeschränkt** (abgeleitete Anordnungsbefugnis). Formal ist somit die Stellung des Stabes als „Ableger" einer Instanz klar. Praktisch können sich die Verhältnisse dagegen von der ursprünglichen Absicht, die zur Stabbildung führte, entfernen. Ein Stab, der unmittelbar mit der Informationsbeschaffung und -aufbereitung zu tun hat und der darüber hinaus mit hochqualifizierten Personen besetzt ist, wird nicht selten – bewußt oder unbewußt – Expertenmacht auf die Instanz ausüben, so daß nicht mehr eindeutig bestimmbar ist, wer die Entscheidung wirklich induziert hat. Eine Gefahr kann daraus entstehen, wenn die Instanz von der Macht der Experten soweit „geblendet" wird, daß ihr z. B. die von exzellenten Technikern vorgelegten Informationen nicht mehr als Steinchen in dem Mosaik von kaufmännischen, politischen und technischen Überlegungen erscheinen, sondern als das Mosaik selbst.

Instanzen und Stäbe

Stellen können zu größeren Einheiten zusammengefaßt werden. Wird eine Stellenmehrheit in der Weise gebildet, daß einer der Stellen Leitungsaufgaben im Hinblick auf die übrigen Stellen übertragen werden, so bildet diese Stellenmehrheit eine Abteilung. **Eine Abteilung ist also eine einheitlich geleitete Stellenmehrheit.** Als Prinzipien

Abteilung

der Abteilungsbildung gelten jene Kriterien, die bereits bei der Stellenbildung im Rahmen der Aufgabenanalyse und -synthese angedeutet wurden.

Wird beispielsweise das Phasenschema des Entscheidungsprozesses als Kriterium der Abteilungsbildung verwendet, so werden Stellen, die mit Fragen der Planung befaßt sind, zu einer Planungsabteilung zusammengefaßt.

Abteilungs-
arten

Ähnlich wie bei den Prinzipien der Abteilungsbildung zeigen sich auch bei der Betrachtung der Abteilungsarten Analogien zu den Stellenarten. So kann beispielsweise die Art der von einer Abteilung zu erledigenden Aufgaben zur Differenzierung herangezogen werden. **Den betrieblichen Funktionen entsprechend** ergeben sich dann z. B. die Beschaffungs- oder Einkaufsabteilungen, die Produktionsabteilung, die Personalabteilung, die Finanzabteilung usw. Diese Einteilung ist sehr global. Sie wird besonders für größere Unternehmungen nur ein erster Anhaltspunkt für die Bildung von Oberabteilungen oder Ressorts sein können. Damit ist eine Differenzierung nach **Abteilungen verschiedener Ordnung** angesprochen. Entsteht eine Abteilung durch die Zusammenlegung mehrerer Stellen unter einheitlicher Leitung, so wird in der Literatur verschiedentlich von einer Abteilung erster Ordnung gesprochen. Es ist durchaus möglich und in Industriebetrieben auch üblich, Abteilungen erster Ordnung unter einheitlicher Leitung erneut zusammenzufassen. In diesem Falle entstehen Abteilungen zweiter Ordnung. Eine entsprechende Fortsetzung führt zu Abteilungen dritter, vierter bis n-ter Ordnung. Die oben genannten Beispiele „funktionaler" Abteilungen sind in der Realität meist Abteilungen höherer Ordnung. Man denke nur daran, daß die Produktionsabteilung z. B. die Unterabteilungen „Arbeitsvorbereitung", „Konstruktion", „Materialprüfungen und Kontrolle" sowie die eigentliche „Fertigungsabteilung" enthält. Auch andere Abteilungen bestehen i. d. R. aus einer ganzen Reihe von Unterabteilungen. Eine einheitliche Terminologie hat sich zur Kennzeichnung von Abteilungen verschiedener Ordnung bisher weder in der Praxis noch in der Literatur herausgebildet. Einige Vorschläge sind zwar vorhanden, doch ist ihre Notwendigkeit in keiner Weise einzusehen.

Typisches Ergebnis der Zusammenfassung von Stellen und Abteilungen nach dem Zweckprinzip ist im Industriebetrieb die Gliederung nach Funktionsbereichen oder Ressorts, wie sie beispielhaft Abbildung 2.3 zeigt.

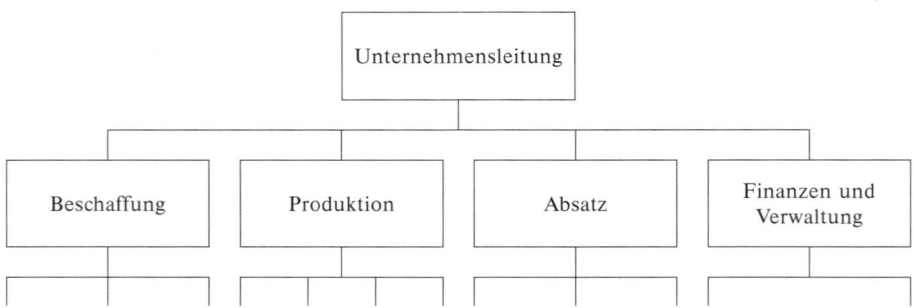

Abbildung 2.3: Funktionale Organisationsstruktur

Wird die oberste Ebene der Unternehmung nach Objekten (z. B. Produkten, Produktgruppen, Regionen) gegliedert, spricht man von Spartengliederung, Produktgliederung oder Divisionalisierung.

Die **„divisions" (Sparten)** sind mit gewissen Einschränkungen als „Unternehmung in der Unternehmung" zu betrachten. **Grundsätzlich ist die Divisionalisierung eine Kombination von Leitungsdezentralisation und Objektzentralisation.** Der Unternehmensspitze unterstehen sogenannte **Zentralbereiche** und **Geschäftsbereiche** (vgl. Abbildung 2.4 auf der folgenden Seite). Die Zentralbereiche sind zum Teil Superstäbe, zum Teil aber auch mit Weisungsbefugnis ausgestattete Funktionsbereiche. Die Geschäftsbereiche sind relativ selbständige Abteilungen, die beispielsweise über Entwicklung, Produktion und Marketing einer Produktgruppe zu entscheiden haben und z. B. monatliche Bilanzen und Erfolgsrechnungen vorlegen. Die Koordination der Geschäftsbereiche wird über verschiedene Steuerungs- und Kontrollmechanismen versucht (vgl. S. 58 ff.).

Das Beispiel in Abbildung 2.4 läßt erkennen, wie in Geschäftsbereichsorganisationen die objektbezogenen Kompetenzen (meist nach Produkten oder Produktgruppen) in Sparten zusammengefaßt werden. Nicht objektspezifische Tätigkeiten werden von Zentralbereichen wahrgenommen.

Hinreichend abgesichertes Wissen über die **Vor- und Nachteile der Geschäftsbereichsorganisation** liegt bisher kaum vor. Empirische Untersuchungen (z. B. Poensgen 1973) ermöglichen allenfalls tendenzielle Aussagen: Relativ häufig entstehen Geschäftsbereichsorganisationen im Anschluß an Diversifikationsaktivitäten. Die Mehrzahl der „Fortune 500", also Amerikas größter Unternehmen, verwendet diese Organisationsstruktur in einer ihrer Varianten (vgl. Mintzberg 1989). In der Bundesrepublik ist sie ebenfalls verbreitet vorzufinden. Auch wenn es sich um eine **dezentralisierte Organisationsform** handelt, so führt die Aufsicht durch die oberste Geschäftsleitung („headquarters") jedoch oft zu einer **konzentrierten Form der Kontrolle**, etwa in Form eines zentral durchgeführten Finanzmanagements oder Einkaufs, die der angestrebten Autonomie der Subsysteme entgegenläuft. Zu bemerken ist auch das Fehlen eines an den Geschäftsbereich gebundenen Anreizsystems. Eine für die Einführung der Geschäftsbereichsstruktur kritische Unternehmungsgröße kann aus den empirischen Beobachtungen nicht abgeleitet werden.

Verschiedentlich lassen sich positive Zusammenhänge zwischen der Einführung der Geschäftsbereichsorganisation einerseits und der Entwicklung von Umsatz und Rendite andererseits feststellen. Dies gilt insbesondere für forschungsintensive Unternehmungen.

In der Praxis finden sich zahlreiche Mischformen. Eine Unternehmung kann beispielsweise auf der ersten Ebene nach Produktgruppen, auf der Ebene darunter nach Regionen und auf der dritten Ebene nach Funktionsbereichen gegliedert sein. Die Möglichkeit zur Bildung solcher Mischformen beeinträchtigt die Aussagefähigkeit **eines Vorteils-/Nachteilsvergleichs**. Trotz dieser Einschränkungen stellt Abbildung 2.5 (vgl. S. 91) den Versuch dar, Vor- und Nachteile der Geschäftsbereichsorganisation zu systematisieren.

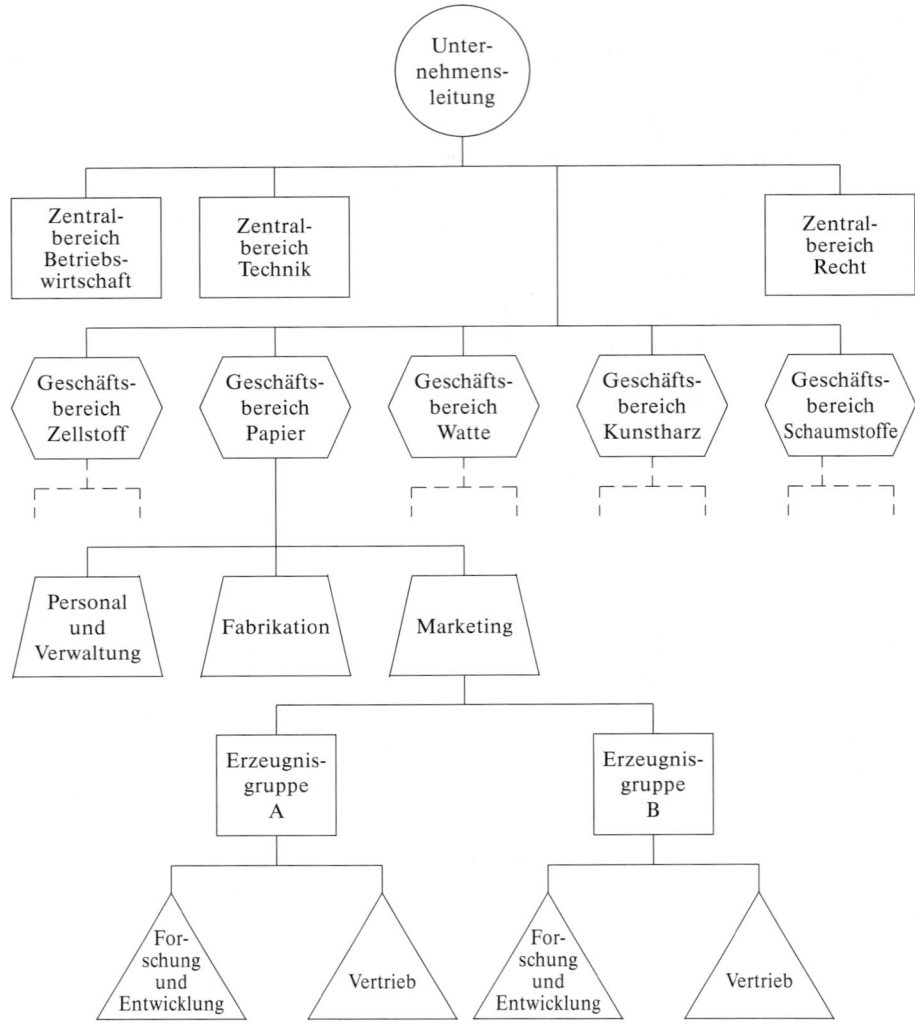

Abbildung 2.4: Beispiel einer Geschäftsbereichs- oder Spartenorganisation
(Divisionalisierung)

Subsystem-
arten
Im Gegensatz zu den **strukturellen Subsystemen**, die die einzelnen Kästchen der Abbildung 2.3 (S. 88) repräsentieren, sind verhaltenswissenschaftlich konzipierte **funktionale Subsysteme** in der Regel „nur" gedankliche Zusammenfassungen von
Teilaufgaben (Rollensegmenten). Die Teilaufgaben müssen von verschiedenen Organisationsmitgliedern in unterschiedlichen Kombinationen zur Erfüllung von system-
erhaltenden Funktionen durchgeführt werden (vgl. Hill/Fehlbaum/Ulrich 1989). Der
Vorstellung, diese Betrachtungsweise habe nicht zu Strukturalternativen in der sogenannten Aufbauorganisation geführt, ist allerdings zu widersprechen. Solche

90

	Vorteile	Nachteile
Kapazitäts-aspekt	– Entlastung der Leitungsspitze – Entlastung der Kommunikationsstruktur (zwischen den Divisionen)	– größerer Bedarf an qualifizierten Leitungskräften
Koordina-tionsaspekt	– geringe Interdependenz der Subsysteme – klar getrennte Verantwortungsbereiche – Transparenz der Struktur – „Multistabilität": individuelle Anpassung der Subsysteme	– Bedarf nach aufwendigen Koordinationsmechanismen – Notwendigkeit zusätzlicher zentraler Koordinationsstellen – Notwendigkeit getrennter Erfolgskontrollen
Aspekte der Entschei-dungs-qualität	– nach Produkten, Abnehmern oder Regionen spezifisch angepaßte Entscheidungen – Kenntnis der spezifischen Umweltbedingungen – schnellere Anpassungsentscheidungen an Marktveränderungen – mehr integrierte, problemorientierte Entscheidungen	– Mehrfachaufwand in bezug auf Zweckbereiche – Gefahr des Verlustes einer einheitlichen Politik des Gesamtsystems – Gefahr der Suboptimierung der Subsysteme (Eigeninteresse, kurzfristiger Erfolgsausweis)
Personen-bezogener Aspekt	– bessere Entfaltungsmöglichkeit für Nachwuchskräfte, da weniger funktional spezialisiert – ganzheitliche Leitungsaufgaben, direktere Beziehung zum eigenen Beitrag – personelle Autonomie der Subsysteme	– geringere Integration des Gesamtpersonals – geringere Beziehung zum Gesamtsystem und seinen Zielen

Abbildung 2.5: Vor- und Nachteile der divisionalen Organisationsstruktur

Quelle: Hill/Fehlbaum/Ulrich (1989)

Überlegungen übersehen, daß z. B. die Form der Projekt-Matrix-Organisation (vgl. Groetschel 1989) sowie Überlegungen zur Partizipation, zur dialogischen Personalbeurteilung, zur Karriereplanung und zur Organisationsentwicklung auf dieser verhaltenswissenschaftlichen Grundlage beruhen. In solchen Organisationsformen und organisatorischen Maßnahmen deutet sich an, daß der starre Begriff der Aufgabe der ganzheitlichen Handhabung organisatorischer Probleme entgegensteht: Die im Aufgabenbegriff und die in der Aufgabendefinition enthaltenen Verhaltenshinweise, die gleichwohl „aufgabenwirksam" sein können, werden nicht erfaßt. **Die Analyse funktionaler Systeme des Industriebetriebs soll daher an die Stelle isoliert technisch-ökonomischer Betrachtungen treten, um der Verflechtung sozialer und technischer Prozesse besser Rechnung tragen zu können.**

Ein Beispiel für das Abgehen von dem primär technologischen Funktionsschema der Unternehmung durch die Analyse funktionaler Subsysteme stellt der von Katz und Kahn (1967) entwickelte Ansatz dar.

Die von Katz und Kahn diskutierten Subsysteme betreffen:

(1) die Transformationsprozesse der Leistungserstellung (**Produktionssystem**);
(2) die Aufrechterhaltung der menschlichen und technischen Leistungsfähigkeit und -bereitschaft (**Erhaltungssystem**);
(3) die Versorgungsaktivitäten, die notwendig sind, um der Organisation Repetierfaktoren, Potentialfaktoren und finanzielle Mittel in ausreichendem Maße zu sichern (**Versorgungssystem**);
(4) die Regelung der Beziehungen zwischen Organisation und Umwelt, insbesondere Sicherung der Unterstützung durch die Umwelt, durch Schaffung positiver Einstellungen (**institutionelles System**);
(5) die Anpassungsprozesse der Organisation, die mit der Marktforschung sowie der Forschung und Entwicklung eng verbunden sind (**Anpassungssystem**);
(6) die Koordination der Subsysteme (**Managementsystem**).

Die Produktions-, Erhaltungs- und Managementsysteme dienen dabei vor allem der inneren Stabilisierung der Organisation; die übrigen drei funktionalen Subsysteme stellen hingegen Grenz- und Zwischensysteme dar, deren Elemente teils der Organisation, teils ihrer Umwelt angehören.

Einige der Phänomene, die u. a. zur Betrachtung verhaltenswissenschaftlich konzipierter funktionaler Subsysteme geführt haben, finden in der Organisationslehre im Begriff der informalen Organisationseinheiten ihren Niederschlag.

(4) Informale Organisationseinheiten

Skatrunden, Freundeskreise, Cliquen usw. stellen Beispiele **informaler Organisationseinheiten** dar, soweit ihre Mitglieder zugleich Mitglieder der formalen Organisation sind. **Sie bilden sich, wenn und weil eine formale Organisation besteht, in der Menschen aber nicht nur formalen Kontakt zueinander haben, sondern über formale Interaktionen hinaus auch andere Beziehungen untereinander entwickeln.** Zum besseren Verständnis informaler Organisationseinheiten erscheint es sinnvoll, mit einigen grundsätzlichen Ausführungen zum Begriff der Gruppe zu beginnen. Systemtheoretisch betrachtet ist eine Gruppe ebenfalls ein soziales System. Sie umfaßt eine Menge von Menschen, zwischen denen eine relativ dauerhafte Struktur von Beziehungen besteht. Von den beiden Relationssätzen „A informiert B" und „B findet A unsympathisch" soll allerdings nur derjenige ein Begriffsmerkmal der Gruppendefinition enthalten, der eine Kontaktaufnahme ausdrückt (also der erste). Er gibt eine Beziehung an, die Kommunikation oder Interaktion genannt wird. Da in der Kommunikation auch eine spezielle Form der Kontaktbeziehung, nämlich der Informationsaustausch, ge- sehen werden kann, wird im folgenden der Begriff „Interaktion" vorgezogen.

Eine Gruppe ist eine Menge von Menschen, zwischen denen häufigere und intensivere Interaktionen stattfinden als zwischen den einzelnen Mitgliedern der Gruppe und den Elementen der Umwelt.

In diesem Sinne sind sowohl die Organisation als auch ihre Subsysteme Gruppen. Weitere Begriffsmerkmale müssen daher zu einer Abgrenzung herangezogen werden. Dies ist am besten durch eine Betrachtung verschiedener **Gruppenarten** möglich.

Die Bezeichnung einer Organisation, eines Kollegiums oder einer Abteilung als Gruppe läßt eine quantitative Differenzierung zu. Nach diesem Kriterium ergeben sich „große Gruppen" und „kleine Gruppen". Die Soziologie sieht bei dieser Einteilung zugleich qualitative Unterschiede. Sie werden besonders deutlich, wenn man die **Merkmale einer kleinen Gruppe** betrachtet: *Gruppengröße*

(1) die **Mitgliederzahl ist begrenzt**;
(2) die begrenzte Mitgliederzahl ermöglicht jedem Mitglied das **Überschauen der gesamten Gruppe**;
(3) jedes Gruppenmitglied kann mit jedem anderen in **unmittelbare persönliche Beziehung treten**;
(4) die Gruppenmitglieder besitzen ein ausgeprägtes Gefühl der Zusammengehörigkeit **(„Wir-Bewußtsein")**;
(5) die Gruppe wird auch **von Außenstehenden als Einheit betrachtet**.

Kleine Gruppen werden vielfach auch als **primäre Gruppen** bezeichnet. Sie sind Sozialsysteme mit relativ intimem Charakter, in denen die Kontaktaufnahme unmittelbar erfolgt („face-to-face-groups"). Die Bezeichnung „primär" erklärt sich aus der Bedeutung solcher Gruppen für die Verhaltensformung des Individuums.

Eine Einteilung in primäre und **sekundäre Gruppen** (keine unmittelbare Kontaktaufnahme) sagt nichts über die Gruppenentstehung aus. Beide Gruppenarten können bewußt **geplant oder spontan** entstehen. Die geplante Entstehung ist im Zusammenhang mit der Behandlung formaler Organisationseinheiten betrachtet worden. Die ungeplante, spontane Entstehung interessiert im Anschluß daran; ihr Ergebnis ist die informale Gruppe. Informale Gruppen entstehen „außerhalb" aber nicht unabhängig von der formalen Organisation. Aus der Vielzahl von Entstehungsgründen lassen sich beispielsweise nennen (vgl. Dahrendorf 1962, S. 90): *Gruppen-entstehung*

(1) das ständige Zusammensein am Arbeitsplatz;
(2) die gleiche Stellung trotz räumlicher Trennung der Arbeitsplätze;
(3) gleiches Prestige bei unterschiedlicher Stellung in der Leitungshierarchie und räumlicher Trennung der Arbeitsplätze;
(4) gemeinsame Bekanntschaften und Interessen außerhalb des Industriebetriebs.

Entstehungsgründe für informale Gruppen

Diese Gründe machen verständlich, daß informale Gruppen die Grenzen der formalen Gruppen (z. B. der Abteilungen) überspringen und „quer" durch die formale Organisation verlaufen können. Allerdings lassen sich im Industriebetrieb nur relativ selten informale Gruppen beobachten, deren Mitglieder in der Leitungshierarchie stark voneinander abweichende Rangstufen einnehmen oder sehr unterschiedlichen sozialen Status besitzen.

Nicht wenige Autoren verwenden die Begriffe „informale Gruppe" und „informale Organisation" synonym. Als Pendant zur formalen Organisation empfiehlt es sich allerdings, den Begriff der informalen Organisation zu verwenden (vgl. z. B. Grün

93

1966). Unter diesen Begriff sind neben der **informalen Gruppenbildung** beispielsweise auch die **informelle Kommunikation**, der **soziale Status** und die **informellen Machtbeziehungen** zu subsumieren. Die Erweiterung erweist sich deshalb als nützlich für organisatorische Überlegungen, weil Organisationsmitglieder in der Regel nicht nur Mitglied einer einzigen informellen Gruppe sind. Gerade im Bereich der informellen Gruppen enthält die soziale Organisation des Industriebetriebs häufig starke Überschneidungen. Personen, die an mehreren informellen Gruppen beteiligt sind, nehmen dabei sogenannte Schlüsselpositionen ein. In Abbildung 2.2 gilt das z. B. für den Stelleninhaber 6, der an zwei informellen Gruppen beteiligt ist (Gruppe I: 2, 5, 6; Gruppe II: 6, 7, 8). Die Schlüsselpositionen spielen z. B. bei der Weitergabe von Gerüchten im Industriebetrieb eine entscheidende Rolle und sind Angelpunkt organisatorischer Veränderungen. Im Rahmen dieser Einführung kann die Problematik nicht weiter aufgefächert werden, doch zeigt bereits das Beispiel der Schlüsselpositionen, daß die Auswirkungen der informellen Organisation auf die formelle Organisation durch die isolierte Betrachtung einzelner informeller Gruppen nicht hinreichend erfaßt werden können.

*Schlüssel-
positionen*

*Hawthorne-
Experimente*

Informelle Aspekte sind erst vor relativ kurzer Zeit von der Organisationsforschung erkannt worden. Es begann in den Jahren 1924–1932 in den „Hawthorne-Werken" der „Western Electric Company" mit dem Experiment eines Ingenieurs zur Beurteilung des Einflusses von Beleuchtungsart und -stärke auf die Arbeitsproduktivität (vgl. Roethlisberger/Dickson 1939). Die Kontrollgruppe arbeitete weiterhin unter den bisherigen Bedingungen, die Testgruppe unter wechselnden Lichtverhältnissen. Die Leistung der Testgruppe stieg wie erwartet. Unerwartet war, daß die Leistung der Kontrollgruppe ebenfalls stieg. Da dieses Resultat beim damaligen Stand der Wissenschaft nicht erklärbar war, wurde der Psychologe und Nationalökonom E. Mayo mit der Fortführung der Untersuchung beauftragt. Er kam zusammen mit Roethlisberger zu dem Ergebnis, daß Lohn, Arbeitszeit, Beleuchtung usw. nicht allein ausschlaggebend für die Arbeitsaktivität seien. Grundlegende Einflüsse ergäben sich vielmehr aus den Beziehungen, die zwischen den Individuen bestehen. An die Untersuchungen von Mayo und Roethlisberger, die in erster Linie das Bestehen informeller Beziehungen nachweisen konnten, knüpft eine kaum mehr überschaubare Zahl weiterer Untersuchungen und Erklärungsversuche sowie die „human-relations-Bewegung" an.

*Human-
relations-
Bewegung*

Eine andere Auffassung vertreten die Interaktionisten. Sie gehen von der Annahme aus, daß ein regelmäßiges Schema von Kontakten zwischen zwei oder mehreren Individuen (Interaktionen) primär das Verhalten der Mitglieder einer Gruppe bestimmt. Die Interaktionen stellen die unabhängigen Variablen dar. Abhängige Variablen sind beispielsweise das Verhalten, die Gefühle und die Normen einer Gruppe bzw. ihrer Mitglieder. Die neuere Organisationsforschung sieht zwischen diesen Elementen mehr wechselseitige Beziehungen.

*Inter-
aktionisten*

Eine Methode zur Bestimmung informeller Gruppenbeziehungen hat Moreno (1974) mit der Soziometrie ermittelt. Der von ihm entwickelte Test ermöglicht es, die Struktur von Gefühlsbeziehungen zwischen den Mitgliedern einer Gruppe sichtbar zu machen. Moreno hatte in einem Internat die Frage zu lösen, wie die Bewohner der

Soziometrie

94

einzelnen kleinen Häuser des Internats am günstigsten ausgewählt werden könnten. Er befragte daraufhin die Mädchen, mit wem sie gern zusammenwohnen und -arbeiten würden. Die Antwort stellte er in einem sogenannten Soziogramm dar. Die Buchstaben darin bezeichnen die befragten Personen. Die Pfeile geben an, welche Person die Befragte wählt. Anhand der Zahl der aktiven und passiven Wahlen lassen sich Aussagen über Zu- und Abneigungen innerhalb einer Gruppe machen (vgl. Abb. 2.6). Es ergeben sich anhand dieser Darstellung auch Anhaltspunkte für typische Gruppenformen. In einem **„Kreis"** z. B. wählen sich zwei Personen nicht gegenseitig. In einem **„Stern"** konzentrieren sich die Wahlen auf eine Person. Weitere typische Strukturen sind **„Kette"** und **„Netz"**. Im Gegensatz zu den Interaktionisten, die auf Kontaktaufnahme abstellen, geht die soziometrische Schule mehr von Gefühlen aus.

Gruppen-formen

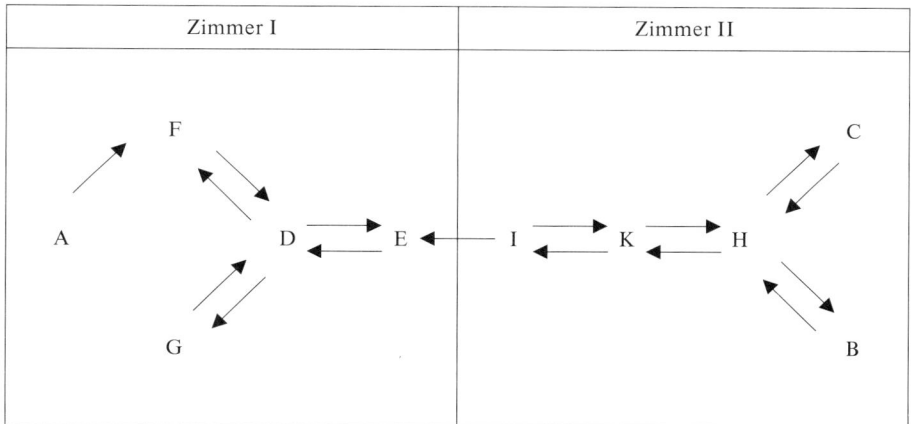

Eine Befragung ergibt bei 10 Schreibkräften folgendes Ergebnis (A wählt B: „AwB"): AwF; BwH; CwH; Dw(GEF); EwD; FwD; GwD; Hw(KCB); Iw(EK); Kw(IH); Aufgabe: Die Schreibkräfte sind auf zwei Zimmer so zu verteilen, daß möglichst wenig Spannungen auftreten.

Abbildung 2.6: Beispiel zur Soziometrie

Interaktionisten und soziometrische Schule untersuchen große und kleine Gruppen. Die „Gruppendynamik" (in Deutschland besonders von Hofstätter (1976) vertreten) beschränkt sich ausschließlich auf kleine Gruppen, von denen sie annimmt, daß sie bereits konstituiert sind. Die Gruppendynamik ist stark empirisch ausgerichtet, doch führt sie keine Feldstudien, sondern Laborexperimente durch. Die Gruppendynamik setzt sich als Aufgabe, die Veränderung der Gefühle, Kontakte und Handlungen der Gruppe im Zeitablauf zu untersuchen. Die Gruppe wird als dynamisches Gebilde betrachtet.

Gruppen-dynamik

Die Organisationstheorie ist beim gegenwärtigen Stand nur in der Lage, gewisse **Tendenzen** bezüglich der möglichen Konsequenzen informeller Gruppenbildung auf die Zielerreichung allgemein anzugeben. **Zwingende Beziehungen zwischen der Erreichung der verfolgten Ziele und der informellen Gruppenbildung vermag die Organisationstheorie im Falle der informellen Organisationseinheiten ebensowenig anzugeben**

wie im Falle der formalen. Die Aussagen der Organisationstheorie sind viel zu wenig präzise, als es für ein Urteil darüber nötig wäre, ob eine bestimmte informelle Gruppe die Erreichung eines Zieles A fördert oder hemmt. Daß einige grundsätzliche Anmerkungen allerdings möglich sind, soll anhand der Beispiele der informellen Normen und der informellen Führerschaft verdeutlicht werden.

Es ist eine empirisch bestätigte Tatsache, daß menschliche Gruppen aus sich heraus Normen entwickeln, die das Verhalten der Gruppenmitglieder untereinander und nach außen regeln.

Individuelles Verhalten

Das tatsächliche Verhalten des Individuums stellt die Resultante aus den formalen und informalen Normen sowie den subjektiven Zielen und Motiven dar.

Die Schwierigkeit, zu einer Entscheidung zu gelangen, hängt folglich davon ab, ob zwischen diesen Verhaltensdeterminanten Komplementarität, Konkurrenz oder Indifferenz (vgl. Teil 1, S. 14 ff.) besteht. Indifferenz ist zwischen formellen und informellen Zielen im Industriebetrieb nur in Ausnahmefällen gegeben. Konkurrenz und Komplementarität sind in der Regel dagegen häufig anzutreffen. Ursprünglich ging die Gruppenforschung von der Annahme aus, daß zwischen formalen und informalen Normen Konkurrenz besteht. Es konnte aber nachgewiesen werden, daß auch die Komplementarität eine häufig anzutreffende Grundbeziehung darstellt.

Konflikte zwischen formalen und informalen Normen

Beim Konflikt zwischen informellen und formellen Normen hängt die Konfliktregulierung von sehr unterschiedlichen Faktoren ab. Insbesondere Machtfragen spielen dabei eine Rolle. Je stärker die Bindung an die Gruppe, desto eher wird der Zielkonflikt durch eine Entscheidung gegen die formelle Norm gelöst werden. Allerdings gilt diese Tendenz für die einzelnen Ebenen der betrieblichen Hierarchie in unterschiedlicher Stärke. Empirische Untersuchungen haben ergeben, daß die Konkurrenz formaler und informaler Normen besonders bei den untersten Rangstufen relativ häufig ist. Als Musterbeispiele gelten auf dieser Stufe die von Arbeitsgruppen entwickelten Normen über die „normale Arbeitsleistung". Die Vorstellungen stimmen nur selten mit denen der Arbeits- und Zeitstudieningenieure überein.

Komplementarität zwischen formalen und informalen Normen

Es leuchtet ein, daß im Falle der Konkurrenz die informale Gruppenbildung zum Begrenzungsfaktor der organisatorischen Zielerreichung wird. Das Gegenteil ist bei Komplementarität der Fall. Das Kontrollsystem der Unternehmung ist nicht zuletzt als Gegengewicht zur Konkurrenz formaler und informaler Normen geschaffen worden. Liegt dagegen Komplementarität vor, so wird das formale Kontrollsystem durch die sogenannte soziale Kontrolle wirkungsvoll unterstützt. Besteht z. B. zwischen informalen Gruppennormen und formalen Normen der Organisation Komplementarität, zwischen individuellen Motiven und Zielen und formalen Normen dagegen Konkurrenz, so können informale Normen unter Umständen die Kontrollfunktion sehr wirkungsvoll übernehmen und zu Sanktionen seitens der Gruppe bei individueller Abweichung von den formalen Normen führen. Die informale Gruppenbildung hat somit in diesem Fall positive und höchst wünschenswerte Auswirkungen. In der Praxis hat diese Erkenntnis nicht selten zum Einbau von Ausnahmeregelungen in Organisationsanweisungen und -handbücher geführt. Genau genom-

96

men bedeutet eine solche Regelung nichts anderes als eine Aufhebung der formellen Normen für die Situationen, in denen informelle Normen nicht konkurrieren. Die informellen Normen lassen in diesen Fällen aber grundsätzlich bessere Lösungen im Sinne der formellen Ziele als wahrscheinlich erscheinen als formale Regelungen. Eigeninitiative und Verhandlungen (vgl. Crott u. a. 1977) sind nicht selten ein typisches Beispiel derart „brauchbarer Illegalität" (Luhmann 1976).

Zur Behandlung weiterer Auswirkungen informeller Gruppenbildung ist es zweckmäßig, von der Prämisse auszugehen, die betrachtete informelle Gruppe habe sich infolge häufiger informeller Interaktionen am gleichen Arbeitsplatz gebildet. In einer kleinen Abteilung wird also Identität von formeller und informeller Gruppe unterstellt. Der Abteilungsleiter ist der formelle Gruppenführer. **Die informelle Gruppenbildung im Betrieb führt auch zur Wahl eines informellen Gruppenführers, und es ist relativ häufig, daß formelle und informelle Führerschaft personell auseinanderfallen.** Das gilt vor allem, wenn der formelle Führer nur über Autorität kraft Amtes (im Rahmen der Weisungsbefugnis) verfügt (objektive Autorität). Erst die subjektive Autorität sichert die Wertschätzung der Geführten, doch kann diese „Ausstrahlung der Persönlichkeit" ohne weiteres einem anderen als dem formellen Führer gegeben sein. Es gibt keinen zwangsweisen Zusammenhang zwischen formaler Führerschaft und subjektiver Autorität.

Formale und informale Gruppenführer

Beim **Auseinanderfallen von formaler und informaler Führerschaft** können Spannungen zwischen den beiden Gruppenführern entstehen. Dies erscheint plausibel, zumal die informelle Führerschaft meist demjenigen zufällt, der am meisten auf die Einhaltung der informellen Normen bedacht ist. Der Konflikt zwischen dem formalen und dem informalen Gruppenführer wird also vermutlich um so größer sein, je konfliktärer die formalen und die informalen Normen sind. Im Falle der Komplementarität ist es dagegen wahrscheinlich, daß der formale Führer auch die informale Führerschaft erreicht. Für die Gruppenmitglieder ergibt sich beim Auseinanderfallen von formaler und informaler Führerschaft ein Autoritätskonflikt, wobei sich nicht allgemeingültig sagen läßt, für welchen Führer bzw. für wessen Anordnungen sich die Gruppenmitglieder entscheiden werden.

Auch das Auseinanderfallen von formaler und informaler Führung stellt einen Begrenzungsfaktor organisatorischer Zielerreichung dar. Dennoch wäre es verfehlt zu glauben, daß die Vereinigung von formaler und informaler Führung in einer Person die Ideallösung darstellt. Sind die formellen und informellen Normen konfliktär, so steht der Führer, der formelle und informelle Führerschaft in Personalunion vertritt, vor einem Dilemma. Folgt er den formalen Normen, so verliert er unter Umständen die informale Führerschaft; folgt er abweichenden informalen Normen zu stark, so verliert er u. U. seine Stelle. Er wird also einen Kompromiß suchen. Sein Vorgesetzter wird das Dilemma sehr genau beurteilen müssen, ehe er wegen einer Verletzung der formalen Normen zu Sanktionen greift. Aus dem Zwang zur Einhaltung formaler Normen könnte die Trennung von formaler und informaler Führerschaft erfolgen, wobei nur schwer abzuschätzen ist, ob die daraus resultierenden Konsequenzen nicht noch wesentlich negativer hinsichtlich der organisatorischen Zielerreichung sein werden.

Hierarchie

Der Aufbau einer Organisation ist durch die Dimensionen Gliederungsbreite und Gliederungstiefe gekennzeichnet. Die Organisationstiefe regelt die Über- und Unterordnung der einzelnen Organisationsmitglieder in einem Sozialsystem. Diese Struktur der Unter- und Überordnung wird als Hierarchie bezeichnet. Die Gliederungsbreite einer Organisation gibt den Umfang der Arbeitsteilung auf gleichgeordneten Stufen in der Unternehmensorganisation an.

Hierarchie ist kein Selbstzweck, sondern dient der wirksamen gegenseitigen Abstimmung der Aufgaben der einzelnen Organisationsteilnehmer in einem zielgerichteten Sozialsystem. Sie bezieht sich somit nicht nur auf Vorgesetzten-Untergebenen-Beziehungen im Rahmen der Leitungs- und Überwachungsfunktion von Vorgesetzten. Beispielsweise können in Anlehnung an angelsächsische Autoren vier Dimensionen von Hierarchie unterschieden werden: Einfluß, Wissen und Fähigkeit, Informationszugangsmöglichkeiten und Belohnung.

Anhand solcher Dimensionen können etwa die Leitungshierarchie, die Statushierarchie, die Kommunikationshierarchie und die Machthierarchie beschrieben werden.

(1) Leitungshierarchie

Die Entscheidung über das Ausmaß von Zentralisation bzw. Dezentralisation findet in der Stellen- und Abteilungsstruktur ihren Ausdruck. Leitungsbeziehungen zwischen Stellen verteilen Kompetenz im Sinne von Ordnungsvorstellungen. **Kompetenzen regeln den Handlungsspielraum von Stelleninhabern.** Mit der Kompetenzzuteilung in der Hierarchie und auf der Grundlage der Aufgaben einer Stelle sollen aber nicht nur Handlungsmöglichkeiten ausgedrückt werden. Wer eine Aufgabe übernimmt und den dafür notwendigen Handlungsspielraum eingeräumt bekommt, übernimmt auch Handlungs- und Rechenschaftsverpflichtungen. Bleicher (1980) bezieht Kompetenz auf die Gestaltungsaufgaben der Führung. Die einzelnen Kompetenzarten benennen dann die Möglichkeit, zum Beispiel an der Konzipierung von Verteilungs- und Arbeitsbeziehungen (**Strukturkompetenz**), am Zielbildungsprozeß (**Zielkompetenz**), an der Verfügung über Ressourcen (**Verfügungskompetenz**), bei der Einstellung und Entlassung von Mitarbeitern (**persönlich-disziplinarische Kompetenz**), bei der Gestaltung des Handlungsprozesses (**sachlich-funktionale Kompetenz**) oder bei der Regelung der Innen- und/oder Außenverhältnisse der Unternehmung (**institutionelle Dimension der Kompetenz**) mitzuwirken.

Dokumentiert wird die Kompetenzzuweisung beispielsweise durch Stellenbeschreibungen, Darstellungen des Prozeßzusammenhangs einer Unternehmung und Funktionendiagramme. Der **Funktionsmanager** koordiniert seinen Funktionsbereich, der **Projektmanager** leitet und überwacht die Abwicklung des ihm übertragenen Projekts; der **Produktmanager** koordiniert seinen Produktbereich und der **Regionalmanager** entwickelt, leitet und überwacht die Aktivität in seiner Region.

Im Leitungssystem eines Unternehmens besteht das Problem der Leitungs- oder Kontrollspanne. Unter Leitungsspanne wird die Zahl der Organisationsmitglieder verstanden, die von einem Vorgesetzten koordiniert, angeleitet und überwacht werden können. Je breiter die Leitungsspanne, desto weniger Hierarchieebenen werden in der Organisation erwartet und umgekehrt. Das Problem der Festlegung der Leitungsspannen besteht darin, daß mit der Zunahme der Leitungsspanne die Leitungs- und Kontrollaufgaben des Vorgesetzten steigen, was unterschiedliche qualitative Effekte auslösen kann. Zu beachten ist, daß die Zahl der potentiellen Leitungs- und Kontrollbeziehungen mit der Vergrößerung der Leitungsspanne überproportional steigt. Die Erweiterung um einen Untergebenen bewirkt beispielsweise nicht nur, daß sich dieses Unterstellungsverhältnis zum bisherigen Beziehungsmuster hinzuaddiert, sondern auch, daß mögliche weitere Beziehungen in den Reihen der Untergebenen und gegenüber dem Vorgesetzten hinzukommen. Empirisch hat sich keine optimale Leitungsspanne nachweisen lassen. So ist weder die vielfach als „ideal" angesehene Leitungsspanne von 7 ± 2 Untergebenen belegbar, noch findet sich ein analytischer Zusammenhang zwischen Leitungsspanne und Unternehmenserfolg. Es ist vielmehr zu vermuten, daß die Wahl und/oder die Entstehung einer konkreten Leitungsspanne davon abhängen, wie viele der möglichen Beziehungen zwischen Vorgesetzten und Untergebenen überhaupt relevant sind, wie häufig Vorgesetzte und Untergebene wirklich Beziehungen miteinander aufnehmen (müssen) und wie intensiv diese Leitungs- und Kontrollbeziehungen für den Vorgesetzten sind.

*Leitungs-
spanne*

Grundsätzlich lassen sich als Strukturalternativen der Leitung unterscheiden: **das Einliniensystem**, das **Mehrliniensystem** und das **Stabliniensystem**. Aus diesen Grundtypen haben sich in jüngerer Zeit einige Mischformen des Leitungssystems entwickelt. Die bereits bei der Strukturdimension „Zentralisation/Dezentralisation" behandelte **Divisionalisierung** bzw. Geschäftsbereichs- oder Spartenorganisation, das **Produkt-** und **Projektmanagement** sowie die **Matrixorganisation** gehören zu solchen Entwicklungen.

*Struktur-
alternativen
der Leitung*

Wird der Relationssatz „A steht über B" in dem Sinne interpretiert, daß A dem B Weisungen erteilen darf und B zu gehorchen hat, so soll eine Leitungsrelation vorliegen.

Mehrere Leitungsbeziehungen bilden eine Leitungshierarchie. Sie wird verschiedentlich auch als Entscheidungshierarchie, Herrschafts- und Autoritätshierarchie, Weisungssystem, Organisation der Dienstwege oder skalare Organisation bezeichnet.

*Leitungs-
hierarchie*

Gemeint ist immer das gleiche: Im Industriebetrieb ist eine Vielzahl von Entscheidungsaufgaben zu erfüllen. Absolute Zentralisation dieser Aufgaben ist weder sinnvoll noch möglich. Den globalen Umrißentscheidungen folgt in einem arbeitsteiligen Prozeß eine fortschreitende Präzisierung und Operationalisierung bis hin zur letzten Detailentscheidung vor der letzten Ausführungsaktivität.

Diese Arbeitsteilung bedingt auch im Industriebetrieb eine Vielzahl von Entscheidungsträgern, die, der Sukzessivität des Entscheidungsprozesses entsprechend, nicht alle gleichrangig sind. Die vorausgehenden Entscheidungen setzen Prämissen für die nachfolgenden Entscheidungen und damit auch für die nachfolgenden Entschei-

*Entschei-
dungs-
hierarchie*

dungsträger (vgl. Kirsch 1977). Aus dem Nacheinander ergibt sich folglich die Notwendigkeit, die vorausgehenden, jeweils globalere Entscheidungen fällenden Entscheidungsträger mit Weisungsbefugnis gegenüber den nachfolgenden Entscheidungsträgern auszustatten.

Wahl des Leitungssystems

Die organisatorische Gestaltung des formalen Leitungssystems wirft eine Reihe von Fragen auf, von denen zwei hervorgehoben werden sollen: zum einen die Wahl des Leitungssystems (Strukturalternativen der Leitung), zum anderen die Verteilung der einzelnen Aufgaben auf die verschiedenen Instanzen bzw. Ebenen der Leitungshierarchie (der organisatorische Entscheidungs- und Problemlösungsprozeß sowie die permanente Steuerung und Kontrolle dieser Verteilung). Hier wird zunächst die erste Fragestellung behandelt (zur zweiten vgl. S. 103 ff.).

Einliniensystem

Im Einliniensystem erscheinen nur Leitungs- und Ausführungsstellen. Stabstellen sind im reinen Liniensystem unbekannt. Der Untergebene erhält im Einliniensystem von nur einem Vorgesetzten Weisungen (vgl. Abbildung 2.7).

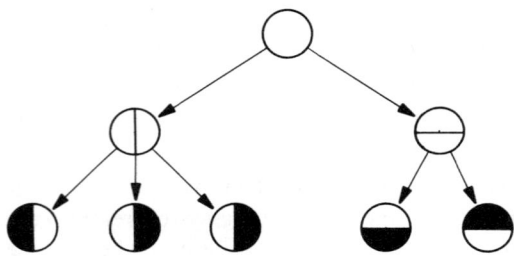

Abbildung 2.7: Einliniensystem

Dem Einliniensystem entspricht besonders der von Fayol (1929) entwickelte Grundsatz der einheitlichen Auftragserteilung. In einem Relationssatz formuliert heißt das z. B.: Jedes Organisationsmitglied hat nur den unmittelbar nachgeordneten Organisationsmitgliedern Weisungen zu erteilen, und diese haben nur von einem bestimmten übergeordneten Organisationsmitglied Weisungen zu befolgen.

Mehrliniensystem

Gewissermaßen der Gegensatz zum Einliniensystem und zum Prinzip der einheitlichen Auftragserteilung ist das Mehrlinien- oder Funktionssystem (Abbildung 2.8).

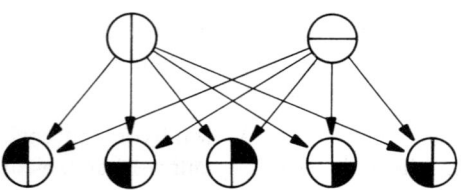

Abbildung 2.8: Mehrliniensystem

100

Jedes Organisationsmitglied kann von mehreren Vorgesetzten Weisungen erhalten. Das so gekennzeichnete Leitungssystem geht auf Taylor (1913) zurück, der das Funktionsmeistersystem entwickelte. Im System Taylors erhalten verschiedene Spezialisten unterschiedliche Funktionen übertragen (z. B. Einrichtarbeiten, Instandhaltung, Prüfung und Kontrolle usw.), für die sie gegenüber allen anderen Organisationsmitgliedern weisungsberechtigt sind. Ein reines Funktionssystem ist in der Praxis nur schwer anwendbar, obwohl sich das Prinzip der Spezialisierung auf der Leitungsebene weitgehend durchgesetzt hat. Dies ergibt sich aus der Schwierigkeit exakter Kompetenzabgrenzung und der entsprechenden Einweisung der jeweiligen Funktionsträger. Für den einzelnen Mitarbeiter ist es problematisch, „Diener vieler Herren zu sein" und jeweils abwägen zu müssen, ob der die Weisung erteilende Vorgesetzte im vorliegenden Fall dazu berechtigt ist oder nicht. Der Taylorsche Entwurf kann durch die Aufspaltung der Kompetenzen auf zahlreiche Weisungsbefugte u. U. auch zu einer Schwächung der Führungsfunktion der Meisterebene führen.

Funktions-meister

Die Gegenpole des Einlinien- und Mehrliniensystems haben zur Entwicklung von Kompromissen beim Entwurf von Strukturalternativen der Leitungshierarchie im Industriebetrieb geführt. Der traditionelle Kompromiß in diesem Zusammenhang wird als Stabliniensystem bezeichnet. **Das Stabliniensystem stellt den Versuch dar, die Vorteile des Einlinien- und des Mehrliniensystems zu verbinden, deren Nachteile jedoch zu vermeiden.** Aus diesem Grund wird, dem Einliniensystem entsprechend, der **Grundsatz einheitlicher Auftragserteilung** streng eingehalten. Wie beim Funktionssystem, soll aber auch beim Stabliniensystem die Qualität von Entscheidung und Ausführung durch **Spezialisierung** gehoben werden. Dem Spezialisten wird aber im Stabliniensystem keine Anordnungsbefugnis gegenüber ausführenden Stellen zugebilligt. Spezialisten werden in Stäben zusammengefaßt und den Linienpositionen zugeordnet, für die sie Hilfs- und Entlastungsaufgaben ohne Weisungsbefugnis wahrzunehmen haben (vgl. Abbildung 2.9).

Stablinien-system

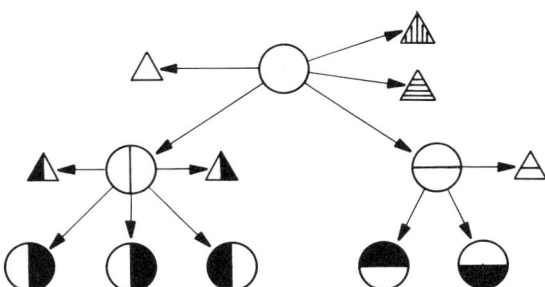

Abbildung 2.9: Stabliniensystem

Wird dem Stab eine abgeleitete Weisungsbefugnis übertragen, so nähert sich das Stabliniensystem nicht selten dem Funktionssystem stark an. Oft gelingt es auch den Stäben, mit ihrer Expertenmacht maßgebenden Einfluß auf die Entscheidungen zu nehmen. Dies kann so weit führen, daß neuerdings von verschiedenen Seiten die

Etwa 40 000 Aktionäre

Aufsichtsrat (9 Mitglieder)

Vorstand	Vorstandsmitglied Forschung	Vorstandsmitglied Produktion/Technik	Vorstandsmitglied Vertrieb	Vorstandsmitglied Verwaltung
Zentrale Abteilungen des Vorstandes	Zentrale Bereiche, Abteilungen und Stäbe	Zentrale Bereiche, Abteilungen und Stäbe / Werk Bergkamen	Zentrale Abteilungen und Stäbe / Geschäftsstellen	Beteiligungsverwaltung / Rechtswesen / Revision / Steuern und Grundbesitzverwaltung / Zentrales Betriebliches Rechnungswesen / Zentrale Datenverarbeitung / Zentrale Finanzbuchhaltung / Zentrales Personalwesen
Spartenleitung Pharma Spartenstäbe	Pharma Forschung	Pharma Entwicklung, Pharma Endfertigung und Produktionsplanung	Med. Wiss. Marketing / Pharma Verkauf Ausland	
Spartenleitung Pflanzenschutz Spartenstab	Pflanzenschutz Forschung	Pflanzenschutz Entwicklung/Produktion	Pflanzenschutz Vertrieb	
Spartenleitung Galvanotechnik Spartenstab	Galvanotechnik Forschung	Galvanotechnik Entwicklung/Produktion	Galvanotechnik Vertrieb	
Spartenleitung Industrie-Chemikalien Spartenstab	Industrie-Chemikalien Forschung	Industrie-Chemikalien Entwicklung	Industrie-Chemikalien Vertrieb	

Zur Schering-Gruppe gehören: 112 Beteiligungsgesellschaften in 39 Ländern
109 Vertretungen in 96 Ländern

Etwa 16 000 Mitarbeiter in aller Welt

Abbildung 2.10: Organisationsplan eines Unternehmens mit Matrixorganisation

Quelle: 100 Jahre Schering – 100 Jahre Fortschritt. Berlin: Schering AG (1971)

Unterscheidung von Stab und Linie für irrelevant erachtet wird. In der Praxis wird daran – auch mit Rücksicht auf die Statushierarchie – noch weitgehend festgehalten.

Prinzipiell ist die Matrixorganisation ein Mehrliniensystem. Das Zusammenwirken von Zentralbereichen und Sparten kommt in einem Stab-Linien-Schema nur unzureichend zum Ausdruck. Dies gilt insbesondere für den Fall, daß Zentralbereiche und Sparten gleichberechtigt sind. Aus diesem Grund wurde die Matrixorganisation entwickelt. Der globale Organisationsplan der Schering AG von 1971 bietet dafür ein gutes Beispiel (vgl. Abbildung 2.10). Offen bleibt, ob die Weisungsbefugnis primär objektbezogen oder funktionsbezogen festzulegen ist oder inwieweit eine Ausgewogenheit der beiden Strukturen angestrebt wird. Hier liegt ein wesentlicher Spielraum, über den bei der Metaentscheidung über die Organisationsstruktur befunden werden muß. Wie das Taylorsche Funktionsmeistersystem zeigt (vgl. Abbildung 2.8), ist eine der Matrixorganisation entsprechende Struktur auch auf der unteren Ebene eines Industriebetriebs denkbar. *Matrix-organisation*

Die Schnittstellen der Matrix sind, je nach den gewählten Dimensionen, mindestens zwei übergeordneten Stellen unterstellt. Die eindimensional-hierarchische Struktur wird von zwei oder mehr Dimensionen abgelöst. Häufig gewählte Dimensionen sind Produktgruppe, Funktion, Region und Projekt (vgl. Abbildungen 2.11 und 2.12). Bei mehr als zwei Dimensionen wird auch von **Tensororganisation** gesprochen (vgl. Abbildung 2.12).

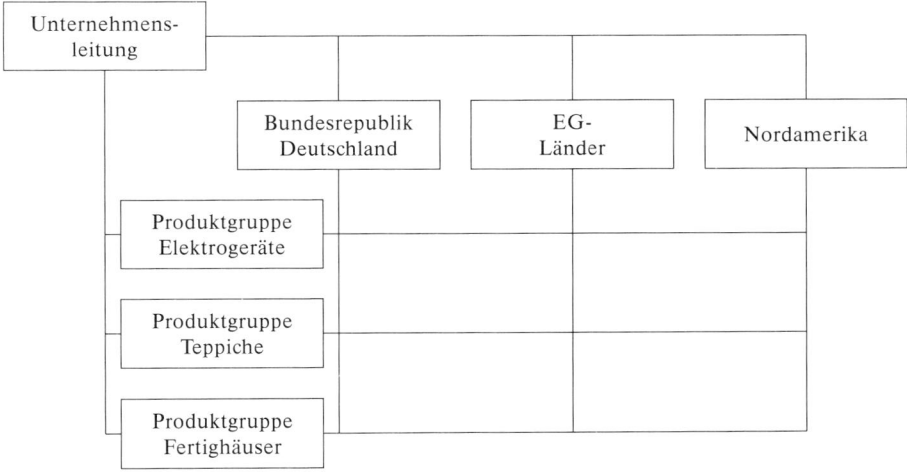

Abbildung 2.11: Objekt-Regional-Matrix

Uneinheitlichkeit herrscht in Literatur und Praxis bezüglich der Frage der Gleichwertigkeit der gewählten Dimensionen. Häufig wird als Entstehungsgrund für die Matrixorganisation gerade die Notwendigkeit einer Beurteilung auftretender Probleme aus mehreren Blickwinkeln betont. Konsequent soll das Prinzip der Einheit der Auftragserteilung zugunsten einer Aufteilung der Leitungsfunktion auf gleichwertige *Wertigkeit der Matrix-dimensionen*

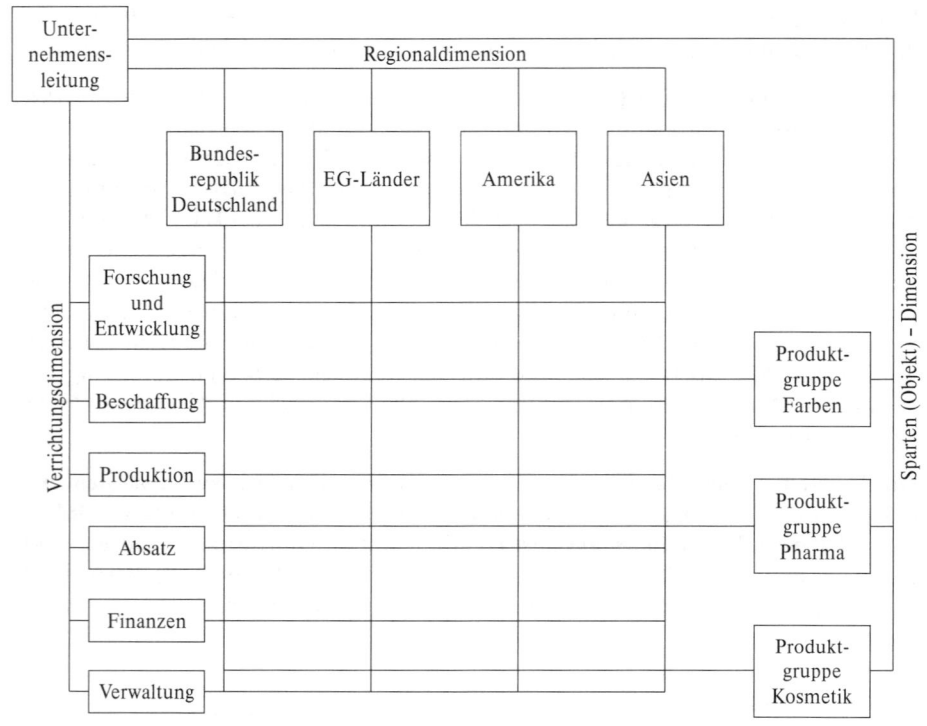

Abbildung 2.12: Verrichtungs-Regional-Objekt-Matrix (Tensor-Organisation)

Möglichkeit begrenzter Konflikte

Dimensionen fallengelassen werden. An den Schnittstellen der einzelnen Dimensionen wird die Möglichkeit für begrenzte Konflikte gesehen, die die notwendige Flexibilität und Kreativität für Anpassungsmaßnahmen abgeben sollen (vgl. auch Glasl 1980). Nicht selten wird in gleichem Atemzug aber auch auf die Notwendigkeit zur Schaffung von Vorfahrtsregeln an den Kompetenzkreuzungen hingewiesen. Praktisch laufen solche Vorschläge natürlich wieder auf die Zurücknahme der Gleichwertigkeit von Dimensionen hinaus. Die Regel „Grundlast geht vor Projekt" in einer Matrixorganisation mit den Dimensionen „Funktionen" und „Projekte" ist dafür ein Beispiel. Ähnliches gilt für den Vorschlag, in die Stellenbeschreibungen Kompetenzabgrenzungen aufzunehmen, die besagen, wer bei welchen Entscheidungen den Vortritt hat. Dieser formale Vorschlag verschiebt das Problem in den Bereich der Kompetenzabgrenzung und der Gewichtung unterschiedlicher Kompetenzdimensionen. Dabei wird nicht akzeptiert, daß die Grundidee der Matrixorganisation gerade die Mehrdimensionalität ist. Der Mehrdimensionalität entspricht aber nun einmal nicht die abgegrenzte Alleinentscheidung, sondern die Mehrpersonenentscheidung (vgl. auch Teil 1, S. 37 ff.).

Die Vor- und Nachteile der Strukturtypen der Leitungsorganisation „Linienorganisation", „Stab-Linien-Organisation", „Mehrlinien-Organisation" (funktionale

104

Organisation) und „Matrix-Organisation" sind von Hill/Fehlbaum/Ulrich (1989) zum Vergleich aufgelistet worden. Diese Gegenüberstellung zeigt die Abbildung 2.13.

Die klassischen Organisationsformen gehen davon aus, daß jede Leitungsstelle (Instanz) einen einzigen Stelleninhaber hat, dessen Kompetenz abgegrenzt ist. In den Schnittstellen der Matrixorganisation kommen unterschiedliche, wenn auch unter Umständen klar abgegrenzte Kompetenzen zusammen und müssen abgestimmt werden. Das Prinzip der Ausschließlichkeit, „keine Stelle soll Rechte einer anderen Stelle ausüben dürfen" (Ulrich 1949), muß dazu nicht gebrochen werden. Durchbrochen wird aber das Prinzip der Autonomie der Leitungsaufgabe. **So sind die Schnittstellen der Matrixorganisation durch die dauernde oder periodische Zusammenfassung von Leitungsdimensionen und -personen gekennzeichnet.** Solche Zusammenfassungen werden oft als Kollegien oder Projektteams bezeichnet.

Für den Begriff „Kollegium" finden sich in der Literatur verschiedene Begriffe wie Ausschuß, Kommission, Konferenz, Projektgruppe oder auch „meeting". Kollegien bestehen aus mehreren Personen, die in Gruppenarbeit eine zugewiesene Aufgabe zu lösen haben. Der Aufgabenkatalog, den ein Kollegium erfüllen kann, ist grundsätzlich unbeschränkt. Im allgemeinen treten die Mitglieder des Kollegiums nur gelegentlich zusammen. Sie haben neben der Mitgliedschaft im Kollegium noch andere Stellenaufgaben wahrzunehmen und treten nach ihren Zusammenkünften bzw. nach der Auflösung des Kollegiums wieder in ihre eigentlichen Arbeitsbereiche ein. Der Bildung von Kollegien liegt die Überzeugung zugrunde, daß die entsprechenden Aufgaben im Rahmen enger persönlicher Kontakte sich besser erfüllen lassen. Als einige Hauptvorteile lassen sich beispielsweise die Pluralität der Willensbildung, die Erleichterung der Koordination, die Verkürzung der Informationswege und die Verbesserung der menschlichen Beziehungen anführen. Es ist eine Erfahrungstatsache, daß Einzelpersonen Entscheidungen häufig schnell und scheinbar wohlbegründet zu fällen vermögen. Die Ausgewogenheit des Urteils einer Gruppe wird jedoch selten erreicht. Eine Gruppe ist auch häufig besser in der Lage, neue Anregungen und Problemlösungen zu entwickeln (z. B. durch „brainstorming" vgl. Teil 8, S. 1110 ff.). Da die Mitglieder eines Kollegiums noch eigene Stellenaufgaben zu erfüllen haben, leuchtet es unmittelbar ein, daß Kollegien der Koordination von Teilbereichen bzw. Teilaufgaben einer Unternehmung sehr dienlich sein können. Die Verkürzung der Informationswege sowie die Verbesserung der menschlichen Beziehungen sind eng mit dieser Koordinationsfunktion und dem „Kontakt etwas außerhalb der eingefahrenen Dienstwege" verbunden. Negative Auswirkungen der Kollegienbildung werden sichtbar, wenn ein Ausschuß zur Verminderung von Ausschüssen eingesetzt wird.

Kollegien

Von der Funktion her läßt sich leicht eine Unterscheidung von Kollegienarten erzielen. Im **Informationskollegium** (z. B. Vertreterversammlung) werden Informationen ausgetauscht, die möglicherweise für die Entscheidungen der Mitglieder auf ihren eigentlichen Stellen relevant sind. **Beratungskollegien** (z. B. Ausschuß zur Erarbeitung von Investitionsplänen) sollen nicht nur Informationen austauschen, sondern ausdiskutieren, auswerten und kommentieren. Treffen die Mitglieder eines Kollegiums für die Ausführung verbindliche Entscheidungen, so trifft die Bezeichnung **„Entscheidungskollegium"** (z. B. Vorstand einer Aktiengesellschaft) zu.

*Kollegien-
arten*

	Linienorganisation	Stab-Linien-Organisation	Funktionale Organisation	Matrix-Organisation
Grund-sätze	– Einheit der Leitung – Einheit des Auftrags-empfangs	– Einheit der Leitung – Spezialisierung von Stäben auf Leitungshilfsfunktionen ohne Kompetenzen gegenüber der Linie	– Spezialisierung der Leitung nach direktem Weg – direkter Weg – Mehrfachunterstellung	– Spezialisierung der Leitung nach Dimensionen – Gleichberechtigung der verschiedenen Dimensionen
Schema				
Eigen-arten	– Linie = Dienstweg für Anordnung, Anrufung, Beschwerde, Information – Linie = Delegationsweg – hierarchisches Denken – keine Spezialisierung bei der Leitungsfunktion In der Praxis: – Tendenz zur Bildung von „Passerellen" (Querverbindungen) – Tendenz zur Angliederung von Stäben – Tendenz zur Angliederung von Komitees	– Funktionsaufteilung der Leitung nach Phasen des Willensbildungsprozesses – Entscheidungskompetenz von Fachkompetenz getrennt In der Praxis: – Tendenz zur Bildung einer eigenen funktionalen Stabshierarchie – Tendenz zur Erweiterung der Stäbe zu zentralen Dienststellen (unechte Funktionalisierung) – Tendenz zur Angliederung von Komitees	– Job-Spezialisierung der Leitungskräfte – Übereinstimmung von Fachkompetenz und Entscheidungskompetenz In der Praxis: – Tendenz zur unechten Funktionalisierung – fließender Übergang zu Matrix-Organisation	– keine hierarchische Differenzierung zwischen verschiedenen Dimensionen – systematische Regelung der Kompetenzkreuzungen – Teamarbeit der Dimensionsleiter In der Praxis: – Tendenz zur Gewichtung eines der Dimensionsleiter als „Primus inter pares" – Tendenz zur Unterordnung der Matrix unter eine „klassische" Leitungsspitze mit Stab-Linien-Struktur

	Vorteile/Nachteile	Vorteile/Nachteile	Vorteile/Nachteile	Vorteile/Nachteile
Kapazitätsaspekt	Vorteile: – Einheit der Auftragserteilung reduziert Kommunikations- und Entscheidungsprozesse Nachteile: – Überlastung der Leitungsspitze – unterdimensioniertes Kommunikationssystem – lange Kommunikationswege, Zeitverlust – unnötige Belastung von Zwischeninstanzen	Vorteile: – Entlastung der Linieninstanzen – erhöhte Kapazität für sorgfältige Entscheidungsvorbereitung Nachteile: – Gefahr der Entwicklung einer überdimensionierten „wasserkopfartigen" Stabstruktur – Gefahr der Vernachlässigung der Leitungsorganisationen (Stab als Vorwand für mangelhafte Delegation)	Vorteile: – Entlastung der Leitungsspitze – Verkürzung der Kommunikationswege – keine Belastung von Zwischeninstanzen Nachteile: – großer Bedarf an Leitungskräften – großer Kommunikationsbedarf	Vorteile: – Entlastung der Leitungsspitze – direkte Wege – keine Belastung von Zwischeninstanzen Nachteile: – großer Bedarf an Leitungskräften – großer Kommunikationsbedarf
Koordinationsaspekt	Vorteile: – klare Kompetenzabgrenzung – klare Anordnungen – klare Kommunikationswege – leichte Kontrolle Nachteile: – keine direkte Koordination zwischen hierarchisch gleichrangigen Instanzen und Stellen – Gefahr der Überorganisation (Verbürokratisierung)	Vorteile: – erhöhte Koordinationsfähigkeit gegenüber Linienorganisationen Nachteile: – Fülle von Konfliktmöglichkeiten zwischen Linie und Stab – Transparenz der Entscheidungsprozesse geht verloren	Vorteile: – potentiell große Koordinationsfähigkeit – direkte, schnelle Kommunikation Nachteile: – Kompetenzkonflikte kaum vermeidbar – keine klaren Kriterien der Kompetenzabgrenzung – in großen Systemen Koordination kaum zu bewältigen, da zu komplizierte Struktur	Vorteile: – mehrdimensionale Koordination – übersichtliche, klare Leitungsorganisation – Möglichkeit, Projekte als eigene Dimension zu integrieren Nachteile: – Zwang zur Regelung sämtlicher Kompetenzkreuzungen zwischen den Dimensionen – lückenlose Mitsprache schafft anspruchsvolle und kaum nachvollziehbare Entscheidungsprozesse – Konfliktmöglichkeiten wegen unterschiedlicher Denkweise der Dimensionsleiter

Aspekt	Linienorganisation	Stab-Linien-Organisation	Funktionale Organisation	Matrix-Organisation
der Entscheidungsqualität	**Vorteile:** – Alleinentscheid ergibt einheitliche, zielorientierte Entscheide, kein Kompromißdenken (Einheit der Leitung) – Alleinverantwortung bedeutet eindeutige Anerkennung persönlicher Beiträge, was die Einsatzbereitschaft fordert **Nachteile:** – Unvereinbarkeit mit dem Grundsatz der Spezialisierung – Gefahr der Vernachlässigung einer systematischen Entscheidungsvorbereitung – Gefahr der Informationsfilterung durch Zwischeninstanzen – starre, langsame Willensbildung	**Vorteile:** – sinnvoller Ausgleich zwischen Spezialistendenken des Stabes und Überblick der Linie (Teamarbeit) – fachkundliche Entscheidungsvorbereitung unter Einsatz moderner Methoden möglich **Nachteile:** – Gefahr, daß Stabsarbeit von Linieninstanz nicht ausgewertet wird – Stab als „Graue Eminenz": Gefahr, daß Stabsmitarbeiter den Linienvorgesetzten dank seiner fachlichen Überlegenheit manipulieren kann (Entscheidung ohne Verantwortung)	**Vorteile:** – Job-Spezialisierung des Vorgesetzten ermöglicht – Berücksichtigung spezifischer Eignungen – raschen Erwerb von Wissen und Erfahrung – Fachkompetenz wichtiger als hierarchische Stellung **Nachteile:** – keine Einheit der Leitung – fehlender Blick für das Ganze (Ressort-Denken) – Gefahr eines Konkurrenzverhältnisses zwischen den Fachbereichen anstatt Kooperation – Gefahr zu vieler Kompromisse – Gefahr großer Zeitverluste, bis ein Gesamtentscheid zustande kommt	**Vorteile:** – Spezialisierung der Leitung nach Problemdimensionen – gleichwertige Berücksichtigung mehrerer Dimensionen – permanente Teamarbeit der Leitung **Nachteile:** – keine Einheit der Leitung – Gefahr zu vieler Kompromisse – Gefahr des Zeitverlustes, bis Gesamtentscheid zustande kommt

Personen-bezogener Aspekt	Vorteile: – Tüchtige Linienchefs werden als solche erkannt und gefordert – einfache Kommunikations- und Kompetenzstruktur fördern das Sicherheitsgefühl – großer Entfaltungsraum der oberen Linienvorgesetzten Nachteile: – Betonung der vertikalen Beziehungen unvereinbar mit den heutigen menschlichen Anforderungen: Überbetonung der positionsspezifischen Autorität	Vorteile: – Stabstelle und Linienstelle sprechen unterschiedliche Individuen an und erlauben geeignetere Auswahl Nachteile: – Betonung der vertikalen Beziehungen unvereinbar mit den heutigen menschlichen Anforderungen – psychologischer Nachteil der Stabstelle, daß ihre Entscheidungskompetenzen und ihr Status nicht der meist hohen Fachkompetenz des Inhabers entsprechen	Vorteile: – geringere Willkürgefahr als bei Linienorganisation – psychologischer Vorteil der funktionalen Autorität: geringere hierarchische Distanz, Vorgesetzte mehr als Berater empfunden Nachteile: – Unsicherheit von Vorgesetzten und Untergebenen bei lückenhaften oder widersprüchlichen Anweisungen	Vorteile: – kein hierarchisches „Pyramiden-Denken", funktionale Autorität – Ausgleich zwischen unterschiedlichen Dimensionsleitern, keine Willkürgefahr gibt – Teamentscheidung gibt Sicherheit und fördert die persönliche Entfaltung Nachteile: – evtl. Gefühl der zu geringen Alleinverantwortung beim einzelnen Dimensionsleiter

Abbildung 2.13: Vor- und Nachteile organisatorischer Strukturtypen

Quelle: Hill/Fehlbaum/Ulrich (1989)

Etwas modifiziert gegenüber der obigen Differenzierung nach Funktionen ist die Einteilung, die Bleicher (1961) vorschlägt:

(1) Kollegien vor der Entscheidung
    (a) zum Sammeln von Informationen
    (b) zur Beratung
(2) Kollegien zur Entscheidung
(3) Kollegien nach der Entscheidung
    (a) zur Interpretation der Entscheidung
    (b) zur Akzeptierung von Entscheidungen.

Es ist allerdings fraglich, ob sich nicht bessere Methoden zur Akzeptierung von Entscheidungen finden lassen als z. B. der Fall (3 b). Die Motivation durch Beteiligung an der Beratung oder der Entscheidung selbst ist vermutlich wesentlich stärker.

Auch nach dem Rangkriterium ist eine Unterscheidung möglich. In **horizontalen Kollegien** sind Mitglieder der Organisation zusammengefaßt, die den gleichen Rang innerhalb der Leitungshierarchie einnehmen (z. B. Hauptabteilungsleiter). Bilden Personen unterschiedlichen Ranges ein Kollegium, so kann von einem **vertikalen Kollegium** gesprochen werden. In reiner Form treten die verschiedenen Kollegienarten allerdings kaum auf. Die Praxis kennt sehr unterschiedliche Mischformen.

Projekt-
management
In Projekten werden von Projektteams, die in der Regel aus Mitgliedern verschiedener Abteilungen mit unterschiedlicher Vorbildung und Erfahrung zusammengesetzt sind, komplexe, innovative Vorhaben durchgeführt, wobei die vorgegebenen Ziele unter Einhaltung von Kosten- und Terminvorgaben zu erreichen sind. Projekte können durch folgende Charakteristika beschrieben werden (DIN 69901): Komplexes Vorhaben; Zielvorgabe durch Beschreibung der Aufgabe oder des Objekts; personelle, sachliche, zeitliche und finanzielle Abgrenzung gegenüber anderen Aktivitäten (z. B. dem „normalen Tagesgeschäft" der Projektmitglieder, der Grundlast); Beteiligung mehrerer Organisationseinheiten; Einmaligkeit der Bedingungen.

Anwendungs-
gebiete
Als Anwendungsgebiete lassen sich nahezu beliebig viele Bereiche nennen: Produktentwicklung, Technologieentwicklung und -transfer, Erstellung von Planungsunterlagen für technische Großprojekte, Reorganisationsvorhaben (Umstellung des Rechnungswesens, Fusionen, Einführung der strategischen Planung, Gemeinkostenwertanalyse usw.), Erschließung neuer Märkte, Humanisierung der Arbeitsplätze und -beziehungen, Analyse von Fluktuations- und Krankheitsursachen.

Projekt-
planung
Der Ablauf eines Projektes kann hier nur kurz skizziert werden (eine ausführliche Erörterung des Projektmanagement findet sich in Teil 8, S. 1122 ff.). Die Projektplanung beginnt mit der **Strukturanalyse**, in welcher die zur Projektrealisierung erforderlichen Funktionen möglichst detailliert erfaßt und gegliedert werden (funktionsorientierte Aufbaustruktur), sowie die Ermittlung der objektorientierten Aufbaustruktur, aus der alle zum Projekt gehörenden Untersysteme (Baugruppen, Teile) ersichtlich werden sollen.

Projekt-
spezifizierung
Ergebnis der Strukturanalyse ist der Strukturplan, der zusammen mit der nachfolgenden **Spezifizierung** die Grundlage für die Formulierung von Teilaufträgen im Projekt liefert (vgl. Abbildung 2.14).

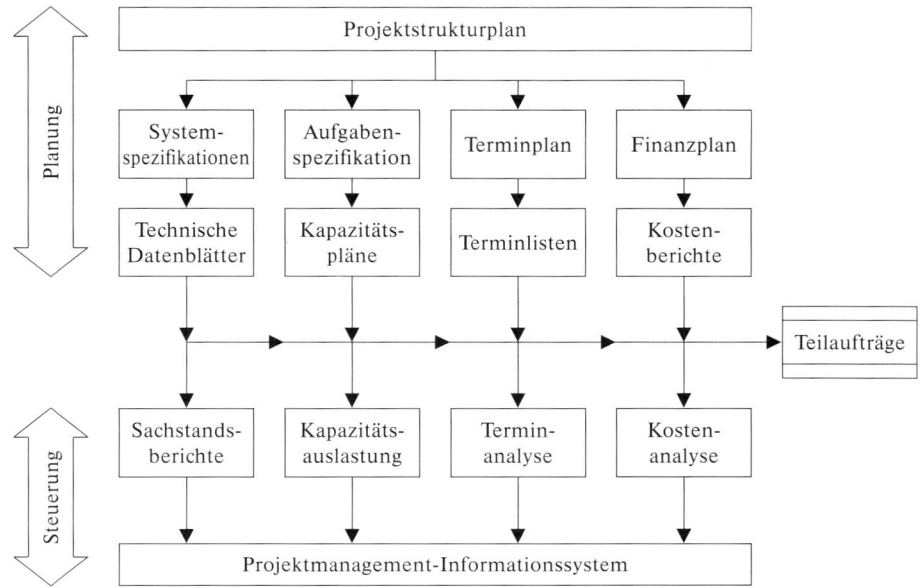

Abbildung 2.14: Projektstrukturplan als Basis für die weitere Planung

Die Aufgabenspezifizierung führt zur Festlegung von Arbeitspaketen. Die System-spezifizierung ist notwendig zur Erstellung eines Leistungsverzeichnisses zu den Geräten und Anlagen des Projekts. **Strukturanalyse und Projektspezifizierung liefern die Informationen, um in einer Risikoanalyse sachliche Risiken sowie Termin- und Kostenrisiken besser einschätzen und gegebenenfalls vermeiden zu können.** Der Ablauf sehr komplexer, aber strukturierbarer Projekte wird schließlich mit Hilfe der Netz-plantechnik (vgl. Teil 4, S. 546 ff.) entworfen und überwacht.

Risikoanalyse

Die unterschiedlichen Organisationsprinzipien der Leitungshierarchie müssen im Zu-sammenhang mit den korrespondierenden Leitungsprinzipien gesehen werden.

Leitungs-prinzipien

Die Leitungshierarchie hat im allgemeinen Pyramidenform. Die Pyramide kann, je nach der Organisation der Führungsspitze, abgeflacht oder spitz sein. Im ersten Fall steht an der Spitze der Leitungshierarchie eine Pluralinstanz, im zweiten Fall eine Singularinstanz. Singularinstanzen an der ersten Stelle der Leitungshierarchie deuten auf das Direktorialprinzip als Leitungsprinzip der Unternehmung hin. Für die Pluralinstanz gelten die verschiedenen Formen des Kollegialprinzips als Leitungs-prinzip. Ohne mögliche Vor- oder Nachteile aufzählen zu wollen, sei darauf hinge-wiesen, daß beim Direktorialprinzip häufig die Schnelligkeit und die Flexibilität der Entscheidungen hervorgehoben werden, während beim Kollegialprinzip die Ausge-wogenheit und Qualität der Entscheidungen Betonung finden. Als Nachteil beim Kollegialprinzip wird eine Entscheidungsverzögerung vermutet, die aber von der Ausprägung der Willensbildung in Pluralinstanzen abhängen dürfte:

Organisation der Führungs-spitze

Willens-bildung in Plural-instanzen

(1) Die **Primatkollegialität** ähnelt dem Direktorialprinzip; in einem Gremium entscheidet bei Meinungsverschiedenheiten der Vorsitzende.

(2) Bei der **Abstimmungskollegialität** wird eine Entscheidung durch irgendeine Form des Mehrheitsbeschlusses gefällt.

(3) Im Falle der **Kassationskollegialität** müssen alle Beschlüsse einstimmig gefaßt werden; jedes Mitglied der Pluralinstanz verfügt über ein Vetorecht.

Tendenziell hat sich in den letzten Jahren in der Praxis gezeigt, daß von der Primatkollegialität mehr und mehr abgegangen wird. Gesicherte empirische Erkenntnisse zur Effizienz der einzelnen Formen der Willensbildung in Pluralinstanzen liegen allerdings nicht vor. Die Hauptschwierigkeiten der empirischen Erforschung wie auch der theoretischen Durchdringung dieses Problems scheinen darin begründet zu sein, daß **bei kollektiven Willensbildungsprozessen eine Trennung formaler und informaler Einflüsse nicht exakt möglich** ist. Häufig läßt sich beobachten, daß in organisatorischen Entscheidungs- und Problemlösungsprozessen erst mit der Annäherung an eine Lösung das Problem schrittweise präzisiert wird. **Es werden also nicht nur einseitig Lösungen zu Problemen gesucht, sondern vorhandene Lösungen „suchen" auch nach Problemen.**

(2) Statushierarchie

Der Relationssatz „A steht über B" läßt sich nicht nur als Ausdruck der Weisungsbefugnis interpretieren. „A steht über B" kann auch bedeuten, daß A höher bewertet wird als B, daß A größeres Prestige besitzt oder daß der soziale Status von A größer ist als der von B. **In der Soziologie bezeichnet der Begriff „sozialer Status" den relativen Rang einer sozialen Rolle (z. B. eines Berufes) innerhalb einer Gesellschaft.** Er wird von den Wertvorstellungen der Mitglieder dieses Kulturkreises bestimmt. Im Industriebetrieb sind Statushierarchie und Leitungshierarchie relativ eng aneinander angelehnt. In anderen Organisationen können sie dagegen erheblich voneinander abweichen. Das Zustandekommen der Statushierarchie ist grundsätzlich schwer zu ermitteln, da die zugrunde liegenden Bewertungsprozesse kaum rationalen Überlegungen folgen. Häufig werden allerdings anerkannte **Statussymbole** (z. B. Büroausstattung, Arbeitskleidung, Dienstwagen) oder neu geschaffene Statussymbole (öffentliche Bestenlisten, firmeninterne Auszeichnungen) in Industriebetrieben zur Schaffung einer geplanten Statushierarchie benutzt. Auch das Festhalten an der Differenzierung von Stabs- und Linienaktivitäten oder die Unterscheidung sogenannter „produktiver und unproduktiver Stellen" (z. B. für Fertigung und Verwaltung) stellen Beispiele dar, die sich im Industriebetrieb häufig finden. Das damit verbundene Ziel ist die Förderung der Identifikation mit dem Industriebetrieb und die Steigerung der Leistung. Als Analogie zur statusorientierten Bewertung kann eine andere Form der Rollenbewertung im Industriebetrieb angeführt werden, die in der Betriebswirtschaftslehre unter dem Namen Arbeitsbewertung (vgl. Teil 6, S. 819 ff.) bekannt ist. Den Anforderungsarten entsprechen dann sogenannte Statuskriterien, deren Gewichtung den sozialen Status ergibt.

*Status-
symbole*

Beispiele für **Statuskriterien** im Industriebetrieb sind das Einkommen, die Vorbildung, der Arbeitsplatz, die Stellung innerhalb der Leitungshierarchie, Geschlecht,

*Status-
kriterien*

112

Alter, Betriebszugehörigkeit, Gewerkschaftszugehörigkeit, soziale Herkunft usw. Statuskriterien unterscheiden sich von Statussymbolen. Letztere zeigen einen sozialen Status lediglich an. Sie können allerdings auch zu einem sozialen Status verhelfen, ohne daß die Statuskriterien erfüllt sind. Die Abgrenzung von **Statusprivilegien** ist ebenso schwierig. Es ist z. B. nicht eindeutig zu klären, ob ein Angestellter einen hohen sozialen Status hat, weil er sich die Arbeit selbst einteilen darf, oder ob er sich die Arbeit selbst einteilen darf, weil er – aufgrund anderer Statuskriterien – einen hohen sozialen Status besitzt.

Weichen Leitungs- und Statushierarchie in einem Industriebetrieb stark voneinander ab, so kann das eine Quelle von Konflikten sein. In aller Regel wollen Individuen ihren sozialen Status halten, wenn nicht sogar erhöhen; dieses individuelle Ziel gerät manchmal in Konflikt mit formalen Zielen bzw. Normen. Ein Facharbeiter wird beispielsweise, auch wenn er nur vorübergehend die Tätigkeit eines Hilfsarbeiters verrichten soll, um seinen sozialen Status fürchten.

(3) Kommunikationshierarchie

Information und Kommunikation

Eine der wichtigsten Voraussetzungen für den Ablauf des organisatorischen Entscheidungsprozesses ist die Versorgung der Entscheidungsträger mit relevanten Informationen. **Da die Informationen in der Regel nicht an den Stellen anfallen, an denen sie benötigt werden, muß ein Austausch stattfinden (Kommunikation).**

Unternehmen benötigen daher Informations- und Kommunikationssysteme, die in der Regel hierarchisch aufgebaut sind. Im folgenden werden einige organisatorische Fragen behandelt (zu technischen und weiteren organisatorischen und verhaltensbezogenen Aspekten vgl. Teil 3).

Kommunikationsbeziehungen

Wird bei der Differenzierung von Kommunikationsbeziehungen von der **Stufigkeit der Kommunikationswege** ausgegangen, so lassen sich **einstufige** oder **mehrstufige** Kommunikationsbeziehungen unterscheiden. Bei einer mehrstufigen Kommunikationsbeziehung sind zwischen Sender und Empfänger noch weitere Aufgabenträger eingeschaltet, deren Funktionen variieren. Sie können zur Übermittlung, Umwandlung, Umverteilung oder Speicherung notwendig sein. Es kann sich aber auch um „Zwischensender" und „Zwischenempfänger" handeln.

Kommunikationsrollen

Aufgrund der Stellung und des Verhaltens von Mitgliedern in Kommunikationssystemen können folgende Kommunikationsrollen unterschieden werden (vgl. z. B. Picot 1990a, S. 141–142):

– **Stars** verfügen i. d. R. über eine zentrale Stellung im Kommunikationssystem. Sie werden häufiger als andere als Kommunikationspartner gewählt.
– **Boundary Spanner** sind Personen, die für die Verbindungen des unternehmensinternen Kommunikationssystems nach außen zuständig sind.
– **Liaisons** sind Rollenträger, die verschiedene, sonst unabhängige Gruppen kommunikativ verbinden. Sie selbst müssen jedoch nicht Mitglieder der jeweiligen Gruppe sein.

- **Isolates** unterhalten kaum Kommunikationsbeziehungen. Sie sind innerhalb des Kommunikationssytems isoliert.

Beherrscht ein Organisationsmitglied aufgrund seiner Stellung im Kommunikationssystem bestimmte Kommunikationskanäle, so kann es die Rolle eines **gate-keepers** wahrnehmen, d. h. es kann bestimmen, wann und in welchem Umfang Informationen Eingang in das Kommunikationssystem finden.

Den Fall gleichen **Ranges der Kommunikationspartner** bezeichnet der Terminus „**horizontale Kommunikation**". Im anderen Fall liegt „**vertikale Kommunikation**" vor. Die Leitungshierarchie beispielsweise kann in ein System der vertikalen Kommunikation umgedeutet werden. Eine Information läßt sich im Industriebetrieb in der Regel über einen Verteilerschlüssel oder ein Informationskollegium an den Empfängerkreis weitergeben. **Legt der Organisator nicht alle Freiheitsgrade (insbesondere die Einteilung bestimmter Kommunikationswege) fest, sondern schafft er eine generelle Regelung, nach der Freiheitsgrade der laufenden Entwicklung angepaßt werden sollen, so wird das Kommunikationssystem als offen bezeichnet.** Die Übertragung des Substitutionsgesetzes der Organisation auf die Kommunikationsstruktur lautet in diesemm Zusammenhang: Je gleichartiger und regelmäßiger die zu erfüllenden Kommunikationsaufgaben im Industriebetrieb sind, desto stärker wird eine Tendenz zur generellen Festlegung des Kommunikationssystems wirksam werden.

Offenes Kommunikationssystem

Welchen Effizienzkriterien der Organisator bei der Gestaltung der Kommunikationsstruktur folgen soll, ist nicht eindeutig festzulegen. Einige Forderungen lassen sich zwar nennen, doch sind sie umstritten und widersprechen sich zum Teil. Über ihre Erfüllung können bisher kaum mehr als spekulative Aussagen gemacht werden. Einige Beispiele entsprechender Forderungen lauten: Das Kommunikationssystem soll flexibel sein; Störungen aller Art sind zu reduzieren; die Informationsverarbeitung und -übermittlung soll rasch erfolgen; Zahl und Länge betrieblicher Kommunikationswege sind möglichst klein zu halten.

Kommunikationseffizienz

Auch bei der Analyse der Kommunikationsstruktur lassen sich formale und informale Aspekte feststellen. Die Ausführungen zum informalen Kommunikationssystem können allerdings kurz gefaßt werden. Im großen und ganzen sind nur einige Ergänzungen zu den Überlegungen anzustellen, die im Zusammenhang mit den informalen Organisationseinheiten formuliert wurden. Das informale Kommunikationssystem ist nicht geplant. Es entwickelt sich „spontan" infolge des Kontakt- und Mitteilungsbedürfnisses der Individuen in einem Industriebetrieb und ihrer individuellen Motive und Ziele (z. B. Neugierde, Selbstdarstellung). **Da das informelle Kommunikationssystem offener ist, erfolgt der Informationsaustausch nicht selten schneller als im formalen Kommunikationssystem.** Aus demselben Grund ist das informale Kommunikationssystem anpassungsfähiger: Es kann auf diese Weise Schwerfälligkeiten des formalen Systems ausgleichen. Liegen in der Schnelligkeit und der Anpassungsfähigkeit schon positive Aspekte, so können die positiven Auswirkungen des informellen Kommunikationssystems noch verstärkt werden, wenn über „kleine Indiskretionen" bewußt Informationen ausgestreut werden, die dazu dienen sollen, das Verhalten und die Aufmerksamkeit in eine bestimmte Richtung zu lenken.

Informale Kommunikation

Anpassungsfähigkeit

114

Ein wesentlicher negativer Aspekt des informalen Kommunikationssystems ist in der Gefahr zu sehen, daß Informationen unter Umständen rasch verändert werden und somit eventuell zu motivationsmindernden Gerüchten führen.

Gerüchte und bewußte Indiskretionen lassen die Bedeutung erahnen, die Kommunikationsüberlegungen im Zusammenhang mit der Führungsstildiskussion zukommt. Führungs- und Beeinflussungsversuche zählen sicher zu den bedeutendsten Teilmengen, die sich aus der Gesamtmenge der Kommunikationsrelationen eines Industriebetriebes hervorheben lassen. Zur Vertiefung des Ansatzes, der den Führungsstil als Sonderproblem der Kommunikationsbeziehungen betrachtet, ist allerdings auf die entsprechende Fachliteratur zu verweisen (vgl. Teil 6, S. 848 ff.). *Kommunikation und Führung*

Kritische Ansätze, die die Kommunikationsbeziehungen zwischen Mensch-Mensch bzw. Mensch-Gesellschaft zum Thema machen, entwickeln dagegen andere Autoren (vgl. Habermas 1968, 1981, Habermas/Luhmann 1971, Luhmann 1969). Diese finden in letzter Zeit verstärkt Eingang in die Betriebswirtschaftslehre (z. B. Kirsch 1988, 1990).

(4) Machthierarchie

Die klassische Organisationslehre kennt den Autoritätsbegriff nur im Zusammenhang mit der Kommunikationsform des Befehls, also im Zusammenhang mit einer hierarchischen Ordnung von Über- und Unterordnungsverhältnissen im Industriebetrieb. Eine wesentliche Verfeinerung erfährt diese formalvertikale Betrachtung von Weisungsbefugnissen durch Untersuchungen zur Macht, die von den sozialwissenschaftlichen Teildisziplinen vorgenommen worden sind (vgl. Tannenbaum u. a. 1974). Es kann nach den bisherigen Überlegungen nicht verwundern, daß auch bei Machtrelationen formale und informale Einflüsse nebeneinander stehen. **Sehr allgemein kennzeichnet die Macht die Fähigkeit einer Einwirkung auf bestimmte Ereignisse.** *Machtbegriff* Macht kann dabei schon durch das bloße Vorhandensein von Personen oder Personengruppen ausgeübt werden. Generell erscheint die Annahme plausibel, daß Macht vor allem dann eine Rolle spielt, wenn der Beeinflussende eine Kontrollmöglichkeit über das Verhalten eines Beeinflußten besitzt.

In diesem Sinne verfügt eine Organisationseinheit dann über Macht, wenn sie andere Organisationseinheiten dazu bringt, bestimmte Ziele, Werte und Überzeugungen als Entscheidungsprämissen anzuerkennen.

Eine derartige Anerkennung wird erreicht, wenn entsprechende Grundlagen zur Machtausübung vorhanden sind.

Die Einteilung der Machtbasen in Anlehnung an French/Raven (1968), die sich in einer ganzen Reihe sozialwissenschaftlicher Untersuchungen bewährt hat, unterscheidet fünf Typen:

(1) Macht durch **Belohnungsmöglichkeiten;** *Machtbasen*
(2) Macht durch **Bestrafungsmöglichkeiten;**
(3) **regelmäßige oder legitimierte Macht;**

(4) Macht durch **Identifikation;**
(5) **Expertenmacht** oder Macht durch **Informationsvorteile.**

Macht-
beziehungen

Diesen Machtbasen entsprechen gewisse Machtbeziehungen. Glaubt der Macht-unterworfene, daß der Machtausübende ihn im Falle des Gehorsams belohnen wird, so besitzt der Machtausübende **Macht durch Belohnungsmöglichkeiten** über den Machtunterworfenen. Eine entsprechende Machtbeziehung ergibt sich beim Vorhan-densein oder der Annahme von Sanktionsmöglichkeiten.

Als **legitimiert** wird Machtausübung vom Machtunterworfenen angesehen, wenn er es als seine Pflicht betrachtet, dem Machtausübenden zu gehorchen. Er ist innerlich davon überzeugt, daß von ihm Gehorsam verlangt werden kann. Der Machtunter-worfene erkennt die formal gesetzte Ordnung an. Welche formale Ordnung anerkannt wird, hängt weitgehend ab von der gesellschaftlichen Diskussion um Mitbestim-mung, Emanzipation, Vermögensbildung, Umweltschutz, Rechtsordnung usw. Er-kennt der Machtunterworfene die bestehende Gesellschaftsordnung an, so billigt er dem Eigentümer Macht zu. Bei Managerunternehmen liegt der Fall etwas anders. Die geltende Rechtsordnung enthält Gesetze, die Satzungen oder sonstige vertragliche Regelungen zulassen, in denen bestimmte Positionen mit Kontrollmöglichkeiten über ökonomische Quellen ausgestattet werden. Das Eigentum ist in diesem Falle keine notwendige Bedingung. Erkennt der Machtunterworfene die Gesetze an, die die vertragliche Vergabe entsprechender Positionen regeln, so wird jeder, der eine der-artige Position übernimmt, für den Machtunterworfenen zum legitimierten Macht-ausübenden.

Macht durch
Identifikation

Die Beeinflussung durch Ausnützung der **Macht durch Identifikation** ist den Betrof-fenen häufig gar nicht bekannt. Der Machtausübende übt seine Macht über den Machtunterworfenen aus, weil dieser sich mit ihm identifiziert. Der Machtausübende erscheint dem Machtunterworfenen als Vorbild. Die Macht durch Identifikation beruht also auf persönlicher Wertschätzung. Bewußt verwendet, ist die Macht durch Identifikation eine besonders unauffällige Machtbasis in der Hand des Machtaus-übenden.

Experten-
macht

Mit der Macht durch Identifikation verwandt, wenngleich nicht auf persönlicher Wertschätzung beruhend, ist die **Expertenmacht.** Nimmt der Machtunterworfene an, daß der Machtausübende ihm gegenüber einen Informationsvorteil besitzt, so besitzt der Machtausübende Expertenmacht (vgl. z. B. die Macht der Stäbe). Es ist dabei unerheblich, ob das den Tatsachen entspricht.

Bei der sozialwissenschaftlichen Betrachtung der Machtbeziehungen im Industriebe-trieb ist bemerkenswert, daß sich die Rollen des Machtausübenden und des Macht-unterworfenen je nach Machtbasis vertauschen können. Jede Machtbeziehung erweist sich als mehrwertige Relation. Beispielsweise kann eine Machtbeziehung zwi-schen A und B durch folgende Relationen gekennzeichnet sein: A übt als formal legitimierter Vorgesetzter Macht über B aus; B übt auf A Macht als tatsächlicher oder vermeintlicher Experte in Steuerfragen aus; A kann B durch Prämien belohnen, durch Verweigerung des Aufstiegs oder Versetzung bestrafen; B kann als wirklicher Experte

A durch die Zurückhaltung von Informationen bestrafen oder dem Unternehmer A als Mitglied einer Gewerkschaft Sanktionen androhen; B kann sich aber auch mit A identifizieren, ebenso wie A mit B; schließlich übt A auf B Macht aus, wenn B den Vorgesetzten als Experten für Koordinationsfragen anerkennt.

Kommen zur **legitimierten Macht – die ex definitione ausschließlich die formale Machtstruktur berührt** – weitere Machtbasen hinzu, so ist eine Klärung darüber nicht mehr möglich, ob die zusätzlichen Einflußgrößen formaler oder informaler Natur sind.

Experten-, Sanktions-, Belohnungs- oder Identifikationsmacht können formale wie informale Machtbasen sein.

Informal sind sie, wenn sie von außerhalb der formalen Leitungs- und Entscheidungshierarchie die organisatorischen Entscheidungsprozesse beeinflussen oder von außerhalb des Industriebetriebes z. B. bestimmte Werte innerhalb dieser Organisation zu kontrollieren in der Lage sind. **Bezeichnend für die informale Machtausübung ist, daß sich die Abhängigkeit im konkreten Fall nur selten offen zeigt.** Andererseits ist es sehr schwer überprüfbar, ob die tatsächliche Machtsituation bei der Stimmabgabe mit der offiziellen Begründung dieser Handlung übereinstimmt. Beispielsweise kann ein Organisationsmitglied seine Stimme im Sinne eines anderen abgeben, weil es sich von ihm Belohnung erwartet oder weil es sich vor Sanktionen fürchtet. Muß der Machtunterworfene seine Entscheidung begründen, wird er in der Öffentlichkeit in aller Regel die Stimmabgabe durch sogenannte sachliche Argumente bzw. mehr oder weniger durchsichtige Scheinargumente zu rechtfertigen suchen.

Informale Macht

Delegation und Partizipation

(1) Delegation

Unter Delegation wird der Prozeß der formalen Zuweisung von Entscheidungskompetenz an nachgeordnete Stellen verstanden. Es geht um die vertikale Verteilung der Entscheidungsbefugnisse. Die Voraussetzung solcher Verteilungsüberlegungen ist die Vorstellung, daß es eine Kerngruppe gibt, der „eigentlich" die Entscheidungskompetenz (Entscheidungen über Einzelaktionen oder über die Schaffung genereller Regelungen für wiederkehrende Fälle) zusteht. Durch Delegation wird ein Teil dieser Kompetenz als Ermessens- und Handlungsspielraum auf nachgeordnete Stellen übertragen. **Die Delegation ist die hierarchieentsprechende arbeitsteilige Regelung der Leitungsfunktion.**

Vertikale Verteilung der Entscheidungsbefugnisse

Wer verantwortlich eine Aufgabe erledigen soll, dem müssen Handlungsspielräume zugestanden werden. Natürlich ist dabei vorausgesetzt, daß die Fähigkeiten des Stelleninhabers und seine Leistungsbereitschaft mit der Delegation von Entscheidungsbefugnissen korrespondieren. Inwieweit Entscheidungskompetenz delegiert werden kann, ist von Fall zu Fall unterschiedlich. **Allgemein läßt sich feststellen, daß aufgrund einer möglichst guten Ressourcennutzung jede Entscheidung von der untersten Stelle getroffen werden sollte, die die dafür notwendigen Informationen besitzt und diese**

Verantwortung und Handlungsspielraum

verarbeiten kann. Allerdings ist zu beachten, daß eine Entlastung der Vorgesetzten die Einsicht in die Leistungsfähigkeit der Untergebenen voraussetzt. So kann z. B. Statusdenken solche Einsichten verhindern. Die Arbeitsorganisation vermindert andererseits durch Dequalifizierungseffekte vieler Arbeitsteilungs- und Rationalisierungsmaßnahmen die Leistungsmöglichkeit der betroffenen Menschen. So ist es nicht verwunderlich, daß statt weitgehender Delegation in der Praxis noch immer stark der Versuchung zur Bildung oder Erweiterung von Stäben aufgrund von Arbeitsüberlastung der Linienpositionen nachgegeben wird. „Der Stab ist – kurz gesagt – ein Vorwand für die mangelhafte Delegation von Verantwortlichkeit" (Staerkle 1961). Die der Delegation zugrunde liegende hierarchische Vorentscheidung wirkt sich letztendlich auf die Vorstellung von Delegationsmöglichkeiten aus (vgl. Abbildung 2.15).

---

1. Entscheidungen, deren zeitliche Reichweite kurz ist, sind in der Hierarchie weiter nach unten delegierbar als solche mit langer Reichweite.

2. Je interdependenter eine Entscheidung mit anderen Bereichen verwoben ist, desto weniger ist sie delegierbar.

3. Personelle Entscheidungen sind weniger delegierbar als sachlich-technische.

4. Je schlechter die Entscheidungssituation strukturiert und je größer das finanzielle oder sonstige Risiko für die Unternehmung ist, desto weniger ist eine Entscheidung delegierbar.

5. „Routinefälle", also sich ständig wiederholende Entscheidungen, sind an untergeordnete Stellen zu delegieren. Eingreifsituationen für übergeordnete Stellen sind dabei genau zu definieren.

Abbildung 2.15: Thesen zur Delegierbarkeit
(in Anlehnung an: Hill/Fehlbaum/Ulrich 1989)

Leitidee solcher Merksätze ist, daß die Personen auf den höhergeordneten Ebenen über mehr Überblick, mehr Erfahrung bei der Handhabung personeller Probleme, einen weiteren Zeithorizont, mehr Möglichkeiten zur Abschätzung der Entscheidungswirkungen und mehr Bezug zum eingesetzten Kapital haben.

Delegation
und
Kompetenz
Es gibt viele Versuche, Delegationsgrade im Zusammenhang mit unterschiedlichen Kompetenzarten zu beschreiben. So wird beispielsweise angenommen, daß von der Ausführungskompetenz über Verfügungskompetenz, Antragskompetenz, Mitsprachekompetenz, Entscheidungskompetenz, Anordnungskompetenz die Unabhängigkeit des Kompetenzinhabers wächst. Abgesehen davon, daß inhaltliche Kompetenz (spezielles Wissen und Können) nicht formal übertragbar ist, bedeutet der Begriff Delegation in erster Linie „Delegation von Entscheidungskompetenzen" und gegebenenfalls Anordnungskompetenzen. Hierbei ist es für denjenigen, der diese Kompetenzen übertragen bekommt, von großer Bedeutung, welche Tragweite die von ihm erwarteten Entscheidungen haben sollen.

118

Eine der **Hauptschwierigkeiten** im Umgang mit der Delegation von Entscheidungskompetenzen scheint zu sein, daß Vorgesetzte trotz der Delegation von Aufgaben und Verantwortung und trotz des Vorliegens ausreichender Kompetenz der Untergebenen diesen bei der Ausführung ihrer Arbeiten hineinreden. Das liegt nicht selten daran, daß Vorgesetzte aufgrund einer anderen Vorstellung von der Art der Handhabung eines Problems meinen, nur ihre Lösungsvorschläge führten zum Ziel. Damit verbunden sind mehrere negative Effekte. In der Regel läßt das Eingreifen bei den Betroffenen Motivationsprobleme entstehen. Weiterhin unterbleiben auf diese Weise Lernprozesse, die ansonsten aus der autonomen Durchführung der Aufgabe erwachsen wären (vgl. dazu besonders S. 137 ff.). Wenn Churchill recht hat, daß es darauf ankomme, die Fehler, aus denen man etwas lernen kann, so früh wie möglich zu machen, so muß gerade bei der Delegation allen Beteiligten das **Recht auf Fehler** zugestanden werden. Im Zusammenhang mit einem solchen **„Schutz der Möglichkeit des Lernens"** muß schließlich auch gesehen werden, daß Lernen Zeit kostet. Wie das Lernen und der Schutz des Lernens praktisch verwirklicht werden, ist allgemein nur schwer anzugeben; die Lösung muß „vor Ort" gefunden werden. Es ist aber einsichtig, daß eine sensible Einschätzung der Lage notwendig ist, um Delegation seitens der Vorgesetzten möglichst nicht zu unterlaufen. Nicht zuletzt ist die Delegation von Entscheidungskompetenzen in der Hierarchie auch geeignet, beim Vorgesetzten Lernprozesse über die Vielfalt der Lösungsmöglichkeiten der Probleme seines Bereichs auszulösen, wenn er erkennt, welches Potential seine Untergebenen bieten. Wie weit solche Lernprozesse gehen, ist nur erfahrbar. Der Vorgesetzte, der delegiert, muß in der Anfangsphase schließlich auch lernen, Rückdelegationen nicht zuzulassen. **Die Versuchung zur Rückdelegation und zu ihrer Akzeptierung ist beim Übergang zu mehr Delegation bei Untergebenen wie Vorgesetzten groß und läßt, wenn ihr erlegen wird, Delegation scheitern.**

(2) Partizipation

Unter Partizipation wird die möglichst unmittelbare Teilnahme von durch Entscheidungsfolgen Betroffenen an Entscheidungsprozessen verstanden. Dabei findet der Terminus „Partizipation" überwiegend für gesetzlich nicht vorgeschriebene Formen der Teilnahme am Entscheidungsprozeß Verwendung. Für die formale, juristisch-institutionelle Regelung hat sich der Begriff Mitbestimmung als Bezeichnung durchgesetzt. Im Vordergrund der Partizipationsdiskussion steht die Vorstellung, daß eine Erweiterung der durch traditionelle Teilnahmerechte (vor allem durch das Privateigentum) legitimierten und dadurch für Nichteigentümer begrenzten Mitwirkung am betrieblichen Entscheidungsprozeß erfolgen sollte. Überwiegend geht es dabei um die Mitwirkung der Arbeitnehmer. Die Diskussion berührt allerdings auch die Frage der Partizipation von Betroffenen außerhalb der Unternehmung.

Partizipation und Mitbe-stimmung

Partizipation ist eine Strukturvariable sozialer Systeme. Im Gegensatz zu den Führungsinstrumenten Delegation und partizipativer Führungsstil verlangt Partizipation allerdings Möglichkeiten zur Einbringung von Werten, Normen und Interessen aller Beteiligten. Wird Partizipation nur als Beteiligung der Untergebenen an der Willensbildung hierarchisch höherer Ebenen der Organisation verstanden, läßt sie sich als

Partizipa-
tionsumfang

Variable zur Erfüllung des organisatorischen Zielsystems beschreiben. Faßt man in diesem Sinne „Information" und „Macht" zusammen, so ergibt sich eine „Skala" des Partizipationsumfangs (Dachler/Wilpert 1976):

(1) Im voraus erfolgt keine Information der Untergebenen über anstehende Entscheidungen.
(2) Vorausinformationen über Entscheidungen werden an Untergebene gegeben.
(3) Untergebene können ihre Meinungen zu Entscheidungsproblemen äußern.
(4) Die Meinungen der Untergebenen werden im Entscheidungsprozeß berücksichtigt.
(5) Untergebene haben entweder ein negatives Vetorecht, d. h. sie können Entscheidungen abblocken, oder ein positives Vetorecht, aus dem ihnen ein Anspruch für die Zukunft erwächst (z. B. auf frühere Einschaltung in entsprechende Entscheidungsprozesse und Berücksichtigung bestimmter Interessen).
(6) Die Entscheidungsfindung liegt in der Hand der Betroffenen.

Authentische
Partizipation

Punkt (5) dieser Skala stellt die Markierung dar, bei der sich unter dem Vorbehalt manipulativer Unterlaufbarkeit etwas wie „authentische" oder „reale" Partizipation ereignen könnte (vgl. Kappler 1987). Mit ihr wäre ein Partizipationsprozeß bezeichnet, dessen Umfang den abhängig Beschäftigten die erfolgreiche Einbringung (statt der nur „symbolischen") von wertenden und faktischen Informationen in den Entscheidungsprozeß gestattet. Punkt (6) dagegen verweist auf eine Qualität der Entscheidung, die sich direkt an der existentiellen Betroffenheit der Einzelnen ausrichtet (vgl. Rombach 1973).

Partizi-
pations-
wirkungen

Partizipation in der Unternehmung äußert sich formal vor allem durch den gewählten Führungsstil (vgl. Klis 1970) sowie den Einfluß des Betriebsverfassungsgesetzes und des in Frage kommenden Mitbestimmungsgesetzes (vgl. Teil 6, S. 769 ff. sowie S. 160 f.). Faktisch ist Partizipation gegenwärtig überwiegend auf Fragen der Arbeitsteilung, der Arbeitsinhalte, der Arbeitsorganisation, der Arbeitssituation und der Arbeitssicherheit beschränkt. De Jong (1974) rechnet einer solchermaßen eingeschränkten Partizipationspraxis günstige Folgen bezüglich der Produktivität, der Arbeitszufriedenheit, der Einstellung gegenüber Vorgesetzten, den Fehlzeiten, der Fluktuation und der Zweckmäßigkeit der Fertigung (Umfang, Güte, Durchlaufzeiten usw.) zu. Andere Ansichten gehen dahin, daß durch Partizipation auch die Integration und die Kontrolle erhöht, das Innovationspotential angeregt und besser ausgeschöpft, Arbeitskräfte im Interesse der Unternehmensleitung treffender ausgewählt und die Neigung zu Streiks verringert werden.

(3) Mitbestimmung

Partizipationselemente müssen in der Unternehmung berücksichtigt werden, wenn für sie infolge der im Gesetz genannten Bedingungen das Betriebsverfassungsgesetz (BetrVG) und ggf. ein Mitbestimmungsgesetz gelten. Dies hat auch organisatorische Konsequenzen (vgl. Projektgruppe im WSI 1981). So wird unter diesen Bedingungen die Installation von Mitbestimmungsorganen gesetzlich vorgeschrieben. Soweit sich Verhaltenswirkungen ergeben, werden sie von der Unternehmensleitung in ihre Entscheidungen einbezogen werden müssen (vgl. Bohr u. a. 1981).

120

Die Organe des Betriebsverfassungsgesetzes sind aufbau- und ablauforganisatorisch zu berücksichtigen. Als **Organe des Betriebsverfassungsgesetzes** lassen sich nennen:

- der Arbeitgeber als Inhaber des Betriebes (bzw. der Unternehmer, wenn es um wirtschaftliche Angelegenheiten geht, die das Unternehmen als wirtschaftliche Einheit betreffen);
- der Betriebsrat als Repräsentationsorgan der Arbeitnehmer;
- der Gesamtbetriebsrat, wenn ein Unternehmen mehrere Betriebe hat;
- der Konzernbetriebsrat, wenn er in einem Konzern durch Beschlüsse der einzelnen Gesamtbetriebsräte errichtet wird;
- die Jugendvertretung;
- die Gesamtjugendvertretung;
- die Betriebsversammlung (ggf. die Abteilungsversammlungen);
- die Betriebsräteversammlungen;
- der Wirtschaftsausschuß;
- die Einigungsstelle;
- der Sprecherausschuß der leitenden Angestellten als deren Repräsentationsorgan;
- der Gesamtsprecherausschuß bei mehreren Betriebssprecherausschüssen;
- der Konzernsprecherausschuß bei Unterordnungskonzernen;
- die Versammlung der leitenden Angestellten.

Das Organ mit den weitestgehenden Partizipationsrechten ist der Betriebsrat. **Der Betriebsrat hat Mitwirkungsrechte (Informations-, Vorschlags-, Anhörungs- und Beratungsrechte) und Mitbestimmungsrechte (Widerspruchsrechte, Zustimmungserfordernisse). Für die Erfüllung seiner Aufgaben, d. h. der Mitwirkung und Mitbestimmung in bestimmten personellen, sozialen und wirtschaftlichen Angelegenheiten, gibt das Betriebsverfassungsgesetz dem Betriebsrat einen allgemeinen Handlungsrahmen.** Danach hat er über die Einhaltung der zugunsten der Arbeitnehmer geltenden Gesetze, Verordnungen, Unfallverhütungsvorschriften, Tarifverträge und Betriebsvereinbarungen zu wachen sowie beim Arbeitgeber Maßnahmen zu beantragen, die dem Betrieb und der Belegschaft dienen. Daraus leiten sich umfassende Informationsrechte ab, die allerdings in der Praxis inhaltlich näher bestimmt werden müssen.

Betriebsrat

§ 87 BetrVG regelt die Mitbestimmungsrechte in sozialen Angelegenheiten. Danach hat der Betriebsrat, soweit keine gesetzliche oder tarifliche Regelung besteht, in den in Abbildung 2.16 genannten Angelegenheiten mitzubestimmen. Unterrichtungs-, Beratungs- und Mitbestimmungsrechte stehen dem Betriebsrat auch nach §§ 90 und 91 BetrVG bei der Gestaltung von Arbeitsplatz, Arbeitsablauf und Arbeitsumgebung zu.

Mitbestimmungsrechte in sozialen Angelegenheiten

Die Mitwirkungs- und Mitbestimmungsrechte in personellen Angelegenheiten werden im Teil Personalwirtschaft behandelt (vgl. Teil 6, S. 771). Hier seien nur einige Rechte in wirtschaftlichen Angelegenheiten dargestellt. § 106 BetrVG bestimmt, daß in allen Unternehmen mit in der Regel mehr als 100 ständig beschäftigten Arbeit-

1. Fragen der Ordnung des Betriebes und des Verhaltens der Arbeitnehmer im Betrieb.

2. Beginn und Ende der täglichen Arbeitszeit einschließlich der Pausen sowie Verteilung der Arbeitszeit auf die einzelnen Wochentage.

3. Vorübergehende Verkürzung oder Verlängerung der betriebsüblichen Arbeitszeit.

4. Zeit, Ort und Art der Zahlung der Arbeitsentgelte.

5. Aufstellung allgemeiner Urlaubsgrundsätze und des Urlaubsplans sowie die Festsetzung der zeitlichen Lage des Urlaubs für einzelne Arbeitnehmer, wenn zwischen dem Arbeitgeber und den beteiligten Arbeitnehmern kein Einverständnis erzielt wird.

6. Einführung und Anwendung von technischen Einrichtungen, die dazu bestimmt sind, das Verhalten und die Leistung der Arbeitnehmer zu überwachen.

7. Regelungen über die Verhütung von Arbeitsunfällen und Berufskrankheiten sowie über den Gesundheitsschutz im Rahmen der gesetzlichen Vorschriften oder der Unfallverhütungsvorschriften.

8. Form, Ausgestaltung und Verwaltung von Sozialeinrichtungen, deren Wirkungsbereich auf den Betrieb, das Unternehmen oder den Konzern beschränkt ist.

9. Zuweisung und Kündigung von Wohnräumen, die den Arbeitnehmern mit Rücksicht auf das Bestehen eines Arbeitsverhältnisses vermietet werden sowie die allgemeine Festlegung der Nutzungsbedingungen.

10. Fragen der betrieblichen Lohngestaltung, insbesondere die Aufstellung von Entlohnungsgrundsätzen und die Einführung und Anwendung von neuen Entlohnungsmethoden sowie deren Änderung.

11. Festsetzung der Akkord- und Prämiensätze und vergleichbarer leistungsbezogener Entgelte einschließlich der Geldfaktoren.

12. Grundsätze über das betriebliche Vorschlagswesen.

Abbildung 2.16: Mitbestimmungsrechte des Betriebsrates
in sozialen Angelegenheiten

Wirtschafts-ausschuß und wirtschaftliche Angelegenheiten

nehmern ein **Wirtschaftsausschuß** zu bilden ist. Er hat die Aufgabe, wirtschaftliche Angelegenheiten mit dem Unternehmer zu beraten und den Betriebsrat zu unterrichten. Der Unternehmer hat den Wirtschaftsausschuß rechtzeitig und umfassend über die wirtschaftlichen Angelegenheiten des Unternehmens unter Vorlage der erforderlichen Unterlagen zu unterrichten. Wirtschaftliche Angelegenheiten sind beispielhaft in Abbildung 2.17 aufgeführt.

122

In den Bereich wirtschaftlicher Angelegenheiten fallen insbesondere:

1. die wirtschaftliche und finanzielle Lage des Unternehmens;

2. die Produktions- und Absatzlage;

3. das Produktions- und Investitionsprogramm;

4. Rationalisierungsvorhaben;

5. Fabrikations- und Arbeitsmethoden, insbesondere die Einführung neuer Arbeitsmethoden;

6. die Einschränkung oder Stillegung von Betrieben oder von Betriebsteilen;

7. die Verlegung von Betrieben oder Betriebsteilen;

8. der Zusammenschluß von Betrieben;

9. die Änderung der Betriebsorganisation oder des Betriebszwecks;

10. sonstige Verträge und Vorhaben, welche die Interessen der Arbeitnehmer des Unternehmens wesentlich berühren können.

Abbildung 2.17: Wirtschaftliche Angelegenheiten

Mit dem **Artikelgesetz von 1988** wurden verschiedene Teilaspekte der Mitbestimmung neu geregelt (vgl. ausführlich Chmielewicz 1990). Das Betriebsverfassungsgesetz von 1972 wurde modifiziert, indem Einzelheiten, den Betriebsrat betreffend, geändert wurden. Die Amtszeit der Betriebsratsmitglieder wurde von drei auf vier Jahre verlängert. Beratungsrechte des sowie Minderheitenrechte im Betriebsrat wurden erweitert und gestärkt. Ferner wurde neben einer Konkretisierung des Begriffs „**leitender Angestellter**" erstmals ein **gesetzlicher Sprecherausschuß** für diese Gruppe im Unternehmen verankert. Darüber hinaus ändert das Artikelgesetz auch das Mitbestimmungs-Ergänzungsgesetz von 1956 (MitbestEG), das die Aufsichtsrats-Mitbestimmung in Montankonzernspitzen regelt.

Das Ziel, das mit Hilfe einer verstärkten Partizipation verfolgt wird, ist eine verbesserte Integration der Mitarbeiter in die Unternehmung und eine Festigung der Identifikation mit ihr. Das **Ziel gesetzlicher Mitbestimmungsregelungen** wird meist etwas anders formuliert. Mitbestimmungsregelungen sollen für Arbeitnehmer verbesserte Möglichkeiten der Interesseneinbringung und -durchsetzung schaffen.

Ziele und Zielerreichung bei Partizipation und Mitbestimmung

123

Standardisierung und Formalisierung

(1) Standardisierung

Handlungs-
programme

Einzelne Unternehmungen sind vermutlich auch deshalb erfolgreicher als andere, weil es ihnen schneller gelingt, bewährte Aktivitätsfolgen zu Routinen werden zu lassen (vgl. Hedberg 1981). Auf diese Weise wird erreicht, daß Wiederholungsfälle programmgemäß ablaufen können, ohne neuen Planungs- und Organisationsaufwand zu verursachen. „**Standardisierung**" ist eine Instrumentalvariable des Organisierens, die die Entwicklung solcher Routinen bewußt macht und nutzt. Vorausschauend werden Problemlösungen durchdacht und für detailliert beschriebene, wiederholt auftretende Prozesse als Handlungsabläufe (Programme) festgelegt.

Verhaltens-
einschrän-
kung durch
Programme

Standardisierung, d. h. die generelle Festlegung von Aktivitätsfolgen für wiederkehrende Ereignisse oder Prozesse, kann durch festgelegte Programme das Potential zugelassener Verhaltensweisen einschränken. Computerprogramme sind dabei als Bedingungen von Verhaltensweisen anzusehen, während kognitive Programme, d. h. vermittelte Instruktionen zur Steuerung der Informationswahrnehmung, -verarbeitung und „-beantwortung" des Individuums, das Verhalten direkt beeinflussende Programme darstellen. Letztere sind deshalb als organisatorische Variablen besonders interessant.

Ausführungs-
programme
und Rahmen-
programme

Beim Problemlösungsverhalten in schlecht-strukturierten Entscheidungssituationen wird meist auf allgemeinere Such- und Lösungstechniken zurückgegriffen als bei der Beantwortung eindeutig identifizierbarer Stimuli, deren Verbindung zu bestimmten Reaktionen konditioniert und routiniert ist. Die im Rahmen der Standardisierung bedeutsame organisatorische Programmierung besteht in der Erstellung von vollständigen und detaillierten Programmen (bei entsprechend bekannten Ereignissen oder Prozessen). Allgemeine kognitive Programme des Menschen werden so nicht mehr benötigt. Die Standardisierung erfordert ferner die Erstellung von Rahmenprogrammen, in denen das Individuum die Verbindungen zwischen den Hauptschritten selbst finden muß (vgl. auch Teil 1, S. 40 ff.).

Beispiele für Routineprogrammierung sind regelmäßige Intervalle für Kontrollvorgänge, Abarbeitung von Check-Listen, Fließbandarbeit. Rahmenprogramme werden für Projektentwicklung und/oder -abwicklung, Ausbildung, Planungs- und Budgetierungsprozesse usw. erarbeitet.

Wird ein auftretendes Problem als unbekannt oder neu wahrgenommen, so erfolgt der Lösungsversuch über innovatives Verhalten. Letzteres ist grundsätzlich nicht programmierbar. **Erfahrungen und die Kopie heuristischer Vorgehensweisen nähern aber manchmal innovatives Verhalten den Rahmenprogrammen oder der Routinisierung an.**

(2) Formalisierung

Die schriftliche Festlegung einmal fixierter organisatorischer Regeln bzw. Programme wird als „Formalisierung" bezeichnet. In Schaubildern, Handbüchern, schriftlichen

124

Richtlinien usw. wird die Art der Strukturdimensionen, die durch Metaentscheidungen festgelegt worden ist, dokumentiert. Sind sie detailliert, so umschreiben sie die Spezialisierung übergeordneter organisatorischer Einheiten (Abteilungs- und Stellenspezialisierung) oder geben Auskunft über Weisungsbefugnisse und Verantwortungsbereiche, Leitungsspanne und sonstige formale Beziehungen zwischen verschiedenen Stellenarten und Stellen.

Schriftliche Weisungen, protokollierte Beschlüsse usw. sind Informationen, die häufig keine organisatorische Regelung enthalten oder bekanntgeben, sondern Angaben zur Durchführung bestimmter, auf tägliche Einzelfälle bezogener Maßnahmen. Andere Beispiele sind Anfragen, Aktennotizen, Memos, Formulare. **Wenn bestimmte Kommunikationsprozesse schriftlich zu erfolgen haben, ist der Informationsfluß formalisiert.** Gründe dafür können Kontrollabsichten, die Dokumentation usw. sein. „Aktenmäßigkeit" hat Weber (1972) diese Formalisierung genannt. Aktenmäßigkeit erfüllt über die Zeit ihre Aufgabe nur, wenn Informationen auch wiedergefunden werden können. Deshalb ist Formalisierung auch durch Ablage, Karteien und entsprechende moderne Hilfsmittel der Datenverarbeitung gekennzeichnet, die ihrerseits zur Formalisierung anregen. Belege, Jahresabschlüsse und Verträge, für die die Schriftform gesetzlich vorgeschrieben ist, sind ebenfalls innerorganisatorisch und/ oder außerorganisatorisch (z. B. gesetzlich) verlangte Formen der Informations-(fluß)darstellung, die auch Ausdruck von Vertrauen oder Mißtrauen gegenüber der Organisation und ihren Mitgliedern sein können. **Zur Formalisierung gehören schließlich Festlegungen im Bereich der Leistungserfassung und -beurteilung sowie entsprechende Disziplinarvorschriften.** Beispiele für Instrumente dieser Formalisierungskomponente sind Stechuhren, Arbeitszeitkarten, Arbeits- und Lohnzettel, Statistiken, Formulare zur Arbeitsbewertung.

Kirsch u. a. (1979) weisen auf eine übergeordnete Formalisierungskomponente hin: Industriebetriebe lassen sich anhand von Kriterien beschreiben, die alle sozialen Systeme erfüllen. Zur Unterscheidung verschiedenartiger sozialer Systemtypen und Systeme sind zusätzliche Kriterien heranzuziehen, die sich als Formalisierung des Systems – als seine Verfassung – beschreiben lassen. **Organisationen sind demnach soziale Systeme, die eine Verfassung besitzen.** Ihre Verfassung schließt dabei insbesondere ein:

Organisationsverfassung

(1) die Absicht, explizit formulierte **Ziele** arbeitsteilig zu erreichen;
(2) die explizite Formulierung der nur unter besonderen Umständen und durch spezielle Verfahren zu ändernden **Regelungen**;
(3) die Benennung der **Kernorgane**, die offizielle Regelungen für das Verhalten der übrigen Systemmitglieder vorgeben;
(4) die **Träger der Organisation**, die die Kernorgane besetzen;
(5) die **formale Rollenverteilung** im System;
(6) die **Zugangs- und Abgangsbedingungen** zum System (Mitglied einer Organisation ist, wer sich den Autorisierungsrechten der Kernorgane unterwirft).

Elemente der Verfassung

Häufig ist die Verfassung allerdings nicht kodifiziert, sondern aus Traditionen gelernt und damit relativ fest in der Organisation verankert.

Wird die Verfassung einer Organisation kodifiziert, sind meist die folgenden Bestandteile zu finden:

Formalisierte
Verfassung

– eine Abgrenzung nach außen (Grenzziehung);
– die Eintritts- und Austrittsbedingungen (Grenzübergänge);
– eine Abgrenzung nach innen (Autorisierungsrechte; Interesseneinbringungsmöglichkeiten) und Regeln der Verfassungsänderung.

Strukturelement einer Organisation ist die Verfassung insofern, als unterschiedliche Formalisierungsgrade sicherlich unterschiedliche Verhaltenswirkungen bei Organisationsmitgliedern und -teilnehmern auslösen.

Verfassungs-
entwicklung

Es ist zu untersuchen, wie es zum „Lernen" von Verfassung oder von Auslegungsgrundsätzen kommt. Prinzipiell ist diese Frage Gegenstand lerntheoretischer Bemühungen. In Darlegungen zum Organisationsproblem finden sich allerdings Hinweise, die hier zusammengefaßt werden können. Sie betreffen den Zusammenhang von Organisationssituation und Organisationsstruktur einerseits sowie deren Wirkungen auf Organisationsmitglieder andererseits.

Die Verfassung einer Organisation ist nicht nur ein System kodifizierter Werte, Normen und Regeln, sondern sie stellt sich in der Realität vielmehr als Verfassung dar, in der Organisationsmitglieder und -teilnehmer Kodifizierungen interpretieren, ergänzen oder verwerfen können (vgl. Steinmann/Gerum 1978). „Verfassung" wird damit zu einer Strukturvariablen, die als kognitive – durchaus auch unbewußte – Struktur Verhaltenswirkung mit sich bringt (vgl. Suhr 1975). Somit kann festgestellt werden: „Industrielle Organisation" wird als „konstitutive Entscheidung" immer mehr relativiert. **Menschen und Organisationen lassen als offene Systeme in einer aktiven Umwelt keine konstitutive Bestimmung zu.** Die systemtheoretisch erkannte Unmöglichkeit einer umkehrbar eindeutigen Beziehung zwischen Struktur und Funktion eines Systems, bei gleichzeitiger praktischer Zuordnung von Struktur und Funktion, führt

Organisation
in Bewegung

dazu, daß aufgrund unterschiedlichster Erfahrungen immer wieder neue Organisationsbeziehungen entwickelt werden (müssen). Organisationen sind viel mehr im Fluß, als das Organigramme zu assoziieren gestatten.

(3) Organisationslenkung

Instrumente
der Organisa-
tionslenkung

Die Organisationslenkung umfaßt eine Vielzahl von Methoden, für die an dieser Stelle nur einige Beispiele stehen können. Es lassen sich etwa die pretiale Lenkung, die Planung, die Budgetierung und die Lenkungsinstrumente für Divisionen aufzählen. Auch die Führungsstildiskussion kann in diesem Zusammenhang gesehen werden.

Praktiker und Theoretiker haben sich immer wieder um Konzepte zur möglichst präzisen und flexiblen Abstimmung von Teilbereichen bemüht. Naheliegend ist es, an eine **Organisationslenkung durch Preise** zu denken. **Wie in einer Volkswirtschaft sollen auch in der Unternehmung Preise die Abstimmung der Teilbereiche in der Weise ermöglichen, daß das Oberziel besonders gut erreicht wird.** Bei der von Schmalenbach entworfenen pretialen Lenkung werden auf analytischem Wege innerbetriebliche

126

Lenkungspreise ermittelt. Auf der Grundlage dieser Preise sollen die Abteilungen autonom über ihren gewünschten Anteil an den knappen Ressourcen der Organisation entscheiden. Da aber bei der Berechnung dieser Preise (z. B. mit Hilfe der Lagrangeschen Multiplikatoren) zugleich auch die optimalen Mengenangaben ermittelt werden, ist für die einzelnen Abteilungen in diesem Fall keine Entscheidungsfreiheit mehr gegeben.

Innerbetriebliche Verrechnungspreise

Auch ohne analytische Grundlegung lassen sich für die Erreichung bestimmter Ziele (z. B. Gewinnverlagerung) innerbetriebliche Verrechnungspreise bilden. Da unterschiedlichen Zielen unterschiedliche Preise entsprechen und normalerweise nicht von vornherein klar ist, welche Preise welchen Zielerreichungsgrad mit sich bringen, bleibt die Idee der pretialen Lenkung zwar analytisch bestechend. Praktisch kann sie aber wirkungslos bleiben, wenn „richtige" und eindeutige innerbetriebliche Verrechnungspreise ermittelt werden sollen. In der Praxis wurde deshalb dazu übergegangen, mehr und mehr Verrechnungspreise einfach zu setzen und gegebenenfalls von Zeit zu Zeit relativ pragmatisch anzupassen.

Zielvielfalt und Verrechnungspreise

Die Lenkung durch Verrechnungspreise – vor allem in Form der Schmalenbachschen pretialen Lenkung (vgl. Schmalenbach 1947/48) – ergänzt ein Organisationskonzept, das bezüglich der Mittelentscheidungen sehr dezentralisiert sein kann und ein hohes Maß an Delegation aufweist. Die Lenkung durch Preise soll dabei die Teileinheiten unmittelbar am Oberziel ausrichten. **Über die Ableitung von Zwischen- und Unterzielen läßt sich eine etwas modifizierte Form der Lenkung erreichen, wenn Ober-, Zwischen- und Unterziele zweckentsprechend aufeinander bezogen werden können** (vgl. Teil 1, S. 16). Dazu ist Planung notwendig.

Lenkung durch Zielhierarchie

Mit Hilfe von Planung wird versucht, künftige Initiativen und Reaktionsmöglichkeiten auf erwartete aber unbekannte Ereignisse gedanklich vorzustrukturieren. Sie trägt damit zur Reduzierung der Fälle bei, bei denen andernfalls „zufällig" (trial and error) reagiert werden müßte. Planung wird erforderlich, wenn künftige Situationen durch aufeinander abgestimmte Entscheidungen gemeistert werden sollen. Planung in diesem Sinne kann in der Konzipierung eines Netzes von sachlich, personell und zeitlich abgestimmten Aktivitäten bestehen. Prinzipiell hat Planung jedoch eine größere Bedeutung, als dies die Vorstellung von der Antizipation zukünftiger Ereignisse und der Niederlegung von möglichen Reaktionen in „Schubladenplänen" vermittelt. Planung heißt auch: Festlegung von Zielen nach Inhalt und Umfang, die zu bestimmten Zeitpunkten oder innerhalb bestimmter Zeitintervalle von bestimmten Menschen in der Organisation erreicht werden sollen. In diesem Sinne führt insbesondere Zielplanung zu Rahmenprogrammen, die aufgestellt werden, wenn sinnvollerweise darauf verzichtet wird, einzelne Handlungs- und Aktivitätsfolgen bis ins Detail für alle Stellen und Abteilungen in der Hierarchie vorzuschreiben.

Planung als Zielplanung

Zielpläne, die Ziele für Abteilungen und Stellen des Industriebetriebs vorsehen, werden Zielsysteme genannt. Sie unterliegen, sollen sie ihre Koordinationswirkung entfalten, bestimmten Bedingungen. Zielsysteme sind nach Möglichkeit so aufzubauen, daß (Teil-)Ziele auf gleicher Ebene nicht miteinander konkurrieren. Vertikal sollen die Ziele eine Ziel-Mittel-Kette von der Hierarchiespitze bis zur Basis bilden.

Zielbeziehungen

Praktisch kommt es allerdings nicht zu einem analytischen Aufbau dieser Kette, sondern nur zur – immer wieder zu ändernden – Verknüpfung von Zielen und Subzielen (Mitteln) anhand gelernter, plausibler **Ziel-Mittel-Vermutungen.**

Budgetierung der Mittel

Korrespondierend mit dem Zielsystem ist die Budgetierung der Mittel zu sehen, die den einzelnen Abteilungen und Stellen für die Erreichung ihrer Ziele zur Verfügung stehen. Budgetierungsprozesse, die mehrere Bereiche (z. B. Absatz, Produktion, Finanzierung) erfassen und kontrollieren sollen, beginnen im marktwirtschaftlichen System in der Regel mit den Umsatzvorgaben. Auf der Produktionsplanung baut das Produktionsbudget auf. Dieses bestimmt zusammen mit den Umsatzvorgaben wiederum das Finanzbudget (und umgekehrt). Für das Investitionsbudget sind die langfristige Produktions- und die Finanzpolitik maßgebend. Im Finanzbudget sind daneben auch die kurzfristigen und laufenden Finanzbewegungen zu erfassen.

Organisa-tionslenkung als politischer Prozeß

Selbstverständlich ist eine Koordination in Form der Budgetierung ebenso ein politischer Prozeß wie jede andere „Technologie" der Organisationslenkung. Die Aushandlung der Budgetvorgaben wird durch die Unsicherheit der Prognose künftiger Entwicklungen zusätzlich erschwert.

Es darf nicht übersehen werden, daß die Betonung der Prognose im Planungs- und Budgetierungsprozeß Gefahren mit sich bringt. Planung wird verschiedentlich mit Prognose gleichgesetzt und deshalb abgelehnt. Wenn die Bedeutung der Prognose für die Planung überschätzt wird, geht dies meist auf Kosten der Einsicht, daß für die Planerfüllung bis zu einem gewissen Grad die Steuerung in der Realisierungsperiode wesentlich entscheidender ist. Niemand kann die Zukunft voraussehen, und auch die differenziertesten Prognoseverfahren sichern das Unternehmen nicht vor Überraschungen. In der periodischen Überprüfung der fixierten Ziele gestatten Pläne aber rasche steuernde Eingriffe in den Unternehmungsprozeß. **Entscheidend für die Höhe der Abweichungen im Soll-Ist-Vergleich ist letztlich weniger die Prognosefähigkeit als vielmehr die in der Unternehmung organisierte und eingesetzte Steuerungskompetenz.**

Prognose – Planung – Steuerung

In der Praxis sind Hilfen zur Organisationslenkung entwickelt worden, die zumindest für Teilbereiche der Unternehmung auch eine Führung anhand des dominanten Gewinnziels gestatten sollen. Divisionen können kostenorientiert oder erfolgsorientiert geführt werden. Entsprechend werden sie als cost-centers, profit-centers oder investment-centers bezeichnet.

Eine als **cost-centers** definierte Division ist im Prinzip eine große Kostenstelle, deren Zielvorgabe in der Einhaltung oder Unterschreitung eines Kostenbudgets bei mengenmäßig fixiertem Umsatz und definierten Qualitäts- und Servicestandards besteht. Aktionspartner dieser „Kostenstelle" können z. B. der Einkauf oder die Inanspruchnahme von Beratung sein.

Beim **profit-center** und beim investment-center muß der Divisionsleitung ein wesentlicher Einfluß auf die zu transferierenden Mengen und deren Preise eingeräumt werden: die Güter sollten auch außerhalb der Unternehmung zu beziehen bzw. abzusetzen sein; das Spartenziel darf nicht mit dem Oberziel konkurrieren. Die Erfolgs- bzw. Kapitalgrößen dürfen nicht manipuliert werden. Falls Gewinnvorgaben erfol-

128

gen, müssen diese tatsächlich realisierbar sein. Entscheidend ist ferner, daß mindestens Produktion und Absatz in der Verantwortung der entsprechenden Spartenleitung liegen. Gewinnverantwortlichkeit (profit-center) kann nur gegeben sein, wenn die Leitung beide Gewinnkomponenten zu beeinflussen vermag. Das **investment-center**-Konzept basiert auf einer weiteren Einflußgröße. Bei ihm wird der erzielte Gewinn entweder zum eingesetzten Kapital in Beziehung gesetzt (Rentabilität bzw. Return on Investment) oder als Nettoerfolg nach Abzug von Kapitalkosten ausgewiesen.

b) Organisationssituation

Das Phasenschema des Entscheidungsprozesses (Willensbildung – Willensdurchsetzung) ist mehr als analytische Darstellung seiner Funktionen denn als zeitlicher Ablauf zu verstehen. Viele Entscheidungsprobleme in einem Industriebetrieb werden erst mit dem Durchlaufen der Leitungshierarchie ausformuliert. Dabei wird das Problem fortlaufend präzisiert und zugleich einer schrittweisen Lösung nähergebracht. Häufig wird in diesem Prozeß das Problem entsprechend vorhandener Lösungshilfen modifiziert.

Organisationsprinzipien

Eine konstitutive Dauerlösung des Organisationsproblems scheitert an Datenänderungen, die oft gegensätzliche organisatorische Maßnahmen nahelegen. Plausibilitätsüberlegungen, Erfahrungen und zum Teil empirische Untersuchungen haben die Entwicklung von **Organisationsprinzipien** zur Lösung solcher Widersprüche angeregt, ohne daß diese dadurch beseitigt worden wären (Überblick z. B. bei Picot 1979a). **Auch die vorgelegten Organisationsprinzipien widersprechen sich, wenn man sie als Vorschläge für alle Fälle ansehen will.** Beispiele solcher Organisationsprinzipien sind in Abbildung 2.18 zusammengefaßt.

Alle Versuche, diese und ähnliche Prinzipien in einen eindeutigen deduktionslogischen Zusammenhang zu stellen, müssen als gescheitert betrachtet werden. Dennoch sind solche Prinzipien nicht wertlos. **Sie geben in ihrer Gesamtheit ein sehr nüchternes Bild der Organisationswirklichkeit, der Schwierigkeiten des Organisierens und der Widersprüchlichkeit der Literatur. Allerdings darf aus der realistischen Widerspiegelung nicht der Schluß gezogen werden, in den Rezepten wäre eine ebenso realistische Antwort enthalten.** Erst wenn die Anwendungsbedingungen und die mit ihnen verbundenen Ziele hinreichend deutlich sind, läßt sich überhaupt der Plausibilitätsgehalt der genannten Prinzipien erkennen. Der Versuch, Organisationsprinzipien durch den bloßen Hinweis auf ihre erfolgreiche Anwendung zu legitimieren, leistet keine Hilfe. Soweit ihre Kontextbedingungen nicht angegeben bzw. nicht rekonstruierbar sind, besteht immer noch die Möglichkeit, Organisationsprinzipien in der und für die eigene Situation zu rekonstruieren und auf diese Weise Anstöße zu organisatorischen Aktivitäten zu erhalten.

Anwendungs-möglichkeiten von Organisations-prinzipien

Organisationsprinzipien sind beispielsweise folgende Sätze:

– Der Dienstweg darf nicht umgangen werden

– Die Kontrollspanne darf nicht mehr als 5–7 direkt Unterstellte umfassen

– Keine unklaren oder doppelten Unterstellungen

– Stabstellen dürfen keine Befehlskompetenz gegenüber Linienstellen ausüben

– Keine Stelle soll Rechte bekommen, die bereits einer anderen Stelle zustehen

– Untergebene dürfen nur von einem Vorgesetzten Anweisungen erhalten

– Partizipation ist besonders wichtig, weil sie die Identifikation der System-mitglieder mit ihrer Aufgabe erhöht

– Bei stabilen Absatzmärkten und langsamem technologischen Fortschritt sind Linienorganisationen, bei sich verändernden Absatzmärkten und raschem technologischen Fortschritt eher Projektorganisationen sinnvoll

– Tätigkeit und Eignung müssen übereinstimmen

– Die Effizienz der Mitarbeiter ist um so größer, je mehr Handlungsspielraum ihnen eingeräumt wird

Abbildung 2.18: Beispiele für Organisationsprinzipien

Dimensionen der Organisationssituation

Unter-nehmung, freiwilliger Verband und bürokratische Struktur

Alle bisherigen Aussagen dieses Teils deuten eine entscheidende Einsicht der Organisationspraxis an, die in der Organisationstheorie seit Beginn der 70er Jahre nachvollzogen worden ist: **Die Situation beeinflußt maßgeblich die Entscheidung beim Vergleich der Alternativen einzelner Organisationsstrukturdimensionen.** Würde das Zielsystem des Industriebetriebs die Organisationsstruktur determinieren, so müßten alle Industriebetriebe als Organisationen mit erwerbswirtschaftlichem Ziel sehr ähnliche Organisationsstrukturen aufweisen. Bei Max Weber (1972) findet sich die Vermutung, daß Organisationen mit erwerbswirtschaftlichem Ziel bürokratische Strukturen (Hierarchie mit Dienstwegen) entsprechen, während in freiwilligen Verbänden, deren Leistungen den Mitgliedern unmittelbar zugute kommen sollen, eher nicht-bürokratische Strukturen vorherrschend sind.

Es erscheint verständlich, daß gerade die Organisationsstruktur nicht nur vom Ziel des Industriebetriebes abhängig sein kann. Allerdings prägt die Aufgabe bzw. das Sachziel (z. B. das strategische Leistungsprogramm) ganz wesentlich die Anforderungen, denen die organisatorischen Strukturen entsprechen müssen und damit auch die Organisationsstruktur (vgl. Picot 1990a). **Generell dürfte es unmöglich sein, alle die Organisationsstruktur mitbestimmenden Einflußgrößen aufzuzählen und in ihrer Wirkung zu bewerten.**

130

Kieser/Kubicek (1983) haben es dennoch unternommen, die in der Literatur vorhandenen **Dimensionen der Situation** zusammenzutragen und zu systematisieren. Vollständigkeit läßt sich bei solch einem Bemühen natürlich nicht erreichen. Dennoch geben die zusammengetragenen Beispiele für Komponenten der Situation von Organisationen einen hinreichenden Eindruck davon, wie schwierig es sein dürfte, diese und weitere Komponenten in ihrer Wirkung untereinander und auf die Organisationsstruktur einzuschätzen. Wie schon bei der Organisationsstruktur, so muß auch bei der Beschreibung der Organisationssituation ein mehrdimensionales Konzept gewählt werden. Abbildung 2.19 zeigt die Hauptkomponenten der Situation von Organisationen.

Dimensionen der internen Situation

– *Gegenwartsbezogene Faktoren*
  - ○ Leistungsprogramm
  - ○ Größe
  - ○ Fertigungstechnologie
  - ○ Informationstechnologie
  - ○ Rechtsform und Eigentumsverhältnisse

– *Vergangenheitsbezogene Faktoren*
  - ○ Alter der Organisation
  - ○ Art der Gründung
  - ○ Entwicklungsstadium der Organisation

Dimensionen der externen Situation

– *Aufgabenspezifische Umwelt*
  - ○ Konkurrenzverhältnisse
  - ○ Kundenstruktur
  - ○ Technologische Dynamik

– *Globale Umwelt*
  - ○ Gesellschaftliche Bedingungen
  - ○ Kulturelle Bedingungen

Abbildung 2.19: Dimensionen der Situation der Organisation

Quelle: Kieser/Kubicek (1983)

c) Unternehmensform und Organisationsgestaltung

Interne und externe Faktoren wirken auf die Unternehmensstruktur ein. Gleichzeitig haben Entscheidungen über die konkrete Ausgestaltung eines Industriebetriebs Rückwirkungen auf die Unternehmensumwelt. Erkannte Umweltbedingungen be-

Überlebensziel und Flexibilität

einflussen die Wahl der Unternehmensform und ihre konzeptionelle Umsetzung in die Praxis. Die so geschaffene Organisation verändert ihrerseits den bisherigen Handlungsrahmen.

Konzernunternehmung

Organisationale Gestaltungsmaßnahmen dienen der Erreichung von Zielen. Neben dem in Unternehmen der Privatwirtschaft üblicherweise **dominanten Ziel der Gewinnmaximierung** lassen sich verstärkt Argumente für die Ausrichtung auf Ziele finden, die das **langfristige Überleben eines Industriebetriebes** sichern sollen. Hierzu zählen **Flexibilität** bzw. **Anpassungsfähigkeit** an Umweltveränderungen durch dezentrale Entscheidungen „vor Ort". Gleichzeitig **soll die Koordination** der einzelnen Aktivitäten betriebliche Synergien nutzen und ein einheitliches Vorgehen gewährleisten.

Konzern als ökonomische Alternative
Als ökonomische Alternative zur Einheitsunternehmung bietet **der Konzern** die Möglichkeit, diese scheinbar konträren Vorgaben von Dezentralisierung und Koordination zu vereinen durch die **wirtschaftliche Verbindung von rechtlich selbständigen Unternehmen**. Empirisch erscheint der Konzern als heute übliche Organisationsform, da eine große Mehrheit deutscher Aktiengesellschaften, aber auch viele GmbHs und Personengesellschaften in Konzern- oder konzernähnlichen Verbindungen mit anderen Gesellschaften stehen. In der Literatur wurde die Konzernorganisation bislang jedoch vorwiegend unter rechtlichen (vgl. S. 212 ff.) oder bilanziellen (vgl. Teil 10, S. 1459 ff.) und steuerlichen Gesichtspunkten untersucht.

Konzerneffekt
Ein Konzern genießt vor allem dann eine wirtschaftliche Existenzberechtigung, wenn die wirtschaftliche Einheit effizienter arbeitet als die unabhängigen Einzelunternehmungen (Synergie- bzw. Konzerneffekt). Diese organisationale Effizienzbeurteilung wäre dann zentrales Objekt einer (noch zu entwickelnden) **Konzernlehre** (vgl. Theisen 1988).

Konzern als multistabiles System
Systemtheoretisch läßt sich der Konzern als ein **Konglomerat von Subsystemen** beschreiben, die durch ihre weitgehende Eigenständigkeit des Handelns zu einer **größeren Aufnahme- und Differenzierungsfähigkeit** des Gesamtsystems beitragen, als das in einer einzelnen Unternehmung möglich wäre. Diese verbesserte Leistungsfähigkeit läßt den Konzern zu einem **multistabilen System** werden.

Dezentralisierung und Koordination
Während der Dezentralisierungsaspekt sich vornehmlich auf die Wahrnehmung externer Einflüsse bezieht, beruht die Koordinationsaufgabe auf dem Ziel, Synergien zu bilden und die gesamtbetriebliche Ausrichtung übergreifend festzulegen. Diese umspannende Tätigkeit gliedert sich dabei in **Kontrollaufgaben sowie in die Definition strategischer Leitlinien**.

Management-Holding
Bühner (1987) weist mit der **Management-Holding** auf eine Organisationsform, die bereits in der Praxis vorfindbar ist (Abbildung 2.20). Dabei werden unterhalb der Unternehmensleitung Organisationsbereiche nach Produkten (Regionen oder Märkten) gebildet, die ihren Betrieb in rechtlich selbständiger Form weiterführen.

132

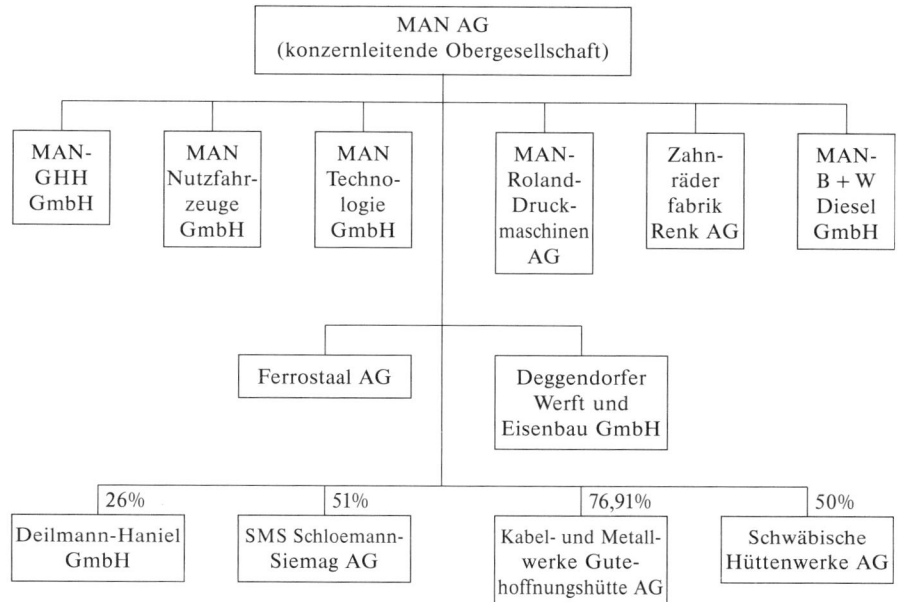

Abbildung 2.20: Organigramm der neuen MAN AG, München

Quelle: Bühner (1987)

Diese Organisations- oder Geschäftsbereiche zeichnen sich durch einen **hohen Auto-nomiegrad** aus, während das Konzernmerkmal der einheitlichen Leitung durch die übergelagerte Holding gewährleistet wird. Durch diese Konstruktion sollen Innovationskraft, Flexibilität und Kooperationsfähigkeit des Konzerns mit konzernfremden Unternehmen gestärkt werden.

Autonomie-grad der Bereiche

Praktisch wird diese Organisationsform durch **Ausgliederung** bestehender Geschäftsbereiche und **Neugründung** von Untergesellschaften, durch **Übertragung** der Geschäfte auf bereits bestehende Gesellschaften oder durch **Neuordnung** einer bisher reinen Finanzholding, die dadurch unternehmerische Lenkungsaufgaben übernimmt, gebildet.

Wichtigstes Kennzeichen einer derartigen Konzernkonstruktion ist die **Trennung von operativer und strategischer Verantwortung**. Letztere wird allein vom konzernleitenden Vorstand getragen. **Grundsatz für die Zuordnung von Entscheidungskompetenz ist, nichts zu zentralisieren, was notwendig ist für den operativen Erfolg der Unterbereiche.**

Grundsatz der Management-Holding

Damit soll eine klare Kompetenzzuweisung erreicht werden, während die Konzernleitung sich nur auf ihre (strategischen) Aufgaben der Festlegung von Gesamtkonzernzielen, der Erarbeitung der übergreifenden Kapital-, Liquiditäts- und Erfolgsplanung, der allgemeinen Geschäftspolitik sowie der Ergebniskontrolle der Teilbereiche beschränkt.

Strategische Aufgaben der Konzern-leitung

Als Koordinationsinstrumente fungieren die zentrale Finanzhoheit der Obergesellschaft, eine mögliche Personalunion von Vorständen bzw. Aufsichtsräten in Konzernleitung und Untergesellschaft (Doppelmandate) sowie die Gestaltung der Unternehmensverträge (Beherrschungs- und Gewinnabführungsvertrag). Die Einwände gegen dieses Organisationskonzept treffen überwiegend auch auf andere Konzernkonstruktionen zu. So ist unklar, ob für die Erreichung der angegebenen Unternehmensziele (Stärkung der Innovationskraft, vergrößerte Flexibilität, bessere Nutzung von Synergien) eine rechtliche Selbständigkeit einzelner Unternehmensbereiche notwendige Voraussetzung ist. Auch ist die Problematik der Trennung von strategischer und operativer Verantwortung nicht überzeugend geklärt.

Letztlich entscheidet sich der Erfolg einer Konzerngestaltung in der Zusammenführung der **widerstrebenden Konzepte von Entscheidungszentralisation und Handlungsdezentralisation**, die sich, wie auch die Lösung der unzähligen Detailfragen, erst in der Praxis ergeben kann. Systemtheoretisch betrachtet, ist die Erreichbarkeit bestimmter Zustände komplexer Systeme (z. B. des Konzerns) nicht prognostizierbar. Es kann nur um eine **Ermöglichung bestimmter Systemzustände** aufgrund der Veränderung des Bestimmungsmusters (der „Randbedingungen") gehen in Form kleiner Schritte des reversiblen Durchwurstelns.

Multinationale Unternehmung

Direkt-
investition

Wichtige Problembereiche der Konzerngestaltung betreffen auch die multinationale Unternehmung (MNU), die sich definitionsgemäß durch **mindestens eine ausländische Tochtergesellschaft** auszeichnet. Diese auch als **Direktinvestition** bezeichnete Organisationslösung stellt sich als Alternative für Unternehmen, die grenzüberschreitend tätig werden, zum reinen Export, zur Lizenzierung oder zur internationalen Kooperation (z. B. Joint Venture) dar (vgl. Kappich 1989). Die Kooperationsalternative zeigt jedoch auch, daß eine trennungsscharfe Differenzierung nur bedingt möglich ist, denn Joint Ventures werden oft in Form neu gegründeter Gesellschaften gemeinschaftlich geführt, so daß die Abgrenzung zur Direktinvestition eher in der Unterschiedlichkeit der Eigentumsverhältnisse gesucht werden muß (z. B. für die MNU die Annahme von 100%-igen Tochtergesellschaften).

Prozeß der
Internatio-
nalisierung

Ferner ist auf den **Prozeßcharakter** und die **Geschichtlichkeit von MNU** hinzuweisen, denn die eigentliche Gründung von ausländischen Tochtergesellschaften ist meist ein zeitlich nachgelagerter Schritt in einem Organisationsprozeß, der sich anfangs durch einfache Exportaktivitäten, später möglicherweise durch Errichtung einer reinen Handelsniederlassung vor Ort auszeichnet, bevor etwa eigene Produktionsaktivitäten (der in der Literatur oft als eigentliche Direktinvestition bezeichnete Schritt) im Ausland angesiedelt werden.

Koordina-
tionsaufgabe

Spezifische Fragestellungen der MNU beziehen sich in erster Linie auf **organisatorisch-institutionelle Koordinationsmechanismen**, die versuchen, das **Spannungsverhältnis** zwischen lokaler oder regionaler Anpassung an unterschiedliche Kulturen,

134

Rechts- und Sozialsysteme einerseits, und dem Zusammenführen der einzelnen, internationalen Unternehmensbereiche andererseits zu regeln.

Die regelmäßig postulierte Notwendigkeit der Präsenz einer Unternehmung in den sogenannten **Triademärkten** (Europa-Nordamerika-Japan), einer **Globalisierung der Unternehmensaktivitäten** entsprechend, stellt die Unternehmen vor zusätzliche Anforderungen.

Globalisierung

Eine organisatorische Gestaltung, die eine Integration von Unternehmensmitgliedern und -teilnehmern aus verschiedenen Kultursystemen leistet, ferner ein besseres Verständnis in bezug auf Wettbewerber mit einem anderen Kultur- und Wertehintergrund gewährleistet, verlangt zunehmend eine Lösung in Form einer **multikulturellen Unternehmensführung** im weitesten Sinne. Damit entzieht sich die MNU der herkömmlichen Betrachtungsweise von Unternehmen, auch wenn theoretische Konzeptionen oder gar eine betriebswirtschaftliche Theorie der multikulturellen Unternehmung (MKU) bisher allenfalls in Ansätzen existieren.

Multikulturelles Management

Hinsichtlich der konstitutiven Entscheidungen einer MNU beschränkt sich die Literatur vor allem auf die Frage der Wettbewerbsfähigkeit des ausländischen Tochterunternehmens gegenüber den inländischen Unternehmen, die im selben Markt tätig sind, sowie auf standortbezogene Probleme (vgl. S. 234 f.).

Dem (angenommenen) Nachteil der „Fremdheit" muß demnach als **notwendige Investitionsbedingung** ein unternehmensspezifischer Vorteil gegenüberstehen, der diesen Nachteil mindestens ausgleicht, etwa in Form eines besonderen Produktions-Know-Hows oder spezieller Investitionsvergünstigungen seitens des Ziellandes. Beide sind auch als Marktzugangsbeschränkungen für (potentielle) Konkurrenzunternehmen interpretierbar.

Investitionsvoraussetzung

Seltener wird die eigentliche Investitionsentscheidung zur Gründung einer ausländischen Tochtergesellschaft analysiert, die sich als äußerst komplex darstellt und durch eine Vielzahl von zu beachtenden Faktoren beeinflußt wird. Diese Entscheidung, im Ausland zu investieren, gliedert sich demnach in mehrere Phasen (vgl. Aharoni 1966):

Internationalisierung als Entscheidungsprozeß

1. Erwägungsphase („decision to look abroad")
2. Evaluierungsprozeß („investigation process")
3. Investitionsentscheidungen („decisions to invest")
4. Überprüfungs- und Modifizierungsphase
   („review and negotiations/modifications").

Innerhalb der einzelnen Stufen, die nicht streng chronologisch zu verstehen sind, sondern auch parallel, z. B. im Sinne regelmäßiger Überprüfungen einzelner Maßnahmen, verlaufen können, spielen unterschiedliche Faktoren eine besondere Rolle. So sind etwa die **Anstoßkräfte**, die die Erwägungs- und Evaluierungsphase einleiten, von eminenter Bedeutung. Als externe Anstoßkräfte können z. B. Vorschläge von unternehmensexternen Personen, die nur schwer übergangen werden können, angesehen werden. Interne Anstoßkraft kann eine leitende Stelle innerhalb der Organi-

Anstoß zur Investition

135

sation sein, deren positivem Votum für eine Direktinvestition aufgrund ihrer Stellung innerhalb der Unternehmenshierarchie ein besonderes Gewicht beigemessen wird.

Aus der großen Zahl weiterer wesentlicher Einflußfaktoren sind vor allem die personenbezogenen Aspekte von Bedeutung. Hierzu zählen persönliches Engagement und Interesse der mit der Entscheidungsvorbereitung befaßten Personen.

Kleinere und mittlere Unternehmen

Ebenso wie für die beiden vorangestellten Organisationsformen kann man bisher noch keinen umfassenderen Ansatz einer **Betriebswirtschaftslehre der Mittel- und Kleinbetriebe** (vgl. Pfohl 1990) erkennen. Vordergründig mag dies in der **Schwierigkeit ihrer definitorischen Abgrenzung** begründet liegen. Üblicherweise werden hierfür Kriterien wie die Beschäftigtenzahl (Umsatz, Bilanzsumme) angesetzt, wobei ein Unternehmen bis zu 1000 Mitarbeitern noch als größeres mittelständisches Unternehmen gelten kann.

Allerdings herrscht allgemeine Akzeptanz hinsichtlich der volkswirtschaftlichen Bedeutung dieser Unternehmen. Die Diskussion über die Revitalisierung alter Industrieregionen im Rahmen regionalpolitischer Konzepte hat deutlich gemacht, welches Potential auch zur Schaffung neuer Arbeitsplätze in dieser Organisationsform liegen kann.

Unternehmensgröße, Organisationsstruktur und Handlung

Im Mittelpunkt theoretischer Überlegungen steht vor allem die Frage nach dem **Zusammenhang zwischen Größe, organisatorischer Struktur und unternehmerischem Handeln** in einem Industriebetrieb. Die Annahme, daß kleinere und mittlere Betriebe eine typische Struktur aufweisen, die von Unternehmen anderer Größenordnung prinzipiell abweicht, läßt sich in der Heterogenität der beobachtbaren Menge kaum belegen. Einige empirische Untersuchungen lassen jedoch den Schluß zu, daß diese Annahme zumindest in wichtigen Bereichen zutrifft und daher einen eigenen theoretischen Ansatz rechtfertigt.

Zentrale Stellung des Unternehmens

Benennbare Charakteristika sind demnach die **zentrale Figur der Unternehmerperson**, die vergleichsweise **flache hierarchische Struktur** bei gleichzeitiger **geringer individueller oder funktionaler Spezialisierung** von Aufgaben sowie die damit einhergehenden **Informations- und Kommunikationsbeziehungen**. Auch die Standortproblematik (vgl. S. 218) stellt sich aus dieser Sicht anders dar als üblich.

Zentralisierung von Entscheidung und Kompetenz

Gerade die **Vereinigung von Entscheidungs-, Planungs- und Kontrollkompetenz in der Hand des Unternehmers** als wichtiges Kennzeichen dieser Unternehmensform kann zu erhöhter Anpassungsfähigkeit und Flexibilität führen. Demgegenüber steht die Gefahr von fehlerhaften Entscheidungen, gekoppelt mit einer Aufgabenüberfrachtung, die diese Rolle belasten kann, und die Fragen, die im Zusammenhang mit der Partizipation/Mitbestimmung erörtert werden (S. 119 f.).

Unternehmenskrisen

Bei Fragen der organisatorischen Gestaltung muß auch die mögliche Dynamik der Geschäftsentwicklung beachtet werden. Der **mangelhafte Wechsel von einer personen-**

136

fixierten hin zu einer situationsadäquateren Organisationsform ist dabei oft ein wesentlicher Grund für Unternehmenskrisen. Somit ist die Organisation des Unternehmens in der Praxis keine einmalige konstitutive Entscheidung, sondern ein andauernder Prozeß (der Organisationsentwicklung).

3. Organisationsentwicklung

Entscheidungen über die Organisationsstruktur eines Industriebetriebes werden überwiegend im Bewußtsein gefällt, eine konstitutive Metaentscheidung zu treffen, deren Ergebnis einige Zeit überdauern soll. Dieses Bewußtsein ist notwendig, wie Stabilität notwendig ist. Diese Sichtweise scheint aber Praxis und Theorie gleichermaßen einzuengen. **Die Praxis in einem Industriebetrieb zeigt ein Bild ständiger struktureller Veränderungen.** Selbst wenn das formale Organigramm sich längere Zeit nicht ändern sollte, sind solche Bewegungen vorhanden und praktisch wirksam. Sie sind z. B. beobachtbar in der Ausfüllung der Lücken, die das Organisationsschema läßt (lassen mußte), in stillschweigenden oder konsensualen Stellen- und Aufgaben-interpretationen, in faktisch notwendigen, aber zur Zeit nur informell ablaufenden Kommunikations- und Leitungsbeziehungen, in den Veränderungen von Krankenstand und Fluktuation oder in der Entstehung ungeplanter Konfliktherde. **Auch für die Organisationsstruktur des Industriebetriebes gilt, daß sie dem Prozeß der Entwicklung unterliegt und unterliegen muß, den ihre Umwelt durchmacht.**

Möglicherweise ist die Struktur nur die Momentaufnahme bei ständiger Bewegung.

Hedberg u. a. (1976) gebrauchen für die Illustration der Vorstellung von der notwendigen Flexibilität einerseits und der Starrheit vieler Vorstellungen von Organisationsstruktur andererseits die Metapher von den Zelten und Palästen: Weit verbreitet und vorherrschend ist die Ansicht, daß Organisationen Paläste seien, die es kunstvoll zu erbauen und einzurichten gelte. Diese Sichtweise vernachlässigt, daß Industriebetriebe sich auf einem Boden befinden, der von Erschütterungen zumindest bedroht sein kann. Schwankt der Boden einmal, können (Organisations-)Paläste Risse bekommen oder gar einstürzen. Zelte sind eine schwankendem Boden angemessenere Bauweise (camping on seesaws). Zelte lassen sich auch verlegen, wenn eine Anpassung an die Umwelt nicht mehr möglich ist: „Paläste haben keine Zeltpflöcke."

„Zelte und Paläste"

Will man die Idee festgefügter organisatorischer Strukturen nicht unbedacht zur zeitlosen Form verkommen lassen, so ist zu bedenken, daß Organisationsstrukturen sich auch im Zusammenhang mit formalen Regelungen, Belohnungs- und Karrieresystemen mitunter in ungewünschter Weise entwickeln. Solche Entwicklungen können lange Zeit unbemerkt bleiben. So streben Mitglieder u. U. danach, relativ unabhängig vom Umfang ihrer Aufgaben, die Zahl ihrer Untergebenen zu erhöhen, damit sie in der Hierarchie – gewissermaßen auf den Schultern ihrer Untergebenen – nach oben gehoben werden. Nicht nur in öffentlichen Verwaltungen ist „Parkinsons Gesetz" beobachtbar.

Externe Faktoren drängen die Organisation ebenfalls zu ständiger Anpassung (vgl. Rieckmann 1982). Bekannt ist eine Art Lebenszyklus, den Produkte in Marktwirtschaften durchmachen und so regelmäßig durch neue ersetzt werden müssen (vgl. Teil 5, S. 664 f.). Technologische Entwicklungen tangieren die Organisationsstruktur. Veränderungen der Eigentumsverhältnisse oder Veränderungen in der Kapitalstruktur können ebenfalls organisatorische Modifikationen nach sich ziehen.

Wachstum und organisatorischer Wandel

Wenn Flexibilität ein Ziel organisatorischer Bemühungen ist, kann nicht eingesehen werden, warum diese Bemühungen gerade vor der Organisationsstruktur haltmachen sollten. Schließlich gibt es außer den beispielhaft aufgeführten Änderungsanlässen auch solche, die im wirtschaftlichen und gesellschaftlichen Umfeld der Unternehmung begründet sind. So existiert in der Marktwirtschaft eine Reihe von Motiven, sowohl Wachstum als auch eine gewisse Größe der Unternehmung anzustreben. Dies hat regelmäßig organisatorische Änderungen zur Folge. Wachstum reduziert die Abhängigkeit von anderen Betriebswirtschaften und gestattet eine bessere Kontrolle der Umwelt.

Beharrungsmomente

So zahlreich die Stimuli zur Durchführung organisatorischer Änderungen sind, so schwierig scheint es zu sein, sie rechtzeitig wahrzunehmen und in ihrer Bedeutung zu interpretieren. Der Wunsch nach Orientierung und Sicherheit läßt Anpassungsvorschläge häufig nur sehr zögernd entstehen und setzt ihrer Realisierung nicht selten große Anpassungswiderstände entgegen. Anpassungen im Industriebetrieb lassen bei vielen seiner Mitglieder aufgrund von Erfahrungen die Vermutung aufkommen, die Möglichkeiten der eigenen Interesseneinbringung würden beschnitten. Organisationen tendieren so zum Beharren auf ihrer bestehenden Struktur. Durch die Widerstände der Organisationsmitglieder gegen Veränderungen werden nicht nur die aktuellen Anpassungstendenzen, sondern auch das organisationale Lernpotential in seiner Entfaltung behindert.

a) Sinnmodelle der Organisation

Fortschrittsfähige Unternehmung

Kirsch (1990) hat in den letzten Jahren unter anderem auf dieser Grundlage organisatorischer Gestaltungsbemühungen und ihrer Schwierigkeiten einen Ansatz entwickelt, den er **fortschrittsfähige Unternehmung** nennt. Ausgangspunkt der Überlegung ist die Vorstellung, daß Organisationen und Organisationsentwicklung bestimmten **Sinnmodellen** folgen.

Bedürfnisbefriedigung der Organisationsmitglieder und -teilnehmer

Das aus dieser Blickrichtung am weitesten entwickelte Sinnmodell, die **fortschrittsfähige Organisation**, trägt zur verbesserten Befriedigung der Bedürfnisse aller Organisationsmitglieder und -teilnehmer bei. Als **Determinanten** einer solchen Organisation sind zu nennen die **Konsensbildungsfähigkeit sowie die Fähigkeit zur Kontrolle bzw. Selbststeuerung**, etwa wie sie Leviathan und Rosner (1982) für die Kibbuz-Organisation belegen.

138

Diese Charakteristika einer fortschrittsfähigen Organisation müssen als unverzichtbare Bedingungen angenommen werden, da es in komplexen Systemen wie denen eines Industriebetriebes keine gesetzmäßigen Beziehungen zwischen Struktur, Funktion und Umwelt gibt und demzufolge Maßnahmen, die auf angenommenen Ursache-Wirkungsketten in komplexen Systemen angelegt sind, nicht möglich sind.

Konsens und Selbst-steuerung

Die Fähigkeit zur Selbststeuerung umschließt ihrerseits die Handlungsfähigkeit, die Empfindsamkeit für und die Fähigkeit zur Bedürfnisberücksichtigung („responsiveness"), die Fähigkeit zum Erkenntnisfortschritt und die „ästhetische" Fähigkeit.

Organisa-tionsfähig-keiten

Setzt man diese Fähigkeiten in Beziehung zu „Tugenden" der Offenheit, der Neugierde, der Kooperationsbereitschaft sowie der Leistungsmotivation, so ist daraus ein Spektrum verschiedener Sinnmodelle ableitbar, wie es Abbildung 2.21 veranschaulicht.

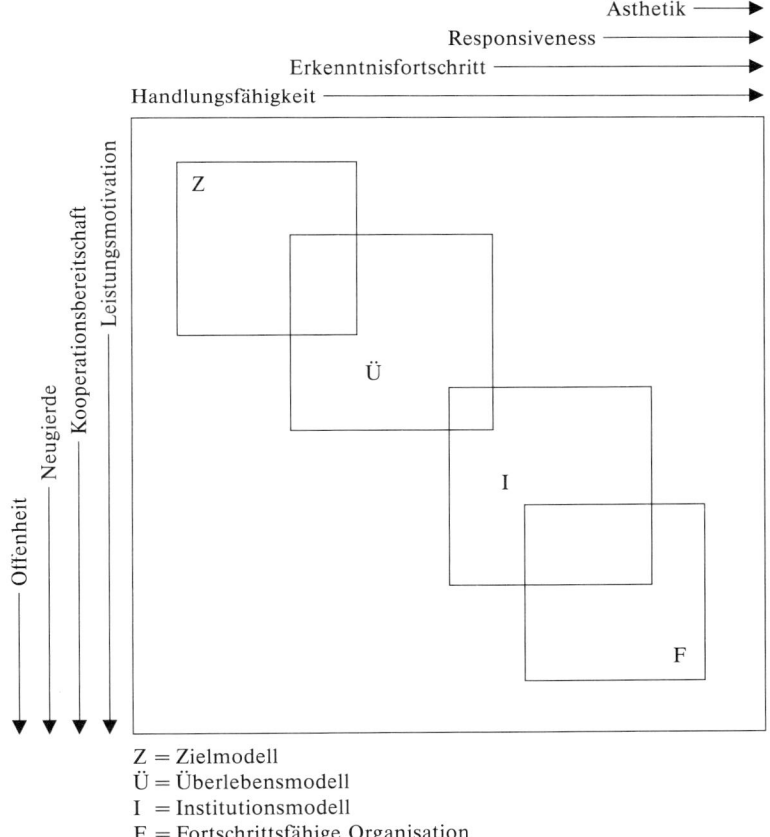

Z = Zielmodell
Ü = Überlebensmodell
I = Institutionsmodell
F = Fortschrittsfähige Organisation

Abbildung 2.21: Modelle der Sinnorientierung

Quelle: Kirsch (1981)

139

Zielmodell	Ein erstes Sinnmodell der Organisation, als **Zielmodell** bezeichnet, beschreibt die Unternehmung (oder jede andere Art der Organisation) als Mittel zum Zweck. Es geht dabei im wesentlichen um das Ziel-Mittel-Verhältnis und um die Sicherstellung der Zielerreichung. Dieser Typ von Organisationen begnügt sich vorwiegend mit der Ausrichtung auf seine Handlungs- und Leistungsfähigkeiten.
Überlebens-modell	Das **Überlebensmodell** dagegen setzt sich als übergeordnetes Ziel das Überleben der Organisation, unabhängig vom Wandel ihrer Mitglieder und Teilnehmer und vom Wandel der Umwelt.
Institutionen-modell	Einen weiteren Schritt in diese Richtung weist das **Institutionenmodell**, das eine Organisation beschreibt, die für sich in Anspruch nimmt, gesellschaftliche Funktionen zu erfüllen. Neugierde bzw. Engagement sowie die Fähigkeit zur Empfindsamkeit (responsiveness) erweitern die Zahl der maßgeblichen Determinanten dieses Sinnmodells.
Modell der fortschritts-fähigen Organisation	Das Modell der fortschrittsfähigen Organisation umfaßt schließlich neben den bisherigen noch die Dimensionen der Ästhetik und der Offenheit. Damit gelingt es ihr, der Komplexität der an sie gestellten Anforderungen und der Komplexität ihrer eigenen Zukunft durch eigene Öffnung begegnen zu können.
	Abbildung 2.21 verdeutlicht auch, daß Sinnmodelle höherer Stufen die vorangegangenen in sich aufheben. Unklar bleibt jedoch, wie diese Transformation gelingen kann. Dazu bedarf es **neben der Verallgemeinerung durch Abstraktion**, deren sich dieser Ansatz bedient, **einer Verallgemeinerung durch Vergegenwärtigung** durch eine kommunikative Praxis, die der fortschrittsfähigen Organisation ihre eigene Offenheit und Zukunftsfähigkeit gewährleistet.
Transforma-tion zur zu-kunftsfähigen Organisation	Das **Sinnmodell der zukunftsfähigen Organisation**, das eine Beteiligung aller Mitglieder in einem solchen Sozialsystem ermöglicht, kann deshalb als eine Weiterentwicklung bisheriger Sinnmodelle begriffen werden.
	Im Zusammenhang mit der praktischen Organisationsentwicklung ist in jedem Fall auf den Prozeßcharakter jeglichen organisatorischen Wandels hinzuweisen.
	Die Notwendigkeit und die Schwierigkeit der Organisationsentwicklung haben – zuerst in der Praxis – Konzepte und Techniken entstehen lassen, die zunächst als **geplanter organisatorischer Wandel** (Kirsch/Esser/Gabele 1978), später als **Organisationsentwicklung** (Bartölke 1980), bezeichnet wurden.

b) Reorganisationsprozesse

Reorganisationsprozesse sind mit tiefgreifendem organisatorischem Wandel verbunden. Kirsch/Börsig (1980) berichten, daß beispielsweise in der Dekade von 1964 bis 1973 etwa $2/3$ aller deutschen Großunternehmen mit über 1 000 Beschäftigten und über 50% der Unternehmen mit 100 bis 900 Beschäftigten solche Reorganisationsprozesse durchgeführt haben. Abbildung 2.22 gibt eine Übersicht über die damals häufigsten

140

Reorganisationsarten. Es ist zu vermuten, daß viele der dahinterstehenden Reorganisationsanlässe Dauerbrenner sind (z. B. Fusionen, Änderungen der Absatzorganisation, Einführung von Führungsverfahren). Da in den meisten Unternehmungen mehrere Reorganisationsmaßnahmen gleichzeitig zu beobachten waren und viele Reorganisationsaktivitäten weitere Reorganisationsmaßnahmen nach sich zogen, wird von einem Reorganisationskarussell gesprochen (Abbildung 2.23, S. 142). Die Pfeile in Abbildung 2.23 geben an, wie viele Reorganisationsmaßnahmen eines Typs sich in der Folge einer Reorganisationsmaßnahme eines anderen Typs ergaben.

Reorganisa-
tionsanlässe

Reorganisationsart	Prozentualer Anteil der Reorganisationsart bei	
	Unternehmen mit 100–900 Beschäftigten (n = 221)	Unternehmen mit mehr als 1 000 Beschäftigten (n = 712)
Einführung von Sparten oder Geschäftsbereichen (Divisionalisierung)	38,0%	46,7%
Fusion	7,4%	21,2%
Einführung computerunterstützter Informationssysteme (MIS)	50,4%	43,3%
Einführung von Planungssystemen	39,7%	51,2%
Änderung der Absatzorganisation	28,9%	28,7%
Einführung von quantitativen Methoden (Operations-Research-Modelle)	4,9%	8,6%
Einführung eines betrieblichen Ausbildungssystems	16,5%	27,0%
Einführung neuer Führungsverfahren	19,8%	26,6%
Einführung von Partnerschaftsmodellen	4,1%	5,6%
Sonstige	13,2%	9,4%

Abbildung 2.22 Umfang einzelner Reorganisationen in
mittleren und großen Unternehmen

Quelle: Kirsch/Börsig (1980)

Zur Charakterisierung möglicher Phasen von Reorganisationsprozessen gibt es viele Vorschläge. Von Harvey/Brown (1976) ist die Abbildung 2.24 (S. 143) konzipiert. Bei diesem Modell wird von einem Spannungszustand innerhalb der Unternehmung ausgegangen. Über verschiedene Prozeßebenen wird mit Hilfe eines internen oder externen Beraters zur Handhabung des Problems die Selbständigkeit des Klienten wieder hergestellt.

Phasen des
Reorganisa-
tionsprozesses

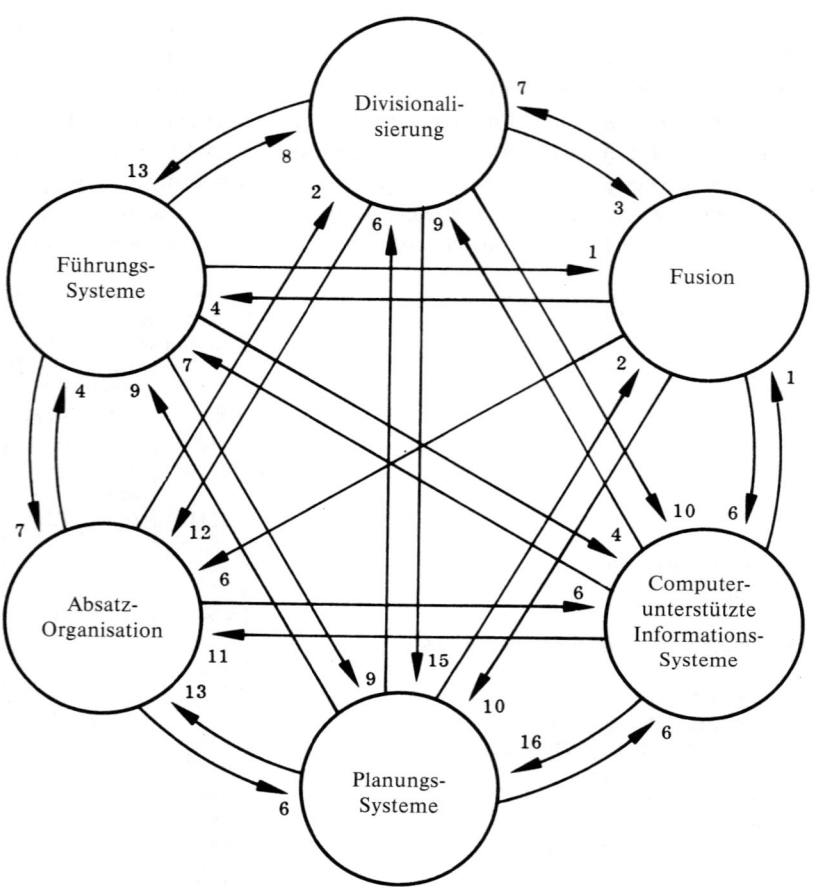

Abbildung 2.23: Reorganisationskarussell

Quelle: Kirsch/Esser/Gabele (1979)

c) Interventionstechniken

Charakteristika und Methoden

Organisationsentwicklung und Reorganisation sind Aktivitäten zur Verbesserung des Funktionierens einer Organisation. Allgemein können die die Organisationsentwicklung betreffenden Interventionen als eine dem Praktiker zur Verfügung stehende Lernmethode bezeichnet werden. Solche Interventionstechniken müssen sehr vielfältig sein. Die Vielfalt ist notwendig, da bereits Interviews und eine Fragebogenaktion in einem Industriebetrieb in aller Regel nicht verhaltensneutral ablaufen können, da die Reihenfolge von Beobachtungen unter Umständen der Bewertung unterschied-

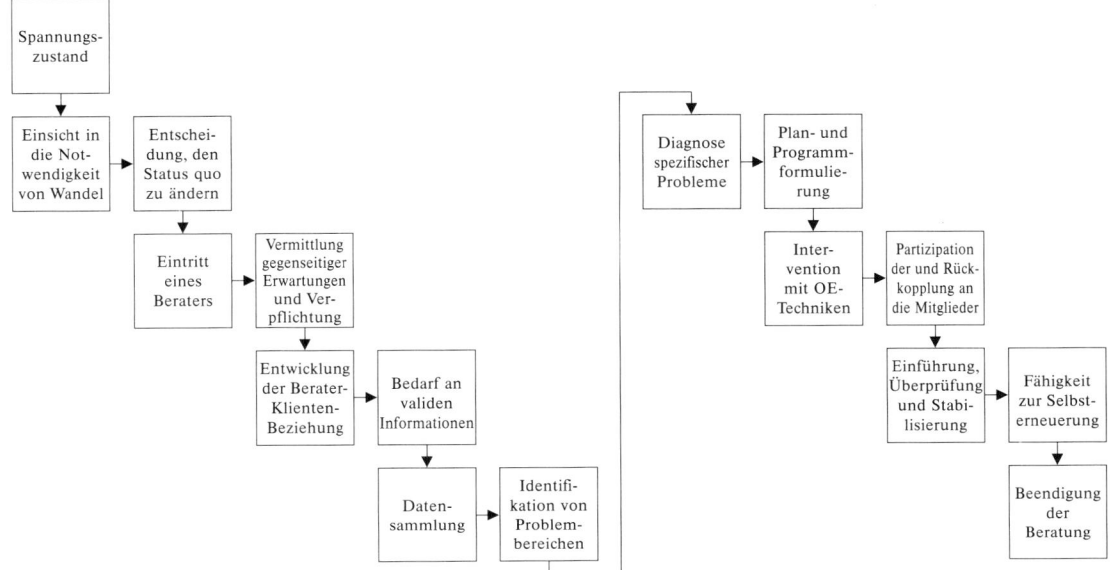

Abbildung 2.24: Ebenen der Organisationsentwicklung

Quelle: Harvey/Brown (1976)

liche Richtungen zu geben vermag und da das Verhalten der Organisationsmitglieder durch erzieherische Maßnahmen unterschiedlichster „didaktischer" Prägung beeinflußt werden kann. Gemeinsam sollte den Interventionstechniken sein, daß (vgl. French/Bell 1990):

- **die entscheidenden Leute** daran beteiligt sind, d. h. in allererster Linie die Betroffenen;
- sie sich auf **Probleme** beziehen, die von Klienten selbst geäußert werden;
- in ihnen die **Ziele und die Zielverwirklichungsstrategien** klar und deutlich formuliert sind;
- sie mit hoher Wahrscheinlichkeit **für erfolgreiche Zielverwirklichung geplant** werden, was z. B. verlangt, schrittweise erreichbare Teilziele zu bestimmen;
- **bei fehlender Zielerreichung nach dem Grund gesucht** wird;
- sie sowohl **erfahrungsorientiertes als auch kognitiv-theoretisches Lernen** umfassen;
- das Lernen auf Erfahrung und Erfassung der **Theorie** gerichtet ist, **die** einschließlich der von ihr „geleisteten Verdrängungen **in den Köpfen der Praktiker** bereits drinsteckt";
- **die Betroffenen zu Experimenten angeregt** werden;
- **konkrete Problemlösungen und das Lernen gelernt** werden;
- die Betroffenen **zu den Inhalten** (der Aufgabe) **und dem Prozeß** ihrer Interaktion und Verhaltensstile **sowie durch diesen Prozeß lernen**;
- **die Betroffenen als ganze Persönlichkeit** mit all ihren Rollenerwartungen, Zielen, Wünschen, Gedanken, Einstellungen und Gefühlen **einbezogen** sind.

Gemeinsamkeiten von OE-Interventionstechniken

143

Interventionsarten, die Bennis (1972) nach Themen und Funktionen beschreibt, sind in Abbildung 2.25 in der Darstellung von French/Bell wiedergegeben.

---

1. Diskrepanz-Intervention, bei der widersprüchliche Tätigkeiten oder Einstellungen untersucht werden;

2. Theorie-Intervention, bei der sozialwissenschaftliche Erkenntnis und Theorie benutzt werden, um gegenwärtiges Verhalten und diesem zugrunde liegende Einstellungen zu erklären;

3. Verfahrens-Intervention, bei der eine Tätigkeit beurteilt wird, um zu entscheiden, ob die besten Methoden benutzt werden;

4. Beziehungs-Intervention, die sich auf die zwischenmenschlichen Beziehungen konzentriert (besonders auf jene, bei denen starke negative Gefühle vorhanden sind) und bei der die Probleme sichtbar gemacht und behandelt werden;

5. Experimentelle Intervention, bei der zwei verschiedene Handlungsprogramme auf ihre Konsequenzen hin getestet werden, bevor endgültig entschieden wird;

6. Krisen-Intervention, bei der ein angenommenes oder auftauchendes Dilemma benutzt wird, um eine genaue Untersuchung der Alternativen und der zugrunde liegenden Annahmen zu erzwingen;

7. Perspektiven-Intervention, bei der die Aufmerksamkeit über die alltäglichen Anforderungen hinausgeht, damit man sich auf die Vergangenheit, die großen Zusammenhänge und die Zukunft konzentrieren kann; dadurch sieht man, ob die gegenwärtige Vorgehensweise noch den Zielen entspricht;

8. Struktur-Intervention, bei der strukturelle Ursachen von organisationsinternen Schwächen und Schwierigkeiten überprüft werden;

9. Wertorientierungs-Intervention, durch die die Organisationskultur und die ihr zugrunde liegenden Traditionen, Praktiken und Verhaltensmuster überprüft werden.

Abbildung 2.25: OE-Interventionsarten nach Bennis (1972)

Quelle: French/Bell (1990)

Viele der Aktivitäten, die zur Grobbeschreibung unterschiedlicher Methoden der Organisationsentwicklung Verwendung finden können, sind in Abbildung 2.26 (S. 145/146) dargestellt. Gleiches gilt für die Abbildung 2.27 (S. 147), die Organisationsentwicklungsmethoden nach den Zielgruppen Individuen, Dyaden und Triaden, Team und Gruppe, Intergruppenbeziehungen und Organisation klassifiziert, sowie die Abbildung 2.28 (S. 148), bei der als Klassifikationskriterium der Methoden Veränderungsziele genannt werden.

144

- **Diagnostische Aktivitäten:** Datensammelnde Tätigkeiten, durch die der Zustand des Systems oder eines Problems – der Ist-Zustand – ermittelt werden. Die Methoden reichen von projektiven Techniken wie beispielsweise Kollagen, bis zu traditionelleren Datenerhebungsmethoden wie z. B. Interviews, Fragebogen, Umfragen, Besprechungen.

- **Teamentwicklungs-Aktivitäten:** Durch solche Tätigkeiten soll die Leistungsfähigkeit von Gruppen innerhalb des Systems verbessert werden. Sie können sich auf aufgabenbezogene Fragen beziehen, wie die bestehenden Arbeitsmethoden, die nötigen Fähigkeiten, die Zuteilung der Arbeitsmittel; oder sie können sich mit den Beziehungen der Mitglieder untereinander und den Beziehungen zwischen Vorgesetzten und Untergebenen beschäftigen. Wiederum ist eine Vielfalt von Tätigkeiten möglich. Außerdem wird die Verschiedenheit der Gruppen berücksichtigt, wie beständige Arbeitsgruppen, temporäre Projektgruppen und neu zusammengestellte Gruppen.

- **Intergruppen-Aktivitäten:** Durch diese Tätigkeiten soll die Leistungsfähigkeit voneinander abhängiger Gruppen gesteigert werden. Dabei werden gemeinsame Tätigkeiten und der gemeinsame Output beider Gruppen betont, wobei beide Gruppen als ein einziges System betrachtet werden. Wenn es sich dabei um zwei Gruppen handelt, so spricht man von Intergruppen-Aktivitäten; wenn es sich um mehrere Gruppen handelt, spricht man häufig von Feedback durch Widerspiegelung (organizational mirroring).

- **Survey-Feedback-Aktivitäten:** Diese sind mit den oben erwähnten diagnostischen Aktivitäten verwandt und können als ein großer Bestandteil der diagnostischen Aktivitäten betrachtet werden. Sie sind jedoch wichtig genug, um hier getrennt aufgeführt zu werden. Es werden hierbei die Daten von Umfragen intensiv bearbeitet, um sie als Grundlage eines Handlungsplanes zu benutzen.

- **Edukative- und Trainings-Aktivitäten:** Dabei werden die Fertigkeiten, Fähigkeiten und Kenntnisse der einzelnen verbessert. Es stehen hier verschiedene Tätigkeiten zur Verfügung, und verschiedene Methoden sind möglich. Beispielsweise kann eine Person außerhalb ihrer Arbeitsgruppe unterrichtet werden oder in unmittelbarem Zusammenhang zu dieser, z. B. wenn die Gruppe lernt, wie sie zwischenmenschliche Konflikte behandeln soll. Die Aktivitäten können sich auf technische Fähigkeiten richten oder auf zwischenmenschliche Fähigkeiten. Die Aktivitäten können sich auf Fragen der Führung richten, auf die Verantwortungsbereiche und Funktionen der Gruppenmitglieder, auf Entscheidungsprozesse, Problemlösungs-, Zielsetzungs- und Planungsverfahren usw.

- **Strukturell-technologische Aktivitäten:** Diese Tätigkeiten sollen die Leistungsfähigkeiten der technischen und strukturellen Faktoren und Bedingungen verbessern, die sich auf einzelne und Gruppen auswirken. Dabei können erstens neue organisatorische Strukturen versucht und in bezug auf ihre Wirkung auf bestimmte Ziele beurteilt werden und zweitens neue Einsatzmöglichkeiten technischer Mittel für bestehende Probleme entwickelt werden.

- **Prozeßberatungs-Aktivitäten:** Hierbei hilft der Berater dem Klienten, die Vorgänge, die sich in der Umgebung des Klienten ereignen, zu erkennen, zu verstehen und zu verarbeiten. Bei diesen Aktivitäten handelt es sich um eine Methode der

Beratung, durch die der Klient Einsicht in die sozialen Prozesse in der Organisation gewinnt und durch die er lernt, diese zu erkennen und mit ihnen umzugehen. Besonders betont werden dabei die Kommunikationsprozesse, die Rollen von Führern und Mitgliedern in Gruppen, das Lösen von Problemen und das Treffen von Entscheidungen, die Normen und die Entwicklung von Gruppen, Führung und Autorität sowie Zusammenarbeit und Wettbewerb zwischen Gruppen. Außerdem soll gelernt werden, wie man Diagnosen stellt und die nötigen Fähigkeiten zur Behandlung dieser Vorgänge entwickelt.

- **Grid-Organisationsentwicklungs-Aktivitäten:** Diese Methode wurde von Robert Blake und Jane Mouton entwickelt; es handelt sich dabei um ein Modell mit sechs Phasen zur Änderung ganzer Organisationen. Interne Ressourcen werden entwickelt, um Programme auszuführen, die drei bis fünf Jahre dauern können. Das Programm beginnt mit einer Verbesserung der individuellen Führungsfähigkeiten, geht dann zur Verbesserung der Gruppen über und befaßt sich später mit den Beziehungen zwischen den Gruppen. Die späteren Phasen schließen die Entwicklung unternehmensweiter Verbesserungsstrategien ein und enden schließlich mit einer Auswertungsphase, die eine Bilanz der bisher erzielten Veränderungen der Organisationskultur ermöglicht und neue Perspektiven für die Zukunft aufweist.

- **„Neutraler Dritter"-Aktivitäten:** Dabei hilft ein Berater (als neutraler Dritter) zwei Mitgliedern einer Organisation, ihre zwischenmenschlichen Konflikte zu bearbeiten. Die Tätigkeiten basieren auf Taktiken der Konfrontation und auf einem Verständnis der Vorgänge bei Konflikten und der Lösung von Konflikten.

- **Individuenzentrierte Aktivitäten:** Hierbei wird den einzelnen durch den Berater oder andere Mitglieder der Organisation geholfen, Lernziele zu definieren, zu erkennen, wie andere Personen ihr Verhalten sehen, und neue Verhaltensweisen zu erlernen, um Ziele besser zu erreichen. Ein zentraler Faktor ist dabei das urteilsfreie Feedback, das der einzelne von anderen erhält. Ein weiterer Faktor ist die gemeinsame Untersuchung alternativer Verhaltensweisen.

- **Lebensgestaltungs- und Karriereplanungs-Aktivitäten:** Diese helfen den einzelnen, sich auf ihre Lebens- und Laufbahnziele sowie auf die Wege zu diesen Zielen zu konzentrieren. Strukturierte Aktivitäten führen zu einer Darstellung des bisherigen Lebens- und Karriereverlaufs, zur Diskussion der Ziele, zur Beurteilung der Fähigkeiten, zu nötigem zusätzlichem Training und zur Erkenntnis von Stärken und Schwächen.

- **Planungs- und Zielsetzungs-Aktivitäten:** Dies schließt ein: die Theorie und Erfahrung im Planen und Zielsetzen, im Anwenden von Problemlösungsmodellen, im Planen von Musterbeispielen, im Vergleichen von Ideal-Modell mit der Wirklichkeit der Organisation und ähnliches. Das Ziel ist dabei, die Fähigkeiten auf der Ebene des einzelnen, der Gruppe und der gesamten Organisation zu verbessern.

Abbildung 2.26: Aktivitäten und OE-Interventionen

Quelle: French/Bell (1990)

146

Zielgruppe	Interventionsarten
Interventionen zur Steigerung *individueller* Effektivitäten	Lebensgestaltungs- und Karriereplanungs-Aktivitäten Rollenanalyse Individuenzentrierte Aktivitäten T-Gruppen (Sensitivity Training) Ausbildung und Training zur Verbesserung von Fähigkeiten, von technischem Wissen, zwischenmenschlichen Entscheidungs-, Planungs- und Zielsetzungsfähigkeiten Grid-OE-Phase 1
Interventionen zur Steigerung der Effektivität von *Dyaden* und *Triaden*	Prozeßberatung „Neutraler Dritter" Grid-OE-Phasen 1, 2
Interventionen zur Steigerung von *Team-* und *Gruppen*effektivität	Teamentwicklung T-Gruppen (Family) Survey-Feedback Prozeßberatung Rollenanalyse Teamaufbau-Aktivitäten Ausbildung im Hinblick auf: Endscheiden, Problemlösen, Planen und Zielsetzen in Gruppen
Interventionen zur Steigerung von *Inter-gruppenbeziehungen*	Intergruppenaktivitäten Feedback durch Widerspiegelung Strukturell-technologische Aktivitäten Prozeßberatung „Neutraler Dritter" Grid-OE-Phase 3 Survey-Feedback
Interventionen zur Steigerung der Effektivität *ganzer Organisationen*	Strukturell-technologische Aktivitäten Konfrontationstreffen Strategisches Planen Grid-OE-Phasen 4, 5, 6 Survey-Feedback

Abbildung 2.27: Typologie der OE-Interventionen nach Zielgruppen

Quelle: French/Bell (1990)

Berater/Klienten-Beziehungen

Die Behandlung von Reorganisationsprozessen und Techniken der Organisationsentwicklung bliebe unvollständig, wenn nicht auf das spezielle, aber zentrale Problem vieler solcher Prozesse eingegangen würde. Die meisten Entwicklungs- und Reorganisationsmaßnahmen sind mit Beratung verbunden. Zwei Segmente dieses Problemfeldes sollen hier beleuchtet werden: **die Funktion des Beraters und der Prozeß der Beratung.**

147

Veränderungsziele	Aus diesen Veränderungszielen abgeleitete Interventionen
Bewußte Rückkoppelung: Neue Erfahrungen	Survey-Feedback T-Gruppen Prozeßberatung Feedback durch Widerspiegelung Einzelne Instrumente der Grid-OE
Verändern des Normen- und Wertsystems	Teamentwicklung T-Gruppen Intergruppentreffen Grid-OE-Phase 1–3
Steigerung der Interaktion und Kommunikation	Survey-Feedback Intergruppentreffen „Neutraler Dritter" Feedback durch Widerspiegelung Management by Objectives Teamentwicklung Strukturell-technologische Veränderungen
Konfrontation mit Schlichtung und Aushandeln	„Neutraler Dritter" Intergruppentreffen Individuenzentrierte Aktivitäten Konfrontationstreffen Feedback durch Widerspiegelung
Ausbildung durch: 1. Neues Wissen 2. Erwerb neuer Fähigkeiten	Lebensgestaltung und Karriereplanung Teamentwicklung Zielsetzungs-, Entscheidungs-, Problemlöse- und Planungsaktivitäten T-Gruppen Prozeßberatung

Abbildung 2.28: Zuordnung von Interventionen zu Veränderungszielen

Quelle: French/Bell (1990)

Funktion von Beratung und Berater

Beratung und Berater müssen nicht nur **eine** Funktion erfüllen (vgl. Morris/Sashkin 1976). Ein Berater kann über **Expertenwissen** verfügen, das ihm bestimmte Vorschläge ermöglicht. Er kann ein erfahrener **Moderator** sein, der einen (ins Stocken geratenen) Veränderungsprozeß (wieder) in Gang bringt oder einen „überkochenden" Wandlungsprozeß verlangsamt. Er kann aber auch als **Alibi** für eine Entwicklung dienen, die nicht von ihm induziert und vielleicht nicht einmal gewollt wird. Im Organisationsentwicklungsprozeß initiiert, stimuliert, moderiert, modifiziert und/

Beratertypen

oder ermöglicht er Veränderungen – gleichgültig ob als Manager, sonstiges Mitglied der Unternehmung oder externer „consultant". Als **Experte** verfügt der Berater über Spezialwissen und Erfahrungen, um für den Klienten die Lösung bestimmter Probleme und die Verantwortung hierfür zu übernehmen. Die Problemlösung ist dann von den Kenntnissen des Klienten und der Erweiterung dieser Kenntnisse weitgehend unabhängig. Der **Prozeßberater** ist in erster Linie damit beschäftigt, in einer Unter-

148

nehmung die Kommunikation, die Mitgliedsrollen und -funktionen in Gruppen, die Gruppennormen und das Gruppenverhalten, das Führungssystem und die Autorität sowie die Kooperation und den Wettbewerb zwischen Gruppen im Unternehmen zu beobachten und rekonstruierend zu modifizieren. Er ermöglicht dem Klienten neue Einsichten in „bestehende" Prozesse, indem er die Aufmerksamkeit auf die zugrundeliegenden Verhaltensmuster lenkt. Entweder sind in der Unternehmung die notwendigen Fähigkeiten, Kenntnisse und Ressourcen vorhanden, jedoch nicht effizient genutzt, oder es ist die Kapazität zu ihrer Entwicklung gegeben: In beiden Fällen hilft der Prozeßberater dem Klienten, seine eigenen Probleme zu lösen. Der Berater assistiert bei der Diagnose und Bewältigung.

In einer Analogie zu chemischen Prozessen kann der Berater als **Katalysator** in organisatorischen Veränderungsprozessen wirken. Er muß nicht unbedingt Experte oder besonders prozeßerfahren sein. Indem er das System mit seiner Anwesenheit konfrontiert, ermöglicht er Reaktionen. Im Überblick sind drei Beratertypen bei der Organisationsentwicklung in Abbildung 2.29 (S. 150) dargestellt.

Der Berater wird niemals nur Experte oder nur Katalysator sein. Die entsprechenden Verhaltensweisen schließen sich nicht generell aus. Bei vielen Reorganisationsproblemen werden sie sich vorteilhaft ergänzen. In einem Reorganisationsprozeß kann die Zusammenarbeit interner und externer Berater sinnvoll sein. Der **externe Berater** wird vom Auftraggeber beauftragt; das gibt ihm z. B. Einfluß, Status und Handlungsspielraum. Als Nichtmitglied der Organisation ist er der Machtentfaltung einiger Mitglieder weniger ausgesetzt. Vorteilhaft für das Unternehmen ist seine meist umfangreiche Erfahrung bei anderen Unternehmungen. Nachteile ergeben sich aus der Inversion dieser Vorteile: Er kennt das System nicht genau, verfügt in ihm nicht über ein Kommunikationsnetz, lernt nur langsam formale und informale Beziehungen kennen. Nachteilig kann auch sein, wenn er ohne genaue Abstimmung auf die betreffenden Unternehmen Lösungen eines früheren Beratungsfalles auf einen anderen Beratungsprozeß überträgt.

Externe Berater

Beim **internen Berater** kehren sich Vor- und Nachteile des externen bis zu einem gewissen Grade um. Da er bereits normales Organisationsmitglied ist, wird er in seiner neuen Rolle wohl auch als weniger bedrohlich empfunden werden als mancher Externe; es wird aber auch eher die Gefahr „fauler Kompromisse" bestehen. Häufig ist er nicht so erfahren in Organisationsentwicklungstechniken, und schließlich zeigt bei einem internen Organisationsberater das Topmanagement manchmal weniger Interesse an seinem Veränderungsprogramm.

Interne Berater

Die Vor- und Nachteile interner und externer Beratung lassen ein **Team** aus internen und externen Beratern als besonders effizient erscheinen. Im Projektmanagement nutzen Organisationen ähnliche Erfahrungen bereits.

Die Teammitglieder bringen komplementäre Beiträge ein. Die Beziehungen zwischen externen und internen Beratern können als Modell für die übrigen Organisationsmitglieder gelten, indem bei Aktivitäten Vertrauen, Respekt, Ernsthaftigkeit, Konfrontation und Zusammenarbeit erlebt werden. Nicht zuletzt bietet die Kombination

Typ	Macht und Verantwortung	Ergebnis	Nutzen	Beispiel
Experte	Der Experte entscheidet und handelt.	Der Experte wird geholt, um ein spezifisches Problem zu lösen. Der Klient entwickelt seine Problemlösungsfähigkeiten nicht weiter.	Der Experte bringt externe Erfahrungen in die Organisation, die der Klient in Zukunft nicht braucht. Das spart Zeit, aber es kann sein, daß das Problem nur auf den Experten abgeschoben wird, ohne dem Klienten wirklich zu nutzen.	Arzt, technischer Berater, Steuerberater, Rechtsanwalt.
Prozeßberater	Der Klient entscheidet und handelt, normalerweise in Zusammenarbeit mit dem Prozeßberater.	Der Prozeßberater hilft dem Klienten, bewußter wahrzunehmen und Instrumente der Prozeßanalyse zu nutzen. Der Klient erhöht seine Problemlösungsfähigkeit.	Der Prozeßberater vermittelt spezifische Fähigkeiten zur Erhöhung der personellen und organisatorischen Kompetenz. Der Prozeß dauert länger als beim Experten, aber der Klient lernt mehr und intensiver neue Fähigkeiten.	Klientenzentrierter Therapeut, Verhaltensberater.
Katalysator	Der Klient entscheidet und handelt in Gegenwart bzw. Konfrontation mit dem Katalysator.	Der Katalysator verursacht – durch bloße Anwesenheit – eine Reaktion und ruft Veränderungskräfte hervor.	Der Katalysator trägt dazu bei, daß das Klientensystem seine Beharrungstendenzen und unreflektierten Routinen überwindet und „revitalisiert" wird.	Mahatma Gandhi, Martin Luther King, Momo.

Abbildung 2.29: Beratertypen (in Anlehnung an Harvey/Brown 1976)

aus internen und externen Beratern auch die Gewährung größerer Kontinuität, wenn der externe Berater zwischenzeitlich in andere Aktivitäten eingebunden ist.

Bei der Charakterisierung von Beratertypen deuteten sich bereits Berater/Klienten-Beziehungen (vgl. Kappler 1979) an, die den Beratungsprozeß betreffen. Wenn der Berater kommt, scheint die Situation einfach: Der Klient will sich beraten lassen, der Berater will beraten. Der Klient sucht Rat, der Berater gewährt ihn. Auch die Legitimation von ihnen scheint klar: Sie wollen zusammenarbeiten. Schätzen sie die Nachteile der gegenseitigen Machtunterworfenheit geringer ein als den Nutzen der Kooperation, so unterwerfen sie sich wechselseitig in einem Vertrag. Den Klienten legitimiert seine Betroffenheit, den Berater legitimieren seine Kenntnisse.

Da sich die Relevanz von Informationen für komplexe Entscheidungssituationen nicht vorschreiben läßt – sie ist das Resultat umfangreicher und kaum rekonstruierbarer Lernprozesse –, muß sie erfahren werden. So ergibt sich auch die Beschreibung des Problems erst im Laufe der Gespräche, die der Berater mit den Mitgliedern des Klientensystems führt. Aber auch **die Lösungsmethoden lassen sich nur bestimmen, wenn sie im Klienten angelegt sind**. So ist der Berater zunächst durch den Klienten zu beraten. Die Literatur zur Organisationsentwicklung hat erkannt, daß dies so sein muß, sollen die Vorschläge der Berater nicht idealistisch oder abstrakt für den Klienten sein.

Mit dem Lernen des Beraters durch den Klienten ist allerdings mehr gemeint als die möglichst exakte Wahrnehmung eines Problems. Vielmehr steht hinter der Forderung nach dem lernenden Berater die Vorstellung, daß er die Elemente und Bestimmungsgründe, die Einflußgrößen und Verhaltensdispositionen in Erfahrung bringen muß, die zu bestimmten Entscheidungen beim Klienten führen. **Der Berater muß die Theorie finden, die der Klient in der Praxis seinem Verhalten zugrunde legt.** Was der Berater findet, ist nur sinnvoll für den Klienten, wenn es auch vom Klienten als solches erkannt und anerkannt werden kann. Nur so kann es Richtschnur für das Handeln des Klienten werden. Dies ist kein leichtes Unterfangen. Vor allem sind die Hindernisse zu finden, die den Fortschritt beim Problemlösen hemmen.

Berater und „Praxistheorie" des Klienten

Es wurde bereits darauf hingewiesen, daß die Schwierigkeit für den Berater darin besteht, nicht seinerseits Hindernisse ins Spiel zu bringen. Dies setzt voraus, daß der Berater mit dem Klienten eine offene Beziehung eingeht. Seine Fragen sind unter diesen Bedingungen nicht suggestiv, sondern interessiert, offen, ursachenorientiert und vertrauensvoll. Antworten auf seine Fragen führen zu Rückkoppelungen an den Klienten und zu Selbstverpflichtungen. Die Beziehungen sind nicht hierarchisiert. Gegenseitiges Vertrauen, kooperatives Lernen, gegenseitige Unterstützung und Förderung, wechselseitige Rückmeldungen über den Stand des Prozesses sind Voraussetzungen für eine Beziehung, in der das Lernen gelernt werden soll. Das Problem muß als etwas Gemeinsames erkannt werden. **Berater und Klient sollten als Unterstützender und Unterstützter wechselseitig ihre Rollen tauschen sowie unabhängig voneinander bleiben. Der Berater muß sich aus seiner Beraterrolle befreien.** Aufgrund seiner ökonomischen Abhängigkeitssituation wird ihm dies in aller Regel nur schwer gelingen.

Das Ende des Beratungs-prozesses als Ziel	Dem Berater stellt sich also die Aufgabe, „einem Hungernden nicht nur einen Fisch zu geben, der seine Agonie verlängert, sondern ihn fischen zu lehren, um ihn unabhängig zu machen". Zugleich ist mit diesem Bild das Ergebnis des Beratungsprozesses angedeutet: **Der Berater muß sich überflüssig machen.**

Der Einstieg in den Prozeß der Beratung gelingt nur, wenn eine Art psychologischer „Kontrakt" zwischen Klient und Berater zustande kommt. Dies wird in erster Linie dann der Fall sein, wenn in der Unternehmung ein Problem entstanden ist, das die Betroffenen nach einem Berater Ausschau halten läßt. **Ohne Problembewußtsein seitens der Unternehmensmitglieder ist der Berater sinnlos. Ohne den psychologischen „Kontrakt", der Zusammenarbeit vorwegnimmt, ist er machtlos.**

Lernen in Seminaren

Die Ausführungen über Interventionstechniken benötigen noch der Verdeutlichung und Betonung einer Grundvoraussetzung, ohne die diese Techniken nicht wirksam werden können. Wer immer aus einem Seminar, einer Fortbildungsmaßnahme, einem gruppendynamischen Training oder ähnlichem an seinen Arbeitsplatz zurückkehrt, wird erleben, daß seine Vorschläge häufig von den anderen nicht ernstgenommen werden. Die bei ihm geweckten Lerninteressen und die erhöhte individuelle Kompetenz bleiben in der Abteilung ohne Resonanz. Das Verhalten der anderen unterliegt noch Selektionen und Steuerungsmechanismen, die durch seine Lernerfahrung gar nicht berührt oder verändert werden. Und selbst dann, wenn alle Organisationsmitglieder an entsprechenden Veranstaltungen teilnehmen, bleiben die Folgen in aller Regel gering. Die Organisationsentwicklung „vor Ort" ist also eine Voraussetzung ihres Erfolges. Gerade darin liegt aber mitunter eine Schwierigkeit, da der Arbeitsplatz bewußtes Lernen mehr oder weniger verhindert hat. Der Organisationsentwicklungsprozeß soll – möglicherweise verbunden mit einer Veränderung des Arbeitsplatzes – eine Verhaltensweise vermitteln, die reaktives Verhalten überwindet. Gelingt diese Vermittlung auf den Ebenen des Individuums, der Gruppe, der Abteilung und der Unternehmung, so kann von organisationalem Lernen gesprochen werden (vgl. Cangelosi/Dill 1965).

Organisa-tionsentwicklung vor Ort

d) Organisationales Lernen

Die Komplexität unternehmensbezogener organisatorischer Probleme läßt sich im Rahmen der herrschenden Ordnung und der entsprechenden Theorien nur konzeptionell überwinden. Dies führt auf Dauer zu inadäquaten Anpassungsmöglichkeiten und/oder permanenter organisatorischer Konfusion beim Umgang mit „Erkenntnissen". Organisationales Lernen hingegen akzeptiert die Komplexität und gewinnt ein immer neues (aktives) Verständnis organisatorischer „Konfusion" (vgl. Wolff 1982).

Organisa-tionskultur

Natürlich lernen Menschen und nicht Organisationen. **Dennoch wird in Organisationen bis zu einem gewissen Grade unabhängig von einzelnen Personen eine Kultur entwickelt und weitergegeben. Das Lernen der Menschen wird durch die Organisation vermittelt und wirkt auf deren Kultur zurück** (vgl. Kaspar 1987).

152

Wenn organisationales Lernen eine notwendige Dimension organisatorischer Struktur ist, dann wird es notwendig, die Relativierung der „konstitutiven Entscheidung" im Rahmen der industriellen Organisation noch zu verdeutlichen: **Unzufriedenheit und Mißerfolge bei organisatorischen Gestaltungsmaßnahmen sind als Lernmöglichkeiten zu begreifen und zu nutzen.**

*Organisatio-
nales Lernen*

Es lassen sich Strategien zur Lernförderung entwickeln. In erster Linie kommt es darauf an, daß das organisationale Lernen selbst gelernt wird. Argyris und Schön (1975) sprechen von „Deutero-Lernen". Das Lernen des Lernens ist Grundvoraussetzung für authentisches aktives Verhalten mit dem Ziel der Veränderung und/oder Überwindung von Überstabilisierung. Die reaktive Stimulus-Reaktion-Verknüpfung kann in einem reflexiven Lernprozeß aufgehoben werden, wenn die Infragestellung von Normen, Werten, vorfindlichen Abläufen usw. angeregt wird.

*Lern-
strategien*

Organisationales Lernen bedeutet nicht nur ein Lernen, dem organisationsintern hohe Verbindlichkeit zukommt. Vielmehr ist es auch ein Lernen, das neben den Verhaltenserwartungen, die das faktische Kooperations- und Kommunikationsverhalten unmittelbar steuern, gerade jene Mechanismen verändern kann, die eben diesen auf Steuerung und Selektion gerichteten Verhaltenserwartungen in der Form von Generalisierungen und Formalisierungen zugrunde liegen, etwa im Sinne eines Suchens und Überwindens von Invarianzen (vgl. Galtung 1978). Die Sensibilisierung gegenüber Erfahrungen, Gefühlen und Veränderungen hebt die situative (Schein-) Zufälligkeit oder (Schein-)Starrheit und die individuelle (Schein-)Beliebigkeit des Alltagslernens auf (vgl. Rieckmann/Sievers 1978). Organisationale Sagen, Mythen, Gewohnheiten, Prinzipien und Expertenvorschläge werden in ihrer besseren Durchschaubarkeit organisatorisch effizienter (vgl. Westerlund/Sjöstrand 1981). „Budgets für Mißerfolge" steigern das Klima für Experimente in diesem Sinne und honorieren außergewöhnliches zukunftsträchtiges Verhalten.

Organisationales Lernen führt zur Selbststrukturierung als einer Art Balance zwischen Prozessen, die Handlungsweisen relativ konstant halten, Wandel beschleunigen und Wandel verlangsamen. Dies führt von bürokratischem Verwalten zu lernendem Management. In Stichworten lassen sich Strategien nennen, die March/Olsen (1979) in diesem Zusammenhang vorschlagen:

– Behandle Ziele wie Hypothesen
– Intuition
– Betrachte Heuchelei (z. B. der Kompetenz) als Übergang
– Behandle Erinnerungen als Feinde
– Erfahrungen sind Theorien, die immer wieder von neuem interpretiert werden
   können und müssen.

Die prinzipielle Unvermeidbarkeit von Fehlern macht es notwendig, sie zu akzeptieren, um aus ihnen zu lernen, anstatt daran zu glauben, sie könnten durch immer stärkere Strukturierung (Konstituierung) abgeschafft werden.

*Aus Fehlern
lernen*

4. Organisationale Paradigmen

Organisa-
tions-Weltan-
schauungen
Die vorausgehenden Betrachtungen beinhalten – meist implizit – bestimmte Theorien oder Weltanschauungen über das Wesen und die Funktion von Organisationen (vgl. Morgan 1986, Türk 1989). Einen Überblick über diese selten in Reinform auftretenden Paradigmen bietet Abbildung 2.30.

	Deterministische Ausrichtung	**Voluntaristische Ausrichtung**
Makroebene (Gruppen von Organisationen)	**Natürliche Auslese** Schulen: Industrieökonomie, Populationsökologie, Wirtschaftsgeschichte Ansatz: Industrielle Struktur ist ökonomisch und technologisch vorgegeben Entwicklung: Evolution durch natürliche Auslese; der ökonomische Kontext begrenzt Ausmaß und Richtung organisationaler Entwicklung Verhalten: „Zufällig" Rolle des Managements: Inaktiv	**Kollektive Handlung** Schulen: Politische Ökonomie, Pluralismus Ansatz: Gruppen von Organisationen (Networks) interagieren, ihre Umwelt aktiv gestaltend Entwicklung: Konflikte, Verhandlungen, Kompromißlösungen Verhalten: Rational, politisch-strategisch Rolle des Managements: Interakiv
Mikroebene (individuelle Organisation)	**System + Struktur** Schulen: Systemtheorie, Kontingenztheorie, struktur. Funktionalismus Ansatz: Rollen und Stellen hierarchisch strukturiert, um eine effiziente Funktion des System zu gewährleisten Verhalten: Vorbestimmt, adaptiv Rolle des Managements: Reaktiv	**„Strategic Choice"** Schulen: Aktionstheorie, Entscheidungstheorie, strategisches Management Ansatz: Organisation von Individuen und ihrer Beziehungen zueinander als Ausfluß von Handlungen der Inhaber von Machtpositionen Verhalten: Autonom Rolle des Managements: Aktiv

Abbildung 2.30: Organisatorische Paradigmen

Quelle: Astley/Van de Ven (1983)

Determini-
stisch vs. vo-
luntaristisch
Je nach Betrachtungsebene (Mikro- bzw. Makroansatz) kann man zwischen **deterministischen und voluntaristisch geprägten Paradigmen** unterscheiden, so daß sich in der Kombination vier Ausprägungen theoretischer Betrachtungsweisen ergeben.

154

Auf der **Mikroebene** geht der systemische Ansatz in Form der **Systemtheorie oder des strukturellen Funktionalismus** von einer deterministischen Organisationsumwelt aus. Die Handlungen von Individuen innerhalb einer Organisation sind größtenteils vorbestimmt durch ihre Ausrichtung auf vorgegebene Ziele. Ihre Rollen sind derart vorstrukturiert, daß sie zu Komponenten eines Systems werden, in dem der Unternehmensleitung die eher „technische" Rolle zukommt, die Anpassung des Unternehmens an Umweltveränderungen durch umfassende Sammlung und korrekte Auswertung von Informationen und die anschließende Auswahl der optimalen Handlungsalternative zu gewährleisten.

Mikroebene

Eine **voluntaristisch inspirierte Sicht** begreift **Organisationen als permanent neu zu konstruieren und zu gestalten**. Dies geschieht durch handelnde Individuen, die sich durch ihre eigene Definition und Wahrnehmung der jeweiligen Situation selbst bestimmen. Damit rücken Überlegungen subjektiver und politischer Art ins Blickfeld, verbunden mit der Feststellung, daß Organisationen sich vor allem auch durch **schlecht strukturierte Entscheidungssituationen** auszeichnen. Ferner gilt die Umwelt als prinzipiell veränderbar, d. h. sie wird weniger als reine Beschränkung der eigenen Handlungsfähigkeit interpretiert.

Der entscheidungsorientierte Ansatz wird überwiegend dem voluntaristischen Paradigma zugerechnet, obwohl er partiell auch dem mechanistisch-deterministischen Weltbild zugeordnet werden kann, vor allem wenn Entscheidungen als wohlstrukturiert angenommen werden oder eine eindeutige Ausrichtung individueller Handlungen auf die Oberziele der Unternehmung postuliert wird.

Ähnliche Differenzen sind zwischen den Ansätzen auf der **Makroebene** erkennbar, wobei wiederum die Frage in den Vordergrund rückt, ob Organisationen (oder Gruppen von Organisationen) eher fremdbestimmt sind, oder ob sie vielmehr eigengestalterisch wirksam werden können. Letzteres wäre dann Ausfluß von gruppenspezifischen Kräften und Prozessen, deren Resultat allerdings prinzipiell nicht vorausbestimmbar ist.

Makroebene

Für die Theorie wie für die Praxis gilt hierbei, daß meist deterministische und voluntaristische Momente in Koexistenz auffindbar sind. Einzelne Ansätze wie die Kontingenztheorie („situativer Ansatz") lassen sich nur schwer eindeutig einer Ausrichtung zuordnen. Die organisationale Praxis dagegen unterliegt einerseits Einflüssen sozialer, kultureller, politischer und vor allem auch wirtschaftlicher Art, andererseits handeln Organisationen innerhalb eines bestimmten Autonomiegrades auch eigenständig.

Eine Auflösung dieser widersprüchlichen Konzepte ist eine Aufgabe sowohl für den Theoretiker als auch für den Praktiker. Denn ebenso wie die Theorie die Organisationspraxis – in vereinfachter Weise – abbildet, so begründet und beeinflußt sie diese wiederum. Im Wechselspiel dieser Beziehung kommt es daher wesentlich darauf an, **sich der zugrundeliegenden Paradigmen bewußt zu werden, die nur dialektisch zueinander in Beziehung treten können, sofern man ihre – scheinbare – Inkompatibilität überwinden will.**

Wechselwirkung und Dialektik

II. Rechtsform

Jeder Zusammenschluß von Wirtschafts- oder Rechtssubjekten (natürliche und juristische Personen) zur Verfolgung eines gemeinschaftlichen wirtschaftlichen Zweckes erfordert rechtliche Regelungen. Die Rechtsform einer Unternehmung ist bestimmt durch die **Gesamtheit der gesetzlichen Normen und die vertraglichen Vereinbarungen, die die Rechtsbeziehungen des Betriebes im Innen- und Außenverhältnis regeln.**

*Rechtsform-
wahl als Ent-
scheidungs-
prozeß*
Die **Rechtsformwahl**, als **Entscheidungsprozeß**, ist ein **schlecht strukturiertes Problem.** Analytische Verfahren sind demnach nicht für die Entscheidungsfindung anwendbar, nicht nur aufgrund der Vielfältigkeit möglicher Rechtsformen und ihrer dispositiven Gestaltungsmöglichkeiten, sondern vor allem wegen der Umweltdynamik. Auch fehlen zumeist eindeutig quantifizierbare Entscheidungskriterien.

Es bedarf zunächst einer **Konkretisierung der entsprechenden Anforderungen an die Rechtsform**, bezogen auf die jeweilige Entscheidungssituation sowie auf die mit der Entscheidung angestrebten Ziele der Unternehmung bzw. der an ihr beteiligten Personen (vgl. Zieren 1989).

1. Rechtsform als Entscheidung

Die Abbildung 2.31 verdeutlicht den **prozessualen Charakter der Entscheidung** für eine Rechtsform.

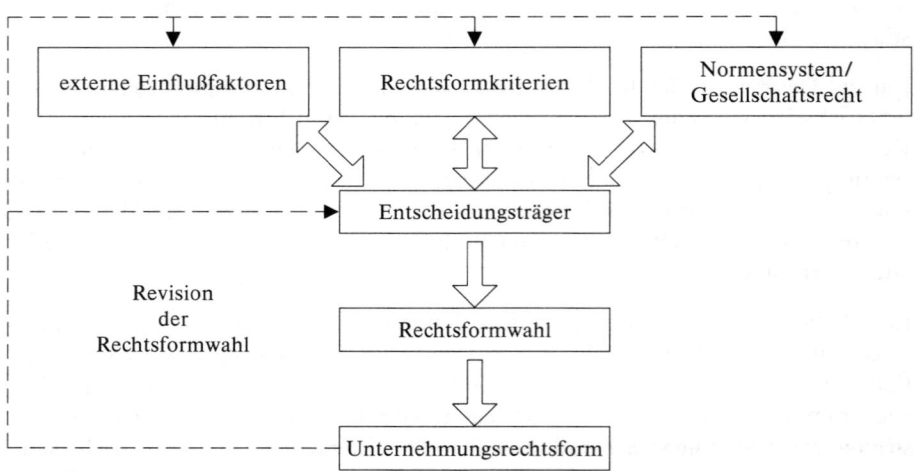

Abbildung 2.31: Entscheidungsmodell der Rechtsformwahl

Der bzw. die Entscheidungsträger verfügen meist über allgemeine Ziele und Vorstellungen hinsichtlich möglicher Rechtsformen, die dann in der konkreten Rechtsformwahl aufgrund der gegebenen dispositiven Möglichkeiten ausgestaltet werden müssen.

Verändern sich im Laufe der Zeit, d. h. nach dem Festlegen einer Rechtsform für die Unternehmung, wesentliche Bedingungen, die die Entscheidungssituation (mit)bestimmt haben, etwa durch Hinzukommen neuer Eigentümer oder eine wesentliche Veränderung der Unternehmensgröße, so kann die Rechtsformentscheidung revisionsbedürftig werden, und der Entscheidungsprozeß wird neu initiiert (vgl. S. 201 f.).

a) Entscheidungsträger

Grundsätzlich sind bei der Rechtsformwahl die Eigentümer Entscheidungsträger. Situationsabhängig können neben Eigentümer bzw. Gesellschafter autorisierte Kernorgane der Unternehmung, Belegschaftsmitglieder oder auch externe Organisationsteilnehmer (z. B. Fremdkapitalgeber) einzeln oder in Gemeinschaft als **Entscheidungsträger** auftreten.

Bei mehrpersonalen Entscheidungen werden Zielbestimmung und Rechtsform Ergebnis eines **Verhandlungsprozesses** und einer **Interessenabstimmung** sein (vgl. S. 38 f.). *Interessenabstimmung*

Wichtige **Ziele** in diesem Zusammenhang sind etwa die Gewinnmaximierung, die Vermögenssicherung, die Haftungsbeschränkung, die Übertragbarkeit von Unternehmensanteilen oder auch die Wahrung der allgemeinen Unternehmensflexibilität. *Rechtsformwahlziele*

b) Kriterien der Rechtsformentscheidung

Das für die jeweilige Rechtsformwahl relevante Zielbündel besteht aus einer **Auswahl von Rechtsformkriterien und deren Gewichtung**. Eine echte Operationalisierung ist jedoch nur in Ausnahmefällen, z. B. beim Vergleich steuerlicher Gesichtspunkte oder den Kosten der Rechtsformkonstituierung, möglich. *Rechtsformkriterien*

Jeder Kriterienkatalog (vgl. Abbildung 2.32) kann jedoch nur als unvollständiger Hinweis darauf verstanden werden, welche Aspekte bei der Rechtsformentscheidung wichtig sind bzw. sein können.

Zu beachten sind Interdependenzen zwischen einzelnen Rechtsformkriterien, so etwa zwischen der Geschäftsführungs- und Vertretungsbefugnis und der Gewinn- und Verlustbeteiligung, aber auch zwischen den Aspekten der Haftung und der Kapitalbeschaffungsmöglichkeit der Unternehmung. Letztere kann im Fall einer eingeschränkten Haftung der Gesellschafter ebenfalls stark begrenzt sein. *Interdependenzen*

Das Rechtssystem bietet verschiedene Rechtsformalternativen an, die wegen der dispositiven Natur vieler rechtlicher Normen vertraglich weiter differenziert werden können. Diese Rechtsformalternativen müssen vor dem Hintergrund des ausgewählten Zielbündels bewertet werden. *Dispositives Recht*

– Leitungsbefugnis (Geschäfts-führung und Vertretung)	– Haftung
– Kapitalbeschaffungsmöglich-keiten (Eigen- und Fremdkapital)	– Gewinn- und Verlustbeteiligung/Kapitalverlustrisiko
– Mitbestimmungsvorschriften	– Rechnungslegungs- und Informationspflichten
– Steuerbelastung	– Flexibilität der gesellschaftsrecht-lichen Vertragsgestaltung
– Liquidierbarkeit der Unter-nehmensbeteiligung	– Einmalige/laufende Kosten der Rechtsform
– Nachfolge- und Erbschaftsfragen	

Abbildung 2.32: Ausgewählte Kriterien der Rechtsformentscheidung

c) Normensystem und Gesellschaftsrecht

Gesellschafts-
recht

In der Bundesrepublik Deutschland gibt es keine zusammenfassende gesetzliche Re-gelung des Rechts aller Gesellschaften („Gesellschaftsgesetzbuch"). Die die einzelnen Rechtsformen betreffenden Vorschriften finden sich vielmehr in unterschiedlichen Gesetzen (z. B. BGB, HGB, GmbH-Gesetz, Aktiengesetz, Genossenschaftsgesetz) (vgl. Raisch 1973, 1974). Trotz der Zersplitterung des Gesellschaftsrechts wird dessen Eigenart deutlich: Weniger der Schutz und die Befriedigung von Individualinteressen sind Inhalt des Gesellschaftsrechts, sondern es werden hauptsächlich solche Inter-essen geschützt, die mehreren Personen gemeinsam sind.

Demzufolge wird im Gesellschaftsrecht eine Abstimmung der Interessen verschiede-ner Gruppen (z. B. Gesellschafter, Gläubiger, Publikum) zu erreichen versucht. Die Art des Interessenausgleichs ist abhängig von der Durchsetzbarkeit der unterschied-lichen Ziele in den parlamentarischen Gremien.

Im folgenden interessieren vor allem die in der deutschen Rechtsordnung geltenden Normen des privaten und öffentlichen Rechts sowie die bereits verabschiedeten und erwarteten Normen europäischen Gemeinschaftsrechts, soweit sie die Unterneh-mensstruktur mitbestimmen.

Gesellschafts-
vertrag

Bedingt durch die prinzipielle Ausgestaltbarkeit der gesetzlichen Normen sowie der rechtlichen Forderung nach Verfolgung eines gemeinsamen Zweckes bei privatwirt-schaftlichen Vereinigungen, kommt dem **Gesellschaftsvertrag** eine wesentliche Bedeu-tung zu.

Der Gesellschaftsvertrag bestimmt die Rechte und Pflichten der Gesellschafter un-tereinander.

Auch wenn Gesellschaftsvertrag und Rechtsformwahl grundsätzlich dispositiver Na-tur sind, so ergeben sich **gesetzliche Beschränkungen**, nach denen z. B. bei der offenen Handelsgesellschaft (OHG) und der Kommanditgesellschaft der gemeinsame Zweck

158

auf den Betrieb eines vollkaufmännischen Handelsgewerbes gerichtet sein muß (§§ 105, 161 HGB), oder nach denen Banken nicht von einem Einzelhandelskaufmann betrieben werden dürfen (§ 2a KWG).

Neben den rechtsformspezifischen Bestimmungen des Gesellschaftsrechts sind des weiteren **rechtsformneutrale**, d. h. rechtsformübergreifende **Regelungen** in Form von Sondergesetzen gültig, die sich z. B. auf die Rechnungslegung und die Informationspflichten der Unternehmen beziehen. Hierbei sind zukünftig zu veröffentlichende Unternehmensdaten hinsichtlich ihrer Form und ihres Umfanges vor allem unternehmensgrößenabhängig. Sowohl das Publizitäts- als auch das Bilanzrichtliniengesetz orientieren sich an den Merkmalen Bilanzsumme, Jahresumsatz und Arbeitnehmerzahl.

Bezüglich der **Arbeitnehmermitbestimmung** ist zu unterscheiden zwischen dem die eigentliche Rechtsformentscheidung nicht tangierenden Betriebsverfassungsgesetz, dem alle privaten Unternehmen mit mindestens fünf wahlberechtigten Arbeitnehmern unterliegen (vgl. S. 120 ff. und Teil 6, S. 770 ff.), und den Mitbestimmungsgesetzen, die sich gesellschaftsrechtlicher Gestaltungselemente bedienen (z. B. Aufsichtsratsmandate der Arbeitnehmervertreter, Arbeitsdirektor als Mitglied des Handlungsorgans). Abbildung 2.33 gibt die wesentlichen Bestimmungen dieser Gesetze, soweit sie sich auf die Gestaltung von Aufsichtsrat und Geschäftsleitung beziehen, wieder.

Mitbestimmung

d) Externe Einflußgrößen

Der oder die Entscheidungsträger unterliegen einer Vielzahl von unternehmungsexternen Einflüssen, wobei bei der Rechtsformentscheidung vor allem die **Rolle von Beratern** (z. B. Steuer- oder Rechtsberater) **und Fremdkapitalgebern** (z. B. Hausbank) hervorzuheben ist. Im Einzelfall kann dabei wohl von einer **faktischen Rechtsformwahl durch nicht zur eigentlichen Entscheidung autorisierten Parteien** gesprochen werden. Auch wenn dies auf Ausnahmen beschränkt sein mag, so ist zumindest deren Bedeutung für den Entscheidungsprozeß nicht zu unterschätzen.

Berater und Fremd-kapitalgeber

Letztlich bedeutet dies, daß sich die Zielbildungs- und Interessenabstimmungsproblematik nicht allein auf den Kreis der (offiziellen) Entscheidungsträger beschränkt, sondern eine a priori nicht eindeutig bestimmbare Gruppe umfaßt bzw. umfassen kann.

		MitbestG (4. Mai 1976)	Montan-MitbestG (21. Mai 1951)	BetrVG[1] (11. Oktober 1952)
Geltungsbereich (§§ ohne Gesetzesangabe beziehen sich auf das Gesetz der betreffenden Spalte)		AG, KGaA, GmbH, bergrechtliche Gewerkschaft mit eigener Rechtspersönlichkeit, Erwerbs- und Wirtschaftsgenossenschaft, Kapitalgesellschaft & Co. KG[2] mit mehr als 2 000 Arbeitnehmern (§§ 1, I; 4) ausgenommen: – Tendenzunternehmen (§ 1, IV) – Montanunternehmen (§ 1, II)	Bergbauunternehmen oder Unternehmen der Eisen und Stahl erzeugenden Industrie in den Rechtsformen AG, GmbH, bergrechtliche Gewerkschaft mit eigener Rechtspersönlichkeit mit mehr als 1 000 Arbeitnehmern (§ 1)	AG, KGaA (Familiengesellschaft nur mit 500 und mehr Arbeitnehmern), GmbH, bergrechtliche Gewerkschaft mit eigener Rechtspersönlichkeit, Erwerbs- und Wirtschaftsgenossenschaft, Versicherungsverein a. G. soweit ein Aufsichtsrat besteht mit mehr als 500 Arbeitnehmern (§§ 76; 77 i. V. m. § 129, I BetrVG 1972) ausgenommen: – Tendenzunternehmen (§ 81) – Unternehmen, die unter das MitbestG bzw. Montan-MitbestG fallen
Aufsichtsrat (AR)	Größe und Zusammensetzung	mindestens 12, höchstens 20 Mitglieder je nach Arbeitnehmerzahl des Unternehmens; Parität (1/2) der Arbeitnehmerrepräsentanten im AR (§§ 1, I; 7, I)	mindestens 11, höchstens 21 Mitglieder je nach Höhe des Grund- bzw. Stammkapitals des Unternehmens; Parität (1/2) der Arbeitnehmerrepräsentanten; zusätzlich ein weiteres („neutrales") Mitglied im AR (§§ 4, I; 9)	mindestens 3, höchstens 21 Mitglieder je nach Grund- bzw. Stammkapital des Unternehmens. Unterparität (1/3) der Arbeitnehmerrepräsentanten im AR (§§ 76, I; 77, I i. V. m. § 95 AktG)
	Verteilung der Arbeitnehmersitze	(2 (2,3))[3] Gewerkschaftsvertreter 4 (6,7)[3] Arbeitnehmer des Unternehmens, verteilt nach ihrem zahlenmäßigen Verhältnis im Unternehmen auf Arbeiter, Angestellte, leitende Angestellte (mindestens je 1) (§§ 7, II; 15, II)	2 (3,4)[3] Gewerkschaftsvertreter 1 (2,3)[3] Arbeiter des Unternehmens 1 Angestellter des Unternehmens 1 (1,2)[3] weitere(s) Mitglied(er) (§§ 4, I, II; 6; 9)	mindestens ein Arbeitnehmervertreter; wenn zwei oder mehr Arbeitnehmervertreter zu wählen sind: unter ihnen müssen sich mindestens zwei Arbeitnehmer aus dem Unternehmen, darunter ein Arbeiter und ein Angestellter, befinden (§§ 76, II; 77, I)

		MitbestG (4. Mai 1976)	Montan-MitbestG (21. Mai 1951)	BetrVG[1] (11. Oktober 1952)
Aufsichtsrat (AR)	Beschluß-fähigkeit	Hälfte der Soll-Mitgliederzahl (§§ 25, I; 28)	Hälfte der Soll-Mitgliederzahl (§ 10)	Hälfte der Soll-Mitgliederzahl (mindestens jedoch 3) (§ 108, II AktG)
	Auflösung von Patt-situationen	Stimmengleichheit bei Wiederholung der Abstimmung: AR-Vorsitzender[4] hat **zwei** Stimmen (§ 29, II)	Auflösung durch „neutrales" Mitglied (ungerade Stimmenzahl)	nicht geregelt; Pattsituation tritt wegen fehlender Parität und ungerader Mitgliederzahl i. d. R. nicht auf
Vorstand/Geschäftsführer		Bestellung und Abberufung durch AR; Arbeitsdirektor als gleichberechtigtes Mitglied (§§ 31; 33)	Bestellung und Abberufung durch AR; Arbeitsdirektor als gleichberechtigtes Mitglied (dieser kann nicht gegen die Stimmen der Mehrheit der Arbeitnehmerrepräsentanten im AR bestellt bzw. abberufen werden) (§§ 12; 13)	Bestellung und Abberufung durch AR (§ 84 AktG); bei GmbH durch Gesellschafter(-versammlung) (§ 46 Nr. 5 GmbHG)
Wahl der Arbeitnehmerrepräsentanten in den AR (Wahlverfahren)		– mehr als 8 000 Arbeitnehmer: mittelbare Wahl über Wahlmänner; – bis einschl. 8 000 Arbeitnehmer: unmittelbare Wahl (Urwahl) der Arbeitnehmer (Verfahren sind austauschbar) (§ 9)	Wahlorgan wählt gemäß verbindlicher Vorschläge der Betriebsräte und Gewerkschaften (§§ 6; 9)	unmittelbare Wahl (Urwahl) der Arbeitnehmer (§§ 76, II; 77, I)

1 Gem. § 129, I BetrVG 1972 bleiben die §§ 76–77a, 81, 85, 87 des BetrVG 1952 in Kraft.

2 Mitbestimmungspflichtig ist nur der Komplementär. Sind die Voraussetzungen des § 4 MitbestG gegeben, dann werden die Arbeitnehmer der KG dem Komplementär zugerechnet.

3 Die Anzahl dieser AR-Mitglieder differiert mit der Größe des AR.

4 Gem. § 27 MitbestG sind der AR-Vorsitzende und sein Stellvertreter vom AR mit einer $\frac{2}{3}$-Mehrheit zu wählen. Wird bei der Wahl eine solche Mehrheit nicht erreicht, so wählen in einem zweiten Wahlgang die AR-Mitglieder der Anteilseigner den AR-Vorsitzenden und die AR-Mitglieder der Arbeitnehmer den Stellvertreter.

Abbildung 2.33: Wesentliche Unterschiede der Mitbestimmung nach dem MitbestG, dem Montan-MitbestG und dem BetrVG 1952.

2. Rechtsformalternativen

Abbildung 2.34 gibt einen Überblick über Rechtsformalternativen privater Unternehmungen.

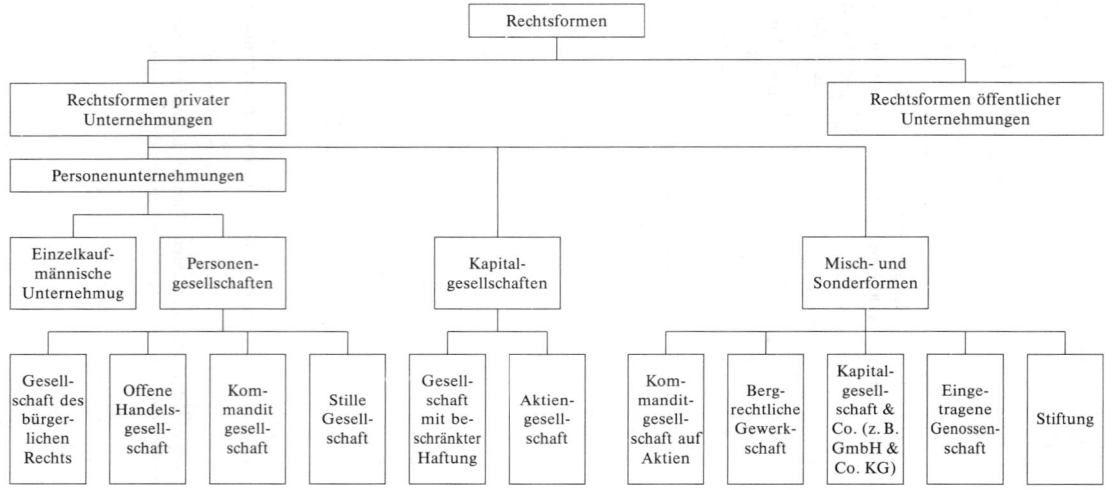

Abbildung 2.34: Rechtsformen privater Unternehmungen im Überblick

Zunächst lassen sich die Rechtsformen nach ihrem **privatrechtlichen** und **öffentlich-rechtlichen** Charakter unterscheiden (zu den Formen öffentlicher Unternehmen vgl. S. 199 ff.). Für die Rechtsformentscheidung von Industriebetrieben stehen die verschiedenen Formen des Privatrechts im Vordergrund. Dabei ist insbesondere die Unterscheidung von **Personengesellschaften** und **Kapitalgesellschaften** von Bedeutung. Der Begriff der Gesellschaft bezieht sich in diesem Zusammenhang auf freiwillige Personenzusammenschlüsse, die auf vertraglicher Basis die Förderung selbstgewählter Ziele anstreben.

Personengesellschaften fußen auf dem allgemeinen Gesellschaftsrecht des BGB. **Sie bauen in besonderem Maße auf der persönlichen Verbundenheit der einzelnen Gesellschafter auf.** Da die Existenz der Unternehmung regelmäßig eng mit der Mitgliedschaft der Einzelperson verbunden ist, ist die Mitgliedschaft ohne Zustimmung der anderen Gesellschafter grundsätzlich nicht übertragbar. Durch die normalerweise geringe Gesellschafterzahl können Sonderinteressen der Gesellschafter im Gesellschaftsverhältnis starke Berücksichtigung finden.

Personengesellschaft

Kapitalgesellschaften lösen sich dagegen von solchen persönlichen Bindungen der Mitglieder und gründen das Gesellschaftsverhältnis auf die wirtschaftlichen Mitgliedsbeziehungen. Kennzeichen der Kapitalgesellschaft ist die Existenz eines ziffernmäßig festgelegten Gesellschaftskapitals (Grundkapital der AG; Stammkapital der GmbH). Aus juristischer Sicht werden die Gläubigergarantien anstelle der persönlichen Haftung der Gesellschafter im wesentlichen durch das in Höhe des Gesellschaftskapitals vor der Ausschüttung geschützte Vermögen übernommen. Eine Veränderung dieses Kapitals kann nur aufgrund eines Gesellschafterbeschlusses erfolgen. Im Gegensatz zu Personengesellschaften stellen Kapitalgesellschaften eine eigene Rechtspersönlichkeit (juristische Person) dar.

Kapitalgesellschaft

a) Personenunternehmungen

Einzelunternehmung

Aus wirtschaftlicher Sicht kann zwischen der Einzelunternehmung im engeren Sinne und der Einzelunternehmung im weiteren Sinne unterschieden werden. Letztere umfaßt neben der einzelkaufmännischen Unternehmung (Einzelunternehmung i. e. S.) auch die Einmanngesellschaften (z. B. Einmann-AG, -GmbH).

Einmanngesellschaften können neben den gesetzlich geregelten Fällen (Möglichkeit der Gründung einer Einmann-GmbH gemäß § 1 GmbHG; Umwandlung eines einzelkaufmännischen Unternehmens in eine AG, KGaA, GmbH gemäß §§ 50, 56a UmwG) vor allem dadurch entstehen, daß sich sämtliche Anteile in einer Hand vereinigen. Rechtlich betrachtet gehören diese Unternehmen jedoch zu den Kapitalgesellschaften.

Einmanngesellschaften

Die einzelkaufmännische Unternehmung ist **juristisch** streng von der Einmanngesellschaft zu unterscheiden. Bei letzterer bleibt die Trennung von Gesellschafter und Gesellschaft als rechtlich verschiedene Personen erhalten. **Wirtschaftlich** handelt es sich dagegen bei der Einmanngesellschaft um eine einzelkaufmännische Unternehmung mit (auf das Gesellschaftsvermögen) „beschränkter Haftung". Der Nachteil einer solchen Einzelunternehmung „mit beschränkter Haftung" zeigt sich vielfach erst in einer eingeengten Kreditbasis gegenüber der Einzelunternehmung „mit unbeschränkter Haftung". Die Einzelunternehmung kann somit in mehreren Rechtsformen in Erscheinung treten; ihre Charakterisierung als selbständige Rechtsform erscheint deshalb in dieser Globalität zumindest fragwürdig. An dieser Stelle soll nur der Einzelkaufmann als Einzelunternehmung im engeren Sinne dargestellt werden.

Die Einzelunternehmung (als Einzelkaufmann) wird von einer einzelnen natürlichen Person rechtlich repräsentiert; sie ist Vermögensbestandteil ihres alleinigen Inhabers ohne rechtliche Selbständigkeit. Ihre Regelung erfolgt in den §§ 1–104 HGB. Die Gründung der Einzelunternehmung ist an keine Form gebunden. Für Vollkaufleute ist lediglich die Eintragung der Firma (Name des Vollkaufmanns) in das Handelsregister erforderlich (§ 29 HGB). Nicht die Firma wird jedoch Träger von Rechten und Pflichten, sondern der Kaufmann selbst, wenngleich er unter seiner Firma klagen und verklagt werden kann (§ 17 HGB).

Bei dieser Rechtsform steht der Unternehmer eindeutig im Mittelpunkt. In seiner Person vereinigen sich Leitungsbefugnis (Geschäftsführung und Vertretung), Risikotragung (Haftung) und Entscheidungskompetenz bezüglich der Gewinnverwendung. Hieraus resultiert einerseits ein hohes Maß an Elastizität der Einzelunternehmung; andererseits hat diese Personengebundenheit häufig schwierige **Nachfolgeprobleme** zur Folge. Beispielsweise kann der Fortbestand der Unternehmung dann in Frage gestellt sein, wenn bei einem plötzlichen Tod des Inhabers kein Nachfolger zur Verfügung steht, der mit den notwendigen unternehmerischen Qualitäten ausgestattet ist.

*Probleme des
Einzel-
kaufmanns*

Ein weiteres Problem der Einzelunternehmung stellt die **Kapitalbeschaffung** dar. Ist die Möglichkeit des Einzelkaufmanns, der Unternehmung aus seinem Privatvermögen neues Kapital zuzuführen, beschränkt, dann verbleibt nur der erwirtschaftete Gewinn als Eigenfinanzierungsquelle (Selbstfinanzierung). Da die Gewinnentwicklung jedoch Schwankungen unterworfen ist, führt diese Finanzierungsalternative nur in seltenen Fällen zu einer systematischen Eigenkapitalerhöhung. Ebenso wie die Zuführung von Eigenkapital findet auch die Möglichkeit der Fremdkapitalaufnahme im Privatvermögen des Einzelkaufmanns ihre Beschränkung. Das Problem der Kapitalbeschaffung stellt einen wesentlichen Grund dafür dar, daß die Einzelunternehmung als Rechtsform für Industriebetriebe keine Bedeutung erlangt hat.

Personengesellschaften

(1) Gesellschaft des bürgerlichen Rechts

Die Grundform der Personengesellschaften ist die Gesellschaft des bürgerlichen Rechts (BGB-Gesellschaft, GbR). Sie ist in den §§ 705–740 BGB geregelt und steht zu den anderen Personengesellschaften im Verhältnis von allgemeiner zu spezieller Form. Die GbR setzt einen Gesellschaftsvertrag voraus, in dem sich die Gesellschafter (Gesellschafter können sowohl natürliche als auch juristische Personen sein) gegenseitig verpflichten, die Erreichung eines gemeinsamen Zwecks in bestimmter Weise zu fördern (§ 705 BGB). Dabei ist es gleichgültig, ob wirtschaftliche oder ideelle Zwecke gefördert werden sollen; grundsätzlich kommt **jeder erlaubte Zweck** in Betracht. Richtet sich dieser auf ein Handelsgewerbe, so wird aus der BGB-Gesellschaft eine OHG.

Zwecke

Für Gesellschaftsschulden haften alle Gesellschafter als Gesamtschuldner (§ 427 BGB) unmittelbar und unbeschränkt neben dem Gesellschaftsvermögen. Hieraus ergibt sich das Recht zur gleichberechtigten Mitwirkung an der Geschäftsführung (Gesamtgeschäftsführung; § 709 BGB). Gesellschaftsvertraglich kann eine hiervon abweichende Regelung vereinbart werden. Über die Gewinn- und Verlustbeteiligung wird wegen des dispositiven Charakters von § 722 BGB in erster Linie der Gesellschaftsvertrag Regelungen enthalten. Ist dies nicht der Fall, dann hat jeder Gesellschafter ohne Rücksicht auf Art und Größe seines Beitrags einen gleichen Anteil am Gewinn und Verlust.

Haftung, Leitungs-befugnis, Gewinn-und Verlust-beteiligung

Als Rechtsform für den Industriebetrieb kommt der BGB-Gesellschaft wegen ihrer **leichten Auflösbarkeit** kaum Bedeutung zu. Andererseits verdankt sie gerade ihrer **flexiblen Gestaltungsmöglichkeit** (kurz- oder längerfristig angelegt; auf die Verfolgung materieller oder immaterieller Zwecke ausgerichtet) ihre bedeutende Stellung im Wirtschaftsleben. Insbesondere findet sie sich bei kurzfristigen oder nur auf eine einmalige Angelegenheit beschränkten Zusammenschlüssen – sogenannten „Gelegenheitsgesellschaften" (z. B. Arbeitsgemeinschaften für Bauprojekte, Emmissionskonsortien, Kartelle).

Bedeutung

(2) Offene Handelsgesellschaft

Die offene Handelsgesellschaft (OHG) ist in den §§ 105–160 HGB geregelt; ergänzend gelten die Bestimmungen über die GbR. **Die OHG ist eine auf den Betrieb eines Handelsgewerbes unter gemeinschaftlicher Firma gerichtete Gesellschaft, bei der sämtliche Gesellschafter den Gesellschaftsgläubigern unbeschränkt haften (§ 105 HGB).** Hinsichtlich ihrer Entstehung muß zwischen Innen- und Außenverhältnis unterschieden werden. Im Verhältnis zu Dritten entsteht die OHG mit dem Zeitpunkt des Geschäftsbeginns (sofern sie ein Handelsgewerbe gemäß § 1 HGB betreibt), spätestens aber mit der Eintragung ins Handelsregister (§ 123 HGB). Im Innenverhältnis richtet sich der Entstehungszeitpunkt nach dem zwingend erforderlichen Gesellschaftsvertrag. Um eine OHG ins Leben zu rufen, bedarf es mindestens zweier sich zusammenschließender Personen. Hierbei kommen neben natürlichen Personen auch juristische Personen sowie nach heute herrschender Meinung auch OHG und KG selbst in Betracht.

Entstehung

Unabdingbares rechtliches Merkmal der OHG ist die **unbeschränkte, unmittelbare und gesamtschuldnerische Haftung sämtlicher Gesellschafter.** Zudem haftet die OHG aufgrund der ihr in § 124 HGB zugebilligten Selbständigkeit mit dem Gesellschaftsvermögen für bestehende Verbindlichkeiten. Die Gesellschaftsgläubiger können somit einen beliebigen Gesellschafter oder die Gesellschaft in Anspruch nehmen.

Haftung

Die Haftungsregelung findet in der Leitungsbefugnis ihren Niederschlag: Mangels anderer gesellschaftsvertraglicher Regelungen gilt **Einzelgeschäftsführung** (§§ 114, 115 HGB) und **Alleinvertretungsmacht** (§ 125 HGB). Während bezüglich der Geschäftsführung der Gesellschaftsvertrag jede beliebige anderweitige Regelung vorsehen kann, besteht hinsichtlich der Vertretung keine volle Vertragsfreiheit, da hier Interessen Dritter berührt werden. Vom Grundsatz der Einzelvertretung kann ver-

Leitungs-befugnis

traglich nur insoweit abgewichen werden, als mit Wirkung gegen Dritte ein oder mehrere (jedoch nicht alle) Gesellschafter von der Vertretung ausgeschlossen werden können und/oder Gesamtvertretung vereinbart werden kann. Sämtliche Ausnahmen von der Einzelvertretungsmacht sind in das Handelsregister einzutragen.

Gewinn- und Verlust- beteiligung

Die Beteiligung der einzelnen Gesellschafter am Gewinn und Verlust wird in der Regel im Gesellschaftsvertrag festgelegt, wobei Beteiligungshöhe, Ausmaß der persönlichen Mitarbeit, Privatvermögen usw. individuell berücksichtigt werden können. In Ermangelung einer vertraglichen Vereinbarung steht nach der gesetzlichen Regelung jedem Gesellschafter ein Vorausgewinnanteil in Höhe von 4 v. H. seines Kapitalanteils zu. Der darüber hinausgehende Teil des Gewinns wird ebenso wie der Verlust nach Köpfen verteilt (§ 121 HGB). Hieran läßt sich ersehen, daß die innere Struktur der OHG der persönlichen Mitarbeit gegenüber der kapitalmäßigen Beteiligung eine Vorrangstellung einräumt.

Kapital- beschaffungs- möglichkeiten

Durch die Möglichkeit der Aufnahme neuer Gesellschafter weist die OHG gegenüber der einzelkaufmännischen Unternehmung eine **erweiterte Eigenfinanzierungsbasis** auf. Aufgrund einer damit in der Regel einhergehenden Beeinträchtigung des Entscheidungsspielraums der bereits vorhandenen Gesellschafter verliert diese Finanzierungsalternative wieder an Bedeutung. Bezüglich der Finanzierung durch zusätzliche Einlagen der Gesellschafter und der Selbstfinanzierung gelten im wesentlichen die gleichen Einschränkungen wie bei der Einzelunternehmung (i. e. S.). Da die Fremdkapitalbeschaffungsmöglichkeiten weniger von der Gesellschafterzahl als vielmehr von deren für Haftungszwecke zur Verfügung stehenden Vermögen abhängen, sind hier allenfalls Einzelaussagen möglich.

Auflösung

§ 131 HGB enthält eine Aufzählung der Gründe, die kraft Gesetzes zur Auflösung der OHG führen. Darüber hinaus können weitere Auflösungsgründe im Gesellschaftsvertrag vorgesehen werden. Dieser wird vielfach auch eine Vereinbarung enthalten, die bei Tod eines Gesellschafters (§ 131, Nr. 4 HGB) die Fortsetzung der Gesellschaft mit den Erben vorsieht.

Die Rechtsform der OHG findet sich vorwiegend in kleinen und mittleren Unternehmungen des Handels und der Industrie. Sie entsteht häufig im Zuge der Erweiterung einer Einzelunternehmung (z. B. durch Eintritt weiterer Familienmitglieder, kapitalkräftiger Gesellschafter oder qualifizierter Mitarbeiter).

EWIV

Ihrer rechtlichen Struktur nach der OHG vergleichbar, gibt es seit 1989 die **Europäische Wirtschaftliche Interessenvereinigung (EWIV)**, die als eine Art „supranationale" Unternehmensrechtsform (vgl. Hopfenbeck 1989, S. 137) gelten kann. Der Vereinigung müssen Mitglieder aus mindestens zwei verschiedenen EG-Staaten angehören. Damit eignet sie sich besonders für grenzüberschreitende Kooperationsprojekte. Jedes Mitglied haftet den Gläubigern unbeschränkt und gesamtschuldnerisch. Die Eintragung erfolgt beim zuständigen Handelsregister des Sitzes der Vereinigung. Über den Nutzen dieser Rechtsform liegen noch keine Erfahrungen vor; allerdings unterliegt sie einigen Beschränkungen, die ihrer Anwendungsmöglichkeit Grenzen setzen dürften. So darf sie etwa nur unter bestimmten Bedingungen Anteile an anderen Unternehmen halten (vgl. Heydt 1989).

(3) Kommanditgesellschaft

Von der offenen Handelsgesellschaft unterscheidet sich die Kommanditgesellschaft (KG) lediglich dadurch, **daß bei einem oder mehreren Gesellschaftern „die Haftung gegenüber Gesellschaftsgläubigern auf den Betrag einer bestimmten Vermögenseinlage beschränkt ist" (§ 161 HGB). Sie kennt somit zwei Arten von Gesellschaftern: den unbeschränkt haftenden Komplementär und den beschränkt haftenden Kommanditisten.** Als Komplementäre bzw. Kommanditisten kommen neben natürlichen auch juristische Personen sowie OHG und KG selbst in Betracht. Die Rechtsstellung des Komplementärs entspricht derjenigen eines OHG-Gesellschafters. Ihm obliegen aufgrund seiner vom Gesetz angenommenen persönlichen Mitarbeit und seines vollen Risikos Geschäftsführung und Vertretung der KG. Die beschränkte Haftung des Kommanditisten, der normalerweise nur kapitalmäßig an der Gesellschaft beteiligt ist, stattet diesen lediglich mit bestimmten Kontroll- und Widerspruchsrechten aus (z. B. Einsicht in die Bücher und Vorlage des Jahresabschlusses gemäß § 166 HGB; Widerspruchsrecht bei „ungewöhnlichen" Geschäften gemäß § 164 HGB). *Komplementär, Kommanditist*

Die Entstehung der KG vollzieht sich in gleicher Weise wie die der OHG. Zusätzlich muß die Anmeldung der Gesellschaft zum Handelsregister die Namen der Kommanditisten und den Betrag der Einlage eines jeden von ihnen enthalten (§ 162, I HGB). In die Firma der KG dürfen die Namen der Kommanditisten jedoch nicht aufgenommen werden (§ 19, IV HGB). *Entstehung*

Auch bei der KG ist der Verteilungsmodus von Gewinn und Verlust im Regelfall Gegenstand des Gesellschaftsvertrags. Mangels einer solchen Vereinbarung erhält **jeder** Gesellschafter einen Vorausgewinnanteil in Höhe von 4 v. H. seines Kapitalanteils. Da eine Verteilung nach Köpfen die effektiven Risiken und Arbeitsleistungen der verschiedenen Gesellschaftertypen nicht zu berücksichtigen vermag, wird der Restgewinn – ebenso wie der Verlust – in „angemessenem Verhältnis" verteilt (§ 168, II HGB). Der auf den Kommanditisten entfallende Gewinnanteil wird seinem Kapitalkonto nur bis zur Höhe der vereinbarten Einlage gutgeschrieben. Darüber hinausgehende Beträge werden auf einem besonderen Konto verbucht und stehen dem Kommanditisten als Forderung zu. Verluste werden von seinem Kapitalkonto abgebucht, wodurch dieses auch negativ werden kann. Der Kommanditist ist jedoch, auch bei Auflösung der Gesellschaft, nicht ausgleichspflichtig, sofern er seiner Einlagepflicht nachgekommen ist. Er nimmt vielmehr an einem Verlust in jedem Fall nur bis zur Höhe seiner Einlage teil (§ 167, III HGB). *Gewinn- und Verlustbeteiligung*

Die Kommanditgesellschaft zeichnet sich gegenüber der OHG durch ihre **leichtere Beschaffungsmöglichkeit von Eigenkapital** aus. Einerseits können potentielle Kapitalgeber wegen der beschränkten Haftung eher veranlaßt werden, sich als Kommanditisten an der Gesellschaft zu beteiligen, andererseits bedeuten deren eingeschränkte Mitwirkungsrechte eine nur geringfügige Einengung des unternehmerischen Entscheidungsspielraums. Die verbesserten Eigenkapitalbeschaffungsmöglichkeiten wirken sich letztlich auch vorteilhaft auf die Fremdkapitalbeschaffung aus. Beschränkt werden die elastischen Finanzierungsmöglichkeiten der KG jedoch durch das Fehlen eines organisierten Marktes für Kommanditanteile. *Kapitalbeschaffungsmöglichkeiten*

Die das Innenverhältnis der KG betreffenden gesetzlichen Regelungen sind dispositiver Natur (§ 163 HGB). Komplementäre und Kommanditisten können somit ihre Beziehungen entsprechend ihren Zielen und entsprechend den wirschaftlichen Bedürfnissen ausgestalten. Dies hat zu einer Reihe von atypischen Erscheinungsformen der KG geführt. Beispielsweise kann es sein, daß der **wirtschaftliche Schwerpunkt ganz bei den Geldgebern** liegt, diese aber nicht bereit sind, die persönliche Haftung zu übernehmen. In solchen Fällen können gesellschaftsvertraglich der (die) Komplementär(e) von den Weisungen der Kommanditisten abhängig gemacht bzw. ganz von der Geschäftsführung ausgeschlossen werden. Die eigentliche Leitung der KG liegt dann bei den Kommanditisten, wofür der (die) Komplementär(e) intern von der Risikotragung freigestellt wird (werden). Gesellschaften, die derart strukturiert sind, werden – da sie Elemente von Kapitalgesellschaften aufweisen – als **„kapitalistische KG"** bezeichnet. Eine weitere Annäherung an Kapitalgesellschaften läßt sich dann erreichen, wenn körperschaftliche Strukturelemente (z. B. Kommanditistenversammlung, Aufsichtsrat, Vorstand) aufgegriffen werden. Eine solche Konstruktion wird vielfach dann gewählt, wenn die Zahl der Kommanditisten groß ist. Auf die Aufnahme einer Vielzahl von Kommanditisten sind insbesondere die sogenannten **Publikums-(Massen-)Kommanditgesellschaften** angelegt. Das Ziel dieser KG – deren Komplementär meist eine GmbH ist – besteht regelmäßig darin, durch Ausnutzung von Steuervorteilen Verluste zu „erwirtschaften", die den einzelnen Anlagegesellschaftern zugewiesen werden. Durch § 15a EStG werden die Betätigungsmöglichkeiten von solchen Abschreibungs- bzw. Verlustzuweisungsgesellschaften jedoch beschränkt. Eine weitere Sonderform stellt die **Kommanditgesellschaft auf Aktien (KGaA)** dar. Da sie juristisch zu den Kapitalgesellschaften zählt, jedoch auch personengesellschaftsbezogene Elemente enthält, wird sie als Misch- bzw. Sonderform erst auf S. 184 ff. behandelt.

Auflösung

Hinsichtlich der Beendigung der KG ergibt sich gegenüber der OHG die Besonderheit, daß der Tod eines Kommanditisten die Gesellschaft nicht auflöst; an seine Stelle rücken die Erben. Hat der einzige Kommanditist einer KG keine Nachfolger, so wandelt sich die KG in eine OHG um, wenn die bisherige KG mehrere Komplementäre umfaßt. Im Todesfall des einzigen Komplementärs einer KG löst sich dagegen die Gesellschaft auf. Im Gesellschaftsvertrag kann jedoch die Weiterführung vorgesehen und geregelt werden.

(4) Stille Gesellschaft

Die stille Gesellschaft (StG) ist in den §§ 230–237 HGB geregelt. **Bei ihr handelt es sich um eine Gesellschaft, bei der sich jemand am Handelsgewerbe eines anderen in der Weise beteiligt, daß seine Vermögenseinlage gegen einen Anteil am Gewinn (§ 230 HGB) in das Vermögen des anderen übergeht.** Die StG entsteht mit Abschluß des Gesellschaftsvertrags zwischen dem Inhaber des Handelsgeschäfts und dem stillen Gesellschafter. Sie besteht immer aus zwei Parteien. Beteiligen sich mehrere „Stille" am Handelsgewerbe eines anderen, so gelten ebensoviele Gesellschaftsverträge als abgeschlossen (mehrere stille Gesellschaften). Auf der Inhaberseite kann auch eine Personenmehrheit stehen (z. B. OHG, KG) oder eine juristische Person, die ein Handelsgewerbe

Atypische Gestaltungsformen der KG

Entstehung

168

betreibt (z. B. AG, GmbH). Als stille Gesellschafter kommen neben einer natürlichen Person auch eine juristische Person sowie eine OHG, KG und GbR in Betracht.

Die Einlage des stillen Gesellschafters geht nicht notwendigerweise in das Eigentum des Geschäftsinhabers über. Insbesondere ist das dann nicht der Fall, wenn im Gesellschaftsvertrag lediglich die Überlassung von Sachmitteln zum Gebrauch, die Leistung von Diensten etc. vereinbart wurde. Es wird kein **gemeinsames Gesellschaftsvermögen** gebildet. Das Geschäftsvermögen gehört nur dem Inhaber, nicht jedoch auch dem stillen Gesellschafter.

Einlage des stillen Gesellschafters

Als reine Innengesellschaft, die nach außen nicht auftritt (Firmierungsverbot), kann die stille Gesellschaft weder verklagt werden noch ist sie konkurs- oder deliktsfähig. Rechtsstreitigkeiten können nur unter dem Namen oder der Firma ausgetragen werden.

Innengesellschaft

Die Geschäftsführung steht ausschließlich dem tätigen Gesellschafter zu; auch bei ungewöhnlichen Geschäften hat der Stille kein gesetzlich verankertes Widerspruchsrecht (dispositiv). Bezüglich der gesetzlichen Kontrollrechte ist der stille Gesellschafter dem Kommanditisten gleichgestellt (§ 233 HGB); am Gewinn und Verlust nimmt er in angemessenem Umfang teil. **Während die Verlustbeteiligung vertraglich ausgeschlossen werden kann, ist ein Ausschluß der Gewinnbeteiligung nicht möglich; sie gehört zum Wesen der stillen Gesellschaft (§ 231 HGB).** Da aus den in dem Betrieb geschlossenen Geschäften allein der Inhaber berechtigt und verpflichtet wird, **scheidet eine Haftung des stillen Gesellschafters aus.** Er ist lediglich verpflichtet, seine Einlage zu leisten. Wird über das Vermögen des Geschäftsinhabers der Konkurs eröffnet, so kann der stille Gesellschafter seine Einlage, soweit sie den Betrag des auf ihn entfallenden Anteils am Verlust übersteigt, als **Konkursgläubiger** geltend machen (§ 236 HGB).

Leitungsbefugnis, Gewinn- und Verlustbeteiligung

Beim handelsrechtlichen Grundtypus der stillen Gesellschaft ist der Anspruch auf die stillen Reserven ausgeschlossen. Im Gegensatz dazu wird bei der **atypischen stillen Gesellschaft** der Stille auch an den stillen Reserven im Falle der Auseinandersetzung oder Auflösung beteiligt.

Atypische stille Gesellschaft

Bei der stillen Gesellschaft gelten im wesentlichen die gleichen Auflösungsgründe wie bei der GbR (vgl. §§ 723 ff. BGB). Ähnlich wie bei der KG ist auch hier der Tod des Stillen kein Auflösungsgrund (§ 234, II HGB); seine Erben werden an seiner Stelle Gesellschafter.

Auflösung

Mit der stillen Gesellschaft zeigt sich eine **interessante Alternative im Rahmen der Eigenfinanzierung für nahezu alle Rechtsformen.** Insbesondere der begrenzte Kapitaleinsatz ohne persönliche Mitarbeit, die Vermeidung der Handelsregisterpublizität und die Möglichkeit, die Gewinnbeteiligung mit einem Verlustausschluß zu koppeln, erhöhen die Attraktivität dieser Beteiligungsform für potentielle Kapitalgeber.

Finanzierungsaspekt

Schwierigkeiten bereitet häufig die Abgrenzung der stillen Gesellschaft gegenüber den sogenannten **partiarischen Rechtsverhältnissen**, d. h. „Rechtsverhältnissen nicht gesellschaftlicher Art, bei denen aber eine Gewinnbeteiligung vereinbart ist" (Hueck 1983). **Von besonderer praktischer Bedeutung ist in diesem Zusammenhang das partia-**

Stille Gesellschaft/ partiarisches Darlehen

rische Darlehen, bei dem der Gläubiger anstelle fester Zinsen einen bestimmten Anteil am Gewinn (Umsatz) erhält. Die Abgrenzung setzt regelmäßig eine umfassende Würdigung des Vertragszwecks und -inhalts sowie der wirtschaftlichen Ziele der Beteiligten voraus. Insbesondere soll die Vertragsauslegung klären, ob das Verhältnis der beteiligten Personen zueinander eine wirkliche Zweckgemeinschaft im Sinne einer Gesellschaft darstellt. Auf das Vorliegen einer stillen Gesellschaft deuten neben der Vereinbarung einer Verlustbeteiligung hauptsächlich die Einräumung von Kontrollrechten hin. Durch den Umstand, daß letztere auch dem Darlehensgeber gewährt werden können, wird die Abgrenzung weiter erschwert.

Stille Gesellschaft/Unterbeteiligungsgesellschaft

Von der stillen Gesellschaft ist auch die sogenannte Unterbeteiligungsgesellschaft zu unterscheiden. **Eine solche liegt vor, wenn sich eine natürliche oder juristische Person an der Gesellschafterstellung einer anderen Person (Hauptgesellschafter) in der Art beteiligt, daß der Gewinn und der Verlust bzw. nur der Gewinn zwischen dem Hauptgesellschafter und dem Unterbeteiligten geteilt werden.** Als Hauptgesellschafter kommen die Gesellschafter einer OHG, KG und GmbH in Betracht. Obwohl es sich bei der Unterbeteiligungsgesellschaft um eine typische Innengesellschaft handelt, ist sie keine stille Gesellschaft, weil sich der Unterbeteiligte nicht am Betrieb des Handelsgewerbes eines anderen (gemäß § 230 HGB zwingende Voraussetzung) beteiligt. Nach herrschender Meinung handelt es sich bei einem Unterbeteiligungsverhältnis um eine BGB-Gesellschaft.

Abbildung 2.35 (S. 171–173) gibt einen Überblick über wichtige Wesensmerkmale der dargestellten Personenunternehmungen.

b) Kapitalgesellschaften

Unter dem Sammelbegriff „Kapitalgesellschaften" werden üblicherweise die GmbH und die AG, mitunter noch die KGaA sowie die bergrechtliche Gewerkschaft zusammengefaßt.

Gesellschaft mit beschränkter Haftung (GmbH)

Die GmbH wurde im „Gesetz betreffend die Gesellschaften mit beschränkter Haftung" (GmbHG) vom 20. 4. 1892 ohne historisches Vorbild aufgrund rechtstheoretischer Überlegungen geschaffen. Beabsichtigt war ein gesellschaftsrechtliches Zwischenstück zwischen Personengesellschaften und Aktiengesellschaft, um so auch kleinere Unternehmungen ohne persönliche Haftung betreiben zu können. Mißbräuche dieser Gesellschaftsform aufgrund von weniger strengen Bestimmungen gegenüber der AG haben vielfach zu Schädigungen Dritter geführt. Im Mittelpunkt der GmbH-Novelle vom 4. 7. 1980 stand daher das Ziel, einen **verbesserten Gläubigerschutz** zu erreichen. Hierzu dienen vor allem neue Regelungen auf den Gebieten der Sachgründung, der Gesellschafterdarlehen und der Einmann-Gründung.

GmbH-Novelle

170

	Einzelunternehmung	Gesellschaft des bürgerlichen Rechts (GbR)	Offene Handelsgesellschaft (OHG)	Kommanditgesellschaft (KG)	Stille Gesellschaft (StG)
Gesetzliche Regelung	§§ 1 ff. HGB	§§ 705–740 BGB	§§ 105–160 HGB (§§ 705–740 BGB gelten subsidiär)	§§ 161–177 HGB (Vorschriften über die OHG und damit auch über die GbR gelten subsidiär)	§§ 230–237 HGB (§§ 705–740 BGB gelten subsidiär)
Rechtsfähigkeit	rechtsfähig ist Einzelkaufmann als natürliche Person	nein; auch keine Grundbuch-, Prozeß- und Deliktsfähigkeit	nein; jedoch Grundbuch-, Prozeß- und Deliktsfähigkeit	wie OHG	nein; auch keine Grundbuch-, Prozeß- und Deliktsfähigkeit
Gründung	formlos; Gründerzahl: 1; HR-Eintragung für Vollkaufmann erforderlich	entsteht durch Gesellschaftsvertrag; Mindestgründerzahl: 2; keine HR-Eintragung erforderlich	entsteht durch Gesellschaftsvertrag; Mindestgründerzahl: 2; HR-Eintragung erforderlich	entsteht durch Gesellschaftsvertrag von mindestens einem Komplementär und mindestens einem Kommanditisten; HR-Eintragung erforderlich	entsteht durch Gesellschaftsvertrag zwischen dem Geschäftsinhaber und dem Stillen; keine HR-Eintragung möglich
Mindestkapital/ Mindesteinzahlung	—	nicht vorgeschrieben	nicht vorgeschrieben	Komplementäre: wie OHG; jedoch: feste Kommanditeinlagen für Kommanditisten (Höhe beliebig)	nicht vorgeschrieben; jedoch: Bezifferung der Einlage des stillen Gesellschafters
Gesellschaftsvermögen		Gesamthandsvermögen der Gesellschafter	Gesamthandsvermögen der Gesellschafter	Gesamthandsvermögen der Gesellschafter	kein Gesellschaftsvermögen; Einlage des stillen Gesellschafters geht in das Vermögen des Geschäftsinhabers über
Informationspflichten	keine; Ausnahme: Großunternehmen, die unter das PublG fallen	keine; Ausnahme: PublG	keine; Ausnahme: PublG	keine; Ausnahme: PublG	keine; Ausnahme: PublG

	Einzelunternehmung	Gesellschaft des bürgerlichen Rechts (GbR)	Offene Handelsgesellschaft (OHG)	Kommanditgesellschaft (KG)	Stille Gesellschaft (StG)
Leitungs-befugnis	Einzelkaufmann allein	mangels anderer gesellschaftsvertraglicher Vereinbarungen Gesamtgeschäftsführung und -vertretung aller Gesellschafter	mangels anderer gesellschaftsvertraglicher Vereinbarungen Einzelgeschäftsführung und -vertretung aller Gesellschafter	mangels anderer gesellschaftsvertraglicher Vereinbarungen Einzelgeschäftsführung und -vertretung der Komplementäre; Kommanditisten sind von der Geschäftsführung grundsätzlich ausgeschlossen (jedoch Kontroll- und Widerspruchsrechte) und zur Vertretung nicht berechtigt	Geschäftsführung und Vertretung durch den Geschäftsinhaber; beschränkte Kontrollrechte des stillen Gesellschafters
Haftung	allein; unbeschränkt (mit Geschäfts- und Privatvermögen)	unmittelbare, unbeschränkte, gesamtschuldnerische Haftung jedes Gesellschafters	unmittelbare, unbeschränkte, gesamtschuldnerische Haftung jedes Gesellschafters	**Komplementäre:** wie OHG-Gesellschafter; **Kommanditisten:** haften vor HR-Eintragung unbeschränkt, nachher nur noch bis zur Höhe ihrer Einlage (beschränkte Haftung); solange die Einlage nicht geleistet ist, jedoch unmittelbar bis zur vereinbarten Höhe	Die Haftung obliegt allein dem Geschäftsinhaber; der stille Gesellschafter haftet gegenüber den Gläubigern nicht; er nimmt am Verlust nur bis zur Höhe seiner Einlage teil; Ausschluß der Verlustbeteiligung zulässig

	Einzelunternehmung	GbR	OHG	KG	stille Gesellschaft
Gewinn- und Verlustbeteiligung	gesamter Gewinn steht dem Einzelunternehmer zu; dieser ist auch alleiniger Verlustübernahmeverpflichteter	grundsätzlich Gesellschaftsvertrag maßgeblich; mangels anderer Vereinbarungen sind alle Gesellschafter am Gewinn und Verlust zu gleichen Teilen beteiligt	grundsätzlich Gesellschaftsvertrag maßgeblich; mangels anderer Vereinbarungen 4%-Verzinsung der Kapitalanteile; Restgewinn- und Verlustverteilung nach Köpfen	grundsätzlich Gesellschaftsvertrag maßgeblich; mangels anderer Vereinbarungen 4%-Verzinsung der Kapitalanteile; Verteilung des Restgewinns und Verlustes in angemessenem Verhältnis; am Verlust nimmt der Kommanditist nur bis zur Höhe seines Kapitalanteils teil	grundsätzlich Gesellschaftsvertrag maßgeblich; mangels anderer Vereinbarungen gilt ein den Umständen nach angemessener Anteil als bedungen; im Gegensatz zur Verlustbeteiligung kann die Gewinnbeteiligung nicht ausgeschlossen werden
Kapitalbeschaffungsmöglichkeiten	aus Privatvermögen; Nichtentnahme von Gewinnen	gegenüber Einzelunternehmung erweiterte Finanzierungsbasis durch die Möglichkeit der Aufnahme neuer Gesellschafter	im wesentlichen wie GbR	gegenüber OHG bessere Eigenfinanzierungsmöglichkeit durch Aufnahme neuer Kommanditisten	stille Gesellschaft gut zur Aufstockung der Kapitalbasis geeignet; ebenso wie der Darlehensgeber tritt stiller Gesellschafter nach außen nicht in Erscheinung
laufende Besteuerung	ESt und VSt beim Einzelunternehmer; GewSt	Gewinnanteile der einzelnen Gesellschafter unterliegen bei diesen der ESt; Gesellschaft nicht selbständig VSt-pflichtig; Betriebsvermögen wird einheitlich festgestellt und den Gesellschaftern anteilig zugerechnet; GewSt-Pflicht bei gewerblicher Tätigkeit	ESt und VSt wie GbR; GewSt-Pflicht der Gesellschaft	wie OHG	Gewinnanteile unterliegen beim Geschäftsinhaber bzw. beim stillen Gesellschafter der ESt; GewSt-pflichtig ist nicht die stille Gesellschaft, sondern das Unternehmen des Geschäftsinhabers; keine VSt-Pflicht der stillen Gesellschaft

Abbildung 2.35: Vergleich wichtiger Wesensmerkmale von Personenunternehmungen

Die GmbH baut auf einem förmlichen Gesellschaftsvertrag auf und kann zu jedem gesetzlich zulässigen Zweck errichtet werden. Die Gesellschafter sind an dem in Stammeinlagen zerlegten Stammkapital beteiligt und haften nicht persönlich für die Verbindlichkeiten der Gesellschaft, sondern lediglich mittelbar durch ihre Einlagen.

Entstehung

Im Vergleich zu den bisher dargestellten Rechtsformalternativen ist die GmbH insbesondere durch eine **Vielzahl von Formvorschriften** gekennzeichnet. So bedarf der Gesellschaftsvertrag der notariellen Beurkundung und eines bestimmten Mindestinhalts (Firma, Sitz, Gegenstand des Unternehmens, Betrag des Stammkapitals, Betrag der Stammeinlagen; § 3, I GmbHG). Auch der **Einmann-GmbH**, deren Gründung durch die GmbH-Novelle ermöglicht wurde, ist ein „Gesellschaftsvertrag" zugrunde zu legen. Dabei handelt es sich allerdings nicht um einen Vertrag im eigentlichen Sinne, sondern um eine „Erklärung über die Errichtung der Gesellschaft". Bei den an der Gründung einer GmbH beteiligten Rechtssubjekten kann es sich um juristische oder natürliche Personen sowie um OHG bzw. KG handeln.

Stammkapital, Stammeinlage, Geschäftsanteil

Das **Stammkapital**, dessen Nennbetrag mit der Summe der Stammeinlagen der Gesellschafter übereinstimmen muß, hat **mindestens 50 000 DM** zu betragen. Jeder Gesellschafter kann **nur eine Stammeinlage** mit mindestens einem Betrag von 500 DM oder einem höheren, durch 100 teilbaren Betrag übernehmen. Die Stammeinlagen brauchen nicht als **Bar-**, sondern können auch als **Sach- oder gemischte Einlage** geleistet werden. Von der Stammeinlage ist der **Geschäftsanteil** zu unterscheiden, der die vertragsmäßigen Rechte und Pflichten der Gesellschafter zum Ausdruck bringt und demzufolge auch als Mitgliedschaftsrecht bezeichnet wird. Der Geschäftsanteil bestimmt sich nach dem Betrag der übernommenen Stammeinlage (§ 14 GmbHG). Er ist grundsätzlich frei veräußerlich und vererblich, jedoch nicht verbrieft wie die Aktie.

Die Anmeldung der Gesellschaft zum Handelsregister darf erst erfolgen, wenn auf jede Geldeinlage ein Viertel eingezahlt ist. Der Gesamtbetrag der eingezahlten Geldeinlagen muß **mindestens 25 000 DM** betragen. Im Falle einer gemischten Gründung muß der Gesamtbetrag der eingezahlten Geldeinlagen zuzüglich des Gesamtbetrags der Stammeinlagen, für die Sacheinlagen zu leisten sind, mindestens diesen Betrag ergeben. Werden Sacheinlagen geleistet, so haben die Gesellschafter einen **„Sachgründungsbericht"** der Handelsregisteranmeldung beizufügen, in dem die für die Angemessenheit der geleisteten Sacheinlagen wesentlichen Umstände dargelegt sind (§ 5, IV GmbHG). Wird die GmbH nur durch eine Person errichtet (Einmann-Gründung) und hat der Alleingesellschafter nur die Mindesteinzahlung von 25 000 DM geleistet, so ist er verpflichtet, für den übrigen Teil der Geldeinlage Sicherheit zu leisten (§ 7, II GmbHG). Diese Regelung gilt auch dann, wenn sich innerhalb von drei Jahren nach Eintragung der GmbH ins Handelsregister alle Geschäftsanteile in der Hand eines Gesellschafters vereinigen (§ 19, IV GmbHG).

Durch die GmbH-Novelle wurde die **Haftung im Gründungsstadium** der Gesellschaft umfassend geregelt (§ 9 a GmbHG). Neben den ersten Geschäftsführern werden jetzt unter anderem auch die Gesellschafter für die Richtigkeit und die Vollständigkeit der Angaben zum Zwecke der Errichtung der Gesellschaft in die Verantwortung genommen. Hiervon zu unterscheiden ist die **Gründerhaftung vor der Eintragung**. Die GmbH

174

entsteht als juristische Person erst mit der Eintragung in das Handelsregister. Vor der Eintragung besteht die GmbH „als solche", d. h. als juristische Person, nicht. Ist vor der Eintragung im Namen der Gesellschaft gehandelt worden, so haften die Handelnden persönlich und gesamtschuldnerisch (§ 11 GmbHG).

Der Verbesserung des Gläubigerschutzes dient auch die Regelung der **kapitalersetzenden Darlehen**. Hierbei handelt es sich um Darlehen, die ein Gesellschafter seiner Gesellschaft in einem Zeitpunkt gewährt hat, in dem ihr die Gesellschafter als ordentliche Kaufleute Eigenkapital zugeführt hätten. Diese Darlehen werden im Konkurs oder Vergleichsverfahren wie haftendes Eigenkapital behandelt. Wird das kapitalersetzende Darlehen von einem Dritten gewährt, dem ein Gesellschafter eine Sicherheit bestellt oder sich verbürgt hat, so muß sich der Dritte zunächst aus diesen Sicherheiten befriedigen. Nur für den Betrag, für den er keine Befriedigung erhält, ist er Konkursgläubiger (§ 32a GmbHG).

Kapital-ersetzende Darlehen

Die GmbH ist als solche nicht handlungsfähig. Sie bedarf vielmehr natürlicher Personen, die als Organe tätig werden. Das Gesetz sieht vor: **Geschäftsführer, Aufsichtsrat und Gesamtheit der Gesellschafter (Gesellschafterversammlung)**.

Organe der GmbH

Die Geschäftsführer sind die gesetzlichen Vertreter der GmbH. Ihre Bestellung erfolgt entweder im Gesellschaftsvertrag oder durch Beschluß der Gesellschafterversammlung (§§ 6 III; 46 Nr. 5 GmbHG), sofern sich nicht aus den Mitbestimmungsgesetzen etwas anderes ergibt (vgl. Abbildung 2.30). Ein Geschäftsführer braucht nicht Gesellschafter der GmbH zu sein. Der **Umfang der Geschäftsführungs- und Vertretungsbefugnis** richtet sich nach dem Gesellschaftsvertrag. Enthält dieser keine Regelung, so gilt Gesamtgeschäftsführung und Gesamtvertretung. Die Rechtsstellung des Geschäftsführers ist im Innenverhältnis beschränkbar, im Außenverhältnis jedoch unbeschränkbar (§ 37 GmbHG). Für die Nichteinhaltung interner Beschränkungen haften die Geschäftsführer der Gesellschaft nach § 43 GmbHG. Das MitbestG (Montan-MitbestG) verlangt zusätzlich einen **Arbeitsdirektor als gleichberechtigtes Geschäftsführungsmitglied**, wenn die GmbH mehr als 2 000 (1 000) Arbeitnehmer beschäftigt. Ihm sind vor allem Aufgaben im Personal- und Sozialbereich der Gesellschaft ressortmäßig zugewiesen.

Geschäfts-führer

Arbeits-direktor

Hinsichtlich der Prüfungs- und Publizitätspflicht wird zwischen kleinen, mittleren und großen GmbHs unterschieden (vgl. Teil 10, S. 1446 ff.).

Prüfungs- und Publizitäts-pflicht

Die **Bestellung eines Aufsichtsrates** ist bei der GmbH Satzungsfrage und nicht zwingend vorgeschrieben (§ 52 GmbHG). Dies gilt nicht, wenn die Gesellschaft unter das BetrVG 1952, das Montan-MitbestG bzw. das MitbestG fällt; in diesen Fällen ist die Bildung eines Aufsichtsrates obligatorisch (§ 77, I BetrVG 1952 i. V. m. § 129, I BetrVG 1972; § 3, I Montan-MitbestG; § 6, I MitbestG). Für den fakultativen und obligatorischen Aufsichtsrat gelten analog die Bestimmungen des Aktiengesetzes, soweit dem nicht mitbestimmungsrechtliche Vorschriften entgegenstehen. Die Ausgestaltung des fakultativen Aufsichtsrates kann im Gesellschaftsvertrag jedoch abweichend von den aktienrechtlichen Regelungen erfolgen.

Aufsichtsrat

Der **Einfluß des mitbestimmten Aufsichtsrates** ist bei der GmbH geringer als bei der AG. Beispielsweise fehlt einem nach dem BetrVG 1952 zu bildenden Aufsichtsrat insofern eine seiner wesentlichen Kompetenzen, als nach wie vor die Gesellschafterversammlung gemäß § 46 Nr. 5 GmbHG die Geschäftsführer bestellt. Diese ist nach § 46 Nr. 1 GmbHG auch für die Feststellung des Jahresabschlusses zuständig, während diese Befugnis bei der AG dem Vorstand und dem Aufsichtsrat zusteht.

Gesamtheit
der Gesell-
schafter

Oberstes Organ der GmbH ist die Gesamtheit der Gesellschafter. Ihr kommen besonders weitgehende Rechte zu. Die Kompetenzen der Gesellschafter-Gesamtheit ergeben sich regelmäßig aus dem Gesellschaftsvertrag. Enthält dieser keine Regelung, dann umfaßt ihr Aufgabenkreis zusätzlich zu den bereits genannten drei Befugnissen nach § 46 Nr. 1, 5 GmbHG die Einforderung von Einzahlungen auf die Stammeinlagen, die Rückzahlung von Nachschüssen, die Teilung sowie die Einziehung von Geschäftsanteilen, die Maßnahmen zur Prüfung und Überwachung der Geschäftsführung, die Bestellung von Prokuristen und Handlungsbevollmächtigten, die Geltendmachung von Ersatzansprüchen der Gesellschaft gegen Geschäftsführer und Gesellschafter sowie die Vertretung der Gesellschaft in Prozessen gegen die Geschäftsführer. Die Abstimmung über diese Angelegenheiten erfolgt meist in der **Gesellschafterversammlung** nach Mehrheit der abgegebenen Stimmen. Mangels einer anderen Regelung gewähren je 100 DM eines Geschäftsanteils eine Stimme (§ 47 GmbHG). Die Gesellschafterversammlung wird durch die Geschäftsführer einberufen. Gesellschafter, deren Geschäftsanteile zusammen mindestens $^1/_{10}$ des Stammkapitals ausmachen, können verlangen, daß eine Versammlung der Gesellschafter einberufen wird (§ 50 GmbHG). Gemäß § 53 GmbHG kann eine **Satzungsänderung** nur durch Beschluß der Gesellschafter erfolgen. Dieser bedarf – ebenso wie der Beschluß über die Auflösung der Gesellschaft (§ 60 GmbHG) – einer Mehrheit von $^3/_4$ der abgegebenen Stimmen. Im Gesellschaftsvertrag kann zum Schutze der Minderheit für den Auflösungsbeschluß auch Einstimmigkeit vorgesehen werden.

Nachschuß-
pflicht

Anders als bei der AG ist es bei der GmbH möglich, in der Satzung eine **Nachschußpflicht** zu verankern (§ 26 GmbHG). Der Haftungsumfang der Gesellschafter erweitert sich dadurch um die von der Gesellschaft eingeforderten Nachschüsse. Das Gesetz unterscheidet zwischen **beschränkter** und **unbeschränkter Nachschußpflicht**. Ist die Nachschußpflicht auf einen bestimmten Betrag beschränkt, dann greift bei verzögerter Nachzahlung das **Kaduzierungsverfahren** ein. Bei diesem Verfahren läuft der Gesellschafter Gefahr, seinen Geschäftsanteil und die geleisteten Teilzahlungen zu verlieren (§ 21 GmbHG). Kein Kaduzierungsverfahren gibt es dagegen bei unbeschränkter Nachschußpflicht. Ist eine solche vereinbart, dann hat der Gesellschafter ein sogenanntes **„Abandon-Recht"**. Er kann sich von der Zahlung des eingeforderten Nachschusses dadurch befreien, daß er seinen Geschäftsanteil der Gesellschaft zur Verfügung stellt (§ 27 GmbHG). Die Haftung ist im Falle der unbeschränkten Nachschußpflicht weniger scharf, da der Gesellschafter nicht vorhersehen kann, welche Verpflichtungen auf ihn zukommen. Gemäß § 53 III GmbHG kann eine spätere Einführung einer Nachschußpflicht nur mit Zustimmung sämtlicher beteiligter Gesellschafter beschlossen werden. Ein in eine GmbH ohne Nachschußpflicht eintretender Gesellschafter braucht also nicht zu befürchten, gegen seinen Willen zu Nachschüssen herangezogen zu werden. Gleiches gilt, wenn den Gesellschaftern über die Zahlung der Einlage hinaus noch weitere Pflichten (z. B. Geschäftsführertätig-

176

keit, Konkurrenzverbote) auferlegt werden. Auch dies muß in der ursprünglichen Satzung geschehen, nachträglich ist es ohne Einverständnis der betroffenen Gesellschafter nicht möglich.

Die Zahl der Gesellschaften mit beschränkter Haftung ist in den letzten Jahren erheblich gestiegen. Gab es im Jahre 1975 in der Bundesrepublik Deutschland ca. 133 000 GmbH mit einem Stammkapital von ca. 69 Mrd. DM, so betrug ihr Bestand Ende 1989 ca. 402 000 Gesellschaften mit einem Stammkapital von rund 181 Mrd. DM. Hierbei handelt es sich zum weitaus größten Teil um „kleine" Gesellschaften im Sinne des Bilanzrichtlinien-Gesetzes. Diese Zunahme der Gesellschaften mbH steht wohl in engem Zusammenhang mit ihren besonderen Vorteilen der Haftungsbeschränkung, den im Vergleich zu anderen Kapitalgesellschaften niedrigen Gründungskosten, der Möglichkeit einer flexiblen Ausgestaltung des Innenverhältnisses und dem Entfall der steuerlichen Doppelbelastung ausgeschütteter Gewinne seit dem 1. 1. 1977. Seltener dürften die Kapitalbeschaffungsmöglichkeiten über Nachschüsse eine Rolle spielen. *Bedeutung der GmbH*

Insgesamt erweist sich die GmbH als geeignete Gesellschaftsform für kleine und mittlere Unternehmungen, wenn kein Gesellschafter die persönliche Haftung übernehmen will.

Aktiengesellschaft

Die Zahl der Aktiengesellschaften ist, verglichen mit dem Stand vor dem 2. Weltkrieg, deutlich gesunken. Während es 1926 in Deutschland noch ca. 17 000 Aktiengesellschaften gab, waren es Ende 1989 noch 2 508, mit wieder leicht ansteigender Tendenz. Diese verfügten jedoch über ein Grundkapital von rund 136 Mrd. DM. Hieran läßt sich ersehen, daß die AG die typische Gesellschaftsform von Großunternehmungen darstellt.

Das Aktienrecht versucht einen Ausgleich zwischen den Interessen der verschiedenen mit der AG verbundenen Personengruppen (z. B. Aktionäre, Gläubiger, Verwaltung) herbeizuführen. Dies kann nur bis zu einem gewissen Grad gelingen, da die einzelnen Interessenlagen sehr unterschiedlich, häufig sogar einander entgegengerichtet sind.

§ 1 AktG definiert die Aktiengesellschaft als Gesellschaft mit eigener Rechtspersönlichkeit, für deren Verbindlichkeiten den Gläubigern das Gesellschaftsvermögen haftet. Die Mitglieder (Aktionäre) haften nur mittelbar über ihren Anteil am Grundkapital (Aktie). Der Charakter der Aktiengesellschaft wird durch die Aufbringung und Erhaltung des Kapitals und nicht durch die Persönlichkeit der Mitglieder bestimmt. Sie ist insofern die reinste Form der Kapitalgesellschaft. Ein Mitgliederwechsel ist i. d. R. möglich, ohne daß die Gesellschaft hiervon berührt wird. *Merkmale der AG*

Der **Gründungsvorgang** ist im Gesetz durch eine **Vielzahl zwingender Vorschriften** genau geregelt. Die Gründung beginnt mit der „Feststellung der Satzung" und endet *Gründung der AG* mit der Eintragung der Gesellschaft in das Handelsregister. Die Gründungsvorschriften verlangen **mindestens fünf Gründer**, die den Gesellschaftsvertrag (Satzung) feststellen und notariell beurkunden lassen. Zwingend vorgeschrieben (§ 29 AktG) ist die **Einheits- oder Simultangründung**, bei der alle Aktien von den Gründern übernommen werden. Man unterscheidet zwischen **einfacher** und **qualifizierter Gründung**. Letztere liegt dann vor, wenn bestimmte, für die Gläubiger bzw. die Allgemeinheit besonders risikoreiche Abreden getroffen werden. Das Gesetz kennt folgende „Risiko"-Tatbestände: Einräumung von Sondervorteilen an einzelne Aktionäre oder Dritte, Vergütungszusagen an Gründer oder Dritte, Sacheinlagen und Sachübernahmen (§§ 26 f. AktG). In diesen Fällen unterliegt das Gründungsverfahren besonders strengen Regelungen (z. B. zusätzliche Gründungsprüfung durch besondere Gründungsprüfer; § 33, II AktG).

Im folgenden soll der Gründungsvorgang in seinen wesentlichen Schritten aufgezeigt werden, um die Schwerfälligkeit und die hierbei entstehenden Kosten der Gründung zu verdeutlichen. Im einzelnen vollzieht sich die Gründung einer Aktiengesellschaft in folgenden Schritten:

1. **Errichtung einer sogenannten Vorgründergesellschaft** (meist in Form einer BGB-Gesellschaft), innerhalb der sich die Gründer über die Einzelheiten der Gründung einigen. Die Vorgründergesellschaft ist nicht mit der **Vorgesellschaft oder Gründungsgesellschaft** zu verwechseln. Letztere entsteht mit der „Errichtung der Gesellschaft" (§ 29 AktG) und endet mit der Entstehung der juristischen Person durch Eintragung ins Handelsregister (§ 41 AktG). Die Vor- bzw. Gründungsgesellschaft ist keine BGB-Gesellschaft.

2. **Feststellung der Satzung** mit dem in § 23 AktG bestimmten Mindestinhalt.

3. **Übernahme sämtlicher Aktien durch die Gründer** (§ 29 AktG); damit ist die AG *errichtet*. Auch dieser Vorgang bedarf der notariellen Beurkundung.

4. **Bestellung der notwendigen Gesellschaftsorgane** (§ 30 AktG). In notarieller Beurkundung wird der erste Aufsichtsrat, von diesem wiederum der erste Vorstand, bestellt. Arbeitnehmervertreter sind in diesen Aufsichtsrat noch nicht zu wählen, da die AG vor ihrer Entstehung noch kein Unternehmen betreibt und demzufolge auch keine Arbeitnehmer beschäftigt.

5. **Einzahlung des Kapitals:** Bei Bareinlagen muß auf Aktien mindestens ein Viertel des Nennbetrages und ein etwaiges Agio (Aufgeld bei Überpari-Emission) einbezahlt werden (§ 36 a AktG). Vor der vollen Leistung des Nennbetrages oder eines höheren Ausgabebetrages müssen die Aktien auf den Namen lauten (Namensaktien). Bei voller Einzahlung werden sie in der Regel als Inhaberaktien ausgegeben. Der Mindestnennbetrag einer Aktie lautet auf 50 DM; höhere Nennbeträge müssen auf volle 100 DM lauten (§ 8 AktG). Das Grundkapital – die Summe aller Aktiennennbeträge – darf 100 000 DM nicht unterschreiten.

6. **Gründungsbericht der Gründer** in schriftlicher Form (§ 32 AktG).

7. **Gründungsprüfung** durch Vorstand und Aufsichtsrat (§§ 33–35 AktG).

8. **Anmeldung der Gründung zum Handelsregister** von allen Gründern und Mitgliedern des Vorstandes und Aufsichtsrates (§§ 36, 37 AktG).

9. **Prüfung der ordnungsmäßigen Errichtung und Anmeldung** der Gesellschaft durch das Registergericht (§ 38 AktG).

10. **Eintragung der Gesellschaft in das Handelsregister,** sofern sich bei der gerichtlichen Prüfung keine Beanstandungen ergeben haben. Erst mit der Eintragung ist die AG als juristische Person *entstanden* (§§ 39, 41 AktG).

Schließt die Aktiengesellschaft in den ersten zwei Jahren nach der Eintragung ins Handelsregister Verträge ab, durch die sie sich zum Erwerb von Vermögensgegenständen für eine den zehnten Teil des Grundkapitals übersteigende Vergütung verpflichtet, so ist deren Gültigkeit an die Zustimmung der Hauptversammlung und die Eintragung ins Handelsregister gebunden (§ 52 AktG). Vor der Beschlußfassung der Hauptversammlung ($^3/_4$ Mehrheit erforderlich) muß eine Prüfung durch Gründungsprüfer stattfinden, an die dieselben Maßstäbe anzulegen sind wie an die Gründungsprüfung. Diese Regelung soll verhindern, daß beispielsweise nach einer Bargründung die notwendigen Anlagegegenstände zu einem überhöhten Kaufpreis in die Unternehmung eingebracht werden.

Nachgründung

Mit der Gründung der Aktiengesellschaft steht ihr das von den Aktionären eingezahlte Grundkapital unabhängig von einem Mitgliederwechsel zur Verfügung. Es wird in seiner nominellen Höhe auf der Passivseite der Bilanz ausgewiesen. Dadurch ist gewährleistet, daß bilanztechnisch ein verteilbarer Gewinn nur entsteht, wenn das Gesellschaftsvermögen den Betrag des Grundkapitals und der sonstigen Passiva übersteigt. Das Gesellschaftsvermögen ist Haftungsobjekt für die Gesellschaftsverbindlichkeiten. Dem satzungsmäßig in seiner Höhe fixierten Grundkapital (§ 23, III, 3 AktG) kommt die Aufgabe zu, der Aktiengesellschaft ein Vermögen in dieser Höhe zu beschaffen und zu erhalten. Das Grundkapital übernimmt also eine Garantiefunktion zugunsten der Gläubiger.

Dem Schutz der Gläubiger dient neben den Verboten der Unterpari-Emission (§ 9, I AktG), der Einlagenrückgewähr (§ 57, I AktG) und der Befreiung der Aktionäre von der Pflicht zur Leistung der versprochenen Einlage (§ 66 AktG), unter anderem auch die Begrenzung des **Erwerbs eigener Aktien** durch die AG (§§ 71–71 e AktG). Da dieser wirtschaftlich einer Einlagenrückgewähr gleichkommen kann, sind an seine Zulässigkeit äußerst strenge Voraussetzungen geknüpft. Beispielsweise ist ein Erwerb eigener Aktien nur erlaubt, um einen schweren Schaden von der Gesellschaft abzuwenden, oder wenn die Aktien der Belegschaft zum Kauf angeboten werden sollen.

Das Gesetz gebraucht das Wort „Aktie" in einer dreifachen Bedeutung. Es bezeichnet: einen **Bruchteil des Grundkapitals**, die **Gesamtheit von Rechten und Pflichten des Aktionärs (Mitgliedschaft)** und die **Aktienurkunde**. Nach deutschem Recht müssen die Aktien auf einen Nennbetrag in DM lauten (sog. **Nennwertaktie**; § 6 AktG). **Quotenaktien,** die einen bestimmten Bruchteil des Grundkapitals ausdrücken, etwa $^1/_{1000}$ oder $^1/_{10\,000}$, sind in der Bundesrepublik Deutschland nicht erlaubt. Hinsichtlich des Umfangs des Mitgliedschaftsrechts lassen sich Stammaktien und Vorzugsaktien

Arten der Aktie

179

unterscheiden. **Stammaktien** stellen den Normalfall dar: Jede Aktie gewährt entsprechend ihrem Nennwert gleiche Rechte. **Vorzugsaktien** sind entsprechend der Satzung mit bestimmten Sonderrechten ausgestattet (z. B. Vorzugsdividende; § 11 AktG). Was die Aktienurkunden anbelangt, so können diese entweder auf den Namen **(Namensaktie)** oder auf den Inhaber **(Inhaberaktie)** lauten (§ 10, I AktG). Bei der sogenannten vinkulierten Namensaktie hängt die Übertragung von der Zustimmung der Gesellschaft ab (§ 68, II AktG).

*Organe
der AG*

Ebenso wie die GmbH ist auch die AG als solche nicht handlungsfähig, sondern benötigt bestimmte Organe, die sowohl intern als auch im Außenverhältnis für sie tätig werden. **Das Aktiengesetz schreibt zwingend drei Organe vor: Vorstand, Aufsichtsrat und Hauptversammlung.**

Vorstand

Der Vorstand ist das **eigenverantwortliche Leitungsorgan** der Aktiengesellschaft (§ 76 AktG). Er muß bei einer Gesellschaft mit mehr als 3 Mio. DM Grundkapital aus mindestens zwei Mitgliedern bestehen. Die Satzung kann jedoch ausdrücklich einen Alleinvorstand vorsehen. In Aktiengesellschaften, die unter das MitbestG bzw. Montan-MitbestG fallen, muß ein **Arbeitsdirektor** als gleichberechtigtes Vorstandsmitglied bestellt werden (§ 33 MitbestG; § 13 Montan-MitbestG). Die Vorstände dieser Gesellschaften bestehen somit immer aus mindestens zwei Personen. Vorstandsmitglieder brauchen selbst nicht Aktionäre der Gesellschaft zu sein. Das Prinzip der Drittorganschaft ist bei der AG somit wesentlich deutlicher ausgeprägt als bei der GmbH.

*Arbeits-
direktor*

*Bestellung
und
Abberufung*

In der nach dem BetrVG 1952 mitbestimmten AG sowie in der montan-mitbestimmten AG richtet sich die **Bestellung und Abberufung des Vorstandes** nach § 84 AktG: Die Vorstandsmitglieder werden durch den Aufsichtsrat mit einfacher Mehrheit auf längstens fünf Jahre bestellt; eine wiederholte Bestellung ist möglich. Bei Vorliegen eines wichtigen Grundes (z. B. grobe Pflichtverletzung; Unfähigkeit zur ordnungsmäßigen Geschäftsführung) ist die Bestellung durch den Aufsichtsrat jederzeit widerruflich. Das **MitbestG** sieht ein **wesentlich komplizierteres Verfahren** für die Bestellung des Vorstandes vor (§ 31 MitbestG). Danach benötigt ein Vorstandskandidat im ersten Wahlgang zwei Drittel der Stimmen aller Aufsichtsratsmitglieder. Kommt diese Mehrheit nicht zustande, dann wird ein gemäß § 27, III MitbestG zu bildender, paritätisch besetzter Vermittlungsausschuß eingeschaltet, der dem Aufsichtsrat innerhalb eines Monats einen Kandidatenvorschlag zu machen hat. Über diesen Vorschlag beschließt der Aufsichtsrat im zweiten Wahlgang mit der einfachen Mehrheit der Stimmen seiner Mitglieder. Wird auch diese Mehrheit nicht erreicht, dann hat der Aufsichtsratsvorsitzende bei einer erneuten Abstimmung eine zweite Stimme. Bekommt der Kandidat trotz ihres Einsatzes immer noch weniger als die Mehrheit, dann ist er endgültig nicht gewählt. Dieses Kompromißverfahren ist auch für den Widerruf der Bestellung eines Vorstandsmitgliedes vorgesehen (§ 31, V MitbestG).

*Geschäfts-
führung*

Die **Eigenverantwortlichkeit des Vorstandes** erlaubt weder dem Aufsichtsrat noch der Hauptversammlung eine Weisungsbefugnis im Rahmen der Geschäftsführung. Sie kann nur insofern eingeschränkt werden, als die Satzung oder der Aufsichtsrat bestimmen können, daß bestimmte Geschäfte nur mit seiner Zustimmung vorgenommen werden dürfen (§ 111, IV AktG). Die Hauptversammlung kann über Fragen der Geschäftsführung nur entscheiden, wenn der Vorstand dies verlangt (§ 119, II AktG). Bei einem mehrköpfigen Vorstand gilt grundsätzlich **Gesamtgeschäftsführung**, soweit nicht die Satzung oder die Geschäftsordnung des Vorstandes etwas anderes bestimmen. Es kann jedoch nicht bestimmt werden, daß ein oder mehrere Vorstandsmitglieder gegen die Mehrheit entscheiden (§ 77, I AktG).

Im Außenverhältnis erfolgt die Vertretung der Gesellschaft durch den Vorstand. Besteht dieser aus mehreren Mitgliedern, so sind sie, wenn nicht in der Satzung abweichend geregelt, nur gemeinsam zur Vertretung befugt (§ 78, II AktG). Dritten gegenüber ist jede Änderung des Vertretungsbefugnisses nur nach Eintragung in das HR wirksam (§ 81 AktG). Inhaltlich jedoch ist die Vertretungsbefugnis Dritten gegenüber unbeschränkbar (§ 82, I AktG). *Vertretung*

Die **Aufgaben des Vorstandes** umfassen neben den üblichen Geschäftsführungs- und Vertretungsmaßnahmen insbesondere die mindestens vierteljährliche Berichterstattung an den Aufsichtsrat über den Gang der Geschäfte; in längeren Zeitabständen über die beabsichtigte Geschäftspolitik, die Rentabilität der Gesellschaft und über Geschäfte, die für Liquidität und Rentabilität bedeutsam sind (§ 90 AktG). Daneben obliegt dem Vorstand die Buchführungs- und Bilanzpflicht (§ 91 AktG). Gesonderte Vorstandspflichten ergeben sich zudem bei Verlust, Überschuldung und Zahlungsunfähigkeit der Gesellschaft (§ 92 AktG). *Aufgaben*

Dem weiten Umfang der Befugnisse des Vorstandes steht eine **scharfe Haftungsregelung** gegenüber. Gemäß § 93 AktG sind Vorstandsmitglieder, die ihre Pflichten verletzen, der Gesellschaft gegenüber schadensersatzpflichtig. Eine Schadensersatzpflicht tritt nicht ein, wenn sie nachweisen, daß sie „die Sorgfalt eines ordentlichen und gewissenhaften Geschäftsleiters" angewandt haben bzw. daß die schadensverursachende „Handlung auf einem gesetzmäßigen Beschluß der Hauptversammlung beruht".

Der Aufsichtsrat ist das eigentliche Kontrollorgan der Aktiengesellschaft. Er besteht aus mindestens drei oder satzungsgemäß einer höheren, durch drei teilbaren Mitgliederzahl, soweit sich nicht aus den Mitbestimmungsgesetzen etwas anderes ergibt. Die Höchstzahl ist an das Grundkapital gekoppelt und umfaßt bis 3 Mio. DM neun, über 3 bis 20 Mio. DM fünfzehn, über 20 Mio. DM einundzwanzig Mitglieder (§ 95 AktG). *Aufsichtsrat*

Die Verteilung der Aufsichtsratssitze auf Anteilseigner- und Arbeitnehmerrepräsentanten ist in jedem der Mitbestimmungsgesetze anders. Das **BetrVG 1952** sieht vor, den Aufsichtsrat zu **einem Drittel mit Arbeitnehmervertretern** zu besetzen. Der Aufsichtsrat einer **montan-mitbestimmten** AG umfaßt je nach der Höhe des Grundkapitals mindestens 11, höchstens 21 Mitglieder, die formal von der Hauptversammlung zu wählen sind. Dabei schlägt die Hauptversammlung fünf Mitglieder vor, und zwar vier aus der Reihe der Aktionäre und ein weiteres relativ unabhängiges Mitglied. Betriebsrat und Gewerkschaft benennen ebenfalls fünf Mitglieder, wovon eines relativ unabhängig zu sein hat. Die Hauptversammlung ist an die Wahlvorschläge von *Sitzverteilung*

Betriebsrat und Gewerkschaft gebunden. Das vom Gesetz vorgesehene **neutrale (elfte) Mitglied** wird von den Aufsichtsratsmitgliedern beider Gruppen vorgeschlagen.

Das **Mitbestimmungsgesetz** sieht in Abhängigkeit von der Zahl der in der Unternehmung Beschäftigten mindestens 12, höchstens 20 Aufsichtsratsmitglieder vor, **die je zur Hälfte Arbeitnehmer- bzw. Anteilseignerrepräsentanten** darstellen. Die „Arbeitnehmerbank" setzt sich aus Arbeitern, Angestellten, leitenden Angestellten und Gewerkschaftsvertretern zusammen. Für letztere sind zwei bzw. im Falle eines zwanzigköpfigen Aufsichtsrates drei Sitze reserviert. Im Gegensatz zum BetrVG 1952 und zum Montan-MitbestG enthält das MitbestG hinsichtlich der Wahl des Aufsichtsratsvorsitzenden und seines Stellvertreters zwingende Vorschriften über das Wahlverfahren und die erforderlichen Mehrheiten (§ 27 MitbestG). Danach werden der Aufsichtsratsvorsitzende und sein Stellvertreter mit einer Mehrheit von zwei Dritteln aller Aufsichtsratsmitglieder gewählt. Wird diese Mehrheit auch nur für einen der beiden zu Wählenden nicht erreicht, dann werden in einem zweiten Wahlgang der Aufsichtsratsvorsitzende nur von den Anteilseignervertretern und sein Stellvertreter nur von den Arbeitnehmervertretern mit einfacher Mehrheit der abgegebenen Stimmen gewählt. Das MitbestG kennt keinen „elften Mann". Bei Abstimmungen ist durch die gerade Anzahl der Aufsichtsratsmitglieder somit eine **Pattsituation** möglich. Um eine daraus entstehende Entscheidungsunfähigkeit zu vermeiden, erhält der Aufsichtsratsvorsitzende eine zweite Stimme. Diese gilt nur, wenn wegen Stimmengleichheit eine Abstimmung wiederholt werden muß und sich dabei erneut Stimmengleichheit ergibt. Die zweite Stimme ist an die Person des Aufsichtsratsvorsitzenden gebunden und kann nicht von seinem Stellvertreter wahrgenommen werden (§ 29, II MitbestG). Da aufgrund des Wahlmodus der Aufsichtsratsvorsitzende regelmäßig ein Anteilseignerrepräsentant sein wird, räumt diese Regelung den Anteilseignern ein entscheidendes Übergewicht ein.

Aufgaben und Rechte

Aufgaben und Rechte des Aufsichtsrates sind weitgehend in § 111 AktG geregelt. Von besonderer Bedeutung ist neben der Bestellung und Abberufung des Vorstandes (§ 84 AktG) hauptsächlich die Überwachung seiner Geschäftsführung. Im voraus kann der Aufsichtsrat den Vorstand vor allem insofern kontrollieren, als bestimmte Arten von Geschäften von seiner Zustimmung abhängig gemacht werden können. Verweigert der Aufsichtsrat die Zustimmung, so kann der Vorstand das Geschäft der Hauptversammlung zur Genehmigung vorlegen. Die Hauptversammlung kann nur mit einer Mehrheit von drei Vierteln die Bewilligung erteilen. Nachträgliche Überwachungsmöglichkeiten ergeben sich hauptsächlich durch das Recht des Aufsichtsrates auf Einsicht und Prüfung aller Unterlagen und durch die Berichtspflichten des Vorstandes (§ 90 AktG). Weitere Aufgaben und Rechte des Aufsichtsrates sind unter anderem: die Prüfung und Feststellung des Jahresabschlusses (§§ 170 ff. AktG); die Einberufung der Hauptversammlung, wenn es das Wohl der Gesellschaft erfordert (§ 111, III AktG); die gerichtliche und außergerichtliche Vertretung der Gesellschaft gegenüber Vorstandsmitgliedern (§ 112 AktG). Wie die Vorstandsmitglieder haften auch die Mitglieder des Aufsichtsrates der Gesellschaft gegenüber für Verletzungen ihrer Sorgfaltspflichten (§ 116 AktG).

Die Hauptversammlung ist die Versammlung aller Aktionäre der Aktiengesellschaft. *Hauptver-*
Diese nehmen dort ihre Rechte durch Ausübung des Stimmrechts nach den Aktien- *sammlung*
nennbeträgen wahr (§§ 118, 134 AktG). Die Zuständigkeit der Hauptversammlung
erstreckt sich auf alle im Gesetz oder in der Satzung ausdrücklich genannten Angelegenheiten (§ 119 AktG); insbesondere entscheidet sie über:

- die Wahl und Abberufung der Aktionärsvertreter im Aufsichtsrat, sowie die Entlastung von Vorstand und Aufsichtsrat;
- die Verwendung des Bilanzgewinns, wobei ihr Beschluß keine Änderung des festgestellten Jahresabschlusses herbeiführen kann;
- die Bestellung von Abschlußprüfern und Prüfern für etwaige Sonderprüfungen;
- alle grundsätzlichen Fragen des verfassungsmäßigen Aufbaus und der Kapital-
  grundlage der AG (z. B. Satzungsänderungen, Umwandlungen, Kapitalerhöhun-
  gen und -herabsetzungen, Auflösung der Gesellschaft).

Abgesehen von der Einschränkung der Wahlmöglichkeiten von Aufsichtsratsmitgliedern werden die Befugnisse der Hauptversammlung durch die Mitbestimmung nicht
berührt.

Die **ordentliche Hauptversammlung** wird alljährlich vom Vorstand einberufen. Sie hat
zumindest über die Gewinnverwendung und über die Entlastung von Vorstand und
Aufsichtsrat zu entscheiden (§§ 120, 175 AktG). **Außerordentliche Hauptversammlun-
gen** sind bei Bedarf anzuberaumen, z. B. wenn es das Wohl der Gesellschaft erfordert
(§ 121, I AktG) oder wenn die Vertreter von mindestens $\frac{1}{20}$ des Grundkapitals dies
verlangen (Minderheitenschutz; § 122 AktG).

Grundsätzlich bedürfen Hauptversammlungsbeschlüsse der einfachen Mehrheit der *Stimmrecht*
abgegebenen Stimmen; Gesetz oder Satzung können eine größere Mehrheit bestimmen (§ 133 AktG). Beispielsweise können Satzungsänderungen nur mit 75% des
anwesenden Grundkapitals beschlossen werden (§ 179, II AktG). Zur Ausübung des
Stimmrechts ist persönliche Anwesenheit nicht erforderlich, der Aktionär kann sich
auch durch einen schriftlich Bevollmächtigten vertreten lassen (§ 134, III AktG). Für
das sogenannte **Depotstimmrecht**, das die Banken als Vertreter der Aktionäre ausüben, wird eine schriftliche, jederzeit widerrufliche und auf längstens 15 Monate
erteilte Vollmacht verlangt. Bei der Stimmrechtsausübung ist die Bank an die Weisungen des Aktionärs gebunden. Hat dieser keine Weisungen erteilt, so sind für die
Bank ihre eigenen, dem Aktionär mitgeteilten Vorschläge bei der Beschlußfassung
maßgebend (§ 135 AktG).

Neben dem Stimmrecht ist das **Auskunftsrecht** eine wesentliche Befugnis der Aktio- *Auskunfts-*
näre. Gemäß § 131 AktG kann jeder Aktionär in der Hauptversammlung vom *recht*
Vorstand Auskunft über Angelegenheiten der Gesellschaft verlangen. Nur in bestimmten, im Gesetz genannten Fällen darf der Vorstand die Auskunft verweigern.
Das Auskunftsrecht dient hauptsächlich dazu, dem Aktionär die Beschaffung von
Informationen zu ermöglichen, die er für eine sachgerechte Stimmrechtsausübung
benötigt.

Die Rechnungslegung der Aktiengesellschaften ist im HGB (§§ 264–339) und ergänzend im AktG (§§ 150–176) geregelt. Die Vorschriften zur Aufstellung, Feststellung, Prüfung und Offenlegung des Jahresabschlusses sind nach Größenklassen differenziert und sollen insbesondere dem Aktionärs- und Gläubigerschutz dienen.

Die **Feststellung des Jahresabschlusses** erfolgt durch Vorstand und Aufsichtsrat (§ 172 AktG). Sie gelangt in den Kompetenzbereich der Hauptversammlung, wenn Vorstand und Aufsichtsrat dies beschlossen haben bzw. wenn der Aufsichtsrat den Jahresabschluß nicht gebilligt hat (§ 173 AktG). Diese Regelung erlangt Bedeutung im Hinblick auf die **Bildung freier Rücklagen**. Stellt die Hauptversammlung den Jahresabschluß fest, so darf sie nur freie Rücklagen bilden, wenn die Satzung sie hierzu ermächtigt. Dabei bleibt sie an die Höchstgrenze von maximal 50% des Jahresüberschusses bei vorherigem Abzug eines etwaigen Verlustvortrages und der Zuweisung zur gesetzlichen Rücklage gebunden. Stellen Vorstand und Aufsichtsrat den Jahresabschluß fest, so kann sie die Satzung zu höheren Einstellungsbeträgen ermächtigen, soweit die freien Rücklagen dadurch nicht auf über die Hälfte des Grundkapitals anwachsen. Darüber hinaus kann die Hauptversammlung im Rahmen des ihr zustehenden Beschlusses über die Gewinnverwendung (§ 174 AktG) weitere Beträge in die freien Rücklagen einstellen oder als Gewinn vortragen (§ 58 AktG). Dies gilt auch, wenn die Hauptversammlung selbst den Jahresabschluß feststellt. Die Bildung einer **gesetzlichen Rücklage** ist für die AG zwingend vorgeschrieben. Ihr sind unter anderem so lange jährlich 5% des um einen etwaigen Verlustvortrag geminderten Jahresüberschusses zuzuführen, bis sie $1/10$ oder einen in der Satzung bestimmten höheren Teil des Grundkapitals erreicht.

Hinsichtlich der Prüfungs- und Publizitätspflicht wird zwischen kleinen, mittleren und großen Aktiengesellschaften differenziert (vgl. Teil 10).

Die besonderen Sicherheiten, die das AktG im Rahmen des Gläubiger- und Anlegerschutzes vorsieht, sowie die Fungibilität der Aktie versetzen die Aktiengesellschaft in die Lage, sich gegenüber anderen Rechtsformen relativ leicht Finanzierungsquellen zu eröffnen und sich insbesondere Zugang zum organisierten Kapitalmarkt zu verschaffen. Diese Aspekte sowie die detaillierte rechtliche Regelung von Pflichten und Rechten der Organe und Mitglieder erklären die **besondere Eignung der Aktiengesellschaft als Rechtsform für industrielle Großunternehmen**. Abbildung 2.36 gibt einen Überblick über wichtige Wesensmerkmale der dargestellten Kapitalgesellschaften.

c) Misch- und Sonderformen

Kommanditgesellschaft auf Aktien (KGaA)

Im Vergleich zur Aktiengesellschaft ist die Kommanditgesellschaft auf Aktien nur von geringer praktischer Bedeutung (1989: 27 Gesellschaften; ca. 2,0 Mrd. DM

	Gesellschaft mit beschränkter Haftung (GmbH)	Aktiengesellschaft (AG)
Gesetzliche Regelung	GmbHG	AktG
Rechtsfähigkeit	Gesellschaft als juristische Person besitzt eigene Rechtsfähigkeit	wie GmbH
Gründung	Unterscheidung zwischen Umwandlung, Neugründung und Mantelverwertung; entsteht bei Neugründung durch notariell beurkundeten Gesellschaftsvertrag und HR-Eintragung; Mindestgründerzahl: 1 natürliche oder juristische Person	Unterscheidung zwischen Umwandlung und Neugründung; Vielzahl zwingender Rechtsvorschriften, daher komplizierter Gründungsvorgang; Mindestgründerzahl: 5; Neugründung durch notarielle Feststellung der Satzung, Übernahme sämtlicher Aktien durch die Gründer und HR-Eintragung
Mindestkapital/ Mindesteinzahlung	Mindestnennbetrag des Stammkapitals beträgt DM 50 000,–, davon muß mindestens die Hälfte einbezahlt sein; Mindeststammeinlage: DM 500,–; Bar- oder Sacheinlage möglich	Mindestnennbetrag des Grundkapitals beträgt DM 100 000,–; ein Viertel des Nennbetrages sowie ein eventuelles Agio müssen mindestens einbezahlt sein; Mindestnennbetrag einer Aktie; DM 50,–
Gesellschaftsvermögen	eigenes Gesellschaftsvermögen	wie GmbH
Informationspflichten (Publizität)	§§ 325–329 HGB; PublG	wie GmbH
Leitungsbefugnis	Gesamtgeschäftsführung und -vertretung durch von der Gesellschafterversammlung bestellte Geschäftsführer	Gesamtgeschäftsführung und -vertretung durch vom Aufsichtsrat bestellte Vorstandsmitglieder
Haftung	Gläubigern haftet nur das Gesellschaftsvermögen der GmbH; vor Eintragung in das HR haften die im Namen der Gesellschaft Handelnden persönlich	Gläubigern haftet nur das Gesellschaftsvermögen der AG; vor der Eintragung in das HR haften die im Namen der Gesellschaft Handelnden persönlich
Gewinn- und Verlustbeteiligung	grundsätzlich Gesellschaftsvertrag maßgeblich; mangels anderer Vereinbarungen nach dem Verhältnis der Geschäftsanteile	grundsätzlich Gesellschaftsvertrag maßgeblich; mangels anderer Vereinbarungen nach dem Verhältnis der Aktiennennbeträge; Verpflichtung zur Auffüllung einer gesetzlichen Rücklage (10% des Grundkapitals)
Kapitalschaffungsmöglichkeiten	Risikobeschränkung der Gesellschafter erleichtert die Aufbringung von Einlagen; allerdings keine Publikumsgesellschaft, da Anteile nicht frei handelbar (notarielle Beurkundung); besondere Gläubigerschutzvorschriften verbessern die Möglichkeit der Fremdkapitalaufnahme	Erhöhung des Eigenkapitals durch HV-Beschluß und Aktienemission; begünstigt durch hohe Fungibilität der Aktien, zusätzliche Möglichkeit der Fremdfinanzierung durch Ausgabe von Schuldverschreibungen
laufende Besteuerung	Gesellschaft als selbständiges Steuersubjekt unterliegt KSt auf Steuergewinn; GewSt und VSt	wie GmbH

Abbildung 2.36: Vergleich wichtiger Wesensmerkmale von Kapitalgesellschaften

Grundkapital). Es handelt sich bei ihr um eine Mischform, die Elemente der Kommanditgesellschaft und der Aktiengesellschaft enthält; sie ist jedoch keine Personengesellschaft, sondern eine juristische Person.

*Merkmale
der KGaA*

Die KGaA hat zwei Arten von Gesellschaftern: den (die) persönlich unbeschränkt haftenden Gesellschafter und die „Kommanditaktionäre". Letztere sind an dem in Aktien zerlegten Grundkapital beteiligt, ohne persönlich für die Schulden der Gesellschaft zu haften (§ 278, I AktG). Die **Kombination von unbeschränkter Haftung bei gleichzeitiger körperschaftlicher Organisation des Gesellschaftsvermögens** erklärt die Unbeliebtheit der KGaA in der Praxis. Trotz Vollhaftung des Komplementärs ist dieser nicht Vermögensträger.

Ihrer Struktur nach steht die KGaA der AG wesentlich näher als der KG, wie auch ihre Regelung im Aktienrecht betont (§§ 278–290 AktG). Soweit sich aus diesen Sondervorschriften nicht etwas anderes ergibt, gelten für die KGaA selbst sowie für die Kommanditaktionäre die §§ 1–277 AktG. Die **personalistischen Züge** dieser Gesellschaft zeigen sich daran, daß sich die Stellung der persönlich haftenden Gesellschafter nach den Vorschriften über die KG regelt (§ 278, II AktG).

*Organe
der KGaA*

Als juristische Person benötigt die KGaA Organe, die für sie tätig werden. Die **Komplementäre** haben die gleiche Funktion wie der Vorstand bei der AG (§§ 282, 283 AktG); mangels abweichender Bestimmungen gilt Einzelgeschäftsführung und Einzelvertretung. Sie sind gleichsam die **„geborenen Vorstände"** der KGaA und werden anders als bei der Aktiengesellschaft nicht vom Aufsichtsrat bestellt. Die persönlich haftenden Gesellschafter können Einlagen auf das (konstante) Grundkapital der KGaA leisten und somit zugleich Kommanditaktionäre werden. Ihre Einlagen können aber auch außerhalb des Grundkapitals stehen und unterliegen dann nicht dessen aktienrechtlicher Bindung.

*Komplemen-
täre*

Aufsichtsrat

Der **Aufsichtsrat** setzt sich ausschließlich aus Vertretern der Kommanditaktionäre zusammen, soweit sich nicht aus den Mitbestimmungsgesetzen etwas anderes ergibt. Er ist einerseits Überwachungsorgan wie bei der AG, andererseits ist er Vertretungsorgan der Kommanditaktionäre und führt als solches deren Beschlüsse aus (§ 287 AktG).

*Hauptver-
sammlung*

Die **Hauptversammlung** setzt sich aus Kommanditaktionären zusammen; Komplementäre können nur über den Erwerb von Kommanditaktien Mitglieder dieses Organs werden. Um jedoch Interessenkonflikte zu vermeiden, sind persönlich haftende Gesellschafter mit Kommanditaktien bei einzelnen Vorgängen nicht stimmberechtigt (z. B. Wahl- und Abberufung des Aufsichtsrates, Entlastung, Beschlüsse über Ersatzansprüche). In solchen Fällen kann das Stimmrecht auch nicht übertragen werden (§ 285 AktG). Andererseits sind Hauptversammlungsbeschlüsse nur insoweit ohne weiteres wirksam, als sie lediglich die Belange der Kommanditaktionäre betreffen; ansonsten bedürfen sie der Zustimmung der Komplementäre. Einer solchen Zustimmung bedarf auch der **Beschluß über die Feststellung des Jahresabschlusses,** der im Gegensatz zur AG bei der KGaA immer in den Händen der Hauptversammlung liegt (§ 286 AktG).

Die KGaA unterliegt dem MitbestG und dem BetrVG 1952, nicht jedoch dem Montan-MitbestG. Verglichen mit der AG weist sie – auch bei gleichem Mitbestimmungsgesetz – eine geringere Mitbestimmungsintensität auf. Diese resultiert zum einen aus der Tatsache, daß die Bestellung und Abberufung des Leitungsorgans bei der KGaA anders als bei der AG nicht in den Kompetenzbereich des mitbestimmten Aufsichtsrates fällt. Zum anderen wird die Mitbestimmungssituation bei der KGaA auch dadurch verändert, daß für sie im Gegensatz zur AG und GmbH vom MitbestG kein Arbeitsdirektor vorgesehen ist (§ 33, I MitbestG).

Mitbestimmung

Der Vorteil der KGaA wird vielfach mit der größeren „Tüchtigkeit" der Eigentümer-Unternehmer aufgrund ihrer finanziellen Verquickung mit der Unternehmung belegt. Dieses Argument erscheint zweifelhaft, zumal auch genügend Anreize für die Vorstände sogenannter Manager-Unternehmungen vorhanden sind. Unter Umständen kann es sich sogar als Nachteil erweisen, daß die Entwicklung der Gesellschaft von den Fähigkeiten eines „geborenen" und nicht eines gewählten Vorstandes abhängig ist. Der geringe Einfluß des Aufsichtsrates auf die Geschäftsführung der KGaA ist dazu angetan, diese Gefahren noch zu verstärken. Geeignet erscheint die Konstruktion der KGaA insbesondere für große **Familienunternehmungen**. Einerseits können die Familienmitglieder aktiv an der Geschäftsführung mitwirken, andererseits können die günstigen Kapitalbeschaffungsmöglichkeiten dieser Rechtsform genutzt werden. Daneben bietet sich die KGaA bei der Absicht an, der Arbeitnehmermitbestimmung etwas von ihrer Wirkung zu nehmen.

Vor- und Nachteile der KGaA

Bergrechtliche Gewerkschaft

Die bergrechtliche Gewerkschaft ist eine Personenvereinigung zum gemeinsamen Betrieb eines Bergwerkes. Als „Gewerkschaft neueren Rechts" ist sie juristische Person. **Sie ist einer Kapitalgesellschaft ähnlich, hat jedoch kein festes Grundkapital.** Die Anteile (Kuxe) lauten demzufolge nicht auf einen bestimmten Nennwert wie die Aktie, sondern auf einen Bruchteil am Gesellschaftsvermögen. Sie sind Namenspapiere und verbriefen ein Mitgliedschaftsrecht. Ihre Übertragung geschieht durch schriftliche Abtretung.

Merkmale der bergrecht-lichen Gewerkschaft

Die Kuxinhaber werden als Gewerken bezeichnet. Anders als bei der AG haben die Gewerken nicht nur eine einmalige Einlage zu leisten. Sie sind auch zu **„Zubußen"** verpflichtet, die eine gesellschaftsinterne Zahlungsverpflichtung darstellen. Im Rahmen ihres Abandonrechts können sie sich jedoch von ihrer Zubußepflicht befreien, indem sie die Kuxe der Gesellschaft zur Verfügung stellen. Am Gewinn der bergrechtlichen Gewerkschaft („Ausbeute") sind die Gewerken ebenso wie am Verlust im Verhältnis ihrer Anteile beteiligt.

Gewerken

Oberstes Organ der bergrechtlichen Gewerkschaft ist die **Gewerkenversammlung**; ihre Rechtsstellung entspricht der Hauptversammlung bei der AG. Geschäftsführungs- und Vertretungsorgan ist der **Repräsentant** oder der aus mehreren Personen bestehende **Grubenvorstand**. Werden die jeweiligen Größenmerkmale überschritten, dann

Organe der bergrecht-lichen Gewerkschaft

ist nach dem MitbestG bzw. Montan-MitbestG ein **Arbeitsdirektor** zu bestellen. Ein **Aufsichtsrat** besteht nur, wenn er statutarisch vorgesehen ist. Ohne eine solche Satzungsbestimmung ist er zu bilden, wenn die bergrechtliche Gewerkschaft einem der Mitbestimmungsgesetze unterfällt.

Bedeutung der bergrechtlichen Gewerkschaft

Die Zubuße wurde als ein adäquates Mittel zur Aufbringung des stark schwankenden und schwer vorhersehbaren Kapitalbedarfs im Bergbau angesehen. Mit dem zunehmenden Ausbau der Grube entsteht ein höherer Kapitalbedarf. Er sollte jederzeit durch Einforderung der notwendigen Eigenmittel gedeckt werden können. Heute jedoch erfordert der Ausbau rentabler und konkurrenzfähiger Bergbaubetriebe schon aus technischen Gründen hohe Investitionen, deren Finanzierung häufig nur im Rahmen der Rechtsform einer Aktiengesellschaft erfolgen kann. Nicht zuletzt hieraus erklärt sich die heute sehr geringe Bedeutung dieser Gesellschaftsform.

Eingetragene Genossenschaft (e. G.)

Merkmale der Genossenschaft

Das Genossenschaftsgesetz (GenG) kennzeichnet die **Genossenschaft als Gesellschaft ohne geschlossene Mitgliederzahl, die mit Hilfe eines gemeinschaftlichen Geschäftsbetriebs Erwerb oder Wirtschaft ihrer Mitglieder fördern will** (§ 1 GenG). Sie ist eine juristische Person (§ 17, I GenG), jedoch weder Personen- noch Kapitalgesellschaft.

Charakteristisch für die Genossenschaft ist, daß sie auf freien Mitgliederwechsel angelegt ist. Ihr **Zweck liegt nicht in der eigenen Gewinnerzielung**, sondern in der Sicherung, Förderung oder Unterstützung der wirtschaftlichen Betätigung ihrer Genossen. Erzielt sie einen Gewinn, dann beruht dieser eigentlich auf einer „Zuvielleistung" der Genossen. Die Genossenschaft ist also eine Hilfsgesellschaft zur Wahrung der Interessen der Genossen.

Entstehung

Zur Errichtung der Genossenschaft sind mindestens sieben Mitglieder erforderlich, die schriftlich das Statut feststellen. In ihren wichtigsten Bestimmungen kann es später nur mit einer Mehrheit von mindestens 75% der abgegebenen Stimmen geändert werden (§ 16 GenG). **Vorstand und Aufsichtsrat sind aus dem Kreis der Gründergenossen zu bestellen** (§ 9 GenG). Mit der Feststellung des Statuts ist die Genossenschaft errichtet, aber noch nicht existent. Damit sie als juristische Person entsteht, bedarf es der Eintragung ins Genossenschaftsregister. Die Anmeldung zu diesem Register erfolgt durch den Vorstand. Die Genossenschaft wird als Sachfirma mit einer dem Sachziel entlehnten Kennzeichnung eingetragen (§ 3 GenG). Entsprechend ihrem mitgliederbezogenen Charakter ist **kein bestimmtes Gründungskapital** vorgesehen.

Geschäftsanteil/ Geschäftsguthaben

Im Statut ist anzugeben, bis zu welchem Maximalbetrag sich die einzelnen Genossen mit Einlagen beteiligen können **(Geschäftsanteil)**. Ferner ist gemäß § 7 Nr. 1 GenG der Betrag der Einzahlung auf den Geschäftsanteil anzugeben, zu welcher jeder Genosse verpflichtet ist (Mindesteinlage). Das Statut kann vorsehen, daß sich ein Genosse mit mehreren Geschäftsanteilen beteiligen darf bzw. muß (§ 7a GenG). Vom Geschäftsanteil zu unterscheiden ist das **Geschäftsguthaben**, welches den Betrag beziffert, mit dem der Genosse tatsächlich an der Genossenschaft beteiligt ist. Es setzt sich aus den Einzahlungen auf den Geschäftsanteil und den Gewinnzu- bzw. Verlustabschreibungen zusammen (§ 19, I GenG).

Wie bei den Kapitalgesellschaften haftet für die Verbindlichkeiten der Genossenschaft nur das Vermögen der Genossenschaft (§ 2 GenG). **Eine unmittelbare Haftung der Genossen besteht nicht. Mittelbar können sie jedoch im Konkursfall in Anspruch genommen werden, wenn in dem Statut eine Nachschußpflicht vorgesehen ist.** Nach § 6 Nr. 3 GenG lassen sich somit unterscheiden: *Haftung*

1. Genossenschaften mit unbeschränkter Nachschußpflicht;
2. Genossenschaften mit beschränkter Nachschußpflicht (auf eine bestimmte „Haftsumme");
3. Genossenschaften ohne Nachschußpflicht; diese sind erst seit dem 1. 1. 1974 zugelassen.

An einer Genossenschaft können sich natürliche und juristische Personen sowie Personenhandelsgesellschaften beteiligen. Die Mitgliedschaft kann entweder durch Teilnahme an der Gründung oder durch späteren Beitritt erworben werden. Es bedarf dann einer schriftlichen Beitrittserklärung und der (konstitutiven) Eintragung des Genossen in das Genossenschaftsregister (§§ 15–15b GenG). Der Austritt aus der Genossenschaft kann entweder durch schriftliche Kündigung (§ 65 GenG) oder durch Abtretung des Geschäftsguthabens (§ 76 GenG) erfolgen. Die Mitgliedschaft ist nicht übertragbar und nur beschränkt vererblich. Sinkt die Zahl der Genossen unter die Mindestgründerzahl, so wird eine gerichtliche Auflösung herbeigeführt (§ 80 GenG).

Die notwendigen Organe der Genossenschaft sind Vorstand, Aufsichtsrat und Generalversammlung (Vertreterversammlung). Anders als bei der AG können grundsätzlich nur Genossen Mitglieder dieser Organe werden. *Organe der Genossenschaft*

Der **Vorstand** der Genossenschaft besteht aus **mindestens zwei Mitgliedern** und wird von der Generalversammlung gewählt (§ 24 GenG), soweit dem nicht das MitbestG entgegensteht. Ein nach dem MitbestG zu wählender Arbeitsdirektor braucht nicht Genosse zu sein (§ 33, III MitbestG). Der Vorstand führt die Geschäfte und vertritt die Genossenschaft nach außen. Ist im Statut nichts anderes vorgesehen, dann gilt Gesamtvertretung (§ 25 GenG). Im Rahmen der Geschäftsführung ist der Vorstand an die durch Statut und Generalversammlungsbeschluß bestimmten Beschränkungen gebunden. Eine Beschränkung der Vertretungsmacht ist dagegen nicht möglich (§ 27 GenG). Der Vorstand hat die Pflicht zur Rechnungslegung; Feststellungsorgan ist jedoch die Generalversammlung. Anstelle einer gesetzlichen Rücklage enthält die Bilanz einen **Zwangsreservefond** (Ergebnisrücklage), den die Satzung in den Einzelheiten näher bestimmen muß und der zur Deckung etwaiger Verluste der Genossenschaft dient. *Vorstand*

Der **Aufsichtsrat** hat eine ähnliche Stellung wie bei der AG. Er wird von der Generalversammlung gewählt und umfaßt **mindestens drei Mitglieder** (§ 36 GenG). Seine Zusammensetzung richtet sich bei mitbestimmungspflichtigen Genossenschaften *Aufsichtsrat* nach dem BetrVG 1952 bzw. dem MitbestG. Der Aufsichtsrat hat in bezug auf die Geschäftsführung des Vorstandes **Kontrollaufgaben** wahrzunehmen und kann zu diesem Zweck vom Vorstand jederzeit Berichterstattung verlangen, die Bücher und Schriften der Genossenschaft einsehen sowie den Bestand der Genossenschaftskasse und die Bestände an Effekten, Handelspapieren und Waren prüfen. Des weiteren hat er die Jahresrechnung, die Bilanz und die Vorschläge zur Verteilung von Gewinn und Verlust zu überprüfen. Er hat die Generalversammlung einzuberufen, wenn es das Interesse der Genossenschaft erfordert (§ 38 GenG). Um zu vermeiden, daß Aufsichtsratsmitglieder eine besonders gewinnorientierte Geschäftspolitik favorisieren, dürfen sie **keine Tantieme** beziehen. Dies würde einen Verstoß gegen den Genossenschaftsgedanken bedeuten.

Generalver-
sammlung

Die Generalversammlung ist das oberste Willensorgan der Genossenschaft. Hier werden die Rechte der Genossen durch Beschlußfassung ausgeübt. Im Gegensatz zu den Kapitalgesellschaften hat jeder Genosse ungeachtet seiner kapitalmäßigen Beteiligung nur **eine** Stimme (§ 43 GenG). Für Genossenschaften mit mehr als 3 000 Mitgliedern verlangt das Gesetz eine Generalversammlung aus Vertretern der Genossen. Diese **Vertreterversammlung**, die bereits bei einer Mitgliederzahl von mehr als 1 500 statutarisch vorgesehen werden kann, besteht aus mindestens 50 Vertretern, die von den Genossen in allgemeiner, unmittelbarer, gleicher und geheimer Wahl gewählt werden (§ 43a GenG). Die Einberufung der Generalversammlung bzw. der Vertreterversammlung erfolgt in der Regel durch den Vorstand. Ihre besonderen Aufgaben liegen in der Feststellung des Jahresabschlusses und in der Beschlußfassung über Gewinn- und Verlustverteilung sowie über die Entlastung von Vorstand und Aufsichtsrat.

Prüfung

Vorwiegend bei kleineren Genossenschaften verfügen die Vorstandsmitglieder nicht immer über fundierte kaufmännische Kenntnisse. Aus diesem Grunde sieht das Genossenschaftsgesetz **regelmäßig wiederkehrende Überprüfungen der gesamten genossenschaftlichen Geschäftsverhältnisse** vor. Gemäß § 53 GenG sind die Einrichtungen, die Vermögenslage sowie die **Geschäftsführung** der Genossenschaft mindestens in jedem zweiten Geschäftsjahr zu prüfen. Die genossenschaftliche Pflichtprüfung geht insofern über die aktienrechtliche Jahresabschlußprüfung hinaus. Übersteigt die Bilanzsumme 2 Mio. DM, dann muß die Prüfung in jedem Geschäftsjahr stattfinden (§ 53 GenG). Sie hat durch einen **Prüfungsverband** zu erfolgen. Jede Genossenschaft hat dazu einem Verband anzugehören, dem das Prüfungsrecht verliehen ist (§ 54 GenG).

Die für die Genossenschaft geltenden Vorschriften über Form und Inhalt des Jahresabschlusses sowie dessen Prüfung und Veröffentlichung ergeben sich aus den allgemeingültigen Rechnungslegungsvorschriften (§§ 238–263 HGB sowie §§ 336–339 HGB).

Auflösung

Die Genossenschaft kann durch **Beschluß der Generalversammlung** jederzeit aufgelöst werden. Der Beschluß bedarf einer Mehrheit von drei Vierteln der abgegebenen Stimmen. Neben einer Vielzahl anderer Auflösungsgründe (z. B. Ablauf der im Statut bestimmten Zeit, Nichtanschluß an einen Prüfungsverband) hat gemäß § 81 GenG

190

auch der Verstoß gegen das genossenschaftliche Förderungsprinzip liquidierenden Charakter.

Die Erscheinungsformen der Genossenschaft in der Realität sind vielfältig. Henzler (1962) systematisiert nach zwei großen Gruppen: **Einzel-, Individual- oder Primärgenossenschaften** sind dadurch gekennzeichnet, daß sich ihr Mitgliederbestand in der Hauptsache aus „natürlichen Personen" rekrutiert; **Zentral- oder Sekundärgenossenschaften** repräsentieren dagegen den genossenschaftlichen Zusammenschluß von Einzelgenossenschaften. Im einen Fall steht die direkte Förderung der Mitglieder, im anderen Fall die unmittelbare Förderung der Primärgenossenschaften im Mittelpunkt.

Arten von Genossenschaften

Sind die Genossenschaftsmitglieder gleichzeitig als Arbeitnehmer in die Einzelgenossenschaft integriert, dann handelt es sich um eine **Produktivgenossenschft**. Davon zu unterscheiden sind die reinen **Förderungsgenossenschaften**, die nur Hilfsfunktionen hinsichtlich bestimmter Zwecke ihrer Mitglieder ausüben. Die Mitglieder geben dabei ihre ökonomische und rechtliche Selbständigkeit nicht auf. Je nach der Existenz einer personellen Identität zwischen Genossenschaftsmitgliedern und „Kunden" einerseits bzw. Genossenschaftsmitgliedern und „Lieferanten" andererseits lassen sich die Förderungsgenossenschaften in Beschaffungs- und Verwertungsgenossenschaften einteilen. Beispielsweise erstreben die Mitglieder von Kredit-, Bau-, Einkaufs- oder Dienstleistungsgenossenschaften Vergünstigungen im Beschaffungssektor. Ebenso werden durch genossenschaftliche Zusammenschlüsse im Produktions- und Absatzbereich bestimmte Vorteile angestrebt. Genossenschaften finden sich in allen Zweigen und auf allen Stufen der volkswirtschaftlichen Produktion. Vor allem im Bereich der mittelständischen Wirtschaft sind sie von nicht zu unterschätzender Bedeutung.

GmbH & Co. KG

Die GmbH & Co. KG ist eine Kommanditgesellschaft, deren (in der Regel) einziger Komplementär eine GmbH, also eine in der Haftung auf das Gesellschaftsvermögen beschränkte Kapitalgesellschaft ist. Bei der GmbH & Co. KG handelt es sich um den praktisch bedeutendsten Fall einer sogenannten **„Kapitalgesellschaft & Co."**.

Merkmale der GmbH & Co. KG

Sind die Kommanditisten der KG und die Gesellschafter der Komplementär-GmbH personenidentisch, so spricht man von einer GmbH & Co. KG im engeren Sinne. Eine Einmann-GmbH & Co. KG liegt vor, wenn alle Kommandit- und GmbH-Anteile in einer Hand vereinigt sind. Eine besondere Variante der GmbH & Co. KG ist die sogenannte Einheitsgesellschaft. Hier besitzt die KG alle Anteile ihrer eigenen Komplementär-GmbH. In diesem Zusammenhang ist noch die „doppelstöckige" oder „dreistufige" GmbH & Co. KG zu nennen, deren einziger Komplementär keine GmbH, sondern wiederum eine GmbH & Co. KG ist.

Die GmbH & Co. KG baut auf der ehemals rechtlich umstrittenen Tatsache auf, daß sich juristische Personen als Gesellschafter an Personengesellschaften (OHG, KG) beteiligen können. Die Gründung einer GmbH & Co. KG war früher hauptsächlich steuerlich motiviert. Man sah in ihr eine allseitig haftungsbeschränkte Rechtsform, die es erlaubte, die steuerliche Doppelbelastung ausgeschütteter Gewinne weitgehend zu vermeiden. Mit der Einführung des körperschaftsteuerlichen Anrechnungsverfahrens seit dem 1. 1. 1977 ist dieses Gründungsmotiv weitgehend entfallen. Heute dürften deshalb verstärkt betriebswirtschaftliche und gesellschaftsrechtliche Gesichtspunkte, wie beispielsweise **Kapitalbeschaffungsmöglichkeiten** (Publikums-GmbH & Co. KG, Abschreibungsgesellschaften), **Möglichkeit der Drittorganschaft** und **Sicherung der Unternehmungsfortführung** („die GmbH stirbt nicht") für die Wahl der GmbH & Co. KG maßgebend sein.

*Mitbestim-
mung*

Ein weiterer Vorteil dieser Rechtsform wird in **mitbestimmungsrechtlichen Gesichtspunkten** erblickt. Eine GmbH unterliegt der (drittelparitätischen) Arbeitnehmermitbestimmung nach dem BetrVG 1952 bereits dann, wenn sie mehr als 500 Arbeitnehmer beschäftigt. Bei der GmbH & Co. KG greift die paritätische Mitbestimmung erst ein, wenn mehr als 2 000 Beschäftigte vorhanden sind. Mitbestimmungspflichtig ist dann nur die Komplementär-GmbH; ihr werden unter den Voraussetzungen des § 4, I MitbestG die Arbeitnehmer der KG zugerechnet.

Entstehung

Die **Gründung** der GmbH & Co. KG vollzieht sich naturgemäß in **zwei Stufen**. Zunächst muß die GmbH gegründet werden. Hat diese mit der Eintragung ins Handelsregister Rechtsfähigkeit erlangt, dann kann sie Komplementärin der zu errichtenden KG werden.

*Geschäfts-
führung und
Vertretung*

Die **Geschäftsführungsbefugnis** steht in der Kommanditgesellschaft dem Komplementär, in der GmbH & Co. KG folglich der Komplementär-GmbH zu. Für diese werden als Organe der/die bestellte(n) Geschäftsführer tätig. Im Gegensatz zur reinen Kommanditgesellschaft ist damit bei der GmbH & Co. KG eine Trennung von Gesellschafterstellung und Leitungsbefugnis möglich, indem Nichtgesellschafter zu Geschäftsführern der GmbH und letztlich der GmbH & Co. KG bestellt werden. Die Befugnis umfaßt alle üblichen Geschäfte der GmbH & Co. KG. Die **Vertretung** der GmbH & Co. KG liegt ebenfalls beim Komplementär und folglich bei den Geschäftsführern der GmbH.

*Gewinn-
verteilung*

Die handelsrechtliche Gewinnverteilung regelt sich wie bei der KG entweder nach § 168 HGB oder nach dem Gesellschaftsvertrag. Um steuerlich anerkannt zu werden, muß die **Gewinnverteilungsabrede wirtschaftlich angemessen** sein. Der gesellschaftsvertragliche Gewinnverteilungsschlüssel hat daher in der Regel Geschäftsführung, Haftungsrisiko und Kapitaleinlage der Komplementär-GmbH zu berücksichtigen.

*Rechnungs-
legung*

Die GmbH & Co.-Richtlinie erweitert die 4. bzw. 7. EG-Richtlinie hinsichtlich ihres Anwendungsbereiches. Die durch diese Richtlinie vorgeschriebenen Maßnahmen gelten in Deutschland für die offene Handelsgesellschaft und die Kommanditgesellschaft, sofern alle ihre unbeschränkt haftenden Gesellschafter ausschließlich Kapitalgesellschaften, diesen vergleichbaren Gesellschaften in einem Drittstaat oder Personenhandelsgesellschaften im Sinne der GmbH & Co.-Richtlinie sind.

Eine Ausdehnung des Gläubigerschutzes soll durch die Regelungen der GmbH-Novelle vom 4. 7. 1980 auch im Bereich der GmbH & Co. KG erreicht werden. So bestimmt beispielsweise § 172a HGB, daß die für die Gewährung von **Gesellschafterdarlehen** bei der GmbH geltenden Vorschriften (§§ 32a, 32b GmbHG) auch auf die GmbH & Co. KG sinngemäß Anwendung finden. Weiterhin gelten gemäß § 172, VI HGB Anteile an einer Komplementär-GmbH, die als Kommanditeinlagen bewirkt wurden, den Gesellschaftsgläubigern gegenüber als nicht geleistet. Anderenfalls würde das Vermögen der Komplementär-GmbH gleichzeitig als ihr Haftungspotential und als Haftungspotential der Kommanditisten dienen.

Die Auflösung der GmbH & Co. KG richtet sich nach den einschlägigen Bestimmungen der Kommanditgesellschaft (§ 161, II; § 131 HGB). Umstritten ist, ob erst die Vollbeendigung der juristischen Person, also das Erlöschen der Abwicklungsgesellschaft, oder schon die Liquidation der Komplementär-GmbH einen Auflösungsgrund für die GmbH & Co. KG bedeuten. Bis Mitte 1976 war für die GmbH & Co. KG wie für alle anderen Personengesellschaften nur **Zahlungsunfähigkeit** Konkurs- und somit Auflösungsgrund. Seit diesem Zeitpunkt ist für die GmbH & Co. KG die **Überschuldung** ein weiterer Konkurstatbestand (§ 130a HGB); sie ist insofern der Kapitalgesellschaft gleichgestellt.

Auflösung

Doppelgesellschaft

Die Doppelgesellschaft ist im Gegensatz zu den anderen Misch- und Sonderformen keine eigenständige Rechtsform. **Sie entsteht durch Aufspaltung einer einheitlichen Unternehmung in zwei oder mehrere rechtlich selbständige Unternehmungen (meist eine Personen- und eine Kapitalgesellschaft), die wirtschaftlich jedoch eine Einheit bilden.**

Aus der Vielzahl möglicher Varianten von Betriebsaufspaltungen (vgl. Knoppe 1985) sind besonders zwei Hauptformen hervorzuheben: die Aufspaltung in eine **Betriebs- und Vertriebsgesellschaft** sowie die Aufspaltung in eine **Besitz- und Betriebsgesellschaft**.

Formen der Betriebsaufspaltung

Im ersten Fall erfolgt eine Trennung der Beschaffungs- und Produktionstätigkeit von der nachgelagerten marktlichen Verwertung der Erzeugnisse, d. h. die Vertriebsabteilung wird in eine eigene Rechtsform gekleidet. Dabei wird die Produktionsunternehmung regelmäßig vertraglich verpflichtet, ihre gesamten Erzeugnisse über die Vertriebsunternehmung absetzen zu lassen. Meist wird die Vertriebsgesellschaft als Kapitalgesellschaft und die Produktionsgesellschaft als Personengesellschaft betrieben, wenngleich auch Unternehmungsaufspaltungen mit nur Personen- oder nur Kapitalgesellschaften denkbar sind. Eine derartige Konstruktion kann beispielsweise dem Zweck dienen, der Vertriebsunternehmung als beschränkt haftender Kapitalgesellschaft das **Verwertungsrisiko** zu übertragen.

Betriebs-/ Vertriebsgesellschaft

Bei der Aufspaltung in eine Besitz- und Betriebsgesellschaft wird in der Regel aus einer Personengesellschaft eine Kapitalgesellschaft ausgegründet. Die Anteile an der Kapitalgesellschaft werden entweder von der bisherigen Gesellschaft selbst oder von

Besitz-/ Betriebsgesellschaft

deren Gesellschaftern gehalten. Die (Besitz-)Personengesellschaft behält die zur Produktion notwendigen Anlagen, während in die (Betriebs-)Kapitalgesellschaft nur das Umlaufvermögen eingebracht wird. **Die Anlagengegenstände werden von der Besitz- an die Betriebsgesellschaft verpachtet.** Vielfach geschieht dies mit der vertraglichen Verpflichtung, daß diese die Gegenstände „im selben Zustand" zurückzugeben hat. Besteht eine solche Vereinbarung, dann kann die Betriebs-Kapitalgesellschaft eine Rückstellung für Erneuerungspflichten auf der Basis von Wiederbeschaffungspreisen bilden. Hiermit wird einer reproduktiven Substanzerhaltung Rechnung getragen. Finanzverwaltung und Rechtsprechung fordern in einem solchen Falle jedoch eine korrespondierende Forderungsaktivierung bei der Personengesellschaft, wodurch es bei dieser zum Ausweis unrealisierter Gewinne kommt.

Bei der dargestellten Form der Aufspaltung in eine Besitz- und eine Betriebsgesellschaft wird das gesamte Risiko der unternehmerischen Tätigkeit von der Kapitalgesellschaft übernommen. Das Anlagevermögen bleibt im Eigentum der Personengesellschaft und somit grundsätzlich außerhalb der betrieblichen Haftungssphäre. Es ist sogar möglich, besonders risikobehaftete Betriebsteile abermals abzuspalten und in eine Kapitalgesellschaft zu überführen, so daß eine sogenannte **„Mehrgesellschaft"** entsteht (z. B. zwei Kapitalgesellschaften und eine Personengesellschaft). Im Konkursfall der Kapitalgesellschaft können die im Eigentum der Besitz-Personengesellschaft stehenden Anlagegegenstände ausgesondert werden. Hierbei darf allerdings nicht übersehen werden, daß die Personengesellschaft bei umfangreicher Kreditaufnahme der Kapitalgesellschaft in der Regel als Sicherungsgeber zu dienen hat. Ihr Vermögen kann in diesem Fall zur Haftung herangezogen werden.

Vorteile der Betriebs- aufspaltung

Der **steuerliche Reiz der Betriebsaufspaltung** liegt in der Tatsache, daß beide Gesellschaften steuerrechtlich als selbständige Unternehmungen anerkannt werden. Hierdurch wird es möglich, die steuerlichen Vorteile der Kapitalgesellschaft zu nutzen (z. B. gewinnmindernde Zahlung von Gehältern an Gesellschafter der Personengesellschaft für deren Geschäftsführertätigkeit in der Kapitalgesellschaft). Auf die steuerlichen Vorzüge der Personengesellschaft muß trotzdem nicht verzichtet werden (z. B. Möglichkeit der Verlustverrechnung, Vermeidung der vermögensteuerlichen Doppelbelastung).

Ein weiterer Vorteil der Betriebsaufspaltung liegt in der **Sicherung der Unternehmungskontinuität**. Beispielsweise können die zukünftigen Erben durch Einräumung einer (Gesellschafter-)Geschäftsführerstellung in der Betriebsgesellschaft an die Unternehmung gebunden werden und langsam in sie „hineinwachsen", ohne daß es ihnen möglich ist, durch mangelnde Erfahrung unter Umständen das gesamte Betriebsvermögen zu gefährden.

Auch in **mitbestimmungsrechtlicher und publizitätsmäßiger Hinsicht** entstehen Vorteile durch die Betriebsaufspaltung: Es wird z. B. ermöglicht, die Schwellenwerte herabzumindern, an die die Mitbestimmungsgesetze, das Publizitätsgesetz und das HGB anknüpfen. Unternehmen können dadurch unter Umständen die Publizitäts- und Mitbestimmungspflicht umgehen.

194

In Anbetracht der Vorteile der Betriebsaufspaltung dürfen jedoch ihre **Nachteile** nicht übersehen werden. Sie ergeben sich z. B. aus dem personellen und sachlichen Mehraufwand durch getrennte Buchführung und Jahresabschlüsse zweier selbständiger Unternehmungen. Außerdem besteht insbesondere bei ungenau aufeinander abgestimmten Gesellschaftsverträgen die Gefahr, daß sich beide Unternehmungen auseinanderentwickeln.

Nachteile der Betriebsaufspaltung

Stiftung

Die Stiftung als rechtssubjektliche Trägerin einer Unternehmung oder eines Unternehmungsteiles hat vor allem nach 1945 auch im Bereich der Industrie erkennbar zugenommen. Sie hat jedoch nie die Bedeutung erlangt, die ihr in angelsächsischen Ländern zukommt.

Das BGB enthält zwar grundlegende Bestimmungen über die Stiftung (§§ 80–88), definiert sie jedoch nicht. Auch die im übrigen geltenden landesrechtlichen Vorschriften (in Bayern: Bayerisches Stiftungsgesetz vom 16. 11. 1954) enthalten keine Definition. Der Begriff wurde demzufolge aus der Gesamtregelung des Gesetzes sowie aus der Abgrenzung zu verwandten Formen entwickelt: **Bei der Stiftung handelt es sich demnach um eine durch den Errichtungsakt des Stifters ins Leben gerufene Einrichtung, bei der eine bestimmte Vermögensmasse auf Dauer dem vom Stifter festgelegten Zweck gewidmet wird.**

Begriff der Stiftung

Von der **privatrechtlichen** Stiftung ist die des **öffentlichen Rechts** (z. B. Stiftung Warentest) nur schwer zu unterscheiden, zumal das BGB keine Unterscheidungsmerkmale angibt. Indizien, wie gesetzliche Deklaration, Verfolgung öffentlicher Zwecke oder Errichtung durch eine staatliche Behörde, können lediglich Anhaltspunkte liefern.

Formen der Stiftung

Der **rechtsfähigen** Stiftung steht die **nicht rechtsfähige** (unselbständige, fiduziarische) Stiftung gegenüber. Letztere ist nicht selbst Eigentümerin ihres Vermögens; vielmehr geht bei ihr das Vermögen in das Eigentum einer rechtsfähigen Person oder Gesellschaft (Treuhänder) über, die es im Sinne des Stiftungszwecks verwaltet.

Stiftungen dienen nicht zwangsläufig der Verfolgung wirtschaftlicher Ziele; weitaus zahlreicher sind „ideelle" **Stiftungen**, bei denen gemeinnützige Zwecksetzungen im Vordergrund stehen. Im folgenden interessiert hauptsächlich die rechtsfähige Stiftung des Privatrechts, die mit ihrem Vermögen eine wirtschaftliche oder gemeinnützige Zielsetzung verfolgt. Ihren rechtlichen Standort gibt Abbildung 2.37 wieder.

Ein Industriebetrieb kann im wesentlichen in zweierlei Weise in Beziehung zu einer Stiftung stehen: **Zum einen kann die Stiftung selbst rechtliche Trägerin eines Industriebetriebs sein** (typisches Beispiel: Carl Zeiss-Stiftung); **zum anderen kann sie als Holding- oder Beteiligungsverwaltungsgesellschaft auftreten, wenn ihr Anteile an Industriebetrieben übereignet werden** (z. B. Alfried Krupp von Bohlen und Halbach-Stiftung). Im ersten Fall betreibt die Stiftung die Unternehmung unmittelbar; die

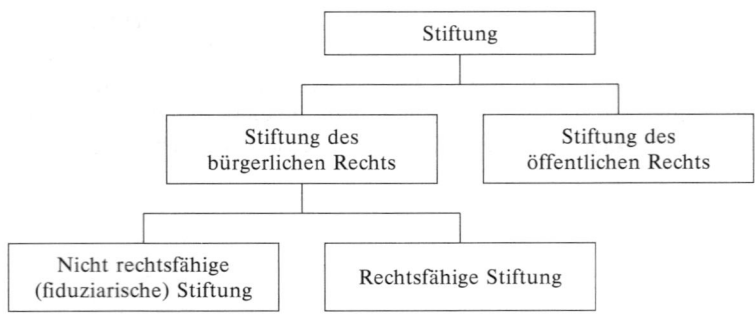

Abbildung 2.37: Arten der Stiftung

gesamte Unternehmung gehört zum Stiftungsvermögen (sogenannte **Unternehmensträgerstiftung**). Im zweiten Fall betreibt die Stiftung die Unternehmung mittelbar, d. h. sie ist an ihr als Gesellschafterin beteiligt, wobei es auf die Höhe der Beteiligung nicht ankommt.

Stiftungs-
zwecke

Von den übrigen Rechtsformen unterscheidet sich die Stiftung durch ihren **fremdentschiedenen Stiftungszweck**. Der Stifter kann innerhalb der Grenzen der Rechtsordnung den Stiftungszweck frei wählen und dauerhaft festsetzen, den er mit Hilfe des gestifteten Vermögens erreicht sehen will. Wirtschaftliche und ideelle Zwecksetzungen schließen sich dabei nicht aus. So kann beispielsweise eine Stiftung eine Unternehmung nur aus dem Grund betreiben, um mit deren Gewinnen ihre ideellen Zwecke verfolgen zu können.

Eigentums-
verhältnisse

In besonderem Maße hebt sich die Stiftung durch ihre **Destinatäre** (Bezugsberechtigte) von den übrigen Rechtsformen ab. Die Destinatäre sind weder Rechtsträger der Stiftung (die Stiftung ist kein Personenverband) noch besitzen sie Mitgliedschaftsrechte wie beispielsweise Aktionäre oder Genossen. **Weder Stifter noch Destinatäre erwerben Eigentum am Stiftungsvermögen** wie etwa die Gesellschafter einer AG. **Die Stiftung selbst wird vielmehr unmittelbare Eigentümerin und Trägerin von Rechten und Pflichten.**

Entstehung

Die Entstehung einer privatrechtlichen Stiftung erfordert ein „**Stiftungsgeschäft**" und eine **staatliche Genehmigung** (§ 80 BGB). Die Genehmigung kann nur auf Antrag des Stifters, seiner Erben oder des Nachlaßgerichtes von der zuständigen Landesbehörde erteilt werden. Sie verleiht der Stiftung Rechtsfähigkeit und unterstellt sie der staatlichen Aufsicht. Dem eigentlichen Stiftungsgeschäft ist sie zeitlich nachgelagert. Zum Stiftungsgeschäft gehört neben der Vermögenszuwendung die vom Stifter zu bestimmende Verfassung der Stiftung (§ 85 BGB). Unter Lebenden bedarf das Stiftungsgeschäft der Schriftform; bei einer Verfügung von Todes wegen kann es durch Testament oder Erbvertrag rechtswirksam getätigt werden.

196

Die Ausgestaltung der Verfassung ist allein dem Willen des Stifters anheimgestellt; sie wird in der Stiftungsurkunde niedergelegt. Um dem Stifterwillen in angemessener Weise dauerhaft gerecht zu werden, sollten in ihr mindestens Name, Sitz, Zweck, Vermögen, Bestellung und Kompetenzen der Organe, Jahresabschluß, Entlastung der Organe, Rechnungs- oder Geschäftsjahr, Dauer der Stiftung und Verwendung des Stiftungsvermögens bei Erlöschen der Stiftung enthalten sein. Soll die Stiftung eine Unternehmung betreiben oder sich an einer Unternehmung beteiligen, so ist es erforderlich, daß die Ausgestaltung der Satzung derjenigen vergleichbarer Unternehmungen oder Holding-Gesellschaften in anderer Rechtsform entspricht. *Verfassung*

§ 87 BGB räumt der **Aufsichtsbehörde** weitgehende Befugnisse ein. Diese kann die Änderung des Stiftungszwecks unter Berücksichtigung der Stiftermotive oder gar die Aufhebung der Stiftung vornehmen. Solche Maßnahmen sind allerdings erst zulässig, wenn die Erfüllung des Stiftungszwecks unmöglich geworden ist oder sie das Gemeinwohl gefährdet.

Die Haftung der Stiftung beschränkt sich auf das vorhandene Stiftungsvermögen; eine Haftungskapitaluntergrenze ist gesetzlich nicht vorgeschrieben. Die Haftung des Stifters entfällt mit der Übertragung des Stiftungsvermögens auf die Stiftung. Gemäß § 86 i. V. m. § 31 BGB ist die Stiftung für den Schaden verantwortlich, den ihre gesetzlichen Vertreter in Ausführung der ihnen zustehenden Verrichtungen einem Dritten zugefügt haben. Da sie nicht die Stellung von Mitgliedern haben, scheiden die Destinatäre für jegliche Haftung aus. *Haftung*

Das BGB kennt als Stiftungsorgan nur den Vorstand (§§ 86, 26 BGB). Diesem obliegt die Durchsetzung des Stifterwillens, d. h. die Stiftungsverwaltung **und** die Unternehmungsführung. In der Regel werden jedoch ein oder mehrere weitere Organe bestellt (zulässig nach §§ 86, 30 BGB), welche die Leitung des Unternehmungsbereichs übernehmen. Die Unternehmung, an der die Stiftung z. B. mehrheitlich beteiligt ist, wird entsprechend ihrer Rechtsform geführt. Dem Stiftungsvorstand obliegen dagegen neben allgemeinen Geschäftsführungsaufgaben die Erstellung des Jahres- oder Tätigkeitsberichts der Stiftung sowie die zweckentsprechende Verteilung der Mittel, die aus Gewinnausschüttungen der Unternehmung stammen. Zur Verfolgung des Stiftungszwecks darf der Stiftungsvorstand die Existenz der Unternehmung nicht gefährden. Sieht die Stiftungsverfassung keine Schlichtungsregeln für möglicherweise auftretende Interessenkollisionen zwischen Unternehmungsleitung und Stiftungsvorstand vor, so kann es sich als vorteilhaft erweisen, beide Gremien paritätisch zu besetzen und kollegial zu führen. *Stiftungsverwaltung und Unternehmungsführung*

In der Praxis werden neben dem Stiftungsvorstand normalerweise noch ein **Aufsichtsrat** (Stiftungs-, Verwaltungsrat) und ein **Kuratorium** (Beirat) eingesetzt. Der Aufsichtsrat hat in erster Linie Überwachungsaufgaben wahrzunehmen. Seine Besetzung und die Aufgabenzuordnung entsprechen meist dem Aufsichtsrat einer AG. Der **Beirat** kann beratende Funktionen übernehmen, die sich in der Regel auf Auswahl und Abgrenzung zu fördernder Objekte beschränken. Bei allen möglichen Verfassungsausgestaltungen bleibt der Vorstand oberstes Willensorgan. Das geltende Recht beläßt die Besetzung der Organe zunächst dem Stifterwillen. Erst spätere Personal- *Fakultative Stiftungsorgane* veränderungen können von den Stiftungsorganen selbst, insbesondere vom Stiftungsvorstand, vorgenommen werden. Allerdings kann auch vom Stifter eine entsprechende Institution mit der Berufung betraut worden sein. Vielfach besteht diese Institution aus der Aufsichtsbehörde im Zusammenwirken mit dem Vorstand.

Vor- und Nachteile der Stiftung

Die besonderen Vorzüge der Stiftung liegen in der **Sicherung der Unternehmungskontinuität und -stabilität,** die durch das Fehlen geeigneter Nachfolger sowie durch Erbauseinandersetzungen gefährdet sein kann. Die Stiftung ermöglicht es, zur Unternehmungsführung nicht prädestinierte Erben von der Unternehmernachfolge auszuschalten. Ihnen werden jedoch durch Einsetzung als Stiftungsberechtigte alle materiellen Vorteile erhalten. Weitere Vorteile bestehen in der **Sicherstellung der Förderung ideeller Zwecke** über den Tod des Unternehmers hinaus sowie in der weitgehenden Vermeidung von Publizitätspflichten (Ausnahme: PublG).

Diesen Vorteilen steht eine Reihe teilweise schwerwiegender Nachteile gegenüber. Hervorzuheben ist neben der aus der Starrheit der Stiftungsverfassung resultierenden mangelnden Flexibilität der Stiftung und der Staatsaufsicht insbesondere die **steuerliche Behandlung der Stiftung.**

Besteuerung

Während durch die Körperschaftsteuerreform die Doppelbesteuerung der von Kapitalgesellschaften ausgeschütteten Gewinne beseitigt wurde, blieb es bei einer **ungeminderten steuerlichen Doppelbelastung von Stiftungsausschüttungen.** Zu diesem Nachteil im Bereich der Ertragsteuern treten erhebliche **erbschaftsteuerliche Belastungen** der Stiftung hinzu. So gilt der Übergang des Stiftungsvermögens vom Stifter auf die Stiftung entweder als steuerpflichtiger Erwerb von Todes wegen oder als steuerpflichtige Zuwendung unter Lebenden. Da ein Verwandtschaftsverhältnis zwischen Stifter und Stiftung naturgemäß ausscheidet, errechnet sich die Steuer nach dem progressiven Steuersatz der Erbschaftsteuerklasse IV von 20 bis zu 70%. Eine „Gründungssteuer" solchen Ausmaßes überschreitet die Gründungskosten anderer Rechtsformen bei weitem. Gleiches gilt für jede spätere Erhöhung des Stiftungskapitals in Form weiterer Zuwendungen. Für Stiftungen, die dem Interesse einer oder mehrerer bestimmter Familien gewidmet sind **(Familienstiftungen),** gilt ein günstigerer Steuersatz, da das Verwandtschaftsverhältnis Berücksichtigung findet. Wurde bis Ende 1974 der Vermögensübergang auf die Stiftung als **ein** Erbfall betrachtet, so wird heute in Abständen von jeweils 30 Jahren ein Generationswechsel fingiert. Erbschaftsteuerlich wird also so verfahren, als ob eine wirkliche Erbfolge bestünde. Diese sogenannte **„Erbersatzsteuer"** wurde erstmalig zum 1. 1. 1984 festgesetzt, sofern die Stiftung bis dahin bereits 30 Jahre oder länger bestand. In allen anderen Fällen entsteht sie mit Ablauf von 30 Jahren nach dem Zeitpunkt des ersten Übergangs von Vermögen auf die Stiftung. Gemäß § 7, I, Nr. 9 ErbStG handelt es sich auch bei der **Aufhebung der Stiftung** um einen schenkungsteuerlichen Vorgang, wobei der Besteuerung mindestens der vom Hundertsatz der Steuerklasse II zugrunde zu legen ist.

Steuerliche Besonderheiten ergeben sich für Stiftungen mit ausschließlich „ideellen" Zwecksetzungen (z. B. Förderung von Wissenschaft und Forschung). Ist ihre Gemeinnützigkeit anerkannt, dann ergeben sich für sie bedeutsame Steuervorteile: Die

Errichtung der Stiftung unterliegt nicht der Erbschaft-/Schenkungsteuer; außerdem ist sie von der Körperschaftsteuer befreit. Ebenso entfällt die Grunderwerbsteuer, wenn Grundvermögen in die Stiftung eingebracht wird.

Abgesehen von dem Fall, daß ideelle Motive Priorität erlangen, ist die Rechtsform der Stiftung nur dann in Erwägung zu ziehen, wenn die mit ihr verbundenen Vorteile ihre steuerliche Benachteiligung gegenüber anderen Rechtsformen aufwiegen. Einer besonders eingehenden Abwägung der Konsequenzen bedarf die Entscheidung für die Rechtsform der Stiftung auch insofern, als mit entstandener Rechtsfähigkeit ein Widerruf der Stiftung nicht mehr möglich ist.

d) Öffentliche Unternehmungen

Neben den natürlichen oder juristischen Personen des Privatrechts können sich auch Gebietskörperschaften – also Bund, Länder oder Gemeinden – wirtschaftlich betätigen. Als **öffentliche Unternehmungen** oder öffentliche Betriebe werden solche Betriebswirtschaften bezeichnet, deren Inhaber oder Träger die öffentliche Hand ist. Beteiligt sich dagegen eine Gebietskörperschaft an einer privatwirtschaftlichen Unternehmung, so liegt eine **gemischtwirtschaftliche Unternehmung** vor (z. B. VW). Die öffentliche Hand muß allerdings aufgrund der Höhe ihrer Beteiligung oder anderer Umstände in der Lage sein, einen nachhaltigen und dauernden Einfluß auf die Unternehmungsverwaltung auszuüben (vgl. Emmerich, 1980). Die Existenz gemischtwirtschaftlicher industrieller Unternehmen ist ordnungspolitisch umstritten. Ihre Effizienz im internationalen Wettbewerb ist durchweg geringer als die der privaten Konkurrenten, was sich auf der Basis der Theorie der Verfügungsrechte theoretisch und empirisch begründen läßt (z. B. Picot 1981 b, Picot/Kaulmann 1985, 1989).

Die Oberziele öffentlicher Betriebswirtschaften, deren Aufgaben im Bereich der **Daseinsvorsorge** angesiedelt sind (z. B. Bundespost, Bundesbahn, kommunale Gas-, Wasser- und Elektrizitätswerke, Bildungs- und Gesundheitswesen, Rundfunk und Fernsehen), stellen grundsätzlich **politisch festgelegte Versorgungsziele** dar (vgl. auch Oettle 1966 b und Witte/Hauschildt 1966). Sie lassen sich in Leistungsziele, Bedarfslenkungsziele und Belastungsziele gruppieren. Die Leistungsziele können wiederum in Bedarfsdeckungsziele und Vorsorgeziele unterteilt werden.

Ziele öffentlicher Unternehmungen

Bedarfsdeckungsziele bestimmen das Leistungsprogramm und damit Art, Menge und Qualität der jeweiligen öffentlichen Leistung. Grundsatz öffentlicher Betriebe ist hierbei, Leistungen nur dort anzubieten, wo private Betriebswirtschaften mangels ausreichender Erwerbschancen Bedürfnisse entweder überhaupt nicht oder nicht in der erwünschten Weise befriedigen (Subsidiaritätsprinzip). Eng mit den Bedarfsdeckungszielen im Zusammenhang stehen die **Vorsorgeziele**. Durch Vorsorge soll die Erfüllung der Bedarfsdeckungsziele auch in Ausnahmesituationen gewährleistet werden (z. B. Mittelbereitstellung für Zeiten des Spitzenbedarfs, in Notzeiten und bei Katastrophenfällen). Über **Bedarfslenkungsziele** versucht die öffentliche Hand den gesellschaftlichen Bedarf zu steuern. Ein Mittel zu ihrer Erreichung stellen angebotspolitische Instrumente dar, wobei sowohl auf die Preisgestaltung am Markt als auch auf die Gestaltung der angebotenen Güter und Dienste Einfluß genommen werden kann. **Belastungsziele** dienen schließlich der Verfolgung verteilungspolitischer Grundsätze. Je nach der Belastungsmöglichkeit der Abnehmer öffentlicher Leistungen werden hierbei deren Preise bestimmt, um damit sozialpolitische und verteilungspolitische Vorstellungen durchzusetzen. Rücken die rechtlichen und organisatorischen Eigenheiten öffentlicher Betriebe in den Vordergrund, so lassen sich ihre Rechtsformen entsprechend Abbildung 2.38 systematisieren.

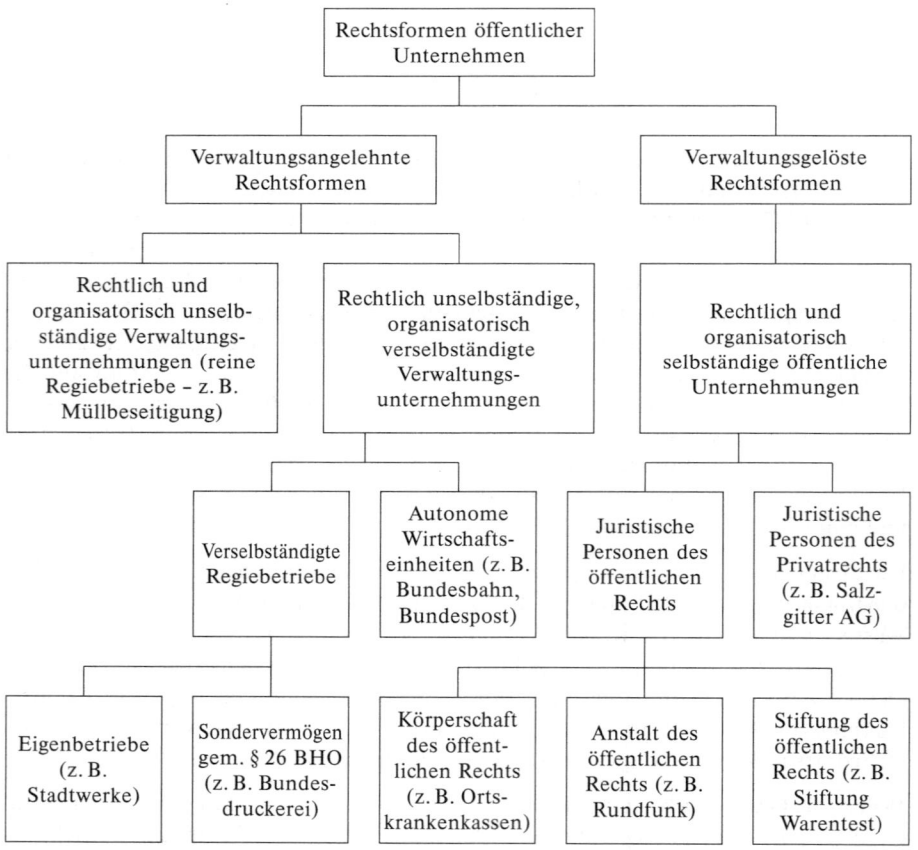

Abbildung 2.38: Systematisierung der Rechtsformen öffentlicher Unternehmungen

Die zahlreichen unterschiedlichen Rechtsformen sind Anlaß einer Diskussion um eine **einheitliche Verfassung öffentlicher Unternehmungen**. In Anlehnung an die Konstruktion der Aktiengesellschaft, aber unter Berücksichtigung der besonderen Aufgabenstellung der öffentlichen Betriebe und der notwendigen Kontrolle durch die Gebietskörperschaften, wurde eine Muster-Unternehmensverfassung mit den Orga-

200

nen Vorstand, Verwaltungsrat und Unternehmensversammlung erarbeitet. Diese Bestrebungen haben aber bisher zu keinem greifbaren Ergebnis geführt. Auf eine detaillierte Darstellung der Rechtsformen öffentlicher Betriebe muß im Rahmen einer Einführung in die Industriebetriebslehre verzichtet werden.

3. Revision der Rechtsformentscheidung (Umwandlung)

Trotz des konstitutiven Charakters der Rechtsformentscheidung stellt die einmal gewählte Rechtsform langfristig kein unveränderliches Datum dar. Ergeben sich wesentliche Änderungen derjenigen Kriterien, die für die Wahl der Rechtsform einer Unternehmung entscheidungsrelevant waren, so müssen unter Umständen Anpassungsentscheidungen hinsichtlich der einmal gewählten Rechtsform getroffen werden. Nicht jede Änderung dieser Kriterien macht es jedoch erforderlich, die Unternehmung von einer Rechtsform in eine andere zu überführen (umzuwandeln); vielmehr muß wegen der entstehenden Umwandlungskosten und der durch den Umwandlungsvorgang ausgelösten Steuerpflichten regelmäßig erst eine gewisse Grenze überschritten werden. Eine Umwandlung wird insbesondere dann geboten sein, wenn sich die erforderlichen Anpassungen nicht im Rahmen der bestehenden Rechtsform durch Änderungen gesellschaftsvertraglicher Regelungen erreichen lassen.

Änderung der Rechtsform

Die Umwandlung, deren wichtigste Formen gesetzlich geregelt sind (HGB, Aktiengesetz, Umwandlungsgesetz), kann **mit oder ohne Liquidation der Unternehmung** erfolgen. Sieht man von der nur in seltenen Fällen erforderlichen und aufwendigen Umwandlung mit formeller Liquidation der bestehenden Unternehmung und Einzelübertragung der Vermögenswerte auf die neue Unternehmung (vielfach als Umgründung bezeichnet) ab, dann lassen sich im wesentlichen zwei Formen der Umwandlung unterscheiden.

Bei der formwechselnden Umwandlung tritt lediglich ein Wechsel der Rechtsform, nicht aber der Rechtspersönlichkeit ein. Es findet nur eine Satzungsänderung statt; Vermögensübertragung ist nicht erforderlich. Im Wege der formwechselnden Umwandlung kann somit beispielsweise eine Personengesellschaft in eine andere Personengesellschaft bzw. eine Kapitalgesellschaft in eine andere Kapitalgesellschaft umgewandelt werden.

Formwechselnde Umwandlung

Im Gegensatz hierzu findet bei der übertragenden Umwandlung eine Vermögensübertragung im Wege der Gesamtrechtsnachfolge statt. Einer Vermögensübertragung bedarf es immer dann, wenn sich die Vermögenszuordnung (Gesamthand/körperschaftliche Organisation des Gesellschaftsvermögens) ändert. Diese Form der Umwandlung ist deshalb für die Fälle des Rechtsformwechsels einer Gesellschaft mit eigener Rechtspersönlichkeit in eine Gesellschaft ohne eigene Rechtspersönlichkeit (und umgekehrt) vorgesehen. Wird die Gesellschaft, in die sich eine andere umwan-

Übertragende Umwandlung

delt, mit der Umwandlung erst neu gegründet, spricht man von einer **errichtenden Umwandlung**; besteht die übernehmende Gesellschaft bereits, liegt eine **verschmelzende Umwandlung** vor. Abbildung 2.39 verdeutlicht die verschiedenen Umwandlungsalternativen.

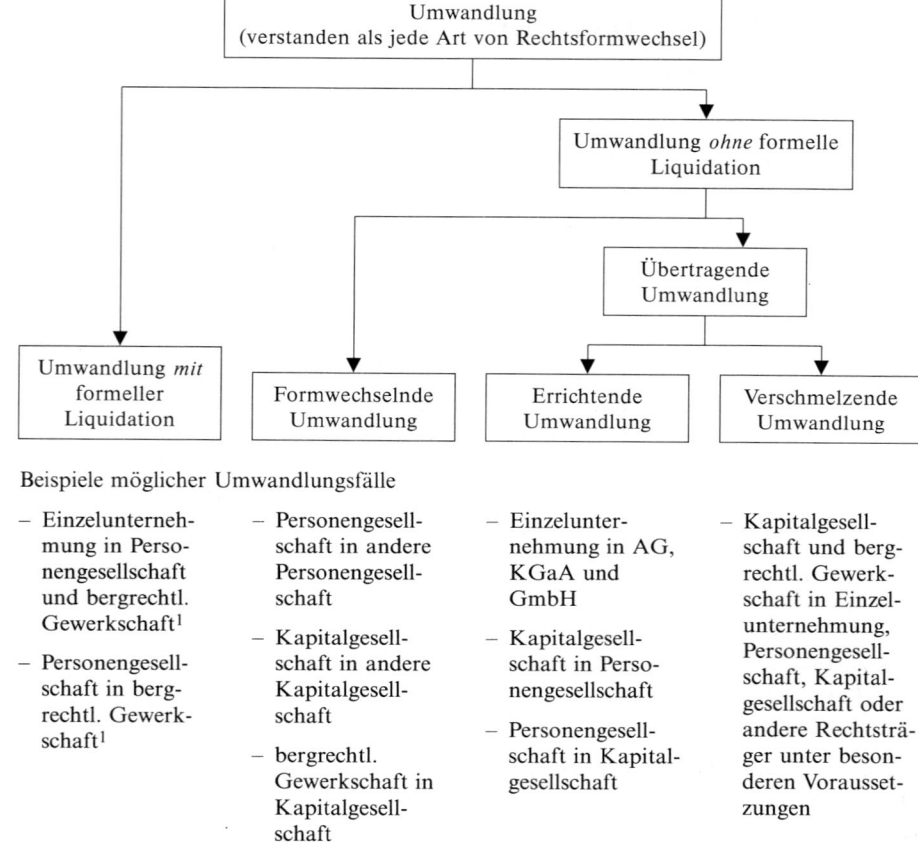

Beispiele möglicher Umwandlungsfälle

- Einzelunternehmung in Personengesellschaft
  und bergrechtl.
  Gewerkschaft[1]

- Personengesell-
  schaft in berg-
  rechtl. Gewerk-
  schaft[1]

- Personengesell-
  schaft in andere
  Personengesell-
  schaft

- Kapitalgesell-
  schaft in andere
  Kapitalgesell-
  schaft

- bergrechtl.
  Gewerkschaft in
  Kapitalgesell-
  schaft

- Einzelunter-
  nehmung in AG,
  KGaA und
  GmbH

- Kapitalgesell-
  schaft in Perso-
  nengesellschaft

- Personengesell-
  schaft in Kapital-
  gesellschaft

- Kapitalgesell-
  schaft und berg-
  rechtl. Gewerk-
  schaft in Einzel-
  unternehmung,
  Personengesell-
  schaft, Kapital-
  gesellschaft oder
  andere Rechtsträ-
  ger unter beson-
  deren Vorausset-
  zungen

---

1 In diesen Fällen stellt die Umwandlung mit formeller Liquidation die einzige Möglichkeit des Rechtsformwechsels dar. In der Regel kann dieser Weg auch alternativ zur formwechselnden bzw. übertragenden Umwandlung beschritten werden.

Abbildung 2.39: Umwandlungsalternativen

4. Unternehmungszusammenschlüsse

a) Einteilung und Ziele von Unternehmungszusammenschlüssen

Unternehmungszusammenschlüsse sind Vereinigungen rechtlich selbständiger Unternehmungen zu wirtschaftlichen Zwecken, die betriebswirtschaftliche Einzelgeschäfte, bestimmte Teilfunktionen der Unternehmungen oder die Gesamtheit aller betriebswirtschaftlichen Funktionen der zusammengeschlossenen Unternehmungen umfassen. *Begriff*

Unternehmungszusammenschlüsse haben vielfältige Ursachen und Gründe und können sich in verschiedenen Ebenen und Intensitäten vollziehen. Nach dem Grad der Beschränkung der wirtschaftlichen Dispositionsfreiheit oder der Intensität der Bindung können Kooperation und Konzentration unterschieden werden.

Bei der Kooperation handelt es sich um eine auf vertraglichen Vereinbarungen beruhende Zusammenarbeit rechtlich und wirtschaftlich selbständiger Unternehmungen in bestimmten Bereichen ihrer Unternehmungstätigkeit. Der wirtschaftlichen Selbständigkeit steht dabei nicht entgegen, daß die Entscheidungsfreiheit der beteiligten Unternehmungen in den Bereichen, in denen sie kooperieren, in gewisser Weise eingeschränkt wird. Kooperationsbeziehungen können einerseits sehr locker und nur von begrenzter Dauer sein. Andererseits verleihen strengere Formen vertraglicher Zusammenarbeit (z. B. Kartelle) häufig Sanktionsgewalt gegenüber Vertragspartnern, wenngleich ihre Entstehung auch von der Bereitschaft der Beteiligten zur Zusammenarbeit und deren gegenseitigem Vertrauen getragen wird. *Kooperation*

Um kooperative Erscheinungsformen handelt es sich auch bei **Unternehmungsverbänden**. Ihre Zwecksetzung besteht neben der Vertretung der Interessen der Verbandsmitglieder vor allem gegenüber staatlichen Stellen und anderen Verbänden hauptsächlich in der koordinierten Erfüllung von Teilaufgaben der zusammengeschlossenen Mitgliedsunternehmen (vgl. Grochla 1969). Im wesentlichen lassen sich Wirtschaftsfachverbände, Kammern und Arbeitgeberverbände unterscheiden. Auf sie soll im weiteren jedoch nicht näher eingegangen werden.

Als Unternehmungskonzentration soll eine Zusammenfassung von Unternehmungen unter einheitlicher Leitung bezeichnet werden, die von einer wirtschaftlichen Integration begleitet ist. Diese kann organisatorische und kapitalmäßige Verbindungen in unterschiedlichem Ausmaß beinhalten. Der Verlust der rechtlichen Selbständigkeit (wie bei der Fusion) ist mit der Konzentration nicht zwangsläufig verbunden. Unternehmungswachstum ohne Zusammenschluß, das auch zur Konzentration (z. B. innerhalb einer Branche) führen kann, soll in diesem Zusammenhang nicht behandelt werden. *Konzentration*

Häufig werden drei Arten von Unternehmungszusammenschlüssen unterschieden: Zusammenschlüsse horizontaler, vertikaler und diagonaler Art. Hier steht die leistungswirtschaftliche Betrachtung der Produktions- und Handelsstufen im Vordergrund. Bei **horizontalen Unternehmungsvereinigungen** schließen sich Unternehmun- *Arten von Unternehmungszusammenschlüssen* gen der gleichen Produktions- oder Handelsstufe zusammen (z. B. Vereinigung zweier Brauereien, Versicherungen). Derartige Zusammenschlüsse bezwecken vielfach direkt (z. B. Absatzkartelle) oder indirekt (z. B. Rationalisierungskartelle) eine Beeinflussung des Wettbewerbs.

Zusammenschlüsse vertikaler Art erfolgen durch Unternehmungsverbindungen aufeinanderfolgender Produktions- oder Handelsstufen. In diesem Zusammenhang unterscheidet man den Fall der sogenannten **„backward integration"**, bei dem sich eine bestimmte Unternehmung mit ihr produktions- oder handelstechnisch vorgelagerten Unternehmensstufen vereinigt, und den Fall der **„forward integration"**, bei dem eine Angliederung von Unternehmungen nachgelagerter Stufen erfolgt. Derartige Zusammenschlüsse erweitern die Produktionstiefe und dienen der Sicherung von Produktion und Absatz. Vertikale Zusammenschlüsse liegen beispielsweise vor, wenn sich ein Bekleidungsproduzent an eine Weberei und Spinnerei angliedert (backward integration) oder wenn sich umgekehrt die Spinnerei an die Weberei usw. anlehnt (forward integration).

Diagonale, anorganische oder konglomerate Zusammenschlüsse entstehen durch Zusammenschlüsse von Unternehmungen verschiedener Branchen und unterschiedlicher Produktions- und/oder Handelsstufen. Hier können finanzpolitische, machtpolitische oder Risikoverteilungsgesichtspunkte für eine Verbindung ausschlaggebend sein.

Die Tendenz zur Schaffung größerer Unternehmungseinheiten auch im internationalen Bereich hat sich in den letzten Jahren zunehmend verstärkt (z. B. multinationale Unternehmungen, siehe auch S. 134 ff.). Gründe hierfür sind unter anderem die technologische Entwicklung, die hohen inländischen Produktionskosten, die Ausnutzung steuerlicher und sonstiger rechtlicher Vorteile, Ressourcensicherungserwägungen und die zunehmende Internationalisierung der Absatzmärkte. Letztere macht es aufgrund staatlicher Reglementierungen vielfach erforderlich, im jeweiligen Land Produktionsstätten zu errichten.

Wie jede andere wirtschaftliche Betätigung ist auch der Zusammenschluß von Unternehmungen grundsätzlich zielorientiert. Eine Betrachtung der Zwecke unternehmerischer Zusammenschlüsse erlaubt jedoch **keine generelle Formulierung eines Zielsystems für die Vielzahl möglicher Zusammenschlußformen.** Die gewählten Verbindungsarten unterscheiden sich sowohl in ihrer primären Zielsetzung als auch in ihrer Eignung zur Erreichung spezieller Subziele zu sehr. Auch ist es wegen der zwischen den verschiedenen Zielen bestehenden Abhängigkeitsbeziehungen möglich, daß der verbesserte Grad der Erreichung einzelner Ziele durch die Unternehmungsverbindung mit einer verminderten Erfüllung anderer Ziele einhergeht (z. B. Erhöhung der Wirtschaftlichkeit – Beeinträchtigung des Unabhängigkeitsstrebens). Der anschließende Katalog möglicher Ziele stellt in sich keine wertende Rangfolge, sondern lediglich eine Aufzählung empirisch nachweisbarer Ziele dar, die zum Teil gemeinsam oder einzeln angestrebt werden. Sie überschneiden sich weitgehend. Zu beachten ist, daß für Unternehmungen in marktwirtschaftlichen Systemen letztlich die Gewinnsicherung und -vermehrung die Kriterien für Unternehmungszusammenschlüsse darstellen. Die im folgenden genannten Ziele sind somit lediglich **Subziele** ohne Anspruch auf Vollständigkeit.

- Stärkung der Wettbewerbsstellung; dabei kann der Zusammenschluß auf eine völlige oder teilweise Ausschaltung des Wettbewerbs abzielen (Syndikate, Konditionen- und Preiskartelle, usw.);
- Sicherung der Bezugsquellen, etwa durch backward integration;
- Ausgleich saisonaler Absatzschwankungen (z. B. Zusammenschluß unterschiedlicher Saisonbetriebe);
- wettbewerbsbeeinflussende Rationalisierungsmaßnahmen (z. B. durch Spezialisierungskartelle);
- Sicherung des Absatzes, etwa durch forward integration;
- kostenoptimale Beschäftigung durch vertikalen Zusammenschluß;
- Normung und Typung in der Fertigung bzw. im Fertigungsprogramm;
- Zusammenfassung von Fertigungseinheiten zur Ausnutzung verfahrenstechnischer Vorteile;
- Vorteile im Rahmen der Forschung und Entwicklung;
- Patentauswertungen;
- Diversifizierung;
- Sicherung der Gewinnerzielung (z. B. über strenge Preiskartelle);
- günstige Konditionen infolge gestiegener Finanzmarktmacht (z. B. bei Banken, Lieferanten usw. oder auf dem Kapitalmarkt);
- Ausnutzung von Besteuerungsunterschieden;
- Risikoverteilung.

Für eine Untersuchung des Erfolgs von Unternehmenszusammenschlüssen vgl. Bühner (1990).

b) Erscheinungsformen von Unternehmungszusammenschlüssen

Im folgenden sollen überblicksartig Erscheinungsformen von Unternehmungszusammenschlüssen dargestellt werden. Diese lassen sich unter anderem danach unterscheiden, ob sie vorübergehender oder dauerhafter Natur sind.

Partizipation

Die lockerste Verbindung im Rahmen unternehmerischer Zusammenschlüsse ist die Partizipation. Sie ist eine Gelegenheitsgesellschaft in Form der BGB-Gesellschaft, die nach außen nicht in Erscheinung tritt (Innengesellschaft). Bei der Partizipation verpflichten sich die Beteiligten (Partizipienten), Geschäfte **im eigenen Namen, aber für gemeinschaftliche Rechnung** abzuschließen. Um den häufigsten Fall einer Partizipation handelt es sich beim sogenannten **Metageschäft**. Dieses Metageschäft ist durch die Verpflichtung **zweier** Partner gekennzeichnet, ein Einzelgeschäft gemeinschaftlich abzuwickeln und den Erfolg nach einem vorher festgelegten Schlüssel aufzuteilen. Als Zusammenschlußform hat die Partizipation heute an Bedeutung verloren.

Metageschäft

Konsortium

Konsortien sind Unternehmungszusammenschlüsse auf vertraglicher Basis, die vorwiegend zur Durchführung eines oder mehrerer genau abgegrenzter Projekte eingegangen werden. Ihnen fehlt in der Regel die Absicht zum dauernden Zusammenschluß. Sie werden daher meist in Form der BGB-Gesellschaft geführt und treten im Gegensatz zur Partizipation nach außen auf (Außengesellschaft). Als Dauerkonsortien nehmen sie vielfach eine körperschaftliche Organisationsform mit Konsortialleiter, Konsortialausschuß und Konsortenversammlung an. **Die wirtschaftliche und rechtliche Selbständigkeit der Konsorten bleibt jedoch grundsätzlich unberührt.**

Gegenstand: gemeinsame Abwicklung von Groß- projekten

Im Bereich der Industrie vermindern Konsortien das mit Großaufträgen verbundene Risiko für die einzelnen Beteiligten oder ermöglichen überhaupt erst die Durchführung von Großprojekten durch Zusammenschluß mehrerer Partner (z. B. Arbeitsgemeinschaften für große Bauprojekte). Von besonderer Bedeutung sind **Bankkonsortien**, die zum Zweck gemeinsamer Kreditvergabe oder zur Emission von Aktien und Obligationen gebildet werden. Gerade durch solche Emissionskonsortien wird beispielsweise die Gründung einer Aktiengesellschaft erheblich beschleunigt und erleichtert.

Interessengemeinschaft

Gegenstand: Wahrung ge- meinsamer Interessen

Bei der Interessengemeinschaft handelt es sich im allgemeinen um einen horizontalen Zusammenschluß von Unternehmungen auf vertraglicher Basis zur Wahrung und Förderung dauerhafter gemeinsamer Interessen. Die beteiligten Unternehmungen bleiben dabei wirtschaftlich und rechtlich selbständig, lediglich auf dem Gebiet des gemeinsam verfolgten Interesses wird ihre Entscheidungsfreiheit eingeschränkt. Interessengemeinschaften werden in der Regel als BGB-Gesellschaften geführt; sie brauchen nach außen nicht hervorzutreten. Der Gegenstand des gemeinschaftlichen Vertrages betrifft Abreden über Ziele, die eine abgestimmte, aber getrennte Unternehmungsführung der Vertragsparteien herbeiführen sollen. Die Bildung eines gemeinsamen Vermögens ist nicht unbedingt nötig.

Gewinnge- meinschaft

Dies gilt auch für den Prototyp der Interessengemeinschaft, die **Gewinngemeinschaft**. Die von den beteiligten Unternehmungen erwirtschafteten Gewinne fließen in eine gemeinsame Kasse und werden aufgrund eines bestimmten Schlüssels (z. B. Umsatz- oder Kapitalhöhe) verteilt. Es ist auch möglich, daß sich die vertraglichen Absprachen nur auf Gewinne aus bestimmten Quellen (z. B. aus dem Exportgeschäft) beziehen. Neben der vertraglichen Vereinbarung über die Verteilung des Gewinns (bzw. des Verlustes) bedarf es zusätzlich einer Einigung über dessen Ermittlung (Bewertung, Abschreibung, Rückstellungen), um etwaige diesbezügliche Auffassungsunterschiede zu schlichten.

Gewinngemeinschaften können von Unternehmungen beliebiger Rechtsform gebildet werden. Eine **Gewinngemeinschaft im Sinne von § 292, I 1. AktG** liegt hingegen nur vor,

206

wenn sich eine **AG oder KGaA** vertraglich verpflichtet, ihren Gewinn ganz oder teilweise mit dem Gewinn anderer Unternehmungen zur Aufteilung eines gemeinschaftlichen Gewinns zusammenzulegen. Interessengemeinschaften bilden häufig eine Vorstufe von Konzernen. Wird allmählich eine einheitliche Leitung geschaffen, so ist damit ein Konzern realisiert, auch wenn noch keine Kapitalbeteiligung vorliegt (§ 18 AktG).

Kartell

Kartelle sind horizontale vertragliche Zusammenschlüsse rechtlich selbständiger Unternehmungen. Sie sind auf eine **Beschränkung des Wettbewerbs** gerichtet. Je nach den vertraglichen Vereinbarungen wird die Dispositionsfreiheit der dem Kartell angehörenden Unternehmungen unterschiedlich stark eingeschränkt.

Kartellbegriff

Die Rechtsform des Zusammenschlusses im Kartell hängt weitgehend von der Zielsetzung und der vertraglichen Bindung der beteiligten Unternehmungen ab. Für Bindungen mit geringer Stärke (z. B. Konditionenkartell) kommen vor allem die BGB-Gesellschaft oder der nicht rechtsfähige Verein in Frage. Die Vereinsformen des BGB genügen in der Regel auch noch für die intensiveren Formen, die meist Absatz- oder Produktionsabsprachen ohne Zentralisierung einzelner Funktionsbereiche beinhalten (z. B. Spezialisierungskartelle). Wird jedoch eine Zusammenfassung einzelner Funktionen angestrebt (sogenannte Syndikate), so werden diese gemeinsamen Funktionsbereiche meist in Form einer selbständigen Gesellschaft geführt. Als Beispiele der Funktionszusammenfassung seien Einkaufs- und Absatzzentralisation genannt. Dabei wird die Rechtsform der GmbH der AG häufig vorgezogen, da die Ausgestaltungsmöglichkeiten des Gesellschaftsvertrags bei der GmbH freier sind. Genossenschaften erscheinen dagegen aufgrund der lockeren Bindung der Mitglieder an das Gesellschaftsverhältnis (freies Austrittsrecht der Genossen) für intensive Kartellbindungen weniger geeignet.

Rechtsformen der Kartelle

Kartelle im modernen Sinne haben sich bereits im letzten Viertel des 19. Jahrhunderts herausgebildet. Sie wurden von der Rechtsprechung für nahezu unbeschränkt zulässig gehalten. Auch der Staat stand ihrer Bildung weitgehend neutral gegenüber. Dies änderte sich durch die **Verordnung gegen den Mißbrauch wirtschaftlicher Machtstellungen (1923)**. Die zahlenmäßige Zunahme der Kartelle und der häufige Versuch, durch Kartellvereinbarungen letztlich marktbeherrschende Stellungen zu erringen, waren der Anlaß dazu gewesen. In der Verordnung gegen den Mißbrauch wirtschaftlicher Machtstellungen wurden erstmals Schutzbestimmungen sowohl für die Mitglieder als auch für die Öffentlichkeit geschaffen (Kartellaufsicht, Eingriffsmöglichkeiten, Schriftform u. a.); insgesamt blieb ihre Effizienz jedoch gering. Den Zwangskartellen, derer sich der Staat im nationalsozialistischen Deutschland zur Durchsetzung seiner Interessen bediente, folgte ein von den Alliierten 1947 eingeführtes Kartell- und Monopolisierungsverbot. Zwischen dem amerikanischen Verbotsprinzip und einem lediglichen Schutz vor Mißbrauch hatte sich der Gesetzgeber bei der Neuregelung des Kartellrechts im **Gesetz gegen Wettbewerbsbeschränkungen (GWB) vom 27. 2. 1957** zu entscheiden.

Entwicklung des Kartellrechts

Gesetz gegen Wettbewerbsbeschränkungen

Zwischenzeitlich erfolgte in mehreren Novellen vor allem eine Verschärfung der Mißbrauchsaufsicht über marktbeherrschende Unternehmen, die Einführung einer Fusionskontrolle für große Zusammenschlüsse sowie ein **Verbot der Preisbindung** (Ausnahme: Verlagserzeugnisse) mit einer gleichzeitigen Legalisierung unverbindlicher Preisempfehlungen.

Heute gilt grundsätzlich das **Verbotsprinzip** (§ 1 GWB). Ein generelles Kartellverbot hätte jedoch auch Nachteile für die Wirtschaft mit sich gebracht. Der Gesetzgeber hat daher eine Reihe von Ausnahmen vorgesehen. Von den **Bereichsausnahmen** (z. B. Schiffahrt und Luftverkehr, Agrar- und Bankensektor, Versorgungsunternehmungen; §§ 99 ff. GWB) sind die **„erlaubten Kartellarten"** zu unterscheiden (§§ 2–8 GWB). Diese lassen sich in Anmeldekartelle, Widerspruchskartelle und Erlaubniskartelle einteilen.

„Erlaubte Kartellarten"

Anmeldekartelle werden bereits durch bloße Anmeldung bei der zuständigen Kartellbehörde wirksam (§ 9, II GWB) und unterliegen ab diesem Zeitpunkt der Mißbrauchsaufsicht § 12 GWB). Auch **Widerspruchskartelle** müssen bei der zuständigen Kartellbehörde angemeldet werden; im Gegensatz zu den Anmeldekartellen werden sie jedoch erst wirksam, wenn die Kartellbehörde nicht innerhalb einer Frist von drei Monaten ab der Anmeldung widerspricht. **Erlaubniskartelle** lassen sich danach unterscheiden, ob die Erlaubnis unter bestimmten Bedingungen erteilt werden muß oder ob ihre Erteilung im Ermessen der Kartellbehörde steht. Die Erlaubnis wird meistens auf drei Jahre befristet; sie kann in bestimmten Fällen widerrufen sowie mit Beschränkungen, Bedingungen und Auflagen verbunden werden.

Abbildung 2.40 gibt einen Überblick über die Ausnahmen vom Kartellverbot. Die nicht aufgeführten Kartellformen (z. B. Preiskartelle) sind demzufolge grundsätzlich verboten. Es ist jedoch nicht auszuschließen, daß dieses Verbot durch nur schwer kontrollierbare informale Verhaltensabstimmungen („Frühstückskartelle", Gentlemen's agreements) unterlaufen wird, obwohl § 25 GWB bestimmte Formen **aufeinander abgestimmten Verhaltens** von Unternehmungen oder Vereinigungen von Unternehmungen verbietet.

Verstöße gegen Verbote des GWB sind Ordnungswidrigkeiten und werden mit Geldbußen geahndet (§§ 38, 39 GWB). Unter bestimmten Voraussetzungen sieht das GWB auch zivilrechtliche Sanktionen für solche Verstöße vor (§ 35 GWB).

Im Hinblick auf die Möglichkeit informaler Verhaltensabstimmung differenziert die folgende Darstellung einiger Kartellformen nicht nach deren Zulässigkeit gemäß dem GWB, sondern lehnt sich an die betrieblichen Funktionen an. Danach lassen sich Einkaufs-, Fertigungs- und Absatzkartelle unterscheiden.

Einkaufskartelle

Einkaufskartellen kommt vor allem bei rohstofforientierten Industriebetrieben und bei Handelsunternehmungen Bedeutung zu. Durch die Vereinbarungen wird angestrebt, **sowohl die Beschaffungspreise als auch die Konditionen für die beschaffenden Unternehmungen zu beeinflussen**. Die hierfür notwendige temporäre und sachliche Abstimmung des Einkaufs unter den Mitgliedern scheitert allerdings vielfach an der

Anmeldekartelle	Widerspruchskartelle	Erlaubniskartelle	
		mit Anspruch auf Erlaubnis	Erlaubnis steht im Ermessen der zuständigen Behörde
Normen- und Typenkartelle (§ 5, I GWB)	Konditionenkartelle (§ 2 GWB)	(einfache) Rationalisierungskartelle (§ 5, II GWB)	Strukturkrisenkartelle (§ 4 GWB)
Angebots- und Kalkulationsschemakartelle (§ 5, IV GWB)	Rabattkartelle (§ 3 GWB)	(höherstufige) Rationalisierungskartelle mit Preisabsprache oder Syndikatsbildung (§ 5, III GWB)	Importkartelle (§ 7 GWB)
Exportkartelle; Absprachen auf das Ausland beschränkt (§ 6, I GWB)	Spezialisierungskartelle (§ 5 a GWB) Kooperationskartelle (§ 5 b GWB)	Exportkartelle, Absprachen für In- und Ausland (§ 6, II GWB)	Kartelle gemäß § 8 GWB (Der Bundeswirtschaftsminister kann jedes beliebige Kartell genehmigen, wenn die Beschränkung des Wettbewerbs aus überwiegenden Gründen des Gemeinwohls oder der Gesamtwirtschaft notwendig ist; sogenannte „Ministererlaubnis".)

Abbildung 2.40: Mögliche Kartelle nach dem GWB

Heterogenität ihrer wirtschaftlichen Verhältnisse und vereitelt eine maßgebliche Beeinflussung der Beschaffungspreise. Damit konzentrieren sich die Vereinbarungen vorwiegend auf Beschaffungskonditionen wie z. B. Lieferbedingungen, Zahlungsfristen, Rabatte. Um eine sehr straffe Form der Kartellierung im Beschaffungsbereich handelt es sich bei der Bildung von gemeinsamen Beschaffungseinrichtungen (Einkaufssyndikat; § 5, III GWB).

Fertigungskartelle beziehen sich auf produktionswirtschaftliche Absprachen mit dem Ziel, eine **Rationalisierung der Produktion** herbeizuführen. Innerhalb solcher Rationalisierungskartelle sind vor allem Normung und Typung sowie Spezialisierungsvereinbarungen von Bedeutung.

Fertigungskartelle

Normungs- und Typungskartelle: Während sich Normung auf die Fixierung von Abmessungen, Formen und Qualitäten von Einzelteilen bezieht, sollen demgegenüber über die Typung die Ausführungsformen von Endprodukten vereinheitlicht werden (z. B. werden nur 100-, 150- und 200-l-Kühlschränke produziert). Absprachen solcher Art insbesondere bei Typung setzen weitgehend homogene Produktionsverhältnisse voraus.

Normungsund Typungskartelle

Spezialisierungskartelle: Hier erfolgen Vereinbarungen über die Aufteilung des Produktionsprogramms auf die beteiligten Unternehmungen, wobei sich die einzelnen Unternehmungen nur auf die ihnen zugeteilte Produktart spezialisieren (z. B. produziert Unternehmung A nur 100-l-Kühlschränke, Unternehmung B nur 150- und 200-l-Typen). Gegenüber den rein produktionstechnischen Absprachen im Rahmen von Normung und Typung mit geringen Marktbeeinflussungsabsichten **führen Spezialisierungskartelle neben Rationalisierungseffekten zu einer stärkeren Wettbewerbsbeschränkung.**

Wettbewerbsbeschränkungen resultieren regelmäßig auch aus Patentverwertungskartellen, im Rahmen derer sich die beteiligten Unternehmungen über Nutzung, Austausch und Verwertung von Patenten verständigen.

Von der Vielfalt absatzpolitischer Absprachen sollen nur die grundsätzlichen Möglichkeiten der Kartellierung kurz dargestellt werden.

Im Rahmen von Konditionenkartellen verpflichten sich die beteiligten Unternehmungen zur **Anwendung einheitlicher Geschäftsbedingungen in ihren Verträgen mit der Marktgegenseite**, in der Regel mit den Verbrauchern. Die vertraglichen Regelungen erstrecken sich beispielsweise auf Lieferungs-, Zahlungs- und Haftungsbedingungen, auf Verpackungs- und/oder Transportarten, auf Garantieleistungen sowie auf Rabatte und Skonti. Absprachen über gemeinsame Rabatt- oder Skontogestaltungen werden in der betriebswirtschaftlichen Literatur teilweise als eigenständige Rabattkartelle aus den Konditionenkartellen ausgegliedert. Die Vereinheitlichung der Konditionen hat meist eine Erhöhung der Markttransparenz zur Folge, da der Wettbewerb zu einem echten Preiswettbewerb wird. Unter Umständen verstärkt sich die Qualitätskonkurrenz. Mögliche wettbewerbsbeschränkende Wirkungen dürfen jedoch auch hier nicht übersehen werden.

Preiskartelle können unterschiedliche Intensitäten in den Abmachungen aufweisen. Im sogenannten **Einheitspreiskartell**, der strengsten Form des Preiskartells, verpflichten sich alle Mitglieder zur gleichen Preisstellung auf dem Absatzmarkt. Der Kartellpreis orientiert sich entweder an der Unternehmung mit den höchsten Produktionskosten oder aber an einem niedrigeren Kompromißpreis. Die Verluste der zu höheren Kosten produzierenden Kartellmitglieder werden dabei durch Gewinnabführungen der gewinnerzielenden Mitglieder ausgeglichen. In beiden Fällen werden die wettbewerbsbedingten Zwänge zum Abbau von Überkapazitäten (Gesundschrumpfung) oder zu Rationalisierungsmaßnahmen beseitigt und mitunter sogar Preisauftriebstendenzen bei anderen Produkten verursacht. Neben dieser Art der Preisbestimmung können bei Einheitspreiskartellen auch differenzierte Preissysteme (z. B. regionale Differenzierung) gesetzt werden. Preiskartelle sind unter anderem nur dann wirksam, wenn die Kartellmitglieder einen hohen Marktanteil repräsentieren, neuen Unternehmungen (Außenseitern) der Marktzugang erschwert ist und die Nachfrage gegenüber Preiserhöhungen weitgehend unelastisch ist. Eine Milderung der Absprachen gegenüber dem Einheitspreiskartell kommt im **Mindestpreiskartell** zum Ausdruck. Hier einigen sich die Kartellmitglieder für einheitliche Produkte lediglich auf einen bestimmten Mindestpreis (Richtpreis), der auf dem Absatzmarkt eingehalten werden muß. Nach oben kann die einzelne Unternehmung jedoch freie Preispolitik betreiben, ohne sich Sanktionen der Mitglieder auszusetzen. Meist werden neben dem Richtpreis für gute Qualität noch Preisabschläge für fehlerhafte Ware (II. und III. Wahl) sowie bestimmte Konditionen (z. B. Rabatte) vereinbart.

Als Sonderform des Preiskartells zielt das Submissionskartell darauf ab, den durch die öffentliche Ausschreibung von Aufträgen bedingten Wettbewerb zwischen den Anbietern zu beschränken. Bei dieser Kartellform werden entweder Mindestangebotspreise vereinbart oder es wird von vornherein ein Kartellmitglied nominiert, das den Zuschlag erhalten soll. Im letzten Fall verpflichten sich die übrigen Kartellmitglieder, jeweils preisungünstigere Angebote bei der Ausschreibungsstelle einzureichen.

Submissions-kartelle

Beim Kontingentierungskartell bezieht sich die Abrede der Kartellmitglieder auf bestimmte Produktions- oder Absatzquoten (Quotenkartelle), die nach der Aufnahmefähigkeit des Absatzmarktes bemessen werden. Ähnlich der regionalen Preisdifferenzierung bei Preiskartellen kann eine mittelbare Kontingentierung des Absatzes bzw. der Produktion durch Zuweisung räumlicher Marktsegmente an die Mitglieder herbeigeführt werden (Gebietskartelle).

Kontingen-tierungs-kartelle

Exportkartelle zielen auf die Ausschaltung des Wettbewerbs inländischer Produzenten auf den Auslandsmärkten. **Ihre Wirkung kann sich entweder nur im Ausland oder sowohl im Inland als auch im Ausland bemerkbar machen.** Zur Wirksamkeit der die Auslandsmärkte betreffenden Absprachen sind oftmals zusätzliche inländische Regelungen notwendig (Spezialisierung; Preisabsprachen im Inland, um eventuelle Auslandsverluste abzudecken usw.).

Export-kartelle

Wie im Beschaffungsbereich stellt auch im Absatzbereich das Syndikat die straffste Kartellierungsform dar. Beim **Verkaufssyndikat** werden im allgemeinen die wichtigsten absatzwirtschaftlichen Aufgaben zentral organisiert und kontrolliert. Insofern wird in der Literatur die Eignung des Verkaufssyndikats hervorgehoben, die Einhaltung der hinsichtlich Produktions- und Absatzquoten sowie Preisstellung getroffenen Vereinbarungen sicherzustellen.

Verkaufs-syndikat

Das GWB regelt nicht nur horizontal, sondern auch vertikal (von einer Wirtschaftsstufe auf die andere) wirkende wettbewerbsbeschränkende Verträge. **Nach § 15 GWB sind vertikale Preisbindungsverträge grundsätzlich verboten,** d. h. keine Unternehmung darf ihren Abnehmern vorschreiben, zu welchen Preisen und/oder Geschäftsbedingungen diese die Produkte weiterverkaufen dürfen. Sieht man von den bereits erwähnten Bereichsausnahmen ab, so sind von diesem Verbot heute nur noch Verlagserzeugnisse ausgenommen (§ 16 GWB). Durch die zweite Kartellgesetznovelle (1973) wurde die früher zulässige Preisbindung für Markenartikel (qualitätsgleiche, einheitlich verpackte und ausgezeichnete Produkte) beseitigt. Unter bestimmten Voraussetzungen erlaubt sind jedoch **unverbindliche Preisempfehlungen** für Markenwaren (§ 38 a GWB).

Preisbindung der zweiten Hand

Das grundsätzliche Kartellverbot gilt auch in der europäischen Gemeinschaft. Nach Art. 85, I EWG-Vertrag sind alle Vereinbarungen zwischen Unternehmen, Beschlüsse von Unternehmensvereinigungen und aufeinander abgestimmte Verhaltensweisen verboten, die den **Handel zwischen Mitgliedsstaaten** beeinträchtigen können und eine Verhinderung, Einschränkung oder Verfälschung des Wettbewerbs innerhalb des gemeinsamen Marktes bezwecken oder bewirken.

Konzern

Konzern-begriff

Zur organisatorischen Behandlung des Konzerns vgl. S. 132 ff. In der Betriebswirtschaftslehre hat sich wegen der vielfältigen Erscheinungsformen des Konzerns keine einheitliche Definition des Konzernbegriffs herausgebildet. Die im Detail unterschiedlichen Begriffsbestimmungen stellen jedoch überwiegend auf die **wirtschaftliche Einheit** ab. Kern des aktienrechtlichen Konzernbegriffs ist jedoch der Begriff der **einheitlichen Leitung** (§ 18 AktG).

Konzernunternehmungen können nur rechtlich selbständige Unternehmungen sein. Hierdurch unterscheidet sich der Konzern von einer weiteren Konzentrationsform, der Verschmelzung (Fusion), bei der die betroffenen Unternehmungen ihre wirtschaftliche und rechtliche Selbständigkeit zugunsten einer neuen Einheitsunternehmung vollständig aufgeben. Aus diesem Grund bilden auch Filialbetriebe und Zweigniederlassungen mit ihrem Mutterbetrieb keinen Konzern, es sei denn, sie sind rechtlich verselbständigt.

Einheitliche Leitung

Die für das Konzernverhältnis im rechtlichen Sinne allein ausschlaggebende **einheitliche Leitung muß tatsächlich ausgeübt werden**. Voraussetzung ist nicht, daß die Leitung alle irgendwie wesentlichen Bereiche der unternehmerischen Tätigkeit umfaßt. Vielmehr genügt es, wenn die Konzernleitung die Geschäftspolitik der Konzerngesellschaften und sonstige grundsätzliche Fragen ihrer Geschäftsführung aufeinander abstimmt. Dies setzt kein Weisungsrecht voraus, sondern kann sich auch in der lockeren Form gemeinsamer Beratung vollziehen oder aus einer personellen Verflechtung der Verwaltungen resultieren. Solche personellen Verflechtungen, die in der Regel mit kapitalmäßigen Verflechtungen einhergehen, sind neben vertraglichen Verbindungen (Unternehmensverträge) auch Mittel zur Sicherstellung der einheitlichen Leitung.

System der verbundenen Unternehmen

Konzerne stellen lediglich eine spezielle Form von Unternehmensverbindungen dar und sind im Aktiengesetz unter dem Oberbegriff der „verbundenen Unternehmen" eingereiht. § 15 AktG zählt abschließend fünf Arten von Unternehmensverbindungen auf, die in den §§ 16–19, 291 und 292 AktG umschrieben werden. Sie schließen sich nicht gegenseitig aus, sondern können einander überlagern. Eine Unternehmensverbindung im Sinne des Aktiengesetzes liegt nur dann vor, wenn an ihr eine **AG oder KGaA beteiligt** ist.

Einen Überblick über das System der verbundenen Unternehmen gibt Abbildung 2.41.

212

Verbundene Unternehmen

In Mehrheitsbesitz stehende und mit Mehrheit beteiligte Unternehmen (§ 16 AktG)	Abhängige und herrschende Unternehmen (§ 17 AktG)	Konzernunternehmen (§ 18 AktG)	Wechselseitig beteiligte Unternehmen (§ 19 AktG)	Durch Unternehmensvertrag verbundene Unternehmen (§§ 291, 292 AktG)
Der Begriff der Mehrheitsbeteiligung umfaßt sowohl eine Kapitalmehrheit als auch eine Mehrheit der Stimmrechte. Es kann sich um eine unmittelbare oder um eine mittelbare Mehrheitsbeteiligung handeln (§ 16 IV).	Abhängige Unternehmen sind Unternehmen, auf die ein anderes Unternehmen (herrschendes Unternehmen) unmittelbar oder mittelbar einen beherrschenden Einfluß ausüben kann. Es genügt die Möglichkeit der Einflußnahme; nicht entscheidend ist, ob der beherrschende Einfluß tatsächlich ausgeübt wird.	Rechtlich selbständige Unternehmen unter einheitlicher Leitung. Unterordnungskonzern: einheitliche Leitung und Abhängigkeitsverhältnis (§ 18 I). Gleichordnungskonzern: einheitliche Leitung ohne Abhängigkeitsverhältnis (§ 18 II).	Voraussetzung: Unternehmen mit Sitz im Inland in der Rechtsform einer Kapitalgesellschaft oder bergrechtl. Gewerkschaft. Jedem Unternehmen gehört mehr als ein Viertel der Anteile des anderen Unternehmens (mittelbare Beteiligung genügt). Fälle: a) Wechselseitige Beteiligung ohne Mehrheitsbeteiligung (§ 19 I). b) Mehrheitsbeteiligung eines wechselseitig beteiligten Unternehmens oder Möglichkeit, einen beherrschenden Einfluß auszuüben (§ 19 II). c) Mehrheitsbeteiligung beider wechselseitig beteiligter Unternehmen oder gegenseitige Möglichkeit, einen beherrschenden Einfluß auszuüben (§ 19 III).	Voraussetzung: Zustimmung der HV erforderlich ($\frac{3}{4}$-Mehrheit); Eintragung in das Handelsregister (§§ 293, 294). a) Beherrschungsvertrag (§ 291 I) b) Gewinnabführungsvertrag (§ 291 I) c) Gewinngemeinschaftsvertrag (§ 292 I, Ziff. 1) d) Teilgewinnabführungsvertrag (§ 292 I, Ziff. 2) e) Betriebspacht- und Betriebsüberlassungsvertrag (§ 292 I, Ziff. 3)

Abbildung 2.41: System der verbundenen Unternehmen

213

Zu den verbundenen Unternehmen gehören auch die „**eingegliederten Gesellschaften**" (§§ 319 ff. AktG), obwohl diese Unternehmensverbindung in § 15 AktG nicht genannt wird. Eine solche Nennung ist auch nicht erforderlich, da gemäß § 18, I AktG Hauptgesellschaft und eingegliederte Gesellschaft „als unter einheitlicher Leitung zusammengefaßt" anzusehen sind und somit einen Unterordnungskonzern bilden.

Unter-
ordnungs-
konzern

Unwiderleglich liegt ein Unterordnungskonzern auch dann vor, wenn zwischen rechtlich selbständigen Unternehmungen ein Beherrschungsvertrag (§ 291, I AktG) besteht. **Der Unterordnungskonzern setzt neben der einheitlichen Leitung ein Abhängigkeitsverhältnis gemäß § 17 AktG voraus.** Liegt ein solches vor, dann wird ein Konzernverhältnis vermutet. Diese Vermutung kann jedoch von der herrschenden Gesellschaft widerlegt werden. Sie muß dazu den Nachweis führen, daß die einheitliche Leitung tatsächlich nicht ausgeübt wird, obwohl dies aufgrund des Abhängigkeitsverhältnisses möglich wäre. Das Abhängigkeitsverhältnis kann seinerseits wiederum auf einer gesetzlichen Vermutung beruhen, wenn die herrschende Unternehmung eine Mehrheitsbeteiligung besitzt (§ 17, II AktG). Für die Verneinung eines Unterordnungskonzerns genügt es, eine der beiden Abhängigkeitsvermutungen zu widerlegen. Ein Konzernverhältnis scheidet damit jedoch nicht generell aus, da auch ein Gleichordnungskonzern vorliegen kann.

Gleich-
ordnungs-
konzern

Ein Gleichordnungskonzern ist gegeben, wenn Unternehmen unter einheitlicher Leitung zusammengefaßt sind, ohne daß zwischen ihnen ein Abhängigkeitsverhältnis besteht. Hier wird die einheitliche Leitung folglich nicht aufgrund eines Beherrschungs- und Abhängigkeitsverhältnisses ausgeübt; ebensowenig begründet sie ein solches. Sie kann statt dessen auf verschiedene Weise herbeigeführt werden: z. B. Vereinigung der Konzernunternehmungsanteile bei einem Eigentümer (keine Unternehmung!); personelle Verflechtung der Geschäftsführungen. Bedeutung erlangt die Unterscheidung zwischen Unter- und Gleichordnungskonzern vor allem im Hinblick auf die Konzernrechnungslegung: Im Fall eines Gleichordnungskonzerns ist nach geltendem Recht dann kein Konzernabschluß aufzustellen, wenn die einheitliche Leitung nicht von einer an der Spitze stehenden Unternehmung ausgeübt wird.

Sind mehrere Unternehmungen unter einheitlicher Leitung zusammengefaßt, so existiert nur ein einziger Konzern, der gleichzeitig alle Unternehmungen miteinander konzernmäßig verbindet. Treffen Unterordnungs- und Gleichordnungskonzern zusammen, dann sind die einzelnen zum Unterordnungskonzern gehörenden Unternehmungen auch mit den übrigen zum Gleichordnungskonzern gehörenden Unternehmungen verbunden. Eine Unternehmung kann also gleichzeitig sowohl durch ein Gleichordnungs- als auch ein Unterordnungskonzernverhältnis mit anderen Unternehmungen verbunden sein.

Vertrags-
konzern/
faktischer
Konzern

Üblicherweise werden neben Unter- und Gleichordnungskonzernen auch noch Vertragskonzerne und faktische Konzerne unterschieden. Beide Begriffe sind im Aktiengesetz selbst nicht enthalten. **Vertragskonzerne können lediglich durch Abschluß eines Beherrschungsvertrags im Sinne von § 291, I AktG entstehen.** Nur dieser Vertrag begründet ein echtes Weisungsrecht. In der Literatur werden vielfach auch Unternehmen, von denen das eine in das andere eingegliedert ist, zu den Vertragskonzernen

214

gerechnet. Dies muß auf Bedenken stoßen: Die Eingliederung erfolgt nicht durch einen Vertrag zwischen den beiden Gesellschaften, sondern durch einen Hauptversammlungsbeschluß der einzugliedernden Gesellschaft (§ 319, I, S. 1 AktG). Alle anderen Konzerne außer den durch Beherrschungsvertrag und Eingliederung begründeten (Unterordnungs-)Konzernen fallen demnach unter den Begriff des **faktischen Konzerns**. Dies gilt unabhängig davon, ob sie auf bloßer faktischer Leitungsmacht (Beteiligungen) oder auf anderen Unternehmensverträgen beruhen (vgl. Emmerich/Sonnenschein 1977).

Besondere Probleme ergeben sich für den im Bereich der Unternehmungszusammenschlüsse bedeutsamen Fall des sogenannten Gemeinschaftsunternehmens. Sein **Prototyp ist das 50:50-Gemeinschaftsunternehmen**, d. h. die Anteile des Gemeinschaftsunternehmens liegen zu je 50% bei zwei Obergesellschaften. Umstritten ist, ob das entscheidende Konzernkriterium „einheitliche Leitung" gegeben ist, wenn beide Obergesellschaften leitend auf das Gemeinschaftsunternehmen einwirken. Im internationalen Bereich haben die auch als **Joint Ventures** bezeichneten Gemeinschaftsunternehmen in jüngster Zeit große Verbreitung erfahren.

Gemeinschaftsunternehmen

Nach der Stellung der Konzernmitglieder im volkswirtschaftlichen Produktionsprozeß lassen sich horizontale, vertikale und diagonale Konzerne unterscheiden. Von allen drei Formen können Wettbewerbseinflüsse ausgehen. Auch die Konzerne unterliegen daher dem **Gesetz gegen Wettbewerbsbeschränkungen**. Grundsätzlich gilt für Konzerne weder das Verbotsprinzip noch eine Erlaubnispflicht. Konzernmäßige Zusammenschlüsse müssen jedoch unter bestimmten Voraussetzungen der Kartellbehörde angezeigt werden (z. B. Marktanteil von 20% wird begründet oder erhöht; mindestens 10 000 Beschäftigte oder mindestens 500 Mio. DM Umsatzerlöse der beteiligten Unternehmungen im letzten Geschäftsjahr; [§ 23 GWB]). Diese hat unter bestimmten Voraussetzungen den Zusammenschluß zu untersagen, wenn zu erwarten ist, daß durch ihn eine marktbeherrschende Stellung (§ 22 GWB) entsteht oder verstärkt wird (§ 24 GWB). Der wettbewerbsrechtliche Konzernbegriff ist jedoch umfassender als der aktien- bzw. handelsrechtliche. Wettbewerbsrechtlich liegt auch dann ein Konzern vor, wenn das Mutterunternehmen keine Kapitalgesellschaft ist.

Konzerne im GWB

Kennzeichen konzernmäßiger Zusammenschlüsse von Unternehmungen ist immer eine Verlagerung von Entscheidungskompetenzen. Die Mitbestimmung – verstanden als Teilhabe an unternehmerischen Entscheidungen – muß demzufolge dieser Verlagerung folgen. Im weiteren soll lediglich auf die Mitbestimmung im Konzernverbund nach dem MitbestG 1976 kurz eingegangen werden; das BetrVG 1952 bleibt außer Betracht.

Mitbestimmung im Konzern

Die Vorschrift des § 5 MitbestG fingiert für den Konzern die Zugehörigkeit der Arbeitnehmer aller Konzernunternehmen zum herrschenden Unternehmen. Voraussetzung ist, daß das herrschende Unternehmen eine der in § 1, I Nr. 1 MitbestG genannten Rechtsformen aufweist und die **Spitze eines Unterordnungskonzerns** bildet. Gleichordnungskonzerne werden von § 5 MitbestG nicht erfaßt. Sind diese Voraussetzungen erfüllt, so ist beim herrschenden Unternehmen ein paritätisch besetzter Aufsichtsrat zu bilden, wenn die Gesamtzahl aller Arbeitnehmer des Konzerns in der

Regel mehr als 2 000 beträgt. Erfüllen die abhängigen Unternehmungen die Voraussetzungen des § 1, I MitbestG, so greift auch bei ihnen die paritätische Mitbestimmung ein. Aus dieser **zweifachen Mitbestimmung** ergibt sich eine Reihe von Problemen, die vielfach mit den Stichworten „Überparität" und „Ausdehnung der Mitbestimmung" belegt werden und die § 32 MitbestG zu lösen versucht. Liegt ein **mehrstufiger Konzern vor**, dann unterliegen die Tochtergesellschaften nur in dem Fall der paritätischen Mitbestimmung, daß sie allein die Voraussetzungen des § 1, I MitbestG erfüllen. Die Arbeitnehmer der Enkelgesellschaften werden hier nur der Konzernspitze und nicht noch zusätzlich den Tochtergesellschaften zugerechnet. Für den Fall, daß die Konzernspitze der paritätischen Mitbestimmung entgeht, weil sie nicht unter § 1, I MitbestG fällt, sieht § 5, III MitbestG eine **„Teilkonzernregelung"** vor. Danach werden unterhalb der mitbestimmungsfreien Konzernspitze Teilkonzerne gebildet, welche dann ihrerseits der paritätischen Mitbestimmung unterliegen.

Das **Artikelgesetz von 1988** hat durch Änderungen des Mitbestimmungsergänzungsgesetzes von 1956 (MitbestEG) einige neue Regelungen für die **Montanmitbestimmung** gebracht. So wurde bei **Konzernverbindungen** durch eine Erweiterung der Kriterien dafür gesorgt, daß Konzernmütter meist auch dann noch montan-mitbestimmt bleiben, wenn ihre eigenen Montanaktivitäten (Kohle und Stahl) lediglich noch einen relativ kleinen Anteil an den gesamten Geschäften ausmachen.

Neu ist ferner, daß die Wahl der **Arbeitnehmerbank** im Aufsichtsrat nicht mehr nur durch Wahlmänner (Delegierte) stattfinden muß, sondern nun fakultativ auch direkt durch die Arbeitnehmer möglich ist. Auch die Zusammensetzung dieser Arbeitnehmervertretung, bislang starr reglementiert durch festgelegte Arbeiter- und Angestelltenanteile (3 [4] versus 1 [2], je nach Größe des Aufsichtsrats), muß zukünftig der Personalstruktur des Konzerns entsprechen.

Rechnungs-
legung im
Konzern

Die besondere Notwendigkeit zur Konzernrechnungslegung ergibt sich wegen der Zusammenfassung rechtlich selbständiger Unternehmungen zu einer wirtschaftlichen Einheit unter einheitlicher Leitung (Busse v. Colbe/Ordelheide 1984). **Die Einzelabschlüsse der zum Konzern gehörenden Unternehmungen vermögen den Rechnungslegungsadressaten weder ein zutreffendes Bild von der Lage des Konzerns als wirtschaftlicher Einheit noch von der Lage der einzelnen Konzernunternehmungen zu vermitteln.** Dies rührt zum einen daher, daß die Konzernspitze aufgrund ihrer umfassenden Leitungsmacht die Jahresabschlüsse der einzelnen Konzernunternehmungen beeinflussen kann (z. B. Gewinnverlagerung und Liquiditätsverschiebung); zum anderen resultiert es aus der Tatsache, daß die zum Konzern gehörenden Unternehmungen je nach ihrer Rechtsform, Nationalität und Größe in ganz unterschiedlichem Ausmaß zur Publizität verpflichtet sind. Die Konzernrechnungslegung wird ausführlich in Teil 10 behandelt.

Trust

Begriffe

Während in angelsächsischen Ländern die Begriffe „Trust" und „Konzern" vielfach synonym verwendet werden, verbindet sich mit dem Terminus „Trust" im deutschsprachigen Raum häufig die Vorstellung einer außergewöhnlichen Marktmacht (meist Monopolstellung). **Insofern verwendet der Sprachgebrauch diesen Begriff weitgehend für sehr große Konzerne.**

Rein rechtlich gesehen können Trusts zum einen dadurch zustande kommen, daß eine Holding-Gesellschaft (Dachgesellschaft) gegründet wird, welche die Mehrheit der Anteile der sich zusammenschließenden Unternehmungen übernimmt und diese beherrscht. Zum anderen können Trusts durch Verschmelzung (Fusion) der einzelnen Unternehmungen entstehen. Das Aktiengesetz unterscheidet zwischen der „Verschmelzung durch Neubildung" und der „Verschmelzung durch Aufnahme" (§§ 339 ff. AktG). Im Falle einer Fusion werden die übernommenen Unternehmungen als Betriebsteile integriert; ihre rechtliche Selbständigkeit geht verloren. Es existiert nur noch ein Vorstand, ein Aufsichtsrat und eine Hauptversammlung.

Trust als Holding

Trust durch Fusion

Fusionen unterliegen nach § 23 GWB bei Erfüllung bestimmter Größenkriterien (vgl. S. 207 f.) der Anzeigepflicht bei der Kartellbehörde. Ist durch den Zusammenschluß die Entstehung oder Vergrößerung einer marktbeherrschenden Stellung zu erwarten, dann kann er von der Kartellbehörde untersagt werden. Gemäß § 24a GWB ist das **Vorhaben eines Zusammenschlusses** beim Bundeskartellamt anzumelden, wenn im letzten abgeschlossenen Geschäftsjahr entweder eine beteiligte Unternehmung Umsatzerlöse von mindestens zwei Milliarden DM hatte oder wenn mindestens zwei der beteiligten Unternehmungen Umsatzerlöse von jeweils einer Milliarde DM oder mehr hatten **(präventive Fusionskontrolle)**. Art. 86 EWG-Vertrag verbietet die mißbräuchliche Ausnutzung einer marktbeherrschenden Stellung auf dem Gemeinsamen Markt, wobei ein mißbräuchliches Verhalten unter bestimmten Voraussetzungen auch bei der Verstärkung einer beherrschenden Stellung für möglich gehalten wird.

Fusionskontrolle

III. Standort

Die Wahl des Standortes zählt zu den Entscheidungen bei der Gründung eines Industriebetriebs. Die Entscheidung hat konstitutiven Charakter, da sie nur schwer revidierbar ist und für zahlreiche Folgeentscheidungen Rahmenbedingungen setzt.

Standortwahl als konstitutive Entscheidung

Dies wird vor allem deutlich bei Betrieben, deren Leistungserstellung z. B. an Erzvorkommen gebunden ist und die somit ihre Standortentscheidung allenfalls zwischen verschiedenen Fundstätten treffen können (extrem **gebundener Standort**). Andere Industriezweige sind nicht in diesem Maße von vornherein festgelegt (relativ **freier Standort**); ist aber einmal ein Standort gewählt, so wird – z. B. wegen der Anlagenintensität oder wegen der Ortsgebundenheit der Fachkräfte – eine Korrektur nur schwer möglich sein. Empirische Untersuchungen zeigen, daß die Unzulänglichkeiten am gewählten Standort extrem sein müssen, bevor eine Standortverlegung in Frage kommt. In der Wettbewerbswirtschaft kann die Standortwahl für das Bestehen oder Nichtbestehen von Betriebswirtschaften entscheidend sein. Es wäre nach diesen einleitenden Beispielen verfehlt, das Standortproblem ausschließlich als Bestandteil der Gründungsphase zu sehen. Die Errichtung von Filialen, Zweigwerken oder Lagern sowie der Standortwechsel ganzer Unternehmungen stellen in den Entwicklungsphasen einer Betriebswirtschaft ebenfalls konstitutive Entscheidungsprobleme dar.

Ebenfalls nur am Rande erwähnt werden kann die Beziehung zwischen Unternehmensform und Standortwahl, insbesondere bei kleinen und mittleren Unternehmungen (vgl. auch I. 2. c). Vor allem in der Gründungsphase ist dieser Unternehmenstyp gerade nicht durch Kapitalmobilität im Sinne einer Standortauswahl gekennzeichnet, sondern es besteht eine existentielle Einbindung des Unternehmens in den für ihn vorgegebenen lokalen Kontext. Die zentrale Stellung des Unternehmers verdeutlicht, daß die Entscheidung über den Unternehmensstandort wesentlich vom sozialen, kulturellen und ökonomischen Hintergrund dieser zentralen Figur bestimmt wird, d. h. letztlich, daß Unternehmensgründung und Standortfrage in diesem Fall eine besondere untrennbare Einheit bilden (vgl. auch Picot u. a. 1989, bes. S. 167 f.).

Gesamtwirt-
schaftliche
Standort-
probleme

Daß Standortprobleme auch volkswirtschaftliche und nicht zuletzt gesellschaftspolitische Bedeutung haben, kann an dieser Stelle nur angedeutet werden. Standorte von Industriebetrieben binden beispielsweise Boden, der nicht beliebig vermehrbar ist, und Wasser, das unter Umständen nur mit großem Aufwand reproduziert werden kann. Kraftwerke etwa, die größere Kühltürme benötigen, können die klimatischen Bedingungen einer Region stark verändern. Neben ökologischen Problemen beeinflussen wirtschaftliche Interessen unterschiedlichster Art die Auswahl. Das Interesse einer Unternehmung an niedrigen Arbeitskosten mag sich mit einer regionalen Infrastrukturförderung verbinden – was die Unternehmensleitung von Industriebetrieben in der Regel nutzen wird, um über staatliche Hilfestellungen zu verhandeln. Auf der Gemeindeebene spielen das Gewerbesteueraufkommen sowie die Grundabgaben eine entscheidende Rolle. Ihre „ansiedlungsfördernde Gestaltung" wird oft als Anreiz zur Beeinflussung industrieller Standortwahl aufgeboten. Die angesprochenen Probleme werden vor allem in der Raumwirtschaftstheorie sowie der Stadt-, Regional- und Raumplanung behandelt (vgl. auch den Klassiker der Standortbetrachtung Thünen 1930).

Inner-
betrieblicher
Standort

Die industrielle Produktion ist an einen geographischen Ort, den Standort, gebunden. Der Standort des Betriebes setzt für die eigentliche Fertigung allerdings nur die Nebenbedingungen, die bei der Anordnung der Aggregate im Industriebetrieb (bei der Entscheidung über den innerbetrieblichen Standort) einzuhalten sind. Die Frage des innerbetrieblichen Standorts ist in diesem Teil ausgeklammert. Sie wird im Rahmen der Produktionswirtschaft behandelt (vgl. Teil 4, S. 445 ff.). Allerdings greifen in der Praxis Fragen des Betriebsstandorts sowie der innerbetrieblichen Standortbestimmung oftmals ineinander. Eine exakte Grenzziehung zwischen diesen beiden Entscheidungsbereichen ist daher nicht möglich.

1. Grundfragen industrieller Standortentscheidungen

Die industrielle Standortentscheidung läßt sich durch drei Aufgabenkreise charakterisieren, die nicht voll voneinander abgrenzbar sind:

(1) **Es sind Standorte zu bestimmen, bei denen die Anforderungen an den Standort und die Bedingungen des Standorts aufeinander abgestimmt sind.** Das heißt beispielsweise, daß den zu schaffenden Arbeitsplätzen ein ausreichendes Arbeitsangebot gegenübersteht oder daß bei Knappheit irgendwelcher Faktoreinsatzgüter die Standorte verschiedener Zweigbetriebe einer Mehrproduktunternehmung nach der **günstigsten Ressourcenverwendung** bestimmt werden.

Erfüllung der Standortanforderungen

(2) **Es sind Standorte zu bestimmen, die räumliche und zeitliche Rationalisierungseffekte ermöglichen.** Diese Aufgabe stellt sich vor allem bei der Kombination von alten und neuen Einrichtungen. So kann es beispielsweise bei der Entscheidung über den Standort eines Rechenzentrums von Bedeutung sein, welche weiteren Unternehmungen sich neben dem Investor der Anlage bedienen wollen. Auch der Standort einer Raffinerie, die außer einem Tankstellennetz einen angrenzenden chemischen Betrieb mit Grundstoffen versorgt, ist ein entsprechendes Beispiel. Technische wie betriebswirtschaftliche Aspekte geben hier den Ausschlag. **Standorte werden also bestimmt, um die Funktionstüchtigkeit bereits bestehender Betriebe zu erhöhen.** Das kann z. B. über relativ autonome Standortentscheidungen der Zulieferbetriebe ebenso wie über die standortmäßige Abstimmung von Konzernbetrieben erreicht werden. Andererseits kann mit dieser Aufgabenstellung eine Auslagerung von absatz- und versorgungsmäßig nicht mit dem Standort verbundenen Produktionsbereichen einer Unternehmung verbunden sein (vgl. Teil 5, S. 697 f.). Damit ist auch das Problem der Standortspaltung angesprochen, also die Wahl mehrerer Standorte für die Erstellung des Leistungsprogramms. Tendenzen für die Standortspaltung ergeben sich beispielsweise aus der Heterogenität des betrieblichen Leistungsprogramms, aus großen Absatzmengen pro Zeiteinheit, aus weiten Ausdehnungen der betrieblichen Beschaffungs- oder Absatzgebiete, aus Unterschieden bei staatlichen Förderungsmaßnahmen oder aus staatlichen Begrenzungen der freien Standortwahl (z. B. Regionalplanung).

Rationalisierungseffekte der Standortwahl

Standortspaltung

(3) **Es sind Standorte zu bestimmen, die der erwarteten Entwicklung der betreffenden Industriebetriebe Rechnung tragen.** Diese Aufgabenstellung ist besonders schwierig zu lösen, da neben der **Prognose der eigenen Entwicklungschancen** z. B. auch die Infrastrukturmaßnahmen (Verkehrserschließung, Energieversorgung usw.) sowie die Bevölkerungsentwicklung (nicht nur in bezug auf den Arbeitskräftebedarf, sondern auch im Hinblick auf die Nachfrage sowie die Verfügbarkeit von Gemeinschaftseinrichtungen) des entsprechenden Standorts zu schätzen sind.

Standortwahl und wirtschaftliche Entwicklung

Die beispielhaft skizzierten Grundprobleme industrieller Standortentscheidungen lassen bereits erkennen, daß es eine Vielzahl von Konsequenzen zu prognostizieren gilt, wenn Standortalternativen hinreichend beschrieben werden sollen. Um die Verfahren der Standortbestimmung darstellen zu können, die zur Lösung von Standortproblemen herangezogen werden, sind daher zunächst die Einflußgrößen zu untersuchen, die bei Standortentscheidungen eine Rolle spielen.

2. Einflußgrößen der Standortentscheidung (Standortfaktorenlehre)

In der Literatur sind zahlreiche Ansätze zu finden, ein Schema bzw. eine allgemeingültige Systematik von Einflußgrößen zu entwickeln, die die Wahl eines Standortes beeinflussen. Diese Systematiken dienen der Beschreibung und Ordnung derjenigen Standorteigenschaften, die für die Lösung des Standortproblems bedeutsam sein können. Derartige Kataloge liefern Hinweise für die Sammlung von Informationen, die in den Standortkalkül einzubeziehen sind. Aussagen über die Verarbeitung der relevanten Informationen werden jedoch nicht getroffen.

Standort-
faktoren nach
Weber

Das Grundmodell von A. Weber (1909) beruht auf einer Unterteilung der Standortfaktoren nach dem Umfang ihrer Geltung (generelle und spezielle Standortfaktoren), nach ihrer räumlichen Wirkung (Regional-, Agglomerations- und Deglomerationsfaktoren) sowie nach der Art ihrer Beschaffenheit (natürlich-technische und gesellschaftlich-kulturelle Standortfaktoren). Während **generelle Standortfaktoren**, wie Beschaffungspreise und Arbeitskosten, jede industrielle Produktion beeinflussen, sind **spezielle Standortfaktoren** nur für bestimmte Industriezweige von Bedeutung (z. B. geologische Bedingungen). **Regionalfaktoren** sind dafür „verantwortlich", daß manche geographische Orte (z. B. Verkehrsknotenpunkte) bestimmte Industriezweige anziehen. **Agglomerationsfaktoren** bewirken eine Konzentration von Unternehmungen in bestimmten Gebieten, die eine räumliche Verdichtung sich ergänzender Industrien gestatten. **Deglomerationsfaktoren** führen schließlich zu einer Dezentralisation der Betriebsstandorte, wenn aufgrund niedriger Bodenpreise oder regional gebundener Subventionen Standorte in wirtschaftlich strukturschwachen Räumen gewählt werden. Das Klima ist ein Beispiel für die **natürlich-technischen Standortfaktoren**; gleiches gilt nach Ansicht Webers für die auf „natürlichen Anlagen" beruhende Qualität der Arbeitskraft. Zu den **gesellschaftlich-kulturellen Standortfaktoren** zählen beispielsweise regionale Unterschiede des Zinsniveaus.

Kostenorien-
tierte Stand-
ortplanung

Bei einem Vergleich mit den industriellen Kostenarten zeigt sich nach Ansicht von Weber, daß nur die Materialpreise, die Arbeitskraft und die Transportkosten industriebetriebsrelevante Beispiele für Standortfaktoren darstellten. Um im Rahmen einer bewußt vereinfachenden Modellbildung die standortrelevanten Entscheidungstatbestände weiter zu reduzieren, führt Weber die Fiktion ein, daß teurere Materialien als weiter entfernt gelegen aufgefaßt werden, da es für den Industriebetrieb gleichgültig ist, ob die anfallenden Kosten des Materialeinsatzes sich aus relativ niedrigeren Materialpreisen und Transportkosten zusammensetzen oder mit den Materialpreisen übereinstimmen. Für eine isolierte Produktion lassen sich damit zwei Faktoren an-

220

geben: Transportkosten und Arbeitskraft. Wird die Einschränkung isolierter Produktion nicht gemacht, so ergeben sich als weitere Einflußgrößen die Agglomerationsfaktoren.

Unterstellt man konstante Arbeitskosten, so hängt die Standortwahl in dem Modell von Weber nur von einem Standortfaktor – den Transportkosten – ab, die ihrerseits als Funktion der transportierten Materialmengen gesehen werden (vgl. zum Weberschen Modell S. 227 ff.). Bei den zu transportierenden Gütern lassen sich Ubiquitäten und „lokalisiertes Material" unterscheiden. Ubiquitäten sind solche Materialien, die praktisch überall vorkommen (z. B. Luft), während lokalisiertes Material an bestimmte Orte (z. B. Fundorte) gebunden ist und folglich Transportkosten verursacht. Lokalisiertes Material kann mit vollem Gewicht in das Endprodukt eingehen („Reingewichtsmaterial", z. B. fremdbezogene Einzelteile) oder gewichtsmäßig teilweise oder gar nicht im Fertigprodukt enthalten sein („Gewichtsverlustmaterial"; z. B. Erze, Bauholz oder Heizmaterialien). Als Maßgröße für den Einfluß des Materials auf die Transportkosten gibt Weber den **„Materialindex"** an: *Ubiquitäten/ lokalisiertes Material*

$$(2.1) \qquad \text{Materialindex} = \frac{\text{Gewicht der lokalisierten Materialien}}{\text{Gewicht des Materials im Fertigerzeugnis}}$$

Für Ubiquitäten ergibt sich der Materialindex 0, für Reingewichtsmaterialien der Materialindex 1. Bei Gewichtsverlustmaterialien ist der Index größer als 1. Die Addition der Zähler und Nenner mehrerer Materialindizes ergibt bei konstanten Arbeitskosten das „Standortgewicht". Dies besagt: Je höher der Anteil der Ubiquitäten an den benötigten Materialien, desto weniger wird die Standortwahl von den Transportkosten beeinflußt; je höher das „Standortgewicht", desto günstiger ist unter dem Gesichtspunkt der Materialtransportkosten der entsprechende Standort.

Webers stark vereinfachende Annahmen erweisen sich oft als wirklichkeitsfremd. Behrens (1971) kritisiert die Standortfaktorengliederung Webers mit dem Hinweis, daß eine auf drei Unterscheidungskriterien aufbauende Systematik nicht frei von Überschneidungen sein könne. Auch sei die Webersche Unterscheidung genereller und spezieller Standortfaktoren empirisch unhaltbar. Fraglich erscheint weiter, ob für die Differenzierung regionaler und deglomerativer bzw. agglomerativer Faktoren eine Begründung gegeben werden kann. Ähnliche Schwierigkeiten ergeben sich für die Trennung in natürlich-technische und gesellschaftlich-strukturelle Standortfaktoren. Daß beispielsweise die Qualität der Arbeitskraft weniger auf natürliche Anlagen als vielmehr auf gesellschaftlich-kulturelle Einflüsse zurückzuführen ist, hat die Entwicklungspsychologie hinreichend bewiesen. Unter dem Gesichtspunkt des Umweltschutzes ist anzumerken, daß viele der Weberschen Beispiele nicht mehr zutreffen. Beispielsweise sind Luft und Wasser aus dieser Sicht heute vielfach nicht mehr als Ubiquitäten anzusehen. *Kritik des Weberschen Ansatzes*

Neuere Ansätze streben eine umfassende Systematisierung und Erklärung standortabhängiger Kosten- und Erlöseinflußgrößen an. Es wird eine Vielzahl von Standortfaktoren aufgezählt, die in Form von Prüflisten als Grundlage für die betriebsindividuelle Auswahl bewertungsrelevanter Standortfaktoren in konkreten Entscheidungs- *Standortfaktoren nach Behrens* situationen dienen sollen. Beispielhaft wird der Vorschlag von Behrens (1971) dargestellt (vgl. Abbildung 2.42).

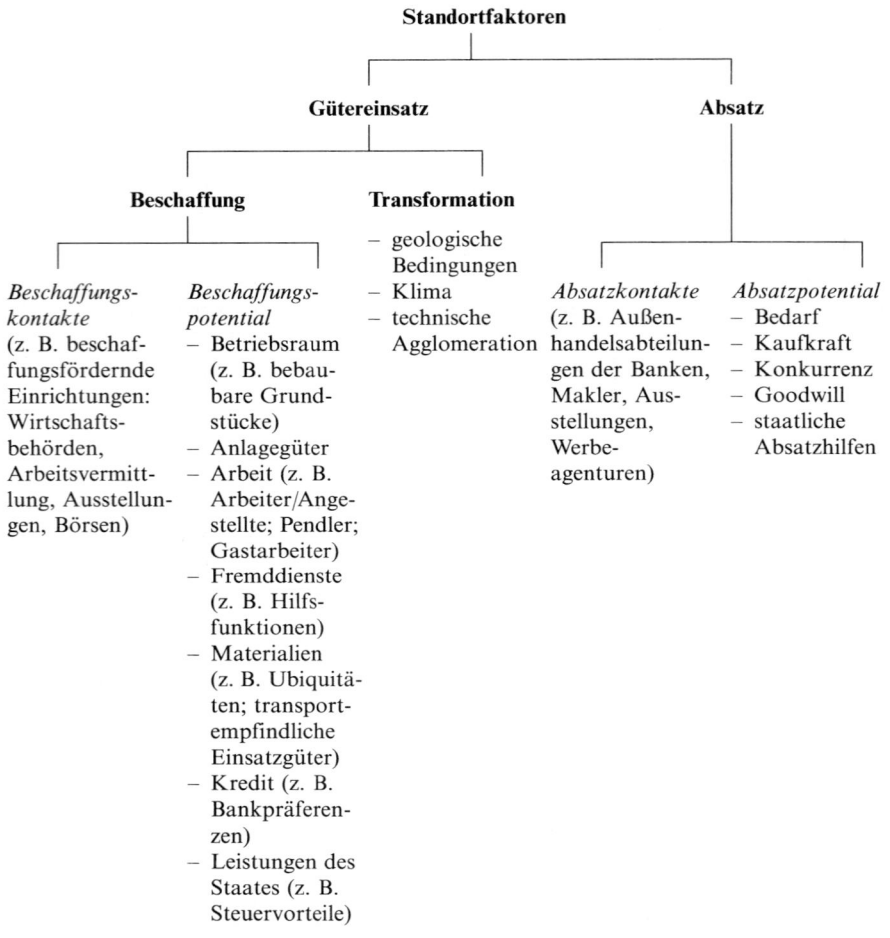

Abbildung 2.42: Standortfaktorenschema nach Behrens

Dem Standortfaktorenschema von Behrens liegt eine funktionsorientierte Gliederung zugrunde; die einzelnen Standortfaktoren werden den betrieblichen Hauptfunktionen Beschaffung, Produktion (Transformation) und Absatz zugeordnet.

Beschaffungs-
faktoren
Die Standortabhängigkeit der Beschaffung kommt im Beschaffungspotential sowie in den Beschaffungskontakten zum Ausdruck. Der Umfang des Beschaffungspotentials richtet sich nach Menge und Qualität der am Ort vorhandenen nicht transportablen Güter, den im Einzugsgebiet verfügbaren transportempfindlichen Gütern sowie den Beschaffungskosten. Nicht transportfähige Beschaffungsgüter, auf die der Industrie-

222

betrieb angewiesen ist, beschränken die Standortwahl auf Orte, an denen die erforderlichen Produktionsfaktoren verfügbar sind (gebundener Standort). In bezug auf transportable Güter besteht dagegen ein Entscheidungsspielraum (freier Standort), der durch **Beschaffungskosten** und **Beschaffungszeiten** begrenzt wird. Diese schränken das Beschaffungsgebiet ein. Beschaffungskosten und -zeit sind Indikatoren für **Transportempfindlichkeit** eines Gutes. Der Gesichtspunkt der Beschaffungskosten wird in den untenstehenden Fällen besonders deutlich:

Beschaffungs-kosten/Be-schaffungszeit

(a) Das Beschaffungsgut verursacht hohe Transportkosten, so daß die Beschaffung aus weit entfernten Bezugsorten die Rentabilität des Betriebsprozesses spürbar senkt.

(b) Das Beschaffungsgut muß vor Bestellung besichtigt werden, wobei einerseits hohe Reisespesen anfallen, andererseits die Unterhaltung von Beschaffungsstellen an den Bezugsorten nicht sinnvoll erscheint.

(c) Die Transportkosten werden innerhalb gewisser Grenzen vom Lieferanten getragen; die Aufwendung größerer Beträge ist ihm allerdings nicht möglich.

Auch zur Wirksamkeit der Beschaffungszeit sollen nur Beispiele genannt werden:

(a) Das Beschaffungsgut ist leicht verderblich.

(b) Der Bedarf an einem Beschaffungsgut muß kurzfristig gedeckt werden; die Errichtung eines Lagers ist jedoch unmöglich (z. B. weil der Lagerraum fehlt oder weil ein Lager nicht finanziert werden kann).

(c) Die Beförderungszeit ist den Anbietern des Beschaffungsgutes zu lang (z. B. Reisezeiten für Pendler).

Mit steigender Transportempfindlichkeit eines Beschaffungsgutes verringert sich dessen Einzugsgebiet. Der Betriebsstandort nähert sich dem Standort des Beschaffungsgutes an. Rentabilitätseinbußen werden dadurch vermieden. Ubiquitäten üben demzufolge keinen Einfluß auf die Standortwahl aus.

Transport-empfindlich-keit bei der Beschaffung

Der Begriff der Ubiquität wird von Behrens allerdings relativiert; er bezieht ihn auf bestimmte Betriebe. Betriebsindividuelle Ubiquitäten sind dann Einsatzgüter, die unabhängig vom Standort, also überall, in der gewünschten Menge und Qualität zu gleichen Kosten beschafft werden können (z. B. Büromaterialien). Ein Standortproblem entsteht für Unternehmungen auf der Beschaffungsseite nur, wenn der Bedarf an nicht transportablen und transportempfindlichen Einsatzgütern nicht ausschließlich betriebsindividuelle Ubiquitäten enthält. Da der Fall ausschließlicher Verarbeitung betriebsindividueller Ubiquitäten relativ selten sein dürfte, erscheint es sinnvoll, die Wirkung der übrigen Einsatzgüter weiter zu untersuchen. Behrens faßt diese Einflußgrößen unter dem Begriff des Beschaffungspotentials zusammen. Jeder Standort bzw. jedes zu einem Standort gehörende Einzugsgebiet verfügt über ein bestimmtes Beschaffungspotential, das für die Betriebe von unterschiedlichem Wert sein kann.

Relative Ubiquitäten

**Der Umfang des Beschaffungspotentials ist abhängig von der Quantität und Qualität
der am Ort verfügbaren nicht transportablen Güter bzw. der im Einzugsgebiet verfügbaren transportempfindlichen Güter. Darüber hinaus hängt das Beschaffungspotential
von den Kosten der Beschaffungsgüter ab.** Zu beachten ist, daß ein Standort hinsichtlich der verschiedenen Einsatzgüter arteigene Beschaffungspotentiale besitzt. Einige
der von Behrens genannten Beispiele von Beschaffungspotentialen für Einsatzgüter
seien im folgenden wiedergegeben: Bei unbebauten Grundstücken wird das Beschaffungspotential von der Größe, dem Preis und den Baukosten bestimmt; bei bebauten
Grundstücken kommen die Neubaukosten der Gebäude bzw. die Abbruchkosten
hinzu. Das Beschaffungspotential eines Standorts bezüglich der Anlagegüter wird
von der Transportfähigkeit und -empfindlichkeit wesentlich beeinflußt. In wirtschaftlich entwickelten Ländern kommt das Beschaffungsgut „Kredit" dem Charakter der
Ubiquität sehr nahe, so daß der Einfluß auf die Standortentscheidung relativ gering
sein dürfte. Nicht selten ist allerdings der umgekehrte Fall von Interesse, da unter
Umständen mit der Wahl bestimmter Standorte die Kreditwürdigkeit steigt oder fällt.
Staatliche Leistungen können z. B. hinsichtlich der Straßen und öffentlichen Einrichtungen, aber auch hinsichtlich der Kostenbeteiligung räumlich differenziert sein.
Besonders Steuerunterschiede (z. B. Gewerbesteuer) sind in diesem Rahmen beach-
tenswert.

Das Beschaffungspotential ist somit als relativ umfassender Standortfaktor anzusehen. Die Beschaffung der Einsatzgüter ist allerdings nicht nur vom standortgebun-
denen Beschaffungspotential, sondern auch davon abhängig, inwieweit es dem

Betrieb gelingt, ein gegebenes **Beschaffungspotential auszuschöpfen.** Mit den Beschaffungskontakten erfaßt Behrens diesen Aspekt, der bei der Standortwahl ebenfalls zu
untersuchen ist. Es handelt sich um die Frage, in welchem Maße beschaffungsför-
dernde Einrichtungen (z. B. Wirtschaftsbehörden, Vermittler, Börsen, Kammern,
Ausstellungen, Institute, Zeitungen) vorhanden sind.

**Neben dem externen Gütereinsatz ist der sogenannte interne Gütereinsatz bedeutsam
für die Standortentscheidung.** Es handelt sich hier um den Einfluß von natürlichen
oder technischen Gegebenheiten auf den erfolgreichen Vollzug von Produktionsvor-
gängen. So können z. B. bestimmte geologische Bedingungen den Produktionsvollzug erst ermöglichen oder zumindest Kostenvorteile durch ihre Existenz verursachen.

Ferner sind klimatische Bedingungen wesentliche Standortvoraussetzungen in der
Landwirtschaft und bei einigen Industriezweigen. In manchen Industriezweigen ist
für den internen Gütereinsatz schließlich die Möglichkeit zur technischen Agglomeration von wesentlicher Bedeutung, da der räumliche Zusammenschluß mehrerer
Betriebe erhebliche Kosteneinsparungen zur Folge haben kann (z. B. gemeinsamer
Wegebau). Standorte, an denen technische Agglomeration möglich ist, bieten gegenüber anderen den Vorteil, daß hier die Produktion zu geringeren Stückkosten
durchführbar ist.

Nicht nur auf der Beschaffungsseite, sondern auch auf der Absatzseite lassen sich
Standortfaktoren feststellen. **In der vertieften Berücksichtigung der Absatzfaktoren
liegt die spezifische Erweiterung des Weberschen Ansatzes durch Behrens.** Insbesondere

die Größe eines Absatzgebietes entscheidet darüber, ob in die Standortentscheidung Absatzüberlegungen maßgeblich eingehen. Sind die Absatzleistungen nicht transportfähig, so ist die Ausdehnung des Absatzgebietes Null, d. h. der Standort wird von der Absatzleistung bestimmt (z. B. Baustellenfertigung). Wenn das Absatzgut transportabel ist, sind für die Ausdehnung des Absatzgebietes die Absatzkosten und die Absatzzeit maßgebend. Hohe Transportkosten könnten bewirken, daß Produkte für bestimmte Absatzgebiete keine Abnehmer finden. Die Verderblichkeit von Produkten und die Forderung nach kurzen Lieferzeiten können dazu führen, daß Standorte sich an Absatzgebiete anzupassen haben. Analog zum Gütereinsatz kann von transportempfindlichen Absatzgütern gesprochen werden. Mit steigender Transportempfindlichkeit verengt sich das betriebliche Absatzgebiet. *Transport-empfindlich-keit beim Absatz*

Entsprechend dem Beschaffungspotential bildet Behrens den Begriff des Absatzpotentials eines Standortes. Es bestimmt sich nach den an diesem Ort erzielbaren Absatzmengen und Absatzpreisen. **Insgesamt ist das Absatzpotential an den Erlösen zu messen, die an einem bestimmten Ort erwartet werden können.** Einflußgrößen des Absatzpotentials sind im einzelnen: Bedarf (z. B. abhängig von der Einkommensdichte, der Passantendichte, der Bevölkerungsstruktur oder Verbrauchsgewohnheiten), Kaufkraft, Absatzkonkurrenz, Absatzagglomeration (Konkurrenzanziehung im Gegensatz zur Konkurrenzmeidung), Herkunfts-good-will (z. B. Münchner Bier), staatliche Absatzhilfen (beispielsweise Subventionen oder Preisgarantien). **Die potentielle Nachfrage (Absatzpotential) ist durch Absatzkontakte zu aktualisieren.** Dabei ist vor allem an die an einem möglichen Standort vorhandenen absatzfördernden Einrichtungen zu denken (z. B. Werbeagenturen, potentielle Abnehmer, Makler, Messen, Zeitungen). *Absatz-potential* *Absatz-kontakte*

Kritikpunkte an der Standortfaktorenlehre von Behrens sind vor allem die Beschränkung auf das Rentabilitätsziel sowie auf die Erstellung und Verwertung materieller Güter, die Unterstellung eines gegebenen Leistungsprogramms und der Verzicht auf die Entwicklung eines Entscheidungsmodells. *Kritik an der Standort-faktorenlehre von Behrens*

Derartige Systematiken können keinen Anspruch auf Vollständigkeit für sämtliche Standortentscheidungen erheben, zumal die relative Bedeutung einzelner Standortfaktoren in Abhängigkeit vom Industriezweig und vom Standort unterschiedlich ist. Nicht selten stehen dabei die Standortfaktoren in Konkurrenz zueinander. Mit der Darstellung von standortbezogenen Entscheidungsmodellen soll gezeigt werden, welche Möglichkeiten einer Gesamtschau der Standortfaktoren bestehen, um damit eine Auswahl zielentsprechender Standorte zu erreichen.

3. Entscheidungsmodelle zur Standortbestimmung

Das Standortproblem ist mit der Analyse der Standortfaktoren keineswegs gelöst. Die Analyseergebnisse sind vielmehr zu bewerten und entsprechend der Zielvorstellung gegeneinander abzuwägen, um zu einer Entscheidung kommen zu können.

Soweit Autoren sich mit Entscheidungsverfahren befaßt haben, wird als Ziel der Bemühungen in aller Regel die Bestimmung des „optimalen" Standorts angegeben. Da dieses Ziel definitionsbedürftig ist, müssen einige begriffliche Erörterungen vor die Behandlung der Verfahren gestellt werden.

a) Optimaler Standort

Formale Definition

Als optimal kann eine Standortentscheidung gelten, wenn die relevanten Standortfaktoren an dem gewählten Standort in einer Weise wirken, daß der im Vergleich zu allen anderen Alternativen größtmögliche Zielerreichungsgrad gegeben ist.

Transport- kosten- minimierung

Die traditionelle mikroökonomische und betriebswirtschaftliche Diskussion des optimalen Standorts war schwerpunktartig auf das Ziel „Minimierung der Transportkosten" gerichtet. Geht man jedoch vom Ziel „Gewinnmaximierung" aus, so kann sich die Bestimmung eines transportkostenoptimalen Standorts als unzureichend erweisen. Oft können nämlich die absatzpolitischen Wirkungen der Standortwahl nicht konstant gehalten werden. In diesem Fall beruht die Standortentscheidung auf einem Abwägen und Vergleichen der Aufwendungen und Erträge, die aus alternativen Standorten zu erwarten sind. Ob das Optimalitätskriterium Gewinnmaximierung oder befriedigende Gewinnerzielung heißt, ist nur ein gradueller Unterschied. Anders liegen die Verhältnisse, wenn sozialpolitische Faktoren das Auswahlkriterium bilden (unter Umständen bei öffentlichen Betrieben). Tradition oder emotionale Kriterien können ebenfalls für die Auswahl entscheidend sein. Letztendlich lassen sich auch die Belange des Umweltschutzes als Entscheidungskriterien anführen.

Gewinn- maximierung

Quantifi- zierungs- probleme

Damit erscheint es nicht mehr gerechtfertigt, von *dem* Optimalitätskriterium zu sprechen. Es handelt sich vielmehr um mehrere Optimalitätskriterien, die Beachtung verdienen. Faßt man den Begriff der Optimalität eng auf, etwa im Zusammenhang mit analytischen Lösungsverfahren von Allokationsproblemen, so erscheint es darüber hinaus fraglich, ob der Begriff „Optimalitätskriterium" zweckmäßig gewählt ist. Sowohl die Standortfaktoren als auch die genannten Auswahlkriterien weisen eine Reihe kaum quantifizierbarer Elemente auf (z. B. Beschaffbarkeit von Führungskräften, Herkunfts-good-will, Informationsstrukturen, Freizeitwert), so daß eine analytische Lösung in der Regel nur eine gewisse Basislösung darstellen kann, die Modifizierungen entsprechend den nicht rechenhaften Faktoren unterzogen werden muß. Beispielsweise werden etwa an Standortvorstellungen als Ergebnis eines analytischen Modells Verhandlungsprozesse anknüpfen, sofern nicht alle an der Standortfrage Interessierten das verwendete Modell oder die ermittelten Ergebnisse billigen.

b) Analytische Verfahren zur Standortbestimmung

Webersches Standortmodell

Als kontinuierliches Modell geht das Webersche Standortmodell (Weber 1923) von einer homogenen Fläche (keine Präferenzen für irgendwelche Punkte der Fläche) aus, die eine unendliche Zahl möglicher Standorte enthält. Im Gegensatz dazu betrachten diskrete Modelle eine inhomogene Fläche (es bestehen also bereits Präferenzen für gewisse Punkte), in der eine endliche Zahl von Punkten als Standort in Frage kommt.

Kontinuier-liche und diskrete Modelle

Das Webersche Problem lautet in einfachster Form:

Es ist der transportkostengünstigste Produktionsstandort unter Berücksichtigung der Standorte des Materials und der Arbeitskräfte sowie des Kundenstandorts zu finden. Verbindet man Materialstandort, Arbeitskräftestandort und Kundenstandort, so entsteht ein Dreieck, in dem der optimale Standort liegen muß. Bei mehreren Materialien entsteht ein Vieleck. Je nach Form dieser Figur kann der optimale Standort innerhalb oder außerhalb liegen. Die Ermittlung dieses optimalen Standorts ist analytisch möglich, wenngleich mit einigem Rechenaufwand verbunden. Das Gebiet, für das der optimale Standort bestimmt werden soll, wird in einem Koordinatensystem erfaßt. Die x-Achse bezeichnet die Längengrade, die y-Achse die Breitengrade. In diesem Koordinatensystem werden die Orte, auf die der optimale Standort $S(x, y)$ bezogen werden soll, mit $P_i(x_i, y_i)$ bezeichnet ($i = 1, 2, \ldots n$). Die Entfernung zwischen (S) und (P_i) sei (r_i) und die zu transportierenden Mengen zwischen (S) und (P_i) seien (a_i). Unter der Annahme Webers, daß die Transportkosten ausschließlich mengen- und entfernungsabhängig sind, kann der Transportaufwand T berechnet werden:

Transport-kosten-günstigster Standort, Standortdreieck, Standortvieleck

Mathematische Lösung

$$(2.2) \qquad T = a_1 r_1 + a_2 r_2 + \ldots + a_n r_n = \sum_{i=1}^{n} a_i r_i.$$

Da in einem Koordinatensystem der Abstand r_i zweier Punkte sich errechnet als

$$(2.3) \qquad r_i = \sqrt{(x - x_i)^2 + (y - y_i)^2},$$

lautet die Formulierung der Extremalaufgabe „Transportkostenminimierung":

$$(2.4) \qquad T(x, y) = \sum_{i=1}^{n} a_i \sqrt{(x - x_i)^2 + (y - y_i)^2} \to \min!$$

Extrempunkte einer Gleichung lassen sich bekanntlich durch Nullsetzen der partiellen ersten Ableitungen ermitteln.

Die Lösung dieses Modells kann über grafische Lösungsverfahren, mit Hilfe von analytischen (Iterations-)Verfahren sowie mit mechanischen Analogmodellen erfolgen.

Eine Erweiterung dieses Modells auf mehrere Standorte unter Berücksichtigung daraus resultierender Fixkosten je Standort ist möglich; die Lösung ist dann aufgrund

Modell-erweiterung

der Komplexität des Problems nur mit Näherungsverfahren möglich. Auf eine Darstellung der angeführten Verfahren wird hier verzichtet.

Optimaler Standort in einem Verkehrsnetz

Minimierung der Entfernungen zu einem Verkehrs- oder Versorgungsnetz

Die Homogenität des Territoriums, die in dem einfachen Weberschen Ansatz unterstellt wird, soll auch im folgenden Beispiel gelten. Während beim Standortmodell Webers der günstigste Standort in Abhängigkeit von einem System gegebener Punkte gesucht wird, soll nun **ein Standort in einem Verkehrsnetz derart zu bestimmen sein, daß die Summe der Entfernungen zu allen Verkehrslinien möglichst gering ist**. Dabei wird unterstellt, daß der Standort durch Neubau von Verkehrswegen an das bestehende Netz angeschlossen werden soll.

Derartige Fälle (vgl. Hansmann 1974) kommen in der Praxis beispielsweise bei der Festlegung eines neuen Schachtansatzpunktes (Anschluß an vorhandene Stollensysteme) oder bei der Festlegung des Standorts eines Kraftwerks vor, das in ein bestimmtes Netz Energie einzuspeisen hat (Anschluß an die bestehende Stromversorgung).

Gegeben seien m geradlinige Verkehrswege, die sich beliebig überschneiden können. Die Gleichungen dieser m Geraden im Koordinatensystem lauten (Hessesche Normalform):

(2.5) $\alpha_i x + \beta_i y - c_i = 0$ $(i = 1, 2, \ldots, m)$.

Der senkrechte Abstand eines beliebigen Punktes $P_0 (x_0, y_0)$ von der i-ten Geraden ist dann bestimmt als

(2.6) $\alpha_i x_0 + \beta_i y_0 - c_i = |d_{i0}|$.

Gesucht ist der Standort (S), für den die Summe der absolut genommenen senkrechten Abstände von den m Verkehrslinien minimal ist:

(2.7a) $\sum_{i=1}^{m} |d_i| \rightarrow \min!$

Es gilt:

(2.7b) $d_i = \alpha_i x + \beta_i y - c_i$ $(= 1, 2, \ldots, m)$.

Dieses Optimierungsproblem mit Betragssummen linearer Form kann auf ein einfaches Optimierungsproblem zurückgeführt und mit Hilfe der Simplexmethode gelöst werden. Das Modell läßt sich verallgemeinern, so daß die Abstände beliebig gewichtet werden können. Auf diese Weise könnten etwa die spezifischen Kosten des Netzanschlusses, Nebenbedingungen bezüglich der Länge der Neubauten bei Anschluß an die einzelnen Verkehrswege sowie Absatzpräferenzen Berücksichtigung finden.

228

Standortbestimmung mit Hilfe von Transportmodellen

Im folgenden soll ein **vereinfachter Fall diskreter Standortwahl** behandelt werden. Gleichzeitig wird die Fragestellung gegenüber den bisher dargestellten Modellen etwas verändert: **Gesucht sind die transportkostenoptimalen Produktionsstätten bzw. die kostenoptimale Verteilung der Gesamtproduktion auf gegebene Standorte (A_i)** (analog gilt dieses Modell z. B. auch für die Planung eines Filial- oder Lagernetzes). Es geht also um die transportkostenoptimale Bestimmung der Produktionskapazitäten eines Standortnetzes. Da in die Aufgabenstellung nicht nur bestehende Standorte aufgenommen werden müssen, sondern das Modell auch mit hypothetischen Standorten durchgerechnet werden kann, ist es – obwohl ursprünglich nur zur Transportkostenoptimierung gedacht – auch für die Auswahl bzw. Konzipierung von Produktionsstätten, Standortnetzen oder Absatzorganisationsstandortnetzen einsetzbar.

Transport-kosten-optimierung

Zur Durchführung des Transportalgorithmus werden die folgenden Daten benötigt:

C_{ij} Transportkosten pro Mengeneinheit von Produzent A_i zum Abnehmer B_j
a_i Kapazität von Produktionsstandort A_i
b_j Bedarf des Abnehmers B_j

Transport-algorithmus

Die Ausgangsmatrix der Standortplanung lautet:

(2.8)

Produktions-standort	Abnehmerstandort					Kapazität
	B_1	B_2	B_3	B_4	B_5	a_i
A_1	F_{11}				F_{15}	a_1
A_2			F_{23}			a_2
A_3					F_{35}	a_3
b_j	b_1	b_2	b_3	b_4	b_5	

In die Felder F_{ij} werden unter anderem die sich ergebenden optimalen Transportmengen eingetragen. Des weiteren werden die hierfür anfallenden Transportkosten berechnet. Auf eine genauere Darstellung des Transportalgorithmus soll hier jedoch verzichtet werden.

Durch wiederholtes Anwenden des Algorithmus auf alternative Standortkombinationen und durch Veränderung von Kapazitäten wird nach **der kostengünstigsten Lösung** gesucht.

Dieses einfache Modell läßt sich erweitern, wenn in (A_i) und (B_j) mehrere unterschiedliche Produkte erzeugt bzw. benötigt werden. Auch muß die Nachfrage nicht gerade der Kapazität entsprechen. Schließlich lassen sich für unzulässige oder unmögliche Beziehungen sehr hohe Transportkosten ansetzen, so daß diese Lieferbeziehungen in die Lösung nicht eingehen können. Kompliziertere Ansätze, die sich allerdings ebenfalls mit den Methoden der linearen Optimierung lösen lassen, beziehen mehrstufige Produktions- und Transportbeziehungen in die Modelle der Standortbestimmung ein (vgl. Bloech 1970).

Modell-erweiterungen

229

c) Heuristische Verfahren zur Standortbestimmung

Analytische Verfahren führen nur unter exakt definierten Voraussetzungen zu optimalen Lösungen. Die hierbei getroffenen Annahmen sind meist wenig wirklichkeitsnah. **Heuristische Verfahren hingegen garantieren keine optimalen Lösungen; Ziel ist die Generierung eines befriedigenden Ergebnisses** (vgl. Teil 1, S. 41 ff., und Teil 4, S. 449 ff.).

Standortfaktorenkatalog

Zusammenstellungen von Standortfaktoren wurden in diesem Kapitel bereits dargestellt. Sie sind das Ergebnis empirischer Untersuchungen (meist Befragungen) und/ oder des Abwägens möglicher Einflußgrößen vor dem Erfahrungshintergrund der jeweiligen Autoren. Sofern bei industriellen Standortentscheidungen derartige Standortfaktorenkataloge herangezogen und entsprechend der Erfahrung der Entscheidungsträger bewertet und ausgewertet werden, ist die Vorgehensweise als heuristisch zu bezeichnen. Nach umfangreichen empirischen Untersuchungen ist beispielsweise vom Österreichischen Institut für Raumplanung ein Standortfaktorenkatalog erstellt worden, der eine **heuristische Abschätzung der Industriestandorteignung** gestatten soll.

Bewertender Vergleich von Standorteignung und Standortanforderungen

Abbildung 2.43 zeigt in der linken Spalte die Bewertung der für einen Industriezweig wichtigen Standortfaktoren. In der rechten Spalte (Bewertungskarte) kann die Bewertung eines potentiellen Standorts erfolgen. Entsprechen sich die Bewertungen der beiden Spalten, so ist die Standorteignung für den jeweiligen Industriezweig groß. Da in den seltensten Fällen eine absolute Übereinstimmung der Anforderungen und der Bewertungen gegeben sein wird, ist der Entscheidungsträger gezwungen, im Rahmen einer Standortbewertung eine „Durchschnittsgewichtung" zu entwickeln, die es erlaubt, verschiedene Standorte zu vergleichen.

Standortbewertungsmodelle (Scoring-Modelle)

Berücksichtigung quantifizierbarer und nichtquantifizierbarer Standorteigenschaften

Standortbewertungsmodelle dienen der zusammenfassenden Beurteilung der potentiellen Standorte unter Berücksichtigung aller quantifizierbaren und nichtquantifizierbaren Eigenschaften dieser Standorte. Die Ausprägung dieser Standorteigenschaften werden mit Punktwerten (Scores) versehen, deren Zusammenfassung den „Wert" eines Standorts ergibt. Aufgrund dieser Werte kann eine Rangfolge der Standorte gebildet werden.

Formalstruktur von Scoring-Modellen

Die formale Struktur solcher Scoring-Modelle kann wie folgt gekennzeichnet werden: Gegeben ist eine Menge potentieller Standorte $S = (S_1, \ldots, S_n)$, aus der eine Teilmenge $S^* = (S_1, \ldots, S_k)$ nach bestimmten Bewertungsregeln auszuwählen ist. Die Bewertung beruht auf einer Reihe von als wesentlich angesehenen Standorteigenschaften $Z = (Z_1, \ldots, Z_n)$, für die jeweils Meßskalen bestehen. Jeder Standort S_i kann folglich durch seine Ausprägungen der Standortfaktoren vollständig beschrieben werden: $S_i = (Y_{i1}, \ldots, Y_{in})$. In diesem Zusammenhang sind Transformationsfunktionen zu entwickeln, die eine Überführung dieser Ausprägungen in Zahlenwerte

Standortfaktoren-Katalog (Ausschnitt)

Betriebliche Standortfaktoren	10 Säge-industrie
Bewertung:	100 000 Säge-industrie (701)
absolut relativ Zusatz	
● ■ z.B.: M sehr große Bedeutung	
◐ ◪ M große Bedeutung	
◯ ◻ M geringe Bedeutung	
○ □ unbedeutend	
Sonstige Aussagen: z.B.: m (ohne Bewertung)	
Allgemein wichtig: ✳	

				100 000 Säge-industrie (701)
01	Arbeits-kräfte	011	Personalkosten	◐
		012	Arbeiter — Q qualifiziert, A angelernt, ungelernt, R Routine-personal	■ A/Q
		013	Arbeiterinnen	□
		014	Angestellte	□
		015	Saisonschwankungen (sa), Heimarbeit (h), Schichtbetrieb (sb)	◯
02	Grund-stücke und Gebäude	021	Flächenbedarf — m ausschließlich Menge	●
		022	Bauliche Investitionen, Nutzungskosten	◐
		023	Erschließung	●
03	Maschinelle Anlagen			◐
04	Finanzierung			✳
05	Roh- und Hilfs-stoffe	051	Rohstoffe	●
		052	Hilfsstoffe, fertig bezogene Teile	○
06	Energie	061	Kohle	○
		062	Heizöl	○
		063	Strom	○
		064	Gas	○
07	Wasserbedarf — M Menge, Q Qualität			○
08	Örtliche Kontakte	081	Lieferanten (L), Abnehmer (A), gleichartige Betriebe (G)	◯ L/A
		082	Zentralörtliche Dienste — p persönliche Dienste	✳
09	Verkehr	091	Personenverkehrs- und Nachrichtenverbindungen	✳
		092	Güterverkehr — 0921 Verkehrsintensität — v Transport-volumen	●
			0922 Straße	■
			0923 Bahn g Gleisanschluß	■ g
			0924 Wasserverkehr (w), Luftverkehr (l)	○
10	Imissionen	101	Betrieb → Umgebung	◐ l
		102	Umgebung → Betrieb	○
11	Produk-tions-rückstände	111	Abwässer — M Menge, Q Qualität	○
		112	Sonstige Rückstände — b beseitigbar, v verwertbar	○
12	Absatz			◐

Bewertungskarte

Örtliche Standortvoraussetzungen	Bewertung durch den Katalogbenutzer
Bewertung (in die leeren Signaturen bzw. Felder einzutragen):	
absolut relativ Zusatz	
● ■ z.B.: M sehr gut	
◐ ◪ M gut	
◯ ◻ M gering	
○ □ schlecht/nicht gegeben	
Sonstige Aussagen: z.B.: m (ohne Bewertung)	
Allgemeine Standortvoraussetzung gegeben: ✳	

				Bewertung durch den Katalogbenutzer
01	Arbeits-kräfte	011	Arbeitskraftreserven, Lohnniveau	○
		012	Arbeiter — Q qualifiziert, A angelernt, ungelernt, R Routine-personal	□
		013	Arbeiterinnen	□
		014	Angestellte	□
		015	Saisonschwankungen (sa), Heimarbeit (h), Schichtbetrieb (sb)	
02	Grund-stücke und Gebäude	021	Industrieflächen	○
		022	Bauliche Investitionen, Nutzungskosten	○
		023	Erschließung	○
03	Maschinelle Anlagen			○
04	Finanzierung			
05	Roh- und Hilfs-stoffe	051	Rohstoffe	○
		052	Hilfsstoffe, fertig bezogene Teile	
06	Energie-versorgung	061	Kohle	○
		062	Heizöl	○
		063	Strom	○
		064	Gas	○
07	Wasserversorgung — M Menge, Q Qualität			○
08	Örtliche Kontakte	081	Lieferanten (L), Abnehmer (A), gleichartige Betriebe (G)	○
		082	Zentralörtliche Dienste — p persönliche Dienste	
09	Verkehr	091	Personenverkehrs- und Nachrichtenverbindungen	
		092	Güterverkehr — 0921 Verkehrslage und -einrichtungen	○
			0922 Straßenverkehr	□
			0923 Bahnverkehr g Gleisanschluß	□
			0924 Wasserverkehr (w), Luftverkehr (l)	○
10	Imissionen	101	Betrieb → Umgebung	○
		102	Umgebung → Betrieb	○
11	Produk-tions-rückstände	111	Abwasser-beseitigung — M Menge, Q Qualität	○
		112	Sonstige Rückstände — b beseitigbar, v verwertbar	○
12	Absatz			○

Abbildung 2.43: Standortplanung mit Hilfe eines Standortfaktorenkatalogs

Quelle: Schilling (1968)

gestatten: $r_{ij} = r_{ij} (Y_{ij})$. Die Verknüpfung der einzelnen Zahlenwerte einer Standort-alternative ergibt den Standortwert $W_i = g [r_{ij} (Y_{ij})]$. Die ermittelten Standortwerte bilden die Grundlage für die Auswahl des besten Standorts bzw. für die Bildung der Rangfolge der Standorte.

Subjektive Bewertung und Gewichtung

Ein Nachteil von Scoring-Modellen liegt in der zwangsläufig subjektiven Bewertung und Gewichtung der einzelnen Standorteigenschaften. Weiterhin ist die Berücksichtigung von allen relevanten Standorteigenschaften nicht gewährleistet. Trotzdem sind Scoring-Modelle insbesondere in Entscheidungssituationen, für die keine analytischen Verfahren existieren, ein brauchbares Instrument der Entscheidungsvorbereitung.

Standortentscheidungen mit Hilfe der „NB-Regel"

Sukzessive heuristische Entschei-dungsfindung

Die NB-Regel (Next-Best-Rule) beschreibt einen Prozeß sukzessiver heuristischer Entscheidungsfindung. Mit Hilfe einer Präferenzfunktion werden schrittweise Komponenten zu einer Alternativenformulierung hinzugewonnen, bis ein „Komponenten-mosaik" erreicht ist, das die Zielsetzung möglichst gut erfüllt. Das Modell einer heuristischen Standortbestimmung mit Hilfe der NB-Regel wurde von Kuehn und Hamburger (1967) entwickelt. Eine Darstellung findet sich mit anderen Beispielen zur NB-Regel auch in der Arbeit von Klein (1971) über heuristische Entscheidungsmodelle.

Das Problem von Kuehn und Hamburger bezieht sich auf die Errichtung eines Lagerhaussystems (vgl. hierzu auch Baumol/Wolfe 1967). Dezentrale Lagerhäuser verursachen zwar in der Regel nicht unerhebliche Einrichtungs- und Unterhaltungs-kosten; sie bringen jedoch grundsätzlich auch eine Reihe von Vorteilen, beispielsweise Transportkostenermäßigungen, wenn über Sammeltransporte die direkten Liefer-wege zu den Kunden verkürzt werden können. Außerdem lassen sich Mehrprodukt-aufträge unter Umständen in Lagerhäusern „bündeln" und die Auslieferungskosten auf diese Weise senken. Kurze Lieferwege können schließlich Wettbewerbsvorteile bringen, weil schnelle und zuverlässige Lieferungen die Lagerhaltungskosten des Kunden senken.

Es besteht die Aufgabe, die Standorte für Lagerhäuser so zu bestimmen, daß die Vorteile aus Transportkostensenkung und Vergrößerung des akquisitorischen Potentials nicht durch die Nachteile der Dezentralisation überkompensiert werden.

Konkret heißt das: Gesucht werden Anzahl, Standort und Kapazität von möglichen Lagerhäusern, die Kundenzuordnung auf die Lagerhäuser und ein Distributions-wegenetz, nach dem die Auslieferung zu erfolgen hat. Zur Lösung des Problems müssen bekannt sein: Anzahl und Umfang der Kundenaufträge, Transportkosten, Betriebskosten von Lagerhäusern und Opportunitätskosten der Lieferverzögerung (z. B. Konventionalstrafen oder Kundenverlust). Das von Kuehn und Hamburger entwickelte Programm löst das Problem zweistufig. Auf der ersten Stufe (Hauptpro-

Haupt-programm

232

gramm) wird über drei heuristische Prinzipien das Lagerhausnetz so lange erweitert, bis die totalen Distributionskosten steigen. Im zweiten Schritt (zwei heuristische Prinzipien) werden Modifizierungen der erzielten Lösung des ersten Schritts versucht, indem einzelne Lagerhäuser geschlossen oder an einen anderen Standort verlegt werden. Die **drei Heuristiken des Hauptprogramms** lauten: (1) Die meisten geographischen Orte kommen für Lagerhäuser nicht in Frage, weil sie sich nicht in oder bei Nachfragezentren befinden bzw. aus geographischen Gründen (z. B. Seen oder Hochgebirge) nicht errichtet werden können. (Diese Regel erlaubt beispielsweise die Konzentration der Suche auf weniger als $1/100$ Prozent der Fläche der Vereinigten Staaten von Amerika.) (2) Ein annähernd optimales Lagerhaussystem kann dadurch entwickelt werden, daß im Verlauf einer Folge von Schritten jeweils das Lagerhaus hinzugefügt wird, das die größte Kostenersparnis für das ganze System erbringt (= nächstbestes Lagerhaus). (3) Nur eine kleine Teilmenge aller möglichen Lagerhausstandorte braucht auf den einzelnen Stufen des Auswahlprogramms im Detail betrachtet zu werden; denn für die Entscheidung, ob dem Lagerhaussystem Lagerhäuser hinzugefügt werden sollen, genügt es, Teilgebiete hinsichtlich der Distributionskostenersparnis durch Zusatzläger zu untersuchen. Die Heuristiken des Modifizierungsprogramms lauten: (4) Die Erweiterung des Lagerhaussystems um neue Standorte kann dazu führen, daß einige Lagerhäuser aus früheren Stufen unwirtschaftlich werden, weil die ihnen zugeordneten Kunden inzwischen günstiger von anderen Lagerhäusern aus bedient werden können. Derartige überflüssige Standorte sind zu eliminieren. (5) (1)–(4) legen Lagerhausgebiete fest. Durch Verlagerung des Standorts innerhalb dieser Gebiete ist der kostengünstigste Standort für jedes Lagerhaus zu bestimmen.

Modifizierungsprogramm

Für dieses heuristische Verfahren zur Bestimmung eines Standortnetzes haben Kuehn und Hamburger ein Computerprogramm entwickelt. Dieses Programm versucht, wie die fünf heuristischen Prinzipien zeigen, das menschliche Verhalten in ähnlichen Situationen zu simulieren. Wesentlich für die Abkehr von einer analytischen Lösung der Entscheidungslogik ist die Abwendung von der Exklusivitätsbedingung der Alternativenformulierung. **Es werden nicht vollständige Alternativen (Lagerhaussysteme) miteinander verglichen, sondern es erfolgt die Fortentwicklung einer Alternative,** so daß – ähnlich wie bei vielen organisatorischen Anpassungsprozessen – die Problempräzisierung bzw. Alternativenpräzisierung zugleich mit der Lösung des Problems anfällt.

Alternativenvergleich versus Alternativenentwicklung

Häufig wird im Zusammenhang mit Standortbestimmungsmodellen auch das Problem optimaler Transport- und Reiserouten (z. B. für Vertreter) behandelt. Auf eine Ausdehnung in diese Richtung wird in dieser Einführung verzichtet (vgl. allerdings Teil 4, S. 447 ff.); das gleiche gilt für die Darstellung spieltheoretischer Ansätze.

233

4. Internationale Standortentscheidung

Wegen der Zunahme sog. Direktinvestitionen wird einer „nationalen" Standorttheorie (Braun 1988) die Forderung nach einem Ansatz entgegengehalten, der auch grenzüberschreitende Standortentscheidungen zu behandeln in der Lage ist. Neben die Überlegungen, die sich aus der herkömmlichen betriebswirtschaftlichen Standortlehre ergeben, tritt eine Behandlung spezifischer Faktoren, die sich auf den Charakter grenzüberschreitender Investitionen und Unternehmensgründungen beziehen (vgl. auch Kappich 1989).

Ausgangspunkt ist die **Bestimmung besonderer Vor- und Nachteile einer Direktinvestition**. Zu letzteren gehören die Bewältigung der Mehrsprachigkeit (im weitesten Sinne) innerhalb einer Unternehmung, die Notwendigkeit einer Anpassung an verschiedene Rahmenbedingungen in unterschiedlichen Ländern sowie die Bedeutung des allgemeinen Währungsrisikos.

Als Vorteil werden eine internationale Risikostreuung, eine verbesserte Flexibilität durch unternehmensinterne, grenzüberschreitende Kapitaltransfermöglichkeiten sowie eine verbesserte Verhandlungsposition gegenüber nationalen Regierungen und Gewerkschaften gewertet.

Die Existenzberechtigung einer internationalen Standorttheorie leitet sich dabei vor allem aus der Tatsache **unterschiedlicher, länderspezifischer Faktoren** ab. Damit sind sowohl die jeweilige staatliche Gesetzgebung und Politik als auch sonstige institutionelle, soziale und kulturelle Besonderheiten gemeint.

Diese zwischenstaatlichen Differenzen führen dazu, daß sich die internationale Standorttheorie bislang weniger mit der Auswahl optimaler Standorte beschäftigt, als vielmehr der **Frage standortbedingter Wettbewerbsvorteile mit stark länderspezifischem Charakter** allgemein nachgeht. Sie untersucht demnach, wie Unternehmen den angenommenen Nachteil der „Fremdheit" im Ausland ausgleichen können und was sie dazu veranlaßt, den Schritt der Direktinvestition durchzuführen.

Die Frage des Ausgleichs eines Wettbewerbsnachteils von Investoren in ausländischen Märkten dagegen bedarf eines eigenen Ansatzes, wie ihn etwa Dunning (1981) vorschlägt. Dieser beruht auf einer Integration verschiedener theoretischer Konzepte, die über den Rahmen der traditionellen Standorttheorie hinausreichen und eher innerhalb einer strategischen Standortorientierung anzusiedeln sind (Abbildung 2.44).

234

I. Unternehmensspezifische Vorteile

   – die nicht notwendigerweise aus der Internationalisierung resultieren:

   Unternehmensgröße und -stellung, Produkt- oder Prozeßdiversifizierung, Ressourcenzugang/bessere Ressourcennutzung, Marktmacht (Monopolstellung), besondere Marktzugangsmöglichkeiten, protektionistische Abschottung eigener Märkte

   Patente, technologisches Know-How, Humankapital, FuE Kapazitäten, Management- und Informationssysteme

   – die eigene (ausländische) Tochterunternehmen gegenüber neuen Wettbewerbern genießen

   Günstiger Zugang zu Ressourcen der Muttergesellschaft (Management, Verwaltung/Organisation, FuE, Marketing, etc.)

   Skaleneffekte durch gemeinsamen Ressourcenbezug bzw. -nutzung (innerhalb der Unternehmensgruppe), z. B. bei Einkauf, Produktion, Marketing, Finanzierung

   – die internationalisierungsspezifisch sind

   generelle Vergrößerung unternehmerischer Möglichkeiten

   besseren Zugang zu Informationen, Ressourcen, Märkten

   Ausnutzung internationaler Unterschiede in der Faktorausstattung/von Märkten, Risikostreuung

II. Internationalisierungsvorteile
    (Schutz vor bzw. Ausnutzung von „Marktversagen")

   Reduzierung von Transaktionskosten (z. B. Such-, Verhandlungs- und Überwachungskosten)

   Schutz von Eigentumsrechten, Qualitätssicherung eigener Produkte

   Verfolgung wettbewerbsbeeinflussender Strategien (z. B. Kontrolle über Zulieferer von wichtigen Ressourcen, Dumping-Politik durch konzerninterne Abrechnungsmodalitäten, „cross-subsidisation", Nutzung staatlicher Interventionen in Form von Zöllen, Preiskontrollen, etc.)

III. Standortspezifische Vorteile

   Räumliche Trennung von Inputs und Märkten

   Faktorpreise und -qualität, Transport- und Kommunikationskosten, Infrastruktur

   Staatliche Interventionen (Handelsbarrieren, Steuersätze, Investitionsanreize, allgemeines wirtschaftliches Klima)

   „Psychische Distanz" (Unterschiede in Sprache, Kultur, Geschäftssitten etc.)

   Skaleneffekte (Vorteile zentralisierter Anordnung von Produkten, Marketing, FuE etc.)

Abbildung 2.44: Dunnings eklektische Theorie der Direktinvestition

Kommentierte Literaturhinweise

I. Organisation

Eine kompakte Darstellung der konstitutiven Entscheidungen bietet STEINER (1989). Als Standardwerke innerhalb der sehr umfangreichen Organisationsliteratur sind zu nennen HILL/FEHLBAUM/ULRICH (1989), KIESER/KUBICEK (1978 a, b und 1983), FRESE (1988), KRÜGER (1984), BÜHNER (1989), REMER (1989), SCHANZ (1982), KOSIOL (1976), SIMON (1976) sowie MARCH/SIMON (1958). Einen umfassenden Überblick geben die Handwörterbücher von GROCHLA (1980), NYSTROM/STARBUCK (1981) und MARCH (1965). BURRELL/MORGAN (1979) und MORGAN (1986) bieten eine umfassende Darstellung der Theorien von Organisationen und Gruppen, CYERT/MARCH (1964) gilt als der Klassiker der verhaltenswissenschaftlichen Organisationsbetrachtung, einen Überblick über neue ökonomische Theorien der Organisation gibt PICOT (1991 b). Beiträge zur Organisationsentwicklung bei HUSE (1975), HUSSEY (1974) und HARVEY/BROWN (1976). GUILLET DE MONTHOUX (1981) leistet hierzu einen besonderen Beitrag, während HEDBERG u. a. (1976) einen Standortaufsatz zur dynamisch-evolutorischen Organisationsbetrachtung bieten. ARGYRIS (1976) und WEICK (1985) sowie WOLFF (1982) bzw. KAPPLER (1972) diskutieren die Lernfähigkeit von Organisationen, während KIRSCH (1990) bzw. KAPPLER (1989) Konzepte zukunftsfähiger Organisationen entwickeln.

Aufsätze zur Arbeitsorganisation und zur Partizipation sind bei BARTÖLKE u. a. (1978), ferner im Gutachten vor dem Bundesverfassungsgericht zum Mitbestimmungsgesetz 1976 von KAPPLER (1981) zu finden.

Fragen der Konzernorganisation behandeln BÜHNER (1985 a) und (1989) sowie THEISEN (1988). Eine interessante Diskussion hierzu wird ferner geführt in Dialog, in: Die Betriebswirtschaft, 1987, S. 223 ff.

Zur deutschsprachigen Literatur bezüglich der internationalen Unternehmung geben MACHARZINA/ENGELHARD (1987), zur internationalen wirtschaftswissenschaftlichen Diskussion KAPPICH (1989) einen Überblick; ansonsten gilt PORTER (1986) als ein Standardwerk sowie das Handwörterbuch Export und Internationale Unternehmung herausgegeben von MACHARZINA/WELGE (1989). Braun (1988) behandelt die Theorien der Direktinvestition. PFOHL (1990) bietet einen Einstieg in die Theorie kleiner und mittlerer Unternehmen.

II. Rechtsform

Eine sehr übersichtliche Darstellung der Rechtsformthematik bietet HUECK (1983). KRAFT/KREUTZ (1979) führen in das Gesellschaftsrecht ein. Eine Kommentierung zum Betriebsverfassungsgesetz findet sich bei FITTING u. a. (1987), zum Mitbestimmungsgesetz bei HANAU/ULMER (1981). BECKER (1989) bietet einen interessanten Überblick zur öffentlichen Verwaltung.

236

III. Standort

Eine Darstellung der Standortfaktorenlehre findet sich bei BEHRENS (1971). HANS-MANN (1974), HUMMELTENBERG (1981) und LIEBMANN (1971) führen in die Ansätze zur Standortwahl ein, auch unter Einbezug mathematischer Modelle. SCHILLING (1968) berücksichtigt regionalentwicklungspolitische Aspekte, während TESCH (1980) die internationale Standortentscheidung analysiert.

Fragen und Aufgaben zur Selbstkontrolle und Vertiefung

I. Organisation

1. Die Betrachtung der Unternehmung als System impliziert die Identifizierung von Beziehungsmustern zwischen den Elementen (Strukturen). Charakterisieren Sie beispielhaft derartige Strukturen in einem Industriebetrieb!

2. Die Organisationsbetrachtung hat sich von der Strukturorientierung zur Prozeß-orientierung gewandelt. Wie läßt sich dieser Wandel charakterisieren?

3. Was sind Heuristiken der Organisationsgestaltung?

4. Welche Problematik verbindet sich mit der Formulierung organisatorischer Ziel-setzungen?

5. Inwiefern unterscheiden sich bei der deskriptiven Analyse organisatorischer An-passungsprozesse Überlegungen zum „geplanten organisationalen Wandel" und zum „organisationalen Lernen"?

6. Kennzeichnen Sie einen Industriebetrieb als soziales Verhaltenssystem!

7. Die Koordination von Entscheidungen in Organisationen ist das Ergebnis von Verhandlungsprozessen. Nehmen Sie Stellung zu dieser Hypothese!

8. Nennen Sie einige Gründe für die Bildung von Kollegien!

9. Bedeutet der situative Ansatz in der Organisationstheorie einen Paradigmawech-sel?

10. Welche praktische Bedeutung kommt der Beschreibung des Industriebetriebs als Verhaltenssystem zu?

11. Welche Annahmen sind notwendig, um eine Unterscheidung von Organisations-lehre und Organisationstheorie zu rechtfertigen? Welche praktische Relevanz hat diese Unterscheidung?

12. Beurteilen Sie die Bedeutung der Unterscheidung von Aufbau- und Ablauf-organisation für die praktische Organisationsgestaltung!

13. In welcher Beziehung stehen Organisationsstruktur und Organisationssituation?

14. Die Organisationsverfassung ergibt sich aus dem routinemäßigen Tun und Lassen der Organisationsmitglieder. Interpretieren Sie diese These!

15. Organisationsentwicklung bedeutet „Revitalisierung" der Organisation. Warum ist dies notwendig?

16. Lernen muß der Schüler selbst! Welche Konsequenzen ergeben sich aus diesem Satz im Hinblick auf die Rolle des Beraters in Organisationsentwicklungsprozessen?

17. Beschreiben Sie Interventionstechniken der Organisationsentwicklung!

18. Charakterisieren Sie Merkmale und Einsatzbedingungen von Matrixorganisationen und Projektmanagement!

19. Welche Mitbestimmungsformen gibt es im Arbeitsrecht der Bundesrepublik Deutschland?

20. In welcher Beziehung stehen arbeitsrechtliche Mitbestimmung und Partizipation?

21. Vergleichen Sie formale Organisationsformen. Begründen Sie die Wahl der Vergleichsdimensionen!

22. Welche Rechtfertigungsgründe werden für Hierarchie genannt? Wie sind sie zu würdigen?

23. Was ist „Management by objectives"?

24. Welche Funktionen können innerbetriebliche Verrechnungspreise erfüllen?

II. Rechts- und Unternehmungsform

1. Welche grundsätzlichen Zusammenhänge bestehen zwischen der Stellung des Gesellschaftsvermögens, der Leitungsbefugnis und der Schuldenhaftung?

2. Erläutern Sie die wesentlichen Unterschiede in der Besteuerung von Personen- und Kapitalgesellschaften!

3. Vergleichen Sie die Regelungen des Mitbestimmungsgesetzes 1976, des Montan-Mitbestimmungsgesetzes und des Betriebsverfassungsgesetzes 1952 hinsichtlich (a) Geltungsbereich, (b) Größe und Zusammensetzung des Aufsichtsrates, (c) Bestellung und Abberufung des Leitungsorgans! Welche Besonderheiten ergeben sich in bezug auf die Mitbestimmung im Konzern?

4. Grenzen Sie die formwechselnde von der übertragenden Umwandlung ab und nennen Sie jeweils Beispiele möglicher Umwandlungsfälle!

5. Welche Unterschiede und Gemeinsamkeiten bestehen zwischen der typischen stillen Gesellschaft, der atypischen stillen Gesellschaft, der Unterbeteiligungsgesellschaft und dem partiarischen Darlehen?

6. Vergleichen Sie die Gesellschaft des bürgerlichen Rechts, die OHG und die KG hinsichtlich der Kriterien (a) Leitungsbefugnis, (b) Haftung, (c) Gewinn- und Verlustbeteiligung!

7. Vergleichen Sie die GmbH und die GmbH & Co. KG hinsichtlich der Kriterien (a) Leitungsbefugnis, (b) Informationspflichten, (c) Mitbestimmung!

8. In welchen Schritten vollzieht sich die Gründung einer AG? Worin unterscheiden sich einfache und qualifizierte Gründung?

9. Stellen Sie die Rechte und Pflichten der Organe von GmbH, AG, KGaA und eingetragener Genossenschaft einander gegenüber!

10. Begründen Sie, warum die KGaA gegenüber der AG – auch bei gleichem Mitbestimmungsgesetz – eine geringere Mitbestimmungsintensität aufweist!

11. Wodurch unterscheidet sich die Kooperation von Unternehmungen von der Unternehmungskonzentration? Nennen Sie mögliche Ziele, die mit dem Zusammenschluß von Unternehmungen verfolgt werden können!

12. Welcher Rechtsformen können sich kartellmäßige Unternehmungszusammenschlüsse bedienen? Wodurch unterscheiden sich Anmeldekartelle, Widerspruchskartelle und Erlaubniskartelle (Beispiele)?

13. Skizzieren Sie die Stellung des Konzerns im System der „verbundenen Unternehmen"! In welchen Fällen wird vom Aktiengesetz das Bestehen eines Konzernverhältnisses (a) unwiderlegbar, (b) widerlegbar vermutet?

14. Grenzen Sie die Begriffe Unterordnungskonzern, Gleichordnungskonzern, Vertragskonzern und faktischer Konzern gegeneinander ab!

III. Standort

1. Charakterisieren Sie kurz Modelltypen der Standortbestimmung!

2. Umfaßt die Standortentscheidung lediglich Probleme der Neugründung?

3. Welche wesentlichen Entscheidungstatbestände eines Industriebetriebs sind mit der Standortentscheidung eng verknüpft und werden deshalb unter Umständen simultan mit ihr fixiert?

4. Was ist ein optimaler Standort?

5. Stellen Sie Überlegungen zur gesamtwirtschaftlichen und gesellschaftlichen Bedeutung der Standortwahl dar!

6. „Eine echte Systematik der Standortfaktoren, die über die bloße klassifikatorische Aufzählung hinausgeht, setzt voraus, daß (1) ein einheitlicher Gliederungsgesichtspunkt gewählt wird und daß sich (2) dieser Gliederungsgesichtspunkt aus der Problemstellung der Standortbestimmungslehre logisch ableiten läßt" (Behrens, 1971). Prüfen Sie das Gelingen dieser Absicht am Standortfaktorenschema der Abbildung 2.42!

7. Welche Probleme ergeben sich bei der Bewertung nichtquantifizierbarer Standorteigenschaften im Rahmen von Scoring-Modellen?

8. Stellen Sie die gegenläufigen Kostentendenzen bei der Entscheidung über die Dezentralisation von Lagerhäusern dar.

9. Warum muß bei Standortentscheidungen häufig auf Heuristiken zurückgegriffen werden?

10. Sind die dargestellten Modelle auch auf Probleme der innerbetrieblichen Standortwahl übertragbar?

11. Was sind mögliche Faktoren internationaler Standortentscheidungen?

Dritter Teil

Informationswirtschaft

Von Arnold Picot und Ralf Reichwald*

---

* Die Erstellung dieses Beitrags für die 9. Auflage erfolgte unter Mitwirkung von Matthias Maier und Stephan Oldenburg.

241

244

I. Information und Kommunikation in der Betriebswirtschaft

Im Rahmen der Informationswirtschaft sind sowohl betriebswirtschaftliche Fragen als auch eher technische Aspekte der Information und Kommunikation zu behandeln. Betriebswirtschaftliche Fragen beziehen sich beispielsweise auf die Rolle der Information im Unternehmen, auf Eigenarten des Informations- und Kommunikationsverhaltens in Organisationen, auf Eigenschaften von Informationssystemen und auf die Organisation der Informationsverarbeitung. Vielfach erfordert die betriebswirtschaftliche Behandlung der Information und Kommunikation auch die Berücksichtigung theoretischer Grundlagenerkenntnisse aus der Informations- und Kommunikationsforschung. Die Informationswirtschaft umfaßt ferner ausgewählte Grundlagen der Informations- und Kommunikationstechnik. Neben allgemeinen Aspekten der elektronischen Datenverarbeitung und der Programmierung sind somit auch die Grundlagen von Datenbanksystemen und Datenorganisation sowie der elektronischen Kommunikation zu erörtern. Für den Betriebswirt sind insbesondere die Abhängigkeiten und gegenseitigen Durchdringungen der betriebswirtschaftlichen und der technischen Felder von Interesse.

Die Struktur des folgenden Beitrags ist so angelegt, daß zunächst prinzipielle Fragen der Information und Kommunikation im Unternehmen, der Managementbedeutung von Informations- und Kommunikationstechnik sowie organisatorische Fragen behandelt werden (Kapitel I.–IV.). Anschließend werden informations- und kommunikationstechnische Grundlagen konkret erörtert (Kapitel V.). Um die ersten, grundlegenden Abschnitte zur Informationswirtschaft mit Gewinn zu studieren, ist es vorteilhaft, wenn der Leser über gewisse allgemeine Grundkenntnisse der Informations- und Kommunikationstechnik und ihrer Einsatzmöglichkeiten im Unternehmen verfügt. Sofern ein Leser derartige Kenntnisse noch nicht erworben hat, sei empfohlen, mit der Lektüre von Kapitel V. zu beginnen, um später vor diesem Hintergrund die Zusammenhänge in den ersten Abschnitten besser verstehen zu können.

1. Bedeutung und Aufgaben der Informationswirtschaft

a) Information in der betrieblichen Aufgabenerfüllung

Jeder Aufgabenträger benötigt für die Aufgabenerfüllung Informationen. Ein Werkstattmeister muß z. B. wissen, zu welchen Terminen er welche Mengen von bestimmten Vorprodukten erstellen soll, welche technischen und wirtschaftlichen Eigenschaften die verfügbaren Arbeitskräfte, Maschinen und Anlagen haben, was im Störungsfall zu tun ist, wie hoch der Lagerbestand an Vormaterial ist und wie die Qualität der Erzeugnisse beurteilt wird. Weiterhin benötigt er Informationen darüber, wer, wann und wie über den Produktionsfortschritt zu unterrichten ist, aus

Information und Aufgabenerfüllung

welchen Arbeitsschritten sich der Produktionsprozeß zusammensetzt, welche Erfahrungen man mit bestimmten Kundenanforderungen in der Vergangenheit gemacht hat usw.

Je vielfältiger die Arbeitsteilung, je komplexer, unstrukturierter und veränderlicher die Aufgaben, desto größer sind die Ansprüche an die Bereitstellung der für die Aufgabenerfüllung erforderlichen Informationen. Die Informationsbereitstellung kann dabei unmittelbar durch die Handelnden selbst aufgrund ihrer Kenntnisse, Erfahrungen und Aufzeichnungen, durch andere Aufgabenträger (z. B. Stabsstellen, Vorgesetzte, Kollegen) und/oder durch technische Hilfsmittel (z. B. computergestützte Anwendungsprogramme, Informationssysteme und Datenbanken) erfolgen. **Ohne Informationsbasis sind Planung, Durchführung, Kontrolle und Koordination betriebswirtschaftlicher Aufgaben nicht denkbar.** Nicht selten werden deshalb Unternehmungen und Organisationen auch als informationsverarbeitende Systeme aufgefaßt.

Aufgaben der Informationswirtschaft

Allgemeine **Aufgabe der Informationswirtschaft ist es, die Informationsgrundlage des betriebswirtschaftlichen Geschehens in möglichst effizienter Weise sicherzustellen.** Dabei konzentriert sich die Informationswirtschaft vor allem auf die **sachgerechte Kombination der technischen Hilfsmittel der Informationsunterstützung mit Aufgaben, Personen und organisatorischen Regeln.** Sie dient ferner der Verarbeitung und Steuerung automatisierter Prozesse der Leistungserstellung in den verschiedenen Funktionen der Unternehmung.

Informationswirtschaft als Querschnittsfunktion und als Institution

Im System betrieblicher Funktionen nimmt die Informationswirtschaft eine besondere Stellung ein. Die Zuteilung von Funktionen auf abgrenzbare organisationale Teilbereiche (Abteilungen) kann z. B. für die Beschaffung, die Produktion, den Absatz und eventuell die Forschung und Entwicklung gelingen. Aber auch diese Funktionsbereiche tauschen zur Erfüllung ihrer Aufgaben oft bereichsübergreifend Informationen aus (z. B. sind Entwicklungsaufgaben von Markt-, Beschaffungs- und Fertigungsinformationen abhängig). Die Informationswirtschaft ist eine typische Querschnittsfunktion, die alle Funktionsbereiche durchdringt. Sie stellt somit eine Art „Nervensystem" dar, das die Verknüpfung betrieblicher Teilbereiche und Funktionen gewährleisten soll. Informationsaufgaben werden auf allen Ebenen und in allen Funktionsbereichen von den Aufgabenträgern erfüllt. Die Erfüllung informationswirtschaftlicher Aufgaben erfolgt darüber hinaus in vielen industriellen Unternehmungen in eigens hierfür geschaffenen Abteilungen bzw. durch eigens hierfür eingesetzte Personen oder Personengruppen. Insofern bildet die Informationswirtschaft eigene Organisationseinheiten und damit eine Institution.

Information und soziales System

Betriebswirtschaften sind aber nicht nur als sachliche Systeme der Aufgabenbewältigung und der aufgabenbezogenen Informationsverarbeitung zu interpretieren, sondern lassen sich als soziale Systeme auffassen. Die unterschiedlichen und im Zeitablauf variablen Ansprüche aller an der Betriebswirtschaft Beteiligten müssen bei betriebswirtschaftlichen Entscheidungen berücksichtigt werden. Die Bereitschaft zur Beitragsleistung hängt für die einzelnen Mitglieder einer Betriebswirtschaft von den erzielbaren Anreizen ab (vgl. Teil 6, S. 743). Hierzu zählen neben materiellen Aspekten in erheblichem Maße andere immaterielle Komponenten wie Kontakte, Wert-

246

schätzung, Vertrauen, Verständigung, die eng mit Information und Kommunikation verknüpft sind. Für arbeitsteilige Führungs- und Entscheidungsprozesse und die dazu erforderlichen Informationen heißt dies unter anderem:

Es kann nicht von einer monovariablen Zielfunktion mit vorgegebenem Anspruchsniveau ausgegangen werden. Ansprüche und Verhalten aller Beteiligten hängen voneinander ab. Daher stellt sich stets von neuem die Frage, welche Ziele in welchem Ausmaß als Beurteilungskriterien bei der Bewertung von Alternativen zu berücksichtigen sind – mit entsprechenden Folgerungen für die Breite und Vielschichtigkeit der Informationsversorgung.

Die Beteiligten interpretieren das betriebliche Geschehen und die Umwelt in Abhängigkeit von den eigenen Bedürfnissen und dem eigenen Informationsstand. Informationsgewinnung und -bereitstellung müssen daher unterschiedlichen Informationsbedürfnissen Rechnung tragen. Welche Informationsbedürfnisse letztlich Berücksichtigung finden, hängt auch von dem durch die Rechtsordnung vorgegebenen Rahmen und von den jeweiligen betrieblichen Machtverhältnissen ab. Eine unzureichende Befriedigung von Informationsbedürfnissen, z. B. durch Beschränkung auf Einzelinteressen, kann die Funktionsfähigkeit des Systems gefährden.

Die Einbettung der betrieblichen Aufgabenerfüllung in ein soziales System bedeutet damit, daß sich die Informationswirtschaft nicht allein auf die technisch-rationale Dimension der Informationsbereitstellung reduzieren darf – so wichtig dieser Aspekt auch für die industrielle Praxis ist; vielmehr muß sie die sozialen Funktionen von Information und Kommunikation berücksichtigen und fördern, weil deren Gewährleistung nicht zuletzt eine wichtige Voraussetzung für eine reibungslose arbeitsteilige Aufgabenabwicklung ist.

b) Information und Kommunikation im Entscheidungsprozeß

Begreift man das betriebliche Geschehen als komplexes Geflecht von Willensbildungs- und Willensdurchsetzungsprozessen (vgl. Teil 1, S. 36) in allen Bereichen und auf allen hierarchischen Ebenen einer Betriebswirtschaft, so treten Fragen der Ausrichtung einzelner Entscheidungen auf die jeweiligen Zielsetzungen, der Abstimmung von Entscheidungen und der Umsetzung in ausführendes Handeln ins Blickfeld. Aus dieser Sicht lassen sich als **informationswirtschaftliche Grundfunktionen unterscheiden: Unterstützung von Planung und Entscheidung, Steuerung, Kontrolle sowie Dokumentation.**

Informationswirtschaftliche Grundaufgaben

(1) **Planungs- und Entscheidungsunterstützung:**
Versorgung der Entscheidungsträger mit Informationen, die für die Willensbildung relevant sind.

Welcher Art die benötigten Informationen für Planung und Entscheidung sind, hängt von der Art der zu lösenden Entscheidungsprobleme ab. Grundsätzlich erfordert die Entscheidungsfindung Anregungsinformationen, Informationen über Ziele, über zielrelevante Merkmale der Situation und deren zukünftige Ausprägungen, über Handlungsmöglichkeiten sowie über die Möglichkeiten der Reaktion bei unerwünschten Merkmalskonstellationen. Diese Informationen betreffen sowohl technisch-physikalische als auch wirtschaftliche, rechtliche, psychologische und soziale Zusammenhänge sowie deren Bewertung und beziehen sich auf den Innenbereich sowie auf das Umfeld der Unternehmung.

Der Prozeß der Willensbildung kann sich für solche Entscheidungsprobleme als einfach erweisen, bei denen die Zielinformationen aus quantifizierten Größen bestehen, das Spektrum von Handlungsmöglichkeiten vorgegeben ist und auch die jeweiligen zielrelevanten Folgen quantifizierbar sind. Für die Verarbeitung dieser Informationen steht i. d. R. ein Algorithmus zur Verfügung (Optimierungsmodelle).

Willensbildung ist auch erforderlich, wenn nur unvollständige und unsichere Informationen über zukünftige Chancen und Risiken vorliegen. Die zu verfolgenden Ziele können dabei vielfach nur global formuliert werden. Bezüglich der Handlungsmöglichkeiten und deren Folgen stehen dann eher spekulative Annahmen oder Prognosen zur Verfügung. Für die „richtige" Art der Verarbeitung solcher Informationen lassen sich kaum Regeln angeben.

Je höher Entscheidungen in der Problemhierarchie angesiedelt sind, desto mehr werden Informationen zur globalen Abschätzung und Beurteilung der Entscheidungssituation benötigt. Informationen müssen meist längerfristig, bereichsübergreifend und auf die Berücksichtigung von Mehrfachzielsetzungen ausgerichtet sein. Entscheider auf unteren Ebenen benötigen in erster Linie operative Informationen, die für alternative Ausführungsprogramme die Wirkungen innerhalb des eigenen Aufgabenbereichs erkennen lassen; erforderlich sind aber auch Informationen über die möglichen Wechselwirkungen mit anderen Bereichen (Arbeitsplätzen, Abteilungen).

(2) **Steuerungsunterstützung:**
   Gewährleistung der Willensdurchsetzung und einer gegebenenfalls erforderlichen Modifikation der Willensbildung.

Sofern die Umsetzung von Entscheidungen in ausführendes Handeln von der Mitwirkung mehrerer Personen abhängt, bedarf es der Informationsübermittlung. Im einfachen Fall gibt der Entscheidende Ausführungsanweisungen. Dabei kann es sich für den Ausführenden um eine bekannte oder nicht bekannte Folge von Maßnahmen handeln.

Es kann auch sein, daß ein Willensbildungsprozeß nicht mit konkreten Ausführungsanweisungen abschließt. Dann bedarf es in der Willensdurchsetzungsphase weiterer Schritte zur Entdeckung und Detaillierung von Handlungsalternativen. Der Prozeß zur Konkretisierung einer globalen Grundsatzentscheidung ist in der Regel mehrstufig. Er besteht aus einer Hierarchie von weiteren Willensbildungsprozessen. Jeder Entscheidungsprozeß auf einer niedrigeren Hierarchiestufe soll die durch die übergeordnete Entscheidung vorgenommenen Beschränkungen als Prämissen berücksichtigen. Die Informationswirtschaft muß bei arbeitsteiliger Entscheidungsfindung

248

und Willensdurchsetzung daher eine adäquate Übermittlung dieser Prämissen gewährleisten und außerdem die jeweiligen Entscheidungsträger mit sonstigen entscheidungsrelevanten Informationen versorgen. Welcher Art die benötigten Informationen sein müssen, hängt erheblich von der jeweiligen Stufe in der Hierarchie der
Willensbildungsprozesse ab. Diese muß nicht zwingend auch einer bestimmten Stufe
der Leitungshierarchie der Organisation entsprechen. Allgemein ist jedoch davon
auszugehen, daß mit abnehmender Hierarchiestufe auch die zu lösenden Probleme
konkreter und ausführungsbezogener werden.

(3) Kontrollunterstützung:
   Erkennen von Abweichungen zwischen angestrebten und erreichten Zielen.

Alle Vorgänge im Rahmen eines Entscheidungsprozesses bedürfen einer laufenden
Überwachung und gegebenenfalls einer Anpassung. Kontrollen beeinflussen somit
den gesamten Prozeß der Willensbildung und Willensdurchsetzung. Bei Abweichungen zwischen erwünschten und erzielten Ergebnissen fließen Revisionsinformationen
zurück zum Entscheidungsträger. Sie führen zu Anpassungsmaßnahmen, d. h. lösen
neue Entscheidungen aus. Der (Teil-)Entscheidungsprozeß nimmt damit einen neuen
Anfang.

(4) Dokumentation:
   Nachvollziehbarkeit von Willensbildungs- und Willensdurchsetzungsprozessen.

Das betriebliche Geschehen ist aus verschiedenen Gründen dokumentationsbedürf-
tig. Dokumentation ist erforderlich, weil das menschliche Informationsaufnahme-,
-verarbeitungs- und -speichervermögen begrenzt ist. Daher besteht die Gefahr, daß
Informationen über vergangene, geplante oder erwartete Ereignisse bei neuen Wil-
lensbildungs- und Willensdurchsetzungsprozessen nicht verfügbar sind. Dokumentation soll ferner die Zuordnung von Leistungsprozessen und -ergebnissen auf
Aufgabenträger ermöglichen. Schließlich ist Dokumentation nicht selten ein gesetzliches oder vertragliches Erfordernis (z. B. Buchführung, vgl. Teil 10, S. 1319). **Die
Dokumentationsaufgabe der Informationswirtschaft erfüllt somit auch die Funktionen
des „Gedächtnisses der Organisation".**

c) Information und Kommunikation als Voraussetzung für unternehmerisches Handeln

Für einen Industriebetrieb in einer Marktwirtschaft ist der Umgang mit Informationen und damit das Erkennen und wirtschaftliche Umsetzen von Informationsvortei-
len erfolgsentscheidend (vgl. Picot 1990 b). Erfolgreiches unternehmerisches Handeln
leitet sich geradezu aus der ungleichen Verteilung von Informationen in Wirtschaft
und Gesellschaft ab. Unternehmerische Ideen entstehen durch die Entdeckung neuer
Möglichkeiten der Überbrückung des Informationsgefälles zwischen aktuellen oder
potentiellen Marktteilnehmern, z. B. durch neuartige Kombinationen von Ressour-

cen für die Lösung von Kundenproblemen oder durch die effizientere Nutzung bekannter Ressourcenkombinationen (vgl. Teil 8). Sowohl die Entstehung unternehmerischer Ideen als auch deren Umsetzung in tragfähige Unternehmensstrategien und geeignete operative Maßnahmen sind in hohem Maße informationsbezogene Tätigkeiten. **Unternehmertum und dynamischer Wettbewerb bestehen demnach im Erkennen von wirtschaftlich relevanten Informations- bzw. Wissensunterschieden sowie in der wirtschaftlichen Umsetzung derartiger Differenzen. Information ist damit ein grundlegender unternehmerischer Produktionsfaktor.**

d) Besondere Eigenschaften der Information

Im Vergleich zu anderen Unternehmensressourcen weist die Information einige Besonderheiten auf (vgl. Picot/Franck 1988):

- Information ist ein **immaterielles Gut**, das i. d. R. auch bei mehrfacher Nutzung nicht verbraucht wird.
- Der **Wert einer Information** hängt von der Art ihrer Verwendung ab. Er kann durch das Hinzufügen, Selektieren, Aggregieren, Konkretisieren oder Weglassen weiterer Informationen verändert werden.
- Information kann wie Energie, Kapital und Arbeit zur Verfolgung ökonomischer, organisatorischer, sozialer und politischer **Ziele** eingesetzt werden.
- Information tritt auch als **Ware** auf. Sie wird dann gegen finanzielle oder sonstige Belohnungen für die Person oder Organisation, die sie zur Verfügung stellt, gehandelt oder getauscht.
- Bei der Wertermittlung von Informationen kann das sogenannte **Bewertungsparadoxon von Informationen** auftreten (vgl. Arrow 1974): Man kann eine angebotene Information (z. B. eine Beratung, ein Forschungsergebnis) erst wirtschaftlich bewerten, wenn man sie genau kennt; hat man sie aber eingesehen, so hat man sie sich angeeignet. Deshalb spielt Vertrauen beim Abschluß von Informationslieferungsverträgen eine herausragende Rolle.
- Information **erweitert sich** während ihrer Nutzung. Z. B. erfolgt während eines Forschungsprozesses, der auf der Nutzung von Informationen beruht, gleichzeitig eine Expansion der Ausgangsinformationen.
- Information ist **verdichtbar**. Das Zusammenfassen vieler komplexer Fälle zu einem Theorem oder einer Formel ist ein gutes Beispiel dafür. Die Informationsverdichtung führt häufig aber auch zu Informationsverlusten.
- Information kann andere wirtschaftliche **Ressourcen ersetzen**. So können beispielsweise Informationssysteme und Kommunikationsdienste zur Ausschaltung gewisser Vertriebswege und Handelsstufen führen.
- Information ist **transportierbar**, im Extremfall sogar mit Lichtgeschwindigkeit. Der Einfluß der technischen Entwicklung auf ihre Mobilität war nicht für alle wirtschaftlichen Ressourcen gleich. Die prinzipielle Mobilitätszunahme des Faktors Arbeit durch die Entwicklung der Transporttechniken, z. B. von der Postkutsche über das Automobil zum Düsenflugzeug, ist groß, aber immer noch nicht ver-

gleichbar mit derjenigen des Faktors Information durch Techniken wie Telegrafie oder Funk.

– Informationskäufer müssen sich mit **Kopien** begnügen, Dinge dagegen wechseln den Besitzer. Nach dem Autokauf befindet sich der Käufer und nicht der Verkäufer im Besitz des Autos. Wird hingegen eine Idee verkauft, dann besitzen sie nach dem Kaufvorgang beide Seiten.

– Information hat eine Neigung zur **Diffusion**. Vertraulichkeit, persönliche Intimsphäre, intellektuelle Eigentumsrechte etc. sind nur einige Konstruktionen, die das schon immer bestehende, durch die neue Informations- und Kommunikationstechnik verschärfte Dilemma zwischen dem Nutzen von Information und der Einsicht, den Virus Information in bestimmten Bereichen bekämpfen zu müssen, beschreiben.

– Information bahnt **Beziehungen** an. Information über Individuen ist die Grundlage für die Beziehung zu anderen Menschen und zu Institutionen. Auch Beziehungen zwischen Unternehmen, staatlichen Organisationen oder Nationen basieren auf Information. Veränderungen in den Informationsflüssen können die Beziehungs- und Machtstruktur zwischen Elementen eines Systems verändern (vgl. z. B. Lullies u. a. 1990, Ortmann u. a. 1990).

2. Informations- und kommunikationsbezogene Grundmodelle

Information und Kommunikation bilden die Voraussetzung für das Funktionieren jeder arbeitsteiligen Organisation. Phänomene der Information und Kommunikation werden in verschiedenen wissenschaftlichen Disziplinen aus sehr unterschiedlichen Perspektiven und mit unterschiedlichen Forschungsinteressen betrachtet. So beschäftigen sich beispielsweise Informationstheoretiker, Kybernetiker, Psychologen und Soziologen, Linguisten, Verhaltensforscher und Biologen mit Fragen der Information und Kommunikation (vgl. Reichwald/Nippa 1991). Aus den jeweiligen Untersuchungsperspektiven resultieren teilweise sehr unterschiedliche Informations- und Kommunikationskonzepte. Ein umfassenderes Verständnis über die Phänomene der Information und Kommunikation kann nur aus einer interdisziplinären Betrachtungsweise erschlossen werden.

a) Dimensionen der Semiotik

Aus der allgemeinen Sprachtheorie (Semiotik) stammt eine Drei-Ebenen-Betrachtung menschlicher Kommunikation. Man unterscheidet zwischen Syntax, Semantik und Pragmatik (vgl. Carnap 1959, Morris 1973). Damit lassen sich prinzipielle Annahmen und Unterschiede in den Auffassungen von Information und Kommunikation verdeutlichen.

Syntax	**Die Syntax einer Sprache bezieht sich auf das Verhältnis von Zeichen oder Signalen zueinander und auf die formalen Regeln, nach denen Zeichen oder Signale zusammengesetzt werden.** Syntaktische Regeln besagen nichts über die Bedeutung der Zeichen und der aus ihnen gebildeten Zeichenfolgen. Das Anliegen eines Kommunikationstheoretikers, der sich mit Problemen der richtigen und vollständigen Übertragung von Zeichen und Signalen befaßt, oder des Informationstheoretikers, der an der richtigen Zusammensetzung von Zeichenkombinationen (Grammatik) interessiert ist, liegt auf dieser syntaktischen Ebene.
Semantik	**Demgegenüber befaßt sich die Semantik mit den Beziehungen zwischen den Zeichen und ihren Designaten, d. h. den Gegenständen, Ereignissen und Zuständen, die dem Zeichen Bedeutung geben.** Dieser Stufe läßt sich auch der Begriff der Nachricht zuordnen, da jede Nachricht ein semantisches Übereinkommen zwischen Sender und Empfänger voraussetzt. **Nachrichten übertragen demnach durch Zeichen abgebildete Sachverhalte.** Auf den Benutzer der Zeichen oder Nachrichten und auf das Verhalten des Benachrichtigten wird dabei nicht Bezug genommen. Ein Sprachwissenschaftler interessiert sich auf dieser Ebene z. B. für die Bedeutung von Buchstaben und Wortkombinationen, ein Kommunikationswissenschaftler für die Frage, ob versandte Nachrichten vom Empfänger auch tatsächlich erhalten und verstanden wurden.
Pragmatik	**Auf der Ebene der Pragmatik wird das Handeln der Zeichenverwender und damit die Wirkung der Nachricht zum Betrachtungsgegenstand.** Durch Verknüpfung von Bedeutung der Zeichen und Handlungskonsequenz wird die Nachricht zur Information. Im Gegensatz zum Nachrichtenbegriff setzt Information also die Einbeziehung der pragmatischen Ebene voraus. **Information wird dementsprechend als zweckorientiertes Wissen definiert** (vgl. Wittmann 1959). Informationen verändern damit die Interpretations-, Entscheidungs- oder Handlungsweise. Ihre Übermittlung soll beim Empfänger eine bestimmte Prägung des Denkens und Handelns bezwecken. Ob dies gelingt, hängt von diversen internen und externen Bedingungen ab, die Gegenstand der Kommunikationsforschung sind.
Daten versus Informationen	Mit den Ebenen der Semiotik lassen sich auch die Begriffe „Daten" und „Informationen" abgrenzen. Ein wesentliches Kriterium für eine Unterscheidung zwischen Daten und Informationen bildet der Kontext- und Zweckbezug. Daten stellen Aussagen oder Sachverhalte dar, die in einem aktuellen Kontext nicht unmittelbar zweckorientiert sind. Informationen hingegen sind im Kontext eines Entscheidungsträgers zweckorientiertes Wissen. Daten sind demnach auf der semantischen Ebene anzuordnen. Je nach Kontext- und Zweckbezug können jedoch gleiche Aussagen oder Sachverhalte für die eine Person Daten und für die andere Person Informationen darstellen. Daten können deshalb auch als potentielle Information bezeichnet werden.

b) Nachrichtentechnisches Kommunikationsmodell

Grundlage für eine Vielzahl von informations- und kommunikationstheoretischen Betrachtungen bildet das sogenannte nachrichtentechnische Kommunikationsmodell. **Gegenstand dieses Modells, wie es von Shannon und Weaver formuliert wurde, ist die syntaktische Ebene der Information** (vgl. Shannon/Weaver 1949). Die nachrichtentechnische Sicht bezieht sich vor allem auf statistisch erfaßbare Kategorien wie „Zeichen", „Signal", „Sender", „Empfänger", „Kapazität", „Rauschen", „Redundanz", „Kodierung" und „Dekodierung". Dem nachrichtentechnischen Kommunikationsmodell (vgl. Abbildung 3.1) entsprechend wird von einer Nachrichtenquelle (Information Source) eine bestimmte Botschaft ausgewählt oder nach bestimmten Regeln erzeugt und einem Sender (Transmitter) übergeben. Im Sender werden die Zeichen, die eine Nachricht konstituieren, in Signale umgewandelt (kodiert) und über einen Kanal an einen bestimmten Empfänger (Receiver) übermittelt. Im Empfänger werden die erhaltenen Signale dekodiert und die gewonnenen Nachrichten dem Adressaten (Destination) zugeleitet. Die Signale können bei der Übertragung bestimmten Störungen unterliegen, so daß die empfangenen Signale nicht immer identisch mit den gesendeten sind. Solche Störungen lassen sich zum Teil durch die Übertragung redundanter Signale vermeiden oder reduzieren.

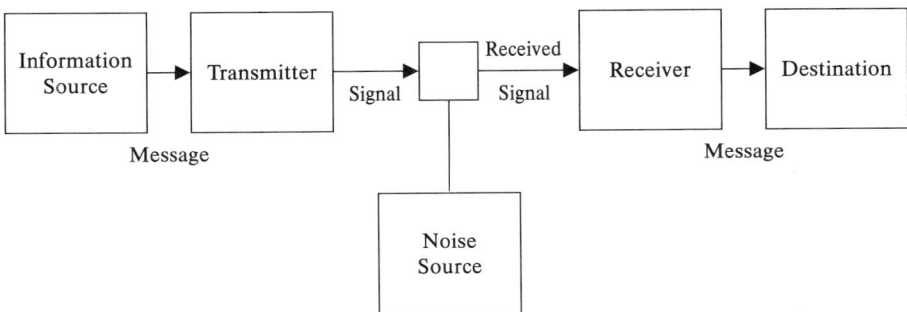

Abbildung 3.1: Nachrichtentechnisches Kommunikationsmodell
von Shannon Weaver

Quelle: Shannon/Weaver (1949)

Das nachrichtentechnische Kommunikationsmodell verweist insbesondere auf Aspekte, die sich auf die syntaktische Richtigkeit der Nachrichtenübertragung beziehen. Dabei wird vor allem das Phänomen der syntaktischen Redundanz im Zusammenhang mit der Vermeidung oder Reduzierung von Übertragungsfehlern untersucht. Diese nachrichtentechnische Modellierung ist z. B. für das Gelingen der Daten- und Telekommunikation eine wichtige technische Voraussetzung. Obgleich das Kommunikationsmodell von Shannon und Weaver auf der syntaktischen Ebene angesiedelt ist, wird es bis heute dennoch fälschlicherweise als Ausgangspunkt für semantische und pragmatische Überlegungen herangezogen und auf soziale Kommunikationsprozesse auszudehnen versucht.

*Syntaktische
Orientierung*

253

Aus sozialwissenschaftlicher Sicht ist der nachrichtentechnische Informationsbegriff zu eng gefaßt. Das nachrichtentechnische Kommunikationsmodell besagt nichts über die Verstehenszusammenhänge zwischen den beteiligten Kommunikationspartnern. Sender und Empfänger werden lediglich formal und als statische Objekte gesehen, ohne zu beachten, daß auch die Empfänger einer Information an deren Erzeugung mitwirken. Ein sozialwissenschaftlicher Kommunikationsbegriff sollte auch die Semantik und Pragmatik der menschlichen Kommunikation umfassen, um erschließen zu können, wie sich Menschen durch Kommunikation gegenseitig beeinflussen und wie dabei gemeinsame oder aber ganz verschiedene „Wirklichkeiten" und Weltanschauungen entstehen können (vgl. Luhmann 1969, Habermas 1981, Wahren 1987).

Grenzen

c) Pragmatisches Kommunikationsmodell

Um das breite Spektrum kommunikationstheoretischer Ansätze zu verdeutlichen und das Augenmerk auf häufig vernachlässigte Aspekte der Kommunikation zu lenken, soll das pragmatische Kommunikationsmodell von Watzlawick, Beavin und Jackson in die Betrachtung einfließen (vgl. Watzlawick u. a. 1990).

Watzlawick, Beavin und Jackson sind vor allem an den verhaltensbezogenen Wirkungen und damit an den pragmatischen Aspekten der Kommunikation interessiert. Sie versuchen, Grundeigenschaften der menschlichen Kommunikation herauszuarbeiten und diese als pragmatische Kalküle oder „Axiome" zu formulieren. Dabei wird nicht der Anspruch auf Vollständigkeit oder Endgültigkeit erhoben, sondern vielmehr die praktische Nützlichkeit der „Axiome" betont. Abbildung 3.2 gibt einen Überblick über die Axiome.

---

1. Axiom:
Man kann nicht nicht kommunizieren.

2. Axiom:
Jede Kommunikation besitzt einen Inhalts- und einen Beziehungsaspekt.

3. Axiom:
Die Beziehungen zwischen Kommunikationspartnern sind durch die Interpunktionen von Kommunikationsabläufen geprägt.

4. Axiom:
Menschliche Kommunikation bedient sich digitaler und analoger Modalitäten.

5. Axiom:
Kommunikation kann auf symmetrischen und komplementären Beziehungen beruhen.

Abbildung 3.2: Axiome der Kommunikation von Watzlawick, Beavin und Jackson

254

Watzlawick, Beavin und Jackson bezeichnen jedes Verhalten als Kommunikation, weil jedes Verhalten auch Mitteilungscharakter hat. Da es kein Gegenteil zu Verhalten gibt (es ist unmöglich, sich nicht zu verhalten), folgt daraus, daß ein Mensch, wie auch immer er sich verhält, nicht nicht kommunizieren kann. *Axiom 1*

Das zweite Axiom verdeutlicht, daß jede Kommunikation einen Inhalts- und einen Beziehungsaspekt beinhaltet. Der Inhaltsaspekt vermittelt die „Daten", der Beziehungsaspekt vermittelt, wie diese Daten aufzufassen sind und stellt somit eine Form der Metakommunikation dar. Kommunikation dient also nicht nur der sachlichen Erfüllung von Aufgaben, sondern wirkt in hohem Maße auf die sozialen Beziehungen zwischen den Kommunikationspartnern und demzufolge auf das Organisationsklima. Nicht selten wird durch Kommunikation primär die Klärung sozialer Beziehungen bezweckt und erst sekundär die Übermittlung von Sachinformation. Umgekehrt gilt: je unproblematischer die sozialen Beziehungen, desto besser können Sachinformationen fließen. *Axiom 2*

Das dritte Axiom verweist darauf, daß die Natur einer Beziehung durch die Interpunktion von Kommunikationsabläufen seitens der Kommunikationspartner bestimmt wird. Interpunktionsweisen sind kontext- oder rollenspezifische Interpretationsformen und Kausalitätswahrnehmungen von Aussagen oder Verhaltensweisen, die von Status, Macht, Vorwissen, Erwartungen, Aufgabe, persönlichen Faktoren, Hierarchie etc. abhängig sein können. Ein Vorgesetzter kritisiert beispielsweise seine Mitarbeiter wegen des geringen Engagements. Die anders interpunktierenden Mitarbeiter hingegen führen ihr geringes Engagement auf demotivierende Kritik zurück. Der Vorgesetzte sieht wiederum das geringe Engagement als Grund für seine Vorwürfe. Probleme, die sich aus unterschiedlichen Formen der Interpunktion ergeben, resultieren vielfach aus der Unfähigkeit, über die individuellen Definitionen der Beziehungen zu kommunizieren (im Sinne einer Metakommunikation). *Axiom 3*

Das vierte Axiom besagt, daß sich menschliche Kommunikation digitaler und analoger Modalitäten bedient. **Digitale Kommunikation** wird durch Sprache, d. h. in der Schriftform durch alphanumerische Zeichen und deren Verknüpfungsregeln, repräsentiert. Sie eignet sich vor allem für die Übermittlung von Inhaltsaspekten. Beziehungsaspekte hingegen werden vorwiegend durch **analoge Kommunikation** vermittelt. Hier wird auf bildhafte, symbolische, assoziative Weise (z. B. über Tonlage, Mimik, Gestik) kommuniziert. Nach Watzlawick, Beavin und Jackson haben digitale Kommunikationsformen eine komplexe und vielseitige logische Syntax, aber eine auf dem Gebiet der Beziehungen unzulängliche Semantik. Analoge Kommunikationsformen dagegen besitzen dieses semantische Potential, entbehren aber der für eine eindeutige Kommunikation erforderlichen logischen Syntax. *Axiom 4*

Die Betrachtung der Möglichkeiten von digitaler und analoger Kommunikation sowie inhaltlicher und sozialer Funktionen der Kommunikation machen auch die Grenzen technisch gestützter Kommunikation für die gegenseitige Verständigung deutlich. Ganzheitliche Kommunikation setzt den persönlichen (face-to-face) Kontakt voraus. Dennoch bieten technische Medien für bestimmte betriebliche Kommunikationsprozesse erhebliche Unterstützungsmöglichkeiten, vor allem dann, wenn die Inhalte gut abbildbar und die Beziehungen zwischen den Beteiligten relativ problemlos sind.

Das fünfte Axiom unterscheidet symmetrische und komplementäre Kommunikation, je nachdem, ob die Beziehungen auf Gleichheit oder Ungleichheit beruhen. Während **symmetrische Beziehungen** sich durch Streben nach Gleichheit und Verminderung von Unterschieden zwischen den Partnern auszeichnen, basiert **komplementäre Kommunikation** auf sich gegenseitig ergänzenden Unterschiedlichkeiten. Wenn beispielsweise ein Vorgesetzter immer mehr Arbeit an einen Untergebenen weitergibt, und der Untergebene im selben Umfang weniger und oberflächlicher arbeitet, liegt komplementäre Kommunikation vor. Treiben sich hingegen zwei Projektgruppen zu immer höherer Arbeitsleistung an, so kommunizieren sie symmetrisch.

Watzlawick, Beavin und Jackson legen mit ihren pragmatischen Kalkülen weniger Gewicht auf die traditionelle Sender-Zeichen- und Zeichen-Empfänger-Relation; vielmehr erheben sie die zwischenmenschliche Bedeutung und die Wechselseitigkeit menschlicher Beziehungen auf der Basis der Kommunikation zu ihrem Anliegen. Zwar können die pragmatischen Axiome kein umfassendes betriebswirtschaftliches Kommunikationsmodell begründen, sie verweisen aber dennoch auf wichtige und bislang vielfach vernachlässigte Aspekte der Kommunikation in Unternehmen (vgl. Reichwald 1990a). Die Arbeit von Watzlawick, Beavin und Jackson war Ausgangspunkt für vielfältige Weiterentwicklungen der interpersonellen Kommunikationstheorie (vgl. z. B. Wahren 1987).

Die betrachteten Kommunikationsmodelle spiegeln unterschiedliche Anliegen und Interessen wider. Aus nachrichtentechnischer Sicht interessieren vor allem Probleme der Kapazität von Sendern, Empfängern und Übertragungskanälen sowie Fragen der Minimierung der Informationsflußzeit, der Kommunikationswege und technischer Störungen. Den Organisationspsychologen beschäftigen zusätzliche Fragen der Gestaltung von Information und Kommunikation im sozialen Zusammenhang. Für den Industriebetrieb ist vor allem die Pragmatik von Information und Kommunikation und somit die Kommunikation zwischen Individuen zum Zweck der Aufgabenerfüllung von Bedeutung.

3. Informations- und Kommunikationsaktivitäten

Zu den Informationsaktivitäten einer Unternehmung zählen v. a. Informationsgewinnung und -verarbeitung, Informationsspeicherung und Informationsbewertung sowie Besonderheiten des Informations- und Kommunikationsverhaltens.

a) Informationsgewinnung und -verarbeitung

Informations-bedarf Umfang, Genauigkeit und Häufigkeit bereitzustellender Informationen werden vom Informationsbedarf der einzelnen Handlungs- und Entscheidungsträger eines Industriebetriebs bestimmt. Dieser Informationsbedarf hängt ab von den konkreten Aufgabenstellungen, den verfolgten Zielen und von sozial- und individualpsychologischen Eigenschaften der Entscheidungsträger.

Originäre Informationen bilden die Grundlage der betrieblichen Informationswirtschaft. Hier handelt es sich zum einen um zweckorientierte Nachrichten, die die Unternehmung **über das betriebliche Umfeld** erstmals erhält (z. B. Konjunkturindizes, Arbeitsmarktdaten, Informationen über Konkurrenz- und Wettbewerbssituation, Absatzmarktdaten). Zum anderen sind dies ursprüngliche, noch nicht bearbeitete **Informationen über betriebliche Tatbestände** (z. B. Teilestammdaten, Lagerbestandszahlen, Verbrauchsdaten). Bei den originären Informationen kann demnach zwischen internen und externen Informationen unterschieden werden.

Originäre Informationen

Zur Gewinnung originärer externer Informationen bedient sich die Unternehmung häufig **selbständiger Informationsdienste** (z. B. Presse, Konjunkturforschungsinstitute, statistische Ämter, Verbände, wissenschaftliche Institute, externe Datenbanken). Das Zugreifen auf unternehmensexterne Informationsquellen bedingt eine gewisse Abhängigkeit vom Zeitpunkt und von der Art der Informationsaufbereitung durch die jeweiligen Institutionen. Die Betriebswirtschaft kann darauf keinen oder nur einen beschränkten Einfluß ausüben. Ferner gewinnen **betriebseigene Informationsdienste oder Abteilungen** (z. B. Marktforschungsabteilung, Volkswirtschaftliche Abteilung, Rechtsabteilung) aus Veröffentlichungen und Berichten oder durch eigene Erhebungen Informationen über das externe Umfeld.

Externe Informationen

Die Gewinnung originärer innerbetrieblicher Informationen erfolgt durch betriebseigene Erhebungen, beispielsweise durch das Feststellen von Güter- und Dienstleistungsverzehr, durch das Befragen von Mitarbeitern, durch die Ermittlung der erbrachten Leistungen, durch das Messen physischer Größen oder durch das Ausstellen von Urbelegen. Zur Erleichterung des Zugriffs werden die erfaßten Informationen in Akten, Karteien, Dateien oder Datenbanken festgehalten.

Interne Informationen

Die originären Informationen bilden die Basis eines Informations- und Kommunikationssystems. Nur wenn diese grundlegenden Informationen über das betriebswirtschaftlich relevante Geschehen vorhanden sind, kann ein befriedigendes Informationsinstrumentarium aufgebaut werden. Originäre Informationen besitzen vor allem für manche Entscheidungsträger auf der Ausführungsebene einen Informationsgehalt. Für andere Zwecke muß jedoch in der Regel eine Verdichtung, Verarbeitung und Kombination erfolgen.

Aus den originären Informationen werden mit Hilfe menschlicher und maschineller Verarbeitungsprozesse derivative Informationen gewonnen. Beim Prozeß der „Produktion" derivativer Informationen lassen sich drei Operationen unterscheiden.

Derivative Informationen

Die Transmission beinhaltet lediglich die unveränderte akustische, schriftliche oder bildliche Weitergabe der Inputinformation. Die Transmission läßt sich auch als räumlicher Transportprozeß auffassen.

Transmission

Durch die Translation wird allein die Form, nicht der Inhalt einer Information variiert. Einen solchen Verarbeitungsprozeß im engsten Sinne stellt die Kodierung dar, also z. B. die Darstellung von Zahlenreihen als Säulen- oder Kurvendiagramme, die Umwandlung von Eingangsinformationen in ein maschinenorientiertes Binärsystem oder in physikalische Signale wie z. B. akustische Schwingungen und magnetische

Translation

257

Felder. Diese syntaktischen Verarbeitungsprozesse stellen vor allem eine technische Aufgabe dar.

Trans-formation

Bei der eigentlichen Transformation werden Inputinformationen sowohl dem Inhalt als auch der Form nach in andere Informationen umgewandelt.

In aller Regel ist die Transformation originärer Informationen erforderlich, um den Aufgaben- und Entscheidungsträgern relevante, d. h. von ihnen benötigte Planungs-, Steuerungs- und Kontrollinformationen zur Verfügung zu stellen und um deren Informationsverarbeitungsaktivitäten, z. B. durch Automatisierung bestimmter Routineabläufe, zu entlasten.

Transformationsprozesse niedriger Ordnung vollziehen sich durch Umformung von Einzelinformationen, durch **Verdichtung** (z. B. Summierung bestimmter Kostenarten) oder **Spezifizierung** (z. B. Analyse von Kostenabweichungen nach verschiedenen Abweichungsarten). **Transformationsprozesse höherer Ordnung** sind z. B. Urteilen und Schließen. **Urteilen** setzt zunächst eine Bestimmung der Begriffsmerkmale (Begriffsintention) und des Begriffsumfangs (Begriffsextension) voraus. Erst dann können verschiedene Tatbestände danach beurteilt werden, ob sie unter einen bestimmten Begriff subsumiert werden können, z. B. ob ein bestimmter bewerteter Güter- oder Dienstleistungsverzehr einer konkreten Kostenart zugeordnet werden kann. Bei der **schließenden Transformation** wird ein Urteil aufgrund anderer Urteile abgeleitet oder verworfen.

Wiederkehrende vorwegnehmbare Informationsgewinnungs- und -verarbeitungsprozesse erfahren durch **Informationsverarbeitungskalküle** (Programme) eine generelle Regelung. Solche Verarbeitungskalküle reichen von den einfachen Verarbeitungstechniken (z. B. Verfahren der Kostenrechnung wie BAB, Leistungsverrechnung, Kostenspaltung, vgl. Teil 9) über statistische Methoden der Vorhersage (z. B. Zeitreihenanalyse, Korrelationsanalyse, Regressionsanalyse, vgl. Teil 5, S. 654) bis hin zu den analytischen Methoden der mathematischen Programmierung und den heuristischen Methoden (vgl. diverse Verfahren in Teil 4, S. 479 ff.).

Kalküle zur Steuerung und Durchführung von Informationsgewinnungs- und -verarbeitungsprozessen können sowohl den Personen als auch den Maschinen der Informations- und Kommunikationssysteme zugeordnet werden. Sie entlasten den Aufgabenträger bei der Informationsverarbeitung.

b) Informationsspeicherung

Notwendig-keit der Speicherung

Die Speicherung von Informationen übernimmt im Rahmen des Informationsprozesses eine **zeitliche Überbrückungs- bzw. Pufferfunktion. Die Speicherung dient somit der Dokumentationsfunktion der Informationswirtschaft.** Die Notwendigkeit der Speicherung von Daten und Informationen stellt sich zunächst, weil der Informationsgewinnungs-, -verarbeitungs- und -weiterleitungsprozeß nicht kontinuierlich verläuft. Zum einen kann der Informationsbedarf ex ante weder zeitlich noch qualitativ genau bestimmt werden, so daß es zur Sammlung von Nachrichten und Daten

258

kommt, deren spätere Zweckorientierung noch ungewiß ist. Zum anderen ist zu bedenken, daß die Verarbeitungskapazitäten von Menschen und Maschinen beschränkt sind; sie stellen gleichsam Engpässe dar, so daß zur Entlastung eine Zwischenlagerung von Informationen geboten ist. Datenspeicherung ist auch nötig, wenn in späteren Vergleichsoperationen soll-, standard- oder vergangenheitsorientierte Werte den realisierten aktuellen Werten gegenübergestellt werden sollen. Nicht zuletzt verlangen gesetzliche Vorschriften – z. B. die Aufbewahrungsvorschriften des HGB (vgl. Teil 10, S. 1319) – eine teilweise sogar langfristige Speicherung bestimmter Informationen.

Als Speichermedien kommen das menschliche Gedächtnis, traditionelle Dokumente oder technische Speicher in Frage. Für eine richtige und vollständige Speicherung großer Datenmengen ist das menschliche Gedächtnis relativ ungeeignet. Die Auswahl und Speicherung empfangener Informationen vollzieht sich nach unbekannten Regeln. Es ist unsicher, inwieweit sie durch Manipulations- oder Überzeugungsprozesse modifiziert werden, in welchem Umfang sie im Zeitablauf „vergessen" werden und ob deshalb einmal gespeicherte Informationen wieder in der ursprünglichen Form aktiviert werden können. *Speicherung im Gedächtnis*

In ihrer ursprünglichen Form können Daten in Büchern, Zeitschriften oder auf Belegen gespeichert sein. In verschlüsselter Form ist eine Speicherung auf Lochkarten, -streifen sowie auf magnetischen und optischen Speichermedien denkbar. Die Auswahl eines bestimmten Speichermediums für konkrete Datenarten erfolgt nach verschiedenen Kriterien. Hierzu zählen die Häufigkeit der Verwendung, die Zugriffszeit, die Kosten und Kapazität der Speichermedien sowie der Raumbedarf. *Speichermedien*

Informationen werden gespeichert, um sie später zu verarbeiten und im Rahmen von Kommunikationsprozessen weiterzuleiten. Dies setzt voraus, daß entsprechende Zugriffsverfahren vorhanden sind, mit deren Hilfe benötigte Informationen wieder aufgefunden werden können (Information Retrieval). *Informations- wieder- gewinnung*

c) Informationsbewertung

Der wirtschaftliche Wert einer Information bestimmt sich aus der Gegenüberstellung des Nutzens der Information für Problemlösungs- und Entscheidungsprozesse und damit für die Zielerreichung einerseits und der Kosten für die erforderlichen Informationsaktivitäten andererseits.

Theoretisch erreicht die Betriebswirtschaft das informatorische Gleichgewicht an dem Punkt, an dem die zusätzlichen Kosten der Informationsaktivitäten dem Nutzenzuwachs aus der gewonnenen Information entsprechen. Die praktische Ermittlung dieses optimalen Punktes scheitert jedoch an der **mangelnden Quantifizierbarkeit der Informationskosten und insbesondere des Informationsnutzens.** Weiterhin setzt sie voraus, daß alle potentiell relevanten Informationen in konkreten Situationen auch ermittelt werden können. Implizit wird damit vollkommene Information unterstellt. *Informations- kosten und Informations- nutzen*

259

Informations- *paradoxon*	Eine Bewertung von Informationen setzt voraus, daß die zu beschaffenden Informationen vor dem Zeitpunkt der Beschaffung bereits bekannt sind. Wenn jedoch die Information vorliegt, dann hat der Informationsbeschaffer die Information bereits akquiriert. Dieser Sachverhalt wird als **Informationsparadoxon** bezeichnet. Die Wertbestimmung für eine Information kann also erst ex post erfolgen, während bei einer Informationsbeschaffung die Information über den Wert einer Information ex ante vorliegen muß (vgl. Arrow 1974, Williamson 1985). Hieraus ergeben sich weitreichende Konsequenzen für den Transfer von Information innerhalb und zwischen Organisationen; statt einer expliziten Bewertung der Informationssubstanz dient meist Vertrauen in die Informationsquelle als Bewertungsersatz.

Darüber hinaus ist zu berücksichtigen, daß die Informationssuche an gewisse Nebenbedingungen, z. B. zeitlicher und/oder finanzieller Art, gebunden ist. Die Informationsgewinnung wird in der Realität meist dann abgebrochen, wenn Handlungsmöglichkeiten bekannt werden, die eine befriedigende Zielerreichung, gemessen an dem vom Entscheidungsträger gesetzten Anspruchsniveau, erwarten lassen. Trotz dieser Problematik fehlt es nicht an Versuchen der quantitativen Durchdringung der Frage des Informationswertes (vgl. z. B. Reichwald 1990 b). Mag dabei die Kostenseite der Informationsgewinnung noch annäherungsweise einer rechnerischen Analyse unterzogen werden können, so ist die Ermittlung des Informationsnutzens äußerst problematisch.

d) Kommunikation und Arbeitsteilung

Interne Kom- *munikation*	Interne Kommunikation ist notwendig, weil die Aufgabenerfüllungs- und Entscheidungsprozesse in Organisationen in viele arbeitsteilige Teilprozesse zerfallen, die auf verschiedene Personen verteilt sind. Je stärker Aufgabenerfüllungs- und Entscheidungsprozesse dezentralisiert sind, desto mehr muß kommuniziert werden. Einzelne Teilentscheidungen sind jedoch nicht unabhängig voneinander. Vielmehr bilden die Arbeitsergebnisse und Entscheidungen eines Organisationsmitglieds Voraussetzungen oder Beschränkungen für die Disposition anderer Aufgabenträger. Um die Folgen seiner Handlungen bestimmen zu können, muß jeder, der am organisatorischen Entscheidungsprozeß beteiligt ist, Informationen über die Teilentscheidungen anderer besitzen. **Arbeitsteilung bedingt Informationsaustausch.** Je nach vorherrschender Art der Arbeitsteilung (vgl. Teil 2, S. 79) ergeben sich unterschiedliche Anforderungen an Informationsaustausch und Kommunikation im Industriebetrieb (vgl. Reichwald/Staufert 1987, Reichwald 1989, Bellmann 1989, Reichwald 1991 a). Dieser Informationsaustausch dient der Koordination und Abstimmung zwischen den Organisationsmitgliedern und damit auch der Ausrichtung von Teilentscheidungen und der Aufgabenerfüllung an den gemeinsam zu verfolgenden Zielen.
Externe *Kommuni-* *kation*	Der betriebswirtschaftliche Kommunikationsprozeß vollzieht sich nicht ausschließlich im Innenbereich der Unternehmung, sondern er schließt auch die kommunikativen Beziehungen zu dem marktlichen und gesellschaftlichen Umfeld einer Organisation ein. Auch zwischen der Unternehmung und ihren Beschaffungs- und

Absatzmärkten besteht eine Arbeitsteilung, die durch Kommunikation koordiniert und weiterentwickelt wird. Die Unternehmung nimmt von ihren Marktpartnern und vom gesellschaftlichen Umfeld Informationen auf und leitet bestimmte Informationen – sei es aufgrund gesetzlicher Bestimmungen (vgl. z. B. die Publizitätsvorschriften des Aktiengesetzes) oder auf freiwilliger Basis (vgl. z. B. Werbung, Verhandlungen, überbetrieblicher Funktionsverbund) – an diese weiter. Die Kommunikation mit dem externen Umfeld soll nicht nur Tatsachenwissen übermitteln, sondern auch das jeweilige Verhalten beeinflussen.

Die Vielfalt der Kommunikationsprozesse in Organisationen verdeutlicht Abbildung 3.3.

Merkmale von Kommunikationsprozessen	Ausprägung der Kommunikationsbeziehung	Aufgabenbezug der Kommunikation
Nach dem **Empfänger** einer Information	Individuum – „Breite Masse"	Gezieltheit der Informationsvermittlung
Nach der **Richtung** des Kommunikationsflusses	Einseitig – wechselseitig	Rückkoppelungsfähigkeit
Nach der **Dialogform**	Synchron – asynchron	Zwischenspeicherung (Zeitliche/räumliche Unabhängigkeit der Kommunikationspartner)
Nach der **Verkodung** des Informationsinhalts	Dokumentiert – nicht dokumentiert	Aktenmäßigkeit, Genauigkeit, Weiterverarbeitbarkeit
Nach den **Organisationsebenen**	Vertikal – horizontal	Hierarchische Beziehung
Nach der **Struktur** des Übertragungsablaufs	Einstufig – mehrstufig	(Un)mittelbarkeit der Beziehung
Nach der **Geregeltheit** des Kommunikationsweges	Frei – gebunden	Dienstweg
Nach der **Zugehörigkeit** der Kommunikationspartner	Innerorganisatorisch – organisationsübergreifend	Ausmaß der Kooperation bzw. Partizipation
Nach der Festlegung von **Form** und **Inhalt** der Information	Festgelegt (standardisiert) – nicht festgelegt (individualisiert)	Einzelfall-, Routinefallbezogene Aufgaben
Nach der Bestimmung durch den **Organisationsplan**	Formell – informell	Zwischenmenschliche Beziehung (Organisationsklima)

Abbildung 3.3: Arten von Kommunikationsprozessen in Organisationen

Quelle: Picot/Reichwald (1987)

e) Informations- und Kommunikationsverhalten

Vor dem Hintergrund der eher sachlich-rationalen Erläuterung der Informations- und Kommunikationsaktivitäten in Unternehmungen ist nun zu fragen, unter welchen Bedingungen Informationen tatsächlich im Entscheidungsprozeß berücksichtigt werden und inwieweit Informations- und Kommunikationsaktivitäten stets auch sachlichen, aufgaben- und entscheidungsbezogenen Zwecken dienen. Hierzu gibt es eine kaum überschaubare Zahl von theoretischen und empirischen Untersuchungen, aus denen einige ausgewählte Ergebnisse knapp zusammengefaßt werden.

Nutzung von Informationen

Nach den umfassenden Untersuchungen von O'Reilly (1983) (vgl. auch O'Reilly u. a. 1987) ist die **Nutzung einer Information durch einen Entscheidungsträger in einer Unternehmung umso wahrscheinlicher,**

- je größer die **Macht** des Informanten im Vergleich zur Macht des Entscheidungsträgers ist (wobei nach den unterschiedlichen Machtbasen zu differenzieren wäre; vgl. Teil 2, S. 115),
- je zentraler die **Bedeutung der Information für die Aufgabenerfüllung** des Entscheidungsträgers ist (wobei ein Unterschied zwischen subjektiver und objektiver Aufgabendefinition bestehen kann),
- je deutlicher sie mit dem für den Entscheidungsträger **relevanten Planungs-, Kontroll- und Bewertungssystemen verknüpft** ist, weil sich daraus für ihn die Belohnungs- und Bestrafungsmöglichkeiten ableiten,
- je stärker ihr Beitrag zu Aktionen ist, die durch das Kontrollsystem positiv sanktioniert werden **(Konformität)**,
- je stärker sie die jeweiligen **persönlichen Ziele** des Entscheidungsträgers begünstigt,
- je weniger sie **Konflikte** mit den arbeitsteilig erforderlichen Kooperationspartnern erzeugt,
- je leichter sie **zugänglich** ist (organisatorisch, räumlich, intellektuell),
- je kompakter und leichter verständlich sie **dargestellt** ist (z. B. Grafik mit knapper verbaler Zusammenfassung),
- je persönlicher der Kontakt zum Informanten ist (Vorteil **mündlicher Kommunikation**) und
- je größer das **Vertrauen** in die Informationsquelle ist.

Aus diesen vielfältigen Zusammenhängen sind jeweils Konsequenzen für die Planung und Gestaltung informationswirtschaftlicher Strukturen zu ziehen. Beispielsweise sollten demnach Informationssysteme von der fachlichen und führungsmäßigen Unterstützung des Managements getragen sein. Sie sollten eng mit den Aufgaben und mit dem Planungs- und Kontrollsystem verbunden, arbeitsplatznah verfügbar, leicht handhabbar und verständlich sein. Darüberhinaus sollten sie durch entsprechende Datenschutz-, Datensicherungsmaßnahmen und durch fachlich kompetente Pflege und Betreuung vertrauenswürdig sein. Diese Aspekte bilden wesentliche Akzeptanzbedingungen für die tatsächliche Nutzung von Informationssystemen (vgl. Müller-Böling/Müller 1986).

262

Informations- und Kommunikationsverhalten ist aber nicht nur an Aufgabenerfüllung und Wirtschaftlichkeit orientiert, sondern dient auch als Signal und Symbol im politischen Verhalten in einer Organisation (vgl. Feldman/March 1981, Wittmann 1990):

So wird z. B. meistens unterstellt, daß die Qualität einer Entscheidung mit zunehmendem Informationsgrad des Entscheidungsträgers steigt. Kann die Qualität einer Entscheidung selbst nicht unmittelbar eingeschätzt werden (z. B. bei Personal-, Strategie- und Forschungs- und Entwicklungsentscheidungen), so wird sie häufig indirekt über das sichtbare Informationsverhalten des Entscheidungsträgers bewertet. Ein Entscheidungsträger kann also durch **Signalisierung vielfältiger Informationsbeschaffungsaktivitäten nach außen** den Glauben an die Güte seiner Entscheidungen beeinflussen und deren Durchsetzbarkeit erleichtern, obwohl das Mehr an Information keineswegs mit der Entscheidungsqualität korrelieren muß. Es kann sich somit eine Tendenz zur Überproduktion von Information ergeben.

Informationsgrad und Qualität von Entscheidungen

Ferner lassen sich auch **organisatorische Anreize zur Überversorgung mit Informationen** aufzeigen. Informationsbeschaffung erfolgt vielfach nicht durch den Entscheidungsträger selbst, sondern durch dritte Stellen. Daher kann der Entscheidungsträger die Kosten der zu beschaffenden Informationen nicht selten bis zu einem gewissen Grad auf die damit befaßte Organisationseinheit abwälzen. Einem Entscheidungsträger, der ja für sein Entscheidungsergebnis verantwortlich ist, wird bei einer Fehlentscheidung eher vorgeworfen, zu wenig Informationen eingeholt zu haben, als daß ihm bei einer erfolgreichen Entscheidung vorgeworfen würde, zu viel Informationen beschafft zu haben. Daraus kann ein organisatorischer Anreiz zu Überversorgung mit Informationen resultieren.

Anreize zur Informationsüberversorgung

Zugang und Besitz von bestimmten Informationen stellen schließlich nicht selten ein **Statussymbol** dar. Wer viele Informationen besitzt, gilt als angesehen und mächtig. Auch dieser Aspekt erzeugt tendenziell mehr Informationsaktivitäten als sachlich erforderlich.

Zu viele Informationen können eine **Informationsüberlastung** erzeugen (information overload). Miller (1967) hat gezeigt, daß die simultane Informationsverarbeitungskapazität eines Individuums auf etwa 6–7 Kategorien begrenzt ist. Mehr Stimuli können gleichzeitig nicht korrekt identifiziert und verarbeitet werden. Durch Zusammenfassung mehrerer Kategorien zu einer neuen Einheit (chunk) kann das Individuum jedoch auf Informationsüberlastung reagieren.

Informationsüberlastung

Die individuelle Informationsverarbeitung ist aber von verschiedenen kapazitativen und situativen Faktoren geprägt. Daraus resultiert eine **selektive Wahrnehmung und Verarbeitung von Informationen** bis zu einer subjektiven Verfälschung von Daten. Grundsätzlich gilt, daß Informationen umso eher verwendet werden, wenn sie sich so interpunktieren lassen, daß präferierte Handlungen unterstützt und unerwünschte Handlungen verworfen werden können, und wenn ihre Berücksichtigung eindeutig vorstellbare Folgen hat.

Abschließend ist kurz darauf hinzuweisen, daß die skizzierten Verhaltensbesonder-
heiten im Bereich von Information und Kommunikation noch durch den jeweiligen
kulturellen und organisatorischen Rahmen unterstützt bzw. gemildert werden. Man
spricht von sogenannten **Informationspathologien**, wenn in einer Organisation Faktoren vorliegen, die die Qualität der Informationsversorgung von Entscheidungsträgern systematisch negativ beeinflussen (vgl. Wilensky 1967, Schulz von Thun 1981,
Scholl 1991). Solche Hindernisse für einen sachgerechten Informationsfluß in Organisationen können einerseits „doktrinbedingt" (d. h. die vorherrschende Ideologie
oder Kultur läßt die Verarbeitung und Weitergabe bestimmter Informationen nicht
zu) oder strukturbedingt sein (z. B. aufgrund übermäßiger Abteilungs- oder Stellenspezialisierung, Hierarchie oder Zentralisierung).

Bei der Analyse und Gestaltung von Informations- und Kommunikationssystemen
im Industriebetrieb müssen die dargestellten Verhaltensaspekte berücksichtigt werden, um wirtschaftliche und zielgerechte Lösungen entwerfen zu können.

II. Grundlagen des Informationsmanagement

1. Begriffsbestimmung

Die gezielte betriebswirtschaftliche Auseinandersetzung mit der Informationswirtschaft wird neuerdings als Informationsmanagement bezeichnet (vgl. z. B. Wollnik
1988, Heinrich/Burgholzer 1988 b, Picot/Franck 1991). Betrachtet man nämlich Information als unternehmerische Ressource – ähnlich wie z. B. Personal und Kapital –,
so muß sie dem Management und damit der Planung, Organisation und Kontrolle
zugänglich gemacht werden. **Aufgabe des Informationsmanagement ist es, dafür zu
sorgen, daß Informationen effektiv (zielgerichtet) und effizient (wirtschaftlich) eingesetzt werden.** Zu diesem Zweck sind nicht nur technische, sondern zugleich organisatorische und personelle Bedingungen, die den Einsatz des Faktors Information
beeinflussen, zu gestalten. Dazu gehört insbesondere die Umsetzung von allgemeinen
Unternehmensstrategien mit Hilfe von Informations- und Kommunikationssystemen sowie deren Einbindung in die betrieblichen Prozesse der Aufgabenerfüllung.

**Informationsmanagement ist somit ein integraler Bestandteil der Unternehmensfüh-
rung, eine Querschnittsfunktion, die unmittelbar mit dem Führungsprozeß verbunden
ist.** Zugleich ist Informationsmanagement in manchen Unternehmen auch eine Institution, d. h. eine organisatorische Einheit, die sich auf die Erfüllung von Infor-
mationsmanagement-Aufgaben konzentriert.

2. Ursachen für das Aufkommen des Informationsmanagement

Informationsmanagement als explizite Funktion oder Institution der Unternehmensführung ist eine relativ junge Erscheinung. Die erhöhte Notwendigkeit, den Faktor Information in einer Unternehmung zu planen, zu organisieren und zu kontrollieren, läßt sich im wesentlichen auf zwei Entwicklungen zurückführen (vgl. Picot/Franck 1991):

Zum einen ist die Informationsintensität der Unternehmen gestiegen, z. B. aufgrund von breiteren Leistungsprogrammen, Internationalisierungstendenzen, intensiviertem Wettbewerb, beschleunigtem technologischen und sozialen Wandel und zunehmender Verrechtlichung des Unternehmensgeschehens. Diese Faktoren stellen höhere Anforderungen an die quantitative und qualitative Informationsverarbeitungskapazität der Unternehmung.

Informations-intensität

Zum anderen bietet die dynamische Entwicklung der Informations- und Kommunikationstechnik, z. B. im Bereich der individuellen Datenverarbeitung und der Telekommunikation, neuartige Unterstützungsmöglichkeiten zur Bewältigung bestehender und zur Erschließung neuer Aufgaben (vgl. z. B. Hanker 1990). Insbesondere läßt sich ein gezielter Einfluß auf die Position des Unternehmens im Wettbewerb ausüben. Neue Informations- und Kommunikationstechniken ermöglichen Informations- und Kommunikationssysteme, die in vielfältiger Weise in die Wertschöpfungskette der Unternehmung wie auch in die Verbindung mit vor- und nachgelagerten Marktpartnern und in die Wettbewerbsstrukturen der Branche eingreifen (vgl. Abbildung 3.4a; vgl. zum theoretischen Hintergrund Teil 1, S. 46).

Technik-entwicklung

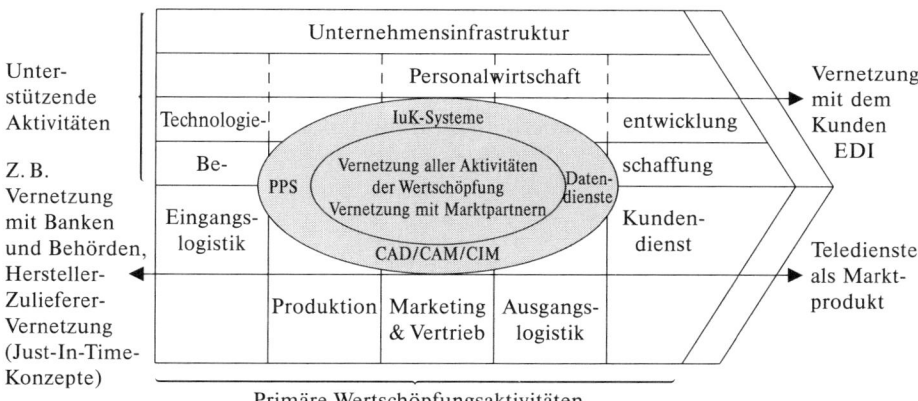

Abbildung 3.4a: Einfluß von Informations- und Kommunikationssystemen auf die Wertschöpfungskette

(in Anlehnung an Porter/Millar 1985)

265

Dadurch lassen sich die informationsbezogenen Kosten im Unternehmen senken (Rationalisierung der Informationsarbeit), eine bessere Verkettung innerbetrieblicher Teilaktivitäten erreichen (Integration von Aufgaben und Abteilungen, stärkere Prozeßorientierung des betrieblichen Geschehens) und eine verbesserte Synchronisierung der Unternehmungsaktivitäten mit vor- und nachgelagerten Wertschöpfungsketten anderer Unternehmungen verwirklichen (Just-In-Time, verbesserter Austausch von Entwicklungs- und Produktionsinformationen, elektronischer Austausch von geschäftsbegleitenden Dokumenten).

Auf diese Weise können neue Informations- und Kommunikationssysteme den Wettbewerb beeinflussen (vgl. Abbildung 3.4b).

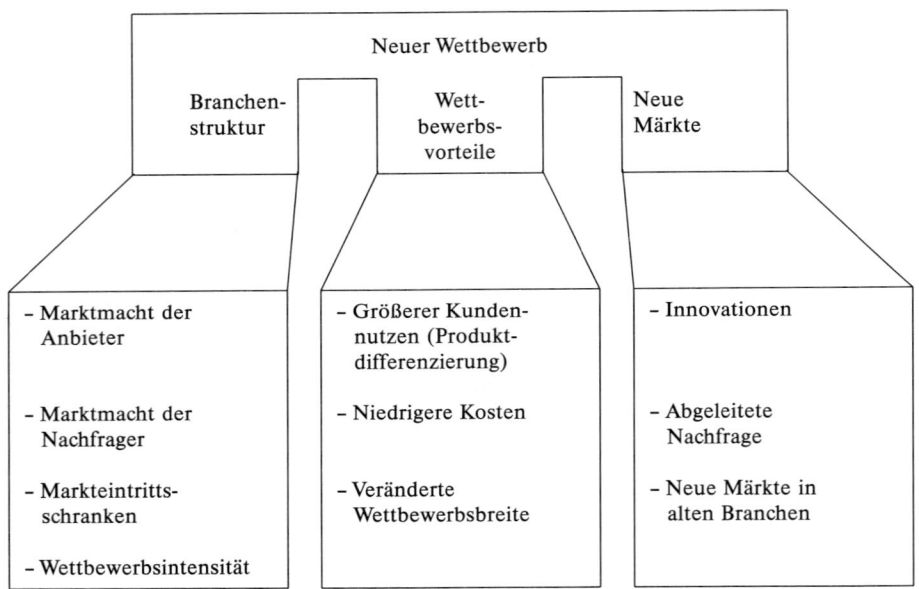

Abbildung 3.4b: Neuer Wettbewerb durch Informations- und Kommunikationssysteme

Quelle: Picot/Franck (1991)

*Branchen-
struktur*

Der vermehrte Einsatz von Informations- und Kommunikationssystemen verändert die Branchenstruktur z. B. dadurch, daß

– die Marktmacht von Anbietern oder Nachfragern verschoben wird (etwa mehr Transparenz im Markt durch Informationsdienste oder höhere Abhängigkeit bei zwischenbetrieblichen Systemanwendungen),
– Markteintrittsschranken auf- oder abgebaut werden (z. B. Investitionen in Reservierungssysteme bei Fluggesellschaften als Markteintrittsschranke, integrierte weltweite Rechnernetze als Marktzutrittserleichterung im Bereich der Telekommunikation),

266

– die Wettbewerbsintensität zwischen den bestehenden Marktpartnern aufgrund der Rationalisierungswirkungen der neuen Technologien steigt (z. B. durch Einsparung von Logistikkosten mit Hilfe von Just-In-Time-Systemen).

Wettbewerbsvorteile können sich insbesondere aufgrund eines erhöhten Kundennutzens (z. B. durch informationelle Produktdifferenzierung in Form von integrierten Schulungs-, Dokumentations- oder Diagnosekomponenten) und aufgrund einer veränderten Wettbewerbsbreite (z. B. verstärkte Produktdifferenzierung oder Diversifikation) ergeben. Schließlich werden durch den verstärkten Einsatz von neuen Techniken diverse neue Märkte eröffnet (z. B. Angebot privater Netze, Rechenzentren oder Datenbanken für externe Nutzung). *Wettbewerbs-vorteile* *Neue Märkte*

Durch interne Rationalisierung und informationstechnische Einbindung von benachbarten Stufen können Informations- und Kommunikationssysteme unternehmerische Grundstrategien (vgl. Teil 1, S. 49) unterstützen. Sie können die Strategie der Kostenführerschaft systematisch fördern, jedoch auch die Differenzierungs- bzw. Nischenstrategie z. B. durch zusätzlichen Kundenservice und informationelle Produktgestaltung. *Markt-strategische Wirkungen*

Die eigentliche Besonderheit der Entwicklung liegt darin, daß die neuen Systeme in ihrer Kombination erstmals sowohl Kosten- als auch Nischenstrategien simultan unterstützen; sie erlauben sowohl im Bereich der Verwaltung, des technischen Büros, der Entwicklung und des Vertriebs als auch im Bereich der Fertigung Kostensenkung und Flexibilitätssteigerung. Damit wird es möglich, die Vorteile mittlerer Unternehmen (Beweglichkeit) mit denen größerer Unternehmen (niedrigere Stückkosten) zu kombinieren, d. h. eine individuelle Marktversorgung bei zugleich geringen Kosten sicherzustellen.

3. Aufgaben des Informationsmanagement

Informationsmanagement ist auf drei verschiedenen, miteinander verkoppelten Ebenen zu bewerkstelligen (vgl. Abbildung 3.5, nächste Seite).

Auf der ersten Ebene wird der Informationsbedarf und seine Deckung für alle wesentlichen, in einer Institution auftretenden Verwendungszwecke (interne und externe) geplant, organisiert und kontrolliert. Dieses Management des Informationseinsatzes ist in besonderer Weise Aufgabe der Unternehmensführung. Es geht letztlich um die Setzung von Prioritäten für systematisch bereitzustellende Planungs-, Steuerungs- und Kontrollinformationen sowie für Dokumentationserfordernisse. Diese Ebene definiert die Anforderungen an und bezieht die Unterstützungsleistungen von der Ebene der Informations- und Kommunikationssysteme. **Solche Systeme sind aufeinander abgestimmte Arrangements personeller (Qualifikation, Motivation), organisatorischer (Aufbau-, Ablaufregeln) und technischer (Hardware, Software) Elemente, die der Deckung des Informationsbedarfs dienen** (vgl. Picot 1989). Hierzu gehören beispielsweise Standardsysteme des Rechnungswesens genauso wie beson- *Ebene des Informations-einsatzes* *Ebene der Informations- und Kommunikations-systeme*

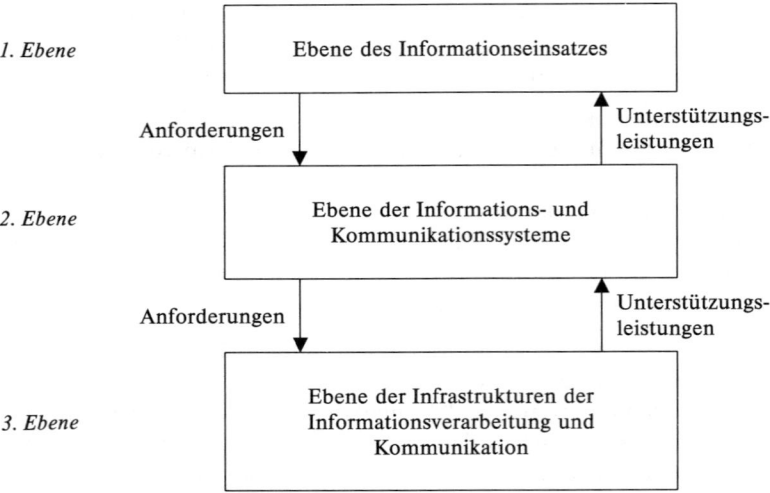

Abbildung 3.5: Ebenen des Informationsmanagement

Quelle: Wollnik (1988)

dere Systeme der Produktionsplanung und -steuerung, der Produkt- und Kunden-information oder der Unterstützung von Kommunikation und Büroarbeit.

Ebene der Infra-strukturen der Informations-verarbeitung und Kommu-nikation

Diese zweite Ebene definiert Anforderungen an und bezieht Unterstützungsleistun-gen von der dritten Ebene, d. h. von den informationstechnischen Infrastrukturen (Systemarchitekturen, Rechnerausstattung, Vernetzungslösungen usw.).

Am Beispiel des Einsatzes von Mikrocomputern zur Vertriebsunterstützung eines Geräteherstellers sei dieser Zusammenhang noch einmal erläutert (vgl. Picot/Franck 1991):

Auf der Ebene des Informationseinsatzes (Ebene 1) erhalten die Kunden unmittelbar in den Verhandlungen mit dem Vertriebsbeauftragten detaillierte, genaue und um-fassende Information über technische Konfigurationen, Rabatte, Konditionen etc. Der Hersteller erhält ohne zusätzlichen Erfassungsaufwand direkte Informationen über die erteilten Aufträge und über das Marktverhalten seiner Kunden. Hier ent-faltet Information ihren Nutzen über zusätzliche Aufträge durch verbesserte Bera-tung und durch ein maßgeschneidertes Angebot aufgrund besserer Marktinforma-tion. Das Informations- und Kommunikationssystem (Ebene 2), das diese Wirkungen ermöglicht, ist eine Kombination aus qualifizierten und motivierten Mit-arbeitern, aus bestimmten organisatorischen Regelungen und nicht zuletzt aus Programmen, Datenbeständen und Technik. Auf der Infrastrukturebene (Ebene 3) wird z. B. der tragbare PC eines bestimmten Herstellers eingesetzt, der über einen bestimmten Kommunikationsdienst mit dem Computer der Zentrale vernetzt werden kann.

268

4. Organisation des Informationsmanagement als zentrale Institution

Die Aufgaben des Informationsmanagement sind vielfach sowohl als allgemeine Führungsaufgaben als auch im Rahmen von speziell institutionalisierten Verantwortungsbereichen wahrzunehmen. Die bei einer Institutionalisierung des Informationsmanagement auftretenden Fragen der organisatorischen Einbindung und Kompetenzausstattung, der Qualifikation, der technischen und methodischen Unterstützung etc. können nur unter Berücksichtigung der kontext- und aufgabenspezifischen Situationsmerkmale einer Unternehmung behandelt werden. Dennoch lassen sich grundlegende Orientierungen zur Gestaltung der zentralen Organisationsarbeit für das Informationsmanagement aufzeigen.

Die traditionelle Funktion „Datenverarbeitung und Organisation" (DV-Organisation) wurde zumeist in einer Abteilung zentralisiert und vornehmlich auf die Großrechnertechnologie und deren Anwendungssysteme ausgerichtet. Mit dem Aufkommen neuer Technologien (Mikrocomputer, lokale Netze, überbetriebliche Datenkommunikation, Bürokommunikation, Standardanwendungssysteme) werden die Einsatzformen der herkömmlichen Großrechnertechnologie durch zusätzliche Aufgabenfelder ergänzt. Dies zeigt sich beispielsweise in der Schaffung eigener Zuständigkeiten für Kommunikationssysteme und Rechnernetze und in einer zunehmenden Institutionalisierung der individuellen und gruppenorientierten Informationsverarbeitung.

Bei der Festlegung der Organisationsstruktur spielen die jeweilige Fachspezifität und die technische Spezifität der informationsbezogenen Aufgaben eine wesentliche Rolle (vgl. Picot 1990b). Hohe **Fachspezifität** ist dann gegeben, wenn in einem Problemlösungsprozeß die fachlichen Eigenarten der Informationsverwendung dominieren. Dies ist beispielsweise der Fall, wenn eine Problemlösung in aufwendiger Weise auf die individuelle Situation der Fachabteilungen bzw. der Anwender zugeschnitten werden muß. Ein großer Teil der Aufgaben der Ebene 1 (vgl. Abbildung 3.5) ist fachlich geprägt. Solche Aufgaben werden typischerweise von der Unternehmensleitung bzw. den Fachabteilungen wahrgenommen.

Fachspezifität

Demgegenüber liegt eine hohe **technische Spezifität** vor, wenn bei der Problemlösung informationstechnische und methodische Aufgaben im Vordergrund stehen. Derartige Aufgaben werden typischerweise von der zentralen Abteilung für Informationsmanagement bearbeitet. Die technische Spezifität von Aufgaben hat zwei Ursachenkomplexe. Sie kann in den **Besonderheiten bei der Erstellung und Betreuung von Informations- und Kommunikationssystemen** oder in den **Besonderheiten der eingesetzten Technologien** liegen. Vielfach werden die Aufgaben der Information und Kommunikation von besonderen technischen Problemen der eingesetzten Infrastrukturen dominiert. In der Praxis orientiert sich die Organisation des Informationsmanagement deshalb häufig an einzelnen technisch abgrenzbaren Infrastrukturkomponenten (vgl. Abbildung 3.6).

Technische Spezifität

Technik-orientierte Gliederung

269

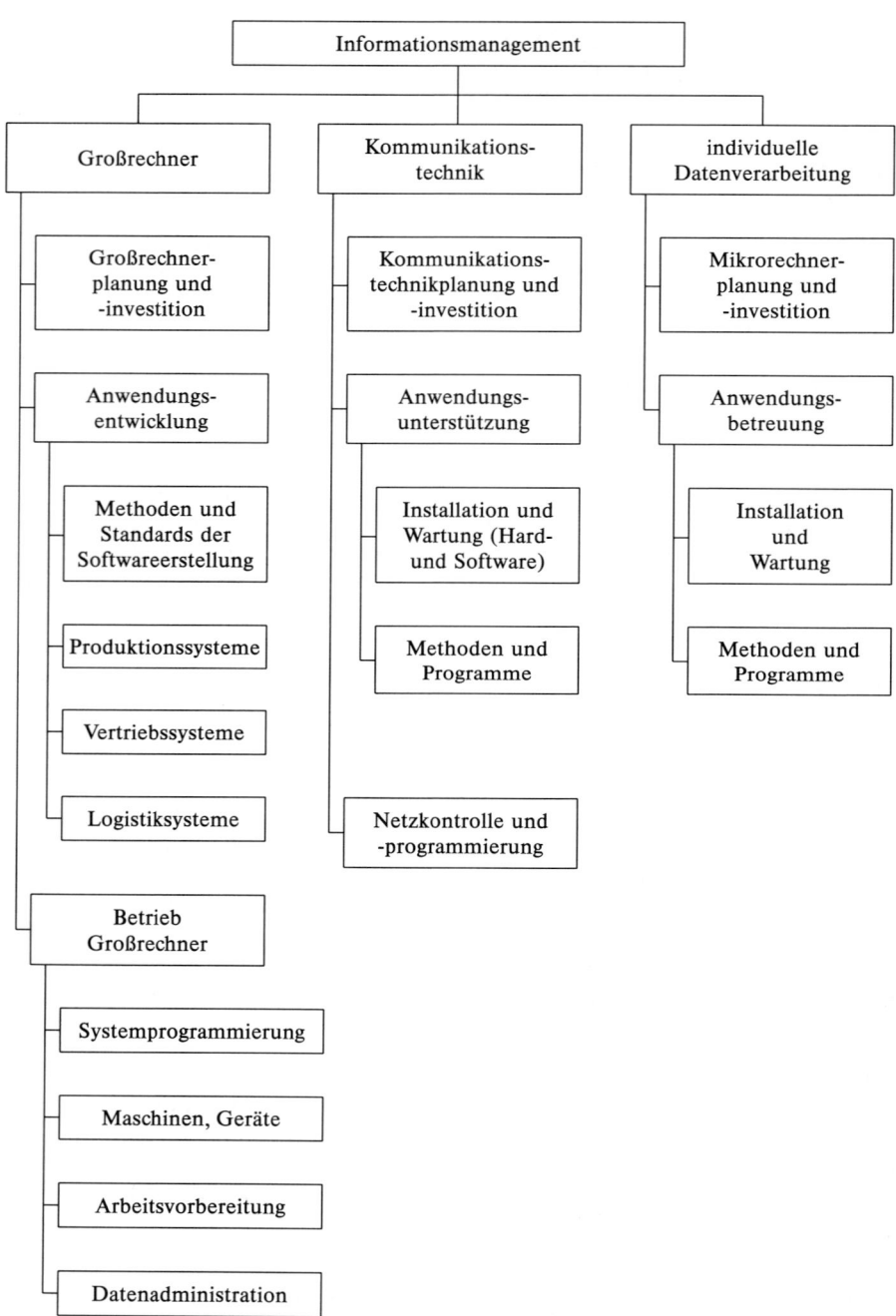

Abbildung 3.6: Technikorientierte Gliederung des Informationsmanagement
(in Anlehnung an Wollnik 1989)

270

Die zunehmende Standardisierung, die Funktionsintegration und die zunehmende Benutzerfreundlichkeit neuer Informations- und Kommunikationstechniken führen dazu, daß die technische Spezifität bei der Erstellung und Betreuung von Informations- und Kommunikationssystemen abnimmt (z. B. Trend zur Anwenderprogrammierung). Dadurch könnte die Bedeutung technischer Spezifität und damit auch die Bedeutung technikorientierter Organisationsformen insgesamt sinken. Anwendungs- bzw. fachorientierte Informationsmanagementaufgaben können zunehmend aus der Informationsmanagementabteilung herausgelöst werden (vgl. Wollnik 1989, Edelman 1981). Die dezentrale Anwendungsentwicklung in den Fachabteilungen muß allerdings bestimmte **methodische und technische Rahmenbedingungen** (Standards, methodische und technische Leitlinien) einhalten, die von der Informationsmanagementabteilung erarbeitet und überwacht werden. Damit soll dem „Wildwuchs" einer unkoordinierten fachbereichsinternen Anwendungsentwicklung vorgebeugt werden (Vermeiden von inkompatiblen „Insellösungen"). Die Zuständigkeiten der Informationsmanagementabteilungen konzentrieren sich neben dieser Koordinationsaufgabe auf die Bereitstellung und den Betrieb technischer Infrastrukturen und auf die Administration gesamtbetrieblicher Transaktionssysteme einschließlich zentraler Datenbanken.

Durch die Verlagerung von Aufgabenbereichen und Kompetenzen in die Fachabteilungen entsteht eine steuerungsorientierte Gliederung des Informationsmanagementbereichs. Diese Organisationsstruktur setzt auf die Kombination dezentraler Erschließung neuer Anwendungsfelder mit zentraler Rahmenkompetenz, Steuerung und Unterstützung (vgl. Abbildung 3.7).

Steuerungsorientierte Gliederung

Eine Zwischenlösung, bei der die Anwendungsentwicklung und -betreuung nicht völlig aus der Informationsmanagementabteilung herausgelöst wird, die aber gleichzeitig der zunehmend dominierenden fachlichen Spezifität der Anwendungen Rechnung trägt, ist die kundenorientierte Gliederung (vgl. Abbildung 3.8). Anstatt im Bereich der Anwendungsentwicklung und -betreuung nur über Methoden und Standards Einfluß zu nehmen, findet hier weiterhin auch eine eigene Entwicklung und Betreuung in der Informationsmanagementabteilung durch Teams statt, die auf die internen Hauptkundengruppen spezialisiert sind. Üblicherweise arbeiten diese Teams mit den entsprechenden Fachabteilungen in Projekten eng zusammen.

Kundenorientierte Gliederung

Nach dem Überblick über wichtige Organisationsformen des Informationsmanagement als zentraler Institution sollen im folgenden die Aufgabenebenen des Informationsmanagement vertieft erörtert werden. Diese werden – darauf ist nochmals hinzuweisen – in abgestimmter Weise teils von der Unternehmensleitung, teils von der zentralen Abteilung, teils von den dezentralen Anwendungsbereichen wahrgenommen.

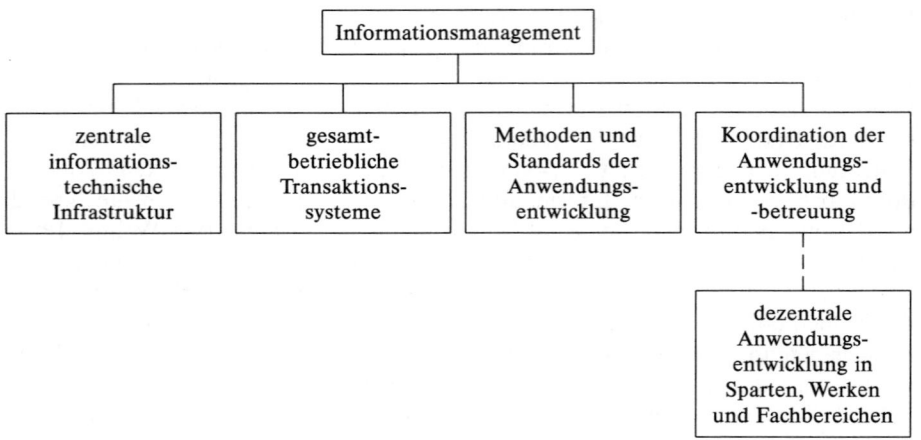

Abbildung 3.7: Steuerungsorientierte Grundgliederung des Informationsmanagement

(in Anlehnung an Wollnik 1989)

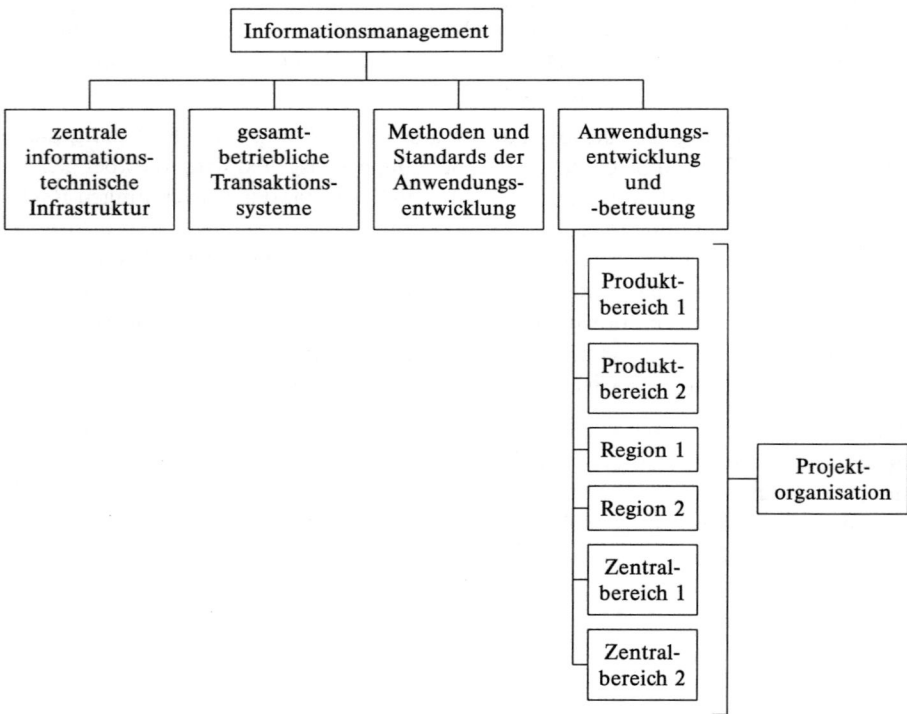

Abbildung 3.8: Kundenorientierte Gliederung des Informationsmanagement

III. Management des Informationseinsatzes

1. Priorisierung der Einsatzfelder

Angesichts der potentiellen Möglichkeiten, mit Informations- und Kommunikationssystemen den Unternehmenserfolg zu beeinflussen, stellt sich die Frage nach einer Art Raster zur systematischen Suche vielversprechender Anwendungsbereiche. Einen solchen Raster versuchen Porter/Millar (1985) in Gestalt des Informations-Intensitäts-Portfolios zu liefern.

Das Portfoliokonzept stützt sich auf folgenden Grundgedanken:

Informations-Intensitäts-Portfolio

So wie es kapital- oder materialintensive Geschäftsfelder gibt, kann ein Geschäftsfeld auch informationsintensiv sein. Es sind folglich jene Geschäftsfelder eines Unternehmens herauszufinden, die besonders informationsintensiv sind, denn genau hier sind für Wettbewerber wie auch für die eigene Unternehmung die Möglichkeiten groß, durch gezielte Informationsmanagementaktivitäten (z. B. Informations- und Kommunikationssysteme) in besonderer Weise zum Geschäftserfolg beizutragen.

Porter/Millar schlagen zwei Dimensionen zur Operationalisierung der Informationsintensität vor (vgl. Abbildung 3.9):

1. die **Informationsintensität in der Wertkette** (z. B. Rolle der Informationsverarbeitung in Beschaffung, Logistik, Produktion und Absatz) und
2. die **Informationsintensität in den Produkten und Dienstleistungen** (z. B. Beratungs- und Schulungsintensität, Dokumentation und Produktinformation, Anteil der Software).

Informations-intensität in der Wertkette	Hoch	Feld 1 Beispiel: mehrstufige, komplexe Montageprozesse	Feld 3 Beispiel: Systemgeschäft
	Niedrig	Feld 2 Beispiel: einfache Teilebearbeitung	Feld 4 Beispiel: Standardberatung
		Niedrig	Hoch
		Informationsintensität in der Leistung	

Abbildung 3.9: Informations-Intensitäts-Portfolio

(in Anlehnung an Porter/Millar 1985)

Nach Beurteilung der Geschäftsfelder oder Teilfunktionen anhand dieser Kriterien ist deren Positionierung in der Portfoliomatrix möglich. Feld 3 zeigt jene Geschäftsfelder, die mit erhöhtem Ressourceneinsatz nach konkreten Möglichkeiten für Informations- und Kommunikationsanwendungen weiter analysiert werden.

Branchen-attraktivitäts-Geschäfts-feld-Matrix

Ergänzend zur Informationsintensität ist auch die jeweilige Erfolgsposition der Geschäftsfelder zu untersuchen. Zur Beurteilung der Wettbewerbsposition und der Attraktivität von Geschäftsfeldern lassen sich Portfolioanalysen aus dem Bereich der strategischen Planung verwenden. Mit einer **„Branchenattraktivitäts-Geschäftsfeld-Matrix"** können interne und externe Stärken eines Geschäftsfeldes und damit seine Erfolgsposition abgeschätzt werden (vgl. Abbildung 3.10).

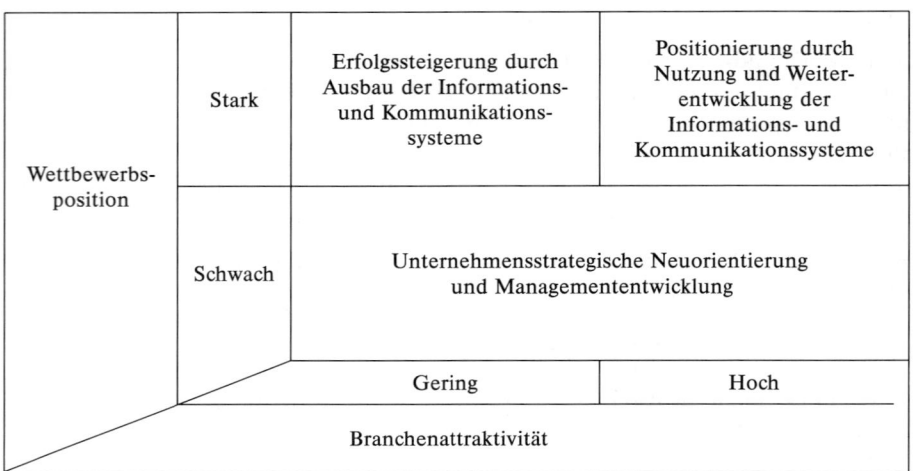

Abbildung 3.10: Erfolgsposition von Geschäftsfeldern

Die strategische Wettbewerbsposition beeinflußt die Dringlichkeit des Einsatzes von Informations- und Kommunikationssystemen. Besitzt ein Unternehmen eine starke Wettbewerbsposition in erfolgsträchtigen und zukunftsorientierten Märkten, so hat der Einsatz von Informations- und Kommunikationssystemen hohe Bedeutung. Für Geschäftsfelder mit relativ schwachen Wettbewerbssituationen und wenig zukunftsträchtigen Märkten ist eine strategische Neuorientierung dringlicher; erst danach sollte ein gezielter Aufbau von Informations- und Kommunikationssystemen erfolgen. Für die Geschäftsfelder einer Unternehmung muß also erst die strategische Positionierung erfolgen, bevor Informations- und Kommunikationssysteme wettbewerbsorientiert eingesetzt werden können.

Kombinierte Betrachtung

Auch aus der gemeinsamen Betrachtung der Informationsintensität und der Wettbewerbsposition von Geschäftsfeldern lassen sich **strategische Richtungen und Prioritäten für das Informationsmanagement** ableiten (vgl. Krüger/Pfeiffer 1988) (vgl. Abbildung 3.11). Hohe Erfolgspositionen und hohe Informationsintensität von Geschäftsfeldern erfordern **aggressive Entwicklungsstrategien** und den konsequenten

274

Einsatz von Informations- und Kommunikationssystemen. Bei einer entgegengesetzten Positionierung von Geschäftsfeldern besitzen Informations- und Kommunikationssysteme relativ geringe Bedeutung, so daß **moderate Entwicklungsstrategien, Momentumstrategien** oder auch **Defensivstrategien** verfolgt werden können.

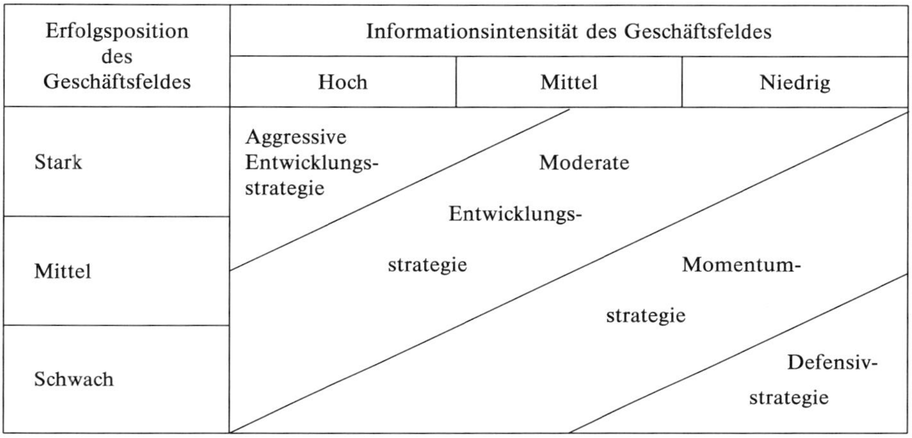

Erfolgsposition des Geschäftsfeldes	Informationsintensität des Geschäftsfeldes		
	Hoch	Mittel	Niedrig
Stark	Aggressive Entwicklungs-strategie	Moderate Entwicklungs-	
Mittel		strategie	Momentum-
Schwach			strategie Defensiv-strategie

Abbildung 3.11: Strategien für Entwicklung und Einsatz von Informations- und Kommunikationssystemen

Quelle: Krüger/Pfeiffer (1988)

2. Ermittlung des Informationsbedarfs

Sind Geschäftsfelder oder Teilfunktionen identifiziert, für die mit hoher Priorität der Einsatz des Produktionsfaktors Information zu planen ist, so ist der konkrete Informationsbedarf zu bestimmen, der durch Informations- und Kommunikationssysteme unterstützt werden soll.

Der Informationsbedarf ist in vielen Fällen nur unscharf und schwer zu präzisieren. Letztlich resultiert der Informationsbedarf aus den Aufgabenstellungen, den zu verfolgenden Zielen und Strategien und den sozial- und individualpsychologischen Eigenschaften der Entscheidungsträger.

Der **objektive Informationsbedarf** leitet sich aus den zu erfüllenden Aufgaben ab und gibt an, welche Informationen ein Entscheidungsträger verwenden sollte. Der **subjektive Informationsbedarf** geht von der Sichtweise des Bedarfsträgers aus und umfaßt jene Informationen, die diesem zur Erfassung und Handhabung von Problemen relevant erscheinen. Der subjektive Informationsbedarf, den der Aufgabensteller äußert, weicht nicht selten vom objektiven Informationsbedarf ab. Nur ein Teil des

Objektiver und subjektiver Informations-bedarf

275

subjektiven Bedarfs äußert sich aktuell als Informationsnachfrage (vgl. Abbildung 3.12).

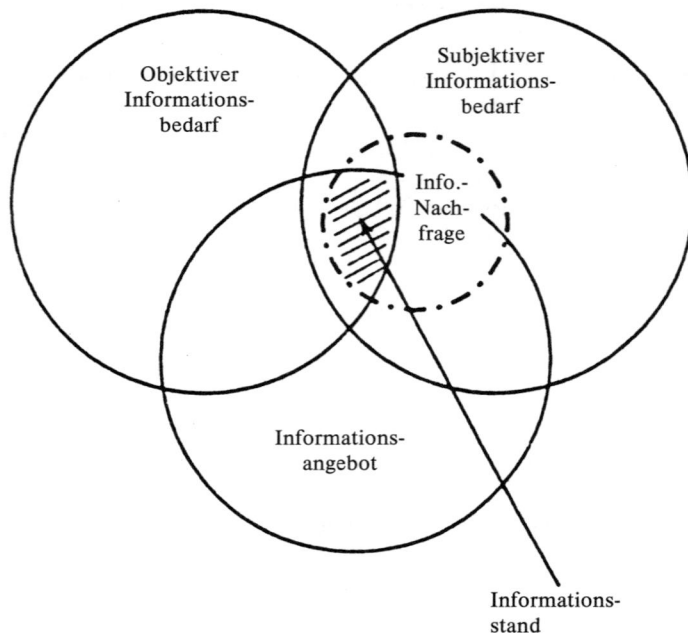

Abbildung 3.12: Informationsbedarf und Informationsversorgung

Informations-
angebot
Das Informationsangebot deckt in aller Regel nur einen Teil des objektiven und subjektiven Informationsbedarfs sowie der Informationsnachfrage. Zudem kann nur für wohlstrukturierte und exakt beschreibbare Aufgaben ein objektiver Informationsbedarf ermittelt werden. Subjektiven und objektiven Informationsbedarf, die Informationsnachfrage und das Informationsangebot möglichst weitgehend in Übereinstimmung zu bringen, stellt eine ebenso zentrale wie schwierige informationswirtschaftliche Aufgabe dar.

a) Aufgabenanalyse zur Ermittlung des Informations- und Kommunikationsbedarfs

In Abhängigkeit von einzelnen Aufgabenstellungen kann der informations- und kommunikationsbezogene Unterstützungsbedarf und die Planbarkeit der Information sehr unterschiedlich sein. Aus der Aufgabenanalyse lassen sich unter Einbeziehung der angestrebten Unternehmensziele und Strategien die funktionalen Anforderungen für die Gestaltung von Informations- und Kommunikationssystemen ermitteln.

276

Die Aufgaben in einem Unternehmen lassen sich z. B. anhand zweier Kriterien unterscheiden (vgl. Picot 1990a; vgl. Abbildung 3.13):

Aufgaben-merkmale

- Die **Strukturiertheit einer Aufgabe** bezieht sich auf das Ausmaß, in dem eine Problemstellung in exakte, einander eindeutig zuordenbare Lösungsschritte zerlegbar ist. Das angestrebte Ergebnis, die notwendigen Inputs wie auch die Ursache-Wirkungs-Beziehungen, die zur Lösung führen, sind im Falle hoch strukturierter Aufgaben bekannt, im Falle gering strukturierter weitgehend unbekannt.
- Die **Veränderlichkeit einer Aufgabe** bezieht sich auf die Menge und Vorhersehbarkeit von Aufgabenänderungen. Je häufiger und je weniger vorhersehbar Änderungen bei Qualitäten, Terminen, Mengen und Preisen im Rahmen der Erfüllung der Aufgabe oder einer ihrer Komponenten auftreten, desto veränderlicher ist die Aufgabe. Es geht also um den Grad der Unsicherheit, der bei der Aufgabenerfüllung zu berücksichtigen ist.

Veränderlichkeit / Strukturiertheit	Gering	Hoch
Hoch	1 Hoch strukturierte, stabile Aufgaben Beispiele: Buchhaltung, Stahlproduktion, Montagebänder	3 Hoch strukturierte, stark veränderliche Aufgaben Beispiele: Computerprogrammierung, Hoch- und Tiefbau, Energieversorgung
Gering	2 Schwach strukturierte, stabile Aufgaben Beispiele: Kunsthandwerk, Bildungsbetrieb, Fachhandel	4 Unstrukturierte, stark veränderliche Aufgaben Beispiele: Forschung und Entwicklung, strategische Planung, „high technology"

Abbildung 3.13: Vier Grundtypen von Aufgaben

Quelle: Picot (1990a)

Die vier Aufgabentypen sind als Idealtypen zu verstehen, die mehr oder weniger ausgeprägt in jeder Unternehmung anzutreffen sind. Sie weisen unterschiedliche funktionale Anforderungen auf, die zur Ableitung von organisatorischen, technischen und personellen Gestaltungsempfehlungen herangezogen werden können.

Beispielhaft werden nachfolgend zwei Aufgabentypen näher betrachtet (vgl. auch Picot/Reichwald 1987, Reichwald/Nippa 1988, Nippa 1988, Reichwald 1990a).

Hoch strukturierte, stabile Aufgaben sind durch gleichbleibende Problemstellung gekennzeichnet, deren Lösungsweg nahezu vollständig formalisiert werden kann. Kommunikationsprozesse finden in der Regel mit festgelegten Kommunikationspartnern statt. Der Informationsbedarf ist weitgehend objektiv bestimmbar. Die Aufgabenabwicklung kann nach festen Regeln durchgeführt werden, das heißt die Arbeitsabläufe sind grundsätzlich programmierbar.

Informationsverarbeitung findet verstärkt in Form von standardisierbaren Verfahren statt, wobei auch Abstimmungs- und Rückkopplungsprozesse in weitgehend festgelegter Form ablaufen. Die Art der Aufgabenabwicklung kann als technisch-deterministisch bezeichnet werden. Der objektive Informationsbedarf, der zur Aufgabenerfüllung notwendig ist, läßt sich weitgehend planen.

Unstrukturierte und stark veränderliche Aufgaben sind dagegen durch nichtformalisierbare Informationsverarbeitung gekennzeichnet. Die Aufgabenstellung ist durch einen hohen Komplexitätsgrad und niedrige Planbarkeit geprägt. Der Informationsbedarf ist kaum oder gar nicht bekannt. Auch die für die Aufgabenerfüllung einzubeziehenden internen und externen Kooperationspartner sind ex ante meist nicht bestimmbar, und der Lösungsweg ist offen. Die Aufgabenträger haben in der Regel den Status von professionellen Fach- oder Führungskräften und verfügen nicht selten über persönlich zugeordnete Assistenzkräfte.

Die Erfüllung von Aufgaben des Typs 4 setzt das spontane und direkte Eintreten in Kommunikationsbeziehungen voraus. Für die Aufgabenerfüllung sind schnelle und unbürokratische Abstimmungsprozesse mit Kooperationspartnern und die fallbezogene Beschaffung von Informationen auf dem direkten Wege erforderlich. Besonders Managementfunktionen sind mit der situationsbezogenen Sammlung, Analyse und Bewertung von Informationen verbunden. Dabei werden oft persönliche Informationen den öffentlich zugänglichen und dokumentierten Informationen vorgezogen.

Der objektive Informationsbedarf, der zur Aufgabenerfüllung notwendig wäre, läßt sich a priori nicht ermitteln. Die Bedarfsermittlung muß folglich eher dem **subjektiven Informationsbedarf**, also dem Informationsbedürfnis der Aufgabenträger, Rechnung tragen. Entsprechend hat ihr Ergebnis eher deskriptiven Charakter. Zu empfehlen ist daher eine partizipative Ermittlungsmethode unter Einbezug der Aufgabenträger. Speziell im Führungsbereich wurde das **Verfahren der Kritischen Erfolgsfaktoren** (vgl. Rockart 1979, vgl. auch Picot/Franck 1988) erfolgreich angewandt.

b) Kritische Erfolgsfaktoren (KEF)

Im Rahmen der KEF-Methode sind jene Faktoren und Schlüsselgrößen herauszuarbeiten und zu überprüfen, die für die Erreichung von Zielen und Strategien des Managements von zentraler Bedeutung sind. Die kritischen Erfolgsfaktoren und die zur Erfüllung dieser Erfolgsfaktoren erforderlichen Strukturen und Prozesse können in Interviews und Workshops identifiziert und analysiert werden.

Die KEF-Interviews werden in zwei bis drei getrennten Sitzungen durchgeführt. In der ersten Sitzung werden die Ziele des Managers und die damit korrespondierenden KEF erfragt und aufgezeichnet. Die Beziehungen zwischen den Zielen und Erfolgsfaktoren werden eingehend diskutiert. In der Regel werden im Verlauf der Gespräche verschiedene KEF kombiniert, verworfen oder treffender formuliert. Vor der zweiten Sitzung werden die Resultate der ersten vom Analytiker überdacht. Seine Aufgabe besteht darin, Vorschläge darüber zu erarbeiten, welche KEF einer weitergehenden Analyse zu unterziehen sind. In der zweiten Sitzung werden diese Vorschläge dann erörtert. Im Mittelpunkt steht die Bestimmung der zur Verfolgung der KEF notwendigen Informationen (Meßkriterien für die KEF). Unter Umständen ist ein drittes Interview erforderlich, in dem sich die Partner über die Strukturierung der Informationsversorgung, z. B. in Form von KEF-Meßwerten und Berichten, einig werden.

KEF-Interviews

Das KEF-Verfahren zur Planung des Informationsbedarfs bietet eine Reihe von Vorteilen:

Verfahrensvorteile

— Dem Manager werden diejenigen Faktoren verdeutlicht, denen er größte Aufmerksamkeit widmen sollte. Die sorgsame und kontinuierliche Überprüfung dieser Faktoren wird sichergestellt.
— Der Manager wird dazu gezwungen, brauchbare Kriterien zu entwickeln und Informationen zu jedem „Prüfstein" zu verlangen.
— Durch die Kennzeichnung wichtiger Informationen wird die kostspielige Erfassung von Daten, die über das notwendige Maß hinausgeht, reduziert.
— Das Berichts- und Informationswesen wird nicht um „leicht erfaßbare" Daten herum aufgebaut. Wichtige Informationen würden ohne KEF-Verfahren unter Umständen gar nicht zusammengetragen, obwohl sie für den Erfolg des Management entscheidend sind.
— Der Tatsache, daß KEF zeitlich begrenzt und managerspezifisch sind, wird durch Wiederholung des Verfahrens Rechnung getragen (Wandelbarkeit und Subjektivität des Informationsbedarfs werden berücksichtigt).

Inhaltlich werden KEF durch unterschiedliche Einflußfaktoren bestimmt, die alle durch adäquate Gestaltungsmaßnahmen zielentsprechend beeinflußt werden können und über die regelmäßig Information erforderlich ist (vgl. Abbildung 3.14).

Inhaltliche Bezugspunkte der KEF

— So ist es denkbar, daß die Erfüllung eines KEF in starkem Maße von kritischen organisatorischen Rahmenbedingungen wie Anreizsystemen, Autonomiespielraum oder Kommunikationsklima abhängig ist.
— Wenn ein KEF beispielsweise lautet: „Qualifizierte Arbeitskräfte sind unbedingt zu halten", dann gehören möglicherweise folgende Entscheidungen zu den kritischen Entscheidungsprozessen: Beförderungs-, Entlassungs-, Einstellungs-, Qualifizierungs- und Arbeitszuweisungsentscheidungen.
— Vielfach sind kritische Wertschöpfungsprozesse wie Logistik, Produktentwicklung oder Marketing wesentliche Determinanten eines KEF.
— Von großer Bedeutung für die Gültigkeit eines KEF ist, ob die kritischen Annahmen über die Marktstruktur zutreffen. Derartige Annahmen beziehen sich z. B. auf

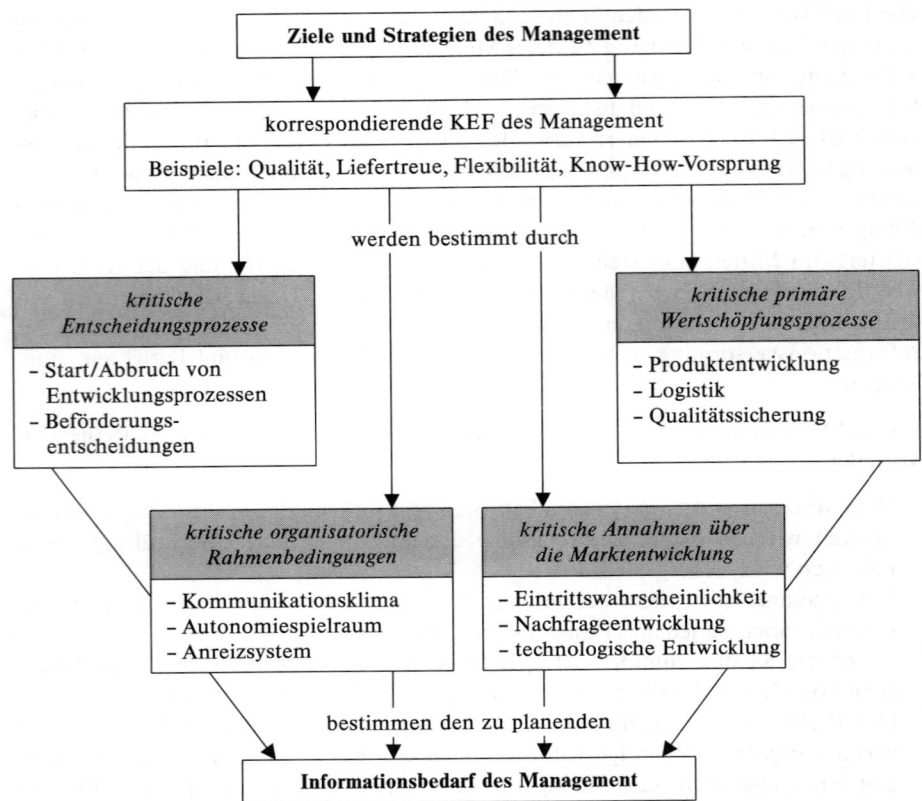

Abbildung 3.14: Planung des Informationsbedarfs anhand kritischer Erfolgsfaktoren

Quelle: Picot/Franck (1988)

die Eintrittswahrscheinlichkeit von Konkurrenten, auf die Nachfrageentwicklung
oder auf die technologische Entwicklung.

Diese Aufzählung hat natürlich nur exemplarischen Charakter.

Kombinierte *Bedarfs-* *ermittlung* Neben Befragungen der Entscheidungsträger werden bei dieser Methode die Ent-
scheidungen, die ein Funktionsträger laufend zu treffen hat, auch theoretischen
Analysen unterzogen. Die theoretische Entscheidungs- und Aufgabenanalyse und die
Informationsbedarfsermittlung mittels Befragung der Entscheidungsträger ergänzen
einander. Eine Befragung allein reicht nicht aus, um die für die Individuen relevanten
Informationen herauszukristallisieren. Der einzelne weiß in der Regel nicht, welche
Informationen er im Augenblick und in der Zukunft benötigt bzw. welche Informationen er in der Vergangenheit zusätzlich hätte verarbeiten können. Außerdem
besteht die Gefahr, daß bestimmte – z. B. informale – Informationsquellen bewußt

280

verschwiegen werden. Schließlich ist zu berücksichtigen, daß viele Organisationsmitglieder aus Status-, Prestige- und Machtgründen bzw. im Interesse ihrer Karriere- und Sicherheitsbedürfnisse über Informationen verfügen wollen, die für ihre tatsächlichen Aufgaben keine Bedeutung haben (vgl. dazu auch Ortmann u. a. 1990). Deshalb sollten neben Befragungen und Beobachtungen ergänzende theoretische Überlegungen treten, welche Informationen für die Vielzahl der Entscheidungs- und Ausführungsaufgaben notwendig sind und welche zu einer Überinformation führen. Für die Ermittlung des Informationsbedarfs und zur Planung von Einsatzfeldern für Informations- und Kommunikationssysteme sollte die KEF-Methode immer auch durch Aufgabenanalysen ergänzt werden.

c) Ist-Analyse

Die Planung des Informationsbedarfs kann nicht allein auf der Grundlage einer strategie- und aufgabenorientierten Vorgehensweise erfolgen, sondern erfordert auch die Kenntnis des gegenwärtigen Systemzustandes. Nur auf dieser Basis ist eine umfassende organisatorische Maßnahme – wie die Einführung eines Informations- und Kommunikationssystems – durchführbar.

Eine Ist-Analyse erfolgt aus Zweckmäßigkeitsgründen in enger Zusammenarbeit mit den Mitarbeitern der betroffenen Stellen und Abteilungen. Zu den Erhebungsverfahren zählen Beobachtungen, Interviews und schriftliche Befragungen. Vielfach lassen sich im Rahmen der Ist-Analyse bereits computergestützte Verfahren zur Organisationsanalyse oder für Informations- und Kommunikationsstrukturuntersuchungen einsetzen (vgl. Schönecker/Nippa 1990, Reichwald 1990 b, Reichwald 1991 a). Neben der Aufgaben- und Entscheidungsanalyse zur Bestimmung der Informationsbedürfnisse liegt ein Schwerpunkt der Ist-Analyse in der Nachzeichnung des derzeitigen Informationsflusses, der verwendeten organisatorischen Hilfsmittel (z. B. Belege, DV-Verfahren und Maschinen) und des eingesetzten Personals. Dabei ist der Weg von der Erfassung der Informationen bis zur Verwertung der Verarbeitungsergebnisse möglichst vollständig zu verfolgen. Wichtig sind vor allem Quellen, Art, Menge und zeitliche Verteilung der erfaßten Informationen. Im Rahmen der Ist-Analyse werden die Mängel des bestehenden Systems und deren Ursachen erkannt und die Gebiete, die für die Einbeziehung in ein EDV-System geeignet sind, ausfindig gemacht. Häufige Schwachstellen und Mängel des bestehenden Systemzustandes sind beispielsweise:

Informations- und Kommunikationsanalyse

- Mehrfach-Erfassung von Informationen und damit verbundene Doppelarbeiten
- Inkonsistente Informationsbasis durch fehlerhafte Aktualisierung mehrfach erfaßter und gespeicherter Informationen
- Technische Insellösungen und dadurch entstehende Medienbrüche, die eine wiederholte und unnötige Informationsumsetzung erfordern
- Zu hohe Arbeitsteilung mit der Folge zu häufig wiederkehrender „geistiger Rüstzeiten", vermehrter Rückfragen und geringer Auskunftsbereitschaft
- Fehlende Transparenz der Leistungskette

- Zeitaufwendige Übertragungswege
- Nichterreichbarkeit von Partnern

Solche Schwachstellen führen zu hohem Bearbeitungs- und Koordinationsaufwand sowie zu langen Durchlaufzeiten. Aus der Analyse der leistungshemmenden Faktoren ergeben sich Ansatzpunkte für die Straffung der Arbeitsabläufe und eine prozeßorientierte Vernetzung der Arbeitsplätze.

Auf der Basis der Entscheidungs- und Aufgabenanalyse und der angestrebten Ziele und Strategien sowie der gegebenen Beschränkungen zeichnet sich der zu deckende Informationsbedarf ab.

3. Deckung des Informationsbedarfs

Aufbauend auf dem Informationsbedarf ist das Informationsangebot zu planen, zu organisieren und zu kontrollieren. Im Mittelpunkt steht die Frage, wie der Informationsbenutzer (z. B. der Manager, der über das KEF-Verfahren wichtige Informationen spezifiziert hat) die von ihm benötigten Informationen erhält. Zur Analyse der Bedarfsdeckung eignet sich das Lebenszyklusmodell für die Produktion von Informationen (vgl. Levitan 1982; vgl. Abbildung 3.15).

Von der Informationsquelle zur Informationsressource

Am Anfang des Zyklus steht das Erkennen der potentiellen Information aus der Datenmenge. Nachdem das im unternehmensinternen und -externen Datenstrom Erkannte aufgenommen und gesammelt wurde, bildet es eine Informationsquelle. Um eine Informationsquelle in eine Informationsressource zu überführen, sind verschiedene Schritte notwendig:

Die Quelle ist zu verifizieren, Mechanismen für den physischen und intellektuellen Zugang sind zu etablieren, Speichermöglichkeiten zur Verfügung zu stellen und verschiedene gesetzliche, organisatorische und ökonomische Bedingungen zu berücksichtigen.

282

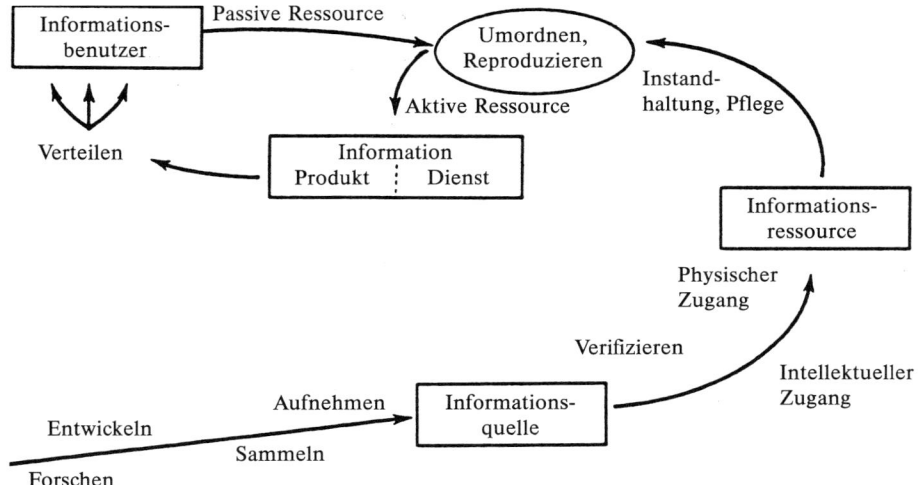

Abbildung 3.15: Lebenszyklusmodell für die Produktion von Information

(in Anlehnung an Levitan 1982)

```
                        Informationsressource
           ┌────────────────────┴────────────────────┐
    aktive Informationsressource          passive Informationsressource
   ┌──────────┴──────────┐              ┌──────────────┴──────────────┐
Berichts-      Melde- und Warnressource  Auskunfts- und   Auskunfts- und
ressource    ┌──────────┴──────────┐     Abfrageressource  Abfrageressource
```

Berichtsressource	Melde- und Warnressource		Auskunfts- und Abfrageressource als reine Informations- gewinnungs- ressource. Vorhandene Informationen werden zur Verfügung gestellt.	Auskunfts- und Abfrageressource mit Auswertungs- prozeduren. Vorhandene Daten werden entsprechend der Benutzer- aufgabenstellung aufbereitet.
starre Berichts- ressource – feste Inhalte – feste Formen – fester Berichts- rhythmus	Exzeptionelle Melde- oder Warnressource. Meldungen auf- grund über- bzw. unterschrittener oberer bzw. unterer Schwellenwerte.	Frühwarn- ressource. Meldungen auf- grund der Prognose, daß Schwellenwerte unter- bzw. über- schritten werden.		

Abbildung 3.16: Aktive und passive Informationsressourcen

(in Anlehnung an Szyperski 1980)

Die Informationsressource dient zur Deckung des Informationsbedarfs beim Informationsbenutzer. Sie kann dabei einen aktiven oder einen passiven Zustand einnehmen. Wenn die Ressource nur auf Initiative des Informationsbenutzers verwendet wird, ist sie passiv. Es handelt sich also um eine **benutzeraktive Informationsressource**. Im aktiven Zustand wird die Ressource in Informationsprodukte und -dienste überführt, die dann an die Informationsbenutzer weitergeleitet werden (regelmäßige Berichte, feste Verteiler, automatische Ausnahmeberichterstattung). In diesem Fall liegt eine **generatoraktive Informationsressource** vor.

Einen Überblick über verschiedene Formen aktiver und passiver Informationsressourcen gibt Abbildung 3.16 (S. 283).

Der Vorteil eines derartigen Lebenszyklusmodells gegenüber den üblichen „blackbox"-Modellen mit den Elementen Sender, Kanal und Empfänger liegt darin, daß die verschiedenen „Produktionsstufen" von Informationen zu erkennen sind.

Die Produktion von Informationen soll anhand eines Beispiels verdeutlicht werden (vgl. Picot/Franck 1988):

Ein sehr erfahrener und erfolgreicher Verkäufer scheidet aus Altersgründen aus dem Vertrieb aus. Über die Jahre hinweg hat er viel über seine Kunden, deren Gewohnheiten und Eigenarten und über die eigenen Produkte gelernt. Dieses Wissen droht nun mit ihm in den Ruhestand zu gehen. Um dem vorzubeugen, wird er vor seinem Ausscheiden längere Zeit begleitet und befragt. Seine Ausführungen werden aufgenommen und gesammelt. Sie bilden in der Terminologie des Lebenszyklusmodells eine Informationsquelle.

Die Ausführungen derartiger erfahrener Mitarbeiter sind zum großen Teil intuitiver Art und werden eher beispielhaft, ungeordnet und teilweise widersprüchlich vorgetragen. Es gilt nun, diese Aussagen zu ordnen, zu bestimmten Punkten gezielt nachzufragen und die Ergebnisse, wo es geht, zu systematisieren und zu verifizieren. Gleichzeitig ist auch die Frage nach der zu wählenden Speichermöglichkeit zu klären. Man könnte z. B. ein Handbuch für den Vertrieb herausgeben oder das Wissen in einer entsprechenden Datenbank abspeichern.

Nicht unabhängig davon ist die Entscheidung, wem und wie zu der Informationsquelle Zugang zu gewähren ist. Sollen darauf nur Verkäufer zugreifen, soll das Wissen allgemein zu Schulungszwecken eingesetzt werden oder soll gar aktivitätsübergreifend die Designabteilung Zugang erhalten? Es ist denkbar, diesen Fragen durch Einrichtung einer entsprechenden Datenbank Rechnung zu tragen. Nach dem Lebenszyklusmodell handelt es sich jetzt um eine Informationsressource. Diese muß, sofern sie brauchbar bleiben soll, einer ständigen Pflege und Weiterentwicklung unterzogen werden. Die Aktualität der enthaltenen Information ist laufend den neuesten Erkenntnissen anzupassen (neue Kunden und deren Gewohnheiten sind aufzunehmen, Überholtes bezüglich alter Kunden zu löschen etc.). Dazu sind die neuen Vertriebsmitarbeiter periodisch zu befragen.

Werden neue Verkäufer mit Hilfe der Datenbank geschult oder wird eine monatliche Vertriebsbroschüre damit herausgegeben, dann handelt es sich um eine aktive Informationsressource.

Die Überführung von Verbrauchs- und Zahlungsbelegen (Daten) in eine systematische Datenbasis (Ressource), die der regelmäßigen Erfolgs- und Finanzberichterstattung dient, entspricht ebenfalls, wie viele andere industrielle Informationslösungen, dem Lebenszyklusmodell.

Der Prozeß der Produktion von Informationen und deren Einsatz kann durch Informations- und Kommunikationssysteme, die zweite Ebene der Informationsmanagementaufgaben, unterstützt werden.

IV. Management der Informations- und Kommunikationssysteme

Informations- und Kommunikationssysteme vereinigen personelle (Qualifikation, Motivation), organisatorische (Aufbau- und Ablauforganisation) und technische (Hardware, Software) Komponenten. Die Kombination dieser Komponenten bestimmt die Struktur von Informations- und Kommunikationssystemen. Der erste wichtige Aufgabenbereich des Management der Informations- und Kommunikationssysteme besteht darin, die Struktur von Informations- und Kommunikationssystemen inhaltlich festzulegen. Dieses ist die Voraussetzung für die Entwicklung und anschließende Nutzung der Systeme.

Der zweite Aufgabenbereich des Management der Informations- und Kommunikationssysteme liegt in der effizienten Gestaltung dieser Entwicklungs- und Nutzungsprozesse.

1. Struktur von Informations- und Kommunikationssystemen

a) Klassifikationskriterien für Informations- und Kommunikationssysteme

In der Literatur haben sich unterschiedliche Klassifikationskriterien für Informations- und Kommunikationssysteme herausgebildet.

Knüpft man an der Frage an, in welchem Verhältnis manuelle zu maschinellen Informationsprozessen stehen, so lassen sich nichtautomatisierte, teilautomatisierte und vollautomatisierte Informations- und Kommunikationssysteme unterscheiden. Die **manuelle Informationsverarbeitung** ist dadurch gekennzeichnet, daß Operationen wie Rechnen, Schreiben, Vervielfältigen oder Buchen von Menschen selbst durchgeführt und kontrolliert werden. Der Übergang zur **teilautomatisierten Informationsverarbeitung** vollzieht sich in der Weise, daß einzelne und zusammenhängende

Automatisierungsgrad von Informations- und Kommunikationssystemen

285

Arbeitsabläufe maschinell abgewickelt werden. Die **automatisierte Informationsverarbeitung** faßt nicht nur bestimmte Operationen und Arbeitsabläufe zusammen, sondern ganze Arbeitsgebiete.

System-grenzen von Informations-und Kommunikations-systemen

Die Systemgrenzen von Informations- und Kommunikationssystemen können unterschiedlich weit gefaßt werden. Bei relativ engen Systemgrenzen werden lediglich Datenbasen, Computerprogramme und Datenverarbeitungsanlagen zum Informations- und Kommunikationssystem gerechnet. Bei weiter gefaßten Systemgrenzen werden auch die Entscheidungsträger sowie die Entscheidungs- und Planungsprozesse zum System gerechnet. In einem weiten Begriffsverständnis umfaßt ein Informations- und Kommunikationssystem sowohl technische als auch organisatorische und personelle Komponenten.

Integrations-grad von Informations-und Kommunikations-systemen

Informations- und Kommunikationssysteme lassen sich auch bezüglich des Integrationsgrades unterteilen. Der Begriff Integration charakterisiert allgemein die gegenseitige Durchdringung von Aufgaben und die wechselseitige Abhängigkeit der Informationsbedürfnisse.

Isolierte Informations-und Kommunikations-systeme

Relativ isolierte Informations- und Kommunikationssysteme wurden in den frühen Jahren der Datenverarbeitung beispielsweise für die Lagerbuchhaltung erstellt. Oft wurden einzelne Teile von Aufgabengebieten automatisiert ohne Verknüpfung mit vor- oder nachgelagerten Aufgaben (vgl. Abbildung 3.17a). Neben der Notwendigkeit zu wiederholter Dateneingabe und der mehrfachen Speicherung gleichartiger Daten führen isolierte Informations- und Kommunikationssysteme zu einer unzureichenden Abstimmung der Arbeitsfortschritte in den jeweiligen Arbeitsgebieten. Da jeder Anwender für die Pflege seiner Daten verantwortlich ist, können isolierte Informations- und Kommunikationssysteme zu mangelhafter Aktualität von Daten und damit zu beschränkten Auskunfts- und Informationsmöglichkeiten führen.

Integrierte Informations-und Kommunikations-systeme

In der Regel ist eine Integration dadurch gegeben, daß die Informations- und Kommunikationssysteme eines Industriebetriebs untereinander Informationen austauschen oder auf der Basis gleicher Daten und Informationen arbeiten (vgl. Abbildung 3.17b).

Daten-integration

Mit dem Konzept der Datenintegration werden jene Teilaufgaben und Vorgänge zusammengefaßt, die auf gleiche Daten zugreifen. Eine datenbezogene Integration legt zunächst nur fest, welche Daten gemeinsam genutzt werden und wie sie redundanzarm und zugriffsfreundlich strukturiert und gespeichert werden (zur Datenorganisation vgl. Kapitel V.2). Mit Hilfe der Datenintegration können jedoch auch organisatorische Konzepte unterstützt werden, die von einer funktionalen Arbeitsteilung zu einer **Vorgangs- und Prozeßintegration** führen (vgl. auch S. 301).

Als Leitlinie für die aufbau- und ablauforganisatorische Gestaltung von Unternehmen dominiert traditionellerweise die funktionale Arbeitsteilung. Zusammengehörige Arbeitsvorgänge werden dabei nach dem Verrichtungsprinzip in Teilvorgänge aufgeteilt, die in unterschiedlichen Organisationseinheiten ausgeführt werden (vgl. Teil 2, S. 88). Bei der Unterstützung mit EDV-Systemen besteht vielfach keine integrierte Lösung, da die Datenorganisation an den Anforderungen der jeweiligen

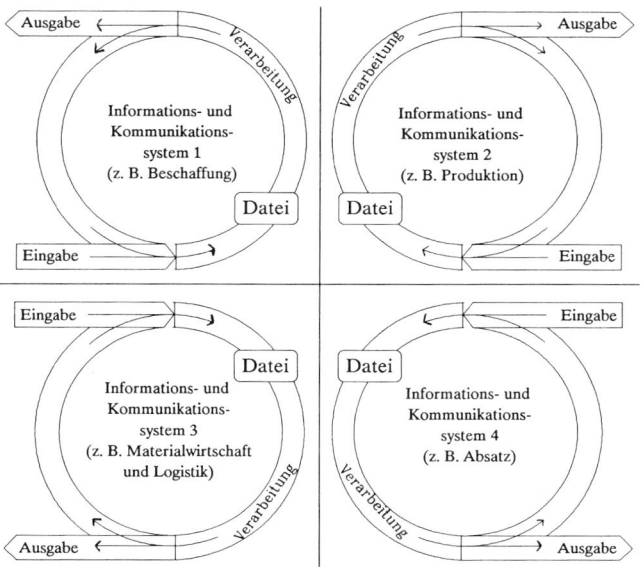

Abbildung 3.17a: Isolierte Informations- und Kommunikationssysteme

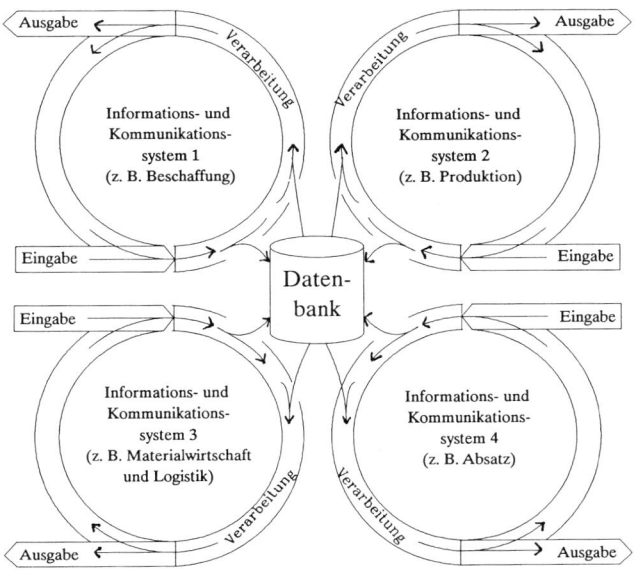

Abbildung 3.17b: Integrierte Informations- und Kommunikationssysteme

(in Anlehnung an Reusch 1984)

Organisationseinheiten ausgerichtet ist. Zwischen den einzelnen Bearbeitungsvorgängen entstehen somit lange und fehleranfällige Übertragungsvorgänge. Bei einer Vorgangs- und Prozeßintegration greifen alle Systeme auf eine einheitliche, integrierte Datenbasis zu, so daß eine gemeinsame Nutzung derselben Daten durch mehrere betriebliche Funktionen erfolgt (vgl. Abbildung 3.18; zu den unterschiedlichen Intensitätsstufen der Datenintegration vgl. Teil 4, S. 600).

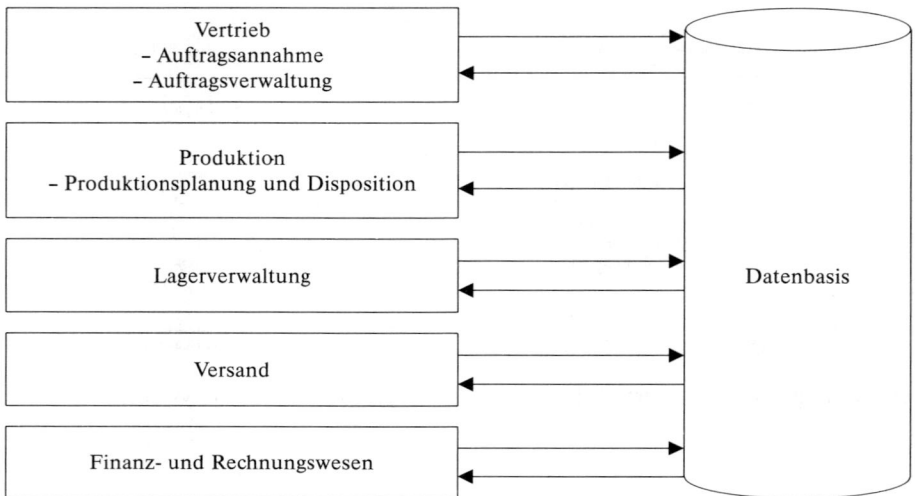

Abbildung 3.18: Integration der Informations- und Kommunikationssysteme zur „Lagerbestandsführung"

Quelle: Stahlknecht (1989)

Eine gemeinsame Datenbasis ermöglicht es, daß die Daten, die an einem Arbeitsplatz eingegeben werden, auch sofort für andere Funktionen verfügbar sind. Dadurch lassen sich die Aktualität und auch die Integrität von Daten verbessern. Zugleich werden Mehrfacheingaben von Daten vermieden und Übertragungszeiten zwischen den Teilschritten einer Vorgangskette erheblich verkürzt.

Funktions-   Neben dieser Vorgangs- und Prozeßintegration können innerhalb der Vorgangsket
integration   ten die Teilfunktionen wieder stärker integriert werden, d. h. die (häufig überzogene) Arbeitsteilung kann rückgängig gemacht werden. Diese Funktionsintegration ist darauf zurückzuführen, daß die Informations- und Kommunikationssysteme den Aufgabenträger entlasten und die Erfüllung komplexerer Aufgaben ermöglichen (vgl. auch S. 300).

Vertikale und   Die datenorientierte Integration kann sowohl in horizontaler als auch in vertikaler
horizontale   Richtung erfolgen (vgl. Abbildung 3.19). Die horizontale Integration bezieht sich auf
Integration   die Verknüpfung von Teilsystemen der betrieblichen Wertschöpfungskette. Bei der vertikalen Integration erfolgt eine Abstimmung und Verknüpfung von Informationssystemen unterschiedlicher Detaillierung.

288

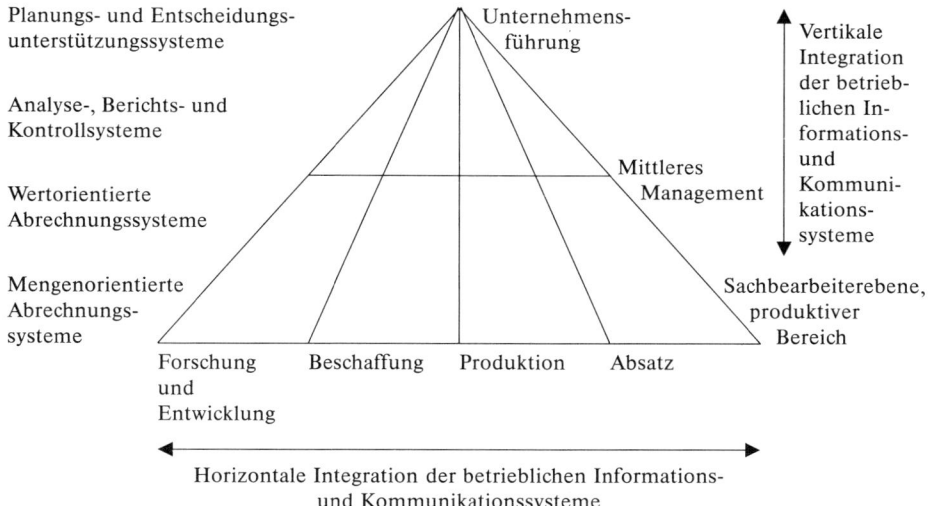

Abbildung 3.19: Horizontale und vertikale Integration von Informations- und Kommunikationssystemen

(in Anlehnung an Mertens/Griese 1991)

Die Realisierung einer vollständigen Integration stellt eine Idealvorstellung von Theorie und Praxis dar. Ziel der Integration ist es, die verschiedenen Bereiche der Unternehmung und ihren Informationsfluß zu einer Einheit zu verbinden. Die Ursprungsdaten werden einmalig – möglichst am Entstehungsort – erfaßt und nach einheitlichen Grundsätzen aufbereitet. Hierzu muß eine zentrale oder verteilte Datenbank für alle Daten- und Informationsarten geschaffen werden. Datenbankverwaltungssysteme oder geeignete Verknüpfungsregeln sollen eine Wiedergewinnung aller gewünschten Datenkombinationen für Informationszwecke gewährleisten. Bei der Diskussion um vollständig integrierte Informations- und Kommunikationssysteme werden prinzipiell vollständig spezifizierbare Produktions- und Administrationsverhältnisse unterstellt. Solche Bedingungen sind jedoch in der industriellen Praxis vielfach nicht gegeben (vgl. Mintzberg 1973, Ciborra 1987, Picot 1989).

Vollintegrierte Informations- und Kommunikationssysteme

Bereits in den 70er Jahren wurden Versuche unternommen, vollständig integrierte **M**anagementinformationssysteme (MIS) zu entwerfen. Die Integration sollte sich sowohl auf unterschiedliche Funktionsbereiche als auch auf unterschiedliche Hierarchieebenen beziehen.

MIS

Diese Bemühungen können als gescheitert gelten (vgl. Kirsch/Klein 1977). Wesentliche Ursachen dafür waren, neben den damals begrenzten technischen Möglichkeiten, vor allem naive Vorstellungen über den Informationsbedarf von Führungskräften. Obwohl sozialwissenschaftliche Theorien über das Informations- und Entscheidungsverhalten in Organisationen bereits relativ weit entwickelt waren, scheiterten

289

die MIS-Ansätze am Relevanzproblem, d. h. die elektronische Datenverarbeitung stellte zu wenig relevante Informationen bereit. Die Folge war eine weitgehende Ablehnung bzw. eine mangelnde Akzeptanz der Informations- und Kommunikationssysteme seitens der potentiellen Benutzer (vgl. Beckurts/Reichwald 1984, Müller-Böling/Müller 1986).

Das Scheitern der Managementinformationssysteme der 70er Jahre hat zu verschiedenen Ansätzen und Programmen für eine sozialwissenschaftlich und ökonomisch fundierte Neuorientierung bei der Gestaltung von Informations- und Kommunikationssystemen geführt. Vor dem Hintergrund dieser Theorien wurden verschiedene Konzepte zur partizipativen Systemgestaltung entwickelt (vgl. Eason 1982, Mumford 1983, Mumford/Welter 1984). Damit wurde die Forderung verbunden, daß im Rahmen der Systemgestaltung unterschiedliche Kontexte in einzelnen Organisationseinheiten sowie der Interessenpluralismus in einer Organisation und die politische Dimension von Entscheidungs- und Systemgestaltungsprozessen stärker berücksichtigt werden sollten (vgl. Maier 1990). Im Zusammenhang mit organisationstheoretischen und ökonomischen Theorien wird in den letzten Jahren zunehmend für einen problem- und aufgabenorientierten Einsatz von Informations- und Kommunikationssystemen plädiert (vgl. Lullies u. a. 1990).

Vor diesem Hintergrund sowie unter Einbeziehung neuer technischer Möglichkeiten ist in jüngster Zeit die MIS-Diskussion wieder entflammt, diesmal unter dem Stichwort EIS (Executive Information System; vgl. z. B. Rockart/Delong 1988).

b) Informations- und Kommunikationssysteme und Koordinationsformen

Zur Darstellung betrieblicher Anwendungen von Informations- und Kommunikationssystemen und deren Einbindung in den Gesamtzusammenhang einer Unternehmung bedarf es prinzipiell einer modellhaften Abstraktion. Eine Abstraktion, die sich an einer Daten- oder Funktionsmodellierung orientiert, führt zu einer Vielzahl von interdependenten Datenstrukturen oder Einzelfunktionen (vgl. z. B. Scheer 1990a, Kargl 1990). Solche Darstellungen sind vor allem für eine DV-technische Umsetzung von Informations- und Kommunikationssystemen bedeutsam (vgl. S. 314).

Die Informations- und Kommunikationserfordernisse einer Unternehmung müssen im Gesamtzusammenhang mit den Unternehmensaufgaben, der marktlichen Einbindung von Unternehmen und den sich daraus ergebenden Unternehmensstrukturen gesehen werden. Den daten- und funktionsorientierten Ansätzen aus dem Bereich der technischen Systementwicklung muß deshalb ein organisationstheoretischer oder ökonomischer Hintergrund verliehen werden.

Die Transaktionskostentheorie (vgl. Teil 1, S. 52) zeigt, daß die Organisations- oder Koordinationsform abhängig ist von den Eigenschaften der jeweiligen Aufgaben und Austauschbeziehungen. Diese jeweiligen Eigenschaften beeinflussen letztlich die bei der arbeitsteiligen Aufgabenerfüllung zu bewältigenden Informations- und Kommunikationsprobleme. Es wird dann die Koordinationsform gewählt, die diese Informations- und Kommunikationsprobleme des Leistungstausches und damit die Transaktionskosten minimiert.

Diesem Gedankengang folgend sind in Abbildung 3.20 (vgl. Picot 1989) in vereinfachter Weise vier Typen von Austauschbeziehungen in Abhängigkeit von den Aufgabenmerkmalen „Spezifität" (d. h. Grad der Einmaligkeit) und „Veränderlichkeit/Beschreibbarkeit" (d. h. Unsicherheit bzw. Dynamik und Definierbarkeit) dargestellt. Diesen sind die jeweiligen „effizienten" Koordinationsformen stark vereinfacht und in plakativer Form zugeordnet: Hierarchie, Markt, strategisches Netzwerk und Clan.

		3 „Strategisches Netz" Kooperationen mit externen oder internen Lieferanten und Abnehmern	4 „Clan" Wertgebundene kommunikationsintensive Gruppenarbeit
Veränderlich-keit / Be-schreibungs-probleme der Aufgabe	Hoch		
	Gering	2 „Markt" Markt mit standardisierter Aufgabenabwicklung	1 „Hierarchie" Interne Fachaufgaben
		Gering	Hoch
	Spezifität der Aufgabe		

Abbildung 3.20: Transaktionskostentheoretisch abgrenzbare Austausch-
           beziehungen

Je nach Qualität der betrachteten Leistungsbeziehungen verändern sich auch die Anforderungen an die Informations- und Kommunikationsunterstützung. Demnach müssen die aus den Eigenarten arbeitsteiliger Aufgabenerfüllung resultierenden Informations- und Kommunikationsprobleme die Gestaltung der organisatorischen Strukturen und Abläufe einschließlich der Informations- und Kommunikationssysteme bestimmen (vgl. Abbildung 3.21).

Anhand der transaktionskostentheoretisch abgrenzbaren Austauschbeziehungen lassen sich somit auch unterschiedliche Makrostrukturen von Informations- und Kommunikationssystemen beschreiben (vgl. auch Hanker 1990).

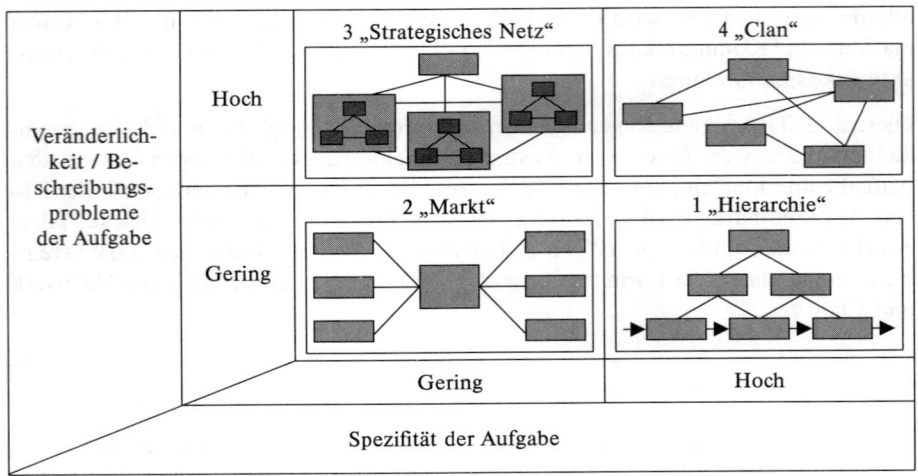

Abbildung 3.21: Koordinationsformen und Makrostrukturen von Informations-
und Kommunikationssystemen

Informations- und Kommunikationssysteme bei hierarchischen Formen der Aufgabenabwicklung (Feld 1: „Hierarchie")

Eine (mehr oder weniger bürokratische) Hierarchie als Modell für die betriebliche Informationsverarbeitung bietet sich an für hoch spezifische, stabile Aufgaben. Für diese sind interne Steuerungs- und Kontrollstrukturen zu entwickeln.

Geht man von einer hierarchischen Strukturierung der Organisation aus, so lassen sich Informations- und Kommunikationssysteme sowohl nach der hierarchischen Reichweite (vertikal) als auch nach funktionalen Kriterien (horizontal) systematisieren.

Systemati-
sierung nach
der hierar-
chischen
Reichweite

Unterscheidet man Informations- und Kommunikationssysteme nach dem Kriterium der hierarchischen Reichweite, so kann eine Orientierung an der Struktur formaler Planungs- und Kontrollsysteme erfolgen. Häufig wird dabei zwischen strategischer Planung, Steuerung und Kontrolle sowie operativer Planung unterschieden (vgl. Anthony 1988). Diese drei Ebenen unterscheiden sich nach ihrem jeweiligen Planungshorizont und den Planungsinhalten.

Diese Grundstruktur einer hierarchischen Koordination wird im Zusammenhang mit Informations- und Kommunikationssystemen verfeinert. Häufig wird eine Unterscheidung zwischen (1) mengenorientierten operativen Systemen, (2) wertorientierten Abrechnungssystemen, (3) Analyse-, Berichts- und Kontrollsystemen und (4) Planungs- und Entscheidungsunterstützungssystemen vorgenommen (vgl. Mertens/ Griese 1991, Mertens 1988, Scheer 1990a). Diese dienen unmittelbar den Grundaufgaben der Informationswirtschaft, die zu Beginn dieses Teils dargestellt wurden (vgl.

292

S. 247). Mengenorientierte operative Systeme und wertorientierte Abrechnungssysteme unterstützen in erster Linie die Dokumentation. Zur Kontroll- und Steuerungsunterstützung werden v. a. Analyse-, Berichts- und Kontrollsysteme eingesetzt. Die Planungs- und Entscheidungsunterstützung basiert primär auf Planungs- und Entscheidungsunterstützungssystemen.

Auf der operativen Ebene dienen Informations- und Kommunikationssysteme sowohl der Unterstützung der einzelnen Wertschöpfungsaktivitäten als auch der Verknüpfung verschiedener Wertschöpfungsstufen. Systeme auf der operativen Ebene werden auch als Transaktionsdatensysteme, als mengenorientierte operative Systeme oder als Administrations- und Dispositionssysteme bezeichnet (vgl. Mertens 1988, Scheer 1990c, Pressmar 1990, Mertens/Griese 1991). Aufgabe dieser Systeme ist es, Transaktionsprozesse zu steuern und Informationen über den Status und Verlauf von mengenorientierten primären Wertschöpfungsprozessen zu liefern.

Mengenorientierte operative Systeme

Diese Systeme werden in allen Funktionsbereichen eingesetzt. In der industriellen Fertigung beispielsweise werden Transaktionsprozesse zunehmend durch computergestützte **Produktionsplanungs- und -steuerungssysteme (PPS)** sowie durch technikbezogene **EDV-Systeme zur Produktbeschreibung und Steuerung der Fertigungsanlagen** unterstützt. Gemeinsam bilden diese Systeme die Grundlage für das **Computer Integrated Manufacturing (CIM)**. Mit CIM-Systemen wird eine Integration der Produktionsplanung und -steuerung für betriebswirtschaftliche und technische Aufgaben angestrebt (vgl. Teil 4, S. 578 ff.). Im Personalbereich sind hier z. B. Systeme zur Arbeitszeitverwaltung zu nennen, im Absatzbereich ist an Systeme zur Versandlogistik zu denken.

Sowohl die technisch orientierten, produktbezogenen Basisfunktionen als auch die betriebswirtschaftlichen Funktionen zur unmittelbaren Realisierung von Basisprozessen werden von Planungs- und Dispositionsfunktionen überlagert. Auf der Seite der betriebswirtschaftlich-planerischen Funktionen werden die mengenorientierten Prozesse von wertorientierten Abrechnungssystemen (z. B. Lagerbuchführung, Anlagenbuchführung, Kreditoren- und Debitorenbuchführung) begleitet, so daß die betriebswirtschaftlichen Konsequenzen von mengenorientierten Prozessen sichtbar werden (vgl. Teil 9).

Wertorientierte Abrechnungssysteme

Aus den Informationen der operativen Ebene werden durch Verdichtung Informationen für Analyse-, Berichts- und Kontrollsysteme zur Unterstützung von Koordination und Steuerung (Controlling) abgeleitet. Analyse-, Berichts- und Kontrollfunktionen werden vorwiegend mit den Methoden der Kosten- und Leistungsrechnung ausgeführt. Zudem werden Systeme zur Unterstützung der mittelfristigen Planungs- und Kontrollprozesse des Management bereitgestellt. Auf dieser Ebene werden auch Analyse- und Berichtssysteme eingesetzt, in die neben den verdichteten Daten der internen Prozesse auch Daten und Informationen aus externen Quellen einbezogen werden.

Analyse-, Berichts- und Kontrollsysteme

*Planungs-
und Ent-
scheidungs-
unter-
stützungs-
systeme*

Auf der obersten Ebene befinden sich Planungs- und Entscheidungsunterstützungssysteme für die strategische Planung und unternehmenspolitische Entscheidungen des oberen Management. **Entscheidungsunterstützungssysteme sind interaktive rechnergestützte Systeme, aus denen Entscheidungsträger in schlechtstrukturierten Entscheidungssituationen Hilfestellung beziehen.** Entscheidungsunterstützungssysteme enthalten eine aufeinander abgestimmte Sammlung von Methoden und Entscheidungsmodellen und verfügen über einen Zugriff auf eine geeignete Datenbasis. Oftmals verfügen solche Systeme auch über spezifische Sprachen oder Programme zur Unterstützung des Modellaufbaus und der Datenaufbereitung. An Entscheidungsunterstützungssysteme wird die Forderung gestellt, alle Entscheidungsphasen und auch unterschiedliche Formen von Entscheidungsprozessen in den diversen betrieblichen Funktionen interaktiv zu unterstützen.

Entscheidungsunterstützungssysteme können prinzipiell für unterschiedliche Managementebenen und -funktionen erstellt werden. In die Unterstützungssysteme auf den höheren Ebenen der Informationsverarbeitung fließen neben verdichteten Daten und Informationen aus den darunterliegenden Ebenen auch zusätzlich externe Informationen ein (z. B. über Marktanteile und Wettbewerber).

Computergestützte mengenorientierte operative Systeme und wertorientierte Abrechnungssysteme werden in der industriellen Praxis gegenwärtig in großem Umfang eingesetzt. Computergestützte Analyse-, Berichts- und Kontrollsysteme sind dagegen noch nicht so weit verbreitet, während Planungs- und Entscheidungsunterstützungssysteme kaum verwendet werden (vgl. Wolff 1988). Die betriebswirtschaftliche Forschung beschäftigt sich demgegenüber mit allen Systemtypen; besonderes Forschungsinteresse liegt dabei gegenwärtig auf Planungs- und Entscheidungsunterstützungssystemen.

Zwischenbetriebliche Informationsverarbeitung und elektronischer Datenaustausch (Feld 3: „Strategisches Netz")

Nachdem die Systeme der innerbetrieblichen Datenverarbeitung in vielen Unternehmungen bereits einen relativ hohen Entwicklungsstand erreicht haben, werden derzeit besonders Einsatzformen und Nutzen der zwischenbetrieblichen Informationsverarbeitung diskutiert (vgl. Reichwald/Rupprecht 1991). Systeme der zwischenbetrieblichen Informationsverarbeitung eignen sich vor allem für die Koordination solcher Leistungen, die relativ wenig spezifisch, aber stark veränderlich sind (z. B. Einbindung von Teilen, Komponenten und Dienstleistungen). **Zwischenbetriebliche Informationsverarbeitung bezieht sich auf Systemanwendungen, die zwischen zwei oder mehreren rechtlich selbständigen Unternehmen stattfinden und diese miteinander verbinden.** Charakteristisch für solche Systeme ist, daß Informationen für bestimmte Marktpartner bereitgestellt werden bzw. daß andere Marktpartner von diesen Informationen ausgeschlossen werden. Bei der zwischenbetrieblichen Informationsverarbeitung hat der elektronische Datenaustausch (EDI = **E**lectronic **D**ata **I**nterchange) zentrale Bedeutung. Mit EDI wird das Ziel verfolgt, einen unmittelbaren zwischenbetrieblichen Datenverbund auf der Ebene von Anwendungssystemen zu realisieren (z. B. direkte Koppelung zwischen Bestellsystem und Auftragsabwicklungssystem von Abnehmer und Lieferant; vgl. z. B. Sedran 1991, Picot u. a. 1991). Der Datenaustausch erfolgt in Deutschland über öffentliche Netze, insbesondere unter Verwendung des Telefonnetzes und des integrierten Datennetzes. Eine Vorstufe des elektronischen Datenaustausches ist der Datenträgeraustausch mit Magnetbändern oder Disketten.

(1) Ausprägungen, Anwendungsformen und Nutzen der zwischenbetrieblichen Informationsverarbeitung

Im Industriebetrieb kann die zwischenbetriebliche Informationsverarbeitung sowohl unternehmensübergreifende Prozesse der Produkt- und Leistungserstellung als auch administrative Tätigkeiten bzw. sekundäre Wertschöpfungsaktivitäten unterstützen (vgl. Abbildung 3.4a). Die **Unterstützung administrativer Aufgaben** kann durch den elektronischen Austausch von Rechnungsdaten und die rechnergestützte Übertragung von Zahlungsanweisungen (z. B. Zahlung von Lieferanten-/Kundenrechnungen, Gehaltszahlungen, Sozialabgaben und Steuerzahlungen) erfolgen. Bei der **Produkt- und Leistungserstellung** bzw. bei den primären Wertschöpfungsaktivitäten wirkt die zwischenbetriebliche Informationsverarbeitung vorwiegend auf die Funktionen Beschaffung, Vertrieb, Marketing und Kundenservice. Mit Bestellsystemen, *Bestell-* wie sie mittlerweile viele Automobilhersteller einsetzen, lassen sich Lieferungen von *systeme* den Lieferanten bedarfsgerecht abrufen, so daß eine Just-In-Time- Produktion möglich wird (vgl. Teil 4, S. 608). Im Regelfall werden dabei größere Liefermengen vertraglich vereinbart oder andere Stabilisierungsmechanismen (z. B. EDI-Rahmenvertrag, Kooperationsvereinbarungen) zugrundegelegt. Häufig sind mit der Einführung von Bestellsystemen auch Veränderungen in den Organisationsformen der Unternehmen verbunden. Durch elektronische Bestellsysteme lassen sich Abstimmungsprozesse verringern, Auftragsvorlaufzeiten verkürzen und Lagerbestände weitgehend reduzieren.

Im Bereich Marketing und Vertrieb können Bestelldaten mit Handelsunternehmen *Marketing-* oder Kunden ausgetauscht werden (vgl. Zentes 1987). Ebenso können in der **Ver-** *und Ver-* **triebslogistik** elektronische Verbindungen zu Speditionsbetrieben oder Handelsunter- *triebssysteme* nehmen hergestellt werden. Der Einsatz elektronisch gestützter Marketing- und Vertriebssysteme führt vielfach dazu, daß Vertriebskanäle besetzt und damit Eintrittsbarrieren für andere Wettbewerber aufgebaut werden. Im Verbund mit dem Vertriebssystem lassen sich mit der zwischenbetrieblichen Informationsverarbeitung auch neue oder verbesserte **Serviceleistungen** wie z. B. Ferndiagnose- und Fernwartungssysteme für technische Anlagen anbieten.

Zwischenbetrieblicher Informationsaustausch kann aber auch zur effizienten zwi- *Systeme für* schenbetrieblichen Kooperation bei der Produktentwicklung (vgl. Teil 8, S. 606) – *die Produkt-* beispielsweise durch den Austausch von technischen Spezifikationen oder Konstruk- *entwicklung* tionsdaten – beitragen. Neben der Möglichkeit einer verbesserten Produktentwicklung können damit auch kürzere Entwicklungszeiten realisiert werden (vgl. Zäpfel 1989 a).

Häufig sind zum Aufbau zwischenbetrieblicher Informations- und Kommunikationssysteme spezifische Investitionen in die technische Infrastruktur erforderlich (z. B. spezielle Standards für die Kommunikation), aus denen sowohl Einstiegs- als auch Umstiegskosten für die jeweiligen Teilnehmer resultieren. Damit erfolgt auch eine höhere Bindung an die aufgebauten Bezugs- oder Vertriebskanäle. Beruhen die Anwendungen des Datenaustausches auf allgemein akzeptierten Standards oder Diensten, so lassen sich Einsparungspotentiale und Flexibilitätsvorteile des elektronischen Datenaustausches realisieren, ohne in Abhängigkeiten zu geraten. Aus diesem Grund kommt den Bemühungen der UN und der EG um einen branchenübergreifenden, internationalen Standard für den zwischenbetrieblichen Austausch von Geschäftsdokumenten (EDIFACT) große wirtschaftliche Bedeutung zu.

(2) Zwischenbetriebliche Informationsverarbeitung zur Unterstützung von Wertschöpfungspartnerschaften

Wertschöpfungspartnerschaften – auch als strategische Netzwerke bezeichnet (vgl. Jarillo 1988) – bilden institutionelle Koordinationsmuster, die sowohl Elemente marktlicher als auch hierarchischer Koordination beinhalten. **Strategische Netzwerke bestehen aus formalrechtlich selbständigen und spezialisierten Klein- und Mittelunternehmen, die in engen, stark arbeitsteiligen Austauschbeziehungen gemeinsame Aufgabenstellungen durchführen.** Die Koordination der Netzunternehmen wird zumeist von einem Leitunternehmen („Brokerunternehmen") vorgenommen.

Die Netzunternehmen sind über langfristige und weitgehend offene Verträge mit dem Leitunternehmen verbunden. Zur Abwicklung der einzelnen Teilaufgaben wird den einzelnen Netzunternehmen ein weitgehender Handlungsspielraum und weitreichende Entscheidungsbefugnis eingeräumt. Damit kann bei den einzelnen Betrieben ein unternehmerisches Interesse an einer effizienten und effektiven Erfüllung der Teilaufgaben im Kooperationsverbund gefördert werden. In diesem Kooperationsverbund lassen sich komplexe und spezifische Austauschbeziehungen in ähnlich flexibler Weise realisieren wie bei hierarchischer Koordination. Durch die prinzipielle unternehmerische Eigenständigkeit der Partner werden jedoch Koordinationskosten gesenkt. Beispiele für derartige strategische Netzwerkorganisationen, die auch jeweils durch elektronische Kommunikationssysteme stark unterstützt werden, finden sich etwa in der Textilindustrie und im Großanlagenbau. Man spricht dann auch von „virtuellen Hierarchien".

Informations- und Kommunikationssysteme für marktliche Koordination (Feld 2: „Markt")

Elektronische Märkte sind dadurch gekennzeichnet, daß Unternehmen unter Verwendung von Kommunikations- oder Nachrichtenvermittlungssystemen und Datenbanken weitgehend standardisierte Produkte und Leistungen offerieren und austauschen (vgl. z. B. Hubmann 1989). Marktliche Transaktionen werden durch Informations- und Kommunikationssysteme „mediatisiert".

296

Bei Transaktionen, die über den Markt abgewickelt werden, handelt es sich i. d. R. um häufig wiederkehrende, eindeutig beschreib- und bewertbare, standardisierte und selten veränderliche Tausch- und Leistungsbeziehungen. Die Leistungen werden aufgrund von wenigen, aber eindeutigen Informationen über Qualität, Menge und Marktpreis bezogen. Besonders ausgeprägt finden sich elektronische Märkte im Bereich des Handels mit standardisierten Finanztiteln (z. B. Deutsche Terminbörse). Aufgabe der Informationstechnologie ist es, kurzfristige kaufvertragliche Vereinbarungen zwischen selbständigen Handlungsträgern zu unterstützen und damit elektronische Makler- bzw. Pooleffekte zu schaffen. Mit elektronischen Medien und gemeinsamen Datenbanksystemen werden Angebots- und Nachfragebeziehungen zusammengefaßt und Möglichkeiten für Geschäftsabschlüsse mit Hilfe elektronischer Systeme geschaffen (electronic brokerage effect). Informations- und Kommunikationssysteme unterstützen die marktliche Abwicklung durch eine **Verbesserung der Markttransparenz** sowie durch eine **Automatisierung der Abwicklung** von marktlichen Transaktionen, z. B. Bestell-, Abrechnungs- und Zahlungsvorgängen. Sie ermöglichen so eine Senkung der bei den Marktpartnern anfallenden Transaktionskosten. Eine Mediatisierung von Märkten kann mit Hilfe von Datenbanken und öffentlichen Kommunikationssystemen und den darin angebotenen Diensten erzielt werden.

Marktliche Transaktionen

Maklereffekt

Neben dem Makler- bzw. Pooleffekt können aus der Mediatisierung von marktlichen Transaktionen auch **Integrations- bzw. Verkettungseffekte** zwischen organisationsübergreifenden Wertaktivitäten erzielt werden. Solche Integrationseffekte lassen sich vor allem dann erreichen, wenn sowohl die marktliche als auch die zwischenbetriebliche und die innerorganisatorische Kommunikation auf einheitlichen und standardisierten Datenformaten und Übertragungsprotokollen erfolgt. Elektronische Märkte stellen eine Erweiterung zwischenbetrieblicher Informations- und Kommunikationssysteme dar.

Integrations- und Verkettungseffekt

Informations- und Kommunikationssysteme für gruppenorientierte Aufgabenabwicklung (Feld 4: „Clan")

Arbeitsteilige Aufgaben mit hoher Spezifität und Veränderlichkeit lassen sich durch formale Systeme nicht unmittelbar abbilden. Sie bedürfen vor allem einer gut funktionierenden sozialen Kommunikation in der Gruppe.

Bei gruppenorientierten Formen der Aufgabenabwicklung erfolgt die Koordination zumeist weniger über strukturelle Koordinationssysteme, als vielmehr über die Orientierung der Organisationsmitglieder an gemeinsamen Werten, Qualitätsvorstellungen, Normen und Einstellungen. In Anlehnung an Ouchi (1980) lassen sich solche Formen der Aufgabenabwicklung als „Clan-Organisationen" bezeichnen.

Clan-Organisation

Insbesondere für unsichere, hoch komplexe und spezifische Austauschbeziehungen – wie z. B. Forschungs- und Entwicklungs- sowie Führungs- und Beratungsleistungen, Projektarbeiten – kann eine solche Koordinationsform eine unbürokratische, anpassungsfähige und transaktionskostengünstige Abwicklung ermöglichen. Herausragende Eigenschaft des Informations- und Kommunikationssystems muß es sein, die fachlichen Fähigkeiten der Beteiligten in bestmöglicher Weise zusammenzuführen, um einen kreativen Problemlösungsprozeß zu ermöglichen (vgl. Picot 1989). In erster Linie ist eine möglichst freie und unverzerrte face-to-face-Kommunikation (z. B. Gruppenarbeit) nötig, damit durch Ideen- und Informationsaustausch neuartige Lösungen erkundet, entwickelt und implementiert werden können. Informations- und Kommunikationstechnik hat dabei eine subsidiäre Funktion, nämlich die Beteiligten bei der Vorbereitung und Durchführung der Gruppenkommunikation bestmöglich zu entlasten und zu unterstützen. Dies kann beispielsweise durch Erleichterung des Zugangs zu internen oder externen Informationen und Daten mit Hilfe von **Kommunikationstechnik und Datenbanken** erfolgen. Ebenso können computergestützte Werkzeugumgebungen für die **individuelle Informationsverarbeitung** (Tabellenkalkulation, Text- und Grafikverarbeitung) die Erstellung und Verwaltung von Präsentationsmaterial und persönlichen Archiven unterstützen. Für die Unterstützung dieser Tätigkeiten sind besonders individualisierbare, benutzerfreundliche Techniken mit hohen Leistungs- und Flexibilitätseigenschaften gefragt, die zugleich die Arbeit von Gruppen unterstützen (vgl. Picot u. a. 1988, Reichwald/Schmelzer 1990, Reichwald 1991 b).

„Group Decision Support Systems"

Ergänzend zur individuellen Informationsverarbeitung hat sich in den letzten Jahren ein zunehmendes Interesse an Systemen zur rechnergestützten Teamarbeit und kollaborativen Arbeitsunterstützung eingestellt. Aus der Erkenntnis, daß viele Entscheidungsprozesse in Gruppen ablaufen, wurden Entscheidungsunterstützungssysteme zu sogenannten **Group Decision Support Systems (GDSS)** weiterentwickelt (vgl. Gray 1987, Krcmar 1988). **GDSS sind interaktive rechnergestützte Systeme, die eine Gruppe von Entscheidungsträgern bei der Lösung schlechtstrukturierter Probleme unterstützen.** Unter Verwendung von Daten-, Methoden- und Modellbanken liefern GDSS ähnliche Unterstützungskomponenten wie „klassische" Entscheidungsunterstützungssysteme. Ergänzend dazu werden spezifische Kommunikationsinfrastrukturen sowie mathematische Methoden zur Präferenzermittlung, Präferenzaggregation und Ermittlung möglicher Kompromisse bereitgestellt.

Groupware

Da nicht nur Entscheidungen im engeren Sinn, sondern die Gesamtheit von gruppenorientierten Problemlösungs- und Arbeitsprozessen einer Unterstützung bedürfen, haben die Forschungsinteressen zur Gruppenunterstützung eine zunehmende Ausweitung erfahren. Dies kommt in Begriffen wie **cooperative work, computer aided groups, rechnergestützte Teamarbeit, kollaborative Arbeitsunterstützungssysteme oder Groupware** zum Ausdruck (vgl. Johansen 1988, Olson 1989). Im Rahmen dieser erweiterten Forschungsinteressen sollen Gruppen bei unterschiedlichen Entscheidungs-, Problemlösungs- und Aufgabenabwicklungsprozessen sowohl inhaltliche als

Nutzeneffekte der Gruppenunterstützung

auch prozeßorientierte Unterstützung erfahren (vgl. Abbildung 3.22). Die **inhaltliche Unterstützung** kann wesentlich mit Hilfe von internen und externen Auskunftssystemen, Datenbanken oder Expertendatenbanken erfolgen. Aus der inhaltlichen Unterstützung resultiert ein gruppenbezogener **Informationsnutzen**. Neben der gruppenorientierten Informationsunterstützung kann den Teilnehmern während einer Sitzung auch deren individuelles Entscheidungsunterstützungssystem zur Verfügung stehen. Formen der **Prozeßunterstützung** werden auf der Basis von Kommunikations-, Telekonferenz- und Mailsystemen erbracht.

298

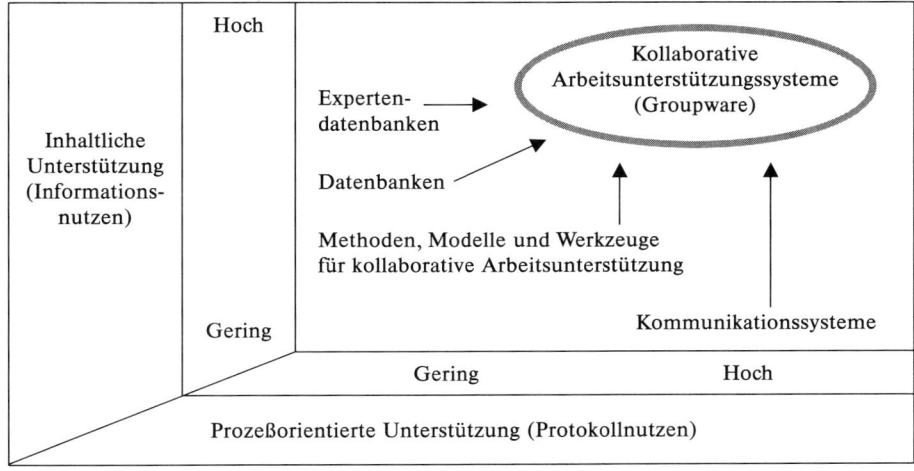

Abbildung 3.22: Inhaltliche und prozeßorientierte Formen zur Unterstützung gruppenorientierter Aufgabenabwicklung

Mögliche Methoden und Werkzeuge für eine prozeßorientierte Unterstützung sind beispielsweise: Computergestützte Sitzungsmoderation, Systeme zur Verhandlungsunterstützung, Systeme für Sprach- und Grafikkonferenzen, Präsentationssoftware, Projektmanagementsoftware, Terminkalendermanagement für Gruppen, Mehrfachautorensoftware, Bildschirmsharingsoftware, Computerkonferenzen, computerunterstützte Audio- und Videokonferenzen sowie Konversationsstrukturierung. Die Prozeßunterstützung kann zu einer Erleichterung bei der Einhaltung von Kommunikations- und Verhaltensprotokollen führen. Dieser Nutzenaspekt wird auch als **Protokollnutzen** bezeichnet. Darüber hinaus haben die Erfahrungen mit dem Einsatz von GDSS gezeigt, daß auch **affektive Nutzeneffekte** zu verzeichnen sind. Vom Einsatz der Gruppenunterstützungssysteme gehen demnach stimulierende Effekte sowohl auf die Einstellung der Gruppenmitglieder zur Kooperation und zum Entscheidungsergebnis als auch für die Aufgabenformulierung aus (vgl. Krcmar 1988). Dies gilt für Gruppenunterstützung an einem Standort genauso wie vor allem bei Verteilung der Gruppenmitglieder auf diverse Standorte, etwa im Rahmen internationaler Forschungs- und Marketingprojekte.

Aus der Betrachtung transaktionskostentheoretisch abgrenzbarer Austauschbeziehungen lassen sich bereits wichtige Gestaltungsoptionen für den Einsatz neuer Technologien erkennen. Dabei ist zu beachten, daß sich die grundlegenden Koordinationsformen auch innerhalb von Organisationen etablieren lassen. Mit „internen Märkten" lassen sich in Unternehmen sowohl marktliche als auch hierarchische Koordinationselemente erschließen (z. B. interne Arbeitsmärkte) und durch Informations- und Kommunikationssysteme transaktionskostengünstig abwickeln.

299

Aus den Betrachtungen wurde deutlich, daß die Planung von Informations- und Kommunikationssystemen den unterschiedlichen Aufgabentypen und Koordinationsformen Rechnung tragen muß. Sie muß unternehmensinterne und unternehmensübergreifende Koordination und Kooperation berücksichtigen und die jeweils angemessenen organisatorischen, personellen und technischen Konfigurationen für die Informationsversorgung sicherstellen.

Nachfolgend werden wichtige organisatorische und personelle Gestaltungspotentiale und mögliche negative sekundäre Effekte, die sich aus dem Einsatz von Informations- und Kommunikationssystemen im Unternehmen ergeben können, näher betrachtet.

c) Organisatorische Gestaltungspotentiale der Informations- und Kommunikationssysteme

Mit der verstärkten informationstechnischen Durchdringung von Unternehmen findet derzeit ein wichtiger Infrastrukturwandel in der betrieblichen Informationsverarbeitung statt. Die **Multifunktionalität** und die damit verbundene **Breite der Anwendungsmöglichkeiten** der neuen Informations- und Kommunikationstechnik schaffen neue Bedingungen für die betriebliche Leistungserstellung. Sie ist zugleich Produktions- und Organisationstechnik und betrifft den Prozeß der materiellen Leistungserstellung in der Fertigung ebenso wie den Prozeß der Informationsverarbeitung im Büro. Mit der **dezentralen Verfügbarkeit** des Leistungsspektrums der neuen Technik und der **offenen Gestaltbarkeit** von Hard- und Softwaresystemen entwickelt sich Informationstechnik zunehmend zu einem nutzungsoffenen Leistungsträger. Durch das bloße Vorhandensein der Technik sind noch keine spezifischen Anwendungen vorbestimmt, sondern vielmehr verschiedene, inhaltlich noch unbestimmte Anwendungsmöglichkeiten offen. Die Technik weist zunehmend einen **Werkzeugcharakter** auf und kann gleichermaßen zu Zwecken der Standardisierung und der Individualisierung eingesetzt werden. Dieser Infrastrukturwandel berührt alle betrieblichen Funktionsbereiche gleichermaßen und eröffnet neuartige organisatorische Gestaltungsoptionen hinsichtlich der Arbeitsbedingungen, der Organisationsstrukturen und der Qualifizierung von Mitarbeitern. Dieses Gestaltungspotential birgt Chancen, aber auch Risiken für die Zielerreichung.

Neue Formen der Arbeitsteilung

Horizontale und vertikale Aufgabenintegration

Die Entstehung neuer Infrastrukturen für die betriebliche Information und Kommunikation ermöglicht neue Formen der Arbeitsteilung. Teilvorgänge, die bislang von jeweils funktional spezialisierten Arbeitsplätzen und Arbeitsgruppen bearbeitet wurden, können mit Hilfe von multifunktionalen Informations- und Kommunikationssystemen integriert und objektbezogen abgewickelt werden. Eine Aufgabenintegration kann sowohl in horizontaler Richtung (Integration unterschiedlicher Tätigkeitsarten auf der Ausführungsebene) als auch in vertikaler Richtung (Einbeziehung von Planungs-, Entscheidungs- und Kontrollaufgaben) erfolgen.

300

Nachteile, die sich aus einer Zerlegung von Aufgaben nach dem Verrichtungsprinzip ergeben, wie z. B. geringe Identifikation und hohe Unzufriedenheit mit der Arbeitssituation, geringe Flexibilität gegenüber neuen Aufgabenstellungen, Doppelarbeiten, mehrfache Rüstkosten, Intransparenz und lange Durchlaufzeiten, lassen sich mit der Aufgabenintegration vielfach reduzieren. Die Möglichkeiten der Aufgabenzusammenführung, verbunden mit einer verstärkten Eigenverantwortlichkeit und einer Erhöhung des Handlungsspielraums, bieten Chancen für Arbeitsbereicherung und mehr Selbstverwirklichung. Die Aufgabenverteilung kann nunmehr eher ganzheitlich nach dem Objektprinzip (Kunden, Produkte, Regionen) erfolgen (vgl. Picot/Reichwald 1986, Picot 1987, Reichwald 1988, Reichwald/Bellmann 1991, Bellmann/Wittmann 1991).

Ganzheitliche Aufgabenerfüllung

Hinsichtlich der organisatorischen Folgen des Technikeinsatzes für die Arbeitsteilung ist das Organisationsmodell entscheidend. Hier ist zwischen Autarkie- und Kooperationsmodell zu unterscheiden (vgl. Picot/Reichwald 1987). Beim Autarkiekonzept soll der Einsatz von Technik im Management und in der Sachbearbeitung den Aufgabenträger von anderen Stellen und Assistenzkräften weitgehend unabhängig machen. Im Autarkiemodell wirkt der Integrationseffekt der Technik auf der Aufgabenseite in vertikaler Richtung. Es soll erreicht werden, daß Aufgabenträger (Führungskräfte, Entwickler, Konstrukteure und Sachbearbeiter), mit multifunktionaler Technik am Arbeitsplatz ausgestattet, ihre Texterstellung, Graphik- und Bildbearbeitung selbst durchführen, Kommunikationsprozesse, Informationsablage und -retrieval selbst abwickeln können. Das Kooperationsmodell geht hingegen von der Beibehaltung des arbeitsteiligen Prozesses aus. Hier werden teambezogene Prozesse der Aufgabenabwicklung verstärkt. Alle Beteiligten eines Kooperationsverbundes können ihre Aufgaben effizienter erledigen. Während das Autarkiemodell eine Produktivitätssteigerung durch Reduzierung der Arbeitsteilung fördert, zielt das Kooperationsmodell auf eine Effizienzsteigerung der Teamarbeit durch Verbesserung der Kommunikationsbeziehungen. Die Vorteilhaftigkeit dieser Modelle richtet sich nach dem Aufgabentyp. Je höher der Strukturiertheitsgrad eines Aufgabenfeldes und je geringer die Variabilität, desto vorteilhafter ist das Autarkiemodell (z. B. deterministische Aufgabenabwicklung, Versicherungssachbearbeitung). Umgekehrt erweist sich das Kooperationsmodell besonders in Aufgabenbereichen wie Forschung und Entwicklung, Anlagenbau oder Projektmanagement, die durch niedrige Strukturiertheit und hohe Veränderlichkeit bestimmt sind, als überlegen. Beide Modelle bilden die Extremkonzepte von interessanten Mischformen, die heute in der industriellen Praxis in neuen Konzepten der „Autonomen Rundumsachbearbeitung", „Fertigungsinsel", „Modulare Fabrik" erprobt werden (vgl. Teil 4, S. 442, 444).

Autarkie- und Kooperationsmodell

Im Zusammenhang mit Aufgabenerweiterung und Objektorientierung gewinnt in zunehmendem Maße eine funktions- und abteilungsübergreifende Prozeßorientierung an Bedeutung. Besonders mit dem Einsatz von Datenbanken und standardisierten Kommunikationsprotokollen können durchgehende Vorgangs- und Prozeßketten gebildet werden. Dabei können Daten, die in einem Arbeitsprozeß anfallen, direkt an anderen Arbeitsplätzen verfügbar gemacht werden. Mit einer geschlossenen Organisation von Vorgangs- oder Prozeßketten lassen sich erhebliche

Prozeßorientierung im organisatorischen Denken

Reduzierungen der Informationsübertragungs- und Wartezeiten und damit der gesamten Durchlaufzeiten von Bearbeitungsvorgängen erzielen (vgl. Zangl 1987, Scheer 1990a). Durchgehende Vorgangs- und Prozeßketten finden sich beispielsweise in der Materiallogistik, der Fertigungssteuerung oder der Vertriebslogistik. Darüber hinaus bestehen zunehmend Möglichkeiten, auch unternehmensübergreifende Prozesse, z. B. mit Kunden und Lieferanten, zu integrieren (vgl. S. 295).

Neue Organi-
sations-
strukturen

Ablauforganisatorische Veränderungen, wie sie durch neue Formen der Arbeitsteilung entstehen, sind vielfach auch mit Veränderungen in den Organisationsstrukturen verbunden. Bereits die prozeßorientierte Verflechtung von Arbeitsabläufen über gemeinsame Daten erfordert eine umfassende Zusammenarbeit der Funktionsbereiche und führt zu einer integrierten Betrachtung der betrieblichen Funktionen (vgl. Scheer 1990a). Zudem ist eine vertikale Aufgabenintegration eng verbunden mit organisatorischer Dezentralisierung im Sinne einer Zunahme an Entscheidungs-, Mitwirkungs- und Informationsrechten. Eine Aufgabenintegration in vertikaler Richtung führt somit zu einer „Abflachung der Organisationspyramide".

Neben der organisatorischen Dezentralisierung werden die Gestaltungspotentiale von Informations- und Kommunikationstechnologien auch häufig mit räumlicher Dezentralisierung, also mit einer Verlagerung des Erfüllungsortes einzelner Unternehmensaufgaben, in Verbindung gebracht (vgl. Picot 1985). In einigen Branchen haben sich räumliche Dezentralisierungsmaßnahmen zum Zweck größerer Kundennähe, schnelleren Serviceleistungen, leichterer Erreichbarkeit und flexiblerer Leistungserbringung bereits durchgesetzt.

Veränderung der relativen Effizienz von Koordinationsformen

Bei vielen Methoden zur Gestaltung von Informations- und Kommunikationssystemen wird die hierarchische Struktur einer Unternehmung als Datum betrachtet. Auch die Aufteilung der Wirtschaftätigkeit zwischen Unternehmen und Märkten, einschließlich der möglichen Zwischenformen, wird als gegeben betrachtet. Bei einem problemgerechten Einsatz von Informations- und Kommunikationssystemen kann sich die relative Effizienz ökonomischer Institutionen verändern. In der Regel wird die Bedeutung marktorientierter gegenüber rein interner, hierarchie- und ablauforientierter Koordination zunehmen (vgl. Picot 1989). Die relative Effizienzsteigerung bzw. die Koordinationskostensenkung ist von den Merkmalen der Transaktionen abhängig. Abbildung 3.23 verdeutlicht dieses schematisch (vgl. auch Teil 1, S. 55).

Vor der Einführung der Informations- und Kommunikationstechnik wurde für Transaktionen ab dem Problemumfang U_1 die hierarchische Koordination gewählt, da die Transaktionskosten dafür niedriger waren. Nach der Einführung einer informations- und kommunikationskostensenkenden Technik werden beide Koordinationsformen effizienter; sowohl die fixen als auch die variablen Transaktionskosten der Koordinationsformen nehmen ab. Im Ergebnis verschiebt sich der Break-Even-Punkt nach rechts, so daß nun erst ab dem Problemumfang U_2 die hierarchische Koordinationsform effizienter ist.

302

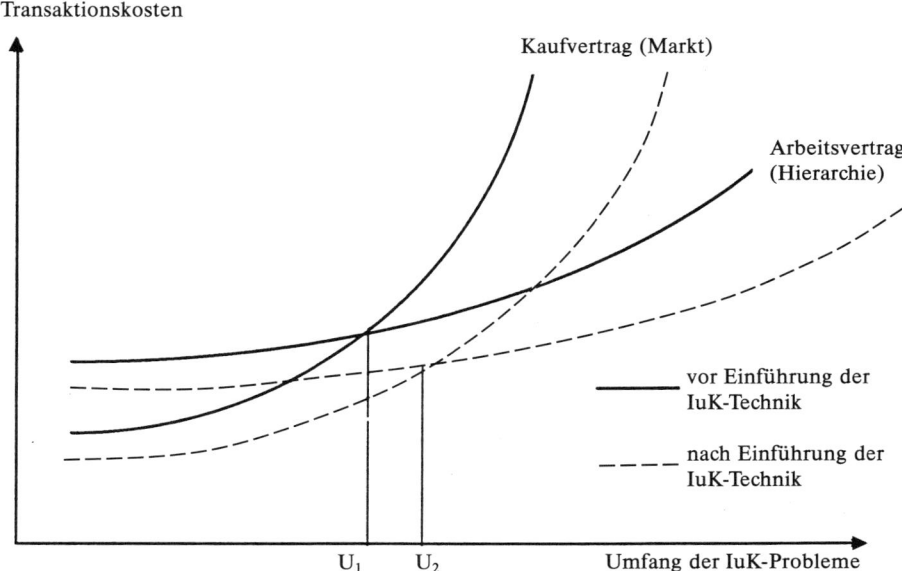

Transaktionskosten

Kaufvertrag (Markt)

Arbeitsvertrag (Hierarchie)

vor Einführung der IuK-Technik

nach Einführung der IuK-Technik

U_1 U_2 Umfang der IuK-Probleme

Abbildung 3.23: Auswirkungen der Informations- und Kommunikationstechnik auf Koordinationsformen

Die Veränderung der relativen Effizienz von Koordinationsformen durch Informations- und Kommunikationssysteme ist bei der Entwicklung und dem Management von Informations- und Kommunikationssystemen besonders zu beachten. Damit ergibt sich auch das Erfordernis, in stärkerem Maße die marktlichen und unternehmensübergreifenden Zusammenhänge zu beachten (strategische Netzwerke, elektronische Märkte).

d) Personelle Gestaltungspotentiale der Informations- und Kommunikationssysteme

Inwieweit das technologische Gestaltungspotential zum Nutzen der Menschen in der Arbeitswelt und zum ökonomischen Nutzen von Unternehmung und Gesellschaft realisiert werden kann, hängt maßgeblich von der Qualifikation der Handlungsträger ab. Im Zusammenhang mit dem Einsatz neuer Informations- und Kommunikationstechnik werden sowohl neue technische und fachbezogene als auch Sozialqualifikationen benötigt. Die **technischen Qualifikationsanforderungen** bilden die Voraussetzung, um das Leistungsspektrum der neuen Technologie zu erfassen und aufgabenbezogen umzusetzen. **Fachbezogene Qualifikationsanforderungen** ergeben sich aufgrund der möglichen Veränderungen von Aufgabeninhalten und Aufgabenstrukturen, wie sie beispielsweise im Falle einer Aufgabenintegration und einer ganzheitlichen Aufgabenbewältigung auftreten. **Sozialqualifikationen** beinhalten unter anderem die

Kommunikationsfähigkeit und die dauernde Lernbereitschaft. Letztere werden vielfach als Schlüsselqualifikationen angesehen (vgl. Lullis u. a. 1990).

e) Negative sekundäre Effekte

Neben den verschiedenen Möglichkeiten zur verbesserten Zielerreichung birgt der erweiterte Gestaltungsspielraum durch neue Informations- und Kommunikationssysteme zugleich negative sekundäre Wirkungsmöglichkeiten, d. h. neue Risiken und Probleme für Mensch und Organisation (vgl. Weltz 1987). Hierzu zählen die Gefahr neuer Abhängigkeiten, Probleme des Datenschutzes, der Datensicherung und des Mißbrauchs von Kommunikationswegen, Verlust von face-to-face-Kontakten, Intensivierung von Kontrolle und Überwachung, Gefahren der Überforderung und des Motivationsverlustes. Aufgabe des Informationsmanagement ist es, solche Effekte durch eine adäquate Gestaltung der organisatorischen, personellen und technischen Bedingungen von vornherein zu reduzieren oder auszuschließen. Negative sekundäre Effekte, wie z. B. technikbedingte Isolierung und die häufig damit verbundenen Informations- und Motivationsverluste aufgrund mangelnder Hintergrundinformationen und mangelnder Kontakte, lassen sich beispielsweise durch gezielte Pflege der persönlichen Kommunikation (Vertrauensbildung und Beziehungsaufbau) vermeiden. Neue Abhängigkeiten von technischen Infrastrukturen und Fachspezialisten können durch geeignete organisatorische Maßnahmen, wie z. B. durch Benutzerservicezentren, durch Verteilung der Qualifikation sowie durch angemessene Technikkonzeptionen, reduziert werden. Durch Maßnahmen der Qualifizierung und Personalentwicklung können negative Effekte reduziert werden, die mit einer starken Intensivierung der Arbeit und einer Überforderung wegen rasch und zu weit getriebener Aufgabenintegration verbunden sind. Vielfach ist dabei auch eine bewußte Erhaltung von Freiräumen in der Arbeitsorganisation erforderlich. Im Rahmen von Systementwicklungsprozessen sind die verschiedenen Belange der Systembenutzer frühzeitig einzubeziehen, um zu vermeiden, daß durch unzulängliche Hard- und Softwaresysteme Benutzerbarrieren und Akzeptanzprobleme entstehen.

f) Inhaltliche Anforderungen an Informations- und Kommunikationssysteme

Die genannten organisatorischen, technischen und personellen Gestaltungspotentiale sind bei der inhaltlichen Festlegung der Struktur von Informations- und Kommunikationssystemen zu berücksichtigen. Organisation, Technik und Personal sind dabei so aufeinander abzustimmen, daß die Anforderungen seitens des Management des Informationseinsatzes erfüllt werden.

Um den strategisch wichtigen Informationsbedarf im Unternehmen zu decken, der z. B. mit Hilfe des KEF-Verfahrens spezifiziert wird, müssen die Informations- und Kommunikationssysteme ganz bestimmte Informationsprodukte und -dienste bereitstellen. Dafür müssen sie auf geeignete Informationsressourcen und -quellen

304

zurückgreifen können, die wiederum durch bestimmte Informations- und Kommunikationssysteme zur Verfügung gestellt werden.

Die inhaltlichen Anforderungen an die Struktur von Informations- und Kommunikationssystemen sind das Ergebnis eines Abstimmungsprozesses zwischen den verfügbaren organisatorischen, technischen und personellen Gestaltungspotentialen und den Ansprüchen, die aus dem Produktionsprozeß von Informationen resultieren.

Nachdem das Management der Informations- und Kommunikationssysteme diesen Abstimmungsprozeß gelöst und so die unter strategischen Gesichtspunkten gewünschten Informations- und Kommunikationssysteme inhaltlich bestimmt hat, stellt sich die Frage nach ihrer effizienten Realisierung und Nutzung.

2. Realisierung und Nutzung von Informations- und Kommunikationssystemen

In diesem Abschnitt steht die Frage im Vordergrund, wer die erforderlichen Informations- und Kommunikationssysteme erstellt und betreut und wie die Erstellung prinzipiell abläuft.

a) Eigen- und/oder Fremderstellung von Informations- und Kommunikationssystemen

Allen internen Realisierungsfragen vorgelagert (vgl. zum folgenden Picot 1990, Picot 1991 a) ist zunächst eine grundsätzliche Entscheidung über die Eigenerstellung und/oder den Fremdbezug eines Informations- und Kommunikationssystems bzw. relevanter Teile daraus. Die Diskussion um eine zweckmäßige Aufteilung zwischen Eigen- und/oder Fremdleistung bei den Aufgaben der Informationsverarbeitung wird neuerdings auch unter den Schlagworten „Facilities Management" und „Outsourcing" geführt (vgl. z. B. Knolmayer 1991).

Üblicherweise orientiert man sich bei Eigen-/Fremderstellungsentscheidungen an den reinen Produktionskosten, die als der bewertete Einsatz an Arbeit, Material und Betriebsmitteln definiert sind. Dieser Produktionskostenansatz geht von klar definierten, bewertbaren und vergleichbaren Leistungen aus. Die Erstellung von Informations- und Kommunikationssystemen ist jedoch a priori meist weder klar definiert, noch hinreichend bewertbar oder vergleichbar. Dies wird besonders deutlich, wenn auf die organisatorische und softwarebezogene Komponente eines Informations- und Kommunikationssystems Bezug genommen wird. Die Aufwandsschätzung für Software-Projekte gehört zu den schwierigsten und unsichersten Planungsproblemen. Entwicklung und Betrieb von Informations- und Kommunikationssystemen verursachen vor allem beträchtliche Kosten der Steuerung, Abwicklung und Kontrolle der internen oder externen Leistungserstellung. Diese sind im Schrifttum als Transaktionskosten bekannt und umfassen alle „Opfer", die in Kauf genommen werden müssen, damit eine Vereinbarung über interne oder externe Leistungserstellung zustande kommt, adäquat überwacht und gegebenenfalls an veränderte Bedingungen angepaßt wird (vgl. Teil 1, S. 53, Teil 4, S. 427, Teil 8, S. 1119).

Es sind im wesentlichen folgende Eigenschaften der bei der Erstellung und Betreuung von Informations- und Kommunikationssystemen zu bewältigenden Aufgaben, die die Höhe der Transaktionskosten und damit auch die Frage nach Eigenerstellung oder Fremdbezug beeinflussen:

Unternehmensspezifität: Dieses vorrangige Kriterium berücksichtigt in erster Linie jene Beschreibungs- und Bewertungsschwierigkeiten der Leistung, die aus Besonderheiten der Unternehmung resultieren. Soll beispielsweise eine Software für ganz spezifische Abläufe einer Unternehmung erstellt werden, dann fehlen vergleichbare Referenzfälle. Es kann nicht einfach eine Vergleichsleistung vom Markt zur Beschreibung und Bewertung herangezogen werden. Die Formulierung einer vertraglichen Grundlage für die marktliche Belieferung (Fremderstellung) ist folglich nur schwer möglich. In Frage kommen dann entweder langfristige Kooperationen, die auf Rahmenverträgen beruhen, in denen nicht jedes Detail a priori festgelegt werden muß, oder die auf arbeitsrechtlichen Rahmenvereinbarungen beruhende, ebenfalls keine Detailfestlegungen erfordernde Eigenerstellung.

Strategische Bedeutung: Strategisch bedeutsame Informations- und Kommunikationssysteme sind in der Regel ein äußerst unternehmensspezifischer Schritt ins Neuland. Daraus folgt, daß für die betrachtete Erstellungsaufgabe keine Referenzfälle und keine Märkte im herkömmlichen Sinn existieren, die eine Beschreibung oder Bewertung erleichtern. Der arbeitsvertragliche Rahmen der Selbsterstellung bzw. die langfristige Kooperation erscheinen aus den bereits beim Spezifitätskriterium genannten Gründen geeignetere Koordinationsformen zu sein als der kauf- oder dienstvertragliche Fremdbezug. Ferner spricht die Notwendigkeit der Geheimhaltung und des Schutzes der Problemlösungswege bei strategischen Informations- und Kommunikationssystemen für die Eigenerstellung.

Unsicherheit: Dieses nachrangige Kriterium berücksichtigt die Anzahl und Vorhersehbarkeit von Änderungen der Systemerstellungs- und Betreuungsaufgabe. Die betrachteten Änderungen beziehen sich z. B. auf Qualitäten, Anforderungen, Termine, Mengen, Budgets und Preise. Grundsätzlich sind Anpassungserfordernisse im langfristigen arbeitsvertraglichen Rahmen der Eigenerstellung flexibler und mit geringerem Koordinationsaufwand zu handhaben als bei Fremdbezug.

Häufigkeit: Von der Häufigkeit, mit der eine Systemerstellungs- und Betreuungsaufgabe in einer Organisation vorkommt, hängt es ab, ob Potentiale, die für die interne Aufgabenbewältigung geschaffen wurden, ausgelastet und ob Spezialisierungsvorteile (Lerneffekte, Know How-Transfer bei ähnlichen Problemstellungen) genutzt werden können. Tendenziell ist der Vorteil der Eigenerstellung umso geringer, je seltener der betrachtete Informations- und Kommunikationssystem-Typ in einer Organisation auftritt.

Die genannten Einzelbeurteilungen lassen sich zu einer Gesamtempfehlung im Sinne sogenannter **Normstrategien** zusammenfassen.

Es bietet sich an, die beiden Hauptkriterien (Spezifität und strategische Bedeutung) graphisch zu einem Portfolio zu kombinieren. Wählt man für jedes Kriterium drei Ausprägungsbereiche, so entsteht eine Neun-Felder-Matrix (vgl. Abbildung 3.24 a).

	Hoch	4	7	9
Unternehmensspezifität der System-Aufgaben	Mittel	2	5	8
	Niedrig	1	3	6
		Niedrig	Mittel	Hoch

Strategische Bedeutung
der System-Aufgaben

Abbildung 3.24 a: Unternehmensspezifität und strategische Bedeutung
der System-Aufgaben

Lösungs-bereich	Felder	Normstrategie	Beispiele
I	1 2 3	– reiner Fremdbezug – Fremdbezug intern unterstützt	– Systeme der Lohnbuchhaltung und Materialverwaltung
II	4 5 6	– koordinierter Einsatz von – internen und externen Auf-gabenträgern (Mischstrategie)	– Softwareverbund – Verbund von Datenbanken
III	7 8 9	– Eigenleistung extern unterstützt – reine Eigenleistung	– Just-In-Time-Systeme – Kundeninformationssysteme

Abbildung 3.24 b: Matrix mit Normstrategien für
Eigenerstellung-/Fremdbezugentscheidungen

(in Anlehnung an Picot u. a. 1985)

Lösungsbereich I, der die Felder 1, 2 und 3 umfaßt, ist gekennzeichnet durch Problemstellungen, die eher Standardcharakter haben (niedrige Spezifität) und strategisch unbedeutend sind. Die Normstrategie für ihre Lösung besteht in einem reinen oder intern unterstützten Fremdbezug. Niedrige Umweltunsicherheit und geringe Häufigkeit verstärken hier noch die Argumente für die Fremdleistung. Beispielhaft kann man für diesen Bereich an die Erstellung und Betreuung von Standardprogrammen im Rechnungswesen, in der Lohnbuchhaltung und in der Materialverwaltung denken.

Reiner oder intern unterstützter Fremdbezug

307

Reine oder *extern unter-* *stützte Eigen-* *erstellung*	Lösungsbereich III, der die Felder 7, 8 und 9 umfaßt, gilt für hoch spezifische und strategisch bedeutsame Problemstellungen. Als Normstrategie kommt hier nur die reine oder extern unterstützte Eigenerstellung in Frage. Gerade für Großunternehmen (hohe Häufigkeit), die sich in einem dynamischen Wettbewerb stellen (hohe Umweltunsicherheit), verstärkt sich die Notwendigkeit der Eigenerstellung derartiger Informations- und Kommunikationssysteme noch weiter. Beispiele, die in diesen Lösungsbereich fallen, bilden in erster Linie die marktorientierten Informations- und Kommunikationssysteme.
Misch- *strategie*	Lösungsbereich II, der die Felder 4, 5, und 6 umfaßt, nimmt hinsichtlich der Spezifität und strategischen Bedeutung eine Mittelstellung ein. Er trifft zum Teil auf jene Problemfälle zu, in denen bereits anderweitig erarbeitete Lösungskonzepte an fallspezifische Gegebenheiten angepaßt werden, z. B. bei unternehmensübergreifenden Kooperationen im Absatz oder im FuE-Bereich (Software-Verbund). Auch hinsichtlich der Normstrategie nimmt Lösungsbereich II ähnlich wie bei der Problemeinordnung eher eine „Sowohl-als-Auch"-Stellung ein: Zu empfehlen ist eine Mischstrategie im Sinne eines koordinierten Einsatzes interner und externer Aufgabenträger. Je nach Ausprägung der subsidiären Kriterien Häufigkeit und Unsicherheit ist diese Empfehlung mehr in Richtung Eigenerstellung oder Fremdbezug zu modifizieren.
Know How- *Barrieren*	Bevor eine endgültige Entscheidung aufgrund der skizzierten Normstrategien gefällt wird, ist die interne Verfügbarkeit des für die Aufgabenerfüllung benötigten Know How zu prüfen. Liegt das für die Entwicklung, Realisation, Implementierung, Pflege und Anpassung eines Informations- und Kommunikationssystems benötigte Know How in einer Organisation nicht oder nur bedingt vor, dann erhöhen sich die Kosten der Eigenerstellung um die Kosten des internen Know How-Aufbaus. Qualifizierungsprozesse können dabei aufgrund komplexer Lernprozesse in erheblichem Maße Ressourcen verbrauchen. Das Fehlen des benötigten Know How spricht also auch im Falle strategisch bedeutender Informations- und Kommunikationssysteme nicht für eine Eigenerstellung, sondern legt Lösungen nahe, die sich zwischen Eigenerstellung und Fremdbezug in vielfältig ausgeprägten Kooperationsformen bewegen (vgl. Teil 4, S. 431).

b) Aufteilung der Systemerstellung und -betreuung zwischen Zentral- und Fachabteilung

Als nächstes ist die Frage zu beantworten, wie die hochspezifischen und strategisch wichtigen Systemerstellungs- und -betreuungsaufgaben intern zu verteilen sind (vgl. Picot 1990). Die dafür notwendige Analyse stützt sich auf die bereits bei der Entscheidung über die Aufbauorganisation der Informationsmanagementabteilung (vgl. S. 269) verwendeten Kriterien der Fachspezifität und der technischen Spezifität. Abbildung 3.25 zeigt die Kombination der beiden Kriterien in Form einer Matrix. Für die Verteilung auf Zentral- und Fachabteilungen (ZA und FA) ergeben sich in dieser

Matrix drei Aufgabentypen. Technisch und fachlich unspezifische Aufgaben werden nicht weiter betrachtet, da für sie ohnehin ein Fremdbezug stattfindet.

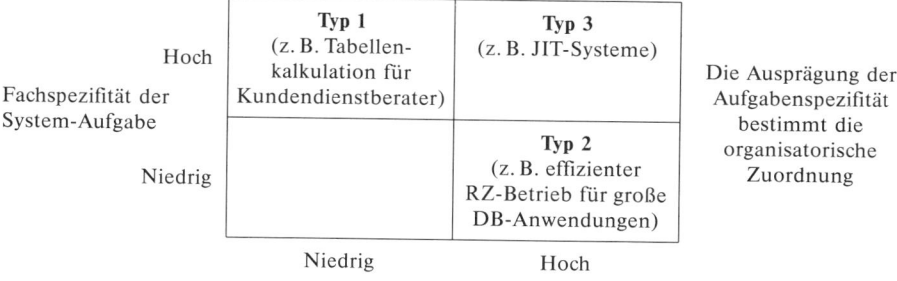

Abbildung 3.25: Fachspezifität und technische Spezifität: Drei Aufgabentypen

Grundsätzlich kann davon ausgegangen werden, daß das Wissen über spezifische geschäftliche Abläufe in der FA vorliegt, die für diese Abläufe zuständig ist. Analog ist anzunehmen, daß das Wissen über die besondere informationstechnische und organisatorische Situation der Unternehmung (Verfahrenslandschaft, Infrastruktur, Systementwicklungsmethoden) in der ZA vorhanden ist. Es bleibt noch abzuschätzen, inwieweit die betrachtete FA über das Fachwissen hinaus auch über technisches Wissen verfügt und inwieweit die ZA neben technischen Zusammenhängen auch die fachlichen Fragen überblickt. Mit Hilfe dieser beiden offenen Fragestellungen bezüglich des technischen Wissens der FA und des fachlichen Wissens der ZA lassen sich zwei Dimensionen einer Know How-Matrix bestimmen (Abbildung 3.26).

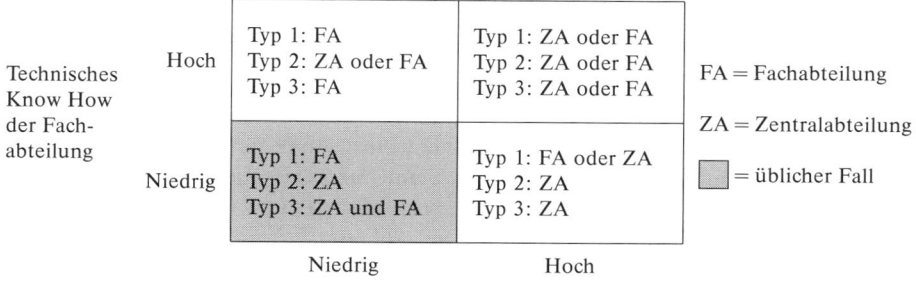

Abbildung 3.26: Aufgabenzuordnung an Fach- und Zentralabteilung

Aufgabentyp 1 beschreibt den Fall, daß die Erstellung und Betreuung des Informations- und Kommunikationssystems nicht von technischen Fragen, wie z. B. der Einbindung in die bestehende Verfahrenslandschaft, dominiert ist, sondern von der genauen Berücksichtigung der speziellen Geschäftsprozesse (z. B. Tabellenkalkulation für Kundendienstberater). Es liegt also eine technisch wenig spezifische, aber fachlich hoch spezifische Problemstellung vor. Aufgrund der Wichtigkeit des Fachwissens im Problemlösungsprozeß sollte die Aufgabe tendenziell von der dezentralen FA gelöst werden. Das gilt verstärkt, wenn in der FA auch noch das in diesem Fall weniger wichtige technische Wissen vorliegt. Im unwahrscheinlichen Fall, daß die ZA die fachlichen Zusammenhänge ebenso überblickt wie die FA, kommt auch eine zentrale Problemlösung in Frage, sofern der Lösungstransfer zur und die laufende Betreuung der FA in effizienter Weise sichergestellt ist.

Aufgabentyp 2 ist dadurch gekennzeichnet, daß bei der Erstellung und Betreuung eines Informations- und Kommunikationssystems technische Probleme weit mehr Aufwand verursachen als das Berücksichtigen fachlich-geschäftlicher Eigenheiten (z. B. effizienter Rechenzentrumsbetrieb für große Datenbankanwendungen). In diesem Fall einer fachlich wenig spezifischen, aber technisch hoch spezifischen Aufgabe ist vor allem das technische Know How der ZA gefragt. Entsprechend dominieren hier zentrale Lösungen und zwar umso eindeutiger, je mehr die ZA auch die in diesem Falle weniger bedeutenden Fachfragen überblickt. Ist in der FA ebenfalls hohe technische Kompetenz vorhanden, dann gestaltet sich die Empfehlung etwas offener. Für eine endgültige Entscheidung sind dann weitere Kriterien zu beachten.

Aufgabentyp 3 beschreibt schließlich den Fall, daß die Informations- und Kommunikationsaufgabe sowohl hohe technische als auch hohe fachliche Anforderungen stellt (z. B. Erstellung und Betreuung von unternehmensübergreifenden Logistik- und Just-In-Time-Systemen). Angenommen die FA ist weitgehend technisch und die ZA weitgehend fachlich inkompetent, dann kann in diesem nicht seltenen Falle die Aufgabe nur in einer kooperativen Mischstrategie, d. h. von sich gegenseitig ergänzenden FA und ZA gemeinsam, bewältigt werden (gemeinsame Projektarbeit).

Es läßt sich die These aufstellen, daß in Zukunft eine Reihe von technisch orientierten Informations- und Kommunikationsaufgaben durch den anwenderorientierten Fortschritt in der Informations- und Kommunikationstechnik von den Systemen integriert wahrgenommen werden kann (z. B. benutzerfreundliche Oberflächen, Trend zur Anwenderprogrammierung). Dieses äußert sich in einem Wandel von Informations- und Kommunikationsaufgaben: Die technische Spezifität und damit die Bedeutung von Zentralabteilungen bei der Realisierung von Informations- und Kommunikationssystemen sinkt.

Wenn der grundlegende organisatorische Rahmen für die Realisierung und Nutzung von Informations- und Kommunikationssystemen festliegt, kommen Steuerungsinstrumente des Erstellungsprozesses wie Methoden der technischen Entwicklung und des Projektmanagements zum Einsatz.

c) Technische Entwicklung von Informations- und Kommunikationssystemen und Projektmanagement

Die Aufgaben für die technikorientierte Entwicklung von Informations- und Kommunikationssystemen werden allgemein dem **Software-Engineering** zugeordnet. Neben den Aktivitäten zur Entwicklung neuer Softwaresysteme umfaßt das Software-Engineering auch die Wartung und Weiterentwicklung bestehender Systeme, die Qualitätssicherung und das Management von Entwicklungsprozessen. Zur Unterstützung von Softwareentwicklungsprozessen wurden verschiedene Vorgehensmodelle und damit verbundene Prinzipien, Methoden und Techniken entwickelt (vgl. z. B. Balzert 1991 b, Sneed 1986). Bei den Vorgehensmodellen zur Systementwicklung kann prinzipiell zwischen phasenorientierten und prototypingorientierten Konzepten unterschieden werden.

Phasenkonzepte der strukturierten Systementwicklung

Bei phasenorientierten Entwicklungskonzepten wird ein Problemlösungsprozeß in einen Phasenablauf bzw. in eine logische Folge von Schritten gegliedert. Nach dem sog. Wasserfallmodell der Softwareentwicklung werden Systementwicklungsprozesse beispielsweise durch aufeinanderfolgende Sequenzen und Entwicklungsphasen dargestellt (vgl. Abbildung 3.27).

In den ersten Phasen der Systementwicklung soll zunächst eine strukturierte Abgrenzung, Planung und Spezifikation der Aufgabenstellung erfolgen. Daran schließen sich der Entwurf und die Implementierung der Programmfunktionen an.

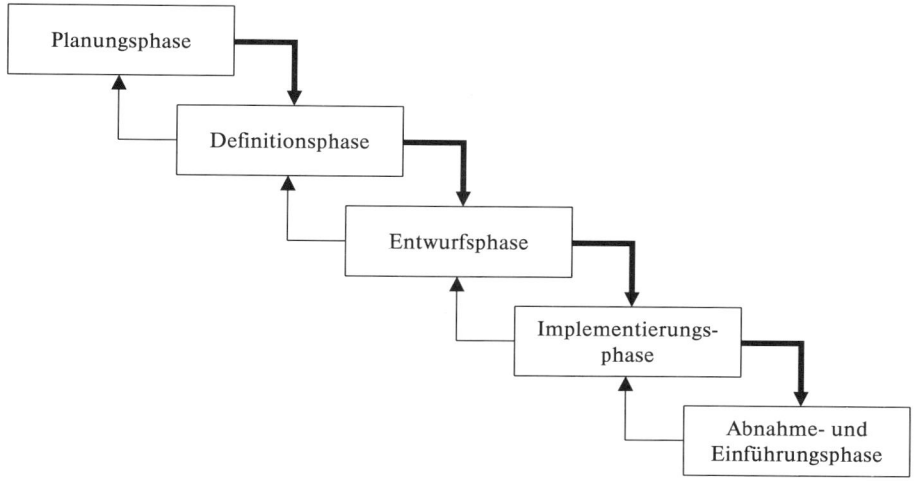

Abbildung 3.27: Konventionelles Wasserfall-Modell für die technische
Systementwicklung

(in Anlehnung an Balzert 1991)

311

Planungs- phase	In der Planungsphase, die häufig auf einer Ist-Analyse aufbaut (vgl. S. 281), werden zunächst grundlegende **funktionale und qualitative Anforderungen** an das zu erstellende System festgelegt. In verschiedenen Durchführbarkeitsuntersuchungen wird dabei auch die **ökonomische, personelle und technische Realisierbarkeit** des Systems geprüft. Als Ergebnis der Planungsphase entsteht ein Rahmenvorschlag. Die wesentlichen Anforderungen an das zu erstellende System werden in einem Pflichtenheft dokumentiert. Ergänzend dazu wird ein vorläufiger Projektplan erstellt.
Definitions- phase	In der Definitionsphase (Systemspezifikation) erfolgt eine detaillierte **Definition, Beschreibung und Analyse der Systemanforderungen**. Ziel der Definitionsphase ist es, in Zusammenarbeit mit den Fachabteilungen bzw. den Benutzern, ein konsistentes, vollständiges Anforderungsdokument zu erstellen. Ein wesentliches Problem bei der Spezifikation liegt darin, daß die Systemanwender in den Fachabteilungen zumeist nur die fachliche Problemlösung kennen, während Systementwickler vorwiegend über technisch orientierte Kenntnisse verfügen. Dadurch entstehen vielfach sehr unterschiedliche Auffassungen und Verständnisse bezüglich der zu realisierenden Informations- und Kommunikationssysteme. Zur Systemspezifikation müssen deshalb für beide Seiten verständliche Ausdrucksmittel verwendet werden. Je besser die Kommunikation zwischen den Fachabteilungen und den Systementwicklern gelingt, desto geringer ist der zumeist zeitaufwendige und kostenintensive Änderungsbedarf in späten Phasen der Systementwicklung.

Bezüglich der zu spezifizierenden Anforderungen ist zwischen funktionalen und qualitativen Aspekten zu unterscheiden. Die **funktionalen Anforderungen** beziehen sich beispielsweise auf die Beschreibung der verwendeten Daten und Funktionen, die Art und Weise wie die Funktionen erbracht werden sowie auf die Art der Ein- und Ausgabe des Systems. Bei den **Qualitätsanforderungen** werden vor allem Vorgaben hinsichtlich der Gestaltung der Benutzerschnittstelle, der zulässigen Antwortzeiten und der Zuverlässigkeit des Systems beschrieben.

Entwurfs- phase	Aus den Anforderungen der Definitionsphase wird in der Entwurfsphase eine **softwaretechnische Systemarchitektur** erstellt. Diese Systemarchitektur besteht i. d. R. aus Systemkomponenten bzw. Modulen und ihren gegenseitigen Wechselwirkungen. Für jeden Modul werden Schnittstellenspezifikationen erstellt.
Implementie- rungsphase	Die Tätigkeiten der Implementierungsphase beziehen sich auf die **softwaretechnische Realisierung** des zu erstellenden Produktes. Dabei werden die Datenstrukturen und Algorithmen der einzelnen Systemkomponenten implementiert, getestet und zu einem Gesamtsystem integriert.
Abnahme- und Einfüh- rungsphase	In der Abnahme- und Einführungsphase wird das erstellte Gesamtprodukt abgenommen und beim Anwender in Betrieb genommen.

Am Ende jeder einzelnen Phase werden Teilprodukte erstellt, die der nachfolgenden Phase zur Weiterverarbeitung übergeben werden. Jede Entwicklungsphase kann nochmals in Phasenschritte oder Problemlösungszyklen wie z. B. Phasen-Planung, Realisierung und Kontrolle unterteilt werden.

Das Vorgehen nach dem klassischen Wasserfall-Modell wird als linearer Prozeß mit festen Anfangs- und Endpunkten begriffen, wobei es zwischen den Phasen keine

312

Rückkopplungen geben sollte. In erweiterten Formen des Modells werden auch Rückkopplungen auf vorangegangene Phasen und zyklische Vorgehensweisen als möglich und sinnvoll erachtet. Bei zyklischen Modellen kann der Lebenszyklus der Systemgestaltung auch mehrmals durchlaufen werden, bevor das gewünschte System einsatzreif ist (vgl. Abbildung 3.28).

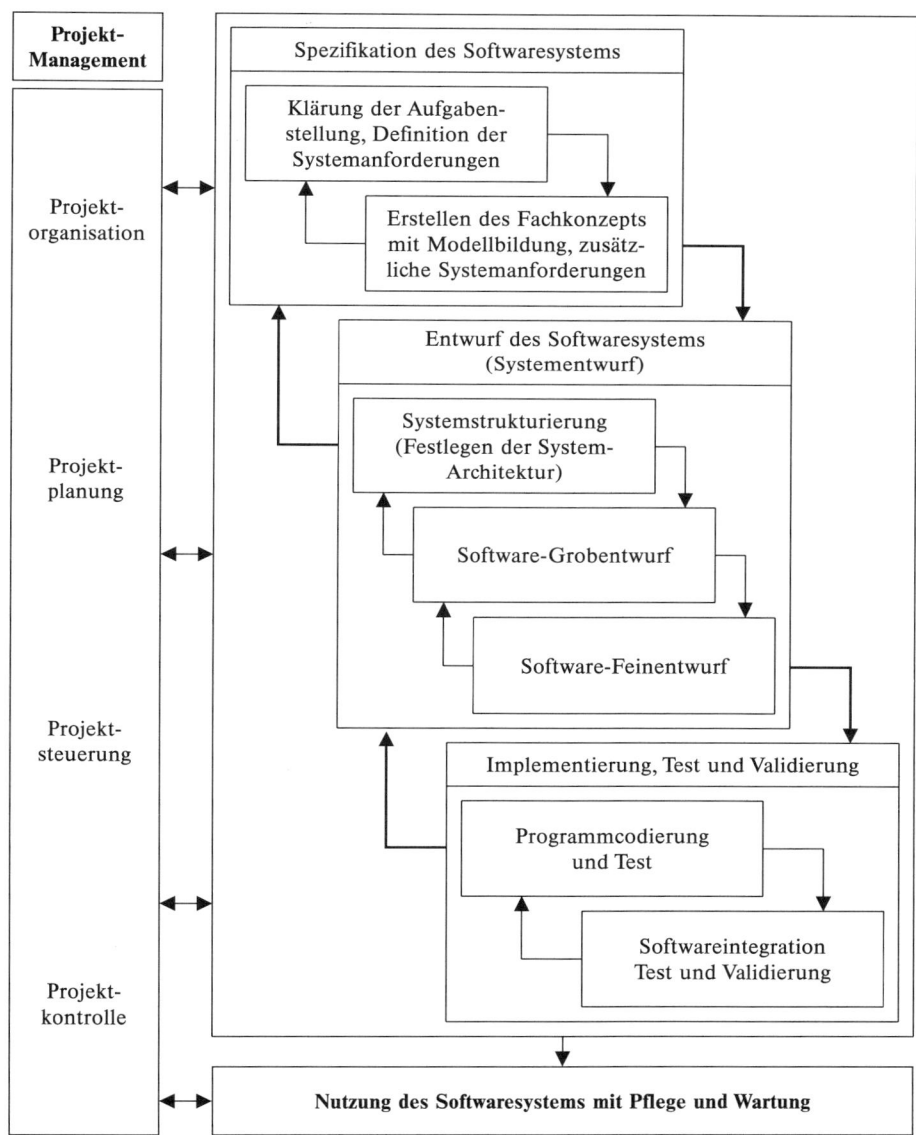

Abbildung 3.28: Zyklisches Vorgehensmodell für die Systementwicklung
(in Anlehnung an Popall 1991)

Methoden für die Spezifikation von Softwaresystemen

Bei den Spezifikationsmethoden lassen sich im wesentlichen funktionsorientierte, datenflußorientierte, datenstrukturorientierte und objektorientierte Methoden unterscheiden.

Funktions-
orientierte
Methoden

Funktionsorientierte Methoden gehen von der **funktionalen Strukturierung einer Anwendung** aus. Die Hauptfunktionen werden schrittweise verfeinert, bis man zu den Grundfunktionen gelangt. Jede Funktion wird als „black box" mit Eingaben, Ausgaben und einer Verarbeitungsregel dargestellt. Die Daten werden aus der jeweiligen Verwendung definiert und erst am Ende des Entwurfsprozesses in Datengruppen zusammengefaßt. Aus dieser Vorgehensweise resultieren in der Regel viele funktionsorientierte und redundante Datenbestände. Die Folge davon ist ein kaum zu kon-

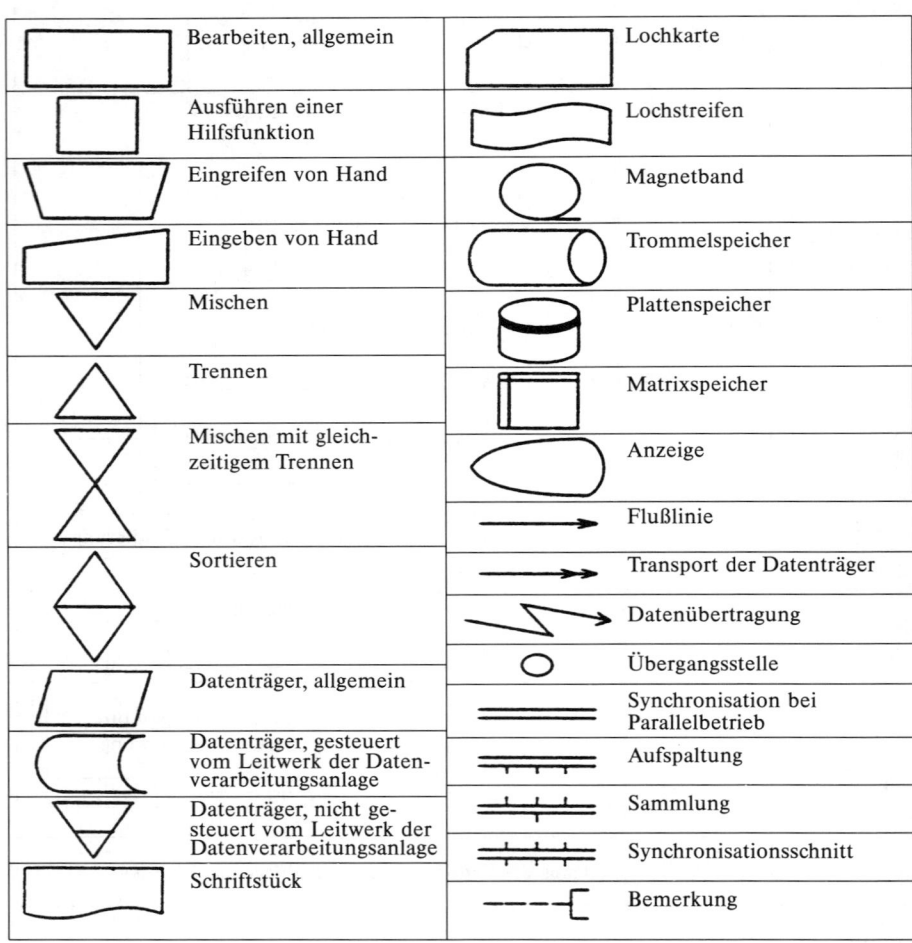

Abbildung 3.29a: Sinnbilder für den Datenflußplan nach DIN 66001

314

trollierender „Datenwildwuchs". Funktionsorientierte Ansätze und datenorientierte Ansätze müssen somit eng miteinander verbunden werden. Eine bekannte Methode zur Unterstützung des funktionsorientierten Ansatzes ist die HIPO-Methode.

Bei datenflußorientierten Methoden wird zunächst der **Datenfluß von einer Transformation zur anderen** skizziert. Aus den Transformationen werden die Funktionen abgeleitet. Die graphische Darstellung von Datenflußplänen erfolgt mit genormten Symbolen (vgl. Abbildung 3.29 a). Ein Datenflußplan beinhaltet die Darstellung von:

Datenfluß-orientierte Methoden

– Datenquellen (Eingabe von Daten),
– Datensenken (Ausgabe von Daten),
– Transformationen (Verarbeitungsprozesse, die auf Daten vorgenommen werden),
– Datenspeichern (Speicherung von Daten) sowie
– Datenflüssen zwischen Datenquellen, Datensenken, Datenspeichern und Transformationen.

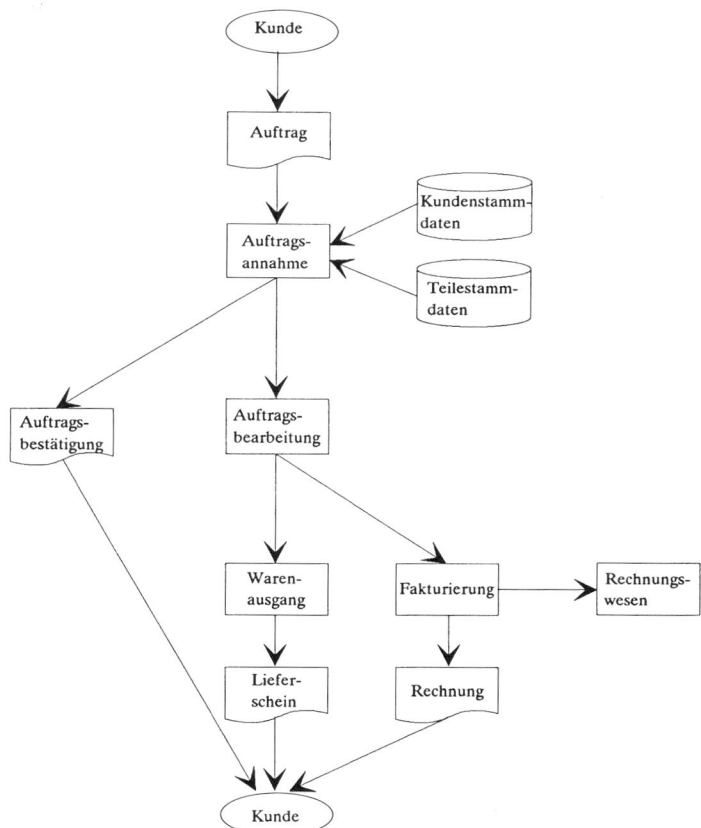

Abbildung 3.29 b: Datenflußplan für die Auftragsbearbeitung

315

Abbildung 3.29 b zeigt einen Datenflußplan für die Bearbeitung eines Kundenauftrags. Der als Schriftstück einkommende Auftrag wird zunächst in der Auftragsannahme bearbeitet. Unter Einbeziehung der Kundenstammdaten und Teilestammdaten, die im Beispiel auf Magnetplatten abgelegt sind, wird die Korrektheit des Auftrags verifiziert; dem Kunden wird eine Auftragsbestätigung zugestellt. Die Auftragsdaten werden zur weiteren Bearbeitung der Auftragsbearbeitung weitergereicht. Hier werden abhängig vom Kunden und Auftragsumfang die Lieferkonditionen und der Preis festgelegt. Die entsprechenden Daten werden der Warenausgangsabteilung übermittelt und zur Fakturierung weitergeleitet. In der Warenausgangsabteilung wird die Lieferung zusammengestellt und dem Kunden gemeinsam mit dem erstellten Lieferschein zugesandt. Im Rahmen der Fakturierung wird auf der Grundlage der vorliegenden Auftragsdaten eine Rechnung erstellt, die dem Kunden zugeschickt wird. Die Rechnungs- und Auftragsdaten werden zur weiteren Verarbeitung dem Rechnungswesen zugestellt.

Die bekannteste Methode zur Unterstützung von datenflußorientierten Ansätzen ist die strukturierte Analyse (SA) von McMenamin und Palmer (McMenamin/Palmer 1988).

Daten-strukturorientierte Methoden

Datenstrukturorientierte Methoden gehen von der statischen Struktur der Anwendungsdaten aus. Die Daten werden als Basis für den Softwareentwurf angesehen. Im ersten Schritt werden **statische Strukturen von Datenobjekten und ihre Beziehungen** festgelegt. Funktionen werden als Operationen auf die einzelnen Daten bzw. Datenobjekte betrachtet. Datenstrukturorientierte Ansätze werden zumeist durch die Verwendung des Entity-Relationship-Modells unterstützt (vgl. S. 349).

Eine strikte Trennung von Daten und Funktionen ist vorherrschend, wenn die zu spezifizierenden Softwaresysteme in einer prozeduralen Programmiersprache implementiert werden. Werden bei der Implementierung hingegen objektorientierte Sprachen verwendet, so findet eine gemeinsame Betrachtung von Daten und der auf den Daten ausführbaren Funktionen statt.

Objekt-orientierte Methoden

Bei objektorientierten Methoden bildet die Identifikation von abstrakten Datenobjekten den Ausgangspunkt der Betrachtung. Sind die Objekte identifiziert, so werden Operationen auf sie ermittelt. Objekte und die dazugehörigen Operationen lassen sich als abstrakte Datentypen auffassen. Ein Software-System entsteht aus der Zusammenführung der Datentypen. Die Datentypen können über eine abstrakte Datenschnittstelle kommunizieren.

Für den Bereich der Systemspezifikation besteht eine wesentliche Erkenntnis darin, daß ein System aus verschiedenen Blickwinkeln zu modellieren ist, um ein vollständiges und konsistentes Modell zu erstellen. Bei den meisten Spezifikationsmethoden, besonders bei computergestützten Spezifikationsmethoden, erfolgt eine Kombination verschiedener Spezifikationsansätze.

Methoden für den Entwurf und für die Implementierung von Softwaresystemen

Im Rahmen der Entwurfs- und Implementierungsphase steht die **Konstruktion einer DV-technischen Lösung** im Vordergrund. Die abstrakten Objekte und die logischen Funktionen, die in der Systemspezifikation festgelegt wurden, werden hier verfeinert und in maschinell speicherbare Objekte und programmierbare Funktionen umgesetzt. In der Entwurfsphase erfolgt eine Umsetzung der Spezifikation in einen detaillierten softwaretechnischen Lösungsplan. Ziel ist der Entwurf einer Systemarchitektur, also die Definition der globalen Datenbasis und die Strukturierung des Systems durch die Festlegung der Anordnung und die Spezifikation des Funktions- und Leistungsumfangs der Systemkomponenten bzw. Moduln.

Der **Entwurf der globalen Datenbasis** kann durch die Verwendung eines Data Dictionary geeignet unterstützt werden. Das Data Dictionary ist ein Verzeichnis, das Informationen über die Struktur von Daten, ihre Eigenschaften sowie ihre Verwendung enthält (vgl. S. 345). Die Informationen werden z. B. zur Überwachung der Konsistenz eines Datenbestandes benötigt. Im Rahmen der Entwicklung von Informations- und Kommunikationssystemen wird das Data Dictionary bereits in der Definitionsphase angelegt. In der Entwurfs- und auch Implementierungsphase erfährt es schließlich wesentliche Ergänzungen und Verfeinerungen.

Data Dictionary

Der Vorgang der **Definition und Festlegung der Anordnung der Systemkomponenten** kann durch ein sog. Funktionsmodell (Funktionsbaum) geeignet unterstützt werden. Funktionsbäume dienen dazu, die statische und dynamische Hierarchie von Moduln darzustellen. Ein Modul repräsentiert entweder eine einzige Funktion oder mehrere Funktionen, die mit denselben Daten arbeiten oder sich gegenseitig bedingen. Ein Modul soll dabei zunächst – ähnlich einer Black-Box – nur erkennen lassen, was es leistet, jedoch nicht wie es intern arbeitet.

Funktions-modell

Aufgabe der Implementierungsphase ist, aufbauend auf der vorgegebenen Systemarchitektur, für jeden Modul einen konzeptionellen Entwurf seiner lokalen Datenstruktur und des ihm zugrundegelegten Algorithmus (vgl. S. 332) anzufertigen. Das Ziel dieser Phase schlägt sich im Quellprogramm einschließlich Dokumentation, Objektprogramm und Testplanung nieder. Neben dem bereits dargestellten Data-Dictionary zur Unterstützung des Entwurfs der lokalen Datenstrukturen, finden vor allem Verfahren zur Unterstützung der Codeerzeugung Anwendung.

Die erste Formulierung des Algorithmus eines Modul erfolgt häufig in Form von Struktogrammen oder Programmablaufplänen.

Struktogramme (Nassi-Schneiderman-Diagramme) stellen die **Strukturblöcke**, die bei der strukturierten Programmierung zur Anwendung kommen, graphisch dar. Grundsätzlich werden Strukturblöcke durch Rechtecke repräsentiert; ohne weitere Differenzierung ist dies z. B. eine einzelne Anweisung oder ein Unterprogrammaufruf. Unter den speziellen Strukturblöcken unterscheidet man **Reihung, Selektion** und **Iteration** (vgl. Abbildung 3.30 a). Die in diesen Strukturblöcken auftretenden Blöcke können selbst wieder Strukturblöcke sein. Unter Verwendung dieser Strukturblöcke kann jeder Algorithmus dargestellt werden (vgl. Abbildung 3.30 b).

Strukto-gramm

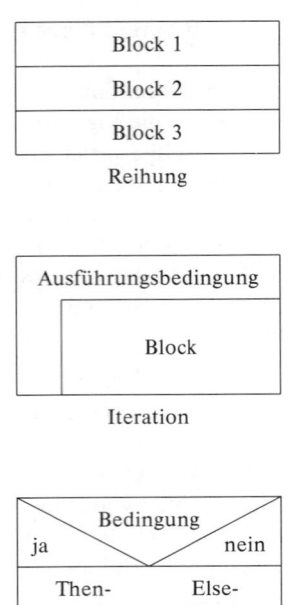

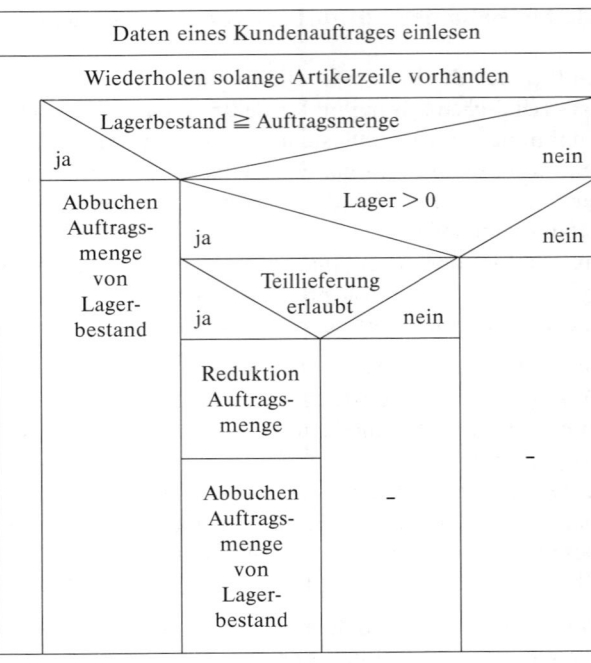

Abbildung 3.30 a:
Strukturblöcke

Abbildung 3.30 b:
Struktogramm für eine Auftragsbearbeitung

Quelle: Scheer (1990 a)

Programm-
ablaufplan

Als Programmablauf bezeichnet man die zeitliche Beziehung zwischen den Teilvor-
gängen, aus denen sich die folgerichtige Ausführung eines Programms zusammensetzt. Ein Programmablaufplan ist demnach ein **Diagramm, das den Programmablauf**
und insbesondere die alternativen Programmpfade unter Verwendung fest definierter
Symbole darstellt. Aufgrund des hohen Aufwandes bei Änderungen oder Erweiterungen, die insbesondere im Zuge der Implementierung häufig auftreten, dient der
Programmablaufplan vorwiegend zur Dokumentation eines Programms; dies kann
auf **unterschiedlichen Abstraktionsebenen** erfolgen. Die einzelnen Sinnbilder sind wie
in Abbildung 3.31 a definiert. Der gleiche Algorithmus, wie er mit Hilfe von Strukturblöcken in Abbildung 3.30 b dargestellt wurde, ist unter Verwendung eines Pro-
grammablaufplanes in Abbildung 3.31 b wiedergegeben.

318

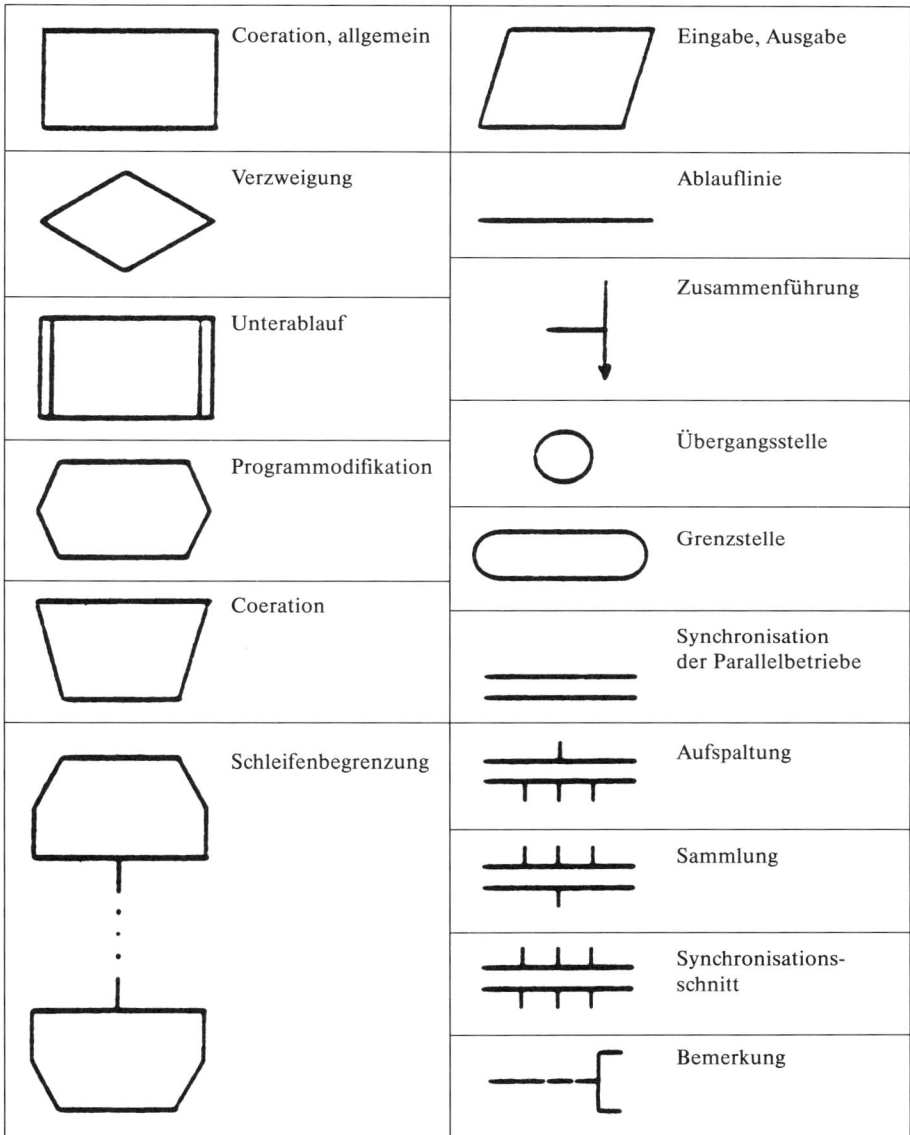

Abbildung 3.31a: Sinnbilder für Programmablaufpläne nach DIN 66001

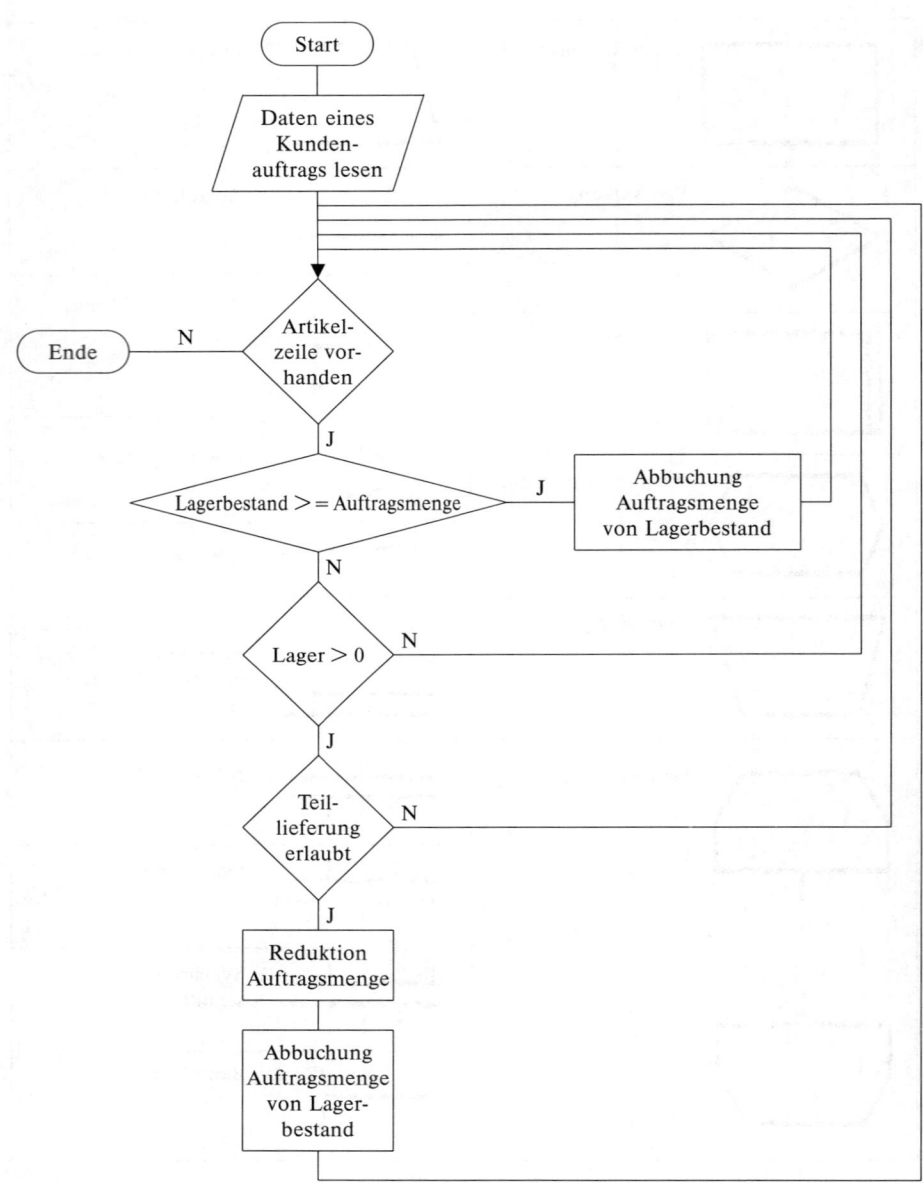

Abbildung 3.31 b: Programmablaufplan für eine Auftragsbearbeitung

320

Unterstützung der Systementwicklung durch Softwareentwicklungswerkzeuge und CASE-Tools

Die Erstellung großer Softwaresysteme ist ohne den Einsatz von Softwareentwicklungswerkzeugen kaum mehr möglich. Zur Unterstützung der Entwicklung und Wartung von Softwaresystemen gibt es mittlerweile eine Vielzahl von computergestützten Softwareentwicklungswerkzeugen und Softwareentwicklungsumgebungen. Die ersten **Werkzeuge zur computergestützten Softwareentwicklung** haben lediglich einzelne Methoden und einzelne Phasen des Softwareentwicklungsprozesses (z. B. Spezifikation, Entwurf oder Implementierung) unterstützt. Damit ist nicht sichergestellt, daß alle Entwurfsentscheidungen der fachlichen Spezifikation auch in den Software-Entwurf eingehen. Um eine phasenübergreifende Unterstützung der Softwareproduktion zu erreichen, werden Werkzeuge zunehmend zu sogenannten Softwareentwicklungsumgebungen zusammengefaßt. Mit dem Begriff **CASE** (Computer Aided Software Engineering) werden **integrierte Softwareentwicklungsumgebungen** bezeichnet, die mehrere Phasen oder den gesamten Lebenszyklus der Softwareentwicklung methodisch unterstützen. Für die Spezifikation von Softwaresystemen beinhalten CASE-Tools beispielsweise **graphisch orientierte Methodenunterstützung** zur Erstellung von Datenflußplänen, Datenstrukturverzeichnissen oder Objektmodellen. Der Programmentwurf kann durch eine graphische Unterstützung beim Entwurf von einzelnen Modulen und bei der Beschreibung von Algorithmen unterstützt werden. Aus der Modulbeschreibung und der Beschreibung von Algorithmen mittels semiformaler Sprachen (graphischer Pseudocode) können verschiedene CASE-Tools bereits automatisch Quelldateien erzeugen. Die Integration der verschiedenen Methoden in CASE-Tools erfolgt zumeist über den Zugriff auf eine gemeinsame Datenbank, die auch als Repository bezeichnet wird. Umfassende Werkzeugumgebungen enthalten auch **Komponenten für das Projektmanagement und das Konfigurationsmanagement**. CASE-Tools, die alle Phasen der Systementwicklung gleichermaßen unterstützen und zugleich eine automatische Programmgenerierung ermöglichen, sind derzeit noch nicht verfügbar.

Prototyping

Beim Entwicklungskonzept des Prototyping wird versucht, aus den Benutzeranforderungen möglichst schnell eine lauffähige Version bzw. eine Simulation der zukünftigen Anwendung zu erstellen, damit der Benutzer einen Eindruck vom Endprodukt gewinnen kann. Der Benutzer ist hierdurch eher in der Lage, die Konsequenzen der Benutzeranforderungen zu beurteilen und im Bedarfsfall zu präzisieren und weitere Anforderungen zu spezifizieren. Je nach Zwecksetzung des Prototypen kann zwischen experimentellem, explorativem und evolutionärem Prototyping unterschieden werden.

Experimentelles Prototyping
Exploratives Prototyping

Beim experimentellen Prototyping werden durch die Erstellung von verschiedenen Prototypen die **Eigenschaften eines technischen Systems** ermittelt. Die beste Lösung wird schließlich bei der Implementierung verwendet. Das explorative Prototyping dient dem Anwendungsentwickler zur **Ermittlung der relevanten Anforderungen an ein Softwaresystem**. Der Prototyp wird im allgemeinen unter Verwendung bereits bestehender Softwaresysteme erstellt. Beim explorativen Prototyping ist die Erstellung des Prototypen somit Bestandteil der Systemspezifikation. Der Prototyp dient lediglich der **Kommunikation zwischen Anwendern und Entwicklern** von Software. Der erstellte Prototyp wird als „Wegwerf-Prototyp" konzipiert, d. h. er geht nicht in das endgültige

Evolutionäres Prototyping

Produkt ein. Beim evolutionären Prototyping wird dagegen der Prototyp solange schrittweise verbessert, bis er Produktreife aufweist. Das System wird in einer **Serie von aufeinanderfolgenden Prototypen** schrittweise vervollständigt. Diese Vorgehensweise birgt die Gefahr, daß das System hinsichtlich der ingenieursmäßigen Strukturansprüche unzulänglich entworfen wird und die Wartung und Pflege des Systems erheblich erschwert wird. Die Vorgehensweise nach dem evolutionären Prototyping wird insbesondere für die Entwicklung von Expertensystemen vorgeschlagen.

Die Systementwicklung nach dem Modell des Prototyping erfordert in hohem Maße den Einsatz computergestützter Werkzeuge. In erster Linie handelt es sich dabei um Werkzeuge, die eine schnelle Entwicklung und Änderung von Programmen und Anwenderoberflächen ermöglichen. Dazu gehören z. B. Programm-, Report-, Menü- und Maskengeneratoren sowie interaktive Datenbankabfragesprachen. Einige CASE-Tools enthalten bereits Entwicklungsmethoden zur Unterstützung des Prototyping. Auch bei den Methoden zur Unterstützung des Prototyping ergibt sich die Forderung nach integrierten Werkzeugumgebungen.

Ein wichtiger Aufgabenbereich des Informationsmanagements besteht in der Auswahl und Bereitstellung von Spezifikations- und Entwurfsmethoden und in der Festlegung von Vorgehensmodellen und Standards für die Anwendungsentwicklung.

Softwareentwicklung und Projektmanagement

Projektorganisation

Organisation, Planung, Steuerung und Kontrolle der Systementwicklung obliegen dem Projektmanagement (vgl. dazu ausführlich Teil 8, S. 1122). Im Rahmen der Projektorganisation werden geeignete Organisationsformen für die Durchführung des Projekts festgelegt.

Projektplanung

Bei der Projektplanung werden auf der Grundlage eines Vorgehensmodells die endgültigen Aufgaben und Phasen eines Projekts mit den jeweils zu erreichenden Zwischenergebnissen und Teilprodukten festgelegt und in einem Projektstrukturplan dokumentiert. Durch die Projektion des Projektstrukturplans auf die Zeitachse werden parallele und sequentielle Arbeitsblöcke generiert (Projektablaufplan). Dabei können die aus der Produktionsplanung bekannten Planungstechniken wie z. B. PERT oder CPM verwendet werden (vgl. Teil 4, S. 546 f.). Solche Planungstechniken dokumentieren die Abhängigkeiten zwischen den Arbeitsblöcken und lassen alternative Möglichkeiten der Arbeitsplanung erkennen.

Ergänzend zur Projektplanung wird eine Projektkalkulation vorgenommen. Vielfach lassen sich für die Kalkulation der Entwicklungs- und Folgekosten lediglich Schätzmethoden verwenden. Bekannte Schätzmethoden sind die Analogiemethode, die Gewichtungsmethode und die Function-Point-Methode.

Projekt-kalkulation

Bei der **Analogiemethode** werden die zu schätzenden Projekte mit bereits abgeschlossenen Entwicklungen verglichen. Dabei wird versucht, Entwicklungsprojekte mit ähnlichen Kosteneinflußgrößen zu finden, um darauf aufbauend den wahrscheinlich erforderlichen Aufwand für das zu entwickelnde Projekt abzuschätzen.

Im Rahmen der **Gewichtungsmethode** werden subjektive Faktoren (z. B. Qualität, Erfahrung der Mitarbeiter) und objektive Faktoren (z. B. Zahl der Dateizugriffe, Bildschirmmasken) in einer Gleichung verknüpft. Die Gleichung zur „Berechnung" des Projektaufwands wird aus einer statistischen Analyse bereits durchgeführter Projekte abgeleitet.

Die **Function-Point-Methode** basiert auf einem mehrstufigen Vorgehen und bezieht sowohl Erfahrungswerte für den Aufwand abgewickelter Projekte als auch Punktbewertungsschemata in die Aufwandsschätzung ein. Der Funktionsumfang des neuen Systems wird mit einem Bewertungsschema beurteilt, in dem sämtliche Teilaufgaben des Projekts erfaßt sind. Weiterhin werden auch qualitative Faktoren (z. B. Komplexität der Verarbeitungslogik, Integration mit anderen Anwendungssystemen) mit einem Punkteschema bewertet. Die erhaltenen Punkte werden schließlich mit einer Punktwert-/Aufwandsfunktion verglichen, die auf Erfahrungen mit abgeschlossenen Projekten beruht.

Projektsteuerung und -kontrolle verfolgen und korrigieren den Projektablauf. Für die Projektsteuerung und Projektkontrolle ist ein Berichts- und Kontrollwesen erforderlich, mit dem Termine, Status und Qualität der erstellten Ergebnisse und Kosten für die Projektdurchführung verfolgt und kontrolliert werden. In einem Soll-/Ist-Vergleich werden Abweichungen ermittelt und geeignete Korrekturmöglichkeiten erarbeitet.

Projekt-steuerung und -kontrolle

Parallel zum gesamten Entwicklungsprozeß ist zudem eine Produktverwaltung bzw. ein Konfigurationsmanagement erforderlich. Im Rahmen der Produktverwaltung werden die verschiedenen Versionen und Varianten von Spezifikations- und Softwarekomponenten dokumentiert.

Produkt-verwaltung

Trotz der umfassenden Methoden, die die Anwendungsentwicklung und Projektplanung unterstützen sollen, sind diese mit zahlreichen Problemen und Risiken behaftet. Hier sind in erster Linie **Zeit-, Kosten- und Qualitätsprobleme** zu nennen, die nicht selten zum Abbruch der Projekte führen.

Probleme der Anwendungs-entwicklung

Bei den Qualitätsproblemen ist beispielsweise an fehlende Funktionen, mangelnde Zuverlässigkeit, schlechte Bedienbarkeit oder unverständliche Handbücher zu denken (vgl. Sneed 1988). Diese Qualitätsdefizite sind ein wesentlicher Grund dafür, daß ein nicht geringer Teil der gelieferten Software gar nicht oder erst nach Modifikationen eingesetzt wird.

V. Management der informations- und kommunikationstechnischen Infrastrukturen

Das Management der informations- und kommunikationstechnischen Infrastrukturen umfaßt **Bereitstellung** (Kauf, Leasing, Eigenfertigung, Fremdbezug etc.), **Betrieb, Verwaltung** und **Wartung** der Infrastrukturen. Hierzu gehören auch die Einrichtung und Organisation von Rechenzentren und Benutzerservicezentren, das Netzmanagement sowie die Koordination und Unterstützung der individuellen Informations- und Datenverarbeitung. Die Leistung der Zentraleinheiten, der Ein- und Ausgabegeräte, der externen Speicher und die Netzkonfiguration sind auf den Informationsbedarf auszurichten. Daneben muß der personelle Bedarf an Systemanalytikern, Programmierern, Bedienungs- und Wartungspersonal geplant und gedeckt werden. Weitere Aktionsparameter auf dieser Ebene des Informationsmanagement sind die Methoden der Datenerfassung, der Entwurf von Formularen und die Form der Dateneingabe und -ausgabe. Da wesentliche Managementaspekte bereits auf den Ebenen des Informationseinsatzes und der Informations- und Kommunikationssysteme behandelt wurden, wird der Schwerpunkt im folgenden auf die Beschreibung der informations- und kommunikationstechnischen Infrastrukturen gelegt (vgl. dazu Hansen 1987, Mertens u. a. 1991, Stahlknecht 1989).

Hardware und Software sind die zentralen technischen Infrastrukturkomponenten computergestützter Informations- und Kommunikationssysteme. Nachfolgend werden Hardware und Software, darauf aufbauende Daten-, Methoden- und Modellbanken sowie Expertensysteme in Grundzügen vorgestellt. Daran anschließend werden Rechnernetze und computergestützte Kommunikationssysteme als zentrale Infrastrukturkomponenten der computergestützten Information und Kommunikation betrachtet.

1. Infrastrukturen der elektronischen Datenverarbeitung

a) Hardwarekomponenten von elektronischen Datenverarbeitungsanlagen

Die elektronische Datenverarbeitung umfaßt die Eingabe, Verarbeitung und Ausgabe von Daten. Die peripheren Ein- und Ausgabeeinheiten stellen die Verbindung zwischen Mensch und Maschine her. Über Eingabeeinheiten werden die zu verarbeitenden Daten und Programme in die Zentraleinheit eingegeben. Die errechneten Ergebnisse werden dem Benutzer über die Ausgabeeinheit übermittelt. Der Verarbeitungsprozeß und die Steuerung des Prozesses erfolgen durch die Zentraleinheit.

Zentraleinheit

Als **Zentraleinheit**, oder häufig zentrale Recheneinheit, bezeichnet man die Kombination aus Rechenwerk und Leitwerk. Sie verfügt über eine eigene Steuerung und eine (begrenzte) Speichermöglichkeit und stellt somit ein autonomes System dar. Rechenwerk und Leitwerk werden häufig unter dem Begriff **Zentralprozessor** oder CPU (**C**entral **P**rocessing **U**nit) zusammengefaßt. Das **Leitwerk** – auch Steuerwerk genannt – steuert die Befehlsabfolge in einem Programm (Befehlswerk), entschlüsselt die Operationscodes der einzelnen Befehle (Funktionsentschlüsselung) und gibt die für die Befehlsausführung nötigen Steuersignale ab (Operationssteuerung). Im **Rechenwerk** erfolgt die eigentliche Verarbeitung der Daten. Das Rechenwerk ist der Teil eines Computers, in dem arithmetische (Addition, Subtraktion, Multiplikation, Division) und logische Operationen ausgeführt werden. Hieraus leitet sich die auch häufig verwendete Bezeichnung **A**rithmetical **L**ogical **U**nit (ALU) ab. Je nach Rechnertyp werden die verschiedenen mathematischen Operationen direkt ausgeführt oder über eine sukzessive Abarbeitung einfacherer Rechenschritte nachvollzogen. Die benötigten Operanden werden dem Rechenwerk durch das Leitwerk zur Verfügung gestellt. Abhängig von der Arbeitsweise unterscheidet man parallele und serielle Rechenwerke. Im allgemeinen Sinne zählt man neben Rechenwerk und Leitwerk auch den **Hauptspeicher** zur Zentraleinheit (vgl. Abbildung 3.32). Der Hauptspeicher (Arbeitsspeicher) enthält die aktuell auszuführenden Programme oder Programmteile und die benötigten Daten. Da der Prozessor unmittelbar auf den Hauptspeicher zugreift, beeinflussen dessen Leistungsfähigkeit und Speicherkapazität in wesentlichem Maße auch die Leistungsfähigkeit der gesamten Rechenanlage. Der Datentransfer zwischen der Zentraleinheit und den peripheren Geräten erfolgt durch sog. **Kanäle** oder durch **Datenbusse**. Neben dem Hauptspeicher verfügen EDV-Systeme zumeist auch über externe Speicher wie z. B. Disketten, Magnetplatten oder Magnetbänder.

Komponenten der Zentraleinheit

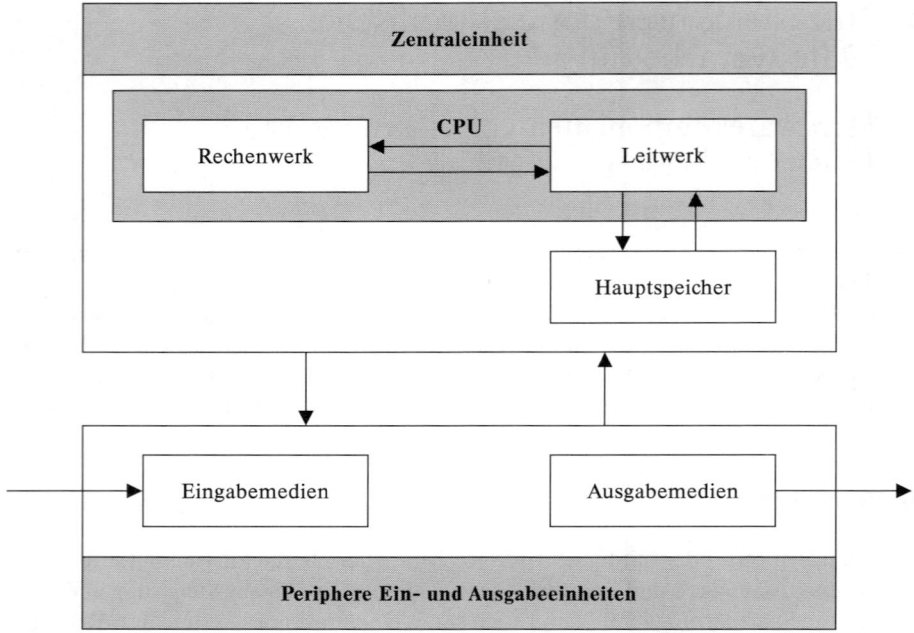

Abbildung 3.32: Funktionsschema eines EDV-Systems

Bei **Mehrprozessorsystemen** verfügt eine Datenverarbeitungsanlage über mehrere Zentralprozessoren, die auf einen gemeinsamen Arbeitsspeicher zugreifen. Damit kann die parallele Ausführung mehrerer Prozesse oder Programme erfolgen, so daß der Durchsatz einer DV-Anlage erheblich verbessert werden kann.

Externe Speichermedien

Externe Speicher sind außerhalb der Zentraleinheit angeordnet und zählen zur Peripherie. Die Speicherung ist neben der Verarbeitung von Informationen die wichtigste Funktion von elektronischen Datenverarbeitungssystemen. Mit Ausnahme der elektronischen Speicherbauelemente, die im wesentlichen in der Zentraleinheit als Hauptspeicher Verwendung finden, sind bei allen Speichern die Geräteeinheiten als aktive Systeme von den Datenträgern als passive Systeme zu trennen. Datenträger sind die Medien, auf denen Daten maschinenlesbar gespeichert werden. Man unterscheidet elektronische (Halbleiterspeicher), magnetisierbare (Disketten, Festplatte, Wechselplatte, Streamer, Magnetband), optisch lesbare (Markierungsbelege, Klarschriftbelege, Compact Disk (CD), Bildplatte) und mechanisch abfühlbare (Lochkarte, -streifen) Datenträger. Bei der Entscheidung für Speichermedien sind neben Kostengesichtspunkten die Zugriffszeit und die Speicherkapazität zu berücksichtigen. Die Zugriffszeit auf Datenträger ist im wesentlichen vom Speichermedium und der Zugriffsart abhängig. Die Art des Zugriffs auf den Speicher legt dessen Anwendungsmöglichkeiten und die Effizienz seiner Arbeitsweise fest. Magnetbänder ermöglichen nur einen sequentiellen Zugriff, d. h. auf eine Speicherzelle kann erst dann zugegriffen werden, wenn auf eine von der Position abhängige Anzahl vorhergehender Speicherzellen zuvor zugegriffen wurde. Mit zunehmenden Anforderungen an die Dialogfähigkeit von Informations- und Kommunikationssystemen steigt die Bedeutung des **wahlfreien (direkten) Zugriffs** auf Datenbestände. Magnetplatten, Disketten, optische Speicher und Halbleiterspeicher ermöglichen einen solchen Direktzugriff. Das Magnetband übernimmt immer mehr die Rolle des Datenarchivs.

Datenerfassung und Eingabemedien

Die Datenverarbeitung beginnt immer mit der Erfassung von Ursprungs- oder Primärdaten. Um den Aufwand bei der Datenerfassung möglichst gering zu halten und eine schnelle Datengewinnung zu erreichen, werden die Ursprungsdaten zunehmend auf maschinell lesbaren Datenträgern erfaßt. Bei Verfahren der Dateneingabe kann zwischen indirekten, halbdirekten und direkten Verfahren unterschieden werden (vgl. Hansen 1987).

Bei der **indirekten Dateneingabe** geht der eigentlichen Dateneingabe eine manuelle Datenerfassung auf Sekundärdatenträgern (z. B. Lochkarte, Diskette, Magnetband, optischer Speicher) voraus. Um die Kosten der Datenerfassung und das zeitliche Mißverhältnis zwischen Dateneingabe und Verarbeitungsprozeß zu verringern, werden zunehmend halbdirekte und direkte Verfahren der Dateneingabe eingesetzt.

Indirekte Dateneingabe

Bei **halbdirekten Verfahren** werden Urbelege, auf denen Daten mit Handschrift, Maschinenschrift oder Strichcodes aufgezeichnet sind, unmittelbar in die DV-Anlage eingelesen. Zu den Geräten für halbdirekte Dateneingabe zählen Magnet-, Markierungs- und Klarschriftleser. Artikelkennzeichnungen von Waren, die mit dem EAN-Code (d. h. der 13-stelligen Europäischen Artikelnummer) versehen sind, können beispielsweise durch Markierungsleser (Handleser oder Scanner) erfaßt werden.

Halbdirekte Dateneingabe

EAN-Code

Von zunehmender Bedeutung, vor allem im Bereich der Fertigungswirtschaft, ist die **automatische Direkterfassung** von Prozeßdaten mittels Sensoren. Im Zusammenhang mit computergestützten Informations- und Kommunikationssystemen kommt auch der **manuellen Direkteingabe** erhebliche Bedeutung zu. Zu diesem Zweck werden Arbeitsplätze mit Ein- und Ausgabestationen in Form von Terminals oder dezentralen Arbeitsplatzrechnern versehen. Über Tastatur, Lichtgriffel, Touch-Screen oder Scanner können Dateneingaben direkt an der Arbeitsstation erfolgen. Eine spezielle Form der direkten Dateneingabe stellt die **mobile Datenerfassung** dar. Dabei erfolgt eine direkte Erfassung von Daten am Entstehungsort mittels Tastatur oder Mikrofon an einem tragbaren Erfassungsgerät. Die Übertragung der erfaßten Daten mittels öffentlicher Fernsprech- oder Datennetze eröffnet die Möglichkeit zur sofortigen Auswertung. Einsatzmöglichkeiten für die mobile Datenerfassung sind besonders bei Inventuren oder bei Bestellannahmen durch den Außendienst gegeben.

Automatische Direkterfassung

Mobile Datenerfassung

Ausgabemedien

Drucker

Die Ausgabe von Daten oder Informationen erfolgt vornehmlich über **Datensicht-geräte** und verschiedene Typen von **Druckern**. Häufig verwendete Typen sind Nadel-, Tinten-, Thermo-, Laser-, Band- und Magnetdrucker. Als Auswahlkriterien für Drucker dienen neben den Kosten für Beschaffung, Verbrauchsmaterial, Zubehör und Wartung primär die Druckgeschwindigkeit und -qualität. Weitere Ausgabe-

Plotter

medien sind z. B. **Plotter**. Hier handelt es sich um Zeichengeräte für die graphische Darstellung digital gespeicherter Daten. Solche Geräte können z. B. zum Zeichnen von Konstruktionsplänen verwendet werden. Weiterhin kann die Datenausgabe über **Mikrofilm, Mikrofiche** oder auch **akustisch** (Sprachausgabe) erfolgen.

b) Systemsoftware

Die Verwaltung der verschiedenen Betriebsmittel (Prozessor, Speicher und periphere Geräte) sowie die Steuerung von Prozessen (Programmabläufen) obliegen dem Betriebssystem. Das Betriebssystem legt, gemeinsam mit den Hardwareeigenschaften, zugleich die möglichen Betriebsarten und Nutzungsformen einer EDV-Anlage fest. Neben den Steuerprogrammen zählen auch Übersetzungs- und Dienstprogramme zur Systemsoftware.

Steuer-programme

Aufgabe der sogenannten Steuerprogramme ist die Überwachung und Steuerung der vorhandenen Betriebsmittel einer Anlage und die Überwachung eines fehlerfreien Ablaufs der einzelnen Arbeitsschritte. Zum Aufgabenbereich der Steuerprogramme gehören beispielsweise das Laden der Programme, die Ein- und Ausgabesteuerung, die Behandlung von Unterbrechungen und Fehlern sowie die Regelung und Abstimmung der Programmfolgen, d. h. die Vergabe des Rechenwerks in Abhängigkeit von bestimmten Zuteilungsstrategien.

Übersetzungs-programme

Für die Übersetzung von in Programmiersprachen geschriebenen Programmen werden Übersetzungsprogramme benötigt. Die Tatsache, daß die vom Rechnerkern verwendete Maschinensprache der menschlichen Interpretationsfähigkeit nur schwer zugänglich ist, führte zur Entwicklung von höheren Programmiersprachen, die den menschlichen Fähigkeiten und Bedürfnissen besser angepaßt sind. Die Folge ist, daß die vom Anwender geschriebenen Befehle und Programme erst in die der EDV-Anlage verständliche Maschinensprache umzuwandeln sind. Je nach Art des Übersetzungsverfahrens wird bei den Übersetzungsprogrammen zwischen Assembler, Compiler und Interpreter unterschieden. **Assembler** dienen der Umwandlung maschinenbezogener Programmiersprachen. **Compiler** dagegen finden bei der Übersetzung problemorientierter und benutzernaher Programmiersprachen Verwendung. Compiler und Assembler übersetzen Quellprogramme vor ihrer Ausführung vollständig in Objektprogramme (Maschinensprache). **Interpreter** sind Übersetzungsprogramme, die eingegebene Quellweisungen erst zum Zeitpunkt des Ablaufs in Maschinensprache übersetzen und ausführen. Während des Übersetzungsvorgangs wird dabei kein vollständiges Objektprogramm erzeugt.

Mit Hilfe von Dienstprogrammen können häufig wiederkehrende Standardleistungen wie z. B. die Verwaltung externer Speicher, die Übertragung der Daten von bestimmten Datenträgern auf andere mit Hilfe von Umsetzungsprogrammen, die Entwicklung von Programmen mit Programmgeneratoren sowie Kopier-, Misch- und Sortiervorgänge ausgeführt werden. *Dienst- programme*

c) Betriebsarten und Nutzungsformen von EDV-Systemen

In Abhängigkeit von der Anlagenkonfiguration und der Systemsoftware, die die Zusammenarbeit der gerätetechnischen Komponenten lenkt und kontrolliert, sind verschiedene Betriebsarten und Nutzungsformen elektronischer Datenverarbeitungssysteme zu unterscheiden (vgl. Hansen 1987). Werden Nutzungsformen hinsichtlich der zeitlichen Abwicklung von Benutzeraufträgen systematisiert, so kann zwischen Stapelverarbeitung und Dialogverarbeitung unterschieden werden.

Die traditionelle Stapelverarbeitung ist dadurch gekennzeichnet, daß **Aufträge** mit den dafür erforderlichen Programmen und Daten **vollständig beschrieben und als Ganzes erteilt werden müssen, bevor mit ihrer Abwicklung durch die Zentraleinheit begonnen werden kann.** *Stapelver- arbeitung*

Bei der Dialogverarbeitung **(interaktive Verarbeitung)** werden dagegen **im ständigen Wechsel vom Benutzer Teilaufträge erteilt und vom System abgewickelt.** Voraussetzung für einen effizienten Dialogbetrieb ist u. a. eine verständliche Benutzerführung durch geeignete Benutzeroberflächen und Menütechniken. *Dialogver- arbeitung*

Neben diesen Nutzungsformen lassen sich auch verschiedene Betriebsarten nach dem Kriterium der internen Verarbeitung unterscheiden.

Beim Mehrprogrammbetrieb **(Multiprogramming)** befinden sich **zugleich mehrere Programme im Hauptspeicher**. Die Programmfolge, d. h. der Wechsel zwischen den einzelnen Programmen wird durch Überwachungsprogramme geregelt und richtet sich nach bestimmten Zuteilungsstrategien. Beim **Zeitscheibenverfahren** findet ein zeitabhängiger Programmwechsel statt. Bei **prioritätsgesteuerten Verfahren** hingegen werden Programme so lange bearbeitet, bis Aufträge oder Programme mit höherer Priorität zur Bearbeitung anstehen. Eine Programmunterbrechung erfolgt auch bei Ein- und Ausgabeoperationen. Während der relativ langen Zeitspanne von Ein- und Ausgabe wird das nächste Programm bearbeitet, bis eine erneute Unterbrechung erfolgt. Ist die Ein- oder Ausgabeoperation beendet, so wird beim nächstmöglichen Zeitpunkt die Verarbeitung des vorherigen Programms fortgesetzt oder ein neues Programm begonnen. *Mehr- programm- betrieb*

Beim Einprogrammbetrieb befindet sich dagegen immer nur **ein einziges Programm im Arbeitsspeicher**. *Ein- programm- betrieb*

Mittlere und große DV-Anlagen ermöglichen i. d. R. den Mehrprogrammbetrieb. Häufig sind solche Systeme auch Mehrbenutzersysteme **(Multi-User-Systeme)**, d. h. daß zur gleichen Zeit jeweils mehrere Benutzer mit einem Rechner arbeiten können. *Multi-/Single- User-Betrieb*

Hingegen ist bei Kleinrechnern und auch bei einigen Mikrocomputern aufgrund der verwendeten Prozessoren und Betriebssysteme lediglich ein **Einprogramm- und Single-User-Betrieb** möglich.

Teilnehmer-/
Teilhaber-
betrieb

Nach der Art der Programmbenutzung kann bei Mehrbenutzersystemen auch zwischen Teilnehmer- und Teilhaberbetrieb unterschieden werden. **Arbeiten Benutzer mit demselben Programm und demselben Datenbestand, so liegt Teilhaberbetrieb vor.** Dies erfolgt beispielsweise bei Auskunfts- und Buchungssystemen. **Wird hingegen an den angeschlossenen Stationen mit voneinander unabhängigen Programmen gearbeitet, so liegt Teilnehmerbetrieb vor.**

On-line-/Off-
line-Betrieb

Je nach Art der Geräteverbindung zur Zentraleinheit kann bei der Betriebsweise der Datenverarbeitung auch zwischen off-line- und on-line-Betrieb unterschieden werden. **Beim on-line-Betrieb sind die peripheren Geräte direkt an die Zentraleinheit angeschlossen.** Damit wird ein Dialogbetrieb möglich. On-line-Betrieb liegt auch dann vor, wenn Datenstationen oder Geräte per Datenfernübertragung an die DV-Anlage angeschlossen sind. **Beim off-line-Betrieb sind die peripheren Geräte nicht direkt an die Zentraleinheit angeschlossen.** Eine Druckausgabe beispielsweise erfolgt dann im off-line-Betrieb, wenn die zu druckenden Daten zunächst zwischengespeichert und dann direkt vom Speicher zum Drucker geschickt werden. Diese Form der Druckausgabe wird vielfach verwendet, um eine höhere Auslastung von Prozessoren und teuren Geräten zu erzielen.

d) Anwendungsprogramme

Anwendungsprogramme oder Anwendungsprogrammsysteme sind benutzerorientierte Programme, die jeweils für bestimmte Probleme oder Problemklassen des Anwenders konzipiert sind.

Standard-
programme

Standardanwendungsprogramme werden von EDV-Herstellern oder Softwarehäusern **für einen anonymen und zumeist breiten Markt zur Lösung von bestimmten Anwendungsproblemen entwickelt. Hierbei handelt es sich um Problemlösungen, die mehr oder weniger gleichartig in mehreren Unternehmungen auftreten.** Dabei kann es sich um **Einzelprogramme** handeln, die für eng abgrenzbare Aufgaben (z. B. Lohnbuchhaltung, Anlagenbuchhaltung, Beschaffungswesen und Lagerhaltung) eingesetzt werden. Problematisch ist vielfach die Integration mit angrenzenden Systemen. Neben isolierten Einzelanwendungen werden deshalb auch zunehmend **integrierte Anwendungssysteme** für umfassendere Anwendungsgebiete (z. B. für die integrierte Abwicklung von Auftragsbearbeitung, Materialwirtschaft, Produktionsplanung, Finanzbuchführung und Kostenrechnung) erstellt. Die einzelnen Programmteile sind so aufgebaut, daß Daten zwischen den Programmen ausgetauscht und Datenbestände gemeinsam verwendet werden können. Zudem haben die Systeme eine einheitliche Benutzeroberfläche.

Individuelle Programme werden von Benutzern oder Softwarehäusern **unternehmens- und problemspezifisch** entwickelt. Verschiedentlich werden Programme, die zunächst für individuelle Anwendungen erstellt wurden, auf dem Markt angeboten, um eine bessere Amortisation der Entwicklungskosten zu realisieren. Sie können sich dann schrittweise zu Standardlösungen entwickeln.

Individuelle Programme

Methoden- und Modellbanken

Häufig werden Methoden- und Modellbanken zu den Anwendungsprogrammen gezählt. **Eine Methoden- und Modellbank umfaßt insbesondere verschiedene Entscheidungsmodelle und Verfahren zur Unterstützung von Problemlösungsprozessen. Methoden** dienen im allgemeinen der Unterstützung von Problemlösungen bestimmter Klassen, wie dieses beispielsweise in den Methoden der Operations Research und der Statistik zum Ausdruck kommt. Eine **Methodenbank** umfaßt neben den Methoden noch weitere Softwarebestandteile zur Organisation und Benutzung der Methoden. In **Modellen** sollen relevante Eigenschaften und Relationen von bestimmten Erkenntnisobjekten abgebildet werden. Im Rahmen der Modellanalyse werden bestimmte Modellparameter gezielt variiert. Damit sollen aus dem Verhalten des Modells Rückschlüsse auf das Verhalten des abgebildeten Erkenntnisobjekts gezogen werden.

Nach dem Kriterium der Zwecksetzung lassen sich Entscheidungsmodelle sowie Erklärungs- und Prognosemodelle unterscheiden. In Entscheidungsmodelle fließen neben Daten und Informationen über Entscheidungsalternativen und Randbedingungen auch die Ziele und Werte der Entscheidungsträger ein. In Erklärungs- und Prognosemodellen werden nomologisch oder empirisch begründete Transformationen auf bestimmten Daten oder Informationen ausgeführt, so daß der Benutzer Vorhersagen oder Prognosen über das Verhalten abgebildeter Größen erhält. Zu den Erklärungs- und Prognosemodellen zählen beispielsweise die Transformationsprogramme der Kostenrechnung, mit deren Hilfe die Kostenarten-, Kostenstellen- und Kostenträgerrechnung auf Ist-, Plan- oder Sollkostenbasis realisiert werden kann (vgl. Teil 9). Programme für die Erstellung des Jahresabschlusses oder für die Ermittlung von Liquiditätsplänen sowie unterschiedliche Verfahren zur Absatzprognose für bestimmte Erzeugnisse sind ebenfalls den Erklärungsmodellen zuzuordnen. Modelle zur Ermittlung der gewinnmaximalen Absatzmengen oder der kostengünstigsten Bestellmenge sind dagegen Entscheidungsmodelle. Für den Entwurf von Methoden, Entscheidungs-, Erklärungs- und Prognosemodellen werden auch spezielle Programmiersprachen angeboten. Da viele dieser Methoden und Modelle in einer Tabellenstruktur darstellbar sind, eignen sich auch **Tabellenkalkulationsprogramme** (Spreadsheet-Programme) als Hilfsmittel zu ihrer Darstellung. Zumeist sind diese Kalkulationsprogramme mit graphischen Auswertungsmöglichkeiten verbunden.

Erklärungs- und Entscheidungsmodelle

Zur Lösung betriebswirtschaftlicher Aufgaben ist häufig das Zusammenwirken von Daten-, Methoden- und Modellbanken erforderlich. Als weitere Komponente zur Unterstützung von Planungs- und Entscheidungsprozessen kommen auch Simulationsverfahren und Expertensysteme in Betracht.

Simulationsverfahren

Neben den analytischen Methoden, die zu einem Optimum der Zielgröße führen, sind für bestimmte Anwendungsbereiche auch Simulationsverfahren von zunehmender Bedeutung. Durch Variation der im Modell enthaltenen Einflußgrößen sollen die Wirkungstendenzen auf die abhängigen Variablen sichtbar gemacht werden.

Das Ergebnis einer Simulation stellt keine optimale Lösung dar. Nach dem mehrmaligen Durchlauf einer Simulation mit jeweils unterschiedlichen Parameterausprägungen wird schließlich eine Alternative gewählt, die vermutlich dem Optimum am nächsten kommt. Simulationsverfahren werden zur Lösung von Warteschlangen-, Reihenfolge- und Zuordnungsproblemen eingesetzt, da hier häufig kein Algorithmus vorliegt oder die analytische Lösung zu umfangreich ist. Es handelt sich meist um nichtlineare, dynamische Modelle mit stochastischen Werten der Elemente.

Programmierkonzepte

Algorithmus

Traditionelle Programme stellen Algorithmen dar, die in einer Programmiersprache geschrieben und mit Hilfe einer Datenverarbeitungsanlage abgearbeitet werden. Als Algorithmus bezeichnet man eine präzise, d. h. in einer festgelegten Sprache abgefaßte, endliche Beschreibung eines allgemeinen Verfahrens unter Verwendung ausführbarer (Verarbeitungs-)Schritte. Beispielhaft seien die Kapitalwertmethode (vgl. Teil 7, S. 931) oder das Webersche Standortmodell (vgl. Teil 2, S. 227) genannt.

Programmiersprache

Eine Programmiersprache dient der Mitteilung von Aufgabenstellungen an Rechenanlagen. Sie ist charakterisiert durch die ihr eigene Syntax, Semantik und Pragmatik. Die Leistungsfähigkeit und Gestalt der benutzten Programmiersprache bestimmt den Programmieraufwand, den Programmierumfang, die „Lesbarkeit" und die Ablauffähigkeit des Programms auf verschiedenen Rechnern.

Stufen/Generationen der Programmiersprachen

Die Sprachen der Programmierung von Rechen- oder Datenverarbeitungsaufgaben für Computer lassen sich bezüglich ihrer deklarativen Freiheit und Benutzerfreundlichkeit in verschiedene Stufen/Generationen einteilen. Die unterste, computernahe Stufe/Generation bilden die Maschinensprachen (1. Generation), die nächste Stufe/Generation enthält die Assembler-Sprachen (2. Generation). Darüber liegen die problemorientierten (3. Generation), deskriptiven (4. Generation) und wissensbasierten (5. Generation) Programmiersprachen (vgl. Abbildung 3.33).

332

1-te Generation (Maschinensprachen)
2-te Generation (Assembler-Sprachen)
3-te Generation (Problemorientierte Programmiersprachen)
4-te Generation (Deskriptive Programmiersprachen, Endbenutzerwerkzeuge)
5-te Generation (Wissensbasierte Programmiersprachen)

Abbildung 3.33: Generationen von Programmiersprachen

Im folgenden sollen die wesentlichen Charakteristika der Generationen kurz dargestellt werden.

Als Maschinensprache bezeichnet man die Gesamtheit der Maschinenbefehle, Ein- und Ausgabeoperationen und Systemfunktionen einer gegebenen Zentraleinheit. Ein **Maschinenbefehl** ist eine Anweisung an eine Zentraleinheit zur Ausführung arithmetischer, logischer oder organisatorischer Rechenoperationen, die vom Leitwerk unmittelbar verstanden und ausgeführt werden können. Die Maschinensprache ist die **semantisch niedrigste Ebene der Programmierung** einer Zentraleinheit, auf ihr treten die durch die Hardware realisierten Eigenschaften der Zentraleinheit unmittelbar in Erscheinung. Sie kann direkt (ohne Übersetzung) bearbeitet werden. Je nach Zentraleinheit handelt es sich um eine Codierung in Binärziffern, Dezimalziffern oder vergleichbarem. Das Erstellen eines derartigen Programms erfordert die endgültige numerische Verschlüsselung aller Angaben im Befehlsformat. Da die Programmerstellung **sehr aufwendig, nicht änderungsfreundlich und sehr fehleranfällig** ist, wurden andere (algorithmische) Programmiersprachen entwickelt, deren Gebrauch allerdings nur unter Zuhilfenahme eines Übersetzers geschehen kann. Mit einem Übersetzungsprogramm werden die formulierten Quellprogramme bedeutungstreu in das Befehlsformat eines Rechners umgewandelt.

Maschinen-sprachen (1. Generation)

Assembler-Sprachen zeichnen sich im Gegensatz zu Maschinensprachen im wesentlichen durch das gemeinsame Merkmal der Verwendbarkeit **mnemonischer** (leicht merkbarer) **Operationscodes** aus. Sie unterscheiden sich zwischen den Computertypen in der Befehlsausgestaltung nur geringfügig (vgl. Abbildung 3.34).

Assembler-Sprachen (2. Generation)

Befehl:	Addition von 3 und 4		
Formulierung in Maschinensprache	000LL0L0	000000LL	00000L00
		3	4
Formulierung in Assembler	add	3	4

Abbildung 3.34: Beispiel für maschinenorientierte Befehle

Problem-
orientierte
Programmier-
sprachen
(3. Gene-
ration)

Im Gegensatz zu Maschinensprachen und Assemblersprachen sind problemorientierte Programmiersprachen Kunstsprachen, die die Formulierung eines Programms in einer abstrakten, von einem **Bedeutungsmodell** (Semantik) geprägten Weise erlauben und keine umkehrbar eindeutige Zuordnung ihrer Konstrukte zu Maschinenbefehlen verlangen (Maschinenferne). Wegen dieser Maschinenferne erfordert die Verwendung einer problemorientierten Programmiersprache den Einsatz eines Übersetzungsprogramms (Übersetzer, Compiler), mit dessen Hilfe ein Programm in ein Maschinenprogramm umgewandelt wird. Überdies erfordern sie einen **geringeren Programmier- und Änderungsaufwand** und sind leichter erlernbar als maschinennahe Programmiersprachen.

Deskriptive
Programmier-
sprachen,
Endbenutzer-
werkzeuge
(4. Gene-
ration)

Sprachen der 4. Generation haben sich i. d. R. aus Elementen entwickelt, die als benutzernahe Funktionen auf der Basis von Datenbanksystemen entstanden sind. Im wesentlichen gehören hierzu **Query-Sprachen zur Abfrage und Auswertung von Datenbanken und Report-Generatoren** zur Aufbereitung von Ausgabeergebnissen. Query-Sprachen und Report-Generatoren sind dialogorientierte Sprachmittel, die den Programmierer und auch den Endbenutzer für einen begrenzten Anwendungsbereich unterstützen. Der Anwender solcher Werkzeuge formuliert nicht mehr, „wie" eine Bearbeitung ablaufen soll, sondern welches Ergebnis zu erzielen ist; das „Was" steht im Vordergrund (vgl. Abbildung 3.35). Beispiele deskriptiver Programmiersprachen sind SQL – eine Quasi-Standard Sprache für relationale Datenbanken – und NATURAL als Sprache für das Datenbanksystem ADABAS.

---

prozedural (wie soll die Lösung ablaufen?)

Eröffne Datei
lies ersten Satz

solange nicht Dateiende erreicht
tue

      überprüfe Satz gemäß Kriterien
      wenn Prüfung positiv
      dann gib Satz aus
      lies nächsten Satz

nicht-prozedural (was soll gemacht werden?)

      gib alle Sätze der
      Datei aus, die
      den Kriterien genügen

Abbildung 3.35: Prozedurale und nicht prozedurale Problemlösung

(in Anlehnung an Bolkart 1987)

Zur 5. Sprachgeneration werden solche Sprachkonzepte gezählt, die auf der **Verwaltung strukturiert abgelegter Regeln** aufbauen, z. B. PROLOG (**Pro**gramming in **Logi**c), LISP (**Lis**t Programming Language).

Wissensbasierte Programmiersprachen (5. Generation)

Programmiersprachen ab der 3. Generation werden zu den „**höheren**" **Programmiersprachen** gezählt.

Neben der dargestellten Einteilung der Sprachen in Generationsklassen gibt es weitere Merkmale zur Bildung von Sprachkategorien. Von besonderer Bedeutung ist hier die Gliederung in imperative, funktionale, logik- und objektorientierte Sprachen. Diese Gliederung trägt den unterschiedlichen Konzepten bzw. Denkschemen höherer Programmiersprachen Rechnung.

Bei imperativen Programmiersprachen besteht ein Programm aus einer Folge von Befehlen an den Computer, denen eine **Reihe von nacheinander auszuführender Einzeloperationen** entspricht. Wesentliches Charakteristikum dieser Programmiersprachen ist das **Variablenkonzept**, – Eingabewerte werden in Variablen (Speicherzellen) gespeichert und weiterverarbeitet – und das **Prozedur- und Modulkonzept** – Programmelemente können in Unterprogramme oder in sich abgeschlossene Programmeinheiten ausgelagert werden. Programmiersprachen dieser Kategorie sind z. B. Pascal, Algol, C.

Imperative Programmiersprachen

Funktionale (applikative) Programmiersprachen erlauben die Darstellung der Verarbeitung von Ein- und Ausgabedaten in Form von **mathematischen Ausdrücken**, deren Hauptbestandteile Funktionen sind. Die erstellten Programme sind als **Systeme von Funktionsdefinitionen** zu verstehen. Beispiele für funktionale Sprachen sind LISP und LOGO.

Funktionale (applikative) Programmiersprachen

Logikorientierte (prädikative) Programmiersprachen basieren auf der **Darstellung von Algorithmen mit Hilfe einer (eingeschränkten) Prädikatenlogik.** Das Programmieren in logikorientierten Sprachen kann als **Beweisen in einem System von Fakten (gültiger Prädikate) und Regeln** (wie man aus Fakten neue Fakten gewinnt) aufgefaßt werden. Aufgabe des Rechners ist es, eine gestellte Frage als richtig oder falsch zu beantworten. Zu den logikorientierten Programmiersprachen zählt z. B. PROLOG.

Logikorientierte (prädikative) Programmiersprachen

Objektorientierten Programmiersprachen ist eigen, daß alle zum Lösen eines Problems notwendigen Informationen (hier im Sinne von Daten und Operationen) Objekten zugeordnet werden. Objekte sind in diesem Kontext als Informationsträger definiert, die einen (zeitlich veränderbaren) Zustand besitzen. Für jedes Objekt ist vorgegeben, wie es auf bestimmte „Nachrichten" (eingehende Mitteilungen an ein Objekt) zu reagieren hat. Der Ablauf von Programmen objektorientierter Sprachen erfolgt also durch **Senden von Nachrichten an Objekte**. Ein typischer Vertreter objektorientierter Sprachen ist Smalltalk.

Objektorientierte Programmiersprachen

Heuristische Programmierung und Expertensysteme

Algorithmisch formulierbare mathematische Entscheidungsmodelle verlangen die Quantifizierbarkeit von Parametern und Daten. Viele Entscheidungsprobleme entziehen sich jedoch einer numerischen Erfassung. Derartige Entscheidungen, die mit traditionellen Programmiersprachen nicht oder nur schwer programmierbar sind, versucht man mit Methoden der heuristischen Programmierung zu lösen.

Heuristiken Heuristiken sind **Regeln, die zur Verbesserung des Wirkungsgrades eines Programmsystems** verwendet werden, das Lösungen für komplexe Systeme zu finden sucht. Eine Methode also, die bei der Bearbeitung komplexer Probleme mit höherer Wahrscheinlichkeit (jedoch ohne Garantie) zum Erfolg führt. Sie kann eine Faustregel, Strategie oder ein Trick sein. Heuristiken werden häufig da herangezogen, wo zuverlässige Algorithmen zu zeitaufwendig sind (z. B. erschöpfende Suche), nicht bekannt sind (z. B. Probleme der Bilderkennung) oder nicht existieren können (unentscheidbare Probleme). Ein Regelsystem, das durch ein heuristisches Programm repräsentiert wird, beruht auf Hypothesen über den subjektiven Problemlösungsprozeß der Menschen.

Programme, die mit Hilfe von Symbolwissen das Verhalten menschlicher Experten nachvollziehen sollen, werden als **Expertensysteme** oder **wissensbasierte Systeme** bezeichnet.

Experten- Expertensysteme zählen heute neben der Robotik und natürlichen Sprachverarbei-
systeme tung zu den wichtigsten Anwendungsgebieten der „Künstlichen Intelligenz" (KI) (vgl. Harmon/King, 1989). **Ein Expertensystem ist allgemein ein Programmsystem, das Wissen einer eng begrenzten Anwendung speichert und ansammelt, aus dem Wissen Schlußfolgerungen zieht und zu konkreten Problemen der speziellen Anwendung Lösungen anbietet.** Es ist in der Lage,
– (meist große) Mengen von (evtl. auch heterogenem und vagem) Wissen über ein spezielles Gebiet in problemangepaßter Weise zu repräsentieren,
– zu helfen, dieses Wissen zu akquirieren (erstmals zu beschaffen) und zu verändern,
– aus dem vorhandenen Wissen (meist mit heuristischen und/oder logischen Methoden) Schlußfolgerungen zu ziehen und damit neues Wissen abzuleiten,
– zu konkreten vorgegebenen Problemen im Dialog mit dem Benutzer Lösungen zu finden und auf Abfrage eines Benutzers hin Wissen erklärend (und wenn notwendig bewertend) bereitzustellen.
Unter Wissen wird hier pragmatisch die Gesamtheit der in einer Wissensrepräsentationssprache darstellbaren und im Rechner gespeicherten Informationen der Anwendung, die zur Beantwortung von Abfragen notwendig sind, verstanden (Fakten, Regeln und Metaregeln). Expertensysteme lassen sich im wesentlichen in die drei Funktionsbereiche **Wissensbasis, Inferenzmechanismus** (Problemlösungskomponente) **und Dialogstruktur** unterteilen. Während Inferenzmechanismus und Wissensbasis keine weitere Untergliederung erfahren und gemeinsam den Expertensystemkern bilden, läßt sich die Dialogstruktur in die drei Komponenten Dialogkomponente, Wissensakquisitions- und -veränderungskomponente und Erklärungskomponente zerlegen (vgl. Abbildung 3.36, nächste Seite).

336

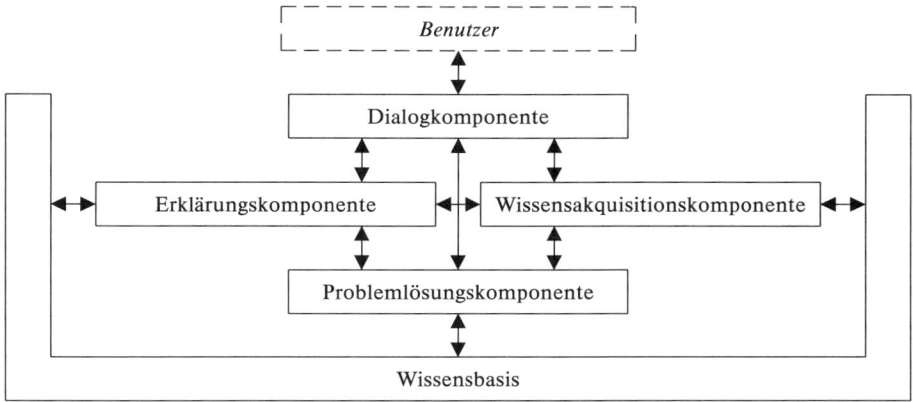

Abbildung 3.36: Schematischer Aufbau eines Expertensystems

(in Anlehnung an Raulefs 1982)

Die Dialogkomponente realisiert die **Benutzeroberfläche des Systems.** Von ihr hängt ab, wie das Expertensystem nach außen hin gestaltet ist und sich dem Benutzer darstellt. Dabei werden die formalen Aspekte des zu realisierenden Dialogs zwischen Benutzer und Expertensystem festgelegt.

Dialog-komponente

Die Erklärungskomponente **kommentiert und begründet die von der Problemlösungs-komponente gelieferten Lösungen** und macht ihre Erarbeitung und Qualität dem Benutzer möglichst durchschaubar. Sie ist sowohl für den Endbenutzer als auch für den Konstrukteur von Relevanz. Dem Endbenutzer wird ein Mittel an die Hand gegeben, um vollzogene Inferenzprozesse, die ihm unverständlich oder wenig plausibel erscheinen, zu rekonstruieren und zu überprüfen. Dem Knowledge-Engineer (Wissensbankverwalter) erleichtert die Erklärungskomponente die Suche nach Fehlern und Unzulänglichkeiten der Wissensbasis (Inkonsistenzen, Wissenslücken) und des Inferenzmechanismus (überflüssige oder falsche Inferenzen).

Erklärungs-komponente

Die Wissensakquisitions- und -veränderungskomponente **unterstützt im wesentlichen die Arbeit des Knowledge-Engineers bei Eingabe und Prüfung von Fakten- und Regel-wissen.** Die Überprüfung der semantischen und syntaktischen Integrität ist häufig nur durch Testläufe möglich. Die Wissensakquisitions- und -veränderungskomponente bietet daher Fehlersuchhilfen an, vermöge derer z. B. im Testlauf die Überprüfung ex ante definierbarer interner Zustände des Systems ermöglicht wird.

Wissens-akquisitions-und -verän-derungs-komponente

Die Anforderungen der Wissensakquisitions- und -veränderungskomponente, ge-speichertes Wissen einfach zu verändern, erweitern oder verdichten zu können, bedingen eine zentrale explizite (nicht prozeduale) Speicherung des Wissens. Dies geschieht in der Wissensbasis. Sie enthält **alle Fakten und Regeln aus dem Anwen-dungsbereich**, die für die Problemlösung von Bedeutung sind.

Wissensbasis

337

Inferenz-
mechanismus
(Problem-
lösungs- oder
Deduktions-
komponente)

Aus der ursprünglichen Bedeutung des Begriffs „Inferenz" – Schließen aus vorhandenem Wissen – läßt sich der wesentliche Charakter dieser Komponente ableiten. Sie **stellt die logische Einheit dar, mit der nach einer festgesetzten Problemlösungsmethode Schlüsse aus dem in der Wissensbasis gespeicherten Wissen gezogen werden.** Der Inferenzmechanismus legt dabei fest, in welcher Reihenfolge welche Aktionen wie zwischen den einzelnen Komponenten ablaufen und wie und wann Regeln abgearbeitet werden. Als wichtigste Standardverfahren haben sich die **zielorientierte Rückwärtsverkettung** (backward chaining) und die **datenorientierte Vorwärtsverkettung** (forward chaining) etabliert.

Da sich unterschiedliche Expertensysteme im wesentlichen nur durch ihr bereichsspezifisches Wissen unterscheiden, entwickelte man Anfang der 80er Jahre sowohl **Tools zur Programmierunterstützung** als auch **Shells**, die bereits komplette Expertensysteme darstellen und nur noch mit dem bereichsspezifischen Wissen angereichert werden müssen.

Anwendungs-
gebiete von
Experten-
systemen

Die ersten Anwendungen im Bereich der wissensbasierten Systeme waren Analyse- und Diagnosesysteme. Mittlerweile gibt es ein breites Spektrum von prototypischen und auch kommerziellen Anwendungen für unterschiedliche Problembereiche. Dazu zählen z. B. Beratungs-, Konfigurations- und Analysesysteme sowie tutorielle Systeme (vgl. Mertens u. a. 1990).

Computergestützte Werkzeugumgebungen für die individuelle Informationsverarbeitung

Die zunehmende Leistungsfähigkeit von Mikrocomputern und die Verfügbarkeit von benutzerfreundlichen Softwarewerkzeugen haben die Benutzer von Informations- und Kommunikationssystemen von vielen Restriktionen befreit und zur Entwicklung eigener Anwendungen motiviert. Softwarewerkzeuge für die individuelle Informationsverarbeitung sollen es den Benutzern erlauben, DV-gestützte Problemlösungen möglichst ohne Unterstützung durch eine EDV-Entwicklungsabteilung zu erarbeiten. Integrierte Werkzeugumgebungen enthalten i. d. R. Komponenten für Tabellenkalkulation, Grafik- und Textverarbeitung sowie Datenbank- und Dateiverwaltung. Zudem können Kommunikationsschnittstellen, Terminkalender, Projektplanungskomponenten und auch Planungssprachen für spezielle Anwendungsgebiete enthalten sein. Voraussetzung für die effiziente Nutzung solcher Werkzeugumgebungen ist eine ergonomische Gestaltung der Benutzeroberfläche (vgl. Weigand 1983).

Die individuelle Informationsverarbeitung kann dazu beitragen, die zumeist knappen Kapazitäten bestehender Systementwicklungsabteilungen zu entlasten. Andererseits wirft sie Probleme auf, wenn von den individuellen Entwicklungen prozeßentscheidende Informationen betroffen sind und dabei die zur Prozeßintegration notwendigen Standardisierungen nicht beachtet werden. Auch im Hinblick auf die Datensicherheit und die Effizienz bei der Systementwicklung kann die individuelle Informationsverarbeitung mit Nachteilen und Gefahren verbunden sein. Zur Begrenzung dieser potentiellen Nachteile und Gefahren und zur allgemeinen Unterstützung

338

der individuellen Informationsverarbeitung können Benutzer-Service-Zentren eingerichtet werden. **Benutzer-Service-Zentren stellen organisatorische Einheiten dar, die** *Benutzer-*
den Fachbenutzer sowohl bei der Auswahl von Hard- und Software als auch bei der *Service-*
Entwicklung und Nutzung von Anwendungen unterstützen. Zudem können Benutzer- *Zentren*
Service-Zentren auch mit der Installation und Betreuung von Netzinfrastrukturen
sowie mit der Definition von Datenstrukturen und Prozeduren betraut sein.

2. Datenorganisation und Datenbanksysteme

a) Bedeutung und Arten von Daten

Betrachtet man betriebliche Entscheidungsprozesse als Informationsverarbeitungsprozesse, so stehen Daten und die daraus gewonnenen Informationen im Mittelpunkt. Sie stellen den Rohstoff für Informationsgewinnung und Entscheidung dar.

Die hohe Bedeutung der Verfügbarkeit und Pflege von Massendaten im Industriebetrieb zeigt sich an den großen Datenbeständen, die für die Erfüllung der Aufgaben
erforderlich sind. Im Rahmen von Produktionsplanungs- und -steuerungssystemen
sind beispielsweise Teilestamm-, Arbeitsplatz-, Arbeitsgang-, Lieferanten-, Kunden-
und Auftragsdaten erforderlich. Die Finanzbuchführung benötigt u. a. Debitoren-
und Kreditorendaten. Kostenstellen-, Kostenträger- und Kostenartendaten stellen
die Basis für die Kostenrechnung dar.

Bei den Datenarten kann grundsätzlich zwischen Eingabe- und Ausgabedaten sowie
Bestands- und Bewegungsdaten unterschieden werden. Eingabedaten werden durch *Eingabedaten*
Methoden der Datenerfassung (vgl. S. 327) über Datenträger oder unmittelbar mit
Hilfe von Datenstationen einer EDV-Anlage übermittelt. Ausgabedaten hingegen *Ausgabedaten*
sind das Ergebnis programmtechnischer Verarbeitungsabläufe und werden auf
Datenträgern oder unmittelbar über Datenstationen ausgegeben. Bestandsdaten stel- *Bestands-*
len die Grunddaten oder Stammdaten (Entitäten mit ihren Eigenschaften) eines *daten*
Organisationsbereichs dar, z. B. Personaldaten (vgl. Teil 6, S. 874 ff.) oder Teilestammdaten (vgl. Teil 4, S. 420). Man spricht von einem **Datenbestand**, der bei der
Einführung eines Informationssystems erstellt und anschließend laufend fortgeschrieben wird. Bewegungsdaten sind solche Daten, die einzelne Datenelemente oder *Bewegungs-*
Sätze eines Datenbestandes verändern (z. B. Lagerabgang) oder die als neue Daten in *daten*
den Datenbestand eingegliedert werden.

Der Wert von Daten ist wesentlich von ihrer Aktualität, Genauigkeit, Verfügbarkeit und Auswertbarkeit abhängig. Entscheidungsträger benötigen häufig Informationen, die sich auf große Datenbestände und relativ komplexe Transformationsprozesse stützen. Um beispielsweise die Rückwirkungen von Marketingentscheidungen oder den Einfluß von Vertriebsstrategien auf die Produktion zu ermitteln,
benötigen Führungskräfte Daten und Informationen, die i. d. R. mehrere Abteilungen betreffen oder traditionelle Grenzen in Unternehmungen überschreiten. Häufig
liegen zwar die Daten, die für wichtige Entscheidungen gebraucht werden, irgendwo

in der Unternehmung in maschinenlesbarer Form vor. Für den Entscheidungsträger sind sie jedoch nicht zugänglich bzw. nicht direkt verwendbar. **Datenverfügbarkeit, Möglichkeiten der Datenverwendung sowie Kosten des Datenzugriffs und der Datenmanipulation sind wichtige Kriterien für die Konzeption einer adäquaten Datenorganisation.** Daten über relevante unternehmensbezogene und unternehmensübergreifende Sachverhalte sollten so geordnet sein, daß möglichst vielfältige Auswertungsmöglichkeiten im Sinne relevanter Informationen entstehen.

Um den Gebrauchswert von großen Datenbeständen zu verbessern und effiziente Nutzungsmöglichkeiten für Daten zu schaffen, wurden in der Informatik unterschiedliche logische und physische Konzepte der Datenstrukturierung und Datenorganisation entworfen.

b) Datenfelder, Datensegmente und Datensätze

Die kleinste adressierbare und auswertungsfähige Einheit von Daten, die für den Anwender von Bedeutung ist, wird als **Datenfeld** bezeichnet. Ein Datenfeld kann beispielsweise eine Teilnummer oder einen Teilnamen beinhalten. Inhaltlich (logisch) zusammenhängende Datenfelder werden zu **Datensätzen** zusammengefaßt. Eine mit Namen gekennzeichnete Gruppe von logisch zusammengehörenden Datenfeldern innerhalb eines Datensatzes wird als **Datensegment** bezeichnet. Unter einer **Datei** versteht man eine Menge von sachlich zusammengehörigen, gleichartigen Datensätzen (vgl. Abbildung 3.37). Der Aufbau einer Datei ist somit durch eine besondere Satzstruktur gekennzeichnet. Eine Teilestammdatei mit dem Namen „TEILE" kann beispielsweise sämtliche Teilestammsätze eines Produktionsbetriebs mit den Attributen „Teilnummer", „Teilname" und „Teilpreis" enthalten.

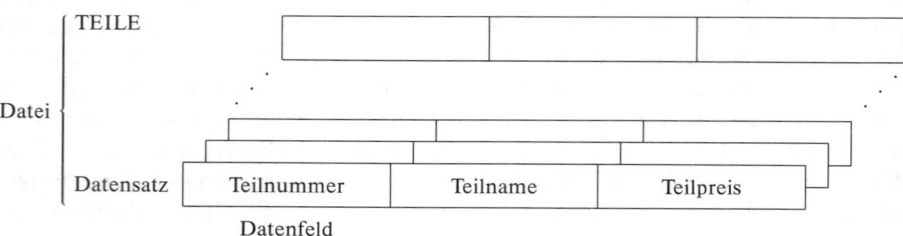

Abbildung 3.37: Datenfeld, Datensatz, Datei
(Satzausschnitt aus einer Teilestammdatei)

Da in einer einfachen Datei alle Datensätze die gleiche Anzahl und Art von Datenfeldern besitzen, wird häufig eine tabellarische Form der Darstellung einfacher Dateien verwendet. Jede Zeile repräsentiert dabei einen Datensatz, dessen Felder durch die Spaltenüberschriften bezeichnet werden. In einer komplexen Datei können die Datensätze in Anzahl und Format ihrer Datenfelder variieren, z. B. durch Wiederholungsgruppen.

340

Logische versus physische Datenorganisation

Die Form, in der Daten abgespeichert werden, ist nicht notwendigerweise dieselbe Form, in der sie dem Anwender zur Verfügung gestellt werden. Man muß deshalb zwischen logischer und physischer Datenorganisation unterscheiden. Die Datenstruktur, die auf einem Magnetband, einer Magnetplatte oder einem anderen Speichermedium abgespeichert ist, wird als **physische Datenstruktur** bezeichnet. Die Datenstruktur, die ein Anwender oder ein Anwendungsprogramm verwendet, wird als **logische Struktur** bezeichnet, auf die weiter unten noch einzugehen ist (Abschnitt f–k). In Datenbanksystemen ist es Aufgabe der Software, den Zusammenhang zwischen logischer und physischer Datenorganisation herzustellen.

Physische Dateiorganisation – Speicherungsformen

Für die physische Speicherung von Daten haben sich unterschiedliche Organisationsformen herausgebildet. Als wichtige Formen der Speicherorganisation gelten sequentielle, index-sequentielle, gekettete und gestreute Speicherorganisation (vgl. Wiederhold 1980).

Sequentielle Datei-organisation

Bei der physisch-sequentiellen Organisation einer Datei werden die Datensätze lückenlos hintereinander gespeichert und im Normalfall nach einem Primärschlüssel sortiert aufeinanderfolgend abgespeichert. Als Primärschlüssel bezeichnet man jenen Schlüssel, der genau einen Datensatz identifiziert. Da zwischen dem Primärschlüssel als Ordnungsbegriff und der physischen Speicherung keine Beziehung besteht, kann auch kein wahlfreier, sondern nur ein fortlaufender Zugriff auf die Daten erfolgen. Beim Einfügen oder Löschen von Daten muß i. d. R. der gesamte Datenbestand neu gespeichert werden.

Index-sequentielle Dateiorganisation

Bei einer index-sequentiellen Organisation werden die Sätze wie bei der sequentiellen Organisation nach dem Primärschlüssel sortiert gespeichert. Zusätzlich wird ein Index angelegt, der zu jedem Speicherblock einen Adreßeintrag enthält. Der Adreßeintrag zeigt den physischen Speicherort eines Datenblocks auf einem externen Speichermedium. Darüber hinaus existieren gesonderte Bereiche für die Speicherung der Neuzugänge. Dadurch erübrigt sich die Reorganisation der Datei, wenn neue Sätze eingegliedert werden sollen. Obwohl die hinzugefügten Sätze nun nicht mehr in der Reihenfolge ihres Ordnungsbegriffs gespeichert sind, ist unter Zuhilfenahme des Adreßverzeichnisses eine (logisch) fortlaufende Verarbeitung möglich.

Gekettete Datei-organisation

Bei einer geketteten Dateiorganisation werden logisch zusammengehörige Datensätze durch das Einrichten von Zeigerfeldern in den Datensätzen miteinander verbunden. Die jeweiligen Zeigerfelder (Pointer, Kettfelder) weisen auf die Speicheradresse des logisch nachfolgenden Datensatzes. Wenn die Speicheradresse des ersten Satzes bekannt ist, können über die Adreßverkettung sämtliche Sätze wiedergefunden werden. Der Vorteil der geketteten Datenorganisation liegt darin, daß die Sätze in beliebiger Reihenfolge und an beliebiger Position im Speicher stehen können. Die

gekettete Dateiorganisation ist jedoch hinsichtlich Speicherbedarf und Änderungs-
dienst relativ aufwendig.

*Gestreute
Datei-
organisation*
Bei gestreuter Speicherung besteht ein Zusammenhang zwischen dem Wert eines
Ordnungsbegriffs und der physischen Speicheradresse. Dieser Zusammenhang wird
mittels einer Speicherfunktion, die auch als Hash-Funktion bezeichnet wird, zum
Ausdruck gebracht. Man unterscheidet:

– Direkt adressierte Dateien: Der Ordnungsbegriff der Datei (z. B. Teilnummer) wird
  in eine eindeutige Speicheradresse (z. B. Zylinder-, Spur- und Sektornummer bei
  Magnetplatten) umgesetzt.
– Indirekt adressierte Datei: Die indirekte Adressierung wird im allgemeinen dann
  angewendet, wenn der Ordnungsbegriff bei direkter Adressierung zu größeren
  Bereichen leerbleibender Speicherplätze führt. Mit Hilfe der Hash-Funktionen
  wird der Bereich des Ordnungsbegriffs auf einen engeren Bereich der Speicher-
  adressen verdichtet.

c) Dateisysteme

In den Anfängen der Datenverarbeitung war die Entwicklung von Anwendungssystemen durch eine enge Verflechtung zwischen dem Programmentwurf und der
Datenorganisation auf den Speichermedien geprägt. Bei einer Programmierung im
konventionellen Stil werden die Daten jeweils programmbezogen auf den Datenträgern bereitgestellt. Für jede Anwendung werden eigene Dateien mit den erforderlichen Datensätzen und spezifischen Zugriffsfunktionen angelegt. Die Definition der
benötigten Dateien erfolgt dabei in den jeweiligen Anwendungsprogrammen. Der
Dateiaufbau ist auf die Aufgabenstellung angepaßt und besitzt eine geringe Flexibilität bezüglich neuer Anwendungen (vgl. Abbildung 3.38).

Für neue Anwendungen müssen vorhandene Datenbestände vielfach in anderer Sor-
tierfolge vorliegen oder durch zusätzliche Felder ergänzt werden.

Eine Datenhaltung ohne Datenbanken führt dazu, daß bereits vorhandene Daten
erneut angelegt werden müssen und somit unkontrollierte Redundanz entstehen
kann. Datenredundanz ist nicht nur mit höheren Speicherkosten und höherem Aufwand bei der Dokumentation verbunden, sondern erschwert besonders die Aktualisierung und Sicherung von Daten. In großen Anwendungssystemen ohne Datenbanken kann es so viele redundante Daten geben, daß es praktisch nicht möglich ist, alle
auf demselben Aktualisierungsstand zu halten. Es besteht also immer die Gefahr, daß
inkonsistente, d. h. logisch widersprüchliche Datenbestände vorhanden sind.

*File
Management
Systeme*
Mit wachsenden Anforderungen an die Verwaltung großer Datenbestände wurden
zunächst Standardroutinen zur Dateiverwaltung entwickelt. Diese sog. **File Management Systeme** unterstützen die Anpassung von Datenbeständen an die Anforderungen unterschiedlicher Anwendungen. Zudem wurden auch Hilfsprogramme wie
z. B. **Report-Generatoren** zur Unterstützung der Datenausgabe entwickelt.

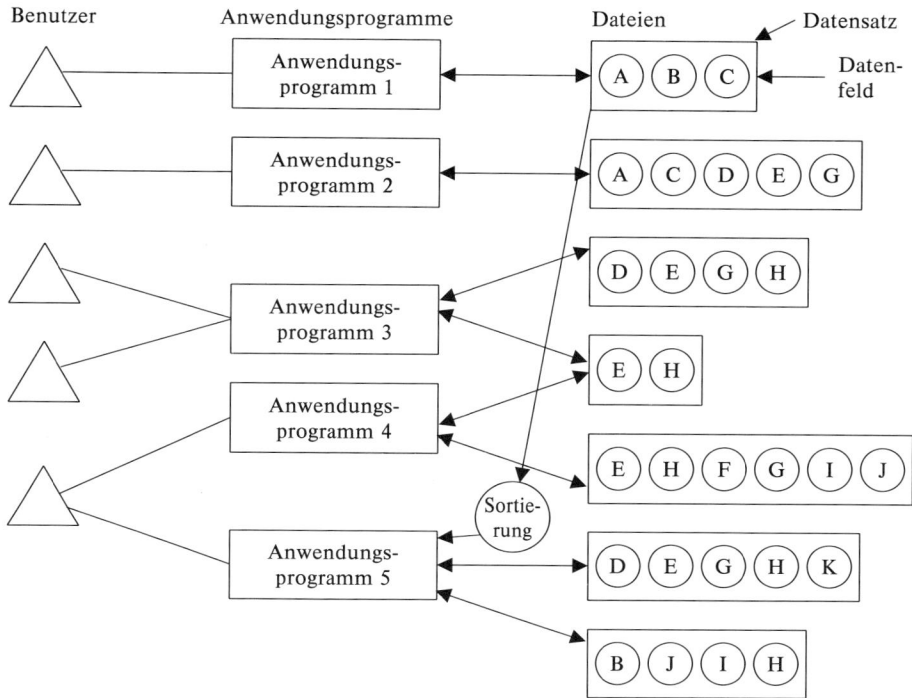

Abbildung 3.38: Dateiorganisation ohne Datenbanktechnik

Quelle: Martin (1987)

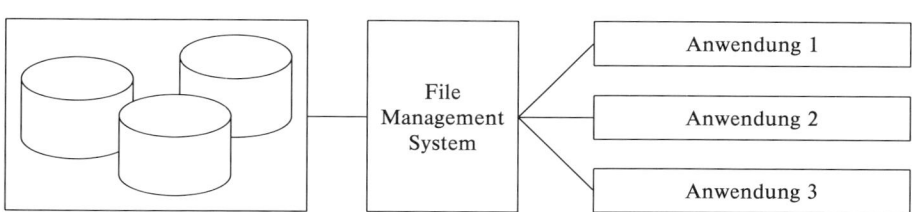

Abbildung 3.39: Dateiverwaltung mit File Management Systemen

Auf der Basis dieser Standardroutinen wurden im Laufe der 60er Jahre die ersten Datenbanken und Datenbankmanagementsysteme entwickelt.

d) Datenbanken und Datenbanksysteme

Datenbank

Eine Datenbank ist eine Sammlung von inhaltlich zusammenhängenden Daten, die mit kontrollierter Redundanz abgespeichert werden, um für mehrere Anwendungen in bestmöglicher Weise verwendbar zu sein. Die Daten einer Datenbank besitzen globale Geltung, d. h. sie sind unabhängig von einzelnen Programmen, von denen sie benutzt werden. Diese Datenunabhängigkeit bildet eine wesentliche Anforderung an moderne Datenbanksysteme.

Datenbank-managementsystem

Für die Verwaltung einer Datenbank wird ein Datenbankmanagementsystem (DBMS), gleichbedeutend mit Datenbankverwaltungssystem, eingesetzt.

Das Datenbankverwaltungssystem beinhaltet zumeist Software zur Unterstützung von interaktiven Datenbankoperationen und Reportgeneratoren, die es dem Benutzer erlauben, Listen in einfacher Form erstellen und ausgeben zu lassen (vgl. Abbildung 3.40).

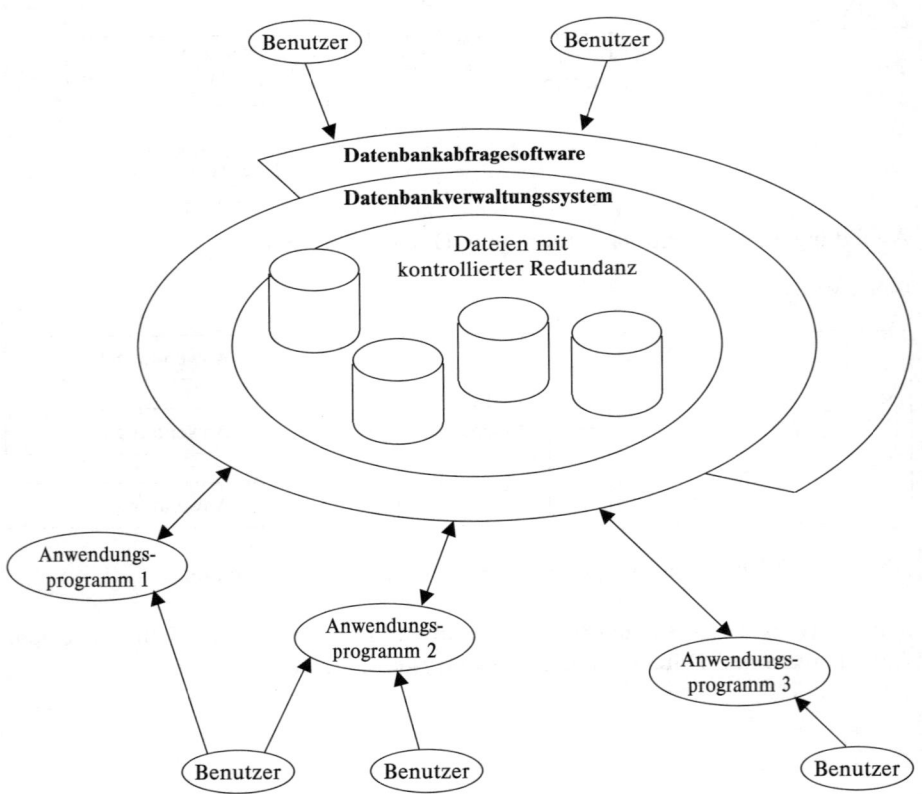

Abbildung 3.40: Komponenten eines Datenbanksystems

(in Anlehnung an Martin 1987)

344

Der Zugriff der Anwendungsprogramme zu den Daten erfolgt stets unter Kontrolle des Datenbankverwaltungssystems. Die Formulierung von ad-hoc Abfragen interaktiver Bearbeiter wird (häufig) durch die Datenbankabfragesoftware unterstützt. Verschiedene Benutzer und Programme arbeiten mit gemeinsamen Datenbeständen, aber sie greifen nicht direkt auf abgespeicherte Daten zu, sondern erhalten die gewünschten Daten durch das Datenbankverwaltungssystem. Da auf große Datenbestände im allgemeinen viele Benutzer gleichzeitig zugreifen, muß ein Datenbankverwaltungssystem die Koordination und Synchronisation parallel arbeitender Prozesse übernehmen, so daß diese sich nicht gegenseitig beeinträchtigen.

Eine wichtige Aufgabe des Datenbankverwaltungssystems liegt in der Gewährleistung der operationalen und semantischen Integrität einer Datenbank. **Unter dem Begriff der Integrität einer Datenbank werden im allgemeinen Fragen hinsichtlich der Korrektheit und Unversehrtheit von Daten in einer Datenbank zusammengefaßt** (vgl. Schlageter/Stucky 1983). Zur Einhaltung der semantischen Integrität muß ein Datenbanksystem **Fehler verhindern, die durch absichtliche oder irrtümliche Eingabe falscher Daten entstehen können.** Überdies stellt eine Datenbank in der Praxis eine dynamische Struktur dar, die sich häufig kurzfristig im Bereich der Daten ändert und auf lange Sicht auch auf der Metaebene, also im Bereich der dargestellten Beziehungen. Es ergibt sich damit die Notwendigkeit einer geeigneten Verwaltung dieser Objektinformationen. Wird dieser Aspekt vernachlässigt, so hat dies in der Regel Effizienzverluste bei der Einführung neuer beziehungsweise beim Ändern bestehender Objekttypen zur Folge. Für die Verwaltung der Objektinformationen wird ein Systemkatalog verwendet, den man Data Dictionary nennt.

Aufgaben von Datenbankverwaltungssystemen

Semantische Integrität

Ein Data Dictionary ist ein vollständiges Verzeichnis aller Informationen über den Umfang, die Struktur und Speicherungsform sowie über die Verwendung der in einer Datenbank vorhandenen Daten, die über ein Datenbankverwaltungssystem verwaltet und ausgetauscht werden.

Data Dictionary

Es enthält:
- Namensbeschreibungen zur (auch semantisch) eindeutigen Kennzeichnung jedes Datenfeldes (Entity).
- Inhaltsbeschreibungen zur erläuternden Klärung der in einem Datenfeld dargestellten oder darstellbaren Daten.
- Wertebereichsfestlegungen zur Bestimmung der zulässigen Ausprägungen der Feldinhalte (Domänen).
- Verwendungsnachweise, die Auskunft darüber geben, welche Daten von welchen Programmen benutzt werden.
- Synonymverknüpfungen zur Offenlegung von verschiedenen Namen eines Objekts.

Das Informationssystem zum Speichern, Verwalten und Wiederauffinden der Informationen eines Data Dictionary wird Data Dictionary-System genannt. Die Aufgaben eines Data Dictionary-Systems sind z. B. Überwachung der Konsistenz (Widerspruchsfreiheit) eines Datenbestandes, Hilfestellung bei Fragen über die Datenstrukturen sowie Analyse und Dokumentation der Bedarfsanforderungen für den

Datenbestand (passive Aufgaben). Überdies gibt es Entscheidungshilfen bei der Organisation und Reorganisation der Datenbestände und unterstützt den Entwurf von Anwendungsprogrammen oder Teilen davon (aktive Aufgaben).

Der Zugriff des Datenbankverwaltungssystems auf die Datenbestände über das Data Dictionary-System ermöglicht eine zentrale Kontrolle über die Verwendung der Datenressource. Vermöge eines Data Dictionary-Systems kann somit die Integration unterschiedlicher Anwendungssysteme eines Unternehmens unterstützt werden.

Operationale
Integrität
Die operationale Integrität bezieht sich auf die **Gewährleistung der Datenunversehrtheit im Falle von technischen Fehlern** wie z. B. Speicherfehlern oder Störungen in der Energieversorgung.

Neben diesen Aufgaben erfüllt ein Datenbankverwaltungssystem auch wichtige Funktionen zum Schutz der Daten vor unberechtigten Zugriffen. Ist bei einer Datenbank ein logisch integrierter Datenbestand physisch auf mehrere Knoten in einem Rechnernetz verteilt (verteiltes Datenbanksystem), so obliegen dem Datenbankverwaltungssystem auch komplizierte Koordinationsaufgaben für den Zugriff auf ortsverteilte Datenbestände von mehreren Systemen aus.

e) Drei-Ebenen-Architektur für Datenbanksysteme

Bei der Formulierung von Daten und Datenbeziehungen können verschiedene Abstraktionsebenen oder verschiedene Sichtweisen unterschieden werden. Aus einer globalen Perspektive sollen Daten und Datenbeziehungen möglichst situations**un**abhängig und damit auch personen- und kontext**un**abhängig formuliert werden (vgl. Wedekind 1981). Aus einer zweiten Perspektive können die Daten so formuliert werden, wie sie von den verschiedenen Benutzern gebraucht werden. Schließlich können Daten im Hinblick auf die Struktur der physischen Speicherung beschrieben werden. Diesen unterschiedlichen Sichtweisen entsprechend legt man für die Beschreibung der prinzipiellen Struktur von Datenbanksystemen zumeist die vom ANSI/SPARC (**A**merican **N**ational **S**tandards **I**nstitute/**S**tandards **P**lanning **a**nd **R**equirements Commitee) vorgeschlagene Drei-Ebenen-Architektur zugrunde. Bei dieser Architektur wird zwischen der konzeptionellen Ebene, der externen Ebene und der internen Ebene unterschieden (vgl. Abbildung 3.41).

Konzeptio-
nelle Ebene
Auf der konzeptionellen Ebene erfolgt eine logische Datenbeschreibung. Diese Beschreibung wird auch als **konzeptionelles Datenmodell** oder als **Schema** bezeichnet. Ein Schema ist eine Gesamtbeschreibung der verwendeten Datenfeldtypen; es gibt die Namen der Objekte und ihre Attribute an und spezifiziert die Beziehungen zwischen den Objekten. Das konzeptionelle Datenmodell wird i. d. R. in Zusammenarbeit mit der Fachabteilung erstellt.

Externe
Ebene
Auf der externen Ebene erfolgt eine Beschreibung der Daten und ihrer Beziehungen aus der Sicht des Anwenders. Die Sicht des Anwenders auf die von ihm benutzten Datenfeld- und Satztypen wird auch als **Subschema** oder **View** bezeichnet. Die Benut-

346

zersichten werden aus dem konzeptionellen Modell abgeleitet. Demzufolge ist die Benutzersicht ein Ausschnitt, der sich durch formale Umgestaltung aus einem konzeptionellen Modell ergibt. Die Benutzersicht weist damit den gleichen Abstraktionsgrad wie ein konzeptionelles Modell auf. Weder das Schema noch das Subschema geben an, wie Daten physisch gespeichert werden. Bei gegebener logischer Datenorganisation gibt es unterschiedliche Formen der physischen Datenorganisation.

Auf der internen Ebene erfolgt eine Beschreibung der physischen Datenorganisation. Das physische Modell enthält eine formale Beschreibung, wie die Daten gespeichert werden. Weiterhin beinhaltet es deren Zugriffsoperationen und Zugriffspfade. Diese Beschreibung wird auch als **internes Schema** bezeichnet.

Interne Ebene

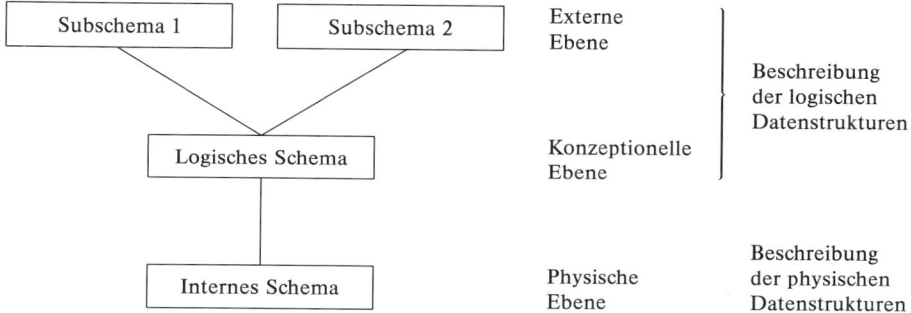

Abbildung 3.41: Drei-Ebenen-Architektur eines Datenbanksystems

Der Zusammenhang zwischen den Objekten der verschiedenen Ebenen wird mittels sog. Transformationsregeln hergestellt. **Diese Regeln legen fest, auf welche Art und Weise ein bestimmtes Objekt einer Ebene (eines Modells) aus einem oder mehreren Objekten einer tieferliegenden Ebene gebildet werden soll.** Die Transformationen zwischen den einzelnen Ebenen werden vom Datenbankmanagementsystem durchgeführt. Das Datenbankmanagementsystem sorgt dafür, daß Zugriffswünsche, die in den Begriffen eines externen Modells formuliert werden, zur Ausführung der notwendigen Operationen auf der physischen Ebene führen und die gewünschten Daten in der vom externen Modell definierten Form an den Benutzer übergeben werden.

Transformationsregeln

Der vom ANSI/SPARC vorgeschlagene Datenbankaufbau wurde allgemein von EDV-Herstellern und Softwareunternehmen akzeptiert. Unterstützt ein Datenbanksystem den geschichteten Aufbau und damit die verschiedenen Datensichten, so sind die logischen Daten und die physischen Daten voneinander getrennt; man spricht auch von einer **physischen Datenunabhängigkeit**. Damit kann erreicht werden, daß die physische Datenorganisation optimiert oder auch vollständig geändert werden kann, ohne daß dabei die logischen Datenbeschreibungen geändert werden müssen. Zudem gewährleistet der geschichtete Aufbau von Datenbanksystemen eine **logische Datenunabhängigkeit**, d. h. eine Unabhängigkeit zwischen der globalen logischen Datenorganisation und den Anwendungsprogrammen. Damit kann die Struktur einer Datenbank durch Hinzufügen neuer Datenelemente oder neuer Satztypen an ver-

Datenunabhängigkeit

347

änderte Anforderungen angepaßt werden, ohne daß bestehende Programme neu geschrieben werden müssen.

Ein wichtiges Ziel der Datenunabhängigkeit besteht auch darin, die Aufgaben eines Programmierers zu vereinfachen. Gute Datenbanksysteme entlasten den Anwender oder Programmierer von der Notwendigkeit, sich um die physische Datenorganisation zu kümmern.

f) Entwurf von sachlogischen Datenstrukturen

Ein zentrales Problem beim Aufbau von Datenbanksystemen ist der Entwurf von sachlogischen Datenstrukturen. Dabei müssen die fachlichen Anforderungen, die an eine Datenbank gestellt werden, rekonstruiert und in einer präzisen formalen Sprache beschrieben werden.

Zum Entwurf sachlogischer Datenstrukturen, d. h. von Datenstrukturen, wie sie auf der konzeptionellen Ebene zu beschreiben sind, wurden verschiedene Ansätze entwickelt. Grundsätzlich lassen sich konstruktive und modellbildende Ansätze unterscheiden.

Modell-
ansätze

Bei der Bildung von datenorientierten Modellen wird in der Regel unterstellt, daß die „wirklichen" Sachverhalte schon vor ihrer sprachlichen Ordnung durch unsere Terminologie und vor ihrer Darstellung in sprachlichen Aussagen einer in Tatsachen gegliederten Welt angehören. Mit Hilfe von Datenmodellen sollen die durch Anschauung unmittelbar gegebenen Objekte und deren Verbindungen in einer formalen Sprache dargestellt werden, so daß sie einer automatischen Verarbeitung zugeführt werden können (vgl. Wedekind 1981). Die Normalformenlehre (vgl. Codd 1970) ist ein Verfahren zur Datenmodellierung. In der Ausgangssituation werden dabei die betriebswirtschaftlichen Zusammenhänge bzw. die Sachverhalte eines Objektbereichs in einer ungeordneten Form als gegeben betrachtet. Im Zuge der Normalisierung werden die gegebenen Situationen in einfache Strukturen zerlegt, um Redundanzen in Datenbanken zu reduzieren und Änderungsdienste zu erleichtern (vgl. Abschnitt k).

Normal-
formenlehre

Konstruktion
von Objekt-
typen

In der Lehre von den Konstruktionen wird behauptet, daß dem Bilden von empirisch wahren Sätzen die Normierung sprachlicher Mittel vorausgehen muß. Man geht nicht von wirklichen Sachverhalten aus, sondern gelangt zu ihnen methodisch, d. h. schrittweise und zirkelfrei über die Abstraktion von wahren Sätzen (vgl. Wedekind 1981). Während des gesamten Konstruktionsprozesses werden die betriebswirtschaftlichen Zusammenhänge bzw. die Sachverhalte des Objektbereichs unter dem Gesichtspunkt der Datenstrukturierung reflektiert. Von einfachen Grundbegriffen ausgehend werden mittels Konstruktionsoperatoren komplexe Strukturen von Objekttypen erklärt oder entwickelt. Objekttypen sind dabei abstrakte Mengen von Daten. Konstruktionsoperatoren geben eine formale Hilfestellung zur Konstruktion der Datenstrukturen. Trotz wenig ausgereifter begrifflicher Festlegungen und inhaltlicher Überschneidungen zwischen unterschiedlichen Ansätzen lassen sich vier grund-

348

sätzliche Konstruktionsoperatoren unterscheiden: Klassifizierung, Generalisierung, Aggregation und Gruppierung (vgl. dazu z. B. Smith/Smith 1977, Wedekind/Ortner 1980, Wedekind 1981, Scheer 1991a).

Bei einer Klassifizierung werden solche Objekte zu einer Klasse zusammengefaßt und einem Begriff zugeordnet, die sich durch die gleiche Ausprägung der Merkmale, die zur Klassenbildung herangezogen werden (Klasseme), auszeichnen (z. B. alle Kunden). *Klassifizierung*

Bei der Generalisierung (Verallgemeinerung) handelt es sich um eine Objektmengenbildung, bei der Klassen von Objekten zusammengefaßt werden. Die Menge aller Kunden und die Menge aller Lieferanten können beispielsweise zu einem neuen Gattungsbegriff GESCHÄFTSPARTNER zusammengefaßt werden. Die der Generalisierung entgegengesetzte Operation wird als Spezialisierung oder als Spezifikation bezeichnet. Bei der Spezialisierung wird eine Obermenge in gegenseitig abgeschlossene (disjunkte) Teilmengen aufgespalten. *Generalisierung/Spezialisierung*

Bei einer Aggregation erfolgt die Bildung komplexer Objekttypen durch Verschmelzung elementarer Objekttypen entsprechend den Anordnungs- und Wirkungsbeziehungen des Objektbereichs. Aus den Objekttypen KUNDE, TEIL und ZEIT kann ein neuer Objekttyp AUFTRAG konstruiert werden. Der neue Objekttyp enthält jeweils Teilinformationen der ursprünglichen Objekttypen. *Aggregation*

Bei der Gruppierung werden aus den Elementen einer Menge Gruppen gebildet. Eine Gruppierung liegt beispielsweise dann vor, wenn Arbeitsplätze einer Unternehmung zu Abteilungen zusammengefaßt werden. *Gruppierung*

Das Entity-Relationship-Modell kann als konstruktives Verfahren interpretiert werden. Allerdings lassen sich einige der dargestellten Konstruktionsoperatoren erst durch erweiterte Formen des Modells unterstützen.

g) Das Entity-Relationship-Modell

Das **E**ntity-**R**elationship-**M**odell (ERM) von Chen (1976) ist ein weitverbreitetes Verfahren zur Darstellung von logischen Datenstrukturen. Besonders aufgrund der graphischen Darstellungsweise und seiner eindeutigen Definition gilt das ERM als geeignetes Verfahren für den Entwurf von Datenstrukturen auf konzeptioneller Ebene. Mit dem ERM lassen sich statische Strukturen von Datenobjekten und ihre Beziehungen beschreiben oder festlegen. Die Grundelemente vom ERM sind Entitäten (Objekte) mit ihren Eigenschaften, Entitätsmengen (Objekttypen) und die Relationen (Beziehungen) zwischen den einzelnen Objekttypen. **Objekte** sind individuelle und identifizierbare Exemplare von Dingen, Personen oder Begriffen der realen oder der Vorstellungswelt. Ein Objekt kann z. B. der Lieferant „Müller", ein bestimmter Kunde oder ein bestimmtes Teil sein. Objekte, die einander nach gewissen Eigenschaften oder Merkmalen ähnlich sind, lassen sich zu Klassen zusammenfassen (z. B. alle Kunden). Solche Klassen werden als **Objekttypen oder Entitytypen** bezeichnet. Ein Objekttyp ist eine Einheit, die auch im konzeptionellen Modell als solche in Erscheinung tritt.

Jedes Objekt besitzt eine Menge von Merkmalen oder Eigenschaften. Ein Kunde kann z. B. durch die Kundennummer, den Namen und die Adresse beschrieben werden. Diese Merkmale oder Eigenschaften werden als **Attribute** bezeichnet. Ein Objekt besitzt für jedes Attribut einen bestimmten Wert aus einem gegebenen Wertebereich, der sog. **Domäne**.

Zwischen konkreten Entities können konkrete Beziehungen bestehen (z. B. Kunde A bestellt 5 Teile, Kunde B bestellt 7 Teile), die wiederum als abstrakte Beziehungen, d. h. als **Beziehungstypen** (z. B. N:M-Beziehung) zwischen den Entitytypen klassifiziert werden können (vgl. Abbildung 3.42).

Abbildung 3.42: Beispiel für ein Entity-Relationship-Modell mit den Objekttypen KUNDE und TEIL sowie der N:M-Beziehung BESTELLT

Sowohl den Entitytypen als auch den Beziehungstypen können Attribute zugeordnet werden.

Im ERM werden Entitytypen durch Rechtecke und Beziehungstypen durch Rauten dargestellt. Die Symbole werden durch ungerichtete **Kanten** verbunden. An den Kanten des Diagramms wird der Beziehungstyp eingetragen. Zwischen Entitytypen können grundsätzlich drei Beziehungstypen auftreten: 1:1-, 1:N- und N:M-Beziehung (vgl. Abbildung 3.43).

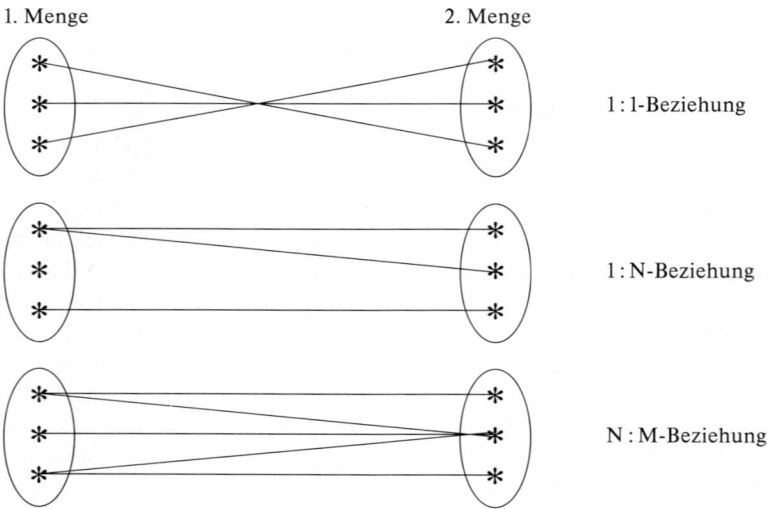

Abbildung 3.43: Beziehungstypen im Entity-Relationship-Modell

350

Eine 1:1-Beziehung bringt zum Ausdruck, daß jedem Element der ersten Menge höchstens ein Element der zweiten Menge zugeordnet ist und umgekehrt. Bei einer 1:N-Beziehung kann ein Entity der ersten Menge keinem, einem oder mehreren Entities der zweiten Menge zugeordnet werden; jedem Element der zweiten Menge kann höchstens ein Element der ersten Menge zugeordnet werden. Ein Kunde kann z. B. keinen, einen oder mehrere Aufträge erteilen; jeder Auftrag hat aber (genau) einen Auftraggeber. Bei einer N:M-Beziehung steht jedes Element der ersten Menge mit keinem, einem oder mehreren Elementen der zweiten Menge in Beziehung und umgekehrt. Ein Teil kann z. B. von keinem, einem oder mehreren Kunden bestellt werden und ein Kunde kann keinen, einen oder mehrere Teile bestellen. In einem ERM können beliebig viele Entity- und Beziehungstypen enthalten sein.

Für das ERM wurden zahlreiche Varianten und semantische Erweiterungen vorgeschlagen. Die meisten Vorschläge beziehen sich auf die Präzisierung der Komplexität von Beziehungstypen und auf die Darstellung spezieller Beziehungstypen (vgl. Schlageter/Stucky 1983).

Präzisierung der Komplexität von Beziehungstypen

Eine 1:N-Beziehung zwischen den Objekttypen KUNDE und TEIL sagt zunächst nichts darüber aus, ob von jedem Kunden wenigstens ein Teil bestellt werden muß. Umgekehrt ist aus dem Modell nicht ersichtlich, ob Teile, die nicht von wenigstens einem Kunden bestellt sind, auftreten können. Durch die Einführung des Komplexitätsgrades comp (α, β) kann ein Beziehungstyp präzisiert werden (vgl. Abbildung 3.44). Der Komplexitätsgrad gibt die Ober- und Untergrenzen der Anzahl von Beziehungsausprägungen an und besagt, daß jedes Entity des Typs A an mindestens α und höchstens β Beziehungsausprägungen vom Beziehungstyp b beteiligt ist. Im Falle einer 1:N-Beziehung mit dem Komplexitätsgrad (1, n) zwischen KUNDE und TEIL werden Kundendaten nur dann gespeichert, wenn von diesem mindestens ein Teil bestellt ist. Sollen Kundendaten auch dann gespeichert werden, wenn von diesen keine Bestellungen vorliegen, so kann der Komplexitätsgrad dahingehend präzisiert werden. Die 1:N-Beziehung erhält dann den Komplexitätsgrad (0, n).

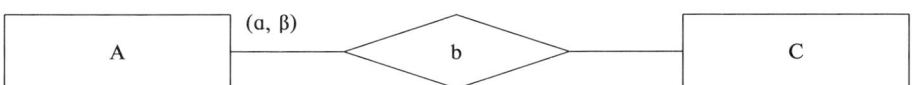

Abbildung 3.44: Komplexität von Beziehungstypen

Spezielle Beziehungstypen

Von den Konstruktionsoperatoren Generalisierung, Aggregation und Gruppierung läßt sich in der Grundform des ERM nur die Aggregation darstellen. Eine Aggregation erfolgt durch die Bildung von Beziehungstypen. So kann aus den Objekttypen KUNDE, TEIL und ZEIT der Beziehungstyp AUFTRAG konstruiert werden (vgl. Abbildung 3.45).

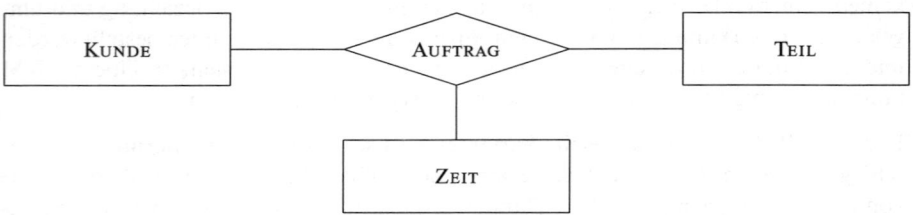

Abbildung 3.45: Aggregation

Quelle: Scheer (1990a)

Der Beziehungstyp AUFTRAG enthält jeweils Teilinformationen der ursprünglichen Objekttypen KUNDE, TEIL und ZEIT.

Die Konstruktionsoperatoren Generalisierung und Gruppierung lassen sich im ERM darstellen, wenn spezielle Beziehungstypen eingeführt werden.

IS-A-Be-   Eine IS_A-Beziehung dient zur Darstellung von Subtypen für zugehörige Entity-
ziehung   typen. Für einen Entitytyp GESCHÄFTSPARTNER lassen sich beispielsweise die Sub-
(Subtyp)   typen KUNDE und LIEFERANT bilden (vgl. Abbildung 3.46).

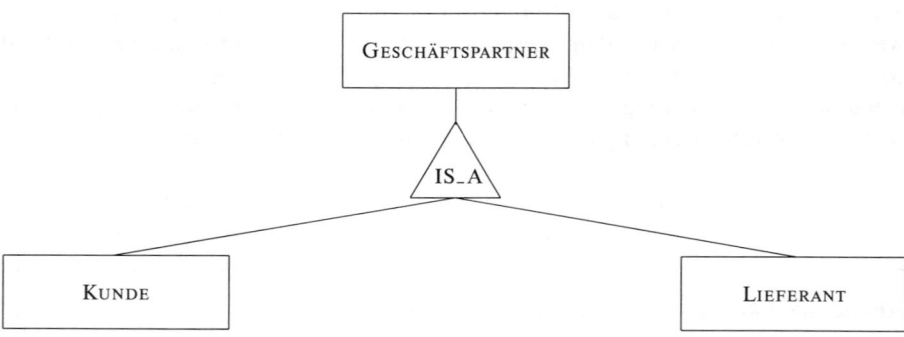

Abbildung 3.46: IS_A-Beziehung

In der dargestellten IS_A-Beziehung kommt zum Ausdruck, daß ein Lieferant (bzw. ein Kunde) dem Entitytyp GESCHÄFTSPARTNER und auch dem Entitytyp LIEFERANT (bzw. KUNDE) angehört. Mit einer IS_A-Beziehung kommt die Konstruktionsoperation der Generalisierung und Spezialisierung zum Ausdruck.

352

Eine Beziehung, bei der ein Entitytyp einem anderen Entitytyp hierarchisch unter- *Hierarchische*
geordnet ist, läßt sich im ERM durch eine 1:N-Beziehung ausdrücken (vgl. Abbil- *Beziehung*
dung 3.47). *und Existenz-*
abhängigkeit

Abbildung 3.47: Hierarchische Beziehung
              (1:N-Beziehung)

Wird von der dargestellten 1:N-Beziehung gefordert, daß ein Arbeitsplatz nur dann
existiert, wenn er eindeutig einer Abteilung zugeordnet werden kann, so besteht eine
Existenzabhängigkeit bzw. eine echte hierarchische Beziehung. Mit einer hierarchischen Beziehung läßt sich die Bildung von Gruppen bzw. die Konstruktionsoperation
der Gruppierung darstellen.

Mit dem ERM und den zusätzlich eingeführten Erweiterungen des Modells lassen
sich sowohl applikationsorientierte als auch unternehmensweite Datenstrukturen
darstellen. Da die Gestaltung betrieblicher Informations- und Kommunikationssysteme eine funktionsübergreifende und einheitliche Datenhaltung erfordert, wird
dem Entwurf von unternehmensweiten Datenstrukturen zunehmende Bedeutung
beigemessen. Unternehmensweite Datenstrukturen werden auch als Unternehmens-
datenmodelle bezeichnet.

h) Entwurf konzeptioneller Datenstrukturen
   auf Unternehmensebene

Grundsätzlich lassen sich für den Entwurf unternehmensweiter Datenstrukturen
zwei Vorgehensweisen unterscheiden.

(1) Konstruktion von Teilmodellen und deren Synthese zu einem Gesamtmodell.
(2) Typenmäßige Festlegung von groben, möglichst unternehmensweiten Daten-
    strukturen und schrittweise Verfeinerung des Modells durch die Bildung von
    Subtypen.

Bei der ersten Vorgehensweise wird zunächst eine Funktionsanalyse vorgenommen.
Durch eine schrittweise Verfeinerung von Unternehmensfunktionen in Teilfunktionen
erfolgt eine Zerlegung eines komplexen Systems in Teilsysteme. Die Konstruktion der
Daten beginnt bei überschaubaren Teilfunktionen. Der stufenweisen Analyse des
Funktionsentwurfs folgt eine Synthese des Datenentwurfs. Der Datenentwurf geht
von einfachen Grundbegriffen aus. Daraus werden dann komplexe Strukturen von
Objekt- und Beziehungstypen entwickelt.

Bei der zweiten Vorgehensweise erfolgt ein Top-Down-Entwurf (vgl. Scheer 1988, 1990a, 1991). Im ersten Schritt wird ein Modell für das gesamte Unternehmen mit sehr abstrakten Objekt- und Beziehungstypen festgelegt. Die Leistungserstellung und deren marktliche Verwertung kann beispielsweise durch die Entitytypen PRODUKTIONSFAKTOREN, LEISTUNGEN und GESCHÄFTSPARTNER dargestellt werden. Der Leistungserstellungsprozeß wird durch den Beziehungstyp FERTIGUNGSVORSCHRIFT beschrieben. Die Geschäftsbeziehungen zwischen Leistungen und der Außenwelt eines Unternehmens werden durch den Beziehungstyp GESCHÄFTSBEZIEHUNGEN dargestellt (vgl. Abbildung 3.48).

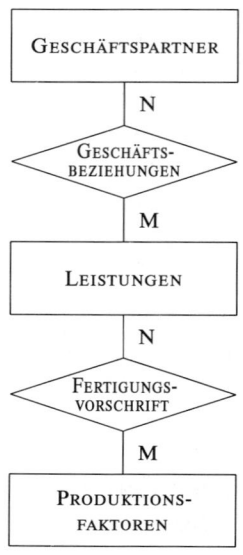

Abbildung 3.48: Unternehmensweite Datenstrukturen mit abstrakten Objekt- und Beziehungstypen

Quelle: Scheer (1988)

Zur Verfeinerung des Modells werden die abstrakten Objekttypen durch die Bildung von Subtypen bzw. durch Spezialisierung zunehmend konkretisiert. Der Objekttyp GESCHÄFTSPARTNER wird beispielsweise in den Objekttyp KUNDE und den Objekttyp LIEFERANT aufgeteilt. Im Zuge der Spezialisierung müssen Beziehungstypen häufig neu festgelegt werden. Zwischen den Objekttypen LIEFERANTEN und FREMDBEZOGENE LEISTUNGEN werden beispielsweise die differenzierten Beziehungstypen GESCHÄFTSBEZIEHUNGEN und BESCHAFFUNGSAUFTRÄGE eingeführt. Zur Darstellung von Ereignissen, die im Zeitablauf erfolgen, wird zusätzlich der Entitytyp ZEIT eingeführt. BESCHAFFUNGSAUFTRÄGE bilden somit eine Beziehung zwischen LIEFERANTEN, FREMDBEZOGENEN LEISTUNGEN und ZEIT. Beziehungstypen, die mit anderen Beziehungstypen in Verbindung stehen, können als Objekttypen „uminterpretiert" werden. Dies wird durch ein überlagertes Rechteck gekennzeichnet (vgl. Abbildung 3.49).

354

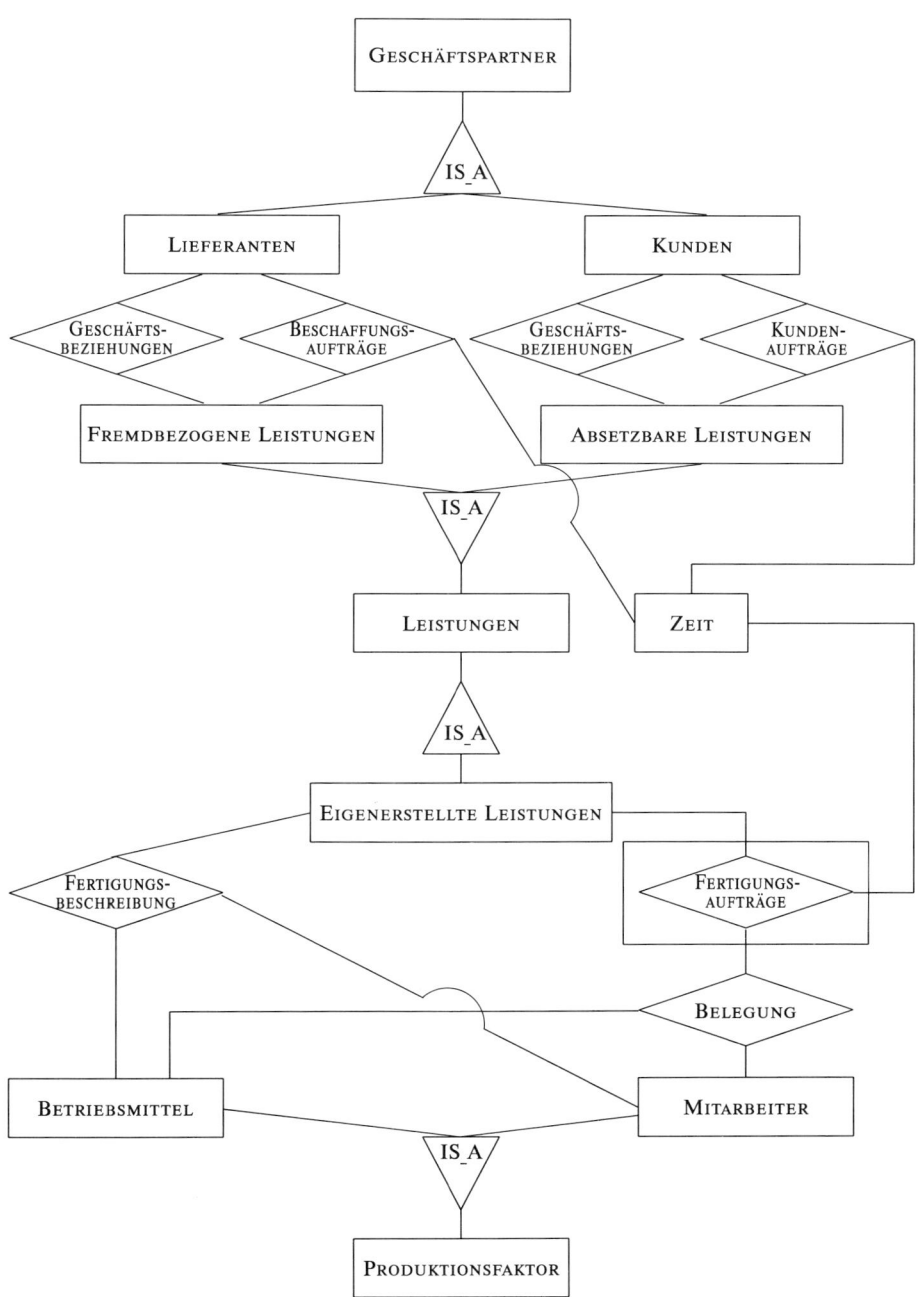

Abbildung 3.49: Unternehmensweite Datenstrukturen nach einer Spezialisierung

Quelle: Scheer (1988)

Der Prozeß der schrittweisen Spezialisierung endet, wenn zur Problemlösung hinreichend konkrete Objekt- und Beziehungstypen erreicht sind.

Im Gegensatz zu den konstruktiven Methoden, bei denen aus einfachen Grundbegriffen komplexe Objekt- und Beziehungstypen entworfen werden, erfolgt beim Top-Down-Verfahren eine Zerlegung komplexer Objekt- und Beziehungstypen. Das Top-Down-Verfahren erfordert zu Beginn des Entwurfsprozesses ein höheres Abstraktionsniveau als dies bei einer stufenweisen Synthese erforderlich ist.

Mit einem Unternehmensdatenmodell lassen sich sowohl die datenmäßigen Verflechtungen zwischen unterschiedlichen Funktionen eines Unternehmens als auch die Verflechtungen zwischen unterschiedlichen Ebenen der Informationsverarbeitung erkennen. Die Datenstrukturierung ist somit von zentraler Bedeutung für die Schaffung integrierter Informations- und Kommunikationssysteme.

i) Umsetzung konzeptioneller Datenstrukturen in das Schema eines Datenmodells

Der Entwurf von sachlogischen bzw. konzeptionellen Datenstrukturen erfolgt zunächst auf abstrakter Ebene und ohne Bezug zu bestimmten Datenmodellen oder konkreten Datenbanksystemen. Nach dem Entwurf der konzeptionellen Datenstrukturen müssen die Objekte und Beziehungen in das Schema eines Datenmodells (vgl. zu den Datenmodellen Abschnitt j) umgesetzt werden (vgl. Abbildung 3.50).

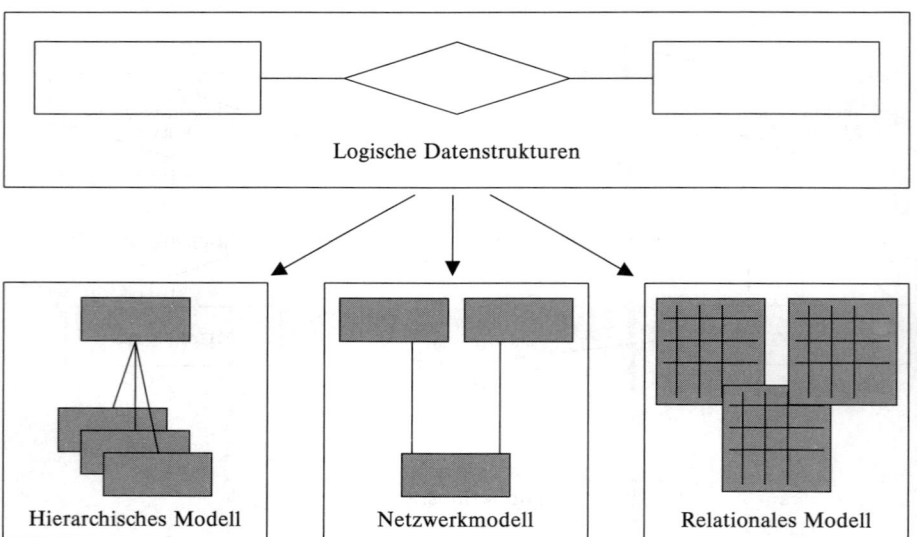

Abbildung 3.50: Umsetzung der logischen Datenstrukturen in formale Anforderungen eines Datenmodells

356

Im nächsten Schritt werden die Konstrukte des Datenmodells in ein konkretes Datenbanksystem umgesetzt. Dabei fließen zusätzliche technische und organisatorische Anforderungen ein, die sich aus der geplanten Nutzung der Daten ergeben. Solche Anforderungen beziehen sich beispielsweise auf Schnittstellen zu bestehenden Systemen, Datenschutz und Datensicherheit, Verteilung der Datenbestände und Leistungsverhalten einer Datenbank. Zur Implementierung des konzeptionellen Schemas eines bestimmten Datenbanksystems wird dem Datenbankadministrator eine Datendefinitionssprache (**D**ata-**D**escription-**L**anguage, DDL) zur Verfügung gestellt. Damit werden die Datenstrukturen so formuliert, wie sie im verwendeten Datenbanksystem verarbeitet werden können.

j) Datenmodelle

Mit der Wahl des Datenmodells ist die grundsätzliche Struktur einer Datenbank festgelegt. **Ein Datenmodell läßt sich allgemein durch eine Menge von Objekttypen, eine Menge von Operatoren und durch Integritätsregeln beschreiben** (vgl. Date 1990). Objekttypen bilden die Basiseinheiten des Datenmodells. Die Operatoren sind Werkzeuge zur Manipulation der Objekttypen. Mit den Integritätsregeln werden Anforderungen formuliert, deren Einhaltung zu jedem Zeitpunkt einen gültigen Zustand der Datenbank, gemäß dem unterlegten Datenmodell, sicherstellt.

Betrachtet man die Entwicklung der Datenverarbeitung – vor allem auf dem Gebiet der Datenspeicherung und der Datenmodellierung – so stellt man fest, daß es bei den derzeit existierenden Datenbanksystemen drei typische Arten von Datenmodellen gibt. Dies sind hierarchische, netzförmige und relationale Datenmodelle.

Das hierarchische Datenmodell

Das hierarchische Datenmodell ist das älteste Modell zur Strukturierung von Daten. Das Datenmodell orientiert sich stark an den Möglichkeiten der physischen Datenspeicherung. Eine Trennung der verschiedenen Ebenen nach dem ANSI-SPARC-Modell ist daher nur bedingt erkennbar. Zur Modellierung eines logischen Schemas stellt das hierarchische Datenmodell Entitytypen (zumeist als Segmente bezeichnet) und hierarchische Beziehungstypen zur Verfügung. **Datenbeziehungen werden in Form eines hierarchischen Baumes dargestellt.** Auf der obersten Hierarchiestufe, der sogenannten Wurzel eines Baumes, darf genau ein Entitytyp auftreten. Alle anderen Entitytypen, die sich nicht auf der obersten Hierarchiestufe befinden, müssen genau einen Vorgänger aufweisen. Die übergeordneten Entities werden als Owner oder Parent bezeichnet, während untergeordnete Entities als Member oder Child bezeichnet werden. Zwischen einem Owner und einem Member steht immer eine 1:N-Beziehung. Alle Entitytypen, mit Ausnahme der Wurzel, können somit nur einen einzigen Owner, aber mehrere Members besitzen (vgl. Abbildung 3.51).

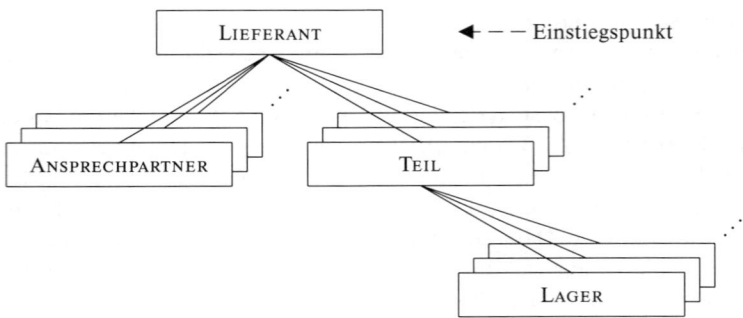

Abbildung 3.51: Beispiel einer hierarchischen Struktur

Die Beziehungen im hierarchischen Modell werden teils durch die Datensegmente, teils durch hierarchische Unterordnung dargestellt. **Der Zugriff zu einem Datensatz verläuft im hierarchischen Datenmodell nur über einen und genau einen Zugriffspfad entlang der hierarchischen Stufen der Objekttypen. Der Einstiegspunkt für die Datenabfrage erfolgt immer über die Wurzel des Baums.**

Anwendungs-möglichkeiten
Das hierarchische Datenmodell eignet sich sehr schlecht zur Modellierung von komplexen Beziehungstypen. Eine Darstellung von N:M-Beziehungen kann nur durch Inkaufnahme von Redundanz erfolgen. Im angeführten Beispiel steht ein Lieferant in einer 1:N-Beziehung zu dem Entitytyp TEIL. Dies bringt zum Ausdruck, daß ein Lieferant in seinem Lieferangebot mehrere Teile führt. In der 1:N-Beziehung zwischen Lieferant und Teil wird unterstellt, daß ein Teil nur von einem Lieferanten geliefert wird. Dies ist jedoch i. d. R. nicht der Fall. Vielmehr wird ein Teil häufig von vielen Lieferanten geliefert. Tritt ein Teil in unterschiedlichen Beziehungszusammenhängen auf, so muß der Datensatz „Teil" in einer anderen Hierarchie erneut auftreten und formal als anderer Satztyp behandelt werden. Durch die daraus entstehende Redundanz ergeben sich erhöhter Speicherplatzbedarf und Probleme bei der Pflege der Datenbank, sogenannte Konsistenzprobleme. Ferner ergeben sich bei der Anwendung dieses Modells Probleme, wenn z. B. nicht der Lieferant, sondern ein Lagerplatz oder ein Teil Ausgangspunkt einer Anfrage ist (z. B. eine Anfrage nach den Lieferanten eines Teiles).

Das Netzwerkdatenmodell

Grundlage für das Netzwerkdatenmodell sind vor allem die Arbeiten der CODASYL (**C**onference **o**n **D**ata **S**ystems **L**anguages) DBTG (**D**ata **B**ase **T**ask **G**roup). Strukturelemente des Netzwerkdatenmodells sind Entities und Entitytypen sowie spezielle Beziehungstypen, nämlich 1:N-Beziehungen. In der Terminologie von Netzwerkdatenmodellen werden Entities als Records und Entitytypen dementsprechend als Recordtypen bezeichnet.

358

Ein Recordtyp wird durch seinen Namen und seine Attribute beschrieben. Weiterhin kann ihm ein Primärschlüssel zugeordnet werden. Die 1:N-Beziehungen werden im Netzwerkmodell als Settypen bezeichnet. Ein Settyp wird auf der konzeptionellen Ebene durch den Namen des Ownertyp und den Namen des Membertyp beschrieben.

Mit dem Netzwerkmodell versucht man, die Nachteile der hierarchischen Datenmodelle dadurch auszugleichen, daß ein Member mehrere Owner aufweisen darf. Ein Recordtyp kann somit sowohl mehrere übergeordnete Vorgänger als auch mehrere untergeordnete Nachfolger besitzen.

Ein Lieferant hat in seinem Lieferangebot unterschiedliche Teile, die, sofern sie bereits geliefert wurden, jeweils an mehreren unterschiedlichen Lagerpositionen gelagert sind. Für einen Lieferanten sind mehrere Ansprechpartner erfaßt, z. B. Ansprechpartner der Reparaturabteilung, der Warenausgangsabteilung, der Bestellannahme etc. Die einzelnen Teile besitzen neben dem Owner Lieferant nun überdies den Owner Warengruppe. Jedes Teil wird genau einer Warengruppe, die jeweils mehrere Teile ähnlicher Ausprägung umfaßt, zugeordnet (vgl. Abbildung 3.52).

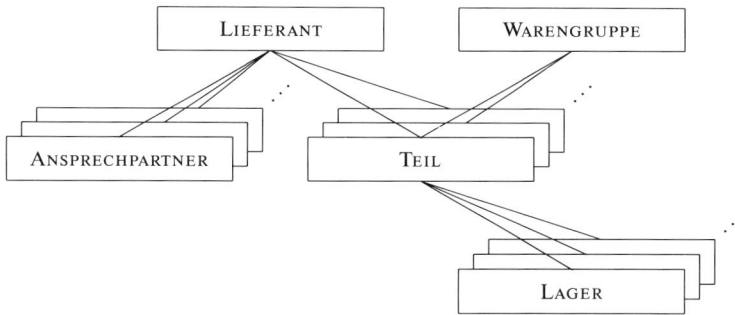

Abbildung 3.52: Netzwerkdatenmodell

Wie im hierarchischen Modell sind auch im Netzwerkmodell nur 1:N-Beziehungstypen zugelassen. Dieser Nachteil kann im Netzwerkmodell jedoch durch die Verwendung von sogenannten Kettrecords aufgefangen werden. Mit Hilfe dieser Konstrukte kann eine N:M-Beziehung zwischen zwei Recordtypen durch Aufspaltung in eine 1:M- und eine 1:N-Beziehung „simuliert" werden. Der Kettrecord (AUFTRAG) ist dabei das verbindende, an den beiden Beziehungselementen beteiligte Konstrukt (vgl. Abbildung 3.53 b).

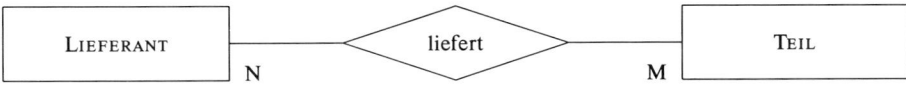

Abbildung 3.53 a: N:M-Beziehung zwischen LIEFERANT und TEIL

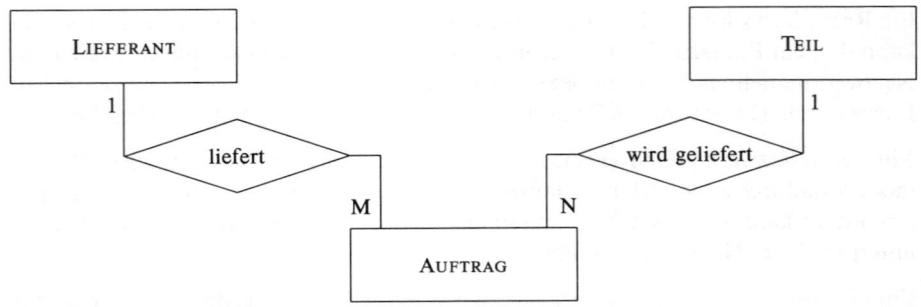

Abbildung 3.53 b: Auflösung einer N:M-Beziehung in eine 1:N- und eine 1:M-Beziehung mit Hilfe des Kettrecords AUFTRAG

Eine Datenabfrage ist nicht nur über einen einzigen Einstiegspunkt möglich, sondern es können – wenn definiert – auch andere Einstiegspunkte benutzt werden. Der Zugriffspfad zu einem bestimmten Entity ist daher nicht mehr eindeutig. Wie im hierarchischen Datenmodell sind auch im Netzwerkmodell die Verknüpfungen der Objekttypen explizit festgelegt. Datenbankbenutzer müssen diese Verknüpfungsstruktur vollständig kennen, um auf ein Entity zugreifen zu können. Bei der Datenmanipulation in einer Netzwerkdatenbank muß der Benutzer den Zugriffspfad für jeden gewünschten Record angeben. Als Folge der fest vorgegebenen Zugriffspfade ergeben sich – wie auch beim hierarchischen Datenmodell – schnelle Datenzugriffe. *Anwendungs-möglichkeiten* Die vorwiegende Eignung von hierarchischen Datenbanken und Netzwerkdatenmodellen liegt bei Routineanwendungen, die auf vordefinierten und relativ stabilen Datenstrukturen beruhen und aufgrund großer Datenmengen schnelle Zugriffszeiten erfordern.

Das relationale Datenmodell

Betriebswirt-schaftliche Relevanz Das relationale Datenmodell wurde erstmals von Codd (1970) formuliert. Es stellt derzeit das am häufigsten verwendete Datenmodell dar. Infolge seiner großen Flexibilität ist es für betriebswirtschaftliche Anwendungen besonders geeignet. Verschiedenartige Anwendungen, die eine Datenbasis als gemeinsame Grundlage besitzen, können gleichermaßen unterstützt werden.

Das Modell beruht auf der Relationentheorie und damit auf genau festgelegten mathematischen Grundlagen. **Das einzig benötigte Strukturelement zur Erstellung eines Datenmodells ist die Relation.** Im mathematischen Sinne versteht man unter einer Relation jede Teilmenge des kartesischen Produktes über eine oder mehrere Domänen. Eine Relation läßt sich auch als eine Menge von Tupeln auffassen, wobei die Tupel in einer Tabelle dargestellt werden können (vgl. Abbildung 3.54).

360

Name der Relation: TEIL

Attribute →	TEIL_NR	TEIL_NAME	WARENGRUPPE	TEIL_PREIS
	134	Jeans Haiti	Hosen	80,-
Tupel → der Relation (= Entity)	137	Bermudas Florida	Hosen	60,-
	150	Mini Hawaii	Röcke	120,-
	170	Maxi Arktis	Röcke	170,-

Relation   Primär-   Domäne
schlüssel

Abbildung 3.54: Relation TEIL mit den Attributen TEIL_NR, TEIL_NAME, WARENGRUPPE, TEIL_PREIS

Im relationalen Datenmodell werden Entities durch Relationen bzw. zweidimensionale Tabellen dargestellt. Die Zeilen einer Tabelle werden als Tupel bezeichnet. Ein Tupel entspricht im Entity-Relationship-Modell einem Entity. Jedes Tupel muß einen Schlüssel besitzen, mit dem es identifiziert werden kann (Primärschlüssel). Die Attribute einer Relation werden in den Spalten dargestellt. Für die jeweiligen Attribute einer Relation ist ein Wertebereich, die sog. Domäne gegeben.

Aus der Definition einer Relation lassen sich eine Reihe von Eigenschaften für Relationen ableiten:

1. Es gibt keine zwei Tupel in einer Relation, die identisch zueinander sind, d. h. die Zeilen einer Tabelle sind paarweise verschieden.
2. Die Tupel einer Relation unterliegen keiner Ordnung, d. h. die Reihenfolge der Zeilen ist irrelevant.
3. Die Attribute einer Relation unterliegen keiner Ordnung, d. h. das Tauschen der Spalten verändert die Relation nicht.
4. Die Werte der Attribute von normalisierten Relationen sind atomar, d. h. in jedem Datenfeld steht nur ein Wert.
5. Die Spalten einer Tabelle sind homogen, d. h. alle Werte in einer Spalte sind vom gleichen Datentyp.

Das Relationenmodell erlaubt die Veränderung von Werten in der Relation. Es können Tupel hinzugefügt, gelöscht oder verändert werden. Das Schema einer Relation mit dem Relationsnamen, den Attributen und Domänen muß vor der Anwendung gegeben sein.

Beziehungen zwischen Relationen werden nicht über fest vorgegebene Verbindungen, sondern dynamisch über die Werteausprägungen der Elemente der Tupel, d. h. über Datenfelder der Relationen hergestellt. Da es im relationalen Datenmodell nur Relationen gibt, müssen bei der Modellierung sowohl Entities als auch Beziehungen durch Relationen dargestellt werden. Zur Datenmanipulation werden im relationalen Datenmodell Operationen zugrundegelegt, die ganze Relationen ansprechen. Dabei lassen sich mengenorientierte und relationale Operationen unterscheiden.

Mengenorientierte Operationen

Mengenorientierte Operationen verknüpfen jeweils zwei Relationen miteinander und erzeugen als Ergebnis immer eine neue Relation. Da Relationen der mathematischen Mengendefinition entsprechen, können die aus der Mengenlehre bekannten Operationen „Vereinigung", „Durchschnitt" und „Differenz" auf Relationen angewendet werden.

Vereinigung (union) Die Vereinigung von zwei Relationen ist die Menge aller Tupel, die entweder zu einer der beiden Relationen oder zu beiden Relationen gehören. Als Ergebnis einer Vereinigung von zwei Relationen ergibt sich eine neue Relation, die aus den formal gleichen Attributen besteht wie die vereinigten Relationen.

Differenz (difference) Die Differenz zweier Relationen enthält die Tupel der ersten Relation, die nicht auch in der zweiten Relation enthalten sind.

Durchschnitt (intersect) Der Durchschnitt einer Relation ergibt eine Relation, die genau die Tupel beinhaltet, die sowohl in der ersten Relation als auch in der zweiten Relation enthalten sind.

Bei der Anwendung mengenorientierter Operationen müssen die Eingaberelationen zueinander vereinigungskompatibel sein.

Die mengenorientierten Operationen seien anhand der Relationen KUNDE und LIEFERANT illustriert. Durch die Bildung der Vereinigungsmenge (KUNDE union LIEFERANT) entsteht eine Relation, die alle Tupel enthält, die in der Relation KUNDE oder in der Relation LIEFERANT notiert sind. Alle Duplikate werden automatisch gelöscht.

Durch die Bildung der Differenz zwischen der Relation KUNDE und der Relation LIEFERANT (KUNDE difference LIEFERANT) entsteht eine Relation, die alle Kunden enthält, welche nicht zugleich Lieferanten sind.

Die Bildung der Durchschnittsmenge der Relationen KUNDE und LIEFERANT (KUNDE intersect LIEFERANT) ergibt eine Ergebnismenge, in der alle Kunden enthalten sind, die zugleich Lieferanten sind.

Relationale Operationen

Projektion Bei den relationalen Operationen unterscheidet man zwischen „Selektion", „Projektion" und „Join". Mittels einer Projektion werden „vertikale" Teilmengen gebildet. Von den Tupeln der Eingaberelation werden nur die in der Projektion enthaltenen Attribute angegeben (vgl. Abbildung 3.55).

362

TEIL_NUMMER	TEIL_NAME	WARENGRUPPE	TEIL_PREIS
134	Jeans Haiti	Hosen	80,–
137	Bermudas Florida	Hosen	60,–
150	Mini Hawaii	Röcke	120,–
170	Maxi Arktis	Röcke	170,–

Abbildung 3.55: Projektion auf die Attribute TEIL_NAME und
WARENGRUPPE

Mit einer Selektion werden Tupel, also Zeilen, aus einer Tabelle ausgewählt. Das *Selektion*
Ergebnis einer Selektion ist eine „horizontale" Teilmenge der Eingangsrelation (vgl.
Abbildung 3.56). Die Tupel der Ausgaberelation müssen einer in der Selektion for-
mulierten Bedingung genügen.

TEIL_NUMMER	TEIL_NAME	WARENGRUPPE	TEIL_PREIS
134	Jeans Haiti	Hosen	80,–
137	Bermudas Florida	Hosen	60,–
150	Mini Hawaii	Röcke	120,–
170	Maxi Arktis	Röcke	170,–

Abbildung 3.56: Selektion von Tupeln

Mittels einer Verbindung (Join) kann eine neue Tabelle, also eine neue Relation, *Verbindung*
erzeugt werden, in der alle Attribute der beiden Eingangsrelationen enthalten sind,
die einer der Operation beigefügten Bedingung genügen.

Datenbanksysteme für das relationale Datenmodell besitzen eine sog. **Query-Lan-
guage** (Abfragesprache), die i. d. R. auf dem sog. Relationenkalkül basiert. Die
Operationen dieses Kalküls werden vom System in die skizzierten mengenorientierten und relationalen Operationen übersetzt. **Mit diesen Operationen ist ein Benutzer in
der Lage – ohne Kenntnis einer speziellen Programmiersprache – Auswertungen und
Suchanfragen in einem relationalen Datenbanksystem vorzunehmen.** Die Daten-
bankanfragen können dadurch sehr effektiv und doch einfach formuliert werden. Ein
Benutzer muß dabei keine Kenntnis über Speichertechnik oder Zugriffspfade besitzen, um mit dem Modell arbeiten zu können. Die interne Ebene bleibt dem Benutzer
vollkommen verborgen. Mit der Verwendung von relationalen Datenbanken ist es
möglich, daß Benutzer über eine leicht erlernbare Syntax spontane Abfragen an das
Datenbanksystem stellen können, ohne besondere Kenntnisse über Datenbanktechniken zu besitzen (vgl. Schlageter/Stucky 1983). Dies ist eine sehr wichtige Voraussetzung für die flexible, arbeitsplatznahe Nutzung von Datenbanken zur Informationsversorgung im Industriebetrieb.

k) Normalformenlehre

Mit den Regeln der Normalisierung wurde von Codd (1970) ein Grundstein für die Lehre der Datenstrukturierung für relationale Datenbanken gelegt. **Ziel der Normalisierung ist es, die Struktur einer Datenbank so zu gestalten, daß die technische Verarbeitung von Daten vereinfacht wird und unerwünschte Abhängigkeiten bzw. Inkonsistenzen beim Einfügen, Löschen und Ändern von Daten vermieden werden.** Da dieses Ziel für die Verwaltung änderungsintensiver betriebswirtschaftlicher Massendaten einen hohen Rang hat, soll die Normalisierung als wichtiges Hilfsmittel der Datenstrukturierung etwas ausführlicher vorgestellt werden.

Der Prozeß der Normalisierung beginnt mit einer gegebenen Menge von Relationen, wobei zwischen normalisierten und „unnormalisierten" Relationen unterschieden wird. (Genau genommen ist die Bezeichnung „unnormalisierte Relation" nicht zulässig, da eine Tabellendarstellung eines Objekts bzw. einer Beziehung nur dann als Relation bezeichnet wird, wenn sie normalisiert ist.) Für alle „unnormalisierten" Relationen erfolgt ein schrittweiser Zerlegungsprozeß, bei dem die „unnormalisierten" Relationen ohne Informationsverlust in einfachere und redundanzärmere Relationen aufgespalten werden.

Eine Relation wird dann als „unnormalisiert" bezeichnet, wenn an einem Kreuzungspunkt von Zeile und Spalte mehr als ein Wert vorkommen kann. Anders ausgedrückt bedeutet dies, daß jedes Attribut eines konkreten Objekts zu einem Zeitpunkt nur einen Wert annehmen kann.

„Gegeben" sei beispielsweise die „unnormalisierte" Relation mit dem Namen Dozent (vgl. Abbildung 3.57).

Relation: Dozent

DOZENT_NR	DOZENT_NAME	DOZENT_ORT	INSTITUT_NR	INSTITUT_NAME
4019	Müller	München	a1	theor. Mathematik
0042	Doll	München	a2	angew. Mathematik
5000	Adam	Berlin	a1	theor. Mathematik

HÖRER_NR	HÖRER_NAME	HÖRER_ORT	KURS_NAME	KURS_DAUER
8001	Karl	München	Analysis	4
8432	Huber	München	Algebra	4
8556	Bayr	Hof	Numerik	2
8432	Huber	München	Analysis	4

Abbildung 3.57: „Unnormalisierte Relation" Dozent

Mit der Relation DOZENT soll folgender Sachverhalt zum Ausdruck gebracht werden: Ein Dozent wird durch die Dozentennummer (DOZENT_NR) identifiziert und besitzt als problemrelevante Attribute den Dozentennamen (DOZENT_NAME) und den Wohnort (DOZENT_ORT). Ein Dozent ist an genau einem Institut beschäftigt. Ein Institut wird durch Institutsnummer (INSTITUT_NR) und Institutsnamen (INSTITUT_NAME) dargestellt. Jeder Dozent unterrichtet Hörer in **unterschiedlichen** Kursen mit fester Kursdauer. Hörer werden durch Hörernummer (HÖRER_NR), Hörername (HÖRER_NAME) und Wohnort (HÖRER_ORT) repräsentiert. Ein Hörer kann mehrere Kurse besuchen. Kurse werden durch die Angabe des Kursnamens (KURS_NAME) und Kursdauer (KURS_DAUER) beschrieben.

Die Relation DOZENT ist unnormalisiert, weil die Attribute HÖRER_NR, HÖRER_NAME, HÖRER_ORT, KURS_NAME und KURS_DAUER des Objekts mit Dozentennummer „0042" mehrfache Wertausprägungen besitzen. Da die „unnormalisierte" Relationsform in ihren Attributen z. T. mehrfache Wertausprägungen aufweist, ergeben sich verschiedene Nachteile. Zum einen ist die technische Verarbeitung kompliziert, da Objekte mit variabler Länge entstehen. Zum anderen können beim Einfügen, Löschen und Ändern von Daten sogenannte Anomalien und Inkonsistenzen auftreten. Diese **DV-technischen Nachteile** sowie die **Einfüge-, Lösch- und Änderungsanomalien** lassen sich vermeiden, wenn Relationen geeignet strukturiert bzw. normalisiert werden. Eine „unnormalisierte" Relation ist derart aufzuspalten, daß die Attribute aller Objekte nur einfache Wertausprägungen besitzen.

Eine Relation befindet sich in erster Normalform, wenn für jedes Attribut die zugehörige Domäne eine einfache Menge, d. h. eine Menge von atomaren Werten ist. Dies bedeutet, daß jeder Kreuzungspunkt von Zeilen und Spalten nur einen Wert besitzen darf. Die Attribute einer normalisierten Relation dürfen also keine Relationen, d. h. mehrstellige Mengen sein. Zur Erreichung der ersten Normalform werden mehrfache Wertausprägungen einer Zeile in einfache Wertausprägungen in mehrere Zeilen transformiert. Durch die Transformation entsteht im Beispiel eine zweite Zeile mit der Dozentennummer „0042" (vgl. Abbildung 3.58). Für die transformierte Relation bildet die Dozentennummer (DOZENT_NR) nunmehr keinen eindeutigen Primärschlüssel. Durch die Hinzunahme weiterer Attribute (HÖRER_NR und KURS_NAME) wird ein neuer zusammengesetzter Primärschlüssel gebildet. Mit diesem zusammengesetzten Primärschlüssel (DOZENT_NR, HÖRER_NR und KURS_NAME) kann jedes Tupel der Relation DOZENT-1NF eindeutig identifiziert werden.

Definition der ersten Normalform

Relation: DOZENT-1NF

DOZENT_NR	DOZENT_NAME	DOZENT_ORT	INSTITUT_NR	INSTITUT_NAME
4019	Müller	München	a1	theor. Mathematik
0042	Doll	München	a2	angew. Mathematik
0042	**Doll**	**München**	**a2**	**angew. Mathematik**
5000	Adam	Berlin	a1	theor. Mathematik

HÖRER_NR	HÖRER_NAME	HÖRER_ORT	KURS_NAME	KURS_DAUER
8001	Karl	München	Analysis	4
8432	Huber	München	Algebra	4
8556	Bayr	Hof	Numerik	2
8432	Huber	München	Analysis	4

Abbildung 3.58: Relation in 1. Normalform

Mit der ersten Normalform werden variabel lange Sätze vermieden, nicht jedoch die möglichen Änderungs-, Einfüge- und Löschanomalien. **Änderungsanomalien** können im Beispiel dadurch auftreten, daß der Ort des Dozenten mit der Nummer „0042" mehrmals in der Relation vorkommt. Ändert sich die Anschrift dieses Dozenten, so ist die gesamte Relation zu durchsuchen. Die entsprechenden Einträge müssen daraufhin abgeändert werden, da ansonsten aufgrund unterschiedlicher Adressinformationen logische Inkonsistenzen entstehen. **Einfügeanomalien** können sich beispielsweise ergeben, weil keine Kursteilnehmer in die Relation aufgenommen werden können, solange kein Dozent festgelegt ist. Eine **Löschanomalie** ergibt sich in der vorliegenden Relation beispielsweise, wenn der Hörer „Karl" den Kurs „Analysis" beendet hat, da beim Löschen des Tupels mit der Dozentennummer „4019" auch sämtliche Informationen über den Dozenten „Müller" verschwinden. Durch weitere Stufen der Normalisierung lassen sich die Anomalien weitgehend reduzieren bzw. vermeiden.

Die zweite Normalform liegt vor, wenn neben den Bedingungen der ersten Normalform noch alle Nicht-Schlüsselattribute einer Relation vom Primärschlüssel der Relation voll funktional abhängig sind. Als Primärschlüssel wird dabei die minimale Kombination von Attributen bezeichnet, durch deren Wertausprägungen ein bestimmtes Objekt eindeutig identifiziert wird. **Ein Attribut B ist von einem Primärschlüssel (Attribut A) funktional abhängig, wenn von jedem Attributwert A direkt auf den Attributwert B geschlossen werden kann.** Gegeben sei eine Relation mit dem Primärschlüssel DOZENT_NR und dem beschreibenden Attribut DOZENT_NAME (vgl. Abbildung 3.59). Das Attribut DOZENT_NAME ist funktional abhängig von DOZENT_NR, wenn von jedem Wert des Attributes DOZENT_NR unmittelbar auf den Namen eines Dozenten, also auf den Wert des Attributes DOZENT_NAME geschlossen werden kann.

Funktionale
Abhängigkeit

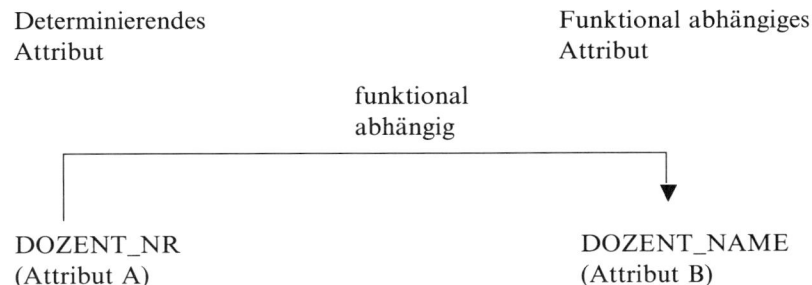

Abbildung 3.59: Funktionale Abhängigkeit

Das Attribut DOZENT_NR determiniert das Attribut DOZENT_NAME. Die funktionale Abhängigkeit ist in aller Regel nicht umkehrbar. In der gegebenen Relation DOZENT-1NF könnte beispielsweise ein Dozentenname mehrfach vorkommen. In der ersten Normalform der Relation DOZENT-1NF bestehen folgende funktionale Abhängigkeiten (vgl. Abbildung 3.60).

Relation: DOZENT-1NF

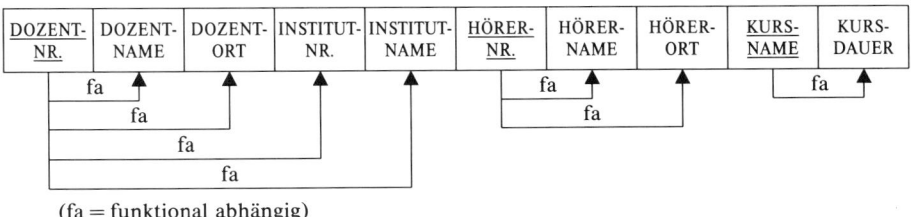

(fa = funktional abhängig)

Abbildung 3.60: Funktionale Abhängigkeiten in der Relation DOZENT-1NF

Relationen, die in erster, aber nicht in zweiter Normalform sind, werden in mehrere Relationen aufgespalten. Dabei werden jene Attribute, die von Teilschlüsseln funktional abhängig sind, zusammen mit diesen Teilschlüsseln in getrennten Relationen zusammengefaßt (vgl. Abbildung 3.61). In diesen abgespaltenen Relationen – im Beispiel DOZENT-2NF und HÖRER – werden die determinierenden Attribute der ursprünglichen Relation zu Primärschlüsseln. Die determinierenden Attribute verbleiben zugleich in der ursprünglichen Relation (DOZENT-HÖRER-KURS) als „Verbindungsglieder" zu den abgespaltenen neuen Relationen. (Formal: Sei eine Relation R mit den Attributen A, B, C gegeben und gelte, daß C funktional abhängig von A ist $(A \rightarrow C)$, dann wird die Relation R (A, B, C) aufgespalten in die Relationen R′ (A, B) und R″ (A, C)). Diese „Verbindungsglieder" werden auch als Fremdschlüssel bezeichnet. Unter einem Fremdschlüssel versteht man ein Attribut oder die Kombination von mehreren Attributen, die in wenigstens einer anderen Relation Primärschlüssel ist.

Fremd-
schlüssel

367

Relation: DOZENT-2NF

DOZENT_NR	DOZENT_NAME	DOZENT_ORT	INSTITUT_NR	INSTITUT_NAME
4019	Müller	München	a1	theor. Mathematik
0042	Doll	München	a2	angew. Mathematik
5000	Adam	Berlin	a1	theor. Mathematik

Relation: HÖRER

HÖRER_NR	HÖRER_NAME	HÖRER_ORT
8001	Karl	München
8432	Huber	München
8556	Bayr	Hof

Relation: KURS

KURS_NAME	KURS_DAUER
Analysis	4
Algebra	4
Numerik	2

Relation: DOZENT_HÖRER_KURS

DOZENT_NR	HÖRER_NR	KURS_NAME
4019	8001	Analysis
0042	8432	Algebra
0042	8556	Numerik
5000	8432	Analysis

Abbildung 3.61: Relationen in 2. Normalform

Definition der zweiten Normalform

Eine Relation ist in zweiter Normalform, wenn sie in erster Normalform ist und jedes Nicht-Primärschlüsselattribut der Relation voll funktional abhängig vom Primärschlüssel der Relation ist. Eine Relation in zweiter Normalform zeigt hinsichtlich des möglichen Auftretens von Anomalien eine wesentliche Verbesserung im Vergleich zur Relation erster Normalform. In dem gegebenen Beispiel lassen sich nun auch Dozenten ohne Lehrverpflichtung abspeichern. Zudem werden Speicheranomalien reduziert, weil mehrere Dozenten mit gleicher Dozentennummer oder mehrere Hörer mit gleicher Hörernummer nicht in die Relationen aufgenommen werden können. Die zweite Normalform reicht jedoch nicht aus, um alle Anomalien der skizzierten Art auszuschließen. Für die Attributkombination INSTITUT_NR und INSTITUT_NAME sind auch in der Relation DOZENT-2NF Änderungs- und Einfügeanomalien möglich. Zudem können in dieser Relation auch Löschanomalien auftreten. Mit der dritten Normalform lassen sich auch diese Anomalien vermeiden.

Transitive Abhängigkeit

Zur Erreichung der dritten Normalform sind die transitiven Abhängigkeiten zwischen Attributen einer Relation zu eliminieren. **Ein Attribut C ist transitiv abhängig von einem Attribut A, wenn ein Attribut B von Attribut A funktional abhängig ist und das Attribut C funktional abhängig von Attribut B ist.**

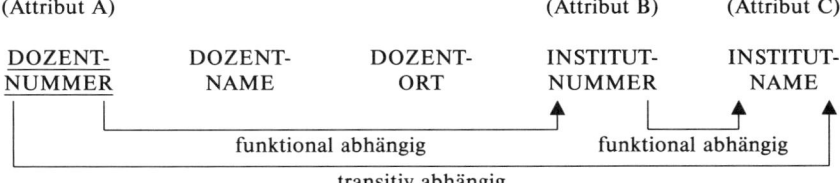

Abbildung 3.62: Transitive Abhängigkeit

In der Relation DOZENT-2NF ist der Institutsname transitiv von der Dozentennummer abhängig (vgl. Abbildung 3.62). Zur Transformation der Relation DOZENT-2NF in die dritte Normalform sind alle transitiv abhängigen Attribute der Relation zu eliminieren und gemeinsam mit den Attributen, von denen sie funktional und nicht transitiv abhängig sind, in eine eigene Relation aufzunehmen. Der Primärschlüssel der neuen Relation wird das determinierende Attribut. Die Verbindung der beiden Relationen wird über das in der ursprünglichen Relation verbleibende determinierende Attribut hergestellt (vgl. Abbildung 3.63).

Eine Relation ist in dritter Normalform, wenn sie sich in zweiter Normalform befindet und jedes Nicht-Primärschlüsselattribut der Relation <u>nicht</u> transitiv abhängig ist vom Primärschlüssel. Mit der dritten Normalform lassen sich Speicheranomalien verhindern. Es können im Beispiel keine Institutsnamen mit unterschiedlichen Institutsnummern in die Relationen aufgenommen werden.

Definition der dritten Normalform

Im Zuge der Normalisierung werden unerwünschte Abhängigkeiten bei den Operationen Löschen, Ändern und Einfügen vermieden und Relationen erzeugt, die eine hohe Änderungsflexibilität besitzen. Inzwischen sind auch weitere Normalformen (optimale dritte Normalform sowie vierte und fünfte Normalform) entwickelt worden, die jedoch von nachrangiger Bedeutung sind.

Die Anwendung der Normalformenlehre setzt voraus, daß zu Beginn des Normalisierungsprozesses Ausgangsrelationen gegeben sind. Eine Auseinandersetzung mit betriebswirtschaftlichen Sachverhalten erfolgt lediglich vor dem formalen Prozeß der Normalisierung. **Die Normalformenlehre dient somit dazu, vorliegende Datenstrukturen zu analysieren und sinnvoll zu strukturieren.** Sie stellt jedoch **keine geeignete Konstruktionsmethode für den Entwurf von Datenstrukturen** dar (vgl. Martin 1987). Für den Entwurf sachlogischer Datenstrukturen ist es möglich, den ERM-Ansatz mit der Normalformenlehre zu kombinieren. Der Konstruktionsprozeß wird dabei mit Hilfe des ERM-Ansatzes vorgenommen. Mit der Normalformenlehre lassen sich die dabei erzeugten Relationen im Hinblick auf unnormalisierte Strukturen prüfen und gegebenenfalls neue Entity- und Beziehungstypen bilden.

Sowohl für den Konstruktionsprozeß als auch für den Normalisierungsprozeß gibt es bereits computergestützte Werkzeuge, die eine Automatisierung unterstützen.

Relation: DOZENT-3NF

DOZENT_NR	DOZENT_NAME	DOZENT_ORT	INST_NR
4019	Müller	München	a1
0042	Doll	München	a2
5000	Adam	Berlin	a1

Relation: INSTITUT

INST_NR	INST_NAME
a1	theor. Mathematik
a2	angew. Mathematik

Fremdschlüssel

Relation: HÖRER

HÖRER_NR	HÖRER_NAME	HÖRER_ORT
8001	Karl	München
8432	Huber	München
8556	Bayr	Hof

Relation: KURS

KURS_NAME	KURS_DAUER
Analysis	4
Algebra	4
Numerik	2

Relation: DOZENT_HÖRER_KURS

DOZENT_NR	HÖRER_NR	KURS_NAME
4019	8001	Analysis
0042	8432	Algebra
0042	8556	Numerik
5000	8432	Analysis

Abbildung 3.63: Relationen in 3. Normalform

3. Technische Infrastrukturen der elektronischen Datenübertragung und der Kommunikation

Zur Bewältigung der Anforderungen, die ein Industriebetrieb an die Übertragung von Daten, Texten, Bildern und Sprache stellt, sind ausgebaute Infrastrukturen der elektronischen Datenübertragung und Kommunikation erforderlich.

Viele Grundstrukturen und Basiskomponenten des Datenaustausches und der technischen Kommunikation sind sowohl bei öffentlichen Netzen als auch bei privaten Rechnernetzen (z. B. lokalen Netzen und digitalen Nebenstellenanlagen) zu finden. Bevor spezifische Ausprägungen und Merkmale einzelner Netzinfrastrukturen betrachtet werden, sind zunächst allgemeine Grundstrukturen und Basiskomponenten von Rechnernetzen und Kommunikationssystemen aufzuzeigen.

a) Komponenten von Datenübertragungs- und Kommunikationssystemen

Von einem Kommunikationssystem wird im Kontext des technisch gestützten Daten- oder Informationsaustausches dann gesprochen, wenn mehrere voneinander unabhängige Datenstationen über einen Datenübertragungsweg miteinander verbunden sind. Diese Sichtweise basiert auf dem syntaktischen, nachrichtentechnischen Kommunikationsmodell von Shannon/Weaver (1949) (vgl. S. 253). Die Kapazität eines Übertragungsmediums wird in bit/s gemessen. Je nach eingesetzter Übertragungstechnik reicht die Übertragungskapazität von einigen Tausend bit/s (z. B. Telefon) bis zu mehreren Millionen bit/s (z. B. Kabelfernsehen).

Eine **Datenstation** besteht aus einer Datenübertragungseinrichtung und einer Datenendeinrichtung. Als **Datenendeinrichtungen** kommen beispielsweise Datensichtgeräte, Mikrocomputer, Drucker und Plotter oder spezielle Ein- und Ausgabegeräte in Betracht. Die **Datenübertragungseinrichtungen**, als Bestandteile des Transportsystems, übernehmen Funktionen zur Steuerung, Synchronisation und Fehlerbehandlung bei der Datenübertragung. Zu den Funktions- oder Komponentengruppen von Kommunikationssystemen lassen sich neben dem **Transportsystem** und den **Kommunikations- oder Datenendgeräten** auch die **Netzanwendungen oder Kommunikationsdienste** rechnen.

Technische Realisation von Transportsystemen

Aus der Sicht eines Netzteilnehmers, der an einer End-zu-End-Verbindung interessiert ist, stellt das Transportsystem eines Rechnernetzes i. d. R. eine black-box dar, die sich auch als „Netzwolke" charakterisieren läßt (vgl. Abbildung 3.64).

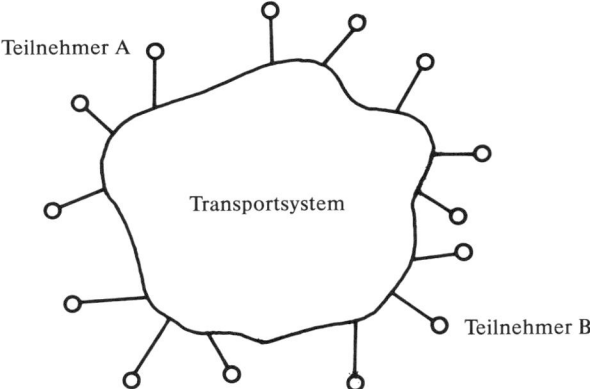

Abbildung 3.64: Schematische Darstellung eines Rechnernetzes mit Transportsystem und Teilnehmeranschlüssen

Quelle: Franck (1986)

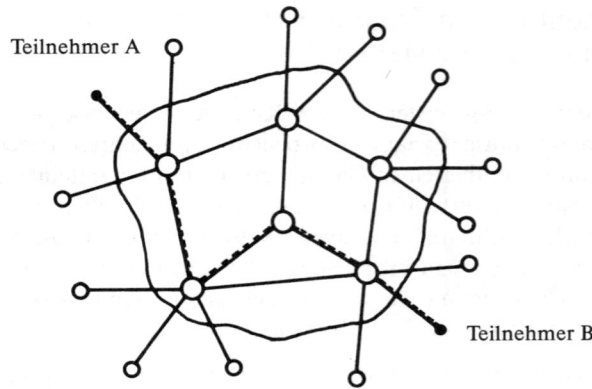

Abbildung 3.65: Mögliche netzinterne Realisierung einer Kommunikationsbeziehung

Quelle: Franck (1986)

Das Transportsystem ermöglicht – je nach Netzausprägung – den Datenaustausch
mit einem oder mehreren gewünschten Partnern. Neben dem eigentlichen **Transportmedium** umfaßt es i. d. R. auch **Netzknoten** zur Verbindung von Teilnetzen, so daß
eine logische oder physische End-zu-End-Verbindung entstehen kann (vgl. Abbildung 3.65). Zudem umfaßt das Transportsystem **Hardware- und Softwaresysteme** zur
Durchführung von komplexen **Netzmanagementfunktionen**. Dabei muß es für das
Transportsystem Verfahren und Algorithmen geben, die festlegen, über welche der
möglichen Verbindungen ein bestimmter Kommunikationswunsch realisiert wird
(Routing-Verfahren). Häufig wird das Transportsystem mit diesen Funktionen und
Komponenten auch vereinfacht als Netz oder Netzwerk bezeichnet.

Transport- oder Übertragungsmedien

Als **Transport- oder Übertragungsmedien** können verdrillte Kabel, Koaxial- und Glas-
faserkabel oder Funkverbindungen verwendet werden. Für das derzeitige Telefonnetz
werden **verdrillte Kabel** eingesetzt. Diese weisen jedoch gegenüber dem **Koaxialkabel**
eine höhere Störanfälligkeit, geringere Abhörsicherheit und eine relativ niedrige
Übertragungsrate auf. Bei **Glasfaserkabeln** werden die zu übertragenden elektrischen
Signale in Form von Lichtsignalen übertragen. Glasfaser wird aufgrund der hohen
Übertragungsraten zumeist für Übertragungsstrecken mit sehr hohen Kapazitäts-
anforderungen eingesetzt. Mit Koaxial- und Glasfaserkabeln ist es möglich, das
Frequenzspektrum in unterschiedlich breite Teilbänder bzw. Kanäle aufzuteilen. Die
Übertragungskapazität eines Mediums kann also auf mehrere Übertragungskanäle
und damit auf unterschiedliche Nutzungs- oder Kommunikationsarten verteilt werden. Einzelne Kanäle lassen sich auch zu einem leistungsfähigeren Kanal zusammenfassen.

372

Basisband- und Breitbandübertragung

Bei der Basisband-(Schmalband-)technik wird das gesamte genutzte Frequenzspektrum für die Übertragung der Signale eines einzigen Übertragungskanals verwendet (z. B. Telefonnetz). Werden bei einem Übertragungsverfahren mehrere schmalbandige Übertragungskanäle mit unterschiedlichen Trägerfrequenzen auf ein gemeinsames Übertragungsmedium moduliert, so spricht man von einer **Breitbandübertragung**. Die Breitbandübertragung ermöglicht ausreichende Übertragungskapazität für die Bewegtbildkommunikation.

Netztopologien

Die physikalische Struktur innerhalb einer „Netzwolke", d. h. die Struktur, die sich aus Netzknoten, Übertragungsmedien und Datenstationen ergibt, wird als Topologie eines Netzes bezeichnet. Bei den Netztopologien lassen sich grundsätzlich Stern-, Ring-, Bus- und vermaschte Strukturen unterscheiden (vgl. Abbildung 3.66).

Bei einer Sterntopologie verläuft jede Kommunikation über eine zentrale Instanz, an die alle anderen Knoten direkt angeschlossen sind. Bei einem Verbindungsaufbauwunsch richtet diese Instanz eine Verbindung zwischen den Kommunikationspartnern ein. Da die Netzkontrolle von einer zentralen Instanz ausgeht und jede Kommunikation über diese Instanz führt, sind besondere Vorkehrungen zu treffen, um die Wahrscheinlichkeit einer Überlastung oder gar eines Ausfalls dieses zentralen Knotens so gering wie möglich zu halten. Aufgrund der zentralen Struktur sind Sternnetze i. d. R. einfach zu verwalten. Auch der Anschluß weiterer Stationen an ein Sternnetz ist meist problemlos. Die Sterntopologie wird vielfach für Fernsprech-, Ortsvermittlungs- und Telefonnebenstellenanlagen sowie für HOST-Systeme bzw. für zentrale Rechnersysteme mit vielen Terminalanschlüssen eingesetzt. *Stern-topologie*

Bei einer Busstruktur sind alle Stationen an ein durchgehendes gemeinsames Übertragungsmedium angeschlossen. Ein geeignetes Zugangsprotokoll muß deshalb dafür sorgen, daß zu jedem Zeitpunkt höchstens eine Station senden kann. Für den Empfang von Nachrichten hört die Anschlußeinrichtung eines jeden Teilnehmers das Übertragungsmedium ab und reicht alle Nachrichten mit der eigenen Adresse an die angeschlossene Station. Die Bustopologie ist besonders bei lokalen Netzen (siehe unter Abschnitt g) sehr verbreitet. Mehrere Bussegmente können durch geeignete Koppler auch zu baumförmigen Netzstrukturen zusammengeschlossen werden. *Bustopologie*

Bei einer Ringtopologie ist jede Station mit einem Vorgänger und einem Nachfolger direkt verbunden. Die Übertragung erfolgt in einer vorgegebenen Senderichtung von einer Station zur nächsten. Die Stationen eines Ringnetzes sind über sog. Ringkoppler an das Netz angeschlossen. Von diesen Koppelelementen werden zentrale Ringfunktionen realisiert, wie Empfang, Verstärkung, Einspeisung von Daten und Entnahme von nicht mehr benötigten Daten. Weiterhin gehört die Herstellung von *Ringtopologie*

373

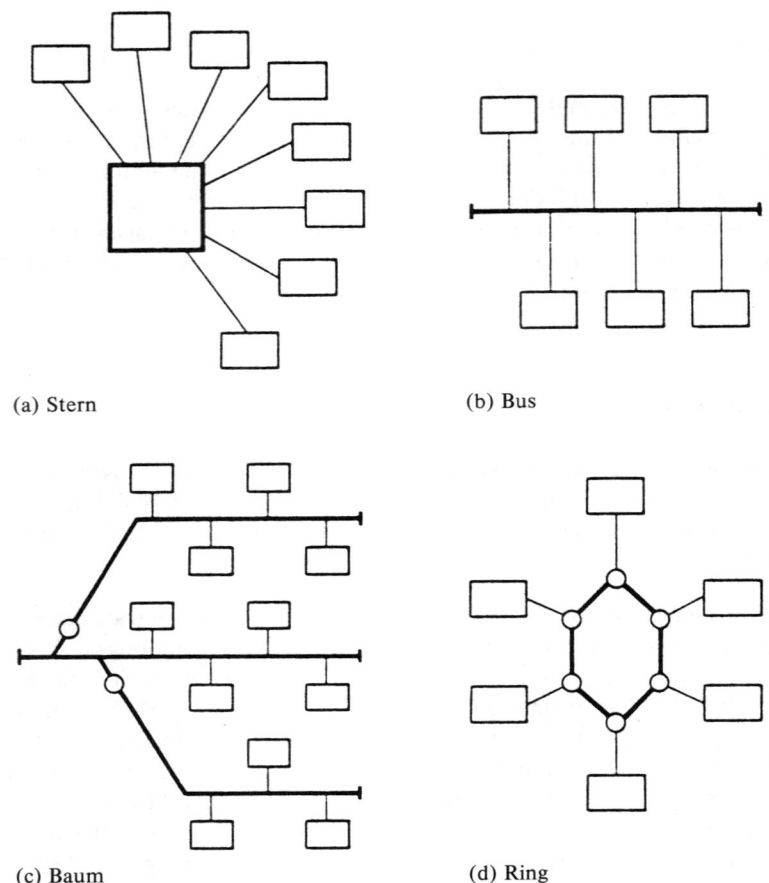

(a) Stern

(b) Bus

(c) Baum

(d) Ring

Abbildung 3.66: Netztopologien

Quelle: Franck (1986)

Umgehungszuständen, wenn Stationen nicht aktiv sind, zu ihren Aufgaben. Ringtopologien werden häufig für lokale Netze (siehe unter Abschnitt g) eingesetzt.

Vermaschtes
Netz

Bei einem vermaschten Netz ist jeder Knoten im Netz mit mindestens zwei, in der Regel aber mit mehreren anderen Knoten verbunden. In einem vermaschten Netz entstehen redundante Datenwege, so daß bei Überbelastung oder Ausfall eines Übertragungsweges alternative Übertragungswege durch geeignete **Routingverfahren** festgelegt werden können. Weitverkehrsnetze basieren zumeist auf unregelmäßig vermaschten Netztopologien, wobei die konkrete Netzstruktur wesentlich von geographischen Bedingungen (z. B. Lage von Ballungszentren) abhängig ist. Bei einem vollständig vermaschten Netz ist jeder Knoten mit jedem anderen Knoten verbunden. Damit wird eine Vermittlung zwischen Netzknoten überflüssig. Da jedoch die notwendige Anzahl von Verbindungen in Abhängigkeit von der Zahl der angeschlossenen Teil-

374

nehmer rasch ansteigt, ist eine solche Vernetzung unter Kostenaspekten nur in Ausnahmefällen (z. B. im Falle von Echtzeitanwendungen bei der Prozeßautomatisierung) anzutreffen.

Vermittlungsnetze versus Verteilnetze (Rundfunknetze)

Kommunikationsnetze unterscheiden sich hinsichtlich ihrer Möglichkeiten, wechselseitige Kommunikationsbeziehungen zwischen unterschiedlichen Teilnehmern aufzubauen. **Bei Verteilnetzen wird jede Übertragung von allen angeschlossenen Stationen „mitgehört".** Die aus dem Vielfachzugang zu den Teilnehmern resultierende Kommunikationsart wird auch als Mehrpunktkommunikation, Rundfunkkommunikation oder Massenkommunikation bezeichnet.

Bei Vermittlungsnetzen erfolgt ein gezielter Aufbau einer Verbindung zwischen zwei oder mehreren Kommunikationspartnern. Diese Kommunikationsart, bei der eine sog. Punkt-zu-Punkt-Verbindung zwischen den Datenstationen entsteht, ist derzeit die vorherrschende Kommunikationsart bei kabelgestützten Netzen. Man bezeichnet diese Kommunikationsart auch als Individualkommunikation.

Individual-kommuni-kation

Nach dem Kriterium der Betriebsmittelnutzung kann bei Vermittlungsnetzen zwischen Leitungsvermittlung und Speichervermittlung unterschieden werden. **Bei Leitungsvermittlung wird zwischen den Datenstationen für die Dauer ihrer Verbindung ein durchgehender physikalischer Übertragungsweg aufgebaut und zur exklusiven Nutzung bereitgestellt.** Die Technik der Leitungsvermittlung wird z. B. beim derzeit noch bestehenden analogen Telefonnetz und bei dem von der Deutschen Bundespost betriebenen Datex-L-Netz eingesetzt.

Leitungsver-mittlung

Bei einer Speichervermittlung wird zwischen den Datenstationen keine physische Verbindung hergestellt. Es erfolgt also auf den unteren Protokollebenen keine transparente Übertragung der Daten zwischen den Datenstationen. In den Übertragungsweg von speichervermittelten Netzen sind Vermittlungseinheiten eingeschaltet, welche die zu übertragenden Daten zwischenspeichern, bevor sie weitergeleitet bzw. beim Empfänger abgeliefert werden.

Speicherver-mittlung

In Abhängigkeit von den Dienstleistungen für Netzteilnehmer lassen sich bei speichervermittelten Netzen verbindungslose und verbindungsorientierte Dienste unterscheiden. Der Verbindungsbegriff bezieht sich dabei auf eine logische oder virtuelle Verbindung zwischen den Kommunikationspartnern. **Bei verbindungsorientierter Kommunikation wird vor dem Datentransport eine logische Verbindung zwischen den Kommunikationspartnern aufgebaut.** Diese Verbindung kann mit Hilfe von sog. Verbindungstabellen hergestellt werden, die sich in den einzelnen Netzknoten befinden und die aktuell gültigen (und häufig auch günstigsten) Verbindungen festhalten. Nach dem Aufbau einer logischen Verbindung können Daten ausgetauscht werden, wobei die einzelnen Datenpakete nicht jeweils mit einer Sender- und Empfängeradresse versehen werden müssen. Bei verbindungsorientierten Paketvermittlungssystemen ist auch ein paralleler Betrieb mehrerer Verbindungen über einen Netzan-

Verbindungs-orientierte Kommuni-kation

schluß möglich. Das Datex-P-Netz der Deutschen Bundespost ist ein verbindungs-orientiertes Paketnetz.

Verbindungs-lose Netze

Im Unterschied zu verbindungsorientierten Netzen brauchen **verbindungslose Netze vor dem Datenaustausch keinen virtuellen Verbindungsaufbau.** Die zu übertragenden Daten müssen jeweils mit vollen Absender- und Empfängeradressen versehen sein und können unmittelbar (spontan) an das Transportsystem übergeben werden. Die zu transportierenden Datenblöcke werden auch als **Datagramme** bezeichnet. Verbindungslose Paketvermittlungsnetze werden deshalb **Datagrammnetze** genannt. Die Datagrammtechnik findet v. a. bei lokalen Netzen Anwendung.

b) Öffentliche Netze

In der Bundesrepublik Deutschland liegt der Betrieb von **öffentlichen Telekommunikationsnetzen** i. d. R. im Zuständigkeitsbereich der Deutschen Bundespost.

Als öffentliche Vermittlungsnetze sind derzeit das **Fernsprechnetz** sowie das **integrierte Text- und Datennetz (IDN)** nutzbar. Das **dienstintegrierende digitale Fernmeldenetz ISDN** (Integrated Services Digital Network) befindet sich derzeit im Aufbau. Darüber hinaus werden auch Versuche mit dem breitbandigen Netz **BIGFON** (**B**reitbandiges **I**ntegriertes **G**las**f**aser **O**rts**n**etz) und dem **Videokonferenznetz** unternommen.

Fernsprech-netz

Das Fernsprechnetz ist derzeit noch häufig durch analoge Übertragungstechnik und elektromechanische Vermittlungstechnik gekennzeichnet. Neben den leitungsvermittelten Übertragungsstrecken gehören zum Fernmeldenetz auch bestimmte Funknetze. Das Fernmeldenetz dient vorwiegend der Sprachübermittlung, es kann aber auch zur Übertragung von Texten und Daten verwendet werden.

IDN

Der überwiegende Teil der Text- und Datenübertragung im Bereich öffentlicher Netze erfolgt über das integrierte Text- und Datennetz (IDN). **Beim IDN handelt es sich um ein digitales Nachrichtennetz, das in gemeinsamen Einrichtungen Text- und Datennetze zusammenfaßt.** Das IDN stellt einen Zusammenschluß des Gentexnetzes (nicht-öffentliches Netz für den Telegrammdienst), des Telexnetzes, des Datex-L-Netzes, des Datex-P-Netzes und des Direktrufnetzes mit Festverbindung unter Nutzung gemeinsamer Übertragungs- und Vermittlungseinrichtungen dar. IDN umfaßt zudem auch Telegrafenstromwege, internationale, digital geführte Mietleitungen und internationale Festverbindungen.

ISDN

Mit der schrittweisen Einführung des ISDN wird das analoge Telefonnetz auf digitale Übertragung umgestellt und um neue Dienste erweitert. Dienste, die bislang über das Telefonnetz und das IDN abgewickelt wurden, können im ISDN integriert werden. ISDN basiert auf einem digitalen leitungsvermittelten Netz.

376

ISDN ermöglicht neben der Sprach-, Text- und Datenübertragung auch eine Bewegt-
bildübertragung. Diese ist in der gegenwärtigen Ausbaustufe allerdings nur mit
Einschränkungen möglich. Ein weiterer Vorteil liegt darin, daß an einen Teilnehmer-
anschluß bis zu acht verschiedene Endgeräte angeschlossen werden können.

Telekommunikationsnetze, die Datenstationen in verschiedenen geographischen *WAN*
Regionen miteinander verbinden, werden als **W**ide **A**rea **N**etworks (WANs) oder
Fernnetze bezeichnet.

c) Kommunikationsendgeräte

Kommunikationsendgeräte bilden die Schnittstelle für den Benutzer einer kommunikationstechnischen Infrastruktur. Je nach Funktionsumfang können bei Endgeräten Einzeldienst- und Mehrdienstgeräte unterschieden werden. Ein Einzeldienstend-
gerät sieht nur die Nutzung eines einzigen Dienstes vor, wie z. B. Fernsprechen ohne
Zusatzfunktionen. Mehrdienstendgeräte ermöglichen die Nutzung mehrerer Einzel-
dienste mit einem Endgerät (z. B. Fernsprechen, Telefax und Bildschirmtext). Als
wichtige Funktions- und Leistungsmerkmale von Endgeräten sind beispielsweise Ver-
sende-, Speicher- und Retrievalfunktion sowie verschiedene Wahl- oder Selektions-
funktionen für angeschlossene Teilnehmer zu nennen.

d) Kommunikationsdienste

Kommunikationsdienste sind Leistungen, die auf Netzen angeboten werden und
über die bloße Datenübertragung hinausgehen. Träger der Dienste können neben der
Deutschen Bundespost Telekom auch private Anbieter sein. Abbildung 3.67 führt die
wesentlichen Dienste und ihre Zuordnung zu den Netzen an.

e) Integrationstendenzen

Kennzeichnend für die aktuelle Entwicklung in der Telekommunikation ist die Tendenz zur technischen Integration. Eine Integration erfolgt dabei sowohl für die
Kommunikationsnetze als auch für Dienste und Endgeräte (vgl. Abbildung 3.68).

Die Netzintegration im öffentlichen Bereich erfolgt durch eine Weiterentwicklung *Netz-*
und Zusammenführung der schon bestehenden Netze. Im Zuge der Einführung des *integration*
dienstintegrierenden digitalen Fernmeldenetzes ISDN wird über die Digitalisierung
des Fernsprechnetzes der Zusammenschluß mit dem IDN vollzogen. In einer weiteren
Ausbaustufe der öffentlichen Netze soll ISDN zu einem breitbandigen Kommunikationsnetz erweitert werden. Das breitbandige ISDN soll schließlich mit dem
breitbandigen Verteilnetz für Fernseh- und Hörfunkdienste zu einem integrierten
Breitbandfernmeldenetz (IBFN) zusammengeschlossen werden.

Telekommunikations-form	Art der übertragenen Information	Dienst	beispielhafte Dienstmerkmale	Endgerät	Netz
Fernsprechen	Sprache	Fernsprechdienst, Fernsprechkonferenz	Anklopfen*, Anrufliste*, Anrufumleitung, Kurzwahl, Wahlwiederholung	Telefonapparat	analoges Fernsprechnetz, ISDN
Fernkopieren (Faksimileübertragung)	Festbilder, z. B. Text, graphische Darstellungen	Telefax, Telebrief	Kurzwahl, Gebührenübernahme, Rundsenden, Durchwahl	Fernkopierer, Personal Comuter (PC) mit Einsteckkarte und Scanner	analoges Fernsprechnetz, IDN, ISDN
Textkommunikation	alphanumerische Zeichen	Telex, Teletex	Kurzwahl, Gebührenübernahme, Wahlwiederholung, Rundsenden	kommunikationsfähige Speicherschreibmaschine, Textsysteme, PC	IDN, ISDN
Integrierte Text- und Bildkommunikation	Text und graphische Darstellungen	Bildschirmtext, Textfax*, Festbildübermittlung*, Fernzeichnen*	Kurzwahl, geschlossene Benutzergruppe, Wahlwiederholung	Mehrfunktionenendgerät, PC	analoges Fernsprechnetz, IDN, ISDN
Message Handling Systeme	Text und Daten	Datex-P/Datex-L, Text Mail, Fax Mail*	Kurzwahl, geschlossene Benutzergruppe, Rundsenden, Direktruf	diverse Daten- und Textendgeräte	IDN, ISDN
	Sprache	Voice Mail	Kurzwahl, geschlossene Benutzergruppe, Wiederholung, Direktruf	Telefonapparat mit Zusatzeinrichtung	analoges Fernsprechnetz, ISDN
integrierte Bürokommunikation (dokumentenorientiert)	Text, Daten, Grafik, Sprache	verschiedene Dienste, bis jetzt nur in lokalen Netzen	Kurzwahl, geschlossene Benutzergruppe, Wahlwiederholung	Mehrfunktionenendgerät, PC, integrierte Bürosysteme	Transport über analoges Fernsprechnetz, IDN oder ISDN und private Netze
Bildfernsprechen	Bewegtbilder, gesprochenes Wort und Festbilder	Bildfernsprechen*	Kurzwahl, geschlossene Benutzergruppe, Konferenzschaltung*	Bildtelefon*	BIGFON*, Videokonferenznetz
Videokonferenz	Bewegtbilder, gesprochenes Wort und Festbilder	Video Conferencing	geschlossene Benutzergruppe, Konferenzverbindung	speziell ausgestattete Konferenzstudios	BIGFON*, Videokonferenznetz
Fernmessen, -überwachen, -steuern (Echtzeitverarbeitung)	analoge und digitale Signale	Fernwirken, Sicherheitsdienste	Echtzeitübermittlung	spezielle Ablese- und Steuerungsgeräte	analoges Fernsprechnetz, ISDN und private Netze

* = im Planungs- oder Einführungsstadium

Abbildung 3.67: Formen der Telekommunikation im Überblick

Quelle: Reichwald (1990a)

Bislang ist in öffentlichen Diensten eine Kombination von Sprach-, Text-, Daten- und Bildkommunikation nur in Ausnahmefällen möglich. Mit der Integration von Diensten und der Einführung neuer Dienste **soll erreicht werden, daß gleichzeitig mehrere unterschiedliche Kommunikationsinhalte**, unter Verwendung einheitlicher Prozeduren, **bearbeitet und übertragen werden können**. Die ersten Stufen der Dienstintegration erfolgen durch die Schaffung von Dienstübergängen. Damit wird erreicht, daß die Teilnehmer eines Dienstes (z. B. Teletex) nicht nur untereinander, sondern auch mit Teilnehmern anderer Dienste (z. B. Telex, Telefax oder Bildschirmtext) kommunizieren können. Eine weitere Form der Dienstintegration besteht in der Zusammenführung unterschiedlicher Kommunikationsdienste zu einem Dienst (Hybrid-Dienst, z. B. Textfax als geplanter Dienst). Integrierte Dienste sind bislang nur im privaten Bereich bei integrierten Bürosystemen realisiert (Straßburger 1990).

Integration von Diensten

Die Integration von Endgeräten vollzieht sich parallel zur Integration von Netzen und Diensten. Auf der Grundlage von Teletex-Geräten und Telefax-Geräten werden beispielsweise Textfax-Geräte entwickelt. Personal Computer ermöglichen unter Verwendung von Steckkarten oder mittels softwaremäßiger Anpassung den Zugang zu verschiedenen Telexdiensten mit einer einheitlichen Arbeitsplatzausstattung.

Integration von Endgeräten

In der BRD war bis zur Reform der Telekommunikationsordnung (vgl. Regierungskommission im Fernmeldewesen, 1987) im Jahre 1990 die Deutsche Bundespost der alleinige Anbieter von Telekommunikationsdiensten. Seit der Neuordnung sind für alle Dienste mit Ausnahme der Sprachkommunikation auch private Dienstanbieter zugelassen. Private Anbieter können mit Netzdiensten, die auch als Mehrwertdienste oder als VANS (**V**alue **A**dded **N**etwork **S**ervices) bezeichnet werden, in Konkurrenz zur Bundespost Telekom treten. Die Mehrwertdienste unterstützen hauptsächlich Anwendungen der Bürokommunikation. Neben Netzdiensten sind auch Endgeräte für private Anbieter freigegeben. Allein für den Netzbetrieb hat die Deutsche Bundespost auch nach der Neuordnung der Telekommunikation das Monopol. Ausgenommen von diesem Monopol sind bestimmte Funk- und Satellitennetze.

Neuordnung der Telekommunikation

f) Rechnernetze und Rechnerverbundsysteme

Von Rechnernetzen wird im allgemeinen dann gesprochen, wenn es sich bei mehreren der verwendeten Datenendeinrichtungen (Datenstationen) um selbständige Rechner handelt. Die Kommunikation zwischen den einzelnen Rechnern bzw. den Rechnerknoten erfolgt über den Austausch von Nachrichten mit Hilfe von vereinbarten Protokollen.

Rechnernetze können sowohl auf der Grundlage lokaler Netze als auch auf der Basis öffentlicher Telekommunikationsnetze betrieben werden. Neben diesem **Kommunikationsverbund** können Rechnernetze auch eine Reihe anderer Funktionen erfüllen. In einem sogenannten **Lastverbund** kann die Abwicklung von gleichartigen Aufgaben auf mehrere Stellen verteilt werden. Wird von einem System eine dynamische Lastverteilung vorgenommen, so liegt zugleich ein **Sicherheitsverbund** vor. Beim Ausfall

Funktionen von Rechnernetzen

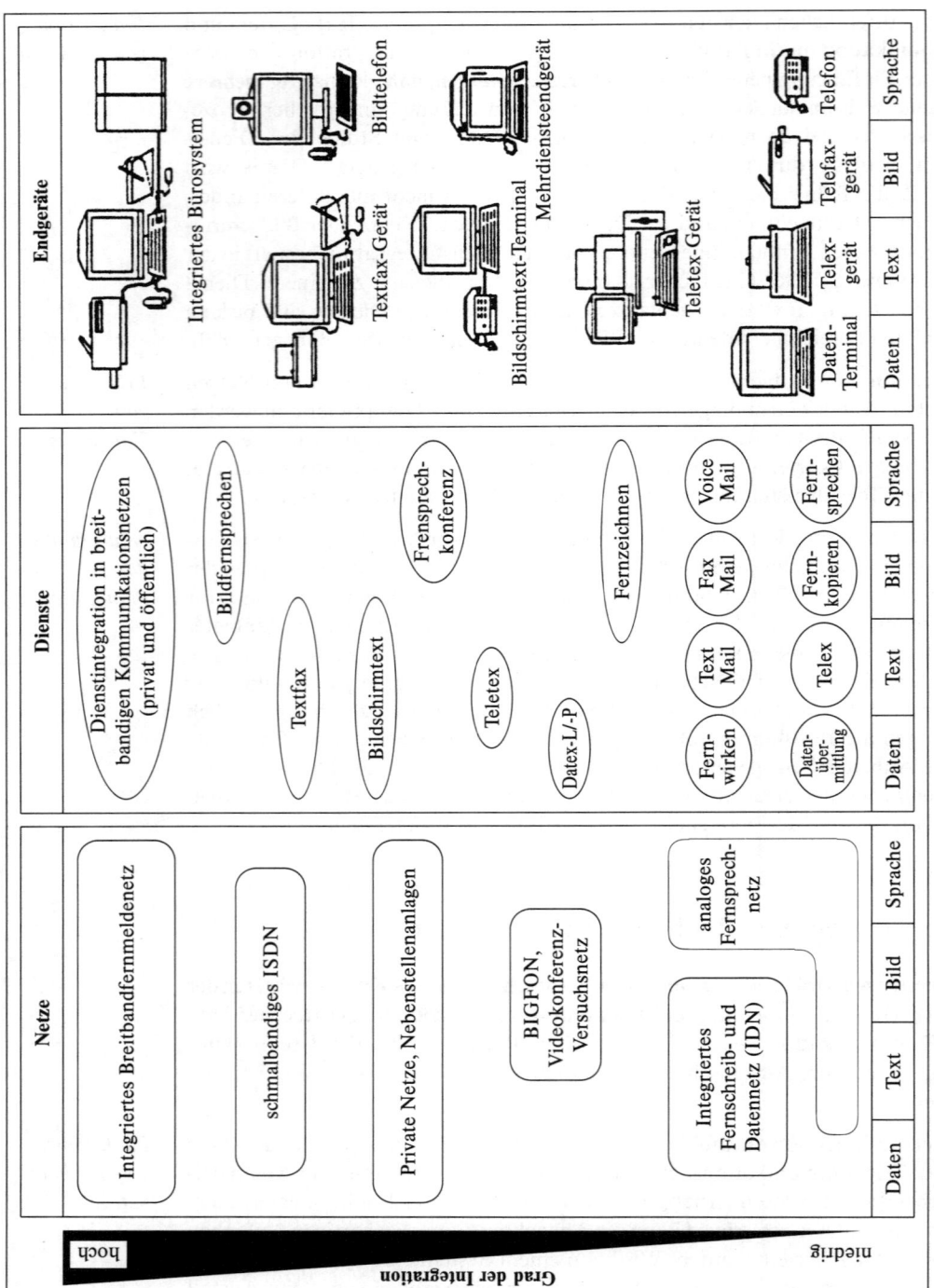

Abbildung 3.68: Integrationsentwicklungen in der Telekommunikation

Quelle: Reichwald

eines Rechners werden dessen Aufgaben von einem anderen Rechner übernommen. Ein **Funktions- oder Geräteverbund** liegt dann vor, wenn unterschiedliche Aufgaben auf spezialisierte Rechner oder gemeinsam genutzte Geräte verteilt sind. Schließlich kann ein Rechnerverbund die Nutzung gemeinsamer und auch räumlich verteilter Datenbestände **(Datenverbund)** ermöglichen.

Systeme für verteilte Datenbanken, Last- und Funktionsverbunde auf Anwenderebene werden auch als verteilte Systeme bezeichnet. Verteilte Systeme erscheinen dem Benutzer gegenüber als homogene Verarbeitungssysteme. Dem Benutzer bleibt bewußt verborgen, wo die angebotene Funktionalität des Systems erbracht wird. Verteilte Datenverarbeitung wird häufig von lokalen Rechnernetzen und Kommunikationssystemen realisiert.

Verteilte Datenverarbeitung

g) Lokale Netze

Lokale Netze (**L**ocal **A**rea **N**etworks, LAN) sind spezifische Ausprägungen von Kommunikations- und Rechnernetzen. Viele der Grundstrukturen und Basiskomponenten von öffentlichen Kommunikationssystemen finden auch bei lokalen Netzen ihre Anwendung. LANs und die damit verbundenen Besonderheiten dieser Netze sind aus spezifischen internen Kommunikationsanforderungen von Organisationen entstanden. Diese Anforderungen stammen sowohl aus dem Bereich der Büroautomatisierung als auch aus der Produktionsplanung und Fertigungssteuerung. **LANs ermöglichen die Kommunikation zwischen mehreren unabhängigen Datenstationen in einem begrenzten geographischen Gebiet.** Mit lokalen Netzen lassen sich Entfernungen von einigen hundert Metern bis zu wenigen Kilometern überbrücken. Aufgrund der geringen geographischen Ausdehnung und der Qualität der Übertragungseinrichtungen lassen sich mit LANs relativ hohe Übertragungsraten (10 Mbit/s bis 100 Mbit/s) bei sehr geringen Übertragungsfehlerraten erreichen. In dieser Hinsicht sind LANs traditionellen Fernnetzen überlegen.

Kennzeichnend für LANs ist auch eine relativ hohe Flexibilität und Anschlußdynamik. Technische Veränderungen des Netzes wie z. B. Erweiterung, Ausbau und Anschluß neuer Geräte oder Verlegung von Terminalanschlüssen lassen sich bei LANs i. d. R. relativ einfach durchführen. Häufig dienen LANs der gemeinsamen Nutzung von verteilten Betriebsmitteln. Dezentrale Arbeitsplatzrechner können über LANs teuere Ein- und Ausgabemedien wie z. B. Zeichengeräte oder Laserdrucker gemeinsam nutzen. Bei geeigneter Unterstützung seitens der verwendeten Betriebssysteme lassen sich mit lokalen Netzen auch verteilte Anwendungen und verteilte Datenbanken realisieren.

Bei lokalen Netzen werden im wesentlichen Stern-, Ring- und Bustopologien verwendet. Als Übertragungsmedien dienen Kupferkabel, Koaxialkabel und Lichtwellenleiter.

Zugriffs- *verfahren*	Anders als bei öffentlichen Netzen liegt den meisten lokalen Netzen ein Übertragungsmedium mit Vielfachzugriff zugrunde, d. h. alle angeschlossenen Stationen verwenden ein gemeinsames Übertragungsmedium. Da die Stationen um ein gemeinsames Übertragungsmedium konkurrieren, entsteht ein spezifisches Koordinationsproblem. Für die Koordination des Vielfachzugriffs wurden spezifische Zugangsverfahren bzw. Zugangsprotokolle entwickelt. Für bus- oder baumförmige lokale Netze
CSMA/CD- *Verfahren*	ist das CSMA/CD-Verfahren (**C**arrier **S**ense **M**ultiple **A**ccess/**C**ollison **D**etection) die gebräuchlichste Zugangsregelung. Bei diesem Verfahren wird das gemeinsame Übertragungsmedium von allen Stationen permanent abgehört, so daß sendewillige Stationen erfahren, wann das Übertragungsmedium belegt bzw. frei ist. Bei freiem Medium beginnen die Stationen zu senden. Dabei kann es zu Kollisionen kommen, wenn mehrere Stationen quasisimultan eine Übertragung beginnen. Da die Stationen auch nach Sendebeginn das Übertragungsmedium „abhören", können solche Kollisionen entdeckt werden. Bei auftretenden Kollisionen wird von allen beteiligten Stationen die Übertragung abgebrochen. Nach einer für jede Station einzeln zufallsgesteuerten Zeitspanne beginnen die Stationen erneut zu senden.

Der produktiv nutzbare Kapazitätsanteil eines Übertragungsmediums ist von der Effizienz des Zugangsverfahrens abhängig. Beim CSMA/CD-Verfahren handelt es sich um ein zufallsgesteuertes Verfahren, bei dem die Produktivität des Mediums durch das Auftreten von Kollisionen gemindert wird. Mit steigender Verkehrslast nimmt die Wahrscheinlichkeit von Kollisionen zu. Das CSMA/CD-Verfahren zeichnet sich dadurch aus, daß es bei geringer Verkehrslast zu geringen Übertragungszeiten führt.

Token-Ring- *Zugangs-* *Verfahren*	Bei Ringtopologien wird vorwiegend das Token-Ring-Zugangsverfahren verwendet. Bei diesem Verfahren kreist ein besonderes Steuerpaket bzw. ein Bitmuster im Ring. Dieses Bitmuster, das auch als Token bezeichnet wird, dient der Reservierung des Übertragungsmediums für sendewillige Stationen, da nur die Station senden darf, die im Besitz des Tokens ist. Erhält eine Station ein unbelegtes Token, so wird das Token als belegt markiert und die zu sendenden Daten werden unmittelbar im Anschluß an das Token versendet. Nachdem die Nachricht den Ring einmal durchlaufen hat, wird sie von der sendenden Station entnommen. Danach erzeugt diese Station ein unbelegtes Token. Beim Tokenprinzip handelt es sich um ein deterministisches Zugangsverfahren. Der produktiv nutzbare Kapazitätsanteil des Übertragungsmediums ist unabhängig von der Verkehrslast.
Digitale *Telefonneben-* *stellenanlagen*	Als Alternative zu lokalen Netzen lassen sich für die organisationsinterne Kommunikation auch digitale Telefonnebenstellenanlagen (PABX – **P**rivate **A**utomatic **B**ranch **E**xchange) einsetzen. Damit lassen sich als sog. Inhouse-ISDN die Standards des öffentlichen ISDN realisieren. Da die Übertragungsleistung auf zwei Kanäle mit jeweils 64 KBit/s beschränkt ist, lassen sich digitale Nebenstellenanlagen nur begrenzt einsetzen, wenn die Übertragung großer Datenmengen in begrenztem Zeitraum (z. B. für Übertragung von Bewegtbildern) erforderlich ist.

h) Kopplung von Netzen

Die vielfältigen Anforderungen, die in einem Industriebetrieb an die technische Übertragung von Texten, Bildern, Daten oder Sprache gestellt sind, erfordern zumeist die Kopplung verschiedener und häufig auch heterogener Kommunikationsinfrastrukturen (vgl. Abbildung 3.69). Auf der Ebene von einzelnen Funktionsbereichen werden vielfach gemeinsame Hardware- und Softwareressourcen mit Hilfe von lokalen Netzen oder digitalen Nebenstellenanlagen bereitgestellt. Für die Abwicklung von funktionsübergreifenden und unternehmensweiten Aufgaben werden zumeist verschiedene Netze gekoppelt und Host-Systeme mit zentralen Server-Funktionen bereitgestellt.

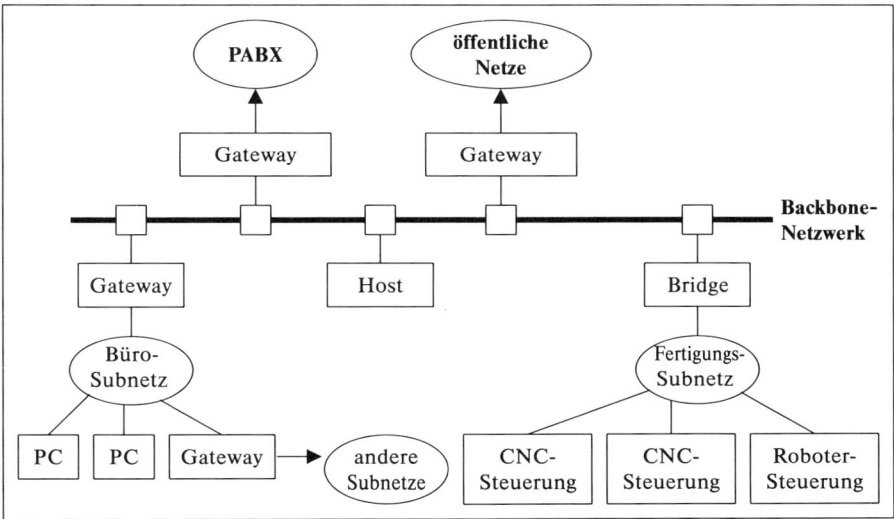

Abbildung 3.69: Kopplung von Netzen

Da neben dem organisationsinternen Datenaustausch auch immer mehr Außenbeziehungen (Bestellung, Rechnungsstellung, Zahlung) mit Hilfe der Datenverarbeitung abgewickelt werden, kommt auch der Kopplung von privaten und öffentlichen Netzen zunehmende Bedeutung zu. Mit der Einführung von ISDN lassen sich beispielsweise digitale Nebenstellenanlagen verbinden und verschiedene Dienste sowohl für die interne als auch für die organisationsübergreifende Kommunikation verwenden.

Mit einer sogenannten Bridge (Brücke) lassen sich lokale Netze mit unterschiedlichen Topologien und auch unterschiedlichen Zugriffsverfahren koppeln.

Kopplung lokaler Netze

383

Kopplung von lokalen und öffentlichen Netzen	Mit sogenannten Gateways können Netze gekoppelt werden, die über keine gemeinsamen Protokolldefinitionen verfügen. So lassen sich beispielsweise lokale Netze mit öffentlichen Netzen koppeln. Dadurch können in einem lokalen Netz die Dienste der öffentlichen Netze bereitgestellt werden. Die Gateway-Funktionen werden dabei von einem speziellen Kommunikationsrechner im lokalen Netz übernommen.
Verbindung von Netzen mit einem Backbone-Netz	Eine Kopplung verschiedener Rechnernetze kann auch mit Hilfe sogenannter Backbone(Hintergrund)-Netze erfolgen. Die einzelnen Teilnetze bilden dabei die Knoten des Backbone-Netzes. Am Backbone-Netz können sowohl lokale als auch öffentliche Netze angeschlossen sein.

i) Standardisierung im Bereich der Datenkommunikation

Normen, Standards und Konventionen sind eine wesentliche Voraussetzung für eine offene Datenkommunikation. Im Bereich der Datenübertragung sind besonders zwei Gremien zu nennen, die sich für internationale Normen und Standards einsetzen. Das **CCITT** (Comité Consultatif International Télégraphique et Téléphonique) als Unterorganisation der UNO ist für den **Bereich der öffentlichen Fernmeldedienste** zuständig. Als Mitglieder in diesem Gremium sind alle nationalen Post- und Fernverwaltungen und Erbringer der öffentlichen Fernmeldedienste vertreten. Die für die Kopplung von nationalen Netzen und Diensten erforderlichen Festlegungen werden in sog. Empfehlungen (Recommendations) veröffentlicht, die dann für alle Mitglieder verbindlich sind. Für **allgemeine Normen im Bereich der Datenverarbeitung** ist die **ISO** (International Standards Organisation) zuständig. Jedes Mitgliedsland der ISO besitzt eine eigenständige Normungsinstitution, die für das jeweilige Land Normen festlegen kann. Im Zusammenhang mit **lokalen Netzen** ist zudem das **IEEE** (Institute of Electrical and Electronical Engineers) zu nennen. Diese Organisation hat grundlegende Normen für LANs entwickelt.

Das OSI-Referenzmodell als Architekturmodell für offene Kommunikation

Das OSI-Referenzmodell für offene Kommunikation (**O**pen **S**ystems **I**nterconnection) wurde von der ISO als Norm verabschiedet und bildet heute das grundlegende Modell für internationale Normen und Festlegungen im Bereich der Rechnerkommunikation. Ziel des OSI-Referenzmodells ist es, einen allgemeinen Rahmen für die Kommunikation in verteilten Systemen zu definieren und konzeptionell zu beschreiben. Im OSI-Modell werden keine Details der Implementierung festgelegt, sondern nur die funktionellen Schichten und das externe Verhalten der offenen Systeme definiert. Damit sollen die Voraussetzungen für eine offene Kommunikation zwischen Teilnehmern an heterogenen Netzen geschaffen werden.

Die grundlegenden Netzkomponenten von Kommunikationssystemen sind End- *Netz-*
systeme, Teilnetze und Transitsysteme. **Endsysteme** sind jene Komponenten, die *komponente*
einem Teilnehmer oder Netzverwalter den Zugang zum Kommunikationsnetz eröff- *(System-*
nen. **Teilnetze** bilden das Transportmedium von einem Partner zu einem anderen *schnitt)*
Partner der Kommunikationsbeziehung. Der Übergang zwischen Teilnetzen wird mit
Hilfe von **Transitsystemen** ermöglicht (vgl. Abbildung 3.70).

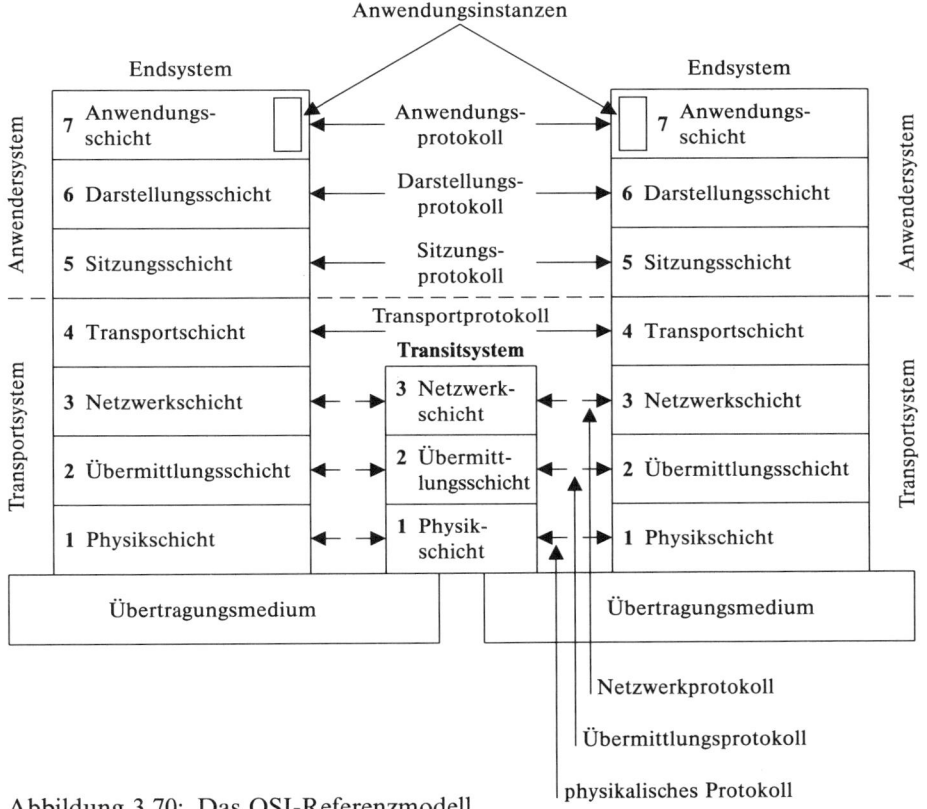

Abbildung 3.70: Das OSI-Referenzmodell

(in Anlehnung an Tannenbaum 1989)

Im OSI-Referenzmodell werden die Kommunikationsfunktionen, wie sie in einem
komplexen Netz erbracht werden müssen, nach dem Prinzip der Funktionsschichtung in sieben übereinander gelagerte Schichten unterteilt (vgl. Abbildung 3.70).

Jede Schicht enthält eine genau definierte Menge von Funktionen, die in ihrer Gesamtheit der darüberliegenden Schicht wohldefinierte Dienste bereitstellen. Mit
Ausnahme der untersten Schicht nimmt dabei jede Schicht die Dienste der darunterliegenden Schicht in Anspruch. Die oberste Schicht enthält die kommunizierenden Anwendungen und bietet, als Summe der Funktionen aller Schichten, dem Benutzer
die volle Funktionalität des Kommunikationssystems.

Aktive Elemente, die innerhalb einer Schicht einen logisch abgeschlossenen Teil der Arbeit zur Erbringung eines Dienstes oder eines Teildienstes ausführen, werden als Instanzen bezeichnet. Mit Hilfe von Protokollen wird geregelt, wie der (horizontale) Informationsaustausch zwischen Instanzen derselben Ebene in verschiedenen Endsystemen erfolgt. Beim Informationsaustausch der Partnerinstanzen handelt es sich um eine logische Kommunikation. Der eigentliche Transport dieser Informationen erfolgt entlang der Funktionsschichten und über das Übertragungsmedium.

Physikschicht **Der Physikschicht (physical layer) obliegt die Aufgabe, Folgen von Bits (Binärziffern) über einen physischen Kanal transparent zu übertragen.** Dazu werden Festlegungen über physische Netzkomponenten, wie Steckernormen und Übertragungsmedien, getroffen. Die Physikschicht übernimmt keine Sicherungsfunktionen, sondern sorgt lediglich für Herstellung, Unterhaltung und Abbau von ungesicherten Systemverbindungen.

Übermitt- **Die Übermittlungsschicht (data link layer) hat die Aufgabe, gesicherte Systemverbin-**
lungsschicht **dungen herzustellen,** d. h. Bitfolgen gegen Übertragungsfehler zu sichern, indem Verfahren zur Entdeckung und Korrektur oder Meldung von Übertragungsfehlern bereitgestellt werden.

Netzwerk- **Aufgabe der Netzwerkschicht (network layer) ist es, einen geeigneten Datenpfad über**
schicht **das Transitsystem bereitzustellen und Daten zwischen zwei Kommunikationspartnern über ein ganzes Netz hinweg zu übertragen.** Die Schicht muß dabei auch das Zusammenschalten von Teilnetzen unterschiedlicher Struktur und Technologie bewältigen und einen einheitlichen Vermittlungsdienst anbieten. Die Netzwerkschicht übernimmt u. a. auch Funktionen der Flußregelung, der Fehlererkennung und -behebung, sowie der Segmentierung und Blockung von Benutzerdaten.

Transport- **Die Transportschicht (transport layer) stellt den Endsystemen eine End-zu-End-Kom-**
schicht **munikation zur Verfügung.** Die Schicht sorgt dabei für die Auswahl der Kommunikationspartner innerhalb eines Endsystems und unterstützt die Kommunikation z. B. durch die Zerlegung längerer Nachrichten vor dem Transport und deren Zusammensetzung nach der Übertragung.

Die unteren vier Schichten des Referenzmodells umfassen alle **Transportfunktionen**. Die Gesamtheit dieser Schichten wird deshalb auch als **Transportsystem** bezeichnet. Die oberen Schichten erfüllen anwendungsorientierte Funktionen, sie werden deshalb als **anwendungsorientierte Schichten (Anwendungssystem)** bezeichnet.

Sitzungs- **Die Sitzungsschicht (session layer), die auch als Kommunikationssteuerungsschicht**
schicht **bezeichnet wird, dient der Organisation und Synchronisation von kommunizierenden Prozessen zwischen den Teilnehmern.** Es wird festgelegt, nach welchen Regeln ein Dialog und Datenaustausch ablaufen soll. Die Sitzungsschicht umfaßt dabei insbesondere Funktionen für den Aufbau, die Durchführung und den Abbau von Sitzungen sowie für eine koordinierte Wiederaufnahme der Übertragung nach Entdeckung eines Fehlers.

Computersysteme verwenden unterschiedliche Formatierungs- und Codierungsformen für Texte und Daten. **Die Darstellungs- oder auch Präsentationsschicht (presentation layer) erfüllt Formatierungs- und Codierungsdienste zum effizienten Datenaustausch wie z. B. Codeumwandlung, Datenkompression und -dekompression oder Verschlüsselung.**

Auf der Anwendungsschicht (application layer) werden Dienste und Leistungen bereitgestellt, die von den Anwendungsprozessen direkt in Anspruch genommen werden. Die Anwenderschicht unterstützt beispielsweise den Filetransfer oder Datenbankanwendungen. Die Funktionen und Dienste der anwendungsorientierten Schichten sind bislang nicht umfassend definiert, so daß hier Ergänzungen durch die Praxis notwendig sind.

Im OSI-Referenzmodell erfolgt eine vollständige Trennung zwischen Anwendungs- und Kommunikationsfunktionen. Durch die Funktionsschichtung läßt sich die Komplexität der Datenübertragung nach dem Prinzip der schrittweisen Konkretisierung leichter bewältigen. Zudem lassen sich – beispielsweise im Falle technologischer Neuerungen – die Komponenten zur Realisierung einzelner Schichten austauschen, ohne daß die übrigen Schichten davon betroffen werden. Durch die Bereitstellung einheitlicher und standardisierter Schnittstellen am Netzrand ergeben sich Anschlußmöglichkeiten für Endgeräte beliebigen Fabrikats.

Ergänzend zum Entwurf von Kommunikationsmodellen bemüht sich die ISO auch um die Standardisierung von Managementfunktionen in OSI-Systemen. In einem sog. „OSI-Management Framework" werden Funktionsmodelle, Organisationsmodelle und Informationsmodelle entwickelt, die den Netzbetreiber oder den Benutzer bei Planung, Organisation, Überwachung und Steuerung der Kommunikation in offenen Systemen unterstützen sollen (vgl. Rose 1989).

Neben dem Architektur- und Managementmodell für offene Kommunikation werden von der OSI auch anwendungsnahe Standards für den Datenaustausch festgelegt, die auf der Anwendungsschicht des ISO-Modells aufsetzen. Das Datenformat EDIFACT (**E**lectronic **D**ata **I**nterchange **f**or **A**dministration, **C**ommerce and **T**ransport) beispielsweise wurde als internationale Norm verabschiedet und stellt derzeit Datenformate für Fakturierung, Bestellung, Lieferung, Zahlung u. a. bereit. Weiterhin sollen auch Datenformate für die gesamte Auftragsbearbeitung festgelegt und standardisiert werden.

MAP und TOP als Beispiele für herstellerbezogene Kommunikationsprotokolle

Für die Belange der Fertigungsautomation und der Bürokommunikation wurden in den USA Projekte initiiert, die sich mit der Entwicklung von spezifischen Protokollstandards beschäftigen. Unter der Bezeichnung MAP (**M**anufacturing **A**utomation **P**rotocol) wird auf Initiative von General Motors ein Protokollstandard definiert, der die spezifischen Anforderungen einer Kommunikationsinfrastruktur im Fertigungsbereich erfüllt, so daß eine Vielfalt unterschiedlicher Maschinentypen verschiedener Hersteller fertigungstechnisch integriert werden kann. Analog zum MAP-Protokoll für Fertigungsumgebungen werden im Rahmen von TOP (**T**echnical and **O**ffice **P**rotocol) Standards für die Bürokommunikation definiert. Das Projekt zur Entwicklung von TOP wurde von Boeing initiiert. Beide Protokollstandards werden so definiert, daß sie zum OSI-Referenzmodell konsistent sind.

VI. Informationswirtschaft als Integration von technischen und nicht-technischen Aspekten der Information und Kommunikation

Die Spannweite der Informationswirtschaft ist sehr breit. Sie reicht von grundsätzlichen Fragen menschlichen Wissens und zwischenmenschlicher Verständigung über Probleme der Urteilsfindung, der Arbeitsteilung und Organisationsanalyse bis hin zu dem vielschichtigen Feld der Entwicklung und Realisierung der technischen Unterstützungsmöglichkeiten auf Hardware- und Softwareebene. Aus diesen jeweils in sich sehr anspruchsvollen Gebieten konnten nur einige wesentliche Ausschnitte vorgestellt und in einen gemeinsamen Rahmen eingeordnet werden.

Die Vielfalt der fachlichen Anforderungen und die Notwendigkeit ihrer Zusammenschau ist ein Spiegelbild der Problemsituation in der Praxis. Betriebswirtschaftliche Information und Kommunikation darf von den Verantwortlichen weder zu einem rein technischen Problem verengt, noch abstrakt zu einer ausschließlich „sozialen Frage" stilisiert werden. Angesichts der fundamentalen Bedeutung von Information und Kommunikation für die individuelle Arbeitsleistung, für die arbeitsteilige Kooperation und für die unternehmerische Position im Wettbewerb besteht die „Kunst" in der durchdachten Verknüpfung der enormen Potentiale einer sich rasch weiterentwickelnden Informations- und Kommunikationstechnik mit den sozio-ökonomischen Informations- und Kommunikationserfordernissen der Märkte, Abläufe und Menschen. Dies gilt für das Informationsmanagement, verstanden als Funktion und Institution des Führungsbereichs, ebenso wie für die detaillierte Projektarbeit und Anwendungsentwicklung „vor Ort". Nur wenn es angesichts steigender Informationsintensität gelingt, die technischen und die nichttechnischen (ökonomischen und sozialen) Aspekte von Information und Kommunikation interaktiv zu behandeln, können die Chancen der technischen Entwicklung auf diesem Gebiet ausgeschöpft und die Risiken vermindert werden.

Dies stellt an alle Beteiligten in Forschung, Lehre, Studium und Praxis höchste Anforderungen. Natürlich kann sich nicht jeder auf allen Gebieten gleichermaßen vertiefen. Der Betriebswirt wird vor allem die ökonomischen Dimensionen kompetent zu beurteilen haben. Dazu gehören neben den allgemeinen Planungs- und Organisationsfragen auch solide Fundamente der Wirtschaftsinformatik. Er wird sich jedoch auch mit der sozialen und der technischen Dimension ernsthaft vertraut machen müssen, wenn er ein verantwortlicher Partner in der Projekt- und Führungsarbeit der Praxis sein möchte. Angesichts der informationstechnischen Durchdringung aller Ebenen und Funktionen des Unternehmens gilt diese hohe Anforderung heute und in Zukunft nicht nur für den Spezialisten, sondern für jeden Verantwortungsträger.

Kommentiertes Literaturverzeichnis

Als Einführungen zum Themenbereich der Information und Kommunikation im Unternehmen können die Arbeiten von REICHWALD (1990a), PICOT/REICHWALD (1987) und WAHREN (1987) verwendet werden. Zur weiterführenden Auseinandersetzung mit theoretischen Grundlagen der Information und Kommunikation ist das Handbook of Organizational Communication von JABLIN (1987) gut geeignet. Zur Vertiefung informations- und kommunikationstheoretischer Grundlagen können beispielsweise Arbeiten von HABERMAS (1981), WATZLAWICK (1990) und WEIZSÄCKER (1974) verwendet werden.

Zur strategischen Bedeutung und zu den vielfältigen Aufgabenfeldern des Informationsmanagement liefern folgende Beiträge eine gute Übersicht: PICOT (1986a), PICOT (1989), PICOT/FRANCK (1988), PICOT/FRANCK (1991), WOLLNIK (1988), CIBORRA (1987), KIRSCH/KLEIN (1977), PORTER/MILLAR (1985), ROCKART (1979) und HEINRICH/BURGHOLZER (1988b), KRCMAR (1990a).

Eine allgemeine Übersicht zu Grundlagen, Werkzeugen und Methoden der Planung von Informations- und Kommunikationssystemen geben HEINRICH/BURGHOLZER (1987), HEINRICH/BURGHOLZER (1988a), MAIER (1990), ÖSTERLE/GUTZWILLER (1991a, 1991b), ÖSTERLE u. a. (1991).

Technische Aspekte der Datenverarbeitung und der Datenübertragung werden in verschiedenen Einführungen zur Wirtschaftsinformatik behandelt. Hier sind beispielsweise HANSEN (1987), STAHLKNECHT (1989) und FAHRION (1989) zu nennen. MERTENS u. a. (1991) verbinden die Einführung in die Wirtschaftsinformatik mit der Darstellung zahlreicher Anwendungssysteme aus Industrie, Handel und Dienstleistung.

Weiterführende Darstellungen zu anwendungsbezogenen Aspekten von Informationssystemen findet man bei KURBEL/MARTENS/SCHEER (1989), KURBEL/STRUNZ (1990), NASTANSKY (1990), MERTENS/GRIESE (1991), THOME (1990) und SCHEER (1990b).

In den Arbeiten von DATE (1990), SCHLAGETER/STUCKY (1983), MARTIN (1987), WEDEKIND (1981), VETTER (1987), VETTER (1990) und SCHEER (1988) kann der Leser einen fundierten Einblick in die Datenbankthematik erhalten.

Einen guten Überblick über technische Aspekte von Rechnernetzen und Datenkommunikation bieten neben den allgemeinen Einführungen in die Wirtschaftsinformatik besonders die Bücher von FRANCK (1986) und TANNENBAUM (1989). Eine Übersicht von Anwendungsmöglichkeiten sowie technischen und organisatorischen Zusammenhängen neuer Telekommunikationsformen geben BELLMANN (1989), KRALL-

MANN (1987), NIPPA (1988), STRASSBURGER (1990), WITTMANN (1990), REICHWALD (1991 a).

Nachschlagewerke zum Informationsmanagement und zur Wirtschaftsinformatik sind das von KURBEL/STRUNZ (1990) herausgegebene Handbuch der Wirtschaftsinformatik, das von MERTENS (1987) herausgegebene Lexikon der Wirtschaftsinformatik und das von BULLINGER (1991) herausgegebene Handbuch für das Informationsmanagements im Unternehmen.

Fragen und Aufgaben zur Selbstkontrolle und Vertiefung

1. Charakterisieren Sie die Bedeutung und die Aufgaben eines betrieblichen Informations- und Kommunikationssystems.

2. Welche informationswirtschaftlichen Grundfunktionen lassen sich unterscheiden, wenn man das betriebliche Geschehen als komplexes Geflecht von Willensbildungs- und Willensdurchsetzungsprozessen begreift?

3. Welche besondere Stellung nimmt die Informationswirtschaft im System betrieblicher Funktionen ein?

4. Nehmen Sie zu folgender These Stellung: „Information und Kommunikation bildet eine zentrale Voraussetzung für unternehmerisches Handeln."

5. Wie lassen sich Grundtatbestände der Informationswirtschaft anhand der Dimensionen der Semiotik aufzeigen?

6. Systematisieren und vergleichen Sie verschiedene informations- und kommunikationstheoretische Grundmodelle mit Hilfe der Dimensionen der Semiotik.

7. Welche Einschränkungen oder Schwächen weist ein nachrichtentechnisches Kommunikationsmodell aus sozialwissenschaftlicher Sicht auf?

8. Welche Relevanz besitzt das pragmatische Kommunikationsmodell von Watzlawick, Beavin und Jackson für die Gestaltung der betrieblichen Information und Kommunikation?

9. Was versteht man unter originären und derivativen Informationen?

10. Welche grundlegenden Informationsverarbeitungsprozesse lassen sich unterscheiden?

11. Worin liegt das wesentliche Problem der Informationsbewertung?

12. Charakterisieren Sie die wichtigsten Aufgaben und Funktionen des Informationsmanagement.

13. Worin liegen Ursachen für eine zunehmende Bedeutung des Informationsmanagement?

14. Diskutieren Sie aufbauorganisatorische Gestaltungsalternativen für die Informationsmanagementabteilung.

15. Beschreiben Sie die Vorgehensweise bei der Methode der Kritischen Erfolgsfaktoren.

16. Beschreiben Sie die Zusammenhänge zwischen Informationsbedarf, Informationsangebot und Informationsversorgung.

17. Stellen Sie verschiedene Ansätze zur Klassifikation von computergestützten Informations- und Kommunikationssystemen dar.

18. Stellen Sie grundlegende Strukturen (Makrostrukturen) von Informations- und Kommunikationssystemen dar, die sich aus unterschiedlichen Koordinationsformen bzw. aus transaktionskostentheoretisch abgrenzbaren Austauschbeziehungen ableiten lassen.

19. Charakterisieren Sie die Grundstrukturen von Informationssystemen bei hierarchischer und marktlicher Koordination.

20. Welche Teilsysteme lassen sich bei hierarchisch strukturierten Informations- und Kommunikationssystemen unterscheiden?

21. Wodurch sind elektronische Märkte gekennzeichnet? Welche Nutzeneffekte lassen sich durch die Mediatisierung von marktlichen Transaktionen erzielen?

22. Wie lassen sich die Grundstrukturen für Koordinationsformen charakterisieren, die zwischen marktlicher und hierarchischer Koordination liegen?

23. Welches sind die wesentlichen Ausprägungen, Anwendungsformen und Nutzeneffekte des elektronischen Datenaustauschs und der zwischenbetrieblichen Informationsverarbeitung?

24. Wie lassen sich durch zwischenbetriebliche Informationsverarbeitung Wertschöpfungspartnerschaften bzw. strategische Netze unterstützen?

25. Welche Nutzeneffekte lassen sich durch den Einsatz von Group Decision Support Systems (GDSS) erzielen?

26. Welche organisatorischen Gestaltungspotentiale können sich im Zusammenhang mit dem Einsatz von Informations- und Kommunikationssystemen für eine Unternehmung ergeben?

27. Unter welchen Voraussetzungen kann der Einsatz von Informations- und Kommunikationssystemen zu einer Verschiebung effizienter Koordinationsformen führen?

28. Welche personellen Gestaltungspotentiale und welche Qualifikationserfordernisse für Organisationsteilnehmer können sich im Zusammenhang mit der Einführung von neuen Informations- und Kommunikationssystemen ergeben?

29. Welche Kriterien lassen sich für eine Entscheidung zwischen Eigenfertigung und Fremdbezug von Informations- und Kommunikationssystemen heranziehen?

30. Nach welchen Kriterien lassen sich Aufgaben der Erstellung und Betreuung von Informations- und Kommunikationssystemen auf Zentral- und Fachabteilungen verteilen?

31. Beschreiben Sie grundlegende Vorgehensmodelle für die technische Entwicklung von Informations- und Kommunikationssystemen.

32. Stellen Sie die grundlegenden Hardwarekomponenten einer EDV-Anlage dar.

33. Beschreiben Sie Betriebsarten und Nutzungsformen von EDV-Anlagen.

34. Welche Funktionen erfüllt die Systemsoftware von EDV-Anlagen?

35. Nennen Sie typische Problemfelder bzw. Anwendungsgebiete für Expertensysteme.

36. Erklären Sie die Begriffe „Datenfeld", „Datensatz" und „Datei".

37. Was versteht man unter logischer und physischer Datenorganisation?

38. Welche Probleme können bei einer Datenorganisation ohne Datenbanktechnik auftreten?

39. Was versteht man unter einer Datenbank und unter einem Datenbanksystem?

40. Nennen Sie die wichtigsten Funktionen eines Datenbankverwaltungssystems.

41. Was versteht man unter der operationalen und semantischen Integrität einer Datenbank?

42. Beschreiben Sie die Drei-Ebenen-Architektur für Datenbanksysteme.

43. Für den Entwurf von sachlogischen Datenstrukturen lassen sich konstruktive und modellbildende Ansätze unterscheiden. Worin liegt der prinzipielle Unterschied zwischen diesen Ansätzen? Nennen Sie jeweils eine Methode zur Unterstützung dieser Ansätze. Lassen sich diese Ansätze auch gemeinsam verwenden?

44. Welche grundlegenden Konstruktionsoperatoren lassen sich bei den konstruktiven Verfahren zur Datenstrukturierung unterscheiden?

45. Beschreiben Sie die Grundzüge des Entity-Relationship-Modells (ERM). Welche Erweiterungen wurden für das ERM vorgeschlagen und welche Bedeutung besitzen diese Erweiterungen? Welche Konstruktionsoperatoren lassen sich mit dem erweiterten ERM zum Ausdruck bringen?

46. Kann das ERM auch für den Entwurf von unternehmensweiten Datenstrukturen eingesetzt werden? Erläutern Sie Ihre Lösung.

47. Welche grundsätzlichen Vorgehensweisen lassen sich beim Entwurf von unternehmensweiten Datenstrukturen unterscheiden?

48. Auf welchen drei typischen Datenmodellen basieren die derzeit existierenden Datenbanksysteme? Worin liegen die wesentlichen Unterschiede zwischen diesen Datenmodellen?

49. Wie werden in relationalen Datenbanksystemen die Entities und Beziehungen zum Ausdruck gebracht? Welche Eigenschaften lassen sich für eine Relation formulieren? Unterliegen die Tupel und die Attribute einer Relation einer bestimmten Ordnung?

50. Welche mengenorientierten und welche relationalen Operationen lassen sich bei der Datenmanipulation in relationalen Datenbanken grundsätzlich unterscheiden?

51. Welche Funktion erfüllt die Normalformenlehre bei der Datenstrukturierung? Handelt es sich bei der Normalformenlehre um ein Modellierungsverfahren oder um ein Verfahren zur Konstruktion von sachlogischen Datenstrukturen? Für welches Datenmodell wurde die Normalformenlehre entwickelt?

52. Beschreiben Sie den Prozeß der Normalisierung bis zur dritten Normalform anhand eines Beispiels. Beschreiben Sie dabei die Bedingungen für die erste, zweite und dritte Normalform.

53. Nennen Sie die Komponenten von elektronischen Datenübertragungs- und Kommunikationssystemen.

54. Welche Funktionen erfüllt das Transportsystem im Rahmen der Datenübertragung?

55. Welche Transportmedien und welche Übertragungsverfahren lassen sich unterscheiden?

56. Beschreiben Sie die Netztopologien von Datenübertragungssystemen. Welche Netztopologien sind für öffentliche und welche für private (lokale) Netze typisch?

57. Nennen Sie Kommunikationsdienste in öffentlichen Netzen.

58. Beschreiben Sie wichtige Integrationstendenzen bei Netzen, Diensten und Endgeräten im Bereich der öffentlichen Telekommunikation.

59. Worin liegen die besonderen Eigenschaften und Merkmale von lokalen Netzen?

60. Was versteht man unter digitalen Nebenstellenanlagen?

61. Welchen Einfluß haben die jeweiligen Zugriffsverfahren von lokalen Netzen auf den produktiv nutzbaren Kapazitätsanteil der Datenübertragung?

62. Beschreiben Sie wichtige Formen der Standardisierung im Bereich der Datenkommunikation.

63. Welche Funktionsschichtung liegt dem OSI-Referenzmodell zugrunde? Welche Vorteile lassen sich durch diese Funktionsschichtung für die Datenübertragung erzielen?

64. Welche Möglichkeiten zur Kopplung heterogener Rechnernetze lassen sich grundsätzlich realisieren? Wie läßt sich eine Kopplung von privaten Netzen mit öffentlichen Netzen durchführen?

Vierter Teil

Produktionswirtschaft

Von Ralf Reichwald und Bernhard Dietel

Ausgangspunkt des Beitrags waren die Teile „Produktionswirtschaft" von Ralf Reichwald und Dietmar Mrosek sowie „Materialwirtschaft" von Peter Uwe Kupsch und Thomas Lindner aus der 8. Auflage. Die Neubearbeitung dieses Beitrags für die 9. Auflage erfolgte unter Mitarbeit von Michael Rohloff.

I. Aufgabenstellung und Modelle der Produktionswirtschaft

1. Problemstellung und Entscheidungsfeld der Produktionswirtschaft

Begriffssystem

Das charakteristische Merkmal des Industriebetriebes ist die Produktion von Sachgütern. Durch das Zusammenwirken von menschlicher Arbeit, maschinellen Anlagen und Materialressourcen werden in einer Folge von Bearbeitungs-, Montage- und Transportprozessen marktfähige Güter hergestellt. Die Güterproduktion ist die Sachaufgabe des Industriebetriebes. Sie dient der Erreichung der industriebetrieblichen Unternehmensziele.

Im Mittelpunkt aller Aktivitäten der Produktionswirtschaft steht die Planung, Durchführung und Kontrolle der industriellen Leistungserstellung. Dazu gehören auch die Sicherung des Informationsflusses und die Beschaffung der Materialressourcen sowie deren Bereitstellung in allen an der Leistungserstellung beteiligten Teilfunktionen, die sogenannte **produktionswirtschaftliche Logistik.**

Aufgabe der Produktionswirtschaft

Die im Zusammenhang mit dem Leistungserstellungsprozeß in einem Unternehmen anfallenden Tätigkeiten vom Entwurf über die Herstellung bis zum Vertrieb von Produkten lassen sich in einer übergeordneten Leistungskette darstellen (vgl. Abbildung 4.1).

Leistungskette

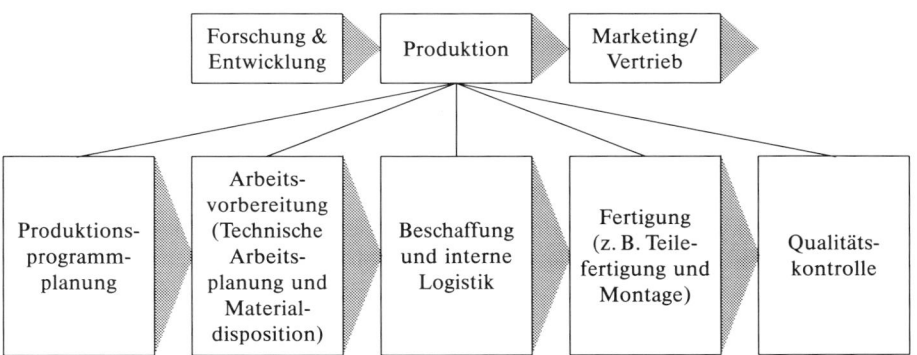

Abbildung 4.1: Die Leistungskette der industriebetrieblichen Wertschöpfung

Produktion – verstanden als der Entstehungsprozeß von industriellen Produkten – kann wiederum als Leistungskette dargestellt werden. Sie umfaßt nach dieser Betrachtung alle Teilbereiche des Industriebetriebes, die unmittelbar an der Leistungserstellung beteiligt sind (vgl. Frese/Noetel 1990, Hahn/Laßmann 1990, Wiendahl 1989). Dies sind in Anlehnung an das in Abbildung 4.1 skizzierte Modell der Leistungskette die Bereiche:

Bestandteile der produktionswirtschaftlichen Leistungskette

399

Produktionsprogrammplanung: Bei der Produktionsprogrammplanung werden die zu produzierenden Erzeugnisse nach Art, Menge und Zeitpunkt festgelegt. Welche Erzeugnisse zu produzieren sind, wird vor dem Hintergrund der Unternehmensstrategie über konkret vorliegende Kundenaufträge bzw. über Prognosewerte zukünftiger Absatzerwartungen bestimmt.

Arbeitsvorbereitung: Zur Arbeitsvorbereitung gehören alle mit der Planung des Produktionsprozesses zusammenhängenden Tätigkeiten wie Arbeitsplanung, Materialdisposition und Betriebsmittelplanung (Eversheim 1980).

Beschaffung und interne Logistik: Die Funktionen der Beschaffung und der internen Logistik umfassen alle Tätigkeiten in Zusammenhang mit Einkauf, Lagerhaltung (einschließlich Bestandskontrolle) und Distribution von Materialien (Vor- und Zwischenprodukte) für den internen Leistungserstellungsprozeß (manchmal auch als Produktionslogistik bezeichnet). Sämtliche Transport-, Lager- und Umschlagvorgänge im Realgüterbereich zwischen Lieferanten und einem Betrieb sowie zwischen dem Betrieb und seinen Abnehmern zählen zum Bereich der **externen Logistik.**

Fertigung: Unter den Begriff der Fertigung fallen alle Tätigkeiten der Leistungserstellung. Je nach Branche gehören unterschiedliche Teilaktivitäten dazu, z. B. im Maschinenbau die Teilefertigung und Montage oder in der chemischen Industrie verschiedene Reaktionsvorgänge.

Qualitätskontrolle: Die Qualitätskontrolle beinhaltet die Prüfung der Produktqualität, die Kontrolle von ausschußbedingten Fehlmengen sowie vorbeugende Maßnahmen zur Qualitätssicherung.

Durchgängigkeit der industriellen Wertschöpfung

Nur wenn alle an der Leistungserstellung beteiligten Bereiche eines Industriebetriebes gleichermaßen in die produktionswirtschaftliche Planung, Steuerung und Kontrolle einbezogen werden, kann die Durchgängigkeit der industriellen Wertschöpfung von der Auftragsannahme bis zur Qualitätskontrolle gewährleistet sein. Wesentlich ist in diesem Zusammenhang auch die Durchgängigkeit des Informationsflusses und der Informationsversorgung zwischen den einzelnen Teilbereichen der Produktionswirtschaft sowie an den Schnittstellen der Produktionswirtschaft zu den übrigen Unternehmensbereichen. Schnittstellen ergeben sich insbesondere zu den Bereichen Forschung und Entwicklung (vgl. Teil 8) sowie Marketing und Vertrieb (vgl. Teil 5). Das Management dieser Interdependenzen ist von großer Wichtigkeit für den Gesamterfolg einer Unternehmung (vgl. Brockhoff 1989a, Reichwald/Schmelzer 1990, Scheer 1990c).

Produktionswirtschaftliche Aufgaben

Zur Beschreibung der produktionswirtschaftlichen Aufgaben und der zugehörigen Aktivitäten ist eine Abgrenzung zwischen den Begriffen Produktionsplanung, Produktionssteuerung und Produktionskontrolle vorzunehmen.

Produktionsplanung bedeutet in Anlehnung an Frese die zielorientierte Gestaltung des Produktionsfaktoreinsatzes in der Weise, daß die Realisierung des industriellen Leistungsprogramms zum Zwecke der Erreichung der Unternehmensziele gedanklich vorweggenommen wird (Frese/Noetel, 1990).

400

Die **Produktionssteuerung** vollzieht die Realisierung des Produktionsplans als Prozeß der Leistungserstellung. Darüber hinaus soll die Produktionssteuerung bei Abweichungen vom Produktionsplan Korrekturmaßnahmen einleiten.

Im Rahmen der **Produktionskontrolle** werden die Ergebnisse der Produktionsplanung (Soll-Werte) mit den Ergebnissen der industriellen Leistungserstellung (Ist-Werte) verglichen.

Beschreibungsmodell des produktionswirtschaftlichen Entscheidungsfeldes

Zur Verdeutlichung der Aufgabenstellungen kann das produktionswirtschaftliche Entscheidungsfeld in einer vereinfachenden, analytischen Systematik auf zwei Ebenen beschrieben werden (vgl. Abbildung 4.2):
- **Strukturentscheidungen**
- **Produktionsplanung und -steuerung (Prozeßentscheidungen).**

Ebenen des produktions-wirtschaft-lichen Ent-scheidungs-feldes

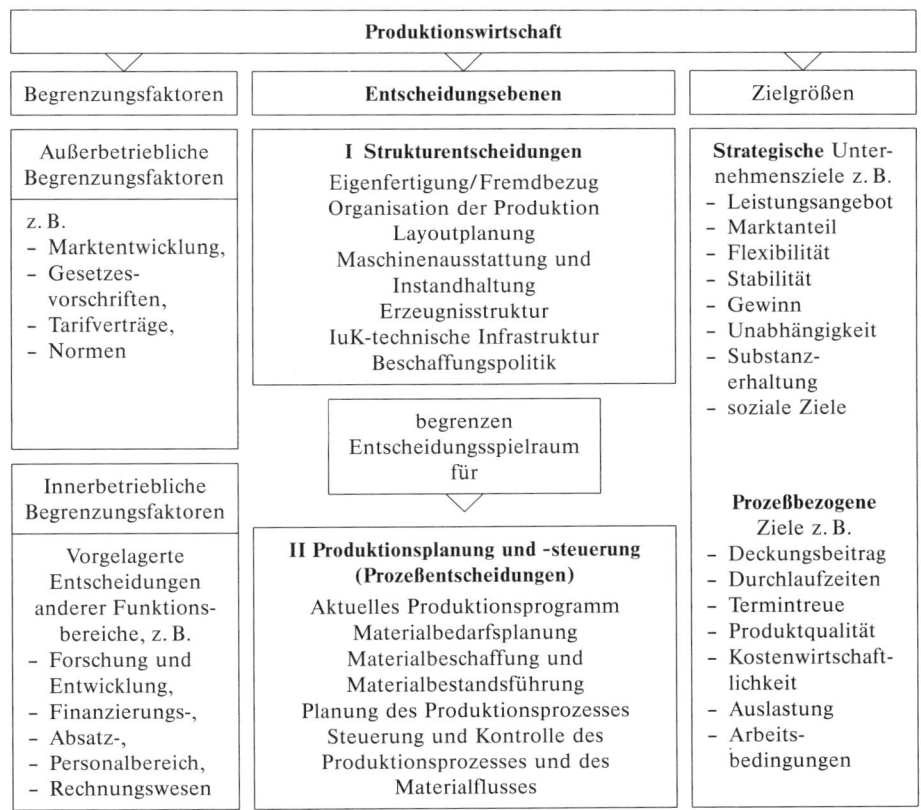

Abbildung 4.2: Das produktionswirtschaftliche Entscheidungsfeld

Strukturent-scheidungen	Struktur und Prozeß bestimmen letztlich die Leistung eines Systems. **Strukturent-scheidungen** (Ebene I) betreffen in der Produktionswirtschaft z. B. den Bau einer Fertigungsstätte, den Standort der Produktionsaggregate, die Organisation der Produktion, die informations- und kommunikationstechnische Infrastruktur sowie die Maschinenausstattung, die Arbeitsorganisation, die Erzeugnisstruktur und die vertikale Integration. Sie haben eher langfristigen Charakter und bestimmen die Produktionskapazität. Deshalb sind sie den Prozeßentscheidungen der Ebene II vorgelagert. Strukturentscheidungen begrenzen den Spielraum für produktionswirtschaftliche Prozesse. Sie determinieren das **potentielle Produktionsprogramm,** welches das grundsätzlich realisierbare Leistungsspektrum einer Unternehmung aufzeigt.
Produktions-planung und -steuerung	Ausgangspunkt aller Entscheidungen zur Produktionsplanung und -steuerung (Prozeßentscheidungen) ist das **aktuelle Produktionsprogramm.** Es beschreibt die artmäßige, mengenmäßige und zeitliche Zusammensetzung des Produktionsprogramms einer Periode und bildet die Vorgabe für die weiteren Prozeßentscheidungen der Ebene II (Materialbedarfsplanung und Materialbeschaffung, Prozeßplanung, -steuerung und -kontrolle). **Entscheidungen des Produktionsprozesses** umfassen alle Entscheidungstatbestände, die eine Realisierung des aktuellen Produktionsprogramms bei gegebener Ausstattung zum Inhalt haben.
Produktions-wirtschaft-liches Zielsystem	Die Gestaltung der Produktionswirtschaft richtet sich an zwei Zielgruppen aus: Ökonomische Ziele und Sozialziele. Ökonomische Ziele wie z. B. Gewinnstreben, fertigungstechnische Flexibilität, Unabhängigkeit oder Substanzerhaltung (vgl. Abbildung 4.2) müssen auf der Prozeßebene im Rahmen der Produktionsplanung und -steuerung weiter operationalisiert werden.
Soziale Ziele	**Soziale Ziele** leiten sich aus den Bedürfnissen der Arbeitnehmer ab. Sie beziehen sich auf die grundsätzlichen Einstellungen der Mitarbeiter aller Hierarchieebenen zueinander sowie auf die persönliche Entfaltung des Menschen am Arbeitsplatz. Beispiele für soziale Ziele sind die Sicherheit am Arbeitsplatz, die Qualität der Arbeitsbedingungen, der Arbeitsinhalt oder die Qualifizierung durch die Arbeit (vgl. Teil 6).
Ziel-beziehungen	Die gleichzeitige Verwirklichung ökonomischer **und** sozialer Ziele ist nicht immer möglich, da zwischen einzelnen Zielsetzungen Konkurrenzbeziehungen bestehen können (vgl. Teil 1, S. 14 f.). Das gilt teilweise auch innerhalb der ökonomischen Ziele. So erfordern z. B. hohe Kapazitätsauslastung und Termintreue eine möglichst gleichförmige Abwicklung des Fertigungsprozesses in großen Serien. Große Serien können am Arbeitsplatz zu Monotonie und hoher Belastung führen. Abwechslungsreiche Arbeitsgestaltung kann aber auch in Konkurrenz zur kostengünstigen Auslastung der maschinellen Anlagen stehen. **Die Gestaltung der Produktionswirtschaft bewegt sich deshalb im Bereich der Zielkompromisse zwischen langfristigen und kurzfristigen, zwischen sozialen und ökonomischen Zielen** (Heinen 1985a).

402

Interdependenzen zwischen den Entscheidungsebenen

Die Struktur einer Produktionswirtschaft, Produktionsprogramm und Produktionsprozeß stehen in engem Zusammenhang. Allgemein gilt, daß die Organisationsstruktur den organisatorischen Ablauf bestimmt und umgekehrt. In der Organisationslehre wird betont, daß Strukturierung und Ablaufgestaltung zwei Seiten eines
identischen Gestaltungsobjekts ausmachen (z. B. Picot 1990a). Beide Seiten richten
sich an der Sachaufgabe aus, der die Organisationsgestaltung als Mittel zum Zweck
dient. In der industriellen Produktionswirtschaft ist die Sachaufgabe das Produk-
tions- bzw. Leistungsprogramm. Leistungsprogramm und Marktbezug bestimmen
also sowohl Strukturentscheidungen als auch die Entscheidungen zur Produktionsplanung und -steuerung (Frese 1989).

Liegt die Struktur für die industrielle Leistungserstellung jedoch fest (z. B. bei einem
bestehenden Industriebetrieb), so begrenzt sie die Freiheitsgrade bei den Entscheidungen über das aktuelle Produktionsprogramm. Ebenso begrenzt die Festlegung des
aktuellen Produktionsprogramms einer Periode die Freiheitsgrade des Produktionsprozesses.

Die einzelnen Entscheidungstatbestände auf den zwei Ebenen des produktionswirtschaftlichen Entscheidungsfeldes sind also nicht nur einseitig sondern auch wechselseitig voneinander abhängig. Für eine systematische Beschreibung der Aufgabenstellungen der Produktionswirtschaft ist die analytische Betrachtung der Entscheidungsebenen und der auf jeder Ebene gegebenen Entscheidungstatbestände dennoch
hilfreich. So ist z. B. die Frage von Bedeutung, welche Einflußfaktoren, die das
produktionswirtschaftliche Entscheidungsfeld determinieren, für den jeweiligen Entscheidungsträger als beeinflußbar (Entscheidungsparameter) und welche Faktoren
als unbeeinflußbar (Daten bzw. Entscheidungsvorgaben) anzusehen sind. Die Zusammenhänge der industriellen Produktionswirtschaft werden noch komplexer,
wenn berücksichtigt wird, daß Entscheidungen anderer Funktionsbereiche des Industriebetriebes den Spielraum der Produktionswirtschaft weiter einschränken und
beeinflussen. So müssen z. B. bei der Planung der betrieblichen Ausstattung Überlegungen zur Unternehmensstrategie und zur Absatzplanung ebenso einbezogen
werden wie die Finanz- und Investitionsplanung. Im Rahmen der Festlegung des
aktuellen Produktionsprogramms stellt sich häufig erst heraus, daß eine Investition
zur Erweiterung der Anlagenkapazität notwendig und wirtschaftlich auch zu rechtfertigen ist.

Analytische Trennung der Entschei-dungsebenen

Das folgende Beispiel soll die wechselseitigen Zusammenhänge der Entscheidungstatbestände über die Ebenen des produktionswirtschaftlichen Entscheidungsfeldes
verdeutlichen. Als Beispiel sei der Fall der Planung einer neuen Fabrikanlage gewählt.
Aus der strategischen Planung wird vorgegeben, welche Produkte für welche Märkte
herzustellen sind. Aus Marktanalysen läßt sich ableiten, mit welchen Absatzmengen
langfristig auf den Märkten zu rechnen ist. Vor der Planung des Produktionsprozesses
und der erforderlichen Produktionspotentiale müssen weitere Strukturentscheidungen getroffen werden, z. B. Entscheidungen über die Eigenfertigung und den Fremd-

Interdepen-denzen inner-halb des Ent-scheidungs-feldes

bezug von Produktteilen und -komponenten, über die Produktbreite (Variantenvielfalt) oder über die Produktstandardisierung. Bestehen konkrete Vorstellungen über die Beziehung zum Markt (z. B. Produktion nach Kundenauftrag oder Produktion für einen anonymen Markt), so kann entschieden werden, welche maschinellen Anlagen zur Herstellung des Produktes notwendig sind, wie die Ausstattung organisiert wird (z. B. Werkstattfertigung oder Fließfertigung) und wie das Fabrikgelände zu gestalten ist. Aus der Sicht der Produktionswirtschaft werden diese Überlegungen von der Investitions- und Finanzplanung begleitet. Prognosen über den zu erwartenden Absatz der ersten Produktionsperiode und die zur Verfügung stehenden Kapazitäten bilden die Voraussetzungen für die Festlegung des aktuellen Produktionsprogramms dieser Periode nach Qualität, Menge und zeitlicher Verteilung.

In der Prozeßplanung muß die Realisierbarkeit des aktuellen Produktionsprogramms im Detail (Losgröße, Durchlaufterminierung, Maschinenbelegung) geplant werden. Ergibt sich, daß an einzelnen Potentialfaktoren trotz möglicher Anpassungsmaßnahmen einen Engpaß besteht, so sind Strukturentscheidungen (z. B. über die Maschinenausstattung oder den Fremdbezug von Bauteilen) sowie Prozeßentscheidungen einer Revision zu unterziehen. Die Investitions- und Finanzplanung muß diese Revisionen begleiten. Aus der Gesamtsicht dieser Zusammenhänge ergeben sich die „endgültige" Strukturplanung sowie das aktuelle Produktionsprogramm und die Prozeßplanung. Sollte sich zeigen, daß bestimmte Aufträge unter den neuen Programm- und Kapazitätsvoraussetzungen immer noch nicht termingerecht abzuwickeln sind, kann dies zu neuen Anpassungsmaßnahmen führen. Eine Revision mit allen Wechselwirkungen zwischen den Entscheidungsebenen wird wiederum notwendig.

Dieses Beispiel zeigt deutlich die **gegenseitige Beeinflussung von Strukturentscheidungen und Prozeßentscheidungen.** Die häufig diskutierte Fragestellung, inwieweit das Produktionsprogramm die Struktur der Fabrik oder die Struktur der Fabrik das Produktionsprogramm festlegen, kann nach diesem Beispiel nicht eindeutig beantwortet werden.

Drei Produktionstypen

Merkmale der Produktionsaufgabe

Die Eigenarten der Aufgabe bestimmen weitgehend die konkrete Ausgestaltung der organisatorischen Prozesse und Strukturen (vgl. z. B. Perrow 1970, Picot 1990a). In neuerer Zeit wird diese allgemeine Erkenntnis auch für die Gestaltung des produktionswirtschaftlichen Entscheidungsfeldes angewandt. Charakteristische Merkmale, die die Aufgabensituation beschreiben, sind Ausgangspunkt für die produktionswirtschaftlichen Entscheidungen (vgl. Frese 1989, Frese/Noetel 1990, Picot/Reichwald/Nippa 1988, Schomburg 1980, Zäpfel 1989a). Diese produktionswirtschaftlichen Aufgabenmerkmale leiten sich vor allem aus den Besonderheiten des Leistungsangebots und aus der Art des Marktbezugs ab. **Als dominierende Merkmale für die Bestimmung der Produktionsaufgaben werden deren Komplexität und Variabilität betrachtet.** Ihre Ausprägungen bestimmen wesentliche Anforderungen an eine situationsgerechte Gestaltung der Produktionswirtschaft. Die Komplexität der Produktionsaufgabe wird wesentlich beeinflußt durch das Produktionsprogramm, die Variabilität durch den Marktbezug eines Industriebetriebes. Abbildung 4.4 verdeutlicht die situative Betrachtung (zu den Aufgabenmerkmalen vergleiche Teil 1 und Teil 8; vgl. auch Picot 1990a, Reichwald 1984, Reichwald/Schmelzer 1990).

Die Komplexität der Aufgabe beschreibt die Anzahl, Verschiedenartigkeit und Interdependenz der zu verknüpfenden Teilaufgaben bzw. Aufgabenelemente. Neben der Komplexität werden auch Merkmale wie Strukturiertheit, Spezifität, Analysierbarkeit zur Aufgabenbeschreibung gebraucht. Teils hängen sie mit der Komplexität eng zusammen, teils betonen sie andere Aspekte. Aus Vereinfachungsgründen konzentriert sich die folgende Betrachtung jedoch auf die Dimension der Komplexität.

Komplexität

Die Variabilität der Aufgabe kennzeichnet die Anzahl und Vorhersehbarkeit von Veränderungen der Anforderungen, die an die Erfüllung der Produktionsaufgabe zu stellen sind. Derartige Änderungen können sich auf Mengen, Termine, Qualitäten oder Werte beziehen. **Die Spannweite der Variationen und die Unregelmäßigkeit ihres Auftretens prägen den Variabilitätsgrad.** Andere Bezeichnungen, die mit dem Merkmal der Variabilität eng zusammenhängen, sind z. B. Dynamik, Veränderlichkeit, Unsicherheit.

Variabilität

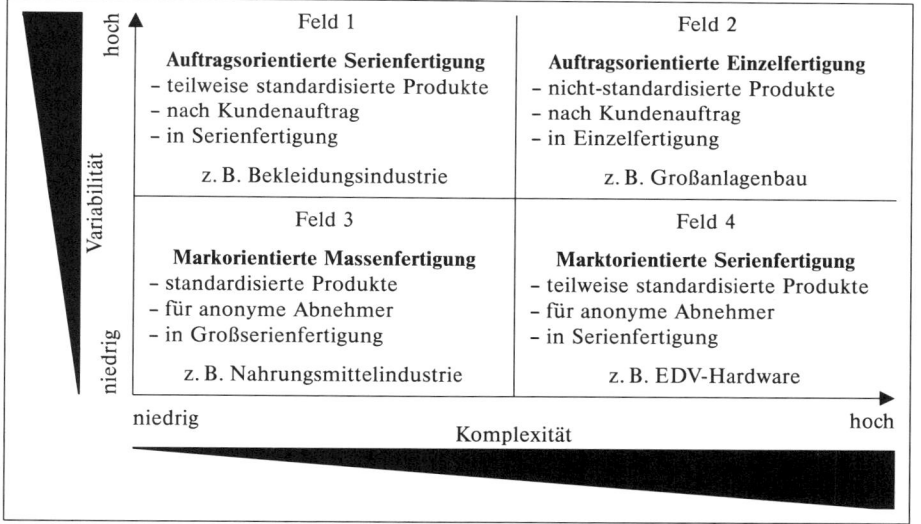

Abbildung 4.3: Produktionswirtschaftliche Aufgabenfelder

Kombiniert man die Merkmale Komplexität und Variabilität zu einer vereinfachten produktionswirtschaftlichen Situationsbeschreibung, so ergeben sich vier Felder mit unterschiedlichen Merkmalsausprägungen (vgl. Abbildung 4.3). Während Feld 2 eine Produktionssituation zeigt, die z. B. für die Schwerindustrie im Investitionsgüterbereich (hohe Komplexität und hohe Veränderlichkeit des Leistungsprogramms)

Produktionswirtschaftliche Aufgabenfelder

typisch ist, repräsentiert Feld 3 eine Produktionssituation der Konsumgüterindustrie mit Massenartikeln (geringe Komplexität und geringe Veränderlichkeit des Leistungsprogramms). Die Felder 1 und 4 zeigen Mischformen.

Je nach Aufgabenfeld ergeben sich unterschiedliche Anforderungen an die Informations- und Organisationsstrukturen sowie an die Methoden der Produktionsplanung, -steuerung und -kontrolle. Dies resultiert aus dem unterschiedlichen Informationsbedarf, den Kommunikations- und Abstimmungserfordernissen und damit aus der Unterschiedlichkeit der Planungssituation (Zäpfel 1989a, Reichwald 1990a). Die Abbildung 4.4. faßt diese Abhängigkeiten zusammen. Auf einzelne Begriffe dieser Darstellung wird in Abschnitt II und III näher eingegangen.

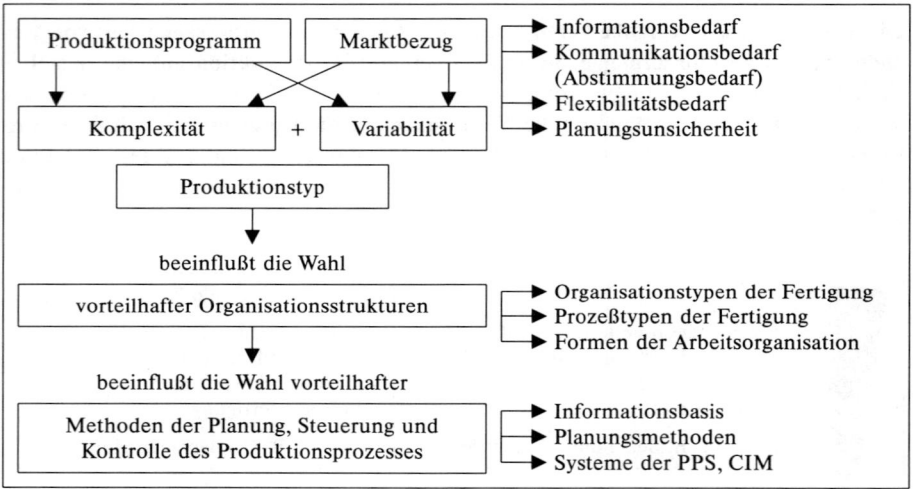

Abbildung 4.4: Zusammenhang zwischen Produktionstyp und Entscheidungsfeld

Produktions-
typen

Vereinfachend sollen nun aus den vier Grundsituationen der Abbildung 4.3 sowie aus den Überlegungen der Abbildung 4.4 drei Produktionstpyen gebildet werden, deren Anforderung an die Planungssituation und die Organisationslösung in Abbildung 4.5 verdeutlicht werden (vgl. Picot/Reichwald 1987, Nippa/Reichwald 1990).

Auftrags-
orientierte
Einzel-
fertigung

Die **auftragsorientierte Einzelfertigung (Typ 1)** zeichnet sich dadurch aus, daß Individualprodukte hergestellt werden. Die Festlegung der Eigenschaften des Produktes erfolgt durch den Kunden und in enger Abstimmung mit diesem. Industriebetriebe mit auftragsorientierter Einzelfertigung sehen sich mit einer unsicheren Planungssituation konfrontiert. Ihre Stellung im Wettbewerb wird durch die Fähigkeit bestimmt, im Rahmen einer Produktdifferenzierung möglichst umfassend und schnell auf Kundenwünsche eingehen zu können.

406

Produktionstyp	Typ I Auftragsorientierte Einzelfertigung	Typ II Gemischte Serienfertigung	Typ III Marktorientierte Massenfertigung
Informationsbedarf	Sehr hoch	Mittel	Niedrig
Flexibilitätsbedarf	Sehr hoch	Mittel	Niedrig
Abstimmungs-/ Kooperationsbedarf	Sehr hoch	Mittel	Niedrig
Planungsunsicherheit	Sehr hoch	Mittel	Niedrig

Abbildung 4.5: Drei Produktionstypen und ihre Merkmale

In der industriellen Praxis ist eine **zunehmende Tendenz zur kundenorientierten Einzelfertigung** insbesondere im Maschinenbau, in der Elektrotechnik und im Anlagenbau erkennbar. Die intensive Interaktion zwischen Industriebetrieb und Markt verursacht einen hohen Flexibilitätsbedarf in allen Bereichen der industriellen Leistungserstellung. Verschärft wird diese Tendenz unter anderem durch den wachsenden Einfluß der Informationstechnik als Wettbewerbsfaktor (vgl. Teil 3, S. 265 ff.).

Der Produktionstyp der **marktorientierten Massenfertigung (Typ 3)** ist durch eine stabile Planungssituation gekennzeichnet. Produktionsprogramm und Produktionsprozeß sind mit niedrigerem Flexibilitäts- und Abstimmungsbedarf zwischen Produktion und Markt verbunden; deshalb lassen sich kostengünstige Standardisierungsprozesse bei der Leistungserstellung anwenden. Differenzierungsaspekte spielen eine nachgeordnete Rolle. Die Festlegung der Produktmerkmale orientiert sich an den allgemeinen Bedürfnissen eines anonymen Marktes.

Marktorientierte Massenfertigung

Der Produktionstyp der **gemischten Serienfertigung (Typ 2)** ist als Mischform der beiden vorher beschriebenen Produktionstypen zu betrachten. Der Mischtyp umfaßt die beiden Grundsituationen der Aufgabenfelder 1 (auftragsorientierte Serienfertigung) und 4 (marktorientierte Serienfertigung). Komplexität und Variabilität können sich sowohl auf Teile des Produktionsprozesses als auch auf Teile des Produktionsprogrammes beziehen. Deshalb ist dieser Produktionstyp durch mittlere Planungsunsicherheit gekennzeichnet.

Gemischte Serienfertigung

Die drei abgeleiteten Produktionstypen (vgl. Abbildung 4.5) **sind als Idealtpyen zu verstehen**, d. h. sie vereinfachen die Wirklichkeit, wie dies für Modellbetrachtungen unerläßlich ist. Die Reduzierung auf drei Typen kann der betrieblichen Praxis in ihrer Vielfalt nicht gerecht werden. Gleichwohl stellt diese typologische Betrachtung sicher, daß der Blick für die Notwendigkeit einer aufgabenbezogenen Gestaltung von

Lösungsansätzen für die Ebenen der Strukturentscheidungen und der Produktionsplanung und -steuerung (Prozeßentscheidungen) geschärft wird.

Nach Klärung der prinzipiellen Problemstellung der Produktionswirtschaft sind im folgenden die produktiven Prozesse modellhaft zu analysieren und zu erklären. Dabei muß auf die neueren Ansätze der Produktionstheorie eingegangen werden.

2. Modelle der Produktionswirtschaft

Produktions-
wirtschaft
und Produk-
tionstheorie

Die betriebswirtschaftliche Produktionstheorie betrachtet den Bereich der Leistungserstellung von jeher als ihr zentrales Erkenntnisobjekt. Im Rahmen dieser betriebswirtschaftlichen Teiltheorie wurden Input-Output-Modelle mit dem Ziel entwickelt, die produktionswirtschaftlichen Freiheitsgrade zu systematisieren und die Zusammenhänge zwischen dem Einsatz an Produktionsfaktoren und dem Produktionsergebnis in Form von **Erklärungsmodellen** aufzuzeigen. Die neueren Ansätze produktionstheoretischer Forschung sind geeignet, die Systematisierungs- und Erklärungsaufgabe der industriellen Produktionswirtschaft weitgehend zu erfüllen. Sie sind zugleich gedankliche Grundlage für anwendungsbezogene Systeme der Produktionsplanung und -steuerung und deshalb im folgenden überblicksartig darzustellen. Für die Gestaltungsaufgabe einzelner Bereiche der Produktionswirtschaft stehen vor allem die **Entscheidungsmodelle** aus dem Bereich der Unternehmensforschung (Operations Research) zur Verfügung (vgl. z. B. Chmielewitz 1979, Churchman/Arnoff 1971, Hansmann 1987, Kern 1990, Krcmar 1983, Reese 1980, Zimmermann 1988). Auf einige dieser Modelle wird im Abschnitt II näher eingegangen.

a) Allgemeines Input-Output-Modell

Die betriebliche Leistungserstellung läßt sich als ein Kombinationsprozeß von Produktionsfaktoren auffassen (vgl. Teil 1, S. 3 u. 44 ff.). Sie erfolgt durch die Kombination von Betriebsmitteln, menschlicher Arbeitsleistung und Werkstoffen (vgl. Abbildung 4.6).

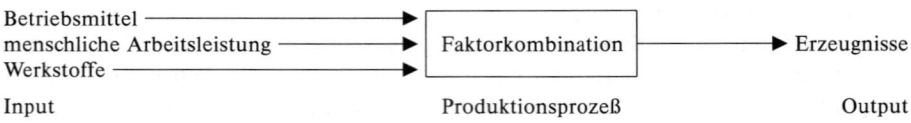

Abbildung 4.6: Allgemeines Input-Output-Modell

Die für die Produktion benötigten Einsatzgüter werden als „**Produktionsfaktoren**" oder „**Input-Güter**", die erzeugten Güter als „**Produktionsleistung**" oder „**Output-Güter**" und der Produktionsvorgang selbst als „**Transformations- oder Produktionsprozeß**" bezeichnet.

408

Produktionsfaktoren

Zu den industriellen Input-Gütern gehören Grundstücke, Fabrikationsstätten, Verwaltungsgebäude und maschinelle Anlagen. Hinzu kommen Rohstoffe und Vorprodukte, Umweltgüter (z. B. Luft, Wasser), Energiestoffe sowie die regionale Infrastruktur, die einen Industriebetrieb mit seiner Umwelt verbindet.

Faktorarten

Nicht alle aufgezählten Input-Güter werden üblicherweise in der Betriebswirtschaftslehre zu den Produktionsfaktoren gerechnet. **Produktionsfaktoren in produktionstheoretischer Sicht sind lediglich Betriebsmittel (Fabrikgelände, Maschinen, Werkzeuge), menschliche Arbeitsleistungen und Werkstoffe (Roh-, Hilfs- und Betriebsstoffe). Information als Produktionsfaktor** wird meistens nicht explizit berücksichtigt, obwohl die Bedeutung der Information ständig zunimmt (vgl. Teil 3 sowie Abschnitt II und III). Bei den restlichen Input-Gütern handelt es sich um **externe Faktoren** (z. B. Infrastruktur, Luft). Durch ihren Verzehr entstehen Kosten, die zum Teil auf die gesellschaftliche Umwelt überwälzt werden können **(soziale Kosten)**. Sollen die sozialen Kosten möglichst gering gehalten werden, muß auch der Verzehr externer Faktoren bei produktionswirtschaftlichen Entscheidungen berücksichtigt werden (vgl. z. B. Heinen/Picot 1974, Picot 1977a).

Information als Produktionsfaktor

Externe Faktoren

Soziale Kosten

Die Produktionstheorie unterscheidet im allgemeinen zwei Kategorien von Produktionsfaktoren: **Repetierfaktoren** (z. B. Roh-, Hilfs- und Betriebsstoffe) **gehen materiell in das Produkt ein und müssen in relativ kurzen Abständen neu beschafft werden.** Sie sind weitgehend teilbar. Potentialfaktoren (z. B. Fabrikgebäude, Produktionsanlagen) sind dagegen nicht beliebig teilbar. **Potentialfaktoren stehen dem Industriebetrieb über lange Zeiträume zur Verfügung, d. h. sie verkörpern ein Nutzungspotential**, das nicht durch einmalige Inanspruchnahme, sondern erst durch wiederholten Einsatz „verzehrt" wird.

Repetierfaktoren

Potentialfaktoren

Unter den Input-Faktoren nimmt die **menschliche Arbeitsleistung** eine besondere Stellung ein (Reichwald 1977). Sie wird in vielfältiger Form eingesetzt. Zu unterscheiden sind insbesondere ausführende, am Produktionsobjekt orientierte Arbeiten (z. B. Maschinenbedienung) und Tätigkeiten dispositiver Natur. Letztere dienen der Planung, Organisation und Kontrolle von Faktoreinsatz und Faktorkombination.

Arbeit als Produktionsfaktor

Produktionsleistung

Als industrielle Produktionsleistungen werden typischerweise Güter mit Sachcharakter bezeichnet. Immaterielle Güter bzw. Dienstleistungen wurden in der Vergangenheit als weniger industriespezifisch angesehen. **Industrieprodukte entwickeln sich jedoch mehr und mehr zu Leistungsbündeln.** Dies gilt praktisch in allen Zweigen der Industrie, besonders hervorstechend aber für den Industriezweig „Informationstechnik". Das Leistungsbündel besteht hier aus drei Komponenten: dem physischen System (Maschinenteil, Hardware), dem Programmteil (Software) sowie der Unterstützung des Abnehmers bei der Implementierung, Inbetriebnahme und Wartung des Systems

Output als Leistungsbündel

(Service). Im Bereich der industriellen Produktion geht der materielle Anteil gegenüber dem immateriellen Anteil (Dienstleistung, Information, Software) zurück. **Die Abgrenzung der Industrieprodukte von den Produkten der Dienstleistungsbranche wird dadurch zunehmend unschärfer.**

Transformationsprozeß

Technische Determiniertheit der Produktion

Im Transformations- bzw. Produktionsprozeß werden durch den kombinierten Einsatz der Produktionsfaktoren die Produktionsleistungen des Industriebetriebs erstellt. Das Produktionsgeschehen kann nach dem Grad der technologischen Determiniertheit des Fertigungsablaufs näher beschrieben werden. **In Abhängigkeit von der Ausstattung mit Fertigungs- und Informationstechnologie können die Freiheitsgrade des Ablaufs eines Transformationsprozesses sehr unterschiedlich sein.**

Werden zur Verbesserung der Produktivität der menschlichen Arbeitskraft technische Werkzeuge oder sonstige mechanische Arbeitsmittel eingesetzt, so spricht man von **mechanisierter Produktion.** Der Beeinflussungsgrad des Produktionsablaufes durch den Menschen ist hier noch sehr hoch. Wird im Produktionsvollzug ein wesentlicher Teil der menschlichen Arbeitsleistung durch maschinelle Arbeit ersetzt (z. B. Fließbandfertigung), so wird dies als **maschinelle Produktion** bezeichnet. Der Beeinflussungsgrad ist in diesem Fall begrenzt. Von **automatisierter** oder **teilautomatisierter Produktion** wird gesprochen, wenn auch die Maschinenbedienung und -überwachung durch technische Steuerungs- und Regeleinheiten erfolgt (zu weiteren Einzelheiten vgl. Abschnitt III). Der gesamte Produktionsprozeß oder zumindest Teilprozesse desselben laufen dann nach einem vorher festgelegten Programm ab. Sie werden elektronisch gesteuert, überwacht und gegebenenfalls auch (im Falle von Soll-Ist-Abweichungen) automatisch korrigiert. Der Mensch überwacht die Steuerungs- und Regelsysteme und entscheidet über Programmänderungen. Der Produktionsablauf ist (programmabhängig) vollständig technisch determiniert. Einzeleingriffe sind im Regelfall ausgeschlossen.

Ziel produktionstheoretischer Modelle

Ziel produktionstheoretischer Modelle ist die Erklärung der Zusammenhänge zwischen dem Mengeneinsatz an Produktionsfaktoren und dem Produktionsergebnis. Die Produktionstheorie versucht zu erklären, in welcher Weise bestimmte Variablen auf das Produktionsergebnis einwirken. In dem Bemühen, das Produktionsgeschehen in dieser Weise zu analysieren, werden **Gesetzeshypothesen über die betrieblichen Input-Output-Zusammenhänge** formuliert. Dabei beschränkt sich die Produktionstheorie auf Mengenbeziehungen, die in mathematisch formulierten **Produktionsfunktionen** darstellbar sind. Die Produktionsfunktion ist deshalb der Zentralbegriff der betriebswirtschaftlichen Produktionstheorie (z. B. Busse von Colbe/Laßmann 1988, Dellmann 1980, Ellinger/Haupt 1982, Kistner 1981, Kloock 1989a, Küpper 1980, Lücke 1970, Pressmar 1979, Schweitzer/Küpper 1974, Stöppler 1975).

Es muß betont werden, daß Produktionsfunktionen stets von einer gegebenen Ausstattung und einem vorgegebenen Produktionsprogramm ausgehen. Somit erfolgt die Modellbetrachtung ausschließlich auf der Ebene von Prozeßentscheidungen.

410

Die allgemeine Produktionsfunktion, die das Zustandekommen des Produktionsoutputs (abhängige Variable) als Funktionalzusammenhang – im Sinne des mathematischen Funktionsbegriffs – durch Mengenkombinationen der Produktionsfaktoren (unabhängige Variable) erklärt, kann in outputbezogener Form wie folgt geschrieben werden:

Output-bezogene Produktionsfunktion

(4.1) $x_h = f_h (r_1, r_2, \ldots, r_n)$ $[h = 1, 2 \ldots q]$

Dabei werden die Symbole $(x_1, x_2, \ldots, x_q)$ als die Mengen q verschiedener Absatzgüter, die Symbole $(r_1, r_2, \ldots, r_n)$ als die Einsatzmengen n verschiedener Produktionsfaktorarten interpretiert.

Die Produktionsfunktion kann auch inputbezogen formuliert werden. Sind mehrere Produktionsfaktorarten eingesetzt und wird der Verbrauch dieser Güter durch mehrere Einflußfaktoren bestimmt, so lautet die zugehörige inputbezogene Produktionsfunktion:

Input-bezogene Produktionsfunktion

(4.2) $r_i = g_i (x_1, x_2, \ldots x_q)$

Das Ziel produktionstheoretischer Erklärungsmodelle ist die Abbildung industrieller Input-Output-Beziehungen auf reiner Mengenbasis. Dabei richtet sich das Interesse auf eine Optimierung der Produktivität

(4.3) $\text{Produktivität (P)} = \dfrac{\text{Output (O)}}{\text{Input (I)}}$

Die Mengenrelation von Input zu Output für einen Produktionsfaktor (r_i/x_h) ist der Produktionskoeffizient des betrachteten Faktors. Er gibt an, wie viele Einheiten des Inputfaktors für die Herstellung einer Outputeinheit des Gutes h benötigt werden. Produktionsfunktionen mit variablen Produktionskoeffizienten gehen von einer gegenseitigen Austauschbarkeit der Produktionsfaktoren in gewissen Grenzen aus (Substitutionalität). Sie werden in der betriebswirtschaftlichen Produktionstheorie als Funktionen vom Typ A bezeichnet (Heinen 1983). Produktionsfunktionen mit konstanten Produktionskoeffizienten bezeichnet man als Funktionen vom Typ B (Gutenberg 1983).

Produktionskoeffizienten

b) Prozeßorientiertes Input-Output-Modell

Der industrielle Produktionsprozeß ist durch Mehrstufigkeit charakterisiert. In mehrstufigen Kombinationsprozessen durchläuft ein Produkt eine Abfolge von Teilprozessen bzw. Fertigungsstufen, bis es zum Endprodukt gereift ist.

Mehrstufigkeit des Produktionsprozesses

Für die Durchdringung aller produktionswirtschaftlichen Problembereiche und Zusammenhänge (Mengenzusammenhänge, Strukturzusammenhänge, Zeitzusammenhänge, Informationszusammenhänge) muß bei der Modellbildung ein anderer Weg als beim allgemeinen Input-Output-Modell beschritten werden. Die Modellbetrachtung muß von den **Teilprozessen der Leistungserstellung und der strukturellen Verknüpfung der Teilprozesse** ausgehen.

411

Diesen Weg beschreiten prozeßbezogene Ansätze der betriebswirtschaftlichen Produktionstheorie (Heinen 1983, Kloock 1969, Küpper 1980, Küpper 1981, Haupt 1987). Das Produktionsmodell von Heinen (Produktionsfunktion vom Typ C) basiert auf der Prozeßbetrachtung. Im folgenden soll dieses Input-Output-Modell näher beschrieben werden, da es auch den Ausführungen zur datenorientierten Modellbetrachtung der industriellen Produktionswirtschaft zugrunde gelegt wird.

Die Produktionsfunktion vom Typ C stellt ein vereinfachtes Abbild der Vielfalt produktionswirtschaftlicher Entscheidungen dar, die sich auf das Leistungsprogramm und die Art der Leistungserstellung beziehen. Dieses produktionstheoretische Modell ist technisch fundiert, berücksichtigt den Mehrproduktbetrieb und die Mehrstufigkeit des Produktionsprozesses, differenziert die einzelnen Teilprozesse nach produktionstechnischen Gesichtspunkten und erfaßt damit weitgehend die komplexen Zusammenhänge des realen Produktionsgeschehens.

Formal wird die **Grundstruktur der Produktionsfunktion vom Typ C** durch das Gleichungssystem

$$(4.4) \qquad r_i = \sum_{j=1}^{m} r_{ij} \cdot w_j \quad (i = 1, 2, \ldots, n)$$

dargestellt.

Bezogen auf die klassische Aufgabenstellung der Produktionstheorie, die Beziehungen zwischen Faktoreinsatz und Faktorertrag aufzuzeigen, läßt sich das obige Gleichungssystem wie folgt interpretieren: **Der Verbrauch (r) des Produktionsfaktors (i) hängt davon ab, an welcher Teilkombination (j) der Faktor beteiligt ist und mit welchem Wiederholungsfaktor (w_j) die jeweilige Teilkombination belegt wird.** Diese Aussage ist von zentraler Bedeutung für kostentheoretische und planerische Überlegungen (z. B. Materialbedarfsplanung).

Für Ableitungen im Rahmen der Produktionswirtschaft erscheint eine andere Darstellungsform des Gleichungssystems (4.4) zweckmäßig, die die Produktionsstruktur deutlicher werden läßt.

$$(4.5) \qquad
\begin{bmatrix} r_1 \\ r_2 \\ \cdot \\ \cdot \\ r_i \\ \cdot \\ \cdot \\ r_n \end{bmatrix}
=
\begin{bmatrix}
r_{11} & r_{12} & \ldots & r_{1j} & \ldots & r_{1m} \\
r_{21} & r_{22} & \ldots & r_{2j} & \ldots & r_{2m} \\
\cdot & \cdot & & \cdot & & \cdot \\
\cdot & \cdot & & \cdot & & \cdot \\
r_{i1} & r_{i2} & \ldots & r_{ij} & \ldots & r_{im} \\
\cdot & \cdot & & \cdot & & \cdot \\
\cdot & \cdot & & \cdot & & \cdot \\
r_{n1} & r_{n2} & \ldots & r_{nj} & \ldots & r_{nm}
\end{bmatrix}
\cdot
\begin{bmatrix} w_1 \\ w_2 \\ \cdot \\ \cdot \\ w_j \\ \cdot \\ \cdot \\ w_m \end{bmatrix}$$

Die r_{ij}-Matrix in Gleichung (4.5) zeigt alle möglichen Kombinationen zwischen fertigungstechnischen Teilprozessen und Faktoreinsatzgütern. Vereinfachend lassen sich anstelle der Mengenangaben (r_{ij}) auch die Werte 0 und 1 einsetzen, um zu zeigen, ob der Faktor (i) am jeweiligen Kombinationsprozeß (j) beteiligt ist oder nicht.

Für die vorzunehmende Analyse des Produktionsprozesses sind die folgenden Fragenkomplexe von besonderer Bedeutung:

(1) In welche Grundarten lassen sich die produktionswirtschaftlichen Teilprozesse aufgliedern?

(2) Welche Größen beeinflussen den Wiederholungsfaktor?

(3) Welche strukturelle Verknüpfung besteht zwischen den einzelnen Teilprozessen im Produktionsablauf?

Basisprozeß

Das Aussagensystem der Produktionsfunktion vom Typ C baut auf dem Grundbegriff der **Elementarkombination** auf. Dieser Begriff ist primär im Hinblick auf kostentheoretische Aussagen definiert. Für die Analyse des Produktionsprozesses wird der betriebliche Kombinationsprozeß derart in seine Komponenten zerlegt, daß das Zusammenwirken der einzelnen Teilprozesse im gesamten Produktionsablauf aufgezeigt werden kann. In diesem Sinne erscheint es angebracht, die Elementarkombination mit der Grundkomponente des Ablaufprozesses, dem einzelnen Arbeitsgang, gleichzusetzen. Er wird auch als **Basisprozeß** bezeichnet.

Zerlegung des Produktions-prozesses in Basisprozesse

Diejenigen Teilkombinationen, durch deren einmaligen Vollzug die fertigungstechnische Reife der Absatzprodukte „sichtbar" zunimmt, werden **„primäre Basisprozesse"** genannt (z. B. Arbeitsgänge in Fertigung und Montage). Alle übrigen Teilkombinationen, die nur indirekten Einfluß auf die Produkterstellung nehmen, werden als **„sekundäre Basisprozesse"** bezeichnet (z. B. Arbeitsvorbereitung, Lagerhaltung, Verwaltung). Für die Planung und Steuerung des Produktionsprozesses ist eine weitergehende Differenzierung der Basisprozesse zweckmäßig.

Typen von Basis-prozessen

Der Basisprozeß als Teilkombination von Produktionsfaktoren kann durch feste oder variable Faktoreinsatzverhältnisse gekennzeichnet sein. Werden beispielsweise zur Erstellung eines Zwischenprodukts stets zwei Arbeiter, eine Maschine und zehn Rohstoffeinheiten benötigt, so ist das Faktoreinsatzverhältnis konstant; es liegt ein **limitationaler Basisprozeß** vor. Jede andere Kombination der Produktionsfaktoren Arbeit, Maschine und Rohstoffe brächte entweder nicht das gewünschte Produktionsergebnis oder wäre unwirtschaftlich. Im Gegensatz dazu handelt es sich um einen **substitutionalen Basisprozeß**, wenn der gewünschte Output durch alternative Faktorkombinationen verwirklicht werden kann.

Ein weiteres Differenzierungsmerkmal bildet das Outputniveau. Ist die Ausbringungsmenge bei einmaligem Vollzug eines Basisprozesses Gegenstand von Entscheidungen, so wird der Basisprozeß als **„outputvariabel"** bezeichnet (z. B. Transportvorgang mit unterschiedlichen Mengen). Ist dagegen die Ausbringungsmenge eine feste Größe, so wird von **„outputfixen"** Basisprozessen gesprochen (z. B. Pressen einer Autokarosserie). Schließlich können nach dem Kriterium der Beeinflußbarkeit des zeitlichen Ablaufs eines Basisprozesses **„zeitvariable"** (z. B. Drehen, Fräsen, Stanzen) und **„zeitfixe"** Basisprozesse (z. B. chemische Prozesse) unterschieden werden.

Wiederholungsfunktion

Die Wiederholungszahl primärer Basisprozesse ist das Ergebnis einer Anzahl explizit zu berücksichtigender Einflußgrößen. Als erste Einflußgröße ist die auf einer Produktionsstufe (k) zu erstellende **Zwischenproduktmenge** (x_k) anzusehen. Sofern die Zwischenproduktmenge nur auf einer ganz bestimmten Anlage erstellt werden kann und pro Durchführung des Basisprozesses (j) genau ein Stück erstellt wird, muß unter der Annahme, daß kein Arbeitsgang mißlingt, für die Zahl der Wiederholungen dieses Basisprozesses (w_{jk}) gelten:

Zwischen-produkt-menge

$$(4.6) \qquad w_{jk} = x_k \qquad (k = 1, 2, \ldots, \varkappa; \ j = 1, 2, \ldots, m).$$

Outputniveau

Ist das **Outputniveau** auf einer Produktionsstufe (λ_{jk} pro Durchführung eines Basisprozesses ungleich 1, so ergibt sich (w_{jk}) als Quotient:

$$(4.7) \qquad w_{jk} = \frac{x_k}{\lambda_{jk}}$$

(λ_{jk}) stellt darüber hinaus einen zusätzlichen Freiheitsgrad dar, wenn das Outputniveau des Basisprozesses variabel ist.

Verteilungs-parameter

Kann das Zwischenprodukt (x_k) auf mehreren funktionsgleichen Arbeitsplätzen erstellt werden, so ist der **Verteilungsparameter** (v_{jk}) als weitere Einflußgröße zu beachten.

Der Verteilungsparameter (v_{jk}) gibt den Anteil an, mit dem der auf einen Arbeitsplatz bezogene Basisprozeß (j) an der Produktion auf der Stufe (k) beteiligt ist. In dieser Größe finden **Arbeitsverteilung** und **Maschinenbelegung** ihren Ausdruck.

Gleichung (4.7) kann somit erweitert werden:

$$(4.8) \qquad w_{jk} = \frac{v_{jk} \cdot x_k}{\lambda_{jk}}.$$

Ausschuß-koeffizient

Die obige Annahme, daß bei wiederholter Durchführung eines Basisprozesses kein Ausschuß anfällt, ist wirklichkeitsfremd. In der Realität wird der Ausschuß dadurch berücksichtigt, daß eine Stückzahl gefertigt wird, die um einen aus der Erfahrung gewonnenen Ausschußsatz erhöht ist. Häufig können sich Ausschußsatz und Zeitvorgabe für die Durchführung eines Basisprozesses gegenseitig beeinflussen. Sind hinreichende Informationen über den durchschnittlichen Ausschuß bekannt, so läßt sich ein Ausschußkoeffizient (α_{jk}) festsetzen, der als Korrekturfaktor in die Wiederholungsfunktion eingeht. Ein Ausschußkoeffizient von beispielsweise 1,1 verursacht bei einer gegebenen Zwischenproduktmenge eine Erhöhung der Durchführungszahl des Basisprozesses (j) auf der Stufe (k) um 10%. Bei Berücksichtigung des Ausschusses erfährt die Wiederholungsfunktion primärer Basisprozesse die Erweiterung:

Wieder-holungsfunk-tion primärer Basisprozesse

$$(4.9) \qquad w_{jk} = \frac{v_{jk} \cdot \alpha_{jk}}{\lambda_{jk}} \cdot x_k.$$

414

Die Produktmenge (x_k) stellt nur für primäre Basisprozesse eine unmittelbare Einflußgröße der Wiederholungsfunktion dar. Werden beispielsweise auch Arbeitsvorbereitung, Rüstvorgänge (z. B. im Zusammenhang mit Losgrößenentscheidungen) oder Reparaturen, also sekundäre Basisprozesse, in die Betrachtung einbezogen, so muß eine **„sekundäre" Wiederholungsfunktion** für diese Vorgänge abgeleitet werden. Im vorliegenden Zusammenhang kann jedoch auf die Ableitung dieser Funktionen verzichtet werden.

Wiederholungsfunktion sekundärer Basisprozesse

Statische Produktionsfunktionen bilden nur Mengenstrukturen von Produktionsprozessen ab. Die zugehörigen Zeitstrukturen und zeitlichen Zusammenhänge werden in **dynamischen Produktionsfunktionen** berücksichtigt. So versuchen die Produktionsfunktion vom Typ D (Kloock 1969) und insbesondere die Produktionsfunktion vom Typ E (Küpper 1980) das Zeitphänomen explizit zu berücksichtigen. Andere Dynamisierungsansätze basieren auf der Berücksichtigung von Lernfunktionen in der Produktionstheorie (vgl. z. B. Zierul 1974, Reichwald 1977, Steffen 1983).

Dynamische Produktionsfunktion

Lerngesetz der Produktion

Gerade die Wiederholungsfunktion primärer Elementarkombinationen und die in ihr enthaltenen Einflußgrößen ermöglichen die Berücksichtigung lerntheoretischer Erkenntnisse im Produktionsmodell. Für jede Elementarkombination, an der menschliche Arbeit unmittelbar beteiligt ist, lassen sich im Zeitablauf Beziehungen zwischen den Variablen der Wiederholungsfunktion aufzeigen. In der Realität besteht ein Zusammenhang zwischen der Durchführungszahl einer Elementarkombination und dem Durchführungserfolg. Eine dynamische Produktionsfunktion kann diesen Aspekt berücksichtigen. **In der Lernphase ist der Verbrauch an Produktionsfaktoren von der bis zu diesem Zeitpunkt durchgeführten Anzahl der Elementarkombinationen abhängig.** Die Wiederholung selbst wird somit zum Ausgangspunkt der lerntheoretischen Erklärung.

Durchführungszahl und Durchführungserfolg

Abbildung 4.7 zeigt die allgemeine Lernfunktion. Das ihr zugrundeliegende Lerngesetz der Produktion drückt aus:

$$(4.10) \qquad r_{ia} = r_{i1} \cdot z_a^{-c}$$

Im produktionstheoretischen Zusammenhang bringt diese Funktion zum Ausdruck, daß der Verbrauch des Produktionsfaktors i beim a-ten Vollzug einer Elementarkombination bestimmt wird durch:
– den Verbrauch bei erstmaliger Durchführung r_{i1},
– die kumulierte Durchführungszahl dieser Elementarkombination (z_a) und
– den Lernfaktor (c).

415

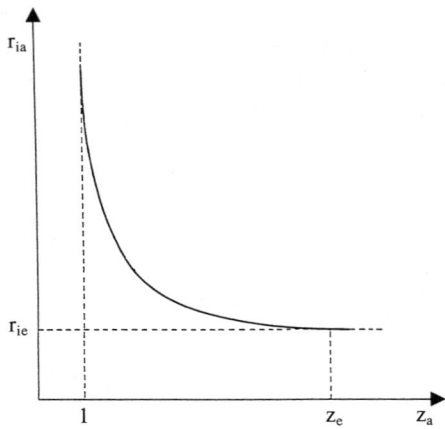

Abbildung 4.7: Allgemeine Lernfunktion

Die obige Beziehung drückt einen Sachverhalt aus, der in der Literatur auch als **„Lerngesetz der Produktion"** (Baur, 1967, S. 47) bezeichnet wird. Es basiert auf empirischen Beobachtungen über Regelmäßigkeiten innerhalb der Anlaufphase arbeitsintensiver Produktionsprozesse, wie z. B. im Flugzeugbau, Schiffsbau und bei anderen Produkten der Maschinenbaubranche. Das Lerngesetz der Produktion besagt, daß **bei jeder Verdopplung der kumulierten Durchführungszahl die Verbrauchsmenge um einen charakteristischen Prozentsatz (10–30%) sinkt.** Es ist klar, daß derartige Erkenntnisse für die Planung von Produktionszeiten, -kosten und -kapazitäten große Bedeutung besitzen. Die Verallgemeinerung dieses Lerngesetzes der Produktion führt zur **„Erfahrungskurve"** (vgl. Teil 5, S. 665 ff.; zu Lerntheorie und Erfahrungskurve vgl. auch Ihde 1970, Pfeiffer u. a. 1977, Spur/Krause 1984, Zäpfel 1989 a).

Lernphase   Die Lernphase der Produktion gilt als beendet, wenn die Durchführungszahl der Elementarkombination den Wert (z_e) erreicht hat. Diesem Wert (z_e) ordnet die Lernfunktion einen Faktorverbrauch (r_{ie}) zu, der auch für alle weiteren Wiederholungen (Hauptphase der Produktion) konstant bleibt.

Entsprechend dem hier unterstellten Lernverhalten drückt der Kurvenverlauf aus, daß die Lernerfolge (steigende Arbeitsintensität) während der Lernphase (z_1 bis z_e) ständig abnehmen und über z_e (Hauptphase) hinaus eine konstante Arbeitsintensität besteht. Diese fiktive (lernoptimale) Arbeitsintensität wird auch unterstellt, wenn in arbeitswissenschaftlichen Verfahren auf die **„Normalleistung"** Bezug genommen wird (wie z. B. bei Ermittlung von Vorgabezeiten oder bei der **analytischen Arbeitsbewertung,** vgl. auch Teil 6, S. 819 ff.).

Die nachfolgende strukturelle Verknüpfung des Input-Output-Modells der Produktionsfunktion vom Typ C kehrt zur statischen Mengenbetrachtung der industriellen Produktion zurück. Das Zeitphänomen bleibt ausgeklammert.

416

Strukturelle Verknüpfung der Basisprozesse

Im mehrstufigen Produktionsprozeß werden auf jeder Produktionsstufe Zwischenprodukte erstellt, die ihrerseits wieder als Produktionsfaktoren (sogenannte derivative Produktionsfaktoren) in den Basisprozeß der nächsthöheren Stufe eingehen. Input und Output benachbarter Produktionsstufen stehen also in einem eindeutigen Verhältnis zueinander.

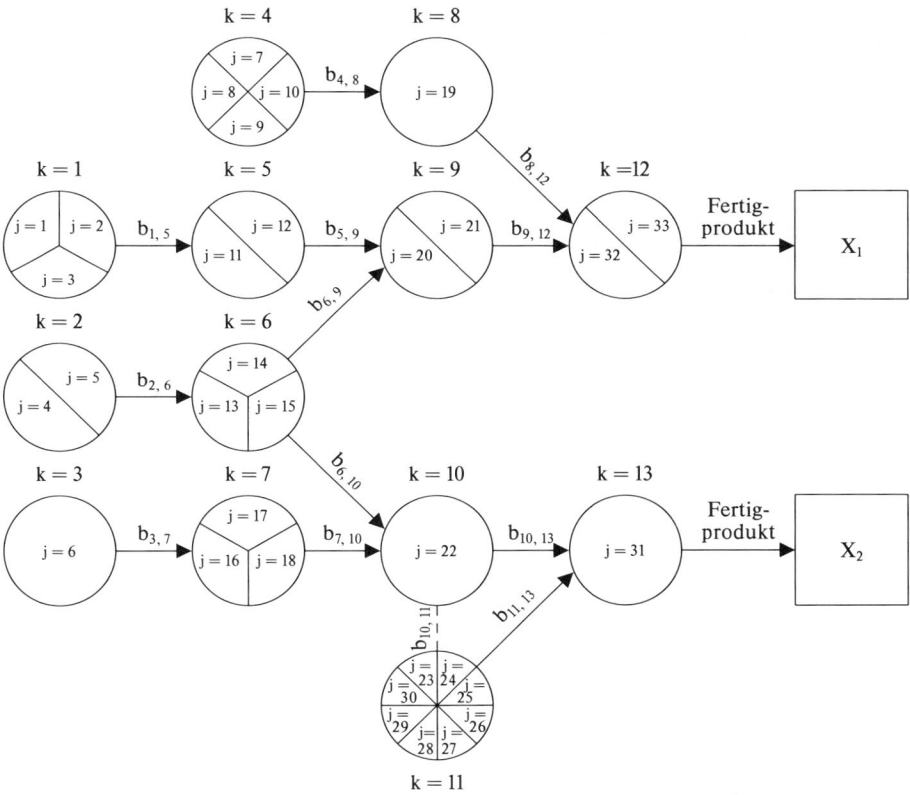

Abbildung 4.8: Strukturbild eines mehrstufigen Produktionsprozesses im Zwei-Produkt-Betrieb (13 Produktionsstufen, 33 Basisprozesse)

Abbildung 4.8 zeigt das **Strukturbild eines mehrstufigen Produktionsprozesses**, in dem zwei Endprodukte (X_1) und (X_2) erstellt werden. Lagerbewegungen und Zu- oder Verkäufe von Zwischenprodukten sind ausgeklammert. Die Kreise symbolisieren die einzelnen Produktionsstufen, die Sektoren kennzeichnen die einzelnen Basisprozesse. Der Produktionsprozeß stellt sich dar als ein Netz von Teilprozessen, die alle auf die Erstellung der Endprodukte ausgerichtet sind. Die Pfeile geben jeweils an, in welche

417

nachgelagerten Produktionsstufen der Output einer vorgelagerten Produktionsstufe als derivativer Produktionsfaktor eingeht. Aus den Produktionskoeffizienten

(4.11) $(b_{k(0)k(1)})$ $(k^{(0)} < k^{(1)}; k^{(0)} = 1, 2, \ldots, \varkappa-1; k^{(1)} = 2, 3, \ldots, \varkappa)$

geht hervor, in welchem quantitativen Verhältnis der Output benachbarter Produktionsstufen $[(k^{(0)})$ und $(k^{(1)})]$ zueinander steht. So wird beispielsweise deutlich, daß der Output der Produktionsstufe 6 in Abbildung 4.8 Input für die Produktionsstufen 9 und 10 darstellt. Soll, ausgehend von den Endprodukten (X_1) und (X_2), beispielsweise die von (x_6) zu fertigende Zwischenproduktmenge errechnet werden, so geschieht dies wie folgt:

(4.12) $x_6 = b_{6,9} \cdot b_{9,12} \cdot X_1 + b_{6,10} \cdot b_{10,13} \cdot X_2.$

Das Produkt aller relevanten Produktionskoeffizienten, über die ein Zwischenprodukt (x_k) in ein Endprodukt (X_1) eingeht, läßt sich zu einer Größe, dem sogenannten Programmkoeffizienten (p_{k1}) zusammenfassen (z. B. $p_{2,1} = b_{2,6} \cdot b_{6,9} \cdot b_{9,12}$).

Der Programmkoeffizient gibt den Bedarf an Zwischenprodukten einer bestimmten Produktionsstufe für die Erstellung einer Einheit einer Endproduktart an.

Der gesamte notwendige Output (x) einer Produktionsstufe (k) läßt sich mit Hilfe der Programmkoeffizienten (p_{k1}) für das Produktionsprogramm (X) $(X = X_1, X_2, \ldots, X_s)$ nach folgender Gleichung ermitteln:

(4.13) $x_k = p_{k,1} \cdot X_1 + p_{k,2} \cdot X_2 + \ldots + p_{k,s} \cdot X_s$ $(k = 1, 2, \ldots, \varkappa).$

Programm-
funktion

Unter Verwendung des Summationszeichens läßt sich diese Gleichung, die auch als **Programmfunktion** bezeichnet wird, in verkürzter Form schreiben:

(4.14) $x_k = \sum\limits_{1=1}^{s} p_{k,1} \cdot X_1$ $(k = 1, 2, \ldots, \varkappa).$

Produktions- und Programmkoeffizienten sind zusammen mit der Wiederholungsfunktion wichtige Hilfsmittel zur Planung von Materialbedarf, Prozeßablauf und Produktionskosten.

Abbildung 4.9 (vgl. folgende Seite) stellt die Komponenten der Produktionsfunktion vom Typ C schematisch dar.

Die theoretische Analyse wurde unter weitgehenden Vereinfachungen durchgeführt. Die Berücksichtigung weiterer Problemkreise wie Lagerhaltung, Fragen der Losgrößenbildung, Lohnfertigung, Lernprozesse oder die Veräußerungs-/Zukaufsmöglichkeit von Zwischenprodukten würden das theoretische Modell zwar verfeinern, die generell abgeleiteten Aussagen jedoch nicht verändern.

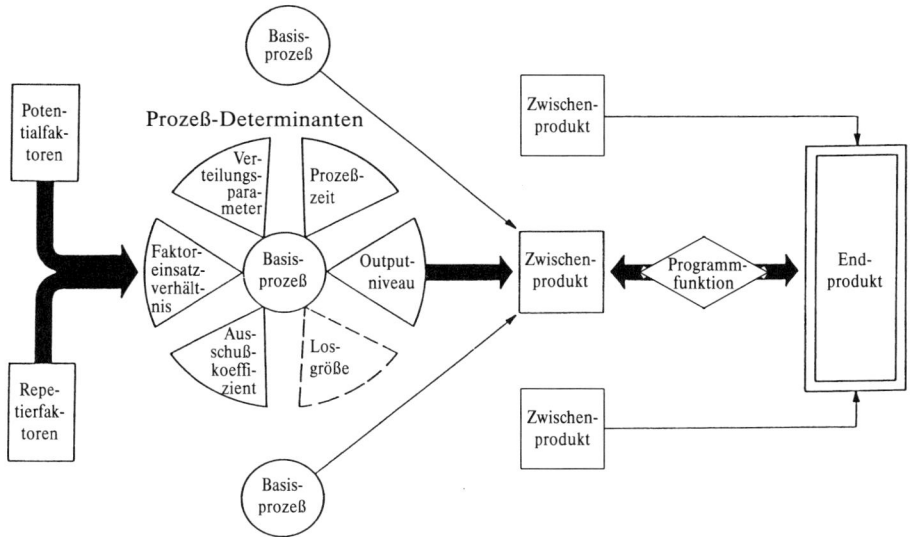

Abbildung 4.9: Die Komponenten der Produktionsfunktion vom Typ C

c) Analogien von Prozeßmodell und Datenmodell der Produktion

Eine ergänzende Betrachtung zu den Prozeßmodellen der Produktionstheorie bilden datenorientierte Modellansätze der Produktionswirtschaft. Daten dienen der Abbildung entscheidungsrelevanter Sachverhalte. Datenmodelle beschreiben die Struktur von Datenbeständen. Auf deren Grundlage kann die produktionswirtschaftliche Leistungserstellung geplant und gesteuert werden (vgl. allgemein zu Datenmodellen Teil 3, S. 348 ff.).

Datenmodelle bilden eine wichtige Grundlage der heute üblichen DV-gestützten Produktionsplanungs- und Steuerungssysteme (PPS-Systeme; vgl. S. 581 ff.). Die funktionsübergreifende Konstruktion von sachlogischen Datenstrukturen ist eine wesentliche Voraussetzung für die Funktionsintegration der industriellen Leistungserstellung. Daten stellen die Verbindung zwischen Funktionen her. Auf **horizontaler Ebene** (Verknüpfung gleichrangiger Funktionen) lassen sich somit bei Verwendung funktionsübergreifender Datenstrukturen durchgehende Vorgangsketten bilden. Zugleich können Daten aus der Produktionswirtschaft für verschiedene Auswertungsrechnungen z. B. der operativen und strategischen Planung und Steuerung verwendet werden **(vertikale Verknüpfung).**

Datenstrukturen und Funktionsintegration

In diesem Beitrag soll die produktionstheoretische Modellbetrachtung durch eine datenorientierte Sichtweise ergänzt werden. Die produktionstheoretische Sichtweise erklärt das industrielle Produktionssystem über den materiellen Transformationsprozeß von Input zu Output unter Produktivitätsaspekten. Die datenorientierte Sichtweise bildet eine komplementäre Betrachtung, die für die Produktionsplanung und -steuerung in der Praxis unerläßlich ist. Sie verdeutlicht, daß die Elemente der Produktionsfunktion (Input-Output-Modell) korrespondierende Elemente im Grunddatenmodell produktionswirtschaftlicher Informationssysteme finden (vgl. Abbildung 4.10).

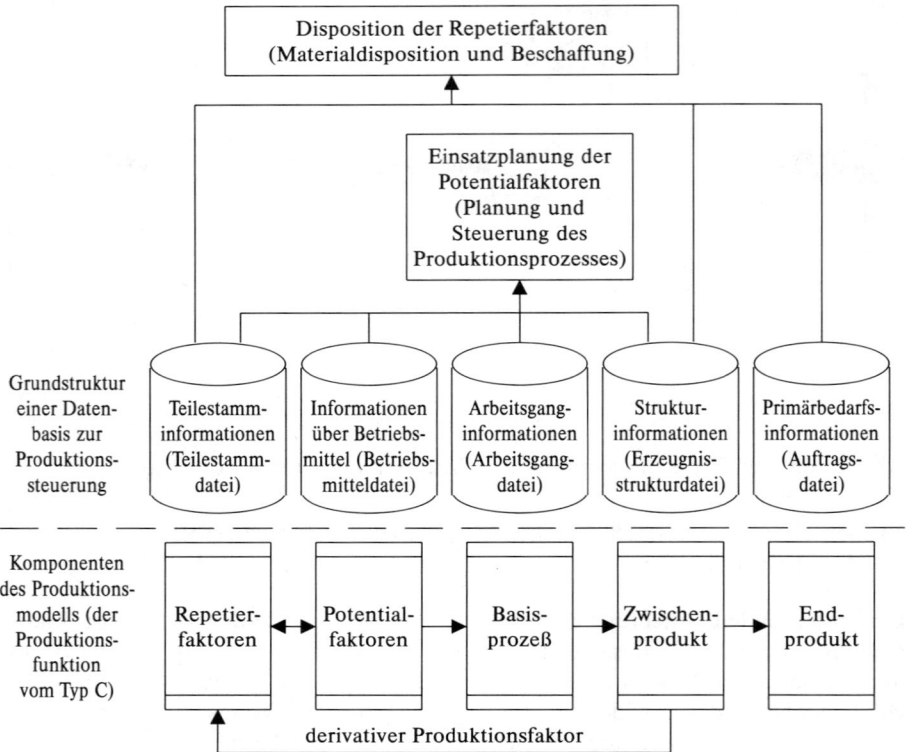

Abbildung 4.10: Produktionstheoretisch fundierte Grundstruktur eines Informationssystems zur Produktionsplanung und -steuerung

Diese Modellbetrachtung bildet die Grundlage jeder computerintegrierten Produktionswirtschaft (CIM), wie sie in Kap. III vertieft dargestellt wird (vgl. S. 578 ff.). Der industrielle Leistungsprozeß kann bei dieser dualen Sichtweise zum einen als prozeßorientiertes Modell und zum anderen als Modell der statischen Datenstrukturen interpretiert werden. **Das produktionstheoretische Modell beschreibt den Prozeß der Gütertransformation innerhalb der betrieblichen Wertschöpfung, das datenorientierte Modell beschreibt die statischen Strukturen der diesem Prozeß zugrundeliegenden Daten.** Die Verknüpfung zwischen beiden Ebenen erfolgt durch anwendungsbezogene Systeme (Modelle, Verfahren, Funktionen), die sich der Datenbestände bedienen und die Steuerung der realen Prozesse unterstützen. Die einzelnen industrietypischen Modelle zur Lösung produktionswirtschaftlicher Entscheidungsprobleme werden in Kapitel II erörtert. Dabei wird auch auf die Informationsvoraussetzungen eingegangen (vgl. S. 582).

II. Produktionswirtschaftliche Entscheidungsprobleme

1. Strukturentscheidungen

Strukturentscheidungen sind Festlegungen mit Grundsatzcharakter und in der Regel langfristiger Natur. Hierzu gehören die Entscheidungen über den **vertikalen Integrationsgrad** und die **organisatorische Strukturierung der Produktion** ebenso wie die Gestaltung des industriellen Areals **(Layoutplanung)**, die **infrastrukturelle Vernetzung mit Marktpartnern,** Entscheidungen über die **Ausstattung mit Maschinen** und die damit verbundenen Produktionstechnologien einschließlich ihrer **Instandhaltung** sowie Entscheidungen über die **Beschaffungspolitik.** Zwischen den einzelnen Entscheidungsbereichen bestehen z. T. sehr enge Interdependenzen.

Gegenstand von Strukturentscheidungen

Bei diesen Grundsatzfragen ergeben sich enge Bezüge zu anderen Teilen der Industriebetriebslehre. Hinsichtlich der Ausstattung eines Industriebetriebs mit modernen Informations- und Kommunikationstechnologien sei auf Teil 3 (Informationswirtschaft) verwiesen. Sie wirken intensiv auf das Leistungsvermögen der Produktionstechnologien, auf die Planung und Steuerung der logistischen Prozesse in der Produktion sowie auf die Schnittstellen der Produktion zum Markt. Strategische Fragen der Lagerhaltung und Distribution werden im Teil 5, Standortentscheidungen des Industriebetriebes im Teil 2 (konstitutive Entscheidungen) und Grundsatzfragen der Personalausstattung und des Aufbaus von Humanressourcen werden im Teil 6 behandelt.

Bezüge zu anderen Teilen der Industriebetriebslehre

a) Leistungsangebot und vertikaler Integrationsgrad

Entscheidungen über die Festlegung des Leistungsangebots

Die Festlegung des Leistungsangebots eines Industriebetriebes betrifft konstitutive Entscheidungen über die Produkte bzw. Leistungen, die von einem Industriebetrieb auf bestimmten Märkten angeboten werden.

Leistungsangebot

Die Festlegung der Produkt- und Marktkonzepte erfolgt in der strategischen Unternehmensplanung. In der Produkt- und Geschäftsfeldplanung wird festgelegt, auf welche Produktfelder das Unternehmen seine Tätigkeiten konzentrieren will. Unter Produktfeld ist die Gesamtmenge von Produkten zu verstehen, die auf ein gemeinsames Grundbedürfnis zurückzuführen sind, z. B. Kraftfahrzeuge, Musikanlagen, Spielwaren etc.

Die Geschäftsfeldplanung ist eng mit der Verfolgung von Marktstrategien verknüpft und basiert unter anderem auf Unternehmens- und Marktanalysen (zur Entwicklung von Marktstrategien siehe Teil 1, S. 46 ff. sowie Teil 5, S. 658 ff.; vgl. z. B. auch Porter 1988, Eidenmüller 1989, Zahn 1987, Zäpfel 1989 a). Im folgenden wird davon ausgegangen, daß diese grundlegenden Entscheidungen bereits getroffen worden sind.

Mit dem Leistungsangebot eng verknüpft sind Entscheidungen über Komponenten in der Wertschöpfungskette, die durch Eigenleistung erbracht werden, und solche Komponenten, die in unternehmensübergreifender Arbeitsteilung von Marktpartnern bezogen werden. Diese Grundsatzentscheidungen können sich gleichermaßen auf das Beschaffungs- und Lagersystem, auf Forschung und Entwicklung, auf das Absatz- und Vertriebssystem wie auf das Produktionssystem beziehen. Eigenfertigung oder Fremdbezug von Komponenten der industriellen Leistungserstellung sind – das soll die nachfolgende Abhandlung verdeutlichen – Entscheidungen von strategischer Bedeutung für den Industriebetrieb.

Eigenfertigung und Fremdbezug

Aufgrund verschiedener Restriktionen (z. B. Effizienz-, Kapital- und Know-how-Barrieren) kann ein Unternehmen nur einen Teil des angestrebten Leistungsangebots selbst produzieren. In der Regel werden verschiedene Vorleistungen bzw. Teilleistungen auf Märkten beschafft. Häufig erfolgen Leistungserstellungsprozesse auch in Kooperation mit anderen Unternehmen (Reichwald/Rupprecht 1991).

Der internen Realisierung von produktionswirtschaftlichen Aufgaben sind also zunächst grundsätzliche Entscheidungen über die Eigenerstellung und/oder den Fremdbezug von Leistungen (Güter und Dienstleistungen) vorgelagert. Bei diesen Entscheidungen handelt es sich um Strukturentscheidungen, die einen wesentlichen Einfluß auf die organisatorische und räumliche Strukturierung der unternehmensinternen Produktion und auf die Maschinenausstattung ausüben. Im Rahmen der Entscheidung über Eigenfertigung oder Fremdbezug ist für jeden Aufgabenbereich einer Unternehmung das bestmögliche Verhältnis zwischen den intern zu beherrschenden und zu verantwortenden Eigenaktivitäten einerseits und den von Externen zu erfüllenden Teilaufgaben andererseits zu bestimmen. Es geht also um die Festlegung der jeweils **optimalen Fertigungstiefe.**

Fertigungs-
tiefe

Vertikale
Integration

Für ein Unternehmen ist die Fertigungstiefe durch das Ausmaß bestimmt, in dem benachbarte Fertigungsstufen – wie z. B. Fertigung und Montage von Vorprodukten, weitergehende Montage zu Endprodukten – jeweils innerhalb eines Unternehmens erstellt werden. Als Synonym für Fertigungstiefe verwendet man auch den Begriff der **vertikalen Integration.** Die Übernahme von Aktivitäten in Richtung auf die Absatzseite wird als **Vorwärtsintegration** (forward oder downstream integration) bezeichnet. Entsprechend versteht man unter **Rückwärtsintegration** (backward oder upstream integration) die Übernahme von Aktivitäten in Richtung auf die Beschaffungsseite.

Vorwärts-
integration
Rückwärts-
integration

Entscheidungen über die Fertigungstiefe werden in der Literatur auch als **Make-or-Buy-Entscheidungen** bezeichnet. Derartige Entscheidungen umfassen nicht nur die Frage nach unternehmensinterner oder -externer Erstellung einer Teilleistung, sondern erstrecken sich auch auf die generelle Gestaltung der Beziehungen zu Lieferanten und Kunden, also etwa auf die Festlegung der Kooperations- und Vertragsformen wie z. B. Kapitalbeteiligung an Lieferanten, Lieferantenansiedlung, kurz- oder langfristige Lieferverträge (vgl. zu den folgenden Ausführungen Picot 1991a).

422

Zwischen den Alternativen „vollständige Eigenfertigung" und „spontaner Einkauf am Markt" gibt es viele für die Praxis relevante Mischformen (vgl. Abbildung 4.11). Der vertikale Integrationsgrad nimmt in der Abfolge der Mischformen von oben nach unten ab. Die Leistungstiefenoptimierung vollzieht sich demnach in einem Kontinuum zahlreicher Einbindungs- und Integrationsmöglichkeiten von Leistungen, die zwischen klassischem Markteinkauf und der vollständigen Integration von Entwicklung und Erstellung im eigenen Unternehmen angesiedelt sind. *Einbindungsformen*

Eigenentwicklung und Eigenerstellung

Kapitalbeteiligung an Lieferanten / Abnehmern

Lieferantenansiedlung

Entwicklungskooperationen
- mit anschließender Eigenerstellung;
- mit anschließender Fremderstellung

Langzeitvereinbarungen
- für spezifische, eigenentwickelte Teile;
- für spezifische, fremdentwickelte Teile

Jahresverträge
- mit offenen Lieferterminen und Mengen;
- mit festen Lieferterminen und Mengen

Spontaner Einkauf am Markt

abnehmender vertikaler Integrationsgrad

Abbildung 4.11: Beispiele für Entscheidungsalternativen der Fertigungstiefenoptimierung

Quelle: Picot (1991 a)

Entscheidungen über die Fertigungstiefe betreffen neben Fertigungsleistungen auch andere Teilleistungen, die zur Erfüllung der strategischen und operativen Aufgaben der Unternehmung erforderlich sind (z. B. Entwicklungs- und Vertriebsleistungen, DV-Leistungen, Rechnungswesen und Verwaltung, Beratungsleistungen, Fuhrpark, Reinigung).

Auf die besonderen Aspekte der Make-or-Buy-Entscheidung in den Bereichen „Informationswirtschaft" sowie „Forschung und Entwicklung" wird an anderer Stelle eingegangen (vgl. Teil 3, S. 305 ff. sowie Teil 8, S. 1118 ff.).

Unternehmerische Bedeutung der Fertigungstiefe

Die Fertigungstiefe hat vielfältige Auswirkungen auf die wettbewerbsstrategische Position und auf die Struktur eines Unternehmens. So beeinflußt die Fertigungstiefenentscheidung beispielsweise folgende Größen (vgl. Picot 1991 a):

- Die Anforderungen an Maschinenausstattung, Fertigungsstandorte, Lager- und Fertigungsflächen sowie Produktionsorganisation und Logistik,
- die Höhe und die Struktur der Kosten, insbesondere das Verhältnis zwischen fixen und variablen Kosten und damit u. a. auch den break-even-point,
- das Ausmaß der Kapitalbindung im Unternehmen,
- die Anzahl der Mitarbeiter und das Beschäftigungsrisiko des Unternehmens,
- die produktionswirtschaftliche Flexibilität, weil qualitative Änderungen des internen Leistungsprogramms (gegebenenfalls schwerfällige) Umstellungen interner Kapazitäten erfordern, qualitative Änderungen der Zulieferleistungen dagegen möglicherweise durch Lieferantenwechsel oder durch Einflußnahme auf die bisherigen Lieferanten häufig einfacher zu bewältigen sind,
- den Umfang der internen Entwicklungs-, Produktions- und Vertriebsaufgaben und der damit verbundenen Kompetenzen und Qualifikationen,
- das quantitative und qualitative Beschaffungsprogramm und daraus resultierend beispielsweise auch die Bandbreite der unternehmensinternen Beschaffungskompetenzen und -qualifikationen,
- in bestimmten Fällen die Verhandlungsposition gegenüber Marktpartnern, weil diese etwa durch ein Drohpotential an Eigenerstellungskapazitäten beeinflußt und zugleich erforderliche Kenntnisse durch eigene Erfahrungen über Qualitäts- oder Kostenwerte sichergestellt werden.

Dieses komplexe strukturelle Wirkungspotential macht deutlich, daß die Gestaltung des vertikalen Integrationsgrades erheblichen Einfluß auf den Erfolg und auf die Entwicklungsmöglichkeiten eines Unternehmens nimmt. Ein zu hoher Integrationsgrad bindet Managementkapazitäten und Kapital. Diese stehen dann für die eigentlichen Kernaufgaben des Unternehmens nicht mehr zur Verfügung. Andererseits führt eine falsche Struktur der Fertigungstiefe nicht selten zu strategischen Fehlentwicklungen und Abhängigkeiten, die bis zum Verlust der unternehmerischen Basis führen können. Das ist z. B. dann der Fall, wenn als Folge einer bewußten oder unbewußten Make-or-Buy-Politik angestammte, einfache Aufgaben intern gepflegt und selbst erfüllt, dagegen zukunftsträchtige, innovative Felder mangels Kapazitäten und Kenntnissen von externen Partnern bearbeitet werden.

Kriterien der Fertigungstiefenoptimierung

Die Entscheidung zwischen den Alternativen der Fertigungstiefengestaltung kann im wesentlichen durch drei Vorgehensweisen unterstützt werden (vgl. Picot 1991a, Baur 1990):

- durch den Vergleich von externen Preisen mit internen Kostendaten,
- durch die Anwendung strategischer Checklisten und
- durch die Analyse der Koordinations- bzw. Transaktionskosten.

424

(1) Kostenrechnerische Ansätze

Der Vergleich von relevanten Kostendaten ist das in der Praxis dominierende Instrument zur Unterstützung der Entscheidungsfindung. Im Regelfall stellt man die Fremdbezugskosten (Marktpreise) den entscheidungsrelevanten Kosten der Eigenfertigung gegenüber (vgl. z. B. Männel 1981, Männel 1983, Hartmann 1988, Andreas/ Reichle 1989). Die Abgrenzung entscheidungsrelevanter Kosten der Eigenfertigung hängt von der Fristigkeit der Entscheidung und der Auslastung der Eigenfertigungsbereiche ab (vgl. Teil 9, S. 1292 f.).

Bei kurzfristiger Entscheidungssituation und freien Kapazitäten sind nur die zusätzlichen variablen Kosten entscheidungsrelevant. Besteht ein Engpaß, müssen neben den variablen Kosten die engpaßspezifischen Opportunitätskosten berücksichtigt werden.

Kostenvergleich bei kurzfristiger und längerfristiger Entscheidungssituation

Bei längerfristigen Entscheidungssituationen setzen sich die entscheidungsrelevanten Kosten aus den kurzfristig variablen und den kurzfristig fixen, aber langfristig variablen Kosten zusammen, also aus den Vollkosten. Zur Bestimmung dieser Kosten reicht jedoch eine Vollkostenrechnung mit Zuschlagsätzen nicht aus. Vielmehr wird eine genaue Analyse des Kostenblocks erforderlich. Beispielsweise ist zu ermitteln, in welchem Ausmaß ein neu einzurichtender (zu schließender) Eigenerstellungsbereich zusätzliche Gemeinkostenpotentiale beansprucht (freisetzt). Verursachen diese Entscheidungen größere Investitionen, wird auch vorgeschlagen, an Stelle von statischen Kostenvergleichen mit dynamischen Investitionsrechenverfahren zu arbeiten (vgl. Teil 7, S. 930 ff.). Fragen der Gemeinkostenrelevanz getroffener Strukturentscheidungen werden in jüngster Zeit auch mit Hilfe der Prozeßkostenrechnung zu beantworten versucht (vgl. Teil 9, S. 1300 ff.).

Die Orientierung der Fertigungstiefenentscheidung an kostenrechnerischen Kalkülen erweist sich jedoch aus mehreren fachlichen und praktischen Gründen als problematisch (vgl. Picot 1991 a):

Problembereiche kostenrechnerischer Kalküle

(1) Es werden nur die extremen Alternativen Eigenerstellung oder Fremdbezug betrachtet. Die Vielzahl der oben aufgezeigten Einbindungsformen wird ignoriert bzw. vernachlässigt.

(2) Es ist zu beobachten, daß in der Praxis häufig längerfristige Entscheidungen auf Basis kurzfristiger Daten gefällt werden. Vielfach werden lediglich die kurzfristigen variablen Kosten als entscheidungsrelevant betrachtet. Im Extremfall werden beispielsweise nur noch die Materialkosten bei Eigenfertigung mit den Marktpreisen der Lieferanten verglichen. Dies führt aufgrund der falschen Kostenbasis zur systematischen Bevorzugung der Eigenerstellung (Johnson/Kaplan 1987, Baur 1990).

(3) Praxiserfahrungen zeigen, daß häufig eine objektive und sachgerechte Feststellung der Eigenerstellungskosten durch divergierende Abteilungsinteressen verhindert wird.

(4) Bei der Ermittlung des Vergleichspreises der Fremderstellung bestehen vielfach Objektivierungsschwierigkeiten. Beispielsweise bieten Lieferanten – um gegen Angebote der Eigenfertigungsbereiche konkurrieren zu können – teilweise unter Selbstkosten an. Nach Vertragsabschluß kompensieren sie ihre Anfangsverluste, indem sie bei Änderungen des Bestellers überhöhte Kosten für die Anpassung ihrer Werkzeuge und ihrer Fertigungsstruktur an den Besteller überwälzen.

(5) Kriterien wie Macht- und Abhängigkeitsfaktoren oder die unternehmerische Flexibilität finden in kostenrechnerischen Ansätzen keine systematische Berücksichtigung. Die Konzentration auf Produktionskosten vernachlässigt darüber hinaus indirekte Kosteneffekte. Dazu zählen z. B. die bei interner oder externer Abwicklung anfallenden Koordinations- und Managementkosten, die sogenannten Transaktionskosten.

Produktionskostenvergleiche lassen sich besonders bei kurz- und mittelfristigen Eigenfertigungs-/Fremdbezugsentscheidungen, also bei gegebenen Kapazitäten, anwenden. Für eine langfristige strukturelle Gestaltung der Fertigungstiefe sind andere Verfahren erforderlich.

(2) Pragmatische unternehmenspolitische Ansätze

Pragmatische unternehmenspolitische bzw. -strategische Ansätze liefern regelmäßig Aufzählungen bestimmter Vor- und Nachteile von Eigenfertigung oder Fremdbezug.

Kriterien für die Entscheidung über die Fertigungstiefe

Beispielsweise werden häufig die folgenden Kriterien angeführt, um die **Vorteilhaftigkeit einer Erhöhung der Fertigungstiefe** zu begründen:

– Kosteneinsparungen durch Umgehung des Marktes (z. B. Vertriebskosten beim ehemaligen Lieferanten),
– verbesserte technologische Fähigkeiten,
– verbesserte Kontrolle über die Fertigungsprozesse,
– Produktdifferenzierungsvorteile durch ausgewählte Qualität der Einsatzmaterialien,
– besondere Fertigungsprozesse oder einzigartiges Design der Teile.

Als typische **Nachteile einer hohen Fertigungstiefe** werden in der Regel genannt:

– Reduzierung der strategischen Flexibilität,
– schwierige Abstimmung unterschiedlicher kostenoptimaler Betriebsgrößen,
– versperrter Zugang zum Know-how der Lieferanten,
– Kostennachteile aufgrund fehlender Größenvorteile (economies of scale).

Problembereiche strategischer Checklisten

Bei diesen Kriterienvergleichen sind jedoch viele Vor- und Nachteile umstritten: Beispielsweise bleibt offen, ob man bei Eigenerstellung oder bei Fremdbezug Produkte mit höherer Qualität erzeugen kann. Den angeblichen strategischen Flexibilitätsvorteilen eines Fremdbezugs läßt sich entgegenhalten, daß auch langfristige Verträge mit Lieferanten einen kurzfristigen Lieferantenwechsel etwa bei rückläufiger Nachfrage oder technologischen Umbrüchen ausschließen können.

426

Die Schwäche derartiger pragmatischer Checklistenansätze zeigt sich zudem in der Menge der als entscheidungsrelevant bezeichneten Kriterien. Den unternehmenspolitischen Kriterienaufstellungen fehlt meistens nicht nur die inhaltliche Systematik, auch Auswahl, Operationalisierung und Zusammenspiel der als entscheidungsrelevant bezeichneten Kriterien bleiben durchweg unbestimmt. Derartige Kriterienkataloge geben keinen systematischen Hinweis, unter welchen Bedingungen eher in Richtung Eigen- bzw. Fremderstellung zu entscheiden ist.

Andere pragmatische unternehmenspolitische Ansätze beschränken sich vielfach auf einzelne Aspekte wie beispielsweise Wertschöpfung, Technologieattraktivität oder Lernkurveneffekte und ignorieren weitgehend andere Kriterien.

(3) Transaktionskostenanalyse

Für die langfristige strukturelle Fertigungstiefenoptimierung bietet besonders der Transaktionskostenansatz einen markt- und organisationstheoretisch fundierten Analyserahmen.

Unter Transaktionskosten versteht man die Kosten der Information und Kommunikation, die bei der Organisation und Abwicklung arbeitsteiliger Leistungserstellung anfallen.

Transaktions-kosten

Hierzu zählen die Kosten der Suche nach Transaktionspartnern, die Kosten für die Vereinbarung und Abwicklung sowie für die Kontrolle und Anpassung von Verträgen (vgl. dazu Teil 1, S. 52 ff., Teil 3, S. 290 ff. und Teil 8, S. 1119 f. sowie Picot 1982a).

Derartige Kosten treten zu den eigentlichen Produktionskosten hinzu. Sie entstehen bei Marktbeziehungen ebenso wie bei unternehmensinterner Leistungserstellung.

Die Höhe und Struktur der Transaktionskosten ist von den Eigenschaften der Leistungen (z. B. qualitative Besonderheiten, Änderungsintensität, Mengenvolumen) und der institutionellen Verankerung der arbeitsteiligen Leistungserstellung abhängig (vgl. zum folgenden Picot 1991a, Baur 1990).

Eigenschaften von Leistungen

Bezogen auf die Fertigungstiefenoptimierung zielt das Entscheidungsverfahren der Transaktionskostenanalyse darauf ab, die jeweiligen Leistungsarten, die ein Unternehmen zur Erfüllung seiner marktlichen Gesamtaufgabe benötigt, so mit den verfügbaren Einbindungsformen zu kombinieren, daß die Transaktionskosten insgesamt minimiert werden.

Abbildung 4.12 stellt die für die Analyse wesentlichen Eigenschaften von Leistungen zusammen und zeigt schematisch den jeweils effizienten vertikalen Integrationsgrad.

Eigenschaften (1) Vorrangige Eigenschaften	niedriger vertikaler Integrationsgrad	hoher vertikaler Integrationsgrad
Spezifität (z. B. Fertigungsverfahren, Design, Qualität, Know-how, Logistik)	niedrige Spezifität	hohe Spezifität
Strategische Bedeutung (besonders wettbewerbsrelevantes Wissen und Können)	geringe strategische Bedeutung	große strategische Bedeutung

(2) Unterstützende Eigenschaften

Unsicherheit (Änderungen hinsichtlich Qualität, Mengen, Termine, technische Spezifikationen)	niedrige Unsicherheit	hohe Unsicherheit
Häufigkeit (einer spezifischen, strategischen und/oder unsicheren Leistung)	geringe Häufigkeit	große Häufigkeit

Abbildung 4.12: Eigenschaften der Leistungen und effizienter Integrationsgrad

Quelle: Picot (1991 a)

Spezifität

Die wichtigste Eigenschaft ist die Spezifität. Sie tritt in der Industrie typischerweise als Merkmal von Werkzeugen oder Anlagen auf. Als Beispiel sind spezifische Werkzeuge für die Formgebung eines nur bei einem bestimmten Automobilhersteller verwendbaren Preßteils zu nennen. Spezifität ist aber nicht nur auf Anlagen oder Werkzeuge beschränkt. Auch Know-how, Personalqualifikationen, Logistik, Fertigungsverfahren oder Qualitätseigenschaften können spezifisch sein. Mit zunehmender Spezifität der Leistungen erhöhen sich die gegenseitigen Abhängigkeiten und Sicherungsbedürfnisse, da im Extremfall der Besteller der einzige Abnehmer und der Lieferant der einzige Hersteller der spezifischen Leistung ist. Dies verlangt einen stabilen und integrativen Rahmen wie z. B. langfristige Verträge, Arbeitsverträge oder interne Produktionsorganisation zur effizienten Bewältigung des Leistungsaustausches. So können die Vertragsparteien im Vertrauen auf einen längerfristigen Rahmen die erforderlichen spezifischen Produktionsfaktoren erwerben oder herstellen, ohne eine Ausnützung dieser Abhängigkeitssituation durch den anderen Vertragspartner zu befürchten zu müssen.

Soweit aber nur unspezifische (standardisierte) Produktionsfaktoren eingesetzt werden, sollten Vertragsformen mit einem geringen Intergrationsgrad Verwendung finden. Hier besteht keine Notwendigkeit für eine Integration, da der Austausch eines

428

Vertragspartners nur geringe Umstiegskosten verursacht. Der marktliche Bezug von Standardteilen ist mit deutlich geringeren Transaktionskosten verbunden als die interne (oftmals bürokratische) Verwaltung bei Eigenfertigung.

Die zweite für eine Transaktionskostenanalyse herausragende Eigenschaft ist die strategische Bedeutung von Leistungen bzw. Teilleistungen. Hier zeigen sich zwei Wirkungsrichtungen von Transaktionskosten: Zum einen sind strategisch wichtige Leistungen in der Regel gleichzeitig ausgesprochen unternehmensspezifische Leistungen, da sich Unternehmen mit diesen Leistungen ganz gezielt von anderen Wettbewerbern differenzieren wollen. Aus den beim Spezifitätskriterium genannten Gründen erscheinen daher – soweit das notwendige Know-how verfügbar oder aufbaubar ist – mit ansteigender unternehmensstrategischer Bedeutung höher integrierte, interne Koordinationsformen effizienter als „einfache" marktliche Vertragsformen. Die zweite anzusprechende Wirkungsrichtung der Spezifität betrifft den Schutz und die Geheimhaltung strategisch bedeutsamer Leistungen. So wird mit vertretbarem Aufwand häufig nur intern ein Schutz des strategisch relevanten Wissens gelingen. Der Fremdbezug strategisch bedeutsamer Problemlösungen würde zusätzlich erhebliche Überwachungs- und Kontrollkosten nach sich ziehen.

Strategische Bedeutung

Die Unsicherheit in bezug auf qualitative, quantitative, terminliche oder technische Änderungen ist eine weitere Eigenschaft, die die Wirkungsweise der zuvor erörterten Eigenschaften unterstützt. Sind z. B. spezifische Investitionen erforderlich, erschwert eine zunehmende Unsicherheit die längerfristige vertragliche Absicherung dieser Investitionen. Je höher die Unsicherheit bezüglich Design, Qualität oder z. B. Nachfrage nach Teilen, desto weniger gelingt eine umfassende vertragliche Absicherung; die Transaktionskosten bei Formulierung des Vertrages oder bei nachvertraglichen Anpassungen mit Externen steigen u. U. auf ein prohibitives Niveau. Spezifische und/oder strategisch relevante Leistungen lassen sich daher bei hoher Unsicherheit in einer internen Produktions- und Führungsorganisation mit weniger Aufwand abwickeln als in kurzfristigen Marktverträgen. Stark änderungsintensive, aber standardisierte und strategisch nicht bedeutsame Leistungen können dagegen effizient über (evtl. modifizierte) marktliche Verträge (z. B. Rahmenvereinbarungen mit flexiblen Abrufmengen) eingebunden werden.

Unsicherheit

Als weitere, die zuvor angesprochenen Wirkungsrichtungen unterstützende Eigenschaft ist die Häufigkeit zu nennen, mit der eine Leistung zu erbringen ist. Das Merkmal „unterstützend" bedeutet hier wiederum, daß eine unternehmensinterne Erstellung – auch bei hohen erforderlichen Stückzahlen – nur dann erfolgen sollte, wenn diese Leistungen spezifisch und strategisch bedeutsam (gegebenenfalls auch unsicher) sind. Je häufiger eine spezifische, strategische (und gegebenenfalls unsichere) Leistung zu erstellen ist, desto stärker ist die Tendenz zur vertikalen Integration dieser Leistung. Die Begründung liegt darin, daß sich Eigenerstellungskapazitäten meist erst ab einer gewissen Menge wirtschaftlich rechnen. Bei Großunternehmen ist deshalb auch die Tendenz zur wirklich internen Eigenerstellung spezifischer Komponenten größer als bei kleinen Betrieben, die sich stärker auf die enge Zusammenarbeit mit Dritten stützen müssen. Standardisierte, strategisch unbedeutende Leistungen sind unternehmensextern wirtschaftlicher zu beziehen – unabhängig von der Menge.

Häufigkeit

Ein- und Auslage-rungs-barrieren	Die Ableitung von Strategien zur Leistungstiefenoptimierung muß neben den relevanten Eigenschaften der Leistungen auch bestimmte Rahmenbedingungen berücksichtigen, die sich als Barrieren für die Integration bzw. Desintegration von Leistungen auswirken können. Hierzu zählen vorrangig die Verfügbarkeit von Know-how und Kapital.
	Wenn Strategieempfehlungen auf Basis der Produkt- bzw. Leistungseigenschaften eine Eigenerstellung nahelegen, ist zu berücksichtigen, daß der Erwerb des notwendigen Entwicklungs-, Fertigungs- und Vertriebs-Know-how mit hohen, oftmals prohibitiven Transaktionskosten verbunden sein kann.
Know-how-Barrieren	Hohe Koordinationskosten entstehen etwa durch die notwendige Übertragung von personengebundenem Wissen ohne die Möglichkeit einer Abwerbung des Know-how-Trägers vom Lieferanten. Auch die Schwierigkeit, den Wert des Know-hows festzustellen, ohne gleichzeitig das Know-how selbst preiszugeben, erschwert den Know-how-Erwerb. Schließlich sind in der eigenen Organisation häufig gar nicht die personellen sowie technisch-organisatorischen Voraussetzungen gegeben, um eventuell angeworbenes neues Know-how zur praktischen Entfaltung zu bringen.
	Unter solchen Rahmenbedingungen muß beispielsweise ein Unternehmen auch bei sehr hohen Ausprägungen der vorgenannten Eigenschaften auf die unternehmensinterne Erstellung verzichten. Eine geringe interne Verfügbarkeit bzw. Entwickelbarkeit von Know-how für spezifische, strategisch wichtige Leistungen erhöht daher die Notwendigkeit zu engen vertikalen Kooperationsformen wie strategische Allianzen, Kapitalbeteiligungen, Joint-Ventures, Ansiedlungen von Lieferanten oder intensive gemeinsame Entwicklungs- und Produktionskooperationen. Im Zuge des Ausbaus neuer kommunikationstechnischer Infrastrukturen in öffentlichen Netzen (z. B. Breitband-ISDN) werden Kooperationsformen in allen Unternehmensbereichen leichter realisierbar und ökonomisch relevanter (vgl. Reichwald 1991 b).
Kapital-Barrieren	Begrenzte Verfügbarkeit von Kapital für die Entwicklung und Erstellung strategisch wichtiger Teilleistungen bei zugleich umfangreichem und risikoreichem Kapitaleinsatz verstärkt die Dringlichkeit von geeigneten Kooperationen und Zusammenschlüssen (Entwicklungs- oder Fertigungskooperationen, strategische Allianzen auch unter Beteiligung Dritter, wechselseitige Beteiligung, Joint Ventures). Nur auf diese Weise können zukunftsbezogene kapitalintensive Strategien, die eigentlich unternehmensintern verwirklicht werden sollten, erfolgreich umgesetzt werden. Die begrenzte Verfügbarkeit von Kapital zwingt selbst Großunternehmen dazu, nur spezifische und strategisch relevante Entwicklungs- und Produktionsaufgaben zu integrieren, da die Integration anderer, weniger anspruchsvoller Aufgaben Kapital binden würde, das dann für die Kernaufgaben nicht mehr zur Verfügung steht.
	Weitere Barrieren wie z. B. das Ausmaß der Standortflexibilität, beschäftigungspolitische Restriktionen, logistische Besonderheiten, die Verfügbarkeit von informations- und kommunikationstechnischen Infrastrukturen (etwa als Voraussetzung für bestimmte Formen marktorientierter Kooperation) oder rechtliche Bedingungen sind als zusätzliche Situationsspezifika in die Analyse einzubeziehen.

430

Betrachtet man die Wirkungsweisen der Eigenschaften und Rahmenbedingungen kombiniert, so kann für jede Teilleistung eine Strategie für die Leistungstiefenoptimierung abgeleitet werden. **Eine Auslagerung von Leistungen bzw. ein klassischer Fremdbezug erscheint bei einfachen, d. h. gut strukturierten, standardisierten und sicheren, also gut planbaren Unternehmensleistungen angebracht.** Bei solchen Leistungen verfügen Lieferanten über Produktionskostenvorteile gegenüber der Eigenerstellung. Dies ist deshalb der Fall, weil sie die Leistungen (zumindest aber wesentliche Komponenten dieser Leistungen) für mehrere Kunden produzieren und dadurch Größenvorteile (economies of scale) erzielen. Zugleich bietet der Fremdbezug bei einer solchen Eigenschaftskonstellation Transaktionskostenvorteile. **Ein Eigensteller hat somit sowohl Produktions- als auch Transaktionskostennachteile.**

Ableitung von grund- legenden Strategie- empfehlungen

Leistungen sollten dagegen selbst erstellt werden, wenn sie strategisch wichtig und innovativ, unternehmensspezifisch und unsicher sind sowie häufig anfallen. Bei solchen Leistungen sinken die Produktionskostenvorteile von Lieferanten, da sich mit zunehmender Spezifität Größenvorteile aufgrund der abnehmenden Anzahl von Kunden verringern. Im Extremfall vollkommen spezifischer Leistungen findet der Lieferant nur noch einen Besteller. Unter Verwendung gleicher Produktionstechnologie und bei gleicher Produktionsorganisation können sich die Produktionskosten von Lieferanten und Eigensteller auf gleicher Höhe einstellen. Zugleich können bei solchen Leistungen die Transaktionskosten in integrativen Organisationsformen wesentlich besser beherrscht und niedriger gehalten werden als im klassischen Fremdbezug. **Bei hochspezifischen Leistungen hat demnach der Eigensteller keinen Produktionskostennachteil, aber einen erheblichen Transaktionskostenvorteil.**

Integration setzt allerdings voraus, daß das erforderliche Know-how vorhanden oder zumindest mit vertretbarem Aufwand entwickelbar ist.

Vertikale Kooperationsformen wie strategische Partnerschaften, Kapitalbeteiligungen oder z. B. Entwicklungskooperationen erscheinen schließlich dann effizient, wenn bei sehr unternehmensspezifischen und strategisch bedeutsamen sowie häufig anfallenden und unsicheren Leistungen das unternehmensexterne Know-how deutlich überlegen ist.

Aus der Fertigungstiefenoptimierung ergibt sich ein strategischer Rahmen für die weiteren Strukturentscheidungen der Produktionswirtschaft.

b) Organisatorische Strukturmerkmale der Produktion

Im folgenden steht die Gestaltung der intern zu erstellenden Leistungen im Vordergrund. In der Organisation des Produktionsablaufs kommt der Grundsatzcharakter produktionswirtschaftlicher Strukturentscheidungen besonders deutlich zum Ausdruck. Das Leistungsangebot eines Industriebetriebes und seine Beziehungen zum Beschaffungs- und Absatzmarkt bestimmen die Ausprägung einer Produktionswirtschaft bezüglich der Merkmale Komplexität und Variabilität (Produktionstyp nach Abbildungen 4.3 und 4.4, S. 405 f.). Der Produktionstyp steht in enger Wechselwirkung zu den Organisationstypen der Fertigung, zu den Prozeßtypen der Fertigung und zu den Formen der industriellen Arbeitsorganisation.

Organisationstypen der Fertigung

Nach dem Gesichtspunkt der Zusammenfassung von Maschinen und Arbeitsplätzen zu fertigungstechnischen Einheiten und deren räumlicher Anordnung lassen sich als allgemeine Organisationstypen der Fertigung die Werkstattfertigung, die Fließfertigung, die Gruppenfertigung und die Baustellenfertigung unterscheiden.

Werkstatt-
fertigung

Bei der Werkstattfertigung erfolgt die räumliche Anordnung der Produktiveinheiten nach dem Verrichtungs- bzw. Funktionsprinzip. Maschinen- und Arbeitsplätze mit gleichartigen Funktionen werden in einer fertigungstechnischen Einheit, der Werkstatt, zusammengefaßt. Bei dieser Organisationsform sind z. B. alle Fräsmaschinen in einer Werkstatt, alle Drehmaschinen in einer anderen Werkstatt zusammengefaßt (vgl. Abbildung 4.13). Alle Produkte, an denen z. B. eine Fräsung oder ein Drehvorgang vorgenommen werden soll, müssen zu diesen Werkstätten transportiert werden. Der Produktionsablauf eines Produktes wird somit durch die notwendigen Verrichtungen und den innerbetrieblichen Standort der beteiligten Werkstätten bestimmt. Grundsätzlich findet die Werkstattfertigung dann Anwendung, wenn der Produktionsprozeß wegen eines häufigen Produktwechsels mit unterschiedlichen Arbeitsgängen und Arbeitsgangfolgen nicht nach einem standardisierten Arbeitsablauf erfolgen kann. Die Werkstattfertigung eignet sich deshalb besonders für die auftragsorientierte Einzelfertigung (Produktionstyp I), aber auch für die gemischte Serienfertigung (Produktionstyp II).

Koordina-
tions-
problematik

Das organisatorische Problem der Werkstattfertigung liegt in der **Koordinations- und Abstimmungsvielfalt**, besonders wenn zahlreiche Einzelaufträge in mehrstufiger Produktion bearbeitet werden müssen. Eine optimale Abstimmung der Arbeitsgänge über verschiedene Bearbeitungsstufen kann bei der Auftragsvielfalt, die für die auftragsorientierte Einzelfertigung typisch ist, in der Regel nicht erreicht werden. Als Folge bilden sich in den einzelnen Werkstätten Warteschlangen, die mit Liegezeiten und Zwischenlagerung der Werkstücke und Materialien verbunden sind.

Teil-
optimierungs-
probleme

Typisch für die Werkstattfertigung ist die kaum überschaubare Komplexität der Koordinationszusammenhänge. Lange Durchlaufzeiten, Planungspuffer und stets notwendige Anpassungen der tatsächlichen Situation an den Produktionsplan sind charakteristisch für das Komplexitätsproblem. Um die Gesamtkomplexität der Produktionsplanung und -steuerung bei der Werkstattfertigung zu reduzieren, wird die Gesamtaufgabe in Teiloptimierungsprobleme

– der Losgrößenwahl,
– der Maschinenbelegung,
– der Festlegung der optimalen Reihenfolge für die Bearbeitung von Aufträgen,
– der Durchlaufzeitoptimierung
– und der Transportkostenminimierung

432

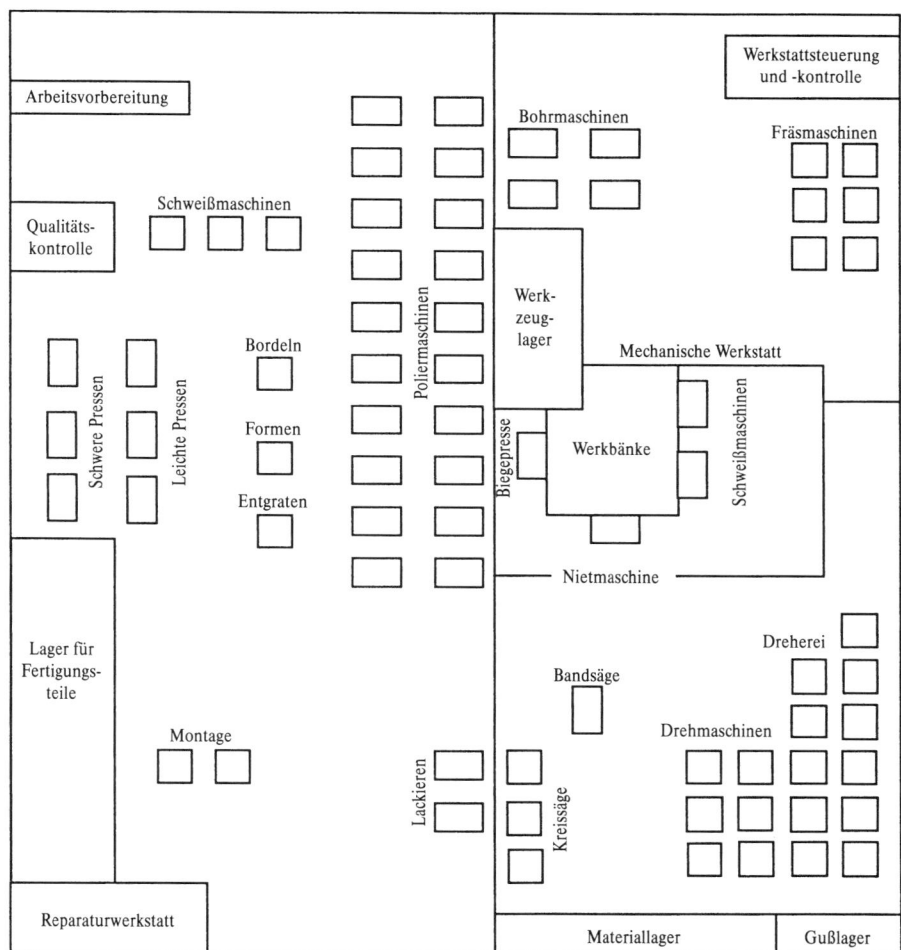

Abbildung 4.13: Beispiel einer Werkstattfertigung

zerlegt. Sie sind im Rahmen der Prozeßplanung und -steuerung zu bewältigen (vgl. S. 536 ff. sowie S. 561 ff.). Bei Werkstattfertigung gelingt es nur bedingt, die Durchlaufzeiten für die Werkstattaufträge zu minimieren und gleichzeitig eine kostenoptimale Auslastung aller Maschinen und Arbeitsplätze zu erreichen. Da sich diese Ziele oft unvereinbar gegenüberstehen, spricht man auch vom **„Dilemma der Ablaufplanung" bei der Werkstattfertigung.**

Diesen Schwierigkeiten einer optimalen Koordination und Abstimmung stehen allerdings Vorteile im Bereich der Anpassungsmöglichkeiten gegenüber. So zeichnet sich die Werkstattfertigung als besonders flexibel aus (zur Flexibilität vgl. Reichwald/ Behrbohm 1983, Bohr/Eberwein 1989, Corsten 1990, Fotilas 1983, Hedrich 1983,

Flexibilität

433

Kaluza 1989, Krallmann 1987, Krcmar 1990 b). Änderungen im Produktionsprogramm, Störungen im Produktionsablauf, Nachfrageschwankungen oder Engpässe im Bereich des Personal- oder Materialeinsatzes können gut bewältigt werden, da die einzelnen Werkstätten und Werkstatteinheiten unabhängig voneinander arbeiten können. Hinzu kommt, daß im Rahmen einer Werkstattfertigung in der Regel qualifizierte Arbeitskräfte eingesetzt werden, die gute Voraussetzungen für produktionswirtschaftliche Innovationen mitbringen (vgl. zur Qualifikation z. B. Günther 1989, Henning/Mai 1990, Kubicek 1987, Weltz u. a. 1989, Zink/Schick 1984).

Fließfertigung

Die Fließfertigung stellt den extremen Alternativtyp zur Werkstattfertigung dar. **In der Fließfertigung werden Maschinen und Arbeitsplätze nach dem Fertigungsablauf eines Produktes (Objektprinzip) angeordnet, d. h. die Standorte der Maschinen- und Arbeitsplätze werden so festgelegt, wie es die Reihenfolge der Arbeitsgänge für ein Produkt erforderlich macht** (vgl. Abbildung 4.14, vgl. folgende Seite). Die Abstimmung der einzelnen Arbeitsgänge über alle Produktionseinheiten erfolgt bei Fließfertigung über ein Fördersystem (z. B. Fließband), das den stetigen, gleichmäßigen Produktionsfluß ermöglicht. Die zeitliche Abstimmung kann einmal durch den technischen Prozeß bedingt sein (Zwangsablauffertigung), oder sie wird durch eine Zerlegung des Herstellungsprozesses in zeitlich gleiche Arbeitstakte (Taktzeit) erreicht. Die Dauer eines Arbeitsganges an einem Maschinen- oder Arbeitsplatz muß gleich der Taktzeit sein oder ein ganzes Vielfaches dieser Zeit betragen.

Band-organisation

Straßen-fertigung

Die Bandorganisation bildet die häufigste Ausprägung der Fließfertigung. Hierbei gibt die kontinuierliche oder schrittweise Fortbewegung des Förderbandes die Gewähr für die Einhaltung der vorgegebenen Taktzeit. Eine weitere Ausprägung des Fließprinzips ist die Straßenfertigung. Bei dieser Variante sind die Maschinen und Arbeitsplätze zwar ebenfalls in der Reihenfolge des Produktionsflusses angeordnet, jedoch fehlt der Zeitzwang für die einzelnen Bearbeitungsschritte und somit auch ihre vollkommene zeitliche Abstimmung.

Vorteile der Fließfertigung

Allen Varianten der Fließfertigung ist gemeinsam, daß ihre Anwendung weitgehende Gewißheit über die Eigenschaften der zukünftig herzustellenden Produkte voraussetzt. Der deterministische Produktionsablauf schafft beste Voraussetzungen für die Planung, Steuerung und Kontrolle des Material- und Fertigungsflusses. Die Fließfertigung eignet sich daher besonders gut für die Realisierung großer, gleichartiger Produktionsmengen (Produktionstyp III). Im Vergleich zur Werkstattfertigung sind vor allem die Durchlaufzeiten kürzer, Zins- und Lagerkosten für Zwischenprodukte geringer, Lernerfolge der Arbeiter durch die immerwährende Wiederholung der Verrichtungen größer und die Arbeitsgeschwindigkeit infolge der stärkeren Spezialisierung höher. Da der Produktionsprozeß durch die Fließorganisation weitgehend strukturiert und relativ übersichtlich ist, läßt sich ferner die Prozeßplanung leichter bewältigen.

434

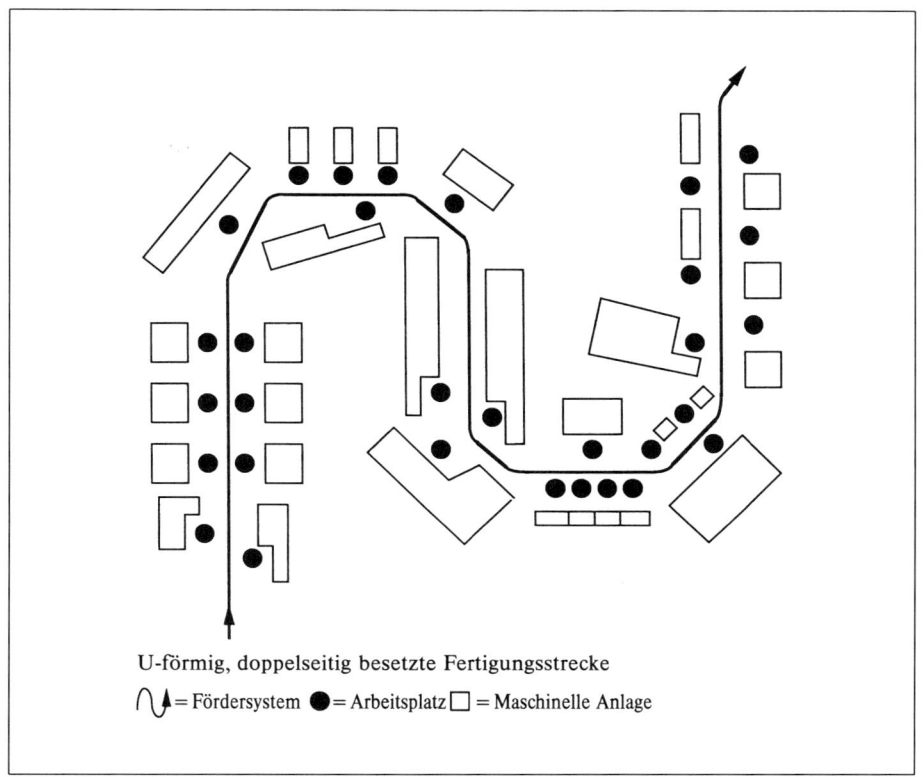

U-förmig, doppelseitig besetzte Fertigungsstrecke

∩↓ = Fördersystem ● = Arbeitsplatz □ = Maschinelle Anlage

Abbildung 4.14: Beispiel einer Fließfertigung

Die ökonomischen Nachteile der Fließfertigung liegen in der Störanfälligkeit und der niedrigen Flexibilität, insbesondere bei Anpassungen an Marktveränderungen (neue Produkte, Nachfrageschwankungen). Durch die technologisch bedingten Abhängigkeiten vor- und nachgelagerter Arbeitsschritte verursachen Störungen in der Materialversorgung oder im Produktionsapparat eine Unterbrechung des gesamten Produktionsprozesses. Die Inflexibilität bei Nachfragerückgang ist bedingt durch die Kapitalintensität. Sie führt zu einem hohen Fixkostenvolumen, das bei Auslastungsrückgang einen steilen Anstieg der Stückkosten bewirkt. Die Vorteile der Fließfertigung sind die Nachteile der Werkstattfertigung und umgekehrt (Behrbohm 1985). *Nachteile der Fließfertigung*

Die traditionelle Gegenläufigkeit zwischen Produktivität und Flexibilität bei Werkstatt- und Fließfertigung wird allerdings durch den Einsatz flexibler Fertigungssysteme und moderner Computertechnologie zur Produktionsautomatisierung (z. B. Roboter) entschärft (siehe Abschnitt III.2). Im Zuge der Durchdringung der Produktionstechnologie mit modernen Informations- und Kommunikationstechniken wird die Werkstattfertigung produktiver und die Fließfertigung flexibler. Deshalb wird die Fließfertigung auch zunehmend für den Produktionstyp II eingesetzt. *Flexible Fertigungssysteme und Produktionsautomatisierung*

435

Gruppen- *fertigung*	Der Organisationstyp der **Gruppenfertigung** kann als Kompromiß zwischen Werk-statt- und Fließfertigung angesehen werden. Die Vorteile des Fließprinzips sind hier insofern realisiert, als **innerhalb bestimmter fertigungstechnischer Einheiten, den soge-nannten Funktionsgruppen, die Maschinen und Arbeitsplätze in der Reihenfolge der Arbeitsgänge angeordnet sind.** Funktionsgruppen mit Fließfertigung können für die Herstellung solcher Einzelteile zweckmäßig sein, die im Erzeugnisprogramm in gro-ßen Mengen vorkommen. Besonders günstig ist diese Fertigungsstruktur dann, wenn sämtliche Erzeugnisse aus den Teilen zusammengesetzt werden können, die in ver-schiedenen Funktionsgruppen hergestellt werden (**Baukastenprinzip**, siehe hierzu Abschnitt II.1.f). (Zur Fertigungsinsel und zu Fertigungssegmenten als speziellen Ausprägungen des Gruppenprinzips vgl. Abschnitt II.1.b.)

Gruppen-
fertigung

Der Organisationstyp der **Gruppenfertigung** kann als Kompromiß zwischen Werk-statt- und Fließfertigung angesehen werden. Die Vorteile des Fließprinzips sind hier insofern realisiert, als **innerhalb bestimmter fertigungstechnischer Einheiten, den soge-nannten Funktionsgruppen, die Maschinen und Arbeitsplätze in der Reihenfolge der Arbeitsgänge angeordnet sind.** Funktionsgruppen mit Fließfertigung können für die Herstellung solcher Einzelteile zweckmäßig sein, die im Erzeugnisprogramm in gro-ßen Mengen vorkommen. Besonders günstig ist diese Fertigungsstruktur dann, wenn sämtliche Erzeugnisse aus den Teilen zusammengesetzt werden können, die in ver-schiedenen Funktionsgruppen hergestellt werden (**Baukastenprinzip**, siehe hierzu Abschnitt II.1.f). (Zur Fertigungsinsel und zu Fertigungssegmenten als speziellen Ausprägungen des Gruppenprinzips vgl. Abschnitt II.1.b.)

Baustellen-
fertigung

Bei allen bisher beschriebenen Organisationstypen der Fertigung wird das Werkstück zu den Maschinen und Arbeitsplätzen bewegt. **Die Baustellenfertigung ist dadurch gekennzeichnet, daß das Produktionsobjekt an einen festen Standort gebunden ist und alle Produktionsmittel zur Baustelle herangeschafft werden müssen.** In der Regel findet sich dieser Organisationstyp der Fertigung in speziellen auftragsorientierten Indu-striezweigen, wie z. B. im Fabrikanlagenbau, dem Hoch- und Tiefbau und teilweise in der Werftindustrie.

Abbildung 4.15 faßt die charakteristischen Merkmale sowie die Vor- und Nachteile der Organisationstypen der Fertigung im Überblick zusammen. Dabei ist zu berück-sichtigen, daß Strukturentscheidungen über den Ablauf der Produktion nicht unab-hängig vom **Leistungsangebot** und dem **Marktbezug** eines Industriebetriebes zu sehen sind.

Prozeßtypen der Fertigung

Während der Organisationstyp der Fertigung bei der räumlichen Anordnung der Ma-schinen und Arbeitsplätze ansetzt, knüpft der Prozeßtyp der Fertigung an die Wieder-holung der Fertigungsvorgänge an. Die Wahl des Prozeßtyps hängt von der Produktart, den Nachfragegegebenheiten und den Organisationstypen der Fertigung ab.

Einzel-
fertigung

In der Einzelfertigung wird der Produktionsablauf jeweils auf die Erstellung eines ein-zelnen Produktes abgestellt. Die zu berücksichtigenden Produkteigenschaften richten sich nach den individuellen Wünschen der Kunden. Beispiele hierfür sind der Anla-genbau oder der Werkzeugmaschinenbau. Jeder Produktionsvorgang muß indivi-duell geplant, gesteuert und abgewickelt werden.

Serien- und
Sorten-
fertigung

Bei der Sorten- oder Serienabfertigung wird ein Produkt mehrfach nacheinander her-gestellt. Der Sortenfertigung liegt dabei ein einheitliches Ausgangsmaterial als Cha-rakteristikum der einzelnen Sorten zugrunde (z. B. Bekleidungsindustrie). Die Serienfertigung ist durch fertigungstechnische Besonderheiten der einzelnen Pro-duktvarianten gekennzeichnet (z. B. Elektrogeräte). Eine exakte Abgrenzung zwi-schen Serien- und Sortenfertigung ist jedoch nicht immer möglich. Beide Typen können markt- oder auftragsorientiert sein.

436

Organisationstypen der Fertigung			
	Werkstattfertigung	**Gruppenfertigung**	**Fließfertigung**	**Baustellenfertigung**

	Werkstattfertigung	**Gruppenfertigung**	**Fließfertigung**	**Baustellenfertigung**
Anordnung der Potential-faktoren	Verrichtungs-orientierung	Objektorientierung		Sonderform für unbewegliche Erzeugnisse
Charakteri-stikum	Räumliche Zu-sammenfassung gleichartiger Funktionen und Arbeitsverrich-tungen (z. B. Dreherei, Bohre-rei, Fräserei)	Räumliche Zu-sammenfassung verschiedener Be-triebsmittel zu Funktionsgrup-pen. Möglichkeit der Anwendung neuer Formen der Arbeitsstruk-turierung, z. B. teilautonome Gruppen	Anordnung der Betriebsmittel und Arbeitsplätze nach der Arbeits-gangfolge. Kontinuierlicher Fertigungsfluß wird durch zeit-liche Abstim-mung der Ar-beitstakte er-reicht.	Betriebsmittel und Arbeitskräfte werden zum Ob-jekt transportiert (ortsfestes Ar-beitsobjekt und standortvariable Produktivein-heiten).
typischer Anwendungs-bereich	Werkzeug-maschinenbau	wie bei Werk-statt- und Fließ-fertigung	Konsumgüter-industrie Kraftfahrzeug-industrie	Bauwirtschaft Großanlagenbau Projektierungs-geschäfte
Vor- und Nachteile	+ hohe Flexibilität + geringe Umstell-zeiten und -kosten + relativ geringe Kapitalbindung + größere Hand-lungs- und Ent-scheidungsspiel-räume der Arbeitskräfte − schwierige Ferti-gungsplanung und -steuerung − hohe Transport-kosten − Zwischenlagerbil-dung − lange Durchlauf-zeiten − ungleichmäßige Kapazitätsausla-stung	Versuch, als Zwi-schentyp die Vor-teile der Werk-statt- und der Fließfertigung zu verbinden und Nachteile zu mildern. Gegenüber der Werkstattferti-gung: + höhere Über-sichtlichkeit der Fertigung + geringere Trans-portzeiten Gegenüber der Fließfertigung: + höhere Flexibili-tät	+ geringe Anforde-rungen an die Fertigungssteue-rung + niedrige Trans-portkosten + niedrige Durch-laufzeiten + Vorteile durch Ar-beitsteilung und Spezialisierung − hoher Kapital-bedarf für die Fertigungsein-richtung − reagiert empfind-lich auf Störun-gen des Ablaufs − starre Produktion − geringe Hand-lungs- und Ent-scheidungsspiel-räume der Ar-beitskräfte	besondere Pro-blembereiche: − Planung der Bau-stelleneinrich-tung − Realisierung der Transportkette − Planung der tech-nologischen Ab-läufe

Abbildung 4.15: Organisationstypen der Fertigung

Chargen-fertigung	Eine besondere Ausprägung der Serien- und Sortenfertigung, die vorwiegend in der Stahlindustrie, in der Getränkeindustrie und in der chemischen Industrie auftritt, bildet die **Chargenfertigung**. Sie ist dadurch gekennzeichnet, daß in einem Produktionsvorgang, z. B. in einem Behälter, eine größere Produktmenge („Charge") erstellt wird. Dabei können häufig die Ausgangsbedingungen und der Prozeß nicht konstant gehalten werden, so daß eine ungewollte Produktdifferenzierung eintritt.
Massen-fertigung	**Bei der Massenfertigung wird der Produktionsprozeß nach einem festgelegten Standardablauf permanent wiederholt.** In der Regel liegt eine marktorientierte Produktion von Standardprodukten in großen Mengen vor (z. B. Lebensmittelindustrie).
Beziehungen zwischen Organisa-tionstypen und Prozeß-typen der Fertigung	Die Prozeßtypen der Fertigung sind in engem Zusammenhang zu den Organisationstypen der Fertigung zu sehen. So ist beispielsweise der Organisationstyp der Fließfertigung in der Regel nur mit den Prozeßtypen Serien- und Sortenfertigung bzw. Massenfertigung vereinbar, der Organisationstyp der Werkstattfertigung vorwiegend mit den Prozeßtypen Einzel- oder Serienfertigung (vgl. Abbildung 4.17, S. 442).

Formen der Arbeitsorganisation

Die organisatorische Strukturierung des Produktionsablaufs bestimmt auch den Einsatz der Produktionstechnologie, die Gestaltung des Informations- und Materialflusses und die Rahmenbedingungen für die Arbeitssituation in der Fertigung. Letzteres wird auch mit den Begriffen **Arbeitsorganisation bzw. Arbeitsstrukturen** belegt.

Arbeitsteilung	Die Organisation des Produktionsablaufs steht in enger Verbindung zu Art und Ausmaß der Arbeitsteilung (vgl. auch Teil 2, S. 79 u. 124 ff.). Die Fließfertigung, der eine hohe Strukturiertheit der Aufgabe, deterministische Festlegung des Ablaufs und geregelter Informations- und Materialfluß zugrunde liegen, bedingt eine **verrichtungsorientierte Arbeitsteilung**. Dabei wird die Gesamtaufgabe der Produktion in Einzelverrichtungen zerlegt; im Extremfall verrichten Arbeitskräfte gleichbleibende, sich ständig wiederholende Bearbeitungsschritte. Demgegenüber bieten die Gruppenfertigung und vor allem die Werkstattfertigung gute Möglichkeiten für eine **objektorientierte Arbeitsteilung**, bei der einzelnen Arbeitskräften oder Arbeitsgruppen bestimmte Produktionsaufgaben ganzheitlich übertragen werden (vgl. Reichwald 1988, Reichwald/Bellmann 1991).
Prinzipien des Taylorismus	Die Fließfertigung wird aus der Sicht der Arbeitsorganisation mit den Prinzipien des Taylorismus in Verbindung gebracht. Der ingenieurwissenschaftliche Ansatz von Taylor (Taylor 1913) basiert auf drei Prinzipien:

1. Personelle Trennung von geistiger Arbeit und ausführender Arbeit,
2. Konzentration der Methodik der Arbeitszerlegung auf die ausführende Arbeit und
3. räumliche Ausgliederung aller konzeptionellen, steuernden und überwachenden Arbeitsinhalte aus der Werkstatt.

438

Die Trennung von dispositiver und ausführender Arbeit sowie die Zerlegung des Arbeitsprozesses in Einzelbearbeitungsschritte (Taylorisierung) bewirken vielfältige ökonomische Vorteile (vgl. z. B. Kossbiel 1974, Bellmann 1989):

Ökonomische Vorteile der Arbeitsteilung

- Einsatz von Arbeitskräften nach speziellen Fähigkeiten und Begabungen,
- Einsatzmöglichkeiten auch für niedrig qualifizierte Arbeitskräfte,
- schnelles Wirksamwerden von Lern- und Übungseffekten durch häufige Wiederholung,
- geringe Anlern- und Einarbeitungsphasen,
- leichte Ersetzbarkeit von Arbeitskräften (Springerdienste),
- hohe Transparenz des Produktionsablaufs und damit gute Voraussetzungen für den Einsatz von Planungs-, Steuerungs- und Kontrollinstrumenten,
- Einsatz von Spezialmaschinen und Spezialwerkzeugen mit hohen Kostendegressionseffekten.

Den ökonomischen Vorteilen stehen erhebliche Nachteile vorwiegend im Bereich der Arbeitsbedingungen gegenüber:

Nachteile der Arbeitsteilung

- Die Trennung von dispositiver und ausführender Arbeit führt bei qualifizierten Arbeitskräften zur Unterforderung,
- ein hohes Maß an verrichtungsorientierter Zerlegung ausführender Arbeiten führt zu Monotonie und in der Folge zu schneller psychischer und physischer Ermüdung,
- durch die starke Zerstückelung des Fertigungsprozesses hat der einzelne Arbeitnehmer kaum noch Beziehung zur Gesamtaufgabe (Sinnentleerung bzw. Entfremdung der Arbeit),
- zerstückelte Arbeitsinhalte können zu einseitigen Belastungen und längerfristig zu gesundheitlichen Schäden führen,
- sinkende Lern- und Anpassungsfähigkeit an neue Aufgaben aufgrund verengter, einseitiger Arbeitserfahrungen.

Diese Nachteile für den Arbeitsinhalt und die Arbeitsqualität bei tayloristischen Arbeitsstrukturen zeigen längerfristig auch negative ökonomische Folgen (vgl. Teil 6, S. 803 f.), z. B. aufgrund

- eines Nachlassens der Arbeitszufriedenheit und der Motivation,
- eines Mangels an Identifikation mit der Betriebsaufgabe, was zu Krisenanfälligkeiten des Industriebetriebes führen kann,
- zunehmender Schwierigkeiten bei der Anpassung an Produkt- oder Verfahrensinnovationen, was eine breiter angelegte Qualifikation erforderlich macht.

Vor diesem Hintergrund wurden **Strategien zur Überwindung tayloristischer Arbeitsstrukturen** entwickelt, die am Grad der Arbeitsteilung und am Handlungsspielraum des arbeitenden Menschen ansetzen. Das auf Ulich zurückgehende Konzept des Handlungsspielraums weist zwei Dimensionen auf (vgl. Ulich u. a., 1973):

Konzept des Handlungsspielraums

- die horizontale Dimension des Tätigkeitsspielraums,
- die vertikale Dimension des Entscheidungs- und Kontrollspielraums (vgl. Abbildung 4.16).

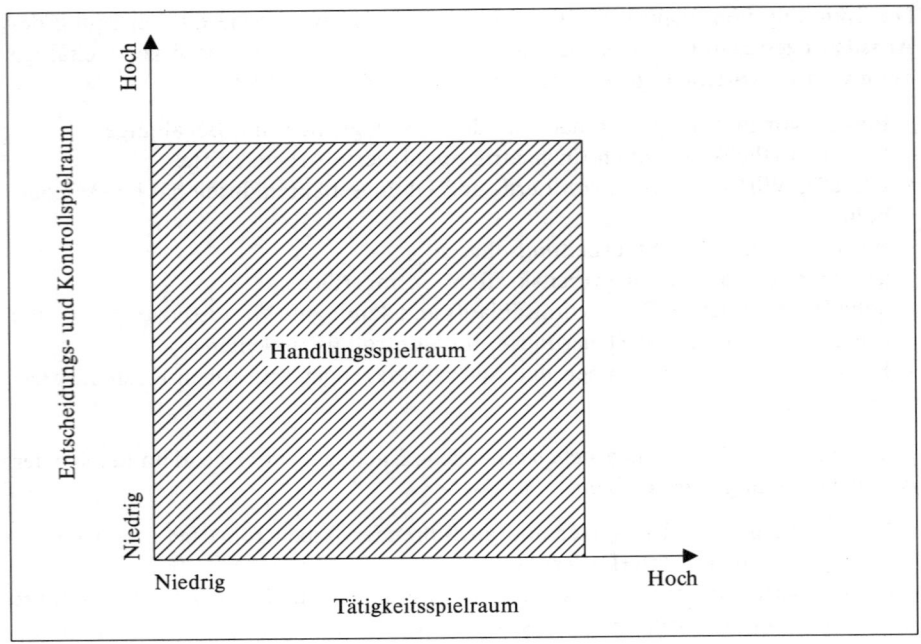

Abbildung 4.16: Modell des Handlungsspielraumes

Quelle: Ulich u. a. (1973)

Der **Tätigkeitsspielraum** umfaßt das Ausmaß der Verschiedenartigkeit der auszuführenden Tätigkeiten. Der **Entscheidungs- und Kontrollspielraum** ist durch den Umfang von Planungs- und Kontrollbefugnissen und den Freiraum für selbständige organisatorische Regelungen gekennzeichnet. Der Entscheidungs- und Kontrollspielraum bringt den Grad autonomen Handelns zum Ausdruck.

Formen der Arbeitsstrukturierung

Anhand dieser beiden Dimensionen lassen sich die vier heute am meisten diskutierten Formen der Arbeitsstrukturierung ableiten, die in enger Beziehung zum Programm einer menschengerechten Gestaltung der industriellen Arbeitsorganisation stehen (vgl. die ausführlichen Darstellungen im Teil 6, S. 804 ff.). Dabei zeigt sich allerdings, daß die Organisationstypen der Fertigung und die mit ihnen in Zusammenhang stehenden Prozeßtypen unterschiedliche Freiheitsgrade für die Realisierung menschengerechter Arbeitsstrukturen bieten.

Job rotation

Beim job rotation **(Arbeitsplatzwechsel)** tauschen die Mitarbeiter nach gegenseitiger Absprache oder einem festen System regelmäßig ihren Arbeitsplatz. Die vorherrschende Struktur der Arbeitsteilung wird durch das job rotation nicht berührt, für den einzelnen Mitarbeiter wird lediglich der Tätigkeitsspielraum erweitert (horizontale Integration durch Wechsel).

Job enlargement

Beim job enlargement **(Arbeitserweiterung)** werden dem einzelnen Mitarbeiter zusätzliche Aufgaben übertragen, d. h. auch hier wird lediglich der Tätigkeitsspielraum

440

erweitert. Die bisherige Arbeitsteilung wird reduziert, indem strukturell gleichartige oder ähnliche Tätigkeiten an einem Arbeitsplatz zusammengeführt werden. Auf diese Weise wird die Arbeit inhaltlich anspruchsvoller und abwechslungsreicher. Der Umfang der Motivationswirkung ist jedoch bei alleiniger Ausweitung des Tätigkeitsspielraumes als begrenzt anzusehen.

Das Konzept des job enrichment (**Arbeitsbereicherung**) schließlich beinhaltet eine quantitative und qualitative Ausweitung der Arbeitsaufgaben, insbesondere durch Einbeziehung von dispositiven und kontrollierenden Aufgaben. Damit wird der Handlungsspielraum in beiden Dimensionen vergrößert sowie Eigenverantwortlichkeit und Wertgefühl der Mitarbeiter gefördert. Auf diese Weise soll eine größere Motivation sowie die Ausschöpfung und Entwicklung von Fähigkeiten der Mitarbeiter erreicht werden (vgl. z. B. Neuberger 1974).

Job enrichment

Am weitestgehenden ist das Konzept teilautonomer Gruppen. Es beinhaltet sowohl eine Ausweitung des Tätigkeits- als auch des Entscheidungs- und Kontrollspielraumes, indem ein relativ autonomer Arbeits- und Entscheidungsbereich für eine Gruppe geschaffen wird. Der Gruppe wird ein zusammenhängender Aufgabenkomplex übertragen, der von ihr eigenverantwortlich zu organisieren und auszuführen ist. Bei diesem Konzept wird auch die Gruppenleitung, die Auswahl der Gruppenmitglieder sowie die Aufgabenverteilung von der Gruppe selbst organisiert. Für die gruppeninterne Arbeitsorganisation können auch die bereits dargestellten Formen des job rotation, job enlargement und job enrichment angewandt werden. Bei der autonomen Gruppenorganisation liegen alle Abstimmungs- und Koordinationsprobleme ausschließlich bei der Gruppe.

Teilautonome Gruppen

Abbildung 4.17 (vgl. folgende Seite) verdeutlicht vereinfachend den Zusammenhang zwischen den Produktionstypen und der Arbeitsorganisation. Während die marktorientierte Massenfertigung (Produktionstyp III) lediglich Konzepte des job-rotation und mit Einschränkungen Konzepte des job-enlargement zuläßt, bieten die Produktionstypen „auftragorientierte Einzelfertigung" und „gemischte Serienfertigung" vielfältigere Möglichkeiten zur Realisierung qualifizierter Arbeitsstrukturen in der Industriearbeit.

Produktionstypen und Arbeitsorganisation

Neuerdings erfährt die Frage der Arbeitsstrukturierung, die überwiegend aus arbeitspsychologischen und arbeitssoziologischen Ansätzen zur Humanisierung der Arbeitswelt resultiert (vgl. z. B. Hackstein 1977, Neuberger 1985), auch aus betriebswirtschaftlicher Sicht neue Anstöße (z. B. Zink 1985, Zink 1988). Die ökonomischen Vorteile computerintegrierter Produktionssysteme, auf die in Kapitel III noch ausführlicher eingegangen wird, sind besonders wirkungsvoll, wenn auch die Arbeitsorganisation für eine ganzheitliche Aufgabenabwicklung geeignet ist. Der Einsatz von Informations- und Kommunikationstechnik in der Produktion und in der Verwaltung wird deshalb heute intensiv mit organisatorischen Forderungen nach einer Reduzierung der Arbeitsteilung und einer damit einhergehenden Erweiterung des Handlungsspielraums in Verbindung gebracht (vgl. Bellmann 1989, Martin 1990, Reichwald 1989, Womack/Jones/Roos 1990). In diesem Zusammenhang bildet das Konzept der Fertigungsinsel und der Fertigungssegmentierung eine interessante Mischform der Organisations- und der Arbeitsstrukturierung in der industriellen Produktion.

Computerintegrierte Produktion und Arbeitsstrukturierung

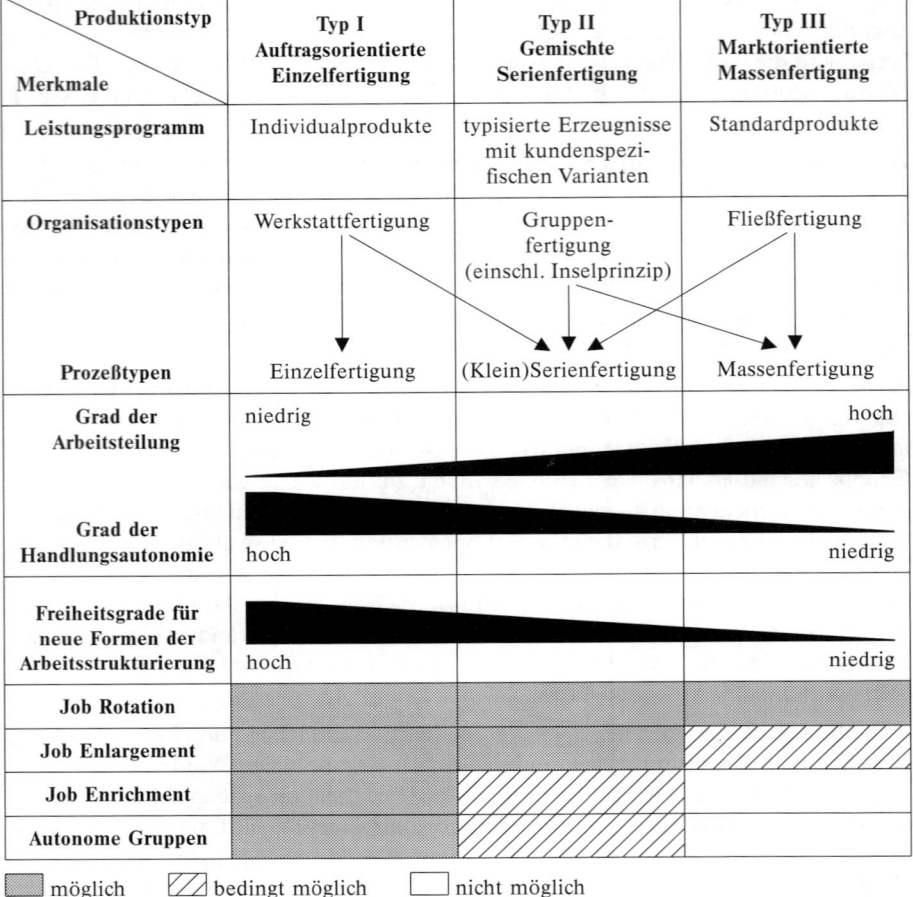

Produktionstyp Merkmale	Typ I Auftragsorientierte Einzelfertigung	Typ II Gemischte Serienfertigung	Typ III Marktorientierte Massenfertigung
Leistungsprogramm	Individualprodukte	typisierte Erzeugnisse mit kundenspezi- fischen Varianten	Standardprodukte
Organisationstypen	Werkstattfertigung	Gruppen- fertigung (einschl. Inselprinzip)	Fließfertigung
Prozeßtypen	Einzelfertigung	(Klein)Serienfertigung	Massenfertigung
Grad der Arbeitsteilung	niedrig		hoch
Grad der Handlungsautonomie	hoch		niedrig
Freiheitsgrade für neue Formen der Arbeitsstrukturierung	hoch		niedrig
Job Rotation	möglich	möglich	möglich
Job Enlargement	möglich	möglich	bedingt möglich
Job Enrichment	möglich	bedingt möglich	nicht möglich
Autonome Gruppen	möglich	bedingt möglich	nicht möglich

■ möglich   ⧄ bedingt möglich   ▢ nicht möglich

Abbildung 4.17: Produktionstypen und Arbeitsorganisation

Fertigungsinsel als Mischform von Organisationstypen der Fertigung

Das Konzept der **Fertigungsinsel** kann als eigenständige Organisationsform bezeichnet werden, die ihren Ursprung in der Gruppenfertigung hat und eine Anwendungsform teilautonomer Gruppen darstellt.

Wesen einer
Fertigungs-
insel

Die Fertigungsinsel ist eine relativ selbständige Organisationseinheit innerhalb der Fertigung. Der Bildung von Fertigungsinseln liegt eine Einteilung der Produktionsaufgabe nach dem **Objektprinzip** zugrunde.

In einer Fertigungsinsel werden alle für die Bearbeitung ähnlicher Objekte notwendigen Arbeitsplätze und Betriebsmittel organisatorisch zusammengefaßt. Derartige Objekte, die mit gleichen Betriebsmitteln gefertigt werden können, bezeichnet man als **Teile-**

442

familien. Die zu einer solchen Teilefamilie gehörenden Produkte bzw. Teilkomponenten können nahezu vollständig innerhalb einer Fertigungsinsel bearbeitet werden (zu den folgenden Ausführungen vgl. Bühner 1986 und 1989).

Die in der Fertigungsinsel Beschäftigten bilden weitgehend **selbständige Arbeitsgruppen**, denen möglichst alle betrieblichen Aufgaben übertragen werden, die den Ablauf vor Ort betreffen. Dazu gehören neben der eigentlichen Teilefertigung auch Aufgaben wie Arbeitsplanung, Terminsteuerung, Beschaffung, Instandhaltung oder Qualitätskontrolle.

Konzentration des Tätigkeits-, Entscheidungs- und Kontrollspielraums

Beim Konzept der Fertigungsinsel wird die traditionelle Aufgabenteilung zwischen planenden und ausführenden Tätigkeiten weitgehend aufgegeben und durch eine dezentrale selbständige Planung und Steuerung des Fertigungsprozesses ersetzt. Das Tätigkeitsfeld der Mitarbeiter ist durch eine weitgehende Selbststeuerung der Arbeits- und Kooperationsprozesse gekennzeichnet, verbunden mit Planungs-, Entscheidungs- und Kontrollfunktionen sowie einer Erweiterung des Dispositions- und Handlungsspielraums unter Verzicht auf eine starre Arbeitsteilung.

Um ein überschaubares Zusammenwirken der Mitarbeiter zu ermöglichen, sollte die einer Fertigungsinsel zugeteilte Gruppe nicht mehr als etwa 10 Mitarbeiter umfassen. Jedes Gruppenmitglied ist an mehreren Arbeitsplätzen tätig und sollte möglichst alle in einer Fertigungsinsel anfallenden Tätigkeiten ausführen können. Durch diesen flexiblen, auf breiter Qualifikation basierenden Personaleinsatz besteht die Möglichkeit, Fehlzeiten von Mitarbeitern auszugleichen, sich in Sonder- oder Störungssituationen gegenseitig zu helfen und nicht auf externe Spezialisten bei Reparatur, Wartung, Planung oder Kontrolle angewiesen zu sein.

An die Qualifikation der Mitarbeiter einer Fertigungsinsel werden also hohe Anforderungen gestellt, da das Tätigkeitsspektrum im Vergleich zu traditionellen Produktionsstrukturen sowohl horizontal als auch vertikal erheblich ausgeweitet ist. Neben neuen Arbeitsinhalten ergeben sich für die Mitarbeiter veränderte Arbeitsbedingungen infolge der Gruppenarbeit bei wechselnden Arbeitsplätzen und -tätigkeiten.

Qualifikationsanforderungen

Das Konzept der Fertigungsinsel ist ein Versuch, die Prinzipien der Arbeitsstrukturierung in der Fertigung umzusetzen. Durch die Erweiterung des Handlungsspielraums der Mitarbeiter sollen Ziele wie eine höhere Zufriedenheit am Arbeitsplatz oder eine Steigerung der Motivation erreicht werden. Gleichzeitig verspricht man sich davon eine höhere Produktivität, höhere Flexibilität und damit letztlich eine verbesserte ökonomische Zielerreichung.

Vorteile von Fertigungsinseln

Wirtschaftliche Vorteile von Fertigungsinseln im Vergleich zu traditionellen Organisationsformen der Fertigung sind vor allem ein vereinfachter Material- und Informationsfluß und eine damit verbundene Reduzierung der Durchlaufzeiten. Die objektbezogene Anordnung der Maschinen verbessert die Übersichtlichkeit des Materialflusses. Transportaufgaben werden von der Fertigungsinsel selbst übernommen und Übergangs- und Lagerzeiten zwischen den Arbeitsgangfolgen reduziert. Im Vergleich zu einer zentralen Terminplanung bei Werkstattfertigung vereinfacht sich der Informationsfluß, da er bei Fertigungsinseln durch eine weitestgehende Selbststeuerung ersetzt wird. Die Koordination der Fertigungsarbeitsplätze erfolgt innerhalb der Fertigungsinsel.

Organisation der Produktion durch Fertigungssegmentierung

Während die Organisationstypen der Fertigung die Strukturierung einzelner Organisationseinheiten in der Produktion festlegen, wird durch eine **Fertigungssegmentierung** die Aufbau- und Ablauforganisation ganzer Produktbereiche determiniert. **Objektorientierte Organisationseinheiten der Produktion werden zu Fertigungssegmenten zusammengefaßt, die mehrere Stufen der Leistungskette eines Produktes umfassen und mit denen eine spezifische Wettbewerbsstrategie verfolgt wird** (produktorientierte Fabrik in der Fabrik). Die Fertigungssegmente sind in der Regel als cost-center organisiert (vgl. Teil 2, S. 128) und zeichnen sich durch die Integration planender und ausführender Funktionen aus. Ihr Entstehen wird durch die zunehmende Verfügbarkeit flexibler und integrierter Fertigungstechnologien begünstigt. Sie lassen sich durch die folgenden Merkmale charakterisieren (Wildemann 1988, S. 54 ff.):

Merkmale von Fertigungssegmenten

– Markt- und Zielausrichtung

Fertigungssegmente bilden Produkt-Markt-Produktion-Kombinationen. Damit werden Fertigungsbereiche auf spezifische Wettbewerbsstrategien ausgerichtet. Produkte mit unterschiedlichen wettbewerbsstrategischen Schwerpunkten sollen nicht mehr ein und dieselbe Fertigung durchlaufen. Eine Kostenführerschaft läßt sich in der Regel nur durch spezialisierte Fertigungseinrichtungen (z. B. Fließfertigung) realisieren, während eine Differenzierungsstrategie eher flexible Fertigungssysteme verlangt, die höchste Qualität und kurze Durchlaufzeiten ermöglichen.

– Produktorientierung

Die Ausrichtung auf spezifische Produkte bedingt eine geringe Fertigungsbreite und – bei angestrebter Komplettbearbeitung – die gesamte wettbewerbsrelevante Fertigungstiefe (siehe hierzu Abschnitt II.1.a). So lassen sich innerhalb der einzelnen Segmente Synergie- und Spezialisierungsvorteile sowie Autonomiespielräume realisieren. Zwischen den Segmenten werden also geringe Leistungsverflechtungen angestrebt. Durch die Produktorientierung soll insbesondere der Koordinationsaufwand reduziert werden.

– Mehrere Stufen der logistischen Kette eines Produktes

Fertigungssegmente umfassen in der Maximalausprägung alle unternehmensinternen produktionswirtschaftlichen Wertschöpfungsstufen eines Produktes.

– Übertragung indirekter Funktionen

Ein hoher Autonomiegrad der Fertigung wird durch die Übertragung planender, ausführender und kontrollierender Tätigkeiten auf die Fertigungssegmente erreicht.

444

– Kostenverantwortung

Durch die Integration mehrerer Wertschöpfungsstufen sowie planender und indirekter Funktionen ergibt sich die Möglichkeit, Fertigungssegmente als cost-center auszulegen.

Die Realisierung der aufgeführten Merkmale soll das Erreichen der Zielsetzungen der Durchlaufzeitverkürzung, Bestandsreduzierung, Qualitätssteigerung, Produktivitäts- und Flexibilitätssteigerung verbessern. In Abhängigkeit von der in den Fertigungssegmenten verfolgten Wettbewerbsstrategie haben diese Zielsetzungen unterschiedliche Bedeutung.

c) Räumliche Struktur der Produktion (Layoutplanung)

Die Planung der räumlichen Anordnung der Maschinen und Arbeitsplätze, der Werkstätten und Läger beeinflußt das innerbetriebliche Transportkostenniveau, die Durchlaufzeiten, die logistischen Prozesse und die produktionswirtschaftliche Flexibilität eines Industriebetriebs. **Das Problem des innerbetrieblichen Standortes besteht letztlich in der optimalen Anordnung der einzelnen Produktionseinheiten (Raumzuordnungsproblem).** Es handelt sich um ein der allgemeinen Standortbestimmung nachgelagertes Problem (vgl. Teil 2, S. 219 ff.). Dieser Sachverhalt soll am Beispiel der Layoutplanung für die Werkstattfertigung verdeutlicht werden. Da die einzelnen Produkte die Werkstätten in sehr unterschiedlicher Weise durchlaufen, gibt es nicht nur eine einzige mögliche und sinnvolle Anordnung der Werkstätten. Bei einer Vielzahl von unterschiedlichen Produkten mit entsprechenden Fertigungsprozessen sind demzufolge vielfältige Interdependenzen zu berücksichtigen.

Raumzuordnungsproblem

Das folgende Modell der Layoutplanung befaßt sich mit der räumlichen Anordnung von Produktionseinheiten auf einem Industriestandort oder „Areal". Dabei wird davon ausgegangen, daß das Areal in Größe, Form und Aufteilung fest vorgegeben ist. Eine ausführliche Darstellung quantitativer Modelle der Layoutplanung findet sich z. B. bei Francis/White (1974), Domschke (1975), Wäscher (1984), Bloech (1990) oder Lüder (1990).

Das Modell setzt voraus, daß das Areal entweder aus einer Werkhalle, die in einzelne Teilflächen zergliedert ist, oder aus einem Grundstück besteht, auf dem mehrere Gebäude errichtet sind. Den Teilflächen der Werkhalle sind die Arbeitsplätze, die Maschinen und die Läger zuzuordnen, wobei die Anzahl der Teilflächen gleich der Anzahl der Produktionsmittel (hier: Arbeitsplätze, Maschinen, Läger) ist. Den Gebäuden sind im Rahmen einer Werkstattfertigung die einzelnen Werkstätten zuzuordnen. Dabei wird vorerst unterstellt, daß jede Werkstatt in jedem Gebäude untergebracht werden kann. Weiterhin wird vorausgesetzt, daß nicht sämtliche Freiheitsgrade des Layouts festgelegt sind; z. B. ist bei Fließ- und Straßenfertigung die Anordnung der Potentialfaktoren von vornherein durch das Fertigungsverfahren festgelegt. Bestehen hingegen Freiheitsgrade (z. B. Werkstattfertigung), so ist zu überlegen, welche Zuordnung der Potentialfaktoren in bezug auf produktionswirtschaft-

Quantitatives Modell der Layoutplanung

liche Zielsetzungen (z. B. Minimierung der Transportkosten oder der Transportzeiten) optimal sind. Gesucht wird z. B. eine Zuordnung, für die die Summe der Transportkosten zwischen den einzelnen Einheiten minimal ist. Die Transportkosten zwischen zwei Einheiten bestimmen sich dabei als Produkt aus der Entfernung zwischen den Einheiten und den (von der Zuordnung unabhängigen) Transportkosten pro Wegeinheit (= Transportkostensatz × Menge). Sowohl die Entfernungen als auch die Transportkosten pro Wegeinheit können dabei unterschiedlich sein, je nachdem, ob von Einheit k nach Einheit 1 oder von 1 nach k transportiert wird (z. B. Einwegstraße, produktionstechnischer Ablauf).

Statt der Transportkostenminimierung kann als Zielfunktion auch eine Minimierung der Transportzeit, eine Minimierung der von den Menschen insgesamt zurückzulegenden Wege (Bürogebäude, Krankenhaus) oder eine Minimierung bzw. Maximierung anderer Größe (z. B. Maximierung der Interaktionen) gewählt werden.

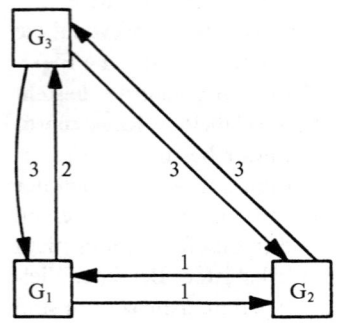

von \ nach	G_1	G_2	G_3
G_1	0	1	2
G_2	1	0	3
G_3	3	3	0

a) Räumliche Lage der Gebäude   b) Entfernungstabelle

Abbildung 4.18: Beispiel zum Raumzuordnungsproblem

Beispiel zum Layout-Problem

Ein Beispiel für das Layout-Problem bildet folgender Sachverhalt: Gegeben ist ein Grundstück, auf dem sich drei Gebäude G_1, G_2 und G_3 befinden. Die räumliche Lage der Gebäude ist aus der Abbildung 4.18a) ersichtlich. Abbildung 4.18b) gibt die Entfernungen zwischen den Gebäuden wieder. Es ist zu beachten, daß wegen eines nötigen Umweges die Transportentfernung zwischen Gebäude G_3 und G_1 größer ist als zwischen Gebäude G_1 und G_3 (vgl. Abbildung 4.18a).

In den Gebäuden G_1, G_2 und G_3 müssen drei Werkstätten W_1, W_2 und W_3 untergebracht werden. Die Gebäude sind so ausgelegt, daß sie jede Werkstatt fassen können. Zwischen den Werkstätten findet aufgrund produktionstechnischer Notwendigkeit ein Güteraustausch statt. Die gegenseitigen Lieferbeziehungen sind in dem Strukturbild der Abbildung 4.19a) wiedergegeben. Die im Strukturbild angegebenen und in der Tabelle der Abbildung 4.19b) zusammengefaßten Größen sind die Transportkosten zwischen den jeweiligen Werkstätten pro Wegeinheit. Die Transportkosten pro Wegeinheit berechnen sich aus dem Transportkostensatz (= Transportkosten pro Produkteinheit pro Wegeinheit) multipliziert mit der zu transportierenden Menge.

446

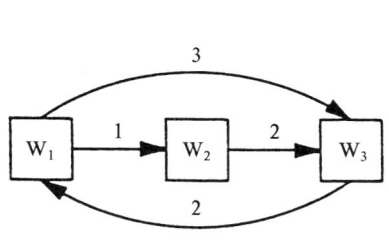

von \ nach	W_1	W_2	W_3
W_1	0	1	3
W_2	0	0	2
W_3	2	0	0

a) Struktur des Güteraustausches

b) Tabelle der Transportkosten pro Wegeinheit

Abbildung 4.19: Beispiel zum Raumzuordnungsproblem

Die Transportkosten zwischen den Werkstätten ergeben sich dann als Produkt von Transportkosten pro Wegeinheit multipliziert mit der Transportentfernung. Wird z. B. der Werkstatt W_1 das Gebäude G_1 und der Werkstatt W_3 das Gebäude G_2 zugeordnet, so betragen die Transportkosten für den gegenseitigen Güteraustausch zwischen W_1 und W_3:

$$3 \quad \cdot \quad 1 \quad + \quad 2 \quad \cdot \quad 1 \quad = 5 \text{ [Geldeinheiten]}$$

| Transport-kosten pro Wegeinheit zwischen W_1 und W_3 | Entfernung zwischen G_1 und G_2 | Transport-kosten pro Wegeinheit zwischen W_3 und W_1 | Entfernung zwischen G_2 und G_1 |

Formale Darstellung des Raumzuordnungsproblems

Formal läßt sich das Layout-Problem in Form des **Raumzuordnungsproblems** wie folgt beschreiben:

Gegeben sind n Orte (Teilflächen einer Werkhalle, Gebäude); die Entfernungen zwischen diesen Orten seien bekannt und fest gegeben. Die Entfernung zwischen dem Ort i und dem Ort j sei d_{ij}. Entfernungsunterschiede zwischen den Wegen von i nach j und von j nach i sind zugelassen. Gegeben sind ferner n Einheiten (Maschinen, Arbeitsplätze, Läger, Werkstätten). Zwischen den Einheiten bestehen gewisse Beziehungen. Diese Beziehungen ergeben sich aus dem fertigungstechnischen Ablauf, sie sind von der zu bestimmenden Zuordnung der Einheiten zu den Orten unabhängig. Die Beziehung zwischen der Einheit k und der Einheit l sei f_{kl}. Wie bei den Orten sind auch hier asymmetrische Beziehungen möglich. Diese Beziehungen seien für jedes Paar von Einheiten ebenfalls bekannt bzw. ermittelbar. F_{kl} kann z. B. stehen für: Transportkosten pro Wegeinheit zwischen den Einheiten k und l, Transportzeit pro Wegeinheit zwischen k und l, durchschnittliche Kontaktaufnahme (Besuche, Botengänge, Kontrollgänge, Fahrten usw.) zwischen k und l.

447

Die Entscheidungsvariable x_{ik} bzw. x_{jl} gibt an, ob die Einheit k dem Ort i bzw. die Einheit l dem Ort j zugeordnet ist oder nicht. Besteht die Zuordnung, dann soll x_{ik} bzw. x_{jl} den Wert 1 annehmen, sonst den Wert 0.

Die Kosten (Zeiten, zurückzulegende Wege) nehmen den Wert $f_{kl} \cdot d_{ij}$ an, wenn die Einheit k dem Ort i ($x_{ik} = 1$) und die Einheit l dem Ort j ($x_{jl} = 1$) zugeordnet ist. In diesem Fall ermitteln sich die Transportkosten zwischen den Einheiten k und l aus den anfallenden Transportkosten pro Wegeinheit f_{kl} zwischen k und l, multipliziert mit der Länge des zurückzulegenden Weges d_{ij} zwischen den Orten i und j. Schließlich ist über alle möglichen Beziehungen aufzusummieren, um die Gesamtkosten zu erhalten. Damit erhält man folgende quadratische Zielfunktion:

$$(4.15) \qquad \text{Minimiere!} \quad Z = \sum_{i=1}^{n} \sum_{j=1}^{n} \sum_{k=1}^{n} \sum_{l=1}^{n} f_{kl} \cdot d_{ij} \cdot x_{ik} \cdot x_{jl}$$

Für x_{ik} bzw. x_{jl} sind folgende Nebenbedingungen einzuhalten:

$$(4.16) \qquad \sum_{i=1}^{n} x_{ik} = 1 \qquad\qquad \text{für } k = 1, \ldots, n$$

$$(4.17) \qquad \sum_{k=1}^{n} x_{ik} = 1 \qquad\qquad \text{für } i = 1, \ldots, n$$

$$(4.18) \qquad x_{ik} \in \{0,1\} \qquad\qquad \text{für } i, k = 1, \ldots, n$$

Die Nebenbedingung (4.16) bringt zum Ausdruck, daß jeder Einheit genau ein Ort zugeordnet wird. Die Nebenbedingung (4.17) besagt, daß jeder Ort von genau einer Einheit besetzt ist. Die Nebenbedingung (4.18) läßt nur die Werte 0 und 1 für alle x_{ik} zu.

Methoden zur Ermittlung des Optimums Wie gezeigt werden konnte, läßt sich das Raumzuordnungsproblem als mathematisches Modell formulieren. Zur numerischen Berechnung der Optimallösung sind allerdings bisher keine allgemein anwendbaren Methoden bekannt, die mit Sicherheit zum Optimum führen. Für Problemstellungen mit wenigen Orten bzw. Einheiten kann das absolute Optimum mit Hilfe der **Vollenumeration** gefunden werden. Dabei werden die Gesamttransportkosten für alle möglichen Zuordnungen ermittelt und diejenige Zuordnung mit den minimalen Kosten ausgewählt.

Diese Vorgehensweise wird im folgenden anhand des vorherigen Beispiels auszugsweise dargestellt. Insgesamt bestehen sechs verschiedene mögliche Zuordnungen, für die die Gesamttransportkosten jeweils berechnet werden müssen.

Erste Zuordnungsmöglichkeit:

$$W_1 \quad W_2 \quad W_3$$
$$\downarrow \quad \downarrow \quad \downarrow$$
$$G_1 \quad G_2 \quad G_3$$

d. h. die Werkstatt W_1 wird dem Gebäude G_1, die Werkstatt W_2 dem Gebäude G_2, die Werkstatt W_3 dem Gebäude G_3 zugeordnet.

Kosten:
$$
\begin{aligned}
K &= f_{11} \cdot d_{11} + f_{12} \cdot d_{12} + f_{13} \cdot d_{13} \\
&+ f_{21} \cdot d_{21} + f_{22} \cdot d_{22} + f_{23} \cdot d_{23} \\
&+ f_{31} \cdot d_{31} + f_{32} \cdot d_{32} + f_{33} \cdot d_{33} \\
&= 0 \cdot 0 + 1 \cdot 1 + 3 \cdot 2 \\
&+ 0 \cdot 1 + 0 \cdot 0 + 2 \cdot 3 \\
&+ 2 \cdot 3 + 0 \cdot 3 + 0 \cdot 0 = 19 \text{ [Geldeinheiten]}
\end{aligned}
$$

Bei der Kostenberechnung gemäß Formel (4.15) entfallen all diejenigen Ausdrücke $f_{kl} \cdot d_{ij} \cdot x_{ik} \cdot x_{jl}$, für die keine Zuordnung $W_k \to G_i$ oder $W_l \to G_j$ besteht (z. B. wird bei der ersten Zuordnungsmöglichkeit W_1 nur G_1, nicht aber G_2 oder G_3 zugeordnet). In diesem Fall ist x_{ik} oder x_{jl} gleich Null.

Die weiteren Zuordnungsmöglichkeiten lauten:

$$
\begin{array}{ccccccccccccccc}
W_1 & W_2 & W_3 & \quad & W_1 & W_2 & W_3 & \quad & W_1 & W_2 & W_3 & \quad & W_1 & W_2 & W_3 & \quad & W_1 & W_2 & W_3 \\
\downarrow & \downarrow & \downarrow & & \downarrow & \downarrow & \downarrow & & \downarrow & \downarrow & \downarrow & & \downarrow & \downarrow & \downarrow & & \downarrow & \downarrow & \downarrow \\
G_1 & G_3 & G_2 & & G_2 & G_1 & G_3 & & G_2 & G_3 & G_1 & & G_3 & G_1 & G_2 & & G_3 & G_2 & G_1
\end{array}
$$

Nach Berechnung der Gesamttransportkosten für jede mögliche Zuordnung erweist sich in diesem Fall die Zuordnung $W_1 \to G_1$, $W_2 \to G_3$, $W_3 \to G_2$ mit Gesamttransportkosten in Höhe von 13 Geldeinheiten als optimal.

Bei n Einheiten und n Orten gibt es n! (im Beispiel 3! = 6) mögliche Zuordnungen. Deshalb ist nur bis ca. n = 5 (5! = 120) die Lösung mit Hilfe der Vollenumeration von Hand möglich.

Für größere n wird der Einsatz von Computern unumgänglich. Bereits bei n = 15 (15! größer 10^{12}) würde aber sogar ein Computer, der zehn Millionen Zuordnungen pro Sekunde berechnen kann, mehr als einen Tag zur Vollenumeration benötigen. Folglich ist man auf **heuristische Lösungsverfahren** angewiesen. Aus der Vielzahl der in der Literatur genannten heuristischen Lösungsverfahren sollen hier zwei charakteristische Methoden vorgestellt werden – ein sogenanntes Eröffnungsverfahren und ein sogenanntes suboptimierendes Iterationsverfahren –, deren Kombination möglich ist.

Heuristische Lösungsverfahren

In den **Eröffnungsverfahren** wird versucht, zu einer möglichst brauchbaren Ausgangszuordnung zu gelangen. Das einfachste Eröffnungsverfahren besteht darin, daß für alle Orte i (i = 1, ... n) die Summe der Entfernungen D_i zu den anderen Orten und von den anderen Orten zum Ort i berechnet wird.

Eröffnungsverfahren

(4.19)
$$D_i = \sum_{j=1}^{n} d_{ij} \qquad\qquad + \sum_{j=1}^{n} d_{ji} \qquad (i = 1, \ldots, n)$$

Summe der Entfernungen von Ort i zu allen anderen Orten j

Summe der Entfernungen von allen anderen Orten j zum Ort i

449

Ebenso berechnet man für alle Einheiten k (k = 1, . . ., n) die Summe der Transportkosten pro Wegeinheit F_k zu allen anderen und von allen anderen Einheiten.

$$(4.20) \qquad F_k = \sum_{l=1}^{n} f_{kl} + \sum_{l=1}^{n} f_{lk} \qquad (k = 1, \ldots, n)$$

Um die Kosten möglichst niedrig zu halten, ordnet man der Einheit mit dem größten
F_k (also mit den größten Transportkosten pro Wegeinheit) den Ort mit dem kleinsten
D_i (also den Ort mit der geringsten Entfernung zu und von allen anderen Orten) zu.
Unter den verbliebenen Orten und Einheiten fährt man in gleicher Weise fort, bis
schließlich jede Einheit einem Ort zugeordnet ist. Gleichzeitig ist es möglich, bei der
Zuordnung gewisse Nebenbedingungen einzuhalten, z. B. um die zwingende räumliche Nähe oder die Unverträglichkeit von Maschinen zu berücksichtigen.

Das vorgeschlagene Verfahren zeichnet sich durch große Einfachheit aus, für größere
Probleme kann es leicht programmiert und auf dem Rechner durchgeführt werden.

In Fortführung des obigen Beispiels ergeben sich bei Anwendung des genannten
Eröffnungsverfahrens folgende Rechenschritte:

$$D_1 = d_{11} + d_{12} + d_{13} + d_{11} + d_{21} + d_{31}$$
$$= 0 + 1 + 2 + 0 + 1 + 3 = 7$$

analog:

$$D_2 = 1 + 3 + 1 + 3 = \; 8$$
$$D_3 = 3 + 3 + 2 + 3 = 11$$

ebenso:

$$F_1 = f_{11} + f_{12} + f_{13} + f_{11} + f_{21} + f_{31}$$
$$= 0 + 1 + 3 + 0 + 0 + 2 = 6$$

analog:

$$F_2 = 2 + 1 \qquad = 3$$
$$F_3 = 2 + 3 + 2 = 7$$

Es wird also der Werkstatt W_3 ($F_3 = 7$) das Gebäude G_1 ($D_1 = 7$), der Werkstatt W_1
($F_1 = 6$) das Gebäude G_2 ($D_2 = 8$) und der Werkstatt W_2 ($F_2 = 3$) das Gebäude G_3
($D_3 = 11$) zugeordnet, d. h. es wird die Zuordnung $W_1 \rightarrow G_2$; $W_2 \rightarrow G_3$; $W_3 \rightarrow G_1$ mit
Transportkosten von 14 Geldeinheiten ausgewählt.

Suboptimie-
rende
Iterations-
verfahren

Jede beliebige Ausgangszuordnung – z. B. die in einem Eröffnungsverfahren ermittelte
– **läßt sich mit Hilfe der suboptimierenden Iterationsverfahren** – einer weiteren Klasse
von heuristischen Verfahren – **schrittweise verbessern.** Das im folgenden skizzierte
Verfahren (Zorn 1966) liegt in programmierter Form vor.

Ausgehend von einer bestimmten räumlichen Zuordnung aller Einheiten wird probehalber die zweite Einheit mit der ersten Einheit vertauscht. Die Auswirkung auf die
Transportkosten wird berechnet und gespeichert. Dann wird diese Vertauschung wieder rückgängig gemacht und die dritte Einheit mit der ersten Einheit vertauscht usw.

Die Auswirkungen auf die Transportkosten werden wiederum berechnet und gespeichert. Nachdem alle Probevertauschungen mit der ersten Einheit durchgeführt wurden, wird die kostenminimale Vertauschung festgeschrieben. Danach werden alle Einheiten mit der zweiten Einheit probeweise vertauscht; wiederum wird die kostengünstigste Vertauschung festgeschrieben. Analoge paarweise Vertauschungen werden der Reihe nach mit allen Einheiten durchgeführt. Dieser Zyklus kann mehrmals wiederholt werden. Die Rechnung bricht erst dann ab, wenn ein Zyklus keine weitere Verbesserung gegenüber dem vorhergehenden erbracht hat.

Die Anwendung dieses Verfahrens hat sich in der Praxis beim Einsatz von EDV unter anderem deshalb bewährt, weil **Nebenbedingungen** eingehalten werden können. Dazu müssen lediglich diejenigen Einheiten, die unter Nebenbedingungen fallen, vom Vertauschungszyklus ausgenommen werden. Außerdem kann als Ausgangszuordnung das Ergebnis eines Eröffnungsverfahrens – etwa des geschilderten – gewählt werden. Damit wird die Rechenzeit verkürzt und die Güte des Ergebnisses erhöht. Es sei jedoch nochmals betont, daß beide Verfahren und auch deren Kombination nicht zwingend zur Optimallösung führen.

Im angeführten Beispiel werden bei Anwendung des genannten suboptimierenden Iterationsverfahrens folgende Rechenschritte durchgeführt:

Ausgangszuordnung: (durch Eröffnungsverfahren ermittelt)

W_1 W_2 W_3 Kosten = 14 [Geldeinheiten]
↓   ↓   ↓
G_2 G_3 G_1

Probevertauschungen der Werkstatt W_1 mit den Werkstätten W_2 und W_3:

W_1 W_2 W_3 Kosten = 18 [Geldeinheiten]
↓   ↓   ↓
G_3 G_2 G_1

W_1 W_2 W_3 Kosten = 13 [Geldeinheiten]
↓   ↓   ↓
G_1 G_3 G_2

Die Zuordnung $W_1 \to G_1$, $W_2 \to G_3$, $W_3 \to G_2$ (deren Optimalität nicht bekannt ist) wird festgeschrieben. Von ihr ausgehend, werden Probevertauschungen der Werkstatt W_2 mit den Werkstätten W_1 und W_3 durchgeführt. Da sich kein besseres Ergebnis ergibt, wird die Zuordnung beibehalten und die Werkstatt W_3 mit den Werkstätten W_1 und W_2 probevertauscht. Auch hier läßt sich kein besseres Ergebnis erzielen, die Zuordnung mit den Kosten 13 wird folglich beibehalten. Von dieser Zuordnung ausgehend, werden erneut die Vertauschungen des geplanten Zyklus durchgeführt. Als Resultat ergibt sich keine Verbesserung, deshalb wird die Zuordnung $W_1 \to G_1$, $W_2 \to G_3$, $W_3 \to G_2$ als heuristisch ermittelte Lösung beibehalten.

<table>
<tr><td>

*Planung des
Layouts bei
variablem
Areal*

</td><td>

Ausgehend von den Ergebnissen der Layoutplanung bei vorgegebenem Areal können auch Überlegungen über eine **günstige Gestaltung des Areals** angestellt werden. In diesem Fall bilden Größe, Form und Aufteilung des Areals zusätzliche Freiheitsgrade. Dies ist z. B. der Fall, wenn auf einem unbebauten Werksgelände verschiedene Gebäude errichtet werden sollen und über die Lage und die Ausmaße der Gebäude entschieden werden muß. Hilfsmittel zur Entscheidungsfindung ist die Simulation. Es werden verschiedene, denkbare und vom Entscheidungsträger auszuwählende Gestaltungsmöglichkeiten des Areals auf ihre Konsequenzen hin überprüft. Für jede Gestaltungsalternative wird mit Hilfe der zuvor besprochenen Methoden die annähernd optimale Zuordnung der Einheiten auf die Teilorte des Areals und die dabei anfallenden Transportkosten berechnet. Als bestmögliche Gestalt des Areals wird die Gestaltungsalternative mit den geringsten Kosten ausgewählt. Wesentlich für die praktische Durchführbarkeit der Simulation ist eine überschaubare Anzahl der Gestaltungsmöglichkeiten. In gewissen Fällen muß man sich deshalb bewußt in den Freiheitsgraden einschränken.

</td></tr>
</table>

d) Struktur der Potentialfaktoren (Maschinenausstattung)

<table>
<tr><td>

*Ausstattungs-
planung*

</td><td>

Im Rahmen der **industriellen Ausstattungsplanung** sind neben Entscheidungen über die Gestaltung des Fabrikgeländes auch Entscheidungen über die Beschaffung von Maschinen und ihre Kapazitätseigenschaften sowie Entscheidungen über die Instandhaltung von Gebäuden und maschinellen Anlagen zu treffen.

</td></tr>
<tr><td>

*Maschinelle
Ausstattung*

</td><td>

Entscheidungen über die maschinelle Ausstattung bedürfen einer besonderen Sorgfalt, da sie – wie alle Strukturentscheidungen – in der Regel langfristig wirken und daher Beschränkungen für eine Reihe nachfolgender Entscheidungen darstellen. Der Erfolg einer industriellen Unternehmung hängt unter anderem von den technischen Bedingungen ab, die durch die Produktionsanlagen für lange Zeiträume geschaffen werden. Aufgrund ihrer langfristigen Wirksamkeit ist bei Ausstattungsentscheidungen dem Kriterium der Anpassungsfähigkeit an sich verändernde Fertigungsstrukturen und -technologien besondere Beachtung zu schenken.

</td></tr>
<tr><td>

*Ziele der
Maschinen-
ausstattungs-
planung*

</td><td>

Im Vordergrund der Maschinenausstattung steht das generelle Ziel, die Produktion des gewünschten Erzeugnisprogramms in der erforderlichen Menge und Qualität bei geringstmöglichen Kosten technisch zu gewährleisten. Dieses Ziel läßt sich anhand unterschiedlicher Subziele operationalisieren, wie z. B. Verminderung der Fertigungskosten, Verminderung des gebundenen Kapitals, Steigerung der fertigungstechnischen Flexibilität, Steigerung des Kundenservices, Erleichterung der Reparaturarbeiten an den Maschinen, bestmögliche Ausnützung des Fabrikraumes, Verbesserung der Arbeitsbedingungen usw.

Die angeführten Kriterien besitzen von Fall zu Fall unterschiedliche Bedeutung. Häufig stellt sich heraus, daß eine Reihe dieser Kriterien in Konkurrenzbeziehung zueinander steht und deshalb eine Lösung nur über einen Zielkompromiß erreicht werden kann. So führt zum Beispiel eine Verbesserung der Arbeitsbedingungen häufig zu einer Erhöhung des in der Maschinenausstattung gebundenen Kapitals. Ähnlich

</td></tr>
</table>

452

verhält es sich mit der Erleichterung der Reparaturarbeiten an den Maschinenplätzen und der optimalen Ausnutzung des zur Verfügung stehenden Maschinenraumes.

Ein Hauptproblem bei der Planung der maschinellen Ausstattung ist die Festlegung der quantitativen und qualitativen Produktionskapazität des Gesamtbetriebes und der Einzelaggregate. Als Bestimmungsgrößen der quantitativen und qualitativen Kapazitätsplanung sind das Leistungsprogramm, der Marktbezug und die Organisationsstrukturen der Produktion anzusehen. *Kapazitätsplanung*

Die qualitative Kapazität des Gesamtbetriebes kommt in dessen potentiellem Produktionsprogramm zum Ausdruck. Das potentielle Produktionsprogramm ist die Menge derjenigen Programmalternativen, deren Produktion durch die Ausstattung des Industriebetriebes mit Maschinen und Arbeitskräften möglich ist. Die Anzahl möglicher Programmalternativen kann als Maß für die Anpassungsfähigkeit eines Industriebetriebes betrachtet werden. *Qualitative Kapazität*

Bei der **quantitativen Kapazität** ist die Unterscheidung zwischen Total- und Periodenkapazität bedeutsam. Die **Totalkapazität** umfaßt die Summe der Leistungsmengen, die eine Maschine im Laufe ihrer Lebensdauer abgeben kann. Die **Periodenkapazität** drückt dagegen die Leistungsmenge pro Planperiode aus. *Quantitative Kapazität*

Zweckmäßig ist vielfach auch die Kennzeichnung der Maschinen durch ihre maximale, optimale und minimale Kapazität (Gutenberg 1983, S. 73 ff.). Unter maximaler Kapazität versteht man diejenige Leistungsmenge bestimmter Art und Güte pro Zeiteinheit, die eine Maschine im äußersten Falle aufgrund ihrer technischen Eigenschaften abzugeben imstande ist. Die optimale Kapazität ist diejenige Leistungsmenge pro Zeiteinheit, bei der die Maschine am kostengünstigsten arbeitet. Eine Reihe von Maschinen ist schließlich dadurch charakterisiert, daß sie erst ab einer bestimmten Leistungsmenge pro Zeiteinheit arbeitsfähig ist (Mindestkapazität). *Maximale, optimale, minimale Kapazität*

Das Problem der quantitativen Kapazitätsbemessung der Einzelmaschinen ist dann am besten gelöst, wenn die optimalen Kapazitäten aller Maschinen auf das gewünschte Produktionsverfahren abgestimmt sind. Eine derartige vollkommene Harmonisierung der Maschinen stellt in den meisten Fällen einen nie erreichbaren Idealzustand dar. Häufig lassen sich die Maschinen in ihren Leistungsquerschnitten aus technischen Gründen nur grob abstimmen. Hier fallen dann die Punkte optimaler Kapazität auseinander. Den Idealzustand (Fall I) und den Fall grober Abstimmung (II) der quantitativen Kapazitäten von Maschinen gibt Abbildung 4.20 (vgl. folgende Seite) vereinfacht wieder. *Kapazitätsabstimmung*

Eine kostenmäßige Abstimmung der Leistungsquerschnitte läßt sich bei unterschiedlichen optimalen Kapazitäten auf einem befriedigenden Kostenniveau dann leicht erreichen, wenn die Maschinen durch relativ flache Stückkostenkurven (Fall II) gekennzeichnet sind. Die Nutzung der Aggregate läßt sich an Beschäftigungsschwankungen innerhalb dieser Zonen mit relativ geringen Stückkostenveränderungen anpassen. Hierin ist auch ein Maß für die Flexibilität der maschinellen Ausstattung eines Industriebetriebes gegenüber Beschäftigungsschwankungen zu erblicken.

Neue computergestützte Fertigungstechnologien erleichtern z. T. die Kapazitätsabstimmung und erhöhen die produktionswirtschaftliche Flexibilität bei zugleich geringen Stückkosten (vgl. Kap. III.3.d).

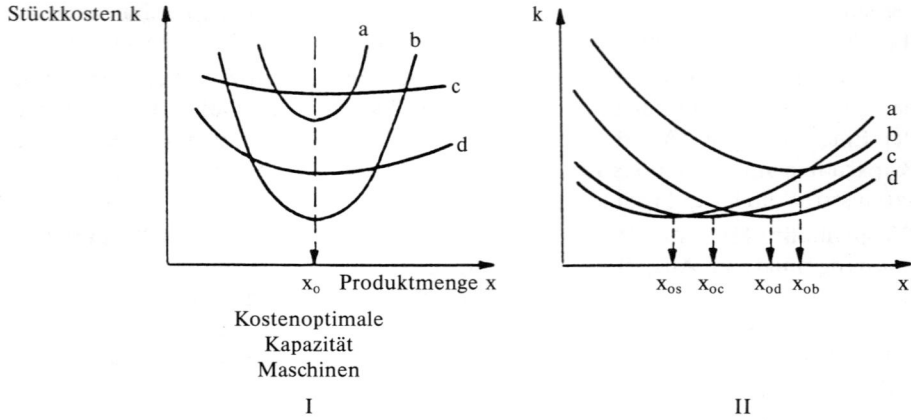

Abbildung 4.20: Die Abstimmung der quantitativen Kapazitäten von Maschinen

e) Instandhaltungsplanung

*Planungs-
zusammen-
hänge*
Entscheidungen über die Instandhaltung und den Ersatz von Anlagen sind in jedem Industriebetrieb von besonderer Bedeutung für die Aufrechterhaltung der Produktionsbereitschaft. Entscheidungen der Instandhaltungsplanung haben deshalb primär den Charakter von Grundsatzentscheidungen. Dennoch ist die hier vorgenommene Zuordnung der Instandhaltungsplanung zu den Strukturentscheidungen nicht zwingend. Instandhaltungsentscheidungen stehen in enger Beziehung sowohl zur Planung des Layout und der Maschinenausstattung als auch zur Programm- und Prozeßplanung. Beispielsweise muß bei der Frage der räumlichen Anordnung von Maschinen der Raumbedarf für Reparaturarbeiten an den Maschinen eingeplant werden. Bei der Planung der Maschinenbelegung müssen Vorstellungen darüber entwickelt werden, welche Maschinen zu welchen Zeitpunkten durch Reparaturarbeiten „blockiert" sind und daher nicht in den Kapazitätsbelegungsplan einbezogen werden können. Bei weiter Begriffsfassung des Produktionsprogramms können selbst durchzuführende Instandhaltungsarbeiten (Dienstleistungsproduktion) auch dem Bereich der Programmplanung zugeordnet werden.

Der ungeplante Ausfall von Maschinen (Zufallsausfall) kann zu schwerwiegenden Konsequenzen für den gesamten Produktionsfluß führen. Aus diesem Grunde sind Instandhaltung bzw. Ersatz exakt zu planen. Die Möglichkeit, erst dann mit der Instandsetzungsarbeit zu beginnen, wenn ein Maschinenschaden eingetreten ist, kann in vielen Fällen sehr unwirtschaftlich sein. Einmal entstehen hier relativ hohe Reparaturkosten und zum anderen – was unter Umständen viel schwerer wiegt – können der Unternehmung durch einen eventuellen Produktionsausfall Erträge entgehen (z. B. durch verspätete Auslieferung oder Auftragsstornierung). Deshalb sind Überlegungen notwendig, wann die Instandhaltungsarbeiten auszuführen sind oder

454

wann eine Maschine durch eine andere zu ersetzen ist (Instandhaltungsstrategie), um den Produktionsfluß bestmöglich vor innerbetrieblichen Störungen abzuschirmen. Dabei wird angestrebt, die Instandhaltungsarbeiten selbst zeitlich so einzuplanen, daß sie das Betriebsgeschehen nicht beeinträchtigen. In der einschlägigen Literatur zur industriellen Instandhaltungsplanung werden verschiedene Instandhaltungsstrategien vorgeschlagen.

Instandhaltungsstrategien

Instandhaltungsstrategien sind Vorschriften, die angeben, zu welchen Zeitpunkten welche Instandhaltungsmaßnahmen an welchen Maschinen bzw. Maschinenteilen durchzuführen sind. Je nach gegebenen Voraussetzungen und nach der Ausgestaltung der Instandhaltungsmaßnahmen lassen sich verschiedene Gliederungsgesichtspunkte von Instandhaltungsstrategien unterscheiden (vgl. Abbildung 4.21, vgl. folgende Seite). *Instandhaltungsstrategien*

Zunächst wird nach dem Bekanntheitsgrad der Ausfallverteilung der betrachteten Maschine (bzw. der betrachteten Maschinenteile) unterschieden. Die Ausfallverteilung gibt die Wahrscheinlichkeit dafür an, daß eine Maschine bis zu einem bestimmten Zeitpunkt ausfällt. In den häufigsten Fällen kann von einer bekannten Ausfallverteilung ausgegangen werden, die durch Beobachtungen in der Vergangenheit an gleichen oder ähnlichen Maschinen gewonnen wurde (z. B. Ausfallverteilung eines Motors) oder vom Lieferanten als technisches Qualitätsmerkmal zur Verfügung gestellt wird. *Ausfallverteilung*

Liegen für ein Aggregat (z. B. Drehbank) Ausfallverteilungen vor, so werden nach dem Bekanntheitsgrad des Maschinenzustandes **Präventivmodelle (vorbeugende Instandhaltungsstrategien)** und **Inspektionsmodelle (Bereitschaftsstrategien)** unterschieden. Präventivmodelle gehen von einem ständig bekannten Maschinenzustand aus. Der Maschinenzustand kann hierbei sofort entweder direkt (z. B. durch Identifizierung eines schadhaften Maschinenteils und des dadurch verursachten Stillstandes) oder indirekt (z. B. verschlechterte Qualität des Outputs) erkannt werden. Bei ruhenden Anlagen, die nur in gewissen Situationen zum Einsatz gelangen (z. B. Sicherheitsanlagen), ist hingegen der Zustand nur durch eine Untersuchung (Inspektion) der Anlage feststellbar. Hier kommen die vornehmlich im militärischen Bereich entwickelten Inspektionsmodelle oder Bereitschaftsstrategien zur Anwendung, deren Ziel die Aufrechterhaltung einer hohen Einsatzbereitschaft ist. *Strategien bei bekannter Ausfallverteilung*

Sowohl die Präventivmodelle als auch die Inspektionsmodelle können nach drei weiteren Merkmalen gegliedert werden:

Bei einer einmaligen Festlegung des zeitlichen Abstandes zwischen zwei Instandhaltungsaktionen (des sogenannten Wartungsintervalls) liegt eine **periodische Strategie** vor (z. B. Wartung nach jeweils 1 000 Maschinenstunden). Bei **sequentiellen Strategien** wird der Zeitpunkt der nächsten Instandhaltungsaktion jeweils neu bestimmt (z. B. erste Wartung nach 1 000, zweite Wartung nach 900, weitere Wartungen nach 600 Maschinenstunden).

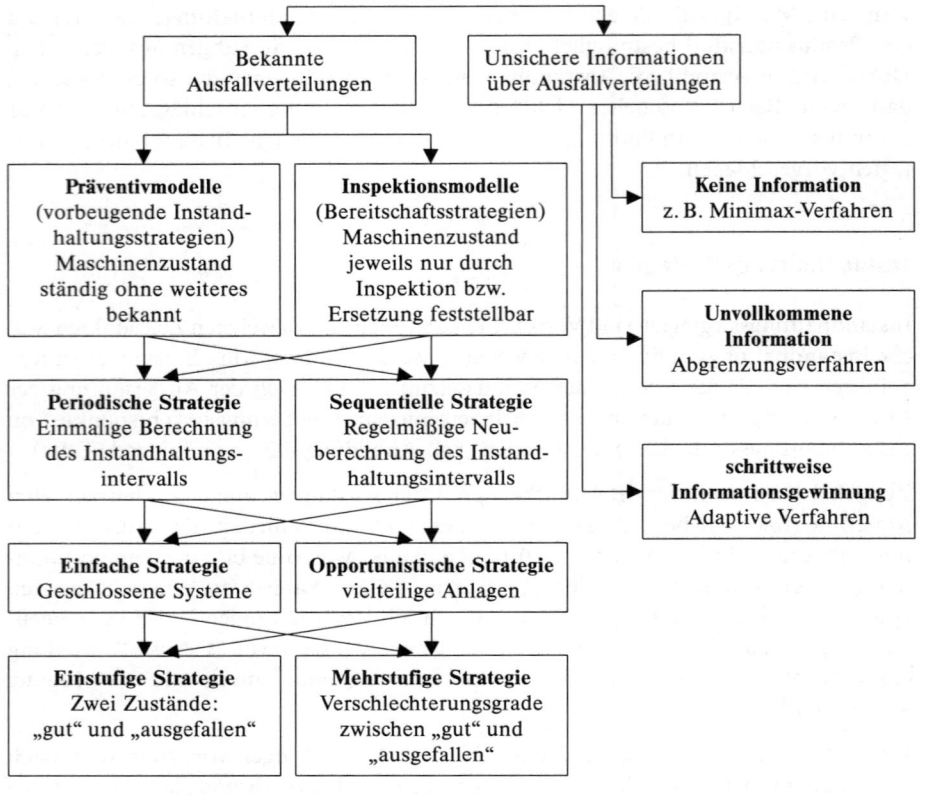

Abbildung 4.21: Instandhaltungsstrategien

(in Anlehnung an Bussmann/Mertens 1968)

Die Instandhaltungsobjekte können isoliert oder als integrierter Teil einer Fertigungsausstattung betrachtet werden. **Einfache Strategien** führen die Instandhaltungsaktionen für jede Maschine bzw. jedes Maschinenteil getrennt durch (z. B. isolierter Austausch des Motors eines Kraftwagens). **Opportunistische Strategien** versuchen, die gegenseitige Abhängigkeit der Maschinen bzw. Maschinenteile in die Überlegungen miteinzubeziehen. Beispielsweise wird der geplante oder ungeplante Stillstand einer Maschine dazu benutzt, andere, von dieser Maschine abhängige Anlagen ebenfalls zu warten. Oder es werden noch nicht reparaturbedürftige Teile erneuert, wenn der gemeinsame Austausch eines ausgefallenen und eines funktionsfähigen Teils billiger ist als der getrennte Austausch dieser Teile (z. B. Generalüberholung eines Kraftwagens).

Einstufige Strategien unterscheiden nur zwischen zwei Zuständen „gut" und „ausgefallen". **Mehrstufige Strategien** berücksichtigen mehrere Verschlechterungsgrade.

Bei Unsicherheit bezüglich der Ausfallverteilung kommen spezielle Instandhaltungs-strategien zur Anwendung. Liegen keinerlei Informationen über die Ausfallvertei-lung vor (z. B. Neukonstruktion), so kann nach den Entscheidungsregeln bei Unsicherheit (vgl. Teil 1, S. 30 ff.) vorgegangen werden. Bei den sogenannten **Ab-grenzungsverfahren** wird die Kenntnis des Erwartungswertes und der Varianz des Ausfallzeitpunktes, nicht jedoch die Kenntnis der Art der Verteilung selbst voraus-gesetzt (z. B. Angaben des Herstellers über mittlere Lebenszeit). **Adaptive Verfahren** kommen zur Anwendung, wenn Informationen über die Ausfallverteilung einer Maschine erst im Lauf der Zeit gewonnen werden können (z. B. Anschaffung einer neuartigen Maschine).

Strategien bei unbekannter Ausfall-verteilung

Im folgenden werden quantitative Modelle und Methoden zur näheren Ausgestal-tung der Strategien bei bekannter Ausfallverteilung und zur Wahl zwischen diesen Strategien dargestellt. Zu weitergehenden Ausführungen über Instandhaltungsstra-tegien bei Unsicherheit sei auf die einschlägige Literatur verwiesen (vgl. z. B. Männel 1988, Adam 1989, Nakajima 1989, Seicht 1990)

Bestimmung des optimalen Wartungsintervalls bei periodischer, einfacher und einstufiger Strategie

Für die Darstellung von quantitativen Modellen zur Bestimmung des optimalen Wartungsintervalls bei einer periodischen, einfachen und einstufigen Strategie wird unterstellt, daß die jeweilige Einheit nach der Instandhaltungsaktion als neuwertig betrachtet werden kann. Beschränkungen im Rahmen der Ersatzteil- und Personal-disposition sollen nicht auftreten.

Quantitatives Modell

Von den möglichen Varianten periodischer Instandhaltungsstrategien sollen zwei dar-gestellt werden:

Varianten periodischer Instand-haltungs-strategien

(1) Das Instandhaltungsintervall wird unabhängig von der jeweiligen Laufzeit des Elements (Instandhaltungsobjekts) festgelegt und unabhängig davon, ob das Ele-ment innerhalb des Intervalls ausfällt oder nicht, beibehalten. Wird ein Element innerhalb des geplanten Intervalls infolge eines zufälligen Ausfalls ersetzt oder repa-riert, so wird es gegen Ende des Intervalls erneut ersetzt bzw. repariert, um den festgelegten Intervallzyklus einzuhalten. Deshalb können bei dieser **rein periodischen Instandhaltungsstrategie** die Instandhaltungsaktionen sehr nahe beisammen liegen.

(2) Im Gegensatz zu (1) wird bei der zweiten Variante der Zeitpunkt der letzten Instandhaltungsaktion berücksichtigt. Liegt ein Zufallsausfall innerhalb eines ge-planten Instandhaltungsintervalls, so wird der nächste Instandhaltungszeitpunkt vom Zeitpunkt dieses Zufallsausfalls an berechnet. Dadurch erreicht man, daß die geplanten Maßnahmen immer im selben „Alter" (gemessen in der Kalenderzeit oder der Betriebszeit seit der letzten Instandhaltungsaktion) des Elements stattfinden. Diese **Strategie mit konstantem Wartungsabstand** stellt allerdings höhere Ansprüche an die Instandhaltungsorganisation als die rein periodische Strategie.

Bei beiden Varianten besteht das Entscheidungsproblem in der Bestimmung der optimalen Länge des Instandhaltungsintervalls. Als Optimalitätskriterium können die Kosten der Instandhaltung in einer bestimmten Planperiode der Länge t_{Plan} dienen. Die Planperiode muß in Instandhaltungsintervalle aufgeteilt werden. Gesucht ist die kostenminimale Länge t_l des Instandhaltungsintervalls.

Zur Bildung eines quantitativen Modells werden neben den bereits angeführten Modellbedingungen folgende Daten als hinreichend genau bekannt bzw. ermittelbar vorausgesetzt:

1. Die Ausfallverteilung $F(t)$ des Elements.
2. Die Kosten K_p für eine geplante Instandhaltungsaktion.
3. Die Kosten K_z für eine Instandhaltungsaktion, die aufgrund eines ungeplanten, zufälligen Ausfalls der Einheit notwendig wird.

$F(t)$ gibt die Wahrscheinlichkeit dafür an, daß ein neues oder instandgesetztes Element bis zum Zeitpunkt t einschließlich ausfällt. $F(t)$ ist durch Beobachtungen an gleichen oder ähnlichen Elementen schätzbar. Dabei kann die Zeit in der Kalenderzeit oder in der Einsatzzeit des Elements (z. B. Maschinenstunden) gemessen werden.

Die Kosten K_p setzen sich aus den reinen Ersatzkosten, den Kosten für das Reparaturpersonal und den Stillstandskosten bei geplanter Unterbrechung zusammen.

Die Kosten K_z bestehen aus den Ersatzkosten, den Kosten für das Reparaturpersonal und vor allem aus den Kosten für einen ungeplanten Stillstand (Zufallsreparatur) sowie dessen Folgen. Die Kosten für eine Zufallsreparatur sind in der Regel höher als für eine Planreparatur.

Im Modell wird mit x_p die Anzahl der geplanten Instandhaltungsaktionen und mit x_z die Anzahl der Zufallsreparaturen in der Planperiode t_{plan} bezeichnet. Hier ist folgende Zielfunktion zu minimieren:

(4.21) $K_{Ges} = K_p \cdot x_p + K_z \cdot x_z$

Im Fall der rein periodischen Instandhaltungsstrategie ist die Anzahl x_p der Planreparaturen durch die Wahl der Länge t_l des Instandhaltungsintervalls und die Länge der Planperiode t_{Plan} bestimmt:

(4.22) $x_p = \dfrac{t_{Plan}}{t_l}$

Bei der Strategie mit konstantem Wartungsabstand ist x_p die Realisierung einer zufälligen Variablen X_p, deren Verteilung von der Ausfallverteilung $F(t)$ und der Länge t_l des Instandhaltungsintervalls abhängt. Die Anzahl der Zufallsausfälle x_z ist bei beiden Varianten die Realisierung einer zufälligen Variablen X_z.

Die Verteilung von X_z ist abhängig von der Ausfallverteilung $F(t)$ und der Länge t_l des Instandhaltungsintervalls.

458

Die Ermittlung der Verteilung von X_z (rein periodische Strategie) bzw. von X_p und X_z (Strategie mit konstantem Wartungsabstand) in Abhängigkeit von der Ausfallverteilung und der Länge des Instandhaltungsintervalls ist das eigentliche Problem bei der quantitativen Behandlung des vorliegenden Entscheidungsproblems. Die Kenntnis der Verteilung von X_z (bzw. X_p und X_z) ist nämlich Voraussetzung für die Berechnung der Verteilung von K_{Ges}, der zu minimierenden Zielgröße.

Bestimmung der optimalen Länge des Instand-haltungs-intervalls

Wegen der stochastischen Entscheidungssituation ist die Wahl eines zusätzlichen Entscheidungskriteriums nötig. In der Literatur wird fast ausschließlich das Bernoulli-Kriterium (hier: Minimierung des Erwartungswertes von K_{Ges}) angewandt. Diese Vorgehensweise ist durchaus sinnvoll, da es sich unter den angegebenen Voraussetzungen zumeist um eine mehrmalige Wiederkehr der Instandhaltungssituation handeln dürfte. Andernfalls könnte nicht von einer bekannten Ausfallverteilung F(t) ausgegangen werden. Dennoch muß von Fall zu Fall geprüft werden, ob das Erwartungswertkriterium von genügender Aussagekraft ist. Gegebenenfalls müssen andere Kenngrößen der Verteilung (z. B. Varianz, Quantile) mit in die Entscheidung einbezogen werden.

Bei Anwendung des Bernoulli-Kriteriums wird die Gleichung (4.21) zu folgender Zielfunktion:

Mathema-tisch-statistische Methode

(4.23)   Minimiere! $E(K_{Ges}) = K_p \cdot E(X_p) + K_z \cdot E(X_z)$

Im Fall der **rein periodischen Strategie** ist eine weitere Vereinfachung der Gleichung (4.23) mit Hilfe von (4.22) möglich.

(4.24)   Minimiere! $E(K_{Ges}) = K_p \cdot \dfrac{t_{Plan}}{t_l} + K_z \cdot E(X_z)$

Der Erwartungswert $E(X_z)$ der Anzahl x_z der Zufallsausfälle in der Periode t_{Plan} ergibt sich bei der rein periodischen Wartungsstrategie als Produkt der Anzahl der Instandhaltungsintervalle (die gleich ist mit der Anzahl x_p der Planreparaturen) und dem Erwartungswert a_z der Anzahl der Zufallsausfälle in *einem* Instandhaltungsintervall:

(4.25) $E(X_z) = x_p \cdot a_z = \dfrac{t_{Plan}}{t_l} \cdot a_z$

Gleichung (4.24) wird dadurch zu:

(4.26)   Minimiere! $E(K_{Ges}) = K_p \cdot \dfrac{t_{Plan}}{t_l} + K_z \cdot \dfrac{t_{Plan}}{t_l} \cdot a_z$

Nach Division durch t_{Plan} ergibt sich:

(4.27)   Minimiere! $E(K_t) = \dfrac{K_p}{t_l} + \dfrac{K_z}{t_l} \cdot a_z,$

wobei: K_t = Kosten pro Zeiteinheit.

Damit ist die optimale Länge t_l des Wartungsintervalls bei der rein periodischen Strategie unabhängig von der Länge der Planperiode t_{Plan}.

Der Erwartungwert a_z der Anzahl der Zufallsausfälle in einem Instandhaltungsintervall in Abhängigkeit von t_l kann beim Vorliegen einfacher Ausfallverteilungen mit Hilfe wahrscheinlichkeitstheoretischer Methoden berechnet werden. Dadurch erhält man in Gleichung (4.27) die erwarteten Kosten pro Zeiteinheit in Abhängigkeit von t_l. Das Minimum dieser Kostenkurve, d. h. die kostenoptimale Länge t_l des Instandhaltungsintervalls, kann analytisch oder graphisch festgelegt werden. Da a_z von der jeweils speziell vorliegenden Ausfallverteilung abhängig ist, ist eine allgemeine Lösung nicht möglich.

Bei der **Strategie mit konstantem Wartungsabstand** läßt sich ein zu den Schritten (4.24)–(4.27) analoges Vorgehen nicht durchführen, da X_p ebenfalls eine Zufallsvariable ist. Hier werden analytische Verfahren – sofern sie überhaupt bekannt sind – für die praktische Berechnung zu aufwendig.

Simulation

In diesen Fällen ist die **Simulation** als Heuristik ein geeignetes **Hilfsmittel zur Ermittlung einer günstigen Länge t_l des Instandhaltungsintervalls.** In einem Simulationsprogramm, das mit Hilfe eines Computers durchgeführt wird, werden für jede gewählte Länge t_l des Planintervalls die Konsequenzen dieser Wahl im Hinblick auf die Kosten mehrmals nacheinander anhand verschiedener Ausfallzeitpunkte durchgerechnet. Die verwendeten Ausfallzeitpunkte können mit Hilfe eines eigenen Programmteils gemäß der Ausfallverteilung des betrachteten Elements erzeugt werden; es können aber auch unmittelbar Werte aus vergangenen Beobachtungen eingesetzt werden. Für jede Wahl von t_l werden der Mittelwert und eventuell andere Kenngrößen der Instandhaltungskosten (z. B. Varianz) aus den einzelnen Läufen berechnet. Durch Vergleich der Mittelwerte bzw. der anderen Kenngrößen wird schließlich die annähernd optimale Festlegung von t_l bestimmt.

Das Vorgehen dieser „Zufallssimulation" oder „Monte-Carlo-Simulation" sei am Beispiel der Instandhaltungsstrategie mit konstantem Wartungsabstand kurz erläutert. Zuerst werden für eine fest gewählte Länge t_l des Instandhaltungsintervalls die kostenmäßigen Konsequenzen dieser Wahl anhand verschiedener Ausfallzeitpunkte überprüft. Dies wird – bei unveränderter Länge t_l – für mehrere Planperioden durchgeführt und der Mittelwert der dabei errechneten Kosten gebildet. Diese Vorgehensweise wird dann für verschiedene Längen t_l des Instandhaltungsintervalls wiederholt und dasjenige t_l bestimmt, für das der Kostenmittelwert minimal ist.

Optimale Wahl der Freiheitsgrade bei sequentiellen, opportunistischen oder mehrstufigen Strategien

Die optimale Bestimmung der Freiheitsgrade von Instandhaltungsstrategien (z. B. Wahl der Instandhaltungszeitpunkte, Anzahl der zusammenzufassenden Instandhaltungsobjekte, Einsatz des Reparaturpersonals) mittels Monte-Carlo-Simulationsmodellen ist nicht auf periodische, einfache und einstufige Strategien beschränkt. Prinzipiell können ohne größere Schwierigkeiten Monte-Carlo-Simulationsmodelle auch für sequentielle, opportunistische oder mehrstufige Strategien entwickelt werden. Voraussetzung dafür ist natürlich die Verfügbarkeit einer entsprechenden EDV-Anlage.

Gegenüber analytischen Methoden – sofern diese für komplexere Strategien überhaupt anwendbar sind – zeichnen sich die Simulationsmodelle durch eine größere Anpassungsfähigkeit an die realen betrieblichen Gegebenheiten aus. Sehr leicht können andere Ziele als die Kostenminimierung (z. B. hohe Betriebsbereitschaft) berücksichtigt werden. Ebenso können die Wartezeiten vom Zufallsausfall bis zum Eintreffen des Reparaturpersonals und die Dauer der Reparatur selbst sowie Beschränkungen im Rahmen der Ersatzteil- und Personaldisposition in die Modellbildung aufgenommen werden. Abzinsungen der anfallenden Reparaturkosten sind möglich. Bei Verwendung früherer Ausfallzeitpunkte im Simulationsmodell braucht die genaue analytische Ausfallverteilung nicht bekannt zu sein. *Vorteile der Simulationsmodelle*

Zusätzlich stehen aus den Simulationsergebnissen wichtige Informationen für die betriebliche Prozeßplanung zur Verfügung, wie z. B. die voraussichtlichen Zeitpunkte der Planreparaturen, die Stillstandszeiten, die Häufigkeit der Zufallsreparaturen, der Ersatzteil- und der Personalbedarf. Eine Integration der Instandhaltungsdaten in das betriebliche Informationssystem wird erleichtert.

Vergleich von Instandhaltungsstrategien

Zum Vergleich von Strategien erfolgt zunächst die optimale Bestimmung der Freiheitsgrade der einzelnen Strategien mittels Simulationsprogrammen. Anschließend wird bei so getroffener Festlegung der Freiheitsgrade die Strategie mit der besten Zielerreichung ausgewählt. Die Beschränkungen aufgrund der bestehenden oder geplanten betrieblichen Organisationsform müssen bei der Entscheidungsfindung als Nebenbedingung berücksichtigt werden.

Im allgemeinen ist zu erwarten, daß mit zunehmender Verfeinerung der Instandhaltungsstrategien (z. B. Übergang von einfachen zu opportunistischen Strategien) die Gesamtinstandhaltungskosten zunächst sinken. Der sich erhöhende Organisationsaufwand wird durch größere Betriebssicherheit und die günstigere Verteilung der Stillstände überproportional aufgewogen. Bei weiterer Verfeinerung der Instandhaltungsstrategie verlieren aber diese Vorteile an Gewicht, bis von einem bestimmten Punkt an die mit der Instandhaltung verbundenen Kosten aufgrund des erforderlichen Organisationsgrades wieder steigen. Die Wahl einer vergleichsweise anspruchslosen Strategie ist demnach oft vorteilhaft. Allgemeine Aussagen zugunsten einer bestimmten Strategie sind nicht möglich; die Wahl der Strategie muß stets nach einer genauen Prüfung der speziell vorliegenden Situation individuell getroffen werden.

461

f) Potentielles Produktionsprogramm

Merkmale des potentiellen Produktionsprogramms

Die zur Ausstattung gehörenden Potentialfaktoren sowie die organisatorische und räumliche Strukturierung der Produktion bestimmen das **potentielle Produktionsprogramm**, d. h. die Menge der Nutzungsmöglichkeiten für die Erstellung von Produkten. Andererseits nimmt die aus der Marktstrategie abgeleitete Vorstellung über das potentielle Produktionsprogramm Einfluß auf die organisatorische und technische Ausstattung sowie auf den vertikalen Integrationsgrad.

Das potentielle Produktionsprogramm läßt sich vor allem durch folgende Merkmale näher beschreiben (vgl. z. B. Frese/Noetel 1990, Jost u. a. 1991, Schomburg 1980, Zäpfel 1989a):
– Erzeugnisstruktur (Erzeugnisgeometrie; Kongruenz),
– Erzeugnisstandardisierung,
– Art der Auftragserteilung

Erzeugnis-
struktur

Die Erzeugnisstruktur wird durch die **Anzahl der Fertigungsstufen (Strukturtiefe)** und durch die **Anzahl der Produktarten (Strukturbreite)** gekennzeichnet. Sie legt die technologischen und zeitlich-kapazitativen Zusammenhänge für die Produktionsplanung fest. Je mehr Produktkomponenten über mehrere Produktionsstufen zeitlich und technologisch verknüpft werden müssen, desto komplexer ist die Planung und Steuerung des Produktionsprozesses und desto aufwendiger sind die Abstimmungsprozesse zwischen den produktionswirtschaftlichen Teilfunktionen wie z. B. im Maschinenbau die Konstruktion, die Teilefertigung und die Montage. **Die Erzeugnisstruktur läßt sich mit Hilfe der Erzeugnisgeometrie und der Kongruenz näher beschreiben.**

Nach dem Merkmal der **Erzeugnisgeometrie**, das die **Komplexität der technisch orientierten Aufgaben** in der Konstruktion wie in der Planung und Realisierung des Produktionsprozesses beschreibt (vgl. Frese/Noetel 1990), lassen sich Erzeugnisse mit einfacher Struktur und Erzeugnisse mit komplexer Struktur unterscheiden. Die **Kongruenz der Erzeugnisstruktur** beschreibt die **Ähnlichkeit von Konstruktions- und Fertigungsdokumenten.** Produkte besitzen eine **totale Kongruenz** zwischen konstruktions- und fertigungsorientierten Erzeugnisstrukturen, wenn die Konstruktionsdokumente ohne Modifikationen in Fertigungsdokumente überführt werden können. Bei **additiver Kongruenz** sind geringfügige Modifikationen für die Fertigung erforderlich; liegt dagegen **keine Kongruenz** vor, so ist die Erstellung eigener Werkstattpapiere erforderlich. Erzeugnisgeometrie und Kongruenz der Erzeugnisdokumente stehen in engem Zusammenhang.

Erzeugnis-
standardi-
sierung

Ein weiteres Merkmal des potentiellen Produktionsprogramms bildet die Erzeugnisstandardisierung. **Standardisierte Erzeugnisse** sind hinsichtlich ihren Eigenschaften an einem anonymen Käuferkreis ausgerichtet, das heißt die Produkteigenschaften orientieren sich an Marktanalysen. Im Gegensatz dazu stehen **Individualprodukte**, bei denen sich die Produkteigenschaften in hohem Maße an den Kundenbedürfnissen

462

ausrichten. Im Extremfall besitzen Individualprodukte von Auftrag zu Auftrag den Charakter von Neuentwicklungen. Standardisierungen lassen sich bei der Individualproduktion bestenfalls für Einzelkomponenten realisieren. Wettbewerbsstrategisch wird mit der Erstellung von standardisierten Erzeugnissen in der Regel Kostenführerschaft, mit der Erstellung von Individualprodukten dagegen Differenzierung angestrebt (Porter 1988).

Zwischen diesen beiden Extremen findet sich eine breite Palette von Produkten, bei denen zwar der Produktkern standardisiert ist, aber gleichzeitig über kundenspezifische Varianten eine Orientierung an spezifischen Kundenwünschen erfolgen kann. In diesem Fall wird auch von **teil-standardisierten Erzeugnissen** gesprochen.

Produktstandardisierungen erfolgen mit dem Ziel, hohe Produktqualität bei niedrigen Kosten und kurzen Durchlaufzeiten zu realisieren. In engem Zusammenhang mit der Produktstandardisierung stehen auch Normung und Typisierung von Produktkomponenten. Mit Hilfe der Standardisierung von Produktkomponenten werden bestimmte Eigenschaften oder Ausprägungen festgeschrieben. Bei überbetrieblichen Vereinbarungen spricht man von **Normung**, betriebsinterne Vereinbarungen werden als **Typisierung** bezeichnet (vgl. Hahn/Laßmann 1990, S. 172 ff.).

Eine Typisierung unter weitestgehender Beibehaltung der Variantenvielfalt kann mit Hilfe des Baukastenprinzips erreicht werden. Dabei ermöglicht eine definierte Anzahl von Elementen, die einheitliche Anschlußstellen aufweisen, daß die einzelnen Bausteine miteinander kombinierbar sind und gegeneinander ausgetauscht werden können. Die Enderzeugnisse werden modular aus den Bausteinen zusammengesetzt (vgl. Zäpfel 1989 b, S. 69 ff.).

Baukasten-prinzip

Merkmale	Merkmalsausprägungen des potentiellen Produktionsprogramms		
Erzeugnisgeometrie	Erzeugnisse mit einfacher Struktur	Erzeugnisse mit teilweise komplexer Struktur	Erzeugnisse mit komplexer Struktur
Kongruenz der Erzeugnisstruktur	totale Kongruenz	additive Kongruenz	keine Kongruenz
Erzeugnis-standardisierung	Standarderzeugnisse	teilstandardisierte Erzeugnisse mit kundenspezifischen Varianten	Individualerzeugnisse (vereinzelt unter Einbindung von Standard-komponenten)
Art der Auftragserteilung	Absatzprogramm	Bestellung auf der Basis von Rahmenverträgen	Kundenbestellung

Abbildung 4.22: Charakterisierung des potentiellen Produktionsprogramms einer Unternehmung

In engem Zusammenhang mit dem potentiellen Produktionsprogramm eines Industriebetriebes steht, wie schon an früherer Stelle im Bereich der Strukturentscheidungen ausgeführt, der **Marktbezug** bzw. die Art der Auftragserteilung. Mit der Erzeugnisstruktur und -standardisierung korrespondieren i. d. R. charakteristische Marktbeziehungen. Während der Fertigung relativ komplexer Erzeugnisse häufig ein konkreter Auftrag zugrunde liegt, erfolgt die Fertigung vergleichsweise einfacher Erzeugnisse auf der Grundlage eines vom einzelnen Kunden unabhängigen Absatzprogramms.

Art der
Auftrags-
erteilung

Damit sind die Alternativen des potentiellen Produktionsprogramms bezüglich Erzeugnisstruktur und Programmvielfalt beschrieben. Abbildung 4.22 (vgl. vorhergehende Seite) faßt die charakteristischen Merkmale eines potentiellen Produktionsprogramms überblicksartig zusammen.

Potentielles Produktionsprogramm und Produktionstypen

Nachfolgend ist der Bezug zwischen dem potentiellen Produktionsprogramm und den Produktionstypen aufzuzeigen (vgl. Abbildung 4.23).

Potentielles
Produktions-
programm als
Determinante
der Kom-
plexität und
Variabilität
einer Produk-
tionsaufgabe

Komplexität und Variabilität als dominierende Aufgabenmerkmale für die Beschreibung industrieller Produktionssituationen werden maßgeblich von den Merkmalsausprägungen des hier aufgezeigten potentiellen Produktionsprogramms bestimmt. Die Merkmale Erzeugnisstruktur und -standardisierung bestimmen im wesentlichen den Komplexitätsgrad; die Art der Auftragserteilung bestimmt die Variabilität der Produktionsaufgabe. Die Programmbreite, d. h. die Produktheterogenität wirkt sowohl komplexitäts- als auch variabilitätserhöhend.

Mit dem Komplexitätsgrad der Produktionsaufgabe steigen die Anforderungen an die Planung und Steuerung des Produktionsprozesses; mit dem Variabilitätsgrad wächst die Unsicherheit für alle Funktionen der Planung und Steuerung (vgl. Frese/Noetel 1990).

Auswirkungen
der Kom-
plexität einer
Produktions-
aufgabe

Grundsätzlich lassen sich folgende Beziehungen aus den Aufgabenmerkmalen der Produktionswirtschaft ableiten: Mit **zunehmender Komplexität der Produktionsaufgabe**
- steigen die Anforderungen an die **Informationsverarbeitungskapazität** der Planungseinheiten,
- steigt die Intensität der **Abstimmungsprobleme** zwischen den Produktionseinheiten,
- steigt der **Informationsbedarf** für die Beschaffung und Bereitstellung der Fertigungsmaterialien,
- erhöht sich der **Aufwand für die Dokumentenerstellung**, die Erstellung von Stücklisten und Fertigungsbelegen,
- steigt die Notwendigkeit einer **flexiblen Organisation** von Kooperations- und Abstimmungsprozessen an den Schnittstellen,
- sinkt die Möglichkeit der **Ablaufstandardisierung** wegen der Alternativenvielfalt bei der Prozeßrealisierung sowie wegen der Gefahr extern und intern bedingter Störungen.

464

Die **Variabilität** oder Veränderlichkeit der Produktionsaufgabe ist auch ein Maß für die Unsicherheit. Dabei kann sich die Unsicherheit zum einen auf die Eigenschaften und Komponenten von Individualprodukten beziehen, zum anderen auf Unsicherheiten während des Ablaufs eines Produktionsprozesses. Aus der Variabilität der Produktionsaufgabe lassen sich folgende Beziehungen ableiten: Mit **zunehmender Veränderlichkeit der Produktionsaufgabe** *Auswirkungen der Variabilität einer Produktionsaufgabe*

- steigt der **Informationsbedarf** (Bedarf nach neuartigen Informationen) für die Ressourcenbeschaffung und den Ressourceneinsatz,
- steigt der **Flexibilitätsbedarf** bezüglich technologischer, zeitlicher und kapazitativer Anpassungen,
- steigt die Notwendigkeit einer **nicht-standardisierten Abwicklung** des Produktionsablaufs,
- steigt der **Abstimmungsbedarf** an den Schnittstellen, insbesondere zur Konstruktion und zum Vertrieb,
- steigt die **Notwendigkeit für direkte, mündliche und ungebundene Kommunikation**, weil andernfalls die bei komplexen Aufgaben anfallenden Verständigungsprobleme nicht adäquat bewältigt werden können,
- steigt die Notwendigkeit einer **räumlichen Nähe** zu allen kooperierenden Organisationseinheiten.

Das potentielle Produktionsprogramm mit seinen Ausprägungen „Produktkomplexität", „Produktheterogenität" und „Kundenbezug" bestimmt somit *Potentielles Produktionsprogramm und Prozeßplanung und -steuerung*

- den Informationsbedarf,
- den Flexibilitätsbedarf,
- den Kooperations- und Abstimmungsbedarf – insbesondere an den Schnittstellen der Produktionswirtschaft – sowie
- die Möglichkeit einer Ablaufstandardisierung im Rahmen der Planung und Steuerung des Produktionsprozesses.

Abbildung 4.23 (vgl. folgende Seite) zeigt für die drei Produktionstypen die Anforderungen an die Planung und Steuerung des Produktionsprozesses.

g) Beschaffungspolitik

Im Rahmen der Beschaffungspolitik sind das potentielle Beschaffungsprogramm in artmäßiger, qualitativer und mengenmäßiger Hinsicht zu bestimmen sowie Grundsatzentscheidungen über die Festlegung des beschaffungspolitischen Instrumentariums zu treffen. Das potentielle Beschaffungsprogramm umfaßt diejenigen Güterarten, -mengen und Qualitätsstandards, die vom Industriebetrieb zur Deckung langfristiger Bedarfsentwicklungen als Folge produktions- und absatzwirtschaftlicher Entscheidungen sowie aufgrund der voraussichtlichen Entwicklung auf den Beschaffungsmärkten eingesetzt werden sollen. Grundsatzentscheidungen über das beschaffungspolitische Instrumentarium beziehen sich auf Art und Umfang der auf den Beschaffungsmärkten zu entfaltenden Aktivitäten zur Realisierung des potentiellen Beschaffungsprogramms. *Potentielles Beschaffungsprogramm*

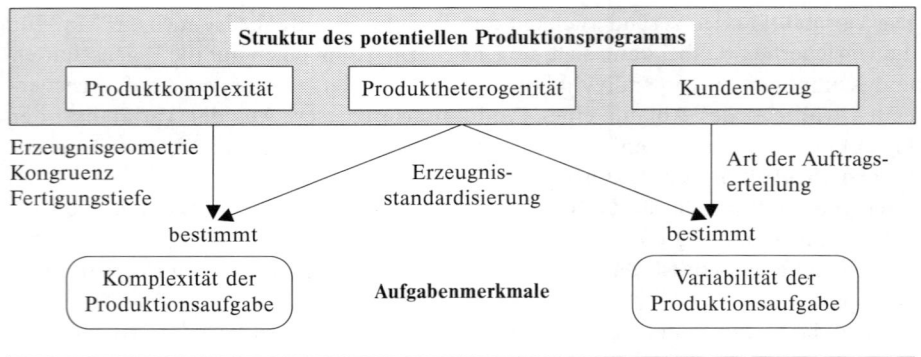

Produktionstyp	I. Auftragsorientierte Einzelfertigung	II. Gemischte Serienfertigung	III. Marktorientierte Massenfertigung
Ausprägung der Aufgabenmerkmale / Anforderungen an den Produktionsprozeß	hohe Komplexität und Variabilität	mittlere Komplexität und Variabilität	niedrige Komplexität und Variabilität
Informationsbedarf	sehr hoch	mittel	niedrig
Flexibilitätsbedarf	sehr hoch	mittel	niedrig
Abstimmungs- bzw. Kooperationsbedarf	sehr hoch	mittel	niedrig
Standardisierbarkeit des Ablaufes	niedrig	mittel	sehr hoch

Abbildung 4.23: Komplexität und Variabilität der Produktionsaufgabe und die Auswirkungen auf die Planung und Steuerung des Produktionsprozesses

Entscheidungen über die Beschaffungspolitik sind Grundsatzentscheidungen, für die die Ausführungen über das Leistungsangebot und den vertikalen Integrationsgrad (S. 421 ff.) in analoger Weise gelten. In Abhängigkeit von der Merkmalsausprägung des Leistungsprogramms eines Industriebetriebs können die Grundsatzentscheidungen der Beschaffungspolitik auch unter dem Gesichtspunkt der Minimierung der Transaktionskosten theoretisch abgeleitet werden. Im folgenden sollen, auch um Wiederholungen zu vermeiden, die Einflußgrößen der Beschaffungspolitik aus der klassischen Perspektive beleuchtet werden. Dies gilt auch für die Ableitung von Beschaffungsstrategien.

466

Determinanten des langfristigen Beschaffungsprogramms

Die betrieblichen Funktionen der Beschaffung werden nachfolgend ausschließlich auf Sachgüter bezogen. Eine Konkretisierung des potentiellen Beschaffungsprogramms knüpft an die Determinanten des langfristigen Materialbedarfs an. **Bei funktionaler Betrachtung wirken absatz-, produktions- und beschaffungswirtschaftliche Einflußgrößen auf die Entwicklung des langfristigen Materialbedarfs ein.** Wesentliche Anhaltspunkte für die Prognose des langfristigen Materialbedarfs liefern die möglichen zukünftigen **Marketingstrategien** des Industriebetriebes für einzelne oder mehrere Produktgruppen, die eine Intensivierung der Marktbearbeitung bei gegebenem Absatzprogramm, eine Veränderung des Angebotssortiments oder Variationen des Produktprogramms und der Marktbearbeitung vorsehen. Während das Streben nach höherer Marktdurchdringung vorhandener Absatzmärkte sowie die Erschließung neuer Marktgebiete in erster Linie für die mengenmäßige Bedarfsentwicklung von Bedeutung sind, ergeben sich aus Veränderungen des Absatzprogramms durch Neuentwicklung von Produkten, Diversifikation oder Produktdifferenzierung neue artmäßige und qualitative Anforderungen an das potentielle Beschaffungsprogramm.

Absatzwirtschaftliche Einflußgrößen

Bei der **Neuentwicklung von Produkten** besteht die Tendenz zur Ausweitung des artmäßigen Beschaffungsprogramms durch die Verwendung neuer Rohstoffe oder Teilekonstruktionen. Durch Normung des Materialsortiments und durch Anwendung wertanalytischer Prinzipien bei der Produktgestaltung **(value engineering)** kann der Ausweitung des Beschaffungsprogramms begegnet werden. Neue Einsatzstoffe werden nur dann in das Sortiment aufgenommen, wenn die geforderten technischen und wirtschaftlichen Eigenschaften von den bisher bezogenen Materialien nicht erfüllt werden. Eine Beschränkung bei der Neukonstruktion von Teilen wird auch durch eine ausführliche Teiledokumentation erreicht, die über die Verwendung ähnlicher Teile im Industriebetrieb informiert. Neuentwicklungen können dann entfallen, wenn eine Anpassung bestehender Lösungen möglich ist.

Die Ausweitung des Absatzprogramms durch **Diversifikation** umfaßt die Aufnahme von Produkten, die sachlich mit den bisher angebotenen Gütern eng verbunden sind oder die Angliederung vor- bzw. nachgelagerter Produktionsstufen (horizontale und vertikale Diversifikation). Bei horizontaler Diversifikation ergibt sich eine Ausweitung des Beschaffungsprogramms in art- und qualitätsmäßiger Hinsicht, wenn die neu aufgenommenen Produkte als Handelswaren zugekauft werden oder ihre Herstellung zusätzliche Materialien erfordert. Durch die Angliederung weiterer Produktionsstufen kann aufgrund des Bedarfs an neuen Einsatzstoffen und Teilen ebenfalls eine Ausdehnung des Materialsortiments ausgelöst werden.

Maßnahmen der **Produktdifferenzierung** führen vorrangig zu Variationen der Qualitätsanforderungen des Beschaffungsprogramms. Änderungen der stofflich-technischen Produkteigenschaften ziehen eine größere Qualitätsbreite bei Rohstoffen und Teilekonstruktionen nach sich, damit eine Abhebung der verschiedenen Produktausprägungen voneinander erreicht wird.

467

Produktions- *wirtschaft-* *liche Einfluß-* *größen*	Bei einem gegebenen Leistungsangebot ist die Entscheidung über die Bereitstellung des Materials von der Festlegung des vertikalen Integrationsgrades abhängig (vgl. Abschnitt II.1.a). Grundsätzlich sind die Erzeugnisarten auf jeder Stufe des Fertigungsprozesses im Hinblick auf Eigenfertigung und Fremdbezug zu prüfen. Neben der Entscheidung über Eigenfertigung oder Fremdbezug bildet die Maschinenausstattung eine wichtige Determinante für das Beschaffungsprogramm. Mit der Maschinenausstattung ist die qualitative Kapazität der Produktion vorgegeben, die auch in einer bestimmten Roh- und Betriebsstoffspezialisierung der Produktionsanlagen zum Ausdruck kommt. Änderungen in der maschinellen Ausstattung können durch eine veränderte Materialspezifizierung ebenso eine art- und qualitätsbezogene Anpassung des Beschaffungsprogramms verursachen wie die Entwicklung neuer Rohstoffe (z. B. Verbundwerkstoffe) oder das Auftreten von Substitutionsmaterialien, die im Rahmen der gegebenen Materialspezialisierung eingesetzt werden können.
Beschaf- *fungswirt-* *schaftliche* *Deter-* *minanten*	**Zu den im Beschaffungsbereich wurzelnden Determinanten des potentiellen Beschaffungsprogramms gehören das gewählte Bereitstellungsprinzip für Materialien, die Struktur der Beschaffungsmärkte sowie die Rücklaufnutzung von Abfallstoffen (Recycling).** Als **Bereitstellungsprinzipien (Beschaffungsarten)** lassen sich die fertigungssynchrone Beschaffung und die Vorratsbeschaffung unterscheiden (vgl. Abschnitt II.2.b). Die strategische Bedeutung von Entscheidungen über die Beschaffungsart liegt vor allem darin begründet, daß hiermit langfristig festgelegt wird, ob und inwieweit die Unternehmung zur Lagerung von Bedarfsgütern fähig ist. In der Regel gewinnt die Unternehmung durch die Entscheidung zugunsten der Errichtung von Vorratslägern zusätzliche Entscheidungsspielräume. Zugleich werden hierdurch jedoch Ressourcen langfristig gebunden. Diese Tatbestände können den Umfang strategischer Erfolgspotentiale beeinflussen. Strategische Entscheidungen bezüglich des Bereitstellungsprinzips beeinflussen nicht nur die Mengenkomponenten des potentiellen Beschaffungsprogramms, sondern auch die qualitativen Ausprägungen des Materials. Bei qualitativen Angebotsschwankungen der Rohstoffe bietet (sofern die Lagerung nicht zu Qualitätsminderungen führt) die Vorratsbeschaffung eine bessere Gewähr für die Qualitätssicherung als die fertigungssynchrone Beschaffung (z. B. Leder, landwirtschaftliche Produkte), da durch die Einrichtung von Reservelägern kurzfristig auftretende Qualitätsminderungen durch eine Bedarfsdeckung aus Vorratsbeständen absorbiert werden können.
Beschaffungs- *marktstruktur*	Die Entscheidung für ein Beschaffungsprinzip ist auch abhängig von der Struktur des Beschaffungsmarktes, die ihrerseits das Beschaffungsrisiko determiniert. Hohe Versorgungsrisiken fördern die Tendenz zur Vorratshaltung und die Suche nach Substitutionsgütern, deren marktliche Versorgungssicherheit größer eingestuft wird. Nachfrageentwicklung, Wettbewerbsverhältnisse auf Anbieter- und Nachfragerseite, Marktkapazität, Erfolgslage der Lieferanten sowie politische Stabilität und Transportbedingungen stellen Indikatoren für die Beurteilung eventueller Versorgungsrisiken bei Einsatzstoffen dar, die Industriebetriebe zu einem Übergang auf andere

468

Beschaffungsmärkte mit entsprechenden art-, qualitäts- und mengenmäßigen Konsequenzen für das potentielle Beschaffungsprogramm veranlassen können.

Recycling

Die zunehmende Rohstoffverknappung und -verteuerung fördert Bestrebungen zur Rücklaufnutzung von Abfallstoffen. Anstatt Abfälle und Abwärme an die Umwelt abzugeben, werden **Stoffe und Energie im Rahmen des Recycling der Produktion zur Wiederverwendung und -verwertung sowie zur Weiterverwendung und -verwertung erneut zugeführt, so daß eine Entlastung der Rohstoffbeanspruchung erreicht werden kann.** Während bei der Wiederverwendung eine wiederholte Nutzung des Stoffes für den gleichen Einsatzzweck erfolgt, ist bei der Wiederverwertung eine Bearbeitung und Aufbereitung der Abfallstoffe erforderlich, um sie dem ursprünglichen Verwendungszweck zuführen zu können. Im Gegensatz dazu werden Materialien bei Weiterverwendung und -verwertung in anderen Fertigungsprozessen eingesetzt. Die Erfassung, Aufbereitung und Umwandlung von Abfallstoffen durch den Industriebetrieb oder Spezialunternehmen vermindert den Beschaffungsumfang von Primärrohstoffen zugunsten der Wiederaufbereitung und stellt einen wesentlichen Beitrag zur Versorungssicherung dar, der im Hinblick auf das Sicherheitsziel der Beschaffung auch dann gerechtfertigt sein kann, wenn die Kosten des Recycling die Aufwendungen für die Beschaffung des Rohstoffs einschließlich der Kosten für die Abfallbeseitigung übersteigen. Durch die intensive Nutzung aller Recyclingmöglichkeiten kann die Unternehmung zudem einen Beitrag zur Verminderung der Umweltbelastung leisten. Dies scheint im Sinne einer gesellschaftsbezogenen Verantwortung der Unternehmung zunehmend bedeutsam zu werden (vgl. auch Strebel 1990, S. 755 ff.).

Elemente des beschaffungspolitischen Instrumentariums

Das beschaffungspolitische Instrumentarium stellt eine Zusammenfassung derjenigen Aktionsparameter der Unternehmung dar, mit denen auf die Gestaltung des Beschaffungsprogramms eingewirkt werden kann. Da sich die Bedarfsdeckung durch Transaktionen auf den Beschaffungsmärkten vollzieht, kann eine Gliederung der Aktionsparameter an den Transaktionselementen Beschaffungsobjekt, Beschaffungsquelle und Transaktionsbedingungen ansetzen. Im Zuge strategischer Entscheidungen werden die Möglichkeiten einer grundsätzlichen und langfristigen Festlegung der Aktionsparameter in den Vordergrund gestellt; bestehende Interdependenzen sind hierbei zu beachten. Durch die strategisch orientierte Gestaltung des Instrumentariums wird ein Rahmen vorgegeben, der durch die Konkretisierung der jeweiligen Elemente auf der Ebene dispositiver Entscheidungen ausgefüllt wird. Eine Systematisierung beschaffungspolitischer Instrumente liefert die nachstehende Übersicht (vgl. Abbildung 4.24, vgl. folgende Seite).

470

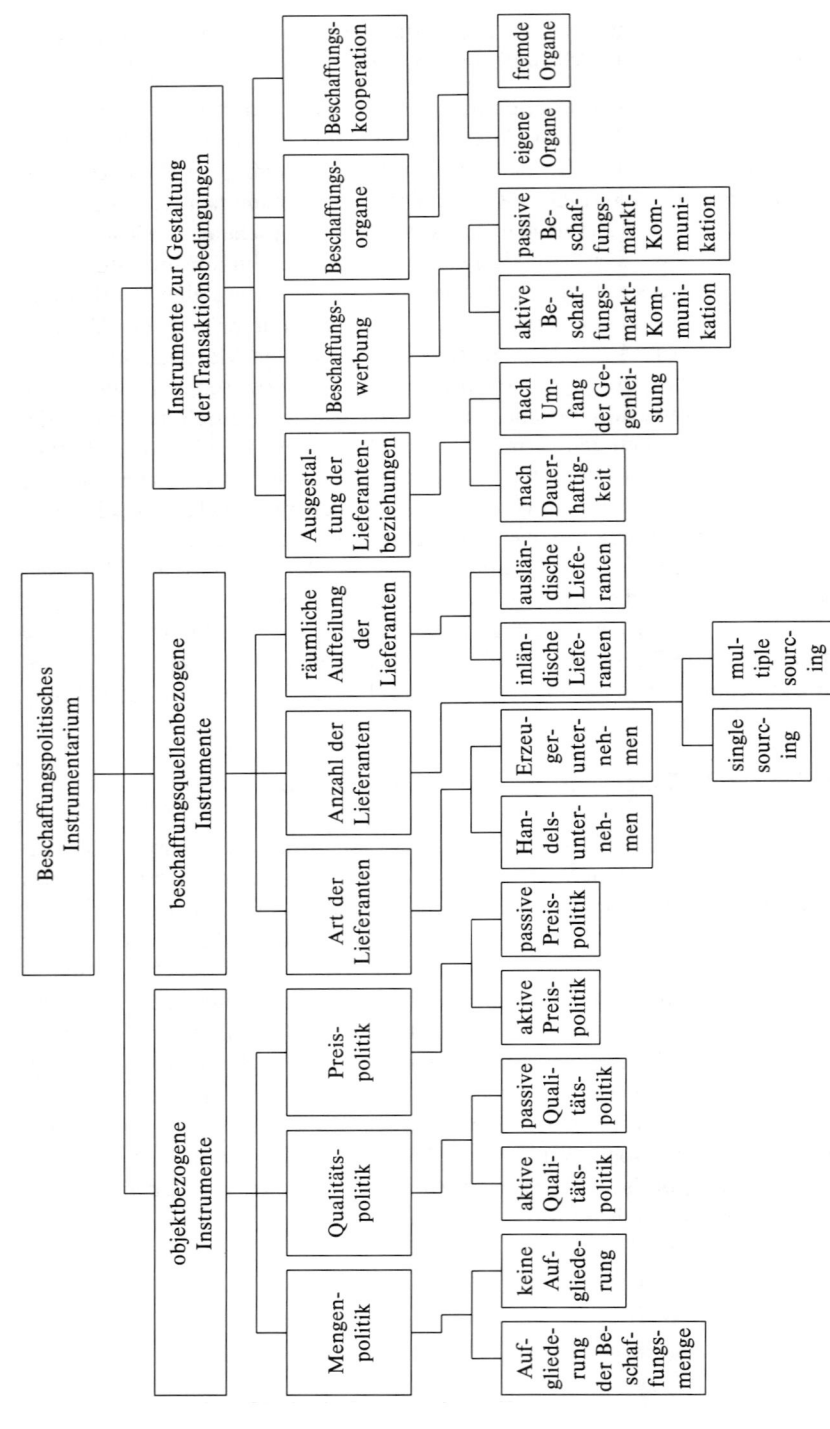

Abbildung 4.24: Gliederung des beschaffungspolitischen Instrumentariums

Objektbezogene Instrumente der Beschaffung konkretisieren den Gegenstand der einzelnen Markttransaktionen mit den Lieferanten. Diese Konkretisierung des Objektbereiches kann mit Hilfe quantitativer, qualitativer oder preislicher Merkmale erfolgen.

Objekt-bezogene Instrumente

Mit strategischen Entscheidungen im Rahmen der Mengenpolitik wird festgelegt, nach welchen grundsätzlichen Kriterien die mengenmäßige/zeitliche Strukturierung des Beschaffungsprogramms vorzunehmen ist. Dominiert z. B. das Kriterium Sicherheit, so werden in der Regel eine möglichst große Erstbestellmenge sowie wenige Folgebestellungen angestrebt. Die zeitliche Struktur des Beschaffungsprogramms wird auch durch das gewählte Beschaffungsprinzip und aufgrund der durch das Lagerhaltungssystem determinierten Bestellrhythmen beeinflußt (vgl. Abschnitt II.2.b). Neben der zeitlichen Aufgliederung der Beschaffungsmenge sind in Verbindung mit der Lieferantenwahl sachliche Freiheitsgrade bei der Zuordnung von Teilmengen auf einzelne Lieferanten vorhanden, wenn mehrere Lieferanten beim Einkauf einer Materialart eingeschaltet werden.

Mengen-politik

Die **Materialqualität** als Summe der verwendungsrelevanten Beschaffenheitsmerkmale stellt insofern einen wichtigen Aktionsparameter des beschaffungspolitischen Instrumentariums dar, als das Beschaffungsprogramm in qualitätsmäßiger Hinsicht für einzelne Materialarten einen begrenzten Spielraum offen läßt und/oder Qualitätsmerkmale des Beschaffungsprogramms auf den Beschaffungsmärkten durchgesetzt werden sollen, die vom angebotenen Qualitätsstandard bisher noch nicht erfüllt werden. Bei einer **passiven Qualitätspolitik** verhält sich die Unternehmung als Qualitätsanpasser, indem sie das geplante Beschaffungsprogramm den angebotenen Güterqualitäten anpaßt. Im Gegensatz dazu ist der Industriebetrieb bei **aktiver Qualitätspolitik** bestrebt, seine eigenen Qualitätsvorstellungen auf den Beschaffungsmärkten zu realisieren und die Lieferanten zu einer bedarfsgerechten Gestaltung der zu beschaffenden Materialien zu veranlassen (mittelbare Produktgestaltung). Bei innovativen Beschaffungsaufgaben verbindet sich häufig die teilweise Unbestimmtheit von Qualitätsanforderungen für neue Materialien mit einem fehlenden marktlichen Qualitätsangebot. Außer bei Investitionsgütern kommt dieser Sachverhalt bei erstmaligem Fremdbezug von Bauteilen vor, deren stofflich-physikalische und technische Eigenschaften noch nicht in allen Einzelheiten festgelegt sind. Einsatzmöglichkeiten und Ergebnisse der aktiven Qualitätspolitik hängen von der Marktstellung der beschaffenden Unternehmung sowie von der technischen Leistungsfähigkeit der Lieferanten, den geplanten Bestellmengen, den bisherigen Beziehungen zwischen Lieferanten und Kunden sowie von den finanziellen Beschränkungen der Marktpartner ab.

Qualitäts-politik

Ebenso wie bei der Qualitätspolitik können Beschaffungspreise entweder Marktdaten oder Verhandlungsobjekte zwischen Lieferanten und Besteller sein. Die Möglichkeit der Unternehmung, im Rahmen einer **aktiven Preispolitik** Einfluß auf die Beschaffungspreise zu nehmen, wird von betriebsindividuellen Faktoren (z. B. Marktkenntnis) und von den jeweiligen Angebots- und Nachfrageverhältnissen bestimmt. Bei vielen Beschaffungsentscheidungen liegen für die Beschaffungsobjekte

Preispolitik

471

keine fixierten Marktpreise vor. Bei neuartigen Markttransaktionen und einem hohen Wert des Beschaffungsobjekts wächst die Wahrscheinlichkeit für eine aktive Preispolitik. Demgegenüber muß sich ein Besteller bei routinemäßigen Beschaffungsvorgängen und geringer Marktmacht in der Regel den autonomen Preisfixierungen der Lieferanten beugen (**passive Preispolitik**). Von Bedeutung ist ferner, daß die Beschaffungspreise durch die Kostenrechnung in geeigneter Weise kontrolliert werden (Beschaffungspreisobergrenzen; vgl. Teil 9, S. 1286).

Beschaffungs-
quellen-
bezogene
Instrumente

Die quellenbezogenen Instrumente der Beschaffung erstrecken sich auf grundlegende Entscheidungen über Art, Anzahl und räumliche Verteilung der Lieferanten. Hiermit werden unter Berücksichtigung des Beschaffungsprogramms wichtige Vorentscheidungen hinsichtlich der späteren konkreten Lieferantenauswahl getroffen. Die hieraus resultierende potentielle Lieferantenstruktur gibt den Spielraum an, innerhalb dessen die nachgelagerte, dispositive Lieferantenauswahl erfolgen kann.

Art der
Lieferanten

Hinsichtlich der Art der Lieferanten können dabei mehrere Kriterien zur Eingrenzung der potentiellen Lieferantenstruktur Anwendung finden (z. B. Unternehmensgröße, Rechtsform, Lieferprogramm, Verkaufsbedingungen). Wichtige Kriterien für strategische Entscheidungen über die Art der in Frage kommenden Lieferanten sind deren Leistungsfähigkeit und -bereitschaft. Als Maßstab für die Leistungsfähigkeit, die ein Lieferant bezüglich des Beschaffungsprogramms aufweist, können beispielsweise seine Innovationsfähigkeit (z. B. gemessen am durchschnittlichen Alter der Einzelprodukte), die Qualität und Dynamik des Management, die finanzielle Solidität oder die Breite/Tiefe des ‚know-how‘ herangezogen werden. Für die Leistungsbereitschaft des Lieferanten ist die Frage wesentlich, wie er seine Aufgabe als Lieferant definiert – ob er beispielsweise lediglich ein existierendes Produkt verkaufen will oder ob er auch zu innovativen Problemlösungen bereit ist.

Direkte/
indirekte
Beschaffung

Entscheidungen über die Art der Lieferanten, die sich lediglich durch ihre Stellung im Distributionssystem unterscheiden, bestimmen gleichzeitig den Beschaffungsweg der Unternehmung. Beim Warenbezug unmittelbar vom Produzenten handelt es sich um direkte Beschaffung, während beim Materialeinkauf vom Handel indirekte Beschaffung vorliegt. Bei ausschließlicher Betonung des Kriteriums der Wirtschaftlichkeit für die Beschaffung einer Güterart bietet der Einkauf beim Hersteller wegen der niedrigeren Beschaffungspreise gegenüber der indirekten Beschaffung Vorteile, da Handelsunternehmen eine Gewinnmarge in ihre Preiskalkulation einbeziehen. Im Falle der indirekten Beschaffung können durch den Einkauf mehrerer Materialarten Kostenvorteile realisiert werden, wenn das Lieferprogramm des Großhändlers umfangreicher ist als das des Produzenten, so daß Mehrfachbestellungen vermieden und Preiszugeständnisse aufgrund hoher Auftragswerte erzielt werden. Orientieren sich die Handelsunternehmen bei ihrer Standortwahl an den Verwendungszentren des Materials, so verfügen sie vielfach über Standortvorteile gegenüber den Produzenten, die sich z. B. in kürzeren Lieferfristen niederschlagen. Soweit der Großhandel kleinere Mindestabnahmemengen festsetzt als der Produzent, ist bei indirekter Beschaffung häufig auch ein geringerer durchschnittlicher Lagerbestand erreichbar als beim Einkauf vom Produzenten.

472

Die Entscheidung über die Wahl des Beschaffungsweges bezieht sich nicht auf das gesamte Beschaffungsprogramm der Unternehmung, sondern wird häufig getrennt für einzelne Materialarten oder -gruppen getroffen. Dabei kommen die gleichen Kriterien zur Anwendung, die auch bei der Wahl der Absatzwege erörtert werden (vgl. Teil 5, S. 692 ff.).

Strategische Entscheidungen über die Anzahl potentieller Lieferanten orientieren sich stark an den vorgefundenen Marktverhältnissen. Existieren für ein Produkt oder eine Produktgruppe nur wenige (ein) Lieferanten, denen zahlreiche Nachfrager gegenüberstehen (Angebotsmonopol/-oligopol), so ist die Verhandlungsposition der einzelnen Nachfrager in der Regel recht schwach. Erfolgspotentiale können in einer derartigen Situation z. B. dadurch aufgebaut werden, daß kleine oder neue Anbieter systematisch durch Käufe, Technologietransfer oder sonstige Hilfestellungen unterstützt werden. Durch die zunehmende Konkurrenz auf der Anbieterseite kann somit langfristig eine verbesserte Marktstellung der Abnehmer erreicht werden. *Anzahl der Lieferanten*

Vielfach wird die Anzahl der potentiellen Lieferanten so dimensioniert, daß das jeweilige Beschaffungsvolumen mit einem einzelnen Lieferanten nicht zu groß wird (z. B. max. 20% vom Gesamtumsatz des Nachfragers). Hierdurch wird der Lieferant einerseits durch Bedarfsschwankungen des Nachfragers weniger getroffen, andererseits können die Nachfrager unerwartete Lieferausfälle leichter verkraften.

Allerdings ist in jüngerer Zeit zu beobachten, daß Unternehmen bestimmte Vorprodukte und Komponenten von ganz wenigen, im Extremfall von nur einem Lieferanten beziehen („single sourcing" im Gegensatz zum sogenannten „multiple sourcing"). Derartige Strategien sind meist mit langfristigen, aufeinander abgestimmten Planungen und Kooperationsvereinbarungen (bis hin zur Ansiedlung des Lieferanten in der Nähe des Abnehmers) verknüpft. Durch Zusammenarbeit in der Entwicklungs- und Fertigungsplanung wird auf diese Weise besonders die Belieferung mit spezifischen Komponenten unterstützt. Das hohe Volumen des Alleinlieferanten erzeugt zugleich Spezialisierungs- und Kostenvorteile, an denen beide Seiten partizipieren. Der langfristige vertragliche Rahmen bietet dabei den erforderlichen Schutz vor den Risiken der Abhängigkeit. *Single sourcing*

Bei strategischen Entscheidungen über die potentielle Lieferantenzahl treten Kostenüberlegungen gegenüber anderen Zielen zurück, z. B. gegenüber dem Streben nach Bedarfssicherung, dem Unabhängigkeitsziel oder dem Ziel nach verstärkten Einflußmöglichkeiten auf die Lieferanten.

Die räumliche Verteilung der Lieferanten wird von den Zielsetzungen Kostenminimierung und Bedarfssicherung geprägt. Abweichungen von den kostengünstigsten Lieferstandorten resultieren aus Maßnahmen zur Verringerung des Beschaffungsrisikos. Bei erwarteten Versorgungsengpässen auf den Inlandsmärkten kann es zweckmäßig sein, ausländische Beschaffungsmärkte zu erschließen, um der binnenwirtschaftlichen Nachfragekonkurrenz auszuweichen und/oder die bisherige Eigenfertigung im Inland durch Fremdbezüge aus dem Ausland zu ersetzen. *Räumliche Verteilung der Lieferanten*

Werden die Beschaffungsobjekte weltweit beschafft, um Kostenvorteile zu verwirklichen, spricht man auch von global sourcing.

Auf die Transaktionsbedingungen wirkt eine Vielzahl von Einflußgrößen ein. **Soweit diese Faktoren einer Gestaltung durch die Materialwirtschaft des Industriebetriebs zugänglich sind, handelt es sich um Variablen des beschaffungspolitischen Instrumentariums, die ergänzend neben die objekt- und quellenbezogenen Instrumente treten.**

Ein wesentliches Instrument zur Gestaltung der Transaktionsbedingungen bildet die Ausgestaltung der **Lieferantenbeziehungen**. Dauerhafte Lieferantenbeziehungen versetzen die beschaffende Unternehmung in die Lage, bei ihren Stammlieferanten Zugeständnisse bei den Preis- und Lieferkonditionen zu erreichen oder kurzfristige Dispositionsänderungen im Hinblick auf ein bestehendes Vertrauensverhältnis durchführen zu können (z. B. Eilaufträge, Verschiebung von Lieferterminen), während die Transaktionsbedingungen bei temporären Lieferanten häufig weniger flexibel sind. Besonders enge Beziehungen zu den Lieferanten bestehen bei einer **Just-in-Time** Fertigung, bei der die Zulieferung der Teile im Idealfall auf Abruf erfolgt (siehe Kapitel III.4.c). Lieferantenbeziehungen unterscheiden sich ferner bezüglich des Umfangs der Gegenleistungen des Vertragspartners. Verschiedentlich werden Bestellungen mit Gegengeschäften gekoppelt, so daß dem Lieferanten neben der Erfüllung des Leistungsanspruchs auch eine Abnahmeverpflichtung bezüglich eigener Erzeugnisse der beschaffenden Unternehmung obliegt. Umgekehrt resultieren aus Gegengeschäftsvereinbarungen Beschaffungsverpflichtungen, ohne deren Erfüllung abgeschlossene Absatzgeschäfte nicht ausgeführt werden können.

Als weiteres beschaffungspolitisches Instrument ist die Beschaffungswerbung darauf ausgerichtet, bestehende Lieferantenbeziehungen zu vertiefen oder neue Lieferanten zu gewinnen. Durch aktive Kommunikation auf den Beschaffungsmärkten soll die Bonität des Nachfragers im Urteil der Lieferanten gestärkt werden, um bei Versorgungsengpässen weiterhin als Kunde berücksichtigt zu werden (Vertrauenswerbung). Beschaffungswerbung erweist sich insbesondere auf Märkten mit vielen kleinen und mittleren Lieferanten als zweckmäßig, um durch Informationen (z. B. über den Bedarf des Industriebetriebs oder die möglichen Vorteile aus Geschäftsbeziehungen für die Lieferanten) die Transparenz der Angebots- und Nachfragestruktur zu erhöhen und durch einen höheren Bekanntheitsgrad des werbenden Unternehmens auch neue Lieferanten zur Abgabe von Angeboten zu veranlassen. Der Verzicht auf Beschaffungswerbung bedeutet eine Beschränkung auf passive Marktkommunikation, bei der beispielsweise die Meinungsbildung über die Bonität der Unternehmung den Marktpartnern überlassen wird und Bestellungen auf der Grundlage der verfügbaren Angebote getätigt werden.

Die Transaktionsbedingungen der Märkte werden nicht nur durch Lieferanten und Kunden beeinflußt, sondern **häufig unter Einschaltung betriebsfremder Organe festgelegt.** Hierfür kommen Handelsvertreter, Kommissionäre und Makler in Betracht.

Handelsvertreter sind ständig beauftragt, für die Unternehmung Geschäfte zu vermitteln (Vermittlungsvertreter) oder in deren Namen abzuschließen (Abschlußvertreter). Sie sind häufig gleichzeitig für mehrere Firmen tätig. Bei Konflikten zwischen

Lieferant und Nachfrager übernehmen sie oftmals die Funktion eines Schlichters hinsichtlich der Fixierung und Auslegung von Vertragsbedingungen.

Kommissionäre übernehmen gewerbsmäßig den Einkauf oder Verkauf von Gütern im eigenen Namen aber für Rechnung des Auftraggebers (Kommittenten). Auf Ur- und Rohstoffmärkten, vor allem bei organischen Erzeugnissen, überwiegen Kommissionsgeschäfte. Kommissionäre sind häufig innerhalb der Produktionsgebiete ansässig und verfügen deshalb über eine gründliche Kenntnis der örtlichen betrieblichen Verhältnisse der Produzenten. Daraus ergeben sich für die beschaffende Unternehmung erhebliche Informationsvorteile im Vergleich zum Einsatz eines betriebseigenen, jedoch ortsfremden Beschaffungspersonals.

Die Tätigkeit des **Maklers** erstreckt sich auf den Nachweis einer Gelegenheit zum Abschluß oder auf die Vermittlung eines Vertrages. Der Vertragsabschluß selbst bleibt der nachfragenden Unternehmung überlassen. Während den Maklern bei laufenden Verkaufsgeschäften der Industriebetriebe eine verhältnismäßig geringe Bedeutung zukommt, spielen sie bei Einkaufsverträgen über bestimmte Rohstoffe (z. B. Wolle, Holz, Öle) eine wesentliche Rolle.

Transaktionsbedingungen von Beschaffungsmaßnahmen unterscheiden sich auch danach, ob die Unternehmung als selbständiger Marktpartner oder im Verbund mit anderen Nachfragern der Angebotsseite gegenübertritt. **Beschaffungskooperation liegt vor, wenn Beschaffungsaufgaben aus der einzelnen Unternehmung ausgegliedert und durch freiwillig vereinbarte Gemeinschaftsaktivitäten erfüllt werden.** Der Zusammenschluß von Unternehmungen bezweckt die Stärkung der Positionen gegenüber anderen Marktteilnehmern und gegebenenfalls gegenüber der Öffentlichkeit und dem Staat. Gegenstand der Kooperation im Beschaffungsbereich können die Beschaffungsmarktforschung und der Einkauf sein. Weitere materialwirtschaftliche Kooperationsbereiche betreffen Lagerhaltung, Transport und Materialprüfung. Neben kurzfristigen Kooperationen mit vertraglich begrenzter Zeitdauer (z. B. gemeinsame Beschaffung bei Arbeitsgemeinschaften und Konsortien) kommen auch langfristige, institutionalisierte Einkaufsorganisationen in Form von **Gemeinschaftsunternehmen** vor. Sie treten oft als Einkaufsgesellschaften oder Einkaufsgenossenschaften auf. In der Regel erstreckt sich die gemeinsame Beschaffung nicht auf sämtliche Stoffarten, sondern nur auf diejenigen Güter, bei denen ein gemeinsamer Bedarf der Kooperationsmitglieder besteht. Neben der Stärkung der Marktstellung führen Kooperationsmaßnahmen auch zu einer Verbesserung des Informationsstandes der Beteiligten, so daß günstigere Preise und Konditionen sowie eine rationellere Ausnutzung des Sachmittelbestandes (Lagereinrichtung, Fuhrpark) erreicht werden können.

Beschaffungs-
kooperation

Ableitung von Beschaffungsstrategien

Beschaffungsstrategien sind globale Prozeßbeschreibungen für die Art und Weise der Bedarfsdeckung von Materialarten und -gruppen. Sie kennzeichnen die langfristige Festlegung der wesentlichen Elemente des beschaffungspolitischen Instrumentariums bei der Versorgung mit denjenigen Einsatzgütern, die für die Unternehmung von großer Bedeutung sind.

Erfolgs-
potentiale

Die Entwicklung spezifischer, auf den Beschaffungsbereich ausgerichteter Strategien orientiert sich an der Erhaltung und dem Aufbau von Erfolgspotentialen als wesentlicher strategischer Zielvorstellung (Lindner 1983). **Erfolgspotentiale resultieren aus dem Zusammenwirken vorhandener Kosten- und Leistungspotentiale.** Neben der Beeinflussung inputabhängiger Kostenpotentiale kann die Beschaffung auch zum Auf- bzw. Ausbau von Leistungspotentialen beitragen, indem sie ihre Marktinformationen oder Technologiekenntnisse den anderen Funktionsbereichen der Unternehmung übermittelt. Beschaffungsstrategien werden in erster Linie nur für Gütergruppen entwickelt, die einen wesentlichen Einfluß auf die Erfolgspotentiale besitzen.

Ablauf der
Portfolio-
Analyse

Als Instrument zur Ableitung problemgerechter Strategien findet auch im Beschaffungsbereich die Portfolio-Analyse zunehmend Verwendung. Die Portfolio-Analyse umfaßt mehrere Arbeitsschritte.

Bestimmung
von Erfolgs-
objekten

Ein erster Schritt dient der Analyse strategisch relevanter Erfolgsobjekte (strategische Ressourceneinheiten [SRE]). Im Bereich der Beschaffung werden hierbei aus der Menge der Beschaffungsgüter anhand mehrerer Abgrenzungskriterien möglichst homogene Gütergruppen (SRE) gebildet. Als Abgrenzungskriterien dienen vornehmlich Eigenschaften des Beschaffungsmarktes oder der Beschaffungsgüter. So könnte bei einem Textilunternehmen beispielsweise eine Einteilung in „Strick-, Wirk- und Webstoffe, die von inländischen Herstellern bezogen werden", als SRE erfolgen. Erst eine Zerlegung des gesamten Beschaffungsprogramms in Teilprogramme ermöglicht eine den Problemen einer SRE adäquate Strategieformulierung.

Bestimmung
von Erfolgs-
faktoren

Als zweiter Schritt der Portfolio-Analyse erfolgt die Abgrenzung strategischer Erfolgsfaktoren. Dabei handelt es sich um Faktoren, die auf das Erfolgspotential einer strategischen Ressourceneinheit (SRE) erheblichen Einfluß haben. Im Rahmen der Portfolio-Analyse wird meist eine zweidimensionale Darstellung gewählt. Hierbei wird in der Regel ein umweltbezogener und ein unternehmensbezogener Faktor herangezogen. Beispiele für umweltbezogene Erfolgsfaktoren im Beschaffungsbereich sind: die Verhandlungsmacht der Lieferanten, das Versorgungsrisiko, die Kostenentwicklung usw. Als unternehmensbezogene Erfolgsfaktoren lassen sich nennen: die relative Unternehmensstärke, die Anfälligkeit bei Versorgungsstörungen usw. Die Ausprägung einer Matrix-Dimension kann sich sowohl aufgrund eines einzelnen Erfolgsfaktors als auch als Aggregat mehrerer Erfolgsfaktoren ergeben. Die Einteilung der Dimensionen erfolgt meist zwei- oder dreistufig (4-Felder- bzw. 9-Felder-Matrix).

476

Unter Bezugnahme auf die Konzeption der Portfolio-Analyse soll im folgenden eine zweidimensionale Typisierung von Beschaffungssituationen erfolgen, **die beispielhaft auf den beiden Dimensionen „Bedarfsflexibilität" und „Beschaffungsmarktrisiko" als relevanten Erfolgsfaktoren aufbaut** (vgl. Abbildung 4.25). Eine hohe Bedarfsflexi- *Bedarfs-* bilität ist gegeben, wenn aus Versorgungsstörungen bei einzelnen Materialien nur *flexibilität* geringe Erlös- und Kostenwirkungen resultieren; umgekehrt ist eine geringe Bedarfs- flexibilität zu unterstellen, falls die Nichtverfügbarkeit von Materialien mit erheb- lichen negativen Erlös- und Kostenkonsequenzen verbunden ist. Indikatoren für die Bedarfsflexibilität sind die Möglichkeiten der Bedarfsreduzierung durch Produk- tionsumstellung oder Veränderung der Absatzgüter sowie die daraus resultierenden Kosten- und Erlösänderungen, Substitutionsmöglichkeiten der Materialien durch Beschaffung ähnlicher Produkte und ihre kostenmäßigen Konsequenzen sowie die infolge möglicher Qualitätsänderungen entstehenden Erlöswirkungen, die Möglich- keit der Eigenfertigung bislang fremdbezogener Materialien und schließlich die für Umstellungen benötigte Zeitdauer. Das Beschaffungsmarktrisiko gibt die Wahr- *Beschaffungs-* scheinlichkeit von Versorgungsstörungen in mengen-, qualitäts- und preismäßiger *marktrisiko* Hinsicht an. Zu den wichtigsten Einflußgrößen des Beschaffungsmarktrisikos zählen Wettbewerbsverhältnisse, Lieferkapazität und Nachfrageentwicklung auf dem Be- schaffungsmarkt, die Marktstellung der Unternehmung gegenüber Lieferanten und der Bedarfsumfang sowie politische und soziale Marktfaktoren.

Aus der Gegenüberstellung von Bedarfsflexibilität und Beschaffungsmarktrisiko ent- steht eine Portfolio-Matrix als Grundlage für die Ermittlung von Beschaffungsstra- tegien für die wichtigsten Materialarten und -gruppen.

Den Feldern der Portfolio-Matrix werden Normstrategien (Standardstrategien) zu- geordnet. **Normstrategien sind sehr allgemein gehaltene Strategieempfehlungen. Sie** *Norm-* **enthalten Spielräume für die Ableitung detaillierter Einzelstrategien.** Für die in Ab- *strategien* bildung 4.25 gezeigte Matrix eignen sich die Abschöpfungs-, die Investitionsstrategie und die selektive Strategie als Normstrategien. Nachfolgend werden die Normstra- tegien sowie die hieraus abgeleiteten Einzelstrategien detaillierter dargestellt.

Bei Beschaffungssituationen mit geringem Marktrisiko und hoher Bedarfsflexibilität *Abschöp-* **der einzukaufenden Materialien dominieren Abschöpfungsstrategien (A₁, A₂, A₃).** Be- *fungs-* züglich des Einsatzes der objektbezogenen Instrumente wird bei Abschöpfung die *strategien* Beschaffung zu kostenoptimalen Bestellmengen und – soweit die eigene Marktstel- lung dies zuläßt – eine aktive Preis- und Qualitätspolitik angestrebt. Gleichzeitig kann auf eine größere Streuung des Lieferantenkreises verzichtet und die Lieferantenaus- wahl in erster Linie nach Kostengesichtspunkten getroffen werden. Für die Abschöp- fungsstrategien ist weiterhin charakteristisch, daß die Instrumente zur Gestaltung der Transaktionsbedingungen stärker auf die Erzielung von Kostenvorteilen als auf die Sicherung der Versorgung gerichtet sind. Die Bestelltermine werden nach den eigenen Planvorstellungen festgelegt. Die Dringlichkeit des Aufbaus dauerhafter Lieferan- tenbeziehungen sowie der Umfang von Gegengeschäftsverpflichtungen nehmen ab. Maßnahmen der Beschaffungskooperation sowie einer aktiven Beschaffungsmarkt- kommunikation treten tendenziell in den Hintergrund.

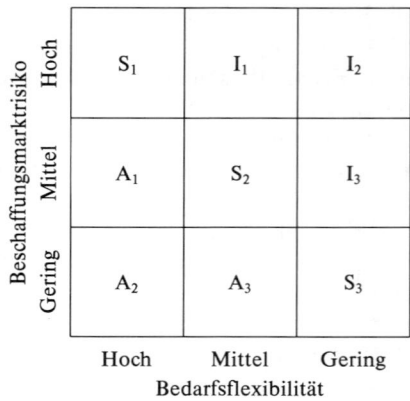

Abbildung 4.25: Portfolio-Matrix zur Ableitung von Beschaffungsstrategien

Investitions-
strategien

Für Beschaffungsmarktsituationen mit hohem Marktrisiko und geringer Bedarfsflexibilität erweisen sich Investitionsstrategien als notwendig (I_1, I_2, I_3). Sie betonen die Versorgungssicherung und sehen einen erheblichen Mitteleinsatz zur Verbesserung der eigenen Marktposition vor. Durch die Aufstockung der Sicherheitsbestände und den Ausbau der Lagerkapazität werden die Voraussetzungen für größere Bestellmengen geschaffen. Die Unternehmung ist geneigt, im Rahmen der Investitionsstrategien in erster Linie die Realisierung des Beschaffungsprogramms sicherzustellen. Hierbei verzichtet sie unter Umständen auf eine kostenoptimale Aufteilung der Beschaffungsmengen zugunsten höherer Vorratsbestände. Aus diesem Grund nimmt auch die Bedeutung der aktiven Preispolitik ab. Qualitätspolitische Maßnahmen werden primär unter dem Aspekt der Unterstützung des Lieferanten und weniger zur Durchsetzung eigener Qualitätsvorstellungen ergriffen. Der Einsatz beschaffungsquellenbezogener Instrumente dient ebenfalls hauptsächlich der Verstärkung der Versorgungssicherheit. In der Regel wird die Sicherstellung der Versorung durch eine Ausweitung des Lieferantenkreises angestrebt. Eine Konzentration des Einkaufs auf wenige Lieferanten ist andererseits dann zweckmäßig, wenn hierdurch die eigene Nachfrageposition verbessert wird. Diese Bemühungen um eine Stärkung der eigenen Marktstellung kommen auch bei der Gestaltung der Transaktionsbedingungen zum Ausdruck. Angestrebt werden dauerhafte Lieferantenbeziehungen durch den Abschluß längerfristiger Kaufverträge und gegebenenfalls durch die Übernahme umfangreicher Gegengeschäftsverpflichtungen, wobei die Bestelltermine weniger von der eigenen Planung als von der jeweiligen Marktsituation (Lieferbereitschaft) bestimmt werden. Gleichzeitig gewinnen Maßnahmen der Beschaffungskooperation sowie die aktive Beschaffungsmarktkommunikation an Bedeutung. Häufig sind Investitionsstrategien des Beschaffungsbereichs mit Planungsüberlegungen zur Erhöhung der Bedarfsflexibilität verbunden. Hierzu zählen die Ausweitung der Eigenfertigung sowie der Ausbau der vertikalen Integration, die aktive Suche nach substitutiven Materialien und die Planung von produktionstechnischen Verfahrensänderungen, die den Einsatz bisher nicht verwendbarer Substitutionsgüter ermöglichen.

478

Selektive Beschaffungsstrategien (S_1, S_2, S_3) sind in „gemischten" Beschaffungssitua-tionen angebracht, bei denen das Beschaffungsmarktrisiko und die Bedarfsflexibilität gleiche Ausprägungen annehmen (hohes Risiko und hohe Flexibilität, geringes Risiko und geringe Flexibilität). Die Festlegung des beschaffungspolitischen Instrumentariums ist durch die jeweilige Gewichtung der Ziele Versorgungssicherheit und Kostenwirtschaftlichkeit der Beschaffung gekennzeichnet. Bei hohem Beschaffungsmarktrisiko und hoher Bedarfsflexibilität erweisen sich Abschöpfungsmaßnahmen als Folge des Strebens nach Kostenminimierung dann als zweckmäßig, wenn die erwarteten Kostenvorteile, die aus dem Verzicht auf Maßnahmen zur Verminderung des Beschaffungsrisikos resultieren, mögliche Nachteile einer erforderlichen Bedarfsumstellung aufgrund des höheren Beschaffungsmarktrisikos übersteigen. Umgekehrt ist bei geringer Bedarfsflexibilität der Einsatz des beschaffungspolitischen Instrumentariums zur Verstärkung der eigenen Marktposition auch bei großer Versorgungssicherheit angebracht, wenn die Kosten zur Überwindung eines auftretenden Versorgungsengpasses als sehr hoch eingeschätzt werden. In diesem Fall wird die selektive Strategie durch Planungen zur Verbesserung der Bedarfsflexibilität ergänzt.

Selektive Strategien

In einem letzten Arbeitsschritt wird das Ist-Portfolio (aktuelle Lage der strategischen Ressourceneinheiten in der Matrix) analysiert. Hierbei sind insbesondere zwei Problemkreise von Bedeutung. Zum einen kann das Risikopotential des Beschaffungsprogramms durch die synoptische Darstellungsweise der Portfolio-Analyse erkannt werden. Zum anderen muß untersucht werden, inwieweit die aktuell angewandten Strategien mit den Normstrategieempfehlungen des Portfolios übereinstimmen. Gegebenenfalls sind die notwendigen Strategieänderungen vorzunehmen. Obwohl die Portfolio-Analyse häufig lediglich als Instrument zur Ableitung von Strategien verwendet wird, ist sie auch in anderen Phasen des Entscheidungsprozesses von Bedeutung. So eignet sie sich als Frühwarninstrument im Rahmen der Anregungsphase ebenso wie als Instrument zur Überprüfung der Zielerreichung in der Kontrollphase.

2. Prozeßentscheidungen (Produktionsplanung und -steuerung)

Gegenstand dieses Kapitels ist die ausführliche Erörterung der materiellen, methodischen und informatorischen Voraussetzungen zur Ermittlung und Realisierung des aktuellen Produktionsprogramms.

Abbildung 4.26 (vgl. nächste Seite) enthält die wesentlichen, nachfolgend im einzelnen beschriebenen Aufgaben der Produktionsplanung und -steuerung. Ausgehend von der art- und mengenmäßigen Festlegung der in einer Planperiode herzustellenden Erzeugnisse (**aktuelles Produktionsprogramm**) erfolgt die **Planung des Materialbedarfs** und die **Materialbeschaffung** sowie die **Planung und Steuerung des Produktionsprozesses**.

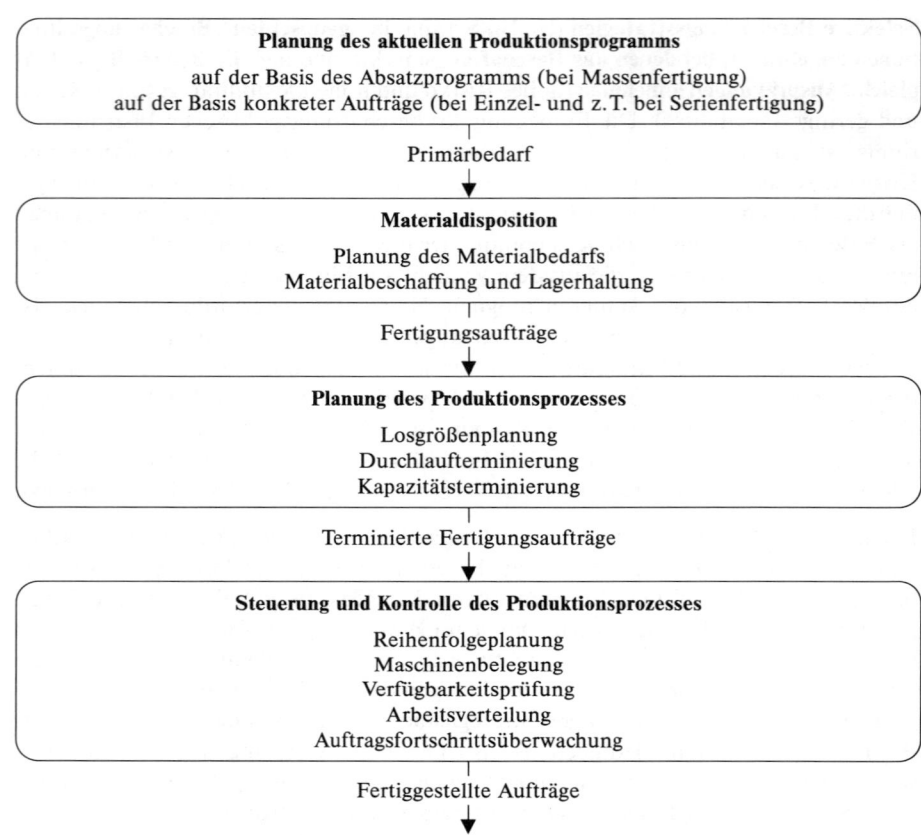

Planung des aktuellen Produktionsprogramms

auf der Basis des Absatzprogramms (bei Massenfertigung)
auf der Basis konkreter Aufträge (bei Einzel- und z.T. bei Serienfertigung)

Primärbedarf

Materialdisposition

Planung des Materialbedarfs
Materialbeschaffung und Lagerhaltung

Fertigungsaufträge

Planung des Produktionsprozesses

Losgrößenplanung
Durchlaufterminierung
Kapazitätsterminierung

Terminierte Fertigungsaufträge

Steuerung und Kontrolle des Produktionsprozesses

Reihenfolgeplanung
Maschinenbelegung
Verfügbarkeitsprüfung
Arbeitsverteilung
Auftragsfortschrittsüberwachung

Fertiggestellte Aufträge

Abbildung 4.26: Aufgaben der Produktionsplanung und -steuerung

Im Rahmen der Produktionsplanung und -steuerung sind sowohl der Informationsfluß als auch der Materialfluß zur Realisierung des aktuellen Produktionsprogramms sicherzustellen. Die Betrachtung des Materialflusses wird insbesondere bei logistischen Ansätzen (z. B. Jünemann 1989) betont. In diesem Kapitel werden die logistischen Aspekte nicht separat betrachtet, sondern bei den jeweiligen Entscheidungsbereichen angesprochen, da die Leistungserstellung als durchgängiger Prozeß sowohl auf der Ebene des Materialflusses als auch auf der Ebene des Informationsflusses zu betrachten ist. Information dient dabei als Mittel zur Steuerung und Kontrolle des Materialflusses. Die besonderen Möglichkeiten, die sich aus dem Einsatz neuer Informations- und Kommunikationstechniken für die Planung und Steuerung der Produktion ergeben, werden in Abschnitt III erörtert.

480

a) Planung des aktuellen Produktionsprogramms

Determinanten des aktuellen Produktionsprogramms

Die Planung des aktuellen Produktionsprogramms ist von strategischen Überlegungen zum Leistungsangebot sowie vom potentiellen Produktionsprogramm zu unterscheiden. Das potentielle Produktionsprogramm zeigt die Produktfelder auf, in denen ein Unternehmen aufgrund der getroffenen Strukturentscheidungen zu fertigen in der Lage ist. Dabei wird ermittelt, welche Erzeugnisse im Unternehmen grundsätzlich gefertigt werden können. Bei der Planung des akutellen Produktionsprogramms geht man hingegen davon aus, daß der Produktionsapparat durch getroffene Strukturentscheidungen bereits festgelegt ist und kurzfristig nur bedingt beeinflußt werden kann.

Potentielles versus aktuelles Produktionsprogramm

Innerhalb dieser Rahmenbedingungen werden bei der Planung des aktuellen Produktionsprogramms die herzustellenden Erzeugnisse nach Art und Menge für einen definierten Planungszeitraum festgelegt. Ergebnis ist das Produktionsprogramm, das verbindlich festlegt
- **welche Leistungen (Produkte)**
- **in welchen Stückzahlen (Menge)**
- **zu welchen Zeitpunkten**

gefertigt werden sollen. Dieses aktuelle Produktionsprogramm stellt zugleich die Basis der weiteren Prozeßplanung dar. Es definiert den Primärbedarf für die Materialdisposition (vgl. II.2.b) sowie die Eckdaten für die Terminierung (vgl. II.2.c), Steuerung und Kontrolle (vgl. II.2.d) des Produktionsprozesses.

Gegenstand der aktuellen Produktions- programm- planung

Die Planung des Produktionsprogramms ist mit der Absatzplanung auf das engste verknüpft. Im Absatz- oder Vertriebsprogramm werden die im Planungszeitraum abzusetzenden Produkte hinsichtlich Art und Menge unter Berücksichtigung der Gegebenheiten des Absatzmarktes (Käuferverhalten, Konkurrenzsituation) und der eigenen Möglichkeiten in Bezug auf Marketingaktivitäten und Distributionspolitik festgelegt (siehe Teil 5, S. 678 ff.).

Produktions- programm- planung und Absatz- planung

Das Produktionsprogramm entsteht als Abstimmungsprozeß zwischen Produktion und Marketing. Das Absatzprogramm, als Sollvorstellung des Vertriebs, ist mit der Produktionskapazität und den Restriktionen auf der Beschaffungsseite abzustimmen. Ausgehend von den Prognosen über die Entwicklung auf dem Absatzmarkt kann das artmäßige Produktionsprogramm festgelegt werden. Dabei ist zu prüfen, inwieweit die Fertigungskapazitäten ausreichen, um die Nachfrage am Absatzmarkt zu befriedigen.

Das Produktionsvolumen, ausgedrückt z. B. in erforderlichen Maschinenstunden oder Stückzahlen pro Fertigungseinheit und Planperiode, wird den während der Periode zur Verfügung stehenden Arbeits- oder Maschinenstunden gegenübergestellt. Gegebenenfalls auftretenden Kapazitätsengpässen kann man mit verschiedenen Anpassungsmaßnahmen begegnen (Gutenberg 1983). So können **zeitliche Anpassungsmaßnahmen** wie Sonderschichten und Überstunden ergriffen werden. Auch sind

Produktions- programm und Fertigungs- kapazität

intensitätsmäßige Anpassungsmaßnahmen, das heißt Möglichkeiten einer Erhöhung der Produktionsgeschwindigkeit, zu überprüfen. Läßt sich durch derartige Maßnahmen eine Überwindung produktionswirtschaftlicher Engpässe nicht erreichen, so besteht – abgesehen von der Option des Fremdbezugs von Erzeugnissen – die Möglichkeit, die Fertigungskapazitäten durch die Beschaffung weiterer maschineller Anlagen und die Errichtung zusätzlicher Arbeitsplätze (**quantitative Anpassung**) zu erhöhen.

Für die Programmplanung ist darüber hinaus die Frage nach der **zeitlichen Verteilung des aktuellen Produktionsprogramms** von Interesse. Die Produkte müssen einerseits für den Verkauf rechtzeitig bereitstehen; andererseits muß die Herstellung unter möglichst kostengünstiger Belastung des Produktionsapparates erfolgen. Im Mittelpunkt steht hier die Frage, inwieweit die Produktionskurve an die Absatzkurve der Unternehmung in der Periode angepaßt werden soll.

Der Absatz ist in der Regel während des Jahres gewissen Schwankungen unterworfen. Diese Schwankungen sind trotz des Einsatzes der Marketingaktivitäten von der Produktionswirtschaft als Umweltdaten hinzunehmen, denen durch eine zeitliche Programmplanung Rechnung zu tragen ist. Das Problem der Abstimmung der Produktionskurve mit der Absatzkurve kann durch eine Reihe verschiedener Möglichkeiten gelöst werden, die zwischen den Extremen einer völligen Synchronisation beider Kurven und der völligen Trennung der Produktions- und der Absatzkurve liegen (vgl. Abbildung 4.27).

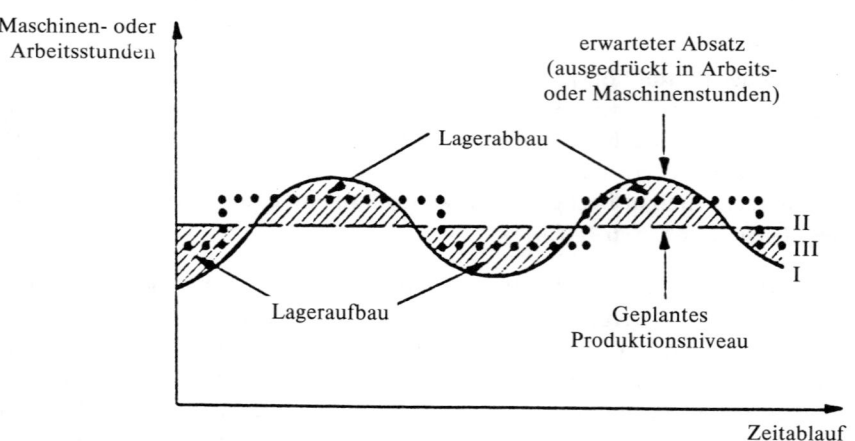

Abbildung 4.27: Abstimmung der Produktionskurve mit der Absatzkurve

Folgt die Produktionskurve der Absatzkurve (I), so entstehen keine wesentlichen Lager- und Zinskosten. Da die Kapazitäten an extremen Nachfragesituationen ausgerichtet sind, werden jedoch zeitweilig hohe Leerkosten verursacht. Zusätzliche Kosten können durch den mit Beschäftigungsschwankungen eventuell möglichen Auf- und Abbau des Personalbestandes entstehen. Alternative (II) ist durch relativ

482

hohe Lager- und Zinskosten und den Wegfall der durch unregelmäßige Belastung verursachten Kosten gekennzeichnet. Diese beiden Lösungsalternativen stellen zwei Extremfälle möglicher Lösungen dar. Ein Beispiel für eine Zwischenlösung ist Alternative (III): Die Produktion paßt sich nur stufenweise und nicht kontinuierlich an die Absatzschwankungen an.

Welche Alternative letztendlich realisiert wird, hängt in entscheidendem Maße von der Frage ab, inwieweit eine Unternehmung unmittelbar kundenorientiert oder marktorientiert fertigen kann. Dies ist wiederum abhängig von der Organisation der Fertigung und der Produktionskostenstruktur (Verhältnis von beschäftigungsfixen und beschäftigungsvariablen Kosten). Im Gegensatz zu marktorientierten tendieren auftragsorientierte Unternehmen, insbesondere der Einzelfertiger, in der Regel zu einer Synchronisation von Produktion und Absatz. Eine Produktion auf Lager findet in diesem Fall nur sehr beschränkt statt (gemischte Serienfertigung). Um eine gleichmäßige Produktionsbelastung zu erreichen, wird versucht, Kundenaufträge von auftragsstarken in auftragsschwache Perioden zu verlagern. *Kunden – versus marktorientierte Fertigung*

Ein besonderer Fall der Glättung der Absatzkurve und der damit verbundenen Gleichmäßigkeit der Produktion liegt bei absatzsynchroner Fertigung vor, wenn das Produktionsprogramm sich so zusammensetzt, daß bestimmte Produktgruppen dann ihr Absatzmaximum erreichen, wenn andere Produktgruppen ihr Absatzminimum aufweisen (z. B. in der Textilindustrie, bei der Saisonschwankungen für die Winter- und Sommerbekleidung sehr ausgeprägt sind).

Die Programmplanung muß versuchen, sich stets den wandelnden absatzwirtschaftlichen und fertigungstechnischen Bedingungen anzupassen. Aus diesem Grund wird sie Periode für Periode entsprechend revidiert. Einen wichtigen Indikator für Nachfrageverschiebungen stellt dabei der Lagerbestand an Enderzeugnissen dar. Übersteigt z. B. der tatsächliche Bestand an Enderzeugnissen den geplanten Lagerbestand, so stellt dies ein Symptom für ein Nachlassen der Nachfrage nach diesen Produkten dar, was eine gezielte Anpassung des Produktionsprogramms an die veränderten Marktbedingungen erforderlich macht. *Lagerbestand als Abweichungsindikator*

Die Produktionsprogrammplanung wird in Abhängigkeit vom jeweiligen Produktionstyp auf der Basis unterschiedlicher Informationsgrundlagen durchgeführt. In den Extremen kann die Programmplanung wie beim Einzelfertiger ausschließlich auf der Grundlage von Kundenaufträgen erfolgen oder wie beim Massenfertiger durch prognostizierte Absatzerwartungen bestimmt werden. In der Praxis finden sich unterschiedliche Mischformen zwischen diesen beiden Extremen.

Beim Einzelfertiger ist die Programmplanung kundenauftragsorientiert. Zu fertigen sind in der Regel Individualprodukte, die nur in begrenztem Umfang durch standardisierte Komponenten hergestellt werden können. Eine erwartungsbezogene Programmplanung läßt sich nicht durchführen, da aufgrund der Individualität der Produkte der Bedarf nicht kundenanonym für den Absatzmarkt ermittelbar ist. Die Programmplanung erfolgt vielmehr über eingegangene Kundenaufträge, da vorher weder Art und Menge der Produkte noch deren zeitliche Nachfrage vorhergesagt *Programmplanung bei auftragsorientierter Einzelfertigung*

Produktionstyp / Merkmale	Typ I Auftragsorientierte Einzelfertigung	Typ II Gemischte Serienfertigung	Typ III Marktorientierte Massenfertigung
Leistungsspektrum	Individualprodukte	typisierte Erzeugnisse mit kunden- spezifischen Varianten	Standardprodukte
Kundenbezug der Produktion	unmittelbar kunden- orientierte Produktion	kundenorientierte Produktion mit Vorfertigung auf Komponentenebene	marktorientierte Produktion; nur mittelbar kundenorientiert
Auslösung des Primärbedarfs	Kundenbestellung	Kundenbestellung häufig i. V. m. Rahmenverträgen	Absatzplan
Dispositionsart	einzelauftrags- bezogen	gemischt	ausschließlich programmbezogen
Aufgabenschwerpunkte bei der Erstellung des aktuellen Produktions- programms	Auftragsbestand und dessen Abwicklung	– kundenorientierte Montage – absatzorientierte Vorfertigung	Abstimmung zwischen Absatz- und Produktionsplan unter Berücksichtigung von Kapazitäts- beschränkungen

Abbildung 4.28: Planung des aktuellen Produktionsprogramms

werden können. Bis zur Realisierung von Kundenaufträgen sind vielfältige Abstimmungen zwischen Kunden und Unternehmen notwendig. Als schwierig gestaltet sich
auch die Einplanung von Aufträgen und gleichmäßige Auslastung der Kapazitäten,
da die Auftragssituation schwer vorauszusehen ist und häufig Änderungen unterliegt
(vgl. Abschnitt II.2.c.).

Sicherstellung   Eine besondere Problematik bildet die Zusage kurzer Liefertermine. Die Produktion
kurzer Liefer-   wird im Extremfall erst nach Eingang der Kundenaufträge ausgelöst, weil erst zu
termine   diesem Zeitpunkt die Erzeugnisspezifikation vorliegt. Eine Verkürzung der Fertigungszeiten und damit der Lieferfristen läßt sich durch einen gewissen Grad an
Vorfertigung realisieren. Eine Vorfertigung ist dann sinnvoll möglich, wenn die Erzeugnisse auf modulare Grundkomponenten, die standardisierbar sind, zurückgeführt werden können. Diese Bedingungen sind vor allem bei einer gemischten
Serienfertigung gegeben. Sind halbwegs verläßliche Aussagen über die zu erwartenden Kundenaufträge möglich, so kann mit der Fertigung der Grundkomponenten
vor Eingang der Kundenaufträge begonnen werden. Liefertermine können damit um
die entsprechende Fertigungsdurchlaufzeit der Grundkomponenten gekürzt werden.
Je nach Grad der Standardisierung der Erzeugnisse entstehen unterschiedliche Formen einer gemischten Serienfertigung zwischen kundenauftragsbezogener und rein
marktbezogener Produktion.

484

Der marktorientierte Massenfertiger ist das andere Extrem einer rein erwartungsbezogenen Programmbildung, wie sie insbesondere bei Standardprodukten vorzufinden ist. Die Festsetzung des Produktionsprogramms erfolgt allein aufgrund von Absatzschätzungen in Abstimmung mit den eigenen Unternehmensressourcen. Insbesondere zur Planung des aktuellen Produktionsprogramms eines marktorientierten Massenfertigers wurden zahlreiche quantitative Modelle entwickelt, deren Grundstruktur im folgenden dargestellt wird.

Quantitatives Modell zur Produktionsprogrammplanung

Das im folgenden vorgestellte Modell dient der Planung des aktuellen Produktionsprogramms. Aus Vereinfachungsgründen erfolgt eine Beschränkung auf die wesentlichen Grundstrukturen des Modells. Es wird davon ausgegangen, daß im Rahmen der vorgelagerten Strukturentscheidungen das potentielle Produktionsprogramm bereits fixiert wurde. Damit wird auf einen simultanen Ansatz zur Bestimmung des Investitions- und Produktionsprogramms verzichtet. Allerdings geben die Informationen aus der Programmplanung Anlaß zur Überprüfung der vorgelagerten Entscheidungen. Beispielsweise ist die Ermittlung der betrieblichen Engpässe eine wichtige Rückinformation für die weitere Ausstattungsplanung.

Ebenso soll hier auf eine simultane Optimierung des aktuellen Produktionsprogramms und der zeitlichen Abstimmung zwischen Produktion und Absatz verzichtet werden. Es wird unterstellt, daß dieses Abstimmungsproblem gelöst ist bzw. nicht besteht. Dies ist z. B. der Fall, wenn in der betrachteten Periode – für deren Dauer das aktuelle Produktionsprogramm unverändert bleibt – keine Verschiebungen in den Marktgegebenheiten auftreten.

Sofern unter diesen Voraussetzungen noch Freiheitsgrade gegeben sind – z. B. wenn das Produktionsprogramm nicht durch Aufträge eindeutig bestimmt ist (etwa beim Produktionstyp III) – muß über das aktuelle Produktionsprogramm entschieden werden. Es ist festzulegen, welche Mengen der potentiellen Erzeugnisse in der anstehenden Periode hergestellt werden sollen.

Das potentielle Produktionsprogramm eines Betriebes umfasse n Produkte, die mit dem Index i $(i = 1, \ldots, n)$ gekennzeichnet werden. Die Variable $x_i (i = 1, \ldots, n)$ gibt an, welche Menge des Produkts i im Rahmen des aktuellen Produktionsprogramms hergestellt werden soll. Jedes aktuelle Produktionsprogramm wird durch einen Vektor $\vec{x} = (x_1, \ldots, x_i, \ldots, x_n) \in R^n$ (R^n = n-dimensionaler Raum der reellen Zahlen) repräsentiert.

Das folgende Planungsmodell zur Bestimmung des optimalen Produktionsprogramms geht von **vollkommenem Markt** und **linearem Kostenverlauf** aus. **In diesem Modell werden Kapazitäts-, Beschaffungs- und Absatzgrenzen wirksam.**

Bei der Realisation eines zulässigen aktuellen Produktionsprogramms wird am Markt der Erlös $E(\vec{x}) = E(x_1, \ldots, x_i, \ldots, x_n)$ erzielt. Es wird ein eindeutiger und bekannter bzw. ermittelbarer Zusammenhang zwischen dem Produktionsprogramm und dem Erlös unterstellt. Das bedeutet, daß über die absatzpolitischen Instrumente bereits entschieden wurde und daß hinreichend genaue Informationen über den zu erwartenden Erfolg bei der gewählten Absatzpolitik vorliegen.

Bei atomistischer Konkurrenz auf einem vollkommenen Markt verhält sich der Anbieter als Mengenanpasser. Die Preise sind für ihn Daten. Der Gesamterlös E ist gleich der Summe der produzierten Mengen x_i multipliziert mit den jeweiligen fixen Preisen p_i ($i = 1, \ldots, n$).

$$(4.28) \qquad E(\vec{x}) = E(x_1, \ldots, x_i, \ldots, x_n) = p_1 x_1 + p_2 x_2 + \ldots + p_i x_i + \ldots + p_n x_n$$
$$= \sum_{i=1}^{n} p_i x_i$$

Ferner wird ein eindeutiger funktionaler Zusammenhang zwischen dem Produktionsprogramm $\vec{x}$ und den dabei entstehenden Kosten $K(\vec{x}) = K(x_1, \ldots, x_i, \ldots, x_n)$ vorausgesetzt. Von Interesse sind nur die beschäftigungsvariablen Kosten, der beschäftigungsfixe Kostenanteil besitzt wegen der Kurzfristigkeit der Planung und der Unveränderlichkeit der Ausstattung keinen Einfluß auf das optimale Produktionsprogramm.

Die Zurechenbarkeit der variablen Kosten k_i auf jedes Produkt wird wiederum vorausgesetzt. Demnach betragen die variablen Gesamtkosten:

$$(4.29) \qquad K(\vec{x}) = k_1 x_1 + k_2 x_2 + \ldots + k_i x_i + \ldots + k_n x_n = \sum_{i=1}^{n} k_i x_i$$

Zielfunktion

Zielsetzung ist die **Maximierung des Gesamtdeckungsbeitrages D**, der sich als Differenz aus Erlösen und variablen Gesamtkosten ergibt:

$$(4.30) \qquad D(\vec{x}) = E(\vec{x}) - K(\vec{x}) = \sum_{i=1}^{n} (p_i - k_i) x_i = \sum_{i=1}^{n} d_i x_i$$

Mit d_i wird der Deckungsbeitrag pro Einheit des Produktes i bezeichnet.

Der Vektor $\vec{x} = (x_1, \ldots, x_i, \ldots, x_n)$ des aktuellen Produktionsprogramms kann nicht beliebige Werte annehmen. Vier wesentliche Beschränkungstypen müssen berücksichtigt werden:

(1) Beschränkungen aufgrund der gegebenen betrieblichen Ausstattung mit Anlagen und Arbeitskräften (Kapazitätsbeschränkungen)

Ermittlung der Kapazitätsbeschränkungen

Zur Ermittlung der Kapazitätsbeschränkungen muß das Gesamtnutzungspotential (Potentialfaktoren, Arbeitskräfte) des Betriebes in Teileinheiten zerlegt werden. Beispiele für derartige Zerlegungen sind – je nach Gegebenheiten – Aufteilungen des Betriebes in Werkstätten, Maschinenplätze, Arbeitsplätze oder Basisprozesse. Die Zerlegung muß alle Faktoren erfassen, die das Produktionsprogramm irgendwie beschränken bzw. beschränken könnten. Die Teileinheiten seien im folgenden mit dem Index j bezeichnet. Insgesamt umfasse die Zerlegung m Teileinheiten. Die Aufteilung muß problembezogen vorgenommen werden. Folgende Voraussetzungen müssen erfüllt sein:

- Für jede Teileinheit j muß die maximale Kapazität (Nutzungszeit, Outputniveau) genau bekannt bzw. ermittelbar sein. Diese Größe sei mit c_j (j = 1, . . ., m) [Stunden, Stück] bezeichnet.

- Die zur Herstellung einer Einheit des Produktes i auf der Teileinheit j erforderliche Beanspruchungszeit bzw. Stückzahl t_{ji} muß ebenfalls hinreichend genau bekannt bzw. ermittelbar sein. Dabei ist t_{ji} gleich Null, wenn das Produkt i die Teileinheit j nicht beansprucht. Es wird vorausgesetzt, daß zur Fertigung von x_i Einheiten die Beanspruchungszeit proportional ansteigt, also $t_{ji} \cdot x_i$ beträgt.

Die quantitative Bestimmung der Kapazitätsbeschränkungen sowie der noch zu beschreibenden Beschaffungsbeschränkungen ist mit Schwierigkeiten verbunden. Sie kann erst dann genau vorgenommen werden, wenn die Prozeßplanung abgeschlossen ist. Nur dann liegen genaue Informationen über die Belastung der einzelnen Potentialfaktoren und über den Repetierfaktorverbrauch vor. Die Prozeßplanung wird jedoch in der Regel erst nach der Planung des aktuellen Produktionsprogramms durchgeführt. Folglich müssen Schätzwerte an die Stelle exakter Prozeßparameter treten. Zu diesem Zweck kann beispielsweise auf Informationen aus früheren Perioden zurückgegriffen werden. Von der Genauigkeit der Schätzwerte hängt es ab, wie weit das mit Hilfe des quantitativen Modells errechnete Produktionsprogramm vom theoretischen Optimum entfernt ist. Gewisse Abweichungen werden stets auftreten – zum einen durch ungenaue Datenerfassung, zum anderen durch die vorgenommene Problemzerlegung. Auf Versuche, Produktionsprogramm und Prozeßplanung simultan zu optimieren, wird hier nicht eingegangen. In diesem Zusammenhang kann sich u. U. eine nicht zu detaillierte Zerlegung in Teileinheiten als günstig erweisen. Werden z. B. gleichartige Potentialfaktoren zu einer Teileinheit (= Werkstatt) zusammengefaßt, so können Zeitangaben über die verfügbare Gesamtkapazität und über die Gesamtbelastung durch ein Produkt ermittelt werden, ohne die Verteilung dieser Größen auf die einzelnen Aggregate zu kennen.

Planungs-interdepen-denzen

Sind die genannten Daten vorhanden, lassen sich aufgrund der Kapazitätsbeschränkungen folgende Bedingungen formulieren:

$$
\begin{aligned}
t_{11} \cdot x_1 + t_{12} \cdot x_2 + \ldots + t_{1n} \cdot x_n &\leqq c_1 \text{ (Teileinheit 1)} \\
t_{21} \cdot x_1 + t_{22} \cdot x_2 + \ldots + t_{2n} \cdot x_n &\leqq c_2 \text{ (Teileinheit 2)} \\
&\vdots \\
t_{m1} \cdot x_1 + t_{m2} \cdot x_2 + \ldots + t_{mn} \cdot x_n &\leqq c_m \text{ (Teileinheit m)}
\end{aligned}
$$

(4.31)

(2) Beschränkungen aufgrund der Verfügbarkeit von Repetierfaktoren (Beschaffungsbeschränkungen)

Analoge Überlegungen wie bei der Einbeziehung von Kapazitätsbeschränkungen in das mathematische Planungsmodell können bei der Berücksichtigung von Beschaffungsbeschränkungen angestellt werden.

Insgesamt seien q Repetierfaktoren zur Herstellung der Produkte notwendig. Es ist zu bestimmen, welche Menge s_{ki} des Repetierfaktors k zur Fertigung einer Einheit des Produktes i notwendig ist. Dabei ist s_{ki} gleich Null, wenn zur Herstellung einer Einheit des Produktes i der Repetierfaktor k nicht benötigt wird. Der Gesamtverbrauch des Repetierfaktors k bei der Realisation des Produktionsprogramms $\vec{x} = (x_1, \ldots, x_i, \ldots, x_n)$ errechnet sich – proportionaler Mengenverbrauch vorausgesetzt – aus der Summe:

$$(4.32) \qquad V_k = s_{k1} \cdot x_1 + s_{k2} \cdot x_2 + \ldots + s_{kn} \cdot x_n$$

Diese Verbrauchsmenge V_k darf nicht größer sein als die maximal beschaffbare Menge b_k des Repetierfaktors k. Folglich können auch die Beschränkungen im Beschaffungsbereich als Ungleichungen dargestellt werden:

$$(4.33) \quad \begin{aligned} s_{11} \cdot x_1 + s_{12} \cdot x_2 + \ldots + s_{1n} \cdot x_n &\leqq b_1 \text{ (Repetierfaktor 1)} \\ s_{21} \cdot x_2 + s_{22} \cdot x_2 + \ldots + s_{2n} \cdot x_n &\leqq b_2 \text{ (Repetierfaktor 2)} \\ &\vdots \\ s_{q1} \cdot x_1 + s_{q2} \cdot x_2 + \ldots + s_{qn} \cdot x_n &\leqq b_q \text{ (Repetierfaktor q)} \end{aligned}$$

Die Beschränkungen im Beschaffungsbereich besitzen somit eine mathematisch analoge Gestalt zu den Beschränkungen im Kapazitätsbereich.

(3) Beschränkungen aufgrund der Marktsituation

Wegen der beschränkten Aufnahmefähigkeit des Marktes können gewisse Absatzobergrenzen nicht überschritten werden. Vorgelagerte Entscheidungen über die möglichen absatzpolitischen Instrumente wie Preispolitik, Absatzform, Werbung, Kundendienst usw. wirken sich auf diese Grenzen aus. Dadurch entstehen analoge Schwierigkeiten wie bei der Ermittlung der Kapazitäts- und Beschaffungsbeschränkungen.

Die Absatzbeschränkungen können sehr einfach beschrieben werden. Es sei o_i die Absatzobergrenze und u_i die absatzbedingte Mengenuntergrenze für Produkt i. Bestehen keine Mengenuntergrenzen, muß u_i gleich Null gesetzt werden (Nichtnegativitätsbedingung). Die daraus resultierenden Nebenbedingungen lauten:

$$(4.34) \quad \begin{aligned} \left.\begin{aligned} x_1 &\leqq o_1 \\ x_2 &\leqq o_2 \\ &\vdots \\ x_n &\leqq o_n \end{aligned}\right\} &\text{ Absatzobergrenzen} \\[2em] \left.\begin{aligned} x_1 &\geqq u_1 \\ x_2 &\geqq u_2 \\ &\vdots \\ x_n &\geqq u_n \end{aligned}\right\} &\text{ Mindestmengen} \end{aligned}$$

(4) Nichtnegativitätsbedingung, Ganzzahligkeitsbedingung

Schließlich ist zu berücksichtigen, daß keine negativen Produktmengen hergestellt werden können (**Nichtnegativitätsbedingung**):

(4.35) $x_i \geqq 0$ für i = (1, . . ., n).

Handelt es sich um nicht beliebig teilbare Güter, muß ferner die **Ganzzahligkeitsbedingung** ($x_i \in N$ [Menge der natürlichen Zahlen 1, 2, 3, . . .] für i = 1, . . ., n) erfüllt sein.

Die Kapazitäts-, Beschaffungs- und Absatzbeschränkungen sowie die Nichtnegativitätsbedingung und die eventuelle Ganzzahligkeitsbedingung bestimmen einen zulässigen Bereich $X \in R^n$ für das aktuelle Produktionsprogramm $\vec{x}$. X ist die Menge aller derjenigen Vektoren $\vec{x} = (x_1, \ldots, x_i, \ldots, x_n)$, deren Realisation trotz der genannten Beschränkungen möglich ist.

Zusammengefaßt ergeben Zielfunktion (4.30), Kapazitätsbeschränkungen (4.31), Beschaffungsbeschränkungen (4.33) und Marktbeschränkungen (4.34) folgendes mathematische Modell: *Mathematische Modellformulierung*

$$\text{Max } D(\vec{x}) = d_1 x_1 + d_2 x_2 + \ldots + d_n x_n$$

unter Einhaltung der Nebenbedingungen:

(4.36)

Kapazitätsbeschränkungen
$$
\begin{cases}
t_{11} \cdot x_1 + t_{12} \cdot x_2 + \ldots + t_{1n} \cdot x_n \leqq c_1 \\
t_{21} \cdot x_1 + t_{22} \cdot x_2 + \ldots + t_{2n} \cdot x_n \leqq c_2 \\
\vdots \\
t_{m1} \cdot x_1 + t_{m2} \cdot x_2 + \ldots + t_{mn} \cdot x_n \leqq c_m
\end{cases}
$$

Beschaffungsbeschränkungen
$$
\begin{cases}
s_{11} \cdot x_1 + s_{12} \cdot x_2 + \ldots + s_{1n} \cdot x_n \leqq b_1 \\
s_{21} \cdot x_1 + s_{22} \cdot x_2 + \ldots + s_{2n} \cdot x_n \leqq b_2 \\
\vdots \\
s_{q1} \cdot x_1 + s_{q2} \cdot x_2 + \ldots + s_{qn} \cdot x_n \leqq b_q
\end{cases}
$$

Absatzobergrenzen
$$
\begin{cases}
x_1 \quad\quad\quad\quad\quad \leqq o_1 \\
\quad x_2 \quad\quad\quad\quad \leqq o_2 \\
\vdots \\
\quad\quad\quad\quad x_n \leqq o_n
\end{cases}
$$

Mindestmengen
$$
\begin{cases}
x_1 \quad\quad\quad\quad\quad \geqq u_1 \\
\quad x_2 \quad\quad\quad\quad \geqq u_2 \\
\vdots \\
\quad\quad\quad\quad x_n \geqq u_n
\end{cases}
$$

Zur Lösung der obigen Maximierungsaufgabe wurden quantitative Methoden entwickelt, die ein Auffinden des optimalen Produktionsprogramms $\vec{x}^* = (x_1{}^*, x_2{}^*, \ldots, x_n{}^*)$ garantieren. Die bedeutendste Methode ist das Simplex-Verfahren und dessen Varianten. Auf Einzelheiten wird hier nicht eingegangen. Sie finden sich in vielen Lehrbüchern der Unternehmensforschung (vgl. z. B. Müller-Merbach 1973, Gal 1987). Für kleinere n (n $\leq$ 5) ist die Lösung mit Hilfe des Simplex-Verfahrens in vertretbarem Zeitaufwand von Hand möglich. Für größere n ist der Einsatz eines Computers unumgänglich. Hierzu wurden spezielle Programme entwickelt, die heute zum Angebot eines jeden Computerherstellers gehören. Ferner wurden Verfahren

Informations-
output des
Modells

und Programme entwickelt, die die Ganzzahligkeitsbedingung für alle (ganzzahlige Programmierung) oder für einzelne (gemischt ganzzahlige Programmierung) Variablen berücksichtigen (vgl. z. B. Burkard 1987). Lediglich im Zweiproduktfall ist eine graphische Lösung möglich (vgl. Teil 9, S. 1289 f.).

Das Modell liefert folgende Informationen:

Gewinn-
optimales
Produktions-
programm

(1) Das gewinnoptimale Produktionsprogramm $\vec{x}^* = (x_1{}^*, x_2{}^*, \ldots, x_n{}^*)$ und den dabei entstehenden Deckungsbeitrag D*.

Es sind Fälle denkbar, in denen aufgrund der formulierten Restriktionen kein Produktionsprogramm gefunden werden kann. Diese Fälle werden erkannt und ausgewiesen.

Kapazitätsbe-
anspruchung

(2) Die Kapazitätsbeanspruchung (Stunden, Stück) durch das ermittelte Produktionsprogramm $\vec{x}^*$ für jede Teileinheit j (j = 1, ..., m).

Dabei werden diejenigen Teileinheiten festgestellt, deren Kapazität voll beansprucht wird und die damit **Kapazitätsengpässe** darstellen. Bei den nicht vollständig ausgelasteten Teileinheiten wird die **noch verfügbare Kapazität** angegeben.

Ebenso werden diejenigen Repetierfaktoren ermittelt, deren maximal verfügbare Mengen ganz verbraucht werden. Diese Repetierfaktoren bilden die sogenannten **Beschaffungsengpässe**. Bei den übrigen Repetierfaktoren wird der **noch verfügbare Bestand** ausgewiesen.

Mit dem ermittelten Produktionsprogramm $\vec{x}^*$ sind auch diejenigen Produkte bekannt, deren Absatzmöglichkeiten voll ausgeschöpft werden bzw. deren Produktion im Umfang der Mindestmenge durchgeführt wird. Diese Grenzen werden **Absatzengpässe** genannt.

Opportuni-
tätskosten;
Schatten-
preise

(3) Die **Opportunitätskosten** oder **Schattenpreise**, die durch die Engpässe (Kapazitätsengpässe, Beschaffungsengpässe und Absatzengpässe) bedingt sind.

Sie geben die Erhöhung bzw. Verminderung des Deckungsbeitrages an, der durch eine zusätzliche (bzw. verminderte) Einheit des betreffenden Engpasses erreicht werden könnte. Bildet beispielsweise die Arbeitszeit eines Arbeiters einen Engpaß, so geben die Opportunitätskosten den Betrag an, um den der Deckungsbeitrag erhöht werden kann, wenn die Arbeitszeit um eine Einheit erhöht wird. Für Beschränkungen, die keinen Engpaß darstellen, sind die Opportunitätskosten gleich Null.

490

Die angeführten Informationen sind sowohl für die der Programmplanung vorausgehende Ausstattungsplanung als auch für die nachfolgende Prozeßplanung von äußerster Wichtigkeit.

Relevanz des Informationsoutputs

Im Rahmen der Ausstattungsplanung ist zu entscheiden, ob bei denjenigen Teileinheiten, die Kapazitätsengpässe darstellen, Erweiterungsinvestitionen durchzuführen sind. Dabei bilden die Opportunitätskosten ein Kriterium für die Rentabilität dieser Investitionen.

Für die Prozeßplanung ist die Kenntnis derjenigen Teileinheiten bzw. derjenigen Repetierfaktoren, die Engpässe sind bzw. werden können, besonders wichtig. Für diese Teileinheiten muß die Prozeßplanung besonders sorgfältig durchgeführt werden, um den Produktionsablauf nicht zu gefährden. Dasselbe gilt für die Materialdisposition derjenigen Repetierfaktoren, für die Beschaffungsengpässe bestehen.

Außerhalb der Produktionsplanung ist die Kenntnis der Absatzengpässe wichtig für die weitere Absatzpolitik.

Durch die genannten Rückinformationen wird die Anwendbarkeit des aufgezeigten Modells trotz der generellen Problematik, die dem quantitativen Modell zur Bestimmung des optimalen Produktionsprogramms anhaftet, wesentlich verbessert. Prämissen, die durch die Ausstattungsplanung bzw. Prozeßplanung in die Programmplanung eingehen, können nach vollendeter Programmplanung modifiziert werden. Sie gehen als neue Prämissen in die nachgelagerten Planungsschritte ein. Ausstattungsplanung, Programmplanung und Prozeßplanung können so in einem sukzessiven Entscheidungsprozeß schrittweise aufeinander abgestimmt und einem angestrebten Optimalzustand nähergebracht werden. Weitergehende Ansätze zur modellgestützten Produktionsprogrammplanung finden sich beispielsweise bei Hanssmann (1990), Zäpfel (1979) und (1982), Kilger (1973), Küpper (1982), Backhaus (1979).

b) Materialdisposition und Beschaffung

Das aktuelle Produktionsprogramm bezieht sich auf marktfähige Enderzeugnisse. Es stellt damit den Primärbedarf dar, an dem sich die Materialwirtschaft orientieren muß. **Als Sekundärbedarf wird der zur Erstellung des aktuellen Produktionsprogramms benötigte Bedarf an Repetierfaktoren bezeichnet. Seine Bereitstellung ist Gegenstand der Materialdisposition.**

Sekundärbedarf

Unter Material versteht man alle Sachgüter, die zur Leistungserstellung eingesetzt werden. Der Begriff umfaßt auch Sachgüter, die durch Vorleistungsbetriebe bereits einer Bearbeitung unterzogen wurden und Sachgüter, die während des Leistungserstellungsprozesses entehen und weiterverarbeitet werden.

Materialbegriff

Aus der Vielzahl materialwirtschaftlicher Entscheidungen kommen der **Planung des Materialbedarfs** sowie der **Materialbeschaffung und Lagerhaltung** im Rahmen der Produktionswirtschaft besondere Bedeutung zu.

Die Materialbedarfsplanung soll aufgrund vorliegender Informationen über den Primärbedarf die Art, die Menge und den Bedarfszeitpunkt der benötigten Einsatzgüter ermitteln.

Damit ist jedoch lediglich festgelegt, zu welchen Zeitpunkten bestimmte Mengen an Inputfaktoren für den Eingang in den Leistungserstellungsprozeß bereitstehen müssen. Häufig erweist es sich aber als vorteilhaft, die Einsatzgüter mit hiervon abweichenden Bestellmengen und -terminen zu disponieren. **Die Umsetzung der Bedarfsmengen und -zeitpunkte in Bestellmengen und -zeitpunkte ist Aufgabe der Materialbeschaffungsplanung.** Zusätzlich zur **Wahl der geeigneten Beschaffungsart** erfolgt im Rahmen der Materialbeschaffungsplanung die **Beurteilung und Auswahl geeigneter Lieferanten** und die **Vereinbarung von Konditionen.**

Stücklisten als Informationsgrundlage

Für materialwirtschaftliche Entscheidungen bilden Stücklisten eine wesentliche Informationsgrundlage. **Stücklisten sind Verzeichnisse in tabellarischer Form, die aufzeigen, wo und in welchen Mengen Rohmaterialien, Einzelteile und Baugruppen in das Endprodukt eingehen. Sie geben damit Aufschluß über die Struktur und mengenmäßige Zusammensetzung von Erzeugnissen.** Stücklisten bilden – produktionstheoretisch gesprochen – in der Praxis die Produktions- bzw. Programmkoeffizienten ab.

Stücklisten – in der Chemie- und Nahrungsmittelindustrie entsprechen ihnen die Rezepturen – werden in verschiedenen Unternehmensbereichen für unterschiedliche Zwecke benötigt:
- In der **Konstruktionsabteilung** wird die Stückliste als Unterlage zur Prüfung und Durchführung von Änderungen eingesetzt.
- Die **Arbeitsvorbereitung** bereitet anhand der Stücklisten den Produktionsablauf vor.
- In der **Materialdisposition** dienen Stücklisten zur Bedarfsermittlung, auf der die Einkaufsplanung und die Lagerhaltungsplanung basieren.
- Das **Lager** benötigt Stücklisten als Information zur Materialbereitstellung für die Fertigung.
- Die **Fertigungssteuerung** führt anhand von Stücklisten die Verfügbarkeitskontrolle des Materials durch.
- Die **Montagevorbereitung** braucht Stücklisten als Montageanleitung.
- Der **Kundendienst** verwendet Stücklisten als Ersatzteile- und Prüflisten.
- Der **Rechnungsabteilung** schließlich dienen Stücklisten als Unterlage für die Vor- und Nachkalkulation.

Stücklisten spiegeln die Komplexität der Erzeugnisstruktur wieder. Es kann zwischen einstufigen und mehrstufigen Stücklisten unterschieden werden. **Einstufige Stücklisten** kennzeichnen Produkte einfacher Struktur. Das Produkt wird direkt aus Ursprungsmaterialien und Einkaufsteilen hergestellt. **Mehrstufige Stücklisten** beschreiben Produkte, deren Zusammensetzung über mehrere Stufen erfolgt. Bei diesen wird ein Teil der Ausgangsmaterialien nicht direkt im Endprodukt verwendet, sondern wird zunächst zu Baugruppen zusammengefügt, die dann ihrerseits in andere Baugruppen oder das Endprodukt eingehen.

Mehrstufige Produkte können durch unterschiedliche Typen von Stücklisten dargestellt werden. Man unterscheidet zwischen **unstrukturierten** und **strukturierten** Stücklisten. Es gibt die folgenden Grundformen:

Grundformen von Stücklisten

– **Mengenübersichtsstücklisten** als unstrukturierte Stücklisten,
– **Strukturstücklisten** und **Baukastenstücklisten** als strukturierte Stücklisten.

Anhand zweier einfacher Produkte, die nachfolgend graphisch dargestellt sind, sollen die verschiedenen Grundformen von Stücklisten mit ihren spezifischen Darstellungs- und Leistungsmerkmalen erläutert werden.

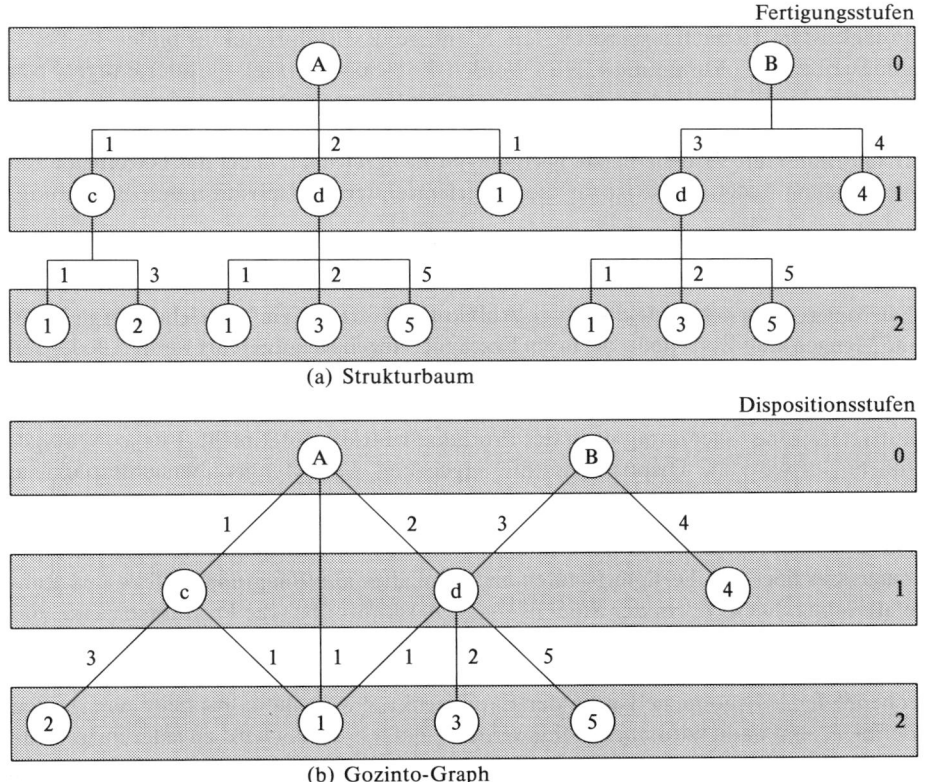

(a) Strukturbaum

(b) Gozinto-Graph

Abbildung 4.29: Beispiele für Erzeugnisstrukturen

Abbildung 4.29 zeigt zwei Produkte (A und B) in zwei unterschiedlichen Darstellungen. In Abbildung 4.29a wird der Aufbau der Produkte durch einen **Strukturbaum** dargestellt. Demgegenüber wird in Abbildung 4.29b die kompaktere Form einer Strukturdarstellung durch einen **Gozinto-Graph** vorgenommen. Allgemein dienen

Darstellung einer Erzeugnis- struktur

Graphen der Darstellung von Strukturen in Form von Netzwerken. Die Punkte oder Knoten sind durch Linien miteinander verbunden, den sogenannten Kanten. Zur Darstellung der Erzeugnisstruktur erfolgt die Ausrichtung der Kanten auf die jeweils übergeordnete Produktionsebene. Im Gegensatz zum Strukturbaum treten beim Gozinto-Graphen mehrfach verwendete Teile nur einmal auf. Aus den Gozinto-Graphen sind der Stücklistenzusammenhang wie auch die Verwendung der einzelnen Teile gleichermaßen ersichtlich. Allerdings verliert der Gozinto-Graph seine Übersichtlichkeit, wenn mehr als zwei Endprodukte mit gemeinsamen Fertigungskomponenten dargestellt werden sollen. In diesem Fall bildet die Matrizenrechnung ein geeignetes Hilfsmittel.

Dispositions- und Fertigungs- stufen

Hinsichtlich der Auflistung der Endprodukte in Komponenten und Teile werden Dispositions- und Fertigungsstufen unterschieden. **Fertigungsstufen werden vom End-produkt ausgehend gezählt und geben Aufschluß über die verschiedenen Stufen des Produktes im Herstellungsprozeß.** Die Montage des Endproduktes bildet die Fertigungsstufe Null (Abbildung 4.29 a). Werden die gleichen Einzelteile oder Baugruppen in unterschiedlichen Fertigungsstufen mehrerer Enderzeugnisse benötigt (z. B. Teil 1), so ist eine Auflösung nach Dispositionsstufen sinnvoll (vgl. Abbildung 4.29 b). **Als Dispositionsstufe wird die tiefste Fertigungsstufe bezeichnet, in der das betreffende Teil Verwendung findet.** Diese ist für die bedarfsorientierte Disposition von Bedeutung.

Die Erzeugnisstrukturen des Beispiels lassen sich in den tabellarisch aufgebauten Stücklisten in unterschiedlicher Form darstellen.

Mengen- übersichts- stückliste

Die Mengenübersichtsstückliste (vgl. Abbildung 4.30 a) **ist ein Verzeichnis, in welchem die Mengen aller Einzelteile, die in ein Erzeugnis eingehen, aufgeführt werden.** Jedes Teil wird pro Erzeugnis nur einmal mit der kumulierten Mengenangabe aufgeführt. Dies gilt auch für Teile, die an verschiedenen Stellen der Erzeugnisstruktur mehrfach auftreten. Eine Gliederung nach der Produktstruktur erfolgt nicht. Für jedes aufgeführte Teil wird die Dispositionsstufe angegeben. Die Mengenübersichtsstückliste eignet sich in erster Linie für die Materialdisposition.

Struktur- stückliste

Die Strukturstückliste (vgl. Abbildung 4.30 b) **zeigt die Zusammensetzung eines Erzeugnisses über alle Fertigungsstufen und beinhaltet alle Baugruppen, Teile und Rohmaterialien.** Diese Form der Stückliste gibt Auskunft über die Produktstruktur und den Produktionsablauf. Die Positionsfolge innerhalb einer Strukturstückliste ist nicht verbindlich geregelt, jedoch ist eine Aufzählung von links nach rechts vorherrschend. Jeder begonnene Zweig der Baumstruktur wird dabei bis ganz nach unten definiert, erst dann wird nach rechts weitergegangen. Dabei wird zu jeder aufgeführten Position diejenige Menge angegeben, mit der das Teil in die nächste (übergeordnete) Produktionsstufe eingeht. Strukturstücklisten ermöglichen aufgrund ihres Aufbaus eine mengenmäßige und zeitliche Differenzierung bei der Bedarfsermittlung. Sie sind deshalb eine geeignete Unterlage für die Terminplanung und die langfristige Materialbereitstellungsplanung. Bei hoher Teilezahl und mehrstufigem Produktionsprozeß kann die Strukturstückliste jedoch umfangreich und unübersichtlich werden. Eine Änderung der Zusammensetzung von komplexen Produkten verursacht einen hohen Änderungsaufwand.

494

Die Baukastenstückliste (vgl. Abbildung 4.30 c) **enthält für jedes Enderzeugnis oder jede Baugruppe nur die Baugruppen oder Einzelteile der nächst tieferen Fertigungsstufe.** Mehrstufige Erzeugnisse werden in mehreren einstufigen Stücklisten dargestellt. Jede mehrfach oder in mehreren Erzeugnissen verwendete Baugruppe wird nur einmal als Stückliste geführt. Aufgrund der Reduzierung des Gesamtumfangs der Stücklisten zeichnen sie sich durch eine gute Überschaubarkeit aus. Baukastenstücklisten dienen daher vor allem als Arbeitsunterlage für den Werkstattbereich. Der Änderungsaufwand für Baukastenstücklisten ist vergleichsweise gering. Der Gesamtzusammenhang einer Erzeugnisstruktur ist jedoch nur erkennbar, wenn zusammengehörige Baukastenstücklisten in Form einer Strukturstückliste ausgegeben werden.

Baukasten-stückliste

Im Gegensatz zu Stücklisten, die von Enderzeugnissen ausgehend die zugehörigen Teile auflisten, wird in Teileverwendungsnachweisen für jedes Teil unter Angabe seiner Menge festgehalten, in welchen übergeordneten Gruppen und Erzeugnissen es enthalten ist. Während die Stückliste die analytische Form der Erzeugnisstruktur darstellt, kann der Teileverwendungsnachweis als synthetische Darstellung der Erzeugnisstruktur bezeichnet werden. Auch bei den Teileverwendungsnachweisen lassen sich verschiedene Arten unterscheiden.

Teilever-wendungs-nachweise

Der Baukasten-Teileverwendungsnachweis (vgl. Abbildung 4.30 d) **enthält nur die direkte Verwendung eines Teiles in allen übergeordneten Baugruppen.** Bei Versorgungsschwierigkeiten kann mit Hilfe des Teileverwendungsnachweises schnell ermittelt werden, welche Montageaufträge der übergeordneten Gruppenteile betroffen sind.

Baukasten-Teilever-wendungs-nachweis

Der Struktur-Teileverwendungsnachweis (Abbildung 4.30 e) **bietet die Möglichkeit, die Verwendung eines Teiles über alle Fertigungsstufen nachzuweisen.** In der Vorbereitung komplexer Konstruktionsaufgaben kommt dem Struktur-Teileverwendungsnachweis deshalb große Bedeutung zu.

Struktur-Teileverwen-dungsnach-weis

Der Mengenübersichts-Teileverwendungsnachweis (Abbildung 4.30 f) **bildet eine wichtige Dispositionsgrundlage für die Materialbeschaffung, da alle Verwendungen eines Teiles oder Materials in allen Baugruppen bis zum Enderzeugnis mit den jeweiligen Mengenfaktoren angegeben werden.** Anhand dieses Nachweises können die Auswirkungen von Beschaffungsschwierigkeiten oder Preisänderungen einzelner Teile und/oder Materialien auf die Enderzeugnisse ermittelt werden.

Mengenüber-sichts-Teile-verwendungs-nachweis

Neben den dargelegten Formen können Stücklisten in Sonderformen erstellt werden, in denen die Teilezusammenstellung nach speziellen Gesichtspunkten erfolgt. Beispielsweise betrachtet die Konstruktionsabteilung die Erzeugnisteile und Baugruppen nach Funktionsgesichtspunkten (**Konstruktionsstückliste**), die Arbeitsplanung dagegen nach Produktionsgesichtspunkten, d. h. nach der Montage der Teile und Baugruppen zum Enderzeugnis (**Fertigungsstückliste**).

Sonderformen von Stück-listen

Baukasten-stückliste	Baugruppe d	
Fertigungs-stufe	Sach-Nr.	Menge
2	1	1
2	3	2
2	5	5

(c)

Baukasten-Teileverwendungsnachweis		Teil 1
Fertigungs-stufe	Sach-Nr.	Menge
0	A	1
1	c	1
1	d	2

(d)

Strukturstückliste Erzeugnis A		
Fertigungs-stufe	Sach-Nr.	Menge
. 1	c	1
. . 2	1	1
. . 2	2	3
. 1	d	2
. . 2	1	1
. . 2	3	2
. . 2	5	5
. 1	1	1

(b)

Struktur-Teileverwendungsnachweis		Teil 1
Fertigungs-stufe	Sach-Nr.	Menge
. 1	A	1
. 1	c	1
. . 2	A	1
. 1	d	1
. . 2	A	2
. . 2	B	3

(e)

Mengenübersichts-stückliste	Erzeugnis A	
Dispositions-stufe	Sach-Nr.	Menge
1	c	1
1	d	2
2	1	4
2	2	3
2	3	4
2	5	10

(a)

Mengenübersichts-Teileverwendungsnachweis		Teil 1
Dispositions-stufe	Sach-Nr.	Menge
0	A	4
0	B	3
1	c	1
1	d	1

(f)

Abbildung 4.30: Arten von Stücklisten und Teileverwendungsnachweisen

496

Klassi-fizierung	Stücklistenart	Beschreibung	Einsatzbereich
Grund-formen	Mengen-übersichts-stückliste	Die Mengenübersichtsstück-liste gibt alle Bestandteile ei-nes Erzeugnisses mit den je-weiligen Gesamtmengen ohne Berücksichtigung der Erzeugnisstruktur an. Sie enthält nur eigenerzeugte Einzel- und Zukaufteile.	Wird als Unterlage in der Mate-rialdisposition eingesetzt, vor al-lem bei einfachen Fertigungs- oder Montagestrukturen sowie zur Kalkulation.
	Struktur-stückliste	Die Strukturstückliste bildet die Erzeugnisstruktur eines Produkts ab. Sie enthält alle Einzelteile und Baugruppen des Produkts und gibt die je-weils eingehenden Mengen an.	Dient besonders konstruktiven und fertigungstechnischen Zwek-ken, weniger für die Disposition. Evtl. für Terminplanung einge-setzt.
	Baukasten-stückliste	Die Baukastenstückliste ent-hält für eine Baugruppe nur die Teile und Baugruppen, die ihr jeweils direkt untergeord-net sind.	Baukastenstücklisten lassen sich redunanzarm auf EDV-Anlagen abspeichern. Sie läßt sich sehr gut dort einsetzen, wo Erzeugnisse nach dem Baukastenprinzip ge-fertigt werden.
Misch-form	Baukasten-struktur-stückliste	Die Baukastenstrukturstück-liste gibt wie die Struktur-stückliste die Erzeugnisstruk-tur an. Es werden aber nicht alle Baugruppen vollständig aufgelöst. Für häufig auftre-tende Baugruppen werden gesonderte Baukastenstück-listen aufgeführt.	Vereinigt die Vorteile der Struk-tur- und der Baukastenstückliste. Sehr gut für die Disposition von Baugruppen geeignet.
Sonder-formen	Varianten-stückliste	Variantenstücklisten ordnen mehrere ähnliche Erzeugnis-se einem Grundtyp zu. Sie lassen sich in allen Stück-listengrundformen ausfüh-ren.	Wenn strukturell sehr ähnliche Erzeugnisse gefertigt werden, die eine große Zahl gleicher Teile be-sitzen.
	Plus-Minus-Stückliste	Plus-Minus-Stücklisten be-ziehen sich auf einen Grund-typ. Sie enthalten nur noch in der Variante zusätzlich vor-kommende und die entfallen-den Teile und Baugruppen.	In der Serienfertigung eingesetzt, um spezielle Kundenwünsche aus der Grundausführung ableiten zu können.

Abbildung 4.31: Übersicht verschiedener Stücklistenarten

(in Anlehnung an Blohm u. a., 1987)

Werden von einem Produkttyp mehrere Ausführungen erstellt, so findet in der Praxis häufig die **Variantenstückliste** Verwendung. Für die Materialdisposition ist es vorteilhaft, wenn die Variantenstückliste in eine Grundstückliste (für die Gleichteile) und mehrere Ergänzungsstücklisten (für die Variationsteile) aufgeteilt ist. Eine weitere Form stellen **Plus-Minus-Stücklisten** dar. In dieser sind die in einer Variante zusätzlich vorkommenden Teile oder Baugruppen aufgeführt. Derartige Stücklisten finden vor allem in der Serienfertigung Verwendung.

Zusammenfassend sind die verschiedenen Stücklistenarten in Abbildung 4.31 dargestellt.

Die Erstellung von Stücklisten und Teileverwendungsnachweisen erfolgt in der Praxis durchweg rechnergestützt.

Planung des Materialbedarfs

Eine wesentliche Aufgabe im Rahmen materialwirtschaftlicher Entscheidungen ist die Ermittlung des zukünftigen Materialbedarfs. Die Bestimmung des Materialbedarfs besitzt sowohl eine qualitative als auch eine quantitative Dimension.

(1) Qualitative Materialbedarfsplanung

Die Qualität der Endprodukte einer Unternehmung gewinnt zunehmend an Bedeutung. Als Ursachen sind u. a. gestiegene Ansprüche der Verbraucher, höhere Genauigkeitsanforderungen seitens der Abnehmer oder erweiterte Risiken aus der Produzentenhaftung zu nennen. Demzufolge muß auch der Qualität der Einsatzgüter ein hoher Stellenwert eingeräumt werden.

Qualitäts-begriff
Die Qualität eines Produktes richtet sich nach seinen Beschaffenheitsmerkmalen. Welche physischen, technischen und ästhetischen Merkmale die Qualität determinieren, bestimmt sich nach dem angestrebten Verwendungszweck des betreffenden Produktes. Unter Qualität ist demnach die Menge der einem Produkt zugeordneten Eigenschaften im Hinblick auf einen gegebenen Verwendungszweck zu verstehen. Qualitätseigenschaften können zeitpunkt- und/oder zeitraumbezogen definiert sein.

Zeitpunktbezogene Qualitätsanforderungen werden in der Regel bei solchen Merkmalen herangezogen, die sich im Zeitablauf nicht oder nur unbedeutend verändern (z. B. Größe, Härte, Farbe usw.).

Unterliegt jedoch ein für den späteren Verwendungszweck bedeutsames Qualitätsmerkmal im Zeitablauf gravierenden Veränderungen, sei es durch die Materialeigenschaft selbst oder durch Umwelteinflüsse bedingt (Rost, Verdunstung usw.), so werden derartige Qualitätsanforderungen auch zeitraumbezogen festgelegt. Häufig verwendet man für eine derartige Qualitätsfestlegung auch den Begriff der Zuverlässigkeit.

Bei der industriellen Beschaffung von Einzelteilen, Roh-, Hilfs- und Betriebsstoffen kommt den physischen und technischen Produkteigenschaften besondere Bedeutung zu. Zumeist kann für industrielle Vorprodukte eine technische oder objektiv meßbare Qualität definiert werden. Als Meßverfahren eignen sich die Variablen- und die Attributprüfung.

Die **Variablenprüfung** erfolgt bei Qualitätsmerkmalen, deren Veränderungen (Ausprägungen) auf einer Skala meßbar sind. Häufig können Merkmalsausprägungen nicht auf Skalen gemessen werden, sondern es läßt sich lediglich feststellen, ob bestimmte Merkmale vorhanden sind oder nicht. Eine derartige Beurteilung bezeichnet man als **Attributprüfung**.

Die qualitative Materialbedarfsplanung verlangt Klarheit über Art und Wirkung der wichtigsten Einflußgrößen. Als sehr bedeutsamer Faktor erweist sich die **vorgefundene Beschaffungssituation**. Aus der Vielzahl möglicher Beschaffungssituationen lassen sich drei Haupttypen ableiten, die durch ein jeweils charakteristisches Verhältnis zwischen Qualitätsangebot der Lieferanten und Qualitätsanforderungen seitens der beschaffenden Unternehmung gekennzeichnet sind: routinemäßige, modifizierte und innovative Beschaffung.

Routinemäßige Beschaffung zeichnet sich idealtypisch dadurch aus, daß Lieferanten ein Produkt mit einer Faktorqualität anbieten, das den eindeutig fixierten Qualitätsanforderungen der beschaffenden Unternehmung entspricht. Dies ist zumeist bei reinen Wiederholungskäufen der Fall.

Für **modifizierte Beschaffungsentscheidungen** ist charakteristisch, daß die Qualitätsangebote der liefernden Unternehmungen mehrere Faktorqualitäten umfassen oder Möglichkeiten einer Qualitätsvariation vorsehen. Die beschaffende Unternehmung besitzt nur teilweise eindeutig bestimmte Qualitätsanforderungen für die Einkaufsgüter.

Kennzeichnend für die **innovative Beschaffung** sind weitgehende Unbestimmtheit der Qualitätsanforderungen sowie ein fehlendes Qualitätsangebot auf der Lieferantenseite.

Je nach Beschaffungssituation ergibt sich daher ein sehr unterschiedlicher Stellenwert der qualitativen Bedarfsplanung.

Ergänzend zur Beschaffungssituation ist vor allem bei der modifizierten und der innovativen Beschaffung eine Reihe weiterer Gesichtspunkte von Bedeutung. Neben der Lage auf dem Beschaffungsmarkt spielt die Situation auf dem Absatzmarkt eine nicht minder wichtige Rolle. Die Unternehmung benötigt beispielsweise Informationen über Anzahl und Angebote der Konkurrenten sowie über die Anforderungen der Käufer. Weitere Determinanten der qualitativen Materialbedarfsplanung sind Produktionsverfahren, Produkteigenschaften sowie Lagerfähigkeit sowohl der Eingangsstoffe als auch der Endprodukte. Ein wichtiges Instrument der qualitativen Materialbedarfsplanung ist die Wertanalyse (siehe Teil 8, S. 1151).

(2) Quantitative Materialbedarfsplanung

Mit Hilfe der **quantitativen Materialbedarfsplanung** erfolgt die Bestimmung der Bedarfsmengen und der zeitlichen Verteilung dieser Mengen. Wesentliche Grundlagen sind das aktuelle Produktionsprogramm (Primärbedarf), das aus der Abstimmung mit dem Absatzplan (marktorientierte Massenfertigung) oder dem Bestand an Kundenaufträgen (auftragsorientierte Fertigung) resultiert (siehe II.2.a), sowie die Stücklisteninformationen. Mit zunehmender Variabilität der Produktionsaufgabe (ständige Variation des Produktionsprogramms, zahlreiche Konstruktionsänderungen oder Produktionsumstellungen) verringern sich die Möglichkeiten für eine frühzeitige und exakte Bedarfsplanung.

Verfahren der Material-bedarfs-ermittlung

Zur Bestimmung der Bedarfsmengen und -zeitpunkte (Sekundärbedarf) eignen sich bei Industriebetrieben:

- **bedarfsgesteuerte Verfahren** aufgrund von Informationen über das aktuelle Produktionsprogramm (auch bezeichnet als **deterministische Bedarfsermittlung**),
- **verbrauchsgesteuerte Verfahren** aufgrund von Informationen über Verbrauchsmengen der Vergangenheit (auch bezeicnet als **stochastische Bedarfsermittlung**) sowie
- **subjektive Schätzverfahren.**

Grundsätzlich erfordert die art-, mengen- und zeitgerechte Materialbedarfsdeckung eine möglichst umfassende und detaillierte Planung. Das Aufstellen, Realisieren und Kontrollieren dispositiver Teilpläne verursacht jedoch mit zunehmenden Planungsaktivitäten erhebliche Kosten und zeitliche Mehrbelastungen der betroffenen Mitarbeiter.

Selektion mit Hilfe der ABC-Analyse

Es ist daher sehr wichtig, Selektionsverfahren zu entwickeln, mit deren Hilfe es gelingt, die knappen finanziellen und personellen Ressourcen für solche Güter in Anspruch zu nehmen, bei denen verstärkte Planungsaktivitäten unter Wirtschaftlichkeitsüberlegungen sinnvoll erscheinen. Die Entscheidung über die geeignete Planungsmethode kann anhand einer Materialklassifizierung mittels der ABC-Analyse erleichtert werden.

(3) Funktionsweise und Anwendungsbereiche der ABC-Analyse

Die ABC-Analyse ist ein **Verfahren der Konzentrationsmessung** von Objekten. Es wird in verschiedenen Bereichen des Industriebetriebes angewandt, z. B. zur Analyse der Planungs- oder Beschaffungsart, des Lagerbestandes, der Kunden, der Debitoren, der Lieferanten usw. Im Zusammenhang mit der Materialbedarfsplanung basiert die ABC-Analyse auf der Erkenntnis, daß meist ein relativ kleiner Teil der zu beschaffenden Güterarten den Hauptanteil am gesamten Beschaffungswert repräsentiert. **Durch die ABC-Analyse wird eine Einteilung der Beschaffungsgüter nach ihrem relativen Anteil am Gesamtbeschaffungswert in A-Güter, B-Güter und C-Güter vorgenommen.**

Bildung von Gütergruppen

In der Praxis hat sich bei industriellen Unternehmen gezeigt, daß die Mengen-Wert-Verteilung zwischen den einzelnen Bedarfsgütern eine relativ konstante, typische

500

Struktur aufweist. Eine als A-Güter bezeichnete Gruppe repräsentiert etwa 70%–80% des Gesamtbeschaffungswertes, der Anteil an der Gesamtzahl der benötigten Güterarten liegt hingegen nur bei ca. 20%. Der Anteil der B-Güter beträgt ungefähr 15% des Beschaffungswertes und ca. 30%–40% der Menge; C-Güter sind am Gesamtwert mit 5%–15%, an der Menge jedoch mit 40%–55% beteiligt.

Die aufgezeigte dreistufige Klasseneinteilung gibt lediglich einen Anhaltspunkt für die häufigste Erscheinungsform der ABC-Analyse an. Denkbar und in der Praxis durchaus üblich sind jedoch auch 2-stufige oder 4-stufige Einteilungen. Die Mengen- und Wertanteile der einzelnen Klassen werden entsprechend angepaßt.

Abbildung 4.32 gibt ein Beispiel für die zahlenmäßige Verteilung des (kumulierten) Gesamtbeschaffungswertes bei der ABC-Analyse.

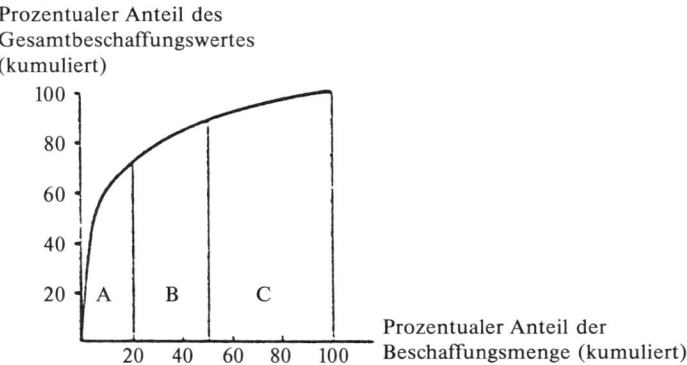

Abbildung 4.32: ABC-Verteilung (Menge-Wert-Verteilung) des Gesamt-
             beschaffungswertes (Beispiel).

Anhand eines einfachen Beispiels soll die Vorgehensweise der ABC-Analyse erläutert werden. Als Ausgangspunkt dient ein Unternehmen, bei dem 10 verschiedene Güterarten zu beschaffen sind. In einem ersten Schritt wird die Periodenverbrauchsmenge der Beschaffungsgüter festgestellt und daraus mit Hilfe geeigneter Wertgrößen (Istpreise, Durchschnittspreise, Planpreise) der Verbrauch in Geldeinheiten abgeleitet (vgl. Abbildung 4.33). Unter der Annahme, daß das Lager am Periodenbeginn und am Periodenende geleert ist, entspricht die Beschaffungsmenge der Verbrauchsmenge. Jede Güterart erhält eine Rangzahl entsprechend dem wertmäßigen Periodenverbrauch.

*Vorgehens-
weise bei der
ABC-Analyse*

In einem zweiten Schritt werden die Güter nach ihrer Rangziffer geordnet und die kumulierten Prozentsätze des mengen- und wertmäßigen Verbrauchs errechnet (vgl. Abbildung 4.34). Anhand dieser kumulierten Werte erfolgt die Entscheidung über die Grenzwerte zwischen den einzelnen Klassen.

Gut	Verbrauch in ME	Einheitspreis in GE	Verbrauch in GE	Rang
x_1	20 000	0,15	3 000,–	6
x_2	7 500	0,90	6 750,–	5
x_3	36 000	0,05	1 800,–	10
x_4	21 000	1,80	37 800,–	1
x_5	50 000	0,14	7 000,–	4
x_6	2 000	1,–	2 000,–	9
x_7	4 000	2,–	8 000,–	3
x_8	11 000	0,25	2 750,–	7
x_9	35 000	0,07	2450,–	8
x_{10}	19 500	1,90	37 050,–	2

Abbildung 4.33: Rangzuordnung der Güterarten entsprechend den Beschaffungs-
werten der Periode

Gut	Kumulierter Mengenverbrauch in %	Mengenverbrauch pro Klasse in %	Verbrauch in GE	Kumulierter Verbrauch in GE	Kumulierter Verbrauch in %	Verbrauch pro Klasse in %	Klasse
1	2	3	4	5	6	7	8
x_4	10,1		37 800	37 800	34,8		A
x_{10}	19,6	19,6	37 050	74 850	68,9	68,9	A
x_7	21,5		8 000	82 850	76,3		B
x_5	45,9		7 000	89 850	82,7		B
x_2	49,6	30,0	6 750	96 600	88,9	20,0	B
x_1	59,3		3 000	99 600	91,7		C
x_8	64,6		2 750	102 350	94,4		C
x_9	81,6		2 450	104 300	96,5		C
x_6	82,6		2 000	106 800	98,3		C
x_3	100,0	50,4	1 800	108 600	100,0	11,1	C

A – Verbrauch: 74 850 GE = 68,9%
B – Verbrauch: 21 750 GE = 20 %
C – Verbrauch: 12 000 GE = 11,1%

Abbildung 4.34: Beispiel einer ABC-Einteilung

502

Je größer der wertmäßige Anteil einer Güterart ist, desto genauer sollte deren Bedarf geplant werden. Die Planung für A-Teile und B-Teile wird dementsprechend vorwiegend bedarfsgesteuert vollzogen, wohingegen C-Teile gewöhnlich – unter Wahrung angemessener Sicherheitsbestände – über ihren Verbrauch oder mit Hilfe von Schätzungen disponiert werden.

Ähnliche Zusammenhänge wie zwischen Beschaffungswert einer Gütergruppe und der darin enthaltenen Güterzahl lassen sich unter Verwendung anderer Bezugsgrößen wie z. B. dem Lagerbestandswert, der Lagerflächenbeanspruchung, der Lagerentnahmehäufigkeit oder des Lagerverlustrisikos (Schwund, Verderb usw.) herstellen. Die Wahl der geeigneten Bezugsgröße richtet sich nach der jeweiligen Aufgabenstellung. Wird z. B. das Vorratslager einer Unternehmung dergestalt reorganisiert, daß häufig entnommene Güterarten an leicht zugänglichen Stellen gelagert werden sollen, so ist es zweckmäßig, anstelle von Wertzahlen die Umschlagshäufigkeit der Einzelgüter als Bezugsgröße der ABC-Analyse zu verwenden. Stellt sich als Ergebnis der Untersuchung heraus, daß lediglich eine kleine Zahl von Gütern eine hohe Umschlagshäufigkeit hat, so kann die Lagerreorganisation unter Beachtung von Wirtschaftlichkeitsaspekten meist auf diese Güter beschränkt bleiben.

(4) Verfahren der Materialbedarfsermittlung

Im Rahmen der Materialbedarfsermittlung werden mehrere Bedarfsarten unterschieden. Als Ausgangspunkt der Planung dient der Primärbedarf, d. h. das nach Menge und Zeit fixierte aktuelle Produktionsprogramm einer Periode. Über Stücklisten oder Teileverwendungsnachweise sowie mit Hilfe von stochastischen Verfahren läßt sich aus dem Primärbedarf der Sekundärbedarf ermitteln, d. h. der zur Erstellung des aktuellen Produktionsprogramms benötigte Bedarf an Materialien bzw. Repetierfaktoren. In der Terminierung des Sekundärbedarfs finden notwendige Vorlaufzeiten für Fertigungs- und Beschaffungszeiträume Berücksichtigung. Die im Sekundärbedarf enthaltenen Mengen an Hilfs- und Betriebsstoffen werden teilweise gesondert aufgeführt und als Tertiärbedarf bezeichnet.

Werden Lagerbestände in die Betrachtung einbezogen, unterscheidet man zwischen Brutto- und Nettobedarf. Der Bruttobedarf ist der periodenbezogene Bedarf an Material ohne Berücksichtigung der Lagerbestände. Er wird aus der Zusammenfassung von Primär-, Sekundär- und Tertiärbedarf errechnet, wobei darauf zu achten ist, daß es zu keiner Doppelverrechnung kommt. Die Zahlen des Bruttobedarfs werden hauptsächlich zur langfristigen Planung des Materialbedarfs herangezogen. Eine zusätzliche Berücksichtigung von Lager- und Bestellmengen führt vom Bruttobedarf zur Bestimmung des Nettobedarfs (vgl. auch S. 516).

Die bedarfsgesteuerte (deterministische) Bedarfsermittlung geht vom Primärbedarf aus. Dieser bestimmt sich bei einer auftragsorientierten Einzel- und Serienfertigung aus den vorliegenden Kundenaufträgen. Bei der Massenfertigung ergibt er sich aus dem durch Abstimmung zwischen Absatzplan und Produktionskapazitäten erstellten Produktionsprogramm.

Die Problematik bedarfsgesteuerter Materialbedarfsplanung liegt vor allem in der Ermittlung des Sekundärbedarfs.

Man unterscheidet zwei grundsätzliche Methoden deterministischer Materialbedarfsermittlung:
– analytische Verfahren,
– synthetische Verfahren.

Als Datengrundlage der **analytischen Verfahren** eignen sich die verschiedenen Varianten von Stücklisten. Die gebräuchlichsten analytischen Verfahren sind das Baustufenverfahren, das Renettingverfahren, das Dispositonsstufenverfahren sowie die verschiedenen Gozintoverfahren. **Gemeinsames Kennzeichen aller analytischen Verfahren ist, daß sie, vom Primärbedarf einer Periode ausgehend, die Fertigprodukte schrittweise aufgrund von Stücklisten über die verschiedenen Baugruppen hin zu Einzelteilen und Rohstoffen auflösen.**

Bau- bzw.
Fertigungs-
stufenver-
fahren

Beim Baustufen- bzw. Fertigungsstufenverfahren (vgl. Abbildung 4.35) **erfolgt die Stücklistenauflösung auf der Grundlage der nach der Chronologie des Zusammenbaus gegliederten Erzeugnisstrukturen** unter Zuhilfenahme der erforderlichen Baukasten- und/oder Strukturstücklisten.

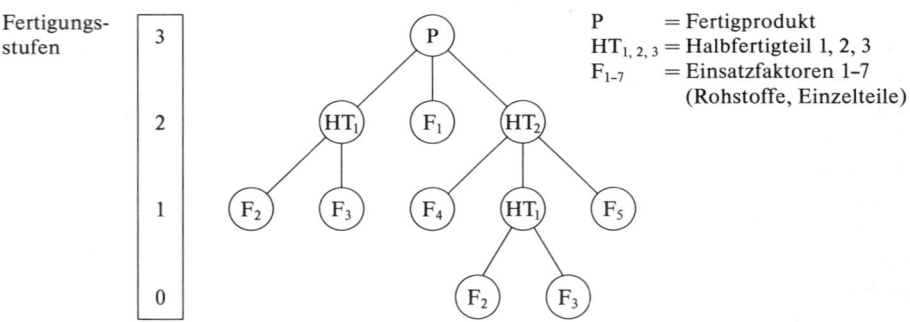

Abbildung 4.35: Baustufen- bzw. Fertigungsstufenverfahren

Kommen Einzelteile oder Baugruppen in verschiedenen Fertigungsstufen der einzelnen Endprodukte vor, so kann das Baustufenverfahren leicht unübersichtlich werden.

Renetting-
verfahren

Das Renetting- und das Dispositionsstufenverfahren stellen unter dem oben genannten Gesichtspunkt eine Verbesserung dar. Das Renettingverfahren spielt in der Praxis aufgrund seiner schwierigen Art und Weise der Berücksichtigung von Mehrbedarf nur eine untergeordnete Rolle und wird daher im folgenden nicht näher erläutert.

Dispositions-
stufen-
verfahren

Beim Dispositionsstufenverfahren (vgl. Abbildung 4.36) **wird ebenfalls vom Enderzeugnis ausgegangen.** Gleichartige Teile, gleichgültig welcher Fertigungsstufe, werden bei diesem Verfahren auf ihre Dispositionsstufe heruntergezogen. Mit Hilfe der Dis-

504

positionsstufen läßt sich bei allen Teilen für jedes Produktionsprogramm eine termingerechte Bedarfszuordnung ermitteln, was wiederum durch die Aggregation periodengleicher Nettobedarfe zu wirtschaftlichen Losgrößen führt.

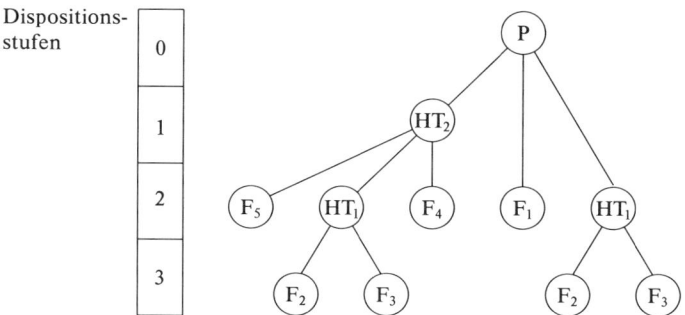

Abbildung 4.36: Dispositionsstufenverfahren

Eine weitere Variante der Bedarfsrechnung bildet das **Gozintoverfahren** (vgl. Abbildung 4.37), das entweder in Verbindung mit einem linearen Gleichungssystem oder mittels Matrizenrechnung abläuft. Der Gozinto-Graph stellt in einer Art „Produktionsstammbaum" die Zusammensetzung der Erzeugnisse dar, wobei die Knoten die Bedarfsteile und die Pfeile die Bedarfsmengen anzeigen.

Gozinto-verfahren

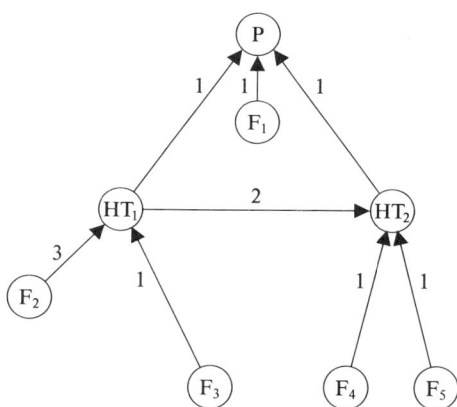

Abbildung 4.37: Gozinto-Graph

Für jedes Produkt wird eine Gleichung aufgestellt, mit der der Gesamtbedarf aus der Summe von Primärbedarf plus Sekundärbedarf für Mengen, die in übergeordnete Produkte eingehen, ermittelt werden kann (vgl. z. B. Zäpfel 1982, S. 154 ff.). Verwendung findet diese Form der Bedarfsrechnung vor allem in Unternehmen, bei denen ein festes Mengenverhältnis bei der Produktion besteht, wie z. B. in der chemischen Industrie oder in Montagebetrieben. Sollen mehr als zwei Endprodukte mit gemein-

505

samen Fertigungskomponenten mittels Gozinto-Graphen dargestellt werden, so verliert das Verfahren schnell an Übersichtlichkeit. Bei komplexen Erzeugnisstrukturen bedient man sich daher besser der Matrizendarstellung.

Synthetische
Verfahren

Synthetische Verfahren der Bedarfsermittlung finden Anwendung, wenn festzustellen ist, in welchen Zwischenprodukten und/oder Enderzeugnissen ein bestimmtes Teil verwendet wird. Ausgangspunkt der Überlegung ist hier daher nicht das Enderzeugnis, sondern das Bedarfsteil. Grundlage der Bedarfsfeststellung sind die verschiedenen Formen von Teileverwendungsnachweisen.

Synthetische Verfahren der Bedarfsermittlung stellen hohe Anforderungen an die Datenorganisation und Erzeugnisdokumentation und werden vorzugsweise mit Hilfe von EDV-Verfahren durchgeführt. In der Praxis kommt es häufig zu einer parallelen Anwendung von analytischen und synthetischen Verfahren der Bedarfsermittlung.

Stochastische
Bedarfs-
ermittlung

Als Alternativen zu den sehr aufwendigen bedarfsgesteuerten Verfahren der Materialbedarfsermittlung finden verbrauchsgesteuerte (stochastische) Verfahren vor allem Anwendung:
- bei der Bedarfsermittlung von C-Teilen (evtl. B-Teilen) wie z. B. Hilfs- und Betriebsstoffen oder Verschleißwerkzeugen (Tertiär-Bedarf),
- wenn rechentechnische Grundlagen der deterministischen Bedarfsrechnung nicht gegeben sind, wie z. B. im Falle einer lediglich stochastisch ermittelten Ausschußquote,
- wenn deterministische Verfahren unwirtschaftlich erscheinen.

Grundsätzlich postulieren mathematisch-statistische Methoden der Bedarfsplanung einen Zusammenhang zwischen dem Verbrauch in der Vergangenheit und dem Bedarf im Planungszeitraum. Eine aussagefähige Bedarfsermittlung kann daher nur gelingen, wenn zuverlässige Daten über die Verbräuche der Vergangenheit vorliegen. Derartige Verbrauchsdaten können mit Hilfe von Materialrechnungen (vgl. Teil 9, S. 1206 ff.) und/oder Materialbewegungsstatistiken gewonnen werden.

Prognose-
zeitraum

Eine wichtige Determinante für die Genauigkeit mathematisch-statistischer Bedarfsermittlung ist die Bestimmung eines geeigneten Vorhersagezeitraums. Grundsätzlich muß so weit in die Zukunft vorausgeplant werden, daß bekannte Lieferfristen nicht unterschritten werden. Daneben soll der Vorhersagezeitraum jedoch auch so gewählt werden, daß typische Bedarfsverläufe (Trends) erfaßt werden können. Idealtypisch kann zwischen konstantem, trendförmigem und saisonalem Bedarfsverlauf unterschieden werden (vgl. Abbildung 4.38, vgl. nächste Seite).

Bedarfs-
verläufe

Ein **konstanter Bedarfsverlauf** ist durch geringe, zufällige Schwankungen der einzelnen Verbrauchswerte um einen stabilen Durchschnittswert gekennzeichnet.

Ein **trendförmiger Bedarfsverlauf** ergibt sich, wenn die Verbräuche über einen längeren Zeitraum eine – um zufällige Sonderbewegungen bereinigte – steigende bzw. fallende Tendenz erkennen lassen.

Ein **saisonaler Bedarfsverlauf** liegt vor, wenn sich bei den Einzelverbräuchen zyklische, innerhalb bestimmter Perioden immer wiederkehrende Bewegungen ergeben.

506

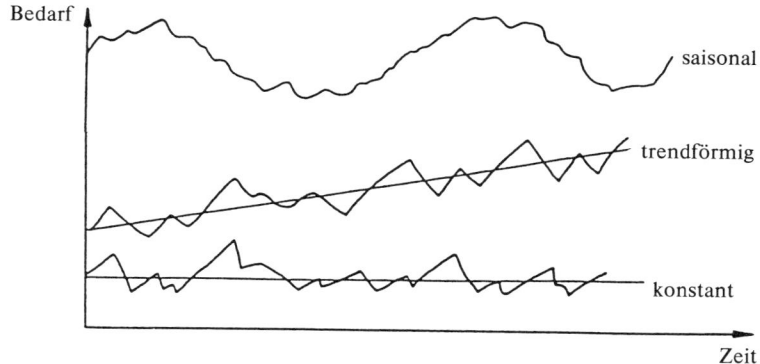

Abbildung 4.38: Bedarfsverläufe

Minimal- und Maximalverbräuche sollten für das Vorliegen eines saisonalen Trends um mindestens 40% vom langfristigen Durchschnitt abweichen.

Die erforderliche Vorhersagehäufigkeit, d. h. die Anzahl der pro Planperiode durchzuführenden Beobachtungen, richtet sich nach mehreren Faktoren. Zu berücksichtigen sind die Art und Weise der Planung von Bestellmengen und -zeitpunkten, die Kosten der einzelnen Vorhersagen und der Umfang sowie die Bedeutung neuer, noch nicht einbezogener Daten.

Die wichtigsten Verfahren der mathematisch-statistischen Materialbedarfsermittlung sind Mittelwertbildung, Regressionsverfahren und Methoden der exponentiellen Glättung. Diese Verfahren finden auch bei der kurzfristigen Marktprognose im Rahmen der Absatzwirtschaft Verwendung und werden dort ausführlich erörtert (vgl. Teil 5, S. 647 ff.).

Trotz aller Versuche, die Methoden der Bedarfsprognose zu verbessern, muß damit gerechnet werden, daß die Vorhersagewerte von der tatsächlichen Nachfrage abweichen. Der Fehler unterliegt in der Regel einer Normalverteilung. Durch die Einlagerung ausreichender Sicherheitsbestände können mögliche Prognosefehler ausgeglichen werden.

*Prognose-
fehler*

Liegen weder Informationen über das geplante Produktionsprogramm noch eine ausreichende Zahl von Vergangenheitswerten vor, versagen sowohl die bedarfs- als auch die verbrauchsgesteuerten Bedarfsermittlungsverfahren.

In diesen Fällen sowie zur Ermittlung des Bedarfs an geringwertigen Gütern bedient man sich subjektiver Schätzverfahren.

Die **Analogschätzung** stellt eine Verbindung her zwischen den Verbräuchen des zu prognostizierenden Gutes und denen artverwandter Güter. Aufgrund des als gleichlaufend angenommenen Bedarfs dieser Güter können aus den Bedarfszahlen des verwandten Materials Rückschlüsse auf die Werte des zu prognostizierenden Materials gezogen werden.

*Material-
bedarfs-
ermittlung
mit Hilfe
subjektiver
Schätzungen*

507

Bei der **Intuitivschätzung** werden hingegen rein subjektive, häufig nicht operationalisierbare Informationen (z. B. Erfahrungswerte) als Grundlage der Schätzung herangezogen.

Die Anwendung der drei aufgeführten Methoden zur Materialbedarfsermittlung wird im wesentlichen von dem zugrundeliegenden Produktionstyp bestimmt sowie durch den relativen Wert der einzelnen Materialarten, der mit Hilfe der ABC-Analyse ermittelt wird. Während bei A-Gütern die Materialbedarfsermittlung im Regelfall bedarfsorientiert erfolgt, wird der Bedarf an C-Gütern vorwiegend verbrauchsorientiert ermittelt. Gleichzeitig besteht bei auftragsorientierter Einzelfertigung eine stärkere Tendenz zur bedarfsorientierten, bei marktorientierter Massenfertigung dagegen zur verbrauchsorientierten Materialbedarfsermittlung. Diese Tendenz ist besonders für die Bedarfsermittlung von B-Gütern ausschlaggebend.

Die drei Methoden unterscheiden sich auch markant hinsichtlich der Informationen, die sie zur Ermittlung des Materialbedarfs benötigen (vgl. Abbildung 4.39).

Verfahren / Arten	Deterministische Verfahren (Bedarfssteuerung)	Stochastische Verfahren (Verbrauchs- steuerung)	Heuristische Verfahren (Schätzung)
	Zur Bedarfsermittlung erforderliche Daten		
Primärbedarf (Marktbedarf)	Aufträge nach Menge und Termin	Nachfragestatistik des Produkts, Marktfaktoren- statistik, Markt- faktorenprognose	Keine sinn- vollen nume- rischen Daten verfügbar: Erfahrung, Intuition
Sekundärbedarf (Fertigungsmaterial)	Produktions- programm, Stück- listen, Vorlauf- zeiten, Bestände	Nachfragestatistik des Materials, Auftragsstatistik, Auftragsprognose	
Tertiärbedarf (Hilfs- und Betriebs- stoffe)	Produktions- programm, Stück- listen, Arbeitspläne, technologische Kennziffern	Nachfragestatistik der Hilfs- und Betriebsstoffe, Auftragsstatistik, Auftragsprognose	

Abbildung 4.39: Informationsbedarf in Abhängigkeit von Bedarfsart und Bedarfsermittlungsverfahren

(in Anlehnung an Zeigermann 1970)

508

Materialbeschaffung und Lagerhaltung

(1) Grundlagen

Die Planung der Materialbeschaffung umfaßt alle Entscheidungen über Beschaffungs- bzw. Bestellmengen und Bestellzeitpunkte. Die erforderlichen Planungsaktivitäten betreffen die Art der Beschaffung sowie die geeignete Form der Lagerhaltung.

Als Grundlage dient in der Regel der mit Hilfe der programm- bzw. verbrauchsorientierten Methoden ermittelte oder geschätzte Nettobedarf und dessen zeitliche Verteilung während einer Planperiode.

Das Ziel der Materialbeschaffungsplanung besteht in der **Entwicklung eines optimalen aktuellen Beschaffungsprogramms,** das die kostenminimale Bereitstellung der zur Fertigung notwendigen Produktionsfaktoren in der erforderlichen Menge und Qualität zum richtigen Zeitpunkt gewährleistet.

Das aktuelle Beschaffungsprogramm gibt demzufolge an, zu welchen Zeitpunkten eine bestimmte Menge eines Einsatzgutes mit gegebener Qualität bestellt werden sollte.

Es läßt sich durch eine Matrix übersichtlich darstellen. Bezeichnet Q die Beschaffungsmenge eines Produktionsfaktors k (k = 1, . . ., m) während der Planperiode, die sich aus Bedarfsmenge und geplanten Lagerbestandsveränderungen zusammensetzt, so wird durch Entscheidungen über die Mengenkomponente des Beschaffungsprogramms die Beschaffungsmenge in Teilmengen $(R_{k1}, R_{k2}, \ldots R_{kt}, \ldots R_{k\tau})$ aufgeteilt, wobei die Bedingung

$$(4.37) \qquad Q_k = \sum_{t=1}^{\tau} R_{kt}$$

gilt. Jede Teilmenge ist durch den Index (t) mit ihrem Bestellzeitpunkt gekennzeichnet. Das Beschaffungsprogramm für einen Produktionsfaktor lautet:

$$(4.38) \qquad P_k = (R_{k1}, R_{k2}, \ldots, R_{kt}, \ldots, R_{k\tau}).$$

Die Planungsperiode wird in τ Teilperioden zerlegt. Am Anfang jeder Teilperiode wird ein bestimmter Anteil der Beschaffungsmenge bestellt. Im Falle von m zu beschaffenden Produktionsfaktoren gilt für das Beschaffungsprogramm:

$$(4.39) \qquad P = \begin{matrix} R_{11}, \ldots, R_{1t}, \ldots, R_{1\tau} \\ \vdots \\ R_{k1}, \ldots, R_{kt}, \ldots, R_{k\tau} \\ \vdots \\ R_{m1}, \ldots, R_{mt}, \ldots, R_{m\tau} \end{matrix}$$

Die maximale Anzahl der τ Teilperioden wird durch das kürzest mögliche Bestellintervall (in der Regel ein Tag) bestimmt. Wenn in einer Teilperiode für ein Gut keine Bestellung erfolgt, nehmen die entsprechenden (R_{kt}) den Wert Null an.

Hinsichtlich möglicher Beschaffungsarten des geplanten Beschaffungsprogramms kann zwischen fallweiser Einzelbeschaffung, fertigungssynchroner Beschaffung und Vorratsbeschaffung unterschieden werden.

In einem sehr engen Zusammenhang zur Entscheidung über die geeignete Beschaffungsart steht die – vor allem bei der Vorratsbeschaffung relevante – Planung der Lagerhaltung. Im Rahmen der Lagerhaltungsplanung sind Entscheidungen darüber zu treffen, wann und wieviel bestellt werden soll, d. h. es erfolgt die Bestimmung von Bestelltermin und Bestellmenge.

Einen Überblick über die unterschiedlichen Lagerhaltungsmodelle, die sich aus der Kombination der verschiedenen Ausprägungen von Bestellterminen und Bestellmengen grundsätzlich ergeben können, gibt Abbildung 4.40.

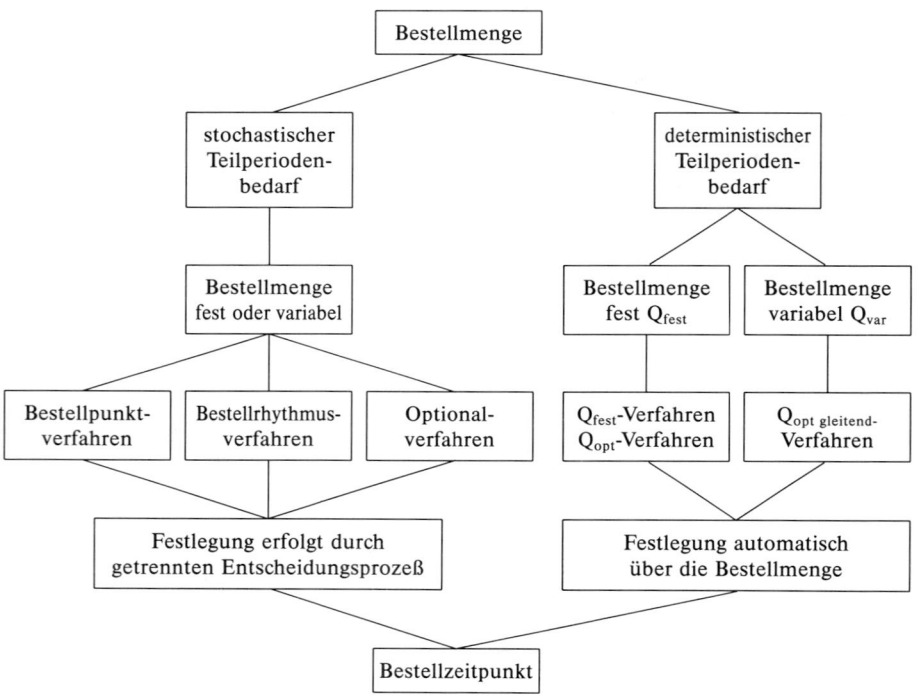

Abbildung 4.40: Lagerhaltungsmodelle

Bezüglich der Bestellmenge reichen die theoretischen Alternativen von einer minimalen Bestellmenge, die den Bedarf pro kleinstmöglicher Zeiteinheit umfaßt, bis zu einer maximalen Bestellmenge, die meist der zugrundegelegten Bedarfsmenge der gesamten Planungsperiode entspricht. Die in sehr großer Zahl entwickelten Lagerhaltungsmodelle dienen hierbei u. a. einer systematisierten Festlegung der Bestellvariablen, wobei zwei unterschiedliche Ausgangssituationen vorliegen können.

Zum einen handelt es sich um eine Situation, in der die Unternehmung bei jeder Bestellung eine über die gesamte Planperiode feste Bestellmenge beschafft. Die Höhe dieser festen Bestellmenge (Q_{fest}) ergibt sich einerseits aufgrund lieferantentypischer bzw. liefertechnischer Gegebenheiten. Manche Lieferanten sind dazu gezwungen, auf der Abnahme fester Bestellmengen zu bestehen, oder Restriktionen des Transports erlauben nur feste Liefermengen (z. B. Container). Häufig dient die Bestellung fester Mengen auch lediglich der Vereinfachung des Bestellmengenproblems. Ein zweiter Weg, der zur Bestimmung einer festen Bestellmenge führt, knüpft am Ziel einer wirtschaftlichen Materialbereitstellung an. Kleine Bestellmengen verursachen wegen der niedrigeren Kapitalbindung geringere Lagerkosten als größere Bestellmengen. Die gegenläufige Tendenz zeigt sich bei den Beschaffungskosten; kleine Bestellmengen führen hier wegen der großen Bestellhäufigkeit zu einer Erhöhung der Bestellkosten und sind mit relativ hohen Einkaufspreisen verbunden, sofern die Höhe der Einstandspreise mengenmäßig gestaffelt ist.

Feste Bestellmenge

In der Suchphase des Entscheidungsprozesses werden die genannten kostenmäßigen Konsequenzen unterschiedlicher Bestellungen ermittelt. In der Optimierungsphase erfolgt die Auswahl derjenigen Alternative, welche die geringsten Kosten aufweist. Dieser Weg der Bestellmengenbestimmung wird gewöhnlich als **„Planung der kostenoptimalen Bestellmenge"** (Q_{opt}) bezeichnet.

In einigen Fällen wird die Annahme einer konstanten, über die Planperiode festen Bestellmenge zugunsten einer sich in den Teilperioden verändernden, variablen Bestellmenge (Q_{var}) aufgegeben. Dies ist insbesondere dann sinnvoll, wenn der Bedarf in den einzelnen Teilperioden zwischen zwei Bestellungen keine konstante Größe ist, sondern Schwankungen unterliegt. Die Annahme eines deterministischen Gesamtbedarfs muß hierbei nicht in jedem Falle aufgegeben werden. Wird der Teilperiodenbedarf als veränderlich, jedoch bekannt angenommen, so erfolgt die Bestellmengenbestimmung in Anlehnung an die Vorgehensweise der Bestellmengenoptimierung bei konstantem Bedarfsverlauf mit Hilfe der dynamischen Bestellmengenrechnung. Als Ergebnis steht die **„gleitende optimale Bestellmenge"** ($Q_{opt.-gl.}$).

Variable Bestellmenge

Im Mittelpunkt der folgenden Ausführungen steht jedoch eine Lagerhaltungsproblematik, die durch stochastischen Gesamtbedarf und stochastischen Teilperiodenbedarf gekennzeichnet ist. Eine einfache Entscheidungsregel zur Bestellmengenbestimmung besteht in diesem Fall darin, jeweils soviel zu bestellen, daß das Lager bis zu einem rechnerischen Höchstbestand (Grundbestand) aufgefüllt wird. Bestellte, jedoch noch nicht eingetroffene Lieferungen können wie die vorhandenen Lagerbestände eingestuft werden und sind entsprechend zu berücksichtigen. Die mittels der oben erläuterten Entscheidungsregel ermittelte Bestellmenge kann in Abhängigkeit der Vorschriften für die Bestellauslösung entweder fest **(Bestellpunktverfahren)** oder variabel **(Bestellrhythmus- und Optionalverfahren)** sein.

Stochastischer Bedarf

Zwischen der Bestimmung der Mengenkomponente und den Entscheidungen über die Bestellzeitpunkte besteht ein enger Zusammenhang. Bei gegebenem Periodenbedarf, konstanten Lieferzeiten und gleichbleibendem Verbrauch sind mit der Entscheidung über die Bestellmenge zugleich die Bestellzeitpunkte festgelegt, sofern der Lagerbe-

Zusammenhang zwischen Bestellmenge und -zeitpunkt

stand unverändert bleiben soll. Der Quotient aus Beschaffungsmenge einer Periode und Bestellmenge ergibt die Anzahl der Bestellungen während des Planungszeitraums. Unter der Annahme eines gleichbleibenden Verbrauchs und konstanter Lieferzeit ist auch der Zeitraum zwischen den Bestellzeitpunkten konstant. Damit ist die zeitliche Komponente der Beschaffungsplanung ebenfalls fixiert. Wenn diese Voraussetzungen aufgehoben werden, sind gesonderte Entscheidungen über die Beschaffungszeitpunkte zu treffen.

Bestell-
rhythmus

Die zeitliche Verteilung der Bestelltermine über den Planungszeitraum determiniert den Bestellrhythmus. Für die Festlegung des Bestellrhythmus stehen der Unternehmung grundsätzlich 3 Alternativen zur Verfügung:

(1) Es wird jeweils an festen vorbestimmten Terminen bestellt.

Feste Bestelltermine sind in manchen Fällen betriebsbedingt. So wird z. B. bei Industriebetrieben, die landwirtschaftliche Produkte verarbeiten und diese nur einmal im Jahr auf großen Auktionen oder während der Erntezeit beschaffen können, nur einmal in der Planperiode bestellt. Andere Unternehmen legen konstante Bestellintervalle (T) fest, um die Materialdisposition zu vereinfachen oder um sich an feste Lieferrhythmen der Lieferanten anzupassen. Erfolgt die Lagerhaltungsplanung mit festen, konstanten Zeiträumen zwischen den einzelnen Bestellterminen t, so spricht man von einem **Bestellrhythmusverfahren.**

(2) Es können beliebige Bestelltermine gewählt werden.

Bestellpunkt

Konstante Bestellmengen erleichtern die verbrauchsorientierte Vorratsergänzung. Werden gleichbleibende Bestellmengen gewünscht, setzt dies bei Verbrauchsschwankungen frei wählbare Bestelltermine voraus. Erfolgt die Lagerhaltung mit beliebig großen Bestellintervallen spricht man von einem Bestellpunktsystem. Die Bestellung wird ausgelöst, wenn die Vorräte einen bestimmten Lagerbestand s (Meldebestand) unterschreiten. Die Prüfung des Lagerbestandes erfolgt nach jeder Lagerentnahme.

(3) Es besteht ein Wahlrecht ob zu festen, vorbestimmten Terminen bestellt wird oder nicht.

Vorbestimmte Bestelltermine führen bei Schwankungen des Bedarfs zu Änderungen der Bestellmenge. Ein Ausgleich dieser Bestellmengenschwankungen kann durch ein Wahlrecht bezüglich der festgelegten Bestellzeitpunkte erreicht werden. Bestellungen sind dann zwar nur an den vorbestimmten Zeitpunkten zulässig, es besteht jedoch die Möglichkeit, einen oder mehrere Termine zu überspringen, wenn die Lagerbestände die Meldemenge s noch nicht erreicht oder unterschritten haben. Eine derartige *Optional-*
system
Kombination von Bestellpunkt- und Bestellrhythmussystem wird Optionalsystem genannt.

512

(2) Planung der Beschaffungsart

Als erstes Teilproblem im Rahmen der Materialbeschaffungsplanung stellt sich der Unternehmung die Frage nach der optimalen Beschaffungsart für die unterschiedlichen Beschaffungsgüter. Die Entscheidung gründet sich vor allem auf die mengenmäßige und zeitliche Struktur des Materialbedarfs. Daneben müssen zusätzliche Faktoren wie die Eigenschaften der Bedarfsgüter (Lagerfähigkeit usw.) sowie die Charakteristika der jeweiligen Beschaffungsmärkte (Lieferantenbonität, Lieferbereitschaften usw.) berücksichtigt werden.

Determinanten der Wahl der Beschaffungsart

Bei der fallweisen Beschaffung wird der Beschaffungsvorgang unmittelbar durch das Auftreten des Bedarfs ausgelöst. Das Hauptanwendungsgebiet ist die auftragsorientierte Einzelfertigung. Meist bleibt die fallweise Beschaffung jedoch auch hier auf den nicht vorhersehbaren Materialbedarf an Spezialteilen und dergleichen beschränkt; variabel verwendbare Normteile (Schrauben, Nägel usw.) werden nicht für jeden Auftrag beschafft. Die fallweise Einzelbeschaffung stellt in der Regel hohe Anforderungen an die sofortige Lieferbereitschaft der Lieferanten. Daraus resultiert ein relativ hohes Fehlmengenrisiko sowie die Gefahr verspäteter Zugänge oder einer Nichtlieferung der Bedarfsgüter. Andererseits verursacht diese Beschaffungsart durch die (planmäßiger Ablauf unterstellt) große Übereinstimmung zwischen Bedarf und Beschaffungsmengen geringe Kapital- und Lagerkosten. Lagerhaltung ist nur in Ausnahmefällen notwendig, wenn die bereitgestellten Güter bei einer längeren Fertigungsdauer dem Fertigungsbereich nur sukzessiv zugeführt werden können.

Fallweise Beschaffung

Eine weitere Art der Bedarfsdeckung ist die fertigungs- oder einsatzsynchrone Beschaffung. Ziel ist eine möglichst weitgehende zeitliche/mengenmäßige Angleichung der Beschaffungsvorgänge an die ermittelte Bedarfsstruktur und somit ein fast (vollständig) lagerloser Zufluß der Produktionsfaktoren (**Just-In-Time-Prinzip;** vgl. Abschnitt III. 4. c). Die erforderliche Planungsgenauigkeit bezüglich der Bedarfsstruktur ist nur bei einem einheitlichen Produktionsprogramm zu erreichen, wie es in der Massen- und Großserienfertigung in Verbindung mit einem stetigen Fertigungsablauf, vor allem in der Reihen- oder Fließfertigung, gegeben ist. Durch die fertigungssynchrone Beschaffung kann das Mengen- und Zeitproblem der Beschaffungsplanung bei entsprechend starker Marktstellung des Käufers jedoch weitgehend auf die Lieferanten abgewälzt werden. Von dieser Marktposition hängt es u. a. auch ab, ob es dem Lieferanten gelingt, die Abwälzung der Lagerhaltung auf ihn durch Verwaltungskostenzuschläge oder Qualitätsminderungen zu kompensieren, womit der Vorteil der geringen Lagerkosten beim Käufer reduziert werden kann.

Fertigungssynchrone Beschaffung

In der Praxis erweist sich das Prinzip der fertigungssynchronen Beschaffung als sehr anspruchsvoll. Sowohl an das beschaffende Unternehmen als auch an den Lieferanten werden sehr hohe Anforderungen bezüglich Planungsgenauigkeit und Verhaltensflexibilität gestellt. Zwischen Lieferant und Abnehmer entsteht eine intensive, meist auch informationstechnische Bindung mit vielfältigen gegenseitigen Abhängigkeiten. Die liefernde Unternehmung muß Menge, Qualität und Lieferzeitpunkte an den Produktionsablauf des Abnehmers anpassen. Eine Lagerplanung ist bei fertigungssynchroner Beschaffung nur insoweit nötig, als Vorsorge getroffen werden muß für eine diskontinuierliche Güterversorgung z. B. aufgrund höherer Gewalt. Dem Ziel einer bedarfsgerechten Güterlieferung dient der Abschluß langfristiger Lieferverträge, die Vereinbarung von Konventionalstrafen oder die direkte Beteiligung am liefernden Unternehmen. Lieferanten halten u. U. beladene Fahrzeuge als „rollende Läger" bereit, um den Anforderungen des Abnehmers genügen zu können.

Sowohl die Einzelbeschaffung als auch die fertigungssynchrone Beschaffung eignen sich vornehmlich bei deterministischen Bedarfsstrukturen. Unter Berücksichtigung der notwendigen Beschaffungszeiten können die jeweiligen Bestellmengen und -zeitpunkte direkt aus den Informationen der Materialbedarfsplanung abgeleitet werden. Fragen der Lagerhaltung spielen nur eine untergeordnete Rolle.

Vorrats-
beschaffung

Mit der Vorratsbeschaffung löst sich die Beschaffungsplanung weitgehend vom Fertigungsablauf. Die Vorratsbeschaffung ist eine in Industriebetrieben häufig angewandte Beschaffungsart. Dies gilt vor allem für laufend benötigte Verbrauchsgüter. Sie eignet sich insbesondere beim Vorliegen stochastischer Bedarfsverläufe, wird jedoch teilweise auch bei deterministischem Bedarf angewandt. Rohstoffe, Einbauteile sowie Hilfs- und Betriebsstoffe sind Beispiele für Güter, die meist auf Vorrat beschafft werden.

Zur Sicherung der Kontinuität des Produktionsvollzugs und zur Abschirmung gegenüber Schwankungen des Beschaffungsmarktes verschafft sich die Unternehmung mit der Errichtung von Eingangslägern die Möglichkeit, die Beschaffungsmenge entsprechend den herrschenden Marktverhältnissen mehr oder weniger unabhängig vom jeweiligen Bedarf zu variieren. Der Auf- und Abbau der Lagervorräte zeigt, daß Liefermenge und Bedarfsmenge kurzfristig nicht übereinstimmen.

Synchronisa-
tionsfunktion
der Lager-
haltung

Anstelle der unmittelbaren zeitlichen Abstimmung zwischen Güterbereitstellung und Fertigungsablauf bei fallweiser und fertigungssynchroner Beschaffung übernimmt bei der Vorratsbeschaffung die Lagerhaltung die Synchronisationsfunktion. An speziellen Lagerhaltungsmotiven sind Reservehaltung, antizipative Güterbereitstellung und saisonaler Ausgleich zu nennen. Ergänzend kann die Lagerhaltung auch spekulativen Zwecken dienen oder eine Veredelungsaufgabe erfüllen. **Reserveläger** werden eingerichtet, wenn der Bedarf der Fertigung an Repetierfaktoren nicht genau bestimmbar ist oder der Beschaffungsmarkt unsicheren Schwankungen unterliegt.

Lager-
haltungs-
motive

Eine **antizipative Lagerhaltung** liegt dagegen vor, wenn die Materialversorgung aus der Umwelt nicht kurzfristig angepaßt werden kann und deshalb vorzeitig Güter für die Verwirklichung des Fertigungsvolumens bereitgestellt werden müssen. Der Unterschied zwischen Reservelager und Antizipationslager entsteht durch die verschiedenartigen Erwartungen über den zukünftigen Bedarf und die Situation am Beschaffungsmarkt. Reserveläger beruhen auf der Unsicherheit bei der Schätzung dieser Größen; die Bildung der Antizipationsläger erfolgt auch bei sicheren Voraussagen. **Saisonale Lagerhaltung** auf der Beschaffungsseite wird üblicherweise von Industriebetrieben durchgeführt, die vorwiegend landwirtschaftliche Produkte verarbeiten. So ist die Konservenindustrie gezwungen, zur Erntezeit große Vorratslager anzulegen.

514

Spekulative Lagerbestände resultieren aus erwarteten Preis- oder Qualitätsveränderungen der Beschaffungsgüter, aus denen das Unternehmen einen Nutzen zu gewinnen versucht. Die Veredelungsaufgabe resultiert aus angestrebten Qualitätsänderungen der gelagerten Güter durch Alterung, Gärung, Reifung oder Trocknung, die Arbeitsgänge zur Erhöhung der Verarbeitungs- und Absatzfähigkeit darstellen. Derartige Läger können als Produktivläger bezeichnet werden.

Als Entscheidungshilfe für die Festlegung der Beschaffungsart dient die XYZ-Analyse.

Betrachtet man die Verbrauchsverläufe einzelner Materialarten bzw. von Einzelgütern über längere Zeiträume hinweg, so zeigt die Praxis, daß auch hier typische Strukturen gegeben sind. **In der XYZ-Analyse werden die einzelnen Materialarten anhand der jeweiligen Verbrauchsverläufe in ein 3-Klassen-Systems eingeordnet.** X-Güter sind durch einen sehr gleichförmigen, nahezu schwankungslosen Bedarfsverlauf gekennzeichnet. Die Genauigkeit von Bedarfsvorhersagen bei X-Gütern ist dementsprechend hoch. Y-Güter besitzen einen saisonal schwankenden bzw. trendförmigen Bedarfsverlauf mit mittlerer Vorhersagegenauigkeit des Bedarfs. Z-Güter zeichnen sich durch eine äußerst geringe Vorhersagegenauigkeit aufgrund mehr oder weniger zufällig zustandekommender Bedarfsverläufe aus.

XYZ-Analyse

So lassen sich Z-Güter, bedingt durch den völlig unregelmäßigen Verbrauch, kaum sinnvoll auf Vorrat oder synchron zum Faktoreinsatz beschaffen. Es dürfte vielmehr passender sein, diese Güter jeweils nur im konkreten Bedarfsfall zu beschaffen. Für Z-Güter sollte daher vornehmlich nur die „fallweise Einzelbeschaffung" zur Anwendung kommen. Für Y-Güter findet dagegen überwiegend die „Vorratsbeschaffung" Verwendung. X-Güter eignen sich, bedingt durch die genauen Bedarfsvorhersagemöglichkeiten, vor allem für die „fertigungs- bzw. einsatzsynchrone Beschaffung".

Anwendungs-
bereiche der
XYZ-Analyse

Die Kombination von ABC- und XYZ-Analyse bildet eine fundierte Grundlage für die Planung der Beschaffungsart (vgl. Abbildung 4.41)

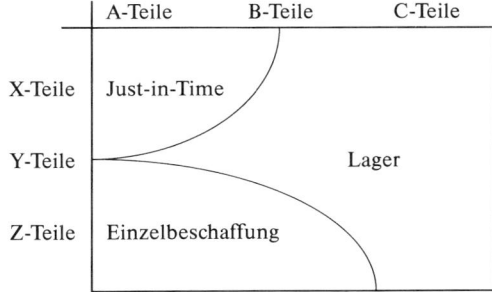

Abbildung 4.41: Materialbeschaffung in Abhängigkeit von der ABC- und XYZ-Analyse

(3) Planung der Lagerhaltung

Bedarfs-variable

In der Lagerhaltungsplanung kommt den Bedarfsvariablen hohe Bedeutung zu.

Unter den zahlreichen verschiedenen Bedarfsarten eignen sich für die Lagerplanung in der Regel am besten Nettobedarfsgrößen, die den kurzfristigen Beschaffungsbedarf der Unternehmung darstellen.

Der Nettobedarf eines jeden Produktionsfaktors wird aus dem Bruttobedarf unter Berücksichtigung von Lager- und Bestelldaten nach folgendem Schema gewonnen:

Bruttobedarf
÷ Lagerbestand
÷ Werkstattbestand
÷ Bestellbestand
+ Vormerkungen
= Nettobedarf (Bestellbedarf)

Für die Genauigkeit der Nettobedarfsgrößen spielt neben der Art und Weise der Bruttobedarfsermittlung auch die Länge des Planungszeitraums eine Rolle. Je länger die Planungsperiode der Materialbeschaffungsplanung gewählt wird, desto ungenauer sind in der Regel auch die Vorhersagen der Bedarfsmengen.

Zeitliche Verteilung des Bedarfs

Die zeitliche Verteilung des Bedarfs ergibt sich aus der Nachfrage des Produktionsbereichs nach Einsatzfaktoren pro Zeiteinheit. Sie schlägt sich in den Lagerabgangsraten als dem mengenmäßigen Lagerabfluß pro Zeiteinheit nieder. Nach den verfügbaren Informationen über die zeitliche Verteilung des Bedarfs lassen sich **deterministische** und **stochastische Bedarfsverteilungen** unterscheiden. Eine deterministische Bedarfsverteilung ist vorwiegend beim Einsatz von Roh- und Hilfsstoffen im Rahmen der Massen-, Sorten- und Serienfertigung denkbar. Bei Repetierfaktoren, für die kein genauer Verbrauchstermin aufgrund einer Teilebedarfs- oder Terminrechnung ermittelt werden kann, insbesondere bei Betriebsstoffen, wird der Einfachheit halber eine gleichbleibende Wahrscheinlichkeitsverteilung des zeitlichen Bedarfs während der Planperiode unterstellt. Der Mittelwert dieser Verteilung kann mit dem durchschnittlichen Verbrauch der Vergangenheit übereinstimmen. Wenn aufgrund erkannter zyklischer Verbrauchsschwankungen, eines Trends oder anderweitiger Informationen genauere Aussagen über die zukünftige Bedarfsverteilung während des Planungszeitraums möglich sind, ist von der Annahme einer gleichbleibenden Lagerabgangsrate abzugehen.

Kosten-variable

Ausgangspunkt der Materialbeschaffungsplanung ist die Beschaffungsmenge einer Periode, die aus der Bedarfsmenge unter Berücksichtigung vorgesehener Lagerbestandsveränderungen ermittelt wird. **Die Beschaffungsmenge ist unter Beachtung der zeitlichen Verteilung des Bedarfs so in Bestellmengen aufzuteilen, daß die mit der Beschaffung verbundenen Kosten ihr Minimum erreichen.** Diese Kosten lassen sich vereinfacht in drei Kategorien einteilen: Beschaffungskosten, Lagerkosten und Fehlmengenkosten.

Die Beschaffungskosten setzen sich zusammen aus den **unmittelbaren Beschaffungskosten, die von der Bestellmenge abhängig sind,** und den **mittelbaren Beschaffungskosten, die nur mit der Anzahl der Bestellungen variieren.**

Die bestellmengenabhängigen Kosten ergeben sich aus der Beschaffungsmenge multipliziert mit dem Einstandspreis. Der **Einstandspreis** enthält neben dem Marktpreis abzüglich der Mengenrabatte – oder zuzüglich eines Kleinmengenaufschlags – die Transport- und Verladekosten sowie Provisionen, Versicherungen, Zölle und Steuern. Konstante Einstandspreise üben auf die Bestellmenge keinen unmittelbaren Einfluß aus, da sie vom jeweiligen Umfang der Bestellmenge unabhängig sind. Als Berechnungsgrundlage für die Lagerhaltungs- und Zinskosten wirken sie jedoch unmittelbar auf die Bestellmenge. Die Einstandspreise können mengenabhängig, zeitabhängig oder mengen- und zeitabhängig sein. Mengenabhängige Marktpreise liegen vor, wenn die Lieferanten Mengenrabatte einräumen oder Mindermengenzuschläge berechnen. Für Transportkosten gilt das gleiche. Eine mengenmäßige Kostenstaffelung kann beispielsweise auch bei Transport- und Versicherungskosten vorliegen. Die gesamten unmittelbaren Beschaffungskosten verlaufen unter diesen Umständen unterproportional zur Bestellmenge. Soweit sich Preisnachlässe auf bestimmte Mengenstaffelungen beziehen, weist die entsprechende Stückkostenkurve einen sprunghaft fallenden Verlauf auf. Eine Abhängigkeit der Preise vom Beschaffungszeitpunkt ist häufig bei Welthandelsgütern und ernteabhängigen Rohstoffen oder bei einer zeitlichen Preisdifferenzierung zu beobachten.

Unmittelbare Beschaffungskosten

Die mittelbaren Beschaffungskosten sind von der Auftragsanzahl abhängig. Sie entspringen innerbetrieblichen Vorgängen, die im Beschaffungsbereich Kosten verursachen. Dazu gehören Bedarfsmeldungen, Angebotseinholung und -prüfung, Bearbeitung der Bestellungen, Liefertermüberwachung, Güterannahme, Güterprüfung und anderes mehr. Problematisch ist die Entscheidung, ob alle mittelbaren Beschaffungskosten bei der Planung des Beschaffungsprogramms zu berücksichtigen sind. Die meisten Kosten werden durch die Aufrechterhaltung der Leistungsbereitschaft des Beschaffungsbereichs bestimmt, so daß sie nur bei langfristiger Betrachtung Änderungen unterworfen sind. Eine kleine Variation der Bestellhäufigkeit beeinflußt die mittelbaren Beschaffungskosten nur in geringem Ausmaß. Nicht selten wird deshalb bei der Planung des Beschaffungsprogramms angenommen, daß die an der Beschaffung beteiligten Abteilungen der Unternehmung ständig voll ausgelastet sind. Bei niedriger Bestellzahl und nur teilweiser Auslastung wird unterstellt, daß den Abteilungen andere Aufgaben zugewiesen werden können. Auf diese Weise läßt sich zwischen den mittelbaren Beschaffungskosten einer Periode und der Anzahl der Bestellungen ein gleichbleibendes Verhältnis angeben, so daß mit festen Bezugskosten je Auftrag gerechnet werden kann.

Mittelbare Beschaffungskosten

Die Höhe der Lagerkosten hängt von der Lagerbestandsmenge, dem Lagerbestandswert und der Lagerdauer ab. Ausschließlich mengenproportionale Lagerkosten, die bei der Ein- und Auslagerung und bei bestimmten Prüfvorgängen auftreten, bleiben bei der Bestellmengenplanung außer Ansatz, da sie das angestrebte Kostenoptimum nicht beeinflussen. Dies gilt jedoch nur dann, wenn sie bei der Berechnung der Zinskosten

Lagerkosten

517

für das gebundene Kapital nicht berücksichtigt werden. Man kann sich allerdings durchaus auf den Standpunkt stellen, daß zu Beginn der Lagerung entstehende Einlagerungs- und Prüfkosten den Wert der Lagergüter und damit das gebundene Kapital erhöhen. Dann hängt die kostenoptimale Bestellmenge auch von mengenproportionalen Kosten ab (vgl. Pack 1964). Größere Bedeutung für die Planung des Beschaffungsprogramms haben die mengen- und zeitabhängigen sowie die wert- und zeitabhängigen Kostenkomponenten. Die mengen- und zeitabhängigen Lagerhaltungskosten setzen sich aus den Raumkosten (Abschreibungen gemäß der Beanspruchung, Beleuchtung, Heizung usw.) und den mit der Erhaltung und Pflege der Vorräte verbundenen Kostenarten zusammen. Die wert- und zeitabhängigen Kosten umfassen Zinskosten für das im Lager gebundene Kapital, Versicherungen und das Beständewagnis (lagerbedingte Wertminderung durch Schwund, Verderb und Veralterung).

Problem der Zinskosten-ermittlung

Ein wesentlicher Teil der Lagerkosten entfällt auf die Zinskosten. **Durch die Bindung des Kapitals in den beschafften Gütern findet ein Verzehr der Nutzungsmöglichkeiten des Kapitals statt.** Die Kapitalkosten sind erst dann bestimmbar, wenn der Kapitalverbrauch, der von der Höhe und zeitlichen Inanspruchnahme des gebundenen Kapitals abhängig ist, mit einem bestimmten Zinssatz bewertet wird. Nach der **pagatorischen Kostenauffassung** repräsentieren Kosten spezifische Ausgabenkategorien, so daß nur der Kapitaleinsatz kostenwirksam ist, der Zinsausgaben verursacht. Deshalb stellen nur die gezahlten Fremdkapitalzinsen für die in den beschafften Mengen gebundenen Fremdkapitalteile Kapitalkosten dar. Die **wertmäßige Kostenbetrachtung** definiert Kosten als leistungsbedingten bewerteten Güterverzehr. Der gesamte Kapitalverbrauch wird als kostenwirksam angesehen. Bei der Festlegung des Zinssatzes für den Kapitalverbrauch kann davon ausgegangen werden, daß Kapital nur in begrenztem Ausmaß zur Verfügung steht. Wird ein Teil des Kapitals in Vorräten gebunden, dann ist es für andere Verwendungsmöglichkeiten nicht mehr verfügbar; der anzusetzende Zinssatz muß deshalb dem nicht realisierten Nutzen entsprechen, den das Kapital bei einer anderen Verwendung stiften würde.

Fehlmengen-kosten

Fehlmengenkosten entstehen, wenn die beschafften Gütermengen zur Befriedigung des Bedarfs der Fertigung nicht ausreichen. Stockungen und Verzögerungen verursachen Stillstandskosten in den verschiedenen Produktionsbereichen sowie Kosten des Neuanlaufs. Die Höhe der Fehlmengenkosten hängt von den Möglichkeiten der Verschiebung oder Veränderung des geplanten Fertigungsablaufs und von der Dauer der Störungen ab. Sofern die fehlenden Repetierfaktoren durch höherwertige Güter substituiert werden, ist die resultierende Preisdifferenz den Fehlmengenkosten zuzurechnen. Der Hauptanteil der Fehlmengenkosten besteht aus entgangenen Gewinnen und Konventionalstrafen. Fehlmengen und Fehlmengenkosten können geplant werden. Häufig sind sie jedoch die Konsequenz von Entscheidungen unter Unsicherheit. Insofern sind die Fehlmengenkosten das Ergebnis falscher Erwartungsbildung oder des Eintretens von Ereignissen, denen niedrige Wahrscheinlichkeiten zugeordnet wurden. Man kann zwei Arten von Fehlmengen unterscheiden: **nachlieferbare Fehlmengen** und **nicht nachlieferbare Fehlmengen**. Fehlmengenkosten sind mengenabhängig, zeitabhängig oder mengen- und zeitabhängig. Zu den mengenabhängigen Fehlmengen-

518

kosten gehören die Preisdifferenzen bei der Beschaffung höherwertiger Güter anstelle der fehlenden Einsatzgüter. Zeitabhängige Fehlmengenkosten (z. B. Konventionalstrafen) werden von der Unterbrechungsdauer bestimmt. Mengen- und zeitabhängige Fehlmengenkosten treten vorwiegend bei nachlieferbaren Fehlmengen auf. Mit zunehmender Lieferverzögerung wächst die Gefahr des Auftragsverlustes. Bei verspäteten Lieferungen ergeben sich zusätzliche Kosten für wiederholte Auftragsbearbeitung, getrennte Auslieferung der Gütermenge und für Eilfrachten. Zu den mengen- und zeitabhängigen Kosten zählen auch die oft schwer quantifizierbaren „goodwill"-Verluste, die sich auf den zukünftigen Auftragseingang auswirken.

Die verschiedenen Kostengruppen sind in Abbildung 4.42 schematisch dargestellt (vgl. Grochla 1978, S. 72 ff.).

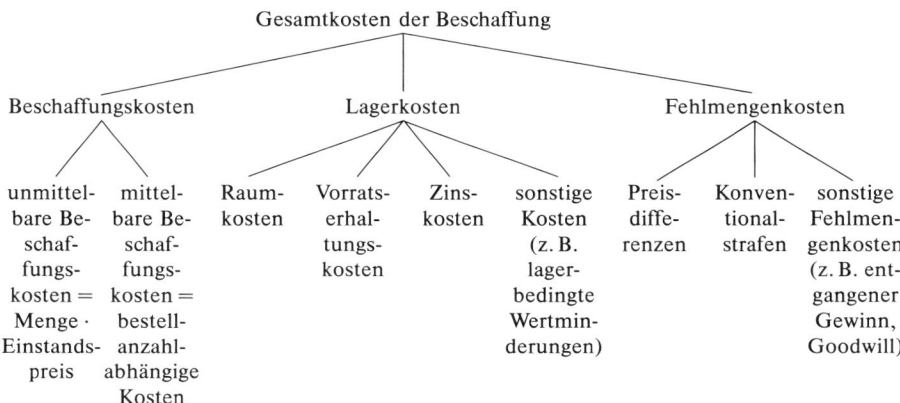

Abbildung 4.42 Kostenvariablen der Beschaffung

Eine andere Systematisierung der Kostenvariablen ergibt sich im Rahmen der Materialflußplanung. Die dort interessierenden **Materialflußkosten** sind in der obigen Abbildung nur teilweise erfaßt. Wichtige Kostenarten der Materialflußplanung sind die Personalkosten, die Betriebs- und Fördermittelkosten, die Raum- und Wegekosten und die Kosten der Kapitalbindung.

Mit den Informationen über die jeweilige Bedarfsstruktur wird lediglich Klarheit darüber geschaffen, wann und in welchen Mengen die Beschaffungsgüter am Lager zur Entnahme verfügbar sein müssen. Im Rahmen der Bestellentscheidung und damit insbesondere für die Ermittlung der Bestellzeitpunkte ist es unabdingbar, eine gewisse **Vorlaufzeit** zu berücksichtigen. **Diese Zeitspanne zwischen Bedarfsfeststellungs- und Bedarfszeitpunkt wird als Beschaffungszeit bezeichnet.** Sie umfaßt den Zeitraum von der Vorbereitung über die Erteilung der Bestellung und den Eingang der Lieferung bis zur Wareneinlagerung.

*Beschaffungs-
zeit*

Die Beschaffungsvorbereitungszeit dauert von der Bedarfsfeststellung bis zur Erteilung der Bestellung. Die Länge dieser Zeitspanne hängt davon ab, ob die Bedarfsmeldungen laufend oder nach einem bestimmten Zyklus erfolgen. Hochwertige Gütermengen und solche Produktionsfaktoren, deren Bedarf im Zeitablauf starken Schwankungen unterliegt, erfordern häufigere Bedarfsfeststellungen als Gütermengen mit geringem Wert oder gleichbleibender Bedarfsverteilung.

An die **Bedarfsfeststellung** schließt sich der **Bestellvorgang** an. Er beansprucht wenig Zeit, wenn es sich um laufende Bestellungen handelt, bei denen die Einholung von Informationen über Lieferanten und ihrer Zahlungs- und Lieferbedingungen sowie die Lieferantenauswahl entfallen. Werden jedoch neue Güter in das Beschaffungsprogramm aufgenommen, dann stellt die für die Ermittlung des günstigsten Angebots benötigte Zeit eine wesentliche Komponente der Beschaffungszeit dar.

Die Lieferzeit umfaßt die Zeitspanne, die der Lieferant vom Empfang der Bestellung bis zur Versandreife benötigt. Sie hängt von Auftragslage, Kapazität und organisatorischer Gestaltung der Verkaufsabteilungen des Lieferanten ab. Unterhält der Lieferant Fertigproduktläger und ist eine reibungslose Auftragsbearbeitung gewährleistet, so kann mit kurzen Lieferfristen gerechnet werden. Wartezeiten treten dagegen auf, wenn die Absatzläger erschöpft sind. In dieser Situation ist eine frühzeitige Erteilung der Bestellung notwendig, da Eilaufträge in der Regel hohe Kosten für Überstunden, Sonderaufschläge und Eilfrachten verursachen. Die vom Lieferanten angegebenen Lieferzeiten stellen für den Besteller im allgemeinen Daten dar, denen er sich bei seinen Entscheidungen anzupassen hat. **Die Entfernung des Lieferanten vom Besteller und die verfügbaren Verkehrsverbindungen bestimmen die Transportzeit.** Die Wahl des Transportmittels hängt von der Frachtempfindlichkeit der bestellten Güter und von Kostenerwägungen ab. Grundsätzlich besteht für die Unternehmung die Möglichkeit, innerhalb gewisser Grenzen die Beförderungszeit durch die Wahl des Transportmittels zu beeinflussen, wenn die Dringlichkeit der Bestellung dies verlangt.

Schließlich gehört noch die nach der Anlieferung notwendige Zeit für die Mengen- und Qualitätsprüfung zur Beschaffungszeit. Bei der **Mengenprüfung** wird jede eingehende Bestellung zunächst auf die bestellte Art und dann mengenmäßig durch Zählen, Messen und Wiegen kontrolliert. Die Qualitätsprüfung erstreckt sich auf alle Eigenschaften der Güter, die für die Brauchbarkeit im Produktionsprozeß von Bedeutung sind. Der Beschaffungsvorgang endet mit der buchmäßigen Erfassung und Bereitstellung der angelieferten Güter in den Eingangslägern.

Bei der Materialbeschaffungsplanung wird mit **deterministischen Beschaffungszeiten** gerechnet, wenn die Lieferzeit und die Transportzeit bekannt sind und die Unternehmung ihre innerbetrieblichen Beschaffungszeiten kontrollieren kann. Häufig können gleiche Güter bei verschiedenen Lieferanten mit unterschiedlichen Lieferfristen bestellt werden. In diesem Fall verbleibt der Unternehmung ein Ermessensspielraum bei der Festlegung der Bestelltermine. Unterliegen Lieferzeit und Beförderungsdauer zufallsbedingten Schwankungen (**stochastische Beschaffungszeiten**), so wird die Festlegung der Bestelltermine des Beschaffungsprogramms erschwert. In diesen Fällen bedarf es zur Planung des Bestelltermins einer eingehenden Analyse der Faktoren, die diese Beschaffungszeitschwankungen hervorrufen.

Die minimale Bestellmenge richtet sich nach der Bedarfsmenge pro Zeiteinheit. Das Maximum entspricht der Bedarfsmenge für den Zeitraum, in dem der Bedarf eines Gutes auftritt (gesamte Planungsperiode). Sind Beschränkungen für die Bestellmengenplanung von seiten der Lieferanten bzw. der Gegebenheiten des Lagers nicht vorhanden, so ist es **Aufgabe der Materialbeschaffungsplanung diejenige Bestellmenge zu ermitteln, bei der die Summe aus Beschaffungs- und Lagerhaltungskosten bezogen auf die Mengeneinheit ihr Minimum erreicht.** Die optimale Lösung entspricht in der Regel weder dem möglichen Minimum noch dem Maximum, da die Einzelkomponenten der gesamten Beschaffungskosten gegenläufige Tendenz aufweisen können. So wäre unter der Voraussetzung konstanter Einstandspreise bei isolierter Betrachtung der Beschaffungskosten die Bestellmenge möglichst groß zu wählen, da sich hierdurch die bestellzahlabhängigen Kosten pro Mengeneinheit verringern. Unter der Annahme, daß die Lagerkosten pro Mengeneinheit mit zunehmender Bestellmenge steigen, würde die alleinige Berücksichtigung dieser Kostenkomponente zu einem entgegengesetzten Ergebnis führen.

Aufgabe der Bestellmengenplanung

Einen ersten Ansatz zur Problemlösung liefert das einfache Probieren, bei dem eine beschränkte Anzahl von Alternativen der Aufteilung der Beschaffungsmengen in gleichbleibende Bestellmengen auf ihre kostenmäßigen Konsequenzen hin untersucht wird. Belaufen sich beispielsweise die mittelbaren Beschaffungskosten pro Auftrag auf 3,– DM und betragen die Lagerhaltungskosten 10% (Lagerkostensatz) des im Lager durchschnittlich gebundenen Kapitals, so wird unter der Voraussetzung eines konstanten Preises von 4,– DM pro Mengeneinheit die „günstigste" Bestellmenge wie in Abbildung 4.43 errechnet.

Bestellmengenermittlung durch Probieren

Mittelbare Beschaffungskosten pro Auftrag:	3,– DM
jährliche Beschaffungsmenge:	1 000 ME
Preis pro Mengeneinheit:	4,– DM
Lagerkostensatz:	10%

Bestellmenge in ME	Durchschnittlicher Lagerbestand in DM	Lagerhaltungskosten in DM	Anzahl der Bestellungen pro Jahr	Mittelbare Beschaffungskosten in DM	Relevante Gesamtkosten in DM
1	2	3	4	5	6
50	25 × 4 = 100	10,–	20	60,–	70,–
100	50 × 4 = 200	20,–	10	30,–	50,–
125	62,5 × 4 = 250	25,–	8	24,–	49,–
200	100 × 4 = 400	40,–	5	15,–	55,–
250	125 × 4 = 500	50,–	4	12,–	62,–
500	250 × 4 = 1 000	100,–	2	6,–	106,–

Abbildung 4.43: Beispiel zur Bestellmengenermittlung durch Probieren

In diesem Beispiel erweist sich die Bestellmenge von 125 Mengeneinheiten als kostenoptimal. Der durchschnittliche Lagerbestand beträgt die Hälfte der Bestellmenge, wenn ein gleichbleibender Lagerabgang ohne Reservebestände angenommen wird. Die Spalten 3 und 5 der Tabelle zeigen die in Abhängigkeit von der Bestellmenge gegenläufigen Kostenentwicklungen bei Lagerkosten und mittelbaren Beschaffungskosten. Diese Methode führt nur zu einer Näherungslösung, wenn die kostenoptimale Bestellmenge zwischen zwei ausgewählten Alternativen liegt; außerdem erfordert dieses Verfahren mit steigender Alternativenanzahl einen beträchtlichen Zeitaufwand.

Dynamische Bestellmengenbildung durch Probieren

Wenn der durchschnittliche Lagerabgang pro Periode sehr stark schwankt, läßt sich das Verfahren der dynamischen Bestellmengenbildung anwenden. Ursache für diese Schwankungen können z. B. Losgrößenvariationen auf höheren Fertigungsstufen, Sortimentsänderungen oder Primärbedarfsschwankungen sein. Das Prinzip der dynamischen Bestellmengenbildung besteht darin, daß zunächst die durchschnittlichen Stückkosten bei Bestellung des Bedarfs der 1. Periode ermittelt werden, anschließend wird der Bedarf der 2. Periode hinzugenommen und erneut die Stückkostenrechnung durchgeführt, dann der Bedarf der 3. Periode in die Rechnung einbezogen und so fort, bis die kostenoptimale Bestellmenge sukzessiv ermittelt worden ist. Auch dieses Verfahren erfordert bei steigender Problemkomplexität einen erheblichen Zeitaufwand.

Lagerhaltungsmodelle

Zur Ermittlung exakter Lösungen wurden zahlreiche Entscheidungsmodelle entwickelt. Unter bestimmten Voraussetzungen stellen diese Methoden der „Planung der optimalen Bestellmenge" vollständig definierte Lagerhaltungsmodelle dar, die sowohl die Bestellmenge als auch die Bestellzeitpunkte festlegen.

Prämissen des Grundmodells

Das **Grundmodell zur Planung der optimalen Bestellmenge** ist **statisch** formuliert und enthält lediglich **sichere** Größen.

Im einzelnen wird von folgenden Annahmen ausgegangen:

(1) Die Bedarfsmenge (M) pro Planperiode (T) ist gegeben. Sie stimmt mit der Beschaffungsmenge überein. Diese soll in gleichbleibende Bestellmengen (x) aufgeteilt werden. Gleichbleibende Lagerabgangsraten werden unterstellt (vgl. Abbildung 4.44).

(2) Die fixen Kosten pro Bestellung sind bekannt und für alle Aufträge während der Planperiode gleich.

(3) Die Einstandspreise sind von der Bestellmenge und vom Bestellzeitpunkt unabhängig.

(4) Die Lager- und Zinskosten ergeben sich als Produkt von Lagerkostensatz, Einstandspreis, Menge und Lagerzeit.

Abbildung 4.44 veranschaulicht die Entscheidungssituation, die dem Grundmodell zugrunde liegt (vgl. folgende Seite).

Ableitung der kostenoptimalen Bestellmenge

Die Ermittlung der kostenoptimalen Bestellmenge kann auf Stückkosten- oder Gesamtkostenbasis erfolgen. Beide Wege führen zum gleichen Ergebnis. Meist wird von der Minimierung der Stückkosten ausgegangen.

522

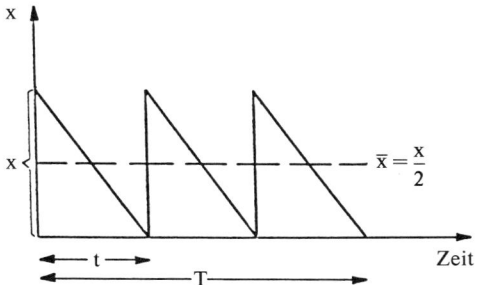

Abbildung 4.44: Lagerbewegungen im Grundmodell

Die Kosten je Bestellung (K_B) setzen sich aus den auftragsfixen Kosten (a) und dem Produkt aus Bestellmenge (x) und Einstandspreis (p) zusammen:

(4.40) $K_B = a + px$

Unter der Annahme eines kontinuierlichen Lagerabgangs beträgt der durchschnittliche Lagerbestand $\left(\dfrac{x}{2}\right)$ (vgl. Abbildung 4.44). Der Zeitraum (t) zwischen zwei Lagerzugängen ergibt sich als Bruchteil der Planperiode aus dem Quotienten:

(4.41) $\dfrac{t}{T} = \dfrac{x}{M}$

Die Lagerkosten (K_L) pro Bestellmenge ergeben sich aus der Multiplikation des Kapitalverbrauchs mit dem zusammengefaßten Lager- und Zinskostensatz (i).

(4.42)
$$K_L = \frac{K_B}{2} \cdot q \cdot \frac{t}{T} \quad \text{wobei } q = \frac{i}{100}$$
$$K_L = \frac{a + px}{2} \cdot q \cdot \frac{x}{M}$$

Die gesamten Kosten der Bestellmenge (x) betragen:

(4.43) $K = K_B + K_L = a + px + \dfrac{(a + px) \cdot q \cdot x}{2\,M}$

Dividiert man Gleichung (4.43) durch die Bestellmenge (x) so ergeben sich die Kosten pro bestellter Einheit (k):

(4.44) $k = \dfrac{a}{x} + p + \dfrac{(a + px) \cdot q}{2\,M}$

Zur Bestimmung der minimalen Kosten pro Mengeneinheit ist Gleichung (4.44) nach (x) zu differenzieren und diese Ableitung gleich 0 zu setzen. Unter der hier erfüllten Voraussetzung einer positiven zweiten Ableitung von Gleichung (4.44) ergibt sich für die kostenminimale Bestellmenge (x_0) die Formel (4.45).

$$(4.45) \qquad x_0 = \sqrt{\frac{2\,Ma}{p \cdot q}}$$

Mit der optimalen Bestellmenge sind für die Planperiode auch die optimale Lagerzeit (t_0) und die optimale Bestellhäufigkeit (n_0) bestimmt:

$$(4.46\,a) \qquad t_0 = \frac{x_0}{M} \cdot T = \sqrt{\frac{2\,a}{p \cdot q \cdot M}} \cdot T$$

$$(4.46\,b) \qquad n_0 = \frac{T}{t_0} = \frac{M}{x_0} = \sqrt{\frac{p \cdot q \cdot M}{2\,a}}$$

Abbildung 4.45 gibt die Zusammenhänge grafisch wieder.

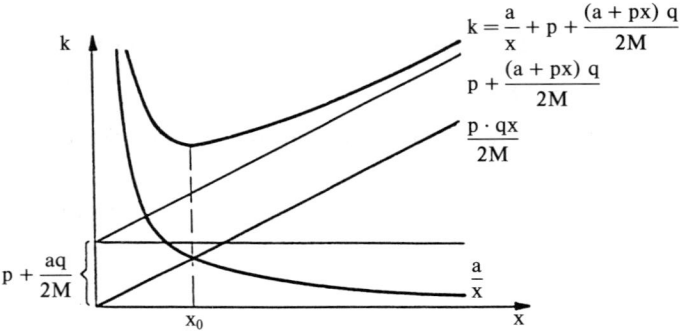

Abbildung 4.45: Grafische Ermittlung der optimalen Bestellmenge

Den Umfang der optimalen Bestellmenge bestimmen die pro Bestellung gleichbleibenden Bezugskosten, bezogen auf eine Mengeneinheit $\left(\frac{a}{x}\right)$, und der als Zuschlag auf die konstanten Einstandspreise berechnete Lager- und Zinskostenanteil pro Mengeneinheit $\left(\frac{p \cdot q \cdot x}{2\,M}\right)$. Der Schnittpunkt beider Kurven entspricht der optimalen Bestellmenge, da in diesem Punkt die negative Steigung der Kurve der bestellfixen Kosten pro Mengeneinheit gleich ist der Steigung der übrigen Kosten pro Mengeneinheit. Die pro Stück fixen Beschaffungskosten $\left(p + \frac{a \cdot q}{2\,M}\right)$ üben keinen direkten Einfluß auf die optimale Bestellmenge aus. Eine Variation ihrer Höhe führt lediglich zu einer vertikalen Verschiebung der Stückkostenkurve (k). Die Gesamtkosten der Planungsperiode (K_T) ergeben sich aus dem Produkt von (4.43) mit der Bestellhäufigkeit (n).

$$(4.47) \qquad K_T = n \cdot a + n \cdot x \cdot p + \frac{(a + px) \cdot q \cdot x \cdot n}{2\,M}$$

Werden für (n) und (x) die Optimalwerte (4.45, 4.46b) eingesetzt, so gilt für die optimalen Gesamtkosten (K_{T0}):

$$(4.48) \qquad K_{T0} = M \cdot p + \frac{a}{2} \cdot q + \sqrt{2\,a\,p\,q\,M}$$

Mit der Ermittlung der optimalen Bestellmenge ist das Beschaffungsprogramm festgelegt.

Das Grundmodell zur Ermittlung der optimalen Bestellmenge weist einen **hohen Abstraktionsgrad** auf und enthält eine Reihe von Prämissen, die mit der Realität nur selten übereinstimmen. So ist die Annahme, daß die im Modell erfaßten Kosten von der Bestellmenge unabhängig sind, insbesondere für die Einstandspreise, die bestellfixen Kosten und für die Lagerhaltungskosten problematisch. Im folgenden werden mittels Modifikation der Grundannahmen einige Modellerweiterungen vorgenommen. *Problematik des Grundmodells*

Gewährt ein Lieferant Mengenrabatte oder sind die Transporttarife mengenmäßig gestaffelt, läßt sich die Annahme bestellmengenunabhängiger Einstandspreise nicht aufrechterhalten. Die Berücksichtigung dieser Tatsache beeinflußt den Umfang der optimalen Bestellmenge im Vergleich zu den Ergebnissen des Grundmodells.

In aller Regel ändern sich die Preise nicht stetig, sondern sprunghaft, so daß die Preis-Bestellmengenfunktion einen stufenförmig fallenden Verlauf annimmt. Den mit steigender Beschaffungsmenge anwachsenden Lager- und Zinskosten stehen neben den abnehmenden bestellfixen Kosten je Mengeneinheit gleichzeitig intervallweise fallende Einstandspreise gegenüber. *Intervallweise fallende Einstandspreise*

Es wird angenommen, daß die Beschaffungssituation durch **einen** Preissprung bei einer bestimmten Menge (x_s) gekennzeichnet ist. Bestellt die Unternehmung eine kleinere Menge als (x_s), so muß sie für eine Mengeneinheit den Preis (p_1) bezahlen. Ist die Bestellmenge gleich oder größer als (x_s), so kommt der niedrigere Preis (p_2) zum Zuge. Die Kosten pro bestellter Einheit betragen: *Bedeutung der Lage des Preissprungs*

$$(4.49) \qquad k_i = \frac{a}{x} + p_i + \frac{(a + p_i \cdot x)}{2\,M} \cdot q$$

$$= \frac{a}{x} + p_i + \frac{a \cdot q}{2\,M} + \frac{p_i \cdot q}{2\,M} \cdot x \qquad\qquad \text{[vgl. 4.44]}$$

Bei getrennter Berechnung der optimalen Bestellmenge für (p_1) und (p_2) üben die Bezugskosten pro Stück und die pro Stück fixen Lagerhaltungskosten $\left(\frac{a \cdot q}{2\,M}\right)$ keinen Einfluß auf die Lage der optimalen Bestellmenge aus, da sie von der Bestellmenge unabhängig sind. Sie können daher bei der Ermittlung der jeweils kostengünstigsten Bestellmenge (x_{01}) bzw. (x_{02}) vernachlässigt werden (vgl. Abbildung 4.46, nächste Seite).

Aus der Stückkostengleichung ist ersichtlich, daß das Kostenminimum von (k_2) für den Fall ($p_2 < p_1$) stets kleiner ist als das Minimum von (k_1). Zur Ermittlung der optimalen Bestellmenge unter Beachtung des Preissprungs bei (x_s) wird im Falle der Abbildung wie folgt vorgegangen: Zunächst ist die kostengünstigste Bestellmenge beim Preis (p_2) nach der üblichen Formel zu errechnen. Ergibt die Rechnung für (x_{02}) einen Wert, der gleich oder größer (x_s) ist, so ist das Entscheidungsproblem bereits gelöst; mit der Bestellung der ermittelten Menge (x_{02}) kommt der niedrigere Preis (p_2) zum Ansatz. Schwieriger ist die Situation, wenn die ermittelte Bestellmenge kleiner

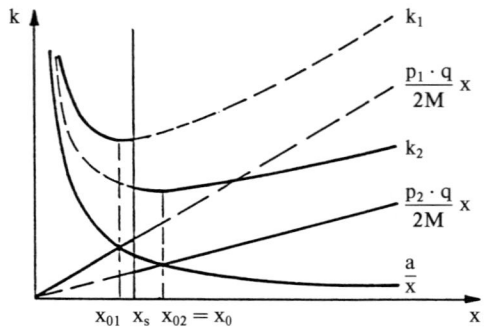

Abbildung 4.46: Preissprünge und optimale Bestellmenge

(x_s) ist. (x_{02}) scheidet auf jeden Fall als Optimum aus, da zum niedrigen Preis (p_2) nicht bestellt werden kann, bei der Ermittlung jedoch von der Voraussetzung des günstigeren Preises (p_2) ausgegangen wurde. **Zur Bestimmung der optimalen Bestellmenge muß deshalb ein Stückkostenvergleich durchgeführt werden.** Da das Optimum der Stückkostenkurve für den Preis (p_2) in einem Punkt erreicht wird, der außerhalb des Geltungsbereiches dieses Preises liegt, steigt die Stückkostenkurve im ganzen Geltungsbereich monoton an. Es genügt deshalb, die Stückkosten für die optimale Bestellmenge beim Preis (p_1) mit den Stückkosten der Bestellmenge (x_2) zum Preis (p_2) an der Preisgrenze zu vergleichen.

Die Struktur des Entscheidungsprozesses bleibt unverändert, wenn für das zu beschaffende Gut **mehrere** Preissprünge existieren. Die optimale Bestellmenge wird durch den Vergleich der für die verschiedenen Preise und Mengenintervalle geltenden Stückkostenminima bestimmt.

Weitere Probleme des Grundmodells

Bei der Ermittlung der bestellfixen Kosten wurde davon ausgegangen, daß eine Variation der Bestellhäufigkeit keine Änderung der mittelbaren Beschaffungskosten verursacht, weil die an der Beschaffung beteiligten Stellen ständig voll ausgelastet sind oder bei nur teilweiser Auslastung andere Aufgaben zu erfüllen haben. Trifft diese Annahme einer anteiligen Umlage der Personalkosten der Bestellabteilung auf die Beschaffungsfunktion und andere Funktionen nicht zu, dann entfällt die Unabhängigkeit der mittelbaren Beschaffungskosten von der Bestellmenge. Der Umfang der Bestellmenge beeinflußt über die Bestellhäufigkeit die sogenannten bestellfixen Kosten in unterschiedlichem Maße. Die Höhe der mittelbaren Beschaffungskosten ist jetzt eine Funktion der Bestellhäufigkeit, so daß **stetige oder sprunghafte Kostenänderungen in Abhängigkeit von der Bestellmenge** bei der Planung zu berücksichtigen sind.

Die Lagerkostenverrechnung wird ebenfalls unter vereinfachenden Annahmen durchgeführt. Die Ermittlung der Lagerkosten erfolgt in Form eines Zuschlags auf den durchschnittlichen Lagerbestandswert. Der Zuschlagssatz (i) $\left(\text{bzw. } q = \frac{i}{100}\right)$ wird als konstanter numerischer Wert in die Mengenplanung eingeführt und ist von der Bestellmenge unabhängig. Die Unabhängigkeit der Lagerkosten von der Bestellmenge ist jedoch nur dann gegeben, wenn zwischen den Lagerhaltungskosten auf der einen und dem Produkt aus durchschnittlichem Lagerbestandswert und Lagerzeit auf der anderen Seite folgende Proportionalitätsbeziehung besteht:

$$(4.50) \qquad \frac{K_L}{\frac{K_B}{2} \cdot t} = q.$$

Eine Analyse der Lagerkostenbestandteile zeigt jedoch, daß sich die Lagerkosten aus mengen- und zeitunabhängigen Lagerkosten, bestellmengenabhängigen, zeitabhängigen sowie mengen- und zeitabhängigen Bestandteilen zusammensetzen. Die unterstellte Proportionalität entspricht somit nicht der Realität. In diesem Falle ist die vorherige Festlegung des Lager- und Zinskostensatzes nicht möglich, da das auf den Zuschlagssatz einwirkende, durchschnittlich im Lager gebundene Kapital und die auf Lager befindliche Gütermenge von der optimalen Bestellmenge abhängen, die wiederum erst dann festgestellt werden kann, wenn der Lagerkostensatz bekannt ist. Zur Problemlösung muß eine **verfeinerte Lagerkostenfunktion** herangezogen werden.

Neben den genannten können auch andere Grundannahmen durch entsprechende Modellerweiterungen aufgehoben werden.

Wird die Annahme eines sofortigen Zuflusses der gesamten Bestellmenge in einem bestimmten Zeitpunkt zugunsten einer Beschaffungssituation mit sukzessivem Lagerzugang verändert, so ist die Höhe des durchschnittlichen Lagerbestands kleiner als beim Grundmodell. Bei Konstanz aller sonstigen Variablen (z. B. gleichbleibender Bestellmenge) fallen somit geringere Lagerhaltungskosten an. Eine entsprechend korrigierte Bestellmengenfunktion führt zu einer Erhöhung der optimalen Bestellmenge. *Sukzessiver Lagerzugang*

Weitere denkbare Modellerweiterungen betreffen die Berücksichtigung von Fehlmengenkosten sowie evtl. vorhandener Lagerraum- und Finanzierungsbeschränkungen (zu umfassenderen Lagerhaltungsmodellen vgl. z. B. Pack 1964, Naddor 1971, Hanssmann 1990, S. 71 ff., Küpper 1990, S. 230 ff.; eine kostentheoretische Analyse des Modells zur Ermittlung der kostenminimalen Bestellmenge erfolgt bei Zwehl 1973).

Die Bestimmung der optimalen Bestellmenge führt nur dann zu genauen Ergebnissen, wenn bezüglich der Kostenvariablen eindeutige Erwartungen bestehen. In der Realität sind die Lager- und Zinskosten sowie die Fehlmengenkosten pro Mengeneinheit selten exakt bestimmbar, so daß eine genaue Mengenplanung kaum durchgeführt werden kann. Dennoch erweist sich die Anwendung der Bestellmengenformel bei ungenauen Informationen über die Kostenverläufe als sinnvoll, wenn der Verlauf der Bestellmengenstückkosten nur im Bereich eines relativ schmalen Bandes unsicher ist. Liegen über die Kostenhöhe Wahrscheinlichkeitsverteilungen vor, so handelt es sich um **stochastische Entscheidungssituationen.** Sie setzen Entscheidungsregeln voraus, mit denen mehrwertige Erwartungen verarbeitet werden können. **Die mehrdeutigen** *Mehrwertige Kostenerwartungen*

Informationen können zu eindeutigen Erwartungen transformiert werden, wenn beispielsweise mit den wahrscheinlichen Kosten oder dem Erwartungswert der Kosten gerechnet wird. Die Struktur des Planungsproblems bleibt in diesem Fall unverändert. Die Ermittlung der optimalen Bestellmenge gestaltet sich jedoch wesentlich schwieriger, wenn neben dem Erwartungswert der Kostenvariablen andere statistische Kenngrößen in das Kalkül einbezogen werden.

Den bisher behandelten Problemen der Materialbeschaffungsplanung lagen Entscheidungssituationen mit bekanntem Bedarf und einer konstanten zeitlichen Verteilung des Bedarfs während der Planperiode zugrunde.

Unter dieser Voraussetzung ist die Entscheidung über die kostenoptimale Bestellmenge identisch mit der Entscheidung über den Bestellzeitpunkt. Die Anwendung eines der in Abbildung 4.40 genannten Verfahren zur Ermittlung des Bestellzeitpunktes ist somit überflüssig. Zu berücksichtigen ist lediglich, daß der Bestellzeitpunkt um die für Bestell- und Anlieferungsvorgänge notwendige Zeitspanne gegenüber dem Beschaffungszeitpunkt vorverlegt werden muß. Dabei wurde implizit unterstellt, daß sich die Beschaffungszeit während der Planperiode nicht ändert bzw. daß der Entscheidungsträger mögliche Variationen richtig antizipiert.

Im Mittelpunkt der folgenden Überlegungen stehen Entscheidungen, denen unsichere oder stochastische Informationen über Lagerabgänge und Beschaffungszeiten zugrunde liegen.

(5) Planung des Bestellzeitpunktes

Mehrdeutige Mengen- und Zeiterwartungen

Beschaffungssituationen mit unsicheren oder stochastischen Lagerabgangsraten und veränderlichen Beschaffungszeiten erlauben keine simultane Festlegung des Beschaffungsprogamms in zeitlicher und mengenmäßiger Hinsicht. Die Beschaffungszeitpunkte sind Gegenstand eigenständiger Entscheidungen, da nicht genau abzusehen ist, wann das Lager erschöpft ist und welche Beschaffungszeiten anzusetzen sind. Diese Entscheidungen lösen die Zeitkomponente der Materialbeschaffungsplanung von der Mengenkomponente. **Die Art der Trennung von Zeit- und Mengenaspekten schlägt sich in der Wahl eines bestimmten Lagerhaltungssystems nieder, welches Verfahrensregeln sowohl für die Bestimmung des Bestellzeitpunktes als auch der Bestellmenge enthält.** Grundsätzlich sind zwei Typen von Lagerhaltungssystemen zu unterscheiden: das Bestellpunktsystem und das Bestellrhythmussystem. Eine Zwischenstellung nimmt das Optionalsystem ein. Es verbindet die Kontrollmechanismen des Bestellpunktsystems mit denen des Bestellrhythmussystems.

Bestellpunktsystem

Das Bestellpunktsystem ist das in der Praxis der Lagerdisposition am häufigsten angewandte Verfahren.

Grundkonzeption

Bestellungen in Höhe der vorher festgesetzten Bestellmenge werden in diesem System aufgegeben, wenn die Vorräte auf den kritischen Lagerbestand absinken. Entscheidungen über die Bestellmenge und über die Höhe des kritischen Lagerbestandes, bei dessen Erreichen ein neuer Bestellvorgang ausgelöst wird, bestimmen somit den Ablauf des Systems.

528

Sofern die beiden Größen Bestellmenge und kritischer Lagerbestand festgelegt sind, werden nur noch Routineentscheidungen erforderlich, um das Beschaffungsprogramm zu realisieren. Da das Erreichen des **kritischen Lagerbestandes**, der häufig als **Bestellpunkt** oder **Meldemenge** bezeichnet wird, von der zeitlichen Verteilung des Bedarfs abhängig ist, sind infolge der festgelegten Bestellmenge die Bestellintervalle bei veränderlichen Lagerabgangsraten variabel.

Bei Erreichen der Meldemenge (x_m) wird eine Bestellung über die (x_c) Mengeneinheiten eines Gutes ausgelöst.

Unter dem Gesichtspunkt einer möglichst kostengünstigen Gestaltung des Lagerhaltungssystems bietet sich eine Bestellmenge in Höhe der kostenoptimalen Bestellmenge an. Da jedoch die zu erwartenden Bedarfsschwankungen zu einer nachträglichen ständigen Veränderung der optimalen Bestellmenge führen, ist dieses Ziel nur näherungsweise zu realisieren. Um zu vermeiden, daß jedesmal bei Erreichen der Meldemenge die „optimale" Bestellmenge neu berechnet werden muß, wird die Entscheidung meist vereinfacht; mit Hilfe der erstmaligen Berechnung der kostenoptimalen Bestellmenge wird eine Höchstmenge bestimmt, bis zu der das Lager dann bei jeder weiteren Bestellung (rechnerisch) aufgefüllt wird. Eine derartige Verhaltensweise dient vor allem der Vermeidung unnötig hoher Lagerbestände. Die Differenz zwischen Meldemenge und festgelegtem Höchstbestand ist konstant und ergibt in der Regel eine über die gesamte Planungsperiode feste Bestellmenge. Eine Überprüfung des Höchstbestandes erfolgt in größeren Zeitabständen. Der tatsächliche Lagerbestand nach Zugang einer Bestellung stimmt mit dem festgelegten Höchstbestand nur in Ausnahmefällen überein, da die Lagerabgangsraten während der Beschaffungszeiten schwanken und daher nur selten die richtigen Verbrauchswerte bei der Bemessung der Bestellmenge zugrunde gelegt werden.

Die Leistungsfähigkeit des Bestellpunktverfahrens wird in erster Linie durch die Höhe der Meldemenge beeinflußt. Sie ergibt sich im Normalfall aus dem durchschnittlichen Verbrauch ($\bar{v}$) pro Zeiteinheit während einer (deterministischen) Beschaffungszeit (t_b) und dem geplanten Sicherheitsbestand (x_s).

Berechnung der Meldemenge

$$(4.51) \qquad x_m = \bar{v} \cdot t_b + x_s$$

Soll ein Fehlbedarf auf jeden Fall vermieden werden, ist die Summe so zu dimensionieren, daß auch ein maximal möglicher Bedarf nach Erreichen der Meldemenge gedeckt werden kann.

$$(4.52) \qquad x_m = \bar{v} \cdot t_b + x_s = v_{max} \cdot t_b$$

Unter der obigen Bedingung, daß in keinem der für möglich gehaltenen Fälle ein Fehlbedarf auftreten darf, ergibt sich der Sicherheitsbestand als Differenz zwischen dem maximal erwarteten und dem durchschnittlich erwarteten Bedarf während der Beschaffungszeit. Ein Sonderfall liegt vor, wenn die Beschaffungszeit länger als die Verbrauchszeit ist. Hier muß die neue Bestellung bereits erfolgen, wenn der Lagerbestand einschließlich der bereits bestellten, aber noch nicht eingegangenen Mengen die Meldemenge erreicht. Das Prinzip des Bestellpunktverfahrens ist in Abbildung 4.47/4.48 dargestellt.

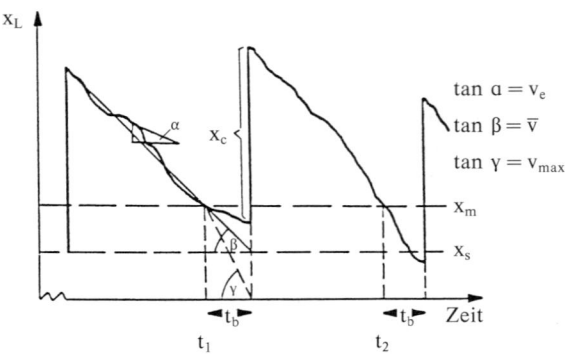

Abbildung 4.47: Lagerbewegungen beim Bestellpunktsystem

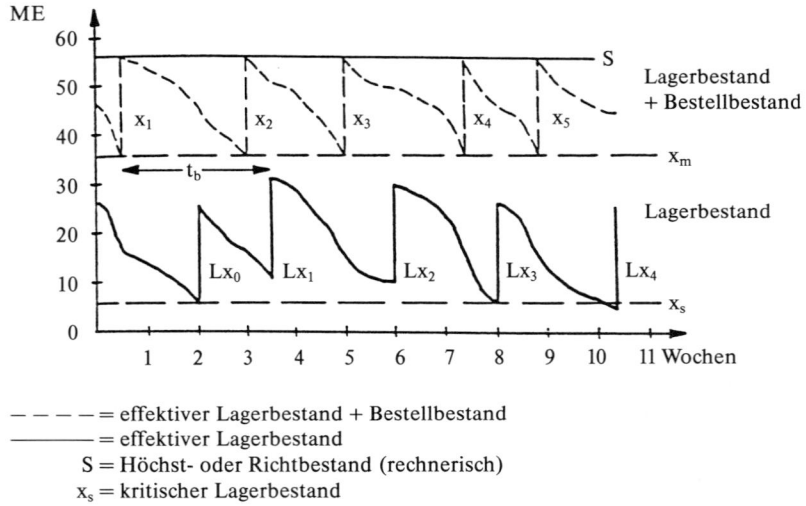

$- - - -$ = effektiver Lagerbestand + Bestellbestand
————— = effektiver Lagerbestand
S = Höchst- oder Richtbestand (rechnerisch)
x_s = kritischer Lagerbestand

Abbildung 4.48: Bestellpunktsystem im Fall „Beschaffungszeit > Verbrauchszeit"

Erweiterungen des Bestellpunktsystems

Sicherheitsbestände absorbieren Verbrauchsschwankungen der Fertigung und Beschaffungszeitveränderungen. Offensichtlich erhöhen niedrige Sicherheitsbestände das Risiko des Auftretens von Fehlbeständen, verursachen aber weniger Lagerhaltungskosten. **Für das optimale Reservelager weist die Summe der Lagerhaltungs- und Fehlmengenkosten ein Minimum auf.** Obwohl dieser Konzeption keine großen theoretischen Schwierigkeiten entgegenstehen, ist es häufig für den Entscheidungsträger unmöglich, realistische Fehlmengenkosten zu prognostizieren. Deshalb wird zur Lösung des Problems eine Fehlbestandsgrenze oder Verfügungswahrscheinlichkeit festgelegt, die nicht unterschritten werden darf.

530

Für die Formulierung einer Fehlbestandsgrenze bieten sich verschiedene Faustregeln an. Das einfachste Maß für das Risikopotential von Lagerhaltungssystemen ist die Angabe der Häufigkeit des Auftretens von Fehlbeständen während der Planungsperiode. Der prozentuale Anteil der Bestellperioden, in denen Fehlmengen vorkommen, an der Gesamtheit der Bestellperioden, ergibt den **Fehlbestandsprozentsatz**. Dieses Maß erbringt jedoch nur ungenaue Informationen über das gesamte Ausmaß des Fehlbestandsrisikos der Lagerhaltung. Eine aussagefähige Beurteilung der Eignung des Lagerhaltungssystems kann durch die zusätzliche Einbeziehung der **Gesamthöhe der Fehlbestände** und der **Fehlbestandsdauer** erreicht werden. Wegen der Schwierigkeiten der Berechnung dieser Größen wird in den weiteren Ausführungen die Häufigkeit des Auftretens von Fehlbeständen während des Planungszeitraums als Ausdruck des Risikopotentials der Lagerhaltung verwendet. *Fehlbestands-grenzen*

Eine realitätsbezogene Darstellung der Wahrscheinlichkeitsverteilung der Lagerabgangsraten liefert die **Normalverteilung** oder die **Poissonverteilung.** Ebenso sind jedoch logarithmische oder exponentielle Verteilungen denkbar. Die folgenden Ausführungen beziehen sich auf die Normalverteilung, die aufgrund ihres stetigen Charakters insbesondere bei beliebig teilbaren Produktionsfaktoren zu brauchbaren Ergebnissen führt (vgl. Abbildung 4.49). *Fehlbedarfs-wahrschein-lichkeiten*

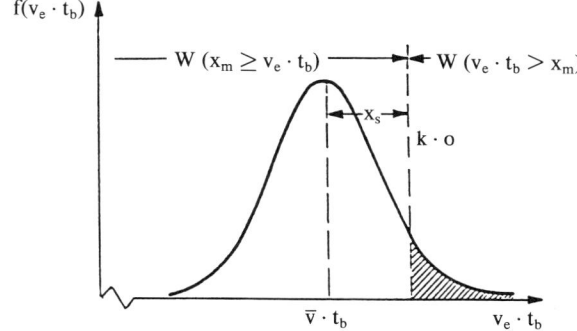

Abbildung 4.49: Lagerabgangsrate als normalverteilte Zufallsvariable

Diese Normalverteilung hat den Mittelwert ($t_b \cdot \bar{v}$) und die Standardabweichung (σ). Mit der Festlegung der Verfügungswahrscheinlichkeit w ($x_m \geq v_e \cdot t_b$) ist zugleich der Umfang des Sicherheitsbestandes bestimmt, der als Vielfaches der Standardabweichung ausgedrückt werden kann: $x_s = k \cdot \sigma$.

Hohe Sicherheitsbestände und somit eine hohe Meldemenge vermindern die Wahrscheinlichkeit für das Auftreten eines Fehlbedarfs während der Beschaffungszeit. Die Fehlbedarfswahrscheinlichkeit sinkt allerdings meist unterproportional zur Zunahme des Sicherheitsbestandes. Dies bedeutet, daß jede zusätzliche Erhöhung des Sicherheitsbestandes um eine Mengeneinheit weniger zur Verminderung der Fehlbestandswahrscheinlichkeit beiträgt als die vorhergehende Sicherheitsbestandseinheit.

531

*Optimaler
Sicherheits-
bestand*

Die Verfügbarkeitswahrscheinlichkeit gibt nur den Sicherheitsgrad der Bedarfsdeckung an und läßt noch keine Schlüsse über optimale Sicherheitsbestände zu. Zur Ermittlung optimaler Sicherheitsbestände bzw. Meldemengen sind deshalb die Kosten in die Überlegungen einzubeziehen. Der Entscheidungssituation entsprechend werden nur die Kosten der Sicherheitsbestände und die Fehlmengenkosten berücksichtigt. **Während bei steigendem Reservelager dessen Lagerhaltungskosten anwachsen, haben die Fehlmengenkosten eine fallende Tendenz.** Die Optimierungssituation ähnelt dem Problem der kostengünstigsten Bestellmengenbestimmung des Grundmodells. Ebenso wie bei der Ermittlung der optimalen Bestellmenge enthält dieses Optimierungsproblem zahlreiche Variationen, die aus den unterschiedlichen Ausprägungen der einbezogenen Kostenvariablen resultieren. Ein relativ einfacher Ansatz, der unter Umständen bereits eine gute Näherungslösung darstellt, ist gegeben, wenn mit mengenabhängigen Kosten gerechnet wird. Bezeichnet (c) die Fehlmengenkosten pro Stück, dann gilt für die gesamten Fehlmengenkosten folgende Beziehung:

$$(4.53) \qquad K_c = \frac{M}{x_o} \cdot E\,(t_b \cdot v_e > x_m) \cdot c$$

Der erwartete Fehlbestand pro Bestellung $E\,(t_b \cdot v_e > x_m)$ entspricht der Summe der möglichen Bedarfsüberschüsse über die Meldemenge, die mit ihren Eintrittswahrscheinlichkeiten gewichtet werden:

$$(4.54) \qquad E\,(t_b \cdot v_e > x_m) = \sum_{t_b \cdot v_e = x_m + 1}^{t_b \cdot v_e = v_{max} \cdot t_b} (t_b \cdot v_e - x_m) \cdot w \cdot (t_b \cdot v_e)$$

Die Multiplikation des Erwartungswerts mit der Anzahl der Bestellungen pro Planperiode $\left(\frac{M}{x_0}\right)$ ergibt den gesamten erwarteten Fehlbestand des Planungszeitraums, so daß sich bei bekannten Fehlmengenstückkosten die gesamten Fehlmengenkosten ermitteln lassen. Unter Berücksichtigung der sicherheitsbestandsabhängigen Lagerhaltungskosten ist deshalb folgende Gesamtkostengleichung zu minimieren:

$$(4.55) \qquad K\,(x_m) = x_s \cdot p \cdot q + \frac{M}{x_0} \cdot E\,(t_b \cdot v_e > x_m) \cdot c$$

Bei einem gegebenen Sicherheitsbestand ist eine Veränderung dieser Größe vorteilhaft, solange die dadurch entfallenden/hinzukommenden Lager(Fehlmengen-)kosten die zusätzlichen/entfallenden Fehlmengen(Lager-)kosten überkompensieren. Im Optimum ist die Steigung der beiden Kostenkurven gleich.

Die Steigung der Lagerhaltungskostenkurve für den Sicherheitsbestand ($K_L = x_s \cdot p \cdot q$) wird durch ($p \cdot q$) bestimmt, die Steigung der Fehlmengenkostenkurve hängt bei konstanten Stückkosten und gegebener Bestellhäufigkeit von Änderungen des Erwartungswerts $E\,(t_b \cdot v_e > x_m)$ ab. Der Erwartungswert variiert wiederum proportional mit der Fehlbedarfswahrscheinlichkeit $w\,(t_b \cdot v_e > x_m)$. Somit erfüllt die optimale Meldemenge bzw. der optimale Sicherheitsbestand die Bedingung (4.56) oder (4.57).

532

$$(4.56) \qquad p \cdot q = \frac{M}{x_o} \cdot w\,(t_b \cdot v_e > x_m) \cdot c$$

oder:

$$(4.57) \qquad w\,(t_b \cdot v_e > x_m) = \frac{p \cdot q \cdot x_o}{M \cdot c}$$

Da alle Größen auf der rechten Seite der Gleichung bekannt sind, kann die Fehlbestandswahrscheinlichkeit bestimmt werden. Der ermittelte Wert repräsentiert die **maximal zulässige Wahrscheinlichkeit für das Auftreten eines Fehlbedarfs pro Bestellung.** Die Ermittlung der optimalen Meldemenge erfolgt nun in der Weise, daß entsprechend der bekannten Wahrscheinlichkeitsverteilung des Verbrauchs für den betreffenden Produktionsfaktor diejenige Meldemenge ausgesucht wird, deren Fehlbedarfswahrscheinlichkeit gerade gleich dem berechneten Wert oder geringer als dieser ist.

Eine in der Praxis anzutreffende Variante des Bestellpunktsystems ist das „Zwei-Behälter-System" (two-bin-system). Bei diesem System erfolgt eine Absonderung von Vorräten in Höhe der Meldemenge in einem besonderen Lager (Lager 2). Weitere Vorräte werden dem Lager 1 zugeführt. Wenn die Vorräte des Lagers 1 verbraucht sind, ist der Meldebestand erreicht, und eine neue Bestellung wird aufgegeben. Der weitere Bedarf während der Beschaffungszeit wird aus dem Lager 2 gedeckt. Beim Eingang der Bestellmenge wird das zweite Lager bis zur Meldemenge aufgefüllt. Der Rest der Bestellmenge wird dem ersten Lager zugeführt, das nun wieder den weiteren Bedarf befriedigt. Die strikte Durchführung dieses Systems erlaubt eine übersichtliche Lagerkontrolle hinsichtlich der Mindestbestände.

Das Bestellpunktsystem baut auf bestimmten Prämissen hinsichtlich Verbrauchsraten und Beschaffungszeiten auf. Ändern sich diese Bedingungen, so müßte eine Revision der festgelegten und beeinflußbaren Größen vorgenommen werden, wenn die Wirtschaftlichkeit des Lagerhaltungssystems gewährleistet sein soll. In der Praxis erfolgt diese Bedarfsüberprüfung meist in größeren Zeitabständen. Bei höheren Verbrauchsraten steigt z. B. insbesondere die Gefahr auftretender Fehlmengen, so daß neue Melde- und Sicherheitsbestände zu bestimmen wären. Im umgekehrten Falle müßten der Melde- und Sicherheitsbestand abgebaut werden. Für Beschaffungszeitänderungen gelten ähnliche Überlegungen.

Das Bestellrhythmussystem ist durch Bestellungen in gleichbleibenden Zeitabständen in Höhe einer autonom festgelegten Bestellmenge gekennzeichnet. Bestellungen sind daher unabhängig von den Lagerabgangsraten innerhalb der Gesamtplanungsperiode jeweils zu festen Zeitpunkten vorzunehmen.

Bestell-rhythmus-system

Die Höhe der rhythmischen Bestellungen ergibt sich in der Regel aus der Differenz zwischen dem effektiven Lagerbestand zuzüglich eines eventuell vorhandenen Bestellbestands und dem rechnerischen Höchst- bzw. Richtbestand (S). Eine über die Gesamtplanungsperiode feste Bestellmenge ist zwar theoretisch denkbar, in der Praxis jedoch überwiegend unbrauchbar.

Richtbestand

533

Je nachdem ob der gewählte Bestellrhythmus (t_z) größer oder kleiner als die Beschaffungszeit (t_b) ist, ergeben sich die in Abbildung 4.50 dargestellten Lagerbestandsentwicklungen.

Voraussetzung für den reibungslosen Ablauf des Systems ist eine **periodische Vorratsüberprüfung**, die den Verbrauch während der vorausgegangenen Bestellperiode zu ermitteln hat. Die Genauigkeit der Kontrolle dieses Systems wird durch die Anzahl der Überprüfungen während des Planungszeitraums bestimmt. Sie kommt in der Länge der Bestellperiode zum Ausdruck. **Zur Bestimmung des optimalen Bestellrhythmus sind die Kosten zu minimieren, deren Höhe sich in Abhängigkeit von der Länge der Bestellperiode ändert.**

Optimaler Bestellrhythmus

$$(4.58) \qquad K = n\,(a + z) + \frac{\bar{x}}{2} \cdot p \cdot q$$

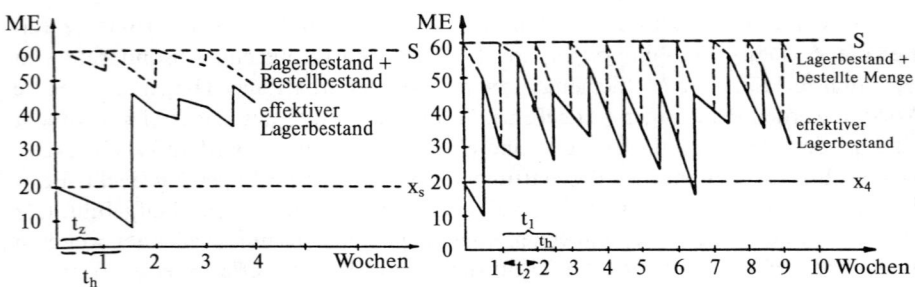

Abbildung 4.50: Lagerbestandsentwicklung beim Bestellrhythmussystem

Die relevanten Gesamtkosten setzen sich aus den bestellfixen Kosten (a) und den Überprüfungskosten einer Lagerkontrolle (z) multipliziert mit der Anzahl der Bestellungen (n) sowie aus den Lagerkosten ($p \cdot q$) für die Hälfte der durchschnittlichen Bestellmenge $\left(\frac{\bar{x}}{2}\right)$ zusammen. Diese Gleichung stellt jedoch nur eine Näherungslösung dar, da aus Vereinfachungsgründen weder Zinsen für die bestellfixen Kosten $\left(i \cdot \frac{a \cdot n}{2}\right)$ angesetzt wurden noch die Lagerhaltungskosten für einen vorhandenen Sicherheitsbestand ($x_s \cdot p \cdot q$) erfaßt sind.

Ersetzt man die durchschnittliche Bestellmenge ($\bar{x}$) durch $\left(\frac{M}{n}\right)$ und differenziert die vereinfachte Kostengleichung $K = n\,(a + z) + \left(\frac{p \cdot q \cdot M}{2\,n}\right)$ nach n, so ergibt sich die optimale Bestellhäufigkeit:

$$(4.59) \qquad n_0 = \sqrt{\frac{p \cdot q \cdot M}{2\,(a + z)}}$$

Entsprechend gilt für die optimale Bestellperiode:

$$(4.60) \qquad t_{zo} = \frac{1}{n} = \sqrt{\frac{2\,(a + z)}{p \cdot q \cdot M}}$$

534

Es zeigt sich, daß sich dieses Modell nur durch die Kontrollkosten (z) vom Grundmodell zur Ermittlung der optimalen Bestellmenge unterscheidet.

Teiloptima/ Gesamt- optimum

In der Regel werden nicht allen auf Lager befindlichen Verbrauchsgütern optimale Bestellperioden zugeordnet. Theoretisch könnten für 1 000 Güter 1 000 verschiedene Bestellperioden ermittelt werden. Die Ermittlung dieser Teiloptima gewährleistet jedoch nicht die kostenoptimale Gestaltung aller Aktivitäten des Beschaffungsbereichs. Insbesondere infolge der bestehenden Interdependenzen zwischen den Gütern sowie infolge des Rechenaufwands und der Abstimmung der notwendigen Kontrollaktivitäten kann das Gesamtoptimum durch die Berechnung aller Teiloptima nicht realisiert werden. Beispielsweise lassen sich **Bestellryhthmen für Gütergruppen** festlegen, die vom gleichen Lieferanten bezogen werden. Auf diese Weise können Mengenrabatte und Transportvergünstigungen wahrgenommen werden. Die Höhe des Richtbestandes beeinflußt zusammen mit der Bestellhäufigkeit die Möglichkeit des Auftretens von Fehlmengen beim Bestellrhythmusverfahren. Ihre Bestimmung wirft ähnliche Probleme auf wie die Festlegung der Meldemenge beim Bestellpunktverfahren.

Die für das Bestellpunktsystem abgeleitete Aussage, daß diejenige Meldemenge das Kostenoptimum verwirklicht, bei der die Summe aus Lagerhaltungskosten und Fehlmengenkosten ihr Minimum erreicht, kann auf den Richtbestand im Bestellrhythmussystem übertragen werden.

Bestell- rhythmus- system und Bedarfsüber- prüfung

Das Bestellrhythmusverfahren setzt eine **periodische Bestandskontrolle** voraus. Wie beim Bestellpunktverfahren, bei dem die Meldemenge den Bedarfsverschiebungen angepaßt wird, führen nachhaltige Verbrauchsverschiebungen beim Bestellrhythmussystem zu Änderungen des Richtbestandes oder der Bestellperiode. Wachsender Bedarf im Produktionsbereich bewirkt die Bestellung größerer Mengen und erhöht die Wahrscheinlichkeit von Fehlbeständen, so daß der unveränderte Richtbestand nicht mehr dem Kostenminimum entsprechen würde. Eine Verringerung des Verbrauchs schlägt sich in kleineren Bestellmengen und in einem größeren durchschnittlichen Lagerbestand nieder. In diesem Falle erhöhen sich die Lagerkosten bei gleichzeitig abnehmenden Fehlmengenkosten.

Optional- system

Das Optionalsystem vereinigt die Kontrollmechanismen des Bestellpunkt- und des Bestellrhythmussystems. Mittels Meldemenge und regelmäßiger Lagerüberprüfung entsteht ein doppelter Kontrollmechanismus. Hierdurch gelingt es, die Vorteile beider Systeme zu erhalten und eine konsequentere Überwachung der Lagerbestände und der Lagerabflüsse zu gewährleisten. Abbildung 4.51 zeigt das Optionalsystem in Verbindung mit einer variablen Bestellmenge sowohl für den Fall, daß die Beschaffungszeit (t_b) kleiner als die Dauer des gewählten Kontrollrhythmus ist, als auch für die umgekehrte Situation einer im Vergleich zum Kontrollrhythmus (t_z) längeren Beschaffungszeit.

Im Gegensatz zum Bestellryhythmusverfahren besteht beim Optionalsystem ein Wahlrecht, ob an den festgelegten Kontrollterminen eine Bestellung ausgelöst werden soll.

Die Verfahrensregeln für die Auslösung eines Bestellvorgangs lauten:

1. Bei jeder Bestandsüberprüfung entsprechend der festgelegten Kontrollperiode ist festzustellen, ob der Lagerbestand einschließlich der bereits bestellten Mengen die Meldemenge erreicht hat.

2. Ist die Meldemenge erreicht oder unterschritten, so ist diejenige Menge zu bestellen, welche die vorhandenen Bestände zuzüglich der bestellten Menge bis zur Höhe des Richtbestandes ergänzt.

3. Ergibt die Lagerkontrolle, daß die verfügbaren und bestellten Mengen größer als die Meldemenge sind, so wird von einer Bestellung abgesehen. Die erneute Bestandsüberprüfung erfolgt in der nächsten Bestellperiode.

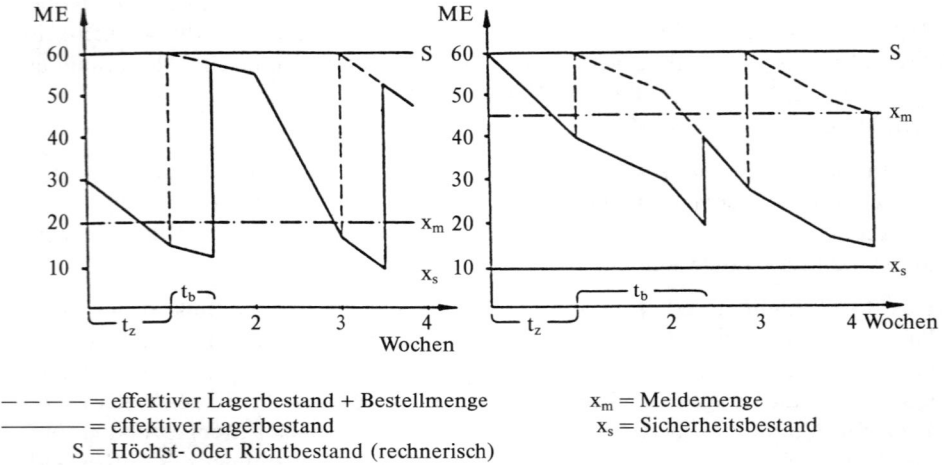

− − − − = effektiver Lagerbestand + Bestellmenge x_m = Meldemenge
─────── = effektiver Lagerbestand x_s = Sicherheitsbestand
S = Höchst- oder Richtbestand (rechnerisch)

Abbildung 4.51: Lagerbestandsentwicklung beim Optionalsystem

c) Die Planung des Produktionsprozesses

Aufgaben und Ziele

Ausgehend vom aktuellen Produktionsprogramm werden unter Berücksichtigung der Materialdisposition Fertigungsaufträge für eine Planungsperiode generiert. Ein **Fertigungsauftrag** ist eine zeitlich terminierte Arbeitsanweisung zur Herstellung eines Erzeugnisses oder einer Teilkomponente. **Die zeitliche Koordinierung und Abstimmung dieser Fertigungsaufträge ist Gegenstand der Planung des Produktionsprozesses.**

Teilbereiche der Produktionsprozeß-planung

Dieser Planungsprozeß läßt sich in drei Teilbereiche zergliedern: **Losgrößenbestimmung, Durchlaufterminierung** und **Kapazitätsterminierung.**

Im Rahmen der **Losgrößenbestimmung** wird entschieden, ob unter wirtschaftlichen Gesichtspunkten die Zusammenfassung einzelner Fertigungsaufträge zu Losen sinnvoll ist.

536

Die Aufgabe der **Durchlaufterminierung** besteht darin, die Anfangs- und Endtermine der Arbeitsgänge sämtlicher Aufträge derart festzulegen, daß die gewünschten Fertigstellungstermine der einzelnen Aufträge möglichst eingehalten werden. Bei der Durchlaufterminierung werden noch keine Kapazitätsgrenzen der benötigten Ressourcen berücksichtigt.

Erst in der **Kapazitätsterminierung** werden die in der Durchlaufterminierung gewonnenen Informationen über die Kapazitätsbelastung der Arbeitsplätze verwertet, um einen Kapazitätsabgleich zwischen Kapazitätsangebot und -bedarf durchzuführen.

Ergebnis der Kapazitätsterminierung sind die mit Terminen versehenen Fertigungsaufträge, die für die Fertigung freigegeben und auf die Werkstätten verteilt werden. Dort erfolgt die **Steuerung und Kontrolle des Produktionsprozesses** in Form der **Feinterminierung** durch Festlegung der **Reihenfolge** und **Maschinenbelegung** der Aufträge auf den eingeplanten Ressourcen (Abschnitt II.2.d). Die **Fertigungsüberwachung** dient der Vermeidung und Beseitigung von Störungen sowie der Sicherstellung der Termineinhaltung.

Für die Planung, Steuerung und Kontrolle des Produktionsprozesses sind mehrere Zielsetzungen relevant:

Zielsetzungen der Produktionsprozeß-planung, -steuerung und -kontrolle

- **Minimierung der Durchlaufzeiten,**
- **Minimierung der Bestände und der Kapitalbindung,**
- **Maximierung der Kapazitätsauslastung,**
- **Minimierung der Abweichungen von den Lieferterminen,**
- **Sicherstellung von Qualitätsstandards.**

Eine wichtige produktionswirtschaftliche Zielsetzung ist die Realisierung kurzer **Durchlaufzeiten** (Zeit vom Beginn des ersten Bearbeitungsschrittes an einem Auftrag bis zu dessen Fertigstellung). Diese ermöglichen die Zusage von Lieferfristen gegenüber dem Kunden – oft ein entscheidendes Kriterium gegenüber Wettbewerbern. Gleichzeitig bedeuten kurze Durchlaufzeiten aber auch **geringere Bestände** an halbfertigen Erzeugnissen und dadurch eine **geringere Kapitalbindung.**

Minimale Durchlauf-zeiten

Daneben wird eine hohe und gleichmäßige **Auslastung der Kapazitäten** angestrebt, um die vorhandenen Kapazitäten an Personal und Anlagen möglichst gut zu nutzen. Auf diese Weise verringern sich die Fertigungskosten pro Erzeugnis.

Maximale Kapazitäts-auslastung

Hier wird jedoch die Konkurrenzbeziehung zwischen den verfolgten Zielsetzungen deutlich. Sind ausreichend Kapazitäten vorhanden, so müssen Aufträge nicht um die Kapazitäten konkurrieren. Warteschlangen vor einzelnen Potentialfaktoren werden vermieden und kurze Durchlaufzeiten können realisiert werden. Allerdings bedingt ein Überschuß an Kapazitäten eine schlechte Auslastung der Produktionsanlagen.

Sind dagegen nicht genügend Kapazitäten vorhanden, dann werden die vorhandenen Kapazitäten zwar weitgehend ausgelastet, jedoch machen dadurch entstandene Kapazitätsengpässe eine zeitliche Verschiebung von Aufträgen notwendig und führen damit zu einer Durchlaufzeitverlängerung. **Diese konfliktäre Zielbeziehung zwischen einer maximalen Kapazitätsauslastung und einer Minimierung der Durchlaufzeit bezeichnet man als Dilemma der Ablaufplanung.** Es tritt vor allem in der Werkstattfertigung auf.

Dilemma der Ablauf-planung

Bedeutung kurzer Liefer- termine	Neben kurzen Durchlaufzeiten und guter Auslastung ist die **Einhaltung von Liefer- terminen** eine entscheidende Zielsetzung, die aufgrund stärkerer Marktorientierung der Produktion eine zunehmende Bedeutung erlangt. Es ist deshalb eine Tendenz zugunsten früherer Liefertermine und kürzerer Durchlaufzeiten durch Bereitstellung ausreichender Kapazitäten festzustellen, auch wenn dadurch unter Umständen eine geringere Kapazitätsauslastung und höhere Fertigungskosten in Kauf genommen werden müssen.

Losgrößenplanung

Losgröße	Im Rahmen des Produktionsprozesses werden die für die Herstellung einer Endpro- duktmenge zu fertigenden gleichartigen Teile häufig nicht einzeln gefertigt, sondern zu Losen zusammengefaßt. **Als Losgröße wird die Anzahl an Produkten bzw. Zwi- schenprodukten bezeichnet, die als geschlossener Posten eine oder mehrere Fertigungs- stufen gemeinsam durchlaufen.**
	Die folgenden wirtschaftlichen Überlegungen führen zur Bildung von Losgrößen: Jeder Wechsel in der Bearbeitung von Teilen an einer Maschine bedingt **Rüstkosten**, um die Maschine für den neuen Fertigungsvorgang vorzubereiten. Gleichzeitig ver- ursacht die Umrüstung von Maschinen teilweise erhebliche **Stillstandszeiten** in der Fertigung.
Optimale Losgröße	**Die optimale Losgröße ist die Zahl der Produkte, bei der die losgrößenabhängigen Kosten je Produkteinheit ein Minimum erreicht.** Die losgrößenabhängigen Kosten setzen sich zusammen aus losfixen und losproportionalen Kosten. Die Ermittlung der optimalen Losgröße ähnelt der Ermittlung der optimalen Bestellmenge (vgl. S. 522 ff.).
Losfixe Kosten	Die sogenannten **auflagen- oder losfixen Kosten** treten bei jedem Sorten- oder Serien- wechsel auf. Je niedriger die Zahl der Sorten- und Serienwechsel ist, desto geringer werden die auflagenfixen Stückkosten (Rüstkosten), da sich die auflagenfixen Ge- samtkosten auf eine größere Produktmenge verteilen. Bei gegebenem Produktions- programm sinken somit die auf die Einheit bezogenen auflagenfixen Kosten mit steigender Losgröße **(Auflagendegression).** Die hieraus resultierende Tendenz zu um- fangreicheren Losgrößen findet ihre Begrenzung durch die steigenden Lager- und Zinskosten. Es handelt sich dabei um **auflagen- oder losproportionale Kosten.** Eine Erhöhung der Losgröße hat in der Regel zur Folge, daß Fertigprodukte vermehrt auf Lager genommen werden müssen, bevor sie dem Verkauf zugeführt werden können.
Losproportio- nale Kosten	
Losgrößen- planung und Produktions- typ	Die Bildung wirtschaftlicher Losgrößen ist vor allem ein Problem der gemischten Serienfertigung und auch der marktorientierten Massenfertigung. Bei auftragsorien- tierter Einzelfertigung ergibt sich die Losgröße oft direkt über den Auftrag und die Stücklistenauflösung und hat demzufolge eine geringere Bedeutung.
Grundmodell der Los- größen- planung	Die Zusammenhänge zwischen den verschiedenen Kostengrößen werden im Grund- modell der Losgrößenplanung dargestellt. Losgrößen sind so zu bestimmen, daß die Summe aus Umrüst- sowie Lager- und Zinskosten minimal wird. Das Operations Research hat eine Reihe von Modellen zur Losgrößenwahl entwickelt. Dem Grund-

538

modell zur Bestimmung der optimalen Losgröße liegt ein einstufiges und einteiliges Losgrößenproblem zugrunde.

Die Prämissen des statischen und deterministischen Modells der Losgrößenplanung lauten: *Prämissen*

(1) Die Produktmenge Q des jeweiligen End- bzw. Zwischenprodukts pro Planperiode T ist gegeben. Sie soll in gleichbleibende Lose des Umfangs x_0 aufgeteilt werden. Die Produktionsdauer des Loses kann vernachlässigt werden; der Lagerabgang erfolgt linear; Fehlmengen werden ausgeschlossen.
(2) Die fixen Kosten (f) pro Los sind bekannt und für alle Lose des jeweiligen Produktes gleich.
(3) Das im Lager gebundene Kapital ist proportional zur Losgröße x (Proportionalitätsfaktor (k)).
(4) Die Lager- und Zinskosten können zu einer Größe zusammengefaßt werden; sie sind proportional (Faktor c) zu dem am Lager gebundenen Kapital (k · c).

Unter den genannten Voraussetzungen kann die optimale Losgröße mit der Andlerschen Losgrößenformel berechnet werden, die genauso abgeleitet wird wie die Formel für die optimale Bestellmenge: *Andlersche Losgrößenformel*

$$(4.61) \qquad x_0 = \sqrt{\frac{2 \cdot Q \cdot f}{k \cdot c}}$$

Wegen seiner wirklichkeitsfremden Prämissen besitzt das Grundmodell nur beschränkte Aussagekraft. Je nach vorliegender Situation muß es spezifisch erweitert und modifiziert werden. Relativ einfach lassen sich z. B. eine endliche Produktionsgeschwindigkeit des Loses und geplante Fehlmengen in die Modellbildung aufnehmen. Auch die Voraussetzung des linearen Lagerabgangs kann geändert werden.

Als Beispiel für ein Modell mit endlicher Produktionsgeschwindigkeit und schubweisem Lagerabgang wird das Problem der Bestimmung der optimalen Werkstattlosgröße angeführt. Im Rahmen der Werkstattfertigung ist es häufig üblich, daß ein Los die Werkstätte erst dann als Gesamtheit verläßt, wenn das letzte Stück fertiggestellt ist. Von einem Materiallager – das in die Betrachtung mit einbezogen wird – werden die zu bearbeitenden Erzeugniseinheiten einzeln entnommen, bearbeitet und dem Halb- bzw. Fertigproduktlager zugeführt. Mit fortschreitendem Produktionsprozeß sinkt der Bestand des Materiallagers auf Null; der Bestand des Halb- bzw. Fertigproduktlagers steigt kontinuierlich bis zur vollen Losgröße (vgl. Abbildung 4.52). *Optimale Werkstattlosgröße*

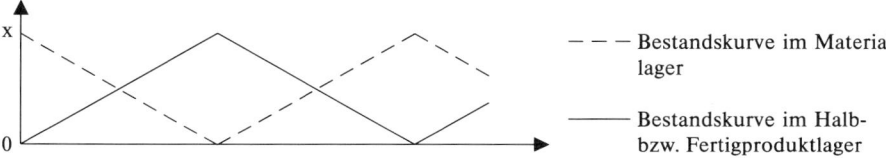

Abbildung 4.52: Bestandsbewegungen im Material- und Halb- bzw. Fertigproduktlager

Ist das Los des Umfangs x vollständig bearbeitet, wird das Materiallager aufgefüllt; die gefertigten Halb- bzw. Fertigprodukte verlassen die Werkstatt. Im einzelnen bedeuten:

x   = Werkstattlosgröße als Entscheidungsvariable
x_0 = kostenminimale Werkstattlosgröße
M   = in Lose aufzuteilende Gesamtproduktionsmenge
t   = Bearbeitungszeit einer Erzeugniseinheit (mit anteiliger Berücksichtigung von Stillstandszeiten)
l (x)   = Lagerzeit einer Erzeugniseinheit in der Werkstatt bei Realisierung der Losgröße x als Summe der Lagerzeiten im Materiallager und im Halb- bzw. Fertigproduktlager
L (x)   = Gesamtlagerzeit aller Erzeugniseinheiten bei Realisierung der Losgröße x
a   = losgrößenfixe Kosten (Umrüstkosten)
b   = Proportionalitätsfaktor für die losgrößenvariablen Kosten
q   = Zins- und Lagerkostenfaktor pro Zeiteinheit
K (x)   = Gesamtkosten für die Produktion der Fertigungsmenge M bei Wahl der Losgröße x
$\dfrac{M}{x}$ = Anzahl der gebildeten Lose.

Die dem Materiallager an i-ter Stelle entnommene Erzeugniseinheit wartet im Materiallager $(i–1) \cdot t$ Zeiteinheiten bis zur Bearbeitung und im Halb- bzw. Fertigproduktlager $(x–i) \cdot t$ Zeiteinheiten bis zum Verlassen des Lagers. Die Gesamtwartezeit je Erzeugniseinheit beträgt demnach:

(4.62) $l (x) = (i–1) \cdot t + (x–i) \cdot t = (x–1) \cdot t$

Die Gesamtlagerzeit L aller x Stücke ist dann gleich:

(4.63) $L (x) = x \cdot (x–1) \cdot t$

Die Gesamtkosten K(x) als Summe von Lager- und Zinskosten sowie Umrüstkosten berechnet man wie folgt:

(4.64) $K (x) = \dfrac{M}{x} [x \cdot (x–1) \cdot t \cdot b \cdot q + a]$

oder

(4.65) $K (x) = M \left[(x–1) \cdot t \cdot b \cdot q + \dfrac{a}{x} \right]$

Das Minimum von K (x) wird durch Differenzieren von K (x) und Nullsetzen der ersten Ableitung gefunden.

(4.66) $\dfrac{dK}{dx} = M \left[t \cdot b \cdot q - \dfrac{a}{x^2} \right] \overset{!}{=} 0$

Aufgelöst ergibt sich x_0

(4.67) $x_0 = \sqrt{\dfrac{a}{t \cdot b \cdot q}}$

540

Das Grundmodell zur Bestimmung der optimalen Losgröße und seine Modifikationen, wie z. B. das Modell der optimalen Werkstattlosgröße, berücksichtigen nur eine Fertigungsstufe und ein zu produzierendes Erzeugnis. Die Losgrößen der einzelnen Fertigungsstufen bzw. der einzelnen Zwischenkomponenten können jedoch in der Regel nicht unabhängig voneinander optimiert werden. Gleichzeitig treten Reihenfolgeprobleme bezüglich der Umrüstung und der Maschinenbelegung auf (vgl. Abschnitt 2.d).

Im mehrstufigen Mehrproduktbetrieb können die Losgrößen der einzelnen Produkte bzw. Zwischenprodukte auf den verschiedenen Fertigungsstufen nicht unabhängig voneinander optimiert werden. Selbst wenn Interdependenzen mit der Reihenfolgeplanung vernachlässigt werden, erweist sich die Losgrößenplanung als mehrstufiges und mehrteiliges Problem. Es muß in einstufige und einteilige Probleme zerlegt werden. Dennoch besitzt das Grundmodell zur Bestimmung der optimalen Losgröße große praktische Relevanz und gelangt insbesondere bei einer DV-gestützten Produktionssteuerung zur Anwendung (zu weiterführenden Modellen der optimalen Losgröße vgl. z. B. Zäpfel 1982, S. 192 ff., Küpper 1982, S. 152 ff.).

Mehrstufiges und mehrteiliges Losgrößenproblem

In der Praxis wird bei der Zerlegung des mehrstufigen und mehrteiligen Losgrößenproblems analog zur Ermittlung der Nettobedarfe im Rahmen der Einsatzplanung der Repetierfaktoren vorgegangen. Zunächst werden aus den Nettobedarfen der Erzeugnisse in der Planungsperiode Lose gebildet. Mit Hilfe der analytischen Bedarfsauflösung werden hieraus die Netto-Sekundärbedarfe der Zwischenprodukte auf den vorgelagerten Produktionsstufen berechnet. Hierdurch entsteht auf jeder Produktionsstufe ein einstufiges und einteiliges Losgrößenproblem, das sich mit Hilfe des Grundmodells zur Bestimmung der optimalen Losgröße lösen läßt. Diese Vorgehensweise stellt eine Planungsheuristik dar, die nicht zwangsläufig zu einer optimalen Gesamtlösung führt.

Zerlegung des mehrstufigen und mehrteiligen Losgrößenproblems

Durchlaufterminierung

In der **Durchlaufterminierung** wird für jeden Arbeitsgang eines Auftrages der Anfangs- und Endtermin unter Berücksichtigung der technologischen Arbeitsabläufe festgelegt, ohne zunächst die Kapazitäten zu berücksichtigen (Terminierung ohne Kapazitätsgrenze). Basis für die Ermittlung sind die gewünschten Liefertermine und die Arbeitspläne, welche Aufschluß über die für jeden Auftrag durchzuführenden Arbeitsschritte geben.

Arbeitspläne stellen eine wesentliche Informationsgrundlage für die Planung des Produktionsprozesses dar und bilden das Bindeglied zwischen der statischen Abbildung der Produktionszusammenhänge in der Stückliste und dem technischen Betriebsablauf. Sie beschreiben die Fertigungsvorgänge in der Teilefertigung und in der Montage. **Der Arbeitsplan gibt Auskunft, welche Arbeitsgänge, in welcher Reihenfolge, mit welchen Betriebsmitteln, in welcher Zeit und unter Einsatz welchen Materials durchzuführen sind.** Er läßt sich üblicherweise in die drei Teile Kopfzeile, Arbeits-

Arbeitspläne

gangzeile und Materialzeile aufgliedern (vgl. Abbildung 4.53). In der Kopfzeile wird das herzustellende Zwischen- oder Fertigprodukt spezifiziert. Die Arbeitsgangzeile enthält Informationen über die erforderliche Tätigkeit zur Durchführung des Arbeitsgangs und die dafür notwendigen Betriebsmittel. Die Materialzeile führt die für die Bearbeitung des Zwischen- oder Fertigproduktes erforderlichen Ausgangsmaterialien und Werkzeuge auf.

Arbeitsplan							
Teilenummer: 130;			Losgröße: 50 Stück;			Datum: 1. 2. 19..	
Arbeits-gang Nr.	Bezeich-nung des Arbeits-gangs	Kosten-stelle	Arbeits-platz Nr.	Rüstzeit (min.)	Stückzeit (min.)	Maschi-nenstun-densatz (DM)	Lohn-gruppe
1001	Drehen	10	180	10	120	8,—	04
1002	Fräsen	13	230	15	60	8,50	05
1005	Gewinde schneiden	19	310	10	180	10,—	08
.	.	.	.	.	.	.	.
.	.	.	.	.	.	.	.

Abbildung 4.53: Beispiel eines Arbeitsplans (ohne Materialteil)

Außer in der terminlichen Planung des Produktionsprozesses werden Arbeitspläne auch in anderen betrieblichen Funktionsbereichen verwendet, z. B. in der Fertigung als Arbeitsvorlage oder in der Kostenrechnung als Grundlage für die Leistungsabrechnung.

Für die Erstellung von Arbeitsplänen existieren unterschiedliche Methoden, die zum Teil auch rechnergestützt (vgl. Abschnitt III.2.c) durchgeführt werden.

Fertigungs-auftrag

Der Arbeitsplan besteht damit zunächst aus **auftragsunabhängigen Angaben** über den Fertigungsablauf eines Teiles. Ergänzt man diesen um **auftragsabhängige Angaben,** wie die zu fertigende Stückzahl und Termine sowie eine Auftragsnummer, entsteht der **Fertigungsauftrag.**

Damit die Start- und Endtermine sämtlicher Arbeitsgänge der einzelnen Aufträge bestimmt werden können, müssen die **strukturellen Verknüpfungen der Arbeitsgänge jedes Auftrags (Ablaufstruktur)** sowie die **Durchlaufzeiten der Arbeitsgänge** bekannt sein.

Auftrags-durchlaufzeit

Bei den Durchlaufzeiten wird unterschieden zwischen der Auftragsdurchlaufzeit und der Durchlaufzeit von Arbeitsgängen. **Als Auftragsdurchlaufzeit wird der gesamte Zeitraum vom Eingang des Auftrags bis zur Fertigstellung bezeichnet.** Alle an der Durchführung des Auftrags beteiligten Bereiche von der Konstruktion bis zur Montage sind darin eingeschlossen.

542

Betrachtet man die Durchlaufzeiten im eigentlichen Produktionsprozeß, so läßt sich die Durchlaufzeit von Arbeitsgängen als der Zeitraum zwischen dem Beginn eines Arbeitsgangs und dem Beginn des unmittelbar nachfolgenden Arbeitsgangs definieren. Die Durchlaufzeit für jeden einzelnen Arbeitsgang setzt sich aus Maschinenbelegungszeiten und Übergangszeiten zusammen. Diese werden aus der Erfahrung mit früheren Arbeitsgängen oder durch Schätzungen gewonnen. Um die Genauigkeit zu erhöhen, kann die Maschinenbelegungszeit in die Rüstzeit und Bearbeitungszeit, die Übergangszeit in Transport- und Liegezeiten vor und nach der Ausführung eines jeden Arbeitsgangs sowie in Kontrollzeiten gegliedert werden. Alle Zeitangaben beziehen sich auf „Normalzeiten" bei einer kostengünstigen Intensität. Je nach Ausgestaltung der Durchlaufterminierung können aber auch zusätzliche Zeitangaben bei variierter Intensität festgehalten werden. Diese Informationen werden bei notwendigen Anpassungsmaßnahmen herangezogen.

Durchlaufzeit von Arbeitsgängen

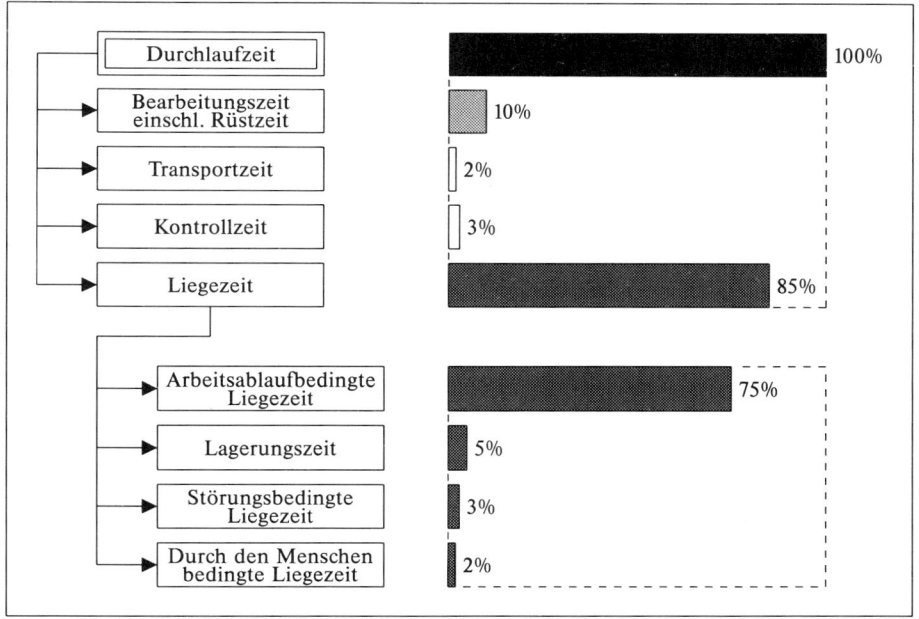

Abbildung 4.54: Zusammensetzung der Durchlaufzeit

Quelle: Stommel/Kunz (1973)

Die Abbildung 4.54 zeigt die Zusammensetzung der Durchlaufzeit und den Anteil der Teilgrößen am Beispiel der metallverarbeitenden Industrie auf.

Aus der Abbildung ist ersichtlich, daß die eigentlichen Bearbeitungszeiten nur etwa 10% der Durchlaufzeit beanspruchen und ein Großteil der Durchlaufzeit aus Übergangszeiten besteht. Diese setzen sich überwiegend aus Liegezeiten zusammen (nach der Untersuchung sogar zu 85%). Innerhalb dieser Liegezeiten sind arbeitsablaufbedingte Liegezeiten bestimmend (Anteil von 75%). Die arbeitsablaufbedingte Liegezeit wird durch die Maschinenbelegung determiniert. Da ohne Beachtung der Kapazitätsgrenzen keine exakte Maschinenbelegung möglich ist, müssen die arbeitsablaufbedingten Liegezeiten im Rahmen der Durchlaufterminierung geschätzt werden. Die Güte der Durchlaufterminierung hängt aufgrund des hohen Anteils der Liegezeit an der Durchlaufzeit somit entscheidend von der Genauigkeit dieser Schätzung ab.

Ermittlung der Durchlaufzeiten bei unterschiedlichen Produktionstypen

Schwierigkeiten bei der Ermittlung der Durchlaufzeiten zeigen sich insbesondere bei der auftragsorientierten Einzel- und Serienfertigung. Aufgrund der vielfältigen Veränderungen und der Unbestimmtheit des Produktionsprozesses sind Vorhersagen schwer möglich, so daß auf Erfahrungswerte ähnlicher Produktionsabläufe zurückgegriffen werden muß. Die Massenfertigung dagegen weist einen kontinuierlichen Fertigungsprozeß auf, in dem die Arbeitsabläufe und Kapazitäten weitgehend aufeinander abgestimmt sind und arbeitsablaufbedingte Liegezeiten in weit geringerem Umfang auftreten.

Neben den Durchlaufzeiten ist die Kenntnis über die Ablaufstruktur der Aufträge für die Durchlaufterminierung von Bedeutung. Die Ablaufstruktur zeigt, welche Arbeitsschritte für einen Auftrag nötig und in welchen Bearbeitungsreihenfolgen diese technologisch bedingt durchzuführen sind.

Darstellung der Ablaufstruktur von Aufträgen durch Netzpläne

Die Ablaufstruktur eines Auftrages läßt sich besonders gut durch Netzpläne darstellen. Mit Hilfe der Netzplantechnik können auch die vorläufigen End- und Starttermine von allen Aufträgen und den zugehörigen Arbeitsgängen ermittelt werden (zu Einzelheiten der Netzplantechnik vgl. S. 546 ff.).

Rückwärtsterminierung

Ausgehend vom gewünschten Liefertermin und den ermittelten Durchlaufzeiten wird jeder einzelne Auftrag rückwärts (in Richtung Gegenwart) auf die Arbeitsplätze verteilt. Bei dieser Rechnung kann sich ergeben, daß der Starttermin für einen Auftrag in die Vergangenheit fällt. In diesem Fall wird durch eine vom Gegenwartszeitpunkt ausgehende Vorwärtsterminierung ein neuer Endtermin errechnet.

Vorwärtsterminierung

Anstatt einer Rückwärtsterminierung mit anschließender Vorwärtsterminierung bei in der Vergangenheit liegenden Starttermin kann auch von vornherein eine Vorwärtsterminierung gewählt werden. Ergibt sich bei der Vorwärtsterminierung ein Endtermin, der zeitlich vor dem gewünschten Liefertermin liegt, so entstehen Pufferzeiten, um die der Starttermin vom Ausgangszeitpunkt in die Zukunft verschoben werden kann, ohne dadurch den Endtermin zu gefährden. Diese Pufferzeiten sind nicht mit den Pufferzeiten innerhalb der Auftragsbearbeitung bei paralleler Verrichtung mehrerer Arbeitsgänge zu verwechseln. Die Pufferzeiten beider Kategorien sind für den Maschinenbelegungsausgleich bei der Steuerung des Produktionsprozesses von großer Bedeutung.

Möglichkeiten zur Verkürzung der Durchlaufzeit

Die Auftragsdurchlaufzeit kann durch zeitliche Anpassung, erhöhte Intensität oder durch Splittung und Überlappung von Arbeitsfolgen verkürzt werden.

Zeitliche Anpassung

Im Rahmen einer zeitlichen Anpassung läßt sich u. U. die Betriebszeit, in der gefertigt wird, durch Überstunden, Sonderschichten o. ä. in bestimmten Grenzen erhöhen.

Intensitätsmäßige Anpassungen liegen vor, wenn die Ausbringungsmengen an Maschinen durch Variation der Ausbringungsmenge pro Zeiteinheit innerhalb eines bestimmten Rahmens verändert werden.

Erhöhung der Intensität

Bei der Splittung wird ein Auftrag in mehrere Teilaufträge zerlegt (Auftragssplittung), die unabhängig voneinander die einzelnen Arbeitsgänge durchlaufen. Bezieht sich die Aufteilung von Aufträgen lediglich auf einzelne Arbeitsgänge, so spricht man von **Arbeitsgangsplittung.** Die Arbeitsgänge werden an mehreren Arbeitsplätzen gleichzeitig durchgeführt, vorausgesetzt, daß mehrere für die Bearbeitung geeignete Maschinen verfügbar sind. Für eine bestimmte Menge wird durch das parallele Bearbeiten der Durchlauf verkürzt. Der Nachteil ist, daß für jede Maschine Rüstzeiten und -kosten anfallen. Splitten ist dann sinnvoll, wenn die Bearbeitungszeit ein Vielfaches der Rüstzeit beträgt.

Splittung

Bei der Überlappung werden Teilmengen des Auftrags an die folgende Produktionsstufe weitergegeben, ehe die vollständige Bearbeitung auf der vorhergehenden Produktionsstufe abgeschlossen ist. Müssen z. B. für einen Auftrag 1 000 gleichartige Teile gestanzt werden, so erfolgt beim Splitten die Bearbeitung nicht auf einer einzigen, sondern zugleich auf mehreren Maschinen; beim Überlappen werden schon einzelne Teilmengen (z. B. je 100 Stück) an die nächste Produktionsstufe weitergegeben, um deren eventuelle Wartezeit zu verringern. Das Überlappen setzt Lose mit relativ großen Stückzahlen voraus. Da Teilmengen weitergegeben werden, sind zusätzliche Transportkapazitäten nötig, die zu höheren Transportkosten führen.

Überlappung

Mit ähnlicher Wirkung wie beim Überlappen oder beim Splitten kann auch eine Losteilung vorgenommen werden. Das Los wird in mindestens zwei Teile gespalten (z. B. wenn eine Teilmenge dringend benötigt wird). Ein Teillos kann dann beschleunigt in der Produktion bearbeitet werden.

Losteilung

Durchlaufzeiten für einzelne Aufträge lassen sich ebenfalls verringern, wenn kritische Arbeitsgänge bevorzugt eingeplant und dadurch für diese die Übergangszeiten gesenkt werden. Dies kann jedoch zu Lasten anderer Aufträge gehen.

Das Ergebnis der Durchlaufterminierung ist eine Übersicht über die vorläufigen Start- und Fertigstellungstermine der einzelnen Aufträge und der zu ihrer Erstellung erforderlichen Arbeitsgänge. Daneben gibt eine Maschinenbelastungsübersicht Auskunft über die benötigte Kapazität in der Planungsperiode.

Ergebnis der Durchlaufterminierung

Aufgrund der verschiedenen Möglichkeiten, die Durchlaufzeiten der Aufträge zu verringern bzw. die Arbeitsgänge innerhalb der Pufferzeiten zu verschieben, können verschiedene Start- und Endtermine sowie verschiedene daraus resultierende Maschinenbelastungsübersichten erstellt werden. Diese Informationen gehen in die Kapazitätsterminierung ein.

Kapazitätsterminierung

Gegenstand der Kapazitätsterminierung

Die aus der Durchlaufterminierung gewonnenen Informationen über die Kapazitätsbelastung je Arbeitsplatz in der Planungsperiode bilden den Ausgangspunkt für die Maßnahmen der **Kapazitätsterminierung.** Die Ausgangssituation ist dadurch gekennzeichnet, daß mehrere Arbeitsgänge zur gleichen Zeit um Kapazitäten konkurrieren können. Die in der Durchlaufterminierung ermittelten Starttermine sind i. d. R. nicht einhaltbar. Aufgabe der Kapazitätsterminierung ist es, diese Starttermine so abzuändern, daß ein Ausgleich zwischen dem Kapazitätsbedarf der Aufträge bzw. einzelner Arbeitsgänge und den verfügbaren Personal- und Maschinenkapazitäten durch zeitliche Abstimmung erreicht wird.

Kapazitätsabgleich

Um einen Abgleich zwischen angebotener und verfügbarer Kapazität vorzunehmen, bieten sich verschiedene Möglichkeiten an.

So kann eine Reduzierung der Belastung durch **Vergabe des Fertigungsauftrages an andere Unternehmen** erreicht werden, vorausgesetzt der Fremdbezug von anderen Unternehmen ist unter den gegebenen terminlichen Restriktionen durchführbar.

Gutenberg'sche Anpassungsformen

In erster Linie wird man aber versuchen, den Kapazitätsabgleich durch interne Verlagerung zu erreichen. Dabei bieten sich verschiedene Anpassungsmaßnahmen an (vgl. Gutenberg, 1983, S. 361 ff.):

– eine Anpassung der **Betriebszeit** bei konstantem Potentialfaktorbestand und konstanter Intensität (z. B. Überstunden, Sonderschichten),
– eine Anpassung der Leistung vorhandener Potentialfaktoren bei konstantem Potentialfaktorbestand und konstanter Betriebszeit; z. B. veränderte Laufgeschwindigkeit von Betriebsmitteln (**„intensitätsmäßige Anpassung"**),
– eine Erweiterung des vorhandenen Potentialfaktorbestandes um Potentialfaktoren gleicher Qualität (**„quantitative Anpassung"**) oder um Potentialfaktoren mit abweichender Qualität (**„qualitative Anpassung"**).

Während die zeitliche und intensitätsmäßige Anpassung kurzfristig und flexibel einsetzbar sind, gehen die quantitative und die qualitative Anpassung i. d. R. mit nachhaltigen Veränderungen der Betriebsgröße und der Potentialfaktorstruktur einher.

Ergebnis der Kapazitätsterminierung

Die Kapazitätsterminierung liefert als Ergebnis Vorgaben über Starttermine und Durchlaufzeiten der Arbeitsgänge auf den einzelnen Kapazitätseinheiten für einen Planungszeitraum von einer oder mehreren Wochen. Die auf diese Weise terminierten Aufträge werden an die Fertigung zur Realisierung weitergeleitet.

Netzplantechnik

Die Realisierung komplexer Produktionsprogramme erfordert die Durchführung einer sehr großen Anzahl unterschiedlicher aber hoch interdependenter Arbeitsgänge. Die Netzplantechnik ist ein vielseitig verwendbares Mittel zur Darstellung

546

struktureller und terminlicher Zusammenhänge zwischen einzelnen Teilaktivitäten. Aus diesem Grund hat die Netzplantechnik auch im Rahmen des Managements umfangreicher Projekte weite Verbreitung gefunden. Sie hat vor allem in der Baustellen- oder Einzelfertigung großer Anlagen praktische Bedeutung erlangt.

(1) Grundkonzeption der Netzplantechnik

Im einzelnen dient die Netzplantechnik:

Zwecke der Netzplantechnik

(1) zur Darstellung der logischen Zusammenhänge eines Projekts vom Anfang bis zum Fertigstellungstermin,

(2) zur Entwicklung eines Zeitplans für alle Arbeitsgänge eines Projekts,

(3) zum Auffinden der kritischen Stellen und Engpässe, welche die Einhaltung des Endtermins des Projekts gefährden können,

(4) zur laufenden Kontrolle und Terminüberwachung des Projekts sowie zur Korrektur und eventuellen Umstellung des Projekts bei auftretenden Fehlern.

Der Anwendungsschwerpunkt der Netzplantechnik liegt deshalb in der auftragsorientierten, termingebundenen Einzelfertigung. Die Netzplantechnik wird erfolgreich beim Bau von Brücken, Staudämmen, Gebäuden, Verkehrswegen, Schiffen und Großmaschinen eingesetzt. Auch außerhalb des Fertigungsbereichs, z. B. in der Absatzwirtschaft zur Planung der Einführung neuer Produkte und in der Informationswirtschaft zur Planung der Installation einer EDV-Anlage, wird die Netzplantechnik angewandt. Je umfangreicher und unübersichtlicher die Vorhaben sind, desto größer ist der Nutzen, der durch den Einsatz der Netzplantechnik erzielt werden kann.

Anwendungsgebiete

Während es genügend Beispiele für die erfolgreiche Anwendung der Netzplantechnik in der Einzelfertigung gibt, stößt der Einsatz dieser Planungstechnik bei der Serien-, Sorten- oder Massenfertigung im Rahmen der Produktionssteuerung an deutliche Grenzen. Je mehr sich die Fertigung der Automation nähert, desto geringer wird der Anwendungsspielraum für die Netzplantechnik. Hier spielt sie nur für die Planung der Ausstattung eine Rolle, nicht jedoch für die laufende Produktion. Z. B. können die Verfahren der Netzplantechnik bei der Planung einer Fertigungsstraße, der Planung einer Umstellung auf ein neues Fertigungsverfahren oder im Rahmen der Instandhaltungsplanung nutzbringend eingesetzt werden, da es sich hier wieder um abgrenzbare Einzelprojekte handelt.

Im Rahmen der Netzplantechnik wurden verschiedene Methoden zur Lösung der gestellten Aufgaben entwickelt (vgl. Kelley 1961, Kern 1969, Wagner 1968, Küpper u. a. 1975, Altrogge 1979, Schwarze 1986, Neumann 1987 b). In der Übersichtstabelle der Abbildung 4.55 sind einige der wichtigsten Verfahren zusammengefaßt. Nach der Informationsstruktur lassen sich zwei Verfahrensgruppen unterscheiden: die deterministischen und die stochastischen Konzeptionen. **Während die deterministischen Verfahren die Zeitdauer der Arbeitsgänge als bekannte, feste Größen voraussetzen, bildet bei den stochastischen Verfahren die Zeitdauer der Arbeitsgänge eine Variable.**

Verfahren

547

Deterministische Konzeptionen	Stochastische Konzeptionen
CPM (Critical Path Method) CPS (Critical Path Scheduling) MCX (Minimum Cost Expediting) RAMPS (Resource Allocation and Multiprojekt Scheduling) POTENTIALMETHODE	PERT (Program Evaluation and Review Technique) PEP Program Evalution Procedure) PERT/COST LESS (Least Cost Estimating Scheduling) GERT (Graphical Evaluation and Review Technique)

Abbildung 4.55: Übersicht über Verfahren der Netzplantechnik

Die beiden großen **Entwicklungszweige der Netzplantechnik** werden von den Systemen „CPM" einerseits und „PERT" andererseits charakterisiert. Diese beiden Systeme bilden den Ausgangspunkt der weiteren Entwicklung. Die in der Abbildung weiterhin genannten Verfahren stellen Verfeinerungen dar, die auf den beiden Grundkonzeptionen aufbauen. Sie beziehen komplexere Fragen mit ein, wie z. B. die Berücksichtigung von Kostengesichtspunkten (MCX, LESS, PERT/COST) oder die Behandlung von überlagerten Netzwerken.

Struktur- und Zeitanalyse

Bei der Planung von Projekten mit Hilfe der Netzplantechnik trennt man streng zwischen den Phasen der Struktur- und Zeitanalyse. **Die Strukturanalyse hat die systematische Darstellung logisch zusammenhängender Teilvorgänge mit Hilfe eines Netzwerkdiagramms zum Ziel. Im Rahmen der sich daran anschließenden Zeitanalyse erfolgt die Ermittlung des Fertigstellungstermins sowie der Zeitpunkte für Beginn und Abschluß der Arbeitsgänge.** Dieser Zweiteilung wird auch in der folgenden Darstellung Rechnung getragen.

(2) Strukturanalyse der Netzplantechnik

Elemente von Netzwerken

Ein zu bewältigendes umfangreiches Fertigungsprojekt ist zunächst durch ein „Durcheinander" von Vorgängen und Terminen gekennzeichnet, die es zu erfassen und zu ordnen gilt. Das Sichtbarmachen der Interdependenzen der Teilprozesse eines Projekts erfolgt mittels des Entwurfs eines Netzwerks. **Ein Netzwerk ist als eine graphische Darstellung logisch zusammenhängender Teilprozesse aufzufassen.** Es setzt sich grundsätzlich aus zwei Arten von Elementen zusammen, den Knoten und den gerichteten Kanten. Die **Knoten** symbolisieren in der Regel Ereignisse, die **gerichteten Kanten** (Pfeile) dagegen Aktivitäten (Arbeitsgänge, Tätigkeiten). Zum Beispiel werden die Arbeitsgänge „Entwerfen" und „Konstruieren" sowie die Ereignisse „Start", „Entwurf fertig" und „Konstruktion fertig" folgendermaßen abgebildet (vgl. Abbildung 4.56):

548

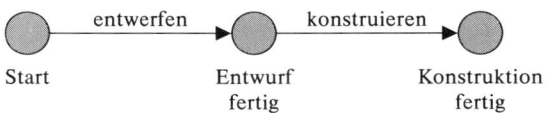

Abbildung 4.56: Ereignisse und Tätigkeiten

Es besteht die Bedingung, daß ein Ereignis erst dann als eingetreten betrachtet werden darf, wenn alle zu ihm hinführenden Arbeitsgänge vollzogen sind. Damit wird die Abhängigkeit eines Ereignisses von vorhergehenden Tätigkeiten zum Ausdruck gebracht.

Um bestimmten Nebenbedingungen für die Reihenfolge von Arbeitsgängen und für die Termine im Netzwerk zu genügen, definiert man sogenannte Scheinaktivitäten. Eine Scheinaktivität nimmt weder Zeit in Anspruch, noch ist sie mit dem Einsatz irgendwelcher Mittel verbunden. Um diese fiktiven Tätigkeiten von den anderen realen Arbeitsgängen zu unterscheiden, werden sie gewöhnlich in Form von gestrichelten Pfeilen in das Netzwerk eingezeichnet (vgl. Abbildung 4.57). *Schein-aktivitäten*

Die technologische Abhängigkeit des Arbeitsgangs (C) vom Arbeitsgang (B) wird durch die Scheinaktivität (S) ausgedrückt (vgl. Abbildung 4.57a). Auch für den Fall, daß von einem Ereignis zu einem anderen Ereignis zwei Arbeitsgänge führen, ist die Verwendung eines Scheinarbeitsgangs notwendig (vgl. Abbildung 4.57b), denn zwei Ereignisse dürfen grundsätzlich nur durch einen einzigen Arbeitsgang verbunden sein.

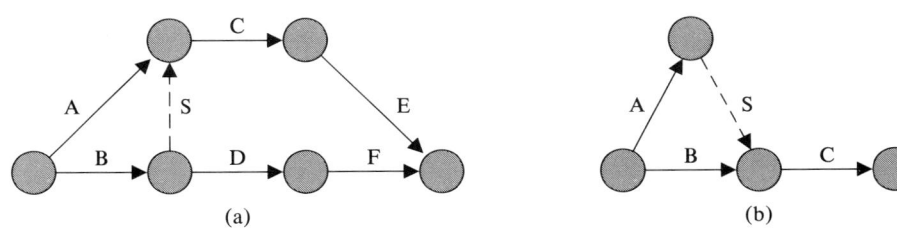

Abbildung 4.57: Scheinaktivitäten

Um einen einwandfreien, klaren Aufbau des Netzes zu gewähren, was eine unbedingte Voraussetzung für die erfolgreiche Anwendung der Netzplantechnik bedeutet, sind Grundsätze für die Konstruktion von Netzwerken formuliert worden: *Grundsätze der Netz-werkkon-struktion*

(1) Alle Aktivitäten und Ereignisse müssen bekannt und eindeutig definiert sein.
(2) Tätigkeiten werden durch Pfeile, Scheinaktivitäten durch gestrichelte Pfeile und Ereignisse durch Knoten symbolisiert.
(3) Das Netzwerk hat nur einen Eingang (Start) und nur ein Endereignis (Ende), die gegebenenfalls durch Scheinaktivitäten konstruiert werden müssen.
(4) Das Netz hat eine endliche Ausdehnung, d. h. es gibt eine endliche Anzahl von Pfeilen und Knoten.

549

(5) Das Netz ist lückenlos verknüpft, d. h. jedes Ereignis ist über eine Kette von Tätigkeiten und anderen Ereignissen mit dem Start und Ende verbunden.

(6) Zwei Ereignisse dürfen nur durch einen einzigen Arbeitsgang verbunden sein.

(7) Jeder Aktivität ist ein Zeitbedarf zugeordnet (die Länge des Aktivitätspfeils besagt nichts über den Zeitbedarf).

(8) Das Netz ist zeitorientiert (das Durchlaufen einer Strecke in Pfeilrichtung kommt einem Übergang von einem früheren zu einem späteren Zeitpunkt gleich).

(9) Das Netz darf keine Schleifen aufweisen, d. h. sich wiederholende Ereignisse sowie Aktivitäten sind erneut aufzuführen und Aktivitäten, die zum Ausgangsereignis zurückführen, sind unzulässig.

Durch die genannten Grundsätze ist das Netzwerk allerdings nicht eindeutig bestimmt. Ein realer betrieblicher Vorgang kann in grober oder feiner Darstellung abgebildet werden. Beispielsweise kann die Aktivität „Fundament setzen" in die Aktivitäten „Erde ausheben", „Verschalungen einrichten", „Beton eingießen" oder in noch feinere Aktivitäten zerlegt werden. Der Zerlegungsgrad richtet sich nach den Genauigkeitsansprüchen der Planung und bleibt dem Entscheidungsträger überlassen. Wichtig ist aber, daß alle wesentlichen Abhängigkeiten zwischen den Aktivitäten erfaßt werden. Dazu ist es häufig günstig, bei der Konstruktion des Netzwerkes retograd vorzugehen, d. h. das Netz vom Endereignis in Richtung auf den Start des Projekts hin zu entwickeln.

*Struktur-
analyse bei
CPM und
PERT*
Die genannten Regeln und Empfehlungen gelten gleichermaßen für CPM und PERT. Im Rahmen der Strukturanalyse lassen sich zwischen CPM und PERT im wesentlichen nur formale Unterschiede feststellen. Einer dieser Unterschiede betrifft die Betonung der einzelnen Elemente im Netz hinsichtlich ihrer Kennzeichnung. CPM verwendet aktivitätsorientierte Netze. Charakteristisch hierfür ist, daß die Ereignisse nur unter einer Numerierung erscheinen und lediglich als Anfangs- bzw. Endpunkte der Arbeitsvorgänge aufgefaßt werden (vgl. Abbildung 4.58).

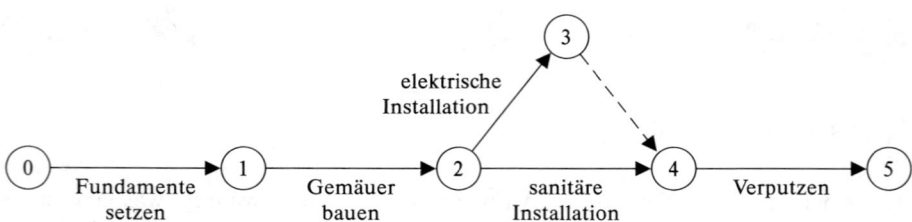

Abbildung 4.58: Aktivitätsorientierte Netzwerkdarstellung

Im Gegensatz hierzu arbeitet PERT mit ereignisorientierten Netzen. Bei diesem Verfahren werden nur die Ereignisse klar definiert. Die Arbeitsgänge sind durch Pfeile ohne Benennung dargestellt (vgl. Abbildung 4.59). PERT verwendet eine willkürliche Numerierung. Es besteht lediglich die Bedingung, daß alle Ereignisse durch jeweils verschiedene Zahlen zu kennzeichnen sind.

550

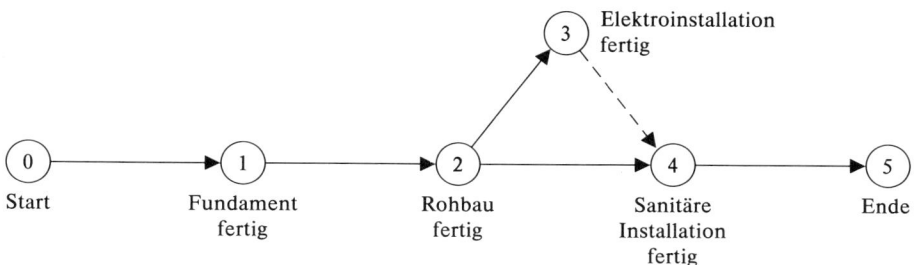

Abbildung 4.59: Ereignisorientierte Netzwerkdarstellung

Nachdem ein Projekt in seine Teilvorgänge zerlegt und im Rahmen der Strukturanalyse in der Sprache der Netzplantechnik dem logischen oder technisch bedingten
Ablauf entsprechend dargestellt wurde, muß das Projekt in einem weiteren Schritt
zeitlich festgelegt werden.

(3) Zeitanalyse der Netzplantechnik

Für die Berechnung der relevanten Zeitpunkte eines Projekts, insbesondere für die
Ermittlung eines Abschlußtermins, haben sich zwei voneinander abweichende mathematische Rechenmodelle herausgebildet. Zunächst wird das einfachere System CPM
(deterministische Analyse) skizziert. Danach folgt eine kurze Darstellung von PERT
(stochastische Analyse).

Bei CPM wird für jeden Arbeitsgang eine einzige Zeitschätzung vorgenommen und   *CPM-System*
somit jedem Arbeitsgang eine deterministische Zeitdauer zugeordnet. Es handelt sich
um Planwerte, die auf der Grundlage von Erfahrungswerten und theoretischen Überlegungen beruhen.

Im Vordergrund der Zeitanalyse stehen folgende Fragen: *Aufgaben der*
                                                                                          Zeitanalyse
(1) Wann kann das Gesamtprojekt frühestens abgeschlossen werden?
(2) Wann können die einzelnen Arbeitsgänge frühestens beginnen bzw. wann treten
    die Ereignisse frühestmöglich ein?
(3) Wann müssen die einzelnen Arbeitsgänge spätestens beginnen, damit der Ab-
    schlußtermin des Projekts nicht beeinträchtigt wird bzw. wann müssen die
    Ereignisse ohne Gefährdung des Abschlußtermins spätestens eintreten?
(4) Wie groß sind die Puffer- oder Leerzeiten, d. h. die Zeiten zwischen dem frühest-
    möglichen und dem spätesterlaubten Beginn für die einzelnen Arbeitsgänge bzw.
    Ereignisse?

Für die mathematische Lösung der gestellten Fragen ist folgende Symbolik erfor-   *Symbolik*
derlich:

Dem Startereignis wird die Zahl 0 zugeordnet, die Anzahl der weiteren Ereignisse
ist n; es existieren also insgesamt n + 1 Ereignisse.

Außerdem gilt:

i = Ereignis (i);

j = Ereignis (j);

k = Ereignis (k);

(i, j) = Arbeitsgang, der die benachbarten Ereignisse (i) und (j) verbindet, wobei das Ereignis (i) vor dem Ereignis (j) liegt;

(j, k) = Arbeitsgang, der die benachbarten Ereignisse (j) und (k) verbindet, wobei das Ereignis (j) vor dem Ereignis (k) liegt;

P = Menge aller Arbeitsgänge (i, j);

$y_{(i,j)}$ = Dauer des Arbeitsganges (i, j);

t_i = Zeitpunkt des Ereignisses (i);

t_j = Zeitpunkt des Ereignisses (j);

$t_i^{(0)}$ = frühestmöglicher Zeitpunkt, zu dem alle bei Ereignis (i) endenden Arbeitsgänge abgeschlossen sein können (also der frühestmögliche Eintritt des Ereignisses (i)). Im Netz bedeutet dies die zeitlich maximale Länge eines Weges vom Startpunkt zum Ereignis (i);

$t_i^{(1)}$ = spätester Zeitpunkt, zu dem alle bei Ereignis (i) endenden Arbeitsgänge abgeschlossen sein müssen, ohne den Abschlußtermin zu gefährden (also der spätesterlaubte Eintritt des Ereignisses (i));

$t_{(i,j)}^{(0)}$ = frühestmöglicher Start von Arbeitsgang (i, j);

$t_{(i,j)}^{(1)}$ = spätesterlaubter Start von Arbeitsgang (i, j);

$t_0^{(0)}$ = Startzeit des Projekts;

$t_n^{(1)}$ = Endtermin des Projekts;

p_i = Pufferzeit für das Erreichen des Ereignisses (i);

$P_{(i,j)}$ = Pufferzeit eines Arbeitsganges (i, j);

w = kürzestmögliche Projektdauer.

Zwischen den Ereigniszeitpunkten gilt folgender formaler Zusammenhang:

$$(4.68) \qquad t_i + y_{(i,j)} \leqq t_j \quad \text{oder:} \quad y_{(i,j)} \leqq t_j - t_i$$

Diese Ungleichung besagt, daß zwischen Ereigniseintritt von (i) und (j) ein Arbeitsgang mit der Dauer $y_{(i,j)}$ liegt. Das Gleichheitszeichen gilt dann, wenn die Arbeitsgangdauer gleich der zur Verfügung stehenden Zeitspanne ist. Im Falle $y_{(i,j)} < t_j - t_i$ liegt eine Leer- oder Pufferzeit vor. Dieser Begriff wird noch näher erläutert.

Frühest-
möglicher
Abschluß-
termin

Als erstes ist die Frage nach dem frühestmöglichen Abschlußtermin eines Projektes zu klären. Bekannt sind die technischen Bedingungen für Arbeitsgangfolgen sowie alle Zeitbedarfswerte für die einzelnen Tätigkeiten. Als **Weg im Netz** bezeichnet man eine Folge von miteinander verbundenen Strecken, die in Pfeilrichtung zu durchlaufen sind. Die Summe der Zeiten aller Tätigkeiten definiert dabei die **„Länge" des Weges**.

Kritischer
Weg

Unter der endlichen Anzahl von Wegen vom Anfangsereignis bis zum Endknoten gibt es einen Weg (oder auch mehrere Wege) mit längster Zeitdauer. Er wird als kritischer Weg bezeichnet. Der frühestmögliche Zeitpunkt für das Schlußereignis wird von diesem längsten Weg durch das Netzwerk bestimmt. Erst wenn alle auf dem längsten Weg liegenden Tätigkeiten beendet sind, ist das Gesamtprojekt abgeschlossen.

552

Ausgehend von den frühestmöglichen Zeitpunkten für das Eintreten der dem Ereignis (j) unmittelbar vorausgehenden Ereignisse (i) läßt sich der frühestmögliche Termin für Ereignis (j) formelmäßig wie folgt angeben:

$$t_0^{(0)} = 0$$

(4.69) $$t_j^{(0)} = \max_{(i < j;\ (i,\,j) \in P)} [y_{(i,\,j)} + t_i^{(0)}] \quad \text{für } 0 < j \leqq n$$

Diese Gleichung besagt: **Der frühestmögliche Eintritt des Ereignisses (j) ist gleich dem Maximum der Summen aus frühestmöglichen Eintrittszeitpunkten der vorgelagerten Ereignisse (i) und Dauer der von (i) nach (j) führenden Arbeitsvorgänge.**

Ausgehend vom Start kann schrittweise mit Hilfe der Formel (4.69) der frühestmögliche Eintritt für jedes Ereignis (i) gefunden werden. Auf diese Weise wird die zeitlängste Folge von Arbeitsgängen, der kritische Weg, gefunden. Der frühestmögliche Eintritt des Endereignisses ist gleich der kürzesten Projektdauer w.

Die bisherigen Schritte werden an einem einfachen Beispiel (vgl. Abbildung 4.60) noch einmal erläutert.

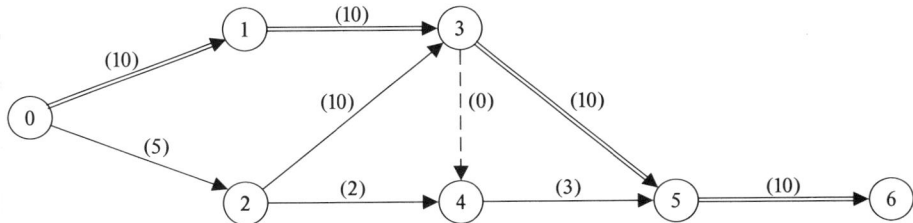

Abbildung 4.60: CPM-Beispiel

Das Projekt der Abbildung 4.60 besteht aus neun Aktivitäten (in Klammern sind die Arbeitsgangzeiten in Tagen angegeben) und sieben Ereignissen. Die Numerierung der Ereignisse erfolgt nach der Regel $i < j$. In einem schrittweisen Vorgehen sind vom Startpunkt aus unter Verwendung von Gleichung (4.69) die frühestmöglichen Eintritte der Ereignisse zu berechnen.

Wie diese Berechnung erfolgt, wird am Beispiel der Ereignisse (0), (1), (2) und (3) aufgezeigt:

$$t_0^{(0)} = 0 \text{ [Tage]}$$
$$t_1^{(0)} = y_{(0,\,1)} + t_0^{(0)} = 10 + 0 = 10 \text{ [Tage]}$$
$$t_2^{(0)} = y_{(0,\,2)} + t^{(0)} = 5 + 0 = 5 \text{ [Tage]}$$
$$t_3^{(0)} = \max [y_{(1,\,3)} + t_1^{(0)};\ y_{(2,\,3)} + t_2^{(0)}]$$
$$t_1^{(0)}, t_2^{(0)}, y_{(1,\,3)} = 10 \text{ [Tage] und } y_{(2,\,3)} = 10 \text{ [Tage] eingesetzt:}$$
$$t_3^{(0)} = \max [10 + 10;\ 10 + 5] = \max [20;\ 15] = 20 \text{ [Tage]}.$$

Der frühestmögliche Eintritt von Ereignis 3 erfolgt 20 Tage nach Projektbeginn. Von zwei möglichen Wegen vom Startereignis zu Ereignis 3 (entweder über Ereignis 1 oder über Ereignis 2) ist der Weg über Ereignis 1 zeitlänger und bestimmt somit den frühestmöglichen Eintritt von Ereignis 3.

Die frühestmöglichen Eintritte sämtlicher Ereignisse sind in Abbildung 4.61 zusammengefaßt.

Ereignis j	frühestmöglicher Eintritt $t_j^{(0)}$	kritische Ereignisse
0	0	*
1	10	*
2	5	
3	20	*
4	20	
5	30	*
6	40	*

Abbildung 4.61: Frühestmögliche Ereigniseintritte und kritischer Weg

Das Projekt kann frühestens 40 Tage nach dem Start abgeschlossen werden. Der kritische Weg führt über die Ereignisse (0), (1), (3), (5) und (6).

Richtet sich das Interesse nicht auf die Ereignisse, sondern auf die Aktivitäten, so zeigt sich das in Abbildung 4.62 dargestellte Ergebnis.

Kritische
Aktivitäten
Wie in der Tabelle der Abbildung 4.62 zum Ausdruck kommt, verläuft der kritische Weg über die Arbeitsgänge (0,1), (1,3), (3,5) und (5,6). Würde beispielsweise Arbeitsgang (2,3) 20 Tage anstatt wie vorgesehen 10 Tage beanspruchen, so würde der kritische Weg über diesen Arbeitsgang und über das Ereignis 2 führen. Der Schlußtermin würde sich aber lediglich um 5 Tage verzögern; denn Ereignis 2 bzw. Arbeitsgang (2,3) hat eine Pufferzeit von 5 Tagen zur Verfügung, wie anschließend ermittelt werden wird.

Arbeitsgang (i, j)	frühestmöglicher Beginn $t_{(i,j)}^{(0)}$	frühestmögliches Ende vom Arbeitsgang (i, j)	kritische Arbeitsgänge
(0,1)	0	10	*
(0,2)	0	5	–
(1,3)	10	20	*
(2,3)	5	15	–
(2,4)	5	7	–
(3,4)	20	20	(Scheinaktivität)
(3,5)	20	30	*
(4,5)	20	23	–
(5,6)	30	40	*

Abbildung 4.62: Frühestmögliche Beginn- und Endzeitpunkte der Arbeitsgänge und kritischer Weg

554

Um die Pufferzeiten p_j berechnen zu können, bedarf es der Kenntnis der spätester-laubten Ereigniszeitpunkte. **Spätesterlaubte Ereigniszeitpunkte sind Zeitpunkte, die unbedingt eingehalten werden müssen, wenn die pünktliche Einhaltung des zuvor über den kritischen Weg ermittelten Abschlußtermins des Projekts nicht gefährdet werden soll.** Für die Ermittlung der Pufferzeit eines Ereignisses gilt:

Pufferzeiten der Erzeug-nisse

$$(4.70) \qquad p_j = t_j^{(1)} - t_j^{(0)}.$$

Die spätesterlaubten Zeitpunkte $t_j^{(0)}$ lassen sich nach der Formel (4.71) berechnen:

Spätest-erlaubter Ereignis-zeitpunkt

$$t_n^{(1)} = t_n^{(0)} = t_0^{(0)} + w$$
$$(4.71) \qquad t_j^{(1)} = \min_{\substack{(j < k;\ (j,k) \in P)}} [t_k^{(1)} - y_{(j,k)}] \quad \text{für } 0 \le j < n$$

Gleichung (4.71) besagt: **Der spätesterlaubte Zeitpunkt für Ereignis (j) errechnet sich aus dem Minimum aller möglichen Differenzen zwischen den spätesterlaubten Zeit-punkten der unmittelbar folgenden Ereignisse (k) und den dazugehörigen Arbeitsgang-dauern (j, k).**

Im Gegensatz zur Ermittlung der frühestmöglichen Zeitpunkte erfolgt die Ermittlung der $t_j^{(1)}$-Werte also rückwärts (retrograd) vom Endzeitpunkt des Projekts in Richtung zum Startereignis. So liegt im Beispiel der Abbildung (4.60) der spätesterlaubte Ein-tritt von Ereignis 5 am 30. Tag, von Ereignis 4 infolge der dreitägigen Dauer des Arbeitsganges (4,5) am 27. Tag, von Ereignis 3 am 20. Tag nach Projektbeginn. Für das Ereignis 2 gilt entsprechend Formel (4.71) der 10. Tag nach Projektbeginn als Minimum von 27–2 und 20–10 als spätesterlaubter Eintrittstermin.

Diese Ergebnisse und die nach Formel (4.70) berechneten Pufferzeiten p_j sind in der Abbildung 4.63 zusammengefaßt.

Alle Ereignisse, die auf dem kritischen Weg liegen, sind durch Pufferzeiten von Null gekennzeichnet. Lediglich die Ereignisse (2) und (4) besitzen eine Pufferzeit von 5 bzw. 7 Tagen. Eine Verzögerung z. B. des Ereignisses (2) um bis zu 5 Tage hat keine Verlängerung des Abschlußtermins zur Folge.

Ereignis j	frühestmöglicher Beginn $t_j^{(0)}$	spätesterlaubter Eintritt $t_j^{(1)}$	Pufferzeit p_j
0	0	0	0
1	10	10	0
2	5	10	5
3	20	20	0
4	20	27	7
5	30	30	0
6	40	40	0

Abbildung 4.63: Ermittlung der Pufferzeiten von Ereignissen

Die Pufferzeiten $p_{(i,j)}$ der einzelnen Arbeitsgänge lassen sich nach der Formel

(4.72) $p_{(i,j)} = t_{(i,j)}^{(1)} - t_{(i,j)}^{(0)}$

berechnen. Die Pufferzeit eines Arbeitsganges (i, j) ist als die Differenz zwischen spätesterlaubtem und frühestmöglichem Beginn des Arbeitsganges definiert. Der spätesterlaubte Beginn $t_{(i,j)}^{(1)}$ eines Arbeitsganges (i, j) ist gleich dem spätesterlaubten Eintritt $t_j^{(1)}$ des nach dem Arbeitsgang eintretenden Ereignisses (j) minus Dauer $y_{(i,j)}$ des Arbeitsganges (i, j).

(4.73) $t_{(i,j)}^{(1)} = t_j^{(1)} - y_{(i,j)}$

Die mit Formel (4.72) errechnete Pufferzeit eines Arbeitsganges ist die sogenannte **„totale" Pufferzeit**. Auf eine Darlegung verfeinerter Pufferzeitbegriffe wird hier verzichtet. Bei der Betrachtung der totalen Pufferzeit geht man davon aus, daß alle vorhergehenden Arbeitsgänge frühestmöglich und alle dem betreffenden Arbeitsgang folgenden Arbeitsgänge spätestmöglich beginnen. Die totale Pufferzeit ist also die Zeitspanne, die für die Verzögerung eines bestimmten Arbeitsganges innerhalb einer Arbeitsgangfolge maximal zur Verfügung steht. Wird sie von einem dieser Arbeitsgänge voll ausgenutzt, so bleibt für die übrigen Arbeitsgänge dieses „Weges" des Netzwerkes kein Pufferzeitraum mehr. Jene müssen dann ohne Verzögerung ablaufen.

Für die totalen Pufferzeiten der Arbeitsgänge des Beispiels lassen sich die folgenden Werte angeben (vgl. Abbildung 4.64):

Arbeitsgang (i, j)	frühestmöglicher Beginn $t_{(i,j)}^{(0)}$	spätesterlaubter Beginn $t_{(i,j)}^{(1)}$	Pufferzeit $p_{(i,j)}$
(0,1)	0	0	0
(0,2)	0	5	5
(1,3)	10	10	0
(2,3)	5	10	5
(2,4)	5	25	20
(3,4)	20	27	7
(3,5)	20	20	0
(4,5)	20	27	7
(5,6)	30	30	0

Abbildung 4.64: Ermittlung der Pufferzeiten für Aktivitäten

Es sei darauf hingewiesen, daß für die Durchführung aller genannten Berechnungen in der Praxis Computerprogramme zur Verfügung stehen.

Im PERT-System wird davon ausgegangen, daß die Zeitdauer der einzelnen Arbeitsgänge keine deterministische Größe darstellt, sondern eine zufällige Variable ist. Diese Annahme hat eine Reihe von Konsequenzen.

Zunächst muß die Wahrscheinlichkeitsverteilung für die Zeitdauer jedes Arbeitsganges geschätzt werden. Als brauchbare Hypothese für den Verteilungstyp hat sich dabei die sogenannte Beta-Verteilung erwiesen. Auf Einzelheiten der Schätzung sei hier nicht weiter eingegangen. Aufgrund der Schätzwerte können der Erwartungswert und die Varianz der Zeitdauer eines Arbeitsgangs bestimmt werden. Der Erwartungswert der Zeitdauer von hintereinandergeschalteten Arbeitsgängen ist dann gleich der Summe der Erwartungswerte der Zeitdauer der einzelnen Arbeitsgänge; dasselbe gilt – stochastische Unabhängigkeit der Arbeitsgänge vorausgesetzt – für die Varianz.

Analog zum CPM-System können der frühestmögliche Eintritt und der spätesterlaubte Beginn jedes Ereignisses sowie das frühestmögliche Projektende berechnet werden, allerdings nur auf der Basis von Erwartungswerten und Varianzen. Analoges gilt für die Arbeitsgänge und die jeweiligen Pufferzeiten.

Ferner lassen sich Wahrscheinlichkeitsaussagen angeben. So kann z. B. die **Wahrscheinlichkeit** berechnet werden, **mit der die Projektdauer oder irgendein wichtiges Ereignis einen gewissen Termin überschreitet.** Ebenso kann die **Wahrscheinlichkeit dafür** ermittelt werden, **daß bei vorgegebenem Abschlußtermin ein Arbeitsgang bzw. ein Ereignis eine negative Pufferzeit besitzt, d. h. daß dieser Arbeitsgang bzw. dieses Ereignis auf dem kritischen Weg liegt.** Der kritische Weg selbst ist somit nicht mehr eindeutig bestimmt, sondern es ist mehr oder weniger wahrscheinlich, daß ein bestimmter Pfad zum kritischen Weg wird. Auf die Einzelheiten dieser Wahrscheinlichkeitsberechnung und andere Eigenschaften des PERT-Systems sei hier aber nicht weiter eingegangen.

(4) Verfeinerte Verfahren der Netzplantechnik

Die zunächst lediglich das Zeitkriterium berücksichtigenden Verfahren CPM und PERT wurden in erster Linie durch die Einbeziehung von Kostengesichtspunkten und die Erfassung knapper Produktionskapazitäten verfeinert und ausgebaut. Diese konzeptionelle Verfeinerung und Erweiterung der Netzplantechnik wurde begleitet und maßgeblich beeinflußt von der Entwicklung auf dem Gebiet der Computer-Technologie, die es mehr und mehr erlaubte, auch Programmsysteme zu verarbeiten, die sich mit der Planung mehrerer gleichzeitig laufender Projekte befassen (Mehrprojektplanungssysteme). Die folgenden Ausführungen sollen lediglich einen kurzen Einblick in diese Entwicklungsrichtungen der Netzplantechnik vermitteln.

Die Betrachtung der Netzwerkproblematik aus der Kostenperspektive stellt einen bedeutsamen Schritt der Fortentwicklung der Netzplantechnik gerade aus der Sicht betriebswirtschaftlicher Anwendungspraxis dar. Die Verfahren LESS, MCX und PERT/COST sind z. B. aus dieser Entwicklungsphase hervorgegangen. Während PERT/COST ein Verfahren darstellt, das eine laufende Überwachung der zu Beginn des Projekts geplanten Zeit-Kosten-Relationen vornimmt und dabei den Projektfortschritt zum Budgetverbrauch ins Verhältnis setzt, also einen Soll-Ist-Vergleich durchführt, handelt es sich bei den Verfahren LESS und MCX um Kostenoptimierungsmodelle. Im wesentlichen sollen diese Modelle zur Lösung der folgenden Probleme beitragen:

(1) **Es ist der Fertigstellungstermin gesucht, der eine Projektdurchführung mit minimalen Kosten ermöglicht.**

Berücksichtigung von Kostengesichtspunkten

557

(2) **Bei einer erforderlichen Projektbeschleunigung soll eine kostenoptimale Lösung gefunden werden, d. h. es sind Angaben über diejenigen Arbeitsgänge gesucht, deren Beschleunigung den rechtzeitigen Projektabschluß mit den geringsten Kosten ermöglicht.**

Direkte Kosten der Projektbeschleunigung

Für diese Aufgaben müssen neben den Arbeitsgangzeiten auch die voraussichtlichen Kosten für jeden Arbeitsgang festgestellt werden. Dabei wird unterstellt, daß eine Funktion zwischen Kostenhöhe und Arbeitsgangdauer besteht. Alternative Aktivitätszeiten sind durch bestimmte Kostenkonsequenzen gekennzeichnet. In den Verfahren wird von einer „normalen" Arbeitsintensität ausgegangen. Eine Beschleunigung der Arbeitsgänge soll zu einer proportionalen Kostenerhöhung führen.

Auf der Grundlage dieser Annahmen über die Kosten-Zeit-Relationen für die Arbeitsgänge lassen sich die weiter oben dargestellten Probleme mit Hilfe hierfür entwickelter Algorithmen lösen.

Ermittlung minimaler Projektkosten

Im Vordergrund steht dabei das Bestreben, die minimalen Projektkosten in Abhängigkeit von der Projektdauer zu ermitteln. Das bedeutet, daß Projektbeschleunigungen bei denjenigen Arbeitsgängen herbeizuführen sind, die einmal auf dem kritischen Weg liegen und zum anderen eine Zeitverkürzung mit minimalem Kostenzuwachs ermöglichen.

Im einzelnen kann zur Ermittlung der **Kurve minimaler Projektkosten** gedanklich in folgenden Schritten vorgegangen werden:

(1) Das vorliegende Netzwerk wird unter Zugrundelegung „normaler" Arbeitszeiten nach der Methode des kritischen Weges durchgerechnet. Dabei wird angenommen, daß alle Arbeitsgänge zum frühestmöglichen Zeitpunkt beginnen.

(2) Man beschleunigt nun die Arbeitsgänge auf dem kritischen Weg in der Weise, daß immer zuerst der Arbeitsgang ausgewählt wird, dessen Gerade der direkten Kosten die geringste Steigung aufweist, was minimalen Kostenzuwachs bedeutet. Durch die Beschleunigung entstehen weitere kritische Wege, bei welchen nun in analoger Weise zu verfahren ist. Dieses Vorgehen wird so lange fortgesetzt, bis keine Möglichkeit einer weiteren Projektbeschleunigung mehr besteht.

(3) Trägt man die auf diese Weise erhaltenen Daten in ein Koordinatensystem ein, auf dessen Abszisse die einzelnen Projektzeiten T und auf dessen Ordinate die zugehörigen minimalen direkten Projektkosten abgetragen sind, so zeigt sich das durch Abbildung 4.65 dargestellte Bild.

Die ermittelte Projektdauer stellt die **minimalen direkten Projektkosten als Funktion der Projektdauer T** dar. Im Bereich $T_{min} \leqq T \leqq T_{normal}$ ist eine Variation der Projektdauer möglich, wobei T_{min} die kürzestmögliche und T_{normal} die normale Projektdauer symbolisieren.

Die skizzierten Schritte können mathematisch formuliert werden. Mit Hilfe des parametrischen Optimierens – der Parameter ist hier die Projektdauer T – ist es möglich, dieses Optimierungsproblem rechnerisch zu lösen. Es sind für die Netzwerkanalyse spezifische Rechenverfahren entwickelt worden. In diesem Zusammenhang ist in

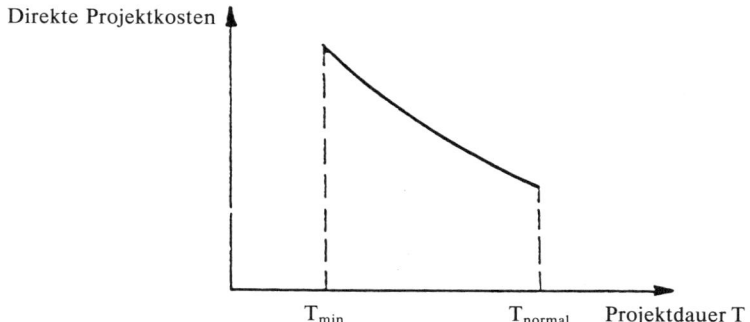

Direkte Projektkosten

T_{min} T_{normal} Projektdauer T

Abbildung 4.65: Minimale direkte Projektkosten in Abhängigkeit
von der Projektdauer

erster Linie der Fulkerson-Ford-Algorithmus zu nennen, der auch die Grundlage für die Programmierung von Computern für diese Problemstellung darstellt (vgl. Ford/ Fulkerson 1962 sowie z. B. Neumann 1987a, S. 95 ff.). **Die Computerprogramme berechnen für die verschiedenen Zeitpunkte der Projektfertigstellung die zugehörigen Zeitbedarfswerte der einzelnen Arbeitsgänge unter der Zielsetzung, die direkten Gesamtkosten für das Projekt zu minimieren. So werden auf den Ausgabelisten für jede alternative Projektdauer die zugehörigen Zeitbedarfswerte und alle frühestmöglichen und spätesterlaubten Startzeitpunkte der Arbeitsgänge, alle totalen Pufferzeiten, der kritische Weg und die entsprechenden Kosten ausgedruckt.** Als Eingabedaten sind für jeden Arbeitsgang die Minimalzeit, die Normalzeit sowie die diesen beiden Werten zugehörigen Kosten erforderlich.

Mit der Kurve der minimalen direkten Projektkosten allein ist die optimale Projektdauer in der Regel noch nicht bestimmbar. Zu diesem Zweck sind zusätzlich noch die indirekten Kosten (z. B. Abschreibungen, Verwaltungs- und Zinskosten, Konventionalstrafen, Erlösminderungen) mit in die Betrachtung einzubeziehen. Diese Komponente wird gewöhnlich als eine den direkten Kosten entgegengesetzt verlaufende zeitabhängig ansteigende Kostengerade aufgefaßt (vgl. Abbildung 4.66).

*Indirekte
Projektkosten*

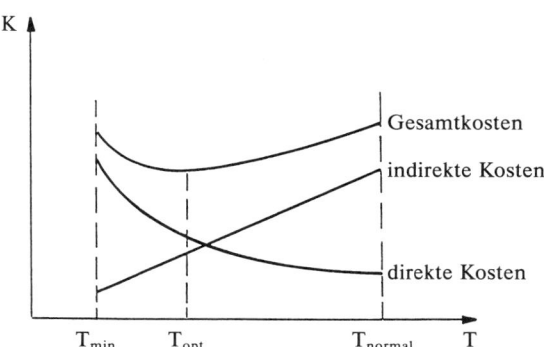

K

Gesamtkosten

indirekte Kosten

direkte Kosten

T_{min} T_{opt} T_{normal} T

Abbildung 4.66: Optimale Projektdauer

559

Die Gesamtkostenkurve, die sich aus der Addition der Kurven für die direkten und indirekten Kosten ergibt, weist dort ein Minimum auf, wo die Verminderung der direkten Kosten durch den Zuwachs der indirekten Kosten bei Projektverzögerung kompensiert wird.

Mehrprojekt-
planung bei
Kapazitäts-
beschrän-
kungen

Das im Rahmen der Produktionssteuerung charakterisierte Problem der Zuteilung knapper Kapazitäten zu Fertigungsaufträgen ist auch von der Netzplantechnik aufgegriffen worden. Die durch Netzwerke dargestellten Projekte konkurrieren um die knappen Anlagekapazitäten und Arbeitskräfte. Alle bislang entwickelten Lösungsansätze basieren auf demselben Grundkonzept: **Der optimale Einsatz der knappen Kapazitäten wird durch die Verschiebung der Pufferzeiten in den einzelnen Netzen angestrebt.** Das wohl bekannteste und am weitesten ausgebaute Verfahren auf diesem Gebiet ist das System RAMPS (Resource Allocation and Multiproject Scheduling).

Das RAMPS-
Programm

Seine Grundmerkmale sollen hier kurz beschrieben werden. RAMPS ist im Hinblick auf die Bearbeitung der Problemstellung durch Computer entwickelt worden.

Eingabedaten

Bei der Eingabe der Daten sind folgende Aspekte zu beachten:

(1) Jedes Projekt muß in seiner Struktur als Netzwerk dargestellt werden.

(2) Die Netzwerke dienen als Ausgangsbasis für die Zeitschätzungen und für Angaben über die unter normalen Verhältnissen benötigten Kapazitäten der Arbeitsgänge.

(3) Um die Flexibilität des Planungsprozesses zu erhöhen, müssen für jeden Arbeitsgang zusätzliche Angaben über die benötigten Kapazitätseinheiten sowohl für den Fall einer beschleunigenden Durchführung (speed-up-resource utilization rate) als auch für den Fall einer verzögerten Durchführung (slow-down-resource utilization rate) gemacht werden.

(4) Die verfügbaren Kapazitäten, aufgeteilt in einzelne Kategorien (Maschinengruppen, Arbeitsplätze), und die relevanten Kosten müssen bestimmt werden. Ferner sind die verfügbaren Kapazitätsreserven (premium resource) für den Fall einer übermäßigen Inanspruchnahme und die zugehörigen Kosten (z. B. Überstundenlöhne) festzustellen. Auch dieser Tatbestand gibt der Planung einen Elastizitätsspielraum.

(5) Schließlich sind die im RAMPS-Programm enthaltenen Operationsziele in Form von Prioritätsangaben genauer zu konkretisieren. Hauptziel von RAMPS ist es, jedes Projekt bei bestmöglicher Zuordnung der verfügbaren Kapazitäten so früh wie möglich fertigzustellen, wobei eine kostengünstige Lösung für die Projekte insgesamt gefunden werden soll. Dabei können den einzelnen Projekten generelle Prioritäten zugeordnet werden. Die Dringlichkeit eines jeden Projekts kann über die Angaben des frühesten Projektbeginns, des gewünschten Projektendtermins sowie einer Projektverzögerungsstrafe (Verzugskosten) gesteuert werden. Neben dieser Hauptaufgabe erfüllt RAMPS eine Reihe weiterer Aufgaben, wie z. B. Ermittlung des frühestmöglichen Beginns und der frühestmöglichen Beendigung aller Arbeitsgänge, Vorrang für alle kritischen Arbeitsgänge, Vermeidung von

560

Engpässen und von Unterbrechungen bereits begonnener Arbeitsgänge. Über sogenannte Steuerungsfaktoren wird eine Gewichtung dieser zum Teil miteinander konkurrierenden Ziele vorgenommen.

Im Lösungsalgorithmus werden bei der Zuteilung der Kapazitäten grundsätzlich die kritischen Arbeitsgänge bevorzugt. **Reichen die Kapazitäten nicht aus, so wird durch sogenanntes „floating" der Start der nicht-kritischen Arbeitsgänge so verschoben, daß die hierbei frei werdenden Kapazitäten den kritischen Arbeitsgängen zugeordnet werden können.** Mit Hilfe der sogenannten Flexibilitätsfaktoren (speed-up-resource utilization rate, slow-down-resource utilization rate, premium resource) wird versucht, die Ansprüche eines jeden Arbeitsganges auf Kapazitäten zu befriedigen. Dabei müssen einerseits die Kapazitätsbeschränkungen eingehalten werden, andererseits ist den gewichteten Operationszielen und Projektprioritäten Rechnung zu tragen. *Das Rechenprogramm*

Nach dem Programmablauf werden vom Computer die Ausgabedaten in Form von zwei Berichten ausgedruckt. Man erhält einmal umfassende **Terminpläne für die einzelnen Projekte und zum anderen einen Bericht über die in jeder Periode beanspruchten Kapazitätseinheiten**, geordnet nach bestimmten Kapazitätskategorien. Anhand dieser Informationen kann der Planungsträger die Kapazitätsengpässe erkennen. Ähnlich den kritischen Arbeitsgängen kann hier von kritischen Teilkapazitäten gesprochen werden, deren rechtzeitige Beseitigung ebenso überwacht werden muß wie die Abwicklung der Arbeitsgänge nach Maßgabe der Terminpläne. *Ausgabedaten*

d) Steuerung und Kontrolle des Produktionsprozesses

Die Planung des Produktionsprozesses läßt gerade im Rahmen der Werkstattfertigung noch Freiheitsgrade offen, z. B. bezüglich der Reihenfolge von Arbeitsgängen und der Maschinenbelegung. Durch die sehr kurzfristige Schließung dieser Freiheitsgrade wird die Produktion in den Werkstätten gesteuert. Zudem müssen die Prozesse überwacht und bei Störungen Korrekturmaßnahmen ergriffen werden.

Methoden der Reihenfolgeplanung

Die zuvor erörterte Kapazitäts- und Durchlaufterminierung stellte eine Kapazitätsgrobplanung dar. In ihr werden die Arbeitsgänge nur innerhalb größerer Zeitperioden (z. B. für mehrere Wochen) eingeplant. Die Feinterminierung dagegen nimmt eine zeitgenaue Zuordnung (z. B. der nächsten Stunden) innerhalb dieser Perioden vor. Hierzu wird für die Fertigung eine detaillierte Ablaufplanung durchgeführt, in der für eine vorgegebene Menge an Aufträgen die Bearbeitungsreihenfolge auf den Maschinen festgelegt wird. Ergebnis ist die endgültige **Maschinenbelegung** der nächsten Stunden oder Tage, wobei jeder einzelne Arbeitsgang (Basisprozeß) nach dem Gesichtspunkt einer kostenoptimalen Maschinenauslastung auf die Arbeitsplätze zu verteilen ist. *Feinterminierung*

Zur Kapazitätsfeinplanung werden in der Regel die **Verfahren der Reihenfolgeplanung** eingesetzt. Eine spezielle Methode zur Unterstützung von Entscheidungen der Reihenfolgeplanung im Rahmen der Einzelfertigung ist die bereits dargestellte **Netzplantechnik.** Nachfolgend sollen zwei weitere typische Reihenfolgeprobleme besprochen werden, das sogenannte **Travelling Salesman Problem** und das **Maschinenbelegungsproblem.** Insbesondere der Maschinenbelegungsrechnung mit Hilfe von Prioritätsregeln kommt dabei besondere Bedeutung zu.

(1) Das Travelling Salesman Problem

Während bei den Reihenfolgeproblemen, die mit Hilfe der Netzplantechnik gelöst werden, mehrere Tätigkeiten gleichzeitig ausführbar sind und die logische Abfolge der Tätigkeiten festlegt, kann beim klassischen Travelling Salesman Problem immer nur eine Tätigkeit nach der anderen durchgeführt werden; die Reihenfolge der Tätigkeiten ist hingegen variierbar. So kann ein Handlungsreisender immer nur einen Kunden besuchen, die Reihenfolge der Besuche ist seiner Entscheidung überlassen. Derselbe Sachverhalt liegt bei der Belieferung von Kunden mit *einem* Transportmittel, aber auch bei der innerbetrieblichen Anlieferung vor. Ein weiteres wichtiges Beispiel für das Travelling Salesman Problem sind **Umrüstvorgänge.** Eine Maschine wird durch Umrüsten für gewisse Arbeitsgänge vorbereitet, sie kann sich in nur einem „Rüstzustand" befinden. Hingegen ist die Reihenfolge der Umrüstungen beliebig.

Als Kriterium zur Bewertung der möglichen Reihenfolgen bieten sich verschiedene Größen an: beim Handlungsreisenden und bei der Belieferung von Kunden z. B. der bei einer Route (d. h. Reihenfolge) zurückgelegte Weg, die aufgewendete Zeit oder die Kosten. Bei den Umrüstvorgängen können insbesondere die Kosten für alle notwendigen Umrüstvorgänge, aber auch die dazu benötigte Zeit als Auswahlkriterium dienen. Dabei wird unterstellt, daß beim Handlungsreisenden bzw. bei der Belieferung von Kunden die Wegstrecken, die Zeiten oder die Kosten für den jeweils zwischen *zwei* Kunden zurückzulegenden Weg bekannt sind. Bei den Umrüstvorgängen sollen entsprechend die Kosten bzw. Zeiten, die zum Umrüsten von einem Zustand zum anderen erforderlich sind, bekannt sein. Im folgenden wird ohne Einschränkung der Allgemeinheit einheitlich die **Kostenminimierung als Zielfunktion** gewählt.

Zwei weitere in der Realität nicht immer zutreffende Bedingungen müssen beim Travelling Salesman Problem erfüllt sein:

(1) Es müssen alle Orte (Zustände) durchlaufen werden;
(2) die letzte Tätigkeit bildet die Rückkehr zum Startort (Startzustand).

Das Travelling Salesman Problem läßt sich grafisch veranschaulichen, indem die Orte bzw. Maschinenzustände als Knoten, die Wege bzw. Umrüstarbeiten als gerichtete Kanten dargestellt werden. Der Abbildung 4.67 wurde das hypothetische Beispiel eines Umrüstvorganges zugrunde gelegt. Die Knoten A, B, C, D, E symbolisieren die Rüstzustände, wobei A den Anfangszustand (z. B. Wartungszustand, Ruhestellung) der Maschine, B, C, D, E die jeweiligen Zustände nach dem Umrüsten darstellen. Der

562

Produktionsvorgang beginnt mit dem Anfangszustand der Maschine. Im Laufe eines ausreichend großen Zeitraums müssen alle Umrüstzustände durchlaufen werden, danach ist die Maschine wieder in den Ausgangszustand zu bringen. Die Kosten beim Übergang von einem Zustand in den anderen und zurück sind an den Kanten abgetragen. Sie sind nochmals in Abbildung 4.68 zusammengestellt. Gesucht ist die kostenminimale Reihenfolge der Rüstzustände.

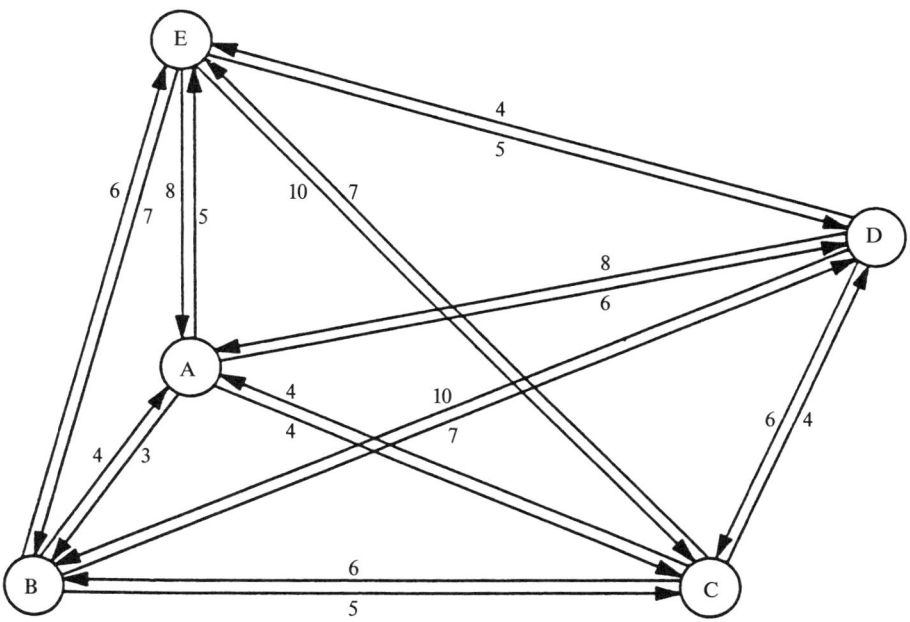

Abbildung 4.67: Beispiel zum Travelling Salesman Problem

von \ nach	A	B	C	D	E
A	–	3	4	6	5
B	4	–	5	7	6
C	4	6	–	4	7
D	8	10	6	–	4
E	8	7	10	5	–

Abbildung 4.68: Kostenmatrix zum Travelling Salesman Problem der Abbildung 4.67

Als erste Möglichkeit für das Auffinden der kostenminimalen Reihenfolge beim Travelling Salesman Problem bietet sich die **Vollenumeration** an. **Für alle möglichen Reihenfolgen werden die Kosten berechnet; die Reihenfolge mit den geringsten Kosten wird ausgewählt.** Dieses Verfahren wird anhand des obigen Beispiels mittels eines

Entscheidungsbaumes (vgl. Abbildung 4.69) dargestellt. Um alle verschiedenen Reihenfolgen zu erfassen, werden sie schematisch angeordnet. Die Anordnung in der Abbildung 4.69 zeigt hierfür eine Möglichkeit. Sie eignet sich besonders gut für die Programmierung und Berechnung mit Hilfe elektronischer Datenverarbeitungsanlagen. Dabei ist es nicht nötig, sämtliche Reihenfolgen (also den gesamten Entscheidungsbaum) zu speichern. Zwar werden alle Reihenfolgen (Zweige) nacheinander durchgerechnet; es wird aber jeweils nur die Reihenfolge (der Zweig) mit den bisher geringsten Kosten gespeichert. Mit deren Wert wird die jeweils neu zu berechnende Reihenfolge verglichen. Sind deren Kosten geringer, so wird nur diese abgespeichert, andernfalls wird sie eliminiert. Die schrittweise Entwicklung der Reihenfolgen und die gleichzeitige Bildung von Zwischensummen, wie sie in Abbildung 4.69 dargestellt ist, spart dabei auch Rechenaufwand. Im angeführten Beispiel erhält man die Folge A C D E B A mit Kosten von 23 also optimale Reihenfolge.

Bei n zu durchlaufenden Zuständen (Orten, Maschineneinstellungen) – den Ausgangszustand nicht mitgerechnet – gibt es $n!$ verschiedene Reihenfolgen: im obigen Beispiel $4! = 24$. Das Aufsuchen der optimalen Reihenfolge mit Hilfe der Vollenumeration bleibt deshalb auch beim Einsatz elektronischer Datenverarbeitungsanlagen beschränkt.

*Entschei-
dungsbaum-
verfahren*

Zur exakten Lösung umfangreicher Probleme wurden die weniger rechenintensiven Entscheidungsbaumverfahren entwickelt. **Der Grundgedanke der Entscheidungsbaumverfahren ist es, Reihenfolgen, die sicher nicht optimal sind, möglichst frühzeitig zu erkennen und deren Berechnung nicht fortzuführen.** Entscheidungsbaumverfahren sind also verkürzte (Teil-)Enumerationsverfahren. Zu den Entscheidungsbaumverfahren gehören: Die **begrenzte Enumeration**, die **dynamische Planungsrechnung** und das Verfahren des **Branching and Bounding.** Hier wird nur die begrenzte Enumeration besprochen.

*Begrenzte
Enumeration*

Bei der begrenzten Enumeration bemüht man sich zunächst, eine Reihenfolge mit vergleichsweise geringen Kosten auf irgendeine Weise zu ermitteln. Dies kann mit Hilfe der **heuristischen Methoden** geschehen, die auf S. 449 ff. besprochen wurden. Im genannten Beispiel wird mit der Heuristik des „besten Nachfolgers" (vgl. S. 566 f.) die Folge A B C D E A mit den Kosten von 24 ausgewählt. Dieser Wert dient als vorläufige Kosten*ober*grenze. Bei der Entwicklung weiterer Reihenfolgen wird jeweils dann abgebrochen, wenn die bis dahin anfallenden Kosten diese Obergrenze überschreiten. So kann etwa die Entwicklung der Folge A B D E C A im Stadium A B D E bei Erreichen der Kostenhöhe 24 abgebrochen werden. Nach Auffinden der Reihenfolge A C D E B A (deren Optimalität noch nicht bekannt ist) wird die Kostenobergrenze auf 23 herabgesetzt. Dadurch kann bei einigen weiteren Reihenfolgen die Berechnung der Kosten schon in der vorletzten Stufe abgebrochen werden. Da eine kleinere Kostenobergrenze als 23 nicht gefunden wird, ist die Optimalität der Folge A C D E B A bewiesen.

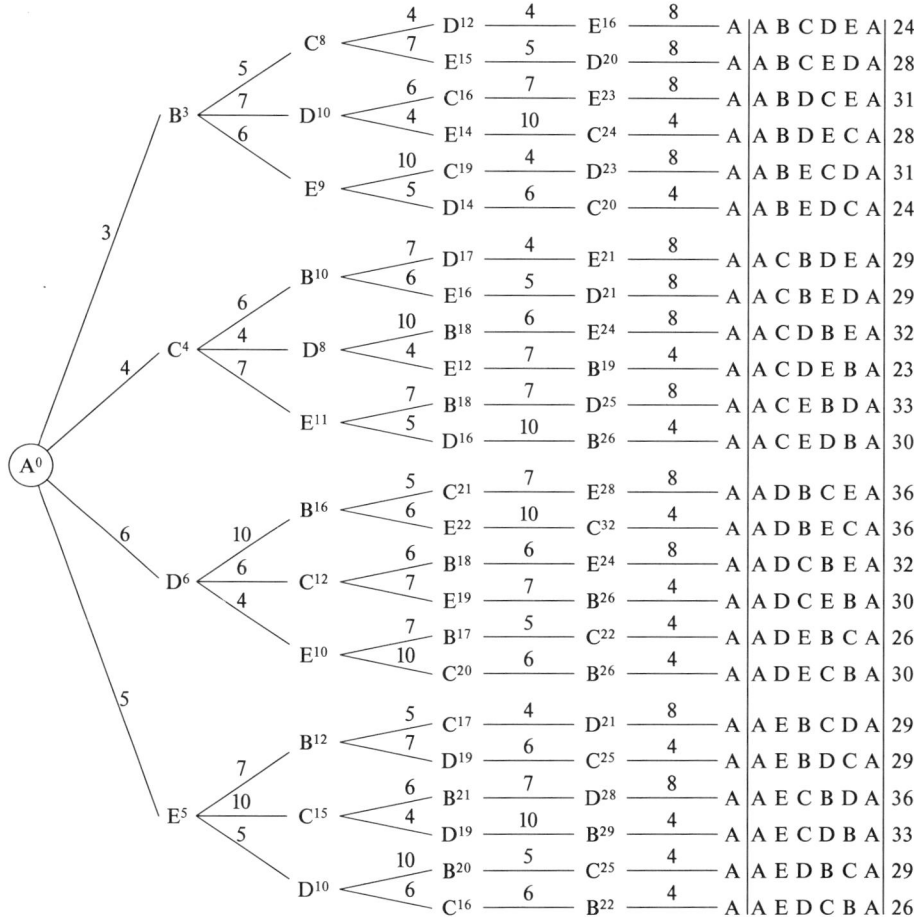

Abbildung 4.69: Entscheidungsbaum zum Travelling Salesman Problem der Abbildung 4.67

Dadurch wurde allerdings nicht viel gewonnen, denn nur in einigen Fällen konnte der letzte Rechenschritt gespart werden. Ein hierzu geeignetes Verfahren, das nicht optimale Reihenfolgen schon früher aussondert, wird im folgenden anhand des genannten Beispiels erläutert.

Jeder der Zustände (Orte, Maschineneinstellungen) A, B, C, D, E des Beispiels wird genau einmal verlassen und eingenommen. Beispielsweise muß der Zustand A einmal in einen der Zustände B, C, D oder E überführt werden. Dabei fallen mindestens Kosten in Höhe von 3 an (vgl. Abbildung 4.67 oder 4.68). Subtrahiert man diese Kosten von der ersten Zeile der Abbildung 4.68 und führt die Berechnung der Kosten der einzelnen Reihenfolgen mit der derart reduzierten Kostenmatrix durch, so sinken die Gesamtkosten für *jede* der möglichen Reihenfolgen um 3. Die Reduktion ist daher

lösungsneutral. Analog kann in der Kostenmatrix der Abbildung 4.68 von der zweiten Zeile 4, von der dritten und vierten Zeile ebenfalls 4 und von der fünften Zeile 5 (als Minima der jeweiligen Zeilen) subtrahiert werden, ohne daß sich dadurch eine andere Reihenfolge als kostengünstiger erweist. Für jede der Reihenfolgen wurden die Kosten um insgesamt 20 (= 3 + 4 + 4 + 4 + 5) geringer. Die um diesen Betrag reduzierte Matrix wird in Abbildung 4.70a dargestellt. Sie kann – ohne daß negative Elemente auftreten – nochmals um 1 in der Spalte C reduziert werden (lösungsneutral, da Zustand C einmal eingenommen werden muß). Abbildung 4.70b zeigt die um insgesamt 21 reduzierte Kostenmatrix.

nach / von	A	B	C	D	E
A	–	0	1	3	2
B	0	–	1	3	2
C	0	2	–	0	3
D	4	6	2	–	0
E	3	2	5	0	–

nach / von	A	B	C	D	E
A	–	0	0	3	2
B	0	–	0	3	2
C	0	2	–	0	3
D	4	6	1	–	0
E	3	2	4	0	–

Abbildung 4.70a:
Um 20 reduzierte Kostenmatrix
zum Travelling Salesman Problem
der Abbildung 4.67

Abbildung 4.70b:
Um 21 reduzierte Kostenmatrix
zum Travelling Salesman Problem
der Abbildung 4.67

Mit der reduzierten Matrix der Abbildung 4.70b wird nun – analog zur vorherigen Beschreibung – die begrenzte Enumeration durchgeführt. Sie ist in Abbildung 4.71 grafisch dargestellt. Die ermittelten Grundkosten in Höhe von 21 werden dem Ausgangszustand A zugeordnet. Vorläufige Kostenobergrenze bildet wieder die Reihenfolge A B C D E A mit Kosten von 24. Mit dieser Kostenobergrenze werden mehrere Reihenfolgen bereits sehr früh als nicht optimal erkannt, bis man auf die Reihenfolge A C D E B A mit Kosten von 23 stößt. Mit dieser neuen Kostenobergrenze verkürzt sich die Enumeration weiter. So werden die beiden letzten Hauptäste sofort als nicht optimal erkannt. Die Reihenfolge A C D E B A besitzt damit die geringstmöglichen Gesamtkosten.

Das Verfahren der begrenzten Enumeration und auch die anderen Entscheidungsbaumverfahren lassen sich computergestützt durchführen. Je nach Problemstruktur und Methode können damit Travelling Salesman Probleme im Bereich bis maximal n = 40 in vertretbarer Zeit gelöst werden. Darüber hinaus wächst die Rechenzeit zu stark an. Hier können heuristische Methoden weiterhelfen, die allerdings nicht mehr die optimale Lösung garantieren.

Heuristische Eröffnungsverfahren

Das einfachste und älteste heuristische Verfahren zum Auffinden einer guten Lösung beim Travelling Salesman Problem ist das bereits erwähnte **Verfahren des besten Nachfolgers.** Dieses Verfahren ermittelt zunächst den Zustand, in den der Ausgangszustand am kostengünstigsten überführt werden kann. Unter den verbleibenden Zuständen wird vom dadurch erreichten Zustand ausgehend wieder der kostengün-

566

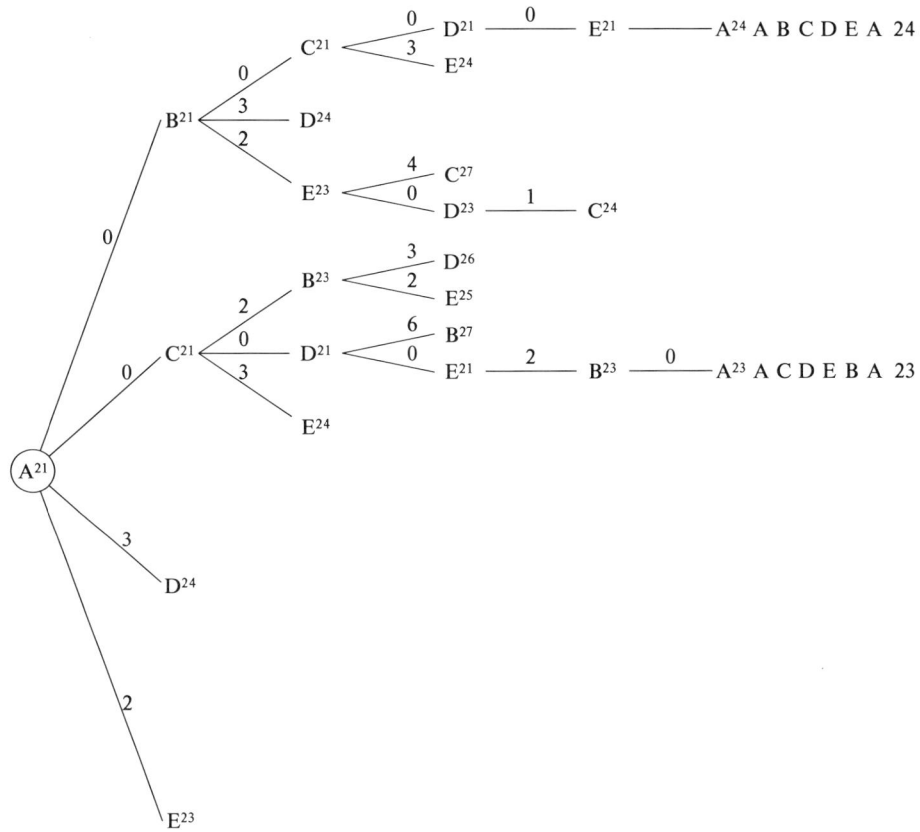

Abbildung 4.71: Begrenzte Enumeration beim Travelling Salesman Problem
der Abbildung 4.67

stigste gesucht usw. Dies wird bis zum letzten freibleibenden Zustand fortgesetzt, dessen Nachfolger der Ausgangszustand ist. Im Beispiel ergibt sich so die Folge A B C D E A mit den Kosten von 24.

Unter den weiteren heuristischen Verfahren sei nur noch das **Verfahren der sukzessiven Einbeziehung von Stationen** genannt. Bei dieser Methode wird zunächst ein Zyklus zwischen nur zwei Zuständen gebildet. Im Beispiel sei von den Zuständen A und B ausgegangen, der Zyklus lautet A B A. In diesen Zyklus wird der dritte Rüstzustand C einbezogen. Folgende Möglichkeiten stehen zur Verfügung:

Reihenfolge	Kosten
A C B A	$4 + 6 + 4 = 14$
A B C A	$3 + 5 + 4 = 12*$

Von den erhaltenen Reihenfolgen wird nur die Reihenfolge mit den geringeren Kosten weiter ausgebaut (mit „*" gekennzeichnet). In sie wird kostengünstigst der nächste Ort D eingefügt usw. Im angeführten Beispiel werden also folgende weitere Lösungsschritte durchgeführt:

Reihenfolge	Kosten
A D B C A	$6 + 10 + 5 + 4 = 25$
A B D C A	$3 + 7 + 6 + 4 = 20^*$
A B C D A	$3 + 5 + 4 + 8 = 20$

(Zufallsauswahl zwischen A B D C A und A B C D A zugunsten von A B D C A)

A E B D C A	$5 + 7 + 7 + 6 + 4 = 29$
A B E D C A	$3 + 6 + 5 + 6 + 4 = 24^*$
A B D E C A	$3 + 7 + 4 + 10 + 4 = 28$
A B D C E A	$3 + 7 + 6 + 7 + 8 = 31$

Es wird die Reihenfolge A B E D C A mit den Kosten 24 gefunden.

Die Verfahren des besten Nachfolgers und der sukzessiven Einbeziehung von Stationen gehören zu den sogenannten **Eröffnungsverfahren** (vgl. auch S. 449 ff.). Eröffnungsverfahren versuchen in wenigen Schritten, brauchbare Reihenfolgen als Ausgangslösungen zu ermitteln. Es bietet sich an, mehrere verschiedene Eröffnungsverfahren anzuwenden und unter den dadurch erhaltenen Reihenfolgen die günstigste auszuwählen. Diese Lösung kann – sofern sie nicht direkt zur Anwendung kommt oder als Enumerationsgrenze beim Entscheidungsbaumverfahren dient – in einem anschließenden heuristischen **suboptimierenden Iterationsverfahren** schrittweise verbessert werden.

(2) Das Maschinenbelegungsproblem

In der industriellen Fertigung müssen die einzelnen Aufträge meist an mehreren Potentialfaktoren bzw. Potentialfaktorgruppen bearbeitet werden. **Bei knapper Potentialfaktorkapazität muß die zeitliche Reihenfolge der Bearbeitung der Aufträge bestimmt werden (Maschinenbelegungsproblem).** Bei einstufiger Fertigung liegt ein Spezialfall des Maschinenbelegungsproblems in Form des bereits behandelten Travellings Salesman Problems vor.

Prämissen

Bei mehrstufiger Fertigung müssen zur mathematischen Modellbildung je nach Problemstruktur und betrieblichen Gegebenheiten unterschiedliche Voraussetzungen berücksichtigt werden. Müssen alle Aufträge alle Maschinen in derselben, technisch vorgeschriebenen Reihenfolge durchlaufen, so liegt die Struktur des **„identical routing"** vor. Muß der Auftrag, der an der ersten Maschine an i-ter Stelle steht, auch an den folgenden Maschinen an i-ter Stelle bearbeitet werden – ist also ein „Überholen" nicht erlaubt – so ist die Voraussetzung des **„passing not permitted"** erfüllt. Im folgenden wird von beiden genannten Voraussetzungen ausgegangen. Dadurch wird die Modellbildung vereinfacht, die Anzahl der zulässigen Reihenfolgen ist wesentlich geringer. Erweiterungen der Modellprämissen sind jedoch möglich.

Zielfunktion

Die Wahl der Zielfunktion bedarf beim Maschinenbelegungsproblem besonderer Sorgfalt. Wird die Kostenminimierung als Zielfunktion gewählt, so müssen diejenigen

568

Kosten erfaßt werden, die von der festzulegenden Reihenfolge abhängig sind. Dies sind insbesondere die Lagerkosten für die Halb- und Fertigfabrikate, die Umrüstkosten, Stillstandskosten und Kosten für die verspätete Fertigstellung der Produkte (Konventionalstrafen, Opportunitätskosten). Sind diese Größen mit hinreichender Genauigkeit für einen ausreichend großen Zeitraum bekannt, so bildet die Kostenminimierung eine operationale Zielfunktion.

Häufig können jedoch die verschiedenen Kostenkomponenten nicht exakt ermittelt werden. In diesem Fall müssen geeignete Unterziele der Kostenminimierung als Entscheidungskriterien dienen.

Um Konventionalstrafen zu vermeiden und ein gutes Verhältnis zu den Kunden zu wahren, sollen zunächst als Unterziel die **Fertigstellungstermine** möglichst eingehalten werden.

Ferner wird versucht, geringe **Lagerkosten** durch kurze **Zwischenlagerzeiten** der Aufträge zu verwirklichen. Unter der Zwischenlagerzeit eines Auftrags wird die Summe der Wartezeiten des Auftrags zwischen der Bearbeitung an jeweils zwei aufeinanderfolgenden Potentialfaktoren verstanden. **Die Forderung nach kurzen Zwischenlagerzeiten der Aufträge ist – unter der Voraussetzung einer gegebenen Intensität – gleichbedeutend mit dem Ziel geringerer Durchlaufzeiten,** wobei die Durchlaufzeit eines Auftrags als die Zeitspanne zwischen dem Beginn des ersten Arbeitsgangs und dem Abschluß des letzten Arbeitsgangs an dem jeweiligen Auftrag definiert ist.

Schließlich sollen die **Wartezeiten der Potentialfaktoren** gering gehalten werden. Unter der Wartezeit eines Potentialfaktors wird die Summe der Zeiten verstanden, in denen er nicht genutzt wird, obwohl noch Aufträge zur Bearbeitung anstehen. **Da die Minimierung der Wartezeit eines Potentialfaktors gleichbedeutend mit der möglichst frühzeitigen Freistellung dieses Potentialfaktors ist,** spielt das Ziel der Minimierung der Wartezeiten der Potentialfaktoren insbesondere bei geringen Auftragsbeständen eine große Rolle. Die Potentialfaktoren stehen dadurch für eventuelle weitere Aufträge frühzeitig zur Verfügung, was einen erheblichen Konkurrenzvorteil durch kurze Lieferfristen bedeuten kann.

Geringe Zwischenlagerzeiten können aber in partieller Konkurrenz zu geringen Wartezeiten der Potentialfaktoren stehen (Dilemma der Ablaufplanung, vgl. Abschnitt II.2.c). Dies sei an einem Beispiel demonstriert.

Gegeben seien drei Aufträge A, B, C, die an den Maschinen 1, 2, 3 und 4 in Teilprozessen bearbeitet werden müssen. Im Vordergrund stehen die Ziele möglichst geringer Lagerkosten (möglichst geringe Zwischenlagerzeiten) und einer möglichst frühzeitigen Freistellung der Maschinen (geringe Wartezeiten der Maschinen). Umrüstkosten und Umrüstzeiten werden vernachlässigt. Die Dauer der Teilprozesse ist in Abbildung 4.72 in Tagen angegeben.

Die in diesem Beispiel möglichen sechs Bearbeitungsreihenfolgen sind in Form von Maschinenbelegungsplänen in Abbildung 4.74 (vgl. S. 571) dargestellt. Aus den Maschinenbelegungsplänen kann jeweils die **Gesamtzwischenlagerzeit GZL** als

| | Auftrag | | |
Maschine	A	B	C
1	1	2	1
2	2	1	1
3	2	2	3
4	1	1	2

Abbildung 4.72:
Prozeßzeiten der Aufträge an den Maschinen

Summe der Zwischenlagerzeiten der einzelnen Aufträge und die **Gesamtmaschinen-wartezeit GMW** als Summe der Wartezeiten der einzelnen Maschinen abgelesen werden. Die Werte der Gesamtzwischenlagerzeit und der Gesamtmaschinenwartezeit sind für jede Bearbeitungsreihenfolge in Abbildung 4.73 zusammengefaßt.

Werden minimale Zwischenlagerzeiten der Aufträge angestrebt, so eignen sich die Bearbeitungsreihenfolgen B A C und C B A mit einer Gesamtzwischenlagerzeit von zwei Tagen und einer Gesamtmaschinenwartezeit von 13 bzw. 10 Tagen. Hiervon könnte wegen der geringeren Gesamtmaschinenwartezeit die Reihenfolge C B A favorisiert werden. Wird hingegen auf die minimale Gesamtmaschinenwartezeit abgestellt, so ist die Bearbeitungsreihenfolge C A B mit einer Wartezeit von 9 Tagen zu wählen. Diese Alternative bedingt aber eine Zwischenlagerzeit von 3 Tagen.

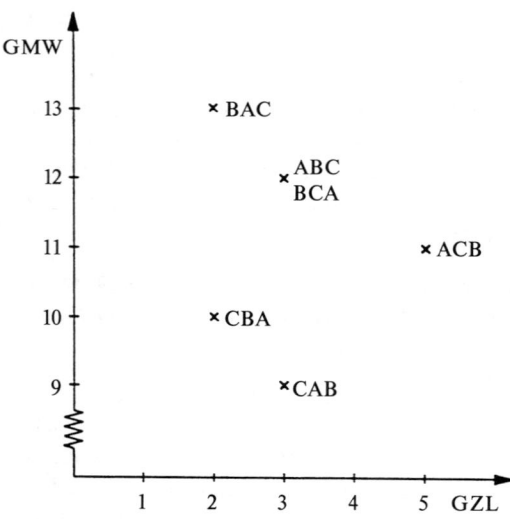

Abbildung 4.73: Zielbeziehung zwischen Gesamtmaschinenwartezeit und Gesamtzwischenlagerzeit beim Maschinenbelegungsbeispiel

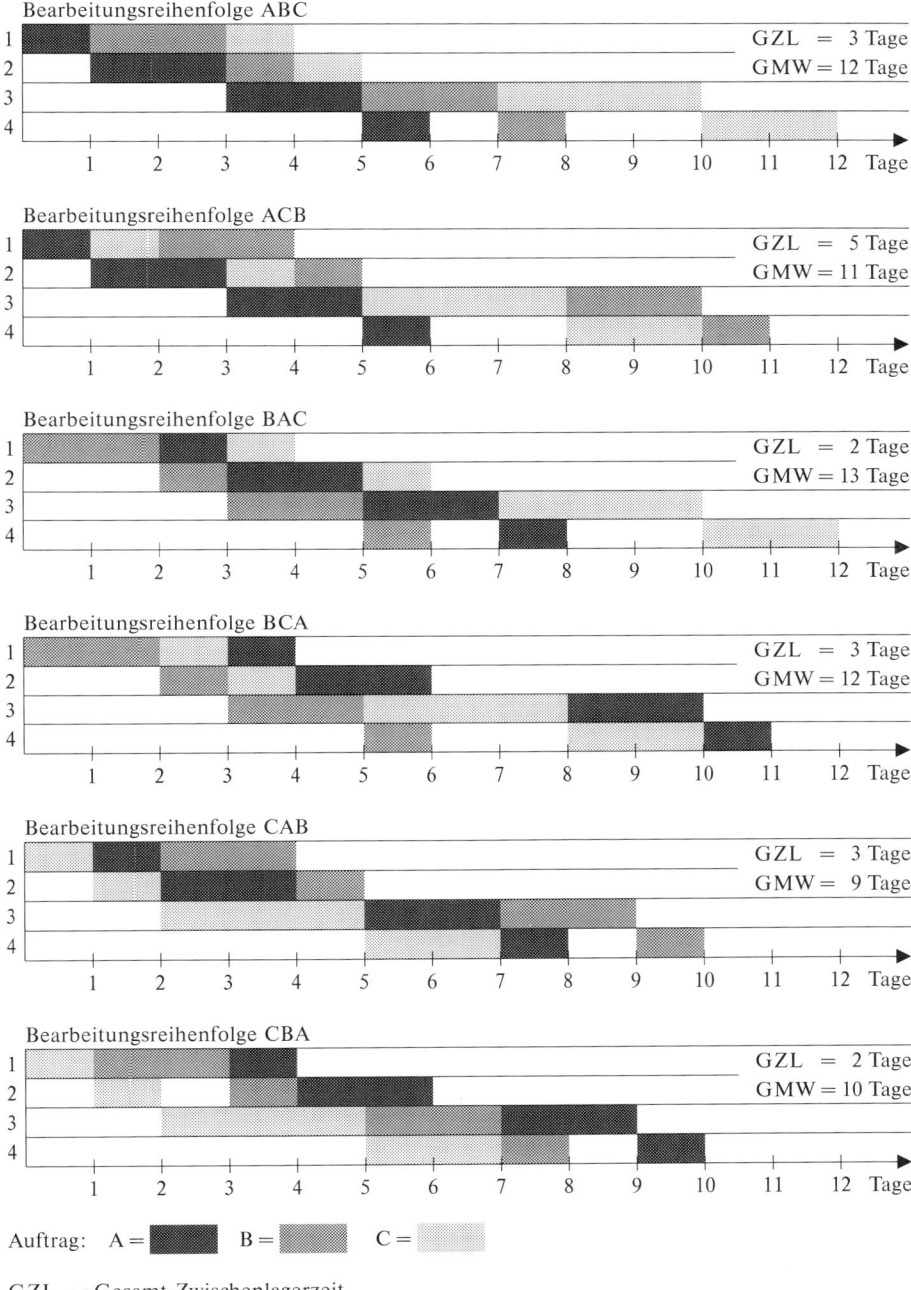

Auftrag: A = ▮▮▮   B = ▮▮▮   C = ▭▭▭

GZL = Gesamt-Zwischenlagerzeit
GMW = Gesamt-Maschinenwartezeit

Abbildung 4.74: Maschinenbelegungspläne des Beispiels

Der Entscheidungsträger befindet sich folglich im angeführten Beispiel in einem Zielkonflikt zwischen geringen Zwischenlagerzeiten und geringen Maschinenwartezeiten. Je nach Situation ist er gezwungen, sich für eines der beiden Ziele oder einen Kompromiß aus beiden Zielen als Unterziel des Kosten- bzw. Gewinnziels zu entscheiden. Allerdings tritt die genannte Zielkonkurrenz nicht in allen Fällen auf. Es lassen sich auch Beispiele finden, in denen Komplementarität zwischen den Zielen der Minimierung der Zwischenlagerzeiten und der Minimierung der Maschinenwartezeiten besteht. Ferner haben Simulationsuntersuchungen ergeben, daß auch im Fall der Konkurrenz zwischen den Zielen diese nicht immer so stark ist wie ursprünglich angenommen.

Quantitative Methoden

Als quantitative Methode zur Bestimmung der optimalen Reihenfolge beim Maschinenbelegungsproblem bietet sich unter anderem wieder die **Vollenumeration** an. Sie besitzt den Vorteil, daß beliebige Zielfunktionen (Kostenminimierung, Zwischenlagerzeit- bzw. Maschinenwartezeitminimierung, Termintreue) verwendet werden können, sofern sie quantitativ erfaßbar sind. Für jeden möglichen Maschinenbelegungsplan werden die Konsequenzen hinsichtlich der Ziele berechnet; der Belegungsplan mit optimaler Zielerfüllung wird ausgewählt. Bereits unter den Bedingungen „identical routing" und „passing not permitted" bestehen aber bei n Aufträgen n! verschiedene Reihenfolgen, so daß die Vollenumeration auch bei Einsatz eines Computers auf Probleme mit relativ geringem Umfang beschränkt bleibt.

Die **Entscheidungsbaumverfahren** und insbesondere das Verfahren der **begrenzten Enumeration** eignen sich ebenfalls für beliebige Zielfunktionen; das anzuwendende Verfahren muß jedoch auf die Zielfunktion zugeschnitten werden. Wie schon beim Travelling Salesman Problem dargestellt, versucht man, nicht optimale Reihenfolgen möglichst frühzeitig zu erkennen und dadurch Rechenzeit zu sparen. Je restriktiver die Nebenbedingungen (z. B. strikte Einhaltung der Liefertermine) für die optimale Reihenfolge sind, um so eher können nicht optimale Reihenfolgen ausgeschieden und das Optimum gefunden werden. Mit Hilfe des Entscheidungsbaumverfahrens wurden Maschinenbelegungsprobleme bis n = 20 gelöst, wobei sich je nach Problemstellung stark unterschiedliche Rechenzeiten ergaben. Die Entscheidungsbaumverfahren bleiben damit auch wegen der Unsicherheit bezüglich der Rechenzeiten auf einen engen Anwendungsbereich begrenzt. **Daher spielen in der Praxis der Maschinenbelegungsrechnung heuristische Methoden eine dominante Rolle.** Zumeist werden sie als einfache **Prioritätsregeln** formuliert. Aus der Vielzahl möglicher Prioritätregeln werden hier nur einige ausgewählt.

Prioritätsregeln der Maschinenbelegung

Bei der Belegungsrechnung nach der **kürzesten Operationszeit-Regel** wird der Auftrag mit der kürzesten Gesamtbearbeitungszeit zuerst erledigt. Die Anwendung der **Fertigungsrestzeitregel** sieht vor, daß derjenige Auftrag an einer Maschine die höchste Priorität erhält, der die geringste Bearbeitungszeit auf den nachfolgenden Maschinen aufweist. Die Bedingung des „passing not permitted" ist hier aufgehoben. Die **Wertregel** bezieht sich auf den Produktions- oder Endwert des Projekts und gibt z. B. dem Auftrag mit dem höchsten Umsatzbeitrag die größte Gewichtung. Die **Schlupfzeitregel** verleiht dem Auftrag die höchste Dringlichkeit, dessen Pufferzeit (Fertigstellungstermin abzüglich Bearbeitungszeit) am geringsten ist. Die Termintreue wird hier am höchsten gewichtet.

Überprüfung der Prioritätsregeln

Die Konsequenzen der Anwendung von Prioritätsregeln auf die fertigungswirtschaftlichen Ziele sind mit Hilfe von **Simulationsmodellen** ermittelt worden (vgl. Abbildung 4.75). Für mehrere verschiedene Maschinenbelegungsprobleme wird der Belegungsplan mit Hilfe der Prioritätsregeln erstellt und die Auswirkung auf die Ziele überprüft. Nach einer individuellen Zielgewichtung durch den Entscheidungsträger kann auf diese Weise die subjektiv günstigste Prioritätsregel ermittelt werden. Zugleich ist als Ergebnis der Simulation der detaillierte Ablauf erkennbar, bevor der erste Arbeitsgang begonnen wird. Die **Untersuchung von Hoss zeigt, daß die kürzeste Operationszeitregel die Ziele „optimale Kapazitätsauslastung"** (d. h. Minimierung der Wartezeiten der Potentialfaktoren) **und „minimale Durchlaufzeiten"** (d. h. minimale Zwischenlagerzeiten) **sehr gut erfüllt** – das Dilemma der Ablaufplanung also weitgehend vermeidet –, **sofern die Termintreue von untergeordneter Wichtigkeit ist** (vgl. Hoss 1965). Es sei aber nochmals betont, daß die in Abbildung 4.75 zusammengestellten Zielwirkungen der Prioritätsregeln Erfahrungswerte aufgrund von Simulationsergebnissen sind und nicht im mathematischen Sinn als bewiesen gelten können. So führt z. B. die Anwendung der kürzesten Operationszeitregel im obigen Beispiel zu Reihenfolgen, bei denen der Auftrag A oder B an erster Stelle steht. Diese Bearbeitungsreihenfolgen zeichnen sich aber durch ungünstige Maschinenwartezeiten bzw. Zwischenlagerzeiten aus (vgl. Abbildung 4.73 und Abbildung 4.74). Die Anwendung der heuristischen Regel führt also hier zu einem unbefriedigenden Ergebnis. Deshalb ist es für eine strengeren Maßstäben genügende Maschinenbelegungsplanung stets unerläßlich, auf eigene, problemindividuell ermittelte Lösungen zurückzugreifen.

Prioritätskriterium / Berücksichtigung der Optimierungsziele	kürzeste Operationszeit	Fertigungszeit	Auftragswert	Schlupfzeit
optimale Kapazitätsauslastung	sehr gut	gut	mäßig	gut
minimale Durchlaufzeiten	sehr gut	gut	mäßig	mäßig
minimale Zwischenlagerkosten	gut	mäßig	sehr gut	mäßig
Termintreue	schlecht	mäßig	mäßig	sehr gut

Abbildung 4.75: Zielwirkungen von Prioritätsregeln

Quelle: Hoss (1965)

Produktionsplanung und Produktionstyp

In der Losgrößenplanung, Durchlauf- und Kapazitätsterminierung sowie in der Reihenfolge- und Maschinenbelegungsplanung wurde die Durchführung des Produktionsprozesses planerisch vorweggenommen. Die Abbildung 4.76 zeigt die sich für die verschiedenen Produktionstypen ergebenden Anforderungen an die Produktionsplanung im Überblick.

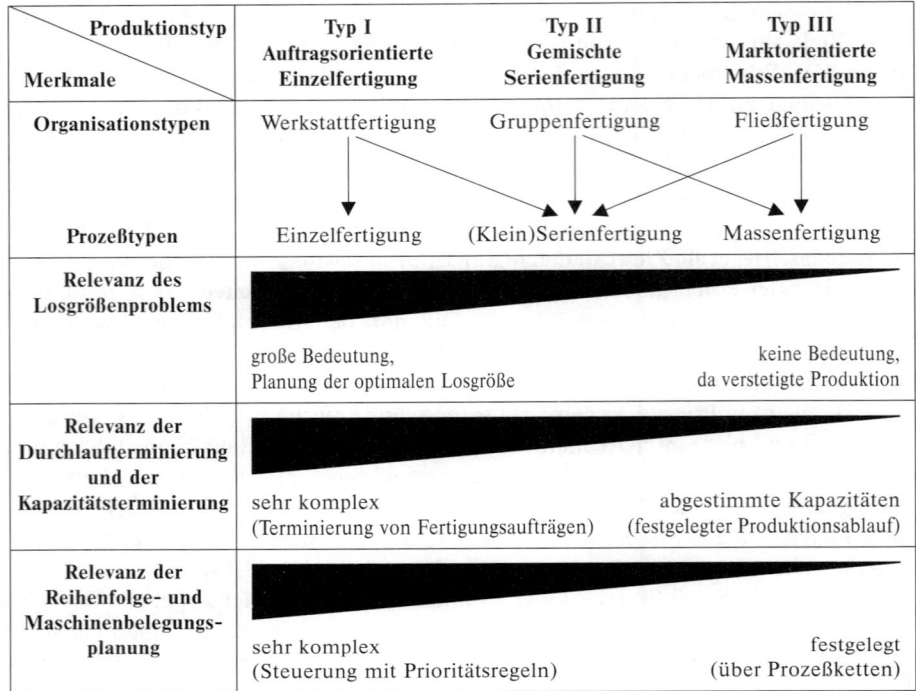

Produktionstyp Merkmale	Typ I Auftragsorientierte Einzelfertigung	Typ II Gemischte Serienfertigung	Typ III Marktorientierte Massenfertigung
Organisationstypen	Werkstattfertigung	Gruppenfertigung	Fließfertigung
Prozeßtypen	Einzelfertigung	(Klein)Serienfertigung	Massenfertigung
Relevanz des Losgrößenproblems	große Bedeutung, Planung der optimalen Losgröße		keine Bedeutung, da verstetigte Produktion
Relevanz der Durchlaufterminierung und der Kapazitätsterminierung	sehr komplex (Terminierung von Fertigungsaufträgen)		abgestimmte Kapazitäten (festgelegter Produktionsablauf)
Relevanz der Reihenfolge- und Maschinenbelegungs- planung	sehr komplex (Steuerung mit Prioritätsregeln)		festgelegt (über Prozeßketten)

Abbildung 4.76: Anforderungen an die Produktionsplanung in Abhängigkeit vom Produktionstyp

Auftragsfreigabe

Freigabe der Aufträge an die Fertigung

Der Übergang von der Planungs- zur Realisierungsphase erfolgt mit der Freigabe der zu bearbeitenden Aufträge an die Fertigung. Aufbauend auf den Ergebnissen der Feinterminierung werden die Aufträge bezüglich ihres Starttermins geprüft und bei Fälligkeit zur Durchführung freigegeben. Vor ihrer Freigabe wird in einer letzten Kontrolle festgestellt, ob das benötigte Material verfügbar ist und vom Lager abgerufen werden kann.

Verfügbar- keitskontrolle

Im Rahmen der **Verfügbarkeitskontrolle** wird über Zugriff auf die Teilestammdatei geprüft, ob der verfügbare Bestand jeder Materialposition zur Auftragsausführung in der Planungsperiode ausreicht. Treten hierbei Fehlmengen auf, so werden diese vom System unter anderem der Einkaufsabteilung gemeldet, damit entsprechende Maßnahmen (z. B. Eilbestellungen, Anmahnen offener Bestellungen) ergriffen werden können. Kann ein Materialengpaß nicht kurzfristig behoben werden, so müssen die verursachenden Aufträge verschoben werden.

574

Wird im Rahmen der Verfügbarkeitskontrolle festgestellt, daß die zur Auftragsausführung benötigten Materialien bereitstehen, so werden diese auftragsspezifisch
reserviert und die geplanten Aufträge durch ihre Freigabe als „offene Aufträge" in
den Fertigungsauftragsbestand eingegliedert.

Mit der Auftragsfreigabe ist in der Regel auch die Ausgabe der **Fertigungsbelege** *Fertigungs-*
verbunden. Es werden die nachfolgenden Fertigungsbelege erstellt: *belege*
- **Laufkarten,**
- **Terminkarten,**
- **Materialscheine,**
- **Lohnscheine,**
- **Kontrollscheine,**
- **Plan- und Steuerbelege.**

Diese Unterlagen entstehen direkt aus dem auftragsbezogenen Arbeitsplan.

Die Laufkarte (Werkstattbegleitkarte, Auftragsbegleitkarte), stellt im allgemeinen *Laufkarte*
eine Kopie des Auftrags-Arbeitsplanes dar. Sie begleitet Werkstücke vom Materiallager über die einzelnen Bearbeitungsstellen zum Teilelager oder direkt bis in den
Vertrieb und durchläuft damit alle Abwicklungsstufen des Auftrags in der Produktion. Neben dem Auftrag wird die jeweilige Werkstücksbenennung und die Zeich-
nungsnummer ausgewiesen.

Die Terminkarte ist wie die Laufkarte eine Kopie des Auftrags-Arbeitsplanes. Sie *Terminkarte*
verbleibt in der Fertigungssteuerung, wo sie der Auftragsfortschrittsüberwachung
dient. Die Ausgabe der Arbeitspapiere sowie die aus der Fertigung zurückkommen-
den Lohn- und Materialscheine werden terminlich festgehalten, um die Fertigungs-
termine der einzelnen Arbeitsgänge zu dokumentieren sowie Fehler- und Schwach-
stellenkontrollen durch Soll-Ist-Vergleiche zu ermöglichen.

Der Materialschein enthält die für die Materialentnahme und Materialverrechnung *Material-*
notwendigen Informationen. Dazu gehören Angaben über die Art des Materials, die *schein*
Materialnummer, die entnommene Menge und die Kosten einschließlich der zu belastenden Kostenstelle.

Der Lohnschein dient zur Leistungserfassung und zur Lohnabrechnung. Er enthält *Lohnschein*
die Vorgabezeit für den Arbeitsgang, die Lohngruppe und den Fertigungsendtermin,
die tatsächlich benötigte Zeit sowie die Fertigungsstückzahl unter Angabe von Ausschuß. Nach Beendigung der Arbeitstätigkeit werden diese Informationen auf dem
Lohnschein unter Angabe des Namens und der Personalnummer des Bearbeiters
festgehalten.

Der Kontrollschein enthält die hergestellte Gesamtmenge einschließlich des Aus- *Kontroll-*
schusses (Fertigungs- und Materialausschuß), eventuell notwendige Nacharbeiten *schein*
und die an das Lager gelieferte Stückzahl an Produkten. Er dient zur Veranlassung
von Nachbestellungen bei Materialausschuß oder von Aufträgen zur Mengenergän-
zung bzw. Nacharbeit und übernimmt somit Funktionen der Qualitätssicherung.

Plan- und Steuerbelege	Plan- und Steuerbelege dienen der Kapazitätsabstimmung und der Arbeitsfortschrittskontrolle. Auf ihnen werden die Belegungszeiten eines Arbeitsplatzes durch einen Auftrag festgehalten.

Die Starttermine und Durchlaufzeiten der Arbeitsgänge für die zu bearbeitenden Aufträge dienen zusammen mit den Fertigungsbelegen als Grundlage für die Durchführung des Produktionsprozesses. Die skizzierten prozeßbegleitenden Informationen werden heute nicht selten teilweise oder ganz im Rahmen der computerintegrierten Fertigung (CIM, vgl. S. 578 ff.) elektronisch geführt und verwaltet sowie im Rahmen der Betriebsdatenerfassung (BDE) fortgeschrieben.

Arbeitsverteilung, Überwachung und Sicherung der Produktionsdurchführung

Arbeits-verteilung	Stehen die erforderlichen Ressourcen an Personal, Werkzeug und Maschinen zur Verfügung und ist die Verfügbarkeit des Materials sowie die Vollständigkeit und Korrektheit der Fertigungsbelege geprüft, hat vor dem eigentlichen Bearbeitungsprozeß die Aufgaben- oder Arbeitsverteilung zu erfolgen. **Es sind die einzelnen Aufträge und die damit verbundenen Tätigkeiten den geeigneten Arbeitsplätzen und Bearbeitern zuzuweisen.** Die Zuweisung der Aufträge durch die Arbeitsverteilung erfolgt entsprechend der vorgegebenen Reihenfolge so, daß die Durchführung termingerecht begonnen und beendet werden kann.
Zentrale Arbeits-verteilung	Es kann zwischen einer vorwiegend zentralen und einer vorwiegend dezentralen Arbeitsverteilung unterschieden werden (Zäpfel 1982, S. 277 ff.) Die zentrale Arbeitsverteilung erfolgt häufig über einen sogenannten Leitstand. Dieser verfügt über Kommunikationseinrichtungen (z. B. Funk, optische Einrichtungen) mit den Werkstätten, eine Betriebsdatenerfassung zur Kontrolle des Fertigungsablaufes und eine Plantafel (oft nach dem Steckkartenprinzip) für die Disposition der Aufträge. Mit Hilfe des Leitstandes wird der Auftragsbestand des zu leitenden Betriebsbereiches verwaltet. Die Arbeitsverwaltung erfolgt zentral durch die mit der Fertigungssteuerung beauftragte Stelle. Diese legt in der Regel die Auftragsendtermine sowie Zwischentermine zur Koordination fest. Die Durchführung der Arbeitsgänge der Aufträge an den einzelnen Bearbeitungsstellen wird über den Leitstand veranlaßt, indem die Arbeitsanweisungen an Meister oder Vorarbeiter weitergeleitet werden. Die Aufgaben der Meister liegen vor allem in der Personalführung, der Anleitung und technischen Ausbildung der Mitarbeiter sowie der Kontrolle des Produktionsablaufes.
Dezentrale Arbeits-verteilung	Eine dezentrale Arbeitsverteilung wird vor allem bei der Meisterorganisation angewandt. Hier übernimmt der Meister zusätzlich die Aufgabe der Arbeitsverteilung. Dispositive Aufgaben wie das Zuordnen von Arbeitsgängen zu geeigneten Arbeitsplätzen, das Festlegen von Auftragsreihenfolgen sowie das Reagieren auf Abweichungen in einem Werkstattbereich können ihm ebenfalls übertragen werden.

Eine dezentrale Aufgabenverteilung kommt insbesondere auch bei modernen Formen der Arbeitsstrukturierung wie Inselprinzip, teilautonome Gruppen, Fertigungs-

576

segmente (siehe hierzu Abschnitt II.1.b) zur Anwendung. Es können dispositive Tätigkeiten bis hin zum einzelnen Mitarbeiter übertragen werden, einschließlich einer Überwachung der Auftragsbearbeitung hinsichtlich Menge, Termin und Qualität.

Das Überwachen und Sichern der Produktionsdurchführung sind weitere wesentliche Aufgaben der Fertigungssteuerung. Das Überwachen umfaßt das Überprüfen der Aufgabenerfüllung durch Soll-Ist-Vergleich. Darüber hinaus muß eine **Abweichungsanalyse** durchgeführt werden, um Aussagen über die Ursachen vornehmen zu können. Abweichungen der Ist- von den Solldaten können sich durch eine Vielzahl unterschiedlicher Störungen ergeben, die eine Unterbrechung oder Verzögerung der Aufgabendurchführung zur Folge haben: *Überwachung und Sicherung der Produktionsdurchführung*

– fehlende oder fehlerhafte Fertigungsunterlagen (Stücklisten, Arbeitspläne etc.),
– mangelhafte Planungsvorgaben,
– Planungsausfall (Erkrankungen, kurzfristiger Urlaub etc.),
– erhöhter Ausschuß,
– Maschinenausfall,
– Mängel an Maschinen, Werkzeugen und Vorrichtungen (z. B. Werkzeugbruch),
– außerplanmäßige Wartungsarbeiten,
– fehlendes Material und
– verspätete Lieferung von Einkaufsteilen.

Grundlage für das Erkennen von Störungen ist die Rückmeldung von Daten aus der Fertigung. Die Häufigkeit der Rückmeldungen hängt unter anderem vom Umfang der erfaßten Daten, der Anfälligkeit des Produktionsprozesses gegenüber Störungen, den Kosten des Überwachungssystems und nicht zuletzt vom Organisationstyp der Fertigung ab. Eine Fließfertigung mit teilweise hochautomatisierten Prozessen bedingt eine laufende Rückmeldung von Betriebsdaten, denn Störungen haben durch die getaktete Kopplung von Abläufen oft weitreichende Auswirkungen auf den Produktionsprozeß. In der Werkstattfertigung hingegen wird in der Regel eine fallweise Rückmeldung genügen. *Betriebsdatenerfassung (BDE)*

Rückmeldungen von Betriebsdaten dienen jedoch nicht nur dem Erkennen von Störungen, sondern auch der **Auftragsfortschrittskontrolle** sowie der **Lohn- und Materialabrechnung.** Rückgemeldete Ist-Daten aus dem Fertigungsprozeß sind demzufolge z. B.:
– **auftragsbezogene Daten** (Anfangs- und Endtermine von Arbeitsgängen, produzierte Mengen mit Angaben über Ausschuß und Terminüberschreitungen), die Aufschluß über den Bearbeitungsstand der Aufträge geben,
– **personenbezogene Daten** (Arbeitszeiten der Mitarbeiter an den Betriebsmitteln, Lohngruppen und Zuordnung zu Kostenstellen etc.),
– Daten über den **Zustand der Betriebsmittel** (Rüst-, Lauf-, Leer- sowie störungsbedingte Stillstandszeiten)
– **Daten über eingesetztes Material** (Verfügbarkeit, Verbrauch, Qualitätsfehler und Ausschuß etc.).

In der Fertigungssteuerung ist man durch Sicherungsmaßnahmen bemüht, Störungen schon im voraus vorzubeugen. Dies geschieht z. B. durch Sicherheitsbestände im Lager, Reservekapazitäten und vorbeugende Instandhaltung (siehe Abschnitt II.1.e). Diese Maßnahmen sind jedoch mit zusätzlichen Kosten verbunden, die gegen die Vorteile einer Störungsbeseitigung abzuwägen sind.

III. Grundzüge einer computerintegrierten Produktion

In den vorangegangenen Kapiteln ist das produktionswirtschaftliche Entscheidungsfeld erörtert worden. Im Mittelpunkt der Betrachtungen stand die Beschreibung der zu fällenden Entscheidungen, der dabei einzusetzenden Methoden und Verfahren und die Ableitung des dafür notwendigen Informationsbedarfes. **In diesem Kapitel ist aufzuzeigen, wie mit Hilfe neuer Informations- und Kommunikationstechnik die produktionswirtschaftlichen Entscheidungen unterstützt werden können.** Insbesondere auf der Ebene von Prozeßentscheidungen existieren vielfältige Lösungen der computerintegrierten Produktion, die üblicherweise unter dem Begriff **Computer Integrated Manufacturing (CIM)** zusammengefaßt werden.

Zunächst erfolgt eine Einführung in das CIM-Konzept. Eine wesentliche Voraussetzung für die Realisierung einer computerintegrierten Produktion ist die Datenintegration. Die Schwierigkeit einer Datenintegration und die Schnittstellenproblematik im Rahmen von CIM werden im zweiten Abschnitt aufgeführt. Anschließend werden die gängigen CIM-Komponenten beschrieben, wobei der Schwerpunkt auf den betriebswirtschaftlich besonders wichtigen Funktionen der Produktionsplanung und -steuerung liegt. Die sich als Ergänzung zur traditionellen Vorgehensweise der Produktionsplanung und -steuerung anbietenden neueren Planungs- und Steuerungskonzepte werden im abschließenden Abschnitt behandelt.

1. Konzept eines Computer Integrated Manufacturing

In der Vergangenheit sind für einzelne Unternehmensbereiche isolierte Informationssysteme entwickelt worden, die spezifische betriebliche Funktionen unterstützen. Mit dem Aufkommen der Diskussion über CIM werden Konzepte für den globalen, alle produktionsbezogenen Unternehmensbereiche integrierenden Rechnereinsatz erörtert.

CIM-Begriff   Der CIM-Begriff geht wohl auf Harrington zurück, der 1973 sein Buch „Computer Integrated Manufacturing" (Harrington 1973) veröffentlichte. Als CIM-Bestandteile

578

sind dort rechnerunterstütztes Konstruieren, rechnerunterstützte Maschinen und Fertigungsanlagen sowie eine rechnerunterstützte Materialwirtschaft und Qualitätskontrolle aufgeführt. Diese als Insellösungen realisierten Funktionen sollten aufeinander abgestimmt und integriert werden. Dadurch sollte der Informations- und Materialfluß über alle betrieblichen Funktionen koordiniert werden. Die Ausführungen Harringtons konzentrierten sich jedoch im wesentlichen auf ein rechnergestütztes Konstruieren und Fertigen.

In den USA und Japan dominierte bis Anfang der 80er Jahre eine eng auf die Fertigung und Produktentwicklung bezogene CIM-Definition. Im deutschsprachigen Raum erfolgt die Auseinandersetzung mit CIM seit Beginn der 80er Jahre mit zunehmender Intensität (vgl. z. B. AWF 1985, Grabowski 1983, Lederer 1984, Maier-Rothe u. a. 1983, Scheer 1990c, Schiemenz 1980, Spur/Krause 1984). Dabei ist anzumerken, daß eine Vielzahl unterschiedlicher Begriffsdefinitionen und Abgrenzungen existiert. Eine gewisse Vereinheitlichung erfolgte durch die Empfehlungen des Ausschusses für wirtschaftliche Fertigung (AWF). **CIM beschreibt danach den integrierten EDV-Einsatz in allen mit der Produktion zusammenhängenden Betriebsbereichen und umfaßt das informationstechnologische Zusammenwirken zwischen** *CIM-Komponenten*

- **Produktionsplanung und -steuerung (PPS),**
- **Computer Aided Design (CAD),**
- **Computer Aided Planning (CAP),**
- **Computer Aided Manufacturing (CAM),**
- **Computer Aided Quality Assurance (CAQ).**

„Hierbei soll die Integration der technischen und organisatorischen Funktionen zur Produkterstellung erreicht werden. Dies bedingt die gemeinsame bereichsübergreifende Nutzung einer Datenbasis" (AWF 1985, S. 10).

CIM beschreibt demzufolge die Integration von Informationssystemen aus zwei wesentlichen Teilbereichen des Unternehmens, den **primär betriebswirtschaftlich planerischen Funktionen**, unterstützt durch Produktionsplanungs- und steuerungssysteme (PPS), und den **technischen Funktionen.** Letztere beinhalten die Integration der technischen Aufgaben zur Produkterstellung, d. h. die EDV-technische Verkettung von CAD, CAP, CAM und CAQ. „Auf der Basis der im CAD erzeugten digitalen Objekterstellung werden im CAP Steuerinformationen erzeugt, die im CAM zum automatisierten Betrieb der Fertigungseinrichtungen eingesetzt werden. Die entsprechenden Aufgaben werden im Rahmen des CAQ für Meß- und Prüfeinrichtungen durchgeführt" (AWF 1985, S. 9). *Betriebswirtschaftliche Funktionen*

Technische Funktionen

Aufgabenbereiche und Entwicklungsstand computergestützter Informationssysteme für die einzelnen Komponenten werden in den folgenden Abschnitten behandelt. Abbildung 4.77 zeigt das CIM-Konzept und seine Komponenten im Überblick.

Bei der Integration von Informationssystemen aus den verschiedenen Unternehmensbereichen im Rahmen von CIM stehen zwei Aspekte im Vordergrund
- die **Datenintegration** und
- die **Vorgangs- bzw. Funktionsintegration.**

579

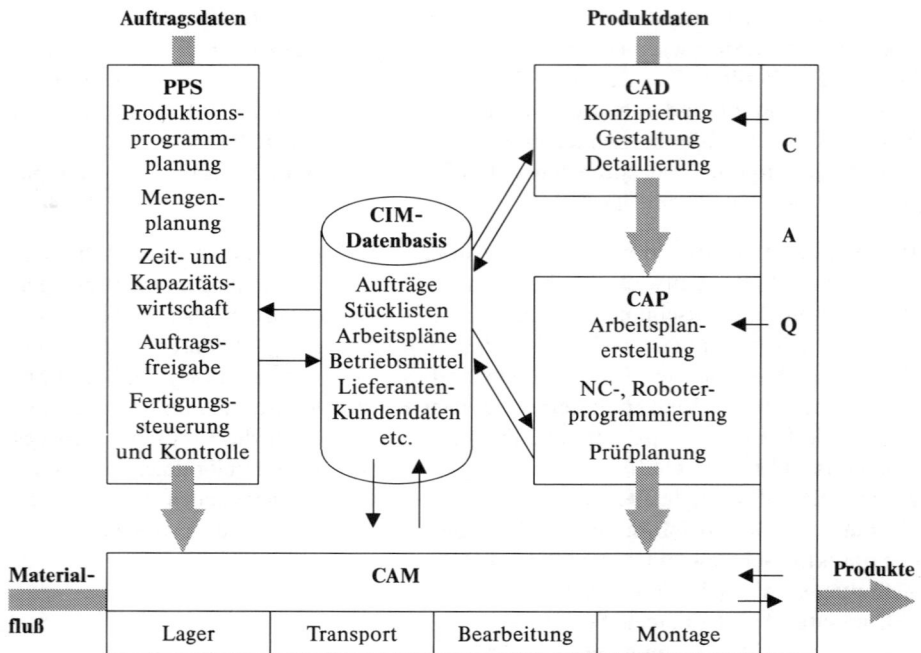

Auftragsdaten

Produktdaten

PPS
Produktions-
programm-
planung

Mengen-
planung

Zeit- und
Kapazitäts-
wirtschaft

Auftrags-
freigabe

Fertigungs-
steuerung
und Kontrolle

**CIM-
Datenbasis**

Aufträge
Stücklisten
Arbeitspläne
Betriebsmittel
Lieferanten-
Kundendaten
etc.

CAD
Konzipierung
Gestaltung
Detaillierung

C

A

CAP
Arbeitsplan-
erstellung

NC-, Roboter-
programmierung

Prüfplanung

Q

**Material-
fluß**

CAM

Produkte

| Lager | Transport | Bearbeitung | Montage |

Abbildung 4.77: Komponenten einer computergestützten Produktion

(in Anlehnung an Helberg 1987).

*Problematik
von Insel-
lösungen*

Historisch gesehen wurden Informationssysteme für Teilbereiche wie PPS, CAD, CAP und CAM separat entwickelt. Die Folge ist eine nur den jeweiligen Teilbereichen zugeordnete Datenbasis. Es existieren **keine durchgängigen Informationsflüsse**, sondern lediglich Insellösungen. Dadurch daß kein direkter Datenaustausch zwischen den Systemen möglich ist, sind **mehrfache manuelle Eingaben gleicher Daten** in die jeweiligen Systeme erforderlich. Es entstehen insgesamt **lange Durchlaufzeiten** für die Bearbeitungsvorgänge infolge hoher Informationsübertragungszeiten zwischen den Teilsystemen, z. B. durch eine zeitraubende Weitergabe von technischen Unterlagen wie Zeichnungen und Stücklisten an die Fertigung.

Außerdem ist **nicht gewährleistet, daß alle Bereiche gleichzeitig über aktuelle Daten verfügen.** Führen konstruktive Maßnahmen z. B. zu einer Änderung der Stückliste, so muß sichergestellt werden, daß für die Planungen im PPS-System die aktuelle Stückliste zur Verfügung steht.

*Daten-
integration*

Eine logisch einheitliche Datenorganisation, die unabhängig von einzelnen Anwendungen ist, bildet die Voraussetzung für eine Datenintegration. **Datenbestände, die in verschiedenen Anwendungen benutzt werden, sollen aus Gründen der Aktualität und der Konsistenz nur einmal vorhanden sein**. Zielsetzung ist deshalb der Aufbau einer gemeinsamen Datenbank, die aber durchaus physisch auf mehrere Datenbanken verteilt sein kann.

580

CIM-Konzepte gehen jedoch über rein technische Betrachtungen einer Datenintegration weit hinaus und umfassen vielfältige organisatorische Aspekte mit der Zielsetzung einer Vorgangsintegration (häufig auch als „Funktionsintegration" bezeichnet). Die Gestaltung der Aufbau- und Ablauforganisation ist in vielen Unternehmen heute noch stark durch Taylorismus und verrichtungsorientierte Abteilungsorganisation geprägt. Zwar ermöglicht die stärkere Spezialisierung, daß Teilvorgänge in einem kürzeren Zeitraum bearbeitet werden können; die Durchlaufzeit für den Gesamtprozeß der arbeitsteilig getrennten Vorgänge ist jedoch aufgrund der Bereichsinteressen, der mehrfachen Informationsübertragung und der Koordinationsprobleme hoch. Etwa 70–90% der Durchlaufzeiten entfallen auf Übertragungs- und Liegezeiten bei administrativen Auftragsbearbeitungs- oder Fertigungsvorgängen (vgl. z. B. Scheer 1990c, S. 3 f.). Mit Hilfe einer computergestützten Produktion werden aufeinander aufbauende Teilvorgänge, die bisher stark arbeitsteilig durchgeführt wurden, miteinander verbunden, so daß durchgängige Prozeßketten entstehen (**Vorgangsintegration**) und vor allem Liegezeiten minimiert werden. Das bereichsübergreifende Denken und das Schaffen von erweiterten Tätigkeitsprofilen hat damit auch erhebliche organisatorische und personelle Auswirkungen: Abbau von Abteilungsgrenzen, Abbau von Hierarchie aber auch höhere Anforderungen an die Qualifikation der Aufgabenträger im operativen Bereich (vgl. auch Abschnitt II.1.b).

Vorgangs-integration

Daten- und Vorgangsintegration sind nicht unabhängig voneinander zu sehen. Erst die datentechnische Integration ermöglicht die Realisierung durchgängiger Prozeßketten. Die Vorgangsintegration auf der organisatorischen und qualifikatorischen Ebene schöpft das Möglichkeitsfeld aus. **Das Rationalisierungspotential von CIM basiert also auf einer gleichzeitigen Realisierung von Daten- und Vorgangsintegration.**

2. Komponenten von CIM

a) Produktionsplanung und -steuerung

Systeme zur Produktionsplanung und -steuerung (PPS-Systeme) bilden die Hauptkomponente für eine computergestützte Produktion. Während die Komponenten CAD, CAP, CAM und CAQ die primär technischen Funktionen beinhalten, werden durch PPS-Systeme die betriebswirtschaftlich planerischen Funktionen im Zusammenhang mit dem Leistungserstellungsprozeß abgedeckt.

Entsprechend der AWF-Definition (AWF 1985, S. 8) bezeichnet PPS **„den Einsatz rechnerunterstützter Systeme zur organisatorischen Planung, Steuerung und Überwachung der Produktionsabläufe von der Angebotsbearbeitung bis zum Versand unter Mengen-, Termin- und Kapazitätsaspekten".**

Definition von PPS-Systemen

Durch PPS-Systeme werden demzufolge alle wesentlichen Tätigkeiten zur Durchführung des Produktionsprozesses, wie sie in Kapitel II beschrieben sind, unterstützt. Hierzu gehören neben einer **Grunddatenverwaltung** als Informationsbasis für alle Funktionen zur Planung und Steuerung des Produktionsprozesses die **Produktions-**

planung mit der **Produktionsprogrammplanung, der Mengenplanung** sowie der **Termin- und Kapazitätsplanung** und die **Produktionssteuerung** mit der **Auftragsveranlassung** und der **Auftragsüberwachung** (zu Aufbau und Bestandteilen von PPS-Systemen vgl. beispielsweise Adam 1988, Ellinger/Wildemann 1978, Hackstein 1989, Glaser u. a. 1991, Helberg 1987, Heß-Kinzer 1975, Zäpfel 1989 a, Zimmermann 1989).

Standard-software für PPS

Die heutzutage angebotenen Standardsoftwaresysteme für die Produktionsplanung und -steuerung sind meist in Form von Modularprogrammen aufgebaut, die das obige Funktionsspektrum je nach Ausrichtung mehr oder weniger stark abdecken. Der modulare Aufbau der Systeme erlaubt, die verschiedenen Programmteile als Einzelprogramme einzusetzen oder alle Programme gemeinsam als Gesamtsystem zu nutzen. So ist ein stufenweiser Ausbau oder auch Einsatz nach betriebsindividuellen Schwerpunkten möglich. Für die Speicherung und Verwaltung der zur Ausführung der Funktionen notwendigen Daten werden Datenbanken eingesetzt. Durch den Einsatz von Datenbanken innerhalb von PPS-Systemen wird gleichzeitig die Integration zwischen den betriebswirtschaftlichen Funktionsbereichen gefördert (vgl. Zäpfel 1989 a).

Grundmodell für DV-gestützte Produktionsplanungs- und -steuerungssysteme (PPS-Systeme)

Prozeß-orientiertes Modell

Die modellmäßige Abbildung aller Teilaktivitäten der industriellen Leistungserstellung kann in prozeßorientierten und datenorientierten Modellen erfolgen. Zur prozeßorientierten Erklärung des Produktionsgeschehens kann dabei auf die Produktionsfunktion vom Typ C und die auf ihrer Basis entwickelten Strukturelemente zurückgegriffen werden. Die Produktionsfunktion vom Typ C zeigt, in welche Elemente und Beziehungen der industrielle Produktionsprozeß zerlegt werden kann. Modellmäßig läßt sich das Produktionsgeschehen im Industriebetrieb mit Hilfe von fünf Elementen (Repetierfaktoren, Potentialfaktoren, Basisprozesse, Zwischenprodukte, Endprodukte) und deren Verknüpfung abbilden (vgl. Abbildungen 4.9 und 4.10, S. 419 f.).

Daten-orientiertes Modell

Der Aufbau eines Datenmodells für die EDV-gestützte Produktionsplanung und -steuerung läßt sich analog erläutern. Die steuerungsrelevanten Daten bestehen im wesentlichen aus Daten über die im Produktionsprozeß eingesetzten Repetierfaktoren (Teilestammdaten), über den Produktaufbau (Erzeugnisstrukturdaten), über die Arbeitsgänge (Arbeitsgangdaten) und über die bereitgestellten Potentialfaktoren (Betriebsmitteldaten). Den Ausgangspunkt der Produktionsplanung und -steuerung bildet der Primärbedarf, d. h. die Art und Menge der zu erstellenden Endprodukte.

Grunddaten-modell eines PPS-Systems

Nach dem gleichen Grundmuster ist das Grunddaten-Modell eines PPS-Systems aufgebaut. Die Grunddatenverwaltung eines PPS-Systems hat die Aufgabe, alle für die Leistungserstellung relevanten Daten zu speichern und zu verwalten. Dies sind entsprechend dem Modell in Abbildung 4.78:

– **Auftragsdaten** (Marktprognosen, Auftragseingänge);
– **Teilestammdaten** mit Informationen über die einzelnen Komponenten bzw. Baugruppen jedes Produktes; ein Teilestammsatz enthält die teilespezifischen Daten wie

582

konstruktive und technische Angaben, wertmäßige Informationen (Kosten und Preise) sowie die teileabhängigen Plangrößen der Bedarfs-, Bestands- und Bestelldisposition;

- **Erzeugnisstrukturdaten** (Mengenbeziehungen und technologische Zusammenhänge von Komponenten der Erzeugnisse);
- **Daten für die Materialbeschaffung**, wie z. B. Lieferantendaten oder Bewegungsdaten für die Lagerbestandsführung;
- **Arbeitsgangdaten** (Ablaufschritte und Fertigungszusammenhänge bei der Herstellung von Produktkomponenten bzw. Baugruppen – jeweils bezogen auf Maschinen/Arbeitsplätze);
- **Betriebsmitteldaten**, d. h. Informationen über verfügbare Potentialfaktoren hinsichtlich ihrer Leistungspotentiale (Leistungsbreite, Intensitäten, Produktionskosten, Hinweise auf Ausweichaggregate etc.).

Abbildung 4.78 (vgl. folgende Seite) zeigt den Aufbau des Grunddaten-Modells für ein PPS-System. Die Aufgaben der Produktionsplanung und -steuerung können auch als mehrstufiges Modell des Datenflusses interpretiert werden.

PPS-Systeme folgen weitgehend dem Sukzessivplanungskonzept (vgl. z. B. Helberg 1987, S. 26 ff., Scheer 1990a, S. 75 ff., Zäpfel 1989a, S. 190 ff.). Die komplexe Aufgabe der Produktionsplanung wird in Teilprobleme zerlegt, die einzelne Planungsstufen bilden. Diese werden schrittweise und hintereinanderfolgend durchlaufen. Von Stufe zu Stufe nimmt der Detaillierungsgrad der Planung bei abnehmendem Planungshorizont zu. *Sukzessivplanungskonzept*

Die Produktionsplanung greift zurück auf Auftragsdaten (kundenorientierte Einzel- bzw. Serienfertigung) oder Marktdaten (marktorientierte Massen- bzw. Serienfertigung), um den Primärbedarf zu errechnen. Der Primärbedarf bildet die Ausgangsgröße für die Materialdisposition und die Planung des Produktionsprozesses.

Die Materialdisposition löst den Primärbedarf auf der Basis von Teilestammdaten und Erzeugnisstrukturdaten auf, leitet daraus Stücklisten und Teileverwendungsnachweise ab und ermittelt anhand der Bestandsdaten (Lagerbestände, Werkstattbestände), welche Komponenten der zu fertigenden Erzeugnisse auf dem Markt beschafft werden müssen (Bestelldaten) und welche Komponenten in eigenen Werkstätten gefertigt werden müssen (Fertigungsauftragsdaten). Bestands- und Bestelldaten bilden Vorgaben für die Materialbeschaffung und Lagerhaltung. *Materialdisposition*

Fertigungsauftragsdaten sind Vorgaben für die Steuerung des Produktionsprozesses. Auf der Basis von Arbeitsgangdaten und Betriebsmitteldaten werden die Fertigungsaufträge zu Losen zusammengefaßt und auf die verfügbaren Kapazitätseinheiten zeitlich eingeplant (Durchlaufterminierung, Kapazitätsterminierung). Der Datenoutput der Prozeßplanung bildet die Grundlage für die Steuerung und Kontrolle des Produktionsprozesses. Die Prozeßsteuerung erfolgt über die Festlegung der Auftragsbearbeitungsfolgen an den einzelnen Arbeitsplätzen (Reihenfolgeplanung), die Maschinenbelegung und die Steuerung des Materialflusses. Vor der Ausführung des Fertigungsauftrags wird festgestellt, ob die benötigten Materialien zum geplanten *Planung des Produktionsprozesses*

Steuerung und Kontrolle des Produktionsprozesses

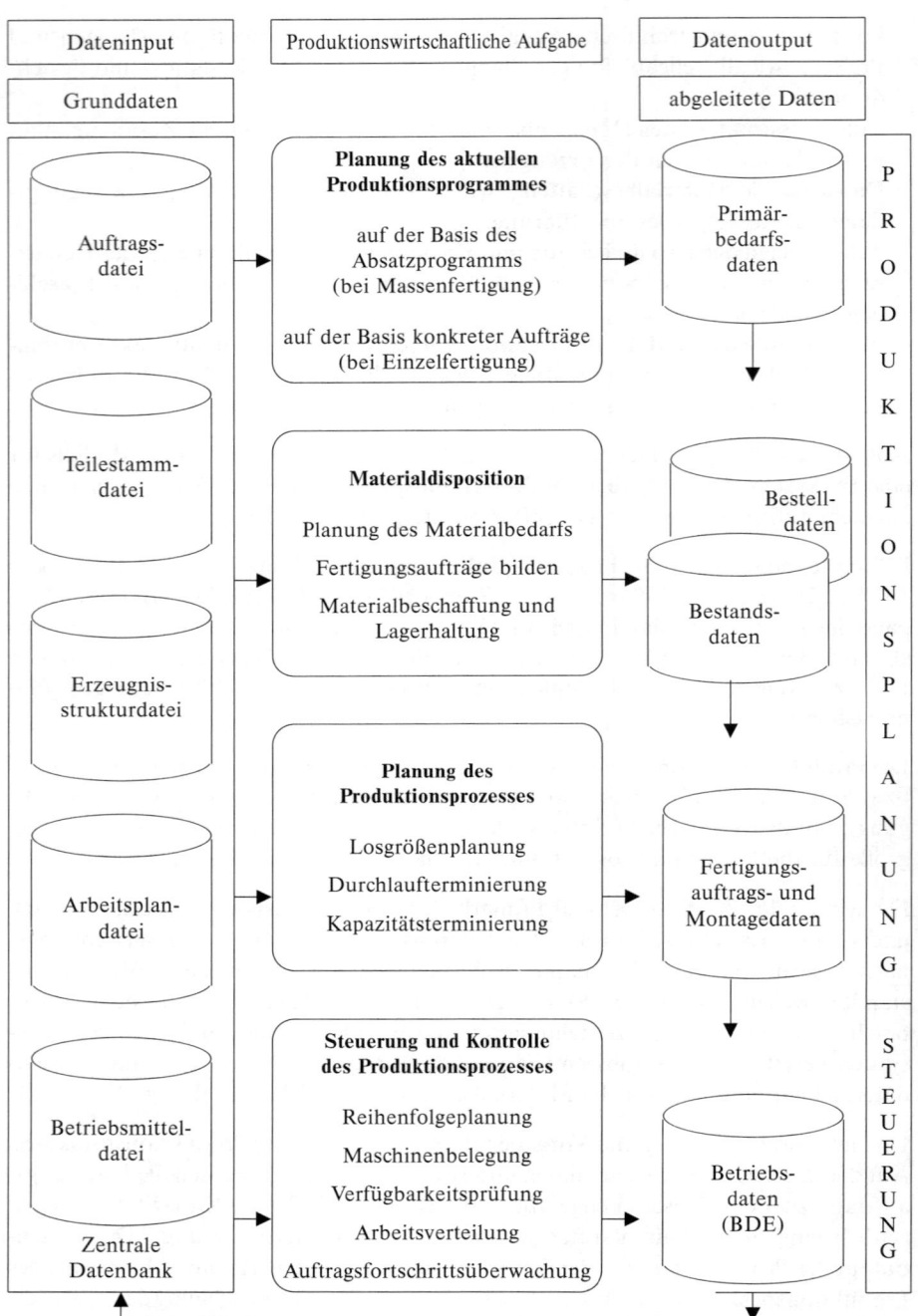

Abbildung 4.78: Modell einer computergestützten Produktionsplanung und -steuerung

Termin an den vorgesehenen Produktionsstätten verfügbar sind (Verfügbarkeitsprüfung). Durch Abgleich der Fertigungsbelege (z. B. Arbeitspläne, Maschinenbelegungspläne etc.) mit den rückgemeldeten Betriebsdaten kann festgestellt werden, inwieweit die tatsächliche Realisierung der Fertigungsaufträge mit den geplanten Bearbeitungsschritten übereinstimmt (Auftragsfortschrittsüberwachung). Wird über die Betriebsdatenerfassung (BDE) festgestellt, daß Kapazitätsauslastung, Durchlaufzeiten, Lager- und Werkstattbestände nicht mit den geplanten Daten (Sollvorgaben) übereinstimmen, so muß über eine Revision der Fertigungsaufträge nach Art und Menge sowie eine Änderung der Start- und Endtermine der einzelnen Fertigungsaufträge oder weitere Anpassungsmaßnahmen für eine Korrektur der Prozeßsteuerung gesorgt werden.

Regelkreissystem für PPS

Das Modell zur Planung und Steuerung der industriellen Leistungserstellung kann als Regelkreissystem interpretiert werden (vgl. Teil 1, S. 58 ff., und Abbildung 4.79 sowie z. B. Thome 1977, Zäpfel 1989 a). Im Regelkreis laufen sowohl physische Prozesse als auch informatorische Prozesse ab. Der **Regler** ist das Entscheidungssystem (Produktionsmanagement), das für die Produktionsplanung und -steuerung zuständig ist. Die **Regelstrecke** ist der Prozeß der industriellen Leistungserstellung (produktionstheoretisch das Input-Output-Modell). **Stellgrößen** bilden die Informationsvorgaben des aktuellen Produktionsprogramms (Primärbedarf) und die daraus abgeleiteten Planungsdaten der Materialdisposition und des Produktionsprozesses. **Regelgrößen** bilden die Betriebsdaten (Rückmeldeinformationen) über die Realisierung der Werkstattaufträge (Kapazitätsauslastung, Durchlaufzeiten, Bestände). Wird über die Regelgrößen angezeigt, daß Plan und Ist nicht übereinstimmen, so muß das Regelsystem über veränderte Stellgrößen für eine Anpassung sorgen.

Das Regelkreismodell bildet auch die Grundlage für die Beschreibung des Informationskreislaufs im Rahmen DV-gestützter Systeme zur Produktionsplanung und -steuerung. Dabei zeigt sich, daß je nach Problemsituation (Typen der industriellen Produktionswirtschaft) die Planungs- und Steuerungsschwerpunkte sehr unterschiedlich ausgelegt werden müssen. In Anlehnung an Zäpfel (1989 a) soll gezeigt werden, daß PPS-Systeme im Hinblick auf die spezifischen Anforderungen des Produktionstyps zu konzipieren sind. In Abbildung 4.80 werden für die Produktionstypen I (auftragsorientierte Einzelfertigung) und III (marktorientierte Massenfertigung) die unterschiedlichen Merkmale problembezogener PPS-Systeme verdeutlicht.

Regelkreise für PPS-Systeme bei alternativen Produktionstypen

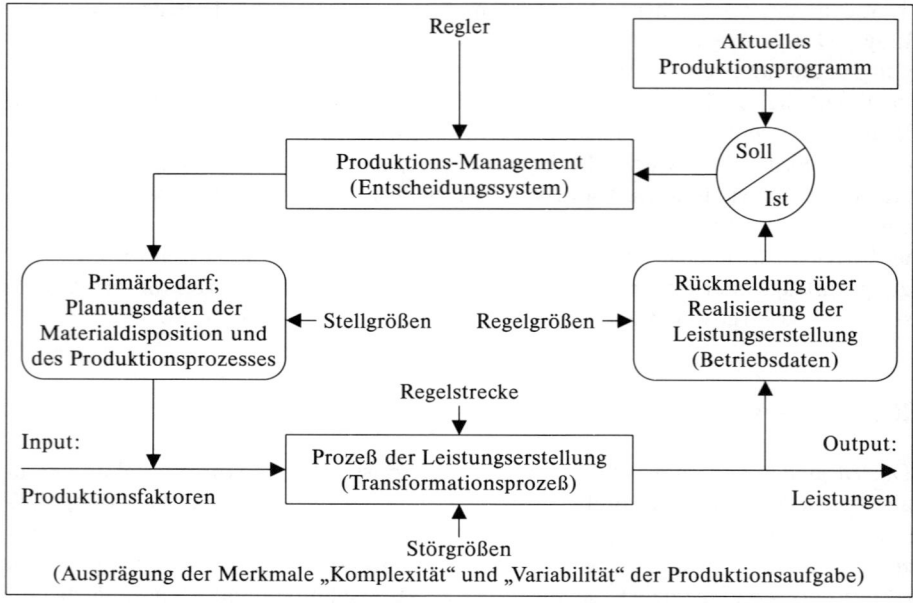

Abbildung 4.79: Industrielle Leistungserstellung als Regelkreis

Regelkreis für auftragsorientierte Einzelfertigung (Produktionstyp I)

Das primäre Anliegen für die Gestaltung eines Informationssystems zur Planung und Steuerung der auftragsorientierten Einzelfertigung besteht darin, ein **Produktions-programm mit hoch ausgeprägter Komplexität und Veränderlichkeit so zu unterstützen, daß den Anforderungen an den hohen Informationsbearf, den hohen Abstimmungsbe-darf mit kooperierenden Unternehmensbereichen (Schnittstellenproblematik) und den hohen Anpassungsbedarf durch Störgrößen genügend Rechnung getragen wird.** Das Problem bei auftragsorientierter Einzelfertigung besteht darin, daß zum Zeitpunkt der Auftragserteilung die nach Kundenspezifikation zu fertigenden Erzeugnisse (In-dividualaufträge) häufig noch nicht in allen Komponenten endgültig festliegen. Vielfach müssen Konstruktion und Entwicklung wiederholt eingeschaltet werden, weil der Kunde nachträgliche Änderungswünsche hat. Das führt zu einem hohen Flexibilitätsbedarf. Einerseits ist für Planungszwecke dafür zu sorgen, daß die Grunddaten möglichst frühzeitig vorliegen (Konstruktionsunterlagen, Stücklisten, Arbeitspläne), um die Materialdisposition und die Planung des Produktionsprozesses frühzeitig beginnen zu können. Andererseits dürfen die Planungsdaten die Berück-sichtigung von Änderungen nicht behindern (Störgrößen). Diese Flexibilität wird vor allem über eine informationstechnische Vernetzung hergestellt. Eine Vernetzung des Planungs- und Steuerungssystems mit den DV-gestützten Informationssystemen der Konstruktion (CAD), der Arbeitsplanung (CAP) und der Fertigung (CAM) ist daher für den Produktionstyp I von besonderer Bedeutung.

586

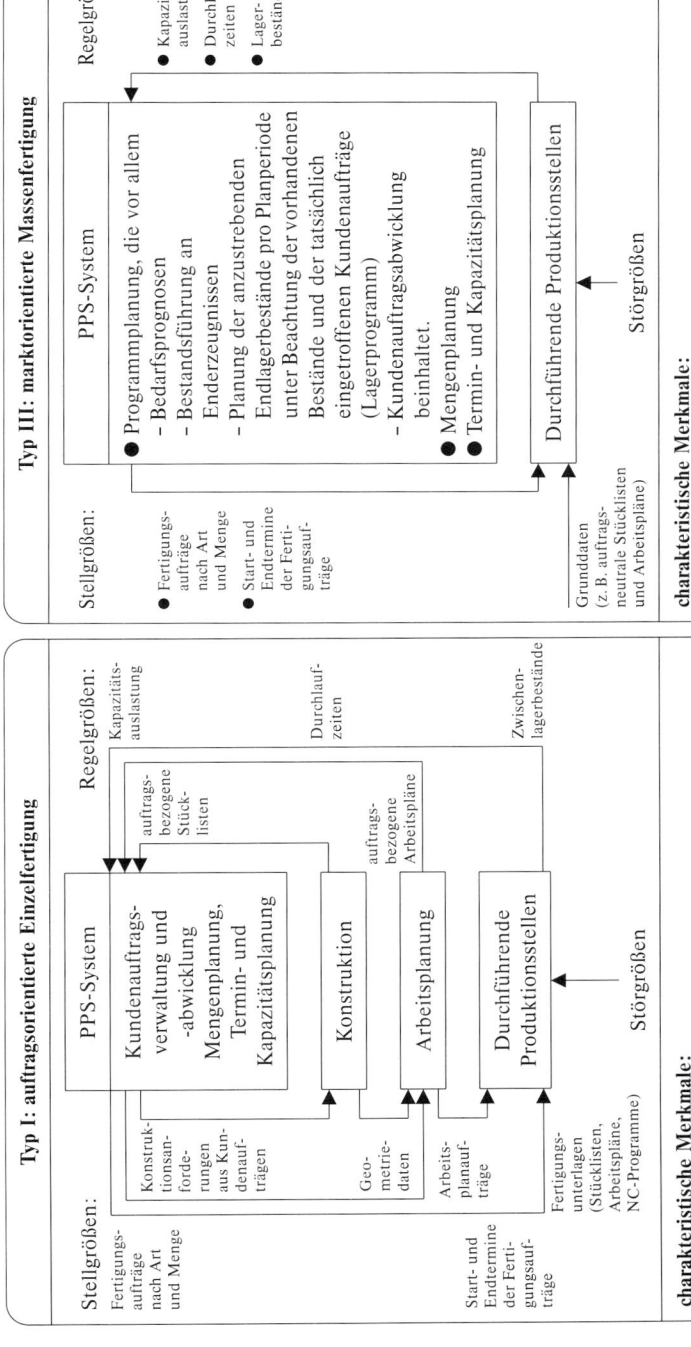

Typ I: auftragsorientierte Einzelfertigung

Stellgrößen:
- Fertigungsaufträge nach Art und Menge
- Start- und Endtermine der Fertigungsaufträge

Regelgrößen:
- Kapazitätsauslastung
- Durchlaufzeiten
- Zwischenlagerbestände

PPS-System
- Kundenauftragsverwaltung und -abwicklung
- Mengenplanung, Termin- und Kapazitätsplanung

Konstruktionsanforderungen aus Kundenaufträgen

auftragsbezogene Stücklisten

Konstruktion

Geometriedaten

auftragsbezogene Arbeitspläne

Arbeitsplanung

Arbeitsplanaufträge

Durchführende Produktionsstellen

Fertigungsunterlagen (Stücklisten, Arbeitspläne, NC-Programme)

Störgrößen

charakteristische Merkmale:
- Fertigung von Individualprodukten mit hoher Produktkomplexität
- Auftragsabwicklung ist mit hohem Änderungsrisiko verbunden (Kundenwünsche, Störungen im Produktionsablauf)
- Jede Änderung erfordert intensive Abstimmung zwischen allen beteiligten Bereichen (Vertrieb, Konstruktion, Arbeitsplanung, Werkstatt etc.)
- durchgängige Abwicklung des Auftragsdurchlaufs hat erheblichen Einfluß auf die Auftrags-Durchlaufzeit und die Produktionskosten.
- durchgängiger Informationsfluß für optimale Abstimmung an den Schnittstellen (Konstruktion, Arbeitsplanung, Beschaffung, Teilefertigung)
- PPS-System als System vernetzter Regelkreise angelegt (Flexibilitätserfordernis)

Typ III: marktorientierte Massenfertigung

Stellgrößen:
- Fertigungsaufträge nach Art und Menge
- Start- und Endtermine der Fertigungsaufträge

Regelgrößen:
- Kapazitätsauslastung
- Durchlaufzeiten
- Lagerbestände

PPS-System
- Programmplanung, die vor allem
  – Bedarfsprognosen
  – Bestandsführung an Enderzeugnissen
  – Planung der anzustrebenden Endlagerbestände pro Planperiode unter Beachtung der vorhandenen Bestände und der tatsächlich eingetroffenen Kundenaufträge (Lagerprogramm)
  – Kundenauftragsabwicklung beinhaltet.
- Mengenplanung
- Termin- und Kapazitätsplanung

Durchführende Produktionsstellen

Grunddaten (z. B. auftragsneutrale Stücklisten und Arbeitspläne)

Störgrößen

charakteristische Merkmale:
- Fertigung von Standardprodukten mit meistens geringer Produktkomplexität
- eingerichtet auf die Abwicklung von Massen- und Großserienprodukten
- Planungsschwerpunkt ist Primärbedarfsplanung auf Basis von Absatzprognosen (Qualität der Prognoseverfahren ist erfolgsentscheidend)
- auftragsneutrale Grunddaten
- Materialbeschaffung über feste Lieferantenbeziehungen
- PPS-System ist auf einen deterministischen Produktionsablauf ausgelegt

Abbildung 4.80: Regelkreise für computergestützte Informationssysteme zur Planung und Steuerung der industriellen Leistungserstellung bei alternativen Produktionstypen

(in Anlehnung an Zäpfel 1989 a)

Wie Abbildung 4.80 zeigt, bilden für den Produktionstyp I DV-gestützte PPS-Systeme vernetzte Regelkreise mit den Informationssystemen der Konstruktion, der Arbeitsplanung und den durchführenden Produktionsstellen. Dabei kommt es darauf an, das Informationssystem so zu konzipieren, daß Planungsvorgaben (Verteilung der Aufträge auf die Werkstatteinheiten, Anfangs- und Endtermine der Fertigungsaufträge, Fertigungsreihenfolge etc.) problemlos an Änderungswünsche seitens des Kunden oder Änderungen aufgrund von Störungen im Produktionsprozeß angepaßt werden können (Schnittstellenmanagement ist entscheidend!).

Regelkreis für marktorientierte Massenfertigung (Produktionstyp III)

Ganz anders ist die Anlage des PPS-Systems für den Produktionstyp III (marktorientierte Massenfertigung). **Hier kommt es darauf an, daß der Primärbedarf über zuverlässige Markt- und Absatzprognosen rechnerisch ermittelt wird und als zuverlässige Planvorgabe für die Materialdisposition und die Planung des Produktionsprozesses optimal umgesetzt wird.** Häufig erfolgt die Produktion auf Lager, und der Markt wird über die Lagerabwicklung versorgt. Die Qualität der Planung und Steuerung hängt von der Qualität der Primärbedarfsprognosen ab. Treten Marktnachfrageschwankungen auf, so sind Anpassungsmaßnahmen bezüglich Lagerhaltung und Kapazitätsauslastung erforderlich. Im Gegensatz zum Produktionstyp I ist davon stets das gesamte Produktionsprogramm betroffen. Liegt der Primärbedarf fest, so bereitet die Materialdisposition und die Planung des Produktionsprozesses i. d. R. keine Probleme. Auftretende Störungen durch Produktionsausfall oder Materialengpässe können je nach Produktionsausstattung (i. d. R. Fließfertigung) mit unterschiedlichen Maßnahmen aufgefangen werden. In der Regel ist der Informationsfluß zwischen Produktion, Konstruktion, Arbeitsplanung und Lager gleichbleibend. Der Regelkreis für ein Produktionsplanungs- und Steuerungssystem der marktorientierten Massenfertigung ist deshalb auf einen deterministischen Ablauf angelegt.

b) Computer Aided Design (CAD)

Konstruieren

Der Begriff CAD hat sich für alle Aktivitäten im Zusammenhang mit **rechnerunterstütztem Konstruieren** durchgesetzt. „Konstruieren ist das vorwiegend schöpferische, auf Wissen und Erfahrung beruhende Ausdenken möglichst optimaler Lösungen technischer Erzeugnisse, das Ermitteln ihres funktionellen und strukturellen Aufbaus und das Erstellen fertigungstechnischer Unterlagen" (VDI-Richtlinie 2223).

Phasen der Konstruktion

Der Bereich Entwicklung und Konstruktion nimmt im Produktentstehungsprozeß eine zentrale Stellung ein. Das Aufgabenfeld ist das **Konzipieren** der Produkte, das Bestimmen geometrischer Formen (**Gestaltung**) sowie das Durchführen von Berechnungen und das Erstellen von Fertigungsunterlagen (**Detaillierung**). Im Entwicklungs- und Konstruktionsprozeß besteht das Problem, aus einer Vielzahl von Lösungsalternativen das Optimum herausfinden zu müssen.

588

Grundlage der Konzipierung ist ein Entwicklungs- oder Kundenauftrag. Die Konzipierung kann weiter in die Phasen der **Funktionsfindung** und **Prinziperarbeitung** unterteilt werden.

Im Rahmen der **Funktionsfindung** wird die Gesamtfunktion eines Produktes in Teilfunktionen geringerer Komplexität zerlegt (Funktionsanalyse, bzw. Funktionsgliederung). Zur Funktionsanalyse werden Ordnungssysteme, die auf wichtigen Zugriffsmerkmalen basieren, sowie Lösungskataloge benötigt. In einer Funktionssynthese werden diese anschließend in Form einer Funktionsstruktur zur Bewertung dargestellt. Für die Analyse und Synthese der Funktionen werden Modellierungsregeln verwendet. Die Darstellung erfolgt in Form von zweidimensionalen schematischen Darstellungen, die Bewertung anhand von Bewertungsregeln in Form von Algorithmen.

Die Phase der **Prinziperarbeitung** umfaßt die Suche nach und die Kombination von Konstruktionsprinzipien für die Teilfunktionen sowie die Erarbeitung eines Lösungskonzeptes. Hierzu werden grob-maßstäbliche Skizzen, Schemata oder mathematische Modelle mit den für die Realisierung erforderlichen quantitativen Angaben erstellt.

Die Gestaltungsphase konkretisiert die zur Problemlösung herangezogenen Prinzipien durch maßstabsgerechte Entwürfe. Dazu werden geometrische Modelle für Einzelteile und Baugruppen erstellt. Der Entwurf der Produktlösungen vollzieht sich unter Berücksichtigung technischer und wirtschaftlicher Bewertungen.

In der Detaillierungsphase erfolgt ein Ausarbeiten und Optimieren des endgültigen Entwurfs sowie das Erstellen von Ausführungsunterlagen. Die Entwürfe werden z. B. durch technologische Informationen wie Form, Oberfläche und Werkstoff ergänzt. Zeichnungen werden bemaßt, Einzelteil- und Zusammenstellungszeichnungen angefertigt und Stücklisten erstellt.

Diese Tätigkeiten erfordern die Verarbeitung einer Vielzahl geometrischer und technologischer Daten sowie die Erstellung zahlreicher Unterlagen in graphischer Form. Hier bieten sich vielfältige Möglichkeiten der Rechnerunterstützung. Während die traditionelle Arbeitsweise in der Konstruktion durch die Arbeit am Zeichenbrett mit Lineal, Schablonen und Bleistift geprägt war, setzt sich immer mehr das Arbeiten mit Arbeitsplatzrechnern (workstations) durch. Diese ermöglichen eine interaktive Arbeitsweise mit Graphik-Terminals unter Nutzung spezieller Ein- und Ausgabegeräte.

Abbildung 4.81 veranschaulicht in einer zusammenfassenden Darstellung den Aufbau und die Komponenten von CAD-Systemen.

Mit Hilfe der Rechnerunterstützung durch CAD-Systeme können typische Tätigkeiten der Konstruktion wie das Entwerfen und Berechnen, Zeichnen und Ändern sowie das Erstellen von Stücklisten erheblich entlastet werden.

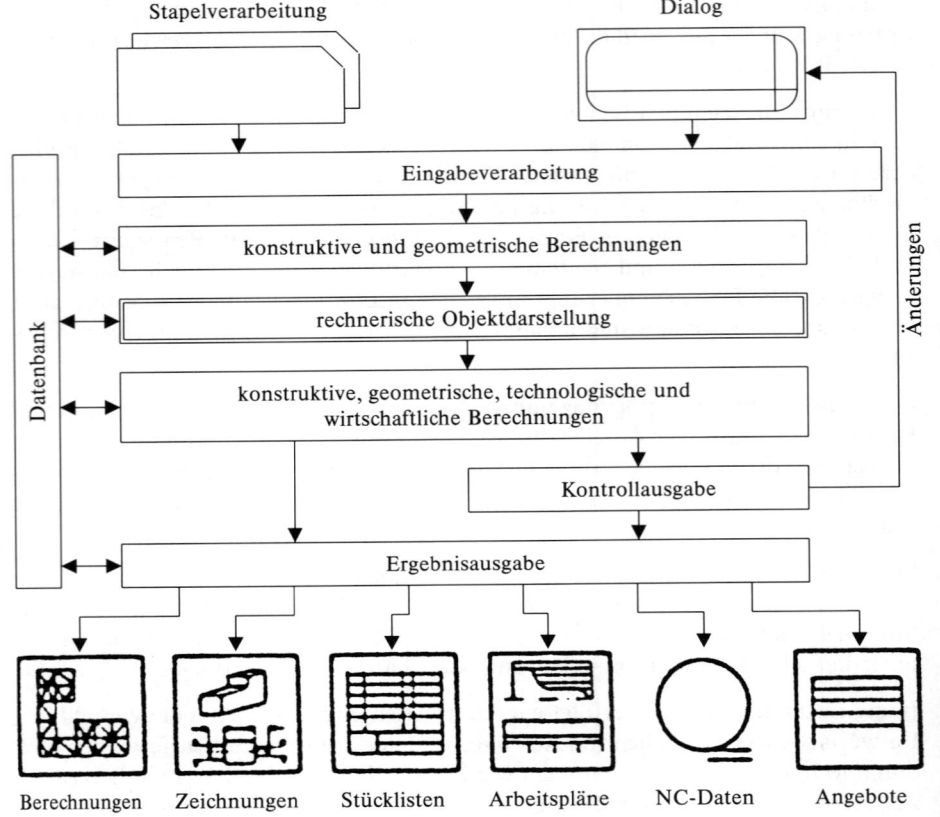

Abbildung 4.81: Aufbau von CAD-Systemen

Quelle: Spur/Krause (1984)

CAD bei An-
passungs- und
Varianten-
konstruktion

Die mit CAD erzielbaren wirtschaftlichen Vorteile werden besonders bei der Anpassungs- und Variantenkonstruktion deutlich. Bei Anpassungskonstruktionen wird ein bestehendes Produktkonzept in einzelnen Baugruppen verändert. Bei der Variantenkonstruktion nach dem Baukastenprinzip greift man auf fertig konstruierte Bauteile zurück. Im Rahmen des Konstruktionsprozesses sind hierbei nur Konstruktionsergänzungen erforderlich. Durch den Rückgriff auf Konstruktionen gleicher oder ähnlicher Erzeugnisteile lassen sich bei Verwendung eines CAD-Systems für die Anpassungs- oder Variantenkonstruktion erhebliche Zeitvorteile erzielen. Vielfach ergibt sich auch eine höhere Qualität der Konstruktionsergebnisse, wenn beispielsweise Produktkonzeptionen mit Hilfe spezifischer Rechenprogramme unter Belastungsbedingungen simuliert werden.

CAD stellt somit die wesentliche Komponente der **geometrisch technischen Verfahrenskette** innerhalb einer computergestützten Produktion dar. Gleichzeitig liegt hier

590

auch eine bedeutende Schnittstelle zu anderen CIM-Komponenten vor, insbesondere im Hinblick auf die Übertragung und Weiterverarbeitung der in der Konstruktion gewonnenen Daten im Fertigungsprozeß, sowie den betriebswirtschaftlichen Planungs- und Auswertungssystemen wie PPS oder Kostenrechnungssystemen (vgl. Abschnitt III.3).

Da durch die Fixierung von Produkteigenschaften seitens der Konstruktion hohe Anteile der Erzeugniskosten festgelegt werden, ist auch die Verknüpfung von CAD und Kostenrechnung von erheblicher Bedeutung. Mit Hilfe der konstruktionsbegleitenden Kalkulation können die Fertigungs- und Materialkosten bereits in frühen Konstruktionsphasen abgeschätzt werden. Ein Konstrukteur kann Simulationsrechnungen für verschiedene Gestaltungsvarianten von Erzeugnissen bei geringer Zeitbeanspruchung durchführen. Damit erhält der Konstrukteur einen wesentlich verbesserten Überblick über die Kostenkonsequenzen seiner Tätigkeit und damit eine hohe Kostenverantwortung. Bei Verwendung einer gemeinsamen Datenbasis für technische und betriebswirtschaftliche Funktionen läßt sich zudem der Zeitaufwand für die Kostenermittlung deutlich reduzieren (vgl. Steffen 1991).

*Konstruk-
tions-
begleitende
Kalkulation*

c) Computer Aided Planning (CAP)

Unter dem Begriff des Computer Aided Planning sind hier **rechnerunterstützte Planungsaufgaben zu verstehen, die zur Herstellung eines Produktes bzw. von Produktkomponenten** erforderlich sind. Dazu gehören die folgenden Teilaufgaben (Helberg 1987, S. 13 ff., Zäpfel 1989a, S. 166 ff.):

*Begriffs-
definition*

Teilaufgaben

– **Arbeitsplanerstellung,**
– **Programmierung von NC-Maschinen und Robotern,**
– **Prüfplanung,**
– **Montageplanung.**

Die Arbeitsplanerstellung betrifft die Festlegung der Arbeitsvorgangsfolgen, die Bestimmung der einzusetzenden Rohteile – sofern nicht schon von der Konstruktion vorgegeben – und die Verfahrens- und Maschinenauswahl zur Festlegung der einzusetzenden Arbeitssysteme. Weiter werden Fertigungshilfsmittel (Werkzeuge, Vorrichtungen) zugeordnet und Prozeßparameter festgelegt. Die ebenfalls vorgenommene Ermittlung der Vorgabe- bzw. Planzeiten bildet eine wesentliche Grundlage für alle weiteren Planungsaktivitäten im Zusammenhang mit dem betrieblichen Leistungserstellungsprozeß.

*Arbeits-
planerstellung*

Für die Anwendung einer computergestützten Arbeitsplanerstellung und -verwaltung existieren je nach Umfang des Rechnereinsatzes unterschiedliche Systeme (Zäpfel 1989a, S. 166 ff.):

*Systeme zur
computer-
gestützten
Arbeitsplan-
erstellung*

Die unterste Stufe der computergestützten Arbeitsplanerstellung stellt eine **Arbeitsplanverwaltung** dar. Aktuelle Arbeitspläne werden auf der Grundlage auftragsneutraler Arbeitspläne erstellt. Diese sind über Klassifizierungsvorschriften zugänglich, so daß das Auffinden von Arbeitsplänen aus der Vielzahl bereits vorhandener Fertigungsinformationen wesentlich erleichtert wird. Der Einsatz dieses Systems bietet sich vor allem für die Produktion von technologisch feststehenden Produkten mit hoher Wiederholhäufigkeit an.

Die **Arbeitsplanerstellung nach dem Variantenprinzip** eignet sich für fertigungstechnisch ähnliche Komponenten. Für diese wird ein Grundtyp festgelegt und durch einen Standardarbeitsplan beschrieben. Durch Eingabe definierter Parameter wird für eine Variante der zugehörige Arbeitsplan automatisch erstellt.

Weitergehend ist die **Erstellung nach dem Anpassungsprinzip.** Nach Auswahl eines ähnlichen Arbeitsplanes wird dieser durch Austausch und Modifizieren einzelner Arbeitsvorgänge an die neue Aufgabe angepaßt. Diese Schritte werden über Dialogeingaben rechnerunterstützt durchgeführt. Liegen keine ähnlichen Arbeitspläne vor, sind diese in einer Neuplanung in allen Einzelheiten zu erstellen.

Bei Systemen, die nach dem **Generierungsprinzip** arbeiten, wird die Neuplanung über Algorithmen und heuristische Prinzipien direkt aus den geometrischen und technologischen Daten abgeleitet.

Programmie-
rung von NC-
Maschinen
und Robotern

Die Programmierung von NC-Maschinen und Robotern (vgl. Abschnitt III.2.d) stellt eine detaillierte Arbeitsplanung für numerisch gesteuerte Maschinen und Roboter dar. Über die üblichen Angaben eines Arbeitsplanes hinausgehend sind neben den Arbeitsvorgangsfolgen auch geometrische Informationen wie Rohteil- und Fertigteilbeschreibungen und fertigungstechnologische Anweisungen für die Maschinensteuerung enthalten.

Prüfplanung

Die Prüfplanung hat die Aufgabe, für die im Produktentwurf festgelegten Qualitätsmerkmale einen Prüfplan abzuleiten, der – analog dem Arbeitsplan – Anweisungen zur Prüfausführung enthält. Entsprechend den Daten der Arbeitsvorgänge werden die Qualitätsanforderungen an das Einzelteil bzw. die Produktkomponente festgelegt. Die Prüfplanung ist damit als ein Teil der Qualitätssicherung (siehe Abschnitt III.2.e) zu sehen. Die Zuordnung zu CAP wird deshalb vorgenommen, weil der Prüfplanungsvorgang auf Grundlage der Produktbeschreibung und der Festlegung von Arbeitsgangfolgen erfolgt.

Montage-
planung

Die Automatisierung der Montageplanung variiert in Abhängigkeit vom Produktionstyp. Während bei der Einzelfertigung noch weitgehend manuell vorgegangen wird, lassen sich für die Massenfertigung die Montageoperationen automatisieren. Die folgenden Tätigkeiten werden zur Erstellung von Montageplänen durchgeführt. Zunächst wird eine Umsetzung der Informationen aus der Konstruktion in Montagestücklisten und eine Festlegung der Montagevorgangsfolge vorgenommen. Diesen werden Montageplätze und Hilfsmittel (Hebewerkzeuge etc.) zugeordnet. Aufbauend auf die dadurch festgelegten technischen Randbedingungen werden die Vorgabe- bzw. Planzeiten ermittelt.

Die Möglichkeiten des Einsatzes von CAP und dessen Durchdringungsgrad werden entscheidend durch den Produktionstyp geprägt. Insbesondere im Rahmen der auftragsorientierten Einzelfertigung ist der Einsatz von CAP-Systemen sinnvoll, da hier beispielsweise die Generierung eines Arbeitsplans anhand der Unterlagen früherer Aufträge mit ähnlichem Charakter erleichtert und beschleunigt werden kann. Dagegen hat die Arbeitsplanerstellung bei der Massenfertigung aufgrund der weitgehend festgelegten Arbeitsgangfolge eine relativ geringe Bedeutung.

Einsatz von CAP bei unterschiedlichen Produktionstypen

In vielen Fällen können durch Einsatz von CAP die Flexibilität eines Unternehmens erhöht und die Zeiten für Produktentwicklung und Fertigung verkürzt werden.

d) Computer Aided Manufacturing (CAM)

CAM steht für **computerunterstütztes Fertigen. Hierunter werden alle durch Rechnereinsatz automatisierten Fertigungsprozesse zur Herstellung von Teilen (Teilefertigung) und zum Zusammenbau von Komponenten (Montage) verstanden.**

Das Computer Aided Manufacturing hat sich aus der NC-Technik heraus entwickelt. Heute umfaßt CAM die folgenden Teilfunktionen:

Teilfunktionen von CAM

– **NC (CNC, DNC) – Bearbeitungssysteme,**
– **Werkstück- und Werkzeughandhabungssysteme,**
– **automatisierte Transport- und Lagersysteme,**
– **automatisierte Montagesysteme,**
– **Prozeßsteuerung und -überwachung.**

Bei **NC (Numerical Control)-Maschinen** werden im Gegensatz zu mechanisch automatisierten Werkzeugmaschinen die für die Bearbeitung eines Werkstücks notwendigen geometrischen und technologischen Daten durch ein NC-Programm vorgegeben. Von der Maschinensteuerung werden diese Informationen in die erforderlichen Werkzeugbewegungen und Schaltvorgänge umgesetzt.

NC-Maschinen

Während NC-Maschinen eine festverdrahtete Steuerung aufweisen, sind **CNC (Computerized Numeric Control)-Maschinen** mit Mikroprozessoren ausgestattet. Dies erlaubt, direkt an den Maschinen eine Eingabe von Programmen zur Werkstückbearbeitung vorzunehmen. In diesem Zusammenhang spricht man auch von **Werkstattprogrammierung**.

Bei einer **DNC (Direct Numerical Control)-Steuerung** werden mehrere NC-Maschinen mit ihren NC-Programmen gemeinsam über einen Rechner verwaltet. Es erfolgt eine Online-Übertragung der NC-Steuerinformationen, wobei der DNC-Betrieb durch die zeitgerechte Verteilung der NC-Programme an mehrere NC-Maschinen gekennzeichnet ist.

Werkstück-
und Werk-
zeughand-
habungs-
systeme

Automati-
sierte Trans-
port- und
Lagersysteme

Flexible
Fertigungs-
systeme

Werkstück- und Werkzeughandhabungssysteme stellen die Verbindung zwischen dem Bearbeitungssystem und den Transport- und Lagersystemen dar. Handhabungsgeräte mit programmierbarem Bewegungsablauf werden als **Industrieroboter** bezeichnet.

Automatisierte Transport- und Lagersysteme können zusätzlich die Steuerung des Materialflusses unterstützen. Sie dienen damit der technischen Umsetzung geeigneter Konzepte einer innerbetrieblichen Logistik.

Den höchsten Grad an Automatisierung des Fertigungsprozesses ermöglichen **flexible Fertigungszellen und -systeme**. Diese zeichnen sich durch den Einsatz von automatisierten Arbeitsmaschinen und gleichzeitiger rechnergestützter Steuerung des Fertigungsprozesses aus (eine detailliertere Darstellung der folgenden Ausführungen findet sich bei Zäpfel 1989a, S. 183 ff.).

NC-Maschinen sind nur in der Lage, einzelne Bearbeitungsschritte auszuführen. Die Komplettbearbeitung eines Teils erfordert den Wechsel und die Bearbeitung des Teils auf verschiedenen Maschinen, was zu hohen Rüstzeiten führt.

Aus diesem Grund wurden **Bearbeitungszentren** entwickelt, d. h. Maschinen, die in der Lage sind, mehrere Bearbeitungsschritte programmgesteuert durchzuführen und einen Werkzeugwechsel aus einem Magazin vorzunehmen. Wird außer dem Werkzeugwechsel auch die Werkstückspeicherung und die Handhabung der Maschine automatisiert, handelt es sich um **flexible Fertigungszellen**. Werkstückspeicher und Werkzeugwechseleinrichtung ermöglichen die Bearbeitung unterschiedlicher Werkstücke in beliebiger Reihenfolge. Im Extremfall können alle Bearbeitungsschritte auf derselben Maschine ausgeführt werden. Daraus ergeben sich Potentiale für Rüstzeitverkürzungen. Flexible Fertigungszellen ermöglichen damit die automatische Bearbeitung einer begrenzten Teilegruppe (Bearbeitungsfamilie) und werden vor allem in der Teilefertigung kleiner Serien eingesetzt.

Flexible Fertigungssysteme bestehen aus mehreren funktionsgleichen oder -ergänzenden automatisierten Fertigungseinrichtungen wie Bearbeitungszentren und flexiblen Fertigungszellen, die über gemeinsame Transport- und Lagersysteme verbunden sind. Der gesamte Prozeß wird durch Rechner gesteuert und überwacht.

Der Einsatz funktionsgleicher Maschinen ermöglicht eine größere Flexibilität und Unabhängigkeit von Störungen, da mehrere gleichartige Maschinen zur Verfügung stehen. Flexible Fertigungssysteme werden in der Teilefertigung von Klein- bis zu Großserien eingesetzt. Der wesentliche Vorteil solcher Systeme liegt in der erhöhten Flexibilität des Fertigungsprozesses gegenüber konventionellen Arbeitssystemen.

Rationalisierungspotentiale ergeben sich ähnlich wie in der Teilefertigung auch durch den Einsatz **automatisierter Montagesysteme** und durch den Einsatz von **Systemen zur Prozeßsteuerung und -überwachung**. Der CAM-Bereich zeigt damit besonders deutlich die sich bietenden technischen Möglichkeiten in Richtung auf eine Automatisierung der Produktion, die durch die direkte Kopplung mit CAD und CAP zusätzlich gesteigert werden.

594

e) Computer Aided Quality Assurance (CAQ)

Unter Computer Aided Quality Assurance werden die **rechnerunterstützten Funktionen der Qualitätssicherung** verstanden. Aufgabe der Qualitätssicherung ist es, alle Maßnahmen zur Erzielung der geforderten Qualität eines Produktes zu ergreifen. Sie umfaßt den gesamten innerbetrieblichen Wertschöpfungsprozeß von der Produktentwicklung bis zum Vertrieb. Durch ständige Überwachung der Prozesse lassen sich frühzeitig Abweichungen feststellen, um so korrigierend im Sinne einer Qualitätserhaltung eingreifen zu können. Schon in der Produktentwicklung sind die Produkte so zu gestalten, daß die Qualitätsanforderungen durch möglichst einfach zu beherrschende Fertigungsverfahren zu erfüllen sind. Vorbeugenden Qualitätssicherungsfunktionen sollte bereits in der Arbeitsplanung Rechnung getragen werden (zum rechnerunterstützten Qualitätsmanagement vgl. z. B. Zink 1990). *Aufgabe der Qualitätssicherung*

Eine automatisierte Produktion stellt erhöhte Anforderungen an die Qualität der eingesetzten Materialien und an die Zuverlässigkeit der Anlagen und Maschinen. Deshalb sind vermehrte Anstrengungen der Instandhaltung notwendig. Die Entwicklung geht zu vorbeugenden Instandhaltungsmaßnahmen, die zu geplanten Zeitpunkten und nicht erst im Schadensfall durchgeführt werden (siehe hierzu Abschnitt II.1.e).

Der Rechnereinsatz in der Qualitätssicherung beschränkt sich noch weitgehend auf Insellösungen mit Schwerpunkt in der Prüfausführung. Neben Funktionsprüf- und Meßsystemen sind insbesondere Softwaresysteme für die statistische Qualitätsprüfung und die Festlegung des Stichprobenumfangs in der Wareneingangskontrolle bekannt (Helberg 1987, S. 25). *Rechnereinsatz bei der Qualitätssicherung*

Neben einer vermehrten Rechnerunterstützung versucht man auch durch organisatorische Maßnahmen Verbesserungen der Produktqualität zu erreichen. Beispielhaft seien hier **Qualitätszirkel** (quality circles) genannt (Zink/Schick 1984, Zink 1985). Mit Hilfe von Qualitätszirkeln wird die innovative und kreative Kraft von Mitarbeitern zielgerichtet zur Qualitätsverbesserung und Kostensenkung eingesetzt, indem in regelmäßigen hierarchiefreien Sitzungen über mögliche Verbesserungen in einem bestimmten Bereich diskutiert wird. Die Diskussion beschränkt sich dabei nicht nur auf die Produkte, sondern umfaßt alle betrieblichen Schwachstellen. Zudem wirken Qualitätszirkel positiv auf die innerbetriebliche Kommunikation und die Motivation der Mitarbeiter. *Organisatorische Maßnahmen zur Verbesserung der Produktqualität*

3. Datenintegration und Schnittstellenproblematik

Eine wesentliche Problematik bei der computerintegrierten Produktion erwächst aus der Tatsache, daß die sich aus den verschiedenen Aufgaben der CIM-Komponenten ergebenden Anforderungen an die Datenorganisation sehr unterschiedlich sind. Dies kommt in den Unterschieden zwischen den technischen Komponenten und den betriebswirtschaftlich-planerischen Funktionen zum Ausdruck.

Ausgehend von den CIM-Komponenten (vgl. Abbildung 4.77) lassen sich verschiedene Integrationswege zum Aufbau einer einheitlichen Datenbasis aufzeigen (vgl. u. a. Scheer 1990c, S. 77 ff.).

– Verbindung der Planungs- und Steuerungskomponenten innerhalb der PPS

Das Schwergewicht derzeitiger PPS-Systeme liegt auf den Funktionen der Zeit- und Materialwirtschaft, die zentral die Vorgaben der Produktionsplanung festlegen. Aufgrund ungeplanter Ereignisse in der Fertigung (Fehlzeiten, Maschinenstörungen, Materialfehler etc.) sind jedoch Neuplanungen die Regel. Die Tendenz geht deshalb zu dezentralen Konzeptionen, wie z. B. elektronischen Leitständen, die eine weitgehend autonome Feinplanung von Fertigungsbereichen (Fertigungsinseln, flexible Fertigungssysteme) unterstützen.

– Verbindung von CAD und CAM

Bei dieser Integration geht es vor allem um die Weitergabe von Geometriedaten aus der Konstruktion an die NC-Programmierung. Zunehmenden Stellenwert erhält auch die Berücksichtigung von fertigungstechnischen Informationen in der Konstruktion, um einen fertigungsgerechten Produktentwurf zu ermöglichen (sog. „Simultaneous Engineering").

– Verbindung von CAD und CAP

Auch zwischen der Konstruktion und der Arbeitsplanung muß eine Datenverbindung hergestellt werden, um Geometrieinformationen aus der Konstruktion in der Arbeitsplanung zur Festlegung der Fertigungsabläufe verwenden zu können.

– Verbindung von CAD und CAP mit PPS

Bei der Zeichnungserstellung mit Hilfe von CAD wird über die Geometriedaten der Stücklistenaufbau festgelegt; diese Daten werden an die Grunddatenverwaltung des PPS-Systems weitergegeben, um anschließend in der Materialdisposition Verwendung finden zu können. Desgleichen werden in der Arbeitsplanung Unterlagen erstellt, die in der PPS die Grundlage für die Generierung von Fertigungsaufträgen bilden.

- Verbindung von CAM und PPS

    Diese Integration erfolgt über eine Verknüpfung der Fertigungssteuerung mit den technischen Systemen des CAM-Bereiches (NC-Programmierung, Fertigungssysteme, Roboter).

- Verbindung von CAM und PPS mit CAQ

    Die zunehmende Wichtigkeit der Sicherstellung von Qualitätsstandards erfordert eine Einbindung von Qualitätsprüfungen in den automatisierten Fertigungsprozeß. Ebenso erfolgen im Zusammenhang mit der Lagerbestandsführung Qualitätskontrollen in der PPS.

Neben den genannten Integrationswegen innerhalb einer computerintegrierten Produktion sind Verknüpfungen zu weiteren betrieblichen Teilbereichen und zu externen Kooperationspartnern zu berücksichtigen.

- Verbindung von PPS und Kostenrechnung

    Da in PPS-Systemen alle betriebswirtschaftlich relevanten Daten im Zusammenhang mit der Produktion bearbeitet werden, lassen sich durch eine Verbindung zu anderen betrieblichen Informationssystemen, insbesondere dem Kostenrechnungssystem, Medienbrüche vermeiden. Beispiele hierfür sind die Vorkalkulation mit Hilfe von Arbeitsplänen, Stücklisten- und Betriebsmittelinformationen, die Debitorenbuchführung über die Auftragsbearbeitung, die Kreditorenbuchführung über die Materialbeschaffung oder die Lohnabrechnung und die produktbegleitende Kalkulation über die Betriebsdatenerfassung.

- PPS und überbetriebliche Kooperation

    Eine Integration kann sich auch vom betrachteten Unternehmen zu den Kunden oder den Lieferanten erstrecken. Insbesondere im Zusammenhang mit Just-in-Time-Konzepten (vgl. S. 606 ff.) werden enge Informationsverflechtungen mit Lieferanten angestrebt, um eine produktionssynchrone Lieferung der Materialien zu ermöglichen. Die Teileversorgung erfolgt dann im Idealfall unmittelbar auf Abruf von Lieferanten. In gleicher Weise sind enge Verbindungen zur Abnehmerseite vorstellbar, indem über Abruf durch Kunden die Produktion von Endprodukten gesteuert wird.

Am Beispiel der Stücklisten, Arbeitspläne und der Daten über die Betriebsmittel soll die unterschiedliche Verwendung von Daten in den einzelnen Bereichen verdeutlicht werden.

In der PPS dienen Stücklisten zur Materialdisposition und müssen hierzu lediglich eine Auflösung in die Sekundärbedarfe ermöglichen (z. B. in Form von Mengenübersichtsstücklisten). Der Fertigungsbereich hingegen muß aus den Stücklisten Informationen über den konstruktiven Aufbau der Produkte ableiten können.

Arbeitspläne erfüllen in der Fertigung die Funktion detaillierter Arbeitsanweisungen für das Werkstattpersonal. Sie sind das Ergebnis von Festlegungen der Konstruktion und Planungen der Arbeitsvorbereitung. In der übergeordneten Planung des Produktionsprozesses werden sie vor allem für die terminliche Planung der Fertigungsaufträge genutzt. Ganz andere Anforderungen an den Informationsbedarf ergeben sich z. B. in der Kostenrechnung im Zusammenhang mit der Zuordnung von Bearbeitungszeiten der Mitarbeiter zu Kostenstellen.

Angaben über die Betriebsmittel werden ebenfalls in unterschiedlichem Detaillierungsgrad benötigt. Für die Kapazitätsterminierung genügen Informationen über die Kapazitäten technisch gleichartiger Betriebsmittel, während die Fertigung mit den spezifischen Kenndaten der einzelnen Maschinen operiert.

Schnitt-
stellen-
problematik

Die integrierte Datenbasis bildet die Verbindung zwischen den verschiedenen betrieblichen Teilbereichen. Dadurch wird deutlich, daß die Datenintegration vor allem auch ein Problem der Schnittstellen zwischen betrieblichen Teilbereichen darstellt (vgl. DIN 1987, VDI 1976). So werden Stücklisten, Arbeitspläne und Daten über Betriebsmittel in den Bereichen Konstruktion, Arbeitsvorbereitung, Materialdisposition, Fertigung und Kostenrechnung benötigt.

Informations-
bedarf und
Schnittstellen
für die Pla-
nung, Steue-
rung und
Kontrolle des
Produktions-
prozesses

Der für die Aufgaben der Planung, Steuerung und Kontrolle des Produktionsprozesses notwendige Informationsbedarf und die daraus resultierenden Schnittstellen zu anderen Unternehmensbereichen werden in Abbildung 4.82 aufgezeigt (vgl. folgende Seite).

Für die Planung des aktuellen Produktionsprogramms ist die Schnittstelle zum Vertrieb entscheidend, da dort das Absatzprogramm festgelegt wird. Aus der Fertigung kommen Informationen über die Fertigungskapazitäten und die aktuelle Fertigungssituation.

Die Materialdisposition verfügt über Schnittstellen zu allen mit der Versorgung von Materialien zuständigen Bereichen wie das Beschaffungswesen (Lieferantenauswahl), dem innerbetrieblichen Materialfluß (Wareneingang, Lager) und dem Materialeinkauf (Bestellschreibung).

Die Planung, Steuerung und Kontrolle des Produktionsprozesses verfügt über einen intensiven Datenaustausch mit dem Beschaffungswesen (Verfügbarkeitskontrolle), der Kostenrechnung (fertigungsbegleitende Kalkulation) und dem Vertrieb (Fertigstellungstermine der Enderzeugnisse).

Formen
daten-
technischer
Integration

Unverbundene
Systeme

Aus technischer Sicht können verschiedene, in Abbildung 4.83 grafisch veranschaulichte Formen der datentechnischen Integration unterschieden werden (umfassend dazu in Scheer 1990c, S. 162 ff.).

Die unterste Stufe stellen **EDV-technisch unverbundene Systeme** dar, die lediglich organisatorisch miteinander verbunden werden. Um dennoch einen gewissen Informationsaustausch zu ermöglichen, sind am Arbeitsplatz des Sachbearbeiters in der Produktionsplanung und -steuerung, Konstruktion und Arbeitsplanung jeweils Terminals aufgestellt, über die der Zugriff auf Daten des jeweils anderen Systems ermöglicht wird. Eine Übertragung der Daten muß manuell erfolgen. Eine Daten-

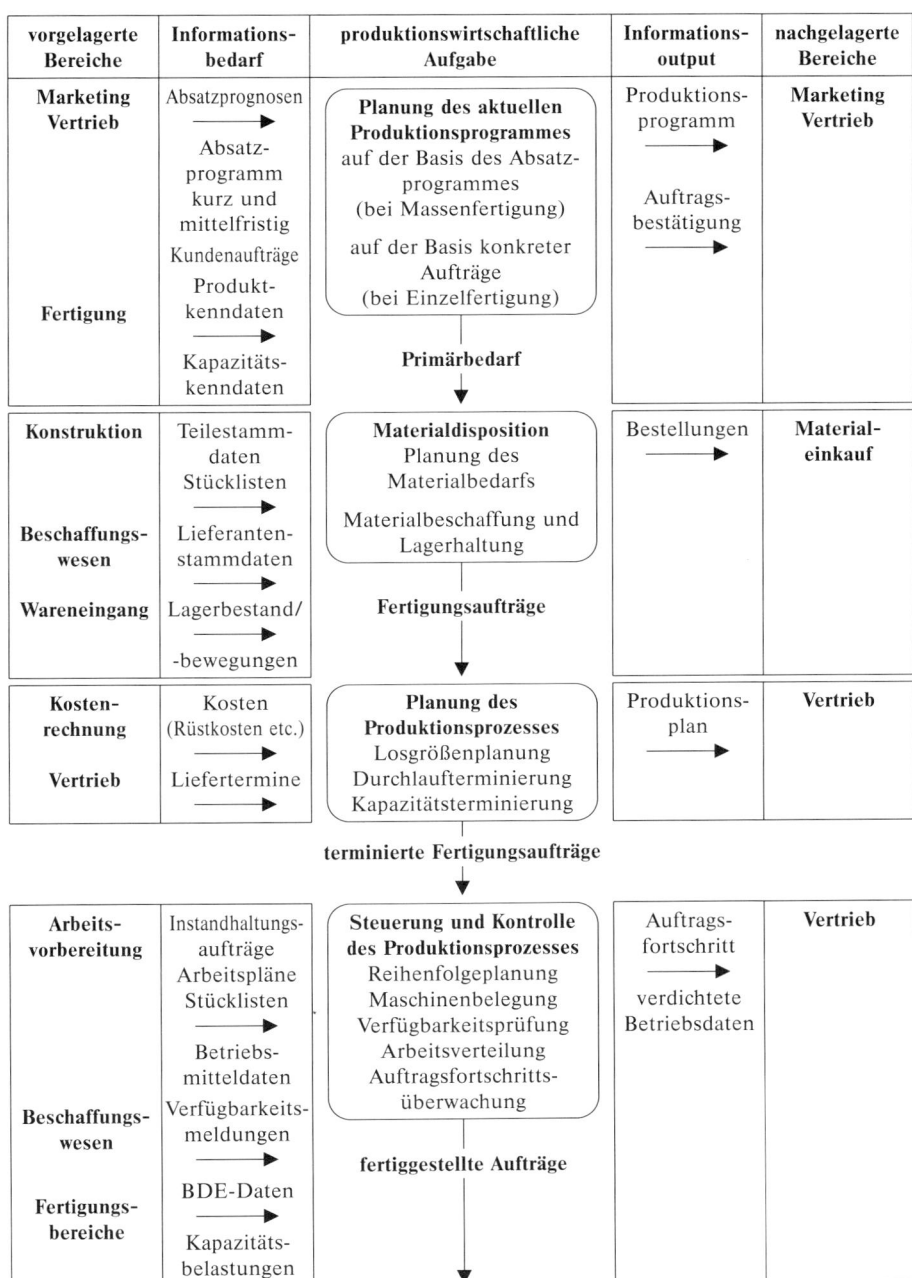

vorgelagerte Bereiche	Informations-bedarf	produktionswirtschaftliche Aufgabe	Informations-output	nachgelagerte Bereiche
Marketing Vertrieb **Fertigung**	Absatzprognosen → Absatz-programm kurz und mittelfristig Kundenaufträge Produkt-kenndaten → Kapazitäts-kenndaten	**Planung des aktuellen Produktionsprogrammes** auf der Basis des Absatz-programmes (bei Massenfertigung) auf der Basis konkreter Aufträge (bei Einzelfertigung) **Primärbedarf**	Produktions-programm → Auftrags-bestätigung →	**Marketing Vertrieb**
Konstruktion **Beschaffungs-wesen** **Wareneingang**	Teilestamm-daten Stücklisten → Lieferanten-stammdaten → Lagerbestand/ -bewegungen	**Materialdisposition** Planung des Materialbedarfs Materialbeschaffung und Lagerhaltung **Fertigungsaufträge**	Bestellungen →	**Material-einkauf**
Kosten-rechnung **Vertrieb**	Kosten (Rüstkosten etc.) → Liefertermine →	**Planung des Produktionsprozesses** Losgrößenplanung Durchlaufterminierung Kapazitätsterminierung terminierte Fertigungsaufträge	Produktions-plan →	**Vertrieb**
Arbeits-vorbereitung **Beschaffungs-wesen** **Fertigungs-bereiche**	Instandhaltungs-aufträge Arbeitspläne Stücklisten → Betriebs-mitteldaten Verfügbarkeits-meldungen → BDE-Daten Kapazitäts-belastungen	**Steuerung und Kontrolle des Produktionsprozesses** Reihenfolgeplanung Maschinenbelegung Verfügbarkeitsprüfung Arbeitsverteilung Auftragsfortschritts-überwachung **fertiggestellte Aufträge**	Auftrags-fortschritt → verdichtete Betriebsdaten	**Vertrieb**

Abbildung 4.82: Informationsbedarf und Schnittstellen für die Produktionsplanung und -steuerung

(in Anlehnung an Rohloff 1991)

599

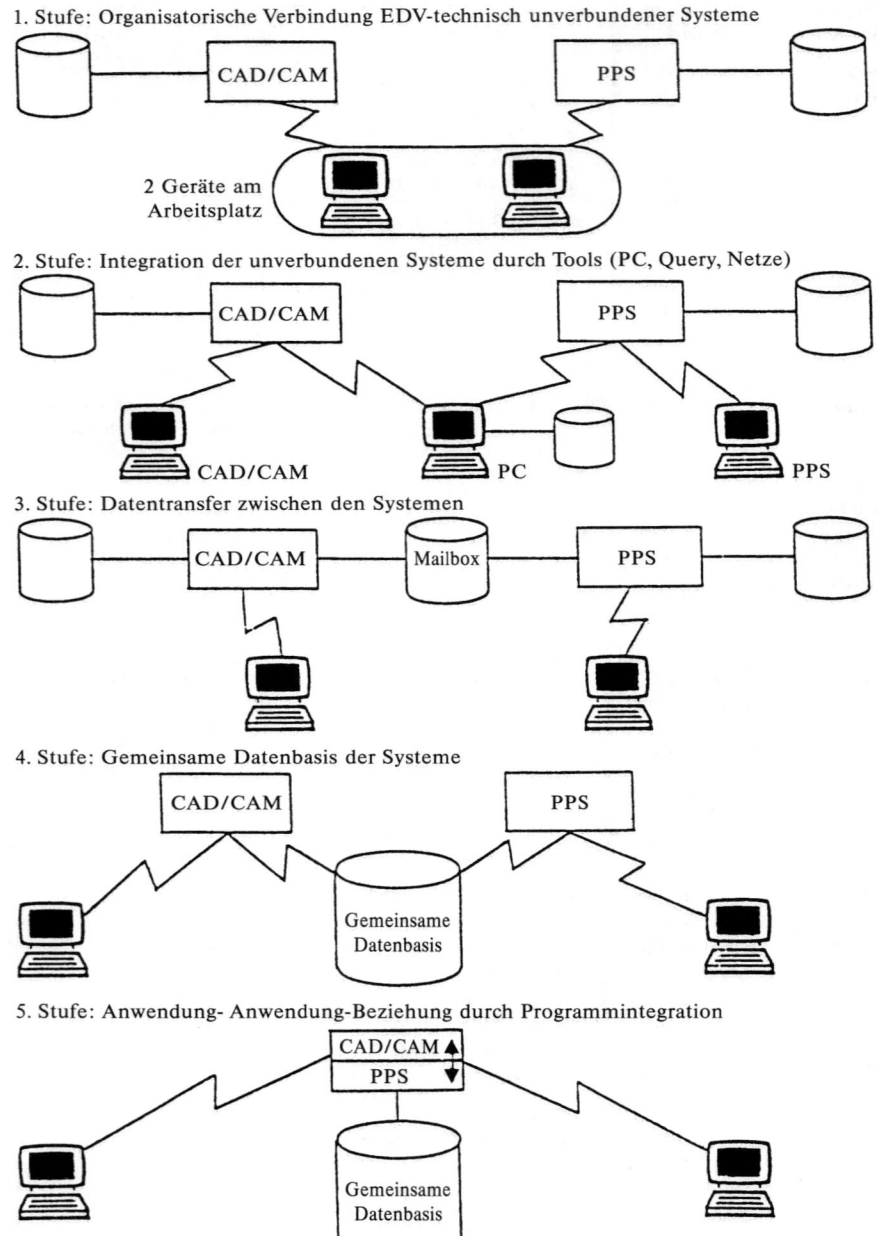

1. Stufe: Organisatorische Verbindung EDV-technisch unverbundener Systeme

CAD/CAM   PPS

2 Geräte am Arbeitsplatz

2. Stufe: Integration der unverbundenen Systeme durch Tools (PC, Query, Netze)

CAD/CAM   PPS

CAD/CAM   PC   PPS

3. Stufe: Datentransfer zwischen den Systemen

CAD/CAM   Mailbox   PPS

4. Stufe: Gemeinsame Datenbasis der Systeme

CAD/CAM   PPS

Gemeinsame Datenbasis

5. Stufe: Anwendung- Anwendung-Beziehung durch Programmintegration

CAD/CAM
PPS

Gemeinsame Datenbasis

Abbildung 4.83: Formen datentechnischer Integration

Quelle: Scheer (1990 c)

600

konsistenz zwischen den Systemen kann nicht gewährleistet werden. Diese Lösung ermöglicht zwar organisatorisch den Informationszugriff auf andere Systeme, von einer Integration im eigentlichen Sinne kann aber nicht gesprochen werden.

Auf der nächst höheren Stufe werden die **Systeme durch EDV-Werkzeuge miteinander verbunden**. Es handelt sich zwar weiterhin um eigenständige Systeme, jedoch läßt sich eine Integration von Daten über den Einsatz von Mikrocomputern und lokalen Netzwerken herstellen. Durch gleichzeitige Zugriffe auf die Daten aus den verschiedenen Systemen werden diese auf den Mikrocomputer übertragen und stehen dort für Auswertungen zur Verfügung. Eine Datenkonsistenz ist jedoch weiterhin nicht gewährleistet. *Verbund durch EDV-Werkzeuge*

Auf einer weiteren Ausbaustufe erfolgt ein **Dateitransfer zwischen den Systemen**. Computerintegrierte Planungssysteme werden über eine Schnittstellendatei miteinander verbunden und Datensätze werden über Mailbox-, Message- oder Aktionsdateien ausgetauscht. Die auszutauschenden Daten müssen dabei von den Systemen in der Art und dem Format übergeben werden, wie sie vom jeweils anderen System verarbeitet werden können, so daß teilweise Konvertierungen vorzunehmen sind. *Verbund durch Dateitransfer*

Die **gemeinsame Datenbasis der Systeme** als nächste Integrationsstufe ist dadurch gekennzeichnet, daß die Daten der verschiedenen Systeme nicht in getrennten Datenbanken, sondern in einer gemeinsamen Datenbasis verwaltet werden. Dazu ist ein einheitlicher Datenaufbau zu definieren (zum Datenmodell vgl. Teil 3, S. 348 f.) und ein einheitliches Datenbanksystem einzusetzen. Dadurch besteht im Vergleich zum Datentransfer die Möglichkeit, über Abfragesprachen in freier Form auf die Daten zuzugreifen und diese entsprechend den Erfordernissen zu gruppieren. Allerdings unterscheiden sich die Anforderungen an die Datenformate des CAD/CAP/CAM-Bereichs (geometrische und technologische Angaben) von denen des PPS-Bereichs. Die Entwicklung einer gemeinsamen Datenbasis ist deshalb noch weitgehend Gegenstand der Forschung. *Verbund durch gemeinsame Datenbasis*

Die höchste Stufe einer über die reine Datenintegration hinausgehenden, technischen Integration bildet eine **Anwendung zu Anwendung-Beziehung**. Hier wird über eine gemeinsame Datenbasis hinausgehend der gegenseitige Aufruf von Programmen möglich. Von einem System (z. B. CAD) aus können selbsttätig Programmteile eines anderen Systems (z. B. PPS) aufgerufen und verarbeitet werden. *Anwendungsintegration*

Die sich durch CIM ergebenden Probleme einer Datenintegration sind demzufolge vielfältig. In der industriellen Praxis zeigt sich hinsichtlich der Entwicklung von CIM-Realisierungen ein sehr differenziertes Bild. *Entwicklungsstand von CIM*

CIM betrifft jedoch nicht nur die Datenintegration sondern auch eine personelle und organisatorische Integration von bisher arbeitsteilig ausgeführten Tätigkeiten (z. B. eine Zusammenfassung der Tätigkeiten, die mit einer Auftragsabwicklung verbunden sind). Mit CIM ergeben sich deshalb teilweise erhebliche organisatorische Auswirkungen, die traditionelle Prozeßabläufe in Frage stellen und in der Regel zu wesentlich veränderten Anforderungen an die Organisationsstruktur und an die Personalentwicklung führen (vgl. auch Teil 3, S. 300 ff. sowie Teil 6, S. 863 ff.).

4. Neuere Planungs- und Steuerungskonzepte

Mängel der Sukzessiv-planung

Die Erfahrungen mit dem Sukzessivplanungskonzept in der Praxis zeigen, daß dieses nur teilweise den Anforderungen an einen befriedigenden Ablauf in der Fertigung gerecht werden kann (vgl. Pressmar 1975, Zäpfel 1989a, S. 216 ff.). Die industrielle Praxis ist gekennzeichnet durch lange Durchlaufzeiten, mangelnde Termintreue und häufig relativ hohe Bestände an Halb- und Fertigfabrikaten, d. h. Zeit- und Terminprobleme stehen im Vordergrund. Diese Probleme treten unter anderem deshalb auf, weil bei der Planung der Durchlaufzeiten die Abstimmung von benötigten und verfügbaren Kapazitäten schwierige Konflikte aufwirft. Die Durchlaufzeiten stellen jedoch die kritische Größe dar, die die Termine der Programmplanung mit der termingerechten Materialplanung sowie mit der zeitlichen Planung und Steuerung des Produktionsprozesses verknüpft.

In den vergangenen Jahren sind deshalb verschiedene Planungs- und Steuerungskonzepte entwickelt und erprobt worden, die versuchen, den angeführten Nachteilen auf unterschiedliche Art und Weise zu begegnen. Die wichtigsten Konzepte werden nachfolgend dargestellt (vgl. z. B. Glaser u. a. 1991, Helberg 1987, Koffler 1987, Scheer 1990c, Schröder 1990, Wildemann 1990a und 1990b, Zülch 1990, Rohloff 1991).

a) Manufacturing Resource Planning (MRP II)

Mit dem MRP II-Konzept (MRP = Manufacturing Resource Planning) wurde eine komplexe Planungssystematik entwickelt, die sich über PPS-Systeme hinausgehend an einer stärkeren Einbindung der gesamten Logistikkette orientiert (vgl. Wight 1983). MRP II geht damit über das unter der Abkürzung MRP bekannte „Material Requirement Planning" hinaus, das im wesentlichen die mit der Materialbedarfsermittlung zusammenhängenden Funktionen beinhaltet. Zu MRP II gehört unter anderem auch eine intensive Berücksichtigung der Beschaffungs- und der Absatzseite im Sinne einer umfassenden Betrachtung der betrieblichen Wertschöpfung. **Im Mittelpunkt des MRP II-Konzepts steht die marktorientierte Ausrichtung aller Unternehmensbereiche.** Während PPS-Systeme ausschließlich von einer produktionsorientierten Bedarfsauslösung ausgehen (die Primärbedarfe der Kundenaufträge werden in die Sekundärbedarfe aufgelöst), wird diese bei MRP II-Systemen durch eine stark

Vertriebs-orientierte Planung des Produktions-programms

vertriebsorientierte Programmplanung ergänzt. Diese hat die Zielsetzung, ausgehend von erwarteten Absatzentwicklungen und deren prognostizierter Realisierung in Form von Kundenaufträgen, möglichst frühzeitig, das heißt noch bevor Kundenbestellungen vorliegen, Produktionsschritte auszulösen. **Da die für die Fertigung benötigten Durchlaufzeiten oft die vom Markt akzeptierten Lieferzeiten überschreiten, muß durch Vorproduktion einzelner Komponenten die Zeitdifferenz verringert werden.** Die vorproduzierten Komponenten werden nach Erteilung der tatsächlichen Aufträge durch die auftragsspezifischen Komponenten ergänzt und zu Endprodukten zusammengesetzt. Auf diese Weise wird eine Kopplung von Produktionsplanung und Kundenauftragsbearbeitung erreicht (vgl. Abbildung 4.84).

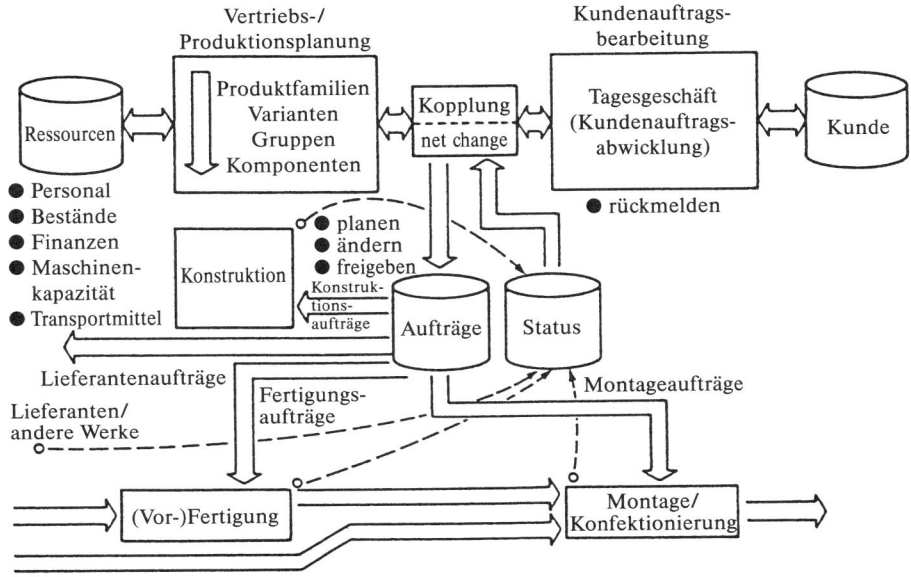

Abbildung 4.84: Das MRP II-Konzept

Quelle: Merkel (1986)

Die vertriebsorientierte Gesamtnachfrageplanung wird dabei sukzessive in eine produktionsorientierte Planung aufgelöst. Die Betrachtung der Gesamtnachfrage erfolgt regionen-, branchen- und kundenorientiert. Auf diese Weise werden Planungsdaten zum gesamten Sortiment gewonnen, die im weiteren über Produktfamilien, Varianten und Gruppen bis zu den Komponenten zerlegt werden. Als wesentliches Hilfsmittel innerhalb dieser Programmplanung finden sogenannte Planungsstücklisten Verwendung. Diese ermöglichen die Auflösung der Produktfamilien bis zu den Produktgruppen und -komponenten und zeigen die im Unternehmen dafür in Anspruch genommenen Ressourcen auf.

Planungs-stücklisten

Der frühzeitige Abgleich der Planung mit den zur Verfügung stehenden **Ressourcen** ist ein Grundprinzip des MRP II-Konzeptes. Der Kapazitätsabgleich wird Stufe für Stufe von der Planung der Produktfamilien bis zu den Komponenten fortgesetzt. So kann z. B. auf dem Aggregationsniveau der Produktfamilien ein Abgleich nach der Kapazität einzelner Werksstandorte vorgenommen werden, während bei einer verfeinerten Monatsplanung die verfügbaren Ressourcen an Maschinen, Personal, Beständen usw. betrachtet werden.

Frühzeitiger Kapazitäts-abgleich

603

Auf der Grundlage dieser **kapazitätsangepaßten Planung** werden die einzelnen Bedarfe ermittelt und Bestellaufträge für den Einkauf, Konstruktions-, Fertigungs- und Montageaufträge erstellt. Es entsteht ein Netzwerk von Aufträgen, die über die Planung miteinander verknüpft sind.

Die vertriebsorientierte Planung ermöglicht damit die Generierung von Fertigungs- bzw. Bestellaufträgen für eine frühe, zu diesem Zeitpunkt noch kundenauftragsunabhängige Fertigung. Im Idealfall wird die Montage so lange hinausgezögert (**postponement**) bis durch inzwischen eingegangene Kundenaufträge ein aktuelles Montageprogramm ausgelöst werden kann. **Die Lieferzeit kann dadurch im günstigsten Fall bis auf die Montage- und Transportzeit verkürzt werden.**

Beim Übergang zwischen Planung und Fertigung sind die aktuellen Änderungen und Störungen zu berücksichtigen. Über das **Auftragsnetzwerk** werden die in der Planung ermittelten Aufträge freigegeben, geändert oder gelöscht. Voraussetzung dafür ist eine sehr hohe Aktualität der Planung, die durch eine optimale Erfassung und Verarbeitung inner- und außerbetrieblicher Informationen zu gewährleisten ist. Für die Umsetzung des MRP II-Konzeptes ist deshalb eine **hohe Integration der verschiedenen betrieblichen Informationssysteme** unabdingbar.

b) Fortschrittszahlenkonzept

Das Fortschrittszahlenkonzept wurde bereits in den sechziger Jahren zur Verbesserung der Fertigungsorganisation in der Automobilindustrie entwickelt. Seit einigen Jahren wird es in Unternehmen der Automobilindustrie und Zulieferer erneut diskutiert und angewandt. **Dem Fortschrittszahlenkonzept liegt die Überlegung zugrunde, einzelne Produktionsbereiche und Zulieferer laufend über den sich aus der Montageplanung ergebenden Bedarfsverlauf zu informieren, so daß eine Versorgung der Montage mit Komponenten auf Abruf erfolgen kann** (vgl. Baku/Meyer 1982). Das Verfahren setzt gute Geschäftsbeziehungen und eine enge Verzahnung zwischen Hersteller und Zulieferer voraus. Der Gedanke einer logistischen Kette im Rahmen unternehmensübergreifender Wertschöpfung wird aufgegriffen und konsequent umgesetzt.

Enge Kooperation zwischen Hersteller und Zulieferer

Es wird davon ausgegangen, daß sich der Leistungserstellungsprozeß in voneinander abhängige Produktions- und Beschaffungsabschnitte aufteilen läßt. Alle Teilebedarfe aufeinanderfolgender Abschnitte und deren Mengen werden als kumulierte Werte dargestellt, die als **Fortschrittszahlen** bezeichnet werden. Für jeden Bereich werden der Input und Output einer Menge von Rohstoffen, Teilen oder Endprodukten über ein Zeitraster (Tage, Wochen) kumuliert (vgl. Abbildung 4.85). Mit Hilfe dieser, die gesamte logistische Kette durchziehenden, miteinander verbundenen Kennzahlen können dann Aussagen über den Produktionsfortschritt an einem Produkt getroffen werden. Soll zu einem festgelegten Zeitpunkt ein bestimmter Produktionsfortschritt erzielt werden, so setzt dies bei einem mehrstufigen Produktionsprozeß voraus, daß an vorgelagerten Arbeitssystemen zeitlich versetzt die benötigten Mengenleistungen erbracht worden sind.

Kontrolle des Produktionsfortschritts über Fortschrittszahlen

604

Für jede Stufe im Produktionsprozeß sind deshalb die folgenden Fortschrittszahlen (FZ) für jeden Bereich zu ermitteln:
– Eingangsfortschrittszahl als zeitbezogener Mengen-Input,
– Ausgangsfortschrittszahl als zeitbezogener Mengen-Output.

Dabei wird jeweils die geplante Soll-Fortschrittszahl und die tatsächlich festgestellte Ist-Fortschrittszahl erfaßt.

Dies ermöglicht das Aufzeigen der zu- und abgehenden Stückzahlen in übersichtlicher Form. Über Differenzbildung können die Bedarfe an zu liefernden bzw. zu produzierenden Stückzahlen leicht erkannt werden. Damit wird eine einfache Steuerung der Produktionsprozesse ermöglicht.

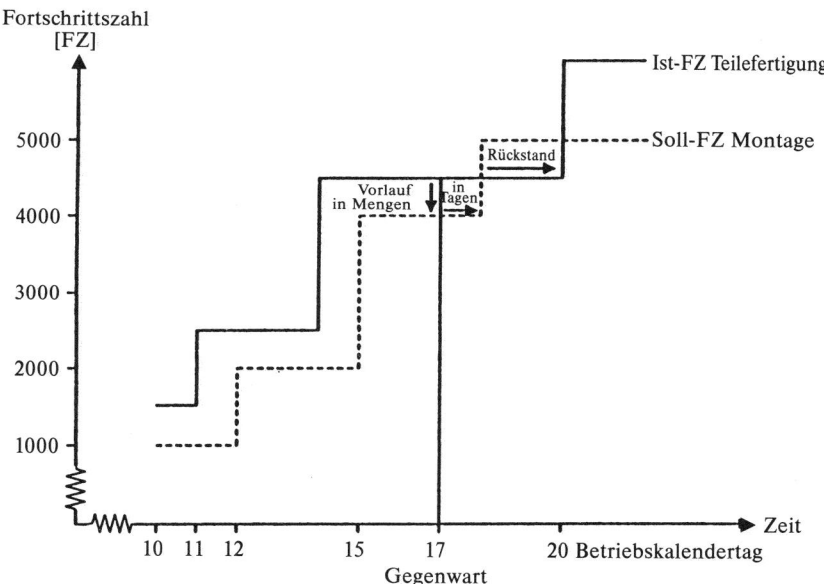

Abbildung 4.85: Beispiel für die Anwendung des Fortschrittszahlenkonzepts

Das in Abbildung 4.85 dargestellte Beispiel verdeutlicht den Sachverhalt. Auf der Basis erwarteter Absatzentwicklungen sind die geplanten Fortschrittszahlen für die Montage aufgetragen. Die für die Montage benötigten Teile werden in der Fertigung erstellt. Deren Stückzahlen sind ebenfalls im Fortschrittszahlenverlauf veranschaulicht. Für innerbetriebliche Transportvorgänge zwischen Teilefertigung und Montage wird in diesem Beispiel ein Tag veranschlagt. Für die Teilefertigung ist demzufolge ein Vorlauf von einem Tag gegenüber der Montage eingeplant. Die Soll-FZ der Montage für den 12. Betriebskalendertag betrug z. B. 2 000 Stück. Die Ist-FZ der Teilefertigung wurde deshalb am 11. Tag (Vorlauf von einem Tag) von 1 500 auf 2 500 erhöht, um den Bedarf der Montage zu decken. Für das Beispiel ist die Losgröße mit 1 000 Stück festgesetzt, woraus für die folgenden Tage eine Überdeckung um 500 Stück

605

resultiert. Für den 17. Betriebskalender-Tag ist aus der Betrachtung des Verlaufs der Fortschrittszahlen zu erkennen, daß bei unveränderter Teilefertigung nach Plan ein Rückstand von 500 Stück entstehen wird, wenn die Produktion der Teilefertigung erst am 20. Tag erhöht wird. Der zeitpunktbezogene Vergleich durch Differenzbildung macht deutlich, wann steuernd einzugreifen ist. Der Vorlauf oder Rückstand, ausgedrückt in Mengen oder Zeiteinheiten, kann leicht ermittelt werden.

Eignung und Voraussetzungen des Fortschrittszahlenkonzepts
Das Fortschrittszahlenkonzept ist vor allem für die montageorientierte Serien- und Massenfertigung geeignet. Es wird insbesondere für die überbetriebliche Zusammenarbeit zwischen Hersteller und Zulieferer, z. B. in der Automobilindustrie, mit einem hohen Anteil an fremdbezogenen Komponenten angewandt. Daneben läßt es sich aber auch – wie im Beispiel gezeigt – für innerbetriebliche Steuerungsvorgänge einsetzen. Das Konzept stellt eine Bereicherung für die Produktionsplanung und -steuerung dar und kommt dem Bedarf an Auswertungs- und Informationsunterstützung entgegen. Seine Anwendbarkeit ist jedoch an bestimmte **Voraussetzungen** gebunden:

- Zwischen dem Hersteller und seinen Zulieferern müssen enge Geschäftsbeziehungen bestehen. Diese werden in der Regel in Form von Rahmenverträgen ausgehandelt. In diesen verpflichtet sich der Hersteller zur Abnahme einer bestimmten Stückzahl für einen festgelegten Zeitraum, während der Zulieferer die entsprechenden Mengen auf Abruf bereitzustellen hat.
- Es muß eine hohe Auftragswiederholhäufigkeit gegeben sein. Aufgrund der Tendenz zu geringen Lagerbeständen erfolgt eine häufige Anlieferung in konstanten Losgrößen. So wird beispielsweise in der Automobilindustrie täglich abgerufen.
- Ganz wesentlich ist ferner die enge Abstimmung der Informationssysteme, um die Fortschrittszahlen im Dialogverfahren austauschen zu können.

c) Kanban, Just-in-Time

Die Entwicklung des Kanban-Systems geht auf Überlegungen japanischer Unternehmen zur Bestandssenkung im Fertigungsbereich zurück. In der Automobilindustrie wurden die Kanban-Prinzipien zu einem umfassenden Unterstützungssystem der Produktionsplanung und -steuerung ausgebaut.

Kanban-Prinzip
Kanban bedeutet sinngemäß Karte und bezeichnet den **Informationsträger, der alle Fertigungsaktivitäten auslöst.** Der Fertigungsprozeß wird in aufeinanderfolgende Produktionseinheiten zerlegt. Die Steuerung des Materialflusses zwischen den Produktionseinheiten erfolgt mit Hilfe der **Kanban-Karte**, die Angaben über die Auftragsmenge enthält. Teilweise werden auch Transportbehälter (**Kanban-Behälter**) eingesetzt, die entsprechend ihrem Volumen für definierte Produktionsmengen der Teile ausgelegt sind. **Eine Produktionsstufe generiert über die Kanban-Karte neue Fertigungsaufträge, wenn der ihr zugeordnete Lagerbestand an Produkten einen definierten Mindestbestand unterschreitet.** Die Bildung der Fertigungsaufträge erfolgt nach dem **Holprinzip** – im Gegensatz zu dem ansonsten in der Fertigung üblichen Bringprinzip.

606

Die letzte Produktionsstufe bestimmt damit die Auslösung der Fertigungsaufträge, da dort am besten beurteilt werden kann, welche Mengen zu welchem Zeitpunkt benötigt werden. Der Informationsfluß über die Kanban-Karte läuft damit entgegengesetzt zum Materialfluß.

Im Gegensatz zu klassischen Verfahren der Produktionsplanung und -steuerung erfolgt in diesem Fall keine zentrale Produktionssteuerung, sondern eine Steuerung des Materialflusses innerhalb kleiner Regelkreise.

Regelkreise zur Steuerung des Materialflusses

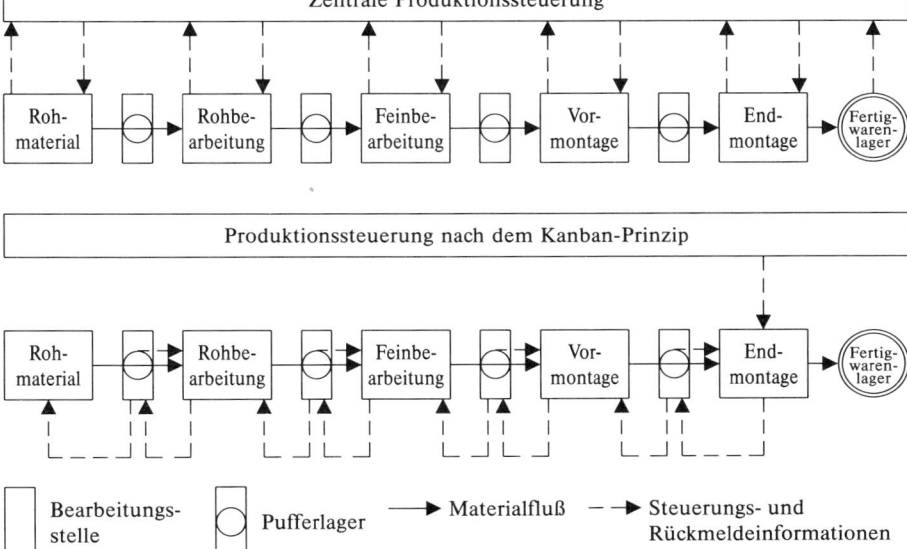

Abbildung 4.86: Zentrale Steuerung und Steuerung mit Hilfe von Kanban

(in Anlehnung an Wildemann 1984)

Die Kanban-Karte wird zwischen einer bestimmten Materialquelle (Material/Teile erzeugende Stelle) und Materialsenke (verbrauchende Stelle) eingesetzt. Zwischen den Produktionsstufen befinden sich Pufferlager. Dort werden in Kanban-Behältern definierter Größe festgelegte Mengen an Material gelagert. Verbraucht eine Senke den Inhalt eines Behälters, so wird der am Kanban-Behälter angebrachte Transportkanban abgetrennt und durch einen vollen Behälter aus dem Pufferlager ersetzt. An diesem befindet sich ein Produktionskanban, der an die vorgelagerte Produktionsstufe weitergeleitet wird und dort einen Fertigungsauftrag auslöst. Für die Pufferlager kann ein Mindestbestand festgelegt werden. Die Bestandsregelung erfolgt auf einfache Weise durch die Kanban-Karten, über die Zu- und Abgänge reguliert werden. Der Ablauf entspricht gewissermaßen dem **Supermarktprinzip**: Ein Verbraucher entnimmt aus dem Regal eine Ware bestimmter Spezifikation und Menge, die Lücke wird bemerkt und das Regal wieder aufgefüllt.

Voraus-setzungen des Kanban-Verfahrens	Der Einsatz des Kanban-Verfahrens ist an bestimmte Voraussetzungen gebunden (vgl. Helberg 1987):

- hoher Auftragswiederholungsgrad (Serien, Sorten),
- am Materialfluß orientierte Arbeitsplatzanordnung,
- abgestimmte Kapazitäten ohne Engpässe,
- geringe Bedarfsschwankungen und wenig Varianten,
- niedrige Rüstzeiten und konstante Losgrößen.

Das Kanban-Verfahren wird in erster Linie zur Steuerung einer Serienfertigung mit häufiger Wiederholung eingesetzt. Es ist dann ein geeignetes verbrauchsgesteuertes Konzept, um Zwischenlagerbestände niedrig zu halten.

Just-in-Time

Das Kanban-Prinzip wird deshalb oft in Verbindung mit einer **Produktion auf Abruf (Just-in-Time Production, JIT)** als Dispositionsinstrument eingesetzt, und zwar sowohl innerbetrieblich als auch zwischenbetrieblich. Der Grundgedanke einer Produktion auf Abruf besteht darin, daß die notwendigen Teile bzw. Produkte erst zum benötigten Zeitpunkt in der erforderlichen Menge erstellt und angeliefert werden. Auf diese Weise sollen die Lieferbereitschaft sichergestellt, gleichzeitig aber die Kapitalbindungs- und Lagerhaltungskosten möglichst gering gehalten werden. Hierzu müssen jedoch neben den für Kanban erforderlichen Bedingungen weitere Voraussetzungen in der Produktion erfüllt sein (vgl. z. B. Zäpfel 1989a, S. 234).

Voraus-setzungen für Just-in-Time

In erster Linie ist die Stabilität des Produktionsprogramms zu nennen. Ein stetiger Teileverbrauch bedingt auch einen stabilen Produktionsverlauf. Um eine gleichmäßige Produktion auch bei Bedarfsänderungen zu ermöglichen, wird versucht, die Losgrößen nicht zu groß werden zu lassen und rechtzeitig an Bedarfsänderungen anzupassen. Dies setzt jedoch entsprechende Maßnahmen zur Rüstzeitverkürzung und Kostensenkung voraus. Können Rüstkosten verringert werden, so sind kleine Lose vorteilhaft, was sich auch positiv auf Bestände und Durchlaufzeiten auswirkt.

Eine weitere Voraussetzung bildet die wirkungsvolle Qualitätssicherung. Die Teiledisposition mit Hilfe von Kanban funktioniert nur, wenn sichergestellt ist, daß ausschließlich qualitativ verwendbare Teile an verbrauchende Stellen weitergegeben werden, da Reserveteile in der Regel nicht eingeplant sind.

Es sind somit eine Vielzahl von Voraussetzungen erforderlich, um eine Produktion auf Abruf zu ermöglichen.

Lean Production

Das Just-in-Time Prinzip spielt unter anderem in dem Konzept der „lean production" eine maßgebliche Rolle. Darüber hinaus läßt sich die lean production durch die Bildung relativ autonomer Fertigungseinheiten und flexibler Fertigungssysteme einerseits sowie durch das Bemühen um enge Kooperation mit anderen unternehmensinternen Funktionsbereichen (F&E, Marketing etc.), mit Zulieferern und mit Kunden andererseits kennzeichnen. Auf diese Weise lassen sich die Umrüstkosten und -zeiten und somit die kostenoptimalen Losgrößen drastisch reduzieren; Umfang und Kosten der Lagerhaltung können deutlich gesenkt werden. Die „lean production" wurde von dem japanischen Automobilhersteller Toyota Anfang der 50er Jahre

608

entwickelt und findet inzwischen – v. a. aufgrund des teilweisen Versagens der traditionellen Massenproduktion – auch in anderen Ländern und Branchen zunehmende Beachtung (vgl. Womack/Jones/Roos 1990, Wagner/Schumann 1991).

d) Belastungsorientierte Auftragsfreigabe

Die belastungsorientierte Auftragsfreigabe ist ein Steuerungsverfahren, das für die Werkstattfertigung am Institut für Fabrikanlagen (IFA) der Universität Hannover entwickelt wurde (vgl. Bechte 1980, Wiendahl 1987). Das Verfahren wird inzwischen in einigen marktgängigen PPS-Systemen als eine Methode zur Automatisierung der Auftragsfreigabe eingesetzt. Im Gegensatz zu deterministischen Verfahren, die in der Regel eine tagesgenaue Arbeitsgangterminierung an den Kapazitätseinheiten in der Werkstatt vornehmen, wird bei diesem Verfahren eine statistische Betrachtungsweise zugrunde gelegt. Als Steuergröße dient der Auftragsvorrat vor den Produktionseinheiten.

Verfahren zur Regelung der Auftrags- freigabe

Ansatzpunkt ist die Tatsache, daß die Durchlaufzeiten einzelner Aufträge in der Werkstatt stark streuen. Bis zu 90 % der Gesamtdurchlaufzeit können auf Übergangszeiten zurückgeführt werden. Die sich daraus ergebenden Planungsunsicherheiten führen zu einer möglichst frühen Einplanung von Aufträgen in der Werkstatt. Dieses Verhalten bewirkt jedoch einen gegenteiligen Effekt: anstatt Durchlaufzeiten zu verkürzen, verlängert es diese im Durchschnitt. Ein erhöhter Auftragsbestand bedeutet tendenziell längere Durchlaufzeiten. Sind zugesagte Liefertermine gefährdet, führt dies zur Vergabe von Eilaufträgen, die dann bevorzugt bearbeitet werden. Andere Aufträge bleiben dafür länger liegen, was insgesamt wiederum zu einer erhöhten Streuung der Durchlaufzeiten führt. Bei der belastungsorientierten Auftragsfreigabe wird über Regelmechanismen der Arbeitsvorrat vor den Maschinen reduziert und auf diese Weise eine Senkung der mittleren Durchlaufzeit der Aufträge erreicht. Ziel ist es, die Belastung so zu dosieren, daß sich an allen Arbeitsplätzen ein durchschnittlicher Bestand an zu bearbeitenden Aufträgen einstellt, der in einem ausgewogenen Verhältnis zum Leistungsvermögen steht.

Die geplante Belastung des Arbeitsplatzes in einer Planperiode wird durch die sogenannte Belastungsschranke begrenzt, die ein Vielfaches der Kapazität in der Planperiode (etwa 200–300 %) darstellt. Bis zu dieser Belastungsgrenze werden die mit einer angestrebten Plan-Durchlaufzeit versehenen Aufträge an den Arbeitsplätzen eingeplant.

Belastungs- schranke

Die Werkstattfertigung kann damit in Form eines Trichtermodells (vgl. Abbildung 4.87) dargestellt werden.

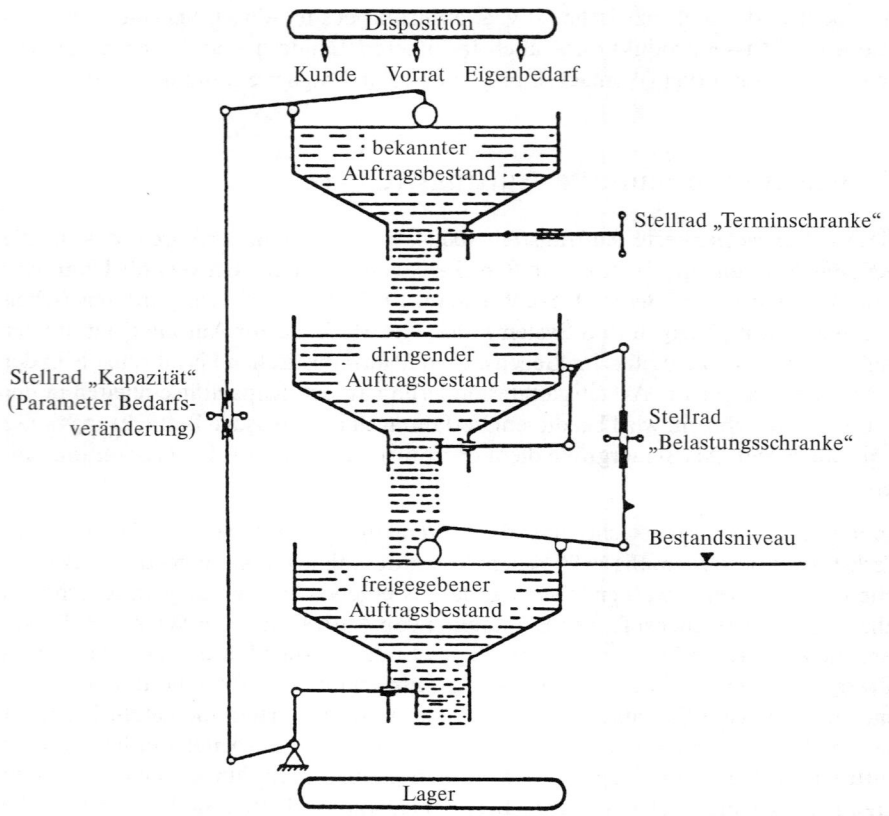

Abbildung 4.87: Das Prinzip der belastungsorientierten Auftragsfreigabe

Quelle: Wiendahl (1988)

Die Füllhöhe des Trichters entspricht dem Bestand an wartenden Aufträgen. Der Trichterauslaß zeigt die vorhandene Kapazität auf. Der Materialfluß zwischen den Arbeitsplätzen wird durch die Verbindungskanäle zwischen den Trichtern symbolisiert.

Der Ablauf der Auftragsfreigabe erfolgt in zwei Schritten:

Ablauf der Auftrags-freigabe

Zunächst werden die Aufträge entsprechend ihrer Dringlichkeit eingestuft. Dabei werden nur die Aufträge berücksichtigt, die sich innerhalb eines festgesetzten, in der Zukunft liegenden Zeitraums (Terminschranke) befinden. Außerhalb der Terminschranke liegende Aufträge werden erst in der folgenden Planungsperiode berücksichtigt. Für die Aufträge wird eine Durchlaufterminierung durchgeführt. Für jeden einzelnen Auftrag werden die geplanten Durchlaufzeiten mit dem zur Verfügung stehenden Zeitraum (Differenz aus aktuellem Termin und gewünschtem Auftragsendtermin) abgeglichen und der jeweilige zeitliche Verzug oder Puffer ermittelt. Die

610

Dringlichkeit eines Auftrages ergibt sich aus der Höhe des Verzugs. Die Aufträge, die den größten Verzug gegenüber dem gewünschten Endtermin aufweisen, werden zuerst für die Freigabe an die Produktion vorgeschlagen, während Aufträge mit einem großen zeitlichen Puffer zurückgestellt werden. Auf diese Weise werden alle Aufträge, die sich innerhalb der festgesetzten Terminschranke befinden, entsprechend ihrer Dringlichkeit geordnet.

Im zweiten Schritt wird überprüft, ob durch die Einlastung der zur Freigabe anstehenden Aufträge die Gesamtbelastung an einem der im Arbeitsplan vorgesehenen Arbeitsplätze überschritten wird. Die Freigabe eines Auftrags **(Einlastung)** erfolgt nur, wenn dadurch an keinem der zu beanspruchenden Arbeitsplätze die Belastungsschranke, d. h. die im betrachteten Zeitraum vorhandene Kapazität, überschritten wird. In diesem Fall wird der gesamte Auftrag bis zur nächsten Planperiode zurückgestellt.

Es wird folglich zuerst der Auftrag mit der höchsten Dringlichkeit herangezogen und dieser auf die einzelnen Arbeitsplätze in der Weise eingeplant, daß die bereits bestehende Belastung am ersten Arbeitsplatz um die zusätzliche Belastung des zur Freigabe anstehenden Auftrages erhöht wird. Dies geschieht in gleicher Weise mit allen weiteren Arbeitsplätzen, die von diesem Auftrag betroffen sind. Die Belastung der einzelnen Arbeitsplätze geschieht dabei weder zeitlich befristet noch terminlich gebunden. Es erfolgt lediglich die Zuordnung des Arbeitsinhaltes. Die zeitversetzte Inanspruchnahme der Belastung wird durch Abwertung mit einem Wahrscheinlichkeitsfaktor berücksichtigt. Wird infolge der Einlastung eines Auftrages die Belastungsschranke an irgendeinem Arbeitsplatz überschritten, so wird der gesamte Auftrag zurückgestellt und in die nächste Planperiode verschoben. Diesen Vorgang wiederholt man mit den in der Dringlichkeit folgenden Aufträgen, bis für alle Arbeitsplätze die Belastungsschranke erreicht ist.

Erfahrungen mit der belastungsorientierten Auftragsfreigabe zeigen, daß die Durchlaufzeiten bei gleichzeitiger Verringerung der Streuung im Mittel stark reduziert werden können (um ca. 20% bis 50%; vgl. Helberg 1987, S. 76). Das Prinzip, die Auftragsfreigabe nur dann vorzunehmen, wenn aufgrund der momentanen Belastungssituation alle Arbeitsgänge auch durchführbar sind, erweist sich damit als vorteilhaft.

Das Verfahren ist einfach handhabbar, da mit der **Termin- und Belastungsschranke** nur zwei **Steuerungsparameter** verwendet werden, jedoch kann keine gezielte Steuerung einzelner Aufträge erfolgen. Aufgrund der statistischen Betrachtung wird eine Verkürzung der Auftragsdurchlaufzeiten immer nur für die Gesamtheit der Aufträge erreicht. Zudem wird unterstellt, daß bei der Bearbeitungsreihenfolge der Aufträge am Arbeitsplatz nach der FIFO-Regel (first in – first out) vorgegangen wird. Insbesondere bei Einzel- und Kleinserienfertigern, für die dieses Verfahren vor allem entwickelt worden ist, kann eine Abarbeitung nach dieser Regel oft nicht eingehalten werden. Bedarfs- und Terminänderungen sowie unvorhersehbare Störungen, z. B. durch Maschinenausfall, führen zu häufigen Änderungen der geplanten Abarbeitung und zu Warteschlangen vor den Maschinen. Um Termine einzuhalten, müssen u. U.

Anwendungs-
bereich

kurzfristig Eilaufträge gestartet werden, was zwangsläufig zur Streuung der Durchlaufzeiten führt. Die Eignung der belastungsorientierten Auftragsfreigabe für die gezielte Verfolgung einzelner Aufträge ist daher erheblich eingeschränkt.

e) Eignungsspektrum neuer Planungs- und Steuerungskonzepte

Die Ausführungen zeigen, daß alle aufgeführten Planungs- und Steuerungskonzepte Vor- und Nachteile aufweisen. Ihr Einsatz hängt deshalb von der jeweils vorliegenden Produktionssituation ab. Abbildung 4.88 zeigt zusammenfassend die Eignung in Abhängigkeit vom Produktionstyp auf.

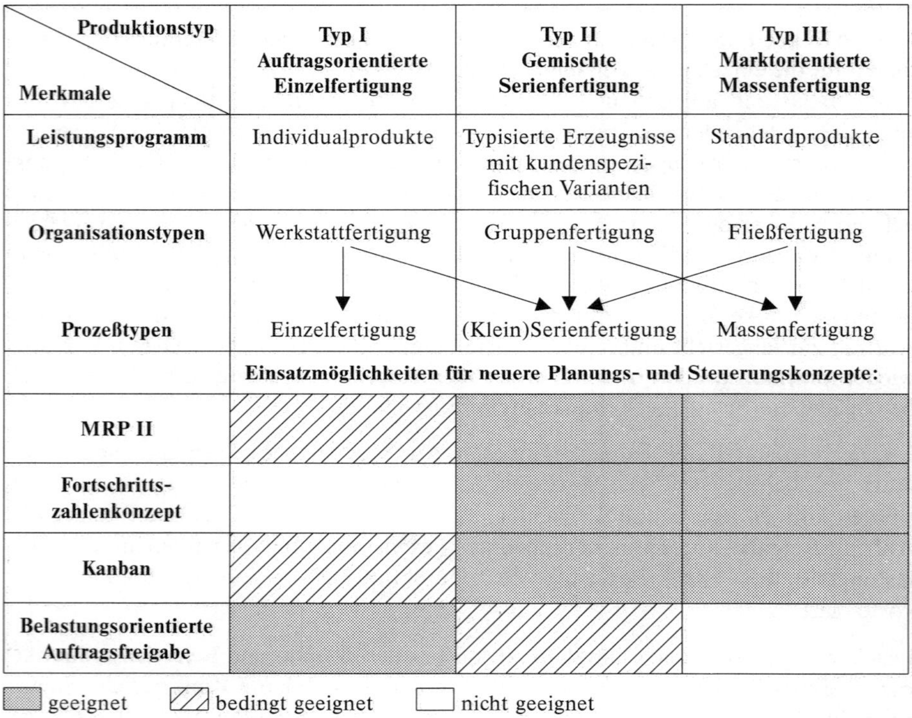

Produktionstyp / Merkmale	Typ I Auftragsorientierte Einzelfertigung	Typ II Gemischte Serienfertigung	Typ III Marktorientierte Massenfertigung
Leistungsprogramm	Individualprodukte	Typisierte Erzeugnisse mit kundenspezifischen Varianten	Standardprodukte
Organisationstypen	Werkstattfertigung	Gruppenfertigung	Fließfertigung
Prozeßtypen	Einzelfertigung	(Klein)Serienfertigung	Massenfertigung
Einsatzmöglichkeiten für neuere Planungs- und Steuerungskonzepte:			
MRP II	bedingt geeignet	geeignet	geeignet
Fortschrittszahlenkonzept	nicht geeignet	geeignet	geeignet
Kanban	bedingt geeignet	geeignet	geeignet
Belastungsorientierte Auftragsfreigabe	geeignet	bedingt geeignet	nicht geeignet

▨ geeignet   ▧ bedingt geeignet   ☐ nicht geeignet

Abbildung 4.88: Eignungsspektrum neuer Planungs- und Steuerungskonzepte

Kommentierte Literaturhinweise

Produktionswirtschaftliche Fragestellungen werden in einer Vielzahl von Lehrbüchern zur Industriebetriebslehre behandelt. In verschiedenen Werken werden die Entscheidungstatbestände der Produktionswirtschaft und Methoden zu ihrer Bewältigung in den Mittelpunkt gestellt. Aus der jüngeren Zeit sind in diesem Zusammenhang zu nennen: CORSTEN (1990), FANDEL (1990), GLASER (1986), HAHN/LASSMANN (1990), HOITSCH (1985), JACOB (1990), KAHLE (1986), KERN (1984, 1990), SCHNEEWEISS (1987), SCHWEITZER (1990), STREBEL (1984). Diese Werke behandeln in der Regel auch Fragestellungen einer computerintegrierten Produktion.

Sehr zu empfehlen sind die drei Bücher von ZÄPFEL (1982, 1989a, 1989b), der in sehr umfassender Weise eine breite Vielfalt produktionswirtschaftlicher Fragestellungen, von wettbewerbsstrategischen Aspekten bis zur operativen Durchführung, behandelt.

Ein integriertes datenorientiertes Konzept computergesteuerter Produktionen mit guten didaktischen Hilfestellungen bieten die Bücher von SCHEER (1990a, 1990c, 1991). Für das Themengebiet der Produktionsplanung und -steuerung gibt HELBERG (1987) einen guten Einblick, der durch die Beschreibung von CIM ergänzt wird. Zu Einzelentscheidungen computerintegrierter Produktionsplanung und -steuerung sei auf die Bücher von WILDEMANN (1990a und 1990b) sowie auf GLASER u. a. (1991), WAGNER/SCHUMANN (1991) und ZAHN (1990) verwiesen.

EVERSHEIM (1980) und WIENDAHL (1989) erörtern den Aufbau und Ablauf der Produktion aus technischer Sicht. Von EVERSHEIM (1980) werden besonders die Organisation und die Aufgaben der Teilbereiche Konstruktion, Arbeitsvorbereitung, Fertigung und Montage übersichtlich dargestellt.

Empfehlenswerte Lehrbücher zur Produktionswirtschaft mit Schwerpunkt im Bereich der Produktions- und Kostentheorie sind z. B. SCHWEITZER/KÜPPER (1974), KÜPPER (1980), DELLMANN (1980), BLOECH/LÜCKE (1981), ELLINGER/HAUPT (1982), HEINEN (1983), HAUPT (1987) sowie FANDEL (1991).

Als Grundlagenwerke zur Vertiefung materialwirtschaftlicher und beschaffungspolitischer Entscheidungsprobleme sind die nachfolgenden Quellen empfehlenswert: ARNOLD (1982), ARNOLDS/HEEGE/TUSSING (1988), BAILY (1980), BERG (1979), FAKKELMEYER (1979), FAHN (1972), GROCHLA (1978), GROCHLA/KUBICEK (1976), HASEBORG (1979), KIRSCH u. a. (1973), KROEBER-RIEL (1975), MÄNNEL (1976), NADDOR (1971), NIEDEREICHHOLZ (1979), REICHMANN (1967), REICHMANN (1979), SZYPERSKI/ROTH (1982), THEISEN (1970), TRUX (1972), WELTERS/WINAND (1980).

Fragen und Aufgaben zur Selbstkontrolle und Vertiefung

Fragen

1. Nennen Sie die wichtigsten produktionswirtschaftlichen Zielsetzungen.

2. Was versteht man unter dem produktionswirtschaftlichen Entscheidungsfeld? In welche Entscheidungsebenen läßt sich das produktionswirtschaftliche Entscheidungsfeld einteilen und welche Beziehungen bestehen zwischen diesen?

3. Unterscheiden Sie die drei Produktionstypen anhand der Merkmale Komplexität und Variabilität der Produktionsaufgabe und beschreiben Sie die jeweils charakteristischen produktionswirtschaftlichen Problemstellungen.

4. Beschreiben Sie das prozeßorientierte Input-Output-Modell.

5. Was versteht man unter dem Lerngesetz der Produktion?

6. Welche Bedeutung besitzt das Prozeßmodell gegenüber dem Datenmodell der Produktion für die Modellbildung in der Produktionswirtschaft?

7. Erläutern Sie die Organisationstypen der Fertigung. Welche Vor- und Nachteile weisen diese jeweils auf?

8. Erläutern Sie die Prozeßtypen der Fertigung und ihre Beziehung zu den Organisationstypen der Fertigung.

9. Welche Fragestellungen werden im Rahmen von Strukturentscheidungen behandelt?

10. Was ist unter Arbeitsstrukturierung zu verstehen? Erläutern Sie verschiedene Konzepte der Arbeitsstrukturierung.

11. Beschreiben Sie das Konzept der Fertigungsinsel. Wo sehen Sie Möglichkeiten für dessen Anwendung?

12. Wodurch läßt sich eine Fertigungssegmentierung kennzeichnen?

13. Welche Bedeutung kommt einer Instandhaltungsplanung zu? Nennen Sie Methoden zur Instandhaltungsplanung.

14. Beschreiben Sie theoretische Ansätze für die Strukturentscheidungen über Eigenfertigung oder Fremdbezug.

15. Erläutern Sie Aufgaben und Informationsgrundlagen bei der Planung des aktuellen Produktionsprogramms.

16. Was versteht man unter einer Stückliste und welche Aufgaben hat sie? Unterscheiden Sie die verschiedenen Stücklistenarten und nennen Sie deren Anwendungsbereiche.

614

17. Was versteht man unter Teileverwendungsnachweisen?

18. Unterscheiden Sie Fertigungs- und Dispositionsstufe.

19. Welche Faktoren sind bei einer qualitativen Materialbedarfsplanung zu berücksichtigen?

20. Welche Arten quantitativer Materialbedarfsplanung lassen sich unterscheiden?

21. Wofür werden ABC-Analysen durchgeführt? Erläutern Sie das prinzipielle Vorgehen bei der ABC-Analyse.

22. Zeigen Sie die Vorgehensweise und den Informationsbedarf der einzelnen Materialbedarfsermittlungsverfahren auf.

23. Welche Tätigkeiten umfaßt die Beschaffungsplanung? Welche Beschaffungsarten können unterschieden werden?

24. Geben Sie einen Überblick über Lagerhaltungsmodelle.

25. Wie erfolgt die Nettobedarfsermittlung?

26. Erklären Sie das Grundmodell zur Planung der optimalen Bestellmenge.

27. Erläutern Sie die für die Planung, Steuerung und Kontrolle des Produktionsprozesses relevanten Zielsetzungen. Was ist unter dem Dilemma der Ablaufplanung zu verstehen?

28. Erklären Sie das Modell der optimalen Losgröße und dessen Prämissen.

29. Was versteht man unter Durchlaufzeit? Erläutern Sie deren Zusammensetzung und beschreiben Sie Maßnahmen zur Durchlaufzeitverkürzung.

30. Was versteht man unter Kapazitätsterminierung?

31. Beschreiben Sie Möglichkeiten des Kapazitätsabgleiches.

32. Beschreiben Sie den Anwendungsbereich der Netzplantechnik in der Produktionswirtschaft.

33. Welche Verfahren der Netzplantechnik lassen sich grundsätzlich unterscheiden?

34. Welche Aussagen kann man mit Hilfe der sogenannten Pufferzeit machen und wie wird sie berechnet?

35. Beschreiben Sie das Travelling Salesman-Problem im Rahmen der Reihenfolgeplanung.

36. Welche Probleme ergeben sich bei der Festlegung der Zielfunktion im Rahmen der Maschinenbelegungsplanung?

37. Was versteht man unter den Prioritätsregeln der Maschinenbelegungsplanung?

38. Erläutern Sie die Anforderungen an die Produktionsplanung in Abhängigkeit vom Produktionstyp.

39. Nennen und erklären Sie die Funktion der Fertigungsbelege.

40. Welche Aufgaben hat die Betriebsdatenerfassung (BDE)?

41. Aus welchen Komponenten setzt sich CIM zusammen?

42. Welche Formen datentechnischer Integration lassen sich unterscheiden?

43. Stellen Sie die wesentlichen Datenflüsse zwischen den einzelnen CIM-Komponenten in grafischer Form dar. Zeigen Sie dabei die Unterschiede zwischen auftragsorientierter und marktorientierter Fertigung.

44. Was ist unter Vorgangs- bzw. Funktionsintegration zu verstehen? Geben Sie Beispiele.

45. Veranschaulichen Sie in einer Grafik die einzelnen Schritte im Rahmen einer sukzessiven Produktionsplanung.

46. Stellen Sie das allgemeine Regelkreissystem für die PPS dar.

47. Stellen Sie jeweils den Regelkreis und die spezifischen Anforderungen an die PPS für den auftragsorientierten Einzelfertiger und den marktorientierten Massenfertiger dar.

48. Was ist unter Computer Aided Planning (CAP) zu verstehen? Nennen Sie verschiedene Möglichkeiten der Arbeitsplanerstellung.

49. Welche Teilfunktionen umfaßt das Computer Aided Manufacturing (CAM)?

50. Was ist unter flexiblen Fertigungssystemen zu verstehen?

51. Nennen Sie neuere Planungs- und Steuerungskonzepte und kennzeichnen Sie deren Anwendungsbereich.

52. Nennen Sie das Grundprinzip des MRP II-Konzeptes.

53. Beschreiben Sie die Vorgehensweise des Fortschrittzahlenkonzeptes. Geben Sie ein Beispiel.

54. Auf welchen Prinzipien beruht das Kanban-Verfahren? An welche Voraussetzungen ist es gebunden?

55. Nennen Sie Voraussetzungen für eine Just-in-Time Produktion.

56. Erläutern Sie die Schritte der belastungsorientierten Auftragsfreigabe.

57. Zeigen Sie die Eignung der neueren Planungs- und Steuerungskonzepte in Abhängigkeit vom Produktionstyp auf.

Aufgaben

1. Ein Industrieunternehmen stellt die zwei Produkte X und Y her. Diese werden an den Arbeitsplätzen A1, A2 und A3 bearbeitet. Der Deckungsbeitrag von Produkt X beträgt 2000 DM/Stück und von Produkt Y 1560 DM/Stück.

Für die Erstellung der Produkte werden die Arbeitsplätze wie folgt beansprucht (Bearbeitungszeit in h):

	Produkt X	Produkt Y
Arbeitsplatz A1:	2	4
Arbeitsplatz A2:	4	4
Arbeitsplatz A3:	6	4

Die folgenden Kapazitäten stehen für die einzelnen Arbeitsplätze zur Verfügung:

A1: 320 h/Monat
A2: 300 h/Monat
A3: 360 h/Monat

Das Marketing geht von maximalen Absatzmengen von 160 Einheiten Produkt X und 120 Einheiten Produkt Y aus.

Welches optimale Produktionsprogramm ergibt sich daraus?

2. Führen Sie für die nachfolgenden Materialien eine ABC-Analyse durch:

Material	Stückzahl pro Periode	Preis/Stück (DM)
A	70	610,00
B	2 100	35,00
C	10	1 115,00
D	8 500	0,50
E	650	150,50
F	270	12,20
G	15	1 345,50
H	7 500	1,50

3. Der prognostizierte Verbrauch des Materials X im folgenden Jahr beträgt für die Quartale

1. Quartal: 1 500
2. Quartal: 2 030
3. Quartal: 2 400
4. Quartal: 1 700 Einheiten.

Die Kosten für einen Bestellvorgang betragen 240 DM bei einem Zinssatz von 10% und Lagerkosten von 20%. Als Preis werden 48 DM/Stück veranschlagt.

Ermitteln Sie die optimale Bestellmenge.

4. Aufgabe:

Die Schreinerei Hölzle hat zur gleichen Zeit drei verschiedene Aufträge über die Lieferung von Wärmedämmfenstern angenommen (A, B, C). Alle drei Aufträge müssen zunächst Maschine 1, dann Maschine 2 und schließlich Maschine 3 durchlaufen. Sie nehmen diese Maschinen gemäß folgender Tabelle zeitlich in Anspruch (ZE = Zeiteinheit).

Aufträge \ ZE	M 1	M 2	M 3
A	50	60	30
B	20	50	10
C	20	40	40

a) Begründen Sie, warum die gesamten Zwischenlagerzeiten sowie die gesamte Maschinenwartezeit als Hilfskriterien zum Auffinden der kostenminimierenden Lösung des Maschinenbelegungsproblems herangezogen werden können.

b) Was besagt das Dilemma der Ablaufplanung? Demonstrieren Sie das Problem anhand aller technisch zulässigen Belegungspläne, welche der Bedingung „passing not permitted" genügen.

c) Der Auftrag A muß spätestens nach 180 ZE, der Auftrag B nach 100 ZE und der Auftrag C spätestens nach 110 ZE fertiggestellt sein. Andernfalls sind Konventionalstrafen von DM 200,–/(zusätzlicher ZE) bei Auftrag A, DM 150,–/ZE bei Auftrag B, DM 100,–/ZE bei Auftrag C fällig.

Beurteilen Sie an diesem Beispiel unter Beachtung von „identical routing" und „passing not permitted" die Güte der Lösungen nach der „Kürzesten-Operationszeit-Regel" sowie nach der „Schlupfzeit-Regel".

5. Aufgabe:

Die „Preussische Gartenzierde AG" produziert Gartenzwerge für den einfachen und den gehobenen Bedarf. Sämtliche Größenvarianten sind in vier Farbkombinationen lieferbar: neben einer einfachen Ton-Ausführung, dem blaßblau-sandfarbenen und dem lila-grünen Modell der Mittelklasse wird noch die Luxus-Ausführung „gold-silber" angeboten.

Jede Größenart wird auf einer eigens dafür bestimmten Maschine hergestellt. Zwischen der Produktion verschiedener Farbkombinationen derselben Größe muß die betreffende Maschine umgerüstet werden. Die Umrüstkosten sind für alle Größen gleich; sie sind in folgender Tabelle angegeben:

	blaßblau-sand (bb)	lila grün (lg.)	gold-silber (gs)	Ton (t)
blaßblau-sand	–	3,–	14,70	3,50
lila-grün	3,50	–	15,–	3,50
gold-silber	12,–	11,–	–	15,–
Ton	3,–	4,–	12,–	–

a) Wieviele mögliche Umrüstreihenfolgen gibt es?

b) Ermitteln Sie anhand des „Verfahrens des besten Nachfolgers" eine Ausgangs-
lösung und suchen Sie mit Hilfe eines begrenzten Enumerationsverfahrens ein
Kostenminimum der Umrüstfolgen.

6. Aufgabe:

Die kleinste Modellvariante der Preussischen Gartenzierde AG wird ausschließ-
lich für die in Österreich sehr beliebten „Liliputstädte" produziert: die durch das
Erfordernis der Maßstabstreue bedingten Abmessungen erlauben keinen anderen
Absatz dieser Größenvariante.

Die Nachfrage nach Gartenzwergen dieser Größe ist Dank des ständig gleichbleibenden Verhaltens der deutschen Touristen in Österreich über das ganze Jahr
konstant. Täglich sind 18 Gartenzwerge dieser Größe auszuliefern, wobei sich die
Nachfrage gleichmäßig auf drei Farbkombinationen verteilt: die 6 überwiegend
von Bayern besuchten Städte benötigen blaßblau-sandfarbene Zwerge, die
6 schwäbischen Einzugsgebiete bevorzugen die lila-grüne Ausführung, während
die 6 überwiegend von Personen nördlich der Main-Donau-„Grenze" besuchten
Liliputstädte die größten Erfolge mit der gold-silbernen Ausführung verbuchen.

In Übereinstimmung mit dem vorhandenen Bedarf kann die Preussische Gartenzierde AG 6 570 Gartenzwerge der kleinsten Größe herstellen. Die Produktion
und die Nachfrage erfolgen mit gleichbleibender zeitlicher Intensität.

a) Berechnen und zeichnen Sie den Lagerbestandsverlauf für die drei Farbversio-
nen, wenn jede Farbkombination nur einmal im Jahr aufgelegt wird.

b) Ermitteln Sie die durchschnittliche tägliche Kapitalbindung für die drei Farb-
versionen der kleinsten Größe, wenn jede der drei Farbkombinationen n-mal
jährlich aufgelegt wird. Die Herstellungskosten für die gold-silberne Ausführung beträgt DM 88,– je Stück, die anderen Farbkombinationen können für
DM 1,– je Stück hergestellt werden.

7. Die DACHSBAU GmbH erhält von einem Stammkunden den Auftrag, dessen
Geschäftshaus zu renovieren. Im bestehenden Gebäude sind dazu Innenwände zu
versetzen, im Hof soll eine alte Lagerhalle entfernt werden.

Da der Auftrag möglichst schnell erledigt werden soll, wird der Ablauf mit Hilfe
eines Netzplans strukturiert. Die DACHSBAU GmbH rechnet mit folgenden
Tätigkeiten, Tätigkeitszeiten, Kosten sowie Kosten einer möglichen Beschleunigung (vgl. Tabelle).

a) Welches Vorgangspfeilnetz läßt sich aus den angegebenen Tätigkeiten entwik-
keln, wenn sich diese nicht überlappen dürfen?

b) Berechnen Sie die frühestmöglichen und die spätest erlaubten Ereigniszeitpunkte sowie die gesamten Pufferzeiten. Wodurch ist dabei der kritische Weg
gekennzeichnet?

c) Der Auftrag wurde pauschal zu DM 5 500,– abgeschlossen. Aufgrund der guten Baukonjunktur wäre die DACHSBAU GmbH auch in der Lage, die Kapazität anderweitig auszulasten. Mit der für den Auftrag erforderlichen Belegschaft und dem einzusetzenden Gerät wäre augenblicklich jederzeit ein Deckungsbeitrag (DB) von DM 1,50/min zu erwirtschaften.

Die Arbeiter sind nicht bereit, Überstunden zu leisten. Sollte die Projektdauer mehr als 8 Std. betragen, so fallen erneut Anfahrtkosten/Tag in Höhe von DM 100,– an. Für die nächtliche Sicherung der Geräte fallen zudem DM 50,– an.

Ermitteln Sie unter Berücksichtigung der Beschleunigungsmöglichkeiten für einzelne Vorgänge die kostenoptimale Projektdauer.

		Dauer (min)	Kosten (DM)	Mindest-Dauer (min)	Kosten der Beschleunigung (DM/min)
A	Baumaterial und -gerät mit LKW anfahren	60	100	50	2,50
B	Baustellenpersonal mit Bus anfahren	40	100	40	–
C	LKW entladen	20	30	15	2,50
D	Lagerhalle abreißen	300	1 000	270	2,–
E	alte Wände abreißen	180	270	150	1,50
F*	neue Wände mauern	240	2 400	180	5,–
G	Wände gipsen	120	800	90	4,50
H*	Innen: Schutt wegräumen	60	100	60	–
J	Außen: Schutt wegräumen	60	100	40	1,80
K	Schutt mit LKW abtransportieren	30	50	30	–
L	Hof einebnen	60	150	50	1,50
M	Gerät/Material zum Abtransport aufladen	10	30	10	–

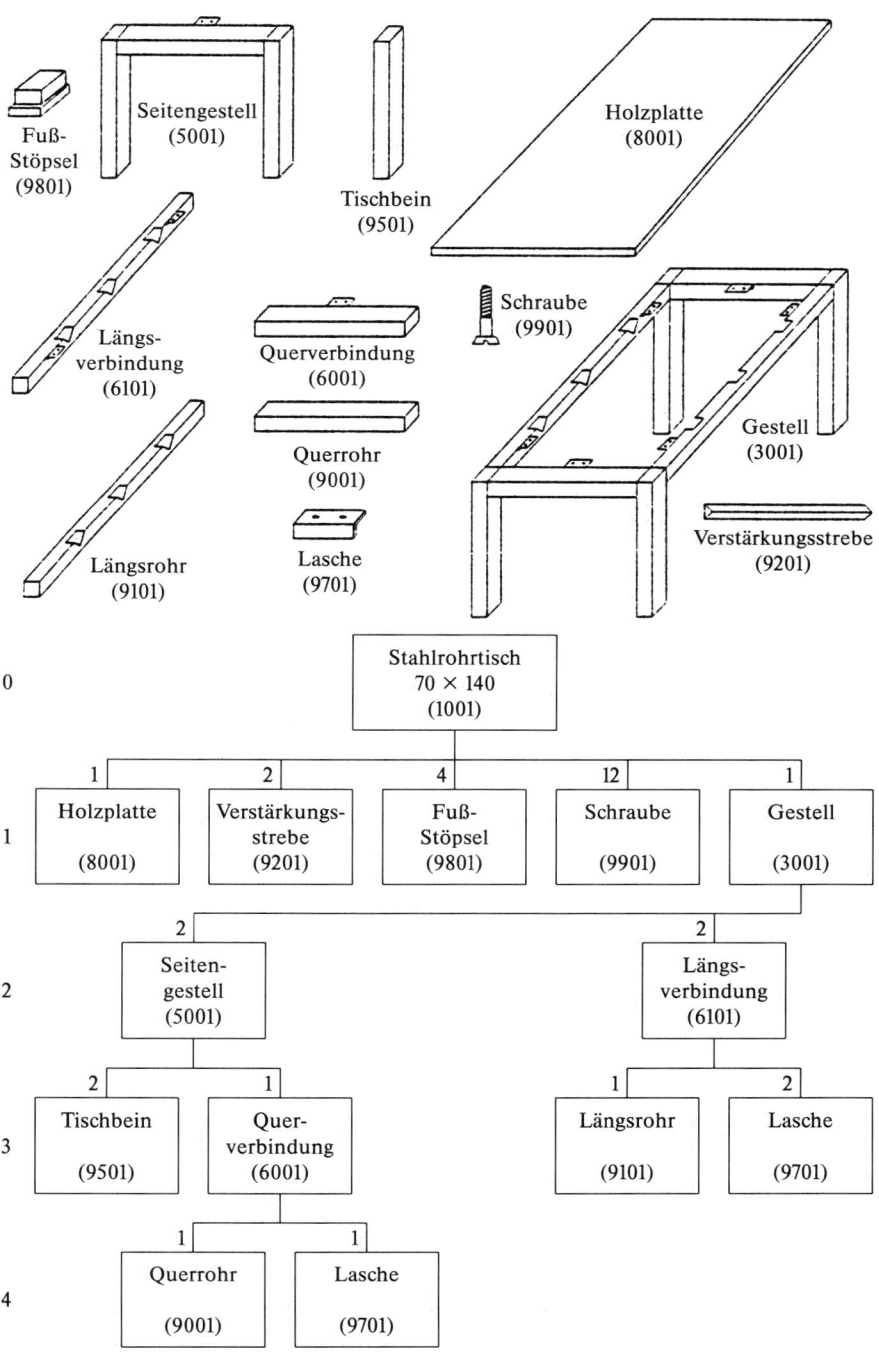

Fuß-
Stöpsel
(9801)

Seitengestell
(5001)

Tischbein
(9501)

Holzplatte
(8001)

Längs-
verbindung
(6101)

Querverbindung
(6001)

Schraube
(9901)

Längsrohr
(9101)

Querrohr
(9001)

Lasche
(9701)

Gestell
(3001)

Verstärkungsstrebe
(9201)

0

Stahlrohrtisch
70 × 140
(1001)

1

1

Holzplatte

(8001)

2

Verstärkungs-
strebe
(9201)

4

Fuß-
Stöpsel
(9801)

12

Schraube

(9901)

1

Gestell

(3001)

2

2

Seiten-
gestell
(5001)

2

Längs-
verbindung
(6101)

3

2

Tischbein

(9501)

1

Quer-
verbindung
(6001)

1

Längsrohr

(9101)

2

Lasche

(9701)

4

1

Querrohr

(9001)

1

Lasche

(9701)

8. Das Unternehmen FOTO stellt seit Jahren Spiegelreflexkameras der mittleren Preisklasse her. Es hat sich vor allem einen Namen durch die hervorragenden optischen Eigenschaften seiner Objektive gemacht. In der Gehäusefertigung sind bisher eher konventionelle Wege beschritten und elektronische Elemente wenig eingesetzt worden, da hierfür bisher keine Eigenentwicklung und wenig Erfahrung besteht. Das Management überlegt, das Produktangebot auf elektronische Kameras der gehobenen Preisklasse auszuweiten. Alternativ wird das Segment der Kleinbildkameras diskutiert.

Welche Konsequenzen kann die Veränderung des Leistungsangebotes jeweils auf das Unternehmen und seine Produktionssituation haben? Diskutieren Sie welche Überlegungen hinsichtlich Eigen- oder Fremdfertigung anzustellen sind.

9. Erstellen Sie für das folgende mit Hilfe eines Strukturbaumes (vgl. Abbildung S. 621) dargestellte Erzeugnis (vgl. Glaser u. a. 1991, S. 12) eine

   a) Mengenübersichtsstückliste
   b) Strukturstückliste
   c) Bauteilestückliste.

Fünfter Teil

Absatzwirtschaft

Von Rainer Marr und Arnold Picot

624

I. Absatzwirtschaft und Marketingkonzeption

In einem marktwirtschaftlichen Wirtschaftssystem richten sich Fertigung und Absatz der Produkte letztlich immer nach der Nachfrage des Marktes. Der Absatz der Leistungen und der Rückfluß der in den Leistungen zuvor gebundenen Mittel in Form von Verkaufserlösen bilden eine grundlegende Voraussetzung für den Bestand des Industriebetriebs und die Erreichung seiner Ziele.

Alle Dispositionen, die die Beziehungen des Industriebetriebs mit dem Absatzmarkt zum Gegenstand haben, fallen in den Bereich der Absatzwirtschaft; sie verbindet die industrielle Produktion mit dem Markt.

Begriff der Absatz-wirtschaft

In der Zeit unmittelbar nach dem Zweiten Weltkrieg stand der Güterproduktion in der Regel eine wesentlich höhere Nachfrage gegenüber **(Verkäufermarkt)**, so daß die absatzwirtschaftliche Tätigkeit sich im wesentlichen auf die Preisgestaltung und die kostengünstige Verteilung der Produkte sowie die verwaltungsmäßige Abwicklung der Verkäufe beschränken konnte. Nach Überwindung der Kriegsfolgen machten der wachsende Wohlstand und das steigende Ausmaß der Befriedigung materieller Bedürfnisse den Absatz des Güterangebots schwieriger, das Angebot begann in vielen Bereichen die gegebene Nachfrage zu übersteigen **(Käufermarkt)**. Da in unserem Wirtschaftssystem die Existenz eines Unternehmens langfristig an eine angemessene Rentabilität des Kapitaleinsatzes gebunden ist, bedeutete diese Entwicklung, die durch die zunehmende Globalisierung des Wettbewerbs verschärft wird, für jedes einzelne Unternehmen eine Bedrohung. Unternehmen sind deshalb gezwungen, sich intensiver und planmäßig sowohl mit der aktuellen wie auch der potentiellen Nachfrage, also mit den unbefriedigten Bedürfnissen der Käufer, auseinanderzusetzen. **Ausgehend von den USA wurden unter dem Begriff „Marketing" umfassende absatz- und unternehmenspolitische Konzeptionen entwickelt, in deren Mittelpunkt die optimale Nutzung aktueller Marktnachfrage sowie die Suche und Weckung verborgener Bedürfnisse und ihre Umwandlung in kaufkräftige Nachfrage standen.**

Entwicklung des Marketing-gedankens

Diese „unternehmensegoistische" Funktion des Marketing hat vielfältige Kritik hervorgerufen, die sich insbesondere auf eine Reihe von Negativwirkungen im Bereich der sozialen und ökologischen Umwelt bezieht. So wird gegen das Marketingkonzept beispielsweise eingewandt, daß es zwar dem einzelnen Produzenten Vorteile bringe, zugleich jedoch gegen berechtigte Interessen der Abnehmer verstoße. **Die These, daß ein gewinnorientiertes Marketing-Management auch zu der bestmöglichen Versorgung und Wohlfahrt in der Gesellschaft führe, wurde angesichts einer Reihe entgegengesetzter Erfahrungen erschüttert.** Im Interesse eines effizienten Marketing wurde ein differenziertes Instrumentarium entwickelt und dadurch ein hohes Beeinflussungspotential geschaffen, das sich bis in den Bereich der gesellschaftlichen und der daraus abgeleiteten individuellen Normen als Bestimmungsfaktoren menschlichen Verhaltens erstrecken kann. Hierin wird auch die Ursache für die hohe Bewertung überwiegend ökonomisch orientierter Kategorien, wie Leistung, Konkurrenz, und für den hohen Stellenwert des privaten Konsums gesehen.

Bedeutung des Marketing-gedankens

Vermutete ge-sellschaftliche Folgen des Marketing

Normen-substitution

Überbeanspruchung natürlicher Ressourcen und Belastungen der Umwelt gelten als weitere negative Wirkungen des erwerbswirtschaftlich orientierten Marketings.

Intransparenz des Güterangebots

Weiterhin wird unterstellt, daß die Vielfalt der am Markt befindlichen Produktvarianten und die damit zusammenhängende Intransparenz des Güterangebots zu einem verminderten Qualitäts- und Preiswettbewerb führen, der dem Konsumenten nur noch geringe Sanktionsmöglichkeiten gegenüber den Anbietern ermöglicht und den Anbietern dadurch geringere Anreize zu Leistungsverbesserungen und Innovationen bietet.

Entwicklungstendenzen des Marketing

Derartige Kritiken haben in einigen Bereichen der Marketingwissenschaft ein Überdenken der „klassischen" Marketingkonzeption veranlaßt. Einige dieser kritischen Ansätze sind:

– **Human Concept of Marketing**, das eine stärkere Berücksichtigung von Abnehmerinteressen (z. B. Sicherheits- und Qualitätsstandards) in der unternehmerischen Absatzpolitik fordert;
– **Konsumerismus-Bewegung,** die durch organisatorische, gesetzliche und informationspolitische Maßnahmen Macht und Rechte der Verbraucher gegenüber den Anbietern ausbauen will;
– **Social-Marketing,** welches das Marketingwissen auf die Vermittlung (Absatz) öffentlicher Güter sowie sozialer und politischer Ideen überträgt (vgl. Lazer/Kelley 1973, Raffee/Wiedmann 1982).

Marketing-Assessment

In diesem Zusammenhang taucht neuerdings der **Begriff des Marketing-Assessment als Planungs-, Entscheidungs- und Kontrollinstrument** auf, welches ermöglichen soll, neben ökonomischen auch sozio-ökonomische und sozio-ökologische Konsequenzen unternehmerischen Handelns zu berücksichtigen (vgl. Picot 1982b). Damit wird eine effizientere Handhabung der Konflikte zwischen der Erreichung traditioneller Unternehmensziele (vor allem das Gewinnstreben) und einer den gesellschaftlichen Interessen entsprechenden Zweckerfüllung angestrebt.

Die Diskussion um das Für und Wider der „Marketing-Philosophie" ist aber noch nicht als beendet anzusehen. Der Versuch, das „klassische" Marketingkonzept zu überwinden, unterstreicht die Notwendigkeit, bei der wissenschaftlichen Beschäftigung mit Absatzproblemen zwischen dem Sein (Praxis des Marketing, z. B. (teilweise) Steuerung des Bedarfs durch die Produktion) und dem Sollen (z. B. Steuerung der Produktion durch die Abnehmer) zu unterscheiden, d. h. die vorfindbare Realität nicht mit einer erwünschten zu verwechseln. Der vielschichtigen Problematik, die sich hinter der Erhebung des Ist-Zustandes der Absatzwirtschaft, seiner Bewertung, der Begründung der Bewertungskriterien und der Konzipierung eines anzustrebenden Zustandes verbirgt, wird sich die Lehre von der Absatzwirtschaft in zunehmendem Maße bewußt (vgl. z. B. Hansen/Stauss/Riemer 1982).

1. Marketing als Inbegriff marktorientierten Entscheidungsverhaltens

Marketing heißt ganz allgemein: **marktorientiertes Entscheidungsverhalten.** Dies bedarf einer näheren inhaltlichen Präzisierung:

(1) Marketing ist vor allem eine **„Unternehmens-Philosophie"**, die nicht das Produkt oder die Produktion, sondern die Probleme, Wünsche und Bedürfnisse ausgewählter aktueller oder potentieller Kundengruppen in den Mittelpunkt stellt. Es handelt sich um eine integrierende Denkweise, d. h. für die Entscheidungsträger **aller** Ebenen und **aller** Funktionsbereiche gilt das „Denken-vom-Markt-her" (vgl. Abschnitt I. 2).

Elemente des Marketing-begriffs

(2) Auf einer globalen, gesamtunternehmensbezogenen Betrachtungsebene **(strategische Ebene)** werden mit Hilfe von Informationen über mögliche Marktchancen und -probleme sowie der dem Industriebetrieb zur Verfügung stehenden personellen, produktionswirtschaftlichen und finanzwirtschaftlichen Ressourcen Marktstrategien entwickelt, die die Erreichung der Oberziele der Unternehmung sicherstellen sollen (vgl. Abschnitt II.).

(3) Die erfolgreiche Verwirklichung von Marktstrategien verlangt eine **planmäßige Gestaltung des Marktes:** des Angebotes und der Nachfrage. Das geschieht auf einer detaillierten, operativen Ebene durch den koordinierten Einsatz der marktpolitischen Instrumente in **Marketing-Programmen** (vgl. Abschnitt III.) und in der sogenannten **Marketing-Politik**, welche die Programme integriert (vgl. Abschnitt IV.).

(4) Planmäßigkeit ist eine notwendige Bedingung jeder Marketingkonzeption. Daraus ergibt sich konsequenterweise die Möglichkeit und Notwendigkeit der **Kontrolle** der erwarteten Auswirkungen von Marketingmaßnahmen, die zur Veränderung und **Anpassung** der Marketingkonzeption führen kann (vgl. Abschnitt V.).

Abbildung 5.1 bildet die Grundlage für die späteren Ausführungen.

Das System des Marketing

2. Marketing und Unternehmungsorganisation

Die Identifikation aller Mitarbeiter des Industriebetriebs mit dem „Denken-vom-Markt-her" ist nicht nur eine Aufgabe innerbetrieblicher Ausbildung und Motivationspolitik. Die für ein erfolgreiches Marketing notwendige **organisatorische Durchsetzung der Marketing-Idee** hat im wesentlichen zwei Fragen zu beantworten:

Organisationale Problemkreise des Marketing

1. **Wie kann (soll) die Bedeutung der Marketing-Funktion gegenüber** anderen betrieblichen Funktionen in der Gesamtunternehmung **organisatorisch verankert werden?**

2. **Wie kann (soll) die Marketingfunktion in sich organisatorisch gegliedert werden?**

627

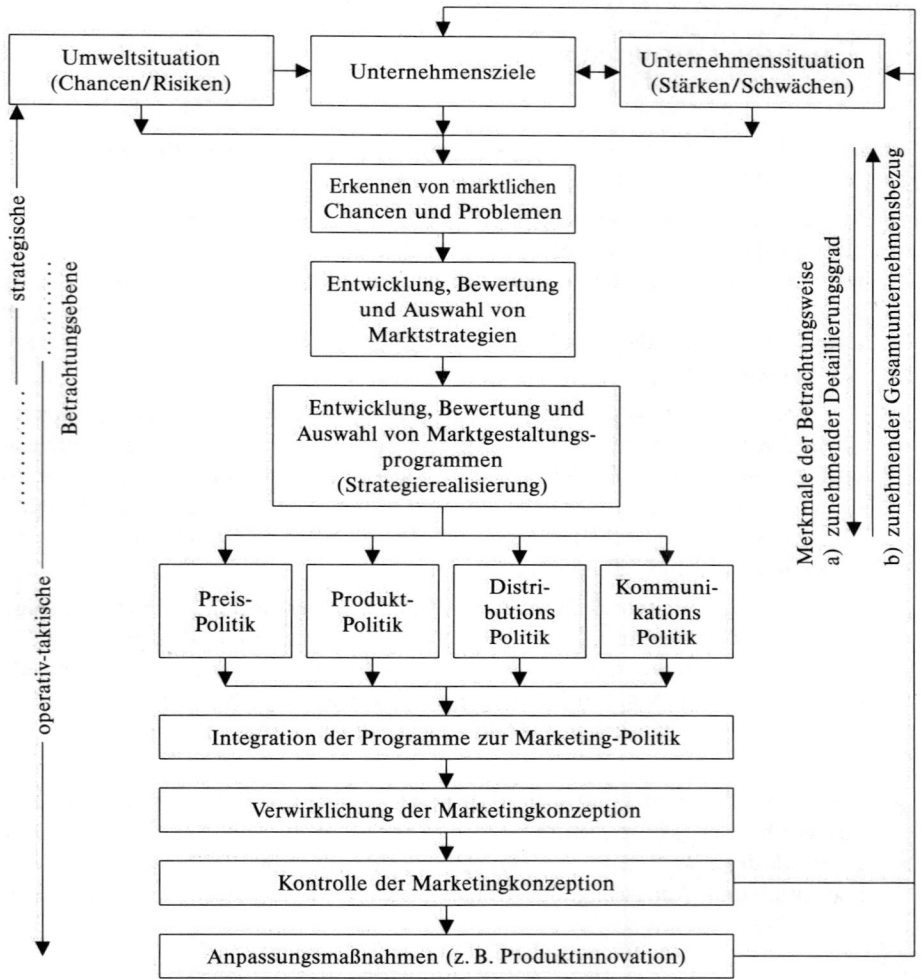

Abbildung 5.1: Modell eines Marketingsystems

Organisatorische Verankerung der Marketing-Funktion

Unterschiedliche Aufgabeninhalte und Zielsetzungen der Marketing-Funktion und anderer betrieblicher Funktionen wie Beschaffung, Produktion, Forschung und Entwicklung sowie Finanzierung können zu innerorganisatorischen Konflikten zwischen der Marketingabteilung und anderen Abteilungen führen. Die nachstehende Übersicht (vgl. Abbildung 5.2) gibt Beispiele derartiger Konflikte, die sich bei Verfolgung des Marketing-Gedankens in der Unternehmung grundsätzlich ergeben können. Da grundsätzlich alle dort angedeuteten Interessen für die Erhaltung und Steigerung der wirtschaftlichen Leistungsfähigkeit einer Unternehmung von Bedeu-

*Organisa-
torische
Gestaltungs-
alternativen*

628

tung sind, sind der Versuch eines Ausgleichs konfliktärer Zielvorstellungen und eine frühzeitige und zweckentsprechende Koordination der verschiedenen Aktivitäten erforderlich.

Für eine möglichst problemgerechte, marketingorientierte Gestaltung der Gesamtorganisation (vgl. auch Teil 2, S. 80 ff.) bieten sich verschiedene organisatorische Gestaltungsalternativen an:

a) **Funktionsorientierung:** Auf der obersten Teilungsebene wird nach Verrichtungen (betrieblichen Funktionen) gegliedert. Die oben genannten Konfliktmöglichkeiten (vgl. Abbildung 5.2) stellen sich bei einer nach gleichgeordneten Funktionen gegliederten Linienorganisation besonders deutlich. Die Unternehmensleitung und die Abteilungsleiter wären hier sicherlich überfordert, wollten sie alle Tätigkeiten marktgerecht aufeinander abstimmen und Konflikte schlichten.

Abteilung	Abteilungsinteresse	Marketinginteresse (Interesse der Absatzabteilung)
1. Beschaffung	Preis des Materials; Bestimmung der Bestellmenge nach Beschaffungs- und Lagerkosten	Qualität des Materials; Bestimmung der Bestellmenge und Bestellhäufigkeit nach Absatz- und Produktionsbedarf
2. Produktion	wenig Modelle; seltener Modellwechsel; standardisierte Losgrößen; kleines Lager; „normale" Qualitätskontrolle	viele Modelle; häufiger Modellwechsel; Losgröße nach Bedarf; hoher Lagerbestand zur Lieferfähigkeit; genaue Qualitätskontrolle
3. Forschung und Entwicklung	funktionsgerechte Konstruktion; lange Entwicklungsdauer; wenig Modelle	verkaufsgerechte Konstruktion; kurze Entwicklungsdauer; viele Modelle
4. Finanzen	sparsame, starre Budgets; standardisierte Zahlungsmodalitäten; harte Maßstäbe bei Kreditgewährung	großzügig flexible Budgets; Sondervereinbarungen; großzügige Kreditpolitik

Abbildung 5.2: Beispiele für Konfliktmöglichkeiten zwischen der Absatzabteilung und anderen Abteilungen

b) **Stabsorientierung:** Sie stellt eine Möglichkeit zur Verminderung der Koordinationsproblematik des Marketing, insbesondere in Mehrproduktunternehmen mit heterogenem Leistungsprogramm, dar. Danach werden z. B. in einer funktionsorientierten Linienorganisation auf der Ebene der Unternehmensleitung für jeweils ein oder mehrere Produkte Stabsstellen eingerichtet. Diese werden von sogenannten **Produktmanagern** verwaltet (vgl. Abbildung 5.3).

Produktmanagerkonzeption

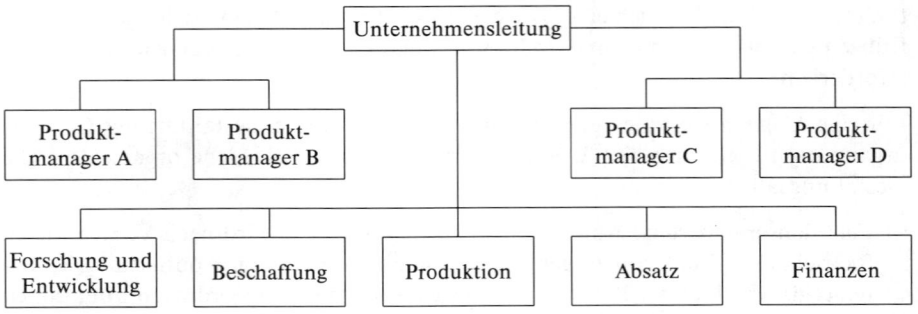

Abbildung 5.3: Funktionsorientierte Stab-Linien-Organisation
mit Produktmanagern

Jeder Produktmanager ist für das Marketing seines Produkts verantwortlich, hat aber gegenüber der Linie kein Weisungsrecht, sondern nur eine Beratungs- und Überzeugungsaufgabe. Seine Funktionen lassen sich wie folgt umreißen: Durchsetzung der produktspezifischen Marketingstrategie, Abstimmung der für sein Produkt relevanten Aktivitäten der Funktionsabteilungen, Analyse und Prognose des Marktes, Entwicklung und Vorschlag neuer Marketingstrategien oder Programme zur Marktgestaltung.

Das fehlende Weisungsrecht der Produktmanager hat zur Folge, daß letztlich die Unternehmensleitung Prioritäten setzen und die Aktivitäten für die verschiedenen Produkte oder Produktgruppen koordinieren muß. Die Verteilung der zur Verfügung stehenden Mittel auf die einzelnen Produkte ist dabei vor allem abhängig von Verhandlungsgeschick, Überzeugungsfähigkeit und informellen Beziehungen der Produktmanager. Ein Verfahrensnachteil der Produktmanager-Konzeption kann in diesem Zusammenhang darin gesehen werden, daß der Produktmanager seine Fähigkeiten nutzt, um die übergeordneten Instanzen davon zu „überzeugen", ein bestimmtes Produkt im Sortiment zu halten, obwohl aus der Sicht der Gesamtzielerreichung dieses Produkt eliminiert werden müßte.

Ist die Anzahl der Produktmanager hoch, so können diese zur Entlastung der Unternehmensleitung einem **Marketingdirektor** unterstellt werden. Dieser koordiniert die Tätigkeit der Produktmanager und ist verantwortlich gegenüber der Unternehmungsleitung. Er hat nur gegenüber den ihm unterstellten Stabsstellen, nicht aber gegenüber der Linie ein Weisungsrecht. Bestimmte Aufgabenbereiche, die bei den Produktmanagern mehrfach anfallen, können ausgegliedert und dem Marketingdirektor als zusätzliche Stabsstellen unterstellt werden (z. B. Marktforschung, Werbung).

c) **Produktorientierung:** Bei großer Heterogenität des Leistungsprogramms, aber geringen Verbundeffekten zwischen einzelnen Produktgruppen, bei Vorliegen starker marktlicher und technologischer Veränderungen und ab einer bestimmten Unternehmensgröße bietet sich für die Durchsetzung der Marketing-Idee eine Gliede-

rung der Linienorganisation auf der obersten Ebene nach Produktgruppen (all- *Produkt-*
gemein: Objekten, d. h. Produktgruppen, Regionen oder Kundengruppen) an. Die *gruppen-*
Produktgruppen sind meistens in sich wieder funktional gegliedert (vgl. Abbil- *gliederung*
dung 5.4).

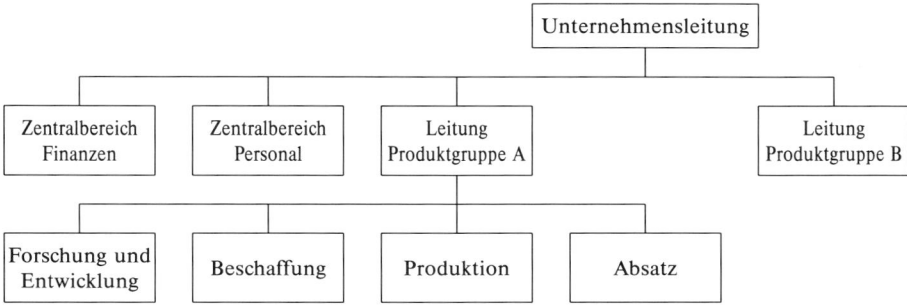

Abbildung 5.4: Produktgruppenorientierte Gliederung der Linienorganisation

Dieser auch unter dem Begriff **„Divisionalisierung"** (Sparten-Organisation) bekannte
Organisationsaufbau hat mehrere Vorteile: Durch die übergeordnete Produktgrup-
pengliederung sind die Tätigkeiten der Funktionen stärker spezialisiert und „markt-
näher". Sie werden vom Produktgruppenleiter, der das Marketingkonzept für seine
Produkte verantwortlich durchführt, marktbezogen koordiniert. Die Unternehmensleitung wird entlastet und nur bei Grundsatzentscheidungen und in Ausnahmefällen
eingeschaltet (Prinzip des management by exception). Nachteilig kann sich die Mehr-
facharbeit auswirken, die in den Funktionen der Produktgruppen geleistet werden
muß. Aus diesem Grunde können der Unternehmensleitung Zentral- oder Stabsabteilungen angegliedert werden, die die Funktionen der Produktgruppen unterstützen und entlasten (funktionales Weisungsrecht) sowie weitere zentrale Aufgaben
(z. B. Recht, Volkswirtschaft usw.) übernehmen.

Ein Beispiel für diese Mischform (sowohl Produkt- als auch Stabsorientierung) ist in
Abbildung 5.5 vorgestellt.

Bei der Divisionalisierung und bei dem Produktmanager-Konzept war jeweils die *Andere*
Produktart das Kriterium für die Aufgabenzuteilung an die Sparten (Produktgrup- *Gliederungs-*
pen) bzw. an die „Manager" (Produkte). Eine analoge Aufgabengliederung nach den *kriterien*
Kriterien Absatzgebiet (z. B. Inland, Ausland; Bundesländer; Nord, Süd) oder Kun-
denart (z. B. Groß-, Mittel-, Kleinkunden; öffentliche und private Kunden) ist
ebenso möglich.

d) **Matrixorientierung:** Diese beinhaltet eine **zweidimensionale Kompetenzaufteilung**
zwischen einem gleichgeordneten produkt- und einem funktionsorientierten Leitungssystem (vgl. Abbildung 5.6).

631

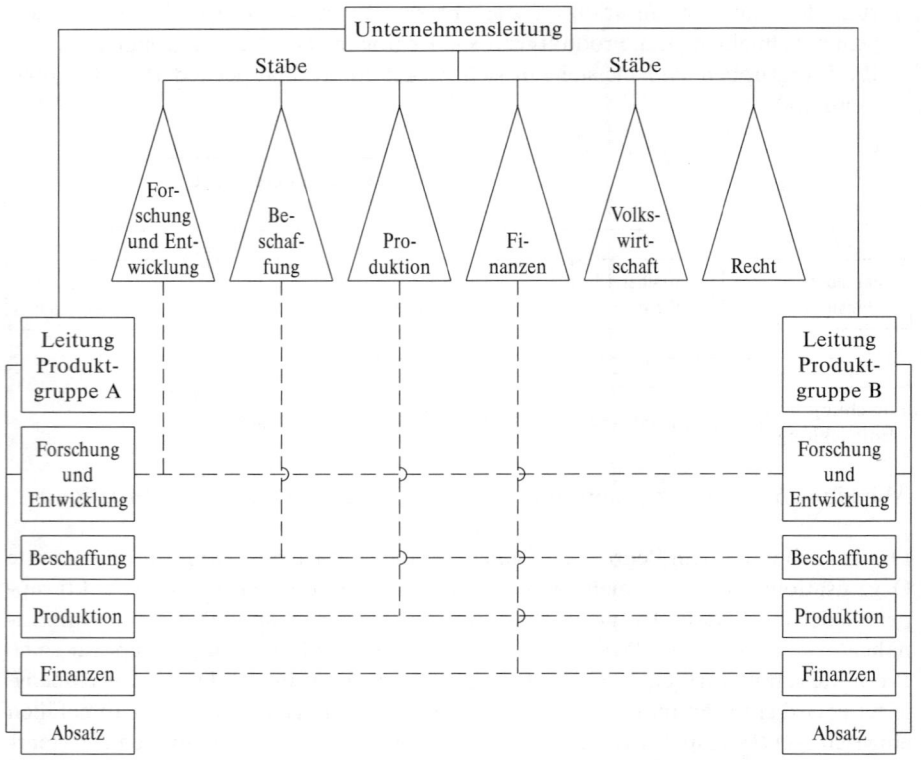

Abbildung 5.5: Produktgruppenorientierte Organisation mit Stabsorientierung

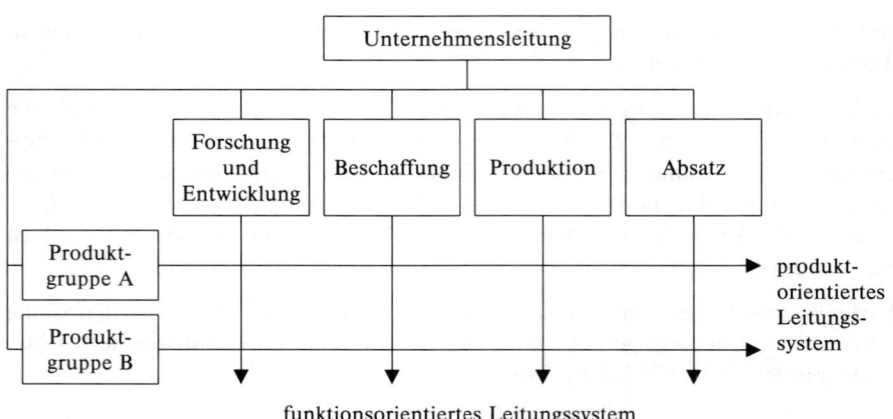

Abbildung 5.6: Matrix-Organisation

Während sich die Entscheidungskompetenz der Produktmanager auf das ‚Was‘ und ‚Wann‘ des produktbezogenen Ressourceneinsatzes bezieht, sind die funktionsorientierten Einheiten mit der Entscheidungskompetenz über das ‚Wie‘ des produktorientierten Ressourceneinsatzes ausgestattet.

Mit dem Matrix-Konzept, das auf verschiedenen Ebenen der Unternehmung anwendbar ist (z. B. Vorstands- und/oder Abteilungsleiterebene), wird im Vergleich zum Produktmanager-Konzept mit Stabsorientierung die Stellung des Produktmanagers durch die Zuweisung fachlicher Weisungs- und Entscheidungsbefugnis deutlich gestärkt.

Zudem werden (sollen) damit „produktive Konflikte" für sachgerechtere Entscheidungen und bessere Koordination zwischen Produkt- und Funktionsmanagern institutionalisiert (werden). Die besondere Eignung der Matrixorganisation für die Verwirklichung einer marketingorientierten Unternehmensorganisation basiert auf der – empirisch allerdings noch nicht bestätigten – Annahme, daß besonders bei dynamischen Umwelten diese Form der institutionalisierten Konfliktaustragung zu innovativen, den Markterfordernissen gerecht werdenden Problemlösungen führt.

Ob dieses Potential auch wirklich genutzt werden kann, hängt entscheidend von einer qualifizierten Kompetenzabgrenzung und der Teamorientierung der beteiligten Konfliktpartner ab. Welche der skizzierten Alternativen vorziehenswürdig ist, hängt insbesondere von der Strukturiertheit, Komplexität, Dynamik und Ähnlichkeit der marktorientierten Unternehmensaufgaben sowie von der Größe der Unternehmung ab (vgl. Picot 1990a).

Interne Organisation der Marketing-Funktion

Bisher wurde nur die Unternehmensorganisation als Ganzes betrachtet. Auch die Gliederung der Marketing- oder Absatzabteilung kann nach den oben aufgezeigten Strukturierungsalternativen erfolgen. Analog gelten die für die Gesamtorganisation getroffenen Aussagen auch für den Teilbereich Absatz bzw. Marketing.

Eine Gliederung des Marketing-Bereichs nach Funktionen (z. B. Marktforschung, Werbung, Distribution, Verkaufsabwicklung, Planung) verspricht den Vorteil der Spezialisierung nach bestimmten Marketingfunktionen, birgt aber die Gefahr unzureichender Koordination hinsichtlich der Objekte (Produkte, Kunden, Regionen).

Eine interne Gliederung des Marketing-Bereichs nach Objekten (z. B. Produktgruppen, Kundengruppen, Regionen), die sich bei breitem Produktionsprogramm und heterogenen Produkten anbietet, rückt die Marktleistung in den Vordergrund der Überlegungen und führt zu einer besseren Durchsetzung einer Marketing-Idee. Den möglichen Vorteilen größerer Flexibilität bei Marktänderungen und höherer Innovation/Kreativität durch bessere Erfolgszurechenbarkeit können als Nachteile Doppelarbeiten (z. B. Rechnungswesen, Planung und Kontrolle in jedem Bereich) und Konkurrenz um knappe Unternehmensressourcen gegenüberstehen. Eine Stabsorientierung nach dem Produktmanagerkonzept kann hier das Problem produktspezifischer Koordinationserfordernisse deutlich mildern. Weiterhin ist alternativ auch eine Matrixorientierung des Marketingbereichs möglich.

Diese Hinweise verdeutlichen, daß für den Organisationsaufbau der einzelnen Abteilungen wie auch der Unternehmung insgesamt eine Vielzahl von Kombinationsmöglichkeiten der dargestellten grundsätzlichen Organisationsstrukturen in Frage kommt. Die „richtige" hierarchische Struktur für den Einzelfall zu finden, ist die schwierige, bisher nur heuristisch zu bewältigende Aufgabe der Organisationsgestaltung (vgl. Teil 2, S. 80 ff.).

II. Marktforschung und Markstrategien

Informatio-
nen als
Grundlage des
Marketing

Informationen über Märkte und über die sonstige ökonomische, rechtliche, soziale, politische, technologische und kulturelle Umwelt der Unternehmung sind die Basis für die Entwicklung von Marketingstrategien. **Nur mit Hilfe einer systematischen Sammlung und Aufbereitung von Umweltinformationen lassen sich Marktchancen und -risiken erkennen und einer Realisierung bzw. Lösung zuführen** (vgl. zu einer Analyse von Informations- und Unsicherheitsproblemen auf Märkten Kaas 1990 und 1991).

Der Informationsgewinnungsprozeß vollzieht sich – zugeschnitten auf das Marketing – formal etwa wie in Abbildung 5.7 dargestellt.

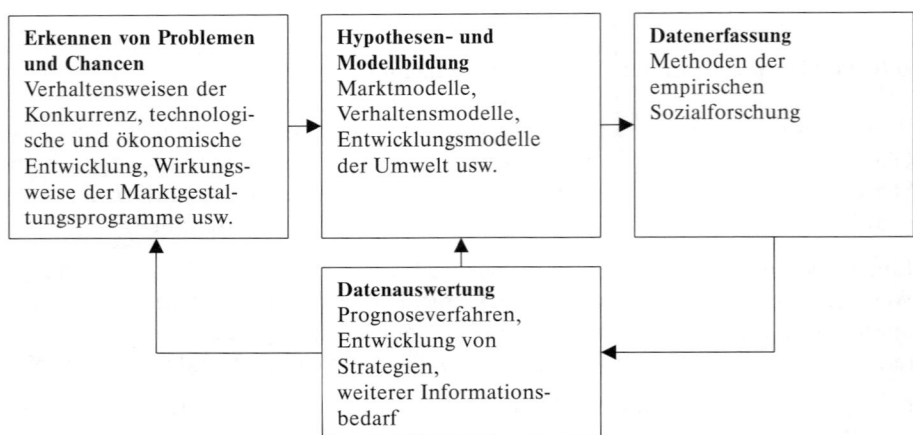

Abbildung 5.7: Schema des absatzwirtschaftlichen Informationsgewinnungsprozesses

Das Schaubild zeigt, daß die Informationsgewinnung im Rahmen des Marketing kein linearer Prozeß ist. Er läuft vielmehr zirkulär ab. Die Problemstellungen als „Motor" der Informationsgewinnungsprozesse leiten sich aus den Umweltveränderungen und den Entscheidungsproblemen im Zusammenhang mit dem Einsatz der Marktgestaltungsprogramme ab (z. B. Auswahl und Wirkungsweise von Instrumenten).

1. Elemente von Marktmodellen

Der Begriff „Markt" ist ein mehrdimensionales Konzept. Er ist als Summe von geographisch und zeitlich fixierten Transaktionen für funktionell substituierbare Produkte zwischen bestimmten Anbietern und einer bestimmten Gruppe von Nachfragern definierbar und über alle in der Definition genannten Merkmale näher beschreibbar. *Marktbegriff*

Diese allgemeinen Merkmale von Märkten stellen aus einzelwirtschaftlicher Sicht zugleich Kriterien für die **Abgrenzung eines relevanten Marktes** bzw. für die Einteilung (Gliederung) eines Gesamtmarktes in relevante Teilmärkte dar. Die Bestimmung des relevanten Marktes ist zugleich Voraussetzung für die Konstruktion erklärungs- und prognosekräftiger Marktmodelle bezüglich eigener Absatzmöglichkeiten. Die Beschreibungsmerkmale, die im folgenden kurz dargestellt werden sollen, stellen somit auch Elemente von Marktmodellen dar, d. h. für die Marktanalyse relevante Merkmale von Marktinformationen:

(1) Einteilung nach der **Art der Produkte:** Hierbei kann ein technisch scharf umrissenes Produkt (z. B. Markt für 60-Liter-Kompressor-Haushaltskühlschränke) oder eine Gattung funktionsverwandter, zum Teil substitutiver Güter (z. B. Markt für Kühl- und Gefriergeräte) als Abgrenzungskriterium dienen. Das Marketingdenken, das sich die **Probleme ausgewählter Kundengruppen** zu eigen macht (hier z. B. Lösungen für Konservierungsprobleme von Nahrungsmitteln durch (Tief-)Kühlung), geht in der Regel zuerst von dem zweiten Aspekt aus, um dadurch möglichst viele alternative Lösungen für den relevanten Problemkreis zu erfassen. In einem weiteren Schritt kann dann eine produktspezifische Marktuntergliederung vorgenommen werden (z. B. Märkte für Großgeräte und Märkte für Kleingeräte). Diese Art der Produktklassifizierung kann für Güter auf allen Stufen des volkswirtschaftlichen Produktionsprozesses durchgeführt werden (z. B. Rohstoffe, Investitionsgüter, Ge- und Verbrauchsgüter des Konsums). *Produktart*

(2) Einteilung nach der **Art der Käufer:** Beispielhaft erwähnt seien: Märkte privater Konsumenten, die sich zusätzlich etwa nach Alters- und Einkommensschichten unterteilen lassen; Märkte öffentlicher Abnehmer (Bund, Länder, Kommunen usw.); Märkte privatwirtschaftlicher Unternehmen der Industrie, des Handels und des Dienstleistungsgewerbes, weitergegliedert nach Branchen, Größenklassen usw. Je nach Produktart sind alle Käufergruppen (z. B. beim Marketing von Schreibpapier) oder nur einzelne Untergruppen (etwa beim Marketing im Maschinenbau) in die Analyse einzubeziehen. *Käuferart*

Unvollkommenheit der Konkurrenz

(3) Einteilung nach der **Unvollkommenheit der Konkurrenz:** Der Grad der Unvollkommenheit der Konkurrenz zwischen den Anbietern eines Marktes wird von dem Ausmaß der Markttransparenz bestimmt. Dieses ergibt sich

- aus dem Informationsstand über Nachfrager, Anbieter, alternative Produkte, Preise usw.,
- dem Ausmaß der Reaktionsgeschwindigkeit der Nachfrager und Anbieter auf Produkt- und Preisänderungen sowie Änderungen im Kommunikationsverhalten der Anbieter und
- dem Ausmaß der bestehenden persönlichen, sachlichen, zeitlichen und räumlichen Präferenzen der Nachfrager. Wirklich vollkommene Konkurrenz, d. h. vollständige Markttransparenz bei fehlenden Präferenzen der Nachfrage, ist ein theoretisches Konstrukt, das in der Wirklichkeit nicht existiert.

Das Marketingverhalten der industriellen Unternehmung ist gerade darauf gerichtet, die Unvollkommenheit der Konkurrenz für die einzelnen Produkte zu stabilisieren, zu verstärken oder die Konkurrenz vorübergehend völlig auszuschalten. Je unvollkommener eine Konkurrenzsituation, desto eher kann ein Anbieter monopolähnliche Verhaltensweisen verwirklichen.

Die dazu notwendige Beeinflussung der Markttransparenz, der Reaktionsgeschwindigkeiten und der Präferenzstruktur der Käufer wird – wie in späteren Kapiteln zu zeigen ist – durch den Einsatz der Marktgestaltungsprogramme zu realisieren versucht.

Zahl der Marktteilnehmer

(4) Einteilung nach der **Zahl der Marktteilnehmer:** Diese Einteilung ist aus der Marktformenlehre und der mikroökonomischen Preistheorie bekannt. Sie kann sich einer Analyse der konkurrierenden Anbieter und der nachfragenden Gruppen anschließen (vgl. Abbildung 5.8).

Nachfrager / Anbieter	einer	wenige	viele
einer	bilaterales Monopol	beschränktes Angebotsmonopol	Angebotsmonopol
wenige	beschränktes Nachfragemonopol	bilaterales Oligopol	Angebotsoligopol
viele	Nachfragemonopol	Nachfrageoligopol	polypolistische Konkurrenz

Abbildung 5.8: Markteinteilung nach der Zahl der Marktteilnehmer

Bei dieser Gliederung können Abgrenzungsschwierigkeiten zwischen den Kriterien „wenige“ und „viele“ bestehen. Die Trennschärfe dieser Einteilung hängt auch entscheidend von der Abgrenzung der zugrunde gelegten Produktart bzw. deren Substitutionsmöglichkeiten ab (vgl. dazu (1)).

(5) Einteilung nach der **geographischen Lage:** Hier kommt beispielsweise die Gliederung in Inlands- und Auslandsmärkte in Betracht, die sich jeweils noch weiter unterteilen lassen. Zu beachten ist, daß zwischen diesen Märkten Wechselbeziehungen bestehen können. Heute ist zunehmend der **Weltmarkt** Gegenstand des Marketing (vgl. Meffert 1989). *Geographische Lage*

(6) Einteilung nach der **zeitlichen Verteilung der Nachfrage** oder des Angebots: Einer kontinuierlichen Nachfrage und Leistungsverwertung (z. B. bei bestimmten Grundnahrungsmitteln) stehen im Zeitablauf schwankende Marktverläufe (z. B. Modeartikel, Saisonprodukte) oder punktuelle Marktveranstaltungen (z. B. Auktionen, Messen) gegenüber. *Zeit*

(7) Auf der Grundlage dieser Einteilungsmerkmale wird der **relevante Markt** als Untersuchungsobjekt vorläufig abgegrenzt und beschrieben. Das Ergebnis kann beispielsweise wie folgt aussehen:

„Auf dem Inlandsmarkt für Kühl- und Gefriergeräte besteht ein Angebotsoligopol, die Konkurrenz zwischen den Anbietern ist auf dem privaten Konsumentenmarkt wegen der starken Standortpräferenz der Käufer (aufgrund der geographischen Verteilung der Niederlassungen) und der schwierigen Informationsmöglichkeiten über die jeweiligen Konkurrenten relativ unvollkommen; der Markt der privaten und öffentlichen Unternehmungen zeichnet sich dagegen durch eine vollkommenere Konkurrenzsituation aus (fehlende Standortpräferenz, bessere Marktübersicht). Die Situation auf dem Exportmarkt kann für diese Produkte als konkurrenzintensives bilaterales Oligopol bezeichnet werden, da die exportierenden Produzenten ihre Geräte nicht direkt absetzen, sondern mit einigen großen Importhändlern kontrahieren."

(8) Die Kennzeichnung eines Absatzmarktes mit Hilfe der angeführten Kriterien reicht jedoch allein nicht aus. Die Feststellungen vermitteln zwar ein brauchbares Situationsbild des Marktes; sie lassen jedoch kaum eine Antwort auf das „Warum" zu, nämlich welche Gründe zu dieser Marktsituation führen, welche Faktoren die weitere Entwicklung von Angebot und Nachfrage bestimmen, welche Größen einer Gestaltung durch den Industriebetrieb zugänglich sind.

Zur vorausschauenden Klärung solcher und ähnlicher Fragen bedarf es vieler weiterer Informationen über wirtschaftliche, technologische, rechtliche und soziokulturelle Entwicklungen und Erwartungen. Beispiele für solche **Einflußgrößen der Absatzmärkte** sind: *Einflußgrößen der Marktdynamik*

— Entwicklungen im **Verhalten der Käufer** (Reaktionsweisen der Käufergruppen auf Produkt- und Preisänderungen, Werbemaßnahmen usw., Struktur der Kaufentscheidungen).

— Änderungen der Struktur der **Absatzwege** (z. B. Aufkommen von Discount-Läden, Einkaufszentren, Handelsketten; Rückgang in Umsatz und Anzahl der kleineren Einzelhändler und Großhändler);

— Entwicklung des **Volkseinkommens** (unterteilt in soziale Schichten, Altersgruppen usw.);

- Veränderungen in der **Wirtschaftsstruktur** (Standortverteilung, Branchengliederung; sterbende, stagnierende, wachsende Wirtschaftszweige und -räume usw.);

- Entwicklung der **Bevölkerungsstruktur** (Einwohnerzahl, geographische Verteilung, Alters-, Ausbildungs-, Berufsstruktur, horizontale Mobilität: Urbanisierung; wichtige Minoritäten usw.);

- **Technologische Entwicklung** (Forschungs- und Entwicklungsaufwendungen; neue Produktionsverfahren, Substitutionsgüter, neue Produkte u. ä.);

- **Rechtliche Normen** (steuerliche Be- oder Entlastung bestimmter Waren, Konstruktions-, Produktions- und Verkaufsvorschriften usw.);

- Änderungen in **Lebensform und gesellschaftlichen Wertvorstellungen** (z. B. höherer Freizeitanteil, steigendes Bedürfnis nach materieller Sicherheit, Umweltschutzbewußtsein).

Es ist leicht einzusehen, daß jede der angeführten Größen das Nachfragepotential, die Produktions-, Distributions- und Kommunikationsmöglichkeiten sowie die Konkurrenzbeziehungen auf den Märkten mittel- oder unmittelbar beeinflussen kann. Zugleich wird deutlich, daß zwischen den Größen viele Interdependenzen und Überschneidungen bestehen, die bei einer Marktanalyse zu berücksichtigen sind.

2. Modelle des Käuferverhaltens

Notwendig-keit der Analyse des Käufer-verhaltens

Marketing bedeutet käuferorientiertes Entscheidungsverhalten. Erfolgreiches Marketing setzt dementsprechend eine möglichst genaue Kenntnis der Verhaltensweisen der relevanten Käufergruppen voraus. **In vielen Volkswirtschaften gründet sich ein immer geringerer Anteil der Kaufentscheidungen auf rein existentielle Zwänge.** Es besteht in steigendem Ausmaß materiell die Möglichkeit, nicht lebensnotwendige, bisher unerfüllbare oder latente bzw. neue, durch Umwelteinflüsse aktivierte Wünsche zu befriedigen. Aber auch existenznotwendige Güter müssen wegen des umfangreichen konkurrierenden Angebots in dauernd neuer Gestalt und mit neuen Methoden auf dem Markt verkauft werden. **Diese Situation verdeutlicht die Notwendigkeit einer gründlichen Auseinandersetzung mit dem Kaufverhalten der Kunden** (vgl. Kroeber-Riel 1990, Meffert 1971, Heinen 1973, Howard/Sheth 1969). Dadurch können die Reaktionsweisen der Käufer besser prognostiziert und Ansatzpunkte für den Einsatz von Marketinginstrumenten sichtbar werden.

Kategorien des Kaufver-haltens

In einer ersten Annäherung soll das Käuferverhalten in drei Verhaltenskategorien aufgeteilt werden: Motivation, kognitive Prozesse, Lernen. Diese Gruppierung gilt grundsätzlich ebenso für private wie auch für gewerbliche oder öffentliche Käufer.

Als Motivation kann hier der bewußte oder unbewußte Antrieb für die Beschäftigung mit dem möglichen Kauf irgendeines Gutes verstanden werden. Sie kann in Form eines „sachlichen" Problems (z. B. Fehlen einer Lichtquelle in einem Raum), eines aktuellen Bedürfnisses (z. B. Hunger), eines mehr oder weniger irrationalen Wunsches (z. B. Verlangen nach einem Edelstein), des Strebens nach Sozialprestige (z. B. ein Auto wie „die anderen" fahren) oder eines Triebes (z. B. „Völlerei") auftauchen. Auf die Problematik der Abgrenzung dieser hier beispielhaft angeführten Begriffe soll nicht näher eingegangen werden. Zu betonen ist, daß nur selten eine Motivationsart alleine gegeben ist. Vielmehr gesellt sich zu einem eventuell auslösenden Moment meist ein Bündel weiterer Antriebsquellen. *Motivation*

Die Motivation versetzt den Käufer in eine bestimmte Spannung, zu deren Lösung er verschiedene gedankliche Aktivitäten entfaltet. Diese lassen sich als kognitive Prozesse beschreiben, also als Vorgänge, die sich im Rahmen seiner subjektiven Erkenntnismöglichkeiten abspielen. Zunächst wird der Käufer seine Motivation bewußt oder unbewußt in seinem unmittelbaren oder langfristigen Handlungs- und Denkzusammenhang bewerten. Es ist z. B. möglich, daß ein überraschend stimuliertes Bedürfnis (z. B. durch den Blick in ein Schaufenster) gegenüber einer anderen vorhandenen Notwendigkeit schnell wieder in den Hintergrund tritt, d. h. als vorläufig irrelevant bewertet wird. Bleibt eine Motivation aktuell, wird sie also als dringlich bewertet, so beginnt die Lösungssuche. Auch dabei werden die wahrgenommenen Lösungsmöglichkeiten anhand der subjektiven Zielvorstellungen bewertet. Die individuellen Erinnerungen und Erfahrungen sowie die an die einzelnen Alternativen und ihre Besonderheiten geknüpften subjektiven Erwartungen spielen bei der kognitiven Verarbeitung der Motivation, insbesondere bei der Alternativenbewertung und Lösungssuche, eine große Rolle. *Kognitive Prozesse*

Genügen Anzahl und Beurteilung der wahrgenommenen Alternativen dem Anspruchsniveau des Käufers, so schließt sich die Kaufentscheidung an, d. h. die Entscheidung über Ablehnung oder Durchführung eines Kaufs. Zu beachten ist, daß der Kauf selbst wiederum aus mehreren Teilentscheidungen bestehen kann, denen entsprechende kognitive Prozesse vorausgehen. So sind z. B. nach der Entscheidung für einen bestimmten Autotyp mehrere Ergänzungsentscheidungen über Farbe, Zubehör usw. zu fällen. *Kaufentscheidung*

Nach Vollzug der Kaufentscheidung beginnt bei dem Käufer ein Lernprozeß. Beim Verbrauch oder Gebrauch des beschafften Gutes sieht er sich in seinen Erwartungen über die Qualität und den persönlichen Nutzen des Objektes mehr oder weniger bestätigt. Bei einer Bestätigung wird er, sofern er diesen Kaufprozeß häufiger zu vollziehen hat und ihn nicht Informationen über noch positivere Alternativen erreichen, in Zukunft genauso handeln. Dies kann schließlich zu routinemäßigem Kaufverhalten für bestimmte Güter führen. Fehlt die Bestätigung oder ist sie nur unvollständig, so empfindet der Käufer eine Unsicherheit oder kognitive Dissonanz (vgl. Festinger 1957). Eine Dissonanz verstärkt sich, wenn der Käufer nach der Kaufentscheidung von Alternativen Kenntnis erhält, von denen er glaubt, daß sie seine Ansprüche besser erfüllt hätten. Das Ausmaß der Dissonanz hängt also von der Wichtigkeit der Entscheidung sowie von der Anzahl und der relativen Attraktivität *Lernprozeß*

Kognitive Dissonanz

639

nicht gewählter bekannter Alternativen ab. Der Käufer wird versuchen, die aufgetauchten Dissonanzen zu reduzieren, um die entstandenen inneren Spannungen abzubauen. Das kann dadurch geschehen, daß er das gewählte Produkt möglichst schnell und günstig abstößt oder daß er nach zusätzlichen Informationen sucht, die die Richtigkeit seiner ursprünglichen Entscheidung stützen.

Zwischen den drei Verhaltenskategorien bestehen enge Verbindungen. Während des Kaufprozesses selbst können beispielsweise kognitive Vorgänge die Motivation verändern oder aufheben, so z. B. wenn sich bei der Informationssuche die relative, subjektive Unwichtigkeit einer Motivation herausstellt. Besonders aber der Lernprozeß nach der Kaufentscheidung beeinflußt künftige Motivationen und künftiges kognitives Verhalten.

Aus dieser globalen Übersicht über die grundlegende Verhaltensstruktur von Käufern werden unmittelbar viele Ansätze für das Marketing ersichtlich, insbesondere für den Einsatz der Kommunikationsinstrumente. Sie zielen ab auf die Hervorrufung und Betonung bestimmter Motivationsmuster, die Einflußnahme auf kognitive Prozesse, vor allem auf die Lösungssuche, Erwartungsbildung, Bewertungskriterien sowie die Stabilisierung der Kaufentscheidung durch entsprechende Werbemaßnahmen, Kundendienst usw.

Erklärungs-
ansätze in
Verhaltens-
modellen

Um die Politik der Beeinflussung individueller Kaufentscheidungen im Rahmen des Marketing erfolgreich durchführen zu können, ist es erforderlich, Näheres über die Hintergründe der Verhaltensweisen bei Kaufentscheidungen, vor allem über die Ursprünge von Antrieben und Wahlverhalten zu erfahren. Den Sozialwissenschaften ist es bisher nur gelungen, einige Aspekte der „black box" menschlichen Verhaltens durch die Konstruktion von zum Teil sehr unterschiedlichen Erklärungsmodellen aufzudecken (vgl. z. B. bei Kroeber-Riel 1990). Ein allumfassendes Verhaltensmodell liegt jedoch nicht vor. Zum Teil in Anlehnung an Kotler (1974, 1982) sollen im folgenden einige dieser Interpretationsmodelle und ihre Bedeutung für das Marketing behandelt werden. Durch diese kurze Diskussion verschiedener theoretischer Erklärungshypothesen wird versucht, die Grundlagen menschlichen Verhaltens ein wenig zu erhellen.

Homo-oeco-
nomicus-
Modell

Das ökonomische Modell menschlichen Verhaltens, wie es zusammenfassend von dem englischen Nationalökonomen A. Marshall (1962) gegen Ende des letzten Jahrhunderts und der sich daran anschließenden modernen Nutzentheorie formuliert wurde, läßt sich wie folgt skizzieren: Der Mensch besitzt klare Vorstellungen über den Nutzen, den ihm der Erwerb eines Gutes erbringt. Dieser Nutzen ist keine feste Größe, er nimmt vielmehr bei zunehmendem Konsum ein und desselben Gutes ständig ab. Deswegen betrachtet der Mensch nur den Nutzen, den ihm jeweils die nächste Einheit eines Gutes zu bringen vermag (Grenznutzen). Entsprechend seiner Grenznutzenvorstellungen und seiner Konsumneigung gibt er seine Mittel so aus, daß der ihm daraus entstehende Gesamtnutzen maximiert wird. **Dieses Modell, das in der Mikroökonomie der Volkswirtschaftslehre eine große Rolle spielt, geht also davon aus, daß der Mensch, der grundsätzlich alle Handlungsalternativen kennt, gemäß seiner Nutzenfunktion bei Kaufentscheidungen mit Hilfe einer unendlich großen**

640

Informationsverarbeitungskapazität den Mitteleinsatz rational durchkalkuliert und das Nutzenmaximum als effiziente Handlungsalternative verwirklicht. Über die Entstehung oder Änderungsmöglichkeiten der Neigungen und Nutzenvorstellungen sagt das Modell nichts aus.

Der Informationsgehalt dieses Modells ist aus der Sicht des Marketing nicht sehr groß. Für bestimmte Kaufsituationen und/oder Käufertypen trifft die im Modell verankerte Rationalität bei vollkommener Information allenfalls tendenziell zu, so etwa für den Kauf langlebiger Konsumgüter oder für die Einkaufsgepflogenheiten größerer institutioneller Käufer (Behörden, Unternehmungen usw.). Auch die aus dem Modell z. B. ableitbare Aussage, daß ein niedrigerer (höherer) Preis eine höhere (niedrigere) Nachfrage nach einem Gut induziert, bestätigt sich in der Realität im großen und ganzen. Zahlreiche Ausnahmen dieser Hypothese sind jedoch empirisch zu beobachten (z. B. bei der Nachfrage nach Luxusgütern, inferioren Gütern; Vorstellung über eine positive Korrelation zwischen Preis und Qualität). **Ökonomische Rationalität im Sinne dieses Modells (homo oeconomicus) ist ein kaum anzutreffender Idealtypus menschlichen Verhaltens.** Neben der meist vorliegenden höchst unvollkommenen Information des Käufers berücksichtigt das Modell keine nicht-ökonomischen Faktoren, die das Verhalten der Käufer, insbesondere deren Präferenzbildung, bestimmen.

Marketing-Bedeutung

Eine wichtige Gruppe nicht-ökonomischer Bestimmungsfaktoren des Käuferverhaltens kann mit Hilfe der psychologischen Lerntheorien erfaßt werden. Im Kern besagen diese Theorien: **Eine Motivation** (z. B. das Bedürfnis, Konfekt zu essen) **kann durch einen bestimmten Stimulus hervorgerufen bzw. aktualisiert werden, sofern früher bei der Befriedigung dieses Bedürfnisses dieser Stimulus von der Person häufig wahrgenommen wurde.** Die Person hat „gelernt", mit dem Stimulus das entsprechende Bedürfnis zu assoziieren, und reagiert auf das Bedürfnis in der ebenfalls mit dem Stimulus assoziierten, „gelernten" Weise. Somit kann eine Verhaltensweise **konditioniert** werden: Wenn ein bestimmter Stimulus auftaucht, dann erfolgt eine ganz bestimmte Reaktion.

Lerntheorie

Konditionierung von Verhaltensweisen

Voraussetzung für eine nachhaltig wirksame Konditionierung ist, daß der Stimulus in möglichst unveränderter Form auftaucht und daß die in der Reaktion erfolgende Handlungsweise das Bedürfnis zuverlässig in der erwarteten Art befriedigt.

Die Marketing-Bedeutung dieses Lernmodells liegt auf der Hand: Sie zeigt sich vor allem im Bereich der Werbung (vgl. Bolen 1981, Seyffert 1966) und Produktgestaltung. Die wiederholte Wahrnehmung z. B. desselben **Waren- oder Firmenzeichens** verursacht beim Konsumenten eine unmittelbare Erinnerung an die dadurch repräsentierte Ware. Er „übt" und „lernt" auf diese Weise die Reaktion auf den Stimulus: Durch das Zeichen wird bei ihm das Bedürfnis, das betreffende Gut zu besitzen bzw. die Genugtuung oder Bestätigung, selbst schon ein solches Produkt erworben zu haben, hervorgerufen oder verstärkt. Ähnliches gilt für die **repetitive Werbung.** Die andauernde Wiederholung gleicher Werbemaßnahmen (Anzeigen, Filme usw.) in Form sorgfältig ausgewählter Wort-, Bild- und/oder Tonkombinationen erzeugt beim Käufer die Assoziation des betreffenden Produktes und beeinflußt so seine Kaufent-

Marketing-Bedeutung

scheidung oder stabilisiert eine positive Grundeinstellung zum vollzogenen Kauf. Voraussetzung für die aufgezeigten „Lerneffekte" ist, daß die Produkteigenschaften den Käufererwartungen möglichst weitgehend entsprechen. Andernfalls kann es zu einem Lernprozeß mit entgegengesetzter Wirkung kommen.

Das dargestellte Lernverhalten beinhaltet aber auch die Möglichkeit, z. B. durch Verbreitung nur wenig abgeänderter Stimuli-Konzeptionen der Konkurrenz von dem „Lernniveau" der Konkurrenzkunden zu profitieren und dadurch ohne größere Anstrengungen Kunden abzuwerben (z. B. Auslegung von Waren mit ähnlichen Warenzeichen in Supermärkten). Dieser Sachverhalt wirft ein Licht auf die entsprechende **Schutzgesetzgebung** (Gesetz gegen den unlauteren Wettbewerb, Warenzeichenschutzgesetz usw.).

Die psychologischen Lernmodelle können und wollen nur einen Aspekt menschlichen Verhaltens erhellen, nämlich die Hervorrufung von Reaktionen infolge bestimmter Stimuli. Mit den lerntheoretischen Ansätzen eng verbunden sind die einstellungstheoretischen Überlegungen zum Konsumentenverhalten.

Einstellungs-theoretisches Modell

Einstellungen sind auf spezifische Ojektbereiche (Gegenstände, Personen, Verhaltensweisen) gerichtete und gefestigte Wertvorstellungen, welche die innere Bereitschaft eines Individuums beeinflussen, auf bestimmte Umweltstimuli stets positiv oder negativ zu reagieren. Das Individuum entwickelt aufgrund von Erfahrungen mit einem Objekt Überzeugungen, Vorurteile oder Meinungen, die sein Verhalten beeinflussen können. Drei Komponenten prägen dabei im wesentlichen die Einstellungen: die **affektive** Komponente enthält die emotionale Einschätzung eines Objektes; die **kognitive** Komponente bezieht sich auf das subjektive Wissen des Individuums über das Einstellungsobjekt und die **Handlungs- oder Aktionskomponente** kennzeichnet schließlich das Ausmaß an Verhaltensbereitschaft, das mit einer Einstellung verbunden ist.

Marketing-bedeutung

Für das Marketing bedeutet dieser Ansatz, daß die Käufer nicht allein nach ökonomischen und funktionalen Gesichtspunkten ihre Kaufentscheidung treffen, sondern daß diese auch von der Intensität der Einstellung gegenüber dem Kaufobjekt, der anbietenden Unternehmung, dem Verkäufer etc. bestimmt werden kann. **Allgemein wird angenommen, daß mit zunehmender Stärke der positiven Einstellung gegenüber einer bestimmten Marke die Wahrscheinlichkeit des Kaufes dieses Markenproduktes steigt. Einstellungskategorien können deshalb auch als Marktsegmentierungskriterien verwendet werden.**

Im Hinblick auf die Erklärung und Prognose von Kaufverhalten mit Hilfe von Einstellungen ergibt sich eine Reihe von Problemen. Diejenigen Eigenschaften, welche die Einstellung zu einem Objekt bestimmen, sind nicht unbedingt mit jenen Faktoren identisch, die die Einstellung zu einer Handlung begründen. Darüber hinaus kann zwischen Einstellung und Kaufverhalten eher selten ein kausaler Ursache-Wirkungs-Zusammenhang angenommen werden. Schließlich erfassen Einstellungskategorien nur relativ bewußtseinsnahe Inhalte, so daß latente Bedürfnisse, die für marketingpolitische Strategien von großer Wichtigkeit sein können, durch einstellungsbezogene Analysen unerfaßt bleiben.

642

Die sozialpsychologischen Theorieansätze sehen in den Umwelteinflüssen, die in vielfältigen Formen wirksam werden, die wichtigste Ursache für menschliche Verhaltensweisen. Die verschiedenen Ebenen sozialer Einflußmöglichkeiten sind vereinfacht in Abbildung 5.9 zusammengestellt. *Sozial-psychologisches Modell*

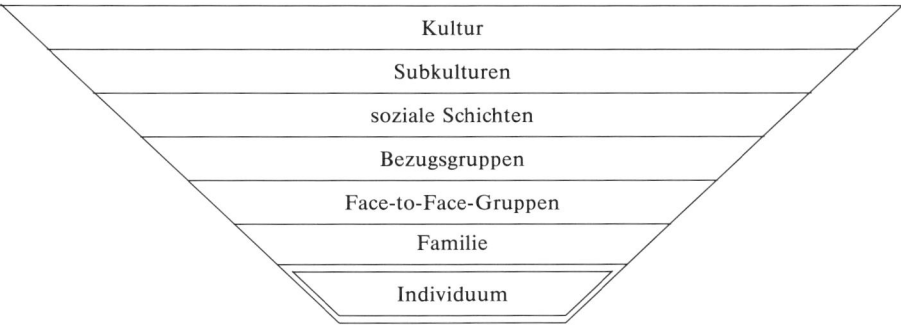

Abbildung 5.9: Ebenen sozialpsychologischer Einflußgrößen

Dem Marketing stellt sich die Aufgabe, die für die jeweilige Produktnachfrage wichtigste soziale Einflußebene zu bestimmen und bei den Marktgestaltungsentscheidungen zu berücksichtigen. *Marketing-Bedeutung*

Kulturelle Einflüsse, die sich in Lebensformen, Sitten, Traditionen, Idealen usw. ausdrücken, sind meist sehr dauerhafter Art. Veränderungen vollziehen sich nur langsam. Eine Kultur stellt jedoch in der Regel keine völlig homogene Einheit dar. In ihr bestehen aufgrund von regionalen, religiösen, ethnischen oder ethischen Unterschieden **Subkulturen** mit eigenen Wertmustern. Diese Minoritäten sind häufig spezifische Zielgruppen absatzwirtschaftlicher Tätigkeit. Neben dieser Differenzierung kann eine Gesellschaft auch in verschiedene **soziale Schichten** eingeteilt werden. Reichtum, Ausbildung, Beruf und Macht bieten beispielsweise Anhaltspunkte für die Schichtenbildung. Für das Marketing ist diese Einteilung deswegen von Bedeutung, weil sich die Bedürfnisse und Wertvorstellungen je nach Schichtzugehörigkeit verändern können. Unterschiedliche Zeitschriften und Bücherlektüren, Freizeitbeschäftigungen, Mode- und Geschmacksausrichtungen sowie Ausbildungs- und Karriereanstrengungen können dies veranschaulichen.

Bezugsgruppen sind Gruppen, an deren Werten und Verhaltensweisen sich das Individuum ausrichtet. Gruppenzugehörigkeit ist dabei nicht unbedingt das Kriterium. Auch wenn der einzelne einer von ihm akzeptierten Gruppe nicht angehört, so kann er doch deren Meinung, Geschmack usw. weitgehend übernehmen. Beispiele für solche Orientierungs- oder Referenzgruppen sind Schauspieler, Fernsehansager, Sportler, die für die Werbung eine bedeutende Rolle spielen. Das Individuum kann aber seiner Bezugsgruppe auch persönlich angehören. In diesem Fall kommt die Art der Gruppe der **Face-to-face-Gruppe** nahe, die einen starken Einfluß auf Meinungs- und Geschmacksbildung ausübt. Das Individuum steht mit den anderen Gruppen-

643

mitgliedern häufig und unmittelbar in Kontakt. Beispiele sind Gruppen in Organisationen, Nachbarn, persönliche und berufliche Freunde, aber auch Vereine. Den mächtiger werdenden Einfluß, den die Gruppierungen gegenüber der Familie haben, drückt beispielsweise der Wohlstandswettbewerb innerhalb der sozialen Schichten aus („to keep up with the Jonses"), den das Marketing als Ansatzpunkt für die Marktbeeinflussung aufgreift.

Die **Familie** stellt diejenige Gruppe dar, die die grundlegenden Lebenseinstellungen des Individuums am stärksten prägt. Kaufwünsche der einzelnen Familienmitglieder werden innerhalb der Familie weitervermittelt, so z. B. von den Kindern zu den Eltern, von der Frau zum Mann. Diese Informationswege berücksichtigt das Marketing bei Produkt- und Kommunikationsgestaltung. In ähnlicher Weise sind die Einstellungsmuster, die zwischen den Familienmitgliedern in den verschiedenen Familientypen bestehen, von beträchtlicher Bedeutung. So hat sich beispielsweise die Rolle des Kindes oder des Vaters in der Familie stark gewandelt – eine für das Marketing ebenfalls bedeutsame Entwicklung.

Das **Individuum** schließlich nimmt all die sozialen Einflüsse nicht objektiv und gleichförmig auf. Die Tatsache, daß zwei unter vergleichbaren sozialen Bedingungen lebende Personen sich nicht notwendigerweise in gleicher Weise verhalten, sondern in einzelnen Einstellungen und Wertungen Differenzen aufweisen, deutet darauf hin, daß die jeweils besonderen physischen und psychischen Eigenarten, die sich mit „Temperament", „angeborenen Fähigkeiten" oder mit anatomischen Eigenarten nur ungenau beschreiben lassen, die subjektive Bewertung der sozialen Einflüsse modifizieren.

Totalmodelle In neueren Ansätzen wird versucht, die ökonomischen, sozialen und psychologischen Einflußgrößen des individuellen Kaufverhaltens im Rahmen von **Totalmodellen** abzubilden. Das bislang bekannteste und sehr umfassende Modell dieser Art stammt von Howard und Sheth (1969) (vgl. Abbildung 5.10). Vier Komponenten stehen dabei im Zentrum der Betrachtungsweise:

Die **Stimulus (Input)-Variablen** beziehen sich auf die Beeinflussung des Kaufverhaltens durch kommerzielle Informationen in Form von Produkten und deren Eigenschaften oder symbolischen Repräsentationen mit Hilfe von Werbemedien einerseits und durch die soziale Umgebung andererseits, wobei der persönlichen Kommunikation hierbei die größte Bedeutung zukommt.

Mit Hilfe von Hypothesen in Form von **Wahrnehmungs- und Lernkonstrukten** wird die Gewinnung und Verarbeitung entscheidungsrelevanter Informationen sowie die Entscheidungsfindung erklärt.

Response(Output)-Variablen geben die Ergebnisse der Wahrnehmungs- und Lernprozesse und die Reaktionsmöglichkeiten auf die Input-Variablen wieder.

Faktoren, die zwar keinen systematischen Einfluß auf die Entscheidungsfindung ausüben, aber in vielen Entscheidungssituationen als Korrektiv Bedeutung besitzen, gehen als **exogene Variable** in das Modell ein.

644

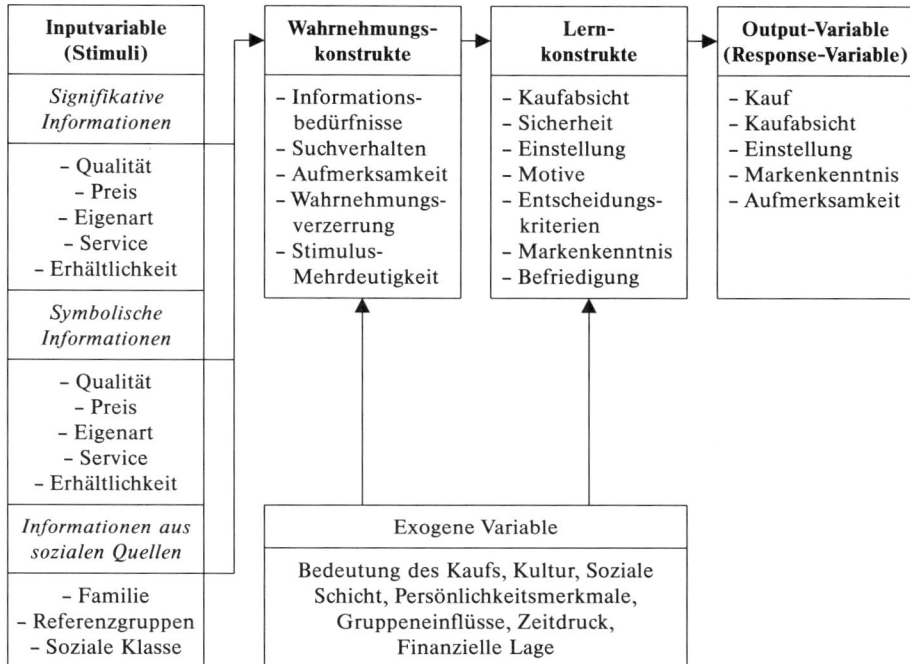

Inputvariable (Stimuli)	Wahrnehmungs- konstrukte	Lern- konstrukte	Output-Variable (Response-Variable)
Signifikative Informationen	– Informations- bedürfnisse	– Kaufabsicht	– Kauf
– Qualität – Preis – Eigenart – Service – Erhältlichkeit	– Suchverhalten – Aufmerksamkeit – Wahrnehmungs- verzerrung – Stimulus- Mehrdeutigkeit	– Sicherheit – Einstellung – Motive – Entscheidungs- kriterien – Markenkenntnis – Befriedigung	– Kaufabsicht – Einstellung – Markenkenntnis – Aufmerksamkeit
Symbolische Informationen			
– Qualität – Preis – Eigenart – Service – Erhältlichkeit			
Informationen aus sozialen Quellen			
– Familie – Referenzgruppen – Soziale Klasse			

Exogene Variable

Bedeutung des Kaufs, Kultur, Soziale Schicht, Persönlichkeitsmerkmale, Gruppeneinflüsse, Zeitdruck, Finanzielle Lage

Abbildung 5.10: Grundzüge des Howard-Sheth-Modells

(in Anlehnung an Howard/Sheth 1969)

Die Besonderheit des Modells von Howard und Sheth besteht vor allem darin, **daß hier im Vergleich zu den anderen Modellen der Versuch unternommen wird, die kaufentscheidenden Faktoren in ihrer Komplexität abzubilden und ihre Beziehungen zu untersuchen.** Wenngleich eine befriedigende empirische Bestätigung dieses Modells noch aussteht und somit dessen prognostischer Wert gegenwärtig nur sehr gering sein dürfte, besitzt dieses Modell dennoch einen nicht unerheblichen heuristischen Wert, weil es eine relativ umfassende Sichtweise der in der Marketingpraxis auftretenden Probleme anbietet und den Zugang zu weitergehenden theoretischen Analysen ermöglicht.

Marketing-bedeutung

Die bisher dargestellten Modelle haben vorwiegend Aspekte des Kaufverhaltens privater Konsumenten aufgezeigt. Der große Bereich institutioneller Käufer (Handel, Industrie, Dienstleistungsgewerbe, Öffentliche Hand) bleibt dabei weitgehend unberücksichtigt. Die Situation des organisationalen Einkäufers ist hingegen durch ganz besondere Merkmale gekennzeichnet: Er ist – wie die meisten Individuen – einerseits geneigt, so viele Vorteile wie möglich für sich selbst zu erlangen, andererseits zwingt ihn seine Aufgabe, vor allem den ökonomischen Zielen seiner Organisation weitgehend Rechnung zu tragen. Werbegeschenke, persönliche Sympathien für einzelne Verkäufer oder Erleichterung der Arbeit durch Einschränkung der Alternativensuche und Verhandlungsdauer stehen der rationalen Abwägung zahlreicher Preisangebote und unterschiedlicher Qualitätsgrade gegenüber. Das industrielle Marketing ist bestrebt, diesen Zielkonflikt des Einkäufers zu erkennen, und versucht, beiden Zielen durch entsprechende Öffentlichkeitsarbeit, Werbe-, Verkaufsförderungs- und Produktentscheidungen ausgewogen Rechnung zu tragen.

Organisatio-
nales Kauf-
verhalten

Die Aussagen über organisationale Käufer betreffen vor allem Einkäufer von solchen Verbrauchsfaktoren und Massenwaren wie Büromaterial usw., die im Produktionsprozeß einer Unternehmung untergehen und über die im Regelfall die Einkaufsabteilung autonom entscheidet.

Buying-
Center

In der Regel handelt es sich bei Kaufentscheidungen in Organisationen aber um multipersonale, durch mehrzentrige Willensbildungen charakterisierte Entscheidungen (Buying-Center-Konzept). Ein solches **buying-center** besteht aus einer informellen Gruppe („Entscheidungsgremien"), die sich anläßlich einer bestimmten Kaufentscheidung bildet und die sich aus verschiedenen von einem Kaufvorhaben betroffenen Personen oder Personengruppen zusammensetzt. Derartige Kaufentscheidungen, wie z. B. größere Investitionsentscheidungen, Aufbau eines Fuhrparks, Bau eines Zweigwerkes, Erneuerung einer Werkzeugmaschinenstraße, sind geprägt von den divergierenden Zielen und Interessen der verschiedenen Gruppen von Organisationsteilnehmern (zunächst der beteiligten Abteilungen, aber auch Belegschaft, Kapitalgeber, Abnehmer, Lieferanten, öffentliche Behörden), den häufig konträren Intentionen der einzelnen Ressorts, den persönlichen Zielvorstellungen der am Entscheidungsprozeß beteiligten Individuen (Durchsetzungsbedürfnis, Macht- oder Prestigestreben, Selbstbestätigung, Mißgunst usw.), von der institutionellen (Unternehmensverfassung, formale Organisation, überbetriebliche Normen) und informellen Machtverteilung innerhalb der Organisation. Ein vereinfachtes Modell des organisatorischen Kauf-(Einkauf)verhaltens gibt in Anlehnung an Webster/Wind (1972) Abbildung 5.11 wieder.

Das organisationale Kauf- bzw. Beschaffungsverhalten wird hiernach durch vier Klassen von Einflußfaktoren geprägt: Umwelteinflüsse, Organisationseinflüsse, interpersonelle und individuelle Einflüsse.

Umwelteinflüsse, die vor allem von Institutionen (z. B. Verbänden, Gewerkschaften, Regierung) ausgeübt werden, bestimmen über das allgemeine Güter- und Dienstleistungsangebot, die allgemeine Wirtschaftslage und über Wertvorstellungen und Normen das organisationale Kaufverhalten.

Organisationseinflüsse ergeben sich insbesondere aus den Zielen und den formalen Aufgaben, der formalen Organisationsstruktur und der Technologie der Organisation.

Eine Schlüsselstellung nehmen **interpersonelle Einflüsse** (z. B. Rollentypen, Rollenerwartungen, Gruppenstruktur, Gruppenführerschaft) und die **individuellen Einflüsse** (z. B. Persönlichkeit, Motivation, Kognition, Lernen) für die Beschreibung und Erklärung des Kaufverhaltens ein.

Sie bieten zugleich für das Marketing von Investitionsgütern (vgl. Backhaus 1990) den wesentlichen Ansatzpunkt zur Identifikation der hauptsächlichen Interessengruppierungen und Einflußrichtungen im Entscheidungsprozeß innerhalb der kaufenden (investierenden) Organisation und zu einer gezielten Beeinflussung, z. B durch eine adäquate Kommunikationspolitik.

646

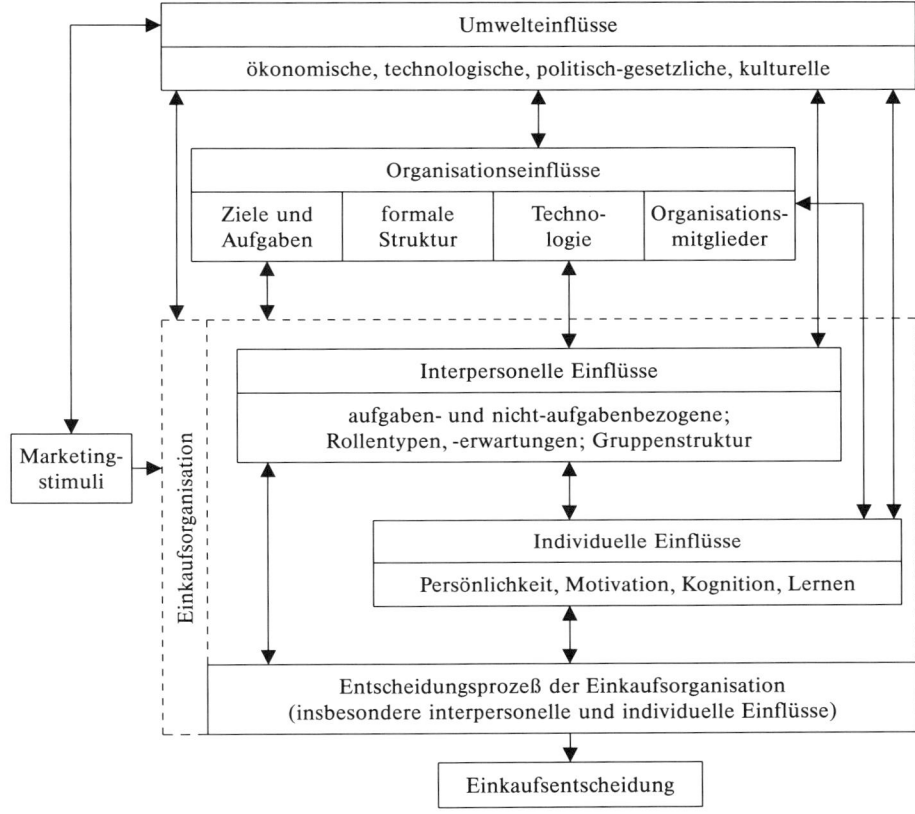

Abbildung 5.11: Vereinfachtes Modell des organisationalen Kaufverhaltens

(in Anlehnung an Webster/Wind 1972)

3. Methoden der Marktanalyse und Marktprognose (Marktforschung)

In den vorangegangenen Abschnitten wurden Elemente von Marktmodellen und Modelle des Käuferverhaltens als Instrumente charakterisiert, mit deren Hilfe ein möglichst guter Einblick in die absatzwirtschaftliche Umwelt gewonnen werden soll. Voraussetzung zur konkreten Verwendung von Modellen ist – neben ihrer empirischen Relevanz – die Gewinnung von problembezogenen Daten, mit deren Hilfe die Modellelemente inhaltlich ausgefüllt und Konsumentenverhaltensweisen erklärt und prognostiziert werden können. Die Beschaffung dieser Informationen stellt in der Praxis ein schwerwiegendes Problem dar. Neben Kosten- und Zeitgesichtspunkten ist besonders die Ungenauigkeit der zur Verfügung stehenden Methoden der Datenerhebung Ursache für die Schwierigkeiten (vgl. Hüttner 1989).

Die Gewinnung von Daten über die Einflußgrößen, die für den Absatzerfolg eines Unternehmens entscheidend sind, ist Gegenstand der betrieblichen Marktforschung. Sie soll hier als Sammelbegriff für die in der Literatur ganz unterschiedlich gebrauchten Begriffe „Marktanalyse" und „Marktprognose" (vgl. Meffert/Steffenhagen 1977, Picot 1977b) verstanden werden, wo anhand des vorliegenden Datenmaterials begonnen wird, Hypothesen über zukünftige, den Absatz beeinflussende Entwicklungen aufzustellen.

Methoden der
Marktanalyse

Über die einzelnen Methoden der Marktanalyse und deren Systematisierungsmöglichkeiten gibt die umfangreiche Literatur zu den Methoden der empirischen Sozialforschung reichhaltigen Aufschluß. Die Zusammenstellung in Abbildung 5.12 vermittelt lediglich einen allgemeinen Überblick. Die Rubriken dieser Zusammenstellung erheben keinen Anspruch auf Vollständigkeit.

Probleme der
Methoden-
wahl

Schon aus den wenigen Angaben dieser Übersicht wird ersichtlich, daß in vielen Fällen eine einzelne Methode zur Gewinnung aussagekräftiger Umweltinformationen nicht ausreicht. Auf der Grundlage von Sekundärerhebungen, die häufig Anstoß zum Erkennen von Problemen und Chancen sind (Presse, Literatur, Statistik, Rechnungswesen usw.), werden Primärerhebungen geplant und gezielt durchgeführt, um detaillierte Informationen über bestimmte Problemzusammenhänge zu ermitteln. Zur Erforschung von Käufermotiven werden sich eher Tiefeninterviews eignen, für die Beurteilung neuer Verpackungen oder Preise bieten sich Laborexperimente oder Testmärkte an, während die Aufmerksamkeitswirkung einer Schaufensterauslage beispielsweise durch eine Videokamera zweckmäßig beobachtet werden kann. Die Wahl des Erhebungsverfahrens wird bestimmt von dem Gegenstand der Untersuchung sowie Zeit- und Kostenaspekten. Neue Informations- und Kommunikationstechniken eröffnen neuartige und kostengünstigere Möglichkeiten der Datengewinnung und -auswertung (z. B. rechnergestützte Telefoninterviews, on-line-Erfassung und -Auswertung von Umsatzdaten durch Scanner, erleichterter Zugriff auf externe Datenbanken; vgl. Zentes 1984, 1987). Abbildung 5.13 zeigt, wie vielfältig und direkt Scanner-Daten, die am Kassentisch durch automatische Lesung des EAN (Europäische Artikelnumerierung)-Balkencodes gewonnen werden, im Bereich des Handels sowie der industriellen Hersteller- und Marktforschung, aber auch für die Unterstützung zahlreicher weiterer absatzwirtschaftlicher Aufgaben genutzt werden können.

Markt-
prognose

Die mit Hilfe der Marktanalyse gewonnenen Informationen sollen Grundlage für in die Zukunft reichende Entscheidungen sein. **Als Marktprognose wird der bewußte und systematische Versuch einer Vorausschätzung zukünftiger Marktgegebenheiten bezeichnet.** Ziel der Marktprognose ist letztlich die Ermittlung einer quantitativen Angabe des zukünftigen Absatzvolumens innerhalb möglichst enger Fehlergrenzen.

In der Regel fußen Prognosen auf der Grundannahme, daß sich die Entwicklung in einer Regelmäßigkeit vollzieht, die auch in der Vergangenheit galt. Damit ist nicht gesagt, daß die Vergangenheit einfach in die Zukunft „verlängert" werden kann. Dem Prognostizierenden müssen, soweit Konstanz der Vergangenheitsdaten nicht unterstellt werden kann, die Gesetzmäßigkeiten bekannt sein, nach denen die wesentlichsten

648

Methode	Kurzdefinition	Anwendungsformen	absatzwirtschaftliche Beispiele	Vorteile und Probleme
I. Primärerhebung	Erhebung von Daten bei deren Entstehung			
1. Beobachtung	Planmäßige Erfassung sinnlich wahrnehmbarer Tatbestände ohne Einflußnahme auf den Beobachtungsbereich	teilnehmende – nichtteilnehmende, Labor – Feld, persönliche – technische	Beobachtung des Käuferverhaltens bei Verhandlungen in Läden und vor Schaufenstern	häufig objektiver und genauer als Befragungsergebnisse; viele Tatbestände nicht beobachtungsfähig; Aufwand an Zeit und Geld; Repräsentanzproblem
2. Interview	Befragung von Marktteilnehmern oder Experten	schriftlich – mündlich – telefonisch, frei – standardisiert, offene – geschlossene Fragen	Erhebung von Konsumgewohnheiten; Imageuntersuchung von Marken- oder Firmenzeichen; Motivforschung	Aufschluß über nicht wahrnehmbare Tatbestände (z. B. Motive); Zuverlässigkeit des Interviewers; Einfluß des Interviewers; Stichprobenrepräsentanz
3. Panelerhebung	Wiederholte Erhebung von Daten bei einer Gruppe in regelmäßigen Zeitabständen	Befragungspanel Beobachtungspanel	Konsumenten-, Einzelhandel-, Großhandels-, Herstellerpanel	Aufzeigen von Entwicklungen durch Gewinnung vergleichbarer Daten; Panelrepräsentanz: Panelsterblichkeit durch Verkleinerung der Gruppe im Zeitablauf, Paneleffekt durch Verhaltensänderung wegen regelmäßig wiederholter Erhebung
4. Experiment	Überprüfung der Auswirkung der Veränderung eines Faktors bei gleichzeitiger Kontrolle aller anderen Faktoren durch Beobachtung oder Befragung	Feld-, Laborexperiment	Testmärkte, (Gruppen-)Experimente zur Produkt- und Werbeforschung	isolierte Beobachtungsmöglichkeit einzelner Variablen; Situationskontrolle, Herstellung realistischer Versuchsbedingungen, Aufwand von Zeit und Geld
II. Sekundärerhebung	Auswertung vorhandenen Datenmaterials	Erhebung – unternehmungsinterner Daten – unternehmungsexterner Daten	Marktanteilsanalyse mit Hilfe des Rechnungswesens und der externen Statistik	geringer Kosten- und Zeitaufwand; unvollständige, alte Daten, Nachprüfbarkeit der Erhebungsmethoden

Abbildung 5.12: Übersicht über die Methoden der Marktanalyse

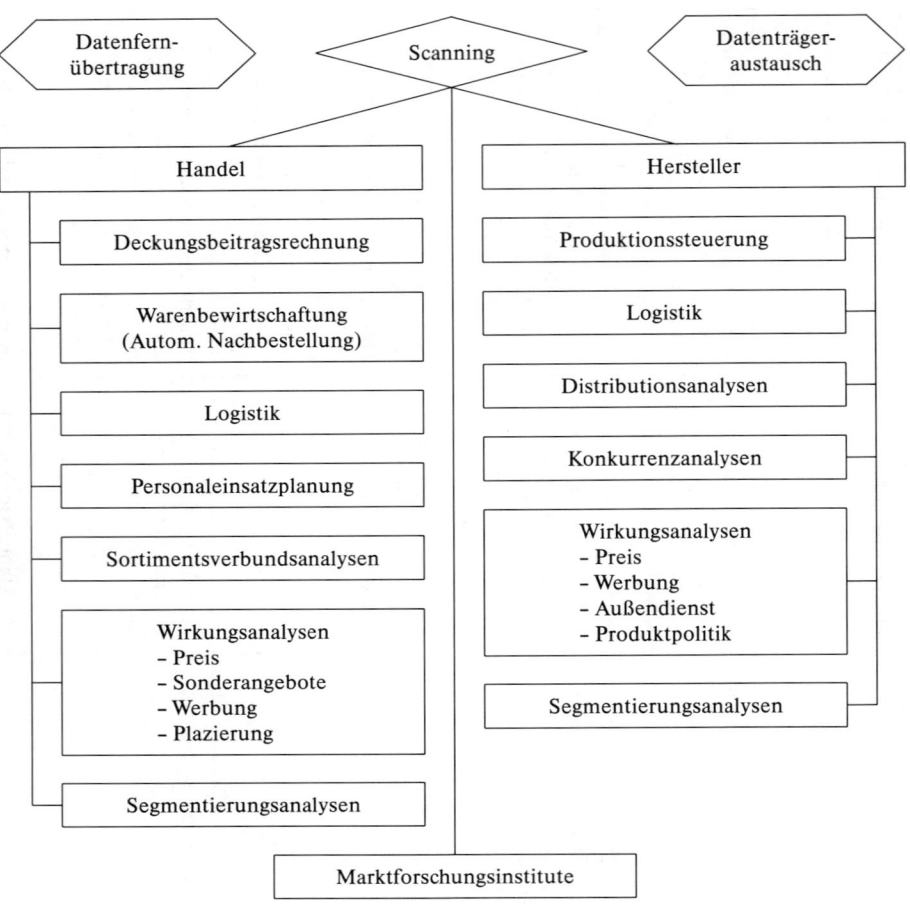

Abbildung 5.13: Möglichkeiten des Scanning für Marktforschung und
Marketingentscheidung

Quelle: Zentes (1987)

Bestimmungsgrößen des Prognoseergebnisses aufeinander Einfluß nehmen. Ob eine
Prognose als verläßliche Entscheidungsgrundlage betrachtet werden kann, hängt im
wesentlichen ab von der Vollständigkeit, Richtigkeit, Genauigkeit und Aktualität der
verfügbaren Information, der theoretischen Fundierung und logischen Widerspruchsfreiheit der zur Informationsverarbeitung herangezogenen Verfahren sowie
vom gewählten Toleranzbereich der Aussagen.

Bei der Prognose geht man häufig zunächst davon aus, daß die in der bisherigen
Marketingkonzeption festgelegten Absatzbemühungen konstant bleiben. Aufgrund
des Ergebnisses kann sich dann eine Revision der Marketingkonzeption und damit

650

eine Veränderung der Absatzbemühungen als notwendig erweisen. Die Methoden der Marktprognosen sind – wie die der Marktanalyse – sehr unterschiedlich, je nachdem, ob es sich um Investitionsgüter oder kurz- oder langlebige Konsumgüter handelt.

Es ist im Rahmen dieses Buches nicht möglich, eine erschöpfende Darstellung der zur Zeit verfügbaren Prognosemethoden zu geben (vgl. Brockhoff 1977, Meffert/Steffenhagen 1977, Wheelwright/Makridakis 1985, Lewandowski 1974). Es soll aber versucht werden, die wesentlichsten bei der Erstellung von Absatzprognosen sich ergebenden Probleme aufzuzeigen. Zur Systematisierung von Absatzprognosen eignen sich im wesentlichen folgende drei Kriterien:

(1) Entsprechend dem **Planungszeitraum** einer Unternehmung kann man zwischen kurzfristigen (z. B. bis 1 Jahr), mittelfristigen (z. B. bis 3 Jahre) und langfristigen Prognosen (z. B. bis 10 Jahre) unterscheiden. Planungsobjekte und interessierende Einflußgrößen werden jeweils unterschiedlich sein. *Prognose-zeitraum*

Je langfristiger der Prognosezeitraum ist, desto mehr richtet sich die Prognose auf die Vorhersage des zukünftigen Absatzvolumens ganzer Produktgruppen, die der Befriedigung des gleichen Bedürfniskomplexes dienen. Bei langfristiger Prognose ist es notwendig, sich so weit wie möglich von zeitgebundenen Bedarfsvorstellungen zu lösen. An die Stelle des einzelnen Produktes tritt beispielsweise die zur Befriedigung eines Primärbedürfnisses (physisches und psychisches Wohlbefinden, z. B. Streben nach Nahrung, Erholung und Gesundheitspflege, Bildung, Kommunikation, Fortbewegung) geeignete Problemlösung. Wie eine solche Problemlösung aussehen kann, hängt weitgehend von der schöpferischen Vorstellungsfähigkeit des Prognostizierenden ab, aber auch von seinen Erwartungen im Hinblick auf soziokulturelle und naturwissenschaftlich-technische Veränderungen. Aus ihnen leiten sich die ökonomischen Konzequenzen für die Unternehmung ab.

(2) Es ist zwischen **Entwicklungs- und Wirkungsprognosen** zu trennen. Entwicklungsprognosen sind darauf ausgerichtet, die zu prognostizierende Größe (z. B. Umsatz) in Abhängigkeit von Variablen darzustellen, die von der Unternehmung nicht direkt beeinflußt werden können (z. B. Zeit). Wirkungsprognosen stellen demgegenüber auf den kausalen Zusammenhang zwischen prognostizierter Größe und direkt von der Unternehmung steuerbarer Variabler (z. B. absatzpolitisches Instrument) ab. *Entwicklungs- und Wirkungs-prognosen*

(3) Nach der Art der Vorhersage kann zwischen **quantitativen** und **qualitativen Methoden** unterschieden werden. Während die quantitativen Prognosen auf mathematischen Verfahren (z. B. Trendberechnung) aufbauen, versucht man über qualitative Prognosen (Heuristiken) auf der Basis von Erfahrungen, Expertenwissen etc. zu verbalen Beschreibungen zukünftiger Entwicklungen zu gelangen (vgl. Hanssmann 1990). *Quantitative und qualitative Prognosen*

Eine Typisierung möglicher zu prognostizierender ökonomischer Prozesse läßt sich an einer **formalen Prognosefunktion** (vgl. Haustein 1969) demonstrieren: *Formale Prognose-funktion*

(5.1) $Y_{t+a} = f(b_t^y, x, u)$.

Es bedeuten:

Y_{t+a} die zu prognostizierende Größe [z. B. der Umsatz eines Produktes (A_i) oder einer Produktgruppe (A)] im Zeitpunkt $(t+a)$;

Y_t die Basisgröße des zu prognostizierenden Prozesses im Zeitpunkt (t), also z. B. der gegenwärtige Umsatz von (A_j) oder (A);

b der Koeffizient für die Umwandlung der Basisgröße in die Prognosegröße ohne Berücksichtigung neuer Faktoren (z. B. die Steigerungsrate des Umsatzes in der Vergangenheit);

x die Unbekannte für neue Faktoren, die im Zeitpunkt (t) noch nicht oder nur in Ansätzen existieren, die aber im Zeitpunkt $(t+a)$ den Prozeß beeinflussen;

u die Toleranz der Prognose.

Nimmt man an, daß (x) vernachlässigt werden kann, so lassen sich die damit unterstellten Prozesse als **Fortführungsprozesse** bezeichnen. Geht (b) gegen Null bei Dominanz neuer Faktoren (x), so liegen **Ausgangsprozesse vor**.

Fortführungsprozesse, die sich in Ersatz-, Sättigungs- und Komplettierungsprozesse unterteilen, stehen in der Kontinuität der sozio-ökonomischen und technologischen Entwicklung der Vergangenheit, ihr künftiger Verlauf wird kaum von neuartigen Faktoren beeinflußt.

Ausgangsprozesse, die in Initial- und Substitutionsprozesse gegliedert werden können, sind hingegen weitgehend von neuartigen Faktoren und Entwicklungen abhängig, d. h. die Vergangenheitsentwicklung kann nicht in die Zukunft fortgeschrieben werden.

Solche Prozesse sind, weil ihnen die Kontinuität der wirtschaftlich-technischen Entwicklung von Fortführungsprozessen fehlt, verständlicherweise viel schwieriger zu prognostizieren (vgl. Abbildung 5.14).

Exakte Prognose-verfahren   Zur Vorhersage des Verlaufs von Fortführungsprozessen sind die zahlreichen **exakten Prognoseverfahren** geeignet. Sie schließen nämlich durch mathematische Auswertung von Vergangenheitsdaten auf zukünftige Zustände.

Der Fundus an Erklärungsaussagen, auf denen diese Verfahren aufbauen, ist recht gering. Die Verfahren sind größtenteils Rechenformalismen, deren Angemessenheit sich aus ihrer Bewährung in der Vergangenheit ergibt. Als Beurteilungskriterium für Prognosemethoden scheint in diesem Zusammenhang weniger die empirische Erklärungskraft der zugrundeliegenden Erklärungshypothesen als die prognostische Kraft der angewandten formalen Verfahren geeignet. Unter diesem Aspekt haben sich zwar einige Verfahren erfolgreich bewährt, dies bietet jedoch keine Gewähr für eine dauerhafte Zuverlässigkeit der Methoden, so daß Verfahrenspluralismus und ergänzende Interpretationen in der Regel zu empfehlen sind.

Inexakte Prognose-verfahren   Die **inexakten Prognosemethoden** – diese Methoden beinhalten mehrdeutig interpretierbare, subjektive, durch Wissensstand und Persönlichkeit des Methodenanwenders

652

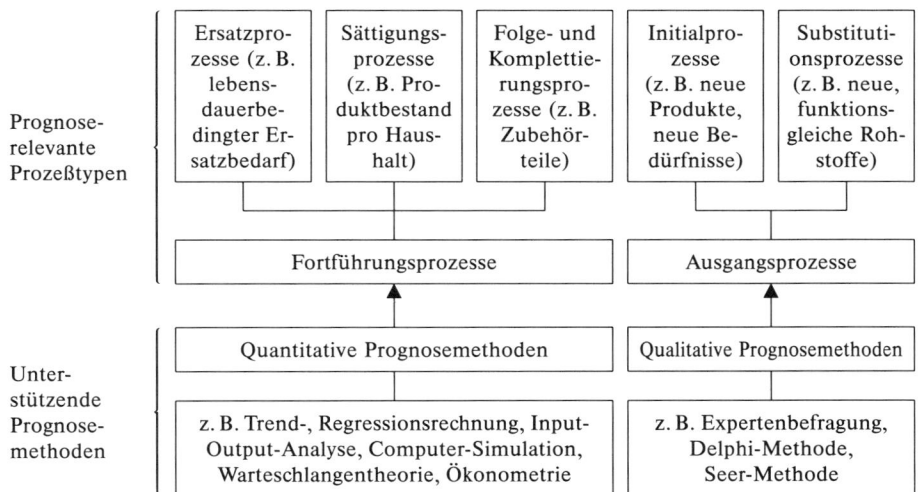

Prognose-relevante Prozeßtypen	Ersatzpro-zesse (z. B. lebens-dauerbe-dingter Er-satzbedarf)	Sättigungs-prozesse (z. B. Pro-duktbestand pro Haus-halt)	Folge- und Komplettie-rungspro-zesse (z. B. Zubehör-teile)	Initialpro-zesse (z. B. neue Produkte, neue Be-dürfnisse)	Substituti-onsprozesse (z. B. neue, funktions-gleiche Roh-stoffe)

Fortführungsprozesse	Ausgangsprozesse

Unter-stützende Prognose-methoden	Quantitative Prognosemethoden	Qualitative Prognosemethoden
	z. B. Trend-, Regressionsrechnung, Input-Output-Analyse, Computer-Simulation, Warteschlangentheorie, Ökonometrie	z. B. Expertenbefragung, Delphi-Methode, Seer-Methode

Abbildung 5.14: Prognosemethoden und Beispiele ökonomischer Prozesse als Prognosegegenstand

auszufüllende Verfahrenselemente – ermöglichen insbesondere die Prognose von Ausgangsprozessen, die auf wenig Datenmaterial der Vergangenheit basieren.

Der Methodenbestand ist hier kleiner und naturgemäß weniger formalisiert als auf der Seite der exakten Methoden, weil das Problem der Einbeziehung des relevanten Erfahrungswissens noch schwieriger zu lösen ist (Problem der „inexact sciences"). Darüber hinaus dienen die inexakten Verfahren auch der Prognose von Fortführungsprozessen, etwa zur Schätzung von nicht verfügbaren Daten wie Sättigungspunkten, Funktionsparametern usw. Insofern gehen auch in die exakten Prognosemethoden subjektive, inexakte Elemente ein und begrenzen deren Zuverlässigkeit.

Die Auswahl eines geeigneten Prognoseverfahrens hängt auch von der zu prognostizierenden Variablen ab. Die Prognosegröße beeinflußt die Sicherheit der Prognose. Mit um so genaueren, aber in der Regel auch als Entscheidungsgrundlage umso unbrauchbareren Ergebnissen ist zu rechnen, je globaler die zugrunde gelegten Größen sind. So läßt sich meist der Umsatz einer Produktgruppe genauer prognostizieren als der einzelner Produktvarianten. Annahmen über die Repräsentanz der Informationsgrundlage einer Prognose sind notwendig, wenn auf größere Gesamtheiten geschlossen werden soll (z. B. die Annahme, daß sich die potentiellen Kunden eines geplanten Absatzgebietes bei ihren Kaufentscheidungen genauso verhalten, wie es auf einem Testmarkt beobachtet werden konnte, und daß sich auch das Konkurrenzverhalten nicht grundlegend ändert – eine Annahme, deren Fragwürdigkeit bei der Einführung neuer Produkte leicht zu falschen Absatzerwartungen führen kann).

Prognose-verfahren

Abbildung 5.15 zeigt in Anlehnung an Wheelwright/Makridakis (1985) eine Auswahl wichtiger exakter und inexakter Prognosemethoden.

Das Spektrum der Prognosemethoden reicht von der Projektion der Vergangenheit in die Zukunft bei einfachen Trendberechnungen über die anspruchsvolleren Verfahren einfacher und multipler Regressionsanalysen und Marktreaktionsfunktionen bis zu den qualitativen, inexakten Prognosemethoden. Im folgenden können die bekanntesten exakten und inexakten Methoden nur kurz erwähnt werden. Nähere Einzelheiten und eingehendere formale Darstellungsarten sind insbesondere der Literatur zu Prognosemethoden zu entnehmen.

Entwicklungsprognosen

Trend-
berechnung

Eine einfache „Vergangenheitsfortschreibung" in die Zukunft (Extrapolation), wie bei der Trendberechnung, geht immer davon aus, daß die zukünftigen Bedingungen genauso sein werden, wie sie es in der Vergangenheit waren. **Der Absatz eines Produktes wird allein in Abhängigkeit von der Zeit betrachtet.** Diese einfache Annahme gibt natürlich die vielfältigen Wechselwirkungen auf einem Markt nicht wieder. Der Trend kann im besten Falle eine brauchbare Annäherung an die Wirklichkeit sein. Die einzelnen Verfahren der Trendberechnung unterscheiden sich danach, wie die Vergangenheit bei der Prognose berücksichtigt wird.

Für einen linearen Trend	$y = a + b \cdot t$	(5.2)
und einen exponentiellen Trend	$y = a \cdot b^t$	(5.3)

Methode der
kleinsten
Quadrate

werden alle **Vergangenheitswerte gleichgewichtig**, d. h. ältere und jüngere Absatzdaten erhalten das gleiche Gewicht in die Berechnung einbezogen. Die Strukturparameter a und b werden jeweils mit Hilfe der Methode der kleinsten Quadrate so festgelegt, daß die Summe der quadrierten Differenzen d_i zwischen den beobachteten y_i-Werten und den y_i-Werten der zu berechnenden Funktion ein Minimum wird. Andere Zeitreihenkomponenten wie z. B. irreguläre, saisonale und konjunkturelle Schwankungen werden von diesen Verfahren nicht erfaßt.

Gleitende
Durchschnitte

Eine Möglichkeit, die **größere Aktualität neuerer Werte** zu berücksichtigen, indem jeweils die letzten Werte der Zeitreihe zur Prognose herangezogen werden, bietet z. B. eine gleitende Durchschnittsberechnung nach der Formel

$$(5.4) \qquad y_{n+1} = \frac{y_n + y_{n-1} + y_{n-2} + \dots y_{n-k+1}}{k} \quad [k \leq n]$$

Wird nicht auf den Durchschnitt der absoluten Periodenwerte, sondern auf die durchschnittliche Veränderung abgestellt, so errechnet sich die zu prognostizierende Absatzveränderung nach der Formel

$$(5.5) \qquad y_{n+1} - y_n = y_n = \frac{(y_n - y_{n-1}) + (y_{n-1} - y_{n-2}) + \dots + (y_{n-k+1} - y_{n-k})}{k}$$

654

	Prognosemethoden	Kurzbeschreibung	Vorhersagezeitraum		
			kurz-fristig 0–3 Monate	mittel-fristig 3–24 Monate	lang-fristig über 24 Monate
	A. Zeitreihenmethoden				
Exakte Prognosemethoden	1. Trendextra-polationen	Verlaufsformen: linear, exponen-tiell, S-kurvenförmig u. a.			x
	2. Exponentielle Glättung	durch Bilden von Durchschnitten aus bisherigen Zahlenwerten in linearer oder exponentieller Weise entstehen Vorhersagen.	x		
	3. Dekomposition (Zeitreihen-zerlegung)	Zerlegung einer Zeitreihe in ihre Bestandteile Trend, Saisonalität, konjunkturelle und Zufallskomponente.	x		
	4. Filtern	Vorhersagen werden als lineare Kombination tatsächlich beobachte-ter Werte ausgedrückt. Parameter oder das Modell können sich an Veränderungen in den Daten selbst anpassen.	x		
	5. Autoregressive Methoden (z. B. gleitende Durch-schnitte, Box-Jenkis-Verfahren)	Vorhersagen werden ausgedrückt in einer linearen Kombination tatsäch-lich beobachteter Daten und/oder tatsächlich aufgetretener Abweichungen/Fehler.	x		
	B. Kausale bzw. re-gressive Methoden				
	1. Einfache und multiple Regression	Variationen in abhängigen Variablen werden durch Variationen der unabhängigen Variablen erklärt.		x	
	2. Ökonometrische Modelle	Simultane Systeme von Gleichun-gen aus dem Bereich der multiplen Regression.		x	
Inexakte Prognosemethoden	1. Delphi-Methode	Ein Expertenpanel wird mit einer Folge von Fragebögen befragt; die Antworten bilden die Grundlage des folgenden Fragebogens, so daß alle Experten für die Prognose zu allen Informationen Zugang haben.			x
	2. SEER-Methode	Befragung von Experten zu Proble-men, an denen sie gegenwärtig ar-beiten. Mehrere Befragungsrunden mit unterschiedlichen Experten; die Beteiligten kennen die Antworten der anderen Experten.			x
	3. Historische Analogie	Komparative Analyse, Prognose auf der Grundlage von Ähnlichkeits-strukturen.			x

x: sehr gut für den jeweiligen Prognosezeitraum geeignet

Abbildung 5.15: Übersicht über wichtige Methoden der Marktprognose

Dabei ist das Gewicht der k einbezogenen Werte gleich. Es wird deutlich, daß der Glättungseffekt um so stärker ist, je mehr Werte einbezogen werden. Sprunghafte Änderungen der tatsächlichen Werte und Trendbrüche (Marktveränderungen) werden bei diesem Verfahren verdeckt, so daß es nur für kurze Prognosezeiträume bzw. stabile Trendentwicklungen geeignet erscheint.

Exponentielle Glättung

Eine sehr gebräuchliche Methode der Absatzprognose ist das Verfahren der exponentiellen Glättung (exponential smoothing). Die Beliebtheit dieser Prognosetechnik gründet sich einmal auf ihre methodische Einfachheit und zum anderen auf den geringen Speicherplatzbedarf, wenn die Prognose mit Hilfe der elektronischen Datenverarbeitung durchgeführt wird. Der Prognosewert Y_{t+1} ergibt sich bei der exponentiellen Glättung aus der Addition des Vorhersagewertes für die gegenwärtige Periode Y_t zu der durch einen Faktor α gewichteten Differenz zwischen dem tatsächlich eingetretenen y_t und dem vorher prognostizierten Wert der gegenwärtigen Periode, also dem Vorhersagefehler $y_t - Y_t$.

$$(5.6) \qquad Y_{t+1} = Y_t + \alpha(y_t - Y_t)$$

Der Glättungsfaktor (α), dessen Wert zwischen 0 und 1 schwanken kann, bewirkt **die Anpassung der Prognose an die jüngste Marktentwicklung.** Bei $\alpha = 0$ wird der Prognosefehler nicht berücksichtigt; die Entwicklung wird als konstant angenommen, das Modell reagiert nicht auf die Bedarfsschwankungen in der letzten Periode. Bei $\alpha = 1$ wird der Prognosewert der Vorperiode um den vollen Prognosefehler korrigiert. Die neuesten Absatzwerte werden also bei hohem α stark berücksichtigt, was zu größeren Prognoseschwankungen führen kann, da alle Zufallsschwankungen mit in die Rechnung eingehen. Die empfindliche Reaktion des Verfahrens kann positiv zu beurteilen sein, wenn es nicht für längerfristige Prognosen Verwendung finden soll. Die Wahl des α-Wertes hängt damit wesentlich von dem Prognosezeitraum ab. Es wird immer ein Kompromiß geschlossen werden müssen zwischen dem Wunsch nach guter Glättung zufälliger Schwankungen und hinreichender Reaktionsfähigkeit auf Marktänderungen. Als brauchbarer Wert kann in vielen Fällen $0,2 \leq \alpha \leq 0,5$ gelten. Die Zahl der zu berücksichtigenden Vergangenheitsperioden (k) kann z. B. in Abhängigkeit von α wie folgt errechnet werden:

$$(5.7a) \qquad \alpha = \frac{2}{k+1}$$

$$(5.7b) \qquad k = \frac{2}{\alpha} - 1$$

Regressions-analyse

Im Unterschied zur Trendberechnung geht die Berechnung von Regressionsfunktionen für Vorhersagezwecke nicht nur von der Zeit als erklärender Variablen aus, **sondern zusätzlich von einer zu prognostizierenden ökonomischen Größe, deren Verhältnis zu der abhängigen Variablen (z. B. dem Absatzvolumen) als ursächlich angesehen wird.** Eine derartige Beziehung kann z. B. zwischen der Entwicklung des Tiefbauvolumens und den Absatzmöglichkeiten für Erdbewegungsmaschinen angenommen werden. Die Verfahren der Regressionsanalyse reichen vom Fall der linearen Ein-

656

fachregression (Annahme einer linearen Beziehung zwischen der abhängigen Variablen und einer unabhängigen Variablen) bis zur nichtlinearen Mehrfachregression (Annahme einer Beziehung höherer Ordnung zwischen der abhängigen Variablen und mehreren unabhängigen Variablen). Zu ihrer Darstellung kann auf die statistische Literatur verwiesen werden.

Die bisher behandelten Prognoseverfahren stützen sich teilweise auf die Extrapolation der Bestimmungsgrößen in die Zukunft. Damit ist die Erwartung verbunden, daß die ermittelten äußeren Einflüsse in ihrer Art und Wirkungsweise in der Zukunft die gleichen bleiben. Für eine Vielzahl ökonomischer Prozesse ist diese Annahme sehr problematisch. Solche Probleme ergeben sich z. B., wenn bestimmte Sättigungspunkte (S) angenommen werden müssen oder das Auftauchen von Substitutionsprodukten zu erwarten ist.

Prognose von Sättigungspunkten

In solchen Fällen können logarithmische Trendfunktionen herangezogen werden, die allgemein lauten:

(5.8) $$y_t = \frac{S}{1 + e^{(a-bt)}}$$

mit S als Sättigungswert von y und e als Basis der natürlichen Logarithmen.

Es stellt sich die Frage, ob solche zukünftigen Grenzwerte bestimmbar sind und dann gewissermaßen durch Rückrechnung auf die Gegenwart der zukünftige Bedarf eines Produktes prognostiziert werden kann. Es ist anzunehmen, daß Grad und Zeitpunkt der Sättigung von einer Vielzahl ökonomischer, technischer, politischer und demographischer Einflußgrößen abhängen. Vor allem die technische Entwicklung macht es schwierig, einigermaßen zutreffende Angaben über einen Sättigungswert zu erhalten. Auch über die Entwicklung zwischen dem aktuellen und dem maximalen Sättigungsgrad sind Aussagen nur schwer möglich. Mittelfristige Prognosen lassen sich unter Umständen anhand einer Extrapolation der bisherigen Lebenskurve eines Produktes gewinnen. Aber auch dieses Verfahren erscheint nur sinnvoll, wenn bereits Absatzdaten für etwa die Hälfte der erwarteten Lebenszeit vorliegen.

Zudem wird die den dargestellten Prognoseverfahren zugrunde liegende Annahme der Konstanz des Einsatzes der absatzpolitischen Instrumente der Realität meist nicht gerecht.

Aufgrund dieser Schwierigkeiten werden zunehmend inexakte Prognosemethoden eingesetzt, in denen Expertenurteile eine zentrale Rolle übernehmen. Am bekanntesten ist die von Helmer/Gordon (1967) entwickelte Delphi-Methode. **Bei der Delphi-Methode handelt es sich um ein systematisches Verfahren der mehrmaligen Expertenbefragung, um ungewisse zukünftige Ereignisse (z. B. technologische Entwicklungen) sachlich und zeitlich so genau wie möglich zu bestimmen.** Damit erscheint es möglich, das bei den „traditionellen" Prognoseverfahren weitgehend ungelöste Problem der vielschichtigen Wirkungszusammenhänge auf heuristischem Wege zu lösen. In die Vorhersage fließen sowohl Marktinformationen wie auch technische Informationen oder eigene neue Ideen ein. Die Schöpfer dieser Methode vertreten die These, daß trotz voneinander abweichender subjektiver Beurteilung der zukünftigen Ent-

Delphi-Methode

wicklung nahezu genaue, objektive Vorhersageergebnisse erzielt werden können. Sie begründen dies durch die relativ genauen Wahrscheinlichkeitsangaben, die Experten aufgrund ihrer – oft nur intuitiv angewendeten – besonderen Fachkenntnisse und ihres häufig breiten Zusatzwissens über bestimmte künftige Entwicklungen machen können. Die Angaben werden meist mit Hilfe eines Fragebogens eingeholt. Nach ihrer Auswertung werden den einzelnen Experten anonym die Stellungnahmen der übrigen Befragten zur Kenntnis gebracht mit der Bitte um Überprüfung der eigenen Ansicht. Der Vorgang kann sich mehrmals wiederholen.

Auch die Anwendung der Delphi-Methode ist nicht unumstritten. Sie eignet sich nach den bisherigen Erfahrungen in erster Linie für langfristige technologische Vorhersagen.

Wirkungsprognosen

In Wirkungsprognosen versucht man, über sogenannte Marktreaktionsfunktionen die Wirksamkeit des absatzpolitischen Instrumentariums zu bestimmen (vgl. z. B. Kaas 1977). Sie sollen die Beziehung zwischen ökonomischen Größen (Umsatz-, Absatzmenge) und jeweils veränderten Aktionsparametern bzw. Aktivitäten (z. B. Preis, Werbung) aufdecken. Probleme ergeben sich in diesem Zusammenhang insbesondere aus dem Wirkungsverbund der verschiedenen Instrumente, d. h. aus der Tatsache, daß bei kombiniertem Einsatz der Instrumente die intendierten Wirkungen nicht jenen entsprechen, die man bei Addition der Wirkungen unter isolierter Betrachtungsweise erhalten würde.

Aus diesen Ausführungen geht deutlich hervor, daß sich keine generelle Antwort auf die Frage geben läßt, welche Prognosemethode für ein konkretes Vorhersageproblem die geeignetste ist. Der „Ertrag" eines mehr oder weniger komplexen Prognosemodells liegt in der Verminderung des Risikos der darauf aufbauenden Entscheidungen. Je höher das Verlustrisiko bei Fehlprognosen ist, um so mehr wird es sich lohnen, Zeit und Geld aufzuwenden, um ein an den speziellen Fall angepaßtes Prognosemodell zu entwickeln. **Grundsätzlich entscheidet nicht das Prognoseverfahren, sondern die empirische Erklärungskraft der zugrundegelegten Theorie über den Wert von Prognosen.**

4. Entwicklung von Marktstrategien

Strategie-
begriff

Der in der Literatur sehr unterschiedlich gebrauchte Strategiebegriff wird hier relativ eng gefaßt. **Strategien sind globale Wege zur Erreichung vorgelagerter Unternehmensziele.**

Gegenstand der Formulierung einer Marktstrategie (im Sinne der Vorzeichnung eines globalen Weges zur Zielerreichung) ist die Entdeckung und Sicherung langfristiger Erfolgspotentiale, mit deren Hilfe eine Vorsteuerung der laufenden Zielerreichung möglich werden soll (vgl. Bauer 1976, Köhler 1981, Schreyögg 1984, Gälweiler 1990). Dies bedeutet vor allem, daß die absatzmarktlichen Aktivitätsfelder der Unternehmung, also letztlich die verschiedenen Ausprägungen von Kundenproblemen, über deren Lösung eine Erreichung der Unternehmensziele möglich erscheint, festgelegt werden.

Bei der Formulierung von Strategien wird global vorgegangen, d. h. man entwickelt auf der Basis weniger wesentlicher Zusammenhänge und Faktoren marktbezogene Globalaktionen und legt damit längerfristig auch die Marketingkonzeption fest. Kurzfristig bedarf diese der Ergänzung durch taktische Maßnahmen. Solche taktischen Entscheidungen sind z. B. in kurzfristigen Umstellungen der Marktgestaltungsprogramme zu sehen. *Strategie-entwicklung*

Bei der Formulierung von Marktstrategien kommt es im wesentlichen darauf an, daß die Stärken und Schwächen der Unternehmung bestmöglich mit den Chancen und Risiken der relevanten Unternehmensumwelt abgestimmt werden. **Diese Analyse kann nicht analytisch oder algorithmisch vorgenommen werden, sondern bedeutet einen kreativen Entscheidungs- und Planungsprozeß**, bei dem das von Schumpeter (1926), Gutenberg (1979) u. a. so oft hervorgehobene „irrationale Moment", d. h. Erfahrung, Intuition und Phantasie, eine wesentliche Rolle spielt. Der Prozeß der Strategienentwicklung ist jedoch durch verschiedene methodische Hilfsmittel unterstützbar.

Im folgenden werden kurz einige „klassische" und neuere Methoden der Strategieformulierung vorgestellt, ohne damit einen Anspruch auf Vollständigkeit zu erheben. Es kommt bei den folgenden Ausführungen auch darauf an, die Entwicklungsrichtungen des methodischen und inhaltlichen Denkens im Rahmen der Formulierung von Marktstrategien sichtbar zu machen (vgl. zum folgenden auch Picot 1981a, Henzler 1988 und Kreikebaum 1989).

Lücken-Analyse und „klassische" Marktstrategien

Die Lückenanalyse ist ein altbekanntes Instrument zur Früherkennung strategisch relevanter Marktentwicklungen. Sie besteht aus einem einfachen Denkrahmen, in dem **die geplante Entwicklung einer Zielgröße (Umsatz, ROI, Gewinn) der Prognose (Projektion) des Unternehmenserfolges, der sich voraussichtlich aus den gegenwärtigen, marktbezogenen Eigen- und Konkurrenzaktivitäten ergeben wird, gegenübergestellt wird.** Weichen die beiden Kurven, wie in Abbildung 5.16 (vgl. folgende Seite) dargestellt, voneinander ab, so kann man von einer strategischen Lücke sprechen, die den Prozeß der Strategieformulierung anregen soll. Um differenziertere Aussagen über die Erfolgsbeiträge der einzelnen Marktaktivitäten eines Unternehmens machen zu können, lassen sich jeweils gesonderte Prognose-(Projektions-)kurven für in der Entwicklung befindliche Projekte aufstellen. *Lücken-analyse*

Das Auftreten einer strategischen Lücke wird in der Regel auf die Begrenzung des Unternehmenswachstums in den gegenwärtigen marktlichen Aktivitätsfeldern (Produkt-/Marktkombinationen) der Unternehmung zurückgeführt.

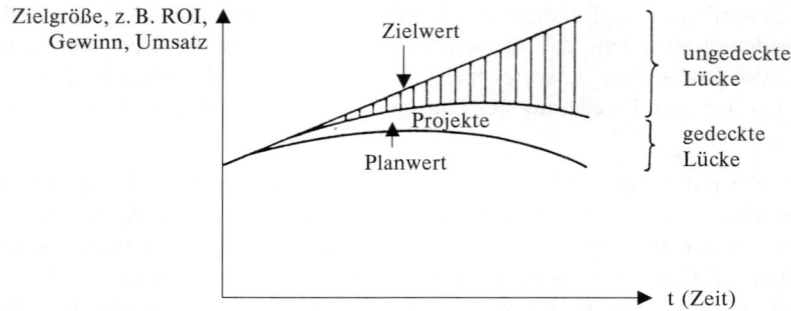

Abbildung 5.16: Lücken-Analyse (Gap-Analyse)

Als Hilfsmittel für den Suchprozeß nach neuen Marktstrategien wird im Zusammenhang mit der Gap-Analyse oft die Produkt/Markt-Matrix (vgl. Ansoff 1966) eingesetzt, die **grundlegende strategische Handlungsmöglichkeiten zur Erreichung gesteckter Ziele zusammenfaßt** (vgl. Abbildung 5.17).

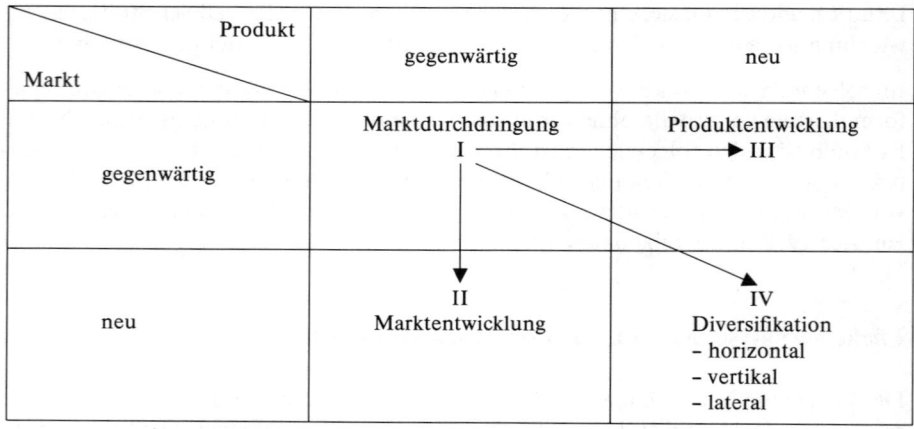

Abbildung 5.17: Marktstrategien nach der Produkt/Markt-Matrix

Die verschiedenen Strategien lassen sich wie folgt kennzeichnen:

a) Marktdurchdringung (I)

Der Grad der Marktdurchdringung ist ein Maß dafür, wie weit der geweckte oder latente Bedarf nach einem Produkt (einer Problemlösung) befriedigt ist. Im Bereich des geweckten Bedarfs läßt er sich vor allem durch eine Verbesserung des Distributions-Mix (z. B. der Absatzwegestruktur oder des Niederlassungsnetzes) erhöhen; im Bereich des latenten Bedarfs können unter Umständen verstärkte Werbung, geringfügige Produktänderungen (z. B. Design, Verpackung) oder auch Preisänderungen erhebliche Absatzpotentiale schaffen.

660

b) Marktentwicklung (II)

Die Marktentwicklungsstrategie sucht z. B. neue Absatzgebiete oder neue Anwendungsmöglichkeiten zu erschließen. Besonders auffallend und auch erfolgreich war diese Suche nach ständig neuen Verwendungsmöglichkeiten z. B. im Bereich der kunststofferzeugenden Industrie. In diesem Zusammenhang kommt der Marktsegmentierung besondere Bedeutung zu. **Der Zweck der Marktsegmentierung ist es, potentielle Käufer eines Produktes mit Hilfe von Beschreibungskriterien so zu Gruppen zusammenzufassen, daß eine den Absatzerfolg steigernde zielgruppenspezifische Kombination des absatzpolitischen Instrumentariums möglich wird.**

Marktseg-mentierung

Bei der Marktsegmentierung wird der Gesamtmarkt in relativ homogene Teilmärkte aufgeteilt. Das setzt allerdings voraus, daß Segmentierungskriterien meßbar und auch als Bestimmungsgrößen der Kaufentscheidung wirksam werden. Diese Bedingung wird vor allem von Kriterien erfüllt, die als sozio-ökonomische Variable bezeichnet werden. Dazu gehören z. B.: Haushaltsgröße, Alter, Geschlecht, Ausbildungsstand, Einkommenverhältnisse, religiöse und ethnische Zugehörigkeit. Durch die Berücksichtigung sozialwissenschaftlicher Erkenntnisse in der neueren Markforschung wird versucht, die Kriterien der Marktsegmentierung durch Angaben über spezifische Persönlichkeits- und Verhaltenstypen innerhalb der Kundengruppen zu ergänzen und zu verfeinern (vgl. Modelle des Käuferverhaltens und Methoden der Marktanalyse in Abschnitt II.2.) Zunehmend werden auch anspruchsvolle statistische Verfahren der Marktsegmentierung eingesetzt (vgl. z. B. Dichtl/Schobert 1979, Böhler 1977).

Abbildung 5.18 zeigt in Form von Venn-Diagrammen drei Beispiele der Aufteilung eines Marktes in Marktsegmente. Die Elemente des Marktes sind durch Kombinationen der Eigenschaften a/b (z. B. männlich/weiblich) und x/y (z. B. unter/über 30 Jahre alt) gekennzeichnet. Im Fall I erfolgt die Segmentierung nach dem Alter, im Fall II nach dem Geschlecht und bei III nach beiden Kriterien (z. B. über 30 und männlich).

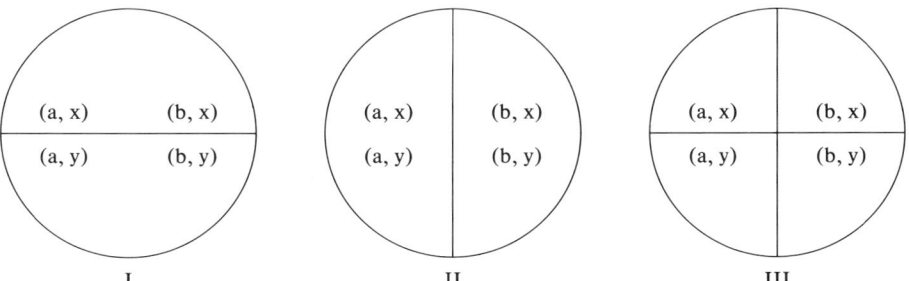

Abbildung 5.18: Marktsegmentierung

Die Vorteile der Marktsegmentierung sind darin zu sehen, daß die Marktgestaltungsprogramme unmittelbar auf die jeweiligen Zielgruppen abgestimmt werden können.

c) Produktentwicklung (III)

Im Vergleich zu den Strategien der Marktdurchdringung und Marktentwicklung, bei denen ein bestimmtes Produkt oder Material den festen Ausgangspunkt der Marktstrategie bildet, **stellen hier erkannte Kundenprobleme den Orientierungspunkt der Strategie dar, die durch veränderte Problemlösungen (Produkte) zu befriedigen sind.** Produktentwicklungsstrategien können darin bestehen, durch unternehmenseigene Forschung und Entwicklung weiterentwickelte oder neue Produkte zu finden oder das gleiche Ziel durch den Erwerb von Lizenzen und technischem Wissen („Knowhow") zu erreichen (vgl. Teil 8, S. 1118 ff.).

d) Diversifikation (IV)

Hier können die Strategien der horizontalen, vertikalen und lateralen Diversifikation, z. B. durch Fusion oder Unternehmenserwerb, unterschieden werden. Bei der **horizontalen Diversifikation** wird das Produktionsprogramm um solche Produkte erweitert, bei denen ein sachlicher Zusammenhang mit den bisher gefertigten gegeben ist. Ein solcher Zusammenhang besteht z. B., wenn Umstellungen des vorhandenen Fertigungsapparates nicht notwendig sind, oder wenn die Unternehmung die Struktur und die Erfahrungen ihrer Vertriebsorganisation nutzen kann. Bei **vertikaler Diversifikation** erfolgt die Ausdehnung der Tätigkeitsbereiche der Unternehmung auf vorgelagerte oder nachgelagerte Produktionsstufen. Eine solche Strategie dient vor allem der Sicherung der Marktposition durch die angestrebte Unabhängigkeit von konkurrierenden Lieferanten- und/oder Abnehmerstrategien. Bei der **lateralen Diversifikation** besitzen alle diese Gesichtspunkte kaum Bedeutung. Ein sachlicher Zusammenhang zum bisherigen Produktionsprogramm ist nicht gegeben. Dieses Strategiekonzept dient z. B. dazu, freie finanzielle Ressourcen oder Kapazitäten der Unternehmensführung zu nutzen. Als Ergebnis enstehen die sogenannten Mischkonzerne.

Gemein-
schafts-
gründung

Eine gewisse Mittelstellung zwischen Produktentwicklungs- und Diversifikationsstrategien nimmt die Strategie der Gemeinschaftsgründung (joint venture oder jointly-owned subsidiary) ein. Sie kommt für solche Aufgaben in Betracht, die für eine Unternehmung allein zu groß, zu schwierig oder zu riskant erscheinen, durch den kombinierten Einsatz unterschiedlicher Fähigkeiten und materieller Möglichkeiten aber zu einer für alle Beteiligten erfolgreichen Lösung gebracht werden können.

Produkttreue,
Problemtreue,
Wissenstreue

Eine ähnliche Einteilung grundsätzlicher Strategiealternativen findet sich z. B. bei H. Groß (1968). Für ihn sind die Grundsatzalternativen Produkttreue, Problemtreue, Wissenstreue zugleich die Phasen eines Entwicklungsprozesses von der Produkt- zur Wissenstreue:

(1) Produkttreue: Ein bestimmtes Produkt oder Material ist fester Ausgangspunkt der Strategie. Es werden ständig neue Anwendungsmöglichkeiten und Abnehmergruppen für das Ausgangsprodukt gesucht (z. B. für Holz, Stahl, Kunststoffe, Steinkohlen).

(2) Problemtreue: Die Probleme eines Kundenkreises, die die Unternehmung zu lösen sucht, bilden den Fixpunkt der Strategie, die Produkte als Lösungshilfen sind verschieden und ändern sich (z. B. Heizungsbau, Verformungstechnik, Transporttechnik).

(3) Wissentreue: Ein bestimmtes Wissens- und Erfahrungspotential ist dauerhafte Grundlage der Strategie, die sich entsprechend den aus dem Wissen entstehenden Produktalternativen entwickelt (z. B. Verwertung von bestimmten Patenten, etwa Kunststoff- oder Metallverarbeitungspatente; Anwendung der elektronischen Datenverarbeitung).

Als allgemeines Kriterium für die Beurteilung der Marktstrategie wird, vor allem von Ansoff (1966), deren synergetischer Effekt hervorgehoben (vgl. auch Welge 1976). Der Synergiebegriff knüpft an die Hypothese an: „Das Ganze ist mehr als die Summe seiner Teile". Ansoff unterstellt, daß die Wirkung einer Faktorenkombination in bestimmten Fällen qualitativ oder quantitativ höher zu bewerten ist als die Summe der Einzelwirkungen. Ansatzpunkte für die Synergiebeurteilung sind vor allem die aus der Analye der Leistungspotentiale ermittelten „Stärken" der Unternehmung. Es lassen sich vor allem drei auf Synergiefaktoren basierende Strategien hervorheben: **produktionssynergetische, distributionssynergetische und wissenssysnergetische Strategien**. Produktionssynergetische Strategien bauen beispielsweise auf dem Vorhandensein spezieller Betriebsmittel, Fabrikationsstätten, Rohstoffquellen auf. Distributionssynergetische Strategien stützen sich z. B. auf einen festen Kundenstamm, ein gut organisiertes Vertriebssystem oder ein ausgebautes Niederlassungs-, Vertreter- oder Händlernetz. Wissenssynergetische Strategien beziehen sich auf die besonderen Erfahrungen und Fähigkeiten der Unternehmensmitglieder.

Synergie

Für die Beschreibung und Bewertung von Synergieeffekten sind drei Variablen zu berücksichtigen: der Inhalt des Synergieeffektes, sein Ausmaß und sein zeitlicher Bezug. Inhalt können z. B. höhere Umsätze, geringere Produktionskosten, niedrigere Investitionsaufwendungen sein. Das Ausmaß gibt die Höhe der Veränderung bei Synergiewirkung an. Der zeitliche Bezug schließlich erfaßt z. B., wann und wie lange die Synergie wirksam wird. Eine genaue, quantitative Darstellung des Synergieeffektes dürfte allerdings kaum möglich sein.

Beschreibung und Bewertung von Synergieeffekten

Als Heuristik für die endgültige Strategiewahl kann das **„Gesetz der abnehmenden Synergie"** herangezogen werden. Danach ist die Synergie in Feld I von Abbildung 5.17 am stärksten und in Feld IV am schwächsten. Die Synergieeffekte in den Feldern II und III sind von Unternehmens- und Umweltfaktoren abhängig.

Ist die Stärke des Unternehmens durch ihr Produkt bestimmt (z. B. Produktqualität), dürfte die Strategie der Marktentwicklung größere Synergieeffekte versprechen; folglich ergäbe sich eine Reihenfolge für die Synergiestärke mit abnehmender Tendenz in der Form I – III – II – IV. Ist die Stärke der Unternehmung durch ihre Absatzwege und -methoden bestimmt, dürfte die Strategie der Produktentwicklung unter dem Synergieaspekt vorteilhaft sein; es ergäbe sich dann eine Reihung I – II – III – IV mit abnehmender Synergie. Im Bereich der Diversifikation kann dabei möglicherweise nochmals eine Reihung horizontal – vertikal – lateral vorgenommen werden.

Die anschauliche Darstellung des strategischen Problems läßt die Notwendigkeit und Dringlichkeit der Anpassung bzw. Entwicklung von Marktstrategien deutlich werden. **Allerdings werden Kreativität und Erkennung der Ursachen der strategischen Lücke durch Einsatz der GAP-Analyse und Produkt/Markt-Matrix begrenzt, da die Suche nach neuen Projekten sich an Problemsymptomen orientiert und in der Regel in der Nähe gegenwärtig bekannter Aktivitäten ansetzt.**

Beurteilung der Gap-Analyse

Dies kann den Vorteil des geringen Risikos haben – und unterstützt zudem „durchwurstelndes" Problemlösungsverhalten (muddling through) –, läßt jedoch innovative Strategien nur in geringem Maße zu, da hier das Synergiepotential meistens geringer ist. Da strategische Lücken aber auch auf gravierende Veränderungen in der Nachfrage- oder Wissensstruktur zurückzuführen sind, können oftmals nur innovative Strategien zu einer nachhaltigen Schließung der Lücke beitragen.

Marktliche und finanzwirtschaftliche Verbundeffekte der marktlichen Aktivitätsfelder werden durch diese Methoden nicht verdeutlicht; die Verfahren bergen vielmehr Gefahren in sich, die von überwiegend extrapolierendem Vergangenheitsdenken und fehlendem Gesamtunternehmensbezug in der Strategieformulierung ausgehen können.

Lebenszyklus-Analyse

Dem Konzept des Produktlebenszyklus liegt der Gedanke zugrunde, daß sich die abgesetzten Mengen eines Produktes im Zeitablauf nicht kontinuierlich entwickeln, sondern aufgrund von Marktsättigung oder Veralterung einer **zyklischen Schwankung** unterliegen, wie sie in Abbildung 5.19 idealtypisch dargestellt wird. Einem idealtypischen, zyklischen Verlauf unterliegen auch Cash Flow und Erfolg, wenn man diese Größen isoliert für ein Produkt betrachtet. Dabei ist zu beachten, daß der Mittelbedarf in der Entwicklungs- und Einführungsphase besonders hoch ist, während in der Reifephase hohe Rückflüsse zu erwarten sind.

Zusammenhang zwischen Umsatz/Absatz, Cash-Flow und Erfolg

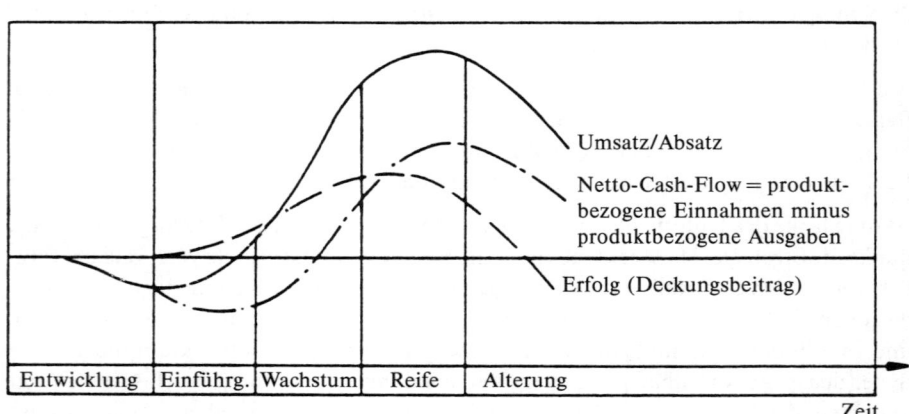

Abbildung 5.19: Produktlebenszyklus

664

Durch die Ermittlung der jeweiligen Phase des Lebenszyklus lassen sich Hinweise auf die erforderliche Neuentwicklung von Produkten und die jeweils erforderlichen Mittel für die Finanzierung ableiten. Entscheidender Vorteil des Konzepts ist, daß bereits zu einem frühen Zeitpunkt Forschungs- und Entwicklungsaktivitäten eingeleitet werden können, ohne daß Probleme erst durch rückläufige Entwicklungen verdeutlicht werden müssen. Auch lassen sich im Mehrproduktbetrieb die finanzwirtschaftlichen, erfolgswirtschaftlichen und wachstumsbezogenen Verbundwirkungen der verschiedenen Aktivitäten besser abschätzen. Erst wenn die marktlichen Aktivitäten der Unternehmung relativ harmonisierend über die Phasen des Lebenszyklus streuen, ist ein stabiler Erfolgsverlauf sicherzustellen. Eine Konzentration auf die ersten Phasen führt zu Wachstums- und Finanzierungskrisen, eine Konzentration auf die letzten Phasen zu Problemen der Unternehmensfortführung. *Aussagekraft des Produkt- lebenszyklus- Modells*

Schwierigkeiten dürfte allerdings die Prognose einer möglichen Produktlebenskurve bereiten, insbesondere wenn noch Chancen einer stärkeren Marktdurchdringung oder Markterweiterung während der Reifephase bestehen. Weiterhin können Konjunkturschwankungen die Produktlebenszyklen möglicherweise überlagern und einen günstigeren oder schlechteren Verlauf der Produktlebenskurve erzeugen. Darüber hinaus ist es schwierig, externe Einflüsse (z. B. Imitatoren, große Konkurrenten) in dieses Konzept miteinzubeziehen, die eventuell die absetzbaren Mengen für die eigene Unternehmung bestimmen.

Den gesamten Verlauf der Lebenskurve für ein Produkt zu bestimmen, dürfte wohl an mancherlei Problemen scheitern, wie z. B. Einfachheit der Ursache-Wirkungs-Struktur (Zeit als „erklärende" Variable, Annahmen eines phasenspezifischen Normalverhaltens von Anbietern und Nachfragern sowie phasenspezifischer Marktforschung etc.). Es erscheint jedoch möglich, die aktuelle Phase der verschiedenen Produkte eines Programms ungefähr zu bestimmen und daraus Strategien für das zukünftige Verhalten im Hinblick auf Programmgestaltung und Investitionsplanung zu entwickeln. Insbesondere dürfte es interessant sein, kompensatorische und kumulative Effekte frühzeitig zu erkennen, die sich im Zeitablauf bei simultaner Betrachtung der verschiedenen marktlichen Aktivitäten einer Unternehmung ergeben können.

Erfahrungskurven-Analyse

Aus dem „Lerngesetz der Produktion", daß die Arbeitszeit für einen ständig wiederholten Arbeitsvorgang exponentiell sinkt (vgl. Teil 4, S. 415 f.), versuchte man Folgerungen für die Entwicklung der gesamten Kosten und darauf aufbauend für die Marktstrategie abzuleiten.

In diesem Zusammenhang sind die zahlreichen, empirischen Untersuchungen einer amerikanischen Unternehmensberatungsgesellschaft (Boston Consulting Group; vgl. Henderson 1984, Abernathy/Wayne 1974) zu nennen, die wesentlich zur Aufdeckung des sogenannten Erfahrungskurveneffektes beigetragen haben, der verbal wie folgt umschrieben werden kann: *Grundlagen des Erfahrungs- kurven- Modells*

Mit jeder Verdoppelung der kumulierten Ausbringungsmenge (x) eines Produktes sinken die realen (d. h. zu konstanten Geldeinheiten ausgedrückten), durchschnittlichen Stückkosten (y) eines Produktes potentiell um einen charakteristischen, konstanten Prozentsatz (20–30%).

Für zahlreiche Produkte konnte ein derartiger Zusammenhang durch die Funktion

$y = a \cdot x^{-b}$ näherungsweise beschrieben werden. Die Koeffizienten a und b sind produktspezifische Konstanten (a: Kosten für die erste Produktionseinheit; b: Maß für den Kostenrückgang), die nach „Linearisierung" obiger Funktion zu $\log y = \log a - b \cdot \log x$ mittels Regressionsanalysen schätzbar sind. Der Zusammenhang wird grafisch überwiegend im doppeltlogarithmischen Maßstab dargestellt, um die Konstanz des Kostenrückgangs visuell stärker hervorzuheben (vgl. Abbildung 5.20).

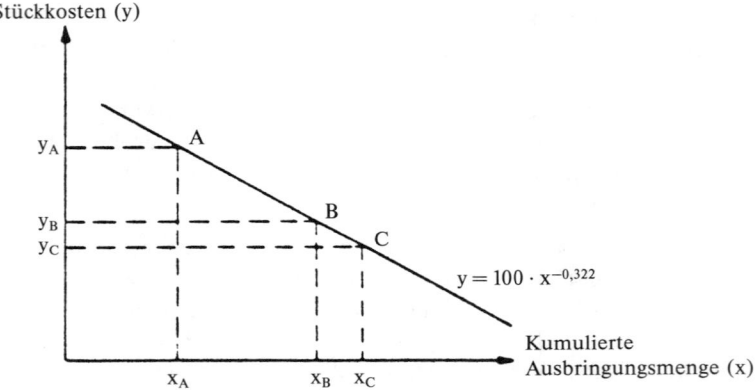

Abbildung 5.20: Erfahrungskurve (doppelt-logarithmischer Maßstab)

A, B und C markieren in dieser Darstellung die Positionen von drei Wettbewerbern, die sich auf der gleichen Erfahrungskurve bewegen, in der Periode t. In diesem Beispiel handelt es sich um eine 80%-Erfahrungskurve ($80\% = 100 \cdot 2^{0.322}$), d. h. mit jeder Verdoppelung der Ausbringungsmenge sinken die realen Stückkosten um 20% auf 80% des jeweiligen Ausgangswertes.

Prämissen der Erfahrungskurve:

– kumulierte Ausbringungsmenge als relevanter Indikator für den Erfahrungsprozeß,
– Linearität (Konstanz) des Kostenrückgangs,
– Umfassender Gültigkeitsbereich sowohl für alle Produkte und Dienstleistungen als auch für die Branche insgesamt und für jeden Anbieter innerhalb der Branche,
– Realisierung des Kostensenkungspotenzials (alle Branchenanbieter bewegen sich auf der gleichen Erfahrungskurve),
– keine Veränderungen in den Merkmalen und Funktionen des Produktes,

666

– Erfaßbarkeit bzw. Zurechenbarkeit realer, produktbezogener Stückkosten,
– alle Kostenarten unterliegen einem mehr oder weniger starken Erfahrungsprozeß.

Die Kostendegression läßt sich insgesamt auf die Nutzung von **Lernkurveneffekten** im Fertigungsbereich, auf Größendegressionen, technische Fortschritte, Rationalisierungen und auf Wertanalysen zurückführen; eine exakte Zurechnung der Kostenwirkungen auf diese einzelnen Ursachefaktoren erweist sich aber als schwierig.

Aussagekraft von Erfahrungskurven

Die Prognose der langfristigen Stückkosten in Abhängigkeit vom kumulierten Produktionsvolumen erscheint aber möglich. Sie hat für die Formulierung von Marktstrategien erhebliche Bedeutung. Insbesondere ermöglicht sie, die Stellung des eigenen Unternehmens im Rahmen der Struktur einer Branche besser abzuschätzen. Gelingt es, die Erfahrungskurve einer Branche für eine bestimmte Produktart sekundärstatistisch zu ermitteln und die Ausbringungsmengen der Konkurrenten (A, B, C in Abbildung 5.20) über die Zeit hinweg abzuschätzen, so ist der **Einblick in die Kostenstrukturen der Wettbewerber** möglich.

Auch eine **langfristige Prognose des Branchenpreises** scheint möglich, da bei stabilen Wettbewerbsverhältnissen die Preise langfristig dem sinkenden Stückkostenverlauf folgen werden, um nicht durch wachsende Gewinnspannen zusätzliche Anbieter anzulocken (vgl. z. B. die Preisentwicklung von Taschenrechnern, elektronischen Bauelementen, Farbfernsehern, verschiedenen chemischen Produkten wie synthetische Kunststoffe etc.). Sinken die Branchenpreise langsamer als die Kosten, so werden Wettbewerber versuchen, in den Markt einzudringen, und es kann kurzfristig zu Preiskämpfen und Überkapazitäten kommen. Sinken die Kosten einzelner Wettbewerber nicht entsprechend der Erfahrungskurve, so werden sie sich aus dem Markt zurückziehen müssen. Vor diesem Hintergrund ergeben sich auch Konsequenzen für die Preispolitik (vgl. Abschnitt III.2).

Um die Vorteile des Erfahrungskurveneffektes zu nutzen, ist es notwendig, die produzierten Mengen zu steigern. Das ist jedoch nur möglich, wenn sich auf dem jeweiligen Markt die entsprechenden Stückzahlen absetzen lassen. Durch die Gewinnung eines größeren **Marktanteils** als die Konkurrenz stehen der Unternehmung größere Kostensenkungspotentiale zur Verfügung. Geht ein wachsender Marktanteil zu Lasten der Konkurrenz, so kann deren Fortschreiten auf der Erfahrungskurve abgebremst werden, und es ergeben sich zusätzliche Vorteile für die eigene Unternehmung. Die strategischen Vorteile eines rasch wachsenden Marktes dürften hier deutlich werden, da eine Verdoppelung der kumulierten Produktionsmengen unter solchen Bedingungen schneller möglich ist und die Kosten damit rascher absinken.

Die Analyse zeigt ferner, daß es für viele Unternehmen, die nicht zur Gruppe der Marktführer vorstoßen können, sinnvoller ist, sich aus dem Markt zurückzuziehen, da sie die kumulierte Produktionserfahrung der Marktführer und damit deren Kostenniveau wohl kaum erreichen können. Für sie ist es strategisch interessanter, neue Marktnischen und Marktsegmente aufzuspüren, in denen sie Vorreiter werden und sich Kostenvorteile erarbeiten können.

Wesentlich ist, daß sich Erfahrungskurveneffekte nicht zwangsläufig einstellen, sondern daß es sich um Kostensenkungspotentiale handelt, die durch das Management aufgedeckt und realisiert werden müssen. Die schnelle Verdopplung von Produktionsmengen innerhalb eines rasch wachsenden Marktes erfordert weiterhin auch die zunehmende Bereitstellung von Kapazitäten und damit immer umfangreichere Investitionen. Bei Eintritt in einen Wachstumsmarkt ist daher zu überprüfen, ob die erforderlichen Mittel für Erweiterungsinvestitionen auch jeweils bereitgestellt werden können, um nicht aufgrund fehlender Finanzmittel Marktanteile zu verlieren und in eine Randposition gedrängt zu werden.

Es zeigt sich, daß es für die Unternehmensstrategie sehr wesentlich sein dürfte, die Erkenntnisse aus der Lebenszyklus-Analyse (Entwicklung von Wachstum, Kapitalbindung, Erfolg) und aus der Erfahrungskurven-Analyse (Entwicklung von Marktanteilen/kumulierten Produktionsmengen und Kosten) über alle Aktivitätsfelder hinweg synoptisch zu betrachten.

Portfolio-Analyse

Strategische Erfolgsfaktoren

Die Feststellung, daß Marktanteile als Ausdruck interner Stärken bzw. Schwächen und Marktwachstum als Ausdruck externer Risiken bzw. Chancen erheblichen Einfluß auf den langfristigen Unternehmenserfolg ausüben, führte zu einer Verknüpfung dieser beiden Komponenten in einer zweidimensionalen Darstellung, der sogenannten **Portfolio-Matrix** bzw. -Tabelle (vgl. dazu z. B. Albach 1978). Die sogenannte Marktanteils-Marktwachstums-Matrix stellt die ursprüngliche und einfachste Form der Portfolio-Analyse dar (vgl. Abbildung 5.21; zur finanzwirtschaftlichen Analyse der 4-Felder-Matrix vgl. Teil 7; S. 1030 f.).

Da sich die Aktivitäten einer Unternehmung in der Regel nicht auf einen einzigen Markt und ein einziges Produkt beschränken, sind die einzelnen Tätigkeitsbereiche in sinnvolle Produkt/Markt-Kombinationen einzuteilen, für die sich die Daten der oben genannten Erfolgsfaktoren erheben lassen.

Strategische Geschäftsfelder

Durch die Bildung von strategischen Geschäftsfeldern bzw. Geschäftseinheiten soll versucht werden, den Gesamtunternehmenserfolg auf dieser Ebene abzusichern. Der Form der Abgrenzung von strategischen Geschäftsfeldern kommt erhebliche Bedeutung zu, da die Position innerhalb der Portfolio-Matrix auch von der Art der Marktabgrenzung abhängt. **Strategische Geschäftseinheiten sollen** vor allem **zwei Kriterien erfüllen, die als Ersatzkriterien der Abgrenzung relevanter Märkte angesehen werden können:**

(1) Die Aktivitäten finden weitgehend in einem **unternehmensexternen Marktsegment** statt.

(2) Die strategische Geschäftseinheit ist von anderen **Teileinheiten unabhängig.**

Die Bildung derartiger Einheiten ist von organisatorischen oder technischen Erfordernissen grundsätzlich unabhängig und hat den Charakter einer „Sekundärorganisation" (z. B. im Rahmen des Berichtswesens). Beispielhaft werden einige Möglichkeiten der Segmentierung in Abbildung 5.22 vorgestellt.

668

<table>
<tr>
<td rowspan="2" style="writing-mode: vertical">Marktwachstum</td>
<td>Hoch</td>
<td>

I. „*Nachwuchs*"-Produkt
Merkmale:
SGF in der Einführungs- und frühen Wachstumsphase des Marktlebenszyklus mit hohem Finanzmittelbedarf; Netto-Cash-Flow (Finanzmittelüberschuß) deutlich negativ.
Normstrategie:
a) Marktanteil deutlich steigern, falls gegenüber Konkurrenz aussichtsreich (Offensivstrategie).
b) Marktanteil senken bzw. Verkauf, falls a) aussichtslos.

</td>
<td>

II. „*Star*"-Produkt
Merkmale:
SGF in der Wachstumsphase, die aufgrund ihrer starken Marktstellung ihren Finanzmittelbedarf selbst erwirtschaften; Netto-Cash-Flow etwa ausgeglichen.
Normstrategie:
Marktanteil halten bzw. leicht ausbauen (Wachstumsstrategie).

</td>
</tr>
<tr>
<td>Niedrig</td>
<td>

IV. *Problem*fall
Merkmale:
SGF mit geringem Marktwachstum (z. B. späte Reifephase, Abstiegsphase) mit relativ schwacher Marktstellung; Netto-Cash-Flow negativ bis ausgeglichen.
Normstrategie:
Marktanteil stark senken bzw. Verkauf (Desinvestitionsstrategie).

</td>
<td>

III. „*Goldesel*"-Produkt *(Cash Kuh)*
Merkmale:
SGF in der späten Wachstums- und Reifephase mit starker Marktstellung; deutliche Finanzmittelüberschüsse.
Normstrategie:
Marktanteil halten bzw. leicht senken (Gewinnstrategie).

</td>
</tr>
</table>

Niedrig   Hoch

Relativer Marktanteil

SGF = Strategische Geschäftsfelder

$$\text{Relativer Marktanteil} = \frac{\text{Marktanteil der Unternehmung}}{\text{Markanteil des stärksten Konkurrenten}}$$

Abbildung 5.21: Marktanteils/Marktwachstums-Matrix (4 Felder-Matrix)

Segmentierungen				
Kunden	Technologie	Geographische Gebiete		
		USA	EG	Ostasien
Haushalte	T_1	SGF 1	SGF 2	SGF 3
	T_2			
	T_3		SGF 4	
Industrie	T_1		SGF 5	
	T_2			

Abbildung 5.22: Beispiel für die Bildung von strategischen Geschäftsfeldern

Ablauf der Portfolio-Analyse

Für jedes Geschäftsfeld wird nun der jeweilige Marktanteil und das Wachstum des relevanten Marktes ermittelt. Entsprechend läßt sich dann die Position der Geschäftseinheit innerhalb einer Matrix festlegen. Nachdem alle Segmente der Unternehmung eingeordnet wurden, läßt sich die **Ausgewogenheit** des (Ist-)Portfolios im Hinblick auf gegenwärtige und zukünftige Finanzierbarkeit von Geschäftsfeldern mit hohem Mittelbedarf durch Geschäftsfelder mit Mittelfreisetzung feststellen. Weiterhin ist zu überprüfen, ob genügend Produkte mit zukünftig zu erwartenden hohen Wachstumsraten in der Lage sind, rückläufige Entwicklungen bei alten Produkten aufzufangen. Eine Verbesserung zur Beurteilung der strategischen Position kann dadurch erfolgen, daß nicht der absolute Marktanteil zur Bewertung herangezogen wird, sondern der (im Verhältnis zum stärksten Konkurrenten) relative Marktanteil (vgl. Abbildung 5.20). Hinter dem Portfolio-Konzept lassen sich auch die Erkenntnisse aus dem Produkt-Lebenszyklus und der Erfahrungskurve erkennen. Der Lebenszyklus kann in der Entwicklung von Nachwuchs über Stars zu Goldeseln gesehen werden, und durch die Erfahrungskurve wird die Bedeutung von Marktwachstum und Marktanteil als strategische Erfolgsfaktoren begründet.

Marktattrak-tivitäts/Wett-bewerbs-stärken-Portfolio

Die eindimensionalen Achsenbezeichnungen der Marktanteils-Marktwachstums-Matrix lassen sich relativ einfach ermitteln, stellen jedoch einen wesentlichen Kritikpunkt der Konzeption dar, da nur diese beiden Elemente als strategisch bedeutsam erscheinen. **Um weitere Einflußgrößen zu erfassen, erweiterte man die Portfolio-Matrix und versuchte die Achsenkalkulierung multidimensional auszugestalten.**

Für diese differenziertere Betrachtung verwendet man z. B. die in Abbildung 5.23 vorgestellte Neun-Felder-Matrix. Der Grad der Marktattraktivität wird nicht nur durch die Höhe der Wachstumsraten bestimmt, sondern beinhaltet Indikatoren zur Marktgröße, Marktqualität, Energie- und Rohstoffversorgung etc.

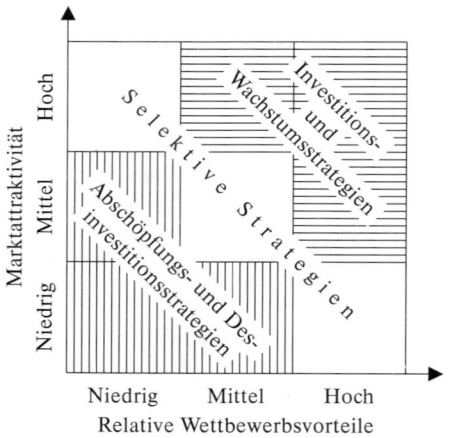

Abbildung 5.23: Marktattraktivitäts/Wettbewerbsstärken-Matrix (9-Felder-Matrix)

670

Die relativen Wettbewerbsvorteile umfassen Indikatoren zu relativer Marktposition, relativem Produktionspotential, relativem Forschungs- und Entwicklungspotential, relativer Qualifikation der Führungskräfte etc.

Die oben beschriebenen Klassen bestehen dabei aus einer Vielzahl von qualitativen Einzelaspekten, die in umfangreichen Erhebungen zu ermitteln und ähnlich dem Vorgehen von Nutzwert-Modellen (vgl. Teil 7; S. 943 ff.) zu bepunkten und über Gewichtsfaktoren zusammenzufassen sind.

Erweiterungen und Verfeinerungen für unternehmensspezifische Gegebenheiten sind denkbar.

Um die Strategiewahl bei der Vielzahl von möglichen Alternativen zu erleichtern, werden für bestimmte Sektoren der Portfolio-Matrix sogenannte **Normstrategien vorgeschlagen, die eine grundlegende Tendenz der strategischen Stoßrichtung festlegen, die aber im jeweiligen Einzelfall kritisch zu überprüfen ist.** *Normstrategien*

Diese Normstrategien lassen sich wie folgt charakterisieren:

(1) Abschöpfungs- und Desinvestitionsstrategien

Bei Geschäftsfeldern mit niedriger Marktattraktivität und geringen Wettbewerbserfolgen wird versucht, den Cash Flow mit gegebenem Ressourcenaufwand zu maximieren. Kann ein positiver Cash Flow nicht mehr erzielt werden, so sind die Aktivitäten schnellstens einzustellen, und ein rascher Rückzug aus dem Markt muß erfolgen.

(2) Investitions- und Wachstumsstrategien

Förderung der Aktivitäten durch Investitions- und Marketingmaßnahmen trotz negativer Cash Flow-Bilanz, um die erworbenen Wettbewerbsvorteile bei nachlassendem Marktwachstum nutzen zu können.

(3) Selektive Strategien

(a) Offensivstrategien
   Verbesserung der geringen Wettbewerbsvorteile durch starke Investitionstätigkeit und Kampf um Marktanteile; wichtig ist dabei die ständige Überwachung der Liquiditätssituation, da sich ein hoher Mittelbedarf in diesem Bereich ergibt. Notfalls muß ein schneller Rückzug möglich sein.

(b) Defensivstrategien
   Bei geringem Marktwachstum, aber großen Wettbewerbsvorteilen ist die Verteidigung der eigenen Position und die Erzielung hoher Cash Flow-Überschüsse anzustreben. Hier muß versucht werden, die finanziellen Mittel für Strategien mit hohem Mittelbedarf zu gewinnen.

(c) Übergangsstrategien
   Der Bereich mittlerer Marktattraktivität und Wettbewerbsvorteile ist für die Bestimmung einer konkreten strategischen Richtung besonders schwer zu hand-

haben, da sich hier die Geschäftsfelder befinden, die entweder in den Problembereich absinken oder durch geeignete Maßnahmen horizontal in günstigere Positionen verschoben werden können.

Leistungs-
fähigkeit der
Portfolio-
Analyse
Die Portfolio-Konzeption erleichtert durch die Segmentierung der Unternehmungsaktivitäten einerseits die Beurteilung der jeweiligen Erfolgsbeiträge und läßt andererseits durch Ermittlung von Ausgewogenheiten eine **Gesamtsicht der Unternehmung** zu. Das Portfolio unterstützt die Entscheidung für erfolgversprechende Projekte mit einem tragbaren Risiko, wenn genügend Geschäftsfelder vorhanden sind, deren Produkte einen ausreichenden Cash-Flow gewährleisten.

Entscheidende Bedeutung kommt der richtigen Abgrenzung der strategischen Geschäftsfelder und ihrer Einordnung innerhalb des Portfolios zu. Das stellt sich bei der einfachen Marktwachstum/Marktanteils-Matrix wesentlich leichter dar, als bei den relativ schwierigen Erhebungs- und Bewertungsproblemen der Marktattraktivitäts/Wettbewerbsstärken-Matrix. Andererseits kann die Reduzierung auf nur zwei Erfolgsfaktoren zu Fehleinschätzungen führen. Zahlreiche weitere Varianten von Portfolio-Tabellen wurden entwickelt (vgl. z. B. Roventa 1981). Weiterhin ist zu beachten, wieweit die Verfolgung der Normstrategien die Kreativität im Rahmen strategischer Planung herabsetzt. Eventuell sind für bestimmte Produktarten auch andere Strategien erfolgversprechend oder ist das Geschäftsfeld neu zu definieren.

Insgesamt ermöglicht die Portfolioanalyse jedoch eine recht differenzierte Einordnung und Weiterentwicklung der unternehmensstrategischen Positionen unter Berücksichtigung der jeweils relevanten und externen Strukturen. Sie ist im Ergebnis ein einfaches Instrument, dessen praktische Vorbereitung und Ausführung allerdings umfangreiche empirische Analysen sowie hohe Urteilskraft und damit einen erheblichen Ressourceneinsatz erfordern.

Wettbewerbsanalyse

Die oben erörterten Ansätze gehen nur implizit auf die Wettbewerbssituation der Branche ein, in der die industrielle Unternehmung agiert. Von der Ausprägung der Wettbewerbskräfte hängt es jedoch wesentlich ab, welche Strategie langfristig erfolgreich ist und wie im einzelnen Wettbewerbsvorteile errungen werden können. Dies ist der Ansatzpunkt der industrieökonomischen Ableitung von Marktstrategien, wie sie u. a. von Porter (1986, 1988) vorgestellt wurden (vgl. dazu ausführlich Teil 1, S. 46 ff.).

Vereinfacht kann man davon ausgehen, daß drei Grundfragen bei der strategischen Ausrichtung eines Geschäftsfeldes im Wettbewerb zu beantworten sind (Steinmann/ Schreyögg 1990, S. 167 ff.):

(1) **Wo** soll konkurriert werden (Ort des Wettbewerbs)? Hier bestehen die Alternativen **Kernmarkt** (angestammter Markt in seiner ganzen Breite) oder **Nischen** (spezielles Segment).

(2) Nach welchen **Regeln** soll konkurriert werden (Regeln des Wettbewerbs)? Hier gibt es die Möglichkeiten der **Anpassung** an bestehende Regeln (Akzeptieren und Verfestigen der bestehenden Produktdefinition, der Vertriebswege, der Preis- und Konditionenpolitik usw.) und der **Veränderung** (Umkehrung bzw. Neudefinition der Regeln des Marktes).

(3) Mit welcher **Stoßrichtung** soll konkurriert werden (Schwerpunkt des Wettbewerbs)? Hier stellt sich die Entscheidung zwischen **Kostenorientierung** (Kosten- und Marktführerschaft z. B. durch Standardgüter und Orientierung an der Erfahrungskurve) und **Differenzierung** (Erfolgsstreben durch Abstimmung der Sach- und Dienstleistungen auf die jeweiligen Besonderheiten der Nachfrager).

Durch Kombination dieser drei Wettbewerbsaspekte ergibt sich ein Möglichkeitsraum mit acht Basisoptionen für Geschäftsfeldstrategien (vgl. Abbildung 5.24).

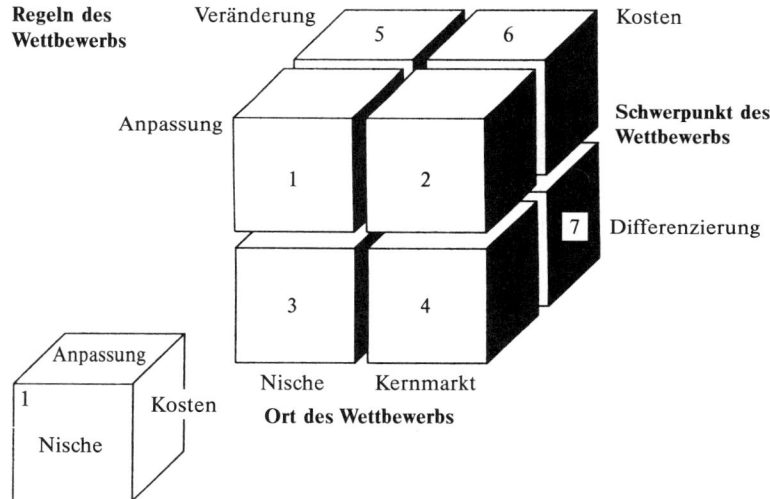

Abbildung 5.24: Die acht Basisoptionen der wettbewerbsorientieren Geschäftsfeldstrategie

Quelle: Steinmann/Schreyögg (1990)

Welche dieser Basisoptionen im Einzelfall gewählt wird, hängt u. a. ab von der Erreichbarkeit und der Verteidigungsfähigkeit des jeweils erwarteten Wettbewerbsanteils. Im Falle des Teilwürfels 1 versucht ein Industriebetrieb in einer Nische (z. B. geländegängige Fahrzeuge) unter Anpassung an die bestehenden Marktregeln eine Kostenführerstrategie (z. B. durch standardisierte Komponenten für Allradantrieb) zu verwirklichen.

Zusätzlich zu den zuvor beschriebenen strategischen Überlegungen bedarf gerade in industriellen Unternehmungen in der Regel auch die Technologie- bzw. FuE-Strategie gesonderter Analysen für die Formulierung einer umfassenden marktorientierten Unternehmensstrategie. Darauf wird in Teil 8 (S. 1087 ff.) vertieft eingegangen.

III. Programme zur Marktgestaltung

Systematisie-
rung absatz-
politischer
Instrumente
An die Sammlung und Auswertung von relevanten Umweltinformationen und die Entwicklung einer geeigneten Marktstrategie schließt sich die Gewinnung, Auswahl und Durchsetzung von Gestaltungsalternativen an, die eine möglichst vollkommene Verwirklichung der Strategie als Konsequenz nach sich ziehen. Hierbei geht es im wesentlichen um den Fragenkreis der Systematisierung und des Einsatzes absatzpolitischer Instrumente.

Eine umfassende und zugleich trennscharfe Lösung der Systematisierungsfrage dieser Instrumente liegt bislang noch nicht vor. Es erscheint fraglich, ob eine solche Lösung von der Sache her möglich und aus pragmatischer Sicht überhaupt sinnvoll ist. **Vielmehr steht – gerade für den Industriebetrieb – das Ziel im Vordergrund, eine klar erfaßbare Klassifikation absatzpolitischer Gestaltungsmaßnahmen aufzuzeigen, die die wesentlichen Aktionsrichtungen deutlich macht und weit genug ist, die Vielzahl aktueller und potentieller Instrumente und deren Interdependenzen in sich aufzunehmen.**

Hier werden die Marktgestaltungsprogramme in Produkt-Politik, Preis- und Konditionen-Politik, Distributions-Politik und Kommunikations-Politik unterschieden. Diese vier Bereiche der Marktgestaltung werden – wie weiter unten darzulegen ist – vor ihrem Einsatz zur sogenannten Marketing-Politik integriert. Sie stellen aus dieser Sicht Teilpolitiken dar.

Die folgenden Ausführungen können hinsichtlich der Aufzählung der Instrumente, der Detailliertheit ihrer Darstellung und der Auseinandersetzung mit den auftauchenden Entscheidungsproblemen nur einen Überblick verschaffen. Dementsprechend können die Darlegungen über die Marktgestaltung nicht immer nach industriellen Produktarten, Kundentypen oder anderen Markteinteilungskriterien, die die jeweilige Ausgestaltung der Maßnahmen erheblich beeinflussen, differenziert behandelt werden, auch wenn dies in der Realität unerläßlich ist.

1. Produkt-Politik

Der wohl zentrale strategische Parameter der Marktbeeinflussung ist die Produkt-Politik. Der Qualitätswettbewerb hat in immer größerem Umfang den Preiswettbewerb als Marketinginstrument abgelöst.

Produkt-
begriff
Der Begriff des Produktes wird hier weit gefaßt: **Als industrielles Produkt wird die Kombination der physischen, symbolischen und dienstleistungsgemäßen Komponenten bezeichnet, die – bezogen auf einen Gegenstand – beim Käufer die Erfüllung bestimmter Erwartungen oder die Lösung bestimmter Probleme (Bedürfnisbefriedigung) hervorruft.** Neben dem physischen Gegenstand im Sinne eines industriellen Erzeugnisses gehören demnach auch dessen subjektiv empfundene soziale Bedeutung sowie die vor, wäh-

674

rend und nach dem Erwerb damit möglicherweise verbundenen Rechte und Dienstleistungen (z. B. Beratung, Garantie, Schulung, Finanzierung, Wartung usw.) zum Produktbegriff.

Die Produkt-Politik beinhaltet daher nicht nur die artmäßige Gestaltung des einzelnen Produkts und die art- und mengenmäßige Zusammensetzung des Produktionsprogramms, sondern auch alle damit zusammenhängenden Zusatzleistungen, mit denen die Produkte am Markt angeboten werden.

Diese kurzen Hinweise verdeutlichen bereits, in welcher Interdependenz die Produkt-Politik zu den anderen absatzpolitischen Instrumenten steht und welche Bedeutung ihr im Rahmen des Marketing zugemessen werden muß. Die Produkt-Politik ist einerseits Ausfluß der Marktstrategie, andererseits determiniert sie weitgehend die Preis-, Distributions- und Kommunikations-Politik.

Deshalb sind inhaltliche Überschneidungen mit vor- und nachgelagerten Problemkreisen nicht nur nicht vermeidbar, sondern aus der ganzheitlichen Betrachtungsweise des Marketing heraus von grundlegender Bedeutung.

Das einzelne Produkt

In der Formgebung (Design) ist eine erste Möglichkeit der Produktgestaltung zu sehen. Soweit das Erzeugnis formbar ist (was z. B. bei verschiedenen Nahrungsmitteln und Rohstoffen nicht der Fall ist), schlagen sich zumeist in der Formgebung Funktionalitätsgesichtspunkte, Ästhetik und Modeeinflüsse nieder. Die Gestaltung ist entweder dem feststellbaren Geschmack der Zielgruppe angepaßt oder setzt selbst neue Akzente. Dabei finden sich gleichermaßen funktional orientierte sowie auf „irrationale" Momente (z. B. Prestigesymbole) zielende Formgestaltungen und gehen ineinander über. Die Bedeutung des Design im Rahmen der marktorientierten Unternehmenspolitik nimmt gegenwärtig beständig zu (vgl. Leitherer 1991). *Formgebung*

Die Gestaltung der Verpackung hängt mit der Formgebung eng zusammen. Material, Form, Größe, Verschluß und grafische Gestaltung der Verpackung sind ebenfalls funktions-, mode- und zielgruppenabhängig. Die Verpackung erfüllt zudem wichtige absatztechnische Aufgaben wie Ermöglichung der Transport- und Lagerfähigkeit, Sicherung und Schutz des enthaltenen Produktes und Information des Nutzers. Angesichts der steigenden Umweltprobleme muß die Verpackung heute mehr denn je unter ökologischen Gesichtspunkten gestaltet werden (Müllvermeidung, Rückstandsfreiheit, Recyclingfähigkeit). *Verpackung*

In diesem Zusammenhang ist auf die Normung zu verweisen, die nicht nur für die kostensparende Fertigung eines Produktes von Bedeutung ist (vgl. Teil 3, S. 384). Auch für die Formgebung und Verpackung (vgl. z. B. Papier-, Flaschen-, Tütenformate) hat sie Bedeutung und erhöht unter Umständen die Absatzfähigkeit eines Produktes. Normen und Standards stellen darüber hinaus die Anschlußfähigkeit vieler industrieller Produkte an angrenzende Systeme des Anwenders oder Dritter sicher (z. B. Schnittstellen- und Netzstandards in der Informations- und Kommuni- *Normung* kationstechnik; vgl. auch Teil 3, S. 384 ff.). Die marktpolitische Bedeutung von Normen und Standards für die industrielle Absatzwirtschaft, insbesondere das Systemgeschäft steigt ständig (vgl. z. B. Kleinaltenkamp 1990).

Netzeffekt-Güter

Im Zusammenhang damit nimmt auch die marktpolitische Bedeutung von sogenannten **Netzeffektgütern** zu. Darunter versteht man Güter, deren Nutzen für einen Anwender neben dem produktbezogenen „Basisnutzen" auch davon abhängt, wieviele Marktteilnehmer dasselbe Produkt verwenden (vgl. z. B. Wiese 1990). **Direkte Netzeffekte** existieren beispielsweise bei allen Kommunikationssystemen wie etwa Telefon oder Bildschirmtext. **Indirekte Netzeffekte** liegen vor, wenn eine bessere oder billigere Verfügbarkeit eines bestimmten Gutes von der Verbreitung eines komplementären Gutes abhängt. Beispielsweise ließen sich die absatzpolitischen Probleme der Einführung japanischer Automobile auf dem europäischen Markt unter anderem dadurch lösen, daß komplementäre Güter wie Spezialwerkstätten und Ersatzteile in angemessener Weise angeboten wurden. Die absatzpolitische Bedeutung eines Netzeffektgutes besteht folglich darin, daß ein Konsument seine Kaufentscheidung nicht nur von der Qualität und dem Preis eines bestimmten Gutes abhängig macht, sondern auch von der tatsächlichen oder in der Zukunft erwarteten marktlichen Verbreitung desselben (direkter Netzeffekt) oder eines komplementären Gutes (indirekter Netzeffekt) abhängt.

Namen und Marke

Das in Formgebung, Verpackung und grafischer Gestaltung zum Ausdruck kommende Bestreben, das Produkt zu „individualisieren", es abzuheben von Konkurrenzprodukten und als „einmalig", „einzigartig" erscheinen zu lassen, findet seine Fortsetzung in der Namensgebung. Möglichst einprägsame Namen, die nicht unbedingt mit der Firma des Produzenten in Verbindung stehen müssen, werden instinktiv gewählt oder in Anlehnung an die Produktionsweise oder Funktion des Gutes ausgesucht und dem Produkt überall beigegeben. Sie sind häufig kombiniert mit grafischen Symbolen, Firmen- oder sonstigen Merkzeichen. Diese sogenannte Marke eines Produktes dient der Kommunikation zwischen Produzent und Kunde und dem Aufbau einer „Markentreue" seitens des Kunden. Sie ist somit ein wichtiger Produktbestandteil.

„No-Name"-Produkte

In den letzten Jahren sind verstärkt auch sogenannte „weiße" Produkte („no-name-products") auf den Markt gekommen, die in der Regel keine Angaben über den Hersteller machen. Sie werden oft fälschlicherweise markenlos genannt. Tatsächlich wird mit ihnen eine ähnliche absatzpolitische Konzeption verfolgt, wie mit den übrigen Markenartikeln. Der Unterschied besteht darin, daß in diesem Falle die Marke vom jeweiligen Handelsbetrieb, vor allem von dem Vertrauen, das Kunden diesem entgegenbringen, geprägt wird.

Schutzrechte

Konstruktions- und gestaltbezogene Merkmale eines Produktes sowie seine Marke können, soweit sie bestimmten Originalitätskriterien genügen, in der bestehenden Rechtsordnung geschützt werden. Mit Hilfe der sogenannten Schutzrechte läßt sich die Exklusivität der in das Produkt eingegangenen technischen und gestalterischen Ideen und damit deren ökonomische Verwertung für gesetzlich festgelegte Zeiträume aufrechterhalten. Zu nennen sind z. B. technische Schutzrechte wie Patente und Gebrauchsmuster, Schutzrechte der Form wie Urheberrechte und Geschmacksmuster und Schutzrechte an Kennzeichen und Warenzeichen (vgl. Teil 8, S. 1103 ff.).

Eine der wichtigsten Größen zur Charakterisierung eines Produktes ist dessen technische Qualität. Darunter fallen Merkmale wie physikalische Leistungsfähigkeit, Energieverbrauch, Nutzungsdauer (ruhender und Beschäftigungsverschleiß), Funktionssicherheit, Einfachheit der Bedienung und Reinigung, Reparaturanfälligkeit. Diese Größen können in der Regel vom Produzenten beeinflußt werden und bestimmen beim qualitätsbewußten Abnehmer, inwieweit die an das Produkt gestellten Qualitätserwartungen in Erfüllung gehen und welche Instandhaltungsstrategien zu wählen sind (vgl. Teil 4, S. 454 ff.). **Im Rahmen des Marketing wird jedoch nicht nur das Bedürfnis des Käufers nach funktions- und qualitätsgerechten Gütern zu befriedigen gesucht. Vielmehr wird eine Reihe von Bedürfnissen und Motiven angesprochen oder geweckt (z. B. Sozialprestige „Modernismus", Spieltrieb, „zweckfreier" Konsum), die mit den Qualitäts- und Funktionsüberlegungen konkurrieren oder sie verdrängen. Insofern steht Qualität, insbesondere im Sinne von störungsfreier Haltbarkeitsdauer, nicht immer im Vordergrund der Bemühungen um die Produktgestaltung, sondern vielmehr die Gestaltung der subjektiv wahrgenommenen Qualität.**

Technische Qualität

Mit dem Ziel einer exakteren Möglichkeit der Ersatz- und Neubedarfsplanung und der Umsatzerhöhung durch Verkürzung der Gebrauchsdauer langlebiger Industrieprodukte wird in einigen Bereichen die technische Lebensdauer genau vorausgeplant und gestaltet. An dieser Plangröße wird aus Kostengründen die technische Qualität der einzelnen Produktbestandteile ausgerichtet. Die reale Dauer der ökonomischen Verwertbarkeit von Produkten wird häufig durch Mode-, Geschmacks- oder Stiländerung oder durch einen von der Konkurrenz marktlich verwerteten Fortschritt gegenüber der technischen Lebensdauer noch vermindert. **Qualitätskonkurrenz ist also – verstanden als Konkurrenz der Haltbarkeitsdauer – vor allem im Bereich mancher Industriegüter in den Hintergrund getreten zugunsten anderer Absatzaspekte,** z. B. geplanter und schneller Wandel des Absatzprogramms durch vorausbestimmbare technische und soziale Veralterung von Produkten (sog. geplante Obsoleszenz). Diese Entwicklung ist nicht unumstritten und wird nicht selten von neu eintretenden Wettbewerbern oder innovativen Marktstrategien durchbrochen. Die übrigen für die Kaufentscheidung wichtigen Qualitätsfaktoren wie Leistung, Energieverbrauch, Funktionssicherheit, Einfachheit der Bedienung usw., in denen sich auch technischer Fortschritt manifestieren kann, behalten und verstärken ihre Bedeutung im Wettbewerb um die Produktpräferenz des Verbrauchers.

Lebensdauer

Geplante Obsoleszenz

Neben den genannten Aspekten kann ein Produkt auch wesentlich durch Dienstleistungen „gestaltet" werden, die der Produzent beim Kauf eines Produkts zusätzlich anbietet. Dabei handelt es sich zum einen um **Garantieleistungen** bei unverschuldetem Funktionsausfall des Produktes (z. B. bei Maschinen, Haushaltsgeräten, Kraftwagen). Zum anderen geht es um die verschiedenen Formen der **Kundendienstleistungen,** die der Hersteller für seinen Kunden bereithält. Solche Leistungen können vertraglich oder freiwillig sowie gratis oder auf Preisbasis durchgeführt werden. Je nachdem bestimmt sich ihr absatzpolitisches Gewicht. Zu unterscheiden ist der primär technische (Installation, Wartung, Reparatur, Dokumentation) vom eher kaufmännischen (Beratung, Information) Kundendienst. Hinzu kommen immer häufiger Schulung und Finanzierung. Die Bedeutung des Kundendienstes für die nachhaltige

Zusatzleistungen

677

Absatzfähigkeit von längerlebigen industriellen Produkten hat sehr stark zugenommen, so daß besonders der technische Kundendienst praktisch unabdingbar geworden ist.

Daneben kann sich der Kundendienst sowohl auf den Zeitraum vor einem Kauf als auch nach einem Kauf (**After-Sales-Service**) beziehen (vgl. Abbildung 5.25). Kundendienstleistungen sollen die Bildung von Präferenzen verstärken und damit die Schaffung eines Dauerkundenverhältnisses (Markentreue) begünstigen. Daneben erfüllen sie eine imagebildende Funktion, durch die eine kurzfristig nicht nachahmbare Abhebung von der Konkurrenz ermöglicht werden kann.

Zeitpunkt / Art	vor dem Kauf	nach dem Kauf (After-Sales-Service)
technischer Kundendienst	technische Beratung Projektausarbeitung Problemlösungsvorschläge Lieferung zur Probe	Änderungsdienst Montage Ersatzteilversorgung Wartung Dokumentation
kaufmännischer Kundendienst	Bestelldienst Parkraum Beratung und Information Lieferung zur Probe	Umtauschrecht Zustellen Verpacken Kundenschulung

Abbildung 5.25:   Formen der Kundendienstleistungen

(in Anlehnung an Meffert 1986)

Die Zusammensetzung des Absatzprogramms

Die Gestaltung des Absatzprogramms gehört zu den schwierigsten und weitreichendsten Entscheidungen im Rahmen der Marktgestaltung durch Produkt-Politik. Die Einproduktunternehmung, die in theoretischen Analysen so häufig unterstellt wird, gehört in der Realität zu den Ausnahmen. Dies bedeutet, daß der Absatz und die Produktion nicht für ein einzelnes Produkt auf der Grundlage von Absatzprognosen mengenmäßig geplant werden kann. In aller Regel ist über die artmäßige Zusammensetzung zu entscheiden und für jede Produktart eine Mengen- und Interdependenzenplanung vorzunehmen. Diese Entscheidungen legen häufig die personellen und sachlichen Produktionskapazitäten langfristig fest.

Artmäßige Zusammensetzung

Bei der artmäßigen Zusammensetzung des Absatzprogramms (auch als potentielles Produktionsprogramm bezeichnet; vgl. Teil 4, S. 462 ff.) ist zwischen Programmbreite und Programmtiefe zu unterscheiden.

678

Mit der Tiefe wird angegeben, wie viele verschiedenartige Ausführungen (Typen, Modelle, Sorten, Größen usw.) einer Produktart in das Programm Eingang finden. *Tiefe*

Sehr verschiedenartige Ausführungen einer Produktart sind das Ergebnis des Instruments der Produktdifferenzierung. Entsprechend der Heterogenität der Anforderungen und Erwartungen, die dem Produkt von der Abnehmerzielgruppe entgegengebracht werden können, werden verschiedene Ausführungen des Produktes in das Programm aufgenommen, um unterschiedliche Nachfragegruppierungen (Marktsegmente) innerhalb des Käuferpotentials möglichst direkt anzusprechen (z. B. verschiedene Größen- und Leistungsklassen von Computern; Uhren oder Textilien in verschiedenen Mode- und Qualitätsausführungen; Autotypen). *Produktdifferenzierung*

Die Breite des Absatzprogramms gibt Auskunft darüber, welche Produktarten im Produktionsprogramm enthalten sind. Unter Produktart wird dabei jeweils eine Klasse von Produkten verstanden, die etwa hinsichtlich des zu befriedigenden Bedürfnisses, der angewandten Produktionstechnik, der Absatzwege oder der Kundengruppe eine gewisse Homogenität aufweist. Diese vorsichtige Umschreibung der Produktart oder Produktgruppe weist darauf hin, daß die Unterscheidung der Produktgruppen nicht streng definitionslogisch, sondern pragmatisch vorgenommen werden muß. Die Entscheidungen über die Zusammensetzung der Programmbreite hängen unmittelbar von der Marktstrategie ab (vgl. Abschnitt II, 4., S. 658 ff.), die vom Hersteller entwickelt wurde. *Breite*

Die mengenmäßige Zusammensetzung des Absatzprogramms hängt vor allem von drei Einflußgrößen ab, nämlich von der prognostizierten Aufnahmefähigkeit des Marktes, den Produktionskapazitäten und den Möglichkeiten des Fremdbezugs. *Mengenmäßige Zusammensetzung*

Die Bestimmung der absetzbaren Mengen, d. h. des Absatzplans, stellt vielfach eines der schwierigsten Planungsprobleme des Industriebetriebs dar, weil hierbei in besonders hohem Ausmaß Unsicherheiten auftreten. Zum einen ist eine Erwartung darüber zu bilden, in welchem Ausmaß die potentiellen Nachfrager in der Planungsperiode ihre Kaufkraft auf die betrachtete Güterart lenken. Dabei spielen die Konstanz bzw. Veränderungen der wirtschaftlichen Verhältnisse, Gewohnheiten, Werte und Normen der Zielgruppe ebenso eine Rolle wie die erwarteten Änderungen von übergreifenden Rahmendaten (Konjunktur, Wirtschaftspolitik, rechtliche Vorschriften usw.). Zum anderen sind die erwarteten Verhaltensweisen der Konkurrenten und deren Wirkung auf die Kaufentscheidungen der Nachfrager abzuschätzen (Strategien, neue Produkte, Marketingaktionen usw.). Schließlich ist die Wirkungsweise der eigenen Marketingmaßnahmen auf die Handlungsweise der Nachfrager zu bestimmen (Einsatz der diversen absatzpolitischen Instrumente). Erst wenn zu diesen Teilproblemen fundierte Zukunftserwartungen gebildet wurden, lassen sich Erwartungen zu den absetzbaren Mengen für eine Planperiode umreißen. Es leuchtet ein, daß dieses schwierige Planungsproblem nur im Ausnahmefall mit Hilfe quantitativer Modelle und Methoden zu bewältigen ist. Die ermittelten Absatzmengen sind dann die Ausgangsgröße für die weitere Produktionsplanung (aktuelles Produktionsprogramm, vgl. Teil 4, S. 481 ff.). *Absatzplanung*

Können die prognostizierten Absatzmengen mit der verfügbaren Produktionskapazität gefertigt werden, so werden die Produktionsmengen durch die Absatzgrenzen bestimmt. In der Regel konkurrieren jedoch zumindest einige Produkte um die bestehenden Kapazitäten. In einem solchen Fall werden die Produktionsmengen unter der Prämisse „Gewinnmaximierung" so geplant, daß ihr Absatz insgesamt den höchsten Deckungsbeitrag erzielt (vgl. Teil 4, S. 486; Teil 9, S. 1249 f.). Dieses Problem ist mit Hilfe der linearen Optimierung nur lösbar, wenn man davon ausgeht, daß die Nachfrage nach den einzelnen Produkten und auch die Produktionskosten der einzelnen Produkte voneinander unabhängig sind. Diese Prämissen sind in der Realität aber nicht immer erfüllt. Wird zusätzlich die Möglichkeit des Fremdbezugs einbezogen, wird das Problem noch komplizierter. Die elektronische Datenverarbeitung kann durch die Aufbereitung der vorhandenen Informationen beispielsweise in Form alternativer Hochrechnungen, Simulationen oder Kosten- und Erfolgsrechnungen wichtige Hilfestellung leisten.

Produkt- und Programmänderungen

Lebenszyklus eines Produktes

Der Einsatz der verschiedenen Aktionsparameter der Produkt-Politik bedarf im Zeitablauf nahezu dauernder Modifikationen: Prognose und Planungen können aufgrund von abweichenden Umweltentwicklungen (Konkurrenz- und Käuferverhalten, technischer Fortschritt, Konjunkturlage usw.) und innerbetrieblichen Veränderungen (Kostensteigerungen, Personalprobleme usw.) nur in seltenen Fällen exakt realisiert werden. Abgesehen von diesen Störfaktoren, denen sich eigentlich jede Planung gegenübersieht, kommt aber für die Produktpolitik noch die Besonderheit hinzu, daß die Marktdurchdringung und der Erfolg eines Produktes im Zeitablauf einer Entwicklung unterliegen, die nur in groben Zügen vorhersehbar ist und Art und Ausmaß des Einsatzes marktpolitischer Instrumente in Abhängigkeit von der Zeit beeinflußt. Der damit angesprochene Lebenszyklus eines Produktes ist bereits in Abbildung 5.19 beispielhaft dargestellt.

Häufig wird der Umsatz als Maßgröße für den Lebenszyklus herangezogen. Wegen der Annahme, daß in der Regel mit zunehmendem Erfolg eines Produktes die Konkurrenz auf den Plan gerufen wird und dadurch höhere Marktanstrengungen nötig werden, liegt das Deckungsbeitragsmaximum in der Regel vor dem Absatzmaximum (Marktsättigung). Die zeitliche Länge des Lebenszyklus, also der Zeitraum zwischen Einführung des Erzeugnisses am Markt und der Einstellung seiner marktlichen Verwertung, variiert je nach Produktart sehr stark. So haben z. B. Automobile oder Haushaltsgeräte grundsätzlich einen längeren Lebenszyklus als modische Bekleidungsartikel. In jeder Phase des Lebenszyklus ergibt sich die Notwendigkeit eines unterschiedlichen Einsatzes der absatzpolitischen Instrumente. Über Prioritäten und Wirksamkeit des Einsatzes der einzelnen Gestaltungsparameter in jeder Phase bestehen je nach Produktart und Marktsituation unterschiedliche Vorstellungen, so daß die folgende Beschreibung nur beispielhaften Charakter haben kann.

Die **Einführungsphase** kann beispielsweise einen niedrigen Einführungspreis mit zugleich hohen Kommunikations- und Produktgestaltungsanstrengungen sowie hoher Distributionsdichte verlangen, damit das Produkt am Markt Fuß fassen kann. Daraus erklären sich auch die meist negativen Deckungsbeiträge während der Produkteinführung. In der **Wachstumsphase** ist das Produkt vom Markt akzeptiert und begegnet einer steigenden Nachfrage. Hier kann der Preis unter Umständen erhöht und die Werbetätigkeit auf ein „normales" Maß vermindert werden, sofern die eventuell auftauchende Konkurrenz dies zuläßt. Zu Beginn der **Marktsättigungsphase** hat das Produkt häufig den Höhepunkt seines Erfolges (Deckungsbeitrags) schon überschritten. Nun wird einerseits diese Phase durch zusätzliche Maßnahmen zu verlängern versucht (z. B. durch Produkt- und Preisdifferenzierung, Erschließung neuer Kundenschichten, Modifikation in Design oder Verpackung). Andererseits muß in dieser Phase aber auch der endgültige Übergang des Erzeugnisses in die **Degenerationsphase** erkannt werden, um die Marktgestaltungsmaßnahmen rechtzeitig auf ein notwendiges Minimum zu reduzieren. Die Degenerationsphase kann auch durch das Aufkommen eines neuen substitutiven Produktes eingeleitet werden. In dieser letzten Phase läuft das Produkt dann ohne größere marktpolitische Aktivitäten aus. Durch rechtzeitige Produktionseinstellung oder Niedrigpreisaktionen wird versucht, die Läger zu räumen und die Zone niedriger oder negativer Deckungsbeiträge zu meiden.

Ausgehend von dem mehr oder weniger idealtypischen Modell des Lebenszyklus von Produkten **zeigt sich, daß das einzelne Produkt während der Dauer seiner Vermarktung von einer sich fortwährend verändernden Kombination absatzpolitischer Instrumentalvariablen begleitet wird, das Produkt also aus der Sicht des Marketing einem dauernden Wandel unterliegt.** Dies hat Rückwirkungen auf die Entwicklung der art- und mengenmäßigen Zusammensetzung des Produktionsprogramms. Erfährt das Produktionsprogramm im steigenden Bereich des Lebenszyklus eine mengenmäßige Ausweitung und eine Erhöhung der Programmtiefe durch Produktdifferenzierung, so ist vom Ende der Marktsättigungsphase an häufig mit mengenmäßigen Einschränkungen sowie Programmbereinigungen durch Sorten- und von Typenverminderung zu rechnen. Diese Vorgänge werden jedoch meist überlagert von der Einführung neuer Produkte, deren Planung und Realisation sorgfältig mit dem Lebenszyklus der alten Produkte abgestimmt werden müssen. In diesem Zusammenhang zielen die Bemühungen um die Produktionsprogrammgestaltung in der Regel darauf ab, eine ausgewogene Altersstruktur des Produktionsprogramms herzustellen. **Änderungen der artmäßigen Zusammensetzung des Programms durch Einführung neuer Produkte sollen eine Überalterung der Programmstruktur und die damit verbundenen Existenzrisiken des Industriebetriebs vermeiden helfen.**

Produktmodifikationen besitzen als marketingpolitische Anpassungsentscheidungen einige Vorteile: Sie sind verhältnismäßig risikolos durchzuführen, beanspruchen selten erhebliche finanzielle Mittel und erfordern in der Regel keine größeren Verfahrenswechsel. Über die Strategie der Produktmodifikation lassen sich aber meist nur kurzfristige Anpassungswirkungen erzielen. Will die Unternehmung langfristigen Bedürfnisänderungen begegnen oder selbst derartige Änderungen induzieren, so erweist sich die Strategie der Produktinnovation als der geeignetere, aber auch risikoreichere Weg.

Produkt-
innovation

Als Produktinnovation soll die Änderung des Leistungsprogramms der Unternehmung durch die Aufnahme von solchen Produkten bezeichnet werden, deren Fertigung erst durch den Erwerb neuen naturwissenschaftlich-technischen Wissens ermöglicht wurde. Dieses Wissen kann unternehmensextern (z. B. durch Lizenzen, Beteiligungen oder Unternehmungsaufkauf) gewonnen werden oder unternehmungsintern durch Forschung und Entwicklung (vgl. Teil 8, S. 1118 ff.).

Für das Marketing steht bei Produktinnovationen insbesondere die Sicherung des Markterfolges im Vordergrund des Interesses. Dazu sind vor der endgültigen Einführung des neuen Produktes systematische Produkt- und Markttests erforderlich.

Produkt- und
Markttests

Während der Produkttest auf die Überprüfung der verbraucherbezogenen Wirkung des jeweiligen Poduktes abzielt, versucht man mit Hilfe von Markttests den Wirkungsgrad des gesamten absatzpolitischen Instrumentariums auf einem begrenzten, möglichst repräsentativen Teilmarkt festzustellen.

Können die technische Produktentwicklung und der Erfolg auf dem Markt als hinreichend gesichert angesehen werden, so sind entsprechende Einführungsprogramme zu entwickeln, die eine möglichst schnelle Verbreitung des Produktes im Markt fördern. Wesentliche Beiträge dazu liefert die **Diffusionstheorie**, die sich mit der Verbreitung von Neuerungen in sozialen Systemen befaßt (vgl. Rogers 1983, Kaas 1973; vgl. auch Teil 8, S. 1076).

Gegenstand der Diffusionstheorie ist insbesondere das Kommunikations- und Adaptionsverhalten potentieller Verwender neuer Produkte. Der Diffusionsprozeß beschreibt die Übernahme einer Neuerung vom Erstkäufer bis zum „Nachzügler" in einem gegebenen Markt. Die jeweiligen Eigenschaften der verschiedenen Käuferkategorien (Innovatoren, Frühaufnehmer, frühe Mehrheit, späte Mehrheit, Nachzügler) geben dabei wertvolle Hinweise für eine den Markterfolg wesentlich beeinflussende Segmentierungsstrategie.

2. Preis- und Konditionen-Politik

Bedeutungs-
wandel des
Instruments
„Preis"

In der Wirtschaftswissenschft wurde von allen Aktionsparametern, die das Verkaufspotential eines Produktes beeinflussen, dem Preis die meiste Aufmerksamkeit gewidmet mit dem Ergebnis, daß in diesem Bereich die ‚reine Theorie' überwiegt (vgl. auch Kotler 1982). Zur Erklärung dafür können historische, berechnungstechnische und gesellschaftliche Gründe angeführt werden. Geschichtlich gesehen war der Preis zu Beginn des industriellen Zeitalters (18./19. Jahrhundert) tatsächlich die Haupteinflußvariable für Wettbewerb und Nachfrage. Das relativ gut überschaubare Güterangebot, in dem Nahrungs- und Rohstoffe vorherrschten, wurde nur in geringem Ausmaß durch Verpackung, Markierung oder Werbung differenziert und individualisiert. Aus berechnungstechnischer Sicht stellt der Preis eine operationale, quantitative Größe dar, die sich gut zur Kalkülisierung von Marktsituationen eignet. Qualität, Service, Werbung und ähnliche weitere Marktgestaltungsfaktoren sind wegen ihrer Ambivalenz und Mehrdimensionalität praktisch kaum zu quantifizieren. Gesellschaftlich gesehen bietet der Preismechanismus ein elegantes Instrument zur Demonstration der Effizienz freier marktwirtschaftlicher Systeme. Die Allokation knapper Güter, die Abstimmung von Angebot und Nachfrage, die Räumung der Märkte usw. können mit Hilfe des Preismechanismus und zusätzlicher Verhaltensannahmen „optimal" gestaltet werden.

Erst mit der Marktformenlehre und der Theorie der unvollkommenen Konkurrenz werden zusätzlich Einflußgrößen in die Erklärung einbezogen (Marktmacht, Qualität, Werbung usw.). Marktunvollkommenheiten (Intransparenz, Präferenzbildung; vgl. S. 641) werden auch durch absatzpolitische Maßnahmen (Produkt-, Distributions-, Kommunikationspolitik) gefördert und eröffnen Spielräume für monopolistisches Preisverhalten und für weiteren Nichtpreis-Wettbewerb. Besonders Oligopole zeigen ein Übergewicht der Nichtpreis- gegenüber der Preiskonkurrenz. Die symbolische Bedeutung des Preises wird erkannt, so etwa beim sogenannten „Snob-Effekt" (teure Waren werden von materiell orientierten, wohlhabenden Gruppen aus Gründen des Sozialprestiges bevorzugt) oder beim Preis als Qualitätsindikator (ein höherer Preis läßt auf eine bessere Qualität vertrauen).

Der Preis kann heute nur als ein Mittel unter vielen angesehen werden, die zur Gestaltung des Marktes herangezogen werden. Die Einsicht der Unternehmen, daß auf einem Käufermarkt Preiskämpfe ruinös sein können, führt tendenziell zu Preisstarrheit und preispolitischem Gleichverhalten, besonders auf (teil)oligopolistischen Märkten. Preisabsprachen bzw. abgestimmte Verhaltensweisen und Syndikate sind Ausdruck dieser Tendenz.

Diese Aussagen dürfen jedoch nicht zu dem Schluß führen, daß Preispolitik keine Bedeutung mehr hat. Sie verdeutlichen vor allem die Verbundenheit von Produkt und Preis. Die Wichtigkeit der Variable „Preis" ist nicht zuletzt darin zu erblicken, daß der Preis im Zusammenspiel mit der Absatzmenge auf lange Sicht sämtliche Kosten der privatwirtschaftlichen Unternehmung decken und in der Regel noch möglichst hohe Gewinne herbeiführen soll. Preisentscheidungen sind insbesondere zu treffen, wenn erstmalig ein Preis für ein Produkt festgesetzt werden muß, wenn bei Ausschreibungen Preisgebote abzugeben sind, wenn Preise für Güter gefunden werden müssen, die nachfrage- oder kostenmäßig miteinander verbunden sind und wenn Preisänderungen autonom oder in Anpassung an die Umwelt vorzunehmen sind.

Preis- und Produkt- Politik

Die Aussagen der mikroökonomischen Preistheorie und die entsprechenden Weiterentwicklungen in der betriebswirtschaftlichen Absatzliteratur sollen im Rahmen dieses Beitrags nicht referiert werden (vgl. dazu Gutenberg 1979, Meffert 1986). Statt dessen werden einige Preisbildungsverhaltensweisen (vgl. z. B. Alpert 1971, Jacob 1971, Oxenfeldt 1975, Simon 1982) dargestellt, die jede für sich oder kombiniert das Zustandekommen von Preisen in der industriellen Praxis beschreiben und erklären.

Mikro- ökonomische Preistheorie

Nachfrageorientierte Preisbildung

Bei der nachfrageorientierten Preisbildung steht die Intensität der Nachfrage im Mittelpunkt: Dieser wird der Preis anzupassen versucht. Die Zahlungsbereitschaft der Nachfrager bestimmt also den Preis. Das ist die in einer Marktwirtschaft vorherrschende Form der Preisfindung. Das Instrument der Preisdifferenzierung dient in mehreren Varianten einer möglichst vollkommenen Verwirklichung dieses Prinzips. Dabei geht es letztlich darum, die sogenannte Konsumentenrente abzuschöpfen.

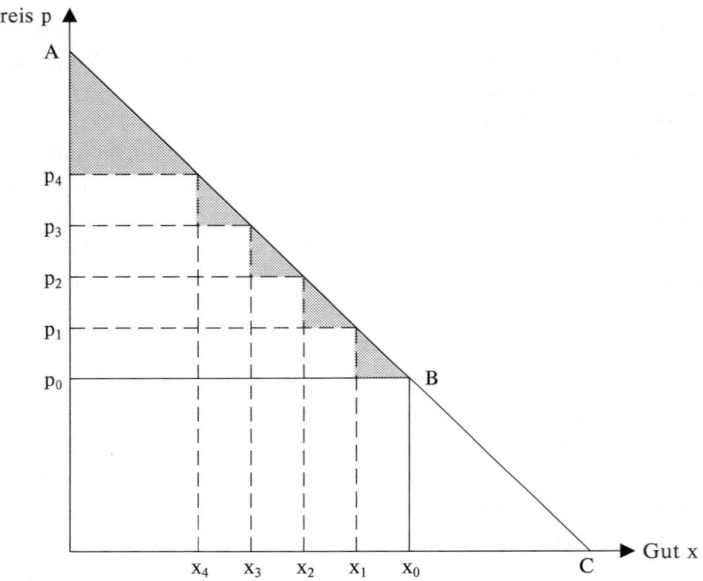

Abbildung 5.26: Preisdifferenzierung

In Abbildung 5.26 ist die Preis-Absatz-Funktion (AC) für ein Gut (x) wiedergegeben. Sie zeigt die auf einem Markt für ein Unternehmen feststellbaren bzw. erwarteten Preis-Mengen-Kombinationen. Bei einem Preis p_0 wird der Absatz x_0 und der Umsatz $p_0 \, x_0$ erzielt. Das Dreieck ABp_0, das ebenfalls zahlungsbereite Nachfrage repräsentiert, bleibt bei diesem Preis unausgeschöpft. Es stellt die sogenannte Konsumenentrente dar. Gelingt es, den Markt z. B. in fünf unabhängige Segmente entsprechend der jeweils unterschiedlichen Zahlungsbereitschaft aufzuspalten, so wird die verbleibende Konsumentenrente auf die fünf kleinen schraffierten Dreiecke reduziert; der Umsatz des Anbieters ist entsprechend gestiegen, und zwar von $p_0 \, x_0$ auf $p_4 \cdot x_4 + p_3 (x_3 - x_4) + p_2 (x_2 - x_3) + p_1 (x_1 - x_2) + p_0 (x_0 - x_1)$.

Preisdifferenzierung

In elementarer Form liegt Preisdifferenzierung vor, wenn der Anbieter den Preis für das gleiche Produkt (oder den gleichen Auftrag) **je nach Verhandlungsmacht und -willen** der Nachfrager differenziert (z. B. in der kundenindividuellen Auftragsfertigung). Marktmacht und Verhandlungsgeschick der Kontrahenten bestimmen den preis-

684

politischen Spielraum. Die Ausnutzung der Änderung der Nachfrageintensität bei **kleineren Veränderungen** der **Produktausführung** stellt eine weitere Spielart der Preisdifferenzierung dar. So kann z. B. für die weiße statt braune Ausführung des Gehäuses eines Haushaltsgeräts bei entsprechender Nachfrage ein Aufpreis von 5% erhoben werden, obwohl diese Änderung in den Produktionskosten vielleicht nur mit 1% zu Buche schlägt. Eine weitere Version der Preisdifferenzierung richtet sich nach **räumlichen Gesichtspunkten**. Im Kino oder Theater werden die Preise für die Plätze entsprechend der Nachfrage nach bühnenfernen oder -nahen Sitzen vergeben. Je nach Kunden- und Konkurrenzstruktur werden die Preise für industrielle Produkte nach geographischen Gebieten (Stadt, Land; In-, Ausland; vgl. z. B. Benzinpreise) unterschiedlich und in Abhängigkeit von der Nachfrageintensität festgelegt, weitgehend unabhängig von den Selbstkosten. Ferner ist die Preisdifferenzierung unter **zeitlichen Gesichtspunkten** zu erwähnen. Die Nachfrage nach Produkten schwankt im Zeitablauf unter Umständen erheblich. Die intensive Nachfrage, die Neuerscheinungen z. B. auf dem Bücher- oder Haushaltsgerätemarkt verursachen, kann häufig zu höheren Preisstellungen veranlassen, die nach einiger Zeit der abnehmenden Nachfrage wieder angepaßt werden. Tag- und Nachtstrompreise sind ein weiteres Beispiel für zeitliche Preisdifferenzierung. Schließlich lassen sich auch **abnehmerbezogene Kriterien** anwenden (z. B. besondere Preise für Studenten, Rentner).

Zum Funktionieren der Preisdifferenzierung muß eine Reihe von Voraussetzungen erfüllt sein, ohne die diese Form der Preisgestaltung nicht anwendbar ist: (1) Teilbarkeit des Marktes in Segmente mit unterschiedlicher Nachfrageintensität und Zahlungsbereitschaft, (2) Isolierung der Marktsegmente; Abnehmer, die niedrige Preise bezahlen, dürfen keine Möglichkeit der Arbitrage haben, d. h. ihre Produkte an Nachfrager weiterzuverkaufen, die höhere Preise entrichten müssen, (3) grundsätzlich keine Preisunterbietung durch Konkurrenten in nachfrageintensiveren Segmenten. Zu beachten ist, daß die verschiedenen Formen der nachfrageorientierten Preisbildung (Preisdifferenzierung) kombiniert auftreten können (z. B. zeit- und personenabhängige Preisdifferenzierung bei der Bundesbahn).

Kostenorientierte Preisbildung

Kostenorientierte Preisbildung basiert in erster Linie auf der Kostenrechnung. **Grundsätzlich beschränkt sich die Funktion der Kostenrechnung in der Preispolitik auf die erfolgsorientierte Kontrolle der am Markt gebildeten Preise (kurz- und langfristige Preisuntergrenzen)** (vgl. Teil 9, S. 1282 ff.). Daneben dient in bestimmten Fällen die Kostenplanung aber auch der Preisfindung. Wird von einer progressiven Vollkostenrechnung ausgegangen, so handelt es sich um das sogenannte **„mark-up pricing". Dies bedeutet, daß der Hersteller durch einen prozentualen Gewinnaufschlag auf die kalkulierten Stückkosten den Preis bildet.** Wird die Ware über den Handel abgesetzt, so erhöht der Händler seinen Einstandspreis um einen vorgegebenen oder frei bestimmten Aufschlag (Handelsspanne). Der damit festgelegte Preis soll ihm die Handelskosten sowie einen Gewinn erwirtschaften. Die Problematik der Vollkostenrechnung und die Vernachlässigung der Preiselastizität der Nachfrage verhindern bei starrem

685

„mark-up pricing" eine optimale Preisgestaltung. Die Einfachheit der Handhabung dieses Prinzips und seine weitverbreitete gleichartige Anwendung bei den Konkurrenten in Handel und Industrie (z. B. Bauindustrie, Großmaschinenbau) erklären die Beliebtheit des Verfahrens. Es wird angewandt, wenn bei mangelhafter Erkennbarkeit der Zahlungsbereitschaft der Nachfrager probeweise ein Preis zu finden ist (z. B. bei öffentlichen Aufträgen oder bei individuellen Aufträgen; vgl. Teil 9, S. 1282 ff.).

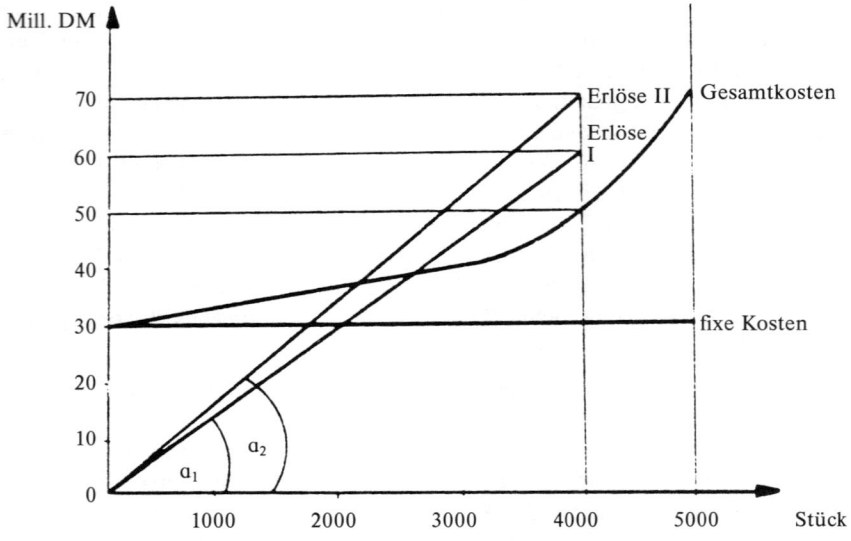

$$\text{tg } \alpha = \frac{\text{Planerlös}}{\text{Planmenge}} = \text{Preis}$$

Abbildung 5.27: Target-pricing mit Hilfe der Break-Even-Analyse

Break-Even-
Analyse
Soll ein bestimmter Gewinn erwirtschaftet werden, kann der Preis auch auf der Grundlage einer Prognose der Herstellungskosten verschiedener Absatzmengen mit Hilfe der Break-Even-Analyse berechnet werden (target pricing, vgl. Abbildung 5.27). Problematisch erweist sich bei dieser Methode – abgesehen von ihrer grundsätzlichen Beschränkung auf den Einproduktbetrieb – die Vernachlässigung des Preis/Nachfragezusammenhangs. Die Anwendung der kostenorientierten Preisbildung im Mehrproduktbetrieb wirft das Problem der Zurechnung von Gemeinkosten auf.

Konkurrenzorientierte Preisbildung

Die konkurrenzorientierte Preisbildung richtet sich an den Preisstellungen von Konkurrenten aus. **Der eigene Preis wird dabei – weitgehend unabhängig von unternehmensindividuellen Kosten- oder Nachfrageänderungen – in je nach Vergleichbarkeit und**

686

Beziehung zum Wettbewerb gleicher Höhe oder in fester Relation niedriger oder höher als der Konkurrenzpreis festgesetzt.

Eine gängige Form dieser Preispolitik ist die Orientierung am **Branchenpreis**. Schwierigkeiten bei der Kostenermittlung oder die Unsicherheit über Käufer- und Konkurrenzreaktionen auf abweichende Preispolitik begründen diese Verhaltensweise. Sie findet sich vor allem auf Märkten mit sehr homogenen Produkten (z. B. Rohstoffe, Nahrungsmittel) und überwiegend oligopolistischer oder polypolistischer Konkurrenz. Im Oligopol (z. B. Stahl-, Mineralöl-, Automobilindustrie) würde die Preissenkung eines einzelnen Oligopolisten von den anderen sofort nachvollzogen, um Marktanteilsänderungen zu vermeiden, und eventuell eine ruinöse Preiskonkurrenz einleiten. Eine Preiserhöhung dagegen trifft auf eine rückläufige Nachfrage, sofern die Konkurrenten sich nicht gleich verhalten. Im Polypol mit relativ vollkommener Konkurrenz kann der einzelne Anbieter den Preis nicht beeinflussen. Dieser wird aus dem Zusammentreffen sehr vieler Anbieter und Nachfrager gebildet. Erhöht ein Anbieter den Preis, so muß er je nach Grad der Konkurrenzvollkommenheit mit einem völligen oder teilweisen Nachfragerückgang für sich rechnen. Senkt er den Preis, so steigt die Nachfrage bei ihm überaus stark an. Aufgrund seiner geringen Produktionskapazität, die dem herrschenden Preis angepaßt ist, erwächst ihm daraus kein Vorteil.

Eine abgewandelte Spielart der konkurrenzorientierten Preisbildung ist die **Preisführerschaft**. Den Preisänderungen eines von den übrigen Konkurrenten anerkannten Preisführers schließen sich die anderen Anbieter an, ein in der Regel informell verlaufender Vorgang (vgl. z. B. Automobilindustrie, Kraftstoffhandel). Extremster Ausdruck konkurrenzorientierter Preisbildung sind **Preiskartelle**, d. h. feste Abmachungen zwischen Konkurrenten über gleiche Preise. Solche Absprachen sind in der Bundesrepublik Deutschland durch das Gesetz gegen die Wettbewerbsbeschränkung (GWB) grundsätzlich verboten (vgl. Teil 2, S. 207). Sie können jedoch in Form von sogenannten „Frühstückskartellen" informell stattfinden.

Für die konkurrenz- und kostenorientierte langfristige Preispolitik läßt sich insbesondere auch die Erfahrungskurvenanalyse (vgl. S. 665 ff.) sinnvoll einsetzen (vgl. Henderson 1984). Sie kann mögliche Wirkungen einer Niedrig- und Hochpreispolitik veranschaulichen (vgl. Abbildung 5.28, vgl. folgende Seite).

Zusammenhang zwischen Preis-Politik und Erfahrungskurvenanalyse

Die **Grundthese** der Erfahrungskurve lautet, daß bei stabilen Wettbewerbsverhältnissen die einzelwirtschaftliche und branchenbezogene Preisentwicklung langfristig dem sinkenden Stückkostenverlauf folgen wird (muß).

Bei einer **Hochpreispolitik**, d. h. die Preise sinken langsamer als die Stückkosten, verläuft die Marktdurchdringung und damit die Gewinnung von Kostenvorteilen langsam. Zudem werden durch wachsende Gewinnspannen zusätzliche Anbieter angelockt, die versuchen, in den Markt einzudringen. Dies kann kurzfristig zu Preiskämpfen sowie Marktbereinigungen und langfristig wieder zur „normalen" Preisentwicklung zurückführen.

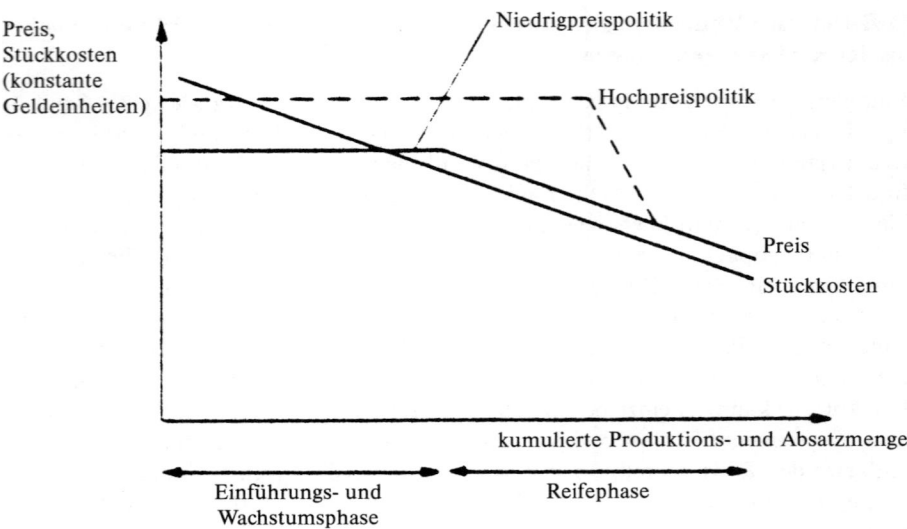

Abbildung 5.28: Erfahrungskurve und Preispolitik (logarithmischer Maßstab)

So wie eine Hochpreispolitik langfristig zu einer Schwächung der eigenen Markt-stellung führen kann, kann umgekehrt über eine Senkung der Preise (Niedrigpreis-politik) – insbesondere in rasch wachsenden Märkten – eine Stärkung der zukünfti-gen Marktstellung angestrebt werden.

Eine **Niedrigpreis-Politik** ist zwar kurzfristig für den Erfolg nachteilig, kann aber bei entsprechendem Mengeneffekt, d. h. bei preiselastischen Märkten über schnellere Kumulierung der Produktionsmengen (Erhöhung des Marktanteils) langfristige Kostenvorteile schaffen, die die Basis von Erfolgspotentialen darstellen. Wettbewer-ber, die in den Markt einzudringen versuchen, empfinden nun den Kostenvorsprung der angestammten Wettbewerber als eine erhebliche Eintrittsbarriere.

Eine Senkung der Preise zu Zwecken der Gewinnung von Marktanteilen in der Ein-führungs- und Wachstumsphase von Produkten/Märkten ist somit als Investition für langfristige Erfolgspotentiale, die in der Reife- und Abstiegsphase zu „ernten" sind, zu sehen.

Preispolitik und Lebens-zyklusanalyse

In Verbindung mit der Lebenszyklus- und Portfolio-Analyse empfiehlt sich aufgrund der Erfahrungskurve eine **phasenspezifische Differenzierung der Preispolitik:**
- tendenziell Niedrigpreispolitik für Einstiegs- und Wachstumsphase
- tendenziell Hochpreispolitik für Reife- und Abstiegsphase

Der langfristige Kostenbezug der Preispolitik wird durch die Erfahrungskurve – wenn auch in anderer Akzentuierung – verdeutlicht; denn sinken die Kosten der Wettbewerber langfristig nicht entsprechend der Branchen-Erfahrungskurve, so sinkt ihre preispolitische Anpassungsfähigkeit, und sie werden sich aus dem Markt zu-rückziehen müssen.

Eine ganz andere Form konkurrenzorientierten Preisverhaltens findet sich bei solchen Industriebetrieben, die nicht den Preis für ein Mengenprodukt auf einem relativ anonymen Markt setzen müssen, sondern die – meistens auf der Grundlage von Ausschreibungen – für ihre potentiellen Auftraggeber jeweils Angebote ausarbeiten. Bei dem steigenden Anteil, den öffentliche Auftraggeber am Umsatz einiger Industriezweige (z. B. Bauwirtschaft) besitzen, gewinnen Techniken an Bedeutung, die der Unternehmung helfen, die Höhe ihres Preisgebotes zu bestimmen. Ähnliches gilt für die auftragsorientierte Investitionsgüterindustrie. Das Gebot der Unternehmung konkurriert in diesem Falle mit den in ihrer Höhe unbekannten Geboten anderer Anbieter.

Ausschreibung – Angebot

Für eine solche Preisfindungssituation wurde von der Unternehmensforschung das Modell des konkurrierenden Gebotes (competitive bidding) entwickelt. Es geht von der Annahme aus, **daß die Unternehmung mit dem geringsten Gebot den Auftrag bekommt und alle Gebote bis zum Tage der Zuteilung geheim bleiben.** Diese Bedingungen sind in der Praxis der Auftragsausschreibung jedoch nicht immer gegeben. Dem Anbieteverhalten der Unternehmungen können unterschiedliche Zielsetzungen – z. B. den Gewinn der Konkurrenten möglichst klein zu halten, oder die Wahrscheinlichkeit, den Auftrag zu erhalten, zu maximieren und ähnliches – zugrunde gelegt werden. In quantitativen Modellen zur Unterstützung dieser Problemhandhabung wird die **Maximierung des Erwartungswertes von Deckungsbeiträgen** als Zielsetzung unterstellt (vgl. Hanssmann 1990).

Competitive bidding

Die Schwierigkeit einer quantitativen Lösung liegt in der Beschaffung der Daten. Während sich die Höhe der Kosten verhältnismäßig einfach mit Hilfe der Kalkulation ermitteln läßt, stellt die Gewinnung der Wahrscheinlichkeitsfunktion für die Höhe der Angebote das eigentliche Problem dar. Ein Weg, die Wahrscheinlichkeit zu bestimmen, besteht darin, frühere veröffentlichte Ausschreibungen zu studieren. Aus diesen Angaben kann das Angebotsverhalten der potentiellen Konkurrenten abgeleitet werden. Andere Möglichkeiten der Einschätzung des Konkurrenzverhaltens sind z. B.: Erhebung subjektiver Wahrscheinlichkeiten bei unternehmungsinternen Experten; Errechnung eines branchenbezogenen Durchschnittsgebotes.

Konstruktion der Wahrscheinlichkeitsverteilung

Das Grundmodell des konkurrierenden Gebotes bedarf entsprechender Modifikation, wenn für mehrere Ausschreibungen gleichzeitig geboten wird, ohne daß diese tatsächlich ausgeführt werden könnten, weiterhin wenn andere als Preisgesichtspunkte eine Rolle spielen (z. B. die Auslastung leerstehender Kapazitäten) oder wenn kein hinreichendes Datenmaterial über vergangene erfolgreiche Angebote vorliegt. Fehlen solche Verteilungsvorstellungen völlig, kann die Spieltheorie eine gewisse Hilfestellung bieten (z. B. Gebote auf der Basis des Maximumkriteriums; vgl. Teil 1, S. 31 ff.). In der Praxis wurde das Modell bereits in mehreren Fällen erfolgreich angewandt.

Besonders schwierig wird die Preisbildung, wenn die Produkte eines Unternehmens untereinander nachfrage- und/oder kostenmäßig verknüpft sind (vgl. Teil 9, S. 1282 f.).

Nachfragemäßige Verknüpfung liegt vor, wenn die Marketingaktivitäten, hier insbesondere der Preis, für ein Produkt die Nachfrage nach einem oder mehreren anderen Erzeugnissen des gleichen Unternehmens beeinflussen. Dabei können komplementäre (z. B. höhere Nachfrage durch Preissenkung für Autos bewirkt höhere Nachfrage nach Ersatzteilen und Zubehör) oder substitutionale Beziehungen (z. B. Preiserhöhung für Standardmodelle verstärkt die Nachfrage nach Luxusausführungen) auftreten. Diese Situation substitutionaler oder komplementärer Nachfragebeziehung zwischen einzelnen Produkten dürfte in den meisten Absatzprogrammen der Industriebetriebe auftreten.

Kostenmäßige Interdependenzen bestehen, wenn die Veränderung der Produktionsmenge eines Gutes die Produktionskosten eines oder mehrerer anderer Produkte beeinflußt. Produktionsprogramme, in denen solche Abhängigkeiten bestehen, sind einer „optimalen" Preisgestaltung besonders schwer zugänglich. In jedem Fall darf nun keine isolierte Preisbildung pro Produkt erfolgen, sondern es ist stets das „Päckchen" (Riebel 1981) interdependenter Produkte zu betrachten, dessen Umsatz bzw. Deckungsbeitrag insgesamt zu maximieren ist. Kostenanalysen, Nachfrage-(reaktions-)schätzungen, Probieren und Erfahrung sind die allgemeinen Hilfsmittel zur Abstimmung der Preise interdependenter Produkte.

Preisbildung bei neuen Produkten

Ein weiteres Problem ergibt sich bei der Wahl der Preisstrategie für neue Produkte. Zwei in diesem Zusammenhang wichtige Strategien sind die **Penetrationspreispolitik** (penetration-pricing) und die **Abschöpfungspreispolitik** (skimmingpricing), die gewisse Ähnlichkeiten mit der an der Erfahrungskurve orientierten Preispolitik aufweisen.

Das penetration-pricing zielt mit relativ niedrigen Einführungspreisen auf eine schnelle Erschließung der Massenmärkte ab, mit der Absicht, potentielle Konkurrenten vom Markteintritt abzuhalten. Zu einem späteren Zeitpunkt sollen dann die Preise sukzessive angehoben werden. **Beim skimming-pricing wird hingegen in der Einführungsphase ein relativ hoher Preis gefordert, um die Konsumentenrente abzuschöpfen.** Mit zunehmender Erschließung des Marktes und dem Eintritt der Konkurrenz werden die Preise gesenkt.

Die Pentetrationspreis-Politik bietet sich an, wenn das Nachfrageverhalten relativ elastisch ist und die Kostendegression als Folge hoher Auslastung die Ertragssituation verbessern kann. Allerdings birgt sie erhebliche Risiken aufgrund der längeren Amortisationsdauer der Investitionen in das neue Produkt sowie der Gefahr, daß der preispolitische Spielraum nach oben begrenzter ist als erwartet.

690

Abschöpfungspreis-Politik erscheint dann sinnvoll, wenn es genügend Konsumenten gibt, die relativ preisunempfindlich reagieren. Dadurch können zu Beginn der Markteinführung hohe Deckungsbeiträge erzielt werden, welche zur Finanzierung der Einführungsanstrengungen dienen und ggf. auch die spätere Erschließung des Massenmarktes ermöglichen. Besonders häufig kommt diese Strategie bei relativ modischen Produkten zur Anwendung, die der Gefahr einer raschen Veralterung unterliegen. Der Nachteil dieser Strategie besteht vor allem darin, daß der hohe Preis die ins Auge gefaßte Zielgruppe vom Kauf abhalten oder die Konkurrenz früher als erwartet auf den Markt locken kann.

Nach den bisherigen Ausführungen zur Preispolitik stellt diese sich als eine sehr schwierige, bislang theoretisch kaum ausreichend aufgearbeitete Materie dar (vgl. allerdings Simon 1982). Die aufgezeigten Orientierungshilfen Nachfrage, Kosten, Konkurrenz, Produktinterdependenzen können nur isolierte Aspekte repräsentieren, die in der Realität Berücksichtigung finden müssen. In der Regel dürfte eine Kombination oder eine stufenweise Berücksichtigung dieser Gesichtspunkte anzutreffen sein, und zwar sowohl bei der erstmaligen Preisfestlegung für ein Produkt wie auch für Preisänderungsentscheidungen. Dabei ist jeweils besonders zu untersuchen, wie z. B. eine Preissenkung durch andere Marketinginstrumente (Werbung, Öffentlichkeitsarbeit) verhindert bzw. eine Preiserhöhung durch die entsprechenden Instrumente begünstigt und begründet werden kann.

Preisstrategie

Je stärker die Produkte eines einzelnen Anbieters von denen anderer Hersteller mit Hilfe anderer Marketinginstrumente im Bewußtsein der Käufer abgehoben sind, desto größer ist sein preispolitischer Handlungsspielraum. Hier zeigt sich die enge Verbundenheit mit den anderen absatzpolitischen Instrumenten.

Rabatte und Konditionen

In manchen Branchen wird der Preis durch Rabatte modifiziert, die der Hersteller seinen Abnehmern gewährt. **Rabatte sind Preisnachlässe für Leistungen des Abnehmers, die im Zusammenhang mit dem Absatz der Waren stehen.** Neben dem Stufen- oder Funktionsrabatt, der auf der Grundlage des Verbraucherendpreises den Handelsstufen die Deckung ihrer Handelskosten sichern soll, unterscheidet man Mengen-, Saison-, Einführungs-, Treue- und Verbraucherrabatte. Diese Preisnachlässe haben den Sinn, den Abnehmer zum Kauf größerer Mengen (Mengen-, Saisonrabatt) oder eines neuen Produktes zu bewegen (Einführungsrabatt) bzw. ihn an den Anbieter zu binden (Treue-, Verbraucherrabatt).

Um die Bedingungen der Entrichtung des vereinbarten Kaufpreises und die Modalitäten der Übergabe und des Gefahren- und Eigentumsübergangs der Waren geht es bei der Gestaltung der Konditionen, die hier nur kurz angesprochen wird. Je nach den marktspezifischen Gepflogenheiten oder der Marktstellung von Anbieter und Nachfrager sind die **Fracht und Versicherung** ganz oder teilweise von der einen oder anderen Seite zu tragen. Entsprechend regelt sich auch der **Gefahrenübergang**. Für rasche

Konditionen

Zahlung des Kaufpreises gewährt der Anbieter häufig einen Preisnachlaß, den soge-
nannten **Skonto**. Andererseits steht er aber dem Käufer unter Umständen auch mit
Zahlungszielen verschiedener Fristigkeiten zur Verfügung, die den Abnehmer unter-
schiedlich stark belasten. Bei Großaufträgen mit langer Produktionszeit leisten die
Auftraggeber in der Regel **Anzahlungen**. Vereinbarungen über Höhe und zeitliche
Verteilung der Anzahlungen gehören zu den Instrumenten der Konditionspolitik. Die
Preis-, Konditionen- und Finanzierungspolitik im industriellen Großanlagen- und
Systemgeschäft stellt eine besonders interdependente, mit den üblichen Instrumenten
der Preispolitik kaum faßbare Problamtik dar (vgl. Plinke 1985, Backhaus 1990). Es
ist auch auf das **Leasing** zu verweisen, bei dem die Produkte (insbesondere Investitionsgüter und langlebige Konsumgüter) nicht verkauft, sondern mit wöchentlichen,
monatlichen oder jährlichen Mietraten und der Möglichkeit eines späteren Kaufes
vermietet werden. Diese hier nur kurz angedeuteten Fragen der Zahlungsmodalitäten
beeinflussen die Kaufentscheidungen nicht unerheblich und stehen in einem engen
Zusammenhang mit der Kapitalwirtschaft des Industriebetriebs (vgl. Teil 7,
S. 1008 ff.).

3. Distributions-Politik

Die vielfältigen Möglichkeiten der unmittelbaren Gestaltung industrieller Leistungen
wurden im Rahmen der Produkt- und Preispolitik untersucht. **Die Frage, auf welche
Weise die Produkte vom Produzenten zum Käufer gelangen sollen, ist Gegenstand der
Distributions-Politik. In ihr sind all die Instrumentalvariablen planmäßig aufeinander
abzustimmen, die die institutionellen und verfahrensmäßigen Bedingungen für den Weg
des Produktes vom Hersteller zum Käufer festlegen.** Daß es sich dabei um einen
Problemkreis handelt, der für die Marktorientierung des Industriebetriebes große
Bedeutung hat, ist unschwer einzusehen. Von diesen Entscheidungen hängen unter
anderem die Geschwindigkeit der Marktversorgung sowie die Nähe von Verbraucher
und Produzent zueinander ab. Hinzu kommt, daß ein Großteil der hier zu treffenden
Entscheidungen konstitutiven Charakter hat und somit die Absatzwirtschaft des
Industriebetriebs auf lange Sicht bindet.

*Distributions-
begriff*

Distributionspolitische Entscheidungtatbestände lassen sich grob in Absatzwege-
entscheidungen (akquisitorische Distribution) und Entscheidungen über Transport
und Lagerhaltung (physische Distribution) gliedern (vgl. auch zu einer umfassenden
Marketing-Logistik-Konzeption Krulis-Randa 1977).

Absatzwege

Die Anzahl, Anordnung und Aufgabenverteilung der Stellen, über die die Ware vom
Produzenten zum Endabnehmer vermittelt wird, bildet einen Absatzweg. Beispielhafte Grundtypen von Absatzwegen sind in Abbildung 5.29 zusammengestellt.

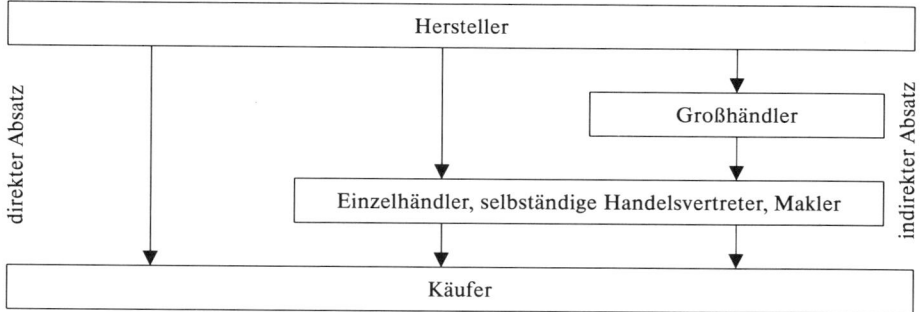

Abbildung 5.29: Grundtypen von Absatzwegen

Direkter Absatz liegt vor, wenn kein unternehmensfremdes Organ in den Absatzweg eingeschaltet ist. Der Verkauf wird bis zum Verwender des Produkts vollständig von betriebseigenen Organen übernommen, sei es durch eine zentrale Verkaufsabteilung, über dezentrale Niederlassungen oder durch angestelltes Verkaufspersonal (Reisende). Diese Form des Absatzes findet sich z. B. in der Großanlagenindustrie, beim Vertrieb komplexer Systeme (z. B. große EDV-Anlagen, Transport-, Lagerhaltungs- und Kommunikationssysteme), dem Versandhandel oder beim Haustürverkauf von Kosmetikprodukten durch Angestellte.

Direkter Absatz

Der direkte Absatzweg ist jedoch in vielen Fällen nicht anwendbar. Finanzielle Gründe (z. B. beansprucht der Aufbau eines eigenen Niederlassungsnetzes anstelle eines konzessionierten Händlernetzes die Finanzkraft eines Automobilherstellers in hohem Maße), die Notwendigkeit, komplementäre Produkte anderer Unternehmen mitzuverkaufen (z. B. im Nahrungsmittelverkauf), und Kostenüberlegungen (es ist günstiger, wenn z. B. 10 Produzenten jeweils nur an einen spezialisierten und erfahrenen Händler verkaufen und dieser dann an 100 Endabnehmer, als wenn jeder Produzent an alle Endverbraucher seine Waren vertreibt) sind als Ursachen für den indirekten Absatz zu nennen. In die Vermittlung des Produktes vom Hersteller zum Verbraucher werden dann unternehmensfremde Organe einbezogen (vgl. Abbildung 5.29).

Indirekter Absatz

Beim **einstufigen indirekten Absatz** wird nur eine außerbetriebliche Instanz eingeschaltet: Einzelhändler, die im eigenen Namen und auf eigene Rechnung vom Hersteller Waren kaufen oder als Kommissionäre übernehmen und an die Endabnehmer verkaufen (z. B. Warenhäuser, Lebensmittel- und Facheinzelhandel), selbständige Handelsvertreter, die in fremdem Namen und für fremde Rechnung die Produkte eines oder mehrerer Hersteller verkaufen (z. B. haben mittlere und kleinere Investitionsgüterproduzenten häufig Handelsvertreter im In- und besonders im Ausland), oder Makler, die im eigenen Namen und für fremde Rechnung tätig werden (z. B. Waren- und Rohstoffbörsen). Durch die Einschaltung des Großhandels wird der indirekte Absatzweg **zweistufig.** Weitere Stufungen in Form von Zwischenhändlern oder sonstigen Vermittlungsstellen sind denkbar. In manchen Branchen (z. B. Eisenwaren, Baustoffe) ist der Großhandel nahezu regelmäßig vertreten und hat für die Belieferung der vielen Einzelhändler große Bedeutung. Für den Absatz auf einem neuen Markt ist ein Industriebetrieb vor allem aus finanziellen Erwägungen in der Regel auf die bestehende und meist begrenzte Anzahl von Absatzmittlern (Groß-, Einzelhändler, Handelsvertreter usw.) angewiesen. Er muß es als Erfolg betrachten, wenn diese sein Produkt in ihre Handelssortimente aufnehmen (vgl. zur Untersuchung der Händlerrolle und insbesondere zur Berechtigung von Händlereinkommen Gumbel 1985). **Aus dieser Sicht stellt sich die Struktur der Absatzwege eher als Resultat eines Anpassungsprozesses an die jeweiligen Bedingungen, denn als eine freie und autonome Entscheidung dar.** Die Frage nach einer möglichst günstigen Gestaltung der Absatzwege als Voraussetzung für ein zielgerechtes Marketing stellt sich insbesondere bestehenden und marktlich etablierten Industriebetrieben.

Klassische betriebswirtschaftliche Kriterien wie Kosten und Erlöse erlauben einen ersten Einblick in die Entscheidungsproblematik. Steht z. B. die Entscheidung an, ob selbständige Handelsvertreter oder angestellte Reisende den Verkauf beim Endabnehmer übernehmen sollen (vgl. z. B. Dichtl u. a. 1981), so besteht die erste Schwierigkeit darin, den Verkaufserfolg für beide Gruppen zu schätzen. Dieser hängt aber wiederum von Faktoren wie dem vorgegebenen Anreizsystem für die Verkäufer, den Präferenzen und Verhaltensweisen der Kunden usw. ab. Geht man davon aus, daß beide Gruppen ähnlich erfolgreich verkaufen und daß die Distributionskosten eines *Kosten* jeden Systems bekannt sind, so läßt sich die Entscheidung aus der Sicht der Kosten mit Hilfe eines Diagramms fällen, das an die Break-Even-Analyse erinnert (vgl. Abbildung 5.30).

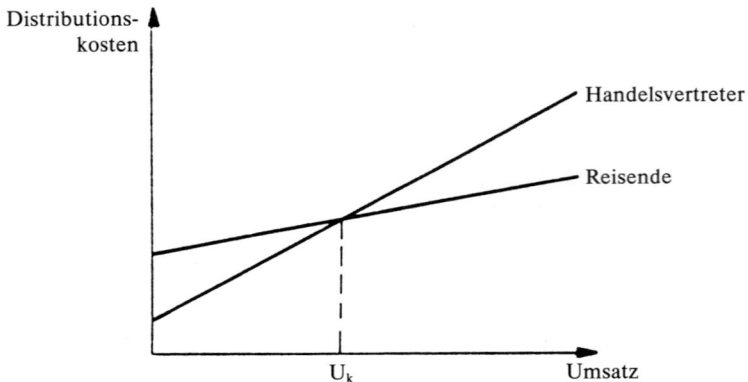

Abbildung 5.30: Distributionskostenstruktur von Handelsvertretern und Reisenden in Abhängigkeit vom Umsatz

Die fixen Kosten der Alternative „Handelsvertreter" sind naturgemäß relativ gering, während die variablen Kosten aufgrund des hohen Provisionssatzes stark ansteigen. Reisende der eigenen Unternehmung verursachen normalerweise einen hohen Fixkostenblock, ihr Anteil am Verkaufserfolg ist jedoch in der Regel geringer als der der Handelsvertreter. Dementsprechend ergibt sich ein Schnittpunkt beider Kurven in der Zone eines ungefähr bestimmbaren kritischen Umsatzes (U_k).

694

Wird eine unterschiedliche Verkaufseffizienz für beide Gruppen prognostiziert, so läßt sich ein Wirtschaftlichkeitsvergleich mit Hilfe des Kriteriums „Deckungsbeitrag pro Absatzweg" (DB$_i$) durchführen. Dieser ergibt sich aus der Differenz der Umsatzprognose dieses Weges (U$_i$) und seiner geschätzten Distributionskosten (K$_i$): *Deckungsbeitrag*

(5.11) $\text{DB}_i = \text{U}_i - \text{K}_i \ (i = 1, 2, \ldots, l)$

Durch Gegenüberstellung von verschiedenen Deckungsbeiträgen für die einzelnen Absatzwege (i) kann derjenige Absatzweg ausgewählt werden, der innerhalb der langfristig prognostizierten Umsatzbandbreite die höchsten Deckungsbeiträge erbringen wird.

Neben den angeführten Kriterien wie Kosten und Deckungsbeitrag sind weitere Maßstäbe zur Beurteilung von alternativen Absatzwegestrukturen heranzuziehen, die auch zum Teil bei der allgemeinen Organisationsgestaltung Verwendung finden. Dies sind insbesondere: Kontrollmöglichkeit (Handelsvertreter sind beispielsweise schwerer zu kontrollieren als angestellte Reisende), Flexibilität (eine Kette von Exklusivläden oder eigenen Niederlassungen ist weniger anpassungsfähig an Umweltveränderungen als eine Handelsvertretergruppe, die schnell erweitert oder vermindert werden kann), Geschwindigkeit (die Abwicklung von Aufträgen und Marketingaktivitäten über unternehmenseigene Organe ist eventuell schneller zu handhaben als über verschiedene unternehmensexterne Handelsstufen), Unabhängigkeit (durch indirekten Absatz kann ein Produzent in eine Abhängigkeit vom Handel geraten, während beim direkten Absatz größere Selbständigkeit und Kooperationsbereitschaft gegeben sind). Bei Berücksichtigung aller genannten Kriterien zeigt sich eine Reihe von Zielkonflikten, die nur im konkreten Fall durch Setzung unternehmensbezogener Präferenzen gelöst werden können. *Kontrolle, Flexibilität, Geschwindigkeit, Unabhängigkeit*

Die Wahl des Absatzweges stellt ein Organisationsproblem dar, das auf der Grundlage der Transaktionskostentheorie (vgl. Teil 1, S. 52 ff.) als Frage nach dem sinnvollen Grad der Vorwärtsintegration aufzufassen ist. Diejenige Lösung, die für die jeweilige Produktart bzw. das jeweilige Marktsegment die geringsten Transaktionskosten verursacht, ist dann vorzuziehen. Demnach sind die relevanten Einflußgrößen der Transaktionskosten zu identifizieren (vgl. z. B. Anderson/Weitz 1986, Picot 1986 b). Die Eigenschaften der Transaktionssituation, das heißt der jeweiligen Beziehungen zwischen Angebot und Nachfrage, und die Eigenschaften der unterstützenden Infrastruktur stellen die wesentlichen Einflußgrößen dar (vgl. Abbildung 5.31, vgl. folgende Seite). Je nach Ausprägung dieser Eigenschaften ist dann für eine Produktkategorie bzw. für ein Marktsegment eher Direktvertrieb (rechts) oder eine mehrstufige Absatzwegstruktur (links) zu empfehlen. *Einflußgrößen der Absatzwegestruktur*

Die Entscheidung über die Absatzwege kann auch in eine Kombination mehrerer Grundtypen von Verkaufskanälen münden, insbesondere wenn verschiedene Zielmärkte bzw. Marktsegmente zu versorgen sind. So vertreiben z. B. die Kleincomputer-, Mineralöl- und Reifenindustrie ihre Produkte sowohl direkt an öffentliche und privatwirtschaftliche Großabnehmer als auch indirekt über ein weitverzweigtes Händlersystem an die privaten und kleineren gewerblichen Endverbraucher.

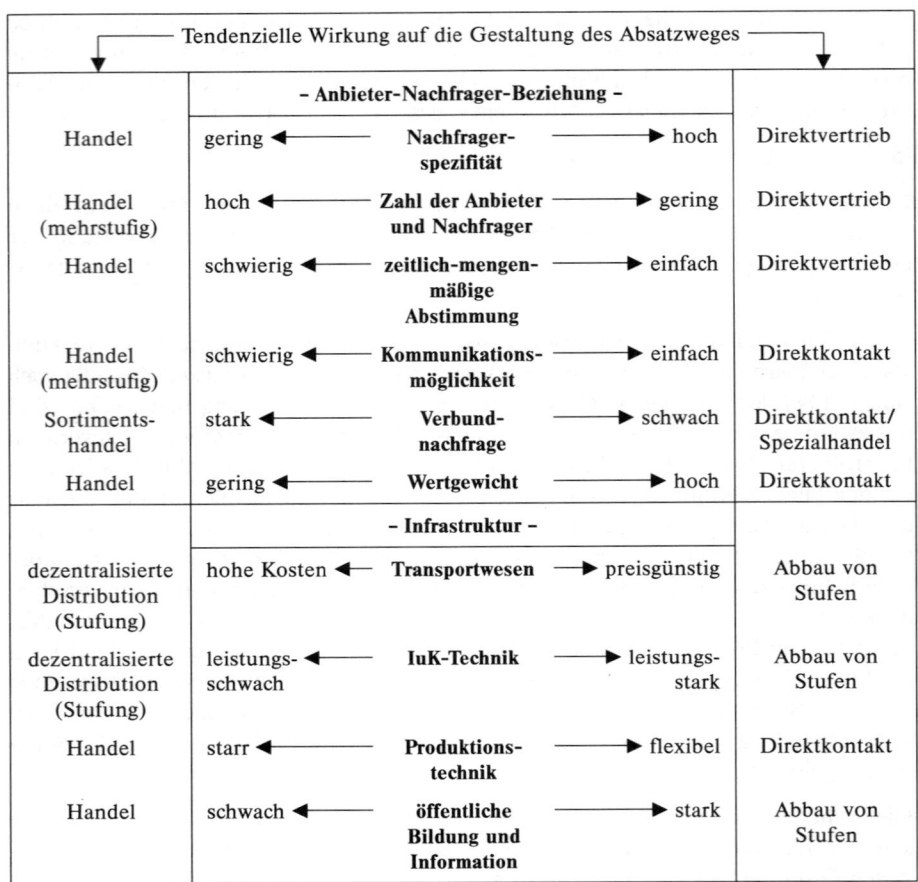

	Tendenzielle Wirkung auf die Gestaltung des Absatzweges		
	– Anbieter-Nachfrager-Beziehung –		
Handel	gering ◄——— **Nachfrager-spezifität** ———► hoch		Direktvertrieb
Handel (mehrstufig)	hoch ◄——— **Zahl der Anbieter und Nachfrager** ———► gering		Direktvertrieb
Handel	schwierig ◄——— **zeitlich-mengenmäßige Abstimmung** ———► einfach		Direktvertrieb
Handel (mehrstufig)	schwierig ◄——— **Kommunikations-möglichkeit** ———► einfach		Direktkontakt
Sortimentshandel	stark ◄——— **Verbund-nachfrage** ———► schwach		Direktkontakt/ Spezialhandel
Handel	gering ◄——— **Wertgewicht** ———► hoch		Direktkontakt
	– Infrastruktur –		
dezentralisierte Distribution (Stufung)	hohe Kosten ◄——— **Transportwesen** ———► preisgünstig		Abbau von Stufen
dezentralisierte Distribution (Stufung)	leistungs-schwach ◄——— **IuK-Technik** ———► leistungs-stark		Abbau von Stufen
Handel	starr ◄——— **Produktions-technik** ———► flexibel		Direktkontakt
Handel	schwach ◄——— **öffentliche Bildung und Information** ———► stark		Abbau von Stufen

Abbildung 5.31: Einflußgrößen der Gestaltung des Absatzwegs

Quelle: Picot (1986 b)

Freiheits-grade der Absatzwege-gestaltung

Ist die tendenzielle Lösungsrichtung für die Absatzwege herausgearbeitet, so sind in dem verbleibenden Aktionsspielraum die Gestaltungsalternativen zu präzisieren.

(1) **Wie viele Absatzstufen sollen eingeschaltet werden?** Hier ist zwischen den verschiedenen Versionen des indirekten Absatzes zu entscheiden.

(2) **Wie viele Absatzmittler sollen auf jeder Distributionsstufe tätig sein? Intensive Distribution** sucht so viele Händler wie möglich auf jeder Stufe zu erreichen (z. B. Massenprodukte wie Zigaretten, Zeitschriften usw.). **Exklusive Distribution** gewährt nur ausgewählten Händlern Exklusivrechte, meist für einen bestimmten geographischen Raum, wodurch diese stärker für das Produkt motiviert und besser kontrolliert werden können (z. B. bestimmte Möbel- oder Kleidermarken). **Selektive Distribution** ist eine Kombination aus beiden; der Hersteller hofft

696

dabei, durch Auswahl geeigneter Händler eine ausreichende Marktversorgung mit geringeren Distributionskosten zu erreichen.

(3) **Wie sollen sich die Absatzaufgaben, -kompetenzen und -verantwortlichkeiten auf die Stufen verteilen?** Die Zuordnung von Pflichten und Rechten (z. B. Lagerhaltung, Transport, Werbung, Kundendienst etc.) auf die einzelnen Handelsstufen ist das Ergebnis von Verhandlungsprozessen zwischen dem Hersteller und den nachgelagerten Distributionsstufen, die je nach Marktausstattung unterschiedlich verlaufen können.

Ein weiterer Problemkreis im Rahmen der Gestaltung und Verwaltung der Absatzwege besteht in der Auswahl von Händlern, Handelsvertretern und Verkäufern, der Motivation der Mitglieder der Absatzwege und der Leistungsbewertung der einzelnen Handels- und Verkaufsinstanzen. Stehen genügend Bewerber für die Übernahme der Vertretung oder des (konzessionierten) Handels des Produktes (z. B. in der Automobilbranche) zur Verfügung, so ist die **Auswahl** ein spezielles personalwirtschaftliches Problem, für das besondere Kriterien entwickelt werden müssen. Stellt das Auffinden geeigneter Händler für ein Industrieprodukt einen Engpaß dar, so können zwei Strategien getrennt oder kombiniert verwendet werden: Entweder „zwingt" der Hersteller den Handel zur Aufnahme des Produktes in die Sortimente durch breit angelegte intensive Werbung, die beim Handel Nachfrage nach dem Produkt hervorruft, oder er versucht, im Wege einer überzeugenden Präsentation des Produktes und finanzieller Anreize (Einführungsrabatte usw.) sein Produkt bei einigen Händlern unterzubringen. Ist ein Produkt im Handel, so müssen die Händler immer wieder motiviert werden, sich besonders für dieses Produkt einzusetzen. Dies kann durch Besuche und persönliche Aufmerksamkeiten ebenso geschehen wie durch eine Veränderung der Handelsspanne und Neuverteilung der Pflichten und Rechte. Die **Leistungsbewertung** der Verkäufer, Vertreter und Händler kann durch Soll-Ist-Vergleich – wobei das Soll vorgegeben oder vom Betroffenen selbst festgelegt werden kann –, durch Zeitvergleich mit Verkaufsergebnissen früherer Perioden und durch Rangordnung der Mitglieder einer Handelsstufe nach ihrer Leistung vorgenommen werden. Bei der Analyse müssen jedoch die individuellen und umweltbezogenen Besonderheiten der Leistung des betrachteten Mitglieds berücksichtigt werden. Aus der Leistungsbewertung können sich Folgerungen für die Motivation der Mitglieder der Absatzwege und gegebenenfalls für eine Änderung der Absatzwegestruktur ableiten.

Personalprobleme der Absatzwegegestaltung

Transport und Lagerhaltung

Während die Gestaltung der Absatzwege die institutionelle Struktur der Verbindung zwischen Hersteller und Endnachfrager eines Produktes zum Gegenstand hat, handelt es sich bei der physischen Distribution um den **Fluß der Fertigerzeugnisse vom Endpunkt der Fertigung bis zur effektiven Auslieferung der Produkte an den ersten unternehmensexternen Abnehmer (Großhändler, Einzelhändler oder Letztverwender) (vgl. Hanssmann 1990).** Die physische Distribution nimmt dabei nicht selten einen anderen Weg als die rechtliche Vermittlung und Vereinbarung des Kaufs.

Physische Distribution

Die instrumentelle Bedeutung dieses Teilbereichs der Distribution, der sich aus Transport und Lagerhaltung zusammensetzt, ist für das Marketing erst in jüngerer Zeit verstärkt erkannt worden. Unter den Begriffen „physical distribution" oder „marketing logistics" hat sich ein Marketinggebiet entwickelt, das, besonders mit Hilfe quantativer Methoden des Operations Research, ein differenziertes Instrumentarium entwickelt hat.

Als Gründe für die intensivere Beschäftigung mit diesem Bereich lassen sich die steigenden Kosten im Transport- und Lagerwesen, die Wetttbewerbswirksamkeit zuverlässiger und schneller Kundenbelieferung und die Gewinnung preispolitischer Spielräume durch Logistik- bzw. Distributionskostensenkung anführen.

Da die Probleme der Lagerwirtschaft im Absatzbereich denen in der Produktionswirtschaft zum großen Teil ähneln (vgl. Teil 4, S. 509 f.), wird im folgenden lediglich auf einige Fragen der Transportmittel und der Dezentralisierung von Lägern und Produktion kurz eingegangen.

Gestaltungs-
kriterien
Ein Gestaltungskriterium für die Entscheidungen über das Transport- und Lagerwesen ist wiederum schwer zu definieren. Die allgemeine Forderung, die richtigen Waren zum richtigen Zeitpunkt am richtigen Ort zu den günstigsten Kosten bereitzustellen, ist wenig operational. Vielmehr sind die gegenläufigen Kostentendenzen, die von der Erhöhung der Lieferfähigkeit einerseits und der Verminderung der Lagerhaltungs- und Transportkosten andererseits ausgehen, durch die Formulierung eines akzeptierbaren Kosten- und Lieferfähigkeitsniveaus zu konkretisieren und aufeinander abzustimmen. Hinzu kommt auch hier die Forderung etwa nach weitgehender Flexibilität und Unabhängigkeit des physischen Distributionssystems der Unternehmung, damit der Industriebetrieb auf Umweltveränderungen möglichst reaktionsfähig und selbständig handlungsfähig bleibt. Die konfliktären Beziehungen zwischen diesen Zielen können nur im praktischen Einzelfall bewertet werden. Besondere Gestaltungsbedingungen für die Absatzlogistik ergeben sich bei der Anwendung eines Just-in-Time-Konzeptes (vgl. Teil 4, S. 606 ff.). Bei einer Just-in-Time-Lieferung erfolgt der Lieferabruf kurzfristig, und die gelieferten Waren gehen direkt ohne nennenswerte Zwischenlagerung in den Produktionsprozeß ein. Damit soll der Vorteil einer bestandsarmen Lagerhaltung realisiert werden. Dieses Konzept setzt allerdings eine erhebliche Flexibilität in die Produktion der Zulieferer und die physische Distribution der Waren voraus. Es besteht insbesondere die Notwendigkeit, durch eine Verstetigung des gesamten Güterflusses eine vom Abnehmer geforderte Liefersicherheit zu gewährleisten. Dieser Sachverhalt verstärkt sich zusätzlich noch durch eine enge informations- und kommunikationstechnische Anbindung zwischen Lieferanten und Abnehmer. Durch die Möglichkeit einer bruchlosen Weiterverarbeitung der zwischen Lieferanten und Abnehmern auf elektronischem Wege ausgetauschten Informationen (electronic data interchange) reduziert sich weiter der zeitliche Gestaltungsspielraum des Lieferanten.

698

Ist die Marktmacht so verteilt, daß der Hersteller den Abnehmern die Produkte anliefern muß – das ist der Regelfall –, und gibt es einen einzigen Produktions- und Lagerstandort, von dem aus die Belieferung erfolgt, so muß zwischen den verschiedenen Transportmöglichkeiten, soweit sie im konkreten Fall anwendbar sind, entschieden werden. Dieses Entscheidungsproblem kann in zwei Teilprobleme zerlegt werden:

(1) Welche Art von Transportmittel ist zu wählen?

(2) Sollen Transportunternehmen mit der Beförderng betraut werden oder soll sich das Unternehmen eigene Transportkapazitäten angliedern?

Bei der ersten Frage handelt es sich um die grundsätzliche Wahl zwischen den Transportmedien Flugzeug, Lastkraftwagen, Eisenbahn, Binnen- und Handelsschiffahrt, die freilich nur im Ausnahmefall alle als Alternativen gegeben sind. Neben Produkteigenschaften wie Verderblichkeit, Größe und Gewicht beschränken die Entfernung und die (wirtschafts)geographischen Bedingungen zwischen Versand- und Zielort die Anzahl der Alternativen. Die Frachtkosten für die einzelnen Transportalternativen sind – in vereinfachter Sicht – vor allem versandmengen- und gewichtsabhängig und in ihrer Struktur mit unterschiedlich hohen Fixkostenbestandteilen belastet. Die Benutzung der einzelnen Transportmedien hat jedoch auch kostenmäßige Konsequenzen für die Lagerkosten. **Können durch Verkürzung der Transportzeiten (z. B. durch Luftfracht) die Lagerumschlagsgeschwindigkeiten erhöht und damit der durchschnittliche Lagerbestand und die Lagerinvestitionen vermindert werden, so verringern sich auch die gesamten Lagerkosten.** Andererseits hat jede Transportart auch Einfluß auf die Verwaltungs- und Verpackungskosten des Versands sowie auf Versicherungen, Steuern und auf die Kapitalkosten, sofern die Zahlung des Kaufpreises vom Lieferzeitpunkt abhängt. Schließlich müssen Kosten für entgangene Verkäufe und Rufminderung aufgrund verspäteter Auslieferungen, die durch die Wahl des Transportmittels verursacht sind, angesetzt werden. Aufgrund dieser vielfältigen Interdependenzen ist es sehr problematisch, generelle Hypothesen über die genauen Kostenverläufe der einzelnen Transportalternativen aufzustellen. Wo in etwa die kritischen Versandmengen zum Wechsel von einer Alternative zu einer anderen liegen, läßt sich nur unter Berücksichtigung der individuellen Gegebenheiten und Lieferbereitschaftserfordernisse bestimmen.

Die Frage nach der Beförderung mit eigenen oder fremden Transportmedien ist zunächst auch eine Kostenfrage. Neben dem Problem der Aufbringung ausreichender finanzieller Mittel zum Aufbau von Transportkapazitäten muß nämlich eine ausreichende und dauerhafte Auslastung der Beförderungmittel gewährleistet sein, sollen keine Leerkosten entstehen. Diese letzte Bedingung ist meist nur bei Großunternehmen mit breitgestreuten Zweigbetrieben oder dann erfüllt, wenn es gelingt, die freien Kapazitäten (z. B. auf den Rückfahrten) durch Hereinnahme von Speditionsaufträgen auszulasten. Sind diese Voraussetzungen gegeben, so können eigene Transportkapazitäten dem Hersteller eine größere Unabhängigkeit in der Distribution verleihen. Andererseits verursacht eine solche Entscheidung langfristig zusätzliche

Transport-mittelwahl

Kostenüber-legungen

Eigen- oder Fremd-transport

699

Managementkosten und Kapitalbindungen. Aus diesen Gründen unterhalten auch große Industriebetriebe heute nur selten eigene Transportflotten.

Absatzlager-dezentralisation

Konzentriert sich ein größeres Verkaufsvolumen in einem vom Produktionsort weiter entfernt liegenden Gebiet, so stellt sich die Frage, ob durch Einrichtung eines Fertigwarenlagers in dem Gebiet die Kosten- und Lieferfähigkeitssituation des Herstellers verbessert werden können. Steht ein Lager zur Verfügung, so kann möglicherweise auf langsamere, kostengünstigere Transportwege zurückgegriffen und zugleich eine schnellere Warenauslieferung an die Kunden gewährleistet werden. **Ein Lager wird dann sinnvoll sein, wenn die Frachtkostenersparnisse und Kostenvorteile aus gestiegener Lieferfähigkeit die zusätzlichen Lagerkosten übersteigen,** eine Rechnung, die im konkreten Fall relativ exakt durchführbar ist.

Die Entscheidung für ein Miet- oder ein Eigenlager ist aus dem Blickwinkel der Kostenwirtschaftlichkeit in Abbildung 5.32 dargestellt.

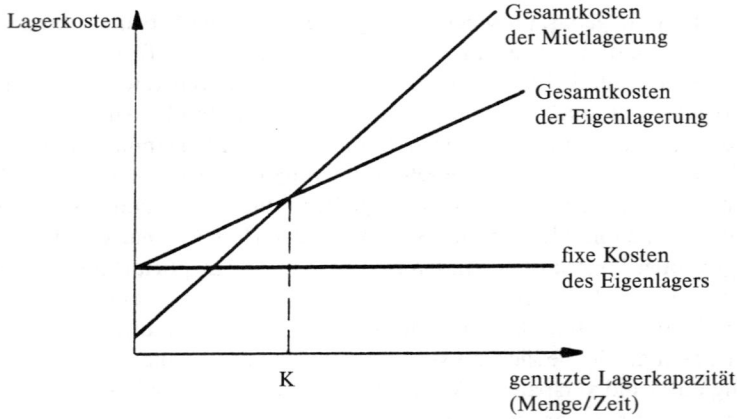

Abbildung 5.32: Entscheidung zwischen Eigen- und Fremdlager
unter Kostengesichtspunkten

Während für die Eigenlagerung ein relativ hoher Fixkostenblock anfällt, bestehen die Mietlagerkosten für den Mieter praktisch nur aus variablen Bestandteilen. Deswegen ist es kostenmäßig erst sinnvoll, ein eigenes Lager zu errichten, wenn dessen durchschnittliche Auslastung dauerhaft über dem Punkt (K) in Abbildung 5.32 liegt. Hinsichtlich der Unabhängigkeit, Flexibilität und Managementkosten des Distributionssystems ist die Situation in diesem Fall analog der Entscheidung über eigene und fremde Transportkapazitäten zu beurteilen.

Fertigungs-dezentralisation

In entsprechender Weise wie die Wahl der Transportmedien und die Errichtung eines Lagerhauses lassen sich auch die weiteren Alternativen diskutieren, die zur Verbesserung der Lieferfähigkeit und Verminderung der physischen Distributionskosten zur Verfügung stehen. Es sind dies vor allem der Versand von Fertigteilen und deren

700

Zusammenbau zu Endprodukten in einem Montagebetrieb in einem entfernter liegenden Absatzgebiet sowie die Errichtung eines Zweigwerkes mit vollständiger Produktion auf dem betreffenden Teilmarkt. Sieht man einmal von den produktionstechnischen und standortbezogenen Voraussetzungen ab, die der Verwirklichung dieser Alternativen zugrunde liegen können (vgl. Teil 2, S. 220 ff.), so gestalten sich die Kosten-, Flexibilitäts- und Unabhängigkeitsüberlegungen in diesen Fällen analog zu den oben in groben Zügen erläuterten Entscheidungen über Transport- und Lageralternativen. Der Trend zur Bildung von Fertigungssegmenten (vgl. Teil 4, S. 444 f.) begünstigt allerdings die dezentrale Produktion und Belieferung.

Ein Sonderproblem im Rahmen der Gestaltung von Transport- und Lagerhaltung ist die Bestimmung der Anzahl und der Standorte von Lägern in einem größeren Verkaufsgebiet. Im Prinzip müssen dabei jeweils die gleichen Überlegungen angestellt werden wie im Falle nur eines einzelnen Lagers. Allerdings ist die Situation ungleich komplexer und die Alternativenzahl praktisch unübersehbar. Die Kostenstruktur bei der Bestimmung der Anzahl gleich großer Läger in einem Absatzgebiet gibt Abbildung 5.33 tendenziell wieder.

Lagerstandorte

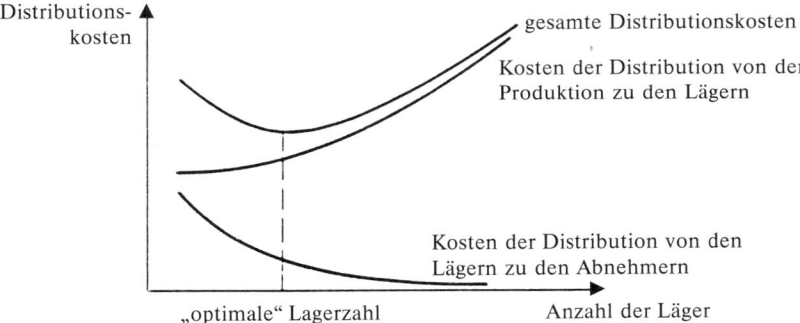

Abbildung 5.33: Distributionskosten und Anzahl der Läger

Auf die Problematik der Bestimmung solcher Kostenkurven ist schon weiter oben hingewiesen worden. Auch unterstellt diese Abbildung eine geographische Gleichverteilung von Lägern und Nachfragern, die sich in der Realität wohl kaum wiederfindet. Dennoch werden die immanenten Kostentendenzen des Entscheidungsproblems verdeutlicht.

In der Spezialliteratur findet sich eine Vielzahl von quantitativen Lösungsansätzen zum Problem der bestmöglichen Anzahl und standortmäßigen Verteilung von Fertigwarenlägern. Erwähnt sei hier nur der analytische Ansatz von Baumol/Wolfe (1958).

Transport- *und Lager-* *disposition*	Sind die Entscheidungen über das Lagerhaltungs- und Transportsystem gefällt, so stellen sich der Distribution immer wiederkehrende Dispositionsprobleme hinsichtlich der Verteilung der Transport- und Liefermengen und der Bestimmung der Versorgungsrouten (etwa durch Lkw-Transport). Je nach geographischer und intensitätsmäßiger Verteilung der Nachfrage sowie der dieser gegenüberstehenden Produktionskapazität und der Flexibilität des Transport- und Lagersystems formulieren sich diese Probleme in immer neuer Weise. Die weiterentwickelten Planungsmodelle des Operations Research (z. B. Transportmethode, Travelling Salesman-Modelle) und die Möglichkeit der Simulation mit Hilfe des Computers geben hier wichtige Lösungshilfen zur Hand (vgl. Teil 2, S. 228 ff. und Teil 4, z. B. S. 449 ff., S. 457 ff. und S. 485 ff.). Aus diesen mehr oder weniger täglichen Dispositionsproblemen können sich wertvolle Anregungen für Änderungen des Lagerhaltungs- und Transportsystems entwickeln.

4. Kommunikations-Politik

Notwendig- *keit der Kom-* *munikations-* *politik*	Die Marktgestaltungsprogramme im Rahmen der Produkt-, Preis- und Distributionspolitik können nicht voll wirksam werden, wenn die Endabnehmer als Zielgruppe der Marketingaktivitäten keine oder nur unzulängliche Informationen über die Produkte, deren Preise und ihre Distribution erhalten. **Der Produzent tritt deswegen in direkte oder indirekte Kommunikation mit seiner potentiellen Käuferschaft (vgl. z. B. Schmalen 1984), um ihr sein Angebot als Alternative zur Befriedigung bzw. Lösung bestimmter Bedürfnisse und Probleme bewußt zu machen oder die subjektive Notwendigkeit und Aktualität bestimmter Bedürfnisse und Probleme erst hervorzurufen.**

Im weiteren Sinne gehören die Produkte, ihre Preise und ihre Absatz- und Verteilungswege selbst schon zum Kommunikationsvorgang zwischen Hersteller und Abnehmer; denn diese informieren bis zu einem gewissen Grade diejenigen Käufer, die die angebotenen Leistungen sinnlich wahrnehmen. Da dieser Weg der Informationsaufnahme aber mehr oder weniger ungesteuert ist und vor allem von dem sehr unterschiedlichen Ausmaß der Marktübersicht des einzelnen Nachfragers abhängt, ist der Anbieter bestrebt, seinen potentiellen Abnehmerkreis planmäßig und gezielt zu informieren.

Verhaltens- *beeinflussung* *durch Kom-* *munikation*	Daß der Inhalt der vom Produzenten übermittelten Informationen über die angebotenen Produkte in aller Regel nicht der Sicht etwa eines unabhängigen Warentestinstituts oder Wirtschaftsprüfers entspricht, ist angesichts der unternehmensspezifischen Zielsetzungen eines marktwirtschaftlich arbeitenden Industriebetriebes unschwer zu vermuten. Das Unternehmen wird vielmehr nur die möglichen Vorzüge seines Angebots der Marktgegenseite zu vermitteln suchen. **Der Industriebetrieb zielt also darauf ab, daß der Anwender mit der angebotenen Alternative auch deren positive Bewertung bzw. mit dem aufgeworfenen Bedürfnis oder Problem auch dessen Befriedigung und Lösung in Form des eigenen Erzeugnisses internalisiert.**

702

Grundlage für die Gestaltung der Verhaltensbeeinflussung durch Kommunikation sind die Verhaltensweisen der Zielgruppen, für deren Erklärung die Psychologie, Sozialpsychologie und Soziologie verschiedene Theorieansätze liefern (vgl. dazu den Abschnitt II.2). In dem Maße, wie ein immer zahlreicheres Angebot um den konsumwirksamen Teil des Volkseinkommens konkurriert, werden in einer Marktwirtschaft die kommunikativen Mittel zur Individualisierung der Produkte und Präferenzbildung bei den Käufern in überproportional steigendem Umfang eingesetzt. Dies gilt vor allem für Märkte mit relativ homogenen Gütern und sehr vielen Nachfragern, also Konsumgüter wie Tabakwaren, Getränke, Automobile, Haushaltsgeräte, Körperpflegemittel, aber auch für weniger homogene und besonders für neuere Produkte des Konsum- und Investitionsgüterbereichs (z. B. Mikrowellenherde, EDV-Anlagen, Kunststoffe).

Den Kommunikationstechniken wird häufig ihr **beeinflussender und manipulativer Charakter** vorgeworfen, der den Betroffenen ihre Entscheidungsfreiheit nähme. Die Zielrichtung solch einseitiger Kommunikationsprozesse ist es tatsächlich, den Empfänger der Nachricht zu einem bestimmten Handeln, nämlich zum Kauf zu bewegen. Jedoch müssen die an das Produkt gestellten Erwartungen, deren Inhalt freilich wiederum von der Angebotsseite zum Teil vermittelt sein kann, auch tatsächlich in Erfüllung gehen. Gegen den genannten Vorwurf wird auch eingewandt, daß die Verbraucher eine gewisse Immunität entwickeln gegen die beinahe unübersehbar zahlreichen Beeinflussungsversuche der Industrie und daß sie nur sehr wenige der vielen werbenden Informationen wahrnehmen. Wenn auch das Problem, die Auswirkungen von Beeinflussungstechniken zu messen, bisher praktisch ungelöst ist, so gibt es doch immer wieder Beispiele, die auf einen tendenziellen Zusammenhang zwischen Kommunikationsaufwand und Verkaufserfolg hinweisen. **Die durchaus aktuelle Frage, ob es sich in bestimmten Fällen um eine schädliche Manipulation der Verbraucher handelt, die zu unterbinden sei, ist in erster Linie politischer Natur** (z. B. im Bereich der Genußmittelwerbung). Trotz des Postulats der sogenannten gesellschaftlichen Verantwortung der Unternehmerschaft, in das z. B. eine Selbstbeschränkung im Bereich der Werbemaßnahmen hineininterpretiert werden könnte, können nur die politischen Instanzen durch gesetzliche Regelungen die Grenzlinie etwa zwischen „überzeugender Information" und „manipulierender Suggestion" im Kommunikationsgebaren der Wirtschaft zu ziehen versuchen. Dies gilt auch für die Frage, ob jedermann überall, zu jeder Zeit und mit allen Mitteln werbend tätig werden darf. **Die bestehende Wirtschafts- und Rechtsordnung, die Interessenvertretungen der Industrie in Legislative und Exekutive sowie die Problematik der inhaltlichen Konkretisierung solcher Regelungen beschränken auch die politische Handhabung des Problems.** Ansätze zu Kompromissen zwischen industriellen Kommunikationsinteressen und dem Schutz des Verbrauchers vor vermeidbaren Beeinträchtigungen seiner Entscheidungsfreiheit finden sich für die Bundesrepublik Deutschland etwa im Gesetz gegen unlauteren Wettbewerb (UWG), in dem Werbeverbot auf Autobahnen, in der Beschränkung der Werbung im öffentlichen Rundfunk und Fernsehen.

Gesellschaftliche Problematik der Kommunikationspolitik

Einen einfachen Versuch, die Kommunikationsbeziehungen zwischen Verkäufer und Käufer in einem Schema abzubilden, stellt Abbildung 5.34 dar (vgl. folgende Seite).

703

Abbildung 5.34: Kommunikationsbeziehungen zwischen Angebot und Nachfrage

Das Schaubild zeigt, **daß sich überwiegend ein einseitiger Kommunikationsvorgang vollzieht; der Käufer kann dem Verkäufer seine Antworten nämlich in der Regel nicht über den gleichen Kommunikationskanal geben, sondern im allgemeinen nur durch Kauf oder Nichtkauf reagieren.**

Kommunika-
tions-Politik

Die Kommunikations-Politik, d. h. die Gesamtheit aller Aktionsparameter, die vorrangig der Übertragung gezielter Informationen über das Unternehmen und seine Produkte auf verschiedene Zielgruppen dienen, besteht aus den drei sich zum Teil überschneidenden Maßnahmenkomplexen Verkaufsförderung, Werbung und Öffentlichkeitsarbeit. Gegenstand dieser Maßnahmen sind in erster Linie die Produkt-Politik, die Preis-Politik und die Distributions-Politik, die ihrerseits bereits Informationen übermitteln. Die Kommunikations-Politik ist als ein zusammenhängender und in sich abzustimmender Bereich zu betrachten. Die relative Gewichtung der drei Gruppen von Instrumentalvariablen richtet sich nach der jeweiligen Kommunikationsstrategie. Diese kann etwa produkt- und zielgruppenorientiert sein und sich im Verlauf des Lebenszyklus eines Produktes ändern. Die wichtigsten Aspekte von Verkaufsförderung, Werbung und Öffentlichkeitsarbeit werden im folgenden kurz behandelt.

Verkaufsförderung

Die räumlich und personell unmittelbarste Form der Kommunikation zwischen Anbieter und Käufer ist die Verkaufsförderung. **Sie umfaßt insbesondere Fragen der Ausbildung und des Einsatzes des Verkaufspersonals, die Gestaltung der Verkaufsstätten und die Präsentation der Produkte am Verkaufsort.**

Verkaufs-
schulung

Die Schulung des Verkaufspersonals ist eng mit der Gestaltung der Absatzwege, die weiter oben behandelt wurden, verbunden. Sowohl den angestellten Reisenden oder Vertriebsbeauftragten, die direkt an die Endabnehmer oder an den Handel verkaufen,

704

wie auch den selbständigen Handelsvertretern oder den Verkäufern des Handels, besonders des Fach- und Einzelhandels, müssen durch den Hersteller Warenkenntnisse, Verkaufsargumente, Informationen über die Kundengruppen und die Konkurrenz sowie Taktiken für erfolgreiche Verkaufsverhandlungen in Schulungskursen, Wochenendseminaren usw. vermittelt werden.

Daneben muß der Einsatz der Verkaufsorgane – insbesondere der Reisenden und Handelsvertreter – so organisiert sein, daß er gute Verkaufserfolge bei geringen Kosten verspricht. Dabei geht es zum einen um die kundenspezifische und regionale **Abgrenzung der Verkaufskompetenzen.** Je nach marktlichen Verhältnissen und Fähigkeiten der Verkäufer erfolgt diese Einteilung nach geographischen Kriterien und/oder nach Kundengruppen (Größenklassen, öffentliche und private Kunden usw.). Die Problemstellung ähnelt dem sogenannten Personalzuweisungsproblem (vgl. Teil 6, S. 793). Zum anderen ist die Frage zu lösen, in welcher **Reihenfolge** die Kunden zu besuchen sind, um bei niedrigsten Reisekosten möglichst erfolgreich zu verkaufen. Ansätze zur Lösung dieses Problems hat die Unternehmensforschung unter dem Stichwort „Travelling Salesman Problem" entwickelt (vgl. Teil 4, S. 562 ff.). Schließlich sind die Art und Weise der Feststellung von **Verkaufszielvorgaben** und das **Anreizsystem** für die Verkaufsorgane (Höhe des festen Grundgehalts, Höhe der Normalprovision, Prämiensystem für überdurchschnittliche Verkaufserfolge, Spesenregelung, Statussymbole usw.) zu bestimmen. Diese hier nur kurz angedeuteten Gestaltungsmaßnahmen stehen in Verbindung mit der Errichtung eines vertikalen **Kommunikationssystems innerhalb der Verkaufsorganisation** (regelmäßige Außendienstberichte, Vertreter- und Verkäuferversammlungen usw.) das zugleich eine Grundlage der Kontrolle und Änderung der Verkäuferaktivitäten und ihrer Ausbildung darstellt.

Verkäufereinsatz

Der Unterstützung persönlicher Kommunikation zwischen Verkäufern und Käufern dient der zweite Komplex der Verkaufsförderung: die Gestaltung der Verkaufsstätten und die Präsentation der Produkte. Im Mittelpunkt steht die vom Hersteller getragene oder unterstützte sogenannte „Point-of-Purchase" (POP-)Werbung. Dazu gehören die attraktive Ausgestaltung des Verkaufsortes (Einzelhandel, Verkaufsniederlassung, Ausstellungsräume usw.) mit Hilfe von Plakaten, Modellen, Broschüren, besonderen Warenständern, Warenproben usw. sowie die Verpackung der Produkte. Der POP-Werbung kommt im Rahmen des Kommunikations-Mix insofern eine Sonderstellung zu, als sie einerseits die Funktion erfüllt, die erste Aufmerksamkeit potentieller Käufer zu entfachen, und andererseits dazu dient, das Publikum, das schon von anderen Kommunikationsinstrumenten ereicht wurde, am Kaufort an die Inhalte, z. B. der Funkwerbung, zu erinnern. Weitere Instrumente dieses Bereichs der Verkaufsförderung sind Informationsveranstaltungen, auf denen interessierten Käuferkreisen Eigenschaften und Funktionen der Produkte vorgeführt werden, die Überreichung von Werbegeschenken, Film- und Lichtbildveranstaltungen mit Verbrauchern sowie Ausstellungs- und Messestände.

Produktpräsentation

Marktveranstaltungen

Werbung

Werbebegriffe Stand bei der Verkaufsförderung die räumliche und personelle Unmittelbarkeit der Kommunikation zwischen Angebot und potentiellem Käuferpublikum im Vordergrund, so ist die Werbung im hier verstandenen Sinne eine Form der vermittelten Nachrichtenübertragung zwischen Hersteller und Zielgruppen. Im umgangssprachlichen Sinne umfaßt sie zwar jedes werbende Tätigwerden für Bedürfnisse, Produkte und Unternehmen, also auch die Verkaufsförderung und Öffentlichkeitsarbeit. Aus analytischen Gründen sowie in Anlehnung an verschiedene Literaturauffassungen **soll Werbung hier die Kommunikationsformen beinhalten, die unpersönlich und in räumlicher Distanz vom Verkaufsort durchgeführt werden und sich auf ein einzelnes Produkt oder auf eine Gruppe von Bedürfnissen oder Produkten einschließlich der damit in Verbindung stehenden Zusatzleistungen beziehen.**

Werbung stellt besonders im Bereich der Konsumgüterindustrie das am weitesten entwickelte, verbreitete und traditionsreichste Kommunikationsinstrument dar. Dabei haben vor allem Erkenntnisse der Psychologie und Sozialpsychologie die Gestaltung, den Einsatz und die Wirksamkeit der Werbung beeinflußt.

Im Bereich der Investitionsgüterindustrie dagegen bildet meist die persönliche Ansprache der Kunden den Schwerpunkt der Kommunikation. Die direkte Interaktion ist durch die tendenziell geringere Zahl von Bedarfsträgern möglich. Die Besonderheiten des Investitionsgütermarketing ergeben sich aus dem derivaten Bedarf nach Investitionsgütern und dem kollektiven und formalisierten Kaufentscheidungsprozeß (vgl. Abbildung 5.11, S. 647).

Arten der Werbung Einen Überblick über die vielfältigen Anwendungsmöglichkeiten gibt die Zusammenstellung von Werbearten in Abbildung 5.35.

Kriterium	Beispiele
Geographische Reichweite	lokale, nationale, internationale Werbung
Käufergruppe	Verbraucher-, Handels-, Industriewerbung
Werbetreibender	Werbung durch Hersteller oder Handel
Zahl der Umworbenen	Einzelwerbung (Werbebrief), Mengenwerbung
Zahl der Werbenden	Alleinwerbung, Gemeinschaftswerbung
Erkennbarkeit	offene Werbung, versteckte Werbung (Werbeplakate in Fernsehreportagen, Markenkonsum im Film usw.)

Abbildung 5.35: Arten der Werbung

Werbeinhalt Die Bestimmung des Werbeinhalts stellt ein erstes, schwieriges Entscheidungsproblem dar. Es gilt, ein Thema als Nachricht auszuwählen, das die Aufmerksamkeit für

706

das Produkt und seine Verkaufsfähigkeit am wirksamsten steigert. Wegen der räumlichen und zeitlichen Begrenzung der einzelnen Werbemedien und der in der Regel geringen Zeit, die der Käufer einer Werbung zu widmen bereit ist, können aus den möglichen werbefähigen Produktvorzügen und produktbezogenen Kaufstimuli nur einzelne ausgewählt werden. Je nach den Lebens- und Verhaltensweisen der Käuferzielgruppen werden ökonomische, technische, funktionale, emotionale oder soziale Produktkomponenten als Werbeinhalte gewählt. **Kenntnisse über die Motive und Verhaltensmuster der Käufer sind also Voraussetzungen für die gezielte Wahl der Werbenachricht.**

Die Präsentation des Werbeinhalts ist ein nächster wichtiger Schritt. Er ist deswegen von großer Bedeutung, weil nur eine **zielgruppengerechte Verschlüsselung der Nachricht** beim Empfänger einen ausreichend hohen Aufmerksamkeitswert erzeugt. Die verbale Aufbereitung des gewählten Werbethemas gehört ebenso dazu wie die Form und die grafische, farbliche und eventuell akustische Gestaltung des Mittels, in das die Werbenachricht eingebettet wird. Auch hier besteht wiederum ein enger Zusammenhang mit den beobachteten oder vermuteten Einstellungen, Motiven und Handlungsweisen der Zielgruppe.

Präsentation des Werbeinhalts

Die Frage, welche Kanäle (Medien) zur Verbreitung der Werbenachricht zur Verfügung stehen und wie die Auswahl unter diesen Medien getroffen werden soll, wirft einen weiteren Problemkomplex auf. Die wichtigsten Werbekanäle und ihre jeweiligen Ausgestaltungsmöglichkeiten sind in Abbildung 5.36 wiedergegeben.

Werbekanäle

Werbekanäle	Ausgestaltung der Werbekanäle
Zeitungen (Fach-) Zeitschriften	Anzeigen, versteckte Werbung in Artikeln
Fernsehen	Fernsehspots, versteckte Werbung in Fernsehsendungen
Rundfunk	Rundfunkspots
Lichtspieltheater	Werbefilme und -dias, versteckte Werbung in Filmen
Postzustellung	Werbebriefe, Postwurfsendungen, Kataloge, Prospekte, Werbegeschenke, Warenproben
öffentliche und private Anschlagflächen	Plakate, Leuchtreklamen
Straßenverteilung	Flugblätter, Prospekte, Kataloge, Warenproben

Abbildung 5.36: Werbekanäle und Formen der Werbung

Von wachsender Bedeutung als Werbekanäle sind auch die neuen Informations- und Kommunikationstechniken (vgl. Teil 3, S. 370).

Die wichtigsten Bestimmungsgrößen bei der Auswahl der Medien bilden Produktart, Käuferzielgruppen, Streubereich und Kosten. In der Regel, vor allem im Bereich der Konsumgüter, stehen mehrere Werbekanäle zur Verfügung. Das Ausmaß der Inanspruchnahme jedes Mediums und der im Rahmen eines Mediums bestehenden Alternativen (welche Zeitungen oder Zeitschriften, welche Rundfunk- oder Fernsehprogramme, welche Kinos usw.) ist Gegenstand weiterer Entscheidungen.

Medienwahl Die Entscheidung über die Art der Inanspruchnahme der möglichen Werbekanäle kann sich beim gegenwärtigen Stand des Wissens über die Wirksamkeit von Werbung zwar auf Daten über die Erreichbarkeit bestimmter Zielgruppen mittels eines Mediums stützen, muß aber dennoch großenteils subjektiven Präferenzen und Erfahrungen der Entscheidungsträger überlassen bleiben. Die Konzentration auf ein Medium findet sich genauso wie die gleichmäßige Verteilung der Werbeausgaben auf alle verfügbaren Medien.

Problematik von Entscheidungshilfen für die Medienauswahl Für die Entscheidung über die günstigste Ausgestaltung eines oder mehrerer vorgegebener Kanäle gibt es bereits erste Ansätze von Entscheidungshilfen. Mit Hilfe der **linearen Programmierung** läßt sich beispielsweise der durch Marktforschung geschätzte Werbeerfolg der Inanspruchnahme der Alternativen (Zeitung, Rundfunksendung usw.) unter bestimmten Nebenbedingungen (Werbebudget, minimale und maximale Verfügbarkeit der einzelnen Medien) maximieren (Mediaselektionsmodelle). Abgesehen von dem Problem der Effizienzschätzung beschränken jedoch die impliziten Annahmen und nichtberücksichtigten Fragen bei der linearen Programmierung die Anwendbarkeit dieses Verfahrens: konstante Grenzeffizienz einer Werbemaßnahme, konstante Werbekosten, Nichtberücksichtigung des Problems der Mehrfacherreichung eines Verbrauchers, keine Aussagen über die zeitliche Verteilung der Werbemaßnahmen. Die herkömmlichen Verfahren gehen von Informationsvoraussetzungen aus, die nur in den seltensten Fällen erfüllt sein dürften (z. B. Kenntnis des durch jede einzelne Werbung hervorgerufenen Grenzumsatzes). Die Problematik herkömmlicher Entscheidungshilfen wird mit Hilfe der **Simulation** zumindest teilweise beseitigt. Simulationen dienen einer verbesserten Datenaufbereitung zur Entscheidung über den konkreten Media-Plan, bieten aber selbst keine spezifische Lösung an.

Das weit verbreitete Auswahlkriterium **„Kosten pro Tausend Empfänger der Nachricht"**, das z. B. durch Division der Kosten einer Anzeige oder eines Spots durch die geschätzte Leser- oder Zuschauerzahl gebildet wird, beinhaltet einige Probleme. Die Tatsache, daß nicht alle Empfänger die Nachricht tatsächlich wahrnehmen und nur ein Bruchteil von diesen zu den Zielgruppen der betreffenden Marketingkonzeption gehört, bleibt durch eine undifferenzierte Anwendung dieses Prinzips ebenso unberücksichtigt wie die versteckte Annahme durchschnittlich konstanter Wirksamkeit der einzelnen Werbungen – was sich z. B. bei einer Konzentration auf die kostengünstigsten Mittel negativ bemerkbar machen kann.

708

Ein weiteres Problem ist in der zeitlichen Verteilung der Werbemaßnahmen zu erblikken, wobei zwischen dem langfristigen und dem kurzfristigen Timing des Werbeeinsatzes zu unterscheiden ist. In den **langfristigen Zeitplan** gehen Saisoneinflüsse, die Lebenszyklen alter und neu hinzukommender Produkte sowie Annahmen über die zeitliche Verzögerung der Werbewirkung (z. B. 70% Sofortwirkung und jeweils 10% in den folgenden 3 Monaten) als Bestimmungsgrößen ein. Im **kurzfristigen Zeitplan** (z. B. 1 Monat) wird die genaue zeitliche Abfolge und Häufigkeit der Werbemaßnahmen geregelt. Je nach Produktart, Einkommen und Ausgabengepflogenheiten der Zielgruppen sowie Hypothesen über die unmittelbare Wirkung auf die Empfänger kommen verschiedene Alternativen zur Anwendung. *Zeitlicher Werbeeinsatz*

Vor allem im Bereich der hochwertigen Gebrauchsgüter stellt die Beantwortung der Frage, ob eine pro- bzw. antizyklische Werbestrategie ergriffen werden soll, eine Grundsatzentscheidung dar. Im einen Falle werden die Ausgaben für den Werbeeinsatz den Umsatzentwicklungen angepaßt, im anderen verlaufen sie zu diesen entgegengesetzt. Die Auffassungen über die Vorteilhaftigkeit beider Strategien gehen weit auseinander. Während in empirischen Untersuchungen überwiegend ein zum Konjunktur- und Umsatzverlauf zyklischer Werbeeinsatz festgestellt wurde, wird sehr häufig die Meinung vertreten, daß es gerade in Zeiten geringer Umsätze besonders wichtig ist, intensiv zu werben, um die notwendigen Kaufimpulse auszulösen. **Die Entscheidung für eine der beiden Strategien hängt ganz wesentlich von der produkt-(gruppen-)bezogenen Werbeelastizität ab.** *Pro- und antizyklische Werbung*

Wie die Überlegungen zur Medienauswahl zeigten, bildet die Werbeerfolgskontrolle einen weitgehend ungelösten Problemkreis im Bereich der Werbung. Die Interdependenzen zwischen Werbung einerseits und Verkaufsvolumen bzw. Kaufentscheidungen der Nachfrage andererseits sind sehr komplex. Die möglichen time-lags und viele, schwer schätzbare zusätzliche Einflußgrößen lassen eine exakte, von den anderen Marketinginstrumenten isoliert, quantitative Messung der Werbewirkung nicht zu. Trotzdem ist die Suche nach hinreichend aussagefähigen Kontrollmöglichkeiten notwendig, weil vor allem in der Konsumgüterindustrie sehr hohe Beiträge für die Werbung ausgegeben werden, deren Wirksamkeit kontrolliert werden sollte. Direkte Werbeformen wie Werbebriefe, Koupon-Anzeigen usw. lassen sich in ihrer Erfolgswirksamkeit zwar tendenziell besser, aber dennoch nur unvollkommen abschätzen, da sich manche Werbeempfänger vielleicht auch ohne Rückantwort oder mit erheblicher zeitlicher Verzögerung zur Reaktion entschließen. **Mit den Methoden der empirischen Sozialforschung kann jedoch versucht werden, den Kommunikationseffekt direkter wie indirekter Werbemaßnahmen zu überprüfen,** so etwa durch wiederholte Meinungsbefragung zur Imageerforschung von Produkten und durch Assoziations- oder Erinnerungstests von Anzeigen. Die Ausarbeitung sogenannter Imageprofile von Produkten oder Marken sind das Ergebnis solcher Arbeiten. Mit Hilfe von Testmärkten und Paneluntersuchungen lassen sich unter Umständen auch die zeitlich unmittelbaren Verkaufsauswirkungen bestimmter Werbeformen ermitteln. Schließlich können aus Zeit- und Betriebsvergleichen von Werbungs- und Verkaufszahlen vorsichtige Rückschlüsse auf die Effizienz der Werbung gezogen werden. *Werbeerfolgskontrolle*

Werbebudget	Einen weiteren Problemkreis, der in diesem Zusammenhang angesprochen werden soll, bildet die Bestimmung der Höhe der Werbebudgets. Dieses Budget bestimmt die Werbemöglichkeiten, wenn auch ein eindeutiger Zusammenhang zwischen Werbe- aufwand und Werbeerfolg nicht nachgewiesen werden kann. Die triviale Forderung, daß das Werbebudget gerade so hoch sein sollte, daß es der Unternehmung insgesamt den höchsten Umsatz oder Gewinn erbringt, ist praktisch nicht zu verwirklichen. Abgesehen von den Problemen der Werbeerfolgskontrolle und -vorausschätzung muß zur Beurteilung der Erfolgsträchtigkeit berücksichtigt werden, daß jedes Werbe- budget Rückwirkungen auf die Zusammensetzung der eigenen Marketing-Politik (Änderungen der anderen Kommunikationsparameter, der Preise, Distribution usw.) und auf die Werbebudgets und die Marketing-Politik der Konkurrenz haben kann. Die Schätzung der damit zusammenhängenden zukünftigen Daten, Reaktionen und Wahrscheinlichkeiten stellt ein bislang unlösbares Problem dar, das eine exakte Be- wertung alternativer Werbebudgets verhindert.

| *Methoden der Werbebudget- planung* | Deswegen werden in der Praxis zur – mehr heuristischen – Bestimmung des mone- tären Werbevolumens einige Faustregeln angewandt, die hier kurz genannt werden sollen. Die **„Restbetragsmethode"** geht davon aus, (aus der Sicht der Finanz- und Erfolgsplanung) der Werbung einen Betrag zur Verfügung zu stellen, „den man sich leisten kann". Demnach werden die Planungsgrößen der anderen Unternehmensbe- reiche vorab berücksichtigt und der verbleibende Rest der Werbung zugewiesen. Je nach unternehmensinterner Machtverteilung gelingt es dem Werbechef eventuell, auf sein Budget doch einen gewissen Einfluß zu nehmen, so daß spezifische Marketing- interessen unter Umständen Berücksichtigung finden können. Diese Methode kommt wahrscheinlich in erster Linie in Unternehmen aus weniger werbeintensiven Branchen zum Zuge. Werbungsintensive Industriebetriebe der Konsumgüterindu- strie pflegen ihr jährliches Werbebudget häufig mit der **„Prozent-vom-Umsatz- Methode"** zu ermitteln, wobei der gegenwärtige oder der geplante Umsatz herange- zogen wird. Vorteile dieses Verfahrens, das auch auf der Basis eines Prozentsatzes vom Verkaufspreis durchführbar ist, sind seine Einfachheit und die enge Produkt- und Umsatzbezogenheit, die das Bewußtsein von der Werbung als erfolgswirksamem Kostenfaktor schärft. Nachteilig ist die Starrheit der Methode, die wenig Raum für die Besonderheiten von Marktsegmenten oder für außergewöhnliche Werbeaktionen läßt. Damit werden antizyklische Werbebemühungen verhindert. In Ermangelung brauchbarer Kriterien und zur Vermeidung von Werbekriegen wird besonders auf oligopolitischen Konsumgütermärkten die Methode der **„konkurrenzorientierten Werbebudgetermittlung"** herangezogen. Entscheidungsgrundlage bilden entweder Prozent-Werte oder absolute Beträge. Wegen der schwierigen Vergleichbarkeit der Marketing- und Kommunikationspolitiken mehrerer Unternehmen sowie wegen der Tatsache, daß gleiche Werbeausgaben nicht den gleichen Werbeerfolg mit sich bringen müssen, ist diese Methode auch in Verbindung mit den Problemen der vorgenannten Verfahren kritisch zu beurteilen. Allerdings kann die Information über die Werbe- anstrengungen der Konkurrenz eine wichtige, aber nicht die einzige Entscheidungs- determinante darstellen. Einen gewissen Ausweg aus den dargestellten Problemen zeigt die **„Ziel-Mittel-Methode"** auf. Ausgehend von zuvor definierten Werbezielen |

710

(z. B. Erhöhung des Bekanntheitsgrades einer Marke um x%; Verbesserung des relativ ungünstigen Imageprofiles eines Produktes um x Punkte; Erhaltung des bestehenden Kommunikationsniveaus) werden die zur Zielerreichung notwendigen Methoden und Mittel geplant. Darauf aufbauend wird das notwendige Werbebudget errechnet und mit der übrigen Unternehmensplanung abgestimmt. Abgesehen von der Operationalisierung und Kontrolle von Werbezielen liegt die Problematik dieser Methode vor allem in der Unmöglichkeit, den Mittel-Zweck-Zusammenhang von operationalen Werbezielen zu übergeordneten Zielen des Industriebetriebes (z. B. Gewinn, Umsatz) nachzuweisen – eine Schwierigkeit, die auch schon die Werbeerfolgskontrolle weitgehend in Frage stellte.

Die im Zusammenhang mit der Werbung angesprochenen Entscheidungsprobleme dieser Kommunikationsform – Inhalt, Präsentation, Mittelwahl, zeitlicher Einsatz, Budget – treffen grundsätzlich auch auf die Entscheidungen über die anderen Kommunikationsinstrumente im Rahmen der Verkaufsförderung und der Öffentlichkeitsarbeit zu.

Öffentlichkeitsarbeit und Interessenvertretung

Öffentlichkeitsarbeit, auch unter dem Begriff **Public Relations** bekannt, wird von einem Industriebetrieb mit dem Zweck verfolgt, in der Öffentlichkeit ein Klima des Vertrauens und der positiven Einstellung gegenüber dem Unternehmen zu erzeugen oder zu festigen. **Gegenstand dieser Art von Kommunikation sind weniger gezielte Informationen über die Produkte und die mit ihnen verbundenen Bedürfnisse als vielmehr Nachrichten über die Unternehmung im allgemeinen.** Öffentlichkeitsarbeit ist demnach die mittelbarste Form der Marktgestaltung durch Kommunikation zur Sicherung und Steigerung des Unternehmenserfolges.

Zielgruppen der Öffentlichkeitsarbeit sind neben den aktuellen und potentiellen Käuferkreisen besonders auch Lieferanten, Kapitalgeber, die eigenen Mitarbeiter, der Arbeitsmarkt und Behörden. **Kommunikationsinhalte** können der zahlenmäßige Geschäftsverlauf, Fortschritte und Ergebnisse der Forschung und Entwicklung, sozialpolitische Verbesserungen oder personelle und organisatorische Veränderungen ebenso sein wie der allgemeine Gegenstand des Unternehmens. Als **Kanäle und Formen** der Kommunikation kommen die im vorigen Abschnitt (vgl. Abbildung 5.35 und Abbildung 5.36) genannten Alternativen nahezu ausnahmslos in Frage. Eine wichtige Rolle für die Öffentlichkeitsarbeit spielen daneben Pressekonferenzen, Pressemitteilungen und Interviews, die sich in Zeitungs-, Rundfunk- und Fernsehmeldungen und -kommentaren niederschlagen und den Namen des Unternehmens weniger auffällig verbreiten helfen.

Elemente der Öffentlichkeitsarbeit

Das gleiche gilt für Spenden, Stiftungen und die exponierte Mitarbeit leitender Organisationsmitglieder in öffentlichen (Beratungs-)Gremien und wissenschaftlichen oder karitativen Vereinigungen sowie für die sichtbare Förderung von Kultur- und Sportveranstaltungen (Sponsoring). Die kombinierte Anwendung der genannten Maßnahmen unterstützt eine positive Entwicklung des Firmenimages und trägt mittelbar über die Arbeits-, Kapital- und Materialbeschaffungsmärkte sowie die Identifikation der Belegschaft und unmittelbar über den Verkaufsmarkt zu einer Erfolgssteigerung durch Verkaufserhöhung und Leistungsverbesserung bei.

Ansatzpunkte *der* *Interessen-* *vertretung*

Absatzwirtschaftliche Erfolge werden nicht nur durch Produkt-, Preis- und Distributions-Politik sowie durch unmittelbare und mittelbare Formen der Kommunikation mit den Abnehmern sichergestellt. **Einflüsse auf den Möglichkeitsraum marktlicher Aktivitäten gehen auch von den institutionellen Rahmenbedingungen aus, wie sie sich in Gesetzen und Verordnungen der legislativen und exekutiven Instanzen eines Landes ausdrücken.** Öffentliche Regelungen der Binnen- und Außenhandelsbeziehungen, Transportverordnungen, Produktions- und Konstruktionsvorschriften, Wettbewerbspolitik, öffentliche Ausgabenpolitik, produkt- und branchenbezogene Sondersteuern sind einige allgemeine Beispiele für mögliche Nebenbedingungen, die der Absatzwirtschaft eines Industriebetriebes von seiten des Staates gesetzt sein können. Von der öffentlichen Hand können demnach zum einen primäre und sekundäre Wirkungen auf die Beschäftigung einer Unternehmung im Wege öffentlicher Auftragsvergabe ausgehen; zum anderen hat der Staat nicht unwesentliche Einflußmöglichkeiten auf die Absatz-, Produktions- und Beschaffungsbedingungen von privaten Betriebswirtschaften, was anhand von aktuellen Schlagworten wie Umweltschutz, Verbraucherschutz, Sicherheitsvorschriften usw. leicht zu illustrieren ist.

Lobby

Um die staatlichen Aktivitäten auf den die Hersteller interessierenden Gebieten frühzeitig zu erkennen und womöglich zu beeinflussen, haben sich in den marktwirtschaftlichen Systemen Interessenvertretungen der Unternehmerschaft insgesamt wie auch einzelner Branchen und Unternehmen bei den politischen Parteien und den legislativen und exekutiven Körperschaften konstituiert. (Auch andere gesellschaftliche Gruppen suchen in ähnlicher Weise ihre Ziele durchzusetzen.)

Diese sogenannte Lobby tritt in Form von Mitglieder- oder Parlamentariergruppen der politischen Parteien, Wirtschaftsverbänden und Verbandsvertretungen sowie speziellen Repräsentanten einzelner Unternehmungen in Erscheinung und sucht auf die Meinungsbildung, Gesetzgebung und ausführende Politik im Sinne der Zielvorstellungen der vertretenen Unternehmen einzuwirken.

Dabei läßt sich tendenziell feststellen, daß in einem marktwirtschaftlichen Wirtschaftssystem der potentielle Einfluß mit der **Marktmacht**, die der Repräsentant einer Unternehmung oder eines Verbandes vertritt, zunimmt, weil der gesamtwirtschaftliche Prozeß durch das Marktverhalten eines größeren Teils der Angebotsseite nicht unbedeutend beeinflußt werden kann. Deswegen ist die Interessenvertretung in Form des Wirtschaftsverbandes am häufigsten anzutreffen, so daß nahezu jeder Hersteller in Interessengruppen organisiert ist. Großunternehmen verfügen häufig noch zusätzlich über eigene Interessenvertreter. Inwiefern die Interessenvertretung aus der Sicht der Vertretenen erfolgreich arbeitet, hängt neben der Marktmacht insbesondere von der politischen Struktur der Legislative und der öffentlichen Meinung zu den anstehenden Fragen ab. Hier zeigt sich der enge Zusammenhang zwischen Öffentlichkeitsarbeit und Interessenvertretung, der beispielsweise in den Anzeigenkampagnen und der Pressearbeit von Wirtschaftsverbänden und Unternehmungen zu bestimmten, auch von Legislative und Exekutive behandelten Problemen zum Ausdruck kommt.

712

Öffentlichkeitsarbeit wirbt zur Sicherung und Verbesserung des marktlichen Unternehmenserfolges beim breiten Publikum und speziell auf den Absatz- und Beschaffungsmärkten um Ansehen, Verständnis und Vertrauen. Sie unterstützt damit auch die Schaffung von Voraussetzungen für die wirksame Interessenvertretung der Unternehmen bei staatlichen Instanzen, bei der es aus dem Blickwinkel der Marktinteressen der vertretenen Unternehmen um eine gestaltende Einflußnahme auf das relevante Gesetzes- und Verordnungswesen und auf die öffentliche Auftragsvergabe geht.

IV. Zur Problematik der Gestaltung der Marketing-Politik

Die Gestaltung der Absatzmärkte erschöpft sich nicht nur in einer isolierten Untersuchung und Auswahl von einzelnen Aktionsparametern. Vielmehr sind die Instrumente auf die Unternehmensziele und auf die jeweiligen Marktstrategien auszurichten und aufeinander abzustimmen. Schon bei den Ausführungen zur Produkt-, Preis-, Distributions- und Kommunikationspolitik kam zum Ausdruck, daß die Instrumentalvariablen der vier Gestaltungsbereiche jeweils unter dem spezifischen Blickwinkel der einzelnen Politik als Gesamtheit eingesetzt werden.

Ebenso wie jede Teilpolitik ist auch die gesamte Marketing-Politik, die sich aus den vier Parameterkomplexen zusammensetzt, in sich und auf die übergeordneten Ziele und Strategien abzustimmen. Je nach Programmstruktur und Struktur der Absatzmärkte kann dies für den gesamten Absatzbereich oder getrennt nach bestimmten Zielmärkten, Marktsegmenten oder Produkten geschehen (vgl. Abbildung 5.37, S. 714).

1. Charakterisierung der Problemstruktur

Zur Verdeutlichung der Notwendigkeit und Problematik einer Integration von Produkt-, Preis-, Distributions- und Kommunikations-Politik zur Marketing-Politik erscheint es sinnvoll, die Frage der Zielformulierung sowie die zeitlich-horizontalen und zeitlich-vertikalen Interdependenzen beim Einsatz der Marketingprogramme zu betrachten.

Ziele

Bei der Diskussion um die Gestaltung der einzelnen Teilpolitiken wurde sichtbar, daß zum Teil konkurrierende Kriterien zur Beurteilung von Handlungsmöglichkeiten herangezogen werden müssen.

Auch die Planung der Marketing-Politik geht in der Regel von mehreren Zielen aus, die nicht unbedingt kompatibel sein müssen. Solche **Zielkonflikte** müssen von den verantwortlichen Entscheidungsträgern durch die Aushandlung von Zielpräferenzen

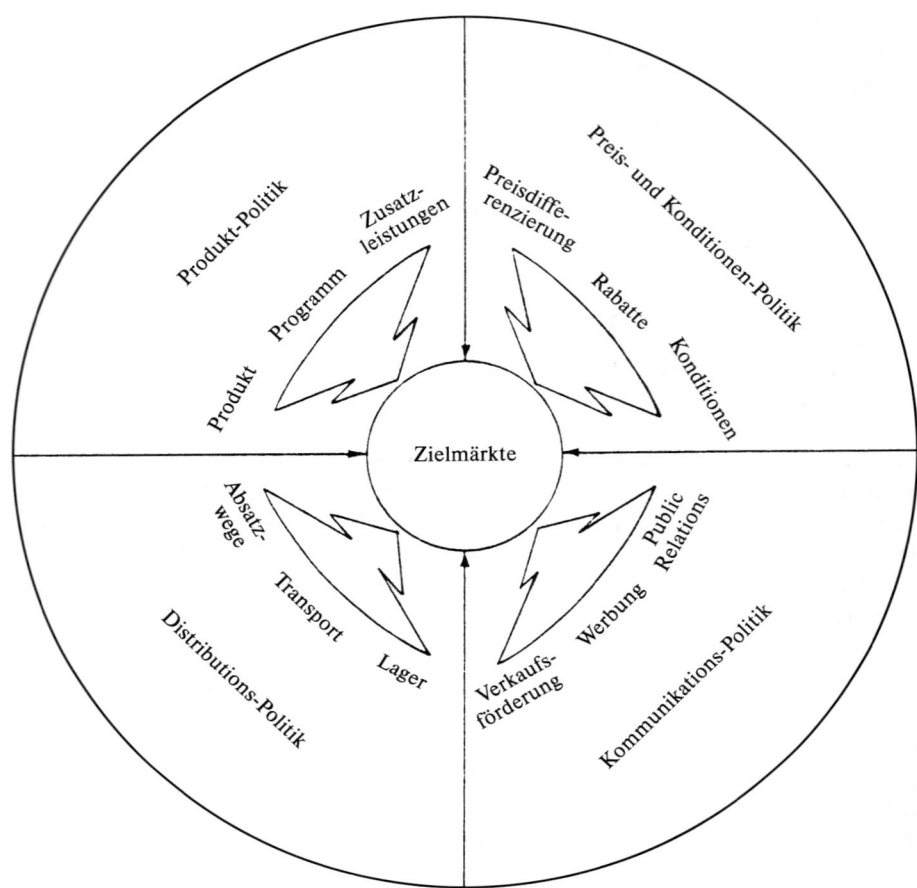

Abbildung 5.37: Die Marketing-Politik

gelöst werden. **Schwieriger noch als die Lösung von Zielkonflikten erscheint allerdings das Auffinden von operationalen Beurteilungskriterien für die einzelnen Teilpolitiken und die gesamte Marketing-Politik.**

Häufig können zwar bestimmte Kriterien operationalisiert werden, die aber dann meistens in keiner nachprüfbaren Mittel-Zweck-Beziehung zu den Oberzielen stehen. So läßt sich zwar im Einzelfall sagen, wie sich eine Alternative im großen und ganzen auf die Erfüllung wünschenswerter und einigermaßen operationaler Kriterien wie Kosten, Unabhängigkeit, Flexibilität auswirkt; inwieweit aber der Verwirklichungsgrad dieser Maßstäbe sich beispielsweise in der Erreichung der Ziele Gewinn, Umsatz, Prestige usw. niederschlägt, kann allenfalls tendenziell und hypothetisch beschrieben werden.

714

Auch die zeitlich horizontalen (funktionalen) Wechselwirkungen zwischen den einzelnen Instrumenten und Teilpolitiken machen eine Integration der Aktionsparameter notwendig und schwierig. **Funktionale Interdependenzen ergeben sich daraus, daß nahezu alle Instrumente zueinander in Beziehungen stehen, die unterstützend, konkurrierend oder bedingend sein können.**

Zeitlich horizontale Interdependenzen

So unterstützen beispielsweise technische Qualität und ansprechendes Design, niedrige Preise sowie reibungslose Distribution die Verkaufsförderung und Werbung, andererseits kann ein falscher zeitlicher Einsatz der Werbung zu Nachfrageeffekten führen, die der mengenmäßigen Programmplanung widersprechen (Erzeugung nicht zu befriedigender Nachfrage oder von Lagerproduktion). Schließlich kann die Herstellung eines bestimmten Sortiments Bedingung für die Inanspruchnahme eines speziellen Absatzweges sein (z. B. bei der Errichtung von Exklusivläden). Die zeitlich horizontalen Beziehungen unterstreichen also, daß die Marketing-Politik zu jedem Zeitpunkt einen Wirkungsverbund darstellt, der nicht nur aus der einfachen Aufsummierung der isoliert geschätzten Auswirkungen der einzelnen Instrumente besteht. Je nach Bemessung und gegenseitiger Abstimmung des Einsatzes der Maßnahmen wird ein stärkerer oder schwächerer Gesamteinfluß auf die Marktgestaltung ausgeübt.

Zeitlich vertikale Interdependenzen bedeuten zunächst, daß die Entscheidung über den Einsatz der verschiedenen Marketinginstrumente nicht nur das gegenwärtige Marketing konkretisiert und festlegt, sondern den **künftigen Handlungsspielraum** teilweise determiniert.

Zeitlich vertikale Interdependenzen

Daneben ist auch der Fall zu berücksichtigen, **daß gegenwärtige Aktionen häufig erst durch nachfolgende Entscheidungen ihre volle Wirkung entfalten können.** Eine Werbekampagne oder ein Absatzweg machen sich unter Umständen erst durch die spätere Einführung eines neuen Produktes richtig „bezahlt". Weiterhin muß auch beachtet werden, daß die Realisation der einzelnen Instrumentalentscheidungen unterschiedliche Zeiträume beansprucht. Eine Preisentscheidung ist viel schneller zu verwirklichen als der Aufbau eines eigenen Transport- und Lagersystems. Und schließlich verursachen die verschiedenen **time-lags, die zwischen Realisation und Wirksamwerden der vielfältigen Entscheidungen liegen,** ein Abstimmungsproblem der Instrumente im Zeitablauf. Während die zeitliche Wirkung der Produktwerbung nur sehr ungenau abgeschätzt werden kann, dürfte eine Veränderung in den Zahlungs- und Lieferkonditionen relativ schnell durchschlagen. Die Wirksamkeit des Einsatzes von Verkäufern oder auch von Distributionssystemen unterliegt Lernprozessen und erreicht erst mit zeitlichen Verzögerungen ihr volles Ausmaß.

Entscheidungen über die vielen Komponenten der Marketing-Politik und ihre Realisation sowie die Auswirkungen dieser Entscheidungen vollziehen sich also nicht synchron, wie es eine statische Betrachtungsweise vorspiegelt, sondern diachron, d. h. dynamisch. Auch daraus ergeben sich Notwendigkeit und Problematik der Integration der Instrumentalvariablen.

Trotz der vielen Hindernisse, die der Gestaltung der Marketing-Politik in Form der Zielproblematik und der zeitlich horizontalen und vertikalen Interdependenzen entgegenstehen, erfordert der Marketingansatz, der mit Blick auf die strategiebedingten Zielmärkte die Marktgestaltungsmaßnahmen als ein Ganzes betrachten muß, eine möglichst konsistente Integration aller Maßnahmen. Die Probleme, die dabei auftauchen, sind also keineswegs akademischer, sondern praktischer Natur. Sie verdeutlichen den Unterschied zur klassischen mikroökonomischen Theorie, die allein auf einem Instrument, nämlich dem Preis, der aus dem Kräftespiel von Angebot und Nachfrage hervorgeht, ihre Erklärungen und Gestaltungsempfehlungen für den Warenverkehr aufbaut. Die Handlungsmöglichkeiten bestehen aber nicht nur in alternativen Preissetzungen, sondern in einer unübersehbaren Menge von Kombinationsmöglichkeiten einer Vielzahl von Instrumenten, die jeweils viele verschiedene Ausprägungen annehmen können.

Alternativen-vielfalt

Das Alternativenfeld ist nicht nur praktisch unüberschaubar, Alternativen im Sinne der Entscheidungslogik sind gar nicht formulierbar, da die einzelnen Handlungsmöglichkeiten wegen der Komplexität des Gegenstandes sich weder vollständig gegenseitig ausschließen noch vergleichbar gemacht werden können.

Hinzu kommt das generelle Problem der Prognose zukünftiger Umweltveränderungen wie Reaktionen der Konkurrenz, technischer Fortschritt, institutionelle und sozio-kulturelle Daten sowie die unüberwundenen Schwierigkeiten einer einigermaßen exakten quantitativen Abschätzung der Wirksamkeit einzelner Instrumente.

2. Lösungsansätze

Analytische Lösungs-techniken

Die Problematik der Anwendung analytischer Lösungsverfahren war schon vereinzelt bei der Diskussion der einzelnen Teilpolitiken angeklungen. Auf das noch komplexere Gestaltungsproblem der Marketing-Politik können sie nur durch Anpassung des Gegenstandes an die Methode, d. h. unter sehr einschränkenden Prämissen angewandt werden. Auch in relativ einfach gelagerten Fällen und bei sehr starker Abstraktion von der Wirklichkeit können die analytischen Methoden nur begrenzt Auskünfte zur Entscheidungshilfe geben. Ein zusätzliches Problem, das die Zweckmäßigkeit der analytischen Methoden in Frage stellen kann, ergibt sich durch die hierdurch verursachten Kosten.

Computer-Simulation

Eine weitere Möglichkeit stellt die Computer-Simulation dar. Grundlage dieses Verfahrens ist die Erarbeitung eines Modells, das die Marktbedingungen und ihre Beziehungen zu den absatzpolitischen Instrumenten in relativ globaler Weise wiedergibt. Meinungen von Experten, Daten der Vergangenheit, Ergebnisse spezieller Marktuntersuchungen sowie logische und mathematische Verknüpfungen dieser Größen bilden die Ausgangsgrößen, mit deren Hilfe die Beziehungen im Marketingsystem simuliert werden. Kennzeichnend für die Simulation ist, daß keine Zielfunktion und prinzipiell – wird von den Speicherproblemen abgesehen – keine Beschränkungen hinsichtlich der Zahl der Parameter und Relationen vorgegeben sind. Es wird keine Lösung durch Lösungsalgorithmen angestrebt, sondern lediglich eine Beobachtung des Modells unter verschiedenen Bedingungen. Mit Hilfe von Sensitivitäts-analysen (vgl. Teil 7, S. 949 ff.) werden die in das Modell eingegangenen Hypothesen zumindest soweit getestet und modifiziert, daß sich bei geringfügiger Datenverände-rung keine unsinnigen Ergebnisse in anderen Teilgebieten des Systems ergeben. Hat das Modell eine befriedigende innere Konsistenz erreicht, so kann es für die Ent-wicklung der Marketing-Politik als **künstlicher Testmarkt** verwandt werden. Verschie-dene sinnvoll erscheinende Kombinationen von Marketinginstrumenten werden eingegeben und ihr Einfluß auf Nachfrage und Verkauf getestet. Auf diese Weise kann die Entscheidung über die Gestaltung der Marketing-Politik vorbereitet und verbes-sert werden.

Da die Anzahl der Parameter in der Regel sehr hoch ist, ist zumeist weder eine vollständige Überprüfung der Konsistenz des Modells im Wege der Sensititvitäts-analyse möglich – nur einige signifikante Parameterkonstellationen werden heraus-gegriffen – noch kann das Testen unterschiedlicher Marketing-Politiken in voller Vielfalt erfolgen. Schließlich müssen die Probleme gesehen werden, die sich bei jedem Modell durch die relativ hohe Abstraktion von der Realität und die unvollkommene Information ergeben. So kann das Modell Beziehungen unrichtig wiedergeben, Scheinrelationen aufstellen und wichtige Zusammenhänge übersehen.

Die Computer-Simulation stellt sozusagen einen künstlichen Test unterschiedlicher Verhaltensweisen und Kombinationen absatzpolitischer Instrumente dar. Dem-gegenüber ist der Testmarkt ein Experiment in realen Verhältnissen, ein sogenanntes Feldexperiment. Durch den Einsatz unterschiedlicher Kombinationen der Submixes auf realen Märkten ließe sich tatsächlich die Effizienz verschiedener Entscheidungen überprüfen. Es leuchtet aber unmittelbar ein, daß der wirkungsvollen Anwendung dieser Methode schwerwiegende Hindernisse entgegenstehen, die hier nur angedeutet werden können. Selbst wenn es gelingt, mehrere einigermaßen geschlossene Test-marktgebiete aufzufinden, so lassen sich doch immer nur wenige Marketing-Politiken testen. Besonders problematisch sind zudem die Vergleichbarkeit der Bedingungen, die Beobachtungen, Kontrolle und Wirkungsschätzung fremder Einflüsse, die zeit-liche Abgrenzung des Experiments und die Auswertung und Interpretation der Ergebnisse. Hinzu kommen die hohen Kosten und der große Zeitaufwand, den dieses Verfahren erfordert. **Deswegen ist Testmarketing zur Beurteilung gesamter Marketing-Konzeptionen weniger geeignet als zur Überprüfung der tendenziellen Nachfragewirk-samkeit einzelner Variablen,** so etwa einer neuen Verpackung, einer besonderen Werbeform oder einer Preisänderung.

Testmarkt

Integrierte Marketinginformationssysteme, die mit Hilfe von Datenmodellen (vgl. Teil 3, S. 357 ff.) den Informations- und Warenfluß abbilden und durch (teil)auto-matische Datengewinnung (z. B. Scanning, Betriebsdatenerfassung) unterstützt wer-den, helfen ebenfalls, die verschiedenen Aktionsfelder des Marketing abzustimmen (vgl. Scheer 1988, Zentes 1987).

Wegen der geringen Übereinstimmung zwischen der Problemstruktur der Gestaltung der Marketing-Politik auf der einen und der Leistungsfähigkeit der diskutierten Problemlösungshilfen auf der anderen Seite, können diese Lösungstechniken bisher allenfalls zur isolierten Untersuchung einzelner Marketinginstrumente herangezogen werden. Die notwendige Integration aller Instrumente zur Marketing-Politik müssen die Entscheidungsträger in der Praxis vorwiegend mit Hilfe einfacher Heuristiken im Sinne von Faustregeln vollziehen. Die Gewichtung und gegenseitige Abstimmung der Parameter ist dabei weitgehend von den **Erfahrungen der Vergangenheit** und den daraus entstehenden Zukunftsprognosen abhängig. Diese Erfahrungen leiten sich aus der Unternehmensgeschichte insgesamt und/oder aus der beruflichen oder persönlichen Entwicklung der einzelnen Entscheidungsträger ab.

Neben den genannten „sachlichen" Hilfen der Entscheidungsfindung üben **organisatorische Elemente** wie Machtstruktur und hierarchische Struktur informelle Beziehungen und Führungsstil Einflüsse auf die relative Gewichtung der Instrumente aus. Den vielfältigen Marktgestaltungsmöglichkeiten stehen nämlich in der Regel knappe Ressourcen in Form von Kosten- oder Finanzbudgets gegenüber, um die die verschiedenen Marktgestaltungsprogramme konkurrieren. Insofern ist in der endgültigen Aufteilung der Mittel auf die verschiedenen Parametergruppen nicht in erster Linie nur eine „sachgerechte" Lösung, sondern insbesondere auch ein Kompromiß als Ergebnis eines Verhandlungsprozesses zu erblicken.

V. Marketingkontrolle

Die Entwicklung von Marketingstrategien sowie der logisch nachgeordnete Entwurf und die Durchführung von Handlungsprogrammen basieren auf Prognosen über die den Absatzerfolg bestimmenden Parameter in der Unternehmung selbst und in der für sie relevanten Umwelt. Die strategischen und programmbezogenen Entscheidungen stützen sich daher auf mehr oder weniger unsichere Daten. Sowohl die Handlungsprogramme der Marketing-Politik, als auch die Marketingstrategien bedürfen der ständigen Kontrolle und Anpassung an die tatsächlich eingetretene bzw. sich abzeichnende Entwicklung der Unternehmungs- und Umweltdaten. **Marketingkontrolle bedeutet demnach eine umfassende und systematische Analyse der Abweichungen, die zwischen den Planvorstellungen und den Ergebnissen realisierter Marketingkonzeptionen auftreten.** Gegenstand der Kontrolle sind dabei nicht nur die Programme der Marketing-Politik, sondern auch die vorgelagerten Marketingstrategien und die diesen wieder übergeordneten Marketingziele.

Die Kontrolle dient dabei sowohl der Sicherstellung, daß Aktivitäten auch in der geplanten Form durchgeführt werden, als auch dem eigenen Lernprozeß, nämlich der Überprüfung der in der Planung verwendeten Prognosen.

1. Strategische Kontrolle

Im marketingstrategischen Bereich lassen sich Aussagen über den tatsächlichen Erfolg meist erst in einem sehr späten Stadium der Realisierungsphase machen, da Zusammenhänge zwischen Ursache (marketingstrategische Entscheidung) und Wirkung (Schaffung und Ausschöpfung eines Erfolgspotentials) häufig erst stark zeitverschoben beobachtbar sind. Die kontinuierliche Verfolgung einer Marketingstrategie erfordert andererseits meist eine erhebliche Bindung von Unternehmensressourcen. Bei einer nachträglichen Feststellung einer bedrohlichen Abweichung aufgrund fehlerhafter Einschätzung der Umwelt oder diskontinuierlicher Entwicklung werden die getroffenen Entscheidungen deshalb nur noch unter hohen Verlusten reversibel sein.

Probleme der strategischen Marketingkontrolle

Neben der großen Reichweite des Planungshorizontes und der damit verbundenen Unüberschaubarkeit und Unsicherheit der Handlungsfolgen muß die strategische Kontrolle eine permanente, den gesamten strategischen Planungsprozeß begleitende Aufgabe darstellen. Keinesfalls darf sie nur nach festgelegten Zyklen oder gar nur in Form eines nachträglichen Soll-Ist-Vergleichs durchgeführt werden. Ihre zentrale Zielsetzung besteht einerseits darin, die in der strategischen Marketingplanung getroffenen Annahmen laufend auf ihre weitere Gültigkeit hin zu überprüfen und gegebenenfalls auf Bedrohungen und dadurch notwendige Veränderungen hinzuweisen **(Prämissenkontrolle)**. Diese Prämissenkontrolle erfüllt eine wichtige Lernfunktion und verbessert durch das Ausschalten nicht mehr gültiger Annahmen die Qualität der strategischen Pläne. Andererseits muß überprüft werden, ob die Verwirklichung der strategischen Pläne den in ihnen enthaltenen Soll-Werten, Zwischenzielen oder Meilensteinen entspricht **(Durchführungskontrolle)**. Durch Vergleiche zwischen Planwerten und Istwerten können mögliche Abweichungen festgestellt und durch Abweichungsanalysen untersucht werden (vgl. Trux u. a. 1988, Steinmann/Schreyögg 1990). Dazu ist etwa der Fall denkbar, daß im Zuge einer Ursachenanalyse für das Zurückbleiben des tatsächlichen Marktanteils eines Produktes hinter dem geplanten festgestellt wird, daß in einer früheren Phase der strategischen Planung u. a. eine falsche Zielgruppenklassifizierung vorgenommen wurde. Hätte sich demgegenüber bei einer Ursachenanalyse herausgestellt, daß von falschen Annahmen über die Entwicklung des Konsumentenverhaltens der angesprochenen Zielgruppe ausgegangen wurde, läge eine Prämissenkontrolle vor.

Formen der strategischen Kontrolle

Wenn ungewollte Handlungsfolgen strategischer Entscheidungen festgestellt werden, ist der Gestaltungsspielraum für Gegenmaßnahmen meist schon sehr stark eingeschränkt. Es ist daher notwendig, mögliche negative Entwicklungen bereits in einem frühen Stadium durch das Erkennen **schwacher Signale** (vgl. Ansoff 1976) zu antizipieren, um somit rechtzeitig Gegenmaßnahmen treffen zu können. Beispielsweise kann ein frühzeitiges Erkennen bestimmter Trends in der Bevölkerungsentwicklung auf das Schrumpfen eines strategisch bedeutsamen Marktes hinweisen. Eine im Unternehmen institutionalisierte **Frühaufklärung/Frühwarnung** kann aber auch gleichzeitig auf in der Zukunft liegende Chancen oder Gelegenheiten aufmerksam machen.

Zur Bewältigung der erheblichen Informationsprobleme muß vor allem eine Mobilisierung der entsprechenden Informationsverarbeitungsmöglichkeiten bei allen Unternehmensmitgliedern angestrebt werden. **Ziel ist es, die Verantwortlichen auf allen Ebenen des Unternehmens so zu sensibilisieren, daß sie für mögliche Anzeichen des bevorstehenden Wandels empfänglich werden und bereit sind, dies in eine Strategie umzusetzen.** Die Erreichung der Kontrollziele wird allerdings durch das **Dilemma der Kontrolle** erschwert. Während nämlich bei der Durchführungskontrolle von der uneingeschränkten Gültigkeit eines Planes ausgegangen und dessen Prämissen nicht in Frage gestellt werden, ist es gerade Ziel der Prämissenkontrolle, die Planprämissen zur Disposition zu stellen (vgl. Trux u. a. 1988). Die entgegengesetzten Wirkungen dieser beiden Formen der strategischen Kontrolle müssen daher bei deren Ausübung berücksichtigt werden.

Dilemma der
Kontrolle

Strategisches
Controlling

Die Aufgabe der strategischen Kontrolle wird in der Praxis zunehmend durch das **strategische Controlling** wahrgenommen. Dessen funktionaler Aufgabenbereich umfaßt aber neben der Kontrolle generell auch Planungs- und Koordinationstätigkeiten sowie die Informationsbeschaffung und -versorgung. Im Mittelpunkt der strategischen Kontrolltätigkeiten stehen nach empirischen Erkenntnissen vor allem die Analyse von Abweichungsursachen, die Kontrolle der Planeinhaltung sowie der Aufbau und die Dokumentation von Erfahrungen (vgl. Coenenberg/Günther 1990).

Marketing-
Audit

Für die kritische Hinterfragung angewandter Verfahren, Annahmen sowie organisatorischer Regelungen wird im Rahmen des strategischen Marketing-Controllings neuerdings häufiger der Begriff **Marketing-Audit** verwendet. Darunter versteht man eine rechtzeitige und umfassend koordinierte Anpassung des marktbezogenen Führungssystems an Umweltveränderungen unter Berücksichtigung der sich ständig weiterentwickelnden Informations- und Planungstechnologien (vgl. Köhler 1991). Marketing-Audit umfaßt neben der Prüfung der verwendeten Planungs- und Kontrollverfahren und verfolgten Marketing-Strategien auch die Überwachung des operativen Marketing-Mix-Einsatzes sowie der organisatorischen Gestaltung der Marketingaktivitäten (vgl. Abbildung 5.38).

2. Operative Kontrolle

Die Kontrolle operativer Marketingpläne ist eine Aufgabe des **operativen Marketing-Controllings.** Obwohl die Controlling-Konzeption insgesamt umfassender zu sehen ist, liegt ein wesentlicher Schwerpunkt ihrer Aufgaben in der Kontrolle der Einhaltung operativer Planvorgaben und in der Analyse von Abweichungen. Zu diesem Zweck muß das operative Marketing-Controlling Informationen gewinnen, die relevante Plan- und Zielabweichungen anzeigen und damit Maßnahmenüberlegungen auslösen können. Abbildung 5.39 zeigt den Prozeß der Marketingkontrolle.

Marketing-Audit

Verfahrens-Audit: Prüfung – der Planungsverfahren – der Kontrollverfahren – der Informationsversorgung	*Strategien-Audit:* Prüfung – der zugrunde gelegten Prämissen – der strategischen Ziele – der Konsistenz von Schlußfolgerungen

Marketing-Mix-Audit:
Prüfung
– der Vereinbarkeit mit strategischen
  Grundlinien
– der wechselseitigen Maßnahmen-
  abstimmung
– der Mittel-Zweck-Angemessenheit
	Organisations-Audit:
	Prüfung
	– der vollständigen Berücksichtigung
	  von Marketing-Aufgaben
	– der aufgabenentsprechenden
	  Organisationsform
	– der Koordinationsregelungen

Abbildung 5.38: Einsatzbereiche des Marketings-Audit

(in Anlehnung an Köhler 1991)

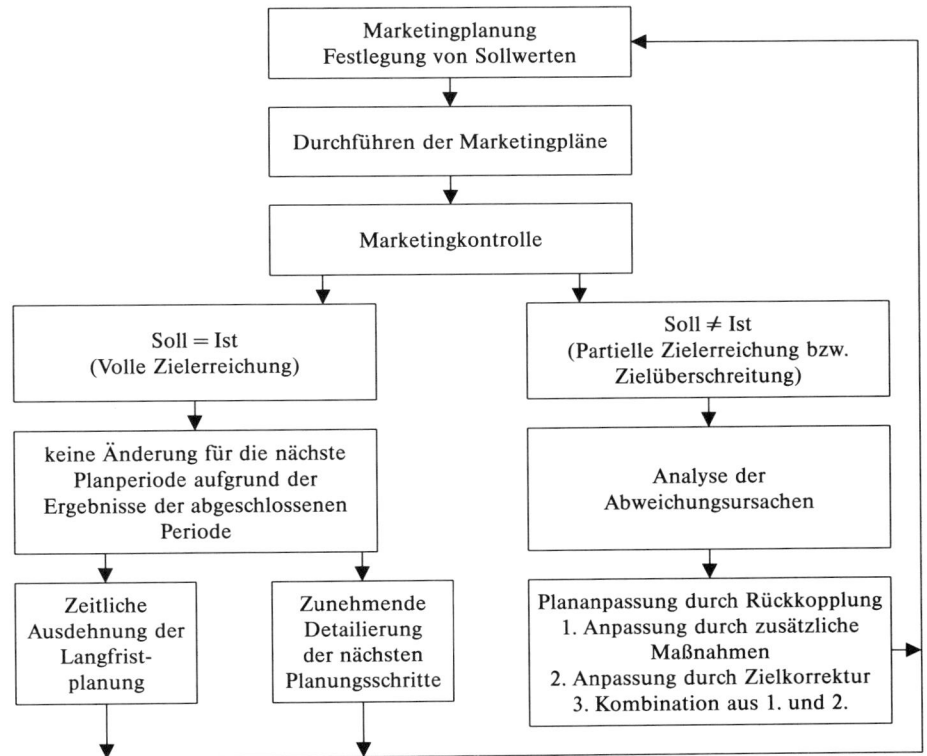

Abbildung 5.39: Prozeß der Marketingkontrolle

(in Anlehnung an Meffert 1986)

721

Der Kontrollprozeß, das heißt die zielgerichtete Gewinnung und Verarbeitung von Kontrollinformationen, läßt sich in sechs Phasen unterteilen:

1) Festlegung aussagefähiger Kontrollgrößen,
2) Bestimmung der Schwankungsbereiche,
3) Erfassung der Ist-Werte,
4) Vergleich von Soll- und Istwerten,
5) Analyse der Abweichungen,
6) Ergreifen von Maßnahmen.

Die Marketingkontrolle kann sowohl auf **unmittelbare Erfolgsindikatoren** (z. B. Umsatz) als auch auf **mittelbar ökonomische Indikatoren** wie das Unternehmens- oder Produktimage abzielen.

Bezogen auf den Kontrollbereich kann zwischen submixbezogener und gesamtmixbezogener Kontrolle unterschieden werden. Die **submixbezogene Marketingkontrolle** bezieht sich auf einzelne absatzpolitische Instrumente, z. B. wie Werbeerfolgskontrolle. Erstreckt sich die Marketingkontrolle auf die Erfolgswirkung des gesamten Marketing-Mix, spricht man von **gesamtmixbezogener Marketingkontrolle** (vgl. Nieschlag u. a. 1991; Meffert 1986). Das Problem hierbei ist festzustellen, inwieweit die Ergebnisse von den Marketingentscheidungen wirklich beeinflußt werden. Bei der submixbezogenen Kontrolle treten darüber hinaus Zurechnungsprobleme durch den Wirkungsverbund des Marketing-Mix auf (vgl. Köhler 1991).

Die erste Aktivität dieses Kontrollprozesses besteht in der Festlegung aussagefähiger Kontrollgrößen und eines Schwankungsbereiches, außerhalb dessen Anpassungsmaßnahmen als erforderlich erscheinen.

Auswahl von Kontrollgrößen

Die in der Praxis am häufigsten anzutreffenden Kontrollgrößen sind am Gewinnziel der Unternehmung orientiert. Häufig werden Umsatz, Marktanteil und Deckungsbeiträge als Kontrollgrößen genutzt. Hilfreich bei der Marketingkontrolle ist auch das Verwenden von **Kennzahlen**, z. B. das Verhältnis Gewinn zu Kapital oder Deckungsbeitrag zu Umsatz, oder auch spezifischere Verhältniszahlen wie die Relation Umsatz zu Werbekosten oder Umsatz zu Verkaufsfläche. Entsprechend der Definition des Gewinnes bieten sich Kontrollgrößen an, die sich unmittelbar auf die Komponenten Erlös oder Kosten beziehen. Solche Größen sind

(1) innerhalb der Produkt-Politik z. B. die Herstellungs- und Vertriebskosten eines bestimmten Produktes oder einer Produktgruppe; Umsatzänderung aufgrund von Maßnahmen der Produktgestaltung; die Kosten der produkt- bzw. produktgruppenbezogenen Zusatzleistungen;

(2) innerhalb der Preis- und Konditionen-Politik z. B. Umsatzänderung aufgrund von Maßnahmen der Preis-, Rabatt- oder Konditionenfestlegung; der Erlös eines bestimmten Produktes oder einer Produktgruppe;

(3) innerhalb der Distributions-Politik z. B. der Umsatz eines bestimmten Verkäufers, eines Absatzweges oder eines Absatzbereiches bzw. Marktsegmentes;

722

(4) innerhalb der Kommunikations-Politik z. B. die Kosten für Verkaufsförderung und für Werbung; die Werbekosten für bestimmte Zielgruppen; die Werbekosten je Umsatzeinheit.

Der Umsatz wird dabei häufig – vor allem dann, wenn ein einigermaßen konstantes Verhältnis zwischen Umsatz und Gewinn vermutet wird – als wichtigster Erfolgsindikator betrachtet. Sicherlich ist der Umsatz ein wichtiger Indikator des Absatzerfolges einer Unternehmung, eine Beschränkung auf diese Kennzahl allein kann allerdings zu folgenschweren Fehlentscheidungen führen. Unbedingt notwendig ist eine **gleichzeitige Umwelt-, vor allem Konkurrenzanalyse** sowie eine Analyse der Kostenentwicklung (vor allem absatzbezogener Kostenarten) im eigenen Unternehmen. Besondere Aufmerksamkeit wird häufig – gerade auch vor dem Hintergrund der Erfahrungskurven- und Portfolio-Analyse – der Analyse der **Marktanteilsentwicklung** gewidmet, z. B. je Produkt, Produktgruppe, Kundengruppe, Absatzbereich oder pro Periode sowohl der eigenen Unternehmung wie auch der Konkurrenten.

Das Umsatzstreben steht zum Gewinnziel dann in einem konkurrierenden Verhältnis, wenn eine Umsatzsteigerung nur durch Preissenkungen oder durch stark steigende Kosten realisiert werden kann. Deshalb ist die Untersuchung der Marketingkostenentwicklung eine Komponente sinnvoller Umsatzanalysen. Marketingkosten sollen dabei all die Kosten umfassen, die aufgrund der Bemühungen entstehen, einen potentiellen Käufer zum Kauf von Produkten der Unternehmung zu veranlassen – man könnte sie als Akquisitionskosten bezeichnen –, sowie die Kosten der physischen Distribution. Allerdings ist die genaue Abgrenzung der Akquisitionskosten recht schwierig. Zu den Abgrenzungsschwierigkeiten kommt noch das Problem ihrer Zurechnung auf einzelne Produkte, Kunden, Absatzwege oder andere Zuordnungsgrößen.

Marketing-kosten

Erfolgt die Zurechnung der Marketingkosten auf die verschiedenen Zuordnungskriterien auf Teilkostenbasis, also differenziert nach zurechenbaren und nicht zurechenbaren Kosten, so läßt sich eine ganze Reihe von (Brutto-)Erfolgsgrößen (Deckungsbeiträgen) ermitteln. Der Deckungsbeitrag z. B. eines Produktes kann eine wesentlich aussagekräftigere Information bieten als eine reine Umsatzziffer. Eine Verfeinerung der Vorgabe- und Kontrollgröße läßt sich durch eine differenzierte Deckungsbeitragsrechnung (vgl. Teil 9, S. 1264) erreichen. Es lassen sich für viele marketingrelevante Entscheidungstatbestände jeweils Deckungsbeiträge ermitteln. Beispiele dafür sind Deckungsbeiträge von Produktgruppen, Vertretern, Bezirken, Absatzkanälen, Kundengruppen, Niederlassungen usw. **Die Kontrolle derartiger Deckungsbeiträge kann Anregungen geben, bestimmte Produkte, Gebiete oder Verkaufsorgane stärker zu forcieren oder aber auf längere Sicht aufzugeben.**

Differenzierte Deckungs-beiträge

Eine Ergänzung der Deckungsbeitragsinformation ist erforderlich, um die Entwicklung des Erfolgsbeitrages eines Produktes im Zeitablauf zum Ausdruck zu bringen. Für Konsum- wie für Investitionsgüter kann ein gewisser Lebenszyklus angenommen werden (vgl. Abbildung 5.19, S. 664), von dessen Verlauf die Höhe der Deckungsbeiträge abhängt. Die Kontrolle eines Produktdeckungsbeitrages erfordert daher einen zusätzlichen Hinweis, **ob es sich um ein Produkt in der Wachstumsphase oder um ein „alterndes" Produkt handelt.**

Durch die Einbeziehung differenzierter Deckungsbeiträge werden die oben eingeführten Kontrollgrößen der einzelnen Submixes ergänzt. Zusätzliche Informationen sind erforderlich zur frühzeitigen Kontrolle von Tatbeständen, die sich im Rechnungswesen nicht rechtzeitig genug niederschlagen, um noch wirkungsvolle Anpassungsmaßnahmen einleiten zu können. Nicht qantifizierbare Ziele wie Prestige und Macht oder folgenreiche Umweltentwicklungen wie technischer Fortschritt, sozialer Wandel usw. bedürfen zu ihrer Erfassung der vielfältigen Methoden der empirischen Sozialforschung, wie sie weiter oben beschrieben wurden (vgl. Abschnitt II.3.)

Bestimmung eines Schwankungs- bereiches

Nicht jede Abweichung eines Ist-Wertes vom geplanten Wert erfordert eine Anpassungsmaßnahme. Vielmehr sind geringfügige Abweichungen in aller Regel zufallsbedingt. Aus diesem Grunde erfolgt bei der Bildung von Kontrollgrößen gleichzeitig die Festlegung von Schwankungs- oder Toleranzbereichen, innerhalb derer Ist-Werte von den Soll-Größen abweichen dürften, ohne daß handelnd eingegriffen wird. Erst wenn signifikante Abweichungen auftreten, werden Abweichungsanalysen und gegebenenfalls Korrekturmaßnahmen erforderlich. Wichtig ist dabei, daß nicht nur Abweichungen berücksichtigt werden, die zu einer geringeren Zielerreichung führen, sondern auch Abweichungen mit einem positiven Zielbeitrag. Denn aus deren Ursachenanalyse können wichtige Informationen für nachfolgende Planungsprozesse gewonnen werden.

Statistische Toleranzen

Für die Beurteilung der Abweichungen werden häufig Verfahren vorgeschlagen, die der statistischen Qualitätskontrolle entlehnt sind. Um einen Normwert, der als Mittelwert einer statistischen Normalverteilung angesehen wird, wird ein Streubereich von z. B. 2 oder 3 Standardabweichungen gelegt. Werte, die außerhalb dieses Streubereiches liegen, werden nicht mehr als im Sinne der gewählten Verteilung normal angesehen.

Simulation von Abweichungen

Für die Anwendung bei der Marketingkontrolle stößt ein solches Verfahren auf Schwierigkeiten. Einmal dürften die Abweichungs„ereignisse" kaum als unabhängig voneinander zu betrachten sein, zum andern fehlt die statistische Masse, die es ermöglicht, eine Normalverteilung anzunehmen. Als Signifikanzkriterium (Toleranz) dient daher in der Regel das Maß der vermuteten Beeinflussung des Gewinnes oder der Rentabilität. Der Einfluß von Kontrollgrößenänderungen auf das Zielkriterium kann unter Umständen mit Hilfe einer Sensitivitätsanalyse abgeschätzt werden. In verschiedenen Simulationsläufen werden die Kontrollwerte planmäßig verändert und es wird beobachtet, welche Konsequenzen sich für den Gewinn ergeben. Dabei ist festzulegen, welche Gewinnabweichung als so beachtlich erscheint, daß Anpassungsmaßnahmen ergriffen werden müssen. Diejenige Abweichung der Kontrollgröße, die diese Gewinnveränderung verursacht, gilt dann als signifikant. Zweckmäßigerweise werden solche Simulationen mit Hilfe der EDV durchgeführt.

Erfassung der Ist-Werte und Soll-Ist- Vergleich

Die Erfassung der Ist-Werte erfolgt durch die Auswertung von Absatz- und Kostenstatistiken und daran anschließenden Berechnungen von Kennzahlen. Die dadurch ermittelten Ist-Werte werden schließlich mit den aus den Plänen abgeleiteten Soll-Werten verglichen. Werden dabei signifikante Abweichungen festgestellt, müssen die ursächlichen Einflußfaktoren identifiziert und analysiert werden.

Welche Anpassungsmaßnahmen im konkreten Fall erforderlich sind, bestimmen die *Anpassungs-* Höhe der Kontrollgrößenabweichungen und die erwartete Umweltentwicklung. Zu- *maßnahmen* nächst wird die Unternehmung häufig versuchen, sich durch die Variation eines ihrer Marketingprogramme oder des gesamten Marketing-Mix an die veränderten Gegebenheiten anzupassen. Solche Maßnahmen sind z. B. die Wahl einer geschmackvolleren Verpackung, eine Preissenkung, intensivere Funk- und Fernsehwerbung, eine Verbesserung des Kundendienstes usw. Erst wenn Programmvariationen keinen Erfolg versprechen, werden die Marketingstrategien zu überprüfen sein.

Kommentiertes Literaturverzeichnis

Als mittlerweile „klassische" einführende Lehrbücher in das Gebiet der Absatzwirtschaft bzw. des Marketing gelten: KOTLER (1982), MEFFERT (1986), NIESCHLAG u. a. (1991), TIETZ (1989), LEITHERER (1989). Speziell den Investitionsgüterbereich behandeln BACKHAUS (1990), PLINKE (1985) und ENGELHARDT/GÜNTER (1981).

Als umfassendes Nachschlagewerk ist das von TIETZ (1974) herausgegebene Handwörterbuch der Absatzwirtschaft zu empfehlen. ZENTES (1988) hat ein handliches Marketing-Lexikon vorgelegt.

Zur Vertiefung der folgenden Problembereiche eignen sich insbesondere:
- Marktforschung und Marktstrategien: BEREKOVEN u. a. (1989), BERNDT (1990), KREILKAMP (1987)
- Programme der Marktgestaltung: BÖCKER (1990), NIESCHLAG u. a. (1991)
- Marketing-Politik: BÖCKER (1988), KAAS (1973), KÖHLER (1991), SCHMALEN (1982), SIMON (1982)
- Marketing-Kontrolle: BÖCKER (1988), KIENER (1980)
- EDV und Marketing: ZENTES (1987)

Fragen und Aufgaben zur Selbstkontrolle und Vertiefung

1. Nennen Sie Gemeinsamkeiten von Marketing und traditionellem Absatzbegriff! Worin liegt die Besonderheit des Marketing?

2. Diskutieren Sie anhand des Marketing die Wertfreiheit und den gesellschaftlichen Bezug der Betriebswirtschaftslehre!

3. Welche negativen Wirkungen des kommerziellen Marketing sehen Sie und wie können diese Ihrer Meinung nach vermindert werden?

4. In welchen Fällen gibt auch eine funktionsorientierte Unternehmungsorganisation Gewähr für eine marktorientierte Unternehmungsführung?

5. Welche Argumente sprechen für oder gegen die Matrix-Organisation zur Durchsetzung einer marketingorientierten Unternehmungspolitik?

6. Welche Schwierigkeiten ergeben sich bei der Abbildung des individuellen Käuferverhaltens im Rahmen von Totalmodellen?

7. Welche Beziehungen sehen Sie zwischen den aufgezählten Elementen von Marktmodellen und einzelnen Modellen des Käuferverhaltens?

8. Weshalb ist die Beschäftigung mit dem Verhalten der Käufer für das Marketing von so großer Bedeutung?

9. Welche Beziehungen bestehen zwischen Beobachtung und Befragung auf der einen und Experiment auf der anderen Seite und in welchen Möglichkeiten der Marktforschung spiegelt sich dieser Zusammenhang wider?

10. Welchen Einschränkungen ist die Brauchbarkeit von Testmarktergebnissen unterworfen?

11. Welche Schwierigkeiten können bei einer langfristigen Prognose mittels der Delphi-Methode auftreten?

12. Welche Annahmen werden ganz allgemein bei der Anwendung beliebiger Prognoseverfahren gemacht?

13. Welche Gründe können für laterale Diversifikationsstrategien bestimmend sein?

14. Inwiefern bilden Verhaltensweisen der Abnehmer die Grundlage für Marketingstrategien?

15. Welche Informationen können aus der Analyse von Produktlebenszyklen und Erfahrungskurven für die Entwicklung von Marketing-Strategien gezogen werden?

16. Welchen Zwecken dient die Ableitung von Normstrategien in der Portfolio-Analyse?

17. Ist in der Systematisierung der absatzpolitischen Instrumente ein zentrales Marketingproblem zu erblicken?

18. Welche Argumente sprechen für oder gegen den Produktbegriff, der für die Beschreibung der Produkt-Politik gewählt wurde?

19. Zeigen Sie den Zusammenhang zwischen der Gestaltung der technischen Lebensdauer von Produkten und der Produktionsprogrammgestaltung auf und nennen Sie einzel- und gesamtwirtschaftliche Argumente des Für und Wider dieses absatzpolitischen Instruments!

20. Nennen Sie Beispiele für kosten- und/oder nachfragemäßig interdependente Produkte! Würden Sie für solche Produkte kostenorientierte, nachfrageorientierte oder konkurrenzorientierte Preisbildung vorschlagen?

21. Zeigen Sie die Möglichkeiten und Grenzen einer Preispolitik auf der Grundlage der Erfahrungskurve auf!

22. Welche Gründe sprechen für oder gegen eine weitgehende Konzentration auf das Instrument „Preis" im Rahmen der Marktgestaltungsdiskussion?

23. Stellen Sie Vor- und Nachteile des skimming- und penetration-pricing als alternative Preisstrategien bei der Einführung neuer Produkte dar!

24. Diskutieren Sie die Brauchbarkeit der Break-even-Analyse zur Beurteilung der Erfolgsträchtigkeit neu zu entwickelnder Produkte!

25. Wodurch unterscheiden sich die Absatzwege von der „physical distribution"?

26. Inwiefern beeinflußt die Gestaltung der Absatzwege die Gestaltung von Transport und Lagerhaltung?

27. Wie ist die Stellung des Großhandels und des Einzelhandels in den Absatzwegen der Gegenwart zu beurteilen? Nennen Sie Beispiele für Absatzwege, auf denen der Hersteller bzw. der Großhandel bzw. der Einzelhandel die stärkste Machtposition im Rahmen des Absatzkanals hat!

28. Formulieren Sie die Bedingungen dafür, daß sich die Errichtung eines Zweigwerkes zur Verbesserung der Distribution kostenmäßig lohnt!

29. Kennzeichnen Sie den Zusammenhang zwischen Absatzweggestaltung und Kommunikations-Politik!

30. Zeigen Sie anhand der Kommunikations-Politik einige mögliche Beziehungen zwischen öffentlichen und privat-wirtschaftlichen industriellen Interessen auf! Nennen Sie Beispiele von komplementären und konfliktären Interessenkonstellationen!

31. Beschreiben Sie, warum das Problem der exakten Werbeerfolgskontrolle und Werbebudgetermittlung unlösbar erscheint und diskutieren Sie die Frage der Suboptimalität der praktischen Ersatzverfahren!

32. Finden Sie für Abbildung 5.1 (Grundstruktur eines Marketingsystems) weitere mögliche Beziehungen zwischen Elementen, die bei mehr kurzfristiger Betrachtung zu berücksichtigen sind!

33. Wo sehen Sie nach Betrachtung der Modelle des Käuferverhaltens und der Marktgestaltungsprogramme praktische Ansätze zur Gestaltung der Nachfrage nach Investitionsgütern?

34. Zeigen Sie anhand von Beispielen den Zusammenhang zwischen der Gestaltung der Marketing-Politik und der Struktur der Unternehmungsorganisation auf!

35. Welche Hilfestellung kann die Computer Simulation bei der Gestaltung der Marketing-Politik geben?

36. Welche Informationsmöglichkeiten bieten differenzierte Deckungsbeiträge im Rahmen der Marketingkontrolle?

37. Erläutern Sie die Rolle von Datenmodellen für die Informationsgewinnung im Marketing!

38. Erläutern Sie anhand je eines Beispiels die Wirkungsweise der in Abbildung 5.31 genannten Eigenschaften auf die Absatzwegegestaltung!

39. Für ein Diversifikationsvorhaben gibt es verschiedene Realisierungsformen. Welche Gründe können für eine Diversifikation durch Akquisition, durch Neugründung oder durch Joint Venture sprechen?

40. Diskutieren Sie Ziele und Gestaltungsmöglichkeiten der Öffentlichkeitsarbeit. Für welche Arten von Unternehmungen könnte Öffentlichkeitsarbeit von besonderer Bedeutung sein?

Sechster Teil

Personalwirtschaft

Von Peter Uwe Kupsch und Rainer Marr

I. Personalwirtschaftliche Modelle und Theorien

Die entscheidungsorientierte Betriebswirtschaftslehre hat sich als zentrales Ziel gesetzt, das menschliche Arbeitsverhalten in Organisationen zu beschreiben, zu erklären und zu gestalten. Die Erfüllung dieses Ziels setzt die Entwicklung möglichst realistischer „Grundmodelle" voraus (vgl. Teil 1). Solche für die Personalwirtschaft relevanten Modelle bestehen im wesentlichen aus Hypothesen über die Bestimmungsgrößen menschlichen Verhaltens (z. B. Grundmodelle des arbeitenden Menschen). Sie ermöglichen Aussagen über die Art und die Wirkungsweise der Einflußgrößen, die das Verhalten des Menschen in der Organisation bestimmen.

Grundmodelle des arbeitenden Menschen

Nach dem jeweils zugrunde gelegten Modell des Menschen richten sich sowohl die Abgrenzung der Aufgabenbereiche der Personalwirtschaft wie auch das Setzen von Schwerpunkten innerhalb dieser Aufgabenbereiche.

Konsequenzen der Modellwahl

1. Grundmodelle des arbeitenden Menschen

Mechanistisches Grundmodell

Erste explizit formulierte Vorstellungen über die Bestimmungsgrößen menschlichen Arbeitsverhaltens – die dann auch den Überlegungen über die Gestaltung der Arbeitsbedingungen zugrunde gelegt wurden – finden sich bei F. W. Taylor (1911), dessen Bemühen um eine „wissenschaftliche Betriebsführung" die modernen Arbeitswissenschaften begründete. Das von ihm zugrunde gelegte Modell kann als „mechanistisch" bezeichnet werden. **Es charakterisiert den arbeitenden Menschen lediglich als Gehilfen (Instrument) für die Bedienung von Maschinen, der selbst maschinen-ähnliche Eigenschaften aufweist.** Das Modell beschränkt sich auf Aussagen über die Ausführung einfacher operativer Tätigkeiten, die sich durch ständige Wiederholbarkeit auszeichnen und deshalb den Charakter von Routineaufgaben besitzen. Problemlösungs- und Entscheidungsprozesse im Rahmen der Ausführung von Arbeitsaufgaben werden ausgeklammert. Zur Charakterisierung des arbeitenden Menschen werden nur wenige physiologische Dimensionen wie Leistungsvermögen (Kapazität), Bewegungsmerkmale (Geschwindigkeit) und Ausdauer herangezogen.

Mensch als „Einsatzgut"

Zielsetzung ist die Optimierung der Arbeitsproduktivität durch die Anwendung einer effizienten Arbeitsmethodik.

Taylor konzentriert sich bei der Entwicklung seines Konzepts einer „wissenschaftlichen Betriebsführung" auf folgende Problemkreise:

(1) Festlegung von **Arbeitsmethoden, die aufgrund von Zeit- und Bewegungsstudien ein maximales Arbeitsergebnis gewährleisten;**

731

(2) Entwicklung eines Systems von **Leistungsnormen** und **Entlohnungsregeln**, das den Arbeitenden bei Anwendung der leistungsmaximalen Arbeitsmethode zur Erreichung der geforderten Produktionsnorm motiviert;

(3) optimale **Gestaltung des Arbeitsplatzes im Hinblick auf** die physiologischen Merkmale des Arbeiters sowie Entwicklung organisatorischer Regeln zur Festlegung von Arbeitsprioritäten durch speziell ausgebildete Vorgesetzte, die „Funktionsmeister" darstellen.

Hypothese der Einkommensmaximierung

Der instrumentalen Betrachtungsweise liegt weiterhin die Annahme zugrunde, daß die Arbeiter im wesentlichen nur auf monetäre Anreize, d. h. die Höhe des erzielbaren Lohnes, reagieren. Die Maximierung seines Einkommens wird als die wichtigste Zielsetzung des Arbeitnehmers angesehen. Psychologische Aspekte des Arbeitsverhaltens werden durch das Arbeitsentgeltsystem abgedeckt, da die Bedürfnisse des arbeitenden Menschen durch Lohnzahlungen erfüllt werden können. Damit wird bei (von der „wissenschaftlichen Betriebsführung") vorgegebenen Arbeitsplatzbedingungen, Arbeitsmethoden und Lohnsystemen ein direkter positiver Zusammenhang zwischen der Arbeitsleistung und den durch das Entlohnungssystem festgelegten Lohnzahlungen unterstellt (vgl. Abbildung 6.1).

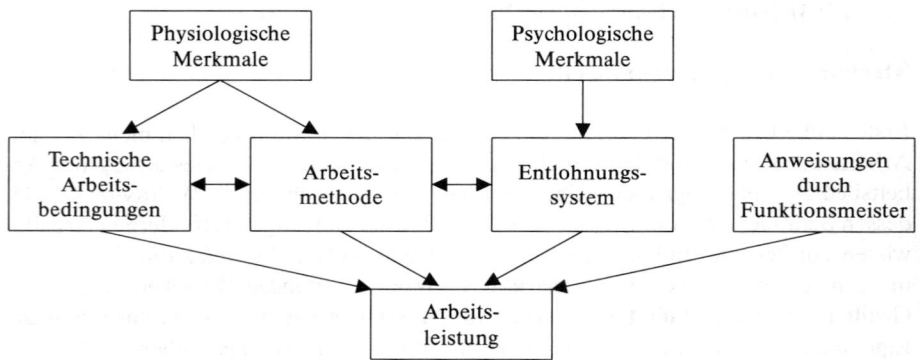

Abbildung 6.1: Grundlegende Bestimmungsgrößen der Arbeitsleistung nach der „wissenschaftlichen Betriebsführung"

Beurteilung

Ein in erster Linie auf monetäre Anreize gerichtetes Modell bildet keine ausreichende Grundlage für die Lösung personalwirtschaftlicher Probleme, weil es psychologische und soziologische Determinanten des Arbeitsverhaltens weitgehend ausklammert. Die unterstellte unmittelbare Beziehung zwischen Arbeitsleistung und Arbeitslohn ist aus mehreren Gründen fragwürdig:

– Abgesehen davon, daß das von der Unternehmensleitung festgelegte Verhältnis von Arbeitsschwierigkeit bzw. Arbeitsleistung und Lohn u. U. nicht die Zustimmung der Belegschaft findet,

– ist es zweifelhaft, ob die geldlichen Anreize wirklich das einzige Mittel zur Steigerung der Arbeitsleistung sind. **Es ist vielmehr davon auszugehen, daß Lohnzahlungen**

732

nur ein, wenn auch wesentliches Element des Anreizsystems einer Unternehmung darstellen. Andere Anreize können ebenfalls erhebliche Bedeutung erlangen (z. B. die Möglichkeit, an interessanten Aufgaben zu arbeiten), insbesondere dann, wenn der Mitarbeiter bereits ein „befriedigendes" Einkommen erreicht hat. Steigende Lohnzahlungen sind auch nicht zwangsläufig mit entsprechenden Nutzensteigerungen auf seiten des Mitarbeiters verbunden. Zudem ändert sich der wahrgenommene Nutzen des Einkommens im Zeitablauf aufgrund von Änderungen des Anspruchsniveaus (sozialer Aufstieg).

Grundmodell der Human-Relations-Bewegung

Eine Gegenströmung zum mechanistischen Grundkonzept entstand aus der Human-Relations-Bewegung. **Sie gab den Anstoß für die Entwicklung eines realitätsnäheren Grundmodells des arbeitenden Menschen: Menschen handeln in Unternehmungen nicht als isolierte Individuen. Ihr Verhalten wird stark von sozialen Beziehungen beeinflußt.** *Human-Relations-Bewegung*

Die Bedeutung sozialer Faktoren wurde erstmals im Verlauf der berühmt gewordenen Hawthorne-Experimente (1928–1932) entdeckt (vgl. Roethlisberger/Dickson 1939). Sie leiteten die Human-Relations-Bewegung ein. Hier zeigte sich, daß die monokausale Betrachtung der Beziehung zwischen Arbeitsproduktivität und technischen Arbeitsbedingungen zur Erklärung menschlichen Arbeitsverhaltens nicht ausreicht und die Interaktionsprozesse der Mitarbeiter einen grundlegenden Einfluß auf das Verhalten des einzelnen und von Gruppen ausüben.

Es wurde festgestellt, daß sich neben der offiziell geplanten Gruppenstruktur ein informales Gruppengefüge bildet. Diese ungeplanten Gruppen stellen eigene Regeln, Normen und Verhaltenserwartungen auf, die von denen der geplanten Organisation abweichen können (vgl. Teil 2, S. 92 ff.). Solche informalen sozialen Normen können das individuelle Leistungsverhalten wirksamer beeinflussen als z. B. in Aussicht gestellte bessere Verdienstmöglichkeiten.

Die Vertreter der Human-Relations-Bewegung vermuteten, durch die Förderung sozialer Interaktionen zunächst die Zufriedenheit der Mitarbeiter und über diese die Leistungswirksamkeit der Organisation steigern zu können. Sie unterscheiden sich damit von den Verfechtern der wissenschaftlichen Betriebsführung im Grunde nur in der Wahl der Mittel (vgl. Abbildung 6.2).

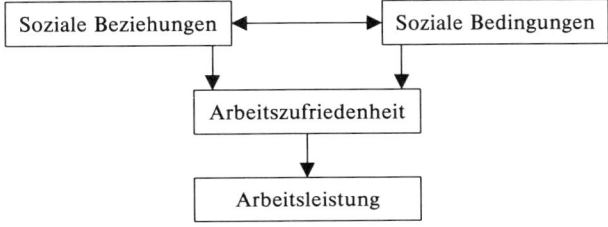

Abbildung 6.2: Bestimmungsgrößen der Arbeitsleistung nach der Human-Relations-Bewegung

Genauso problematisch wie die These über den direkten Zusammenhang zwischen Lohn und Leistung im mechanistischen Konzept erweist sich die These der Human-Relations-Bewegung über eine monokausale Beziehung zwischen Arbeitszufriedenheit und Arbeitsleistung. Abgesehen davon, daß es sich bei dem Begriff der Arbeitszufriedenheit um einen sehr schwer zu operationalisierenden Tatbestand handelt, konnte der angenommene Zusammenhang bislang durch empirische Studien nicht eindeutig bestätigt werden.

Sozialwissenschaftliches Grundmodell

Die neuere Betriebswirtschaftslehre stellt mit der Betonung des Entscheidungsverhaltens den Menschen in den Mittelpunkt. **Seine Verhaltensweisen erklären sich aus den sozialen Beziehungen innerhalb der Organisation und aus seinen subjektiven Bedürfnissen und Wertvorstellungen. Das Verhalten des arbeitenden Menschen ist in diesem Sinne das Ergebnis von Verhandlungs-, Anpassungs-, Beeinflussungs-, Motivierungs- und Problemlösungsprozessen.** Daher sollte ein sozialwissenschaftliches Grundmodell des arbeitenden Menschen als Basis für personalwirtschaftliche Entscheidungen entwickelt werden. In dieses gilt es individualpsychologische, sozialpsychologische, soziologische und politologische Ansätze zu integrieren.

Das Arbeitsverhalten wird als Ergebnis bewußter Entscheidungen des arbeitenden Menschen aufgefaßt. In diesem Zusammenhang können vor allem zwei Entscheidungstypen hervorgehoben werden: Die grundsätzliche Entscheidung für die Mitgliedschaft in einer Organisation bzw. zum Austritt aus einer Organisation und die Entscheidung über den Grad der Rollenkonformität (vgl. Barnard 1938, March/ Simon 1976, Hentze 1990).

Durch übergeordnete Instanzen werden die technischen Voraussetzungen des Arbeitsvollzuges und die formalen Verhaltenserwartungen sowie das Entlohnungssystem festgelegt. Aufgrund von Informationen über diesen Bedingungsrahmen (Entscheidungsprämissen) entscheidet das Individuum über sein weiteres Arbeitsverhalten (vgl. Abbildung 6.3).

Drei markante Alternativen zeigen die Spannweite der Verhaltensmöglichkeiten des Arbeitnehmers:

- Er kann bestrebt sein, den vorgegebenen offiziellen Normen zu entsprechen (rollenkonformes Verhalten),
- er hat andererseits die Möglichkeit, sein Arbeitsergebnis auf ein von den vorgesetzten Instanzen gerade noch geduldetes Minimum (z. B. Dienst nach Vorschrift) zu beschränken und schließlich
- kann er das Arbeitsverhältnis beenden (Austrittsentscheidung).

Für den Arbeitnehmer ist die Wahl einer Verhaltensalternative kein einmaliges Entscheidungsproblem. Es stellt sich ihm ständig von neuem, wenn Veränderungen in seiner sozialen Umwelt oder in seinem Wertesystem eintreten, die Anpassungsmaß-

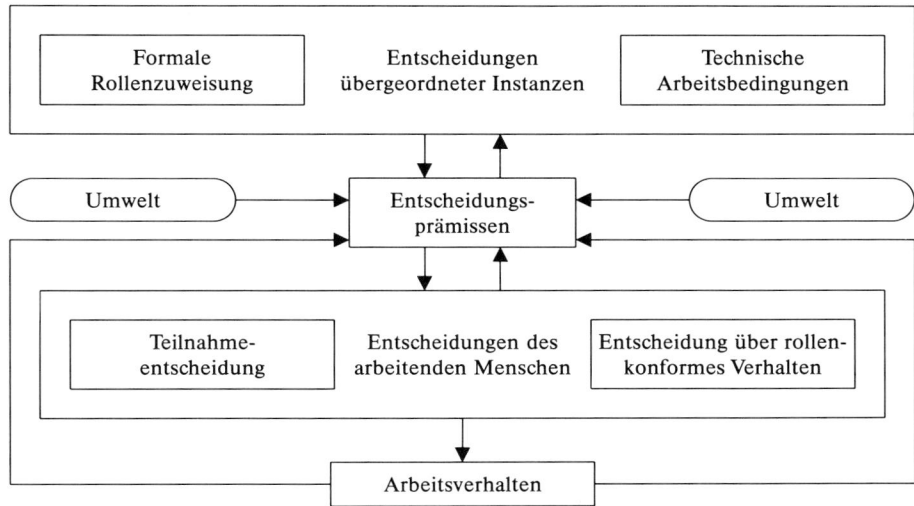

Abbildung 6.3: Bestimmungsgrößen des Arbeitsverhaltens

nahmen erfordern. Diesen Sachverhalt verdeutlicht die Konzeption der „Rollenepisode", die den Ablauf des Entscheidungsprozesses im Rahmen der Rollenanalyse beschreibt (vgl. Abbildung 6.4).

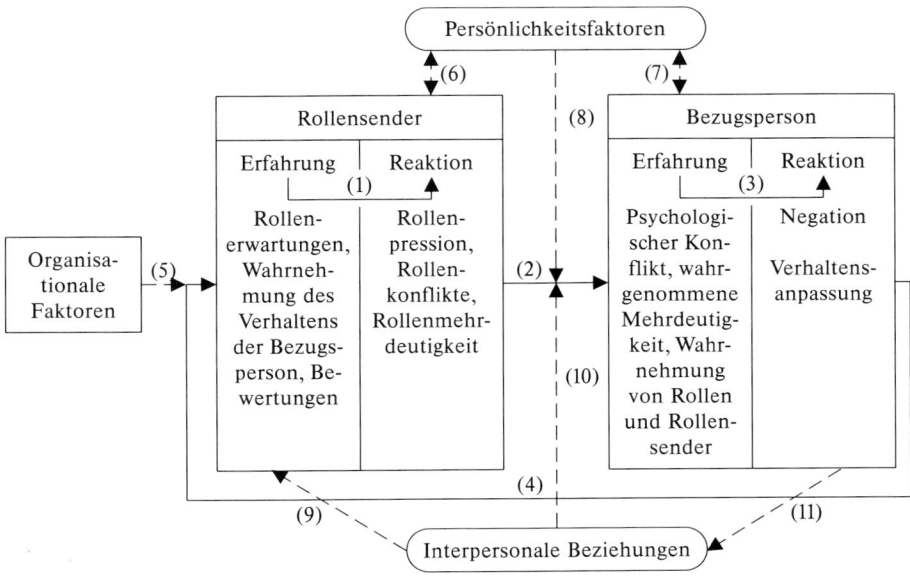

Abbildung 6.4: Beziehungen zwischen Rollensender und Rollenempfänger
(Modell der Rollenepisode)

735

Stelle und *Rolle*	Eine Organisation läßt sich als ein Netzwerk miteinander verbundener Stellen charakterisieren (vgl. Teil 2, S. 86 f.). Jeder dieser Stellen ist durch formale Regelung eine Tätigkeitsmenge zugeordnet, durch die Verhaltensanforderungen an den Stelleninhaber umrissen werden. Zusammen mit den Erwartungen übergeordneter Instanzen über das Verhalten und über die Eigenschaften des Stelleninhabers bilden sie die formale Rolle, die mit einer Stelle verbunden ist. Eine Rolle ist die Gesamtheit aller Verhaltenserwartungen bzw. -forderungen, die beliebige Interaktionspartner gegenüber dem Inhaber einer Stelle hegen. Neben formalen Rollen stehen informale Rollenerwartungen, die konkurrierende Verhaltensansprüche stellen können. Dadurch entstehen Rollenkonflikte, die vom Stelleninhaber gehandhabt werden müssen.
Konzept der *Rollenepisode*	Eine Rollenepisode umfaßt einen Zyklus, der sich aus den Phasen des Rollensendens (Rollenerwartung), der Konformitätsentscheidung des Stelleninhabers (Bezugsperson) sowie der Rückkopplung seiner Reaktion auf das weitere Verhalten der verschiedenen Rollensender zusammensetzt. Ausgangspunkt ist eine bestehende Menge von Rollenerwartungen, welche die Rollensender über das Verhalten der Bezugsperson besitzen. Die Erfahrungen der Rollensender bilden die Grundlage für diese Rollenerwartungen (1). Rollensender sind alle Personen, die mit der Bezugsperson in Verbindung stehen, sei es aufgrund arbeitsteiligen Zusammenwirkens, der hierarchischen Struktur oder aufgrund informaler Beziehungen.
Rollendruck	Die Übermittlung der Erwartungen des Rollensenders an die Bezugsperson erfolgt in Form von Anweisungen und Beeinflussungsprozessen, die eine Übereinstimmung zwischen diesen Erwartungen und dem Verhalten der Bezugsperson gewährleisten sollen. Sie stellen sich für den Rollenempfänger als Rollendruck dar (2). Einige der Rollenpressionen sind auf die Erfüllung offiziell festgelegter Aufgaben der Stelle gerichtet (formales rollenkonformes Verhalten), andere beziehen sich auf die Einhaltung von Normen und Vorstellungen informaler Natur. **Da die Gesamtheit aller Rollensender unterschiedliche und zum Teil mehrdeutige Erwartungen an die Bezugsperson heranträgt, entstehen Konflikte, die eine Präzisierung des rollenkonformen Verhaltens erschweren.**
Anpassungs- *entscheidung*	Die Bezugsperson kann auf die wahrgenommenen Rollenerwartungen z. B. in Form von Verhaltensanpassungen reagieren (3). Die möglichen Verhaltensalternativen reichen von der Ablehnung der Verhaltensanforderungen, die im Extremfall das Ausscheiden des Mitarbeiters aus der Organisation zur Folge hat, bis zur völligen Anpassung an die Gruppenerwartungen. Die jeweilige Reaktion führt zu einer Rückkopplung an die Rollensender (4), aufgrund derer diese ihre Einflußnahme möglicherweise modifizieren.
Organisatio- *nale und per-* *sonale Ein-* *flußfaktoren*	Der Kreislauf gegenseitiger Anpassung wird von organisationalen Faktoren beeinflußt (5). Ein Teil der Rollenerwartungen wird durch den organisatorischen Gesamtzusammenhang festgelegt. Organisationsstruktur, funktionale Spezialisierung und Arbeitsteilung bestimmen wesentlich die inhaltlichen Anforderungen einer Stelle an

736

ihren Inhaber. Ein weiteres Einflußgrößensystem bilden die Persönlichkeitsfaktoren der Beteiligten. Sie umfassen jene Bestimmungsgrößen, die zur Kennzeichnung einer Person und ihres Verhaltens herangezogen werden können. Hierzu gehören neben dem Wertesystem einer Person ihre Bedürfnisse und ihre Charaktereigenschaften (z. B. Flexibilität, Aggressivität, Risikoeinstellung). Die Persönlichkeitsmerkmale wirken auf den Ablauf der Überzeugungs- und Beeinflussungsprozesse, mit denen die Sender ihre Erwartungen dem Stelleninhaber vermitteln (z. B. Glaubwürdigkeit des Senders) (6), auf die Anpassungsentscheidungen der Bezugspersonen (z. B. Überzeugbarkeit der Bezugsperson) (7) sowie auf die Reaktionen der Rollensender (8) ein. Sie werden umgekehrt (6, 7) aber auch selbst beeinflußt.

Die interpersonalen Beziehungen stellen das dritte Einflußgrößensystem dar. Es enthält mehr oder weniger dauerhafte Interaktionsmuster zwischen der Bezugsperson und ihren Rollensendern. Diese Interaktionsmuster lassen sich nach verschiedenen Dimensionen wie Machtbeziehungen, gefühlsmäßige Bindungen, gegenseitige Abhängigkeiten und Art der Kommunikationsbeziehungen charakterisieren. Diese sozialen Beziehungen haben teilweise die gleichen Wirkungen wie die Persönlichkeitsfaktoren. Sie beeinflussen die Erwartungen und Bewertungsvorgänge des Rollensenders (9), bestimmen die Art und Vermittlung der Rollenpressionen mit (10) und sind ihrerseits von den Reaktionen der Bezugspersonen abhängig (11). *Interpersonale Einflußfaktoren*

Das sozialwissenschaftliche Modell des arbeitenden Menschen stellt dessen Entscheidung über rollenkonformes Verhalten im Arbeitsprozeß in den Mittelpunkt. Diese Entscheidung kann als ständiger Anpassungs- und Konfliktlösungsprozeß aufgefaßt werden, der sich aus einer Abfolge von Zyklen zusammensetzt und von organisationalen, interpersonalen und personalen Einflußgrößen geprägt wird. *Rollenkonformes Verhalten*

Die Entwicklung der verschiedenen Grundmodelle des arbeitenden Menschen ist nicht nur durch eine zunehmende Komplexität der Modellstruktur gekennzeichnet, sondern führt auch zu einem Wandel der mit der praktischen Anwendung der Modelle verfolgten Ziele: Das mechanistische Modell Taylors wie auch das der Human-Relations-Bewegung dient der Optimierung der ökonomischen Effizienz (Arbeitsproduktivität), das sozialwissenschaftliche Modell erweitert diese Zielsetzung um Kategorien sozialer Effizienz.

Ökonomische und soziale Effizienz sind die zentralen Zielgrößen personalwirtschaftlicher Strategien und Maßnahmen (vgl. hierzu Marr/Stitzel 1991). Ökonomische Effizienz im Personalbereich bedeutet die Erfüllung des Sachleistungsprogramms des Industriebetriebes durch den Einsatz von Mitarbeitern nach dem Prinzip der sparsamen Verwendung knapper Mittel. Soziale Effizienz hat die Erfüllung der Arbeitnehmerinteressen zum Inhalt. Sie wurzeln in der allgemeinen menschlichen Bedürfnisstruktur, deren Befriedigung als Triebfeder des Handelns und damit auch des Arbeitsverhaltens angesehen werden kann. *Ökonomische Effizienz*

Soziale Effizienz

Dieses Prinzip findet seinen Ausdruck durch die Realisierung einer möglichst hohen Arbeitsproduktivität, die ihrerseits den Beitrag der Personalwirtschaft zu ökonomischen Zielgrößen wie Gewinn oder Rentabilität bildet.

Der **Begriff der Arbeitsproduktivität** wird allgemein in Form einer Relationszahl (P_a) zum Ausdruck gebracht, die sich aus dem Verhältnis der erzielten Güter- oder Leistungsmengen (O) zu der eingesetzten Arbeitsmenge (A) ergibt: $P_a = O/A$. Diese Kennzahl gibt an, wie viele Einheiten der Ausbringung O eine Einheit der eingesetzten Arbeit (A) erbringt. Wird die Produktivitätsbeziehung durch den umgekehrten Quotienten $P_a = A/O$ dargestellt, so gibt dieser an, wie viele Einheiten des Einsatzfaktors erforderlich sind, um eine Einheit der Ausbringungsmenge zu erstellen. Dieses Verhältnis repräsentiert den Arbeitskoeffizienten. An der Entstehung der Ausbringung O sind allerdings neben der menschlichen Arbeit auch andere Faktoren beteiligt (z. B. Material, Kapital). Eine verursachungsgerechte Aufteilung des Produktionsergebnisses auf die beteiligten Faktoren entsprechend ihren jeweiligen „produktiven Beiträgen" ist in aller Regel nicht möglich. Deshalb wird häufig die Gesamtausbringung zu den Einsatzmengen einzelner Faktoren in Beziehung gesetzt. Durch solche Teilproduktivitäten (Arbeitsproduktivität, Produktivität des Materialeinsatzes, Kapitalproduktivität) können bestehende Kausalbeziehungen allerdings nicht zahlenmäßig bestimmt werden. Es handelt sich vielmehr um statistische Meßzahlen, die weniger in ihrer absoluten Höhe als vielmehr im zeitlichen, innerbetrieblichen und überbetrieblichen Vergleich interessieren. Nur eine monokausale Produktivitätsauffassung, die ausschließlich menschliche Arbeit als wertschaffenden Einsatzfaktor ansieht, gestattet die Interpretation der Arbeitsproduktivität als Gesamtproduktivität.

Wie bei der Darstellung einer Gesamtproduktivität steht man auch bei der Quantifizierung von Teilproduktivitäten für einzelne Faktorarten häufig vor dem Problem, qualitativ unterschiedliche Einsatzfaktoren einerseits und Ausbringungsmengen andererseits zu einheitlichen Größen zusammenfassen zu müssen. Soweit hierfür Äquivalenzziffern verwendet werden können, bleibt der **grundsätzlich mengenmäßige Charakter** von Kennzahlen zur Darstellung der Arbeitsproduktivität erhalten. Aus Gründen einer einfacheren Ermittlung werden jedoch auch monetäre Größen herangezogen, um unterschiedliche Einsatzfaktor- und Ausbringungsarten gleichnamig zu machen.

Reine **Mengenverhältnisse** sind z. B.:

$$P_a = \frac{\text{t Stahl}}{\text{Std. Arbeitszeit}}; \qquad P_a = \frac{\text{Stück Erzeugnisse}}{\text{Anzahl Belegschaftsmitglieder}}.$$

Beispiele für reine **Wertverhältnisse** sind:

$$P_a = \frac{\text{Betriebl. Wertschöpfung}}{\text{Arbeitsvergütungen}}; \qquad P_a = \frac{\text{Nettoproduktionswert}}{\text{Lohnzahlungen}}.$$

Es können auch gemischte Kennzahlen für die Arbeitsproduktivität gebildet werden, die aus Mengen- und Wertgrößen bestehen.

Eine Erhöhung der Arbeitsproduktivität ergibt sich sowohl durch Steigerung der Ausbringungsmenge bei unveränderten Faktoreinsatzmengen als auch durch Verminderung der Einsatzmengen für eine vorgegebene Ausbringung.

Es ist offensichtlich, daß ein uneingeschränktes Bemühen um Maximierung der Arbeitsproduktivität nicht im Interesse der Mitarbeiter sein kann. Eine ständige Erhöhung des Outputs, die mit zusätzlichen physischen und psychischen Belastungen verbunden ist oder eine Verminderung des Inputs durch Kürzung von Vorgabezeiten, Verminderung von Sozialleistungen etc. mit dem Ziel der Kostenreduzierung entsprechen nicht den Bedürfnissen der Mitarbeiter. Andererseits kann nicht unterstellt werden, daß die Interessen der Arbeitnehmer grundsätzlich einer Erhöhung der Arbeitsproduktivität zuwiderlaufen, da von ausreichender Arbeitsproduktivität die Sicherheit der Arbeitsplätze abhängt und Produktivitätssteigerungen eine Erhöhung des Arbeitsentgelts zur Folge haben können. In Abhängigkeit von der Situation können sich die Interessen der Organisation und die der Arbeitnehmer komplementär oder konkurrierend verhalten.

Arbeits-produktivität als personalwirtschaftliches Ziel

2. Motivationstheorien

Als Oberbegriff für jene Vorgänge, die in der Umgangssprache mit den Begriffen Streben, Wollen, Begehren, Trieb, Drang usw. umschrieben und als Ursache für Verhalten angesehen werden, dient der Begriff der Motivation. **Gegenstand der Lehre von der Motivation sind alle Vorgänge in einer Person, die das Verhalten im allgemeinen wie auch in speziellen Situationen verständlich werden lassen.**

Motivation, Motivationstheorie

Systematisierungen von Motiven (Beweggründen) und den zugehörigen Zielen, Befriedigungen, Objekten und Werten, auf deren Verwirklichung sich menschliches Handeln richtet, sind für den Prozeß der Erkenntnisgewinnung über Motivationsprozesse außerordentlich hilfreich.

Der bekannteste Versuch einer inhaltlichen Systematisierung der Motive menschlichen Verhaltens stammt von dem amerikanischen Psychologen A. Maslow (1954), der eine fünfstufige Bedürfnisstruktur vorschlägt (vgl. Abbildung 6.5). Die Stufenhierarchie gibt dabei die **Dringlichkeitsordnung der Bedürfnisse** an. Höhere Bedürfnisse werden erst dann verhaltenswirksam, wenn die Bedürfnisse niedrigerer Ordnung ausreichend erfüllt sind.

Bedürfnishierarchie

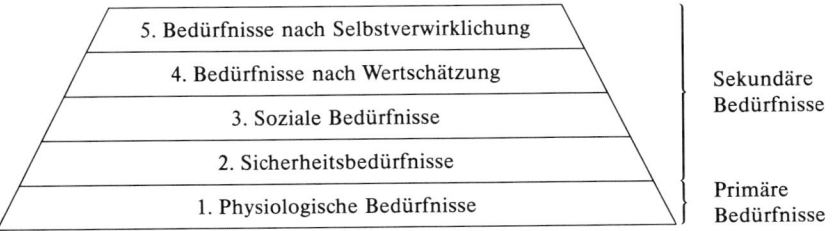

Abbildung 6.5: Bedürfnishierarchie nach Maslow

Die erste Stufe der Bedürfnishierarchie enthält die **physiologischen Bedürfnisse**, deren Befriedigung der Selbsterhaltung dient (Verlangen nach Schlaf, Nahrung). Sie werden auch als primäre Bedürfnisse (Triebe) bezeichnet und gelten als genetisch vorgeformt, physiologisch bedingt und nicht als gelernt. Die nächsten Stufen bilden sekundäre Bedürfnisse (Strebungen), deren Inhalte sowie Art und Weise ihrer Befriedigung erst über einen Lernprozeß internalisiert werden. Auf der zweiten Stufe der Bedürfnishierarchie stehen die **Sicherheitsbedürfnisse**. Sie beziehen sich auf die Sicherung des Einkommens, des Arbeitsplatzes, der Altersversorgung und den Schutz bei Erwerbsunfähigkeit. An die **Sicherheitsbedürfnisse** schließen sich die **sozialen Bedürfnisse an**. Zu ihnen gehören etwa der Wunsch nach Freundschaft, das Gefühl der Zusammengehörigkeit und das Streben nach Aufnahme in bestimmte Gruppen. Verwandt mit den sozialen Bedürfnissen sind die **Bedürfnisse nach Wertschätzung**. Sie äußern sich im Streben nach Prestige, Macht oder hohem sozialen Ansehen. Die Spitze der Hierarchie bilden **Bedürfnisse nach Selbstverwirklichung** des eigenen Idealbildes.

Das Stufenkonzept von Maslow bildete den gedanklichen Ausgangspunkt für einen motivationstheoretischen Ansatz, der als Versuch einer Operationalisierung des Stufenkonzepts zum Zweck seiner praktischen Anwendung angesehen werden kann. Es handelt sich um die **Zweifaktorentheorie der Arbeitszufriedenheit** von Herzberg (vgl. Herzberg u. a. 1959), die – häufig implizit – der aktuellen Diskussion über die „Humanisierung des Arbeitslebens" zugrunde liegt.

Im Gegensatz zur üblichen Auffassung, daß Arbeitszufriedenheit und Unzufriedenheit mit der Arbeit die beiden Endpunkte eines Kontinuums darstellen, geht Herzberg davon aus, **daß Arbeitszufriedenheit und Unzufriedenheit mit der Arbeit zwei voneinander (relativ) unabhängige Dimensionen sind, die demnach auch auf zwei getrennten Skalen abzubilden sind.**

Arbeitszufriedenheit   keine Arbeitszufriedenheit

←——————→

keine Unzufriedenheit mit der Arbeit   Unzufriedenheit mit der Arbeit

←——————→

Entscheidend ist, daß Herzberg glaubt, entsprechend den beiden Skalen zwei Einflußfaktorengruppen empirisch nachweisen zu können, deren Wirkung bisher undifferenziert betrachtet wurde. Die eine Gruppe (betreffend das Kontinuum: „Arbeitszufriedenheit – keine Arbeitszufriedenheit") nennt er **Motivatoren**. Die andere Gruppe, welche die Position im Kontinuum: „Keine Unzufriedenheit – Unzufriedenheit" beeinflußt, werden als **Hygienefaktoren** bezeichnet. Die wichtigsten – empirisch ermittelten – Motivatoren sind Leistung, Anerkennung, interessanter Arbeitsinhalt und Verantwortung. Die wichtigsten Hygienefaktoren sind Entlohnung, soziale Beziehungen, Führungsstil, Arbeitsbedingungen und Unternehmenspolitik.

Diese Unterscheidung basiert auf dem Bezug zum Arbeitsinhalt. **Hygienefaktoren sind nicht zentral auf den Arbeitsinhalt bezogen,** sondern auf Rand- und Folgebedingungen der Arbeit. Aus ihrer Erfüllung resultiert eine **„extrinsische" Arbeitsmotivation. Motivatoren hingegen betreffen den Arbeitsinhalt selbst und bestimmen damit die „intrinsische" Arbeitsmotivation.**

740

Aus dieser Zuordnung lassen sich folgende Basisaussagen der Zweifaktorentheorie ableiten: Nur ein befriedigendes Ausmaß an Motivatoren kann zur Arbeitszufriedenheit führen. Ein befriedigendes Ausmaß an Hygienefaktoren wird dazu vorausgesetzt und führt allein nur zum Zustand „Keine Unzufriedenheit". Unbefriedigende Hygienefaktoren führen zu starker Unzufriedenheit mit der Arbeit.

Befriedigend gestaltete Motivatoren sollen die Leistungsbereitschaft fördern, befriedigend gestaltete Hygienefaktoren sollen Leistungsrückgang vermeiden (insofern sind nach Herzberg Programme zur Verbesserung mitmenschlicher Beziehungen im Betrieb zur Leistungssteigerung ungeeignet; geeignet sind z. B. Arbeitserweiterungsprogramme zur Schaffung interessanterer Arbeitsinhalte).

Empirische Überprüfungen von Herzbergs Theorie zeigen, daß die Ergebnisse in starkem Maße abhängig von der Erhebungsmethode sind, eine logisch zwingende Zuordnung personalwirtschaftlicher Aktionsparameter (z. B. Lohn) zur Gruppe der Motivatoren bzw. Hygienefaktoren ist nicht möglich. Zudem wurde in diesen Untersuchungen festgestellt, daß – je nach Situation – auch mangelhafte Motivatoren für Unzufriedenheit verantwortlich sein können und gut gestaltete Hygienefaktoren (insbesondere die Entlohnung) zur Zufriedenheit beitragen.

Sowohl Maslows wie Herzbergs Theorien gehen davon aus, daß menschliches Handeln letztlich vom Streben nach Selbstverwirklichung beherrscht wird.

Andere motivationstheoretische Konzepte gehen von der Annahme eines individuellen Strebens nach Erzielung und Erhaltung eines Gleichgewichtes zwischen eigener Leistung (Mühen, Nutzenentgang) und den dafür erlangten „Gegenwerten" aus. Die bekannteste dieser sog. Austauschtheorien ist die Anreiz-Beitrags-Theorie von March und Simon (1976), die auf S. 745 ff. ausführlich dargestellt ist.

Anreiz-Beitrags-Theorie

Der Anreiz-Beitrags-Theorie von March und Simon sowie den Theorien von Maslow und Herzberg ist gemeinsam, daß **konkrete** Bedürfniselemente zu einer Bedürfnisstruktur integriert werden. Dieser Bezug auf ein konkretes Bedürfnis fehlt anderen Motivationstheorien. Die ebenfalls zu den anreiztheoretischen Konzeptionen der Arbeitsmotivation gerechneten Erwartungs-Valenz-Theorien sind in ihrer Struktur komplexer als die obengenannten. Sie unterscheiden sich im wesentlichen dadurch von ihnen, daß sie nicht nur die Stärke eines Bedürfnisses berücksichtigen, sondern auch die Fähigkeiten eines Mitarbeiters, seine Bedürfnisse befriedigen zu können, seine Erwartungen und die von ihm subjektiv wahrgenommene Beziehung zwischen seinem Beitrag und der dafür erhaltenen Belohnung.

Erwartungs-Valenz-Theorien

Die Erwartungs-Valenz-Theorien beruhen auf der Annahme, daß menschliches Verhalten von rationalen Überlegungen bestimmt wird. Demzufolge entwickelt jeder Mitarbeiter Vorstellungen über die Konsequenzen seines Arbeitsverhaltens und wählt dann bewußt jene Verhaltensalternative, die ihm in Abhängigkeit von der wahrgenommenen Auftretenswahrscheinlichkeit und seiner subjektiven Nutzeneinschätzung den größten Nutzen bringt.

Zu den bekanntesten unter den Erwartungs-Valenz-Theorien zählt der Ansatz von Vroom (1967). Vroom verbindet zur Erklärung des Leistungsverhaltens eines Mitarbeiters zwei Modelle: ein **„Valenzmodell"**, welches die Zufriedenheit mit einem Aspekt der Arbeit erklärt, und ein **„Kraftmodell"**, das über die Tendenz des Mitarbeiters Aufschluß gibt, eine bestimmte Leistung zu erbringen. Das „Kraftmodell" setzt dabei die inhaltliche Ausfüllung des „Valenzmodells" voraus. Das „Valenzmodell" besagt, daß der „Zufriedenheitswert" eines Aspektes der Arbeit (j) eine Funktion der vom Mitarbeiter verfolgten Ziele (k) und der von ihm wahrgenommenen Instrumentalität des Arbeitsaspektes für die verfolgten Ziele ist:

$$(6.1) \qquad V_j = f\left[\sum_{k=1}^{n} (V_k \, I_{jk})\right]$$

V_j = subjektive Bedeutung und daraus resultierende Befriedigung eines „Arbeitsaspektes" j.

V_k = subjektive Bedeutung des verfolgten Zieles k

I_{jk} = wahrgenommene Instrumentalität von j für k

n = Anzahl der in Betracht gezogenen Ziele

Die aus dem „Kraftmodell" abgeleitete Handlungsbereitschaft wird um so stärker sein, je höher die Summe der Produkte aus Erwartung und Valenz ist:

$$(6.2) \qquad K_i = \sum_{j=1}^{n} (E_{ij} \, V_j)$$

K_i = Kraft, die auf den Mitarbeiter wirkt, die Handlung i auszuführen.

E_{ij} = erwartete Wahrscheinlichkeit, daß die Handlung i zum Ergebnis j führt.

Nach den Erwartungs-Valenz-Theorien wird menschliches Verhalten von dem multiplikativen Zusammenwirken dreier Faktoren bestimmt:

1. der Valenz, die Ausdruck für den Aufforderungscharakter der zu erbringenden Leistung ist,
2. der Instrumentalität, die zum Ausdruck bringt, inwieweit eine bestimmte Handlung als geeignetes Mittel (Instrument) zur Erlangung des angestrebten Anreizes eingeschätzt wird,
3. der Erwartung, die die subjektive Einschätzung der Wahrscheinlichkeit zum Ausdruck bringt, daß die als geeignet angesehenen Handlungen selbst erfolgreich durchgeführt werden können (vgl. Abbildung 6.6).

Die Variablen, deren Zusammenwirken das menschliche Verhalten steuert, nehmen je nach Situation unterschiedliche Ausprägungen an. Die Modelle gehen von einem kausalen Erklärungsansatz aus. Motivation und Situation gemeinsam bewirken beobachtbares Verhalten.

Die Erwartungs-Valenz-Theorien werden der Komplexität menschlichen Verhaltens eher gerecht als die obengenannten Motivationstheorien, weil sie Aussagen über das Zusammenwirken verschiedener Variablen machen und sich nicht auf die Sammlung und Ordnung von Bedürfnissen bzw. Einflußfaktoren beschränken. So wird z. B.

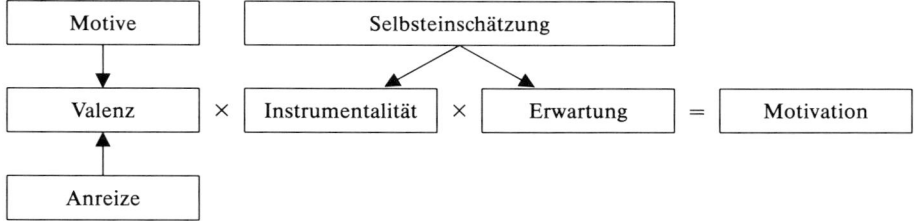

Abbildung 6.6: Faktoren der Erwartungs-Valenz-Theorien

deutlich, daß eine verbesserte Motivation nicht nur durch Erhöhung der Anreizwerte möglich ist, sondern auch durch eine engere Beziehung zwischen Leistung und Belohnung oder durch eine auf die Erwartungen des Mitarbeiters bezogene Anreizgestaltung.

Die Vorhersagegüte der Erwartungs-Valenz-Theorien und damit ihre praktische Nutzbarkeit für die Gestaltung personalwirtschaftlicher Maßnahmenprogramme erscheint dennoch relativ gering, da die inhaltliche Umsetzung der verwendeten theoretischen Konstrukte in der Praxis erhebliche Schwierigkeiten bereiten dürfte.

Insgesamt hat die psychologische Motivationsforschung zu einer Vielzahl z. T. sehr heterogener Erklärungskonzepte geführt, ohne daß es bis heute gelungen wäre, diese zu einer umfassenden allgemeinen Motivationstheorie zu integrieren. Individuelles Verhalten kann nur erklärt werden, wenn dabei neben eher statischen Konstrukten, wie der Persönlichkeitsstruktur, auch dynamische Phänomene, wie „Lernen", „Prägung durch die Umwelt" (Sozialisation) Berücksichtigung finden. Für die Erklärung beobachtbaren realen Verhaltens der Mitarbeiter (und damit auch für seine Prognose) kommt den einzelnen Motivationstheorien daher ein jeweils unterschiedlicher heuristischer Wert zu. *Stand der Motivations- forschung*

3. Organisationstheoretisches Koalitionsmodell und Anreiz-Beitrags-Theorie

Auf der Grundlage dieser individuellen Motivationstheorien lassen sich komplexe Grundmodelle der Organisationen entwerfen, die in der Lage sind, den Einfluß der individuellen Motivationsstruktur auf das organisatorische System zu erfassen.

Das organisationstheoretische Grundmodell von Cyert und March (1964) interpretiert die Organisation und damit auch den Industriebetrieb als politische Koalition. Danach stellt die Unternehmung eine Koalition von Individuen dar, die in der Regel in Unterkoalitionen organisiert sind. Als Koalitionsmitglieder gelten Manager, Arbeitnehmer, Kunden, Steuerbehörde, Lieferanten usw. Dadurch wird der Begriff der Organisation sehr weit gefaßt, was einige Abgrenzungsprobleme mit sich bringt. *Industrie- betrieb als Koalition*

Koalitions- mitglieder

743

Koalitionsver- *handlungen*	Die Definition des Industriebetriebs als Koalition **schließt vorgegebene Organisa-** **tionsziele grundsätzlich aus.** Grundlegend für diesen Ansatz ist die Annahme, daß die Organisationsmitglieder Individualziele besitzen, die als Ziele **für** die Organisation eingebracht und in einem **Verhandlungsprozeß** in Ziele **der** Organisation **(Koalitions-** **ziele)** umgewandelt und festgelegt werden. Interessengegensätze zwischen den Koalitionspartnern können dabei zum Ausgleich kommen.
Stufen des *Verhand-* *lungs-* *prozesses*	Der Verhandlungsprozeß vollzieht sich sowohl zwischen Einzelpersonen als auch zwischen Gruppen, die Unterkoalitionen im Rahmen der Gesamtkoalition darstel- len. Dabei sind drei Aspekte von Bedeutung, die als Stufen des kollektiven Verhand- lungsprozesses interpretiert werden können:

1. Festlegung der Koalitionsbedingungen,
2. Stabilisierung und Präzisierung der ausgehandelten Zielvorstellungen und
3. Zielanpassung durch den Einfluß von Erfahrungen.

Fixierung der *Koalitions-* *bedingungen*	Auf der ersten Stufe des Verhandlungsprozesses werden die allgemeinen Koalitions- bedingungen zwischen den Mitgliedern festgelegt. **Inwieweit die Koalitionsbildung** **„frei" oder unter dem Zwang der Verhältnisse erfolgt, hängt vom herrschenden Wirt-** **schafts- und Gesellschaftssystem sowie von der sozialen und wirtschaftlichen Lage der** **Betroffenen ab (z. B. Wechsel der Arbeitsmarktsituation).** Die einzelnen Gruppen sind dabei mit unterschiedlicher Stärke am Verhandlungsvorgang beteiligt, so daß zwi- schen aktiven und passiven Gruppen zu unterscheiden ist. Das Ausmaß, in welchem die jeweiligen Ansprüche der Koalitionsmitglieder im Verhandlungsprozeß Berück- sichtigung finden, hängt vor allem von der Machtverteilung in der Unternehmung ab. Nach der Mitwirkung am Unternehmensgeschehen lassen sich interne und externe Gruppen (z. B. Lieferanten) differenzieren.
Ausgleichs- *zahlungen*	Konflikte im Verhandlungsprozeß zwischen Individual- bzw. Gruppenzielen werden über „Ausgleichszahlungen" gehandhabt. Sie umfassen sowohl monetäre Größen als auch immaterielle Vorteile, wie z. B. Aufstiegschancen oder Ausbildungsmöglichkei- ten für die Arbeitnehmerkoalition. Das Ergebnis der Festlegung von Koalitionsbe- dingungen schlägt sich in einem System von Beschränkungen oder Nebenbedingun- gen nieder, die das Verhalten der Organisationsmitglieder generell bestimmen. **Die** **ausgehandelten Bedingungen sind aber nicht als endgültige Konfliktlösungen anzusehen.** Es bestehen nach wie vor zahlreiche Widersprüche und nichtoperationale Verhaltens- beschränkungen. **Das Verhandlungsergebnis stellt lediglich eine Quasilösung dar;** die Koalitionsmitglieder sind weiterhin bestrebt, ihre individuellen Ziele zu verwirk- lichen. Bezogen auf den einzelnen Arbeitnehmer entspricht die erste Stufe des Verhandlungsprozesses seiner Eintrittsentscheidung in die Unternehmung.
Stabilisierung *und Präzisie-* *rung der aus-* *gehandelten* *Zielvor-* *stellungen*	Während der Mitgliedschaft erfolgt eine **Stabilisierung und Präzisierung der Koali-** **tionsbedingungen.** Diese zweite Stufe ist dadurch gekennzeichnet, daß sich die Ar- beitnehmer zu verschiedenen Unterkoalitionen (z. B. berufsbildbezogen: Facharbei- ter, Angestellte; funktionsbezogen: Betriebsrat, Leitende Angestellte) zusammen- schließen. In dieser Phase werden die Vereinbarungen über „Ausgleichszahlungen" konkretisiert und die Verhaltensnormen vor allem mit Hilfe von Aufgabenverteilun-

744

gen stabilisiert. Gleichzeitig finden Revisionen der ursprünglichen Koalitionsbedingungen statt.

In der Realität laufen in der Koalition **kontinuierliche Verhandlungsprozesse** ab. Dieser Sachverhalt ist eine Konsequenz der **sich wandelnden Bedürfnisstruktur** der Koalitionsmitglieder, erkannter Unverträglichkeiten und Widersprüche in den Koalitionsbedingungen sowie der Veränderung von Umweltfaktoren. **Durch Erfahrungen werden individuelle Zielvorstellungen im Rahmen der Anspruchsanpassung sowie durch inhaltliche Abwandlung vielfach verändert.** Die durch diese Vorgänge hervorgerufenen Impulse führen ständig zu neuen Verhandlungsprozessen.

Zielanpassung durch Erfahrungen

Der Bestand der Koalition hängt von ihrer Fähigkeit ab, die Mitglieder durch Anreize vielfältiger Art so an die Unternehmung zu binden, daß sie zu ausreichender Beitragsleistung bereit sind. Ausreichend sind Beitragsleistungen dann, wenn sie die Erfüllung der Forderungen der verschiedenen Koalitionsmitglieder ermöglichen. Die tatsächlich gebotenen Anreize können höher als die zur Aufrechterhaltung der Beitragsleistung erforderlichen Anreize (z. B. Mindestdividende für Anteilseigner, Mindestlöhne für Belegschaftsmitglieder) sein. Ein derartiger Überschuß wird „organizational slack" genannt. Wie er auf die Mitglieder der Koalition verteilt ist, hängt wesentlich von den bestehenden Machtverhältnissen ab. Es wird aber angenommen, daß er in Krisenzeiten ohne ernsthafte Gefährdung des Bestandes der Koalition abgebaut werden kann, d. h. eine Pufferfunktion hat.

Bestandsbedingungen

Eine Präzisierung dieses koalitionstheoretischen Ansatzes liefert die **Anreiz-Beitrags-Theorie** von March und Simon (1976). Während im Koalitionsmodell die Bedingungen und der Prozeß der Teilnahme und des Tätigwerdens eines Individuums in einer Organisation in globaler Form beschrieben werden, liefert die Anreiz-Beitrags-Theorie eine detaillierte Analyse dieser Voraussetzungen aus der Sicht des **einzelnen** Organisationsmitglieds.

Ähnlich wie die Koalitionstheorie, bei der ein Organisationsteilnehmer die angebotenen „Ausgleichszahlungen" mit den von ihm zu erfüllenden Koalitionsbedingungen vergleicht, geht die Anreiz-Beitrags-Theorie von der Annahme aus, daß die Arbeitnehmer ihre vom Unternehmen erhaltenen Anreize im Lichte der Beiträge bewerten, die sie an die Organisation leisten. Das Ergebnis dieses Bewertungsvorganges bestimmt nicht nur ihre Verhaltensweisen, sondern entscheidet auch über die Auflösung des Arbeitsverhältnisses bzw. über den Eintritt in die Unternehmung (Teilnahmeentscheidung).

Anreize und Beiträge

Die Basisaussagen der Anreiz-Beitrags-Theorie lassen sich in folgenden Thesen zusammenfassen:

(1) Eine Organisation (wie der Industriebetrieb) ist ein System von Personen, die in wechselseitiger Abhängigkeit handeln.
(2) Alle Organisationsteilnehmer und alle Gruppen empfangen von der Organisation Anreize, die nicht nur monetärer Natur sein müssen und leisten dafür gewisse Beiträge (z. B. Arbeitsleistungen).

Basisaussagen der Anreiz-Beitrags-Theorie

(3) **Die Belegschaftsmitglieder halten ihr Arbeitsverhältnis nur so lange aufrecht, wie die gewährten Anreize den geleisteten Beiträgen entsprechen oder diese übersteigen. Der Nutzen der Anreize richtet sich nach den Wertmaßstäben des Arbeitnehmers. Der Wert des Nutzenentgangs, der dem Arbeitnehmer durch die Beitragsleistung entsteht, hängt von den wahrgenommenen Einsatzmöglichkeiten in anderen Betriebswirtschaften ab.**

(4) Die geleisteten Beiträge werden in der Unternehmung in Anreize für die Organisationsteilnehmer umgewandelt.

(5) Die Organisation befindet sich im Gleichgewichtszustand, wenn aufgrund der Beiträge den Arbeitnehmern so viele Anreize gewährt werden, daß diese ihr Arbeitsverhältnis fortsetzen.

Das Vorhandensein einer für den Arbeitnehmer positiven Nutzendifferenz bedeutet jedoch nur, daß der Arbeitnehmer weiterhin in der Organisation bleibt. Über die Art seines Arbeitsverhaltens ist damit noch nichts ausgesagt. Seine Entscheidung, sich rollenkonform zu verhalten oder formalen Mindestanforderungen zu entsprechen, hängt von jenen Einflußgrößen ab, die als subjektive Faktoren auch für die Bestimmung des Umfangs der Anreize und Beiträge herangezogen werden.

Für die Beantwortung der Frage, welche betrieblichen „Ausgleichszahlungen" im weitesten Sinne als Anreize anzusehen sind, ist die Motivationsstruktur des Arbeitnehmers maßgebend.

Geplante und ungeplante Anreize

Grundsätzlich stellt jede geplante oder ausgehandelte „Zahlung" der Organisation an den Arbeitnehmer einen Anreiz dar, soweit sie zur Erfüllung seiner Bedürfnisse beiträgt. Außerdem erhält er durch seine Mitgliedschaft „ungeplante" Zahlungen, die nicht Elemente des offiziellen Anreizsystems sind. Dem Industriebetrieb kommt hier in erster Linie die Rolle eines Vermittlers zu, der dem Arbeitnehmer weitere Anreize eröffnet. Ein Beispiel hierfür sind die informalen Beziehungen zwischen den Belegschaftsmitgliedern, die der Befriedigung sozialer Bedürfnisse dienen und dem Streben nach Wertschätzung entgegenkommen.

Beiträge

Die Beiträge eines Organisationsmitgliedes umfassen die Erfüllung der formalen Rollenerwartungen sowie der sonstigen Verhaltensansprüche, die von den Rollensendern an den Mitarbeiter herangetragen werden. Ihren Wert bemißt er nach dem Nutzen alternativer Handlungsmöglichkeiten, der ihm durch die Leistung dieser Beiträge entgeht.

Die Bewertung von Anreizen und Beiträgen orientiert sich an individuellen Normen und Erwartungen. Über Verhaltensmodelle sind deshalb die wichtigsten Einflußgrößen der Verhaltensentscheidung zu identifizieren und zu systematisieren. Die Anreiz-Beitrags-Theorie von March und Simon liefert hierfür ein umfangreiches System von Verhaltenshypothesen, das neben dem rein monetären Aspekt des mechanistischen Grundmodells viele soziale Beziehungszusammenhänge miteinander verbindet. March und Simon stellen sowohl für die Eintrittsentscheidung eines Mitarbeiters wie auch für seine Entscheidung, sich rollenkonform zu verhalten, ein eigenes Erklärungsmodell auf. Beide Modelle decken zahlreiche personalwirtschaftlich außerordentlich wichtige Beziehungen auf. Das Erklärungsmodell für die Eintrittsentscheidung eines (potentiellen) Mitarbeiters erfaßt dabei auch die Gründe, die ihn zur Aufgabe seiner Mitgliedschaft bei einer Organisation veranlassen können (vgl. Abbildung 6.7, S. 748).

Grundsätzlich hängt die **Neigung eines Arbeitnehmers, einer Organisation beizutreten bzw. aus ihr auszuscheiden** (1), von seiner **Beurteilung der gegenwärtigen Anreiz-Beitrags-Struktur** ab. Je größer die positive Differenz zwischen Anreizen und Beiträgen (2) ist, desto größer wird die Teilnahme- bzw. desto geringer die Austrittsneigung sein. Bei der Einschätzung der Ausgewogenheit des Verhältnisses von geleisteten Beiträgen und erwarteten Anreizen spielt die Stärke des Wunsches, aus der Organisation auszuscheiden (3) sowie die wahrgenommene Einfachheit, in eine neue Mitgliedschaft einzutreten (4), eine bedeutende Rolle.

Eintritts- bzw. Austrittsent- scheidung

Der Wunsch, die Organisation zu verlassen (3), richtet sich nach dem Nutzen der Anreize, die der Arbeitnehmer bei Fortsetzung seiner Mitgliedschaft in der Organisation in Zukunft erhält. Soweit die Nutzenschätzungen seinem Anspruchsniveau entsprechen oder dieses übersteigen, liegt der Anreizüberschuß oberhalb des kritischen Punktes der Zufriedenheitsskala. Der Arbeitnehmer hat keinerlei Veränderungswünsche, daher bleiben Abwerbungsmaßnahmen anderer Unternehmen erfolglos.

Austritts- wunsch

Demgegenüber bestimmt die **wahrgenommene Einfachheit der Veränderung** (4) den Nutzenentgang, den ein Organisationsmitglied durch die Fortführung des Arbeitsvertrages hinnehmen muß. Beide Variablen (3) und (4) stehen in einem gegenseitigen Abhängigkeitsverhältnis. Anreizangebote anderer Betriebswirtschaften (15) können zu einer Revision bisheriger Nutzenschätzungen der entgangenen Anreize führen und damit auch die Nutzenbewertung der empfangenen Anreize modifizieren. Umgekehrt werden die Nutzenverluste anhand der gewählten Anreize beurteilt.

Wahrgenom- mene Ein- fachheit des Ausscheidens

Sowohl der Wunsch nach Veränderung (3) als auch die Einfachheit, die gegenwärtige Mitgliedschaft zu beenden (4), sind Resultanten mehrerer Einflußgrößen. Dabei stellt die Anreiz-Beitrags-Theorie mehrere Hypothesen hinsichtlich möglicher oder empirisch getesteter Relationen zwischen diesen Variablen auf, welche die Komplexität der Eintritts- bzw. Austrittsentscheidung verdeutlichen, ohne jedoch einen Anspruch auf Vollständigkeit zu erheben.

Zunächst hängt der Wunsch, aus der Organisation auszuscheiden, von der subjektiven Arbeitsbefriedigung (6) und den Veränderungsmöglichkeiten innerhalb der Organisation (5) ab.

Je größer die Arbeitsbefriedigung (6) und die durch Versetzungsmöglichkeiten (5) begründete Flexibilität der Anreiz-Beitrags-Struktur, desto geringer ist der Wunsch nach Auflösung der Koalition (3). Hinsichtlich der Bestimmungsgrößen der Arbeitszufriedenheit (6) liegt eine Reihe faktoranalytischer Untersuchungen vor, die einen weiten Bereich von Arbeitsmerkmalen erfassen. Die Anreiz-Beitrags-Theorie hebt in diesem Zusammenhang drei Variablen hervor: Übereinstimmungsgrad der Eigenschaften und Anforderungen einer Stelle mit dem Selbstimage (Selbstcharakterisierung) des Arbeitnehmers (7), Prognostizierbarkeit der Konsequenzen der mit der

Bestimmungs- größen der Arbeits- zufriedenheit

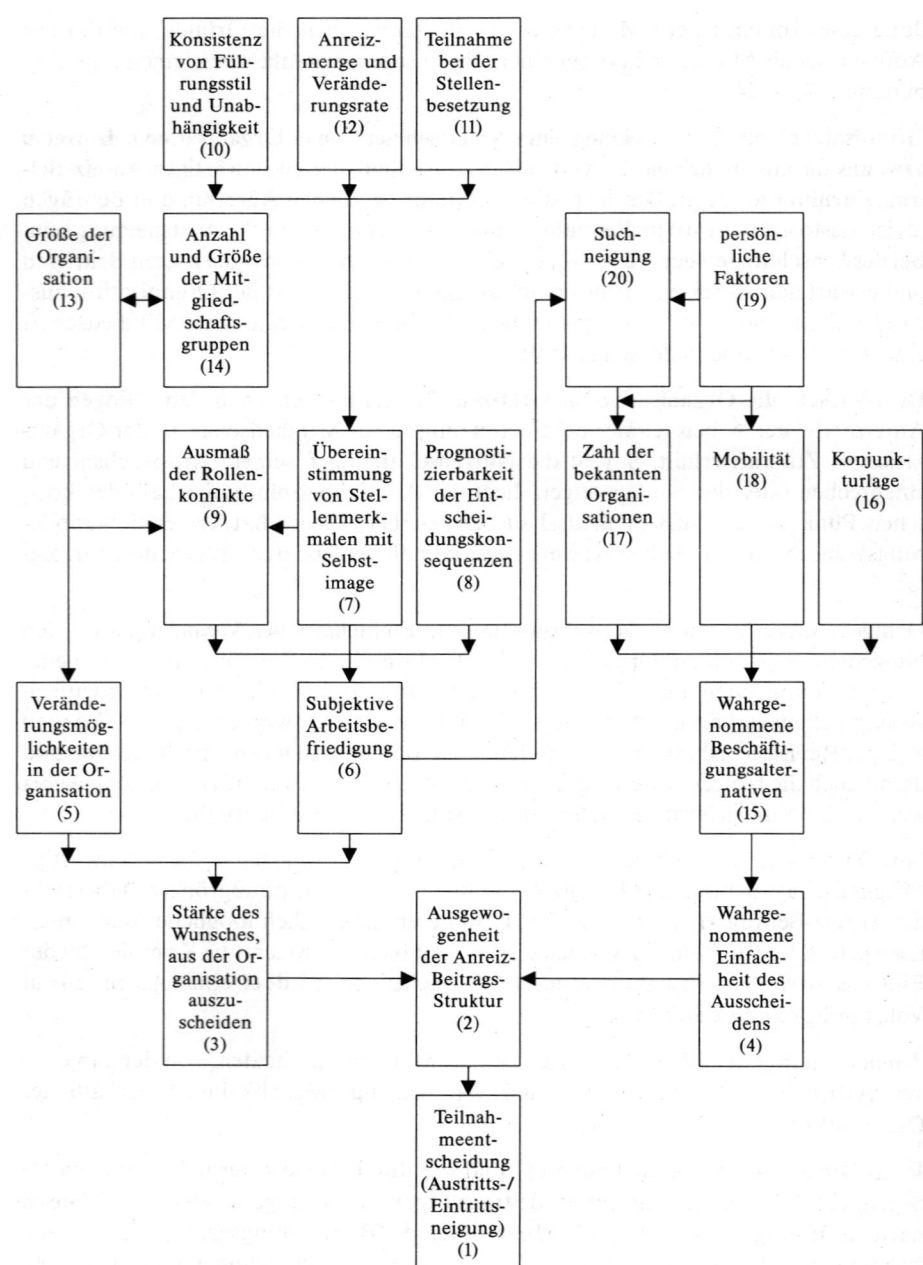

Abbildung 6.7: Einflußgrößen der Teilnahmeentscheidung

Stelle verbundenen Entscheidungen (8) und Grad der Vereinbarkeit der formalen Rollenerfordernisse mit den Erfordernissen anderer Rollen des Arbeitnehmers (9). Diese Faktoren bilden das Konfliktpotential des Arbeitnehmers im Rahmen seiner Beitragsleistung.

Die Konfliktentstehung wird gefördert, wenn Diskrepanzen zwischen Stellenmerkmalen und der Selbstcharakterisierung eines Individuums entstehen (7). Jeder Arbeitnehmer besitzt Vorstellungen über die von ihm gewünschten Verhaltensspielräume, seine Wertschätzung durch andere und den Grad seiner Beteiligung bei der Stellenbesetzung. Deshalb erhöhen Diskrepanzen zwischen Führungsstilpraxis und Unabhängigkeitsvorstellung (10) sowie gewünschter und tatsächlicher Einflußnahme auf die Stellenbesetzung (11) die Wahrscheinlichkeit für das Auftreten von Konflikten. Auch die Anreizmenge (12) steht in direkter Beziehung zur eigenen Wertschätzung (7). Je mehr Anreize, gemessen in Geld- oder Statuseinheiten, der Arbeitnehmer von der Organisation erhält, desto geringer ist der Konflikt zwischen Merkmalen der Arbeitsstelle und dem Selbstimage (7). Dabei werden auch die zukünftigen Veränderungsraten der Anreizmenge einbezogen.

Von der Möglichkeit, die Konsequenzen von Entscheidungen prognostizieren zu können (8), hängt die Befriedigung des Sicherheitsbedürfnisses des Mitarbeiters sowie das Ausmaß von Konflikten aufgrund unvollkommener Informationen ab. Die Übereinstimmung formaler Rollenanforderungen mit anderen Rollenerwartungen bezieht sich dagegen auf Konflikte, die durch unvereinbare Verhaltensansprüche an den Arbeitnehmer entstehen (9). Beispielsweise widerspricht häufige Sonntagsarbeit den sozialen Normen, die von der Gesellschaft an „private" Rollen des Arbeitnehmers gestellt werden. Divergierende Rollenerwartungen ergeben sich auch aus der gleichzeitigen Mitgliedschaft in mehreren Gruppen, wobei das Konfliktpotential eine Funktion der Größe dieser Gruppen (14) bzw. der Organisation (13) ist.

Die genannten Einflußfaktoren bestimmen den Nutzen der Anreize bei der Fortsetzung der Mitgliedschaft im Industriebetrieb. Demgegenüber richtet sich die wahrgenommene Einfachheit des Ausscheidens (4) nach dem Nutzenentgang bei Aufrechterhalten des Arbeitsverhältnisses. Grundsätzlich ist für die Ermittlung des Nutzenentgangs die Anzahl wahrgenommener Beschäftigungsalternativen außerhalb der Organisationen (15) von Bedeutung. Diese Variable wird von einer Reihe weiterer Einflußfaktoren determiniert. Zu ihnen zählen die konjunkturelle Lage (16) und die Zahl der dem Arbeitnehmer bekannten Organisationen (17). Daneben spielt die Mobilität des Individuums (18) eine wichtige Rolle. Sie wird durch eine Reihe persönlicher Faktoren (19) (z. B. Alter, sozialer Status, persönliche Flexibilität und Dauer des Arbeitsverhältnisses) bestimmt. Die personalen Merkmale (19) sowie der Grad der Arbeitsbefriedigung (6) bilden die Determinanten der Suchneigung des Individuums (20), die ihrerseits die Zahl der bekannten Organisationen (17) und damit den Umfang der Beschäftigungsalternativen (15) erhöht.

Bestimmungs-größen der Einfachheit des Aus-scheidens

Obwohl die Darstellung der Beziehungen zwischen den Einflußgrößen keinen Anspruch auf Vollständigkeit erhebt, verdeutlicht das Modell die Komplexität der **Eintrittsentscheidung.** Ähnlich differenziert sind die Überlegungen, die March und

Simon hinsichtlich der Bestimmungsgrößen für das **rollenkonforme** Verhalten eines in der Organisation tätigen Mitarbeiters anstellen.

Hypothesen zum rollen- konformen Verhalten

Auch in bezug auf rollenkonformes Verhalten, das hier gleichbedeutend steht für „Arbeitsverhalten", stellen March und Simon eine Fülle plausibler und empirisch überprüfbarer Hypothesen auf, die wesentliche Teilaspekte des komplexen Beziehungszusammenhangs verdeutlichen (vgl. Abbildung 6.8), ohne dabei aber den Anspruch einer vollständigen Klärung des Problems zu erheben.

Aus den allgemeinen entscheidungstheoretischen Grundbegriffen (Ziele, Alternativen, Konsequenzen) ergeben sich drei Einflußgrößen, welche die Verhaltensentscheidung determinieren:

- die im Entscheidungszeitpunkt relevanten individuellen Zielvorstellungen, die als Maßstäbe für die Bewertung der Konsequenzen alternativer Verhaltensweisen dienen (2);
- Art und Menge der Verhaltensalternativen, die der Arbeitnehmer während des Suchprozesses wahrnimmt (3);
- die subjektiv wahrgenommenen oder erwarteten Konsequenzen, die den Verhaltensmöglichkeiten zugeordnet werden (4).

Art und Menge der Alternativen

Art und Menge der wahrgenommenen Alternativen (3) hängen von drei Einflußfaktoren ab:

- dem Verhalten des Vorgesetzten (5) und dem Führungsstil (6);
- dem Anreizsystem der Unternehmung (7);
- sowie dem Verhalten der Arbeitskollegen (8).

Der Grad der Beteiligung der Mitarbeiter an Entscheidungen des Vorgesetzten (6) kann mit dem Begriff **Führungsstil** in Verbindung gebracht werden; die Detailliertheit der Anweisungen des Vorgesetzten (5) betrifft den Aspekt des Führungsverhaltens.

Je größer die wahrgenommene Beteiligung an Entscheidungen des Vorgesetzten (6) ist (kooperativer Führungsstil), desto mehr nimmt die Wahrscheinlichkeit ab, daß Handlungsmöglichkeiten wahrgenommen werden, die den Interessen der Unternehmung entgegenstehen. Eine ähnliche Hypothese ergibt sich hinsichtlich der Anweisungsvorgaben. Je enger die Anweisungsvorgabe (5) empfunden wird (anweisendes Führungsverhalten), desto größer ist die Wahrscheinlichkeit, daß ein Verhalten der Mitarbeiter hervorgerufen wird, das außerhalb des Bereiches der Rollenkonformität liegt. Beide Hypothesen gelten jedoch nicht ohne Einschränkung. Die Bedeutung der Partizipation (6) wird durch intellektuelle Fähigkeiten und weitere Persönlichkeitsfaktoren (z. B. Problemlösungs- und Kombinationsfähigkeit, Partizipationsbedürfnis) modifiziert (9). Für die Bereitschaft zu rollenkonformen Verhalten ist auch nicht die Detailliertheit der Anweisungen (5) schlechthin, sondern ihre Übereinstimmung mit der Aufgabenkomplexität (10) und den intellektuellen Fähigkeiten des Arbeitnehmers (9) maßgebend. Die hervorgerufenen Alternativen (3) werden auch von den Ergebnissen eines Vergleichs beeinflußt, den der Mitarbeiter bezüglich des eigenen Verhaltens und des Verhaltens benachbarter Arbeitskollegen (8) anstellt. Schließlich stellt das betriebliche Anreizsystem (7) eine weitere zentrale Verhaltensdeterminante dar.

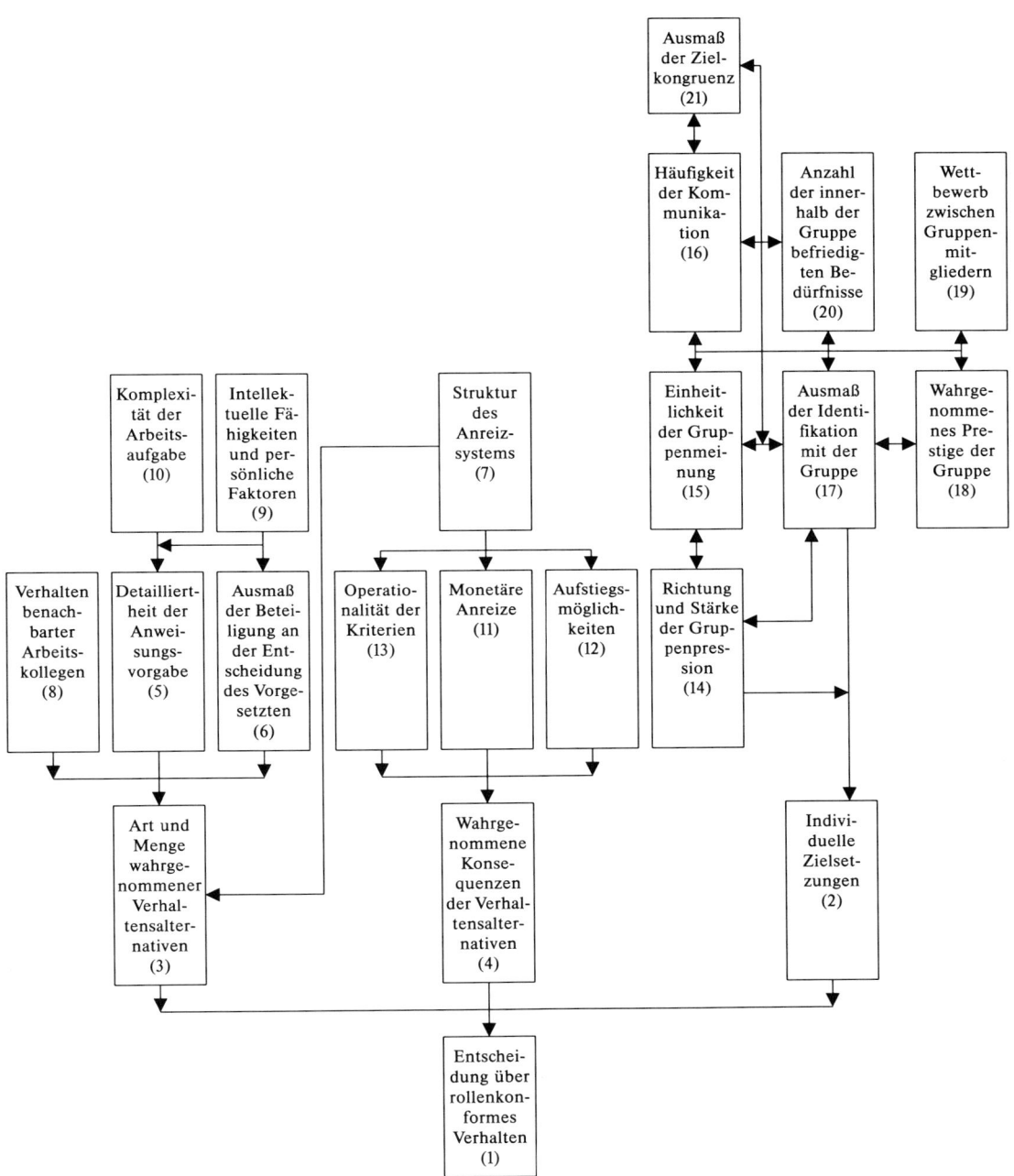

Abbildung 6.8: Einflußgrößen rollenkonformen Verhaltens

Von der Struktur des Anreizsystems hängen insbesondere die Erwartungen des Arbeitnehmers hinsichtlich der Konsequenzen (4) ab, die er mit rollenkonformen Verhalten verbindet. Zwei wesentliche Komponenten sind die monetären Anreize (11) sowie die gebotenen Aufstiegsmöglichkeiten (12). Für die Beurteilung der Leistungsabhängigkeit dieser Anreize sind in erster Linie die subjektiven Wahrnehmungen des Arbeitnehmers maßgebend. Entscheidend ist, daß die Kriterien der Anreizgewährung seiner subjektiven Operationalität (13) genügen. Diese Bedingung ist erfüllt, wenn der Arbeitnehmer das Gefühl besitzt, selbst nachprüfen zu können, ob er die Bemessungskriterien zu erfüllen in der Lage gewesen ist.

Die Wahl einer Verhaltensalternative wird weitgehend durch das Zielsystem des Mitarbeiters (2) bestimmt. Durch einen Vergleich der hervorgerufenen Konsequenzen (4) mit seinen Zielen versucht er zu beurteilen, inwieweit die Alternativen (3) seinen Zielvorstellungen entsprechen. Die Ziele des Organisationsmitglieds werden dabei in erster Linie durch die Gruppenzugehörigkeit (14) (17) bestimmt. Der Arbeitnehmer ist in der Regel Mitglied mehrerer formaler und informaler Gruppen, die über bestimmte Tatbestände eine eigene Gruppenmeinung entwickeln. Dadurch üben sie einen gewissen Druck auf das einzelne Gruppenmitglied aus und beeinflussen seine Einstellungen und Wertungen. Richtung und Stärke dieser Gruppenpressionen (14) hängen von mehreren Faktoren ab: Die Einheitlichkeit der Gruppenmeinung (15) und die damit in engem Zusammenhang stehende Interaktionshäufigkeit in der Gruppe (16) bilden die gruppenspezifischen Einflußgrößen der Pression (14) für sämtliche Mitglieder. Inwieweit die Gruppenpression für ein Gruppenmitglied verhaltenswirksam ist, bestimmt sich nach dem Ausmaß seiner Identifikation mit der Gruppe (17).

Die Identifikation mit der Gruppe hängt ihrerseits von folgenden, sich wechselseitig beeinflussenden Variablen ab: wahrgenommenes Gruppenprestige (18), Wettbewerb zwischen den Gruppenmitgliedern (19), Anzahl der innerhalb einer Gruppe befriedigten Bedürfnisse (20), Ausmaß der Zielkongruenz der Gruppenmitglieder (21) sowie Kommunikationshäufigkeit (16).

Die vom Arbeitnehmer gewählte Verhaltensweise ist im Erklärungsmodell von March und Simon demnach eine äußerst komplizierte Funktion der Ausprägungen, welche die Variablen des Einflußgrößensystems während des Betrachtungszeitraums annehmen. Infolge der verschiedenen Umwelteinflüsse und der Interdependenzen zwischen den Variablen ändert sich zudem die Konstellation des Einflußgrößensystems im Zeitablauf.

Beurteilung
von Koali-
tionsmodell
und Anreiz-
Beitrags-
Theorie

Am Koalitionsmodell der Organisation wie auch an der ähnlich konzipierten Anreiz-Beitrags-Theorie läßt sich kritisieren, daß diese Ansätze geeignet sind, die Organisationswirklichkeit zu verfälschen, indem sie die sich aus unterschiedlichen Interessen ergebenden Konflikte – vor allem der beiden Parteien Organisationsleitung und Arbeitnehmer – durch das Bild gleichberechtigter und gleichstarker Verhandlungspartner verschleiern. Diese Gefahr wird verstärkt durch das ausgesprochen ökonomisch-rationalistische Konzept der Anreiz-Beitrags-Theorie, das im Grunde das Konfliktphänomen nicht vertieft. Die Organisationsteilnehmer wägen Anreize und

Beiträge rational gegeneinander ab und verhalten sich entsprechend dem Ergebnis ihrer Bewertung.

Zweifellos ist aber die **Vermeidung möglicher und die Handhabung auftretender Konflikte eine der Hauptaufgaben der Personalwirtschaft** – sei es in beratender Funktion gegenüber der Organisationsleitung, z. B. bei Auseinandersetzungen mit dem Betriebsrat, sei es als direkte Intervention gegenüber einzelnen Mitarbeitern. **In der Art und Weise, wie die personal-„wirtschaftlichen" Instanzen diese Funktionen wahrnehmen, liegt ein wesentliches Merkmal der Personalpolitik.**

Das Koalitionsmodell und das Konzept der Anreiz-Beitrags-Theorie müssen daher – um eine möglichst realitätsnahe Abbildung personalwirtschaftlicher Problemfelder zu schaffen – durch eine konflikt-„orientierte" Betrachtungsweise ergänzt werden.

4. Personalwirtschaft im Spannungsfeld innerbetrieblicher Konflikte

Konflikttheoretische Elemente personalwirtschaftlicher Entscheidungen

Die Bedeutung, die der Entstehung und Handhabung von Konflikten in Unternehmungen beigemessen wird, hängt von der organisationstheoretischen Konzeption ab, die der Entwicklung eines Modells der Betriebswirtschaft zugrunde liegt. Ein **„organisationsloses" Modell**, in dem der Unternehmer als einziges rationales Individuum auf mehr oder minder willenlose Produktionsfaktoren einwirkt, bietet für die Einbeziehung von Konflikten keinen Raum. Auch das Bild der Unternehmung als **vollständig integriertes Sozialsystem**, zu dessen Funktionsfähigkeit jedes Mitglied seinen Beitrag leistet, stellt einen theoretischen Idealfall dar. In der Realität treten in der Unternehmung – wie in jeder sozialen Institution – Gegensätzlichkeiten und Konflikte auf, die ihrerseits Veränderungen in der Organisationsstruktur oder deren Auflösung hervorrufen können.

Konfliktberücksichtigung in Unternehmungsmodellen

Konflikte entstehen in Organisationen durch unterschiedliche Präferenzordnungen der beteiligten Individuen. Der Entwurf einer konfliktfreien Rollen- bzw. Zielstruktur für alle organisatorischen Teilbereiche ist nicht möglich.

Formale und informale Zielkonflikte

Die in Unternehmungen entstehenden Konflikte müssen in Verhandlungs- und Anpassungsprozessen zumindest einer vorläufigen Lösung zugeführt werden. Dabei hat häufig die Personalwirtschaft die Schlichtungs- und Vermittlungsfunktion beim Ausgleich von Interessengegensätzen zu übernehmen.

In Organisationen treten intraindividuelle und interindividuelle Konflikte sowie Gruppenkonflikte auf. Während intraindividuelle Konflikte in einer Einzelperson ablaufen, erfassen interindividuelle Konflikte mehrere Personen. Dem Individuum steht als Konfliktkontrahent eine andere Person oder eine Gruppe gegenüber. Bei

Konflikttypen

Gruppen- bzw. interorganisationalen Konflikten treten Gegensätze zwischen Interessengruppen bzw. zwischen der Organisation und ihrer Umwelt auf.

Konflikt-ursachen

Betriebliche Konflikte werden in erster Linie durch die Anreiz-Beitrags-Verteilung auf die einzelnen Gruppen in der Unternehmung hervorgerufen. Da eine allseits befriedigende Anreiz-Beitrags-Struktur nicht im voraus festgelegt werden kann, stellen die jeweiligen Lösungen zeitlich beschränkte Kompromisse dar, die von den gegenwärtigen Macht- und Interessenverteilungen bestimmt werden. Permanente Konflikte zwischen einzelnen Gruppen ergeben sich beispielsweise aus konkurrierenden Abteilungszielen, die konträre Beitragswirkungen der beteiligten Arbeitnehmer zur Folge haben können, die sich sowohl in Gruppen- als auch in interindividuellen Konflikten niederschlagen. Schließlich begründen divergierende Vorstellungen bezüglich einer als ausgewogen empfundenen Anreiz-Beitrags-Struktur für einzelne

Gesetzliche Mitbestim-mung als Rahmenbe-dingung der Konflikt-handhabung

Belegschaftsgruppen oder Individuen weitere Konfliktmöglichkeiten. **Im Rahmen ihrer Aufgabenstellung hat die Personalwirtschaft Schlichtungsregeln und weitere Instrumente zur Konflikthandhabung zu entwickeln, welche die Entstehung von Konflikten verhindern oder aufgetretene Interessengegensätze überbrücken sollen. Als Rahmenbedingungen für Konflikthandhabungen sind die vom Gesetzgeber vorgegebenen Schlichtungsregeln (z. B. das Betriebsverfassungsgesetz, das Montan-Mitbestimmungs- und das Mitbestimmungsgesetz) anzusehen.**

Konfliktursachen und Konflikttypen

Konflikt-begriff

Konflikte stellen psychologische und soziale Phänomene dar, die durch das Vorliegen gegensätzlicher Verhaltenstendenzen gekennzeichnet sind. Auf der **individuellen** Ebene verbindet sich mit dem Konfliktbegriff die Vorstellung eines Widerstreits der Motive einer Person in einer gegebenen Lebenssituation. Der intraindividuelle Konflikt ist durch einen Zustand der Unentschlossenheit charakterisiert, bei dem es dem Individuum schwerfällt, sich für eine Alternative zu entscheiden. **Soziale** (interindividuelle) Konflikte sind gegeben, wenn mehrere Entscheidungsträger nicht gleichzeitig die ihren Präferenzordnungen entsprechenden optimalen oder befriedigenden Alternativen verwirklichen können.

Konflikthand-habung als Quasilösung

Konflikte können oft nicht endgültig gelöst werden. Deshalb wird in der Konflikttheorie der Begriff „Konfliktlösung" häufig durch den Begriff „Konflikthandhabung" ersetzt. **Die Prozesse der Konflikthandhabung in Organisationen führen meistens nur zu einer „Quasilösung" der Gegensätze.** Sie verändern die ursprünglichen Konfliktbedingungen, was Anlaß für die Entstehung neuer Konflikte sein kann.

Konflikt-typologie

Eine Typologie innerbetrieblicher Konflikte kann sowohl an den verschiedenen Konfliktursachen als auch an den Beteiligten anknüpfen. Das erste Kriterium führt zur Einteilung in strukturelle Konflikte, Verhaltenskonflikte und Verteilungskonflikte. Nach den Beteiligten kann zwischen Intrarollenkonflikten, Interrollen- und Gruppenkonflikten unterschieden werden. Abbildung 6.9 gibt die betrieblichen Konflikttypen zusammenfassend wieder.

754

Konfliktursachen / Konfliktträger	Strukturelle Konflikte	Verhaltenskonflikte	Verteilungskonflikte
Individuum (Intrarollenkonflikte)	Zielkonkurrenz innerhalb formaler Rollenerwartungen an das Individuum	Normenkonkurrenz innerhalb formaler und informaler Rollenerwartungen an das Individuum	Konkurrenz der Anreize innerhalb der Rollenerwartungen an das Individuum
Mehrheit von Individuen (Interrollenkonflikte)	Zielkonkurrenz zwischen formalen Rollenerwartungen an die Individuen	Normenkonkurrenz zwischen formalen und informalen Rollenerwartungen mehrerer Individuen	Personale Verteilungskonflikte
Gruppen (Gruppenkonflikte)	Zielkonkurrenz zwischen formalen Rollenerwartungen an Gruppen	Normenkonkurrenz zwischen formalen und informalen Verhaltenserwartungen von Gruppen	Funktionale Verteilungskonflikte

Abbildung 6.9: Systematisierung innerbetrieblicher Konfliktsituationen

Eine grundlegende Ursache für die Entstehung von Konflikten in Unternehmungen liegt in dem Problem, eine allseits befriedigende Anreiz-Beitrags-Struktur der Organisation zu entwerfen. **Durch die formalen Organisationsstrukturen einer Unternehmung können die in den Rollenerwartungen konkretisierten Verhaltensanforderungen an die Organisationsmitglieder nicht reibungslos koordiniert werden (Beitragskoordination). Außerdem kann kein Anreizsystem errichtet werden, das einen Ausgleich trotz unterschiedlichster Interessen und Präferenzstrukturen der Individuen gewährleistet und das sowohl die Überprüfung der Art der Bemessung als auch die Vergleichbarkeit der Einzelanreize ermöglicht (Anreizkoordination).**

Ein Grund für die Konfliktträchtigkeit der Beitragskoordination ist die Formulierung konkurrierender Subziele für die verschiedenen Organisationseinheiten. Die aus der Arbeitsteilung und Beitragsdifferenzierung hervorgehende Zielhierarchie weist den einzelnen Funktionsbereichen und Abteilungen der Unternehmung verschiedenartige Unterziele zu, die in Konkurrenz zueinander stehen können. Konflikte, deren Entstehung sich auf **konkurrierende Zielwirkungen der formalen Beitragsstruktur** von Individuen oder Gruppen zurückführen läßt, können deshalb als strukturelle Konflikte bezeichnet werden. *Strukturelle Konflikte*

Eine zweite Konfliktgruppe bilden die Verhaltenskonflikte. Sie entstehen, wenn die Rollenanforderungen den Werten des Mitarbeiters widersprechen (z. B. wenn die *Verhaltenskonflikte*

Erfüllung von Produktionsnormen oder Umsatzvorgaben seiner Meinung nach mit der Ausbeutung der Untergebenen verbunden oder nur durch unseriöse Verkaufspraktiken erreichbar ist). Für Individuen oder Gruppen werden nicht nur formale Rollenerwartungen, sondern auch informale Normen und Werte verhaltensrelevant, die der persönlichen Sphäre des einzelnen entstammen, von außerorganisatorischen Faktoren bestimmt sind oder im Rahmen informeller Gruppen gebildet werden. **Arbeitsverhalten läßt sich daher als permanente Konflikthandhabung zwischen formalen und informalen Rollenerwartungen bzw. Entscheidungsprämissen interpretieren.**

Intra-
personelle
Verhaltens-
konflikte

Eine verbreitete Form des Verhaltenskonflikts resultiert aus der innerbetrieblichen Machtstruktur. Die formale Verteilung und Ausübung der Macht bewirkt eine Aufspaltung der Unternehmung in Herrschende und Beherrschte und legt deren Kompetenzen im Rahmen von Planungs-, Anordnungs- und Aufsichtsfunktionen fest. Den mit formalen Machtgrundlagen ausgestatteten Personen wird das Recht zugestanden, in einem bestimmten Umfang Art und Menge der Beitragsleistungen der Machtunterworfenen festzulegen. Die Machtstruktur einer Unternehmung stellt unter diesem Blickwinkel den dominierenden Faktor für die Verteilung der Beiträge auf die Organisationsteilnehmer dar. Eine Änderung der Beitragsverteilung ist – abgesehen von technischen und wirtschaftlichen Anpassungsmaßnahmen – nur über eine Veränderung der betrieblichen Machtstruktur möglich. Bestehen bei den machtunterworfenen Individuen und Gruppen andere Vorstellungen über die Beitragsverteilung und damit über die Erfüllung ihrer Interessen, so werden sie eine Änderung der bestehenden Machtstruktur anstreben. Die Interessenpolarisation zwischen den Unternehmerrollen ausfüllenden Organisationsteilnehmern und der Arbeitnehmerschaft bildet daher eine ständige Konfliktquelle.

Inter-
personelle
Verhaltens-
konflikte

Die Machtstruktur repräsentiert nicht nur eine Determinante für die Zuordnung der an die Unternehmung zu leistenden Beiträge, sondern beeinflußt darüber hinaus die Verteilung der Anreize an die Arbeitnehmer. **Da die Anreize einer Unternehmung begrenzt sind, besteht hinsichtlich der innerbetrieblichen Ausgleichszahlungen eine Konkurrenz zwischen den Organisationsteilnehmern, die Konflikte hervorruft.** Konflikte bei der Anreizverteilung bilden die dritte Kategorie betrieblicher Konflikte.

Verteilungs-
konflikte

Verteilungskonflikte treten auf zwei Ebenen auf. Soweit lediglich die **monetären Anreize** betrachtet werden, entsteht ein erstes Verteilungsproblem bei der Festlegung des Anreizanteils für die verschiedenen Interessengruppen in der Unternehmung (Belegschaft, Kapitaleigner) aus der Anreizgesamtheit (Wertschöpfung). Diesem Konflikt nachgelagert ist die Verteilung der Anreize auf die einzelnen Mitglieder. Obwohl Verteilungskonflikte besonders bei materiellen Leistungen der Unternehmung deutlich werden, weil die Höhe des Lohnes oder Gehaltes unmittelbar meßbar und vergleichbar ist, beziehen sich Verteilungskonflikte auch auf andere Anreizarten, z. B. auf **Statussymbole**, die von den Individuen zur Sicherung und Erhöhung ihres sozialen Status bzw. Prestiges angestrebt werden. Statussymbole, an welchen der soziale Rang gemessen werden kann, sind z. B. die Einrichtung der Arbeitsräume, räumliche Trennung von Arbeitern und Angestellten, Entlohnungsform, Pausenregelung und Ausmaß der Kommunikationsteilnahme.

756

Der Mitarbeiter in der Unternehmung nimmt sowohl strukturelle Konflikte als auch Verhaltens- und Verteilungskonflikte als psychische Spannungszustände wahr. Bei strukturellen Konflikten wird er mit formalen Verhaltensvorschriften konfrontiert, die auf unterschiedlichen, mit seiner Stelle verbundenen offiziellen Subzielen beruhen. Desgleichen ergeben sich Verhaltenskonflikte, wenn er als Mitglied mehrerer Gruppen innerhalb und außerhalb der Unternehmung konträren Normen gegenübersteht. Intraindividuelle Verhaltenskonflikte sind darauf zurückzuführen, daß sich ein Arbeitnehmer im Rahmen seiner Entscheidung über rollenkonformes Verhalten teilweise konkurrierenden Verhaltensanforderungen gegenübersieht.

Intrarollen-konflikte

Die Einteilung von Konflikten in Interrollen- und Gruppenkonflikte knüpft an die beteiligten Konfliktparteien an. Strukturelle Interrollen- oder Gruppenkonflikte sind das Ergebnis der unterschiedlichen Zielbezogenheit verschiedener Rollen oder Gruppenbeiträge, die sich als soziale Auseinandersetzungen äußern. Soweit die zugrundegelegten Verhaltensnormen der informalen Sphäre oder außerorganisatorischen Bereichen entstammen, schlagen sie sich als Verhaltenskonflikte zwischen den Beteiligten nieder. Für Verteilungskonflikte ist die Konkurrenz zwischen Individuen oder Gruppen um die betrieblichen Anreize charakteristisch. Diese Konkurrenz ist das Ergebnis der gegenseitigen Abhängigkeit der Erfüllung der Anreizansprüche von den begrenzten Mitteln der Unternehmung. Ihre Stärke hängt von den Anspruchsniveaus der einzelnen Kontrahenten ab.

Interrollen-und Gruppen-konflikte

Handhabung intraindividueller Konflikte

Der personalwirtschaftliche Beitrag zur Beilegung intraindividueller Konflikte bezieht sich auf die Verminderung latenter Konfliktquellen sowie auf die Unterstützung des Mitarbeiters bei der Bewertung divergierender Verhaltenstendenzen.

Die Einflußmöglichkeiten der Personalwirtschaft bei Verhaltenskonflikten sind vergleichsweise gering, weil sich diese meist verdeckt abspielen. Sofern der Mitarbeiter bei Intrarollenkonflikten die Gegensätze zwischen individuellen Wertvorstellungen und Entscheidungsprämissen einerseits und formalen Rollenerwartungen andererseits nicht durch Konfliktverdrängung, Verschiebung der Konfliktlösung oder durch Einstellungsänderungen aufzulösen vermag, entscheidet er sich (falls überhaupt) für den Austritt aus der Organisation. Inwieweit die Gestaltung des betrieblichen Anreizsystems einen Einfluß auf die Formen der intraindividuellen Konflikthandhabung ausübt, ist eine Frage, die nur im konkreten Einzelfall beantwortet werden kann.

Intra-individuelle Verhaltens-konflikte

Größer ist der Spielraum bei Intrarollenkonflikten, wenn die Verhaltensanforderungen der Unternehmung mit denen anderer Gruppenmitgliedschaften unvereinbar sind (z. B. Einschränkung oder Veränderung der Freizeitinteressen des Arbeitnehmers durch Überstunden oder Nachtarbeit). Hier kann durch personalwirtschaftliche Maßnahmen versucht werden, Rollenkonkurrenzen zu vermindern (z. B. Einführung der gleitenden Arbeitszeit, turnusmäßige Schichtverlegung, Verkürzung der Aufenthaltszeiten durch die Einrichtung eines Werkverkehrs) oder dem Arbeitnehmer zumindest Äquivalente für die sich daraus ergebenden Belastungen anzubieten (z. B. Überstundenvergütungen, Zuschläge für Sonntagsarbeit).

Intrarollenkonflikte treten auch auf, wenn ein Mitarbeiter von einem oder mehreren formalen Rollensendern unvereinbare Verhaltensanweisungen erhält (so kann z. B. der Meister einen Arbeitnehmer seiner Werkstatt anweisen, bestimmte Toleranzgrenzen bei der Fertigung von Werkstücken nicht zu überschreiten, aber ein abgenutztes Aggregat zu verwenden, so daß eine sorgfältige Ausführung des Auftrages nicht gewährleistet ist). Derart entstehende Konflikte lassen sich nicht gänzlich ausschalten; Ansatzpunkte für ihre Verminderung bietet beispielsweise die **Ausbildungsplanung für Vorgesetzte** (Vermittlung von Kenntnissen über technologische und sonstige fachliche Bedingungen, Techniken der Arbeitsvorbereitung, Ausbildungsmaßnahmen auf dem Gebiet der Mitarbeiterführung).

Quellen konfliktärer formaler Verhaltensansprüche

Rollenüberladung

Eine sehr häufige Konfliktart in industriellen Organisationen ist die **Rollenüberladung. Bei ihr tragen mehrere Rollensender legitime Erwartungen an den Stelleninhaber heran, die zwar grundsätzlich miteinander vereinbar sind, in ihrer Gesamtheit vom Mitarbeiter im Rahmen der verfügbaren Zeit jedoch nicht erfüllt werden können.** Der Stelleninhaber nimmt die Rollenüberladung als **Prioritätskonflikt** wahr, bei dem er zu entscheiden hat, welche Erwartungen zuerst zu erfüllen sind. Die Folge kann **Streß** sein.

Beseitigungsmöglichkeiten

Zur Verminderung von Rollenüberladungen ist eine bessere Abstimmung der Beitragsforderungen der Unternehmung mit den Fähigkeiten des Stelleninhabers nötig. Neben organisatorischen Maßnahmen der Stellenbildung zur Abgrenzung des Aufgabenbereichs und der Gestaltung der technischen Arbeitsbedingungen können personalwirtschaftliche Maßnahmen dem Streßabbau dienen. Die Abhängigkeit der Rollenüberladung von der Person des Stelleninhabers wird durch die **innerbetriebliche Ausbildung** und durch Entscheidungen bei der **Stellenbesetzung** anhand geeigneter Beurteilungskriterien berücksichtigt. Mittelbar wirken sich auch Auswahlentscheidungen bei der Einstellung der Bewerber auf den Umfang der Rollenüberladung aus.

Konflikte durch mangelnde Rolleninformation

Eine wesentliche Quelle subjektiv empfundener Intrarollenkonflikte bildet die **Rollenmehrdeutigkeit**, die auf die Unvollständigkeit rollenbezogener Informationen zurückzuführen ist. Der Mitarbeiter verfügt in der Regel nur über einen Teil der für eine erwartungskonforme Beitragserstellung notwendigen Informationen (z. B. Art und Menge der Beiträge, Prioritäten bei der Beitragsfestlegung, Verhaltensbegrenzungen bei spezifischen Situationen usw.). **Fehlen derartige Informationen, deren erforderlicher Umfang vom Bedürfnis des Mitarbeiters nach eindeutiger Verhaltensorientierung abhängt, so ist die Wahrscheinlichkeit groß, daß der Stelleninhaber konfliktäre Entscheidungsprämissen wahrnimmt.**

Personaleinführungsprogramme

Dieser Gefahr ist **besonders der neu eintretende Arbeitnehmer** ausgesetzt. Der Gefahr von Rollenmehrdeutigkeiten kann durch Einführungsprogramme entgegengewirkt werden mit dem Ziel, dem Organisationsmitglied allgemeine und rollenbezogene Informationen zu vermitteln (unternehmensbezogene Informationen z. B. durch Filme, Vorträge, Betriebsbesichtigungen; rollenorientierte Informationen durch Vorgesetzte, Stellenbeschreibungen und Arbeitskollegen). Bewährt hat sich in diesem Zusammenhang das **Patensystem („Sponsormethode")** (vgl. S. 800).

Handhabung von Mehrpersonenkonflikten

Auf allen Leitungsebenen der Unternehmung entstehen Interrollen- und Gruppen-konflikte (interindividuelle Konflikte), die von den betroffenen Konfliktträgern oder durch unbeteiligte Dritte beigelegt werden müssen. **Alle Organisationsmitglieder in der Unternehmung sind entweder als unmittelbar beteiligte oder als intervenierende Personen mit Schlichtungsfunktion mehr oder weniger intensiv an der Entwicklung von Konfliktlösungen und Kompromissen beteiligt.**

Art und Ablauf des Prozesses der Konflikthandhabung hängen grundsätzlich von den Erwartungsstrukturen der Konfliktparteien über die **Beilegungsmöglichkeiten in einer bestimmten Konfliktsituation** ab. Soweit Konflikte zwischen Gruppen oder In-dividuen bewußt wahrgenommen werden, läßt sich eine Konfliktsituation dadurch kennzeichnen, inwieweit die Konfliktträger den Konflikt für umgehbar und/oder einen Interessenausgleich für möglich halten. Beurteilen die Kontrahenten die Kon-fliktsituation gleich, so lassen sich **drei idealtypische Fälle** unterscheiden: *Erwartungen der Kontra-henten über Beilegungs-möglichkeiten*

(a) Der Konflikt erscheint nicht umgehbar, ein Interessenausgleich ist unmöglich;
(b) der Konflikt erscheint umgehbar, ein Interessenausgleich ist unmöglich;
(c) der Konflikt erscheint nicht umgehbar, ein Interessenausgleich ist möglich.

Die jeweilige Konfliktsituation wird auch maßgeblich von der wahrgenommenen Konfliktintensität beeinflußt. Für jeden Konfliktträger ist die Konfliktstärke von der Wertvorstellung abhängig, die er mit seiner bevorzugten Alternative verbindet, sowie von der Wahrscheinlichkeit, daß sich seine präferierte Handlungsmöglichkeit und diejenige des anderen Kontrahenten ausschließen. **Der Konfliktgrad ist um so größer, je höher die Erwartung des Wertentgangs ist, den eine Konfliktpartei durch die Reali-sation der Alternative des Gegners erleidet.** Grundsätzlich wird ein Kontrahent bei einem großen erwarteten Wertentgang andere Reaktionen als bei geringen möglichen Verlusten wählen. Mit kleiner werdenden Einbußen nimmt die Tendenz zur aktiven Konfliktbeilegung ab; der Konfliktträger wird sich eher als Anpasser verhalten, an-statt sich aktiv um eine Konfliktbeteiligung zu bemühen. *Wahrgenom-mene Kon-fliktintensität*

Mit der klassifikatorischen Einteilung in starke, mittlere und schwache Konflikte und unter Berücksichtigung der Umgehbarkeit und des Interessenausgleichs ergeben sich nach Blake, Shepard und Mouton (1964) neun typische Konfliktkonstellationen mit spezifischen Konflikthandhabungsformen (vgl. Abbildung 6.10, S. 760).

Für nicht umgehbare Konflikte, bei denen keine Partei einen Interessenausgleich erwartet, entwickeln die Beteiligten Beilegungsstrategien, die eindeutige „Gewinn-bzw. Verlustpositionen" (Gewinnen bzw. Verlieren der Auseinandersetzung) enthal-ten. In ihrer aktivsten Ausprägung äußert sich die Konflikthandhabung als reiner **Gewinn-Verlust-Kampf, bei dem jede Partei die von ihr angestrebte Lösung auf Kosten der anderen durchzusetzen versucht.** In der Organisation kommen derartige Kämpfe als vertikale Auseinandersetzungen zwischen Entscheidungsinstanzen unterschied-licher Leitungsebenen und als horizontale Kämpfe zwischen Mitarbeitern oder Gruppen auf der gleichen hierarchischen Stufe vor. *Nicht umgeh-bare Kon-flikte ohne möglichen In-teressenaus-gleich*

Konflikt-intensität \ Konflikt-situation	Konflikt nicht umgehbar Interessenausgleich unmöglich	Konflikt umgehbar Interessenausgleich unmöglich	Konflikt nicht umgehbar Interessenausgleich möglich
Hohe Wertvor-stellung (aktive Hand-habungsformen)	Gewinn-Verlust-Machtkämpfe	Rückzug (z. B. Austritt)	Problemlösen (abschließende Konfliktlösung durch Verhandlung)
Mittlere Wertvor-stellung (gemäßigt aktive Hand-habungsformen)	Dritt-Parteien-Urteil (Schlichtung)	Isolation (Verminderung der Interaktion)	Teilung des Streit-wertes (Quasi-lösung durch Ver-handlung)
Niedrige Wertvor-stellung (passive Hand-habungsformen)	Zufallshandhabung (z. B. Losentscheid)	Indifferenz bzw. Ignoranz (Kon-fliktverdrängung, Konfliktver-kennung)	Friedliche Koexistenz (bewußte Aus-klammerung des Konflikts)

Abbildung 6.10: Formen der Konflikthandhabung

(in Anlehnung an Blake u. a. 1964)

Vertikale
Machtkämpfe

Bei vertikalen Machtkämpfen zwischen Vorgesetztem und Untergebenem stehen bei-den Kontrahenten **Strafandrohungen** und **Informationsmanipulationen** als Instru-mente zur Durchsetzung ihrer bevorzugten Alternativen zur Verfügung. Der Vor-gesetzte kann im Falle der Nichtbefolgung seiner Anweisungen aufgrund seiner formalen Machtstellung negative Sanktionen gegenüber dem Untergebenen verhän-gen. Mit der Androhung von Strafen (Zurechtweisung, Verweigerung von Gehalts-erhöhung usw.) strebt er eine Einschränkung des Handlungsspielraums des Unter-gebenen an, oder er versucht, ihn von abweichenden Verhaltensvorstellungen abzubringen, indem er ihm die Verantwortung für einen erwarteten Schadenseintritt bei Nichtbeachtung der Anweisungen anlastet. Um die Strafandrohung glaubwürdig erscheinen zu lassen, kann der Vorgesetzte selbstverpflichtende Handlungen vorneh-men, die ihn dazu zwingen, die Drohung bei Widerstand des Untergebenen zu verwirklichen (z. B. öffentliche Ankündigung der Drohung, frühere Kündigung in einem ähnlichen Fall). Diese Taktik beinhaltet aber einen Verzicht auf kompromiß-orientierte Handlungsalternativen, wodurch der Vorgesetzte möglicherweise seine Position selbst schwächt. Die verschiedenen Ausprägungen der Strafandrohung bil-den einen **Bestandteil des Führungsverhaltens des Vorgesetzten.**

Drohungen
des Vor-
gesetzten

Drohungen
des Unter-
gebenen

Ebenso wie der Vorgesetzte können sich auch untergeordnete Entscheidungsträger der Strafandrohung bei der Durchsetzung ihrer Vorstellungen bedienen. Eine formale Sanktionsgewalt der Untergebenen gründet sich z. B. auf das Beschwerderecht des einzelnen bei den nächst höheren Instanzen oder die Drohung mit einem Arbeitsge-richtsverfahren, sofern gesetzliche Normen verletzt werden; häufiger und meist effektiver ist die verdeckte Drohung mit informalen Sanktionen, z. B. Leistungsminderung, Informationsentzug etc.

Charakteristisch für die **passive Konflikthandhabung** ist die Verlagerung der Konfliktbewältigung auf Zufallsmechanismen (Münzwurf, Los). Ein schnell gefälltes Urteil eines Vorgesetzten oder scheinbarer Experten kann durchaus den Charakter eines solchen Zufallsmechanismus haben. Blake, Shepard und Mouton vertreten die Ansicht, **daß in Unternehmungen mehr Konflikte durch Zufallsurteile ausgeräumt werden, als Außenstehende in der Regel annehmen**. Die Anwendung des Zufallsprinzips wird häufig damit begründet, daß beim Fehlen von Ansatzpunkten zur Bestimmung der Gewinn- und Verlustpositionen der Anschein der Rationalität in der Organisation erhalten werden soll. Andererseits stellt eine Regelung aufgrund von Zufallsmechanismen nur eine unzuverlässige Konfliktlösung dar, weil die unterlegene Partei oftmals weiterhin an der von ihr vertretenen Position festhält, so daß eine neue Auseinandersetzung wahrscheinlich ist. *Zufallsurteil*

Bei umgehbar erscheinenden Konflikten versuchen die Konfliktparteien manchmal, den offenen Ausbruch von Interessengegensätzen zu vermeiden. *Umgehbare Konflikte ohne möglichen Interessenausgleich*

Grundsätzlich kann eine Konfliktumgehung dadurch erfolgen, daß die Entscheidungsinterdependenzen als Konfliktursache eingeschränkt werden, um die von den potentiellen Konfliktgegnern jeweils bevorzugte Alternative unabhängig von den Erwartungen der Kontrahenten durchsetzen zu können.

Die verschiedenen Ausprägungen der Konfliktbeilegung durch Umgehung werden sowohl bei vertikalen als auch bei horizontalen Auseinandersetzungen angewendet. Eine typische Reaktion der Entscheidungsträger, die in früheren Gewinn-Verlust-Kämpfen häufig Verlustpositionen hinnehmen mußten, stellt der Rückzug dar. Aus Furcht vor neuen Niederlagen entwickeln diese Konfliktparteien die Neigung, Kontakte mit möglichen Kontrahenten einzuschränken. Die Verminderung der Kommunikationsbeziehung wird oftmals von einer Senkung des Anspruchsniveaus der aufgabenbestimmten Zielvorstellungen begleitet, so daß zukünftige Konfliktursachen teilweise ausgeschaltet werden. Gleichzeitig wird der Rückzug durch Informationsmanipulationen abgesichert, die den Kontrahenten auf die Verminderung sozialer Interaktionen hinweisen und den Rückzug rechtfertigen sollen. Die konsequenteste Rückzugsmaßnahme ist der **Austritt** aus der Unternehmung oder das Bemühen um eine **vorzeitige Pensionierung**. Eine weitere Variante der Rückzugsstrategie ist der **Wunsch nach innerbetrieblicher Versetzung** mit dem Ziel, die bisherigen sozialen Kontakte weitgehend abzubrechen. *Rückzug*

Ähnliche Merkmale wie den Rückzug kennzeichnen die Handhabungsformen der Isolation. Die Konfliktparteien sind ebenfalls bestrebt, die sozialen Interaktionen auf ein Mindestmaß herabzusetzen. Im Gegensatz zum Rückzug wird die Isolationsstrategie aber oftmals von den Gewinnern der Machtkämpfe ergriffen. Aus dem dadurch bedingten Überlegenheitsgefühl heraus wird es als nicht notwendig angesehen, auf die Vorstellungen anderer zu reagieren. Man schirmt sich vielmehr durch **Verminderung der Kommunikationsbeziehungen** von den divergierenden Auffassungen möglicher Konfliktgegner ab. *Isolation*

| Indifferenz und Ignoranz | Indifferenz und Ignoranz stellen passive Formen der Konfliktvermeidung dar. Bei der Indifferenz versuchen die Konfliktträger durch **gefühlsmäßige und gedankliche Verneinung der Konfliktsituation** die Interessengegensätze beizulegen. Im Gegensatz dazu herrscht bei Ignoranz eine **unbewußte Konfliktverdrängung** vor, indem eine bestehende Konfliktsituation nicht wahrgenommen wird. |

| Nicht umgehbare Konflikte mit möglichem Interessenausgleich | Erwarten die Konfliktparteien, daß ein Interessenausgleich möglich ist, dann wird für die Beilegung von Konflikten eine Handhabungsform gewählt, die auf ein beiderseitiges Zusammenwirken der Kontrahenten zur Erreichung einer als befriedigend angesehenen Lösung der Interessengegensätze abzielt. **Während bei den Handhabungsformen ohne erwarteten Interessenausgleich und den Arten der Konfliktumgehung eine Kooperation nicht notwendig ist, erfordert die angestrebte Überbrückung der unvermeidbaren Gegensätze ein Mindestmaß an Kooperationsbereitschaft.** Diese gründet sich oft auf positive sozio-emotionale Beziehungen zwischen den Beteiligten und/oder ein gewisses Mindestmaß an gleichgerichteten Interessen. Bei den Handhabungsformen des Interessenausgleichs (Problemlösen, Teilen des Streitwertes und friedliche Koexistenz) streben die Parteien nicht nach unbedingter Durchsetzung ihrer bevorzugten Alternative, sondern sie sind im Interesse einer gemeinsamen Konfliktbeilegung zu gegenseitigen Konzessionen bereit. |

| Problemlösen | Das Problemlösen beinhaltet den Versuch der Konfliktträger, in einem unumgänglichen Konflikt durch Verhandlungen einen dauerhaften Interessenausgleich herbeizuführen. Es wird eine abschließende Beilegung des Konfliktproblems angestrebt, wobei jede Partei von der Annahme ausgeht, daß die Konflikthandhabung nur dann als dauerhaft angesehen werden kann, wenn die Lösung dem Anspruchsniveau aller Beteiligten genügt. |

Gesucht wird eine Alternative, die einer im Verlauf der Verhandlungen zu entwickelnden gemeinsamen Präferenzordnung am besten entspricht. Die für alle Kontrahenten akzeptable Alternative ist zu Beginn des Konflikts den Entscheidungsträgern häufig noch nicht bekannt, sondern wird erst durch den sozialen Interaktionsprozeß des Problemlösens entwickelt.

Der Prozeß des Problemlösens kann in mehrere Phasen zerlegt werden. Hier soll der Phasengliederung des Modells von Blake, Shepard und Mouton, die Verhandlungen zur Konflikthandhabung zwischen Gruppen untersuchen, gefolgt werden.

| Gemeinsame Problemdefinition | Auf der ersten Stufe des Problemlösungsprozesses erfolgt eine gemeinsame Definition des Problems. Während bei Handhabungsformen ohne Interessenausgleich jeder Konfliktträger eine isolierte Problemdefinition entwickelt, ohne sich in die Lage des Gegners zu versetzen, wird im Rahmen des Problemlösens durch soziale Kontakte eine gemeinsame Ausgangslage definiert. Ein Vorteil der gemeinsamen Problemdefinition liegt darin begründet, daß jede Gruppe dem Verhandlungspartner ihre „Fakten" darlegen kann. Die Überprüfung und Bewertung derartiger „Fakten" durch beide Parteien kann zu gegenseitigem Verständnis und zum Konsens hinsichtlich der Existenz der von einzelnen als wesentlich angesehenen Tatbestände führen. |

In einer zweiten Phase wird die gemeinsam erarbeitete Problemdefinition einer Über- *Gemeinsame*
prüfung unterzogen. Die grundlegenden Fakten und Einzelprobleme des Interessen- *Überprüfung*
gegensatzes werden allen Gruppenmitgliedern mitgeteilt, die möglicherweise durch *der Problem-*
eine gemeinsame Lösung verpflichtet werden. Dabei treten häufig neue Faktoren *definition*
zutage. Die früheren Annahmen können im Lichte neuer Informationen überprüft
werden, so daß eine Revision der Problemdefinition stattfindet.

Auf der dritten Stufe erfolgt die Entwicklung einer Reihe von Lösungsmöglichkeiten *Entwicklung*
für die präzisierten Einzelprobleme. Das Ziel dieser Phase ist nicht die **Fixierung** von *von Lösungs-*
Gruppenstandpunkten, sondern **von gemeinsamen Handlungsmöglichkeiten, die in den** *möglichkeiten*
Bezugsrahmen beider Konfliktparteien eingeordnet werden können. Während die Entwicklung von Lösungsansätzen durch gemeinsame Untergruppen (Ausschüsse) erfolgt, werden die vorgeschlagenen Handlungsmöglichkeiten von allen Beteiligten
diskutiert. Die Diskussion erbringt häufig neue Ansätze und bewirkt durch die Analyse der Konsequenzen eine Präzisierung des kollektiven Entscheidungsfeldes. Soweit
die Konsequenzen der Alternativen ermittelt sind, erfolgt in einem nächsten Schritt
die **Bewertung der Handlungsfolgen sowie die Auswahl der Konfliktlösung.**

Als Beispiel für personalwirtschaftliche Problemlösungsprogramme können – mit ge- *Personalwirt-*
wissen Einschränkungen – die Methoden der Arbeitsbewertung, die Verfahren zur *schaftliche*
Bestimmung der Normalleistung und die Akkordermittlung (als institutionalisierte Re- *Problem-*
gelung zur Handhabung des Verteilungsproblems monetärer Anreize), Einigungen über *lösungspro-*
die Merkmalskataloge bei der Personalbeurteilung, die festgelegten Beförderungskri- *gramme*
terien und die Voraussetzungen, die für die Teilnahme an Ausbildungsprogrammen
erfüllt werden müssen, angesehen werden. Die Dauerhaftigkeit derartiger Konfliktlösungen wird stark von Umwelteinflüssen bestimmt. Sie hängt andererseits auch von
der **subjektiv empfundenen Operationalität der Kriterien** ab, die dem jeweiligen Interessenausgleich zugrunde gelegt werden. **Änderungen der Umweltbedingungen und die**
mangelnde Überprüfbarkeit der Beurteilungsmaßstäbe für die „Richtigkeit" einer Kon-
fliktlösung erzeugen erneut Spannungszustände, die im Rahmen neuer Verhandlungs-
prozesse abgebaut werden müssen.

Die Abgrenzung zwischen den Konflikthandhabungsformen „Problemlösen" und *Teilung des*
„Teilen des Streitwertes" ist fließend. Die Differenzierung setzt bei den unterschied- *Streitwertes*
lichen Abläufen der Verhandlungsprozesse an. Beim Teilen des Streitwertes treten die
Konfliktparteien bereits mit eigenen Vorstellungen über die Konfliktdefinition und
die möglichen Lösungsansätze in die Verhandlung ein. Eine gemeinsame Problemdefinition und die Suche nach Alternativen entfallen weitgehend. Die Parteien
diskutieren die angebotenen Lösungsmöglichkeiten und nehmen im Zuge gegenseitiger Konzessionen eine Umbewertung der Alternativen vor, bis im Verlauf des
Anpassungsprozesses eine Handlungsmöglichkeit bestimmt wird, die den geänderten
Ansprüchen der Verhandlungspartner „ungefähr" gerecht wird. Hier tritt der Charakter der „Quasilösung" beim Interessenausgleich besonders deutlich zutage.

Diese Verhandlungsform herrscht **bei Auseinandersetzungen zwischen Arbeitnehmern**
und Kapitaleignern bzw. Geschäftsführerunternehmern vor, da beide Gruppen in der
Regel bereits Vorstellungen über Lohn- und Gehaltshöhen, Methoden und Durch-

führung der Akkordermittlung, funktionale Verteilung der materiellen Anreize usw. besitzen. Die Beispiele für personalwirtschaftliche Problemlösungsprogramme können deshalb auch als Ergebnis der Teilung von Streitwerten interpretiert werden.

Ein typisches Beispiel für die Teilung des Streitwertes ist das Aushandeln eines Beteiligungssystems: Beide Seiten haben die Vorstellung, daß den Arbeitnehmern und den Arbeitgebern ein Anteil an der betrieblichen Wertschöpfung in Form von Kapitalverzinsung bzw. Löhnen und Gehältern zusteht. Da die betriebliche Wertschöpfung nicht im voraus festgelegt werden kann, weil sie von Entwicklungen an Beschaffungs- und Absatzmärkten mitbeeinflußt wird, muß die ex ante vorgenommene Verteilung zwischen den Gruppen ex post korrigiert werden. **Die Differenz zwischen tatsächlicher und von den Gruppen jeweils antizipierter Wertschöpfung bildet den Streitwert.**

Friedliche Koexistenz

Die friedliche Koexistenz stellt die dritte Form der Konflikthandhabung bei nicht umgehbaren Gegensätzen mit erwartetem Interessenausgleich dar. Der Interessenausgleich besteht darin, daß durch gegenseitige Rücksichtnahme und Toleranz ein bestehender Konflikt bewußt unterdrückt wird. Im Gegensatz zum Rückzug, zur Isolation und zur Indifferenz ist mit der friedlichen Koexistenz keine Verminderung der sozialen Interaktionen beabsichtigt. **Die Konfliktparteien erkennen die bestehenden Entscheidungsinterdependenzen an und überspielen im Interesse einer zukünftigen Zusammenarbeit den Konflikt, indem sie auf die Durchsetzung ihrer Forderungen weitgehend verzichten; der status quo bleibt praktisch unverändert.**

Friedliche Koexistenz durch Kommunikation

Die Aufrechterhaltung einer friedlichen Koexistenz ist ohne die Einrichtung entsprechender Kommunikationsbeziehungen zwischen den Konfliktträgern nicht denkbar. Abgesehen von der Vielzahl mündlicher Informationsmöglichkeiten, die von **zwanglosen Informationsgesprächen** zwischen Vorgesetzten und Mitarbeitern oder Kollegen bis zu offiziellen Konferenzen und zur Institutionalisierung von **Ausschüssen und Informationskollegien** reichen und die wegen der Unmittelbarkeit der Kommunikation eine ständige Differenzierung und Anpassung der Information an den Empfänger gewährleisten, spielen die schriftlichen Kommunikationsmedien eine bedeutende Rolle. Ein sehr häufig verwendetes Informationsmittel stellt die **Werkszeitung** dar. Mit ihr kann über geplante oder vollzogene Veränderungen der Arbeitsplätze, der Umgebung des Arbeitsplatzes, über persönliche Angelegenheiten der Belegschaft, über die wirtschaftliche Lage und Entwicklung der Unternehmung und über die Unternehmungspolitik berichtet werden. Sie hat aber den Nachteil, daß sie aufgrund ihrer Erscheinungsweise in größeren zeitlichen Abständen nur selten aktuelle Informationen liefert und zudem relativ einseitige Meinungen der Unternehmensleitung enthalten kann. Den ersten Mangel beheben **Rundschreiben, Rundbriefe und Hausmitteilungen.**

Gesetzlicher Konflikthandhabungsrahmen

Kennzeichnend für die Handhabung unumgehbarer Konflikte mit der Möglichkeit des Interessenausgleichs sind umfassende gegenseitige Informationen der Konfliktparteien sowie die Einrichtung von zuständigen Verhandlungsgremien. Hierauf bauen auch die gesetzlichen Mitbestimmungsregelungen (Betriebsverfassungsgesetz, Mitbestimmungsgesetz) auf. Als generelle Schlichtungsregeln sollen sie die gegenseitige Information und die Interessenabstimmung in obligatorischen Verhandlungsgremien sicherstellen.

Die dargestellten idealtypischen Konfliktkonstellationen und die entsprechenden Konflikthandhabungsformen setzen voraus, daß die Kontrahenten die Konfliktsituation und Konfliktintensität jeweils gleich beurteilen. Diese Kongruenz ist im allgemeinen nur selten gegeben, so daß in der Realität „gemischte" Konflikthandhabungsprozesse ablaufen, die sich erst in ihrer Endphase einer typischen Konstellation annähern. So kann beispielsweise im Rahmen von Verhandlungen mit dem Ziel einer abschließenden Konfliktlösung eine Teilung des Streitwertes angestrebt werden, weil die Beteiligten eine endgültige Beilegung der Interessengegensätze für unwahrscheinlich halten; wegen divergierender Vorstellungen hinsichtlich der Teillösungen einigen sie sich schließlich auf eine bewußte Ausklammerung der anstehenden Streitfragen. *„Gemischte" Konflikthandhabung*

Ebenso können bei den Kontrahenten **Unterschiede bei der Beurteilung der Konfliktintensität** bestehen. Während ein Individuum einen starken Konflikt wahrnimmt, weil es im Falle der Verwirklichung einer Alternative des Konkurrenten einen großen Wertentgang erwartet, schätzt sein Gegner die Konfliktstärke nicht so hoch ein. Er plädiert deshalb bei nicht umgehbaren Konflikten ohne möglichen Interessenausgleich für ein Zufallsurteil oder eine Schlichtung durch Außenstehende. Im Gegensatz dazu eröffnet das auf eine aktive Konflikthandhabung eingestellte Individuum einen Gewinn-Verlust-Machtkampf. Zu welcher Handhabungsform die Parteien letztlich tendieren, läßt sich nicht generell voraussagen. Sie ergibt sich unter Umständen aus einem Verhandlungsprozeß, der seinerseits mit Konflikten behaftet sein kann.

II. Rechtliche Rahmenbedingungen der Personalwirtschaft

Als gesetzliche Rahmenbedingungen für die Personalwirtschaft im Industriebetrieb sind in erster Linie das Betriebsverfassungsgesetz und die arbeitsrechtlichen Bestimmungen zu nennen.

Arbeitsrechtliche Bestimmungen

Es existiert kein einheitliches „Arbeitsgesetzbuch", das alle das Arbeitsleben berührenden Rechtsfragen regelt. **Das Arbeitsrecht setzt sich vielmehr aus einer Vielzahl von Gesetzen zusammen**, die verschiedene Problemkreise des Arbeitslebens regeln. Die wichtigsten Quellen des Arbeitsrechtes sind:

(1) Allgemeine Rechtsquellen:
 – Grundgesetz,
 – Bürgerliches Gesetzbuch,
 – Handelsgesetzbuch und
 – Gewerbeordnung.

Arbeits-
gesetze

(2) Spezielle Arbeitsgesetze:
 – Schutzgesetze zum Kündigungsrecht für alle Arbeitnehmer (Kündigungsschutzgesetz),
 – entgeltwirksame Gesetze (Lohnfortzahlungsgesetz, Gesetz zur betrieblichen Altersversorgung),
 – arbeitsbezogene Gesetze (Arbeitszeitordnung, Bundesurlaubsgesetz),
 – arbeitssicherheitsbezogene Gesetze (Arbeitssicherheitsgesetz, Arbeitsstättenverordnung),
 – Gesetz mit Schutzbestimmung für besonders gefährdete Arbeitnehmergruppen,
 – Jugendarbeitsschutzgesetz,
 – Mutterschutzgesetz,
 – Schwerbehindertengesetz.

Die Quellen des **kollektiven Arbeitsrechts**, das für eine Gesamtheit von Arbeitnehmern Gültigkeit hat, sind das Tarifvertragsgesetz, die Mitbestimmungsgesetze, insbesondere das Betriebsverfassungs- bzw. das Personalvertretungsgesetz.

Arbeits-
vertrag

Zentraler Gegenstand des **Individualarbeitsrechts** ist der Arbeitsvertrag. Er ist ein schuldrechtlicher Vertrag, durch den sich der Arbeitnehmer verpflichtet, im Dienste des Arbeitgebers abhängige Arbeit zu leisten, wofür der Arbeitgeber ein Entgelt zu zahlen hat. Aus dem Arbeitsvertrag ergeben sich (unabhängig von den jeweiligen speziellen Vertragsbedingungen) für Arbeitnehmer und Arbeitgeber eine Reihe von Verpflichtungen (vgl. Abbildung 6.11).

Kündigung

Die Beendigung des Arbeitsverhältnisses erfolgt aufgrund gegenseitigen Einverständnisses, durch Ablauf der Frist, die für das Arbeitsverhältnis festgelegt wurde, durch Pensionierung, durch Tod des Arbeitnehmers oder durch rechtmäßige Kündigung des Arbeitnehmers oder des Arbeitgebers. Zu unterscheiden sind die ordentliche Kündigung, die sich auf die Beendigung eines Arbeitsverhältnisses nach Ablauf einer bestimmten Frist richtet, und die außerordentliche Kündigung, die bei Vorliegen eines wichtigen Grundes sofort wirksam wird.

Ordentliche
Kündigung

Bei der ordentlichen Kündigung sind **bestimmte Kündigungsfristen zu beachten**, die gesetzlich vorgeschrieben, tariflich festgelegt oder einzelvertraglich vereinbart sein können. Die gesetzlichen Fristen für Kündigungen von Arbeitnehmern richten sich nach dem Beschäftigungsstatus (Arbeiter/Angestellte) und nach der Dauer der Betriebszugehörigkeit (vgl. Girgensohn 1977, S. 108 f.). Die ordentliche Kündigung wird vom Arbeitgeber zum Abbau einer Personalüberdeckung im Rahmen von Personalfreistellungsentscheidungen ausgesprochen. Dabei sind eine Reihe einschränkender Bestimmungen zu beachten (Kündigungsschutzrichtlinien, vgl. auch S. 800 f.).

Außerordent-
liche
Kündigung

Eine außerordentliche Kündigung ist nur aus wichtigem Grund möglich. Wichtige Gründe des Arbeitgebers gegenüber dem Arbeitnehmer sind z. B. beharrliche Arbeitsverweigerung, andauernde Schlechterfüllung der Arbeit, Verletzung der Treue-

Pflichten des Arbeitgebers	Pflichten des Arbeitnehmers

Lohnzahlungspflicht:
Höhe je nach Vertrag;
besteht auch bei:
– Annahmeverzug des Arbeitgebers
– Krankheit des Arbeitnehmers
  (Lohnfortzahlungsgesetz)
– Betriebsrisiko, d. h. bei von *beiden*
  Seiten von unverschuldeten
  Betriebsstörungen.
	Arbeitspflicht:
	enthält je nach Vertrag Angaben über
	Art, Ort und Zeit der zu leistenden
	Arbeit
	– jeweils im Rahmen der anderen
	  arbeitsrechtlichen Bestimmungen

Fürsorgepflicht des Arbeitgebers:
je nach Arbeitsvertrag, in der Regel:
– allgemeine Informationsrechte für
  Arbeitnehmer (vgl. insbesondere
  BetrVG)
– Schutz von Leben, Körper und
  Gesundheit
– Gleichbehandlung der Arbeit-
  nehmer und Schutz ihrer ideellen
  Interessen.
	Treuepflicht des Arbeitnehmers:
	je nach Arbeitsvertrag, im allgemeinen:
	– Wettbewerbsverbot
	– Verbot der Annahme von Schmier-
	  geldern (Unbestechlichkeit)
	– Verschwiegenheitspflicht
	– Verbot von Nebentätigkeiten,
	  welche die Arbeitsfähigkeit
	  schwerwiegend beeinträchtigen

Abbildung 6.11: Übersicht über die arbeitsvertraglichen Verpflichtungen von Arbeitgeber und Arbeitnehmer

pflicht gegenüber dem Arbeitgeber, Straftaten, wilde Streiks. Wichtige Gründe des Arbeitnehmers gegenüber dem Arbeitgeber sind z. B. ständige Lohnrückstände, willkürliche Lohnkürzungen, Mißachtung von Sicherheitsbestimmungen.

Von besonderer arbeitsrechtlicher Bedeutung sind die Tarifautonomie und das Tarifvertragsrecht (vgl. S. 818 f.). Aufgrund der Tarifautonomie können Gewerkschaften und Arbeitgeber über Arbeitsbedingungen (insbesondere über das zu zahlende Entgelt) Tarifverträge abschließen. Aus der marktwirtschaftlichen Ordnung und der daraus abgeleiteten Tarifautonomie, die ihre Basis in der Koalitionsfreiheit des Grundgesetzes hat, hat sich das Recht entwickelt, Maßnahmen des Arbeitskampfes anzuwenden.

Kommt eine Einigung zustande, unterliegen beide Parteien der Friedenspflicht, d. h. Kampfmaßnahmen und auch deren Vorbereitung sind während der Laufzeit des Tarifvertrages nicht zulässig. Einigen sich die Tarifparteien nicht auf einen Tarifvertrag und bleibt auch ein Schlichtungsversuch erfolglos, können sie Arbeitskampfmaßnahmen ergreifen. Schlichtungsvereinbarungen sind der Versuch, trotz des Scheiterns der Tarifverhandlungen beide Seiten vor den Folgen eines Arbeitskampfes zu bewahren („Allgemeines Schlichtungsverfahren" vor Beginn eines Arbeitskampfes, „Besonderes Schlichtungsverfahren" während des Arbeitskampfes, insbesondere nach erfolgloser allgemeiner Schlichtung). Wird der Schlichtungsvorschlag von beiden Parteien angenommen, hat er die Wirkung eines Tarifvertrages.

Tarif-
autonomie

Arbeitskampf

Schlichtungs-
verfahren

Für die Beurteilung der Rechtmäßigkeit von Arbeitskampfmaßnahmen gibt es **keine eindeutigen gesetzlichen Vorschriften.** Die Rechtmäßigkeit von Arbeitskämpfen ergibt sich aus der **Normensetzung des Bundesarbeitsgerichts** (vgl. Brox/Rüthers 1965, Fitting u. a. 1987, Girgensohn 1977, Mayer-Maly 1975).

Rechtswidrig ist eine Arbeitskampfmaßnahme dann, wenn sie gegen eine vom Bundesarbeitsgericht aufgestellte Norm verstößt (tabellarische Zusammenstellung der Normenverstöße bei Rüthers 1975, Sp. 179 f.).

Streik

Die wichtigste Arbeitskampfmaßnahme der Arbeitnehmer ist der Streik, d. h. die unbefristete kollektive Verweigerung der Arbeit. Konfliktgegenstände des Streiks können die Höhe des tariflich zu zahlenden Entgelts, die Verbesserung von Arbeitsbedingungen oder die Abwendung von Personalfreistellungen sein. Eine spezielle Streikform sind zeitlich befristete Warnstreiks, mit denen den Gewerkschaftsforderungen Nachdruck verliehen werden soll.

Für die Zeitdauer des Arbeitskampfes ruhen die Arbeitspflicht des Arbeitnehmers und die Lohnfortzahlungspflicht des Arbeitgebers. Die gewerkschaftlich organisierten Streikenden erhalten eine Ausgleichszahlung aus der Streikkasse der Gewerkschaften. Die Fürsorgepflicht und Treuepflicht der Konfliktparteien werden vom Streik grundsätzlich nicht berührt. Auch bleibt das Arbeitsverhältnis erhalten, so daß die Teilnahme an einem rechtmäßigen Streik keinen Kündigungsgrund darstellt.

Streiks, die gewerkschaftlich organisiert sind und ein tariflich regelbares Ziel verfolgen, sind rechtlich zulässig.

Bevor ein gewerkschaftlicher Streik beginnt, stellt die gewerkschaftliche Tarifkommission das **Scheitern der Tarifverhandlungen sowie eines Schlichtungsversuches** fest und läßt die gewerkschaftlich organisierten Arbeitnehmer im Rahmen einer **Urabstimmung** über den Streik beschließen. In der Regel erfordert die Durchführung eines Streiks eine Stimmenmehrheit von mehr als 75% der abgegebenen Stimmen. Nicht gewerkschaftlich organisierte Streiks (wilde Streiks) sind nach herrschender Auffassung rechtswidrig.

Aussperrung

Als Aussperrung bezeichnet man die Verweigerung von Arbeitsmöglichkeiten durch den Arbeitgeber. Hierdurch wird das Arbeitsverhältnis und damit auch die Lohnzahlung befristet suspendiert, wobei eine Beschränkung der Aussperrung auf gewerkschaftlich organisierte Mitarbeiter nicht zulässig ist. Im Arbeitskampf wird sie meist als "Abwehraussperrung" gegen einen gewerkschaftlichen Streik angewendet. Insbesondere wenn die Gewerkschaften sogenannte **Schwerpunktstreiks** durchführen, d. h. nur einige wichtige Unternehmen einer Branche bestreiken, um bei relativ geringer Belastung ihrer eigenen Streikkasse auf Arbeitgeberseite erhebliche wirtschaftliche Schäden zu erreichen (sog. Minimaxstrategie), können die Arbeitgeber die Arbeitnehmer dieser Branche in einer vom Bundesarbeitsgericht festgelegten Quote (sog. „asymmetrisches Arbeitskampfmodell") aussperren, um die Gewerkschaften zu vermehrten Unterstützungszahlungen an ihre Mitglieder (Streikgeld) zu zwingen und dadurch den Arbeitskampf abzukürzen. Ebenso wie der Streik wird die Aussperrung durch Artikel 9, Abs. 3 Grundgesetz legitimiert.

Mitbestimmung der Arbeitnehmer

Der für die Wirtschaftsverfassung der Bundesrepublik spezifische Begriff Mitbestimmung hat die institutionelle, durch Gesetz legitimierte Teilhabe der Arbeitnehmer an unternehmerischen und betrieblichen Entscheidungen zum Inhalt. Durch die gesetzliche Mitbestimmung (vgl. z. B. Wächter 1983) wird das Alleinbestimmungsrecht der Kapitaleigner in erwerbswirtschaftlichen Unternehmungen zugunsten einer Entscheidungsbeteiligung der Unternehmer eingeschränkt. Inhalt und Umfang der Mitbestimmung sind in folgenden Gesetzen niedergelegt:

Mitbestim-mungsgesetze

- **Betriebsverfassungsgesetz (BetrVG)** vom 15. 1. 1972,
- Gesetz über die Mitbestimmung der Arbeitnehmer in den Aufsichtsräten und Vorständen der Unternehmen des Bergbaus und der Eisen und Stahl erzeugenden Industrie – **Montanmitbestimmungsgesetz (MontanMitbestG)** vom 21. 5. 1951 einschließlich Mitbestimmungsergänzungsgesetz vom 7. 8. 1956.
- Gesetz über die Mitbestimmung der Arbeitnehmer – **Mitbestimmungsgesetz (MitbestG)** vom 4. 5. 1976 (vgl. hierzu Teil 2, S. 120 ff.).

Da die Mitbestimmung in den verschiedenen Gesetzen unterschiedliche Ausprägungen erfahren hat, ist es zweckmäßig, den Tatbestand anhand der Kriterien „organisatorische Ebene", „Vertretungsmodus" und „Intensität" zu präzisieren.

Dimensionen der Mit-bestimmung

Hinsichtlich der organisatorischen Ebene kann idealtypisch zwischen **unternehmerischer** und **betrieblicher** Mitbestimmung unterschieden werden. Erstere ist die Teilhabe der Mitarbeiter an **unternehmenspolitischen** Entscheidungen, die in der Regel vom Vorstand (Unternehmensleitung) getroffen werden und die wichtigsten Ziele und Strategien des Industriebetriebs (z. B. Investitionspolitik, Absatzpolitik) festlegen (verankert im Montan-MitbestG und im MitbestG). Die **betriebliche** Mitbestimmung ist die Teilhabe der Mitarbeiter bzw. ihres Vertretungsorgans (Betriebsrat) an wichtigen personellen, sozialen und wirtschaftlichen Entscheidungen, die **innerhalb** des Betriebes zur Erreichung eines „arbeitstechnischen Zweckes" anfallen. Für die industrielle Personalwirtschaft ist dabei das Betriebsverfassungsgesetz von besonderer Bedeutung. In bezug auf den Vertretungsmodus ist zwischen **direkter** Mitbestimmung im Sinne unmittelbarer Entscheidungsteilhabe und **indirekter** (repräsentativer) Mitbestimmung, d. h. Entscheidungsteilhabe durch ein Vertretungsorgan der Arbeitnehmer (z. B. Betriebsrat, Arbeitnehmervertreter im Aufsichtsrat), zu unterscheiden. Für die Mitbestimmung in der Bundesrepublik gilt – von einigen Ausnahmen abgesehen – die repräsentative Mitbestimmung. Entscheidend für die Bedeutung der Mitbestimmung ist der jeweils gewährte Intensitätsgrad, durch den das Ausmaß der Berücksichtigung von Arbeitnehmerinteressen weitgehend bestimmt wird. **Es sind zu unterscheiden: Mitwirkungsrechte wie Informationsrecht, Anhörungsrecht und Mitberatungsrecht; Mitbestimmungsrechte bei Unterparität (ungleiche Stimmenverteilung); Mitbestimmungsrechte, wie Widerspruchsrecht (Vetorecht) und Initiativrecht, bei paritätischer Stimmenverteilung.**

Organisatori-sche Ebene

Vertretungs-modus

Grad der Intensität der Mit-bestimmung

Die Mitwirkungsrechte fordern vom Arbeitgeber, daß er – je nach gesetzlichen Einzelbestimmungen (vgl. Abbildung 6.12, S. 771 ff.) – den Arbeitnehmern bestimmte **Informationen zukommen läßt**, daß er die Vorstellungen der Arbeitnehmer zu bestimmten anstehenden Entscheidungen **anhört** und sich ggf. darüber mit ihnen **berät**.

Mitwirkungs-rechte

Mitwirkungsrechte stellen eine **Vorstufe** von Mitbestimmung dar. „Echte" Mitbestimmung setzt hingegen voraus, daß über die zur Entscheidung anstehenden Alternativen eine **Abstimmung** erfolgt bzw. erfolgen kann. Sind dabei die Stimmen zwischen den Interessengruppen zahlenmäßig nicht gleichverteilt, liegt Unterparität der Gruppe mit der geringeren Stimmenzahl vor. Dies gilt z. B. für die Mitbestimmung der Arbeitnehmer im Aufsichtsrat von Aktiengesellschaften, die nicht dem Mitbestimmungsgesetz, sondern dem Betriebsverfassungsgesetz unterliegen. **Parität** bedeutet, daß bei grundsätzlichem Stimmengleichgewicht Entscheidungen nicht gegen den Willen einer Partei zustande kommen können. Dabei ist zu unterscheiden zwischen der passiven Form des **Vetorechts**, durch das z. B. die Arbeitnehmer die Entschlüsse der Arbeitgeber verhindern können, und der aktiven Form des **Initiativrechts**, das den Mitarbeitern die Möglichkeit gibt, von vornherein eigene Vorstellungen in den Entscheidungsprozeß einzubringen. Um zu verhindern, daß bei der paritätischen Mitbestimmung keine Einigung zwischen den Parteien zustande kommt und dadurch die Organisation handlungsunfähig wird, ist in den Gesetzen jeweils ein **Schlichtungsmechanismus** vorgesehen, durch den eine Einigung zwingend herbeigeführt wird (z. B. Einigungsstelle im BetrVG; „neutraler Mann" im Montan-MitbestG; Zweistimmrecht des Aufsichtsratsvorsitzenden im Mitbestimmungsgesetz).

Betriebsverfassungsgesetz

Der Geltungsbereich des Betriebsverfassungsgesetzes erstreckt sich auf Betriebe mit mindestens fünf Arbeitnehmern (§ 1) und besitzt auch Gültigkeit für solche Betriebe (ausgenommen Familiengesellschaften, GmbH und bergrechtliche Gewerkschaften mit weniger als 500 Arbeitnehmern), die unter das Montanmitbestimmungsgesetz und das Mitbestimmungsgesetz von 1976 fallen. Nach dem Betriebsverfassungsgesetz wird der **Aufsichtsrat zu einem Drittel mit Vertretern der Arbeitnehmer besetzt,** die von der Belegschaft unmittelbar auf Vorschlag des Betriebsrates und der Arbeitnehmer gewählt werden.

Zuständiges Vertretungsorgan der Belegschaft ist der Betriebsrat (gewählte Vertreter der Arbeitnehmer, § 1). Die Zahl der Betriebsratsmitglieder ist abhängig von der Anzahl der Beschäftigten (§ 9). Die Wahl des Betriebsrates erfolgt alle drei Jahre (§ 13) durch sämtliche volljährigen Arbeitnehmer. Neben seiner allgemeinen Aufgabe der Betreuung der Arbeitnehmer nimmt der Betriebsrat Mitwirkungs- und Mitbestimmungsrechte in sozialen, personellen und wirtschaftlichen Angelegenheiten (§§ 87–105) mit jeweils wechselnden Mitbestimmungsintensitäten (vgl. Abbildung 6.12) wahr. Bei zur Überwachung geeigneten technischen Anlagen hat der Betriebsrat zwingendes Mitbestimmungsrecht. Nach einem vom Bundesarbeitsgericht auf Basis des BetrVG gefaßten Urteils trifft dies auf EDV-Projekte generell zu. Der Betriebsrat hat daher bei allen EDV-Projekten Mitbestimmungsrecht (vgl. z. B. Meiser u. a. 1991, Bühner 1986). Bei Unternehmungen mit mehreren Betrieben kann durch Delegation von Mitgliedern der Einzelbetriebsräte ein Gesamtbetriebsrat gebildet werden, dessen Zuständigkeitsbereich Angelegenheiten der Gesamtunternehmung oder mehrerer Einzelbetriebe umfaßt.

Intensität / Bereiche	1. Mitwirkung		2. Mitbestimmung	
	1.1 Informationsrecht	1.2 Anhörungs- und Mitberatungsrecht	2.1 Widerspruchs- (Veto-) u. Zustimmungsrecht	2.2 Initiativrecht
1. Personelle Angelegenheiten – Personalplanung (allg.) – Personalbedarf – Personalwerbung und -auswahl – Personalbeurteilung – Personalentwicklung (inkl. Versetzung, Umgruppierung) – Personalfreistellung – Arbeitsverträge – Personalführung	– Unterrichtung über die Personalplanung (§ 92 I) – Maßnahmen hinsichtlich Personalbedarf und Berufsbildung (§§ 92 I; 93) – Geplante personelle Einzelmaßnahmen, insbes. Einstellung, Umgruppierung, Versetzung (§ 99 I) – Vorläufige personelle Maßnahmen (§ 100 II) – Einstellung oder personelle Veränderung leitender Angestellter (§ 105) – Einblick in Entlohnungsunterlagen (§ 80 II)	– Vorschläge für Einführung und Durchführung der Personalplanung (§ 92 II) – Anhörung des Betriebsrates vor Kündigung (§ 102 I) – Fragen der Berufsbildung (§ 96), insbes. Berufsausbildungseinrichtungen, inner- und außerbetriebliche Berufsbildungsmaßnahmen (§ 97)	– Zustimmung zu personellen Einzelmaßnahmen, insbes. Einstellung, Eingruppierung, Umgruppierung, Versetzung (§ 99 I); Verweigerung unter bestimmten Voraussetzungen möglich (§ 99 II) – Widerspruch gegen Kündigung in besonderen Fällen (§ 102; Schlichtung durch Arbeitsgericht) – Widerspruch bei Bestellung oder Abberufungsverlangen für betriebliche Ausbilder bei fehlender Eignung (§ 98 II) – Personalfragebögen (§ 94 I); Auswahlrichtlinien (§ 95 I)	– Persönliche Angaben in schriftl. Arbeitsverträgen; allgemeine Beurteilungsgrundsätze (§ 94 I, II) – Einführung und Ausgestaltung von Auswahlrichtlinien bei Einstellung oder Versetzung in Betrieben mit mehr als 1 000 Arbeitnehmern (§ 95 II) Entlastung und Versetzung von Arbeitnehmern bei gesetzeswidrigem Verhalten oder wiederholter grober Verletzungen des Betriebsfriedens (§ 104) – innerbetriebliche Ausschreibungen von Arbeitsplätzen (§ 93)

Abbildung 6.12: Bereiche und Intensität der Mitbestimmung nach dem Betriebsverfassungsgesetz von 1972

(Fortsetzung auf den folgenden Seiten)

Intensität / Bereiche	1. Mitwirkung		2. Mitbestimmung	
	1.1 Informationsrecht	1.2 Anhörungs- und Mitberatungsrecht	2.1 Widerspruchs- (Veto-) u. Zustimmungsrecht	2.2 Initiativrecht
2. Soziale Angelegenheiten – Gestaltung des Arbeitsinhaltes – Gestaltung der technischen Arbeitsbedingungen und Arbeitsumgestaltung – Gestaltung der Arbeitszeit – Entscheidung über anforderungs- und leistungsbezogene Entgeltanteile – Soziale betriebliche Leistungen und betriebliches Vorschlagswesen	– Mitteilung bei Auflagen und Anordnungen zum Arbeitsschutz und zur Unfallverhütung (§ 89 I, II) – Unfallanzeigen (§ 85 II) – Einblick in Entlohnungsunterlagen (§ 80 II)	– Mitberatung bei Arbeitsschutz, Unfallverhütung und Unfalluntersuchung (§ 89 I, II) – Mitberatung über Planung bei baulichen Veränderungen (§ 90 I), technischen Anlagen (§ 90 II), Arbeitsverfahren und Arbeitsabläufen (§ 90 III) sowie Arbeitsplätzen (§ 90 IV) – Teilnahme an Besprechungen zwischen Arbeitgeber und Sicherheitsbeauftragten bzw. -ausschuß (§ 89 II, III)		– Zu Unfallverhütungsmaßnahmen im Rahmen gesetzlicher Vorschriften (§ 87) – Bei besonderen Belastungen der Arbeitnehmer durch Veränderungen von Arbeitsplätzen, Arbeitsabläufen, Arbeitsumgebung (§ 91) – Betriebsordnung und Arbeitnehmerverhalten (§ 87) – Arbeitszeitregelungen, Pausen, Urlaubsgrundsätze und Urlaubsplan (§ 87) – Entlohnungsgrundsätze, Entlohnungsverfahren (§ 87) – Entlohnungsformen (Akkord- und Prämiensätze; § 87) – Modalitäten der Entgeltzahlungen (§ 87) – Betriebliche Sozialeinrichtungen und Arbeitnehmerwohnung (§ 87) – Betriebliches Vorschlagswesen (§ 87)

3. wirtschaftliche Angelegenheiten		
3. wirtschaftliche Angelegenheiten – Wirtschaftliche und finanzielle Lage – Produktions-, Investitions-, Absatzlage – Umfassende Betriebsveränderungen – Sonstige Vorgänge, die Arbeitnehmerinteressen wesentlich berühren	– Unterrichtung des Betriebsrates durch Wirtschaftsausschuß über wirtschaftliche Angelegenheiten (§§ 106, I, II; 108 IV) – Unterrichtung des Wirtschaftsausschusses über wirtschaftliche Angelegenheiten (§ 106 II) – Erläuterung des Jahresüberschusses gegenüber Wirtschaftsausschuß (§ 108 V)	– Abstimmung über Unterrichtung der Arbeitnehmer über wirtschaftliche Lage und Entwicklung des Unternehmens (§ 110) – Beratung vor wesentlichen Betriebsveränderungen, insbesondere Stillegung, Zusammenschluß, Verlegung; wesentliche Veränderung von Betriebsorganisation, Betriebszweck, -anlagen; Einführung neuer Arbeitstechnik/ Fertigungsverfahren; (§ 111) – Beratung wirtschaftlicher Angelegenheiten, insbes. hinsichtlich Auswirkung auf Personalplanung zwischen Unternehmung und Wirtschaftsausschuß (§ 106 I)	– Sozialplan bei Betriebsveränderungen (§ 112)

Abbildung 6.12: Bereiche und Intensität der Mitbestimmung nach dem Betriebsverfassungsgesetz von 1972

773

Betriebs-
verein-
barungen

Der Aufgabenbereich des Betriebsrates kann auf der Rechtsgrundlage des Betriebs-verfassungsgesetzes durch Betriebsvereinbarungen konkretisiert werden, deren Vor-schriften einen vertraglichen Bestandteil der Betriebsverfassung darstellen. Betriebs-vereinbarungen setzen als innerbetriebliche Rahmenbedingungen Rechtsnormen für die Unternehmung.

Betriebsvereinbarungen dienen im wesentlichen drei Zwecken:

(1) Der Regelung der betrieblichen Ordnung (Arbeits- und Betriebsordnung) durch die Vorgabe von Richtlinien für das Verhalten der Arbeitnehmer im Betrieb,

(2) der allgemeinen Regelung der betriebsverfassungsrechtlichen Ordnung durch Festlegung der Rechte und Pflichten der Organe der Betriebsverfassung (z. B. Betriebsrat) und

(3) der Aufstellung von Normen für die Gestaltung der Rechtsbeziehungen zwischen Arbeitgeber und Arbeitnehmer.

Beispiele für **Vereinbarungen über die betriebliche Ordnung** sind Urlaubspläne sowie Arbeitszeit- und Pausenregelungen. Die Mitwirkung des Betriebsrats bei der Fest-legung von Leistungszulagen berührt ebenfalls den betriebsverfassungsrechtlichen Bereich. Vereinbarungen von Probezeiten und Bedingungen für Prämienzahlungen stellen dagegen Regelungen der Arbeitsverhältnisse dar.

Wirtschafts-
ausschuß

Das Betriebsverfassungsgesetz sieht ferner die Einrichtung eines paritätisch besetzten Wirtschaftsausschusses für Unternehmungen mit mehr als 100 Arbeitnehmern vor, wobei die Arbeitnehmervertreter vom Betriebsrat bestimmt werden. Er hat ein Informationsrecht über wirtschaftliche Angelegenheiten der Unternehmung. Als Bei-spiele für **wirtschaftliche Angelegenheiten** nennt das Gesetz: Auskünfte über Fabri-kations- und Arbeitsmethoden, Produktionsprogramm, wirtschaftliche Lage der Unternehmung, Produktions- und Absatzlage sowie sonstige, die Interessen der Ar-beitnehmer berührende Vorgänge. Die Unternehmensleitung ist darüber hinaus verpflichtet, zusammen mit dem Wirtschaftsausschuß und dem Betriebsrat der Be-legschaft mindestens einmal vierteljährlich Kenntnis von der Lage und Entwicklung der Unternehmung zu geben. Ferner hat sie dem Wirtschaftsausschuß unter Beteili-gung des Betriebsrats den Jahresabschluß zu erläutern.

Betriebsver-
sammlung

Die Unterrichtung der Gesamtbelegschaft erfolgt in der Betriebsversammlung. Der Betriebsrat legt ihr seinen Rechenschaftsbericht vor. Die Betriebsversammlung kann auch auf Antrag des Arbeitgebers zur Beratung über wichtige Sachverhalte einbe-rufen werden und stellt somit auch ein Informationsorgan der Unternehmensleitung dar. An den Versammlungen teilnahmeberechtigt sind auch Gewerkschaftsbeauf-tragte, die eine Beratungsfunktion ausüben, sowie Arbeitgeber bzw. deren Berater.

Die wesentlichsten durch das Betriebsverfassungsgesetz dem Betriebsrat eingeräum-ten Mitwirkungs- und Mitbestimmungsrechte in personellen, sozialen und wirt-schaftlichen Angelegenheiten sind in Abbildung 6.12 zusammengestellt.

III. Aufgaben der Personalwirtschaft

Die Wahl eines Grundmodells des arbeitenden Menschen sowie einer bestimmten organisationstheoretischen Grundkonzeption kann als Orientierungshilfe und als Bezugsrahmen für die Konkretisierung und Abgrenzung der Aufgaben der betrieblichen Personalwirtschaft dienen. Während die güterbezogenen Funktionsbereiche wie Produktion und Absatz mit der Erfüllung ihrer Aufgaben unmittelbar zur Erreichung des industriellen Sachziels beitragen, fehlt bei der Personalwirtschaft dieser direkte Zusammenhang. Ihre Aufgaben überlagern die güterbezogenen Funktionsbereiche, so daß sie wie die Kapital- und Informationswirtschaft als übergreifende Funktion bezeichnet werden kann. Dieses erschwert in gewisser Weise die Abgrenzung dessen, was als personalwirtschaftlicher Tatbestand zu betrachten ist. Aufgabe der Personalwirtschaft ist, vereinfacht ausgedrückt, die Erhaltung und Entwicklung der menschlichen Leistungspotentiale eines Industriebetriebes.

Personalwirtschaft als übergreifende Funktion

1. Auswahl eines Bezugsrahmens

Die Konkretisierung des personalwirtschaftlichen Aufgabenbereichs richtet sich vor allem nach der zugrunde gelegten Modellvorstellung des arbeitenden Menschen. Das gewählte Individualmodell bedarf der Integration in ein den organisationalen Zusammenhang abbildendes (Makro-)Modell, wie es z. B. das Konzept der Koalitionstheorie anbietet. Eine geeignete Verbindung zwischen den (individualpsychologischen) Modellen des arbeitenden und dem (sozialpsychologischen bzw. soziologischen) Koalitionsmodell der Organisation stellt die Anreiz-Beitrags-Theorie her. Sie kann daher als Bezugsrahmen für die Darstellung und Systematisierung personalwirtschaftlicher Aufgabenbereiche herangezogen werden.

Die Auswahl eines Bezugsrahmens ist eine logisch nicht begründbare Entscheidung. Für die betriebswirtschaftliche Forschung erfüllt ein Bezugsrahmen vor allem eine **heuristische Funktion**. Er soll helfen, Tatbestände zu erkennen und zu analysieren, die ansonsten nicht in den jeweiligen Aussagenzusammenhang aufgenommen worden wären. Ergänzend kann die Wahl eines Bezugsrahmens eine **pädagogisch-didaktische Funktion** erfüllen. Der Bezugsrahmen soll die Systematisierung personalwirtschaftlicher Tatbestände erleichtern und personalwirtschaftliche Zusammenhänge offenlegen. Diese Funktion könnte statt des anreiz-beitrags-theoretischen Bezugsrahmens auch ein anderer Ansatz, z. B. ein konfliktorientiertes Modell, erfüllen. Während ein konflikttheoretischer Bezugsrahmen den personalwirtschaftlichen Aufgabenbereich nach Konfliktfeldern (zwischen den betrieblichen Interessengruppen) systematisiert und das Augenmerk auf Entstehungsgründe, Verlauf und Folgen von Konflikten sowie deren Handhabungsmöglichkeiten richtet (vgl. Marr/Stitzel 1991), stehen im Mittelpunkt einer anreiz-beitrags-theoretischen Betrachtung die Bedingungen eines

Funktionen eines Bezugsrahmens

von der Organisationsleitung und der Mehrzahl der Arbeitnehmer (als Organisationsmitglieder) akzeptierten Anreiz-Beitrags-„Gleichgewichts". **Die Aufgabe der Personalwirtschaft besteht demnach darin, das durch die Belegschaft repräsentierte Leistungspotential durch die Anwerbung und Bindung von Organisationsmitgliedern und deren Motivierung zu rollenkonformen Verhalten sicherzustellen. Hierzu entwickelt sie eine Anreiz-Beitrags-Struktur, die aus der Sicht der Arbeitnehmer einen Anreizüberschuß enthält.**

2. Systematisierung personalwirtschaftlicher Aufgabenbereiche

Belegschafts-mitglieder

Für jeden Organisationsteilnehmer bilden das Verhältnis zwischen Anreizen und Beiträgen sowie deren Zusammensetzung die Ausgangsinformationen im Hinblick auf die Entscheidung, in ein Arbeitsverhältnis einzutreten bzw. einen bestehenden Arbeitsvertrag fortzusetzen. Der Kreis der Organisationsmitglieder umfaßt sämtliche Arbeitnehmer auf allen hierarchischen Ebenen einschließlich der Eigentümer des Unternehmens, soweit sie Aufgaben verrichten, die im Rahmen eines Arbeitsvertrages festgelegt sind (z. B. Geschäftsführerfunktion). Zwischen den Belegschaftsmitgliedern ergeben sich jedoch Unterschiede hinsichtlich der „Ausgewogenheit" der Anreiz-Beitrags-Struktur. Für die Ermittlung und Bewertung des in den „Zahlungen" enthaltenen Anreizüberschusses werden unterschiedliche Beurteilungsmaßstäbe verwendet. Sie resultieren aus den verschiedenen Bedürfnisstrukturen bzw. aus den konkreten Zielvorstellungen und den sich aus den unterschiedlichen formalen Rollen ergebenden Beitragserwartungen.

„Aus-gewogenheit" der Anreiz-Beitrags-Struktur

Es liegt nahe, die „Ausgewogenheit" der Anreiz-Beitrags-Struktur durch Indikatoren der individuellen Befriedigung (über die Art der Tätigkeit, den Führungsstil des Vorgesetzten, die Unternehmenspolitik etc.) zu messen. Dabei erscheint die Annahme gerechtfertigt, daß bis zu einem gewissen Punkt mit zunehmendem Anreizüberschuß auch die Befriedigung steigt. Andererseits sind die „kritischen Punkte" einer Zufriedenheitsskala und der individuellen „Ausgewogenheitsskala" nicht notwendigerweise identisch. Der kritische Punkt der Zufriedenheitsskala kennzeichnet einen Zustand, bei dem der Arbeitnehmer mehr Unzufriedenheit (bzw. Nichtzufriedenheit) als Zufriedenheit verspürt. Er ist eng mit dem individuellen Anspruchsniveau verbunden und erhöht die Neigung des Mitarbeiters, vom rollenkonformen Verhalten abzuweichen. Der kritische Punkt der Ausgewogenheitsskala zeigt die Indifferenz des Mitarbeiters, in der Organisation zu verbleiben oder sie zu verlassen.

Aufgrund der unterschiedlichen Vorstellungen der Mitarbeiter über die „Ausgewogenheit" der Anreiz-Beitrags-Struktur und der Tatsache, daß einige Bestimmungsgrößen zum Teil außerhalb des Gestaltungsbereiches der Personalwirtschaft liegen, kann sich die Personalwirtschaft nur um eine Anreiz-Beitrags-Struktur bemühen, **die von einer Mehrzahl der Arbeitnehmer als „ausgewogen" empfunden wird.** Zwischen der

Ermittlung der erforderlichen Beiträge und der Gestaltung eines betrieblichen Anreizsystems, das die Sicherstellung der notwendigen Beiträge gewährleistet, bestehen starke Interdependenzen, die eine eindeutige Trennung der beiden Komponenten unmöglich machen. Es kann daher nur gedanklich zwischen primär beitragsbezogenen und anreizbezogenen Teilaufgaben unterschieden werden.

Als **beitragsbezogene Aufgaben** können in erster Linie die Personalbedarfsermittlung, die Personalauswahl im Rahmen der Personalbeschaffung und die Arbeitsstrukturierung aufgefaßt werden. Die Personalbedarfsplanung erstreckt sich auf die Bestimmung der erforderlichen Mitarbeiter zur Erfüllung des betrieblichen Sachziels nach Qualifikation und Anzahl sowie in zeitlicher als auch in örtlicher Hinsicht. Im Rahmen der Personalauswahl sind geeignete Beurteilungsmethoden zu entwickeln, um unter den Bewerbern solche auszuwählen, deren Beiträge den Stellenanforderungen entsprechen. Dieses Problem stellt sich auch bei der **Zuordnung der Arbeitnehmer zu den einzelnen Stellen** (Personalzuordnungsproblem). Die von einem Stelleninhaber zu erbringenden Beiträge sind aber keine unveränderlichen Größen. Soweit nicht technische Gegebenheiten den Arbeitsvollzug vollständig regeln, verbleibt der Personalwirtschaft ein Spielraum bei der Festlegung von Art und Höhe der Beitragsforderungen durch **Gestaltung des Arbeitsinhalts, der Arbeitsbedingungen und der Arbeitszeit.**

Personalbedarfsplanung

Personalauswahl

Personaleinsatz

Arbeitsstrukturierung

Die primär **anreizbezogenen Aufgaben** der Personalwirtschaft beinhalten die Schaffung eines von den Arbeitnehmern akzeptierten offiziellen Anreizsystems. Es bildet im Rahmen der Personalbeschaffung das wichtigste Werbeargument, um mögliche Bewerber zu einer Mitgliedsentscheidung zu bewegen und die Arbeitnehmer zu rollenkonformen Verhalten zu veranlassen. Die Gestaltung des Anreizsystems erstreckt sich auf materielle und immaterielle Anreize. Die **materiellen Anreize** setzen sich aus drei Gruppen zusammen: **Löhne und Gehälter, Beteiligungen und betriebliche soziale Leistungen.** Die Festlegung dieser Anreize ist Gegenstand der Entgeltplanung. Die **immateriellen Elemente des Anreizsystems** lassen sich vereinfacht in Aufstiegsanreize **und soziale Anreize** unterscheiden. Die Aufstiegsplanung enthält die Regelungen des betrieblichen **Karrieresystems** sowie die **Ausbildungsplanung.** Zu den sozialen Anreizen zählen die Bedürfnisbefriedigung durch Zugehörigkeit zu bestimmten formalen und informalen Gruppen. Sie sind einer Gestaltung durch die Personalwirtschaft teilweise entzogen. Zur Kategorie der sozialen Anreize läßt sich auch der in der Organisation ausgeübte **Führungsstil** rechnen.

Entgeltplanung

Aufstiegsanreize

Soziale Anreize

Die Hauptaufgabenbereiche der Personalwirtschaft lassen sich daher zusammenfassend wie in Abbildung 6.13 (S. 778) wiedergeben.

Die Abstimmung von Anreizen und Beiträgen darf dabei nicht als konfliktfreier Prozeß verstanden werden. Die im Rahmen der anreiz- und beitragsbezogenen Aufgaben zum Einsatz gelangenden Methoden, Vorgehensweisen, Prinzipien etc. können vielmehr auch als Instrumente in einem permanenten Prozeß der Konflikthandhabung gesehen werden.

Gestaltung einer ausgewogenen Anreiz-Beitrags-Struktur	
Beitragsbezogene Aufgaben:	Anreizbezogene Aufgaben:
1. Personalbedarfsermittlung	1. Entgeltplanung
2. Personalauswahl, -einsatz und -freistellung	2. Ausbildungs- und Aufstiegsplanung
3. Arbeitsstrukturierung	3. Gestaltung des offiziellen Führungskonzeptes, Führungskräfteschulung

6.13: Aufgabenbereiche der Personalwirtschaft

IV. Beitragsbezogene Aufgaben der Personalwirtschaft: Bereitstellung des Leistungspotentials

1. Ermittlung des Personalbedarfs

Quantitativer und qualitativer Personalbedarf

Brutto- und Nettopersonalbedarf

Die Bestimmung des Personalbedarfs erfolgt durch Ermittlung der für die Erfüllung des betrieblichen Sachziels notwendigen Leistungsbeiträge in zeitlicher, artmäßiger (qualitativer) und mengenmäßiger (quantitativer) Hinsicht. Es ist zwischen dem Gesamtbedarf (Bruttopersonalbedarf) und dem sich als Differenz zwischen Gesamtbedarf und Personalbestand ergebenden aktuellen Personalbedarf (Nettopersonalbedarf) zu unterscheiden. Ausgehend von unternehmenspolitischen Richtwerten, wie angestrebte Marktanteile, geplante Wachstumsraten und prognostizierte Absatzmengen etc., ist die Personalbedarfsermittlung in der Regel eine **abgeleitete bzw. Nachfolgeplanung**. Als Informationsgrundlagen dienen vor allem Planziele der einzelnen betrieblichen Funktionsbereiche, geplante Reorganisationsvorhaben der Unternehmung sowie gesetzliche und arbeitsmarktbezogene Veränderungen.

Für einen kurzfristigen Planungszeitraum werden bei der Personalbedarfsplanung unternehmensspezifische Bestimmungsgrößen, wie z. B. Fertigungsprogramm, Technisierungsgrad, Arbeitsorganisation, Arbeitsproduktivität, als nicht beeinflußbar und damit als Rahmenbedingungen betrachtet. Bei einer mittel- und langfristigen Personalbedarfsplanung können solche Größen – im Gegensatz zu Rechtsnormen, arbeitsphysiologischen und arbeitspsychologischen Grundtatbeständen – als beeinflußbar angesehen werden.

Das Ergebnis der Personalbedarfsermittlung bildet die Grundlage für Entscheidungen über die Personalbeschaffung, den Personaleinsatz, die Personalentwicklung und -freistellung.

778

Als **Bruttopersonalbedarf** (Personalsollbestand) wird der gesamte Personalbedarf zum Zeitpunkt t_x unabhängig vom jeweiligen Personalbestand bezeichnet. Der Nettopersonalbedarf hingegen umfaßt das zu beschaffende Beitragspotential bis zum Zeitpunkt t_x in Abhängigkeit vom Personalbestand in t_0 und seiner Veränderung im Zeitraum t_0 bis t_x.

Ausgangspunkt für die Ermittlung des Nettopersonalbedarfs ist zunächst die quantitative und qualitative Bestimmung des Bruttobedarfs (vgl. Abbildung 6.14). Seine quantitative Dimension drückt sich in der Anzahl der Stellen aus. Aussagen über qualitative Aspekte erfordern eine Analyse der Arbeitsanforderungen der einzelnen Stellen, um daraus das benötigte Leistungspotential der Mitarbeiter ermitteln zu können.

Bruttopersonalbedarf in t_x (abgeleitet aus den anderen organisatorischen Teilplänen)

$\div$ Personalbestand in t_0

$+$ Personalabgänge im Zeitraum t_0 bis t_x:
  – sichere Abgänge (Pensionierungen)
  – statistisch ermittelbare Abgangswerte (Fluktuation, Frühinvalidität)
  – Abgänge als Auswirkungen getroffener Dispositionen (Beförderungen, Versetzungen)

$\div$ bereits feststehende Personalzugänge im Zeitraum t_0 bis t_x

$=$ zu beschaffendes Arbeitspotential bis zum Zeitpunkt t_x (Nettopersonalbedarf)

Abbildung 6.14: Ableitung des Nettopersonalbedarfs

Ermittlung des qualitativen Personalbedarfs durch Arbeitsanalyse und Arbeitsbeschreibung

Aufgaben der Arbeits- analyse

Die Arbeitsanalyse bildet die Grundlage für die Gewinnung von Informationen über die Leistungsanforderungen eines Aufgabenbereichs. Sie umfaßt die systematische Untersuchung der Arbeitsplätze und Arbeitsvorgänge und versucht, daraus jene Eigenschaften abzuleiten, die der Stelleninhaber zur Erfüllung der an ihn gerichteten Leistungserwartungen besitzen sollte. Die Arbeitsanalyse dient der Ermittlung sowohl der Arten als auch des jeweiligen Ausmaßes der Arbeitsanforderungen, der Ableitung von Anforderungsprofilen, dem Entwurf von Stellenbeschreibungen und der Arbeitsbewertung, ferner der Arbeitsablaufgestaltung und der Mitarbeiterunterweisung.

Der Arbeitsanalyse geht eine Entscheidung über das Untersuchungsobjekt voraus. Die Arbeitsanalyse bezieht sich auf den gesamten Aufgabenbereich einer Stelle. Die Analyse von Einzelaufgaben wird als Arbeitsganganalyse bezeichnet. Die **Arbeitsganganalyse** besitzt den Vorteil der größeren Genauigkeit bei der Bestimmung der

Anforderungsarten, weil sie die notwendigen Anforderungen für bestimmte Beitragsarten isoliert erfaßt. Schwierigkeiten entstehen jedoch, wenn der Aufgabenbereich sehr verschiedenartige Einzelaufgaben enthält. Die isolierte Analyse erschwert dann die Bestimmung der Gesamtanforderungen einer Stelle, da diese nicht mit der Summe der Anforderungen einzelner Arbeitsgänge übereinstimmen muß. Ähnliche Probleme ergeben sich auch in Arbeitsbereichen, deren Einzelaufgaben ständigen Änderungen unterliegen oder in denen das Verhältnis verschiedener Einzelaufgaben zueinander schwankt. Solche Aufgabenbereiche fordern vom Mitarbeiter ein hohes Maß an Flexibilität, die als Anforderungsart bei isolierter Analyse sehr schwer erfaßbar ist.

Festlegung der Anforderungsarten

Im Rahmen der Arbeitsanalyse sind zunächst Anforderungsarten zu definieren. Unter Anforderungen sind dabei Stellenmerkmale zu verstehen, denen auf seiten des Stelleninhabers bestimmte Qualifikationen gegenüberstehen müssen, um die Stellenaufgabe zielgerecht erfüllen zu können. Im allgemeinen geht die Arbeitsanalyse dabei von einem „Basis"-Katalog von Tätigkeitsmerkmalen aus, der z. B. folgende Anforderungsgruppen enthält: geistige Fähigkeiten, körperliche Fähigkeiten, Verantwortung, geistige Arbeitsbelastung, körperliche Arbeitsbelastung und Umwelteinflüsse. Diese Kategorien können bei Bedarf weiter aufgespalten werden. **Eine allgemeingültige Aussage über den Umfang der zu berücksichtigenden Anforderungsarten ist nicht möglich.**

Als **Untersuchungsmethoden** der Arbeitsanalyse bieten sich Beobachtung, Befragung (Fragebögen, Interview) und Experiment an. Die Beobachtungen erstrecken sich auf Arbeitsgänge, Arbeitsverfahren, Arbeitsmittel, Werkstoffe usw. Bei komplexen Aufgabenbereichen werden sie durch Befragungen ergänzt. Die ermittelten Informationen werden in Arbeitsbeschreibungen zusammengefaßt, die den gesamten Aufgabenbereich durch die Beschreibung der Einzelaufgaben, Arbeitsbedingungen und -abläufe kennzeichnen (vgl. Abbildung 6.15).

Arbeitsbeschreibung

Eine generelle Regel für Umfang und Genauigkeit der Arbeitsbeschreibungen läßt sich nicht angeben. Sehr detaillierte Aufzeichnungen haben den Nachteil, daß sie bei kleinen Änderungen des Arbeitsbereichs ebenfalls geändert werden müssen, während globale Beschreibungen die Anforderungsarten und -höhen nur unzureichend wiedergeben. In der industriellen Praxis werden häufig Rahmenarbeitsbeschreibungen herangezogen, die Beschreibungen von Tätigkeiten zusammenfassen, die mit geringen Abweichungen mehrfach vorkommen. Die Rahmentätigkeiten müssen die gleiche fachliche und arbeitstechnische Charakteristik aufweisen und hinsichtlich der Anforderungsarten übereinstimmen. Durch Einzelaufzeichnungen werden die Rahmenarbeitsbeschreibungen konkreten Einzelfällen angepaßt.

Rahmenarbeitsbeschreibung

Die Arbeitsbeschreibungen vermitteln einen Überblick über die zur Erstellung des Produktionsprogramms (Waren und Dienstleistungen) notwendige Qualifikation der Belegschaft. Sie erfassen sowohl Bürotätigkeiten als auch die Aufgabenbereiche der an der Produktion unmittelbar beteiligten Belegschaftsmitglieder. Allerdings nimmt der Konkretisierungsgrad der Beschreibung ab, je höher die Stelle in die Leitungshierarchie eingegliedert ist. Die Ursache dafür ist in der Abnahme meßbarer Anforderungsarten bei höher eingestuften Positionen zu suchen.

780

ARBEITSBESCHREIBUNG	
ARBEIT	Schichtschlosserarbeiten

Arbeitsplatz
Vierstöckiges Fabrikgebäude für die Herstellung organischer Produkte.
Reaktionsapparate, Kühler und Wärmeaustauscher, Destillieranlagen mit
Glockenbodenkolonnen, die zum Teil unter Vakuum stehen, mehrere Kolben-
kompressoren ND 25, mehrere Niederdruckkapselgebläse, mehrere Gas-
Umwälz-Kolbenpumpen ND 25, etwa 40 Kreiselpumpen, zahlreiche Vorrats-
und Zwischenbehälter, Rohrleitungen, Armaturen und Meßgeräte.
Weiteres Tätigsein auf Rohrbrücken, in Schächten, in der Betriebswerkstätte.
Werkbank, Schlosserwerkzeug, Säulenbohrmaschine, Handbohrmaschine,
Handschleifmaschine, Schweißgerät, Leiter.

Auszuführende Arbeiten
Auswechseln von Ventilen, Schiebern bis NW 150, Hähnen, Kondenstöpfen,
Düsen an Dampfstrahlern usw.
Demontieren von Rohrleitungen und Zusammenbauen nach Reinigung durch
Betriebsarbeit.
Verpacken von Stopfbuchsen.
Einsetzen von neuen Flanschdichtungen.
Reinigen von Filtern an Meßgeräten, Meßleitungen, Dosierventilen usw.
Verständigen des Betriebspersonals vor Beginn und nach Abschluß der Arbeiten.
Instandsetzung von Armaturen.
Herstellen von Rohrleitungshalterungen.
Melden größerer Störungen wie Lagerschäden an Kompressoren usw.
Arbeiten in Wechselschicht.

Arbeitsunterlagen, Arbeitsanweisungen, Arbeitskontrolle
Die Reparaturstellen werden vom Betrieb angegeben.
Die Ausführung der Reparaturen erfolgt selbständig.
Kontrollieren der Arbeiten durch den Betriebsschlossermeister während der
Tagesschicht.

Abbildung 6.15: Beispiel einer Arbeitsbeschreibung

Quelle: Arbeitsring der Arbeitgeberverbände der Deutschen Chemischen Industrie (1975)

Für die Ermittlung des qualitativen Nettopersonalbedarfs ist dem qualitativen Bruttopersonalbedarf das gegenwärtige bzw. zukünftig verfügbare Qualifikations-potential gegenüberzustellen. Hierzu ist zunächst die gegenwärtige Qualifikations-struktur der Mitarbeiter festzustellen und dann deren künftige Entwicklung zu prognostizieren.

Berechnung des qualitativen Netto-personal-bedarfs

Die **Analyse des gegenwärtigen Arbeitskräftepotentials** (Qualifikationspotential) erweist sich als problematisch. So muß zunächst versucht werden, die Leistungspotentiale der Mitarbeiter durch eine systematische Leistungsbewertung und/oder Personalbeurteilung (vgl. S. 866 ff.) möglichst vollständig zu erfassen. Die so ermittelten Fähigkeitsarten und -niveaus der vorhandenen Mitarbeiter können zu **Fähigkeitsprofilen** zusammengefaßt werden. Diese Fähigkeitsprofile, die den derzeitigen qualitativen Personalbestand der Unternehmung widerspiegeln, können dann den durch die Arbeitsanalyse ermittelten Anforderungsprofilen gegenübergestellt werden. Der Aussagegehalt von Leistungsbewertung und Personalbeurteilung ist in der Regel allerdings dadurch beschränkt, daß sich beide nur auf die durch die gegenwärtige Aufgabenstruktur geforderten und von den Mitarbeitern gezeigten Fähigkeiten beziehen. Für die Zwecke der Bedarfsermittlung ist es jedoch notwendig, auch das **latente Leistungspotential** einzubeziehen. Die Schätzung dieses Potentials und die Prognose seiner Aktivierbarkeit ist verständlicherweise mit großen Unsicherheiten behaftet. Dabei ist auch zu prüfen, mit welcher Art von Personalentwicklungsmaßnahmen bei zukünftig veränderter Aufgabenstruktur das hierzu erforderliche Qualifikationspotential zeitgerecht realisiert werden kann.

Vergleich von Anforderungs- und Fähigkeitsprofilen

Für eine möglichst bedarfstermingenaue Ermittlung des qualitativen Nettopersonalbedarfs ist eine Prognose der sich innerhalb des Planungszeitraumes ergebenden Qualifikationsveränderungen der Belegschaft notwendig. Qualifikationsveränderungen können sich z. B. aufgrund veränderter Ausbildungsinhalte und Ausbildungsverfahren der Unternehmung und verändertem Entwicklungsbewußtsein der Mitarbeiter ergeben. Auch zunehmendes und kaum vorhersehbares **Veralten von Fähigkeiten, Fertigkeiten und Kenntnissen aufgrund technischen und sozialen Wandels** führt zu einer Veränderung des Verhältnisses von Fähigkeiten zu Anforderungen. Zuverlässige Prognosen von qualitativen Personalbestandsveränderungen sind daher kaum möglich. Sehr globale Anhaltspunkte können **Ausbildungsziele und Ausbildungsmethoden externer Bildungsinstitutionen** (z. B. Hochschulen, Ausbildungszentren von Industrieverbänden) sowie die auf unternehmensspezifischen Erfahrungen basierenden internen **Personalentwicklungsprogramme** liefern.

Prognose von Änderungen des gegenwärtigen Qualifikationspotentials

Ermittlung des quantitativen Personalbedarfs

Die erwartete Beschäftigung der Planperiode bildet den Ausgangspunkt für die Ermittlung des quantitativen Bruttopersonalbedarfs in den einzelnen Funktionsbereichen. Eindeutige Ermittlungsverfahren für die Bedarfsbestimmung gibt es nicht. Verfahren, wie die **statistischen Methoden der Trendextrapolation** und der **Regressionsanalyse** oder die Ableitung des zukünftigen Bedarfs aus der **prognostizierten Entwicklung der Arbeitsproduktivität**, vermögen zwar einen globalen Orientierungsrahmen zu liefern, sind aber für die Gestaltung konkreter Maßnahmen wenig geeignet. Eine exakte Bedarfsermittlung müßte den **Arbeitsanfall**, gegliedert nach Beitragsarten während der Planperiode, z. B. in **Mengengrößen** oder **Mitarbeiterstunden** ermitteln. Die Division der Mitarbeiterstunden pro Planperiode durch die durchschnittliche Arbeitszeit pro Arbeitnehmer und Planperiode ergibt dann den quantitativen Bedarf, der zur Ermittlung der erforderlichen Stellenzahl herangezogen wird. **In vielen Abteilungen fehlen jedoch eindeutige Maßstäbe zur Festlegung der auf eine Person bezogenen Beitragsmengen, so daß auf globale Schätzverfahren zurückgegriffen werden muß.**

Relativ günstige Voraussetzungen für die Bestimmung der Beitragsmengen sind im Fertigungsbereich gegeben, wenn das Produktionsprogramm keine wesentlichen artmäßigen Veränderungen aufweist und unabhängig von der Absatzentwicklung geplant werden kann. Bei gegebenem Fertigungsverfahren sind die zur Erstellung des Produktionsprogramms erforderlichen Betriebsmittel durch die Fertigungsplanung festgelegt. Die Anzahl der notwendigen Mitarbeiter läßt sich dann aufgrund von Maschinenbelegungsplänen und der Plandaten der Arbeitsvorbereitung, vor allem der Vorgabezeiten, schätzen. Die Genauigkeit dieses Vorgehens hängt weitgehend von der Quantifizierbarkeit der Arbeitsleistungen ab. **Je höher der Grad der Arbeitsvorbereitung in den Fertigungsabteilungen ist, desto detaillierter sind die quantitativen Angaben über die Arbeitsleistung pro Person.** Die erforderliche Anzahl der Mitarbeiter ergibt sich aus der Multiplikation des Zeitbedarfs pro Arbeitseinheit bei Normalleistung mit den im Rahmen der Programmplanung festgelegten Arbeitseinheiten.

Bedarfsschätzungen im Fertigungsbereich

Im **Verwaltungsbereich** kann der quantitative Bruttopersonalbedarf nach dem gleichen Prinzip ermittelt werden, soweit sich auch für Büroarbeiten Vorgabezeiten ermitteln lassen. Wächst jedoch der Anteil dispositiver Tätigkeitselemente oder die Unregelmäßigkeit der Tätigkeitsstruktur (z. B. Dienstleistungsbereich), so vermindert sich die Bestimmbarkeit des Personalbedarfs mit Hilfe derartiger (arbeitswissenschaftlicher) Methoden.

Die im Fertigungsbereich bei den genannten Voraussetzungen anwendbaren arbeitswissenschaftlichen Methoden der Personalbedarfsermittlung bauen auf einer unmittelbaren Beziehung zwischen dem als bekannt vorausgesetzten Arbeitsanfall und der zu seiner Bewältigung benötigten, ebenfalls bekannten durchschnittlichen Arbeitszeit auf. Zahlreiche Arbeitsplätze müssen jedoch unabhängig vom Arbeitsanfall oder Beschäftigungsgrad ständig besetzt sein (fixer Personalbedarf). Zu diesen Tätigkeitsbereichen zählen z. B. viele Kontroll- und Überwachungstätigkeiten. Vor allem bei hochtechnisierter Fertigung wird häufig zum Betrieb und zur Überwachung der Fertigungsanlagen eine gleichbleibende Anzahl von Arbeitskräften pro Schicht benötigt, die unabhängig von der tatsächlichen Kapazitätsauslastung ist. Für solche Aufgabenbereiche ergibt sich der Bruttopersonalbedarf zu einem bestimmten Zeitpunkt aus der Addition der als notwendig angesehenen Arbeitsplätze (Arbeitsplatzmethode).

Arbeitsplatzmethode

Zu den Arbeitsplatzmethoden kann auch die in der Literatur mitunter vorgeschlagene **Ermittlung des Bedarfs an Führungskräften auf der Grundlage einer als optimal angesehenen Kontrollspanne** gerechnet werden. Die optimale Kontrollspanne soll angeben, wie viele Mitarbeiter eine Führungskraft unter Effizienzgesichtspunkten leiten kann. Ein solcher Bestimmungsmodus scheint aber nur in wenigen Fällen sinnvoll, da allgemein eine direkte Abhängigkeit der erforderlichen Anzahl von Führungskräften von der Anzahl der zu Führenden nicht unterstellt werden kann. Für die Ermittlung des Bedarfs an Führungskräften ist die Berücksichtigung aufgabenbezogener qualitativer Aspekte von größerer Bedeutung als die Orientierung an starren Kontrollspannen.

Bedarfs-
ermittlung
durch Kenn-
zahlen

Ähnlich dem Berechnungsmodus mit Hilfe von Kontrollspannen kann die Ermittlung des personellen Bruttobedarfs anhand von Meßzahlen erfolgen. Diese geben den Bedarf an einer bestimmten Mitarbeiterkategorie m (z. B. Servicepersonal) im Verhältnis zu einer anderen exakt berechneten Bedarfsgröße an. Wenn diese Basisgröße ihrerseits eine Personalzahl ist (z. B. Bedarf N an Mitarbeitern der Qualifikation n), so muß diese genau errechnet werden, um daraus mit Hilfe der Meßzahl den Bedarf M an Mitarbeitern der Qualifikation m abzuleiten. Die Eignung dieses einfachen Schätzverfahrens hängt von der inhaltlichen Begründbarkeit des unterstellten Zusammenhangs $M = f(N)$ ab.

Stellenplan

Das Ergebnis der Bedarfsschätzung ist ein nach Bereichen und Abteilungen gegliederter Stellenplan, der den **Sollbestand der Belegschaft für den Planungszeitraum angibt**. Technologische Entwicklungen und Rationalisierungsbestrebungen (Einführung der elektronischen Datenverarbeitung, Diversifizierungsinvestitionen, Übergang auf automatisierte Fertigungsverfahren) führen zu Veränderungen des Stellenplanes in quantitativer und qualitativer Hinsicht.

Netto-
personal-
bedarf

Die Berechnung des quantitativen Bruttopersonalbedarfs ist Voraussetzung für die Ermittlung des quantitativen Nettopersonalbedarfs. **Der Nettopersonalbedarf betrifft diejenigen Stellen im Industriebetrieb, die sich mit der vorhandenen Belegschaft nicht besetzen lassen.** Er ergibt sich aus der Gegenüberstellung von Stellenplan und Stellenbesetzungsplan, der den Ist-Bestand der Belegschaft aufzeigt. Aufgrund von Ausbildungsmaßnahmen, innerbetrieblichen Umbesetzungen oder durch das Ausscheiden von Mitarbeitern, z. B. infolge Austritt, Entlassung oder Erreichen der Altersgrenze, werden sich in der Regel kurzfristige Schwankungen ergeben. Als Grundlage des Vergleichs wird ein Personalstrukturplan erstellt, der die Entwicklung des Personalbestandes einschließlich der erwarteten Abgänge und Zugänge aufgegliedert für die Teilperioden des gesamten Planungszeitraums wiedergibt.

Fluktuation

Die Ermittlung des quantitativen Nettopersonalbedarfs wirft mehrere Probleme auf. Meist können nur die aus Umbesetzungen und dem Erreichen der Altersgrenze resultierenden Veränderungen des Personalbestandes periodengerecht in die Planung einbezogen werden. Dagegen ist die Prognose der Fluktuationsabgänge mit Ungenauigkeiten behaftet. Die Fluktuationsrate enthält neben unvermeidbaren Abgängen, z. B. aufgrund von Erwerbsunfähigkeit, vor allem die Abwanderungen, die auf freiwilligem Arbeitsplatzwechsel und Kündigung des Betriebes beruhen. Dabei kommt dem freiwilligen Ausscheiden von Mitarbeitern sowohl unter dem Aspekt der damit verbundenen Kosten als auch im Hinblick auf die Schwierigkeiten bei der Bedarfsplanung die größte Bedeutung zu. Arbeitsplatzwechsel werden häufig durch ein gestörtes Anreiz-Beitrags-Verhältnis aus der Sicht des Arbeitnehmers verursacht. Abgangsinterviews können dazu beitragen, Informationen über die Gründe dieses Ungleichgewichtes zu gewinnen und damit mögliche Ansatzpunkte für Maßnahmen zur Verminderung der Fluktuation liefern.

784

In der Personalbedarfsplanung zu berücksichtigende Zugänge ergeben sich z. B. aufgrund der Beendigung von Ausbildungsverhältnissen, durch Wiedereintritt nach Ableistung des Wehrdienstes, nach Einsätzen bei Tochterfirmen.

Die Tatsache, daß eine Stelle besetzt ist, sagt noch nichts darüber aus, in welchem Ausmaß die vom Stelleninhaber geleisteten Beiträge den formalen Erwartungen entsprechen. Dies macht die Notwendigkeit der Verbindung von quantitativer und qualitativer Personalbedarfsplanung deutlich. Mitarbeiterbeurteilungen können in diesem Fall zusätzliche Informationen über das Leistungsvermögen der Stelleninhaber bezüglich ihrer Beiträge auf gegenwärtigen oder zukünftigen Stellen erbringen und auf diese Weise zur Ermittlung und Deckung des qualitativen Personalbedarfs beitragen. Die Gegenüberstellung der Anforderungsstruktur und der Fähigkeitsstruktur der Belegschaft im Zeitablauf zeigt nicht nur die gegenwärtige qualitative Deckung des Personalbedarfs an, sondern weist auch auf mögliche qualitative Reserven hin.

In der Regel ist davon auszugehen, daß die Personalbedarfsplanung auf risikobehafteten und/oder unsicheren Beschäftigungserwartungen basiert. Die verschiedenen Formen der Anpassung an Planabweichungen und Beschäftigungsschwankungen berühren die Ermittlung des Personalbedarfs in unterschiedlicher Weise. Soweit **intensitätsmäßige und zeitliche Anpassungen** möglich sind, bleibt der Belegschaftsbedarf unverändert. Andererseits sind diesen kurzfristigen Anpassungen relativ enge Grenzen gesetzt, z. B. durch die Gefahr der Gesundheitsschädigung der Mitarbeiter, das Absinken der Arbeitsqualität bei erhöhter Arbeitsintensität, die Begrenzung der Überstundenzahl durch die Arbeitszeitverordnung. Werden **quantitative Anpassungen** erforderlich, so ändert sich der Personalbedarf.

Die Ermittlung des Nettopersonalbedarfs bildet die Grundlage der Personalbeschaffung.

2. Personalbeschaffung

Die beiden zentralen Problemkreise der Personalbeschaffung sind die Personalwerbung und die Personalauswahl.

Die Personalbeschaffung dient der Deckung des in der Bedarfsermittlung festgestellten qualitativen und quantitativen Nettopersonalbedarfs unter Berücksichtigung von Bedarfszeitpunkt und Bedarfsort. Dabei ist zwischen internen und externen Beschaffungsmöglichkeiten zu unterscheiden. Maßnahmen der **innerbetrieblichen Personalbeschaffung** bestehen in der Vereinbarung von **Mehrarbeit**, in der Regel durch Verlängerung der Arbeitszeit (Überstunden) und in der **Aufgabenumverteilung**, ggf. mit der Folge von Umsetzungen. **Externe Beschaffungsmaßnahmen** umfassen neben **Neueinstellungen** zunehmend **Zeitarbeit**, vor allem zum Ausgleich vorübergehender Engpässe. Die Entscheidung, in welchem Umfang Personal intern oder extern be-

Alternativen der Personalbeschaffung

785

schafft werden soll, hängt eng mit der Personalentwicklungspolitik (Ausbildungs-
und Aufstiegsplanung) zusammen.

Arbeitsmarkt-
forschung

Voraussetzung für die Ableitung konkreter Personalbeschaffungsprogramme sind
Informationen über die **Entwicklung auf den Arbeitsmärkten**. Es ist Aufgabe der
(inner- und außer-)betrieblichen Arbeitsmarktforschung, die benötigten Informationen zur Verfügung zu stellen (innerbetrieblich: z. B. Entwicklung der Anforderungsstrukturen der Arbeitsplätze, individuelle Veränderungswünsche der Mitarbeiter;
außerbetrieblich: konjunkturelle und saisonale Arbeitsmarktschwankungen, Veränderungen in der Bevölkerungs- und Beschäftigungsstruktur, Konkurrenzsituationen
und Image der Unternehmung).

Personalwerbung

Ziele der
externen
Personal-
werbung

**Gegenstand der Personalwerbung ist die Vermittlung der durch die Organisation gebo-
tenen Anreize an die Umwelt mit dem Ziel, geeignete Arbeitnehmer zu Eintrittsver-
handlungen mit der Unternehmung zu bewegen.** Dabei ist zu berücksichtigen, daß der
Arbeitsmarkt auf die Anreizangebote mit einer zeitlichen Verzögerung reagiert, die
angesprochenen Arbeitnehmer aufgrund vertraglicher Bindungen nicht sofort in Ver-
tragsverhandlungen eintreten können oder ihre Eintrittsentscheidung nicht unmittelbar nach Erhalt des Anreizangebotes treffen können. Zur Unterstützung der

Mittelbare
Personal-
werbung

Personalwerbung ist es günstig, durch gezielte **Öffentlichkeitsarbeit (Public Relations)**
die Kommunikationsbeziehungen zwischen Industriebetrieb und Umwelt zu pflegen,
um auf diese Weise die Voraussetzungen für einen hohen Aufmerksamkeitswert spezieller Anreizangebote zu schaffen.

**Öffentlichkeitsarbeit dient dem Zweck, den Aufmerksamkeitswert der Unternehmung
zu erhöhen und ihren Ruf zu pflegen.** Das öffentliche Image einer Unternehmung
beeinflußt die Möglichkeit der Personalabteilung, im Bedarfsfall qualifizierte Mitarbeiter anzuwerben. Schwerpunkte einer solchen mittelbaren Personalwerbung sind
der Arbeitsmarkt und die Ausbildungsstätten.

Gegenstand der mittelbaren Personalwerbung sind vor allem **Informationen über
Größe und Geschäftsvolumen der Unternehmung, Sozialleistungen, Ausbildungsmethoden und Traineeprogramme.** Die Größe einer Unternehmung, ihre Geschäftsbereiche
und Ausbildungsmethoden weisen auf die verschiedenen Einsatzmöglichkeiten in der
Unternehmung hin. Gezielte Informationen über die Personalpolitik im Rahmen von
Public-Relations-Beilagen in Zeitschriften sowie die Betonung der Vorzüge der Unternehmung vermitteln den Informationsempfängern globale Vorstellungen über zu
erwartende Beschäftigungsvorteile. Häufig wird das gute Betriebsklima oder der
partnerschaftliche Führungsstil angesprochen. Die Hervorhebung der betrieblichen
Sozialleistungen, wie Werkswohnungen, Fahrtkostenzuschüsse und Trennungsent-
schädigung, bezweckt den Abbau von Mobilitätswiderständen. Ein weiteres Werbeargument kann die gleitende Arbeitszeit bilden.

786

Neben Zeitungen und Fachzeitschriften sind Einführungsbroschüren, Filme über die Unternehmung sowie Betriebsbesichtigungen, externe Schulungskurse und die daran anknüpfenden Informationsgespräche die wichtigsten Kommunikationselemente. Auch von der **positiven Einstellung der Mitarbeiter** gegenüber der Unternehmung und ihren Meinungsäußerungen in der Öffentlichkeit geht ein beträchtlicher Werbeeffekt aus. *Gegenstand der unmittelbaren Personalwerbung*

Die Maßnahmen der Öffentlichkeitsarbeit beabsichtigen eine breite Informationsstreuung. Sie dienen als Vorbereitung für die unmittelbare Anwerbung.

Die sich bei der **unmittelbaren Personalwerbung** stellenden Probleme sind vor allem *Medien*

- die **anforderungsgerechte Bildung von Zielgruppen** als Adressaten der Werbemaßnahmen bei gezielter (unmittelbarer) Personalwerbung;
- die **Abstimmung der Werbeinhalte auf die vermuteten Bedürfnisstrukturen** der Bewerber;
- die **Auswahl geeigneter Werbemedien.**

Die unmittelbare Personalwerbung setzt eine Analyse des Arbeitsmarktes und die Ermittlung von Personalbeschaffungsmöglichkeiten voraus. Einen ersten Überblick über Größe und Zusammensetzung des Arbeitskräftebestandes gibt die Alterspyramide der Bevölkerung und deren zukünftige Entwicklung. Die Altersstruktur zeigt die zahlenmäßige Stärke verschiedener Altersgruppen und läßt damit Schlüsse auf künftige Beschaffungsengpässe zu. Durch die Aufgliederung der Bevölkerung nach der Art der Erwerbstätigkeit und nach räumlichen Gesichtspunkten ergeben sich detailliertere Hinweise über das Anwerbungspotential an Arbeitnehmern. Mobilitätsstatistiken, getrennt nach Berufsgruppen und Wirtschaftszweigen sowie nach regionalen Aspekten, lassen langfristige Bewegungen auf dem Arbeitsmarkt erkennen und sind besonders bei Betriebsverlegungen und bei der Gründung von Zweigwerken von Interesse. *Arbeitsmarktanalyse*

Von besonderer Bedeutung sind verständlicherweise Daten über die Alters- und Qualifikationsstruktur potentieller Mitarbeiter, deren Bereitschaft zur Inkaufnahme von Anfahrtswegen, Wanderungsbewegungen bei einzelnen Berufsgruppen sowie v. a. auch die Angebote von Arbeitsmarktkonkurrenten in unmittelbarem Einzugsbereich der Unternehmung.

Als Medium der Personalwerbung kommen Inserate in Tageszeitungen und Fachzeitschriften, aber auch Kontakte zu Ausbildungsstätten, Stellenvermittlungen, Berufsvereinigungen, Arbeitsämtern und Fachverbänden in Frage. Bei der Anwerbung von Führungskräften werden häufig Personalberatungsunternehmen eingeschaltet. Die wachsende Nachfrage nach qualifizierten Mitarbeitern veranlaßt immer häufiger, Anwerbungsprogramme für Absolventen der verschiedensten Ausbildungsstätten zu entwickeln. Häufig setzen die Rekrutierungsmaßnahmen in Form von Ferienbeschäftigung und Studienbeihilfen bereits während der Ausbildung ein. Gastvorträge, Betriebsbesichtigungen und die Bereitstellung von Informationsmaterial, insbesondere über die innerbetriebliche Ausbildung (Traineeprogramme), können den potentiellen Mitarbeitern einen umfassenden Überblick vermitteln. *Werbemittel*

Kontrolle der *Personal-* *werbung*	Die einzelnen Methoden der betrieblichen Anwerbungsprogramme sollten hinsichtlich ihrer Wirksamkeit untersucht werden. Als Beurteilungskriterien können Kennzahlen, z. B. Anzahl der Bewerber, Anzahl der gemachten Angebote, Anzahl der Einstellungen und Anzahl der erfolgreichen Stellenbesetzungen verwendet werden. Die Anzahl der Bewerber besitzt dabei für die Bestimmung der Wirksamkeit einer Anwerbungsmethode einen relativ geringen Aussagewert. Ein besserer Indikator für die Fähigkeit, geeignete Bewerber für offene Stellen anzusprechen, ist die Anzahl der von der Unternehmung unterbreiteten Angebote an die Interessenten.

Personalauswahl

Gegenstand der Personalauswahl ist die Entwicklung und Anwendung von Methoden, die es gestatten, zuverlässige Prognosen über Art und Umfang der Beiträge abzuleiten, die der Bewerber in der Unternehmung leisten wird.

Personal- *auswahl*	Die **Prognoseproblematik** erstreckt sich zunächst auf die Feststellung des Übereinstimmungsgrades von Arbeitsanforderungen und Fähigkeiten des Bewerbers. Außerdem sollen die Prüfverfahren darüber Aufschluß geben, in welchem Umfang der potentielle Stelleninhaber bei gegebener Eignung in seinem Arbeitsverhalten den offiziellen Rollenerwartungen entspricht. Zwischen beiden Teilkomponenten besteht keine zwangsläufige Beziehung. Die vollständige Deckung von Anforderungs- und Fähigkeitsstrukturen bietet keine Gewähr für eine adäquate Beitragsleistung, andererseits kann der Arbeitnehmer Eignungsnachteile durch einen erhöhten Einsatz ausgleichen.
Internes und *externes* *Beitrags-* *angebot*	Wenn aufgrund des Fehlens geeigneter interner Bewerber oder aus unternehmenspolitischen Gründen externen Bewerbern bei der Stellenbesetzung der Vorzug gegeben wird, ist der Mangel an Informationen über deren Fähigkeitspotential und deren Leistungsverhalten verständlicherweise größer. Während bei der Prüfung interner Stellenbewerber auf Erfahrungen und Personalbeurteilungen zurückgegriffen werden kann, **besteht bei der Auswahl externer Beitragsangebote die Notwendigkeit, durch die Entwicklung geeigneter Auswahlmethoden die notwendigen Informationen für eine zuverlässige Prognose des zukünftigen Arbeitsverhaltens zu sammeln.**
Auswahl- *prozeß*	Der Auswahlprozeß geeigneter Mitarbeiter besteht aus einer variierbaren Abfolge von Prüfmethoden. Der Ablauf des Auswahlverfahrens verändert sich mit den geforderten Beiträgen, der Arbeitsmarktlage und der Einstellung der Personalabteilung gegenüber den verschiedenen Auswahlmethoden. Die Entscheidung über Art und Ablauf von Auswahlprozessen orientiert sich an den damit verbundenen Nutzen- und Kostenerwartungen.
Kosten der *Mitarbeiter-* *auswahl*	Die Kosten der Mitarbeiterauswahl setzen sich aus aktuellen und potentiellen Kosten zusammen. Die **aktuellen Kosten** entstehen bei der Durchführung des Auswahlvorgangs und umfassen die Verfahrenskosten einschließlich der Gehälter für die mit der Prüfung beauftragten Personen und der entsprechenden Verwaltungskosten der Personalabteilung. **Potentielle Kosten** ergeben sich aus falschen Selektionsentscheidun-

gen. Sie treten bei der Auswahl ungeeigneter Bewerber (Fehler erster Art) und/oder bei der Ablehnung befähigter Interessenten (Fehler zweiter Art) auf. Während im ersten Fall z. B. Kosten für Neueinstellung, goodwill-Verluste und zusätzliche Wertverzehre (z. B. Ausschuß, Maschinenverschleiß) wegen ungenügender Leistungen des betreffenden Stelleninhabers zu tragen sind, müssen bei der Ablehnung geeigneter Bewerber neben den Wettbewerbsnachteilen durch Abwanderung zur Konkurrenz die Kosten für die Prüfung zusätzlicher Bewerber berücksichtigt werden. Solche potentiellen Kosten können jedoch kaum ermittelt werden.

Unterschiedliche Schwerpunktsetzungen beim Ablauf der Auswahlverfahren sind vor allem auf zwei unterschiedliche Grundthesen hinsichtlich der Bestimmung des zukünftigen Leistungsverhaltens eines Bewerbers zurückzuführen. Die erste Grundthese geht davon aus, **daß der Werdegang und das Arbeitsverhalten eines Bewerbers in der Vergangenheit Hinweise über dessen zukünftige Beiträge liefern.** Deshalb werden Informationen über die Ausbildung und den bisherigen Werdegang gesammelt und im Hinblick auf die neuen Stellenanforderungen bewertet. Dieses Vorgehen geht implizit von der Annahme aus, daß sich ein Mensch im Zeitablauf nur wenig ändert und früheren Verhaltensmustern folgt. Die meisten Interviewtechniken, die Bewertung von Bewerbungsunterlagen, Lebenslauf und Referenzen stellen Beispiele für die Anwendung dieses Prinzips dar.

Grundthesen der Auswahlmethoden

Die zweite Grundthese liegt psychologischen Eignungstests und einigen Interviewanwendungen zugrunde. **Hier wird ein Ausschnitt des gegenwärtigen Verhaltens der Bewerber analysiert und als Maßstab für die Beurteilung gewählt.** Der Bewerber wird mit standardisierten Arbeitssituationen oder sonstigen Fähigkeitstests konfrontiert, die in Beziehung zum künftigen Aufgabenbereich stehen. Dabei wird angenommen, daß sein Handeln in diesen Situationen repräsentativ ist für die Beiträge, die er an seinem Arbeitsplatz erbringen würde. In der Regel wird eine Kombination der beiden Prüfverfahren erfolgen.

Gegenwärtig stellt das Interview das **gebräuchlichste Prüfverfahren** im Rahmen der Personalauswahl dar. Es dient nicht nur zur Sammlung von Informationen über den zukünftigen Mitarbeiter, sondern eröffnet auch die Möglichkeit, den Bewerber über die Verhältnisse des Unternehmens und über seinen neuen Aufgabenbereich zu unterrichten. Als Nachteil der Gesprächsmethode wird häufig angeführt, daß über die Person des Interviewers subjektive Wertungen in den Auswahlprozeß einfließen, die einer möglichst objektiven Beurteilung entgegenstehen. Andererseits weisen Interviews eine große Flexibilität bezüglich der Richtung der Informationsgewinnung auf.

Interview

Nach der verfolgten Zielsetzung lassen sich **Einführungs- und Einstellungsinterviews** unterscheiden. Erstere sollen eine Beurteilung vorbereiten. Sie dienen der Vorauswahl unter den vorhandenen Bewerbern und präzisieren die Anforderungen und Aufgabenbereiche. Demgegenüber wird mit Einstellungsinterviews eine vertiefte Beurteilung des Bewerbers angestrebt. Im Gegensatz zum **freien Interview** enthält das **standardisierte Interview** vorgegebene Gesprächsthemen und/oder Fragen. Zweck der Standardisierung ist die Vermeidung größerer Bewertungsdifferenzen bei der Mitarbeiterauswahl. Aus dem gleichen Grund werden häufig **Gruppeninterviews** durchgeführt, bei denen der Bewerber mit mehreren Gesprächspartnern diskutiert.

Biographische
Fragebögen

Von der Hypothese, daß die Merkmale des bisherigen Lebens- und Berufsweges die besten Indikatoren für die Prognose des künftigen Leistungsverhaltens liefern, gehen auch die sog. **biographischen Verfahren** aus, die als Indikatoren für das Verhalten in der Vergangenheit sowohl objektive wie subjektive biographische Informationen sammeln. Die subjektiven Informationen (Interessen, Einstellungen etc.) eines Bewerbers werden mittels eines Fragebogens mit vorgegebenen Antwortalternativen erhoben und psychometrisch ausgewertet bzw. interpretiert. Die Grundlage hierfür liefern Referenzwerte „erfolgreicher" Positionsinhaber (vgl. Schuler 1986).

Abgesehen von den kulturspezifischen Problemen einer Übertragung der vor allem in den USA formulierten Hypothesen über „Zusammenhänge" zwischen biographischen Daten und Leistungsverhalten erscheint die wissenschaftliche Fundierung der biographischen Verfahren bislang fragwürdig. Die prognostischen Aussagen stützen sich lediglich auf Korrelationen, die aber keine Erklärungen liefern können.

Einstellungs-
tests

Einstellungstests sind Instrumente zur Messung ausgewählter psychologischer Faktoren eines Individuums. **Alle Testverfahren beruhen auf der Annahme, daß zwischen verschiedenen Wesensmerkmalen und Eigenschaften signifikante meßbare Unterschiede bestehen, die zur Prognose von Leistungsunterschieden der Bewerber herangezogen werden können.** Nach der Art der zu analysierenden Verhaltenssegmente bzw. Persönlichkeitsfaktoren lassen sich mehrere Gruppen von Testverfahren unterscheiden.

Intelligenz-
tests

Eine erste Kategorie bilden die Intelligenz- und Begabungstests. Intelligenztests sind in der Industrie relativ weit verbreitet. Ursprünglich lag den Tests die Vorstellung zugrunde, daß „Intelligenz" ein allgemeiner angeborener Wesenszug des Menschen sei, der sein gesamtes Denk- und Urteilsvermögen umschließt und von Umweltfaktoren nicht beeinflußt wird. Diese **Ganzheitskonzeption** bringt jedoch Meßprobleme mit sich, da zwischen globalem Intelligenzmaß und Arbeitsanforderungen bzw. Beitragsarten keine eindeutigen Beziehungen bestehen. Deshalb wird für Einstellungsentscheidungen versucht, **mehrere Fähigkeitsarten** in speziellen Tests zu erfassen. Zu den wichtigsten Fähigkeiten gehören: sprachliche Gewandtheit, Rechenfähigkeit, Erinnerungsvermögen, geistige Wendigkeit, Auffassungsgabe sowie Kombinations- und Denkfähigkeit. Die heutigen Tests messen meist mehrere Fähigkeitsarten gemeinsam, da die einzelnen Komponenten nicht isoliert geprüft werden können.

Begabungs-
und
Leistungs-
tests

Die Grenze zwischen Intelligenz- und Begabungstests ist fließend. Letztere analysieren die notwendigen körperlichen und geistigen Eigenschaften, die für eine erwartungskonforme Beitragsleistung notwendig sind. Beispiel für Begabungstests sind Untersuchungen der technischen Begabung, der Eignung für Schreib- und Programmierarbeiten sowie der Fingerfertigkeit, Geschicklichkeit und Bewegungskoordination. Die Tests gehen nicht nur nach der Fragebogenmethode vor, sondern enthalten auch praktische Versuchsanordnungen. Leistungstests stellen eine weitere Kategorie der Einstellungstests dar. In hypothetischen Arbeitssituationen, die dem Aufgabenbereich entnommen sind, wird geprüft, inwieweit der Bewerber in der Lage ist, sein Wissen und seine Erfahrung praktisch umzusetzen.

790

Bei der Berufsberatung und Weiterbildung der Arbeitnehmer werden häufig Interessen- und Neigungstests durchgeführt, die versuchen, den Grad der Übereinstimmung der individuellen Interessen eines Bewerbers mit dem Neigungsmuster erfolgreicher Arbeitnehmer in gleichen oder ähnlichen Positionen zu ermitteln. Bei Persönlichkeitstests steht die Analyse von Persönlichkeitsmerkmalen im Mittelpunkt. Mit ihrer Hilfe wird versucht, Aufschlüsse über personale Eigenschaften zu gewinnen, die soziale Beziehung zwischen dem Bewerber und seinen zukünftigen Kollegen fördern oder hemmen und damit dessen Beiträge beeinflussen.

Interessen-, Neigungs- und Persönlichkeitstests

Die in den letzten Jahren stark in den Vordergrund getretenen Assessment-Center-Verfahren versuchen durch die Kombination von Beurteilungsmerkmalen und -prozessen Fehlerquellen traditioneller Auswahlverfahren zu vermeiden.

Das Grundprinzip des Assessment-Center-Verfahrens (AC) besteht darin, Beurteilungsfehler, die durch die Einmaligkeit und Subjektivität eines Beurteilungsvorgangs entstehen können, durch Mehrfachbeurteilung zu vermindern: mehrere mit den Aufgabenstellungen der zu besetzenden Position vertraute Beurteiler bewerten mehrere Bewerber aufgrund deren Verhaltens in verschiedenen, aus den Aufgabenstellungen des zu besetzenden Arbeitsplatzes abgeleiteten Prüfungssituationen. Durch die Mehrfachbeobachtung und die Methodenvielfalt soll größere Objektivität der Beurteilung und durch den Gruppenprozeß Chancengleichheit der Bewerber gewährleistet werden. In der Regel stehen den zu einer Gruppe von maximal 12 Teilnehmern zusammengefaßten Bewerbern 4 bis 6 Beobachter gegenüber, deren Beurteilungsbasis insbesondere ihre fachliche Kompetenz und ihre Vertrautheit mit der Kultur der Organisation ist. Die Beurteiler beobachten abwechselnd jeweils ein bis zwei Bewerber in jeder Übungssituation (z. B. bei Postkorbübungen) und beurteilen deren Verhalten nach festgelegten Bewertungsdimensionen und -kriterien. Das Gesamturteil über jeden Kandidaten kommt in der abschließenden Beobachterkonferenz durch gemeinsame Diskussion und Urteilsabstimmung zustande (vgl. z. B. Jeserich 1989, Kompa 1989, Lattmann 1989).

Assessment-Center-Verfahren

Die Aussagefähigkeit von Einstellungstests ist umstritten. Obwohl häufig verschiedene Tests zu „Testbatterien" zusammengefaßt werden, ist die auf den Meßdaten aufbauende Prognose mit zahlreichen Unsicherheitsfaktoren belastet. Verfahrenstechnische Gründe, wie die Art der Durchführung, oder die mangelnde Nachweisbarkeit des Zusammenhangs zwischen Testergebnis und geforderten Fähigkeiten bzw. Beiträgen können die Effizienz dieser Prüfmethoden einschränken. **Beispielsweise ist es trotz umfangreicher empirischer Untersuchungen nicht gelungen, spezifische Kombinationen von Merkmalen oder Fähigkeiten für Führungskräfte aufzufinden.** Daneben liegen weitere Ursachen für Fehlinterpretationen der Testergebnisse in der Person des Bewerbers begründet. **Tests rufen bei vielen Menschen Abwehrreaktionen und Anpassungswiderstände hervor**, die Abweichungen von normalen Verhaltensmustern zur Folge haben und die Ergebnisse verzerren. Die Abwehrreaktionen werden durch die „Testangst" verstärkt, die in Streßsituationen in Erscheinung tritt. Ferner ergeben sich aus den Anpassungswiderständen intraindividuelle Konflikte und Spannungen, welche die Wirksamkeit der Testverfahren weiter herabsetzen.

Grenzen der Testmethoden

Medizinische *Untersuchung*	Den Abschluß des Auswahlprozesses stellt in der Regel eine medizinische Untersuchung dar, die Auskunft darüber geben soll, inwieweit der Bewerber den physischen Belastungen seiner zukünftigen Tätigkeit gewachsen ist.
Probezeit	Da mit Hilfe der skizzierten Prüfverfahren die Auswahlentscheidung nicht mit völliger Sicherheit richtig getroffen werden kann, wird die Prüfung des Arbeitsangebots auch auf die Zeit nach dem Eintritt in den Industriebetrieb ausgedehnt. Normalerweise wird im Arbeitsvertrag eine Probezeit vereinbart, während der sowohl das Belegschaftmitglied als auch der Arbeitgeber eine Austrittsentscheidung bzw. Kündigung herbeiführen können, wenn sie ihre Erwartungen über ihr Anreiz-Beitrags-Verhältnis nicht erfüllt sehen.

3. Personaleinsatz

Gegenstand der Personaleinsatzentscheidungen ist die Zuordnung der in der Unternehmung verfügbaren Mitarbeiter auf die vorhandenen Stellen, entsprechend den quantitativen, qualitativen, zeitlichen und örtlichen Erfordernissen des Leistungsprozesses sowie den Interessen und Neigungen der Mitarbeiter. Der zielbezogene Personaleinsatz wird erstens immer wichtiger, da industrielle Leistungsprozesse in immer kürzeren Zeitabständen dem technischen Wandel unterworfen sind (Änderung von Arbeitsinhalten und Anforderungen). Zu seiner zunehmenden Bedeutung trägt zweitens die Veränderung der betrieblichen Sozialstrukturen in Folge soziokultureller Einflüsse (z. B. neuartige Qualifikationsstrukturen und veränderte Erwartungen der Mitarbeiter hinsichtlich ihrer Tätigkeit, Einsatz ausländischer Arbeitnehmer) bei.

Informationserfordernisse zur Abstimmung von Beitragsbedarf und Beitragsangebot

Informations- *kategorien*	Für eine den personalwirtschaftlichen Zielsetzungen ökonomischer und sozialer Effizienz gerecht werdende Personalzuordnung **sind detaillierte Informationen erforderlich über die an den Arbeitsplätzen zu erfüllenden Anforderungen, die Fähigkeiten der Mitarbeiter und deren individuelle tätigkeitsbezogene Bedürfnisstruktur.** Die notwendige Abstimmung aller drei Einflußgrößen erfordert entsprechende Instrumente zur Ermittlung der benötigten Informationen. Die Tätigkeitsanforderungen lassen sich mit den bereits genannten Instrumenten der **Arbeitsanalyse** und **Arbeitsbewertung**, die bei den Mitarbeitern gegebenen Fähigkeiten mit Hilfe der **Leistungsbewertung** und **Personalbeurteilung** und deren Einsatzwünsche durch **Personal- bzw. Mitarbeiterbefragung** zumindest ansatzweise ermitteln. Die Ergebnisse können dann zu „Profilen" zusammengefaßt werden, deren Vergleich eine wichtige Entscheidungsgrundlage bildet. Allerdings tauchen hier alle Analyse- und Prognoseprobleme auf, die bereits im Zusammenhang mit der Ermittlung des qualitativen Personalbedarfs angesprochen wurden. Besondere Schwierigkeiten dürfte dabei die Erstellung indi-

vidueller „Bedürfnisprofile" bereiten. Aufgrund der bislang noch nicht gelösten methodischen Probleme können die Ergebnisse von Bedürfnisanalysen gegenwärtig nur als **ergänzende Entscheidungsprämissen** bei der Personalzuordnung Berücksichtigung finden.

Während die qualitative Zuordnung von Personal von einer möglichst vollständigen Deckung von Stellenanforderungen und Mitarbeiterfähigkeiten unter möglichst weitgehender Berücksichtigung der Neigungen und Interessen der Mitarbeiter ausgeht, steht im Mittelpunkt der quantitativen Zuordnung der termingenaue Einsatz einer dem Mengenbedarf entsprechenden Zahl von Mitarbeitern zur Vermeidung von Unter- und Überdeckungen.

Qualitative Zuordnung

Quantitative Zuordnung

Lösungsverfahren zur Handhabung des qualitativen Zuordnungsproblems

(1) Kosten- und gewinnorientierte Verfahren

Eine Reihe von Modellansätzen versucht, die Personalzuordnung unter Zugrundelegung monetärer Kriterien (z. B. Kosten, Erlös, Gewinn) vorzunehmen. So wird z. B. die Minimierung der Einarbeitungskosten als Kriterium einer optimalen Lösung vorgeschlagen oder versucht, Gewinnveränderungen bei alternativen Stellenbesetzungen zu ermitteln und die gewinnmaximale Zuordnung anzustreben. Der Einsatz dieser Verfahren wird in der Praxis meist am Fehlen der benötigten Informationen scheitern. Eine Zuordnung von Gewinnbeiträgen ist auch sachlich nicht vertretbar, da Gewinn stets das Resultat des Zusammenwirkens aller am Leistungsprozeß beteiligten Arbeitskräfte, der gesamten Produktionsfaktoren sowie einer Reihe von Umweltdaten (z. B. Konjunkturentwicklung) ist.

(2) Modelle zur Maximierung der Eignungskoeffizienten

Im Gegensatz zu den unter (1) genannten Verfahren wird bei den Modellen zur Maximierung der Eignungskoeffizienten von **keiner monetären Größe** ausgegangen. Diese Personalzuordnungsmodelle gehören in die Klasse der mit linearer Programmierung (vgl. Teil 4) lösbaren Allokationsmodelle (vgl. zum Folgenden Bisani 1990, Oechsler 1990). Sie gehen in ihrer allgemeinen Formulierung davon aus, daß n Mitarbeiter für die Besetzung von n Stellen zur Verfügung stehen. Die Eignung des Arbeitnehmers (i) zur Verrichtung der mit der Stelle (j) verbundenen Beiträge wird durch den Eignungskoeffizienten (e_{ij}) erfaßt (i,j = 1, . . ., n). Der Eignungskoeffizient bringt den Grad der Übereinstimmung von Arbeitsanforderungen und Fähigkeiten eines Arbeitnehmers zum Ausdruck. Die unabhängige Variable (Z_{ij}) bezeichnet die **Zuordnung** des Arbeitnehmers (i) zur Stelle (j). Die Arbeitnehmer sollen den betreffenden Stellen in der Weise zugeordnet werden, daß die Summe der Eignungskennzahlen ihr Maximum erreicht. Dabei wird unterstellt, daß die **Maximierung der Eignungskoeffizienten** die optimale Stellenzuordnung gewährleistet. Die mathematische Formulierung des linearen Modells ergibt ein Gleichungssystem mit einer Zielfunktion und mehreren Nebenbedingungen:

Personalzuweisungsmodell

Eignungskoeffizient

(6.3) $\qquad \sum\limits_{i=1}^{n} \sum\limits_{j=1}^{n} e_{ij} \cdot z_{ij} \rightarrow \max!$

(6.4) $\qquad \sum\limits_{i=1}^{n} z_{ij} = 1$

(6.5) $\qquad \sum\limits_{j=1}^{n} z_{ij} = 1$

(6.6) $\qquad z_{ij} \in (0; 1)$

Die Zielfunktion (6.3) schreibt die Maximierung der Eignungskoeffizienten im Rahmen der Zuordnung vor. Durch die Nebenbedingungen wird festgelegt, daß jede Person nur eine Stelle einnehmen kann (6.4) und daß umgekehrt jede Stelle nur einmal besetzt wird (6.5). Bei erfolgter Zuordnung nimmt z_{ij} den Wert 1 an und andernfalls den Wert 0 (6.6). Die Zahl der Zuweisungsalternativen, die der Anzahl der möglichen Kombinationen der n Personen mit n Stellen entspricht, beträgt n!. Die Eignungskoeffizienten aller Zuordnungsmöglichkeiten bilden eine quadratische n/n-Matrix.

Theoretisch besteht die Möglichkeit, bei der Lösung des Personalzuweisungsproblems für sämtliche Zuordnungskombinationen den Gesamteignungswert festzustellen und die Alternative mit dem höchsten Wert zu bestimmen. Bei 10 Bewerbern und 10 Stellen ergeben sich dann aber bereits über 3 Millionen mögliche Zuweisungen. Deshalb finden in der Praxis **heuristische Lösungsmethoden** Anwendung, die mit geringerem Rechenaufwand die Ermittlung einer dem Optimum angenäherten Zuordnungsalternative anstreben. Daneben werden im Rahmen der **linearen Programmierung** spezielle Verfahren entwickelt, die nach mehreren Rechenschritten die optimale Zuweisung bestimmen.

*Bewertungs-
matrix*

Zur Erläuterung der einzelnen Lösungstechniken wird ein einfaches Beispiel mit 5 Personen und 5 Stellen gewählt, dem die Bewertungsmatrix A_0 (vgl. Abbildung 6.16) mit den Eignungskoeffizienten der Belegschaftsmitglieder zugrunde liegt.

Stellen $j = 1, \ldots, 5$ / Personen $i = 1, \ldots, 5$	1	2	3	4	5
1	72	95	85	123	105
2	60	108	37	24	44
3	12	23	144	36	36
4	89	85	156	120	97
5	69	83	80	76	78

Abbildung 6.16: Bewertungsmatrix A_0

Für die **Interpretation der Eignungsziffern** der Matrix stehen mehrere Möglichkeiten offen, je nachdem, auf welche Weise das Eignungspotential bestimmt wird. Sie können z. B. die Summe der gewichteten Anforderungsarten zum Ausdruck bringen, welche die betrachtete Person an den einzelnen Stellen zu erfüllen in der Lage ist. Die e_{ij}-Werte können auch den möglichen Leistungsgrad des Arbeitnehmers, bezogen auf die Durchschnittsleistung, darstellen. Manchmal repräsentieren diese Zahlen auch die Beitragsmenge (Arbeitseinheiten), die während eines gegebenen Zeitraums erstellt wird, wobei die Vergleichbarkeit heterogener Mengengrößen gewährleistet sein muß.

Inhalt des Eignungs-koeffizienten

Bei der Lösung des Zuordnungsproblems bieten sich in der Praxis zunächst zwei heuristische Verfahren an (vgl. Berthel 1989). Der erste Weg ist das Rangordnungsverfahren. Es folgt dem Grundsatz, daß an jeden Arbeitsplatz der beste Mitarbeiter gehört. Diese Faustregel führt nur dann zu optimalen Lösungen, wenn für jede Stelle jeweils ein anderer Arbeitnehmer den höchsten Eignungswert nachweist. Steht ein Kandidat bei mehreren Stellen an der Spitze der Rangordnung, dann muß das strenge Rangprinzip modifiziert werden. Diese Methode übersieht durch die isolierte Betrachtung der Leistungsfähigkeit einzelner Personen die Tatsache, daß für die optimale Zuweisung das relative Eignungsverhältnis der Mitarbeiter untereinander von Bedeutung ist. Diesen Sachverhalt berücksichtigt das zweite Verfahren, das die Grundregel „jede Spezialbegabung an die für sie bestgeeignete Stelle" befolgt. Hier wird dem Umstand Rechnung getragen, daß es zweckmäßig ist, dem Spezialbegabten die Stelle zu geben, für die er eine besondere Eignung besitzt und den vielseitigen Arbeitnehmer eventuell mit einem Aufgabenbereich zu betrauen, für den sein Eignungsgrad etwas geringer ist.

Heuristische Methoden: Der beste Mitarbeiter an jedem Platz

Jede Spezial-begabung an ihren Platz

Ausgehend von der Bewertungsmatrix in Abbildung 6.16 ergibt sich nach dem **Rangordnungsprinzip** folgende Zuweisung: Eindeutig ist die Zuordnung der Stelle 2 zum Kandidaten 2, während bei den Stellen 1 und 3 der Arbeitnehmer 4 und bei den Positionen 4 und 5 der Mitarbeiter 1 den ersten Rang einnimmt. Wird von den größten Eignungswerten der beiden Belegschaftsmitglieder ausgegangen, dann erhält Person 4 die Stelle 3 und Person 1 die Stelle 4. Für die Besetzung der verbleibenden Stellen 1 und 5 kommt der jeweils auf dem 3. Rang liegende Kandidat 5 in Betracht. Da dessen Eignung für die Stelle 5 größer ist, wird ihm diese zugewiesen. Für Arbeitnehmer 3 bleibt nur noch die Stelle 1, obwohl er hierfür den geringsten Eignungskoeffizienten besitzt. Die Summe der Eignungsgrößen für diese Zuordnungskombination beträgt: $12 + 108 + 156 + 78 + 123 = 477$ Einheiten.

Das zweite heuristische Verfahren beachtet durch die Berücksichtigung von **Spezialbegabungen** Eignungsunterschiede bei der Zuweisung. Hier erhalten die Spezialisten 2 und 3 die Stellen 2 und 3. Wird bei der Besetzung der weiteren Stellen wieder nach dem Rangordnungsprinzip verfahren, dann wird der Person 4 die Stelle 1 zugewiesen, während Kandidat 1 die Stelle 4 und Kandidat 5 den Aufgabenbereich 5 einnehmen. Der Eignungsgesamtwert ist in diesem Fall: $89 + 108 + 144 + 123 + 78 = 542$ Einheiten.

Während die an Faustregeln orientierten Lösungstechniken nur in Ausnahmefällen und bei einfachen Anweisungsproblemen zu optimalen Ergebnissen im Sinne der definierten Zielfunktion führen, ermitteln mathematische Verfahren nach einer endlichen Folge von Rechenschritten die optimale Zuordnungskombination. Allgemein lassen sich Allokationsmodelle mit Hilfe der Simplexmethode oder auch der Transportmethode lösen. Bei einigen Spezialfällen linearer Programmierung – wozu auch das Personalanweisungssystem in der dargestellten Formulierung gehört – lassen sich Methoden anwenden, die wesentlich weniger Rechenschritte erfordern (z. B. „Ungarische Methode").

Kritik des Personal-zuweisungs-modells

Der Stellenbesetzung nach Maßgabe der **Eignungskoeffizienten** liegt die Vorstellung zugrunde, daß die Zuordnungsplanung optimal ist, wenn die maximale Eignungskennzahl der Belegschaft realisiert wird. Die inhaltliche Interpretation dieser Zielsetzung stößt auf verschiedene Schwierigkeiten.

Ermittlung des Eignungs-koeffizienten

Zunächst ist die Ermittlung der Eignungskoeffizienten als eindimensionale Wertzahlen für die verschiedenen Personen und Stellen problematisch.

Die kardinale Messung der Eignung setzt voraus, daß die Eignungspotentiale der Kandidaten überhaupt erfaßt werden können und die Anforderungsarten der einzelnen Stellen eine ähnliche Struktur aufweisen.

Streng genommen darf das Verhältnis zwischen den quantifizierten Anforderungsarten nicht schwanken, da sie nicht gegeneinander austauschbar sind. Höhere Schwierigkeits- bzw. Eignungsgrade müssen wegen der Zusammenfassung zu einer Wertzahl immer zumindest die Anforderungs- bzw. Fähigkeitsartmengen niedrigerer Stufen enthalten. Bei unterschiedlichen Stellen ist ein Vergleich und die Aggregation der Eignungsgrößen zur Bewertung der Zuordnungsalternativen nicht ohne weiteres zulässig, da die entsprechenden Voraussetzungen nur selten gegeben sind. Eine sinnvolle Auslegung für die Maximierung der Summe der Eignungswerte ist daher nur möglich, wenn von Stellen ausgegangen wird, bei denen die Inhaber gleichartige oder durch Bewertungsakte vergleichbar gemachte Beiträge leisten. Die Eignungskoeffizienten stellen dann das Maß für die Beitragsmenge dar, die der Arbeitnehmer (i) auf der Stelle (j) innerhalb eines bestimmten Zeitraums leistet.

Problematik der Ziel-funktion

Soweit die Meßproblematik und Vergleichbarkeit der Eignungsgrößen als gelöst unterstellt werden kann, stellt sich die Frage nach der Zweckmäßigkeit der Zielfunktion des Modells. Die eignungsmaximale Zuordnung der Belegschaftsmitglieder zu den Stellen sagt nichts darüber aus, in welchem Umfang Beiträge an das Unternehmen geleistet werden. **Das Modell erfaßt nicht die arbeitsteiligen Abhängigkeiten zwischen den Stellen.** Diese Komponente wird dann bedeutsam, wenn die Beitragsleistung eines Arbeitnehmers von den Beiträgen der Inhaber vorgelagerter Stellen abhängt. Über die Maximierung der Eignungskoeffizienten wird lediglich die größtmögliche Aktivierung der Fähigkeitsstruktur der Belegschaft gefordert, eine Übereinstimmung von Anforderungskurve der Stellengesamtheit und Eignungskurve der Belegschaft ist nicht notwendig. Die Anforderungskurve gibt an, wie viele Stellen einen bestimmten Schwierigkeitsgrad aufweisen. Mit wachsenden Anforderungen nimmt im allgemeinen die Stellenzahl ab. Ähnlich verläuft die Eignungskurve, da sich mit steigendem Schwierigkeitsgrad die Zahl der Mitarbeiter vermindert, die über die Voraussetzung zur Leistung der geplanten Beiträge verfügen (vgl. Abbildung 6.17).

796

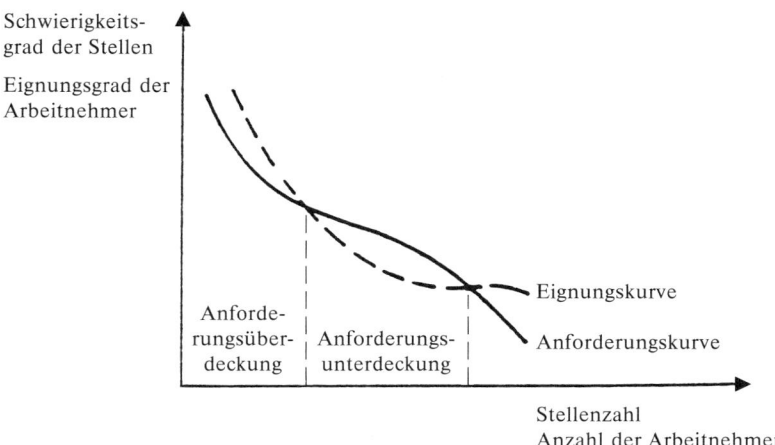

Abbildung 6.17: Beispiel einer Anforderungs- und Eignungskurve

Im Personalzuordnungsmodell wird unterstellt, daß „Anforderungsunterdeckungen" kompensiert werden. Die unzureichende Eignung eines Belegschaftsmitglieds zur Leistung der Beiträge auf einer Stelle (j) kann durch Eignungsüberschüsse der Inhaber der Stellen (j + 1), (j + 2) usw. ausgeglichen werden.

Anforderungsüber- und -unterdeckungen

Maßgebend ist allein das eingesetzte Fähigkeitspotential. Abgesehen von der Fragwürdigkeit dieser Prämisse **schließt das Modell die in der Realität zahlreich vorkommenden Fälle aus, in denen durch ungenügende Beitragsleistungen vorgelagerter Stellen die Abgabe bestmöglicher Beiträge nachgelagerter Stellen behindert wird.**

Solche Einwände bildeten den Ausgangspunkt für verschiedene Erweiterungen des Personalzuordnungsmodells (z. B. Einbeziehung differenzierter Anforderungs- und Eignungsgrößen anstelle globaler Eignungsziffern, Modifizierung der Zielfunktion durch Annahme von Erlös- und Aufwandsgrößen, Aufhebung der Bedingungen einer n/n-Matrix durch Einführung von Scheinaktivitäten usw.). Die Erweiterungen können jedoch den grundsätzlichen Mangel der fehlenden sozialwissenschaftlichen Fundierung des Modells nicht aufheben. Mit dem Personalzuordnungsmodell ist nämlich die Annahme verbunden, daß zwischen Eignung und Beitragsleistung ein linearer Zusammenhang besteht. Die Zielfunktion kann deshalb als Maximierung der Arbeitsproduktivität interpretiert werden. Diese inhaltliche Konkretisierung verweist auf die mechanistische Konzeption des arbeitenden Menschen und offenbart zugleich die Begrenztheit dieses Modells. Auf die Produktivität wirkt allein die Eignung der Belegschaft ein. Ein optimales Anreizsystem wird als gegeben unterstellt. **Diese einseitige Betrachtung vernachlässigt die zahlreichen Einflußfaktoren, die auf das Arbeitsverhalten und auf die Entscheidung des Arbeitnehmers zu rollenkonformer Beitragsleistung einwirken.**

Mangelnde sozialwissenschaftliche Fundierung

Ob sich eine Stellenbesetzung als optimal erweist, hängt nicht nur von den anforderungsbezogenen Fähigkeiten der Mitarbeiter ab, sondern auch von allen Faktoren,

797

die deren Leistungsbereitschaft beeinflussen. Motivations-, Kommunikations- und Gruppenprobleme dürfen daher nicht vernachlässigt werden.

(3) Methode des Profilvergleichs

Für die Lösung praktischer Zuordnungsprobleme geeigneter erscheint die **Methode des Profilvergleichs**. Bei ihr werden die Anforderungen des Arbeitsplatzes und die Fähigkeiten des Mitarbeiters für jeweils identische und möglichst gut bewertbare Merkmale in Form eines Anforderungs- und Fähigkeitsprofils erhoben und einander gegenübergestellt (vgl. Abbildung 6.18).

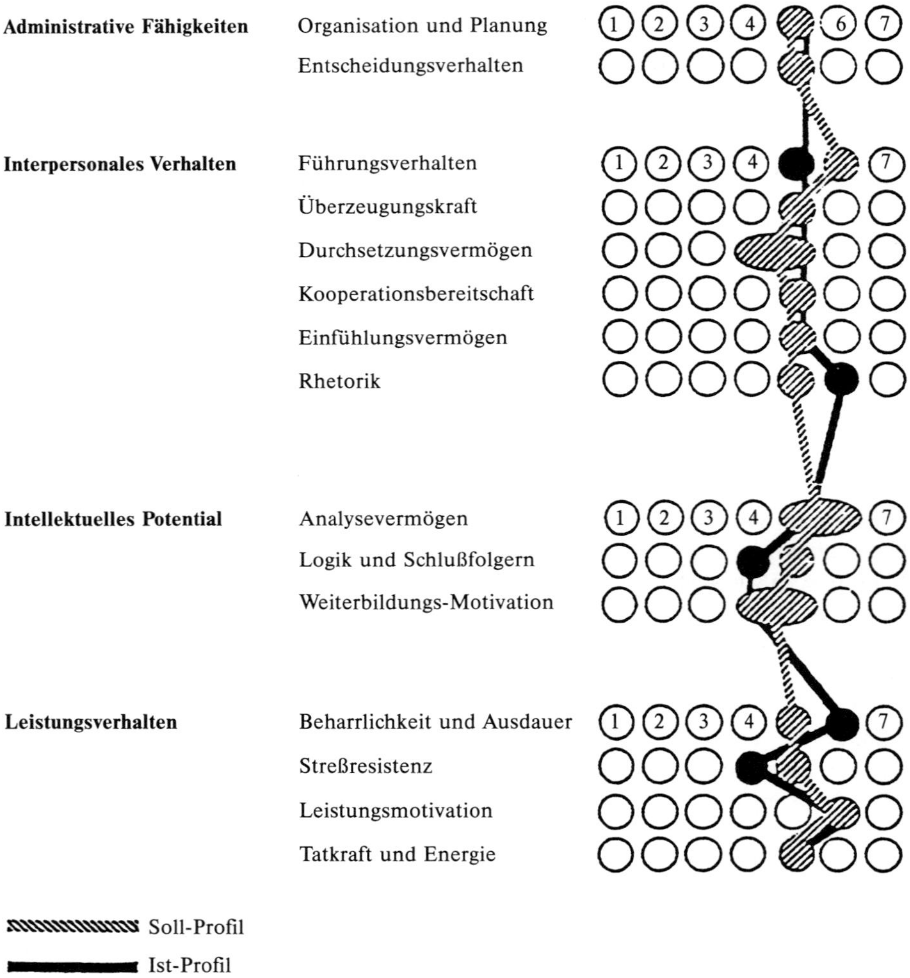

		1	2	3	4	5	6	7
Administrative Fähigkeiten	Organisation und Planung							
	Entscheidungsverhalten							
Interpersonales Verhalten	Führungsverhalten							
	Überzeugungskraft							
	Durchsetzungsvermögen							
	Kooperationsbereitschaft							
	Einfühlungsvermögen							
	Rhetorik							
Intellektuelles Potential	Analysevermögen							
	Logik und Schlußfolgern							
	Weiterbildungs-Motivation							
Leistungsverhalten	Beharrlichkeit und Ausdauer							
	Streßresistenz							
	Leistungsmotivation							
	Tatkraft und Energie							

~~~~~~~~~~ Soll-Profil

▬▬▬▬▬ Ist-Profil

Abbildung 6.18: Anforderungs- und Fähigkeitsprofile

Quelle: Jochmann (1991)

798

Das Ziel des Profilvergleichs ist eine möglichst weitgehende Deckung von Anforderungs- und Fähigkeitshöhen. Da eine vollständige Deckung nur selten möglich sein wird, sind **Bandbreiten** anzubieten (Mindestanforderungen, Höchstanforderungen) innerhalb derer, z. B. bei einer Unter- oder Überdeckung des Anforderungsmerkmals, eine Zuordnung noch erfolgen kann. Das Ergebnis des Vergleichs von Anforderungs- und Fähigkeitsprofil bestimmt den Eignungsgrad des Mitarbeiters für diesen Arbeitsplatz und liefert gleichzeitig Aufschluß über notwendige konkrete Aus- und Weiterbildungsmaßnahmen.

Die Profilvergleichsmethode ermittelt zwar keine numerischen Eignungskoeffizienten, die Schwierigkeit besteht aber auch hier darin, die komplexen Anforderungsstrukturen der Arbeitsplätze so in ihre Einzelfaktoren zu zerlegen, daß der jeweiligen Anforderungsstruktur die in einzelne Merkmale aufgegliederte korrespondierende Fähigkeitsstruktur des Mitarbeiters gegenübergestellt werden kann.

Lösungsverfahren zur Handhabung des quantitativen Zuordnungsproblems

Quantitative Zuordnungsprobleme ergeben sich vorrangig aus der Notwendigkeit zur Aufrechterhaltung eines kontinuierlichen Fertigungsablaufes, besonders, wenn unvermeidliche Personalausfälle (durch Urlaub, Krankheit, Unfall) oder Fehlzeiten auftreten, oder wenn kurzfristig unterschiedliche Arbeitsspitzenbelastungen entstehen. Zur Lösung solcher Schwierigkeiten wurden **Zuordnungsmodelle** entwickelt, die unter Zugrundelegung einer „Normalqualifikation" und einer Betrachtung der Arbeitskräfte als qualitativ gleichwertig, die Entscheidung über den quantitativen Einsatz der Mitarbeiter unterstützen können.

Quantitative Zuordnungsprobleme

Modelle zur Unterstützung quantitativer Zuordnung

Zu nennen sind hier vor allem **Schichtwechselpläne**, die unter Berücksichtigung tariflich festgelegter Arbeitszeiten einen kontinuierlichen Arbeitsablauf gewährleisten; ferner Modelle, die mit Hilfe der **linearen Programmierung** für bestimmte Dienstschichten die minimale personale Besetzung berechnen und schließlich Modelle der **Netzplantechnik**, die einer möglichst gleichmäßigen Auslastung der Personalkapazitäten dienen.

Personaleinführung

Der **Einführung von (neuen) Mitarbeitern** in neue Tätigkeitsbereiche wird im Rahmen der Personalzuordnung noch häufig unzureichende Beachtung geschenkt. Dabei erweist sich gerade die Art der Integration des Mitarbeiters in die Arbeitsgruppe bzw. in die Unternehmung für die Produktivität und die Qualität der individuellen Leistung als besonders wichtig. Gegenstand der Einführung ist die systematische Vermittlung von Informationen über das Unternehmen, die Abteilung, in der der Mitarbeiter tätig sein wird, die spezifischen Inhalte der Tätigkeit und die systematische Unterweisung am Arbeitsplatz. Von besonderem Vorteil kann sich die Einrichtung eines sogenannten **„Patensystems"** erweisen, bei dem ein erfahrener Kollege dem (neuen) Mitarbeiter bei der Orientierung im Unternehmen und bei der Integration in das soziale System behilflich ist.

4. Personalfreistellung

Gegenstand der Personalfreistellung ist der **Abbau von personellen Überdeckungen** in qualitativer, quantitativer, zeitlicher und örtlicher Hinsicht. Die Ursachen eines solchen Personalüberhanges können z. T. relativ frühzeitig und sicher prognostiziert werden, wie z. B. bei saisonal bedingten Beschäftigungsschwankungen, Betriebsstillegungen, Standortwechsel, Reorganisation, Automation; sie können aber auch relativ „unvorhersehbar" sein, wie beispielsweise Bedürfnis- und Bedarfsveränderungen auf seiten der Kunden mit entsprechend rückläufiger Absatzentwicklung. In solchen Fällen ist die Reaktionszeit für Anpassungsmaßnahmen stark verkürzt.

Interne Freistellung

Ähnlich wie bei der Personalbeschaffung kann zwischen **interner** und **externer** Freistellung unterschieden werden. Ein zeitlich begrenzter Personalüberhang kann durch interne Freistellungsmaßnahmen der **Arbeitszeitverkürzung** bzw. **Aufgabenumverteilung** kompensiert werden. Verkürzungen der Arbeitszeit können durch **Abbau von Überstunden, Einführung von Kurzarbeit** und Vereinbarung einer gegenüber der normalen Arbeitszeitregelung kürzeren Arbeitszeit **(Teilzeitbeschäftigung)** erfolgen. Die **kapazitätsverschiebende Aufgabenumverteilung** umfaßt die Umsetzung von Personalkapazitäten aus Betriebsbereichen mit Personalüberhang in solche mit personellen Unterdeckungen. Aufgabenumverteilung ist zumeist auch die Folge eines allgemeinen Einstellungsstops mit Ausnutzung der natürlichen Fluktuation zum Zweck des Personalabbaus.

Externe Freistellung

Externe Personalfreistellung erstreckt sich auf die Beendigung bestehender Arbeitsverhältnisse durch **Förderung des freiwilligen Ausscheidens** mittels Abfindungszahlungen und durch Kündigungen bestehender vertraglicher Arbeitsverhältnisse (Entlassungen). Ferner kann die Personalfreisetzung den **Abbau zeitlich befristeter Arbeitnehmerüberlassungsverträge** beinhalten.

Alternativenauswahl bei Freistellungsentscheidungen

Je nach den zugrunde gelegten Kriterien kann sich bei Freistellungsentscheidungen eine unterschiedliche Rangfolge der Maßnahmen ergeben. Aus ökonomischer Sicht kann eine schnelle Senkung der Personalkosten, denen keine entsprechenden Leistungen (mehr) gegenüberstehen, erforderlich sein, wobei allerdings die Schwierigkeiten einer möglicherweise notwendigen Wiederbeschaffung von Personal zu berücksichtigen sind. Aus der Sicht der Mitarbeiter steht zweifellos eher die Ausnutzung natürlicher Fluktuationen im Vordergrund. Wegen der schwerwiegenden Auswirkungen, die eine Entlassung für den betroffenen Mitarbeiter besitzt, hat der Gesetzgeber umfangreiche Kündigungsvorschriften erlassen (Kündigungsschutzgesetz, gesetzliche Regelungen zum Schutz besonders gefährdeter Arbeitnehmergruppen, Sonderregelungen bei Massenentlassungen). Nach dem allgemeinen Kündi-

Kündigungsschutz

gungsschutzrecht sind Entlassungen dann rechtsunwirksam, wenn sie sozial ungerechtfertigt sind. Lediglich in Ausnahmesituationen (§ 1, Abs. 2, Satz 1 KSchG), bei denen die Gründe in der Person (lang andauernde Erkrankungen, schlechte Leistungen), im Verhalten des Arbeitnehmers (Vertragsverletzungen) oder in dringenden betrieblichen Erfordernissen (Auftragsmangel, Rationalisierungsmaßnahmen, Stilllegung) liegen, können Kündigungen vorgenommen werden.

Wurden mit dem Betriebsrat entsprechende Richtlinien für die personelle Auswahl bei Kündigungen vereinbart (§§ 95 Abs. 1 u. 2, 102 Abs. 3 BetrVG) sind diese zu beachten. Ältere Mitarbeiter sind vorrangig weiterzubeschäftigen (§ 80 Abs. 1 Nr. 6 BetrVG). Der Arbeitgeber hat dem Arbeitnehmer die getroffene Auswahl zu begründen (§ 1 Abs. 3 KSchG).

Eine außerordentliche, d. h. in der Regel **fristlose** Kündigung ist nur zulässig, wenn dem Arbeitgeber unter Berücksichtigung aller Umstände des Einzelfalles und unter Abwägung der Interessen beider Vertragspartner die Fortsetzung des Arbeitsverhältnisses bis zum Ablauf der Kündigungsfrist oder bis zum vereinbarten Arbeitsende nicht zugemutet werden kann (§ 626 Abs. 1 BGB).

Ein besonderer Kündigungsschutz gilt
– für Betriebsratmitglieder (§ 15 Abs. 1 KSchG);
– für Schwerbehinderte (§§ 15, 16, 21 Abs. 1 SchbG);
– während der Schwangerschaft und bis 4 Monate nach der Entbindung (§ 9 Abs. 1 Mutterschutzgesetz);
– während der Ableistung des Grundwehr- bzw. Zivildienstes sowie
– für Auszubildende nach Ende der Probezeit.

Als relativ flexibles Instrument der Personalfreistellung erweist sich die Möglichkeit, bestehende Arbeitsverhältnisse durch den Abschluß von Aufhebungsverträgen, die mit einer Abfindung verbunden sind, zu beenden. Entscheidend für die Akzeptanz eines solchen Angebotes wird vor allem die Höhe der Abfindung und die Einschätzung der beruflichen Alternativen durch den Mitarbeiter sein. Die Höhe der Abfindung richtet sich in der Regel nach der bisherigen Verdiensthöhe, nach der Dauer der Betriebszugehörigkeit und ggf. nach dem Alter des Mitarbeiters. *Aufhebungsvertrag*

Die Schaffung beruflicher Alternativen steht im Mittelpunkt eines anderen Freistellungskonzeptes. Das Outplacement umfaßt Unterstützungsmaßnahmen bei der Suche nach einem neuen Arbeitsplatz für freizustellende Mitarbeiter. Dieses Instrument dient vor allem dem einvernehmlichen Abbau von Führungskräften und beinhaltet neben psychologischer Beratung und finanzieller Unterstützung (Abfindung, bezahlte Freistellung, Übernahme der Kosten einer Auffrischungs- oder Ergänzungsqualifizierung etc.) die aktive Unterstützung beim Auffinden eines neuen qualifikationsgerechten Arbeitsplatzes (vgl. Schulz u. a. 1989). Zielsetzung ist, das ökonomische Interesse am Abbau eines Personalüberhangs mit Maßnahmen zur Unterstützung des betroffenen Mitarbeiters so zu kombinieren, daß die Motivation und Loyalität der verbleibenden Führungskräfte, welche die Behandlung ihres Kollegen beobachten, nicht beeinträchtigt werden. Interessenausgleichsorientiertes Outplacement kann *Outplacement* auch in dem zwangsläufig ein Höchstmaß an persönlicher Betroffenheit erzeugenden Prozeß der Personalfreistellung das Image einer mitarbeiterorientierten Personalpolitik pflegen.

Aufhebungsverträge und Outplacement bieten neben dem Vorteil des flexiblen Einsatzes sowohl für das Unternehmen wie für den Mitarbeiter gegenüber der Alternative einer ordentlichen Kündigung erhebliche Vorteile. Für das Unternehmen ist neben den Imagewirkungen von Vorteil, daß der Trennungsprozeß rascher und ohne arbeitsrechtliche Komplikationen abläuft. Für die Mitarbeiter wirkt sich neben den materiellen Vorteilen die Reduzierung der (zwangsläufigen) psychologischen Belastungen vorteilhaft aus.

Vorzeitige Pensionierung Freistellungsbedingte Belastungen können verringert werden, wenn es gelingt, den Personalüberhang durch vorzeitige Pensionierung abzubauen. Diese vorzeitige Pensionierung kann einstufig durch einen gegenüber der gesetzlichen Pensionierungsgrenze zeitlich vorgezogenen Eintritt in den Ruhestand erfolgen oder durch einen flexiblen Übergang in den Ruhestand. Unter Nutzung der flexiblen Altersgrenze (§ 1248 Abs. 4 RVO, § 25 AVG, § 46 RKuG) können erwerbstätige Männer mit vollendetem 63. und erwerbstätige Frauen mit vollendetem 60. Lebensjahr bei Erfüllung bestimmter versicherungsrechtlicher Voraussetzungen ein vorgezogenes Altersruhegeld beziehen. Insbesondere das Modell des gleitenden Übergangs in den Ruhestand erscheint nicht nur als eine den Mitarbeitern mehr entgegenkommende Art der Beendigung des Berufslebens als die derzeitige Praxis der „abrupten" Pensionierung, sondern auch als eine ein hohes Maß an Interessenausgleich ermöglichende Form der Personalfreistellung.

5. Arbeitsstrukturierung

Gegenstand der Arbeitsstrukturierung sind alle Entscheidungsprobleme, die sich aus der Art der Arbeitsaufgabe, vor allem dem Arbeitsinhalt, sowie aus den Bedingungen, unter denen die Arbeit verrichtet wird, ergeben. Der Entscheidungsspielraum ist dabei zu einem wesentlichen Teil von übergeordneten unternehmenspolitischen Entscheidungen (Produktionsprogramm, Investitionen) abhängig.

Welche Güter und Dienstleistungen auf welche Weise und unter welchen Bedingungen hergestellt bzw. erbracht werden, hängt von den Sachzielvorstellungen der Unternehmensleitung, den Erfordernissen des Marktes und dem daran orientierten Produktionsprogramm sowie von der Eignung verfügbarer Technologien ab. An diesen Bedingungen orientiert sich in der Regel die betriebliche Ausstattung mit Maschinen (Ausstattungsentscheidungen) sowie die Art, in der die Maschinen genutzt werden (Prozeßentscheidungen).

Arbeitsinhalt

Personalwirtschaftliche Entscheidungstatbestände bei der Gestaltung des Arbeitsinhalts sind vor allem der Grad der Stellenspezialisierung bzw. die Stellenerweiterung und der Stellenwechsel.

Die **Spezialisierung** von Stellen durch Verminderung der Beitragsarten der einzelnen Stellen, die in der Regel von einer Erhöhung der Beitragsmengen der verbleibenden Beitragsarten begleitet ist, weist gegenüber einer weniger spezialisierten Stellenbildung nicht unbedeutende Vorteile auf, denen andererseits erhebliche Nachteile gegenüberstehen. Als Vorteile können angeführt werden:

Vorteile der Stellenspezialisierung

(1) Die Spezialisierung engt die Anzahl der Beitragsarten ein, so daß sich die Arbeitsverrichtungen in kürzeren Zeitabständen wiederholen. **Dadurch wird der Grad der Übung und Gewöhnung erhöht.** Es kann sich in körperlicher Hinsicht ein nahezu gewohnheitsmäßiger Bewegungsablauf ergeben, so daß sich ohne kräftemäßigen Mehraufwand die Beitragsmengen vergrößern lassen.
(2) **Der Arbeitnehmer braucht sich gedanklich nicht auf häufig wechselnde Arbeitsverrichtungen umzustellen**, die verwendeten Arbeitsmittel werden seltener durch andere ersetzt. Die Arbeitsleistung kann dadurch ebenfalls ohne Mehraufwand steigen.
(3) Bei Spezialisierung von Stellen wächst die Möglichkeit, Arbeitsplatz und Arbeitsmittel den spezifischen Erfordernissen des Arbeitsvorgangs anzupassen. **Der Kräfteaufwand für die Beitragserstellung kann sich dadurch verringern.**
(4) Die Stellenzuordnung wird erleichtert, **da jedem Mitarbeiter die Stelle übertragen werden kann, für die er sich am besten eignet**, während bei weniger spezialisierten Stellen auch Verrichtungen durchzuführen sind, die seinen Fähigkeiten weniger entsprechen.
(5) Anlern- und Einarbeitungsvorgänge werden verkürzt.
(6) Die Spezialisierung bewirkt wegen der ständigen und gleichmäßigen Ausführung weniger Beitragsarten häufig Qualitätsverbesserungen.

Wegen dieser Vorteile wird häufig angenommen, daß von der Stellenspezialisierung erhebliche produktivitätssteigernde Effekte ausgehen.

Für den Arbeitnehmer ist die Beschränkung auf wenige Beitragsarten und erleichterte Durchführung der Verrichtungen in der Regel mit einer Erhöhung der Beitragsmenge verbunden. Über die subjektive Beurteilung der sich daraus ergebenden Arbeitssituation durch die Arbeitnehmer lassen sich keine allgemeinen Aussagen machen. **Empirische Untersuchungen haben ergeben, daß die Einschätzungen stark spezialisierter Beitragsstrukturen von „großer Entlastung" bis zu „erheblicher Erschwerung" im Vergleich zu weniger spezialisierten Beitragsstrukturen reichen.**

Den produktivitätsfördernden Folgen der Spezialisierung wirken nachteilige Effekte entgegen, welche die angeführten Vorteile **teilweise ausgleichen oder überkompensieren** können. Es werden hauptsächlich folgende Argumente **gegen** die Spezialisierung angeführt:

Nachteile der Stellenspezialisierung

(1) Die Spezialisierung hat einseitige Belastungen zur Folge und führt zu starken Ermüdungserscheinungen, **so daß der Bedarf an Erholung wächst oder gesundheitliche Schäden auftreten.**

(2) **Tendenziell steigen die Transportzeiten und -kosten,** soweit nicht wirtschaftlichere Fördermittel eingesetzt werden, weil jeder Stelleninhaber nur wenige Beitragsarten zur Erfüllung der Gesamtaufgabe leistet.

(3) Spezialisierung bewirkt eine Einengung des realisierbaren Fähigkeitspotentials der arbeitenden Menschen; **ihre Anpassungs- und Umstellungsfähigkeiten werden geringer.**

(4) Die Aufspaltung des Gesamtbeitrages in wenige Beitragsarten kann bei den Arbeitnehmern ein **Gefühl der Eintönigkeit und Langeweile (Monotonie)** hervorrufen und zu psychischen Störungen führen. Der Blick für den Gesamtzusammenhang des Leistungsvollzugs und für die Bedeutung der eigenen Beitragserstellung geht verloren **(Entfremdung).** Der Arbeitnehmer identifiziert sich nicht mehr mit der monotonen Verrichtungsfolge; höhere Bedürfnisschichten (vgl. Abbildung 6.5, S. 739) bleiben deshalb unbefriedigt.

Besonders die beiden letzten Argumente verdienen große Beachtung, da sie sich auf die soziale Effizienz der Spezialisierung von Stellen beziehen, deren sozialwissenschaftliche Analyse im Mittelpunkt wissenschaftlicher Untersuchungen zur „Humanisierung des Arbeitslebens" steht.

Die negativen Auswirkungen der durch den technischen Fortschritt bedingten Spezialisierung von Stellenaufgaben veranlassen viele Industriebetriebe, ihren gegenwärtigen Spezialisierungsgrad wieder herabzusetzen oder Maßnahmen zur Überwindung der Eintönigkeit und Entfremdung zu ergreifen.

Job enlargement

Im ersten Fall handelt es sich um eine unter dem Schlagwort „job enlargement" bekannt gewordene Erweiterung der Stellenaufgaben. Dieser Vorgang führt zu einer **Erhöhung der Beitragsarten bei gleichzeitiger Verminderung der Beitragsmengen je Beitragsart durch das Hinzufügen neuer, aber strukturell gleichartiger Verrichtungen bzw. Arbeitsobjekte zu den bisherigen Stellenaufgaben.** Wie die Ergebnisse mehrerer empirischer Untersuchungen zeigen, bedeutet der Prozeß der Stellenerweiterung nicht zwangsläufig einen Produktivitätsrückgang. Die bei hohem Spezialisierungsgrad stark ins Gewicht fallenden negativen Faktoren können eine Überkompensation der produktivitätssteigernden Vorteile bewirken, so daß die Verminderung der Spezialisierung solche negativen Effekte abzubauen vermag. Aufgrund eines größeren Interesses bei der Leistungserstellung können sich Leistungsvorteile in mengenmäßiger und qualitativer Hinsicht ergeben. Diese Resultate legen den Schluß nahe, daß der Umfang der durch Spezialisierung erreichbaren Leistungssteigerung vom realisierten Spezialisierungsgrad abhängt. Mit zunehmender Spezialisierung verstärken sich bei einem Großteil der Arbeitnehmer die negativen Konsequenzen in bezug auf das Arbeitsverhalten.

Job enrichment

Eine Weiterführung des job enlargement durch eine **qualitative Vergrößerung des Arbeitsfeldes** erfolgt beim job enrichment (Arbeitsbereicherung). Hierbei werden Funktionen in die Arbeitsaufgabe integriert, die zuvor von einer hierarchisch höheren

804

Stelle (dem Vorgesetzten) wahrgenommen wurden (z. B. Planungs-, Kontroll- und Entscheidungskompetenzen). Durch die Befriedigung höherwertiger Bedürfnisse soll eine intrinsische, auf den Inhalt der Arbeit bezogene Motivation erreicht werden und damit letztlich auch eine Produktivitätssteigerung.

Eine Weiterführung des job enrichment stellt das Konzept der selbststeuernden Gruppen dar (vgl. auch Teil 4, S. 441). Die Verantwortung für den Produktionsprozeß geht im Rahmen der durch die Organisation gesetzten Bedingungen (z. B. verfügbare Produktionsmittel, maximale Durchlaufzeit, Budgets) auf die Arbeitsgruppe über. Die Selbststeuerung bezieht sich auf Problembereiche des Arbeitsinhaltes und des Arbeitsplatzes. Jede Arbeit innerhalb der Gruppe sollte von jedem Mitarbeiter der Gruppe ausgeübt werden können. Damit wird unter anderem ein systematischer Arbeitsplatzwechsel, gegenseitiges Aushelfen bei Schwierigkeiten und Selbstverantwortlichkeit der Gruppe für bestimmte Entscheidungen (z. B. Pausenregelung) angestrebt. *Selbststeuernde Gruppen*

Das Konzept der selbststeuernden Gruppen zielt auf die Erfüllung höherer Bedürfnisschichten (vgl. Abbildung 6.5, S. 739) ab. Darüber hinaus werden auch die Gegensätze zwischen individuellen Bedürfnissen der Menschen im Betrieb und den organisationalen Anforderungen, die mit dem Produktionsprozeß verbunden sind, abgebaut. **Diese Form der Betriebsgemeinschaft setzt jedoch auf seiten der Organisation bestimmte Strukturen der Arbeitsabläufe, bei den Arbeitsgruppen gemeinsame positive Grundeinstellungen und bei den einzelnen Mitgliedern ein Mindestmaß an gleichen Fähigkeiten und Kenntnissen, z. B. auch über die Gesamtzusammenhänge im Betrieb, sowie ein gewisses Maß an sozialer Kompetenz und Kontaktfähigkeit voraus, was in der Praxis nicht immer gegeben ist.**

Die technische Ausstattung läßt oftmals eine Stellenerweiterung und -bereicherung nicht zu. Hier besteht die Möglichkeit, geplante Stellenwechsel (job rotation) durchzuführen. **Der Stellenwechsel gibt dem Arbeitnehmer die Gelegenheit, unterschiedliche Beiträge zu erbringen, so daß die Monotonie repetitiver Verrichtungsfolgen durchbrochen wird.** *Job rotation*

In der Regel erfolgt die Stellenrotation für Arbeitsbereiche auf der gleichen Leitungsebene. Auf der untersten hierarchischen Ebene kann dabei die Zeitspanne zwischen den Stellenwechseln relativ gering sein. Der Arbeitnehmer erhält z. B. täglich, wöchentlich oder monatlich einen anderen Aufgabenbereich zugeteilt. Dadurch werden die einseitigen Belastungen der Spezialisierung teilweise vermieden und zudem bleibt ein gewisser **Überblick über den Zusammenhang der Leistungsprozesse gewahrt**. Der Stellenwechsel kann auch eine mögliche **soziale Isolierung des einzelnen verhindern**, da die Stellenrotation die Aufnahme von Kontakten mit anderen Arbeitskollegen fördert.

Bei Stellenrotation auf den mittleren und höheren Ebenen der Leitungshierarchie sind meistens längere Zeiträume zwischen den Veränderungen vorgesehen, da mit der Übernahme einer neuen Stelle gleichzeitig ein Übergang der Verantwortung stattfindet. Durch den Stellenwechsel erwirbt der Arbeitnehmer Kenntnisse über die Zusammenhänge zwischen den Unternehmensbereichen und über die Koordinations-probleme. Auf diese Weise kann eine Kooperationsbereitschaft entstehen, die dem „Abteilungsdenken" entgegenwirkt. Gleichzeitig fördert die Stellenrotation die Entwicklung neuer Ideen in den verschiedenen Bereichen und Abteilungen, da neue Stelleninhaber mit größerer Unvoreingenommenheit an Probleme herantreten.

Probleme der Stellen-rotation

Andererseits stellt der geplante Stellenwechsel höhere Anforderungen an die persönliche Flexibilität der Teilnehmer des Rotationsprogramms. Soweit Änderungen in der Beitragsstruktur die Monotonie der Stellenaufgaben herabsetzen, erscheinen sie dem Arbeitnehmer zunächst vorteilhafter. Höhere Anforderungen, die Überwindung subjektiver Anpassungswiderstände gegen häufige Einarbeitungsphasen und die erhöhte Gefahr von Fehlentscheidungen bei der Übernahme neuer Stellen können diese Tendenz ausgleichen oder in das Gegenteil verkehren. In diesem Zusammenhang ist insbesondere die Bemessung der Dauer der Rotationsphasen von Bedeutung.

Technische Arbeitsbedingungen

Technischer Fortschritt

Die Spezialisierung ist meist eines der Folgeprobleme des technischen Fortschritts als Ergebnis von Investitionsentscheidungen im Industriebetrieb. Technischer Fortschritt kommt z. B. in der **Einführung neuer Fertigungsverfahren** zum Ausdruck, **die eine gegebene Leistung mit geringeren Kosten oder bei gleichen Kosten eine höhere Leistung bzw. neue Produkte herzustellen gestatten.**

Stufen des technischen Fortschritts

Zwei Ausprägungen des technischen Fortschritts sind die **Mechanisierung** und die **Automation**, die ihrerseits verschiedene Stufen umfassen.

Mechani-sierung

Bei der Mechanisierung **wird die Handarbeit zugunsten eines verstärkten Einsatzes von Maschinen eingeschränkt. Die Aggregate übernehmen körperlich stark belastende sowie repetitive Arbeitsgänge.** Bei der Beitragszusammensetzung verringern sich die physischen Beiträge. Die Maschinenbedienungsarbeit dominiert, und allmählich verlieren die Beiträge ihre unmittelbare Beziehung zur Ausbringung. Die artmäßige Veränderung der Stellenbeiträge spiegelt sich in der gewandelten Anforderungsstruktur wider. Während die körperlichen Anforderungen absinken oder mehr bei vor- und nachgelagerten Tätigkeiten auftreten (z. B. Zulieferung von Rohmaterialien, Weitertransport der Fabrikate), gewinnen die **geistigen Fähigkeitsmerkmale** wie Aufmerksamkeit und Nachdenken an Bedeutung, da sich ein Großteil der Beiträge auf die manuelle Steuerung der Aggregate erstreckt. Die Einstellung und Kontrolle der technischen Apparatur erfordern häufig **gründliche Fachkenntnisse**, die durch entsprechende fachliche Ausbildung und längere Erfahrung erworben werden.

Auswirkungen

Teil-automation

Während es sich bei der manuellen Steuerung technischer Anlagen um „unselbständige" Maschinen handelt, die vom Arbeitnehmer eingestellt, gesteuert und kontrolliert werden, vermindert sich bei „halbselbständigen" Aggregaten der Einfluß der geistigen Anforderungen und der Fachkenntnisse. Der menschliche Arbeitsbeitrag stellt lediglich eine Hilfsfunktion im Funktionsgefüge maschineller Arbeitsoperationen dar. **Die Maschine übernimmt die Steuerung selbst, die Beiträge des Arbeitnehmers**

Auswirkungen

beschränken sich auf Hilfs- und Kontrolltätigkeiten. Zugleich wird die persönliche Initiative bei der Leistung der Beiträge eingeengt. Entscheidungen über Menge und Qualität der Leistungen werden von der Arbeitsvorbereitung in Arbeitsanweisungen präzisiert und von der Maschine ausgeführt. Mit der Entwicklung technisch hochwertiger Anlagen werden in der Regel auch die äußeren Arbeitsbedingungen verbessert; dagegen steigt die Lärmentwicklung bei vermehrtem Maschineneinsatz an.

Neue Produktionskonzepte im Bereich der Teilautomation verbinden die Tätigkeiten des reinen Maschinenführers mit denen des Instandhaltungspersonals (vgl. hierzu und zum Folgenden Kern/Schuhmann 1990). Ziel ist eine effiziente Arbeitskraftnutzung durch Aufgabenintegration. Diese ist mit höheren Qualifikationsanforderungen verbunden. Notwendige Voraussetzung sind arbeitsprozeßliche Abläufe mit entsprechender qualitativer Substanz. Ist das Gefälle zwischen einfachen Maschinenführungsoperationen und der Instandhaltung zu groß, ist eine Aufgabenintegration nur schwer möglich.

Die vor allem bei halbselbständigen Aggregaten fortschreitende Spezialisierung erreicht mit der Verbindung von Einzelaggregaten zu Fertigungsstraßen ihren Höhepunkt. **Die Arbeitsaufgaben werden in kleinste Arbeitsoperationen zerlegt und zu einem kontinuierlichen Prozeß** verknüpft. Die Beitragsarten verringern sich, die physischen Beiträge beschränken sich auf wenige Handgriffe am Fließband und auf die Beschickung der Fertigungsstraßen mit Werkstoffen. Art und Dauer der Arbeitsoperationen sind von der Arbeitsvorbereitung genau festgelegt, **so daß die Fließbandbeiträge kein besonderes berufliches Können, sondern lediglich eine kurze Einarbeitszeit erfordern.** Dagegen steigen die bei der Spezialisierung erwähnten psychischen Belastungen an. Durch die vorgegebenen Taktzeiten ergibt sich ein **Zwang zur Anpassung an den geplanten Arbeitsrhythmus. Der individuelle Freiheitsspielraum bei der Erstellung von Beiträgen wird praktisch aufgehoben.** Wegen der sich ständig wiederholenden Handgriffe am Fließband wächst die **Eintönigkeit** und damit die psychische Belastung der Arbeitnehmer.

Fertigungsstraßen

Auswirkungen

Während bei der Mechanisierung ein Teil der Kontroll- und Steuerungstätigkeiten beim Menschen verbleibt, werden bei der Automation diese Aktivitäten ebenfalls auf Maschinen übertragen.

Die Automation stellt eine Produktionstechnik dar, bei der Maschinen die bei der Mechanisierung noch erforderliche menschliche Arbeit für Bedienung, Steuerung und Überwachung der Anlagen sowie für die Kontrolle der Produkte übernehmen.

Automation

Merkmale der Automation sind der Einsatz selbständiger Transportanlagen für die Beförderung der Zwischenprodukte zu den Bearbeitungsplätzen, ein kontinuierlicher Produktionsablauf durch den Aufbau integrierter Transferstraßen mit vollautomatischen Maschinenelementen, d. h. mit Aggregaten, die einer numerischen Steuerung unterliegen, sowie die laufende Produktionskontrolle der Werkstücke durch Meß- und Regelvorrichtungen, die nach dem Prinzip der Rückkopplung arbeiten.

Auswirkungen	Mit der Automation verliert der Arbeitnehmer die direkte Bindung an den Produktionsrhythmus. Es findet eine effektive Verminderung des Arbeitsinhalts statt. Die beim Menschen verbleibenden Beiträge sind auf die **Überwachung und Sicherstellung der Funktionsfähigkeit der Anlagen** beschränkt. Die körperliche Belastung wird nahezu vollständig abgebaut. Der Arbeitnehmer greift nur noch bei Störungen in den Fertigungsablauf ein. Die ständige Bereitschaft zum Tätigwerden und die dauernde Wachsamkeit bilden starke psychische Belastungsmomente, die durch akustische und visuelle Signale vermindert werden können. Mit der Betonung der Überwachungsfunktion ist eine Vergrößerung des Verantwortungsbereichs verbunden, denn die eingesetzten Aggregate werden komplizierter und Ablaufstörungen wirken sich auf den gesamten Fertigungsbereich aus.
Neue Beiträge	Bei automatisierter Fertigung bildet sich ein neues Anforderungsprofil für den Arbeitnehmer heraus. Für die Erfüllung seiner Überwachungsfunktion sind neben **handwerklichen Fähigkeiten** für Eingriffe in den Fertigungsprozeß **Spezialkenntnisse über Aufbau und Funktionsweise der Anlagen**, großes **Verantwortungsbewußtsein** sowie **Reaktionsschnelligkeit** und umsichtiges Denken erforderlich. Deswegen wird zuweilen die Meinung vertreten, daß im Rahmen der Automation die Entfremdung des Arbeitnehmers vom Arbeitsobjekt und -prozeß wieder abnehme.
Neue Belastungen	Bei der Automation stellen sich aber auch neue Belastungsfaktoren ein. Die Überwachungsfunktion verlangt Dauerkonzentration, die Ermüdung und Langeweile fördert. **Das Gefühl der Unterordnung des Menschen unter die Maschine wird verstärkt, die Entscheidungsfreiheit bleibt beschränkt.** Außerdem findet eine **Isolierung von den Mitarbeitern** statt. Die sozialen Beziehungen in Arbeitsgruppen werden gelockert oder gänzlich abgebaut, da die Überwachungsfunktion des einzelnen dominiert.
	Im Rahmen der Automation besitzt tendenziell die Hypothese Gültigkeit, daß das Bedürfnis der Arbeitnehmer nach menschlichem Kontakt den Erfordernissen des Produktionsablaufs untergeordnet wird, so daß die mit Dauerkonzentration verbundenen Überwachungsaufgaben im Arbeitnehmer das Gefühl der Eigengesetzlichkeit des Fertigungsprozesses und der sozialen Isolation verstärken.
Menschengerechte Gestaltung von Fließbandarbeit	Gestaltungsbemühungen mit dem Ziel einer stärkeren Berücksichtigung von Mitarbeiterinteressen können sich vor allem bei der Fließbandarbeit auf die **Verminderung physischer und psychischer Belastungen** sowie **sozialer Isolierung** aufgrund ungünstiger Arbeitsplatzanordnung beziehen.
	Eine Verminderung physischer Belastungen kann durch den Einbau von **„Puffern"** zwischen den Arbeitsplätzen bzw. Bandabschnitten erreicht werden, wodurch eine Variation des Arbeitstempos innerhalb der durch den Umfang des Puffers (z. B. Zahl der ruhenden Werkstücke) gesetzten Grenzen ermöglicht wird. Ferner kann die Bandgeschwindigkeit an die physiologisch bedingten Schwankungen bei der Leistungsfähigkeit angepaßt oder es können Kurzpausen eingeführt werden. Eine Minderung der Eintönigkeit kann durch Arbeitserweiterung mittels Zusammenfassung mehrerer Takte oder durch den Arbeitswechsel zwischen den Mitgliedern einer Bandgruppe angestrebt werden. Der sozialen Isolierung von Mitarbeitern kann durch eine die Kommunikationsmöglichkeiten verbessernde räumliche Anordnung der Bandarbeitsplätze entgegengewirkt werden.

Arbeitsplatz und Arbeitsumfeld

Die **Arbeitsplatzgestaltung** beeinflußt in hohem Maße die subjektiv wahrgenommene Ausgewogenheit der Anreiz-Beitrags-Struktur und damit die Zufriedenheit des Arbeitnehmers. Durch eine geeignete Gestaltung des Arbeitsplatzes können die subjektiven Anstrengungen und Belastungen vermindert werden.

Ziele und Objekte der Arbeitsplatzgestaltung

Grundlagen der Arbeitsplatzgestaltung sind Arbeitsplatzstudien sowie analytische Untersuchungen der Verrichtungsfolgen, die an einem Arbeitsplatz ausgeführt werden. Kernstück der Arbeitsplatzstudie ist die schematische Darstellung des Arbeitsfeldes, einschließlich der Betriebs- und Transportmittel. Die Ergebnisse werden in **Arbeitsplatzkarten** niedergelegt, die auch Angaben über die verwendeten Werkstoffe und Sicherheitsvorkehrungen enthalten. Die Arbeitsplatzstudie kann durch eine Betriebsmittelstudie ergänzt werden, die Hinweise über die Gebrauchsfähigkeit der eingesetzten Maschinen und Werkzeuge sowie über deren Mängel und Abnutzungsursachen liefert. Die Anpassung der Maschinen und Werkzeuge an die physiologischen Erfordernisse richtet sich besonders auf die Zweckmäßigkeit der Bedienungseinrichtungen, handgerechte Formgebung von Griffen und auf die Minimierung der Unfallgefahr durch Sicherheitseinrichtungen. Arbeitsablaufstudien sowie Zeit- und Bewegungsstudien erfassen den technischen Ablauf der Leistungserstellung, wobei sie **soziale und psychische Komponenten bewußt ausklammern**. Arbeitsablaufstudien analysieren Arbeitsvorgänge (Verrichtungsfolgen), indem sie sie in Verrichtungen und Arbeitselemente gliedern. Auf der untersten Ebene wird dabei durch physiologische Untersuchungen der Mikroarbeitsablauf bei den einzelnen Arbeitselementen festgehalten.

Arbeitsplatzstudie

Betriebsmittelstudie

Arbeitsablaufstudie

Die Grenze zwischen **Mikroablaufstudien** und **Bewegungsstudien** ist fließend. Die Bewegungsstudie analysiert die Abfolge kleinster Bewegungen und ihre Bewegungsbahnen mit dem Ziel, zeit- und energiesparende Bewegungselemente zu ermitteln. Zeitstudien messen die Dauer der Verrichtungsfolgen und -bewegungen und liefern Informationen für die Bestimmung der Normalleistung, die Grundlage für die Durchführung der Arbeitsbewertung (vgl. S. 820 ff.) ist.

Bewegungsstudie

Die arbeitswissenschaftliche Anpassung der Arbeitsmethode an den Menschen orientiert sich an dessen physiologischen Erfordernissen. Arbeitsablaufstudien stellen fest, in welcher Körperhaltung die Beiträge erstellt werden, welche Körperteile besonders beansprucht werden usw. Ferner ermitteln sie den Verbrauch an Muskelenergie, das Bewegungsfeld sowie Bewegungsformen und -geschwindigkeit. Der aufgenommene Istzustand bildet den Ausgangspunkt für die Entwicklung verbesserter Arbeitsmethoden. Für die Verbesserung der Arbeitsmethoden hat die Arbeitsgemeinschaft der Verbände für Arbeitsstudien (REFA) zahlreiche Grundsätze entwickelt, die zu einer körperlichen Entlastung der arbeitenden Menschen führen.

Gestaltung der Arbeitsmethode

Technische Vorkehrungen und Schutzmaßnahmen zur Verhütung von Unfällen können sich sowohl auf die **Ausschaltung von Gefahr** („gefahrlose Technik") als auch auf das **Verhindern des Wirksamwerdens von Gefahr** durch Einrichtung von Schutzvorrichtungen beziehen. Eine weitere Möglichkeit zur Beeinflussung der physischen und

Unfallverhütung und Arbeitssicherheit

psychischen Arbeitssicherheit ist durch die **Förderung des Sicherheitsbewußtseins** der Mitarbeiter gegeben. Eine Steigerung des Sicherheitsbewußtseins kann durch entsprechende Auslese, Unterweisung sowie durch Training der Arbeitnehmer erreicht werden.

Raum-gestaltung

Die **Arbeitsumfeldgestaltung** befaßt sich mit der Schaffung geeigneter räumlicher Voraussetzungen und der übersichtlichen Anordnung der Arbeitsmittel. Sie bezieht auch die Regulierung der Umwelteinflüsse, wie Licht-, Lärm-, Temperaturverhältnisse, Schadstoffe usw. ein, die als Umweltfaktoren ohne Bezug zu speziellen Arbeitsplätzen die Leistungserstellung beeinflussen. Hierzu liegt eine Reihe arbeitswissenschaftlicher Untersuchungen vor, welche die Auswirkungen dieser Faktoren auf das Arbeitsverhalten und die körperliche und geistige Konstitution des Arbeitnehmers beschreiben. Durch Klimaanlagen, künstliche Beleuchtung, schalldämpfende Vorrichtungen usw. lassen sich negative Wirkungen solcher Einflußfaktoren vermindern.

Farb-gestaltung

Auch die Farbgestaltung von Arbeitsräumen und -plätzen ist für die Leistungserstellung von Bedeutung. Farben erfüllen wegen ihrer Signalwirkung **Ordnungsfunktionen** (z. B. Markierung von Abstellplätzen), **Orientierungsfunktionen** (Kennzeichnung von Transportwegen) und **Sicherungsfunktionen** (z. B. Rot als „Halt-Farbe"). Neben der genormten Farbanwendung wird von einer ungenormten Farbgestaltung gesprochen, wenn bei der Ausgestaltung von Räumen die psychologischen Wirkungen der Farben im Vordergrund stehen. Auch hierfür haben die Arbeitswissenschaften eine Reihe von Gestaltungsregeln entwickelt, die bestimmte Farbkombinationen für funktional unterschiedliche Räume empfehlen.

Arbeitszeit

Arbeitszeit-ordnung

Die Länge der durchschnittlichen, regelmäßigen Arbeitszeit wird durch Tarifvertrag oder durch Einzelvereinbarungen festgelegt, wobei für letztere die Arbeitszeitordnung den zu beachtenden Rahmen bildet. Arbeitsverpflichtungen, die über die vereinbarte Regelarbeitszeit hinausgehen, sind besonders zu entlohnende Überstunden. Die „Anordnung" von Überstunden ist ein sehr flexibles Instrument, um besonders kurzfristige Personalengpässe überwinden oder kurzfristigem Kapazitätsmehrbedarf entsprechen zu können. Allerdings unterliegen sie nach § 87 BetrVG der Mitbestimmung des Betriebsrates. Für die Mitarbeiter sind Überstunden häufig wegen der damit verbundenen Einkommenssteigerung (zum normalen Stundenlohnsatz kommen noch Überstundenzuschläge hinzu) attraktiv, langfristig können sich daraus aber Beeinträchtigungen, insbesondere gesundheitliche Schäden, ergeben. Die Überstunden können aber auch durch einen Freizeitausgleich abgegolten werden.

Bei Mitarbeitern in leitenden Funktionen, für welche die AZO (Arbeitszeitordnung) nicht gilt, wird die Ableistung einer längeren Arbeitszeit häufig von seiten des Unternehmens als selbstverständlich vorausgesetzt.

810

Zur Arbeitszeitregelung gehören Regelungen über **Arbeitsbeginn** und **Arbeitsende** (fest oder gleitend), den Zeitpunkt von **Schichtwechseln** und **Pausen**. Bei der Regelung der Arbeitsschichten in kontinuierlichen Fertigungsprozessen müssen durchschnittliche Arbeitszeit und Ruhezeit so festgelegt werden, daß das Prinzip des Wochen- bzw. Sonntagsrhythmus gewahrt bleibt. Besonderer Beachtung bedarf die **Regelung der Nachtschicht**, da diese außerordentlich hohe Belastungen und die Gefahr physischer Langzeitschäden für die Mitarbeiter mit sich bringt.

Gegenstand der Arbeitszeitgestaltung

Die gesetzliche Arbeitszeitordnung definiert Pausen grundsätzlich als unbezahlte Arbeitsunterbrechung mit einer Dauer von mindestens 15 Minuten. Pausen sollen der Erholung dienen. Allerdings steht dem Erholungswert der Pause eine Leistungsverminderung während der auf die Pause folgenden Einarbeitungszeit gegenüber. Arbeitswissenschaftlich liegt dann eine lohnende Pause vor, wenn ihr Erholungswert ausreicht, den entstandenen Produktivitätsverlust auszugleichen. Dabei wird jedoch übersehen, daß die Entscheidung des Arbeitnehmers, nach Beendigung der Pause größere Beitragsmengen zu leisten, nicht zwangsläufig mit Dauer und Lage der Pausen innerhalb der Arbeitszeit gekoppelt ist. **Empirische Untersuchungen, die das Motivationsproblem ausklammern, kommen zu dem Ergebnis, daß für den Erholungswert einer Pause sowohl deren Gesamtlänge als auch die zeitliche Verteilung auf die gesamte Arbeitszeit von Bedeutung ist.** In Laborexperimenten betrug die günstigste Pausenlänge 5–10% der Arbeitszeit. Dabei erwies sich eine Zerlegung der Gesamtpause als zweckmäßig, weil dadurch stärkere Ermüdungserscheinungen verhindert werden und weil die Erholungswirkung am Anfang der Pause am größten ist.

Pausenregelung

Lohnende Pause

Durch den mittlerweile als „tarif-historisch" zu bezeichnenden „Leber-Kompromiß" mit dem der Arbeitskampf in der metallverarbeitenden Industrie von 1984 beendet wurde (der ehemalige Verteidigungsminister G. Leber war von den Tarifparteien als Schlichter angerufen worden), rückte mit der Arbeitszeit eine neue Gestaltungsvariable in den Mittelpunkt der Überlegungen. Die Arbeitszeit war vom Begrenzungsfaktor ökonomischer Prozesse zum Handlungsparameter geworden und dadurch eine neue Führungsaufgabe entstanden: „Arbeitszeitmanagement" als aktive und situationsbezogene Gestaltung der Arbeitszeit nach Maßgabe ökonomischer und sozialer Effizienzkriterien.

Flexibilisierung der Arbeitszeit

Die beiden Hauptaufgaben des Arbeitszeitmanagement sind (vgl. Marr 1987, Marr/ Stitzel 1991)
– die Entwicklung eines Konzeptes „zeitorientierter Arbeitsgestaltung" und
– eine bedarfs- bzw. interessenorientierte Gestaltung der Arbeitszeit.

Die Einbeziehung „zeitorientierter Arbeitsgestaltung" in den Aufgabenbereich des Arbeitszeitmanagements geht von der These aus, daß die verschiedenen Arbeitszeitmodelle ihre volle Wirksamkeit nur dann entfalten, **wenn sie nicht in die gegebene Aufgaben- und Stellenstruktur eingefügt werden,** sondern eine Anpassung der Aufgabenstrukturen an das jeweilige Zeitraster vorgenommen wird. Ein sowohl ökonomisch wie sozial effizientes Arbeitszeitmanagement kann nur auf der Grundlage eines **arbeitszeit- und arbeitsinhaltsorientierte Aspekte integrierenden Konzeptes der Arbeitsorganisation** erfolgen.

„Zeitorientierte Arbeitsgestaltung"

Die zentrale Frage zeitorientierter Arbeitsgestaltung lautet: „Wie lassen sich die einzelnen Aufgabenelemente im Hinblick auf das Ziel der ökonomischen und sozialen Effizienz unter Berücksichtigung von personellen und/oder zeitlichen Teilbarkeitsaspekten zu stellenbezogenen Aufgabenkomplexen zusammenfassen?" (vgl. hierzu Marr 1987).

Arbeitszeit-variation

Im Mittelpunkt der aktuellen Diskussion über die Gestaltungsaufgaben des Arbeitszeitmanagements steht die Entwicklung von geeigneten Modellen für eine **möglichst effiziente Anpassung des Arbeitszeitsystems an sich verändernden Arbeitszeitbedarf bzw. individuelle Arbeitszeitinteressen.** Gestaltungsparameter sind dabei die **Dauer und die Lage der Arbeitszeit,** wobei sich die durch unterschiedliche Parameterwahl bestimmten Arbeitszeitmodelle in **Teilzeit-** und in **Gleitzeitkonzepte** systematisieren lassen. Je nach dem Dispositionsspielraum, der bezüglich der Häufigkeit von Veränderungen eines Arbeitszeitmodells gegeben ist, kann zwischen **starrer Arbeitszeitvariation** und **flexibler Arbeitszeitvariation bzw. Arbeitszeitflexibilisierung** unterschieden werden. Bei starrer Arbeitszeitvariation sind das Unternehmen bzw. der daran interessierte Mitarbeiter an die neue Struktur gebunden. Bei Arbeitszeitflexibilisierung kann die Arbeitszeitstruktur an den jeweiligen Kapazitätsbedarf bzw. an Veränderungen in der Interessenlage angepaßt werden.

Modelle flexibler Arbeitszeit-gestaltung

Aus der Vielzahl von Gestaltungsmöglichkeiten zum Zweck einer Flexibilisierung der Arbeitszeit sollen im Folgenden nur die wesentlichsten angesprochen werden (vgl. auch Marr 1987).

(1) „Kapazitätsorientierte variable Arbeitszeit"

Kapazitäts-orientierte variable Arbeitszeit

Ansatzpunkt der „kapazitätsorientierten variablen Arbeitszeit" („Kapovaz") ist ein im Zeitablauf schwankender Arbeitsanfall, dem durch einen möglichst flexiblen Personaleinsatz Rechnung getragen werden soll. Mit dem Mitarbeiter wird ein Arbeitsvertrag geschlossen, der eine jährlich oder monatlich zu leistende Soll-Arbeitsmenge sowie das damit verbundene Arbeitsentgelt festlegt. Das Dispositionsrecht darüber, wann diese Arbeit zu leisten ist, liegt ausschließlich beim Unternehmen. Durch eine entsprechende Planung und Abstimmung mit den Mitarbeitern lassen sich aber in den meisten Fällen die Interessen des Unternehmens und die der Mitarbeiter weitgehend in Einklang bringen. Je nach Art der Abstimmung kann dieses Modell in das der „variablen Arbeitszeit" übergehen.

(2) „Variable Arbeitszeit"

Variable Arbeitszeit

Die „variable Arbeitszeit" unterscheidet sich von der kapazitätsorientierten variablen Arbeitszeit dadurch, daß die Arbeitszeitlage und -dauer weitgehend den Mitarbeitern überlassen wird. Grundlage ist auch hier das Angebot von Arbeitsverträgen mit einer von einer Vollarbeitszeit abweichenden Soll-Arbeitszeitmenge. Der Ausgleich betrieblicher und individueller Interessen erfolgt direkt im Abstimmungsprozeß zwischen dem Mitarbeiter und seinem Vorgesetzten bzw. seinen Arbeitskollegen oder durch „eingebaute" Koordinationsinstrumente, z. B. besondere Anreize für relativ unbeliebte oder belastende Zeitphasen.

812

(3) Job-Sharing

Job-Sharing stellt eine spezielle Variante flexibler Teilzeitarbeit dar. Ein grundsätzlich von **einer** Person auf **einer** Stelle im Vollzeitarbeitsverhältnis ausführbarer Aufgabenkomplex wird dabei zwei oder mehreren Personen übertragen. Sie teilen sich als Job-Sharing-Partner aus diesem Arbeitsverhältnis resultierende Rechte und Pflichten. Gegenüber ihrem Arbeitgeber sind die jeweiligen Job-Sharer gemeinsam für eine ordnungsgerechte Aufgabenerfüllung verantwortlich. Die Job-Sharing-Partner können im Rahmen betrieblich vorgegebener Restriktionen (z. B. Betriebszeit) idealtypisch autonom über die Arbeitsaufteilung entscheiden. Der Sharing-Gedanke bezieht sich sowohl auf den Arbeitsinhalt als auch auf die Arbeitszeit. Die hieraus folgende Notwendigkeit einer Abstimmung auf der Ebene der betroffenen Partner stellt ein wesentliches Charakteristikum des Job-Sharing-Konzeptes dar.

Inhaltlich bedeutet Job-Sharing eine art- oder mengenmäßige Aufgabenteilung (vgl. Berthel/Koch 1985). Bei einer reinen Artenteilung hat jeder **unterschiedliche** Teilaufgaben zu erfüllen. Verrichten die Job-Sharing-Partner identische Teilaufgaben, spricht man von Mengenteilung. Durch Kombination bzw. unterschiedliche Ausprägungsformen dieser Alternativen der Aufgabenteilung können sehr verschiedenartige Formen von Job-Sharing entstehen.

Der Verbreitung dieses Arbeitszeitmodells stehen Vorbehalte gegenüber dem Grundgedanken der gemeinschaftlichen Verantwortung sowie auf Grund der damit verbundenen arbeitsrechtlichen Probleme entgegen (vgl. z. B. Bellgardt 1987).

(4) Modelle eines gleitenden Übergangs

Bei den Modellen eines gleitenden Übergangs handelt es sich um Teilzeitmodelle, die insbesondere
- den **Berufseinstieg**,
- die **Wiederaufnahme der Berufstätigkeit**,
- den **Übergang in den Ruhestand**
erleichtert sollen.

Alle gleitenden Übergänge weisen eine übereinstimmende Grundstruktur auf. Die wichtigsten Freiheitsgrade bei ihrer Gestaltung sind (hier konkretisiert am Beispiel des gleitenden Übergangs in den Ruhestand; vgl. Stitzel 1987):
(a) Die Gesamtlänge des Gleitprozesses (bei den in der Praxis zu beobachtenden Modellen schwankt diese zwischen zwei Monaten und fünf Jahren);
(b) Die Lage der Gleitphase im Verhältnis zum üblichen oder zum Normzeitpunkt der Veränderung, z. B.
    - Beginn der Gleitphase vor dem Pensionierungszeitpunkt und Ende der Gleitphase mit dem Pensionierungszeitpunkt,
    - Beginn der Gleitphase vor dem Pensionierungszeitpunkt und Ende der Gleitphase deutlich nach dem normalen Pensionierungszeitpunkt,
    - Beginn der Gleitphase zum Zeitpunkt der normalen Pensionierung;

(c) die Anzahl der Stufen innerhalb des Gleitprozesses und die Menge der Arbeitszeitverminderung auf den einzelnen Stufen (in der Praxis meistens nur eine Stufe mit einer Verminderung der Arbeitszeit um 50%);

(d) Die Mit- bzw. Selbstbestimmungsmöglichkeiten des Mitarbeiters bezüglich der chronometrischen und/oder chronologischen Gestaltung des Gleitmodells.

Neben den genannten Formen flexibler Arbeitszeitgestaltung gewinnen Ansätze zu einer

Jahresarbeitszeitvertrag

- Jahresarbeitszeitvereinbarung (orientiert an der Grundstruktur des Modells der kapazitätsorientierten variablen Arbeitszeit),

Sabbatical

- Gewährung von Langzeiturlauben (Sabbaticals) zum Zwecke der Weiter- oder Umqualifizierung, der Wahrnehmung familiärer, gesellschaftlicher oder politischer Aufgaben etc. – und häufig damit verbunden

Zeitsparkonten

- Einrichtung von Zeitsparkonten zum Zwecke der Ansammlung von Zeitguthaben (Überstunden, die in Freizeit umgesetzt werden sollen, betriebsbedingt nicht wahrnehmbare Urlaubsansprüche etc.)

zunehmend an Bedeutung.

Die Darstellung der verschiedenen Möglichkeiten flexibler Arbeitszeitgestaltung macht deutlich, daß die entsprechenden Modellüberlegungen in das personalwirtschaftliche Handlungskonzept integriert werden müssen. Arbeitszeitflexibilisierung kann sich nicht nur als wirksamer Anreiz zur Erleichterung der Personalbeschaffung erweisen, sondern erfordert auch eine differenzierte Personalbedarfs- und -entwicklungsplanung (vgl. Marr 1987).

V. Anreizbezogene Aufgaben der Personalwirtschaft: Aktivierung des Leistungspotentials

Die Aktivierung des Leistungspotentials der Mitarbeiter erfordert die Entwicklung eines Systems von Anreizen, die den Mitarbeitern angeboten werden können, um sie zu rollenkonformen Verhalten zu motivieren oder dafür zu belohnen. Jedes betriebliche Anreizsystem besitzt dabei eine formale und eine informale Komponente. **Das formale Anreizsystem umfaßt diejenigen Anreize, die das Unternehmen den Belegschaftsmitgliedern offiziell als Ausgleich für die geleisteten Beiträge gewährt.** Beispiele hierfür sind vertraglich vereinbarte Lohn- und Gehaltszahlungen, die betriebliche Altersversorgung oder in Aussicht gestellte Beförderungen. Daneben werden den Mitarbeitern aufgrund ihrer Zugehörigkeit zum Industriebetrieb eine Reihe informaler Anreize gewährt. Sie beeinflussen ebenfalls die Verhaltensentscheidungen, entziehen sich jedoch weitgehend einer bewußten Gestaltung. **Informale Anreize sind vorwiegend sozialer Art; sie resultieren im wesentlichen aus der Zugehörigkeit des Arbeitnehmers zu verschiedenen Gruppen.**

814

Wie die motivationstheoretischen Überlegungen Herzbergs (vgl. S. 740 f.) zeigen, kann das betriebliche Anreizsystem in eine intrinsische und eine extrinsische Komponente gegliedert werden. Während sich intrinsische Anreize vor allem durch Leistung, Erfolg, Anerkennung und Verantwortung konkretisieren, sind die wichtigsten extrinsischen Anreize monetärer (Entlohnung) und sozialer Art (Gruppenzugehörigkeit). Anreize wie Arbeitsentgelt, Ausbildungsmöglichkeiten und Aufstiegschancen sollen den Mitarbeiter zur Leistung von Beiträgen anregen, die den offiziellen Verhaltenserwartungen entsprechen und dazu führen, daß er die Organisation auch langfristig als vorteilhaft gegenüber anderen Organisationen bewertet.

Systematisierung der Anreizarten

Aus den von den Motivationstheorien unterstellten Strukturen menschlicher Bedürfnisse (vgl. z. B. Abbildung 6.5, S. 739) läßt sich eine Grobgliederung der Elemente unternehmungsinterner Anreizsysteme ableiten. Danach kann zwischen **materiellen** und **immateriellen** Anreizen unterschieden werden.

Monetäre Anreize

Die wichtigste Gruppe materieller Anreize sind die **monetären Zahlungen**, die zunächst der Befriedigung solcher Bedürfnisse dienen, die den unteren Ebenen der Bedürfnishierarchie angehören (physiologische und Sicherheitsbedürfnisse). Allerdings verliert das Arbeitsentgelt als Inbegriff aller aus nichtselbständiger Arbeit erzielten Einkünfte auch hinsichtlich der Befriedigung höherstehender Bedürfnisse seine Anreizwirkung nicht. Abgesehen davon, daß bei wachsendem Wohlstand das physiologische Existenzminimum von einem sozialen Existenzminimum abgelöst wird, kann das Einkommen des Arbeitnehmers dem **Erwerb von Statussymbolen** der verschiedensten Art dienen, die ihm Anerkennung und Wertschätzung seiner Mitmenschen verschaffen sollen. Oft wird die Verfügbarkeit eines höheren Einkommens mit dem Aufstieg in eine als „höher" eingestufte soziale Schicht gleichgesetzt oder als Voraussetzung für den **Zugang zu bestimmten sozialen Gruppen** angesehen.

Soziale Anreize

Auf die höheren Bedürfnisschichten sind **Anreize sozialer Art** gerichtet. Sie stellen immaterielle Anreize dar. Hierzu gehören z. B. der in einer Unternehmung ausgeübte Führungsstil, die Mitwirkungsmöglichkeit bei Entscheidungen oder allgemein die Zugehörigkeit zu einer die Selbsteinschätzung und das Streben nach Selbstverwirklichung positiv beeinflussenden Gruppe.

Karriereanreize

Zwischen monetären und sozialen Anreizen stehen – zwar eng mit diesen verbunden, aber so bedeutungsvoll, daß eine eigenständige Behandlung gerechtfertigt erscheint – **die Ausbildungs- und Aufstiegsanreize**. Sie bilden die zweite Gruppe der immateriellen Anreize. Ihr Erwerb ermöglicht dem Arbeitnehmer einerseits die Befriedigung der Sicherheitsbedürfnisse durch zusätzliche monetäre Ausgleichszahlungen, die vielfach als Konsequenz einer Beförderung gewährt werden. Gleichzeitig verbinden sich mit Ausbildung und Beförderung soziale Wertschätzungen und das Streben nach Selbstverwirklichung, so daß diese Anreize auch eine soziale Komponente aufweisen.

1. Monetäre Anreize

Die betriebliche Entgeltpolitik als Ausdruck der monetären Anreizgestaltung kann als ein Versuch zur „Lösung" des grundlegenden Konflikts zwischen dem Gewinnstreben der Eigentümer der materiellen Produktionsfaktoren und den Einkommenszielen der Belegschaftsmitglieder angesehen werden. Das Ergebnis des zwischen den konkurrierenden Parteien erzielten „Kompromisses" hängt von der Macht beider Seiten ab.

Verteilung der betrieblichen Wertschöpfung

Die Konflikthandhabung erstreckt sich auf die Verteilung der betrieblichen Wertschöpfung (periodenbezogene Differenz zwischen Umsätzen und Vorleistungen) auf Arbeitnehmer und Kapitaleigner. Der Anteil der Arbeitnehmer setzt sich aus Lohn- und Gehaltszahlungen, betrieblichen Sozialleistungen und Erfolgsbeteiligung zusammen. Zumindest die Lohn- und Gehaltszahlungen sind in der Regel im voraus festgelegte Zahlungen (Kontrakteinkommen), während den Kapitaleignern ein Residualeinkommen in Form des Gewinns zufällt.

„Gerechter" Lohn

Dominierendes Element der Entgeltpolitik ist die Festlegung der Lohnstruktur. Es umfaßt im wesentlichen drei Problemkreise: die Bestimmung der absoluten Lohnhöhe, der Lohnform und des individuellen Lohnanteils. Entscheidungen über die innerbetriebliche Lohnstruktur sind vor dem Hintergrund der Diskussion über den „richtigen" oder „gerechten" Lohn zu sehen. Eine objektive Antwort auf die Frage nach dem gerechten Lohn läßt sich dabei nicht geben. Das Arbeitsentgelt ist nach Höhe und Differenzierung immer das Ergebnis von Verhandlungsprozessen, deren Ablauf und Ergebnis von den gesellschaftlichen Verhältnissen und den damit verbundenen Machtpositionen der Verhandlungspartner bestimmt werden.

Ob das ausgehandelte Ergebnis vom einzelnen Arbeitnehmer als gerecht empfunden wird, hängt von seinen persönlichen Erfahrungen und von sozialen und kulturellen Wertvorstellungen ab. Wegen der Unmöglichkeit der verursachungsgerechten Zuordnung der betrieblichen Wertschöpfung auf die beteiligten Gruppen läßt sich das Postulat der Lohngerechtigkeit nicht nach objektiven Maßstäben verwirklichen.

Ersatzgerechtigkeiten

An seine Stelle können allenfalls „Ersatzgerechtigkeiten" treten, die den Arbeitnehmern die Beurteilung der subjektiven Lohngerechtigkeit erleichtern sollen. Als Ersatzgerechtigkeiten lassen sich Anforderungs- und Leistungsgerechtigkeit, Verhaltensgerechtigkeit und Sozialgerechtigkeit differenzieren (vgl. Abbildung 6.19), für deren Ausgestaltung sich zum Teil Konventionen gebildet haben (z. B. bezüglich der Bewertung von körperlicher und geistiger Arbeit). Solche Konventionen existieren jedoch nur für das Problem der Bestimmung der relativen Lohnhöhe. Über die „gerechte" absolute Lohnhöhe geben sie keinerlei Aufschluß.

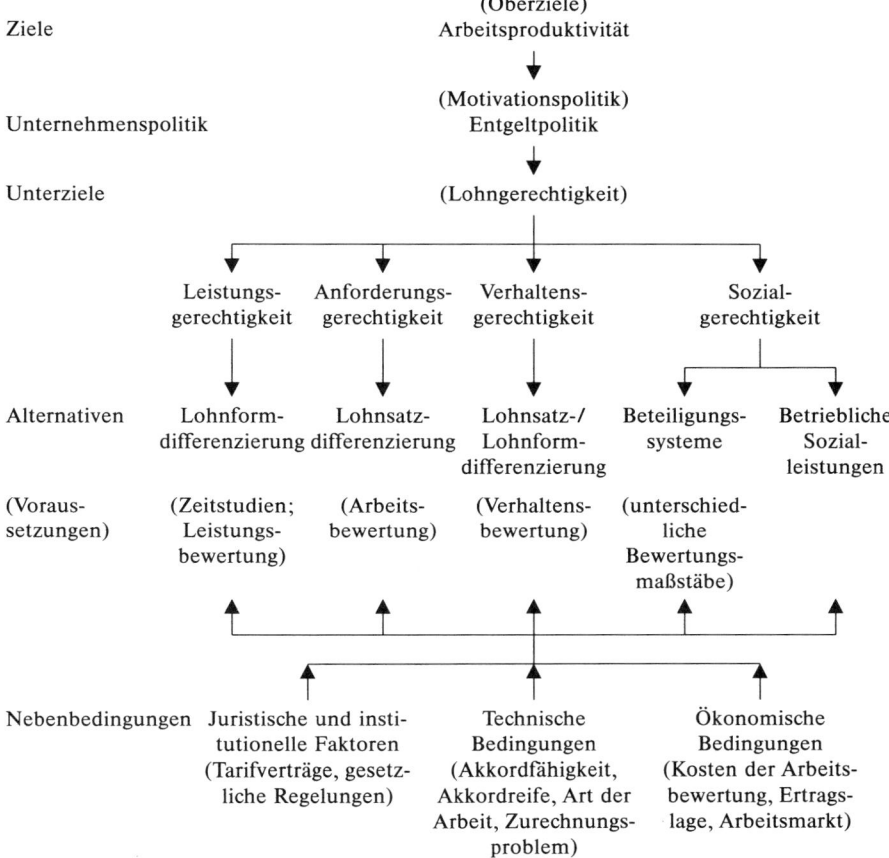

Ziele		(Oberziele) Arbeitsproduktivität			

Abbildung 6.19: Die entgeltpolitische Entscheidungssituation

Von der Unternehmensleitung her gesehen, wird als Ziel der Lohnpolitik die Steigerung der Arbeitsproduktivität bzw. die Erhaltung rollenkonformer Verhaltensweisen und die Verminderung der Fluktuation die Regel sein. Damit die lohnpolitischen Instrumente wirksam werden, müssen sie an den Einflußfaktoren des rollenkonformen Verhaltens anknüpfen. Insofern ist die betriebliche Entgeltpolitik ein Motivationsinstrument der Unternehmensleitung. Ihre Einzelinstrumente sind die **Lohnsatzdifferenzierung** (auf das Stück oder den Berechnungszeitraum bezogene, anforderungsorientierte Differenzierung der Lohnhöhe für normale Arbeitsleistung), die **Lohnformdifferenzierung** (Zeitlohn, Akkordlohn oder Prämienlohn) sowie die Gestaltung von **betrieblichen Sozialleistungen** und **Beteiligungssystemen**.

Entgelt-
politisches
Instrumen-
tarium

Absolute und relative Lohnhöhe

Entscheidungen über die absolute Lohnhöhe

Ein Hauptproblem der betrieblichen Lohnfindung ist die Festlegung der absoluten Lohnhöhe. Bei diesem als materielles Lohnproblem (vgl. Kosiol 1962) bezeichneten Entscheidungstatbestand handelt es sich um die Ermittlung des Geldbetrages, den der Arbeitnehmer für eine nach Art und Umfang bestimmte Arbeitsleistung vom Unternehmen erhält. Unter dem Postulat der Lohngerechtigkeit ist dabei ein zweifaches Verteilungsproblem zu lösen. Das erste Verteilungsproblem betrifft die **Zurechnung der Wertschöpfung auf die Arbeitnehmer und Kapitaleigner.** Das zweite

Verteilungsebenen

Verteilungsproblem beinhaltet die **Aufteilung des auf den Faktor „Arbeit" entfallenden Anteils der Wertschöpfung auf die einzelnen Mitarbeiter.** Für die nachgelagerte Zurechnung, die das Verhältnis der Entgelte für verschiedene Arbeitsleistungen bestimmt (formales Lohnproblem), wurden Entlohnungsgrundsätze entwickelt, die weitgehend als Konventionen zur Ableitung akzeptierbarer Lösungen anerkannt werden. Für die Aufteilung der Wertschöpfung in Arbeits- und Kapitaleinkommen gibt es derartige Verfahrensregeln, die einen Konsens zwischen den beteiligten Gruppen gewährleisten, nicht.

Verteilungsspielraum

Das Unternehmen verfügt bei der Festlegung der absoluten Lohnhöhe über einen relativ geringen Entscheidungsspielraum, der durch **sozialgesetzliche Regelungen, vertragliche Bindungen des Unternehmens, die Arbeitsmarktlage** und durch die Höhe der betrieblichen Wertschöpfung begrenzt wird.

Bereiche der Lohnfindung

Grundsätzlich vollzieht sich die Lohnfindung in vier Bereichen. Im privaten Bereich wird der Lohn durch **Arbeitsverträge** zwischen Arbeitgeber und Arbeitnehmer festgelegt, im betrieblichen Bereich durch **Betriebsvereinbarungen** zwischen Unternehmung und Betriebsrat (§ 77 BetrVG). Ergebnis der Lohnverhandlungen auf überbetrieblicher Ebene ist der auf der Grundlage des Tarifvertragsgesetzes zwischen Gewerkschaften und Arbeitgeberverbänden bzw. tariffähigen Unternehmungen abgeschlossene **Tarifvertrag.** Schließlich beeinflußt auch die **Sozialgesetzgebung** die Entlohnung.

Tarifvertrag

Der Tarifvertrag, für den die Schriftform vorgeschrieben ist, setzt sich aus einem normativen und einem obligatorischen Teil zusammen. Der **normative Teil** umfaßt allgemein verbindliche Rechtsnormen, die Bestandteil individueller Arbeitsverträge werden. Er besteht aus einem Manteltarifvertrag und einem Lohntarifvertrag. Während im **Manteltarifvertrag** die allgemeinen Entlohnungsgrundsätze (z. B. Lohngruppen, Urlaubsgeld, Urlaubszeit) niedergelegt sind, gibt der **Lohntarifvertrag** die Höhe der vereinbarten Lohnsätze an. Er enthält die als Ecklohn bezeichneten Grundlöhne für Facharbeiter über 21 Jahre der höchsten Ortsklasse. Dieser Ecklohn bildet die Grundlage für die Berechnung der absoluten Lohnhöhe. Die Löhne für die verschiedenen, meist in Lohngruppen gegliederten Tätigkeiten mit unterschiedlichem Schwierigkeitsgrad, werden ausgehend vom Ecklohn mit Hilfe von Umrechnungsfaktoren

Ecklohn

ermittelt. Der **obligatorische** Teil des Tarifvertrages regelt die gegenseitigen Pflichten und Rechte der Vertragspartner wie Vertragsstrafen und Vereinbarungen über Schlichtungsstellen.

818

Der Tarifvertrag besitzt einen räumlichen, fachlichen und betrieblichen **Geltungsbereich**. **Räumlich** beschränkt sich die Wirkung eines Lohntarifvertrags auf das darin ausdrücklich genannte Gebiet. Manteltarifverträge haben im allgemeinen für das gesamte Bundesgebiet Gültigkeit. Der **fachliche** Geltungsbereich erstreckt sich in der Regel nur auf die im Vertrag angeführten Arbeitsverhältnisse. Der betriebliche Geltungsbereich wird durch Firmenverträge abgesteckt. Nach dem Grundsatz der **Tarifeinheit** darf in einem Betrieb nur derjenige Tarifvertrag angewandt werden, der dem überwiegenden Betriebszweck entspricht.

Nebenbedingungen für lohnpolitische Entscheidungen können sich aus Betriebsvereinbarungen ergeben. Rechtsgrundlage für diese Vereinbarungen ist das Betriebsverfassungsgesetz, **das dem Betriebsrat ausdrücklich eine Beteiligung an Entscheidungen über die Aufstellung von Entlohnungsgrundsätzen, Einführung neuer Entlohnungsmethoden und über die Regelung von Akkord- und Stücklohnsätzen zugesteht.** Zweifelhaft ist dabei, ob das Gesetz ein Mitbestimmungsrecht bei der Festlegung jedes einzelnen Akkordsatzes vorsieht oder ob nur eine Beteiligung des Betriebsrats bei der generellen Regelung der Akkordentlohnung beabsichtigt ist. In der Praxis wird diese Streitfrage durch die Bildung einer Akkordkommission umgangen, die sich aus Mitgliedern der Unternehmungsleitung und des Betriebsrats zusammensetzt. Jedem Belegschaftsmitglied steht das Recht zu, in Zweifelsfällen die Akkordkommission anzurufen, die dann über die Akkordsätze entscheidet.

Betriebsvereinbarungen

Das primäre betriebswirtschaftliche Problem der Lohnpolitik besteht in der Klärung der **Frage nach Lohnbemessung und nach dem Verhältnis der Einzellöhne untereinander (relative Lohnhöhe)**. Dabei wird häufig gefordert, daß sich die Lohnrelationen an der unterschiedlichen Höhe der Arbeitsanforderungen von Stellen und den daran anknüpfenden Leistungswerten der Organisationsmitglieder zu orientieren haben. Eine sozialwissenschaftlich fundierte Definition des Leistungsbegriffs und eine theoretisch begründete Skala zur Bewertung von Leistungen unterschiedlichen Charakters (z. B. Verwaltung oder Montage; Verantwortung und Ausführung; Führungsaufgaben verschiedener Ebenen) liegen bisher aber nicht vor. **Die soziale und monetäre Bewertung von Leistungskategorien und -unterschieden wird vielmehr von den historisch-gesellschaftlichen Bedingungen geprägt und durch die jeweiligen gesamt- und einzelwirtschaftlichen Machtverhältnisse konkretisiert.** Insofern sind die folgenden Ausführungen als weitgehend akzeptierte Konventionen zur Festlegung der relativen Lohnhöhe zu verstehen.

Entscheidungen über die relative Lohnhöhe

Sozialwissenschaftliche Relativierung der Verteilungsstruktur

Arbeitsbewertung und anforderungsgerechter Lohn

Die Unternehmung verfügt mit der Lohnsatzdifferenzierung und der Wahl einer geeigneten Lohnform über zwei Möglichkeiten, Abstufungen der Lohnhöhe, bezogen auf Arbeitsplatz und Person, vorzunehmen.

Anforderungsgerechte Lohnsatzdifferenzierung

Der Lohnsatz stellt das geldliche Äquivalent für die als Mengen- oder Zeitgröße ausgedrückte Maßeinheit der Arbeitsleistung dar. Bei einer ausschließlich anforderungsbezogenen Lohnsatzdifferenzierung wird die Lohnstruktur ausschließlich von den verschiedenen Schwierigkeitsgraden der Arbeitsbeiträge (nicht von individuellen Leistungsunterschieden) geprägt. Die Bestimmung der Lohnsätze nach Maßgabe der Arbeitsschwierigkeit setzt voraus, daß der jeweilige Schwierigkeitsgrad eines Tätigkeitsfeldes bekannt und bewertet ist. Diese Aufgabe übernehmen die Arbeitsanalyse und die Arbeitsbewertung. Sie bilden als Instrumente zur Ermittlung des Anforderungsgrades die Grundlage für die Lohnsatzdifferenzierung.

Arbeits-analyse und Arbeits-bewertung

Die Bestimmung der Arbeitsschwierigkeit erfolgt dabei in zwei Schritten. Der erste Schritt besteht in der **qualitativen Analyse** der zu bewertenden Arbeitsbeiträge (Arbeitsanalyse). Daran schließt sich deren **Bewertung** an. Das Ergebnis ist entweder ein numerischer Arbeitswert oder die Einordnung der betreffenden Arbeit in eine Schwierigkeitsrangordnung oder Schwierigkeitsgruppe.

Anforde-rungskataloge

Der Ablauf der Arbeitsanalyse, die mit der Arbeitsbeschreibung abschließt, wurde bereits bei der Ermittlung des Personalbedarfs dargestellt. Dort wurde auch auf die Probleme bei der Aufstellung eines geeigneten Merkmalkatalogs hingewiesen, der die Arbeitsschwierigkeiten vollständig und hinreichend genau kennzeichnet. Der bei der Arbeitsanalyse erwähnte Merkmalskatalog, der auf das internationale **Genfer Schema** von 1950 zurückgeht (vgl. Gehle 1950), stellt keineswegs die einzig mögliche Merkmalsgruppierung dar, zumal bei der weiteren Untergliederung der Hauptmerkmale unterschiedliche Ansätze möglich sind (vgl. Abbildung 6.20). Außerdem erfordert die Bewertung bestimmter Tätigkeitsarten, wie z. B. Bürotätigkeiten, die Einbeziehung weiterer Merkmale zur vollständigen Erfassung der Arbeitsschwierigkeit, während andere Merkmale an Bedeutung verlieren. Ein heute in den meisten Tarifverträgen für gewerbliche Arbeitnehmer verankertes Merkmalssystem nach dem Genfer Schema und ein Katalog für die Bewertung von Angestelltentätigkeiten sind in Abbildung 6.21 wiedergegeben.

Bestimmung des Arbeits-wertes

Zur Bestimmung des Arbeitswertes sind verschiedene Verfahren entwickelt worden. Ihre Gemeinsamkeit besteht darin, daß sie **von der Person des Stelleninhabers abstrahieren. Sie gehen vielmehr von einer gedachten Normalleistung aus, um personenbezogene Leistungsmerkmale auszuschalten.** Nach dem Bewertungsobjekt lassen sich Arbeitsgangbewertung und Arbeitsplatzbewertung unterscheiden.

---

1. Können
   - vorwiegend körperlich: Geschicklichkeit, Handfertigkeit
   - vorwiegend geistig: Fachkenntnisse, Berufserfahrung
2. Belastung
   - vorwiegend körperlich: dynamische und statische Belastung der Muskeln
   - vorwiegend geistig: Nachdenken, Aufmerksamkeit
3. Verantwortung
4. Arbeitsbedingungen

Abbildung 6.20: Genfer Schema

820

Hauptmerkmale	Anforderungsarten
1. Geistige Anforderungen	a) Fachkenntnisse b) Nachdenken
2. Körperliche Anforderungen	a) Geschicklichkeit b) Muskelbelastung c) Belastung der Sinne und Nerven
3. Verantwortung für	a) Betriebsmittel und Produkte b) Sicherheit und Gesundheit anderer c) Arbeitsablauf
4. Arbeitsbedingungen (Belastung durch)	a) Temperatur b) Nässe c) Schmutz d) Gase, Dämpfe e) Lärm, Erschütterung f) Blendung, Lichtmangel g) Erkältungsgefahr, Arbeit im Freien h) Unfallgefährdung
1. Fachkenntnisse	a) Berufswerdegang b) Berufserfahrung
2. Körperliche Geschicklichkeit	
3. Verantwortung für	a) Arbeitsausführung b) Sicherheit und Gesundheit anderer c) Arbeitsablauf
4. Muskelarbeit	a) Arbeitsschwere b) Arbeitsvermögen
5. Nachdenken	
6. Aufmerksamkeit	a) Wahrnehmung b) Monotoniewiderstand c) Konzentration
7. Umgangs- und Ausdrucks- gewandtheit	
8. Disponieren	
9. Aufsichtsführende Tätigkeit	
10. Umgebungseinflüsse	

a) (erstes Tabellensegment)
b) (zweites Tabellensegment)

Abbildung 6.21: Erweiterung des Genfer Schemas (a) und
Katalog für Angestelltentätigkeiten (b)

Bei der Arbeitsgangbewertung werden die Verrichtungsfolgen eines Arbeitsplatzes in kleine Bewertungseinheiten aufgegliedert und der Anforderungsgrad für einen Arbeitsgang ermittelt. Diese Methode hat den Vorteil, daß die Bestimmung der Anforderungen vergleichsweise einfach ist und daß sie die Anforderungshöhe pro Arbeitsgang relativ genau feststellt.

Arbeitsgang-
bewertung

Andererseits wird die Ermittlung des Arbeitswertes für den gesamten Arbeitsplatz erschwert, denn dieser muß nicht zwangsläufig mit der Summe der Arbeitswerte einzelner Arbeitsgänge identisch sein. Es kann die Gefahr entstehen, daß lohnpolitisch relevante Anforderungsarten (z. B. Koordinierungsfähigkeit) unberücksichtigt bleiben. Besteht die Tätigkeit eines Arbeitsplatzes aus einer Wiederholung eines Arbeitsganges, dann geht die Arbeitsgangbewertung in die Arbeitsplatzbewertung über, welche die Arbeitsschwierigkeit des gesamten Aufgabenbereiches eines Arbeitsplatzes beurteilt.

Arbeitsplatz-bewertung

Summarische und analytische Arbeits-bewertung

Unterschiedliche Verfahren der Arbeitsbewertung ergeben sich aus der **Art des Bewertungsvorgangs** (vgl. z. B. Hentze 1990). Erfolgt eine Gesamtbeurteilung der Arbeitsschwierigkeit eines Arbeitsplatzes durch einen **globalen Bewertungsvorgang, der alle Anforderungsarten gleichzeitig** einbezieht, dann handelt es sich um eine **summarische Arbeitsbewertung.** Eine **getrennte Analyse der einzelnen Anforderungsarten** und die Zusammenfassung der Teilschwierigkeiten zu einem Arbeitswert ist das Kennzeichen der **analytischen Arbeitsbewertung.**

Auch für die **Quantifizierung** des Urteils über die Arbeitsschwierigkeit auf der Grundlage von Arbeitsbeschreibungen gibt es mehrere Methoden, gleichgültig, ob von der summarischen oder analytischen Arbeitsbewertung Gebrauch gemacht wird. Die Schwierigkeit eines Arbeitsplatzes insgesamt oder bezogen auf eine Anforderungsart kann durch Reihung oder Stufung festgelegt werden. Bei der Reihung werden die Arbeitsplätze entsprechend ihrer Arbeitsschwierigkeit oder bezüglich eines Beurteilungsmerkmals in **eine mit dem höchsten Schwierigkeitsgrad beginnende Rangordnung** gebracht. **Die Stufung legt dagegen Anforderungsklassen fest**, die unterschiedliche Schwierigkeitsbereiche repräsentieren. Verbale Umschreibungen, Vergleichsbeispiele oder Meßwerte der Anforderungsarten kennzeichnen den Anforderungs- bzw. Schwierigkeitsbereich der einzelnen Stufen. Aus der Kombination der Unterscheidungsmerkmale, Art der Bewertung und Art der Quantifizierung, lassen sich vier grundlegende Verfahren der Arbeitsbewertung ableiten (vgl. Abbildung 6.22).

Reihung

Stufung

Rangfolge-verfahren

Das zu den **summarischen** Bewertungsverfahren zählende Rangfolgeverfahren baut auf der Reihung auf. Es beginnt mit der Bestandsaufnahme sämtlicher im Unternehmen vorkommenden Arbeiten, für die im allgemeinen Arbeitsplatzkarten erstellt werden. Dann erfolgt ein Vergleich jeder einzelnen Arbeit mit allen anderen, der entweder getrennt nach Abteilungen oder für den gesamten Betrieb durchgeführt wird. Die entstandene **Rangordnung der Arbeitsplätze** bildet die Grundlage für die Lohnsatzdifferenzierung. Der Einfachheit und leichten Verständlichkeit des Rangfolgeverfahrens, das nur bei einzelnen Abteilungen oder kleineren Betrieben mit vertretbarem Arbeitsaufwand abgewickelt werden kann, stehen erhebliche Nachteile gegenüber. Es stellt an die Bewerter hohe Anforderungen, da deren Gesamteindruck hinsichtlich eines Arbeitsplatzes über die Arbeitsschwierigkeit entscheidet. **Neben der Gefahr eines Fehlurteils, die mit der Zunahme der Anzahl der Bewertungsobjekte wächst, liegt ein weiterer Nachteil darin begründet, daß das Verfahren keine exakte Bezugsgröße für die Überführung der Arbeitswerte in Lohnsätze liefert.** Die Rangfolge der Arbeitsplätze sagt nichts über das Verhältnis der Lohnsätze untereinander aus, da

Art der Quantifizierung \ Art der Bewertung	Summarisch	Analytisch
Reihung	Rangfolgeverfahren	Rangreihenverfahren
Stufung	Lohngruppenverfahren	Stufenwertzahlverfahren

Abbildung 6.22: Verfahren der Arbeitsbewertung

sie unterschiedliche Schwierigkeitsintervalle zwischen den Rängen nicht anzugeben vermag. Sie gestattet lediglich eine Überprüfung, ob die bisher gezahlten Lohnsätze mit der Rangfolge der Arbeiten übereinstimmen.

Das summarische Lohngruppenverfahren wendet das Prinzip der Stufung an. Es geht von einer bestimmten Anzahl von Lohngruppen aus, die unterschiedliche Schwierigkeitsbereiche darstellen. Die einzelnen Stufen werden durch Richtbeispiele näher beschrieben. Sie sollen die Einordnung der Arbeitsplätze in die verschiedenen Stufen erleichtern. Die Gruppierung der Arbeiten nach Schwierigkeitsbereichen geschieht ebenfalls **ohne eine gesonderte Untersuchung der einzelnen Anforderungsarten** durch einen globalen Beurteilungsvorgang. Die Zahl der Lohngruppen richtet sich nach dem angestrebten Genauigkeitsgrad. In der Regel werden 6–10 Stufen gebildet. Ihrer Aufstellung geht eine Analyse der Richtbeispiele voraus, um die Lohngruppenmerkmale exakt zu definieren und Einordnungsschwierigkeiten auszuschalten. **Ist ein Katalog von Richtbeispielen erstellt, so zeichnet sich das in vielen Tarifverträgen vereinbarte Lohngruppenverfahren durch seine Einfachheit und leichte Verständlichkeit aus.** Enthält der Katalog mehr globale Richtbeispiele mit sehr allgemeinen Arbeitsbeschreibungen, dann ist die Gefahr gegeben, daß sich die Einstufung an bestehenden Lohnsätzen ausrichtet. Außerdem kann das Verfahren zu einer Nivellierung der Lohnsätze führen, wenn nur wenige Schwierigkeitsbereiche gebildet werden.

Lohngruppenverfahren

Analytische Verfahren der Arbeitsbewertung versuchen die Nachteile summarischer Methoden durch eine **Aufspaltung des Bewertungsprozesses in Einzelurteile,** die sich auf die Beanspruchung einzelner Anforderungsarten beziehen, zu überwinden. Der Arbeitswert eines Arbeitsplatzes entspricht der Summe der Einzelurteile. Die analytischen Verfahren stellen einen Versuch dar, bei der Ermittlung der Arbeitsschwierigkeit von der Schätzung zur Messung überzugehen. Subjektive Momente können auch bei diesem Verfahren wegen der eintretenden Schwierigkeiten bei der Messung und Gewichtung der Bewertungsmerkmale nicht gänzlich ausgeschaltet werden.

Analytische Verfahren

Rangreihen- verfahren	Das analytische Rangreihenverfahren bedient sich des Prinzips der **Reihung für jede Anforderungsart**. Es werden für alle Merkmale Rangreihen der betrieblichen Arbeitsplätze aufgestellt. Zur Bestimmung des Arbeitswertes müssen die Platzziffern in addierbare Zahlenwerte umgewandelt werden (Bewertung innerhalb einer Anforderungsart). Es können beispielsweise die Platzziffern der Rangreihen mit Prozentsätzen versehen werden, wobei die an der Spitze stehende Arbeit mit 100% bewertet wird und die nachfolgenden Arbeiten entsprechend dem geschätzten Schwierigkeitsabstand kleinere Prozentzahlen erhalten. Auf diese Weise werden unterschiedliche Beanspruchungsdifferenzen in die Bewertung einbezogen. Außerdem ist eine Gewichtung erforderlich, die das Verhältnis der Anforderungsarten zueinander festlegt. **Der Gesamtwert der Arbeit ergibt sich als Summe der gewichteten Punktwerte der einzelnen Anforderungsarten.**

Rangreihen-
verfahren

Das analytische Rangreihenverfahren bedient sich des Prinzips der **Reihung für jede Anforderungsart**. Es werden für alle Merkmale Rangreihen der betrieblichen Arbeitsplätze aufgestellt. Zur Bestimmung des Arbeitswertes müssen die Platzziffern in addierbare Zahlenwerte umgewandelt werden (Bewertung innerhalb einer Anforderungsart). Es können beispielsweise die Platzziffern der Rangreihen mit Prozentsätzen versehen werden, wobei die an der Spitze stehende Arbeit mit 100% bewertet wird und die nachfolgenden Arbeiten entsprechend dem geschätzten Schwierigkeitsabstand kleinere Prozentzahlen erhalten. Auf diese Weise werden unterschiedliche Beanspruchungsdifferenzen in die Bewertung einbezogen. Außerdem ist eine Gewichtung erforderlich, die das Verhältnis der Anforderungsarten zueinander festlegt. **Der Gesamtwert der Arbeit ergibt sich als Summe der gewichteten Punktwerte der einzelnen Anforderungsarten.**

Stufenwert-
zahlverfahren

Beim Stufenwertzahlverfahren wird die Höhe der Beanspruchung jeder Anforderungsart durch die Einordnung in eine von mehreren **Anforderungsstufen** erfaßt. Wegen des begrenzten menschlichen Unterscheidungsvermögens bei einigen Anforderungsarten (z. B. Verantwortung) geht die Klassenbildung im allgemeinen nicht über 5–6 Stufen hinaus; andere Bewertungsmerkmale gestatten dagegen eine feinere Differenzierung. Schlüsselarbeiten (Richtbeispiele) erleichtern die Zuordnung der Arbeitsplätze zu den Merkmalsklassen. Die Anforderungsstufen sind mit Punktzahlen versehen, die proportional oder progressiv mit der Höhe der Stufe steigen. Der Arbeitswert eines Tätigkeitsbereiches setzt sich aus den gewichteten Punktzahlen der jeweiligen Stufen zusammen.

Das Stufenwertzahlverfahren ist bei der Arbeitsbewertung weit verbreitet. Gegenüber dem Rangreihenverfahren bedeutet es eine wesentliche Arbeitsvereinfachung. Die Praxis verwendet auch Bewertungsmethoden, die z. B. eine Kombination von Reihung und Stufung vorsehen. Die zu bewertenden Arbeitsplätze werden zunächst nach Merkmalsklassen gruppiert und im Anschluß daran innerhalb jeder Klasse in eine Rangordnung gebracht. Dieses Vorgehen reduziert die Zahl der notwendigen Vergleiche und läßt eine falsche Punkteinstufung leichter erkennen.

Arbeitsbewer-
tung als
Schlichtungs-
regel

Obwohl die Verfahren der Arbeitsbewertung eine nachprüfbare Quantifizierung der im Arbeitswert ausgedrückten Arbeitsschwierigkeiten anstreben, kann wegen der kaum zu überwindenden Schwierigkeiten bei der Messung verschiedener Anforderungsarten und des Problems ihrer Gewichtung, um den (branchentypischen) Bedeutungsunterschieden zwischen den einzelnen Anforderungsarten Rechnung zu tragen, auf menschliches Urteil nicht verzichtet werden.

Voraussetzung für eine von den Mitarbeitern akzeptierte Arbeitsbewertung ist, daß die ermittelten Arbeitswerte das Ergebnis einer Gemeinschaftsarbeit von Bewertern, Vertretern der Unternehmensleitung und der Belegschaft sind. Für die Merkmalsgewichtung und Beseitigung von Unstimmigkeiten bei der Einstufung hat sich die **Bildung einer paritätisch besetzten Arbeitsbewertungskommission** als zweckmäßig erwiesen. Ihr obliegt auch die Aufgabe, bei der Einführung die Betriebsangehörigen über Aufgaben und Methoden der Arbeitsbewertung zu informieren, damit psychologische Widerstände gegen die Bewertung abgebaut werden können.

Die ermittelten Arbeitswerte stellen die Grundlage für eine Lohnsatzdifferenzierung unter Beachtung des in den Tarifverträgen festgelegten Mindestgrundlohns dar. Der Mindestlohn wird gewöhnlich in Form eines Stundenverdienstes bestimmt. Nach dem Grundsatz der Anforderungsgerechtigkeit müßten sich steigende Arbeitswerte in höheren Lohnsätzen niederschlagen. Offen bleibt dabei die Frage, in welchem Verhältnis die Lohnsatzdifferenzierung betrieben werden soll (vgl. Abbildung 6.23). *Lohnsatz-differenzierung*

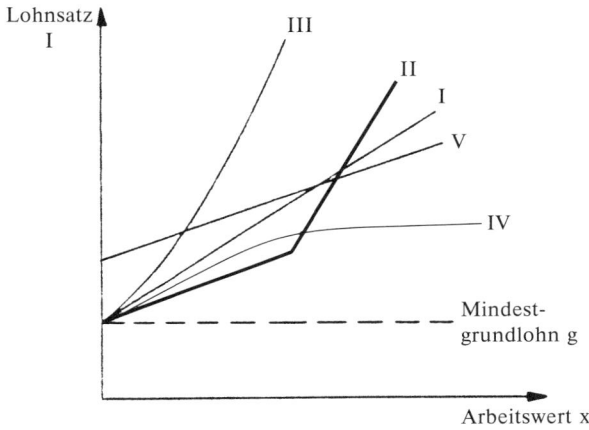

Abbildung 6.23: Beispiele für Alternativen der Lohnsatzdifferenzierung

Grundsätzlich liegt es im Ermessen der Unternehmung, sich für eine stärkere oder schwächere Lohnsatzdifferenzierung zu entscheiden. Da der garantierte Mindestlohn einzuhalten ist, bedeutet eine stärkere Differenzierung, daß sich die Gesamtlohnsumme vergrößert. Dieses Problem berührt die Entscheidung über die absolute Lohnhöhe. *Lohnsatz-differenzie-rung und Anreiz-wirkung*

Gewöhnlich wird darauf hingewiesen, daß eine **stärkere Abstufung** der Lohnsätze einen größeren Anreiz zur Übernahme schwierigerer Arbeiten in sich birgt. Dieser Zusammenhang kann jedoch nur dann unterstellt werden, wenn die übrigen Determinanten des Arbeitsverhaltens gegebene Größen sind und für die Belegschaftsmitglieder keine Ausbildungsschranken existieren, die die Ausübung von Tätigkeiten mit höherer Arbeitsschwierigkeit verhindern. Mit gleicher Berechtigung läßt sich die Behauptung vertreten, daß eine **schwache Lohnsatzdifferenzierung**, die oberhalb vom Mindestgrundlohn einsetzt (vgl. Kurve V), aufgrund des besser befriedigten Sicherheitsbedürfnisses der Arbeitnehmer ähnliche Ergebnisse zeitigt und zu besserer Kooperationsbereitschaft führt.

Für die Gestaltung einer vom Mindestgrundlohn (g) ausgehenden Lohnsatzkurve sind mehrere Formen denkbar. Die Lohnsatzkurve kann linear, linear-geknickt, progressiv oder degressiv ansteigen. Bei linearem Kurvenverlauf (I) werden die Arbeits- *Lineare Lohnsatz-kurve* wertpunkte (x) mit einem konstanten Geldfaktor (p) multipliziert. Der Lohnsatz (l) ergibt sich aus der Gleichung:

$$(6.7) \qquad l = g + p \cdot x$$

Bei geknicktem Verlauf (II) erhöht (oder vermindert) sich der Geldfaktor (p) ab einem bestimmten Arbeitswertpunkt. Wird der Geldfaktor (p) als veränderlich angenommen, dann verläuft die Lohnsatzreihe degressiv (IV) oder progressiv (III). Eine progressive Staffelung der Lohnsätze wird damit begründet, daß große Lohnanreize notwendig seien, um einen in einer hohen Lohnklasse stehenden Arbeiter zu veranlassen, eine noch schwierigere Arbeit zu verrichten, während bei einem Arbeitenden mit geringem Lohnsatz eine verhältnismäßig kleine Lohnsatzsteigerung als Aufstiegsanreiz genüge. Andererseits gehört es zu den Aufgaben der Arbeitsbewertung, gerade diese Belastungszunahme, die mit der Übernahme eines Arbeitsplatzes mit höheren Anforderungen verbunden ist, im Arbeitswert zu erfassen.

Lohnsatz-differenzierung und technischer Fortschritt

Soweit im Zuge der technischen Weiterentwicklung neue Anforderungsarten entstehen, bisherige Anforderungsarten an Bedeutung verlieren (z. B. Muskelbelastung) oder zur Hauptbelastungsart an einem Arbeitsplatz (z. B. nervliche Anspannung) werden, ist derartigen Umschichtungen und Neustrukturierungen des Anforderungskomplexes durch Anpassung der Bewertungsschemata sowohl hinsichtlich des Merkmalskatalogs als auch der Merkmalsgewichtung Rechnung zu tragen. Da damit in der Regel Lohnsatzänderungen (aufgrund veränderter Arbeitswerte) verbunden sind, können erhebliche Konflikte entstehen, wenn es nicht gelingt, die Rangordnung der Arbeitsplätze nach ihren Arbeitswerten „einsichtig" zu halten. Die Arbeitsbewertung muß daher bei einer durch technischen Fortschritt veränderten Anforderungsstruktur und einer damit verbundenen möglichen Veränderung der allgemeinen Wertschätzung bestimmter Tätigkeiten und Berufsbilder mit ihrem Bewertungsschema nachziehen. Eine nicht zu unterschätzende Rolle bei der Beurteilung der Wertigkeiten unterschiedlicher Anforderungsarten dürfte dabei der diesen Anforderungen unbewußt zugeschriebene „produktive Beitrag" zur Entstehung der Gesamtleistung spielen.

Leistungsbewertung und leistungsgerechter Lohn

Leistungsgrad und Arbeits-entgelt

Bei der Ermittlung der Arbeitsschwierigkeit geht es um die Merkmale von Stellen. Persönliche Leistungsunterschiede der Stelleninhaber bleiben unberücksichtigt. Ausdruck der individuellen Beitragsleistung eines Mitarbeiters ist sein Leistungsgrad, der das Verhältnis der persönlichen Leistung zu einer durch Konvention oder Erfahrung gesetzten Normalleistung angibt. Nach dem Grundsatz der Leistungsgerechtigkeit müssen sich unterschiedliche Leistungsgrade bei Arbeiten der gleichen Schwierigkeitsstufe auf die Höhe des Arbeitsentgeltes auswirken. Die Erfassung individueller Leistungsabweichungen kann direkt durch die Lohnform (bei Akkord- und Prämienlohn) oder unabhängig von der Lohnform durch Leistungsbewertung erfolgen.

826

Die Aufgabe der **lohnformunabhängigen Leistungsbewertung** ist die Ermittlung von Zulagen auf den Grundlohn (Arbeitswertlohn, Tariflohn) als Ausgleich für die persönliche Mehrleistung im Verhältnis zur Normalleistung. Dies ist besonders dann von Bedeutung, wenn solche Mehrleistungen nicht durch die Lohnform direkt erfaßt und vergütet werden (Zeitlohn).

Aufgaben und Gegenstand der Leistungsbewertung

Bezugsobjekte der Leistungsbewertung sind sowohl das **feststellbare Leistungsergebnis** als auch das **beobachtbare Leistungsverhalten.** Wie bei der Arbeitsbewertung besteht die Hauptschwierigkeit der Leistungsbewertung in der Aufstellung eines geeigneten **Merkmalkatalogs, der eine eindeutige Beurteilung des Leistungsergebnisses und der Leistungsintensität ermöglicht.**

Die **Durchführung** der Leistungsbewertung ist einfach, wenn für die Tätigkeitsbereiche Ergebnisgrößen ermittelt werden können, die eine Festlegung der Normalleistung und damit auch des effektiven Leistungsgrades gestatten. Häufig fehlen jedoch derartige Mengen- und Zeitgrößen als Maßstab des individuellen Arbeitseinsatzes, oder sie reichen zur vollständigen Charakterisierung der erbrachten Leistungen nicht aus. Es sind deshalb zusätzliche Kriterien, z. B. Kriterien des Leistungsverhaltens, heranzuziehen.

Die Leistungsbewertungspläne in den Unternehmen sind entsprechend unterschiedlich aufgebaut. Neben Zeit- und Mengengrößen (quantitatives Leistungsergebnis) enthalten sie Merkmale für die **Qualität des Arbeitsergebnisses** (z. B. Leistungsgüte, Fehlerhäufigkeit). Soweit solche Leistungsmerkmale objektiv meßbar sind, können sie auch aus dem Verfahren der Leistungsbewertung herausgenommen und zur Grundlage einer Prämienentlohnung gemacht werden. Größere Probleme werfen die **nicht objektiv meßbaren** Leistungsmerkmale, vor allem die des Leistungsverhaltens, auf. Individuelles Leistungsverhalten läßt sich in eine **aufgabenbezogene, ressourcenbezogene** und **soziale Komponente** untergliedern. Im Mittelpunkt der ersten Komponente steht die **konkrete Art und Weise der Aufgabenerfüllung**: Leistungsmerkmale sind dann u. a. Initiative und Einfallsreichtum, geistige Beweglichkeit, Konzentration, Planungs- und Entscheidungsfähigkeit, Durchsetzungsvermögen, Einsatzbereitschaft, Flexibilität in der Verhaltensanpassung (vgl. auch Personalbeurteilung, Abschnitt V.3. S. 866 ff.). Die ressourcenbezogene Komponente des Leistungsverhaltens bezieht sich auf die zielgerechte Nutzung der Produktionsfaktoren zum Zwecke der Aufgabenerfüllung, insbesondere auf das **Verhältnis von Einsatzgrößen zu Leistungsergebnis.** Die soziale Komponente beinhaltet einen **sozio-funktionalen Aspekt**, der die **aufgabenbezogene Interaktionsfähigkeit** in den Mittelpunkt rückt, vor allem die **Vorgesetztenfähigkeit** (z. B. Motivationsfähigkeit, Verantwortungsbereitschaft, Unterstützung und Förderung der Mitarbeiter) und die **Repräsentationsfähigkeit** sowie einen **sozio-emotionalen** Bereich, der die Fähigkeit zur Gestaltung des von der Vorgesetzten-Untergebenen-Beziehung losgelösten zwischenmenschlichen Verhältnisses unter den Mitarbeitern (z. B. Fähigkeit zur Kontaktaufnahme, Kooperation, Spannungsausgleich, Kritikakzeptanz) hervorhebt (vgl. Abbildung 6.24).

Komponenten des Leistungsergebnisses

Komponenten des Leistungsverhaltens

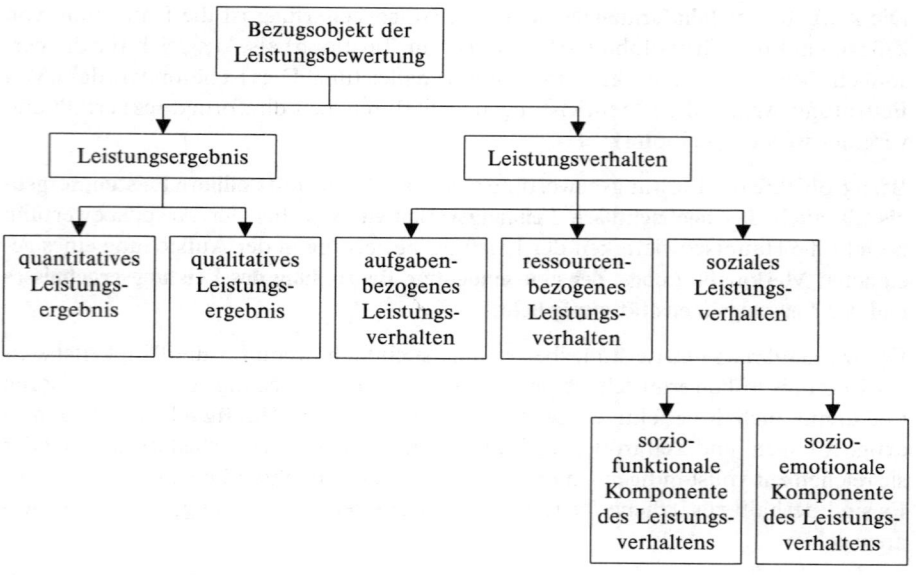

Abbildung 6.24: Bezugsobjekte der Leistungsbewertung

Ermittlung des leistungs- gerechten Anteils am Lohnsatz

Nach der Ableitung und Aufstellung eines nach solchen oder ähnlichen Kriterien konzipierten Merkmalkatalogs und der Merkmalsgewichtung muß das jeweilige Ausmaß der Erfüllung der Beurteilungskriterien für den konkreten Fall geschätzt werden. Hierbei wird vorwiegend auf die Stufung zurückgegriffen. Anschließend erfolgt die Umrechnung der ermittelten Punktzahlen („Leistungswert") in einen **absoluten Geldwert** oder zweckmäßigerweise in einen **prozentualen Zuschlag zum Tariflohn** (Leistungsanteil des Lohnsatzes).

Normal- leistung

Ausgangspunkt der Leistungsbewertung ist die Ermittlung der Normalleistung. Unter dem vom Verband für Arbeitsstudien (REFA) definierten Begriff der REFA-Normalleistung wird eine Tätigkeit mit einer Bewegungsausführung verstanden, die dem Beobachter hinsichtlich der Einzelbewegungen, der Bewegungsfolge und ihrer Koordinierung besonders harmonisch, natürlich und ausgeglichen erscheint. Sie soll von jedem in erforderlichem Maße geeigneten, geübten und voll eingearbeiteten Arbeiter auf die Dauer und im Mittel der Schichtzeit erbracht werden können, sofern die freie Entfaltung seiner Fähigkeiten nicht behindert wird. Die für persönliche Bedürfnisse und auch für Erholung vorgegebenen Zeiten sollen dabei eingehalten werden können. Diese Normalleistung liegt gewöhnlich unter der Durchschnittsleistung eines Mitarbeiters.

Für die Ermittlung der Normalleistung, ausgedrückt in Zeiteinheiten pro Mengeneinheit, hat REFA ein Verfahren entwickelt, das in den meisten Unternehmen vorherrschend ist. Es gliedert die für die Erledigung eines Auftrages notwendigen Arbeitsverrichtungen in Arbeitsgänge auf, die einer Zeitmessung zugänglich sind.

828

Auf diese Weise wird die Ausführungszeit eines Auftrags in Teilzeiten zerlegt. Die **Auftragszeit T** setzt sich danach aus der Rüstzeit, die für die Vorbereitung der auszuführenden Arbeiten notwendig ist, und der Ausführungszeit zusammen. Rüst- und Ausführungszeit je Leistungseinheit lassen sich in Grund-, Verteil- und Erholungszeiten weiter unterteilen. Die **Grundzeit** wird für die planmäßige Ausführung eines Auftrages benötigt, die **Verteilzeit** soll den außerplanmäßigen Zeitbedarf erfassen.

Nach der Ermittlung der Grundzeiten werden die gemessenen Istzeiten in Sollzeiten umgerechnet, indem der Leistungsgrad derjenigen Person, bei der die Istzeiten ermittelt wurden, geschätzt wird (Sollzeit = Istzeit · geschätzter Leistungsfaktor). Auf der Grundlage von Sollzeit, Verteilzeitzuschlag und Erholungszeit wird die Vorgabezeit für einen Auftrag ermittelt.

Lohnformen

Die Berücksichtigung von individuellen Leistungsunterschieden bei der Entgeltfestsetzung kann auch durch eine **lohnformabhängige** Bewertung der Leistung, d. h. durch die Heranziehung einer **leistungsreagiblen Lohnform** erfolgen.

Lohnform-abhängige Leistungs-bewertung

Die Wahl der Lohnform orientiert sich an verschiedenen Entscheidungskriterien, wie z. B. dem von der Lohnform ausgehenden Anreiz zur Steigerung der Beitragsmenge und der Erzeugnisqualität. **Wegen der Vielzahl der die Arbeitsproduktivität beeinflussenden Faktoren lassen sich aber die Konsequenzen der Lohnformwahl in bezug auf die Entscheidungskriterien nicht eindeutig bestimmen.** Es sind lediglich tendenzielle Aussagen unter der Annahme möglich, daß die Wirkung der übrigen Bestimmungsgrößen des Arbeitsverhaltens vernachlässigt werden kann.

Lohnform-wahl

Bei der Systematisierung der Lohnformen ist es zweckmäßig, von den Bemessungsgrundlagen auszugehen. Hierfür kommen Leistungszeit und Leistungsmenge in Betracht. Je nachdem, ob sich die Lohnform ausschließlich auf eine Bemessungsgrundlage stützt oder mehrere Maßstäbe verwendet, kann zwischen reinen und zusammengesetzten Lohnformen unterschieden werden (vgl. Kosiol 1962). Reine Lohnformen sind der Zeitlohn und der Stücklohn; zu den zusammengesetzten Lohnformen zählen die verschiedenen Ausprägungen der Prämienlöhne (vgl. Abbildung 6.25, S. 830).

Systematisie-rung der Lohnformen

Beim Zeitlohn verläuft der Verdienst des Arbeitnehmers proportional zur Arbeitszeit, da der Lohnsatz pro Zeiteinheit grundsätzlich konstant ist. Obwohl zwischen der Entlohnungsgrundlage Arbeitszeit und der erbrachten Beitragsmenge kein unmittelbarer Zusammenhang bestehen muß, ist der Zeitlohn ebenso wie der Stücklohn ein Leistungslohn; mit den Lohnsätzen pro Zeiteinheit verbindet sich eine Leistungserwartung, die entweder der Normalleistung entspricht oder bei höheren Lohnsätzen auf einem über der Normalleistung liegenden Leistungsgrad beruht. Ein spezifischer, mengenmäßiger Leistungsanreiz geht von dieser Lohnform aber nicht aus. Dagegen **erweist sich der Zeitlohn für die Erreichung eines hohen Qualitätsstandards und bei Arbeiten mit großer Unfallgefahr als vorteilhaft.** Er findet auch Anwendung bei häufig

Zeitlohn

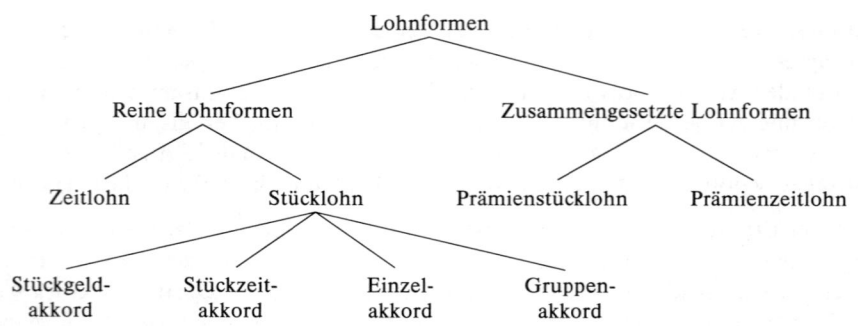

Abbildung 6.25: Systematisierung der Lohnformen

wechselnden Arbeiten und bei Arbeiten, deren Ablauf öfters unterbrochen wird (z. B. Lager-, Transport- und Reparaturarbeiten) und **bei geistigen Tätigkeiten**. Außerdem wird der Zeitlohn bei Arbeiten eingesetzt, die in ihrem Ablauf durch **technologische Gegebenheiten** (z. B. Fließbandfertigung) festgelegt sind und keinen Spielraum für Leistungssteigerungen aufweisen.

Stücklohn

Die zweite reine Lohnform ist der Stücklohn. **Als Maßstab für das Entgelt dient die Leistungsmenge.** Die Ermittlung des Lohnsatzes pro Mengeneinheit basiert auf der Vorstellung eines Normallohns für eine Zeiteinheit (*Akkordrichtsatz*), der gegenüber dem Lohnsatz für eine vergleichbare Zeitlohnarbeit mit einem Akkordzuschlag versehen wird. Aus der Division dieses Verdienstrichtsatzes durch die pro Zeiteinheit erstellte Stückzahl bei Normalleistung ergibt sich der Lohnsatz pro Mengeneinheit.

Zeit- und Geldakkord

Wenn für die Leistungseinheit ein Geldbetrag angegeben wird, handelt es sich um einen Geldakkord. Dieser hat den Nachteil, daß der Arbeitnehmer die pro Stück angesetzte Normalzeit und den nach der Arbeitsschwierigkeit ermittelten Geldfaktor nicht unmittelbar erkennen kann. Bei Änderungen der absoluten Lohnhöhe treten außerdem verrechnungstechnische Schwierigkeiten auf, da sämtliche Geldakkorde geändert werden müssen.

Deshalb herrscht heute der Zeitakkord vor, bei dem für jede erstellte Mengeneinheit dem Arbeitnehmer die für ein Stück ermittelten Vorgabeminuten gutgeschrieben werden. Die Summe der erzielten Sollminuten (erzielte Stückzahl mal Vorgabezeit pro Stück) wird mit dem sog. Minutenfaktor multipliziert und ergibt den Lohnbetrag. Der Minutenfaktor (l_s) errechnet sich wie folgt:

(6.8) $$l_s = \frac{L_t}{60} \cdot a.$$

Der Stundenlohnsatz (L_t) für eine Arbeit mit gegebenem Anforderungsgrad bei Normalleistung wird auf einen Minutenlohnsatz umgerechnet und mit dem Akkordzuschlag (a) multipliziert. Durch die Anwendung des Zeitakkords wird bei Lohnerhöhungen eine Neuberechnung der Akkordsätze vermieden; die Vorgabezeit bleibt bestehen, nur der Minutenfaktor ändert sich.

830

Das Arbeitsentgelt wird beim Stücklohn durch den die Arbeitsschwierigkeit erfassenden Lohnsatz und die erstellte Leistungsmenge bestimmt. Deshalb geht von dieser Lohnform unter den vorher genannten Einschränkungen ein direkter Leistungsanreiz zur Mengensteigerung aus, der jedoch eine Verminderung der Qualität des Arbeitsergebnisses und die Gefahr der Überanstrengung zur Folge haben kann. Die Vorbehalte, die dem Stücklohn seitens der Belegschaft entgegengebracht werden, betreffen die Ermittlung der Akkordsätze, die unter Umständen eingeschränkte Erfüllung ihres Sicherheitsbedürfnisses und den durch das System ausgeübten Leistungsdruck, da Leistungsunterschiede sofort transparent werden. Die Frage der Akkordsätze bezieht sich auf die Genauigkeit und Anerkennung der Normalgrößenbestimmung. Das zweite Problem wird durch die Vereinbarung von Mindestverdiensten gelöst.

Probleme der Akkordentlohnung

Voraussetzung für die Anwendung des Stücklohns ist, daß die Arbeiten den Bedingungen der Akkordfähigkeit und Akkordreife genügen. Eine Arbeit ist akkordfähig, wenn ihr Ablauf in einer im voraus bekannten oder bestimmbaren Weise wiederholbar ist und die Arbeitsleistung mengenmäßig und zeitlich gemessen werden kann. Akkordreife ist gegeben, wenn eine an sich akkordfähige Arbeit von allen, den geregelten Arbeitsablauf störenden Einflußgrößen befreit ist und vom Arbeitnehmer nach entsprechender Übung und Einarbeitung hinlänglich beherrscht wird. Deshalb erfordern Änderungen des Arbeitsverfahrens und der Arbeitsmethode die Berücksichtigung von Lernprozessen und in der Regel auch eine Neufestsetzung des Akkords.

Akkordfähigkeit und Akkordreife

Beim Stücklohn kann nach der Zahl der entlohnten Arbeitnehmer zwischen Einzelakkord und Gruppenakkord unterschieden werden. Letzterer wirft besondere **Probleme bei der Aufteilung des Entgelts auf die Gruppenmitglieder** auf. Liegt Gruppenarbeit mit wechselnder Arbeitsverteilung vor und können Leistungsunterschiede der Gruppenmitglieder nicht ermittelt werden, dann ist nur eine gleichmäßige Aufteilung des Geldbetrags möglich. Soweit sich Anhaltspunkte für Leistungsunterschiede angeben lassen (z. B. Teilarbeiten mit unterschiedlichen Schwierigkeitsgraden, unterschiedliche zeitliche Beteiligung an der Gruppenarbeit), kann die Lohnsumme mit Hilfe einer Äquivalenzziffernrechnung verteilt werden.

Einzel- und Gruppenakkord

Prämienlöhne können als zusammengesetzte Lohnformen bezeichnet werden, weil die Höhe des Arbeitsentgelts von der ursprünglichen Bemessungsgrundlage und einem zusätzlichen Leistungskriterium abhängt. **Ein Prämienlohn liegt vor, wenn zu einem vereinbarten Grundlohn planmäßig ein zusätzliches Entgelt gewährt wird, das auf bestimmte Mehrleistungen des Arbeitnehmers zurückgeführt wird.**

Prämienlohn

Nach Art der Prämie ist zwischen Zusatzprämien und Grundprämien zu unterscheiden. Zusatzprämien stellen einmalige Zuwendungen dar, die zur Erreichung bestimmter mit dem Produktionsvorgang zusammenhängender Teilwirkungen eingesetzt werden (z. B. Qualitäts-, Ersparnis- und Nutzungsprämien). Grundprämien streben eine unmittelbare Steigerung des Arbeitsergebnisses an. Sie werden als Qualitäts- oder Geschwindigkeitsprämien für die Überschreitung der Normalmenge bzw. Unterschreitung der Normalzeit mit einer Elementarlohnform verbunden, so daß

Zusatzprämien

Grundprämie

eine neue Lohnform entsteht. Im Gegensatz zu den einmaligen Zusatzprämien werden die Grundprämien laufend gewährt. **Im allgemeinen wird nur die Verbindung zwischen Grundprämie und reiner Lohnform als Prämienlohn bezeichnet.**

Prämien-
zeitlohn

Entsprechend der dem Prämienlohn zugrunde gelegten Elementarlohnform ergeben sich Prämienzeit- und Prämienstücklöhne. Hierzu gehören auch die **Bonus- und Staffellöhne**. Die Bonus- und Staffellöhne suchen den Leistungsanreiz des reinen Zeit-

Bonus- und
Staffellohn

lohns durch einen (Bonus) oder mehrere (Staffel) Zuschläge zum Stundenlohnsatz zu verstärken, sobald der Arbeitende eine bestimmte Leistungsstufe erreicht oder überschreitet. **Die Gestaltungsmöglichkeiten des Staffellohns sind sehr zahlreich. Die Leistungsstufen können beispielsweise in unterschiedlichen Abständen festgelegt werden, die Prämien können zunehmen, abnehmen oder konstant sein**, so daß nahezu jeder

Prämien-
stücklohn

mögliche Kurvenverlauf zwischen Leistungsgrad und Stundenverdienst realisierbar ist.

Die Mechanisierung und Automatisierung der Produktion stellt das herkömmliche entgeltpolitische Instrumentarium dadurch in Frage, daß
– die Leistungsmenge vom Arbeitsrhythmus und der Laufgeschwindigkeit der maschinellen Anlage bestimmt wird, d. h. vom einzelnen Mitarbeiter nicht mehr beeinflußbar ist;
– die „weichen", d. h. schwer ermittelbaren Anforderungskriterien (wie z. B. Belastung durch Konzentration oder Monotonie, wachsende Verantwortung für den reibungslosen Ablauf von Produktionsprozessen) bedeutender werden;
– die Leistungsunterschiede zwischen den Mitarbeitern schwerer beurteilbar werden;
– die bisher notwendigen Mitarbeiterqualifikationen ökonomisch entwertet werden.

Lohnformen
und
technischer
Fortschritt

Als Reaktion auf geänderte technische Rahmenbedingungen wurden neue Lohnformen entwickelt, die kurz skizziert werden sollen (vgl. zum Folgenden z. B. Bühner 1985 b, 1986).

Fester
Akkord-
lohnsatz

Ausgangspunkt ist eine konstante Mengenleistung, die auf den Erfahrungen mit einem Akkordlohnsystem beruht. Bei Einhaltung der Zeit- und Mengenleistungsvorgabe erhalten die Arbeitnehmer den zeitkonstanten Akkordlohn.

Zeitlohn bei
Vorgabe von
Mindestbe-
triebszeiten

Anwendungsgebiet dieser Lohnform sind Maschinen und Anlagen mit einem überwiegenden Anteil von Prozeßzeiten. Aufgabe der Mitarbeiter ist es, die Fertigungsausfallzeiten auf ein Mindestmaß zu beschränken.

Prämienlohn
mit Nut-
zungsgrad

Diese Lohnform eignet sich sowohl bei flexiblen Fertigungssystemen als auch bei Arbeiten an NC- und CNC-Maschinen. Hier wird ein bestimmter Nutzungsgrad der Anlage vorgegeben, für dessen Erreichung oder Unterschreitung eine Prämie gezahlt wird.

Qualifi-
kations-
orientierte
Entlohnung

Die effektive Nutzung neuer Technologien verlangt Veränderungen in den Qualifikationsstrukturen (vgl. z. B. Lübben 1991). Sie können nicht ohne weiteres aus den herkömmlichen Ausbildungsberufen abgeleitet, aber häufig auf diesen aufbauend entwickelt werden. Diese Erkenntnisse sowie die Kritik der Gewerkschaften an Abgruppierungen und den daraus resultierenden Bemühungen, Einkommenseinbußen

832

der durch technischen Wandel betroffenen Mitarbeiter durch Rationalisierungsschutzabkommen zu verhindern, führten zu Überlegungen über eine qualifikationsorientierte Entlohnung. **Das bislang geltende Grundprinzip „gleicher Lohn für gleiche Leistung" wäre hierbei um das Prinzip „gleicher Lohn für gleiche Qualifikation" zu ergänzen** (vgl. z. B. Eckardstein 1986, S. 247 ff., Eckardstein u. a. 1988). Die Grundlage der Entlohnung ist der qualitative Umfang der Tätigkeiten, die ein Mitarbeiter potentiell ausführen kann – unabhängig davon, ob diese Qualifikation von Unternehmen tatsächlich in Anspruch genommen wird. Durch eine qualifikationsorientierte Entlohnung schafft das Unternehmen Anreize für die Mitarbeiter, sich weiterzuqualifizieren. Das Unternehmen gewinnt dadurch ein höheres Maß an Flexibilität, um Veränderungsprozessen auf dem Absatzmarkt oder bei der Leistungserstellung besser gerecht zu werden. Der Mitarbeiter seinerseits sieht seine Weiterbildungsmaßnahmen honoriert.

Soziale Leistungen

Die an den Prinzipien der Anforderungs- und Leistungsgerechtigkeit orientierte Entgeltgestaltung wird ergänzt durch freiwillige, gesetzlich vorgeschriebene oder vertraglich vereinbarte **soziale Leistungen** (Prinzip der Sozialgerechtigkeit) des Arbeitgebers an die Mitarbeiter. Sie werden neben dem anforderungs- und leistungsbezogenen Entgelt und ggf. einem Erfolgsanteil den gegenwärtigen oder auch früheren Mitarbeitern sowie zum Teil deren Angehörigen gewährt.

Sozialgerechte Entlohnung

Mit der Gewährung sozialer Leistungen, deren Ursprünge auf das sich Mitte des vorigen Jahrhunderts verbreitende Gedankengut der Betriebswohlfahrtspflege zur Verbesserung der sozialen Lage der Arbeitnehmerschaft zurückgehen, können mehrere Ziele verfolgt werden, die einerseits **ökonomischen Zielsetzungen** (z. B. Steigerung der Leistung, Verminderung der Fluktuation) und andererseits **ethischen und sozialen Bestrebungen** entspringen (Schutz der Familie, Hilfsbereitschaft).

Ziele betrieblicher Sozialleistungen

Bei der Planung der betrieblichen Sozialleistungen hat die Unternehmung Nebenbedingungen zu beachten, die ihren Entscheidungsspielraum einschränken. Eine Reihe betrieblicher Sozialleistungen ist durch gesetzliche und vertragliche Regelungen zwingend vorgeschrieben. Dazu gehören die Arbeitgeberbeiträge zur Sozialversicherung, Beiträge zu Berufsgenossenschaften, Tarifurlaub, Bezahlung von Arbeitsausfällen und sonstige Leistungen aufgrund gesetzlicher und tarifvertraglicher Vorschriften (Kindergeld, Unfallverhütung, Sozialzulagen). Daneben können durch Betriebsvereinbarungen weitere Sozialleistungen wie Weihnachtsgeld, Pensionsverpflichtungen, Werkswohnungen usw., festgelegt werden. Bei Pensionszusagen ist eine Kürzung oder Aussetzung des Ruhegeldes nur bei einer die Existenz der Unternehmung bedrohenden Notlage möglich; eine allgemein wirtschaftlich schwache Situation rechtfertigt dagegen eine Änderung der Pensionsregelung nicht. Auch ursprünglich freiwillige Sozialleistungen erhalten den Charakter bindender Zusagen gegenüber der Belegschaft, wenn ein gewohnheitsrechtlicher Anspruch vorliegt, der bei mehrmaliger vorbehaltloser Zahlung von Zuwendungen entsteht.

Gesetzliche, tarifvertragliche und durch Betriebsvereinbarung festgelegte Sozialleistungen

Die Fülle möglicher Arten und die sich daraus ergebenden Handlungsmöglichkeiten werden bei der Aufgliederung der freiwilligen sozialen Leistungen nach verschiedenen Einteilungsmerkmalen sichtbar. Nach der Form der gewährten Leistung ist zwischen Geldaufwendungen (Kindergeld, Sozialzulagen), Sachaufwendungen (Betriebsessen, Deputate) und Einräumung von Nutzungen und Dienstleistungen (Wohnungen, Werksarzt) zu unterscheiden. Hinsichtlich des Empfängerkreises werden kollektive (z. B. Sportanlagen, Werksbüchereien) und individuelle Sozialleistungen gewährt, die sich entweder nur auf die Belegschaftsmitglieder oder auch auf ausgeschiedene Mitarbeiter erstrecken und Familienangehörige einbeziehen oder ausschließen können. Auch nach ihrem Zweck lassen sich freiwillige Sozialleistungen unterscheiden in Altersversorgung, Gratifikationen aus besonderem Anlaß, Arbeitsschutz und Unfallverhütung, Fürsorge und Gesundheitspflege, Belegschaftsverpflegung und Wohnhilfe, persönliche Hilfe in Notlagen, kulturelle Förderung und Freizeitgestaltung, sonstige Sozialleistungen.

Zu den aufgrund ihrer Anreizwirkung wichtigsten freiwilligen sozialen Leistungen gehören die verschiedenen Formen von **Gratifikationen** (vor allem Weihnachts-, Urlaubs-, Jubiläums-, Heiratsgeld), die zum Teil bereits tarifvertraglich bzw. durch Betriebsvereinbarungen abgesichert sind, sowie die betriebliche Altersversorgung.

Unter betrieblicher Altersversorgung werden alle Leistungen verstanden, die eine Organisation über die Pflichtbeiträge zur gesetzlichen Rentenversicherung hinaus für die Zukunftssicherung ihrer Mitarbeiter unmittelbar oder über rechtlich selbständige Versorgungsträger erbringt (vgl. z. B. Hentze 1990).

Ziel der betrieblichen Altersversorgung ist es, die sog. Versorgungslücke zu schließen, die sich aus der Differenz zwischen dem Nettoarbeitsentgelt am Ende der Erwerbstätigkeit und der gesetzlichen Sozialversicherungsrente im Versorgungsfall ergibt. Diese Lücke beträgt den bisherigen Erfahrungen nach zwischen 10% und 20% des letzten Bruttoarbeitsentgelts und steigt bei Arbeitsentgelten, die über der Beitragsbemessungsgrenze für die gesetzliche Rentenversicherung liegen, rasch an. Die betriebliche Altersversorgung nimmt unter den freiwilligen betrieblichen Sozialleistungen die erste Stelle ein.

Es haben sich mehrere Grundformen betrieblicher Altersversorgung herausgebildet: die unmittelbare Pensionszusage, die mittelbare Pensionszusage durch Einschaltung von Pensionskassen, Unterstützungskassen oder Versicherungsunternehmen (Direktversicherung) sowie die freiwillige Versicherung in der gesetzlichen Rentenversicherung.

Träger der Pensionszusage (Direktzusage, Versorgungsverpflichtung) ist das Unternehmen selbst, die ihren Mitarbeitern und/oder deren Angehörigen Leistungen bei Eintritt des Versorgungsfalls zusagt. Die Finanzierung erfolgt nahezu ausschließlich durch die von der Unternehmung während der Zeit der betrieblichen Tätigkeit des Versorgungsberechtigten gebildeten Pensionsrückstellungen.

Pensionskassen sind rechtlich selbständige Einrichtungen (meist in der Rechtsform eines Versicherungsvereins a. G.). Ihr alleiniger Zweck ist es, durch die aus der

834

Unternehmung zufließenden Beträge die Altersversorgung der Mitarbeiter sicherzustellen. Sie unterliegen wie Versicherungsunternehmen der Versicherungsaufsicht.

Auch die Unterstützungskasse ist eine rechtlich selbständige Einrichtung mit dem ausschließlichen Zweck, Versorgungsleistungen zu gewähren. Im Unterschied zu den Pensionskassen schließt sie jedoch Rechtsansprüche auf ihre Leistungen aus, dafür unterstützt sie aber die Mitarbeiter auch in Fällen der Not und der Arbeitslosigkeit. Sie unterliegt nicht der Versicherungsaufsicht und kann daher der Unternehmung, von der sie ausschließlich finanziert wird, ihr Vermögen als verzinsliches Darlehen überlassen. *Unterstützungskasse*

Bei der Direktversicherung schließt die Unternehmung als Versicherungsnehmer einen Einzel- oder Gruppenversicherungsvertrag auf das Leben des Mitarbeiters (häufig für leitende Angestellte) ab. Bezugsberechtigt ist der Arbeitnehmer bzw. seine Angehörigen, das Bezugsrecht kann widerruflich oder unwiderruflich sein. Die Finanzierung erfolgt durch einmalige oder laufende Beiträge des Arbeitgebers, wobei jedoch eine Beteiligung des Mitarbeiters an der Beitragszahlung möglich ist. *Direktversicherung*

Für jeden in der gesetzlichen Rentenversicherung nicht Pflichtversicherten besteht die Möglichkeit der freiwilligen Versicherung. Für jeden Versicherten besteht darüber hinaus die Möglichkeit der Höherversicherung bei den Trägern der gesetzlichen Rentenversicherung. Entrichtet der Arbeitgeber in solchen Fällen die Beiträge für seine Mitarbeiter, liegt eine Form der betrieblichen Altersversorgung vor. *Freiwillige Versicherung in der gesetzlichen Rentenversicherung*

Die Grundsatzentscheidung, ob eine betriebliche Altersversorgung durchgeführt werden soll und in welcher Höhe und Form, ist der Unternehmung vorbehalten. Entscheidet sie sich für die Einführung einer solchen Sozialleistung, gelten zwingend die im Gesetz zur Verbesserung der betrieblichen Altersversorgung vom 19. 12. 1974 (Betriebsrentengesetz) niedergelegten Bedingungen. Das Gesetz enthält Regelungen, die die Wahl der Gestaltungsform in der Praxis erheblich beeinflussen. Die wichtigsten arbeitsrechtlichen Regelungen betreffen die Unverfallbarkeit betrieblicher Versorgungsanwartschaften (§§ 1–4 BetrAVG), das Auszehrungsverbot (§ 5 BetrAVG), die flexible Altersgrenze (§ 6 BetrAVG) und die Insolvenzsicherung (§§ 7–15 BetrAVG). *Gesetz zur Verbesserung der betrieblichen Altersversorgung*

Die Anwartschaft auf Leistungen der betrieblichen Altersversorgung wird im Fall des Ausscheidens des Mitarbeiters aus der Organisation unverfallbar, wenn dieser mindestens das 35. Lebensjahr vollendet hat und entweder die Versorgungszusage für ihn mindestens 10 Jahre bestanden hat oder der Beginn der Betriebszugehörigkeit mindestens 12 Jahre zurückliegt und die Versorgungszusage für ihn mindestens 3 Jahre bestanden hat. *Unverfallbarkeit*

Die Betriebsrenten dürfen nicht dadurch gemindert oder entzogen werden, daß Beiträge, um die sich andere Versorgungsbezüge aufgrund der Anpassung an die wirtschaftliche Entwicklung erhöhen, angerechnet werden. *Auszehrungsverbot*

Die flexible Altersgrenze der gesetzlichen Rentenversicherung gilt auch für die betriebliche Altersversorgung, wenn Wartezeit und sonstige Leistungsvoraussetzungen erfüllt sind. *Flexible Altersgrenze*

Insolvenz- *sicherung*	Ziel der Insolvenzsicherung ist die Gewährleistung der betrieblichen Rentenansprüche im Konkursfall. Ihr unterliegen alle laufenden Leistungen der betrieblichen Altersversorgung und unverfallbaren Anwartschaften aus Pensionszusagen und Unterstützungskassen. Versorgungsansprüche gegen Pensionskassen und aufgrund von Direktversicherungen, die ein unwiderrufliches Bezugsrecht beinhalten, bedürfen keiner Sicherung. Träger der Insolvenzsicherung ist der Pensionssicherungsverein VVaG, Köln; die Mittel für ihre Durchführung werden gemeinschaftlich durch die Arbeitgeber, bei denen sicherungspflichtige Formen der betrieblichen Altersversorgung bestehen, aufgebracht.

Außertarifliche Zulagen

Außertarif- *liche Zulagen* *als Ergän-* *zung des ent-* *geltpoliti-* *schen Instru-* *mentariums*	Das Instrumentarium zur Ermittlung der anforderungs- und leistungsabhängigen Anteile des Entgelts ist in der Regel stark formalisiert und durch Tarifvertrag und Betriebsvereinbarung in seinen Einsatzmöglichkeiten bestimmt. Es eröffnet kaum kurzfristig nutzbare personalpolitische Handlungsspielräume, z. B. zur Berücksichtigung spezifischer Arbeitsmarktverhältnisse oder zur Handhabung innerbetrieblicher Konflikte bei aufgedeckten Mängeln des Entgeltsystems. Eine derartige Funktion kann die außertarifliche Zulagengestaltung übernehmen. Durch solche Zulagen kann der Industriebetrieb im Einzelfall die aus Arbeits- und Leistungsbewertung resultierende Lohnhöhe „korrigieren", ohne damit das formalisierte System in Frage zu stellen.
Anwendungs- *bereiche*	Außertarifliche Zulagen werden vorwiegend für besondere, im formalisierten Leistungsbewertungssystem nicht (hinreichend genau) erfaßte Leistungsergebnisse oder für spezifische Merkmale des Leistungsverhaltens oder auch des leistungsabhängigen Verhaltens gewährt. In größerem Umfang können sie ebenfalls zur **Erhaltung der Wettbewerbsfähigkeit** auf dem Arbeitsmarkt eingesetzt werden. Dies führt zur sogenannten „Lohndrift", einer arbeitsmarktbedingten positiven Abweichung der Effektivlöhne von den tarifvertraglich vereinbarten Löhnen.

Flexibilisierung der Anreizgestaltung

Flexibilisie- *rung des An-* *reizsystems*	In den letzten Jahren begann auch in der Bundesrepublik Deutschland, insbesondere durch Entwicklungen in den USA beeinflußt, eine verstärkte Diskussion über die Möglichkeiten einer Flexibilisierung des Anreizsystems (vgl. z. B. Becker 1987a, Schanz 1991). Im Mittelpunkt stehen dabei zum einen **Cafeteria-Systeme** und zum anderen sog. **„Bonus-Incentive-Systeme"** (vgl. Marr/Stitzel 1991).

Cafeteria-Systeme bieten dem Mitarbeiter die Möglichkeit, innerhalb seines Einkommensrahmens aus einer vorgegebenen Palette von in der Regel materiellen Anreizen entsprechend seinen persönlichen Präferenzen ein individuelles Anreizpaket auszuwählen – ähnlich einer Menueauswahl in einer Cafeteria. Bei den **Bonus- und Incentive-Systemen** werden bestimmte, auf ein besonderes Engagement des Mitar-

beiters zurückzuführende Leistungen durch die Zuwendung materieller (Boni/
Incentives) oder (seltener) immaterieller Anreize honoriert.

Grundlage für die Gestaltung eines Cafeteria-Systems bilden einerseits die Flexibilisierungsmöglichkeiten der monetären und nichtmonetären Anreize und andererseits die individuellen Werte- und Bedürfnisstrukturen. Die damit verfolgten **Ziele** sind (vgl. z. B. Wagner 1986): *Cafeteria-Systeme*

– bei verschärftem Wettbewerb auf den Arbeitsmärkten die Attraktivität des Unternehmens für die Mitarbeiter zu erhöhen,
– über eine engere Bindung der Mitarbeiter an das Unternehmen z. B. die ökonomische Effizienz durch Senkung der Fluktuations- oder Absentismusrate zu erhöhen,
– eine höhere Arbeitszufriedenheit der Mitarbeiter zu erreichen.

Voraussetzung hierfür ist eine **höhere Entgeltzufriedenheit** der Mitarbeiter, die – neben der Wahlmöglichkeit an sich – durch die verbesserte Transparenz der gewährten Sozialleistungen und u. U. eine Erhöhung des Nettoeinkommens bei gleichem Bruttoeinkommen (z. B. durch Rabattvorteile bei Versicherungen, Finanzierungs- und Steuervorteile) bewirkt werden kann.

Als die wesentlichen Entscheidungsparameter flexibler Anreizgestaltung in Cafeteria-Systemen können die in Abbildung 6.26, S. 838, aufgeführten gelten.

Die Anwendung des Cafeteria-Gedankens in der deutschen Unternehmenspraxis beschränkt sich gegenwärtig überwiegend auf den Kreis der Führungskräfte, zum einen aufgrund der bei einer überschaubaren Personenzahl besseren Erprobungsmöglichkeiten, zum anderen wegen der für diese Gruppe größeren Gestaltungsspielräume.

„Bonus- und Incentive-Systeme" führen den Prämiengedanken fort und gehören damit zur Kategorie der variablen Entgeltsysteme. Sie bieten die Möglichkeit, eine **außergewöhnliche**, häufig individuelle Leistung/Entscheidung/Grundhaltung besonders auszuzeichnen. Diese Anreizgewährung, die an keinen festen Vergabemodus gebunden sein muß, kann vom betroffenen Mitarbeiter also nur mittelbar – in der Hoffnung auf entsprechende Würdigung seiner Leistung – beeinflußt werden. *Bonus- und Incentive-Systeme*

Ziel dieses Anreizsystems ist es, die Mitarbeiter zu besonderen **unternehmerischen Leistungen** bzw. **unternehmerischem Denken und Handeln** zu motivieren und damit ein Verhalten zu fördern, das in der neueren Literatur häufig als **„Intrapreneurship"** bezeichnet wird. Die Anreizwirkung bietet dem Mitarbeiter die Chance, sich über sein festgelegtes Gehaltsniveau hinaus zusätzliche materielle Anreize zu erschließen.

Aus Unternehmenssicht ist dabei die Frage zu lösen, inwieweit das Anreizsystem an die strategische, langfristige Erfolgserzielung im Unternehmen gekoppelt werden kann. Der Wunsch einer **strategischen Ankopplung** resultiert aus der Kritik an den herkömmlichen Entgeltsystemen. Deren Wirkung ist primär auf erfolgreiches operatives, kurzfristiges Handeln gerichtet. Ähnlich dem Cafeteria-System ist darüber hinaus auch das Ziel erkennbar, die **Attraktivität des Unternehmens** zu erhöhen und den **Mitarbeiter an das Unternehmen zu binden**.

A. Leistungspalette
   1. Geld-/Zeit-Angebote
   2. Geld-Angebote
   3. Zeit-Angebote
   4. Alterssicherung
   5. Zusätzliche Versicherungsmöglichkeiten
   6. Sach- und Dienstleistungen

B. Ermittlung der Bedürfnisstruktur
   1. „Raise-fill-in"-Methode
   2. „Gameboard"-Methode
   3. „Rating-of-attractiveness"-Methode

C. Verrechnungsmodus
   1. Relation
   2. Verzinsung
   3. Verrechnungspreise
   4. Verrechnungspunkte

D. Kombinationsmöglichkeiten
   1. beliebig
   2. mit einheitlichem Kernpaket
   3. mit gruppenspezifischem Kernpaket
   4. unter verschiedenen Standardpaketen

E. Wahlturnus
   1. einmalige Festlegung auf Dauer
   2. mehrjährige Festlegung
   3. jährliche Neufestlegung

F. Periodisierung
   1. periodenbezogene Abrechnung, keine Übertragbarkeit in spätere Perioden
   2. Übertragbarkeit durch individuelle Sozialleistungskonten der Mitarbeiter

G. Restsummen / Zusatzbedarf
   1. Restsumme auszahlbar
   2. Restsumme wird festgelegter Verwendung automatisch zugeführt
   3. Zusatzbedarf ist ggf. durch eine Ausgleichszahlung zu decken
   4. Summenüberschreitung nicht zugelassen

Abbildung 6.26: Entscheidungsparameter flexibler Anreizgestaltung in Cafeteria-Systemen

(in Anlehnung an Dycke/Schulte 1986)

Die wesentlichen Entscheidungsparameter für Bonus- und Incentive-Systeme sind (vgl. auch Becker 1987b):

A. Anreizpalette
1. Boni (z. B. Provisionen, Tantiemen)
2. Stock Options (Optionspläne zum Aktienerwerb)
3. Incentives (s. Cafeteria-System)

B. Zielgruppen
1. Obere Führungskräfte
2. Mittlere Führungskräfte
3. Mitarbeiter

C. Einkommensstruktur
1. Risiko-/Anforderungsgrad
2. Hierarchische Position
3. Akzeptanzgrad der Mitarbeiter
4. Unternehmenskultur

D. Zielsetzung
1. Strategische Ziele
2. Operative Ziele
3. Individuelle Ziele

E. Leistungsbewertung
1. Qualitative Ziele
2. Quantitative Ziele

F. Bewertungsperiode
1. einperiodisch
2. mehrperiodisch
3. aperiodisch

G. Ausschüttungsfrequenz
1. einperiodisch
2. mehrperiodisch
3. aperiodisch
4. Zurückbehaltung

Abbildung 6.27: Entscheidungsparameter flexibler Entgeltgestaltung in Bonus- und Incentive-Systemen

Erfolgsbeteiligung

Begriff **Unter Erfolgsbeteiligung ist die vom Arbeitgeber den Belegschaftsmitgliedern vertraglich zugesicherte Beteiligung an einer wirtschaftlichen Erfolgsgröße der Unternehmung zu verstehen. Diese Art der Leistungsvergütung erfolgt nach einem festgelegten Verfahren zusätzlich zum vertraglich vereinbarten Entgelt.**

Ziele Die Beweggründe zur Einführung eines Beteiligungssystems können dem privatwirtschaftlichen Interesse der Unternehmung entspringen oder aus sozialen Überlegungen bzw. der Verfolgung eines Gerechtigkeitsideals resultieren.

Vor allem im Bereich der mittelständischen Industrie finden sich zunehmend Eigentümerunternehmer, deren individuelle Vorstellungen über eine gerechte Einkommens- und Vermögensverteilung die Basis für die Einführung eines Erfolgsbeteiligungssystems ist. Als wichtige Aufgabe der Beteiligung wird häufig die Verminderung des Interessengegensatzes zwischen Arbeitgebern und Arbeitnehmern gesehen. Beteiligungssysteme werden in diesem Zusammenhang als mögliches Regulativ zwischen liberaler und sozialistischer Wirtschaftsauffassung betrachtet. Privatwirtschaftliche Interessen kommen zum Ausdruck, wenn die durch Einführung eines Beteiligungssystems erzielbaren Finanzierungsvorteile und Steuerersparnisse eine mögliche Produktivitätssteigerung (Leistungssteigerung oder Kostenersparnis) oder die Verminderung der Fluktuation bewirken.

Beteiligungs- Die Charakterisierung einer Beteiligungsform knüpft an die Art der Lösung der
grundlage Grundprobleme an, die sämtlichen Beteiligungssystemen gemeinsam sind. Die erste Entscheidung betrifft die **Wahl der Beteiligungsgrundlage** (Bemessungsgrundlage). Danach kann zwischen Leistungsbeteiligung, Ertragsbeteiligung und Gewinnbeteiligung unterschieden werden (zum Folgenden vgl. z. B. Berthel 1989).

Beteiligungs- Beteiligungsmaßstäbe der **Leistungsbeteiligung** sind Produktions- bzw. Verarbei-
maßstäbe tungsmengen, Produktivitätsgrößen und Kosteneinsparungen. Als Beteiligungsgrundlage für die **Ertragsbeteiligung** kommen Umsatz, Rohertrag und Wertschöpfung der Unternehmung in Betracht, während die **Gewinnbeteiligung** von verschiedenen Gewinngrößen wie Nettoertrag, handels- oder steuerrechtlichem Gewinn, Betriebsgewinn oder Ausschüttungsgewinn ausgeht.

Maßstäbe der Die Heranziehung von Produktionsmengen oder Produktivitätsgrößen als Beteili-
Leistungs- gungsgrundlage besitzt den Vorteil leichter Verständlichkeit und kann einen Lei-
beteiligung stungsanreiz herbeiführen. Allerdings sagt eine Mengensteigerung für sich allein genommen wenig über die Gewinnentwicklung aus, da der Veränderung der Aufwands- bzw. Kostengrößen und der Absatzseite nicht Rechnung getragen wird. Die Kostenersparnisbeteiligung erfaßt dagegen den Einsparungsgewinn als Differenz zwischen vorgegebenen und tatsächlich verursachten Kosten. In den Kostenvergleich gehen meistens nur die wichtigsten, von der Belegschaft beeinflußbaren Kostenarten ein, die Absatzseite bleibt ebenfalls außer Betracht.

Maßstäbe der Diese Mängel versuchen die Formen der Ertrags- und Gewinnbeteiligung zu besei-
Ertrags- tigen, indem sie sich an der Ertragslage der Unternehmung orientieren. Für die Wahl
beteiligung des Umsatzes als Beteiligungsbasis spricht die Tatsache, daß diese Größe ohne schwie-

840

rige Rechen- und Bewertungsoperationen ermittelt werden kann und deshalb eindeutig ist. Nachteilig macht sich jedoch bei dieser Beteiligungsform die Vernachlässigung der Kostenentwicklung bemerkbar. Ferner ist eine Proportionalität zwischen Umsatz und Gewinn nicht ohne weiteres gegeben. Ausprägungen der Umsatzbeteiligung und ihrer Variante, der Wertschöpfungsbeteiligung, sind der Schueler-Plan, der Rucker-Plan und der Scanlon-Plan.

Die Grundidee des Schueler-Plans besteht in der Einführung eines **Proportionallohns**, der sich entsprechend dem vorher ermittelten durchschnittlichen **Verhältnis zwischen Lohnsumme und Umsatz** entwickelt. Bei Umsatzsteigerungen wachsen die Löhne in Höhe des festgelegten Anteils am Umsatzvolumen. Im Falle eines Umsatzrückgangs wird der vereinbarte Mindestlohn gezahlt; die über die konstante Lohnquote hinausgehenden Beträge werden bei nachfolgenden Umsatzsteigerungen zunächst abgedeckt, ehe die Lohnsumme wieder erhöht wird.

Schueler-Plan

Ähnlich dem Proportionallohn wird beim Rucker-Plan ein **gleichbleibendes Verhältnis zwischen Lohnsumme und Wertschöpfung** zugrunde gelegt. Erhöht sich die Wertschöpfung durch Materialeinsparungen und/oder Leistungsintensität, so steigt der Lohn ebenfalls mit dem vorher ermittelten Prozentsatz an. Im Unterschied zum Proportionallohn treten Lohnerhöhungen auch dann auf, wenn der wertmäßige Umsatz sich nicht ändert, sofern Einsparungen auf der Kostenseite erzielt werden.

Rucker-Plan

Der Scanlon-Plan schließlich wählt **den von Preisschwankungen bereinigten Gesamtumsatz unter Berücksichtigung der Lagerbestandsveränderungen als Beteiligungsbasis und setzt ihn zu den Lohn- und Gehaltsaufwendungen in Beziehung.** Ist die tatsächliche Verhältniszahl geringer als die vorgegebene Lohnkonstante, dann werden die Ersparnisse zum größten Teil ausgeschüttet, ein Bruchteil wird einem Reservekonto zugewiesen, das einen Ausgleich bei Perioden mit einer höheren als der vorgegebenen Lohnkonstanten vornimmt.

Scanlon-Plan

Bei der Beteiligung der Belegschaft am Gewinn beginnen die Schwierigkeiten bereits bei der Festlegung der Gewinngröße. Da bei der Ermittlung des Unternehmungsgewinns neutrale Aufwendungen und Erträge berücksichtigt werden, erscheint eine Beschränkung der Beteiligung auf den Betriebsgewinn zweckmäßig. Die Verwendung des Betriebsgewinns setzt aber die Trennung der betrieblichen von den neutralen Aufwands- und Ertragskomponenten voraus, die in der Realität nicht ohne weiteres zu bewerkstelligen ist. Besonders die Abgrenzung zwischen den Aufwandskategorien und das Problem der Aktivierung bzw. Aufwandsverrechnung innerbetrieblicher Leistungen und kurzlebiger Wirtschaftsgüter beeinflußt das periodische Betriebsergebnis, dessen Höhe zusätzlich von der Ausübung von Bewertungswahlrechten sowie vom Umfang der angesetzten kalkulatorischen Kosten abhängt. Deshalb wird häufig der **Gewinn der Steuerbilanz** als Beteiligungsgrundlage gewählt.

Maßstäbe der Gewinn-beteiligung

Eine Beteiligung der Arbeitnehmer auch am Verlust wird in Literatur und Praxis unterschiedlich beurteilt. Grundsätzlich kann davon ausgegangen werden, daß das Gegenstück zur Gewinnbeteiligung nicht unbedingt eine Verlust-, sondern eine **Nicht-**

Gewinnbeteiligung darstellt, die Beteiligung am Periodengewinn also nicht automatisch eine Periodenverlustbeteiligung implizieren muß.

Aufteilungs-
probleme
zwischen
Arbeit und
Kapital

Neben der Wahl der Beteiligungsgrundlage stellt die **Verteilung der gewählten Basisgröße auf Arbeitnehmer und Kapitaleigner** einen weiteren grundlegenden Entscheidungstatbestand im Rahmen der Gestaltung eines Beteiligungssystems dar. In den aufgeführten Beteiligungsplänen wurden bereits implizit verschiedene Verteilungsschlüssel aufgeführt (z. B. Proportionallohn).

Eine verursachungsgerechte Zurechnung von Erfolgsgrößen auf Kapitaleigner und Arbeitnehmer bzw. eine Ermittlung sogenannter Teilproduktivitäten (Arbeits- und Kapitalproduktivität) ist theoretisch nicht begründbar. Die Aufteilungsschlüssel sind vor dem Hintergrund der Machtverteilung zwischen den beiden interessierten Gruppen und des bestehenden Wirtschaftssystems zu sehen.

Aufteilungs-
schlüssel

Als Verteilungsgrundlagen können die in den Beteiligungsplänen verwendeten Lohnkonstanten dienen. In der Praxis erfolgt die Gewinnaufteilung auch nach anderen Beteiligungsverhältnissen, z. B. dem Verhältnis von betriebsnotwendigem Kapital zu Umsatz oder betriebsnotwendigem Kapital zur Jahreslohnsumme. Die Dividendenbeteiligung sieht eine Gewinnbeteiligung der Belegschaft in der Weise vor, daß der an die Aktionäre zur Ausschüttung kommende Dividendensatz ganz oder teilweise auf die Lohnsumme bezogen wird und die Mitarbeiter einen an den Dividendensatz der Aktionäre gekoppelten Zuschlag zu ihrem Lohneinkommen erhalten.

Personelle
Verteilung der
Beteiligungs-
größen

Mit der **Verteilung des Belegschaftsanteils auf die einzelnen Mitarbeiter** erwächst ein zweites Zurechnungsproblem. Es entfällt, wenn der **kollektiven Erfolgsbeteiligung** der Vorzug gegeben wird. Bei der kollektiven Erfolgsbeteiligung wird der Erfolgsanteil zugunsten der gesamten Belegschaft für soziale Zwecke verwendet. Wird der Erfolgsanteil für Zuweisungen an Pensions- und Unterstützungskassen verwendet, dann entstehen auch bei der Kollektivbeteiligung Zurechnungsprobleme. In der Praxis wird die **individuelle Beteiligung** oder eine Kombination mit der Kollektivausschüttung vorgezogen, da der Leistungsanreiz als höher erachtet wird.

Verteilungs-
kriterien für
den Beleg-
schaftsanteil

Die Zuweisung der individuellen Erfolgsquoten erfolgt **in der Regel nach Maßgabe der individuellen Lohnsummen**, d. h., die innerbetriebliche Lohnstruktur bleibt unverändert. Eine **gleichmäßige Aufteilung nach Köpfen** wird seltener vorgenommen, weil dadurch bestehende Leistungsunterschiede vernachlässigt würden und die sich ergebende Nivellierung dem Leistungsprinzip zuwiderliefe. Ergänzend zur Lohnsumme können bei der Erfolgsbeteiligung **soziale Gesichtspunkte** und die **Dauer der Betriebszugehörigkeit** berücksichtigt werden.

Ebenso wie bei der globalen Erfolgszurechnung ist bei der personalen Verteilung davon auszugehen, daß **eine objektiv richtige Zurechnungsregel nicht existiert.** Auch die Lösung der nachgelagerten Zurechnungsfrage beruht auf einer Kompromißlösung, die von den betriebsindividuellen Verhältnissen und von den mit der Erfolgsbeteiligung verfolgten Zielvorstellung abhängt.

Ausschüt-
tungsformen

Hinsichtlich der Ausschüttungsform der Einzelquoten besteht außer der Barzahlung die Möglichkeit, die Anteile zugunsten der Mitarbeiter im Unternehmen oder bei

842

einer dritten Stelle fest anzulegen. Die festgelegten Mittel unterliegen dabei in der Regel einer zeitlich befristeten Veräußerungs- bzw. Kündigungssperre. Meist wird zur Förderung der individuellen Vermögensbildung, aus Liquiditätsgründen, Mangel an Kapitalbeschaffungsmöglichkeiten oder um die Mitarbeiter stärker an die Unternehmung zu binden, ein Teil der ausgeschütteten Mittel in Form von Darlehen, Kapitalbeteiligungen oder eines gesellschafterähnlichen Schuldverhältnisses im Unternehmen belassen.

Beispiele für die zeitlich befristete Anlage der aus der Erfolgsbeteiligung fließenden Entgelte **außerhalb der Unternehmung** bilden das zur Förderung der Vermögensbildung erlassene 936-DM-Gesetz, das eine Überweisung der Gewinnanteile auf ein staatlicherseits prämienbegünstigtes Sparkonto fördert, sowie der **Berkenkopf-Fels-Plan**, der die Zuweisung der Anteile als variable Prämie an eine Versicherungsgesellschaft vorsieht, bei der zugunsten des Arbeitnehmers eine Lebensversicherung abgeschlossen wurde. Durch derartige Anlageformen (z. B. auch Investmentzertifikate) kann die mobilitätshemmende Wirkung von Gewinnbeteiligungen gemindert werden. Dem häufig dagegen angeführten Argument des Liquiditätsentzugs beim Unternehmen kann durch die **Wahrnehmung von Refinanzierungsmöglichkeiten bei externen Institutionen** (z. B. Versicherungs-, Investmentgesellschaften) begegnet werden.

Sofern ein Erfolgsbeteiligungssystem die vollständige oder teilweise Umwandlung der Anteile der Mitarbeiter am Jahreserfolg in Kapitalanteile vorsieht, ergeben sich für die Mitarbeiter **drei verschiedene Einkunftsquellen**: der **reguläre Jahreslohn**, der **Erfolgsanteil aus dem Mitarbeiterverhältnis** und **der auf die bereits angesammelte Kapitalbeteiligung entfallende Erfolgsanteil.** Beispiele für solche Beteiligungssysteme, die neuerdings verstärkt von verschiedenen Unternehmen eingeführt oder geplant werden, zeigt Abbildung 6.28 (S. 844 f.).

Betriebliches Vorschlagswesen

Eine spezielle Form der Beteiligung der Mitarbeiter, vor allem an Kostenersparnissen, die auf die Initiative der Mitarbeiter zurückzuführen sind, wird durch das betriebliche Vorschlagswesen geregelt. Das betriebliche Vorschlagswesen kann entweder als **zeitlich begrenzter Ideenwettbewerb** konzipiert sein, der meistens auf bestimmte Aufgabenstellungen bezogen ist, oder als **ständiges Vorschlagssystem** in die Betriebsorganisation eingegliedert werden.

Verbesserungsvorschläge sind freiwillige Sonderleistungen von Arbeitnehmern, sofern ihre Aufgabe nicht speziell in der Findung solcher Ideen besteht. Sie können z. B. Prozeß- oder Produktverbesserungen zum Inhalt haben. Bei der Entwicklung eines Anreizsystems für derartige Sonderleistungen sind vor allem zwei Aspekte zu beachten: Die Erwartungen der vorschlagenden Organisationsmitglieder und die Problematik der Leistungszurechnung.

Vorschläge als Sonderleistungen

Firmendaten	Modellskizze	Modelldaten
Beispiel: **Siemens AG** Sitz: Berlin/München Branche: Elektro- industrie Umsatz: ca. 24 Mrd. DM Mitarbeiter: ca. 200 000 (beides Inland) **Modelltyp: Beleg- schaftsaktie**	Seit 1969 gewährt die Siemens AG allen Mitarbeitern nach 3-monati- ger Beschäftigungsdauer die Mög- lichkeit, Inhaberaktien zum Nomi- nalwert von DM 50 je Aktie zu erwerben (Kurswert ca. DM 400). Der Vorzugspreis pro Aktie betrug jeweils DM 156, wobei jeder be- rechtigte Mitarbeiter pro Angebot maximal bis zur vollen Ausschöp- fung der Kursdifferenz (Börsen- kurs ./. Kaufpreis) in Höhe von DM 300 Aktien erwerben konnte. Die Sperrfrist für die Weiterver- äußerung beträgt 5 Jahre. Danach sind sie frei verkäuflich.	Ca. 120 000 Beleg- schaftsaktionäre besit- zen durchschnittlich 70–80 Aktien.
Beispiel: **Bertelsmann AG** Sitz: Gütersloh Branche: Medien- konzern Umsatz: ca. 3 Mrd. DM Mitarbeiter: ca. 17 000 (beides Inland) **Modelltyp: Genuß- scheine**	Über eine investive Gewinnbeteili- gung wahlweise zzgl. einer 25%igen Eigenleistung werden Bertelsmann-Mitarbeiter seit 1970 am Unternehmungserfolg beteiligt. Seit 1981 sind die Anspruchsbe- rechtigten über Genußscheine direkt an der Bertelsmann AG be- teiligt. Die Genußscheine sind un- kündbar, unterliegen einer bis zu 7-jährigen Sperrfrist und sind dann an einer innerbetrieblichen Börse verkäuflich. Sie wurden bis- her mit 12–15% verzinst. Die Ber- telsmann-Treuhand-Anlagegesell- schaft übt die Rechte der Genuß- schein-Inhaber aus.	250 Mio. DM befinden sich in Händen von über 13 000 Mitarbei- tern. Der durchschnitt- liche Kapitalanteil des einzelnen Mitarbeiters beträgt DM 19 000.
Beispiel: **Rinn-Gruppe** Sitz: Gießen Branche: Blumen- handel Mitarbeiter: ca. 100 **Modelltyp: Indirekte stille Gesellschaft**	Die Rinn-Gruppe besteht aus 4 rechtlich selbständigen GmbHs. Seit 1983 können hauptsächlich vollzeitbeschäftigte Mitarbeiter mit mind. 12 Mte. Betriebszugehörig- keit über die RMG Rinn-Mit- arbeiter-Gesellschaft mbH indirekt stille Gesellschafter aller 4 zur Rinn-Gruppe gehörenden Gesell- schaften werden. Jeder Mitarbeiter konnte zu Beginn der Beteiligung Anteile zwischen DM 100 und DM 4 600 zeichnen. Außer einer Grundprämie wurde eine 25%ige Anlageprämie gewährt. Die An-	Von 46 zeichnungsbe- rechtigten Mitarbeitern haben 35 Anteile in durchschnittlicher Höhe von DM 1 100 (DM 800 Eigenanteil, DM 200 Anlage- prämie, DM 100 Grundprämie) gezeich- net.

844

Firmendaten	Modellskizze	Modelldaten
(Fortsetzung)	teile werden auf Basis der konsolidierten G + V-Rechnung im Rahmen einer Zinsstaffel zwischen − 21% und + 21% verzinst.	
Beispiel: **Veyhl-Produktions KG** Sitz: Neuweiler/Calw Branche: Büroeinrichtungen Mitarbeiter: ca. 190 **Modelltyp: Direkte stille Beteiligung**	Seit 1980 können die Mitarbeiter der Veyhl-Produktions KG direkt Miteigentümer, Komplementär der Kommanditgesellschaft, werden. Je nach Hierarchiestufe konnten und können unterschiedlich viele Anteile (Nominalwert jeweils DM 500) erworben werden. In den Jahren 1980–81 mußten die Mitarbeiter DM 200 für jeden Anteil zahlen, seit 1982 sind es DM 250. Die Verzinsung der Anteile ist vom Jahresüberschuß abhängig. Bisher wurden 6–14% zugesprochen. Die Anteile unterliegen einer 10-jährigen Sperrfrist.	Von 130 anspruchsberechtigten Mitarbeitern haben sich bisher 80 mit insgesamt 400 Anteilscheinen zu einem Nominalwert von DM 200 000 beteiligt.
Beispiel: **Ernst Heinemann GmbH** Sitz: Köln Branche: Baugewerbe Umsatz: ca. 4 Mio. DM Mitarbeiter: 30–35 **Modelltyp: Darlehen**	Seit 1980 beteiligt die Heinemann GmbH ihre Mitarbeiter am Jahresüberschuß. Die Geschäftsleitung legt jährlich die Gesamtquote neu fest. Die Individualquoten werden als Darlehen auf 7 Jahre festgelegt und mit dem üblichen Zinssatz für Spareinlagen mit 4-jähriger Kündigungsfrist verzinst. Bei einem Verlust kann der Zinssatz halbiert werden. Bei der Individualquotenberechnung wird zuerst $1/3$ der Gesamtquote auf alle Anspruchsberechtigten zu gleichen Teilen verteilt. Die restlichen $2/3$ werden nach der Entgelthöhe zugesprochen. Einem Mitarbeiter stehen 100% dieses Betrages zu, falls er außer an Urlaubstagen nie gefehlt hat. Fehlzeiten durch Krankheit, Kurzarbeit, Schlechtwetter u. a. verringern seine Ansprüche. Wochenend- und Nachtarbeit erhöhen sie.	Bis Ende 1982 haben die anspruchsberechtigten Mitarbeiter insgesamt DM 170 000 (durchschnittlicher Anteil: DM 8 500) als Erfolgsbeteiligung erhalten.

Abbildung 6.28: Beispiele für Erfolgsbeteiligungssysteme

Quelle: Berthel (1989)

Erwartungen der Vor- schlagenden	Die monetären **Belohnungserwartungen** eines Organisationsmitgliedes, das einen Verbesserungsvorschlag unterbreitet hat, richten sich, sofern der Vorschlag nicht aus reinem „Idealismus" erfolgte, nach dem Nutzen, den die Unternehmung vermutlich aus der Verbesserung ziehen wird. Darüber aber können die Vorstellungen zwischen Belegschaftsmitglied und dem die Unternehmung vertretenden Gutachter auseinandergehen. Daraus ergibt sich die Notwendigkeit, dem Mitarbeiter nicht nur die Überprüfung seines Vorschlages und dessen endgültige Annahme oder Ablehnung zur Kenntnis zu bringen, sondern ihm auch das **Bewertungsverfahren selbst offenzulegen**.
Zurechnungs- problematik	Das zweite Problem ist die Zurechnung der Leistung. Grundsätzlich ist damit zunächst die Frage gestellt, inwieweit ein Vorschlag als **Sonderleistung oder als Teil der täglichen Aufgabenerfüllung** zu werten ist. Das Abgrenzungsproblem wird um so schwieriger, je höher der einen Vorschlag unterbreitende Mitarbeiter in der Unternehmungshierarchie steht. Die Anerkennung eines honorierungswürdigen Verbesserungsvorschlages setzt im allgemeinen voraus, daß die Dispositionsaufgaben des den Vorschlag einreichenden Stelleninhabers sich nicht auf den zu verbessernden Tatbestand beziehen. Eine andere Frage ist, **ob ausschließlich der Vorschlagende belohnt werden soll**. Es sollte mit zum Gegenstand der Vorschlagsprüfung gemacht werden, festzustellen, wer an der Ideenfindung maßgeblich beteiligt war, um nach Rücksprache mit dem Vorschlagenden einen „gerechten" Verteilungsschlüssel zu suchen.
Anreizarten	Art und Höhe der für einen Verbesserungsvorschlag gewährten „Prämie" sollen so bemessen sein, daß sie die schöpferische Leistungsfähigkeit der Mitarbeiter stimulieren. **Auch auf einen schließlich abgelehnten Vorschlag sollte daher zumindest eine mündliche oder schriftliche Anerkennung erfolgen.** Gerade bei der Schaffung eines wirkungsvollen Vorschlagssystems ist zu beachten, daß **monetäre Anreize** (z. B. Prozentsatz der eingesparten Kosten, Sonderurlaub) der Ergänzung durch **soziale Belohnungen** (z. B. Beförderung, Erwähnung in der Werkszeitschrift) bedürfen.

2. Soziale Anreize

Im Gegensatz zu den monetären Anreizen unterliegt der Prozeß der Vermittlung sozialer Anreize nur zum Teil einer bewußten Gestaltung durch die Personalwirtschaft. **Soziale Anreize haben ihren Ursprung in der Tatsache, daß der Mensch ein soziales Wesen ist und als Mitglied mehrerer Gruppen in einer sozialen Umwelt handelt.** Soziale Anreize können deshalb nicht von den anreizgewährenden Personen losgelöst werden; sie sind vielmehr das Ergebnis von Interaktionsprozessen, an denen der einzelne ständig teilnimmt.

Gruppenzugehörigkeit

Gruppen- anreize	Der Inhalt sozialer Anreize ergibt sich z. B. aus den verschiedenen Arten der Bedürfnisbefriedigung des Individuums als Gruppenmitglied durch die Gruppe. Eine

846

wichtige Basis der Befriedigung individueller Bedürfnisse durch Gruppenmitgliedschaft liegt in den Interaktionsbeziehungen in der Gruppe begründet. Das Zusammensein mit Bekannten und Freunden erzeugt ein Zusammengehörigkeitsgefühl, das dem Streben nach Freundschaft und sozialer Geborgenheit entgegenkommt. Beispiele sind Unterhaltungen über gemeinsame Interessen oder Hilfeleistungen, um eine drohende Gefahr abzuwenden. Diese Quelle der Bedürfnisbefriedigung kommt sowohl bei formalen als auch bei informalen Gruppen vor. Während sie bei formalen Gruppen eine Begleiterscheinung sein kann, die die Attraktivität einer bereits gebildeten Gruppe erhöht, kann sie bei informalen Gruppen einen wichtigen Entstehungsgrund bilden.

Eine weitere Form der Bedürfnisbefriedigung ergibt sich aus dem **Instrumentalcharakter der Gruppe im Hinblick auf die Erreichung individueller Zielvorstellungen**. Ein Individuum kann die Mitgliedschaft in einer Gruppe anstreben, weil es eine Befriedigung darüber empfindet, von Außenstehenden als Mitglied dieser Gruppe anerkannt zu werden. Das Streben nach Anerkennung, Status und Prestige wird von der Gruppe erfüllt. Dies trifft besonders auf privilegierte und „exklusive" Gruppen zu, wobei das Urteil der Außenstehenden über die Gruppe entscheidend ist.

Die Formen der Bedürfnisbefriedigung, die von einer Gruppe ausgehen, bestimmen die **Anziehungskraft der Gruppe** auf ein Individuum. Diese stellt eine wichtige Determinante für die Kohäsion (Zusammenhalt) der Gruppe dar.

Für die Stärke des Gruppenzusammenhalts sind nach March/Simon (1976) (vgl. Abbildung 6.8, S. 751) mehrere Faktoren verantwortlich.

Die Gruppenkohäsion ist am größten, wenn die Mitglieder die Mitgliedschaft in dieser Gruppe attraktiv finden (18), motiviert sind, ihre Rollen in der vorgeschriebenen Weise zu übernehmen (17) und die Gruppennormen in gleicher oder ähnlicher Weise auffassen (15). Die Anziehungskraft der Mitgliedschaft und die Motivation zur Rollenübernahme hängen in erster Linie von der Anzahl individueller Bedürfnisse ab, deren Erfüllung der einzelne durch die Teilnahme an sozialen Interaktionen in der Gruppe erwartet (20). Dies beinhaltet auch das wahrgenommene Gruppenprestige (18). Daneben spielt der Wettbewerb zwischen den Mitgliedern innerhalb der Gruppe (19) eine wichtige Rolle, wenn die Belohnungen der Individuen untereinander in Konkurrenz stehen. Soweit die Mitglieder einer Gruppe übereinstimmende Erfahrungsbereiche besitzen (z. B. Erziehung) und ähnliche Positionen in der Unternehmung einnehmen, ist die Wahrscheinlichkeit einer einheitlichen Auffassung über die Gruppennormen (15) am größten.

Die Faktoren, die den Zusammenhalt der Gruppe bestimmen, beeinflussen auch die Interaktionshäufigkeit in der Gruppe (16), die ihrerseits einen Anpassungsmechanismus bei divergierenden Verhaltensweisen und zur Beilegung von Gruppenkonflikten (21) darstellt.

Mitarbeiterführung

Führungs-
begriff

Führung als das sozialpsychologische Phänomen interpersonaler Beeinflussung beinhaltet in weitester Begriffsbestimmung einen Prozeß der steuernden Einflußnahme von Personen (Führer, Führende) auf das Verhalten anderer Personen (Geführte) zum Zweck der Erreichung bestimmter Ziele.

Unterneh-
mensführung
und
Mitarbeiter-
führung

Gegenüber dem Begriff der **„Unternehmensführung"**, der die Einflußnahme schwerpunktmäßig auf der Ebene der Gesamtorganisation oder umfassender Teile derselben meint (z. B. personalpolitische und wirtschaftliche Grundsatzentscheidungen: Festlegung von Organisationsstrukturen), bezieht sich „Mitarbeiter- bzw. Personalführung" vorrangig auf die „Mikroebene" der **zwischenmenschlichen Interaktionen** zwischen führenden Vorgesetzten und geführten Mitarbeitern.

Inhalt und
Gegenstand
der
Mitarbeiter-
führung

Leitung

Führung

Unter „Mitarbeiterführung" werden im weiteren alle jene Aktivitäten des Vorgesetzten verstanden, die er im Umgang mit seinen Mitarbeitern verwirklicht, um diese im Sinne der ihm und seiner Gruppe von der Organisation übertragenen Aufgaben zu beeinflussen. Als eine organisationsspezifische Besonderheit ist dabei zu beachten, daß ein Vorgesetzter zunächst eine mit „Weisungsbefugnis" gegenüber den unterstellten Mitarbeitern ausgestattete **„Instanz"** verkörpert, die – sofern sie ihren Einfluß ausschließlich über diese **formale** Machtgrundlage wirksam werden läßt – „Leitung", nicht aber „Führung" im sozial- und organisationspsychologischen Sinne ausübt. Vor diesem Hintergrund ist Führung dann als ein Bemühen des Vorgesetzten aufzufassen, über seine formale Einflußbefugnis hinaus zusätzlichen Einfluß auf seine Mitarbeiter zu erzielen. Im Fall komplexer und schlecht strukturierter Aufgabenstellungen ist zur effizienten Aufgabenerfüllung „Führung" im allgemeinen unverzichtbar.

Führungsziele

Entsprechend den inhaltlichen Elementen des Begriffs der organisationalen Effizienz sind auch – unabhängig vom konkreten Gegenstand der Führung – die Ziele der Führung in zwei Richtungen festgelegt: zum einen geht es um die positive Beeinflussung des Leistungsverhaltens der Mitarbeiter zur Erfüllung des **Sachziels**; zum zweiten um die Förderung der **(sozialen) Ziele der Mitarbeiter** zur Herbeiführung von Arbeitszufriedenheit (vgl. zum Folgenden Marr/Stitzel 1991).

Im Mittelpunkt der organisationsbezogenen Führungsforschung stehen die Frage nach den Bestimmungsfaktoren „erfolgreicher" Führung, im Sinne eines hohen Erfüllungsgrades der gegebenen Zielsetzungen, und daran anschließend, die Frage nach den Möglichkeiten der gestaltenden Einflußnahme auf die Führungseffizienz der Vorgesetzten.

Ausgangspunkt der Bedingungsanalyse ist die **beschreibende Erfassung** der als „Mitarbeiterführung" zu bezeichnenden Aktivitäten eines Vorgesetzten. Heranzuziehen sind hier im wesentlichen die beiden Beschreibungskonzepte des **Führungsverhaltens** und des **Führungsstils.**

Mit dem Begriff Führungsverhalten werden grundsätzlich die der Beobachtung zugänglichen Aktivitäten des Vorgesetzten in der Ausübung seiner Führungsfunktion (Aufgabenzuweisung, Lenkung, Kontrolle u. ä.) erfaßt. Der Führungsstil bestimmt

848

die Verteilung des Entscheidungsspielraumes auf Führer und Geführte in konkreten Entscheidungsprozessen. Für den **autoritären Führungsstil ist kennzeichnend, daß der Vorgesetzte sämtliche Entscheidungen trifft und sie in Form von unwiderruflichen Anweisungen oder Befehlen weitergibt.** Eine Beteiligung der Untergebenen am Vorgang der Willensbildung unterbleibt. Der Vorgesetzte erteilt die Weisungen aufgrund der mit seiner formalen Stellung verbundenen offiziellen Macht, unterstützt durch die Möglichkeit der Androhung von Sanktionen. In der Regel ist die Kontrolle der Untergebenen durch den Führenden beim autoritären Führungsstil wesentlich umfassender als bei kooperativer Führung. Sie beinhaltet im Extremfall eine absolute Überwachung nahezu sämtlicher Aktivitäten und eine regelmäßige Überprüfung der geleisteten Beiträge. Der persönliche Freiheitsbereich der Geführten ist bei diesem Führungsstil relativ gering. Die Verantwortung für die Entscheidung verbleibt dem Vorgesetzten; eine Delegation von Aufgaben findet nicht oder nur in geringem Umfang statt. Es herrschen also klare Verhältnisse der Über- und Unterordnung, Ausführungsanweisungen, enge Kontrolle und soziale Distanz zwischen Vorgesetzten und Mitarbeitern.

Autoritärer Führungsstil

Der kooperative (partizipative) Führungsstil geht dagegen von einer Mitwirkung der Mitarbeiter an den Entscheidungen des Vorgesetzten aus, die soweit gehen kann, daß der Führende nur den Entscheidungsrahmen absteckt. Die Mitarbeiter besitzen also einen weiten Handlungsspielraum bei der Festlegung der Entscheidungsparameter. Die Einflußnahme des Vorgesetzten gründet sich vorrangig auf seine Sachverständigkeit; er gibt im Kommunikationsprozeß Anregungen, erteilt Ratschläge und koordiniert Meinungen. Damit verbunden ist ein Minimum an Kontrolle, das lediglich eine Rückmeldung der Ergebnisse an die Mitarbeiter vorsieht. In dem Maße, wie die Kontrolle abnimmt, wächst der persönliche Freiheitsbereich und die Übernahme von Verantwortung, die sich als Folge der zunehmenden Delegation beim partizipativen Führungsstil zum großen Teil auf die Mitarbeiter verlagert. Kennzeichnend für den kooperativen Führungsstil sind daher Kollegialität, Delegation, Partizipation sowie ein Verhältnis gegenseitiger Anerkennung und Achtung zwischen Vorgesetztem und Mitarbeitern.

Kooperativer Führungsstil

Schwieriger gestaltet sich die Erfassung und Systematisierung unterschiedlicher **Führungsverhaltensweisen.**

Im allgemeinen wird in der Literatur, aufbauend auf dem zweidimensionalen Modell der Ohiogruppe (vgl. Fleishman/Harris 1972) zwischen zwei Grunddimensionen des Führungsverhaltens unterschieden:

Ohio-Ansatz

(1) **Mitarbeiterorientierung (Consideration):**

Dies bedeutet ein Verhalten, das auf wechselseitigem Vertrauen, Respekt sowie einer gewissen Wärme und persönlichen Beziehung zwischen dem Vorgesetzten und seiner Gruppe beruht, und beinhaltet ein tiefergehendes Sich-Kümmern um die Bedürfnisse der Gruppenmitglieder. Kennzeichnend für den Vorgesetzten ist hierbei, daß er seinen Mitarbeitern das Gefühl zu geben versucht, daß sie gleichberechtigte Partner sind.

(2) **Aufgabenorientierung (Initiating Structure):**

Dies bedeutet ein Verhalten, bei dem der Vorgesetzte die Gruppenaktivitäten organisiert und die Rolle, die jeder Mitarbeiter zu erfüllen hat, definiert. Er teilt Aufgaben zu, plant, schafft Wege zur Zielerreichung und drängt auf Produktivität. Kennzeichnend für den Vorgesetzten, der so führt, ist, daß er seine Mitarbeiter durch seine Aktivität mitreißt.

„Mitarbeiterorientierung" und „Aufgabenorientierung" gelten als unabhängig voneinander variierbar. Das zweidimensionale Modell beinhaltet die Möglichkeit der **„Messung"** des Führungsverhaltens auf den beiden Dimensionen. Jede beobachtete Konstellation von Führungsverhalten besitzt eine Position auf den zugehörigen Verhaltensskalen, so daß keine nicht erfaßbaren Fälle auftreten.

Klassifizierung

Die verschiedenen **theoretischen Konzepte zur Erklärung effizienter Mitarbeiterführung** in der Literatur können grob in zwei Kategorien eingeteilt werden: Zum einen handelt es sich um als **führerzentriert** charakterisierbare Erklärungskonzepte, zum anderen um **kontingenztheoretische** Ansätze.

Eigenschaftsmodell

Situationsunabhängigkeit

Als extrem führerzentriert, d. h. die Bedingungsfaktoren erfolgreicher Führung ausschließlich beim Führenden suchend, kann das Eigenschaftsmodell der Führung betrachtet werden. Ihm zufolge unterscheidet sich der erfolgreiche Führer vom weniger erfolgreichen durch bestimmte **Persönlichkeitsmerkmale** (Intelligenz, Urteils- und Entscheidungsfähigkeit, Anpassungsfähigkeit, soziales Geschick). Diese Attribute gelten unabhängig von der jeweiligen konkreten Führungssituation (Aufgabe, Mitarbeiter etc.) als erfolgswirksam.

Auslese Training

Management-Assessment-Center

Grid-Seminar

Führerzentriert und damit bestimmten Führungseigenschaften bzw. Führungsstilen besondere Bedeutung beimessend sind solche Konzepte, die den Führungserfolg über das Instrument der **Führungskräftediagnostik**, also der Eignungsauslese von Führungskräften sicherzustellen suchen, sowie auch **Trainingskonzepte**, die sich auf die Vermittlung eines **„optimalen"**, d. h. situationsunabhängig erfolgreichen Führungsstils konzentrieren. Exemplarisch für die erstgenannte Variante sind die psychologischen Testverfahren für den Führungsbereich einschließlich des **Management-Assessment-Centers** zu nennen. Die Variante der Vermittlung eines optimalen Führungsstils wird durch das in der Praxis weitverbreitete **„Grid-Seminar"** von Blake/ Mouton (1980) repräsentiert (vgl. Abbildung 6.29). Gegenstand und Ziel dieses Trainingskonzeptes ist die Vermittlung eines Führungsstils, der auf den beiden Dimensionen der „Aufgabenorientierung" und der „Mitarbeiterorientierung" eine jeweils maximale Ausprägung aufweist.

Kontingenztheoretischer Ansatz

Der **kontingenztheoretische Ansatz** in der Führungsforschung erklärt den Führungserfolg aus dem Zusammenwirken von Merkmalen der Person des Führenden einerseits und den spezifischen Bedingungen der Führungssituation andererseits. Die Erfolgswirksamkeit eines bestimmten Führungsverhaltens wird im Rahmen dieses Ansatzes als abhängig (kontingent) vom Ausmaß seiner **„Situationsangemessenheit"** gesehen. In der Festlegung dessen, welche Elemente die Führungssituation bestimmen, unterscheiden sich die verschiedenen Kontingenztheorien.

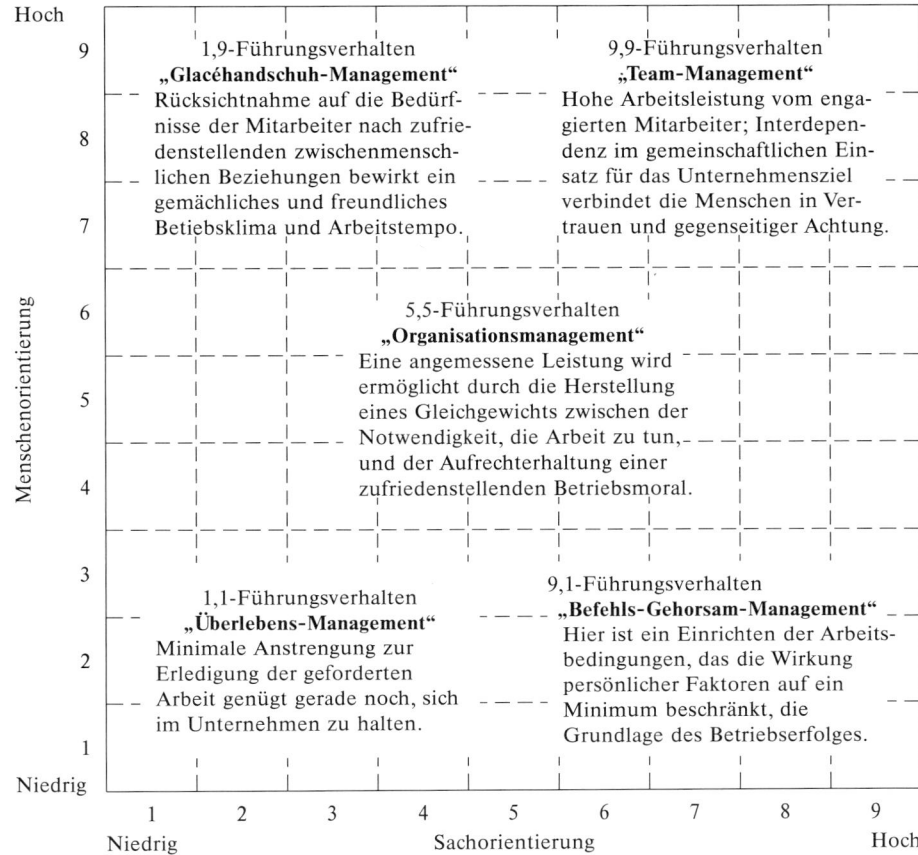

Abbildung 6.29: Verhaltensgitter von Blake/Mouton (1980)

Den größten Bekanntheitsgrad unter den kontingenztheoretischen Konzeptionen hat *Fiedler-* das **„Kontingenzmodell der Führungseffizienz"** von Fiedler erreicht. Fiedler (1967) *Modell* (vgl. auch Fiedler/Chemers 1973) setzt die folgenden Modellvariablen zueinander in Beziehung (vgl. Abbildung 6.30).

(1) Das Verhalten des Vorgesetzten, das mit Hilfe eines eigens entwickelten Instrumentes (LPC-Skala) ermittelt wird und die Ausprägungen „aufgabenorientiert" (niedriger Wert auf der LPC-Skala) und „mitarbeiterorientiert" (hoher Wert auf der LPC-Skala) annehmen kann;

(2) die Effizienz des Führungsverhaltens, gemessen über die Produktivität (Output pro Zeiteinheit) der Gruppe;

851

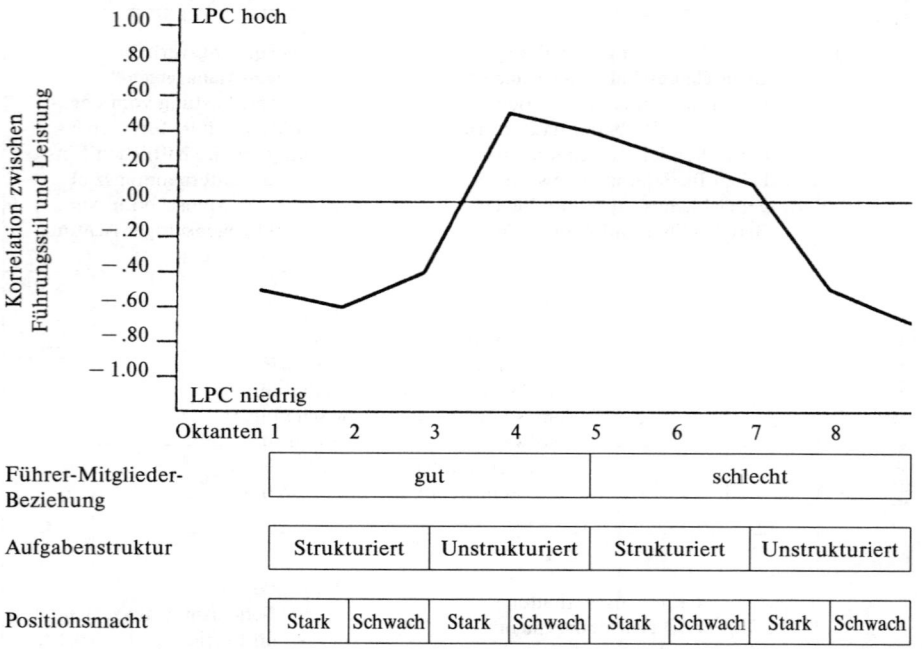

Abbildung 6.30: Modell von Fiedler

(in Anlehnung an Fiedler 1967)

(3) die Führungssituation, gegliedert in drei Teilkomponenten, die er zusammengefaßt als „situative Günstigkeit" für den Vorgesetzten bezeichnet:
– Positionsmacht des Führers;
– (affektive) Beziehungen zwischen Führer und Geführten;
– Strukturiertheitsgrad der Aufgabe.

Zur Kontingenztheorie von Fiedler liegen zahlreiche Nachuntersuchungen und kritische Analysen vor. Die wichtigsten Kritikbereiche und Kritikpunkte sind (vgl. auch
Neuberger 1984, S. 155 ff., Gebert/Rosenstiel 1989, S. 162 ff.):
– **mangelhafte theoretische Konzeption:** Weder die Wahl der Führervariablen (Führungsstil im beschriebenen Sinne) noch die Auswahl und Gewichtung der Situationsvariablen wird theoretisch begründet. Sie bleiben somit letztlich beliebig, d. h.
auch andere Variablen hätten gewählt werden können. Gleiches gilt für die Bestimmung der Effizienzvariablen. So könnten auch soziale Kriterien und Prozeß-
indikatoren relevante Effizienzmaße darstellen.
– **mangelhafte Variablenoperationalisierung:** Zu kritisieren ist v. a. die Qualität der
LPC-Skala. Zum ersten dürfte die behauptete Eindimensionalität nicht gegeben
sein. Ist die Skala aber **mehrdimensional**, ist die Berechung eines einzigen LPC-
Wertes unzulässig. Die bisher (von Fiedler) gefundenen Korrelationen (Kontin-
genzhypothesen) wären uninterpretierbar. Zum zweiten entspricht die Skala nicht

852

dem theoretischen Anspruch, eine (zeit-)stabile persönliche Motivierung zu messen **(geringe Stabilität bei wiederholter Messung).** Kritisch ist ferner die Messung der **Gruppenatmosphäre** (Führer-Mitarbeiter-Beziehung) **allein durch den Vorgesetzten.** Die Variable „Person des Führenden" wird damit (implizit) auch Variable der (unabhängig zu erfassenden) Führungssituationen. Die Theorie rückt wieder in die Nähe eines **personalistischen Ansatzes** (vgl. Neuberger 1984, S. 158).

– **mangelnde empirische Bestätigung:** Fiedler stützt seine Theorie auf eigene und eigens ausgewählte Untersuchungen. Seine spezielle Kontingenzhypothese konnte von anderen Forschern bisher allerdings nicht bestätigt werden, d. h. die von diesen gefundenen Kurven zeigen deutliche Abweichungen.

Der Stellenwert der Kontingenztheorie Fiedlers ist demnach weniger durch die theoretische Qualität des Ansatzes begründet als vielmehr dadurch, daß es sich hierbei um die erste explizite Kontingenztheorie handelt.

Ein weiteres Modell stellt der Weg-Ziel-Ansatz dar, der sich auf die sogenannten Erwartungs-Valenz-Theorien der Motivation (vgl. S. 741 ff.) gründet. Diesen Theorien zufolge ist die Anstrengungsbereitschaft einer Person zur Ausführung einer bestimmten Handlung eine Funktion des von ihr davon erwarteten persönlichen Nutzens (Motivbefriedigung). *Weg-Ziel-Ansatz*

Danach wird ein Mitarbeiter sich für diejenige seiner Verhaltensalternativen (z. B. voller oder mäßiger Leistungseinsatz) entscheiden, bei der die drei nutzenkonstituierenden Merkmale Valenz, Instrumentalität und (Erfolgs-)Erwartungen am größten sind **(Nutzenmaximierungsstrategie).**

V = **Valenz** im Sinne persönlicher Wertigkeit, Attraktivität der in der Tätigkeitsalternative selbst liegenden **Belohnungen** oder derjenigen Belohnungen, die ihrer Ausführung nachfolgen (z. B. Interessantheitswert, Verbesserung der Aufstiegschancen); *Valenz*

I = **Instrumentalität** im Sinne der subjektiven Wahrscheinlichkeit, daß eine Handlungsalternative auch tatsächlich zum angestrebten Folgeergebnis (z. B. Verbesserung der Aufstiegschancen) führt, d. h. ihm instrumental ist; *Instrumentalität*

E = **Erwartung** im Sinne der subjektiven Wahrscheinlichkeit, die Handlungsalternative überhaupt erfolgreich ausführen zu können (z. B. die nötigen Fähigkeiten oder Mittel zu besitzen). *Erwartung*

Die Möglichkeiten des Vorgesetzten zur Realisierung effizienter Führung beschränken sich innerhalb des Weg-Ziel-Modells auf die Beeinflussung der einzelnen Elemente der individuellen Nutzenkalküle seiner Mitarbeiter. Er muß sie im ursprünglichen Sinne des Begriffs „motivieren", d. h. versuchen, ihre Leistungs**voraussetzungen** zu verbessern, ohne indes die faktische Leistungs**abgabe** direkt herbeiführen zu können. Der Weg-Ziel-Ansatz greift – wie die Mehrheit aller Führungskonzepte – auf die Führungsdimensionen der Aufgaben- bzw. Mitarbeiterorientierung zurück und spezifiziert die jeweiligen situativen Bedingungen, unter denen sie „erfolgversprechend" einzusetzen sind. *Einflußbasis des Vorgesetzten*

Bewertung des Weg-Ziel-Modells	Wesentlich am Weg-Ziel-Ansatz gegenüber dem Fiedler-Modell ist zum einen die konzeptionelle Abschwächung des Einflußpotentials des Führers zugunsten der Geführten, zum zweiten findet eine **starke Individualisierung** des Führungsgeschehens statt. Die Einflußnahme auf subjektive Nutzenkalküle erfordert eine intensive Auseinandersetzung mit den Fähigkeits- und Motivstrukturen jedes einzelnen Mitarbeiters. Die mit dem Weg-Ziel-Modell einsetzende **dyadische** Betrachtung des Führungsprozesses – bezogen auf die Dyade Vorgesetzer-Mitarbeiter – kennzeichnet die derzeitige Entwicklungsrichtung in der Führungseffizienzforschung.
Dyadische Perspektive	

Da der Vorgesetzte für jeden einzelnen seiner Mitarbeiter (dyadische Betrachtung) dessen VIE-Konstellation und ihre ggf. auftretenden Veränderungen ermitteln muß, bedarf es intensiver Schulung seiner **motivationsdiagnostischen Fähigkeiten.** Darüber hinaus müssen **Situationsdiagnostik** (z. B. Identifikation der Möglichkeiten und Grenzen der Belohnungsvergabe) und **Situationsveränderung** (z. B. neue Weg-Ziel-Verbindung schaffen) eingeübt werden. Es werden daher hohe Anforderungen an den Vorgesetzten und das betriebliche Trainingsangebot gestellt.

Zwar handelt es sich bei der Weg-Ziel-Theorie um einen der gegenwärtig substanzreichsten Ansätze (vgl. Neuberger 1984, S. 172 ff.), jedoch verbleiben noch viele konzeptionelle und methodische Probleme. Beispielhaft zu nennen ist das dem Mitarbeiter unterstellte rationale **Nutzenmaximierungsdenken.** Für die erzielbare Einflußwirkung seitens des Vorgesetzten ist ein gravierendes Problem ferner die **Subjektivität** vor allem der V-Komponente: Was der Vorgesetzte als Anreiz ansieht, muß beim Mitarbeiter nicht unbedingt so ankommen. Schließlich ist der Ansatz auch nicht für jeden Vorgesetzten in der Organisation gleich erfolgreich anwendbar, da der Erfolg wesentlich von der „Belohnungsmacht" des Vorgesetzten abhängt, die aber von Position zu Position erheblich variiert.

Gestaltungs-konzepte	Zur effizienzorientierten Einflußnahme auf den Führungsprozeß im Bereich der Personalführung findet sich eine Vielzahl von Gestaltungskonzepten mit – dem insgesamt unbefriedigenden Stand der Theoriebildung in der Führungsforschung entsprechend – im allgemeinen recht unzulänglicher theoretischer Fundierung.
Training der Situations-diagnose und -gestaltungs-fähigkeit	Von der theoretischen Orientierung her vielversprechender erscheinen Trainingskonzepte, die den Einfluß der Führungssituation explizit berücksichtigen und darauf hinwirken, Führungskräfte für die Erfordernisse wechselnder Führungssituationen, insbesondere aber auch für die personalen Gegebenheiten (Mitarbeiterpersönlichkeit, interpersonale Beziehungen) zu sensibilisieren. Gegenstand des Trainings sind dann v. a. die Fähigkeit zur **Situationsdiagnose** und **Situationsveränderung** sowie die Flexibilisierung und Erweiterung des führungsbezogenen Verhaltensrepertoires.
Entschei-dungsmodell von Vroom/ Yetton	Ebenfalls situationsorientiert und sich auf die Schlüsselaktivität des Entscheidungsverhaltens des Vorgesetzten beschränkend ist das **Entscheidungsmodell von Vroom/ Yetton** (1973). Der Entscheidungsansatz untersucht unter verschiedenen Bedingungen die möglichen alternativen Verhaltensweisen (Strategien) des Vorgesetzten, die er wählen muß, um Erfolg zu haben.

Angesichts der hohen Aktualität partizipativer Führung (Wertewandel) ist dieser Ansatz von besonderem unternehmenspraktischen Interesse.

854

Das Modell unterscheidet **fünf Partizipationsstile** (zu verstehen als Führungsstile) in Form von Abstufungen der Entscheidungspartizipation der Geführten:

Modell-variablen

– Autoritäre Entscheidung (AI);
– Autoritäre Entscheidung nach Einholung von Informationen bei den Mitarbeitern (AII);
– Konsultative Entscheidung, d. h. Alleinentscheidung nach Einzelberatung mit Mitarbeitern (CI);
– Konsultative Entscheidung, d. h. Alleinentscheidung nach einer Gruppenbesprechung (CII);
– Entscheidung durch die Gruppe (G).

Die **Führungssituation** – hier reduziert auf die Entscheidungssituation – kann nach **sieben „Entscheidungsbedingungen"** variieren (i. S. „vorhanden" oder „nicht vorhanden"):

(1) Ist die **Qualität der Lösung** von besonderer Wichtigkeit?
(2) Verfügt der Vorgesetzte selbst über alle **nötigen Informationen?**
(3) Ist das **Problem strukturiert,** d. h. sind die Informationserfordernisse und Lösungswege bekannt?
(4) Ist die **Akzeptanz der Entscheidung** durch die Mitarbeiter wichtig, z. B. für die effektive Ausführung?
(5) Würden die Mitarbeiter eine **Alleinentscheidung** durch den Vorgesetzten akzeptieren?
(6) Akzeptieren die Mitarbeiter die mit der Problemlösung verfolgten **Organisationsziele** (verfolgen sie eigene Ziele)?
(7) Wird die bevorzugte Lösung wahrscheinlich zu **Konflikten** unter den Mitarbeitern führen?

Sieben Situations-variablen

Anhand dieser Bedingungen kann der Vorgesetzte ein Profil seiner Entscheidungssituation erstellen.

Für die Wahl des situationsadäquaten und damit effizientesten Partizipationsstils bietet das Modell einen Entscheidungsbaum (vgl. Abbildung 6.31, S. 856), der von den 2^7 (128) möglichen Situationsprofilen nur vierzehn „praxisrelevante" berücksichtigt. Die Knotenpunkte stellen dabei die situativen Bedingungen dar. Je nach Situation wird eine bestimmte Verhaltensweise vorgeschlagen. Die Festlegung des für jede Situation besten Stils wurde von den Autoren anhand von sieben Auswahlkriterien sowie einer Reihe von spekulativen „Optimierungsregeln" vorgenommen (vgl. dazu und auch zu den damit verbundenen Kritikpunkten Neuberger 1984, S. 151 ff.).

Entscheidungsbaum

Gegenüber dem Modell sind vor allem drei Kritikpunkte zu nennen:
(1) die **Reduzierung** der Führungssituation auf eine **Entscheidungssituation,**
(2) das **Fehlen** eines expliziten **Effizienzkonzeptes,** was die Auswahl der sieben Situationsvariablen willkürlich erscheinen läßt,
(3) die **hohen Anforderungen an die Stilflexibilität** des Vorgesetzten: Er muß theoretisch heute autokratisch und morgen partizipativ führen können, was dem Stilkonzept als innerer Orientierung widerspricht und den Vorgesetzten dann tendenziell überfordert (zu weiterer Kritik vgl. Neuberger 1984, S. 153 f.).

Kritikpunkte am Vroom-Yetton-Modell

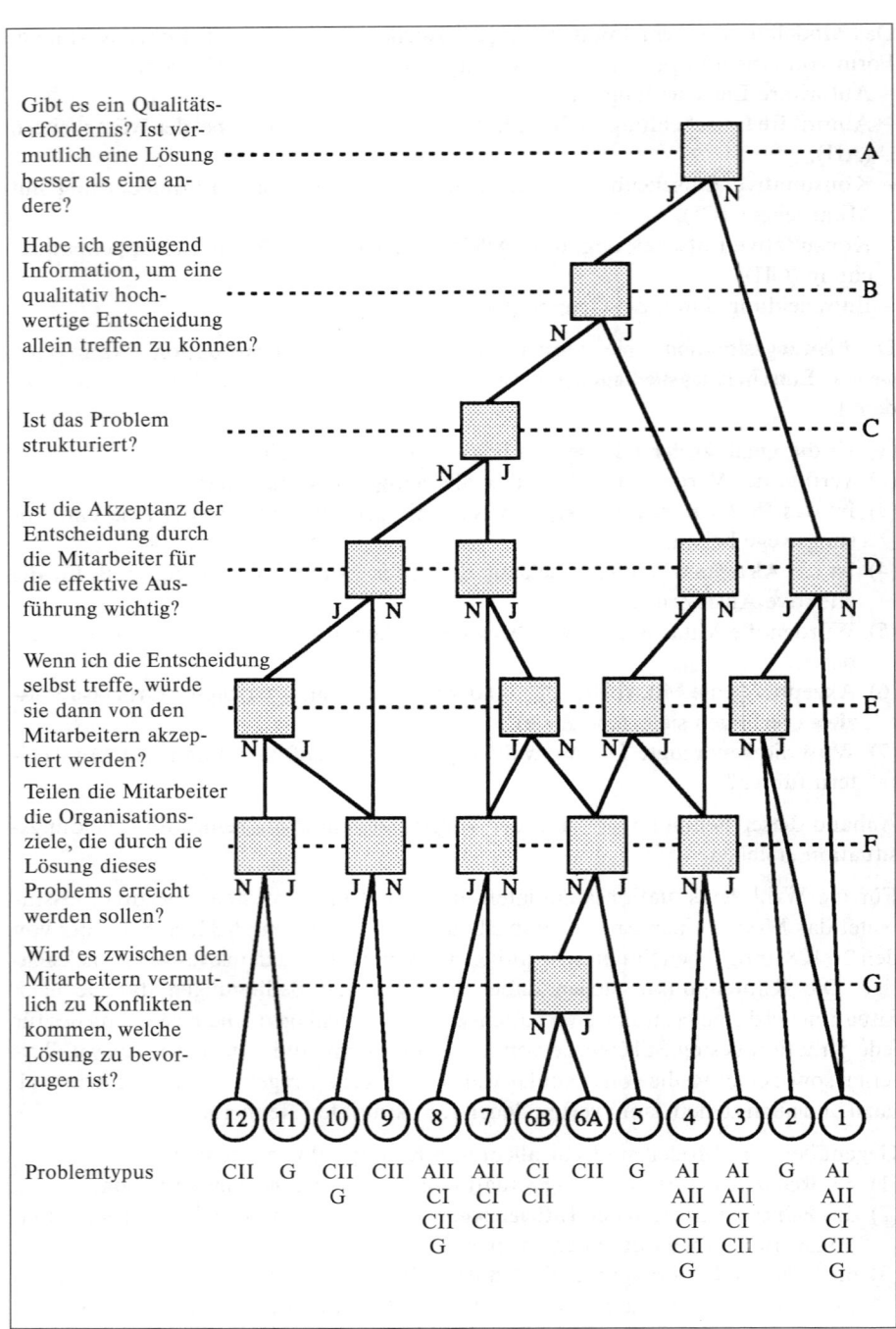

Gibt es ein Qualitäts-
erfordernis? Ist ver-
mutlich eine Lösung
besser als eine an-
dere?

Habe ich genügend
Information, um eine
qualitativ hoch-
wertige Entscheidung
allein treffen zu können?

Ist das Problem
strukturiert?

Ist die Akzeptanz der
Entscheidung durch
die Mitarbeiter für
die effektive Aus-
führung wichtig?

Wenn ich die Entscheidung
selbst treffe, würde
sie dann von den
Mitarbeitern akzep-
tiert werden?

Teilen die Mitarbeiter
die Organisations-
ziele, die durch die
Lösung dieses
Problems erreicht
werden sollen?

Wird es zwischen den
Mitarbeitern vermut-
lich zu Konflikten
kommen, welche
Lösung zu bevor-
zugen ist?

Problemtypus

Abbildung 6.31: Entscheidungsbaum nach Vroom/Yetton (1973)

856

Das gegenwärtig wohl komplexeste, d. h. variablenreichste Modell zur situations-adäquaten Gestaltung der Führung, ist das 3-D-Modell von Reddin (1970, 1981).

3-D-Modell von Reddin

Auf seiten des **Führenden** werden **vier „Grundstile"** unterschieden, die aus dem zwei-dimensionalen Führungsstilansatz der Ohioschule abgeleitet sind (vgl. Abbil-dung 6.32). Neben dem **Hauptstil** (einer der vier Grundstile) wird beim Vorgesetzten dessen **„Stilbandbreite"** ermittelt, d. h. seine Fähigkeit, auch noch einen oder mehrere der anderen Grundstile auszuüben.

Variablen des Modells

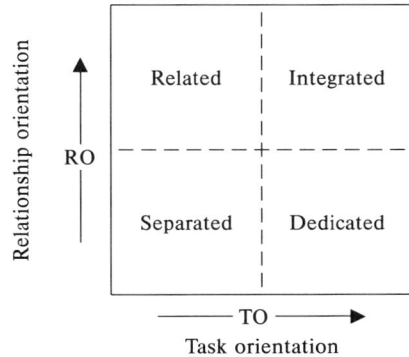

Abbildung 6.32: Die vier Grundstile bei Reddin (1981)

Als Variablen der **Führungssituation** werden unterschieden:
- Arbeitsweise (d. h. etwa: Arbeitsanforderungen),
- Mitarbeiter,
- Kollegen,
- Vorgesetzter (des Vorgesetzten),
- Organisation.

Situations-variablen

Eine konkrete Führungssituation wird (vom Vorgesetzten) danach analysiert, welche Grundstilanforderungen jede einzelne der fünf Situationsvariablen stellt (z. B. Mit-arbeiter: Integrationsstil; Organisation: Verfahrensstil usw.). Aus der mehr oder weniger großen Schnittmenge der Stilanforderungen aller fünf Variablen wird die Situationsvariable „Feld des potentiell effektiven Verhaltens" abgeleitet, also der-jenige oder diejenigen Grundstil(e), den (die) der Vorgesetzte(n) in der Situation anwenden müßte, um effizient zu sein.

„Feld des potentiell effektiven Verhaltens"

Die dritte Dimension des Modells ist „Effektivität". Sie beschreibt den Übereinstim-mungsgrad bzw. die Paßgenauigkeit von situativ gefordertem(n) Stil(en) und Stil-möglichkeiten des Vorgesetzten (Hauptstil, Stilbandbreite). Je nach Situation kann somit jeder der vier Grundstile einmal effektiv (passend), einmal ineffektiv (unpas-send) sein (vgl. Abbildung 6.33).

Effektivität

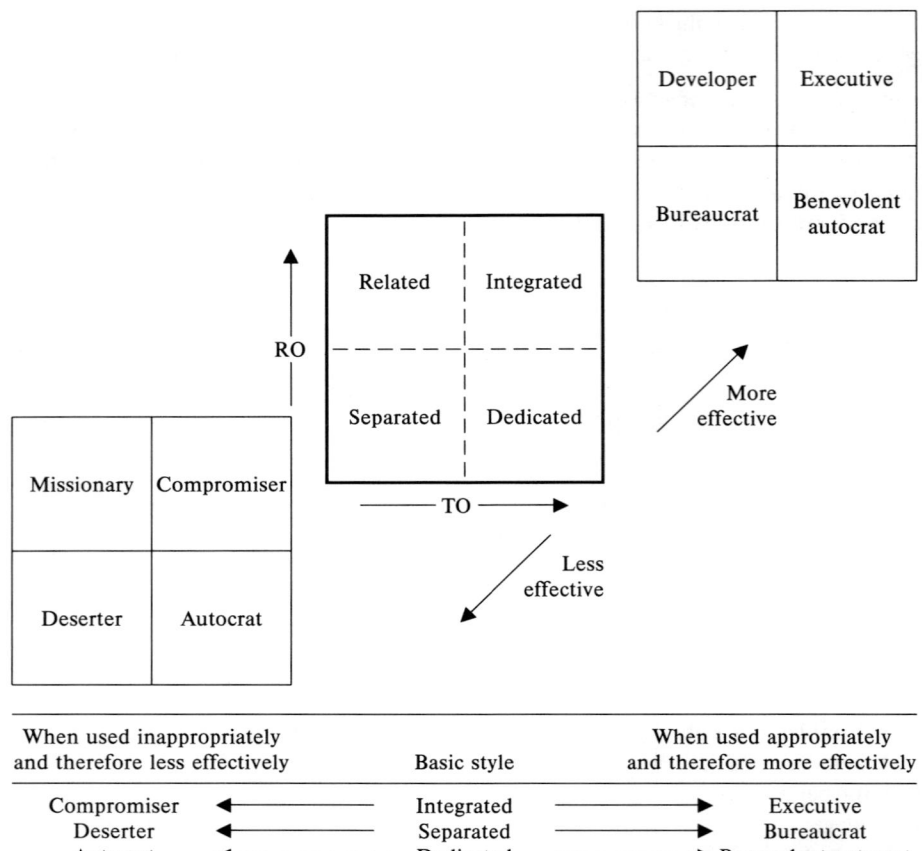

Abbildung 6.33: Führungsstile der 3-D-Theorie
unter Berücksichtigung der Situation

(in Anlehnung an Reddin 1981)

Reddin stellt zu seinem Führungseffizienzmodell ein umfassendes Trainingskonzept bereit, welches den Vorgesetzten in die Lage versetzen soll, mangelnde Effektivität (und damit Effizienz, die im Modell im übrigen theoretisch undiskutiert bleibt) abzubauen. Dazu werden zwei alternative Möglichkeiten trainiert:

*Trainings-
konzept*

1) die Vergrößerung der Stilbandbreite (Erzielung von **Stilflexibilität**);
2) **Situationsmanagement** (z. B. wenn die Stilalternativen des Vorgesetzten nicht ausreichen) in dem Sinne, daß der Vorgesetzte lernen soll, wie er die Stilanforderungen der Führungssituation so verändern kann, daß sie seinen Möglichkeiten entsprechen.

858

Die theoretische Qualität des Reddin-Ansatzes erscheint gering (vgl. detailliert Neuberger 1984, S. 164). Spezifisch problematisch ist jedoch der extrem hohe Anspruch, den das Reddin-Modell an die diagnostischen und verhaltensbezogenen Kompetenzen eines Vorgesetzten stellt. Dies kann – ernst genommen – zu Unsicherheit und **Überforderung** führen.

Kritik am Reddin-Modell

Gewisse formale Ähnlichkeiten mit dem Reddin-Ansatz weist die „situative Führungstheorie" von Hersey/Blanchard (1977, 1982) auf. Jedoch ist sie weniger komplex. Als Spezifikum kann die besondere Betonung der Bedeutung der Mitarbeiter als Situationsfaktor betrachtet werden.

Die situative Führungstheorie von Hersey und Blanchard

Grundlage für die Bestimmung der Modellvariablen **„Führungsperson"** ist wiederum der Ohio-Ansatz. Durch Zweiteilung der Dimensionen werden folgende vier Führungsstile unterschieden (vgl. Abbildung 6.34):

Modellvariablen

– Partizipativer Führungsstil
– Integrierender Führungsstil
– Delegationsstil
– Autoritärer Führungsstil

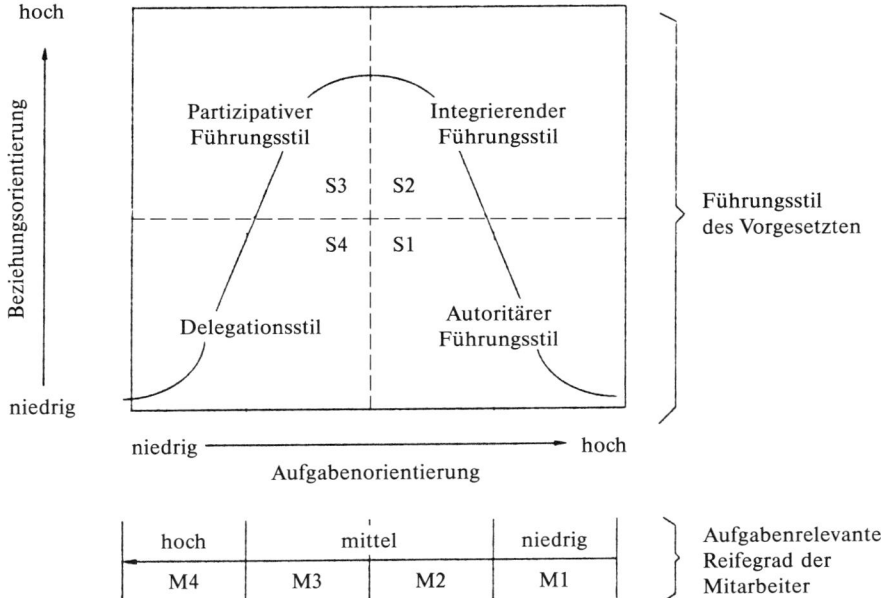

Abbildung 6.34: Modellvorstellung der situativen Führungstheorie
von Hersey/Blanchard (1982)

Mit dem LEAD-Fragebogen (**L**eader **E**ffectiveness and **A**daptability **D**escription) wird beim Vorgesetzten gemessen, wieviele der vier Stile er beherrscht.

859

Die **Führungssituation** wird im Modell durch die „Reife der/des Mitarbeiter/s" in bezug auf die Arbeitssituation repräsentiert, d. h. durch nur eine einzige Variable, die der Vorgesetzte diagnostizieren muß. Der jeweilige Reifegrad wird mittels tätigkeitsbezogener (z. B. Zielsetzungsverhalten, Leistungsorientierung, Kenntnisstand) und psychologischer Indikatoren (z. B. Selbstvertrauen) erfaßt.

Bestimmung des effizientesten Stils

Zur Realisierung des für die vorliegende Situation erfolgsgünstigsten Führungsverhaltens muß der Vorgesetzte unter Zuhilfenahme eines Orientierungsschemas (vgl. Abbildung 6.34) denjenigen der vier Führungsstile bestimmen, der dem Reifegrad der Mitarbeiter entspricht. Dabei lautet die Modellannahme, daß mit steigender Mitarbeiterreife der Führungsbedarf auf beiden Dimensionen sinkt: Beim niedrigsten Reifegrad muß der Vorgesetzte mit einigem Nachdruck unterweisen. Beim höchsten kann er sich zurückhalten (Delegation), da der Mitarbeiter selbständig arbeitet.

Trainingserfordernisse

Wie bei den vorangegangenen Ansätzen stellt auch das Reifegradmodell keine geringen Anforderungen an die selbst- und fremddiagnostischen Fähigkeiten des Vorgesetzten. Erschwerend kommt hinzu, daß der Vorgesetzte eine mögliche **Reifeentwicklung** der/des Mitarbeiter(s) einkalkulieren und ggf. erkennen können muß, um dieser dann seinen Führungsstil anzupassen. Ebenfalls extrem hoch sind die Anforderungen an die **Stilflexibilität**. Der Vorgesetzte muß durch Training in die Lage versetzt werden, vier inhaltlich z. T. entgegengesetzte Führungsstile jederzeit zu realisieren, denn eine Anpassung der Situation (wie beim Reddin-Modell) wird nicht als möglich angesehen, und nicht jeder Mitarbeiter wird sich auf dem gleichen Reifegrad befinden.

Kritik des Modells von Hersey/ Blanchard

Neben der Kritik unrealistisch hoher Anforderungen an den Vorgesetzten bzw. der Möglichkeit, Defizite durch Training auszugleichen, sind an Kritikpunkten u. a. außerdem zu nennen:
- die Vernachlässigung weiterer relevanter Situationselemente,
- die konzeptionelle Problematik des Merkmals „Reifegrad",
- die Vorstellung, daß „reife" Mitarbeiter stets im Sinne der Führungsziele handeln (vgl. Neuberger 1984, S. 167).

Leader-Match-Konzept

Eine Vereinfachung des oben bereits angesprochenen Kontingenzmodells zum Zwecke einer leichteren Verwertbarkeit als Trainingskonzept stellt das Leader-Match-Konzept (Fiedler u. a. 1976, 1979) dar (vgl. Abbildung 6.35). Es baut auf der (etwas modifizierten) Kontingenzhypothese auf, die auf Ausprägungen der Situationsvariablen „Günstigkeit" gründet und im übrigen die Aussageform der „allgemeinen Kontingenzhypothese" wiederholt. Auch die restlichen Modellvariablen bleiben bestehen, werden z. T. aber anders als zuvor gemessen.

Situational Engineering

Die Gestaltungserfordernisse zur Führung nach dem Leader-Match-Konzept sind in einem „Selbsthilfeprogramm" für Vorgesetzte zusammengestellt. Dieses „Training" gründet auf der modellkonsequenten Überlegung, daß es nicht der Führungsstil (LPC-Wert) des Vorgesetzten sein kann, der bei Vorliegen einer effizienzungünstigen Konstellation von Führungsstil und Führungssituation geändert werden muß. Dieser gilt als stabile Persönlichkeitsdisposition. Empfohlen und vermittelt wird daher ein

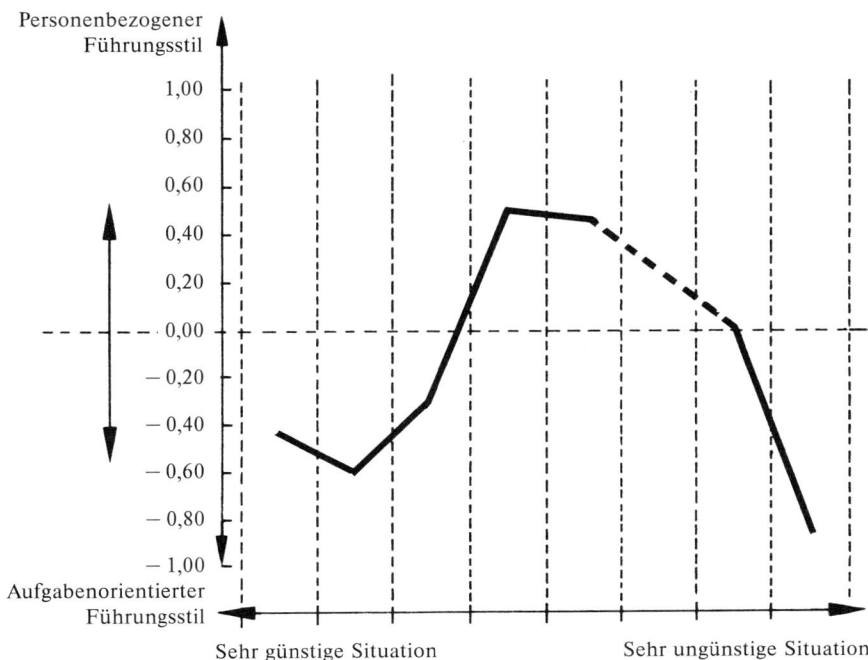

Abbildung 6.35: Kontingenzhypothese des Leader-Match-Konzeptes

(in Anlehnung an Fiedler u. a. 1976, 1979)

„situational engineering", d. h. die Veränderung der situativen Günstigkeit in der Weise, daß sie zum LPC-Wert paßt. Dabei kann der Fall eintreten, daß eine (zu) gute Gruppenatmosphäre vom Vorgesetzten gezielt verschlechtert werden muß, damit dieser in eine für ihn günstigere Situation gelangt. Aus Sicht der (von Fiedler nicht berücksichtigten) sozialen Effizienz muß eine solche Modellkonzeption mehr als fragwürdig erscheinen (vgl. auch Gebert/Rosenstiel 1989, S. 165 f.).

Das Leader-Match-Konzept ist ebenfalls mit den bereits beim Kontingenzmodell diskutierten Kritikpunkten belastet. Ein zusätzlicher Kritikpunkt ist, daß es für die in ihm vorgenommenen Modifizierungen keine empirische Begründung gibt (vgl. Neuberger 1984, S. 624). *Kritik des Leader-Match-Konzeptes*

Verhalten und Einstellungen des Vorgesetzten und der Mitarbeiter können auch über allgemeine gruppendynamische Trainingsverfahren beeinflußt werden. Diese Methoden versuchen, die in sozialen Gruppen wirksamen Gesetzmäßigkeiten und Prozesse systematisch für die Vermittlung aufgabenorientierter (Problemlösungstechniken etc.) und beziehungsorientierter Lerninhalte (Verbesserung sozialer Fähigkeiten) zu nutzen. So sollen z. B. durch das Verfahren des **Sensitivitytrainings** Einsichten und Wissen über eigene und fremde Verhaltensvorgänge vermittelt werden. Eine Vielzahl *Gruppendynamische Verfahren* anderer Trainingsmethoden zielt auf eine Verbesserung der Kommunikations-, Kooperations-, Konfliktfähigkeit und Verhaltensflexibilität.

Die Unternehmung kann über die direkt personenbezogenen Gestaltungsmaßnahmen in Form von Schulung und Training hinaus auch versuchen, das Verhalten von Vorgesetzten durch allgemeine Rahmenvorgaben im Sinne einer eher strukturellen und damit indirekten Einflußnahme zu vereinheitlichen. Eine solche Möglichkeit besteht z. B. in der Erarbeitung von für alle Vorgesetzten verbindlichen **Führungsrichtlinien** in Form von **Führungsmodellen**, die sich speziell auf die Führungsstruktur und die Arbeitsorganisation im Industriebetrieb beziehen.

Hinter solchen Richtlinien steht jeweils eine normative Aussage über das „richtige" Führungsverhalten, deren Grundlage eine subjektive Überzeugung oder eine Effizienzvermutung sein kann. Gerade unter Berücksichtigung des Effizienzaspektes bauen gegenwärtig die meisten Konzeptionen von Führungsmodellen auf einem kooperativ-partizipativen Führungsstil auf.

Führungs-
modelle

Führungsmodelle können z. B. **entsprechend den Phasen des Führungsprozesses** wie folgt systematisiert werden:

- **Management by ideas**
  (Führung durch Vermittlung von Leitbildern),
- **Management by objectives**
  (Führung durch Zielvorgabe oder Zielvereinbarung),
- **Management by delegation**
  (Führung durch die Übertragung von Entscheidungsfreiheit und Verantwortung),
- **Management by exception**
  (Führung durch Eingreifen nur bei größeren Ergebnisabweichungen oder unvorhergesehenen Ausnahmesituationen, während bei der Durchführung aller normalen Aufgaben die damit verbundene Verantwortung bei den Mitarbeitern liegt) und
- **Management by results**
  (Führung durch Ergebniskontrolle).

Eine komplexere Form des Management by delegation ist das bekannte **Harzburger Modell** (Führung im Mitarbeiterverhältnis).

Vorzüge des
kooperativen
Führungsstils

Führungsrichtlinien, Schulungs- und Trainingsmaßnahmen gehen im allgemeinen von einer **höheren Anreizwirkung der kooperativ-partizipativen Führung für die Gruppenmitglieder aus**. Für die grundsätzliche Überlegenheit einer solchen Führung werden hauptsächlich folgende Gründe angeführt:

(1) Die kooperativ-partizipative Führung stärkt das **Zusammengehörigkeitsgefühl** der Gruppenmitglieder; die Identifikation mit der Gruppe (Unternehmung) und ihren Zielen wächst.

(2) Sie vermitteln den Mitarbeitern einen **besseren Gesamtüberblick** über die Gruppenaufgaben und führen zu einer stärkeren Bedürfnisbefriedigung bei der Beitragsleistung.

(3) Sie **verringern mögliche Konflikte** und schränken den Konkurrenzkampf der Gruppenmitglieder ein.

(4) Es wird ein **besseres Gruppenklima** zwischen Vorgesetztem und Geführten geschaffen, das von gegenseitigem Vertrauen und Toleranz getragen wird.

(5) Die Kooperation begünstigt die **persönliche Entfaltung** der Mitarbeiter; Kreativität und aktive Mitarbeit werden gefördert.

Obwohl diese Aussagen einen hohen Plausibilitätsgrad aufweisen, werden sie durch unterschiedliche Persönlichkeitsstrukturen der beteiligten Individuen in ihrer Allgemeingültigkeit eingeschränkt. So ist es im Sinne einer echten Mitarbeiterorientierung des Vorgesetzten durchaus denkbar, daß er den bei einzelnen Mitarbeitern vorhandenen Bedürfnissen nach Autorität und Leitung am besten durch einen eher direktiv-autoritären Führungsstil gerecht wird.

3. Aufstiegs- und Ausbildungsanreize: Personalentwicklung

Eine dritte Kategorie betrieblicher Anreize bilden die Ausbildungs- und Beförderungsmaßnahmen der Unternehmung. Anders als die sozialen Anreize, bei denen die Betriebswirtschaft teilweise nur eine Vermittlungsfunktion übernimmt, unterliegen Ausbildungs- und Beförderungsanreize der **Motivationspolitik** der Unternehmung und stellen somit Elemente des formalen Anreizsystems dar. **Ausbildungs- und Karriereanreize dienen in erster Linie der Befriedigung der Bedürfnisse nach Wertschätzung und Selbstverwirklichung.** Beruflicher Aufstieg erfüllt das Bestreben, sozial höherstehenden Gruppen anzugehören und gewährt ein höheres privates und berufliches Prestige. Gleichzeitig wird die Beförderung als Ausdruck der Anerkennung für die geleisteten Beiträge empfunden, so daß dem Bedürfnis nach Wertschätzung Rechnung getragen wird. Höhere Positionen eröffnen neue Aufgabenstellungen und Gestaltungsmöglichkeiten, die für die Befriedigung des Bedürfnisses nach Selbstverwirklichung von Bedeutung sind. Diese Formen der Bedürfnisbefriedigung können grundsätzlich auch von den Ausbildungsanreizen ausgehen. Mittelbare Wirkungen der beiden Anreizarten ergeben sich hinsichtlich der **Sicherheitsbedürfnisse**. Höheres Einkommen und verbesserter Ausbildungsstand tragen zur Verwirklichung des Strebens nach Sicherheit bei.

Anreizwirkungen

Entscheidungen über das Karrieresystem der Unternehmung

Die grundlegenden Entscheidungstatbestände der Laufbahnplanung umfassen die Festlegung von Laufbahnlinien und die Auswahl der anzuwendenden Beförderungsmaßstäbe sowie der Methoden zu ihrer Ermittlung.

Neuein-stellung versus Beförderung	Der Gestaltung des Karrieresystems vorgelagert ist die Grundsatzentscheidung, ob die Besetzung freier Stellen mit Belegschaftsmitgliedern oder durch neu zu werbende Arbeitnehmer erfolgen soll. Werden grundsätzlich sämtliche freien Stellen mit neu geworbenen Mitgliedern besetzt, entfällt das Problem der Laufbahnplanung. Im entgegengesetzten Fall können nur Belegschaftsmitglieder in höhere Positionen aufrücken; für neue Mitarbeiter stehen nur Stellen an Laufbahnanfängen zur Verfügung. In der Regel werden **beide Laufbahnprinzipien kombiniert**, wobei dem innerbetrieblichen Aufstieg meist eine Priorität eingeräumt wird („Aufstieg geht vor Einstieg").
Identifikation als Kriterium	Soweit ein beruflicher Aufstieg in der Unternehmung für möglich gehalten wird, sind die meisten Arbeitnehmer eher bereit, ihre langfristigen Interessen mit den Zielen der Unternehmung gleichzusetzen. **Dieser Identifikationsprozeß wird verstärkt, wenn die Grundsätze der Laufbahnplanung bekannt, die mit dem Aufstieg verbundenen Anforderungen erfüllbar und die Kriterien von erfolgten Beförderungen überprüfbar sind.**
Originalität und Kreativität als Kriterium	Eine uneingeschränkte Anwendung des Prinzips der innerbetrieblichen Beförderung wird häufig durch fehlende Ausbildungsmöglichkeiten oder Entwicklungspotentiale der eigenen Mitarbeiter für bestimmte offene Stellen begrenzt. Gegen ein ausschließlich internes Beförderungsprinzip spricht auch, daß die Einführung neuer Ideen und Erkenntnisse für die Lösung betrieblicher Probleme erschwert wird. Dieser mit dem Schlagwort **„Betriebsblindheit"** charakterisierte Sachverhalt ist darauf zurückzuführen, daß die von ihren Vorgesetzten ausgebildeten Mitarbeiter häufig die Praktiken ihrer Vorgänger übernehmen, während neu eingetretene Belegschaftsmitglieder aufgrund ihrer Unvoreingenommenheit möglicherweise viel eher mit neuen Vorschlägen und Lösungen aufwarten, die sich wesentlich von den eingeführten Maßnahmen unterscheiden.
Laufbahnlinie	Jede Laufbahnlinie repräsentiert eine **auf den Stellenplan abgestimmte Stellenfolge**. Sie kann durch mehrere Abteilungen und Funktionsbereiche der Unternehmung gehen, wenn Inhalt und Anforderungsstruktur der Positionen nicht sehr stark voneinander abweichen, so daß einseitige abteilungsbezogene Beförderungen ausgeschaltet werden. Den Abschluß einer Laufbahnlinie bildet die sogenannte Endstelle, von der aus ein weitergehender Aufstieg nicht mehr möglich ist. Um die Erwartungsbilanz der Arbeitnehmer über die Aufstiegsanreize zu erleichtern, **ist eine weitgehende und möglichst konkrete Information über die Laufbahnlinien und deren Endpunkte notwendig, die bereits bei der Einstellung dem Mitarbeiter mitgeteilt werden sollte.**
Beförderungs-kriterien	Ein wichtiges Problem bei der Gestaltung des betrieblichen Karrieresystems stellt die Festlegung geeigneter **Beförderungskriterien** dar. Für Entscheidungen über den Aufstieg bieten sich **zwei Beurteilungsmaßstäbe an: (1) die persönliche Beitragsleistung und (2) die Dauer der Betriebszugehörigkeit.** Im allgemeinen wird die individuelle Leistung
Kriterium „Leistungs-prinzip"	als Beförderungsgrundlage vorgezogen, da über das Leistungsprinzip der Aufstieg qualifizierter Arbeitnehmer gewährleistet ist. Die entstehenden Konkurrenzverhältnisse zwischen den Organisationsteilnehmern um den Aufstieg können andererseits eine Vergrößerung des Konfliktpotentials in der Unternehmung herbeiführen. Um dies zu vermeiden und das durch längere Betriebszugehörigkeit gewonnene Erfahrungspotential zu nutzen, wird die Mitgliedschaftsdauer in zahlreichen Organisatio-

864

nen (z. B. staatliche und militärische Organisationen) als wesentliches Beförderungskriterium angesehen. Als weiteres Argument für den zeitorientierten innerbetrieblichen Aufstieg kann die Belohnung der Loyalität von Belegschaftsmitgliedern gelten. Nachteile dieses Beförderungssystems sind seine geringere Flexibilität und das Fehlen von Anreizen für hohe Leistung und Weiterbildung im Hinblick auf höhere Positionen. Dies kann die Anwerbung vor allem jüngerer qualifizierter Arbeitnehmer erschweren. **Aus der Sicht der Arbeitnehmer richtet sich die Beurteilung der Beförderungsgrundlagen nach ihrer Motivationsstruktur.** Während das Leistungsprinzip die Bedürfnisse nach Wertschätzung und Selbstverwirklichung betont und von Individuen mit ausgeprägter Leistungsmotivation höher eingeschätzt wird, trägt der Zeitmaßstab vorrangig den Sicherheitsbedürfnissen Rechnung.

Kriterium „Dauer der Betriebszugehörigkeit"

Die Praxis bedient sich verschiedener **Kompromisse**, in denen beide Beförderungskriterien kombiniert werden. So kann z. B. als Beförderungsgrundsatz bei ungefähr gleichen persönlichen Leistungen die Dauer der Betriebszugehörigkeit ausschlaggebend sein. Abbildung 6.36 zeigt zwei weitere Kompromißlösungen.

Kombination der Kriterien

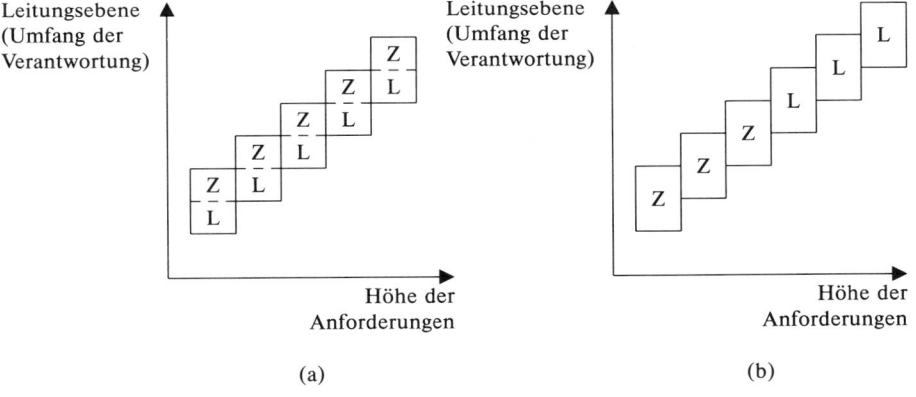

Abbildung 6.36: Beispiele zur Kombination von Beförderungskriterien

Die Maßstäbe werden hier in der Weise kombiniert, daß entweder (a) die Mitarbeiter gewisse Leistungsstandards erreichen bzw. bestimmte Fähigkeitsarten oder eine vorgeschriebene Ausbildung (L) nachweisen müssen, um die Voraussetzungen für eine Beförderung zu erfüllen, die dann entsprechend der Betriebszugehörigkeit (Z) erfolgt, oder daß (b) nur die Stellen auf den unteren Stufen der Leitungshierarchie bzw. mit beschränktem Verantwortungsbereich unter alleiniger Berücksichtigung der Zugehörigkeitsdauer (Z) besetzt werden, während für den Aufstieg in höhere Positionen das Leistungsprinzip (L) maßgebend ist. **Ein optimales Kriteriensystem für Beförderungsentscheidungen kann nicht abgeleitet werden, weil für die Vielzahl der Entscheidungsalternativen die Konsequenzen hinsichtlich der Anreizwirkung für die Belegschaft und der Leistungsinteressen der Unternehmung nicht eindeutig bestimmt werden können.**

Personalbeurteilung als Grundlage für Beförderungsentscheidungen

Sofern Beförderungsentscheidungen auf dem Leistungsprinzip beruhen, ist eine Bewertung der individuellen Leistung des Arbeitnehmers erforderlich. Mit der Personalbeurteilung wird eine systematische Bewertung des Leistungsvollzugs angestrebt, die sich nicht nur auf die **tatsächlich geleisteten Beiträge** des Arbeitnehmers in quantitativer und qualitativer Hinsicht beschränkt, sondern auch dessen **Leistungsvermögen** (Entwicklungspotential) zu erfassen sucht, um seine Eignung für andere bzw. qualitativ höhere Aufgabenbereiche zu prognostizieren.

Stellen-beschreibung und Personal-beurteilung

Ausgangspunkt der Personalbeurteilung ist die Stellenbeschreibung. Je mehr nicht programmierbare Tätigkeiten der Aufgabenbereich einer Stelle umfaßt, desto schwieriger wird die Ermittlung und Konkretisierung der Tätigkeitselemente und Anforderungen. Deshalb ist auch die für die Eignungsprognose notwendige Übersetzung der Anforderungen in persönliche Eigenschaften bzw. Fähigkeitsarten problematisch.

Die Stellenbeschreibungen werden durch Leistungsmaßstäbe und Eignungsstandards ergänzt, die möglichst eindeutig auf die gegenwärtige und evtl. zukünftige Tätigkeit der Stelleninhaber zurückgeführt werden können und sich als Indikatoren für sein Leistungsvermögen eignen. Bei programmierbaren Stellenaufgaben bildet die Normalleistung, die vorwiegend in Mengen- oder Zeitgrößen erfaßt wird, den Bezugspunkt für die Leistungsbeurteilung. Für Stellen höherer Leistungsebenen lassen sich nur bedingt quantitative Kriterien ableiten (z. B. Einhaltung von Kosten- und Terminvorgaben). Hier wird verstärkt auf qualitative Maßstäbe zurückgegriffen, die sich häufig nur in Zusammenarbeit mit dem Stelleninhaber festlegen lassen. Vor allem für die **Prognose des Leistungsvermögens** (Eignung) der Mitarbeiter für qualitativ höherwertige Tätigkeitsbereiche ist die Personalbeurteilung jedoch nur bedingt geeignet. Mögliche **Indikatoren** für das zu beurteilende (latente) **Entwicklungspotential** können die Kontinuität der Leistungsentwicklung, ihre zeitliche Dauer, der Entwicklungsaufwand bzw. die Intensität der Entwicklungsanstrengungen und das (nennenswerte) Übertreffen der bisherigen Leistungsanforderungen insgesamt und in Einzelmerkmalen sein.

Verfahren der Personal-beurteilung

Die Verfahren der Personalbeurteilung reichen von der freien Beurteilung bis zur Bewertung mit Hilfe differenzierter Merkmalskataloge. Nach der Art des Bewertungsvorgangs ergeben sich, ähnlich wie bei der Arbeitsbewertung, summarische und analytische Beurteilungsverfahren. Während die **summarische** Personalbeurteilung in einem globalen Bewertungsvorgang zu einem undifferenzierten Gesamturteil über einen Arbeitnehmer gelangt, gleichgültig, ob es sich um eine Reihung oder Zuordnung zu festgelegten Bewertungsgruppen handelt, spaltet die **analytische** Methode den Bewertungsprozeß in einzelne Beurteilungsvorgänge über bestimmte Merkmale auf. Grundsätzliche Probleme beider Bewertungsmethoden wurden im Rahmen der Arbeitsbewertung angesprochen.

Merkmals-kataloge

Die Fülle der in der Literatur und Praxis vorgeschlagenen Merkmalssysteme zeigt, daß ein generell anerkanntes Beurteilungsschema wegen der unterschiedlichen Betriebs- und Aufgabenstrukturen kaum entwickelt werden kann. In Abbildung 6.37 sind einige Merkmalskataloge angeführt, die bei der Personalbeurteilung angewendet werden. Die Unterschiedlichkeit der Kriteriensysteme beruht zum Teil darauf, daß sie für die Beurteilung von Arbeitnehmern auf verschiedenen Ebenen der Leitungshierarchie konzipiert sind. **Gemeinsam ist ihnen die Einbeziehung arbeitsergebnisbezogener Merkmale**, die auf die allgemeine Leistungsfähigkeit bzw. auf Persönlichkeitsmerkmale des Arbeitnehmers Bezug nehmen.

(a)	(b)	(c)

1. physische Konstitution
2. Konzentrationsfähigkeit
3. Sorgfalt
4. mathematische Intelligenz
5. Gedächtnis und Lernfähigkeit
6. Urteilskraft
7. technisches Verständnis
8. Ideenreichtum
9. Arbeitsergebnis
10. Zuverlässigkeit
11. Bereitschaft, Kontrolle und organisatorische Regelungen zu akzeptieren
12. Genauigkeit der Berichterstattung
13. Loyalität gegenüber der Abteilung
14. Verhalten zu Mitmenschen
15. Initiative
16. Verantwortungsbereitschaft
	1. Qualität
	2. allgemeines Verhalten, Zuverlässigkeit
	3. Selbständigkeit, Initiative, Vielseitigkeit, Versetzbarkeit
	4. wirtschaftliches Verhalten
	5. persönlicher Leistungsgrad
		1. Fachwissen
		2. Urteilsfähigkeit
		3. Organisationstalent
		4. Einstellung gegenüber
		  – Arbeitsaufgabe
		  – Unternehmung
		  – Vorgesetzten
		5. Zuverlässigkeit
		6. Kreativität
		7. Verhalten zu Mitmenschen
		8. Delegationsbereitschaft
		9. Führungseigenschaften
		10. persönliche Effektivität

Abbildung 6.37: Merkmalssysteme für die Personalbeurteilung

Mögliche **Störfaktoren einer Personalbeurteilung** sind:

(1) die als Haloeffekt bezeichnete Tatsache, daß sich der Beurteilende bei der Bewertung der einzelnen Merkmale möglicherweise von dem Gesamteindruck leiten läßt, den er von dem zu Bewertenden hat;

(2) die Tendenz zu mittleren Urteilen, weil sich der Bewerter aufgrund von Bewertungsunsicherheiten weder für sehr gute noch für sehr schlechte Beurteilungen rechtfertigen will, und

(3) die Tendenz zur nachsichtigen Beurteilung, weil die Verantwortung für die Folgen von Negativbewertungen abgelehnt wird.

Probleme der Personalbeurteilung

867

Check-list-Verfahren	Verfahren, die den Ermessensspielraum des Bewerters einzuschränken suchen, sind das check-list-Verfahren und die Zwangswahlmethode. Das **check-list-Verfahren** baut auf Fragenkatalogen auf, wobei der Bewerter nur vorgezeichnete Antworten ankreuzt, deren Punktbewertung ihm unbekannt ist. Durch Kontrollfragen wird zugleich eine Überprüfung des Bewertenden angestrebt. Auch die **Zwangswahlmethode** baut auf Punktschlüsseln auf, die der Bewerter nicht kennt. Sie enthält positive und negative Zustandsbeschreibungen hinsichtlich des Arbeitsverhaltens. Der Bewerter hat dabei die zutreffendsten positiven und die unzutreffendsten negativen Zustandsbeschreibungen zu kennzeichnen. Die Summe der erzielten Punkte ergibt wiederum den Eignungswert.
Zwangswahl-methode	

Deskriptive Personal-beurteilung

Deskriptive Beschreibungen herrschen auch bei einer weiteren analytischen Methode vor, die kritische, Erfolg und Mißlingen einer Arbeit wesentlich bestimmende Ereignisse feststellt und beurteilt **(critical incident method)**. Der Zweck dieses Verfahrens ist die Vereinfachung des Bewertungsproblems durch Verwendung von Ereignissen (z. B. Verweigerung von Hilfeleistungen, Verbesserungsvorschläge für die Arbeitsmethode, Überzeugung eines Mitarbeiters, Nichtbeendigung der Arbeitsaufgabe usw.), die zu aussagekräftigeren Beurteilungen führen können als abstrakte Abstufungen.

Kooperative Personal-beurteilung

In letzter Zeit mehren sich die Bestrebungen, die traditionellen komplizierten Beurteilungssysteme auf eine einfachere Basis zu stellen, selbst wenn dadurch die mit Schätzung verbundene Subjektivität der Beurteilenden stärker einfließt. **Es beginnt sich die Ansicht durchzusetzen, daß der Versuch einer Objektivierung der Personalbeurteilung durch differenzierte Bewertung ein fragwürdiges Unterfangen ist.** Der bewußte Verzicht auf ein quantitatives Resultat, das durch schriftliche Beurteilungen ersetzt wird, ist von der Tendenz begleitet, die Belegschaftsmitglieder an der Beurteilung mitwirken zu lassen. Zu Beginn einer Beurteilungsperiode legen der Vorgesetzte und sein Mitarbeiter die Leistungsziele der Aufgabenbereiche gemeinsam fest. Am Ende der Beurteilungsperiode wird die Zielsetzung, wiederum gemeinsam, überprüft. Dem Mitarbeiter wird Gelegenheit zu einer Selbstbeurteilung gegeben; dabei hat er die Möglichkeit, die seiner Meinung nach wichtigsten Faktoren, die sein Arbeitsverhalten beeinflussen, darzulegen. Zusammen mit dem Vorgesetzten arbeitet er dann ein Programm zur Überwindung festgestellter Unzulänglichkeiten aus **(job-centered-method)**. Über die gemeinsame Festlegung der Beurteilung wird der Abbau von Konflikten angestrebt.

Assessment-Center

In größeren Unternehmen gelangen verstärkt Assessment-Center im Rahmen der Personalentwicklung zum Einsatz. Zum einen dienen sie als Instrument der Potentialanalyse, mit dessen Hilfe eine Auswahl der als förderungswürdig betrachteten Führungsnachwuchskräfte vorgenommen wird, zum anderen als Bildungsbedarfsinstrument.

Der Einsatz von Assesment-Center als Instrument der Potentialanalyse ist aufgrund der oben angesprochenen Schwächen dieses Verfahrens als kritisch zu betrachten. Abgesehen von der Validität der Selektion beinhaltet es die Gefahr, daß die sich als „Verlierer" betrachtenden Mitarbeiter mit erhöhter Konfliktbereitschaft bzw. Frustration und ggf. Fluktuation reagieren, insbesondere wenn an die Ergebnisse unmittelbar karriererelevante Entscheidungen geknüpft werden.

868

Beim Einsatz als Bildungsbedarfsinstrument verliert das AC demgegenüber seinen Selektionscharakter. Dies erhöht nicht nur die Akzeptanz des Verfahrens auf seiten der Mitarbeiter, sondern verbessert auch die Beurteilungsqualität, weil es von den Beurteilenden den Selektionsdruck nimmt.

Betriebliche Ausbildung

Die technische Entwicklung und Spezialisierung mit längeren Ausbildungs- und Einarbeitungszeiten bedrohen immer stärker die Aufrechterhaltung der personalwirtschaftlichen Flexibilität und zwingen den Industriebetrieb, die betriebliche Ausbildung, Weiterbildung und Fortbildung planvoll zu intensivieren. Zudem steigen die Kosten der Nichtausbildung, die in Form hoher Ausschußquoten und erhöhter Kontrollkosten anfallen. **Die betriebliche Ausbildung umfaßt alle Maßnahmen und Tätigkeiten, die auf eine Erweiterung des Wissens, Könnens und Verhaltens der Arbeitnehmer gerichtet sind.**

Unter Ausbildung im engeren Sinne sind jene Maßnahmen zu verstehen, die dem Mitarbeiter die notwendigen Kenntnisse und Fähigkeiten für die erstmalige Ausübung eines Berufs oder einer Tätigkeit vermitteln. Zur Ausbildung im engeren Sinn gehört die Lehrlingsausbildung, die Ausbildung von Anlernkräften und Hilfspersonal und die **Umschulung**, welche die Mitarbeiter auf einen neuen Beruf vorbereitet. *Ausbildung*

Die **Weiterbildung umfaßt alle Bestrebungen, das bereits** für einen Beruf oder eine Tätigkeit **vorhandene Wissen zu vertiefen.** Hierzu zählt ein Großteil der betrieblichen Maßnahmen, die Belegschaft an technische und organisatorische Weiterentwicklungen anzupassen, wie beispielsweise die Schulung von Fachkräften an neuen Maschinen oder Kurse über neue Absatzmethoden für Mitarbeiter der Verkaufsabteilung. Die **Fortbildung** schließlich bezweckt eine **generelle Erweiterung des Wissens** und der Fertigkeiten. *Weiterbildung*

Fortbildung

Abbildung 6.38 (S. 870) gibt einen zusammenfassenden Überblick über die Bereiche der Ausbildungsplanung.

Die Wissensvermittlung kann grundsätzlich auf zwei Arten erfolgen. Sie setzt entweder unmittelbar am Arbeitsplatz ein (on-the-job-method; z. B. Anlernen von Hilfskräften) oder vollzieht sich außerhalb des gegenwärtigen oder zukünftigen Tätigkeitsfeldes (off-the-job-method; z. B. Führungsausbildung). Häufig werden beide Methoden kombiniert (z. B. Lehrlingsausbildung). *On-the-job-method*

Off-the-job-method

Bei der Ausbildung am Arbeitsplatz sind zwei Fälle zu unterscheiden. Einmal handelt es sich um die Einführung neuer Mitarbeiter in ihren Tätigkeitsbereich, die mit Anlern- und Arbeitsunterweisungsvorgängen für bestimmte Verrichtungen verbunden ist, und zum anderen um eine laufende Schulung. *Einführende und weiterführende Ausbildung am Arbeitsplatz*

Im Rahmen der Ausbildung am Arbeitsplatz kommt der Methodik der Arbeitsunterweisung besondere Bedeutung zu. Eines der bekanntesten Verfahren zur Vermittlung einer entsprechenden Methodik ist die TWI-Methode (training within industry), *Arbeitsunterweisung*

869

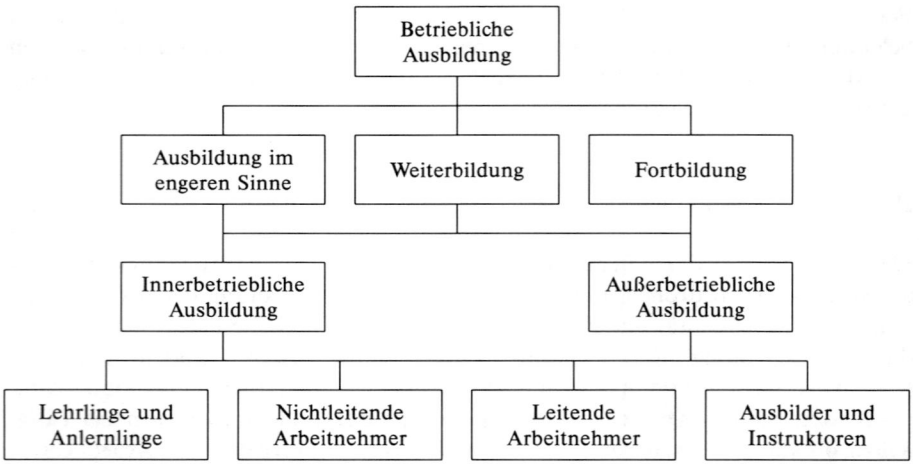

Abbildung 6.38: Bereiche der Ausbildungsplanung

die weitgehend von REFA übernommen und weiterentwickelt wurde. Sie besteht aus mehreren Kursen, die den Industriemeistern zeigen sollen, wie sie ihre Mitarbeiter am Arbeitsplatz instruieren können, mit den Inhalten:

(1) Gestaltung des Anlernens (job-instruction),
(2) Verbesserung von Arbeitsverfahren (job-method),
(3) Arbeitsbeziehungen (job-relations).

In der Folgezeit wurden weitere Programme, wie Kurse für Arbeitswirtschaftlichkeit (job-economics-training), Konferenzführung, Lösung von Betriebsproblemen und Programmentwicklung geschaffen, die sich auch an Mitarbeiter wenden, die über der Meisterebene stehen.

Gelenkte Erfahrungs- vermittlung
Eine systematische Ausbildung am Arbeitsplatz stellt das Prinzip der gelenkten Erfahrungsvermittlung (guided experience method) dar. Diese mehrstufige Ausbildungsmethode beginnt mit der Auswahl der als Ausbilder geeigneten Vorgesetzten. Grundlage der Wissensvermittlung ist ein **individueller Ausbildungsplan**, der die Ausbildungsziele festlegt und den Ausbildungsgang während der Unterstellung unter den ausgewählten Vorgesetzten beschreibt. Dieser übernimmt die Verantwortung für die Ausbildung und erstellt einen periodischen **Leistungsbericht**, der mit dem Beurteilten diskutiert wird. Zusammen mit dem Leistungsbericht reicht der Ausbilder Empfehlungen für die weitere Ausbildung ein, die der Mitarbeiter durch eigene Vorschläge ergänzen kann.

Ausbildung durch Stellen- besetzung
Zu den Ausbildungsmethoden am Arbeitsplatz zählt auch die auf Wissensvermittlung und Erfahrungssammlung gerichtete Stellenbesetzung. Der Einsatz als **Assistent** des Vorgesetzten und die Einarbeitung als **Nachfolger** gibt den Mitarbeitern die Möglichkeit, Probleme der übergeordneten Aufgabenbereiche kennenzulernen und einen Teil der Verantwortung zu übernehmen. Eine andere Methode ist die **Stellenrotation**,

870

die einen befristeten Ringtausch der Aufgabenbereiche vorsieht. Schließlich kann auch die Entsendung von Mitarbeitern in Projektgruppen, die für die Lösung größerer Spezialaufgaben (z. B. Umstellung auf ein neues Kostenrechnungssystem, Einführung der elektronischen Datenverarbeitung, Reorganisation eines Unternehmensbereiches) gebildet wurden, zu Schulungszwecken dienen. *Ausbildung in Projekt-gruppen*

Die Ausbildungsmethoden außerhalb des Arbeitsplatzes vermindern die starke Abhängigkeit des Lernerfolgs von der Person des Vorgesetzten. Sie sollen vor allem Gruppenerfahrung und Gruppendenken in die Ausbildung einbeziehen. Die bekanntesten Methoden sind: Fallmethode, Ereignismethode, Rollenspiel, Unternehmungsplanspiel und multiples Management. *Ausbildung außerhalb des Arbeitsplatzes*

Ausgangspunkt der Fallmethode ist ein schriftlich festgelegter, **in der Praxis erhobener oder konstruierter Sachverhalt, der ein oder mehrere Probleme enthält**, die von verschiedenen Ausbildungsgruppen zu bearbeiten sind. Die Teilnehmer unterbreiten Vorschläge und diskutieren deren Eignung innerhalb der Gruppe. In der Abschlußsitzung begründen die Sprecher der Arbeitsgruppen die ausgewählte Lösung sowie die dazu notwendigen Maßnahmen und verteidigen sie gegenüber den Entscheidungen der anderen Gruppen. Die Ereignismethode stellt eine Abwandlung der Fallmethode dar. Den Gruppen wird eine Gegebenheit mitgeteilt, und sie sammeln durch gezielte Fragen Informationen über das geschilderte Ereignis. Das Hauptziel der Ausbildung ist hier die Technik der **Informationsgewinnung**. *Fallmethode*

Ereignis-methode

Durch Rollenspiele werden die Mitarbeiter im Umgang mit anderen Personen ausgebildet. Das Rollenspiel dient der **Verhaltensschulung und -kontrolle** der Teilnehmer in Konfliktsituationen und bei der Führung von Verhandlungen, wobei jeder Spieler vorher festgelegte Standpunkte zu verteidigen hat. Die Auswahl der Spielsituation orientiert sich an praktischen Gegebenheiten wie Verkaufsgesprächen, Interviews, Beeinflussung von Mitarbeitern oder Schlichtung von Streitfällen, Konferenzführung bei unterschiedlichen Interessen usw. *Rollenspiel*

Zunehmende Verbreitung findet auch die Ausbildung durch Unternehmungsplanspiele. Die Teilnehmer einer Gruppe bilden die Geschäftsführung eines Unternehmens, das meist auf einem oligopolistischen Markt mit anderen Unternehmungen in Konkurrenz steht. **Die Gruppe legt die interne Aufgabenverteilung und die Entscheidungsverfahren fest, formuliert ihre Unternehmungsziele und entscheidet über die im Spiel enthaltenen Aktionsparameter**, wobei die Reaktionen der Konkurrenten zu berücksichtigen sind. Bei Unternehmungsplanspielen treten häufig **Konflikte** auf, wenn die Mitglieder der Unternehmungsleitung wegen divergierender Interessen ihrer Ressorts unterschiedliche Maßnahmen durchsetzen wollen. Meistens werten EDV-Anlagen auf der Grundlage eines Spielmodells die Ergebnisse der getroffenen Entscheidungen aus und erstellen Bilanzen und sonstige Unterlagen für die nächste Spielperiode. *Unter-nehmungs-planspiel*

Der Grundgedanke des multiplen Management ist die Einrichtung von **Gremien zu Ausbildungszwecken**, die die gleichen Informationen erhalten wie die übergeordneten Entscheidungsinstanzen. Diese zusätzlichen Kollegien setzen sich aus Mitarbeitern *Multiples Management* zusammen, die hierarchisch eine Stufe unterhalb der Entscheidungseinheit stehen, der sie zugeordnet sind. Sie erarbeiten aufgrund der empfangenen Informationen Empfehlungen für Entscheidungen, die von der übergeordneten Instanz im Hinblick auf bestimmte Probleme getroffen werden müssen. Die Neubesetzung der Beratungskollegien findet in regelmäßigen Abständen statt, wobei nur ein Teil der Mitglieder ersetzt wird. Das Ziel dieser Ausbildung ist die Überwindung des starren Ressort- und Abteilungsdenkens und das Vertrautwerden mit der Problematik langfristiger Führungsentscheidungen.

Qualitäts-
zirkel

Mitte der 70er Jahre begannen einzelne deutsche Unternehmen ein ursprünglich in den USA erdachtes und in Japan praktiziertes Grundkonzept einzuführen und weiterzuentwickeln, mit dem zunächst die Integration ausländischer Mitarbeiter in komplexe technische Fertigungsprozesse erleichtert, deren Sprachprobleme verringert und daraus resultierende Qualitätsminderungen möglichst vermieden werden sollten. Diese als Qualitätszirkel, Werkstattkreise u. ä. bezeichneten Gruppen bestehen aus maximal 10 bis 12 Mitarbeitern mit gemeinsamem Erfahrungs- bzw. Tätigkeitshintergrund, die sich regelmäßig während der Arbeitszeit treffen, um Probleme ihres Arbeitsplatzes oder des Arbeitsablaufes gemeinsam zu diskutieren und nach Verbesserungsmöglichkeiten für festgestellte Mängel zu suchen (vgl. Teil 8, S. 1150; Teil 4, S. 595).

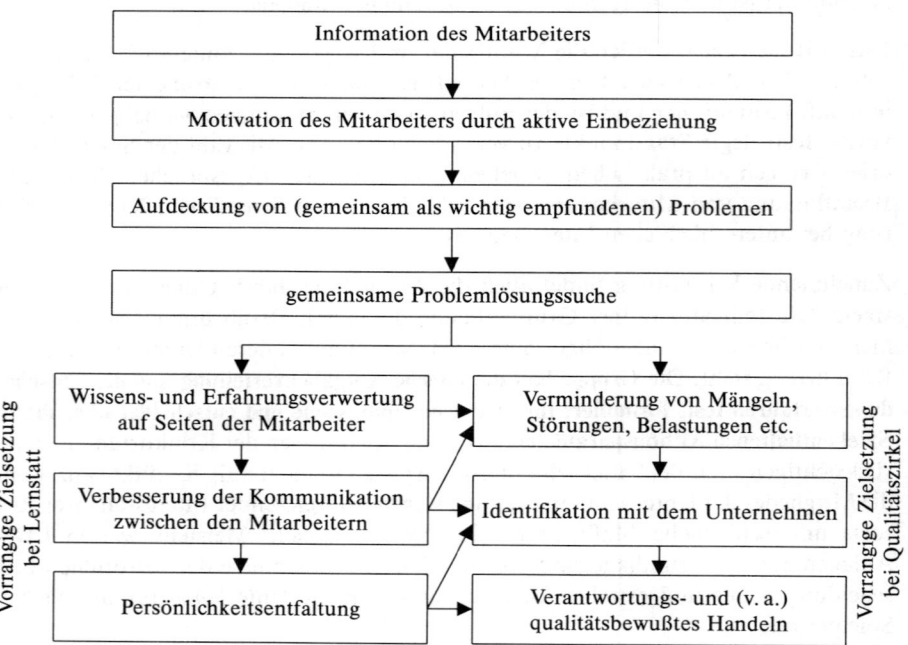

Abbildung 6.39: Lernstatt und Qualitätszirkel

(in Anlehnung an Marr/Stitzel 1991)

872

Die Grundidee dieses Konzeptes ist, durch die aktive Einbeziehung der Mitarbeiter deren Problemlösungspotential zu aktivieren, um dadurch sowohl den Leistungsprozeß effektiver zu gestalten, als auch zu einer Verbesserung der Arbeitszufriedenheit und stärkerer Identifikation mit dem Unternehmen beizutragen. Je nachdem wie stark die individuelle Entwicklung der Mitarbeiter in den Vordergrund rückt, deckt sich das Konzept des Qualitätszirkels mit dem der Lernstatt (vgl. Abbildung 6.39). Beide Begriffe werden häufig auch synonym verwendet.

Die einzelnen Qualitätszirkel werden meistens von einem direkten Vorgesetzten (Meister, Gruppen- oder Abteilungsleiter) geleitet, der die Rolle eines „Coachs" zu erfüllen hat, d. h. es steht die Motivation zur Mitarbeit und die Beratung insbesondere bei der Problemdefinition und -lösungssuche im Vordergrund. Die Zirkelleiter werden durch einen Koordinator unterstützt, der für die Organisation des Informationsflusses und des Erfahrungsaustausches sorgt sowie die Beziehungen zu den verschiedenen, bei der Umsetzung von Problemlösungsvorschlägen einzubeziehenden Bereichen und zur Unternehmensleitung sicherstellt.

Aufgrund der ständig wachsenden Kosten der Ausbildung ist eine Kontrolle der Effektivität der durchgeführten Maßnahmen erforderlich. Die Ausbildungskontrolle ist nicht nur zur Feststellung des Erfolgs und der Anreizwirkungen von Ausbildungsmaßnahmen notwendig, sondern dient gleichzeitig der Verbesserung der Ausbildungsplanung für spätere Perioden. **Die Schwierigkeit einer exakten Ausbildungskontrolle liegt in der Ermittlung quantifizierbarer Faktoren, die den Erfolg der Schulungsaktivitäten innerhalb und außerhalb der Unternehmung eindeutig messen.**

Ausbildungs-kontrolle

VI. Personalverwaltung und Personalorganisation

1. Personalverwaltung

Die Personalverwaltung als Teilbereich der allgemeinen Verwaltung umfaßt alle jene Tätigkeiten in einem Industriebetrieb, welche die Zielbezogenheit der verschiedenen personalwirtschaftlichen Funktionen soweit wie möglich **sichern, überwachen und dokumentieren**. Mit dem Begriff „Verwaltung" wird eine Grundfunktion in Unternehmungen umschrieben, die zwar in keinem direkten Zusammenhang zur Leistungserstellung und Leistungsverwertung steht, aber eine **„integrative Klammer"** der Steuerung und Kontrolle der partiellen Arbeitsprozesse in der Unternehmung darstellt. Die Personalverwaltung nimmt damit innerhalb der betrieblichen Personalwirtschaft eine **Unterstützungsfunktion** ein. Ihre schwerpunktmäßige Aufgabenstellung besteht darin, Voraussetzungen für die Verwendung, Erhaltung, Förderung und Entfaltung des Leistungspotentials der Mitarbeiter zu schaffen und Leistungshemmnisse abzubauen. Diese Gesamtaufgabe kann in **informationsbezogene** und **verfahrenstechnische Aufgabenkomplexe** unterteilt werden.

Begriff der Personal-verwaltung

Aufgaben-gebiete

Informations-
aufgaben

Bei den Informationsaufgaben handelt es sich zum einen hauptsächlich um die Sammlung, Aufbereitung, Auswertung und Übermittlung personenbezogener Daten, um eine zielbezogene Lenkung und Kontrolle der betrieblichen Leistungsprozesse zu gewährleisten bzw. um die hierfür erforderlichen personalwirtschaftlichen Maßnahmen planen, realisieren und kontrollieren zu können. Zum anderen ist eine Vielzahl von Rechtspflichten zu erfüllen. Hierzu gehören sowohl die betriebsverfassungsrechtlichen Mitteilungspflichten gegenüber den Arbeitnehmern wie auch die Erfüllung der Informationsansprüche staatlicher Institutionen (Finanzamt, Sozialversicherungsträger etc.). Die Personalverwaltung dient damit der **Deckung des internen und externen Informationsbedarfs**.

Personalakte

Informationsgrundlage für diese Aufgabenerfüllung ist die über jeden einzelnen Mitarbeiter angelegte Personalakte. Sie enthält allgemeine, von der Art der betrieblichen Betätigung unabhängige Identifikationsmerkmale (Alter, Geschlecht etc.), sowie tätigkeitsbezogene Daten. Personalinformationen, die sich auf unveränderliche Personenmerkmale beziehen, und solche, die kurzfristig keinen Änderungen unterworfen sind (z. B. Arbeitsbeschreibung, Gehaltseinstufung) werden als Stammdaten bezeichnet (vgl. Abbildung 6.40).

Stammdaten

Hauptsegment (Master Record)

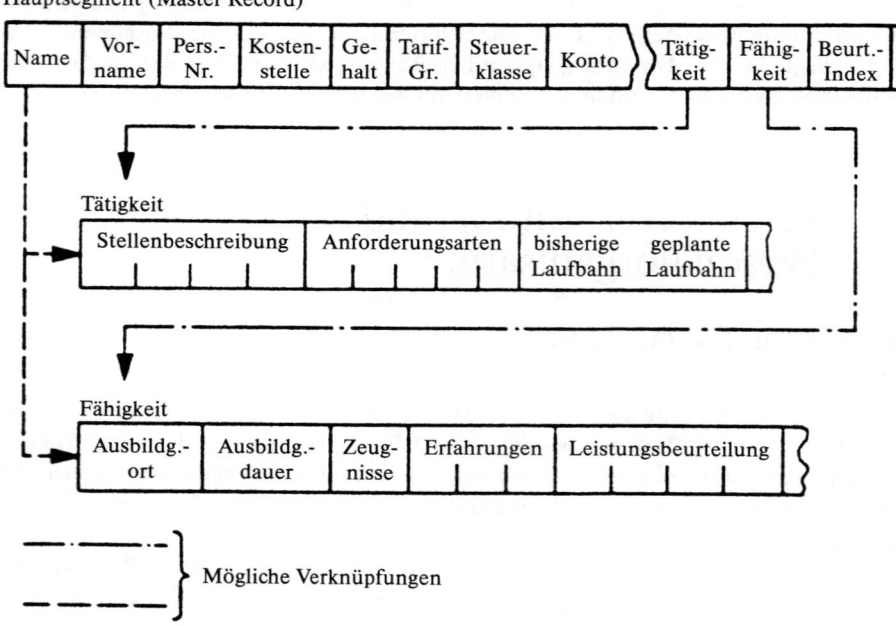

Abbildung 6.40: Beispiel eines Personalstammsatzes

874

Die Gesamtheit der nach bestimmten Systematisierungskriterien zusammengestellten Personalakten bildet die Personaldatei, die meist mit Hilfe einer elektronischen Datenverarbeitungsanlage geführt wird. Der Vorteil elektronischer Datenspeicherung und -verarbeitung ist vor allem in dem geringen zeitlichen Aufwand begründet, in dem Personaldaten nach unterschiedlichen entscheidungsrelevanten Kriterien geordnet, aufbereitet und ausgewertet werden können. Die Personalverwaltung kann dadurch den Entscheidungsträgern in der Unternehmung rechtzeitig die für ihre Aufgabenerfüllung notwendigen Informationen über die Mitarbeiter und deren Aufgaben bereitstellen: für die Zwecke der Personalplanung vor allem aggregierte Personaldaten (z. B. die „Alterspyramide" der Belegschaft als Grundlage für Personalbedarfsermittlungs- und Personalbeschaffungsentscheidungen), für die Zwecke der Personalführung vor allem spezifische individuelle Daten (z. B. Beurteilungsergebnisse). *Personaldatei*

Weitere zentrale informationsbezogene Aufgaben der Personalverwaltung betreffen die Aufbereitung von Daten in Form von personalwirtschaftlichen Kennzahlen und die Erstellung eines Sozialpotentialberichts.

Anreizbezogene Kennzahlen geben beispielsweise Aufschluß über Einkommensunterschiede zwischen Belegschaftsgruppen, die Bedeutung von Anforderungs- und Leistungskomponenten für die Lohnstruktur, die relative Belastung durch Sozialleistungen usw. **Beitragsbezogene Kennzahlen** veranschaulichen z. B. die Arbeitsproduktivität, die Zahl der Betriebsunfälle, die Fluktuationsrate. *Personalwirtschaftliche Kennzahlen*

Der Sozialpotentialbericht soll es ermöglichen, die Effizienz personalwirtschaftlicher Maßnahmen im Sinne der verfolgten Ziele zu kontrollieren, und Orientierungswerte für die künftige Personalpolitik zu liefern. Er dient der Information über Umfang und Ausmaß von Leistungsfähigkeit und Leistungsbereitschaft der Mitarbeiter (bzw. ihrer Bestimmungsgrößen) sowie deren Veränderung im Zeitablauf. *Sozialpotentialbericht*

Erste Ansätze zur **Bewertung des Leistungspotentials bzw. des „Wertes" der Mitarbeiter** liefern die Konzepte des Human-Resource-Accounting („Human-Vermögensrechnung"). Der Versuch, die Veränderungen und Entwicklungstendenzen der **Leistungsbereitschaft** zu erfassen, um daraus Konsequenzen für den Einsatz und die Anwendung des personalwirtschaftlichen Instrumentariums abzuleiten, ist Gegenstand der innerbetrieblichen Meinungsforschung. *Human-Resource-Accounting*

Meinungsforschung

Die Personalverwaltung erfüllt neben der Deckung des Informationsbedarfs auch verfahrenstechnische Aufgaben. Hierzu zählt die technische Vorbereitung und Abwicklung von Anwerbung, Auswahl und Einstellung neuer Mitarbeiter (Abgabe von Stellenangeboten, Aufbereitung der Bewerbungsunterlagen, Erstellung von Personalfragebogen, Durchführung von Vorstellungsgesprächen und Einstellungstests usw.) sowie die verwaltungstechnische Vorbereitung und Durchführung von Versetzungen und Entlassungen (z. B. Ausarbeitung, Abschluß und Beendigung von Arbeitsverträgen). Schließlich hat die Personalverwaltung die Erfüllung von Verpflichtungen aus Gesetzen, Verordnungen, Betriebsvereinbarungen, Tarif- und Arbeitsverträgen sicherzustellen (z. B. Lohn- und Gehaltsabrechnung und -auszahlung, *Verfahrenstechnische Aufgaben*

Ein- und Umgruppierungen) und die Anträge von Mitarbeitern zu bearbeiten (z. B. auf Nutzung betrieblicher Sozialeinrichtungen).

2. Personalinformationssysteme

Ebenso wie in den anderen Funktionsbereichen der Unternehmung unterstützt der Einsatz der elektronischen Datenverarbeitung (EDV) die Personalplanung und -verwaltung.

Die technischen Möglichkeiten zum Aufbau von Personalinformationssystemen mit Hilfe der EDV bleiben bisher aber noch weitgehend ungenutzt. Zwar werden bei der Einführung der elektronischen Datenverarbeitung in der Regel gleichzeitig Verwaltungssysteme installiert, welche auch den Personalbereich von der Massendatenverarbeitung entlasten; echte Planungssysteme wurden bisher nur in Einzelfällen aufgebaut.

Zu den Verwaltungssystemen gehören vor allem Abrechnungsprogramme für Entlohnung, Provision, Betriebspension und Meldeprogramme zur Erstellung einer Vielzahl von Statistiken über Bestands- und Bewegungsdaten im Personalbereich. Aufbauend auf einer im Regelfall seriellen Datenverarbeitung werden unter einem Ordnungsbegriff – meist eine fortlaufende Personalnummer – alle für wichtig gehaltenen oder für vorgeschriebene Auswertungszwecke erforderlichen Personalinformationen (als geschlossener Datenblock) abgespeichert. Der Einsatz solcher Systeme, die in erster Linie eine Darstellungsfunktion erfüllen, dient meist nur dem periodischen Kennzahlenvergleich. Die Verwendung der Personaldaten für eine kontinuierliche **Lenkung und Kontrolle** des Betriebsgeschehens erfordert ein auf die Auswertungsansprüche des Managements abgestimmtes Datenbankmodell (vgl. Teil 3, S. 344 ff.). Der Aufbau der notwendigen Dateien kann z. B. in Anlehnung an die bei der Stücklistenverwaltung durchgeführte Datenorganisation erfolgen. Die Grundlage bildet eine Personalstammdatei (vgl. auch Abbildung 6.41).

Personal-
stammdatei

In der Verknüpfbarkeit einzelner Dateien nach jedem in ihnen vorhandenen Ordnungsbegriff kommt der **Integrationsaspekt einer Datenbankkonzeption** zum Ausdruck (vgl. auch Abbildung 6.42, S. 879). Die eindeutige Zuordnung einer Adresse zu jedem Informationselement und die Verknüpfung von Adresse und Ordnungsbegriff ermöglichen die Abbildung mehr oder weniger komplexer personalwirtschaftlicher Sachverhalte. So ist es z. B. möglich, ein Element der Personaldatei, beispielsweise die Fähigkeitsstruktur eines Organisationsmitgliedes, mit einem Element der Arbeitsplatzdatei, z. B. der Anforderungsstruktur, zu verbinden, um dadurch ein Anforderungs-Leistungs-Profil zu ermitteln. Im Rahmen der Beförderungsplanung kann aus den Daten der Personalstammdatei und der individuellen Beförderungspläne auf maschinellem Wege ein Personalersatzplan erstellt werden, der die möglichen Nachfolger für die Inhaber der in der Stellenstammdatei erfaßten Positionen angibt.

876

Merkmals- hauptgruppe	Merkmalsgruppe	Merkmal (Auswahl)
1 Allgemeine Merkmale	11 Identifizierende Merkmale	BRD-Personenkennzeichen, Personalnummer, Familienname, Vorname(n), Staatsangehörigkeit, Familien(stands)angaben, Geschlecht, Geburtsdatum/-ort, Anschrift, Unterstellung/Überstellung etc.
	12 Einstellung	Interviewergebnisse, Testergebnisse, Eintrittsdatum, Vertragsdaten etc.
	13 Sonstige allgemeine Merkmale	Auszeichnungen, Jubiläumstage, Ämter, Belehrungen, Tätigkeitseinschränkungen, Widerspruchsaussagen, Aktualisierungsvermerk, Rückmeldungsvermerk etc.
2 Kenntnis- und Einsatz- merkmale	21 Schul- und Berufs- ausbildung/ Weiterbildung	Schulen, Prüfungen, Abschlüsse, Praktikantenzeiten, Lehre, Ausbildungskurse, Weiterbildungskurse etc.
	22 Berufserfahrung/ Einsatz	Beschäftigungsabschnitte nach Zeit, Position, Tätigkeit, Beurteilungen, Grund für den Wechsel etc., bezogen auf frühere und jetzigen Arbeitgeber
	23 Sozialangaben	Führerscheine, Fremdsprachen, Patente, Auslandserfahrungen, sonstige Befähigungsnachweise
	24 Empfohlene und geplante Maßnahmen	Aus- und Weiterbildung, Versetzung, Beförderung, Job Rotation etc.
	25 Einsatzbereitschaft	Bereitschaft zur Versetzung, Beförderung, zur Beendigung des Einsatzes etc.
3 Physische Merkmale	31 Muskel- beanspruchung	Muskelbelastbarkeit etc.
	32 Körperhaltung	Zumutbare Körperhaltung etc.
	33 Sehen und Hören	Sehschärfe, Farbtüchtigkeit, räumliches Sehen, Hörvermögen etc.
	34 Funktion der Gliedmaßen	Grad der Funktionstüchtigkeit etc.
	35 Sonstige physische Merkmale	Maskentauglichkeit, Schwindelfreiheit etc.
	36 Umgebungseinflüsse	Allergien, Reaktion auf Klima, Lärm, Dampf etc.
	37 Leistungsbereitschaft	bezogen auf die genannten relevanten Merkmale

Abbildung 6.41: Beispiel für die Informationselemente eines Personalstammsatzes
(Fortsetzung auf S. 878)

Merkmals-hauptgruppe	Merkmalsgruppe	Merkmal (Auswahl)
4 Psychische Merkmale	41 Geistige Merkmale	Auffassungsgabe, mündliche/schriftliche Ausdrucksfähigkeit, räumliches Vorstellungsvermögen etc.
	42 Arbeits- und Gemeinschafts-verhalten	Belastbarkeit und Ausdauer, Kooperationsfähigkeit, Selbständigkeit und Initiative etc.
	43 Sensomotorische Merkmale	Reaktionsvermögen, Handgeschicklichkeit etc.
	44 Sonstige psychische Merkmale	Konzentrationsfähigkeit, Monotoniefestigkeit etc.
	45 Leistungsbereitschaft	bezogen auf die genannten relevanten Merkmale
5 Abrechnungs-merkmale	51 Lohn/Gehalt	Lohn-/Gehaltsentwicklung, Lohn-/Gehaltsabrechnungsdaten incl. Prämien, Zulagen, Vorschüsse, Gutschriften, Bankverbindung etc.
	52 Versicherung/ Versorgung	Angaben zur Krankenversicherung, Unfallversicherung, Sozialversicherung, Pensions-/Altersrente, Vermögensbildung, Darlehen, Beihilfen etc.
	53 Zeitangaben	Urlaub, Fehlzeiten, Zeitabrechnung etc.
	54 Sonstige Abrech-nungsmerkmale	Erfolgsbeteiligungs-, Kapitalbeteiligungsdaten, Angaben zur Humankapitalrechnung, mögliche Entwicklungen in zeitlicher Struktur etc.

Abbildung 6.41: Beispiel für die Informationselemente eines Personalstammsatzes

Quelle: Domsch (1980)

Personal-strukturdatei

Die Personalstrukturdatei ermöglicht die **Erstellung personenbezogener Organigramme oder Informationen über Mitarbeitergruppen, die sich durch ein oder mehrere spezielle gemeinsame Merkmale kennzeichnen lassen** (z. B. alle englischsprechenden Mitarbeiter, die ledig und noch nicht älter als 40 Jahre sind, mit mindestens einem Jahr Auslandsaufenthalt).

Solche Abfragen sind vor allem für die Besetzung neu geschaffener Positionen von Bedeutung oder auch dann, wenn über die formalen Laufbahnlinien eine Nachfolgeregelung nicht möglich ist, weil allen unmittelbar in Frage kommenden Stelleninhabern ein wesentliches Merkmal fehlt.

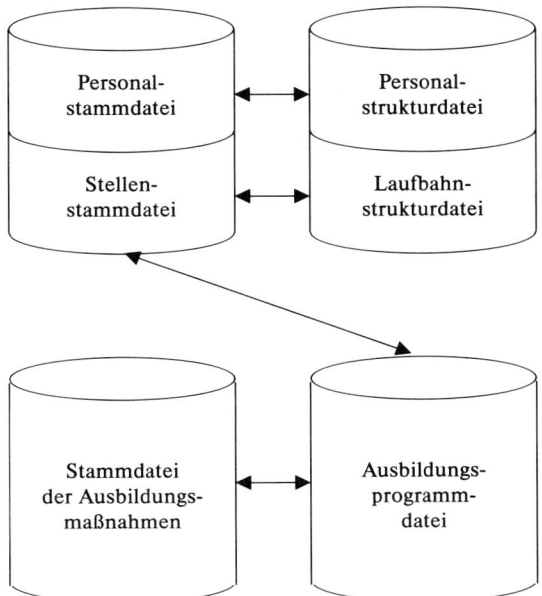

Abbildung 6.42: Datenverkettung für die Karriereplanung

Die **Auswertung der Personalbeurteilung** kann ebenfalls durch die EDV erfolgen, wenn die vertrauliche Behandlung der Daten gewährleistet ist. Dadurch ist eine Vielzahl von Sortierungs- und Auswertungsmöglichkeiten gegeben. So gestatten die Beurteilungsergebnisse z. B. bei größeren Unternehmungen einen umfassenden Überblick über Leistungsfähigkeit und Leistungsentwicklung der einzelnen Mitarbeiter.

Auch bei der **Ausbildungsplanung** ist der Einsatz der EDV möglich. In diesem Fall wird zu den für die Personalverwaltung benötigten Dateien eine zusätzliche Stammdatei aufgebaut, die alle wesentlichen Daten über einzelne Schulungsmaßnahmen enthält. Ferner wird eine Strukturdatei erstellt, die einzelne Schulungsmaßnahmen zu Ausbildungsprogrammen verbindet. Über Adreßverkettung werden diese Dateien mit der Personal- bzw. Stellenstammdatei verknüpft. Es läßt sich auf diese Weise ein stellenbezogener Ausbildungsplan ausdrucken, der mit der individuellen Personenbeurteilung abgeglichen wird. Das Ergebnis ist ein mitarbeiterbezogener Ausbildungsplan, der wiederum im Personalstammsatz abgespeichert werden kann.

Der Einsatz der beschriebenen Datenbanktechniken bei der Organisation und der Auswertung von Personalinformationen gewährt gegenüber den herkömmlichen „Informationssystemen" einen doppelten Vorteil. Bei der herkömmlichen Informationsverarbeitung beschränkt sich die Auswertung von Personalinformationen neben der administrativen Massendatenverarbeitung in der Regel auf „einfache" Verknüpfungsvorgänge, die den Entscheidungsträgern nur zu bestimmten Zeitpunkten zur Verfügung gestellt werden können und selbst dann nicht immer den aktuellen Stand widerspiegeln. Durch Realisierung der genannten Datenbanktechniken können komplexe Auswertungsprozesse durchgeführt werden, wobei sich dem Entscheidungsträger die Möglichkeit bietet, durch Direktabfrage des Systems die größtmögliche Aktualität seiner Informationen sicherzustellen.

Die Schwierigkeiten beim Aufbau personalwirtschaftlicher Datenbanken liegen besonders in der Quantifizierung einer Vielzahl qualitativer, personalwirtschaftlicher Merkmale. Aus diesem Grunde unterliegt jede Personaldatenbank auch der Gefahr einer zu schematischen Verwendung der abgefragten Ergebnisse. Der Gefahr einer Verletzung von Persönlichkeitsrechten des einzelnen Mitarbeiters begegnet das Gesetz zur Fortentwicklung der Datenverarbeitung und des Datenschutzes vom 20. 12. 1990.

3. Personalcontrolling

Eine zentrale Aufgabe der Personalabteilung ist die Bereitstellung von Informationen für die Führungskräfte aller hierarchischen Ebenen zur Unterstützung von personalbezogenen Entscheidungen. In diesem Zusammenhang wird auch von „Personalcontrolling" gesprochen. Damit wird ein Konzept umschrieben, in dessen Mittelpunkt das Bemühen steht, durch eine Verbreiterung der Informationsbasis personalwirtschaftliche Entscheidungen auf ein überprüfbares Fundament zu stellen und damit letztlich auch die Argumentationsfähigkeit der Entscheidungsträger bei der Rechtfertigung ihrer Entscheidungen zu verbessern (vgl. Marr 1989, Marr/Stitzel 1991, Papmell 1990).

Allerdings kann die reine Übertragung der Ansätze des finanzwirtschaftlichen Controlling auf personalwirtschaftliche Entscheidungen zu Mißverständnissen und Fehlentwicklungen führen. Auch bei personalwirtschaftlichen Entscheidungen ist Kostenbewußtsein und das Bemühen um Verbesserung der ökonomischen Ergebnisgrößen (Umsatz, Gewinn, Rentabilität) erforderlich. **Personalwirtschaftlicher Erfolg** hat jedoch eine ökonomische und soziale Dimension.

Aufgaben des Personal- controlling

Im Rahmen des Personalcontrolling geht es darum,
– ein **zielbezogenes, integriertes** System personalwirtschaftlicher Daten zum Zweck
– der **Analyse, Steuerung** und **Kontrolle** personalwirtschaftlicher Entscheidungsprozesse sowie
– der **Integration personalwirtschaftlicher Daten in die Unternehmenspolitik** zu entwickeln.

Die konkrete Gestaltung des Personalcontrolling-Systems hängt von den aktuell bzw. künftig verfolgten Zielen ab, aus denen die primären Funktionen des Personalcontrolling abzuleiten sind. Im Vordergrund stehen:
– die **Kontrollfunktion** im Sinne einer Kostenkontrolle personalwirtschaftlicher Maßnahmen – eine Funktion, die in der Praxis häufig dominiert;
– die **Steuerungsfunktion**, im Sinne der Förderung eines Ergebnisbewußtseins bzgl. des Personalbereichs;

– die **Analyse- und Planungsfunktion**, im Sinne der Bereitstellung
  – eines **systematischen Analyserahmens**, der es erlaubt, die Konsequenzen von Produktionsprogramm- bzw. Marketingentscheidungen, Investitionsentscheidungen etc. auch in ihrer Bedeutung für das Personalpotential zu erfassen;
  – eines **Frühwarn-„Systems"**, das Indikatoren für personalwirtschaftlich relevante Entwicklungsprozesse liefert, bevor diese für das Unternehmen wirksam werden;
– die **politische Funktion**, die darauf gerichtet ist, einen wesentlichen Teil des Informationsinputs für unternehmenspolitische Verhandlungsprozesse bereitzustellen.

Erster Schritt bei der Entwicklung eines Personalcontrolling-Systems ist die Strukturierung der Informations**arten**. Die in der Praxis häufig gewählte induktive Vorgehensweise, daß das Personalcontrolling-System aus dem vorhandenen bzw. ohne große Schwierigkeiten zu erstellenden Datenbestand des Rechnungswesens oder der Betriebsstatistik aufgebaut wird, führt nur zu einer eingeschränkten Zielerfüllung. Ein systematisches (deduktives) Vorgehen besteht in der Entwicklung eines „Suchrasters", das die personalwirtschaftlichen Informationsprozesse dimensional strukturiert (vgl. Abbildung 6.43, S. 882). Eine erste Dimension könnten dabei die personalwirtschaftlichen Funktionen Personalbedarfsermittlung, -beschaffung, -einsatz, -entwicklung, -freistellung bilden, eine zweite Dimension die nach dem Prozeßablauf differenzierten Informationskategorien, ggf. untergliedert nach ihrer Meßbarkeit, und eine dritte Dimension könnte sich auf die zeitliche Perspektive beziehen.

Entwicklung eines Personalcontrolling-Systems

In einem zweiten Schritt lassen sich Personalcontrolling-**Typen** definieren, die am Komplexitätsniveau orientiert sind. Eine Vorgehensstrategie „vom Einfachen zum Komplexen" erweist sich dabei als sinnvoll (vgl. Abbildung 6.44, S. 883):

Personalcontrolling-Typen

Im Mittelpunkt des Kostencontrolling steht die Kontrollfunktion, da Planung und Steuerung die Existenz entsprechender Kontrollmöglichkeiten voraussetzen. Das Personalcontrolling soll hier insbesondere Informationen über das Verhältnis zwischen dem durch personalwirtschaftliche Entscheidungen verursachten Ressourcenverbrauch und Vergleichsgrößen wie z. B. der Verbrauch in der Vergangenheit, in anderen Unternehmensbereichen oder der geplante Verbrauch liefern. Es lassen sich keine Effizienzveränderungen aufzeigen, sondern lediglich Entwicklungstendenzen von als erfolgsrelevant betrachteten Indikatoren. Es handelt sich hierbei in erster Linie um Kostengrößen. Eine typische Kennzahl dieser Art ist z. B. die Höhe der jährlichen Weiterbildungskosten je Mitarbeiter. Das Instrumentarium entspricht dem des Finanzcontrolling: Budget- und kostenanalytische Auswertungen liefern die Grundlage für Abweichungsanalysen.

Kostencontrolling

Der nächste Schritt ist die Herstellung eines Bezugs zum Unternehmenserfolg mit dem Ziel der **Steuerung** personalwirtschaftlicher Prozesse. Dies erfordert die Einbeziehung von Erfolgsfaktoren personalwirtschaftlichen Handelns, die zum großen Teil nur auf einem niedrigen Meßniveau erfaßbar sind. Hierzu gehören Leistungs- und Motivationsindikatoren entsprechend den beiden Grundkomponenten der personalwirtschaftlichen Effizienz.

Effizienzcontrolling

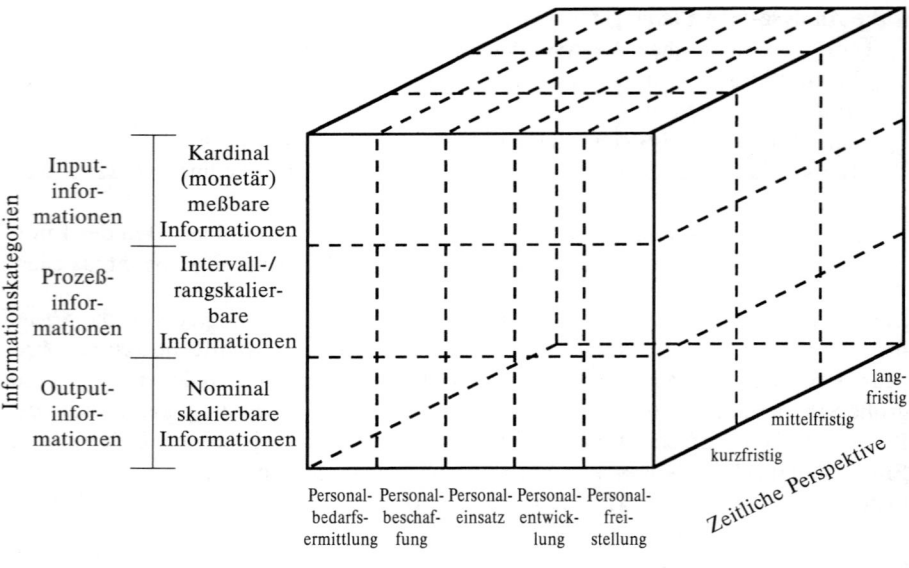

Abbildung 6.43: „Bezugsrahmen" für die Ausgestaltung eines Controllingsystems

Unter Steuerungsgesichtspunkten kommt dem Personalcontrolling die Aufgabe zu,
– über die Zielerreichungsgrade hinsichtlich ökonomischer und sozialer Effizienz zu informieren,
– Abhängigkeitsverhältnisse zwischen Veränderungen im Erreichungsgrad der beiden Zielkategorien aufzudecken,
– durch Verdeutlichung von Veränderungen des Zielerreichungsgrades bzw. einzelner Zielindikatoren und des Einsatzes personalwirtschaftlicher Instrumente zumindest plausible Hypothesen über die zielführende Wirkung personalwirtschaftlicher Maßnahmen zu ermöglichen.

Strategisches
Controlling

Der letztgenannte Aspekt leitet zur **Planungsfunktion** des Personalcontrolling über. Während Steuerungshilfen im Sinne der Wegweisung für mehr oder weniger robuste Schritte auch ohne theoretische Durchdringung der Zusammenhänge eines Variablenkomplexes gegeben werden können, verlangt Planung ein hinreichend differenziertes theoretisches Modell. Die Entwicklung eines solchen Modells scheint aber beim gegenwärtigen Erkenntnisstand der Personalwirtschaftslehre und ihrer sozialwissenschaftlichen Nachbardisziplinen gegenwärtig nicht möglich.

Personal-
controlling
als Lern-
prozeß

Aus der Darstellung der Systemkomponenten ergibt sich, daß Personalcontrolling nicht als „Technologie", z. B. in Form einer spezifischen Kennzahlenstruktur verstanden werden darf, sondern als ein Entwicklungs- und Lernprozeß zu sehen ist, der sich schrittweise dem Ziel der Unterstützung eines strategischen Personalmanagement (vgl. Abschnitt VII.1, S. 886 ff.) nähert. Entscheidend ist, daß es gelingt, allen

882

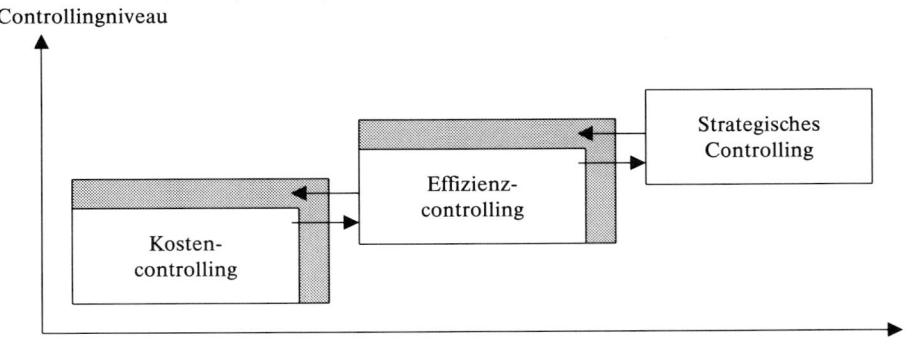

Abbildung 6.44: Systemkomponenten des Personalcontrolling

für Personal Verantwortlichen den Potentialcharakter (vgl. S. 888) der Personalressourcen bewußt zu machen, d. h.
- ihre in die Zukunft reichende Wertschöpfungsfunktion,
- ihre Verschleißbarkeit und auch Aufbaubarkeit,
- den z. T. erheblichen Zeitbedarf für einen Aufbauprozeß,
- ihre Ganzheitlichkeit, zumindest soweit es Mitarbeitergruppen oder zusammengehörige Organisationsbereiche betrifft.

4. Personalkostenrechnung

Die Aufbereitung der Daten des betrieblichen Rechnungswesens, vor allem der mit der Erfüllung personalwirtschaftlicher Funktionen verbundenen Kosten, ist für die Planung des Personalbudgets von großer Bedeutung. Ausgangsbasis für die Planung des Personalbudgets sowie für sämtliche anderen Personalcontrolling-Aktivitäten ist ein effizientes Personalbestandscontrolling. Dieses baut zunächst auf den verfügbaren quantitativen Bestands- und Bewegungsstatistiken auf, sollte aber auch qualitative Kriterien (z. B. über verfügbare Qualifikationen) einbeziehen. Organisatorische Planungseinheiten können z. B. Kostenstellen oder auch Kostenstellengruppen sein; planungsverantwortlich sind die jeweiligen Kostenstellenleiter. Diese sind über den Personalbestand auch für die Personalkosten verantwortlich. *Personalbudget*

Personalbudgets sind die kostenmäßigen Umsetzungen des von den zuständigen Entscheidungsträgern akzeptierten quantitativen und qualitativen Bruttopersonalbedarfs. Im Rahmen dieser Personalbudgets können die einzelnen Abteilungen oder Geschäftsbereiche in Zusammenarbeit mit der Personalabteilung beispielsweise Beschaffungs- oder – bei entsprechender Budgetplanung – auch Weiterbildungsaktivitäten einleiten.

Für **Steuerungs- und Kontrollzwecke** sind nicht in erster Linie die direkten Personalkosten (Bruttolohn- und Gehaltssumme), die wegen ihrer engen Dispositionsgrenzen kurzfristig praktisch als Fixkosten zu betrachten sind und daher einer besonders sorgfältigen Planung bedürfen, sowie die gesetzlich oder vertraglich festgelegten Personalnebenkosten (z. B. Sozialleistung) von Interesse, sondern die **variablen** Kostenanteile an den Personalkosten (z. B. freiwillige Prämien, Überstunden), weil sich nur hier Dispositionsspielräume eröffnen.

Die nach Kostenarten und Kostenstellen gegliederten Personalkosten sind eine wichtige Grundlage für **inner- und zwischenbetriebliche Kennzahlenvergleiche** sowie für **Kosten-Nutzen-Überlegungen**.

5. Organisatorische Eingliederung der Personalwirtschaft

Von besonderer Bedeutung für Art und Ausmaß der **Abstimmung** personalwirtschaftlicher Entscheidungen mit anderen betriebswirtschaftlichen Entscheidungsbereichen sowie für die **Koordinierung** personalwirtschaftlicher Maßnahmenprogramme **ist die Eingliederung der personalwirtschaftlichen Funktionen in die Organisationsstruktur des Industriebetriebs**. Dies beinhaltet einerseits die **hierarchische Einordnung der Personalwirtschaft** und andererseits die **strukturelle Gliederung der personalwirtschaftlichen Teilfunktionen** selbst.

Hierarchische Einordnung der Personalwirtschaft

Während bei kleinen Unternehmen die personalpolitischen Grundsatzentscheidungen in der Regel von der Geschäftsleitung getroffen werden und die personalbezogenen administrativen Aufgaben der allgemeinen Verwaltung mitübertragen sind, ist es bei größeren Unternehmungen zweckmäßig, eine eigene Funktion Personalwirtschaft zu schaffen. Für Mittel- und vor allem Großbetriebe sind verschiedene Formen der hierarchischen Eingliederung einer mit umfassenderen Entscheidungskompetenzen ausgestatteten Personalabteilung möglich. Der wachsenden Bedeutung des Personalbereichs innerhalb des betrieblichen Geschehens folgend zeigt sich in der Praxis zunehmend eine hierarchische Eingliederung der Personalabteilung unmittelbar unter der Geschäftsleitungsebene (z. B. als Hauptabteilung) oder eine gleichgewichtige Einbeziehung in die Geschäftsleitung (z. B. im Rang eines Ressorts).

Eine möglichst hohe hierarchische Eingliederung der Personalwirtschaft ist notwendig, da die Verwirklichung eines personalpolitischen Konzeptes alle Funktionsbereiche eines Unternehmens betrifft und von daher der Unterstützung durch die Geschäftsleitung bedarf. Dem tragen auch das Montan-Mitbestimmungs-Gesetz und das Mitbestimmungsgesetz von 1976 Rechnung, die einen Arbeitsdirektor als für den Personalbereich zuständiges Vorstandsmitglied vorschreiben.

Organisatorische Gliederung der Personalabteilung

Für die effiziente Erfüllung des personalwirtschaftlichen Aufgabenkomplexes stehen verschiedene **interne** Gliederungsmöglichkeiten zur Disposition. Als reine Strukturierungsformen können **Aufgaben- und Objektgliederung** unterschieden werden. Daneben bestehen zahlreiche Mischformen. *Gliederungsformen*

Die aufgabenorientierte Gliederung (funktionale Differenzierung) faßt **gleichartige oder ähnliche personalwirtschaftliche Aufgaben in Funktionseinheiten** zusammen. Dadurch können z. B. beitragsbezogene personalwirtschaftliche Aufgabenbereiche wie Personalbedarfsermittlung, -auswahl, -einsatz und -freistellung getrennt neben z. B. der Entgeltplanung zu einer eigenen selbständigen organisatorischen Einheit zusammengefaßt werden. Vorteilhaft erscheint eine solche Funktionsgliederung aufgrund der Spezialisierungsmöglichkeit der Entscheidungsträger. Nachteilig ist für die einzelnen Mitarbeiter, daß sie bei Problemen mit mehreren Instanzen der Personalabteilung Kontakt aufnehmen müssen. *Strukturierung nach Aufgaben*

Unter den Möglichkeiten der objektbezogenen Gliederung empfiehlt sich insbesondere die **Strukturierung nach Mitarbeitergruppen**. Die an Mitarbeitergruppen orientierte Gliederung (personenbezogene Differenzierung) versucht die Nachteile der Aufgabengliederung zu überwinden; sie berücksichtigt neben der fachlichen Spezialisierung auch das Prinzip der Mitarbeiternähe. Jeder Mitarbeitergruppe, deren Zusammenstellung z. B. unter unterschiedlichen ausbildungs-, berufs- und/oder altersgruppenbedingten Aspekten erfolgt, wird **ein nur für sie in allen Personalfragen zuständiger Ansprechpartner (Personalreferent)** zugeordnet. Der wesentliche Vorteil dieses „Referentenprinzips" ist darin zu sehen, daß bei der Durchführung personalwirtschaftlicher Maßnahmen auf die spezifischen Belange des Mitarbeiters in stärkerem Maße eingegangen werden kann. Zugleich entsteht ein größeres Vertrauensverhältnis, was wiederum dem Personalreferenten die für eine bedürfnisgerechte Behandlung des Einzelfalls notwendige Informationsbeschaffung zu erleichtern vermag. *Prinzip der mitarbeiterorientierten Gliederung*

Vorteile des Referentenprinzips

Als Nachteil des Referentensystems ist eine bei mitarbeiterbezogenen Detailproblemen möglicherweise auftretende Überforderung des einzelnen Personalreferenten zu nennen. Letzterem versuchen vor allem Großunternehmen in jüngster Zeit durch Kombination des Referentensystems mit in Spezialfragen kompetenten Stabsstellen zu begegnen. *Nachteile des Referentenprinzips*

VII. Ansätze für eine konzeptionelle Weiterentwicklung der Personalwirtschaft

Wissenschaftliche Disziplinen unterliegen einer kontinuierlichen Weiterentwicklung. Für die Personalwirtschaftslehre gilt dies in besonderer Weise, weil es sich um eine recht junge Disziplin handelt und weil sie als „Schnittmengendisziplin" dem Einfluß der Entwicklungsprozesse in verschiedenen „Nachbarwissenschaften" unterliegt. So kann z. B. auch die Diskussion über „strategische Managementkonzepte" nicht ohne Auswirkungen auf die Personalwirtschaft bleiben. Damit stellt sich die Frage nach Inhalt und Konsequenzen eines **„strategischen Personalmanagement"**.

1. Strategisches Personalmanagement

Merkmale strategischen Vorgehens

Die Vorstellungen, die sich mit der Bedeutung des Attributes „strategisch" verbinden, sind in Wissenschaft und Praxis durchaus nicht einheitlich. Weitgehende Übereinstimmung besteht dahingehend, daß es sich um eine Vorgehensweise zur Umsetzung unternehmenspolitischer „Visionen" oder „Basisziele" handelt, die durch folgende Merkmale gekennzeichnet ist:

- eine das **Unternehmen als Ganzheit** erfassende Orientierung;
- eine **umfassende Berücksichtigung** denkbarer Handlungsmöglichkeiten sowie interner und externer Rahmenbedingungen im Sinne von **Chancen und Risiken**, sowohl auf der Dimension „Zeit" (Zukunftsorientierung) als auch der Dimension „Umwelt" (im Sinne der Einbeziehung potentiell relevanter Umweltsegmente);
- eine **Konzentration auf das Wesentliche** im Hinblick auf eine Ausrichtung der Aktivitäten zur Schaffung und Nutzung bzw. Vergrößerung von **Erfolgspotentialen**.

Definition strategisches Personal-management

Strategisches Personalmanagement kann verstanden werden **als Steuerung der langfristigen Evolution eines Unternehmens auf der Grundlage einer konzeptionellen Gesamtsicht durch Schaffung, Nutzung und Erhaltung personalbezogener Erfolgspotentiale.**

Leitbildorientierung des strategischen Personalmanagement

Zunächst bedarf es eines **Leitbildes**, welches die „konzeptionelle Gesamtsicht des Unternehmens" präzisiert. Es definiert die normative Ausgangsposition und verdeutlicht, was durch Strategien erreicht werden soll.

886

Geeignet erscheint das Leitbild der „fortschrittsfähigen Organisation" (vgl. Kirsch 1990, S. 471 ff.). Eine Organisation ist fortschrittsfähig, wenn sie über genügend innere Dynamik verfügt, um sich evolutorisch entwickeln zu können. Evolution resultiert aus drei Systemfähigkeiten: **Handlungsfähigkeit, Lernfähigkeit** und **Sensibilität bzw. „Empfänglichkeit"** des Systems gegenüber den Bedürfnissen und Interessen von Betroffenen.

Leitbild der „fortschrittsfähigen Organisation"

Handlungsfähigkeit bedeutet einerseits, daß genügend Ressourcen vorhanden sein müssen, um die leistungsbezogenen Aufgaben der Organisation hinreichend erfüllen und dabei die Identität der Organisation aufrechterhalten zu können. Andererseits besteht Handlungsfähigkeit auch darin, eine gewachsene Identität aus eigenem Antrieb im Sinne einer geplanten Evolution zu verändern. **Organisatorisches Lernen** äußert sich in der Art und Weise, wie die Wissensbasis einer Organisation genutzt, verändert und fortentwickelt wird. Im Vordergrund steht die Fähigkeit, systematisch Wissen über sich und die Umwelt zu erwerben. Eine fortschrittsfähige Organisation muß auch **sensibel gegenüber den Zusammenhängen sein, aus denen die Bedürfnisse und Interessen der Betroffenen erwachsen**, sie erkennen und in das Entscheidungssystem integrieren können.

Mit der Steigerung dieser Fähigkeiten wird eine Weiterentwicklung der Unternehmung durch Wandel erreicht, bei dem das Denken in den Kategorien von „Effektivität", „Effizienz" und „Risiko" zunehmend abgelöst wird durch offenere Kategorien, in denen sich die Umsetzung der Systemfähigkeiten widerspiegelt. Das Kriterium für Fortschritt ist dabei die Befriedigung von Bedürfnissen und Interessen der vom Handeln der Organisation direkt und indirekt Betroffenen.

Diese Merkmale einer „fortschrittsfähigen Organisation" können als Ziele für ein Strategisches Personalmanagement definiert werden. Dieses hätte dann für
- die Wahrung der Handlungsfähigkeit der Unternehmung,
- die Sicherstellung von Erkenntnisfortschritt,
- ein allseitiges Streben nach Interessenausgleich,
- die Entwicklung eines konsistenten normativen Orientierungsrahmens für die Mitarbeiter im Sinne einer Identifikationsmöglichkeiten bietenden Organisationskultur Sorge zu tragen.

Ziele für ein strategisches Personalmanagement

Es ist nicht zu verkennen, daß es sich bei dem Leitbild der „fortschrittsfähigen Organisation" um ein Idealmodell handelt, das der herrschenden Praxis weit vorausgreift und damit lediglich eine normative Orientierungshilfe bietet. **Entscheidend ist, daß es für ein Konzept eines strategischen Personalmanagements eine Zielvision zu liefern vermag, die handlungsleitend sein kann.** Damit stellt sich zwangsläufig die Frage nach dem Verhältnis zwischen Strategischem Personalmanagement und strategischer Unternehmens- oder Geschäftsfeldplanung.

Die Auffassungen in der Wirtschaftspraxis sind relativ einheitlich: Strategisches Personalmanagement ist als aus der strategischen Geschäftsfeld- oder Produktplanung abgeleitet zu betrachten; es folgt den vorgelagerten Entscheidungen über Märkte, Produkte und Technologien. Gefordert ist eine **integrative strategische Planung** der betrieblichen Erfolgspotentiale unter Einbeziehung des Personals. Sie beinhaltet **Abstimmungs- und ggf. Aushandlungsprozesse, in denen die Ziele der Personalplanung mit den Zielen der Geschäftsfeldplanung „zum Ausgleich" gebracht werden**. Dies erfordert eine **originäre** Personalplanung mit eigenständigen Zielen, die sich an dem Unternehmensleitbild orientiert.

Strategisches Personalmanagement

Je nachdem, wie hoch man den Anspruch an ein eigenständiges strategisches Konzept des Personalmanagement setzt, lassen sich zwei verschiedene Niveauebenen strategisches Personalmanagement unterscheiden:

(a) Strategisches Personalmanagement als aus einer vorgelagerten produkt-, markt- oder technologiebezogenen strategischen Planung **abgeleitetes Planungskonzept**,
(b) Strategisches Personalmanagement als **originäres Konzept** zur Erschließung und Nutzung personalbezogener Erfolgspotentiale, das eingebracht wird in einen nicht durch grundsätzliche, sondern nur durch situativ bestimmte Prioritäten vorstrukturierten Abstimmungsprozeß und dort – in gleicher Weise wie die Geschäftsfeldplanung – einer schrittweisen Transformation unterliegt, die letztlich überleitet zum operativen Personalmanagement.

Inhaltsorientierung des strategischen Personalmanagement

Potentialbetrachtung als Merkmal

Als wichtigstes inhaltliches Merkmal erscheint die Betrachtung von **„Potentialen"**. Hierbei handelt es sich um individuelle, im Sinne der Organisationsziele nutzbare Merkmale des Wollens und des Könnens der Mitarbeiter. Entscheidend ist für die Potentialbetrachtung
– die **Berücksichtigung der Interdependenzen** bzw. Verflechtungen zwischen den individuellen Merkmalen, z. B. im Sinne der Erzielung von Synergieeffekten;
– die **Erfassung der Dynamik** in bezug auf Veränderungen der externen Umwelt (z. B. Wertewandel) oder interner Einflußfaktoren (z. B. Akzeptanz technologischer Veränderungen).

Berücksichtigung von Interdependenzen

Die Berücksichtigung von Interdependenzen bestimmt als weiteres Merkmal die Steuerung von Aktivitäten innerhalb der einzelnen personalwirtschaftlichen Planungsbereiche. Strategisches Personalmanagement ist durch eine **integrative Betrachtung aller personalwirtschaftlichen Planungsbereiche** im Sinne der Identifizierung und Berücksichtigung von Wirkungsverflechtungen gekennzeichnet.

Strategische Umweltanalyse

Als zusätzliches inhaltsorientiertes Merkmal eines strategischen Personalmanagement kann die besondere Betonung einer „Strategischen Umweltanalyse" gelten. Nicht nur die Entwicklungen auf den Arbeitsmärkten, sondern auch im gesellschaftlichen, politischen und wissenschaftlichen Umfeld verdienen bei einem strategischen Vorgehen verstärkte Beachtung. Beispielhaft seien hier genannt: Gesetzesinitiativen, Forderungen der Gewerkschaften, Diskussionen im politischen Raum, z. B. über die Integration von Ausländern, die Verschiebung des Rentenalters, Förderungsmaßnahmen für einzelne Beschäftigungsgruppen, bildungspolitische Maßnahmen, technische und wirtschaftswissenschaftliche Forschungsaktivitäten etc.

888

Handlungsorientierung des strategischen Personalmanagement

Ein strategisches Konzept hat auch Konsequenzen für die **Handlungsorientierung** der verantwortlichen Entscheidungsträger. Anknüpfend an die Notwendigkeit einer strategischen Umweltanalyse fordert ein strategisches Konzept von den Handlungsträgern eine erhöhte **Sensibilität gegenüber schwachen Signalen** aus der Umwelt, um rechtzeitig notwendige Aktivitäten einleiten zu können, sowie eine entsprechende **Vorstellungskraft bezüglich möglicher Entwicklungsprozesse** und der sich daraus ergebenden Chancen und Risiken.

Personale Merkmale strategischer Handlungs- orientierung

Unterstützend ist die Bereitschaft erforderlich, das sich aus der Unsicherheit von Informationen ergebende Risiko zu übernehmen. Überzeugungskraft ist zusätzlich notwendig, um trotz bestehender Interpretationsspielräume die als notwendig angesehenen Maßnahmen umzusetzen.

Strategisches Handeln bedeutet dabei nicht nur **Antizipation alternativer Zukunftszustände** und Vorbereitung geeigneter Maßnahmen, sondern auch **schnelle Reaktion auf unerwartet eintretende Veränderungen des Entscheidungsfeldes**.

Elemente eines Konzeptes des strategischen Personalmanagement

Der Gegenstand des strategischen Personalmanagement richtet sich nach dem jeweiligen Niveau strategischer Autonomie.

Bei einem relativ geringen Anspruchsniveau kann es nur darum gehen, strategisch relevante Aspekte in den einzelnen personalwirtschaftlichen Funktionsfeldern zu identifizieren, zu analysieren und zum Gegenstand der Steuerung zu machen. Diese Vorgehensweise bekommt **umso größeres Gewicht, je mehr in die Überlegungen eigenständige personalpolitische Zielsetzungen einfließen**, z. B. im Sinne einer an bestimmten Personalstrukturvorstellungen ausgerichteten Personalbeschaffungs- oder -entwicklungspolitik.

Strategisches Personalmanagement in einem konzeptionell umfassenderen Sinne umfaßt folgende zentrale Gegenstandsbereiche gelten (vgl. auch Staffelbach 1986):

(1) Die Besetzung von Schlüsselpositionen vor allem in den oberen Hierarchieebenen mit Mitarbeitern, die aufgrund ihrer Wertestruktur wie auch sonstiger Persönlichkeitsmerkmale geeignet erscheinen, sich nicht nur mit dem verfolgten Leitbild zu **identifizieren**, sondern dieses auch **umzusetzen** und **vorzuleben**. Kriterium für die Besetzung der Schlüsselpositionen muß dabei nicht völlige Homogenität der Wertestrukturen sein, sondern eine hinreichende Übereinstimmung, so daß ein Konsens über die normativen Ausgangspositionen des Strategischen Personalmanagement möglich erscheint.

Besetzung von Schlüssel- positionen

Entwicklung einer starken Organisationskultur	(2) Die Entwicklung einer dem Leitbild entsprechenden Organisationskultur und deren Vermittlung auf allen Mitarbeiterebenen und an die Unternehmensumwelt. Diese hat die Transformation individueller Wertvorstellungen in eine gemeinsame Kultur zum Gegenstand. Es handelt sich dabei um einen langfristigen Prozeß. Dieser Vorgang entzieht sich einer instrumentellen Planung, weil die Integration einer Vielzahl von z. T. sicher sehr unterschiedlichen Wertvorstellungen und die Suche nach einem Konsens über ihre Ausdrucksformen bzw. die Art ihres Wirksamwerdens einen **evolutorischen Prozeß** erfordert, dessen Phasen nicht konfliktfrei und dessen Ergebnisse nicht exakt prognostizierbar sind.
Management-Development	(3) Die Schaffung eines Management-Development-Systems. Kulturentwicklung ist ein sehr komplexer Wandlungsprozeß, auf den nicht nur personale, sondern auch strukturelle Einflußgrößen einwirken. Management-Development beinhaltet daher als personale Komponente **die Entwicklung der Führungskräfte** (Manager-Development) sowie **die Entwicklung der Organisationsstrukturen** (Organisational-Development). **Personal- und Organisationsentwicklung erweisen sich als konzeptionell untrennbare Aktivitätsbereiche. Organisationsentwicklung ist ein konstitutives Element eines strategischen Personalmanagementkonzeptes.**
Festlegung von Verantwortlichkeiten	(4) Schaffung der **strukturellen Voraussetzungen für ein dem strategischen Konzept entsprechendes operatives Personalmanagement**. Hierzu gehört die **organisatorische** Festlegung von Verantwortlichkeiten, insbesondere im Verhältnis zwischen den Führungskräften und der zentralen Personalabteilung. Gegenwärtig zeichnet sich eine Tendenz ab, **die Führungskräfte** in stärkerem Maße als früher **als Verantwortungsträger in das Personalmanagement einzubeziehen**, um eine größere Flexibilität und situationsgerechte Ausgestaltung personalwirtschaftlicher Maßnahmen zu erreichen.
Entwicklung von Leitlinien	Einen weiteren Schwerpunkt bildet die Entwicklung von Leitlinien für die Gestaltung personalwirtschaftlicher Funktionen (z. B. die Mitarbeiterauswahl, Personalentwicklung, Entgeltgestaltung).
Einbeziehung des Betriebsrates	Nicht nur aufgrund der Mitbestimmungsregelungen im Betriebsverfassungsgesetz wird deutlich, daß eine wesentliche Aufgabe strategischen Personalmanagements auch darin besteht, im Rahmen der durch das verfolgte Leitbild zu erfüllenden Anforderungen und zu beachtenden Bedingungen den **Betriebsrat als Vertretungsorgan der Mitarbeiter in die Planungs- und Steuerungsfunktion des Personalmanagements einzubeziehen**. Die Grundlage hierfür können strukturelle Beteiligungsvereinbarungen oder auch informale Konventionen sein.

890

2. Entwicklung einer mitarbeiterorientierten Unternehmenskultur als Aufgabe des Personalmanagement

Die **Unternehmenskultur als Erfolgsfaktor eines Unternehmens** – und damit die Problematik ihrer Analyse und Gestaltung – hat in den letzten Jahren in der Wirtschaftspraxis verstärkte Aufmerksamkeit gefunden (vgl. z. B. Heinen 1987). Dies resultiert aus der Erkenntnis, daß Fähigkeiten zur Nutzung von Marktchancen, zur Innovation, zur Anpassung an veränderte Gegebenheiten, nicht nur durch Einsatz organisatorischer, absatzpolitischer oder sonstiger Instrumente erklärt werden können, sondern – zumindest zum Teil – das konkrete Ergebnis einer starken Unternehmenskultur sind (vgl. zum Folgenden Marr/Stitzel 1991).

Unternehmenskultur als Erfolgsfaktor

Kultur umfaßt die **Gesamtheit der Werte, Normen und Symbole**, die sich in einem sozialen System als Reaktion auf das Spannungsfeld zwischen den Anforderungen der Umwelt und den Bedürfnissen und Interessen der Mitglieder des Systems entwickelt. Ihre Beachtung soll die Überlebensfähigkeit des Systems sicherstellen. Dementsprechend durchlaufen alle neuen Mitglieder einen Sozialisationsprozeß, in dem ihnen die Kulturmerkmale des Systems bewußt oder unbewußt vermittelt und dadurch ihre Denk- und Verhaltensweisen geprägt werden.

Begriff der Unternehmenskultur

„Mitarbeiterorientierte Unternehmenskultur" (vgl. Marr 1989) schließt die Berücksichtigung der persönlichen Ziele der Mitglieder der Kulturgemeinschaft ein. Für die betriebliche Realität ist dies aber durchaus nicht selbstverständlich, da über die Bewertung der Existenzbedingungen eines Unternehmens unterschiedliche Auffassungen bestehen können. **Unternehmen sind nicht von vornherein Kulturgemeinschaften, sondern utilitaristische Systeme.** Wenn ein Unternehmen als Kulturgemeinschaft handelt, bedeutet dies im Idealfall, daß jedes einzelne Systemmitglied die Verfolgung eigener Zielvorstellungen mit denen des Gesamtunternehmens bei der Steuerung seiner Verhaltensentscheidungen integriert.

Unternehmen als Kulturgemeinschaft

„Mitarbeiterorientierung" im Zusammenhang mit Unternehmenskultur betrifft die Art der Konflikthandhabung im Spannungsfeld zwischen ökonomischer und sozialer Effizienz: Bei der kulturbildenden Wertestrukturierung **werden die Werte der Mitarbeiter den ökonomischen Interessen gleichberechtigt gegenübergestellt**.

Mitarbeiterorientierte Unternehmenskultur

Unter Berücksichtigung des unterschiedlichen „Entwicklungsstandes" der einzelnen Unternehmen kann „mitarbeiterorientierte Unternehmenskultur" **kein einheitliches durch einen bestimmten Inhalt definiertes Konzept** sein. Sein Inhalt wird durch den evolutorischen Prozeß der Kulturentwicklung selbst bestimmt.

Entscheidend sind dabei die jeweiligen Lebensbedingungen, unter denen sich das Sozialsystem Unternehmung zu bewähren hat. Hierzu gehören zunächst die Anforderungen, die das Umfeld – insbesondere der Markt – an das Unternehmen stellt. Von großer Bedeutung sind aber auch die spezifischen Wert- und Erwartungshaltungen

Einflußgrößen auf die Unternehmenskultur

jener Individuen und Gruppen, von deren Unterstützung die Entwicklung oder gar die Existenz eines Unternehmens abhängt. Im Rahmen ihres Strebens nach Machterhaltung oder -erweiterung übertragen sie ihre Kulturvorstellungen – im Regelfall durch Einflußnahme auf die Besetzung von Schlüsselpositionen – auf das Unternehmen. Ihre Wertstruktur bestimmt dann auch die Handhabung von Konflikten zwischen dem Streben nach ökonomischer und nach sozialer Effizienz.

Wenn der Erfolg eines Unternehmens davon abhängig ist, daß es gelingt, eine Unternehmenskultur zu schaffen, die ein möglichst hohes Maß an Gleichorientierung zwischen den Interessen des Unternehmens und denen der Mitarbeiter ermöglicht, dann stellt sich die Frage nach
– den die Kultur eines sozialen Systems definierenden Merkmalen,
– der Ermittlung und Beurteilung der gegebenen Ist-Kultur,
– den Möglichkeiten ihrer Gestaltung.

Kultur-
elemente

Konstitutive Elemente einer Unternehmenskultur sind die verhaltenssteuernden Werte, Normen und Symbole. Dabei besteht zwischen diesen Kategorien ein Wechselverhältnis derart, daß zunächst die **Werte**, welche die Kulturträger zur Steuerung ihres eigenen und zur Beurteilung fremden Verhaltens zugrunde legen, die Normen bestimmen, aus denen die konkreten Verhaltenserwartungen resultieren, die an die Mitglieder des sozialen Systems gerichtet sind. Die **Normen** wiederum konkretisieren sich in **Symbolen** und werden unterstützt durch Symbole als direkt beobachtbare Kulturphänomene. Symbolcharakter haben dabei nicht nur Gegenstände, sondern auch ritualisierte Handlungsweisen, Formen der Sprache etc.

Analyse-
probleme

Eine **Analyse der Ist-Kultur** eines Unternehmens setzt eine Untersuchung der Einstellungen und Werthaltungen der Kulturträger, d. h. jener Schlüsselpersonen voraus, die aufgrund ihres formalen oder informalen Einflußpotentials die Einstellungen und Verhaltensweisen der Mehrheit der Systemmitglieder prägen. Das Profil der Ist-Kultur ist dabei umso deutlicher, je ähnlicher Einstellungen und Werthaltungen der Schlüsselpersonen sind. Da die Kulturträger im Regelfall auch die Träger der Unternehmenspolitik sind und damit auch diesen Analyseprozeß politisch interpretieren, sind der Ermittlung ihrer wahren Werthaltungen gewisse Grenzen gesetzt.

Gestaltungs-
probleme

Ansatzpunkte für die **Gestaltung einer Unternehmenskultur** in Richtung auf eine stärkere Mitarbeiterorientierung bieten sich daher auf der Symbol-, der Normen- und der Wertebene, wobei der Veränderungsprozeß am nachhaltigsten wirkt, wenn die Wertebene betroffen ist. Der Versuch einer Veränderung der Wertebene aktiviert allerdings auch Widerstände, so daß es aus Akzeptanzgründen – wie aufgrund von Kostenüberlegungen – zweckmäßiger sein kann, auf der Normen- oder der Symbolebene anzusetzen und auf einen evolutionären Wandlungsprozeß zu hoffen. Insofern ist auch der in jüngster Zeit im Zusammenhang mit intendierten Wandlungsprozessen häufiger gebrauchte Begriff des „Kulturmanagements" irreführend. Kultur (im hier verstandenen Sinne) **läßt sich nicht „managen"**. Kultur läßt sich beeinflussen, unterliegt aber eigenen Wachstumsprinzipien, so daß bewußte Kulturveränderung als **offener, evolutionär verlaufender Prozeß** zu sehen ist. Der Personalwirtschaft kommt bei der (begrenzten) Steuerung dieses evolutorischen Prozesses eine besondere Rolle zu.

892

Im Mittelpunkt steht dabei die Entwicklung einer dem Leitbild der Unternehmenstätigkeit entsprechenden Personal„philosophie", als normative Grundlage der Konzeption und des Einsatzes des personalwirtschaftlichen Instrumentariums. Aus der Sicht des Mitarbeiters leitet sich aus der Personal„philosophie" die Beantwortung der Fragen nach dem **Stellenwert des Einzelnen innerhalb der Leistungsgemeinschaft** und nach dem **Sinn der zu leistenden Arbeit ab**. Aus der Sicht der verantwortlichen Entscheidungsträger für die Personalpolitik schafft sie die **Grundlage für den strategischen Konsens** und damit die Einflußmöglichkeiten personalwirtschaftlicher Überlegungen bei der Entwicklung der Unternehmensstrategie.

Personal-"philosophie"

Im Einklang mit der Personalphilosophie sind die personalwirtschaftlichen Normen als (relativ) konkrete Leitlinien des Handelns zu entwickeln. Von zentraler Bedeutung ist dabei die mit der Strategiediskussion in den Vordergrund getretene Forderung, das Mitarbeiterpotential als kritischen Erfolgsfaktor zu betrachten und zu behandeln. Sie stellt die gedankliche Verbindung zwischen dem ökonomischen Unternehmensinteresse und der personalbezogenen Wertposition her.

Schließlich ist dem Wert- und Normengerüst sichtbarer Ausdruck zu verleihen durch
- die **Formulierung von Führungsgrundsätzen und Richtlinien für den Einsatz des personalwirtschaftlichen Instrumentariums,**
- die **Regelung von Zuständigkeiten** (Delegation von Personalverantwortung, Einführung autonomer Gruppen etc.) oder
- die **konkrete Ausprägung personalwirtschaftlicher Instrumente** (z. B. Personalentwicklung, Anreizgestaltung etc.).

Gestaltung auf der Symbolebene

Es zeigt sich, daß der Entwicklung einer mitarbeiterorientierten Unternehmenskultur besondere Bedeutung zukommt.

Kommentiertes Literaturverzeichnis

Einen Überblick über Fragestellungen und Ansätze des betrieblichen Personalwesens vermitteln – mit z. T. etwas unterschiedlichen konzeptionellen Sichtweisen – die Werke von BERTHEL (1989), DRUMM (1989), ECKARDSTEIN (1989), HAX (1977), HENTZE (1989, 1990), MARR/STITZEL (1991), OECHSLER (1990), REMER (1978), SCHOLZ (1989), SCHULTZ (1981), WÄCHTER (1974), WEBER (1975) und DOMSCH (1989).

Interessierende Detailaspekte lassen sich gut durch das Handwörterbuch des Personalwesens, herausgegeben von GAUGLER/WEBER (1991), das Handwörterbuch der Führung, herausgegeben von KIESER u. a. (1987) sowie das Personalleiterhandbuch von GOOSSENS (1981) erschließen.

Beitragsorientierte Fragestellungen lassen sich vertiefen durch BARTÖLKE u. a. (1978), DOMSCH (1980), GAITANIDES (1976), GAUGLER u. a. (1977, 1978), KERN/SCHUMANN (1990), KIRSCH u. a. (1978), KOSSBIEL (1976); anreizorientierte durch BRUGGEMANN u. a. (1975), ESSER/FATLHAUSER (1974), HERZBERG (1966), HERZBERG u. a. (1959), LAWLER (1971, 1977), NEUBERGER (1974, 1985), MASLOW (1954), WIBBE (1966), ZANDER/KNEBEL (1978, 1980).

Einen Schwerpunkt auf die Aspekte der Personalführung legen die Werke von ALBACH/GABELIN (1977), FIEDLER (1967), FIEDLER/CHEMERS (1973), LATTMANN (1982), LIKERT (1961), MARX (1969/71), McGREGOR (1960, 1966), NEUBERGER (1976, 1977), NIEDER (1977), ROSENSTIEL (1986), SCHANZ (1978), STEINLE (1978), STOGDILL (1974), VROOM (1967), VROOM/YETTON (1973), WUNDERER/GRUNWALD (1980).

Zum Sozialpotential betriebswirtschaftlicher Organisationen vgl. MARR (1979). Einen interessanten Vergleich internationaler Human Resource Management-Ansätze liefert die Arbeit von PIEPER (1990).

Fragen und Aufgaben zur Selbstkontrolle und Vertiefung

Fragen

1. Nennen Sie die wichtigsten auf das individuelle Arbeitsverhalten einwirkenden Einflußgrößen und setzen Sie diese zueinander in Beziehung!

2. Welche Probleme bestehen bei der Definition des Begriffs der Arbeitsproduktivität?

3. Begründen Sie anhand der Bedürfnisstruktur die Auffassung, wonach monetäre Ansätze nicht allein für die Leistungsbereitschaft des arbeitenden Menschen maßgebend sind!

4. Welche Hauptthesen der Anreiz-Beitrags-Theorie kennen Sie?

5. Warum gibt es keine konfliktfreie Organisation?

6. Inwiefern kann die informale Gruppenbildung zu Konflikthandhabungen beitragen?

7. Inwiefern sind die in Abbildung 6.9 und 6.10 dargestellten Konfliktsituationen und Konflikthandhabungsformen als idealtypisch zu betrachten?

894

8. Nennen Sie Beispiele der Konflikthandhabung durch Rückzug, Isolation, Ignoranz und Indifferenz!

9. Leiten Sie ausgehend vom Bruttopersonalbedarf den Nettopersonalbedarf ab!

10. Wie ist bei der Bestimmung des qualitativen Nettopersonalbedarfs vorzugehen?

11. Welche Probleme treten bei der Arbeitsanalyse auf und wie schlägt sich deren Lösung in der Arbeitsbeschreibung nieder?

12. Welche Maßnahmen spielen bei der Gestaltung der Beziehung zum Arbeitsmarkt eine besondere Rolle?

13. Welche Kennzahlen sind Ihnen hinsichtlich der Kontrolle der Personalwerbung bekannt?

14. Welche Einstellungstests kennen Sie, wie sind sie zu beurteilen?

15. Welche Informationen und welche Instrumente der Informationsgewinnung sind zur Abstimmung von Beitragsbedarf und Beitragsangebot notwendig?

16. Nennen Sie mögliche Lösungsverfahren der qualitativen Personalzuordnung!

17. Ist allein die Länge der Arbeitspausen für ihren Erholungswert entscheidend?

18. Welchen Einflüssen unterliegt die Definition des „gerechten Lohns"?

19. Welche Gemeinsamkeiten und Unterschiede weisen Arbeitsanalyse, Arbeitsbewertung, Leistungs- und Personalbeurteilung auf?

20. Welche Überlegungen sprechen für eine Bevorzugung des Stufenwertzahlverfahrens gegenüber den anderen Verfahren der Arbeitsbewertung?

21. Läßt sich die Hypothese begründen, daß sich infolge des technischen Fortschritts der Schwerpunkt der Lohnformen verlagert?

22. Welche Überlegungen können der Einführung von Erfolgsbeteiligungssystemen zugrunde liegen?

23. Skizzieren Sie die wesentlichen Problemschichten bei der Gestaltung eines Erfolgsbeteiligungssystems!

24. Durch welche Merkmale lassen sich autoritärer und kooperativer Führungsstil kennzeichnen?

Aufgaben

1. Begründen Sie die Hypothese, daß sich die Werbung neuer Organisationsmitglieder an den Verhaltensmodellen potentieller Bewerber zu orientieren hat!

2. Skizzieren Sie die wesentlichsten Stufen des Auswahlprozesses bei der Gewinnung neuer Mitarbeiter!

3. Warum gewährleistet die Forderung: „Der beste Mann an jedem Arbeitsplatz" bzw. „Jede Spezialbegabung an ihren Platz" nicht in jedem Fall die optimale Lösung des Personalzuweisungsproblems?

4. Diskutieren Sie die Vor- und Nachteile der Spezialisierung bei der Stellenbildung!

5. Kennzeichnen Sie die Zielsetzung des Konzeptes der „selbststeuernden Gruppen". Welche Beispiele kennen Sie?

6. Ist es möglich, im Rahmen der Mitarbeiterführung Manipulation und Überzeugung exakt voneinander abzugrenzen?

7. Diskutieren Sie Vor- und Nachteile der verschiedenen Personalbeurteilungsverfahren!

8. Beurteilen Sie alternative Möglichkeiten zur inner- und außerbetrieblichen Weiterbildung!

9. Stellen Sie eine Arbeitsbeschreibung für das Tätigkeitsfeld einer Sekretärin auf.

10. Entwickeln Sie ein Konzept zur Werbung des Führungsnachwuchses.

11. Stellen Sie ein Cafeteria-System für die Mitarbeiter einer Unternehmensberatung zusammen.

12. Entwickeln Sie einen Merkmalskatalog zur Beurteilung von Softwareentwicklern.

13. Gegeben ist folgende Matrix mit Eignungskoeffizienten:

Arbeitsplätze $j = 1, 2, \ldots, 5$ / Mitarbeiter $i = 1, 2, \ldots, 5$	1	2	3	4	5
1	90	80	118	100	67
2	103	32	19	39	55
3	18	139	31	31	7
4	80	151	115	92	82
5	78	75	71	73	64

Nehmen Sie eine Personalzuweisung nach den Regeln „Der beste Mann an jedem Arbeitsplatz" sowie „Jede Spezialbegabung an ihren Platz" vor!

Siebter Teil

Kapitalwirtschaft

Von Ekkehard Kappler und Heinz Rehkugler

Die Neuerstellung des Beitrags für die 9. Auflage erfolgte unter Mitarbeit von Martina Voigt und Heiko Kotschenreuther.

I. Finanzprozesse im Industriebetrieb

1. Stellung und Funktionen der Kapitalwirtschaft im Unternehmen

Privatwirtschaftliche Unternehmen sind Organisationen, deren primärer Zweck die Steigerung der Wohlfahrt für ihre Eigentümer ist. Soweit sich Wohlfahrt in finanziellen Größen erfassen läßt, ist damit die Erzielung von Einkommen für Konsumzwecke oder die Erhöhung des Vermögens (als Potential für künftige Einkommen) gemeint. Dazu ist es notwendig, das Kapital möglichst effizient zu verwenden. In diesem weiten Sinn ist alles Handeln im Unternehmen Kapitalwirtschaft, d. h. **Entscheidung über die sachliche und zeitliche Allokation von Kapital.** Die güterwirtschaftlichen Funktionen „dienen" der Kapitalwirtschaft, sind also Mittel zum Zweck der wirtschaftlichen Kapitalverwertung.

Finanzwirtschaftliche Betrachtungsweise

Demgegenüber sieht die von R. H. Schmidt (1986, S. 5) als traditionell bezeichnete Betrachtungsweise die Kapitalwirtschaft in einer dienenden Funktion gegenüber der Gütersphäre. Das Sachziel der Unternehmung steuert hier den güterwirtschaftlichen Prozeß von Beschaffung, Produktion und Absatz. Dieser Prozeß ist in einer Geldwirtschaft von entsprechenden Finanzströmen begleitet. Die Funktion der Kapitalwirtschaft besteht vorrangig darin, den güterwirtschaftlichen Prozeß ohne Stockung mit genügend Kapital zu versorgen und so das finanzwirtschaftliche Gleichgewicht aller Einnahmen und Ausgaben zu sichern.

Güterwirtschaftliche Betrachtungsweise

Das folgende einfache Schema der Funktionen der Kapitalwirtschaft (vgl. Abbildung 7.1) vermag möglicherweise beiden Sichtweisen gerecht zu werden.

Funktionen der Kapitalwirtschaft

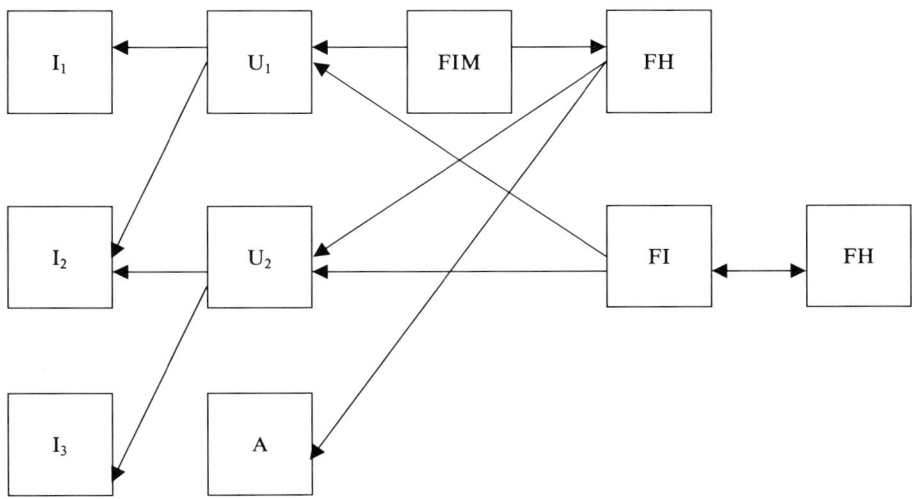

Abbildung 7.1: Übersicht über die Funktionen der Kapitalwirtschaft

Die Beziehung U → I soll zum Ausdruck bringen, daß Unternehmen, je nach Qualität des Managements und der Marktlage, laufend eine kleinere oder größere Zahl von Möglichkeiten entdecken, Kapital erfolgversprechend einzusetzen, sei es in Realinvestitionen im eigenen güterwirtschaftlichen Bereich (Grund und Boden, Gebäude, Maschinen etc.), sei es in lang- oder kurzfristigen Finanzinvestitionen (Beteiligungen, Wertpapiere). Die Funktion der Kapitalwirtschaft besteht hier darin, über Investitionsrechnungen die Entscheidungsträger im Unternehmen aufzuklären, ob sich der Kapitaleinsatz in der jeweiligen Form bzw. einer bestimmten Anlagenkombination (einem Portefeuille) lohnt, d. h. den gewünschten Zielbeitrag erbringt.

Nun werden Unternehmen häufig nicht über genügend Finanzmittel verfügen, um alle für attraktiv erachteten Investitionen durchführen zu können. Die zweite, mit U → F erfaßte Funktion der Kapitalwirtschaft besteht darin, fehlendes Kapital von Finanziers (F) zu beschaffen und dabei aus den verfügbaren Finanzquellen die günstigsten auszuwählen. Als Finanziers kommen sowohl private Haushalte (FH) als auch institutionelle Anleger (FI) in Frage. Bei institutionellen Anlegern, die ihrerseits über private oder institutionelle Finanziers Kapital beschaffen müssen, entstehen so Ketten von Finanzierungsbeziehungen. Das Zustandekommen von Finanzierungsbeziehungen kann durch Finanzintermediäre (FIM), z. B. Banken, gefördert werden, die vermittelnd und interessenausgleichend zwischen Anbieter und Nachfrager von Kapital treten.

Neben der (mehr oder weniger riskanten) Anlage von Kapital im Unternehmen stehen Finanziers grundsätzlich risikolose Anlagen und Anlagen (A) in Realgütern (z. B. Immobilien, Gold) außerhalb der Unternehmenssphäre zur Verfügung.

Es läßt sich unschwer erkennen, daß die Entscheidung von F über eine Beteiligung oder Kreditvergabe an U der Investitionsentscheidung U → I gleicht. Beides sind Kapitalanlageentscheidungen, für deren Vorteilhaftigkeitsberechnung prinzipiell die gleichen Kriterien und Verfahren gelten.

Zumindest einen wesentlichen Unterschied gilt es aber zu beachten: Die Beziehungen zwischen Unternehmen und Finanziers sind Marktbeziehungen. Die zwischen Unternehmen und Finanziers gehandelten „Produkte" sind Ansprüche auf Beteiligung an den künftigen Investitionserträgen. Je nach Vertragsgestaltung lassen sich **Festbetragsansprüche** (vom Ertrag unabhängige Zins- und Tilgungsleistungen) und **Restbetragsansprüche** (ertragsabhängige Zahlungen nach Bedienung der Festbetragsansprüche) unterscheiden. Da die Investitionserträge in aller Regel unsicher sind, werden in einem Finanzierungskontrakt künftige unsichere Zahlungsansprüche gegen Überlassung bestimmter Geldbeträge „heute" getauscht. Wesentlicher Gegenstand der Finanzierungstheorie ist folgerichtig die Erklärung des Zustandekommens von Gleichgewichtspreisen an Finanzmärkten.

Informations-
asymmetrie
Als weiteres Merkmal von Finanzierungsbeziehungen ist das Informationsgefälle zu beachten, das strukturell zwischen Unternehmer und Finanziers herrscht. Aus der sachlichen Nähe zum Investitionsobjekt resultiert ein **Wissensvorsprung des Unternehmers** über die mit Investitionen verbundenen Ertragschancen und -risiken. Dieser eröffnet dem Unternehmer Möglichkeiten, vor Vertragsabschluß den Finanzier

900

falsch zu informieren (hidden information) und nach Vertragsabschluß Handlungen vorzunehmen, die zu seinem Vorteil sind, aber den Finanzier schädigen (Problem des moral hazard). Diese Risiken wiederum sind aber zumindest rational handelnden Finanziers bewußt.

Die asymmetrische Informationsverteilung könnte daher zu einem Marktversagen aufgrund von „adverse selection" führen (vgl. Akerlof 1970). Da aber grundsätzlich Investoren wie Finanziers am Zustandekommen von Finanzierungskontrakten interessiert sind, werden beide Seiten den **Abbau des Wissensvorsprungs** betreiben:

– Als **Signalling** werden Aktivitäten der Unternehmen bezeichnet, bestimmte Sachverhalte nachzuweisen, die sie als vertrauens- und kapitalanlagewürdig ausweisen und gegenüber anderen Unternehmen positiv diskriminieren. Dazu zählen z. B. die Einhaltung bestimmter Bilanzstrukturregeln, der Nachweis guter Sicherheiten, Bestätigungen von Wirtschaftsprüfern oder das Eingehen von Selbstbindungsklauseln.
– Mit **Screening** werden die Versuche von Finanziers erfaßt, die potentiellen Anlageobjekte zu durchleuchten, also durch Einschaltung von Auskunfteien oder mit Hilfe der externen Finanzanalyse deren Beteiligungs- oder Kreditwürdigkeit zu prüfen.

Zur Absicherung gegen versteckte Aktionen (hidden action) werden die Unternehmen Angebote unterbreiten und die Finanziers Forderungen erheben, die sich auf folgende Aspekte beziehen können:

– korrekte Rechenschaftslegung über vorgenommene Handlungen;
– Informations- und Mitwirkungsrechte bei Entscheidungen;
– Beteiligung des Investors am Risiko, z. B. durch Einbringung von im Konkursfall nachrangig zu bedienendem Kapital oder durch Stellung von Sicherheiten, auf die der Finanzier bei nicht vertragsgemäßer Leistung zugreifen kann;
– Einräumung von Kündigungsrechten;
– Gewährung eines Zinszuschlags als Ausgleich für das höhere Risiko.

Finanzierungskontrakte regeln nicht nur die Bedingungen des Tauschs von Geld gegen unsichere Ansprüche, sondern enthalten eine Vielzahl von Regelungsbestandteilen. Jeder Marktpartner strebt dabei die seinen Präferenzen entsprechende Kombination von Vorteilen und Nachteilen an.

Aus der Sicht des Industriebetriebs besteht die finanzwirtschaftliche Funktion darin, diese komplexen Finanzmarktbeziehungen im Sinne der Unternehmensziele zu gestalten.

Die dazu notwendigen Aktivitäten werden verschiedentlich – in Anlehnung an die Gestaltung der Marktprozesse für Güter und Leistungen – als **Finanzmarketing** bezeichnet. Wenn auch in der Literatur die Kommunikationspolitik als Instrument der Pflege der Beziehungen zu den Kapitalgebern (investor relations) besonders hervorgehoben wird, darf die Bedeutung der Finanzmarktforschung, der Produkt- und Konditionengestaltung sowie der Distributionspolitik im Rahmen des Finanzmarketing nicht unterschätzt werden.

Finanz-marketing

2. Wertekreislauf und Zahlungsstromschema

Die Kapitalwirtschaft befaßt sich – dies hat die kurze Übersicht über ihre Aufgaben deutlich gemacht – mit der Geldsphäre des Unternehmens oder, anders ausgedrückt, mit Zahlungsströmen. Jeder Abfluß von Zahlungsmitteln soll dabei als Ausgabe, jeder Zufluß als Einnahme bezeichnet werden. Die Begriffe Ausgabe und Auszahlung sowie Einnahme und Einzahlung werden im folgenden aus Vereinfachungsgründen synonym gebraucht. Zu weiteren Einzelheiten der begrifflichen Differenzierung vgl. Teil 9, S. 1199 ff.

Um eine Übersicht über den Charakter der einzelnen Zahlungsströme zu gewinnen, sei an den betrieblichen Güter- und Geldkreislauf angeknüpft, den Abbildung 7.2 schematisch und stark vereinfacht zeigt.

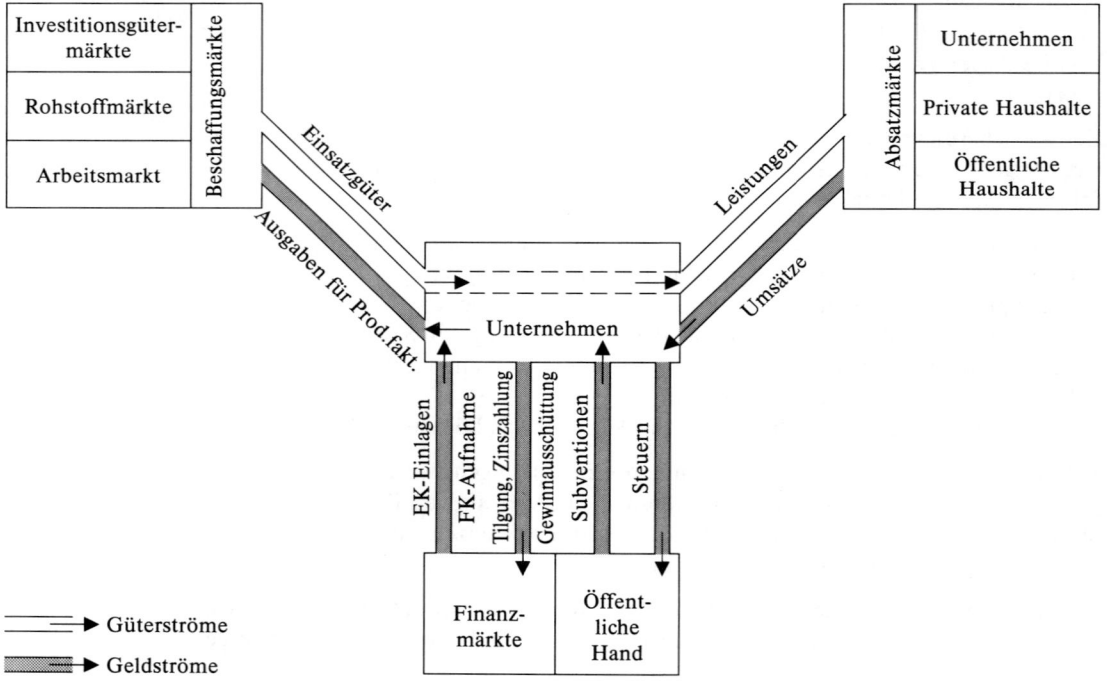

Abbildung 7.2: Güter- und Geldströme im Unternehmen (vereinfachtes Schema)

Das Schema legt nahe, analytisch zwischen dem Leistungs- und dem Finanzbereich der Unternehmen zu trennen.

Der Strom betrieblicher Leistungen reicht von der Beschaffung der Produktionsfaktoren über ihre Transformation in marktlich verwertbare Güter und Dienstleistungen

902

bis zu ihrem Absatz. Die Austauschbeziehungen mit den Beschaffungs- und Absatzmärkten erfolgen überwiegend nicht als Realtausch, sondern mittels des Tauschmit-
tels „Geld". Die Güter- und Leistungsströme lösen daher Einnahmen und Ausgaben
aus und determinieren damit einen wesentlichen Teil der betrieblichen Zahlungsströme.

Die Beschaffung von Produktionsfaktoren an den Investitionsgüter-, Verbrauchs-
güter- und Arbeitsmärkten führt zu Ausgaben. Der Rückfluß des eingesetzten
Kapitals erfolgt durch die Einnahmen aus der marktlichen Verwertung der erstellten
Leistungen. Diese Einnahmen stehen für eine erneute Kapitalbindung zur Verfügung.

Einnahmen/
Ausgaben

Die Ausgaben zur Beschaffung von Produktionsfaktoren fallen üblicherweise vor den
Einnahmen aus der Leistungsverwertung an. Deshalb ist im Unternehmen ständig
Geld gebunden, mit dem die Zeitspanne zwischen Ausgabe und entsprechender Einnahme überbrückt werden muß. Die Summe der gebundenen Mittel wird üblicherweise als **Kapitalbedarf** bezeichnet. Seine Höhe ist abhängig

Asynchronität
von Einnah-
men und Aus-
gaben

- von Art, Menge und Preis der für den Leistungsprozeß beschafften Produktionsfaktoren,
- von der Frist zwischen Ausgabe und Rückfluß.

Diese Frist (Kapitalbindungsdauer) wird vornehmlich durch Struktur und Prozeß der
Beschaffung und Produktion (vgl. Teil 4, S. 421 ff.) bestimmt. Just-in-time-Beschaf-
fungen können also zu deutlichen Verkürzungen gegenüber traditionellen Beschaf-
fungsmodellen führen. Einnahmen und Ausgaben fallen häufig nicht zeitgleich mit
den Güterbewegungen an, sondern liegen vor (bei erhaltenen oder geleisteten Vorauszahlungen) oder nach dem Gütertransfer (Einräumung oder Inanspruchnahme
von Zahlungszielen).

Nicht immer reichen die Umsatzeinnahmen zur Abdeckung der notwendigen Mittel
für den Leistungsbereich aus. Dies gilt z. B. oft in Wachstumsphasen des Unternehmens oder bei Eintritt von Verlusten. Ebenso stehen sie nicht notwendig in ihrem
gesamten Umfang für weitere Ausgaben des Leistungsbereichs zur Verfügung. Eigen-
und Fremdkapitalgeber erwerben mit ihrer Überlassung von Geld Ansprüche, z. B.
auf Verzinsung, Gewinnbeteiligung und Rückzahlung, die Ausgaben des Finanzbereichs verursachen. Sie sind Folgezahlungen früherer Finanzierungsentscheidungen.
Dazu kommen die Ansprüche der öffentlichen Hand auf Steuern.

Der Abfluß an Zahlungsmitteln, der die Umsatzeinnahmen übersteigt, ist durch
Einnahmen des Finanzbereichs, d. h. über die Beschaffung von Geld an den Finanzmärkten, zu kompensieren. Auch der Finanzierungsbeitrag der öffentlichen Hand
über Subventionen ist nicht zu vernachlässigen.

Abbildung 7.3 (vgl. folgende Seite) gibt die hier gewählte und dem weiteren Vorgehen
zugrundeliegende Systematisierung der Zahlungsströme noch einmal zusammenfassend wieder und gliedert die Einnahmen und Ausgaben nach ihren jeweiligen Quellen
bzw. Verursachungen weiter auf (vgl. auch Heinen 1976a und 1982).

Innenbereich (Leistungsbereich)		Außenbereich (Finanzbereich)	
Ausgaben	Einnahmen	Ausgaben	Einnahmen
1. Beschaffung von Produktionsfaktoren einschließlich der Zinsen für Fremdkapital 2. Kapitalüberlassung an andere Wirtschaftseinheiten (aktive Finanzierung)	1. Marktliche Verwertung von Leistungen einschließlich der Zinsen für Kapitalüberlassung 2. Marktliche Verwertung nicht verzehrter Produktionsfaktoren 3. Rückzahlung im Rahmen aktiver Finanzierung	1. Eigenkapitalentnahme 2. Fremdkapitaltilgung 3. Gewinnausschüttung 4. Steuerzahlungen	1. Eigenkapitaleinlagen 2. Fremdkapitalaufnahme 3. Öffentliche Zuschüsse

Abbildung 7.3: Systematisierung der Zahlungsströme

3. Träger, Ziele und Rahmenbedingungen kapitalwirtschaftlicher Entscheidungen

Mit der Übersicht über die Zahlungsströme ist der Aufgabenbereich der Kapitalwirtschaft im Industriebetrieb umrissen. **Die Kapitalwirtschaft befaßt sich mit der zieladäquaten Gestaltung der betrieblichen Zahlungsströme.**

Kapitalwirtschaftliche Zielbildung

Betrachtet man die Unternehmung als eine Entscheidungseinheit mit selbständigen Zielen, dann ist unter den kapitalwirtschaftlich relevanten Zielen vor allem das Streben nach Erhaltung des finanziellen Gleichgewichts hervorzuheben.

Liquidität

Die Betonung dieser Zielsetzung liegt darin begründet, daß der Fortbestand jeder Unternehmung die dauernde Aufrechterhaltung der Zahlungsfähigkeit erfordert. Zu jedem Zeitpunkt müssen die verfügbaren Mittel zur Deckung der notwendigen Ausgaben ausreichen. Längere als nur vorübergehende Zahlungsunfähigkeit ist nach § 102 Konkursordnung ein Konkursgrund. Da Ein- und Auszahlungsströme aufgrund unvollkommener Informationen in ihrer Höhe und zeitlichen Verteilung nicht exakt prognostizierbar sind, ist die Einhaltung des finanziellen Gleichgewichts mit Unsicherheiten behaftet. Die Risikoeinstellung der Organisationsteilnehmer bestimmt in diesem Fall die Aufteilung der verfügbaren Mittel in ausgabenrelevante Zahlungen und Liquiditätsreserven (z. B. unausgenützte Kreditspielräume, kurzfristig liquidierbare Kapitalanbindungen). Für Gesellschaften, die keine natürliche Person als Vollhafter haben, ist als weiterer Konkursgrund die Überschuldung zu beachten. Auch ihre Vermeidung zählt zu den kapitalwirtschaftlichen Zielen.

904

Als weitere Zielsetzungen werden verschiedene Ausprägungen des Erfolgsziels sowie Wachstum, Sicherheit, finanzwirtschaftliche Flexibilität, Unabhängigkeit, Macht und Prestige genannt.

Sonstige Ziele

Eine derartige Betrachtung abstrahiert von den realen Zielbildungsprozessen und den hinter den Zielen stehenden Personen(gruppen). Die Ziele der Unternehmung, an denen sich die Kapitalwirtschaft zu orientieren hat, ergeben sich im Wege von Aushandlungsprozessen aus den unterschiedlichen Zielvorstellungen, die Personen bzw. Gruppen mit ihrer Entscheidung zur Teilnahme an der Koalition „Unternehmung" verbinden. Im Ergebnis des Zielbildungsprozesses spiegelt sich somit die Machtverteilung der beteiligten Gruppen (z. B. Unternehmensleitung, Eigen- und Fremdkapitalgeber, Belegschaft) wider.

Zielbildungs-prozeß

In der jüngeren Finanzierungstheorie dominiert eine gruppenbezogene Zielkonzeption. Aus den für die Zielbildung in der Unternehmung relevanten Gruppen wird die Gruppe der Eigentümer herausgehoben. Auf deren spezifische Zielsetzungen werden die Modelle zur (optimalen) Gestaltung der Zahlungsströme ausgerichtet. In den verschiedenen Modellen wird das meist unterstellte globale Ziel der Eigentümer „Streben nach Wohlstand" unterschiedlich konkretisiert. Während für die Entscheidungen über Kapitalstrukturen überwiegend vom Ziel der **Maximierung der Kurswerte der Kapitalanteile** (vgl. z. B. Rappaport 1986) ausgegangen wird, wird bei Investitionsentscheidungen die **Maximierung des Endwertes oder der Entnahme** als Ziel des Investors (Eigentümers) angenommen.

Ziele der Eigentümer

Ziele anderer Gruppen bleiben demgegenüber weitgehend unberücksichtigt. Ursachen hierfür sind eine vermutete Gleichartigkeit oder Komplementarität der Ziele sowie die geringe Macht dieser Gruppen zur Durchsetzung ihrer Zielsetzungen im betrieblichen Zielbildungsprozeß. **Der tatsächliche Einfluß** der einzelnen Gruppen auf die Zielbildung und die kapitalwirtschaftlichen Entscheidungen ließe sich im Einzelfall nur empirisch ermitteln. **Die formelle Beteiligung** an Entscheidungsprozessen kann somit nur ein erstes Indiz für deren Einfluß darstellen. Sie ist abhängig von Rechtsform und Größe der Unternehmung sowie eventuell von zusätzlichen vertraglichen Vereinbarungen. Dies sei am **Beispiel der Aktiengesellschaft** kurz erläutert.

Ziele anderer Gruppen

Die Führung der Geschäfte obliegt der Kerngruppe „Unternehmensleitung" (Vorstand bzw. Geschäftsführung). Ihr kommt damit ein großes Einflußpotential auf die kapitalwirtschaftlichen Entscheidungen des Unternehmens zu. Die Befugnis zur Entscheidung über kapitalwirtschaftliche Maßnahmen ist jedoch nicht auf diese Gruppe beschränkt. Gemäß § 111 Abs. 4 AktG kann die Satzung oder der Aufsichtsrat bestimmen, daß bestimmte Entscheidungen an die Zustimmung des Aufsichtsrates gebunden sind. Aufgrund dieses Zustimmungsvorbehalts wird der Aufsichtsrat Teil der betrieblichen Willensbildung. Mitglieder des Aufsichtsrats können beispielsweise Anteilseigner, Fremdkapitalgeber, Geschäftspartner und, wenn die Unternehmung den verschiedenen Mitbestimmungsgesetzen unterliegt, auch Arbeitnehmer sein. Für die Gruppe der Arbeitnehmer ergeben sich weitere Mitwirkungsrechte an Investitionsentscheidungen aus dem Betriebsverfassungsgesetz. Gemeinsam mit dem Vorstand obliegt dem Aufsichtsrat auch die Gewinnfeststellung, sofern nicht beschlossen

Beteiligte am Entschei-dungsprozeß

wird, diese der Hauptversammlung zu überlassen (§§ 172 ff. AktG). Über die Verwendung des Gewinns und die Ausgabe von Aktien befinden dagegen allein die Anteilseigner in der Hauptversammlung (§ 119 Abs. 1 AktG).

Principal-
Agent-Ansatz

Die Trennung von Eigentum und Verfügungsmacht und die dadurch auftretenden Fragen der Ausrichtung der Finanzentscheidungen an den Eigentümerzielen sowie der Kontrolle des Fremdmanagements werden in der Literatur im Rahmen der Agency-Theorie diskutiert (vgl. Pratt/Zeckhauser 1985, Jensen/Meckling 1976, Schmidt 1988). Auch hier tritt – ähnlich wie zwischen Investor und Finanzier – das Problem des Wissensvorsprungs des Managements (Agenten) auf, da dessen Handlungsmöglichkeiten und/oder Handlungsergebnisse vom Eigentümer (Prinzipal) nicht vollständig beobachtbar sind. Konsequenterweise wird es auch hier darum gehen, durch vertragliche Gestaltung der Anreiz- und Kontrollbedingungen abweichendes Verhalten möglichst auszuschließen.

Nebenbedin-
gungen

Das Aktionsfeld kapitalwirtschaftlicher Entscheidungen wird durch verschiedene Faktoren begrenzt. Gesellschaftssystem und Wirtschaftsgesetzgebung bilden den politischen und rechtlichen Rahmen. Insbesondere die Möglichkeit der Kapitalzuführung sind in starkem Maße von der gewählten Rechtsform und der Situation auf den Finanzmärkten abhängig. Frühere Entscheidungen des Kapitalbereichs oder anderer Unternehmensbereiche können bestimmte Geldprozesse größenordnungs- und zeitgemäß determinieren. Als Beispiele seien nur die notwendige Tilgung von Fremdkapital und die Vornahme von Folgeinvestitionen genannt.

Kapitalwirt-
schaftliche
Entschei-
dungstat-
bestände

Die zieladäquate Gestaltung der Zahlungsströme setzt eine Analyse ihrer Freiheitsgrade und ihrer alternativen Zielwirkung voraus. Den folgenden Ausführungen liegt die Zahlungsstromübersicht der Abbildung 7.3 zugrunde.

Abschnitt II. befaßt sich mit den **Zahlungsströmen des Leistungsbereichs.** Das Hauptgewicht bei der Diskussion der Ausgaben wird auf die Investitionen gelegt. Die Verfahren zur Beurteilung der Vorteilhaftigkeit von Investitionen werden dargestellt und ihre Leistungsfähigkeit und Problematik kritisch erhellt. Im Zusammenhang mit den Einnahmen des Leistungsbereichs werden die Quellen der Innenfinanzierung beleuchtet.

Eine Untersuchung der **Zahlungsströme des Finanzbereichs** erfolgt in Abschnitt III. Fragen der Nutzung nationaler und internationaler, organisierter und nicht-organisierter Finanzmärkte in Abhängigkeit von Größe und Rechtsform des Unternehmens und der Gestaltung der Kapitalstruktur stehen im Mittelpunkt der Diskussion.

Zur Abstimmung und zielbezogenen Gestaltung aller Zahlungsströme bedarf es eines systematischen **Finanzmanagements.** Abschnitt IV. erörtert die Finanzorganisation, die lang- und kurzfristige Finanzplanung, das Cash- und Kreditmanagement sowie die immer mehr an Bedeutung gewinnenden Techniken der Absicherung gegen Ausfall-, Währungs- und Zinsrisiken.

II. Entscheidungen über Zahlungsströme des Leistungsbereichs

Als Zahlungsströme des Innen- oder Leistungsbereichs bezeichnet man jene Einnahmen und Ausgaben, die durch güter- und leistungswirtschaftliche Prozesse ausgelöst werden.

Die **Ausgaben im Leistungsbereich** des Unternehmens zur Beschaffung von Produktionsfaktoren werden in der Absicht getätigt, aus der späteren marktlichen Verwertung der beschafften Güter (Handelswaren) oder der damit neu geschaffenen Güter (Verarbeitungs- und Dienstleistungen) mehr zu erzielen, als für sie aufgewendet wurde. Die Kapitalwirtschaft schenkt üblicherweise dem Teil dieser Ausgaben besondere Beachtung, der für Investitionen benötigt wird. Im folgenden ist daher der Investitionsbegriff zu klären und der Investitionsentscheidungsprozeß in seinen typischen Phasen zu erläutern. Insbesondere ist auf die Investitionskalküle zur Berechnung der Vorteilhaftigkeit von Kapitalanlagen einzugehen, wobei Entscheidungen unter Sicherheit und unter Ungewißheit bei Einzelinvestitionen und bei Investitionsprogrammen zu unterscheiden sind.

Die **Einnahmen des Leistungsbereichs** resultieren hauptsächlich aus Umsätzen, also der marktlichen Verwertung von Gütern und Leistungen. Der Teil der Umsatzeinnahmen, der nicht sofort wieder für den laufenden Betriebsprozeß (z. B. Löhne und Gehälter, Materialeinkauf) benötigt wird, steht zur Finanzierung von Investitionen oder für Ausgaben des Finanzbereichs (z. B. Entnahmen, Tilgungen) zur Verfügung. Wichtigste Quellen dieser Innenfinanzierung sind die Abschreibungen, die Zuführung zu den Rückstellungen und die Einbehaltung von Gewinnen.

1. Ausgaben des Leistungsbereichs und Investitionsbegriff

Ausgaben des Leistungsbereichs sind durch ein leistungswirtschaftliches Äquivalent gekennzeichnet. Dazu zählen

1. Ausgaben für die Beschaffung von Produktionsfaktoren, einschließlich der Ausgaben für Fremdkapazitäten,

2. Ausgaben infolge Kapitalüberlassung an andere Wirtschaftseinheiten.

Beiden Formen ist gemeinsam, daß Geld mehr oder weniger lang der Verfügungsmacht der Unternehmung entzogen wird, nämlich solange, bis es über die am Markt erzielten Einnahmen bzw. über die Rückzahlungen von überlassenem Kapital wieder in Geldform der Unternehmung zur Verfügung steht. Als weiteres Merkmal ist hervorzuheben, daß durch diese Ausgaben keine Verringerung des Kapitalstocks der

Unternehmung ausgelöst wird, sondern daß das Kapital lediglich seine Erscheinungs-form ändert. Ausgaben des Leistungsbereichs werden daher als kapitalbindende Ausgaben bezeichnet. Für diese Vorgänge wird oft das Bild eines direkten Kreislaufs verwendet, das auch in der Darstellung als Rotationsprozeß (Investition – Des-Investition – Re-Investition) zum Ausdruck kommt.

Investitions-begriffe Für Geldanlagen zum Zweck künftiger Einnahmenerzielung findet in der betriebs-wirtschaftlichen Theorie und Praxis häufig der gängigere Begriff der Investition Verwendung. Wenn sich auch die Auffassungen des Investitionsbegriffs teilweise deutlich unterscheiden, weisen sie doch folgende gemeinsame Merkmale auf:

- der Investor erbringt eine Vorleistung,
- dies geschieht in der Erwartung, dafür einen Vorteil (= Beitrag zur Erreichung der Ziele des Investors) zu erlangen,
- zwischen Vorleistung und Erlangung des Vorteils liegt eine bestimmte Zeitspanne.

In aller Regel wird bei Investitionen von Unternehmen die Vorleistung, häufig auch der angestrebte Vorteil, in monetären Größen, d. h. als Einnahmen und Ausgaben konkretisiert. Am deutlichsten wird dies beim zahlungsstromorientierten Investi-tionsbegriff. **Eine Investition ist danach durch einen Zahlungsstrom gekennzeichnet, der mit einer Ausgabe beginnt und in späteren Zeitpunkten Einnahmen und Ausgaben er-warten läßt** (vgl. Schneider 1990, S. 34).

Da in Unternehmen auch nicht-monetäre Ziele zu beachten sind, ist es zweckmäßig, als erwartete Vorteile einer Investition neben den oder statt der Einnahmen auch nicht-monetäre Größen zuzulassen.

Vergleicht man die vorläufige Begriffsabgrenzung mit der Definition der kapitalbin-denden Ausgaben, so zeigt sich eine Deckung der Begriffsinhalte. Denn alle diese Ausgaben werden in der Absicht getätigt, daraus später (finanziellen) Nutzen zu ziehen. Eine synonyme Begriffsverwendung findet sich allerdings in Theorie und Praxis nur selten.

Oft werden Einschränkungen vorgenommen auf

- langfristige Investitionen: Was als „langfristig" zu bezeichnen ist, bleibt strittig. Im Sinne einer Konvention gilt meist als langfristig, wenn die Zahlungen mindestens in zwei Perioden (Jahren) anfallen.
- Potentialfaktoren: Ebenso ist von Bedeutung, daß es um Potentialfaktoren, also um die Beschaffung von Nutzungsbündeln geht. Ausgaben für Verbrauchsgüter werden dagegen nicht zu den Investitionen gerechnet.
- „große" Investitionen: Auch was große Investitionen (gemessen an den dafür not-wendigen Ausgaben) sind, kann nur über Konventionen, z. B. über die Bilanzie-rungsgrenze für geringwertige Wirtschaftsgüter, festgelegt werden.
- Sach- und Finanzinvestitionen: Dabei wird in erster Linie auf die Bilanzierungs-fähigkeit des Objekts abgehoben. Ausgaben für die Schaffung nicht bilanzierungs-fähiger Potentiale wie z. B. Werbekampagnen oder Aus- und Weiterbildungsmaß-nahmen für Mitarbeiter bleiben dann außer Betracht, obwohl nicht selten die Begriffe Werbe- und Personalinvestitionen gebraucht werden.

Für die theoretische Analyse (vgl. zur Investitionstheorie vertieft Hax 1985) erscheint allenfalls die erste Einschränkung zweckmäßig. Denn ein wesentliches Problem der Investitionsentscheidung resultiert aus der Mehrperiodigkeit der Zahlungsströme.

Will man dagegen die Verwendung des Investitionsbegriffs in der (industriellen) Praxis wiedergeben, will man insbesondere abgrenzen, was in der betrieblichen Investitionsplanung üblicherweise erfaßt wird, welche geplanten Ausgaben als Investitionen zu beantragen und mit Hilfe von Investitionsrechnungen auf ihre Vorteilhaftigkeit zu untersuchen sind, dann kommen in der Regel alle oben genannten Einschränkungen zum Tragen.

Im folgenden wird der Investitionsentscheidungsprozeß idealtypisch dargestellt. Die Gestaltung der übrigen Ausgaben des Leistungsbereichs wird dann den anderen Funktionsbereichen zugewiesen. So befaßt sich mit den Ausgaben für Einsatzmaterialien die Materialwirtschaft im Rahmen der Produktionswirtschaft (Teil 4), mit Ausgaben für den Absatz der Leistungen die Absatzwirtschaft (Teil 5) und mit den Ausgaben für Personal die Personalwirtschaft (Teil 6).

2. Investitionsentscheidungsprozeß

a) Analyse von Investitionsentscheidungen

Im Vordergrund der folgenden Analyse von Investitionsentscheidungen stehen die Art der Investitionsentscheidung, die Phasen und die Organisation des Investitionsentscheidungsprozesses sowie typische Schwachstellen in solchen Entscheidungsprozessen.

Investitionsentscheidungen lassen sich nach verschiedenen Kriterien systematisieren. Eine Auswahl solcher Kriterien ist in Abbildung 7.4 (vgl. folgende Seite) zusammengestellt.

Der Differenzierung nach der Art des Investitionsobjekts liegt das Bilanzgliederungsschema des § 266 Abs. 2 HGB zugrunde. Dort werden im Anlagevermögen immaterielle Anlagen (z. B. Konzessionen, Lizenzen), Sachanlagen (z. B. Grundstücke, Maschinen) und Finanzanlagen (z. B. Beteiligungen) unterschieden. *Art des Investitionsobjekts*

Nach dem Kriterium Kapazitätswirkung lassen sich reine Ersatzinvestitionen (keine Kapazitätswirkung), Erweiterungsinvestitionen (Kapazitätserhöhung) und Rationalisierungsinvestitionen (Verringerung des Faktoreinsatzes und/oder Kapazitätserhöhung) unterscheiden. Kapazitätswirkungen beziehen sich hierbei auf quantitative und qualitative Aspekte. *Kapazitätswirkung*

Die Bedeutung einer Investition läßt sich an ihrem voraussichtlichen Zielbeitrag ermessen. Teilweise werden Investitionsentscheidungen ohne Beachtung der Zielwirkung generell als echte Führungsentscheidungen angesehen, die keinesfalls delegierbar sind. Die industrielle Praxis zeigt jedoch, daß sehr wohl, abhängig von ihren *Bedeutung einer Investition*

909

Differenzierungsmerkmal	Beispiele
Art des Investitionsobjekts	Sach-, Finanz-, immaterielle Investition
Kapazitätswirkung (Investitionsanlaß)	Ersatz-, Rationalisierungs-, Erweiterungsinvestition
Bedeutung	Delegierbare, nicht delegierbare Investitionsentscheidung
Ablauf des Entscheidungsprozesses	Echte, routinemäßige Investitionsentscheidung
Art des Entscheidungsproblems	Einzel-, Programmentscheidung, Wahl-, Investitionsdauerentscheidung
Einbeziehung anderer funktionaler Teilbereiche	Simultane, sukzessive Investitionsentscheidung

Abbildung 7.4: Arten von Investitionsentscheidungen

Zielwirkungen, Investitionsentscheidungen an nachgeordnete Instanzen delegiert werden, ohne daß generelle Grenzen verbindlich festlegbar wären.

Ablauf des Investitionsentscheidungsprozesses

Nach dem Ablauf des Investitionsentscheidungsprozesses lassen sich echte und routinemäßige Investitionsentscheidungen unterscheiden. In der industriellen Praxis erfolgt die Entscheidung über das Investitionsbudget und die Auswahl von Investitionsobjekten nicht selten routinemäßig. Die Unternehmensleitung bzw. die beauftragten Instanzen setzen keinen willensbildenden Prozeß in Gang; sie verhalten sich einfach so, wie sie es in ähnlichen Fällen und gleichen Situationen schon früher getan haben. Sie verwenden Faustregeln. Beispielsweise wird das Investitionsvolumen in Prozent des Jahresumsatzes oder des Abschreibungsvolumens festgesetzt. Auch sind Fälle nicht auszuschließen, in denen auf eine Beurteilung der Vorteilhaftigkeit eines Investitionsobjektes verzichtet wird.

Eine echte Investitionsentscheidung stellt dagegen einen Vorgang der Willensbildung und -durchsetzung dar, durch den aus den systematisch gesuchten und formulierten Investitionsmöglichkeiten keine, eine oder mehrere anhand eines oder mehrerer Kriterien bewußt ausgewählt und realisiert werden.

Art des Entscheidungsproblems

Nach der Art des Entscheidungsproblems können zum einen Wahlentscheidungen und Investitionsdauerentscheidungen und zum anderen Einzel- und Programmentscheidungen unterschieden werden.

Einzel- und Programmentscheidungen sind Wahlentscheidungen. Hierbei wird die Vorteilhaftigkeit eines einzelnen Investitionsobjektes bzw. eines Bündels sich gegenseitig nicht ausschließender Investitionsobjekte (Investitionsprogramm) beurteilt bzw. aus mehreren Alternativen ein Investitionsobjekt bzw. -programm ausgewählt. Die Nutzungsdauer der Investitionsprojekte ist dabei als gegeben anzusehen. Investitionsdauerentscheidungen haben dagegen die Festlegung der optimalen Nutzungsdauer bzw. des optimalen Ersatzzeitpunktes zum Inhalt.

910

Investitionsentscheidungen in einem bestimmten Bereich können nicht ohne Berücksichtigung anderer betrieblicher Teilbereiche getroffen werden. Die Einbeziehung anderer funktionaler Teilbereiche kann entweder sukzessive, das heißt vor oder nach der (vorläufig) getroffenen Investitionsentscheidung oder simultan erfolgen. Im letzten Fall wird gleichzeitig über Investitionen, Finanzierung, Produktionsprozeß, absatzpolitische Instrumente usw. entschieden, wobei alle zwischen den betrieblichen Funktionsbereichen bestehenden Interdependenzen Berücksichtigung finden. Bei Einzelinvestitionen ist die sukzessive Berücksichtigung anderer Funktionsbereiche häufig ausreichend. Die theoretisch insbesondere bei ausgedehnten Investitionsprogrammen zu bevorzugende simultane Berücksichtigung scheitert am Fehlen und wohl auch an der Möglichkeit zur Entwicklung entsprechend komplexer analytischer Modelle, die dennoch einfach zu handhaben bleiben. Ein Ausbau mehr heuristischer Problemlösungsvorschläge im Sinne sogenannter „Innovations- und Kreativitätstechniken" ist allerdings denkbar.

Einbeziehung anderer funktionaler Teilbereiche

b) Phasen des Investitionsentscheidungsprozesses

Zur Erklärung des Prozesses von echten Investitionsentscheidungen kann auf das allgemeine Phasenschema des Entscheidungsprozesses zurückgegriffen werden (vgl. Teil 1, S. 35 ff.). Es ist jedoch bereits an dieser Stelle darauf hinzuweisen, daß es sich hierbei lediglich um eine idealtypische Betrachtung des Ablaufs von Investitionsentscheidungen handelt.

Investitionsentscheidungsprozesse werden durch Anregungsinformationen ausgelöst. Das Informationssystem einer Unternehmung muß sicherstellen, daß Schwachstellen und Entwicklungschancen rechtzeitig erkannt werden und somit der Investitionsbedarf bzw. die Investitionsmöglichkeiten der Unternehmung aufgedeckt werden. Der Anregungsphase kommt daher eine wesentliche Bedeutung im Investitionsentscheidungsprozeß zu.

Anregungsphase

Zur Problemerkennung können grundsätzlich die betrieblichen Informationssysteme herangezogen werden. Sie vermögen Daten zu liefern, über die augenblickliche Lage des Unternehmens und des Marktes, sowie über künftig zu erwartende Entwicklungen in den einzelnen Bereichen. Konkrete unternehmensinterne Indikatoren für einen Investitionsbedarf sind beispielsweise das wiederholte Auftreten von Engpaßsituationen, häufige Terminüberschreitungen, hohe Ausschußquoten, starke Reparaturanfälligkeit der Anlagen, Bewegungen der Zwischenläger, starke Arbeitnehmerfluktuation oder die Häufigkeit von Betriebsunfällen. Unternehmensexterne Investitionsanregungen können sich beispielsweise aus Nachfrageverschiebungen, häufigen Reklamationen von Abnehmern und Angeboten von Investitionsgüterherstellern ergeben. Häufig vermittelt die Anregung nur eine erste diffuse Vorstellung von den erforderlichen Investitionsmaßnahmen. Die Problemsituation muß somit nach und nach im Entscheidungsprozeß weiter konkretisiert werden.

In der Suchphase sind die möglichen Investitionsalternativen und die mit ihnen verbundenen Konsequenzen (Zielwirkungen) zu erfassen. Die Suche nach Alternativen stellt dabei ein eher qualitatives Problem dar, das Übersicht über vorhandene Lösungswege und Kreativität zur Erkennung und Entwicklung neuer Lösungswege erfordert. Dementsprechend sind zweckmäßige Instrumente zur Unterstützung der Alternativensuche neben der vollständigen Ausnutzung von Informationsquellen, insbesondere der Einsatz von Kreativitäts- und Ideenfindungstechniken, wie z. B. brainstorming, morphologische Methode und Synektik (siehe auch Teil 8, S. 111). Die Ermittlung der Konsequenzen von Investitionsalternativen ist in erster Linie ein Problem der richtigen Erfassung und Prognose ihrer Daten. Unterstützung bieten das betriebliche Rechnungswesen und der Einsatz quantitativer und qualitativer Prognoseverfahren (siehe dazu Teil 5, S. 647 ff.).

Im weiteren ist zu untersuchen, ob bzw. inwieweit die Konsequenzen der Investitionsalternativen mit inner- und außerbetrieblichen Rahmenbedingungen vereinbar sind.

Rahmenbedingungen, die der Realisierung von Investitionsprojekten entgegenstehen, sind z. B. Vereinbarungen mit dem Betriebsrat über Rationalisierungsschutz, Tarifverträge, gesetzliche Umweltschutzbestimmungen, produktionstechnische Bedingungen oder Budgetbeschränkungen. Verletzen Investitionsalternativen solche Restriktionen, sind sie als unzulässig aus dem weiteren Prozeß auszuschließen.

In der Optimierungsphase werden die zulässigen Investitionsalternativen nach ihren Erfüllungsgraden bezüglich der zugrunde liegenden Zielkriterien in eine Rangfolge gebracht. Es erfolgt die Auswahl derjenigen Alternative, die das Zielkriterium (bei Einzelzielen) oder das Zielbündel (bei Mehrfachzielsetzungen) am besten zu erfüllen verspricht. Sie wird (vorläufig) in den Investitionsplan aufgenommen. In dieser Phase können Rechenverfahren eingesetzt werden, die die Beurteilung der Vorteilhaftigkeit eines Investitionsvorhabens oder mehrerer Investitionsalternativen zum Ziel haben. Diese Verfahren werden als **Investitionskalküle** oder **Investitionsrechenverfahren** bezeichnet. Auf sie wird im weiteren noch einzugehen sein.

In der Realisationsphase wird die Investitionsentscheidung durchgeführt. Liegt zwischen Alternativenauswahl und Realisation der Investitionsprojekte eine größere Zeitspanne, muß eine mögliche Veränderung der entscheidungsrelevanten Daten in Betracht gezogen werden. Vor der endgültigen Realisierung empfiehlt sich daher die der Willensbildung zugrunde liegenden Daten auf ihre Gültigkeit hin nochmals zu überprüfen.

Diese Überlegung leitet zur Kontrollphase über. Die tatsächlichen Zielwirkungen der realisierten Investitionen werden mit den prognostizierten Zielwirkungen verglichen; bei Abweichungen werden die Ursachen hierfür analysiert. Hauptzweck der Investitionskontrolle ist das Aufdecken von Schwachstellen im gesamten Investitionsentscheidungsprozeß, um diese für folgende Investitionen zu beseitigen.

Das hier wiedergegebene Phasenschema ist idealtypisch. Es kann und soll kein Abbild realer Investitionsentscheidungsprozesse sein. Auf eine mögliche Abweichung realen Investitionsverhaltens vom hier skizzierten Verlauf durch die „Verkürzung" des Investitionsentscheidungsprozesses ist schon bei der Typisierung von Investitionsentscheidungen hingewiesen worden.

Auch die Reihenfolge der Phasen folgt in der Praxis nicht notwendig dem idealtypischen Schema. Empirische Untersuchungen lassen auf einen ständigen Wechsel zwischen den einzelnen Phasen und – vor allem bei komplexen Investitionsproblemen – auf ein wiederholtes Zurückspringen auf vorausgehende Phasen schließen (vgl. Witte 1988). Wenn sich z. B. bei der Bewertung der Investitionsalternativen zeigt, daß keine der Alternativen das vorliegende Problem befriedigend zu lösen vermag, erfolgt möglicherweise eine Rückkoppelung in die Anregungsphase und eine erneute Problemdefinition. Auch kann der Prozeß der Alternativensuche erneut aufgenommen werden.

*Phasen-
wechsel*

Der dargestellte idealtypische Entscheidungsprozeß impliziert weiterhin, daß die Entscheidungsträger ausschließlich im Interesse der Unternehmung agieren, also keine eigenen, möglicherweise entgegenlaufenden Vorstellungen einbringen. Diese Annahme wird der Realität nur sehr bedingt gerecht. Investitionen haben oft personelle und organisatorische Auswirkungen. Muß ein Mitarbeiter beispielsweise von einer Rationalisierungsinvestition negative Auswirkungen auf seine persönliche Situation befürchten, so ist zu erwarten, daß er im Rahmen seiner Möglichkeiten auf die Entscheidung Einfluß zu nehmen versucht. Ist er am Entscheidungsprozeß beteiligt, wird er möglicherweise Informationen über Alternativen so zu filtern oder zu verfälschen versuchen, daß Investitionen, von denen er negative Auswirkungen erwartet, insgesamt nicht vorteilhaft erscheinen. Analoges gilt, wenn ein Entscheidungsträger durch Investition seinen Einfluß innerhalb der Organisation zu verstärken hofft.

Eigeninteressen der Entscheidungsträger

Investitionsentscheidungen sind oft Gruppenentscheidungen. Sowohl bei der Alternativensuche als auch bei der Durchführung der Investition kommt es häufig zur Bildung organisationsübergreifender Zwischensysteme, die aus Organisationsmitgliedern und externen Stellen (z. B. Investitionsgüteranbietern) bestehen.

Zwischensysteme

Solche Zwischensysteme haben ein eigenes Problemerkennungsverhalten und entwickeln eigene Ziele. Sie beeinflussen dadurch die „Lösung" des Investitionsproblems beim Investor wie beim Lieferanten. Wie vielfältig die Einflüsse der Zwischensysteme auf die Investitionsentscheidung sein können, läßt sich verdeutlichen, wenn man die Variablen betrachtet, auf deren Veränderung die Beteiligten in der Praxis reagieren. So wurde festgestellt, daß bei der Entscheidung über den Kauf einer neuartigen Maschine von Entscheidungsgremien, die aus jüngeren, mehr technisch orientierten Personen sowie aus Mitgliedern mit akademischer und formaler Ausbildung zusammengesetzt sind, normalerweise mehr Alternativen verglichen werden als etwa von Entscheidungsgremien mit älteren oder weniger ausgebildeten Mitgliedern, bei denen häufig langjährige gute Lieferantenbeziehungen eine dominierende Rolle spielen. In Beobachtungen und Experimenten ließ sich nachweisen, daß die Einstellung gegenüber Lieferanten sich nicht nur auf die Variablen Preis, Produktqualität, Lieferzeit

Investitionsentscheidungsverhalten

und Service bezieht, sondern auch Elemente enthält, wie beispielsweise Wert des Auftrags, Anzahl der Beanstandungen durch andere Abteilungen, geographische Nähe des Lieferanten, Person des Verkäufers, persönliches Risiko bei der Unterbreitung eines Vorschlags in der eigenen Organisation. Viele Belege verdeutlichen, daß gerade auch die Dauer der Zugehörigkeit zu einem solchen Zwischensystem (also auch z. B. die Zugehörigkeit zu einer organisationsübergreifenden Verkäufer-Einkäufer-Beziehung) die Einstellung der Systemmitglieder beeinflußt (vgl. auch Backhaus 1990).

Investitions-
entschei-
dungsprozeß
als Verhand-
lungsprozeß

Innerhalb dieser entscheidungsvorbereitenden Gremien sowie im Rahmen der Durchsetzung von Vorschlägen dieser Gremien in der jeweiligen Organisation laufen im Regelfall Verhandlungsprozesse ab. Dabei soll dahingestellt bleiben, welche Strategie in den einzelnen Prozeßphasen verfolgt wird. Denkbar ist beispielsweise, daß nach der Demonstration der eigenen Position Überzeugungs- und Manipulationsversuche von Drohungen und Versprechungen abgelöst werden. In den Gesamtablauf integriert sind schließlich **Verhandlungstaktiken**, die darauf abzielen können, den Gegner in Verlegenheit zu bringen, einseitiges Festlegen des Verhandlungspartners oder der eigenen Position zu vermeiden, eine Position ohne Auseinandersetzung aufzugeben, die „Gunst des Augenblicks" abzuwarten, mit „Salamitaktik" ans Ziel zu kommen, gemeinsame Interessen zu konstituieren, durch Erweiterung des Gesprächs u. a. auf persönliche Angelegenheiten die Aufmerksamkeit des Gegners zu schwächen und eine entscheidende Überrumpelung vorzubereiten. Auch der Vorwurf, „Klima" zu machen, anstatt Sachprobleme offen anzugehen, gehört in das unerschöpfliche Repertoire der Teilnehmer an Verhandlungsprozessen. Die wenigen Hinweise mögen genügen, um zu verdeutlichen, daß Investitionsentscheidungsprozesse nicht notwendig (nur) auf die Unternehmungsziele ausgerichtet sind und nicht notwendig konfliktfrei zwischen den Koalitionsmitgliedern ablaufen. Sie sind vielmehr als einseitige oder wechselseitige Beeinflussungsversuche zur Durchsetzung unterschiedlichster Interessen zu verstehen, wie sie die deskriptive Theorie des Entscheidungsverhaltens beschreibt. Aus dieser Sichtweise haben Investitionskalküle nicht nur die Funktion der objektiven Beurteilung der Vorteilhaftigkeit von Investitionsalternativen, vielmehr sind sie auch und gerade als **Schlichtungsregeln** in (politischen) Entscheidungsprozessen zu verstehen.

c) Organisation des Investitionsentscheidungsprozesses

Um zu verhindern, daß das Entscheidungsverhalten der Organisationsmitglieder die Erreichung der Unternehmungsziele gefährdet, ist – zumindest in größeren Unternehmungen – der Ablauf des Investitionsentscheidungsprozesses durch organisatorische Regelungen festgeschrieben. Dies betrifft neben der Festlegung der Zuständigkeiten für einzelne Prozeßphasen auch die innerhalb dieser Phasen einzuhaltenden Verfahrensvorschriften.

Die Zuständigkeit für die Investitionsanregung wird in der Regel den dezentralen Fachabteilungen und Funktionsbereichen zugewiesen, da „vor Ort" Investitionsbedarfe und Investitionschancen am ehesten erkennbar sind. Investitionen können auch von zentralen Stellen und der Unternehmungsleitung selbst angeregt werden. Bei den bereits angesprochenen „strategischen Investitionen" ist davon grundsätzlich auszugehen. Teilweise erfolgt auch die dauernde oder vorübergehende Einrichtung spezieller Arbeitsgruppen (Projekt- bzw. Kreativitätsgruppen) zur Entwicklung von Investitionsideen und von Lösungsmöglichkeiten für erkannte Investitionsprobleme. Ferner kann vorgesehen sein, daß die Angestellten auch zu Lösungsvorschlägen oder zu einem Vorteilhaftigkeitsnachweis durch Investitionsrechnungen verpflichtet sind. In diesem Fall sammelt eine zentrale Organisationseinheit (z. B. Stabs- oder Zentralabteilung) die Investitionsanträge und überprüft insbesondere die Datenprognosen und die Durchführung der Investitionsrechnung. Ihre Aufgabe ist es auch, Unvereinbarkeiten zwischen Investitionsanträgen festzustellen und nicht realisierbare Investitionen zu eliminieren bzw. entsprechend abzuwandeln.

Zuständig-keiten

Der eigentliche Prozeß der Abstimmung von Investitionen und der Vorbereitung der Entscheidung über die Aufnahme in den Investitionsplan erfolgt nicht selten in einem Investitionsausschuß, in dem neben der Unternehmungsleitung und den ihr zugeordneten zentralen Planungsinstanzen die einzelnen Abteilungen und der Betriebsrat vertreten sind.

Die abschließende Entscheidung über das Investitionsprogramm bleibt üblicherweise der Unternehmensleitung vorbehalten. Dies gilt ebenso für die endgültige Freigabe der Mittel zur Realisation der einzelnen Investitionen.

Die Investitionsdurchführung sowie die **ausführungsbegleitende Kontrolle** wird üblicherweise wieder der beantragenden Abteilung oder der in der Unternehmung jeweils zuständigen Fachabteilung (z. B. Einkauf, Bauabteilung) übertragen.

Sinnvollerweise wird die **abschließende Investitionskontrolle** unabhängigen, d. h. nicht mit der ursprünglichen Investitionsentscheidung befaßten Gremien übertragen. Hierdurch soll sichergestellt werden, daß die Kontrollgremien kein rechtfertigendes Informationsverhalten zur Bestätigung der Richtigkeit der ehemaligen Planung und Entscheidung an den Tag legen, sondern kritisch insbesondere nach Planungsfehlern suchen.

Die organisatorischen Zuständigkeitsregeln werden meist ergänzt durch Vorschriften über den zeitlichen Ablauf des Planungsprozesses und die in einzelnen Planungsphasen einzuhaltenden Regeln. Derartige Regeln können als „organisatorische Verhaltensprogramme" bezeichnet werden. Sie schreiben der jeweils zuständigen Instanz mehr oder weniger detailliert vor, welche formalen und inhaltlichen Schritte zur Bewältigung des ihr zugewiesenen (Teil-)Problems zu unternehmen sind. Dadurch werden z. B. das zu verwendende Antragsschema, die in der Antragsbegründung anzusprechenden Punkte, die zulässigen Verfahren und Quellen der Datenermittlung und -prognose sowie die zugrunde zu legenden Investitionsrechnungsmethoden festgelegt.

Verhaltens-vorschriften

d) Typische Schwachstellen im Investitionsentscheidungsprozeß

Die Güte von Investitionsentscheidungen und ihr Zielbeitrag hängt wesentlich von der organisatorischen Gestaltung des Investitionsentscheidungsprozesses ab. In der Praxis zeigen sich dabei immer wieder teilweise gravierende Mängel, die den Investitionserfolg ernstlich beeinträchtigen können. In Anlehnung an Blohm/Lüder (1988, S. 5 ff.) sollen im folgenden einige typische Schwachstellen im Investitionsentscheidungsprozeß angesprochen werden.

Mangelndes Organisationskonzept

Ein mangelndes Organisationskonzept zeigt sich im Fehlen von Zuständigkeitsregelungen und Verfahrensvorschriften. Ein geordneter Ablauf des Investitionsentscheidungsprozesses und ein einheitliches Vorgehen aller Stellen in der Unternehmung sind damit nicht mehr gewährleistet.

Fehlende Investitionskontrolle

Um einen spezifischen Aspekt dieser Schwachstelle handelt es sich bei einer fehlenden Investitionskontrolle. Sie verhindert Rückmeldungen über erzielte Investitionserfolge und somit Lernprozesse im Hinblick auf eine bessere Gestaltung künftiger Investitionsentscheidungen.

Verwässerung des Bewilligungsverfahrens

Eine Verwässerung des Bewilligungsverfahrens zeigt sich in Genehmigungen von Investitionen außerhalb des vorgeschriebenen Antrags- und Genehmigungsverfahrens. Immer wieder werden aufgrund unvorhersehbarer Entwicklungen (z. B. Konkurrenzaktivitäten, Preissteigerungen) Ausnahmen vom normalen Verfahren notwendig sein. Ein Ausufern von solchen Ausnahmegenehmigungen birgt aber die Gefahr in sich, daß hierdurch auch Investitionen „durchgebracht" werden, die keine Reaktion auf überraschende Umweltveränderungen darstellen und im üblichen Verfahren abgelehnt worden wären.

Überlastung der Leitungsorgane

Unzweckmäßige organisatorische Zuständigkeitsverteilungen können schließlich zu einer Überlastung der Leitungsorgane führen, mit der möglichen Folge, daß die Entscheidungsfindung nicht gründlich genug oder verspätet erfolgt und/oder für eine wirksame Überwachung und Kontrolle zu wenig Zeit bleibt.

Mangelnde Koordinierung

Ähnlich gelagert ist die mangelnde Koordinierung der betrieblichen Teilbereiche. Sie kann einmal auf ungenügenden Organisationsregelungen, zum anderen auf fehlenden Planungen in anderen Funktionsbereichen (z. B. Beschaffung, Produktion, Finanzen) beruhen.

Fehlende Alternativen

Fehlende Alternativen sind auf eine zu geringe und zu wenig systematisch gestützte Suche nach Investitionsmöglichkeiten zurückzuführen.

Fehlen von Investitionsrechnungen

Empirische Untersuchungen zeigen, daß in der Praxis häufig die Anwendung von Investitionsrechnungen unterbleibt. Die Folge ist – ebenso wie beim Einsatz ungeeigneter Rechnungsmethoden –, daß nicht oder nur zufällig die bezüglich der Unternehmungsziele vorteilhaftesten Investitionsalternativen ausgewählt werden.

3. Investitionskalküle

a) Grundprobleme

Mit der Analyse der Investitionskalküle wird aus dem gesamten Investitionsentscheidungsprozeß der Bereich herausgegriffen, der sich mit der Beurteilung der Vorteilhaftigkeit eines Investitionsvorhabens befaßt. Dabei erfolgt in der Regel eine Beschränkung auf quantitative bzw. quantifizierbare Größen.

Bei der Entwicklung und Anwendung von Investitionsrechenverfahren sind vier Problemkreise zu bewältigen:

Problemkreise von Investitionsrechenverfahren

(1) Aufstellung der Zielfunktion

Welche Zielfunktion soll dem Modell bzw. der Entscheidung zugrundeliegen? Sollen nur monetäre oder auch nicht-monetäre Ziele berücksichtigt werden? Sollen externe Effekte einbezogen werden?

(2) Prognoseproblem

Die Zielwirkungen von Investitionen sind in aller Regel nicht eindeutig bekannt, sondern mehr oder weniger unsichere, erwartungsabhängige Schätzwerte. Je größer und je wichtiger für die weitere Entwicklung des Unternehmens eine Investition ist, desto schwieriger ist häufig auch, die durch sie ausgelösten Zahlungsströme zu prognostizieren. So werden z. B. die Erfolgswirkungen eines Eintritts in neue Märkte, einer Entwicklung neuer Produkte oder des Erwerbs einer strategisch bedeutsamen Beteiligung oft mit großen Unsicherheiten behaftet sein. Zusätzliche Schwierigkeiten bereitet, daß bei vielen Investitionen die zeitliche Reichweite der Wirkungen nicht vorgegeben, sondern selbst eine unsichere Größe ist. Auch die Erfassung indirekter Zielwirkungen in anderen Unternehmensbereichen kann Probleme aufwerfen. Wird z. B. eine bisher über Fließband gesteuerte Fertigung auf Fertigungsinseln (vgl. S. 442 ff.) umgestellt, so werden sich nicht nur im Maschinenpark selbst, sondern möglicherweise auch in den Abteilungen Arbeitsvorbereitung, Lager, Qualitätskontrolle und Lohnbüro positive oder negative (finanzielle) Auswirkungen zeigen. Einen speziellen Aspekt davon bildet das Zurechnungsproblem.

(3) Zurechnungsproblem

Investitionen, denen problemlos die durch sie ausgelösten Zahlungsströme zugerechnet werden können (isolierte Investition), sind recht selten. Als Beispiel sei der Kauf eines produktions- und absatzmäßig nicht abhängigen Unternehmens genannt. Bei den meisten Investitionen können dagegen Einnahmen und Ausgaben nicht unabhängig von früheren, gleichzeitigen und späteren Investitionen ermittelt werden. Die Investitionen sind interdependent. Dabei lassen sich zeitlich horizontale und zeitlich vertikale Interdependenzen unterscheiden.

917

Zeitlich-horizontale Interdependenzen bringen die Tatsache zum Ausdruck, daß ein bestimmtes Investitionsobjekt nur Teil eines Ganzen ist. **Der Erfolg einer Investition hängt in der Regel nicht vom einzelnen Investitionsobjekt ab, sondern von einem System produktiver Faktoren, in das dieses Investitionsobjekt eingeordnet ist.** Der „Gewinn einer Investition" kann sehr unterschiedlich sein, je nachdem, mit welchen anderen bereits vorhandenen Anlagen das Investitionsobjekt kombiniert wird. Werden in einer bestimmen Periode bzw. in einem bestimmten Zeitpunkt außerdem mehrere Investitionen realisiert, so hängt der Nutzen, den ein einzelnes Investitionsobjekt stiftet, auch davon ab, welche anderen Investitionsobjekte aus der Mehrzahl möglicher Investitionsobjekte ausgewählt werden. Durch unterschiedliche Kombinationen mit anderen bereits vorhandenen oder bereitzustellenden Anlagen werden in der Regel die Engpässe verlagert, woraus sich wiederum Änderungen der Einnahmen- und Ausgabenströme ergeben können.

Zeitlich-vertikale Interdependenzen bringen zum Ausdruck, daß der **Nutzen eines Investitionsobjekts von vergangenen, gegenwärtigen und zukünftigen Entscheidungen abhängt.** Die in der Unternehmung vorhandenen Anlagen setzen Daten für die Entscheidungen über neue Investitionsmöglichkeiten, und auch die in Zukunft anzuschaffenden Aggregate beeinflussen den Erfolg gegenwärtiger Investitionsüberlegungen. Durch die Stillegung einer heute noch betriebenen Anlage nach n Jahren kann die Nutzungsmöglichkeit des betrachteten Investitionsobjektes von da an erheblich eingeschränkt werden. Ebenso besteht die Möglichkeit, daß durch die Anschaffung bestimmter Anlagen in zukünftigen Perioden das heute zur Diskussion stehende Investitionsobjekt erst zur vollen Entfaltung gelangt.

Für die Zurechnung von Einnahmen- und Ausgabenströmen auf bestimmte Investitionsobjekte werfen allerdings diese Interdependenzen weniger Probleme auf, als zunächst vermutet werden könnte. Es ist nämlich keine verursachungsgerechte Aufteilung der Einnahmen und Ausgaben auf die an der Faktorkombination beteiligten Produktionsfaktoren erforderlich; dies wäre in der Tat unmöglich. Vielmehr ist zu untersuchen, in welchem Umfang die Realisierung einer Investition die bisherigen Zahlungsströme verändert. Es werden also die Zahlungsströme der Unternehmung bei Durchführung und bei Unterlassung der Investition miteinander verglichen. Die so ermittelten Zahlungsstromveränderungen werden den Investitionsalternativen zugerechnet.

(4) Rechenmodell

Als Hauptaufgabe der Investitionskalküle kann die Verrechnung zahlenmäßig erfaßbarer wertbestimmender Faktoren einer Kapitalanlage zur Ermittlung eines Maßstabes der Kapitalverzinsung genannt werden. Dieser Maßstab soll Antwort auf die Frage geben, ob die Investition wirtschaftlich lohnend ist und welche Alternative die günstigste Kapitalverwendung ergibt. Natürlich kann die Investitionsrechnung dabei selbst kein Entscheidungsproblem lösen. Sie ist nur ein Hilfsinstrument im Prozeß der Investitionsentscheidung, nicht zuletzt deshalb, weil auch nicht quantifizierbare Faktoren in die Entscheidungsfindung miteinzubeziehen sind.

918

Theorie und Praxis haben eine Fülle von Rechenverfahren zur Bestimmung der vorteilhaftesten Kapitalverwendung erarbeitet. Die Möglichkeiten reichen von einfachen Faustregeln bis zu anspruchsvollen mathematischen Verfahren. Einer Systematisierung lassen sich verschiedene Kriterien zugrunde legen. So kann eine Gruppierung zunächst dadurch gewonnen werden, daß man die Verfahren in solche **mehr praktischer Prägung** und in solche **mehr theoretisch-mathematischer Art** gliedert. Der Praxis besonders nahe stehen die Kosten- und die Gewinnvergleichsmethode, die pay-off-Methode (auch pay-out-Methode genannt) und die einfache Rentabilitätsrechnung.

Praktisch orientierte Verfahren

Die mehr theoretischen Verfahren lassen sich unter historischem Blickwinkel in traditionelle und neuere Verfahren unterscheiden. Zu den **traditionellen Verfahren** zählen die Diskontierungsmethode, die Methode des internen Zinsfußes und die Annuitätenmethode. Die **neueren Verfahren** basieren auf Methoden des Operations Research.

Theoretisch orientierte Verfahren

Auch die Zeit kann als Differenzierungskriterium Verwendung finden. In den „statischen" Investitionsrechnungen wird der Zeitablauf explizit nicht berücksichtigt. Die Konsequenzen der Alternativen werden meist nur für einen kurzen Zeitraum betrachtet. Dagegen werden in den „dynamischen" Verfahren die Konsequenzen der Alternativen über den gesamten Investitionszeitraum bis zur Desinvestition beschrieben.

Statische und dynamische Verfahren

Eine Gruppierung läßt sich auch in kosten- und kapitaltheoretische Modelle vornehmen. Kostentheoretisch orientierte Verfahren gehen von Gesetzmäßigkeiten aus, die die Kostentheorie formuliert. Es handelt sich dabei vor allem um die Kostenvergleichsrechnung und die Gewinnvergleichsrechnung. Die Diskontierungsmethode, die interne Zinsfußmethode und die Annuitätenmethode streben eine Totalbetrachtung an und zählen, da ihre Ausgangsgrößen Einnahmen- und Ausgabenströme sind, zu den kapitaltheoretisch orientierten Verfahren.

Kosten- und kapital-theoretisch orientierte Verfahren

Bei einer entscheidungsorientierten Analyse erscheint es zweckmäßig, zwischen teilziel- oder unterzielorientierten und endziel- oder oberzielorientierten Verfahren der Investitionsrechnung zu unterscheiden. Endzielorientierte Verfahren stellen eine Totalbetrachtung an, basieren auf Einnahmen- und Ausgabenreihen und ermöglichen eine Aussage über die Wiedergewinnung des Kapitaleinsatzes. In diesem Zusammenhang ist unerheblich, ob es sich um eine einfache Vergleichsrechnung handelt oder ob diese Betrachtung im Rahmen eines linearen Planungsmodells durchgeführt wird. Endzielorientierte Verfahren sind identisch mit den theoretisch orientierten Verfahren. Unterzielorientierte Verfahren sind durch eine kurzfristige Betrachtung gekennzeichnet. Sie wählen als Entscheidungskriterien Subziele der Unternehmung. Unterzielorientierte Investitionsrechnungen ermitteln die Jahresverzinsung, den Jahresgewinn, Kosteneinsparungen oder Wiedergewinnungszeiten. Abbildung 7.5 faßt die genannten Systematisierungskriterien zusammen.

Teilziel- und endziel-orientierte Verfahren

Bevor diese Verfahren im einzelnen dargestellt werden, soll anhand eines einfachen Grundmodells die Problemstruktur der Berechnung der Vorteilhaftigkeit von Investitionen offengelegt werden. Dies soll deutlich machen, welche vereinfachenden Prämissen den Investitionsrechenverfahren zugrunde liegen. Insbesondere wird vorerst das Problem der Unsicherheit der Daten vernachlässigt.

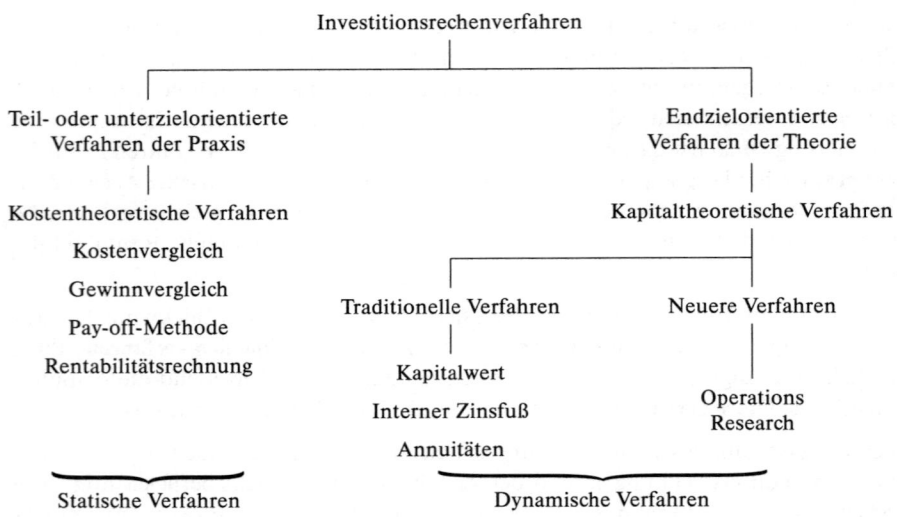

Abbildung 7.5: Investitionsrechenverfahren

b) Wahlentscheidungen bei Sicherheit

Ein Grundmodell

Ausgangs-
beispiel

Ein Investor habe ein Anfangskapital von 500. Als Ergebnis seiner Alternativensuche bieten sich ihm zwei Investitionsmöglichkeiten A und B, die folgende Zahlungsströme erwarten lassen (vgl. Abbildung 7.6).

Periode Investitions- alternative	t_0	t_1	t_2	t_3
A	− 500	+ 50	+ 50	+ 550
B	− 400	+ 200	+ 300	

Abbildung 7.6: Zahlungsströme zweier Investitionsalternativen

Zahlungs-
zeitpunkte

Es wird angenommen, daß Zahlungen nur einmal im Jahr anfallen. Dies mag bei Zinszahlungen durchaus noch der Realität entsprechen. Andere Zahlungen (z. B. Umsätze, Löhne) fallen dagegen in aller Regel mehr oder weniger auf die ganze Periode verteilt an.

920

Diese vereinfachende Annahme eines Zahlungszeitpunktes pro Periode wird aus rechentechnischen Gründen fast immer vorgenommen, kann aber bei genaueren Daten durch das Rechnen mit stetigen Zahlungen ersetzt werden.

Als **Zielsetzung** des Investors soll die **Maximierung des Wohlstandes** angenommen werden. Konkrete Ausprägungen dieser Zielsetzung sind: *Zielsetzung*

- die Maximierung des Endvermögens an einem bestimmten Planungshorizont bei vorgegebenen Entnahmen pro Periode (Vermögensmaximierung);
- die Maximierung der Entnahme bei vorgegebenem Endvermögen (Einkommensmaximierung).

Nicht unproblematisch ist dabei die Festlegung des Planungshorizontes. Unternehmungen sind in aller Regel „auf Dauer" angelegt. Der Zeitpunkt, für den das Vermögen maximiert werden soll, steht also gar nicht fest. Die Schwierigkeiten der Prognose weit in der Zukunft liegender Größen führen dazu, daß man den Planungszeitraum auf einen überschaubaren Rahmen begrenzt. Dabei geht man vielfach vereinfachend von der längsten Nutzungsdauer der zur Auswahl stehenden Investitionsobjekte aus. Sind nicht alle Investitionen zum Planungshorizont abgeschlossen, das heißt liegen nicht alle ihnen zurechenbaren Einnahmen und Ausgaben vor dem Planungshorizont, entsteht das Problem der Bewertung der über den Planungshorizont hinausreichenden Zahlungsströme. *Planungs-horizont*

Für das vorliegende Beispiel soll folgende Zielsetzung gelten: Maximierung des Endvermögens nach Periode t_3; keine Entnahme bis zum Planungshorizont.

Aus Abbildung 7.6 ist ersichtlich, daß die Investitionsalternativen nicht ohne weiteres vergleichbar sind, weil *Mangelnde Vergleich-barkeit der Alternativen*

- die Anfangsausgaben unterschiedlich hoch sind,
- die Zahlungsüberschüsse pro Periode nicht gleich hoch sind und
- die Investitionsdauer (Nutzungsdauer) unterschiedlich ist.

Es ergibt sich somit die Notwendigkeit, die Investitionsalternativen mit Hilfe zusätzlicher Annahmen vergleichbar zu machen. Diese Annahmen betreffen die Möglichkeit zusätzlicher Investitionen für überschüssige Mittel (Supplement-, Differenzbzw. Komplementärinvestitionen) sowie die Möglichkeit zusätzlicher Kapitalbeschaffung.

Grundsätzlich ist davon auszugehen, daß überschüssige Mittel für weitere Investitionen benutzt werden können. So lassen sich bei Alternative B sowohl der verbleibende Anfangsbetrag von 100 als auch die Überschüsse in Periode t_1 von 200 und t_2 von 300 für andere Investitionen einsetzen. Analoges gilt für die Überschüsse von je 50 der Alternative A. Der Erfolg der Ausgangsinvestition kann dann nicht mehr beurteilt werden, ohne den Erfolg der Supplementinvestitionen zu kennen. Für diese gilt aber wiederum die gleiche Überlegung, so daß eine mehrstufige Betrachtung erforderlich wird. Da jedoch oftmals Investitionsmöglichkeiten für spätere Perioden zum Betrachtungszeitpunkt nicht bekannt sind, ergeben sich erhebliche Schwierigkeiten bei der Ermittlung der Zahlungsströme des gesamten Investitionsvorhabens. *Supplement-investitionen*

Deshalb werden gerne vereinfachende Annahmen über die bei der Anlage überschüssiger Mittel erzielbaren Zahlungen gemacht. So wird häufig unterstellt, daß freiwerdende Mittel in beliebiger Höhe am Kapitalmarkt angelegt werden können.

Kredit-aufnahme

Ähnliche Annahmen werden für die Möglichkeit der Kreditaufnahme getroffen. Die Prämissen lassen sich dabei nach dem Umfang der möglichen Kreditaufnahme und nach dem geltenden Zinssatz variieren.

Können in beliebigem Umfang Mittel aufgenommen werden, spricht man von **unbeschränktem Kapitalmarkt**; sind Kreditlinien einzuhalten, spricht man von **beschränktem Kapitalmarkt.**

Stimmt der Zinssatz für Kredite (Soll-Zinssatz) mit dem Zins für Geldanlagen (Haben-Zinsen) überein, so liegt ein **vollkommener Kapitalmarkt** vor, bei abweichenden Soll- und Haben-Zinssätzen ein **unvollkommener Kapitalmarkt.** Soll- und Habenzinsen sind dabei unabhängig von der Kreditaufnahme bzw. Geldanlage.

Vollständiger Finanzplan

Das Beispiel aus Abbildung 7.6 wird im weiteren um die Annahme ergänzt, Überschüsse könnten über alle Perioden gleichbleibend zu einem Zinssatz von 5% angelegt werden. Damit kann der Vorteilhaftigkeitsvergleich zwischen den beiden Investitionen in einem vollständigen Finanzplan (vgl. Abbildung 7.7) dargestellt werden.

Periode	t_0	t_1	t_2	t_3	
A Kasse	+ 500				
Investitionsausgabe	− 500				
Geldanlage 5%		− 50	− 102,5		
Investitionseinnahme		+ 50	+ 50	+ 550	
Rückzahlung					
Geldanlage			+ 50	+ 102,5	
Zinseinnahme			+ 2,5	+ 5,13	657,63
B Kasse	+ 500				
Investitionsausgabe	− 400				
Geldanlage 5%	− 100	− 305	− 620,25		
Investitionseinnahme		+ 200	+ 300		
Rückzahlung					
Geldanlage		+ 100	+ 305	+ 620,25	
Zinseinnahme		+ 5	+ 15,25	+ 31,01	651,26

Abbildung 7.7: Vollständiger Finanzplan

Einfluß von Zinsänderungen auf den Vorteilhaftig-keitsvergleich

Alternative A erweist sich somit als günstiger, da sie das höhere Endvermögen in Periode t_3 verspricht. Die Vorteilhaftigkeit der Investitionsalternativen kann sich allerdings bei einer Veränderung der Zinssätze umkehren. Wird beispielsweise bei sonst gleichen Daten der Haben-Zinssatz auf 6% angehoben, steigt das Endvermögen der Alternative A auf 659,18. Geldeinheiten, die Zahlungsüberschüsse der Alternative B betragen dagegen am Ende der Periode t_3 661,82 Geldeinheiten. Die Rangfolge der Investitionsalternativen hat sich somit umgekehrt.

922

Ebenso wie bei Zinsänderungen kann der Vorteilhaftigkeitsvergleich auch bei einer veränderten Zielsetzung des Investors ein anderes Ergebnis erbringen. Um dies zu verdeutlichen, soll die bisherige Zielsetzung folgendermaßen modifiziert werden: Maximierung des Endvermögens in Periode t_3, Entnahme in den Perioden t_1 und t_2 je 100. In diesem Fall sind zusätzliche Annahmen über den Kapitalmarkt erforderlich. Ist eine Kreditaufnahme nicht möglich, fällt Alternative A aus, denn die Einnahmen in t_1 und t_2 reichen nicht für die gewünschten Entnahmen aus. Im Beispiel sei jedoch angenommen, daß die Aufnahme von Krediten zu einem Zinssatz von 10% (über alle Perioden gleichbleibend) möglich ist. Der Haben-Zins beträgt wie bisher 5%. Somit ergibt sich folgender vollständiger Finanzplan (vgl. Abbildung 7.8).

Einfluß von Zieländerungen auf den Vorteilhaftigkeitsvergleich

Periode	t_0	t_1	t_2	t_3	
A Kasse	+ 500				
Investitionsausgabe	− 500				
Investitionseinnahme		+ 50	+ 50	+ 550	
Entnahme		− 100	− 100		
Kreditaufnahme 10%		+ 50	+ 105		
Kreditrückzahlung			− 50	− 105	
Zinsausgabe			− 5	− 10,5	434,5
B Kasse	+ 500				
Investitionsausgabe	− 400				
Geldanlage 5%	− 100	− 205	− 415,25		
Investitionseinnahme		+ 200	+ 300		
Rückzahlung					
Geldanlage		+ 100	+ 205	+ 415,25	
Zinseinnahme		+ 5	+ 10,25	+ 20,76	
Entnahme		− 100	− 100		436,01

Abbildung 7.8: Vollständiger Finanzplan (mit Entnahmen)

Abbildung 7.8 zeigt, daß sich gegenüber dem Fall ohne Entnahmen die Vorteilhaftigkeit der Investitionsalternativen umgekehrt hat. Will man sichergehen, daß – unabhängig von der Vorteilhaftigkeit der einen oder anderen Alternative – die Investition sich überhaupt lohnt, dann muß man dem Ergebnis die Null-Alternative gegenüberstellen. Als Vergleichsgröße ist also das Endvermögen heranzuziehen, das sich bei einem Verzicht auf die Investition ergibt.

Im Beispiel wäre im Fall ohne Entnahme das Endvermögen in der Periode 3 500 Geldeinheiten (= Anfangsvermögen), im Fall mit Entnahme beträgt das Endvermögen dagegen 300 Geldeinheiten (= Anfangsvermögen minus Entnahmen). In beiden Fällen lohnt es sich also, zu investieren, da ein höheres Endvermögen erwartet werden kann.

Ausgehend von dem skizzierten Grundmodell wird im folgenden dargelegt, in welcher Weise Investitionsrechenverfahren die angesprochenen Probleme angehen. Diese werden dabei entsprechend dem Schema in Abbildung 7.5 nach teilzielorientierten und endzielorientierten Verfahren getrennt behandelt.

Teilzielorientierte Verfahren

Rechenprinzip

Die teilzielorientierten Investitionsrechenverfahren zeichnen sich durch eine drastische Vereinfachung gegenüber dem Grundmodell aus. Sie berücksichtigen nicht den unterschiedlichen zeitlichen Anfall von Ausgaben und Einnahmen eines Investitionsobjektes. Vielmehr rechnen sie mit **durchschnittlichen Größen:** Die unterschiedlichen Zahlungsströme werden also normiert und auf die Nutzungsdauer verteilt. Als Rechengrößen werden nicht Zahlungsströme, sondern Kosten und Erlöse verwendet. Als weitere Vereinfachung werden häufig Kosten und Erlöse nur für die Folgeperiode prognostiziert und mit diesem Wert der Vergleichsrechnung zugrunde gelegt.

Abweichungen vom Grundmodell

Das Rechnen mit Durchschnitten läßt auch verschiedene andere Aspekte des Grundmodells unberücksichtigt. So ist nicht gewährleistet, daß vollständige Alternativen miteinander verglichen werden. Dies gilt für unterschiedliche Anschaffungsausgaben, für unterschiedliche Überschüsse in den einzelnen Perioden sowie für abweichende Nutzungsdauern, die nur indirekt über ihre Auswirkungen auf die Kostengrößen in den Alternativenvergleich eingehen.

Im folgenden werden der Kostenvergleich, der Gewinnvergleich, der Rentabilitätsvergleich und die pay-off-Methode in knapper Form dargestellt.

Kostenvergleichsrechnung

Die Kostenvergleichsrechnung wird in der Praxis vielfach für die Beurteilung von Ersatz- bzw. Rationalisierungsinvestitionen verwendet. Ausgangspunkt sind die technisch zulässigen Alternativen. **Bei dieser Methode werden die Kosten der alten Anlage mit denen der neuen verglichen.** Es kann sich bei dem Vergleich um die Kosten pro Jahr oder die Kosten pro Leistungseinheit oder um beide Vergleichsgrößen handeln. Die Kostendifferenz dient als Kriterium für die Vorteilhaftigkeit der Investition. Die Alternative, die gegenüber der alten Anlage die größte Kostenersparnis verspricht, wird gewählt.

Grundform

Voraussetzung für den Vergleich der Kosten pro Jahr ist, daß die Kapazitäten der zum Vergleich stehenden Investitionsobjekte ungefähr gleich groß sind. Formel (7.1) zeigt die allgemeinste Form des Kostenvergleichs sowie mögliche Ergebnisse ($>$, $=$, $<$).

Die Entscheidungsregel lautet: Die Alternative mit den niedrigsten Kosten ist vorzuziehen. Der Index (a) kennzeichnet die alte Anlage oder auch die erste Anlage, der Index (n) kennzeichnet die neue Anlage oder auch eine weitere.

(7.1) $K_a \gtreqless K_n$

Differenzierter Kostenvergleich

Für die praktische Verwendung ist eine differenzierte Betrachtung der Kosten erforderlich. So können zum Beispiel Betriebskosten (B) pro Jahr enthalten sein (sie werden unmittelbar durch den Betrieb der Anlage verursacht: z. B. Löhne, Energie-, Werkzeug- und Instandhaltungskosten), ebenso Kosten des Kapitaldienstes (gelegentlich auch Versicherungen und Steuern). Die Kosten des Kapitaldienstes enthalten Abschreibungen [in der Regel als Quotient aus Anschaffungskosten (A) und wirtschaftlicher Nutzungsdauer (t)] und Zinsen auf das eingesetzte Kapital. Geht man von einer

924

gleichmäßigen Freisetzung des investierten Kapitals als Folge kontinuierlichen Nutzenverzehrs (lineare Abschreibung) aus, so ist im Durchschnitt die Hälfte der Anschaffungskosten gebunden und entsprechend zu verzinsen. (i) ist der gewählte Kalkulationszinssatz. Die Vergleichsregel lautet:

$$(7.2) \qquad B_a + \frac{A_a}{t_a} + \frac{i \cdot A_a}{2} \gtrless B_n + \frac{A_n}{t_n} + \frac{i \cdot A_n}{2}.$$

Diese Formel kann durch die Berücksichtigung möglicher Restwerte (R), die am Ende der Lebenszeit der Anlage auftreten, noch modifiziert werden. Es ergibt sich dann die sogenannte „Ingenieurformel":

$$(7.3) \qquad B_a + \frac{A_a - R_a}{t_a} + \frac{i(A_a + R_a)}{2} \gtrless B_n + \frac{A_n - R_n}{t_n} + \frac{i(A_n + R_n)}{2}.$$

Ein auf Basis der Gesamtkosten durchgeführter Kostenvergleich ist nur sinnvoll, wenn alle zu vergleichenden Alternative die gleiche Ausbringung (Produktionsmenge) haben. Oft weisen die Investitionsobjekte jedoch – vor allem, wenn es um den Vergleich „alt – neu" geht – kapazitätsmäßige Unterschiede auf. Bei Unterstellung, daß die unterschiedlichen Kapazitäten jeweils auch ausgenutzt werden, ergibt ein Gesamtkostenvergleich somit keine sinnvollen Resultate. In einem solchen Fall wird ein Stückkostenvergleich notwendig. Dazu sind die für eine bestimmte Ausbringung $(x_a; x_n)$ geschätzten Gesamtkosten durch eben diese Ausbringung zu dividieren.

Stückkostenvergleich

$$(7.4) \qquad \frac{B_a + \frac{A_a}{t_a} + \frac{i \cdot A_a}{2}}{x_a} \gtrless \frac{B_n + \frac{A_n}{t_n} + \frac{i \cdot A_n}{2}}{x_n}$$

In diesem Zusammenhang interessiert den Investor auch, ob die Kostenvorteile einer Investitionsalternative über alle Auslastungsgrade hinweg gelten, oder ob es eine **„kritische Menge"** gibt, bei der sich die Vorteilhaftigkeit der Alternative umkehrt. Es geht also um die Frage: Welches Aggregat arbeitet bei der geplanten Menge (x_p) wirtschaftlicher bzw. **ab welcher Menge kehren sich die Wirtschaftlichkeitsverhältnisse der fraglichen Aggregate um?** Zum Vergleich sind die mit den in Frage kommenden Investitionsobjekten verbundenen Kostenarten in bezüglich der Ausbringungsmenge fixe und variable Bestandteile zu trennen, um die Kostenfunktionen der einzelnen Anlagen zu erstellen. Die Gleichsetzung dieser Funktionen und die Auflösung dieser Gleichungen nach (x) ergeben die kritische Menge (x_k).

Kritische Menge

$$(7.5\,a) \qquad K_a(x) = K_n(x)$$

$$(7.5\,b) \qquad x_k = f\,[K_a(x); K_n(x)].$$

Abbildung 7.9 auf der folgenden Seite zeigt die entsprechende grafische Darstellung.

Bei einem Vergleich „alt – neu" ist neben den Kosten der Investitionsalternativen allerdings auch der Liquidationserlös der alten Anlage zu berücksichtigen. Würde man nur auf der Basis von Kosten entscheiden, dann wäre zum Beispiel der Ersatz eines vor einem Jahr gekauften Kraftfahrzeuges bereits dann zweckmäßig, wenn – bei sonst gleichen Daten – beim Neuwagen der Benzinverbrauch geringer ist. Der Ersatz

Restwert der Altanlage

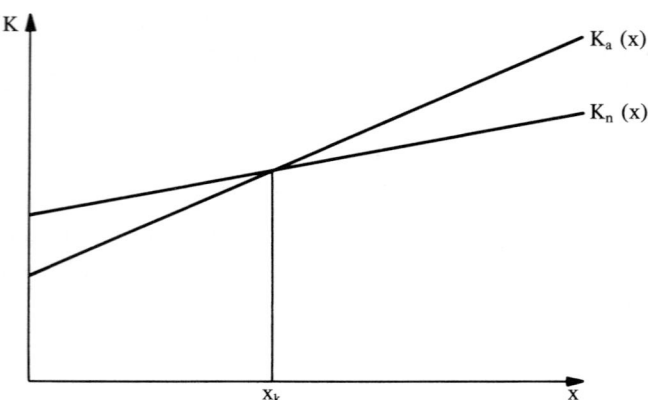

Abbildung 7.9: Grafische Ermittlung der kritischen Menge

erweist sich in Wirklichkeit aber dann als ungünstig, wenn der Liquidationserlös so weit unter dem Restbuchwert liegt, daß dieser Verlust die niedrigeren Kosten des Neuwagens überkompensieren würde. Nur wenn im Betrachtungszeitraum der Restbuchwert und der Liquidationserlös übereinstimmen und in den Folgeperioden in gleichem Maße abnehmen, kann auf Basis des Kostenvergleichs allein entschieden werden.

Gewinn-
vergleich

Anhand von Kostenvergleichen sind Aussagen über die Vorteilhaftigkeit von Investitionsobjekten nur dann möglich, wenn die Erlöse der zu vergleichenden Alternativen übereinstimmen. Ist diese Voraussetzung nicht gegeben, wird die Berücksichtigung der Erlöskomponente und damit ein **Gewinnvergleich** erforderlich. Dies ist zum Beispiel der Fall, wenn unterschiedliche Ausbringungsmengen der Investitionsalternativen Preisänderungen auf dem Absatzmarkt hervorrufen.

Der Vergleich erfolgt zwischen dem durchschnittlichen Jahresgewinn vor Durchführung der Investitionsmaßnahme (G_a) und dem geschätzten durchschnittlichen Jahresgewinn nach Durchführung der Investition (G_n). Als Vergleichsgrundlage gilt somit:

(7.6 a) $\qquad G_a \gtrless G_n$

(7.6 b) $\qquad \dfrac{\sum\limits_{j=1}^{t} (E_j - K_j)}{t} \gtrless \dfrac{\sum\limits_{j=t+1}^{t+n} (E_j - K_j)}{n}$

Die Entscheidungsregel lautet: Wähle die Alternative, die den im Durchschnitt höheren Jahresgewinn erwirtschaftet.

Die Formel (7.6 b) kennzeichnet auf der linken Seite die Erlös- und Kostensituation der Unternehmung bis zum Investitionszeitpunkt (t) und rechts die Situation vom Investitionszeitpunkt bis zum Zeitpunkt (t + n), wobei (n) die Nutzungsdauer der neuen Anlage darstellt. In der Regel wird aus Vereinfachungsgründen nur der Gewinn

926

der Periode $(t + 1)$ mit dem Durchschnittsgewinn der vorausgehenden Periode verglichen, da die Schätzung der weiter in der Zukunft liegenden Gewinne mit zu großer Unsicherheit verbunden ist. Die Definitionsgleichung für (G_n) lautet dann:

(7.6c) $\quad\quad G_n = E_{t+1} - K_{t+1}$

Die Ergebnisse der Kosten- und Gewinnvergleichsrechnung besagen nichts über die Verzinsung des eingesetzten Kapitals. In vielen Fällen wird die Unternehmung aber weniger an einer Kosteneinsparung oder an der Höhe des absoluten Gewinns interessiert sein als vielmehr an dem **Verhältnis zwischen Gewinn und eingesetztem Kapital.** Dem ökonomischen Prinzip entsprechend wird die Alternative gewählt, bei der dieses Verhältnis am günstigsten ist. Sehr oft werden nicht nur verschiedene Aggregate gleicher Funktion (z. B. Lastkraftwagen unterschiedlicher Fabrikate) miteinander konkurrieren, sondern auch – besonders im Falle der Erweiterungs- oder Diversifizierungsinvestitionen – unterschiedliche Aggregate mit unterschiedlicher Funktion und unterschiedlichem Kapitaleinsatz. In der Praxis wird als Entscheidungshilfe bei derartigen Investitionsproblemen im Regelfall die Rentabilitätsrechnung herangezogen. Die Rentabilitätsrechnung wird häufig einperiodig durchgeführt, das heißt es wird nur die erste Periode der geplanten Investition untersucht. Die Rentabilität ergibt sich dann als Quotient aus erwartetem Gewinn der ersten Periode und Kapitaleinsatz.

Rentabilitäts-vergleich

Die Entscheidungsregel lautet: Wähle die Alternative mit der größten Rentabilität.

Es gilt also die Vergleichsformel:

$$(7.7) \quad\quad \frac{E_a - K_a}{A_a} \gtrless \frac{E_n - K_n}{A_n}$$

Teilweise wird auch vorgeschlagen, den Gewinn nicht auf das Anfangskapital, sondern auf das durchschnittlich gebundene Kapital zu beziehen. Dadurch erhöht sich zwar die errechnete Rendite aller Investitionsalternativen, die Reihenfolge ihrer Vorteilhaftigkeit ändert sich bei gleicher Nutzungsdauer und bei gleichem Verlauf der Kapitalfreisetzung jedoch nicht.

Eine gewisse Verfeinerung können die Gewinn- und Rentabilitätsvergleichsrechnung auch bei Berücksichtigung von Beschäftigungsgradvariationen erfahren. Wenngleich diese Art der Investitionsrechnung als vorteilhafter als die Kostenvergleichsrechnung bezeichnet werden kann, so müssen doch auch hier die erheblichen Einwendungen wiederholt werden, die nahezu alle teilzielorientierten Verfahren betreffen. Wiederum handelt es sich um eine kurzfristige Betrachtungsweise, die zugleich statisch ist. Bereits realisierte Gewinne werden in der Gewinnvergleichsrechnung mit Zukunftsgewinnen verglichen. Weiter kann eingewendet werden, daß – wie bei den vorher gezeigten Verfahren – gegen den Grundsatz der Vollständigkeit der Alternativenformulierung verstoßen wird, wenn die zu vergleichenden Alternativen sich im Kapitaleinsatz beziehungsweise in der Kapitalbindung unterscheiden.

Einschrän-kungen der Gewinn- und Rentabilitäts-vergleichs-rechnung

Zu den teilzielorientierten Verfahren der Investitionsrechnung wird auch die Pay-off-Methode gezählt. Dieses Investitionsrechnungsverfahren wird auch als „pay-

Amortisa-tionsrechnung

back-Methode", „Amortisationsrechung" oder „Methode der Liquidationsgrenze" bezeichnet. Die pay-off-Methode ist besonders an der Zielsetzung „Sicherheit" ausgerichtet. Den Ausgangspunkt bildet die Frage nach dem **Wiedergewinnungszeitraum des Kapitaleinsatzes.** Zu ermitteln ist also der Zeitraum (t_p), in dem das eingesetzte Anfangskapital wieder zurückgeflossen ist.

Die Entscheidungsregel lautet: Ist die effektive Amortisationszeit (t_p) kleiner als die vom Entscheidungsträger als maximal zulässig angesehene Amortisationszeit (t_a), so ist die Investition vorteilhaft.

(7.8) $\qquad t_p < t_a$

Die eingesetzten Mittel fließen der Unternehmung „schneller als erwartet" zu; das heißt nach den subjektiven Sicherheitsvorstellungen des Entscheidungsträgers liegt die Investition in einem Bereich, der das Risiko für die Wiedergewinnung des eingesetzten Kapitals in autonom festgelegten Grenzen hält.

Cash-flow-Version

Die pay-off-Rechnung kann in verschiedenen Varianten durchgeführt werden. Zwei davon sollen im folgenden betrachtet werden: In der ersten Version wird die pay-off-Periode auf der Basis der Erfolgsgröße Erlöse abzüglich Betriebskosten (E–B) der nächsten Periode(n) – also gewissermaßen auf der Basis des **Cash-flow** des Aggregats – errechnet. Mit Hilfe der Gewinnschwellenanalyse läßt sich dieses Vorgehen für eine Anlage in einfacher Weise grafisch darstellen (vgl. Abbildung 7.10).

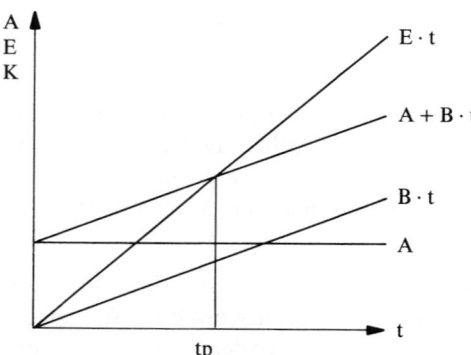

Abbildung 7.10: Gewinnschwellenanalyse bei der pay-off-Methode

Die Maschine hat sich amortisiert, wenn die Erlöse gleich der Summe aus Anschaffungs- und Betriebskosten sind.

(7.9) $\qquad A + B \cdot t = E \cdot t$

Daraus ergibt sich die Amortisationszeit (t_p):

(7.10) $\qquad t_p = \dfrac{A}{E - B}$

928

Statt der **durchschnittlichen Rückflüsse pro Periode** können, soweit Informationen hierüber vorliegen, auch die **tatsächlichen Rückflüsse der Folgeperioden** herangezogen werden. Diese sind dann aufzuaddieren, bis der Betrag von A erreicht ist. Die Zahl der benötigten Jahresrückflüsse ergibt die Amortisationszeit. Eine solche Vorgehensweise ist erforderlich, wenn erhebliche Schwankungen der jährlichen Rückflüsse zu erwarten sind.

Die Cash-flow-Version ist besonders bei Neu- und Erweiterungsinvestitionen geeignet, da sie keine Vergleichswerte für Erlöse und Kosten benötigt, sondern „nur" die Festlegung der Entscheidungsregel verlangt. Wie bei der Gewinn- und der Rentabilitätsvergleichsrechnung, so ist auch bei dieser Variante der pay-off-Rechnung die Schwierigkeit der Erlös- bzw. Gewinnzurechnung gegeben, wenn es sich nicht um eine völlig isolierte Investition handelt. **Die zweite Variante der pay-off-Methode umgeht dieses Problem weitgehend, da sie von der Kostenersparnis ausgeht.** Allerdings können sich auch hier Zurechnungsschwierigkeiten ergeben. Ausgangspunkt für die Bestimmung der Amortisationszeit bilden die Formeln der Kostenvergleichsrechnung. Die jährliche Kostenersparnis (K_e) der neuen Anlage gegenüber der alten Anlage ist dabei entscheidend für die Amortisationsdauer. Der Quotient aus Anschaffungskosten (A_n) und Kostenersparnis ergibt dann die Amortisationszeit (t_p). *Kostenersparnis-Version*

$$(7.11) \qquad t_p = \frac{A_n}{K_e}.$$

Zu beachten ist, daß diese Version einen Kostenvergleich zur Ermittlung von (t_p) erfordert. Da bei Neuinvestitionen häufig der Vergleichsmaßstab fehlt, kommt diese Variante der pay-off-Rechnung in erster Linie nur für Ersatzinvestitionen in Frage.

Das pay-off-Verfahren ist eine Faustregel, mit der ein Versuch zur Minderung der Gefahren, die aus der Unsicherheit der Zukunft resultieren, unternommen wird. Ihr liegt der Gedanke zugrunde, daß die Unsicherheit mit der Ausdehnung des Planungshorizonts steigt. Eine Investition, die sich schnell amortisiert, ist insofern „übersichtlicher" und den Unwägbarkeiten der zukünftigen Entwicklung weniger ausgesetzt. In diesem Sinne läßt sich die pay-off-Periode als Maß des Wagnisses oder der Elastizität einer Investition bezeichnen. Um seinem Sicherheits- und Elastizitätsstreben Rechnung zu tragen, hat der Entscheidungsträger die gewünschte pay-off-Periode (t_a) festzulegen. Die Amortisation des Kapitaleinsatzes gewährleistet jedoch nicht die Aufrechterhaltung der Liquidität während der Kapitalbindungsdauer. *Interpretation der pay-off-Methode*

Die pay-off-Rechnung stellt auf einen Zeitpunkt, nicht auf den Investitionsprozeß ab. Abbildung 7.10 zeigt deutlich, daß für die Entscheidung nur der Schnittpunkt, nicht der Kurvenverlauf relevant ist. Die tatsächliche Nutzungsdauer der Anlagen bleibt ebenfalls völlig außer Betracht. Damit besteht aber die Gefahr einer Unterbewertung der Investitionsobjekte, die erst nach der pay-off-Periode zu einer starken Ertragsentwicklung führen. Da dieser Zeitraum in dem Kalkül unberücksichtigt bleibt, gibt die Methode kein Kriterium zur Beurteilung von Gewinn- und Rentabilitätsmöglichkeiten der Investitionen an. Bedenkt man allerdings, daß nahezu alle unterzielorientierten Verfahren nur die nächste Periode betrachten, so gilt dieser Einwand nicht nur für die pay-off-Rechnung. *Einschränkungen der pay-off-Methode*

<table>
<tr>
<td>Teilzielorien-
tierte Ver-
fahren als
Auswahl-
heuristiken</td>
<td>Die genannten Mängel der teilzielorientierten Investitionsrechnungsverfahren be-
schränken deren Brauchbarkeit in erheblichem Umfang. Dennoch dürfen diese
Verfahren nicht pauschal abgelehnt werden. Sie zeichnen sich durch große Einfachheit
aus und können insofern als brauchbare Auswahlheuristiken betrachtet werden, die
befriedigende Lösungen des Entscheidungsproblems zulassen. Darin ist auch ihre große
Beliebtheit in der Praxis begründet.</td>
</tr>
</table>

Endzielorientierte Verfahren

Als endzielorientierte Investitionsrechenverfahren werden jene Methoden bezeichnet, denen eine Totalbetrachtung der Investition zugrunde liegt. Sie beschreiben die
Konsequenzen von Investitionsalternativen bis zu deren Liquidationszeitpunkten
bzw. bis zu einem Planungshorizont. Der Investitionsvorgang wird als ein mehrperiodiger Prozeß betrachtet.

<table>
<tr>
<td>Zahlungen</td>
<td>Alle mehrperiodigen Verfahren gehen von Einnahmen- und Ausgabenströmen der
jeweiligen Investitionsalternativen aus.</td>
</tr>
<tr>
<td>Zeiten</td>
<td>Für das Rechenergebnis ist nicht nur die absolute Höhe, sondern auch der zeitliche
Anfall der einzelnen Einnahmen und Ausgaben von Bedeutung. Die zu unterschiedlichen
Zeitpunkten anfallenden Einnahmen- und Ausgabenströme müssen „gleichnamig" ge-
macht werden. Diese Notwendigkeit ergibt sich aus der Vorstellung, daß eine Ein-
nahme zum Zeitpunkt $(t + 1)$ einen geringeren Wert besitzt als die gleiche Einnahme</td>
</tr>
<tr>
<td>Zinsen</td>
<td>in (t). Die Wertdifferenz entspricht der Verzinsung. Dies gilt analog für Ausgaben.
Das Verfahren der „Gleichnamigmachung" wird als Diskontierung bezeichnet. Die
Abzinsung der erwarteten Einnahmen und Ausgaben einer Investitionsalternative
auf den Bezugszeitpunkt mit Hilfe eines bestimmten Zinssatzes ergibt den Gegen-
wartswert (Barwert) der Einnahmen und Ausgaben. Der in die Rechnung eingeführte
Diskontierungssatz wird als Kalkulationszinsfuß bezeichnet.</td>
</tr>
</table>

Es zeigt sich somit, daß die endzielorientierten Verfahren in ihrer Konzeption weitgehend mit dem Grundmodell der Investitionsrechnung übereinstimmen. Den Ausgangspunkt bilden die Zahlungsströme, die bis zum Planungshorizont anfallen. Die
bei finanzmathematischen Methoden übliche Abzinsung (Diskontierung) der Zahlungsströme entspricht im Grunde der Aufzinsung beziehungsweise der Fortwälzung
der Rückflüsse bis zum Planungshorizont.

Endzielorientierte Verfahren gehen von der Existenz eines vollkommenen Kapitalmarktes aus; es wird unterstellt, daß finanzielle Mittel zum gleichen Zinssatz aufgenommen und angelegt werden können. Damit wird der Forderung nach einer
vollständigen Alternativenformulierung implizit Rechnung getragen. Es wird angenommen, daß sich freiwerdende Mittel immer zu dem Zinsfuß verzinsen, mit dem in
den einzelnen Verfahren gerechnet wird.

Im folgenden werden die Kapitalwertmethode, die Methode des internen Zinsfußes,
die Annuitätenmethode und die dynamische Amortisationsrechnung kurz dargestellt
(vgl. hierzu auch Bitz 1989, S. 446 ff.).

930

Bei der **Kapitalwertmethode** werden sämtliche mit einer Investition verbundenen Einnahmen (laufende Einnahmen b der n Perioden + Restwert a_n) und Ausgaben (laufende Ausgaben c der n Perioden + Anschaffungswert a_0) auf den Kalkulationszeitpunkt mit einem gegebenen Zinsfuß, dem Kalkulationszinsfuß (r), abgezinst.

Von der Summe der abgezinsten Einnahmen (C_E) wird die Summe der abgezinsten Ausgaben (C_A) subtrahiert. Die Differenz dieser Gegenwartswerte ergibt den Kapitalwert (C_W) der Investition.

Statt dieser „Bruttomethode" werden häufig sofort die Einnahmenüberschüsse ($b_t - c_t$) berechnet und abgezinst.

Nach der Kapitalwertmethode ist eine Investition dann vorteilhaft, wenn der Kapitalwert größer oder gleich 0 ist.

Sind die diskontierten zukünftigen Einnahmen nicht kleiner als die zukünftigen diskontierten Ausgaben, so ist die Investition für sich betrachtet vorteilhaft gegenüber einer anderweitigen Kapitalanlage zum Kalkulationszinsfuß. Sind die diskontierten Einnahmen gleich den diskontierten Ausgaben (Kapitalwert = 0), so erhält der Investor eine Verzinsung in Höhe des Kalkulationszinsfußes. Die Kapitalwertmethode ist in den Gleichungen (7.12)–(7.15) mathematisch zusammengefaßt:

(7.12) $\quad C_W \geq 0$, (Entscheidungsregel)

(7.13) $\quad C_W = C_E - C_A$,

(7.14) $\quad C_E = \sum_{t=1}^{n} \frac{b_t}{(1+r)^t} + \frac{a_n}{(1+r)^n}$

(7.15) $\quad C_A = \sum_{t=1}^{n} \frac{c_t}{(1+r)^t} + a_0.$

Bei einem Kalkulationszinssatz von 10% errechnen sich die Kapitalwerte der beiden im Grundmodell angegebenen Investitionsalternativen A und B (vgl. Abbildung 7.6) wie folgt:

Investition A:

$C_A \qquad : a_0 = 500$

$C_E \qquad : \sum_{t=1}^{3} b_t \cdot \frac{1}{(1+r)^t} = 50 \cdot 0{,}909 + 50 \cdot 0{,}826 + 550 \cdot 0{,}751$

$C_E \qquad = 499{,}80$

$C_E - C_A \qquad = -0{,}2$ (bei exakter Berechnung: 0)

Investition B:

$C_A \qquad : a_0 = 400$

$C_E \qquad : \sum_{t=1}^{3} b_t \cdot \frac{1}{(1+r)^t} = 200 \cdot 0{,}909 + 300 \cdot 0{,}826$

$C_E \qquad = 429{,}6$

$C_E - C_A \qquad = 29{,}6$

Das Beispiel zeigt, daß Alternative B den höheren Kapitalwert aufweist. Alternative B ist somit anders als beim vollständigen Finanzplan in Abbildung 7.7. Alternative A vorzuziehen. Die Kapitalwertmethode geht implizit von der unbegrenzten Aufnahme und Wiederanlage liquider Mittel zum Kalkulationszinsfuß aus (vgl. S. 935), während beim vollständigen Finanzplan tatsächliche Differenzinvestitionen berücksichtigt werden.

Methode des Internen Zinsfußes

Die **Methode des internen Zinsfußes** stellt gewissermaßen die Umkehrung der Kapitalwertmethode dar. Sie geht von denselben Gleichungen (7.14; 7.15) aus, behandelt aber nun den Zinsfuß r als Unbekannte. Es wird gefragt, mit welcher effektiven Rentabilität sich die ursprüngliche Anschaffungsausgabe während der Nutzungsdauer des Investitionsobjektes verzinst. **Der interne Zinsfuß (i) ist jener Zinsfuß, bei dem der Kapitalwert der Investition gleich 0 ist, das heißt bei dem die beiden Zahlungsreihen einander äquivalent sind.** In einer grafischen Darstellung (vgl. Abbildung 7.11) ergibt sich der interne Zinsfuß im Schnittpunkt von Kapitalwertfunktion und Abszisse. Die Kapitalwertfunktion [vgl. (7.12)–(7.15)] zeigt bei gegebenen Zahlungsreihen den funktionalen Zusammenhang zwischen der Höhe des Kapitalwertes (abhängige Variable) und dem Kalkulationszinsfuß (unabhängige Variable). Abbildung 7.11 enthält die Kapitalwertfunktionen zweier Investitionsalternativen A und B.

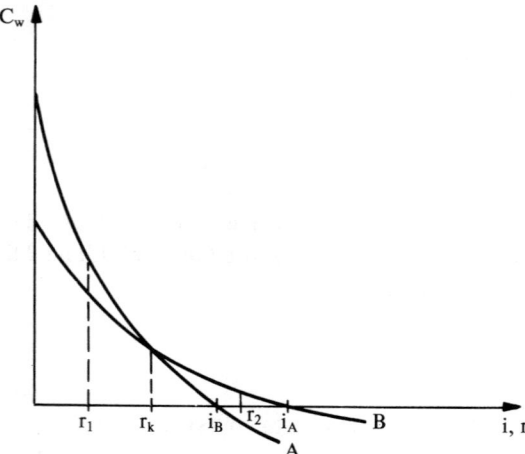

Abbildung 7.11: Kapitalwertfunktionen

Der errechnete interne Zinsfuß (i) muß mit einem gewählten Kalkulationszinsfuß (r) verglichen werden. **Liegt der interne Zinsfuß über dem als Maßstab für die Mindestrentabilität angesetzten Kalkulationszinsfuß, so ist die Investition als vorteilhaft anzusehen.**

Der interne Zinsfuß bringt damit zum einen die Grenzrendite für eine Alternativanlage, zum anderen den Grenzzinssatz für die Aufnahme von Kapital zum Ausdruck.

932

Die interne Zinsfußmethode ist in den Gleichungen (7.16)–(7.19) zusammengefaßt:

(7.16) $\qquad i \gtreqless r$ (Entscheidungsregel)

(7.17) $\qquad C_w = C_E - C_A = 0$

(7.18) $\qquad C_E = \sum_{t=1}^{n} \frac{b_t}{(1+i)^t} + \frac{a_n}{(1+i)^n}$

(7.19) $\qquad C_A = \sum_{t=1}^{n} \frac{c_t}{(1+i)^t} + a_0.$

Soll in Abbildung 7.11 zum Beispiel r_2 als Maßstab der gewünschten Mindestrentabilität gelten, so wird die Alternative B gewählt ($i_A > r_2$). Soll zwischen A und B nur anhand des internen Zinsfußes entschieden werden, fällt die Wahl ebenfalls auf B ($i_A > i_B$).

Die Methode des internen Zinsfußes weist den Nachteil auf, daß die Lösung nicht eindeutig zu sein braucht. Beispiele stellen die folgenden Kapitalwertfunktionen dar: Die Gleichung

$$4 - \frac{10}{1+i} + \frac{6}{(1+i)^2} = 0$$

hat zwei reelle Lösungen

$$(i = \frac{1}{2} \text{ und } i = 0),$$

die Gleichung

$$2 - \frac{4}{1+i} + \frac{3}{(1+i)^2} = 0$$

dagegen keine. Für derartige Gleichungen gibt es also keine eindeutigen internen Zinsfüße. Die meisten Investitionen sind allerdings dadurch gekennzeichnet, daß den anfänglichen Auszahlungen später nur Einzahlungsüberschüsse in den einzelnen Perioden folgen. In diesen praktisch besonders relevanten Fällen gibt es immer nur eine ökonomisch sinnvolle Lösung der Gleichung.

Zur Berechnung des internen Zinsfußes muß gewöhnlich die Auflösung einer Gleichung n-ten Grades nach (i) erfolgen, was bei n > 3 mit Schwierigkeiten verbunden ist. Zur praktischen Erleichterung kann das Verfahren der linearen Interpolation herangezogen werden. Dabei werden durch Probieren zwei Zinsfüße so ausgewählt, daß die zugehörigen Kapitalwerte der Investition einmal positiv und einmal negativ sind. Trägt man die beiden Wertepaare in ein Koordinatensystem ein, so ergibt sich der interne Zinsfuß der Investition aus dem Schnittpunkt der durch die beiden Wertepaare definierten Geraden mit der Abszisse. Hierbei handelt es sich allerdings insofern um eine Näherungslösung, als eine Kapitalwertfunktion t > 1 nicht die Form einer Geraden aufweist. Somit ist die Abweichung zwischen dem durch Interpolieren ermittelten internen Zinsfuß und dem tatsächlichen internen Zinsfuß um so geringer, je kleiner der Abstand zwischen den beiden Wertepaaren gewählt wird.

Für die Alternativen A und B des Grundmodells (vgl. Abbildung 7.6) errechnen sich danach folgende interne Zinsfüße:

Investition A: 10%
Investition B: ⌐15%

Annuitäten-
methode

Der Kapitalwert einer Reihe jährlich gleicher Zahlungen (einer Rente) läßt sich vereinfachend berechnen durch Multiplikation der jährlichen Zahlung mit dem sogenannten **Rentenbarwertfaktor**. Kehrt man diese Beziehung um, berechnet also aus gegebenen Kapitalwerten die ihnen entsprechenden jährlich gleichen Zahlungen, erhält man die Annuitätenmethode. Die Annuitätenmethode ist also eine modifizierte Form der Kapitalwertmethode.

Zur Ermittlung der Annuität werden wie bei der Kapitalwertmethode die Einnahmen- und die Ausgabenreihen zunächst auf den Bezugszeitpunkt abgezinst. Die Umrechnung der Barwerte der Ausgaben und der Einnahmen in gleiche Jahresbeträge (Annuitäten) erfolgt durch Multiplikation der beiden Barwerte mit dem Kehrwert des Rentenbarwertfaktors, dem sogenannten Wiedergewinnungsfaktor (q).

Eine beabsichtigte Investition ist dann vorteilhaft, wenn bei einem gegebenen Kalkulationszinsfuß die durchschnittlichen jährlichen Einnahmen ($E_\emptyset$) größer sind als die durchschnittlichen jährlichen Ausgaben ($A_\emptyset$) oder wenn diese beiden Größen sich zumindest decken.

Die Annuitätenmethode ist in den Gleichungen (7.20)–(7.23) mathematisch zusammengefaßt.

(7.20) $E_\emptyset \gtreqless A_\emptyset$, (Entscheidungsregel)

(7.21) $E_\emptyset = C_E \cdot q$ [vgl. (7.14)],

(7.22) $A_\emptyset = C_A \cdot q$ [vgl. (7.15)],

(7.23) $q = \dfrac{(1+r)^n \cdot r}{(1+r)^n - 1}$

Für die Beispiele des Grundmodells (Planungshorizont 3 Jahre) gilt bei einem Zinssatz von 10% der Wert q = 0,402. Daraus berechnet sich die Annuität von

Investition A: 0
Investition B: 29,6 · 0,402 = ⌐ 11,9

Dynamische
Amortisa-
tionsrechnung

Ebenfalls an die Kapitalwertmethode angelehnt ist die dynamische Amortisationsrechnung. Im Gegensatz zur statischen Pay-off-Methode werden den Anschaffungsausgaben hier nicht die tatsächlichen Zahlungsströme gegenübergestellt, sondern die Barwerte künftiger Einnahmenüberschüsse für so viele Perioden aufsummiert, bis die Anschaffungsausgaben erreicht sind. Die resultierende Zahl von Perioden ist die dynamische Amortisationsdauer. Sie liegt – wegen der Abzinsung künftiger Zahlungen – immer über der Pay-off-Dauer der statischen Variante.

934

In Theorie und Praxis ist strittig, welches der dargestellten Verfahren das zweckmäßigste sei. Würden alle Verfahren bei gleicher Struktur der Zahlungsströme zum gleichen Ergebnis führen, wäre der Streit wohl müßig; die Wahl fiele auf das einfachste Verfahren. Für die Kapitalwertmethode sprächen die einfachere Berechnung und das eindeutige Ergebnis, für die Methode des internen Zinsfußes die anschauliche Zielgröße (Rentabilität statt der abstrakten Überschußgröße „Kapitalwert").

Vergleich der endzielorientierten Verfahren

Bei der Beurteilung der Vorteilhaftigkeit einer Einzelinvestition kommen die Verfahren in der Tat zum gleichen Ergebnis; das heißt eine Investition erweist sich nach allen Methoden als vorteilhaft bzw. nicht vorteilhaft. Dies gilt jedoch nicht mehr beim Vergleich mehrerer Investitionsalternativen. **Bei drei oder mehr Alternativen ist es sogar möglich, daß jedes Verfahren zu einer anderen Rangfolge der Alternativen führt.** Dies ist auf die unterschiedlichen, den Verfahren zugrunde liegenden Prämissen zurückzuführen.

Unterschiedliche Ergebnisse zwischen Kapitalwertmethode und Annuitätenmethode überraschen, da ja die Annuitäten aus der Multiplikation der Kapitalwerte mit dem Wiedergewinnungsfaktor errechnet werden. Die Erklärung hierfür ist, daß unterschiedliche Nutzungsdauern auch unterschiedliche Wiedergewinnungsfaktoren zur Folge haben. Bei Beachtung der Forderung nach vollständiger Alternativenformulierung müßte jedoch für alle Investitionen der gleiche Zeitraum angesetzt werden. In diesem Fall liefern beide Methoden gleiche Ergebnisse.

Kapitalwert-Annuität

Ursächlich für die Divergenzen zwischen Kapitalwertmethode und Methode des internen Zinsfußes sind die **unterschiedlichen Prämissen hinsichtlich der Verzinsung freiwerdender Mittel.** So impliziert die Kapitalwertmethode, daß freiwerdende Mittel zum Kalkulationszinsfuß wiederangelegt werden. Bei der Methode des internen Zinsfußes wird dagegen eine Wiederanlage zum internen Zins, das heißt der Rendite der Investition unterstellt.

Kapitalwert-interner Zins

Die Wiederanlageprämisse der Methode des internen Zinsfußes ist auch hauptsächlicher Kritikpunkt des Verfahrens. Es spricht wenig dafür, daß sich in jeder Periode Wiederanlagemöglichkeiten der freiwerdenden Mittel ergeben, deren Verzinsung jener der Investition entspricht. Dies ist allenfalls dann der Fall, wenn man von reinen Finanzinvestitionen mit beliebiger Wiederholbarkeit ausgeht.

Um diese Schwäche der Methode des internen Zinsfußes auszumerzen, ist (in mehreren Varianten) die Sollzinssatzmethode entwickelt worden. Sie arbeitet bei der Wiederanlage freiwerdender Mittel mit dem exogen gegebenen Kalkulationszinsfuß, so daß der resultierende interne Zinsfuß den Grenzzinssatz für Kapitalaufnahmen korrekt wiedergibt. Die Varianten unterscheiden sich darin, ob mit den Rückflüssen aufgenommene Kredite zu tilgen sind (Kontensaldierungsgebot) oder ob Einnahmen voll zum Kalkulationszins anzulegen und Anschaffungsausgaben während der gesamten Nutzungsdauer zum internen Zinsfuß zu verzinsen sind (Kontensaldierungsverbot).

Sollzinssatzmethode

Bei allen Investitionsrechenverfahren, in denen ein Kalkulationszinsfuß Berücksichtigung findet, ergibt sich das Problem, den „richtigen" Kalkulationszinsfuß zu ermitteln.

Die entscheidungstheoretische Betrachtungsweise bringt eine gewisse Klärung dieses Problems. **Grundsätzlich ist darauf hinzuweisen, daß der Kalkulationszinsfuß zwei**

Funktionen zu erfüllen hat: die Verrechnungsfunktion und die Lenkungsfunktion. Die rechentechnische Funktion das Kalkulationszinsfußes ist darin zu sehen, daß er die zeitlichen Unterschiede im Anfall der Ausgaben und Einnahmen synchronisiert und damit vergleichbar macht. **Die unterschiedliche zeitliche Wirkung der Zahlungsströme soll über eine Ab- oder Aufzinsung auf einen gemeinsamen Kalkulationszeitpunkt ausgeschaltet werden.** Durch dieses Vorgehen werden die Zahlungen gleichnamig und addierbar gemacht, so daß sich aus dem diskontierten Wert Gewinn- oder Rentabilitätsgrößen ableiten lassen. Abzinsung oder Aufzinsung stellen eine besondere Art der Bewertung der monetären Konsequenzen von Investitionsalternativen dar. Die Notwendigkeit dieser Bewertung wird mit dem auf Böhm-Bawerk (1902) zurückgehenden Gesetz der „Minderschätzung zukünftiger Bedürfnisse" begründet. Zeitlich später liegende Einnahmen sind weniger wert als solche, die eher anfallen. Ausgaben, die später fällig werden, wiegen nach dieser Ansicht ebenfalls weniger. In diesem Sinne ist der Kalkulationszinsfuß der Preis für die Zeitpräferenz in der Verfügung über liquide Mittel.

Die Frage nach der **Höhe des Kalkulationszinsfußes** berührt unmittelbar dessen Lenkungsfunktion. Seine Höhe ist für die Lösung des Allokationsproblems bestimmend, das heißt für die Verteilung knapper Mittel auf die verschiedenen Verwendungsmöglichkeiten. Die Verteilung des Geldkapitals auf die verschiedenen Investitionsobjekte soll so erfolgen, daß der Beitrag zur Erreichung der unternehmerischen Zielsetzung am größten ist. **Die Höhe des Kalkulationszinsfußes ist zum Zwecke der Erfüllung der Lenkungsfunktion vom Zielsystem des Industriebetriebes abhängig.**

Bei Vorliegen eines vollkommenen Kapitalmarktes und sicheren Erwartungen bereitet die Bestimmung des Kalkulationszinsfußes keine Probleme: Der Marktzins ist bekannt und dient als Maßstab für die Vorteilhaftigkeit von Investitionen. Im Regelfall, das heißt bei unvollkommenem Kapitalmarkt sowie bei unsicheren Erwartungen, gestaltet sich die Wahl des Kalkulationszinsfußes allerdings wesentlich schwieriger.

In der Literatur finden sich unterschiedliche Auffassungen bezüglich der Wahl des Kalkulationszinsfußes unter solchen Gegebenheiten. Beispielsweise wird vorgeschlagen, den Kalkulationszinsfuß nach den Kosten für Fremd- und Eigenkapital zu bestimmen oder an der Durchschnittsrendite des investierenden Unternehmens beziehungsweise der Branche auszurichten. Ohne weitere Diskussion dieser Vorschläge sei darauf hingewiesen, daß sie die Abhängigkeit des Kalkulationszinsfußes vom Zielsystem des Entscheidungsträgers sowie von den Begrenzungsfaktoren des Entscheidungsfeldes nicht in vollem Umfang berücksichtigen. Sie sind vielmehr auf spezifische Situationen abgestellt, die der Fülle realer Möglichkeiten nicht immer Rechnung tragen.

Auf die Bestimmung eines risikoangepaßten Zinssatzes bei Entscheidungen unter Unsicherheit, aber Annahme von (weitgehend) vollkommenen Kapitalmärkten wird später (vgl. S. 964) noch einzugehen sein.

Berücksichtigung von Steuern und Subventionen

Die Notwendigkeit der Einbeziehung von Steuern in die Vorteilhaftigkeitsbeurteilung von Investitionsprojekten ist darin begründet, daß sich dadurch die Vorteilhaftigkeit von Einzelinvestitionen umkehren oder bei Wahlentscheidungen die Reihenfolge der Alternativen wechseln kann.

Berücksichtigung der Steuerwirkungen

Die Berücksichtigung der Steuern in der Investitionsrechnung hat sowohl Auswirkungen auf die Struktur der Zahlungsströme als auch auf die Höhe des Kalkulationszinsfußes.

Die gewinnunabhängigen Steuern (Verbrauch-, Substanz- Verkehrsteuern) stellen für die Unternehmen Auszahlungen dar. Die einem Investitionsprojekt zuzurechnenden Steuern sind daher in der Investitionsrechnung in den Perioden, in denen sie anfallen, als Auszahlungen zu berücksichtigen. Die Erfassung und Verrechnung der gewinnunabhängigen Steuern bereiten im allgemeinen keine besonderen Probleme.

Gewinnunabhängige Steuern

Wesentlich schwieriger gestaltet sich dagegen die Erfassung der Erfolgsteuerzahlungen. Bemessungsgrundlage für die Erfolgsteuerbelastung ist nicht der Zahlungsüberschuß einer Unternehmung vor Berücksichtigung der Steuerzahlungen, sondern der nach steuerlichen Grundsätzen ermittelte Periodengewinn. Beide Größen unterscheiden sich im Regelfall erheblich. Aufgrund der Vielzahl der Gründe, die eine solche Abweichung hervorrufen, ist es wenig sinnvoll, zu versuchen, in der Investitionsrechnung alle steuerlichen Vorschriften zur Ermittlung der Steuerbemessungsgrundlage zu berücksichtigen. Im allgemeinen erscheint es ausreichend, zur Ermittlung der Steuerbelastung die Periodenüberschüsse um die steuerlich zulässigen Abschreibungen zu kürzen. Unterscheiden sich Restbuchwert und Restverkaufserlös, so ist zusätzlich die Steuerbelastung des Veräußerungsgewinns bzw. die Steuerersparnis bei Veräußerungsverlust zu berücksichtigen.

Erfolgssteuern

Erhebliche Schwierigkeiten bereitet auch die Bestimmung des relevanten Steuersatzes. Während bei Kapitalgesellschaften ein gespaltener Körperschaftsteuersatz zu berücksichtigen ist, ist bei Personengesellschaften die Steuerprogression der einzelnen Mitunternehmer zu schätzen. Im Regelfall wird man sich dabei mit pauschalen Annahmen über die Höhe des relevanten Steuersatzes begnügen müssen.

Steuersatz

Da die alternativen Anlagemöglichkeiten ebenfalls der Besteuerung unterliegen, ist auch eine Korrektur des Kalkulationszinssatzes erforderlich. Die bei Durchführung eines Investitionsprojektes entgangenen Gewinne der unterlassenen Alternative verringern sich um deren Steuerbelastung. Der Kalkulationszinsfuß nach Steuern r* errechnet sich bei einem Steuerprozentsatz s nach folgender Gleichung:

Korrektur des Kalkulationszinssatzes

(7.24) $r^* = r \cdot (1 - \frac{s}{100})$

937

Die Verringerung des Kalkulationszinssatzes nach Steuern ist unter anderem Ursache dafür, daß sich die Vorteilhaftigkeit einer Investition durch die Berücksichtigung ihrer Steuerwirkungen umkehren kann (**„Steuerparadoxon"**).

Nach Einbeziehung der aufgeführten Steuerwirkungen hat die Kapitalwertfunktion folgendes Aussehen:

$$(7.25) \qquad C_w = - a_0 + \sum_{t=1}^{n} [\ddot{u}_t - \frac{s}{100}(\ddot{u}_t - d_t)] \cdot (1 + r^*)^{-t}$$

$\ddot{u}_1$ = Zahlungsüberschüsse der Periode t
s = Steuersatz in Prozent
d_t = Abschreibungsbetrag der Investition in Periode t
a_0 = Anschaffungsauszahlung

In der Literatur werden daneben weitere Möglichkeiten (vgl. z. B. Franke/Hax 1990) erörtert, Steuern in der Investitionsrechnung zu berücksichtigen. Verschiedentlich wird auch vorgeschlagen, die Steuerwirkungen ausschließlich durch eine entsprechende Festlegung des Kalkulationszinssatzes zu erfassen. Neben einer Verminderung des Kalkulationszinsfußes wird bisweilen auch eine Erhöhung desselben gefordert, da vor Steuern mehr verdient werden müsse, um nach Steuern eine bestimmte Rendite zu erzielen. Diese Argumentation ist allerdings nur haltbar, wenn der Unternehmung tatsächlich eine entsprechende (steuerbefreite) Anlagealternative zur Verfügung steht. Eine solchermaßen vereinfachte Erfassung der Steuern durch die bloße Variation des Kalkulationszinsfußes wird den realen Gegebenheiten nur sehr bedingt gerecht, da die Veränderungen der Struktur der Zahlungsströme völlig vernachlässigt werden.

Berücksichti-
gung von
Subventionen

In analoger Weise wie Steuern sind Subventionen in der Investitionsrechnung zu berücksichtigen. Öffentliche Investitionshilfen wirken in sehr unterschiedlicher Weise auf die Zahlungsströme einer Investition. **Investitionszulagen** reduzieren die notwendigen Anschaffungsausgaben, **Abschreibungsvergünstigungen** verschieben Aufwand in frühere Perioden und führen somit dort zu niedrigeren Steuerzahlungen, die in späteren Perioden kompensiert werden. **Zinsverbilligte Kredite** führen zu niedrigeren Zinsausgaben. Wenn die Alternativanlagen subventionsbegünstigt sind, bedarf es keiner Korrektur des Kalkulationszinssatzes.

c) Entscheidungen über Nutzungsdauer und Ersatzzeitpunkt

Zur Bestimmung des Kapitalwerts einer Zahlungsreihe ist die Zeitdauer zu ermitteln, in der die beabsichtigte Investition genutzt wird. Dabei stellt sich die Frage nach der optimalen Verwendungsdauer, entweder bevor die Investition durchgeführt wird (Nutzungsdauer), oder nachdem die Investition getätigt wurde (Ersatzzeitpunkt). Zunächst sei die Nutzungsdauerentscheidung am Beispiel einer einmaligen Investition erläutert.

Die optimale Nutzungsdauer gibt ex ante an, wie lange ein noch nicht realisiertes Investitionsobjekt vorteilhaft zu nutzen ist. Als Methode dient das Kapitalwertverfahren, da Kapitalwert und Investitionsdauer in ein und demselben Rechenverfahren berechnet werden. Deshalb wird der Kapitalwert für alternative Nutzungsdauern (eine Periode, zwei Perioden, ..., n Perioden) berechnet. **Das nutzungsdauerabhängige Kapitalwertmaximum ist erreicht, wenn der zeitliche Grenzgewinn (G$_t$) Null ist und sich im Zeitablauf nachhaltig negativ entwickelt.** Vereinfacht berechnet sich der zeitliche Grenzgewinn (G$_t$) einer Periode aus dem laufenden Einnahmeüberschuß der t-ten Periode (b$_t$) und dem Restverkaufserlös nach dieser Periode (a$_t$) abzüglich des zu Ende der (t-1)ten Periode erzielbaren Resterlöses und dessen einperiodiger

Optimale Nutzungs-dauer

$$(7.26) \qquad G_t = b_t + a_t - (1+r) \cdot a_{t-1}$$

Eine weitere Nutzung lohnt also, soweit gilt:

$$(7.27) \qquad b_t + a_t > (1+r) \cdot a_{t-1}$$

Falls auf negative zeitliche Grenzgewinne positive Grenzgewinne folgen, ist zu prüfen, ob der positive Grenzgewinn den negativen ausgleicht. Zu diesem Zweck sind die verschiedenperiodigen Grenzgewinne auf einen einheitlichen Bezugspunkt (i. d. R. t$_o$) zu diskontieren.

$$(7.28) \qquad \frac{b_t + a_t}{(1+r)^t} = \frac{(1+r) \cdot a_{t-1}}{(1+r)^t}$$

Bei einem Planungszeitraum von t = 5 Perioden und einem Kalkulationszinsfuß von 10% errechnet sich die Nutzungsdauer n für die angegebene Zahlungsreihe wie folgt:

t	0	1	2	3	4	5
Anschaffungswert	– 500					
lfd. Einnahmeüberschuß		300	250	50	100	50
Nutzungsdauerabhängige Restwerte	500	300	200	150	100	50
Nutzungsdauerabhängiger Grenzgewinn je Periode		50	120	– 20	35	– 10
Grenzgewinn abgezinst		45,5	99,2	– 15,1	23,9	– 6,2

Die optimale Nutzungsdauer beträgt im Beispiel vier Perioden, denn der abgezinste negative Grenzertrag in Periode 3 wird durch den positiven Betrag von 23,9 DM in Periode 4 überkompensiert.

Sehr häufig plant der Unternehmer nicht isolierte Investitionen, sondern Investitionsketten, also sukzessiv durchzuführende Investitionen. Dabei können der Planungszeitraum als endlich oder unendlich und die Projekte als identisch oder nicht identisch angenommen werden.

Bei Annahme einer nicht-identischen Investitionskette und endlichem Planungszeitraum ergibt sich meist eine Vielzahl von Investitionskombinationen, die sich in Entscheidungsbäumen darstellen lassen. Nur die vollständige Enumeration (Betrachtung) der denkbaren Alternativen gibt Aufschluß über das Programm von Projekten und Nutzungsdauern, bei dem das Kapitalwertmaximum realisiert wird. Mit zunehmender Anzahl der Planungsperioden wächst die Anzahl der Alternativen jedoch überproportional, daher bieten sich zur Lösung derartiger Fragestellungen Methoden des Operations Research (z. B. dynamische Programmierung) an.

Unterstellt man eine identische, unendlich häufige Wiederholung, ist die nutzungsdauerabhängige Investitionskette zu realisieren, die den größten Kapitalwert erreicht. Der Kapitalwert der gesamten Kette repräsentiert die addierten Kapitalwerte der einzelnen Kettenglieder. Da annahmegemäß die Kettenglieder bzw. deren Kapitalwerte identisch sind, entsteht eine geometrische Reihe.

$$(7.29) \qquad Cw_R = Cw_1 + \frac{Cw_1}{(1+r)^n} + \frac{Cw_1}{(1+r)^{2n}} \cdots + \frac{Cw_1}{(1+r)^{\infty n}}$$

Die Summe dieser Reihe ist

$$(7.30) \qquad Cw_R = Cw_1 \cdot \frac{1}{1 - \dfrac{1}{(1+r)^n}}$$

bzw. bei Erweiterung um $(1+r)^n$

$$(7.30\,a) \qquad Cw_R = Cw_1 \cdot \frac{(1+r)^n}{(1+r)^n - 1}$$

Der Bruch entspricht dem Annuitätenfaktor w, geteilt durch den Zins r. Damit läßt sich auch schreiben:

$$(7.31) \qquad Cw_R = \frac{w \cdot Cw_1}{r}$$

Im Vergleich zur einmaligen Investition verkürzt sich die Nutzungsdauer. Zudem ergibt sich für die Nutzungsdauer der einzelnen Kettenglieder jeweils die gleiche optimale Nutzungsdauer, da die Verzinsung des Kapitalwertes des Folgeprojekts unter Annahme des unendlichen Planungshorizonts den gleichen Betrag ergibt.

Ist bei identischen Projekten der Planungszeitraum endlich, folgt also der Erstinvestition eine begrenzte Zahl weiterer Investitionen mit dem gleichen Kapitalwert, tritt ein häufig als **„Gesetz der Ersatzinvestition"** bezeichnetes Phänomen auf: **Die optimale Nutzungsdauer jeder Anlage ist länger als die ihrer Vorgängerin und kürzer als die der Nachfolgeinvestition.** Der Grund dafür ist, daß die Nutzungsdauer dann beendet ist, wenn der zeitliche Grenzgewinn der Erstanlage dem Gewinnzuwachs der folgenden Investition entspricht, auf den bei Nutzung der Erstanlage um eine weitere Periode verzichtet wird. Der somit entgangene Gewinn ist die Verzinsung des Kapitalwerts aller Folgeinvestitionen. Je weniger Kettenglieder folgen, desto weniger muß eine längere Nutzung der Erstanlage „verdrängen", desto länger wird also ihre optimale Nutzungsdauer.

Während des Gebrauchs der Anlage muß geprüft werden, ob es vorteilhaft ist, sie vor dem Ende der geplanten Nutzungsdauer durch eine evtl. leistungsfähigere zu ersetzen. Der Investor hat somit zwei Alternativen, entweder den Ersatz der alten Anlage zum gegenwärtigen Zeitpunkt oder den Weiterbetrieb um eine Periode, nach deren Ablauf sich die Abwägung wiederholt. *Ersatz-* *zeitpunkt*

Bei der Betrachtung einmaliger Investitionen existiert kein Ersatzproblem. Handelt es sich um mehrmalige Investitionen bei endlichem Planungszeitraum, wird das vorher bei der Nutzungsdauer besprochene Verfahren der vollständigen Enumeration den Anforderungen gerecht. Dementsprechend sind die Zahlungsreihen der Ersatzstrategien zu ermitteln.

Unter der Voraussetzung unendlicher, identischer Investitionsketten wird derjenige Ersatzzeitpunkt gesucht, bei dem der größte positive Kapitalwert aus der alten Investition und der neuen Anlage realisiert wird. **Der Ersatz lohnt sich, wenn der Kapitalwert Cw_R der Investitionskette bei sofortigem Ersatz größer ist als der Kapitalwert der Kette, wenn der Ersatz um eine Periode verzögert erfolgt.** Dieser ist definiert als diskontierter zeitlicher Grenzgewinn der alten Anlage G_t für die laufende Periode plus dem Kapitalwert der Ersatzinvestitionen Cw_R, um eine Periode abgezinst.

Der Ersatz ist gerechtfertigt, sobald:

(7.32) $$Cw_R > \frac{G_t + Cw_R}{1 + r}$$

oder umgeformt

(7.32a) $r \cdot Cw_R > G_t$ gilt.

Wegen $Cw_R = Cw_1 \cdot \dfrac{w}{r}$

gilt auch

(7.33) $w \cdot Cw_1 > G_t$

In der Periode, in der der zeitliche „Durchschnittsgewinn der Ersatzanlage" $w \cdot Cw_1$ (Annuität des Kapitalwerts eines Projekts bzw. Zinsen auf den Kapitalwert der Kettenglieder) größer ist als der zeitliche Grenzgewinn der alten Anlage, empfiehlt sich der Ersatz der alten Anlage.

d) Berücksichtigung nicht-monetärer Ziele

Bei den „klassischen" Investitionsrechnungsverfahren erfolgt eine Beschränkung auf die Zielsetzung des Kapitalgebers: „Maximierung des finanziellen Wohlstandes." Aspekte nicht-monetärer Art werden vernachlässigt.

Realen Investitionsentscheidungen liegen aber in der Regel mehrere Ziele zugrunde, die teilweise in monetären Größen (z. B. Gewinn, Umsatz) ausgedrückt werden können, teilweise jedoch monetär nicht oder nur mit Schwierigkeiten erfaßbar sind.

Letztere werden im Schrifttum häufig als Imponderabilien, Unwägbarkeiten oder intangible Faktoren bezeichnet. Die Vielfalt solcher Faktoren macht eine abschließende Aufzählung unmöglich. Als Beispiele seien genannt: Macht, Ansehen, Arbeitsmotivation, Sicherung der Arbeitsplätze, Marktanteile, Produktionsflexibilität, Kundendienstqualität, Betriebssicherheit, Bedienungsfreundlichkeit, menschengerechte Gestaltung, Umweltbelastung und ähnliches.

Typisch ist das Auftreten von Mehrfach-Zielsetzungen bei Kollektiventscheidungen (vgl. Teil 1, S. 13 ff.). Hier werden die Investitionsentscheidungen von mehreren Individuen (Gruppen) mit divergierenden Zielvorstellungen getroffen. Dies ist beispielsweise dann der Fall, wenn Arbeitnehmervertreter die Zielvorstellungen der Beschäftigten in den Entscheidungsprozeß einbringen können. Mehrfachzielsetzungen können aber auch bei individuellen Investitionsentscheidungsprozessen auftreten. Dies soll am Beispiel des Kaufs eines Pkw aufgezeigt werden.

Für die Auswahlentscheidung eines Pkw werden in aller Regel nicht nur die durch ihn verursachten Kosten herangezogen, sondern auch der gestiftete Nutzen. Dieser kann, von der Verwendung als Taxi oder Mietwagen einmal abgesehen, nicht monetär erfaßt werden. Typische nicht-monetäre Entscheidungskriterien beim Autokauf sind z. B. Fahreigenschaften (K_1), Komfort (K_2), Sicherheit (K_3), Ausstattung (K_4) und Service (K_5).

Mehrfache (nicht-monetäre) Zielsetzungen lassen sich bei Investitionsentscheidungen in unterschiedlicher Weise berücksichtigen. Eine erste Möglichkeit besteht darin, ein Ziel, z. B. den Endwert (Kapitalwert), zu maximieren und das Anspruchsniveau aller übrigen Ziele in Form von Nebenbedingungen festzulegen. Alternativen, die wenigstens einer der gesetzten Bedingungen nicht genügen, scheiden aus. Der **Vorteil** dieser Vorgehensweise liegt in der relativ **einfachen Handhabung**; als **Nachteil** ist die **Starrheit** zu vermerken. Schon geringes Verletzen einer Nebenbedingung weist eine eventuell bei allen übrigen Kriterien recht vorteilhafte Alternative als unzulässig aus. Es finden also weder das relative Gewicht des einzelnen Zieles noch die Zielerreichungsgrade jenseits der Mindestbedingungen Berücksichtigung.

Diese Schwächen werden durch Nutzen-Kosten-Untersuchungen umgangen. Hierbei geht es darum, die Investitionsalternative zu finden, die unter Beachtung aller relevanten Ziele und ihrer Gewichte insgesamt das günstigste Verhältnis von Kosten und Nutzen aufweist bzw. – bei Konstanz der Kostenseite – den Nutzen maximiert. Dabei sind zwei Verfahren zu unterscheiden.

Kosten-Nutzen-Analysen (KNA) finden vor allem bei Investitionen der öffentlichen Hand Anwendung. **Sie versuchen, die ursprünglich nicht-monetären Größen durch Umwandlung in Geldgrößen rechen- und vergleichbar zu machen.** Die bei der monetären Bewertung nicht-monetärer Größen auftretenden Problemen liegen auf der Hand. Mit Bezug auf das obige Beispiel des Pkw-Kaufs lassen sich unter anderem die Kriterien Komfort und Fahreigenschaften nur schwer in D-Mark ausdrücken. In wenigen Fällen (bei der Erfassung von Schäden) hilft der Ansatz von Vermeidungskosten bzw. Beseitigungskosten weiter (vgl. z. B. Picot 1981 c). Aufgrund dieser Schwierigkeiten soll auf dieses Verfahren nicht weiter eingegangen werden.

942

Die Nutzwert-Analyse (NWA) verzichtet dagegen auf eine monetäre Bewertung nicht-monetärer Größen. Es handelt sich um ein inexaktes Bewertungsverfahren, das vor allem dann zum Zuge kommen kann, wenn sich die Wirkungen einer Investition nicht eindeutig monetär erfassen lassen. Die Normierung und Vergleichbarmachung der Alternativen und ihrer Zielerreichungsgrade erfolgt über die Ermittlung von Nutzwerten. Im folgenden sei das Verfahren in seinen Ablaufschritten kurz beschrieben und jeweils am Beispiel des Pkw-Kaufs erläutert. Sieben Arbeitsschritte sind notwendig (vgl. Rinza/Schmitz 1977):

Nutzwert-Analysen

1. Aufstellung des Zielsystems,
2. Festlegung der Zielgewichte,
3. Aufstellung der Wertetabellen (Wertefunktionen),
4. Bewertung der Alternativen,
5. Berechnung der Nutzwerte und Ermittlung der Rangfolge,
6. Empfindlichkeitsanalyse,
7. Nutzwert-Kosten-Gegenüberstellung.

Schritte der Nutzwert-Analyse

Bei der Aufstellung des Zielsystems ist vor allem darauf zu achten, daß alle relevanten Ziele Berücksichtigung finden, daß diese operational formuliert und überschneidungsfrei gegeneinander abgegrenzt werden. Hierbei können erhebliche Schwierigkeiten auftreten. Eine Bewertung nach mehr als 20 bis 30 Kriterien dürfte in aller Regel nicht möglich sein. Bei Vorliegen einer Vielzahl von Kriterien bietet sich als Ausweg deren Ordnung durch Bildung von Zielhierarchien (Ober-, Unterziele) an. So könnten zum Beispiel dem Zielkriterium „Komfort" die Unterziele „Federung", „Innenraum", Zugänglichkeit des Kofferraums" und „Bedienbarkeit" zugeordnet werden. Überschneidungen sind oft nicht deutlich zu erkennen und nur schwer auszuschließen. So bestehen Zusammenhänge zwischen dem Unterziel „Federung" und den Zielkriterien „Fahreigenschaften" und „Sicherheit".

Aufstellung des Ziel-systems

Für die Festlegung der Zielgewichte werden verschiedene Verfahren vorgeschlagen. Bei wenigen Zielkriterien genügt meist ein einfacher Vergleich. Entweder wird eine bestimmte Punktzahl auf die Ziele entsprechend dem ihnen zugrunde liegenden Gewicht verteilt oder den Zielen werden, ausgehend vom wichtigsten Ziel mit dem Gewicht 1, niedrigere Gewichte zugeordnet. Diese Wichtigkeitsfaktoren werden anschließend in Prozentsätze umgerechnet, die sich auf 100% addieren.

Festlegung der Ziel-gewichte

Einfacher Vergleich

Genauere Ergebnisse erbringt der sukzessive Vergleich. Nach Festlegung einer Rangfolge der Ziele und einer vorläufigen Zuordnung von Gewichtungsfaktoren werden diese Faktoren durch paarweisen Vergleich von Zielkriterien, die in der Rangfolge nebeneinander liegen, korrigiert und endgültig fixiert. Bei einer großen Zahl von Zielkriterien ist eine solche Vorgehensweise jedoch sehr aufwendig. Als Ausweg wird oft das Matrix-Verfahren vorgeschlagen, da hier ein ordinaler Vergleich (wichtiger, gleich wichtig, weniger wichtig) ausreicht. Das Vorgehen ist aus Abbildung 7.12 ersichtlich. In einer Matrix werden die Zielkriterien paarweise miteinander verglichen. Das wichtigere (in der Abbildung fett gedruckte) Kriterium erhält jeweils einen Punkt, das weniger wichtige Kriterium keinen Punkt. Bei gleicher Wichtigkeit wird der Punkt halbiert. Die Rangfolge der Kriterien ergibt sich aus der Summe der auf sie jeweils entfallenden Punkte. Diese Punktzahlen lassen sich anschließend in Prozentzahlen transformieren.

Sukzessiver Vergleich

Matrix-Verfahren

Bewertungskriterien					Spalte I / Zeile K		Ermittlung der Rangfolge	Rang-folge	Punkt-zahl	Gewicht
K_1	K_2	K_3	K_4	K_5						
1	2	3	4	5		K				
$^1/_1$	$^2/1$	$\mathbf{3}/1$	$^4/1$	$^5/1$	1	K_1	$\tfrac{1}{2} + \tfrac{1}{2} + 1 + 0 + 1 + 1$	2	4	26,7
	$^2/_2$	$\mathbf{3}/2$	$^4/\mathbf{2}$	$^5/2$	2	K_2	$0 + \tfrac{1}{2} + \tfrac{1}{2} + 0 + 1 + 1$	3	3	20
		$^3/_3$	$^4/\mathbf{3}$	$^5/\mathbf{3}$	3	K_3	$1 + 1 + \tfrac{1}{2} + \tfrac{1}{2} + 1 + 1$	1	5	33,3
			$^4/_4$	$\mathbf{5}/4$	4	K_4	$0 + 0 + 0 + \tfrac{1}{2} + \tfrac{1}{2} + 0$	5	1	6,7
				$^5/_5$	5	K_5	$0 + 0 + 0 + 1 + \tfrac{1}{2} + \tfrac{1}{2}$	4	2	13,3
									Σ 15	100%

Abbildung 7.12: Matrix-Verfahren der Zielgewichtung

Auf das Pkw-Beispiel angewandt wird Kriterium 3 (Sicherheit) wichtiger eingestuft als alle übrigen Kriterien. Es erhält fünf Punkte und damit ein Gewicht von 33,3%. Das Kriterium 1 (Fahreigenschaften) dominiert alle übrigen Kriterien und erhält so vier Punkte zugeordnet (Gewicht: 26,7%) usw. Hieran zeigt sich auch die Schwäche des Verfahrens: die Punktabstände und Gewichte sind Ergebnisse ordinaler Vergleiche und bringen nicht die tatsächlichen Nutzendifferenzen zum Ausdruck. Ob das Kriterium „Sicherheit" nur knapp oder sehr deutlich den anderen Kriterien vorgezogen wird, ist aus dem Ergebnis nicht zu ersehen.

Wertetabellen und Werte-funktionen Die Aufstellung von Wertetabellen und Wertefunktionen dient der Vereinheitlichung und Vergleichbarmachung der unterschiedlichen Zieldimensionen. Die möglichen Zielerreichungsgrade werden in Nutzwerte umgerechnet. **Mit Wertetabellen lassen sich dabei diskrete Zielausprägungen, mit Wertefunktionen stetige Zielausprägungen transformieren.**

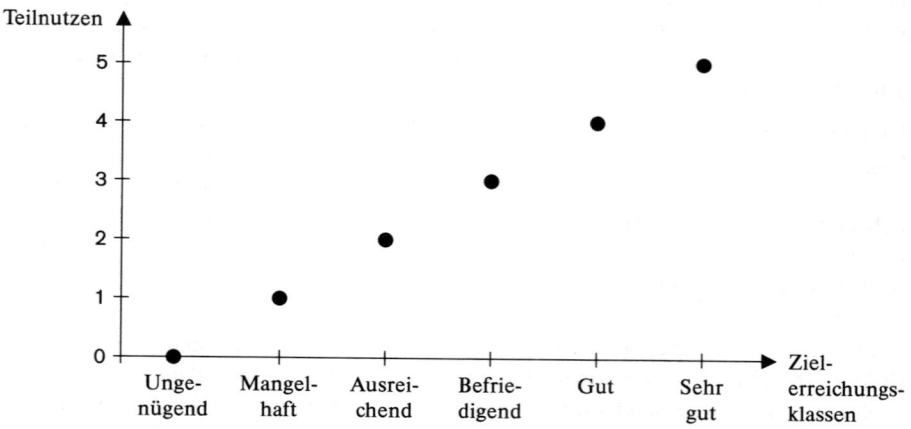

Abbildung 7.13: Wertetabelle

944

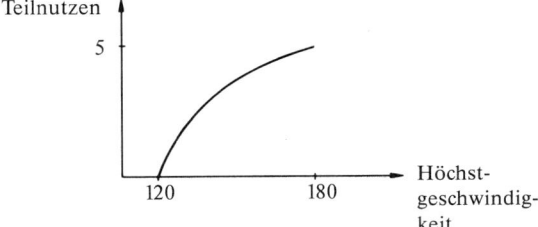

Abbildung 7.14: Wertefunktion

Die Abbildungen 7.13 und 7.14 zeigen Beispiele solcher Tabellen und Funktionsverläufe. Auf die Schwierigkeit, daß bei der Aufstellung von Wertetabellen beziehungsweise Wertefunktionen die möglichen Zielausprägungen vor allem bei nichtquantitativen Zielen nicht gegeben sind, sondern erst definiert werden müssen, sei an dieser Stelle lediglich hingewiesen.

Zur Bewertung der Alternativen bedarf es anschließend noch der Feststellung der Zielausprägungen, ihrer Einordnung in die Wertetabellen beziehungsweise Wertefunktionen sowie der Ermittlung der Teilnutzwerte. Die hierbei auftretenden Probleme verdeutlichen die Zielausprägungen der zwei Pkw-Typen A_1 und A_2 (vgl. Abbildung 7.15). Die Anwendung von Wertefunktionen bei stetigen Zielausprägungen sei hier nicht näher betrachtet.

Bewertung der Alternativen

		A_1		A_2	
	Kriterien	Ausprägung	Note	Ausprägung	Note
K_1	Fahreigenschaften	Sehr gut	Sehr gut	Bei Belastung mäßig, sonst gut	Befriedigend
K_2 K_{21}	Komfort – Federung	Hart	Ausreichend	Angenehm	Gut
K_{22}	– Innenraum	Geräumig	Gut	Hinten eng	Ausreichend
K_{23}	– Kofferraum	Groß	Gut	Groß	Gut
K_{24}	– Bedienbarkeit	Gut	Gut	Einige Hebel weit weg	Befriedigend
K_3	Sicherheit	Knautschzonen	Befriedigend	Sicherheitsglas, Knautschzone	Gut
K_4	Ausstattung	Mäßig	Ausreichend	Reichhaltig	Sehr gut
K_5	Wartung	Gutes Servicenetz, aber teuer	Befriedigend	Wenige Servicestellen	Mangelhaft

Abbildung 7.15: Zielausprägungen

945

Es gilt, die konkreten Zielausprägungen in die gefundene Skalierung einzuordnen; es ist beispielsweise festzulegen, welcher „Note" für Sicherheit das Vorhandensein von Knautschzonen entspricht. Die im Pkw-Beispiel gegebenen Noten sind aus Abbildung 7.15 zu ersehen.

Berechnung der Nutzwerte

Nach diesen Vorarbeiten ist die Berechnung der Nutzwerte und die **Ermittlung der Rangfolge der Alternativen A_i** nur noch ein Rechenproblem: die Teilnutzen (N_{ij}) sind mit ihrem jeweiligen Gewicht g_j zu multiplizieren und über alle Zielkriterien j zu addieren.

$$(7.34) \qquad N_{iges} = \sum_{j=1}^{5} N_{ij} \cdot g_j; \ (i = 1, 2)$$

Im Pkw-Beispiel ergeben sich die in Abbildung 7.16 dargestellten Nutzwerte der Alternativen A_1 und A_2. Pkw A_1 hat somit einen höheren Nutzen als Pkw A_2.

	Ziele	g_j	A_1		A_2	
			N_{1j}	$N_{1j} \cdot g_j$	N_{2j}	$N_{2j} \cdot g_j$
K_1	Fahreigenschaften	26,7	5	133,5	3	80,1
K_2	Komfort	20		70		60
K_{21}	– Federung	(25)	(2)	(50)	(4)	(100)
K_{22}	– Innenraum	(35)	(4)	(140)	(2)	(70)
K_{23}	– Kofferraum	(10)	(4)	(40)	(4)	(40)
K_{24}	– Bedienbarkeit	(30)	(4)	(120) $\overline{350}$	(3)	(90) $\overline{300}$
K_3	Sicherheit	33,3	3	99,9	4	133,2
K_4	Ausstattung	6,7	2	13,4	5	33,5
K_5	Wartung	13,3	3	39,9	1	13,3
	Nutzwerte (N_{ges})	100%		356,7		320,1

Abbildung 7.16: Berechnung der Nutzwerte (Beispiel)

Sensitivitäts-analyse

Wie man sieht, gehen in die Nutzwert-Analyse eine Reihe von Ermessensentscheidungen ein: Definition des Zielsystems, Gewichtung der Ziele, Aufstellung von Wertefunktionen- und -tabellen, Feststellung von Zielausprägungen und Zuordnung von Teilnutzen. Um den Einfluß der daraus resultierenden Ungenauigkeiten und Subjektivitäten auf das Ergebnis sichtbar zu machen, ist jeweils bei wichtigen Entscheidungen eine Empfindlichkeitsanalyse (vgl. S. 949) empfehlenswert. Sie macht deutlich, inwieweit sich unterschiedliche Ausprägungen der Ermessensspielräume auf die Vorziehenswürdigkeit der Alternativen auswirken.

Nutzwert-Kosten-Vergleich

Werden Kosten nicht als negative Nutzengrößen in die Nutzwertberechnung einbezogen (was durchaus möglich ist), dann bedarf es für die endgültige Investitionsentscheidung einer zusätzlichen Nutzwert-Kosten-Gegenüberstellung. Üblicherweise

946

wird dazu vorgeschlagen, sogenannte Nutzwert-Kosten-Quotienten zu bilden. Im Pkw-Beispiel würden also die Nutzwerte auf die sich bei den einzelnen Typen ergebenden Kosten pro km bezogen. Problematisch daran ist, daß Kosten quantitativ, Nutzwerte dagegen als Summe gewichteter „Noten" gemessen werden. Somit können Abstände zwischen den Nutzwerten nicht in gleicher Weise interpretiert werden wie Abstände zwischen den Kosten.

Ungeachtet solcher Schwierigkeiten kann die Nutzwert-Analyse als ein brauchbares formales Verfahren zur Berücksichtigung mehrfacher Zielsetzungen bei Investitionsentscheidungen gesehen werden. Allerdings dürften die mit ihrer Anwendung verbundenen Probleme, vor allem bei divergierenden Zielsetzungen verschiedener Personen und/oder Gruppen nicht verkannt werden. In solchen Fällen verlagert sich die Interessendurchsetzung auf die Auswahl der relevanten Ziele, auf die Festlegung der Zielgewichte und die Einstufung der zu beurteilenden Alternativen in die Wertetabellen/Wertefunktionen.

Beurteilung

e) Bewältigung der Ungewißheit bei Einzelentscheidungen

Den bisherigen Überlegungen lag vereinfachend die Prämisse vollkommener Information zugrunde. Dies bedeutet, daß die **Probleme eindeutig definiert, vollständige Alternativen formuliert, die Konsequenzen der Alternativen sicher prognostiziert und quantifizierbare Zielvorstellungen zu ihrer Bewertung gegeben sind.** Konkret heißt dies zum Beispiel, daß die Einnahmen- und Ausgabenströme und die Nutzungsdauer der Investitionsalternativen festliegen, daß die technische Entwicklung bekannt und die Konjunkturentwicklung vorhersehbar ist. Vollkommene Voraussicht ist empirisch unmöglich; durch sie würden auch Entscheidungsmodelle (z. B. Investitionskalküle) überflüssig. Bei vollkommener Information entfiele die Notwendigkeit des Wählens zwischen verschiedenen Handlungsmöglichkeiten; alles wäre determiniert.

Vollkommene Information

In der Realität sind jedoch alle Prognosen über zu erwartende positive oder negative Folgewirkungen von Investitionen mit Ungewißheit behaftet. Die Folge davon ist, daß auf der Basis bestimmter Daten gefällte Investitionsentscheidungen fehlerhaft sein können. Insbesondere besteht die Möglichkeit, daß sich positiv eingeschätzte (und deshalb durchgeführte) Investitionen als negativ erweisen (also zum Beispiel keinen positiven Kapitalwert erwirtschaften), oder umgekehrt ursprünglich negativ beurteilte (und deshalb abgelehnte) Investitionen letztlich positiv gewesen wären. Diese Fehler können bedrohliche Auswirkungen auf die investierende Unternehmung haben. Es ist deshalb zu überlegen, wie die Ungewißheit im Investitionsentscheidungsprozeß berücksichtigt werden kann.

Fehlentscheidungen durch unvollkommene Information

Läßt man einmal die psychologische Form der Ungewißheitsbewältigung durch Verdrängung des Problems außer acht, dann bietet sich als eine erste Möglichkeit die Beschränkung auf von vornherein möglichst sichere Investitionen an. Beispiele solcher Investitionen wären Anlagen mit garantierten Verzinsungen und/oder Wiederverkaufspreisen. Der Nachteil einer solchen Strategie der Ungewißheitsbewältigung

Beschränkung auf sichere Investitionen

liegt darin, daß auf Investitionen mit größeren Gewinnchancen wegen gleichzeitig größeren Verlustrisiken verzichtet wird. Darüber hinaus können nicht alle Investitionen a priori in dieser Form klassifiziert werden.

Verbesserung des Informationsstandes

Eine weitere Möglichkeit der Ungewißheitsbewältigung ist der Versuch der Verbesserung des Informationsstandes. Der zu einem bestimmten Zeitpunkt für eine Investitionsentscheidung gegebene Informationsstand hängt von Art, Intensität und Richtung der Informationssuche ab. Die mit Prognosen verbundene Ungewißheit läßt sich eventuell durch die Suche nach Informationen abbauen. Dabei kann ein Hinauszögern der Entscheidung den Informationsstand unter Umständen ebenso verbessern wie die aktive Informationssuche. Mit Sicherheit läßt sich aber nicht einmal dieses Ergebnis prognostizieren. In beiden Fällen werden allerdings Kosten (Opportunitätskosten des Zögerns oder Kosten der Informationsbeschaffung) entstehen. Eine Verbesserung des Informationsstandes stößt damit auch an ökonomische Grenzen. Selbstverständlich ist sie subjektiv vom Entscheidungsträger zu bestimmen, da der Wert weiterer Informationen in der Regel zunächst ebensowenig abgeschätzt werden kann wie die Chance, überhaupt zusätzliche Informationen zu erlangen.

Entscheidungsverzögerung

Kenntlichmachung, nicht Beseitigung der Ungewißheit

In der Literatur wird überwiegend gefordert, die Ungewißheit zukünftiger Datenkonstellationen in den Investitionskalkülen zu berücksichtigen. Dabei muß hervorgehoben werden, daß die Ungewißheit der Schätzdaten dadurch **nicht beseitigt** werden kann. Lediglich die Wirkungen der Ungewißheit auf das Ergebnis des Vorteilhaftigkeitsvergleichs sollen offengelegt und, unter Annahme bestimmter Risikopräferenzen der Entscheidungsträger, korrigierte Vorteilhaftigkeitsvergleiche durchgeführt werden. Aus den in Theorie und Praxis bekannten Verfahren zur Berücksichtigung der Ungewißheit bei Einzelentscheidungen (vgl. z. B. Franke/Hax 1990, Süchting 1989) sollen im folgenden das Rechnen mit Sicherheitsäquivalenten, die Sensitivitätsanalyse, die Risikoanalyse und das Entscheidungsbaumverfahren kurz dargestellt werden.

Sicherheitsäquivalente

Bei objektiven Wahrscheinlichkeiten

Sicherheitsäquivalente reduzieren mehrwertige Erwartungsgrößen auf einwertige Größen. Liegen objektive Wahrscheinlichkeiten (aus zahlreichen früheren artgleichen Investitionen) vor, dann bringt das Sicherheitsäquivalent den Erwartungswert der Schätzgrößen zum Ausdruck.

Nutzenabhängige Sicherheitsäquivalente

Häufig scheitert dieses Vorgehen jedoch daran, daß objektive Wahrscheinlichkeiten nicht ermittelt werden können, und/oder Vergangenheitsdaten nicht auf die Zukunft übertragbar sind. Eine weitere Möglichkeit besteht in der Anwendung nutzenabhängiger Sicherheitsäquivalente, welche die Risikopräferenz des Investors zum Ausdruck bringen. In aller Regel wird dabei Risikoscheu des Investors unterstellt, das heißt zunehmende Streuung der Schätzwerte führt bei gleichen Erwartungswerten zu einem geringeren Nutzen.

948

Diesem theoretischen Hintergrund wird die Verwendung von Sicherheitsäquivalenten in der Praxis allerdings nur pauschal gerecht; hier werden Punktschätzwerte bzw. Erwartungswerte für Parameter „negativ" korrigiert. An den Parametern Periodeneinnahmen, Restwert und Nutzungsdauer werden Abschläge, an den Parametern Periodenausgaben, Anschaffungsausgaben und Kalkulationszinsfuß Zuschläge vorgenommen. Solche Zu- und Abschläge lassen Investitionsalternativen unvorteilhafter erscheinen. Ist das Ergebnis trotz der vorgenommenen Korrekturen positiv, gilt die Investition als vorteilhaft. Derartige Korrekturen lassen sich als eine Art „Selbstversicherung" gegen vermutete Risiken interpretieren.

Korrektur der Parameter

Solche Korrekturen können auf einen besonders unsicheren Parameter beschränkt oder bei mehreren/allen Werten vorgenommen werden. Für ihre Höhe kommen absolut und relativ bemessene Zu- und Abschläge in Frage, die über alle Perioden konstant, mit zunehmenden Prognosezeiträumen steigend oder nach subjektiv eingeschätzter Unsicherheit von Planperiode zu Planperiode schwankend festgelegt werden können. Für einzelne Investitionsalternativen können entsprechend dem mit ihnen verbundenen Risiko unterschiedlich hohe Korrekturen vorgenommen werden.

Höhe der Korrektur

In der **Praxis** erfreut sich die Methode der Sicherheitsäquivalente wegen ihrer einfachen Handhabung **großer Beliebtheit**. Dennoch wäre aufgrund ihrer nicht zu übersehenden **Schwächen** eine grundsätzliche **Ablehnung** geboten. Zum ersten wird durch die Reduzierung mehrwertiger Erwartungen auf einwertige Größen die tatsächliche **Risikostruktur** nicht sichtbar gemacht, sondern **verschleiert**: Der Einfluß der Risiken auf die Vorteilhaftigkeit wird nicht deutlich, weil meist gleich im ersten Schritt mit korrigierten Daten gerechnet wird. Zum zweiten ist die Berücksichtigung des Risikos zu **pauschal**, um als tatsächliche Wiedergabe der Risikopräferenz des Investors gelten zu können. Insbesondere bei gleichzeitiger Korrektur mehrerer Parameterwerte **verliert der Entscheidungsträger die Übersicht**, in welchem Umfang er die Ungewißheit berücksichtigt hat. Zu erwähnen ist schließlich, daß der Investor bei Ansatz von Sicherheitsäquivalenten seinen Entscheidungen Daten zugrunde legt, die er in dieser Ausprägung gar nicht erwartet. Treten die tatsächlich erwarteten Datenkonstellationen ein, hat er möglicherweise nicht die beste Investitionsalternative gewählt.

Beurteilung

Sensitivitätsanalyse

Die Sensitivitätsanalyse (Empfindlichkeits- oder Sensibilitätsanalyse) dient dazu, die Auswirkungen von Änderungen einzelner Parameterwerte oder Gruppen von Parametern auf das Ergebnis der Investitionsrechnung aufzuzeigen. Es soll also offengelegt werden, wie „sensibel" das Entscheidungskriterium (z. B. Kapitalwert) auf einzelne Datenänderungen reagiert.

Grundprinzip

Es werden zum einen die Parameter deutlich, deren Veränderungen besonders große Auswirkungen auf das Entscheidungskriterium haben; zum anderen lassen sich – unter Konstanz der jeweils anderen Daten – Grenzwerte oder kritische Werte für einzelne Parameter bestimmen, bei denen die Vorteilhaftigkeit einer Investition „umkippt".

949

Kapitalwert-
funktion

Das Ergebnis von Sensitivitätsanalysen läßt sich (bei Anwendung der Kapitalwert-methode) in Form einer Kapitalwertfunktion darstellen. Abbildung 7.17 zeigt bei-spielsweise eine solche Kapitalwertfunktion für den Parameter „Nutzungsdauer".

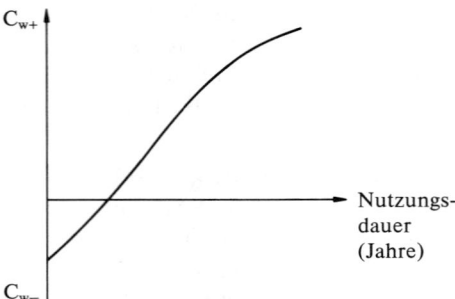

Abbildung 7.17: Kapitalwertfunktion (Nutzungsdauer)

Der Verlauf der Kurve ist durch das Berechnen mehrerer Kapitalwerte auf der Basis unterschiedlicher Nutzungsdauern zu ermitteln. Ein „steiler" Verlauf der Kurve deu-tet auf eine hohe Sensitivität des Kapitalwertes gegenüber Nutzungsdaueränderun-gen hin; ein flacher Verlauf auf eine geringe Sensitivität. Der Schnittpunkt der Kurve mit der Abszisse gibt die Nutzungsdauer an, bei welcher der Kapitalwert 0 ist.

Berechnung
kritischer
Werte

Die kritischen Werte der Parameter können auch durch „Nullsetzen" der Kapital-wertfunktion ermittelt werden. Die Kapitalwertformel ist dann nach dem jeweiligen Parameterwert aufzulösen. Für den Paramter „Kalkulationszinsfuß" ist dieses Vor-gehen bei der Errechnung des internen Zinsfußes schon gezeigt worden (vgl. Abbil-dung 7.11). Der interne Zins ist der kritische Wert des Kalkulationszinsfußes.

Zerlegung
von
Parametern

Die in der Kapitalwertformel enthaltenen **Parameter** sind **oft zu pauschal**, um die tatsächlichen Einflußfaktoren des Risikos isoliert zu erfassen. So kann es beispiels-weise bei den Ausgabenströmen interessant sein, die Sensitivität bezüglich der Preisentwicklung bestimmter wichtiger Produktionsfaktoren festzustellen. Dazu müssen die **Parameter lediglich in ihre einzelnen Komponenten zerlegt** werden; die prinzipielle Vorgehensweise ändert sich dadurch jedoch nicht.

Beurteilung

Die Sensitivitätsanalyse liefert einen **guten Einblick in die Risikostruktur, wenn ein dominanter Parameter mit Ungewißheit behaftet ist**. In diesem Fall entspricht die ceteris paribus-Bedingung hinsichtlich der übrigen Parameter der Realität. In vielen Fällen sind aber Schätzrisiken bezüglich mehrerer Größen zu beobachten. Vergleichs-weise einfach zu ermitteln sind die Kapitalwerte bei Ansatz pessimistischer und optimistischer Werte aller Parameter, deren Differenz das gesamte Risikospektrum angibt. Bei der Berechnung des kritischen Wertes zeigt sich aber, daß dieser aus einer Vielzahl von Wertekombinationen der Parameterschätzungen resultieren kann. Aus-sagen über das tatsächliche Verlustrisiko, vor allem über seine Wahrscheinlichkeit, sind also mit Hilfe der Sensitivitätsanalyse nur sehr bedingt möglich.

Risikoanalyse

Letzteren Kritikpunkt versucht die Risikoanalyse zu eliminieren. **Sie erlaubt es, ausgehend von Wahrscheinlichkeitsverteilungen für die einzelnen Parameter, die Wahrscheinlichkeitsverteilung des Entscheidungskriteriums zu berechnen** (vgl. auch Schindel 1978).

Um eine erste Variante der Risikoanalyse handelt es sich bei der analytischen Methode. Sie geht vereinfachend davon aus, daß **nur die Zahlungsströme der Perioden t_0–t_n** unsicher sind; die anderen Parameter werden als sicher betrachtet. Für die Prognosewerte der Zahlungsströme wird eine Normalverteilung mit geschätztem Erwartungswert und geschätzter Varianz unterstellt. Unter diesen Prämissen lassen sich Erwartungswert und Varianz des Entscheidungskriteriums nach den für eine Summe von Zufallsvariablen geltenden Regeln berechnen: Der Erwartungswert des Kapitalwerts ist gleich der Summe der Erwartungswerte der geschätzten Zahlungsströme; bei der Berechnung der Varianz des Kapitalwerts sind die Kovarianzen zwischen den Parametern zu berücksichtigen.

Analytische Methode

Bei komplexeren Modellstrukturen versagt die analytische Methode. In solchen Fällen kommt die Risikoanalyse durch Simulation zur Anwendung. Meist greift man dabei auf die **Monte-Carlo-Methode** zurück, mit der Stichproben beliebigen Umfangs aus bekannten statistischen Verteilungen zur Nachahmung (Simulation) von Zufallsprozessen gezogen werden können.

Simulation

Auch hierzu werden Annahmen über die Verteilung der Schätzwerte der Parameter benötigt. Diese Verteilungen können diskret oder stetig sein; auch die Form der Häufigkeitsverteilung ist beliebig. Sind alle Parameter diskret formuliert und liegen nicht allzuviele Parameter bzw. Schätzwerte pro Parameter vor, kann (theoretisch) eine Vollenumeration durchgeführt werden, das heißt alle möglichen Datenkombinationen können durchgerechnet werden.

Da dies bei stetigen Verteilungen nicht der Fall ist, muß hier auf repräsentative Stichproben zurückgegriffen werden. Die Parameterverteilungen werden hierzu in Zufallszahlen „umgesetzt", wobei sichergestellt sein muß, daß die Wahrscheinlichkeiten einander entsprechen; das heißt die Wahrscheinlichkeit, daß ein Parameterwert gezogen wird, muß der ihm zugelegten Wahrscheinlichkeit in der Häufigkeitsverteilung entsprechen. Für jede Parameterverteilung wird dann ein Wert durch Ziehung von Zufallszahlen bestimmt. Aus den für alle Parameter gezogenen Werten läßt sich nunmehr der zugehörige Kapitalwert errechnen. Dieser Vorgang wird wiederholt, bis die vorgegebene Anzahl von Simulationsläufen erreicht ist und/oder sich die Häufigkeitsverteilung des Kapitalwerts entsprechend vorgegebener Kriterien stabilisiert hat.

Vorgehensweise

Die Ergebnisse der Simulation, die mit Hilfe von EDV-Programmen ermittelt werden, werden meist als Risiko-Chancen-Profil der Kapitalwerte tabellarisch oder grafisch (vgl. Abbildung 7.18) dargestellt. Ein solches Risiko-Chancen-Profil zeigt, mit welcher Wahrscheinlichkeit welcher Kapitalwert mindestens erreicht wird. Als zusätzliche Kennziffern können noch Gewinn- oder Verlustwahrscheinlichkeiten,

Risiko-Chancen-Profil

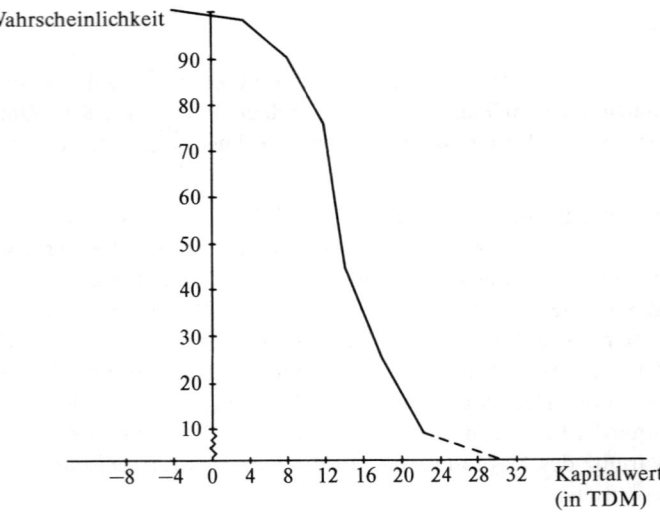

Abbildung 7.18: Risiko-Chancen-Profil

Verteilungsparameter wie Erwartungswert, Varianz oder 95%-Schranken berechnet und dem Investor als Entscheidungshilfe an die Hand gegeben werden.

Die Risikoanalyse liefert dem Entscheidungsträger keine Entscheidungsregel, nach der er zu verfahren hat. Er muß vielmehr in allen Fällen mit Verlustwahrscheinlichkeit entsprechend seiner subjektiven Risikopräferenz abklären, ob eine Investition mit einem bestimmten Risiko-Chancen-Profil für ihn vorteilhaft ist. Dies gilt insbesondere bei Wahlentscheidungen zwischen mehreren Alternativen mit unterschiedlichen Risiko-Chancen-Profilen.

Entscheidungsbaumverfahren

Allen bisher dargestellten Verfahren der Investitionsrechnung und der Ungewißheits-berücksichtigung in Investitionskalkülen lag eine einstufige Investitionsentscheidung zugrunde. Investitionsentscheidungen sind aber häufig dadurch gekennzeichnet, daß im Zeitablauf mehrere aufeinander aufbauende Entscheidungen zu treffen sind. Bei vollkommener Voraussicht wäre jeweils nur eine, nämlich die vorteilhafteste Fol-geentscheidung zu planen. Aufgrund der Ungewißheit der Zukunft können je nach der Entwicklung der „Umwelt" unterschiedliche Folgeentscheidungen getroffen wer-den. Es sind deshalb für alle als wahrscheinlich erachteten Umweltzustände alterna-tive Investitionsfolgen zu planen. Solche möglichen Entscheidungssequenzen lassen sich als Entscheidungsbäume darstellen. Das Vorgehen beim Entscheidungsbaum sei anhand eines einfachen Beispiels erläutert (vgl. Abbildung 7.19 auf der folgenden Seite).

Mehrstufige Investitions-entscheidung

Entschei-dungsbaum

952

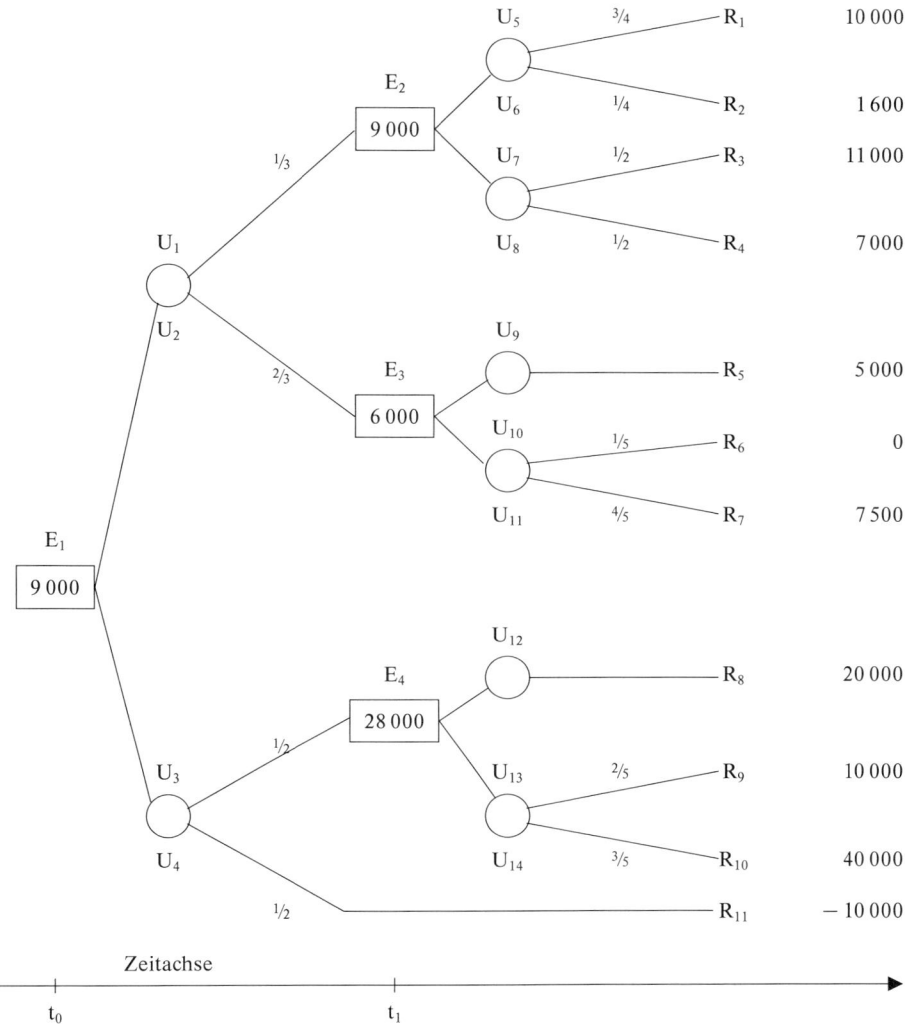

Abbildung 7.19: Entscheidungsbaumverfahren (Beispiel)

E_1–E_4 sind **Entscheidungsknoten**, bei denen der Investor eine Wahlentscheidung zu treffen hat.

U_1–U_{14} sind **Zufallsereignisknoten**, die verschiedene, vom Unternehmen nicht beeinflußbare Umweltzustände (z. B. Marktentwicklungen, Konjunktur) wiedergeben. Für diese Umweltentwicklungen liegen (subjektive) Wahrscheinlichkeitsverteilungen vor. Die **Kanten (Äste)** bilden die Handlungsalternativen und deren Konsequenzen bei den jeweiligen Umweltzuständen ab.

Problem-stellung	Im Zeitpunkt t_0 ist die Entscheidung E_1 zu fällen. Zur Wahl stehen eine risikoarme (oberer Ast) und eine risikoreiche (unterer Ast) Investition. Je nach Eintritt der Umweltsituation U_1 oder U_2 (bei Entscheidung für die risikoarme Investition) bzw. U_3 oder U_4 (bei Entscheidung für die risikoreiche Investition) hat der Investor in t_1 die Möglichkeit der Folgeentscheidungen E_2–E_4, deren wirtschaftliche Resultate R_1–R_{11} wiederum von den später eintretenden Umweltentwicklungen abhängen.
Vorgehens-weise	Für den Investor stellt sich nun das Problem, in t_0 die vorteilhaftere Anfangsentscheidung zu treffen, ohne daß er die tatsächlich eintretenden Umweltzustände und damit die später zu treffende Folgeentscheidung mit Sicherheit kennt. Als Lösungsmög-
Roll-back-Verfahren	lichkeit wird das sogenannte roll-back-Verfahren vorgeschlagen. Im Wege der Rückwärtsrechnung wird für jeden Entscheidungsknoten E_2–E_4 der Erwartungswert der Ergebnisse der Entscheidungsalternativen ermittelt. Dazu sind die Resultate R_i einer Entscheidung mit den Wahrscheinlichkeiten der jeweils relevanten Umweltzustände zu gewichten. Für den oberen Ast der Entscheidung E_2 beträgt der Erwartungswert

$$10\,000 \cdot \frac{3}{4} + 1\,600 \cdot \frac{1}{4} = 7\,900;$$

für den unteren Ast der Entscheidung E_2 errechnen sich

$$11\,000 \cdot \frac{1}{2} + 7\,000 \cdot \frac{1}{2} = 9\,000.$$

Falls die Entscheidungssituation E_2 auftritt, ist es also vorteilhafter, sich für den „unteren Ast" zu entscheiden. Der obere Ast wird deshalb eliminiert und der Erwartungswert des besseren Astes im Entscheidungsknoten festgehalten. Analog sind auch die Werte für E_3 und E_4 zu berechnen.

Im nächsten Schritt kann nun dieses Verfahren für die Äste der Entscheidung E_1 wiederholt werden. Der obere Ast ergibt einen Erwartungswert von

$$9\,000 \cdot \frac{1}{3} + 6\,000 \cdot \frac{2}{3} = 7\,000;$$

der Erwartungswert des unteren Astes beläuft sich auf

$$28\,000 \cdot \frac{1}{2} + (-)\,10\,000 \cdot \frac{1}{2} = 9\,000.$$

Damit erweist sich der untere Ast (risikoreiche Investition) für die Entscheidung E_1 als vorteilhaft.

Beurteilung	Die **Kritik** am Entscheidungsbaumverfahren richtet sich zum einen auf die **Vernachlässigung des Risikoaspekts** und zum anderen auf die **Informationsanforderungen.**

Der erste Kritikpunkt ist gerechtfertigt, soweit ausschließlich der Erwartungswert das Entscheidungskriterium bildet. Während das Beispiel im unteren Ast eine Verlustmöglichkeit von 10 000 mit einer Wahrscheinlichkeit von 50% ausweist, ist das Risiko beim oberen Ast auf ein schlechtestes Ergebnis von 0 beschränkt. Dieser Kritik kann aber auch durch Erweiterung des Entscheidungskriteriums um Risikoaspekte abgeholfen werden.

954

Die hohen Informationsanforderungen zeigen sich darin, daß dem Investor im Zeitpunkt t_0 neben den jetzigen auch alle späteren Handlungsmöglichkeiten, alle möglichen zukünftigen Umweltsituationen und deren Eintrittswahrscheinlichkeiten sowie die Resultate jedes Astes (z. B. finanzielle Überschüsse) bekannt sein müssen. Entscheidungssituationen sind in der Realität regelmäßig wesentlich komplexer als im hier gewählten Beispiel: Der Entscheidungsbaum wird somit sehr schnell unübersichtlich und verursacht kaum zu bewältigende Planungsprobleme. Diesen Schwierigkeiten kann nur dadurch begegnet werden, daß man sich auf wenige „wichtige" Schlußfolgeentscheidungen und Umweltzustände konzentriert.

Trotz dieses Dilemmas zwischen möglichst guter Abbildung künftiger Entwicklungen und der daraus resultierenden Planungskomplexität ist das Entscheidungsbaumverfahren insgesamt positiv zu bewerten, da es die Notwendigkeit der Berücksichtigung von Entscheidungssequenzen verdeutlicht.

f) Portfolio Selection – Risikoreduzierung durch Diversifikation

Die Faustregel, man solle „nicht alle Eier in einen Korb legen", stellt ein einfaches Modell der Bewältigung von Ungewißheit durch Streuung (Diversifikation) dar und prägt sicher in großem Umfang praktische Verhaltensweisen bei der Kapitalanlage. Markowitz (1952) hat mit seiner Theorie der **Portfolio Selection** (auch **Portefeuille-Theorie** genannt) diese Grundidee aufgegriffen und daraus ein **systematisches Modell** entwickelt, **das unter bestimmten Annahmen über die Investoren, die Kapitalanlagen und die verfügbaren Informationen Aussagen über optimale Anlagekombinationen liefert.** Sein Modell der Wertpapiermischung zeigt, wie durch die Streuung des Anlagebetrages auf mehrere Wertpapiere eine Verringerung, in bestimmten Fällen sogar eine völlige Eliminierung des Risikos erreichbar ist. Anhand eines einfachen Falls mit zwei Aktien soll dieser Effekt untersucht werden. Es werden folgende Modellannahmen getroffen:

(1) Der Planungszeitraum ist eine Periode.

Modellannahmen

(2) Die Aktien sind beliebig teilbar.

(3) Die Renditen der Aktien sind risikobehaftet, ihre Werte sind normalverteilt (es handelt sich also um eine Entscheidung unter Risiko).

(4) Als Maßgrößen für Ertrag und Risiko gelten der Erwartungswert und die Varianz oder die Standardabweichung der Rendite.

(5) Der Anleger ist risikoscheu, d. h. er zieht bei gleichem Erwartungswert der Rendite die Anlage mit der geringeren Varianz der Rendite vor und umgekehrt bei gleicher Varianz der Rendite die Anlage mit ihrem höheren Erwartungswert.

Ertrag eines Portfolios im 2-Aktien-Fall

Der Ertrag eines Wertpapiers i, gemessen an dem Erwartungswert seiner Rendite R_i unter $j = 1 \ldots n$ Umweltzuständen mit der Wahrscheinlichkeit P_j, sei definiert als

$$(7.35) \qquad \overline{R_i} = \sum_{j=1}^{n} P_j \, R_{ij}$$

Für die weiteren Überlegungen sind nun zwei Eigenschaften des Erwartungswertes wichtig:

1. Der Erwartungswert einer Summe der Renditen zweier Wertpapiere $E(R_1 + R_2)$ ist gleich der Summe der Erwartungswerte der Einzelrenditen:

$$(7.36) \qquad E(R_1 + R_2) = E(R_1) + E(R_2) = \overline{R_1} + \overline{R_2}$$

2. Der Erwartungswert eines Produkts aus einer Rendite R_1 und einem konstanten Faktor C ist gleich dem Produkt aus diesem Faktor und dem Erwartungswert der Rendite R_1:

$$(7.37) \qquad E(C \, R_1) = C \, \overline{R_1}$$

Der Erwartungswert der Rendite eines Portfolios R_p im 2-Aktien-Fall mit den Anteilen x_1 an Aktie 1 und x_2 an Aktie 2 läßt sich demnach formal darstellen als

$$(7.38) \qquad \overline{R_p} = \sum_{j=1}^{n} (R_{1j} \, x_1 + R_{2j} \, x_2) \, P_j = \overline{R_1} \, x_1 + \overline{R_2} \, x_2$$

Als erstes Ergebnis läßt sich also festhalten: Der Ertrag eines Portfolios, gemessen am Erwartungswert seiner Rendite, ist gleich dem mit den Portfolio-Anteilen gewogenen Mittel der Erwartungswerte der Renditen der Wertpapiere im Portfolio.

Risiko eines Portfolios im 2-Aktien-Fall

Das Risiko eines Wertpapiers i, gemessen als die Varianz seiner Rendite σ_i^2 unter $j = 1 \ldots n$ Umweltzuständen mit der Wahrscheinlichkeit P_j, sei definiert als

$$(7.39) \qquad \sigma_i^2 = \sum_{j=1}^{n} (R_{ij} - \overline{R_i})^2 \, P_j = E(R_i - \overline{R_i})^2$$

Die Varianz eines Portfolios σ_p^2 ist dementsprechend der Erwartungswert der quadrierten Abweichungen der Renditen des Portfolios von dem Erwartungswert der Rendite des Portfolios, also

$$(7.40) \qquad \sigma_p^2 = E(R_p - \overline{R_p})^2$$

Ersetzt man in dieser Gleichung die Ausdrücke für die Renditen des Portfolios und ihren Erwartungswert entsprechend der Gleichung (7.38), so erhält man

$$(7.41) \qquad \sigma_p^2 = E[(x_1 R_1 + x_2 R_2) - (x_1 \overline{R_1} + x_2 \overline{R_2})]^2$$
$$= E[x_1 (R_1 - \overline{R_1}) + x_2 (R_2 - \overline{R_2})]^2$$

Dieser Term läßt sich umformen zu

$$(7.42) \qquad \sigma_p^2 = E[x_1^2(R_1 - \overline{R_1})^2 + 2x_1 x_2 (R_1 - \overline{R_1})(R_2 - \overline{R_2}) + x_2^2 (R_2 - \overline{R_2})^2]$$

Unter Verwendung der oben definierten Rechenregeln in den Gleichungen (7.36) und (7.37) läßt sich die Gleichung für die Varianz der Rendite eines Portfolios schreiben als

$$(7.43) \quad \sigma_p^2 = x_1^2 E\,[(R_1 - \overline{R_1})^2] + 2x_1x_2\,E[(R_1 - \overline{R_1})\,(R_2 - \overline{R_2})] + x_2^2 E\,[(R_2 - \overline{R_2})^2]$$

$$= x_1^2\sigma_1^2 + 2x_1x_2\,E[(R_1 - \overline{R_1})\,(R_2 - \overline{R_2})] + x_2^2\sigma_2^2$$

Setzt man für den Term $E[(R_1 - \overline{R_1})\,(R_2 - \overline{R_2})]$, der die **Kovarianz zwischen den Renditen der beiden Aktien** zum Ausdruck bringt, σ_{12} ein, so erhält man folgende Formel für das Risiko eines Portfolios im 2-Aktien-Fall:

$$(7.44) \quad \sigma_p^2 = x_1^2\sigma_1^2 + x_2^2\sigma_2^2 + 2x_1x_2\sigma_{12}$$

Diese Formel macht deutlich, von welchen Einflußgrößen das Risiko eines Portfolios, gemessen als Varianz seiner Rendite, im einzelnen abhängt: *Risikoeinfluß-größen*

– von den Einzelvarianzen der Renditen der beiden Papiere σ_1^2 und σ_2^2,
– von den Anteilen x_1 und x_2, mit denen die Papiere im Portfolio enthalten sind und
– von der Kovarianz σ_{12} zwischen den Renditen der beiden Papiere.

Nimmt man noch eine weitere Umformung vor, indem man statt der Kovarianz σ_{12} den zwischen -1 und $+1$ normierten Korrelationskoeffizienten $K_{12} = \sigma_{12} / (\sigma_1 * \sigma_2)$ verwendet, dann erhält man die Gleichung

$$(7.45) \quad \sigma_p^2 = x_1^2\sigma_1^2 + x_2^2\sigma_2^2 + 2x_1x_2\sigma_1\sigma_2 \cdot K_{12}$$

Welche Implikationen es hat, wenn das Portfolio-Risiko durch die Stärke und Richtung des Zusammenhanges der Renditen der Aktien im Portfolio beeinflußt wird, soll anhand eines Beispiels und der Betrachtung von 3 Extremfällen gezeigt werden.

Beispiel: Für eine Investition in Wertpapiere stehen die beiden Aktien 1 und 2 zur Verfügung. Sie seien durch folgende Werte gekennzeichnet:

	Erwartungswert der Rendite	Standardabweichung der Rendite
Aktie 1	14%	6%
Aktie 2	8%	3%

1. Fall: **Vollkommene positive Korrelation** ($K_{12} = +1$)

Ertrag und Risiko bei positiver Korrelation

Ist der Zusammenhang zwischen den Einzelrenditen der beiden Wertpapiere vollkommen positiv, der Korrelationskoeffizient also $+1$, so ergibt sich aus Gleichung (7.45) als Risiko eines Portfolios aus den beiden Aktien

$$(7.46) \quad \sigma_p^2 = x_1^2\sigma_1^2 + x_2^2\sigma_2^2 + 2x_1x_2\sigma_1\sigma_2 \cdot 1$$

Auf das Beispiel angewandt lassen sich bei einem Korrelationskoeffizienten von $K_{12} = +1$ für Portfolios, die zu unterschiedlichen Anteilen aus den beiden Aktien 1 und 2 zusammengemischt werden, folgende Rendite-Risiko-Kombinationen: (x_1 ist der Anteil an Aktie 1, der Anteil an Aktie 2 beträgt dann $1 - x_1$) errechnen:

x_1	0	0,2	0,4	0,6	0,8	1,0
$\overline{R}_p$	8,0	9,2	10,4	11,6	12,8	14,0
σ_p	3,0	3,6	4,2	4,8	5,4	6,0

Graphisch dargestellt liegen somit alle Punkte, die ein mögliches Portfolio aus den Aktien 1 und 2 repräsentieren, auf einer Geraden (vgl. Abbildung 7.20).

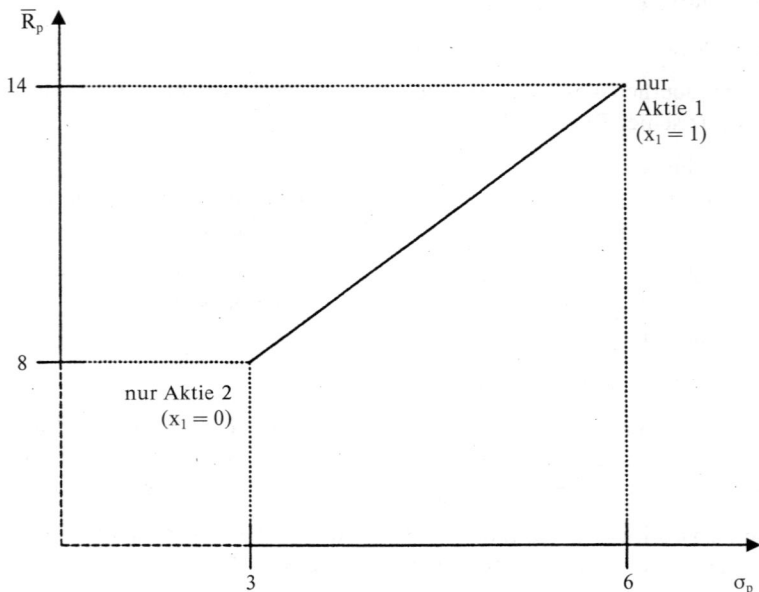

Abbildung 7.20: Ertrag und Risiko bei positiver Korrelation

Es zeigt sich also, daß im Fall vollkommener positiver Korrelation das Risiko des Portfolios, gemessen als Standardabweichung seiner Rendite, eine einfache lineare Funktion der Einzelrisiken der beiden Wertpapiere ist. **Durch eine Diversifikation wird demnach hier keine Verringerung des Risikos gegenüber dem Engagement in nur einer den beiden Aktien erreicht.**

Ertrag und Risiko bei negativer Korrelation

2. Fall: **Vollkommene negative Korrelation** ($K_{12} = -1$)

Der andere Extremfall ist der eines perfekt gegenläufigen Verhaltens der beiden Wertpapiere, also einer vollkommenen negativen Korrelation ihrer Renditen ($K_{12} = -1$). In diesem Fall lautet die Gleichung (7.45)

$$(7.47) \qquad \sigma_p^2 = x_1^2\sigma_1^2 + x_2^2\sigma_2^2 + 2x_1x_2\sigma_1\sigma_2 \cdot (-1)$$

Für das obige Beispiel erhält man bei einem Korrelationskoeffizienten $K_{12} = -1$ folgende Werte für die Portfolio-Rendite bzw. das Portfolio-Risiko bei Variation der Portfolio-Anteile:

x_1	0	0,2	0,3	0,6	0,8	1,0
$\overline{R}_p$	8,0	9,2	10,0	11,6	12,8	14,0
σ_p	3,0	1,2	0,0	2,4	4,2	6,0

Die graphische Darstellung dieses Falles ergibt zwei Geraden mit einem Berührungspunkt auf der Ordinate (vgl. Abbildung 7.21).

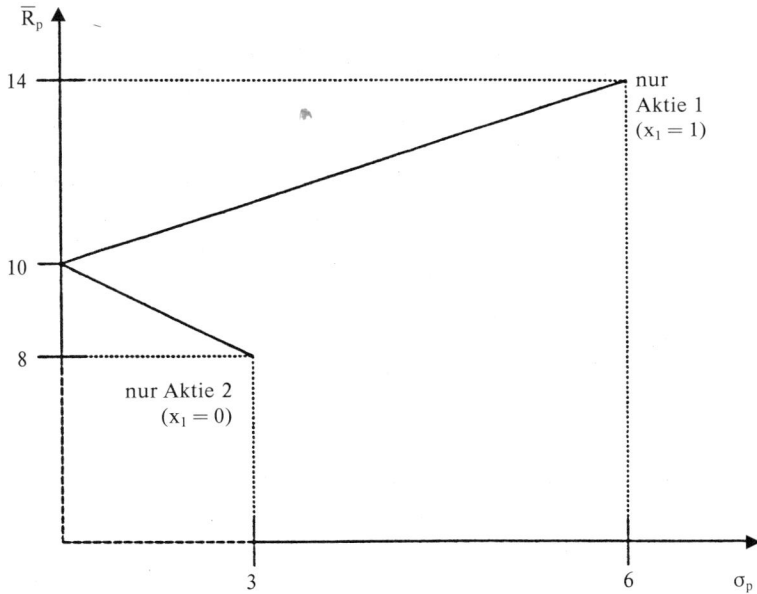

Abbildung 7.21: Rendite und Risiko bei negativer Korrelation

Als Ergebnis bleibt festzuhalten: Bei vollkommen negativer Korrelation der Renditen zweier Wertpapiere läßt sich **durch Diversifikation das Risiko im Vergleich zu einer Investition in nur eine der beiden Aktien verringern.** Darüber hinaus gibt es **eine Portfolio-Zusammensetzung, bei der sich das Risiko völlig eliminieren läßt.**

Ertrag und Risiko bei statistischer Unabhängigkeit

3. Fall: **Statistische Unabhängigkeit** ($K_{12} = 0$)

Sind die Renditen der beiden Wertpapiere völlig unabhängig voneinander, der Korrelationskoeffizient $K_{12} = 0$, reduziert sich die Gleichung (7.45) zu:

$$(7.48) \qquad \sigma_p^2 = x_1^2\sigma_1^2 + x_2^2\sigma_2^2$$

959

Für ausgewählte Portfoliozusammensetzungen aus den beiden Aktien des Beispiels lassen sich daraus folgende Rendite-Risiko-Kombinationen errechnen:

x_1	0	0,2	0,4	0,6	0,8	1,0
$\overline{R}_p$	8,0	9,2	10,4	11,6	12,8	14,0
σ_p	3,0	2,68	3,00	3,79	4,84	6,0

Die graphische Darstellung dieser Werte besteht aus einer rechtsgekrümmten Kurve, die einen Punkt aufweist, an dem die Standardabweichung ein Minimum hat (vgl. Abbildung 7.22).

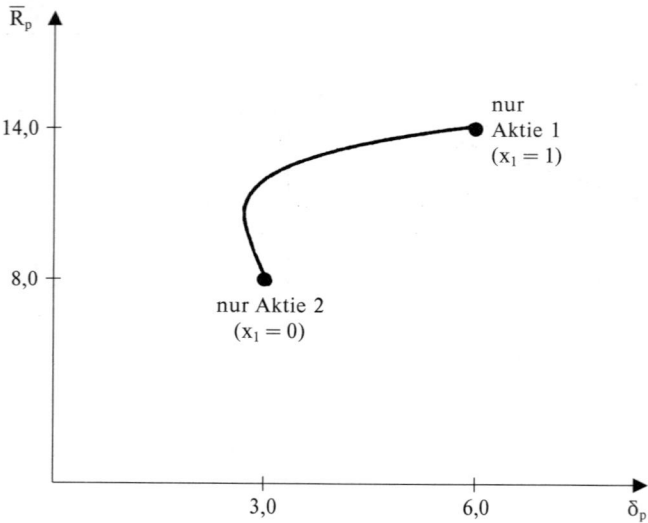

Abbildung 7.22: Ertrag und Risiko bei Unabhängigkeit

Bei statistischer Unabhängigkeit zeigt sich ebenfalls, daß eine Mischung der beiden Wertpapiere eine Verringerung des Risikos im Vergleich zu einer Investition in nur eine der beiden Aktien mit sich bringt. **Es gibt eine anteilsmäßige Zusammensetzung des Portfolios aus den beiden Aktien, bei der das Risiko minimal ist.**

Das Gesamtergebnis der Betrachtungen zum Risiko eines Portfolios im 2-Aktien-Fall lautet: Außer im Fall vollkommener positiver Korrelation ist das Risiko eines aus beiden Aktien zusammengesetzten Portfolios immer kleiner als die Summe der Einzelrisiken der Wertpapiere im Portfolio.

Effiziente und optimale Portfolios

Die Gesamtüberlegung, die ein Investor anzustellen hat, wenn er sein optimales Portfolio bestimmen möchte, läßt sich in zwei Teilschritte zerlegen: zunächst wird die Menge aller effizienten Portfolios bestimmt und anschließend aus diesen das optimale Portfolio ausgewählt.

Entsprechend der oben festgelegten Prämisse, der Investor sei risikoscheu, **gilt ein Portfolio dann als effizient, wenn es kein anderes gibt, das bei gleichem Ertrag, gemessen als Erwartungswert der Rendite, ein geringeres Risiko, gemessen als Varianz oder Standardabweichung der Rendite, aufzuweisen hat**. Verläßt man den 2-Aktien-Fall und bezieht schrittweise weitere Anlagemöglichkeiten in das Portfolio ein, lassen sich immer bessere Rendite-Risiko-Kombinationen erzielen. Denn das optimale Portfolio im 2-Aktien-Fall läßt sich als eine Anlage betrachten, deren Kombination mit einer weiteren Anlage wiederum zu einer Reduktion des Portfolio-Risikos führen kann. Durch vollständige Induktion ergibt sich daraus, daß man bei Aufnahme aller am Markt verfügbaren Papiere in das Portfolio schließlich zu der **„efficient frontier"**, der „Linie der guten Handlungsmöglichkeiten" kommt, die alle effizienten Rendite-Risiko-Kombinationen umfaßt.

Effiziente Portfolios

Um von der Menge aller effizienten Portfolios zu dem für einen Investor optimalen Portfolio zu kommen, müssen im zweiten Schritt seine Risiko-Rendite-Indifferenzkurven herangezogen werden. **Das optimale Portfolio läßt sich dann als Tangentialpunkt der „efficient frontier" mit der Indifferenzkurve, die das höchste Nutzenniveau repräsentiert, bestimmen** (vgl. Abbildung 7.23).

Optimale Portfolios

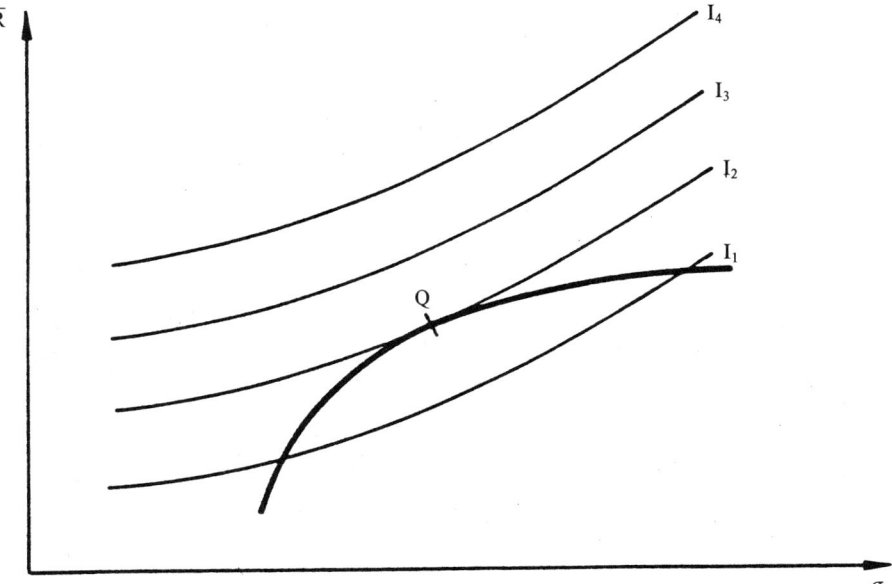

Abbildung 7.23: Effiziente und optimale Portfolios

Das Capital Asset Pricing Model

Für die weiteren Überlegungen wird die am Anfang getroffene Annahme, die Renditen aller Anlagemöglichkeiten seien mit Risiko behaftet, aufgehoben und unterstellt, auf dem Kapitalmarkt könne zum festen Zinssatz R_A risikolos und unbeschränkt Geld angelegt und aufgenommen werden. Die Anlageentscheidung des Investors zerfällt nun in zwei Teilentscheidungen, die separat voneinander getroffen werden können (**Separationstheorem von Tobin** 1958):

1. Im ersten Schritt wird die Struktur des aus allen risikobehafteten Wertpapieren bestehenden Marktportfolios M bestimmt. Diese Entscheidung ist unabhängig von dem Ausmaß der Risikoaversion des Investors.

2. Im zweiten Schritt wird seine individuelle Risikoneigung dadurch berücksichtigt, daß festgelegt wird, zu welchen Anteilen der gesamte Anlagebetrag auf die Investition in das riskante Marktportfolio und in die risikolose Anlage aufgeteilt werden soll.

Kapital-
marktlinie
Die Menge aller **effizienten Portfolios** liegt jetzt auf der sog. **Kapitalmarktlinie**, die in Abbildung 7.24 durch die Tangente an die „efficient frontier" durch den Punkt R_A dargestellt wird. Alle Anleger investieren in ein Mischportfolio, bestehend aus dem Marktportfolio M und der risikolosen Geldanlagemöglichkeit. Andere Kombinationen sind ineffizient, da sie bei gleicher Renditeerwartung ein höheres Risiko aufweisen oder bei gleichem Risiko eine geringere Renditeerwartung.

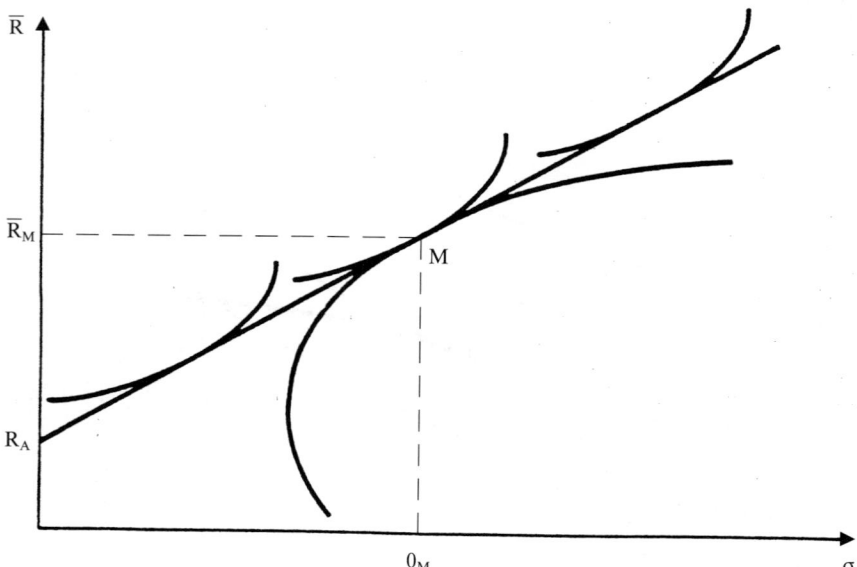

Abbildung 7.24: Kapitalmarktlinie und optimale Portefeuilles bei unterschiedlicher Risikoneigung des Anlegers

962

Das **optimale Portefeuille** für den Investor wird analog zum Fall ohne risikolose Anlagemöglichkeit als Tangentialpunkt seiner Indifferenzkurven an die Linie der effizienten Handlungsmöglichkeiten, also an die Kapitalmarktlinie, bestimmt. Es gibt grundsätzlich drei Typen von Investitionsentscheidungen, die nun getroffen werden können (vgl. Abbildung 7.24).

– Ein relativ geringes Risiko entsteht dem Anleger, wenn er den zur Verfügung stehenden Anlagebetrag zwischen der risikolosen Anlagemöglichkeit zum Zinssatz R_A und der Anlage in das Marktportfolio M aufteilt. Der Berührungspunkt seiner Indifferenzkurve mit der Kapitalmarktlinie, der das für ihn optimale Portefeuille angibt, liegt links von M.
– Das Risiko kann gesteigert werden, wenn der Investor den gesamten Betrag in das Marktportefeuille M investiert. Der Tangentialpunkt seiner Indifferenzkurve mit der Kapitalmarktlinie liegt in M.
– Eine weitere Steigerung des Risikos ist möglich, indem der Anleger zum festen Zinssatz R_A zusätzliches Geld auf dem Kapitalmarkt aufnimmt und auch dieses in das riskante Marktportfolio investiert. Das optimale Portefeuille für diesen stärker risikoorientierten Anleger liegt rechts von M auf der Kapitalmarktlinie.

Aufbauend auf dieser **normativen** Theorie der Portfolio Selection, die dem Investor Handlungsanleitungen dafür gibt, wie er sein Geld sinnvollerweise anlegen sollte, läßt sich nun eine **positive** Theorie formulieren, die zeigt, welche Marktbewertungen sich für einzelne Papiere ergeben, wenn sich die Anleger so verhalten, wie es ihnen das Markowitz-Modell empfiehlt. Diese Theorie ist als „**Capital Asset Pricing Model**" (**CAPM**) in die Literatur (vgl. Sharpe 1964) eingegangen.

Die Kapitalmarktlinie läßt erkennen, wie hoch die Differenz zwischen dem risikolosen Zinssatz R_A und dem Erwartungswert der Rendite für das Marktportefeuille $\overline{R_M}$ ist. Bezieht man diese Differenz auf eine Einheit des Risikos, gemessen als Varianz der Rendite des Marktportefeuilles, so ergibt sich der Marktpreis für die Risikoübernahme. Damit ist bekannt, um wieviel die Renditeforderung steigt, wenn das Risiko um eine Einheit zunimmt (= Steigung der Kapitalmarktlinie).

Um den Gleichgewichtspreis für ein einzelnes Wertpapier zu bestimmen, bedarf es der Ermittlung des mit dem einzelnen Wertpapier verbundenen **systematischen** Risikos. Das sog. **unsystematische Risiko** bedarf an dieser Stelle keiner weiteren Beachtung, da es durch Portfoliobildung bereits wegdiversifiziert wurde. Als Maß für das systematische Risiko gilt die Kovarianz der Rendite des jeweiligen Wertpapiers zur Rendite des Marktportefeuilles. Sie gibt an, wie sich die Rendite des Papiers verändert, wenn sich die Rendite des Marktportefeuilles um eine Einheit verändert. Die zu ermittelnde Regressionsgerade wird als **charakteristische Linie** („characteristic line") eines Wertpapiers bezeichnet.

Der gesamte Gleichgewichtszinssatz eines Wertpapiers i setzt sich dann zusammen aus dem Zinssatz für die risikolose Anlage R_A und dem Marktpreis für die Risikoübernahme $(\overline{R_M}-R_A)/\sigma_M$ multipliziert mit dem systematischen Risiko des Wertpapiers cov (r_i, r_M)

$$\text{(7.49)} \qquad \overline{R}_i \; = \; R_A \; + \; \frac{\overline{R_M} - R_A}{\sigma_M} \cdot \text{cov} \, (r_i, \, r_M)$$

Beta-Faktor Die Größe cov $(r_i, r_M)/\sigma_M$ bringt die Korrelation zwischen dem systematischen Risiko des Wertpapiers und dem Risiko des Marktportfolios zum Ausdruck. Sie wird häufig als Beta Faktor β_i eines Wertpapiers bezeichnet. Damit läßt sich der Gleichgewichtszinssatz auch schreiben als

$$\text{(7.50)} \qquad \overline{R}_i \; = \; R_A + (\overline{R_M} - R_A) \cdot \beta_i$$

Graphisch wird diese Beziehung in der sog. Wertpapierlinie **(security market line)** veranschaulicht. Für einen Beta-Faktor von 1 (vollständige Korrelation der Rendite des Wertpapiers mit dem Marktportfolio) bildet $\overline{R}_M$ die Gleichgewichtsrendite. Für jeden anderen Beta-Wert kann der Gleichgewichtszins direkt aus der Wertpapierlinie abgelesen werden (vgl. Abbildung 7.25).

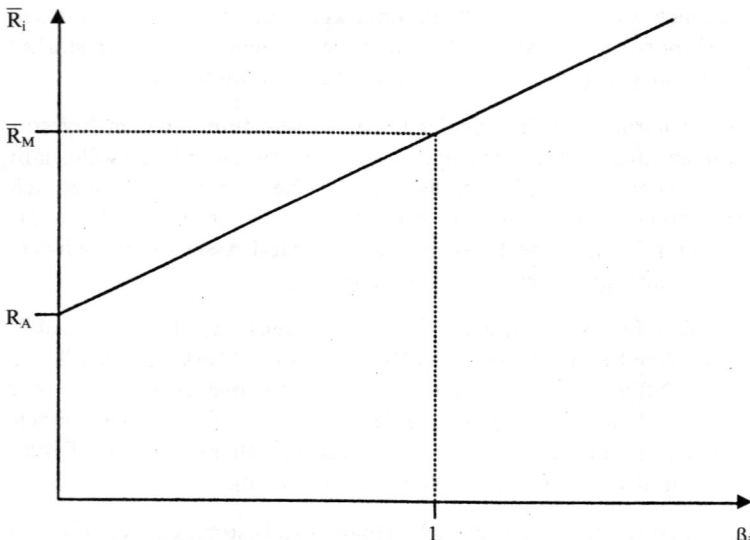

Abbildung 7.25: Wertpapierlinie

Die Ergebnisse des CAPM finden nicht nur für die Bestimmung der Gleichgewichtspreise von Wertpapieren Anwendung, etwa in der Kapitalanlageberatung z. T. unterstützt durch EDV-Programme, die die Errechnung der Größen aus empirischen Daten übernehmen. Die erwartete Gleichgewichtsrendite könnte auch die Aufgabe des Kalkulationszinsfußes zur Beurteilung von Investitionen unter Unsicherheit übernehmen. Ebenso werden Aussagen über die Kapitalstruktur von Unternehmen abgeleitet.

g) Klassische Verfahren der Beurteilung von Finanzanlagen

Die Portefeuille-Theorie gilt heute unbestritten als die geeignete theoretische Basis zur Gestaltung von Wertpapiermischungen und hat darüber Eingang in die Anlagestrategien institutioneller Anleger gefunden. Vielfach werden aber die Entscheidungen über Finanzanlagen nach wie vor nach anderen Gesichtspunkten getroffen und als Einzelinvestitionen betrachtet. Gründe dafür sind zum einen in den **strengen** und einengenden **Modellprämissen** der Portefeuille-Theorie sowie in den **praktischen Schwierigkeiten** und **Informationsanforderungen** ihrer Anwendung (so z. B. der Schätzung des künftigen β von Wertpapieren) zu sehen. Zum anderen gilt es auch Wertpapiere von und Beteiligungen an Unternehmen zu bewerten, die nicht an funktionsfähigen Märkten gehandelt werden und für die es daher keinen Marktpreis gibt. *Anwendbarkeitsprobleme der Portefeuille-Theorie*

Auch für Finanzanlagen bietet sich zur Bestimmung ihrer Vorteilhaftigkeit das Barwertkonzept an. Um den **Ertragswert** einer Finanzanlage zu ermitteln, sind alle künftig erwarteten Ausschüttungen und realisierten Kursgewinne auf den Gegenwartswert abzuzinsen. Liegt der zu zahlende Preis (Börsenkurs) unter dem Ertragswert, ist die Anlage attraktiv. Statt der Ausschüttungen werden häufig die künftigen Jahresüberschüsse herangezogen. Beide Vorgehensweisen sind gleichwertig, wenn zu erwarten ist, daß die später bei Veräußerung der Anlage zu realisierende Wertsteigerung den aufgezinsten einbehaltenen Gewinnen entspricht. *Barwert von Finanzanlagen*

Auch Erträge aus Finanzanlagen sind ungewiß. Der Investor wird sich daher zusätzliche Informationen über die wirtschaftliche Lage, insbesondere die Erfolgsentwicklung und Zahlungsfähigkeit des Unternehmens, an dem er sich zu beteiligen beabsichtigt, verschaffen wollen. Dies ist eine wesentliche Aufgabe der **Finanzanalyse**.

Inwieweit bei börsengehandelten Papieren eine Informationssuche überhaupt nützlich ist, hängt von der Informationseffizienz der Finanzmärkte ab. **Informationseffiziente Märkte bilden ohne Zeitverzögerung neue Informationen über erwartete Renditen und Risiken im Börsenkurs ab.** Kein Marktteilnehmer kann daher durch Erstbeschaffung von Informationen und schnelles Handeln Vorteile erzielen. In der Literatur werden drei Stufen der Informationseffizienz unterschieden und auf ihre empirische Gültigkeit überprüft: *Informationseffizienz*

1. Die strenge Form besagt, daß alle irgendwie verfügbaren Informationen, auch die von Insidern, sofort im Kurs reflektiert werden. Nicht einmal Insider können also aus ihrem Informationsvorsprung Vorteile ziehen. Jede Art von Finanzanalyse würde dadurch unsinnig.

2. Nach der halb-strengen Form sollen sich alle öffentlich verfügbaren Informationen umgehend im Marktpreis niederschlagen. Insider-Informationen wären dann nützlich.

3. Bei der schwachen Form sind in den Preisen alle Informationen über vergangene Kurse verarbeitet. Eine Finanzanalyse zur Verbesserung des Informationsstands über die künftige Ertragskraft von Unternehmen (Fundamentalanalyse) kann damit Zusatzerträge bringen.

Fundamentalanalyse

Nach zahlreichen Tests scheint sich die schwache Form der Informationseffizienzthese am ehesten zu bestätigen. Eine Fundamentalanalyse wäre damit auch bei börsennotierten Papieren sinnvoll. Bei der Vielzahl nicht an Börsen notierter Beteiligungen ist sie ohnehin für den Investor unumgänglich.

Die Fundamentalanalyse will, gestützt auf ökonomische Sachverhalte, den sog. **inneren Wert** des Unternehmens bestimmen und künftige Entwicklungen abschätzen. Sie stützt sich weitgehend auf das **Ertragswertkonzept** (vgl. zu den Methoden der Unternehmensbewertung z. B. Moxter 1990, Ballwieser 1987, 1990). Dazu werden in Stufen Einflußfaktoren des Gesamtmarkts (bzw. des regionalen Marktes), der spezifischen Branche und des jeweiligen Unternehmens selbst untersucht und in ihrer vermutlichen Wirkung auf die Ertragsentwicklung des Unternehmens eingeschätzt.

Jahresab-schlußanalyse

Ein besonderes Gewicht im Rahmen der Unternehmensanalyse kommt der Jahresabschlußanalyse zu, zumal die Jahresabschlüsse die hauptsächliche und umfassende Informationsquelle bilden, die für Externe zur Verfügung steht.

Die Jahresabschlußanalyse ist ein Prozeß der Informationsgewinnung, der im Zerlegen und dem anschließenden Neuordnen der in der Bilanz, der GuV, dem Anhang und Lagebericht enthaltenen Informationen besteht (vgl. Rehkugler/Poddig 1990, S. 7). Erkenntnisziel ist die Erlangung eines den tatsächlichen Verhältnissen entsprechenden Bildes der Vermögens-, Finanz- und Ertragslage. Zu den Aufstellungs- und Offenlegungspflichten für einzelne Rechtsformen und Unternehmensgrößen sei auf Teil 10 verwiesen.

Struktur-bilanz

Ausgangspunkt der Jahresabschlußauswertung ist die Bilanz. Der erste Auswertungsschritt besteht in der Aufstellung der Strukturbilanz, einer zielorientierten Aggregation der Bilanzpositionen. Vermögens- und Kapitalpositionen werden summiert, falls sie zweck- und/oder fristgemäß als gleichartig einzustufen sind. Die Strukturbilanz ermöglicht das Erkennen von Vermögens- und Kapitalstrukturen, die Beurteilung von Deckungsverhältnissen und dient als Grundlage weitergehender Verfahren.

Ver-änderungs-bilanz

In der Veränderungsbilanz, auch bezeichnet als Beständedifferenzenbilanz, bringt der Vergleich der Bilanzwerte zweier aufeinanderfolgender Perioden durch Bildung von Differenzen kapitalwirtschaftlich relevante Entscheidungen zum Ausdruck.

Bewegungs-bilanz

Aus der Veränderungsbilanz ist die Bewegungsbilanz zu entwickeln, indem die Beständedifferenzen nach Mittelherkunft und Mittelverwendung sortiert werden. Dabei gilt:

Aktiverhöhungen	Aktivminderungen
+ Passivminderungen	+ Passiverhöhungenen
= Mittelverwendung	= Mittelherkunft

Die Bewegungsbilanz gibt Aufschluß darüber, wie finanziert (Mittelherkunft) und worin investiert wurde (Mittelverwendung).

966

Die Analyse der GuV dient der Trennung nach Ergebnisquellen, wobei nach den Ebenen Betriebserfolg, Finanzerfolg und Außerordentlicher Erfolg zu differenzieren ist.

Vermehrte Prognose- und Kontrollinformationen lassen sich aus der Zusammenfassung bestimmter Konten zu Fonds gewinnen (Fondsrechnung), die dann als buchhalterische Einheit aufzufassen sind. Neben der Veränderung des Fondsbestandes kann dabei aufgezeigt werden, welche Vorgänge zu einem Zufluß oder Abfluß von Fondsmitteln führen. Welche Konten in die Fonds einzubeziehen sind, variiert mit der jeweiligen Zwecksetzung der Rechnung. So weist ein Saldo des Fonds der flüssigen Mittel, der z. B. alle Geldkonten und leicht liquidierbaren Effekten umfaßt, die Veränderung der Liquiditätsreserven offen aus. Häufig wird eine Kapitalflußrechnung über das kurzfristige Netto-Geldvermögen durchgeführt, das als Aktivkonto die kurzfristigen Forderungen sowie die Geld- und geldnahen Konten und als Passivkonto die gesamten kurzfristigen fälligen Verbindlichkeiten erfaßt. Bei Einbeziehung aller Konten des Umlaufvermögens und der kurzfristig fälligen Verbindlichkeiten ist der Fondsbestand mit dem **working capital** identisch. Die Ermittlung der kapitalwirtschaftlichen Ursachen der Fondsveränderungen hat von den jeweils nicht in den Fond einbezogenen Konten (Gegenfond) auszugehen. Sie weisen die Zu- und Abflüsse von Fondsmitteln aus. *Fondsrechnung*

Eine Spezialform der Fondsrechnung ist die Kapitalflußrechnung. Im Rahmen der externen Bilanzanalyse läßt sich die Kapitalflußrechnung eines Unternehmens nur der Struktur nach rekonstruieren. Das Verfahren beruht auf der GuV und der Veränderungsbilanz. Bestimmte GuV-Positionen und Bestandsveränderungen werden als Finanzmittelzufluß, andere als Finanzmittelabfluß uminterpretiert. Abbildung 7.26 (auf der folgenden Seite) zeigt den Aufbau einer Kapitalflußrechnung. Die Trennung in Umsatzbereich, Anlagebereich, langfristigen Kapitalbereich und Netto-Geldvermögensbereich ermöglicht eine finanzwirtschaftliche Beurteilung der einzelnen Bereiche und erhöht damit die Aussagefähigkeit der Rechnung. So geben zum Beispiel die betrieblichen Netto-Einnahmen als Saldo des Umsatzbereichs an, wieviel zur Selbstfinanzierung bzw. zur Ausschüttung zur Verfügung steht. Der Saldo des Anlagenbereichs läßt erkennen, in welcher Höhe Netto-Investitionen zu finanzieren sind. Die Differenz der betrieblichen Netto-Einnahmen und Netto-Investitionen ist durch Zuführung externer Mittel zu finanzieren. *Kapitalflußrechnung*

Die Interpretation des Jahresabschlusses erfolgt häufig auch anhand von Kennzahlen. **Kennzahlen sind absolute und relative Größen, die problembezogene Informationen komprimiert ausdrücken sollen.** Einige wenige Beispiele von zur Analyse der Finanzlage herangezogenen Kennzahlen enthält Abbildung 7.27 (siehe folgende Seite). *Kennzahlen*

	Zufluß	Abfluß	Nettozufluß + bzw. Nettoabfluß −
I. Umsatzbereich			
Umsatzerlöse	100 000		
Erhöhung (+) oder Verminderung (−) erhaltener Anzahlungen	−		
(1) Betriebseinnahmen	100 000		
Einkauf von Roh-, Hilfs- und Betriebsstoffen		35 450	
Löhne, Gehälter, Soziale Abgaben		51 300	
Zinsen und ähnliche Aufwendungen		2 500	
Steuern		4 200	
./. Erträge aus der Auflösung von Rückstellungen		− 100	
(2) Betriebsausgaben		93 350	
(3) Betriebliche Nettoeinnahmen			+ 6 650
II. Anlagenbereich			
Verkauf von Grundstücken	6 000		
Verkauf alter Anlagen	250		
Erträge aus Beteiligungen usw.	3 500		
	9 750		
Kauf von Maschinen		11 850	
Betriebs- und Gesch.-Ausstattung		320	
Beteiligungen		6 300	
(4) Brutto-Investitionsausgaben		18 470	
(4a) Netto-Investitionsausgaben			− 8 720
(5) Finanzbedarf			(− 2 070)
III. Langfristiger Kapitalbereich			
Neuemission von Anleihen	15 000		
./. Disagio	300		
./. Tilgung alter Anleihen	6 000		
(6) Netto-Fremdfinanzierung	8 700		
(7) Dividende für das Vorjahr		7 500	
(8) Netto-Außenfinanzierung			+ 1 200
IV. Nettoveränderung (Abnahme)			− 870

Abbildung 7.26: Beispiel einer Kapitalflußrechnung für das Netto-Geldvermögen

Quelle: Busse v. Colbe (1966)

Verschiedene an **Bilanzrelationen** orientierte Kennzahlen haben als Finanzierungs-regeln erhebliche Bedeutung für die Unternehmensanalyse erlangt (vgl. zur Proble-matik der Finanzierungsregeln Oettle 1966, S. 203 ff.). Es erscheint deshalb notwendig, ihre Berechtigung einer kritischen Würdigung zu unterziehen.

Horizontale Finanzie-rungsregeln

Horizontale Finanzierungsregeln sehen die Kapitalstruktur im Zusammenhang mit der Vermögensstruktur. Die Geldmittel sollen danach der Unternehmung so lange zur Verfügung stehen, wie sie im Vermögen gebunden sind. Die **goldene Finanzierungs-**

Kennzahlen der Finanzstruktur	Kennzahlen der Finanzkraft
Anlagen-deckungs-grad I: $= \dfrac{\text{Eigenkapital}}{\text{Anlagevermögen}} \times 100$	Jahresüberschuß (nach Steuern) + Abschreibungen + Veränderung der Rückstellungen + Veränderung der Sonderposten mit Rücklageanteil $=$ Cash-Flow
Anlagen-deckungs-grad II: $= \dfrac{\text{Langfristiges Kapital}}{\text{Anlagevermögen}} \times 100$	
Anlagen-deckungs-grad III: $= \dfrac{\text{Langfristiges Kapital}}{\text{Leistungsvermögen}} \times 100$	$\begin{array}{l}\text{Cash-Flow}\\ \text{./. Bilanzgewinn}\\ \hline = \text{„Netto"-Cash-Flow}\end{array}$
Quickratio $= \dfrac{\begin{array}{c}\text{Finanzumlauf-}\\\text{vermögen ./. mittel-}\\\text{und langfristige}\\\text{Forderungen}\end{array}}{\begin{array}{c}\text{kurzfristiges}\\\text{Fremdkapital}\end{array}} \times 100$	Cash-Flow-Umsatzrate: $= \dfrac{\text{Cash-Flow}}{\text{Umsatzerlös}} \times 100$
	Cash-Flow in % der Fremdmittel: $= \dfrac{\text{Cash-Flow}}{\begin{array}{c}\text{Fremdkapital}\\\text{./. Kassenmittel}\end{array}} \times 100$
Kreditan-spannung $= \dfrac{\begin{array}{c}\text{Lieferanten und}\\\text{Wechselschulden}\end{array}}{\text{Kundenforderungen}} \times 100$	Dynamischer Verschul-dungsgrad: $= \dfrac{\begin{array}{c}\text{FK ./. Pensions-}\\\text{rückstellungen}\\\text{./. Kassenmittel}\end{array}}{\text{Cash-Flow}} \times 100$
Konzern-finan-zierung $= \dfrac{\begin{array}{c}\text{Forderungen an}\\\text{verbundene/beteiligte}\\\text{Unternehmen}\end{array}}{\begin{array}{c}\text{Verbindlichkeiten}\\\text{gegen verbundene/}\\\text{beteiligte}\\\text{Unternehmen}\end{array}} \times 100$	Innenfinan-zierungs-grad der Investitionen: $= \dfrac{\text{Cash-Flow}}{\begin{array}{c}\text{Zugänge Anlagen}\\\text{./. Abgänge Anlagen}\end{array}} \times 100$
	Dynamischer Liquiditäts-grad: $= \dfrac{\text{Cash-Flow}}{\begin{array}{c}\text{durchschnittl.}\\\text{(kurzfr. FK}\\\text{./. Kassenmittel)}\end{array}} \times 100$

Abbildung 7.27: Kennzahlen zur Beurteilung der Finanzlage

regel fordert diese Übereinstimmung für jeden einzelnen Vermögensteil. Die **goldene Bilanzregel** dagegen geht von einer Globalbetrachtung aus. Sie verlangt in ihrer engeren Definition Eigenfinanzierung und langfristige Fremdfinanzierung für das Anlagevermögen. Die weitere Fassung zieht auch den betriebsnotwendigen Teil des Umlaufvermögens in die langfristig zu finanzierenden Aktiva ein. Dem gleichen Grundsatz folgen die in den USA üblichen „ratios". So erlaubt die Kennzahl **„current ratio"** eine kurzfristige Finanzierung für höchstens die Hälfte des Umlaufvermögens. Einen ihr entsprechenden absoluten Wert stellt das **„working-capital"** dar. Es bezeichnet die Differenz zwischen Umlaufvermögen und kurzfristigen Schulden. Die Kennzahl **„quick-ratio"**, die auch als **„acid-test"** bezeichnet wird, verlangt ein Verhältnis zwischen liquiden Mitteln und kurzfristigen Verbindlichkeiten von mindestens 1:1. Über die gewünschte Relation zwischen Umlaufvermögen und kurzfristigen Verbindlichkeiten bestimmen diese Kennzahlen indirekt auch die Höhe des langfristig zu deckenden Vermögens.

Zahlungs-
fähigkeit und
Bilanz-
struktur

Diese und ähnliche Bilanzstrukturforderungen unterstellen, daß ihre Einhaltung die Sicherung der Zahlungsfähigkeit gewährleistet. Dem liegt die Überlegung zugrunde, daß die Rückzahlung aufgenommener Mittel auf jeden Fall möglich ist, wenn die Kapitalien erst nach ihrer vollständigen Freisetzung fällig sind. Die Kapitalaufnahme bringt neben der Pflicht zur Rückzahlung befristet aufgenommener Mittel auch laufende Zinszahlungen mit sich, die in den Finanzierungsregeln nicht explizit berücksichtigt werden. Der Liquiditätseffekt der Einhaltung horizontaler Finanzierungsregeln läßt sich wie folgt darstellen: Je länger die aufgenommenen Mittel befristet sind, desto seltener erscheinen sie als ausgehende Zahlungsströme. Die Beachtung von Regeln, die für einen bestimmten Teil des Vermögens langfristige Finanzierung fordern, kann die Unternehmung in der Zeit zwischen Kapitalaufnahme und Tilgung vor Zahlungsansprüchen schützen, die bei kurzfristiger Finanzierung auf sie zukommen würden. Der Effekt tritt bei jeder längerfristigen Finanzierung ein und erreicht seine größte Wirkung bei völliger Eigenfinanzierung ohne Entzugsmöglichkeit. Die tatsächliche Liquiditätsentwicklung hängt von der Höhe der anderen Stromgrößen ab. Ergeben sich ungeplante Ausgaben, so kann auch die Einhaltung der Regeln die Illiquidität nicht verhindern. Andererseits ist ihre Beachtung überflüssig, wenn die Unternehmung in der Lage ist, fälliges Kapital zu prolongieren oder zu substituieren. Auch bei Finanzierung mit langfristigem Kapital besteht zu den Tilgungsterminen das Risiko der Anschlußfinanzierung, sofern das Kapital weiter benötigt wird. Dieses Risiko ist auch durch Eigenkapitalfinanzierung nicht beseitigt, wenn Abzugsmöglichkeiten bestehen.

Die aufgezeigten Mängel der Finanzierungsregeln resultieren nicht zuletzt aus ihrer Bindung an bilanzielle Größen. Diese Kritik gilt auch für an der Ertragskraft orientierte Kennzahlen, wie zum Beispiel für die Relation Fremdkapital: Cash flow. Die Bilanz erlaubt nur die Erfassung von in der Vergangenheit entstandenen Verpflichtungen und Vermögenswerten. Zudem liegen zwischen Bilanzstichtag und dem Veröffentlichungszeitpunkt i. d. R. mehrere Monate. Ein weiterer Kritikpunkt setzt bei der Komprimierung und Pauschalierung vieler Bilanz- und GuV-Positionen an; dadurch werden wichtige Details verdeckt. Zudem bestehen durch Wahlrechte bei Ansatz und Bewertung erhebliche bilanzpolitische Spielräume.

Finanzie-
rungsregeln
und Kredit-
vergabe

Bilanzstrukturregeln können daher nur als Gestaltungsheuristiken gelten, der theoretische Nachweis der behaupteten Zweck-Mittel-Beziehung konnte bisher nicht erbracht werden. Da allerdings die Strukturregeln auch heute noch zur Grundlage der Kapitalvergabe (insb. Kreditvergabe) gemacht werden, ergibt sich die Konsequenz, daß mit der Einhaltung der Regeln die Wahrscheinlichkeit einer Kapitalzuführung (Kreditzusage) und damit der Aufrechterhaltung der Zahlungsfähigkeit erhöht werden kann. Die Bedeutung von Bilanzstrukturregeln für kapitalwirtschaftliche Entscheidungen darf deshalb nicht allein von ihrer theoretischen Begründung her beurteilt werden, solange diese Verhaltensweisen noch Bestandteil der Wirtschaftskultur sind (vgl. Wysocki 1962).

Ertrags-
analyse

Besonderes Gewicht neben den Strukturgrößen kommt der Analyse des Ertrags, seiner Komponenten und seiner Dynamik zu. Wie allgemein bekannt, bereitet die

Ermittlung des „wahren" Gewinns, so es ihn überhaupt gibt, erhebliche Schwierigkeiten. Durch Ausnutzen von Ansatz- und Bewertungswahlrechten, Bildung und Auflösung stiller Reserven, vor allem über Abschreibungen und Rückstellungen lassen sich die ausgewiesenen Gewinne je nach unternehmenspolitischem Bedarf in erheblichem Umfang steuern. Um Zeit- und Unternehmensvergleiche zu ermöglichen, sind damit **Bereinigungen der Ergebnisse** um Bewertungsunterschiede, außerordentliche und betriebsfremde Einflüsse notwendig, die aber für Externe recht schwierig vorzunehmen sind. Die Deutsche Vereinigung für Finanzanalyse und Anlageberatung (DVFA) hat ein Schema entwickelt, nach dem diese Bereinigungen durchgeführt werden können (vgl. Loistl 1989). Ohne Unterstützung durch die Unternehmen bleiben sie aber immer mit Mängeln behaftet.

Solcher Art korrigierte Gewinne sind üblicherweise Grundlage für die Berechnung des Kurs-Gewinn-Verhältnisses (KGV), das die meisten Börseninformationsdienste ausweisen und das als eine wesentliche Kennzahl für die Attraktivität von Papieren gilt. **Das KGV (englisch: PER – Price-Earnings-Ratio) setzt den Kurs zum Gewinn je Aktie in Beziehung.** Es besagt also, mit dem Wievielfachen der Gewinn einer Gesellschaft im Kurs bezahlt wird. Preiswürdigkeitsvergleiche auf der Basis des KGV leiden unter der Annahme, die Gewinne würden auf der jetzigen Basis konstant bleiben und dem gleichen Streuungsrisiko unterliegen. Zumindest sollte man deshalb mit erwarteten, nicht mit Gewinnen vergangener Perioden rechnen. Bei einem Unternehmen mit starker Gewinndynamik wird zudem ein höheres KGV angemessen sein als bei einem Papier mit stabilen Erträgen. So zeigt die Realität auch, daß die Papiere mit niedrigem KGV ihren Anlegern keinesfalls höhere Renditen erbracht haben als andere.

Kurs-Gewinn-Verhältnis

Wegen der Problematik der Gewinnmanipulation und der unterschiedlichen Gewinnermittlungsvorschriften ist auf der internationalen Bühne das KGV durch das Kurs-Cash flow-Verhältnis (KCV) abgelöst worden. Der Cash flow, berechnet als Summe aus Jahresüberschuß, Abschreibungen und Veränderungen der Rückstellungen, neutralisiert einen erheblichen Teil der Bewertungsunterschiede und schafft so eine besser vergleichbare Größe. **Bei Konstanz des Cash flow zeigt das KCV dem Käufer eines Unternehmens, wie schnell ihm der Kaufpreis über den Cash flow (rechnerisch oder effektiv) voraussichtlich wieder zurückgeflossen sein wird.** Allerdings ist nicht zu übersehen, daß der Cash flow keine geeignete Erfolgskennzahl darstellt und daher ein günstiges KCV keinesfalls etwas über erzielbare Renditen aussagen kann. Denn der Cash flow kann auch hoch sein, wenn Verluste eingetreten sind.

Kurs-Cash flow-Verhältnis

Technische Analyse

Die technische Analyse versucht die Kursentwicklung allein aus Aufzeichnungen vergangener Kurse zu erklären und daraus Kauf- und Verkaufsignale abzuleiten. Sie wird von Unternehmen hauptsächlich eingesetzt, um die im Rahmen der Beteiligungspolitik getroffenen Kauf- und Verkaufsstrategien bei gegebenem Marktzustand (Börsenstimmung) optimal zu realisieren. Aber auch im Bereich der kurzfristigen

Anlageentscheidung von Wertpapieren wird die technische Analyse häufig eingesetzt.

Die technische Analyse ist nur sinnvoll, wenn die systematische Aufzeichnung von Kursbewegungen aus der Vergangenheit und ihre Auswertung in Aktientrends überdurchschnittliche Gewinne verspricht. Sind Daten aus der Vergangenheit aber bereits in den aktuellen Kursen enthalten, lohnt sich die technische Analyse nicht. Schon bei schwacher Informationseffizienz der Kapitalmärkte verliert sie also ihre ökonomische Berechtigung.

Die Grundidee aller Verfahren der technischen Analyse (vgl. vertieft Loistl 1989) ist, daß Kursbewegungen in **typischen Trends** verlaufen.

Nach dem **Analyseobjekt** lassen sich unterscheiden:

– Gesamtmarktanalysen (bzw. Segmentanalysen), die sich auf das Gesamtgeschehen an der Börse oder auf das eine Branche oder Region betreffende Börsengeschehen beziehen;
– Einzelwertanalysen für die Untersuchung des Kursverlaufs einzelner Wertpapiere.

Methoden der technischen Analyse

Technische Analyse ist ein Sammelbegriff für unterschiedlichste Methoden. Die wichtigsten sind

– Formationen (sog. Chart-Reading);
– Indikatoren, wobei technische Indikatoren und Stimmungsindikatoren unterschieden werden;
– Statistische Verfahren wie Regressions- und Zeitreihenanalysen.

Zur optischen Unterstützung werden die Kursreihen üblicherweise in Charts dargestellt.

Formationsanalyse

Hauptsächliches Instrument der Formationsanalyse ist die Trendanalyse, d. h. das Erkennen von Trendbestätigungs- und Trendumkehrformationen aus vergangenen Kursverläufen. Mit ihr arbeitet auch die DOW-Theorie, benannt nach Charles H. Dow und publiziert in einer Serie von Leitartikeln im Wall Street Journal in den Jahren 1900 bis 1902.

Die **DOW-Theorie** gilt als Ursprung der technischen Analyse. Sie beruht auf der Beobachtung von Aktienindizes. Danach existieren drei sich überlagernde Kursbewegungen mit unterschiedlicher Dauer. Der **Primärtrend** ist langfristig (ein Jahr und länger), **Sekundärtrends** sind mittelfristig (zwei Monate bis ein Jahr) und **Tertiärtrends** sind kurzfristig (eine Woche bis zwei Monate). Trendwenden lassen sich nach der DOW-Theorie aus der Kursentwicklung erkennen. Ein Aufwärtstrend (Hausse) wird von einem Abwärtstrend (Baisse) abgelöst, wenn ein Hoch und ein Tief niedriger liegen als das vorhergehende Hoch und das vorhergehende Tief. Der Primärtrend definiert Hausse und Baisse langfristig, Sekundärtrends sind mittelfristige Entwicklungen, die entgegengesetzt zum Primärtrend verlaufen können. Kurzfristige Trends kennzeichnen den Beginn einer langfristigen Trendumkehr. Ein Nachteil der DOW-Theorie besteht darin, daß Kauf- oder Verkaufsignale erst verzögert auf Kursbewegungen folgen.

972

Trendbestätigung oder **Trendumkehr** für den Gesamtmarkt wie für Einzelpapiere werden daneben anhand einer Vielzahl von typischen „Bildern" von Kursentwicklungen zu erkennen versucht, die so plastische Begriffe wie „Keil", „Wimpel", „Flagge", „Head Shoulder", „Untertasse" tragen. Die Schwierigkeit des Arbeitens mit solchen Formationen liegt aber darin, daß sie selten in reiner Form zu beobachten sind und daß Anlageentscheidungen fallen müßten, wenn die Formationen noch nicht voll ausgebildet sind, will man ihre Aussagekraft für Überrenditen nutzen.

Als wichtige technische Indikatoren sind gleitende Durchschnitte, die Advance-Decline-Methode und der Coppock-Indikator, für die Einzelpapieranalyse ebenfalls die gleitenden Durchschnitte, das Momentum, der Oszillator und das Konzept der relativen Stärke zu nennen. *Technische Indikatoren*

Stimmungsindikatoren heben darauf ab, daß Kursbewegungen ganz wesentlich auch von der Marktstimmung beeinflußt werden, d. h. psychologische Faktoren eine Rolle spielen. Da der Markt dabei offenbar häufig „übertreibt", setzen die meisten Stimmungsindikatoren darauf, gegen die aktuelle Marktstimmung zu handeln und damit die Marktentwicklung vorweg zu nehmen. Wenn z. B. alle optimistisch bezüglich weiterer Kurssteigerungen sind, werden sie auch alle in Aktien engagiert sein. Da keine weitere Nachfrage auftritt, kann der Kurs also nur sinken. Als solche Stimmungsindikatoren gelten z. B. der Overbought/Oversold-Indikator, die Put-Call-Ratio am Optionsmarkt und die Zahl optimistischer Börsendienste. *Stimmungs-indikatoren*

Obwohl bislang die überwiegende Zahl der durchgeführten Tests zur Messung der Performance bei Anwendung von Methoden der technischen Analyse keine Vorteile, sondern sogar meist deutlich schlechtere Renditen gegenüber einer einfachen Buy and Hold-Strategie erbracht hat, ist ihre Beliebtheit in der Anlagepraxis offenbar ungebrochen.

h) Strategische Investitionen

Investitionen sind nicht selten von erheblicher Bedeutung für die Sicherung oder Stärkung der Wettbewerbsposition des gesamten Industriebetriebs oder einzelner seiner strategischen Geschäftseinheiten. Solche Investitionen setzen strategische Entscheidungen des Managements zur künftigen Entwicklungsrichtung des Unternehmens um. Sie sollen **strategische Erfolgspotentiale** aufbauen und dadurch künftige Markt- und Gewinnchancen eröffnen. Daher seien sie als strategische Investitionen bezeichnet. Beispiele für strategische Investitionen sind grundlegende Veränderungen der eingesetzten Fertigungs-, Logistik- und Informationstechnologie, der Eintritt in fremde Märkte und Produktbereiche sowie der Kauf von bzw. die Beteiligung an anderen Unternehmen (Mergers & Acquisitions).

Im Gegensatz zu Investitionen, die zur Unterstützung operativ-taktischer Entscheidungen vorgenommen werden und dadurch geringere Reichweiten haben (z. B. Ersatz einer einzelnen Maschine), sind die finanziellen Wirkungen strategischer Investitionen oft nur äußerst schwer zu erfassen. Dies liegt zum einen an der großen Unsicherheit der Prognose der dadurch ausgelösten Ein- und Auszahlungsströme. Zum anderen tauchen häufig erhebliche Schwierigkeiten auf, das Zurechnungsprinzip adäquat zu berücksichtigen, weil die Wirkungen nicht auf das zur Entscheidung anstehende Investitionsobjekt begrenzt sind, sondern auf andere Unternehmensbereiche ausstrahlen. Am Beispiel des Kaufs eines Auslandsunternehmens der gleichen Branche sei die Problematik strategischer Investitionen kurz erläutert:

- Vorrangiges Ziel dieser Akquisition möge die Verbesserung der internationalen Marktposition durch den Zukauf von Marktanteilen sein. Die Umrechnung dieser Positionsstärkung in zusätzliche Einnahmen- und Ausgabenströme dürfte aber selbst bei Kenntnis der aktuellen Markt- und Konkurrenzstrukturen nicht einfach sein.
- Wie bei vielen Auslandsinvestitionen sind mögliche zusätzliche Motive in der Chance der schnelleren Eroberung von Auslandsmärkten gegenüber dem Aufbau eines eigenen Unternehmensteils und in der Umgehung von Marktzugangsbarrieren zu sehen.
- Der Zukauf könnte zugleich zu einem harmonischeren (internationalen) Portfolio der strategischen Geschäftseinheiten führen und aufgrund des günstigen Kurs-Cash flow-Verhältnisses die Chance zu einer weitgehenden Innenfinanzierung und schnellen Amortisation bieten.
- Auslandsinvestitionen vermögen auch – als Primär- oder Sekundäreffekt – Währungsrisiken aufzubauen oder, im Gegenteil, zu einer Immunisierungsstrategie gegen Währungsrisiken beizutragen.
- Eine besondere Bedeutung bei Unternehmenskäufen kommt den dadurch voraussichtlich zu realisierenden **Synergieeffekten** zu. Größeneffekte, Vermeidung von Doppelarbeiten und Stärkung von Marktpositionen können dazu führen, daß geringere Kosten und/oder höhere Erträge erzielbar sind als bei getrennten Unternehmen. Solche Synergieeffekte kann das Modell der Portfolio Selection nicht erfassen, da es bei jedem Wertpapier von einer gegebenen Ertrags-/Risikokombination ausgeht. In welchem Ausmaß durch den Zusammenschluß von Unternehmen bei der Beschaffung, der Produktion, der Forschung und Entwicklung, dem Absatz, dem Personal und der Finanzierung Kosteneinsparungen und/oder Ertragssteigerungen realisiert werden können, ist eines der schwierigsten Prognoseprobleme bei Akquisitionen.

Ein großer Teil der zahlreichen **Fehlschläge** bei Übernahmen wird darauf zurückgeführt, daß das aufkaufende Unternehmen die **Synergiepotentiale überschätzt** hat oder nicht in der Lage war, solche Potentiale in konkrete Vorteile umzusetzen. Oft werden auch die **negativen Synergien unterschätzt**, d. h. die Schwierigkeiten, Unternehmen mit unterschiedlicher technisch-organisatorischer Struktur und vor allem teilweise stark differierender Unternehmenskultur zu integrieren und auf eine einheitliche strategische Linie zu orientieren. Die teilweise eminenten Reibungsverluste lassen manche Übernahme, die sich aufgrund der addierten Zahlen von kaufendem und gekauften Unternehmen als attraktiv dargestellt hatte, nachträglich als Fehlkauf erscheinen.

974

Diese vielfachen, hier nur angedeuteten Schwierigkeiten stellen zwar die Einsetzbarkeit der Investitionsrechenverfahren auch für solche Fälle nicht grundsätzlich in Frage, erschweren aber ihre Anwendung und die Ableitung von Entscheidungen aus den Rechenergebnissen erheblich. Sie bedingen zumindest eine Veränderung der Gewichte von den methodischen Fragen der Kalküle zu den Datenproblemen.

Soweit eine verläßliche quantitative Erfassung der Daten in Form von einzelnen Perioden zurechenbaren Finanzströmen nicht möglich ist, erfolgt häufig ein Rückzug auf qualitative Bewertungen der Veränderung der strategischen Positionen, wie sie aus der strategischen Analyse (vgl. Teil 1, S. 46 ff. und Teil 5, S. 658 ff. sowie z. B. Ballwieser 1987, Gomez/Weber 1989) bekannt sind.

i) Problematik entscheidungslogischer Kalküle

Neben den bereits genannten Modellprämissen bleiben in entscheidungslogischen Investitionskalkülen weitere, nicht unwesentliche Einschränkungen gegenüber der Realität bestehen.

Die Kalküle wenden **bezüglich der Organisationsstruktur die ceteris-paribus-Regel** an. Diese Einschränkung ist insofern sinnvoll, als bisher kein Modell zur optimalen Organisationsstruktur entwickelt werden konnte und wohl auch nicht entwickelt werden kann. Falls also eine Investitionsalternative eine Änderung der Organisationsstruktur, beispielsweise der Rollenerwartungen und -zumutungen, der Machtstruktur, der sozio-emotionalen Struktur und der Statusbeziehungen notwendig macht beziehungsweise zu solchen Änderungen führt, ergeben sich kaum Anhaltspunkte zu einer allgemeingültigen Einbeziehung dieser Konsequenzen in die quantitativ-normativen Investitionskalküle.

Organisationslose Modelle

An diesem Punkt der industriellen Investitionsplanung werden – wie bei anderen nicht quantifizierbaren Einflußgrößen (z. B. Machtstreben, Prestige, gesellschaftspolitische Zielsetzungen) – **Ergebnisse des mehr sozialwissenschaftlich orientierten Zweiges der Entscheidungstheorie eher weiterhelfen als die ausschließlich mathematisch fundierte normative Entscheidungslogik.** Das gilt nicht nur für die Investitionsrechenverfahren, sondern noch mehr für den Prozeß der Investitionsplanung. Wird dieser Prozeß im Sinne einer absoluten Rationalität gesehen, so kann die Frage nach seiner Optimierung gestellt werden. **Die Sozialwissenschaften kennen keine „absolute Rationalität".** Sie sind allerdings in der Lage, verhaltenswissenschaftliche Hypothesen zu entwickeln, die den Entwurf eines relativ realistischen Bildes des politischen Prozesses „industrielle Investitionsplanung" gestatten. Es geht dabei nicht mehr um die müßigen Fragen, welche Investitionsrechenverfahren welchen Investitionsarten zugeordnet werden können – die entsprechende Diskussion dürfte kaum jemals endgültige Ergebnisse zeitigen – oder um modifizierte Sicherheitsäquivalente, sondern um die Darstellung des Investitionsplanungsprozesses auf der Grundlage von Such- und Verhandlungsstrategien der Organisationsteilnehmer. Derartige Ansätze basieren auf der Beobachtung, daß der Entscheidungsträger die durch das Fehlen ausreichen-

Investitionsplanung als Aushandlungsprozeß

975

der Informationen verursachte „Ratlosigkeit" durch Verhaltensweisen oder Entscheidungsnormen zu überwinden sucht, indem er diese Regeln mehr oder weniger beharrlich auf gleichartige oder ähnliche Entscheidungsprobleme anzuwenden versucht. Faustregeln der Praxis (z. B. Finanzierungsregeln) können solche Entscheidungsvorschriften sein. Sie erfüllen die **Funktion der „Ungewißheitsabsorption".** Eine Vorschrift, die den Wiedereinsatz eines bestimmten Teils der Abschreibungsgegenwerte für Investitionszwecke fordert, ist ebenfalls ein Beispiel für eine derartige „strategische Entscheidungsregel".

Ansoff (1960) hat zur Lösung derartiger „offener Entscheidungsprobleme" das von ihm „quasi-analytische Methode" genannte Verfahren entwickelt. Grundsätzlich handelt es sich um ein Verfahren, das dem Expertenurteil der Praktiker große Bedeutung zubilligt und somit eine aus der Erfahrung abgeleitete umfangreiche Heuristik für die Entwicklung und die Auswahl beispielsweise von Investitionsalternativen darstellt.

Investitions-
planungs-
heuristik

Das Verfahren, auf das hier nur hingewiesen werden kann, versucht eine Alternative zu bekannten Investitionskalkülen zu bieten, indem es weniger die logisch-deduktive Ableitung der Beziehungszusammenhänge als vielmehr die intuitiv-plausiblen „Mittel-Zweck-Vermutungen" des erfahrenen Praktikers betont und auf diese Weise auch Hilfsgrößen für nicht quantifizierbare Entscheidungskriterien berücksichtigt. Verglichen mit der hier nur angedeuteten quasi-analytischen Strategie erscheinen die normativen Investitionskalküle zu technokratisch. **Eine Investitionsrechnung, die die „politische Relativierung" der funktionalen Interdependenzen eines Industriebetriebes nicht beachtet und eine Investitionstheorie, die diese leugnet, bleiben unvollständig und unrealistisch.**

4. Investitionskontrolle

Kontroll-
zwecke

Industrielle Investitionsplanung als (kollektiven) Entscheidungsprozeß zu verstehen heißt, neben der Alternativensuche und -auswahl auch die Durchführung und Kontrolle in die Analyse miteinzubeziehen. Erst die Kontrolle des industriellen Planungs- und Entscheidungsprozesses erbringt die Informationen, die zu Korrekturmaßnahmen, neuen Anregungen oder zur Verbesserung zukünftiger Investitionsplanungen beitragen sollen. Selbstverständlich ist auch die korrekte Durchführung einer Investition zu überwachen, doch interessieren hier in erster Linie die Maßnahmen zur Kontrolle des wirtschaftlichen Ergebnisses.

Kontroll-
zeitpunkt

Die Investitionskontrolle beginnt nicht erst mit Beendigung der Realisationsphase einer Investition, wenngleich diese Form die in der Praxis am häufigsten anzutreffende sein dürfte. Die Erarbeitung von Formblättern zur Einbringung und Verabschiedung eines Investitionsantrages, die in vielen Industriebetrieben üblich ist, ergibt zugleich die Grundlage für die ex post-Kontrolle. Eine Investitionskontrolle ist aber auch bereits vor dem eigentlichen Investitionsentscheidungsakt möglich und notwendig.

976

Unabhängig von den verwendeten Verfahren der Investitionsrechnung ist jeweils zu prüfen, welche Veränderungen der Parameter zu welchen Variationen bezüglich des Grades der Zielerreichung führen. Zugleich ist die Sensitivität des verwendeten Investitionsrechenverfahrens zu analysieren. Sollte das ins Auge gefaßte Verfahren auf Parameterveränderungen, die von der Erfahrung her als sehr relevant angesehen werden, nicht ausreichend reagieren, so sind die Investitionsrechnung und natürlich auch die Investitionskontrolle auf weitere Verfahren auszudehnen. Abweichungsrechnungen, die auf stochastischer Basis arbeiten, werden auch unter dem Begriff „Risikoanalyse" zusammengefaßt. Für die Investitionskontrolle sind sie nur bedingt einsetzbar, da in diesen Fällen eine Situation, für die das statistische Gesetz der großen Zahl gilt, die Ausnahme sein dürfte. Daß sich die Investitionskontrolle nicht nur auf die realisierte Alternative beschränken darf, leuchtet bei der Unsicherheit der Informationen, unter der die Auswahl in der Realität erfolgt, unmittelbar ein. Natürlich ergeben sich für die Auswertung nicht realisierter Alternativen zur Gewinnung ergänzender Kontrollinformationen besondere Schätzprobleme (z. B. bezüglich der möglichen Entwicklung der relevanten Daten im Zeitablauf und der Zurechnungsproblematik), so daß im Falle des Vergleichs der Ergebnisse realisierter und nicht realisierter Alternativen der Auswerter sich einer gewissen Relativität der erzielten Resultate bewußt sein sollte.

Kontroll-methoden

Wie häufig eine Investitionskontrolle erfolgen soll, ob die Datensammlung, die -auswertung oder beides zentral oder dezentral organisiert werden und welche Parameter überhaupt Gegenstand einer Abweichungsanalyse sein sollen, ist allgemeingültig kaum anzugeben. Daran ändern bisher auch einige mehr oder weniger normative Vorschläge in der Literatur nichts. Das gleiche gilt für die Festlegung eines Maßstabes, mit dem die beobachtenden Abweichungen zu gewichten sind.

Die Vorstellung, daß die Investitionskontrolle infolge der erarbeiteten Informationen zu Revisionsmaßnahmen führen kann, schließt nicht nur den Kreis, indem ein neuer Entscheidungsprozeß induziert wird, sie weist zugleich auch auf einige organisatorische Notwendigkeiten hin. Die Kontrollergebnisse sind so aufzuschlüsseln, daß sie denjenigen Organisationsteilnehmern als Informationen übermittelt werden können, in deren Verantwortungsbereich die entsprechenden Revisionsentscheidungen fallen. Die Wirksamkeit dieser Funktion dürfte in der Realität wesentlich vom Führungsstil der Unternehmung abhängen. Kontrolle in dem hier verstandenen Sinne soll in erster Linie Lernprozesse in Gang bringen und Revisions- wie Innovationsentscheidungen anregen. **Insofern erscheint gerade bei schlecht strukturierten Investitionsproblemen die lerntheoretisch begründbare Hypothese plausibel, im Rahmen der Investitionskontrolle kein Bestrafungssystem für Fehlentscheidungen, sondern ein Anreizsystem für die Einleitung von Korrektur- und Entwicklungsprozessen zu institutionalisieren.**

Kontrolle und Lernen

977

5. Einnahmen aus dem Leistungsbereich (Innenfinanzierung)

a) Einnahmenströme und Innenfinanzierung

Einnahmen aus dem Innen- oder Leistungsbereich waren in der Abbildung 7.3 nach ihrer Herkunft unterteilt worden in:

1) Einnahmen aus der marktlichen Verwertung von Leistungen einschließlich der Zinsen für Kapitalüberlassung,
2) Einnahmen aus der marktlichen Verwertung nicht verzehrter Produktionsfaktoren und
3) Einnahmen aus Rückzahlungen im Rahmen aktiver Finanzierung.

Rückzahlungen aus aktiver Finanzierung

Als Einnahmen aus Rückzahlungen im Rahmen aktiver Finanzierung kommen im Industriebetrieb in erster Linie **Rückflüsse aus gewährten Kundenkrediten sowie Kapital- und Geldmarktanlagen** in Frage. Die zeitliche Beeinflußbarkeit der Ströme hängt von der Form der aktiven Finanzierung und den vereinbarten Modalitäten ab. Die Spannweite reicht von vertraglich langfristig angelegtem Kapital über Beteiligungen bis zu jeder Zeit abrufbaren Bankguthaben oder Wertpapierbeständen, die den Charakter von Liquiditätsreserven haben.

Produktionsfaktorverkauf

Einnahmen aus der marktlichen **Verwertung nicht verzehrter Produktionsfaktoren** unterscheiden sich von den Umsatzeinnahmen dadurch, daß sie nicht im Rahmen der Leistungsverwertung anfallen (z. B. Spedition verkauft Lkw vor dessen Schrottreife). Nicht verzehrte Produktionsfaktoren können sowohl **Betriebsmittel** als auch **Werkstoffe** sein. Ein Verkauf von Betriebsmitteln ist infolge technischer oder wirtschaftlicher Weiterentwicklung der Aggregate denkbar. Ferner kommt eine Veräußerung nicht verzehrter Produktionsfaktoren auch bei langandauerndem Beschäftigungsrückgang, bei Stillegung oder bei Produktionsumstellung in Betracht.

Rationalisierung

Nicht unerwähnt bleiben sollen Einnahmen als Folge von Rationalisierungen. Durch **Normung** und **Typung**, durch **veränderte Arbeitsorganisation** oder durch den **Einsatz von Planungsverfahren**, können die durchschnittlichen Lagerbestände gesenkt werden. Kapitalfreisetzende Einnahmen sind dadurch allerdings nur zu erzielen, wenn die überschüssigen Lagerbestände veräußert werden. Erfolgt ein allmählicher Lagerabbau durch den Verbrauch in der Produktion, so hat die Rationalisierung lediglich eine geringere Kapitalbindung zur Folge.

Umsatzeinnahmen

Wichtigster Posten der Kapitalfreisetzung sind die **Einnahmen aus der marktlichen Verwertung von Leistungen**, kurz als Umsatzeinnahmen bezeichnet. Sie stellen das weitaus größte Finanzierungspotential der Unternehmung dar. Wird die produzierte Menge zu Preisen abgesetzt, die die kapitalbindenden Ausgaben der Leistungserstellung decken, so steht über die Umsatzeinnahmen freigesetztes Kapital in Höhe des ursprünglichen Kapitaleinsatzes wieder zur Verfügung.

978

Alle diese Einnahmenströme bilden Finanzierungsquellen für das Unternehmen, aus denen sich entweder Ausgaben im Innenbereich (Beschaffung für Produktionsfaktoren) oder im Außenbereich (Kapital- und Gewinnentnahmen, Tilgungen) bestreiten lassen. Sie könnten deshalb insgesamt als Mittel zur Innenfinanzierung bezeichnet werden. *Innenfinanzierung*

Allerdings widerspricht eine solche Begriffsfassung dem üblichen Verständnis von Innenfinanzierung. Danach steht für sie nur der **Überschuß der Einnahmen** aus dem Leistungsbereich über die laufenden Ausgaben zur Verfügung. Dafür wird meist (vereinfacht) der Begriff **Umsatzüberschuß** oder **Cash flow** verwendet. Was als „laufende Ausgaben" gilt, richtet sich dabei nach den Vorschriften der Bilanzerstellung: Es fallen alle nicht aktivierten (aktivierbaren) Ausgaben für den Leistungsbereich darunter, unabhängig davon, ob sie nach der im vorigen Kapitel gefundenen Definition als Investitionen einzustufen sind.

Der Begriff der Innenfinanzierung paßt also nur sehr bedingt in eine zahlungsstromorientierte Betrachtung. Ihr Finanzierungseffekt besteht nicht in der **Erwirtschaftung von Einnahmen**, sondern darin, daß bestimmte Teile der Umsatzeinnahmen (vorübergehend oder dauernd) im Unternehmen verbleiben. Üblicherweise werden als Formen der Innenfinanzierung die Abschreibungsfinanzierung, die Finanzierung aus Rückstellungen sowie die Selbstfinanzierung aus einbehaltenen Gewinnen unterschieden. *Formen der Innenfinanzierung*

b) Finanzierung aus Abschreibungsgegenwerten

Der Potentialfaktor Betriebsmittel ist in aller Regel dadurch charakterisiert, daß er für mehrere Perioden Nutzungen abzugeben imstande ist. Aus diesem Grunde werden die **Anschaffungsausgaben auf die Perioden der Nutzungsdauer verteilt** (Abschreibungen = periodisierte Anschaffungsausgaben). Grundsätzlich wird versucht, diese Verteilung dem periodischen Wertverzehr entsprechend vorzunehmen. Werden die Abschreibungen in den Preis der produzierten Güter eingerechnet, so fallen die Gegenwerte der Abschreibungen mit der Bezahlung der verkauften Güter als freigesetztes Kapital an. Da der Ersatz der Maschine zur Aufrechterhaltung der Kapazität erst bei vollständiger Abgabe ihres Nutzungspotentials erfolgen muß, können sich in dem Zeitraum bis zum Ersatzzeitpunkt die Abschreibungsgegenwerte ansammeln. Der Kapitalfreisetzungseffekt basiert also auf einer Umschichtung des Vermögens durch Verminderung des Nutzungspotentials der Betriebsmittel und Zunahme der liquiden Bestände. Prinzipiell wird dieser Effekt auch bei stoßweise aufgefüllten Lägern wirksam, die sukzessive abgebaut werden. Die periodische Entwicklung der temporär freigesetzten Beträge für ein Aggregat soll Abbildung 7.28 (vgl. folgende Seite) beispielhaft aufzeigen. *Temporäre Freisetzung*

Beispiel:
Anschaffungspreis des Aggregats 2 000 DM; gleichmäßige Leistungsabgabe und gleichmäßiger Wertverlust über vier Jahre (= Nutzungsdauer).

Jahresende	Buchwert	jährliche Abschreibung	summierte Abschreibungsgegenwerte	temporäre Kapitalfreisetzung
0	2 000	–	–	–
1	1 500	500	500	500
2	1 000	500	1 000	1 000
3	500	500	1 500	1 500
4	2 000 (Reinvestition)	500	2 000	–
5	1 500	500	2 500	500
6	1 000	500	3 000	1 000

Abbildung 7.28: Temporäre Kapitalfreisetzung bei einem Aggregat

Zur Ermittlung der insgesamt im Betrieb freigesetzten Beträge ist von der Freisetzung aller eingesetzten abnutzbaren Anlagen auszugehen. In aller Regel setzt sich das abnutzbare Anlagevermögen eines Industriebetriebes aus einer Vielzahl von Aggregaten zusammen, die sich in den Anschaffungspreisen, in der Nutzungsdauer oder zumindest im Beschaffungszeitpunkt unterscheiden.

Die Ersatzzeitpunkte fallen infolgedessen auseinander. Die Folge davon ist, daß bei konstanter Periodenkapazität die Abschreibungsgegenwerte nicht in voller Höhe zum Ersatz abgenutzter Anlagen benötigt werden.

Dauerhafte Freisetzung

Der Differenzbetrag zwischen verdienten Abschreibungen und den zur Erhaltung der Periodenkapazität notwendigen Ausgaben für Ersatzinvestitionen stellt dauerhaft freigesetztes Kapital dar.

Abbildung 7.29 verdeutlicht die Zusammenhänge anhand eines einfachen Beispiels mit folgenden Ausgangsdaten: 4 gleichartige Aggregate, Beschaffungspreis 2 000 DM; Beschaffung in vier aufeinanderfolgenden Perioden; Nutzungsdauer 5 Jahre; lineare Abschreibung.

Jahresende	Erstinvestition	Buchwerte	jährliche Abschreibungen	summierte Abschreibungsgegenwerte	Reinvestition	Kapitalfreisetzung temporär	dauerhaft
0	2 000	2 000					
1	2 000	3 600	400	400			400
2	2 000	4 800	800	1 200			1 200
3	2 000	5 600	1 200	2 400			2 400
4		4 000	1 600	4 000		1 600	2 400
5		4 400	1 600	5 600	2 000	1 200	2 400
6		4 800	1 600	7 200	2 000	800	2 400
7		5 200	1 600	8 800	2 000	400	2 400
8		5 600	1 600	10 400	2 000	–	2 400
9		4 000	1 600	12 000		1 600	2 400

Abbildung 7.29: Kapitalfreisetzung bei mehreren Aggregaten

980

Freigesetzte Abschreibungsgegenwerte, die nicht zum Ersatz abgenutzter Maschinen benötigt werden, stehen der Unternehmung für andere Investitionsvorhaben oder für kapitalentziehende Zahlungen (z. B. Kreditrückzahlungen) zur Verfügung. Werden sie zur Anschaffung zusätzlicher Maschinen verwendet, so tritt damit ein Kapazitätserweiterungseffekt auf. Aus Abbildung 7.29 ist zu ersehen, daß die Unternehmung schon am Ende der dritten Periode in der Lage wäre, ein weiteres Aggregat zu kaufen. Der Effekt kann sich so lange fortsetzen, bis die Abschreibungsgegenwerte jeder Periode, die durch die zusätzlichen Anlagen ebenfalls erhöht werden, zum Ersatz der ausscheidenden Aggregate ausreichen.

Kapazitäts-erweiterungs-effekt

Der **Lohmann-Ruchti-Effekt**, wie der Kapazitätserweiterungseffekt verschiedentlich bezeichnet wird, basiert auf Prämissen, von denen einige schon angedeutet wurden:

(1) Die Abschreibungen müssen durch den Markt im Preis vergütet werden.
(2) Die Abschreibungsgegenwerte müssen kontinuierlich in neue gleichartige Anlagen investiert werden.
(3) Die Wiederbeschaffungspreise der Anlagen müssen konstant sein.
(4) Die Erzeugnisse der zusätzlichen Aggregate müssen zu ebenfalls aufwandsdeckenden Preisen absetzbar sein.
(5) Die Erstanschaffungen müssen durch Eigenkapital finanziert werden.
(6) Die Finanzierung einer eventuell notwendigen Erweiterung des Umlaufvermögens muß gesichert sein.

Unter diesen Annahmen läßt sich ein Multiplikator errechnen, der in Abhängigkeit von der Anzahl der Anlagen in der Erstausstattung und von ihrer Nutzungsdauer die höchstmögliche Erweiterung der Kapazität durch den beschriebenen Effekt angibt.

Es bleibt zu untersuchen, ob durch Finanzierung aus Abschreibungen die Kapazität des Industriebetriebes effektiv erhöht werden kann. Dazu ist eine strenge Unterscheidung in Perioden- und Totalkapazität erforderlich.

Während mit zunehmender Zahl der Anlagen (Prämisse: Die Leistung ist über die Nutzungsdauer konstant) eine Erhöhung des Ausstoßes pro Periode (Periodenkapazität) möglich ist, bleibt die Anzahl der gesamten Nutzungsjahre aller vorhandenen Aggregate (Totalkapazität) auch bei voller Ausnutzung des beschriebenen Effektes gleich: ein logisches Ergebnis, da ja nur die Rückflüsse wieder angelegt werden. Dies zeigt, daß lediglich eine Umschichtung der Aktiva, eine Veränderung der Altersstruktur der Anlagen vorgenommen wird. Wird beim sukzessiven Kauf der Anlage nicht der gesamte Anschaffungsbetrag von außen zugeführt, sondern der Kauf aus den schon aufgelaufenen Rückflüssen der früher gekauften Anlagen mit bestritten, so schwächt sich der Effekt wesentlich ab.

Perioden-und Total-kapazität

Eine Verstärkung des Kapitalfreisetzungseffekts und damit der möglichen Kapazitätserweiterung aus Wiederanlage von Abschreibungsgegenwerten kann erreicht werden, wenn die vorgenommene Abschreibung der tatsächlichen Nutzung vorangeht. Dies läßt sich durch einen verkürzten Ansatz der Abschreibungsdauer oder durch eine Abschreibungsmethode verwirklichen, die die ersten Perioden stärker mit Abschreibungen belastet, als es dem eigentlichen Nutzungsverlauf entspricht. Typisches Beispiel

Erweiterung der Total-kapazität

dafür ist die degressive Abschreibung bei linearem Nutzungsverlauf. Voraussetzung für die volle Wirkung des verstärkten Effekts ist natürlich auch hier der volle Ersatz der Abschreibungsgegenwerte im Preis. In dem zuletzt behandelten Fall ist es bei Ausnutzung des Kapazitätserweiterungseffekts auch möglich, die Totalkapazität des gesamten Anlagenbestandes zu erhöhen; denn zusätzlich zum alten, lediglich umstrukturierten Bestand kommen weitere Anlagen aus zugeführtem Kapital hinzu. Die damit erzielbare echte Kapazitätserweiterung ist jedoch nur dauerhaft, wenn die Vorwegnahme der Abschreibung von Periode zu Periode weitergeführt wird. Der durch Vorwegnahme von Abschreibungen erzielte Effekt der Erweiterung der Totalkapazität ist allerdings gedanklich scharf vom Lohmann-Ruchti-Effekt zu trennen. Während bei Lohmann und Ruchti der Kapazitätserweiterungseffekt auf der Umschichtung der Anlagen in ihrer Altersstruktur beruht, entsteht er im zuletzt geschilderten Fall durch die Zuführung zusätzlichen Kapitals. Diese Zuführung wird bilanziell nicht sichtbar, da sie über die Legung stiller Reserven erfolgt.

Wird die Finanzierung aus Abschreibungsgegenwerten mit dem Kapitalfreisetzungs- und Kapazitätserweiterungseffekt unter finanzwirtschaftlichen Gesichtspunkten näher beleuchtet, verliert sie viel von der ihr häufig zugesprochenen Faszination. Wie D. Schneider (1990, S. 148 ff) nachgewiesen hat, führt eine bündelweise Beschaffung von Kapazitäten wegen der notwendigen höheren Kapitalbindung bei sonst gleichen Gegebenheiten immer zu einer schlechteren Kapitalrentabilität als eine bedarfsweise (periodenweise) Beschaffung von Ressourcen. Besteht also, bei sonst gleichen Bedingungen, die Möglichkeit zur bedarfssynchronen Beschaffung von Kapazitäten (vgl. Teil 4, S. 513), ist sie der Vornahme von Investitionen mit anschließender Nutzung der Abschreibungsfinanzierung vorzuziehen.

c) Finanzierung aus Rückstellungen

Handels- und steuerrechtliche Behandlung
Durch die Bildung bzw. Erhöhung von Rückstellungen kann ebenfalls Innenfinanzierung betrieben werden. Rückstellungen sind nach § 249, I HGB zu bilden für ungewisse Verbindlichkeiten, für drohende Verluste aus schwebenden Geschäften und für unterlassene Instandhaltungen, die in den ersten drei Monaten der Folgeperiode nachgeholt werden. Zusätzlich dürfen nach § 249, II HGB Aufwandsrückstellungen für Gewährleistungen gebildet werden, die ohne rechtliche Verpflichtung erbracht werden (vgl. Teil 10, S. 1387).

In den Perioden der Rückstellungsbildung vermindern sie durch ihren Aufwandscharakter den zu versteuernden Gewinn bzw. den handelsrechtlichen Jahresüberschuß. Der Abfluß von Teilen der Umsatzerlöse wird dadurch verzögert. Bei passivierungspflichtigen Rückstellungen wird sowohl das handelsrechtliche wie das steuerliche Ergebnis reduziert, und damit können Steuerzahlungen wie Ausschüttungen vermieden werden. Die Aufwandsrückstellungen dagegen werden wegen des Passivierungswahlrechts steuerlich nicht anerkannt. Sie führen daher nur zu einer Verringerung des ausschüttungsfähigen handelsrechtlichen Ergebnisses.

982

Die der Rückstellungsbildung entsprechende Auszahlung (oder Mindereinnahme) bei Eintritt des Grundes, für den die Rückstellung gebildet wurde, erfolgt erst in späteren Perioden. **Der Finanzierungseffekt entsteht also durch die zeitliche Distanz zwischen der Aufwandsbuchung und der entsprechenden Ausgabe.** Diese zeitliche Distanz differiert je nach Rückstellungsart sehr stark. So sind Rückstellungen für Garantien, Prozesse und Steuern meist schon in Folgeperioden wieder aufzulösen.

Finanzierungseffekt

Dagegen steht der Unternehmung in den Pensionsrückstellungen eine Finanzierungsmöglichkeit zur Verfügung, die sich häufig durch ihren Umfang und die Dauer ihrer Verfügbarkeit auszeichnet. Verpflichtet sich ein Unternehmen vertraglich gegenüber seinen Beschäftigten zur Zahlung von Pensionen und Renten, so ist bis zum Eintritt des Versorgungsfalles für diese ungewisse Verbindlichkeit eine gewinnmindernde Rückstellung zu bilden. Der Finanzierungseffekt der Rückstellungen hängt von verschiedenen Faktoren ab. In der Steuerbilanz finden sie nur Anerkennung, wenn ihre Berechnung nach versicherungsmathematischen Grundsätzen erfolgt und die künftigen Verpflichtungen entsprechend den im Gesetz vorgesehenen Vorschriften auf den Gegenwartswert abgezinst werden. Der Abzinsung ist ein Satz von mindestens 6% zugrundezulegen.

Pensionsrückstellungen

Solange der Bildung von Rückstellungen nicht Pensionszahlungen in gleicher Höhe gegenüberstehen, bildet sich in Höhe der Differenz zusätzliches Fremdkapital. Die Länge des Zeitraums zwischen dem Eingehen der Verpflichtung und dem Eintritt des Versorgungsanspruches determiniert somit die Dauer der finanziellen Wirkung. Pensionsrückstellungen mindern den Gewinn und beeinflussen damit über die Ertragssteuern die kapitalentziehenden Ströme. Wird schon bei der Zuweisung von Pensionsrückstellungen ein Verlust ausgewiesen, so vergrößert sich der Verlustvortrag. Die Einbehaltung von Kapital in Höhe des Gewinns wird erreicht, wenn die Zuführung den Gewinn übersteigt. Die Höhe des zusätzlichen Finanzierungseffekts durch die Rückstellungsbildung hängt von der hypothetischen Gewinnverwendung ab. Wäre der Gewinn voll ausgeschüttet worden, schlägt sich die gesamte Zuführung zu den Rückstellungen als Ausgabenminderung nieder. Bei vollständiger Gewinnthesaurierung bleibt der Finanzierungseffekt auf die Verminderung der Ertragssteuern beschränkt.

Vorzunehmende Pensionszahlungen verringern als Kapitalentzug diesen Effekt. Damit ist auf die möglichen späteren negativen finanziellen Konsequenzen hingewiesen: Die Zahlungsverpflichtungen können nämlich vor allem bei schlechter Geschäftslage, Veränderung der Altersstruktur oder bei Verringerung der Belegschaft später erhebliche Liquiditätsprobleme aufwerfen. Bei der Beurteilung der Pensionsrückstellungen darf nicht übersehen werden, daß neben finanziellen Aspekten auch personalpolitische und soziale Beweggründe zur Einrichtung von Altersversorgungen beitragen (vgl. Teil 6, S. 833 ff.).

983

d) Finanzierung aus einbehaltenen Gewinnen (Selbstfinanzierung)

Eine weitere Quelle der Innenfinanzierung bildet die Einbehaltung von Gewinnen. Jeder Überschuß der Einnahmen aus Umsatztätigkeit über die entsprechenden Ausgaben schlägt sich in Form einer Kapitalzuführung nieder. Der verschiedentlich dafür verwendete Begriff des „Zuwachskapitals" bringt dies deutlich zum Ausdruck. In den Umsatzerlösen enthaltene Gewinne fließen zum Zeitpunkt der Einnahme der Unternehmung zu. In der Zeit zwischen den Umsätzen und der Entscheidung über die Gewinnverwendung steht der erzielte Überschuß der Unternehmung auf jeden Fall zur Verfügung. In Höhe des späteren Entzugs durch Gewinnausschüttungen und gewinnabhängige Steuern kann von einer temporären Kapitalzuführung gesprochen werden. Für die Planung der Finanzierung ist letztlich entscheidend, welcher Teil der erzielten Gewinne in der Unternehmung verbleibt.

Je nachdem, ob die Finanzierung durch ausgewiesene oder nicht ausgewiesene Gewinne erfolgt, unterscheidet man zwischen offener und stiller Selbstfinanzierung.

Stille Selbstfinanzierung

Die stille Selbstfinanzierung verhindert den Entzug von Gewinnen dadurch, daß sie eigentlich entstandene Gewinne durch Ausnutzung von Bilanzierungs- und Bewertungswahlrechten nicht als solche ausweist. Sie entsteht durch ein Abweichen der ausgewiesenen von den „richtigen" Bilanzwerten. Um die Höhe der stillen Selbstfinanzierung exakt bestimmen zu können, müßte man jedoch den richtigen Gewinn kennen.

Die Bildung **stiller Reserven** erfolgt durch Verzicht auf Aktivierung von aktivierungsfähigen Vermögensgegenständen, durch Unterbewertung der Aktivposten und/oder durch Überbewertung von Passiva in der Bilanz (vgl. Teil 10). Dies kann auf unbewußten Schätzfehlern, auf bewußter Ausschöpfung von Bewertungswahlrechten oder auf zwingenden gesetzlichen Vorschriften (z. B. Höchstwertvorschriften) beruhen. Die bilanzielle Wirkung bleibt von der Art der Bildung der stillen Reserven unbeeinflußt. In den Jahren ihrer Bildung erscheint der Bilanzgewinn geringer, in den Perioden ihrer Auflösung erhöhen sie den ausgewiesenen Gewinn. Die bewußte Beeinflussung des Jahresergebnisses kann der Unternehmensführung als Mittel zur zielgerechten Steuerung von Kapitalströmen dienen. Beispielsweise kann die Dividendenpolitik zur Beeinflussung des Kapitalmarktes sich der Bildung und Auflösung stiller Reserven bedienen.

Findet die Bildung stiller Reserven auch in der Steuerbilanz Anerkennung, so führt sie unmittelbar zu einer Ersparnis gewinnabhängiger Steuern (vgl. z. B. Biergans 1988). In gewissem Umfang ist bei Personengesellschaften auch die Strategie möglich, Bildung und Auflösung stiller Reserven in Perioden hoher bzw. geringer Gewinne vorzunehmen und damit die Steuerprogression zu umgehen.

Bis zu ihrer Auflösung bieten demnach stille Reserven einen Liquiditätsvorteil und daneben einen Zinsvorteil, da das in der Unternehmung verbleibende Kapital zinslos zur Verfügung steht. Der Zeitpunkt der Auflösung stiller Reserven hängt von der Art der Vermögensgegenstände und ihrem Verbleib in der Unternehmung ab. Im Falle des Verkaufs unterbewerteter Vermögensgegenstände fließt der Unternehmung mit den Einnahmen ein außerordentlicher Ertrag zu.

Nicht alle stillen Reserven haben allerdings einen Finanzierungseffekt. So führen Unterbewertungen, die z. B. durch Marktpreissteigerungen der aktivierten Güter zustandekommen, nicht zur Einbehaltung von Gewinnen, da die Gewinne noch gar nicht realisiert sind. Es besteht deshalb auch die Gefahr, daß solche stille Reserven durch gegenläufige Preisentwicklungen vor ihrer Realisierung wieder aufgehoben werden. Stille Selbstfinanzierung setzt damit die Realisierung von Gewinnen voraus.

Offene Selbstfinanzierung

Als offene Selbstfinanzierung wird die Einbehaltung offen ausgewiesener Gewinne bezeichnet. Bei Personengesellschaften kommt sie durch den Verzicht des einzelnen Gesellschafters auf Entnahme des Gewinnanteils zustande, der seinem Kapitalkonto gutgeschrieben wurde. Bei Kapitalgesellschaften bedarf es eines förmlichen Beschlusses des nach Gesetz oder Satzung dafür vorgesehenen Gesellschaftsorgans, der dann für alle Gesellschafter in der gleichen Weise gilt. Bei der GmbH entscheidet die Gesellschafterversammlung über die Gewinnverwendung (§ 46 GmbHG); bei der Aktiengesellschaft ist die Zuständigkeit aufgeteilt. Gemäß § 150, II AktG müssen 5% des um den Verlustvortrag geminderten Gewinns in die gesetzliche Rücklage eingestellt werden, bis diese 10% oder einen in der Satzung bestimmten höheren Anteil des Grundkapitals erreicht. Stellen Vorstand und Aufsichtsrat den Jahresabschluß fest, können sie darüberhinaus nach § 58, II AktG bis zur Hälfte des verbleibenden Jahresüberschusses in die Rücklagen einstellen. Über die Verwendung des „Rests" entscheidet die Hauptversammlung (vgl. auch Teil 2, S. 183).

Die Festlegung der Höhe der offenen Selbstfinanzierung stellt ein Entscheidungsproblem dar. Eine Beurteilung alternativer Selbstfinanzierungsraten hat von den eingangs eingeführten Zielsetzungen der Kapitalwirtschaft auszugehen.

Liquiditäts-effekte

Aufgrund der bewirkten Verringerung von Gewinnausschüttungen kommt der Selbstfinanzierung zunächst ein **positiver Liquiditätseffekt** zu. Auf die teilweise Kompensation der beschriebenen Liquiditätswirkung durch Besteuerungsmaßnahmen wird noch einzugehen sein. Bedeutender als die Verminderung kurzfristig fälliger Ausgaben, so entscheidend sie im Einzelfall werden kann, ist die mittelbare und unmittelbare Beeinflussung der zukünftigen Zahlungssituation einzuschätzen. Da der in der Unternehmung verbleibende Gewinn dem Eigenkapital zuwächst, gilt für ihn auch dessen in der Regel unbefristete Kapitalüberlassungsdauer. Im Gegensatz zu extern aufgenommenem Eigenkapital führt jedoch eine Zuführung zu den freien Rücklagen nicht zu einer Vergrößerung des dividendenberechtigten Kapitals. Die Beibehaltung des Dividendensatzes beansprucht somit trotz der Erhöhung des Eigenkapitals keine größere Gewinnsumme.

Bezüglich der Steuerbelastung der Selbstfinanzierung ist eine getrennte Untersuchung für die Personen- und Kapitalgesellschaften angebracht. Auf die Betrachtung der **Gewerbesteuer** soll verzichtet werden, da sie die Unternehmen aller Rechtsformen prinzipiell gleich belastet (Für eine ausführliche Untersuchung der steuerlichen Aspekte siehe Wagner/Dirrigl 1980).

Steuereffekte bei Personalgesellschaften

Der erwirtschaftete steuerlich festgestellte Gewinn fließt bei Personengesellschaften den Kapitaleignern direkt zu und unterliegt zusammen mit ihren sonstigen Einkünften der **Einkommensteuer**, deren Tarif progressiv gestaltet ist. Auf die Steuerbelastung übt die Verwendung des Gewinns (Einbehaltung oder Ausschüttung) keinen Einfluß aus. **Gesellschafter von Personengesellschaften können somit nur über die stille Selbstfinanzierung steuerliche Vorteile erlangen.**

Steuereffekte bei Kapitalgesellschaften

Auf den in der Steuerbilanz über Kapitalgesellschaften ausgewiesenen Gewinn ist **Körperschaftsteuer** zu zahlen, bevor er an die Anteilseigner ausgeschüttet wird oder als offene Selbstfinanzierung in der Unternehmung verbleiben kann. Der Körperschaftsteuersatz ist gespalten. Ausgeschüttete Gewinnanteile unterliegen einem Satz von 36%, auf einbehaltene Gewinne sind 50% Körperschaftsteuer zu entrichten.

Von den Anteilseignern sind die Bruttodividenden, also die Dividende zuzüglich der vom Unternehmen abgeführten Steuer, als Einkünfte aus Kapitalvermögen zu versteuern. Für die vom Unternehmen einbehaltenen und abgeführten Steuern in Höhe von $^9/_{16}$ seiner Dividende (= 36% des ausschüttbaren Gewinns) erhält der Anteilseigner allerdings eine Steuergutschrift; sie wird ihm in seiner persönlichen Einkommensteuererklärung angerechnet (sog. Anrechnungsverfahren). Wie hoch bei ihm die ausgeschütteten Gewinne tatsächlich versteuert werden, hängt von seinen gesamten zu versteuernden Einkünften und dem sich daraus ergebenden persönlichen Steuersatz ab. Dieses Verfahren vermeidet also eine Doppelbesteuerung der ausgeschütteten Gewinne.

Die Verteilungsmöglichkeiten des gesamten Gewinns (vor Steuern) auf Selbstfinanzierung, Körperschaftsteuer und Ausschüttung sind aus Abbildung 7.30 (vgl. folgende Seite) ersichtlich.

Ihr liegt die im Anschluß an die Abbildung wiedergegebene Formel zugrunde.

Bei den derzeit (Anfang 1991) geltenden Steuersätzen bedeutet dies folgendes: Im Fall I der Abbildung 7.30 findet keine Ausschüttung statt. Der Unternehmung verbleiben somit 50% des Gewinns zur Selbstfinanzierung. Im Falle II werden 30% des steuerpflichtigen Gewinns ausgeschüttet; die Körperschaftsteuer beträgt 43,4375%, für die Selbstfinanzierung verbleiben 26,5625% des Gewinns vor Steuern. Bei vollständiger Ausschüttung (Fall III) errechnet sich eine steuerliche Belastung von 36%, was einer maximalen Ausschüttung von 64% des körperschaftsteuerlichen Gewinns entspricht. Weicht aufgrund handelsrechtlich, nicht aber steuerrechtlich erlaubter stiller Reserven der Handelsbilanzgewinn von dem zu versteuernden Gewinn ab, so ergibt sich, bezogen auf den in der Handelsbilanz ausgewiesenen Jahresüberschuß, ein höherer Ausschüttungsprozentsatz.

986

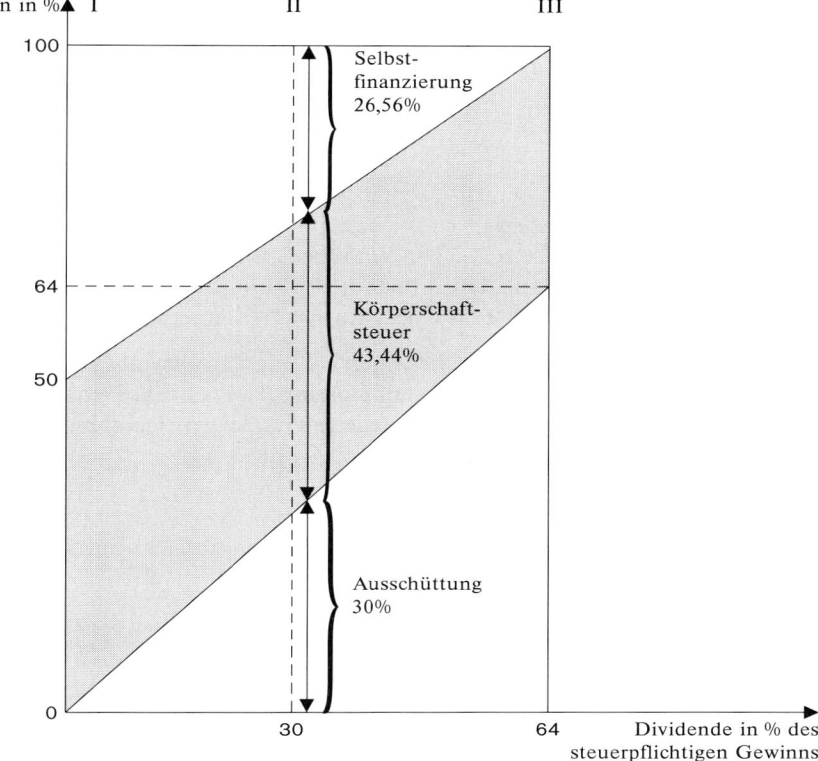

Gewinn in % ▲   I   II   III

100

Selbst-
finanzierung
26,56%

64

Körperschaft-
steuer
43,44%

50

Ausschüttung
30%

0   30   64   Dividende in % des
steuerpflichtigen Gewinns

Abbildung 7.30: Gewinnverwendung und Körperschaftsteuer

$$(7.51) \qquad D + \frac{S_D}{1 - S_D} \cdot D + [G - (D + \frac{S_D}{1 - S_D} \cdot D)] \cdot S_E + E = G$$

bzw. nach Umformung:

$$(7.51\,a) \qquad D + S_E \cdot G - \frac{S_E - S_D}{1 - S_D} \cdot D + E = G$$

Divi-   Körper-   einbe-   Gewinn
dende   schafts-   haltener   vor
           steuer   Gewinn   Steuer

Legende:
S_E = Steuersatz auf einbehalten Gewinn
S_D = Steuersatz auf Bruttodividende
D = Dividende (in % des Gewinns vor Steuern)
E = Selbstfinanzierungsquote (in % des Gewinns vor Steuern)
G = körperschaftssteuerlicher Gewinn (100%)

987

Der niedrigere Steuersatz bei Ausschüttung legt die Überlegung nahe, Ausschüttung und Selbstfinanzierung durch die sog. Schütt aus- Hol zurück-Politik zu verbinden. Dazu wird vorgeschlagen, die Steuerbelastung bei sofortiger Gewinneinbehaltung mit dem Fall der Ausschüttung und anschließender Kapitalerhöhung zu vergleichen. Unter der Annahme eines bestimmten Einkommensteuersatzes der Aktionäre ist ein derartiger Vergleich rechnerisch möglich. Er erscheint jedoch nicht sehr sinnvoll, da ein durchschnittlicher Einkommensteuersatz in der Praxis kaum ermittelt werden kann und der einzelne Anteilseigner auch sehr unterschiedlich davon betroffen ist. Möglich sind allerdings Berechnungen „kritischer" Einkommensteuersätze, bis zu denen – unter bestimmten Annahmen über die Emissionskosten – eine Schütt aus-Hol zurück-Politik lohnender ist als eine sofortige Thesaurierung des Gewinns.

Dazu sind die verfügbaren Beträge bei Einbehaltung des Gewinns $(1-S_E)$ und bei Ausschüttung mit anschließender Kapitalerhöhung $[(1-c)\cdot(1-ESt)]$ einander gegenüberzustellen. Der kritische Einkommensteuersatz errechnet sich dann als

$$(7.52) \qquad ESt_k \; = \; \frac{s_E - c}{1 - c}$$

s_E = Körperschaftsteuer auf einbehaltene Gewinne
c = prozentuale Kosten der Kapitalerhöhung

Das Ergebnis schwankt je nachdem, ob die Kirchensteuerbelastung bei Ausschüttung mit berücksichtigt wird und wie hoch die Kosten der Kapitalerhöhung angesetzt werden (nur Gesellschaftsteuer oder auch Gerichts- und Notariatskosten, Bankprovisionen, Druckkosten bei Aktien, Bekanntmachungskosten etc.). Ohne Berücksichtigung der Kirchensteuer ergibt sich bei Emissionskosten von 5% derzeit ein kritischer Einkommensteuersatz von 47,37%. Bei einem niedrigeren Grenzsteuersatz der Anteilseigner würde sich also rechnerisch eine Schütt aus-Hol zurück-Politik lohnen.

Allerdings spielen für diese Entscheidung auch noch andere Faktoren eine Rolle. So ist – zumindest bei Publikumsgesellschaften mit anonymen Anteilseignern – keineswegs gesichert, daß die ausgeschütteten Dividenden automatisch zum Erwerb neuer Aktien verwendet werden und damit an das Unternehmen zurückfließen. Bei Anteilseignern mit unterschiedlichen Grenzsteuersätzen sind auch Konflikte nicht auszuschließen. So wird ein Großaktionär mit hohen Grenzsteuersätzen eher die sofortige Thesaurierung vorziehen und auch durchsetzen, während aus der Sicht der Kleinaktionäre der Umweg steuerlich vorteilhafter gewesen wäre. Ebenso ist zu beachten, daß bei Schütt aus-Hol zurück-Politik das dividendenberechtigte Kapital erhöht wird. Rücklagen dagegen führen nicht unmittelbar zu Ansprüchen auf laufende Beteiligung am Gewinn.

Der Vorstand verliert bei einer Kapitalerhöhung auch einen Teil seiner Flexibilität. Rücklagen erfüllen die Funktion eines Ausgleichspuffers für unterschiedliche Ertragssituationen und können zum Ausgleich von Verlusten oder zur Sicherung kontinuierlicher Dividenden herangezogen werden.

Will man zu theoretischen Aussagen über die „günstigste" Verwendung des Jahresüberschusses kommen, so muß man von den individuellen Zielvorstellungen und Präferenzen (Konsum oder Vermögensbildung) der Entscheidungträger ausgehen. In der Literatur sind unterschiedliche Hypothesen über die Verhaltensweisen von Anlegern bei differierenden Ausschüttungsquoten abgeleitet worden (vgl. z. B. Franke/Hax 1990). Der Widerspruch läßt sich auf die abweichenden Prämissen der Modelle zurückführen.

Optimale Gewinnverwendung

Die „Gewinnthese" bestreitet einen Einfluß der Gewinnverwendungsentscheidungen auf das Anlegerverhalten. Sie unterstellt ein auf Maximierung des Barwertes der jetzigen und zukünftigen Erträge gerichtetes Verhalten der Aktionäre. Die Kompensation ausgeschütteter Gewinne durch Eigenkapitalaufnahme zur Finanzierung geplanter Wachstumsprozesse ist durch die Annahme eines vollkommenen Kapitalmarkts gesichert. Für den Anleger stellen Dividendenausschüttungen und Aktienkurssteigerungen infolge von Gewinnthesaurierung gleichwertige Größen dar. Unter diesen Annahmen errechnet sich der Verkaufswert einer Aktie aus der Diskontierung der jetzigen und zukünftigen Erträge aus Dividenden und Kurssteigerungen.

Gewinnthese

Demgegenüber behauptet die „Dividendenthese", daß der Anleger die Gewinnausschüttung möglichen Kurssteigerungen im Gefolge der Gewinnthesaurierung vorzieht. Wegen der Unsicherheit der Realisation von zukünftigen Gewinn- und Dividendensteigerungen im Aktienkurs wird der ausgeschüttete Gewinn günstiger bewertet als die Gewinnthesaurierung. Erträge in späteren Perioden unterliegen einem höheren Diskontierungssatz (Risikoaufschlag). Zunehmende Einbehaltung der Gewinne ist folglich von einem Sinken der Aktienkurse begleitet.

Dividendenthese

Eine empirische Verifizierung ist bisher für keine der beiden Thesen gelungen. Dies ist unter anderem darauf zurückzuführen, daß beiden Modellen bestimmte idealtypische Annahmen über die Kapitalmärkte und das Verhalten der Kapitalanleger zugrunde liegen, die weitgehend ohne Bezug zur Realität sind.

Neuere Überlegungen tendieren zu einer verbindenden Betrachtung des Einflusses von Gewinn- und Dividendenhöhe auf die Bewertung von Aktien. Zur Verdeutlichung ist Abbildung 7.31 heranzuziehen.

Optimale Selbstfinanzierungsquote

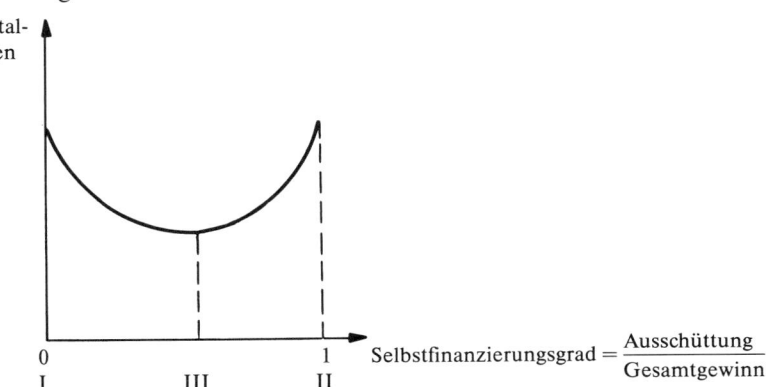

Abbildung 7.31: Optimaler Selbstfinanzierungsgrad

Ausgangspunkt der Überlegungen ist die Annahme, daß hohe Aktienkurse günstigere Bedingungen der Kapitalerhöhung darstellen. Bei Konstanz des erwarteten nachhaltigen Gewinns sinken die „Kapitalkosten" (= nachhaltig erwarteter Gewinn pro Aktie: Aktienkurs, vgl. S. 1015 ff.) mit steigendem Emissionskurs. Es wird unterstellt, daß besonders Anleger mit langfristigen Interessen einen völligen Verzicht auf Einbehaltung von Gewinnen (Fall II der Abbildung 7.31) negativ beurteilen. Die Möglichkeiten zur Wahrnehmung von Wachstumschancen und die Existenzsicherung der Unternehmung gelten als gefährdet. Der deswegen gesunkene Aktienkurs führt zu hohen Kapitalkosten. Wegen des erwähnten Risikos der Gewinnrealisierung führt eine vollständige Gewinneinbehaltung (Fall I) ebenfalls zu niedrigen Kursen und hohen Kapitalkosten. Bei einer gewissen Höhe der Ausschüttungsquote werden die Anleger die Errechnung ihrer Vermögens- und Einkommensvorstellungen durch höhere Bewertung der Aktien honorieren. Läßt sich auf diese Weise ein Selbstfinanzierungsgrad finden, der in der Einschätzung der Aktionäre ein Kursmaximum rechtfertigt, so ist damit auch das Minimum der „Kapitalkosten" (Fall III) determiniert.

Modell-
beschrän-
kungen

Gegen dieses Modell ist einzuwenden, daß es die Zielvorstellungen der Aktionäre ohne Berücksichtigung der Machtverteilung zwischen den Organisationsteilnehmern postuliert. So können beispielsweise Großaktionäre abweichende Einkommens- und Vermögensinteressen haben. Auch die Interessen der Belegschaft am Periodenerfolg sind im Modell nicht berücksichtigt. Die häufig in der Praxis anzutreffende Orientierung am Branchendurchschnitt läßt das Modell als zu eng erscheinen. Schließlich sind auch Fälle denkbar, in denen aus konzernpolitischen Gründen eine bewußte Brüskierung von Minderheitsaktionären durch verstärkte Gewinnthesaurierung beabsichtigt ist. Besondere Bedeutung kommt der Selbstfinanzierung noch hinsichtlich der Einflußmöglichkeit der Anteilseigner und Fremdkapitalgeber auf die Entscheidungen der Unternehmensleitung zu: Die Einbehaltung von Gewinnen ermöglicht eine Erhöhung der Kapitalbindung oder eine Tilgung von Fremdkapital, ohne daß eine Aufnahme von Eigen- oder Fremdmitteln zu erfolgen braucht. Mit der möglichen Verringerung des Fremdkapitalanteils lassen sich unter Umständen Mitspracherechte abbauen oder verhindern. Für die Unternehmensleitung bedeutet hohe Selbstfinanzierung zum Beispiel größere Unabhängigkeit bei der Durchführung von Investitionsvorhaben. In diesem Zusammenhang ist die Gefahr der Fehlinvestition, der am häufigsten auftauchende kritische Einwand gegen die Selbstfinanzierung, näher zu untersuchen. Die Wahl der Beurteilungskriterien für geplante Investitionen erfolgt, wie in Abschnitt II. gezeigt wurde, unabhängig von der Art der Beschaffung des benötigten Kapitals. Hinzu kommt, daß in aller Regel eine Zuordnung der eingehenden Zahlungsströme zu ihrer Verwendungsform nicht möglich ist. Die Unterstellung einer leichtfertigen Wirtschaftlichkeitsprüfung für Investitionen, die aus einbehaltenen Mitteln finanziert werden, erscheint somit nicht haltbar. Eine Gefahr der Durchführung unbedachter Investitionen kann allenfalls durch den Wegfall zusätzlicher Kontrollinstanzen begründet werden. Das Kontrollrecht des Aufsichtsrats erstreckt sich jedoch auf alle vorgenommenen Investitionen.

Mögliche
Einwände
gegen die
Selbst-
finanzierung

990

Die volkswirtschaftliche Diskussion der Selbstfinanzierung (z. B. Probleme des Kapitalmarktes, der Konzentrationsförderung, der optimalen Verwendung des Kapitals) ist hier nur insoweit bedeutsam, als sie die Vorstellungen der an der Gewinnverwendungsentscheidung Beteiligten beeinflußt.

Die neuere, an der Prämisse der asymmetrischen Informationsverteilung anknüpfende Theorie betont auch den Signalcharakter von Dividenden (vgl. z. B. Franke/Hax 1990). Stetige Dividendenzahlungen gelten weithin als Signal für eine stabile Wachstums- und Ertragssituation des Unternehmens. Ankündigungen von Dividendenanhebungen können als Signale aufgefaßt werden, daß das Management (das als Insider über bessere Informationen als der Anleger verfügt), gegenüber der bisherigen Markteinschätzung verbesserte Ertragserwartungen hegt. Der Markt reagiert auf solche Ankündigungen meist mit einem Anziehen der Aktienkurse. Die Dividendenhöhe wird damit zu einem wichtigen Instrument der Informationspolitik des Unternehmens gegenüber seinen Anteilseignern.

Signalcharakter der Dividende

III. Entscheidungen über Zahlungsströme des Finanzbereichs

Als Zahlungsströme des Finanzbereichs waren eingangs solche Einnahmen und Ausgaben bezeichnet worden, die aus den Beziehungen der Unternehmung zu ihren Kapitalgebern und der öffentlichen Hand resultieren. Der Kapitalstock der Unternehmung wird durch diese Zahlungsströme unmittelbar verändert: Einnahmen erhöhen, Ausgaben verringern das zur Verfügung stehende Kapital. Sie werden daher auch als kapitalzuführende und kapitalentziehende Zahlungsströme bezeichnet. Im Gegensatz zu den Einnahmen und Ausgaben des Leistungsbereichs steht ihnen kein leistungswirtschaftliches Äquivalent gegenüber.

Kapitalzuführende und kapitalentziehende Zahlungsströme

Kapitalgeber stellen der Unternehmung Finanzmittel zur Verfügung und erwerben dadurch – je nach ihrer Rechtsstellung als Eigen- oder Fremdkapitalgeber – unterschiedliche Ansprüche, z. B. auf Entgelt für die Kapitalüberlassung, auf Rückzahlung (Tilgung) des hingegebenen Kapitals und/oder auf Beteiligung am Wertzuwachs des Unternehmens.

Im folgenden werden, nach einigen Hinweisen zur Berechnung der benötigten Mittel, einzelne Formen der Eigen- und Fremdfinanzierung dargestellt. Dabei wird auch auf sog. Finanzinnovationen und die wachsende Bedeutung der Inanspruchnahme internationaler Finanzmärkte eingegangen. Aufgabe der Kapitalwirtschaft im Industriebetrieb ist es, die verfügbaren Kapitalquellen nach Art und Menge so auszuwählen, daß die finanzwirtschaftlichen Zielsetzungen bestmöglich erreicht werden.

Kapitalentziehende Ausgaben sind überwiegend Folgezahlungen früherer kapitalwirtschaftlicher Entscheidungen. Sie können daher nur in beschränktem Ausmaß vom Unternehmen autonom geplant werden. Soweit sie unmittelbar an andere Entscheidungen (z. B. über die Kapitalaufnahme) geknüpft sind, werden sie zweckmäßigerweise dort mit angesprochen. Daher genügt hier eine knappe zusammenfassende Übersicht über die Ausgaben des Finanzbereichs.

1. Ermittlung des Kapitalbedarfs

Eine Außenfinanzierung wird erforderlich, wenn die Einnahmen im Leistungsbereich nicht ausreichen, um die Ausgaben im Leistungs- und Finanzbereich zu decken. Dies trifft in besonderem Maße für die **Gründungsphase** des Unternehmens zu, in der Umsatzeinnahmen noch gar nicht oder erst in sehr geringem Umfang zu erzielen sind. Aber auch in Phasen raschen Wachstums oder zum Ausgleich von Verlusten im Leistungsbereich oder zur Kompensation von zurückgeforderten Kapitalanteilen bedarf es nicht selten der Zuführung von zusätzlichem Kapital durch die bisherigen oder neue Kapitalgeber, um das finanzielle Gleichgewicht aufrecht erhalten zu können.

Zur Feststellung der zu einem bestimmten Zeitpunkt oder in einer bestimmten Zeitspanne benötigten Geldmittel ist eine **Bedarfsrechnung** notwendig. Dabei sind Kapitalbedarf, Geldbedarf und Finanzbedarf zu unterscheiden.

Kapitalbedarf Der Begriff „Kapitalbedarf" wird in der Literatur nicht einheitlich verwendet. Einerseits soll damit der zu erwartende Bedarf an Finanzmitteln erfaßt werden; andererseits wird unter Kapitalbedarf eine rein rechnerische Größe des **in der Unternehmung oder in Unternehmungsteilen gebundenen Kapitals** verstanden, die nicht unmittelbar mit Ausgaben verbunden ist. Diese zweite Begriffsfassung liegt den weiteren Ausführungen zugrunde.

Der Kapitalbedarf entsteht dadurch, daß die kapitalbindenden Ausgaben in aller Regel zeitlich vor den Umsatzeinnahmen anfallen. Diese Zeitspanne muß durch den Einsatz von Kapital überbrückt werden.

Allgemein errechnet sich der Kapitalbedarf als Differenz zwischen den kumulierten Ausgaben und Einnahmen des Leistungsbereichs zu einem bestimmten Zeitpunkt. Er wird durch Höhe und Dauer der Kapitalbindung determiniert.

Determinanten des Kapitalbedarfs Die Determinanten des Kapitalbedarfs sind vielfältig. Ihre vollständige und geordnete Aufzählung ist im Rahmen dieser Arbeit nicht möglich. Auf den Einfluß des Leistungsprogramms der Unternehmung soll nur hingewiesen werden. Auch die Einflußfaktoren des Forschungs- und Entwicklungs-, Produktions- und Absatzbereichs müssen unerörtert bleiben. Kapitalwirtschaftliche Determinanten ergeben sich aus der Investitionspolitik, die in erster Linie güterwirtschaftlich orientiert ist, zum anderen aus der Abweichung der Aus- bzw. Einzahlungstermine von Beschaffungs-

bzw. Umsatzzeitpunkten. Führt die Abweichung zu einer Verlängerung der güterwirtschaftlich notwendigen Kapitalbindungsdauer, so hat die Unternehmung auf der Beschaffungs- oder Absatzseite die Kreditgeberfunktion übernommen. Erhaltene Lieferantenkredite und Kundenanzahlungen bedeuten analog eine Kreditnahme.

Die ältere Finanzierungsliteratur und die betriebliche Praxis haben grobe Verfahren zur Berechnung des Kapitalbedarfs entwickelt. Sie basieren allerdings nicht auf der Analyse der erwähnten Determinanten, sondern legen den geplanten Umsatz der zu betrachtenden Periode zugrunde. Anlage- und Umlaufkapitalbedarf werden getrennt berechnet. *Kapital-bedarfs-rechnung*

Der Anlagekapitalbedarf wird durch das durchschnittlich gebundene Anlagevermögen erfaßt. Er ist durch Anschaffungskosten, Nutzungsdauer und Nutzungsverlauf der Anlagen determiniert. In der Gründungsphase entspricht dem das geplante Investitionsvolumen, da noch keine Kapitalfreisetzung erfolgt.

Die Berechnung des Kapitalbedarfs für das Umlaufvermögen geht von dem pro Tag in den hergestellten Gütern gebundenen Kapital aus. Der ermittelte Wert wird um die Anzahl der Tage vervielfacht, die das Umlaufvermögen durchschnittlich gebunden ist. Gehen z. B. pro Tag Umlaufgüter im Werte von 2 000 DM in die Produktion ein, beanspruchen die Eingangslagerung 10 Tage, die Produktion einschließlich der Zwischenläger 20 Tage, die Fertigwarenlagerung 15 Tage und das durchschnittlich in Anspruch genommene Zahlungsziel der Abnehmer 30 Tage, so läßt sich der Kapitalbedarf im Umlaufvermögen wie folgt errechnen:

$$2\,000 \cdot (10 + 20 + 15 + 30) = 150\,000 \text{ DM}$$

Diese einfache Berechnungsweise kann durch die Berücksichtigung der unterschiedlichen Zeitpunkte, zu denen die einzelnen Güter in die Marktleistungen eingehen, verfeinert werden.

Dem skizzierten Verfahren haften verschiedene Mängel an, die es als Basis der Planung kapitalwirtschaftlicher Ströme unbrauchbar erscheinen lassen. Ein auf Durchschnittsgrößen beruhendes Rechnungsverfahren vermag keineswegs den tatsächlichen Verlauf des Kapitalbedarfs, zumal bei schwankender Beschäftigung, aufzuzeigen. Vor allem der Dispositionsbestimmtheit der Kapitalbindung im Anlagevermögen kann damit nicht Rechnung getragen werden. Allenfalls läßt sich von einer groben Schätzmethode sprechen. Eine theoretisch exakte Analyse des Kapitalbedarfs hätte von einer umfassenden Betrachtung von Einflußfaktoren auszugehen. Eine solche hätte vor allem produktions- und absatzwirtschaftliche Parameter sowie außerbetriebliche Determinanten (z. B. Bedingungen des Beschaffungs-, Absatz- und Kapitalmarktes; staatliche Einflüsse) zu berücksichtigen.

Für grobe Planungen des insgesamt notwendigen Kapitalvolumens – beispielsweise für Gründungen oder Betriebserweiterungen – bietet die Kapitalbedarfsrechnung jedoch brauchbare Unterlagen. Für laufende Finanzierungsentscheidungen ist aber neben den kumulierten Stromgrößen die Veränderung der Zahlungsstromgrößen, also Höhe und Zeitpunkte der zu erwartenden Einnahmen und Ausgaben bedeutsam.

Geldbedarf

Finanzbedarf

Ausgaben des Leistungs- und Finanzbereichs verursachen im Zeitpunkt ihres Anfalls Geldbedarf. Diese Größe erfaßt somit auch Ausgaben, die in der Kapitalbedarfsrechnung nicht enthalten sind. **Kann der Geldbedarf nicht durch Umsatzeinnahmen gedeckt oder zeitlich verschoben werden, entsteht in Höhe der verbleibenden Differenz ein Finanzbedarf, der durch Maßnahmen der Kapitalzuführung auszugleichen ist.** Abbildung 7.32 zeigt die Beziehungen zwischen der Bestandsgröße Kapitalbedarf und den Stromgrößen Geldbedarf und Finanzbedarf. Es wird deutlich, daß nur Geldbedarf und Finanzbedarf unmittelbar zahlungsstromrelevante Begriffe sind, d. h. Ausgaben zu bestimmten Zeitpunkten zum Ausdruck bringen, die durch Einnahmen oder verfügbare Reserven zu decken sind.

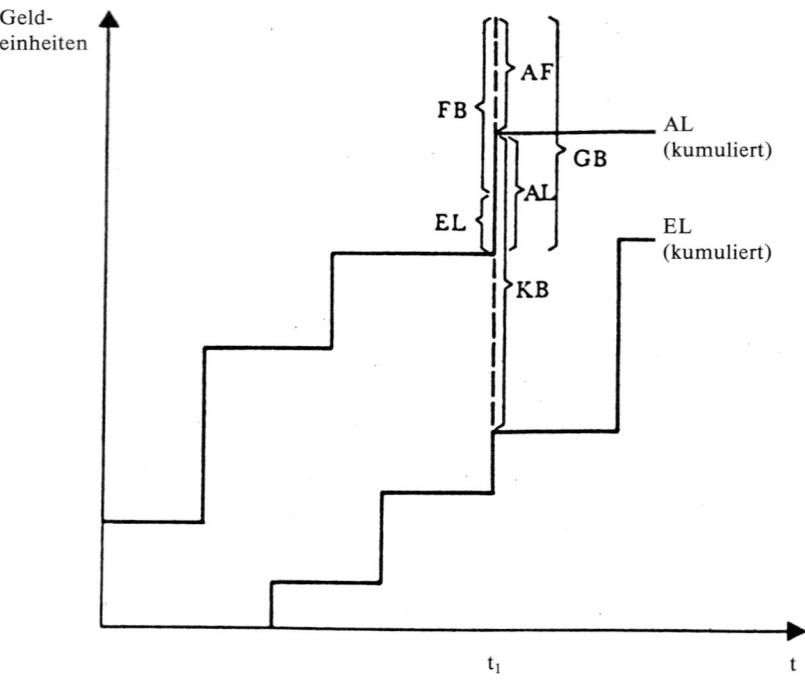

KB = Kapitalbedarf ($AL_K - EL_K$)   AF = Ausgaben Finanzbereich
GB = Geldbedarf (= AF + AL)   AL = Ausgaben Leistungsbereich
FB = Finanzbedarf (= GB − EL)   EL = Einnahmen Leistungsbereich

Abbildung 7.32: Geldbedarf, Kapitalbedarf, Finanzbedarf

Nur in der Gründungsphase fallen Kapitalbedarf, Geldbedarf und Finanzbedarf zu den Auszahlungsterminen zusammen. Aus der Höhe des Kapitalbedarfs kann demnach nicht unmittelbar auf die erforderliche Kapitalzuführung geschlossen werden. Eine Betrachtung der Kapitalströme in ihrer Gesamtheit ist unumgänglich.

Eine genaue Berechnung des Kapitalbedarfs kann mit Hilfe einer Finanzplanung erfolgen, wie sie in Abschnitt IV. dargestellt wird.

994

2. Einnahmen des Finanzbereichs (Außenfinanzierung)

a) Finanzmarktbeziehungen und Finanzierungsformen

Einnahmen des Finanzbereichs entstehen durch Zuführungen von Geld durch bisherige oder neue Kapitalgeber sowie durch Zuschüsse der öffentlichen Hand an das Unternehmen. Da diese Mittel durch andere Wirtschaftssubjekte, also aus der Sicht der Unternehmung „von außen" aufgebracht werden, bezeichnet man sie auch als **Außenfinanzierung**.

Eingangs waren die Beziehungen zwischen Unternehmen und Kapitalgebern als **Marktbeziehungen** dargestellt worden, deren besondere Problematik in der asymmetrischen Informationsverteilung zu Lasten der Kapitalgeber liegt. Über diese Schwierigkeit hinaus hemmen auch die typischerweise **differierenden Vorstellungen** der Kapitalgeber und der Unternehmen über die Vertragsbedingungen (z. B. den Betrag, die Laufzeit, die Kündigungs- und Austrittsbedingungen, die Mitwirkungsrechte, die Absicherung) das Zustandekommen von Finanzierungskontrakten. Abbildung 7.33 gibt beispielhaft diese Interessenpositionen der potentiellen Vertragspartner wieder (ähnlich Kolb 1988, S. 130 ff). *Zustande-kommen von Finan-zierungs-kontrakten*

Unternehmen	Transformation	Kapitalgeber
benötigte größere Beträge	Losgrößen-T.	will kleine Beträge anlegen
Anlage ohne Abzugsgefahr	Fristen-T.	kurzfristige bzw. flexible Anlage
riskante Investitionen	Risiko-T.	Risiko und Haftung begrenzt
gibt wenig (oder falsche) Informationen	Informations-T.	will viele richtige Informationen

Transformation geschieht über ...
1. Verträge
2. Finanzmärkte (z. B. Börse)
3. Finanzintermediäre (z. B. Banken)

Abbildung 7.33: Interessenpositionen der Vertragspartner und Transformationsfunktionen

Ein Ausgleich der differierenden Vorstellungen kann über **direkte Verhandlungen** erfolgen, bei denen – je nach Machtposition – die Vertragsparteien Abstriche von ihren Positionen hinnehmen müssen.

Die Funktionsfähigkeit von Finanzmärkten wird wesentlich gesteigert durch **Finanzintermediäre** und durch Schaffung **organisierter Sekundärmärkte. Finanzintermediäre sind Unternehmen, deren hauptsächliche Funktion in der Erbringung von Transforma-** *Finanz-intermediäre* tionsleistungen zwischen anlagewilligen und kapitalsuchenden Wirtschaftssubjekten besteht. Zu ihnen zählen vor allem Banken, Versicherungen, Investmentfonds und Kapitalbeteiligungsgesellschaften. So erfüllt z. B. eine Bank die Größentransformation dadurch, daß sie kleine Einlagensummen vieler privater Sparer sammelt und in größeren Summen als Beteiligungen oder Kredite an Unternehmen weiterreicht. Kapitalbeteiligungsgesellschaften leisten Risikotransformationen durch die Streuung der angelegten Gelder auf eine größere Zahl von Beteiligungen. Daneben vermögen Intermediäre die Transaktionskosten und die Bindungsintensitäten für beide Marktpartner zu reduzieren.

Organisierte Sekundär- märkte Auch die Schaffung organisierter Sekundärmärkte vermag diese Transformationsfunktionen zu erfüllen und so Finanzierungsbeziehungen zu fördern. So kann sich bei börsengehandelten Papieren der einzelne Anleger mit sehr kleinen Beträgen engagieren, ohne daß das Unternehmen mit einer Vielzahl von Vertragspartnern zu verhandeln hätte. Auch die Frist der Kapitalbindung ist nicht mehr an die Laufzeit des gehandelten Papiers gebunden. Die börsentägliche Feststellung des Kurses leistet Wesentliches zur Informationstransformation, da sie zeigt, wie „der Markt" das Papier und damit das Unternehmen derzeit einschätzt.

Dem kapitalsuchenden Industriebetrieb eröffnet sich, abhängig von der Unternehmensgröße und der Rechtsform, ein mehr oder weniger weiter **Gestaltungsspielraum** bezüglich der Fragen, welche Vertragselemente er wie festzulegen und welche personellen und regionalen Teilmärkte er mit seinen Finanztiteln anzusprechen gedenkt. Er wird dabei sinnvollerweise nicht nur die möglichst weitgehende Erfüllung seiner Zielsetzungen im Auge haben, sondern mit ins Kalkül ziehen, welche Vorteile und Nachteile (vor allem Steuern, Informations- bzw. Transaktionskosten, Risiken) daraus den potentiellen Kapitalgebern erwachsen. Denn davon hängt deren Entscheidung über die Aufnahme von Finanzierungsbeziehungen ab.

Wenn sich keine für beide Seiten befriedigenden Regelungen finden lassen, ist auch die **Abspaltung einzelner Vertragselemente** und ihre getrennte Abwicklung mit anderen Vertragspartnern in Erwägung zu ziehen. So kann z. B. mit einem Kapitalgeber ein Kredit zu einem variablen Zinssatz vereinbart werden. Der eigentlich gewünschte Festzins wird dann durch ein zusätzliches Zinssicherungsgeschäft oder einen Tausch des Kredits mit einem Unternehmen mit entgegengesetzter Interessenlage (näheres dazu in Abschnitt IV.) realisiert.

Finanz- innovationen Dieses **Zerlegen von Finanzierungsverträgen** in einzelne Elementarbausteine **(Stripping)** und ihr **Wieder-Zusammenfügen** zur Gestaltung gewünschter Kombinationen **(Replicating)** hat in jüngerer Zeit Theorie und Praxis der Unternehmensfinanzierung wesentlich geprägt und bildete die Grundlage für zahlreiche sog. Finanzinnovationen. Die systematische Beschäftigung mit diesen Fragen wird häufig plastisch als **Financial Engineering** (Dufey 1989, S. 18) oder **Finanzchemie** (Bühler 1988) bezeichnet.

Die angesprochenen Aspekte sind Ursache für die enorme Vielfalt der an den Finanzmärkten auftretenden Finanzierungsformen. Die folgende Darstellung kann daher nur eine Übersicht über die bedeutendsten Formen und ihre wesentlichen Merkmale bringen.

996

b) Eigenfinanzierung (Beteiligungsfinanzierung)

Nach den Rechtsbeziehungen zwischen Unternehmung und Kapitalgebern können Eigen- und Fremdfinanzierung unterschieden werden. **Bei der Eigenfinanzierung erwirbt der Kapitalgeber mit der Überlassung von Kapital ein Eigentumsrecht an der Unternehmung.** Aus der Eigentümerstellung leitet sich grundsätzlich der **Anspruch** auf einen Anteil an dem zu verteilenden **Gewinn** und dem **Auseinandersetzungsguthaben** im Falle des Ausscheidens oder der Liquidation sowie auf **Mitwirkungsrechte** an der Unternehmensführung ab. Dem steht das **Haftungs- und Verlustrisiko** gegenüber. Der (Mit-) Eigentümer haftet für Schulden des Unternehmens entweder unbegrenzt oder bis zur Höhe seines übernommenen Kapitalanteils. Verluste wirken sich als Entzug von Eigenkapital sowie je nach Vertragsgestaltung in einer Nachschußpflicht aus (vgl. Teil 2, S. 176 f.). Da die Eigenkapitalgeber am Eigentum beteiligt sind, wird häufig auch von **Beteiligungsfinanzierung** gesprochen. Verschiedentlich wird dieser Begriff auch auf die Finanzierung durch neu hinzukommende Gesellschafter begrenzt.

Eigenfinanzierung nicht emissionsfähiger Unternehmen

Die Formen und Möglichkeiten der Beschaffung von Eigenkapital differieren in starkem Maße mit der Größe und Rechtsform. Sie bestimmen, ob das Unternehmen emissionsfähig ist, d. h. den organisierten Kapitalmarkt in Anspruch nehmen kann.

Bei der **Einzelunternehmung** begrenzt das Privatvermögen des Eigentümers die Zuführung von externem Eigenkapital. Die Aufnahme neuer Gesellschafter bedingt eine Änderung der Rechtsform. Lediglich durch die Bildung einer **stillen Gesellschaft** ist die Erweiterung der Eigenkapitalbasis denkbar. Der **OHG** steht zwar die Möglichkeit offen, ihr Eigenkapital durch Aufnahme neuer Gesellschafter zu vergrößern. Die wegen der Gesamtschuldnerschaft und der dauernden Zusammenarbeit notwendige persönliche Beziehung und die meist erforderliche Teilung der Geschäftsführungsbefugnis sowie die mangelnde Transparenz von Kapitalangebot und -nachfrage können sich als Schwierigkeiten bei der Suche nach geeigneten Persönlichkeiten in den Weg stellen. Einfacher erscheint die Unterbringung von **Kommanditanteilen**, zumal für Gesellschaften mit höherem Bekanntheitsgrad, da die Haftung auf die Einlage beschränkt bleibt und die Beteiligung keine tätige Mitarbeit erfordert, also reinen Kapitalanlagecharakter besitzt.

*Beteiligungs-
finanzierung
und Rechts-
form*

Für die **GmbH** und die **Aktiengesellschaft ohne Börseneinführung** gilt im Prinzip die am Beispiel der OHG aufgezeigte Problematik in gleicher Weise. Hinzu kommt bei der Gründung die Vorschrift des Mindestkapitals von 50 000 DM (GmbH) bzw. 100 000 (AG), die jedoch keine wesentliche Einschränkung darstellt, da nur jeweils ein Viertel des Stamm- bzw. Grundkapitals, bei der GmbH jedoch mindestens 25 000 DM, einbezahlt sein müssen. Sind die vereinbarten Beträge nicht voll einbezahlt, so kann bei Bedarf durch Einforderung der ausstehenden Summe Kapital zugeführt werden, ohne daß zusätzlich Gesellschafter und Aktionäre aufgenommen werden müssen. Nach Ausschöpfung dieser Möglichkeit bleibt nur die Aufnahme neuen Eigenkapitals, sei es aus Mitteln der bisherigen Gesellschafter oder von neuen Gesellschaftern. Eine Kapitalzuführung von den bisherigen Gesellschaftern bereitet in der Regel wenig Schwierigkeiten, wenn die Unternehmung in konzernmäßiger Abhängigkeit steht, der Hauptgesellschafter eine finanzkräftige Kapitalgesellschaft ist, und wenn die Eigenkapitalerhöhung der Konzeption der beherrschenden Gesellschaft entspricht.

Kapital-
beteiligungs-
gesellschaften

Eine Möglichkeit zur Engpaßbeseitigung bei der **Eigenkapitalzuführung für mittlere Unternehmen** bietet sich durch die meist von Banken oder Bankengruppen etablierten Kapitalbeteiligungsgesellschaften an, die sich ihrerseits über den Kapitalmarkt finanzieren können und durch Übernahme von Mindestbeteiligungen oder als stille Gesellschafter die Eigenkapitalbasis erweitern.

Venture
Capital- und
Unterneh-
mensbeteili-
gungsgesell-
schaften

Dies gilt auch für die nach amerikanischem Muster arbeitenden Venture Capital-Gesellschaften und die steuerlich begünstigten Unternehmensbeteiligungsgesellschaften (UBGs), die Klein- und Mittelbetrieben durch eine Beteiligung am Risikokapital die Realisierung rendite- und wachstumsträchtiger, aber hoch riskanter Investitionsprojekte ermöglichen wollen. Häufig bieten Venture Capital-Fonds zusätzlich Managementunterstützung an, um die oft von Handwerkern oder Technikern entwickelten Produktideen auch kaufmännisch abzusichern. Die in den USA dominierende Variante sieht vor, nach Abschluß der angestrebten Wachstumsphase das Beteiligungsunternehmen an die Börse zu bringen und darüber den erzielten Wertzuwachs zu realisieren. In Deutschland präferieren demgegenüber die meisten Unternehmen den Rückkauf der Beteiligung bei Ausscheiden der Beteiligungsgesellschaft.

Wegen der hohen Prüf-, Überwachungs- und Betreuungskosten pro Beteiligungsfall werden regelmäßig nur Beteiligungen über 500 000 bis ca. 5 Mio. DM eingegangen. Typische Gründungsfinanzierungen kommen daher für Venture Capital-Fonds nur in begrenztem Umfang in Frage.

Die Zahl der mittelständischen Unternehmen, die diesen Weg der Eigenkapitalbeschaffung gegangen sind, ist bisher trotz eines deutlichen Zuwachses in jüngster Zeit im Vergleich zu anderen Ländern (vor allem USA und Großbritannien) noch recht klein. Mögliche Erklärungen hierfür sind das geringe Finanzierungspotential der Beteiligungsgesellschaften, die hohen Anforderungen an die Förderungswürdigkeit der Unternehmen, die relativ hohen Gewinnbeteiligungsforderungen der Beteiligungsgesellschaften sowie die Angst mittelständischer Unternehmer vor einer Einschränkung bei der Festlegung der Unternehmenspolitik.

Mitarbeiter-
Kapital-
beteiligung

Als weitere Quelle, aus der gerade auch nicht-emissionsfähige Unternehmen Eigenkapital schöpfen können, ist die Mitarbeiter-Kapitalbeteiligung zu nennen. Zahlreiche Unternehmen beteiligen ihre Mitarbeiter am Erfolg. Bei Barauszahlung wirkt dies wie eine Gewinnausschüttung an die Kapitaleigner. Bei Gewährung in **investiver Form** wird der Erfolgsanteil zwar den Mitarbeitern gutgeschrieben, er **verbleibt** aber zwangsweise als Eigen- oder Fremdkapitalanteil **im Unternehmen**. Der Finanzierungseffekt für das Unternehmen beruht hier auf der im Normalfall niedrigeren

Steuerbelastung der Arbeitnehmer gegenüber den Anteilseignern. Allerdings ist auch zu berücksichtigen, daß der Erfolgsanteil zum Lohn zählt und damit sozialversicherungspflichtig ist.

Während die investive Erfolgsbeteiligung eigentlich zur Innenfinanzierung zählt, setzen neuere Modelle der Mitarbeiter-Kapitalbeteiligung auf eine **Zuzahlung des Arbeitnehmers** aus seinem Privatvermögen, also auf eine Kapitalzuführung von außen. Da solche Modelle ausdrücklich von der Regierung zur Stärkung der Kapitalbasis der deutschen Wirtschaft gewollt sind, werden sie auf zweifache Weise öffentlich gefördert:

(1) Nach dem 5. Vermögensbildungsgesetz erhalten Arbeitnehmer, die unter die Förderbedingungen fallen, auf vermögenswirksame Leistungen bis zum Beitrag von 936,– DM/Jahr eine Sparzulage von 20%, wenn dieser Betrag für wenigstens 6 Jahre in Risikokapital angelegt wird. Der Katalog zulässiger Anlagen enthält praktisch alle denkbaren Formen von Eigenkapitalbeteiligungen sowie auch Darlehen.

(2) Viele Unternehmen schaffen einen zusätzlichen finanziellen Anreiz zur Anlage der Vermögensbildung des Arbeitnehmers im arbeitgebenden Betrieb, indem sie z. B. Beteiligungspapiere verbilligt an Arbeitnehmer abgeben. Diese Zuwendung des Unternehmens ist nach § 19 a EStG bis zum Betrag von DM 500,–/Jahr steuer- und sozialversicherungsfrei.

Ca. 2 000 Unternehmen in Deutschland haben derzeit eine Mitarbeiter-Kapitalbeteiligung eingeführt und von etwa 1,25 Mio. Mitarbeitern einen Kapitalbetrag von 15 Mrd. DM angesammelt. Als Beteiligungsform dominieren die **stille Gesellschaft,** das **Belegschaftsdarlehen** und die **Belegschaftsaktie.** Letzteres zeigt, daß auch viele börsennotierte Unternehmen Mitarbeiter-Beteiligungsmodelle etabliert haben, obwohl sie über andere Möglichkeiten der Eigenkapitalbeschaffung verfügen.

Die Beurteilung der **Attraktivität** einer Kapitalbeteiligung der Arbeitnehmer in der Fachliteratur differiert sehr stark. Einerseits werden die erheblichen **Liquiditätseffekte** durch den Zufluß der Mittel und die **hohen Renditen** für die Arbeitnehmer aufgrund der staatlichen Förderung und der betrieblichen Zuschüsse hervorgehoben. Andererseits machen Renditeberechnungen aus der Sicht der Unternehmenseigner deutlich, daß sich die **Modelle nur lohnen,** wenn den Arbeitnehmern eine **deutlich unter dem Marktzins liegende Nominalverzinsung** angeboten wird, was wegen der erhaltenen Vergünstigungen auch möglich ist.

Vorteilhaftigkeit einer Kapitalbeteiligung

Zusätzlich sollten auch personalwirtschaftliche Motive und Effekte einer Mitarbeiterbeteiligung (z. B. Motivationssteigerung, Fluktuationsminderung) berücksichtigt werden (Teil 6, S. 840 ff.).

Eigenfinanzierung emissionsfähiger Unternehmen

Unternehmen mit Zutritt zum organisierten Kapitalmarkt steht ein ungleich größeres Reservoir an potentiellen Eigenkapitalgebern offen. Dies betrifft nur Aktiengesellschaften, bergrechtliche Gewerkschaften und die Kommanditgesellschaft auf Aktien. Eine Handelbarkeit von GmbH- und KG-Anteilen ist seit längerem in der Diskussion.

Die Zulassung von Aktien zum Börsenhandel richtet sich nach den Bestimmungen des Börsengesetzes und der Börsenordnungen. Dabei stehen dem emissionswilligen Unternehmen – ähnlich wie in anderen Ländern – mit dem amtlichen Handel, dem geregelten Markt und dem Freiverkehr drei Börsensegmente zur Verfügung, die unterschiedlich strenge Anforderungen an Unternehmensgröße und -alter, an die notwendige Zahl zu emittierender Aktien, den Zulassungsprospekt und die Berichtspflichten stellen. Die größenmäßigen Anforderungen (z. B. im geregelten Markt: Mindestnennbetrag der zu emittierenden Aktien 500 000 DM) lassen erkennen, daß das „Going Public" für eine große Zahl von Unternehmen grundsätzlich möglich wäre.

Neben aktienrechtlichen oder statutarisch festgelegten einheitlichen Mitgliedschaftsrechten und der verstärkten öffentlichen Kontrolle, der die Unternehmen unterworfen sind, ist die Präferenz für die Aktie aus der Sicht des Kapitalanlegers vor allem in ihrer Fungibilität begründet.

Merkmale der Aktie

Das Ausscheiden eines Aktionärs zeigt im Gegensatz zum Ausscheiden von OHG-Gesellschaftern keine unmittelbare finanzielle Wirkung, da lediglich ein Verkauf der Anteile und damit ein Besitzerwechsel möglich ist. Die Marktgängigkeit von Anteilen ist teilweise durch die Form der ausgegebenen Aktien Einschränkungen unterworfen: Während **Inhaberaktien** frei übertragbar sind, ergeben sich formale Probleme bei den auf den Namen lautenden Aktien; der Verkauf **vinkulierter Namensaktien** ist an die Zustimmung der Gesellschaft gebunden. Nach der Ausgestaltung der Aktien mit Mitgliedschaftsrechten lassen sich **Stimmrechts- und stimmrechtslose Aktien** unterscheiden. Als Kompensation des Stimmrechtsausschlusses in der Hauptversammlung werden häufig monetäre Vorzüge gegenüber den üblichen **Stammaktien** gewährt. Der Vorzug kann in einer Vorwegbedienung der Aktien mit Dividenden, in einem **Dividendenbonus** oder in einer **Dividendengarantie** auch für Perioden ohne ausreichenden Gewinn bestehen. Aktien können auf einen bestimmten **Nennwert** oder nennwertlos auf eine festgelegte Quote des Gesellschaftsvermögens lauten. Im Gegensatz zu einigen anderen Ländern läßt jedoch das deutsche Aktiengesetz nur Nennwertaktien zu. Als Mindestnennbetrag sind 50 DM festgesetzt.

Kapitalerhöhung der AG

Die Zuführung externen Eigenkapitals bei Aktiengesellschaften vollzieht sich durch die Ausgabe neuer Aktien, die nur mit der Zustimmung von 75% des in der Hauptversammlung anwesenden stimmberechtigten Kapitals erfolgen kann. Der Verkauf wird in der Regel von einem Bankenkonsortium gegen Entgelt übernommen; Eigenemissionen stellen die Ausnahme dar. Der Umfang der nominellen Kapitalerhöhung wird von der geplanten Kapitalbindung und eventuellen Umstrukturierung in der

Kapitalzusammensetzung beeinflußt. Dabei ist zu beachten, daß mit steigendem Ausgabekurs, der nicht unter pari liegen darf, die Differenz zwischen zufließenden Mitteln und Erhöhung des Nominalkapitals wächst. Der nominale Emissionsbetrag kann demnach wesentlich geringer sein als die benötigte Eigenkapitalsumme. Das zufließende Agio ist in die gesetzliche Rücklage einzustellen.

Liegt der Emissionskurs unter dem Kurs der alten Aktien, so bildet sich gemäß dem Bezugsverhältnis (Nennwert der alten zu Nennwert der neuen Aktien) unter Vernachlässigung einer möglichen Beeinflussung der Ertragskraft ein Mischkurs, der zwischen dem alten Kurs und dem Ausgabekurs liegt (vgl. Formel 7.53 a). Eine derartige „Verwässerung" des Kapitals hätte für den alten Aktionär einen Vermögensverlust in Höhe von K_a–M = B zur Folge. **Da die Aufnahme neuer Aktionäre die bestehenden Stimmrechtsverhältnisse ändert, ist den bisherigen Anteilseignern zur Wahrung ihrer Vermögens- und Mitspracheinteressen ein Bezugsrecht einzuräumen.** Verzichten einzelne Aktionäre auf ihr „Vorkaufsrecht", weil sie nicht willens oder in der Lage sind, es auszunutzen (beispielsweise bei einem geringen Aktienbesitz und hohem Bezugsverhältnis), so können sie zum Ausgleich ihres Vermögensverlustes das Bezugsrecht an Interessenten verkaufen. Die rechnerische Parität für die an der Börse gehandelten Bezugsrechte leitet sich aus der Formel (7.53 b) ab.

Bezugsrecht

$$(7.53\,a) \qquad M \; = \; \frac{a \cdot K_a + b \cdot K_e}{a + b}$$

$$(7.53\,b) \qquad B \; = \; K_a - M \; = \; \frac{K_a - K_e}{\dfrac{a}{b} + 1}$$

Dabei bedeuten:

M = Mischkurs
B = Bezugsrechtsparität
K_a = altes Kursniveau
K_e = Emissionskurs der neuen Aktien
$\dfrac{a}{b}$ = Bezugsverhältnis alter zu neuen Aktien

Das **genehmigte Kapital** (§§ 202–206 AktG) stellt keine Form der Kapitalzuführung dar, sondern lediglich die durchführungstechnische Vorbereitung einer späteren Aktienausgabe durch Einholung der Zustimmung der Hauptversammlung. Der Unternehmensleitung wird dadurch die Möglichkeit eröffnet, auf günstige Entwicklungen im Kapitalbindungs- wie im Kapitalbeschaffungsbereich sofort zu reagieren. Ähnliches gilt für die **bedingte Kapitalerhöhung** (§§ 192–201 AktG), die zur Abdeckung zugestandener und ausgenutzter Tausch- und Bezugsrechte von der Hauptversammlung genehmigt werden muß. Ebenfalls kein unmittelbarer finanzieller Effekt ist mit der sogenannten **Kapitalerhöhung aus Gesellschaftsmitteln** (§§ 207–220 AktG) verbunden. Die dabei vorgenommene Umwandlung von freien, offenen und gesetzlichen Rücklagen in Nominalkapital durch Ausgabe von Gratis-Aktien stellt eine

Sonderformen der Kapitalerhöhung

reine Umbuchung auf der Passivseite der Bilanz dar, die sich finanziell nur in einer Erhöhung des dividendenberechtigten Kapitals niederschlägt, nicht jedoch in einer Zuführung von Finanzmitteln.

c) Fremdfinanzierung

Merkmale der Fremdfinanzierung

Als gemeinsame Merkmale der vielfältigen Formen der Fremdfinanzierung lassen sich die vom Erfolg unabhängige Verzinsung des zur Verfügung gestellten Kapitals, die Abzugsfähigkeit der gezahlten Zinsen vom Ertrag und die Gläubigerposition des Kreditgebers, der vor allem bei der Liquidation Bedeutung zukommt, feststellen.

Mischformen wie das partiarische Darlehen, die Gewinnschuldverschreibung und auch Genußscheine enthalten durch die Bindung der Verzinsung an den erwirtschafteten Gewinn zum Teil Eigenkapitaleigenschaften.

Fremdkapitalgeber sind häufig Banken. Eine bedeutende Rolle kommt aber auch Krediten privater und institutioneller Anleger, Krediten von Versicherungen, von Kunden und Lieferanten und nicht zuletzt von öffentlichen Stellen zu. Eine strenge Abhängigkeit der Fremdfinanzierungsmöglichkeiten von der Rechtsform gilt nur für einzelne Kreditarten.

Schuldverschreibung

Die Ausgabe von Obligationen (Schuldverschreibungen) ist zwar nicht an eine bestimmte Rechtsform gebunden, bleibt jedoch wegen der notwendigen staatlichen Genehmigung des für die Börseneinführung erforderlichen Mindestumfangs und der der hohen Emissionskosten meist großen Aktiengesellschaften vorbehalten. **Mit der Begebung von Obligationen steht der Unternehmung langfristiges, von seiten der Kreditgeber unkündbares Fremdkapital zur Verfügung.** Durch die Stückelung in kleinere Teilbeträge und die Börseneinführung rücken sie als Kapitalanlage in die Nähe der Aktie. Im Gegensatz zur Aktienemission kann jedoch der Ausgabekurs auch unter dem Nennwert liegen. Sonderformen der Obligation stellen die Wandelschuldverschreibung und die Optionsanleihe dar. Während **Optionsanleihen** zusätzlich mit einem Bezugsrecht für Aktien verbunden sind, gewährt die **Wandelschuldverschreibung** ein Recht auf Umwandlung der Kreditforderung in eine Aktie. Zur Sicherung der Umwandlung und der Optionsausübung ist eine bedingte Kapitalerhöhung erforderlich. Mit der Ausgestaltung der Umtausch- und Zukaufkonditionen lassen sich Art, Höhe und Zeitpunkt der Kapitalzuführung in starkem Maße beeinflussen.

Schuldscheindarlehen

Die Fremdfinanzierung über die Unterbringung von Schuldscheinen ist unabhängig von der Rechtsform. Wichtige Bestimmungsgrößen für die Unterbringung sind Bonität und Größe der Unternehmung. **Mit Hilfe von Schuldscheindarlehen wird ein hoher langfristiger Darlehensbetrag (etwa 8–15 Jahren) in mehrere Teilbeträge aufgeteilt, in Schuldscheinen verbrieft und durch Vermittlung von Banken oder Finanzmaklern vorwiegend bei den sogenannten Kapitalsammelstellen (private und öffentliche Versicherungen) untergebracht.** Private und öffentliche Versicherungen sind gesetzlich gehalten, entsprechend ihren künftigen Verpflichtungen ein Sondervermögen, den „Deckungsstock", anzulegen. Ein Teil dieses Deckungsstocks kann in Schuldscheindarlehen gehalten werden.

Wegen der mehrjährigen Laufzeit und ihrer Unkündbarkeit sind Schuldscheindarlehen als langfristiges Fremdkapital zu bezeichnen. Aufgrund der Vorschriften über die Deckungsstockfähigkeit des Darlehens steht jedoch auch ihre Finanzierungsmöglichkeit nur größeren Unternehmen offen. Eine weitere Beschränkung bildet die erstrangige dingliche Sicherung des Kredits, die für Schuldscheindarlehen und Obligationen in der Regel erforderlich ist.

Die Aufnahme von **Hypotheken** und **Grundschulden** ist grundsätzlich jeder Unternehmung möglich; sie setzt jedoch belastungsfähigen Immobilienbesitz voraus.

Bankkredite

Banken treten in unterschiedlicher Form als Fremdkapitalgeber auf. Neben dem erwähnten Hpyothekar- und Grundschuldkredit sowie der Vorfinanzierung von Anleiheemissionen und Schuldscheindarlehen ermöglichen sie eine Fremdfinanzierung vor allem durch die Gewährung von **Kontokorrent- und Wechselkrediten**, die zur Abwicklung des laufenden Geschäfts benötigt werden. Der Kontokorrentkredit dient dem Ausgleich der Schwankungen bei den Ein- und Auszahlungen aus Umsatztätigkeit. Beim Wechselkredit lassen sich der für den Ankauf von Handelswechseln eingeräumte **Diskontkredit** und der für die Ausstellung von auf die Bank gezogenen Wechseln gewährten **Akzeptkredit** unterscheiden. Gegen Verpfändung von Waren und Wertpapieren kann ein **Lombardkredit** beansprucht werden. Der **Avalkredit** besteht in einer Bürgschaftsübernahme der Bank. Als besondere Formen der Außenhandelsfinanzierung sind der **Rembourskredit** und der **Negoziationskredit** zu nennen. Daneben kann die Finanzierung vor allem des Exports in Entwicklungsländer durch Spezialkreditinstitute, wie beispielsweise der Ausfuhr-Kreditgesellschaft, durch staatliche Kredithilfen oder durch supranationale Bankinstitute erleichtert werden. Die staatliche Unterstützung bei Auslandsinvestitionen beschränkt sich in der Regel auf Bürgschaften und eine Verminderung des Kapitalentzugs durch Steuervergünstigungen.

Lieferantenkredite und Kundenanzahlungen

Unmittelbar mit den Güterprozessen verbunden sind die Fremdfinanzierungsarten des **Lieferantenkredits** und der **Kundenanzahlung.** Ihre Bedeutung als Finanzierungsinstrument tritt besonders bei der Auftragsfertigung im Großmaschinen- und Schiffsbau sowie im Baugewerbe zutage.

d) Kapitalzuführung von internationalen Finanzmärkten

In den letzten Jahrzehnten sind in zunehmendem Umfang neben dem nationalen auch internationale Finanzmärkte für die Kapitalbeschaffung in Anspruch genommen worden. Als **internationale Finanzmärkte** werden zum einen **andere nationale Märkte** (Foreign Markets), zum anderen **supranationale Märkte**, insbesondere die sog. Euro-Märkte bezeichnet. An internationalen Märkten sind die Marktteilnehmer in verschiedenen Ländern ansässig und/oder es wird neben der Landeswährung in anderen Währungen gehandelt.

„Euromarkt"

Der Begriff „Euromarkt" ist nur noch historisch zu verstehen, da der ursprünglich am Finanzplatz London vor allem wegen **Kapitalmarktbeschränkungen** und aus **politischen Gründen** entstandene Handel mit Dollar-Beständen inzwischen auf zahlreiche

Offshore-
Zentren

Finanzplätze und auch andere wichtige Währungen ausgedehnt ist. Ein großer Teil der internationalen Finanzgeschäfte wird an sog. Offshore-Zentren abgewickelt. Dies **sind Finanzplätze, an denen keiner der beiden Marktpartner ansässig ist, wo das Geschäft von dem der Gebietsansässigen getrennt abläuft und damit die nationale Geldversorgung nicht berührt und für die nur minimale staatliche Regulierungen gelten.** Wichtige Offshore-Zentren sind z. B. Luxemburg, die Bahamas, Cayman Islands, Hongkong und Singapur. Zu ihnen werden verschiedentlich auch die **International Banking Facilities** (IBF) in den USA gezählt, die „eine Art monetärer Freihandelszone zum Betreiben von Eurogeschäften mit Gebietsfremden" (Büschgen 1986, S. 145) darstellen.

Vorteile inter-
nationaler
Finanzmärkte

Vorteile der Nutzung internationaler Finanzmärkte für den kapitalsuchenden Industriebetrieb können sein:

– Es lassen sich neue, noch nicht verstopfte Märkte finden,
– dingliche Besicherungen für Kapitalaufnahmen entfallen,
– es gibt keine (oder eine großzügigere) Bankenaufsicht und weniger sonstige Marktregulierungen,
– eine Quellensteuer wird nicht erhoben, auch sonstige Steuern können niedriger sein,
– insgesamt sind die Finanzierungskosten niedriger.

Festsatzkredit

Klassische Instrumente des Euromarktes zur Finanzierung von Unternehmen sind der Eurofestsatzkredit und der Roll over-Kredit. Der Unterschied zwischen Inlands- und Eurofestsatzkrediten besteht hauptsächlich in der Fristigkeit. Bei Inlandsfestsatzkrediten herrschen lange Laufzeiten vor, während am Euromarkt Laufzeiten bis zu maximal einem Jahr, mit Schwerpunkt im Ein-, Drei- und Sechsmonatsbereich dominieren. Festsatzkredite müssen bis zum Vertragsablauf in voller Höhe in Anspruch genommen werden. Findet entgegen der ursprünglichen Vereinbarung eine vorzeitige Rückzahlung statt, erhebt die Bank ein sog. Prepayment Fee bzw. Termination Fee.

Roll-over-
Kredit

Beim Roll over-Kredit wird dem Industriebetrieb **ein Kredit auf längere Zeit zugesagt, die Refinanzierung der Bank erfolgt jedoch von Periode zu Periode.** Dementsprechend ist der Zinssatz an die oft niedrigeren Geldmarktzinsen gekoppelt. Üblicherweise erfolgt die Zinszahlung des Kreditnehmers am letzten Tag der Zinsperiode. Zudem kann sich der Kreditnehmer eine Währungsoption verbriefen lassen (Multicurrency-Clause). Diese räumt ihm das Recht ein, bei Bedarf den Kredit auch in einer vereinbarten Fremdwährung zur Verfügung gestellt zu bekommen. Der Roll over-Kredit kann zum einen als fester Vorschuß oder als **revolvierender Roll over-Kredit** („Revolver"), der immer wieder bis zu einem festgelegten Limit ausgeschöpft werden kann, bereitgestellt werden.

Zweckdienlich erscheint der Roll over-Kredit für den Industriebetrieb wegen der Kostenersparnis und der höheren Flexibilität. Risiken liegen insbesondere darin, daß der Kreditnehmer das vollständige Zinsänderungsrisiko trägt und somit die Zinskosten für ihn weniger kalkulierbar sind.

1004

In den letzten Jahren haben sich an den internationalen Finanzmärkten verschiedene Tendenzen gezeigt, die in Abbildung 7.34 im Überblick dargestellt werden.

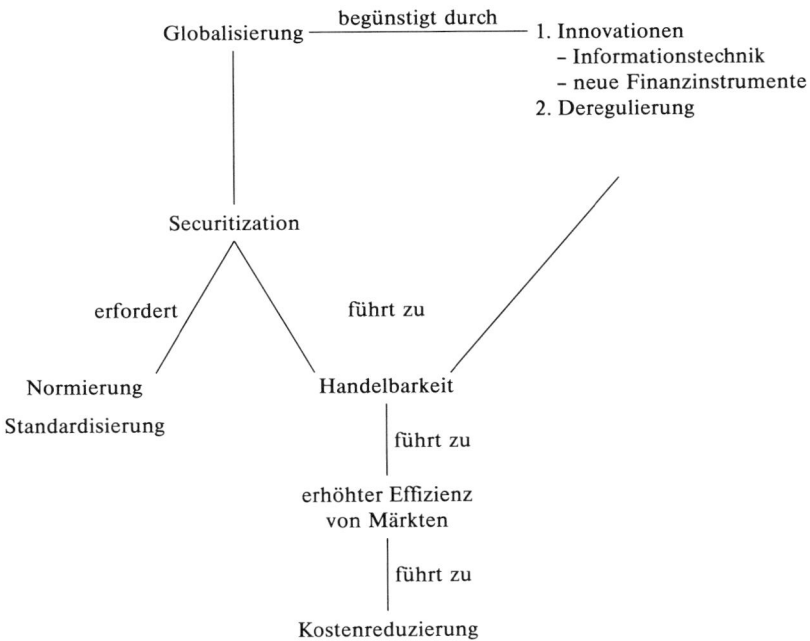

Abbildung 7.34: Tendenzen an den internationalen Finanzmärkten

Vor allem begünstigt durch Fortschritte in der **Informationstechnologie** und durch die **Deregulierung** der nationalen Finanzmärkte und der zwischenstaatlichen Kapital-transaktionen kam es zu einer **Globalisierung** und starken internationalen Verflech-tung der Märkte. Zur Erhöhung der **Handelbarkeit** und damit der Effizienz der Märkte trugen die Deregulierung wie die zunehmende Tendenz zur **Verbriefung** von Finanzinstrumenten in wertpapierähnlicher Form **(Securitization)** bei.

Die Verbriefung kommt den Interessen der Marktpartner und der Intermediäre ent-gegen. Den Banken erlaubt sie die Ausweitung des nicht bilanzwirksamen Geschäfts (Investment Banking), den Anlegern verschafft sie handelbare Papiere und damit geringere Anlagerisiken und den emittierenden Unternehmen bringt sie eine Auswei-tung der Märkte und eine Reduzierung der Finanzierungskosten.

Als neuere, im Gefolge dieser Entwicklung entstandene Finanzinstrumente mit in-zwischen großen Handelsvolumina seien im kurzfristigen Bereich die **Commercial Paper** (CP) und die **Euro-Note-Facilities**, im langfristigen Bereich verschiedene An-leihevarianten kurz beleuchtet.

Das gemeinsame Merkmal von Euro-Notes und Commercial Paper ist die Beschaf-fung von Finanzmitteln für ein Großunternehmen durch die Begebung von Wert-

Euro-Notes	papieren mit einer Laufzeit bis zu einem Jahr. Ein Bankenkonsortium arrangiert das in der Regel längerfristig laufende Rahmenabkommen und sorgt jeweils für die Unterbringung der Papiere bei anderen Banken und institutionellen Investoren. Während aber bei den Euro-Notes eine Bankengruppe, die Underwriters, die Verpflichtung übernimmt, bei Nichtplazierung die Papiere selbst zu übernehmen oder entsprechende Kreditlinien bereitzustellen (**back up facility**), trägt bei dem **Commercial Paper** der **Emittent** das **Risiko der Nichtplazierung** allein. Die Finanzierungskonditionen sind in der Regel günstiger als bei Einräumung eines Kredits. Für Industriebetriebe erster Bonität wird der Zins sehr nahe am geltenden Geldmarktzins liegen; die Provisionen der Banken sind aufgrund des umkämpften Marktes recht gedrückt.
Bonds	Auch am **internationalen Markt für Anleihen** (Bonds) haben sich zahlreiche neue Formen entwickelt. Viele von ihnen sind grundsätzlich auch bei Inlandsanleihen einsetzbar. Abbildung 7.35 (siehe folgende Seite) gibt eine Übersicht über eingesetzte Varianten.
Verzinsung	Bei der Verzinsung ist neben dem klassischen **Festzins** ein variabler, an die Entwicklung des Geldmarktzinses (**Floating Rate Note**, FRN) oder an die Gewinnentwicklung des Unternehmens gekoppelter Zins möglich. **Zero Bonds** sind festverzinsliche Anleihen, deren Zins aber angesammelt und mit Zinseszins erst zusammen mit der Tilgung ausbezahlt wird.
Währung	Als Währung einer Anleihe kann die **inländische**, eine **fremde** oder eine **Kunstwährung** (wie der ECU) gewählt werden. Bei einer **Doppelwährungsanleihe** erfolgen Ausgabe und Zinszahlung sowie Tilgung in unterschiedlichen Währungen.
Optionsrechte	Vielfach werden mit Anleihen Optionsrechte verbunden. Sie können sich auf die Umwandlung in Aktien, den zusätzlichen Erwerb von Aktien und Anleihen zu vorgegebenen Bedingungen oder auf die Wahl der Rückzahlungswährung richten. Letztere räumt sich der Emittent verschiedentlich selber ein. **Index-Anleihen** koppeln den Rückzahlungskurs an die Entwicklung eines Kursindexes, wobei der Anleger zwischen Bullen- (Mehrerlös bei steigender Tendenz) und Bärentranchen (Mehrerlös bei Indexrückgang) wählen kann.
	Die Vielfalt der Instrumente eröffnet dem Industriebetrieb die Möglichkeit, diejenige Variantenkombination als Wertpapier am Markt anzubieten, die seinem Chancen-Risiko-Kalkül und dem der angesprochenen Investorengruppe am besten entspricht.
Internationale Projekt-finanzierung	Bei internationalen Gütertransaktionen und Finanzierungen darf auch die Projektfinanzierung nicht unerwähnt bleiben. Es geht dabei um die Finanzierung von Großprojekten, die wegen der mangelnden Bonität der Auftraggeber (z. B. Entwicklungsländer) und/oder ihrer enormen Wertdimensionen nicht mehr über die üblichen Formen der (nationalen) Auftrags- und Exportfinanzierung abgewickelt werden können. Hauptcharakteristika solcher Projektfinanzierungen, die häufig über internationale Konsortien arrangiert werden, sind (vgl. Backhaus u. a. 1990, S. 18 ff.):

– die weitgehende Orientierung der Finanzierung am Cash Flow des Projekts; d. h. der Schuldendienst soll aus den Projektrückflüssen geleistet werden, die Kreditvergabe erfolgt nach ausschließlich ertragskraftorientierten Gesichtspunkten;

1006

1. Zinsvarianten
1.1 Festzinsanleihe (straight bond)
1.2 Floating Rate Note (FRN), meist gebunden an LIBOR (London Interbank Offered Rate), FIBOR (Frankfurt Interbank Offered Rate) mit Varianten: – Capped (Obergrenze für Zins)   – Minimax (Ober- Untergrenzen für Zins)   – Flip-Flop (Laufzeitwechsel für Anleger möglich)   – Drop Lock (bei Erreichen der Zinsgrenze Umwandlung in straight bond)   – Umgekehrt (Zins steigt bei fallendem Marktzins und umgekehrt)
1.3 Gewinnschuldverschreibungen
1.4 Zero Bond (Null-Kupon-Anleihe), Zins wird erst mit Tilgung der Anleihe ausgezahlt
2. Währungsvarianten
2.1 Inlandswährung
2.2 Fremdwährung
2.3 Sonderwährung (ECU-Anleihe, Sonderziehungsrechte)
2.4 Doppelwährung (Ausgabe/Zinszahlung und Tilgung der Anleihe erfolgen in unterschiedlicher Währung)
3. Options-(Zusatzrecht-)Varianten
3.1 Optionen auf Aktien (equity related bonds) mit Varianten: – Optionsanleihe   – Wandelschuldverschreibungen
3.2 Optionen auf Anleihen (Zinswarrants) spez. Variante: harmless bonds (Kündigungsrecht der Erstanleihe für Emittenten bei Ausübung der Option)
3.3 Optionen auf Wahl der Rückzahlungswährung (Währungsoptionsanleihe)
3.4 Index-Anleihen (Koppelung des Rückzahlungskurses an Aktienindex)

Abbildung 7.35: Varianten von Anleihen

– die Verteilung des Gesamtrisikos auf möglichst viele Beteiligte;
– die Gründung und Zwischenschaltung einer speziellen Projektgesellschaft, an der die Projektträger beteiligt sind; die Finanzierungsvorgänge für das Projekt finden dadurch in den Bilanzen der Projektträger keinen unmittelbaren Niederschlag.

e) Finanzierungssubstitute

Statt durch Außenfinanzierung Finanzmittel zu beschaffen, kann das Unternehmen auch Maßnahmen zur **Verringerung des Kapitalbedarfs** ergreifen. Da hierdurch Finanzierungen ersetzt werden, werden solche Maßnahmen häufig auch als Finanzierungssubstitute bezeichnet. Als typische Maßnahmen der Reduzierung oder Verschiebung der kapitalbindenden Ausgaben sowie der Verkürzung der Kapitalbindungsdauer werden im folgenden Leasing und Factoring angesprochen.

Leasing

Obwohl seit langem Leasing-Geschäfte getätigt werden, hat sich weder in der juristischen noch in der wirtschaftswissenschaftlichen Literatur eine eindeutige und abschließende Definition des Leasing herausgebildet. **Im allgemeinen versteht man darunter die entgeltliche Nutzungsüberlassung von Anlagegegenständen (Leasing-Objekten) an Leasing-Nehmer durch Leasing-Gesellschaften (Leasing-Geber).** Die Vertragsbedingungen können dabei vielfältig gestaltet sein. Leasing-Geschäfte lassen sich nach folgenden Kriterien unterteilen:

(1) Nach dem Leasing-Objekt
- Beim **Mobilien-Leasing** handelt es sich um die Vermietung von beweglichen Wirtschaftsgütern (Maschinen, Fahrzeugen, Computer);
- Beim **Immobilien-Leasing** werden unbewegliche Güter (Grundstücke, Gebäude) vermietet.

(2) Nach der Stellung des Leasing-Gebers
- Beim direkten oder **Hersteller-Leasing** tritt der Hersteller des Leasing-Gutes selbst als Leasing-Geber auf;
- Beim **indirekten Leasing** ist zwischen dem Hersteller des Investitionsgutes und dem Leasing-Nehmer eine Leasing-Gesellschaft dazwischengeschaltet. Dabei kauft die Leasing-Gesellschaft das Leasing-Gut vom Hersteller, um es an den Leasing-Nehmer zu vermieten.

(3) Nach dem Verpflichtungscharakter des Vertrags (Dauer der Bindung). Danach lassen sich grundsätzlich **Operate-Leasing**-Verträge und **Finance-Leasing**-Verträge unterscheiden.

Operate-Leasing

Operate-Leasing-Verträge können von beiden Vertragspartnern unter Einhaltung einer relativ kurzen Frist gekündigt werden. Da bei vorzeitiger Kündigung des Vertrags die Summe der vom Mieter zu zahlenden Mietraten nicht ausreicht, um die Anschaffungskosten der Leasing-Gesellschaft für das Leasing-Objekt zu amortisieren, trägt der Leasing-Geber das Investitionsrisiko. Daher kommen als Leasing-Objekte nur solche Wirtschaftsgüter in Betracht, die von einer größeren Anzahl potentieller Mieter nachgefragt werden und somit jederzeit neu vermietet werden können (Fungible Wirtschaftsgüter).

1008

Finance-Leasing-Verträge sind dadurch gekennzeichnet, daß sie für eine zwischen den Leasing-Vertragsparteien **fest vereinbarte Grundmietzeit** unkündbar sind. Generell ist bei den Finance-Leasing-Verträgen zwischen Voll- und Teilamortisationsverträgen zu unterscheiden. Bei **Vollamortisationsverträgen** sind die vom Leasing-Nehmer während der Grundmietzeit zu entrichtenden Leasing-Raten so berechnet, daß dem Leasing-Geber neben dem Anschaffungswert auch noch die Zinsen für die Refinanzierung, die Kosten der Verwaltung und ein Gewinnanteil zufließen. Bei **Teilamortisationsverträgen** reichen die während der Grundmietzeit zu zahlenden Raten nicht zu einer Amortisation der Anschaffungskosten aus. Die Restamortisation nach Ablauf der Grundmietzeit erfolgt hier aufgrund besonderer vertraglicher Vereinbarungen – häufig durch eine feste Restzahlung des Leasing-Nehmers oder durch ein Andienungsrecht, aufgrund dessen der Leasing-Geber das Leasing-Objekt zu einem bei Vertragsschluß fixierten Preis dem Leasing-Nehmer andienen kann.

Finance-Leasing

Im Gegensatz zum Operate-Leasing trägt beim **Finance-Leasing** der **Leasing-Nehmer** das volle Investitionsrisiko. So hat üblicherweise der Leasing-Nehmer die Instandhaltungs-, Reparatur- und Versicherungskosten sowie die Risiken des zufälligen Untergangs oder der Verschlechterung des Leasing-Objekts zu tragen. Da sich Finance-Leasing-Verträge infolge der besonderen Vertragsgestaltungen in erheblichem Maße von herkömmlichen Mietverträgen unterscheiden, herrschte sowohl in der Praxis als auch in der Literatur lange Zeit Uneinigkeit darüber, wie diese Verträge zu bilanzieren sind. Im sog. Mobilien-Leasing-Erlaß (1971), dem Immobilien-Leasing-Erlaß (1972) sowie im Teilamortisations-Erlaß (1975) stellte der Bundesfinanzminister schließlich fest umrissene **Abgrenzungskriterien** für die **bilanzielle Behandlung** von **Leasingverträgen** auf.

Bilanzierung von Leasing-Objekten

Dabei richtet sich die bilanzielle Zurechnung des Leasing-Objekts nach dem „wirtschaftlichen Eigentum" (§ 39, II AO; vgl. Teil 10, S. 1369). In der Praxis werden die Leasing-Verträge in der Regel so gestaltet, daß der Leasing-Geber das wirtschaftliche Eigentum am Leasing-Objekt behält. In diesem Fall hat die Leasing-Gesellschaft den Gegenstand zu aktivieren.

Bei einem Vorteilhaftigkeitsvergleich zwischen Kauf und Leasing ist zwischen **quantitativen** und **qualitativen** Aspekten zu unterscheiden. Bei einem reinen Vergleich der **Finanzierungskosten** müßte in der Regel die Leasing-Variante schlechter abschneiden als ein Kreditkauf, da die Leasing-Gesellschaft sich ihrerseits auch finanzieren muß und zusätzlich in den Raten noch Verwaltungskosten und Gewinnanteile verrechnet. Allerdings könnte die Leasing-Gesellschaft aufgrund ihrer Marktmacht niedrigere Anschaffungskosten und günstigere Refinanzierungen realisieren. Soweit dies der Fall ist und der Vorteil auch an den Leasing-Nehmer weitergereicht wird, begünstigt dies die Leasing-Variante.

Vergleich Kauf–Leasing

Zusätzlich muß die steuerliche Wirkung auf die einzelnen Finanzierungsalternativen berücksichtigt werden. Bei Aktivierung des Leasing-Objekts beim Leasing-Geber sind die Leasing-Raten beim Leasing-Nehmer in voller Höhe als Betriebsausgaben abzugsfähig. Bei einem Kauf des Investitionsobjekts können nur die Zinszahlungen und Abschreibungen als Aufwand verrechnet werden. Wenn die Leasing-Raten höher

Steuerwirkungen

sind als die Abschreibungen und Zinsen, wird durch das Leasing ein **Steuerverschiebungseffekt** erreicht. Gewinne werden auf spätere Perioden verlagert, der Betrieb erhält so einen zinslosen Steuerkredit.

Zusätzlich führt die Leasing-Alternative zu einem **Gewerbesteuervorteil**. Er beruht darauf, daß die Leasing-Finanzierung die Bezugsbasis für die Gewerbekapital- und die Gewerbeertragssteuer beim Leasing-Nehmer nicht berührt. Bei einem Kauf auf Kredit besteht hingegen eine hälftige Hinzurechnungspflicht für Dauerschulden beim Gewerbekapital und für die Zinsen auf diese Dauerschulden beim Gewerbeertrag. Die Gewerbesteuern führen auch nicht indirekt als Kalkulationsbestandteile in der Leasing-Rate zu einer Belastung des Leasing-Nehmers, da die Leasing-Gesellschaften als Tochterunternehmen von Kreditinstituten weitgehend gewerbesteuerfrei sind. Eine weitere Möglichkeit der Umgehung der Gewerbesteuerbelastung stellt der Verkauf der Leasing-Forderungen an Banken dar.

Bilanz- und finanz- politische Aspekte

Neben den quantitativen Aspekten spielen auch qualitative Überlegungen bei der Entscheidung zwischen Leasing und Kauf eine wichtige Rolle. So könnte ein weiterer Vorteil des Leasing sein, daß damit eine **bessere Bilanzstruktur** erreicht wird, da keine Verbindlichkeiten zu passivieren sind. Ebenso wird häufig das Argument gebracht, Leasing „schone die Finanzmittel", weite also den **Finanzierungsrahmen** aus. Diese Argumente sind nur dann stichhaltig, wenn die Kapitalgeber tatsächlich ausschließlich an Bilanzkennzahlen orientiert sind und Dauerbelastungen durch die Leasingraten bei ihren Kreditwürdigkeitsbeurteilungen nicht mitberücksichtigen.

Insgesamt wird nur unter Beachtung der konkreten Bedingungen des Einzelvertrags zu entscheiden sein, ob Leasing die vorteilhafte Variante gegenüber dem Kauf ist.

Factoring

Eine Sonderform der Verkürzung der Dauer von Kundenfinanzierungen stellt das Factoring dar. **Die Factoringgesellschaft (eine Spezialbank) kauft laufend vom Industriebetrieb die Buchforderungen aus der Leistungsverwertung an und übernimmt den Einzug der Außenstände in eigener Verantwortung. Gegen eine umsatzgebundene Gebühr, die die Zins- und Verwaltungskosten und im Regelfall auch das Delkredere-Risiko (Ausfallrisiko) der Factoringgesellschaft erfaßt, nehmen praktisch sämtliche Umsätze den Charakter von Barverkäufen an.** Stehen der Unternehmung gewinngünstigere Anlagemöglichkeiten als die Kapitalbindung in Kundenkrediten offen, so ist neben der Liquiditätswirkung auch ein Rentabilitätseffekt des Factoring zu berücksichtigen. Außerdem entfällt der mit der Debitorenbuchhaltung und dem Forderungseinzug verbundene Verwaltungsaufwand. Ebenso übernimmt die Factoringbank beim sogenannten „echten Factoring" das Kreditausfallrisiko. Wenn die Mittel nicht vollständig anderweitig gebunden werden, weist die Bilanz zusätzlich ein günstigeres Liquiditätsbild aus. Zur Beurteilung des Factoring ist daher nicht nur auf die Finanzierungswirkung, sondern auch auf diese „Nebeneffekte" abzuheben.

Im Zusammenhang mit Factoring wird häufig auch die **Forfaitierung** als Möglichkeit der Reduzierung von Kapitalbindung in Außenständen genannt. Dabei sind aber typische Unterschiede zu beachten. Das Factoring bezieht sich auf kurzfristige ungesicherte Forderungen und sieht in der Regel Andienungspflicht für alle Forderungen (oder, beim Exportfactoring, für bestimmte Länder) vor. Im Gegensatz dazu bedeutet Forfaitierung den **Verkauf einzelner**, meist **längerfristig** laufender **Forderungen**, die im Regelfall durch Bankbürgschaft abgesichert sein müssen.

f) Öffentliche Finanzierungshilfen

Die öffentliche Hand, vor allem der Bund und die Länder sowie die EG, gewährt zur Steuerung des Wirtschaftsprozesses privatwirtschaftlichen Unternehmen in erheblichem Umfang und in vielfältiger Weise finanzielle Unterstützungen. Im weitesten Sinn können als Finanzierungshilfen der öffentlichen Hand alle Maßnahmen bezeichnet werden, die darauf gerichtet sind, direkt oder indirekt Zahlungsströme von Unternehmen positiv zu beeinflussen, indem sie

- Ausgaben verringern oder hinausschieben (vor allem Steuervergünstigungen),
- Einnahmen erhöhen (z. B. Investitionszulagen und -zuschüsse, Projektförderungen),
- Konditionen der Kapitalaufnahme verbessern (z. B. Zinsverbilligungen),
- den Spielraum der Kapitalaufnahme erweitern (Garantien, Bürgschaften).

Daraus wird deutlich, daß nur ein Teil der Hilfen unmittelbar zur Außenfinanzierung zu zählen ist. Eine umfassende Darstellung der Finanzierungshilfen ist hier wegen der schier unübersehbaren Zahl der Fördermaßnahmen sowie wegen der häufigen Veränderungen des Begünstigtenkreises und der Vergabebedingungen nicht möglich. Daher sollen nur beispielhaft einige typische und vom Umfang her wesentliche Unterstützungsprogramme kurz angesprochen werden.

Investitionsförderung

Bund und Länder fördern bestimmte Investitionen durch **steuerfreie Investitionszulagen** und **steuerpflichtige Investitionszuschüsse**. Sie führen beim geförderten Unternehmen zu einem Zufluß von Mitteln und reduzieren damit den selbst aufzubringenden Betrag zur Investitionsfinanzierung. Dies gilt auch für die vielfältigen **projektgebundenen Mittel zur Förderung von Forschung und Entwicklung**. Eine ähnliche Wirkung hat das **Eigenkapitalhilfeprogramm**, das die Gründung von Unternehmen fördern soll. Über dieses Programm läßt sich die Eigenkapitalquote bei erstmaligen Unternehmensgründungen von ca. 15% (erwünschter Mindesteigenanteil) auf bis zu 40% aufstocken. Die Eigenkapitalhilfe hat ökonomisch eine Zwitterfunktion zwischen Eigen- und Fremdkapital. Einerseits haftet sie unbeschränkt, andererseits muß sie (in den ersten Jahren gar nicht und dann ansteigend) verzinst und nach einem festgelegten Plan getilgt werden.

Gründungsförderung

Eine besondere Bedeutung kommt ihrem Volumen nach den **zinsverbilligten langfristigen Krediten** zu, die hauptsächlich aus **ERP-Mitteln** (European Recovery Program,

ERP-Kredite

Marshall Plan) und aus zusätzlichen Bundesmitteln gespeist und über die Kreditanstalt für Wiederaufbau (KfW) sowie die Deutsche Ausgleichsbank ausgereicht werden. Da diese Kredite wie bei Banken besichert werden müssen, erweitern sie den Finanzierungsspielraum nur insofern, als sie aufgrund der einige Prozentpunkte unter Marktniveau liegenden Zinsen die Zinsbelastung reduzieren.

Im Rahmen der von der öffentlichen Hand übernommenen Bürgschaften und Garantien dominieren die zur Förderung der Exportwirtschaft geschaffenen **Ausfuhrgewährleistungen des Bundes**. Diese über **Hermes** gewährten Bürgschaften und Garantien sichern deutsche Exporteure (gegen insgesamt nicht kostendeckende Entgelte) gegen privatwirtschaftliche oder politische Risiken des Forderungsausfalls (vgl. Abschnitt IV.3.a).

Insgesamt gesehen stehen der Wirtschaft über die öffentlichen Finanzhilfen so beträchtliche Beträge zur Verfügung, daß sie in der Kapitalwirtschaft der Unternehmen nicht vernachlässigt werden dürfen.

g) Kriterien der Kapitalstrukturentscheidung

Der Entscheidung über die Gestaltung der Kapitalstruktur liegen verschiedene Überlegungen zugrunde. Zunächst ist zu klären, welche Kapitalbeschaffungsmöglichkeiten in welchem Umfang der einzelnen Unternehmung überhaupt zur Verfügung stehen. Auf die Schwierigkeiten der Beschaffung von Eigenkapital – vor allem für nicht-emissionsfähige Unternehmen – ist schon hingewiesen worden (vgl. oben b)). Ebenso ist Fremdkapital nach Art (z. B. Obligationen) und Höhe oft nur für bestimmte Unternehmungen verfügbar. Weiterhin wird die Fremdkapitalbeschaffung durch die **geforderten Kreditsicherheiten** begrenzt, die eine wesentliche Grundlage der Kreditwürdigkeit sind.

Im Rahmen der tatsächlich verbleibenden Kapitalbeschaffungsmöglichkeiten ist die Entscheidung für eine bestimmte Kapitalstruktur anhand ausgewählter Zielkriterien vorzunehmen. Dabei wird in der Theorie oft unterstellt, daß die Entscheidungsträger in der Unternehmung als „Agenten" des Kapitaleignerinteresses handeln. Auch wenn man nicht von dieser Hypothese ausgeht, sind bei den Finanzierungsentscheidungen die Reaktionsmöglichkeiten der Kapitalgeber (z. B. verschuldungsgradabhängige Zinsforderungen) zu berücksichtigen.

Einen gewichtigen Einflußfaktor auf die Finanzierungskosten stellen die mit den Finanzierungsformen verbundenen einmaligen und laufenden Kosten dar. Bei der Ausgabe von Aktien fallen neben den Emissionskosten (Banken- oder Konsortialprovision, Druck- und Prospektkosten, Registergebühren) die Gesellschaftsteuern in Höhe von 1% des zufließenden Betrages an. Die Eigenkapitalerhöhung bei Personengesellschaften ist lediglich durch die Eintragungskosten belastet, wenn neue Gesellschafter aufgenommen werden. Zur Berechnung der laufenden Kosten ist vom kalkulatorischen Zinsfuß auszugehen. Die Kosten von Obligationen setzen sich ebenfalls aus den einmaligen Emissionskosten, den laufenden Zinsbelastungen sowie gegebenenfalls dem Rückzahlungsagio (Rückzahlungskurs > Emissionskurs) zusammen. Bei Schuldscheindarlehen entfällt der einmalige Aufwand für die Kreditaufnahme weitgehend. Die Konditionen der Bankkredite sind in starkem Maße unternehmensindividuell. Grundsätzlich kann zwar eine Orientierung im allgemeinen Zinsniveau unterstellt werden, doch spielen Faktoren wie Unternehmungsgröße, Kapitalstruktur oder erwartete Entwicklungschancen eine wichtige Rolle bei der Konditionenaushandlung. Kreditkosten können schon bei der Kreditzusage anfallen (z. B. Bereitstellungsprovision). Die Kosten für Kundenanzahlungen und Lieferantenkredite werden von den Machtverhältnissen bestimmt. Unter Zugrundelegung der üblichen Skontosätze und Zahlungsfristen erweist sich der Lieferantenkredit theoretisch als die teuerste Kapitalart.

Die Verzinsung läßt sich formal bestimmen als

$$(7.54) \qquad r = \frac{S}{z - s} \times 360$$

r = Effektivzinssatz
S = Skontosatz (in %)
z = Zahlungsziel (in Tagen)
s = Skontofrist (Frist zum Abzug von Skonto in Tagen)

Aus dem Zahlungsziel von einem Monat und 3% Skonto bei sofortiger Zahlung errechnet sich beispielsweise eine jährliche Belastung von 36%. In der Praxis fehlt jedoch häufig eine strenge Kontrolle der Konditioneneinhaltung, so daß das analytisch errechnete Ergebnis eine Verwässerung erfährt.

Steht das Ziel der Eigenkapitalrentabilität im Vordergrund, so hängt die Wahl der Finanzierungsarten nur von den Kosten des Fremdkapitals ab. **Solange der Fremdkapitalzins unter der Gesamtkapitalrentabilität liegt, läßt sich durch zusätzliche Aufnahme von Fremdkapital die Rentabilität des Eigenkapitals steigern** (Leverage-Effekt).

Leverage-Effekt

Die Unsicherheit der zukünftigen Erfolge setzt der Ausnützung des Leverage-Effekts eine Grenze. Bei fixen Zinsen hängt in wirtschaftlich schlechten Jahren mit geringem Kapitalgewinn (Reingewinn plus Fremdkapitalzinsen) die Gefahr eines Verlustes vom Grad der Fremdfinanzierung ab. Der Einsatz von Fremdkapital bewirkt also einen Verstärkungseffekt nach beiden Seiten: Bei hoher Gesamtrendite vermag er die Eigenkapitalrentabilität noch zu steigern, bei niedrigerem Kapitalgewinn beschleunigt er das Abrutschen in die Verlustzone. Längerfristig können sich jedoch auch die Zinssätze für Fremdkapital verändern. Dann impliziert ein zunächst erfolgssteigernder Leverage-Effekt zusätzlich erhebliche Zinsänderungsrisiken (vgl. Abschnitt IV.3.c).

Die Kapitalzuführungsformen können auch bezüglich ihrer Liquiditätswirksamkeit beurteilt werden. Der tatsächliche Kapitalzufluß aus Kapitalzuführung kann durch Agios (z. B. bei Aktienemissionen) und Disagios (z. B. bei Hypotheken und Obligationen) von dem verbrieften Betrag abweichen. Als negative Liquiditätskomponente

Liquiditätswirkung der Kapitalzuführung

sind die mit den Finanzierungsformen verbundenen einmaligen und laufenden Ausgaben zu berücksichtigen. Zeitpunkte und Umfang der Liquiditätsbelastung durch Einzug der zur Verfügung gestellten Mittel werden von der Kapitalüberlassungsdauer und den Tilgungsvereinbarungen determiniert. Eine eindeutige Zuordnung der Kapitalarten nach ihrer Fristigkeit ist nur in wenigen Fällen möglich. Aktien und GmbH-Anteile können vorbehaltlich einer Kapitalherabsetzung als dauernd, Obligationen, Schuldscheine, Darlehen, Hypothekar- und Grundschuldkredite bei Unkündbarkeit von der Gläubigerseite als langfristig zur Verfügung stehend bezeichnet werden. Der Entzug von Eigenkapital durch den Einzelunternehmer, OHG-Gesellschafter oder durch KG-Komplementäre ist innerhalb vertraglich festgelegter Grenzen möglich. Eigenkapital kann demnach keinesfalls generell als dauerhaft zur Verfügung stehendes Kapital eingestuft werden.

Bank- und Lieferantenkredite dienen der kurzfristigen Finanzierung, erlangen jedoch durch laufende Prolongation, die als Gewährung eines neuen Kredits zu interpretieren ist, oft langfristigen Charakter.

Prolongation und Substitution

Besteht nach der Kapitalrückzahlung der Kapitalbedarf weiter und ist ein Ersatz der entzogenen Mittel durch interne Kapitalzuführung nicht möglich, dann entsteht mit dem Rückzahlungstermin ein Prolongations- oder Substitutionsrisiko. Diese Ungewißheit der Anschlußfinanzierung verstärkt sich in Zeiten schlechter Geschäftslage und greift dann auch auf sonst selbstverständliche Prolongationen über.

Flexibilität der Kapitalzuführung

Die aus Liquiditätserwägungen resultierende Präferenz für langfristiges Kapital erfährt eine Einschränkung, wenn Wirtschaftlichkeitsüberlegungen eine dauernde Anpassung des Finanzmittelbestandes an den schwankenden Kapitalbedarf erfordern. Bei ausschließlich langfristiger Finanzierung ohne Möglichkeit der Kündigung seitens der Unternehmung hätte ein Sinken des Kapitalbedarfs unter den bisherigen Umfang überschüssige Mittel zur Folge. Die erreichbare Verzinsung bei anderweitiger Anlage deckt dann unter Umständen die laufenden Finanzierungskosten nicht.

Kreditwürdigkeit und Verschuldungsgrad

Die Gewährleistung der Flexibilität bei erhöhtem Kapitalbedarf ist in Abhängigkeit von der erwarteten Bindungsdauer unterschiedlich zu beurteilen. Der Ausgleich kurzfristiger Finanzierungsengpässe erfolgt in der Regel über eine Fremdkapitalaufnahme bei Banken. Die Zuführung von Fremdkapital findet eine Begrenzung in der Einschätzung der Kreditwürdigkeit der Unternehmung. Als gewichtigen Faktor der Kreditwürdigkeit beurteilen die Fremdkapitalgeber neben der Stellung von Sicherheiten den Verschuldungsgrad. Übersteigt die Relation Fremdkapitalvolumen zu haftendem Eigenkapital ein von den Kreditgebern als angemessen empfundenes Maß, so kann dies in einer Verschlechterung der Kreditkonditionen zum Ausdruck kommen. Ab einem bestimmten Verschuldungsgrad werden verschiedene Kreditgeber nicht mehr zur Überlassung von Fremdkapital bereit sein. Beispielsweise setzt die für Schuldscheindarlehen erforderliche Deckungsstockfähigkeit (d. h. Eignung zur Anlage in den gesetzlich vorgeschriebenen Deckungsstock von Versicherungsunternehmen; vgl. auch S. 1002) ein Eigenkapital von mindestens einem Drittel des Gesamtkapitals voraus. Eine vollständige Ausschöpfung der Sicherheit und Kreditspielräume läuft somit der finanziellen Flexibilität zuwider.

Wie schon in den Ausführungen zur Festlegung des Selbstfinanzierungsgrades angedeutet wurde, vollzieht sich die Entscheidung über die Kapitalstruktur als ein dauernder Prozeß der Verhandlung und gegenseitigen Beeinflussung der Organisationsteilnehmer des Industriebetriebes (Eigen- und Fremdkapitalgeber, Unternehmensleitung, Lieferanten, Kunden und Belegschaft). Dadurch wird der Entscheidungsspielraum der Unternehmensleitung abgesteckt. Frühere Finanzierungsentscheidungen, die in der bestehenden Kapitalstruktur ihren Niederschlag gefunden haben, schränken die Dispositionsfreiheit zukünftiger Kapitalzuführung ein.

Theorie und Praxis haben versucht, Empfehlungen und Normen zur Strukturierung des Unternehmenskapitals zu entwickeln. Sie beschränken sich jedoch meist auf eine grobe Einteilung in Eigen- und Fremdkapital beziehungsweise kurz- und langfristiges Kapital. Bei den aus der praktischen Erfahrung abgeleiteten Empfehlungen lassen sich die schon bei den Finanzinvestitionen (vgl. S. 968 f.) diskutierten vertikalen und horizontalen Finanzierungsregeln unterscheiden. **Vertikale Finanzierungsregeln** stellen Normen über das Verhältnis von Eigenkapital und Fremdkapital auf (z. B. 1:1). **Horizontale Finanzierungsregeln** sehen die Kapitalstruktur in einem bestimmten Zusammenhang mit der Vermögensstruktur (z. B. Anlagevermögen : Eigenkapital = 1 oder Umlaufvermögen : Fremdkapital = 1). Während sich die vertikalen Regeln also lediglich auf die Passivseite der Bilanz beziehen, fordern die horizontalen Regeln eine Strukturierung des Kapitals gemäß der Kapitalbindung. In der Finanzierungsliteratur ist gezeigt worden, daß den Regeln jede theoretische Begründbarkeit und Allgemeingültigkeit abzusprechen ist. Finanzwirtschaftliche Relevanz kommt ihnen lediglich zu, wenn sie die Einstellung einflußreicher Kapitalgeber, insbesondere der Banken, zum Ausdruck bringen und damit gleichsam zu Nebenbedingungen der Finanzierung werden.

Kapitalstruktur und Finanzierungsregeln

Die auf theoretischem Wege gewonnenen Finanzierungsnormen stellen den Versuch dar, ausgehend von einer konkreten Zielfunktion unter Berücksichtigung unternehmensindividueller Gegebenheiten eine Optimierung der Kapitalrelationen zu erreichen. Im folgenden sollen einige, von unterschiedlichen Zielfunktionen und Prämissen ausgehende Modelle zur Bestimmung dieses formal definierten Optimums dargestellt werden.

Entsprechend der Finanzierungstheorie ist die Strukturierung des Kapitals so vorzunehmen, daß der Unternehmenswert und damit auch der Kurs der Aktien maximiert wird. Die Betrachtungsweise bleibt somit auf die Zielvorstellungen der Anteilseigner beschränkt. Für das Niveau des Unternehmenswertes ist der nachhaltig erwartete Kapitalgewinn entscheidend.

Eine zentrale Bedeutung hat der Begriff der Kapitalkosten. Unter den Kapitalkosten wird die von den Eigen- und Fremdkapitalgegnern geforderte Effektivrendite verstanden.

„Kapitalkosten"

Der durchschnittliche Kapitalkostensatz $k_\varnothing$ berechnet sich als gewogener Durchschnitt der Kosten jeder Kapitalart. Die Gewichte bilden dabei die Kurswerte der Kapitalarten.

$$(7.55) \qquad k_\varnothing = \frac{k_i \cdot F + k_e \cdot E}{V}$$

Es gilt:

V = Marktwert des Gesamtkapitals (Unternehmenswert)
E = Kurswert des Eigenkapitals
F = Kurswert des Fremdkapitals
$k_\emptyset$ = durchschnittliche Kapitalkosten
k_i = effektive Rendite des Fremdkapitalgebers
k_e = effektive Rendite des Eigenkapitalgebers

Der effektive Zinssatz für Fremdkapital ergibt sich als Quotient aus Nominalzins und Kurs der Fremdkapitalanleihe. Zur Bestimmung der Eigenkapital-„Kosten" (k_e) wird, je nach Unterstellung der Gewinn- oder Dividenden-These, der erwartete jährliche Gewinn pro Aktie oder die erwartete Dividende zum Kurswert der Aktie in Beziehung gesetzt. Die Beziehung zwischen Unternehmenswert (V), langfristig erwartetem jährlichen Kapitalgewinn (O) und durchschnittlichem Kapitalkostensatz $k_\emptyset$ kommt in der Gleichung (7.56a) zum Ausdruck, die den Unternehmenswert über die Kapitalisierung des Kapitalgewinns ermittelt. Der durchschnittliche Kapitalkostensatz wird als Kapitalisierungszinsfuß verwendet.

$$(7.56\,\text{a}) \qquad V = \frac{O}{k_\emptyset}.$$

Eine Maximierung des Unternehmenswertes und des Aktienkurses ist somit bei gegebener Vermögens- und Ertragssituation nur durch eine Minimierung der Kapitalkosten möglich.

Die bisherige Betrachtung diente der Analyse der unterstellten grundlegenden Zusammenhänge. Um kapitalorientierte Finanzierungsempfehlungen ableiten zu können, müssen die Determinanten der Kapitalkosten näher untersucht werden. Ausgehend von der Formel

$$(7.56\,\text{b}) \qquad k_\emptyset = \frac{O}{V}$$

Kapital-kosten-funktionen wird ersichtlich, daß bei Konstanz der Kapitalgewinnerwartung (O) die durchschnittlichen Kapitalkosten nur über eine Erhöhung des Marktwertes des Gesamtkapitals (V) verringert werden können. Der Marktwert des Gesamtkapitals setzt sich aus den Kurswerten des Eigen- und Fremdkapitals zusammen. Wird von der Annahme ausgegangen, daß der Kurswert beziehungsweise die geforderte Rendite für Eigen- und Fremdkapital von einem branchenbezogenen Risikofaktor (R_e) und dem aus der Bilanzstruktur abgeleiteten Verschuldungsgrad (Fremdkapital : Eigenkapital) als angenommenen Indikator des finanzwirtschaftlichen Risikos abhängt, so ergeben sich die folgenden funktionalen Zusammenhänge für die Renditeforderungen auf Eigen- und Fremdkapital.

$$(7.57) \qquad k_e = f\left(R_e, \frac{FK}{EK}\right),$$

$$(7.58) \qquad k_i = g\left(R_e, \frac{FK}{EK}\right).$$

1016

Auf der Grundlage dieser Hypothesen läßt sich ein Verschuldungsgrad bestimmen, bei dem die Kapitalkosten ein Minimum, das heißt der Unternehmenswert ein Maximum erreichen (kostenoptimaler Verschuldungsgrad). Abbildung 7.23 gibt die hypothetischen Kapitalkostenverläufe wieder.

*Kosten-
optimale
Kapital-
struktur*

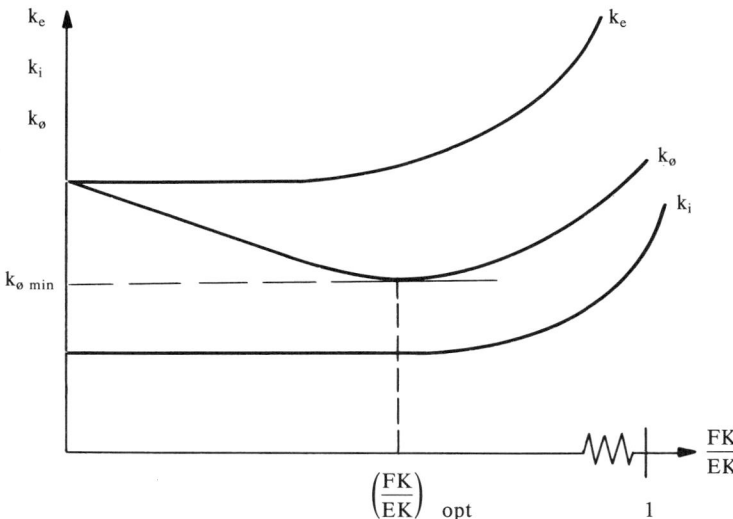

Abbildung 7.36: Kostenoptimaler Verschuldungsgrad

Beginnend mit völliger Eigenkapitalfinanzierung werden nach und nach zusätzliche Fremdmittel herangezogen. Für alternative Verschuldungsgrade sind dann jeweils die Zinssätze für (k_e), (k_i) und deren Resultante $k_\varnothing$ zu ermitteln. Die Differenz zwischen geforderter Eigenkapital- und Fremdkapitalverzinsung wird mit der Funktion des Eigenkapitals als Träger der Risiken der Verlustentstehung und des Verlustausgleichs begründet. Bis zu einem bestimmen Verschuldungsgrad übt die Kapitalstruktur keinen Einfluß auf die Renditeforderungen der Aktionäre und Kreditgeber aus. Die Aktionäre sehen in der steigenden Eigenkapitalrentabilität einen Ausgleich zum zunehmenden Risiko eines Verlustes oder eines Entzugs von Fremdkapital. Den Kreditgebern erscheint die Verzinsung und Tilgung des Fremdkapitals noch nicht gefährdet. Wegen der erwähnten Garantiefunktion dürften die Eigenkapitalkosten früher zu steigen beginnen als die Fremdkapitalkosten. Den Aktionären genügt die Rentabilitätssteigerung nicht mehr als Äquivalent für den Risikozuwachs. Sie werden eine höhere Effektivverzinsung fordern. Das mit zunehmendem Verschuldungsgrad wachsende Risiko der Kreditgeber, das bei festem Zinssatz nicht durch Steigerung der Renditechance kompensiert werden kann, wird ab einer bestimmten Grenze nur noch durch eine Erhöhung des Zinssatzes auszugleichen sein.

Für die durchschnittlichen Kapitalkosten folgt aus den dargestellten Verläufen, daß sie im horizontalen Bereich der Funktionen wegen des zusätzlichen Einsatzes von

1017

kostengünstigerem Fremdkapital kontinuierlich sinken. Mit dem Steigen der Eigenkapitalkosten (k_e) verlangsamt sich das Absinken von $k_\emptyset$. Schließlich nehmen durch eine weitere Erhöhung von (k_e) und die hinzukommende Steigerung von (k_i) die durchschnittlichen Kapitalkosten zu. Das Minimum der Gesamtkapitalkosten ($k_{\emptyset min}$) determiniert unter der zugrunde gelegten Zielfunktion den optimalen Verschuldungsgrad $[(\dfrac{FK}{EK})_{opt}]$.

Bei ausschließlicher Betrachtung des finanziellen Risikos müßten die optimalen Verschuldungsgrade aller Unternehmen zusammenfallen, wenn eine gleiche Risikopräferenz aller Anleger vorausgesetzt wird. Unterschiedliche Kapitalkostenminima können demnach nur aus den unternehmensspezifischen „externen" Risiken resultieren. Die Einschätzung dieser Risiken durch die Kapitalgeber bestimmt die Lage des kritischen Verschuldungsgrades. Meist beurteilen die Kapitalgeber die Kapitalstruktur jedoch anhand der Vermögensstruktur. In einem derartigen Verhalten der Kreditgeber, besonders der Banken, zeigt sich die Verbindung zu den Finanzierungsregeln. Vor allem das Liquiditätsrisiko wird durch eine Gegenüberstellung finanzieller Vermögens- und Kapitalpositionen abzuwägen versucht. Finden auf diesem Weg Finanzierungsregeln Eingang in die Kapitalkostenverläufe, dann kommt ihnen, trotz ihrer theoretischen Unhaltbarkeit, kapitalwirtschaftliche Relevanz zu.

Die These vom u-förmigen Verlauf der Kapitalkostenfunktion ist nicht unwidersprochen geblieben.

<table>
<tr><td>Modigliani-
Miller-These</td><td>**Die sogenannte Modigliani-Miller-These verneint einen Zusammenhang zwischen Kapitalkosten und Verschuldungsgrad** (vgl. Modigliani/Miller 1958). Sie unterstellt konstante durchschnittliche Kapitalkosten bei allen Kapitalstrukturen. Die Bevorzugung einer bestimmten Kapitalstruktur aufgrund der Zielfunktion „Kapitalkostenminimierung" entbehrt dann jeder Begründung, da eine Steigerung des Unternehmenswertes durch Umstrukturierung der Passivseite ausgeschlossen ist. Die Begründung von Modigliani/Miller basiert auf den gleichen Prämissen wie die oben beschriebene Gewinnthese (vgl. S. 989). Unternehmen mit gleichem erwarteten Kapitalgewinn und gleichem externen Risiko unterliegen demnach den gleichen Renditeforderungen und haben den gleichen Unternehmenswert. Das für den Aktionär durch Erhöhung des Verschuldungsgrades steigende finanzielle Risiko wird durch eine linear steigende (k_e)-Funktion kompensiert, wobei Modigliani/Miller (MM) unterstellen, daß das Steigungsmaß dieser Funktion von der Veränderung des Verhältnisses zwischen Fremdkapital und Eigenkapital bestimmt wird. Die Zinsforderungen der Fremdkapitalgeber werden als konstant angenommen. Nur unter diesen Prämissen ist die Unabhängigkeit der durchschnittlichen Kapitalkosten vom Verschuldungsgrad gegeben. In Abbildung 7.37 (vgl. folgende Seite) drückt sich dies in der Parallelität von $k_\emptyset$-Funktion und Abszisse (= Verschuldungsgrad) aus.</td></tr>
<tr><td>Beurteilung</td><td>Die Kritik an der MM-These richtet sich vor allem gegen die Realitätsferne verschiedener Modellprämissen, so zum Beispiel gegen die Annahme eines vollkommenen Kapitalmarktes ohne **Transaktionskosten** und mit gleichen **Verschuldungsmöglichkeiten** von Unternehmungen und Investoren zu gleichen Konditionen. Darüber hinaus</td></tr>
</table>

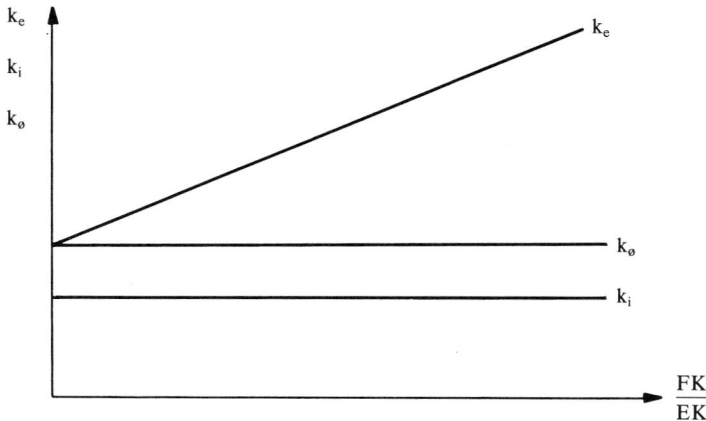

Abbildung 7.37: Kapitalkostenverläufe nach Modigliani/Miller (1958)

wird eingewandt (vgl. z. B. Süchting 1989), daß das **Insolvenzrisiko** nicht berücksichtigt ist. Teilweise wird die Unhaltbarkeit der MM-These auch mit der Einbeziehung von **steuerlichen Aspekten** zu belegen versucht: die Berücksichtigung der steuerlichen Abzugsfähigkeit von Fremdkapitalzinsen führt zu einem Minimum der Kapitalkosten (und damit zu einem optimalen Verschuldungsgrad) bei völliger Fremdfinanzierung. Damit wären praktisch alle Unternehmungen nicht optimal finanziert.

Ein empirischer Nachweis ist bisher weder für den „traditionellen" Ansatz noch für den MM-Ansatz gelungen. Dies liegt vor allem an der Schwierigkeit der Trennung von finanziellem und leistungswirtschaftlichem Risiko, die beide Thesen voraussetzen.

Neuere Modelle der Kapitalstrukturentscheidung

Inzwischen sind verschiedene weitere Modelle der Kapitalstrukturgestaltung entwikkelt worden. Sie führen teils die Überlegungen der vorgestellten Ansätze weiter, teils greifen sie die eingangs angesprochenen Probleme auf, die aus der Principal-Agent-Beziehung und der asymmetrischen Informationsverteilung erwachsen.

Statischer Trade off-Ansatz

Der statische Trade off-Ansatz bedeutet lediglich eine Erweiterung des Modells von Modigliani/Miller. Wenn Insolvenzrisiken und die steuerliche Abzugsfähigkeit von Fremdkapitalzinsen berücksichtigt werden, ergibt sich die optimale Kapitalstruktur nach diesem Modell dort, wo der Vorteil der Fremdkapitalaufnahme (Steuervorteil für Fremdkapital) gerade den daraus erwachsenden Nachteilen (erwartete Insolvenzkosten) entspricht.

Pecking Order-Ansatz

Der Pecking Order-Ansatz (vgl. Myers 1984, S. 581) versteht sich als **Erklärungsmodell** für das **reale Finanzierungsverhalten** von Unternehmen. Er unterstellt, daß es eine durch die Eigenschaften der Finanzierungsformen weitgehend festgelegte „Hackordnung" der Finanzierungsalternativen gibt. Als erstes würden Innenfinanzierungsmittel herangezogen; bei einer zusätzlich nötigen Außenfinanzierung kämen

Kredite vor Eigenkapitalaufnahmen in Betracht. Das Unternehmen strebt danach keine spezifische Kapitalstruktur an; der resultierende Verschuldungsgrad ist vielmehr Folge der Auswahl gemäß der Rangordnung.

Asymmetrische Informationsverteilung

Alle bisher angesprochenen Modelle vernachlässigen, zumindest explizit, den Aspekt der asymmetrischen Informationsverteilung (vgl. z. B. Spremann 1991) zwischen Investor und Kapitalgeber und die Probleme des moral hazard, also der Ausnutzung von Handlungsspielräumen zum eigenen Vorteil in Prinzipal-Agenten-Beziehungen. Werden solche Aspekte mitberücksichtigt, dann ist besonderes Gewicht auf die durch eine bestimmte Zusammensetzung der Finanzierung ausgelösten Verhaltensweisen der Marktteilnehmer zu legen. Die bei den Kapitaleignern anfallenden Kosten der Überwachung des Managements nehmen mit zunehmendem Verschuldungsgrad ab. Daraus erwächst eine Tendenz zu stärkerer Verschuldung. Die Fremdkapitalgeber haben dagegen deutlich geringere Informations- und Kontrollbedürfnisse. Ihre Interessen sind erst tangiert, wenn Handlungen des Managements zu einer solchen Erhöhung des Investitionsrisikos führen, daß sie die gewährten Kredite ganz oder teilweise verlieren könnten. Bei höherem Verschuldungsgrad werden diese Risiken für die Kreditgeber wegen des Hebeleffekts zunehmen. Eine beschränkte Haftung der Kapitaleigner ist zudem geeignet, sie zu einer für den gesamten Unternehmenswert nicht optimalen Investitionspolitik anzureizen, die sie zu Lasten der Fremdkapitalgeber besser stellt. Solche Handlungen werden „aufgeklärte" Fremdkapitalgeber antizipieren und durch höhere Zinsforderungen zu kompensieren versuchen. Ein stärkeres Instrument stellt die Kreditrationierung bei Erreichen eines für kritisch gehaltenen Verschuldungsgrads dar.

Auch wenn theoretisch nicht eindeutig geklärt ist, in welchem Maß das Insolvenzrisiko durch eine zunehmende Verschuldung ansteigt, sprechen doch empirische Untersuchungen für einen statistischen Zusammenhang von Eigenkapitalquote und Insolvenzwahrscheinlichkeit. Eine **hohe Eigenkapitalquote** liefert damit Fremdkapitalgebern ein **Signal**, daß es sich um ein solides Unternehmen mit geringem Forderungsausfallrisiko handeln dürfte. Diese knappen Überlegungen zeigen, daß Ansätze der Agency-Theorie und des Signalling zu einer optimalen Kapitalstruktur führen, auch wenn sie keine über formale Modelle hinausgehenden Hinweise zur konkreten Bestimmung des Optimums liefern.

Jüngere empirische Untersuchungen (vgl. Norton 1989) haben jedoch nicht bestätigen können, daß Finanzmanager ihren Kapitalstrukturentscheidungen diese theoretischen Modelle zugrundelegen. Lediglich der Pecking Order-Ansatz liefert eine brauchbare Beschreibung realen Finanzierungsverhaltens.

Ungeachtet der theoretischen Schwierigkeiten, zu korrekten Annahmen über die Finanzmärkte und das Verhalten der Marktteilnehmer zu kommen, ist die Kapitalstrukturdiskussion durch die praktische Vielfalt der Finanzierungsformen belastet. Wie D. Schneider (1990, S. 62 ff.) aufgezeigt hat, lassen sich mehrere Erscheinungsformen des Risikokapitals unterscheiden, die in sehr unterschiedlicher Weise geeignet sind, die typischerweise dem Eigenkapital zugeschriebenen Funktionen der Haftung, des Verlustpuffers und des Residualanspruchs zu erfüllen. Daher wird mit einer pauschalen Trennung in Eigen- und Fremdkapital und der Gestaltung ihrer Relation dem konkreten Informations- und Sicherungsbedürfnis von Kapitalgebern nicht adäquat Rechnung getragen.

3. Ausgaben des Finanzbereichs

Ausgaben des Finanzbereichs verringern das zur Verfügung stehende Kapitalvolumen und schlagen sich folglich in einer Verringerung des Bilanzvolumens nieder. Ein Kapitalentzug steht häufig in zeitlicher und sachlicher Verbindung mit einer früheren Kapitalzuführung. Je nach Vertragsgestaltung sind die Höhe und/oder der Zeitpunkt der Folgezahlung bei der Kapitalzuführung fest vereinbart oder flexibel gestaltbar. Eine Ausgabe im Finanzbereich kann erfolgen

(1) durch Eigenkapitalentnahme,
(2) durch Fremdkapitaltilgung
(3) durch Gewinnausschüttung
(4) durch Ausgaben für Steuern

Möglichkeiten und Formen der Eigenkapitalentnahme variieren mit der Rechtsform der Gesellschaft (vgl. Teil 2). Die Beweggründe der Eigenkapitalentnahme bei Personengesellschaften sind meist der privaten Sphäre zuzuordnen. Hierzu zählen auch Entnahmen zur Bestreitung des Lebensunterhaltes der Gesellschafter, da diese – im Gegensatz zu Geschäftsführern bei Kapitalgesellschaften – für ihre Geschäftsführungstätigkeit kein steuerlich abzugsfähiges Entgelt beziehen. Auch die Zahlung der persönlichen Steuern der Gesellschafter ist eine Eigenkapitalentnahme. *Eigenkapitalentnahme und Gesellschaftsformen*

Eine einschneidende, die Zahlungsfähigkeit von Unternehmungen meist stark belastende Form der Eigenkapitalentnahme stellt für Personengesellschaften das **Ausscheiden von Gesellschaftern** dar. Der abfließende Betrag, das heißt der errechnete Anteil am Gesamtvermögen, übersteigt nicht selten die nominale Kapitaleinlage des Ausscheidenden beträchtlich.

Anteile an einer AG oder GmbH sind dagegen unkündbar. Die Gesellschafter können aus Unternehmungen solcher Rechtsform nur durch Veräußerung ihrer Anteile an andere natürliche oder juristische Personen ausscheiden. Für die Unternehmungen bleibt dieser Vorgang ohne direkte Auswirkungen auf ihre Zahlungsströme. Anders liegt der Fall bei Kapitalherabsetzungen.

Die Herabsetzung des Stammkapitals der GmbH ist an gesetzliche Vorschriften (§ 58 GmbH-Gesetz) gebunden. Das Aktiengesetz kennt drei Formen der Herabsetzung des Grundkapitals, die in den §§ 222–240 AktG geregelt sind: *Kapitalherabsetzung*

(1) die ordentliche Kapitalherabsetzung (§§ 222 ff.),
(2) die vereinfachte Kapitalherabsetzung (§§ 229 ff.),
(3) die Kapitalherabsetzung durch Einziehung von Aktien (§§ 237 ff.).

Gründe einer Kapitalherab- setzung	Der Grund für die Verringerung des Eigenkapitals durch Rückzahlung von Einlagen ist in der Regel in einer Einschränkung des Geschäftsumfangs, zum Beispiel in der Umwandlung einer Produktionsgesellschaft in eine reine Vermögensverwaltungsgesellschaft, zu suchen. Meistens werden **Kapitalherabsetzungen** jedoch **zum Zweck der Sanierung** vorgenommen. Dabei ist gerade nicht beabsichtigt, Kapital abfließen zu lassen; vielmehr geht es darum, günstige Bedingungen für eine anschließende Kapitalerhöhung zu schaffen.

Die formale Herabsetzung des Eigenkapitals aus Gründen des Verlustausgleichs ist ein rein buchtechnischer Vorgang. Dem angefallenen Verlust geht ein Kapitalentzug voraus, da die zur Finanzierung der Kapitalbindung zugeführten Mittel nicht in vollem Umfang über den Markt freigesetzt wurden. Bilanzverluste entstehen, wenn die periodisierten Einnahmen die periodisierten Ausgaben nicht voll decken. Sie schlagen sich in einem Verlustvortrag oder in einer buchmäßigen Verringerung des Eigenkapitalkontos nieder. Mit ihrer Konstatierung zum Zeitpunkt der Erstellung des Jahresabschlusses sind jedoch keine kapitalentziehenden Ausgaben verbunden.

Da die Herabsetzung des Haftungskapitals die Position von Unternehmensgläubigern in der Regel verschlechtert, sehen das GmbHG sowie das AktG eine Pflicht zur Bekanntmachung der Kapitalherabsetzungsabsicht sowie zur Sicherung oder Befriedigung der von Gläubigern erhobenen Ansprüche vor.

Fremd- kapital- tilgung	Während zumindest bei Kapitalgesellschaften die Eigenkapitalentnahme als recht seltener finanzieller Vorgang zu werten ist, vollzieht sich ein dauernder Wechsel von Aufnahme, Tilgung und Wiederaufnahme von Fremdkapital in der Unternehmung. Seiner Wirkung auf die Höhe des Ausgabenstromes ist deshalb stärkere Beachtung zu schenken. Eine Verpflichtung zur Rückzahlung von Fremdkapital ergibt sich aus dem Ablauf vertraglich vereinbarter Fristen der Kapitalüberlassung, sofern keine Prolongation gewährt wird. Höhe und zeitliche Verteilung der Fremdkapitaltilgung sind infolgedessen von der Art des zugeführten Kapitals abhängig.

Die Fremdkapitaltilgung muß in engem Zusammenhang mit den Möglichkeiten der Prolongation und der Kapitalzuführung durch Substitution gesehen werden. Hat sich der Kapitalbedarf verringert, so wird das Unternehmen bestrebt sein, überschüssiges Kapital und damit Kapitalkosten abzubauen. Auswahlkriterium für vorzeitige Tilgung bildet bei mehreren Alternativen vor allem die kostenmäßige Belastung durch die Finanzierungsformen. Ähnliche Beweggründe liegen einer Umschuldung zugrunde. Der Kostenaspekt kann dabei jedoch hinter Sicherheits- und Liquiditätsüberlegungen zurücktreten. So werden, wenn die Konditionen es erlauben, hochverzinsliche Obligationen durch Schuldverschreibungen mit einem, dem gesunkenen Zinsniveau angeglichenen Zinssatz ersetzt. Langfristige Kredite treten an die Stelle von kurzfristig aufgenommenem Fremdkapital.

Gewinnaus- schüttung	**Gewinnausschüttungen entziehen dem Unternehmen innerbetrieblich gebildetes Eigenkapital.** Bei der Darstellung der Innenfinanzierung (vgl. Abschnitt II.5) wurde die Frage der Entscheidungsbefugnis über die Gewinnverwendung schon eingehend dargestellt.

Auch die vom Unternehmen zu tragenden und abzuführenden Substanz- und Ertragsteuern zählen zu den Ausgaben des Finanzbereichs. Dadurch wird dem Industriebetrieb Kapital entzogen. Da die Höhe der Steuern an andere finanzwirtschaftliche Entscheidungen (z. B. Investitionen, Kauf oder Leasing, Gewinnverwendung) gebunden ist, sind sie jeweils dort mit angesprochen worden.

Unternehmenssteuern

IV. Finanzmanagement

Die Abschnitte II und III beschränkten sich auf die partielle Analyse der einzelnen Zahlungsstromkategorien. Eine zielbezogene Gestaltung der Kapitalwirtschaft bedarf jedoch der Abstimmung aller Einnahmen und Ausgaben. Sie ist Aufgabe des Finanzmanagements.

Finanzmanagement bezeichnet die Erfüllung aller Aufgaben, die mit der Planung, Realisation und Kontrolle von Finanzströmen verbunden sind. Im folgenden werden die wesentlichen Funktionen des Finanzmanagements sowie die Methoden und Instrumente zu ihrer Bewältigung dargestellt. Voraussetzung für ein effizientes Finanzmanagement ist die Schaffung eines geeigneten organisatorischen Rahmens. Daher sind zuerst Überlegungen zur Gestaltung der inneren und äußeren Finanzorganisation anzustellen. Bei der Planung der Zahlungsströme wird die strategische Finanzplanung in den Mittelpunkt gestellt, da sie wesentlich die Finanzstrukturen bestimmt und damit den Rahmen für kurzfristige Finanzplanungen vorgibt. Die tägliche Finanzplanung führt unmittelbar zur Disposition von kurzfristigen Kapitalaufnahmen und -anlagen und damit zu Modellen des Cash-Management.

Begriff und Aufgaben

Eine wesentliche Funktion des Finanzmanagements bildet das rechtzeitige Erkennen und Bewältigen von **Finanzrisiken**. Als besondere Risikobereiche werden Ausfallrisiken, Währungsrisiken und Zinsrisiken hervorgehoben und mit den zu ihrer Absicherung einsetzbaren Instrumenten behandelt. Den Abschluß sollen einige Überlegungen zur Finanzkontrolle bilden.

1. Finanzorganisation

Unter dem Begriff Finanzorganisation wird die zielorientierte Gestaltung von finanzwirtschaftlichen Kommunikations-, Handlungs- und Entscheidungsprozessen durch ein System von formalen Regelungen verstanden. Im Rahmen der organisatorischen Gliederung des Finanzmanagements muß geklärt werden, wie die beschriebenen Teilaufgaben in die Gesamtorganisation einzugliedern sind.

Finanzwirtschaftliche Aufgaben können grundsätzlich von speziellen Aktionseinheiten wahrgenommen oder aber den bestehenden Stellen des Unternehmens zugeordnet werden. Finanzierung umfaßt die Gestaltung der den Realgüterströmen entgegenge-

Integration versus Spezialisierung

setzt verlaufenden Zahlungsströme; daher erscheint es a priori sinnvoll, die mit den Realgüterbewegungen verbundenen finanziellen Aufgaben den Trägern güterwirtschaftlicher Arbeitsprozesse zu übertragen. Jeder Realgüterstrom sollte annahmegemäß mit einer gewissen Zeitverschiebung zu einem Zahlungsstrom führen, der von den entsprechenden Stellen selbst geplant und disponiert werden müßte. Dadurch würde das Unternehmen Kostenvorteile durch Stelleneinsparungen erzielen, benötigte jedoch allgemein qualifizierte Arbeitskräfte, die auch in der Lage sind, die finanziellen Konsequenzen ihrer Dispositionen einzuschätzen.

Für eine spezielle Institutionalisierung des Finanzmanagements sprechen organisatorische wie teleologische Aspekte. Zum einen erfordert die Erfüllung finanzwirtschaftlicher Aufgaben eine spezifische Denkweise und Ausbildung. Die Aufgabenträger müssen ihre Überlegungen an Finanzmittelströmen (Ein- und Auszahlungen) ausrichten, während die Erfüllung der übrigen Sachaufgaben eine an Güter-, Kosten und Leistungskategorien orientierte Denkweise erfordert. Zum anderen besteht zwischen beiden Aufgabenbereichen partielle Konkurrenz (z. B. Rentabilitätsmaximierung versus Liquiditätssicherung). Folglich bietet es sich an, beide Aufgaben organisatorisch zu trennen und diesen Konflikt nicht intrapersonell, sondern interpersonell zu handhaben. Die Aufrechterhaltung der Zahlungsfähigkeit erfordert als Existenzziel besondere Aufmerksamkeit. Da die Erfüllung dieses Ziels aus der Gesamtsicht des Unternehmens zu beachten ist, jedoch von allen betrieblichen Teilbereichen beeinflußt wird, ist es sinnvoll, eine Aktionseinheit zu schaffen, in der alle liquiditätsrelevanten Informationen zusammenlaufen und die die Gesamtverantwortung für das Liquiditätsziel übernimmt.

Neben diesen beiden extremen Organisationskonzepten existiert ein Bündel denkbarer Mischformen. Den Grad institutioneller finanzwirtschaftlicher Aufgabenzentralisation bestimmen u. a. folgende Faktoren:

- **Rechtsform und Unternehmensform:** Tochtergesellschaften finanzkräftiger Konzerne sind in die kurz- und langfristige Finanzplanung des Gesamtkonzerns eingebunden. Das Ausmaß der Aufgabenzentralisation hängt u. a. von der Leistungsfähigkeit der Informations- und Kommunikationssysteme ab.
- **Größe der Unternehmung:** Mit der Größe der Unternehmung nimmt das Aufgabenvolumen und die Bedeutung der nationalen und internationalen Finanzsphäre im unternehmerischen Zielsystem zu.
- **Branche der Unternehmung:** Produktionsbetriebe bewältigen komplexere Zahlungsströme als reine Handelsunternehmen, insbesondere im Bereich langfristiger Kapitalbindung und -freisetzung. Daher verfügen sie auch über größere Finanzabteilungen als letztere.

Die zentrale Bedeutung der Zahlungsbereitschaft im Zielsystem der Unternehmung läßt es sinnvoll erscheinen, ein Mitglied der obersten Führungsebene mit finanzwirtschaftlichen Aufgaben zu betrauen. Dem **Finanzvorstand** ist in der Regel ein **Finanzleiter (Treasurer)** und ein **Finanzcontroller** unterstellt.

Der Finanzvorstand hat die generelle Führungsverantwortung; er formuliert die Handlungsziele der ihm unterstellten Instanzen und kontrolliert die finanzielle und personelle Führung des Finanzleiters und des Controllers. Daneben fallen vor allem folgende Funktionen in seine Kompetenz (vgl. Hauschildt u. a. 1981, S. 22 ff.): *Aufgaben des Finanzvorstandes*

- **Repräsentations-Funktion** bei bedeutenden Finanzprojekten (Kapitalerhöhung, Begebung von Anleihen)
- **Konfliktregulierungs-Funktion** zwischen anderen Vorstandsbereichen (Budget-Aufteilung bei Investitionsentscheidungen) oder zwischen seinen Untergebenen (Kompetenzstreitigkeiten zwischen Finanzleiter und Controller)
- **Krisenmanagement-Funktion:** Dem Finanzvorstand sind Sondervollmachten gegenüber seinen Vorstandskollegen einzuräumen, wenn sich die Unternehmung in einem Liquiditätsengpaß befindet (z. B. Vetorechte gegen Zahlungsverfügungen).

Der Finanzleiter (Treasurer) hat innerhalb der Finanzorganisation die generelle Realisationsverantwortung. Die ihm übertragenen Aufgaben sind überwiegend operativer Natur. Der Verantwortungsbereich umfaßt häufig: *Aufgaben des Finanzleiters*

- **Kapitalbeschaffung:** Erstellung von Kapitalbeschaffungsprogrammen, Verhandlungen zur Kapitalbeschaffung, Erhaltung der notwendigen finanziellen Verbindungen, kurzfristige Finanzierung.
- **Kapitalanlage:** Anlage freigesetzter Mittel und Haltung einer Liquiditätsreserve.
- **Investor Relations:** Schaffung und Pflege eines Marktes für die Wertpapiere und Beteiligungstitel eines Unternehmens, Kontakte zu Investitionsbanken, Finanzexperten und Aktionären.
- **Kreditmanagement:** Gewährung und Inkasso von Kundenkrediten, Mahnwesen.
- **Versicherungen:** Sorge für einen notwendigen und ausreichenden Versicherungsschutz.

Der Finanzcontroller hat innerhalb der Finanzorganisation die generelle Rechnungsverantwortung. Die ihm übertragenen Aufgaben umfassen überwiegend Planungs- und Kontrolltätigkeiten. Im einzelnen sind dies oftmals: *Aufgaben des Finanzcontrollers*

- **Planung:** Koordinierung von Unternehmensplänen, Integration von Absatz-, Finanz-, Gewinnplänen, Gemeinkostenbudgets und Kostenstandards.
- **Berichterstattung und Interpretation:** Adressaten sind Management, Kapitaleigener und staatliche Stellen.
- **Rechnungswesen und Steuerangelegenheiten:** Richtlinien und Verfahren für das interne und externe Rechnungswesen.
- **Interne Revision:** zur Sicherung des Vermögens, Feststellen von Kontrollergebnissen und Analyse von Planabweichungen.
- **Volkswirtschaftliche Untersuchungen.**

Die Beschreibung der Aufgaben macht im übrigen deutlich, daß Investitionsentscheidungen üblicherweise nicht in die Zuständigkeit der Finanzabteilung gegeben werden. Die Praxis übernimmt die sachliche Einheit „Kapitalwirtschaft" damit nicht in den organisatorischen Zuordnungen. Dies ist verständlich, weil Investitionen letzlich Umsetzungen der marktorientierten Unternehmensstrategie darstellen und deshalb von der Unternehmensleitung als Ganzes bzw. von den für ein bestimmtes Geschäft

Zuständigen zu verantworten sind. Nicht selten ist jedoch dem Controller eine Abteilung „Betriebswirtschaft" zugeordnet, die u. a. auch Investitionsrichtlinien herausgibt und überwacht, sowie systematische Entscheidungsunterlagen für größere Projekte erarbeitet.

Die skizzierte Arbeitsteilung zwischen Finanzleiter und Controller stellt nur eine unter vielen denkbaren dar. Im Einzelfall werden Unternehmensgröße, -organisation und Situation eine zweckmäßige Arbeitsteilung bestimmen. Eine mögliche Einbindung der Finanzwirtschaft in die funktionale und die Matrixorganisation zeigt die Abbildung 7.38 (siehe folgende Seite).

Koordination von Finanzentscheidungen

Zur Koordination der Entscheidungen der Finanzabteilung und anderer Abteilungen (z. B. Produktion, Absatz) sind folgende Instrumente denkbar:

(1) Gesamtplanung durch Schaffung eines Finanzausschusses: Der Finanzausschuß kann als zeitweiliges Projektteam oder als Dauereinrichtung gebildet werden. Jeder Fachbereich erstellt einen Teilplan, der in einen Gesamtplan integriert wird. Bei Verteilungskonflikten entscheidet der Finanzausschuß mit einfacher oder qualifizierter Mehrheit, was zu einer Revision der Teilpläne führen kann.

(2) Abstimmung durch Standardisierung: Insbesondere routinemäßige Abstimmungsvorgänge können durch festgelegte Ausführungsbestimmungen geregelt werden. Über widersprechende Auslegungen entscheidet die nächsthöhere Ebene (z. B. einheitliche Leitung von Finanzwesen und Rechnungswesen durch ein Vorstandsmitglied).

(3) Abstimmung durch Budgetierung: Den einzelnen Bereichen werden periodisch Finanzmittel (sog. Budgets) zugeteilt, über die sie verfügen können. Durch die Budgetierung werden die finanziellen Entscheidungsbefugnisse aller Bereiche und Abteilungen begrenzt. Lediglich bei ungeplanten Engpässen erfolgen Budgetrevisionen bzw. Sonderfinanzierungen.

Die genannten Abstimmungsinstrumente können in sinnvoller Weise kombiniert eingesetzt werden.

Die Abstimmung innerhalb des Finanzressorts hat zwei Schwerpunkte. Zum einen sind einmalige Aufgaben wie Gründung, Fusion, Kapitalerhöhung etc. in die bestehende Struktur zu integrieren. Anderseits können die laufenden Finanzaufgaben zu in sich geschlossenen Teilbereichen zusammengefaßt werden, zwischen denen lediglich eine zeitliche Abhängigkeit besteht (Finanzplanung, Finanzdisposition, usw.). Wird bei der Stellenbildung das Aufgabenfeld der Finanzwirtschaft so in Teilaufgaben gegliedert, daß diese keine unterschiedlichen Zielorientierungen bedingen, dann wird der Abstimmungsbedarf vergleichsweise gering sein. In diesem Falle besteht das Abstimmungsproblem lediglich in der Organisation des zeitlichen Ablaufs aller finanzplanerischen Tätigkeiten. Abstimmungsprobleme treten verstärkt auf, wenn eine geographische oder vom Umfang her bedingte Teilung eines Aufgabenbereichs mit gleichartigen Teilaufgaben erforderlich wird (z. B. Finanzdisposition zweier Sparten innerhalb eines Konzerns).

1026

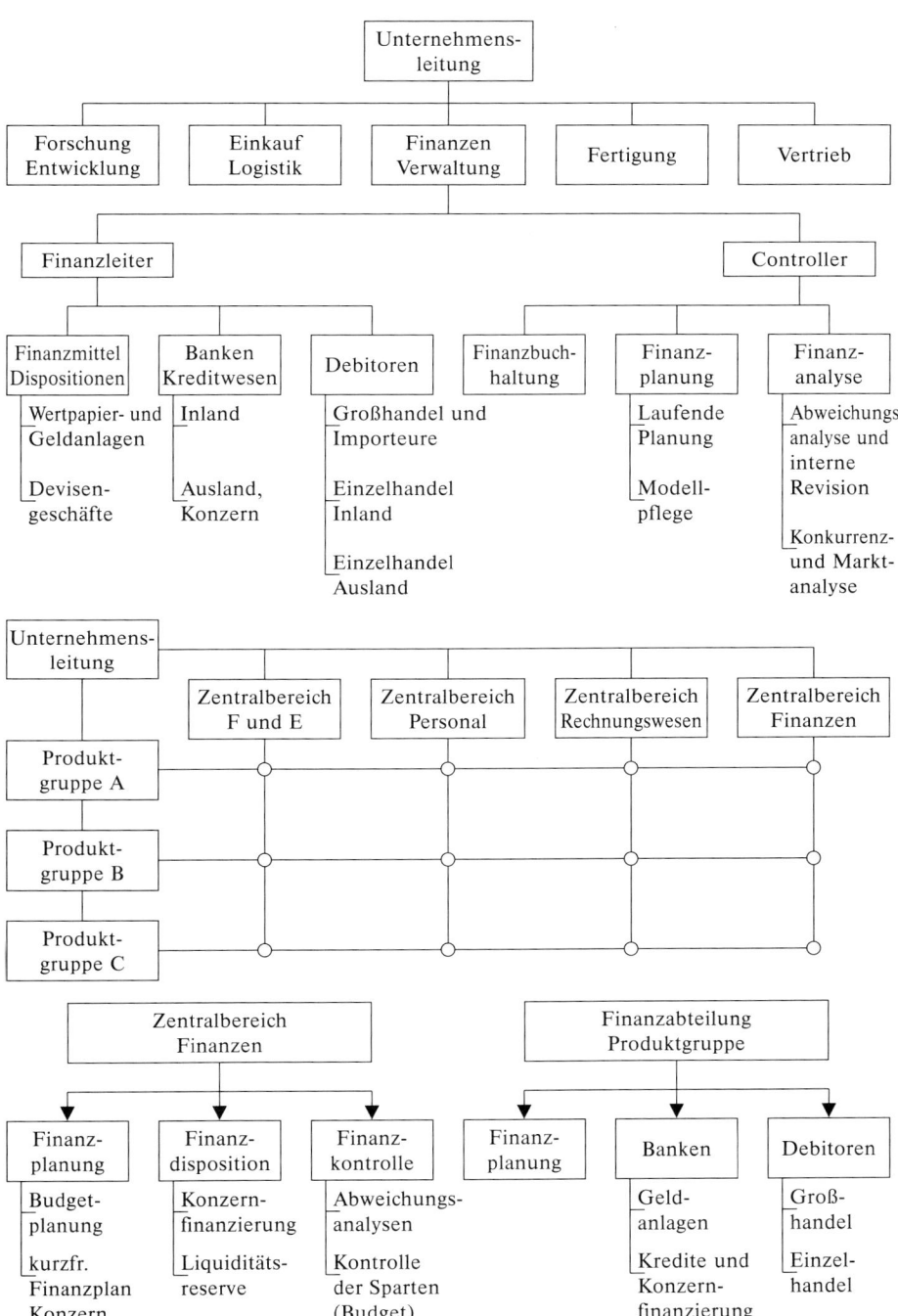

Abbildung 7.38: Finanzorganisation bei funktionaler und Matrix-Struktur

Servicegesell-
schaften

Vor allem international tätige Unternehmen gliedern häufig einzelne finanzwirtschaftliche Funktionen in spezielle Tochtergesellschaften aus. Solche finanziellen Servicegesellschaften (Pausenberger/Völker 1985) dienen zum einen als zwischengeschaltete Holdinggesellschaften, in denen für einzelne Länder oder Weltregionen die Beteiligungen an den operativen Konzerntöchtern zusammengefaßt werden. Zum anderen finden sich reine Finanzierungsgesellschaften, deren Aufgabe die Kapitalaufnahme und -versorgung der Konzerngesellschaften in den jeweiligen Regionen oder weltweit ist.

Der **Nutzen** der Errichtung von finanziellen Servicegesellschaften ist aus den schon früher beschriebenen Vorteilen der internationalen Finanzierung abzuleiten. Insbesondere geht es um das **Erschließen zusätzlicher Finanzmärkte** für Kapitalaufnahmen, um die **Ausnutzung des zwischenstaatlichen Steuergefälles** und um die **Umgehung einzelstaatlicher Regulierungen.** Entsprechend der Gewichtung dieser Aspekte finden sich finanzielle Servicegesellschaften in größerem Umfang an den wichtigen Finanzplätzen und in den als Steueroasen bekannten Off-Shore-Zentren. Ferner bieten sie den Kunden zusätzliche Finanzdienstleistungen an (Leasing, Kreditfinanzierung, Kreditkarten usw.) und treten zunehmend in Konkurrenz zu Banken.

2. Finanzplanung

Finanzplanung bezeichnet die Planung und Budgetierung künftiger Zahlungsströme mit dem Ziel, vorausschauend die notwendigen Maßnahmen zur Aufrechterhaltung der Zahlungsbereitschaft bzw. zur rentablen Anlage von Einnahmeüberschüssen einleiten zu können. Als Ergebnis der Finanzplanung erfaßt der Finanzplan damit zum einen die zu erwartenden finanziellen Folgen der vorgesehenen unternehmenspolitischen Entscheidungen. Zum anderen repräsentiert er die Ausgangsbasis für neue realgüterwirtschaftliche oder finanzielle Entscheidungen, die wiederum neue Plandaten setzen.

Anforderun-
gen an den
Finanzplan

Damit der Finanzplan seinen Funktionen gerecht wird, muß er folgenden Anforderungen genügen:

(1) Nur wenn alle Planeinnahmen und -ausgaben des Gesamtunternehmens erfaßt werden, läßt sich feststellen, ob die Zahlungsbereitschaft gesichert oder gefährdet ist.

(2) Da eine genaue Erfassung künftiger Zahlungsströme nicht möglich ist, müssen (zufallsbedingte) Schwankungen der Zahlungsströme entweder im Kalkül berücksichtigt oder potentielle Abweichungen durch entsprechende operative Maßnahmen (z. B. Liquiditätsreserve) aufgefangen werden.

Arten von
Finanzplänen

Nach dem Planungshorizont lassen sich langfristige und kurzfristige Finanzpläne unterscheiden. Der **langfristige Finanzplan** stellt die erwarteten finanziellen Folgen früherer und künftiger güter- und finanzwirtschaftlicher Entscheidungen über mehrere Planperioden dar. Da dabei die strategische Position einzelner Unternehmensbereiche, ihre Veränderungen sowie die dazu nötigen finanziellen Voraussetzungen zu berücksichtigen sind, wird er auch als **strategischer Finanzplan** bezeichnet. Er setzt mit seinen Strukturentscheidungen den Rahmen für die **kurzfristige Finanzplanung**, die durch Abstimmung der Einnahmen und Ausgaben „im Detail" die stetige Zahlungsbereitschaft sichert. Die letzte Feinabstimmung findet über den **täglichen Finanzplan** statt, der Grundlage für sehr kurzfristige Dispositionen zur Aufnahme benötigter und zur Anlage überschüssiger Mittel ist. Typische Ziele, Fristen und organisatorische Zuständigkeiten der einzelnen Finanzpläne sind in Abbildung 7.39 vergleichend gegenübergestellt.

Art	Ziel	Zeitraum	Planerstellung	Genehmigung Entscheidung	Inhalt
Langfristiger Finanzplan	Sicherung der strukturellen Liquidität	5 Jahre ½ jährlich oder jährlich erstellt	Zentraler Planungsstab Unternehmensplanung Controller	Gesamtvorstand	Planbilanz langfristige Kapitalflußrechnung
Kurzfristiger Finanzplan	Sicherung der Zahlungsbereitschaft Optimale Finanzanlage vorbereiten	1 Jahr Monatlich erstellt	Controller	Finanzvorstand oder Bereichsleiter	Einzahlungen/ Auszahlungen Finanzdispositionen, Liquiditätsstatusentwicklung
Täglicher Finanzplan	Tägliche Prüfung der Zahlungsbereitschaft Kurzfristige Dispositionsgrundlage	1 Tag bis 10 Tage im voraus Täglich erstellt	Gruppenleiter	Abteilungsleiter Finanzleiter	Bewegung auf Finanzkonten Liquiditätsstatus

Abbildung 7.39: Finanzpläne unterschiedlicher zeitlicher Reichweite (Übersicht)

Quelle: Rehkugler/Schindel (1989 b)

a) Langfristige (strategische) Finanzplanung

Funktion von strategischer Planung ist das Schaffen und/oder Sichern von Erfolgs-potentialen in Unternehmen. Dazu wird in einer Analysephase eruiert, welches die Erfolgsfaktoren sein könnten, wie das Unternehmen in bezug auf solche Erfolgsfak-toren derzeit steht und welche Möglichkeiten sich dem Unternehmen bieten, neue Erfolgsfaktoren aufzubauen oder bestehende zu sichern. Ein beliebtes Hilfsmittel für die graphische Darstellung der strategischen Unternehmensplanung ist die Portfolio-Methode (vgl. Teil 5, S. 668 ff.).

Portfolio-positionen und Finanz-wirkungen

Die mit der jeweiligen Portfoliopositionierung und der daraus folgenden Strategie verbundenen Finanzwirkungen werden in Abbildung 7.40 vereinfacht anhand des 4 Felder-Marktwachstums-Marktanteils-Portfolios dargestellt (vgl. auch Teil 5, S. 669).

Relativer Marktanteil				
		Hoch		**Niedrig**
Marktwachstum (Hoch)	Star			Nachwuchs
	Einnahmen	++		Einnahmen +
	Ausgaben	−−		Ausgaben −−
	Cash flow	0		Cash flow −
Marktwachstum (Niedrig)	Cash-Cow			Problem
	Einnahmen	+++		Einnahmen +
	Ausgaben	−		Ausgaben −
	Cash flow	++		Cash flow 0

Abbildung 7.40: Typische Finanzwirkungen von Portfolio-Positionen

Nachwuchs

Die typische Portfolio-Positionierung für ein Nachwuchsprodukt ist das Feld mit hohem Marktwachstum und noch relativ geringem Marktanteil. Die strategische Absicht muß hier darin bestehen, aus dem Nachwuchsprodukt durch Steigerung des relativen Marktanteils ein Starprodukt zu machen. Dies bedeutet **hohe Ausgaben** in Markt- und Produktinvestitionen. Dem stehen noch ziemlich **geringe Einnahmen** aus den Umsätzen gegenüber. Als **Finanzsaldo** resultiert dadurch ein **negativer Cash flow**.

Star

Entwickelt sich das Nachwuchsprodukt zum Starprodukt (hoher relativer Marktan-teil, hohes Marktwachstum), dann sind zwar die **Umsatzeinnahmen** aus dieser stra-tegischen Geschäftseinheit recht **hoch**. Dem stehen aber, um diese Geschäftseinheit wenigstens auf ihrer strategischen Position zu halten ebenso **hohe Investitionsausga-ben** gegenüber, so daß im Normalfall ein eher **ausgeglichener Cash Flow** resultieren sollte. Wird das Produkt aufgrund abflachenden Marktwachstums allmählich zu

Cash Cow

einer Cash Cow, dann stehen **sehr hohen Umsatzeinnahmen** nur noch **geringe Aus-**

gaben für Investitionen und für die Stabilisierung des Marktes gegenüber. Daraus folgt ein **sehr hoher Cash Flow-Überschuß**. Bei Problemprodukten (niedriger Marktanteil in schlecht entwickeltem Markt) ergänzen sich **geringe Einnahmen** mit eher **geringen Ausgaben**. Daher müßte der **Cash Flow** hier in etwa **ausgeglichen** sein.

Diese Norm-Cash-Verläufe können das Unternehmen veranlassen, seine Produkte oder strategischen Geschäftseinheiten so auf die vier Felder zu verteilen, daß die Cash-Flows der einzelnen Geschäftseinheiten sich aus der Gesamtsicht der Unternehmensfinanzen möglichst harmonisch entwickeln. Ein Unternehmen kann sich nicht nur Nachwuchsprodukte und/oder Starprodukte leisten, weil daraus ein negativer Cash-Flow resultiert. Langfristig muß wenigstens eine Cash Cow im Portfolio sein, damit die Finanzflüsse ausgeglichen werden können.

In der **Realität** entwickeln sich die Cash-Flow-Positionen allerdings oft **nicht** nach dem **Normschema**. Daher können sich die Unternehmen nicht nur auf die Norm-Cash-Verläufe verlassen, sondern müssen im Detail und unmittelbar abgeleitet aus den konkreten Strategien die Cash-Verläufe planen. Abbildung 7.41 auf der folgenden Seite vermittelt einen Überblick, wie, ausgehend von Produkt-Markt-Strategien, der Umsatz sowie Investitionen, Abschreibungen, Veränderungen der Vorrats-, Forderungs- und Verbindlichkeitspositionen und des Ergebnisses geplant werden und über einen Mittelflußsaldo in eine Planbilanz überführt werden können.

Dabei darf nicht übersehen werden, daß der aus den strategischen Positionen und den Strategien folgende Finanzierungsfluß ein dynamischer Prozeß ist. Anhand von Abbildung 7.42 (vgl. S. 1033) sei diese Überlegung beispielhaft erläutert.

Ausgangspunkt sei wiederum das einfache Marktanteils-Marktwachstums-Portfolio. Die Dynamik kommt dadurch zum Ausdruck, daß nicht nur eine Planperiode beobachtet wird, sondern daß der Zeitraum bis zum Planungshorizont in Zeitabschnitte unterteilt wird (in dieser Abbildung von t_0 bis t_6). Die periodische Veränderung in der strategischen Positionierung muß in die Überlegungen zur Finanzplanung eingehen.

Das in der Abbildung dargestellte Produkt beginnt als Nachwuchsprodukt, wächst in der Periode t_2 allmählich aus dem Bereich des Nachwuchsprodukts in den Starbereich hinein, rutscht etwa bei Periode t_3 oder t_4 in den Bereich der Cash Cow und entwickelt sich am Ende der Betrachtungsdauer in Richtung eines Problemproduktes, das möglicherweise aus dem Programm entfernt wird. Die Darstellung ist idealisiert, zeigt aber, daß es bei der strategischen Finanzplanung zu berücksichtigen gilt, wie sich die strategische Position einer bestimmten Geschäftseinheit über die gesamten Planungsperioden bis zum Planungshorizont verändert.

In einem nächsten Planungsschritt wird in einer Cash-Verlaufs-Analyse für jede einzelne strategische Geschäftseinheit die Jahressumme der Finanzbedarfe und Finanzüberschüsse dargestellt, so daß man Jahr für Jahr für die einzelnen Bereiche und die Summe der Bereiche sieht, wie sich die Finanzgrößen und ihre Salden insgesamt bewegen. Ausgehend von strategischen Überlegungen ist abzuleiten, wie sich voraussichtlich der eigene Marktanteil entwickeln wird. Erst daraus läßt sich dann errechnen, welcher Mittelbedarf in den einzelnen Perioden notwendig ist. Analog dazu sind die Quellen der Mittelherkunft zu planen.

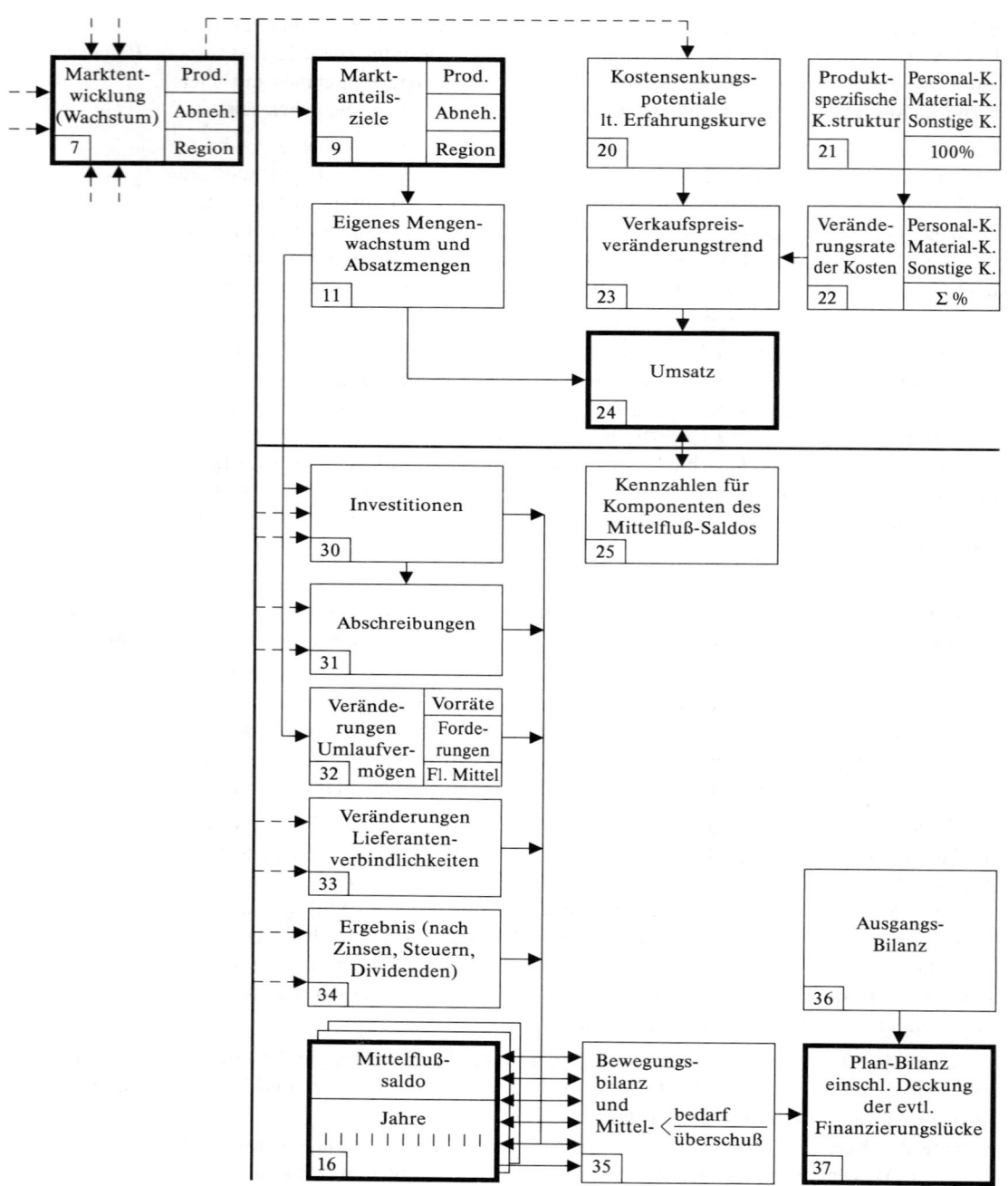

Abbildung 7.41: Strategische Finanzplanung

Quelle: Gälweiler (1982)

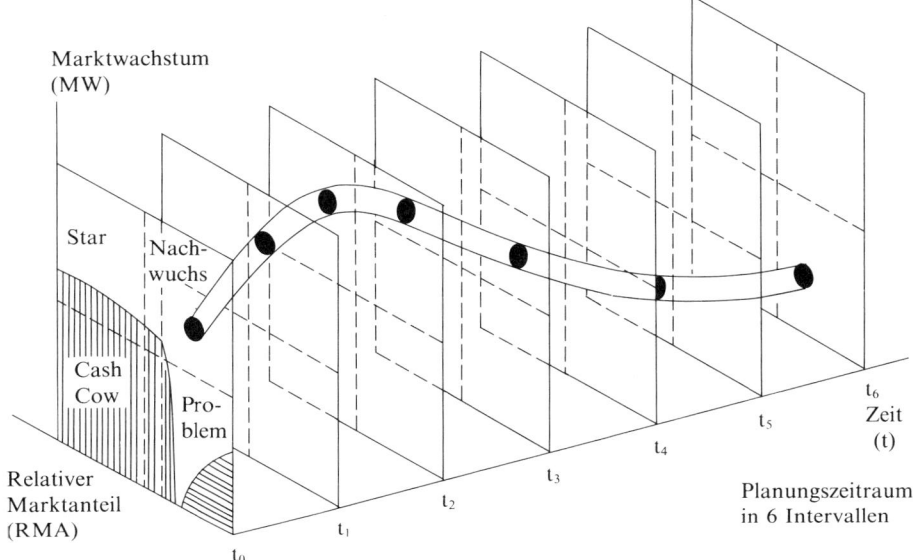

Abbildung 7.42: Dynamische Portfolio-Planung

Quelle: Rehkugler (1989)

Um die genannten Aufgaben erfüllen zu können, bedient sich die strategische Finanz-planung der Instrumente des langfristigen Finanzplans und der Planbilanz. Beide Instrumente sind integriert einzusetzen, da die im Finanzplan vorgesehenen Maß-nahmen die Gestalt der Planbilanz beeinflussen und umgekehrt die Struktur der Planbilanz Rückwirkungen auf finanzielle Dispositionen hat.

Kernstück des langfristigen Finanzplans bilden die Veränderungen im Anlagevermö-gen (Investitionen, Kapitalfreisetzung) und im langfristigen Kapitalbereich (Eigen-kapital, langfristige Verbindlichkeiten). Es gilt fristenkongruent zu finanzieren, d. h. gemäß der goldenen Bilanzregel, langfristiges Vermögen durch langfristiges Kapital zu decken. Die Teilpläne **„Langfristige Kapitalbedarfsrechnung"** und **„Langfristige Innenfinanzierung"** werden aus anderen Funktionalplänen abgeleitet und stellen die Finanzabteilung somit primär vor ein Prognoseproblem. In den Teilplänen **„Lang-fristige Außenfinanzierung"** und **„Finanzdisposition"** werden die eigentlichen Ent-scheidungen des Finanzressorts dokumentiert.

Langfristiger Finanzplan

Aufgrund der zeitlichen Reichweite (meist 5 Jahre) und der zeitlichen Untergliede-rung (meist ein Jahr) kann der langfristige Finanzplan **nicht** die **ständige Zahlungs-bereitschaft** aufzeigen. Er hat lediglich die Aufgabe sicherzustellen, daß für jede Planperiode die Ausgaben durch Einnahmen gedeckt sind. Innerhalb dieser Perioden ist eine vorübergehende Illiquidität denkbar. Um diesem Risiko zu begegnen, soll in der langfristigen Finanzplanung die Kreditwürdigkeit des Unternehmens auf eine solide Basis gestellt werden. Zur **Analyse** der **Kreditwürdigkeit** sowie der Darstellung der Zielwirkungen der Unternehmenspolitik eignen sich **Bilanzstrukturregeln** (in der einfachsten Form als Bilanzkennzahlen), die aus **Planbilanzen** abzuleiten sind. Die Bilanzstrukturregeln stellen aber nur grobe Indikatoren für die Erfüllung finanzwirtschaftlicher Ziele dar. Eine vollkommene Abbildung des finanzwirtschaftlichen Zielsystems können sie nicht liefern, da kein logisch-kausaler und kein zeitlicher Zusammenhang zwischen den Bilanzstrukturregeln und den finanzwirtschaftlichen Zielen besteht.

Im Finanzplan und der Planbilanz werden die Zielerreichungsgrade analysiert und dann die notwendigen langfristigen Finanzdispositionen getroffen. Danach erfolgt eine erste Revision des Finanz- und Bilanzplans, gegebenenfalls auch eine Revision der Teilpläne. Nach mehrmaliger Überarbeitung sollen die Zielwerte Größenordnungen erreicht haben, die eine Entscheidung über die Gesamtplanung und damit auch die Finanzplanung durch das oberste Führungsgremium ermöglichen. Für die Ableitung der Finanzplan- und Planbilanzgrößen bietet sich die gesamte Palette von Prognosemodellen an (vgl. Teil 5, S. 648 ff.).

Finan-
zierungs-
prämissen
Neben den internen Informationen müssen **externe Daten** (Finanzierungsprämissen) für die langfristige Finanzplanung eruiert werden. Dazu zählen Prognosen über die **Entwicklung des Zinsniveaus** bzw. die **Entwicklung auf den Geld- und Kapitalmärkten**. Inanspruchnahmen der Kapitalmärkte sollten auch auf Marktzyklen und Kapitalgeber abgestimmt werden (investor relations). Als Ergänzung der einfachen Darstellung von Finanzierungsmöglichkeiten, Ausschüttungspolitiken und Finanzierungsprämissen können Sensitivitätsanalysen bzw. Risikoanalysen im Hinblick auf die Outputgröße Finanzbedarf durchgeführt werden.

b) Kurzfristige Finanzplanung

Die kurzfristige Finanzplanung ist das zentrale Instrument zur **Steuerung der Liquidität** eines Unternehmens. Zu diesem Zweck werden die künftigen Bewegungen auf den Finanzkonten analysiert und gestaltet. Die kurzfristige Finanzplanung wird von der Finanzabteilung erstellt und vom Finanzvorstand genehmigt. Der Planungshorizont erstreckt sich meist auf einen Zeitraum von einem Jahr; die einzelnen Planperioden werden in der Regel nach Monaten unterteilt und häufig als **rollierende Planung** jeden Monat neu erstellt.

Aufbau des
kurzfristigen
Finanzplans
Zunächst müssen die **Zahlungsströme ermittelt** werden, die aus dem Leistungsprozeß resultieren bzw. durch frühere Finanzentscheidungen schon festgelegt sind. Im zweiten Schritt sind **operative Überschüsse anzulegen** bzw. operative **Defizite** durch finanzwirtschaftliche Maßnahmen zu **decken**. Darauf folgt die **Bestandskontenfortschreibung** und die Erstellung eines **Liquiditätsstatus**. Abbildung 7.43 (vgl. folgende Seite) zeigt beispielhaft den Aufbau eines kurzfristigen Finanzplans. Bei der Ermittlung der Zahlungsströme kann sich der Finanzplaner auf pragmatische und statistische Prognosetechniken stützen. Eine eher pragmatische Vorgehensweise ist es, die

Teil A Operative Zahlungsströme		Juni Ist	Juni Plan	Abweichung	Juli Plan	August Plan	Monate →
1	Umsatz aus Auftragsbestand	614	613	+ 1	650	400	
2	sonstige Umsätze	198	170	+ 28	130	70	
3	sonst. betr. Einnahmen	18	5	+ 13	10	10	
4	Summe betr. Einnahmen	830	788	+ 42	790	480	
5	Material	390	372	+ 18	380	230	
6	Personal	150	153	− 3	250	145	
7	Anlagen	30	42	− 12	35	15	
8	Vertrieb	100	102	− 2	105	80	
9	Steuern	22	25	− 3	27	22	
10	sonst. Ausgaben	30	16	+ 14	30	30	
11	Summe betr. Ausgaben	722	710	+ 12	827	522	
12 (= 4 −11)	Betr. Zahlungsüberschuß	108	78	+ 30	− 37	− 42	
13	Dividenden	5	5	0	0	0	
14	Habenzinsen	4	5	− 1	4	6	
15	Kursgewinn	1	0	+ 1	0	0	
16	Summe Finanzeinnahmen	10	10	0	4	6	
17	Ausschüttung	60	60	0	0	0	
18	Sollzinsen	4	5	− 1	5	6	
19	Kursverluste, Provision	2	0	+ 2	0	0	
20	Summe Finanzausgaben	66	65	+ 1	5	6	
21 (= 16 −20)	Finanz. Zahlungsüberschuß	− 56	− 55	− 1	− 1	0	
22 (= 12+21)	Operativer Zahlungsüberschuß	52	23	+ 29	− 38	− 42	

Abbildung 7.43: Kurzfristiger Finanzplan (Beispiel); Teil A

Ursprungsdaten der erfolgswirtschaftlichen Vorpläne durch auf Erfahrungswerten beruhende Schätzungen in Planwerte zu transformieren. Extrapolationen und kausale Verfahren bezeichnet man als statistische Verfahren.

Teil B Finanzdispositionen		Ist Juni	Plan Juli	August	Monate →
23	Langfr. Finanzanlagen (+ Rückfluß, – Anlage)	0	0	+ 2	
24	Langfr. Finanzschulden (+ Aufnahme, – Tilgung)	– 10	– 5	+ 10	
25	Eigenkapitalerhöhung	0	0	0	
26	Summe langfr. Mittelzufluß	– 10	– 5	+ 12	
27 (= 26 + 22)	Disponible Masse (– Bedarf)	+ 42	– 43	– 30	
28	Barmittel[1] (+ Zugang, – Abgang)	+ 12	– 12	0	
29	Festgelder (+ Zugang, – Abgang)	+ 20	– 30	– 50	
30	Wertpapiere (+ Kauf, – Verkauf)	+ 10	– 5	– 20	
31	Barschulden[2] (+ Abgang, – Zugang)	– 3	– 1	– 6	
32	Leihgelder (+ Tilgung, – Aufnahme)	– 2	+ 10	+ 46	
33	Lieferantenkredit (+ Abgang, – Zugang)	+ 5	– 5	0	
34	Factoring (+ Abgang, – Zugang)	0	0	0	
35	Summe kfr. Finanzdisposition (+ Anlage, Tilgung; – Aufnahme, Zugang)	+ 42	– 43	– 30	

1) Barmittel = Kasse, Sichtguthaben, Besitzwechsel
2) Barschulden = Kontokorrent, Schuldwechsel, disponierte Schecks

Abbildung 7.43: Teil B

Verweilzeit-verteilungen

Die Transformation vom Anfangsereignis in Folgeereignisse bis hin zum Zahlungsereignis wird mathematisch durch stochastische Übergangsfunktionen beschrieben. Einen Spezialtyp solcher Übergangsfunktionen stellen Verweilzeitverteilungen dar, die aussagen, wieviel Prozent der Ereignisse gleichen Typs nach einer ganz bestimmten Zeit ein anderes Ereignis hervorrufen (Langen 1971, S. 19). In der kurzfristigen Finanzplanung können sie insbesondere eingesetzt werden, um die zeitliche Verschiebung der Geldzuflüsse gegenüber den Umsatzerlösen zu erfassen. Die Verweilzeitverteilung gibt dann an, wieviel Prozent der Umsätze 1, 2, 3 . . n Wochen später zu Einnahmen führen. Das Arbeiten mit diesem Instrument setzt selbstverständlich weitgehende Stabilität des zeitlichen Nachlaufs voraus.

c) Tägliche Finanzplanung und Cash Management

Die tägliche Finanzplanung geschieht mit dem vorrangigen Ziel, eine Überschreitung der eingeräumten Kreditlinien auf den einzelnen Finanzkonten zu verhindern und eine Verzögerung fälliger Zahlungen zu vermeiden. Daneben sollen die Finanzdispositio-

Teil C Liquiditätsstatus		Ist Juni	Plan Juli	August	Monate →
36	Barmittel	22	10	10	
37	Festgelder	230	200	150	
38	Wertpapiere des Umlauf-vermögens	200	195	175	
39	Summe Finanzmittel	452	405	335	
40	Kreditlinien	900	900	900	
41	Barschulden	3	4	10	
42	Leihgelder	320	310	264	
43 (= 40 −41 −42) Freie Linien		577	586	626	
44	Beleihungsrahmen	1 100	1 100	1 100	
45	Langfristige Kredite	460	450	470	
46 (= 44 −45) Verfügbares Beleihungspotential		640	650	630	
47	Kreditlinien Lieferanten	80	80	80	
48	Lieferantenkredite	0	5	5	
49 (= 47 −48) Freie Lieferantenkreditlinien		80	75	75	
50	Forderungsvolumen	100	110	80	
51	Factoring	0	0	0	
52 (= 50 −51) Freies Factoringvolumen		100	110	80	
53	Genehmigtes Kapital	100	100	100	
54	Wertpapiere des Anlagevermögens	25	25	23	
55 (= 43 + 46 + 49 + 52 + 53 + 54) Liquiditätsreserven		1 522	1 546	1 534	
56	Bürgschaften	215	215	215	
57	Wechselobligo	35	35	35	
58 (= 56 + 57) Liquiditätsrisiken		250	250	250	
59 (= 39 + 55–58) Verfügbares Liquiditätspotential		1 724	1 701	1 619	

Abbildung 7.43: Teil C

nen so geplant werden, daß unter den oben genannten Nebenbedingungen das Finanzergebnis maximiert wird. Im täglichen Finanzplan legt der Disponent fest, wie die Geldeingänge und -ausgänge unter Berücksichtigung der bestehenden Kreditlinien auf die einzelnen Konten zu verteilen sind. Der tägliche Finanzplan wird vom Disponenten selbst entworfen, Planungsunterlagen können allerdings computerunterstützt erstellt werden. Während bei der kurzfristigen Finanzplanung eine Untergliederung nach Zahlungsstromarten erfolgt, werden die Zahlungsströme der täglichen Finanzplanung nach Zahlungsmittel- und Finanzkonten unterteilt. Abbildung 7.44 auf der folgenden Seite zeigt beispielhaft den täglichen Finanzplan und die tägliche Kontenübersicht.

Cash-Management

An die Liquiditätsplanung schließt sich die kurzfristige Finanzdisposition (Cash-Management) an. **Aufgaben des Cash Management sind die effiziente Organisation und Durchführung des Zahlungsverkehrs sowie der Zahlungsausgleich durch kurzfristige Anlagen und Maßnahmen zur Beschaffung fehlender Liquidität.** Das Transaktionsmotiv und das Vorsichtsmotiv machen ein bestimmtes Maß an Kassenhaltung erforderlich. Im weiteren Sinne sind unter Kasse neben anerkannten Zahlungsmitteln (Bargeld, Sichteinlagen) auch nicht ausgenutzte Kreditlinien und geldnahe Aktiva (near money assets) wie Termineinlagen und marktgängige Wertpapiere zu verstehen.

Optimale Kassen-haltung

Zur Bestimmung des optimalen Volumens der Kassenhaltung sind in der Theorie verschiedene Modelle entwickelt worden. Sie basieren überwiegend auf der Idee der Lagerhaltungsmodelle (vgl. Teil 4, S. 509 ff.) und versuchen, die minimalen Kassenhaltungskosten durch Gegenüberstellung von Bezugskosten (Transaktionskosten) und Lagerhaltungskosten (entgangenen Zinsen) zu ermitteln (z. B. Ballwieser 1978). Die Unsicherheit der Zahlungsströme, die zu unerwartet starken Abflüssen oder geringen Zuflüssen führen kann, wird verschiedentlich durch den Ansatz von Fehlmengenkosten (Kreditkosten, entgangene Skontierung, verschlechtertes Standing) zu erfassen versucht. Wenn auch diese Modelle für den konkreten Einsatz wenig tauglich erscheinen, haben doch die darin enthaltenen Prinzipien für die Gestaltung von Cash Management-Systemen Bedeutung.

Der der Kassenhaltung innewohnende Zielkonflikt zwischen Zahlungsbereitschaft und Gewinnstreben verliert mit zunehmender Entwicklung innovativer Finanzmarktinstrumente und Informations- und Kommunikationssysteme allerdings an Bedeutung. Zum einen wurden liquidierbare near-money-assets geschaffen, die kurzfristig und kostengünstig den Rücktransfer in Kasse ermöglichen. Beispiele hierfür sind certificates of deposit (verbriefte, handelbare Termineinlagen), Anteile an Geldmarktfonds oder overnight repurchase agreements (Tagesgeld am Euromarkt).

Near-money-assets

Cash-Management-Systeme

Weiterhin erleichtern neue Kommunikations-, Informations- und Arbeitssysteme (Cash Management-Systeme) die **Zentralisierung** und **Optimierung** der **Liquiditätsplanung**. Vor allem der Bankensektor bietet inzwischen als Teilgebiet des **Electronic Banking** für Unternehmen jeder Größenordnung durch elektronische Datenverarbeitung unterstützte Cash Management-Systeme an. Einfache Systeme mit „dummen" Terminals beschränken sich dabei auf das aktuelle Verfügbarmachen von Kontoständen, auch im internationalen Bereich **(balance reporting)**. Neuere komplexere Systeme erlauben dem Nutzer auch Verknüpfungen zu internen Datenbeständen, Optimierungsrechnungen und die Ausführung von Transaktionen.

Pooling

Eine besondere Bedeutung hat die Unterstützung des Cash Management durch elektronische Zahlungstransaktionen erlangt. Beispielhaft dafür seien das Pooling und Netting angesprochen. **Unter Pooling versteht man das Konsolidieren der Salden von mehreren Zahlungsverkehrskonten (Bankkonten) eines Unternehmens (Konzerns) zum optimalen Ausgleich der Über- und Unterdeckungen** (vgl. Jetter 1987, S. 43 ff.). Die

Konto .... Bank	Finanzdispositionen vom					
	Soll	21.3 Ist	Abw	22.3 Plan	23.3 Plan	Tage →
Kontostand Anfang	180	180	0	149	133	
Gutschriften	25	25	0	34	11	
Schecks	30	10	− 20	17	20	
Bareinzahlung	0	0	0	2	0	
sonst. Einzahlungen	0	5	+ 5	0	50	
Summe Einzahlungen	55	40	− 15	53	81	
Überweisungen	44	44	0	39	12	
gezogene Schecks	22	17	− 5	30	51	
Daueraufträge	10	10	0	0	0	
Barabhebung	0	0	0	0	5	
sonst. Auszahlungen	0	0	0	0	0	
Summe Auszahlungen	76	71	− 5	69	68	
Kontostand Ende	159	149	− 10	133	146	
Kreditlinie	400			400	400	

	Kontostand am:			Plan		
	21.3	(Ist)	22.3	23.3	Tage →	
Kasse Postscheck Landeszentralbank						
Bank A Bank B Bank C Sparkasse X ausl. Bank Y ausl. Bank Z						
Summe						

Abbildung 7.44: Täglicher Finanzplan mit Kontenübersicht (Beispiel)

Bestände aller Konten werden dabei zusammengeführt, so daß nur der Saldo des Master-Kontos angelegt oder durch Kredit gedeckt werden muß. Allerdings ergeben sich steuerliche Probleme daraus, daß in manchen Ländern Pooling-Beziehungen den Konzerngesellschaften als eine Form der Dividendenzahlung oder als konzerninterner Kredit angerechnet werden. Multicurrency-Pooling untersteht der Kontrolle der Devisenbehörden, in einigen Ländern ist es demnach genehmigungspflichtig oder aufgrund der Devisengesetzgebung nicht durchführbar.

Netting

Netting bezeichnet die Aufrechnung von Forderungen und Verbindlichkeiten zwischen Konzernunternehmungen, so daß nur der zentrale Ausgleich der Spitzen organisiert werden muß. Dies reduziert sowohl die zu bewegenden Beträge als auch die Transaktionskosten.

3. Finanzwirtschaftliches Risikomanagement

Finanzwirt-schaftliche Risiken

Unternehmerische Betätigung birgt eine Vielzahl von Risiken in sich, die gesetzten Leistungs-, Erfolgs- und Finanzziele zu verfehlen. Neben dem **allgemeinen Unternehmerrisiko** (vgl. z. B. Kupsch 1973) sind hierfür zahlreiche **Einzelrisiken** in allen **funktionalen Teilbereichen** des Unternehmens ursächlich. Risiko meint hier sehr allgemein jede Gefahr der negativen Zielabweichung, nicht den bei der Investitionsplanung verwendeten statistischen Begriff der Streuung von Ergebnissen bei bekannten Wahrscheinlichkeiten.

Die meisten Unternehmensrisiken wirken sich, zumindest indirekt, auf den Finanzbereich aus und schlagen sich dort als Ausfälle oder **Reduzierungen** von **Einnahmen, Erhöhungen** von **Ausgaben** oder **Verschlechterungen** der künftigen **Finanzierungsbedingungen** nieder. Für diese Fälle muß daher finanzielle Vorsorge getroffen werden. Im weiteren soll allerdings von **finanzwirtschaftlichem Risikomanagement** einengend nur gesprochen werden, soweit es um die **Bewältigung von Risiken** geht, die ausschließlich oder wenigstens partiell durch **originäre finanzwirtschaftliche Entscheidungen ausgelöst** wurden.

Als derartige Risiken sind Forderungsausfälle, Wechselkursschwankungen und Zinsänderungen von besonderer Bedeutung für den Industriebetrieb.

Strategien zur Risiko-reduktion

Allgemein stehen den Unternehmen für den Umgang mit Finanzrisiken **zahlreiche Strategien** zur Verfügung. Da die Reduzierung oder gar völlige Beseitigung von Risiken in den meisten Fällen mit Ertragsnachteilen oder zusätzlichen Kosten „erkauft" werden muß, ist sorgfältig abzuwägen, welches die adäquate Strategie darstellt. Dabei kann sich auch der **Verzicht** auf **Sicherungsmaßnahmen** als sinnvoll erweisen, um Kosten zu vermeiden und/oder Ertragschancen offen zu halten.

Zur **Systematisierung** der denkbaren Sicherungsstrategien kann zwischen **grundgeschäftsbeeinflussenden** und **grundgeschäftsneutralen Strategien** unterschieden werden. Erstere wirken sich unmittelbar auch auf die Gütersphäre aus und bedürfen daher der Koordination mit anderen Funktionsbereichen oder gar einer Entscheidung auf der Ebene der Unternehmensleitung. Grundgeschäftsneutrale Strategien berühren da-

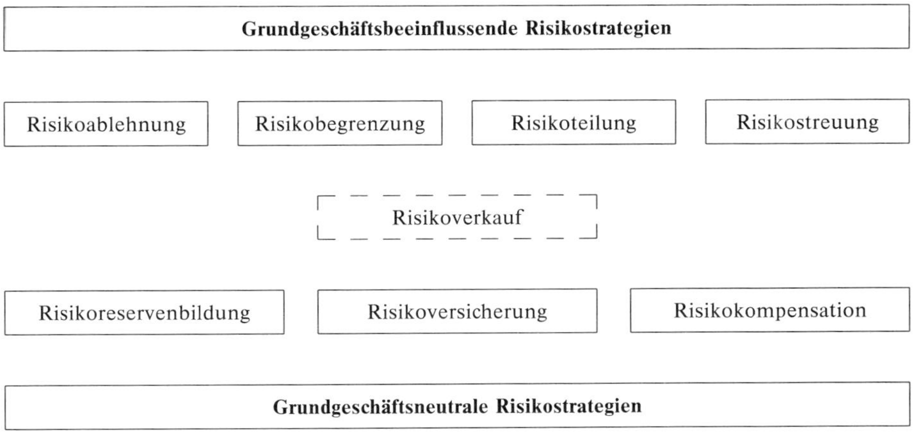

Abbildung 7.45: Risikostrategien (Übersicht)

gegen originär die Entscheidungen anderer Bereiche nicht und wirken lediglich indirekt über die verursachten Kosten oder verbleibenden Verlustrisiken. Abbildung 7.45 stellt die Risikomanagementstrategien nach diesem Merkmal einander gegenüber.

Risikoablehnung bedeutet den Ausschluß von Risiken durch die Wahl risikoloser Grundgeschäfte. Beim Forderungsausfallrisiko würde dies z. B. den Verkauf nur gegen bar oder Vorkasse bedeuten. **Risikobegrenzung** wird z. B. erreicht durch betragsmäßige Begrenzungen risikoträchtiger Geschäfte. Eine **Risikoteilung** kann zum einen durch Konsortialgeschäfte mit Unternehmen der gleichen Branche stattfinden, wie sie z. B. für Großkredite von Banken gesetzlich vorgeschrieben ist; zum anderen können auch Anbieter und Nachfrager durch vertragliche Vereinbarung das Geschäftsrisiko untereinander aufteilen. Das Prinzip der **Risikostreuung** wurde schon bei der Investitionsplanung unter Unsicherheit ausführlich dargelegt.

Grundgeschäftsbeeinflussende Strategien

Risikokompensation wird durch Sicherungs- und Gegengeschäfte mit Dritten erreicht. Viele Risiken lassen sich auch durch eine **Versicherung** ausschließen oder begrenzen. Eine **Risikoreservenbildung** mildert nicht das eingegangene Risiko als solches, sondern erlaubt das Auffangen eintretender finanzieller Verluste. Die Trennung von Risiko durch den **Verkauf risikobehafteter Titel** wirkt teils grundgeschäftsneutral, teils grundgeschäftsbeeinflussend und ist daher dazwischen angesiedelt.

Grundgeschäftsneutrale Strategien

a) Management von Forderungsausfallrisiken (Kreditmanagement)

Industriebetriebe gewähren vorwiegend aus absatzpolitischen Erwägungen anderen Unternehmen Kredit, indem sie Zahlungsziele auf die erbrachten Lieferungen und Leistungen einräumen. **Die Aktivitäten zur zielbezogenen Gestaltung der Kreditge-**

1041

währung und Kreditabwicklung werden zusammenfassend als Kreditmanagement bezeichnet. Die Risiken des Forderungsausfalls (bzw. allgemeiner: der nicht vertragsgemäßen Zahlung) resultieren unmittelbar aus der mangelnden individuellen Zahlungsfähigkeit oder -willigkeit des Schuldners. Bei internationaler Geschäftstätigkeit sind zusätzlich spezifische Länderrisiken zu berücksichtigen.

Ziele und Schritte des Kreditmanagement

Ziel des Kreditmanagements ist nicht in jedem Fall die Minimierung des Ausfallrisikos, da z. B. eine Reduzierung von Kreditlimits zwar zu geringeren Ausfällen führen, aber auch einen Rückgang der Nachfrage nach sich ziehen kann. Tangieren die Maßnahmen des Kreditmanagements also auch die Erträge, so ist eine maximale Verbesserung des Ergebnisses (Erträge ./. Aufwendungen) anzustreben.

Struktur und Prozeß des Kreditmanagements sowie die jeweiligen Entscheidungsvariablen bei den einzelnen Schritten sind in Abbildung 7.46 auf folgender Seite zusammengefaßt.

*Kredit-
management
versus
Factoring*

Als strukturelle Vorentscheidung hat das Unternehmen zu klären, ob es ein eigenständiges Kreditmanagement betreiben oder seine Forderungen systematisch verkaufen und damit das Kreditmanagement Dritten übertragen soll. Ein systematischer Verkauf der Forderungen erfolgt über das **Factoring**. Der Industriebetrieb verkauft dabei per Vertrag laufend seine Forderungen aus Lieferungen und Leistungen an eine Factoring-Bank. Die Finanzierungsfunktion des Factoring war schon bei den Finanzierungssubstituten (vgl. Abschnitt II.2.e) angesprochen worden. Darüberhinaus übernimmt die Factoring-Bank je nach Vertragsgestaltung folgende weitere Funktionen:

(1) Die Dienstleistungsfunktion

Die Factoring-Bank besorgt die Debitorenbuchhaltung des Kunden incl. Inkasso- und Mahnwesen. Beim **offenen Factoring** werden die Kunden darauf hingewiesen, daß Zahlungen nur an das Factoring-Institut erfolgen dürfen. Beim **stillen Factoring** bleibt der Verkauf der Forderungen dem Kunden verborgen.

(2) Die Delkredere-Funktion

Die Factoring-Bank übernimmt das Ausfallrisiko. Dies setzt in der Regel Bonitätsprüfungen der verkauften Forderungen voraus. Für nicht bonitätsmäßig akzeptierte Forderungen hat der Kunde das Ausfallrisiko selbst zu tragen. Bei den übrigen Forderungen erreicht das Unternehmen durch den Verkauf einen vollständigen Schutz vor Forderungsausfall. Ist die Delkredere-Funktion vertraglich ausgenommen, wird dies als **unechtes Factoring** bezeichnet.

*Nutzen des
Factoring*

Je nach Vertragsgestaltung liegen also die Vorteile des Factoring in der frühen Verfügungsmöglichkeit über den Forderungsgegenwert, in der Einsparung von Debitorenbuchhaltung, Mahnwesen und Inkasso sowie im Schutz vor Forderungsausfällen.

*Kosten des
Factoring*

Dem sind die von der Factoring-Bank in Rechnung gestellten Kosten gegenüberzustellen. Daneben sind als weitere Nachteile die Abhängigkeit von der Factoring-

Struktur und Prozeß des Kreditmanagements	Komponenten des Kreditmanagements
Struktur: Organisation des Kreditmanagements	Eingliederung oder Ausgliederung Kredit- versus Absatzfunktion Funktionale Einordnung EDV-Einsatz

Prozeß:
Kreditwürdigkeitsprüfung/
Bonitätsbeurteilung
	Auswahl der Informationsquellen
	   Auskünfte/Rechnungswesen und Absatz
	   Auskünfte/Kunde selbst
	   Auskünfte/Dritte
	   Auskünfte/Sonstige
	
	Analyse der Informationen
	   Marktanalysen
	   Unternehmensanalysen
	   Jahresabschlußanalysen
	
	Analyse von Länderrisiken

Kreditlimit	Ermittlung Risikoklassen Festlegung Risikoklassen Limitkontrollen

Zahlungsziel und -ort	Zahlungsbedingungen
	   Skonto
	   Zahlungsziel
	Gerichtsstandvereinbarungen

Zahlungsform	Bar, Überweisung Scheck, Wechsel, . . .
Sicherheiten	Eigentumsvorbehalt Bürgschaften Garantien Sonstige Rechte
Inkasso und Abwicklung	Verzug Mahnung Einschalten Gericht Zwangsvollstreckung

Abbildung 7.46: Struktur und Prozeß des Kreditmangements

Bank, die Einschränkung der eigenen Geschäftskundenpolitik und die teilweise noch negative Einschätzung des Factoring durch die Kunden des Industriebetriebs zu beachten.

Wie schon angedeutet, setzen Industriebetriebe die Vergabe von Absatzkrediten und die Einräumung günstiger Zahlungskonditionen gern zur Absatzförderung ein. Dies trifft auf entsprechenden Bedarf bei den Kunden. Insbesondere in der formlosen Inanspruchnahme, dem Verzicht auf gesonderte Sicherheitenstellung, der kulanteren Kreditprüfung und der Aufrechnungsfähigkeit bei Mängelrügen sehen die Abnehmer typische Vorteile des Lieferantenkredits gegenüber Bankkrediten.

Nutzen von Absatzkrediten

Kosten von Absatz- krediten	Der aus Absatzerwägungen angebrachten Ausweitung des Kreditrahmens und Lokkerung der Sanktionen bei verspäteten Zahlungen stehen höhere Zinsverluste und Zahlungsausfälle gegenüber. Das Unternehmen muß daher in Abwägung der resultierenden Erträge und Aufwendungen die Gewichtung der finanz- gegen die absatzpolitischen Ziele festlegen. Sie wird häufig in der **organisatorischen Eingliederung** des Kreditmanagements ihren Niederschlag finden. Theoretisch ist eine **Zuordnung** des Kreditmanagements zu den Bereichen **Finanzierung** oder **Absatz** denkbar. In der Praxis hat sich die Zuordnung zum Finanzmanagement durchgesetzt, wobei der Kreditmanager dem Treasurer bzw. Finanzvorstand direkt unterstellt ist. Eine dauernde Rückkopplung zum Absatzbereich ist allerdings unerläßlich.
Kreditwürdig- keitsprüfung	Einen wesentlichen Baustein des Kreditmanagements bildet die Kreditwürdigkeitsprüfung. In zunehmendem Maße beurteilen auch Industriebetriebe, in Abhängigkeit von der Häufigkeit der Geschäftsbeziehungen und dem Umsatz mit einem Kunden, die Bonität ihrer Kreditnehmer mit Hilfe systematischer Analyse verschiedener **Informationsquellen**. Solche Informationen können aus dem Hause des Lieferanten selbst stammen, indem die **Außendienstmitarbeiter** befragt und bisherige **Zahlungsweisen** des Kunden ausgewertet werden. Wichtige externe Quellen sind Selbstauskünfte des Kunden, **Bankauskünfte** und Informationen von **Auskunfteien**.
Kreditlimit	Um aus der Gesamtheit der Informationen Zahlungsprognosen zu erstellen, bedarf es quantitativer Methoden und Verfahren der Informationsverarbeitung wie z. B. Konjunktur-, Markt-, Branchen- und Unternehmensanalysen. Schließlich können die Analyseergebnisse mit Hilfe von Scoring- oder Ratingsystemen bewertet werden. Nach dieser Klassifizierung lassen sich den Unternehmen je nach Risikoklassenzugehörigkeit Kreditlimite zuweisen sowie **Zahlungsmodalitäten** zuordnen.
Zahlungs- formen und Sicherungs- mittel	Analog dem Zahlungsziel können auch Zahlungsformen und Sicherungsmittel an die Risikoklasse (Kundengruppe) geknüpft werden. Die Einordnung in die Bonitätsklasse entscheidet dann darüber, ob die Zahlung in bar, per Überweisung oder per Wechsel zu erfolgen hat. Zur **rechtlichen Sicherung** von Lieferantenkrediten kommen hauptsächlich einfacher, verlängerter und erweiterter **Eigentumsvorbehalt, Sicherungsübereignungen** sowie **Abtretungen** von **Forderungen** oder **Rechten** und **Bankbürgschaften** in Betracht. Die Stellung von Pfandrechten an Waren und Wertpapieren oder von Grundpfandrechten entspricht nicht handelsüblichen Gebräuchen. Zur Auswahl sind sowohl der wirtschaftliche und rechtliche Wert sowie die Realisierbarkeit der Sicherungen zu berücksichtigen. Dabei verdienen potentielle Anspruchskollisionen besondere Aufmerksamkeit.
Inkasso- verfahren	Treten **Zahlungsverzögerungen** oder **-ausfälle** auf, ist über ein adäquates Inkassoverfahren zu entscheiden. Mahnverfahren, Einschaltung des Gerichtsverfahrens, Vergleich oder Zwangsvollstreckung, Konkurs, Übertragung der Forderung auf ein Inkassoinstitut sind die Stationen eines notleidenden Kredits.
Warenkredit- versicherung	Nicht in den skizzierten Phasen des Kreditmanagements enthalten ist die Möglichkeit des Industriebetriebs, sich zusätzlich oder alternativ zu den eingebauten Sicherungen gegen Forderungsausfall zu versichern. Warenkreditversicherungen übernehmen ge-

gen Entgelt das Risiko des Forderungsausfalls, decken in der Regel aber nicht den gesamten Verlust, sondern fordern vom versicherten Unternehmen einen Selbstbehalt von 30% des Betrages.

Besonderheiten des internationalen Kreditmanagement

Sind die Geschäftspartner im Ausland ansässig, so sind für das Kreditmanagement einige zusätzliche Aspekte zu berücksichtigen. Bei **Exportgeschäften** treten oft im Vergleich zu Inlandsgeschäften **erhöhte Bonitäts-** und **Abnahmerisiken** auf, weil die Kreditwürdigkeit schlechter eingeschätzt werden kann und weil bei Abnahmeverweigerung aufgrund der Entfernung höhere Ausfälle zu erwarten sind. Zusätzlich sind **spezifische rechtliche Risiken** zu beachten, die insbesondere bei der Frage der Anwendung von Sicherungsklauseln manifest werden können. So ist z. B. die Vereinbarung und Durchsetzung des Eigentumsvorbehalts in vielen Ländern erheblich erschwert.

Besondere Bedeutung bei internationaler Wirtschaftstätigkeit kommt den **Ausfallrisiken** zu, die nicht auf der Zahlungsunfähigkeit des Geschäftspartners beruhen, sondern durch die **politischen** und **wirtschaftlichen Rahmenbedingungen** im Land des Kreditnehmers bedingt sind. Hauptaspekte dieser **Länderrisiken** sind Verbote der Konvertierung und des Transfers der jeweiligen Währung sowie Zahlungsverbote und Moratorien (sog. **KTZM-Risiken**), die von dem Staat aufgrund wirtschaftlicher oder politischer Schwierigkeiten verhängt werden.

Zur Quantifizierung der Länderrisiken sind verschiedene Indikatorenmodelle entwickelt worden. Neben der Findung geeigneter Faktoren zur Erfassung der Risiken ist dabei auch ihre Bewertung und Gewichtung von Bedeutung. Unter methodischen Gesichtspunkten unterscheidet man folgende Meßmodelle (Meyer 1987, S. 90):

Indikatorenmodelle zur Risikoprognose

1) Eindimensionale quantitative Modelle

Verwendet wird statistisches Zahlenmaterial über die Binnen- und Außenwirtschaft eines Landes. Aus diesen Rohdaten werden Kennzahlen zur Beurteilung des Risikos gebildet. Der Strukturierungsgrad reicht von sehr einfachen Verhältniszahlen (z. B. Exportquote) bis zu sehr komplexen Indikatoren wie z. B. dem Euro Money Index.

2) Eindimensionale qualitative Modelle

Die Daten werden über Expertenbefragungen gewonnen, wie z. B. beim Institutional Investor-Index über ein Panel von Bankexperten. Als Nachteil erweist sich hier insbesondere die individuelle Auswahl der subjektiven Faktoren.

3) Mehrdimensionale qualitative und/oder quantitative Rating-Verfahren

Sie dienen dazu, jedem Land Risikokennzahlen zuzuordnen, um relative Beziehungen in Länderskalen zu dokumentieren. Mehrere quantitative und/oder qualitative

Faktoren werden entweder zu einem Oberindikator aggregiert (BERI-Index) oder unaggregiert belassen (ESI-Indikatoren). Um die Kritik der subjektiven Auswahl und Gewichtung der Faktoren abzubauen, werden mathematisch-statistische Verfahren eingesetzt, die Kausalitätstests der Indikatorenmodelle ermöglichen. Problematisch bleibt jedoch die verfahrensimmanente Extrapolation von Vergangenheitsdaten ebenso wie die Reduktion der Beurteilung komplexer Länderstrukturen auf wenige Ziffern. Abbildung 7.47 (siehe folgende Seite) stellt einige Länderrisikokonzepte für Nicht-Banken vergleichend gegenüber.

Neben die Versuche, die Individual- und Länderrisiken korrekt einzuschätzen, treten im internationalen Geschäft spezifische **Aktivitäten** zur **Reduzierung** oder gänzlichen **Ausschaltung** der **Ausfallrisiken**. Dabei ist wie bei Inlandsrisiken zum einen die Gestaltung der Zahlungsbedingungen zu nennen, zum anderen der Abschluß von Versicherungen oder der Verkauf von Forderungen.

Dokumenten-Inkasso
Besondere Zahlungsmodalitäten im Außenhandel sind das Dokumenten-Inkasso und das Dokumenten-Akkreditiv. Beim Dokumenten-Inkasso überreicht der Exporteur seiner Hausbank die Transportdokumente der versandten Ausfuhrgüter und beauftragt sie, den Exporterlös beim Importeur durch Einschaltung einer Inkassostelle (ausländische Korrespondenzbank) gegen Übergabe der Inkassodokumente in bar oder in Form einer akzeptierten Tratte einzuziehen. Für den Exporteur erweist sich die Sicherung des Zahlungseingangs als Vorteil, soweit der Importeur die Dokumentenaufnahme nicht verweigert. Der Importeur kann aus den Dokumenten die Ordnungsmäßigkeit der Lieferung zwar weitgehend prüfen, die tatsächliche Qualität der Ware entzieht sich jedoch seiner Kenntnis, somit bleibt auch für ihn ein Restrisiko.

Dokumenten-Akkreditiv
Bei Eröffnung eines Dokumenten-Akkreditivs erklärt sich die Bank des Importeurs im Auftrag und für Rechnung des Kunden bereit, einem Dritten (Exporteur) bei der beauftragten Bank oder bei einem anderen Institut den Rechnungsbetrag gegen definierte Dokumente (Waren-, Zoll-, Transportpapiere) auszuzahlen. Nur das unwiderrufliche Akkreditiv gibt dem Exporteur die Gewähr, daß bei Erfüllung der Bedingungen die Bezahlung oder Akzeptierung gegen Übergabe der Dokumente erfolgt. Zudem kann ein unwiderrufliches Akkreditiv durch die inländische Bank (Hausbank) bestätigt werden. In diesem Fall ist der Exporteur auch gegen Transfer- und Konvertierungsrisiken gesichert, da bei Ausbleiben der Zahlung der Akkreditivbank die bestätigende Bank einspringen muß. Einen dem Dokumentenakkreditiv ähnlichen rechtlichen Charakter und ähnlichen Sicherungsschutz bietet der **Letter of Credit**. Abbildung 7.48 (vgl. S. 1048) dokumentiert die banktechnische Abwicklung des Dokumentenakkreditivs.

Countertrade
Eine besondere Form, über Zahlungsmodalitäten Risiken auszuschließen, stellt das Countertrade dar. Damit werden alle Formen des Außenhandels bezeichnet, bei denen der Verkauf von Gütern und Leistungen an einen ausländischen Partner mit der Verpflichtung zum Kauf von Gütern oder Dienstleistungen von diesem Partner oder dessen Land gekoppelt ist. Da dabei keine (Devisen-) Zahlungsströme fließen, entfällt die Grundlage für KT-Risiken. Reine Tauschgeschäfte, sog. **Bartergeschäfte**,

Konzepte	Zielgruppe	Untersuchungs-zeitraum	Prognose-zeitraum	Inhaltliche Beschreibung	Methode
mm-Ländertest (*Manager-Magazin* und *Institut zur Erforschung techn. Entwicklungslinien*)	Exporteure und Investoren	1 x jährlich (1980/81/82)	augenblickliche Lage mit Prognose-charakter	Oberkriterien: ● Politische Stabilität ● Binnenwirtschaft ● Außenwirtschaft → mm-Länderrat 53–55 Länder	Scoring-Modell: ● 213 qualitative Kriterien (Experten-befragung) ● 7 quantitative Kriterien (statistische Daten)
BERI – Informationssysteme (*Business Environment Risk Information-Institut, BERI-Institut*)	Unter-nehmungen	3 x jährlich – ORI seit 1972 – PRI seit 1978 – R–F seit 1973 – POR seit 1978	1-Jahres-Prognosen, 5-Jahres-Prognosen	Oberkriterien: ● Operation Risk Index ● Political Risk Index ● R-Factor ● Profit-Opportunity Recommendation 48 Länder	Scoring-Modell: ● 31 qualitative Kriterien (Expertenbefragung) ● 9 quantitative Kriterien (statistische Daten) → 40 Unterkriterien
Bi-Country Ratings (*Buisness Inter-national Corporation, Marktforschungs-institut*)	Exporteure und Investoren	1 x jährlich seit 1976	augenblickliche Lage mit Prognose-charakter	Oberkriterien: ● politische, gesetzliche und soziale Entwicklung ● Wirtschafts-, Finanz- und Währungssituation ● Energieversorgung → Gesamturteil 57 Länder	Scoring-Modell: ● qualitative Kriterien (Expertenbefragung) ● quantitative Kriterien (statistische Daten) → 34 Unterkriterien
Economic Survey International (*IFO-Institut für Wirtschaftsfor-schung*)	Unter-nehmungen	2 x jährlich seit 1981	gegenwarts-bezogen	keine Gesamtbeurteilung pro Land, sondern Aggregation der Länder-werte pro Kriterium 50 Länder	● 8 qualitative Kriterien (Expertenbefragung)

Abbildung 7.47: Vergleich von Länderrisikokonzepten

Quelle: Eilenberger (1987)

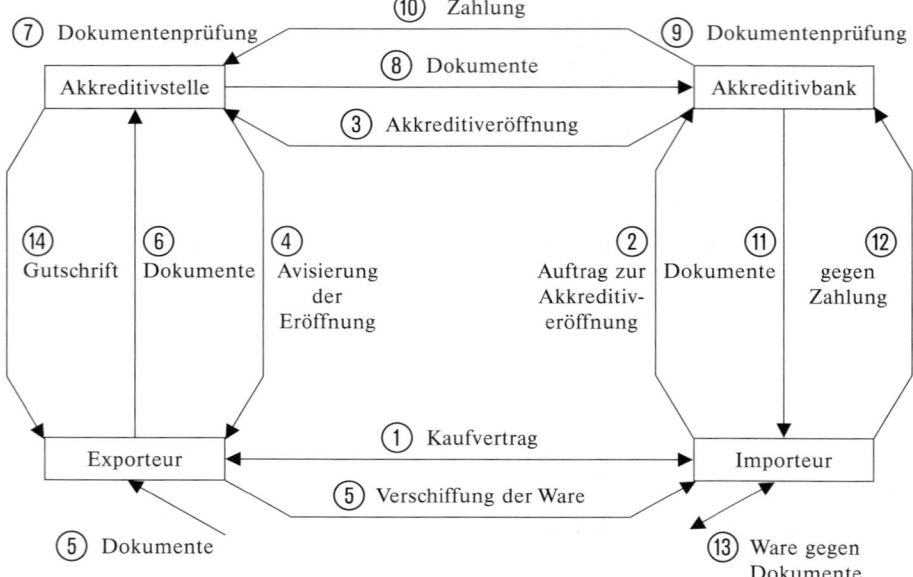

Abbildung 7.48: Dokumentenakkreditiv

sind die einfachste Form des Gegengeschäfts. Eine Weiterentwicklung ist in den **Kompensationsgeschäften** zu sehen, die neben der Vollkompensation auch Teilkompensation zulassen und an Dritte übertragbar sind. Beim **Parallelkauf** verpflichtet sich der Verkäufer lediglich, beliebige Güter aus dem Land des Käufers innerhalb einer Wertgrenze zum vereinbarten Preis abzunehmen, ohne sich auf bestimmte Lieferfirmen festzulegen. **Dreieckskompensationen** beinhalten die Lieferung der Güter über ein drittes Land, das an den ursprünglichen Lieferanten in Devisen zahlt. **Buyback-Geschäfte** verpflichten den einen Partner zur Lieferung von Produktionsmitteln, während die Kompensation langfristig durch die Erträge der entsprechenden Erzeugnisse erfolgt. Countertrade bringt jedoch keine Risikovermeidung, sondern eine Risikoumschichtung, da an die Stelle des Länderrisikos u. U. das Preisrisiko und Marktrisiko der Kompensationsware tritt, insbesondere wenn die Ware nicht in das Sortiment und Vertriebssystem des Unternehmens integriert werden kann.

Staatliche Ausfuhrversicherung

Erhebliche Bedeutung kommt bei Exporten der staatlichen Ausfuhrversicherung zu. Als Mandatare der Bundesrepublik übernehmen auf Antrag und gegen Entgelt die Hermes Kreditversicherungs AG Garantien für Lieferungen an Private sowie die Treuarbeit AG Bürgschaften für Lieferungen an Staaten (sog. Hermes-Deckung). Die dabei gedeckten Risiken betreffen nicht nur den Ausfall von Forderungen, sondern auch das Fabrikationsrisiko (Nicht-Abnahme bestellter und begonnener Güterproduktionen).

1048

Nach der Art der versicherten Risiken kann zwischen **wirtschaftlichen** und **politischen Risikofällen** unterschieden werden. Als wirtschaftliche Risiken werden dabei die Insolvenz aufgrund gesetzlicher Verfahren sowie die erfolglose Zwangsvollstreckung gegen den Schuldner klassifiziert. Ausfuhrgewährleistungen aufgrund politischer Risiken greifen dann, wenn aufgrund staatlicher Entscheidungen des Schuldnerlandes Zahlungsverbote und Moratorien über ein Land verhängt werden bzw. eine Konvertierung und Transferierung des Forderungsbetrags nicht mehr erfolgen kann.

Fester Bestandteil der Ausfuhrversicherung ist das **Prinzip des Selbstbehalts**, wonach der Versicherungsnehmer im Schadensfall 10–15% selbst tragen muß. Deckungsformen sind **Einzeldeckungen**, die Einzelrisiken eines Exportgeschäfts absichern, sowie Sammeldeckungen, die revolvierend bis zu einem Pauschalbetrag vereinbart werden **(Ausfuhrpauschalgewährleistungen)**. Die Kosten der Exportversicherung differieren je nach Höhe der Forderung, Laufzeit, Rechtsnatur der Schuld sowie Art und Anzahl der gedeckten Risiken, nicht aber nach dem spezifischen Risiko einzelner Länder. Neben der staatlichen Versicherung existieren auch private Ausfuhrversicherer, die jedoch in den meisten Fällen politische Risikofälle nicht abdecken.

Über Banken kann auch die Absicherung gegen Forderungsausfall durch regreßlosen Verkauf der Forderungen vorgenommen werden. Neben dem schon angesprochenen Factoring, bei dem im Export die Delkredere-Funktion gegenüber dem Finanzierungsaspekt im Vordergrund steht, kommt im Außenhandel auch der **Verkauf einzelner Forderungen** (Forfaitierung) in Frage. Typisch für Forfaitierungen sind mittelfristige Forderungen mit Laufzeiten zwischen einem halben Jahr und fünf Jahren. Allerdings ist der Sicherungseffekt nur begrenzt, da lediglich über Wechsel oder Bankbürgschaft besicherte Forderungen akzeptiert werden, die also ohnehin nur einem geringen Ausfallrisiko unterliegen. Daher dürfte hier in der Regel der Finanzierungsaspekt überwiegen.

Forfaitierung

b) Management von Wechselkursrisiken (Währungsmanagement)

Industriebetriebe, die leistungswirtschaftliche Verflechtungen mit anderen Währungsgebieten haben oder an internationalen Finanzmärkten Kapital aufnehmen oder anlegen, unterliegen dem Risiko der Wechselkursänderung. Der Wechselkurs ist der Preis für fremde Währungen. Eine Abwertung (Aufwertung) der ausländischen Währung liegt vor, wenn ihr Preis gemessen in Inlandswährung sinkt (steigt). Nach dem Zeitraum des Risikos und den betroffenen Bilanzpositionen lassen sich mehrere Risikotypen unterscheiden (Büschgen 1986, S. 174). **Das ökonomische Wechselkursrisiko (economic risk) umschreibt die allgemeinen zukunftsgerichteten wirtschaftlichen Risiken von Wechselkursänderungen,** also die Gefahr, daß die zukünftig erwarteten Zahlungsströme einer Unternehmung durch Wechselkursänderungen beeinträchtigt werden. Beispielsweise kann ein an sich konkurrenzfähiges Produkt durch eine Aufwertung der inländischen Währung langfristig im Ausland nicht mehr wettbewerbsfähig sein.

Ökonomisches Wechselkursrisiko

Währungs-umrechnungs-risiko	**Demgegenüber bezeichnet das Währungsumrechnungsrisiko (translation risk) die Gefahr, daß bei der Umrechnung von Währungsaktiva und -passiva im Einzelabschluß sowie bei der vergangenheitsbezogenen Konsolidierung von Abschlüssen ausländischer Unternehmenseinheiten im Konzernabschluß durch zwischenzeitlich eingetretene Wechselkursänderungen unerwartete Verluste entstehen.** Im Falle einer für die Unternehmung ungünstigen Kursentwicklung entstehen Bewertungsverluste, die zu einer Beeinträchtigung der Kreditwürdigkeit und zu einer Schwächung des Standing der Unternehmung führen können. Dem Währungsumrechnungsrisiko liegt also die jahresabschlußorientierte Betrachtungsweise zugrunde.
Umtausch-risiko	Häufig werden das Wechselkursrisiko und das Währungsmanagement verengend ausschließlich auf das Umtauschrisiko (transaction risk) bezogen. **Es erfaßt die Gefahr von Verlusten, die Devisenbeständen und auf Fremdwährung lautenden Forderungen und Verbindlichkeiten durch eine Veränderung der Währungsrelationen vor dem Umtausch in die Inlandswährung entstehen.** So erleidet z. B. ein Exporteur, der seine Forderungen in Fremdwährung fakturiert, bei einer zwischenzeitlichen Abwertung der Fremdwährung einen Verlust, da er, in Heimatwährung gerechnet, weniger erlöst als kalkuliert. Bei einem Importeur gilt das umgekehrte.
Umfang des Wechsel-kursrisikos	Als **erster Schritt des Währungsmanagements** ist der Umfang des Wechselkursrisikos zu bestimmen. Er hängt von verschiedenen Faktoren ab. Zum ersten ist zu klären, welche Vermögens- und Schuldpositionen vom Risiko betroffen sind. Desweiteren sind die in den einzelnen Währungen bestehenden **offenen Positionen** mit ihren Fälligkeitsterminen **(net exposure)** zu bestimmen. Aktiv- und Passivpositionen in der gleichen Währung lassen sich nämlich aufrechnen, da sich die Risiken und Chancen gegenläufig verhalten. Je nach der organisatorischen Gestaltung im Unternehmen sind als Aufrechnungskreis das jeweilige Unternehmen, Unternehmensteile (Profit Centers) oder ganze Konzerne denkbar. Bei der Feststellung der **zeitlichen Dauer** des Wechselkursrisikos ist zu beachten, daß das Risiko nicht nur zwischen dem Entstehen und der Begleichung von Forderungen bzw. Verbindlichkeiten gegeben ist, sondern teilweise schon sehr viel früher einsetzt. So übernimmt z. B. ein Anlagenbauer, der sich an der Ausschreibung für ein Großprojekt im Ausland beteiligt, schon ab dem Zeitpunkt der Angebotsabgabe in Fremdwährung Wechselkursrisiken, da er seinen Preis mit einem bestimmten Wechselkurs zu kalkulieren hat.
	Der Umfang des Wechselkursrisikos wird weiterhin wesentlich bestimmt vom **Ausmaß** der zu erwartenden Kursschwankungen. Dabei ist zu unterscheiden zwischen Systemen fester und flexibler (floating) Wechselkurse und Mischformen, die mit zulässigen Bandbreiten arbeiten (Interventionspunktsysteme).
System fester Wechselkurse	In einem System fester Wechselkurse erfolgt die Kursfestsetzung der Landeswährung gegenüber anderen Währungen vorwiegend nach zahlungsbilanzpolitischen Gesichtspunkten. Kursverluste und -gewinne können unter diesen Bedingungen nur entstehen, wenn es zu einer Neufestsetzung der Paritäten kommt.
Interventions-punktsystem	In Interventionspunktsystemen vollzieht sich die Kursbildung zwar frei am Devisenmarkt, jedoch sind die Devisenkurse nur begrenzt beweglich. Bei Erreichen der oberen und unteren Interventionspunkte sind die Zentralbanken verpflichtet, alle zu diesen Kursen gewünschten Transaktionen vorzunehmen. Zu den Interventions-

1050

punktsystemen zählt auch das Europäische Währungssystem (EWS). Für die Währungen der am EWS beteiligten Partner ist eine Bandbreite von i. d. R. +/- 2,5% festgelegt, innerhalb derer die Devisenkurse um einen als Parität bezeichneten Kurs schwanken können. Das laufende Wechselkursrisiko beschränkt sich demnach in einem solchen System auf den festgelegten Schwankungsbereich, so daß für die Außenhandelsunternehmen ein gewisses Maß an Sicherheit bezüglich der Währungsrelation besteht. Allerdings ist zu berücksichtigen, daß es auch in einem System mit Bandbreiten zu einer Neufestsetzung der Paritäten (Realignment) kommen kann.

Beim **Floating** bilden sich die Devisenkurse frei am Markt. Die Zentralbanken sind *System freier* nicht zum regulierenden Eingriff verpflichtet. Das Unternehmen sieht sich dauernden *Wechselkurse* Wechselkursschwankungen ausgesetzt, sofern staatliche Institutionen nicht stabilisierend eingreifen. Zu den Floatern zählen aus der Sicht der Bundesrepublik mit dem US-Dollar und dem Yen die Währungen der wichtigsten internationalen Handels- und Finanzplätze.

Neben den angesprochenen Aspekten bestimmt den Sicherungsbedarf gegen Wechselkursrisiken ganz wesentlich die Möglichkeit der verlässlichen **Prognose der Wechselkursentwicklung**. Während bei Interventionspunktsystemen überraschende Realignments recht selten sind, lassen sich bei den frei floatenden Währungen doch erhebliche Kursausschläge beobachten, für deren Prognose und Erklärung die wirtschaftswissenschaftliche Theorie bisher wenig brauchbare Ansätze liefern kann.

Zur Absicherung gegen Wechselkursrisiken steht dem Industriebetrieb ein ganzes *Sicherungs-* Bündel von Maßnahmen zur Verfügung, die teils umfassend, teils nur für spezifische *maßnahmen* Risikotypen, Währungen, Zeiträume und Bilanzpositionen ihren Sicherungseffekt entfalten. Eine Übersicht über einsetzbare Sicherungstechniken gibt Abbildung 7.49 (vgl. folgende Seite).

Risikovorbeugende Maßnahmen sollen nicht das Währungsrisiko als solches redu- *Risiko-* zieren oder ausschließen, sondern die ökonomischen Folgen eines Eintritts des *vorbeugung* Verlustfalls erträglich machen. Dies ist möglich durch Bildung von Reserven, durch Risikoaufschläge in der Kalkulation und durch Streuung der Wechselkursrisiken.

Durch risikovermeidende oder -vermindernde Maßnahmen soll der Eintritt des Risiko- *Risikovermin-* falls ausgeschlossen oder reduziert werden. Dazu kann das Unternehmen zur Abstim- *derung bzw.* mung der Fälligkeitstage Zahlungen verzögern oder beschleunigen (Leading und *-vermeidung* Lagging), den schon vorher angesprochenen internen Währungspositionsausgleich vornehmen, bei Einzelaufträgen Zulieferungen im Ausland in der risikobehafteten Währung besorgen oder gar die Produktion ins Ausland verlegen (Direktinvestition).

Ebenso bestehen Möglichkeiten, über die Festlegung von Zahlungsbedingungen des *Zahlungs-* Grundgeschäfts Währungsrisiken zu reduzieren oder ganz auszuschließen. Ein per- *bedingungen* fekter Risikoausschluß gelingt z. B. bei Fakturierung in Inlandswährung. Bei Anzahlungen und Vorauszahlungen wird wenigstens ein Teil des Rechnungsbetrages voll gesichert. Ähnlichen Sicherungserfolg vermögen Kurssicherungsklauseln, also das Knüpfen des vereinbarten Kurses an einen Index, und Währungsoptionen zu bringen, bei denen der Gläubiger die Zahlung in der von ihm gewünschten Währung verlangen kann.

Risikovorbeugende Maßnahmen
Reservenbildung Risikozuschläge in der Kalkulation Streuung des Wechselkursrisikos
Risikovermeidende und -vermindernde Maßnahmen
durch unternehmerische Anpassung Zahlungsverzögerung und -beschleunigung interner Währungspositionsausgleich Kauf von Vorleistungen in Fremdwährung Direktinvestitionen im Ausland **durch Vertragsgestaltung des Grundgeschäfts** Fakturierung in Inlandswährung Vorauszahlung/Anzahlung Kontrahierung in Drittwährung Kurssicherungsklauseln Währungsoptionsrechte
Risikokompensierende Maßnahmen
Devisenkassageschäfte Devisentermingeschäfte Fremdwährungsguthaben/-kredite (Finanzhedging) Devisenfutures Devisenoptionen Wechselkursversicherung Verkauf von Fremdwährungsforderungen Diskontierung von Währungswechseln Exportfactoring Forfaitierung

Abbildung 7.49: Maßnahmen des Wechselkursmanagements

Die Problematik aller hier angesprochenen Maßnahmen besteht allerdings darin, daß das Risiko auf den Vertragspartner abgewälzt wird. Die Möglichkeiten dieser Sicherungsstrategien sind daher von der Verhandlungsposition bestimmt. Zudem darf nicht übersehen werden, daß der Vertragspartner einen Ausgleich für sein Risiko, z. B. durch Preiszugeständnisse, erwarten wird. Solche Maßnahmen sind also nicht grundgeschäftsneutral. Einen gewissen Ausweg könnte die Vereinbarung einer Drittwährung bieten; dies sichert aber nicht perfekt, sondern bringt sogar den Nachteil, daß möglicherweise beide Marktpartner durch eine Bewegung der Drittwährung schlechter gestellt werden.

Risikokompensierende Maßnahmen sind darauf gerichtet, über das Grundgeschäft grundsätzlich drohende Risiken durch zusätzliche Gegenmaßnahmen möglichst zu neutralisieren. Dazu zählen zum einen Devisengeschäfte, zum anderen Übertragungen der Risiken auf Dritte durch Abschluß von Versicherungen und durch Verkauf von Fremdwährungsforderungen.

Risiko-kompensation

Die Sicherung bei einem Devisentermingeschäft erfolgt dadurch, daß zum Zeitpunkt der Entstehung der Währungsforderung oder -verbindlichkeit ein Verkauf bzw. Kauf der Devisen getätigt wird. Die Lieferung bzw. Abnahme der Devisen per Termin hat zu dem bei Vertragsschluß geltenden Terminkurs zu erfolgen. Da der Industriebetrieb häufig den Liefertermin (= Eingang der Fremdwährung) nicht genau bestimmen kann, besteht auch die Möglichkeit einer **Zeitoption** (Wahl des Liefertermins während einer bestimmten Spanne) oder eines **Anschlußtermingeschäfts**.

Devisen-termin-geschäfte

Devisenterminkontrakte werden inzwischen in standardisierter Form bezüglich Betrag und Laufzeit an verschiedenen Futures-Börsen gehandelt. Diese **Devisen-Futures** stehen zumindest größeren Unternehmen über Banken und Broker ebenfalls zur Absicherung zur Verfügung. Der Sicherungseffekt besteht darin, daß eine zur Originärposition gegenläufige Futures-Position aufgebaut wird. Sinkt der Wert der Originalposition, wird dies durch ein Steigen des Kurses des Devisen-Futures ausgeglichen. Anders als bei den von Banken angebotenen Termingeschäften werden die Geschäfte an den Futures-Börsen nicht unmittelbar zwischen Käufer und Verkäufer verrechnet, vielmehr ist Kontrahent eines jeden Abschlusses die Liquidationskasse (Clearing House) der jeweiligen Börse. Die Folge sind Sicherheitsleistungen und Nachschußpflichten des Kunden. Im Gegensatz zum Handel auf traditionellen Terminmärkten laufen die Kontrakte nur selten bis zu ihrer Fälligkeit. In der Regel werden sie vorher, wenn der Kurs günstig steht oder das abzusichernde Risiko wegfällt, durch den Abschluß entsprechender Gegengeschäfte ausgeglichen.

Eine feste Absicherung ist auch durch **dem Grundgeschäft gegenläufige Fremdwährungsanlagen und -kredite** (Finanzhedging) erreichbar. Das Währungspassiva anhaftende Wechselkursrisiko läßt sich kompensieren, indem der entsprechende Devisenbetrag per Kassa gekauft und solange angelegt wird, bis die passive Währungsposition fällig ist. Analog dient die Kreditaufnahme in fremder Währung zur Kurssicherung von auf ausländische Währung lautenden Forderungen. Der Kurssicherungseffekt des Finanzhedging bedingt den Aufbau betrags- und termingerechter Gegenpositionen zur risikobehafteten Position. Im Gegensatz zum Devisentermingeschäft ist mit der kurssichernden Fremdwährungskreditaufnahme und -anlage ein **zusätzlicher Finanzierungseffekt** verbunden. Demnach sind Zinsen bzw. Zinsersparnisse der Anlage und Aufnahme ins Kalkül miteinzubeziehen.

Finanz-hedging

Die Termin- und Hedginggeschäfte schalten zwar Devisenrisiken aus, erlauben aber auch keine Gewinne bei günstiger Kursentwicklung, weil sie den späteren Kurs eindeutig fixieren. Demgegenüber bieten Devisenoptionen die Möglichkeit, **Risiken zu begrenzen** und gleichzeitig **Gewinnchancen offen zu halten. Der Käufer einer Devisenoption erwirbt das Recht, jedoch nicht die Pflicht, einen festgelegten Devisenbetrag bis zu einem bestimmten Tag (amerikanischer Typ) oder an einem bestimmten Tag (euro-**

Devisen-optionen

päischer Typ) zu kaufen (Kaufoption, Call) oder zu verkaufen (Verkaufsoption, Put). Der **Verkäufer** der Option **(Stillhalter)** hat dagegen die **Pflicht** zur **Abnahme** oder **Lieferung** zum vereinbarten Basispreis, wenn der Käufer die Option ausübt. Dieser bezahlt für das Ausübungsrecht an den Stillhalter eine **Prämie**, deren Höhe am Markt nach Angebot und Nachfrage bestimmt wird. Devisenoptionen werden sowohl von Banken zur Verfügung gestellt (sog. OTC-Optionen) als auch an Optionsbörsen gehandelt.

Um sich gegen fallende Devisenkurse abzusichern, müßte sich ein deutscher Exporteur eine Put-Option mit der dem Grundgeschäft entsprechenden Laufzeit kaufen. Fällt der Devisenkurs unter den gewählten Basispreis, wird der Exporteur die Option ausüben und sich den Umtausch zum Basispreis sichern. Steigt dagegen der Kurs über den Basispreis, wird er die Option verfallen lassen und seine Fremdwährungsguthaben zum Tageskurs umtauschen. In beiden Fällen errechnet sich das realisierte Ergebnis für den Exporteur als Umtauschkurs abzüglich der gezahlten Prämie. Die Wahl einer Option als Sicherungsinstrument erweist sich gegenüber einer festen Absicherung also dann als vorteilhaft, wenn sie nicht ausgeübt wird, weil dann Gewinnchancen realisiert werden.

Das Zielbündel aus Sicherungseffekt und (möglichst niedrigen) Sicherungskosten läßt sich durch spezifische Optionsstrategien günstiger gestalten, die zwei oder mehr Optionsgeschäfte miteinander kombinieren und dadurch die realisierbaren Gewinne und Verluste an die spezifischen Kurserwartungen anzupassen erlauben.

Neben Devisengeschäften bieten auch **Versicherungen** die Möglichkeit zur Kompensation von Währungsrisiken. Die schon bei den Ausfallrisiken angesprochene **HERMES-Absicherung** übernimmt gegen Entgelt auch Wechselkursrisiken. Da die Absicherung aber nicht vollständig gelingt (3% Kursverlust müssen selbst getragen werden), die Gebühren nicht attraktiv sind und nur spezifische Geschäfte abgesichert werden, findet sie nur wenig Zuspruch.

Auch der **Verkauf** von **Fremdwährungsforderungen** über die **Einreichung** von **Fremdwährungswechseln zum Diskont**, über **Factoring** und **Forfaitierung** führt zu einer Absicherung des Wechselkursrisikos.

Auswahl einer adäquaten Kurssicherung

Nicht alle Kurssicherungsinstrumente sind für jedes Geschäft, jede Unternehmensgröße, jede Währung und jeden Zeitraum verfügbar. Die Auswahl der verfügbaren Instrumente hat sich zuerst an den **Sicherungskosten** zu orientieren, zu denen die reinen **Transaktionskosten** wie die **Opportunitätsverluste** zu rechnen sind.

Darüberhinaus sind **weitere Kriterien** heranzuziehen. So ist wichtig, ob die jeweilige Maßnahme nur zur Absicherung eines Einzelgeschäfts **(Individualabsicherung)** oder auch zur **Globalabsicherung** von Risiken herangezogen werden kann. Ebenso müssen **sachliche** oder **betragsmäßige Restriktionen** und die **zeitliche Reichweite** der Sicherung beachtet werden. Die **Einsatzflexibilität** bringt zum Ausdruck, ob das Instrument zeitlich unbeschränkt während des Geschäftsablaufs eingesetzt werden kann. Auch zur **Sicherung** der **Kalkulationsgrundlage** tragen die Instrumente in unterschiedlichem Umfang bei. Mit der Wertigkeit wird erfaßt, ob die Instrumente nur zu Sicherungszwecken dienen (einwertig) oder auch andere Funktionen erfüllen (mehrwertig). Eine große Rolle spielt auch, ob die Sicherung **Auswirkungen** auf das **Grundgeschäft** haben kann (wie es bei der Fakturierung angesprochen wurde) und ob die **Liquidität** durch ausgelöste zusätzliche Einnahmen und Ausgaben positiv oder negativ **beeinflußt** wird. Abbildung 7.50 auf den folgenden beiden Seiten zeigt im Überblick, wie die einzelnen Instrumente entsprechend den genannten Kriterien zu beurteilen sind. Es wird daraus deutlich, daß die Auswahl der adäquaten Kurssicherung im jeweiligen Fall ein schlecht strukturiertes Problem darstellt. Die Entscheidung wird wesentlich von den subjektiven Kurserwartungen und Risikopräferenzen des Entscheidungsträgers geprägt.

c) Management von Zinsrisiken

Zinsrisiken entstehen durch **nicht antizipierte Änderungen** der **Zinshöhe** und der **Zinsstruktur** im Zeitablauf. Sie können sowohl Aktiv- als auch Passivpositionen betreffen und bei Vereinbarung variabler wie fester Zinsen auftreten. So führt z. B. bei einem Zinsrückgang ein zum Festzins aufgenommener Kredit zu Opportunitätsverlusten, wenn damit zinssensitive Aktiva finanziert wurden. Ebenso muß bei einer Kapitalanlage in Festzinspapieren bei einer Zinssteigerung ein Kursverlust hingenommen werden, der die „verschenkten" Zinsen zum Ausdruck bringt. Dem steht allerdings dann die Chance der Wiederanlage zu höheren Zinsen entgegen.

Das **Ausmaß** der Zinsänderungsrisiken eines Unternehmens ist – analog dem Wechselkursrisiko – von der Höhe der risikobehafteten Positionen, der **Schwankungsbreite (Volatilität)** der Zinsen sowie der **Kompensation gleichartig zinsreagibler Aktiv- und Passivpositionen** abhängig.

Ein einfaches Maß zur Bestimmung der Zinsänderungsrisiken ist die Duration. **Sie gibt die durchschnittliche Kapitalbindungsdauer einer Anleihe (eines Kredits) wieder.** Damit wird gleichzeitig der Zeitpunkt bestimmt, zu dem das Kursrisiko einer Finanzanlage durch das (gegenläufige) Wiederanlagerisiko der empfangenen Zinsen gerade aufgehoben wird. Die Kenntnis der Zinssensitivität über die Duration kann bei einzelnen Vermögenspositionen wie bei Vermögensportfolios zur Absicherung gegen das Zinsrisiko genutzt werden. Dazu sind Duration und gewünschte Halteperiode in Übereinstimmung zu bringen. Da sich hierdurch Kursrisiko und Wiederanlagerisiko ausgleichen, kann eine unter Modellannahmen vollständige Immunisierung gegen Zinsrisiken erreicht werden.

Duration

Andere Zinssicherungsvarianten sind – analog den Devisengeschäften zur Wechselkurssicherung – Zinstermingeschäfte, Zinsfutures und Zinsoptionen. Auch über den Tausch von Forderungen und Verbindlichkeiten (Swap-Geschäfte) läßt sich eine Absicherung erreichen.

Anwendungskriterien / Kurssicherungsinstrumente	Möglichkeit einer globalen Kurssicherung	Anwendbarkeit/ Restriktionen	kurz- (1) mittel- (2) langfr. (3) Absicherung	Einsatzflexibilität	Sicherung der Kalkulationsgrundlage	Wertigkeit	Auswirkung auf die Geschäftsbeziehungen	Auswirkung auf die Liquidität in Inlandswährung in t_0
Fakturierung in Inlandswährung	nein	abhängig von Verhandlungsstärke, Handelsusancen und Kurserwartungen	(1), (2), (3)	bis Vertragsabschluß	gegeben	einwertig	negativ	neutral
Kurssicherungsklauseln	nein		(1), (2), (3)	bis Vertragsabschluß	gegeben (bedingt)	einwertig	negativ	neutral
Währungsoptionsrechte	nein		(1), (2), (3)	bis Vertragsabschluß	gegeben (bedingt)	einwertig	negativ	neutral
Zahlungsverzögerung/ beschleunigung	nein	Zahlungsverzögerung beschränkt	abhängig von Laufzeit der Verbind.	gegeben	nicht gegeben	mehrwertig	Zahlungsbeschleunigung positiv	positiv bzw. negativ
Devisenkassageschäfte	ja	nur für Importgeschäfte	(1), (2), (3)	gegeben	nur bei Betrags- und Fristenkongruenz	einwertig	neutral	negativ
Devisentermingeschäfte	ja	bei Funktionsfähigkeit des Devisenmarkts	(1), (2)	gegeben	nur bei Betrags- und Fristenkongruenz	einwertig	neutral	neutral

Instrument								
Devisen-Futures	ja	beschränkter Kreis von Währungen	(1)	gegeben	nicht gegeben Swapsatz-risiko	einwertig	neutral	negativ (Einschuß/Nachschuß)
Fremdwährungs-anlagen und -kredite	ja	längerfristige Kredite nicht für Klein-unternehmen	(1), (2), (3)	gegeben	nur bei Be-trags- und Fristen-kongruenz	mehrwertig	neutral	mehrdeutig
Devisenoptions-geschäfte	ja	beschränkter Kreis von Währungen	(1), (2)	gegeben	nur bei Be-trags- und Fristen-kongruenz	einwertig	neutral	negativ (Prämie)
Wechselkurs-versicherung (Hermes u.a.)	nein	nur für för-derungswür-dige Export-geschäfte	(3)	von Ab-schluß des Ausfuhr-vertrages	beschränkt gegeben	einwertig	neutral	neutral
Diskontierung von Währungs-wechseln	nein	nur für Ex-portgeschäfte	(1)	gegeben, aber gering	erst ab Akzeptleist. gegeben	mehrwertig	neutral	positiv
Export-Factoring	nein	nur für Ex-portgeschäfte	(1)	gegeben, aber gering	erst ab Liefe-rung gegeben	mehrwertig	neutral	positiv
Forfaitierung von Export-forderungen	nein	nur für Ex-portgeschäfte	(1), (2), (3)	gegeben, aber gering	ab Einrei-chung eines Solawechsels	mehrwertig	neutral	positiv

Abbildung 7.50: Instrumente des Währungsmanagements und deren Eignung zur Erfüllung der Anwendungskriterien

Forward Rate Agreement	Ein Forward Rate Agreement (FRA) ist eine Art von **Zinstermingeschäft**. Dabei vereinbaren zwei Parteien zum Zeitpunkt t_0,

- für eine bestimmte zukünftige Zinsperiode ($t_1 - t_2$)
- einen bestimmten Zinssatz (i) sowie
- den Betrag

einer zugrundegelegten Mittelanlage/-aufnahme zu fixieren. Für keine der Parteien ergibt sich ein vorab zu zahlender Betrag. Falls aber der jeweilige Referenzzinssatz zum festgelegten Zeitpunkt (t_1) unter oder über dem vereinbarten Zinssatz (i) liegt, muß der FRA-Käufer oder der FRA-Verkäufer Ausgleichszahlungen an den Kontrahenten in Höhe der Zinsdifferenz auf den vereinbarten Betrag leisten. Beide Vertragsparteien des FRA sichern sich somit für einen künftigen Zeitraum einen festen, heute schon fixierten Zins.

Zinsfutures

Zinsfutures (Interest Rate Futures) sind **börsengehandelte Finanzterminkontrakte**. Im Gegensatz zu FRA's erfolgt keine individuelle maßgeschneiderte Anpassung. Vielmehr sind die Kontrakte nach Laufzeit und Betrag standardisiert. Zum technischen Ablauf gelten die bei den Devisen-Futures genannten Aspekte sinngemäß. Will der Inhaber einer Festzinsanlage in DM diese gegen Kursverluste bei Zinssteigerungen schützen, dann wird er möglichst betragskongruent BUND-Futures (ein synthetischer Kontrakt auf eine 10-jährige, 6%-ige Anleihe in DM) leer verkaufen. Steigt der Zins nun tatsächlich, so fällt der Kurs des BUND-Futures, den er somit günstiger zur Schließung des offenen Kontrakts erwerben kann. Der hierbei erzielte Gewinn kompensiert den bei der Anlage selbst eingetretenen Kursverlust. Die **Absicherung** gelingt jedoch in der Regel **nicht vollständig**, da an den Futures-Börsen Kontrakte gehandelt werden, deren Basisinstrument nicht notwendig mit der abzusichernden Anlage identisch ist. Die risikobehaftete Anlage und der Zins-Future reagieren damit nicht unbedingt gleich auf Zinsänderungen. Es verbleibt im Gegensatz zum FRA ein **Restzinsrisiko**, auch Basisrisiko genannt.

Zinsoptionen

Der Käufer einer Zinsoption hat gegen Zahlung einer Optionsprämie das Recht, einen Zinssatz oder ein Finanzierungsinstrument zu einem im voraus bestimmten Preis innerhalb der Optionslaufzeit oder zum Fälligkeitstermin zu kaufen oder zu verkaufen. Zinsoptionen eröffnen die Möglichkeit, sowohl Wertpapierportfolios gegen erwartete Kursrückgänge als auch zukünftige Kreditaufnahmen gegen steigende Zinsen zu sichern, ohne die Chance der Teilnahme an günstigen Kursentwicklungen zu verlieren. Wie bei den Devisenoptionen sind börsengehandelte, standardisierte sowie an individuelle Termin- und Betragsbedürfnisse angepaßte, von Banken verkaufte Optionen zu unterscheiden.

Zinsbegrenzungsvereinbarungen

Als spezielle Varianten von Zinsoptionen können Zinsbegrenzungsvereinbarungen (Caps, Floors, Collars) gesehen werden. Ein **Cap** ist eine vertragliche Vereinbarung, in der sich der Verkäufer verpflichtet, über eine fixierte Laufzeit an den Käufer eine Ausgleichszahlung zu leisten, wenn ein Basissatz die vereinbarte Zinsobergrenze übersteigt. Für die eingegangene Verpflichtung muß der Cap-Käufer eine Prämie zahlen. Caps geben dem Industriebetrieb die Möglichkeit, sich gegen **Zinssteigerun-**

gen über die gewünschte **Obergrenze** hinaus **abzusichern** und dennoch günstige Finanzierungskosten bei fallenden oder konstant niedrigen Zinsen zu realisieren. Sie erweisen sich insbesondere in einem Zinsumfeld als vorteilhaft, das von starker Volatilität gekennzeichnet ist.

Ein **Floor** ist die spiegelbildliche Anwendung des Caps. Er sichert den Zinssatz nach unten ab. Es wird vereinbart, daß der Käufer eine Ausgleichszahlung vom Verkäufer erhält, sobald der Referenzsatz unter eine vereinbarte Zinsuntergrenze sinkt. Die Kombination von Floor und Cap, der **Collar** limitiert folglich den variablen Zinssatz des Käufers innerhalb eines bestimmten Bandes auf eine Ober- bzw. Untergrenze. Dadurch können die Kosten eines einfachen Caps reduziert werden, denn die Nettokosten eines Collars errechnen sich aus den Cap-Kosten abzüglich des Floor-Wertes.

Als besonders attraktives Instrument an internationalen Finanzmärkten haben sich Swap-Geschäfte entwickelt. Ein Swap ist ein Tausch von Verpflichtungen aus Forderungen/Verbindlichkeiten (Zinsswap). Bei einem Währungsswap bzw. einem kombinierten Zins- und Währungsswap (cross currency interest swap) werden zusätzlich auch die Kapitalbeträge getauscht. Anhand eines **Zinsswaps**, der volumenmäßig bedeutendsten Swapart, für **Verbindlichkeiten** (Liability Swap) seien Idee und Ablauf eines Swap-Geschäfts beispielhaft verdeutlicht, wobei Abbildung 7.51 Ausgangssituation und Finanzfluß zusammenfassend wiedergibt. *Swap-Geschäfte*

Unternehmen A möge Festsatzkredite zu einem Zins von 6% verfügbar haben, hat aber Bedarf an variablen Krediten, die es zu LIBOR aufnehmen könnte. Unternehmen B habe Zugriff auf variabel verzinsliche Mittel zu LIBOR + 1, sucht aber einen Festsatzkredit, für den es 8% bezahlen müßte. Bei isoliertem Vorgehen zahlen die beiden Unternehmen also für die von ihnen gewünschten Mittel zusammen LIBOR + 8%. Sie könnten stattdessen einen Zinsswap vereinbaren. Dabei nimmt jeder die Kreditart auf, für die er am Markt die relativ günstigsten Konditionen erzielt, und gibt die Zinszahlungsverpflichtung aus der Kapitalaufnahme jeweils an den Vertragspartner weiter. Im Beispiel nimmt also A den Festsatzkredit und B den Kredit mit variablem Zins auf. Nunmehr zahlen die Unternehmen zusammen nur noch LIBOR + 7%. Die insgesamt erzielte Ersparnis von 1% wird je nach Marktmacht zwischen den Partnern aufgeteilt, so daß beiden eine kostengünstigere Finanzierung als bei isoliertem Vorgehen gelungen ist. *Beispiel*

Aus dem einfachen Beispiel werden die **Voraussetzungen** für einen **Zinsswap** deutlich: *Beurteilung*

(1) Für die beiden Marktpartner muß ein zinsrelevanter Bonitätsunterschied an den Finanzmärkten gelten;
(2) Der Zinsvorteil des einen Partners muß auf den beiden Teilmärkten unterschiedlich groß sein;
(3) Beide Marktpartner müssen ein gegenläufiges Finanzierungsinteresse haben.

Zinsswaps können von Unternehmen zur **Zinssicherung** eingesetzt werden, indem bei **Erwartung** von **Zinssteigerungen** zinsvariable Kredite durch einen Swap in **feste Zinsverpflichtungen umgewandelt** werden. Über Swapgeschäfte können also Aktiva wie

Bedingungen für	variabler Zins	Festzins
A	LIBOR	6%
B	L + 1	8%
Differenz	1%	2%

A will Kapital mit variablem Zins
B will Kapital mit Festzins

1. Bei isolierter Finanzierung:

A	LIBOR	
B	8%	
zusammen	L + 8%	

2. Bei Tausch (Swap):

A nimmt Festzins auf	6%	
B nimmt variablen Zins	L + 1	
zusammen	L + 7%	

3. Cash-Rechnung für A (analog für B)

Kosten für Festzins		-6%
Swap-Einzahlung (von B)		$+6+1+x$
Swap-Auszahlung (an B)		$-(\text{LIBOR} +1)$
	Nettobelastung:	$-(\text{LIBOR} - x)$
Alternative: Aufnahme variabler Zins		$-\text{LIBOR}$
	Vorteil	x

Verteilung des gemeinsamen Gewinns ist Verhandlungssache

Abbildung 7.51: Finanzfluß und Vorteile eines Zinsswaps (Beispiel)

Passiva ohne reale Veränderung der Vermögens- und Schuldpositionen und damit auch ohne Bilanzwirksamkeit in die jeweils gewünschte Zinsstruktur gebracht werden.

Neben diesem Sicherungseffekt ist als besonderer Vorteil von Swapgeschäften die **Reduzierung** der **Finanzierungskosten** durch die **Ausnutzung komparativer Kostenvorteile** zu sehen, wie sie im vorigen Beispiel schon herausgearbeitet wurde.

Außer dem reinen Zinsswap sind auch **Währungsswaps** sowie **kombinierte Zins- und Währungsswaps (cross currency interest swaps)** möglich, die auch zur Sicherung gegen Währungsrisiken einsetzbar sind. Noch ungewissem Bedarf an Swapgeschäften kann durch **Optionen auf Swaps (Swaptions)** Rechnung getragen werden.

Bei der Auswahl des problem- und zieladäquaten Sicherungsinstruments gegen Zinsrisiken sind grundsätzlich die bei den Wechselkursrisiken angesprochenen Aspekte zu berücksichtigen.

4. Finanzkontrolle

Ein umfassendes Finanzmanagement muß auch eine Finanzkontrolle enthalten. Sie ist ein **systematischer, periodischer oder bedarfsweise durchgeführter und institutionalisierter Vergleich von geplanten mit realisierten Finanzbeständen und -bewegungen.** Die Kontrolle hat die strategischen und die operativen Finanzpläne zu umfassen. Sie hat zu ermitteln, ob die im Rahmen der Finanzpläne prognostizierten bzw. vorgegebenen Planwerte mit den tatsächlich eingetretenen Ist-Werten übereinstimmen, was die Ursachen für Abweichungen sind und ob gegebenenfalls Korrekturmaßnahmen einzuleiten sind.

Spezielle **Ziele** der Finanzkontrolle sind in der **Erhöhung** der **Treffsicherheit** und Verläßlichkeit von **Finanzprognosen,** der **Überprüfung** der in der Finanzplanung angestrebten **Sollgrößen,** der **Dispositionsverbesserung** sowie der **Deliktaufdeckung und -vermeidung** zu sehen. Insgesamt gesehen sollen dadurch die Kosten für ungeplante zusätzliche Kapitalaufnahmen und für Ertragsverluste reduziert werden, die durch niedrig verzinsliche Sicherheitsreserven und ungeplante Überschüsse sowie durch unkorrektes Verhalten von Mitarbeitern (Betrug, Unterschlagung) entstehen.

Eine sinnvolle Kontrolle erfordert die Abstimmung der Vorgabe und die Erfassung der Ist-Werte. Damit muß z. B. bei der kurzfristigen Finanzplanung eine laufende Aufzeichnung der Zahlungsströme nach den im Finanzplan genutzten Untergliederungen erfolgen.

Abweichungs-
analyse

Die richtige Auswertung der Kontrollergebnisse und die Einleitung sinnvoller Korrekturmaßnahmen setzen eine Analyse festgestellter Abweichungen nach Art und Ursache voraus. **Mengen- und Preisabweichungen** haben ihre Ursache meist in der güterwirtschaftlichen Sphäre, d.h. mengen- oder wertmäßige Güterbewegungen treten nicht in dem geplanten Umfang ein. Auch **Zeitabweichungen,** also Verlagerungen von Zahlungen auf frühere oder spätere Zeitpunkte, werden überwiegend leistungswirtschaftlich bedingt sein. **Dispositionsabweichungen** liegen dagegen vor, wenn die Finanzabteilung die im Finanzplan vorgesehenen Ein- und Auszahlungen nach Art, Höhe oder Zeitpunkt nicht plangemäß abgewickelt hat.

Abweichungs-
ursachen

Als Abweichungsursachen und Fehlerquellen kommen Eingabefehler, Modellfehler, Zufallsfehler und Dispositionsfehler in Frage. Bei **Eingabefehlern** werden, z. B. von anderen Plänen übernommene, **falsche Eingabedaten** in das Finanzplanungsmodell übertragen. Bei **Modellfehlern** wird die finanzwirtschaftliche **Realität,** z. B. das Zahlungsverhalten von Kunden, **nicht** (mehr) **adäquat** im **Prognosemodell** abgebildet. **Zufallsfehler** sind typische Streuungen der Ist-Werte aufgrund der **stochastischen Natur** der Zahlungsströme. **Dispositionsfehler** dagegen sind auf vorsätzliches, fahrlässiges oder durch fehlende Qualifikation ausgelöstes **fehlerhaftes Verhalten,** also auf menschliches „Versagen" zurückzuführen. Die einzuleitenden Korrekturmaßnahmen haben sich an der Art und Ursache der Abweichungen zu orientieren.

Als ein einfaches Beispiel für die Kontrolle der strategischen Finanzplanung sei der RONAgraph dargestellt, dessen Konzept Abbildung 7.52 (vgl. folgende Seite) zeigt.

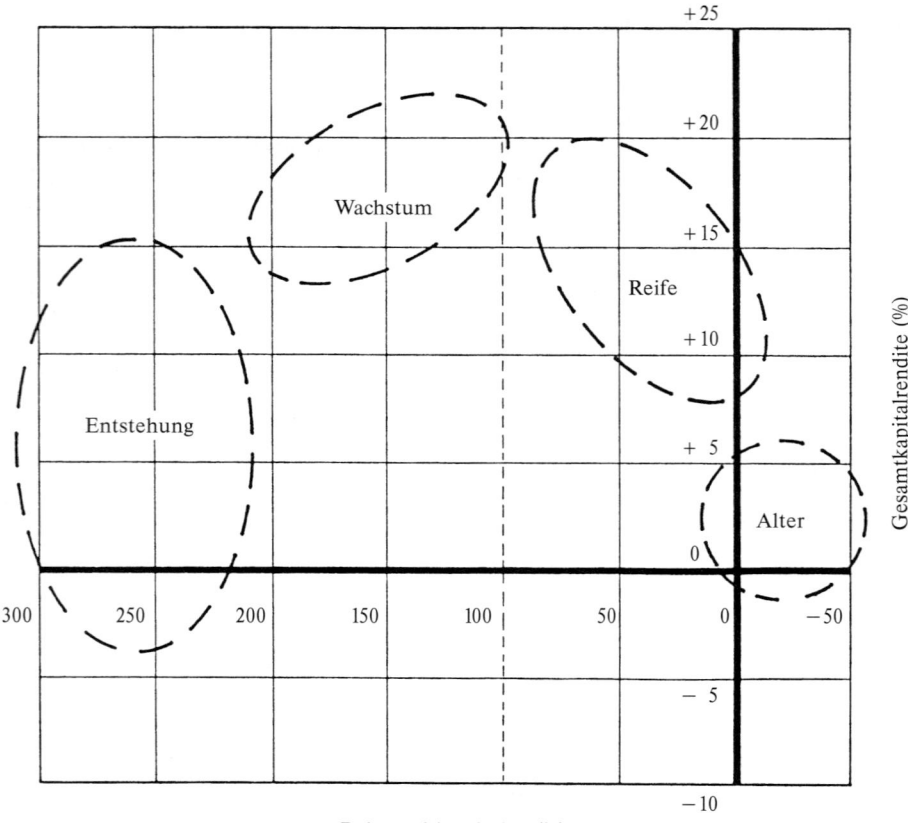

Abbildung 7.52: RONAgraph

Quelle: Andreae (1982)

Der RONAgraph zeigt auf der y-Achse die Gesamtkapitalrendite (Return on Net Assets) und auf der x-Achse den Reinvestitionsindex, gemessen als pro Periode benötigtes Kapital in % des Umsatzes. Es gibt nun einige Normpositionen, an denen sich Produkte oder strategische Einheiten gemäß eines idealen Lebenszyklus bewegen sollten. Dieser geplante oder erwartete Verlauf läßt sich schon vorab in das Schema eintragen. Die Abbildung selbst gibt einen typischen Verlauf der Kombination von Rendite und Reinvestitionsindex in den unterschiedlichen Lebenszyklusphasen wieder. Um den RONAgraphen als Kontrollinstrument zu benutzen, braucht lediglich eingetragen zu werden, wie sich die jeweilige strategische Geschäftseinheit oder ein spezifisches Produkt tatsächlich während seines Lebenszyklus bewegt. Ein solches, zugegebenermaßen grobes Vorgehen der Positionen kann deutlich machen, inwiefern die kontrollierte Einheit im Bezug auf Rendite und Cash-Position den erwarteten Pfad realisiert. Bei Abweichungen hat sich eine detaillierte Ursachenanalyse anzuschließen.

1062

Kommentierte Literaturhinweise

Bei der Literatur zur Finanzwirtschaft der Unternehmung lassen sich grob drei Kategorien unterscheiden. Einführende und kompakte Darstellungen, einführende und ausführliche Darstellungen sowie Darstellungen zu speziellen Fragen der Finanzwirtschaft. Zur ersten Kategorie zählen sicherlich CHMIELEWICZ (1976), GERKE/PHILIPP (1985), LOISTL (1986), SCHMIDT (1986), SPREMANN (1991) und REH-KUGLER/SCHINDEL (1989b) sowie FRANKE/HAX (1990) mit einer modernen kapital-markttheoretischen Sichtweise. Zur zweiten Kategorie ist die umfassende Behandlung finanzwirtschaftlicher Fragestellungen in SCHNEIDER (1990) zu zählen, ferner COPELAND/WESTON (1988) und BREALEY/MYERS (1988). Ebenfalls breit angelegt, wenn auch kompakter als SCHNEIDER ist PERRIDON/STEINER (1988). Beide genannten Kategorien decken (meist) alle hier behandelten Fragestellungen ab und bilden eine Vertiefung der einführenden Fragestellungen. Hierzu ist ebenfalls GUTENBERG (1980) zu zählen. Zur Kapitalmarkt- und Finanzierungstheorie ist u. a. auf DRUKARCZYK (1980), HALEY/SCHALL (1979), RUDOLPH (1979), SWOBODA (1986 und 1991) sowie LOISTL (1990 und 1991) zu verweisen. Vor dem Hintergrund der historischen Ent-wicklung der Finanzierungstheorie sind als wichtige Aufsatzsammlungen SMITH (1990) und SEELBACH (1980) zu nennen.

Allgemeine und umfassende Darstellungen zu den „klassischen" Fragestellungen von Investitionsentscheidungen, wie Beurteilung der Vorteilhaftigkeit, Alternativenaus-wahl, Bestimmung von Nutzungsdauern und Ersatzzeitpunkten finden sich bei ALTROGGE (1988), BLOHM/LÜDER (1988), HEINHOLD (1989) und KRUSCHWITZ (1990). Die „moderne", anglo-amerikanische Sichtweise der Investition betont dagegen den Gedanken der Portfolio-Selection. Als in diese Sichtweise umfassend einführende Darstellungen sind ELTON/GRUBER (1987) und JONES (1988) zu nennen. Nicht nur historisch bedeutsame Quellen dieser Sichtweise sind MARKOWITZ (1952) und SHARPE (1970).

Eine Sonderstellung nehmen die Verfahren zur Beurteilung von Finanzanlagen ein. Im Bereich der Fundamentalanalyse, die vorwiegend durch ihren Teilbereich „Jah-resabschlußanalyse" dominiert wird, ist zunächst COENENBERG (1990) mit seiner ausführlichen Darstellung von Jahresabschluß und Jahresabschlußanalyse zu nen-nen. Speziell auf den Themenkomplex „Jahresabschlußanalyse" beziehen sich LANGE (1989) und REHKUGLER/PODDIG (1990). Eine stärker theoretisch orientierte Darstel-lung bietet LEFFSON (1984a). Darstellungen zur technischen Analyse finden sich bei BUCHNER (1981), HIELSCHER (1990), LOISTL (1989) und WELCKER/THOMAS (1981).

Bei der Behandlung von Finanzierungsformen und -quellen ist, neben den schon erwähnten Grundlagenwerken und umfassenden Büchern wie WÖHE/BILSTEIN (1986), DRUKARCZYK (1989) und VORMBAUM (1990), auf viele Darstellungen zu Spe-zialfragen zu verweisen. So ist OBST/HINTNER (1988) eine umfassende, häufig an den „technischen" Gegebenheiten orientierte Darstellung von Finanzmärkten, -institu-tionen und -instrumenten. Die Möglichkeiten der Beschaffung von Risikokapital stellen ALBACH/HUNSDIEK/KOKALJ (1986) umfassend dar. Zur Gestaltung der Kapitalstruktur (Eigen- versus Fremdkapital) ist insbesondere auf den klassischen Aufsatz von MODIGLIANI/MILLER (1958) hinzuweisen. Fragen der internationalen Finanzierung werden angesprochen in BÜSCHGEN (1986), BÜSCHGEN/RICHOLT (1989), MACHARZINA (1985) und PAUSENBERGER/VÖLKER (1985).

Zum Finanzmanagement allgemein ist zunächst SÜCHTING (1989) zu nennen. Bei Spezialfragen des Finanzmanagements, wie z. B. Kreditmanagement (POPP 1989, RÖDL/WINKELS 1983), Exportfinanzierung (BLOMEYER 1986, KUTTNER 1988, TOPRITZHOFER/MOSER 1990), (Zins-)Termingeschäfte (BÜSCHGEN 1988, FRANK 1990) oder Cash-Management (JETTER 1987, KETTERN 1987) empfiehlt sich ein Rückgriff auf die Spezialliteratur. Ein wichtiges Thema aus dem Bereich des Risikomanagements, nämlich Fragen des Währungsmanagements, wird bei WERMUTH/OCHYNSKI (1987) und WITTGEN (1977) behandelt. Auf Fragen der Finanzplanung und -kontrolle gehen HAUSCHILDT/SACHS/WITTE (1981) ein; zur strategischen Finanzplanung sei auf REHKUGLER (1989) verwiesen.

Fragen und Aufgaben zur Selbstkontrolle und Vertiefung

Fragen

1. Wie ist die praktische Relevanz des „Lohmann-Ruchti-Effekts" zu beurteilen?

2. „Die finanziellen Auswirkungen stiller Reserven sind auf steuerliche Aspekte beschränkt." Diskutieren Sie diese Aussage!

3. Wie wirkt sich die Risikoeinstellung der Entscheidungsträger auf die Ausnützung des „Leverage-Effekts" aus?

4. Wie läßt sich die Einräumung eines Bezugsrechts für die bisherigen Aktionäre begründen?

5. Wie muß die Formel für die Berechnung des Wertes des Bezugsrechts variiert werden, wenn die jungen Aktien nur für ein halbes Jahr dividendenberechtigt sind?

6. Untersuchen Sie die Möglichkeiten der Eigenkapitalaufnahme in Abhängigkeit von der Rechtsform!

7. „Finanzierungsregeln sind theoretisch nicht begründbar. Aus diesem Grunde ist ihnen keine praktische Bedeutung zuzumessen". Stimmen Sie dieser Aussage zu? Begründen Sie Ihre Antwort!

8. Wie ist die finanzielle Bedeutung von Pensionsrückstellungen zu beurteilen?

9. In welcher Weise erfüllen Kapitalbeteiligungsgesellschaften die typischen Funktionen von Finanzintermediären?

10. Welche Hilfe leisten Länderrisikokonzepte beim Kreditmanagement?

11. Welche Unterstützungen leistet HERMES der deutschen Exportwirtschaft?

12. Diskutieren Sie die Möglichkeiten, die Signalling zum Abbau der asymmetrischen Informationsverteilung leistet!

13. Welche Kriterien sollen die Auswahl von Sicherungsmaßnahmen gegen Währungsrisiken bestimmen?

14. Zeigen Sie am Beispiel einer Doppelwährungsanleihe, in welche elementaren Bestandteile sie sich zerlegen läßt!

15. Wie kann sich ein Rentenfonds gegen Zinsrisiken absichern?

16. Wie ist der Einfluß von Steuern auf die Kapitalauswahl zu beurteilen?

17. Stellt das Konzept der Endwertmaximierung einen brauchbaren Ausweg aus der Problematik des Kalkulationszinsfußes dar? Begründen Sie Ihre Ansicht!

18. Wie ist zu erklären, daß verschiedene Modellansätze der „optimalen Selbstfinanzierung" zu unterschiedlichen Ergebnissen kommen?

19. Bilden Sie in einem Koordinatensystem zwei sich schneidende Kapitalwertfunktionen ab und interpretieren Sie ihre markanten Punkte!

20. Stellen Sie die Problematik bei der Formulierung „vollständiger" Investitionsalternativen dar!

21. Zeigen Sie, daß die Kapitalwertmethode ein Spezialfall der Endwertmaximierung ist!

22. Beurteilen Sie die Aussagefähigkeit der Kapitalflußrechnung mit Fondsausgliederung!

23. Kennzeichnen Sie die Problematik einer Ermittlung des „richtigen" Kalkulationszinsfußes! Was trägt das CAPM zur Lösung des Problems bei?

24. Warum wird in verschiedenen Investitionsrechenverfahren abgezinst?

25. Skizzieren Sie Methoden der Unsicherheitsbewältigung bei Einzelinvestitionen und Investitionsprogrammen!

26. Beurteilen Sie den möglichen Einfluß der Investitionsgüteranbieter auf betriebliche Investitionsentscheidungen!

Aufgaben

1. Ein metallverarbeitendes Unternehmen benötigt für seine Fertigung Drehteile. Diese können selbst hergestellt oder von außen bezogen werden. Im einzelnen bieten sich folgende Alternativen an:

(1) **Kauf einer Drehmaschine traditioneller Bauart**
Anschaffungskosten 24 000 DM, Nutzungsdauer 6 Jahre, Kapazität 8 000 Stück/Jahr, Gehälter 5 000 DM/Jahr, sonst. fixe Kosten 4 000 DM/Jahr, Löhne 22 000 DM/Jahr, Material 40 000 DM/Jahr, sonst. variable Kosten 3 000 DM/Jahr, Kalkulationszinssatz 8%

(2) **Kauf einer halbautomatischen Drehmaschine**
Anschaffungskosten 60 000 DM, Nutzungsdauer 6 Jahre, Kapazität 10 000 Stück/Jahr, Gehälter 5 000 DM/Jahr, sonst. fixe Kosten 6 000 DM/Jahr, Löhne 8 000 DM/Jahr, Material 45 000 DM/Jahr, sonst. variable Kosten 3 000 DM/Jahr, Kalkulationszinssatz 8%

(3) **Fremdbezug der Drehteile** Preis: 12,50 DM/Stück
Welche der drei Alternativen ist zu wählen, wenn
a. die Maschinen mit voller Kapazität produzieren?
b. der Jahresbedarf 2.500 Drehteile beträgt?
c. der Jahresbedarf 4.000 Drehteile beträgt?
Ermitteln Sie auch die kritischen Mengen mathematisch und graphisch!

2. Der Unternehmer Kühl kann sich zwischen zwei Anlagealternativen nicht entscheiden: Folgende Daten hat er für Sie ermittelt:

	A_1	A_2
Anschaffungskosten	1 000 000	1 200 000
Rückflüsse (= Umsätze minus Betriebskosten)		
Periode 1	200 000	500 000
Periode 2	300 000	400 000
Periode 3	400 000	300 000
Periode 4	500 000	200 000
Restwert (in Periode 4)	–	200 000

Zeigen Sie Herrn Kühl, welche Alternative nach der Gewinnvergleichsrechnung die günstigste ist, wenn als Zinssatz 10% angesetzt werden und der durchschnittliche Gewinn der vier Nutzungsperioden zugrundegelegt wird! Erläutern Sie Herrn Kühl, ob der Einsatz der Gewinnvergleichsrechnung hier sinnvoll ist!

3. Gegeben sei eine Investitionsmöglichkeit, die sich durch folgende Daten charakterisieren läßt: Anschaffungsausgaben: 1 000 000 DM, Einnahmen in t_1: 400 000 DM, Einnahmen in t_2: 500 000 DM, Einnahmen in t_3: 500 000 DM, Einnahmen in t_4: 500 000 DM, Einnahmen in t_5: 500 000 DM, Einnahmen in t_6: 500 000 DM, laufende Ausgaben/Periode 200 000 DM, Resterlös 100 000 DM.

a. Berechnen Sie die Vorteilhaftigkeit dieser Investition mit der Kapitalwert-methode (Kalkulationszinsfuß $r = 10\%$) und begründen Sie Ihre Investitions-entscheidung!

b. Die Länge der Nutzungsdauer der Investition sei mit Risiko behaftet. Über-prüfen Sie die Auswirkungen dieses Risikos auf die Vorteilhaftigkeit der Investition mit der Sensitivitätsanalyse und berechnen Sie den kritischen Wert! (Der Resterlös soll auch bei kürzerer Nutzungsdauer 100 000 DM betragen!)

4. Gegeben sei eine durch folgende Zahlungsreihe charakterisierte Investition:

t_0	t_1	t_2	t_3	t_4
$-1\,000$	$+300$	$+400$	$+400$	$+500$

a. Untersuchen Sie die Vorteilhaftigkeit dieser Investition mit Hilfe der Kapital-wertmethode. Der Kalkulationszinssatz r sei 20%!

b. Wie verändert sich das Ergebnis, wenn man Steuern in die Rechnung mitein-bezieht? Der Steuersatz s sei 50%, die Investition voll eigenfinanziert, es soll linear abgeschrieben werden.

5. Für zwei Investitionsalternativen seien folgende Zahlungsreihen geschätzt wor-den:

Periode	0	1	2	3	4
A_1	$-2\,000$	$+200$	$+200$	$+200$	$+2\,200$
A_2	$-2\,700$	$+1\,500$	$+1\,000$	$+800$	

a. Lassen sich die beiden Alternativen problemlos vergleichen? Wie müßte eigent-lich vorgegangen werden? Welche Daten wären dazu erforderlich?

b. Berechnen Sie die günstigste Alternative nach der Kapitalwertmethode (Zins-fuß 4%)!

c. Ermitteln Sie (graphisch und durch Interpolieren) die interne Verzinsung der beiden Alternativen!

d. Interpretieren sie die Ergebnisse von b. und c.!

6. Gegeben seien die beiden folgenden Anlagemöglichkeiten:

Aktie 1:

Marktzustand	Rendite	Wahrscheinlichkeit
gut	20%	$\frac{1}{4}$
durchschnittlich	16%	$\frac{1}{2}$
schlecht	12%	$\frac{1}{4}$

Aktie 2:

Marktzustand	Rendite	Wahrscheinlichkeit
gut	6%	$\frac{1}{4}$
durchschnittlich	8%	$\frac{1}{2}$
schlecht	10%	$\frac{1}{4}$

a. Berechnen Sie Erwartungswerte und Standardabweichungen für die Renditen der beiden Aktien sowie die Kovarianz und den Korrelationskoeffizienten zwischen den Renditen der beiden Aktien!

b. Berechnen Sie Erwartungswerte und Standardabweichungen für die folgenden Portfolios: Portfolio 1 besteht zu 50% aus Aktie 1 und 50% aus Aktie 2, Portfolio 2 zu $\frac{1}{3}$ aus Aktie 1 und zu $\frac{2}{3}$ aus Aktie 2.

c. Zeichnen Sie den Verlauf der Kurve aller möglichen Portfolios, gebildet aus den Aktien 1 und 2, in den Erwartungswert-Standardabweichungs-Raum ein und interpretieren Sie den Verlauf der Kurve!

7. Das stark expandierende Unternehmen Hugo Schell OHG erwirbt zum Zeitpunkt t_0 5 Maschinen zu je 5 000 DM. Die Nutzungsdauer der einzelnen Maschinen soll 5 Jahre betragen. Die Hugo Schell OHG plant, die anfallenden Abschreibungsbeträge jeweils wieder in neue Maschinen zu investieren. Zeigen Sie den Kapazitätserweiterungseffekt für eine Zeitspanne von 10 Jahren!

8. Die Produkta AG, bisheriges Grundkapital 2 000 000 DM möchte zur Durchführung ihrer Investitionen ihr Kapital erhöhen. Sie benötigt liquide Mittel in Höhe von 1 000 000 DM. Der jetzige Börsenkurs steht auf 240 je 50 DM-Aktie, die Ausgabe der jungen Aktien soll zu 200 je 50 DM-Aktie erfolgen.

a. Berechnen Sie die nominelle Kapitalerhöhung und das Bezugsverhältnis!

b. Berechnen Sie den Wert des Bezugsrechts, wobei alternativ gelten soll, daß die jungen Aktien
    – im Ausgabejahr voll dividendenberechtigt sind,
    – nur für das halbe Jahr dividendenberechtigt sind (Dividendensatz 12%)!

Achter Teil

Innovationswirtschaft

Von Peter Uwe Kupsch, Rainer Marr und Arnold Picot

Die Erstellung dieses Beitrags für die 9. Auflage erfolgte unter Mitarbeit von Rahild Neuburger, Johann Niggl und Hans-Georg Weber.

I. Grundlagen der industriellen Innovationswirtschaft

Die Entwicklung von Industriebetrieben wird durch zahlreiche marktliche, technologische und organisatorische Veränderungen geprägt. Weisen diese Änderungen einen hohen Neuigkeitswert auf, spricht man von Innovationen. Entstehung, Überleben und Erfolg des Industriebetriebs sind in einer Wettbewerbswirtschaft ohne Innovationen nicht denkbar.

1. Innovationswirtschaftliche Grundtatbestände

a) Innovation als wissenschaftliches Erkenntnisobjekt

Es läßt sich bisher keine Theorie finden, die das Phänomen Innovation umfassend und geschlossen erklärt (vgl. Gerybadze 1982). Die Vielschichtigkeit dieses Erfahrungsgegenstandes zeigt sich in der Interdisziplinarität der Innovationsforschung. Verschiedene wissenschaftliche Richtungen beschäftigen sich im Rahmen ihrer jeweiligen Forschungsinteressen mit Innovationen. Dabei beleuchten sie dieses Phänomen aus jeweils unterschiedlichen Perspektiven. Die **Psychologie** beispielsweise beschäftigt sich mit Aspekten menschlicher Kreativität als einem wesentlichen Faktor für die Entstehung von Neuerungen sowie mit Akzeptanzproblemen bei ihrer praktischen Umsetzung. Generelle Ausbreitungsbedingungen und gesellschaftliche Faktoren, die die Entwicklungsdynamik von Innovationen beeinflussen, sowie die Erforschung der gesellschaftlichen Auswirkungen des technischen und organisatorischen Wandels bilden primär das Erkenntnisinteresse der **Soziologie**. Die **Betriebswirtschaftslehre** beleuchtet die ökonomischen und organisatorischen Aspekte des Innovationsphänomens aus unternehmerischer Perspektive. Ihr wissenschaftliches Interesse besteht in der Erklärung und zielorientierten Gestaltung einzelwirtschaftlicher Neuerungen, wobei je nach wissenschaftlichem Standpunkt und Erklärungsinteresse auch Erkenntnisse anderer wissenschaftlicher Disziplinen Berücksichtigung finden.

Interdisziplinarität der Innovationsforschung

Die sogenannte „österreichische Schule" um die Wirtschaftswissenschaftler Schumpeter (1926), Menger (1971) und Mises (1933) hat eine ökonomische Theorie entwickelt, die das Auftreten von Innovationen erklärt. Innovationen sind danach die logische Konsequenz dynamischen unternehmerischen Handelns in einer Wettbewerbswirtschaft. Neuere Vertreter dieser als Austrianismus bezeichneten Theorierichtung (z. B. Kirzner (1978), Hayek (1969) und Lachmann (1984)) haben diese Gedanken aufgegriffen und weiterentwickelt.

Innovation aus dem Blickwinkel der ökonomischen Theorie

Den Ausgangspunkt des Austrianismus bildet die Kritik an der gleichgewichtsorientierten Theorie der Neoklassik. **Deren Erklärungsinteresse bezieht sich auf die Herausbildung von Marktgleichgewichten durch Variation von Gütermengen und -preisen.**

Neoklassik

Den Unternehmen, die sich im Modell der Neoklassik durch genau spezifizierte Produktionsfunktionen abbilden lassen, wird unterstellt, daß sie sich – von Monopolsituationen abgesehen – ausschließlich als Mengenanpasser verhalten. Für diese sind die Güterpreise exogen gegeben. In dieser Modellwelt herrscht vollkommene Markttransparenz und somit kostenlose Information sowie Gleichheit des Informationsstandes aller Wirtschaftssubjekte. Innovationen sind darin aufgrund der vollkommenen, gleichverteilten Information und der Annahme der ausschließlichen Existenz homogener Güter nicht möglich. Ein nach Informationsvorsprüngen oder nach Informationsunterschieden suchender Unternehmer findet in diesem Wirtschaftsmodell keinen Platz.

*Austria-
nismus*

Die Vertreter des Austrianismus versuchen nun, die ökonomische Bedeutung unternehmerischen Handelns und des dadurch initiierten Marktprozesses zu erklären (vgl. hierzu z. B. Schneider 1991). Die prozeßorientierte Sichtweise basiert auf der Annahme, daß die Interessen, Fähigkeiten und Kenntnisse von markthandelnden Individuen nicht mehr gleichverteilt oder in gleicher Weise bekannt sind. Dadurch ergibt sich prinzipiell die Möglichkeit, daß neue oder noch nicht allseits bekannte Informationen im Marktprozeß auftreten können. Im Mittelpunkt steht dabei die Untersuchung der Marktkräfte, die existierende Marktgleichgewichte zerstören, Marktungleichgewichte wieder in Gleichgewichte überführen oder Gleichgewichte gar nicht erst in Erscheinung treten lassen. Die Bedingungen dieser Anpassungsvorgänge werden mit

*Schöpferi-
scher Unter-
nehmer*

Hilfe eines Marktprozesses beschrieben, in dem ein „schöpferischer Unternehmer" (Schumpeter) als Motor für technische, ökonomische, organisatorische und soziale Veränderungen auftritt. **Schöpferisches unternehmerisches Handeln äußert sich im Auffinden und der Umsetzung neuartiger produktiver Kombinationen,** wie der
– Erzeugung neuer Güter oder Güterqualitäten,
– Einführung neuer Produktions- und Absatzmethoden,
– Erschließung neuer Absatzmärkte,
– Schaffung neuer Bezugsquellen von Rohstoffen oder Halbfabrikaten, sowie der
– Durchführung organisatorischer Anpassungen (vgl. Schumpeter 1926, S. 100 ff.).

Solch schöpferische Initiativen werden in einem Marktprozeß einer harten wettbewerblichen Prüfung unterworfen. Sie werden von anderen imitiert und dadurch letztlich abgebaut, so daß sich stets die Anforderung ergibt, neues wirtschaftlich relevantes Wissen sowie Informationsunterschiede zu entdecken, aufzubauen und zu verwerten. Marktlicher Wettbewerb sowie die Möglichkeit zu gewinnorientiertem unternehmerischen Handeln stellen demnach die zentrale Quelle für das Auftreten von Innovationen dar.

b) Grundbegriffe

Innovation, Invention, Imitation

Die Abgrenzung des Begriffs „Innovation" ist schwierig, da er zwei unterschiedliche innovationswirtschaftliche Sachverhalte bezeichnet.

Der Innovationsprozeß im weiteren Sinn wird in einen Entstehungs- und einen Markt-zyklus unterteilt. Der erste umfaßt die Phasen Forschung und Entwicklung, der zweite beinhaltet die Markteinführung, Marktdurchsetzung und Konkurrenzentstehung durch Nachahmung (vgl. z. B. Brockhoff 1988, S. 20).

Innovations-prozeß im weiteren Sinn

Unter Innovationsprozeß im engeren Sinn versteht man die erfolgreiche Einführung einer neuartigen Sach- oder einer Dienstleistung in einen Markt. Dabei ergibt sich die Notwendigkeit, die mit diesem Innovationsbegriff eng verbundenen Termini Invention und Imitation, die ebenfalls Ergebnisse im Rahmen des innovationswirtschaftlichen Prozesses sind, abzugrenzen.

Innovations-prozeß im engeren Sinn

Unter einer Invention wird eine eher zeitpunktbezogene Erfindung oder Entdeckung verstanden. Der Begriff bezieht sich insbesondere auf den Erwerb neuer Erkenntnisse im technisch-naturwissenschaftlichen Bereich. Häufig entstehen Inventionen ohne konkreten Anwendungsbezug. Ihre Bedeutung ist damit meistens noch wenig spezifizierbar. Allerdings beinhalten Inventionen ein Anwendungspotential, das für eine zielorientierte Verbesserung von Verfahrensweisen oder Produkten genutzt werden kann. Inventionen schaffen Wissen, das – abgestimmt auf die unternehmensspezifischen Belange – in Innovationen umzusetzen ist. Meistens sind industrielle Inventionen das Ergebnis geplanter Forschungs- und Entwicklungsaktivitäten. Es kann aber auch der Fall eintreten, daß Erfindungen durch das Zusammentreffen bestimmter Faktoren zufällig gemacht werden **(serendipity effect).**

Invention

Das Ergebnis der Konkurrenzbildung durch Nachahmung ist die Imitation. **Sie bezeichnet im allgemeinen die Durchführung von Neuerungen auf der Grundlage „fremder" Erkenntnisprozesse,** v. a. wenn das für eine Neuerung erforderliche Wissen in Konkurrenzorganisationen gewonnen wurde. Wird neues Wissen hingegen aus anderen Verwendungszusammenhängen übertragen, verwischen die Grenzen zwischen Innovation und Imitation.

Imitation

Spektrum innovationswirtschaftlicher Tatbestände

Innovationswirtschaftliche Entscheidungsprobleme stellen sich in allen Betriebswirtschaften. Die Innovationsproblematik kann weder auf einzelne Wirtschaftszweige noch auf einzelne Funktionsbereiche beschränkt werden. **Der Begriff Innovationswirtschaft beinhaltet dementsprechend jene betriebswirtschaftlichen Entscheidungstatbestände, die sich auf generelle Probleme des Aufspürens und Durchsetzens von Neuerungen in Wirtschaftsbetrieben beziehen.** Aufgrund der Vielschichtigkeit innovationswirtschaftlicher Entscheidungstatbestände ist es sinnvoll, eine stärkere Eingrenzung vorzunehmen. Denkbar ist eine Beschränkung auf Innovationen in den einzelnen betrieblichen Funktionsbereichen (z. B. Beschaffung, Produktion, Absatz, Finanzierung). Diese Einteilung blendet aber jeweils die anderen Funktionsbereiche aus der Betrachtung aus und kann somit zu suboptimalen Einzelergebnissen führen. Zur Bewältigung des seinem Charakter nach funktionsübergreifenden Innovationsproblems bietet sich eine wirtschaftszweigorientierte Betrachtungsweise an. Im Rahmen der industriellen Innovationswirtschaft werden innovationswirtschaftliche

Innovations-wirtschaft

Tatbestände in Industriebetrieben untersucht. Im Mittelpunkt stehen dabei Entscheidungsprobleme, die sich mit der Entstehung und der erfolgreichen Verwertung neuartiger Güter und Verfahren beschäftigen. Im Zusammenhang damit müssen aber auch organisatorische, personalwirtschaftliche oder finanzwirtschaftliche Tatbestände auf ihre innovationsfördernde Gestaltung hin untersucht werden. Auch in den erwähnten Funktionsbereichen können innovative Maßnahmen, Methoden oder Technologien entwickelt werden, die eine erfolgreichere Realisierung von Innovationen im Leistungsbereich gewährleisten. Eine Beschränkung auf den wichtigsten Bereich industrieller Innovationswirtschaft, den Forschungs- und Entwicklungsbereich, ist daher problematisch.

Entstehungs-
und Markt-
zyklus

Das Innovationsgeschehen läßt sich in einen Entstehungszyklus (Forschung und Entwicklung) und in einen Marktzyklus unterteilen.

Forschung
und
Entwicklung

Aufgabe von Forschung und Entwicklung (FuE) ist die systematische und durch wissenschaftliche Methoden unterstützte Gewinnung von Wissen, dessen Umsetzung in konkrete Innovationsvorhaben sowie deren sukzessive Entwicklung zu marktgängigen Produkten oder anwendbaren Verfahren (vgl. z. B. Marr 1973, S. 28 ff.; Kern/Schröder 1977, S. 16). Die Gewinnung von Wissen bezieht sich vor allem auf technische und naturwissenschaftliche Tatbestände und ist im Industriebetrieb meist an späteren Anwendungsmöglichkeiten orientiert. Beispielsweise könnte eine Forschungsaufgabe darin bestehen, neue Erkenntnisse in der Lasertechnik in Bezug auf praktische Anwendungsmöglichkeiten im Werkzeugmaschinenbau zu gewinnen. Erkenntnisse über neuartige Materialbearbeitungsformen würden dann im Rahmen von Entwicklungsprojekten zur Verbesserung bestehender oder zur Konzipierung neuartiger Werkzeugmaschinen umgesetzt.

Der Bereich Forschung und Entwicklung gliedert sich in Grundlagenforschung, angewandte Forschung, Neu- und Weiterentwicklung sowie Erprobung (vgl. Abbildung 8.1).

Grundlagen-
forschung

Die Grundlagenforschung zielt auf die Gewinnung allgemeiner wissenschaftlicher Erkenntnisse ab, die in keinem direkten Bezug zu konkreten Anwendungsmöglichkeiten stehen. Im Gegensatz zur reinen oder zweckfreien Forschung besitzt die Grundlagenforschung instrumentellen Charakter. Sie wird in betriebswirtschaftlichen Organisationen nicht um ihrer selbst willen betrieben, sondern in der Absicht, Wissenspotentiale für spätere, noch nicht spezifizierte Nutzungen zu schaffen.

Angewandte
Forschung

Die angewandte Forschung konzentriert ihr Erkenntnisinteresse unmittelbar auf fest umrissene Problemstellungen. **Ihr Ziel ist es, innerhalb eines bestimmten Zeitrahmens Erkenntnisse der Grundlagenforschung zur Lösung von Problemen im Bereich von Produkten oder Verfahren anzuwenden.** Das Ergebnis dieser Anstrengungen sind Anwendungserkenntnisse und Erfindungen (Inventionen). Diese Erkenntnisse können, im Gegensatz zu denen der Grundlagenforschung, zeitlich befristet durch Patente (vgl. S. 1104) vor der Nutzung durch die Konkurrenz geschützt werden.

Die Begriffe Grundlagenforschung, angewandte Forschung und Entwicklung sind in der Praxis nicht immer eindeutig abgrenzbar. Daher lassen sich ihnen bestimmte Teilaktivitäten nicht zwingend zuordnen.

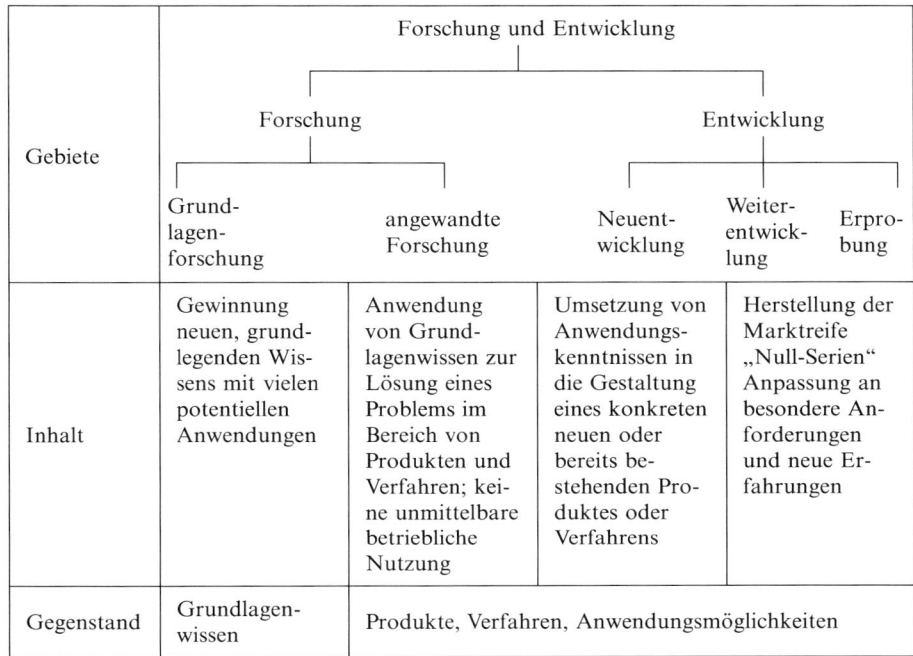

Gebiete	Forschung und Entwicklung			
	Forschung		Entwicklung	
	Grund-lagen-forschung	angewandte Forschung	Neuent-wicklung	Weiter-entwick-lung	Erpro-bung
Inhalt	Gewinnung neuen, grund-legenden Wis-sens mit vielen potentiellen Anwendungen	Anwendung von Grund-lagenwissen zur Lösung eines Problems im Bereich von Produkten und Verfahren; kei-ne unmittelbare betriebliche Nutzung	Umsetzung von Anwendungs-kenntnissen in die Gestaltung eines konkreten neuen oder bereits be-stehenden Pro-duktes oder Verfahrens	Herstellung der Marktreife „Null-Serien" Anpassung an besondere An-forderungen und neue Er-fahrungen
Gegenstand	Grundlagen-wissen	Produkte, Verfahren, Anwendungsmöglichkeiten		

Abbildung 8.1: Gebiete, Inhalte und Gegenstand von Forschung und Entwicklung (Entstehungszyklus)

(in Anlehnung an Hahn/Laßmann 1990)

Die in der Grundlagenforschung und vor allem der angewandten Forschung gewonnenen Erkenntnisse werden im Rahmen der Entwicklung in wirtschaftlich nutzbare Produkte und Verfahren umgesetzt. Diese Umsetzung geschieht vor allem durch Ingenieure und Techniker. Deren Tätigkeitsbereich umfaßt Aufgaben wie die Erstellung von Ent-würfen, die Durchführung von Tests und Experimenten, den Bau von Modellen sowie die Errichtung und den Betrieb von Pilotanlagen. Im Maschinenbau wird die Ent-wicklung auch als **Konstruktion** bezeichnet. Die Entwicklungstätigkeit kann hinsicht-lich der Erstmaligkeit der Entwicklungsaufgabe differenziert werden. **Eine Neu-entwicklung liegt vor, wenn eine erstmalige Konzeption von einzelnen Bauteilen oder des gesamten Produktes oder Verfahrens angestrebt wird.** Wird hingegen an der Ver-besserung bereits existierender Anwendungen gearbeitet, liegt Weiterentwicklung oder auch Anpaßentwicklung vor. **Diese zielt darauf ab, die bei einem bereits markt-gängigen Produkt auftretenden technischen Probleme zu lösen oder Verbesserungen bestimmter Produktqualitäten vorzunehmen.** Die Verbesserung der Wirtschaftlichkeit kann ein weiteres Ziel der Weiterentwicklung sein. Nicht selten wird die kundenbe-zogene Weiterentwicklung, sofern sie sich auf kleinere Anpassungen beschränkt, als **Anwendungstechnik** oder **technischer Service** bezeichnet. Neuentwicklung und Wei-terentwicklung treten vielfach parallel in Erscheinung.

Entwicklung

Neuentwick-lung

Weiterent-wicklung

1075

Erprobung	Die Erprobung neu entwickelter oder verbesserter Anwendungen ist unabdingbare Voraussetzung, um präzise Informationen über den Stand der tatsächlichen Leistungsfähigkeit oder über etwaige technische Mängel an Produkten oder Verfahren zu gewinnen. Wegen der zunehmenden Qualitätsanforderungen des Marktes, der vermehrten öffentlichen Auflagen sowie der Verschärfung der Produkthaftung und der damit verbundenen Risiken für die Unternehmung kommt der gründlichen Erprobung eine große innovationspolitische Bedeutung zu.
Marktzyklus *Markt-einführung innovativer Produkte* *Diffusion*	**Der Marktzyklus beginnt mit der Markteinführung innovativer Produkte. Die Vorgehensweise sowie der Einsatz unterstützender Marketingmethoden richten sich nach den Vorgaben der strategischen und operativen Planung.** Es existiert eine Reihe von Methoden und Verfahren, mit denen eine zielgerechte Gestaltung von Markteinführungsstrategien erreicht werden kann. **Die Diffusion einer Innovation bezeichnet das Ausmaß und die Geschwindigkeit ihrer marktlichen Ausbreitung.** Diese Ausbreitung wird meistens durch einen S-förmigen Kurvenverlauf beschrieben (vgl. Teil 5, S. 664 ff.). Aus der Vielzahl der Faktoren, welche die Diffusion von Innovationen (Produkt- oder Prozeßinnovationen) unter den potentiellen Anwendern beeinflussen, seien folgende beispielhaft herausgegriffen (vgl. Leder 1989, S. 14):

- der **relative Vorteil** einer Innovation gegenüber bestehenden Produkten/Prozessen aufgrund
  - ∗ des wirtschaftlichen Vorteils (niedriger Preis),
  - ∗ des Rückgangs von Unannehmlichkeiten,
  - ∗ der Zeitersparnisse und
  - ∗ des sehr raschen Eintritts des zusätzlichen Nutzens,
- die **Kompatibilität** von Innovationen, also ein hoher Grad an Konsistenz mit
  - ∗ soziokulturellen Werten,
  - ∗ bereits früher eingeführten Ideen,
  - ∗ technischen Standards und Normen,
- die **geringe Komplexität**, also die leichte Verständlichkeit und Anwendbarkeit sowie
- die **Möglichkeit, eine Innovation auszuprobieren** bzw. zu testen.

Konkurrenz-entstehung durch Nach-ahmung	Die letzte Phase des Innovationsprozesses ist geprägt von der Übernahme der Neuerungen durch die Konkurrenz, die durch Imitation am Erfolg einer Innovation zu partizipieren versucht. Die Imitation kann durch eigene Forschungs- und Entwicklungsbemühungen, durch Zukauf des Know-Hows oder durch Adaption bereits verbreiteten Know-Hows erreicht werden. Die Entstehung von Konkurrenz durch Nachahmung führt dazu, daß der Wettbewerbsvorteil, der durch die exklusive wirtschaftliche Verwertung einer Innovation gewonnen wurde, abnimmt.
Forschungs-und Entwicklungs-aktivitäten während des Markt-zyklusses	Die Forschungs- und Entwicklungsaktivitäten enden nicht mit der Markteinführung einer Innovation, verändern aber während des Marktzyklus ihre Inhalte. Ihre Schwerpunkte bestehen nun neben der **Anpassung der Produktqualität an veränderte marktliche Anforderungen v. a. in einer weiteren Verbesserung der Produktivität, der Weiterentwicklung bestehender Innovationen sowie der Entwicklung von neuen Verfahrens- und Produktvarianten.** Eine Verbesserung der Produktivität wird in erster Linie durch die Weiterentwicklung und Anpassung der Fertigungsverfahren erreicht. Die-

1076

ses Ziel kann auch durch eine konsequente produktionstechnische Weiterentwicklung des innovativen Produktes selbst sowie durch die Anwendung von Wertanalysen (vgl. S. 1151) erreicht werden.

Innovationsarten

Es lassen sich mehrere Arten und Formen von Innovationen unterscheiden. Die **Produktinnovation** ist auf Neuerungen der Erzeugnisse einer Unternehmung gerichtet. Davon zu unterscheiden ist die **Marktinnovation**, bei der für gegenwärtige Produkte neuartige Anwendungsmöglichkeiten oder neue regionale Absatzmärkte gefunden werden sollen. Produktinnovationen eröffnen wiederum zusätzliche Entscheidungs- und Gestaltungsoptionen. So wird beispielsweise zwischen substitutiven Innovationen, Wertschöpfungs- sowie Anwendungsinnovationen unterschieden. **Substitutive Innovationen** verdrängen gegenwärtige Produkte oder Dienstleistungen aufgrund bestimmter Nutzenvorteile oder verbesserter Preis-/Leistungsrelationen. **Wertschöpfungsinnovationen** erschließen neue Geschäftspotentiale und verändern die Marktstruktur. **Anwendungsinnovationen** befriedigen bisher nur latent vorhandene Bedürfnisse.

Bei **Prozeßinnovationen** handelt es sich um Neuerungen im betrieblichen Leistungserstellungsprozeß. Zielsetzung kann dabei z. B. eine Produktivitätssteigerung, eine Erhöhung der Produktqualität oder zusätzliche Sicherheit des Herstellungsvorgangs sowie die Vermeidung von Umweltschäden sein. Prozeßinnovationen können sich auf technische Verfahren der Be- und Verarbeitung von Stoffen (z. B. Umformen, Montieren) sowie der Bewegung von Stoffen (Transport, Lagerung, Koordination zwischen verschiedenen Bearbeitungsvorgängen) beziehen (vgl. Teil 4, S. 479 ff.). Der Unterschied zwischen Produkt- und Prozeßinnovationen verschwimmt, wenn interne Prozeßinnovationen als Leistungen auf externen Märkten angeboten werden (z. B. Vertrieb einer internen Softwarelösung). **Sozialinnovationen** beinhalten Veränderungen im rechtlichen, organisatorischen oder im personalen Bereich von Unternehmen. Innovationen im personalen und organisatorischen Bereich betreffen den einzelnen Mitarbeiter (z. B. neuartige Formen der Leistungsbewertung und des Entgelts) und das Beziehungsgefüge zwischen den Mitarbeitern (z. B. neuartige Formen der Arbeitsorganisation wie Gruppenarbeit oder Inselorganisation). Nicht selten greifen technische Prozeßinnovationen und organistorische Innovationen ineinander (z. B. im Falle von CIM; vgl. Teil 4, S. 578 ff.).

c) Eigenschaften innovativer Aufgabenstellungen

Innovationswirtschaftliche Aufgaben lassen sich unter Bezugnahme auf Ansätze aus der Entscheidungstheorie und der Organisationstheorie prinzipiell durch folgende **Eigenschaftsmerkmale** beschreiben (vgl. Picot u. a. 1988, S. 119 f.):

- Komplexität
- Neuigkeit
- Variabilität
- Strukturiertheit.

Komplexität

Die Komplexität einer innovationswirtschaftlichen Aufgabe wird durch die Anzahl und die Art der Verknüpfungen der einzelnen Teilaufgaben gekennzeichnet. Je höher die Anzahl der Elemente einer Forschungs- oder Entwicklungsaufgabe und je vielschichtiger und intensiver die gegenseitigen Abhängigkeiten sind, desto größer sind die Strukturierungs- und Koordinationsprobleme und desto größer sind die Ressourcen- und Zeitaufwendungen.

Neuigkeit

Das Ausmaß der Neuigkeit einer innovationswirtschaftlichen Aufgabe läßt sich anhand der Anzahl und des Umfanges der Abweichungen gegenüber vorliegenden Erfahrungen und Erkenntnissen bestimmen. Der Neuigkeitsgrad einer innovationswirtschaftlichen Aufgabenstellung ist im Bereich der Forschung sowie bei der Neuentwicklung hoch ausgeprägt. Die Handhabung einer sehr neuartigen Aufgabenstellung macht insbesondere die Suche nach und die Einarbeitung in neue Problemlösungswege notwendig.

Variabilität

Die Variabilität einer innovationswirtschaftlichen Aufgabe bezieht sich auf das Ausmaß, die Menge und die Vorhersehbarkeit von Änderungen während des Prozesses der Aufgabenerfüllung. Diese Veränderlichkeit beeinflußt die Lösungsdauer und kann den Input, den Ablauf sowie die Zielsetzung betreffen. Sie kann durch interne und externe Faktoren verursacht werden. Eine intern begründete Variabilität liegt vor, wenn aufgrund technischer Probleme oder wirtschaftlicher Überlegungen ein ursprünglich geplanter Problemlösungsprozeß an neue Tatbestände angepaßt werden muß. Veränderungen von Kundenbedürfnissen, Forschungs- und Entwicklungserfolge von Wettbewerbern, rechtliche Normen oder gesellschaftliche Wertvorstellungen sind externe Faktoren, die Anpassungsmaßnahmen bei laufenden Lösungsprozessen notwendig machen können. Unter Umständen müssen aufgrund interner oder externer Faktoren auch die angestrebten Ziele angepaßt werden.

Strukturiert-heit

Unter Strukturiertheit einer innovationswirtschaftlichen Aufgabe versteht man die sachliche und zeitliche Bestimmbarkeit des Forschungs- und Entwicklungszieles und des Forschungs- und Entwicklungsprozesses. Eine geringe Strukturiertheit einer innovationswirtschaftlichen Aufgabe kann zu Planungs- und Prognoseschwierigkeiten sowie zu Abstimmungsproblemen führen. Der Strukturiertheitsgrad ist damit ein wichtiger Bestimmungsfaktor für die Zeitdauer der Lösung einer innovationswirtschaftlichen Aufgabe.

Unterschied zwischen Strukturiertheitsgrad und Komplexität

Strukturiertheitsgrad und Komplexität einer Aufgabe kennzeichnen zwei unterschiedliche Dimensionen. Eine hoch strukturierte Aufgabe muß nicht notwendigerweise auch eine geringe Komplexität aufweisen. Die Entwicklung von Computersoftware ist dafür ein Beispiel. Das angestrebte Ergebnis einer Software-Entwicklung muß präzise bestimmbar sein, und ihr Entwicklungsprozeß muß soweit strukturiert werden können, daß eine angemessene Übersetzung des Problems in ein Computerprogramm möglich wird. Der Problemlösungsprozeß bei einer Softwareentwicklung wird daher in den meisten Fällen einen hohen Strukturiertheitsgrad aufweisen.

Die Komplexität eines Softwareentwicklungsprozesses aber hängt von der Anzahl und dem Ausmaß notwendiger Verzweigungen und Verknüpfungen ab. Die Programmierung aufwendiger betriebswirtschaftlicher Problemstellungen wie etwa die Steuerung der Produktionsprozesse mit einer Vielzahl von Parametern und Bedingungen muß als sehr komplex angesehen werden. Auf der anderen Seite gibt es schwach strukturierte Aufgaben mit geringem Komplexitätsgrad (z. B. Entwicklung des Designs für einen Türgriff).

Abbildung 8.2 zeigt beispielhaft Ausprägungen der Aufgabenmerkmale bei unterschiedlichen Entwicklungsaufgaben.

Formale Aufgaben-Merkmale / Aufgaben-Typ	Entwicklungsaufgaben vom Typ B z. B. Forschung/ Neuentwicklung	Mischtypen z. B. Weiterentwicklung	Entwicklungsaufgaben vom Typ A z. B. Anpaß-/ Nachentwicklung
Komplexität	Hoch		Niedrig
Neuigkeitsgrad	Hoch		Niedrig
Variabilität	Hoch		Niedrig
Strukturiertheitsgrad	Niedrig		Hoch

Abbildung 8.2: Ableitung unterschiedlicher Typen von Forschungs- und Entwicklungsaufgaben

Quelle: Picot u. a. (1988)

Mit der Variabilität einer innovationswirtschaftlichen Aufgabe ist stets Unsicherheit verbunden. **Unsicherheit bedeutet, daß ein bestimmtes Betrachtungsobjekt einen von mehreren prinzipiell möglichen Zuständen annimmt.** Sie ist in zweierlei Hinsicht gegeben. Zum einen sind das Ausmaß und die notwendige Dauer des Erwerbs neuen Wissens unsicher (interne Unsicherheit). Zum anderen herrscht Unsicherheit über das Ausmaß des Erfolges einer wirtschaftlichen Verwertung von Innovationen (externe Unsicherheit).

Unsicherheit

Die interne Unsicherheit läßt sich mit folgenden Fragestellungen umschreiben (vgl. Kern/Schröder 1977):

Interne Unsicherheit

1079

- Ist das gesuchte Wissen bei Außerachtlassung von Kosten- und Zeitaspekten überhaupt zu erreichen (generelle Ergebnisunsicherheit)?
- Ist das gesuchte Wissen zu einem gewünschten Zeitpunkt zu erreichen (Zeitunsicherheit)?
- Ist das gesuchte Wissen zu einem gewünschten Zeitpunkt mit einem bestimmten Aufwand zu erreichen (Aufwandsunsicherheit)?

Externe
Unsicherheit

Ein wichtiger externer Unsicherheitsfaktor besteht darin, daß Innovationen nicht genügend den Kundenbedürfnissen entsprechen. Der Erfolg einer Innovation kann dadurch gefährdet sein, daß sie an den Bedürfnissen potentieller Kunden „vorbeizielt". Die Ursachen dafür können einerseits in einer falschen Adaption an Bedürfnisse liegen. Zum anderen können sich Kundenbedürfnisse während des Innovationsprozesses verändern, ohne daß eine notwendige Anpassung der Produkteigenschaften erfolgt.

Externe Unsicherheit ergibt sich zum Teil auch aus den internen Unsicherheitsfaktoren, da der Erfolg einer marktlichen Verwertung von Innovationen auch vom Erfolg des eigenen internen Entstehungszyklus bestimmt wird. Dabei wirkt sich eine zeitliche Verlängerung des Forschungs- und Entwicklungsprozesses und damit eine verzögerte Markteinführung oftmals negativ auf den marktlichen Erfolg einer Innovation aus. Zudem steigt das Risiko, daß Forschungs- und Entwicklungsaktivitäten von Konkurrenzunternehmen früher als die eigenen zur Markteinführung von Innovationen führen. Daraus kann ein Verlust von Marktanteilen entstehen.

2. Innovationswirtschaftliche Erfolgsfaktoren

Innovationswirtschaftliche Aktivitäten müssen sich stets an den Zielen der Markt-, Kosten- und Zeitgerechtheit orientieren.

Markt-
gerechtheit

Unter Marktgerechtheit einer Innovation versteht man den Erfüllungsgrad des von potentiellen Anwendern geforderten Funktions- und Leistungsumfanges einer Sach- oder Dienstleistung. Dazu gehören beispielsweise die Erwartungen bezüglich des Preises, der Qualität oder des Services, aber auch Faktoren wie Gewohnheit, psychologische Bedürfnisse und ähnliches. Ein zu geringer Erfüllungsgrad bzgl. der kaufentscheidenden Kriterien wirkt sich wirtschaftlich ebenso nachteilig aus wie eine Übererfüllung dieser Kriterien. Die Qualität von Forschungs- und Entwicklungsergebnissen muß deshalb an der Steigerung des wahrgenommenen Nutzens potentieller Kunden gemessen werden und darf sich nicht an rein technischen Qualitätskriterien orientieren. Darüber hinaus ist genau zu analysieren, zu welchem Preis der Markt ein innovatives Produkt akzeptieren wird, um daraus eine Orientierungsgröße für die maximal zulässigen Kosten einer Innovation zu erhalten.

Die langfristige Preisuntergrenze (vgl. auch Teil 9, S. 1282 ff.) des Anbieters eines innovativen Produktes setzt sich aus den durchschnittlichen Forschungs-, Entwicklungs-, Produktions- und Vertriebskosten zusammen. Diese müssen kleiner, höchstens aber gleich dem Nutzen sein, den der potentielle Anwender erkennt und der seine Zahlungsbereitschaft bestimmt. Der Kundennutzen besteht im wesentlichen aus den beim Kunden wahrgenommenen Produktions- und Transaktionskosteneinsparungen im Vergleich zu der Problemlösung ohne die Innovation (vgl. Picot/Schneider 1988). Das industrielle Marketing hat die Aufgabe, innovationsrelevante Kundenprobleme zu erkunden, potentiellen Kunden den Nutzen innovativer Produktentwicklungen zu vermitteln und die Zahlungsbereitschaft der Kunden zu erkennen (vgl. Teil 5, S. 625 ff.).

Hier zeigt sich die herausragende Bedeutung einer engen Zusammenarbeit zwischen Marketing sowie Forschung und Entwicklung (vgl. Brockhoff 1989 a).

Als kostengerecht kann man Forschungs- und Entwicklungsaktivitäten dann bezeichnen, wenn für gegebene Qualitäts- und Funktionsanforderungen eines Produktes die Kosten für Forschung und Entwicklung sowie die durch die Konstruktionsbedingungen determinierten Produktions- und Servicekosten insgesamt minimiert werden. Die Notwendigkeit einer besonderen Betrachtung des Ressourcenverbrauchs von Forschungs- und Entwicklungsaktivitäten ergibt sich zum einen aufgrund der schwierigen Bestimmbarkeit und Zurechenbarkeit von Kosten auf häufig nicht klar abgrenzbare Forschungs- und Entwicklungsleistungen. Variabilität, Komplexität und Unstrukturiertheit vieler FuE-Aufgaben erschweren zudem die Planbarkeit der FuE-Kosten und verursachen nicht selten erhebliche Kostenüberschreitungen von FuE-Projekten. Ferner stellt die Verantwortlichkeit für die Kostenentstehung im Unternehmen ein besonderes Problemfeld dar. Durch die Aktivitäten im Forschungs- und Entwicklungsbereich wird ein beträchtlicher Teil der nachfolgenden Produktions-, Service- und Vertriebskosten determiniert. Schätzungen ergaben, daß bis zu 70% der Produktionskosten bereits durch die Art der Konstruktion eines Produktes festgelegt werden, obwohl in der späteren Produktion der größte Teil der einem Produkt oder einer Produktgruppe zurechenbaren Kosten entsteht. Abbildung 8.3 zeigt das Auseinanderklaffen zwischen Anfall der Produktionskosten in den verschiedenen Teilfunktionen auf der einen und deren Festlegung durch die jeweiligen Funktionen auf der anderen Seite (vgl. Mirani 1987).

Aus diesem Grund ist die Verantwortung für Produktionskosten viel stärker vom Produktionsbereich in den FuE-Bereich zu verlagern. Das ist aber nur dann möglich, wenn Forschungs- und Entwicklungskosten nicht – wie in der Praxis meist üblich – in einem summarischen Gemeinkostenblock erfaßt, sondern im Hinblick auf eine verursachungsgerechte Kostenkontrolle differenziert werden. In der industriellen Kostenrechnung (vgl. Teil 9) wird allerdings die Zurechnung der Kosten meist nach dem Ort ihrer Entstehung, nicht nach der Verantwortlichkeit für die Kostenfestlegung vorgenommen. Deswegen eröffnet sie für eine verantwortungsorientierte Kostenbetrachtung ungenügende Möglichkeiten. Einen geeigneten kostenrechnerischen Ansatz für diese Aufgabe liefert die Deckungsbeitragsrechnung auf der Basis relativer Einzelkosten und -erlöse (vgl. Teil 9, S. 1267 ff.). Nach dem ihr zugrundeliegenden Identitätsprinzip bilden Entscheidungen das Bezugsobjekt für die Zurechnung von Kosten und Erlösen. Damit lassen sich Produktionskosten, die durch Entscheidungen im Forschungs- und Entwicklungsbereich determiniert werden, diesem auch ver-

Kosten-
gerechtheit

1081

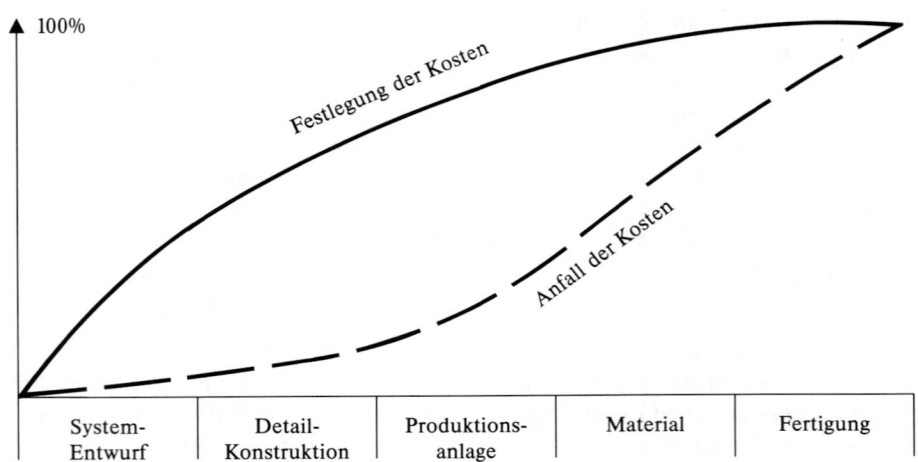

| System-
Entwurf | Detail-
Konstruktion | Produktions-
anlage | Material | Fertigung |

Abbildung 8.3: Auseinanderfallen von Festlegung und Anfall der
Produktionskosten

Quelle: Mirani (1987)

ursachungsgerecht zuordnen. Die verursachungsgerechte Regelung der Kostenverantwortung ist ein wichtiger Teilaspekt zur Erlangung der Kostengerechtheit von
Forschung und Entwicklung.

Zeit-
gerechtheit

Eng mit dem Aspekt der Marktgerechtheit ist der richtige Zeitpunkt der Markteinführung einer Innovation verbunden. **Zeitgerechte Forschung und Entwicklung bedeutet, daß ein Produkt genau zum ökonomisch richtigen Zeitpunkt als Neuerung in
einen Markt eingeführt wird.** Sowohl eine zu frühe als auch eine zu späte Markteinführung kann erfolgsmindernde Konsequenzen haben. Eine zu frühe Einführung
eines innovativen Produktes kann u. U. bedeuten, daß die Akzeptanz dieser Innovation beim Kunden aufgrund ihres hohen Neuigkeitscharakters (noch) nicht vorhanden ist. In diesem Fall kann eine an sich erfolgversprechende Problemlösung zum
Scheitern verurteilt sein. Die Tatsache, daß bestimmte Produktinnovationen erst bei
einer späteren Neu- oder Wiedereinführung in einem Markt erfolgreich waren, kann
durch praktische Beispiele belegt werden (Telefax, Bildplatte). Der umgekehrte Fall
einer zu späten Markteinführung einer Innovation ist von noch höherer praktischer
Relevanz. Eine Verzögerung der eigenen Forschungs- und Entwicklungsaktivitäten
kann zur Folge haben, daß Wettbewerber ihre neuen Produkte zuerst in den Markt
einführen. Die Erstanbieter können aufgrund ihrer monopolartigen Stellung höhere
Umsätze realisieren. Sie können dadurch früh Marktanteile und Prestige sichern,
Spielregeln und Standards beeinflussen, preispolitische Spielräume ausnutzen sowie
Markt- und Produktionserfahrung sammeln. Damit prägen sie letztlich die Bedingungen, zu denen später hinzukommende Wettbewerber auftreten müssen, sofern für
diese überhaupt noch genügend Entfaltungsmöglichkeiten verbleiben. Forschung
und Entwicklung stehen deshalb nicht nur in einem Wettbewerb um Markt- und

Kostengerechtheit, sondern vor allem auch in einem Zeitwettbewerb. Zudem führen verkürzte FuE-Zeiten tendenziell auch zu geringeren FuE-Kosten (vgl. Schmelzer 1990).

Die Entwicklungszeit wird von verschiedenen Faktoren beeinflußt (vgl. Abbildung 8.4): von der Art der zu lösenden Aufgaben, von dem organisatorischen Umfeld, von der Qualität der Mitarbeiterführung in diesem Bereich, von der Qualifikation und Motivation der Mitarbeiter, von der Qualität der Information und Kommunikation, von den Methoden der Planung und Kontrolle von FuE-Projekten, von den verfügbaren technischen Hilfsmitteln (Labor- und Printtechnik, Informations- und Kommunikationstechnik wie CAD, Datenbanken, usw.).

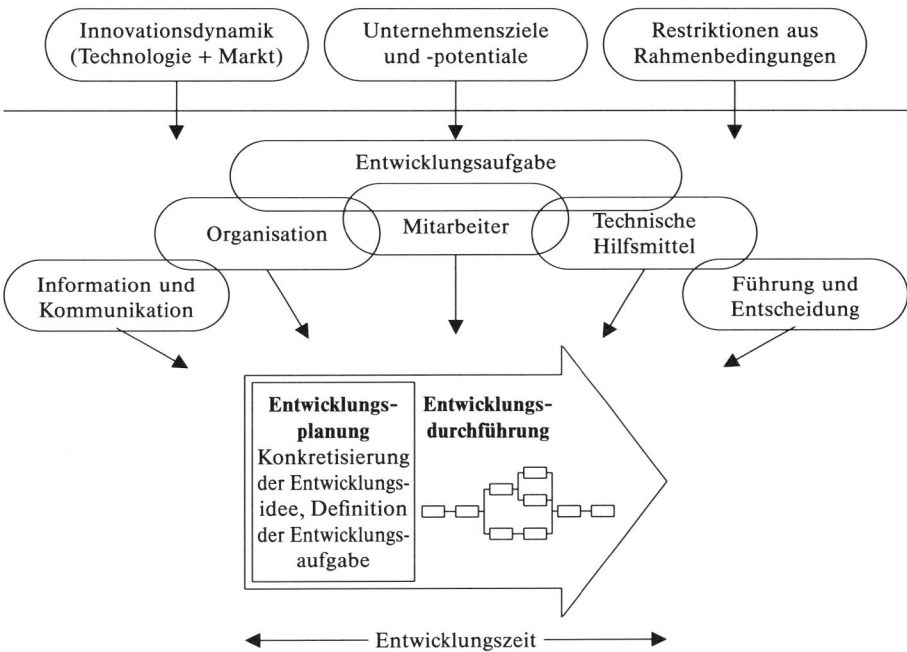

Abbildung 8.4: Einflußgrößen der Entwicklungszeit

Quelle: Nippa/Reichwald (1990)

Den Eigenarten der Entwicklungsaufgabe (vgl. Abbildung 8. 2) kommt dabei zentrale Bedeutung zu. Offensichtlich sind für Forschungsprojekte und Neuentwicklungen andere zeitrelevante organisatorische, personelle, informationsbezogene und planerische Voraussetzungen zu beachten als für Anpaß- oder Nachentwicklungen. Zur Verkürzung der Entwicklungszeit bildet demnach eine **aufgabenorientierte Vorgehensweise** einen geeigneten Ansatzpunkt (vgl. Picot u. a. 1988). Als ein wesentlicher Analyseschwerpunkt haben sich dabei die forschungs- und entwicklungsspezifischen Informations- und Kommunikationsanforderungen erwiesen (vgl. S. 1140 ff.).

Verkürzung der Entwicklungszeit

1083

Die Aspekte der Markt-, Kosten- und Zeitgerechtheit dürfen nicht isoliert betrachtet werden, sondern sind in einem engen wechselseitigen Beziehungsgeflecht zu sehen.

Zwischen Entwicklungszeit und Entwicklungskosten besteht eine partielle Komplementaritätsbeziehung. Ein Zielkonflikt zwischen Kosten- und Marktgerechtheit ist gegeben, wenn die Erfüllung von Kundenanforderungen nur durch stark kostensteigernde Maßnahmen zu erreichen sind (z. B. weil das Wissen im eigenen Bereich erst aufgebaut werden muß). Außerdem kann die Marktgerechtheit negativ beeinflußt werden, wenn die Entwicklungszeit verkürzt wird, um Kosten zu sparen. Zur Erreichung eines Gesamtoptimums ist folglich eine ganzheitliche Sichtweise notwendig.

3. Institutionelle Rahmenbedingungen

Institutionelle Regelungen

Innovationen sind der Motor des Wettbewerbs und der wirtschaftlichen Entwicklung. Innovationsprozesse verlaufen innerhalb eines Rahmens institutioneller Regelungen. Zu diesen institutionellen Regelungen zählen das Rechtssystem und Vertragsformen, aber auch moralisch-ethische Vorstellungen sowie kulturelle Werte und Normen. Innovationsprozesse sind insbesondere von rechtlich-politischen und von sozio-kulturellen Gegebenheiten abhängig, sie wirken aber auch auf diese zurück.

Rechtlich- politische Komponenten

Rechtlich-politische Komponenten umfassen sämtliche staatlichen Maßnahmen sowie die Gesamtheit der rechtlichen Vorschriften, die die Durchführung von Innovationsprozessen direkt oder indirekt betreffen.

Rolle des Staates

Aufgabe des Staates ist die Festlegung der Rahmenbedingungen für die einzelwirtschaftliche Innovationstätigkeit. In erster Linie verfolgt er dabei folgende Ziele (vgl. Töpfer 1986, S. 547 sowie zu staatlichen Aktivitäten auch Brockhoff 1989b, S. 175 ff.):
– Förderung zielkonformer Innovationsaktivitäten,
– Vermeidung oder Verringerung negativer externer Effekte.

Förderung zielkonformer Innovations- tätigkeiten

Zur Förderung von zielkonformen Innovationstätigkeiten der Unternehmen stehen prinzipiell **direkte und indirekte Maßnahmen** zur Verfügung: als Auftragsforschung erteilt das Bundesministerium für Forschung und Technologie (aber auch andere Bundes- und Landesministerien) **direkt** Forschungs- und Entwicklungsaufträge an industrielle Unternehmungen, an öffentliche oder private Forschungsinstitute oder an Hochschulen. Schwerpunkte der staatlich finanzierten Forschung sind dabei Grundlagenforschung, Vorsorgeforschung, marktorientierte Technologien sowie die Verbesserung der Rahmenbedingungen für kleine und mittlere Unternehmen (vgl. Der Bundesminister für Forschung und Technologie 1988, S. 16). Die direkte Zuweisung finanzieller Mittel sowie die Förderung von Erstinnovationen stellen weitere Möglichkeiten der direkten staatlichen Unterstützung dar (vgl. Schmeisser 1986, S. 211).

Zu **indirekten Maßnahmen** zählen insbesondere steuerliche Anreize und Zuwendungen wie beispielsweise FuE-Investitionszulagen sowie FuE-Sonderabschreibungen (vgl. Köhler 1988, S. 819 ff.).

Staatliche Maßnahmen zur Forschungsförderung sind ordnungspolitisch nicht unumstritten. Ihre ökonomische Legitimation besitzen sie vor allem dort, wo dem Patentschutz als Anreiz für Innovationstätigkeit Grenzen gezogen sind und wo dennoch ein öffentliches Interesse an Neuerungen besteht (vgl. Gutberlet 1984).

Zur Vermeidung und Verringerung von negativen externen Effekten stehen primär staatliche Regulierungsmaßnahmen zur Verfügung. Gesetze und Vorschriften zum Verbraucher-, Arbeits- und Umweltschutz sowie zur Energie- und Verkehrsversorgung sind Beispiele hierfür. Um solche Regulierungen einhalten zu können oder ihren negativen Sanktionen zu entgehen (höhere Preise, Gebühren, Strafen u. ä.), werden unabhängig von den primären FuE-Zielen FuE-Ressourcen in die von den Regulierungen betroffenen Bereiche gelenkt und damit entsprechende Neuerungen angeregt. *Vermeidung negativer externer Effekte*

Prinzipiell setzen darüber hinaus das **Wettbewerbs-, Arbeits- und Sozialrecht** Rahmenbedingungen für Innovationsaktivitäten. Weitere rechtliche Gestaltungsmaßnahmen beziehen sich auf den rechtlichen Schutz industrieller Forschungs- und Entwicklungsergebnisse. Die Gesetzgebung und Rechtsprechung auf dem Gebiet der Patente, Gebrauchs- und Geschmacksmuster, Lizenzen sowie der Arbeitnehmererfindungen zählen hierzu (vgl. in ausführlicherer Darstellung S. 1105). *Rechtliche Vorschriften*

Sozio-kulturelle Gegebenheiten werden vor allem bei international tätigen Unternehmen wirksam. Die Mitarbeiter der in verschiedenen Ländern angesiedelten Unternehmen gehören den jeweiligen **nationalen Kulturen** an. Ihre Tätigkeiten richten sich nach den im jeweiligen Kulturkreis erlernten und geltenden Normen, Lebensweisen und Vorstellungen. Diese sozio-kulturellen Gegebenheiten beeinflussen den Entstehungszyklus von Innovationen sowie die Einführung und Durchsetzung von Innovationen am Markt. Einige z. T. spekulative Beispiele illustrieren die Bedeutung von kulturellen Faktoren für den Innovationsprozeß und zeigen zugleich die Notwendigkeit einer multikulturell orientierten Unternehmungsführung in diesem Bereich (vgl. auch Teil 2, S. 135): *Sozio-kulturelle Gegebenheiten*

Je nach kulturellem Hintergrund gestaltet sich der Entstehungszyklus unterschiedlich. So heißt es beispielsweise, daß in der Bundesrepublik Deutschland und in den USA der Schwerpunkt auf Produktinnovationen gelegt wird, Japan hingegen ziehe Prozeßinnovationen vor. Während deutsche Industrieforscher und Entwickler als eher technikorientiert gelten, werden z. B. Italiener als primär markt- und kundenorientiert eingeschätzt. Kulturelle Unterschiede schlagen sich darüber hinaus im konkreten Ablauf der Innovationsaktivitäten nieder (vgl. Albach 1989, S. 97 ff. sowie de Pay 1989, S. 131 ff.). So wird vermutet, daß Japaner eine ausgeprägtere Fähigkeit zu ganzheitlichem Denken besitzen, hingegen in der Bundesrepublik Deutschland analytisches Denken im Vordergrund steht. Für die USA wird das Vorherrschen einer individualistischen Grundeinstellung behauptet. Die Auffassung, es komme primär *Einflüsse auf den Entstehungszyklus* auf den Einzelnen an, führt zu einer geringeren Bedeutung von Teamarbeit als z. B. in Japan, wo ein sehr starkes Zusammengehörigkeitsgefühl gegeben ist. Die Förderung der Leistung von einzelnen „Innovations-Champions" steht in den USA im Vordergrund. Derartige Verhaltensweisen wirken sich auf die Gestaltung von Teamarbeit und Projektorganisation erschwerend aus. Im Gegensatz zu den Amerikanern und den Japanern gelten die Deutschen als risikoscheu. Dementsprechend sind bei ihnen mehr **Anreize zur Risikoübernahme** erforderlich. Hingegen nimmt das **Anreizinstrument Beförderung und Karriereplanung** in den USA einen höheren Stellenwert ein als in der Bundesrepublik. Amerikanische Mitarbeiter können eher durch eigene Innovationsleistungen höhere Karrierestufen erreichen. Dagegen sind in deutschen Unternehmen Innovationen für die Laufbahnentwicklung weniger bedeutsam. In Japan prägt in erster Linie die lebenslange Bindung an ein Großunternehmen die Arbeitseinstellung. Die Solidargemeinschaft und die enge Zusammenarbeit gehen über die Unternehmensgrenzen hinaus und schließen andere Unternehmen, Banken, Forschungsinstitutionen und Konsumenten mit ein. Ein schneller und flüssiger Informationsfluß zwischen FuE-Abteilung und anderen Abteilungen sowie sehr enge Kommunikationsbeziehungen zu externen Informationsträgern sind innovationsfördernd.

Schließlich zeichnen sich die Japaner gegenüber den Deutschen und Amerikanern durch ein Denken in langfristigeren Zeiträumen aus. Daher geben sie eher langfristigen Innovationsprojekten den Vorzug.

Markt-
einführung

Kulturspezifische Faktoren schlagen sich auch auf die Chancen zur **Einführung von innovativen Produkten am Markt** nieder. Zum einen prägen diese Faktoren das vorherrschende Wertesystem und somit die Bedürfnisstruktur. Innovationen lassen sich am Markt nur durchsetzen, wenn sie dem potentiellen Käufer einen erkennbaren Nutzen gewähren, wenn sie also seinen Bedürfnissen und Werten gerecht werden. Amerikanische Produkte sind beispielsweise häufig sehr eng mit der amerikanischen Lebensweise und Tradition verbunden und werden aus diesem Grund in Europa mitunter nicht akzeptiert (vgl. Honko 1990, S. 1321). Zum anderen beeinflussen kulturelle Unterschiede die Diffusion von **Innovationen im Markt.** Die in risikoscheuen Kulturkreisen anzutreffende Einstellung „Nur nichts Neues" erschwert derartige Handlungen. Demgegenüber fördert beispielsweise die in Japan vergleichsweise positive Einstellung gegenüber Neuerungen das Ausprobieren und die Ausbreitung. Schließlich schlagen sich kulturelle Komponenten in Erwartungen über zukünftige Entwicklungen, Risiken, Bedürfnisse, Werte, Normen etc. nieder, die mit der Übernahme von Neuerungen verknüpft sind.

II. Entscheidungen in der industriellen Innovationswirtschaft

Die industrielle Innovationswirtschaft legt ihren Schwerpunkt auf die Gestaltung des Entstehungszyklus von Innovationen. Strategien für eine erfolgreiche marktliche Verwertung von Innovationen betreffen eher Probleme des absatzwirtschaftlichen Bereiches (vgl. Teil 5).

1. Strategische Innovationsentscheidungen

a) Rahmenentscheidungen

Gegenstand der Entscheidungen über den inhaltlichen und prozeduralen Rahmen für die Planung und Durchsetzung von Innovationen ist im wesentlichen die Entwicklung einer FuE-Grundstrategie als Grundlage für strategische FuE-Programme. Darüber hinaus geht es um den Entwurf geeigneter organisatorischer Strukturen sowie um Festlegungen für die Patent- und Lizenzpolitik. Zudem sind die Unternehmenspolitik und die Umfeldentwicklung als wichtige interne und externe Rahmenfaktoren zu erörtern.

Entwicklung einer FuE-Grund-Strategie

Interne und externe Rahmenfaktoren

Für innovationswirtschaftliche Entscheidungen lassen sich interne und externe Rahmenfaktoren unterscheiden.

Zu den internen Rahmenfaktoren zählen unternehmenspolitische Bedingungen, insbesondere die Wettbewerbs- und Technologiestrategie sowie die Unternehmensidentität.

Interne Rahmenfaktoren

Die Entwicklung von FuE-Grundstrategien muß in Übereinstimmung mit den unternehmenspolitischen Zielen und Grundsätzen erfolgen. Nach Porter (vgl. Porter 1988, S. 31 ff. [vgl. auch Teil 1, S. 49 f.]) können zwei wesentliche Wettbewerbsstrategien unterschieden werden (Kostenführerschaft, Differenzierung), die spezifische Erfolgsfaktoren aufweisen und unterschiedliche Anforderungen an Innovationen stellen (vgl. Abbildung 8.5; vgl. auch Zahn 1986, S. 32 ff.).

Unternehmenspolitische Bedingungen

Wettbewerbsstrategien

		Strategietypen	
		Kostenführerschaft	Differenzierung
Technologien	Produkt-technologien	Produktentwicklung zur Senkung der Produktkosten (z. B. durch geringeren Material-verbrauch)	Produktentwicklung zur Förderung von Produktattributen (z. B. besondere Qualitätsmerk-male, Lieferbarkeit)
	Prozeß-technologien	Verfahrensverbesserung zur Ver-ringerung des Material-, Zeit- und Arbeitseinsatzes (z. B. durch Fertigungsautomation)	Verfahrensentwicklung zur Steigerung des Abnehmernutzens (z. B. durch integrierte Qualitäts-sicherung)

Abbildung 8.5: Produkt- und Prozeßtechnologien/Strategietypen-Matrix

(in Anlehnung an Porter 1988)

Bei **Kostenführerschaft** bieten sich tendenziell Verfahrensinnovationen zur Senkung der Herstellungskosten an. Im Mittelpunkt von **Differenzierungsstrategien** stehen Produktentwicklungen zur Steigerung des Abnehmernutzens.

Technologie-strategien

Technologiestrategien, die gegenwärtige und zukünftige Entscheidungen hinsichtlich des Technologieeinsatzes im Unternehmen festlegen, stellen ebenfalls unterschiedliche Anforderungen an Innovationen. Unter **Technologie** ist in diesem Zusammenhang das verfahrens- oder produktbezogene Problemlösungswissen zu verstehen. Hierzu zählen grundsätzlich sämtliche Prinzipien, Mittel und Methoden zur wirtschaftlichen Herstellung von Produkten sowie zur Entwicklung und Nutzung von Produktionsverfahren. Nach der Phase im Lebenszyklus der Technologie können **Schrittmachertechnologien** (wesentliche zukünftige Auswirkungen auf Marktpotential und Wettbewerbsdynamik), **Schlüsseltechnologien** (gegenwärtige Beeinflussung der Wettbewerbsfähigkeit) sowie **Basistechnologien** (allgemein verfügbar und in etwa gleichem Maß beherrscht) unterschieden werden. Für die Entwicklung grundlegender Technologiestrategien bieten sich **verschiedene Ansätze** an.

Für den Entstehungszyklus von neuen Technologien bzw. Produkten wurden u. a. **Technologie-Portfolio-Methoden** entwickelt. Beispielhaft soll der Ansatz von Pfeiffer u. a. (1987, S. 77 ff.) kurz dargestellt werden.

Ablauf der Technologie-Portfolio-Analyse

Zunächst sind die hinter den strategischen Geschäftsfeldern, Produktgruppen oder Produkten stehenden Technologien zu identifizieren. Dabei ist die Verwendung eines abstrakten Sprachsystems für eine einheitliche Techniksprache sowie die Differenzierung zwischen Produkt- und Prozeßtechnologien notwendig.

1088

Als zweiter Schritt ist der Ist-Zustand der im Unternehmen vorhandenen Technologien in einer Technologie-Portfolio-Matrix zu erfassen und zu beurteilen. Hierfür sind die zwei (voneinander unabhängigen) Dimensionen Technologieattraktivität und Ressourcenstärke entscheidend. Die Technologieattraktivität stellt die — vom Unternehmen weitgehend unbeeinflußbare – Umweltsituation im Technologiebereich dar und soll die Technologie potentialseitig (technische Erfolgsaussicht) und bedarfsseitig (ökonomische Marktaussicht) charakterisieren. Die unternehmenseigene Ressourcenstärke (vorhandene Mittel) zur Entwicklung von Technologien im Vergleich zur Konkurrenz wird in finanzielle Ressourcen und verfügbares Know-How unterteilt. *Technologie-attrak-tivitäts-/ Ressourcen-stärke-Portfolio*

Mit der Ermittlung der Attraktivität der verwendeten Technologien und der Zuordnung der im Unternehmen vorhandenen Ressourcenstärke erhält man die Ist-Situation des Unternehmens (vgl. Abbildung 8.6).

In einem dritten Schritt muß das Technologie-Portfolio von der gegenwärtigen Ist-Situation (Zeitpunkt t_0) auf einen zukünftigen Zeitpunkt t_1 des unternehmerischen Entscheidungshorizonts transformiert werden. Dies geschieht erstens durch eine Erweiterung der Ausgangsanalyse um in dem Unternehmen bisher nicht verwendete, zukunftsträchtige Technologien, die eine Bedrohung für die gegenwärtigen Technologien sein können. Sowie zweitens durch die Erfassung der zur Aufholung des Rückstands notwendigen Ressourcen. Beispielhaft ist dies in Abbildung 8.7 für die Technologie des mechanischen Bohrens als traditionelle Fertigungstechnik dargestellt.

Der vierte Schritt besteht schließlich in der Ableitung konkreter Technologiestrategien aus dem Technologie-Portfolio. Dies geschieht durch die Zuordnung von Ressourcen auf die im Portfolio positionierten Technologien mittels sog. Normstrategien. Die Steuerung der Ressourcen folgt dabei dem Grundsatz, „attraktive und starke" Positionen zu fördern und „unattraktive und schwache" Positionen aufzugeben. Entsprechend können als Normstrategien Investitions-, Desinvestitions- oder Selektionsempfehlungen ausgesprochen werden (vgl. Abbildung 8.8). *Ableitung konkreter Technologie-strategien*

Den Lebenszyklus von Technologien drückt das S-Kurven-Konzept aus (vgl. z. B. Servatius 1986). Die Leistungsfähigkeit einer Technologie wird zum kumulierten FuE-Aufwand in Beziehung gesetzt. Ergebnis dieses Input-/Output-Verhältnisses ist ein S-förmiger Verlauf (vgl. Abbildung 8.9). Mit Hilfe des S-Kurven-Konzepts lassen sich Aussagen über die Technologieattraktivität gewinnen. Darüber hinaus eignet es sich zur Abschätzung von Technologiepotentialen sowie zur Vorhersage möglicher Diskontinuitäten in der gesamten Technologieentwicklung. *S-Kurven-Konzept*

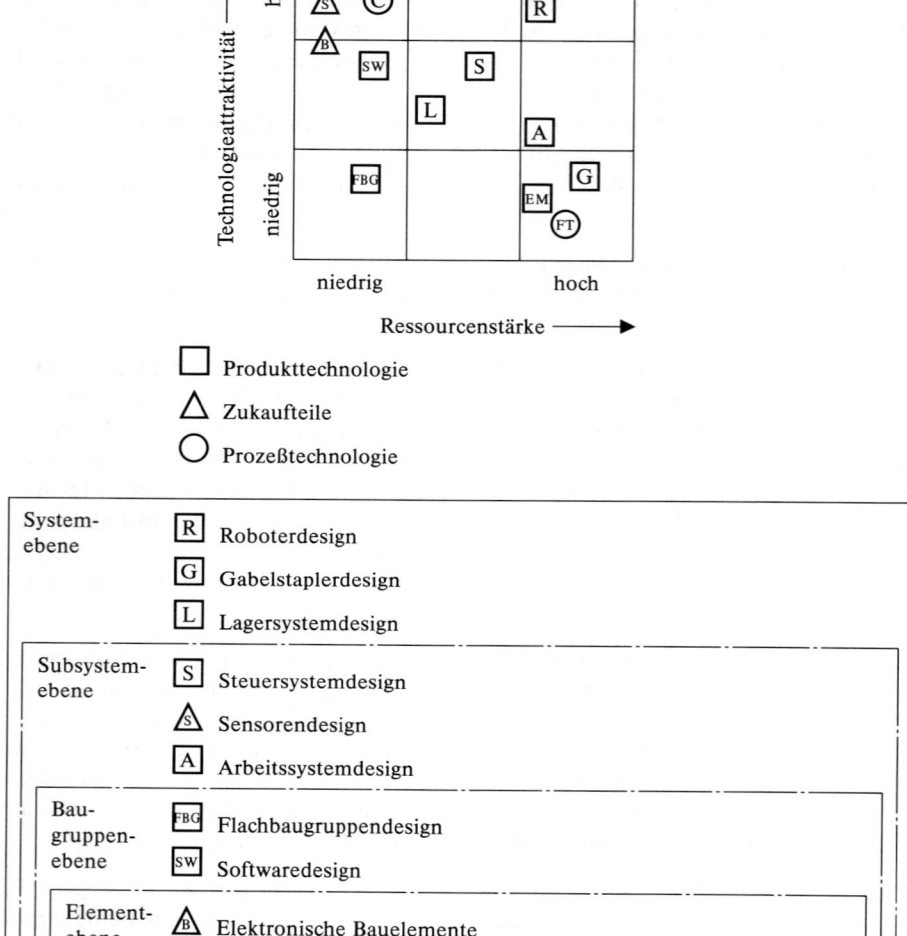

Abbildung 8.6: Beispiel eines Technologie-Portfolios mit Produkt- und Prozeß-
technologie-Erfassung über verschiedene Hierarchieebenen

Quelle: Pfeiffer u. a. (1987)

1090

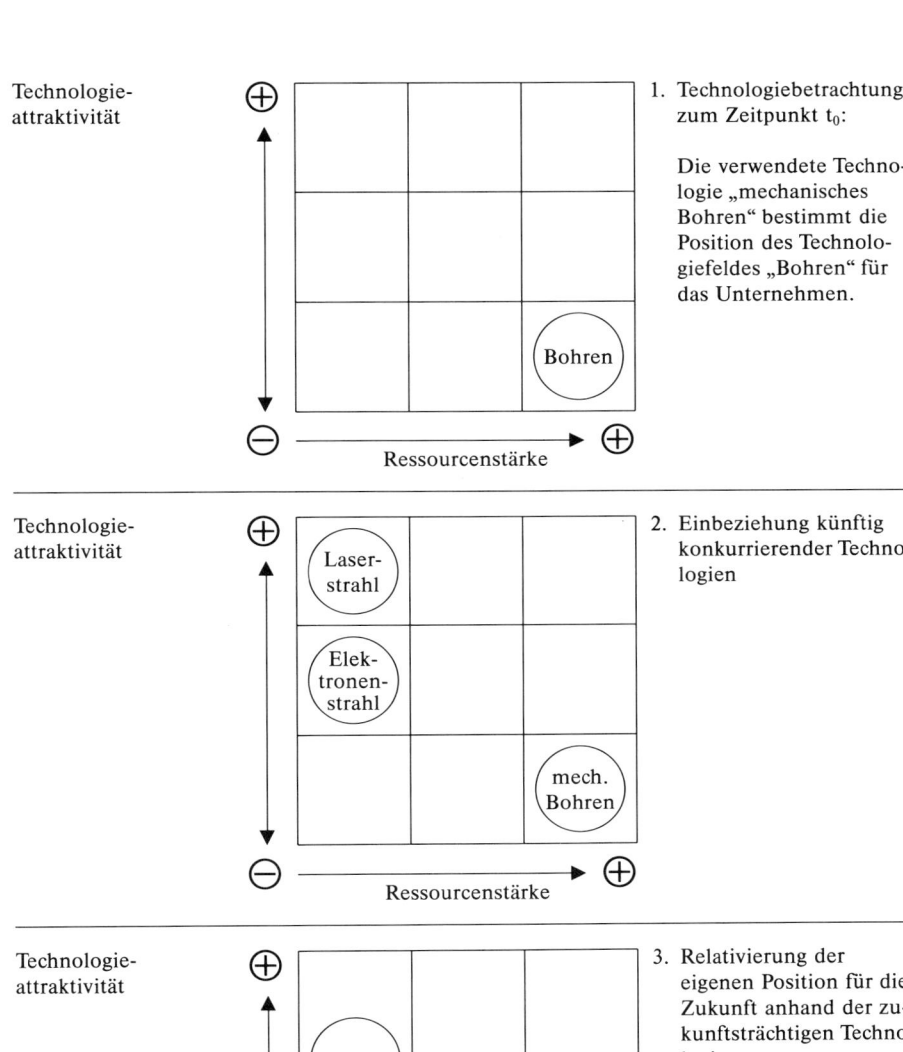

Technologie-
attraktivität

Ressourcenstärke

1. Technologiebetrachtung
   zum Zeitpunkt t_0:

   Die verwendete Techno-
   logie „mechanisches
   Bohren" bestimmt die
   Position des Technolo-
   giefeldes „Bohren" für
   das Unternehmen.

Technologie-
attraktivität

Ressourcenstärke

2. Einbeziehung künftig
   konkurrierender Technologien

Technologie-
attraktivität

Ressourcenstärke

3. Relativierung der
   eigenen Position für die
   Zukunft anhand der zu-
   kunftsträchtigen Technologien

Abbildung 8.7: Transformation der gegenwärtigen Technologiepositionen in die
Zukunft durch Früherkennung konkurrierender Technologien

Quelle: Pfeiffer u. a. (1987)

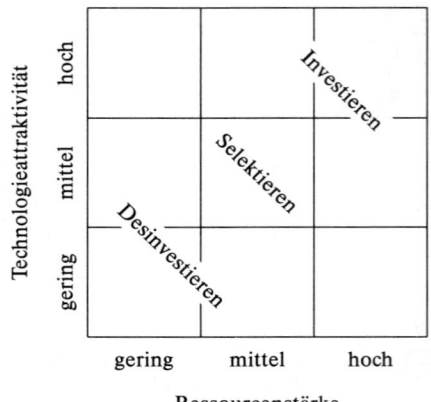

Abbildung 8.8: Strategische Verhaltensempfehlungen des Technologie-Portfolios

Quelle: Pfeiffer u. a. (1987)

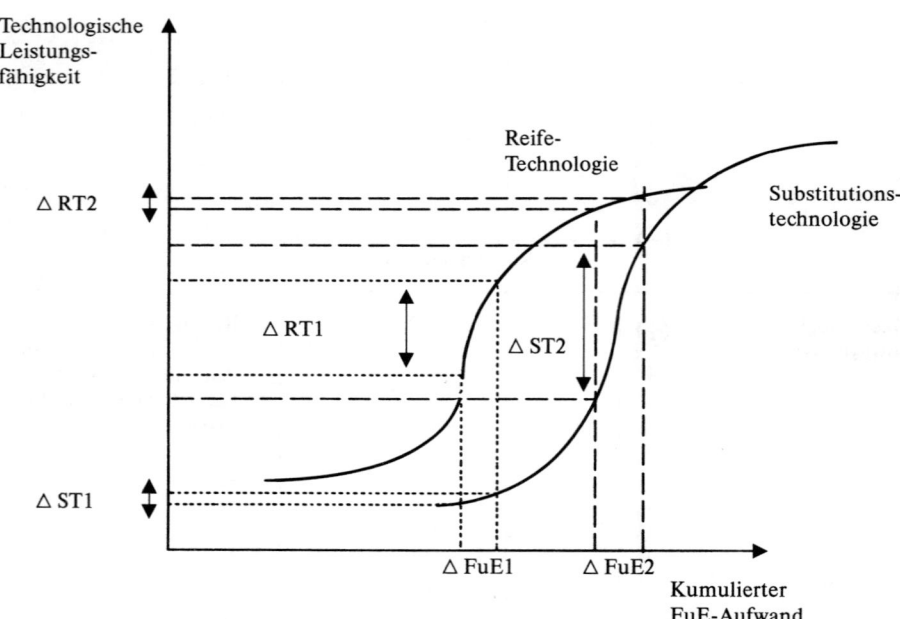

Abbildung 8.9: S-Kurven-Konzept

(in Anlehnung an Servatius 1986)

1092

Im Vergleich zum kumulierten FuE-Aufwand als Input nimmt der FuE-Output in Form der technischen Leistungsfähigkeit zunächst überproportional zu (steigender Grenzertrag). In der frühen Entstehungsphase einer Technologie erzielt er marginale Fortschritte. Nach der Etablierung der Technologie nimmt der Fortschritt exponentiell zu. Der abflachende Kurvenverlauf ab dem Wendepunkt der S-Kurve zeigt die beginnende Reife der Technologie. Zusätzlicher FuE-Aufwand (Δ FuE 2) führt zu einem abnehmenden Grenzertrag und damit zu unterproportionalen Leistungsverbesserungen des FuE-Erfolges (Δ RT 2). Bei einer Investition dieser FuE-Mittel in die Substitutionstechnologie steigt der FuE-Erfolg auf Grund des steigenden Grenzertrages überproportional (Δ ST 2). Zur Vermeidung ineffizienter Forschung erscheint die Investition von FuE-Mitteln in die Substitutionstechnologie sinnvoll. Um die Potentiale der Substitutionstechnologie ausschöpfen zu können, sind jedoch FuE-Investitionen ab der Entstehungsphase der Substitionstechnologie (Δ FuE 1) erforderlich. Der Grenzertrag der reifen Technologie (Δ RT 1) ist hier höher als der Grenzertrag der Substitionstechnologie (Δ ST 1). Obwohl die FuE-Investitionen ineffizient scheinen, empfiehlt sich ab diesem Zeitpunkt die Suche nach neuen Technologien.

S-Kurven sind für Produkt- und Prozeßtechnologien geeignet. Ihre Funktion liegt nicht in der Ableitung exakter, möglichst quantitativer Strategien und FuE-Allokationen. Dem Konzept wird vielmehr ein heuristisches Potential im Sinne einer Signalwirkung zugesprochen.

Als weiterer Rahmenfaktor für innovationswirtschaftliche Entscheidungen ist die Unternehmensidentität (vgl. Miles/Snow 1986) zu berücksichtigen. Die **„hard identity"** ist durch strukturelle Gegebenheiten gekennzeichnet. Hierzu zählen u. a. Unternehmesgröße, Verfassung, Betätigungsfelder sowie Organisationsstruktur. Im Hinblick auf die Innovationsstrategie spielt insbesondere die Organisationsstruktur eine entscheidende Rolle. Aufgaben unterschiedlichen Charakters können nur dann effektiv und effizient erfüllt werden, wenn die Strukturmerkmale der Organisation zu den jeweils spezifischen Aufgabenmerkmalen nicht im Widerspruch stehen. In der **„soft identity"** spiegelt sich die Kultur des Unternehmens wider – manifestiert in Werten, Grundhaltungen oder sonstigen kognitiven Symbolstrukturen der Mitarbeiter. Die FuE-Grundstrategie muß zu dem existierenden Werte- und Normensystem „passen" oder zumindest die Förderung eines innovationsfreundlichen Klimas beinhalten. *Unternehmensidentität*

Eng mit der soft identity ist die in der Identität des Unternehmens verankerte strategische Grundhaltung verbunden. Dem Begriff der Identität kommt im deutschen Sprachgebrauch eine Doppelbedeutung zu. Von Identität im Sinne von „sich selbst treu sein" ist die Interpretation „anders sein als andere" zu unterscheiden. Zwei unterschiedliche strategische Grundhaltungen kommen hier zum Ausdruck. Prinzipiell lassen sich vier Grundhaltungen unterscheiden (vgl. Abbildung 8.10). *Strategische Grundhaltung*

Die Einstellung „sich selbst treu sein" entspricht – aufgrund der dahinterstehenden konservativen Einstellung – eher den Typen Reactor und Analyzer. Für **Reactor-Unternehmen**, die in ihren Aktivitäten primär auf Umweltveränderungen reagieren (passives Strategie- und Strukturverhalten), spielen Innovationen eine untergeord-

generelles Strukturverhalten \ generelles Strategieverhalten	passiv	aktiv
passiv	Reactor	Defender
aktiv	Analyzer	Prospector

Abbildung 8.10: Strategie/Struktur-Matrix des generellen (Innovations-)Verhaltens von Unternehmungen

(in Anlehnung an Miles/Snow 1978)

nete Rolle. **Analyzer-Unternehmen** treiben zwar die Entwicklung bzw. Reorganisation ihrer Organisationsstrukturen aktiv voran. Bezüglich ihrer Innovationsstrategien weisen sie jedoch ein Nachahmerverhalten auf, so daß sie sich vor allem auf Routine- und Verbesserungsinnovationen beschränken. In beiden Unternehmenstypen kann leicht eine Innovationsfeindlichkeit entstehen.

Die Einstellung „anders sein als andere" fördert eher ein innovationsfreundliches Klima. Sie entspricht den Typen Defender und Prospector. **Defender-Unternehmen** konzentrieren sich auf die Beibehaltung ihrer Struktur. Daher entwickeln sie Innovationsstrategien zur Verbesserung des bestehenden Aktivitätenprogramms. **Prospector-Unternehmen** zeichnen sich sowohl durch ein aktives Innovationsverhalten wie auch durch ein aktives Strukturverhalten aus. Bei der Entwicklung von Innovationsstrategien sind die strategischen Grundhaltungen mit den aufgezeigten unterschiedlichen Einstellungen gegenüber Innovationen zu berücksichtigen.

Externe Rahmenfaktoren

Zu den externen Rahmenfaktoren für FuE-Grundstrategien zählen alle Einflüsse, die aus dem wirtschaftlichen, politischen, sozialen und kulturellen Umfeld auf das Unternehmen einwirken. Hier gibt es mannigfaltige Austauschbeziehungen und unterschiedlichste Aktions-/Reaktionsgefüge, die sich zudem ständig ändern und als Innovationsanstöße wirken können. Entwicklungen auf dem Markt (Nachfrageverschiebungen, verändertes Wettbewerbsverhalten) sowie im Bereich der Technologien spielen eine wesentliche Rolle. Daneben besitzen Veränderungen in Werthaltungen, neue, bereits deutlich erkennbare oder noch latente Bedürfnisse wie auch neu entstehende Probleme große Bedeutung. Vor dem Hintergrund der aus Wettbewerbsstrategie und Technologiestrategie abgeleiteten spezifischen Erfolgsfaktoren kann die Planung und Gestaltung eines entsprechenden strategischen Frühaufklärungssystems (vgl. Müller 1981) sinnvoll sein. Es kann zwar Überraschungen nicht ausschließen, trägt aber durch eine ständige Überprüfung wesentlicher Indikatoren zu einer Sensibilisierung für den Wandel der externen Rahmenfaktoren bei.

Strategisches Frühaufklärungssystem

Eine Gegenüberstellung der unternehmensspezifischen Stärken und Schwächen mit den durch eine Umweltanalyse ermittelten Chancen und Risiken des relevanten Unternehmensumfeldes kann eine wertvolle Unterstützung darstellen.

Bestandteile einer FuE-Grundstrategie

Die Formulierung einer FuE-Grundstrategie umfaßt die Bestimmung genereller FuE-Ziele sowie zielorientierter Maßnahmen für die FuE-Tätigkeiten. Derartige Maßnahmenbündel betreffen FuE-Programme oder einzelne FuE-Projekte.

FuE-Programme erstrecken sich auf die betriebliche FuE-Tätigkeit als Ganzes. Sie beinhalten sämtliche im Planungszeitraum laufenden FuE-Vorhaben. FuE-Projekte hingegen beziehen sich auf Teile der betrieblichen FuE-Tätigkeit. Sie umfassen jeweils kleinere Mengen von FuE-Aktivitäten mit eigenem Ziel und Budget. Dementsprechend sind programmbezogene von projektbezogenen Strategien zu unterscheiden. Während programmbezogene Strategien Umfang und Struktur der FuE-Programme bestimmen, setzen projektbezogene Strategien die Rahmenbedingungen für die Gestaltung und Prioritäten der einzelnen FuE-Projekte.

Aus den globalen unternehmenspolitischen Zielen, Technologiestrategien und Grundhaltungen sowie unter Berücksichtigung der externen Rahmenbedingungen werden zunächst generelle FuE-Ziele abgeleitet. Ihre Entwicklung zählt zu den schwierigsten Aufgaben im Rahmen der Planung der FuE-Grundstrategie. Meist sind nur allgemeine Zielformulierungen möglich, die allerdings Orientierungshilfen darstellen. Um die Steuerungsfunktion der Ziele sicherzustellen, ist die Formulierung so vorzunehmen, daß ausgehend von den Zielen für einzelne FuE-Projekte operationalisierbare Ziele mit eindeutigen Mittel-Zweck-Beziehungen definiert werden können. *Generelle FuE-Ziele*

Je nach zugrundeliegenden unternehmenspolitischen Rahmenbedingungen können **generelle FuE-Ziele** folgende Zielkomponenten enthalten (vgl. Kern/Schröder 1977, S. 41):
- Entwicklung neuer Werkstoffe, Prozesse oder Produkte für die bisherigen oder für neue Märkte,
- Verbesserung der Qualität der Produkte,
- Erarbeitung neuer Anwendungs- und Nutzungsmöglichkeiten für die gegenwärtigen Werkstoffe, Prozesse oder Produkte,
- Realisierung von Kostenersparnissen,
- Verhinderung oder Beseitigung von Produktions- oder Anwendungsschwierigkeiten,
- Beseitigung von Gefahren und Mißständen,
- Realisierung von effizienten und humanen Arbeitsabläufen und -bedingungen,
- Verbesserung der Beziehungen zu Kunden und Öffentlichkeit.

Auf Grund der jeweils unterschiedlichen Anforderungen an die FuE-Tätigkeiten ist die Festsetzung und Konkretisierung der generellen FuE-Ziele vor der Formulierung von programmbezogenen FuE-Strategien (vgl. S. 1108 ff.) erforderlich. In Übereinstimmung mit den Zielen und mit der übergeordneten Unternehmens- und Technologiestrategie werden in einem nächsten Schritt Rahmenbedingungen für Umfang und Struktur der gesamten betrieblichen FuE-Tätigkeit präzisiert. Hierbei ist insbesondere zu entscheiden über Strategievarianten für Innovationen und Projekte im *Rahmenbedingungen für Umfang und Struktur der FuE-Tätigkeit*

FuE-Bereich sowie über Technologieschwerpunkte und Technologiequellen. Einzelne dieser Rahmensetzungen werden im folgenden erörtert.

Offensive, defensive oder absorptive FuE-Strategie

Ziel der **offensiven Strategie** ist die aktive Beeinflussung des Marktes und des Wettbewerbs im Sinne einer Leader-Position. Dementsprechend steht die Innovation völlig neuer Produkte und Verfahren für vorhandene und neue Märkte im Vordergrund. Im Hinblick auf die strategische Grundhaltung (vgl. S. 1093 f.) ist diese Strategie für Defender- und insbesondere Prospector-Unternehmen geeignet.

Die **defensive Strategie** sieht die Einführung neuer Produkte kurz nach dem Innovator vor und strebt dementsprechend tendenziell eine Follower-Position im Wettbewerb an. Ihr liegt eine reaktive und imitierende Innovationshaltung zugrunde. Primäres Merkmal der **absorptiven Strategie** ist die Übernahme fremder FuE-Ergebnisse. Bereits existierende Produkte werden mit qualitativen Verbesserungen eingeführt. Bei dieser imitierenden Innovationspolitik spielt der FuE-Bereich eine untergeordnete Rolle. Im Vordergrund steht die Entscheidung, welche fremden Kenntnisse übernommen und angepaßt werden können.

Technologie-quellen

Die grundsätzlichen und langfristigen Schwerpunkte der verwendeten Technologien sind als weitere Rahmenbedingung festzulegen. Im Zusammenhang damit ist eine Entscheidung über die Technologiequellen zu treffen. Zu diesen gehören neben dem eigenen Unternehmen auch fremde Unternehmen sowie der Staat und Universitäten. Die Festlegung der Technologiequellen schließt eine Entscheidung über Eigen-, Auftrags-, Kontrakt- oder Kooperationsforschung (vgl. S. 1120 ff.) ein.

Richtung der FuE-Strategien

Hinsichtlich ihrer Richtung können horizontale, vertikale und laterale FuE-Strategien unterschieden werden (vgl. z. B. Brose 1982, S. 169). Bei **horizontaler FuE-Richtung** besteht eine technische und/oder marktliche Verwandtschaft zum vorhandenen Leistungsprogramm. Durch Beziehungen zu vor- oder nachgelagerten Produktions- und Prozeßstufen zeichnen sich **vertikale FuE-Strategien** aus. Die **laterale Richtung** ist auf eine Erweiterung des Leistungsprogramms gerichtet, die weder mit dem bisherigen Programm übereinstimmt noch durch vertikale Beziehungen charakterisiert werden kann.

Projekt-bezogene Strategien

Projektbezogene Strategien beziehen sich auf einzelne FuE-Projekte. Sie sind entweder ergebnis- oder projektorientiert (vgl. Kern/Schröder 1977, S. 87 ff.). Bei **ergebnisorientierten Strategien** werden für die Zielerreichung erforderliche FuE-Resultate inhaltlich und möglichst auch zeitlich vorgegeben (z. B. bei Projekten der Neu- und Weiterentwicklung). **Einsatzorientierte Projektstrategien** zeichnen sich durch die Vorgabe des Faktoreinsatzes in qualitativer, quantitativer und zeitlicher Hinsicht aus. Sie werden gewählt, wenn die Nutzung der Ergebnisse nicht a priori feststeht, sondern für potentielle Projektergebnisse mehrere Nutzungsmöglichkeiten zu erwarten sind (z. B. bei Forschungsprojekten). Im allgemeinen treten die Strategien nicht in reiner Form, sondern als Mischtypen auf. Diese unterscheiden sich primär durch den Grad der jeweiligen Festlegung von Faktoreinsatz und Projektergebnis.

Stehen mehrere geeignet erscheinende Lösungswege zur Verfügung, ist zu entscheiden, ob diese sequentiell oder parallel verfolgt werden. Bei **sequentiellen Strategien** wird die als am günstigsten beurteilte Lösungsmöglichkeit bearbeitet. Bei **Parallelstrategien** werden sämtliche Lösungswege simultan geprüft, bevor derjenige mit dem höchsten Zielerreichungsgrad gewählt wird.

Parallele oder sequentielle Strategieausrichtung

Ausgehend von der generellen FuE-Zielsetzung ist außerdem zu bestimmen, ob und in welchem Maße **Grundlagenforschung, oder/und angewandte Forschung und Entwicklung** zu betreiben sind.

Ein Beispiel für Grundlagenforschung ist die Erforschung der Supraleiter. Die angewandte Forschung sucht nach konkreten Anwendungsmöglichkeiten für Supraleiter z. B. in der Mikroelektronik. Die Entwicklung von Supraleiter-Computern mit erheblich höherer Rechengeschwindigkeit ist ein Beispiel für die Umsetzung dieser Kenntnisse in konkrete Produkte.

Bei der Entwicklung ist zu entscheiden, ob und inwieweit **Neuentwicklung** (z. B. Entwicklung des CD-Spielers), **Weiterentwicklung** (z. B. fortschreitende Chip-Miniaturisierung) oder **Anpassungsentwicklung** (z. B. zur Einhaltung künftig geltender EG-Normen bezüglich maximal zulässiger Abgasemissionen bei PKW) für bestehende oder neue Anwender/Märkte betrieben werden soll.

In der FuE-Grundstrategie werden schließlich **Art und Umfang der jeweils angestrebten Innovationen** definiert. Dabei geht es darum, ob und in welchem Ausmaß **Markt-, Produkt-, Prozeß- oder Sozialinnovationen** zu realisieren sind (vgl. S. 1077).

Aufbauorganisatorische Eingliederung von Forschung und Entwicklung

Weitere Rahmenentscheidungen betreffen die aufbauorganisatorische Eingliederung der FuE-Tätigkeiten, die zentral oder dezentral erfolgen kann.

Für die **zentrale Eingliederung** in funktionale Organisationsstrukturen werden im allgemeinen drei Möglichkeiten unterschieden (vgl. Abbildung 8.11).

Funktionale Organisationsstrukturen

Der Unternehmensleitung wird der FuE-Bereich als **Stabstelle** zugeordnet. Langfristig kann so die zielgemäße Ausrichtung der FuE-Aktivitäten sichergestellt werden. Es besteht jedoch die Gefahr, daß die Bedürfnisse und Interessen nachgeordneter Funktionsbereiche vernachlässigt werden. Die Bildung einer Stabstelle ist daher tendenziell nur für Unternehmen mit relativ geringem FuE-Umfang und entsprechend geringer Bedeutung der FuE-Tätigkeiten zu empfehlen.

Zentrale Eingliederungsmöglichkeiten

FuE-Aktivitäten werden als **gleichrangiger Funktionsbereich neben** anderen betrieblichen Funktionsbereichen angesiedelt. Neben der Nutzung von Spezialisierungsvorteilen sowie der erleichterten Koordinierung von FuE-Tätigkeiten ist die zielgemäße Ausrichtung der FuE-Tätigkeiten möglich. Die funktionale Verselbständigung des FuE-Bereiches birgt jedoch die Gefahr der Vernachlässigung von Problemen der anderen Funktionsbereiche in sich. Die gleichrangige Eingliederung kommt daher für Unternehmen, deren Wachstum und Bestand primär von eigenen FuE-Aktivitäten abhängt, in Betracht.

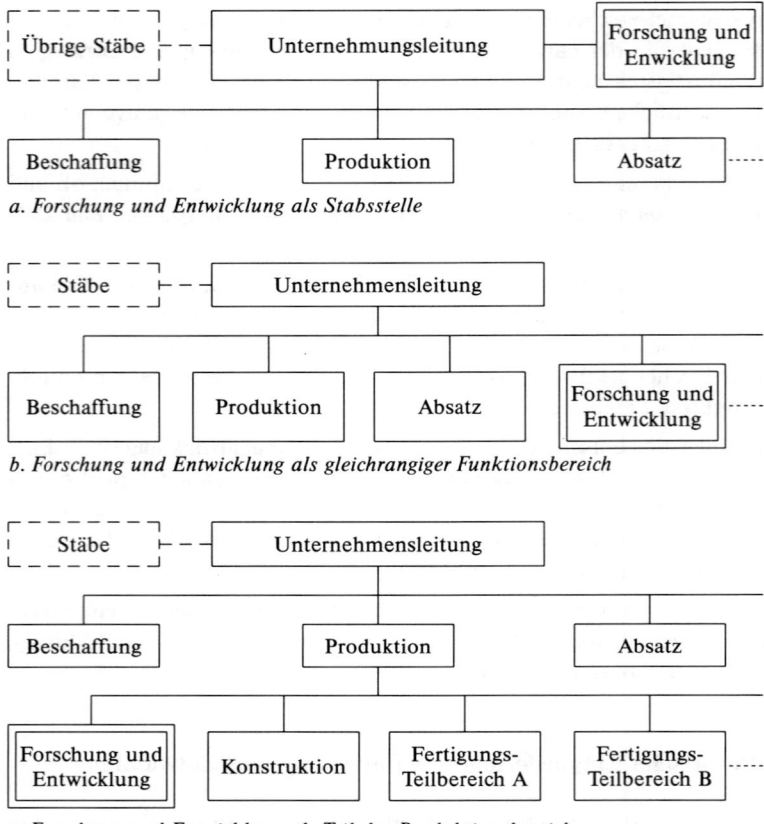

a. Forschung und Entwicklung als Stabsstelle

b. Forschung und Entwicklung als gleichrangiger Funktionsbereich

c. Forschung und Entwicklung als Teil des Produktionsbereichs

Abbildung 8.11: Möglichkeiten der Einordnung eines zentralen FuE-Bereichs in funktional organisierten Unternehmungen

Quelle: Kern/Schröder (1977)

Der FuE-Bereich wird als **funktionales Subsystem** dem Leiter eines anderen Funktionsbereiches (meist des Produktions- oder Absatzbereiches) unterstellt. Die Eingliederung in einen Funktionsbereich ermöglicht die sinnvolle Nutzung von Koordinierungs- wie auch Spezialisierungsvorteilen. Es besteht jedoch die Gefahr, daß sich die FuE-Aktivitäten an den Interessen des jeweiligen Funktionsbereiches ausrichten. Diese Eingliederungsform bietet sich an, wenn die FuE-Erfordernisse eines konkreten Funktionsbereiches für die Realisierung der Unternehmensziele eine dominierende Rolle spielen oder wenn insgesamt nur eine geringe FuE-Intensität gegeben ist.

1098

Bezüglich der **dezentralen Eingliederung** in **funktionale Organisationsstrukturen** ist die vollständige von der beschränkten Dezentralisierung zu unterscheiden. **Bei der vollständigen Dezentralisierung unterhält jeder Funktionsbereich einen eigenen FuE-Bereich** (vgl. Abbildung 8.12). Die Bedürfnisse und Probleme der jeweiligen Funktionsbereiche können dadurch berücksichtigt werden. Die langfristige, zielgemäße Ausrichtung der FuE-Aktivitäten wird jedoch möglicherweise vernachlässigt. Darüber hinaus treten Probleme bei der Koordinierung der einzelnen funktionsbezogenen FuE-Aktivitäten auf, da eine exakte Abgrenzung zwischen den FuE-Aufgaben der jeweiligen Funktionsbereiche nicht immer möglich ist.

Dezentrale Eingliederungsmöglichkeiten

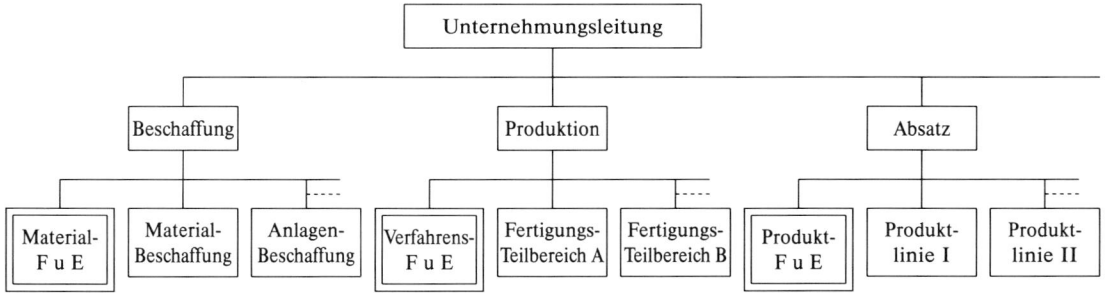

Abbildung 8.12: Vollständige Dezentralisierung der FuE-Aktivitäten bei funktionaler Unternehmungsorganisation

Quelle: Kern/Schröder (1977)

Bei einer beschränkten Dezentralisierung wird neben einer FuE-Abteilung in einem Funktionsbereich ein zu den übrigen Funktionen gleichrangiger Teilbereich oder eine Stabsabteilung gebildet. Damit soll sowohl den kurzfristigen Bedürfnissen einzelner Funktionsbereiche wie auch den eher langfristigen unternehmenspolitischen Interessen Rechnung getragen werden. Schwierigkeiten können jedoch bei der Koordinierung sämtlicher FuE-Aktivitäten auftreten. Die beschränkte Dezentralisierung erscheint in erster Linie für Unternehmen mit einem beträchtlichen und auch strategisch bedeutsamen FuE-Umfang zweckmäßig.

Für die aufbauorganisatorische Anordnung von FuE-Aktivitäten in divisionalen Organisationsstrukturen werden im allgemeinen die zentrale, dezentrale und kombinierte Eingliederung unterschieden (vgl. auch Kern/Schröder 1977, S. 364 ff.).

Divisionale Organisationsstrukturen

Die zentrale Eingliederung sieht die Ansiedlung einer zentralen FuE-Abteilung als Service-Center auf der Ebene der jeweiligen objektorientierten Abteilungen (z. B. verschiedene Produktgruppen) vor (vgl. Abbildung 8.13 a). Neben der erleichterten Koordination sämtlicher FuE-Tätigkeiten bietet diese Gleichstellung günstige Voraussetzungen für eine langfristige, zielgemäße Ausrichtung der FuE-Aktivitäten. Es besteht jedoch die Gefahr der Verselbständigung. Die Vernachlässigung der Bedürfnisse und Probleme der Sparten und eine geringere Reaktionsgeschwindigkeit bei Umweltveränderungen sind mögliche Folgen. Die zentrale Eingliederung ist somit eher für Unternehmen mit homogenem und stabilem Leistungsprogramm geeignet.

Zentrale Eingliederung

1099

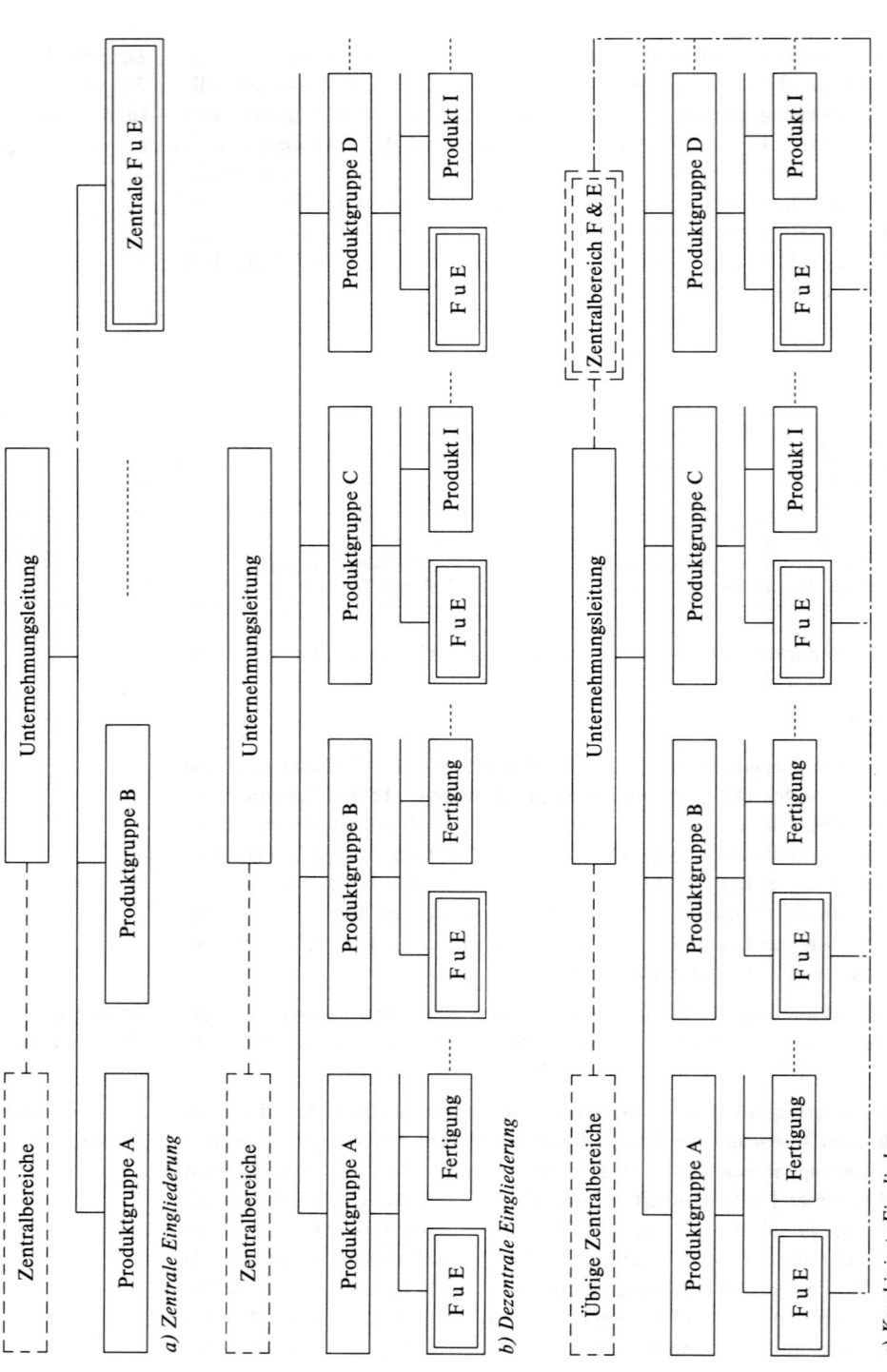

Abbildung 8.13: Eingliederung von FuE-Aktivitäten bei divisionaler Organisationsstruktur

Quelle: Kern/Schröder (1977)

1100

Bei der dezentralen Eingliederung unterhält jeder Objektbereich eine eigene FuE-Abteilung (vgl. Abbildung 8.13 b). Dem Vorteil der schnelleren Berücksichtigung der jeweiligen Marktanforderungen stehen Koordinationsprobleme sowie eine schwierigere Zielausrichtung der Aktivitäten gegenüber. Die dezentrale Eingliederung ist daher für Unternehmen mit einem eher heterogenen und sich verändernden Leistungsprogramm zweckmäßig.

Dezentrale Eingliederung

Bei der kombinierten Eingliederung wird jedem Objektbereich eine eigene FuE-Abteilung zugeordnet. Für übergreifende bzw. in die Objektbereiche nicht eingliederbare Forschungs- und Entwicklungsaufgaben wird zusätzlich der Zentralbereich FuE geschaffen (vgl. Abbildung 8.13 c).

Kombinierte Eingliederung

Ziel ist die Vereinigung der bei den reinen Formen auftretenden Vorteile unter Vermeidung der Nachteile. Dieser Typ eignet sich vor allem für Unternehmen mit einem heterogenen, sich schnell wandelnden Leistungsprogramm, bei dem FuE-Aktivitäten eine wesentliche Rolle spielen und zwischen denen auch technologische Verwandtschaften bestehen. Auch für Unternehmen, die neben angewandter Forschung in verstärktem Maß Grundlagenforschung betreiben, ist die kombinierte Eingliederung zweckmäßig.

In der Praxis gibt es fast immer zentrale und dezentrale Organisationseinheiten, die sich mit FuE-Aufgaben beschäftigen. Die Frage, ob bestimmte FuE-Aufgaben zentral oder dezentral wahrzunehmen sind, ist im Einzelfall oft schwer entscheidbar. Nicht selten entzünden sich daran Interessenkonflikte und Machtkämpfe. Mit Hilfe des in der Transaktionskostentheorie (vgl. Teil 1, S. 52 ff., Teil 3, S. 305 ff., Teil 4, S. 427 ff. und unten S. 1118 ff.) zentralen Aufgabenmerkmals der Spezifität läßt sich diese Entscheidung systematisch untermauern (vgl. Picot 1991 b).

Analyse von FuE-Spezifitäten als Grundlage der De-/Zentralisierungsentscheidung

Innerhalb der Unternehmung zu erfüllende FuE-Aufgaben haben grundsätzlich unternehmensspezifischen Charakter, d. h. sie sind in besonderer Weise auf die Verfolgung der Unternehmens- und FuE-Strategien ausgelegt. Diese Spezifität läßt sich in zwei Dimensionen einteilen (vgl. Abbildung 8.14).

Grundlagenorientierte Forschung und Entwicklung für das Unternehmen	Anwendungsforschung und -entwicklung für das Unternehmen
Technologiespezifität	**Anwendungsspezifität**
übergreifende technologische Erfordernisse	Anwendungserfordernisse

Abbildung 8.14: Spezifitätstypen bei FuE-Aufgaben

Einerseits gibt es Technologiespezifitäten, die in der Regel projekt-, abteilungs- oder spartenübergreifende Kenntnisse und Erfordernisse verlangen (z. B. Know-How in der Mikroelektronik). Solche Spezifitäten treten vor allem in der Grundlagen- und in der angewandten Forschung auf. Andererseits gibt es besondere Anforderungen, die

1101

sich aus der spezifischen, marktbezogenen Anwendungssituation ergeben (Anwendungsspezifität). Diese Spezifitätsart stellt sich vor allem bei der Lösung von Kundenproblemen im Rahmen der Neu-, Weiter- und Anpaßentwicklung von Produkten.

Je nach Ausprägung von Technologie- und Anwendungsspezifität lassen sich Typen von FuE-Aufgaben bilden und organisatorisch zuordnen (vgl. Abbildung 8.15).

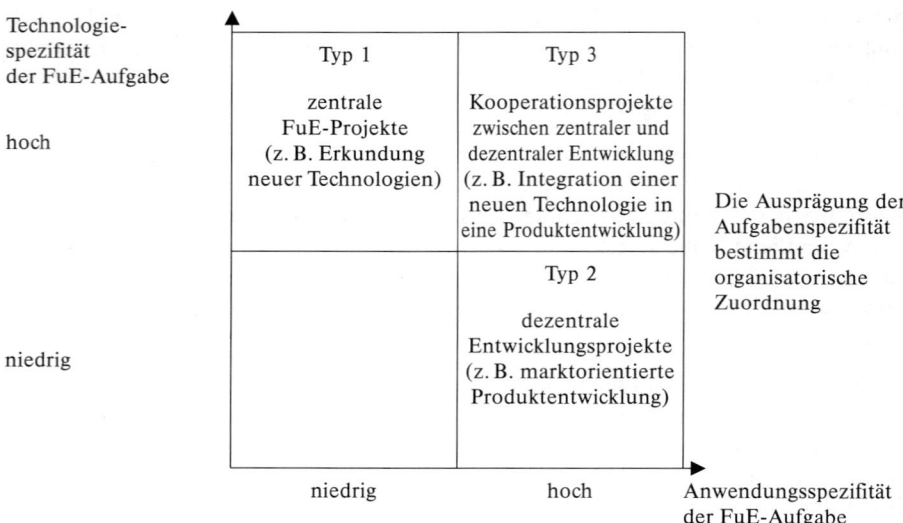

Abbildung 8.15: Anwendungsspezifität und Technologiespezifität: 3 Aufgabentypen und deren organisatorische Zuordnung

Im Fall von Typ 1 (hohe Technologie- und geringe Anwendungsspezifität) erfolgt eine Zuordnung an eine zentrale Abteilung; denn in diesem Fall werden Kenntnisse gewonnen, die unterschiedlich verwendet werden können und von denen andere Bereiche des Unternehmens profitieren können.

Beim Typ 2 ist es gerade umgekehrt (hohe Anwendungs-, aber geringe Technologiespezifität). Zur Lösung solcher Aufgaben ist – neben bekanntem Technologie-Know-How – vor allem anwendungsspezifisches Wissen erforderlich, das typischerweise dezentral bei den marktlich operierenden Einheiten vorhanden ist. Deshalb sind derartige Aufgaben dezentral zuzuordnen.

Im Falle von Typ 3 hängt der Erfolg von der Kombination beider Dimensionen (Technologie- und Anwendungsspezifität) ab. In solchen Fällen sind kooperative Projekte zwischen zentraler und dezentraler FuE-Abteilung sinnvoll.

Die Analyse des für die erfolgreiche Abwicklung von FuE-Aufgaben erforderlichen Wissens gibt somit stabile Hinweise für die Lösung des De-/Zentralisierungsproblems.

Bei nahezu jeder Art aufbauorganisatorischer Eingliederung von FuE-Aktivitäten treten Koordinierungs- oder Schnittstellenprobleme auf, sei es innerhalb der FuE-Tätigkeiten selbst, sei es zwischen diesen und anderen Funktionalbereichen (z. B. Konstruktion, Produktion, Marketing/Vertrieb). Für die Koordination dieser Schnittstellen sollten daher ebenfalls generell gültige Rahmenentscheidungen getroffen werden (vgl. dazu z. B. Brockhoff 1989 b). *Schnitt-stellen-management*

Mit der Entscheidung über die aufbauorganisatorische Eingliederung der FuE-Tätigkeiten werden schließlich auch die **FuE-Standorte** (national, international) festgelegt. Diese Festlegung erlangt angesichts der in jüngster Zeit zu beobachtenden Internationalisierung und Globalisierung der industriellen Forschung und Entwicklung an Bedeutung.

Patent- und Lizenzpolitik

Die FuE-Grundstrategie umfaßt Rahmenentscheidungen über die **Patent- und Lizenzpolitik**. Zum einen geht es um die Erzielung von Schutzrechten für neu erlangte Kenntnisse. Zum anderen stehen Maßnahmen der Überlassung oder des Erwerbs von Nutzungsrechten im Vordergrund.

Im Rahmen der Grundlagenforschung gewonnene Erkenntnisse können nur durch Geheimhaltung geschützt werden. Für innerhalb der angewandten FuE produziertes Wissen bestehen dagegen unterschiedliche Schutzrechtmöglichkeiten.

Zuvor ist jedoch die Grundsatzentscheidung zwischen der Anmeldung von Schutzrechten und dem Verzicht darauf zu treffen. Durch den Erwerb von Schutzrechten ist innerhalb der Schutzrechtdauer die Nutzung der betroffenen Kenntnisse durch andere Unternehmen nur mit Zustimmung des Schutzrechtsinhabers möglich. Die mit der Anmeldung verbundene Offenlegung der zu schützenden neuartigen Kenntnisse kann jedoch zu unerwünschten Informationen für die Konkurrenz führen. Aus einer exakten Analyse lassen sich beispielsweise Rückschlüsse auf FuE-Aktivitäten oder Ansatzpunkte für Verbesserungsinnovationen ermitteln. Stehen **Prozeßinnovationen** im Vordergrund, ist vielfach die Nichtanmeldung zweckmäßig, da durch Geheimhaltung ein faktischer Schutz eher gewährleistet werden kann. Bei **Produktinnovationen** ist in der Regel der Erwerb von Schutzrechten zu empfehlen. Rechtlicher Schutz ist notwendig, wenn das zugrundeliegende Wissen leicht aus einer Analyse der Produkte reproduziert werden kann. Ist die Entscheidung zugunsten des Erwerbs von Schutzrechten gefallen, ist anschließend die Art des Schutzrechtes festzulegen. *Problematik der Patent-politik*

Drei **gesetzlich normierte Schutzrechte** sind zu unterscheiden: *Schutzrecht-möglichkeiten*

– das im Patentgesetz geregelte Patent;
– das im Gebrauchsmustergesetz geregelte Gebrauchsmuster;
– das im Geschmacksmustergesetz geregelte Geschmacksmuster.

Patente können nur für Erfindungen, die im Inland objektiv neu sind, eine gewerbliche Nutzung gestatten und einen beachtlichen Fortschritt gegenüber dem bisherigen Stand der Technik darstellen, erteilt werden. Beispiele sind neue technische Anlagen, Werkzeuge, Produktionsverfahren etc. Durch die Erteilung des Patentes erhält der Inhaber das Recht, die Erfindung herzustellen, zu verkaufen oder zu gebrauchen. Bei Verfahren sind darüber hinaus die unmittelbar dadurch produzierten Erzeugnisse eingeschlossen. Durch Patente lassen sich sowohl neue Verfahrens- wie auch Produktkenntnisse schützen. Ein Patent wird erst nach zeitaufwendiger Prüfung auf Neuheit und erfinderische Leistung durch das Patentamt erteilt, wodurch ein kaum angreifbares Schutzrecht entsteht. Die Schutzwirkung beträgt seit 1978 maximal 20 Jahre. Soll der Patentschutz auf das Ausland ausgedehnt werden, so ist in jedem Land eine Patentanmeldung erforderlich. Seit einiger Zeit ist es auch möglich, ein Patent auf europäischer Ebene anzumelden und damit in einem Verfahren Patentschutz in höchstens 14 (wahlweise weniger) europäischen Ländern anzustreben (Europäisches Patentamt).

Die überwiegende Mehrheit schutzrechtsfähiger Erfindungen entfällt auf Arbeitnehmer im Rahmen ihrer Dienstverhältnisse (vgl. Staudt u. a. 1990). Bei der rechtlichen Behandlung dieser Arbeitnehmererfindungen stehen die Grundsätze des Patentrechtes denen des Arbeitsrechtes entgegen. Nach dem BGB und dem Arbeitsrecht werden Arbeitsergebnisse grundsätzlich dem Arbeitgeber zugesprochen. Demgegenüber kommt nach dem Erfinderprinzip im Patentgesetz (§ 6 PatG) das Recht auf ein Patent grundsätzlich dem Erfinder zu. Diese unterschiedliche Behandlung von Arbeitnehmererfindungen zwischen BGB, Arbeitsrecht und Patentschutz ist der Hintergrund des Arbeitnehmererfindungsgesetzes vom 25. 7. 1957 (vgl. dazu Schmeisser 1986, S. 153 ff.). Ziel des Arbeitnehmererfindungsgesetzes ist es, dieses Spannungsfeld durch einen für beide Seiten angemessenen Ausgleich zu beseitigen.

Nach dem Arbeitnehmererfindungsgesetz steht das alleinige Nutzungsrecht dem Arbeitgeber zu. Dieser ist jedoch zur Zahlung einer angemessenen Vergütung sowie zur Anmeldung der Diensterfindungen zur Erteilung des entsprechenden Schutzrechtes für den Arbeitnehmer verpflichtet. Von der Verpflichtung zur Anmeldung kann er sich befreien, wenn er
– die Erfindung freigibt,
– den Arbeitnehmer zur Zustimmung der Nichtanmeldung bewegen kann,
– die Rechtsschutzfähigkeit gegenüber dem Arbeitnehmer anerkennt und aus unternehmenspolitischen Gründen die Geheimhaltung erforderlich ist (vgl. Kern/ Schröder 1977, S. 65 f. sowie ausführlich Schmeisser 1986, S. 156 ff.)

Als Gebrauchsmuster werden nach § 1 GbmG technische Erfindungen geschützt, die neu sind, auf einem erfinderischen Schritt beruhen und gewerblich anwendbar sind. Der Inhaber ist für höchstens 10 Jahre berechtigt, das Muster gewerblich nachzubilden und die Produkte zu verkaufen oder zu gebrauchen. Schutzfähig sind nur neue Produktkenntnisse. Gebrauchsmuster werden ohne mit dem Patent vergleichbare Prüfung nach 2–3 Monaten registriert und können u. U. später wieder aberkannt werden.

Geschmacksmuster sind entweder zweidimensionale Muster oder dreidimensionale Modelle. **Sie sind schutzfähig, wenn sie neu und gewerblich verwertbar sind sowie auf den menschlichen Farben- und Formsinn wirken.** Beispiele sind die Farbgebung bei Stoffen und Tapeten oder neue Formen für Porzellan- und Keramikgeschirr. Nach der Hinterlegung beim Registergericht ist der Inhaber maximal 15 Jahre zur teilweisen oder völligen Nachahmung berechtigt. Die Schutzfähigkeit richtet sich jedoch nur auf Produktkenntnisse. *Geschmacksmuster*

Insgesamt können Verfahrenskenntnisse nur durch Patente, neues Produktwissen dagegen sowohl durch Patente wie auch durch Gebrauchs- und Geschmacksmuster geschützt werden. Da sich Geschmacksmuster auf die ästhetische Wirkung eines Erzeugnisses beziehen, ist im Hinblick auf das zugrundeliegende technische Wissen die Entscheidung zwischen Patent- und Gebrauchsmuster erforderlich. Abbildung 8.16 zeigt das Entscheidungsproblem im Zusammenhang.

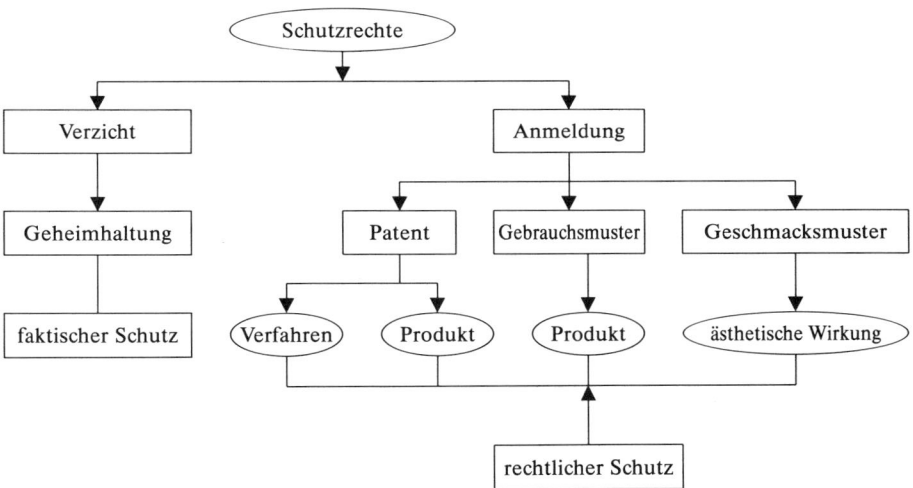

Abbildung 8.16: Gesetzlich normierte Schutzrechte

Die **Lizenzpolitik** umfaßt zum einen Rahmenentscheidungen zur Verwertung von neuen Kenntnissen, d. h. sie befaßt sich mit der Frage, ob und inwieweit die Nutzung potentiellen Interessenten überlassen werden kann. Zum anderen legt sie grundsätzlich fest, inwieweit im Unternehmen selbst neues Wissen durch Lizenzen erlangt werden soll. Insbesondere die Art des neuen Wissens wie auch die Bedeutung im Hinblick auf langfristig geplante Produkte und Prozesse sind dabei zu berücksichtigen. Die Lizenzpolitik spielt aus der Sicht des neue Kenntnisse verwertenden Unternehmens vor allem eine Rolle bei sogenannten „evolutionären Ideen" oder auch bei **Zufallserfindungen**. Darunter sind gewonnene Kenntnisse zu verstehen, die mit den geplanten und erforderlichen FuE-Ergebnissen nicht übereinstimmen und im Unternehmen meist nicht weiterverwendet werden können. Um derartige Kenntnisse dennoch sinnvoll verwerten zu können, werden sie z. B. externen Interessenten zur Nutzung überlassen. *Inhalt der Lizenzpolitik*

Ferner ist im Rahmen der internationalen Geschäftstätigkeit die Lizenzvergabe häufig als Alternative zum Export oder zur Direktinvestition in Erwägung zu ziehen. Abbildung 8.17 systematisiert diese Entscheidungssituation.

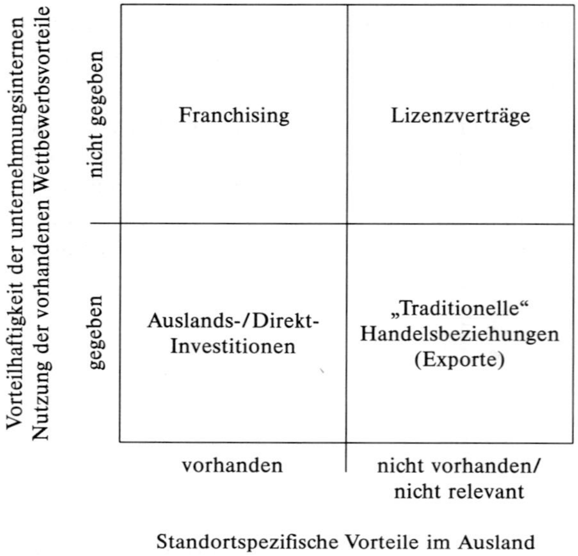

	vorhanden	nicht vorhanden/ nicht relevant
nicht gegeben	Franchising	Lizenzverträge
gegeben	Auslands-/Direkt-Investitionen	„Traditionelle" Handelsbeziehungen (Exporte)

Vorteilhaftigkeit der unternehmungsinternen Nutzung der vorhandenen Wettbewerbsvorteile

Standortspezifische Vorteile im Ausland

Abbildung 8.17: Lizenzverträge als Alternative im Rahmen der Internationalisierung der Geschäftstätigkeit

Quelle: Kappich (1989)

Gibt es für die industrielle Unternehmung im Ausland standortspezifische Vorteile für eigene Produkte (z. B. aufgrund natürlicher Gegebenheiten oder staatlicher Anreize bzw. Sanktionen), so werden die Wettbewerbsvorteile im Ausland durch Direktinvestition oder durch Franchising ausgeschöpft.

Fehlen derartige standortspezifische Vorzüge für die Auslandsproduktion, so empfiehlt sich Export dann, wenn das Wissen über die Wettbewerbsvorteile nicht an andere gegeben werden soll. Lizenzverträge kommen in Frage, wenn die interne Nutzung die Wettbewerbsvorteile nicht geboten, d. h. wenn das relevante Wissen durch Lizenzen kontrollierbar ist.

Möglichkeiten der Überlassung oder Erlangung von Nutzungsrechten

Bei rechtlich geschützten Kenntnissen sind zwei vertragliche Formen der Überlassung bzw. Erlangung von Nutzungsrechten zu unterscheiden:
– der **Verkauf bzw. Kauf der Schutzrechte:** der Käufer wird Inhaber des Rechts sowie sämtlicher daraus resultierender weiterer Rechte;
– die **Vergabe von Patentlizenzen bzw. die Lizenznahme:** der Lizenznehmer erhält das Recht zur gewerblichen Nutzung von schutzrechtfähigen Kenntnissen, das jedoch in zeitlicher, sachlicher und räumlicher Hinsicht eingeschränkt werden kann. Der Lizenzgeber bleibt Inhaber des Schutzrechts. Abbildung 8.18 zeigt die Vielzahl möglicher Lizenzarten.

1106

Ansatzpunkt für die Systematisierung	Kriterium	Lizenzarten
Lizenzobjekt	Vorhandensein von Schutzrechten	Patentlizenzen Know-How-Lizenzen Gemischte Lizenzen

	Umfang der über-tragenen Nutzungs-rechte	Unbeschränkte Lizenzen
		Beschränkte Lizenzen
		– sachlich beschränkt: Montagelizenzen
		                            Herstellungslizenzen
		                            Vertriebslizenzen
		                            Gebrauchslizenzen
		                            Benutzungslizenzen
		– räumlich beschränkt: Gebietslizenzen
		– zeitlich beschränkt: Zeitlizenzen

Lizenzgeber	Identität mit „Erzeuger" der Kenntnisse	Unmittelbare Lizenzen Unterlizenzen
Lizenznehmer	Zahl der Nutz-nießer im selben Gebiet	Ausschließliche Lizenzen Einfache Lizenzen
	Organisationsform	Persönliche Lizenzen Betriebslizenzen Konzernlizenzen
Zustande-kommen der Lizenz	Freiwilligkeit	Zwangslizenzen (§ 15 PatG) Vereinbarte Lizenzen
Vereinbartes Entgelt	Berechnungsart	Pauschallizenzen Stücklizenzen Quotenlizenzen – Umsatzquotenlizenzen – Gewinnquotenlizenzen

Abbildung 8.18: Systematik der Lizenzarten

Quelle: Kern/Schröder (1977)

Nicht zuletzt aufgrund der Gestaltungsfreiheit beim Abschluß der Lizenzverträge ist die Lizenzvergabe bzw. Lizenznahme flexibler als der Kauf bzw. Verkauf von Schutz-rechten. Der Verkauf von Schutzrechten ist für den Verkäufer nur dann zweckmäßig, wenn die eigene Nutzung des geschützten Wissens langfristig ausgeschlossen oder weniger vorteilhaft ist.

Grenzen der *rechtlichen* *Schutzrechts-* *fähigkeit von* *Innovationen*	Nicht alle Neuerungen lassen sich durch Schutzrechte, insbesondere nicht durch Patente oder Lizenzen, erfassen. Biologische Erfindungen, neuartige Computersoftware, Dienstleistungs- und Organisationsinnovationen entziehen sich prinzipiell dem patentrechtlichen Schutz in Deutschland (vgl. Bernhardt/Krasser 1986, S. 93 ff. und 114 ff.). Im Ausland gibt es hierfür z. T. schutzrechtliche Regelungen. Ferner werden viele marktlich wichtige Innovationen von erfahrungsgestütztem, anwendungstechnischem oder fertigungstechnischem Wissen getragen, das sich nicht in schutzrechtlichen Kategorien beschreiben und niederlegen läßt.
	Zusammenfassend finden die Rahmenentscheidungen unter Berücksichtigung interner und externer Rahmenfaktoren ihren Ausdruck in der **FuE-Grundstrategie.** Sie soll dazu beitragen, alle FuE-Projekte und -Programme auf die FuE-Ziele auszurichten. In Form der FuE-Grundstrategie erhält die Innovationspolitik – zumindest in Teilaspekten – offiziellen Charakter.

b) Programme für Innovationen

Inhalt eines *Innovations-* *programms*	In Abstimmung mit den strategischen Rahmenentscheidungen enthalten strategische Innovationsprogramme konkrete Maßnahmen und Bedingungen für den Entstehungszyklus von Innovationen. Sie beziehen sich auf die Phasen der Innovationsanregung, der Ideengenerierung sowie der Ideenauswahl.

Innovationsanregungsphase

	In der Innovationsanregungsphase bilden sich ziel- und strategieentsprechende FuE-Bedarfe heraus. Innovationsanregungen können grundsätzlich sowohl aus internen wie auch aus externen Quellen stammen. Dementsprechend sind für die FuE-Zielrichtung maßgebliche Quellen zu bestimmen, zu erfassen sowie zu analysieren (vgl. auch Hippel 1988).
Interne *Quellen*	Zu den internen Quellen zählen z. B. das betriebliche Vorschlagswesen, die GAP-Analyse sowie Anregungen aus dem Absatz- und Produktionsbereich.
GAP-Analyse	Die GAP-Analyse (vgl. z. B. Kirsch/Maaßen 1989, S. 230 ff.; Teil 5, S. 659 f.) zeigt die Lücke zwischen angestrebten Zielen und erwarten Ergebnissen auf der Basis gegebener Unternehmensaktivitäten auf. Es kann versucht werden, die Lücke durch die Initiierung und Durchführung von Innovationprojekten zu schließen.
Absatzbereich	Im Absatzbereich ergeben sich aus der **Analyse des Lebenszyklus** (vgl. Teil 5, S. 664 f.) vorhandener Produkte Anhaltspunkte für Nachfolgeprodukte in zeitlicher wie auch qualitativer Hinsicht. Weitere Anregungen resultieren aus Ergebnissen der **Marktforschung** oder aus **Marktanalysen.**

Innovationsideen im Produktionsbereich setzen bei den verwendeten Produktions-
verfahren an. Neben konkretem Verbesserungsbedarf können Möglichkeiten der
Rationalisierung oder der verstärkten Computerunterstützung Ansatzpunkte für
Innovationsanregungen darstellen.

Produktions-bereich

Über das betriebliche Vorschlagswesen (vgl. S. 1149 f. sowie Teil 6, S. 843 ff.) können
Mitarbeiter ihre Anregungen zu Verbesserungen des Leistungsprogramms oder
interner Strukturen und Prozesse übermitteln.

Betriebliches Vorschlags-wesen

Zu den externen Quellen für Innovationsanregungen zählen grundsätzlich Kunden,
Markt- und Technikentwicklung, Veränderungen von Branchenstrukturen, neues
Wissen im wissenschaftlichen und außerwissenschaftlichen Bereich, allgemeine Um-
welttendenzen, demographische Veränderungen sowie äußere Ereignisse.

Externe Quellen

Eine der wichtigsten externen Quellen stellt der intensive **Kontakt zum Kunden** dar.
Auf diese Weise lassen sich die Probleme und Bedürfnisse ermitteln, die aus Kun-
densicht nach Lösungen suchen. Außerdem läßt sich prüfen, ob und inwieweit
Probleme für vorhandene Lösungen zu erkennen sind. Die Anwesenheit eines Ver-
triebsmitarbeiters beim Produkteinsatz im Kundenunternehmen kann beispielsweise
eine wertvolle Hilfestellung leisten (vgl. Seiler 1985, S. 296). Aus der Analyse von
Erfolgen und Mißerfolgen des Kunden lassen sich möglicherweise ebenfalls Innovationsanregungen gewinnen. Um die entsprechenden Informationen zu erhalten, ist
der enge Kundenkontakt insbesondere auch mit sogenannten Pionierkunden oder
lead users unbedingte Voraussetzung. Einer entsprechenden Schulung der Außen-
dienstmitarbeiter kommt daher eine nicht zu unterschätzende Bedeutung zu. „Gehe
hinaus, stelle Fragen, höre zu" (Drucker 1986, S. 204) ist die maßgeblich zu erfüllende
Aufgabe.

Mit Hilfe eines umfassenden **strategischen Frühaufklärungssystems** lassen sich frühzeitig Veränderungen auf dem Markt oder hinsichtlich der technologischen Entwicklung erkennen. Die Auswertung und Analyse entsprechender **schwacher Signale** (vgl.
Ansoff 1976) kann Chancen und Risiken für das Unternehmen aufzeigen, die wertvolle Innovationsanregungen darstellen.

Aus der Untersuchung **struktureller Branchenveränderungen** lassen sich ebenfalls Innovationsanregungen gewinnen. Ein steigender Marktanteil von Substitutionsprodukten in der eigenen Branche verdeutlicht beispielsweise den Bedarf an Verbesserungen oder gänzlich neuen Produkten. Die Analyse eigener Stärken und Schwächen
gegenüber den Konkurrenten kann weitere Hinweise auf einen erforderlichen Innovationsbedarf liefern. Aus Veränderungen fremder Branchenstrukturen ergeben sich
möglicherweise Innovationsanstöße, die Eintrittschancen in diese Branchen eröffnen. Eine strategische Frühaufklärung kann auch in diesem Punkt eine maßgebliche
Rolle spielen.

Das Studium von Informationsmaterial und Fachliteratur sowie der Besuch von Kongressen, Messen und Ausstellungen gewährt Zugang zu neuem Wissen im wissenschaftlichen wie außerwissenschaftlichen Bereich.

Erkenntnisse über allgemeine **Umwelttendenzen** können ebenfalls wesentliche Innovationsanstöße bewirken. Von Interesse sind beispielsweise das Umweltbewußtsein, das Freizeit- und Hobbyverhalten oder auch allgemeine Veränderungen von Arbeitsabläufen oder Geschäftstätigkeiten.

Demographische Veränderungen geben weitere Anhaltspunkte. Je nach Bevölkerungszahl, Altersstruktur und -zusammensetzung sowie Beschäftigungs-, Bildungs- und Einkommensniveau sind divergierende Interessen und Werthaltungen sowie Unterschiede im Qualitätsbewußtsein und Käuferverhalten zu erwarten.

Innovationsanregungen lassen sich desweiteren aus **unvermuteten Ereignissen** auf dem Markt gewinnen (z. B. ein plötzlich starkes Interesse von Industrie- und Universitätslabors an klinischen Testverfahren, die ursprünglich nur für Krankenhauslabors entwickelt wurden) (vgl. Drucker 1986, S. 67 ff.). Dabei werden unvermutete Erfolge oder Fehlschläge eingehend untersucht und hinsichtlich potentieller Innovationschancen analysiert.

Aus unerwarteten äußeren Ereignissen ergibt sich möglicherweise die Chance, vorhandene Sach- und Fachkenntnisse anders anzuwenden oder neu zu kombinieren (vgl. Drucker 1986, S. 87 ff.). Für innovative Unternehmen empfiehlt sich daher die Erfassung und Analyse entsprechender Symptome. Als externe Quellen für Innovationsanregungen sind schließlich noch Lieferanten, der Handel oder auch außenstehende Berater zu nennen.

Aus der Erfassung und Analyse der für die Zielerreichung maßgeblichen Quellen kristallisiert sich schließlich der **Innovationsbedarf** heraus. Dieser bildet die Grundlage für die Ideengenerierungsphase.

Ideengenerierungsphase

Die Ideengenerierungsphase beinhaltet die Suche nach Ideen, die zur Deckung des Innovationsbedarfs beitragen könen. Zugrunde liegen dabei in erster Linie jene schlecht strukturierten, kreativ-innovativen Denk- und Entscheidungsprozesse, deren Handlungsabläufe nicht logisch-rational nachvollziehbar sind (vgl. Marr 1973, S. 75). Je nach konkretisiertem Innovationsbedarf kann die Generierung von Innovationsideen entweder

„Offener"
oder
„gebahnter"
Prozeß

– als „offener Prozeß", ausgehend von einem möglichst weiten Suchraum, der durch Anwendung geeigneter Beurteilungskriterien trichterförmig eingeengt wird, oder
– als „gebahnter Prozeß", der sich auf vorhandenes technologisches und Management-Know-How stützt (Suche im Umfeld bisheriger Routine), organisiert sein.

Während die Wahrscheinlichkeit, ein Ergebnis mit hohem Innovationsgrad zu erreichen, zumindest theoretisch im ersten Fall größer zu sein scheint – sofern sich beide

1110

Vorgehensweisen überhaupt voneinander trennen lassen – zeigt sich in der Praxis, daß erfolgreiche Innovationen eher aus einem „gebahnten Prozeß" resultieren. Ziel ist es jedenfalls, eine breite Ideenplattform zu schaffen, um die Wahrscheinlichkeit, daß eine zukunfsträchtige Idee darunter ist, zu erhöhen.

Prinzipiell sind zwei alternative Vorgehensweisen zu unterscheiden (vgl. Hahn/Laß-mann 1990, S. 127 ff.): die Ideensammlung sowie die Ideengenerierung.

Bei der Ideensammlung werden mehr oder weniger zufällig entstehende Ideen systematisch erfaßt. Für die **Ideensuche** eignen sich die Methoden des Explorierens, Entdeckens, Entwickelns und Erfindens, die jeweils unterschiedliche Suchperspektiven darstellen (vgl. zum folgenden Müller 1987, S. 77 ff.). Das **Explorieren** zeichnet sich durch ein tendenziell ungerichtetes und zweckfreies Suchen aus. Ziel des **Entdeckens** ist das „Aufspüren" von vorhandenen, aber noch nicht wahrgenommenen erfolgsversprechenden Geschäftschancen und -ideen. Das **Entwickeln** besteht in der Verknüpfung verschiedener Informationen, Ereignisse und Gedanken zu neuen Ideen. Aus maßgeblichen internen und externen Quellen gewonnene Informationen sind zu sammeln, entsprechend zu verknüpfen und aufzuarbeiten sowie in Form von Ideen zu konkretisieren. Beim **Erfinden** steht die schöpferische Fähigkeit des Erfinders im Vordergrund. Seine Ideen basieren primär auf Inspirationswissen.

Ideen-sammlung

Die gezielte Ideengenerierung läßt sich durch unterschiedliche Kreativitätstechniken unterstützen: Beispiele sind die „morphologische Methode" von Zwicky (1966), die Technik des „Brainstorming" von Osborn (1953) und die „Synektik" von Gordon (1961). Während man die morphologische Methode als ein Verfahren interpretieren kann, das der Erweiterung analytischer Fähigkeiten durch Systematisierung dient, sind Brainstorming und Synektik auf die Erzielung einer kreativen Gruppenleistung durch Vereinigung der individuellen Kreativitäten gerichtet.

Ideen-generierung

Die morphologische Methode besteht aus einer Reihe unterschiedlicher Methoden, die je nach Problemcharakter zur Anwendung gelangen. Am bekanntesten ist die Methode des morphologischen Kastens. Sie wird häufig mit der morphologischen Methode gleichgesetzt. Diese Methode bietet eine Hilfe, wenn es darum geht, die vielfältigen Möglichkeiten zu untersuchen, die denkbar sind, um ein gegebenes Problem zu lösen oder ein neues Produkt zu gestalten. Die gefundenen Möglichkeiten sind zu bewerten, um als Entscheidungsgrundlage für die Festlegung der Forschungs- und Entwicklungsrichtung zu dienen.

Morphologi-scher Kasten

Zwicky stellt ein aus fünf Arbeitsschritten bestehendes Phasenschema für die Konstruktion eines morphologischen Kastens und die Auswertung der in ihm enthaltenen Informationen auf:

(1) Genaue Umschreibung oder Definition sowie zweckmäßige Verallgemeinerung eines gegebenen Problems;

(2) Präzise Bestimmung und Lokalisierung aller die Lösung des Problems beeinflussenden Umstände (Studien der Parameter des Problems);

(3) Aufstellung des morphologischen Kastens, in den alle möglichen Lösungen des Problems ohne Vorurteile eingeordnet werden;

(4) Bewertung aller im morphologischen Kasten enthaltenen Lösungen anhand gewählter Kriterien;

(5) Wahl der optimalen Lösung und Weiterverfolgung derselben bis zu ihrer endgültigen Realisierung.

Von diesen fünf Schritten bedarf der dritte einer kurzen Erklärung. Wenn das Problem im Schritt (2) in seine Parameter zerlegt ist, die sich nicht überschneiden dürfen, und wenn die Lösungsmöglichkeiten je Parameter ermittelt wurden, werden Parameter und Lösungsmöglichkeiten in ein (meist) zweidimensionales Schema gebracht, in dem sich die einzelnen Parameterausprägungen durch Lauflinien zu Alternativen zusammenfassen lassen. Diese Alternativen müssen in bezug auf ihre Durchführbarkeit analysiert und bewertet werden. Die kreative Leistung bei diesem Verfahren besteht in der Formulierung der Parameter und der denkbaren Lösungsmöglichkeiten. **Je mehr es gelingt, sich von naheliegenden Problemlösungen zu entfernen und für möglichst viele Parameter ungewöhnliche Lösungen zu finden, um so größer ist der in dem neuen Produkt zu realisierende technische Fortschritt.** Die Formulierung der Alternativen kann rein mechanisch, z. B. durch einen Computer, erfolgen.

Problemelemente (Funktionen)	mögliche Lösungsformen (hier jeweils auf 3 beschränkt)		
Wasser kochen	Heizspirale (innen)	Heizplatte oder offene Flamme (außen)	Erhitzung durch Induktion
Kaffee filtern	Filterpapier	poröses Porzellan	Zentrifuge
Kaffee warmhalten	wärmeisolierendes Material	Wärmezufuhr	Wärmehaube
Kaffee ausschenken	Hahn	Pumpeinrichtung	Zweitbehälter und ausgießen

Abbildung 8.19: Beispiel eines morphologischen Kastens zur Konstruktion einer Kaffeemaschine

(in Anlehnung an Geschka 1970)

Brain- | Beim Brainstorming werden die Mitglieder der Ideensuchgruppe aufgefordert, für ein
storming | Problem, mit dem sie vorher vertraut gemacht werden, so viele Lösungsvorschläge als möglich zu unterbreiten. Die Qualität der Vorschläge spielt dabei keine Rolle.

1112

Die Regeln, daß es in erster Linie auf die Anzahl der Lösungsvorschläge ankommt und daß jegliche Kritik während einer Brainstorming-Sitzung verboten ist, können als Grundprinzipien des Brainstorming bezeichnet werden.

Aus ihnen ergibt sich eine gewisse Einschränkung des Anwendungsbereiches dieser Technik. Das Verfahren eignet sich nur für relativ einfache Probleme, zu deren Lösung die ad-hoc-Vorschläge der nicht unbedingt problemspezifisch ausgewählten Gruppenmitglieder ausgewertet werden sollen. Die Vorschläge werden protokolliert, den Gruppenmitgliedern für eventuelle nachträgliche Lösungen zur Verfügung gestellt und von den für das Problem Verantwortlichen ausgewertet.

Der Erfolg einer Brainstorming-Sitzung hängt weitgehend von den Fähigkeiten des Diskussionsleiters ab. Wesentlich ist, wie er das anstehende Problem präzisiert und geäußerte Überlegungen aufgreift, um sie als Stimuli für weitere Problemlösungsvorschläge zu nutzen. Dabei sind auch die persönlichen Beziehungen zwischen den Gruppenmitgliedern zu berücksichtigen. Die dem Verfahren zugrunde liegende „Ausschaltung der Vernunft" setzt voraus, daß das einzelne Gruppenmitglied frei von der Furcht ist, gegebenenfalls auch nachträglich der kritischen Beurteilung durch andere Gruppenmitglieder zu unterliegen.

Die anspruchsvollste und psychologisch wohl fundierteste Methode der gemeinsamen Ideenfindung in Gruppen ist die Synektik. Sie besteht aus drei Phasen: Auswahl möglichst kreativer, hochqualifizierter Personen, intensive Schulung (z. B. in Psychoanalyse, Informationsverarbeitungspsychologie, Problemlösungsverhalten) und Konfrontation mit schwierigen, ein hohes Maß an Kreativität erfordernden Aufgaben. *Synektik*

Die Synektik basiert auf der Überlegung, daß die Modelle der Psychologie zur Beschreibung des menschlichen Problemlösungsprozesses zu abstrakt sind, um sie unmittelbar in Verhaltensempfehlungen umsetzen zu können. Sie werden daher in sogenannte „operationale Mechanismen" übersetzt. Zu ihnen gehören die beiden Prinzipien:

(1) Mache dir das Fremde vertraut!
(2) Entfremde dir das Vertraute!

Das erste Prinzip enthält die Forderung nach einer gründlichen Problemanalyse. Das zweite Prinzip fordert, die ursprüngliche Problemstellung zunehmend durch Bildung von Analogien zu verfremden und für die neuen Problemstellungen nach Lösungen zu suchen. In der letzten Phase des Ideenfindungsprozesses wird dann versucht, diese möglicherweise „phantastischen" Lösungen an die ursprüngliche Problemstellung anzupassen und zu bewerten.

Eine weitere Aufgabe im Rahmen der Ideengenerierungsphase besteht darin, alle gewonnenen Vorschläge zu dokumentieren und in einer „Ideenbank" zu speichern. Vorläufig abgelehnte Hinweise gehen nicht verloren, sondern können als Ideen für künftige Verwertungen registriert werden.

Ideenauswahlphase

Aus den gesammelten Ideen müssen diejenigen ausgewählt werden, deren Weiterverfolgung erfolgversprechend ist. Der Bewertung und Auswahl der Vorschläge und Ideen im Hinblick auf die Erreichung der Unternehmensziele kommt besondere Bedeutung zu, da durch die Auswahl die Verwendung von Unternehmensressourcen bestimmt wird. Daher ist es wichtig, potentielle Fehlläufer bereits in der Vorprojektphase auszuselektieren. Es gilt, in einer Grobanalyse die Vielzahl von Ideen trichterförmig einzuengen und in einer Feinanalyse auf ein wirtschaftlich vertretbares Volumen zu begrenzen.

Grobanalyse
Ziel der Grobanalyse ist die Auswahl der Ideen, die prinzipiell die elementaren Ziele und Anforderungen erfüllen können. Wegen der Komplexität ist die Verwendung einer mehrstufigen Auswahlsystematik sinnvoll, wobei interne und externe Kriterien im gleichen Ausmaß zugrunde gelegt werden müssen.

Zu den wichtigsten **internen Kriterien** zählen z. B. die potentielle Erfüllung der Zielsetzungen des Unternehmens, die Einschätzung der technischen Realisierungsmöglichkeiten bei der Entwicklung und Durchführung der Ideen und anwendbare Synergien zu bestehenden Geschäften und Potentialen (vgl. auch Hahn/Laßmann 1990, S. 129).

Externe Kriterien setzen primär bei potentiellen marktlichen Einsatzbereichen an. Beispielsweise ist abzuschätzen, ob und inwieweit der Kundennutzen gesteigert und überlegene Problemlösungen geschaffen werden können.

Ein intensiver Kundenkontakt, vor allem mit sogenannten lead-users, die über genügend Aufgeschlossenheit und Experimentierfreude verfügen, kann dabei wertvolle Anregungen und Hilfestellungen leisten (vgl. Hippel 1988, S. 106 ff.).

„Suchspirale"
Ein Auswahlraster, das mehrere Ebenen der Konkretisierung unterscheidet, ist die von Müller (vgl. Müller 1987, S. 239 ff.) vorgeschlagene „Suchspirale" (vgl. Abbildung 8.20).

- Mit **„Suchraum"** wird der Raum bezeichnet, in dem generell die Suche nach neuen Geschäften stattfindet. Er kann fest gegeben sein oder muß noch abgegrenzt und definiert werden.
- Auf der nächsten Konkretisierungsebene befinden sich die **„Suchfelder"**. Hier geht es darum, den abgegrenzten Suchraum zu strukturieren und näher zu untersuchen. Gleichzeitig wird die vorgenommene Abgrenzung des Suchraums auf ihre Richtigkeit überprüft. Innerhalb der Suchfelder werden wiederum einige Ideen ausgewählt, welche
- die **„Kandidaten"** für neue Geschäfte oder Verbesserungsvorschläge auf der nächsten Konkretisierungsstufe darstellen.
- Durch einen nochmaligen Auswahlprozeß werden daraus die weiterzuverfolgenden **„neuen Geschäfte"** ermittelt.

1114

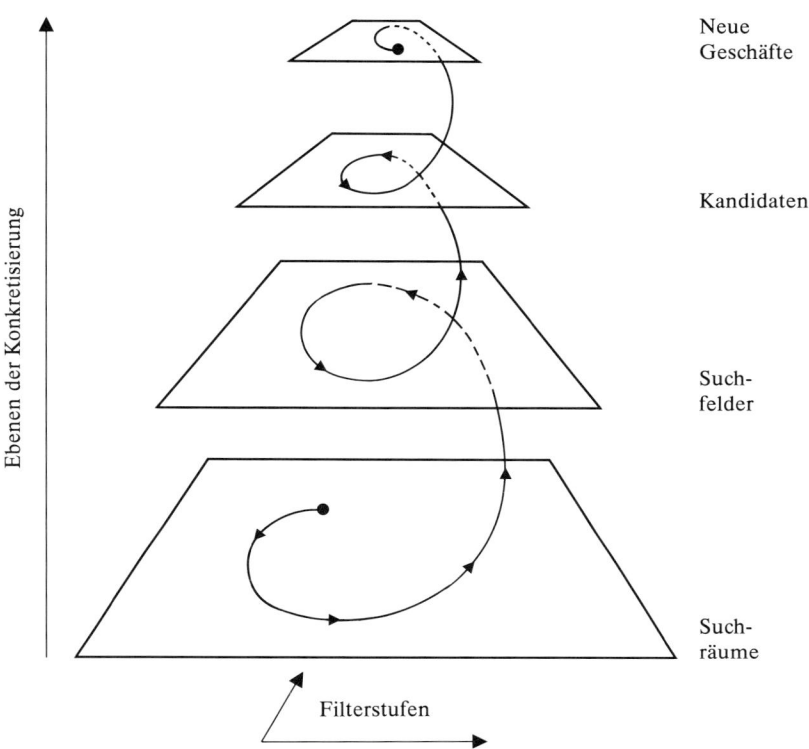

Abbildung 8.20: Suchspirale

Quelle: Müller (1987)

Der Auswahlprozeß, der auf jeder Ebene der Konkretisierung stattfindet und den Übergang von einer Ebene auf die andere festlegt, bildet eine „Analyseschleife" (vgl. Müller 1987, S. 244 ff.).

Nach der Auswahl in etwa zielkonformer Ideen erfolgt in einem nächsten Schritt die Feinanalyse mit der wirtschaftlichen Bewertung. **Ziel der Feinanalyse ist die Auswahl der Ideen oder Vorschläge, deren technische Entwicklung bis zum fertigen Erzeugnis vor dem Hintergrund bestimmter wirtschaftlicher Mindestanforderungen realisierbar erscheint** (vgl. Hahn/Laßmann 1990, S. 132). Als Bewertungsmethoden kommen quantitative Investitionsrechnungen und qualitative Verfahren in Frage (vgl. Teil 7, S. 919 ff.). *Feinanalyse*

Bewertungsproblematik

Die Notwendigkeit der Bewertung von Innovationsprojekten ergibt sich aufgrund ihres investiven Charakters. Die grundlegende **Funktion der Bewertung** besteht in der Information über das Ausmaß der ökonomischen Vorteilhaftigkeit eines Innovationsprojektes. Eine Bewertung sollte auf allen Stufen des Innovationsprozesses vorgenommen werden. Vielfach wird die „Ideenbewertung" mehr Schwierigkeiten bereiten als die eigentliche „Projektbewertung". Das Ergebnis jeder Bewertungsphase besteht in der Freigabe der nächsten Prozeßphase oder im Abbruch des gesamten Prozesses, sofern dessen Weiterführung keine ökonomischen Vorteile mehr verspricht. Stehen mehrere erfolgversprechende Alternativen zur Verfügung, sollte – sofern Vergleichbarkeit gegeben ist – diejenige mit dem höchsten Zielerreichungsgrad ausgewählt werden.

Zeitpunkt der Bewertung

Nach dem Zeitpunkt, zu dem eine Bewertung eines Innovationsprojektes stattfindet, lassen sich drei Arten der Bewertung unterscheiden: Eine **ex post-Bewertung** führt eine Überprüfung der Zielerreichung durch, indem tatsächlich realisierte Werte Planwerten gegenübergestellt und Planabweichungen festgestellt werden. Allerdings kommt diese Bewertungform als Informationsquelle zur Initiierung von Gegenmaßnahmen zu spät. Sie kann lediglich Erfahrungswerte liefern und eine Lernfunktion für spätere Projekte erfüllen. Eine **Ex nunc- oder Parallelbewertung** dient der projektbegleitenden Überwachung und Kontrolle. Sie führt zu einer intensiveren Durchdringung des Innovationsprozesses und unterstützt damit die Projektsteuerung und -realisierung. Die größte Bedeutung (und auch die größte Problematik) weist eine **ex ante-Bewertung** von Projekten auf. Sie findet vor Beginn einer Aktivität statt und liefert Informationen für die Entscheidung über Durchführung, Fortführung oder Abbruch eines Innovationsprojektes. Aufgrund der sich ständig ändernden Bestimmungsgrößen ist eine Kombination der Bewertungsvarianten einzusetzen, um gegebenenfalls getroffene Entscheidungen revidieren zu können.

Die **Ausgangsbasis für eine Bewertung** bilden die zu tätigenden Ausgaben oder Aufwendungen für Innovationsprojekte, die bei Prozeßinnovationen mit einer rationelleren Herstellung verbundenen Kosteneinsparungen sowie die mit der ökonomischen Umsetzung dieser Projekte verbundenen Umsatzsteigerungen.

Grundprobleme der Bewertung

Der Aussagegehalt aller Bewertungsergebnisse muß wegen der mit der Bewertung verbundenen grundlegenden Probleme relativiert werden. Dazu gehören beispielsweise (vgl. Nippa/Reichwald 1990, S. 97):
– die mangelnde Operationalität von Bestimmungs- und Einsatzgrößen,
– die schwierige Ableitung eindeutiger Ursache-Wirkungs-Zusammenhänge,
– die unzureichende Vergleichbarkeit relativ einmaliger Entwicklungsaufgaben,
– Schwierigkeiten bei der Erfassung qualitativer Leistungseffekte,
– die zeitliche Differenz zwischen Input und Output,
– die geringe Wiederholungshäufigkeit innovativer Aktivitäten,
– Schwierigkeiten bei der Berücksichtigung von Synergieeffekten.

Ein- und mehrdimensionale Bewertungsverfahren

Theorie und Praxis haben Bewertungsverfahren entwickelt, die in unterschiedlicher Weise die angesprochenen Probleme berücksichtigen. Allerdings gibt es keine Methode, die eine umfassende Handhabung aller Probleme ermöglicht.

Bewertungsverfahren lassen sich beispielsweise nach der Anzahl der berücksichtigten Zielkriterien in ein- oder mehrdimensionale Bewertungsverfahren einteilen.

1116

Die Komplexität und Vielschichtigkeit innovativer Tatbestände begrenzt in der Praxis die Anwendungsmöglichkeiten eindimensionaler Bewertungsverfahren erheblich. Eine realistischere Beurteilungsweise verlangt die Einbeziehung mehrerer (Innovations-) Ziele. Anstelle eindimensionaler quantitativer Verfahren, treten mehrdimensionale, auch subjektive Urteile berücksichtigende Verfahren, wie z. B. die Nutzwertanalyse (vgl. Teil 7, S. 943).

Unsicherheitsproblematik

Die Konsequenzen der Realisierung innovativer Ideen sind schwer vorherzusehen. Prognosemodelle versagen häufig, da sie auf der Grundannahme beruhen, daß sich die zukünftige Entwicklung in einer zur Vergangenheit vergleichbaren Regelmäßigkeit oder Gesetzmäßigkeit vollzieht – dies ist bei echten Innovationen jedoch nicht möglich. Das Entwickeln von Szenarien als weitere Möglichkeit, denkbare zukünftige Entwicklungen zu prognostizieren, ist ebenfalls kaum geeignet zur Vorhersage konkreter Konsequenzen. Jede Abschätzung von Handlungsfolgen innovationswirtschaftlicher Entscheidungen birgt daher ein hohes Maß an Unsicherheit in sich. Viele Bewertungsverfahren basieren auf der Annahme sicherer Informationen über die Zukunft, d. h. sie sind deterministisch. Unsicherheitsorientierte Bewertungsansätze versuchen, diesem Problem zu begegnen.

Unsicherheitsorientierte Bewertungsansätze

Inexakte Verfahren zur Berücksichtigung der Unsicherheit zeichnen sich dadurch aus, daß sie anstelle einer Zuordnung von Eintrittswahrscheinlichkeiten zu bestimmten Ereignissen lediglich heuristisch ausgewählte Alternativausprägungen von Ereignissen als Datenbasis verwenden. Auf dieser Grundlage beruht z. B. die **Sensitivitäts- oder Empfindlichkeitsanalyse** (vgl. Teil 7, S. 949 f.). Gewöhnlich versucht man mit ihr durch alternative Datenannahmen „kritische" Werte eines Projektes zu berechnen oder die Spannweite möglicher Ergebnisse zu konkretisieren. Den mit der Anwendung der Sensitivitätsanalyse verbundenen Problemen versuchen stochastische Verfahren Rechnung zu tragen. Sie berücksichtigen, daß Ereignisse nur wahrscheinliche Werte annehmen. Derartige Verfahren (vgl. Teil 7, S. 951 ff.) sind beispielsweise die **Risikoanalyse**, das **Entscheidungsbaumverfahren** oder bestimmte Formen **stochastischer Netzwerke.**

Kritische Werte

Stochastische Verfahren

Auch der Ansatz von Wahrscheinlichkeiten für eine realistischere Bewertung von Innovationsvorhaben ist kritisch zu beurteilen. Einen Kritikpunkt bildet das Problem der Quantifizierbarkeit von Eintrittswahrscheinlichkeiten bei Innovationsprojekten. Sie sind ihrem Wesen nach einmalige Ereignisse und damit nicht mit dem Gesetz der großen Zahl zu beschreiben. Eine frequentistische Wahrscheinlichkeitsauffassung scheidet somit aus. Auch die Anwendung subjektiver Wahrscheinlichkeiten liefert keine stabile Bewertungsbasis, da sie intuitiv und – wie empirische Untersuchungen ergeben haben – höchst unterschiedlich festgesetzt werden. Schließlich verlieren die Bewertungsverfahren beim Einsatz stochastischer Ansätze ihre Übersichtlichkeit und einfache Anwendbarkeit.

Die gezeigten Probleme legen es nahe, in zwei Schritten vorzugehen: mittels Scoring-Modellen oder Checklisten sind zuerst diejenigen Innovationsideen, die eher allgemein festgesetzte Bedingungen erfüllen, zu selektieren. Unter Verwendung von Investitionsrechenverfahren und/oder Wirtschaftlichkeitsrechnungen sind diese dann einer detaillierten Untersuchung zu unterziehen (vgl. auch Brose 1982, S. 420). Ergebnis ist schließlich die Auswahl derjenigen Innovationsideen oder -vorschläge, die die höchsten Zielbeiträge erbringen.

Die Konsequenzen innovativer Ideen, Prozesse und Technologien sind ex ante nicht definitiv voraussagbar. Hier zeigt sich ein grundsätzliches Problem der Technologiefolgenabschätzung. Wären die Auswirkungen innovativer Ideen und Technologien klar abschätzbar, gäbe es kein Prognoseproblem und damit kein Bewertungsproblem. Es ist somit nicht möglich, sich auf eine verläßliche Methodik der Technologiefolgenabschätzung zu stützen, auf deren Basis eine exakte Technikbewertung vorgenommen werden könnte (vgl. hierzu Picot 1987 a).

Für die ausgewählten Innovationsprojekte stellt sich die Frage, ob die zu ihrer Realisierung notwendigen FuE-Leistungen selbst erstellt oder fremdbezogen werden sollen.

Entscheidung über Eigenerstellung oder Fremdbezug von Forschungs- und Entwicklungsleistungen

(1) Gegenstand und Bedeutung

Unter **Eigenerstellung und Fremdbezug (make or buy)** versteht man verschiedene Bereitstellungswege von Leistungen.

Kriterien für die Eigenerstellungs-/ Fremdbezugs-Entscheidung

Für die Entscheidung über das Ausmaß der eigenen Forschung und Entwicklung und/oder den Rückgriff auf fremde Forschungs- und Entwicklungsleistungen sind verschiedene Kriterien zu beachten:
- Welches FuE-Know-How besteht im eigenen Unternehmen?
- Welche Qualifikationen werden mit der eigenen FuE aufgebaut?
- Wo liegen die Stärken und Schwächen der eigenen und der fremden FuE?
- Welche Abhängigkeiten werden durch den Fremdbezug von FuE-Leistungen aufgebaut?
- Gibt es möglicherweise motivationale Probleme bei Fremdbezug von FuE-Leistungen („Not-invented-here-Syndrom")?
- Ist der Fremdbezug von FuE-Leistungen mit dem Image des Unternehmens zu vereinbaren?
- Unter welchen Bedingungen fallen die reinen Produktionskosten, d. h. der bewertete Einsatz an Arbeit, Material und Betriebsmitteln für die Leistungserstellung niedriger aus?

Dieses letzte Kriterium unterstellt allerdings, daß die Leistungen klar definiert, bewertet und verglichen werden können, was bei Forschungs- und Entwicklungsaktivitäten selten der Fall ist. Neben den reinen Produktionskosten müssen die spezifischen Koordinations- und Abwicklungskosten berücksichtigt werden. Sie werden auch als Transaktionskosten bezeichnet (vgl. dazu Teil 1, S. 52 ff., Williamson 1990, Picot 1982a, 1991a, 1991b, Schneider/Zieringer 1991). *Transaktions-kosten*

Zu diesen **Transaktionskosten** zählen:
– Anbahnungskosten (z. B. für die Suche nach potentiellen Produzenten fremder FuE-Leistungen und für die Feststellung ihrer Konditionen),
– Vereinbarungskosten (z. B. für Verhandlungen und Vertragsformulierungen),
– Abwicklungskosten (z. B. für die Steuerung der laufenden FuE-Leistungserstellung),
– Kontrollkosten (z. B. für die Überwachung vereinbarter Qualitäten, Termine, Geheimhaltung, Preise) und
– Anpassungskosten (z. B. für die Durchsetzung von Termin-, Qualitäts-, Preis- und Geheimhaltungsänderungen aufgrund veränderter Bedingungen während der Vereinbarungslaufzeit).

Im wesentlichen beeinflussen vier Faktoren die Höhe der Transaktionskosten: *Einflußgrößen der Trans-aktionskosten*

– Die auf das Unternehmen bezogene **Spezifität** der FuE-Leistung. Sie ist hoch, wenn eine bestimmte FuE-Leistung ganz auf die Probleme und Besonderheiten der Unternehmung zugeschnitten ist, d. h. die Menge an alternativen Verwendungsmöglichkeiten gering ist. Da vergleichbare Referenzfälle fehlen, treten Beschreibungs- und Bewertungsprobleme auf, die bei der Formulierung einer kontrollierbaren vertraglichen Vereinbarung zu hohen Transaktionskosten führen. Auch die Gefahr eines opportunistischen Ausnutzens der „small numbers"-Situation vergrößert die Vereinbarungsprobleme.

– Die **strategische Bedeutung**. Sie ist hoch, wenn eine bestimmte FuE-Leistung einen direkten Beitrag zu den kritischen Erfolgsfaktoren der Unternehmung oder für das Erringen von Wettbewerbsvorteilen leistet. Die daraus entstehenden Geheimhaltungserfordernisse sowie die Beschreibungsprobleme aufgrund der gegebenen Erstmaligkeit erschweren die Formulierung, Anpassung und Kontrolle einer vertraglichen Vereinbarung.

– Die **Unsicherheit**, die mit FuE-Aktivitäten verbunden ist. Dieses Kriterium berücksichtigt die Anzahl und Vorhersehbarkeit von Änderungen bei der Erstellung der FuE-Leistungen. Die Änderungen beziehen sich z. B. auf Qualitäten, Termine, Mengen und Preise. Je mehr Änderungen auftreten, desto höher sind die Transaktionskosten.

– Die **Häufigkeit**, mit der bestimmte gleichartige Leistungen auftreten. Zunehmende Häufigkeit einer Aufgabe führt dazu, daß Kapazitäten, die für die interne Aufgabenabwicklung zu schaffen sind, ausgelastet werden können. Außerdem treten Lerneffekte und Spezialisierungsvorteile auf, die die Abwicklungskosten vermindern. Dies trifft zu bei der Entwicklung neuer, jedoch ähnlicher Produkte oder Verfahren sowie bei Weiterentwicklungsprojekten.

Die Koordination spezifischer, strategisch wichtiger, unsicherer und selten auftretender Teilaufgaben ist mit erheblichen Informationsproblemen verbunden (vgl. zum folgenden Picot 1990a, S. 106). In solchen Fällen ist der marktliche Vertragsabschluß recht aufwendig; die Vereinbarungs-, Kontroll- und Anpassungskosten sind bei freiem, fallweisem Vertragsabschluß extrem hoch. Zugleich hat der externe Partner keine Erfahrungsvorteile. Statt dessen ist eine integrative Lösung wirtschaftlicher. Die Beteiligten binden sich zum Zwecke der Abwicklung derartiger Teilaufgaben mit Hilfe eines Rahmenvertrages (z. B. Unternehmensvertrag, Arbeitsvertrag) auf der Basis genereller, gegenseitig anerkannter Grundsätze aneinander. In einem solchen Rahmen sind z. B. die Anpassung an Veränderungen und der Schutz von Spezialwissen sowie die Bewertung und Kontrolle von schwer definierbaren Leistungsinputs und Leistungsergebnissen leichter möglich.

(2) Normstrategien für Eigenerstellungs-/Fremdbezugsentscheidungen

Bringt man die von verschiedenen Autoren als zentrale Einflußgröße für Transaktionskosten (vgl. z. B. Williamson 1975, S. 27 ff., Alchian 1984, Picot 1991b) genannte Unternehmensspezifität der FuE-Aufgabe mit ihrer strategischen Bedeutung in Zusammenhang, können Normstrategien für Eigenerstellungs-/Fremdbezugs-Entscheidungen abgeleitet werden. Die anderen Kriterien sind eher nachrangig. Sie treten unterstützend oder abmildernd hinzu, wenn Spezifität und strategische Bedeutung eine Tendenz in Richtung Eigenerstellung oder Fremdbezug zeigen.

Kombiniert man die beiden Hauptkriterien mit jeweils drei Ausprägungen, so entsteht eine Neun-Felder-Matrix (vgl. Abbildung 8.21). Diese läßt sich in drei Lösungsbereiche untergliedern, für die sich jeweils eigene Normstrategien ableiten lassen.

Lösungsbereich I mit den Feldern 1, 2 und 3 ist gekennzeichnet durch FuE-Aufgabenstellungen, die eher Standardcharakter (niedrige Spezifität) zeigen und strategisch unbedeutend sind. Hier eignet sich reiner oder intern unterstützter Fremdbezug.

Bei dieser Vertrags- oder Kontraktforschung und -entwicklung werden Aufträge an private oder öffentliche Institutionen vergeben. Das erworbene Know-How oder die bezogenen Produktkomponenten fließen in den eigenen Herstellungsprozeß ein.

Lösungsbereich III mit den Feldern 7, 8 und 9 gilt für hoch spezifische und strategisch bedeutsame FuE-Aufgabenstellungen. Die Normstrategie sieht die reine oder extern unterstützte Eigenerstellung vor.

Hierbei handelt es sich um autonome Forschung und Entwicklung. Die Neuentwicklung von „High Tech"-Produkten oder marktorientierten Prozeßinnovationen – wie etwa Just-in-Time-Systemen – sollte beispielsweise unternehmensintern erfolgen.

Kooperations-formen bei Eigenerstellungs-/Fremd-bezugsent-scheidungen

Lösungsbereich II mit den Feldern 4, 5 und 6 nimmt eine Mittelstellung ein. Als Normstrategie ist eine Mischstrategie, d. h. der koordinierte Einsatz von internen und externen Aufgabenträgern zu empfehlen. Für die Abwicklung von FuE-Aufgaben gibt es neben der reinen Eigenerstellung und dem reinen Fremdbezug in Form

1120

	niedrig	mittel	hoch
hoch	4	7	9
mittel	2	5	8
niedrig	1	3	6

Unternehmensspezifität der FuE-Aufgaben (Zeilen: niedrig, mittel, hoch)

strategische Bedeutung der FuE-Aufgaben (Spalten: niedrig, mittel, hoch)

Lösungs-bereich	Felder	Normstrategie	Beispiel
I	1 / 2 3	– reiner Fremdbezug – Fremdbezug intern unterstützt	– Anpaß- oder – Variantenentwicklung
II	4 5 6	– Kooperation mit Entwicklungs-partnern (Mischstrategie)	– gemeinsames Entwicklungs-projekt zwischen Hardware-Hersteller und Software-Häusern
III	7 8 / 9	– Eigenleistung extern unterstützt – reine Eigenleistung	– marktorientierte Prozeß-innovationen wie JIT-Systeme – Neuentwicklung von „high tech" Produkten

Abbildung 8.21: Normstrategien für Eigenerstellungs-/Fremdbezugs-Entscheidungen

(in Anlehnung an Picot u. a. 1985)

kurzfristiger Kaufverträge **verschiedene Kooperationsmöglichkeiten** (vgl. z. B. Gery-badze 1991). Je nach Ausprägung und vertraglicher Ausgestaltung der Kooperatio-nen kommt es zu einer mehr oder weniger engen Anbindung der Forschungs- und Entwicklungsaktivitäten der beteiligten Partner. Rotering (1990, S. 16 f.) unterschei-det mit steigender Intensität der Anbindung die nicht koordinierte Einzelforschung (Know-How-Austausch), die planmäßig koordinierte Einzelforschung mit Ergebnis-austausch und FuE-Gemeinschaftsunternehmen. Bei der sog. Black-Box-Entwick-lung übernimmt der Kooperationspartner die Entwicklung. Der Auftraggeber gibt genaue Spezifikationen über Funktionen, Maße etc. vor. Je stärker eine Kopplung fremder FuE-Aktivitäten an das eigene Unternehmen vorgenommen wird, desto mehr gewinnen sie den Charakter einer Eigenerstellung.

1121

Als **Sonderformen der Kooperation** können Lizenznahme bzw. -vergabe, (Risiko-) Kapitalbeteiligungen, Akquisitionen sowie **Gemeinschaftsforschung und -entwicklung** bezeichnet werden. Bei letzterer schließen sich mehrere Unternehmen, häufig im Rahmen von industriellen Forschungsgemeinschaften, zusammen, um durch Bündelung knapper Ressourcen neues Know-How zu erwerben. Diese Form der Kooperation ist auf Dauer angelegt und nicht selten in Branchen anzutreffen, in denen Klein- oder Mittelbetriebe vorherrschen. Da hier kaum einzelne Wettbewerbsvorteile erlangt werden können, liegt das Ziel vor allem in der Steigerung der Innovationskraft der gesamten Branche.

Mit der Entscheidung über den jeweiligen Bereitstellungsweg der notwendigen FuE-Leistungen sowie der Selektion und Konkretisierung der im Unternehmen durchzuführenden FuE-Aktivitäten sind die strategischen Innovationsentscheidungen abgeschlossen.

2. Operative Innovationsentscheidungen

Gegenstand der operativen Innovationsentscheidungen

Die operativen Innovationsentscheidungen befassen sich mit den Realisierungsmöglichkeiten von industriellen Innovationsprozessen. In Übereinstimmung mit dem strategischen Rahmen und den strategischen Programmen sowie in Abstimmung mit vorhandenen und potentiellen Ressourcen sind konkrete Maßnahmen für die Durchführung der Innovationsvorhaben zu bestimmen. Einzelne Innovationsprojekte weisen zwar inhaltlich besondere Eigenheiten auf und können daher nicht völlig gleich behandelt werden. Die Art und Weise, wie ein Innovationsprojekt zu steuern ist, sollte jedoch einheitlichen Regeln unterworfen werden. Im Mittelpunkt stehen dabei das Projektmanagement, die Gestaltung des Informations- und Kommunikationssystems sowie die Gestaltung innovationsfördernder Rahmenbedingungen.

a) Projektmanagement

Merkmale von Innovationsaufgaben

Die Merkmale von Innovationsproblemen entsprechen weitgehend den Merkmalen von **Projektaufgaben** (vgl. zu den Merkmalen von Projektaufgaben z. B. Hügler 1988, S. 126 ff.):
- Innovationsprozesse sind auf **bestimmte definierte Ziele** ausgerichtet.
- Innovationsvorhaben zeichnen sich durch **Neuartigkeit und Einmaligkeit** aus.
- Es existieren **vorgegebene Rahmenbedingungen** hinsichtlich Ressourceneinsatz, Kostenbudget und Zeitrahmen.
- Innovationsaufgaben machen die voll- oder teilzeitliche Einbeziehung von **Mitarbeitern mehrerer Fachrichtungen** erforderlich.
- Bei Innovationsprojekten handelt es sich um **komplexe Aufgabenstellungen.**
- Hinsichtlich der **Verwirklichung unternehmenspolitischer Ziele** spielen Innovationsaktivitäten eine maßgebliche Rolle.

- Innovationstätigkeiten werden in erhöhtem Maß unter **Risiko und Unsicherheit** durchgeführt.
- Innovationsprojekte zeichnen sich durch **unterschiedliche Schwierigkeitsgrade aus und differieren in ihrem Umfang**.

Daher bietet sich die Durchführung von Innovations- bzw. FuE-Vorhaben – ähnlich wie die Durchführung von Systementwicklungsaufgaben; vgl. Teil 3, S. 311 ff. – in Form von **Projekten** an. FuE-Aktivitäten werden häufig mit FuE-Projekten gleichgesetzt. Beim Projektmanagement stehen die **Definition, Planung, Steuerung und Kontrolle sowie der Abschluß von FuE-Projekten** im Vordergrund. Es ist darauf hinzuweisen, daß es durchaus auch FuE-Aktivitäten gibt, die nicht in der Organisationsform des Projekts abgewickelt werden; für diese ist eine (operative) FuE-Bereichsplanung notwendig, auf die nicht näher eingegangen wird (vgl. z. B. Stock 1990, S. 180 ff.). *Projekt-management*

Projektdefinition

Projektgrundlage bildet die Projektdefinition, in der die Vorgaben für die nachfolgende Planungsphase erstellt werden. Zu ihr gehören die Definition des Projektziels (der Projektauftrag) und die Schaffung der organisatorischen Voraussetzungen im Sinne einer geeigneten Projektorganisation.

In einem Anforderungskatalog bzw. Pflichtenheft muß im ersten Schritt versucht werden, das Projektziel möglichst eindeutig, umfassend und verbindlich zu definieren. Aufgrund der Unsicherheit und des stetigen informatorischen Wandels bei FuE-Aufgaben muß jedoch in der Regel die Annahme „eines klar definierten Projektziels zugunsten der Vorstellung, daß Projekte eher mit einer Vielfalt mehrdeutiger Problemdefinitionen an den Start gehen" (Stock 1990, S. 156), aufgegeben werden. Weitere im Pflichtenheft festzulegende Projektangaben betreffen Kosten, Termine und Verantwortlichkeiten. *Projekt-auftrag*

Auf Grund der zeitlichen Befristung von Innovations- bzw. FuE-Projekten können mit ihnen verbundene organisatorische Regelungen nicht dauerhaft festgelegt werden. Den Innovationsaufgaben zugrunde liegende Merkmale wie Komplexität, Neuartigkeit, Einmaligkeit sowie Unsicherheit erfordern **flexible Organisationsformen**, die allerdings leicht Instabilitäten in langfristig angelegte organisatorische Systeme bringen können (vgl. Frese 1980, Sp. 1961). Ziel der organisatorischen Gestaltung ist daher die Realisierung von effektiven Innovationsprozessen ohne Vernachlässigung der Effizienz bei Routineprozessen. *Projekt-organisation*

Für die Schaffung eines eigenen, zeitlich befristeten organisatorischen Subsystems, einer Projektorganisation, gibt es folgende Möglichkeiten: *Projekt-organisations-formen*
- die Einfluß-Projektorganisation
- die reine Projektorganisation
- die Matrix-Projektorganisation
- die teamorientierte Projektorganisation.

Sie unterscheiden sich im wesentlichen hinsichtlich des Ausmaßes der dem Projektleiter übertragenen Kompetenzen (vgl. zum folgenden vor allem Grochla 1982, S. 278 ff. sowie Frese 1988, S. 466 ff.).

Einfluß-
Projekt-
organisation

Kennzeichnendes Merkmal der Einfluß-Projektorganisation (oder Stabs-Projektorganisation) ist die Stabsfunktion des Projektleiters (vgl. Abbildung 8.22). Dieser besitzt keine Weisungsbefugnisse gegenüber den Fachabteilungen (und deren Leitern), in denen die seinem Projekt zugeordneten Projektmitarbeiter weiterhin bleiben. Der Projektleiter plant, koordiniert und kontrolliert den Ablauf des Projekts; sein Einfluß auf die Fachabteilungen und damit auf das Projekt kann aufgrund seines hohen Informationsstandes und des besseren Projektüberblicks erheblich sein. Vielfach ist der Projektleiter allerdings aufgrund seiner geringen Kompetenzen in seiner Funktion, die Projektbeiträge zu begutachten, zu koordinieren und im Unternehmen durchzusetzen, überfordert. Daher dürfte sich die Anwendung der Einfluß-Projektorganisation kaum für komplexe, fachübergreifende Innovationsprojekte eignen.

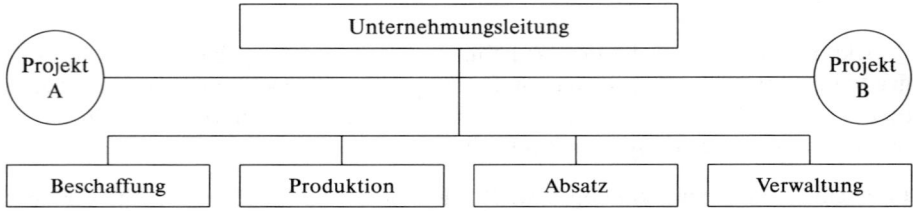

Abbildung 8.22: Stabs-Projektorganisation

Quelle: Frese (1988)

Reine
Projekt-
organisation

Bei der reinen Projektorganisation werden die zur Durchführung eines Projektes benötigten Spezialisten räumlich und arbeitsmethodisch zu eigenen Projektgruppen zusammengefaßt, die gleichberechtigt neben den anderen Sparten, Fachabteilungen oder Unterabteilungen stehen („Linienorganisation auf Zeit") (vgl. Abbildung 8.23). Dabei liegen sowohl die fachlichen als auch die disziplinarischen Weisungsbefugnisse zentral in der Hand des Projektleiters. Häufig erforderliche Umstrukturierungsmaßnahmen sowie die wiederholte Ausgliederung der Projektmitarbeiter aus deren Unternehmensbereichen können zu einer verminderten Effizienz bei Routinetätigkeiten führen. Diese Organisationsform bietet sich daher hauptsächlich für stark innovative Unternehmen an.

Matrix-
Projekt-
organisation

Neben der Einfluß-Projektorganisation hat in der Unternehmenspraxis noch die Matrix-Projektorganisation Bedeutung erlangt. **Sie ist durch eine gleichgewichtige Verteilung von Entscheidungs- und Weisungsbefugnissen zwischen Fachbereichsmanagement und Projektleiter gekennzeichnet.** Die Mitarbeiter in den Fachabteilungen bleiben ihren Linienvorgesetzten weiterhin disziplinarisch unterstellt. Dem Projektleiter stehen dagegen die fachlichen Weisungsbefugnisse für das Projekt zu (vgl. Abbildung 8.24). Eine eindeutige Abgrenzung zwischen den Fachabteilungen und den Projektbereichen ist jedoch nicht immer erreichbar. Insofern ist eine erhöhte

1124

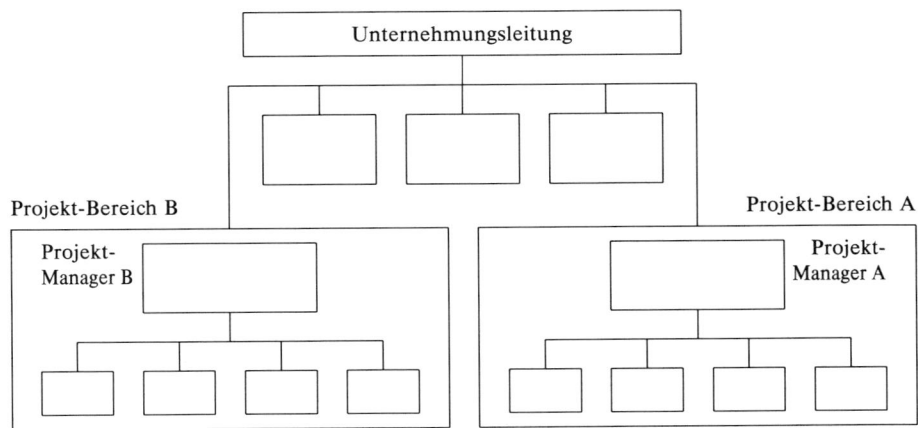

Abbildung 8.23: Reine Projektorganisation

Quelle: Frese (1988)

Kooperationsbereitschaft der beteiligten Mitarbeiter notwendig. Aus den in der Matrix-Projektorganisation bewußt institutionalisierten Konfliktmöglichkeiten können sich für innovative Prozesse positive Effekte ergeben.

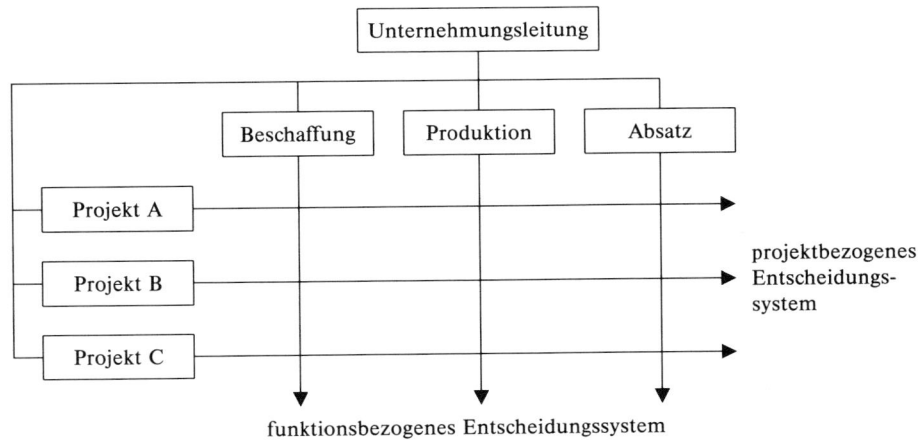

Abbildung 8.24: Matrix-Projektorganisation

Quelle: Frese (1988)

Neben diesen drei Hauptformen ist als Sonderform noch die teamorientierte Projektorganisation von Bedeutung (vgl. Grochla 1982, S. 281 ff.). **Diese besteht aus hierarchiefreien Gruppen bzw. Mitgliedern der betroffenen Fachbereiche, denen die Durchführung des Projektes übertragen wird (Projektgruppe). Die Teammitglieder werden**

Teamorientierte Projektorganisation

1125

hierfür in der Regel für die Dauer des Projektes von ihren primären Aufgaben freigestellt. Charakteristisch ist dabei eine Kompetenzverteilung, die im wesentlichen auf den Elementen Gruppenbildung und Partizipation der betroffenen Mitarbeiter am Durchführungsprozeß aufbaut. Ein kooperativer Führungsstil bildet hierfür die Voraussetzung. Neben der Projektgruppe gibt es im Rahmen der teamorientierten Projekt-Organisation drei weitere Gruppen (vgl. Abbildung 8.25). Der vorwiegend aus den Leitern der betroffenen Fachbereiche zusammengesetzte **Unterstützungsausschuß** bringt Fachwissen in Form von Anregungen und Kritik in die Diskussion der Projektgruppe ein. Das **Entscheidungskollegium** (oft auch: Lenkungsausschuß oder Steering-Commitee) ist das Leitungsorgan der teamorientierten Projektorganisation und setzt sich in der Regel aus Vertretern des Top- oder Middle-Managements zusammen; es trifft die für die Arbeit der Projektgruppe erforderlichen Grundsatzentscheidungen (Ziele, Kompetenzen, Auswahl der Projektgruppenmitglieder, Budget etc.). Schließlich übernimmt der **Informationsausschuß** die Funktion, die betroffenen Mitarbeiter über den Stand, die Ergebnisse und die Konsequenzen des Projekts zu unterrichten.

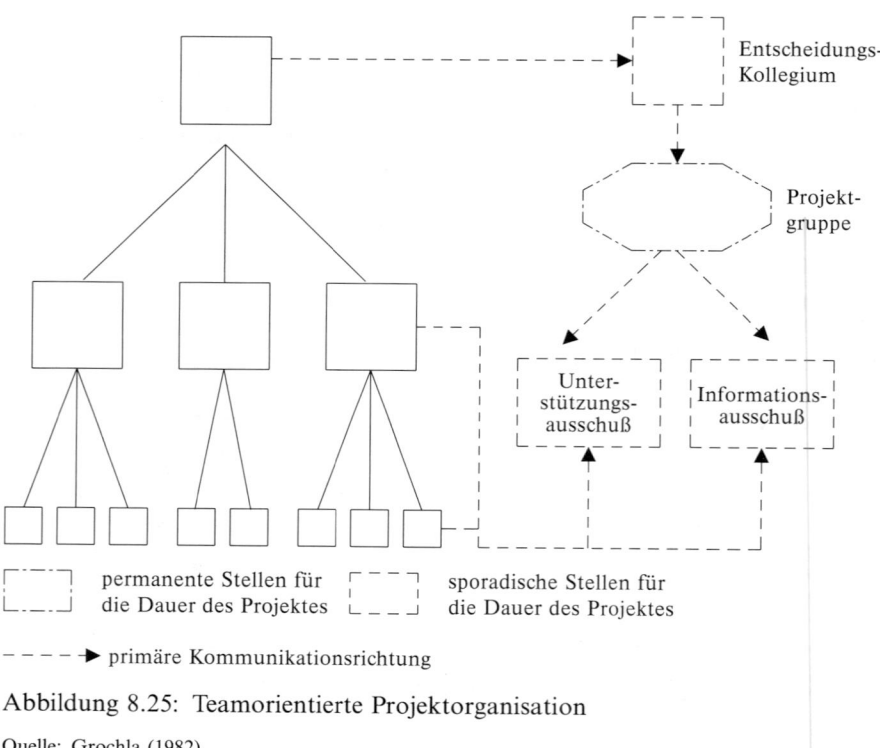

Abbildung 8.25: Teamorientierte Projektorganisation

Quelle: Grochla (1982)

Die dargestellten typischen Formen der Projektorganisation bilden allgemeine Konzeptionen, die den speziellen Anforderungen der jeweiligen Innovationsaufgaben angepaßt und durch weitere Regeln zur Arbeitsteilung, zur Koordination etc. konkretisiert werden müssen.

1126

Projektplanung

(1) Inhalte der FuE-Projektplanung

Projektplanung (und -kontrolle) (vgl. Abbildung 8.26) wird nicht als eine der Projektdurchführung vorgelagerte Phase, sondern vielmehr als projektbegleitender Prozeß aufgefaßt (vgl. Stock 1990, S. 157 ff., Burwick 1980, Sp. 1954 ff.).

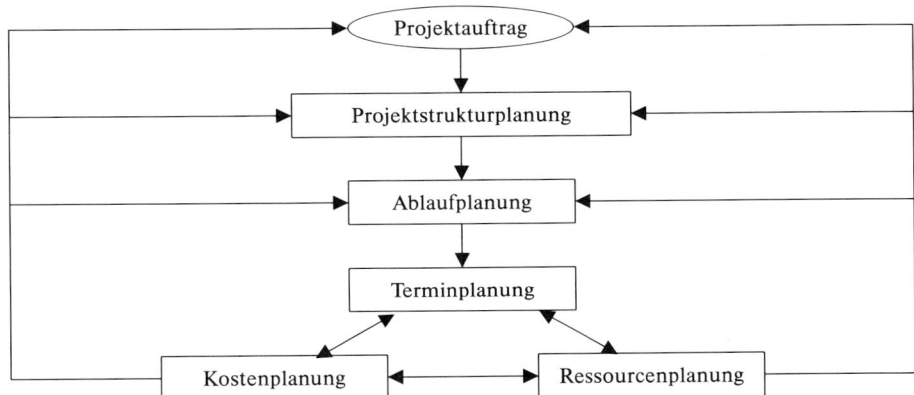

Abbildung 8.26: Idealtypischer Ablauf der Durchführungsplanung

Quelle: Stock (1990)

Ausgehend vom Projektauftrag erfolgt zunächst die Projektstrukturplanung. **Ihr Ziel ist es, das FuE-Projekt in überschaubare, plan- und steuerbare Teilprojekte und Arbeitspakete zu zerlegen.** Die Strukturierung mündet in den hierarchisch gegliederten, in Form von Baumdiagrammen oder Listen dargestellten Projektstrukturplan (PSP). Er zeigt alle Arbeitspakete, die im Ablauf des FuE-Projektes zur Erreichung der Projektergebnisse und Zwischenergebnisse notwendig sind, und zerlegt diese in einem iterativen und häufig EDV-unterstützten Verfahren, bis sie einzelnen organisatorischen Fachbereichen, Stellen oder Mitarbeitern zugeordnet werden können. Die Erstellung dieses „Plans aller Pläne" ist zwar primär eine fachlich-technische Aufgabe, sollte aber auch nach wirtschaftlichen Steuerungskriterien ausgerichtet sein. Deshalb sollten auch Kaufleute in den Planungsprozeß einbezogen werden.

Projekt-strukturplanung

In einem nächsten Schritt erfolgt mit der Ablaufplanung **die Bestimmung der ablauforganisatorischen Ordnung der im Strukturplan aufgeführten Projektaktivitäten mit dem Ziel, Teilprojekte bzw. Teilaufträge zu formulieren.** Daraus werden die übrigen Planungen mit dem Ziel abgeleitet, alle Sollvorgaben des Projektes wie Termine, Kosten, Kapazitäten etc. zu ermitteln und in bezug auf die Projektziele optimal aufeinander abzustimmen. Entsprechend lassen sich verschiedene Teilpläne unterscheiden. Die Terminplanung, die auf den Ergebnissen der Struktur- und Ablaufplanung aufbaut, bildet dabei meist den Ausgangspunkt. **Die notwendigen Daten wie Bearbeitungsdauer und Fixtermine je Arbeitspaket sind hier festzulegen.** Als unterstüt-

Ablauf-planung

Termin-planung

zende Verfahren kommen insbesondere die Netzplantechnik, Balkendiagramme sowie die Meilensteintechnik in Betracht.

Ressourcen-
planung

Eng damit verbunden ist die Ressourcenplanung, **die bei FuE-Aufgaben vor allem Personal, Sachmittel (Potential- und Repetierfaktoren) und räumliche Kapazitäten zum Gegenstand hat.** Wichtig ist hierbei eine projektübergreifende Abstimmung im Rahmen einer Multiprojektplanung.

Kosten-
planung

Mit der Kostenplanung folgt schließlich die **kaufmännische Bewertung der Aktivitäten.** Dabei wird entweder auf die in früheren Planungsphasen relativ grob durchgeführten Kostenschätzungen zurückgegriffen, oder es werden auf Basis des meist von Technikern ermittelten Mengengerüsts genauere Planwerte ermittelt. Die Projektkosten entstehen jedoch primär durch das einzusetzende FuE-Personal. Weiterhin ist der zu erwartende Aufwand für Forschungsausrüstung und -material sowie auch für Hilfsmittel oder Reisen zu berücksichtigen; darüberhinaus verursachen Räume für einzusetzendes Personal, für technische Tests sowie Besprechungsräume Projektkosten. Im Anschluß an die Bewertung einzelner Arbeitspakete erfolgt eine stufenweise Aggregation gemäß den Ebenen des Projektstrukturplans. Zusammengeführt werden die einzelnen Kostenplanungen in einem Projektkostenplan, der z. B. nach den Kostenarten, den Kosten(sub)trägern und der zeitlichen Verteilung gegliedert sein kann (Art und Weise der Projektkostenrechnung sind dabei vom zugrundeliegenden Kostenrechnungssystem abhängig; vgl. Teil 9).

Den jeweiligen Plänen ist gemeinsam, daß die anfangs groben Schätzungen mit dem im Laufe des Projekts zunehmenden Informationsstand immer weiter verfeinert werden. Die Güte der Schätzungen ist dabei u. a. vom Zeitpunkt der Schätzungen, von der Erfahrung mit ähnlichen Projekten (Innovationsgrad) und den verfügbaren Ressourcen und Verfahren abhängig (vgl. Schmelzer 1986, S. 35). Aufgrund der in der Regel permanenten Änderungen der Parameter und Ziele („moving target") bedarf es grundsätzlich einer hohen Flexibilität der FuE-Projektplanung (vgl. Platz 1986, S. 131 ff.).

Simulta-
neous-
Engineering

Häufig erfolgt im Rahmen der FuE-Projektablaufplanung eine Überlappung der Entwicklungsphasen („Simultaneous Engineering"), **d. h. die gleichzeitige Planung und Entwicklung von Produkten und Produktionsmitteln.** Es führt, wie Praxisbeispiele zeigen, zu einer drastischen Senkung von Innovationszeiten und -kosten (vgl. Abbildung 8.27). Dies wird nicht nur durch die Beschleunigung der Abstimmungsprozesse, sondern auch durch eine höhere Qualität der Abstimmung zwischen den Projektphasen erreicht (vgl. Schmelzer 1990, S. 46, Clark 1989, Clark/Fujimoto 1989). Voraussetzung dafür ist ein kontinuierlicher, offener Informationsaustausch zwischen den jeweiligen Teilprojektgruppen (vgl. S. 1140 ff.).

(2) Methoden der FuE-Projektablaufplanung

Checklisten

Checklisten stellen die einfachste Methode der Projektablaufplanung dar. Wesentliche Projekttätigkeiten und problemorientierte Fragen werden auf Listen erfaßt. Je nach Projektumgebung können sich im Verlauf ihrer Verwendung spezielle „Muß"-

1128

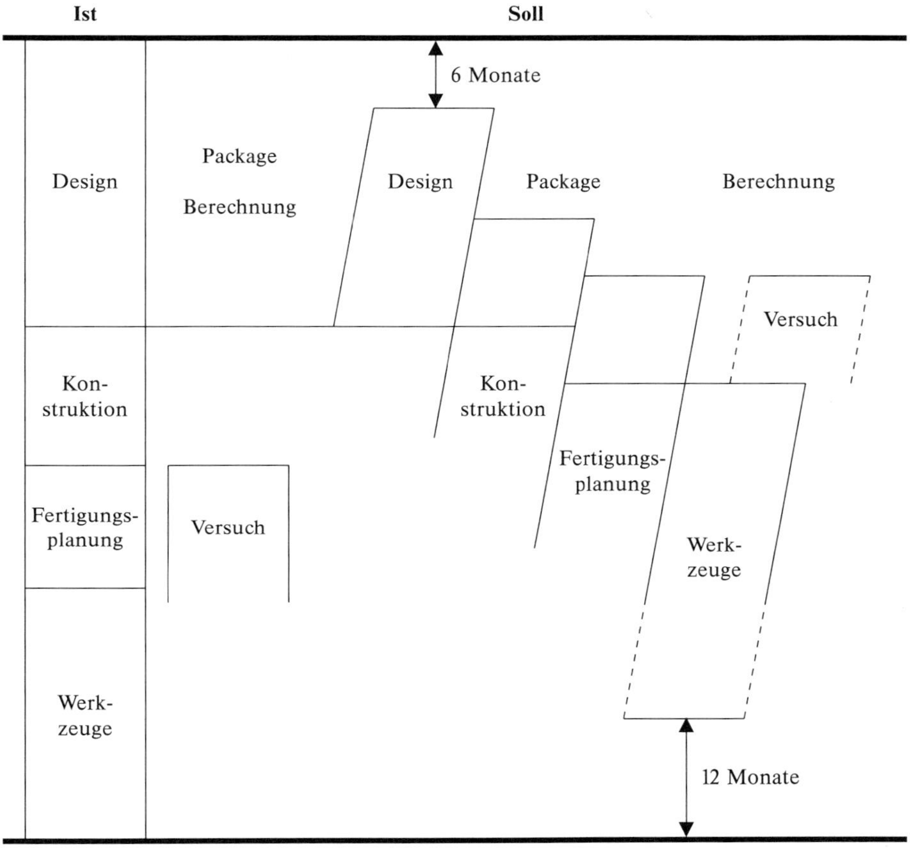

| Ist | | | Soll |

Abbildung 8.27: Verkürzung der Entwicklungszeit durch Parallelisierung
und Computerunterstützung von Tätigkeiten in der
Automobilindustrie

(in Anlehnung an Seeser 1990)

und „Kann-Fragen" herauskristallisieren, die Schritt für Schritt um bislang kritische
Aspekte erweitert werden (Bsp.: „Beim Projekt X wurde die Anschlußfinanzierung
übersehen, in Zukunft sollte daran gedacht werden"). Der wenig aufwendigen Anwendung von Checklisten steht jedoch ein geringes analytisches Potential und der
Verlust der Projektgesamtsicht gegenüber. In dieser Hinsicht sind Balkendiagramme
überlegen.

Die einfache und anschauliche Methode der Balkendiagrammplanung ist aufgrund
ihrer leichten Erlernbarkeit in der Praxis weit verbreitet. Bei dieser Methode (vgl.
Abbildung 8.28) werden auf der horizontalen Zeitachse eines Diagramms Balken
aufgetragen, deren Länge maßstabsgerecht ist und deren Anordnung eine zeitliche
Zuordnung erlaubt. Vertikal wird der aktivitätsorientierte Ablauf eines Projektes und

Balken-
diagramme

1129

implizit die Inanspruchnahme der verschiedenen Kapazitäten ersichtlich. In einem derartigen Diagramm lassen sich Soll- und Istzeiten auf übersichtliche Weise gegenüberstellen. Damit eignet es sich zur graphischen Veranschaulichung der Terminplanung, wie auch als Grundlage für spätere Terminkontrollen. Ablauflogische Abhängigkeiten können jedoch kaum aufgezeigt werden. Zudem führen Balkendiagramme mit zunehmender Größe und Komplexität von FuE-Projekten zum Verlust der Übersichtlichkeit. Sie können aber dennoch eine sinnvolle Ergänzung zu Netzplänen darstellen.

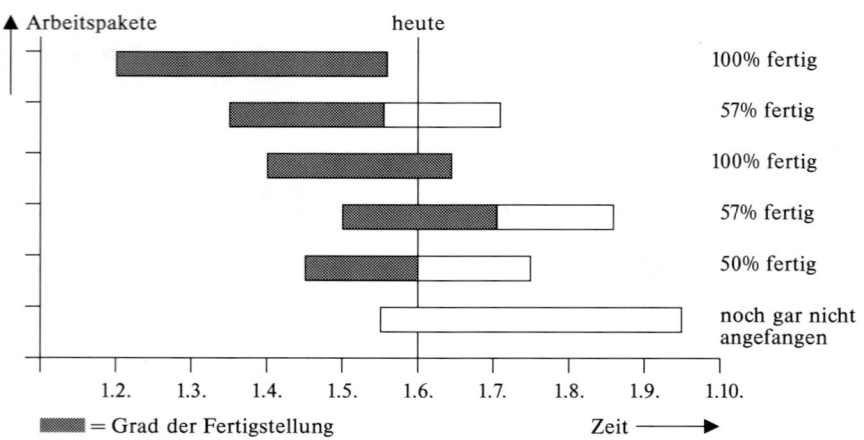

Abbildung 8.28: Balkendiagramm

Quelle: Burghardt (1989)

Netzplan-
technik

Die Netzplantechnik gilt als das präziseste und vollständigste Verfahren der Projektplanung (vgl. z. B. Madauss 1984, S. 195). Über die ursprünglich beabsichtigte Terminplanung hinaus können hier auch die Kapazitäts- und Kostenplanung sowie Kontrollfunktionen zu einem umfassenden Planungs-, Berichts- und Kontrollinstrument integriert werden (vgl. Stock 1990, S. 176 sowie Burwick 1980, Sp. 1956 ff.). Diesen Vorteilen steht allerdings ein erheblicher Aufwand in bezug auf notwendige Informationsinputs sowie für die Mitarbeiterschulung gegenüber, so daß mit zunehmender Verfeinerung der Netzpläne Anwendungs- und Akzeptanzprobleme auftreten. Aus der Vielzahl der Verfahren der Netzplantechnik (vgl. Teil 4, S. 546 ff.) bieten sich für FuE-Projekte insbesondere stochastische Konzeptionen an (vgl. zum folgenden Marr 1973, S. 189 f.). Die **„Program Evaluation and Review Technique"** (PERT) ist zweckmäßig, wenn sämtliche Teilaktivitäten z. B. in Form des Projektstrukturplans bekannt sind. Ein Nachteil ist jedoch, daß PERT keine Schleifen zuläßt, die im Innovationsprozeß durch Rückkoppelung häufig vorkommen. Größere Bedeutung kommt daher der **„Graphical Evaluation and Review Technique"** (GERT) zu, bei der die Anwendbarkeit der Netzplantechnik für die Planung der Forschungs- und Entwicklungsprozesse erheblich erweitert wurde. In der Praxis erfolgt die Netzplanerstellung meist EDV-unterstützt.

1130

Die in einem Balkenplan oder Netzplan ausgedrückten Tätigkeiten sagen nur aus, daß ganz bestimmte Arbeiten auszuführen sind. Die Ergebnisse werden nicht genauer beschrieben. Die Definition von kontrollfähigen Projektmeilensteinen ist in Ergänzung zu den Balkendiagrammen und der Netzplantechnik ein wirkungsvolles Verfahren zur Ergebniskontrolle. Die Kontrollfähigkeit eines Meilensteins ist aber nur dann gegeben, wenn mit Abschluß des Meilensteins ein inhaltlich und qualitätsmäßig prüfbares Endprodukt, z. B. ein spezifiziertes Hardware-Bauteil, ein Dokument (Spezifikation, Plan, Zeichnung usw.) oder ein Softwareprogramm (EDV-Programm mit Anwenderbeschreibung) vorliegt. Meilensteine lassen sich nach verschiedenen Kriterien definieren, z. B. nach Start- und Abschlußereignissen (Freigaben und Endprodukte), Test- und Lieferereignissen (Test abgeschlossen und/oder Produkt abgeliefert) oder nach Planungsnahtstellen (wesentliche Planungsverknüpfungen zu anderen Plänen) (vgl. Madauss 1984, S. 200). Die Meilensteintechnik stellt letztlich kein eigenes Instrument, sondern eine Erweiterung des Balken- oder Netzplans dar. *Meilenstein-technik*

(3) Multiprojektplanung

Die Multiprojektplanung umfaßt die Auswahl und Zusammenstellung der FuE-Projekte und ist mittelfristig zu gestalten, da die Projektdauer zum Großteil mehr als eine Periode beträgt. In enger Beziehung dazu steht die in der Regel periodenbezogene Budgetplanung, ebenso wie die projektübergreifende Abstimmung von Terminen und Ressourcen (Personal, Sachmittel, räumliche Kapazitäten).

Die Auswahl und Zusammenstellung von FuE-Projekten muß der strategischen Zielsetzung des Unternehmens entsprechen. Nach erfolgter Auswahl werden Richtlinien für die (Einzel-)Projektplanung und -steuerung geschaffen, durch die eine Rationalisierung und Vereinheitlichung des Projektmanagements erreicht wird. Dabei wird z. B. die Einsetzung der einzelnen Projektleitungen vorgenommen, oder es werden Konflikte zwischen beteiligten Mitarbeitern bereinigt (vgl. dazu Hügler 1988, S. 140). *Auswahl und Zusammen-stellung von FuE-Projekte*

Im Rahmen der Budgetplanung oder Budgetierung sind Entscheidungen über Umfang und Struktur der für die FuE-Tätigkeiten bereitzustellenden finanziellen Ressourcen zu treffen. Dabei wird zum einen das Gesamtbudget für den FuE-Bereich im Zuge eines Verhandlungsprozesses zwischen Unternehmens- und FuE-Leitung festgelegt (Bereichsbudgetierung). Zum anderen muß das Bereichsbudget auf die einzelnen Projekte verteilt werden (Projektbudgetierung), wobei Verhandlungen zwischen FuE-Leitung und den Projektleitungen im Vordergrund stehen. *Inhalte der Budget-planung*

Für die Bestimmung des FuE-Bereichsbudgets gibt es grundsätzlich direkte und indirekte Einflußgrößen (vgl. auch Brockhoff 1988, S. 126 ff., Kern/Schröder 1977, S. 102 ff. sowie Marr 1973, S. 39 ff.). Zu den direkten Bestimmungsgrößen zählen Gewinn- und Umsatzentwicklung, geschätzte Projektkosten, betriebliches Zielsystem, verfügbare Finanzmittel, zu erwartende Nachfolgeinvestitionen sowie FuE-Aktivitäten der Vergangenheit. Als indirekte Bestimmungsfaktoren sind Unternehmensgröße, Industriezweig sowie Marktform zu nennen. *FuE-Bereichs-budgetierung*

Als Hauptansatzpunkte für die Bestimmung des FuE-Bereichsbudgets bieten sich vor allem seine direkten Bestimmungsgrößen wie das betriebliche Zielsystem, der erwartete Beitrag der FuE-Aktivitäten zur Zielerreichung, der Umfang der FuE-Aktivitäten in der Vergangenheit, die verfügbaren Finanzmittel und die FuE-Aktivitäten der Konkurrenz an. Dementsprechend lassen sich fünf Ansätze unterscheiden: zielorientierter, projektorientierter, kapazitätsorientierter, finanzorientierter und konkurrenzorientierter Ansatz (ähnlich auch Marr 1976, S. 234).

Projekt-budgetierung

Mit der Auswahl der FuE-Projekte und der Ermittlung des FuE-Gesamtbudgets ist noch keine Festlegung bezüglich der den einzelnen Projekten zustehenden Budgets getroffen. **Deshalb hat auf der zweiten Stufe der Budgetierung, d. h. der Allokation des Gesamtbudgets auf die einzelnen Projekte, die Bestimmung von Höhe und zeitlicher Verteilung der jeweiligen Projektbudgets zu erfolgen.** Angesichts der steigenden Bedeutung von FuE sollten bei der Projektbudgetierung insbesondere strategische Ziele eine stärkere Gewichtung erhalten, um das in der Praxis dominierende „Gießkannen-" bzw. „Rasenmäherprinzip" zu überwinden (vgl. Stock 1990, S. 194). Die FuE-Projektbudgetierung kann auch über die unmittelbare Ressourcenallokation hinausgehende Funktionen erfüllen. Neben der Planungs- und Koordinationsfunktion ist hier vor allem die Verhaltensbeeinflussung der Mitarbeiter im Sinne der Motivationsfunktion zu nennen.

FuE-Projekt-portfolio

Die strategiegerechte Auswahl der zu verfolgenden FuE-Projekte sowie die optimale Verteilung der Ressourcen auf diese Projekte unterstützt das FuE-Projektportfolio (vgl. Saad u. a. 1991). Eine **Projektbewertung** zeigt zunächst die Stärken und Schwächen der geplanten Projekte. Kriterien sind Risiko- und Attraktivitätsgesichtspunkte sowie Zeithorizont und Innovationsgrad. Ausgehend hiervon läßt sich strategieorientiert eine **Projektpositionierung** und **Ressourcenverteilung** vornehmen.

Die Gegenüberstellung der Technologieposition (vgl. S. 1133) und der Lebenszyklusphase drückt das **Risiko der FuE-Projekte** aus. Mit der Verbesserung der Technologieposition steigt die Wahrscheinlichkeit des technischen Erfolges. Die **Attraktivität der FuE-Projekte** stellt die Gegenüberstellung von Ertragspotential und Erfolgswahrscheinlichkeit dar. Letztere setzt sich aus der Wahrscheinlichkeit des technischen Erfolges multipliziert mit der Wahrscheinlichkeit des kommerziellen Erfolges zusammen. Abbildungen 8.29 und 8.30 zeigen beispielhaft beide Portfolios. Die Größe der Kreise repräsentiert die geplanten Budgets, die für eine zeitgerechte Fertigstellung der Projekte erforderlich scheinen.

Projekt 1 befindet sich in dem Stadium der Grundlagenforschung. Die Wahrscheinlichkeit des technischen Erfolges ist auf Grund der starken/dominanten Technologieposition hoch. Da sich die Technologie in der Entstehung befindet, ist eine Aussage über den kommerziellen Erfolg sowie über das Ertragspotential schwer möglich. Eine Positionierung nach Attraktivitätsgesichtspunkten entfällt. Die Projekte 3, 4, 5 und 6 weisen eine haltbare Technologieposition auf. Während die Erfolgswahrscheinlichkeit identisch ist, zeigen die Projekte 4 und 6 ein höheres Ertragspotential. Eine haltbare Technologieposition impliziert, daß die Projektergebnisse später als die der Wettbewerber auf den Markt kommen werden. Unter Berücksichtigung der niedrigen

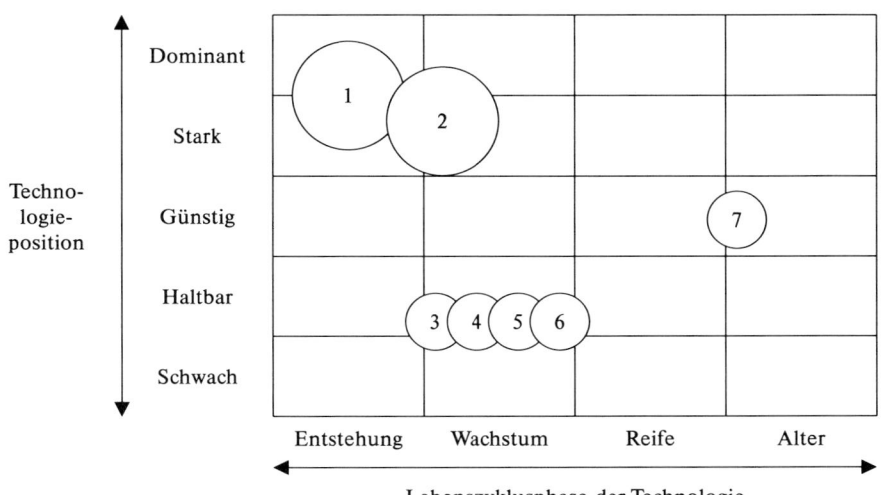

Abbildung 8.29: FuE-Projektportfolio nach Risikogesichtspunkten

(in Anlehnung an Saad u. a. 1991)

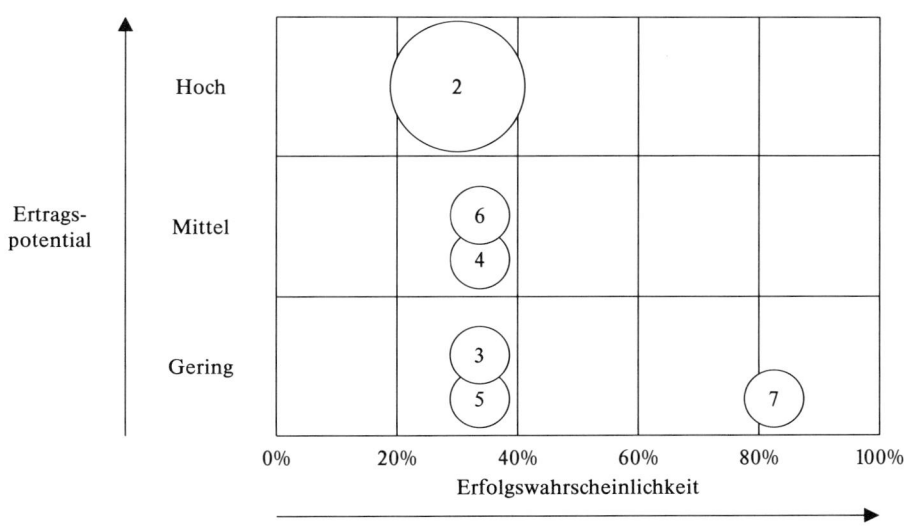

Abbildung 8.30: FuE-Projektportfolio nach Attraktivitätsgesichtspunkten

(in Anlehnung an Saad u. a. 1991)

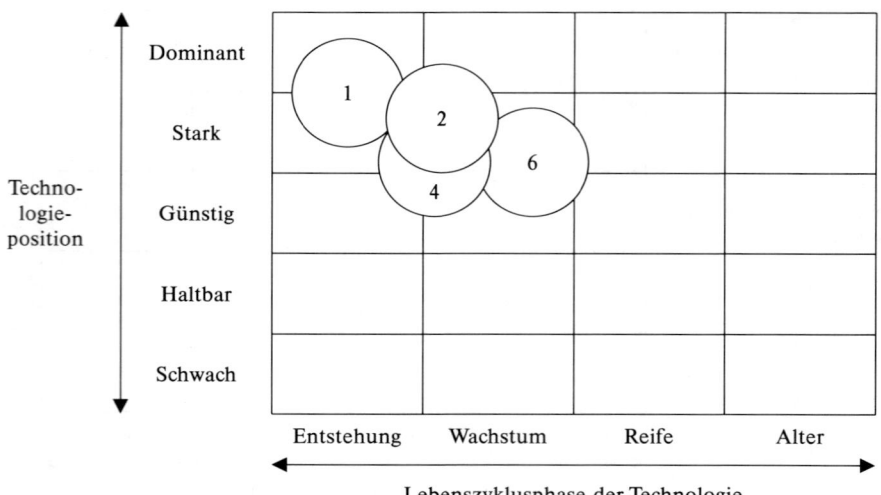

Abbildung 8.31: Strategieorientiertes FuE-Projektportfolio nach Risikogesichtspunkten

(in Anlehnung an Saad u. a. 1991)

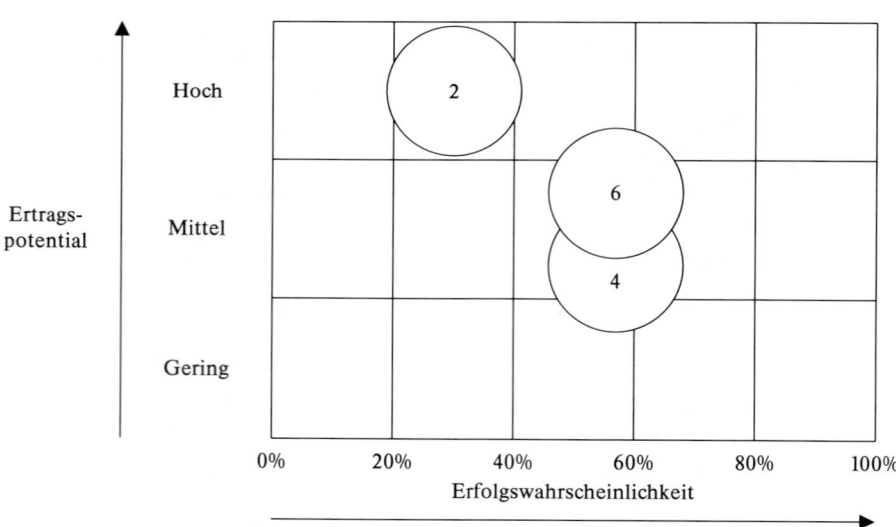

Abbildung 8.32: Strategieorientiertes FuE-Projektportfolio nach Attraktivitätsgesichtspunkten

(in Anlehnung an Saad u. a. 1991)

1134

Erfolgswahrscheinlichkeit sowie des geringen Ertragspotentials der Projekte 3 und 5 könnte es naheliegen, auf diese Projekte zu verzichten. Durch eine Umverteilung der hier frei werdenden Ressourcen auf die Projekte 4 und 6 ließe sich dann die Technologieposition bei diesen Projekten verbessern (vgl. Abbildung 8.31). Die Verbesserung der Technologieposition bei diesen Projekten erhöht zugleich die Wahrscheinlichkeit des technischen Erfolges und somit die Erfolgswahrscheinlichkeit (vgl. Abbildung 8.32). Die fortgeschrittene Lebenszyklusphase der Technologie bei Projekt 7 (vgl. Abbildung 8.29) verspricht eine hohe Wahrscheinlichkeit des technischen Erfolgs und damit eine hohe Erfolgswahrscheinlichkeit. Da das Ertragspotential gering ist, stellt sich die Frage, ob ein Verzicht und eine Umverteilung der Ressourcen sinnvoller wäre. Abbildungen 8.31 und 8.32 zeigen die strategisch neu ausgerichteten Portfolios.

Durch eine gezielte Projektauswahl und Ressourcenverteilung läßt sich eine Verbesserung der Technologieposition und somit auch der Erfolgswahrscheinlichkeit erreichen. Zudem können die FuE-Projekte so positioniert werden, daß der dominante Anteil der FuE-Budgets im Bereich hoher Erfolgswahrscheinlichkeit und mittlerer bis hoher Ertragspotentiale liegt.

Die Gegenüberstellung der jährlichen Projektbudgets und der Projektlaufzeit drückt die Verteilung des FuE-Budgets auf den **Zeithorizont der Projektfertigstellung** aus. Dieses Portfolio gibt einen guten Überblick über kurz-, mittel- und langfristige FuE-Investitionen. Zur Vermeidung ausschließlich langfristig angelegter, hoher FuE-Investitionen empfiehlt sich die Verteilung der Ressourcen auf Projekte, deren Ergebnisse innerhalb von wenigen Jahren im Markt sind. In Abbildung 8.33 werden z. B. mehr als 50% der FuE-Ressourcen so eingesetzt, daß nach 3 Jahren kommerziell verwertbare Ergebnisse vorliegen.

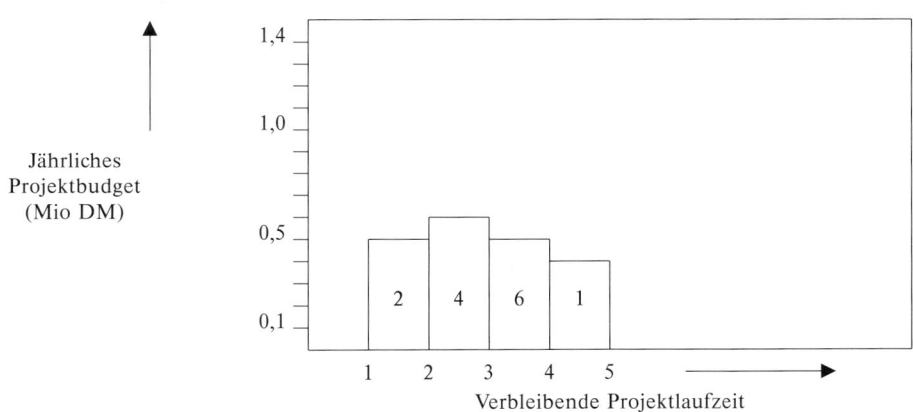

Abbildung 8.33: Strategieorientiertes FuE-Portfolio nach Zeithorizont

(in Anlehnung an Saad u. a. 1991)

Die Positionierung der FuE-Projekte nach dem Bekanntheitsgrad der Technologien und Märkte drückt schließlich den angestrebten **Innovationsgrad der Projekte** aus. Das Portfolio zeigt z. B. die Investitionen in hochinnovative Technologien und neue

Märkte. Zudem läßt sich erkennen, ob genug Mittel zur Verteidigung und zum Ausbau der Marktposition in bekannten Märkten eingesetzt werden. Abbildung 8.34 zeigt eine stärkere Konzentration der FuE-Ressourcen auf bekannte Märkte. Bei dem Projekt 8 stellt sich die Frage, ob Investitionen in hochinnovative Technologien strategisch vertretbar sind.

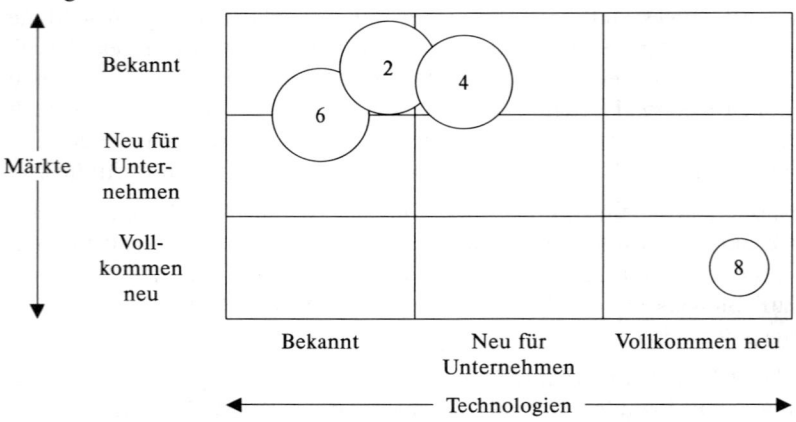

Abbildung 8.34: Strategieorientiertes FuE-Projektportfolio nach Innovationsgrad

(in Anlehnung an Saad u. a. 1991)

Die **Portfolioanalysen** geben keine konkreten strategischen Empfehlungen. Sie führen die Kenntnisse von FuE, Marketing/Vertrieb, Produktion und Unternehmensleitung überblicksartig zusammen, zeigen Stärken und Schwächen der geplanten Projekte und geben Anhaltspunkte für sinnvolle Neupositionierungen. Somit sind sie eine wesentliche Grundlage für strategieorientierte Entscheidungen über Projektauswahl und Ressoucenverteilung.

Projektüber-greifende Koordination von Terminen und Ressourcen

Schließlich hat in der Multiprojektplanung die projektübergreifende Koordination von Terminen und Ressourcen zu erfolgen. Generell stellt auch hierfür die Netzplantechnik (vgl. Teil 4, S. 546 ff.) ein geeignetes Instrument dar.

Projektüber-greifende Personal-planung

Ziel der projektübergreifenden Personalplanung im FuE-Bereich ist der effektive und effiziente Personaleinsatz in den gegenwärtig laufenden, aber auch den bereits geplanten zukünftigen FuE-Projekten. Im einzelnen beinhaltet sie im Rahmen der (vgl. Domsch/ Gerpott 1986, S. 331, sowie zu den einzelnen Planungsverfahren Teil 6, S. 778 ff.):

- **Bedarfsplanung** die Feststellung des zukünftigen Bedarfs an FuE-Personal;
- **Beschaffungsplanung** die Sicherung der Bereitstellung des erforderlichen Personalbestandes;
- **Einsatzplanung** die Zuordnung des Personals auf die FuE-Aufgaben;
- **Entwicklungsplanung** die Sicherstellung der Qualifikation des Personals nach den betrieblichen Erfordernissen wie auch nach den individuellen Möglichkeiten und Wünschen;
- **Erhaltungsplanung** die Gewährleistung von Integration und Motivation des FuE-Personals.

1136

Im Rahmen der projektübergreifenden Kapazitätsplanung (Sachmittel, räumliche Kapazitäten) hat neben der Bedarfs- und der Beschaffungsplanung vor allem eine Reihenfolgeplanung zu erfolgen. Hierbei ist zu bestimmen, welche Projekte zu welchem Zeitpunkt in welcher Reihenfolge die jeweiligen Kapazitäten beanspruchen. Mögliche Entscheidungskriterien sind der Zielerreichungsgrad, die voraussichtliche Dauer oder die Kosten. Als Unterstützungsmethode für die Prioritätssetzung bei den Projekten kommt z. B. die ABC-Analyse (vgl. Teil 4, S. 500 ff.) in Betracht. Weiterhin lassen sich Prioritätsregeln, die aus der Fertigungssteuerung bekannt sind, einsetzen, wie z. B. die Wertregel, nach der die Projekte mit der höchsten potentiellen Umsatzwirkung Priorität besitzen, oder die Schlupfzeitregel, bei der die Termintreue die höchste Gewichtung besitzt (vgl. Teil 4, S. 572).

Projektübergreifende Kapazitätsplanung

Projektsteuerung

Unter Projektsteuerung ist die Durchführung sämtlicher in den Aufgabenbereich des Projektmanagements fallender Teilaufgaben zu verstehen.

Gegenstand der Projektsteuerung

Im einzelnen handelt es sich um die (vgl. vor allem Hügler 1988, S. 139):
- Zuordnung von Aufgaben, Kompetenzen und Verantwortung,
- Anleitung und Motivation der beteiligten Mitarbeiter zum Lösen bestimmter Teilprobleme,
- Herbeiführung sämtlicher im Projektablauf erforderlicher Entscheidungen,
- Einleitung von Korrekturmaßnahmen bei Abweichungen,
- Koordination zwischen den verschiedenen am Projekt beteiligten Funktionsbereichen sowie
- Konflikthandhabung und Akzeptanzsicherung im Rahmen der organisatorischen Implementierung von Projekten (vgl. hierzu Marr/Kötting 1991).

Die auftretenden personalen Barrieren unterteilt Witte (1973, vgl. auch Witte u. a. 1988) in Willens- und Fähigkeitsbarrieren. Zu ihrer Überwindung hat sich das Zusammenspiel von **Machtpromotoren,** d. h. Instanzen, die die erforderliche hierarchische Unterstützung sicherstellen, mit fachlich besonders qualifizierten Mitarbeitern, sog. **Fachpromotoren,** als besonders wirksam erwiesen (vgl. Teil 2, S. 87).

Promotorenmodell

Projektkontrolle

Parallel zum Projektvollzug erfolgt die Projektkontrolle, die manchmal auch der Projektsteuerung zugeordnet wird. **Forschungs- und Entwicklungsprojektkontrolle darf keine einmalige Maßnahme darstellen, sondern muß aufgrund des stetigen informatorischen Wandels bei FuE-Aufgaben ein den gesamten FuE-Prozeß überlagernder bzw. begleitender Prozeß sein.** Ziel ist die Aufdeckung von „Schwachstellen" im Planungs- und Umsetzungsprozeß.

Grundsätzlich besteht bei jeder FuE-Kontrolle die Gefahr, kreativitätshemmend und somit effizienzmindernd zu wirken (vgl. Brockhoff 1988, S. 255 ff.). Erkentnisse, die aus vorhergehenden Projekten gewonnen werden konnten, lassen sich aufgrund des Neuigkeitscharakters jedes FuE-Projektes nicht problemlos für steuernde Eingriffe bei einem Nachfolgeprojekt nutzen. Es ist daher erforderlich, situationsspezifisch akzeptanzfördernde und akzeptanzhindernde Gestaltungselemente von Kontrollsystemen zu berücksichtigen. Hilfreich kann es dabei sein, keine allzu detaillierten Vorgaben zu formulieren, damit kreativer Spielraum und die Möglichkeit zu informeller Abstimmung (zwischen Projekten) bleibt. Zudem sollten Gründe und Folgen der Kontrollen offengelegt werden.

Kontrolle beinhaltet die Feststellung und Analyse von Abweichungen zur zielorientierten Steuerung des FuE-Prozesses. Formale Ansatzpunkte bieten festgestellte Differenzen zwischen Ist- und Sollgrößen, aus deren Analyse sich Handlungsempfehlungen ergeben können, die zu einer besseren Verwirklichung der Projektziele führen. Abbildung 8.35 zeigt einen Überblick über die wichtigsten Probleme der Kontrolle im FuE-Bereich (vgl. dazu vor allem Brockhoff 1988, S. 261 ff.).

Kontrollaktivitäten können verschiedene Kontrollobjekte zum Gegenstand haben. Zweckmäßig erscheinen einzelne FuE-Projekte. Nach dem Kontrollzeitpunkt in Relation zum Projektstart ist zwischen der Durchführungs- und der Planungskontrolle zu unterscheiden.

Die Durchführungskontrolle umfaßt die Überwachung der im Laufe des FuE-Prozesses realisierten Ergebniswerte bezüglich Kosten, Zeit und Leistung (z. B. Marktgerechtheit, Qualität). Diese wichtigsten Dimensionen von Abweichungen sollten dabei wegen gegenseitiger Abhängigkeit und wechselseitiger Kompensationsmöglichkeiten in einer ganzheitlichen Betrachtung kontrolliert werden. Ohne diese gemeinsame Kontrolle können Handlungsempfehlungen zwar möglicherweise zur Verbesserung einer betrachteten Größe führen. Die Vernachlässigung potentieller Auswirkungen auf andere Größen kann jedoch kompensierend wirken, so daß insgesamt eine Verschlechterung eintritt. Für eine sinnvolle Durchführung der **Zeit- oder Terminkontrolle** stehen wiederum die Netzplantechnik, Balkendiagramme sowie die Meilensteinfestsetzung zur Verfügung. Sie enthalten konkrete Termin- und Zeitvorgaben, die mit den IST-Werten verglichen werden können. Die **Aufwands- oder Kostenkontrolle** bezieht sich primär auf Personalaufwendungen sowie auf Kosten für eingesetzte Betriebs- und Sachmittel und für räumliche Kapazitäten. Als problematisch erweist sich in der Regel die **Leistungsfortschrittskontrolle**, da keine unmittelbaren Meßgrößen vorhanden sind. Letztlich sind allein die Projektmitarbeiter in der Lage, eine Bewertung des Leistungsstandes vorzunehmen. Anhaltspunkte ergeben sich jedoch wiederum aus der Netzplantechnik, da sie ablauflogische Interdependenzen erfaßt.

Voraussetzung für die Durchführungskontrolle ist ein Projektdurchführungsplan, z. B. in Form eines Projektstrukturplanes, mit der Zuordung der jeweiligen Aktivitäten auf die verantwortlichen Bereiche. In Form einer **Prämissenkontrolle** ist zu prüfen, ob und inwieweit sich die Voraussetzungen für den Projektbeginn in der relevanten Projektumwelt verändert haben. Zunächst ist die korrekte Ermittlung der

1138

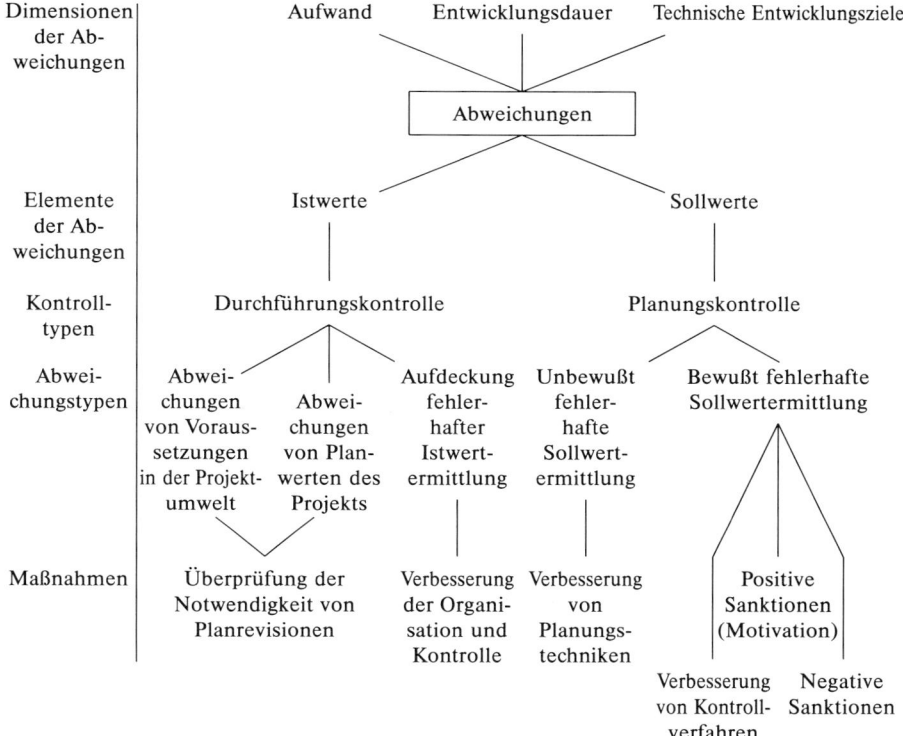

Abbildung 8.35: Probleme der FuE-Kontrolle

Quelle: Brockhoff (1988)

Ist-Werte formal hinsichtlich Erfassungsmethoden sowie Art der ermittelten Daten zu überprüfen. Bei Abweichungen zwischen korrekt ermittelten Ist- und Planwerten ist im Rahmen einer Abweichungsanalyse die Notwendigkeit von Planrevisionen zu beurteilen. Aufmerksamkeit verdienen dabei die unbeeinflußbaren Parameter der Projektumwelt. Diesbezügliche Änderungen führen notwendigerweise zu einer Planrevision, da wegen der fehlenden Beeinflußbarkeit der Parameter keine Maßnahmen zur Verringerung der Abweichungen ergriffen werden können.

Die Planungskontrolle überprüft die Vollständigkeit sowie die korrekte Ermittlung der *Planungs-*
entscheidungsrelevanten Daten. Deren Erfassung kann unbewußte oder bewußte Feh- *kontrolle*
ler enthalten (vgl. Brockhoff 1988, S. 263). Schätzungen werden unbewußt verzerrt, wenn z. B. tatsächlich gegebene Informationen in falscher Kenntnis über ihre Eignung nicht verwendet werden. Aufgabe der Kontrolle ist dann die Bereitstellung besserer Planungsverfahren. Bewußt verzerrte Schätzungen resultieren zumeist aus individuellen Zielen, die mit den Unternehmenszielen nicht übereinstimmen. Beispielsweise werden Aufwendungen zu niedrig angesetzt, um aus politischen Gründen

ein bestimmtes Projekt durchzusetzen. Durch die Verbesserung von Kontrollverfahren ist eine Präventivwirkung denkbar. Positive Sanktionen vermitteln Anreize zu möglichst realitätsnahen Schätzungen und zielkonformen Interpretationen der realisierten Daten. Negative Sanktionen setzen bei direkt erkannten Manipulationen an.

Konsequenzen der Kontrolle

Als Konsequenzen der Kontrolle sind zu nennen (vgl. Brockhoff 1989 b, S. 190):
- Die Bestätigung der Pläne und damit die Fortführung der Projekte,
- Planrevisionen, die den Einsatz der Ressourcen, die Projektziele oder -teilziele betreffen können,
- die Datenanalyse für die Verbesserung künftiger Planungen.

Projektabschluß

Inhalte der Projekt- abschluß- phase

Der Projektabschluß gliedert sich in die Ergebnisabnahme, die Projektabschlußanalyse, die Erfahrungssicherung sowie die Projektauflösung.

Mit der erforderlichen **Ergebnisabnahme** durch die jeweiligen Auftraggeber wird das Projekt beendet. Die **Projektabschlußanalyse** dient der abschließenden Nachkalkulation. Im Rahmen einer Abweichungsanalyse (vgl. Teil 9, S. 1236) sind Termin-, Kosten- und Leistungsabweichungen im Hinblick auf Ursachen und mögliche Vermeidungsmaßnahmen zu untersuchen. Die **Erfahrungssicherung** sieht die Sammlung und Zusammenfassung der während der Projektdurchführung gewonnenen Erkenntnisse vor **(Dokumentation)**. Um Erkenntnisse aus unterschiedlichen Innovationsprojekten über einen längeren Zeitraum zusammenführen zu können, werden sog. Erfahrungsdatenbanken eingerichtet. Mit der **Projektauflösung** wird das Projekt endgültig abgeschlossen. Die beteiligten Mitarbeiter werden ihren ursprünglichen Aufgabenbereichen oder neuen Projekten zugeordnet. Die im Projekt gebundenen Ressourcen stehen neuen Projekten zur Verfügung. Problematisch ist der Projektabschluß v. a. bei **Selbstverlängerung der Projekte** sowie bei **unfertigen Projekten.** Projektmitarbeiter zögern z. B. das Projektende unnötig hinaus, da sie ihre Aufgaben anschließend nicht kennen oder nicht akzeptieren. Es ist Aufgabe des Projektleiters, frühzeitig mit den Betroffenen akzeptale Perspektiven zu erarbeiten. Unfertige oder mißlungene Projekte werden leicht vernachlässigt. Die Nachwirkungen ziehen sich in nachfolgende Projekte und kosten das Projektteam Nerven, Zeit und Geld. Eine bewußte Gestaltung des Projektendes ist erforderlich.

b) Gestaltung des Informations- und Kommunikationssystems

Ein möglichst schneller Informations- und Ideenaustausch ist für die effektive und effiziente Durchführung von Innovationsprozessen notwendige Grundvoraussetzung. Der Gestaltung des Informations- und Kommunikationssystems kommt daher eine maßgebliche Bedeutung zu. Neben der Förderung der internen und externen Kommunikation ist der Einsatz unterstützender Informationstechnologien zu gestalten.

1140

Die schöpferischen Fähigkeiten des Menschen sind die wichtigste Ideenquelle. Die Unterstützung einer kreativitätsfördernden Kommunikation durch weitgehend **ungehinderte Kommunikationswege** steht dementsprechend im Vordergrund. Information und Kommunikation sind gerade im Bereich von FuE als herausragende produktive Faktoren einzuschätzen. In möglichst offenen Kommunikationssystemen sollen die beteiligten Mitarbeiter grundsätzlich mit sämtlichen maßgeblichen internen und externen Stellen die notwendigen Informationen austauschen können. Dabei steht die face-to-face-Kommunikation wegen ihrer Leistungsfähigkeit für ungeplanten und unscharfen Informationsaustausch gerade bei Forschung und Neuentwicklung im Vordergrund (vgl. Picot u. a. 1988, Allen 1970).

Interne Kommunikationsstrukturen

Im Verlauf des Innovationsprozesses treten spezifische Bedürfnisse nach Kommunikationspartnern und Informationen auf, die meist im einzelnen nicht vorhersehbar sind. Sie werden nicht durch formale Informationsverteilungsregelungen befriedigt. **Intern ist daher verstärkt die interpersonelle und informelle Kommunikation in vertikaler und horizontaler Richtung zu unterstützen.** Zur Förderung eines informellen innovatorischen Dialogs zwischen Mitarbeitern stehen verschiedene Möglichkeiten zur Verfügung. Die Verkürzung der Kommunikationswege durch die räumliche Zusammenfassung der am Innovationsprozeß beteiligten Funktionsbereiche intensiviert die face-to-face-Kommunikation. Der informelle Gedankenaustausch läßt sich auch durch die Institutionalisierung eines Erfahrungsaustausches, die Einrichtung von Begegnungs- und Gesprächsmöglichkeiten wie beispielsweise Pausen- und Versorgungsbereichen, Betriebsfeiern und Freizeitgruppen verstärken. Im Sinne enthierarchisierter Kommunikationswege tritt an die Stelle der positionsgebundenen Kommunikation der persönlichkeitsgebundene Informationskontakt. *Face-to-face-Kommunikation*

Durch informelle Gespräche zwischen Unternehmensführung und Mitarbeitern können sich wesentliche Impulse und Anregungen für die FuE-Aktivitäten ergeben. Das Prinzip des „management by walking around" sowie regelmäßige face-to-face-Kontakte mit den am Innovationsprozeß beteiligten Mitarbeitern begünstigen die Überwindung hierarchiebedingter Kommunikationsbarrieren und fördern die Kommunikationsbereitschaft der Mitarbeiter (vgl. Bleicher 1990, S. 157 ff.). *Informelle Gespräche*

Persönliche Kontakte und informelle Kommunikationsbeziehungen sind maßgebliche Erfolgsfaktoren für die Durchführung von Innovationsprozessen. **Eine zu starke Konzentration auf die Gestaltung offener Kommunikationssysteme birgt jedoch die Gefahr in sich, erforderliche Routinetätigkeiten nicht mehr effizient genug durch Informations- und Steuerungssysteme zu unterstützen** (z. B. durch strukturiertes Projektmanagement, Dokumentationssysteme, CASE-tools – vgl. Teil 3, S. 321 ff.). Dies gilt insbesondere für Entwicklungsaufgaben vom Typ A (eher gut strukturierte, stabile und überschaubare Entwicklungsprojekte; vgl. Abbildung 8.2). Die Bildung und Unterstützung informeller Kommunikationswege sollte daher besonders bei Aufgaben vom Typ B im Vordergrund stehen.

Externe Kommunikationsstrukturen

Die Unterstützung des **unternehmensübergreifenden Informationstransfers** ist eine weitere erfolgskritische Größe für Innovationsprozesse. Je nach Forschungsart kommen für Innovationsimpulse unterschiedliche externe Quellen in Betracht. Die Grundlagenforschung interessiert sich verstärkt für wissenschaftliche Fachzeitschriften, Vorträge, Tagungen sowie Kontakte zu Wissenschaftlern. Neben dem Aufbau und der Pflege von Kontakten zu Hochschulen und Forschungsinstituten steht die systematische Sammlung und Verteilung relevanter Informationen im Vordergrund (vgl. Bleicher 1990, S. 163). Innovationsanregungen für die anwendungsorientierte FuE kommen primär von Geschäftspartnern, Kunden, Konkurrenten sowie durch den Besuch von Fachausstellungen und Messen. Die Entwicklung eines Kontaktnetzwerkes sowie dessen Pflege in Form von regelmäßigen persönlichen Fachgesprächen steht dementsprechend im Mittelpunkt.

Externe Quellen

Kontaktnetzwerk

Die Verbindung zwischen internen FuE-Bereichen und externen Quellen stellen häufig sog. „Technologische Gatekeeper" her (vgl. Allen 1977, Domsch u. a. 1989). Sie übernehmen die Aufgaben der Herstellung und Erhaltung des externen Kontaktnetzwerkes sowie die interne Informationsaufnahme, -bewertung und -weiterleitung. Sie zeichnen sich durch herausragende Fachkompetenz sowie durch hohe Vertrauenswürdigkeit und allgemeine Sympathie aus. Ihr Informationsverhalten ist einerseits gekennzeichnet durch die Verarbeitung der neuesten Fachliteratur; andererseits stehen sie mit vielen externen problemrelevanten Ansprechpartnern persönlich in Kontakt. Technologische Gatekeeper filtern externe Informationen für die speziellen Probleme des FuE-Bereiches. Eine Informationsüberflutung oder Ablenkung der anderen Projektmitarbeiter wird verhindert. Die Position des Technologischen Gatekeepers ist jedoch nicht unumstritten. Die monopolähnliche Stellung kann zu einer suboptimalen Filterung und Veränderung externer Informationen beitragen. Aufgrund der Existenz Technologischer Gatekeeper vermindern FuE-Mitarbeiter darüber hinaus möglicherweise eigene Informationsbeschaffungsaktivitäten. Der Einsatz eines Technologischen Gatekeepers in einem Unternehmen läßt sich nur begrenzt organisatorisch regeln. In Betracht kommen könnten z. B. die Einrichtung einer speziellen Stabs- oder Linienstelle im FuE-Bereich oder – soweit möglich – die Zuteilung der Aufgaben des Technologischen Gatekeepers an die unterste FuE-Führungsebene. Zur Unterstützung **Technologischer Gatekeeper** eignen sich beispielsweise die Bereitstellung finanzieller Mittel zur Beschaffung relevanter Fachliteratur sowie die Einräumung von Spezialrechten für Aufbau und Pflege des Kontaktnetzwerkes.

Technologische Gatekeeper

Zur Unterstützung des Innovationsprozesses stehen unterschiedliche **Informations- und Kommunikationstechnologien** zur Verfügung. Aufbau und gezielte Nutzung interner und externer Datenbanken (vgl. Teil 3, S. 339 ff.) wie z. B. Ideen-, Erfahrungs-, Patent- oder Fachliteraturdatenbanken, ermöglichen einen schnellen Zugriff auf jeweils relevante Informationen.

Datenbanken

1142

Entscheidungsunterstützungssysteme können die beteiligten Mitarbeiter von Routinetätigkeiten entlasten. Ihnen bleibt mehr Zeit für die intensive Beschäftigung mit dem Innovationsproblem und für eine verstärkte Wissens- und Informationssammlung. Durch Engineering-Tools (CAD, CAE) wie auch durch den unternehmensinternen oder unternehmensübergreifenden Einsatz technisch unterstützter Kommunikation (Datenfernübertragung, Electronic Data Interchange) lassen sich ablauforganisatorische Schwachstellen wie Medienbrüche, Doppelarbeiten und Transportzeiten reduzieren sowie Kooperation und Koordination fördern. Unternehmensextern ist ein schnellerer Zugang zu relevanten Markt- und Produktdaten der Geschäftspartner sowie eine Erleichterung kooperativer Vorhaben möglich (vgl. Reichwald 1991 b). *Technisch unterstützte Information und Kommunikation*

Je nach zugrundeliegendem FuE-Aufgabentyp sind die Informations- und Kommunikationssysteme unterschiedlich zu gestalten (vgl. Picot u. a. 1988, S. 128 ff.). Bei Entwicklungsaufgaben, die sich eher durch geringe Komplexität, geringen Neuigkeitsgrad und geringe Variabilität bei hoher Strukturiertheit auszeichnen, steht die Gestaltung der technischen Unterstützung im Vordergrund. Interne und externe Kommunikationsanforderungen spielen bei dem einfachen und bekannten Informationsbedarf sowie dem konstanten und niedrigen Kommunikationsbedarf eine untergeordnete Rolle. Niedrig strukturierte FuE-Aufgaben mit hoher Komplexität, hohem Neuigkeitsgrad sowie hoher Variabilität erfordern verstärkt face-to-face-Kommunikation sowie informelle Kommunikationsbeziehungen. Technische Kommunikationsmedien erfüllen eher eine ergänzende Koordinationsfunktion. Die erforderliche komplexe Informationsverarbeitung bietet sinnvolle Einsatzmöglichkeiten für hochspezialisierte Computersysteme (z. B. 3D CAD-Systeme) oder interne und externe Datenbanksysteme.

c) Gestaltung innerbetrieblicher innovationsfördernder Rahmenbedingungen

Für eine anhaltende Innovationsfähigkeit ist die Schaffung und Sicherung eines positiven Innovationsklimas notwendige Grundvoraussetzung. Konkrete Ansatzpunkte hierfür sind neben den zuvor erwähnten Kooperationsmöglichkeiten Führungsstil, Unternehmenskultur, Organisationsstruktur sowie Personal (vgl. Abbildung 8.36). *Positives Innovationsklima*

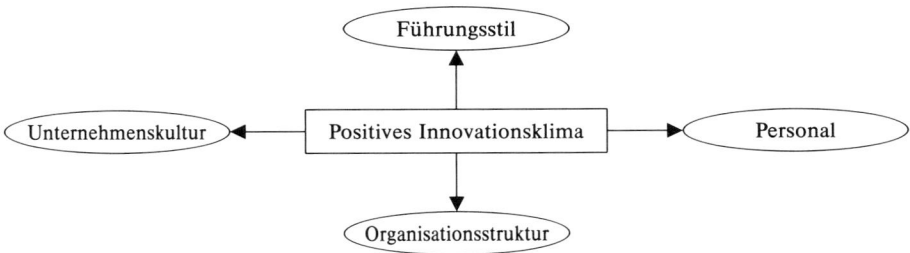

Abbildung 8.36: Innovationsfördernde Rahmenbedingungen

Führungsstil

Im allgemeinen herrscht Übereinstimmung darüber, **daß ein kooperativer, partizipativer Führungsstil im Gegensatz zu einem autoritären Führungsstil in stärkerem Maße die Kreativität und Initiative der Mitarbeiter fördert.** Die verschiedenen Phasen des Entstehungszyklusses von Innovationen stellen jedoch jeweils unterschiedliche Anforderungen an den zugrundezulegenden Führungsstil (vgl. z. B. Thom 1980 oder Tromsdorff/Schneider 1990, S. 15).

Kooperativer Führungsstil

In der Innovationsanregungs- und Ideengenerierungsphase ist ein kooperativer Führungsstil wesentliche Voraussetzung für einen positiven Verlauf. Um mehr Ideen und Meinungen miteinzubeziehen sowie eine bessere Realisation zu ermöglichen, ist ein hoher Grad an Partizipation auch in der Ideenauswahlphase sinnvoll. Sie läßt sich jedoch um so straffer durchziehen, je weniger Mitarbeiter darauf Einfluß nehmen. Insofern sind die Vorteile einer längeren Entscheidungsphase gegen möglicherweise effizienzmindernde Nachteile abzuwägen. In der Ideenrealisierungsphase sind die Aufgaben weitgehend strukturiert und vorgezeichnet. Um diese Phase nicht unnötig zu verlängern, scheint ein geringerer Partizipationsgrad zweckmäßig, sofern in den Vorphasen durch Partizipation ein hoher Konsensgrad erzielt und eine solche Verhaltensmodifizierung nicht erhebliche Widerstände hervorruft. **Der „ideale" innovationsförderliche Führungsstil zeichnet sich durch eine graduelle Abstufung des Partizipationsgrades in Abhängigkeit von den jeweiligen Innovationsphasen aus.**

Innovationsförderlicher Führungsstil

Unternehmenskultur

Die Unternehmenskultur spiegelt die unternehmensspezifischen Werte, Normen sowie Vorstellungen über Ziele und grundlegende Verhaltensweisen des Unternehmens wider (vgl. z. B. Heinen 1987). Die Schaffung eines gemeinsamen Wertesystems erhöht die Identifikation der Mitarbeiter mit dem Unternehmen und damit die Motivation. Für den Erfolg von Innovationen kommt der Unternehmskultur entscheidende Bedeutung zu. Die Schaffung, Erhaltung und Verbesserung einer innovationsfördernden Unternehmenskultur stellt daher eine wichtige Führungsaufgabe dar. Als innovationsbegünstigend gelten insbesondere folgende Merkmale (vgl. z. B. Trommsdorf/Schneider 1990, S. 17, Kieser 1986, S. 47 ff., Little 1988):

- **Neuerungsorientierte Unternehmensspitze:**
  In der Führungsebene herrscht Aufgeschlossenheit für Neuerungen. Innovationsorientierte Führungskräfte entwickeln Visionen sowie unternehmerische Ideen und zeigen Interesse am gesamten Innovationsprozeß. Überzeugungskraft und Begeisterungsvermögen sind herausragende Eigenschaften.
- **Führung bei Selbstverantwortung:**
  Im Mittelpunkt steht die „kontrollierte Freiheit", die je nach Innovationsphase ein Nebeneinander von straffer zentraler Führung und möglichst vielen Freiräumen zuläßt.
- **Ungehinderter Informationsfluß** (vgl. S. 1140 ff.)

1144

– **Wertschätzung des einzelnen Mitarbeiters:**
Es herrscht eine Atmosphäre der Autonomie, Anerkennung und Unterstützung. Gleichgültigkeit gegenüber Innovationsvorschlägen demotiviert. Mitarbeiter werden als grundsätzlich kreative Menschen und somit als potentielle Erzeuger innovativer Ideen gesehen. Bei zu erwartenden Widerständen und Anpassungsschwierigkeiten wird der Mitarbeiter nicht allein gelassen, sondern es steht ein Machtpromotor zur Verfügung. Entfaltungsmöglichkeiten und Lernbereitschaft werden z. B. durch Aufstiegschancen oder Weiterbildungsmaßnahmen unterstützt.
– **Würdigung erbrachter Leistungen:**
Die wiederholte Schaffung von Erfolgserlebnissen führt zu positiven Verstärkungseffekten. Fehler und Mißerfolge können vorkommen und werden toleriert. Der Lerneffekt aus Fehlern steht im Vordergrund.
– **Einfacher, flexibler Aufbau der Organisation**
– **Gemeinsame Unternehmensziele:**
Die Identifikation mit den Unternehmenszielen fördert die Bereitschaft zu innovativem Denken.

Organisatorische Gestaltungsmaßnahmen

Ziel innovationsfördernder organisatorischer Gestaltungsmaßnahmen ist – unabhängig von der aufbauorganisatorischen Eingliederung des FuE-Bereiches sowie von der Art der Projektorganisation – die Stimulierung des innovativ-kreativen Potentials, ohne die effiziente Durchführung operativer Routineprozesse zu beeinträchtigen. Kreative Problemlösungsprozesse lassen sich nicht in strukturell strikt vorgegebene Bahnen pressen. Für ein kreatives „Trial and Error-Vorgehen" ist ein möglichst **großer struktureller Freiraum** zu schaffen (vgl. z. B. Bleicher 1990, S. 118; Servatius 1988). Ein genereller Verzicht auf organisatorische Regelungen ist jedoch in arbeitsteiligen Organisationen nicht möglich. Die Koordinations- und Integrationserfordernisse sowie notwendige Routineprozesse lassen zu starke organisatorische Freiräume nicht zu. Ziel ist daher die **organisatorische Gestaltung eines „schöpferischen Chaos" im Sinne eines Kompromisses zwischen notwendigen Regeln und erforderlichem Freiraum.**

Organisatorische Gestaltungsmaßnahmen richten sich nach den jeweiligen Typen von FuE-Aufgaben. Handelt es sich primär um **hoch strukturierte Entwicklungsaufgaben mit geringer Komplexität, geringem Neuigkeitsgrad und geringer Variabilität,** ist tendenziell ein höherer Formalisierungsgrad zweckmäßig (vgl. Picot u. a. 1988, S. 128). Auf Grund der Aufgabenmerkmale kommt kreativitätsbetonenden Strukturierungsmaßnahmen eine geringere Bedeutung zu als integrationsfördernden Regelungen. Es empfiehlt sich beispielsweise die Zentralisierung der Entscheidungskompetenz. Die Aufgabenerfüllung läßt sich durch eine routine- und regelorientierte Planung, Steuerung und Kontrolle effizient koordinieren. Die Standardisierung des Innovationsprozesses durch Formulare und Regelwerke wirkt kosten- und zeitmindernd.

Abhängigkeit von den FuE-Aufgabentypen

Entgegengesetzte Gestaltungsanforderungen ergeben sich bei **gering strukturierten FuE-Aufgaben mit hoher Komplexität, hohem Neuigkeitsgrad und hoher Variabilität.**

Im Sinne einer verstärkt kreativitätsfördernden Strukturbildung ist eine weitgehende Entscheidungsdezentralisierung – verbunden mit Hierarchieabbau – anzustreben. Die höheren Koordinationsanforderungen sind nicht durch einen höheren Standardisierungsgrad zu erfüllen, sondern mit Hilfe qualitativ orientierter Planungs- und Steuerungsinstrumente sowie durch verstärkte Selbstabstimmung innerhalb von Projektgruppen zu realisieren.

Abhängigkeit von der Innovations- phase
Es scheint nahezuliegen, organisatorische Gestaltungsmaßnahmen nach der Innovationsphase auszurichten. Für kreativ-innovative Prozesse erscheinen in der Ideengenerierungsphase eher unbürokratische Strukturen sinnvoll, während für Routineprozesse in der Ideenauswahl- und Ideenrealisierungsphase eher bürokratische Strukturen erforderlich sind (vgl. z. B. Kieser/Kubicek 1983). Hier wird das sog. **„organisatorische Dilemma"** deutlich (vgl. Wilson 1966): Organisatorische Strukturen, die der Phase der Ideengenerierung förderlich sind, behindern die Phase der Ideenrealisierung und umgekehrt. Es ergibt sich somit die Forderung, die organisatorische Gestaltung nicht übergreifend, sondern für jede einzelne Teilphase unterschiedlich vorzunehmen. Die sog. **„Loose-Tight"-Hypothese** (vgl. Albers/Eggers 1991) empfiehlt einen Wechsel im Organisationsgrad mit fortschreitenden Innovationsphasen. Organisatorische Gestaltungen sollen zu Beginn eines Innovationsprozesses locker („loose") sein und im Verlauf zunehmend straffer („tight") werden. In der Ideengenerierungsphase erscheinen ein niedriger Grad an Spezialisierung und Entscheidungszentralisation sowie ergebnisorientierte Kontrollaktivitäten sinnvoll. Die Phase der Ideenauswahl ist unter dem Gesichtspunkt einer effizienten Durchführung zu gestalten. Unter Abwägung eventuell kreativitätshemmender Nachteile ist der jeweilige Grad der Spezialisierung, Entscheidungszentralisation und Formalisierung sowie die Kontrollintensität zu erhöhen. Die zunehmende Bedeutung der Effizienz in der Ideenrealisierungsphase fordert einen hohen Spezialisierungs- und Entscheidungszentralisationsgrad sowie einen verstärkten Bedarf standardisierter Regelungen.

Neuere empirische Untersuchungen (vgl. Albers/Eggers 1991) relativieren jedoch die allgemeine Gültigkeit der „Loose-Tight"-Hypothese. Bei einigen organisatorischen Gestaltungsmaßnahmen (z. B. Umfang schriftlicher Regelungen oder Anzahl beteiligter Funktionsbereiche) wird bei den meisten Unternehmen nach dem „Loose-Tight"-Prinzip differenziert. Dagegen treten bei anderen organisatorischen Gestaltungsmaßnahmen eindeutige Verletzungen dieses Prinzips auf. Diejenigen Unternehmen, die bei der organisatorischen Gestaltung häufiger der „Loose-Tight"-Hypothese folgten, weisen keinen höheren, sondern u. U. sogar einen niedrigeren Innovationserfolg auf, als Unternehmen mit anderen Organisationsprinzipien. Für dieses Ergebnis lassen sich zwei Gründe nennen:

Die „Loose-Tight"-Hypothese geht von einem Ideenmangel in Unternehmen aus, der durch lockere Organisationsstrukturen behoben werden soll. Diese Grundannahme gilt nicht für alle Unternehmen. Für Unternehmen, die primär Anregungen für FuE-Projekte von Kunden erhalten, sind z. B. straffe Regelungen bereits zu Beginn des Innovationsprozesses notwendig. Hier kommt es auf eine effiziente und geeignete

1146

Auswahl der weiter zu verfolgenden Ideen an. Unternehmen, deren FuE-Projekte auf intern generierten Ideen beruhen, erfordern lockere strukturelle Maßnahmen. Hier bieten sich z. B. Projektteams in der Ideengenerierungsphase an, in denen die beteiligten Mitarbeiter quasi als „kreative Zellen" vom Routineprozeß abgekoppelt werden. Für diese „Inseln der Kreativität" ist ein niedriger organisatorischer Strukturierungsgrad Voraussetzung.

Ein zweiter Grund für das negative empirische Ergebnis der „Loose-Tight"-Hypothese wird häufig darin gesehen, daß sich die Organisation des Innovationsprozesses stark nach den beteiligten Mitarbeitern richtet. Ihr Arbeitsstil sowie ihre individuellen Kommunikations- und Regelungsbedürfnisse entscheiden über die Gestaltung der Organisation des Innovationsprozesses. Definitive Aussagen über die organisatorische Strukturierung sind hier nicht möglich. Aus dem Organisationsproblem wird dann ein Personalproblem.

Personalpolitische Maßnahmen

Für innovative Prozesse stellt **Kreativität** eine erfolgskritische Größe dar. Das kreative Element im Innovationsprozeß ist immer an Menschen gebunden. Ziel innovationsfördernder Personalmaßnahmen ist die **Aktivierung des menschlichen Kreativitätspotentials** im Unternehmen. Konkret lassen sich zwei Aufgabenschwerpunkte unterscheiden: die Förderung der Innovationsbereitschaft sowie die Förderung der Innovationsfähigkeit (vgl. Abbildung 8.37).

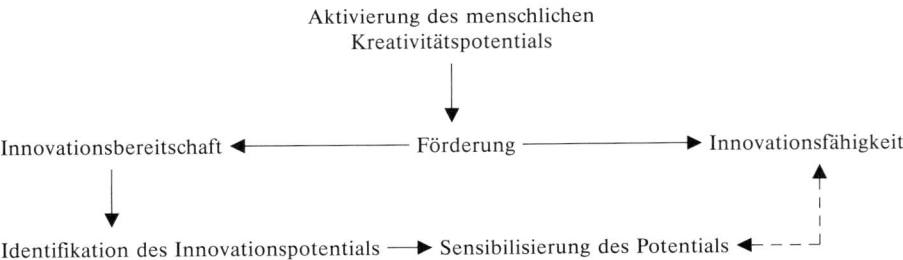

Abbildung 8.37: Aktivierung des Kreativitätspotentials

Aufgrund von Willens- und Fähigkeitsbarrieren ist nicht jeder Mitarbeiter in der Lage, sich engagiert an der Abwicklung von Innovationsprojekten zu beteiligen. Bei der Förderung der Innovationsbereitschaft geht es darum, das Potential an geeigneten Mitarbeitern zu identifizieren. Dabei ist es erforderlich, dem zukünftigen Bedarf an innovativen Mitarbeitern den vorhandenen Bestand gegenüberzustellen und entstehende Lücken durch Beschaffungsmaßnahmen auszugleichen. Die Förderung der Innovationsbereitschaft besteht außerdem darin, dieses Potential durch Anreizsysteme zu einer Beteiligung an Innovationsprojekten zu aktivieren (vgl. Berthel 1982, S. 317).

Die Förderung der Innovationsfähigkeit umfaßt Qualifizierungs- und Weiterbildungsmaßnahmen.

Förderung der Innovationsbereitschaft

Identifikation des Innovationspotentials

Ausgehend von der FuE-Grundstrategie und den generellen FuE-Zielen ist durch eine **Bedarfsplanung** der Personalbedarf im FuE-Bereich abzuschätzen. Gerade in diesem Bereich ist die Personalbedarfsermittlung schwierig (vgl. Bleicher 1990, S. 87 ff.). Wegen der Unbestimmtheit der Aufgabenmerkmale sowie der stark veränderlichen Umwelt lassen sich exakt aufgegliederte Anforderungsprofile schwer erstellen. Neben fachlichen Kenntnissen werden daher auch persönlichkeitsbezogene Kriterien als wichtig angesehen. Merkmale innovativer Persönlichkeiten sind (vgl. Bleicher 1990, S. 89):

Merkmale innovativer Persönlichkeiten

- vielseitiges Wissen,
- breitgestreute Interessen,
- erhöhte Sensibilität für neuartige Probleme,
- Präferenz für komplexe Probleme,
- überdurchschnittliche Intelligenz im Sinne einer schnellen Auffassungsgabe und einer hohen geistigen Beweglichkeit,
- Unabhängigkeit des Urteils: „independent thinking",
- vorzugsweise Orientierung an externen Bezugsgruppen,
- hohe Ambiguitätstoleranz,
- hohe Frustrationstoleranz bei langwierigen Problemlösungsprozessen,
- Risikobereitschaft,
- stark aufgabenorientierte intrinsische Motivation,
- Begeisterungsfähigkeit für technologische Herausforderungen.

Aus dem Vergleich von personellem Kapazitätsbedarf und vorhandenem Personalbestand ergibt sich der notwendige **Personalbeschaffungsbedarf**. Bei der internen und externen Deckung ist zu berücksichtigen:

- Mitarbeiter mit einer längeren Unternehmenszugehörigkeit neigen leicht zu **Betriebsblindheit**, die möglicherweise die Entstehung innovativer Ideen erschwert (vgl. Nier/Schusser 1990, S. 275). Unabhängig von dem tatsächlich ermittelten Bedarf ist daher zu prüfen, ob die Einstellung neuer Mitarbeiter für Innovationsimpulse sorgen kann.
- Auf Grund mangelnder Kooperations- und Kommunikationsfähigkeit sollten „Unruhegeister" und Außenseiter nicht von Innovationsaufgaben freigestellt werden. Durch **Verfremdungseffekte** können sich durchaus – beispielsweise durch die Austragung produktiver Konflikte – positiv stimulierende Effekte für den Innovationsprozeß ergeben.

Sensibilisierung des Innovationspotentials

Intern vorhandenes oder extern beschafftes innovatives Personalpotential ist nicht ohne weiteres für Innovationsaktivitäten einsetzbar. Das persönliche Engagement muß erst geweckt werden. Mitunter existieren auch Willens- und Risikobarrieren, die eine Mobilisierung erschweren. Zur Sensibilisierung des Innovationspotentials stehen Instrumente der intrinsischen und extrinsischen Anreizgestaltung (vgl. Teil 6, S. 814 ff.) sowie ideenfördernde Verfahren zur Verfügung.

1148

Intrinsische Anreize ergeben sich aus der Aufgabe selbst. Als innovationsfördernd gelten komplexe und verantwortungsvolle Aufgabenstellungen mit einer hohen Herausforderung an die vorhandene Kreativität. Möglichkeiten zu **externen Kontakten** sowie zu Kongreß-, Messe- oder Seminarbesuchen sollten verstärkt werden.

Intrinsische Anreize

Als extrinsische Anreize kommen materielle und immaterielle Anreize in Betracht. Materielle Anreize erfüllen die Funktion eines Maßstabs für die Anerkennung kreativer Leistungen. Die Festsetzung der **Entlohnung** oder **finanzieller Zusatzleistungen** sollte prinzipiell unabhängig von der Hierarchiestufe erfolgen können. Die Förderung kreativer Mitarbeiter durch höhere Gehälter oder durch höhere Prämienzahlungen ohne hierarchischen Aufstieg (z. B. Fachlaufbahn) ist für die Erhaltung und Pflege eines erfolgreichen FuE-Personalstammes von großer Bedeutung.

Extrinsische Anreize

Beförderungschancen sind ebenfalls den materiellen Anreizen zuzuordnen. Den Karrieremöglichkeiten sind jedoch häufig enge Grenzen gesetzt, da innovationsintensive Unternehmen flache Hierarchiestrukturen aufweisen. Die Beförderung im Leitungssystem ist daher nur in eingeschränktem Maße möglich. **Als Ausweg bietet sich die sogenannte „Parallelhierarchie" an, die einen sozialen Aufstieg ohne die Übernahme von höheren Leitungsfunktionen vorsieht.** Durch das vom Leitungssystem losgelöste System sozialer Rangstufen kann Anerkennung für kreative Problemlösungen zum Ausdruck gebracht werden. Beförderungsaussichten innerhalb der Hierarchie oder der Parallelhierarchie wirken als Ansporn auf die betroffenen Mitarbeiter. Statusunterschiede zwischen den Stufen können jedoch kommunikative Prozesse behindern und kreativitätshemmend wirken. Da die informelle Kommunikation sowie kooperative Arbeitsformen (im Sinne der Projektorganisation) gerade bei Innovationsprozessen wesentlich sind, ist das Anreizinstrument „Beförderung" in begrenztem Umfang einsetzbar.

Parallel-hierarchie

Zu immateriellen Anreizen zählen Weiterbildungsmaßnahmen, die Vergabe besonderer Auszeichnungen oder die Einräumung von Sonderprivilegien wie beispielsweise individuelle, liberale Arbeitsregeln und die Teilnahmeberechtigung an Konferenzen und Besprechungen.

Immaterielle Anreize

Ideenfördernde Verfahren im Unternehmen tragen ebenfalls zu einer Sensibilisierung des innovativen Potentials bei. Hierzu gehören beispielsweise das betriebliche Vorschlagswesen, das Gruppenvorschlagswesen sowie die Wertanalyse und die Wertgestaltung.

Ideen-fördernde Verfahren

Das betriebliche Vorschlagswesen ist eine freiwillige Einrichtung in Unternehmen zur Förderung, Begutachtung, Anerkennung und Verwirklichung von Verbesserungsvorschlägen der Arbeitnehmer (vgl. z. B. Thom 1986, S. 447). Ziel ist die Förderung und Nutzung der Kreativität der Mitarbeiter. Prinzipiell kann jeder Mitarbeiter einzeln oder zusammen mit anderen Verbesserungsvorschläge erarbeiten und im Betrieb einreichen. Bei Verbesserungsvorschlägen (vgl. Thom 1980, S. 85) handelt es sich um eine

Betriebliches Vorschlags-wesen

– konkret ausgearbeitete, umsetzbare Idee, die sich
– auf die Änderung eines beliebigen betrieblichen Zustandes bezieht,

- eine Neuheit darstellt,
- nützlich für den Betrieb ist und
- neben dienstlichen Tätigkeiten eine Sonderleistung darstellt.

Für die aktive Beteiligung am betrieblichen Vorschlagswesen werden **materielle Anreize** in Form von Prämienzahlungen gewährt. Die Vermittlung des Gefühls der persönlichen Herausforderung sowie der aktiven Teilhabe an der Gestaltung der Unternehmensentwicklung stellen wichtige **immaterielle Anreize** dar.

Gruppen-
vorschlags-
wesen

An das betriebliche Vorschlagswesen knüpft das Gruppenvorschlagswesen an. Hier bilden sich formelle oder informelle Gruppen (vgl. Abbildung 8.38) die zusammen Verbesserungsvorschläge suchen und ausarbeiten (vgl. Brinkmann 1986, S. 457 ff.).

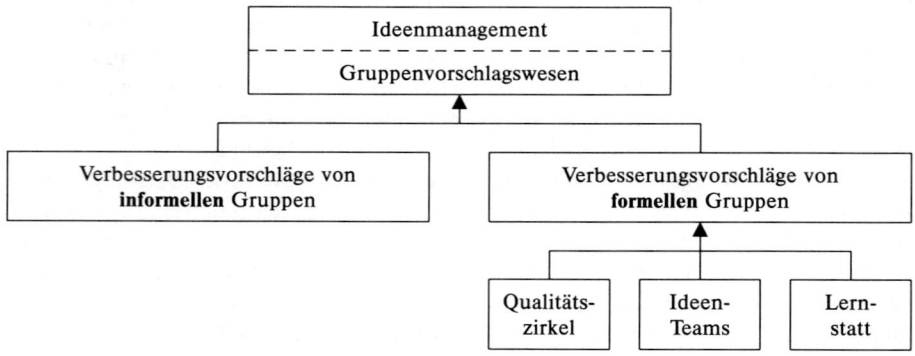

Abbildung 8.38: Gruppenvorschlagswesen

(in Anlehnung an Brinkmann 1986)

Die Bereitschaft zur Mitarbeit in Gruppen resultiert aus Prämienanreizen sowie aus den positiven Effekten der Gruppenarbeit im Sinne von gegenseitiger Herausforderung, Diskussionsmöglichkeiten sowie Lerneffekten. Im Gegensatz zu **informellen Gruppen** sind bei der Bildung **formeller Gruppen** zusätzliche organisatorische Maßnahmen erforderlich.

Qualitäts-
zirkel

Qualitätszirkel setzen sich aus Mitgliedern formeller Gruppen zusammen. Ihre Aufgabe besteht darin,
- Probleme und Schwachstellen des eigenen Arbeitsbereiches zu analysieren,
- Problemlösungen zu erarbeiten sowie
- Verbesserungsvorschläge umzusetzen.

Ihre Ergebnisse kontrollieren sie selbst, um wiederum Lerneffekte zu erzielen (vgl. z. B. Staudt 1986 b, S. 478).

Ideen-Team

Ideen-Teams sind heterogen zusammengesetzte Gruppen zur kreativen Erarbeitung von Lösungsvorschlägen. Die beteiligten Mitarbeiter müssen an vorbereitenden

Schulungen mit den Schwerpunkten Arbeit im Team, Ideenfindungsmethoden, Wertanalyse und Gruppendynamik teilgenommen haben. Die nach Übereinstimmung in der Gruppe abgegebenen Gruppenvorschläge werden durch das betriebliche Vorschlagswesen prämiert.

Die Teilnehmer der Lernstatt kommen aus demselben Arbeitsbereich. Ihnen werden zunächst vertiefte Kenntnisse über die betrieblichen Zusammenhänge sowie Kommunikationsfähigkeiten vermittelt. Moderatoren erhalten eine Spezialausbildung. Lernstattarbeit ist prozeß- und ergebnisorientierte Gruppenarbeit. Zum einen geht es um die Förderung der Persönlichkeit, zum anderen um die Erzielung von Verbesserungsvorschlägen. *Lernstatt*

Die Wertanalyse (vgl. Miles 1964, Korte 1977, Christmann 1973) gilt in erster Linie als ein Verfahren zur systematischen Kostensenkung. In ihrer ursprünglichen Form sowie in ihrer Weiterentwicklung zur **Wertgestaltung** eignet sie sich als Instrument zur Ideengenerierung. Ziel der Wertanalyse ist die Entwicklung von Ideen zur **Kostensenkung** bei Produkten (Produkt-Wertanalyse) oder Verfahren (Ablaufwertanalyse). Grundprinzipien sind die Funktionsanalyse sowie die Suche und Ausarbeitung von Lösungen in Team-Arbeit. *Wertanalyse*

Im Verlauf der Funktionsanalyse bilden sich Ideen für kostensenkende Maßnahmen bzgl. der Herstellung des jeweiligen Produktes heraus. Die Zerlegung in mehrere Funktionen (z. B. beim Schraubenzieher mit integriertem Phasenprüfer: Schrauben befestigen, lockern, Strom prüfen, Öffnen von Dosen, Holzschnitzereien etc.) führt darüberhinaus weg von der Fixierung auf bestimmte Funktionen. Anhaltspunkte für neue Funktionsmöglichkeiten oder sogar Ideen für Neuentwicklungen können sich so herausbilden. Grundlage für die Wertanalyse ist der Ist-Zustand des zu betrachtenden Objektes. Die Wertgestaltung geht von einem bestimmten Soll-Zustand aus. Die Aufgabenstellung besteht in der Entwicklung eines neuen Produktes, das bestimmte Funktionen zu erfüllen hat und/oder kostengünstig herzustellen ist. Beispiel ist ein Kinderwagen mit Baby-Tragetasche, der zu einem Sportwagen umbaufähig ist. Anhaltspunkte für Funktionsmöglichkeiten bilden Vorgängerprodukte sowie Markterfahrungen und -bedürfnisse, die wichtige Anwendungsziele zeigen. Grundprinzipien und Vorgehensweise der Wertanalyse gelten bei der Wertgestaltung analog. Wesentliche Voraussetzung bei beiden ist die **interdisziplinäre Teamarbeit**. Durch das Wissen mehrerer Mitarbeiter läßt sich das Problem von unterschiedlichen Seiten formulieren. Um notwendige Kenntnisse über den Markt – insbesondere über Konkurrenzprodukte – einfließen zu lassen, ist es zweckmäßig, Mitarbeiter des Verkaufsbereiches zu integrieren. *Funktionsanalyse*

Wertgestaltung

Förderung der Innovationsfähigkeit

Primäre Aufgabe der Personalentwicklung ist die ständige Qualifizierung der Mitarbeiter. Sie bezieht sich nicht nur auf rein fachliche Kenntnisse, sondern auch auf soziale und kommunikative Fähigkeiten. *Personalentwicklung*

1151

| Fachliche Qualifikation | In fachlicher Hinsicht steht eine breite funktionsbezogene Qualifikation im Mittelpunkt. Die ständige Aneignung von neuem Wissen wird verstärkt gefördert. Weiterbildungsmaßnahmen in speziellen Wissensgebieten sind dabei eher betriebsextern („off the job") durchzuführen als am Arbeitsplatz („on the job"). Über die Qualifizierung zum Spezialisten hinaus ist eine tätigkeitsübergreifende Basiskompetenz in Form von Kenntnissen über die betrieblichen Zusammenhänge oder in Form von Allgemeinwissen zu entwickeln. Erfahrungen über die einzelnen betrieblichen Abläufe lassen sich durch „job rotation" (vgl. Teil 6, S. 805 f.) gewinnen, z. B. indem Mitarbeiter aus der FuE-Abteilung zeitweise im Produktionsbereich tätig sind. Die dabei gesammelten Erfahrungen fließen in den Innovationsprozeß ein. |

Tätigkeits-übergreifende Basis-kompetenz

Lernklima

Voraussetzung für eine ständige fachliche wie auch fachübergreifende Weiterbildung ist die Schaffung und Sicherung eines Lernklimas, das die eigenverantwortliche Weiterbildung unterstützt. Neben Weiterbildungsprogrammen sind selbständige Fortbildungsaktivitäten zu fördern. Schließlich verbessern institutionalisierte Mitarbeitergespräche, in denen konkrete Qualifikationsmaßnahmen geplant und diskutiert werden das Lernklima.

Soziale Kompetenz

Wichtig ist die Förderung sozialer Kompetenz. Die Entwicklung sozialer und kommunikativer Fähigkeiten zielt auf die Verbesserung der Kooperationsbereitschaft und -fähigkeit sowie Konflikt- und Konsensfähigkeit ab. Gruppendynamische Trainings-, Rollen- und Planspiele sowie Gesprächsführungsseminare können als unterstützende Instrumente eingesetzt werden.

Gerade in dem Abschnitt über die innerbetrieblichen innovationsfördernden Rahmenbedingungen spiegelt sich die spezifische Struktur der Innovationswirtschaft wider. Sie erfüllt eine Querschnittsfunktion, die alle Funktionsbereiche des Industriebetriebes überlappt. Entsprechend vielschichtig und wechselhaft sind die von ihr zu erfüllenden Anforderungen und die dabei zum Einsatz kommenden Methoden, Verfahren und Instrumente.

Kommentierte Literatur

I. Grundlagen der industriellen Innovationswirtschaft

Einen umfassenden Überblick über die Innovationstheorie bietet BIERFELDER (1987). Für das Studium der ökonomischen Theorie des Austrianismus empfehlen sich die Arbeiten von KIRZNER (1978), v. HAYEK (1969) und LACHMANN (1984). Zur einschlägigen Literatur über innovationswirtschaftliche Grundtatbestände gehören vor allem KERN/SCHRÖDER (1977) und BROCKHOFF (1988), wobei sich diese Autoren primär auf die Behandlung von Forschungs- und Entwicklungsaufgaben konzentrieren, sowie STAUDT (1986a). Die Untersuchung charakteristischer Aufgabenmerkmale und ihrer Konsequenzen für die Verkürzung der Entwicklungszeit stehen im Mittelpunkt der Arbeit von PICOT/REICHWALD/NIPPA (1988), innovationswirtschaftliche Fragen der Unternehmensgründung behandeln PICOT/LAUB/SCHNEIDER (1989).

Wesentliche rechtliche Fragen behandeln KERN/SCHRÖDER (1977). Einen guten Überblick über sozio-kulturelle Gegebenheiten gibt DE PAY (1989). Das wichtige Problem der zeitgerechten Forschung und Entwicklung behandeln ausführlich BROCKHOFF/PICOT/URBAN (1988) und REICHWALD/SCHMELZER (1990).

II. Entscheidungen in der industriellen Innovationswirtschaft

Einen umfassenden Einblick in strategische und operative Fragen der Innovationswirtschaft geben KERN/SCHRÖDER (1977). Wettbewerbsstrategien sind bei PORTER (1988) ausführlich dargestellt. Im Hinblick auf Technologiestrategien ist PFEIFFER u. a. (1987) zu empfehlen. Strategische Frühaufklärung sowie die Suchfeldanalyse werden bei MÜLLER (1981) bzw. (1987) eingehend beschrieben. Auf Bewertungsverfahren geht BROCKHOFF (1988) ausführlich ein.

Einen umfassenden Überblick über Grundlagen der Transaktionskosten-Theorie geben WILLIAMSON (1985, 1990) sowie PICOT (1982a). Die Entscheidung über Eigenerstellung oder Fremdbezug behandelt z. B. PICOT (1991a) sowie SCHNEIDER/ZIERINGER (1991) ausführlich. Fragen des Management von FuE-Projekten werden von STOCK (1990) analysiert.

Einen tieferen Einblick in die verschiedenen Projektorganisationsformen vermitteln GROCHLA (1982) sowie FRESE (1988). Einen kurzgefaßten Überblick gibt FRESE (1991). Budgetierungsprobleme werden in Standardwerken wie KERN/SCHRÖDER (1977) oder BROCKHOFF (1988) und ausführlich bei MARR (1976) beschrieben. Eine umfassende Darstellung des Promotorenmodells findet sich bei WITTE (1973). Fragen der Kontrolle werden in BROCKHOFF (1988) sowie kurzgefaßt in BROCKHOFF (1989b) erläutert. Zu der Gestaltung des Informations- und Kommunikationssystems gibt es umfangreiche Literatur, die jeweils unterschiedliche Aspekte herausarbeitet. Einen guten Überblick über grundsätzliche Fragen gibt BLEICHER (1990). Konkrete Gestaltungsanforderungen in Abhängigkeit vom Aufgabentyp zeigen PICOT/REICHWALD/NIPPA (1988) und REICHWALD (1991) auf. DOMSCH/GERPOTT/GERPOTT (1989) stellen ausführlich Technologische Gatekeeper und damit verbundene Fragestellungen dar.

Probleme zum Führungsstil werden bei TROMMSDORFF/SCHNEIDER (1990) sowie bei THOM (1980) behandelt. Organisatorische Aspekte stellt BLEICHER (1990) dar. Gezielte organisatorische Gestaltungshinweise arbeiten PICOT/REICHWALD/NIPPA (1988) heraus.

Innerhalb der sehr umfangreichen Literatur zu personalpolitischen Maßnahmen geht MARR (1973) auf die Problematik von Innovation und Kreativität ein. Empfehlenswert ist auch die Überblicksarbeit von BLEICHER (1990). Verschiedene ideenfördernde Verfahren werden in den Beiträgen von THOM (1986), BRINKMANN (1986) und STAUDT (1986b) vorgestellt.

Einen umfassenden Überblick über aktuelle Literatur zur Innovationswirtschaft gibt MARR (1991).

Fragen und Aufgaben zur Selbstkontrolle und Vertiefung

Fragen

1. Welche Theorie liefert einen Erklärungsansatz für die Existenz des Innovationsphänomens? Wie begründet sie das Auftreten von Innovationen?

2. Welche Probleme ergeben sich bei der Abgrenzung des Innovationsbegriffes?

3. Wodurch unterscheiden sich der Strukturiertheitsgrad und der Komplexitätsgrad einer innovativen Aufgabenstellung?

4. Weshalb spielt der Zeitfaktor in der industriellen Innovationswirtschaft eine entscheidende Rolle?

5. Welche Vorgehensweise bietet sich zur Reduzierung der Entwicklungszeit an?

6. Welche internen und externen Rahmenfaktoren müssen bei der Formulierung einer FuE-Grundstrategie berücksichtigt werden?

7. Worin liegt das Hauptproblem bei der Formulierung von generellen FuE-Zielen?

8. Welche gesetzlich normierten Schutzrechte eignen sich besonders zum Schutz von Verfahrenskenntnissen?

9. In welche Phasen kann man die Erarbeitung strategischer Innovationsprogramme aufteilen? Warum ist ein phasenweises Vorgehen sinnvoll?

10. Welche Probleme sind mit einer Bewertung von Innovationsprozessen verbunden?

10. Welche Kriterien sind bei der Eigenerstellungs-/Fremdbezugsentscheidung im FuE-Bereich zu beachten?

12. Welche Faktoren beeinflussen die Höhe der Transaktionskosten im FuE-Bereich? Welcher erscheint besonders wichtig? Begründen Sie Ihre Antwort!

13. Warum bereitet die Definition eines Projektziels im FuE-Bereich häufig Schwierigkeiten?

14. Welche Funktionen erfüllt eine FuE-Multiprojektplanung?

15. Welche Möglichkeiten der staatlichen Einflußnahme auf die einzelwirtschaftliche Innovationstätigkeit gibt es?

16. Skizzieren Sie Hintergrund und Inhalt des Arbeitnehmererfindungsgesetzes!

17. Inwiefern beeinflussen sozio-kulturelle Gegebenheiten innovationswirtschaftliche Entscheidungen?

18. Erläutern Sie die Aufgaben des „Technologischen Gatekeepers"!

19. Welche Rolle spielt die Entwicklung sozialer Kompetenz für die Durchführung innovationswirtschaftlicher Entscheidungsprozesse?

20. Aus welchen unternehmensinternen und externen Quellen können Innovationsanregungen entstehen?

Aufgaben

1. Beschreiben Sie die Reichweite innovationswirtschaftlicher Tatbestände!

2. Wie läßt sich der Entstehungszyklus von Innovationen charakterisieren? Begründen Sie seinen Stellenwert in der industriellen Innovationswirtschaft!

3. Beschreiben Sie an einem selbstgewählten Beispiel typische Eigenschaftsmerkmale innovativer Aufgabenstellungen und leiten Sie daraus Konsequenzen für die organisatorische Gestaltung des Innovationsprozesses ab!

4. Stellen Sie die Unsicherheitsproblematik im Innovationsprozeß dar! Was sind ihre Gründe?

5. Welche Faktoren bestimmen den Erfolg einer Innovation? Erörtern Sie dabei auftretende Entscheidungsprobleme!

6. Formulieren Sie beispielhaft Rahmenbedingungen für Umfang und Struktur der gesamten betrieblichen FuE-Tätigkeit in einem Unternehmen, das vorwiegend Weiterentwicklung betreibt und dessen Entwicklungsaufgaben in etwa eine mittlere Ausprägung der Eigenschaftsmerkmale aufweisen (vgl. Abbildung 8.2). Welche Patent- und Lizenzpolitik wird dieses Unternehmen betreiben?

7. Welche Art(en) der aufbauorganisatorischen Eingliederung von FuE-Tätigkeiten in funktionale bzw. divisionale Organisationsstrukturen sind besonders für stark innovative Unternehmen geeignet?

8. Warum entstehen erfolgreiche Innovationen eher aus einem „gebahnten" als aus einem „offenen" Suchprozeß?

9. Wie beurteilen Sie die Erfolgschancen einer gezielten Ideengenerierung mit Hilfe diskursiver Verfahren?

10. Stellen Sie Vor- und Nachteile von qualitativen und quantitativen Verfahren zur Ideenbewertung einander gegenüber! Inwieweit können qualitative Verfahren durch Investitionsrechnungenn unterstützt werden?

11. Kennzeichnen Sie operative Innovationsentscheidungen im Gegensatz zu strategischen Innovationsentscheidungen!

12. Diskutieren Sie verschiedene Formen der Projektorganisation im Hinblick auf ihre Eignung für innovative Aufgaben! Differenzieren Sie dabei zwischen zwei Extremtypen von FuE-Aufgaben gemäß Abbildung 8.2.

13. Welches sind die Spezifika bzw. besondere Probleme der Planung von FuE-Projekten im Vergleich zu der Planung anderer Projekte?

14. Beschreiben Sie Möglichkeiten und Grenzen verschiedener Projektplanungsmethoden im FuE-Bereich!

15. Beurteilen Sie kritisch in der Praxis verwendete Ansatzpunkte für die Bestimmung des FuE-Bereichsbudgets!

16. Diskutieren Sie die generelle Problematik jeder FuE-Kontrolle! Welcher grundsätzliche Konflikt im FuE-Bereich liegt dieser Problematik zugrunde und wie könnte man sie erfolgreich handhaben?

17. Gliedern Sie das Kontrollproblem im FuE-Bereich und legen Sie die wesentlichen Abweichungsdimensionen und Kontrolltypen dar!

18. Erarbeiten Sie beispielhaft ein strategisches Innovationsprogramm für ein stark innovatives Automobilunternehmen, das vorwiegend die Neuentwicklung von PKW der Oberklasse betreibt! Verwenden Sie hierfür das in (II.1.b) beschriebene phasenweise Vorgehen.

19. Beurteilen Sie in Abhängigkeit des jeweils zugrundeliegenden FuE-Aufgabentyps die Bedeutung offener Kommunikationssysteme für die effektive und effiziente Durchführung von Innovationsprozessen!

20. Beschreiben Sie die vielfältigen Möglichkeiten für den Einsatz von Datenbanken im Innovationsprozeß!

21. Charakterisieren Sie den „idealen“ innovationsfördernden Führungsstil! Welche Probleme sind bei seiner Realisierung zu erwarten?

22. Zeigen Sie anhand von Beispielen den Einfluß der Unternehmenskultur auf die industrielle Innovationstätigkeit!

23. Was versteht man unter dem „organisatorischen Dilemma“? Vergleichen Sie hieraus resultierende Gestaltungsanforderungen vor dem Hintergrund verschiedener Aufgabentypen!

24. Erläutern Sie Vor- und Nachteile verschiedener innovationsfördernder Anreizinstrumente?

25. Beurteilen Sie das betriebliche Vorschlagswesen sowie die Ideenfindung in Gruppen als Anregungsmöglichkeiten für industrielle Innovationsprozesse!

26. Worin ist der Sinn der Formulierung einer übergeordneten FuE-Grundstrategie zu sehen? Welche Gestaltungsparameter umfaßt eine FuE-Grundstrategie?

Neunter Teil

Kostenrechnung

Von Edmund Heinen und Bernhard Dietel

I. Grundlagen der Kosten- und Leistungsrechnung

1. Einordnung der Kosten- und Leistungsrechnung

Die Kostenrechnung, genauer gesagt die Kosten- und Leistungsrechnung ist Bestandteil des betrieblichen Rechnungswesens. Das betriebliche Rechnungswesen ist ein Instrument zur quantitativen Abbildung betriebswirtschaftlicher Sachverhalte. Einer Verordnung des Reichswirtschaftsministeriums aus dem Jahre 1937 entsprechend wurde das betriebliche Rechnungswesen lange Zeit in die Finanzbuchführung, Betriebsbuchführung (Kosten- und Leistungsrechnung), Planung und Betriebsstatistik unterteilt. *Systematisierung des betrieblichen Rechnungswesens*

Diese Systematisierung ermöglicht keine überzeugende Abgrenzung, da beispielsweise Planung sowohl in der Finanzbuchhaltung als auch in der Kosten- und Leistungsrechnung zu finden ist (Planbilanz, Plan-GuV, Plankosten, Planerlöse usw.). Aufgrund der vielfältigen Überschneidungen, die u. a. darin zum Ausdruck kommen, daß nicht alle Aktivitäten innerhalb eines Unternehmens, die als Planung oder Statistik bezeichnet werden, dem Rechnungswesen zuzuordnen sind (z. B. Produktionsplanung, Absatzstatistiken), wird die erwähnte Systematisierung weder wissenschaftlichen noch anspruchsvollen praktischen Anforderungen gerecht.

Eine geeignete Einteilung erhält man, wenn man mit Blick auf die Informationsadressaten zwischen internem und externem Rechnungswesen unterscheidet.

Das externe Rechnungswesen entspringt der Verpflichtung des Kaufmannes zur systematischen Selbstinformation und zur Rechenschaftslegung gegenüber anderen, insbesondere den Fremdkapitalgebern und dem Fiskus. Es stehen also die Interessen „Externer" im Vordergrund dieses Teils des industriellen Rechnungswesens (vgl. Teil 10, S. 1319 ff.). *Externes Rechnungswesen*

Während das externe Rechnungswesen in erster Linie den Jahresabschluß und seine organisatorische Grundlage, die Finanzbuchhaltung, umfaßt, bildet die Kosten- und Leistungsrechnung das interne Rechnungswesen. Aufgabe des internen Rechnungswesens ist es, die **Entscheidungsträger innerhalb eines Unternehmens mit quantitativen Informationen zu versorgen.** *Internes Rechnungswesen*

Da diese Informationen sowohl die Willensbildung als auch die Willensdurchsetzung erleichtern, bildet die Kosten- und Leistungsrechnung eine wichtige Grundlage der innerbetrieblichen Planung, Steuerung und Kontrolle. Die Bereitstellung von **Planungs- und Kontrollinformationen** macht die Kosten- und Leistungsrechnung zum unverzichtbaren Bestandteil jedes Controllingsystems. *Verbindung zwischen Kosten-Leistungsrechnung und Controlling*

Faßt man den Begriff des Rechnungswesens sehr weit und zählt hierzu alle Informationssysteme, die eine quantitative Abbildung des tatsächlichen oder geplanten Unternehmensgeschehens zum Inhalt haben, so müßte man auch die Finanzplanung und Investitionsrechnung (vgl. Teil 7, S. 907 ff.) dem Rechnungswesen i. w. S. zuordnen.

Die quantitative Abbildung des betriebswirtschaftlichen Geschehens wird aufgrund seines hohen Komplexitätsgrades erforderlich. Allerdings besteht hierbei die Gefahr, daß es nicht zu einer Verdichtung unter Vernachlässigung von unwesentlichen Randaspekten kommt, sondern zu einer **Umdefinition des Entscheidungsproblems.** Nicht das ursprüngliche Problem (bzw. wesentliche Aspekte desselben), das eigentlich zu behandeln gewesen wäre, ist erfaßt, sondern nur ein kalkülisierbarer und mit quantitativen Informationen untermauerbarer Teil desselben. Dennoch wäre es unvernünftig, bei komplexen Entscheidungen auf Versuche der Unterstützung der Zweck-Mittel-Rationalität durch quantitative und möglichst umfassende Kalküle verzichten zu wollen.

Um bei betriebswirtschaftlichen Entscheidungen nicht ständig die gesamte Komplexität des Geschehens vor Augen haben zu müssen, wird dieses **sachlich und zeitlich** zerlegt. Dies führt allerdings zur Zerschneidung von Interdependenzen, die dadurch möglicherweise aus dem Blickfeld verschwinden, obwohl ihre Berücksichtigung wichtig wäre (vgl. Teil 7, S. 917 f.). Auch dies ist jedoch ein Teil des Preises, der für die Handlungsfähigkeit entrichtet werden muß.

*Beziehungen
zwischen
lang- und
kurzfristigen
Entschei-
dungen*

Im folgenden soll vor allem auf den Zusammenhang zwischen **Entscheidungen mit großer zeitlicher (und damit meist auch breiter sachlicher) Reichweite und solchen mit nur kurzfristiger (und damit im allgemeinen auch enger sachlicher) Wirkung** eingegangen werden. Dieser Zusammenhang ist für das Verständnis des Zuständigkeitsbereiches der Kosten- und Leistungsrechnung von großer Bedeutung. In jüngster Zeit wird allerdings auch Kritik an der bisherigen Sichtweise geübt und die Forderung nach einer Erweiterung des Funktionsspektrums der Kosten- und Leistungsrechnung erhoben (vgl. S. 1300 ff.).

Langfristig wirkende Entscheidungen schaffen typischerweise die finanziellen, technischen, organisatorischen und personellen Potentiale für die laufende Geschäftstätigkeit. Sie werden durch quantitative Verfahren der **Investitionsrechnung** vorbereitet und unterstützt (vgl. Teil 7, S. 917 ff.). Echte strategische Entscheidungen, die die unternehmerische Ausrichtung bestimmen und den zuvor erwähnten potentialorientierten Langfristentscheidungen vorgelagert sind, entziehen sich meistens einer Kalkülisierung durch die Investitionsrechnung. Sie mit kurzfristig wirksamen Dispositionen in Zusammenhang zu bringen, ist besonders schwierig. Auf die Frage der strategischen Relevanz von Kostenrechnungsinformationen ist an späterer Stelle noch einzugehen (vgl. S. 1300 ff.). Langfristig wirkende Entscheidungen, die eine Strategie durch Schaffung von geeigneten Potentialen umsetzen, beziehen sich auf die Voraussetzungen für erfolgreiche Transformationen von Produktionsfaktoren in Produkte bzw. Dienstleistungen und deren marktliche Verwertung. Sie schaffen die **Bedingungen für Entscheidungen mit kürzerfristiger Wirkung** und sind nur schwer oder nur unter Einsatz erheblicher Mittel zu korrigieren. Kurzfristige Entscheidungen sollen im Rahmen der geschaffenen Bedingungen die aktuellen Gegebenheiten so gut wie möglich nutzen.

Eine Gesamtoptimierung lang- und kurzfristiger Entscheidungen würde nicht nur eine zutreffende Prognose der Entwicklung der Entscheidungsbedingungen im Zeitablauf bereits bei der Investitionsentscheidung erfordern, sondern darüber hinaus ein „Durchrechnen" des Entscheidungsbaumes (vgl. Teil 7, S. 952 ff.) bis hinunter zu den kurzfristigen Dispositionen. Dies ist im allgemeinen nicht möglich, so daß durch langfristige Entscheidungen die **kurzfristigen Dispositionen keineswegs im Detail** determiniert werden. Letztere haben vielmehr ausdrücklich die Funktion, für **situationsadäquate Optima** zu sorgen, und darüber hinaus auch auf die **Revisionsbedürftigkeit** langfristig gedachter Festlegungen aufmerksam zu machen. Dabei ist zu beachten, daß die Unterscheidung zwischen langer und kurzer Wirkungsfrist nicht sinnvoll mithilfe von Kalenderzeitangaben vorgenommen werden kann, sondern nur die Vorstellung der unterschiedlich langen zeitlichen Reichweite („operational time" im Sinne von Marshall 1961) brauchbar ist. Bei anscheinend nur kurzfristig wirksamen Entscheidungen (z. B. Annahme/Ablehnung eines Kundenauftrages, Vergabe einer Zwischenproduktherstellung an einen Lieferanten wegen momentaner eigener Kapazitätsengpässe) können langfristige Überlegungen (z. B. Kundenbindung, Qualifizierung von Lieferanten) von Bedeutung sein, bei deren Vernachlässigung nachteilige Folgen eintreten. Mehrere oder viele aneinandergereihte Dispositionen mit kurzer Wirkungsdauer erzeugen nicht selten langfristige Bindungen (z. B. Auslastung der Produktionskapazitäten durch mehrere Kleinaufträge; Zwang zu langfristigen Anstellungsverträgen aufgrund mehrerer aufeinanderfolgender befristeter Verträge, sog. Kettenverträge).

Problem der Gesamt-optimierung

Der Hinweis auf Probleme der Unterscheidung zwischen lang- und kurzfristig wirkenden Entscheidungen soll dies nicht völlig in Frage stellen. Die umfassende, simultane Entscheidung über alle lang- und kurzfristigen Parameter einer Problemlösung überfordert die Erkenntnis- und Informationsverarbeitungsfähigkeit der Entscheidungsträger. Wünschenswert wäre allerdings, daß Investitions- und Kostenrechnung sich aus einer einheitlichen Grundlage ableiten ließen und sich damit auch gemeinsamer, durchgängiger Begriffe bedienten. Die thematische Durchdringung der Integration von Investitionsrechnung (für die langfristige Entscheidungsunterstützung) und Kostenrechnung (für die Unterstützung kurzfristiger Entscheidungen) steht jedoch noch am Anfang (vgl. Küpper 1985; Riebel 1990; vgl. auch S. 1267 ff.). Es wird daher zunächst dabei bleiben müssen, daß **nebeneinander unterschiedliche, nicht voll miteinander kompatible und nicht ineinander integrierbare Systeme** zur kalkülmäßigen Unterstützung von Planungs-, Steuerungs- und Kontrollentscheidungen bestehen. Systeme wie die Investitionsrechnung haben dann nach wie vor – wenn eine Entscheidung mit Langfristwirkung getroffen ist – zunächst ihre Schuldigkeit getan und übergeben die weitere Analyse und Gestaltung der kürzerfristig verbleibenden Spielräume an andere Systeme, z. B. an die Kosten- und Leistungsrechnung.

Verbindung zwischen Investitions-rechnung und Kosten- und Leistungs-rechnung

Die Kosten- und Leistungsrechnung ist ein betriebswirtschaftliches Dokumentations-, Planungs-, Steuerungs- und Kontrollsystem, das sich in besonders detaillierter Weise mit den Prozessen der Gütertransformation in betriebswirtschaftlichen Organisationen befaßt.

Güter

Als Güter bezeichnet man Stoffe und Dienstleistungen, die **zur Befriedigung von Bedürfnissen beitragen** können und darüber hinaus **knapp** sind. Güter sind wegen dieser Eigenschaften „wertvoll". Es kann sich dabei um Güter handeln, die bereits in ihrem natürlichen Zustand Bedürfnisse befriedigen können, aber auch um solche, die zunächst nur als Einsatzgüter (Produktionsfaktoren) für Bearbeitungs- oder Transformationsprozesse geeignet sind. Deren Wert resultiert vor allem aus den erwarteten Möglichkeiten der Bedürfnisbefriedigung durch die aus ihnen entstehenden „Endprodukte".

Zahlen-mäßige Abbildung des Trans-formations-prozesses

Die detaillierte Abbildung der Transformationsprozesse von (wertvollen) Produktionsfaktoren (Einsatzgütern) in (wertvolle) Produkte oder Dienstleistungen in den quantitativen Kategorien ökonomischer Vorteils-Nachteils-Kalküle (insbesondere der in Geldeinheiten ausgedrückten Einzahlungen/Auszahlungen, Einnahmen/Ausgaben, Aufwendungen/Erträge, Kosten/Leistungen) soll die **Zweck-Mittel-Rationalität von Entscheidungen über diese Transformationsprozesse** verbessern. Dies gilt sowohl für die zahlenmäßige Abbildung bereits realisierter als auch für die entsprechende Vorbereitung noch zu treffender Entscheidungen. Im ersten Fall kann diese Unterstützung sowohl in der **Information über Ursachenkonstellationen für zu erwartende zukünftige Entwicklungen**, als auch in der **Aufklärung von Fehlentscheidungen oder Fehlverhalten** mit dem Ziele der zukünftigen Vermeidung solcher Fehler bestehen. Im zweiten Fall handelt es sich um den Versuch, den kalkulierbaren Teil der Konsequenzen von Entscheidungen abzubilden.

Die systematische Aufzeichnung der tatsächlich stattfindenden und der für die Zukunft geplanten Transformationsprozesse und ihrer (eingetretenen oder prognostizierten) Konsequenzen trägt dazu bei, **Pläne durch gemachte Erfahrungen zu fundieren** und einen **permanenten organisationalen Lernprozeß in Gang zu halten.**

2. Aufgaben der Kosten- und Leistungsrechnung

Die nachstehende Beschreibung der Aufgaben der Kosten- und Leistungsrechnung ist als systematischer Katalog möglicher Anforderungen zu verstehen. Diesen werden die einzelnen Konzeptionen der Kosten- und Leistungsrechnung in unterschiedlich hohem Maße gerecht.

Darstellung

(1) Die Kosten- und Leistungsrechnung soll den **Prozeß der Umwandlung von Gütern abbilden**, d. h. den Wertverzehr und die zugehörige Leistungsentstehung zahlenmäßig darstellen **(Darstellungsaufgabe)**. Informationen über die entstandenen Kosten und Leistungen sind in erster Linie als **Anregungsinformationen** für mög-

1162

liche Verbesserungen in der Zukunft von Bedeutung. Sie ergeben sich sowohl aus dem Vergleich von Istgrößen verschiedener Betriebe, Betriebsbereiche oder Betrachtungsperioden als auch aus dem Vergleich von Ist- und Sollgrößen. Die Erfüllung der Darstellungsaufgabe ist insoweit eine **Vorbereitung auf die Erfüllung der Kontrollaufgabe.**

Die Darstellung des betrieblichen Leistungsprozesses dient darüber hinaus der aus unterschiedlichen Gründen erforderlichen **Dokumentation** des betrieblichen Geschehens. Beispielsweise wird sie im Rahmen der Ermittlung des kalkulatorischen und des pagatorischen Periodenergebnisses zur **Berechnung der Herstell- bzw. Herstellungs„kosten"** (vgl. S. 1280 f.) von Bestandsveränderungen und selbsterstellten Anlagen benötigt. Unternehmen, die an die öffentliche Hand Güter und Dienstleistungen liefern, für die es keine regulären Märkte gibt, unterliegen den „Leitsätzen für die Preisermittlung aufgrund von Selbstkosten (LSP)" und sind aufgrund dieser Vorschriften zur nachprüfbaren Dokumentation ihrer Leistungsentstehungsprozesse genötigt. Eine möglichst zuverlässige Dokumentation ist auch deswegen erforderlich, weil an Kosten- und Leistungsgrößen häufig **Entlohnungs- und Beförderungskonsequenzen** geknüpft sind.

(2) Die zentrale Bedeutung der Kosten- und Leistungsrechnung besteht darin, Informationen über die **voraussichtlichen Konsequenzen von Entscheidungen** zu liefern **(Prognoseaufgabe).** Kosten- und Leistungsinformationen sind wichtige, wenn auch nicht allein ausschlaggebende Größen bei Vorteils-Nachteils-Vergleichen. Beispiele hierfür sind: Annahme oder Ablehnung eines Auftrags bei gegebenen Preisvorstellungen eines Kunden; Abgabe eines Preisangebotes; Gestaltung des Sortiments; Entscheidung über Eigenfertigung oder Fremdbezug von Zwischenprodukten und Betriebsmitteln, Kauf oder Miete von Betriebsmitteln; Auswahl des Fertigungsverfahrens; Planung des Betriebserfolges und des hierfür erforderlichen Produktions- und Absatzvolumens; Ermittlung des Produktions- und Absatzvolumens, das mindestens realisiert werden muß, wenn in der Betrachtungsperiode Überschüsse erzielt werden sollen (Break-Even-Analyse). *Prognose*

Die Kostenrechnung unterstützt darüber hinaus die **Investitionsrechnung**, da die Informationen über die Mengenkomponente des Güterverzehrs häufig die Grundlage für die Schätzung derjenigen Größen darstellen, die in der Investitionsrechnung verwendet werden. Zwar ist die Investitionsrechnung beispielsweise bei der Einführung einer neuen Technologie in vielen Bereichen auf Angaben von Herstellern angewiesen; für die Prognose der Folgen einer Fortführung bisheriger Verfahren sowie der durch Änderungen mittelbar bedingten Konsequenzen sind jedoch die Informationen der Kosten- und Leistungsrechnung maßgebend.

(3) In einem **dezentralen Entscheidungssystem erfordert die Verwirklichung getroffener Entscheidungen konkretisierende nachgelagerte Teilentscheidungen.** Selbst bei sehr genauer Beschreibung der auszuführenden Maßnahmen ist ihre zielentsprechende Realisierung nicht automatisch gewährleistet. Beispielsweise kann es an *Vorgabe*

der Bereitschaft und/oder Fähigkeit mangeln, Anweisungen in der gewünschten Weise zu interpretieren. Darüber hinaus sind detaillierte Vorschriften mit dem Risiko behaftet, daß bei ihrer Abfassung die mögliche Vielzahl unterschiedlicher Anwendungssituationen unterschätzt wurde. Statt detaillierter Maßnahmen- und Verfahrensvorschriften werden den nachgeordneten Stellen deshalb häufig auf die Einheit bezogene Zielgrößen (z. B. Sollkosten/Stück) und Budgets im Sinne von verfügbaren Ressourcenvorräten (Sollkosten/Periode) vorgegeben. Die Budgetvorgabe (Sollkosten) soll die Unternehmensmitglieder dazu anhalten, die verfügbaren Mittel zielentsprechend einzusetzen (**Vorgabeaufgabe**). Kostenvorgaben motivieren insofern zu einem zielentsprechenden Verhalten, als durch sie den Kostenverantwortlichen die Möglichkeit nachträglicher Kontrolle bewußt gemacht wird. Oft sind an die Einhaltung beziehungsweise Nichteinhaltung der Vorgaben positive beziehungsweise negative Sanktionen geknüpft. Darüber hinaus kann in einem Budget auch die Einsicht in die Notwendigkeit umfangreicher Mittel für die Erreichung eines Ziels stecken (z. B. bei Neuentwicklung oder Markteinführung eines Produktes). Vorgabekosten (Kostenbudgets) können, müssen aber nicht mit den Prognosekosten gleichgesetzt werden. Um die erwünschte Verhaltenswirkung zu erzeugen, werden Kostenbudgets nicht selten geringer angesetzt als die prognostizierten Kosten.

Prognose- und Vorgabeaufgabe können zur **Planungsaufgabe** zusammengefaßt werden.

<table>
<tr><td>*Kontrolle*</td><td>(4) Mit der Darstellung, Prognose und Vorgabe von Kosten werden unter anderem autonome Teilaufgaben der Kosten- und Leistungsrechnung erfüllt. Die dabei gewonnenen Informationen sind jedoch auch erforderlich, um unerwünschte Entwicklungen so frühzeitig erkennen und analysieren zu können, daß kompensierende Maßnahmen möglich sind. Tritt die Aufgabe der **Regelung des Leistungsprozesses durch Überwachung und Beseitigung erkannter Störungen** in den Vordergrund (**Kontrollaufgabe**), so ergeben sich daraus besondere Anforderungen für die Gestaltung der Kosten- und Leistungsrechnung. Zum einen kann auf die Ermittlung brauchbarer Sollgrößen nicht verzichtet werden. Dies rührt daher, daß ein Vergleich der in verschiedenen Perioden oder Betriebsteilen tatsächlich aufgetretenen Kosten wenig aussagefähig bzw. hinsichtlich seiner Ursachen schlecht analysierbar ist. Zum anderen müssen Ist- und Sollgrößen besonders detailliert ermittelt werden.</td></tr>
</table>

Werden prognostizierte Kosten nicht unbesehen als Kostenvorgaben verwendet (z. B. weil die Möglichkeit der Vorgabeüberschreitung bei der Prognose berücksichtigt wird), so ergeben sich zwei Möglichkeiten des Soll-Ist-Vergleiches. Im ersten Fall steht die **Entdeckung und Beseitigung von Unwirtschaftlichkeiten** im Vordergrund, die wegen Abweichungen vom geplanten Prozeßablauf entstehen. Beim Vergleich der Vorgabekosten mit den Istkosten ist die Entdeckung von Vorgabefehlern zwar nicht ausgeschlossen, sie ist jedoch nicht das primäre Ziel des Soll-Ist-Vergleiches. Beim Vergleich der prognostizierten mit den tatsächlich anfallenden Kosten soll die **Prognosequalität überprüft und verbessert** werden.

3. Kosten und Leistungen

Der Kostenbegriff wird unterschiedlich definiert. Definitionsunterschiede sind nicht nur durch Unterschiede in der Wortwahl bedingt, sondern beruhen auch auf verschiedenartigen Auffassungen über den Inhalt des Kostenbegriffs. Bezeichnet man Kosten als leistungsbedingten Wertverzehr, so ist damit noch keine Festlegung auf einen ganz bestimmten Kostenbegriff vorweggenommen. Sie ergibt sich erst bei konkreter Fassung der Begriffe „Leistung", „Bedingtheit" und „Wertverzehr".

a) Leistungen

Das Attribut **„leistungsbedingt"** weist darauf hin, daß der Begriff der Kosten nicht Wertverzehr schlechthin zum Ausdruck bringt. Vielmehr wird der Wertverzehr stets im Zusammenhang mit dem Grund für seine Entstehung, der Leistungserstellung, gesehen. **Kosten sind somit immer Kosten „von etwas".** Als Leistungen werden entstandene Wertzuwächse aufgefaßt. Somit wird es erforderlich, die Leistungen einer Unternehmung zu bestimmen. Dabei steht die pragmatische Frage im Vordergrund, für welchen Teil des Gesamtgeschehens eine über die Finanzbuchhaltung hinausgehende Rechnung durchgeführt werden soll. Im Industriebetrieb ist dies in der Regel für den Teil der Tätigkeit erforderlich, der in Verfolgung des **Sachzieles (Betriebszweckes)** stattfindet. Dieser findet seine Konkretisierung im **Produktions- und Absatzprogramm.** Leistungen als Ergebnis der Realisierung des Produktions- und Absatzprogrammes einer bestimmten Periode sind somit vor allem **die verkauften Erzeugnisse, die in der Periode produzierten und am Periodenende noch auf Lager liegenden fertigen und unfertigen Erzeugnisse sowie die für spätere Leistungserstellungsprozesse erbrachten Vorleistungen (z. B. selbsterstellte Anlagen).**

Produktions-
und Absatz-
programm

Das Produktions- und Absatzprogramm eines Industriebetriebes ist Gegenstand von Entscheidungen, die vor allem unter Berücksichtigung marktlicher Gegebenheiten getroffen werden. Somit sind auch Art und Umfang der in der Kostenrechnung zu erfassenden Wertverzehre letztlich durch diese Entscheidungen bestimmt. Nicht durch Leistungen bedingte Wertverzehre werden als neutrale Aufwendungen nur in der Finanzbuchhaltung erfaßt. Grundsätzlich ist der Kostenbegriff jedoch in jedem Vorteils-Nachteils-Kalkül zur Bezeichnung der Nachteilskomponente anwendbar. Soll ein solcher Kalkül außerhalb des Anwendungsbereiches der institutionalisierten Kostenrechnung durchgeführt werden, so bedarf es lediglich der Nennung der gemeinten Leistungsseite (Vorteilskomponente).

Ent-
scheidungs-
abhängigkeit

b) Bedingtheit

Ist der als Leistung bezeichnete Wertzuwachs definiert, so muß der durch sie „bedingte" Wertverzehr ermittelt werden. Bezüglich der Anforderungen an die Zusammenhänge, die zwischen Leistung und Wertverzehr vorhanden sein sollten, bestehen zum Teil erhebliche Auffassungsunterschiede. Einigkeit ist hinsichtlich derjenigen Wertverzehre gegeben, für die im Gedankenexperiment folgende Doppelfrage eindeutig mit ja beantwortet werden kann: Handelt es sich um **Wertverzehr**, der im Vergleich mit der Situation der Nichtentstehung der betrachteten Leistung **zusätzlich auftritt und in gleichem Umfange entfällt**, wenn die Leistungsentstehung weggedacht wird? Um dieses Gedankenexperiment durchführen zu können, müssen Informationen über die in der Realität bestehenden Voraussetzungen und Folgen der jeweils betrachteten Leistungsentstehungsprozesse vorhanden sein.

Durch einzelne Leistungseinheiten bedingter Verzehr

Eine Erweiterung ergibt sich, wenn die obige Frage für eine Leistung gestellt wird, die in Teilleistungen zerlegt werden kann (z. B. für einen Auftrag über 100 Erzeugniseinheiten). Erfahrungsgemäß gibt es **Wertverzehre, deren Entstehung bzw. Wegfall nur von der Erstellung bzw. Nichterstellung der Gesamtleistung** abhängt. Hier kann es fraglich sein, ob diese auch Wertverzehre in bezug auf die einzelnen Teilleistungen sind. Einerseits sind sie notwendige Bedingung dafür, daß Teilleistungen entstehen können; andererseits kann nicht willkürfrei angegeben werden, welche Teile dieser Wertverzehre durch die Entstehung einer einzelnen Teilleistung bedingt sind. Sie können somit **nur als durch das jeweilige Teilleistungsbündel bedingt** angesehen werden.

Durch Leistungsbündel bedingter Verzehr

Bei einer dritten Art von Wertverzehren ist die Frage, ob sie **mit der Erstellung bzw. Nichterstellung einer Leistung entstehen bzw. wegfallen, eindeutig** mit **nein** zu beantworten. Trotzdem ist zu prüfen, ob diese Wertverzehre leistungsbedingt sind. Dies ist zu bejahen, wenn ihre Entstehung mit der **generellen Fähigkeit, Leistungen zu erstellen**, im Zusammenhang steht. Diese Fähigkeit wird als Leistungsbereitschaft bezeichnet. Solche Wertverzehre können unabhängig vom Ausmaß der Leistungserstellung beispielsweise wegen eines **nicht vermeidbaren Abbaus von Leistungspotentialen** (z. B. Verrosten oder Veralten von Produktionsanlagen) entstehen oder die Folge von **Maßnahmen zur Verhinderung derartiger Potentialminderungen** (z. B. Instandhaltung, Reparatur) sein. In diesen Fällen ergibt sich die Leistungsbedingtheit aus dem Zweckbezug der Inkaufnahme bzw. Herbeiführung des Wertverzehrs. In Zweifelsfällen kann die Leistungsbedingtheit derartiger Wertverzehre dadurch festgestellt werden, daß die Folgen ihrer Vermeidung bzw. Nichtinkaufnahme für die Betriebsbereitschaft gedanklich überprüft werden. Ergibt sich dabei, daß die Entstehung des Wertverzehrs nur durch Abbau der Betriebsbereitschaft verhindert werden kann (z. B. Verkauf von Anlagen, Unterlassen von Instandhaltungsmaßnahmen), so ist dieser Wertverzehr als leistungsbedingt anzusehen.

Durch Leistungsbereitschaft bedingter Verzehr

Für eine vierte Gruppe von Wertverzehren kann weder behauptet werden, ihre Entstehung hänge von der Zahl der erzeugten Leistungseinheiten ab, noch läßt sich begründen, sie seien durch die Leistungsbereitschaft bedingt. Hierbei handelt es sich um **Wertverzehre, die bei optimalem Ablauf des Leistungserstellungsprozesses** (im Rahmen einer bestimmten Technologie) **vermieden würden.** Sie entstehen aus unterschiedlichen Gründen. Beispielsweise können Leistungserstellungsprozesse mißlingen, weil die beteiligten Produktionsfaktoren (einschließlich der disponierenden und koordinierenden Menschen) Mängel aufweisen bzw. Fehler machen. Solche Wertverzehre werden mit der Absicht der Leistungserstellung herbeigeführt, der Erfolg tritt jedoch

Durch „Unvollkommenheiten" des Leistungsprozesses bedingter Verzehr

(teilweise) nicht ein. Ähnlich zu beurteilen sind Wertverzehre, die zur Herbeiführung einer entstandenen Leistung nicht notwendig sind, jedoch aus Unkenntnis nicht vermieden oder aus Risikoscheu in Kauf genommen werden. Hinzu kommen schließlich Wertverzehre, die von den am Leistungsprozeß beteiligten Personen herbeigeführt werden, weil sie im Zusammenhang mit diesem Prozeß persönliche Bedürfnisse befriedigen (z. B. Macht, Prestige, Drang nach unnötiger Perfektionierung). Wertverzehre dieser Art werden im allgemeinen trotzdem als leistungsbedingt angesehen. Dies gilt insbesondere dann, wenn sie der Art der verzehrten Güter und dem Ausmaß des Wertverzehrs nach als Begleitumstände der Leistungsentstehung betrachtet werden müssen. Bei Beurteilung ihrer Leistungsbedingtheit wird also auf vermutete oder statistisch belegte Regelmäßigkeiten zurückgegriffen, die sich nicht aus den zwangsläufigen Zusammenhängen des Leistungsentstehungsprozesses erklären lassen.

Selbst **außergewöhnliche, d. h. relativ seltene, unerwartete oder ungewöhnlich hoch ausfallende Minderungen der Leistungsbereitschaft** werden als leistungsbedingte Wertverzehre angesehen (z. B. die Vernichtung einer Produktionsanlage durch Brand oder Explosion). Bezüglich ihrer Behandlung in der Kostenrechnung vgl. S. 1214.

c) Wertverzehr

Bei der Frage, was unter dem Definitionsmerkmal „Wertverzehr" zu verstehen ist, müssen grundsätzliche Auffassungsunterschiede berücksichtigt werden. Den Vertretern des „pagatorischen" Ansatzes stehen die des „wertmäßigen" Ansatzes gegenüber.

Beim **pagatorischen Kostenbegriff** wird davon ausgegangen, daß ein Wertverzehr nur insoweit vorliegen kann, als die Unternehmung **Auszahlungen geleistet bzw. noch zu leisten** hat. Der betriebliche Leistungserstellungs- und -verwertungsprozeß wird aufgefaßt als Prozeß der Umwandlung von Geld in Güter und Gütern in Geld mit dem Ziel, eine möglichst hohe Differenz zwischen den Einzahlungen und Auszahlungen zu erreichen. **Die Art der Güter, die im Transformationsprozeß an die Stelle der gezahlten Beträge treten, ist von untergeordneter Bedeutung.** Ein Problem der Bewertung von Güterverzehren sehen die Vertreter des pagatorischen Kostenbegriffes nicht. Der Ansatz von **Beschaffungsmarktpreisen** ist selbstverständlich.

Pagatorischer Kostenbegriff

Die **ältere pagatorische** Auffassung läßt nur den Ansatz der tatsächlich gezahlten Beträge zu. Kosten sind damit identisch mit leistungsbedingtem Aufwand im Sinne der Finanzbuchhaltung. Um daraus erwachsende **Einschränkungen der Verwendbarkeit** dieses Kostenbegriffs in Vorteils-Nachteils-Kalkülen zu **beseitigen**, schlägt **Koch** (1966) eine Anpassung an den jeweiligen Verwendungszusammenhang (Verifikationsmodell) mit Hilfe sogenannter **Hypothesen** vor. Die ausschließliche Beschaffungsmarktorientierung wird jedoch beibehalten. Dies kommt in der Definition der Kosten als „mit der Herstellung und dem Absatz einer Erzeugniseinheit oder einer Periode verbundene nicht-kompensierte Ausgaben" zum Ausdruck. Ausgaben treten hierbei nur im Verhältnis Unternehmung/Geschäftspartner, nicht dagegen zwischen Unter-

Hypothesen

nehmung und Eigentümer auf. Zahlungen an Geschäftspartner, die als kompensiert anzusehen sind, werden ebenfalls nicht zu Kosten. Darunter sind Auszahlungen von Krediten an Kreditnehmer und Rückzahlungen erhaltener Kredite an die Kreditgeber zu verstehen. Zahlungen dieser Art sind durch die spätere Kreditrückzahlung bzw. den früher eingegangenen Kreditbetrag kompensiert.

Die verbleibenden „leistungsbedingten" Ausgaben werden zu Kosten, wenn die beschafften Güter verbraucht werden. Bei der Bemessung des Verzehrs ist von **hypothetischen Beschaffungsvorgängen** auszugehen, wenn die Aufgaben der Kostenrechnung dies erfordern. Beispielsweise kann für Kalkulationszwecke in Zeiten steigender Preise von der Hypothese ausgegangen werden, die eingesetzten Produktionsfaktoren seien erst am Tage der Veräußerung der hergestellten Erzeugnisse beschafft worden. Damit können die verzehrten Güter zum Tagespreis des Umsatztages als Kosten angesetzt werden. Die Verwendung derartiger Hypothesen führt zu einer weitgehenden Annäherung der Verwendungsmöglichkeiten des pagatorischen und des wertmäßigen Kostenbegriffs; eine völlige Deckungsgleichheit ergibt sich jedoch nicht.

Kostenbegriff
Riebels

Eine Sonderstellung nimmt der **„entscheidungsorientierte" Kostenbegriff Riebels** (vgl. S. 1268) ein. Riebel (1990, S. 409 ff. und S. 712) bezeichnet Kosten als „die durch die Entscheidung über ein bestimmtes Kalkulationsobjekt, insbesondere über die Erstellung von Leistungen sowie über Aufbau, Aufrechterhaltung und Anpassung der Betriebsbereitschaft ausgelösten Ausgaben (einschließlich der Ausgabeverpflichtungen)". Grundlage dieser Definition ist das Bestreben, ein für alle Arten ökonomischer Vorteils-Nachteils-Kalküle geeignetes Instrumentarium und in dessen Rahmen auch einen allgemein gültigen Begriff zur Erfassung der Nachteilskomponente zu schaffen. Insbesondere sollen Investitionsrechnung und Kosten- und Leistungsrechnung auf eine gemeinsame begriffliche Grundlage gestellt werden.

Als Kalkulationsobjekt kommen grundsätzlich alle eigenständig disponierbaren Maßnahmen, Vorgänge und Tatbestände in Betracht. Somit fallen auch Ausgaben, die beim Aufbau der Betriebsbereitschaft entstehen (Investitionsausgaben) unter den Kostenbegriff. Als Kosten werden jedoch nur die durch die Entscheidung über ein Kalkulationsobjekt entstehenden **zusätzlichen** Ausgaben bezeichnet (vgl. dazu auch S. 1267 f.).

Wertmäßiger
Kostenbegriff

Bei **wertmäßiger** Interpretation werden Kosten als **„leistungsbedingter bewerteter Güterverzehr"** definiert. Der wesentliche Unterschied zur pagatorischen Auffassung besteht darin, daß den verzehrten Gütern und Dienstleistungen nicht in jedem Falle die hierfür tatsächlich oder hypothetisch gezahlten Beschaffungsmarktpreise zugeordnet werden. Diese stellen nur einen der möglichen Wertansätze dar. Grundsätzlich ist als **Wert das in Geldeinheiten ausgedrückte „Opfer" anzusetzen, das durch die gewählte (oder beabsichtigte) Verwendung eines Gutes entsteht.**

Funktionen
des Kosten-
wertes

Im wertmäßigen Kostenbegriff wird der Tatsache Rechnung getragen, daß der **betriebliche Entscheidungsprozeß dezentralisiert** ist und die **innerbetrieblichen Güterknappheiten** nicht immer mit denjenigen auf den Beschaffungsmärkten übereinstimmen. Durch den Ansatz geeigneter Kostenwerte soll erreicht werden, daß die Güter trotzdem den innerbetrieblich günstigsten Verwendungsmöglichkeiten zugeführt werden **(Lenkungsfunktion des Kostenwertes)**. Die Bewertung der Verzehrsmengen mit Geldeinheiten dient weiterhin auch dazu, unterschiedliche Arten von Güterverzehren (z. B. Arbeit und Material) zusammenfaßbar zu machen **(Verrechnungsfunktion des Kostenwertes)**. Dies leistet zwar jede Art von Bewertung mit einer einheitlichen Maßgröße, sinnvolle Ergebnisse erhält man jedoch nur, wenn die gewählte Maßgröße die unter der jeweiligen Zwecksetzung vorhandenen relativen ökonomischen Gewichte dieser Güter zum Ausdruck bringt. Bei wertmäßiger Interpretation des Kostenbegriffes wird deutlich, daß es sich bei der **Kosten- und Leistungsrechnung nicht um einen besonders detailliert durchgeführten Teil der Aufwands- und Ertragsrechnung (vgl. Teil 10, S. 1432 ff.) handelt, sondern um ein eigenständiges, von handels- und steuerrechtlichen Bewertungsregeln befreites Instrument zur Gewinnung von Informationen für betriebswirtschaftliche Entscheidungen.**

Beim wertmäßigen Kostenbegriff wird ausdrücklich zwischen einer **Mengen-** und einer **Wertkomponente** unterschieden. Kosten sind demnach der in Geldeinheiten bewertete Verzehr von Sachgütern, Arbeitsleistungen von Mitgliedern der Betriebswirtschaft, von außen bezogener Dienstleistungen, öffentlicher Leistungen und Kapitalnutzungsmöglichkeiten, die durch die Erstellung von Leistungen bedingt sind. Bezeichnet man mit r_i die Verzehrsmenge eines bestimmten Gutes i und mit p_i den zugehörigen Kostenwert pro Verzehrsmengeneinheit, so ergeben sich die Kosten K_i dieses Gutes als $K_i = r_i \cdot p_i$. Die Faktoren r (Mengenkomponente) und p (Wertkomponente) bedingen für die Kostenermittlung zwei Arbeitsschritte. Zum einen ist die Verzehrsmenge r festzustellen, zum anderen der für deren Bewertung anzusetzende Betrag p zu bestimmen.

Mengen- und Wert- komponente

Verzehr liegt allgemein vor, **wenn ein Gut die Fähigkeit, zur Leistungserstellung beizutragen, vollständig oder teilweise verliert.** Dabei hängt die Art des Verzehrsvorganges entscheidend von der Art des verzehrten Gutes ab. Im Vordergrund stehen jedoch **nicht chemische und physikalische Veränderungen, sondern die ökonomischen Wirkungen** von Maßnahmen und Ereignissen.

Verzehr

Der **physische Verzehr von Stoffen** (Rohstoffen, Bauteilen, Hilfs- und Betriebsstoffen) kann einerseits in einer Veränderung ihrer chemisch-physikalischen Eigenschaften bestehen; andererseits stellt aber auch eine Veränderung ihrer Verfügbarkeit bereits Verzehr dar (z. B. Einbau eines Bauteils in ein unfertiges Produkt).

Verzehr von Stoffen

Bei **Betriebsmitteln** (Maschinen, Gebäuden, Fahrzeugen und ähnlichem) bedeutet Verzehr die **Verminderung eines Potentials von Nutzungsmöglichkeiten**, das erworben oder selbst hergestellt wurde und damit Eigentum des Unternehmens ist. Es kann über den Einsatz dieses Potentials weitgehend autonom (beschränkt evtl. durch gesetzliche Arbeitszeitregelungen, Umweltschutzvorschriften, technische Belastbarkeitsgrenzen u. ä.) entschieden werden. Erfolgt die Potentialminderung wegen der tatsächlichen Inanspruchnahme (Gebrauch), so finden zwar technisch-physikalische Veränderungen (Abnutzungen) statt; diese sind jedoch nur insofern relevant, als sie das Nutzungspotential (wirtschaftliche Lebensdauer) vermindern. Potentialminderungen durch Veränderungen auf Beschaffungs- und Absatzmärkten ereignen sich

Verzehr von Betriebs- mitteln

unabhängig von technisch-physikalischen Abnutzungen. Sie reduzieren nicht die Menge der technisch realisierbaren Vor- oder Endprodukteinheiten, sondern die ökonomische Verwendbarkeit der Potentiale. Nachfrageverschiebungen auf den Absatzmärkten bewirken, daß die Leistungen nicht mehr oder nicht mehr zu den bisherigen Preisen veräußert werden können. Werden auf den Beschaffungsmärkten (z. B. infolge technischen Fortschritts) Betriebsmittel angeboten, die eine kostengünstigere Produktion ermöglichen, so schlägt dies ebenfalls auf das vorhandene Betriebsmittelpotential durch. Konkurrenten, die diese Betriebsmittel verwenden, können im allgemeinen ihre Erzeugnisse zu niedrigeren Preisen anbieten.

Verzehr von Nutzungs- möglichkeiten durch Zeit- ablauf

Eine dritte Art des Wertverzehrs ist die **Minderung von Nutzungsmöglichkeiten**, die nicht als speicherbares Gesamtpotential erwerbbar oder herstellbar sind, sondern für einen bestimmten Zeitraum existieren, mit dem Ablauf der Kalenderzeit jedoch automatisch untergehen. Dies ist beispielsweise der Fall bei Mitarbeitern, deren Leistungspotentiale aufgrund vertraglicher Vereinbarungen und damit in Zusammenhang stehender gesetzlicher Regelungen für einen bestimmten Zeitraum zur Verfügung stehen und folglich auch zeitabhängig bezahlt werden. Auch Nutzungsrechte z. B. an Grundstücken und Gebäuden, Maschinen und Erfindungen, die vertragsgemäß für bestimmte Zeiträume verfügbar sind und deren Nutzung demgemäß durch zeitabhängige Pacht-, Leasing- oder Lizenzgebühren abgegolten wird, gehören zu dieser Art des Wertverzehrs. Schließlich zählen dazu auch die Nutzungsmöglichkeiten des Fremd- und des Eigenkapitals, die mit dem Ablauf der Zeit unwiederbringlich verlorengehen. Der Untergang von Nutzungsmöglichkeiten durch Zeitablauf erfolgt unabhängig davon, ob tatsächlich eine Nutzung stattfindet oder nicht.

Verzehr von Nutzungs- möglichkeiten bei erfolg- reicher Potential- nutzung

Von den durch Zeitablauf verzehrten Nutzungsmöglichkeiten sind diejenigen zu unterscheiden, die nur **bei Eintritt eines vereinbarten Erfolges** zu einer **Potentialminderung** führen. Dies ist der Fall bei Arbeits- und Dienstleistungen, für die die Entgelte nur bei Erbringung der vereinbarten Leistung anfallen. Beispiele hierfür sind: Bei Akkordentlohnung die Differenz zwischen Mindestlohn und Akkordlohn; die Maklergebühr bei erfolgreicher Vermittlung; Prämien; Verkaufsprovisionen und erfolgsabhängige Vergütung von Nutzungsrechten (Stücklizenzen oder Umsatzpacht). Die Möglichkeit der Nutzung eines solchen Potentials kann ebenfalls auf einen bestimmten Zeitraum begrenzt werden. Ist diese Zeit abgelaufen, ohne daß es zu einer erfolgreichen Inanspruchnahme der Nutzungsmöglichkeit kam, handelt es sich nicht um eine Potentialnutzung, sondern um die Aufhebung oder Beendigung der Nutzungsmöglichkeit.

Verzehr öffentlicher Leistungen

Als Wertverzehre sind schließlich noch die **an die öffentliche Hand zu zahlenden Gebühren und Abgaben** zu berücksichtigen. Soweit es sich um entgeltliche Einzelleistungen (z. B. Genehmigungen, Eintragungen, Gerichtsentscheidungen) handelt, können sie als Wertverzehre infolge der Inanspruchnahme von Nutzungsmöglichkeiten behandelt werden. Allerdings sind die Entgelte hierfür nicht vertraglich vereinbart, sondern hoheitlich festgesetzt. Bei Abgaben allerdings, deren Höhe mit dem Umfang der beanspruchten öffentlichen Leistungen in keinem Zusammenhang steht bzw.

deren Umfang nicht meßbar ist (z. B. die Nutzung der Infrastruktur, des Rechts- und Sicherheitssystems, des Bildungssystems, des politischen Entscheidungssystems usw.), kann keine Mengenkomponente im obigen Sinne angegeben werden. Insbesondere werden Steuern nach Kriterien wie Vermögen oder Periodenüberschuß bemessen, die die Belastbarkeit und nicht das Ausmaß der Inanspruchnahme öffentlicher Leistungen berücksichtigen. In diesen Fällen kann nur der gezahlte bzw. voraussichtlich zu zahlende Geldbetrag selbst als verzehrtes Gut betrachtet werden.

Der im einzelwirtschaftlichen Rechnungswesen berücksichtigte Wertverzehr ist in der Regel geringer als der tatsächlich verursachte. Der Grund hierfür liegt darin, daß Unternehmen im Rahmen ihrer Leistungserstellung Produktionsfaktoren verzehren, **ohne für diesen Wertverzehr** ein **pagatorisches** (z. B. Bezahlung von Marktpreisen) oder **kalkulatorisches** (z. B. Opportunitätskosten aufgrund alternativer Verwendungsmöglichkeiten) **Entgelt** anzusetzen. Dieser von Unternehmen bei Dritten (Haushalten, anderen Unternehmen, Staat) verursachten und nicht oder nur unvollständig entgoltene Wertverzehr führt zur Entstehung sozialer Kosten (vgl. Picot 1981c, Heinen/Picot 1974; vgl. zur unternehmerischen Berücksichtigung dieser Kosten Picot 1977a). Ein typisches Beispiel hierfür ist der Verbrauch freier Güter (z. B. Luft, Wasser). Auch bei öffentlichen Gütern besteht die Gefahr, daß sie von einem Unternehmen in weit größerem Umfang verzehrt werden, als es den hierfür geleisteten Abgaben (Steuern) entspräche. *Soziale Kosten*

Soziale Kosten sind die Konsequenz negativer externer Effekte. Ein negativer externer Effekt liegt vor, wenn durch die Handlungen eines Wirtschaftssubjekts die Situation anderer verschlechtert wird, ohne daß die Betroffenen diese Beeinträchtigungen über den Markt oder einen anderen Mechanismus (z. B. das Rechtssystem) kontrollieren können. Möglich sind aber auch positive externe Effekte (vgl. S. 1200). *Externe Effekte*

Grundsätzlich ist die Verringerung externer Effekte ein wirtschaftspolitisches Problem. Unter Planungsgesichtspunkten kann es jedoch für ein Unternehmen sinnvoll sein, soziale Kosten in die Kostenrechnung mit einzubeziehen. Dies gilt vor allem dann, wenn zu erwarten ist, daß die derzeitige Nutzung privater und öffentlicher Güter in Zukunft aufgrund veränderter Bestimmungen (z. B. Umweltschutzverordnungen, Gebührenordnungen) zu einzelwirtschaftlichen Kosten führt.

Bei der **Bewertung von Verzehrsmengen** müssen einerseits die Zwecksetzungen der Kostenrechnung und andererseits Praktikabilitätsaspekte berücksichtigt werden. Dies führt dazu, daß in der Kostenrechnungspraxis die aus der Sicht der Kostenwerttheorie zu fordernden Werte (vgl. Heinen 1983) nicht immer ansetzbar sind. Der wertmäßige Kostenbegriff ist in der Praxis jedoch insofern vorherrschend, als von den Beschaffungsmarktpreisen abweichende Werte je nach Zwecksetzung der Rechnung verwendet und auch Wertverzehre, die nicht mit Auszahlungen verbunden sind, als Kosten behandelt werden. Neben Anschaffungs-, Wiederbeschaffungs-, Fest- und Durchschnittspreisen treten Planpreise und explizite Lenkpreise auf. *Bewertung*

d) Fixe und variable Kosten, Einzel- und Gemeinkosten

Bei Vorteils-Nachteils-Kalkülen sind die von der Realisierung einer Maßnahme abhängigen Wertverzehre und Wertzuwächse zu berücksichtigen. Ausgehend von einem bestimmten Zustand werden in einer Grenzbetrachtung die durch die erwogene Realisierung oder Unterlassung einer Maßnahme zusätzlich entstehenden oder entfallenden Vor- und Nachteile ermittelt. Dabei ist in der Regel auch zu prüfen, ob die Nachteile (Wertverzehre) wieder entfallen, wenn zu einem späteren Zeitpunkt die zu prüfende Maßnahme wieder rückgängig gemacht wird. Variabilität von Wertverzehren braucht nicht in beiden Richtungen im gleichen Ausmaß zu bestehen (intervallfixe Kosten, Kostenremanenzen).

Die **Veränderlichkeit der Kosten** interessiert insbesondere in **bezug auf Veränderungen des Umfanges der Leistungserstellung.** Letztere werden als **Beschäftigungsänderungen** bezeichnet. Spricht man von variablen bzw. fixen Kosten schlechthin, so sind meist die in bezug auf Beschäftigungsänderungen variablen bzw. fixen Kosten gemeint. Die durch die Zahl der Erzeugniseinheiten oder eine Ersatzgröße (z. B. Maschinenlaufzeit) gemessene Beschäftigung ist jedoch **nicht die einzig mögliche und gebräuchliche**

Bezugsgröße. Die Höhe der Kosten variiert regelmäßig auch mit der Veränderung anderer Kosteneinflußgrößen, z. B. mit der Größe der zu fertigenden Serien oder mit der Zusammensetzung der erteilten Kundenaufträge. Nicht alle in der Kostentheorie genannten Determinanten der Kostenhöhe werden jedoch in der Kostenrechnung als mögliche Variable berücksichtigt.

Mit Ausnahme der „Einzelkosten- und Deckungsbeitragsrechnung" (vgl. zu diesem Kostenrechnungssystem S. 1267 ff.) setzt die Kostenrechnung den **Potentialfaktorbestand als gegeben** voraus. In bezug auf Veränderungen der Ausstattung fixe oder variable Kosten interessieren somit nicht. Die im Hinblick auf Variationen anderer Kosteneinflußgrößen veränderlichen bzw. konstanten Kosten sind vor allem deswegen von Bedeutung, weil durch sie die **Kostensequenzen alternativer Verfahren der Leistungserstellung** sichtbar werden.

So selbstverständlich es auch erscheinen mag, daß bei der Abwägung von Vor- und Nachteilen möglicher Maßnahmen nur die durch sie bewirkten positiven oder negativen Folgen zu berücksichtigen sind, so kann doch nicht übersehen werden, daß die Entstehung dieser Folgen nur **innerhalb eines vorhandenen Bedingungsrahmens** möglich ist. Die durch die Schaffung und Aufrechterhaltung der Betriebsbereitschaft entstehenden Wertverzehre haben mit der Leistungserstellung durchaus „etwas zu tun". Nähme man sie nicht in Kauf, so könnten auch keine Leistungen entstehen. Dies bedeutet, daß für die **Kosten der Betriebsbereitschaft** die Frage nach dem **Teil des Leistungsbündels** zu stellen ist, **für den sie in Kauf genommen werden.** Zur Lösung

dieses Zuordnungsproblems bedarf es im allgemeinen einer hierarchischen Fixkostenschichtung. Zu diesem Zweck ist für die einzelnen Fixkostenbestandteile die Frage zu beantworten, ob bzw. inwieweit auf eine Leistungserstellung verzichtet werden müßte, wenn sie vermieden werden sollten.

1172

Daß ein diesbezüglicher Abbau der Leistungsbereitschaft nicht beabsichtigt ist und in der Regel innerhalb des Planungshorizonts der Kosten- und Leistungsrechnung gar nicht möglich wäre, steht solchen Überlegungen nicht entgegen.

Die Unterscheidung zwischen Einzel- und Gemeinkosten erfolgt nach dem Kriterium der Erfaßbarkeit von Wertverzehren im Hinblick auf die mit ihnen zusammenhängenden Wertzuwächse (Leistungen). **Einzelkosten sind die je Wertzuwachseinheit ermittelbaren Verzehre. Sind Wertverzehre nur für eine Mehrheit von Wertzuwachseinheiten gemeinsam ermittelt, so spricht man von Gemeinkosten im Hinblick auf die einzelne Wertzuwachseinheit.** Im Hinblick auf die Gesamtheit dieser Wertzuwachseinheiten erfaßbare Wertverzehre stellen wiederum Einzelkosten dieser Gesamtheit dar. *Einzel-/ Gemeinkosten*

Werden die Begriffe Einzel- bzw. Gemeinkosten ohne Nennung der Bezugsgröße verwendet, so sind **im allgemeinen die für die einzelne Leistungseinheit erfaßbaren bzw. nicht erfaßbaren Kosten** gemeint. Die Bezugsgröße ist jedoch beliebig wählbar. Beispielsweise kann die Gesamtheit der Erzeugnisse, die zum Auftrag eines Kunden gehören, als Bezugsgröße angesehen werden. In diesem Fall stellen alle für diesen Auftrag erfaßbaren Kosten Auftragseinzelkosten dar. Auftragsgemeinkosten sind die nur für eine Mehrheit von Aufträgen bzw. alle Aufträge gemeinsam erfaßbaren Kosten. *Abhängigkeit von der Bezugsgröße*

Bei der Unterscheidung von Einzel- und Gemeinkosten spielen sowohl theoretische Kriterien als auch Fragen der praktischen Erfaßbarkeit eine Rolle. Für die theoretische Begriffserklärung ist es unerheblich, ob es sich im konkreten Einzelfall lohnt, Kosten als Einzelkosten zu erfassen. Hierbei ist vielmehr zu klären, in welchem Sinne Erfaßbarkeit im Hinblick auf eine Wertentstehung grundsätzlich bestehen muß. Erfaßbarkeit im unmittelbaren Wortsinn ist dann gegeben, wenn der durch die Entstehung des betrachteten Wertes zusätzlich auftretende **Wertverzehr einzeln gemessen** werden kann (z. B. Abzählen der Schrauben, die bei der Herstellung einer Produkteinheit verwendet werden).

Sind die technologischen Abläufe eindeutig, so kann Erfaßbarkeit unter Umständen auch ohne Verzehrsmessung pro Leistungseinheit bestehen. In diesem Falle können Wertverzehre, die nur für eine Mehrzahl von Leistungseinheiten erfaßt wurden, **mit Hilfe von Produktionsfunktionen auf die einzelnen Leistungseinheiten zugerechnet** werden. Da fixe Kosten nur wegen der Aufrechterhaltung der Betriebsbereitschaft anfallen, scheidet diese Art der Erfassung für sie aus. **Fixkosten stellen in jedem Falle Gemeinkosten dar.**

Andererseits können nicht alle variablen Kosten als Einzelkosten erfaßt werden. Dies gilt insbesondere bei Prozessen der **Kuppelproduktion.** Entstehen in einem Produktionsprozeß gleichzeitig zwei oder mehrere Arten von Leistungen, so ist nur eine willkürliche Aufteilung des bis zum „Spaltprozeß" anfallenden Wertverzehrs möglich. In diesen Fällen treten **variable Kosten auf, die „echte", d. h. auf keinem Wege pro Leistungseinheit erfaßbare Gemeinkosten** darstellen. *Echte variable Gemeinkosten*

Die Erfassung von variablen Wertverzehren als Einzelkosten kann jedoch auch daran scheitern, daß ihre **Messung nicht möglich** ist. Sie können nur geschätzt werden. Die so ermittelten Größen sind mit erheblichen Unsicherheiten behaftet. Dies ist dann der Fall, wenn Nutzungspotentiale eingesetzt und verzehrt werden, ohne daß das Ausmaß des Verzehrs meßbar wäre. Beispielsweise wird bei einem Kraftfahrzeug das bei der Anschaffung erworbene Nutzungspotential unter anderem durch die tatsächlich gefahrenen Kilometer vermindert. Das Ausmaß dieser Minderung hängt von vielen Faktoren ab, deren Wirkung im einzelnen nicht abschätzbar ist (z. B. Fahrverhalten, Straßenverhältnisse, Beladung, usw.). Meist tritt parallel mit dem nutzungsbedingten Wertverzehr noch eine vom Zeitablauf abhängige Entwertung (z. B. technische, wirtschaftliche Veraltung) ein. Das **Zusammentreffen unterschiedlicher Verzehrsursachen** hat zur Folge, daß der variable Wertverzehr pro Leistungseinheit nicht willkürfrei bestimmt werden kann.

Unechte Gemein-kosten

Berücksichtigt man schließlich die **Genauigkeitsanforderungen der Kostenrechnung** im Einzelfall, so können als Gemeinkosten auch solche Kostenbestandteile behandelt werden, die durchaus als Einzelkosten erfaßbar wären. In diesem Falle wird aus Wirtschaftlichkeitsgründen auf eine solche Einzelerfassung verzichtet. Derartige **unechte (variable) Gemeinkosten** sind ihrem Wesen nach Einzelkosten (z. B. Hilfsstoffe wie Draht, Schrauben, Farben, Klebstoffe etc.).

Schließlich ist bei der Behandlung von Kosten als Einzel- oder Gemeinkosten noch festzulegen, ob der **Gesamtbetrieb oder** ob **Teilleistungsbereiche** im Vordergrund der Betrachtung stehen. Aus gesamtbetrieblicher Sicht fixe Kosten (z. B. Zeitlöhne) können aus der Sicht eines betrieblichen Teilbereiches durchaus variabel sein. Dies ist beispielsweise dann der Fall, wenn die Leistung des Lohnempfängers gesamtbetrieblich einen knappen Produktionsfaktor darstellt, d. h. für seine Leistung in anderen Teilbereichen Bedarf besteht. Er kann dann von einer Abteilung abgezogen und in einer anderen eingesetzt werden. Für die einzelnen Abteilungen handelt es sich hier um variable Kosten, d. h. solche, die prinzipiell für eine Erfassung als Einzelkosten in Frage kommen. Im Regelfall liegt der Einteilung in Einzel- und Gemeinkosten jedoch eine gesamtbetriebliche Sicht zugrunde. Ob in Teilbereichen eine davon abweichende Behandlung von Kostenbestandteilen zweckmäßig ist, kann nur bei Kenntnis der gesamtbetrieblichen Knappheitsverhältnisse festgelegt werden.

4. Grundproblem der Kosten- und Leistungsrechnung

Sieht man einmal von den Schwierigkeiten der Antizipation zukünftiger Ereignisse ab, die nicht nur bei Prognosen und Vorgaben, sondern auch bei der Ermittlung der sogenannten Istkosten eine Rolle spielen, so erfordert die Erfüllung aller Aufgaben der Kosten- und Leistungsrechnung die Handhabung eines Grundproblems. Dieses besteht darin, daß einerseits entstandene bzw. voraussichtlich entstehende **Wertverzehre als Kosten der Leistungen ausgewiesen werden sollen, um derentwillen sie herbeigeführt und/oder in Kauf genommen wurden bzw. werden, andererseits jedoch erhebliche Teile der insgesamt entstehenden Kosten für eine Mehrzahl von Leistungs-**

einheiten, z. T. sogar für sämtliche Leistungseinheiten eines Betrachtungszeitraumes gemeinsam entstehen. Dabei ist gleichzeitig zu berücksichtigen, daß die Kosten der Informationsgewinnung den erzielbaren Informationsnutzen nicht überschreiten.

Das Problem einer zweckentsprechenden Zuordnung von Kosten auf Leistungen hat zwei Komponenten. Die **pragmatische Komponente** dieses Problems resultiert aus der Aufwendigkeit der Einzelerfassung aller Einzelverzehre. Für die finanzbuchhalterische Aufwandsfeststellung sind relativ pauschale Verzehrsermittlungen meist ausreichend. Im Interesse der Vermeidung zusätzlicher Informationsgewinnungskosten liegt ihre Verwendung für die Zwecke der Kosten- und Leistungsrechnung nahe. Dies macht jedoch rechnerische Aufteilungen der pauschal ermittelten Verzehre auf die einzelnen Leistungsbestandteile (Stücke, Aufträge, etc.) erforderlich. Solche Aufteilungen sind in aller Regel jedoch auch noch dann vorzunehmen, wenn für die Kosten- und Leistungsrechnung eine darüber hinausgehende Verzehrserfassung bereits erfolgt.

Pragmatische Komponente der Zuordnungsproblematik

Die **theoretische Komponente** des Problems, Wertverzehre als Kosten bestimmter Leistungen auszuweisen, ergibt sich aus der Existenz echter (variabler und fixer) Gemeinkosten. In diesem Falle sind Aufteilungen weitaus schwieriger zu rechtfertigen. Dies gilt insbesondere dann, wenn den Leistungen Fixkostenbestandteile angelastet werden sollen.

Theoretische Komponente der Zuordnungsproblematik

Die zur Erfüllung der Aufgaben der Kosten- und Leistungsrechnung erforderlichen Zergliederungen der Gesamtkosten eines Betrachtungszeitraumes werden deutlicher, wenn man die **Struktur des Leistungserstellungsprozesses (Produktionsstruktur)** berücksichtigt. Produktionsstrukturen können durch die Kombination von mindestens zwei Kriterien gekennzeichnet werden. Nach der **Zahl der entstehenden Erzeugnisse** ist der **Einprodukt- vom Mehrproduktbetrieb** zu unterscheiden. Nach der **Zahl der Produktionsstufen**, die die Erzeugnisse bis zur Abgabe an den Kunden durchlaufen, wird zwischen **einstufigen und mehrstufigen Produktionsprozessen** unterschieden. Als Produktionsstufe wird dabei eine Folge von Bearbeitungsvorgängen bezeichnet, die nicht durch ein Zwischenlager unterbrochen ist. Keine Zwischenlager in diesem Sinne sind kleinere Bestände an Zwischenprodukten, die lediglich der Aufrechterhaltung eines kontinuierlichen Produktionsablaufes (z. B. Kompensation von Ausschuß) dienen. Je nach Ausprägung und Kombination dieser beiden Strukturmerkmale ergeben sich für die Kosten- und Leistungsrechnung mehr oder weniger schwierige Erfassungs- und Aufteilungsprobleme. Zu deren Verdeutlichung werden in den nachstehenden Abbildungen die wesentlichsten Grundtypen von Produktionsstrukturen dargestellt.

Produktionsstruktur

In den folgenden Abbildungen sind Produktionsstätten durch Quadrate und Lager durch ungleichseitige Rechtecke symbolisiert. Die einzelnen Produktionsstufen sind durch gestrichelte Rechtecke gekennzeichnet. Dicke Pfeile stellen den Fluß der unfertigen und fertigen Erzeugnisse dar. Dünne Pfeile symbolisieren den Verzehr der Kostengüter. Die sonstigen Symbole bedeuten:

K_G = Gesamtkosten der Periode;
$K_{i,j}$ = durch Verzehr des Kostengutes i auf der Stufe j entstehende Kosten (i = 1, 2, ..., n; j = 1, 2, ..., m);

L_j = Lager auf der Stufe j;

x_a, x_b, x_c = Erzeugnismengen von Zwischenprodukten;

X, X_A, X_B, X_C = verkaufte Mengen an Endprodukten;

K_{ij}^a, K_{ij}^A, usw. = durch Verzehr des Kostengutes i auf der Stufe j entstehende Kosten, die für die Zwischenprodukte a usw. bzw. die Endprodukte A usw. als Einzelkosten erfaßbar sind;

$K_{ij}^{A,B}$ usw. = durch Verzehr des Kostengutes i auf der Stufe j entstehende Kosten, die nur als Gemeinkosten der Produkte A und B usw. erfaßbar sind.

Einstufiger Einprodukt- betrieb

Den einfachsten Fall stellt der **einstufige Einproduktbetrieb** dar. Idealtypisch handelt es sich hierbei um einen Betrieb, der eine einzige Erzeugnisart in einem Produktionsprozeß ohne Zwischenlager für unfertige Erzeugnisse herstellt und die fertigen Erzeugnisse ohne Lagerung fertigungssynchron verkauft (vgl. Abbildung 9.1).

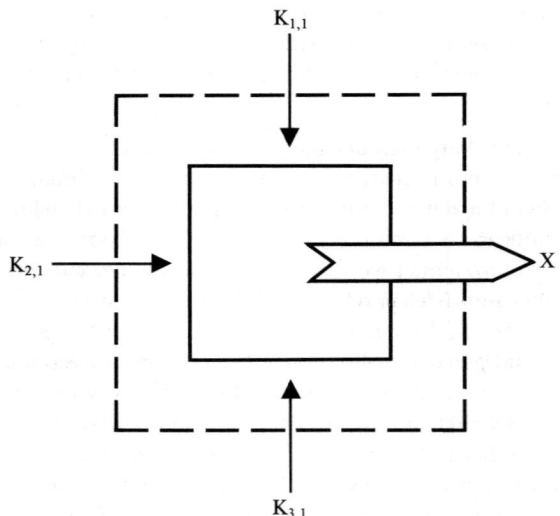

Abbildung 9.1: Einstufiger Einproduktbetrieb

Beim Einproduktbetrieb sind sämtliche Kosten der Periode durch die eine Erzeugnisart bedingt. Eine Unterteilung der Gesamtkosten $K_{1,1} + K_{2,1} + K_{3,1}$ wird allerdings dann erforderlich, wenn fixe und variable Kostenbestandteile zu berücksichtigen sind. Dies ist beispielsweise bei der Teilkostenrechnung (vgl. S. 1204) der Fall. Da ein Teil der Fixkosten einer Betrachtungsperiode auf mehr oder minder willkürliche Periodisierungen beruht (z. B. leistungsunabhängige Wertminderungen bei Betriebsmitteln), ist ihr getrennter Ausweis zweckmäßig. Dies ist auch sinnvoll für Kosten, die eindeutig Fixkosten der Betrachtungsperiode darstellen. Fixkosten müssen nicht unbedingt durch die Verkaufserlöse der Perioden gedeckt werden, in denen sie entstehen bzw. denen sie zugerechnet werden.

1176

Der Einproduktbetrieb wird bereits dann **zweistufig**, wenn die Erzeugnisse nicht fertigungssynchron veräußert werden können. In diesem Falle wird in Abhängigkeit von der Absatzmarktlage ein **Lager für Fertigerzeugnisse** (Verkaufslager) auf- bzw. abgebaut. Der Verkauf muß als eigene Produktionsstufe betrachtet werden (vgl. Abbildung 9.2). Bei Kalkulationen oder Periodenerfolgsrechnungen dürfen die Kosten dieser Stufe nur auf den verkauften Teil der Periodenproduktion bezogen werden. Auch für die Vertriebskosten ist wiederum zu prüfen, welche Kostenbestandteile fix und welche variabler Natur sind.

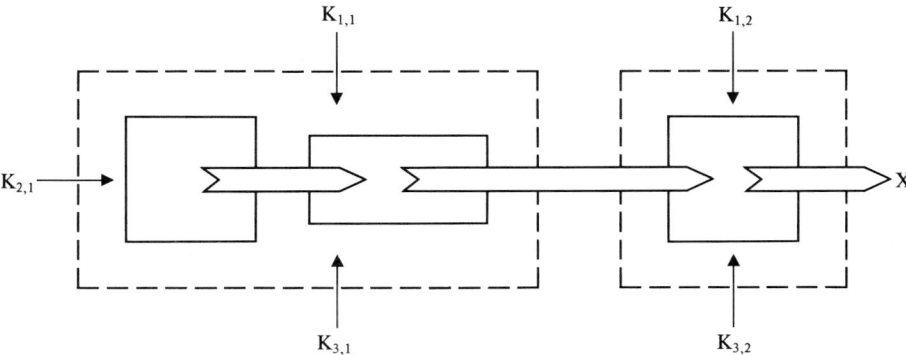

Abbildung 9.2: Zweistufiger Einproduktbetrieb

Im Regelfall ist die **Produktionsstruktur im Einproduktbetrieb erheblich komplexer** und erfordert eine **detailliertere Abbildung** der Wertverzehrs- und Wertentstehungsprozesse. Abbildung 9.3 symbolisiert z. B. einen Betrieb, in dem die Produktionsstufen 1 und 2 Teilbereiche darstellen, die Zwischenprodukte herstellen. Diese werden auf der Stufe 3 zusammengefügt und in den darauf folgenden Stufen weiterverarbeitet. Darüber hinaus ist berücksichtigt, daß normalerweise ein für die Steuerung und Aufrechterhaltung der Funktionsfähigkeit der einzelnen Stufen erforderlicher „Allgemeiner Bereich" existiert, der nicht in die Kette aufeinanderfolgender Produktionsstufen eingefügt werden kann. Außerdem können in diesem Beispiel Zwischenprodukte der Stufe 3 zum Teil auch ohne Weiterverarbeitung verkauft werden.

Mehrstufiger Einprodukt- betrieb

Bereits die in Abbildung 9.3 berücksichtigte Möglichkeit der Veräußerung von Zwischenprodukten wirft auf der Stufe m, der Verkaufsstufe, das Problem der Aufteilung der Kosten dieser Stufe auf die verkauften Mengen des eigentlichen Fertigprodukts und die des Zwischenprodukts auf. Strenggenommen liegt auf dieser Stufe ein Mehrproduktbetrieb vor. Außerdem stellt sich die Frage der Behandlung der Kosten des allgemeinen Bereiches. Von **Mehrproduktbetrieben** wird im allgemeinen erst dann gesprochen, wenn bereits auf den Herstellungsstufen verschiedenartige Zwischenprodukte entstehen, die nicht in ein einheitliches Endprodukt eingehen. Den einfachsten Fall stellt der **einstufige Mehrproduktbetrieb** dar. Die Abbildung 9.4 symbolisiert einen Betrieb, in dem zwei unterschiedliche Erzeugnisse A und B hergestellt und fertigungssynchron verkauft werden.

Einstufiger Mehrprodukt- betrieb

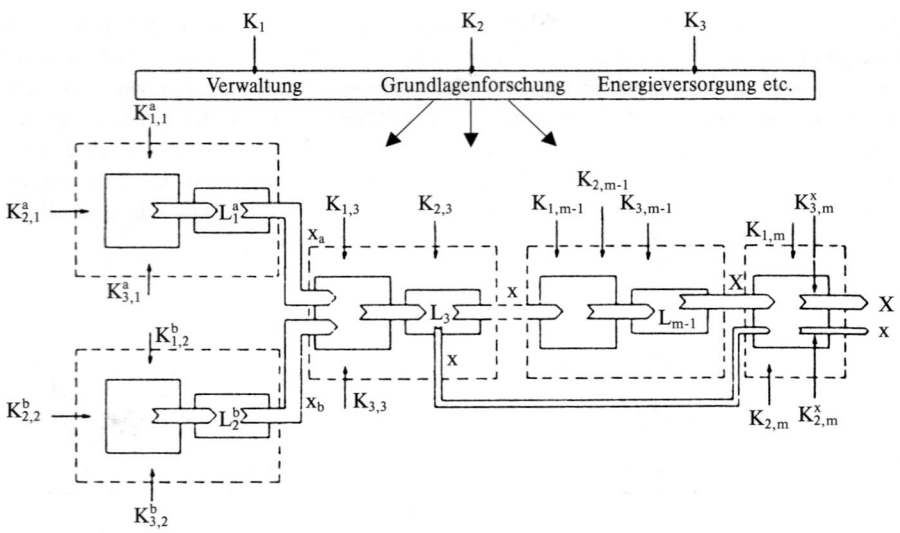

Abbildung 9.3: Mehrstufiger Einproduktbetrieb mit Verkauf eines
Zwischenproduktes

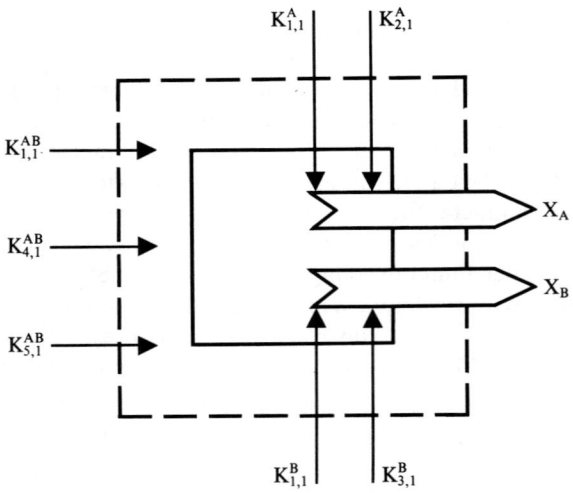

Abbildung 9.4: Einstufiger Zweiproduktbetrieb

Ein Teil der Güterverzehre kann den entstehenden Erzeugnissen eindeutig zugeordnet
werden ($K_{1,1}^A$, $K_{2,1}^A$, $K_{1,1}^B$, $K_{3,1}^B$). Die übrigen Güterverzehre ($K_{1,1}^{A,B}$, $K_{4,1}^{A,B}$, $K_{5,1}^{A,B}$) fallen für
beide Erzeugnisse gemeinsam an.

1178

Sowohl die eindeutig zuzuordnenden als auch die für beide Erzeugnisse gemeinsam anfallenden Verzehre können fixe und variable Bestandteile enthalten. Zur klaren Abgrenzung vom Fall der Kuppelproduktion (vgl. Abbildung 9.6) sei unterstellt, daß in $K_{1\,1}^{A,B}$, $K_{4\,1}^{A,B}$, $K_{5\,1}^{A,B}$ nur unechte variable Gemeinkostenbestandteile enthalten sind.

Weitere Differenzierungsnotwendigkeiten ergeben sich im **mehrstufigen Mehrproduktbetrieb.** Im folgenden sei beispielhaft angenommen, daß ein Betrieb zwei Erzeugnisarten A und B erstellt und veräußert. Auf den ersten Stufen entstehen die Zwischenprodukte a und b in voneinander getrennten Erzeugungsvorgängen. Für a besteht die Möglichkeit der Vorratsproduktion, so daß hierfür Lager vorgesehen sind. Auf Stufe 3 erfolgt die Weiterverarbeitung zu Endprodukten, wobei a und b die gleichen Produktionsanlagen durchlaufen. Auch die Endprodukte werden gelagert und entsprechend der Kundennachfrage vom Lager genommen. Die beiden Enderzeugnisse werden von einer gemeinsamen Verkaufsabteilung vertrieben. Kosten entstehen auch für einen den Stufen des unmittelbaren Herstellungs- und Verkaufsbereichs übergeordneten allgemeinen Bereich (vgl. Abbildung 9.5).

Mehrstufiger Mehrprodukt-betrieb

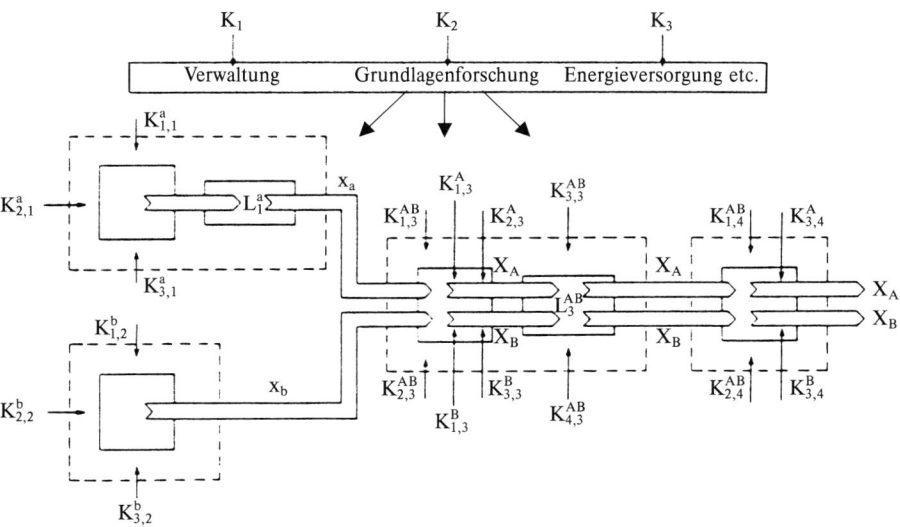

Abbildung 9.5: Dreistufiger Zweiproduktbetrieb

Es ist offensichtlich, daß Modelle der Produktionsstruktur weitaus komplexer sein können. Beispielsweise lassen sich Lager zwecks Berücksichtigung der Lagerdauer unterschiedlicher Erzeugnisse als selbständige Produktionsstufen behandeln, innerbetriebliche Leistungsströme stärker differenzieren und wechselseitige Leistungsverflechtungen berücksichtigen. Inwieweit in dem für die Kosten- und Leistungsrechnung im Einzelfall zu konstruierenden Modell des betrieblichen Geschehens die tatsächlichen Abläufe abgebildet werden sollen, hängt neben den Genauigkeitsansprüchen der Entscheidungsträger sehr wesentlich von der relativen Bedeutung der

Kostenbeträge ab, deren genauere Erfassung und Zuordnung durch ein komplexeres Modell ermöglicht würde.

Kuppel-
produktions-
betrieb

Eine durch die Kriterien „Zahl der Produktionsstufen" und „Zahl der unterschiedlichen Erzeugnisse" nicht hinreichend zu charakterisierende Produktionsstruktur ist bei **Kuppelproduktion** gegeben. Sie kann eine Besonderheit einzelner Produktionsstufen in einem mehrstufigen Mehrproduktbetrieb darstellen. Sie kann aber auch zum dominierenden Merkmal des Gesamtbetriebes werden. Dies ist insbesondere dann der Fall, wenn aus einem für das Produktions- und Absatzprogramm zentralen Einsatzfaktor (z. B. Rohöl, Kohle, Milch) mehrere Zwischen- und Enderzeugnisse entstehen. Auf einer bestimmten Stufe des Produktionsprozesses findet eine Aufspaltung des zentralen Einsatzfaktors statt **(Spaltprozeß)**. Dem Spaltprozeß können Bearbeitungsstufen des Einsatzfaktors vorgelagert und Weiterverarbeitungsstufen der Spaltprodukte nachgelagert sein. Ob Ergebnisse des Spaltprozesses als Produkte oder als Abfall behandelt werden, hängt von ihrer marktlichen Verwertbarkeit ab. In Abbildung 9.6 wird davon ausgegangen, daß der zentrale Einsatzfaktor auf einer ersten Stufe bearbeitet (z. B. gereinigt, zerkleinert) und auf einer weiteren Stufe in drei gleichzeitig entstehende Zwischenprodukte aufgespalten wird. Jedes von ihnen durchläuft anschließend eine Endbearbeitungsstufe und wird damit zum Fertigungserzeugnis. Für den Vertrieb der drei Erzeugnisarten ist eine Verkaufsabteilung zuständig. Weiterhin ist ein allgemeiner Bereich vorhanden.

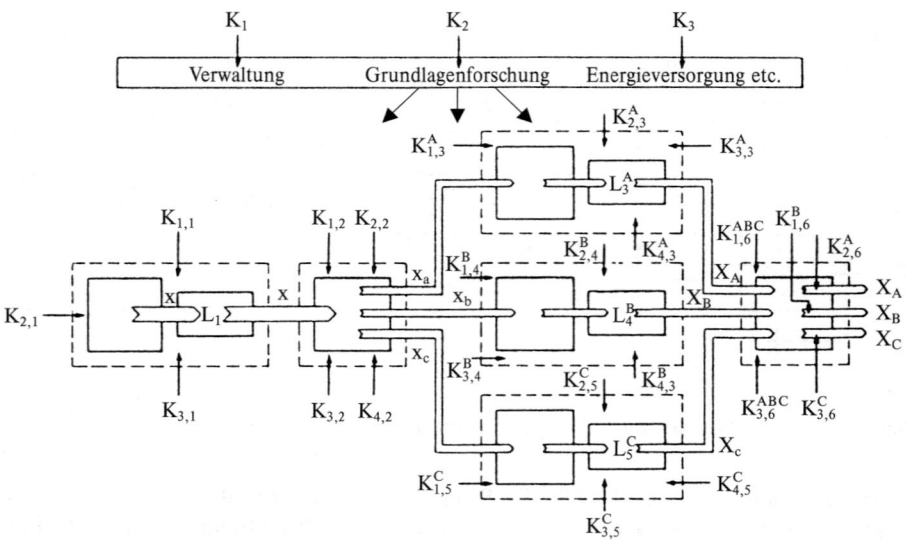

Abbildung 9.6: Kuppelproduktionsprozeß; Spaltprozeß auf Stufe 2;
Weiterverarbeitung der Spaltprodukte auf Stufe 3, 4, 5.

1180

Die Kuppelproduktion ist ein typisches Beispiel für Produktionsstrukturen, bei denen **nicht alle variablen Kosten als Einzelkosten** erfaßt werden können. Alle bis zum Spaltprozeß anfallenden Wertverzehre lassen sich nur willkürlich auf die entstehenden Spaltprodukte aufteilen.

Der Leistungsseite von Transformationsprozessen wird, obwohl sie der eigentliche Grund für die Herbeiführung oder Inkaufnahme von Wertverzehren ist, in der betriebswirtschaftlichen Literatur noch immer – mit wenigen Ausnahmen (vgl. Laßmann 1968, Plinke 1985, Riebel 1990) – sehr viel weniger Aufmerksamkeit gewidmet als der Kostenseite.

*Leistungs-
rechnung*

Allenfalls wird unter dem Einfluß finanzbuchhalterischer Denkweisen für Bestandsveränderungen bei unfertigen und fertigen Erzeugnissen und selbsterstellten Anlagen die Frage aufgeworfen, inwieweit bei ihrer Bewertung Gemeinkosten zu berücksichtigen sind. Die Novellierung des Handelsgesetzbuches im Anschluß an das Bilanzrichtliniengesetz hat zwar klargestellt, daß Einzelkosten – wenn auch pagatorisch interpretiert – sogar bilanziell als die am zuverlässigsten feststellbaren Mindestwerte erfolgreicher Transformationen von Produktionsfaktoren in Produkte anerkannt sind; dennoch ist nicht damit zu rechnen, daß die Diskussion über die Zurechnung von Gemeinkosten bei der Perioden- und sonstigen Erfolgsermittlung beendet wäre. Wegen der zunehmenden Automatisierung von Fertigungsverfahren machen die Einzelkosten einen immer geringer werdenden Anteil an den Kosten eines Unternehmens aus.

Dies ist jedoch nur der kleinere Teil des Problems, Wertzuwächse sinnvoll zu gliedern, um sie den zugehörigen Wertverzehren gegenüberstellen zu können.

Im Rahmen der Leistungsrechnung werden die Verkaufserlöse häufig als mengenproportional behandelt. Diese Annahme stimmt nur in wenigen Fällen mit der Realität überein. **Nach Riebel** (1990, S. 111 f.) **hat die Mengeneinheit eines Produktes nur unter folgenden Voraussetzungen einen (eigenen) Preis:** (a) Es „muß in beliebiger Menge dosierbar allein oder in beliebiger Kombination mit anderen Leistungsgütern abgesetzt und vom Abnehmer beschafft werden können. Die Stückgüter gelten dabei dann als beliebig dosierbar, wenn die Zahl der Stücke sowohl vom Anbieter als auch vom Nachfrager gewählt werden kann." und (b) „das Entgelt je Leistungsguteinheit (und – strenggenommen – auch die Lieferbedingungen) muß unabhängig von den Mengen desselben Leistungsgutes oder anderer Güter sein, die gleichzeitig, im gleichen Zeitabschnitt oder im Zeitablauf durch denselben Kunden bestellt werden."

Diese Voraussetzungen sind jedoch im allgemeinen nicht gegeben. Eine Vielzahl sachlicher und zeitlicher Verbundbeziehungen legen es eigentlich nahe, auf der Leistungsseite von einem mindestens ebenso komplexen Gefüge von Einzel- und Gemeinleistungen auszugehen, wie es auf der Kostenseite längst gesehen wird. Dabei müßte auch sehr viel gründlicher, als dies bislang geschieht, auf die Zulässigkeit der Gegenüberstellung von Kosten- und Leistungsbestandteilen geachtet werden, weil beschaffungs- und produktionsseitige Verbundbeziehungen in der Regel auf anderen Ursachen beruhen als absatzmarktliche, so daß von unterschiedlichen Zurechnungshierarchien für Kosten und für Leistungen auszugehen ist.

*Gemein-
leistungen*

5. Erfassungsprinzipien und Schlüsselungsmethoden

Das Ziel der Kosten- und Leistungsrechnung, den betrieblichen Prozeß der Transformation von Einsatzgütern in Leistungen möglichst differenziert und detailliert abzubilden, erfordert eine **verursachungsgerechte Zuordnung des Wertverzehrs auf die entstehenden Leistungen**, soweit dies möglich ist. Die Voraussetzungen für eine solche Zuordnung müssen bereits bei der Erfassung der Kosten geschaffen werden.

a) Erfassungsprinzipien

Die Erfassung von Kosten als Kosten bestimmter Leistungen erfordert **Zuordnungsentscheidungen.** Hierfür müssen Entscheidungskriterien zur Verfügung stehen. Andernfalls besteht die Gefahr, daß als Einzelbeträge aufgezeichnete Kosten auch als verursachungsgerecht erfaßt betrachtet werden, obwohl bereits im Vorfeld der Kostenerfassung Schlüsselungen stattgefunden haben. Fertigungslöhne, insbesondere Zeitlöhne stellen ein hierfür typisches Beispiel dar. Wegen ihrer Berechenbarkeit auf der Basis eines Lohnsatzes pro Stunde werden sie häufig als Kostenträgereinzelkosten behandelt, obwohl sie unabhängig davon anfallen, ob gefertigt wird oder nicht (auch wenn sie im letzteren Falle nicht als Fertigungseinzelkosten bezeichnet werden). Die Zuordnung von Kosten auf Leistungen erfordert somit eine vom jeweiligen Berechnungsmodus für die Kostenbeträge unabhängige Interpretation des Verursachungsgedankens (vgl. ausführlich Mrosek 1983).

Kostenverursachungsprinzip

Die häufig anzutreffende Formulierung des Kostenverursachungsprinzips, nach der die Leistung als Ursache der Kosten aufzufassen sei, kann mißverstanden werden. Die wissenschaftstheoretische, naturwissenschaftlich orientierte Diskussion über Kausalitäten liefert nicht die erhoffte und oft behauptete Klärung. Sie bestätigt aber, daß im allgemeinen Kausalbeziehungen in einem zeitlichen Ablauf gesehen werden. Eine zeitliche Aufeinanderfolge von Ursache und Wirkung wird dabei angenommen. Da die Leistungsentstehung nicht vor der Kostenentstehung stattfindet, können Leistungen auch nicht als Ursachen der Kosten angesehen werden.

Identitätsprinzip

Eine andere Interpretation des Verursachungsgedankens ergibt sich, wenn man den Produktionsprozeß (die Kombination aller Produktionsfaktoren) als Ursachenkomplex auffaßt, der zum einen die Entstehung von Leistungsgütern, zum anderen den Verzehr von Kostengütern bewirkt. Zwischen Leistungsgutsentstehung und Kostengutsverzehr bestehen dann weder kausale noch finale Beziehungen, vielmehr erfolgt eine eindeutige Zurechnung von Leistungen bzw. Erlösen auf der einen und Kosten auf der anderen Seite nur insoweit, als diese auf dieselbe Entscheidung zurückgeführt werden können. **Die Zurückführbarkeit auf identische Entscheidungen ("Identitätsprinzip")** ist das maßgebliche Kriterium, weil es auch dann anwendbar ist, "wenn die Entstehung von Ausgabeverpflichtungen und Einnahmeansprüchen ausschließlich auf ökonomisch-rechtlichen Beziehungen beruht oder wenn Entgelte vereinbart werden, die nicht zu den beschafften oder abgesetzten Gütermengen proportional sind" (Riebel 1990, S. 389).

Mit dem Identitätsprinzip korrespondiert die Relativierung der Begriffe Einzel- und Gemeinkosten (vgl. S. 1173 f.): „Nach dem Identitätsprinzip können dem Verzehr bzw. der Inanspruchnahme eines Kostengutes nur dann und nur insoweit Ausgaben eindeutig zugeordnet werden, als sowohl der Verzehr des Kostengutes bzw. seine Inanspruchnahme als auch die Entstehung der Ausgaben bzw. Ausgabeverpflichtung durch dieselbe Entscheidung oder Kette von Entscheidungen und Ausführungsmaßnahmen ausgelöst werden" (Riebel 1990, S. 77); eine Zurechnung kann folglich nur erfolgen, wenn in bezug auf die Entscheidung Einzelkosten vorliegen.

Die Kritiker des Kostenverursachungsprinzips versuchen, durch Heranziehung einer bestimmten wissenschaftlichen Interpretation des Kausalitätsgedankens die Ungeeignetheit dieses Prinzips nachzuweisen. Von daraus resultierenden neuen Schwierigkeiten (beispielsweise der des Nachweises einer Ursache-Wirkungs-Beziehung zwischen einer Entscheidung und einer ausführenden Handlung) abgesehen, ist die Kritik auch deswegen anfechtbar, weil sie vernachlässigt, daß es sich beim Kostenverursachungsprinzip lediglich um eine vereinfachte oder ungenaue Formulierung eines an sich richtig gesehenen Sachverhaltes handeln dürfte. Es erscheint nicht abwegig, diejenigen Größen, um deren Entstehung willen Prozesse in Gang gesetzt und Verzehrsvorgänge herbeigeführt bzw. in Kauf genommen werden, als Ursachen des Güterverzehrs zu bezeichnen, obwohl eine Kausalanalyse andere und weitaus kompliziertere Beziehungen zutage fördert. Die Kritik am Kostenverursachungsprinzip kann sich somit nicht gegen den Grundgedanken, sondern allenfalls gegen seine pragmatische, an dominierenden Auswertungsbedürfnissen orientierte Formulierung richten.

Kritik am Kostenverursachungsprinzip

Die Antwort auf die Frage, ob A durch B oder B durch A oder A und B gemeinsam durch C verursacht sind, ist allenfalls dann relevant, wenn von ihr die Art der funktionalen Beziehungen zwischen A und B abhängt. Kann beispielsweise festgestellt werden, daß zwischen den Größen A und B Proportionalität oder eine andere **funktionale Abhängigkeit** besteht, so sind dahinterstehende komplexe Zusammenhänge pragmatisch nicht von Interesse. Für eine verursachungsgerechte Kostenerfassung ist daher die Frage zu prüfen, **ob die zuzuordnenden Wertverzehre von der Realisierung der jeweils betrachteten Bezugsgröße abhängig sind oder nicht** (vgl. auch S. 1172 ff.).

Funktionale Abhängigkeit

Als Bezugsgrößen werden dabei normalerweise einzelne Leistungen oder Leistungsmehrheiten (z. B. Aufträge, Serien, Lose) betrachtet. Was die Art des Zusammenhanges zwischen Kosten und Bezugsgrößen betrifft, werden **aus pragmatischen Gründen proportionale Beziehungen** unterstellt. Die Verwendung von Ersatzbezugsgrößen (z. B. Fertigungsstunden, Maschinenlaufzeiten) anstelle von Leistungseinheiten ist nur dann zulässig, wenn proportionale Beziehungen zwischen ursprünglicher Größe und Ersatzgröße angenommen werden können (Gesetz der Austauschbarkeit der Maßgrößen nach Rummel).

Proportionalität

Als Bezugsgrößen für die Zuordnung von Kosten, insbesondere von Bereitschaftskosten, werden häufig auch **Kostenstellen** genannt. Beim Ausweis von Kostenbeträgen als Kosten einer Kostenstelle handelt es sich jedoch nicht um ein Zuordnungsproblem im obigen Sinne, sondern um eine **Klassifikation entsprechend den**

Zuordnung auf Kostenstellen

Abgrenzungsmerkmalen der Kostenentstehungsbereiche. Der Gedanke einer verursachungsgerechten Zuordnung von Kosten ist für die Kostenstellenrechnung allerdings insofern von Bedeutung, als das Kostenstellensystem durch seine **Strukturierung** auch dazu beitragen soll, daß Kostenträgergemeinkosten soweit als möglich nur denjenigen Kostenträgern angelastet werden, um derentwillen sie entstehen. In der Vollkostenrechnung betrifft dies die gesamten, in der Teilkostenrechnung nur die variablen Gemeinkosten. In Teilkostenrechnungssystemen mit Aufspaltung des Fixkostenblocks ist eine solche Zuordnung ebenfalls erforderlich, da diese einen möglichst differenzierten Fixkostenausweis anstreben.

b) Schlüsselungsmethoden

Das Kostenverursachungsprinzip bzw. das Identitätsprinzip schließen die Verrechnung verschiedener echter Gemeinkosten auf bestimmte **Bezugsgrößen** ex definitione aus, z. B. von Kosten, die nur für eine Produktart als solche meßbar sind (z. B. Kosten der Werbung für diese Produktart), auf einzelne Mengeneinheiten dieser Produktart, oder von Kosten, die auf eine Entscheidung für ein bestimmtes Produktionsprogramm zurückzuführen sind, wie z. B. die Investition in eine für unterschiedliche Produktarten nutzbare und auch genutzte Maschine auf die unterschiedlichen Produktarten.

Darüber hinaus unterbleibt im Falle unechter Gemeinkosten eine verursachungsgerechte Erfassung häufig aus Wirtschaftlichkeitsgründen. Akzeptiert man das Kostenverursachungsprinzip bzw. Identitätsprinzip, so erweist sich die Verrechnung der gesamten Kosten auf die Endprodukte als nicht durchführbar. Wird trotzdem eine solche Verteilung vorgenommen (z. B. wegen eines u. U. sehr geringen Anteils direkt zurechenbarer Kosten an den Gesamtkosten), so läuft sie diesen Prinzipien zwangs-
Durch-
schnitts-
prinzip
läufig zuwider. In der Regel wird in solchen Fällen nach dem **Durchschnittsprinzip** verfahren: Die Gesamtheit der nicht verursachungsgemäß zurechenbaren Kosten wird durch die Zahl der Bezugsgrößeneinheiten (in der Regel Produkteinheiten) dividiert. Dieses Verfahren fingiert eine gleichverteilte Inanspruchnahme der Kostengüter durch die Leistungseinheiten, obwohl über die Art der Verteilung nichts gesagt werden kann. Zwischen den Gemeinkosten und der Leistungserstellung besteht zwar eine Mittel-Zweck-Beziehung; daraus ergibt sich jedoch nicht die Zulässigkeit der Annahme einer gleichmäßigen Verteilung auf Teilmengen der erstellten Gesamtleistung.

Kostentrag-
fähigkeits-
prinzip
Als weitere Möglichkeit der Aufteilung von Gemeinkosten auf Bezugsgrößen (insbesondere auf Kostenträger) wird verschiedentlich das **Kostentragfähigkeitsprinzip** genannt. Dabei sollen die Kosten nach der Belastbarkeit zugeteilt werden. So ist z. B. die Belastbarkeit der Produkteinheit mit nicht direkt zurechenbaren Kosten um so größer, je höher der Deckungsbeitrag (die Differenz zwischen Erlösen und zurechenbaren Kosten) des Erzeugnisses ist. Im Unterschied zum Durchschnittsprinzip, das von der Gleichverteilungsannahme ausgeht, werden hier die Kosten im Verhältnis der Deckungsbeiträge aufgeteilt. Somit muß von gegebenen Marktpreisen ausgegangen

werden. Für die Angebotspreisermittlung scheidet dieses Verfahren demnach grundsätzlich aus.

Das Problem der Schlüsselung von Gemeinkosten stellt sich jedoch nicht erst beim Versuch, Kostenträgergemeinkosten unmittelbar auf Kostenträger zu verteilen. Bei der Einrichtung eines Kostenrechnungssystems in einem Unternehmen werden Kostenstellen und Kostenstellenbereiche definiert, deren Struktur die Willkür bei der Zurechnung von Kosten auf Leistungen oder Leistungsbündel in Grenzen halten soll (vgl. S. 1190 ff.). Kosten können jedoch bereits in Bezug auf die definierten Kostenstellen und Kostenstellenbereiche Gemeinkosten darstellen. Solche Kostenstellengemeinkosten können z. B. Abschreibungen und Instandhaltungskosten für ein Gebäude sein, in dem mehrere Kostenstellen ansässig sind. Diese Kosten müssen zunächst den einzelnen Kostenstellen zugeschlüsselt werden. Auch die Zuordnung von Kosten auf einzelne Perioden kann Schlüsselungen erfordern. Beispielsweise stellt die kalenderabhängige Berechnung von Abschreibungen eine Aufteilung eines Wertverzehrs auf Teilperioden dar, die ebenfalls als Schlüsselung bezeichnet werden muß. Um Schlüsselungen handelt es sich in aller Regel auch bei der Verteilung der Kosten innerbetrieblicher Leistungen auf die verbrauchenden Kostenstellen und die Kostenträger (vgl. S. 1192 f.).

Mehrstufigkeit der Gemeinkostenverteilung

Wegen der Mehrstufigkeit der Gemeinkostenverteilung und der Verwendung unterschiedlicher Bezugsgrößen für die verschiedenen Kostenarten kann in der Regel nicht für die gesamten Gemeinkosten, sondern nur für bestimmte Kostenarten bei einem ganz bestimmten Verteilungsschritt angegeben werden, nach welcher Schlüsselungsmethode vorgegangen wird. Dabei sind auf allen Verteilungsstufen zeit-, mengen- und wertabhängige Maßstäbe möglich und üblich. Abbildung 9.7 gibt eine Übersicht über gebräuchliche Schlüsselgrößen.

---

1. Mengenschlüssel (z. B. in t, l, cbm, kg)
   a) Verbrauchte, umgeschlagene, ausgebrachte, umgesetzte Mengen nach Länge, Fläche, Gewicht, Zahl, Rauminhalt;
   b) Anzahl der Arbeitsgänge, Arbeiter;
   c) Bestandsmengen (z. B. Flächenbeanspruchung, Raumausstattung);

2. Zeitschlüssel
   a) Arbeits-, Maschinen-, Ofen-, Platzstunden;
   b) Fertigungs-, Schicht-, Kalenderzeit;

3. Wertschlüssel
   a) Kostenarten: Lohn, Gehalt, Fertigungsmaterial, Einstandswerte, betriebsnotwendiges Kapital;
   b) Kalkulationswerte: Fertigungs-, Herstellungs-, Selbstkosten;
   c) Umsatzzahlen (Erlös);
   d) Bestandswerte (z. B. Lagerwert).

Abbildung 9.7: Schema möglicher Schlüsselgrößen

6. Grundstruktur der Kosten- und Leistungsrechnung

Die Informationen der Kosten- und Leistungsrechnung über Wertverzehre und Wertentstehungen werden für unterschiedliche Zwecke benötigt. Dies bedeutet, daß die Datenerfassung so detailliert erfolgen muß, daß spätere Datenauswertungen nicht beeinträchtigt werden. Die Forderung nach einer **zweckneutralen (rein datenbezogenen) „Grundrechnung"**, deren Zahlenmaterial für unterschiedliche **informationsbezogene „Auswertungsrechnungen"** verwendet werden kann, wurde bereits von Schmalenbach (1963) erhoben. In einer solchen Grundrechnung sind Kosten und Leistungen (vgl. Riebel 1990, S. 395 f.) soweit als irgendmöglich als Einzelbeträge zu erfassen und dabei gleichzeitig in ein vieldimensionales Kriterienschema einzuordnen. Mit Hilfe ausgewählter Kriterien können aus den Grundrechnungen diejenigen Daten „abgerufen" werden, die für eine bestimmte Auswertungsrechnung relevant sind. Nahezu unverzichtbar ist mittlerweile die informationstechnische Unterstützung der Grund- und Auswertungsrechnungen, z. B. durch relationale Datenbanken (vgl. Sinzig 1990), Methodenbanken (vgl. Haun 1987) und – in neuester Zeit – durch wissensbasierte Systeme (vgl. Seidlmeier 1991).

Grund-rechnung/ Auswertungs-rechnungen

Für das Verständnis der Struktur der Kosten- und Leistungsrechnung und für Überlegungen zur Erweiterung ihrer Einsatzmöglichkeiten ist eine solche Sichtweise fruchtbar. Allerdings ist zu berücksichtigen, daß eine Grundrechnung nicht schlechthin, sondern allenfalls im Hinblick auf die mit ihrer Hilfe jeweils zu erfüllenden unterschiedlichen Zwecke (Auswertungen) „neutral" sein kann. Die Auswertungsbedürfnisse bestimmen die Kriterien, die für die Einordnung der Kosten- und Leistungsbeträge maßgeblich sind. Die Forderung nach Wirtschaftlichkeit der Informationsgewinnung setzt der Zahl der Merkmale, die bei der Datenerfassung zu speichern sind, eine Grenze.

Dominierende Auswertungs-bedürfnisse

In der Kostenrechnungspraxis hat sich die Unterscheidung zwischen einer Grund- und einer Auswertungsrechnung (noch) nicht durchgesetzt. Dies rührt vor allem daher, daß die Struktur der Kosten- und Leistungsrechnung von zwei Auswertungsbedürfnissen dominiert wird. Im Vordergrund steht die Vor- und Nachkalkulation von unfertigen und fertigen Erzeugnissen und die damit in engem Zusammenhang stehende Ermittlung des Betriebsergebnisses. Der dadurch geprägte Aufbau der Kosten- und Leistungsrechnung wird in Plankostenrechnungssystemen insoweit modifiziert, als es für die Zwecke der Überwachung und Steuerung der Wirtschaftlichkeit des Leistungserstellungsprozesses erforderlich ist.

Stufen der Kosten-rechnung

Allgemein lassen sich die Systeme der Kosten- und Leistungsrechnung durch die Stufen **Kostenarten-, Kostenstellen- und Kostenträgerrechnung** kennzeichnen. Eine insbesondere für die Zwecke der Kostenträgerrechnung adäquate Erfassung der Leistungen wird im allgemeinen nicht als eigenständiger Teilbereich unterschieden, sondern als (zum Teil durch deren Erfassung in der Finanzbuchhaltung) gegeben vorausgesetzt (vgl. aber S. 1181). Bei Zugrundelegung der Unterscheidung zwischen

Grund- und Auswertungsrechnung kann man die Kostenartenrechnung als Teil der Grundrechnung, die Kostenträgerrechnung als Auswertungsrechnung ansehen. Je nach Kostenrechnungssystem ist die Kostenstellenrechnung als Bestandteil der Grundrechnung aufzufassen oder hat selbst in gewisser Hinsicht die Funktion einer Auswertungsrechnung (z. B. Soll-Ist-Vergleich). Der Detaillierungsgrad der Kostenerfassung im Rahmen der Kostenarten- und Kostenstellenrechnung hängt in erster Linie von den beabsichtigten Standardauswertungen ab.

a) Kostenartenrechnung

Der Kostenartenrechnung fällt die Aufgabe zu, sämtliche Kosten nach einem festzulegenden Katalog von Kostenarten zu erfassen. Sie stellt den ersten Schritt der Kostenrechnung dar. Die gängige Bezeichnung Kostenarten- „rechnung" ist insofern nicht ganz zutreffend, als hier weniger gerechnet als vielmehr in systematischer Weise erfaßt wird.

Aufgaben der Kostenartenrechnung

Die Resultate der Kostenartenrechnung bilden einmal die Grundlage der nachgeordneten Kostenstellen- und Kostenträgerrechnung; zum anderen dienen sie unmittelbar der Steuerung des betrieblichen Geschehens. So kann der zeitliche und/oder zwischenbetriebliche Vergleich einer bestimmten Kostenart auf Unwirtschaftlichkeit im Betrieb hinweisen. Mit Hilfe von Kostenartenzahlen gebildete Kennzahlen (wie z. B. der Anteil der Personalkosten an den Gesamtkosten) sind wesentliche Elemente eines betriebswirtschaftlichen Kennzahlensystems.

Kostenarten werden gebildet, indem aus dem Gesamtkostenblock Teile herausgegriffen werden, „... die sich durch mindestens ein Merkmal von allen anderen Kosten eines Betriebes unterscheiden" (Börner 1968, S. 36).

Kostenartenbildung

Die Aufgliederung der Kosten ist abhängig von der organisatorischen Struktur und Komplexität des Produktionsprozesses sowie von den Informationszwecken der Kostenrechnung.

Als übergeordnetes Unterscheidungsmerkmal ist die Einteilung in primäre und sekundäre Kostenarten anzusehen. **Primäre Kostenarten entstehen beim Verzehr von Gütern und Dienstleistungen, die aus der Sicht der verbrauchenden Stelle unmittelbar vom Markt bezogen wurden. Sekundäre Kostenarten treten beim Verzehr von im Betrieb selbst erzeugten Gütern auf** (z. B. selbsterzeugte Heizungsenergie).

Primäre und sekundäre Kosten

Nach der **Art der verzehrten Kostengüter** können beispielsweise unterschieden werden: Personalkosten (Akkordlohnkosten, Zeitlohnkosten, Gehälter, Sozialabgaben usw.), Materialkosten (z. B. Fertigungsmaterial, Büromaterial), Abschreibungen (z. B. kalkulatorische Abschreibungen auf Gebäude, Maschinen, Büroeinrichtung), Kapitalkosten (kalkulatorische Zinsen), Fremdleistungskosten (z. B. Kosten für Transport, Beratung, gelieferte Energie, Versicherungen usw.), sonstige Kosten (z. B. Kostensteuern, Gebühren und Beiträge). Bei Anwendung dieses Unterscheidungskriteriums wird auch von „natürlichen" Kostenarten gesprochen.

Natürliche Kostenarten

Kosten von Kostenstellen und Bereichen

Die Auswertung der in der Kostenartenrechnung erfaßten Kostenbeträge erfordert weiterhin, daß auch der **„Ort" ihrer Entstehung** festgehalten wird. Zu diesem Zweck wird die Betriebswirtschaft in kostenrechnerische Teilbereiche (Kostenstellen) zerlegt. Diese Teilbereiche können, müssen aber nicht mit den organisatorischen Teileinheiten übereinstimmen. Durch Zusammenfassung mehrerer Kostenstellen entstehen Kostenstellenbereiche. Gruppiert man Kostenstellen entsprechend den betrieblichen Funktionen, so können beispielsweise Beschaffungs-, Lagerhaltungs-, Produktions-, Verwaltungs-, Forschungs- und Entwicklungs- sowie Vertriebskosten unterschieden werden.

Kosten-träger-einzel-/ Kostenträger-gemeinkosten

Kostenstellen-einzel-/ Kosten-stellengemein-kosten

Bereits in der Kostenartenrechnung muß die **Erfaßbarkeit bzw. Zurechenbarkeit von Wertverzehren** im Hinblick auf Bezugsgrößen beachtet werden. Angesichts der üblichen Standardauswertungen sind insbesondere die Bezugsgrößen Kostenträger (Zwischen- und Endprodukte) und Kostenstelle von Bedeutung. Bei der Erfassung ist zunächst festzuhalten, welche Kostenbestandteile **Einzelkosten** welcher Kosten**träger** darstellen. Die verbleibenden Kosten werden als Kosten**trägergemeinkosten** behandelt. Sie lassen sich durch Berücksichtigung des Gliederungsmerkmales „Entstehungsort" weiter unterteilen. Die Kostenträgergemeinkosten können entweder einer bestimmten Kostenstelle zweifelsfrei zugeordnet oder nur für eine Mehrheit von Kostenstellen gemeinsam erfaßt werden. Bei den Kostenträgergemeinkosten handelt es sich also zum Teil um **Stelleneinzel-**, zum Teil um **Stellengemeinkosten**. In welchem Umfang Stellengemeinkosten auftreten, hängt von der Art und dem Ausmaß der Differenzierung des Gesamtbetriebes in Kostenstellen ab.

Erfolgt die Kostenstellengliederung in der Weise, daß die Kostenstellen in einer **hierarchischen Ordnung** zueinander stehen, können **alle Kosten als Einzelkosten bestimmter Kostenstellen** erfaßt werden. In diesem Falle muß in der Kostenartenrechnung geprüft werden, in bezug auf welche Mehrheit von Kostenstellen ein Kostenbetrag Stellengemeinkosten darstellt, um diejenige übergeordnete Kostenstelle identifizieren zu können, bei der er als Stelleneinzelkosten zu erfassen ist.

Für die Kostenträgereinzelkosten ist eine kostenstellenweise Erfassung nicht unbedingt erforderlich, da im allgemeinen bekannt ist, welche Kostenstellen ein Kostenträger durchläuft. Eine Rekonstruktion des Verbrauchs pro Stelle ist damit im Bedarfsfalle (z. B. zu Kontrollzwecken) meist möglich. Um die Auswertung zu vereinfachen, wird aber häufig bereits bei der Erfassung von Kostenträgereinzelkosten nicht nur der/die Kostenträger, sondern auch die verbrauchende Kostenstelle aufgezeichnet.

Beschäfti-gungsvariable und -fixe Kosten

Bei einer Reihe von Auswertungen des erfaßten Zahlenmaterials muß zur Vermeidung von Fehlinterpretationen zwischen **fixen und variablen Kostenbestandteilen** unterschieden werden. Nicht in allen Kostenrechnungssystemen wird eine solche Trennung (konsequent) vorgenommen. Ist sie jedoch systembestimmend, so stellt sie eine Aufgabe der Kostenartenrechnung dar, selbst wenn sie nicht global, sondern je Kostenstelle vorgenommen wird. Das Problem der Aufspaltung der Kosten in fixe und variable Bestandteile besteht in erster Linie bei den Kostenträgergemeinkosten, da diese neben den fixen auch echte und unechte variable Gemeinkosten enthalten.

1188

Das Kriterium der **Reagibilität auf Bezugsgrößen-(Einflußgrößen-)änderungen** wird in der traditionellen Kostenrechnung standardmäßig nur auf die **Beschäftigung** angewandt. Als Bezugs- bzw. Maßgröße dient die Ausbringungsmenge, die bei Mehrproduktbetrieben mit Hilfe von Ersatzgrößen (z. B. Fertigungsstunden, Maschinenlaufzeiten, Mengen einer fiktiven Einheitssorte) zum Ausdruck gebracht werden muß.

Aus Gründen der Einheitlichkeit und Kontinuität der Kostenartenrechnung ist es erforderlich, einen **Kostenartenplan** zu erstellen. Dieser ist im allgemeinen mehrdimensional, wobei die Art der verzehrten Güter meist das Haupteinteilungskriterium bildet. Der in Abbildung 9.8 im Ausschnitt dargestellte Kostenartenplan berücksichtigt z. B. die Kriterien „Art der verzehrten Güter", „Funktionsbereich" und „kostenträgerbezogene Erfaßbarkeit".

Kontenklasse 4: Kostenarten

  41. . . .
    .
    .
    .
    .

  45. Betriebsarbeitskosten
    45.1 Lohnkosten
        45.11 Fertigungskosten
            45.11.1 Einzellohnkosten der Fertigung
            45.11.2 Gemeinkostenlöhne der Fertigung
        45.12 Beschaffungslohnkosten
    45.2 Gehaltskosten
    .
    .
    .
    .

Abbildung 9.8: Ausschnitt aus einem Kostenartenplan

b) Kostenstellenrechnung

Eine differenzierte Erfassung der Kosten im Rahmen der Kostenartenrechnung setzt bereits eine systematische Gliederung des Gesamtbetriebes in Teilbereiche voraus. Art und Ausmaß der teilbereichsbezogenen Differenzierung der Kosten hängt in erster Linie von den Informationsbedürfnissen der Entscheidungsträger ab. Daneben bestimmen die strukturellen Gegebenheiten des Leistungsprozesses (Produktionsstrukturen) die erforderliche Differenzierung aus folgenden Gründen mit:

Aufgaben der Kostenstellenrechnung

(1) Die **zahlenmäßige Abbildung des tatsächlichen und des erwarteten (prognostizierten) Wertverzehrs- und Wertentstehungsprozesses** erfordert im mehrstufigen Ein-

und Mehrproduktbetrieb eine **prozeßadäquate Gliederung der Kostenträgerge-meinkosten.** Damit werden die Voraussetzungen für die Kostenträgerrechnung geschaffen.

(2) **Die Kontrolle der Wirtschaftlichkeit der Leistungserstellung** gelingt um so besser, je transparenter das komplexe Geflecht von Wertverzehrs- und Wertentstehungs-vorgängen gemacht wird. Erst dadurch können Verantwòrtlichkeiten für Aus-schnitte aus dem Transformationsprozeß festgestellt und die für die Steuerung des betrieblichen Geschehens bedeutsamen Kostenvergleiche, insbesondere die Soll-Ist-Vergleiche, sinnvoll angewandt werden.

Kostenstellen-bildung

Aus diesen Gründen lassen sich drei wesentliche Gestaltungskriterien für die Kostenstellenbildung ableiten.

Abrechnungs-orientierung

Nach **abrechnungstechnischen Gesichtspunkten** sind Kostenstellen in der Weise abzu-grenzen, daß ihre Beanspruchung bei der Erzeugung von Leistungen in einer ein-heitlichen Bezugsgröße (z. B. Maschinenstunde) ausgedrückt werden kann. Die Bezugsgröße soll die „Beschäftigung" der Kostenstelle zum Ausdruck bringen; zwi-schen ihr und den Verzehrsmengen möglichst vieler Kostenarten soll ein funktionaler Zusammenhang bestehen (z. B. Energieverbrauch in Abhängigkeit von der Maschi-nenlaufzeit). Notfalls sind mehrere Bezugsgrößen festzulegen. Da die Bezugsgrößen erst bestimmt werden können, wenn die Kostenstellen gebildet sind, die Kostenstellen jedoch so abzugrenzen sind, daß sich exakte Maßgrößen der Kostenverursachung finden lassen, ist eine simultane Bestimmung von Bezugsgröße und Kostenstelle erforderlich.

Die Teilkostenrechnung fordert darüber hinaus als Gliederungskriterium, daß die Kostenstellen soweit als möglich von nur einer Produktart oder -gruppe durchlaufen werden.

Prozeß-orientierung

Diese Forderungen sind grundsätzlich auch dann zu stellen, wenn Gemeinkosten verstärkt über die in entsprechend definierten Stellen erzeugten und von den anderen Stellen oder unmittelbar von den Produkten in Anspruch genommenen „Prozeßlei-stungen" verrechnet werden sollen. Wird eine **prozeßorientierte Gemeinkostenverrech-nung** (vgl. S. 1193 f.) nur von Zeit zu Zeit zum Zwecke von Kostenanalysen vorgenommen, so erübrigt sich eine an zusammenfaßbaren Prozeßarten oder Akti-vitäten orientierte Kostenstellenbildung. Entsprechende Zusammenfassungen zu Aktivitätszentren können dann bei Bedarf erfolgen. Schwierigkeiten bei der Erfül-lung der Forderung, Kostenstellen so zu definieren, daß ihre Beschäftigung, d. h. die in ihr die Kosten verursachenden Vorgänge, durch möglichst wenige Bezugsgrößen erfaßt werden kann, ergeben sich bei modernen Produktionstechnologien, insbeson-dere den **flexiblen Fertigungssystemen.** Die in solchen Systemen zusammengefaßten Aggregate haben Mehrfachfähigkeiten, u. U. in unterschiedlichen Kombinationen. Diese Fähigkeiten werden je nach Bedarf rechnergesteuert in Anspruch genommen. Am Prinzip der Verrichtungsähnlichkeit orientierte Versuche, geeignete Bezugsgrö-ßen als Kriterien für die Kostenstellenabgrenzung zu finden, sind hier nicht immer erfolgversprechend, weil die zu einer technischen Einheit zusammengefaßten Aggre-

1190

gate und ihre Einsatzmöglichkeiten zu unterschiedlich sind (vgl. Kaiser 1991). Sofern Durchlaufzeiten durch das System die Ursachen der Kostenentstehung nicht hinreichend zum Ausdruck bringen, müssen u. U. jeweils arbeitsgangspezifische Verkettungen der durchlaufenen verschiedenen Stationen im Sinne einer **prozeßorientierten Analyse von Produktionsabläufen** der Kostenzurechnung zugrunde gelegt werden.

Nach dem **Kriterium Verantwortungsbereich** umfaßt eine Kostenstelle – entsprechend der organisatorischen Gliederung der Unternehmung – den Kompetenzbereich einer Entscheidungsinstanz. Diese Abgrenzung ist Voraussetzung für eine wirksame Überwachung der beeinflußbaren Kosten, insbesondere für die Durchführung und Ausgestaltung der Plankostenrechnung. Das Kriterium Verantwortungsbereich konkurriert häufig mit abrechnungstechnischen Gesichtspunkten. Die an einer Kostenstelle anfallenden Kosten sind zum Teil durch Entscheidungen anderer Instanzen bedingt. Daher sind erforderlichenfalls innerhalb der Kostenstelle beeinflußbare und nicht beeinflußbare Kostenarten zu unterscheiden. Nur für den beeinflußbaren Teil der Kosten kann der Kostenstellenleiter verantwortlich gemacht werden.

Verant-wortungs-orientierung

Unter dem Gesichtspunkt abgrenzbarer Verantwortungseinheiten legen moderne flexible Fertigungssysteme wegen der vielfältigen Entscheidungsinterdependenzen bei der Wahl der anzusteuernden Stationen, der geringen Zahl zu führender Mitarbeiter und der stark EDV-gestützten Steuerung der Durchlauf- und Bearbeitungsprozesse die **Bildung größerer Kostenstellen** nahe, als dies zumindest in der konventionellen Serien- und Einzelfertigung zweckmäßig ist. Je größer eine Kostenstelle ist, desto heterogener sind die in ihr wirksamen Ursachen der Kostenentstehung. Dies erschwert die Identifikation geeigneter Bezugsgrößen oder „Kostentreiber", mit deren Hilfe eine möglichst verursachungsgerechte Weiterverrechnung der Kosten bis hin zu den Kostenträgern erfolgen könnte. Unter solchen Umständen kann es sinnvoll sein, „Orte" der Kostenentstehung hierarchisch zu differenzieren, indem etwa einerseits innerhalb einer Kostenstelle einzelne Maschinen oder Bearbeitungsstationen als Kostenplätze definiert werden, an welchen genau diesen zuzuordnende Teile der Kostenstellenkosten entstehen, und andererseits kostenstellenübergreifende Bereichsstellen für die Zuordnung von Stellengemeinkosten gebildet werden.

Ein dritter, mit den beiden ersten Kriterien konkurrierender Gesichtspunkt ist die Forderung, **Entscheidungen über die Zuordnung von Kosten auf Stellen nicht unnötig** zu **komplizieren.** Hierdurch sollen Fehlzuordnungen vermieden und eine möglichst wirtschaftliche Erfassung der Stellenkosten ermöglicht werden. Die Kostenstellenbildung ist also im Zweifel so vorzunehmen, daß die Kostenbeträge ohne zusätzliche Einzelerfassungen oder Aufteilungsoperationen in der Form als Stellen**einzel**kosten behandelt werden können, in der sie ohnehin (z. B. aufgrund der üblichen Rechnungserteilung durch Lieferanten) verfügbar sind.

Erfassungs-orientierung

Räumliche Gesichtspunkte spielen bei der Kostenstellenbildung **keine** wesentliche **Rolle.** Insofern können Kostenstellen auch nur im übertragenen Sinne als „Orte" der Kostenentstehung bezeichnet werden. Allenfalls wegen der besseren Anschaulichkeit ist es zweckmäßig, nach den obigen Kriterien gebildete Kostenstellen „räumlich" zu definieren. Eine über die Beachtung der Produktionsstruktur hinausgehende Berück-

1191

sichtigung betrieblicher Funktionsbereiche stellt ebenfalls kein kostenrechnerisch zwingendes Erfordernis dar. Beispielsweise könnten die Kosten der Lagerung von Fertigerzeugnissen durchaus mit denjenigen der letzten Fertigungsstufe zusammengefaßt werden. Da die Kostenrechnung jedoch auch als Aufwandsverteilungsrechnung für die Zwecke der Bilanzierung verwendet wird, schlagen handels- und steuerrechtliche Bewertungskonventionen auf ihre Struktur durch (z. B. Fertigerzeugnislagerkosten im Rahmen der Vertriebskostenermittlung).

Ablauf der Kostenstellenrechnung

Bei der Durchführung der Kostenstellenrechnung lassen sich drei aufeinanderfolgende Arbeitsschritte unterscheiden. Zunächst ist die **Summe der primären Kostenträgergemeinkosten je Kostenstelle** zu ermitteln. Hierzu ist es erforderlich, diejenigen Kostenbeträge auf Kostenstellen zu verteilen, die in der Kostenartenrechnung noch nicht kostenstellenweise erfaßt wurden (Verteilung der primären Kostenstellengemeinkosten). In einem nächsten Schritt ist zu berücksichtigen, daß einzelne Kostenstellen Leistungen erstellen, die von anderen Kostenstellen verbraucht werden (z. B. Erzeugung von Dampf im Kesselhaus, der anderweitig für Heizungs- und/oder Produktionszwecke benötigt wird; Reparaturleistungen der eigenen Werkstätten). Die Kosten der Erzeugung solcher innerbetrieblicher Leistungen sind den diese Leistungen in Anspruch nehmenden Kostenstellen anzulasten (**Ermittlung und Verteilung der sekundären Kosten im Rahmen der innerbetrieblichen Leistungsverrechnung**).

Vor-/Endkostenstellen

Kostenstellen, die innerbetriebliche Leistungen erzeugen, und deren Kosten auf andere Kostenstellen verteilt werden müssen, werden **Vorkostenstellen** genannt. Innerbetriebliche Leistungsbeziehungen können auch zwischen Vorkostenstellen bestehen (z. B. Reparaturen im Kesselhaus, Heizung der Reparaturwerkstätten). Den Vorkostenstellen stehen die **Endkostenstellen** gegenüber. Die Frage, ob Kostenstellen als Vor- oder Endkostenstellen anzusehen sind, läßt sich nur nach Zweckmäßigkeitserwägungen beantworten. Im weitesten Sinne könnten alle vor der endgültigen Fertigstellung der Erzeugnisse, im Extremfall sogar alle vor der Auslieferung verkaufter Erzeugnisse an den Abnehmer zu erbringenden Teilleistungen als innerbetriebliche Leistungen angesehen werden. Dies würde jedoch zu nicht mehr lösbaren Problemen der Messung und Komplexitätshandhabung führen.

Es wird daher versucht, **„Hauptlinien" des Produktionsgeschehens** zu identifizieren, wobei die Verfolgung des „Reifungsprozesses" wesentlicher Einsatzmaterialien als Orientierungshilfe dient. Nur die in den einzelnen Bearbeitungsstufen (Kostenstellen) **zusätzlich** entstehenden Wertverzehre werden dabei als Kosten dieser Stufen angesehen. **Nicht in jedem Falle wird also eine auf einer bestimmten Stufe entstandene Leistung (Zwischenprodukt) auf der darauffolgenden Bearbeitungsstufe kostenrechnerisch als verbraucht behandelt.** Daher werden Kostenstellen als Endkostenstellen bezeichnet, wenn der wesentliche Teil ihrer Kosten nicht auf andere Kostenstellen verteilt wird. Soweit eine solche Verteilung durchgeführt wird, handelt es sich um die Verrechnung innerbetrieblicher Leistungen, die von Endkostenstellen erbracht werden. Unabhängig davon ist die Frage, in welchem Umfang die Kosten der Endkostenstellen auf Kostenträger verteilt werden. Dies richtet sich nach der Art des Kostenrechnungssystems.

1192

Bei der Unterscheidung zwischen Haupt- und Hilfskostenstellen werden diejenigen Kostenentstehungsbereiche als wesentlich herausgehoben, in denen der eigentliche Fertigungsprozeß stattfindet. **Hauptkostenstellen** sind daher nur die Fertigungsstellen. Alle übrigen Kostenstellen werden als **Hilfskostenstellen** bezeichnet. Hauptkostenstellen sind immer Endkostenstellen, Vorkostenstellen stets Hilfskostenstellen. Umgekehrt werden jedoch einige Hilfskostenstellen (Material, Verwaltung, Vertrieb) als Endkostenstellen behandelt.

Hilfs-/Haupt-kostenstellen

Der dritte Arbeitsschritt innerhalb der Kostenstellenrechnung besteht in der **Berechnung derjenigen Größen, mit deren Hilfe die Kosten der Endkostenstellen auf Kostenträger verteilt werden sollen.**

Seit einiger Zeit wird unter Schlagworten, wie z. B. Prozeßkostenrechnung oder Activity (Based) Accounting berechtigte Kritik an der Art der Gemeinkostenverrechnung von Endkostenstellen auf Kostenträger geübt (vgl. S. 1302 ff.). Diese Kritik läßt sich auch auf zu pauschale Kostenverrechnungen im Zuge der innerbetrieblichen Leistungsverrechnung übertragen. Je höher der Anteil der Gemeinkosten an den Gesamtkosten ist, um so ernster ist die Forderung nach möglichst verursachungsgerechter Kostenzurechnung zu nehmen. Die Befürworter der Prozeßkostenrechnung wollen bislang zwar nicht zwischen fixen und variablen Bestandteilen der Gemeinkosten unterscheiden und fordern somit eine prozeßorientierte Zurechnung aller Gemeinkosten auf die Produkte; dennoch sind die dort empfohlenen Verteilungsverfahren nicht nur für Systeme der Vollkostenrechnung von Interesse.

Prozeß-orientierte Gemein-kosten-verrechnung

Die Grundforderung der Prozeßkostenrechnung enthält eigentlich nicht mehr und nicht weniger als die der Kosten- und Leistungsrechnung schlechthin zugrundeliegende Idee einer möglichst verursachungsgerechten Zurechnung. Zu diesem Zweck sollen **statt bisher weitverbreiteter pauschaler Schlüsselungen** die die Gemeinkosten eigentlich hervorrufenden Prozesse oder Aktivitäten identifiziert, der Umfang ihrer „Verantwortlichkeit" für die Gemeinkostenentstehung quantifiziert und **Kosten pro Prozeßmengeneinheit** berechnet werden. Weiterhin ist zu ermitteln, wieviele Prozeßmengeneinheiten auf eine Produktmenge, eine Produktmengeneinheit, einen Auftrag u. ä. entfallen. Durch Multiplikation der Kosten pro Prozeßmengeneinheit mit der Anzahl der Prozeßmengeneinheiten erhält man den dem jeweiligen Kalkulationsobjekt zuzurechnenden Gemeinkostenanteil (z. B. den auf eine bestimmte Produktvariante entfallenden Anteil an den Beschaffungskosten). An die Stelle sehr konkreter Materialflüsse und dabei auftretender stofflicher Veränderungen im Laufe der Entstehung von Endprodukten treten **Ketten miteinander verknüpfter innerbetrieblicher Dienstleistungen**, die mitsamt den von ihnen verursachten Kosten auf die Endleistungen bezogen werden sollen.

Mit einfachen konventionellen Verteilungsverfahren, die vor allem auf Material- und Lohneinzelkosten als Grundlage der Gemeinkostenverteilung beruhen, werden mit zunehmender Automatisierung und Flexibilisierung industrieller Fertigungsverfahren zweifellos immer weniger akzeptable Verteilungsergebnisse erzielt. Es muß im folgenden jedoch – an jeweils geeigneter Stelle – darauf hingewiesen werden, daß diese Verfahren bisher keineswegs aus Unkenntnis ihrer Fragwürdigkeit, sondern aus der

Einsicht in die Unmöglichkeit einer wirklich verursachungsgerechten Gemeinkostenzurechnung gewählt wurden und auch die prozeßorientierten Verteilungsverfahren an Grenzen stoßen (vgl. S. 1306).

Betriebs-
abrechnungs-
bogen

Die Kostenstellenrechnung wird mit Hilfe des sogenannten **Betriebsabrechnungsbogens (BAB)** durchgeführt. Dieser stellt eine **zweidimensionale Matrix** dar, bei der die Kosten vertikal nach Kostenarten und horizontal nach Kostenstellen gegliedert sind. Eine einzelne Spalte zeigt somit die nach Kostenarten differenzierten Kosten einer bestimmten Kostenstelle (vgl. Abbildung 9.9).

Kostenträgergemeinkosten \ Kostenstellen	A	B	C	D	. . . .
a					
b					
c					
⋮					
Summe					

Abbildung 9.9: Grundstruktur eines Betriebsabrechnungsbogens

Der Betriebsabrechnungsbogen dient in erster Linie der **Verteilung von Kostenträgergemeinkosten auf Kostenstellen** und – soweit das Kostenrechnungssystem dies vorsieht – der Vorbereitung ihrer **Weiterverteilung auf die Kostenträger.** Da die Kostenträgereinzelkosten die Bezugsbasis für Verteilungsoperationen sein können, werden sie zweckmäßigerweise im BAB ausgewiesen. Darüber hinaus ist aber insbesondere bei Plankostenrechnungssystemen die Einbeziehung der Einzelkosten in den BAB naheliegend, da die Planung und Kontrolle sowohl der Gemein- als auch der Einzelkosten kostenstellenweise erfolgt.

Vor dem Eindringen der EDV in alle Teilbereiche des betrieblichen Rechnungswesens wurden großformatige Betriebsabrechnungsbögen manuell bearbeitet. In einer EDV-gestützten Kosten- und Leistungsrechnung werden allenfalls einzelne Spalten des im System vorhandenen BAB's als „Kostenstellenblätter" zu Papier gebracht. Solchen Ausdrucken sind dann die Zahlen für die einzelnen Kostenplätze, -stellen oder -bereiche zu entnehmen. Gesamtübersichten können wegen der begrenzten Papierformate nur mehr in stark verdichteter Form ausgedruckt werden. Für das Verständnis der in der Kostenstellenrechnung stattfindenden Rechenoperationen ist die Vorstellung von einem BAB als einem großen Papierbogen mit vielen Zeilen (für die Kostenarten) und Spalten (für die Kostenstellen) durchaus hilfreich.

c) Kostenträgerrechnung

Die Art der Strukturierung der Gesamtkosten einer Periode mit Hilfe der Kosten-
arten- und der Kostenstellenrechnung ist in erster Linie durch die in der Kostenträgerrechnung zu gewinnenden Informationen geprägt. Dies gilt auch für Kostenrechnungssysteme, in denen die Ermittlung von Kosten einzelner Bestandteile der
Periodenleistung und eines differenzierten Periodenergebnisses nur einen Aufgabenteilbereich darstellen. Die Kostenträgerrechnung wird häufig unterteilt in die
Kostenträgerstück- und die **Kostenträgerzeitrechnung** (Betriebsergebnisrechnung),
wobei erstere die Voraussetzung für die Durchführung der letzteren ist. Diese Bezeichnungen sind allerdings geeignet, Mißverständnisse hinsichtlich der in der
Kostenträgerstückrechnung zu gewinnenden Informationen hervorzurufen. Zum einen werden in dieser Rechnung **nicht nur Kosten pro Mengeneinheit** der einzelnen
Erzeugnisarten ermittelt; vielmehr können alle interessierenden Teile des Leistungsprogrammes (z. B. auch Produktgruppen, Aufträge, Abnehmergruppen) Gegenstand
derartiger Berechnungen sein. Zum anderen ist der Periodenbezug nicht nur für die
Betriebsergebnisrechnung von Bedeutung; Kosten- und Leistungsinformationen sind
grundsätzlich nur dann sinnvoll, wenn sie unter Berücksichtigung der Gegebenheiten
innerhalb eines ausgewählten Zeitraumes ermittelt werden. Insofern sind **auch** Auswertungen im Rahmen der **Kostenträgerstückrechnung periodenbezogen.**

Kostenträger-
stück-/
Kostenträger-
zeitrechnung

Im Rahmen der periodenbezogenen Kostenträgerstück- und Kostenträgerzeitrechnungen tritt in zunehmend stärkerem Maße die Frage in den Vordergrund, inwieweit
in der Periode entstandene Kosten den Periodenleistungen sinnvoll zugerechnet werden können, sei es, daß sie in einer Stückrechnung zugeschlüsselt, sei es, daß sie in der
Betriebsergebnisrechnung als **von den Periodenerlösen zu deckende Periodenkosten**
behandelt werden. Bereits bei Kosten wie denen der Beschaffung, Materialeingangsprüfung, Lagerung u. ä. von Roh-, Hilfs- und Betriebsstoffen einer Periode (z. B.
eines Monats) ist davon auszugehen, daß sie nicht (oder zumindest nur zu einem
geringen Teil) für die in dieser Periode tatsächlich verbrauchten Materialien anfallen,
sondern vielmehr die in späteren Perioden verbrauchten Materialien betreffen. Ähnlich werden sich die Kosten einer Werbekampagne erst in späteren Perioden auf die
Menge und die Preise der absetzbaren Erzeugnisse auswirken. Abschreibungen und
Zinsen auf die Fertigungseinrichtungen vor der Aufnahme der Produktion, Personalkosten für Planung und Fertigungsvorbereitung (z. B. für Softwareentwicklung
zur Produktionssteuerung), vor allem aber Kosten der Forschung und Entwicklung
(F + E), die in vollem Umfang in den Perioden ihrer Entstehung angesetzt werden,
haben mit den in diesen Perioden produzierten und verkauften Mengen relativ wenig
zu tun.

Daher wird vielfach eine **lebenszyklusorientierte Rechnung** (life cycle accounting)
gefordert (vgl. Weilenmann 1990, Berliner und Brimson 1988). Damit ist eine projektorientierte Denkweise im internen Rechnungswesen angesprochen. Es stellt sich
allerdings die Frage nach dem Nutzen einer Rechnung, die eine produktart- oder
produktgruppenspezifische Verteilung von Vorlaufkosten, insbesondere von F + E-
Kosten, auf Teilperioden des Lebenszyklus von Produkten durchführen will. Die

kalkulatorische Aktivierung solcher Vorlaufkosten mit anschließender kalkulatorischer Abschreibung über mehrere Perioden stellt eine besonders willkürliche Form der Bestimmung periodenbezogener Wiedergewinnungswünsche für frühere Ausgaben dar, weil kaum plausible Annahmen über den Zeitablauf des Verzehrs des aufgebauten Erfolgspotentials zu formulieren sind. Wäre das Volumen solcher Vorlaufkosten im Laufe der Zeit in etwa gleich hoch, weil das sie verursachende Aktivitätsniveau (z. B. kontinuierliche Forschung und Entwicklung) wenig schwankt, so wäre eine Sonderbehandlung ohnehin entbehrlich. Schwanken solche Kosten im Zeitablauf stärker, so könnte an eine projektbezogene Nivellierung mittels Durchschnittsbildung gedacht werden, für die es jedoch keine besonders triftige Begründung gibt. Als Ausweg bieten sich zusätzliche periodenübergreifende Rechnungen dann an, wenn sie nicht der buchhalterischen Akribie wegen durchgeführt werden, sondern auf Lerneffekte wegen zu erwartender Wiederholungen einzelner Teilprozesse abstellen.

Im folgenden sei die Ermittlung der Kosten von Teilen des Leistungsprogrammes als **Kalkulation** bezeichnet; Auswertungen, in denen Kosten und Leistungen einander gegenübergestellt werden, werden **kalkulatorische Ergebnisrechnungen** genannt.

Kalkulation

Der Aufbau einer Kalkulation hängt zwar in hohem Maße von der jeweiligen Produktionsstruktur und vom angewandten Kostenrechnungssystem ab, orientiert sich jedoch an einem allgemeinen Grundschema. Dieses in Abbildung 9.10 wiedergegebene Schema kann in Abhängigkeit von den jeweiligen Anwendungsbedingungen vereinfacht oder erweitert werden.

(1) Materialeinzelkosten
(2) + Materialgemeinkosten
_____
(3) = (1) + (2) = Materialkosten
(4) + Fertigungseinzelkosten (Fertigungslöhne)
(5) + Fertigungsgemeinkosten
(6) + Sondereinzelkosten der Fertigung
_____
(7) = (4) + (5) + (6) = Fertigungskosten
_____
(8) = (3) + (7) = Herstellkosten
_____
(9) + Verwaltungsgemeinkosten
(10) + Vertriebsgemeinkosten
(11) + Sondereinzelkosten des Vertriebs
_____
(12) = (8) + (9) + (10) + (11) = Selbstkosten

Abbildung 9.10: Grundschema der Kalkulation

Vorkalkulation

Nach dem Kalkulationszeitpunkt lassen sich Vor-, Zwischen- und Nachkalkulation unterscheiden. Die Vorkalkulation dient als Informationsinstrument bei Entscheidungen über die Aufnahme neuer Produkte oder zusätzlicher Aufträge, bei der Ermittlung von Angebotspreisen bei Einzel- oder Sonderfertigung und bei der Auswahl von Fertigungsverfahren.

Insbesondere bei Entscheidungen über die Aufnahme eines neuen Produktes in das Produktions- und Absatzprogramm kann die Vorkalkulation – je nach Branche und Produktart – wegen ihrer Tragweite zu einer für ein Unternehmen überlebenskritischen Prognose werden. Die Kosten- und Leistungsrechnung als System mit einem Planungshorizont von maximal einem Jahr wäre mit sehr viel weiterreichenden und nicht auf aktuelle Erfahrungen stützbaren Informationsanforderungen überfordert. Investitionsentscheidungen können nicht mit Hilfe der Kosten- und Leistungsrechnung getroffen werden. Sie kann jedoch solche Entscheidungen unterstützen. Nach bisherigen Erfahrungen werden bis zum Ende der Konstruktionsphase eines neuen Produktes ca. 80% der während seines Lebenszyklus insgesamt anfallenden Kosten festgelegt. In der Produktionsphase können nur mehr 20% der insgesamt entstehenden Kosten beeinflußt, günstigstenfalls vermieden werden. Es liegt daher nahe, schon in der Konstruktionsphase Informationen über die Kostenwirkungen von Konstruktionsalternativen zur Verfügung zu stellen, um Konstrukteuren ein wettbewerbsorientiertes Konstruieren zu ermöglichen. Eine solche **„konstruktionsbegleitende Kalkulation"** (vgl. Ehrlenspiel 1985) erfordert nicht nur ein entsprechendes Kostenbewußtsein der Konstrukteure, sondern auch eine geeignete EDV-Unterstützung (z. B. ein Computer-Aided-Design (CAD)-System, das auch Kosteninformationen liefert), um bereits gemachte Erfahrungen sowohl technisch als auch wirtschaftlich sinnvoll jederzeit abrufbereit zu halten. Darüber hinaus bedarf es auch einer Pflege derartiger Datenbestände im Hinblick auf die sich verändernden Kostenwerte/Preise, deren Aufwendigkeit in Konkurrenz zur Wahrscheinlichkeit des Wiederabrufes derartiger Informationen steht (vgl. Teil 4, S. 588 ff.).

Die Überprüfung der vorkalkulierten Werte mit den tatsächlichen Istkosten der bereits vollzogenen Arbeitsgänge erfolgt in der Zwischenkalkulation; sie wird besonders bei längeren Fertigungszeiten erforderlich. Daneben ist sie auch für die Ermittlung der bis zum Kalkulationszeitpunkt angefallenen „Herstellungskosten" zur bilanziellen Bewertung unfertiger Erzeugnisse geeignet. Die Nachkalkulation dient nach Abschluß der Produktion der Überprüfung der vorkalkulierten Werte. Sie liefert auch Informationen für zukünftige Vorkalkulationen gleichartiger oder ähnlicher Produkte. Von der Vorkalkulation ist die Plankalkulation zu unterscheiden. Diese bezieht sich nicht auf konkrete Einzelaufträge, sondern i. d. R. auf Standardprodukte und legt für eine bestimmte Periode (in der Regel ein Jahr) die anzuwendenden Kalkulationssätze im voraus fest.

Zwischen-kalkulation

Nach-kalkulation

Plan-kalkulation

Die wichtigste kalkulatorische Ergebnisrechnung ist die sogenannte **„kurzfristige Erfolgsrechnung"** oder **„Betriebsergebnisrechnung"**. In ihr werden Kosten und Leistungen einer Periode einander gegenübergestellt, um den **kalkulatorischen Gewinn (Betriebsergebnis)** dieser Periode zu ermitteln. Das Attribut „kurzfristig" weist darauf hin, daß die Betriebsergebnisrechnung für kürzere Perioden (in der Regel Monate) erstellt wird als die finanzbuchhalterische Gewinn- und Verlustrechnung. Von dieser unterscheidet sie sich weiterhin dadurch, daß mit den kalkulatorischen Größen Kosten und Leistungen gerechnet wird, die von den pagatorischen Größen Aufwand und Ertrag zum Teil abweichen (vgl. S. 1199 ff.). Gemeinsamkeiten bestehen insofern,

Kurzfristige Erfolgs-rechnung

als für den Grundaufbau der kurzfristigen Erfolgsrechnung die gleichen Alternativen existieren wie für den der Gewinn- und Verlustrechnung (vgl. Teil 10, S. 1432 ff.).

Gesamt-
kosten-
verfahren

Beim **Gesamtkostenverfahren** werden die **gesamten, nach Kostenarten gegliederten Kosten** den im allgemeinen **nach Produktarten gegliederten Verkaufserlösen** gegenübergestellt. Eine Ergänzung wird erforderlich, wenn Produktions- und Absatzmenge der Periode auseinanderfallen. Übersteigt die Produktions- die Absatzmenge, so sind die **Lagerbestandszunahmen** sowie eventuelle **selbsterstellte Anlagen** als Teil der Periodenleistung zu den Verkaufserlösen hinzuzurechnen. Im umgekehrten Falle (**Verminderung** des am Periodenanfang vorhandenen **Lagerbestandes**) muß zu den Periodenkosten der Wert der Bestandsminderung hinzugezählt werden. Da bei Anwendung des Gesamtkostenverfahrens keine produktarten- oder produktgruppenweise Gliederung der Gesamtkosten vorgesehen ist, ist auch keine Aufspaltung des kalkulatorischen Gewinnes oder Deckungsbeitrages (vgl. S. 1249) auf einzelne Produktarten oder -gruppen möglich.

Umsatz-
kosten-
verfahren

Diese Information liefert eher das **Umsatzkostenverfahren.** Es stellt den Umsatzerlösen nur deren Kosten gegenüber. Die – je nach Kostenrechnungssystem und Bewertungsverfahren – als Kosten von Lagerbestandszunahmen oder selbsterstellten Leistungen behandelten Teile der gesamten Periodenkosten sind bei diesem Verfahren bereits auf der Kostenseite der Betriebsergebnisrechnung subtrahiert und brauchen daher auch nicht auf der Leistungsseite als Wert der Lagerbestandszunahme zu den Verkaufserlösen addiert zu werden. Ergibt sich allerdings ein Abbau von zu Periodenbeginn vorhandenen Beständen unfertiger und fertiger Erzeugnisse, so ist die Differenz zwischen Lagerbestandswert zu Beginn und zum Ende der Erfolgsermittlungsperiode auf der Kostenseite der Betriebsergebnisrechnung zu berücksichtigen.

Die beim Umsatzkostenverfahren erforderliche Aufteilung der Periodenkosten auf verkaufte und auf Lager gegangene (d. h. noch nicht verkaufte) Produktionsmengen setzt die Ergebnisse der Stückkalkulation voraus. Dies müssen nicht notwendigerweise die Ergebnisse der Istrechnung der betreffenden Erfolgsermittlungsperiode sein. Eine Bewertung mit Normal-, Standard- oder Plankosten (vgl. S. 1203 f.) führt tendenziell sogar eher zu einer periodengerechten Erfolgsermittlung, da nicht plausibel ist, aus welchem Grunde Unwirtschaftlichkeiten oder auch besonders günstige Umstände innerhalb einer Periode den Erfolgsausweis späterer Perioden verschlechtern oder verbessern sollten. Mit Hilfe der aus der Kostenträgerstückrechnung übernommenen Stückkosten können nicht nur die Kosten der umgesetzten Mengen berechnet, sondern diese auch **produktartenweise gegliedert** werden. Je nach Kostenrechnungssystem (Voll- oder Teilkostenrechnung) lassen sich dann beim Umsatzkostenverfahren Kosten und Erlöse produktarten- oder produktgruppenweise einander gegenüberstellen und damit auch Gewinne oder Deckungsbeiträge pro Produktart oder Produktgruppe sichtbar machen, weil die Verkaufserlöse üblicherweise ohnehin in einer solchen Gliederung erfaßt sind.

7. Beziehungen zwischen Kosten- und Leistungsrechnung und Aufwands- und Ertragsrechnung

Die Teilbereiche des betrieblichen Rechnungswesens haben zwar unterschiedliche Aufgaben (vgl. dazu S. 1159 ff.), können zu deren Erfüllung aber teilweise auf gleiche oder nur zu modifizierende Ausgangsdaten zurückgreifen. Es liegt daher nahe, die Informationsgewinnung und -verarbeitung so zu organisieren, daß **Doppelarbeiten möglichst vermieden** werden. Der Kosten- und Leistungsrechnung am ähnlichsten ist die Aufwands-/Ertragsrechnung der Finanzbuchhaltung. Daher wird versucht, gerade diese beiden Rechnungen organisatorisch soweit wie möglich miteinander zu verknüpfen.

Beide Rechnungen lösen sich zumindest zeitlich von Zahlungsvorgängen. Kosten und Aufwendungen können ebenso wie Leistungen und Erträge vor oder nach den Zeitpunkten zu berücksichtigen sein, zu denen sich die zugrundeliegenden Vorgänge in Zahlungen niederschlagen. Gleichzeitigkeit von Zahlung und (pagatorischer oder kalkulatorischer) Erfolgswirksamkeit wäre nur dann gegeben, wenn der Wertentstehungs- bzw. Wertverzehrszeitpunkt mit dem Zahlungszeitpunkt zusammenfiele. Dies ist nur selten der Fall. Gelegentlich wird jedoch der Zahlungszeitpunkt aus praktischen Gründen als Erfassungszeitpunkt gewählt, weil er eine gewisse Sicherheit bezüglich der Höhe des zu berücksichtigenden Betrages und ein objektivierendes Dokument (Rechnung, Zahlungsbeleg, Kontoauszug u. ä.) mit sich bringt.

Die wesentlichen Unterschiede zwischen den beiden Rechnungssystemen bestehen darin, daß die Kosten- und Leistungsrechnung **nicht dem Anschaffungswertprinzip der Finanzbuchhaltung verpflichtet ist** (vgl. Teil 10, S. 1388 ff.), daß sie sich nur mit dem – allerdings wesentlichen – **Ausschnitt leistungsbedingter Transformationsprozesse** befaßt und daß sie eine **sehr viel akribischere, d. h. auf Einzelkomponenten des Transformationsprozesses bezogene Gegenüberstellung** negativer (Wertverzehre) und positiver (Wertzuwächse) Effekte der Unternehmenstätigkeit zu erreichen versucht. Eine zur Finanzbuchhaltung analoge Bestandsrechnung für leistungsbedingt eingesetzte Aktiva und Passiva wird zwar gelegentlich gefordert (vgl. Weber H. K. 1991), praktisch aber nicht systematisch realisiert. Als Einzelelemente einer solchen Rechnung könnte man jedoch beispielsweise die Aufzeichnung von Wiederbeschaffungspreisen (insbesondere für Betriebsmittel zur Berechnung von Abschreibungen) in der Anlagenbuchhaltung oder die in jüngerer Zeit häufiger geforderte Aktivierung von Forschungs- und Entwicklungskosten zum Zwecke ihrer zumindest kalkulatorisch produktbezogenen Verrechnung (vgl. S. 1195 f.) ansehen.

Die Diskussion über die Unterschiede zwischen den Rechengrößen Kosten und Aufwand bzw. Leistung und Ertrag hat in der Betriebswirtschaftslehre eine lange Tradition. Allgemein wird davon ausgegangen, daß es Aufwendungen gibt, die nicht gleichzeitig auch Kosten sind, und Kosten, die nicht in der Aufwandsrechnung berücksichtigt werden dürfen. Analoges gilt für Erträge und Leistungen.

Zweck-erträge/ neutrale Erträge

Bezeichnet man die leistungsgleichen Erträge als **Zweckerträge** und die darüber hinausgehenden Erträge **als neutrale Erträge**, so ergibt sich das in Abbildung 9.11 dargestellte Verhältnis zwischen Leistungen und Erträgen. Als neutral werden solche Erträge bezeichnet, die von den Leistungen wesensverschieden sind, weil sie nicht oder zumindest nicht unmittelbar in Verfolgung des Sachzieles der Unternehmung entstehen (z. B. Spekulationsgewinne bei Wertpapieren, Steuerrückerstattungen, Erlöse bei der Veräußerung von Betriebsmitteln über Buchwert). Theoretisch möglich, praktisch aber bislang nicht als solche erfaßt sind Leistungen, denen keine Erträge gegenüberstehen (Zusatzleistungen). Als Beispiele ließe sich die Verwendung verschmutzten Flußwassers für Kühlzwecke nennen, das gereinigt werden muß und sauberer an die Umwelt abgegeben wird, als es ihr entnommen wurde (positiver externer Effekt).

Abbildung 9.11: Verhältnis Erträge–Leistungen

Für die Kennzeichnung des Zusammenhanges zwischen Kosten und Aufwendungen ist ein differenziertes Begriffsinstrumentarium gebräuchlich. Stellt man den Aufwendungen einer Periode die in dieser Periode als Kosten behandelten Wertverzehre gegenüber, so sind einerseits ausschließlich in der Aufwandsrechnung berücksichtigte **(neutrale Aufwendungen)** und andererseits nur in der Kostenrechung erfaßte **(Zusatzkosten)** Verzehrsvorgänge möglich. Im allgemeinen ist jedoch der größte Teil der Wertverzehre in beiden Rechnungen anzusetzen. Diese werden aus der Sicht der Aufwandsrechnung als **Zweckaufwand**, aus der Sicht der Kostenrechnung als **Grundkosten** bezeichnet (vgl. Abbildung 9.12).

Zweck-aufwand/ Grundkosten

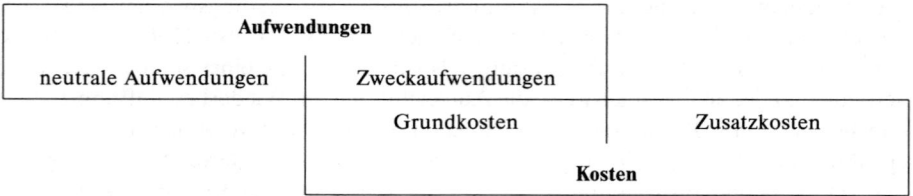

Abbildung 9.12: Verhältnis Aufwendungen–Kosten

Neutraler Aufwand

Als **neutrale Aufwendungen** und damit nicht als Kosten gelten Verzehre, die entweder **nicht leistungsbedingt** (z. B. Spekulationsverluste bei Wertpapieren) oder die in beiden Rechnungen **unterschiedlich verrechnet** werden. Solche Verrechnungsunterschiede sind einerseits auf ein der Kostenrechnung innewohnendes Normalisierungsdenken und andererseits auf die bei der Aufwandsbemessung häufig maßgeblichen bilanz-

1200

politischen Erwägungen zurückzuführen. Beispielsweise äußert sich das kostenrechnerische Normalisierungsdenken im regelmäßigen Ansatz von Wagniskosten zur Berücksichtigung eines nicht versicherten Risikos der Anlagenvernichtung durch Brand, Explosion etc. während in der Finanzbuchhaltung ein tatsächlich eintretender Schadensfall in voller Höhe als Aufwand des betreffenden Abrechnungszeitraumes zu verbuchen ist. Aus bilanzpolitischen Gründen wird für die Finanzbuchhaltung häufig die degressive Abschreibung gewählt, während in der Kosten- und Leistungsrechnung meist linear abgeschrieben wird.

Inwieweit **Zusatzkosten** auftreten, hängt vom zugrundeliegenden Kostenbegriff ab. Völlig **aufwandslose (vom Aufwand wesensverschiedene)** Kosten wie kalkulatorischer Unternehmerlohn oder kalkulatorische Zinsen auf das Eigenkapital sind nur bei wertmäßiger Interpretation möglich. **Bewertungsbedingte** Unterschiede (insbesondere wegen einer Verzehrsbewertung zu Wiederbeschaffungspreisen) können auch bei der gemäßigten pagatorischen Auffassung entstehen. Dies gilt auch für die auf unterschiedliche Periodisierungen zurückzuführenden **verrechnungsbedingten** Zusatzkosten.

Zusatzkosten

Diese in der betriebswirtschaftlichen Literatur weit verbreitete und durch eine Differenzierung der Zusatzkosten (im weiteren Sinne) in **Anderskosten** (anders verrechnete) und **Zusatzkosten im engeren Sinne** (aufwandslose oder Opportunitätskosten) noch verfeinerte Terminologie stiftet insofern Verwirrung, als nur selten klargestellt wird, ob es sich um eine Unterscheidung von Kostenarten oder von Kostenbeträgen handelt.

Die Gesamtsystematik der Unterscheidung von neutralen Aufwendungen und Erträgen, Zweckaufwendungen und Grundkosten, Zweckerträgen und Leistungen sowie Zusatzkosten bzw. -leistungen geht aus der Organisation des Gemeinschaftskontenrahmens der Industrie (vgl. Teil 10, S. 1350 ff.) hervor. Dort werden alle Aufwandsarten, die nicht in genau gleicher Höhe auch Kosten darstellen, in der Kontenklasse 2 (neutrale Aufwendungen und Erträge und Gegenkonten für sachliche Abgrenzungen), alle dem Betrag nach in gleicher Höhe sowohl Kosten als auch Aufwand darstellenden Wertverzehre (z. B. Löhne) sowie die in der Kostenrechnung anzusetzenden Beträge bei nicht kostengleichen Aufwandsarten in der Kontenklasse 4 (Kostenarten) erfaßt. Die Unterscheidung ist also insoweit kosten- bzw. aufwandsartenbezogen, als die Frage der Erfassung in Kontenklasse 4 nur davon abhängt, ob betragsmäßige Gleichheit zwischen Kosten und Aufwand besteht. Ist dies der Fall, so handelt es sich um aufwandsgleiche Grundkosten(arten). Wertverzehr, der nicht kostengleich ist (z. B. bei degressiver bilanzieller und linearer kalkulatorischer Abschreibung), wäre einerseits in voller Höhe zu den neutralen Aufwandsarten zu zählen (z. B. die bilanziellen Abschreibungen), andererseits wären in voller Höhe des in der Kostenrechnung angesetzten Betrages (z. B. der kalkulatorischen Abschreibungen) Zusatzkosten entstanden, obwohl ein u. U. nicht unerheblicher Teil des Wertverzehrs beide Rechnungen betrifft. Eine solche Begriffsfestlegung träge im Zusammenhang mit bildlichen Darstellungen wie der in Abbildung 9.12 gewählten mehr zur Verwirrung als zur Klarstellung bei. Daher sollen im folgenden

Gemeinschaftskontenrahmen

Differenzen zwischen finanzbuchhalterischen und kostenrechnerischen Wertverzehren oder Wertzuwächsen als **betragsmäßige** und **periodenbezogene Unterschiede** aufgefaßt, d. h. die jeweils überschießenden Beträge als Zusatzkosten/-leistungen bzw. neutrale Aufwendungen/Erträge betrachtet werden. Dies schließt nicht aus, daß einerseits bestimmte in der Kostenrechnung berücksichtigte Arten von Wertverzehren in der Aufwandsrechnung auch längerfristig gesehen gar nicht in Erscheinung treten, wie z. B. der kalkulatorische Unternehmerlohn oder der preissteigerungsbedingte Anteil von Verzehrsbewertungen auf der Basis von Wiederbeschaffungspreisen, und andererseits bestimmte Aufwandsarten (insbes. betriebsfremde) niemals in der Kostenrechnung zu berücksichtigen sind.

Zusätzliche Probleme der begrifflichen Differenzierung von Aufwendungen und Kosten bzw. Leistungen und Erträgen ergeben sich aufgrund der Transformation des **Bilanzrichtliniengesetzes** in das deutsche Handelsrecht. Die neue Systematik des Erfolgsausweises in der Gewinn- und Verlustrechnung geht von einer anderen als der bisher geläufigen Definition von **außerordentlichen Aufwendungen und Erträgen** aus. Mit ihr stimmt die Kontensystematik der Klassen 2 und 4 des Gemeinschaftskontenrahmens nicht mehr überein. Verzehrsvorgänge, die bilanziell neuerdings nicht mehr als außerordentlich, sondern als betriebsgewöhnlich einzustufen sind, wie z. B. „Verluste aus dem Abgang von Gegenständen des Anlagevermögens" sind aus der Sicht der Kostenrechnung nach wie vor nur über kalkulatorische Anlagenwagnisse sinnvoll zu berücksichtigen. Finanzbuchhalterisch dürfen sie jedoch nicht mehr als außerordentliche Aufwendungen (bzw. Erträge) behandelt werden (vgl. S. 1200), sondern sind bereits bei der Ermittlung des „Ergebnisses aus gewöhnlicher Geschäftstätigkeit" zu berücksichtigen. Letzteres setzt sich, auch wenn diese Begriffe im HGB nicht verwendet werden, aus einem Betriebs- und einem Finanzergebnis zusammen. Zinsaufwendungen sind dabei jedoch dem Finanzergebnis zuzurechnen.

Das **Betriebsergebnis als Periodenerfolg der Kosten- und Leistungsrechnung**, ermittelt durch Gegenüberstellung von Kosten und Leistungen der Betrachtungsperiode, ist also zu unterscheiden vom **Betriebsergebnis der Finanzbuchführung.** Letzteres ist – von seiner pagatorischen Grundausrichtung abgesehen – u. a. wegen der Nichtberücksichtigung von Zinsaufwendungen einerseits und der Einbeziehungen früher als außerordentlich behandelter Aufwendungen und Erträge (z. B. positive/negative Differenzen zwischen Buchwert und Verkaufserlös bei ausscheidenden Anlagegütern) nicht mit der Periodenerfolgsrechnung der Kosten- und Leistungsrechnung vergleichbar. Wenn weiterhin zwischen neutralen Aufwendungen und Zweckaufwendungen unterschieden werden soll, ist zu berücksichtigen, daß nur eine betrags- und nicht eine artmäßige Unterscheidung sinnvoll ist. Diese Unterscheidung kann daher auch nicht durch die Struktur von Kontenplänen geprägt sein. Die Finanzbuchhaltung hat eigene Regeln der Erfolgsspaltung entwickelt, die denen der Kosten- und Leistungsrechnung zwar ähneln, mit ihnen jedoch nicht identisch sind.

II. Kostenrechnungssysteme im Überblick

Die Bedeutung von Kosteninformationen für Entscheidungen in Unternehmen hat in den letzten Jahrzehnten zur Entwicklung einer Reihe unterschiedlicher Kostenrechnungssysteme (auch Entwicklungsformen der Kostenrechnung genannt) geführt. Diese Systeme lassen sich nach verschiedenen Kriterien einteilen. Der folgenden Einteilung liegen die Kriterien **Kosteninhalt** und **Verrechnungsumfang** zugrunde.

Einteilung der Kostenrechnungssysteme

Der Kosteninhalt (Ist-, Normal-, Plankosten) ergibt sich aus dem mit der Kostenrechnung verfolgten Informationsziel:

Kriterium Kosteninhalt

Sollen die tatsächlich angefallenen Kosten der Vergangenheit ermittelt werden, so sind die Verzehrsmengen – soweit möglich – mit tatsächlichen Preisen zu bewerten. In diesem Fall liegt eine „Istkostenrechnung" vor.

Istkostenrechnung

Diese Bezeichnung kann jedoch unter Umständen zu Mißverständnissen führen. So können z. B. kalkulatorische Abschreibungen nicht als Istkosten bezeichnet werden; es handelt sich vielmehr um Schätzwerte, die von der Nutzungsdauer abhängen. Entsprechendes gilt für kalkulatorische Zinsen, kalkulatorische Wagniskosten sowie für einige Kostenzahlen, die auf die Abgrenzung der Kosten von Ausgaben und Aufwendungen zurückgehen (z. B. Kostensteuern und periodenbezogene Kostenanteile bei Großreparaturen). Wenn dennoch die Bezeichnung Istkostenrechnung Verwendung findet, so deshalb, weil die Ermittlung der angefallenen Kosten (Istkosten) im Mittelpunkt steht.

Neben begrifflichen Problemen entstehen auch bei der Durchführung der Istkostenrechnung Schwierigkeiten. So läßt sich nicht ermitteln, inwieweit Schwankungen der Kostenhöhe auf interne (z. B. unwirtschaftlicher Einsatz von Produktionsfaktoren) oder externe Einflüsse (z. B. Preisschwankungen) zurückzuführen sind. Dadurch wird die Aussagefähigkeit der Kostenrechnung erheblich eingeschränkt. Bei Zeitvergleichen können zwar die Kosten verschiedener Perioden einander gegenübergestellt werden; eine vergleichende Ursachenanalyse ist jedoch nicht möglich. Zur Wirtschaftlichkeitskontrolle ist die reine Istkostenrechnung daher ungeeignet. Schließlich erweist sich die definitionsgemäß erforderliche Bewertung jeder verzehrten Mengeneinheit mit dem Istpreis als kaum praktikabel – besonders im Falle gemeinsam gelagerter Verbrauchsgüter, die zu unterschiedlichen Zeitpunkten und zu verschiedenen Preisen gekauft wurden. Dieses Problem läßt sich durch Verwendung fester Verrechnungspreise anstelle tatsächlicher Istpreise lösen. Die Weiterentwicklung dieses Gedankens führte zur Konzeption der Normalkostenrechnung.

Beim System der Normalkostenrechnung wird die Verwendung von „Normalwerten" ausgedehnt auf die Verrechnungssätze der innerbetrieblichen Leistungsverrechnung und auf die Kalkulationssätze. Dadurch wird eine erhebliche Vereinfachung der Abrechnung erzielt und in bescheidenem Umfang eine erste Ermittlung von Kontrollinformationen ermöglicht. Normalkosten bzw. Normalverrechnungssätze leiten sich aus

Normalkostenrechnung

den Kosten zurückliegender Perioden ab. Sie können sich z. B. als statistische Mittelwerte der bislang angefallenen effektiven Kosten ergeben oder den bisherigen Kosten bei „normaler" Beschäftigung entsprechen. Der entscheidende Nachteil der Normalkostenrechnung besteht darin, daß sie vergangenheitsorientiert ist. Daran ändert auch eine von Zeit zu Zeit erfolgende Aktualisierung der Wertansätze nichts. Da Normalkosten nicht auf einer Analyse, sondern lediglich auf einer Normalisierung der effektiven Kosten vergangener Rechnungszeiträume basieren, sagt ein Vergleich der Ist- mit den Normalkosten nicht unbedingt etwas über die Kostenwirtschaftlichkeit der Produktion aus. Es besteht die Gefahr, daß unter Umständen Schlechtes mit Schlechtem verglichen wird (vgl. Schmalenbach 1963, S. 438). Diese Schwäche der Normalkostenrechnung führte zur Entwicklung des Systems der Plankostenrechnung.

Plankosten-
rechnung

Durch die Verwendung von **Plankosten** sucht man zu vermeiden, daß Unwirtschaftlichkeiten zurückliegender Perioden in die Zukunft übertragen werden. Hierbei wird das **Mengengerüst der Kosten aufgrund eingehender Verbrauchsanalysen vorgeplant.** Die geplanten Verbrauchsmengen entsprechen dem bei planmäßigem Produktionsablauf unumgänglich erscheinenden Kostengüterverzehr. Dabei wird von einer normalen Arbeitsleistung ausgegangen („normaler Planwirtschaftlichkeitsgrad").

Eine Plankostenrechnung, die im wesentlichen zur mengenmäßigen Wirtschaftlichkeitskontrolle eingesetzt werden soll, kann sich auf die Planung des Mengengerüsts beschränken. Die Bewertung der Verzehrsmengen mit zeitlich konstanten Wertansätzen hat lediglich den Zweck, die unterschiedlichen Kostengüterarten gleichnamig und damit verrechenbar zu machen. Diese Form der Plankostenrechnung wird in der Regel **Vorgabe- oder Standardkostenrechnung** genannt. Sollen dagegen im Rahmen der betrieblichen Gesamtplanung die erwarteten Kosten prognostiziert werden, so ist auch das Wertegerüst gemäß den voraussichtlichen Marktpreisen einzubeziehen. Diese Form der Plankostenrechnung wird dementsprechend auch als **Prognosekostenrechnung** bezeichnet. Auf andere im Zusammenhang mit der Plankostenrechnung vorgeschlagene Begriffe (Richt-, Norm-, Optimal-, Etat-, Budget-, Sollkosten usw.) soll hier nicht näher eingegangen werden.

Kriterium
Verrech-
nungsumfang

Vollkosten-
rechnung
Teilkosten-
rechnung

Neben dem Kosteninhalt ist der **Umfang der Kostenzurechnung auf die Kostenträger** ein weiteres Einteilungskriterium für Kostenrechnungssysteme. Danach unterscheidet man Systeme der Vollkostenrechnung und Systeme der Teilkostenrechnung. In beiden Systemen werden sämtliche Kosten erfaßt. **In der Vollkostenrechnung werden die gesamten Kosten auf die einzelnen Kostenträger verteilt. In Teilkostenrechnungssystemen wird hingegen versucht, den Kostenträgern Kosten nur insoweit zuzuordnen, als dies nach dem Verursachungsgedanken möglich ist.** Von mehreren oder allen Kostenträgern gemeinsam bedingte Kosten werden dabei als nicht verursachungsgerecht erfaßbar angesehen. Ihnen dürfen daher die Deckungsbeiträge dieser Produkte nur en bloc gegenübergestellt werden. Durch diese Einbeziehung der Erlöse (als wesentlichem Teil der betrieblichen Leistung) entsteht aus der Teilkostenrechnung die Deckungsbeitragsrechnung als Kosten- und Leistungsrechnung. Bestimmte Formen der Teilkostenrechnung werden häufig auch als Grenzkostenrechnung bezeichnet; in

1204

diesen Fällen werden unter der Prämisse linearer Kostenverläufe nur die beschäftigungsvariablen Kostenanteile auf die Kostenträger verrechnet.

Voll- und Teilkostenrechnungssysteme können auf vergangenheitsbezogenen Ist- oder Normalkosten ebenso wie auf zukunftsbezogenen Plankosten aufbauen. Durch Kombination der beiden Gliederungskriterien Kosteninhalt und Verrechnungsumfang ergeben sich die in Abbildung 9.13 dargestellten Kostenrechnungssysteme. Zu beachten ist dabei, daß der Übergang zwischen den einzelnen Systemen fließend ist.

*Kosten-
rechnungs-
systeme*

Art (Zeitbezug) der Wertverzehre / Umfang Zurechnung auf Kostenträger	tatsächlich entstandene Wertverzehre **Istkosten**	erfahrungsgemäß zu erwartende und tatsächlich entstandene Wertverzehre **Normal- und Istkosten**	planungsgemäß zulässige und tatsächlich entstandene Wertverzehre **Plan- und Istkosten**
sämtliche Kosten der Betrachtungsperiode (volle Kosten)	klassische Vollkostenrechnung (zu Istkosten)	Normalkosten- rechnung	starre und flexible Vollplankosten- rechnung
Teil der Kosten der Betrachtungsperiode: nur variable Kosten →	direct costing (zu Istkosten)		Grenzplankosten- rechnung
nur Einzelkosten →	Rechnung mit relativen Einzelkosten und -erlösen (Riebel)		Rechnung mit relativen Einzelkosten und -erlösen (Riebel)

Abbildung 9.13: Kostenrechungssysteme im Überblick

Die Normalkostenrechnung wird im folgenden nicht näher behandelt; sie wurde weitgehend von der Plankostenrechnung verdrängt, der sie in formaler Hinsicht ähnlich ist.

III. Systeme der Vollkostenrechnung

Vollkostenrechnungssysteme verteilen sämtliche Kosten einer Periode (Monat, Quartal, Jahr) **auf die Leistungen** (Kostenträger) **dieser Periode.** Bei der Istkostenrechnung gilt dies für die tatsächlich entstandenen Kosten und Leistungen, bei Plankostenrechnungen auch für die geplanten bzw. erwarteten Kosten und Leistungen. Dabei wird zwar versucht, der Forderung nach verursachungsgerechter Zurechnung soweit als möglich Rechnung zu tragen, es muß jedoch auch auf Prinzipien zurückgegriffen werden, die diesem Anspruch nicht genügen.

1. Istkostenrechnung

Die Istkostenrechnung erfaßt und verteilt die „tatsächlich angefallenen" Kosten. Nur im einstufigen Einproduktbetrieb ist dies zumindest rechentechnisch unproblematisch. Zur Kostenverteilung genügt hier die Division der Gesamtkosten durch die Erzeugnismenge. Bei komplizierteren Produktionsstrukturen sind detailliertere Erfassungsvorgänge sowie der Aufbau eines geeigneten Kostenstellensystems erforderlich. Da einerseits auch Plankostenrechnungen nicht auf die Erfassung von Istkosten verzichten können und andererseits die Gründe für die Entwicklung von Teilkostenrechnungen erst vor dem Hintergrund der Problematik der Vollkostenrechnung deutlich werden, wird die Istkostenrechnung zu Vollkosten trotz der Beschränkung ihres Anwendungsbereiches ausführlicher dargestellt.

a) Kostenartenrechnung

Belegsystem

Neben der Erstellung eines **Kostenartenplanes** erfordert die systematische Erfassung der Kosten auch die Organisation eines **Belegsystems**. Als Belege kommen Lieferantenrechnungen und Eigenbelege in Betracht. Da die Erfassung der Verzehrsmengen bei vielen Kostenarten nur dezentral erfolgen kann, ist eine **Formalisierung und Standardisierung** des Erfassungssystems im allgemeinen **unabdingbar.** Für die Erfassung der Material-, Personal- und Betriebsmittelkosten stehen meist Nebenbuchhaltungen bzw. Hilfsrechnungen zur Verfügung, die auch aus finanzbuchhalterischen Gründen erforderlich und für dispositive Zwecke nutzbar sind.

Materialkosten

*Material-
buchhaltung*

Bei der Materialkostenermittlung stützt sich die Kosten- und Leistungsrechnung auf die **Materialbuchhaltung.** Informationen über den **Materialverbrauch** sind außer für die Zwecke der Kostenrechnung auch für die Ermittlung des Materialaufwandes, die Bestandsbewertung am Bilanzstichtag sowie die Lager- und Bestellpolitik von Bedeutung. Eine möglichst wirtschaftliche Verbrauchsfeststellung erfordert die Anwendung situationsgerechter Verfahren.

*Verbrauchs-
erfassung
ohne
Bestands-
führung*

Wenig aufwendig ist die **Verbrauchsmengenerfassung ohne Bestandsführung.** Dabei werden die gemäß Lieferantenrechnung oder Wareneingangsmeldung als zugegangen ermittelten Mengen als Verbrauch angesehen. Dies ist gerechtfertigt, wenn das betreffende Material nicht oder nur sehr beschränkt lagerfähig ist (z. B. Milch in einer Molkerei) bzw. wenn wegen fertigungssynchroner Anlieferung keine oder keine nennenswerten Bestände gehalten werden. Mit der Zunahme EDV-gestützter Verkettungen der Lieferbeziehungen zwischen Unternehmen nach dem logistischen Prinzip der „just-in-time Philosophie" gewinnt diese Art der Verbrauchsmengenerfassung an Bedeutung (vgl. S. 608). Zusätzliche Aufzeichnungen sind allerdings erforderlich, wenn angelieferte Materialien in unterschiedliche Erzeugnisse eingehen können bzw. an unterschiedlichen Kostenstellen verbraucht werden. Materialschwund wird bei diesem Verfahren nur zufällig entdeckt.

Bei der **Befundrechnung (Inventurmethode)** wird der Verbrauch am Periodenende nach der Formel

$$\text{Verbrauch} = \text{Anfangsbestand} + \text{Zugang} \div \text{Endbestand}$$

errechnet. Die Bestände müssen durch Inventur, die Zugänge aus Lieferantenrechnungen/Wareneingangsmeldungen ermittelt werden. Die im Rahmen der Erstellung des Jahresabschlusses erforderliche Inventur läßt sich hierzu allerdings nur sehr beschränkt heranziehen, da eine Verbrauchsmengenermittlung für die Zwecke der Kostenrechnung in kürzeren Abständen erforderlich ist. Die Befundrechnung eignet sich daher allenfalls für wertvolle Materialien, bei denen aus Sicherheitsgründen ohnehin eine häufigere Inventur angezeigt ist. Eine kostenträger- und/oder kostenstellenweise Aufteilung der Verbrauchsmengen wird durch diese Methode nicht erreicht.

Befund-rechnung

Eine weitere Möglichkeit der Verbrauchsmengenberechnung ist die **Rückrechnung (retrogrades Verfahren).** Ausgehend von Informationen über die Zusammensetzung der Erzeugnisse (Stücklisten, Rezepturen) und die Erzeugnismengen werden Sollverbrauchsmengen berechnet. Diese können kostenträgerweise und bei feststehenden Verbrauchsorten auch kostenstellenweise gegliedert werden. Eine weitgehende Übereinstimmung von Soll- und zu ermittelndem Istverbrauch kann jedoch nur bei ausgewählten Materialarten unter Berücksichtigung der betrieblichen Gegebenheiten unterstellt werden.

Rück-rechnung

Nur die **Skontrationsmethode** entspricht voll den Genauigkeitsanforderungen der modernen Kostenrechnung. Diese hohe Genauigkeit wird dadurch erzielt, daß Entnahmen von Roh-, Hilfs- und Betriebsstoffen stets in einer entsprechenden Datenbank oder auf Materialentnahmescheinen festgehalten werden. In diesen Aufzeichnungen müssen u. a. nicht nur Art und Menge des entnommenen Materials vermerkt sein, sondern auch die zu belastenden Kostenträger bzw. Kostenstellen. Dadurch lassen sich nach erfolgter Bewertung der verbrauchten Mengen die Kosten sowohl nach Materialarten als auch nach verbrauchenden Kostenträgern und Kostenstellen untergliedern. Die Skontration erfordert zwar erheblichen organisatorischen Aufwand, macht jedoch eine Stichtagsinventur zur Bilanzierung entbehrlich; rechtlich genügt eine permanente Inventur.

Skontrations-methode

Die **Bewertung der Materialverbrauchsmengen** erfolgt in der Istkostenrechnung in der Regel zu **Istpreisen.** Der Ansatz von **Wiederbeschaffungspreisen** aus Substanzerhaltungsgründen steht hierzu nicht im Widerspruch. Berücksichtigt man jedoch den mit der laufenden Ermittlung von Wiederbeschaffungspreisen verbundenen Arbeitsaufwand und die Tatsache, daß wegen der relativ hohen Umschlagshäufigkeit der Materialbestände die Istpreise in etwa den Tagespreisen entsprechen, so ist der Verzicht auf eine Wiederbeschaffungspreisbewertung verständlich. Es darf dabei jedoch nicht übersehen werden, daß – anders als beispielsweise bei Abschreibungen auf

Bewertung

Betriebsmittel – der im Verkaufserlös der entstandenen Erzeugnisse zurückfließende Einkaufspreis des verbrauchten Materials auch sehr viel schneller zur Wiederbeschaffung benötigt wird (vgl. Wenger 1981, S. 256 f.).

Zugangs-
preise

Wurden in der Betrachtungsperiode Materialien zu **unterschiedlichen Preisen** beschafft, so ist festzulegen, auf welche Weise die **Zuordnung von Preisen auf Mengen** erfolgen soll. Möglich wäre, den Verbrauchsmengen jeweils die Preise derjenigen Lieferungen zuzuordnen, aus denen die verbrauchten Mengen stammen. Dies erfordert jedoch eine entsprechende Lagerorganisation bzw. Kennzeichnung der gelagerten Materialien. Eine derartige Bewertung ist aus der Sicht der Istkostenrechnung auch nicht unbedingt anzustreben. Allenfalls wegen der Heranziehung des kostenrechnerischen Erfassungs- und Verteilungsinstrumentariums für finanzbuchhalterische Zwecke könnte eine derartige Bewertung in Betracht kommen.

Durch-
schnittspreise

Schwanken Materialpreise saisonbedingt oder wegen unterschiedlich hoher Bestellmengen, so ist eine **permanente oder periodische Ermittlung von Durchschnittspreisen** angebracht. Zeigen die Materialpreise allerdings einen **steigenden oder fallenden Trend** (z. B. wegen inflationärer Entwicklungen oder zunehmender Verknappung), so entspricht eine Durschnittspreisbildung nicht dem Ziel, den leistungsbedingten Güterverzehr mit Preisen zu bewerten, die eine **Wiederbeschaffung** (am Verbrauchs- oder

Tagespreise

Verkaufstag) ermöglichen. Auch der Ansatz von Festwerten läßt sich aus der Sicht der Istkostenrechnung nur dann rechtfertigen, wenn mit seiner Hilfe Schwankungen nach oben und unten ausgeglichen werden sollen.

Fingierte
Verbrauchs-
reihenfolgen

Bewertungsverfahren, die Verbrauchsreihenfolgen fingieren, können für die Kostenrechnung durchaus interessant sein, obwohl sie in erster Linie für die handelsbilanzielle Bewertung erdacht wurden und bislang allenfalls aus Vereinfachungsgründen auch in der Kostenrechnung Anwendung finden. **Lifo** (last in first out) führt tendenziell zu einer Bewertung der Verbrauchsmengen mit Preisen, die das **aktuelle Beschaffungspreisniveau** widerspiegeln. Eine Bewertung nach **Fifo** (first in first out) oder **Hifo** (highest in first out) läßt sich kostenrechnerisch nicht begründen.

Bei der Erfassung der Materialkosten sind die Voraussetzungen für deren Weiterverarbeitung in der Kostenstellen- bzw. Kostenträgerrechnung zu schaffen. Fertigungsmaterial (Rohstoffe, Bauteile) stellt in der Regel **„Einzelkostenmaterial"** dar, das kostenträgerbezogen zu erfassen ist. Als **„Gemeinkostenmaterial"** werden Hilfs- und Betriebsstoffe behandelt. Bei ihrer Erfassung sind die verbrauchenden Kostenstellen anzugeben.

Personalkosten

Personal-
kosten im
engeren Sinne

Personalkosten im engeren Sinne sind die **Bruttolöhne und -gehälter** sowie die **gesetzlichen und freiwilligen Sozialleistungen.** Die richtige und rechtzeitige Ermittlung der auszuzahlenden bzw. an Fiskus, Sozialversicherungsträger und andere Institutionen abzuführenden Beträge sowie die Führung der einkommensteuerlich vorgeschriebenen „Lohnkonten" obliegt der **Lohn- und Gehaltsbuchhaltung.** In dieser Nebenbuchhaltung läuft somit das auch für die Kostenrechnung relevante Zahlenmaterial zusammen. Insbesondere die für die Berechnung der Löhne erforderlichen Daten werden jedoch zunächst dezentral in den einzelnen Betriebsabteilungen erhoben.

Legt man eine weitere Fassung des Begriffs der Personalkosten zugrunde, so sind auch Kosten enthalten, die zu anderen natürlichen Kostenarten gehören. Betriebliche „Sozialeinrichtungen" wie z. B. Kantine, Betriebsarzt, Werksbücherei, Sportanlage u. ä. bedingen zwar ebenfalls Personalkosten im engeren Sinne (z. B. Bruttogehalt und Arbeitgeberanteil zur Sozialversicherung für Kantinenpersonal), darüber hinaus aber auch Abschreibungen, Materialkosten, Energiekosten, kalkulatorische Zinsen usw. Letztere können nicht in der Kostenartenrechnung, sondern allenfalls bei statistischen Auswertungen als „Kosten des Personals" behandelt werden. Ihre Höhe steht erst nach Durchführung der innerbetrieblichen Leistungsverrechnung im Rahmen der Kostenstellenrechnung fest. *„Kosten des Personals"*

Bei der Erfassung der **Lohnkosten** ist zwischen **Fertigungs- und Hilfslöhnen** zu unterscheiden. Löhne werden dann als Fertigungslöhne bezeichnet, wenn die vergüteten Tätigkeiten unmittelbar der Erzeugung von Zwischen- bzw. Endprodukten dienen. Dabei ist zwischen **Akkord-** und **Zeitlöhnen** zu unterscheiden. Häufig werden Fertigungslöhne ohne Berücksichtigung dieses Unterschiedes als Einzelkosten behandelt. Dies ist zumindest für die Zeitlöhne und den bei Akkordentlohnung garantierten Mindestlohn problematisch. Einem solchen Vorgehen liegt die Absicht zugrunde, Fertigungslöhne als Maßgrößen für das Volumen der Produktionstätigkeit (Beschäftigung) zu verwenden. Obwohl es sich bei der Erfassung rein arbeitszeitabhängiger Lohnbestandteile als „Einzelkosten" bereits um eine bestimmte Art der Schlüsselung von Gemeinkosten handelt, werden die Fertigungslöhne in der Kalkulation häufig als Basis für die Verteilung weiterer Gemeinkostenbestandteile verwendet (vgl. das allgemeine Kalkulationsschema, S. 1196 sowie S. 1223 ff.). *Fertigungslöhne*

Hilfslöhne stellen grundsätzlich Gemeinkosten dar. Zu ihnen zählen z. B. Löhne für Transport- und Wartungsarbeiten im Fertigungsbereich, für Arbeiten in Lagern, im Werkzeugbau usw. Oft werden die im Fertigungsbereich anfallenden Hilfslöhne als **Fertigungshilfslöhne** von den sonstigen Hilfslöhnen unterschieden. Zu letzteren zählen in Hilfsbetrieben (z. B. Betriebswerkstätten, Kesselhaus, Kläranlage) entstehende Lohnkosten. *Hilfslöhne*

Grundlage der Lohnkostenerfassung ist die Aufschreibung von Arbeitszeiten bzw. zu vergütenden Vorgabezeiten. Sie erfolgt mit Hilfe von Zeit- bzw. Akkordlohnscheinen bzw. über EDV-gestützte Betriebsdatenerfassungssysteme (BDE), in denen für die einzelnen Arbeitnehmer zeitraumbezogen (z. B. für Arbeitstage einer Woche) oder bezogen auf die von ihnen durchgeführten Arbeitsaufträge die erforderlichen Daten festgehalten werden. **Zeitlohnscheine** geben Auskunft über Art und Zeitdauer der Tätigkeiten eines Zeitlöhners sowie über die mit den Lohnkosten zu belastenden Kostenträger bzw. Kostenstellen. In **Akkordlohnscheinen** sind Rüstzeiten, Zahl der gefertigten Stücke, Vorgabezeiten pro Stück, anzuwendender Minutenfaktor (bzw. beim Geldakkord der pro Mengeneinheit zu vergütende Geldbetrag) sowie die zu belastenden Kostenträger und Kostenstellen festzuhalten. Überstunden- und Zusatz- *Lohnscheine* löhne, Löhne bei Feiertagsarbeit oder durch ein Prämienlohnsystem bedingte besondere Lohnzahlungen werden häufig auf gesondert gekennzeichneten Lohnscheinen erfaßt.

Sozial-
leistungen

Gesetzliche und freiwillige Sozialleistungen werden – obwohl zumindest die Arbeitgeberanteile zur gesetzlichen Sozialversicherung pro Arbeitnehmer ermittelbar wären – meist als Gesamtbetrag erfaßt und als **Kostenstellengemeinkosten** behandelt. Bei **Urlaubs- und Feiertagslöhnen** (bezahlte gesetzliche Feiertage) sowie **Urlaubsgeld** empfiehlt sich auch in der Istkostenrechnung die **Schätzung** eines voraussichtlichen **Jahresgesamtbetrages**, der im Verhältnis der Fertigungslöhne oder -zeiten oder zumindest gleichmäßig **auf die einzelnen Monate zu verteilen** ist. Andernfalls würden typische Urlaubs- und Feiertagsmonate mit Lohnkosten belastet, die in keinem Verhältnis zur Beschäftigung in diesen Monaten stehen.

Gehälter

Gehälter stellen **Kostenträgergemeinkosten** dar, die im Regelfall kostenstellenweise erfaßt werden können. Mit welchen Bruttobeträgen die einzelnen Kostenstellen zu belasten sind, ergibt sich aus den **Gehaltslisten.** Unregelmäßig anfallende Sonderzahlungen (z. B. Prämien, Provisionen) müssen allerdings zusätzlich erfaßt werden. Für die gesetzlichen und freiwilligen Sozialleistungen gelten die für Löhne gemachten Aussagen analog. Ob gehaltsbezogene Sozialleistungen getrennt von den lohnbezogenen ermittelt und auf Kostenstellen zugeordnet werden, richtet sich nach den Umständen des Einzelfalles.

Betriebsmittelkosten

Zu den Betriebsmitteln zählen **leistungsbedingt genutzte Gegenstände des Anlagevermögens** wie Gebäude, Maschinen, Fahrzeuge, sonstige Transporteinrichtungen und Einrichtungsgegenstände. Kosten entstehen durch deren gebrauchs- und zeitablaufbedingten Verschleiß, den Verzehr von Nutzungsmöglichkeiten des in ihnen gebundenen Kapitals sowie durch Reparatur- und Instandhaltungsarbeiten. Auch die Erfassung der Betriebsmittelkosten erfolgt zum Teil in einer Nebenbuchhaltung, der **Anlagenbuchhaltung**, deren Führung bereits aus finanzbuchhalterischen Gründen erforderlich ist. Sie zeichnet für jedes Anlagegut insbesondere Anschaffungspreis und -datum, geplante Nutzungsdauer, Abschreibungsmodalitäten für die Finanzbuchhaltung und die Kostenrechnung, finanzbuchhalterische Restwerte, die zu belastende Kostenstelle sowie vorgenommene wertsteigernde Maßnahmen (Großreparaturen, Generalüberholungen) auf.

Anlagen-
buchhaltung

Kalkulato-
rische Ab-
schreibungen

Zur Unterscheidung von den bilanziellen Abschreibungen wird der in der Kostenrechnung zu berücksichtigende Wertverzehr der Betriebsmittel als **kalkulatorische Abschreibung** bezeichnet. Bei der Bemessung der kalkulatorischen Abschreibungen sollten finanzbuchhalterische Bewertungsprinzipien sowie bilanzpolitische Erwägungen keine Rolle spielen. Beispielsweise braucht dabei keineswegs von den historischen Anschaffungsausgaben ausgegangen zu werden. Zum Zweck einer gegenwartsnahen Bewertung der verzehrten Nutzungspotentialanteile ist der **Ansatz von Tagespreisen** möglich. Auch bei stabilen Preisen auf den Beschaffungsmärkten können kalkulatorische und bilanzielle Abschreibungen voneinander abweichen. So ist der Grundsatz der vorsichtigen Bewertung, der für die Finanzbuchhaltung eine Abschreibungsbemessung nach der degressiven Methode nahelegt, in der Kosten- und Leistungsrechnung nicht ohne weiteres am Platze. Bei geplantem gleichmäßigem Potentialverzehr ist die **lineare Abschreibung** angemessen.

Wird die Höhe des verfügbaren Potentials unter- bzw. das Ausmaß seiner Inanspruchnahme überschätzt, so ergibt sich daraus eine **Verlängerung der ursprünglich angenommenen Nutzungsdauer.** Sobald dies absehbar ist, sind kalkulatorische Abschreibungen unter Berücksichtigung des aktuellen Kenntnisstandes **neu zu berechnen.** Die für die **restlichen** Nutzungsperioden anzusetzenden Abschreibungen sind so zu bemessen, als sei die längere Nutzungsdauer von vornherein bekannt gewesen. Schätzfehler der Vergangenheit dürfen nämlich nicht verhindern, daß bei Vorliegen neuerer Informationen in den verbleibenden Perioden mit „richtigeren" Werten gerechnet wird.

Fehlschätzung der Nutzungsdauer

Wird ein Betriebsmittel **unerwartet** vor Ablauf der geplanten Nutzungsdauer technisch oder ökonomisch **unbrauchbar,** so ist der noch vorhandene **„Restbuchwert"** für die Höhe der kalkulatorischen Abschreibungen der letzten Periode, in der eine Nutzung möglich ist, **für die Kostenrechnung ohne Belang.** Das Risiko einer Überschätzung des Nutzungspotentials läßt sich allerdings im sogenannten **kalkulatorischen Anlagenwagnis** berücksichtigen (vgl. S. 1214). Wird eine Verkürzung der Nutzungsdauer frühzeitig erkannt, so können für die absehbare Restnutzungsdauer kalkulatorische Abschreibungen auf der Grundlage des neuen Informationsstandes berechnet werden.

Den Intentionen der Kostenrechnung besonders nahe kommt eine Abschreibung nach dem Ausmaß des nutzungsbedingten Potentialverzehrs **(Verbrauchsabschreibung).** Hierbei wird der Anschaffungs-(Herstellungs-) oder Tageswert der Betriebsmittel durch die geschätzte Menge möglicher Nutzungseinheiten (z. B. Laufleistung in Stunden oder Kilometern, Zahl der herstellbaren Produkteinheiten) dividiert und der so errechnete Abschreibungsbetrag pro Mengeneinheit mit der Zahl der in der Periode realisierten Mengeneinheiten multipliziert.

Verbrauchsabschreibung

Beispiel:
Wiederbeschaffungspreis eines Lastkraftwagens im Abrechnungszeitraum 200 000,– DM.
Geschätzte Gesamtlaufleistung 500 000 km.
Abschreibungsbetrag pro km im Abrechnungszeitraum -,40 DM.
Im Abrechnungszeitraum gefahren 80 000 km.
Abschreibungen im Abrechnungszeitraum 32 000,– DM.

Die Verbrauchsabschreibung eröffnet prinzipiell die Möglichkeit, kalkulatorische Abschreibungen als Einzelkosten zu behandeln. Allerdings legen es die nicht zu beseitigenden Schätzprobleme nahe, dieses Verfahren nur zum Zwecke einer verbesserten **Zurechnung** von Wertverzehren **auf Nutzungsperioden** zu verwenden und die ermittelten Beträge als Kostenträgergemeinkosten zu behandeln. Hierfür spricht weiterhin, daß neben dem nutzungsbedingten Verschleiß im allgemeinen auch zeitabhängiger Verschleiß stattfindet.

Wegen der zur Abschreibungsberechnung stets notwendigen Schätzungen handelt es sich bei den kalkulatorischen Abschreibungen **nicht** mehr um **reine Istkosten.** Gleichwohl kann auf die Berücksichtigung des Wertverzehrs von Betriebsmitteln in der Istkostenrechnung nicht verzichtet werden.

Kalkulato-rische Zinsen

In der Finanzbuchhaltung werden nur Fremdkapitalzinsen als Aufwand angesetzt. Die Eigenkapitalverzinsung wird als Gewinnbestandteil betrachtet. Bei Zugrundelegung des **pagatorischen Kostenbegriffes** können auch in der Kosten- und Leistungsrechnung **nur Fremdkapitalzinsen** berücksichtigt werden. Bei **wertmäßiger Kostenauffassung** sind hingegen **auch Eigenkapitalzinsen** anzusetzen. Für die Einbeziehung der Eigenkapitalzinsen werden jedoch auch andere Gründe angeführt.

Ein erstes Argument lautet, ohne Berücksichtigung von Eigenkapitalzinsen seien die Kosten unterschiedlich finanzierter Unternehmungen auch bei im übrigen ähnlicher Kostensituation nicht vergleichbar. Diese Sichtweise begründet weder die Verwendung des wertmäßigen Kostenbegriffs noch ist sie für die einzelne Unternehmung relevant.

Eigenkapital-zinsen

Wird aus der Sicht des wertmäßigen Kostenbegriffs zugunsten des Ansatzes von **Eigenkapitalzinsen** angeführt, der Entgang des Nutzens der besten verdrängten Kapitalverwendungsmöglichkeit stelle Kosten der realisierten Alternative (d. h. des Einsatzes in der Unternehmung) dar, so wird nur bezüglich des Eigenkapitals auf **Opportunitätskostenüberlegungen** zurückgegriffen. Vermögensgegenstände lassen sich jedoch nicht danach unterscheiden, ob sie fremd- oder eigenfinanziert sind. Der

Zinssatz

Ansatz eines einheitlichen Zinssatzes ist daher **praktisch unvermeidlich.** Der zu wählende Zinssatz hängt dabei von der Begründung für die Einbeziehung kalkulatorischer Zinsen ab. Soll durch Ausweis von Kapitalkosten erreicht werden, daß eine **unnötige Kapitalbindung vermieden** wird, so empfiehlt sich die Verwendung des **jeweils höchsten Fremdkapitalzinssatzes.** Dadurch freigesetztes Kapital kann entweder zur Rückzahlung der teuersten Kredite verwendet oder rentabler eingesetzt werden. Ein **Mischzins** zwischen effektiv zu zahlenden Fremdkapitalzinsen und alternativ erzielbarer Eigenkapitalverzinsung (z. B. Kapitalmarktzins) ist angebracht, wenn die **Kalkulation kostendeckender Preisuntergrenzen** bzw. die **Ermittlung von Periodenergebnissen** im Vordergrund stehen.

Gebundenes Kapital

Ausgangspunkt für die Ermittlung kalkulatorischer Zinsen ist das **leistungsbedingt eingesetzte Vermögen.** Zu dessen Berechnung werden häufig die **Auflösung stiller Reserven** in den betriebsnotwendigen Vermögensteilen und der Abzug zinslos zur Verfügung stehenden (z. B. Kundenanzahlungen) sowie Zinsanteile enthaltenden (z. B. Lieferantenkredite mit Skonto) Fremdkaptials gefordert **(Abzugskapital).** Die Zweckmäßigkeit derartiger Korrekturen ist jedoch **umstritten.** Eine relativ einfache Korrektur ist auch nur dann möglich, wenn die **kalkulatorischen Zinsen als Gesamtbetrag** errechnet und im Verhältnis der bei den Kostenstellen bestehenden Kapitalbindung auf diese verteilt werden. Hierzu muß die Kapitalbindung pro Kostenstelle festgestellt bzw. geschätzt werden. Der auf die Betriebsmittel entfallende Anteil kann mit Hilfe der Anlagenkartei ermittelt werden. Ist die Kapitalbindung pro Kostenstelle aber bekannt, so können die **kalkulatorischen Zinskosten** auch **kostenstellenweise** berechnet werden. Dann besteht jedoch das Problem der Verteilung des eventuell zu berücksichtigenden Abzugskapitals.

Bei der Ermittlung der Kapitalbindung ist grundsätzlich von den Werten der pagatorischen Rechnung, d. h. von den Anschaffungsausgaben bzw. den noch verbleibenden Restbuchwerten auszugehen, wenn nach dem Opportunitätskostengedanken die bei alternativer Kapitalverwendung erzielbaren Zinsen als entgangen und damit als Kosten angesehen werden.

Sonstige Kostenarten

Da eine erschöpfende Behandlung aller Kostenarten und ihrer Erfassung im vorliegenden Rahmen nicht möglich ist, wird im folgenden nur auf einige ausgewählte Kostenarten eingegangen.

Durch den Ansatz **kalkulatorischen Unternehmerlohnes** soll die Nutzung des Arbeitsleistungspotentials der bzw. des (meist in leitender Funktion) mitarbeitenden Unternehmenseigentümer(s) berücksichtigt werden. **Kalkulatorischer Unternehmerlohn kann somit nur bei Personengesellschaften und Einzelkaufleuten in Betracht kommen.** Vorstands- bzw. Geschäftsführerbezüge bei Kapitalgesellschaften zählen zu den Personalkosten. Wie die Eigenkapitalverzinsung wird auch die Eigentümerarbeit finanzbuchhalterisch als im Gewinn abgegolten betrachtet. Die Höhe des somit nur kostenrechnerisch relevanten kalkulatorischen Unternehmerlohnes ergibt sich aus dem **Opportunitätskostengedanken.** Der Eigentümer „opfert" durch seine Mitarbeit die Einkünfte, die er in der besten nichtrealisierten Einsatzmöglichkeit seiner Arbeitskraft erzielen könnte. Als Anhaltspunkte hierfür können Geschäftsführer- bzw. Vorstandsbezüge in vergleichbaren Unternehmungen dienen.

Kalkulatorischer Unternehmerlohn

Als **Kostensteuern** werden im allgemeinen die gewinnunabhängigen Steuern behandelt. Einkommen-, Körperschaft- und Gewerbeertragsteuer zählen somit nicht dazu. Bei unbeschränkt vorsteuerabzugsberechtigten Unternehmungen kann auch die Umsatzsteuer kostenrechnerisch unberücksichtigt bleiben, d. h. als „durchlaufender Posten" betrachtet werden. In der Kostenrechnung anzusetzen sind somit die auf leistungsbedingt eingesetzte Vermögensteile entfallende Grund- und Vermögensteuer, die Gewerbekapitalsteuer, Verkehrsteuern wie z. B. Kraftfahrzeug-, Wechsel- und Wertpapiersteuer sowie Verbrauchsteuern (z. B. Branntweinsteuer oder Tabaksteuer bei entsprechendem Leistungsprogramm). Bei Grund-, Vermögen- und Gewerbekapitalsteuer ist mit Schätzwerten zu rechnen, da ihre tatsächliche Höhe erst nach der Veranlagung durch das Finanzamt bekannt ist.

Kostensteuern

Kalkulato-
rische Zinsen
auf sonstiges
Vermögen

Kalkulatorische Zinsen sind nicht nur für die Betriebsmittel anzusetzen. Auch in unbebauten Grundstücken, Ausleihungen, Vorräten, Forderungen, Bankguthaben, Kassenbeständen ist Kapital gebunden. Bei ihrer Ermittlung ist analog zu der bei den Betriebsmitteln beschriebenen Vorgehensweise zu verfahren.

Kalkulato-
rische
Wagnisse

Eine besondere Verzehrsart stellen die **kalkulatorischen Wagnisse** dar. Durch ihren Ansatz sollen nicht versicherte oder nicht versicherbare Einzelrisiken in einer Art Selbstversicherung berücksichtigt werden. Hierzu zählen insbesondere das Risiko des Ausfalls von Betriebsmitteln vor Ablauf der geschätzten Nutzungsdauer (**Anlagenwagnis**), des Schwundes von Vorräten (**Beständewagnis**), des Ausfalls von Forderungen (**Debitorenwagnis**) sowie der **garantieleistungs- oder kulanzbedingten Beseitigung von Schäden bzw. der Leistung von Schadensersatz bei Produktmängeln.**

Die Berücksichtigung dieser Risiken in Form von kalkulatorischen Wagnissen soll dazu führen, daß auf längere Sicht derartige Belastungen zwar als Kosten verrechnet werden, dies jedoch nicht in der Periode ihres Anfalles in voller Höhe erfolgen muß. Würde keine derartige **normalisierende Verteilung** vorgenommen, so müßten die Anfallsperioden mit Kostenbeträgen belastet werden, die unter Umständen außergewöhnlich hoch sind und diese Perioden nur zufällig treffen. Die tatsächliche Schadenshöhe findet ausschließlich in der Finanzbuchhaltung Berücksichtigung (z. B. als außerordentliche Abschreibung oder sonstiger Aufwandsposten). Bei der Berechnung der **Höhe kalkulatorischer Wagnisse ist man auf Erfahrungswerte** aus der Vergangenheit oder Schätzungen angewiesen. Das Risiko, wegen konjunktureller Einbrüche, Fehldispositionen, Veränderungen im Nachfrageverhalten usw. Verluste zu erwirtschaften (**allgemeines Unternehmerwagnis**) ist **nicht als kalkulatorisches Wagnis** anzusetzen. Ihm steht die Chance der Gewinnerzielung gegenüber. Die Abgrenzung gegen Einzelrisiken kann jedoch schwierig sein.

b) Kostenstellenrechnung

Kostenstellen-
plan

Der Aufbau des Kostenstellenplans richtet sich in der Vollkostenrechnung vorwiegend nach abrechnungstechnischen Kriterien. Der nachstehende Kostenstellenplan des Rationalisierungskuratoriums der Deutschen Wirtschaft (RKW) sei beispielhaft für die Kostenstellengrobeinteilung in der Vollkostenrechnung angeführt:

(1) **Allgemeine Kostenstellen:** Sie erbringen Leistungen für den Betrieb insgesamt. Sie sind demnach stets Hilfskostenstellen (Beispiele: Grundstücke und Gebäude, Energiezentrale, Kantine, Gemeinschaftsräume).

(2) **Fertigungshilfsstellen:** Sie liefern ihre Leistungen ausschließlich an die Fertigungsstellen (Beispiel: Reparaturwerkstatt, Werkzeugbau, Arbeitsvorbereitung und technische Betriebsleitung).

(3) **Hauptkostenstellen (Fertigungsstellen):** Die Kostenstellen des Fertigungsbereichs, in denen Zwischen- oder Endprodukte erstellt werden.

(4) **Materialhilfsstellen:** Ihre Leistungen liegen in der Versorgung des Fertigungsbereichs mit den notwendigen Materialien (Beispiele: Einkauf, innerbetriebliches Transportwesen, Materiallager).

(5) **Verwaltungsstellen:** Die Verwaltung der Unternehmung wird als Gruppe von Hilfskostenstellen behandelt, die nach funktionalen Gesichtspunkten untergliedert wird (Beispiele: Geschäftsführung, Finanz- und Betriebsbuchhaltung, Kalkulation, Fuhrpark, EDV).

(6) **Vertriebsstellen:** Bei funktionaler Gliederung dieser Hilfskostenstellen lassen sich folgende Kostenstellen als Beispiele bilden: Vertriebsabteilung, Werbung, Marktforschung, Versandlager, Fuhrpark des Vertriebs.

Die Gliederung des Kostenstellenplans findet auch im Betriebsabrechnungsbogen Verwendung. Das Schema eines BAB der Vollkostenrechnung ist in Abbildung 9.14 dargestellt.

Mit Hilfe der Betriebsabrechnungsbogens werden in der Vollkostenrechnung die folgenden Rechenschritte durchgeführt: Gemeinkostenverteilung, innerbetriebliche Leistungsverrechnung, Zuschlagssatzermittlung.

In einem **ersten Schritt** werden die **primären Kostenträgergemeinkosten kostenstellenweise zusammengestellt.** Für die bereits bei der Kostenerfassung als Stelleneinzelkosten identifizierten Kostenbeträge ist dies unproblematisch. Stellengemeinkosten müssen mit Hilfe von **Schlüsseln** auf die Kostenstellen verteilt werden. So können beispielsweise die Kosten der Kostenart „gesetzliche soziale Abgaben" nach dem Wertschlüssel „Lohnsumme je Kostenstelle", die Miet- und Gebäudekosten nach dem Mengenschlüssel „Quadratmeter je Kostenstelle" zugeschlüsselt werden. Inwieweit Probleme der Aufteilung von Kostenstellengemeinkosten in diesem Stadium der Kostenstellenrechnung oder erst bei der innerbetrieblichen Leistungsverrechnung auftreten, hängt u. a. von der Struktur des Kostenstellensystems ab. Eine Unterscheidung der Kostenstellenkosten nach beschäftigungsfixen und -variablen Kostenbestandteilen erfolgt in der Vollkostenrechnung nicht.

Ermittlung primärer Kostenstellenkosten

In einem zweiten Schritt sind die **sekundären Kosten** mit Hilfe der Verfahren der **innerbetrieblichen Leistungsverrechnung** zu verteilen. Die Kosten der Erstellung innerbetrieblicher Leistungen sollen den Empfängern dieser Leistungen belastet werden. Dies sind zunächst diejenigen Kostenstellen, die solche Leistungen verbrauchen. Da auch innerbetriebliche Leistungen letztlich um der Entstehung von Kostenträgern willen erbracht werden, ist die innerbetriebliche Leistungsverrechnung erst dann abgeschlossen, wenn die Kosten der erstellten innerbetrieblichen Leistungen den entsprechenden Endkostenstellen angelastet worden sind und von dort aus auf die Kostenträger verteilt werden können. Für die **Verrechnung innerbetrieblicher Leistungen** stehen **unterschiedliche Verfahren** zur Verfügung.

Innerbetriebliche Leistungsverrechnung

Das einfachste Verfahren ist das **Kostenarten-, Einzelkosten- oder Teilkostenverfahren.** Hierbei werden den verbrauchenden Stellen nur die **Einzelkosten der innerbetrieblichen Leistungen** (im allgemeinen Material- und Lohnkosten) belastet. Diese brauchen bei den erzeugenden Kostenstellen nicht gesondert in Erscheinung zu treten, sondern können bereits bei der Kostenerfassung für die verbrauchenden Stellen ermittelt werden. Da bei diesen Verfahren eine Zurechnung anteiliger Gemeinkosten der leistenden Stellen unterbleibt, wird im BAB keine Verrechnung sichtbar. Die Verteilung der Gemeinkosten der leistenden Stellen muß auf andere Weise erfolgen,

Kostenartenverfahren

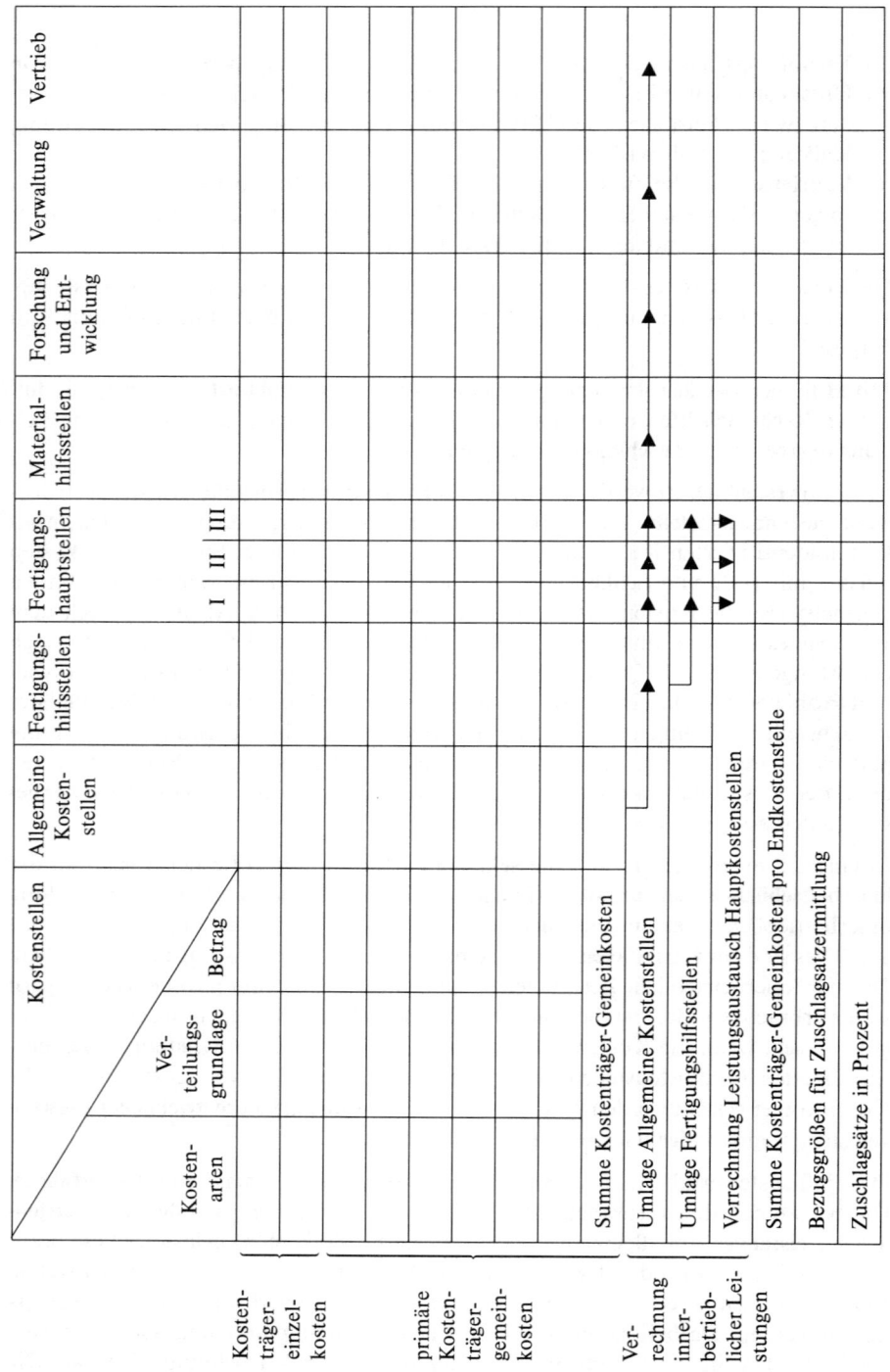

Abbildung 9.14: Schema eines BAB bei Vollkostenrechnung auf der Basis von Istkosten

wenn die Kostenartenmethode anwendbar sein soll. Dies ist der Fall, wenn innerbetriebliche Leistungen von Endkostenstellen erbracht werden, deren gesamte Kosten ohnehin auf Kostenträgern zu verteilen sind. Bei der Leistungserstellung in Vorkostenstellen ist eine Berücksichtigung von Gemeinkosten unter Umständen dann entbehrlich, wenn wegen wechselseitigen Leistungsaustauschs zwischen den Kostenstellen eine Kompensation der an sich zuzurechnenden Gemeinkostenbeträge angenommen werden kann.

Bei Verwendung des **Kostenstellenumlageverfahrens** werden die Gesamtkosten der zu verrechnenden innerbetrieblichen Leistungen auf alle verbrauchenden Kostenstellen verteilt. Die auf Vorkostenstellen gesammelten Kosten werden im Verhältnis gemessener Verbrauchsmengen (z. B. Kilowattstunden, Kubikmeter, Stunden) oder geschätzter Prozentsätze „umgelegt". Die Anwendung dieses Verfahrens setzt strenggenommen voraus, daß der Strom innerbetrieblicher Leistungen nur in einer Richtung fließt. Eine vorgelagerte Kostenstelle darf zwar an eine nachgelagerte Kostenstelle Leistungen abgeben, nicht jedoch von dieser empfangen. Wechselseitige Leistungsbeziehungen können nur bei teilweiser Vorwegzurechnung (z. B. mit Hilfe normalisierter Verrechnungssätze) oder in einer mehrstufigen Verteilungsrechnung mit Nachverrechnungen berücksichtigt werden. Die dabei erzielten Ergebnisse entsprechen aber nicht der Logik dieses Verrechnungssystems. *Kostenstellen-umlage-verfahren*

Beim Kostenstellenumlageverfahren ist es nicht erforderlich, daß sämtliche Einzelkosten der innerbetrieblichen Leistungen zuerst bei den leistenden Stellen erfaßt werden. Wie beim Kostenartenverfahren können sie sofort der verbrauchenden Stelle zugeordnet werden. Von Endkostenstellen erbrachte innerbetriebliche Leistungen lassen sich im Kostenstellenumlageverfahren berücksichtigen, obwohl Endkostenstellen nicht „umgelegt" werden. Ist es möglich, die leistende Endkostenstelle in einen einseitig gerichteten Leistungsstrom einzufügen, so bedarf es nur der Ermittlung des nicht unmittelbar auf Kostenträger, sondern zuerst auf andere Kostenstellen zu verrechnenden Teils ihrer Kosten. Formal kann der zu verteilende Betrag wie beim nachstehend beschriebenen Kostenstellenausgleichsverfahren als Abzugsbetrag ausgewiesen werden.

Das **Kostenstellenausgleichsverfahren** könnte als lediglich formale Verrechnungsprozedur im BAB aufgefaßt werden. Leistende Kostenstellen werden ent-, empfangende Kostenstellen belastet. Dies erfolgt im Grunde auch beim Kostenstellenumlageverfahren. Die spezielle Bedeutung des Kostenstellenausgleichsverfahrens liegt in der Berücksichtigung von Leistungsbeziehungen zwischen End-, insbesondere Hauptkostenstellen. Auch Leistungen von End- an Vorkostenstellen lassen sich einbeziehen. Beim Kostenstellenausgleichsverfahren enthalten die primären Kosten der Leistungsempfänger bereits die Einzelkosten der innerbetrieblichen Leistungen. Sie werden wie beim Kostenartenverfahren direkt für die verbrauchende Stelle erfaßt. Darüber hinaus werden den empfangenden Stellen anteilige Gemeinkosten der leistenden Stellen belastet. Ihre Ermittlung erfolgt mit Hilfe normalisierter, der Kostenträgerrechnung entnommener Kalkulationssätze. Im BAB werden diese Gemeinkosten in eigens dafür vorgesehenen Zeilen von den Gemeinkosten der leistenden Stellen subtrahiert und zu denen der empfangenden Stellen addiert. *Kosten-stellen-ausgleichs-verfahren*

Kostenträger- *verfahren*	**Das Kostenträgerverfahren kalkuliert die innerbetrieblichen Leistungen wie Kunden-aufträge als selbständige Kostenträger.** Die Einzelkosten der Innenleistung werden einem Kostenträgerkonto (bzw. einer Ausgliederungsstelle) zugerechnet. Wie bei der Zuschlagskalkulation werden Fertigungs-, Material- und Verwaltungsgemeinkosten-zuschläge von den Endkostenstellen übernommen und auf die innerbetrieblichen Kostenträger verrechnet. Das Kostenträgerverfahren wird vor allem bei der Erstel-lung **aktivierungspflichtiger Leistungen** angewandt. Die Belastung der den innerbe-trieblichen „Kostenträger" beanspruchenden Kostenstellen erfolgt dann während des Nutzungszeitraums über kalkulatorische Abschreibungen. Das Kostenträgerver-fahren ist insbesondere geeignet zur Gewinnung von Informationen über die Wirt-schaftlichkeit von Eigenherstellung oder Fremdbezug.
Problem des *gegenseitigen* *Leistungs-* *austauschs* *Gleichungs-* *verfahren*	Alle bisher dargestellten Verfahren gehen von der Prämisse eines grundsätzlich ein-seitig gerichteten Leistungsflusses aus, der jedoch in der Praxis die Ausnahme darstellt. In der Regel besteht zwischen den einzelnen Kostenstellen ein **gegenseitiger Leistungsaustausch.** In diesem Fall können aber die Kosten der Stellenleistungen nicht unabhängig voneinander bestimmt werden, da die Gemeinkosten der ersten Stelle von den (noch unbekannten) auf sie zu verrechnenden Kosten der zweiten Stelle mitbestimmt werden und umgekehrt. Die bisher dargestellten Verfahren führen in diesen Fällen zu ungenauen Ergebnissen. Die wechselseitige Abhängigkeit kann nur durch einen **simultanen Ansatz** in Form eines linearen Gleichungssystems berücksich-tigt werden.

Die Gesamtkosten K_i einer Kostenstelle (i), die innerbetriebliche Leistungen emp-fängt, setzen sich zusammen aus ihren primären und sekundären Kosten. Die primären Kosten K_i^{pr} sind in der Regel die im ersten Schritt der Kostenstellenrech-nung auf die Kostenstellen verteilten Kostenträgergemeinkosten. Die sekundären Kosten, mit denen die Kostenstelle für die von ihr beanspruchten innerbetrieblichen Leistungen belastet wird, ergeben sich aus dem Produkt der von der Kostenstelle j empfangenen Leistungseinheiten l_{ij} und der – noch unbekannten – Kostenwerte pro empfangener Leistungseinheit k_j. Danach errechnen sich die gesamten von der Kostenstelle i verursachten Kosten $K_i = K_i^{pr} + \sum_j l_{ij} \cdot k_j$. Den gesamten Kosten steht der Wert $l_i \cdot k_i$ der erzeugten Leistungen gegenüber. Für die Kostenstelle i müssen also die Kosten k_i pro Einheit derart festgesetzt werden, daß gilt:

$$(9.1) \qquad K_i^{pr} + \sum_j l_{ij} \cdot k_j = l_i \cdot k_i$$

Dabei setzt sich l_i zusammen aus den an andere Kostenstellen gelieferten Leistungs-einheiten und aus den für den Markt bestimmten Leistungen. Wird zu Kontrollzwek-ken auch der Selbstverbrauch der leistenden Stelle berücksichtigt, so führt dies nicht zur Verrechnung der gesamten Periodenkosten auf die Endleistungen. Bei n Kosten-stellen erhält man somit ein System von n linearen Gleichungen mit n Unbekannten (k_i), das in (9.2) dargestellt ist.

Die Unbekannten (k_i) können mit Hilfe der Determinanten- oder Matrizenrechnung gefunden werden. Soweit zwischen Stellen keine Leistungsbeziehungen bestehen,

1218

(9.2)

$$
\begin{aligned}
K_1^{pr} + l_{11} \cdot k_1 + l_{12} \cdot k_2 + \quad \ldots \quad + l_{1n} \cdot k_n &= l_1 \cdot k_1 \\
K_2^{pr} + l_{21} \cdot k_1 + l_{22} \cdot k_2 + \quad \ldots \quad + l_{2n} \cdot k_n &= l_2 \cdot k_2 \\
&\;\;\vdots \\
K_i^{pr} + l_{i1} \cdot k_1 + l_{i2} \cdot k_2 + \ldots + l_{ij} \cdot k_j + \ldots + l_{in} \cdot k_n &= l_i \cdot k_i \\
&\;\;\vdots \\
K_n^{pr} + l_{n1} \cdot k_1 + l_{n2} \cdot k_2 + \quad \ldots \quad + l_{nn} \cdot k_n &= l_n \cdot k_n
\end{aligned}
$$

kommt dies in der Matrix durch Nullstellen zum Ausdruck. Die Größe $l_{ij} \cdot k_j$ stellt den Betrag dar, mit dem die Kostenstelle j zu entlasten und die Kostenstelle i zu belasten ist.

Das Gleichungsverfahren kann somit als umfassende Methode der innerbetrieblichen Leistungsverrechnung bezeichnet werden, die den einseitig gerichteten Leistungsfluß als Sonderfall umfaßt.

Seine Anwendbarkeit hängt jedoch entscheidend davon ab, ob geeignete Bezugsgrößen gefunden werden können, die die Leistungen der Kostenstellen quantitativ zu erfassen in der Lage sind. Ein einfaches Beispiel anhand zweier gegenseitig leistender Fertigungsstellen soll die Verrechnung nach dem Gleichungsverfahren verdeutlichen (vgl. Abbildung 9.15).

Leistungsbeziehung	FSt 1	FSt 2
Leistung insgesamt	600	400
davon:		
Leistung von FSt 1 an FSt 2 (l_{21})	200	
Leistung von FSt 2 an FSt 1 (l_{12})		100
primäre Kosten von FSt 1 (K_1^{pr})	16 000,–	
primäre Kosten von FSt 2 (K_2^{pr})		15 200,–
Verrechnung nach dem Gleichungsverfahren		
$16\,000 + 100\,k_2 = 600\,k_1$		
$15\,200 + 200\,k_1 = 400\,k_2$	Gesamtbeträge:	
$k_1 = 36,–$ DM	$200 \cdot 36 = 7\,200,–$ DM	
$k_2 = 56,–$ DM	$100 \cdot 56 = 5\,600,–$ DM	
	FSt 1	FSt 2
Primäre Kosten	16 000,–	15 200,–
Belastung	+ 5 600,–	+ 7 200,–
Entlastung	– 7 200,–	– 5 600,–
Kostenstellenkosten nach Verrechnung	14 400,–	16 800,–

Abbildung 9.15: Beispiel zum Gleichungsverfahren der innerbetrieblichen Leistungsverrechnung

Bei der Beurteilung des „Genauigkeitsgrades" des Gleichungsverfahrens ist allerdings zu berücksichtigen, daß bei der Vollkostenrechnung in den ermittelten Beträgen auch proportionalisierte Fixkosten der leistenden Stellen enthalten sind. Die mit diesem Verfahren erreichbare Genauigkeit ist somit lediglich formal-mathematischer Art. Genauigkeit im Sinne von Verursachungsgerechtigkeit der Kostenverteilung wird dadurch nicht erreicht.

Nach Abschluß der Umlagen der Kostenstellenkosten im Betriebsabrechnungsbogen (vgl. Abbildung 9.14), weisen nur noch die sogenannten Endkostenstellen (z. B. die Fertigungs-, Material-, Verwaltungs- und Vertriebskostenstellen) Kosten auf, die der Summe aus primären und verrechneten sekundären Kosten entsprechen (= Kostenträgergemeinkosten pro Endkostenstelle). Jetzt können in einem letzten Schritt Zuschlagssätze oder andere Verteilungsgrößen für die Zurechnung der Gemeinkosten auf Kostenträger gebildet werden. Die Ermittlung dieser Größen wird im Rahmen der Kostenträgerrechnung dargestellt. Die Kostenträgerrechnung besteht aus Kostenträgerstück- und Kostenträgerzeitrechnung (vgl. S. 1195).

c) Kostenträgerstückrechnung (Kalkulation)

Die Kostenträgerstückrechnung im System der Vollkostenrechnung auf Istkostenbasis versucht, mit Hilfe geeigneter Kalkulationsverfahren sämtliche angefallenen Kosten anteilig auf die Kostenträger zu verteilen. Zwei grundsätzliche Verfahrensweisen stehen hierfür zur Verfügung:

1. die Divisionskalkulation,
2. die Zuschlagskalkulation.

Summarische einstufige Divisionskalkulation

Die **Divisionskalkulation** ist grundsätzlich nur im Einproduktbetrieb anwendbar oder in einzelnen Kostenstellen, die eine einheitliche Leistung erbringen. Die einfachste Form der Vollkostenkalkulation ist die **summarische einstufige Divisionskalkulation**. Bei Anwendung im Einproduktbetrieb wird von der Fiktion ausgegangen, daß der Betrieb „einstufig" sei, also nur aus einer einzigen, einheitlichen Leistungsstelle bestehe (vgl. S. 1176). Sämtliche Kosten einer Abrechnungsperiode werden „summarisch" zu einer Kostensumme K zusammengefaßt. Mittels Division dieser Kostensumme durch die Anzahl 1 der in der Periode erstellten Leistungseinheiten erhält man die Kosten pro Stück:

(9.3) $\quad k = \dfrac{K}{1}$

Differenzierende einstufige Divisionskalkulation

Wird zur Erhöhung des Informationswerts der Stückkostenrechnung der Kostenblock in verschiedene Kostenarten untergliedert und werden Stückkosten pro Kostenart errechnet, so liegt keine summarische, sondern eine **differenzierende Divisionskalkulation** vor. Damit wird der Beitrag einzelner Kostenarten (i) zur Erstellung einer Leistungseinheit errechnet (z. B. Lohnkosten pro Stück, Materialkosten pro Stück usw.):

$$(9.4) \qquad k_1 = \frac{K_1}{1}; \; k_2 = \frac{K_2}{1}; \ldots; \; k_i = \frac{K_i}{1}; \ldots; \; k_n = \frac{K_n}{1}$$

Die gesamten Kosten pro Stück errechnen sich dann aus der Summe der artmäßig differenzierten Stückkosten.

Hebt man die Annahme einer einstufigen Produktionsstruktur auf (vgl. S. 1177), so gelangt man zur mehrstufigen Divisionskalkulation. Bei der **summarischen mehrstufigen Divisionskalkulation** werden die Gesamtkosten nur nach Produktionsstufen, nicht jedoch nach Kostenarten aufgespalten. Die Differenzierung nach Produktionsstufen erfordert eine Kostenstellenbildung. Die Kosten einer Produktionsstufe bzw. Kostenstelle j bestehen zunächst aus den primären Stellenkosten. Dividiert man diese Kosten durch die Ausbringungsmenge dieser Stufe oder Stelle, so erhält man Stufenkosten pro Mengeneinheit Zwischen- bzw. Endprodukt. Durch Addition der Stufenkosten pro Mengeneinheit erhält man die Selbstkosten pro Mengeneinheit Endprodukt, sofern auf den einzelnen Stufen kein Mengenschwund auftritt. Letzterer könnte durch die Verwendung (und multiplikative Verknüpfung) von Produktionskoeffizienten berücksichtigt werden. Dieser „addierenden" Form der mehrstufigen Divisionskalkulation steht die „durchwälzende" Form gegenüber. Bei ihr werden zu den primären Stellenkosten (K_j) die von der vorherigen Stufe gelieferten Zwischenproduktmengen l_{j-1}^*, die mit k_{j-1} bewertet werden, hinzugezählt.

Summarische mehrstufige Divisionskalkulation

Dividiert man die jeweiligen Kostenstellenkosten durch die auf dieser Stufe erzeugte Zwischenproduktmenge l_j, so ergeben sich die bis dahin aufgelaufenen Kosten pro Mengeneinheit dieses Zwischenprodukts. Die Ermittlung der gesamten Stückkosten erfolgt schrittweise von der ersten bis zur letzten Produktionsstufe. Dabei wird auf jeder Produktionsstufe unterschieden in von der Kostenstelle j erzeugte Anzahl von Leistungseinheiten l_j und **gelieferte** Anzahl l_j^*.

Somit ergeben sich folgende Formeln zur Berechnung der Stückkosten der Produkte einzelner Produktionsstufen (wobei zu beachten ist, daß die Indizes nunmehr Produktionsstufen und nicht wie zuvor Kostenarten bedeuten):

$$(9.5) \qquad \text{Stückkosten der Stufe 1:} \quad k_1 = \frac{K_1}{1_1}$$

$$\text{Stückkosten der Stufe 2:} \quad k_2 = \frac{k_1 \cdot 1_1^* + K_2}{1_2}$$

$$\vdots$$

$$\text{Stückkosten der Stufe j:} \quad k_j = \frac{k_{j-1} \cdot 1_{j-1}^* + K_j}{1_j}$$

$$\vdots$$

$$\text{Stückkosten der Stufe m:} \quad k_m = \frac{k_{m-1} \cdot 1_{m-1}^* + K_m}{1_m}.$$

Der Wert von k_m stellt in diesem Fall die Stückkosten pro Einheit des Endprodukts dar, $k_{j \neq m}$ sind die Kosten der Zwischenprodukte. Der Vorteil dieses Verfahrens liegt darin, daß es auch in solchen Fällen angewandt werden kann, in denen nur ein Teil der

Zwischenproduktmengen in der jeweils nachgelagerten Stufe verbraucht wird, der andere Teil jedoch auf Lager geht.

Differen-
zierende
mehrstufige
Divisions-
kalkulation

Werden zusätzlich zur Aufteilung des Betriebs in Kostenstellen die Kosten nach Kostenarten differenziert, so liegt eine **differenzierende mehrstufige Divisionskalkulation** vor. Da sich die primären Kosten K_j einer jeden Fertigungsstufe zusammensetzen aus der Summe der verschiedenen Kostenarten K_{ij}, die an dieser Kostenstelle j anfallen, gilt:

$$(9.6) \qquad K_j = \sum_{i=1}^{n} K_{ij} \quad (n = \text{Anzahl der Kostenarten})$$

Die Stückkosten k_j auf der Stufe j setzen sich bei der durchwälzenden Form wie folgt zusammen:

$$(9.7) \qquad k_j = \frac{k_{j-1} \cdot 1_{j-1}^* + \sum_{i=1}^{n} K_{ij}}{1_j}$$

Für j = m erhält man die Stückkosten des Endprodukts.

Selbst diese komplizierte Form der Divisionskalkulation ist jedoch grundsätzlich nur für den Einproduktbetrieb bzw. für Kostenstellen mit einheitlicher Leistungserstellung je Abrechnungsperiode geeignet. Der reine Einproduktbetrieb (z. B. Elektrizitätswerk) ist jedoch in der Praxis selten. Selbst wenn nur ein einziger Rohstoff und nur ein bestimmtes Produktionsverfahren Verwendung finden, werden daraus zumeist qualitativ unterschiedliche Leistungsarten erstellt. Bei dieser Art des Mehrproduktbetriebes stellen die einzelnen Leistungsarten unterschiedliche Sorten oder Typen auf der Basis eines gleichen Rohstoffes dar (z. B. Brauerei, Sägewerk, Ziegelei). Zur Ermittlung der Stückkosten kann in diesen Fällen ein der Divisionskalkulation verwandtes Verfahren herangezogen werden, das mit sogenannten **Äquivalenzziffern** arbeitet. Äquivalenzziffern sind Beziehungszahlen, mit deren Hilfe der Wertverzehr der unterschiedlichen Sorten gleichnamig gemacht werden kann. Durch Beobachtung und Messung kann das Kostenverhältnis zwischen den Produktarten festgestellt werden. Die Ausprägung der produktbezogenen Äquivalenzziffer hängt nicht nur von den bestehenden Kostenverhältnissen, sondern auch von der Wahl der Bezugssorte ab. Es ist jedoch nicht erforderlich, eine Bezugs- oder Einheitssorte mit der Äquivalenzziffer 1 zu definieren, wenn dies zu unhandlichen, d. h. mehrere Dezimalstellen benötigenden Äquvalenzziffern für die übrigen Sorten führen würde.

Äquivalenz-
ziffern-
verfahren

Der Typ von Mehrproduktbetrieb, wie ihn die Äquivalenzziffernkalkulation unterstellt, ist jedoch ebenfalls nur vereinzelt vorzufinden. Vorherrschend ist heute der Betriebstyp, der aus mehreren Einsatzmaterialien und/oder mit Hilfe unterschiedlicher Fertigungsverfahren verschiedene Produkte erzeugt. Um auch für diesen Typ des Mehrproduktbetriebs Vollkosten pro Stück ermitteln zu können, haben Theorie und Praxis der Vollkostenrechnung die Verfahren der **Zuschlagskalkulation** entwickelt (vgl. z. B. Heinen 1958).

Zuschlags-
kalkulation

Kennzeichnend für den Mehrproduktbetrieb mit heterogenem Leistungsprogramm und/oder heterogener Fertigungsstruktur (vgl. S. 1179 f.) ist, daß ein großer Block von Kostenträgergemeinkosten besteht, der keiner einzelnen Erzeugnisart direkt zugerechnet werden kann, sondern von den Erzeugnissen insgesamt verursacht wurde. Aufgabe der Zuschlagskalkulation in der Vollkostenrechnung ist es, zusätzlich zu den Kostenträgereinzelkosten eines Produktes einen möglichst verursachungsgerechten Gemeinkostenanteil pro Erzeugniseinheit zu bestimmen.

Aufgabe der Zuschlags-kalkulation

Eines der wichtigsten Probleme stellt in diesem Zusammenhang die **Wahl der Zuschlagsbasis** dar. Die Zuschlagsbasis ist die Grundlage für die stückbezogene Verteilung der Gemeinkosten. Da sich echte Gemeinkosten definitionsgemäß einem einzelnen Kostenträger nicht verursachungsgerecht zurechnen lassen, muß insoweit anstelle des Kostenverursachungsprinzips das Durchschnittsprinzip Anwendung finden. Grundsätzlich kommen als Bezugs- bzw. Maßgrößen in Frage (vgl. S. 1185): Mengengrößen (z. B. Stückzahl, Gewicht, m³) bzw. Zeitgrößen (z. B. Fertigungszeit, Maschinenlaufzeit usw.) und Wertgrößen (z. B. Fertigungslöhne, Fertigungsmaterial, Herstellkosten).

Zuschlags-basis

Bei der einfachsten Form der Zuschlagskalkulation, der **summarisch einstufigen Zuschlagskalkulation**, wird zunächst die Gesamtkostensumme aller in der Periode anfallenden Kostenträgereinzelkosten ermittelt. Ebenso wird die Summe aller Kostenträgergemeinkostenarten der Periode errechnet. **Der Gesamtkostenblock des Betriebes wird also in einen Einzelkostenblock und einen Gemeinkostenblock jeweils bezogen auf die Kostenträger aufgespalten.** Eine Aufteilung auf Kostenstellen und damit eine Kostenstellenbildung erfolgt hier nicht. **In einem zweiten Schritt wird dann die Gemeinkostensumme beispielsweise in % der Einzelkostensumme ausgedrückt.** Der resultierende Prozentwert ist der Zuschlagssatz für die Stückkostenkalkulation:

Summarische einstufige Zuschlags-kalkulation

$$(9.8) \quad \frac{\text{Kostenträgergemeinkostenblock}}{\text{Kostenträgereinzelkostenblock}} \cdot 100 = \text{Zuschlagssatz in \%}$$

Dieser Zuschlagssatz gilt für alle Erzeugniseinheiten. Die Gesamtkosten je Stück einer Erzeugniseinheit können nunmehr nach folgendem Schema ermittelt werden:

Einzelkosten je Kostenträgereinheit
+ Gemeinkosten je Kostenträgereinheit
  (errechnet durch Multiplikation der Einzelkosten mit dem Zuschlagssatz)
= Stückkosten des Kostenträgers

Ein Zahlenbeispiel zur summarischen einstufigen Zuschlagskalkulation findet sich in Abbildung 9.16.

Es ist nicht erforderlich, die gesamten Einzelkosten als Zuschlagsbasis zu verwenden. Man kann auch nur einen Teil der Einzelkosten, z. B. die Einzellöhne oder das Einzelmaterial als Schlüssel zugrunde legen. Neben den Wertschlüsseln, bei denen der Gemeinkostenzuschlag in % der Fertigungslöhne oder des Fertigungsmaterials ausgedrückt wird, können auch Mengenschlüssel verwendet werden (der Gemeinkostenzuschlag hat dann die Dimension DM pro Stunde oder DM pro kg). **Im Rahmen der**

Zu verteilender Gemeinkostenblock der Periode:	100 000
Zuschlagsbasis: Einzelkosten	200 000

$$\text{Gemeinkostenzuschlagssatz: } \frac{100\,000}{200\,000} \cdot 100 = 50\%$$

Einzelkosten einer Einheit von Produkt A:	200,— DM
50% Gemeinkostenzuschlag auf Basis der Einzelkosten:	100,— DM
Stückkosten von Produkt A:	300,— DM
Einzelkosten einer Einheit von Produkt B:	500,— DM
50% Gemeinkostenzuschlag auf Basis der Einzelkosten:	250,— DM
Stückkosten von Produkt B:	750,— DM

Abbildung 9.16: Beispiel zur summarischen einstufigen Zuschlagskalkulation

summarischen einstufigen Zuschlagskalkulation findet jedoch immer nur eine Zuschlagsbasis (entweder die gesamten Einzelkosten oder die Maschinenlaufzeit oder die Fertigungslöhne oder das Fertigungsmaterial) Verwendung. Die durchgängige Anwendung des gewählten Zuschlagssatzes hat zum Ziel, daß der gesamte Gemeinkostenblock auf die Produktmenge, die die Einzelkosten verursacht hat, verteilt wird.

*Differen-
zierende
einstufige
Zuschlags-
kalkulation*

Die einstufige summarische Zuschlagskalkulation unterteilt weder den Betrieb in Kostenstellen noch den Gemeinkostenblock in Gemeinkostenarten. In bezug auf die Gemeinkosten geht sie von der Fiktion aus, daß sich alle Gemeinkostenarten proportional zu einer Bezugsgröße verhalten. In der **einstufigen differenzierenden Zuschlagskalkulation** wird diese realitätsferne Annahme aufgehoben. **Es werden mehrere Bezugsgrößen festgelegt und gleichzeitig der Gemeinkostenblock in mehrere Gemeinkostengruppen aufgespalten („differenziert"), so daß für jede Gemeinkostengruppe eine spezifische Bezugsgröße existiert, zu der sie sich möglichst proportional verhält.** Verbleibende Gemeinkosten, die sich zu keiner Bezugsgröße proportional verhalten, müssen in der Vollkostenrechnung möglichst plausibel, notfalls willkürlich, auf eine Zuschlagsbasis bezogen werden. Ein einfaches Schema dieser (nach Gemeinkostenarten) differenzierenden Zuschlagskalkulation ist in Abbildung 9.17 dargestellt.

Einzelkosten pro Stück
+ Einzelmaterialkosten mal Zuschlagssatz für Materialgemeinkosten
+ Einzellohnkosten mal Zuschlagssatz für Fertigungslohngemeinkosten
+ Restgemeinkostenzuschlag
= Kosten pro Stück

Abbildung 9.17: Schema der differenzierenden einstufigen Zuschlagskalkulation

Die Schlüsselung kann auch hier auf Wert- oder Mengenbasis erfolgen. **Im Gegensatz zur oben dargestellten Form der summarischen einstufigen Zuschlagskalkulation müssen bei der differenzierenden Zuschlagskalkulation mehrere Zuschlagsbasen gleichzeitig Verwendung finden, da sonst der Gemeinkostenblock nicht vollständig verteilt würde.**

Die einstufige summarische Zuschlagskalkulation kann auch in der Weise erweitert werden, daß nicht der Gemeinkostenblock differenziert wird, sondern der Betrieb in Kostenstellen unterteilt wird. Dann liegt eine **mehrstufige summarische Zuschlagskalkulation** vor. Das bedeutet, daß die Gemeinkosten nicht mehr sofort auf die Kostenträger zugerechnet werden können, sondern zuerst auf Kostenstellen und von dort durch Anwendung stelleneigener Zuschlagsbasen und Zuschlagssätze auf die einzelnen Kostenträger verteilt werden müssen. Die Ermittlung der Zuschlagssätze erfolgt mit Hilfe des in Abbildung 9.18 dargestellten BAB. Dabei wird von einem zweistufigen Herstellungsprozeß und der Existenz von fünf Endkostenstellen ausgegangen. Die Kalkulation der Stückkosten eines Produktes nach dem Verfahren der summarischen mehrstufigen Zuschlagskalkulation kann nach dem in Abbildung 9.19 dargestellten Schema verlaufen, wobei die gewählten Bezugsbasen als Ergebnis der Kostenerfassung unterstellt werden können.

Summarische mehrstufige Zuschlagskalkulation

Kostenstellen \ Kostenträgergemeinkosten	Vor-Allgemeine Kostenstelle	Endkostenstellen				
		Material	Fertigung I	Fertigung II	Verwaltung	Vertrieb
Gehälter gesetzl. Sozialleistungen kalk. Abschreibungen usw.						
Primärkosten	60 000	90 000	170 000	85 000	35 000	15 000
innerbetriebliche Leistungen	→	10 000	20 000	10 000	15 000	5 000
Summe Gemeinkosten je Endkostenstelle		100 000	190 000	95 000	50 000	20 000
Zuschlagsbasen: (Einzelkosten) a) Fertigungsmaterial b) Fertigungslöhne I c) Fertigungslöhne II (Sondereinzelkosten) d) Herstellkosten (= Einzelkosten und Gemeinkosten des Materials und der Fertigung)		400 000 (10 000)	100 000	100 000 (5 000)	1 000 000	(30 000) 1 000 000
Gemeinkostenzuschlagssätze		25%	190%	95%	5%	2%

Abbildung 9.18: Zahlenbeispiel zum summarischen mehrstufigen Zuschlagskalkulationsverfahren

	Zuschlags-satz	Bezugs-basis		
Fertigungsmaterial				400, –
+ Materialgemeinkosten in % des Fertigungsmaterials	25%	400, –		100, –
= (1) Fertigungsstoffkosten			(1)	500, –
Fertigungslöhne I				200, –
+ Fertigungsgemeinkosten I in % der Fertigungslöhne I	190%	200, –		380, –
+ Fertigungslöhne II				120, –
+ Fertigungsgemeinkosten II in % der Fertigungslöhne II	95%	120, –		114, –
+ Sondereinzelkosten der Fertigung				100, –
= (2) Fertigungskosten			(2)	914, –
(1) + (2) = (3) Herstellkosten			(3)	1 414, –
(4) Verwaltungsgemeinkosten in % der Herstellkosten	5%	1 414, –	(4)	70,70
(5) Vertriebsgemeinkosten in % der Herstellkosten	2%	1 414, –	(5)	28,28
(6) Sondereinzelkosten des Vertriebs			(6)	95, –
(3) + (4) + (5) + (6) = (7) Selbstkosten (Stückkosten)			(7)	1 607,98

Abbildung 9.19: Schema der Stückkostenkalkulation nach dem Verfahren der summarischen mehrstufigen Zuschlagskalkulation

Bei der dargestellten Kalkulationsform wird nur ein Zuschlag pro Kostenstelle ermittelt.

Differen-zierende mehrstufige Zuschlags-kalkulation

Wird dagegen mit mehreren Zuschlagssätzen pro Kostenstelle gearbeitet, so liegt die (in bezug auf die Gemeinkostenarten) differenzierende Form der mehrstufigen Zuschlags-kalkulation vor. Dieses Verfahren berücksichtigt einerseits durch die Kostenstellen-bildung, daß unterschiedliche Produktarten die Produktionsstufen des Betriebs unterschiedlich beanspruchen können und daher nicht in gleicher Weise zur Entste-hung der Gemeinkosten beitragen. Andererseits wird durch die Aufspaltung der Gemeinkosten dem Umstand Rechnung getragen, daß innerhalb einer Kostenstelle nicht alle Gemeinkostenarten sich zur selben Bezugsgröße proportional verhalten; daher werden für verschiedene Gemeinkostenarten eigene Maßgrößen der Kosten-verursachung und damit arteigene Zuschlagssätze ermittelt.

Platzkosten-rechnung

Eine Verfeinerung der mehrstufigen Zuschlagskalkulation kann mit Hilfe der **Platz-kostenrechnung** erreicht werden. **Bei ihr werden die relativ großen Hauptkostenstellen**

1226

noch weiter in mehrere für sich abgegrenzte Kostenplätze (Maschinen, Arbeitsplätze) unterteilt, für die noch differenziertere Gemeinkostenzuschlagssätze ermittelt werden können. Diese Abrechnungsform erleichtert die Anwendung von zeit- bzw. mengenbezogenen Zuschlagssätzen (Beispiel: Maschinenstundensatz = Gemeinkosten pro Std. Laufzeit der Maschine). Derartige arbeitsplatzorientierte Zuschlagsbasen sind genauer als etwa der häufig verwandte Lohn als Zuschlagsbasis. Zum einen hat sich nämlich in der Praxis aufgrund der durch den technischen Fortschritt bedingten Kapital- und Anlagenintensität der Lohnkostenanteil in der Fertigung teilweise so sehr verringert, daß sich bei der Beibehaltung dieser Verrechnungsbasis häufig Zuschlagssätze von mehreren 1 000% ergeben würden. Geringe Abweichungen bei der Zuschlagsbasis können so zu großen Verzerrungen führen. Zum anderen stellen die Lohnsätze exogene Größen dar, zu denen sich der innerbetriebliche Gemeinkostenanfall keineswegs proportional verhalten muß (vgl. dazu auch S. 1172 ff.).

Bei der Darstellung der Kalkulationsverfahren wurde bisher von der Voraussetzung ausgegangen, daß die einzelnen Erzeugnisse in unverbundener Produktion, d. h. unabhängig voneinander erzeugt werden. Kalkulationsprobleme besonderer Art wirft die Kuppelproduktion (vgl. S. 1180 f.) auf. Die Vollkostenrechnung muß für die Stückkalkulation dieser Produkte willkürliche Verteilungsregeln festlegen. *Kuppelproduktion*

Die sogenannte **Restwertmethode** subtrahiert von den Gesamtkosten des Kuppelprozesses den Verkaufswert der Nebenprodukte als Deckungsbeitrag und rechnet den Rest dem Kuppelhauptprodukt zu. Dies ist jedoch nur möglich, falls eines der Produkte als Hauptprodukt definiert werden kann. *Restwertmethode*

Das **Äquivalenzziffernverfahren** sucht die Kosten des Kuppelprozesses anhand von angenommenen Relationen zwischen den Produkten auf die einzelnen Kuppelprodukte zu verteilen. Dabei können z. B. die Marktpreise der Produkte oder technische Produkteigenschaften (z. B. Heizwerte) Grundlage der Äquivalenzziffernbildung sein. *Äquivalenzziffernverfahren*

Keine dieser Methoden führt jedoch zu einer schlüssigen Ermittlung von Kosten pro Mengeneinheit der verschiedenen Kuppelproduktarten, auch wenn man von der dabei stattfindenden Fixkostenzurechnung absieht. Im Falle der Kuppelproduktion ist der Versuch, Stückkosten für die einzelnen Kuppelproduktarten zu ermitteln zu wollen, wegen der Existenz echter variabler Gemeinkosten in besonderem Maße zum Scheitern verurteilt. Kalkulationsüberlegungen müssen sich daher auf das Produktartenbündel oder „Päckchen" (vgl. Riebel/Paudtke/Zscherlich 1973) beziehen, das aus dem Produktionsprozeß hervorgeht.

d) Kostenträgerzeitrechnung (Kurzfristige Erfolgsrechnung)

Aufbauend auf dem Zahlenmaterial des BAB in Abbildung 9.18 wird im folgenden die Kostenträgerzeitrechnung nach dem Gesamt- und nach dem Umsatzkostenverfahren beispielhaft dargestellt. Dabei wird unterstellt, daß zwei unterschiedliche

Produktarten A und B erzeugt und verkauft werden. Die Verkaufserlöse für Produkt A belaufen sich auf 375 000,–, die für B auf 520 000,– DM. Zu Periodenbeginn sei kein Bestand an unfertigen und fertigen Erzeugnissen auf Lager. Die am Periodenende vorhandenen Bestände werden zu Herstellkosten bewertet. Unter Berücksichtigung der Einzelkostenaufschreibungen (Material, Löhne in Fertigung I und Fertigung II) und der im BAB berechneten Zuschlagssätze soll sich ein Herstellkostenwert für die auf Lager produzierten unfertigen und fertigen Erzeugnisse der Produktarten A und B von insgesamt 300 000,– DM ergeben.

Gesamt-
kosten-
verfahren

Nach dem Gesamtkostenverfahren stellt sich das Betriebsergebnis wie folgt dar:

Kosten	Betriebsergebnis		Leistungen
Materialeinzelkosten	400 000,–	375 000,–	Erlöse Produkt A
Lohneinzelkosten	200 000,–	520 000,–	Erlöse Produkt B
Spezialwerkzeuge (Sondereinzelkosten der Fertigung)	15 000,–	300 000,–	Bestandserhöhung
Provisionen (Sondereinzelkosten des Vertriebs)	30 000,–		
Hilfslöhne	110 000,–		
Gehälter	100 000,–		
kalk. Abschreibungen	200 000,–		
sonstige Gemeinkosten	45 000,–		
kalk. Gewinn	95 000,–		
	1 195 000,–	1 195 000,–	

Abbildung 9.20: Betriebsergebnis nach dem Gesamtkostenverfahren

Die Ergebnisse der für die Bestandsbewertung ohnehin erforderlichen Kalkulation der Produkte A und B können dazu verwendet werden, die Einzel- und Gemeinkosten bereits vor ihrer Übernahme in die Betriebsergebnisrechnung auf die Menge der verkauften Fertigerzeugnisse und die Menge der auf Lager gegangenen unfertigen und fertigen Erzeugnisse aufzuteilen. Damit kann das Betriebsergebnis nach dem Umsatzkostenverfahren ermittelt werden. Den Verkaufserlösen werden hier nur die Kosten der verkauften (umgesetzten) Mengen gegenübergestellt. Wird die Bestandserhöhung wie oben zu Herstellkosten bewertet, so stellen die gesamten Verwaltungsgemeinkosten Kosten der Abrechnungsperiode dar. Sie sind zusammen mit den Herstellkosten der verkauften Mengen und den Vertriebsgemeinkosten den Umsatzerlösen gegenüberzustellen.

Umsatz-
kosten-
verfahren

Aufgrund der Einzelkostenaufschreibungen für Material, Löhne, Spezialwerkzeuge (Sondereinzelkosten der Fertigung) und Provisionen (Sondereinzelkosten des Vertriebs) und Berücksichtigung der Material- und Fertigungsgemeinkostenzuschläge sei folgende Aufteilung unterstellt.

1228

Herstellkosten + Sondereinzelkosten des Vertriebs Produkt A: 305 000,– DM
Herstellkosten + Sondereinzelkosten des Vertriebs Produkt B: 425 000,– DM

Die Verwaltungs- und Vertriebsgemeinkosten sollen nicht auf die Produktgruppen verteilt werden.

Nach dem Umsatzkostenverfahren stellt sich das Betriebsergebnis wie folgt dar:

Kosten		Betriebsergebnis		Leistungen
Kosten der umgesetzten Mengen		375 000, –		Erlöse Produkt A
Produkt A	305 000, –	520 000, –		Erlöse Produkt B
Kosten der umgesetzten Mengen				
Produkt B	425 000, –			
Verwaltungsgemeinkosten	50 000, –			
Vertriebsgemeinkosten	20 000, –			
kalk. Gewinn	95 000, –			
	895 000, –	895 000, –		

Abbildung 9.21: Betriebsergebnis nach dem Umsatzkostenverfahren

Da in diesem Fall der Wert der Lagerbestandsveränderungen nicht in den Kosten enthalten ist, braucht er auch auf der Leistungsseite nicht in Ansatz gebracht zu werden. Die produktartenweise Gliederung der Kosten ermöglicht die Ermittlung produktspezifischer Erfolgsbeiträge. Der Verzicht auf eine Aufteilung der Verwaltungs- und Vertriebsgemeinkosten stellt keinen Verstoß gegen den Vollkostengedanken dar. Hinsichtlich der Verwaltungsgemeinkosten ist er sogar konsequent, weil wegen der getroffenen Bewertungsentscheidung für die Lagerbestandszunahme (Ansatz von Herstellkosten) die gesamten Verwaltungsgemeinkosten als von den Periodenerlösen zu deckende Periodenkosten behandelt werden müssen.

Die Höhe des ermittelten kalkulatorischen Gewinnes hängt nicht davon ab, ob nach dem Umsatz- oder nach dem Gesamtkostenverfahren vorgegangen wird. Sofern bei beiden Möglichkeiten von der gleichen Periodenabgrenzung und der gleichen Bewertung von Lagerbestandsveränderungen bzw. selbsterstellten Anlagen ausgegangen wird, errechnet sich in beiden Fällen auch der gleiche Ergebnisbetrag. Diese Feststellung steht nicht im Widerspruch zu der im Teil 10 gemachten Aussage, daß das finanzbuchhalterische „Rohergebnis" beim Gesamtkostenverfahren höher ausfalle als beim Umsatzkostenverfahren (vgl. S. 1198). Das Betriebsergebnis der Kosten- und Leistungsrechnung ist weder mit dem finanzbuchhalterischen Betriebsergebnis (Erfolgsspaltung in der GuV), noch viel weniger mit dem finanzbuchhalterischen Rohergebnis identisch.

Eine zusammenfassende schematische Übersicht über die Grundstruktur der Vollkostenrechnung zu Istkosten gibt Abbildung 9.22.

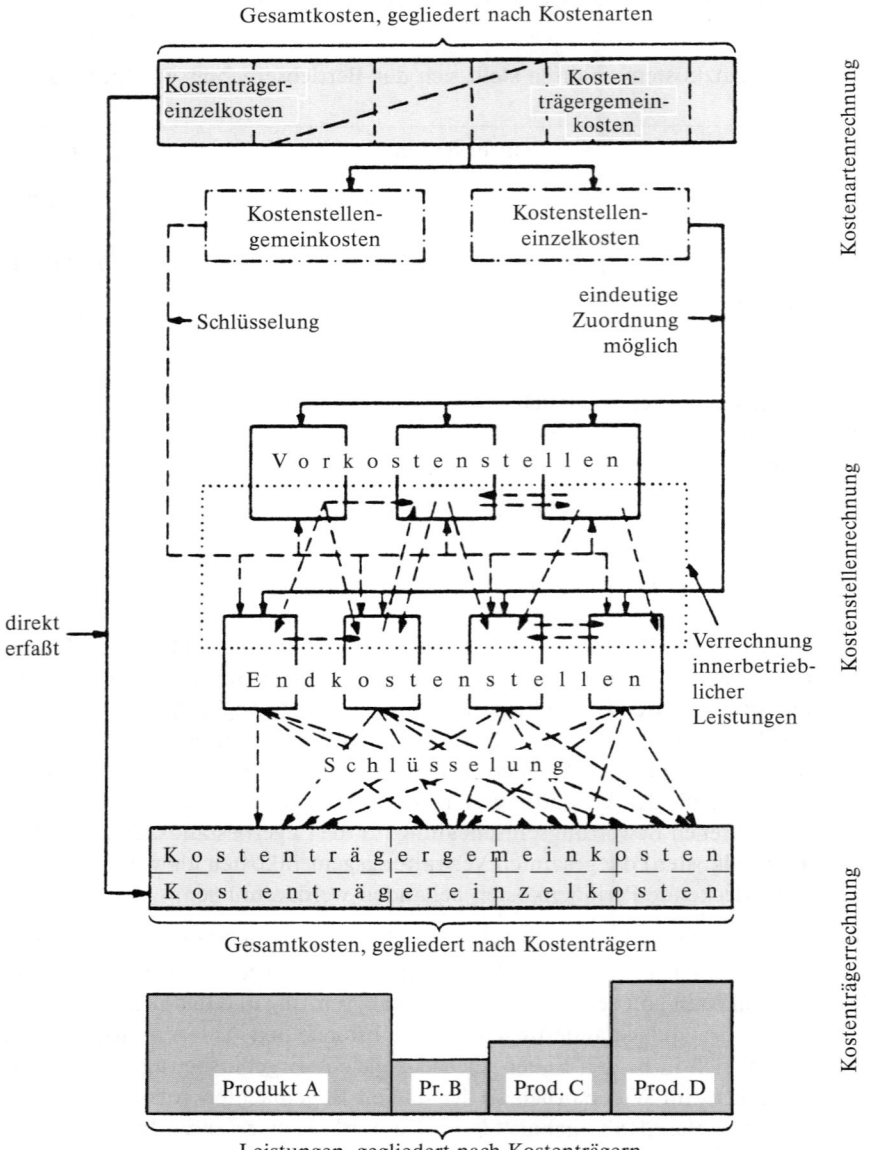

Abbildung 9.22: Grundstruktur der Vollkostenrechnung

1230

2. Plankostenrechnung

Die Plankostenrechnung ist ein System der Kostenrechnung, das versucht, den zukünftigen Kostenanfall nach bestimmten Kriterien vorausschauend zu bestimmen. Dabei werden unter Zugrundelegung des wertmäßigen Kostenbegriffs sowohl die Verzehrsmengen als auch die Kostenwerte bzw. Preise der Kostengüter für bestimmte Abrechnungsperioden geplant; üblicherweise beträgt die Dauer der Planungsperiode ein Jahr.

Mit der Einbeziehung von Plankosten in die Kostenrechnung werden zwei Zielsetzungen verfolgt, denen die Istkostenrechnung nicht gerecht werden kann: **1. Ermöglichung einer effizienten Kontrolle der Kostenwirtschaftlichkeit; 2. Gewinnung von relevanten Kosteninformationen für zukunftsbezogene unternehmerische Entscheidungen.** *Aufgaben*

Je nach Verwendungszweck wird in der Kostenplanung von unterschiedlichen Prozeßabläufen ausgegangen. Sollen durch einen Vergleich von Plankosten mit Istkosten Einsparungsmöglichkeiten aufgezeigt werden, so sind optimale Prozeßabläufe zu unterstellen. Eine realistische Prognose erfordert hingegen, daß die erfahrungsgemäß nicht zu vermeidenden Abweichungen vom Optimum berücksichtigt werden. Sollen Plankosten schließlich die Kostenverantwortlichen zu einem Verhalten motivieren, das zumindest zu einer Annäherung an den Idealzustand führt, so dürfen keine unerreichbar erscheinenden Vorgaben festgelegt werden. *Kostenplanung und Rechnungszweck*

Nicht jedes Plankostenrechnungssystem vermag den verfolgten Zielsetzungen in gleicher Weise gerecht zu werden. Im folgenden soll untersucht werden, inwieweit die beiden Grundtypen der Plankostenrechnung auf Vollkostenbasis, die starre und die flexible Plankostenrechnung, dazu imstande sind.

a) Starre Plankostenrechnung

Bei der **starren Plankostenrechnung** werden die Kosten nur für **einen einzigen Planbeschäftigungsgrad** x_p geplant. Weicht die Istbeschäftigung von der zugrunde gelegten Planbeschäftigung ab, so erfolgt keine Umrechnung der Plankosten. Die für den Planbeschäftigungsgrad geplanten Kosten werden – in der Regel kostenstellenweise – durch den Mengenausdruck für die Planbeschäftigung (Stücke, kg, Maschinenstunden etc.) der Kostenstelle dividiert. Dies ergibt den sogenannten Plankostenverrechnungssatz (k_p) für die betreffende Kostenstelle; z. B. *Beschäftigungsgrad*

$$k_p = \frac{\text{geplante Kosten einer Kostenstelle}}{\text{geplante Maschinenstunden}}.$$

Wird k_p mit der Istbeschäftigung (z. B. Ist-Maschinenstunden) multipliziert, so erhält man die „verrechneten Plankosten", also diejenigen Kosten, die die starre Plankostenrechnung für den realisierten Beschäftigungsgrad ansetzt.

Als „verrechnet" können Plankosten insofern bezeichnet werden, als sie Grundlage der Kalkulation und der Betriebsergebnisrechnung während der Abrechnungsperiode sind. Innerbetriebliche Leistungen und unfertige/fertige Erzeugnisse werden nicht mit Ist-, sondern mit Plankosten bewertet. Um in der Ergebnisrechnung am Periodenende das Istergebnis zu erhalten, werden die in der Kostenartenrechnung ermittelten Istkosten mit den verrechneten Plankosten verglichen und festgestellte Abweichungen im allgemeinen pauschal ins Betriebsergebnis übernommen.

Da im Rahmen der Kostenplanung keine Trennung der fixen und der variablen Kostenbestandteile erfolgt, werden auch die Fixkosten über den Plankostenverrechnungssatz proportionalisiert. Folglich führt die starre Plankostenrechnung nur dann zu einem interpretierbaren Ergebnis, wenn Planbeschäftigung und Istbeschäftigung zusammenfallen.

Wie aus Abbildung 9.23 ersichtlich, können die verrechneten Plankosten erheblich vom tatsächlichen Kostenverlauf abweichen. Die Abweichungen sind um so größer, je weiter der Istbeschäftigungsgrad vom Planbeschäftigungsgrad entfernt liegt und je größer der Fixkostenanteil an den jeweiligen Gesamtkosten ist. Beispielsweise würde bei einer Beschäftigung von 0 die Höhe der verrechneten Plankosten ebenfalls 0 betragen, obwohl tatsächlich Fixkosten in beträchtlicher Höhe anfallen können. Allgemein ergibt sich eine Fixkostenunterdeckung bei „Unterbeschäftigung" (z. B. x_1) und eine Fixkostenüberdeckung bei „Überbeschäftigung" (z. B. x_2).

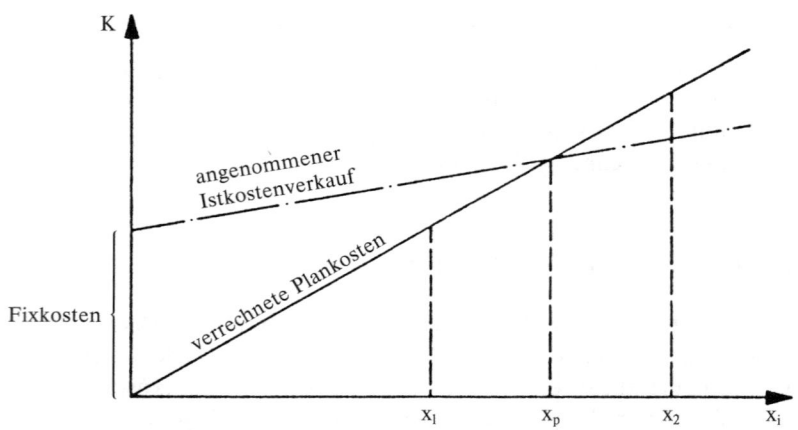

Abbildung 9.23: Verrechnete Plankosten in der starren Plankostenrechnung

Ein Vergleich der Istkosten der Istbeschäftigung sowohl mit den Plankosten der Planbeschäftigung als auch mit den bei Istbeschäftigung verrechneten Plankosten ist wenig aussagefähig, wenn Ist- und Planbeschäftigung differieren. Zur kostenstellenbezogenen Kontrolle der Kostenwirtschaftlichkeit kann das System der starren Plankostenrechnung demnach insbesondere bei großen Beschäftigungsschwankungen nicht verwendet werden. Aufgrund seiner Starrheit ist das System auch kaum geeignet, relevante Kosteninformationen für betriebliche Entscheidungsprozesse zu liefern. Diese Gründe haben zur Entwicklung der flexiblen Plankostenrechnung geführt, die durch ihre differenzierte Betrachtungsweise der Kosten die genannten Mängel weitgehend beseitigt.

b) Flexible Plankostenrechnung

Die flexible Plankostenrechnung plant wie die starre Plankostenrechnung in der Regel für ein Jahr im voraus. Sie differenziert dabei die Einzelkosten nach Produktarten, die Gemeinkosten nach Kostenstellen unter Zugrundelegung der erwarteten Planbeschäftigung. **Im Unterschied zur starren Plankostenrechnung wird jedoch berücksichtigt, daß die Gemeinkosten sich aus fixen und variablen Bestandteilen zusammensetzen.** Dadurch wird eine bessere Anpassung der Kostenvorgaben an die effektive Istbeschäftigung möglich, weil nicht mehr davon ausgegangen wird, daß der gesamte Kostenblock sich proportional zur Beschäftigung verhält, sondern diese Linearitätsannahme nur noch für die Einzelkosten und den variablen Teil der Gemeinkosten gilt. Gleichwohl bildet aber die flexible Vollplankostenrechnung Kostensätze, in die die vollen Kosten, also auch die Fixkosten, eingehen.

Merkmale der flexiblen Plankosten-rechnung

Die Durchführung der flexiblen Plankostenrechnung in einer Unternehmung ist an bestimmte **Voraussetzungen** gebunden. Grundsätzlich ist die Einrichtung einer Plankostenrechnung nur dann möglich, wenn die Unternehmung über ein **geordnetes und systematisch gegliedertes Rechnungswesen** verfügt. Im einzelnen müssen darüber hinaus folgende Erfordernisse erfüllt werden:

Voraus-setzungen

1. **Spezielle Gliederung der Kostenarten, die sowohl auf die allgemeinen abrechnungstechnischen Belange der Unternehmung als auch auf die speziellen Anforderungen des Plankostensystems ausgerichtet ist;** d. h., daß neben der Differenzierung nach Einzel- und Gemeinkosten insbesondere die Einteilung der Kosten in vom Kostenstellenleiter beeinflußbare und nichtbeeinflußbare Kosten berücksichtigt wird, um eine sinnvolle Kontrolle zu ermöglichen.

Kostenarten-gliederung

2. **Ausrichtung des Kostenstellenplans nach den Bedürfnissen der Plankostenrechnung.** Während in der Istkostenrechnung die Einteilung des Betriebs in Kostenstellen vorwiegend nach abrechnungstechnischen, d. h. kalkulationsorientierten Gesichtspunkten erfolgt, rückt in der Plankostenrechnung der Grundsatz der Kostenstellenbildung nach selbständigen Verantwortungsbereichen an die erste Stelle. Das Konzept der Plankostenrechnung, den Kostenstellenleiter als „Kostenverursacher" zu betrachten, kann nur dann verwirklicht werden, wenn für jede Kostenstelle nur ein Leiter die Verantwortung trägt und sich diese Verantwortung kostenmäßig nur auf den beeinflußbaren Teil der Kosten bezieht.

Kostenstellen-plan

3. **Ermittlung der Bezugsgrößen für die Plankosten an den Kostenstellen.** Die Ermittlung von Bezugsgrößen als Maßgrößen der Beschäftigung hat gleichzeitig mit der Kostenstellenbildung zu erfolgen. Dies ist notwendig, da einerseits Bezugsgrößen erst dann festgelegt werden können, wenn die Kostenstellen gebildet sind, andererseits die

Bezugs-größen-ermittlung

1233

Kostenstellen so zu bilden sind, daß sich exakte Maßgrößen für die Beschäftigung finden lassen. Für die Wahl der Bezugsgröße (z. B. Ausbringungsmenge im Einproduktbetrieb, Fertigungszeit im Mehrproduktbetrieb) ist eine technisch-kostenwirtschaftliche Analyse des Fertigungsablaufs erforderlich. Wenn eine einzige Bezugsgröße ein zu ungenauer Maßstab für die Beschäftigung und damit die Kostenverursachung ist, kann mit mehreren Bezugsgrößen je Kostenstelle gearbeitet werden (z. B. Rüstzeit und Ausführungszeit); dann sind allerdings für jede Kostenstelle so viele Kostenpläne aufzustellen wie Bezugsgrößen in ihr verwendet werden.

Planbeschäftigung

4. Bestimmung der Planbeschäftigung gemessen in der jeweiligen Bezugsgröße. Die Festsetzung von konkreten quantitativen Planausprägungen für jede Bezugsgrößenart einer jeden Kostenstelle schließt sich an die Ermittlung von Bezugsgrößenarten an. Die Planung kann auf der Grundlage einer durchschnittlichen, einer erwarteten oder einer von der Kapazität abgeleiteten Beschäftigung durchgeführt werden.

Planpreise

5. Festlegung eines Planpreissystems zur Bewertung von Ist-, Soll- und Planmengen. Ein derartiges System dient der Bewertung der Mengenkomponente der Kosten. Darüber hinaus ermöglicht es eine Kostenkontrolle, denn eine sinnvolle Ermittlung von Kostenabweichungen ist nur möglich, wenn Ist- und Sollmengen jeweils mit den gleichen Kostenwerten bewertet werden.

Sind diese Erfordernisse erfüllt, kann die eigentliche Durchführung der Plankostenrechnung beginnen. Grundsätzlich läßt sich auch hier zwischen Kostenarten-, Kostenstellen- und Kostenträgerrechnung unterscheiden, wenn sich auch im Vergleich zur Istkostenrechnung andere Schwerpunkte und Problemstellungen ergeben.

Kostenartenrechnung

Im Rahmen der Kostenartenrechnung erfolgt die eigentliche Planung der Kosten. **Bei den Einzelkosten, die nach Produktarten differenziert geplant werden, lassen sich grundsätzlich die Planung des Mengen- und die Planung des Wertgerüsts unterscheiden.** Das Mengengerüst der Einzelmaterialkosten wird vielfach – besonders in der Einzel- und Serienfertigung – aufgrund von Stücklisten und unter Berücksichtigung von Ausschußvorgaben geplant. Bei den Einzellohnkosten hingegen erfolgt die Planung des Mengengerüsts mit Hilfe von REFA-Zeitaufnahmeverfahren oder durch Anwendung von Systemen vorbestimmter Zeiten (vgl. hierzu Teil 6, S. 828 f.). Durch Bewertung mit Planpreisen (Wertgerüst) werden aus den Planmengen Plankosten. Die Planpreise werden in der Regel so festgesetzt, daß sie mindestens für ein Jahr beibehalten werden können.

Bei der Gemeinkostenplanung, die für jede Kostenstelle differenziert nach Kostenarten erfolgt, wird nicht immer zwischen Mengen- und Wertgerüstplanung unterschieden, sondern teilweise unmittelbar die Planung der Kosten selbst vorgenommen. Nach der Methode der **einstufigen synthetischen Gemeinkostenplanung** werden die Plankosten nur für eine einzige Planausprägung der Bezugsgröße ermittelt, wobei jedoch im Gegensatz zur starren Plankostenrechnung in beschäftigungsfixe und beschäftigungsvariable Kosten unterschieden wird. Dabei ist es erforderlich, daß fixe und variable Anteile **geplant** und nicht etwa einfach in dem Verhältnis festgesetzt werden, das sich ex post bei den Istkosten der Vergangenheit ergab.

1234

Soweit die Planung der Kostenarten für jede Kostenstelle differenziert erfolgt, ist mit der Kostenartenrechnung zugleich die erste Stufe der **Kostenstellenrechnung** vollzogen. Eine Verteilung der Gemeinkosten auf die Kostenstellen ist nicht mehr erforderlich. Auf den zweiten Schritt der Kostenstellenrechnung, die innerbetriebliche Leistungsverrechnung, kann jedoch nicht verzichtet werden; dabei können die bereits dargestellten Verfahren der innerbetrieblichen Leistungsverrechnung auf der Basis von Planzahlen Anwendung finden.

Kostenstellen-rechnung

Eine Erweiterung erfährt die Kostenstellenrechnung in der flexiblen Plankostenrechnung dadurch, daß in ihr auch Abweichungen vom Planbeschäftigungsgrad Berücksichtigung finden müssen. Aus der Abbildung 9.24 geht hervor, daß in der hier dargestellten Form der flexiblen Plankostenrechnung nur für einen einzigen Beschäftigungsgrad x_p Plankosten ermittelt werden. Weicht die Istbeschäftigung von diesem Planbeschäftigungsgrad ab, so werden aus den Plankosten durch eine einfache Umrechnung (und nicht durch eine neue, auf Verbrauchsanalysen beruhende Planung) Sollkosten für den Istbeschäftigungsgrad berechnet. Zu diesem Zweck müssen die variablen Plankosten pro Bezugsgrößeneinheit (proportionaler Kostensatz) mit der Istausprägung der Bezugsgröße (Istmenge) multipliziert und zu den geplanten Fixkosten addiert werden:

Abweichender Istbeschäfti-gungsgrad

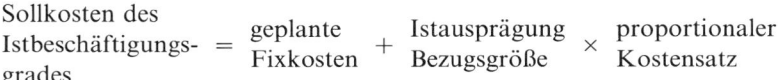

Sollkosten des Istbeschäftigungs-grades $=$ geplante Fixkosten $+$ Istausprägung Bezugsgröße $\times$ proportionaler Kostensatz

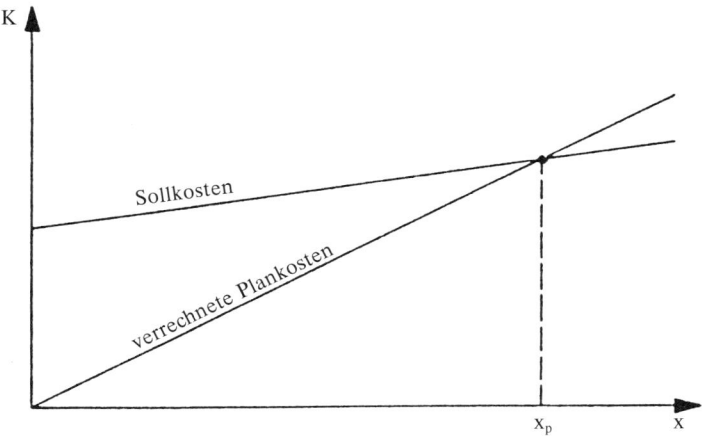

Abbildung 9.24: Sollkosten und verrechnete Plankosten in der flexiblen Vollplankostenrechnung

Diese Sollkosten stellen Vorgaben dar, die der Kostenstellenleiter einhalten oder wenn möglich unterbieten soll. Abbildung 9.24 zeigt, daß die Sollkosten für jeden möglichen Beschäftigungsgrad angegeben werden können und daß durch die Berücksichtigung des Fixkostencharakters einzelner Kostenarten die Sollkostenkurve gegenüber der Kurve der verrechneten Plankosten einen wesentlich realistischeren Verlauf aufweist. Damit sind im Gegensatz zur starren Plankostenrechnung auch bei größeren Beschäftigungsschwankungen wirksame Kontrollen der Kostenwirtschaftlichkeit der einzelnen Kostenstellen möglich. Diese Kontrollen werden im System der flexiblen Plankostenrechnung im Rahmen der Abweichungsanalyse (vgl. Heinen 1975a) durchgeführt (vgl. Abbildung 9.25).

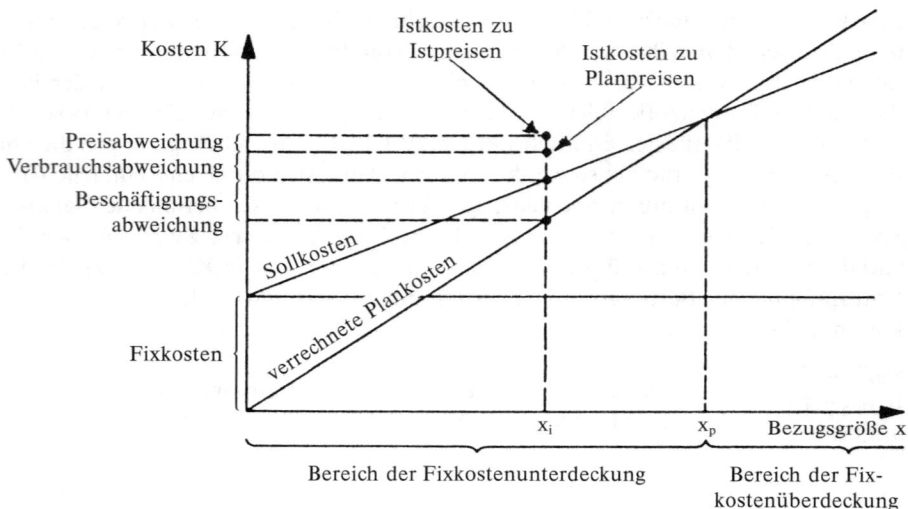

Abbildung 9.25: Abweichungsanalyse in der flexiblen Vollplankostenrechnung

Abweichungs-analyse

Aus Gründen der Wirtschaftlichkeit werden in der **Abweichungsanalyse** nur die wichtigsten Kosteneinflußgrößen gesondert erfaßt und analysiert. Ausgehend vom wertmäßigen Kostenbegriff lassen sich Preis- und Mengenabweichungen unterscheiden, wobei im System der auf **Vollkosten** basierenden flexiblen Plankostenrechnung die Mengenabweichungen weiter aufgespalten werden in Verbrauchs- und Beschäftigungsabweichungen. Während die Beschäftigungsabweichungen nur nach Kostenstellen differenziert ermittelt werden, lassen sich Preis- und Verbrauchsabweichungen kostenstellenbezogen und differenziert nach Kostenarten (Einzellohn-, Einzelmaterial-, Gemeinkostenabweichungen) analysieren.

Preis-abweichung

Preisabweichungen ergeben sich als Differenz zwischen den zu Istpreisen und den zu Planpreisen bewerteten Istverbrauchsmengen. Für derartige Preisabweichungen kann der Kostenstellenleiter grundsätzlich nicht verantwortlich gemacht werden, da er auf die Preisentwicklung in den Beschaffungsmärkten keinen Einfluß hat. Dies wird im System der flexiblen Plankostenrechnung dadurch berücksichtigt, daß bei der Kostenstellenkontrolle die Planpreise, nicht aber tatsächliche Istpreise herangezogen werden. Das bedeutet aber, daß es zweierlei „Istkosten" gibt: Die Istkosten der Istkostenrechnung, die sich in ihrer reinen Form ergeben als das Produkt von Istmenge und **tatsächlich angefallenem** Istpreis und die „Ist"-Kosten der Plankosten-

1236

rechnung, die sich aus den mit **geplanten** Preisen multiplizierten Istmengen ergeben. Damit läßt sich die Preisabweichung wie folgt definieren:

Preisabweichung = tatsächliche Istkosten – Istkosten zu Planpreisen.

Die Definition der „Istkosten zu Planpreisen" in der Plankostenrechnung ermöglicht es, **die für die Kostenstellenkontrolle wichtigste Abweichung, die Verbrauchsabweichung,** durch einen einfachen Vergleich der Sollkosten mit den Istkosten zu Planpreisen, die den Einfluß von Beschaffungspreisschwankungen von der Plankostenrechnung fernhalten, zu ermitteln:

Verbrauchs-abweichung

Verbrauchsabweichungen = Istkosten zu Planpreisen – Sollkosten.

Nur für diese Verbrauchsabweichung kann der Kostenstellenleiter verantwortlich gemacht werden.

Dagegen kann der Kostenstellenleiter für Beschäftigungsabweichungen – ebenso wie für Preisabweichungen – in der Regel nicht zur Rechenschaft gezogen werden. Es gilt:

Beschäfti-gungs-abweichung

Beschäftigungsabweichung = Sollkosten – verrechnete Plankosten.

Diese Abweichungen entstehen dadurch, daß der Plankostenverrechnungssatz auch Bestandteile der fixen Kosten enthält. Sie werden bei abweichendem Beschäftigungsgrad mit mehr oder mit weniger Maßgrößeneinheiten der Beschäftigung multipliziert. Beschäftigungsabweichungen äußern sich also in Fixkostenüberdeckungen oder -unterdeckungen. Sie sind demnach grundsätzlich nur im System der Vollplankostenrechnung denkbar.

Mit Hilfe der dargestellten Abweichungsanalyse lassen sich die Istkosten wie folgt zerlegen:

Effektive Istkosten = verrechnete Plankosten + Beschäftigungsabweichung + Verbrauchsabweichung + Preisabweichung.

Neben der kostenstellenbezogenen Wirtschaftlichkeitskontrolle ist die Erstellung von Plankalkulationen eine weitere wichtige Aufgabe der Plankostenrechnung. Sie wird im Rahmen der **Kostenträgerrechnung** durchgeführt. Im allgemeinen lassen sich nur in Betrieben mit marktorientierter Fertigung (Serien-, Sorten, Massenfertigung) exakte Plankalkulationen durchführen. Dabei können die im Rahmen der Istkostenrechnung dargestellten Kalkulationsverfahren Anwendung finden, wenn die Istzahlen durch Planzahlen ersetzt werden. Im Falle der Zuschlagskalkulation werden die aus einem Plan-BAB entwickelten Plankostensätze mit den Planbezugsgrößen des Kostenträgers multipliziert. Treten keine größeren Kostenabweichungen auf, kann die (in der Regel auf ein Jahr ausgerichtete) **Plankalkulation** die Aufgaben der (kurzfristigen bzw. auftragsbezogenen) **Vorkalkulation** übernehmen; zugleich kann in diesem Fall auf eine laufende Nachkalkulation verzichtet werden.

Kostenträger-rechnung

Dagegen können bei Betrieben mit Einzelfertigung aufgrund des ständigen Wechsels der Art und Struktur der hergestellten Erzeugnisse Plankalkulationen nicht oder nur für bestimmte standardisierte Einzelteile durchgeführt werden; jedoch ist die Aufstellung kurzfristiger Vorkalkulationen möglich. Auf eine Nachkalkulation kann in diesen Betrieben – u. U. insbesondere aufgrund der Größenordnung der einzelnen Aufträge (z. B. Schiffsbau) – nicht verzichtet werden. Hierzu ist jedoch keine spezielle Nachkalkulation auf Istkostenbasis erforderlich, vielmehr genügt es, die Istkosten durch Verteilung der Abweichungen zu berechnen.

Kurzfristige Isterfolgs-rechnung
Liegen neben den Ergebnissen der Kalkulation auch die erzielten Verkaufserlöse vor, ist eine **kurzfristige Erfolgsrechnung** möglich. Diese wird in der Plankostenrechnung zumeist nach dem Umsatzkostenverfahren durchgeführt.

Dabei sind den mit Plankosten bewerteten Erzeugnismengen die Kostenabweichungen möglichst verursachungsgerecht zuzurechnen, bevor die sich dann ergebenden Kosten den Verkaufserlösen gegenübergestellt werden. Das Ergebnis dieser Rechnung ist trotz der Verwendung von Plankosten vergangenheitsbezogen, wenn ihr die Abweichungen und die Verkaufserlöse der abgelaufenen Periode zugrunde liegen. Stellt man dagegen den gegebenenfalls um Planabweichungen korrigierten Plankosten der Erzeugnisse die Planerlöse gegenüber, so läßt sich eine zukunftbezogene Erfolgsrechnung durchführen.

3. Zur Beurteilung der Vollkostenrechnung

Im folgenden soll das System der Vollkostenrechnung anhand des Kriteriums der Funktionserfüllung beurteilt werden. Dazu muß geprüft werden, inwieweit die Vollkostenrechnung entscheidungsrelevante Darstellungs-, Prognose-, Vorgabe- und Kontrollinformationen zu liefern vermag.

Hierfür ist eine Vorentscheidung bezüglich des Betrachtungszeitraumes zu treffen, für den die Aussagen der Vollkostenrechnung gelten sollen. Üblicherweise beträgt der Planungshorizont der Kosten- und Leistungsrechnung höchstens ein Jahr. Diese Konvention liegt auch der nachfolgenden Kritik zugrunde. Es wird darüber hinaus davon ausgegangen, daß Vorschläge zur Verbesserung der Gemeinkostenverteilungsverfahren, wie sie von der Prozeßkostenrechnung entwickelt werden, für kurzfristige Entscheidungen irrelevant sind, weil Fixkosten bei diesen Entscheidungen keine Auswirkung auf die Alternativwahl haben (vgl. jedoch S. 1282 ff.).

a) Darstellungsfunktion

Darstellungsinformationen werden im wesentlichen **mit Hilfe der Istkostenrechnung** gewonnen. Die Erfüllung der Darstellungsfunktion beinhaltet eine möglichst genaue Abbildung der Struktur des Produktionsprozesses durch die Kostenrechnung. Wird das Prinzip der Kostenverursachung zugrunde gelegt, so lassen sich verschiedene Einwände gegen die Vollkostenrechnung erheben, die sich auf ihre Brauchbarkeit für die Kostenstellen-, Kostenträgerrechnung und kurzfristige Erfolgsrechnung beziehen.

Durch die notwendigerweise willkürliche Schlüsselung und Weiterverrechnung der Kostenstellengemeinkosten wird das Kostenverursachungsprinzip verletzt und damit die Kostenstruktur der Kostenstellen verfälscht wiedergegeben. Das gleiche gilt in der Kostenträgerrechnung, in der die fixen und variablen Kostenträgergemeinkosten in Form von Zuschlagssätzen auf die Kostenträger verrechnet werden. Damit wird eine nicht nachweisbare Proportionalität zwischen Zuschlagsbasis und verrechneten Gemeinkosten angenommen. *Proportionalisierung von Fixkosten*

Die Unterstellung, daß das einzelne Produkt anteilig Fixkosten verursacht, wird dem Charakter von Fixkosten nicht gerecht. Als Bereitschaftskosten sind sie Voraussetzung für die Leistungserstellung; sie entstehen unabhängig von der Ausbringungsmenge. Die Fixkosten und die echten variablen Gemeinkosten können nur der gesamten Produktion oder einzelnen Produktgruppen zugerechnet werden.

Die Berechnung von Stückvollkosten führt wegen der proportionalisierenden Schlüsselung von Fixkosten und nicht verursachungsgerecht möglichen Verteilungen von echten variablen Gemeinkosten zu Ergebnissen, aus denen nur falsche Schlußfolgerungen gezogen werden können, weil die Größe des gemachten Berechnungsfehlers nicht abschätzbar ist.

Damit stellt aber der „Nettoerfolg" eines Kostenträgers, der in der kurzfristigen Erfolgsrechnung als Differenz zwischen den Erlösen und den vollen Kosten pro Stück errechnet wird, letztlich eine Fiktion dar. Zukunftsbezogene Informationen zur Unterstützung kurzfristiger Entscheidungen lassen sich auf dieser Basis nicht gewinnen, wie insbesondere bei der Analyse der Prognosefunktion deutlich wird.

Gleichwohl muß die Vollkostenrechnung im Rahmen der Darstellungsfunktion Informationen liefern, die von reinen Teilkostenrechnungssystemen nicht erbracht werden können, so daß ein gänzlicher Verzicht auf Vollkostenkalkulationen zum gegenwärtigen Zeitpunkt nicht möglich ist: Es handelt sich dabei um öffentliche Aufträge, die nach den Grundsätzen der Leitsätze für die Preisermittlung aufgrund von Selbstkosten (LSP) und anderer Vorschriften zu Vollkosten kalkuliert werden müssen, sowie um die Bewertung von unfertigen und fertigen Erzeugnissen in der Steuerbilanz. Die Tatsache, daß die Kosten- und Leistungsrechnung zur Lieferung solcher Informationen sogar vom Gesetzgeber genötigt wird, ist kein Indiz für deren Richtigkeit.

b) Planungsfunktion

Die Planungsfunktion wird von der Vollkostenrechnung **in Form der Plankostenrechnung** wahrgenommen. Die kritischen Einwendungen zur Darstellungsfunktion lassen sich sinngemäß auf die Erfüllung der Planungsfunktion übertragen. Dies gilt insbesondere **hinsichtlich der Ermittlung von Stückkosten und Stückgewinnen**.

Da die Systeme der Vollkostenrechnung davon ausgehen, daß jedem abgesetzten Stück ein Gewinnanteil zugerechnet werden kann, ergibt sich der im Rahmen der *Prognosefunktion*

Prognosefunktion kalkulierte Gewinn der Periode (G_{kalk}) als Produkt aus der Ausbringungsmenge x und dem Plangewinn pro Stück g_p.

(9.9) $G_{kalk} = x \cdot g_p$

Der geplante Stückgewinn g_p ist definiert als Differenz zwischen Stückpreis p und der Summe aus variablen Stückkosten k_v und proportionalisierten Fixkosten, wobei x_p den Planbeschäftigungsgrad bezeichnet:

(9.10) $g_p = p - \left(k_v + \dfrac{K_f}{x_p}\right)$

Somit kann der kalkulierte Gewinn der Periode auch geschrieben werden:

(9.11) $G_{kalk} = x \cdot \left(p - (k_v + \dfrac{K_f}{x_p})\right)$

Dieser Sachverhalt wird durch Abbildung 9.26 graphisch dargestellt.

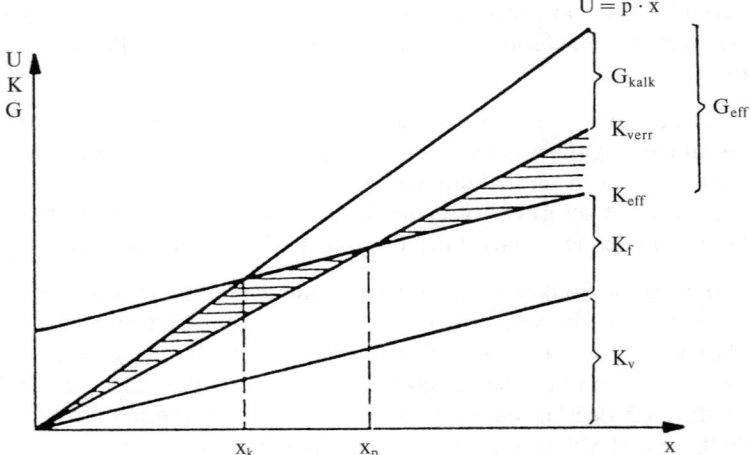

Abbildung 9.26: Verfälschte Erfolgsermittlung in der Vollkostenrechnung

Die verrechneten Gesamtkosten $\left(K_{verr} = x \cdot (k_v + \dfrac{K_f}{x_p})\right)$ sind eine lineare Funktion der Ausbringungsmenge. Die tatsächlich angefallenen Kosten K_{eff} ergeben sich aus der Summe der fixen Kosten K_f und variablen Kosten K_v. Bei einer Ausbringungsmenge größer als x_k übersteigen die Erlöse die tatsächlichen Kosten K_{eff}. Die Differenz zwischen der Erlösgeraden $U = p \cdot x$ und der Kurve der tatsächlichen Kosten entspricht dem tatsächlichen Periodengewinn G_{eff}.

Bei einer Ausbringungsmenge kleiner als x_k verbleibt die Unternehmung in der Verlustzone, obwohl die Vollkostenrechnung einen kalkulierten Gewinn G_{kalk} aufweist. Bis zur Ausbringungsmenge x_p sind die tatsächlichen Produktionskosten der Periode K_{eff} höher als die in der Vollkostenrechnung verrechneten Werte K_{verr}. Dies ist darauf zurückzuführen, daß die Summe der verrechneten Fixkostenanteile bis zu x_p kleiner ist als die tatsächlich angefallenen Fixkosten der Periode (**Fixkostenunterdeckung**). Jenseits von x_p ist es umgekehrt: Die verrechneten Fixkosten übersteigen die tatsächlichen Fixkosten der Periode (**Fixkostenüberdeckung**). Dies hat zur Folge, daß der effektive Gewinn größer ist als der kalkulierte Gewinn. Die Differenz zwischen effektivem und kalkuliertem Gewinn entspricht der Differenz zwischen den verrechneten Kosten und den tatsächlichen Kosten. Dies zeigt, daß in x_p der kritische Punkt erreicht ist, bei dem die tatsächlichen Fixkosten und die verrechneten Fixkosten übereinstimmen. In x_k liegt die kritische Ausbringungsmenge, bei der die Erlöse gleich den tatsächlichen Kosten sind.

Fixkosten-über-/-unter-deckung

Die Vollkostenrechnungssysteme sind nicht in der Lage, die kritische Ausbringungsmenge x_k zu ermitteln, die für die Steuerung der zukünftigen Leistungserstellung von weitreichender Bedeutung ist. Gleichermaßen wird ersichtlich, daß die kalkulierten Kosten, die in der Vollkostenrechnung errechnet werden, nicht mit den tatsächlichen Kosten übereinstimmen. Dies kann z. B. bei einer kostenorientierten Preisfestlegung zu schwerwiegenden Fehlern führen. Auch bei der Frage der kurzfristigen Hereinnahme eines zusätzlichen Auftrages ist das Kriterium der gesamten Kosten je Stück nur beschränkt geeignet. Denn auch dann, wenn der Stückpreis die gesamten Kosten pro Stück nicht deckt, ist es sinnvoll, den Auftrag zu übernehmen, falls der Stückpreis höher ist als die variablen Kosten. Diese Informationen können jedoch nur von Teilkostenrechnungssystemen geliefert werden.

Kritische Ausbringungsmenge

Die Beschränkung des Augenmerks auf die variablen Kosten birgt jedoch zum einen die Gefahr in sich, daß in dezentralisierten Entscheidungsprozessen nur dieser Teil der Kosten als wirklich deckungsbedürftig angesehen wird. Als Folge davon werden unter Umständen **Verhandlungsspielräume nicht ausgeschöpft**. Zum anderen können kurzfristige Entscheidungen langfristige Auswirkungen haben. Ein kurzfristiger Verzicht auf Kostendeckung kann beispielsweise zu einer nachhaltigen, nicht mehr rückgängig zu machenden Senkung des Preisniveaus führen. Keine Unternehmung kann aber langfristig auf die Deckung ihrer gesamten Kosten verzichten. Der Zwang zur langfristigen Deckung der gesamten Kosten bedeutet jedoch nicht, daß Stückerlöse jeweils mindestens die mit Hilfe willkürlicher Gemeinkostenschlüssel ermittelten Stückkosten kompensieren müssen.

Preisverhandlungen

Auch im Rahmen der **Vorgabefunktion** beeinflußt die Fixkostenzurechnung **die Aussagerelevanz der kostenrechnerischen Ergebnisse negativ**. Die Vorgabe stück- und bereichsbezogener Kosten ist so lange ohne sinnvollen Bezug, als sie **beeinflußbare und kurzfristig nicht beeinflußbare Kosten zu einem Wert zusammenfaßt**. Diese Kritik trifft um so mehr, als in der starren Plankostenrechnung, die grundsätzlich nur als Vollkostenrechnung denkbar ist, die Kostenvorgabe eine bestimmte Planauslastung der Kapazität voraussetzt, deren tatsächliche Realisierung in keiner Weise gewährleistet ist. Die Kostenzahlen der **flexiblen Vollplankostenrechnung** könnten jedoch **insoweit brauchbare Vorgabewerte** darstellen, als dieses Rechnungssystem eine Trennung in **beschäftigungsvariable und -fixe Kosten vornimmt** und somit zwischen **tendenziell beeinflußbaren und kurzfristig nicht beeinflußbaren Kosten** differenziert.

Vorgabefunktion

c) Kontrollfunktion

Für die Durchführung einer wirksamen Kontrolle ist eine Plankostenrechnung in Verbindung mit einer Istkostenrechnung erforderlich. Grundsätzlich ist die starre Plankostenrechnung für die Wirtschaftlichkeitskontrolle in den einzelnen Kostenstellen untauglich, denn wenn schon die Kostenvorgaben als problematisch anzusehen sind, muß dies für die Ergebnisse der Kontrolle erst recht gelten. Die flexible Plankostenrechnung hingegen vermag, auch wenn sie auf Vollkostenbasis durchgeführt wird, sinnvolle Vorgaben und damit auch aussagefähige Kontrollinformationen zu liefern.

IV. Systeme der Teilkostenrechnung auf der Basis beschäftigungsvariabler Kosten

Merkmale der Teilkostenrechnung

Die Teilkostenrechnungssysteme versuchen, die Mängel der Vollkostenrechnung zu vermeiden und in größerem Maße dem Kostenverursachungsprinzip Rechnung zu tragen. Sie gehen davon aus, daß den Kostenträgern nur ein Teil der Gesamtkosten unmittelbar angelastet werden kann.

In den Teilkostenrechnungssystemen wird auf jeden Fall darauf verzichtet, die Fixkosten auf die einzelne Erzeugniseinheit zurechnen zu wollen. Die Summe der Kostenartenkosten ist demnach – anders als bei den Systemen der Vollkostenrechnung – nicht mit der Summe der Kostenträgerkosten (Stückkosten) identisch.

Hieraus ergibt sich für die **Kostenartenrechnung** die Aufgabe, die Kostenarten nach beschäftigungsfixen und -variablen Kosten zu differenzieren (**Kostenspaltung**). Der **Kostenstellenrechnung** kommt in diesen Systemen die Funktion zu, bestimmte Kostenarten weiter zu verrechnen. Daneben dient sie der Wirtschaftlichkeitskontrolle. Die **Kostenträgerstückrechnung** zielt zunächst nicht auf die Ermittlung von gesamten Stückkosten, sondern auf die **Errechnung der zurechenbaren Stückkosten** (variable Stückkosten oder Stückeinzelkosten) ab. In der **kurzfristigen Erfolgsrechnung** wird die Teilkostenrechnung durch Einbeziehung der Erlöse zur **Deckungsbeitragsrechnung**. Sie dient der Ermittlung eines Bruttoerfolgsbeitrages von Produktmengeneinheiten (Stückdeckungsbeiträge), Produktarten, Produktgruppen sowie der kurzfristigen Ermittlung des gesamten Unternehmungserfolgs. Der Bruttoerfolgsbeitrag ergibt sich aus der Differenz zwischen Produktpreis und den dem Produkt zugerechneten Teilkosten. Aus der Summe aller Bruttoerfolgsbeiträge ist der Kostenblock, der in der Teilkostenrechnung nicht auf die Kostenträger verrechnet wurde (Differenz zwischen Kostenartenkosten und Kostenträgerkosten) zu decken.

Die verschiedenen Teilkostenrechnungssysteme unterscheiden sich nach Inhalt und Umfang der den Erzeugnissen zugerechneten Kosten sowie nach der Art der Differenzierung der verbleibenden Kosten. Wie in der Vollkostenrechnung können die Teilkostenrechnungssysteme auf Ist-, Normal- oder Plankosten basieren.

1242

1. Istkostenrechnung

a) Einstufiges Direct Costing als Istkostenrechnung

Der Grundgedanke dieses Teilkostenrechnungssystems (vgl. ausführlich Börner 1961) **ist die Zurechnung ausschließlich der beschäftigungsvariablen Kosten auf den Kostenträger.**

Variable Kosten im Sinne des Direct Costing umfassen nicht nur die unmittelbaren produktbezogenen Einzelkosten, sondern auch die variablen Teile der Gemeinkosten. Beide Kostenkategorien zusammengefaßt (variable Kosten) werden bisweilen auch „direkte Kosten" genannt; dieser Begriff ist jedoch insofern mißverständlich, als unter „direkten" Kosten gewöhnlich die der einzelnen Produkteinheit direkt zurechenbaren Kosten (Einzelkosten) verstanden werden. Die grundlegende Idee des Direct Costing ist nicht auf die Istkostenrechnung beschränkt (vgl. S. 1258 ff.).

Das Grundprinzip der alleinigen Zurechnung variabler Kosten auf den Kostenträger erfordert, daß die Kostenarten in ihre beschäftigungsfixen und -variablen Bestandteile zerlegt werden. Diese Zerlegung kann der Kostenartenrechnung zugeordnet werden, obwohl sie kostenstellenbezogen durchgeführt werden muß. Geeignete Maßgrößen der Beschäftigung lassen sich im allgemeinen nur für die jeweilige Kostenstelle definieren. Die Trennung der Kosten kann mit Hilfe unterschiedlicher Verfahren der **Kostenspaltung** (-auflösung, -analyse) erfolgen (vgl. Heinen 1975a). *Kostenarten-rechnung*

Nur wenn eine einwandfreie Trennung der Kosten in beschäftigungsfixe und -variable Anteile erfolgt, die den tatsächlich vorliegenden Verhältnissen möglichst genau entspricht, kann das Direct Costing Kosteninformationen liefern, die nicht zu Fehlentscheidungen führen. Die Kostenspaltung stellt daher das zentrale Problem dar, durch das sich die Kostenartenrechnung der Teilkostenrechnung von der Kostenartenrechnung der Vollkostenrechnung unterscheidet. Im folgenden werden daher bei der Darstellung der Kostenartenrechnung vorrangig die Verfahren der Kostenspaltung behandelt.

Grundsätzlich lassen sich empirische und theoretische Verfahren der Kostenspaltung unterscheiden. Eine theoretische Analyse setzt die Existenz eines Erklärungsmodells für den Produktionsprozeß voraus. **Rein beschäftigungsvariable** Kosten liegen vor, wenn gemäß diesem Modell *Theorie der Kosten-spaltung*

- eine oder mehrere Einheiten einer Verbrauchsgüterart (z. B. Werkstoffe, Hilfs- oder Betriebsstoffe) jeweils durch die Erstellung einer Leistungseinheit verbraucht werden, oder

- der Verzehr einer Gebrauchsgüterart (z. B. Maschinen, Fuhrpark) durch die Erstellung einer Leistungseinheit aus der leistungsbedingten Beanspruchung des Kostengutes folgt (Abschreibung nach der Inanspruchnahme).

Entsprechend entstehen rein **fixe Kosten** dann, wenn Kostengüter unabhängig von ihrem Einsatz in der Produktion zur Aufrechterhaltung der Betriebswirtschaft im

Zeitablauf verzehrt werden (z. B. Zinsen, Miet- und Pachtkosten, Zeitlöhne, Gehälter, zeitbedingte Abschreibungen usw.). **Semivariable Kosten** entstehen, wenn Gebrauchsgüter teils für die Aufrechterhaltung der Betriebsbereitschaft im Zeitablauf teils bei der Leistungserstellung selbst verzehrt werden (z. B. Notwendigkeit von Abschreibungen für Maschinen nach der Zeit und nach der Inanspruchnahme).

Die Ermittlung der beschäftigungsfixen und -variablen Bestandteile des Verzehrs von Gebrauchsgütern beinhaltet besondere Probleme. Diese Kostenspaltung muß so lange willkürlich bleiben, wie die beschäftigungsabhängigen und beschäftigungsunabhängigen Beträge nicht getrennt quantitativ erfaßt bzw. prognostiziert werden können. Denn erst wenn zweifelsfrei feststeht, ob der Zeitverschleiß oder der Gebrauchsverschleiß die Nutzungsdauer bestimmt (hat), können Abschreibungen einwandfrei als fixe oder als variable Kostenkategorie eingeordnet werden. Diese Voraussetzung ist jedoch in der Praxis selten erfüllt, weil die Erwartungen über Nutzungsdauer und Nutzungsmöglichkeiten der Maschinen in der Regel nicht gesichert sind.

Empirisch orientierte Kosten- spaltung

In der Praxis werden vorwiegend **empirisch orientierte Verfahren der Kostenspaltung** angewendet. Diese beruhen auf der Auswertung von Daten der Vergangenheit. Drei Methoden lassen sich unterscheiden:

1. die buchtechnische Kostenspaltung,
2. das Differenzen-Quotienten-Verfahren,
3. die mathematisch-statistische Kostenspaltung.

Buch- technische Kosten- spaltung

Die **buchtechnische Kostenspaltung** geht von bereinigten Ist-Werten der Vergangenheit aus, die sich aus der Betriebsbuchhaltung und der Betriebsstatistik ermitteln lassen. Indem man die Höhe der einzelnen Kostenarten über mehrere Perioden hinweg für verschiedene Beschäftigungsgrade vergleicht, läßt sich ihre Reagibilität auf Beschäftigungsänderungen feststellen. Ändert sich eine Kostenart bei Beschäftigungsgradschwankungen nicht, wird sie als fix, ändert sie sich proportional, so wird sie als variabel eingestuft. Ändert sie sich unterproportional mit der Beschäftigung, so werden die proportionalen (variablen) und fixen Kostenanteile geschätzt. Je mehr theoretische Überlegungen dabei angestellt werden und je weiter sich die Kostenanalyse von einer bloßen Auswertung vergangenheitsbezogener Daten entfernt, desto mehr nähert sich die buchtechnische Methode einer theoretisch fundierten Kostenspaltung.

Differenzen- Quotienten- Verfahren

Einen anderen Weg schlägt das **Differenzen-Quotienten-Verfahren** ein. Bei dieser Methode wird durch bloße Division der zwischen zwei unterschiedlichen Beschäftigungsgraden x_1 und x_2 zusätzlich anfallenden Kosten (K_2-K_1) durch die Beschäftigungsdifferenz (x_2-x_1) der Proportionalkostensatz (k_{prop}) ermittelt.

$$(9.12) \qquad k_{prop} = \frac{K_2 - K_1}{x_2 - x_1}$$

Von dieser Größe wird angenommen, daß sie gleich den variablen Stückkosten sei. Zur Ermittlung der fixen Kosten K_f werden von den Gesamtkosten K_i eines Beschäftigungsgrades x_i die variablen Kosten ($k_{prop} \cdot x_i$) abgezogen:

$$(9.13) \qquad K_f = K_i - k_{prop} \cdot x_i$$

Die Zerlegung hat nur rechentechnischen Charakter, da der sogenannte proportionale Satz k_{prop} nur einen Durchschnittswert der Kostenveränderungen im Intervall (x_1, x_2) angibt, der nur bei linearem Kostenverlauf Aussagewert besitzt. In allen anderen Fällen wird der Kostenverlauf im Intervall durch dieses Verfahren nicht realitätsnah abgebildet (vgl. Abbildung 9.27).

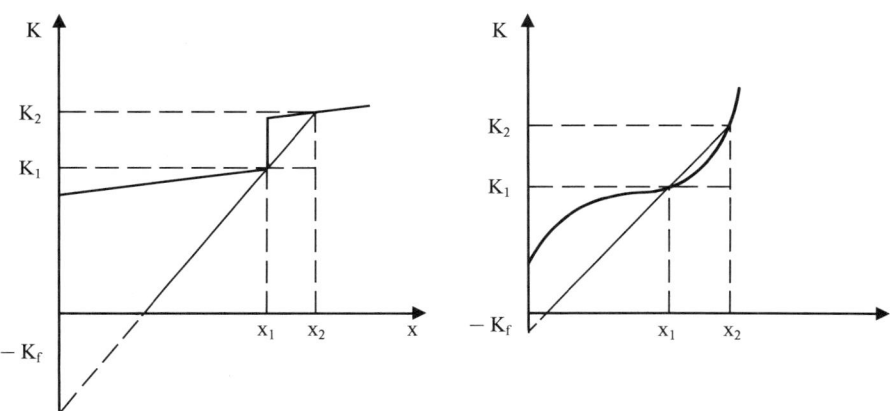

Abbildung 9.27: Beispiele für Fehler des Differenzen-Quotienten-Verfahrens

Eine Verfeinerung zur Ermittlung fixer und variabler Bestandteile von Kostenarten und/oder Gesamtkosten einer Periode ist über **mathematisch-statistische Verfahren** der Kostenspaltung möglich. Mittels Regressionsanalysen läßt sich die Abhängigkeit der Kostenhöhe von der Beschäftigung errechnen. Als Ergebnis erhält man eine Kostenverlaufsfunktion, die die fixen und variablen Bestandteile der Kostenarten oder Gesamtkosten näherungsweise wiedergibt. Bei entsprechender Ausgestaltung des statistischen Ansatzes können auch nichtlineare Kostenverläufe erfaßt werden. Gegenüber dem Differenzen-Quotienten-Verfahren weist diese Methode den Vorteil auf, daß sämtliche verfügbaren Werte in die Kostenanalyse eingehen und somit das Ergebnis nicht von der zufälligen Auswahl zweier Punkte beeinflußt wird. Die Gefahr falscher Aussagen ist jedoch auch hier nicht auszuschließen. Sprungfixe Kosten, die innerhalb der untersuchten Beschäftigungsintervalle auftreten, werden in der Kostenverlaufsfunktion nivelliert. Außerdem ist dieses Verfahren sehr aufwendig. Daher wird in der Praxis eine „Regressionsgerade" häufig nach dem Augenmaß in ein Streupunktdiagramm eingezeichnet, wodurch sich der Aufwand wesentlich verringert; der Punkt, in dem die Gerade die Kostenachse des Koordinatensystems schneidet, repräsentiert dann den Fixkostenanteil der analysierten Kostenart.

Mathematisch statistische Kostenspaltung

Die **Kritik an den empirisch orientierten Verfahren** der Kostenauflösung ergibt sich insbesondere daraus, daß man zwangsläufig Daten verschiedener Perioden zugrunde legen muß, um den Kostenverlauf in Abhängigkeit von Beschäftigungsgradänderungen analysieren zu können: Ein zeitliches Nacheinander wird als statisches Nebeneinander interpretiert. Damit beeinflussen aber nicht mehr nur der Beschäftigungsgrad, sondern auch alle anderen Kosteneinflußgrößen wie z. B. Kostenwert, Fertigungsprogramm, Ausstattung, Ausschußquote usw., die Kostenhöhe. Da eine hinreichende Bereinigung der Daten häufig mit großen Schwierigkeiten verbunden ist, können die empirischen Methoden die Abhängigkeit der Kosten vom Beschäftigungsgrad nur unpräzise abbilden. Weitere Schwierigkeiten der Kostenspaltung ergeben sich bei der nachträglichen Bezugsgrößenermittlung, insbesondere bei Änderungen der Kostenstelleneinteilung und für den Fall geringer Beschäftigungsschwankungen in den betrachteten Perioden. Da der Anwendungsbereich dieser Verfahren auf den empirisch erfaßbaren Güterverzehr beschränkt ist, ist beispielsweise der Verschleiß von Maschinen auf diese Weise nicht spaltbar. Entsprechende Probleme treten bei der Planung neuer, bisher nicht vorhandener Kosten auf (z. B. im Rahmen einer Investitionsentscheidung). Obwohl die empirischen Verfahren, insbesondere die mathematisch orientierten, die Entscheidungsabhängigkeit der meisten Kosten bzw. deren Veränderungen durch ihre schematische Vorgehensweise unberücksichtigt lassen, sind sie in der Praxis weit verbreitet. Dies ist vor allem auf den im Vergleich zur theoretischen deduktiven Methode geringeren Aufwand zurückzuführen.

Eine mit Hilfe der dargestellten Verfahren durchgeführte Kostenanalyse ermöglicht es – wenn auch mit gewissen Einschränkungen –, die Kostenarten nach ihrer Reagibilität auf Beschäftigungsgradänderungen aufzuspalten. Damit wird die Kostenartenrechnung, die sich ansonsten in ihrer grundsätzlichen Gliederung nicht von der einer Vollkostenrechnung unterscheidet, entscheidend verbessert, da sich detailliertere Informationen über Kostenstruktur und -entwicklung gewinnen lassen; zugleich werden die Voraussetzungen für die Kostenstellenrechnung im System des Direct Costing geschaffen.

Der Kostenstellenrechnung kommt im Rahmen des Direct Costing die Aufgabe der Gemeinkostenverteilung und der Wirtschaftlichkeitskontrolle zu. Wie bei der Kostenartenverteilung besteht der grundsätzliche Unterschied der Kostenstellenrechnung im Direct Costing gegenüber der Vollkostenrechnung in der nach ihrer Beschäftigungsreagibilität differenzierten Behandlung der Kosten. Auch im System des Direct Costing läßt sich die Kostenstellenrechnung mit Hilfe eines BAB durchführen. Ein Beispiel eines BAB im Direct Costing findet sich in Abbildung 9.28.

In einem ersten Schritt werden in der Kostenstellenrechnung die Kostenträgergemeinkosten auf die einzelnen Kostenstellen verteilt, und zwar differenziert nach beschäftigungsvariablen und -fixen Kostenanteilen. Wie Abbildung 9.28 zeigt, können die gesamten (g), die variablen (v) und die fixen Kosten (f) für jede Kostenstelle getrennt ausgewiesen werden.

Zu beachten ist hierbei jedoch, daß eine sinnvolle Spaltung der Kosten in fixe und variable Bestandteile nur stellenbezogen möglich ist. Eine in Mengeneinheiten von

Kostenarten	Summe	Kostenstellen																	
		Vorkostenstellen						Endkostenstellen											
		g	v	f	g	v	f	g	v	f	g	v	f	g	v	f	g	v	f
fixe und variable Gemeinkosten der Kostenstellen (primäre Kostenstellenkosten)																			
Summe der primären Kostenstellenkosten																			
innerbetriebliche Leistungsverrechnung der variablen Gemeinkosten																			
korrigierte Summe der Kostenstellenkosten																			
Zuschlagssätze zur Verrechnung der variablen Gemeinkosten auf der Basis von Kostenträgereinzelkosten oder anderen Verteilungsbasen (z. B. Maschinenstunden)									Z			Z			Z			

Abbildung 9.28: Beispiel eines BAB im Direct Costing

Endprodukten oder in für Endprodukte geleisteten Arbeitsstunden bzw. Maschinenstunden ausgedrückte Beschäftigung eignet sich allenfalls für die Fertigungskostenstellen als Beschäftigungsmaßgröße. Insbesondere bei Vorkostenstellen wäre eine Unterscheidung fixer und variabler Kostenbestandteile, die direkt auf den Output der Fertigungs- bzw. Hauptkostenstellen bezogen sein sollte, schon bei geringer Komplexität des Produktionsprogrammes und -prozesses nicht mehr sinnvoll darzustellen. Daher ist es erforderlich, die Kostenspaltung zunächst in bezug auf die Beschäftigungsmerkmale der einzelnen Kostenstellen vorzunehmen. Beispielsweise sind dann die Kosten der eigenen Elektroreparaturwerkstatt fix oder variabel in bezug auf die geleisteten Reparaturstunden. Diese sind jedoch nicht notwendigerweise proportional zur realisierten Produktions- und Vertriebsleistung bei den zur Veräußerung bestimmten „eigentlichen" Erzeugnissen des Unternehmens. Die Aufrechterhaltung der Betriebsbereitschaft in den übrigen Unternehmensbereichen kann regelmäßige Inspektionen und Wartungen erfordern, die von der Beschäftigung in diesen Bereichen unabhängig sind. Die variablen Kosten der Erstellung dieser Inspektions- und Wartungsdienstleistungen sind dann aus der Sicht der diese Leistungen beanspruchenden Unternehmensteilbereiche fix und führen bei diesen damit auch zu fixen Kosten. Sie fallen unabhängig von der Beschäftigung der sie beanspruchenden Kostenstellen an. Wenn ihre Höhe schwankt, so ist dies nicht „Schuld oder Verdienst" der empfangenden, sondern der leistenden Kostenstelle, d. h. nicht auf den Umfang ihrer Inanspruchnahme zurückzuführen. Eine Addition der jeweils fixen einerseits und der jeweils variablen primären Kostenträgergemeinkosten pro Kostenstelle andererseits ergibt also noch nicht die Aufteilung der Kosten in fixe und variable Bestandteile, die aus der Logik des Systems heraus benötigt wird. Diese Aufteilung liegt erst dann vor, wenn die innerbetriebliche Leistungsverrechnung auf der Grundlage variabler Kosten der Erstellung innerbetrieblicher Leistungen durchgeführt worden ist. Dann erst kennt man den Teil der variablen Kosten, der auch in bezug auf Variationen der marktbestimmten Leistungsmengen variabel ist.

Schlüsselungsprobleme können hierbei für den variablen Teil der Kostenstellengemeinkosten und – da das Kostenstellensystem nicht hierarchisch strukturiert ist (vgl. S. 1251 ff.) – für die fixen Kostenstellengemeinkosten bestehen. Allerdings werden nur die durch Schlüsselungen variabler Bestandteile der Kostenstellengemeinkosten hervorgerufenen Kostenverfälschungen in die Kostenträgerrechnung übertragen; eine Verteilung von Fixkosten auf Kostenträger ist ohnehin nicht vorgesehen. Insofern besteht ein echtes Schlüsselungsproblem lediglich für variable Bestandteile der Kostenstellengemeinkosten.

Innerbetrieb-liche Lei-stungsver-rechnung

Nach der Verteilung der variablen Kostenträgergemeinkosten auf die Kostenstellen (direkte Zuordnung der Kostenstelleneinzelkosten, Schlüsselung der Kostenstellengemeinkosten) erfolgt in einem zweiten Schritt die **innerbetriebliche Leistungsverrechnung**. Auch hierbei werden nur die variablen Kosten weiterverrechnet. Das bedeutet, daß bei einseitig gerichteter Leistungsverflechtung das Kostenartenverfahren angewendet werden kann, wenn es derart modifiziert wird, daß auch die variablen Gemeinkosten der innerbetrieblichen Leistung einbezogen werden; grundsätzlich sind in diesem Fall auch die anderen im Rahmen der Vollkostenrechnung (S. 1215 ff.) dargestellten Verfahren der innerbetrieblichen Leistungsverrechnung anwendbar. Bei wechselseitiger Leistungsverflechtung ist jedoch eine exakte innerbetriebliche Leistungsverrechnung nur mit Hilfe des Gleichungsverfahrens (hier auf Basis der beschäftigungsvariablen Kosten) möglich.

Zuschlags-satzbildung

Nach der Verrechnung der innerbetrieblichen Leistungen können auf der dritten Stufe in der Kostenstellenrechnung **Zuschlagssätze** (z. B. auf Basis der Kostenträgereinzelkosten) ermittelt werden, mit deren Hilfe die variablen Gemeinkosten den Kostenträgern angelastet werden.

Wenn die entstandenen fixen Gemeinkosten dennoch bei den Vor- und Endkostenstellen ausgewiesen werden, so geschieht dies, um die Transparenz zu erhöhen und eine kostenstellenbezogene Analyse des gesamten Gemeinkostenanfalls zu ermöglichen.

Kostenträger-rechnung

Die **Kostenträgerrechnung** des einstufigen Direct Costing unterscheidet sich wesentlich von derjenigen der Vollkostenrechnung. Aufgrund der Erkenntnis, daß sich fixe Kosten nicht nach dem Kostenverursachungsprinzip auf die Endprodukte zurechnen lassen, werden im Direct Costing nur die variablen Kosten weiterverrechnet. Die Einzelkosten werden den Endprodukten direkt angelastet. Für die variablen Gemeinkosten finden die üblichen Kalkulationsverfahren Anwendung (vgl. S. 1220 ff.). Die fixen Kosten werden im einstufigen Direct Costing unter Umgehung der Kostenträgerrechnung unmittelbar von der Kostenstellenrechnung in die Betriebsergebnisrechnung (Erfolgsermittlung) übernommen. Damit liegen als Ergebnis der Kostenträgerrechnung die Stückkosten vor, die aus den variabeln Kosten pro Stück bestehen. Auf diese Weise definierte Stückkosten sind deshalb sinnvoll, weil sie Informationen darüber liefern, welche Kosten durch die Produktion eines einzelnen Stücks bei gegebener Kapazität zusätzlich entstehen.

Mit Hilfe variabler Stückkosten ist es möglich, durch Einbeziehung des Stückerlöses eine sinnvolle stückbezogene Erfolgsgröße zu konstruieren, die – anders als der Stückgewinn der Vollkostenrechnung – nicht auf bloßer Fiktion beruht. Diese Erfolgsgröße heißt Deckungsbeitrag oder Bruttogewinn.

Der stückbezogene Deckungsbeitrag d ist im einstufigen Direct Costing definiert als die Differenz zwischen Stückerlös p und (variablen) Stückkosten k_v eines Produkts.

Deckungsbeitrag

$$(9.14) \qquad d = p - k_v$$

Die Bezeichnung „Deckungsbeitrag" rührt daher, daß jede positive Differenz zwischen Stückerlös und variablen Kosten einen Beitrag zur Deckung der Fixkosten liefert, die zwar nicht dem Produkt zugerechnet wurden, gleichwohl aber angefallen sind und daher langfristig in irgendeiner Form gedeckt werden müssen; darüber hinaus sollte der Deckungsbeitrag nach Deckung aller Fixkosten auch einen Beitrag zur Gewinnerzielung leisten.

Im Einproduktbereich errechnet sich der Gesamtdeckungsbeitrag der Periode aus dem Produkt von abgesetzter Produktmenge x und Deckungsbeitrag pro Stück d:

$$(9.15) \qquad D = x \cdot d = x \cdot (p - k_v)$$

Im Mehrproduktbetrieb (oder im Einproduktbetrieb mit differenzierten Absatzmärkten und differenzierten Preisen) müssen bei n Produktarten die produktspezifischen Deckungsbeiträge D_i summiert werden, um den Gesamtdeckungsbeitrag einer Abrechnungsperiode zu erhalten:

$$(9.16) \qquad D = \sum_{i=1}^{n} D_i = \sum_{i=1}^{n} x_i (p_i - k_{vi})$$

Die positive Differenz zwischen dem Gesamtdeckungsbeitrag der Abrechnungsperiode und den fixen Kosten K_f stellt den in der Periode erzielten Gewinn dar.

$$(9.17) \qquad\qquad\qquad G = D - K_f$$

$$\text{Einproduktbetrieb:} \quad G = x \cdot (p - k_v) - K_f$$

$$\text{Mehrproduktbetrieb:} \quad G = \sum_{i=1}^{n} x_i (p_i - k_{vi}) - K_f$$

Anhand der Formel (9.17) wird klar, daß jeder zusätzliche Auftrag mit positivem Deckungsbeitrag entweder den Verlust mindert (zusätzliche Fixkostendeckung) oder den Gewinn erhöht. Diese Information ist besonders wichtig, wenn bei nicht voll ausgelasteten Kapazitäten über die Hereinnahme eines zusätzlichen Auftrags entschieden werden soll. Zugleich ist ersichtlich, daß in Übereinstimmung mit dem Grundgedanken der Teilkostenrechnungssysteme **der Gewinn nur für den Gesamtbetrieb ermittelbar** ist. Stückgewinne sind weder logisch ableitbar, noch kommen sie überhaupt im Formelsystem des Direct Costing vor.

Kurzfristige Erfolgsrechnung Damit gilt für das einstufige Direct Costing das Schema der Abbildung 9.29 zur Ermittlung des Betriebserfolges, wobei das Umsatzkostenverfahren zugrunde gelegt ist.

Summe der Nettoerlöse der n Produktarten
− Summe der variablen Kosten der n Produktarten
= Summe der Deckungsbeiträge der n Produktarten
− fixe Kosten der Unternehmung
= Betriebserfolg

Abbildung 9.29: Schema zur Erfolgsermittlung im einstufigen Direct Costing

b) Mehrstufiges Direct Costing als Istkostenrechnung

Kritik am einstufigen Direct Costing Das einstufige Direct Costing liefert keine Informationen darüber in welchem Zusammenhang einzelne Bestandteile der Fixkosten mit einzelnen Teilen des Leistungsprogrammes (z. B. Produktarten, Produktgruppen) stehen. Die Fixkosten werden im einstufigen Direct Costing vielmehr als einheitlicher Kostenblock betrachtet, der nicht weiter analysiert wird. Daraus ergibt sich als weiterer Nachteil, daß dieses Kostenrechnungssystem zwar mit stück-, produktart-, produktgruppenbezogenen Deckungsbeiträgen rechnen kann, damit jedoch stets mehr oder weniger stark zusammengefaßte Überschüsse der Erlöse über die variablen Kosten ermittelt. Eine Differenzierung des Fixkostenblockes erfolgt nicht. Dieser für alle Produktarten und -gruppen als gemeinsam anzusehende Fixkostenblock ist durch die Summe der Differenzen zwischen Verkaufserlösen und variablen Kosten über alle Produktarten und -gruppen hinweg, also einen Gesamtdeckungsbeitrag, zu kompensieren und möglichst zu überschreiten.

Die Undifferenziertheit dieser Information wiegt um so schwerer, je höher in einer Unternehmung der Fixkostenanteil an den Gesamtkosten ist. Die echten variablen Stückkosten sind in solchen Fällen sehr niedrig. Dies gilt insbesondere bei hoher Anlagen- und Kapitalintensität der Produktion, die mit steigenden beschäftigungsfixen Kosten verbunden ist (Zinsen, Zeitabschreibungen, Wartungskosten, Überwachungskosten usw.). Darüber hinaus haben viele Kostenarten, die früher als

1250

beschäftigungsvariabel bezeichnet werden konnten, inzwischen bei kurzfristiger Betrachtungsweise fixen Charakter angenommen. Dies gilt insbesondere für den größten Teil der Kosten der Arbeit. Arbeits-, Sozial- und Tarifrecht haben die Löhne und Gehälter so weitgehend determiniert, daß nur noch ein kleiner Teil dieser Kosten als beschäftigungsabhängig deklariert werden kann (z. B. Akkordanteile des Lohnes); zum weitaus größeren Teil sind sie kurzfristig nicht beeinflußbare Fixkosten geworden.

Daher entwickelte sich ein Kostenrechnungssystem, dem **eine differenzierte Betrachtung des Fixkostenblocks** zugrunde liegt und das somit auch die **Ermittlung differenzierter Deckungsbeiträge** ermöglicht. Dieses System ist das **mehrstufige Direct Costing**. In seinem grundsätzlichen Aufbau unterscheidet es sich nicht vom einstufigen Direct Costing. Deshalb soll im folgenden nur auf die Besonderheiten dieses Systems gegenüber dem einstufigen Verfahren näher eingegangen werden.

Hinsichtlich der Kostenartenrechnung ergibt sich als Besonderheit, daß die fixen Kosten derart aufzuspalten bzw. zu gliedern sind, daß sie bestimmten Bezugsgrößen (z. B. Erzeugnisart, Kostenstellen, Unternehmungsbereiche) zurechenbar sind. Diese Größen müssen in einem Ursache-Wirkungs-Zusammenhang im weiteren Sinn mit den fixen Kostenanteilen stehen. Wenn sich beispielsweise ein Betrieb entscheidet, eine neue Produktart in sein Programm aufzunehmen und für diese Produktart eigene Produktionsanlagen, Mitarbeiter, Patente, Lizenzen usw. zu beschaffen sind, so bedeutet dies, daß diese neuen Fixkosten auf die Entscheidung für die Produktion des neuen Produktes zurückgeführt werden können (Erzeugnisfixkosten). *Kostenarten-rechnung*

Grenzt man die Fixkostenarten derart ab, daß sie jeweils für eine Bezugsgröße erfaßt werden können, so zeigt es sich, daß enge Beziehungen zwischen Kostenarten- und Kostenstellenrechnung bestehen. Bei einer Gliederung nach Kostenstellen lassen sich z. B. Fixkosten der Kostenstellen, Fixkosten der Kostenstellenbereiche (mehrere Kostenstellen zusammengefaßt) und Fixkosten der ganzen Unternehmung unterscheiden. Entsprechend lassen sich die Kostenarten in Kostenstellenfixkosten, Bereichsfixkosten und Unternehmungsfixkosten differenzieren. Eine Fixkostenzurechnung erfolgt dabei nur insoweit, als diese ohne Schlüsselung direkt für einzelne Bezugsgrößen durchgeführt werden kann. Dienen bestimmte Kostenstellen nur der Fertigung einer Erzeugnisart oder einer oder mehrerer Erzeugnisgruppen, so kann parallel dazu zwischen Fixkosten einer Erzeugnisart und Fixkosten einer oder mehrerer Erzeugnisgruppen unterschieden werden.

Bei gleichzeitiger Verwendung beider Gliederungskriterien (kostenträger- und kostenstellenorientierte Zurechnung) nennt z. B. Mellerowicz (1977) folgende Fixkostenschichten: *Mögliche Fixkosten-schichten*

(1) **Erzeugnis-Fixkosten:**
    z. B. Patentkosten, Kosten für Spezialwerkzeuge, die nur für das betrachtete Erzeugnis gebraucht werden.
(2) **Erzeugnisgruppen-Fixkosten:**
    z. B. Patentkosten, Beratungskosten, Kosten bestimmter Maschinen in bestimm-

ten Kostenstellen, die nur der Erstellung der betrachteten Erzeugnisgruppen dienen.

(3) **Kostenstellen-Fixkosten:**
    z. B. Meisterlöhne der Kostenstellen, direkt zurechenbare Raum- und Reinigungskosten.

(4) **Bereichs-Fixkosten:**
    z. B. Zwischenlagerkosten, fixe Kosten bestimmter Verwaltungsabteilungen.

(5) **Unternehmungs-Fixkosten:**
    z. B. Kosten der Unternehmungsleitung, Kosten der Betriebsüberwachung, Abgaben und Gebühren.

Häufig werden weniger Fixkostenschichten unterschieden. So unterscheidet Schwarz (1969) lediglich zwei Schichten, nämlich spezielle Fixkosten (Erzeugnis- und Erzeugnisgruppenfixkosten) und allgemeine Fixkosten (rechtliche, nur schwer oder nicht sinnvoll zu verrechnende Fixkosten), Agthe (1963) vier Fixkostenschichten: Erzeugnis-Fixkosten, Erzeugnisgruppen-Fixkosten, Bereichs-Fixkosten und Unternehmungs-Fixkosten. In der Praxis ist es oft nicht sinnvoll, viele Fixkostenschichten zu bilden.

Aus **liquiditätspolitischer** Sicht kann jedoch eine zusätzliche Unterteilung der Fixkosten in kurzfristig ausgabewirksame und nicht ausgabewirksame Kosten von Bedeutung sein. Den folgenden Ausführungen wird die Einteilung in die vier Schichten Erzeugnis- und Erzeugnisgruppen-Fixkosten, Bereichs-Fixkosten und Unternehmungs-Fixkosten zugrunde gelegt.

Kostenstellen-rechnung

Die Bildung von Fixkostenschichten ist nur dann möglich, wenn sämtliche fixen Kostenarten in der Kostenartenrechnung ihren Entstehungsbereichen zugeordnet werden. **Voraussetzung für eine sinnvolle Untergliederung ist die Bildung der Kostenstellen nach ihrer Produktbezogenheit, d. h. möglichst viele Stellen dürfen nur von einer Produktart oder einer Produktgruppe durchlaufen werden.** Durch dieses Gliederungskriterium für die Kostenstellenbildung und die damit verbundene Verknüpfung von Kostenarten- und Kostenstellenrechnung unterscheidet sich die Kostenstellenrechnung des mehrstufigen Direct Costing von der des einstufigen Direct Costing. Während beim einstufigen Direct Costing eine im weiteren Sinne verursachungsgerechte Zurechnung der Fixkosten auf Kostenbereiche mangels einer differenzierten Fixkostengliederung nicht angestrebt wird, ist diese beim mehrstufigen Direct Costing zwingend. Dagegen erfolgt in beiden Systemen die Zurechnung der variablen Gemeinkosten auf die – im mehrstufigen Direct Costing allerdings nach anderen Kriterien gebildeten – Kostenstellen in gleicher Weise. In beiden Systemen werden im Unterschied zur Vollkostenrechnung die innerbetrieblichen Leistungen nur zu variablen Kosten weiterverrechnet, wobei die bekannten Verfahren der innerbetrieblichen Leistungsverrechnung Verwendung finden können. Auch die Bildung von Zuschlagssätzen erfolgt nur für den variablen Teil der Gemeinkosten.

Betriebs-abrechnungs-bogen

Die Durchführung der Kostenstellenrechnung erfolgt auch hier zweckmäßig mit Hilfe des BAB als Instrument einer kombinierten Kostenarten- und Kostenstellenrechnung. Im Gegensatz zum BAB des einstufigen Direct Costing oder der Voll-

1252

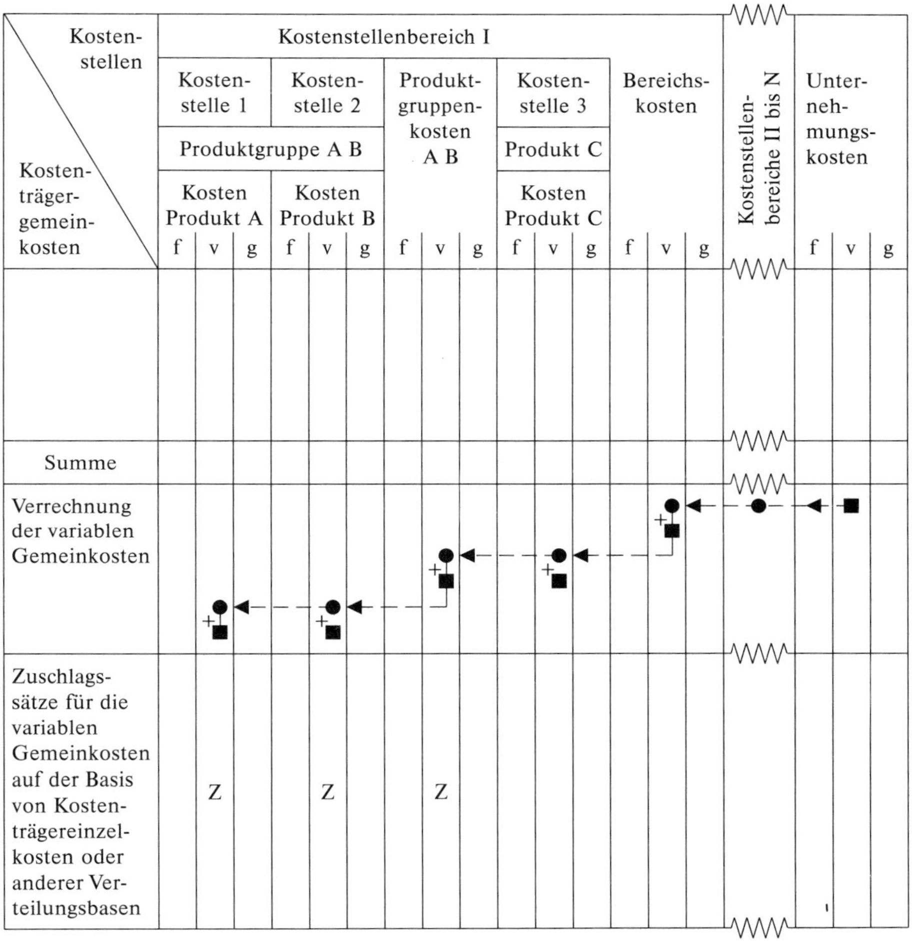

Kostenstellen / Kostenträger-gemeinkosten	Kostenstellenbereich I															Kostenstellen-bereiche II bis N	Unternehmungs-kosten		
	Kosten-stelle 1			Kosten-stelle 2			Produkt-gruppen-kosten A B			Kosten-stelle 3			Bereichs-kosten						
	Produktgruppe A B									Produkt C									
	Kosten Produkt A			Kosten Produkt B						Kosten Produkt C									
	f	v	g	f	v	g	f	v	g	f	v	g	f	v	g		f	v	g
Summe																			
Verrechnung der variablen Gemeinkosten																			
Zuschlags-sätze für die variablen Gemeinkosten auf der Basis von Kosten-trägereinzel-kosten oder anderer Ver-teilungsbasen	Z			Z			Z												

■ = in Kostenstelle oder Bereich entstandene variable Kostenträgergemeinkosten
● = der Kostenstelle / dem Bereich zugeschlüsselter Anteil aus einem übergeordneten Bereich

Abbildung 9.30: Schema eines BAB im mehrstufigen Direct Costing

kostenrechnung ist der BAB des mehrstufigen Direct Costing um die Spalten der Produkt-, Produktgruppen-, Bereichs- und Unternehmungs-Fixkosten erweitert. Es ergibt sich eine Hierarchie von Zurechnungseinheiten. Die gesamten Gemeinkosten (g) einer jeden Spalte sind in ihre variablen (v) und fixen (f) Bestandteile aufgegliedert. Anhand der Abbildung 9.30 wird die Bildung der Kostenstellen nach ihrer Produkt-bezogenheit deutlich. In diesem beispielhaften BAB fallen Erzeugnis-Fixkosten und Kostenstellen-Fixkosten zusammen.

Die Kostenträgerrechnung verläuft beim mehrstufigen Direct Costing in der Aus-prägung als reine Teilkostenrechnung wie beim einstufigen System: Nur die variablen Kosten werden auf die betrieblichen Leistungen verrechnet. Es sei jedoch hier schon

Kostenträger-rechnung

1253

darauf hingewiesen, daß es auch Modifikationen des Direct Costing gibt, in denen auch Fixkosten auf die Kostenträger verrechnet werden (Fixkosten-Deckungsrechnung, vgl. S. 1255 ff.). Dann liegt aber kein reines Teilkostenrechnungssystem mehr vor.

Kurzfristige Erfolgsrechnung Die entscheidenden Unterschiede und Vorteile des mehrstufigen gegenüber dem einstufigen Direct Costing zeigen sich bei der kurzfristigen Erfolgsrechnung, die den wichtigsten Teil im System des mehrstufigen Direct Costing darstellt. Ihr Schema wird in Abbildung 9.31 verdeutlicht.

	Kostenträgerbereich I			Kostenträgerbereich II	
	Kostenträgergruppe			Kostenträgergruppe	
	Kostenträger A	Kostenträger B	Kostenträger C	Kostenträger D	Kostenträger E
1. Bruttoerlös					
2. + (negative) Erlösschmälerungen oder Zusatzerlöse					
3. = Nettoerlös					
4. ./. variable Herstell- und Vertriebskosten					
5. = Deckungsbeitrag I					
6. ./. Erzeugnisfixkosten	▼	▼	▼	▼	▼
7. = Deckungsbeitrag II	x	x	x	x	x
		x			x
8. ./. Erzeugnisgruppenfixkosten	▼	▼		▼	
9. = Deckungsbeitrag III	x	x		x	
		x			
10. ./. Bereichsfixkosten	▼			▼	
11. = Deckungsbeitrag IV	x			x	
		x			
12. ./. Unternehmungsfixkosten	▼				
13. = Umsatzergebnis (Erfolg)	x				

Abbildung 9.31: Kurzfristige Erfolgsrechnung im mehrstufigen Direct Costing

Dabei ist der Deckungsbeitrag I identisch mit dem Deckungsbeitrag des einstufigen Direct Costing. Während er dort nur in den die Fixkosten deckenden Betrag und den kalkulatorischen Gewinn zerlegt werden kann, entsteht im mehrstufigen Direct Costing durch den schrittweisen Abzug der Fixkostenschichten eine Reihe differenzierter Deckungsbeiträge, die den Informationsgehalt der Kostenrechnung entscheidend verbessern. Insbesondere kann überprüft werden, welche Erzeugnisse (Erzeugnisgruppen) nicht einmal mehr ihre eigenen Erzeugnis-Fixkosten (Erzeugnisgruppen-Fixkosten) decken und daher evtl. unter kostenrechnerischem Aspekt aus dem Fertigungsprogramm genommen werden sollten. Entsprechend kann der Erfolgsbeitrag einzelner Unternehmungsbereiche kontrolliert werden. Derartige Programm- und Unternehmungsbereichsentscheidungen sind nie kurzfristiger Natur, so daß sie nicht allein auf der Basis der kurzfristigen Erfolgsrechnung getroffen werden können. Daraus folgt aber nicht, daß eine derartig detaillierte Analyse im Rahmen der kurzfristigen Erfolgsrechnung überflüssig und nur in größeren Zeitabständen erforderlich wäre, denn je eher Informationen über Entwicklungstendenzen vorliegen, desto größer ist ihr Wert. Noch informativer kann diese Rechnung im mehrstufigen Direct Costing gestaltet werden, wenn die Fixkosten zusätzlich noch nach der Ausgabewirksamkeit in bezug auf festzusetzende Zeiträume untergliedert werden. Die Existenz dieses Systems wird von den Anhängern der Prozeßkostenrechnung (vgl. S. 1300 ff.) bislang ignoriert.

Ein Beispiel einer Periodenerfolgsrechnung auf Teilkostenbasis mit drei Fixkosten- *Programm-* schichten findet sich in Abbildung 9.32. Nach den Werten der Tabelle weisen die *beurteilung* Erzeugnisarten 3 und 4 den höchsten Deckungsbeitrag I auf. Sie erscheinen daher als die gewinnträchtigsten innerhalb des Produktionsprogramms. Dagegen erscheinen die Produktarten 1, 2 und 5 und 6 in ungünstigerem Licht, da ihre Deckungsbeiträge I geringer sind. Die Berücksichtigung der nachfolgenden Fixkostenschichten verändert jedoch die Rangfolge der Vorziehenswürdigkeit der Produkte. Die der Produktgruppe A zurechenbaren Fixkosten führen zu einem Deckungsbeitrag II der Produktgruppe A, der niedriger ist als der Deckungsbeitrag II für die Produktgruppe B. Damit kehrt sich aufgrund der durch das mehrstufige Direct Costing ermöglichten Betrachtungsweise die Beurteilung der Erzeugnisse gegenüber dem einstufigen Direct Costing um. Allerdings kann aus dieser Information nicht gefolgert werden, die Erzeugnisgruppe A sei insgesamt aufzugeben. Durch Variation der Erzeugnismengen innerhalb dieser Gruppe könnte sich der Deckungsbeitrag II zugunsten der Erzeugnisgruppe A verändern (vgl. zur Programmplanung S. 1286 ff.).

Eine **Variante des mehrstufigen Direct Costing** stellt die Fixkosten-Deckungsrechnung *Fixkosten-* dar, die besonders von Mellerowicz (1977) vertreten wird. **Die Fixkosten-Deckungs-** *Deckungs-* **rechnung ist grundsätzlich aufgebaut wie das normale mehrstufige Direct Costing, ist** *rechnung* **aber dadurch gekennzeichnet, daß sie letztlich alle Kosten auf die Kostenträger verrechnet.** Insofern hat sie den Charakter einer Vollkostenrechnung. Sie wird hier im Rahmen des mehrstufigen Direct Costing dargestellt, da sie mit diesem große Ähnlichkeit aufweist.

	Erzeugnisgruppe A				Erzeugnisgruppe B	
	Erzeugnis 1	Erzeugnis 2	Erzeugnis 3	Erzeugnis 4	Erzeugnis 5	Erzeugnis 6
Bruttoerlöse der Periode	600	400	800	900	600	500
./. variable Vertriebskosten der Erzeugnisse	100	70	90	150	80	50
Erlöse nach Abzug der variablen Vertriebskosten der Erzeugnisse	500	330	710	750	520	450
./. variable Kosten der Leistungserstellung	150	130	310	250	160	120
Deckungsbeitrag der Erzeugnisse über die variablen Kosten (I)	350	200	400	500	360	330
./. Erzeugnisgruppenfixkosten	1000				170	
Deckungsbeitrag der Erzeugnisgruppen (II)	450				520	
./. Bereichsfixkosten	350					
Deckungsbeitrag (III)	620					
./. Unternehmungsfixkosten	520					
Periodenergebnis	100					

Abbildung 9.32: Beispiel einer Periodenerfolgsrechnung auf Teilkostenbasis

Kostenarten-, Kostenstellenrechnung

Die Kostenartenrechnung läuft wie im normalen mehrstufigen Direct Costing ab. Entsprechendes gilt für die Kostenstellenrechnung, allerdings mit der Maßgabe, daß in die innerbetriebliche Leistungsverrechnung anders als beim Direct Costing auch fixe Kosten einbezogen werden müssen, wenn die innerbetrieblichen Leistungen großen Anteil an den Gesamtkosten haben. Dabei können wiederum die bereits dargestellten Verfahren Anwendung finden.

Kostenträgerrechnung

Der grundsätzliche Unterschied zwischen mehrstufigem Direct Costing und Fixkosten-Deckungsrechnung zeigt sich in der Kostenträgerrechnung, in der im Ergebnis eine Vollkostenkalkulation durchgeführt wird. Sie soll bei vorgegebenen Marktpreisen zeigen, ob diese kostendeckend (einschließlich zugerechneter Fixkostenanteile) sind. Existieren solche Marktpreise noch nicht, so soll ein auch die anteiligen Fixkosten deckender Mindestpreis pro Mengeneinheit berechnet werden.

Ausgehend von der stufenmäßigen Gesamtkostenstruktur der Kostenträgerzeitrechnung im mehrstufigen Direct Costing entwickelt sich die Stückkostenkalkulation, indem – ähnlich wie in der Zuschlagskalkulation – die Struktur der Stückvollkosten anteilig aus der Struktur der Periodenkosten in der Erfolgsrechnung hergeleitet wird. Anders als bei der Zuschlagskalkulation ist aber in diesem Falle die differenzierte

Periodenerfolgsrechnung mit ihren einzelnen Deckungsbeitragsstufen und nicht der BAB **Grundlage für die Vollkostenkalkulationssätze**. Dabei ergeben sich zwei Möglichkeiten, die Stückkostenstruktur zu entwickeln.

Bei der retrograden Methode wird vom Marktpreis ausgegangen. In diesem Falle ergibt sich das folgende Kalkulationsschema (vgl. Abbildung 9.33).

```
    Preis pro Stück
  − variable Kosten
    _____

    Deckungsbeitrag I
  − Erzeugnis-Fixkosten              (als Prozentsatz von DB I)
    _____

    Deckungsbeitrag II
  − Gruppen-Fixkosten                (als Prozentsatz von DB II)
    _____

    Deckungsbeitrag III
  − Bereichs-Fixkosten               (als Prozentsatz von DB III)
    _____

    Deckungsbeitrag IV
  − Unternehmungs-Fixkosten          (als Prozentsatz von DB IV)
    _____

  = Netto-Ergebnis pro Stück
    ══════════════════════════════════════════════════════
```

Abbildung 9.33: Retrograde Kalkulation in der Fixkosten-Deckungsrechnung

Die dabei anzuwendenden Prozentsätze errechnen sich in der kurzfristigen Erfolgsrechnung aus dem Verhältnis der Fixkosten der entsprechenden Schicht zur Summe der Deckungsbeiträge, die diese Kosten decken sollen (vgl. Abbildung 9.32).

Die andere Methode der Stückkostenkalkulation geht progressiv vor und ähnelt wesentlich stärker der Zuschlagskalkulation (vgl. Abbildung 9.34). Die dabei notwendigen Prozentsätze können ebenfalls aus der kurzfristigen Erfolgsrechnung des mehrstufigen Direct Costing mit entsprechender Fixkostenschichtung gewonnen werden.

```
    Variable Kosten pro Stück
  + Erzeugnis-Fixkosten              (als Prozentsatz der variablen Kosten)
  + Erzeugnisgruppen-Fixkosten       (als Prozentsatz der variablen Kosten)
  + Bereichs-Fixkosten               (als Prozentsatz der variablen Kosten)
  + Unternehmungs-Fixkosten          (als Prozentsatz der variablen Kosten)
  + Netto-Ergebnis pro Stück
    _____

  = Stückpreis
    ══════════════════════════════════════════════════════
```

Abbildung 9.34: Progressive Kalkulation in der Fixkosten-Deckungsrechnung

Der Versuch, das Direct Costing mit der Vollkostenrechnung zu verbinden, kann aus der Sicht der Kostenrechnungspraxis insofern positiv beurteilt werden, als es gelungen ist, ein theoretisch verfeinertes Teilkostenrechnungssystem mit der rechtlich manchmal notwendigen, aus psychologischen Gründen oft unvermeidbaren Durchführung einer Vollkostenkalkulation zu verbinden. Insofern kommt der Fixkosten-Deckungsrechnung pragmatische Bedeutung zu.

Theoretisch handelt es sich im Prinzip um das gleiche Vorgehen wie bei der Vollkostenrechnung. Die zeitraumabhängigen Kosten werden nach einem reinen Durchschnittsprinzip auf die Erzeugnisse verteilt. Grundsätzlich haben die so errechneten Stückvollkosten rein fiktiven Charakter. Fixkosten können mit einiger Genauigkeit in aller Regel nur in Perioden-, nicht jedoch in Stückrechnungen verrechnet werden. Es gilt hier also sinngemäß die gleiche Kritik, die bereits im Rahmen der Vollkostenrechnung an der Kalkulation auf Vollkostenbasis geübt wurde.

Dennoch ist nicht zu übersehen, daß die gewählte Vorgehensweise zu einer begründeteren Zurechnung von Fixkosten auf Leistungsmengeneinheiten führt, weil die Frage der Zugehörigkeit von Fixkosten zu Produkten, Produktgruppen etc. bereits bei der Bildung von Zurechnungsbereichen (Plätze, Stellen, Bereiche etc.) berücksichtigt wird. Sofern eine den Fixkostenblock deutlich differenzierende Zuordnung von Fixkostenbestandteilen auf Produktarten, -gruppen usw. möglich ist, stellt die Fixkosten-Deckungsrechnung unter der Prämisse ihrer Auswertung für längerfristig wirksamere Entscheidungen eine noch entwicklungsfähige (z. B. hinsichtlich der Aufteilung der Gruppen-, Bereichs- etc. -fixkosten) Alternative zur Prozeßkostenrechnung dar. Für flexible Fertigungssysteme dürften diese Voraussetzungen allerdings nur beschränkt gegeben sein (vgl. S. 1190 f.).

2. Plankostenrechnung

Unter den Systemen der Plankostenrechnung auf Teilkostenbasis hat insbesondere die **Grenzplankostenrechnung** (Flexible Plankosten- und Deckungsbeitragsrechnung) Bedeutung erlangt. Dieses Rechnungssystem wurde in Deutschland vor allem von Kilger (1988) theoretisch entwickelt und von Plaut in die Praxis eingeführt.

Merkmale der Grenz- plankosten- rechnung
Die Grenzplankostenrechnung stellt eine Form der flexiblen Plankostenrechnung auf Teilkostenbasis dar. Im Unterschied zur flexiblen Plankostenrechnung auf Vollkostenbasis erfolgt eine Kostenspaltung nicht nur für Zwecke der Kostenkontrolle; vielmehr findet die Trennung in fixe und variable Kosten auch bei der innerbetrieblichen Leistungsverrechnung und bei der Kalkulation und damit auch der Erfolgsrechnung Berücksichtigung. Im Prinzip handelt es sich dabei um eine auf Plankosten basierende Form des Direct Costing.

Im folgenden soll daher nur auf die Besonderheiten näher eingegangen werden, welche die Grenzplankostenrechnung gegenüber dem Direct Costing aufweist. Die

Grenzplankostenrechnung geht davon aus, daß die Grenzsollkosten immer proportional zur Beschäftigung verlaufen (Linearitätsannahme).

a) Kostenartenrechnung

Zur Kostenartenrechnung zählt neben der Erfassung der Istkosten insbesondere die Kostenplanung. Die Einzelkosten werden nach Produktarten, die Gemeinkosten nach Kostenstellen differenziert geplant. Dabei erfolgt wie in der flexiblen Vollplankostenrechnung eine Aufspaltung in beschäftigungsfixe und beschäftigungsvariable Kosten. Die dazu notwendige Kostenspaltung wird in der Praxis häufig mit Hilfe der beim Direct Costing dargestellten empirischen Methoden durchgeführt. Vom Standpunkt der Theorie aus ist jedoch zu fordern, daß die Kostenanalyse im Rahmen eines Plankostenrechnungssystems nicht auf einer bloßen Auswertung von Daten der Vergangenheit beruht, sondern daß beschäftigungsfixe und -variable Kostenanteile geplant werden. Das bedeutet, daß Kosten„spaltung" und Kostenplanung simultan zu erfolgen haben.

Kostenplanung

Die Wahl der für die Kostenplanung zugrunde gelegten Planbeschäftigung ist bei der Grenzplankostenrechnung im Vergleich zu einer Vollplankostenrechnung von untergeordneter Bedeutung, da das Fixkostenproblem umgangen wird. Wie im einstufigen Direct Costing werden nur die variablen Kosten weiterverrechnet. Da die Fixkosten in den Kostensätzen fehlen, können diese auch nicht von der Planbeschäftigung abhängen. In dieser Unempfindlichkeit gegenüber abweichenden Beschäftigungsgraden ist zugleich einer der entscheidenden Vorteile der Grenzplankostenrechnung gegenüber der Vollplankostenrechnung zu sehen.

Planbeschäftigung

b) Kostenstellenrechnung

Bei der Kostenstellenbildung gewinnt gegenüber dem Direct Costing das Kriterium der Verantwortlichkeit an Bedeutung. Darüber hinaus sind wie bei allen Kostenrechnungssystemen abrechnungstechnische Gesichtspunkte zu beachten.

Kostenstellenbildung

Auch in der Grenzplankostenrechnung wird die Kostenstellenrechnung zweckmäßig mit Hilfe eines BAB durchgeführt. Der erste Schritt der traditionellen Kostenstellenrechnung, die Verteilung der Gemeinkosten, ist bei der Grenzplankostenrechnung bereits in der Kostenartenrechnung im Rahmen der Kostenplanung vollzogen. Eine Verteilung variabler Gemeinkosten, wie sie in der Kostenstellenrechnung des Direct Costing als Istkostenrechnung erforderlich ist, kommt also insofern nicht in Betracht, als diese bereits den einzelnen Kostenstellen zugeordnet sind. Die innerbetriebliche Leistungsverrechnung, die im zweiten Schritt der Kostenstellenrechnung durchgeführt wird, kann mit Hilfe der bereits dargestellten Verfahren erfolgen, mit der Maßgabe, daß erstens von Plankosten auszugehen ist und daß zweitens nur die variablen Kosten in die Leistungsverrechnung einbezogen werden dürfen. Die fixen

Kosten werden in der Grenzplankostenrechnung unmittelbar in das Betriebsergebniskonto übernommen.

Plankostenverrechnungssatz

Durch Division der Summe der proportionalen (variablen) Plankosten einer Kostenstelle K_{vp} durch die geplante Ausprägung der Planbezugsgröße x_p erhält man den Plankostenverrechnungssatz (Kalkulationssatz) k_{vp}:

$$(9.18) \qquad k_{vp} = \frac{K_{vp}}{x_p}$$

Dieser Kostensatz enthält im Gegensatz zur flexiblen Vollplankostenrechnung keine fixen Kosten mehr. Die Sollkosten K_s werden errechnet, indem man zum Ergebnis der Multiplikation des Plankostenverrechnungssatzes mit der Istbeschäftigung bzw. Istbezugsgröße die Fixkosten hinzuaddiert:

$$(9.19) \qquad K_s = k_{vp} \cdot x_i + K_f$$

Abweichungsanalyse

Der entscheidende Unterschied gegenüber der Abweichungsanalyse der flexiblen Vollplankostenrechnung besteht darin, daß die Abweichungsanalyse in der Grenzplankostenrechnung nur auf Grenzkostenbasis durchgeführt wird. Das bedeutet, daß nur der proportionale Anteil der Sollkosten zur Kostenkontrolle herangezogen wird. Die proportionalen Sollkosten K_{vs} sind aber gleich den verrechneten Plankosten:

$$(9.20) \qquad K_{vs} = k_{vp} \cdot x_i$$

Da folglich keine Abweichungen zwischen den Sollkosten und den verrechneten Plankosten auftreten können, entfällt die für die Vollkostenrechnung typische Beschäftigungsabweichung. Damit erhält man unter der Voraussetzung, daß sowohl Plan- bzw. Soll- als auch Istmengen mit Planpreisen bewertet werden, als alleinige

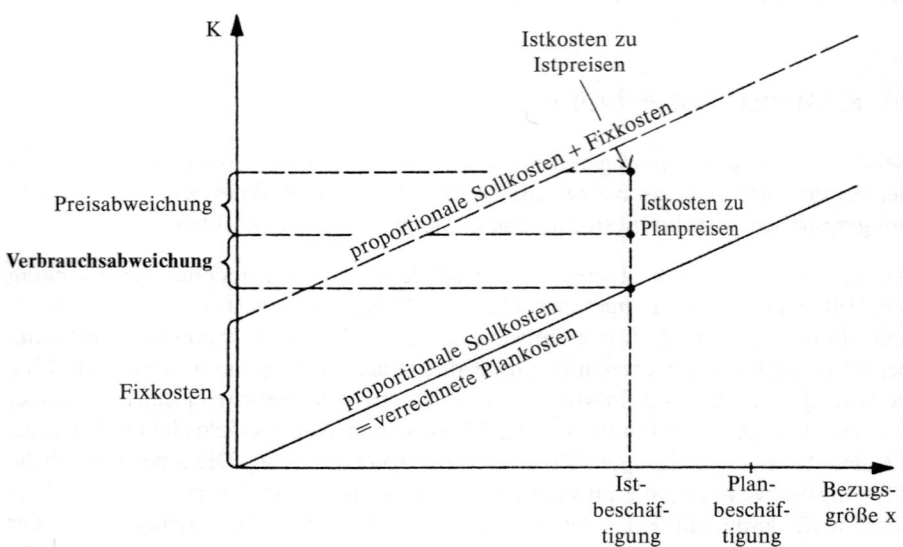

Abbildung 9.35: Abweichungsanalyse in der Grenzplankostenrechnung

1260

Abweichung die Verbrauchsabweichung. Gerade darauf kommt es aber im Rahmen einer kostenstellenbezogenen Kostenkontrolle an, da für andere Abweichungen der Kostenstellenleiter in der Regel ohnehin nicht verantwortlich gemacht werden kann. Abweichungen lassen sich relativ einfach dadurch darstellen, daß im BAB in zusätzlichen Spalten die Sollkosten neben den Istkosten aufgeführt werden. Bewertet man die Istmengen sowohl mit Planpreisen als auch mit tatsächlichen Preisen, so lassen sich als Differenz auch Preisabweichungen ermitteln (vgl. Abbildung 9.35).

c) Kostenträgerstückrechnung (Kalkulation)

Die Kostenträgerstückrechnung der Grenzplankostenrechnung unterscheidet sich von jener der flexiblen Vollplankostenrechnung dadurch, daß die Kalkulation nur auf Basis der variablen Kosten durchgeführt wird. Es gelten hier also im Prinzip die beim einstufigen Direct Costing gemachten Ausführungen mit der Modifikation, daß von Plankosten ausgegangen wird. Ein Kalkulationsschema der Grenzplankostenrechnung ist in Abbildung 9.36 dargestellt.

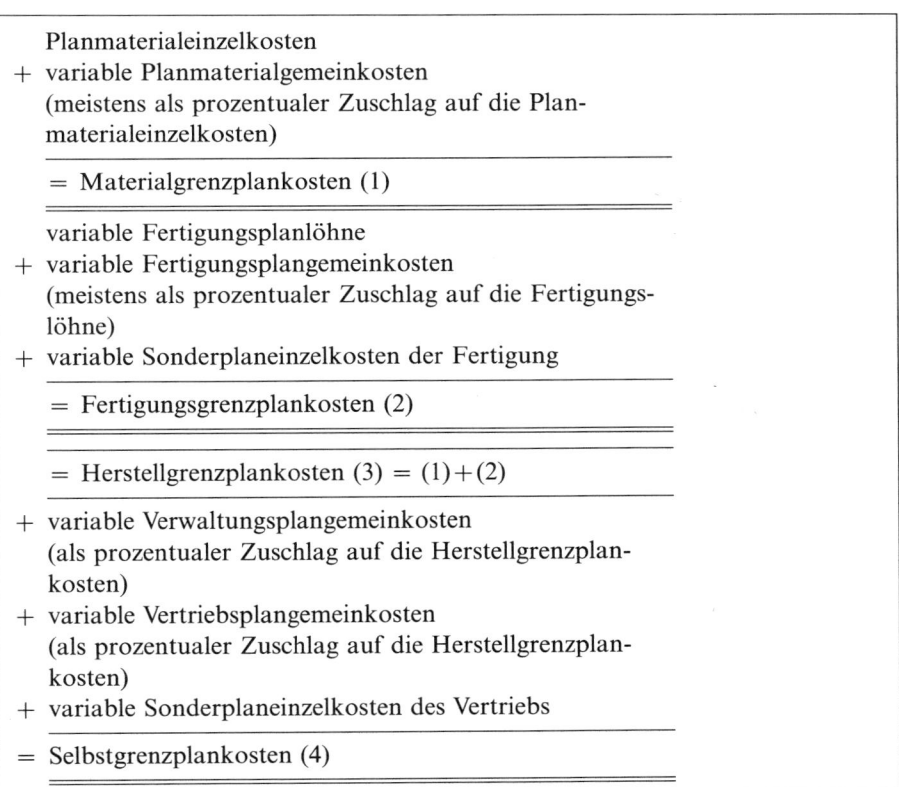

Planmaterialeinzelkosten
+ variable Planmaterialgemeinkosten
(meistens als prozentualer Zuschlag auf die Planmaterialeinzelkosten)

= Materialgrenzplankosten (1)

variable Fertigungsplanlöhne
+ variable Fertigungsplangemeinkosten
(meistens als prozentualer Zuschlag auf die Fertigungslöhne)
+ variable Sonderplaneinzelkosten der Fertigung

= Fertigungsgrenzplankosten (2)

= Herstellgrenzplankosten (3) = (1)+(2)

+ variable Verwaltungsplangemeinkosten
(als prozentualer Zuschlag auf die Herstellgrenzplankosten)
+ variable Vertriebsplangemeinkosten
(als prozentualer Zuschlag auf die Herstellgrenzplankosten)
+ variable Sonderplaneinzelkosten des Vertriebs

= Selbstgrenzplankosten (4)

Abbildung 9.36: Schema der Stückkostenkalkulation nach dem Verfahren der
Zuschlagskalkulation auf Grenzplankostenbasis

1261

Auch die Grenzplankostenrechnung läßt sich durch Zerlegung der geplanten Fixkosten in mehrstufiger Form durchführen. Man erhält dann wie beim mehrstufigen Direct Costing differenzierte Deckungsbeiträge, jedoch auf der Basis von Plangrößen. Ebenfalls ist eine Fixkostendeckungsrechnung auf der Basis geplanter Kosten möglich. Dies sei beispielhaft am Schema der retrograden Kalkulation in der Fixkostendeckungsrechnung auf Plankostenbasis gezeigt (vgl. Abbildung 9.37).

Planerlös – variable Plankosten	
Plandeckungsbeitrag I – geplante Erzeugnisfixkosten	(als Prozentsatz vom Deckungsbeitrag I)
Plandeckungsbeitrag II – geplante Erzeugnisgruppenfixkosten	(als Prozentsatz vom Deckungsbeitrag II)
Plandeckungsbeitrag III – geplante Bereichsfixkosten	(als Prozentsatz vom Deckungsbeitrag III)
Plandeckungsbeitrag IV – geplante Unternehmungsfixkosten	(als Prozentsatz vom Deckungsbeitrag IV)
= Plan- Nettoergebnis pro Stück	

Abbildung 9.37: Retrograde Plankalkulation in der Fixkosten-Deckungsrechnung

d) Kostenträgerzeitrechnung (Kurzfristige Erfolgsrechnung)

Wie bei Plankostenrechnungssystemen üblich, wird auch im System der Grenzplankostenrechnung die Kostenträgerzeitrechnung im allgemeinen nach dem Umsatzkostenverfahren durchgeführt. Hierzu dient die Grundgleichung der Erfolgsermittlung auf Teilkostenbasis im Mehrproduktbetrieb (vgl. Formel (9.17), S. 1249). Als Istrechnung ist sie jedoch dahingehend zu modifizieren, daß den Erlösen der abgesetzten Produkte die gegebenenfalls um Abweichungen Δk_i korrigierten variablen **Stückplankosten** k_i^p gegenüberzustellen sind:

$$(9.21) \qquad G = \sum_i x_i \cdot (p_i - k_i^p \pm \Delta k_i) - K_f.$$

Bei den auf die Kostenträger zu verteilenden Abweichungen handelt es sich vorwiegend um Verbrauchsabweichungen. Preisabweichungen bei Gemeinkosten werden häufig im ganzen direkt in die Erfolgsrechnung übernommen, ohne sie auf die Kostenträger zu verrechnen. Das Problem, ob Beschäftigungsabweichungen auf die Kostenträger zu verteilen sind, entfällt in der Grenzplankostenrechnung.

Artikel-
ergebnis-
rechnung

Eine spezielle Form der kurzfristigen Erfolgsrechnung ist die Arikelergebnisrechnung. Deren Ziel ist eine relativ einfache und schnelle Ermittlung des nach Erzeugnissen, Verkaufsbezirken, Abnehmergruppen oder sonstigen Merkmalen gruppierten

1262

Umsatzergebnisses. Hierzu werden die **Ist-Absatzmengen mit Sollerlösen und Soll-kosten bewertet;** die Differenz ergibt den geplanten Deckungsbeitrag der jeweils interessierenden Gruppierung bei der tatsächlich realisierten Beschäftigung. Die Artikelerfolgsrechnung kann auch mit eingegangenen Aufträgen durchgeführt werden. Auf eine genaue Abweichungsanalyse wird im Rahmen der Artikelerfolgsrechnung zugunsten einer raschen und wenig aufwendigen Informationsgewinnung verzichtet. Statt dessen wird mit **durchschnittlichen Abweichungsprozentsätzen** gerechnet, die aus den Abweichungen zurückliegender Abrechnungsperioden gebildet werden. Ungenauigkeiten entstehen infolge von Bestandsveränderungen bei unfertigen und fertigen Erzeugnissen, wenn die Verwaltungs- und Vertriebsgemeinkosten in voller Höhe als Periodenkosten behandelt werden (Bestandsbewertung zu Herstellkosten). In der Produktionsperiode auftretende Abweichungen bei den Herstellkosten müßten bei genauer Rechnung auf die verkauften und die auf Lager gegangenen Mengen aufgeteilt werden. Soweit sie auf Lagerzugänge entfallen, wären sie bei deren Veräußerung im Betriebsergebnis zu berücksichtigen. Eine genaue Bestandsführung steht aber dem Ziel einer einfachen und schnellen Informationsgewinnung entgegen. Von der Summe der nach Artikelgruppen ermittelten Deckungsbeiträge werden die nicht auf Artikel zurechenbare Abweichung und die Fixkosten subtrahiert, um zum Gesamtergebnis zu gelangen. Bei diesem Verfahren wird nicht angestrebt, die Gesamtsumme der Istkosten (Sollkosten minus Abweichungen) so aufzuteilen, daß sie der Summe der Kosten der umgesetzten und der auf Lager produzierten Mengen entspricht.

3. Zur Beurteilung der Teilkostenrechnung mit Unterscheidung beschäftigungsfixer und -variabler Kostenbestandteile

Grundsätzlich kommen diese Teilkostenrechnungssysteme dem Kostenverursachungsprinzip näher als die Vollkostenrechnung. Dennoch lassen sich einige generelle Einschränkungen anführen.

Ein grundsätzliches Problem liegt in der Spaltung der Kosten. **Wenn die Kostenanalyse nicht mit hinreichender Genauigkeit durchgeführt wird bzw. durchgeführt werden kann und damit schon die Kostenartenrechnung Mängel aufweist, so zieht sich dies zwangsläufig durch die Kostenstellenrechnung und die Kostenträgerrechnung.** Andererseits läßt sich der entscheidende Nachteil der Vollkostenrechnung, bei allen Entscheidungsproblemen auf der Basis vorhandener Kapazitäten zu versagen, auf andere Weise nicht beseitigen (vgl. z. B. die kurzfristigen Entscheidungen über die gewinnmaximale Zusammensetzung des Fertigungsprogramms, Eigenherstellung oder Fremdbezug, Verfahrenswahl usw., S. 1280 ff.).

Im Rahmen der Verrechnung der variablen Gemeinkosten im Direct Costing bzw. in der Grenzplankostenrechnung müssen zwischen den Bezugsgrößen und den ihnen

Problem der Kostenspaltung

Problem der *Verrechnung* *variabler* *Gemeinkosten*	zurechenbaren Kosten proportionale Beziehungen gegeben sein. Variationen der Bezugsgrößenwerte müssen zu proportionalen Kostenänderungen führen. Dies muß sowohl für unechte variable Gemeinkosten (z. B. Verbrauch von Schmierstoffen bei der Leistungserstellung) als auch für echte variable Gemeinkosten (z. B. Materialkosten bei der Kuppelproduktion) gelten. **Das Problem der Gemeinkostenschlüsselung bleibt also auch in der Teilkostenrechnung auf der Basis beschäftigungsvariabler Kosten bestehen.**
Problem der *Perioden-* *zurechnung*	Die Aufteilung beschäftigungsfixer Kosten auf Rechnungsperioden stellt ein weiteres, angesichts ihres Anteils an den Gesamtkosten, gravierendes Problem dar. Die Vernachlässigung dieser Tatsache schmälert die Aussagekraft der Kostenrechnungssysteme ganz erheblich. Eine **exakte Verrechnung fixer Kostenarten auf Teilperioden ist auch nachträglich nicht möglich.** Die Einbeziehung in die Periodenrechnung ist nur unter der Annahme zulässig, daß die hieraus resultierenden Fehler der periodischen Abgrenzung vernachlässigbar sind.

Im folgenden soll das Konzept der Teilkostenrechnung in bezug auf die Erfüllung der Funktionen der Kostenrechnung beurteilt werden.

a) Darstellungsfunktion

Darstellung *der Stück-* *kosten*	Darstellungsinformationen werden vom ein- und mehrstufigen Direct Costing auf Istkostenbasis geliefert. Diese Rechnungssysteme vermeiden die willkürliche Schlüsselung und Weiterverrechnung fixer Kosten und entsprechen infolgedessen weitgehend den Erfordernissen des Kostenverursachungsprinzips. Sie erfüllen die Darstellungsfunktion besser als die Systeme der Vollkostenrechnung, da die Stückkosten der Teilkostenrechnung die tatsächlich durch den einzelnen Kostenträger verursachten (zusätzlichen) Kosten darstellen. **Die Fiktion, daß die Kostenrechnung Stückvollkosten ermitteln bzw. kostenrechnerisch darstellen könne, wird somit aufgegeben.**
Darstellung *des Erfolgs*	In konsequenter Fortsetzung dieses Gedankens ermittelt die Teilkostenrechnung auch keinen Stückgewinn. Gleichwohl erweisen sich die Teilkostenrechnungssysteme für die Darstellung des Periodenerfolgs zurückliegender Rechnungszeiträume als aussagefähige Verfahren. Ein Vergleich der Summe der variablen Stückkosten mit der Summe der Stückerlöse kann ein **sinnvolles Bruttoergebnis** des **Betriebes** liefern. Nach Abzug der zeitraumabhängigen Fixkosten ergibt sich das betriebliche **Periodennettoergebnis** oder der **Periodenerfolg.** Erlaubt die Genauigkeit der Kosten- und Erlöserfassung eine Aufgliederung der variablen Kosten und Erlöse auf die Kostenträgerarten oder Kostenträgergruppen, lassen sich darüber hinaus deren periodische Deckungsbeiträge darstellen.
Differenzierte *Deckungs-* *beiträge*	Kann zusätzlich noch der Fixkostenblock in seine kostenträger-, kostenträgergruppen-, bereichs- oder unternehmungsbezogenen Teile aufgespalten werden, wie dies das mehrstufige Direct Costing anstrebt, lassen sich Aussagen über die **Höhe der von den einzelnen Produktarten und -gruppen unmittelbar gedeckten Fixkostenanteile** machen.

Die Darstellungsfunktion wird durch die reinen Teilkostenrechnungssysteme jedoch insofern nur mangelhaft erfüllt, als sie bei der bilanziellen Bewertung unfertiger und fertiger Erzeugnisse in der Steuerbilanz nicht angewendet werden können (vgl. S. 1282). Dies ist jedoch nicht auf einen methodischen Systemmangel, sondern auf juristische, insbesondere steuerrechtliche Vorschriften zurückzuführen, die gleichsam Nebenbedingungen für die Kostenrechnung darstellen. Insoweit ist für diesen Nachteil der Teilkostenrechnung nicht ihre spezifische Methodik, sondern die derzeitige Rechtslage verantwortlich. Aus ähnlichen Gründen ist für die Preisbildung bei öffentlichen Aufträgen gemäß den LSP (Leitsätze für die Preisermittlung aufgrund von Selbstkosten) eine Vollkostenkalkulation erforderlich.

Mängel in der Darstellungsfunktion

b) Planungsfunktion

Der Vorteil der Teilkostenrechnungssysteme zeigt sich insbesondere bei der Planungsfunktion, die im wesentlichen von der Grenzplankostenrechnung in ihren verschiedenen Ausprägungen erfüllt wird. Die Grenzplankostenrechnung ist der flexiblen Vollplankostenrechnung insofern überlegen, als sie die für kurzfristige Planungsentscheidungen relevanten Kosten liefert. Als relevant werden diejenigen Kosten bezeichnet, bei denen eine funktionale Abhängigkeit zu den Entscheidungs- bzw. Aktionsparametern besteht. Bei kurzfristigen Entscheidungen sind insbesondere die beschäftigungsvariablen Kosten relevant. Gerade auf diesen aber basieren die dargestellten Teilkostenrechnungssysteme, so daß sie in der Lage sind, die wichtigsten der für kurzfristige Entscheidungen erforderlichen Kosteninformationen bereitzustellen.

Auf der Basis dieser Informationen kann dann im Rahmen der **Prognosefunktion** die Vorhersage der kurzfristigen kostenmäßigen Konsequenzen der Entscheidungen vorgenommen werden. Insbesondere ist es möglich, mit diesen Kosteninformationen die Festsetzung von Preisuntergrenzen als Basis der Preispolitik, die Gestaltung des Produktionsprogramms auf der Grundlage prognostizierter Deckungsbeiträge, Verfahrensvergleiche usw. jeweils kurzfristig vorzunehmen.

Prognosefunktion

Neben der Ermittlung der relevanten Kosten ist auch die Prognose des zukünftigen Gewinns mit Hilfe der Teilkostenrechnung möglich, wobei wiederum die Fehlinformationen der Vollkostenrechnung vermieden werden können.

Graphisch läßt sich die Gewinnplanung mittels der **Break-even-Analyse** darstellen, die den Zusammenhang zwischen Beschäftigung, Erlös, Kosten und Gewinn analysiert. Abbildung 9.38 verdeutlicht dies für den Einproduktbetrieb.

Das Schaubild zeigt, daß bei den angenommenen Kosten und Erlösen der zukünftigen Periode die gesamten Kosten der Produktion erst bei einer Absatzmenge von $x = x_d$ gedeckt sind (**Kostendeckungspunkt oder Break-even-point**). Erst die darüber hinaus abgesetzten Leistungen tragen zur Erzielung eines Gewinns der Unternehmung bei.

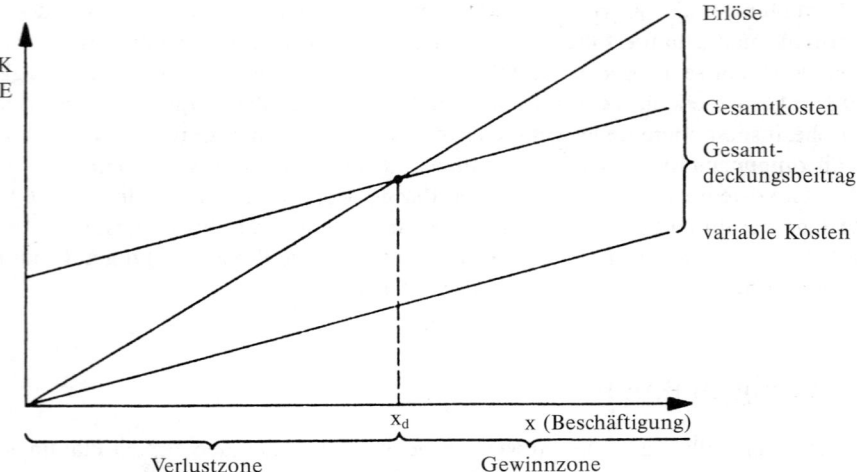

Abbildung 9.38: Beschäftigungs-Kosten-Gewinn-Analyse im Einproduktbetrieb

Die Übertragung der Break-even-Analyse auf **Mehrproduktbetriebe** läßt sich nur näherungsweise verwirklichen:

(1) Umrechnung der unterschiedlichen Ausbringungsmengen in einheitliche Verrechnungswerte mit Hilfe von Äquivalenzziffern, z. B. auf der Grundlage der notwendigen Arbeitsstunden oder Maschinenstunden pro Stück (Zurückführung des Problems auf den Einproduktbetrieb).

(2) Aufspaltung des Fixkostenblocks in erzeugnisfixe, erzeugnisgruppenfixe Kosten usw. in Anlehnung an das mehrstufige Direct Costing; Durchführung der Break-even-Analyse für jedes Erzeugnis auf der Grundlage seiner Erzeugnisfixkosten; Bestimmung eines Break-even-points pro Erzeugnisart, bei dem die variablen Kosten und die Erzeugnisfixkosten gedeckt sind. Darüber hinausgehende Absatzmengen dienen der Deckung des restlichen Fixkostenblocks aller Produktarten und gegebenenfalls der Erzielung eines Gewinns.

Trotz der angeführten Vorbehalte ist die Break-even-Analyse ein häufig verwendetes Instrument zur Darstellung der Auswirkungen von Variationen der Absatzpreise, Kostenwerte und/oder der Zusammensetzung des Leistungsprogramms auf den Gesamterfolg der Unternehmung.

Vorgabe-funktion

Ein weiterer Vorteil der Systeme der Teilkostenrechnung zeigt sich hinsichtlich der Erfüllung der **Vorgabefunktion.** Wirtschaftlichkeitsorientierte Betriebsführung ist ohne genaue Kostenvorgabe und anschließende Kostenkontrolle nicht möglich. Dies erfordert, daß die vom Kostenstellenleiter beeinflußbaren Kosten in Vorgabegrößen zusammengefaßt sein müssen. Die im Rahmen der Grenzplankostenberechnung vorgenommene Kostenauflösung in fixe und variable Kosten eignet sich besonders für Vorgabezwecke, da grundsätzlich nur die beschäftigungsvariablen Kosten vom Kostenstellenleiter beeinflußt werden können.

1266

c) Kontrollfunktion

Die Kontrollfunktion wird von der Grenzplankostenrechnung durch den in der Regel monatlichen Vergleich der Soll- mit den Istkosten, differenziert nach Kostenstellen und innerhalb einer Kostenstelle nach Kostenarten, erfüllt. Aufgrund der Tatsache, daß nur die proportionalen Sollkosten (für deren Einhaltung der Kostenstellenleiter verantwortlich gemacht werden kann), vorgegeben werden, sind die Teilkostenrechnungssysteme besonders für die kostenstellenbezogene Kostenkontrolle geeignet. Weiterhin ist eine Erfolgskontrolle als Vergleich des geplanten (Planungsfunktion) mit dem ermittelten Gewinn (Darstellungsfunktion) möglich. Dabei erweist es sich als Vorteil, daß die konsequente Trennung in beschäftigungsvariable und beschäftigungsfixe Kosten sich durch das gesamte System der Teilkostenrechnung zieht (Kostenartenrechnung, Kostenstellenrechnung, Kostenträgerrechnung) und damit die Fehler der Vollkostenrechnung vermieden werden.

V. Teilkostenrechnung auf der Basis relativer Einzelkosten und -erlöse

Dieses von Riebel bereits Ende der fünfziger Jahre entwickelte Rechnungssystem (vgl. Riebel 1990, S. 35 ff.) ist als umfassendes Instrument zur Darstellung, Planung und Kontrolle des Unternehmungsgeschehens im Zeitablauf konzipiert. Es wird auch als **„relative Deckungsbeitragsrechnung"** (Relative Einzelkosten- und Deckungsbeitragsrechnung) bezeichnet. Dabei handelt es sich nicht um eine Kosten- und Leistungsrechnung im bisher behandelten Sinne. Vielmehr werden Elemente der Investitionsrechnung übernommen. Die „relative Deckungsbeitragsrechnung" soll die Einzahlungs- und Auszahlungsfolgen sowohl lang- als auch kurzfristig wirksamer Entscheidungen zahlenmäßig erfassen oder prognostizieren. Vor der Darstellung der Grundzüge des Systemaufbaus werden dessen wichtigste theoretische Grundlagen erläutert:

(1) Der **Unternehmungsprozeß** wird als eine **Abfolge von Entscheidungen mit unterschiedlicher sachlicher und zeitlicher Reichweite ihrer Zahlungskonsequenzen** aufgefaßt. Da Entscheidungen mit großer sachlicher oder zeitlicher Reichweite solchen mit geringerer sachlicher oder zeitlicher Reichweite als übergeordnet betrachtet werden, ist es möglich, den Unternehmungsprozeß bzw. das Entscheidungsgefüge der Unternehmung durch Hierarchien von Entscheidungsobjekten abzubilden. Entscheidungsobjekte können alle eigenständig disponierbaren Maßnahmen, Vorgänge und Tatbestände sein. Sie werden von Riebel in älteren Veröffentlichungen als Bezugsgrößen, in neueren Schriften als Bezugsobjekte bezeichnet. Bezugsgrößen bzw. Bezugsobjekte sind die Kalkulationsobjekte der Einzelkosten- und Deckungsbeitragsrechnung.

Modell des Unternehmungsprozesses

(2) Durch **Entscheidungen** werden **Auszahlungen und Einzahlungen direkt oder indirekt ausgelöst.** Beispielsweise lösen Beschaffungsentscheidungen Auszahlungen direkt aus. Demgegenüber wird unterstellt, daß durch eine Entscheidung beispiels-

Zahlungsfolgen von Entscheidungen

weise über die Annahme eines Auftrags zunächst eine Entscheidung über den Einsatz der zur Erstellung erforderlichen Produktionsfaktoren ausgelöst wird. Diese Einsatzdisposition löst ihrerseits eventuell eine Beschaffungsdisposition über nicht vorrätige Produktionsfaktoren aus, wodurch schließlich Auszahlungen ausgelöst werden. Die Entscheidung über die Annahme eines Auftrages löst also indirekt, d. h. über eine Entscheidungskette, Auszahlungen aus.

Kostenbegriff

(3) Nach Riebel sind Kosten „die durch die Entscheidung über das betrachtete Objekt ausgelösten zusätzlichen – nicht kompensierten – Ausgaben (Auszahlungen)" (Riebel 1990, S. 427). **Werden keine Auszahlungen ausgelöst, entstehen definitionsgemäß keine Kosten.** Der Kostenbegriff ist daher zweifelsohne **zahlungsstromorientiert** und der **pagatorischen** Interpretation der Kosten zuzuordnen. Er deckt sich jedoch nicht mit dem – üblicherweise als pagatorisch bezeichneten – ausgabenbezogenen Kostenbegriff Kochs (vgl. S. 1167 f.) Werden beispielsweise am Lager vorrätige Kostengüter verbraucht, so dürfen keineswegs die tatsächlichen früheren oder fiktiven gegenwärtigen Anschaffungsausgaben angesetzt werden. Vielmehr werden zukünftige Anschaffungsausgaben als Kosten dann angesetzt, wenn durch Entscheidungen über den Einsatz vorrätiger Produktionsfaktoren „automatisch" Ersatzbeschaffungsentscheidungen ausgelöst werden. Wird in einem Fertigungsprozeß hingegen vorhandenes Lagermaterial verbraucht, das nicht wieder beschafft werden soll, so entstehen durch dessen Verbrauch keine zusätzlichen Auszahlungen und somit auch keine Kosten. Riebel bezeichnet den verwendeten Kostenbegriff als „entscheidungsorientiert".

Zurechnung nach dem Identitätsprinzip

(4) **Zurechnungen** von **Auszahlungen auf Kostengüter**, von **Einzahlungen auf Leistungsgüter**, von **Einzahlungen und Auszahlungen auf Bezugsobjekte usw.** erfolgen nach dem **„Identitätsprinzip".** Als Zurechnungen werden hierbei Gegenüberstellungen eindeutig zusammengehöriger Größen betrachtet. Allgemein sind zwei Größen dann eindeutig zusammengehörig und somit nach dem Identitätsprinzip zurechenbar, wenn diese Größen durch dieselbe Entscheidung oder Entscheidungskette ausgelöst werden. Werden beispielsweise Güterverzehre und Auszahlungen durch dieselbe Absatzentscheidung (über eine Entscheidungskette) ausgelöst, so sind diese Auszahlungen den Güterverzehren zurechenbar. Diese Auszahlungen sind auch beispielsweise dem Auftrag, der Gegenstand der Absatzentscheidung ist (Bezugsobjekt), zurechenbar.

(5) Ausgehend von **Hierarchien von Bezugsobjekten** werden die Ein- und Auszahlungen für diejenigen Bezugsobjekte gesammelt oder geplant, denen sie nach dem Identitätsprinzip eindeutig zurechenbar sind. Die nach dem Identitätsprinzip einem Bezugsobjekt **eindeutig zurechenbaren Ein- bzw. Auszahlungen** werden als **relative Einzelerlöse bzw. -kosten** bezeichnet. Einzelerlöse bzw. -kosten sind also Ein- bzw. Auszahlungen, die auf dieselbe Entscheidung oder Entscheidungskette zurückführbar sind, wie die Existenz des Bezugsobjektes selbst. **Gemeinerlöse bzw. -kosten** in bezug auf ein Bezugsobjekt sind demgegenüber Ein- bzw. Auszahlungen, die durch „übergeordnete", auch noch andere als das betrachtete Bezugsobjekt betreffende Entscheidungen ausgelöst werden. Sie sind jedoch in bezug auf ein übergeordnetes Bezugsobjekt als Einzelerlöse bzw. -kosten zu betrachten. In diesem Sinne spricht Riebel von „relativen Einzelerlösen und -kosten".

Relative Einzel-/ Gemeinkosten, Einzel-/ Gemeinerlöse

1268

(6) In der Einzelkosten- und Deckungsbeitragsrechnung werden im wesentlichen eine **Grundrechnung der Kosten**, eine **Grundrechnung der Erlöse** und eine Reihe sich an die Grundrechnungen anschließender **Auswertungsrechnungen** durchgeführt. In der Grundrechnung der Kosten erfolgt die Schichtung der Auszahlungen entsprechend zuvor gebildeter Hierarchien von Bezugsobjekten nach dem Identitätsprinzip. Zusätzlich zur Gliederung der Kosten in Einzelkosten relativ zu den Bezugsobjekten werden in der Grundrechnung Kostenkategorien gebildet. Kostenkategorien stellen Unterarten des Allgemeinbegriffs „Kosten" dar. Kostenkategorien werden z. B. nach dem Verhalten gegenüber den Haupteinflußfaktoren (Erzeugnismengen usw.) oder nach der Genauigkeit der Erfassung gebildet. In dieser Grundrechnung sollen die Kosten zwar zweckneutral, jedoch in einer für unterschiedliche Auswertungen geeigneten Gliederung gesammelt werden. Auch die Erlöse sind in einer differenzierten Grundrechnung der Erlöse so aufzuzeichnen, daß auf einzelne Komponenten des Gesamterlöses zu Auswertungszwecken schnell und zielgerichtet zurückgegriffen werden kann. Für die Grundrechnungen werden monatliche und jährliche Zusammenstellungen empfohlen.

Grund- und Auswertungs-rechnungen

Die Art der in den Grundrechnungen vorzunehmenden Mehrfachklassifizierungen der Kosten und der Erlöse hängt davon ab, welche Auswertungsrechnungen beabsichtigt sind, d. h. in bezug auf welche Sachverhalte (Bezugsobjekte, Bezugsgrößen, Kalkulationsobjekte) ein Ausweis als Einzelkosten bzw. Einzelerlöse erforderlich erscheint. Grundsätzlich lassen sich objekt- und zeitbezogene Auswertungen und damit auch objekt- und zeitbezogene Bezugsgrößenhierarchien unterscheiden. Die **Auswertungsrechnungen sind mehrstufige Deckungsbeitragsrechnungen**, die zur Ableitung differenzierter spezifischer Deckungsbeiträge führen. Für die die Betrachtungsperiode übergreifenden Kosten (vgl. S. 1277 f.) ist eine Zeitablaufrechnung vorgesehen.

1. Grundrechnung der Kosten

Eine für die Grundrechnung wesentliche Unterscheidung ist die zwischen Leistungs- und Bereitschaftskosten. Als **Leistungskosten** werden Kosten bezeichnet, deren Höhe vom tatsächlich realisierten Leistungsprogramm abhängt. Sie ändern sich automatisch, wenn Art, Menge oder Wert der hergestellten bzw. abgesetzten Leistungen variieren. Demgegenüber entstehen **Bereitschaftskosten** aufgrund erwartungsbestimmter Dispositionen, die die Voraussetzungen für die Verwirklichung des Leistungsprogramms schaffen sollen. Zweifelsfälle werden den **Mischkosten** zugeordnet.

Leistungs-kosten

Bereitschafts-kosten
Mischkosten

Abbildung 9.39 zeigt in vereinfachter Form drei typische Bezugsgrößenhierarchien, die bei der Zuordnung von Leistungs- bzw. Bereitschaftskosten in der Grundrechnung der Kosten Berücksichtigung finden können. Erzeugnis- und organisationsbezogene Bezugsgrößen sind Formen der objektbezogenen Gliederung.

a) erzeugnisbezogen	b) organisationsbezogen	c) zeitbezogen
Gesamtproduktion	Unternehmung	Jahr
Erzeugnisgruppe	Unternehmungsbereich	Quartal
Fertigungsauftrag	Abteilung	Monat
Erzeugniseinheit	Kostenstelle	Tag

Abbildung 9.39: Vereinfachtes Schema möglicher Bezugsgrößenhierarchien

Objekt-bezogene Bezugsgrößen-hierarchie

Die Detaillierung der konkreten Untergliederung einer objektbezogenen Bezugsgrößenhierarchie richtet sich an den Informationsbedürfnissen und den gegebenen produktionstechnischen und absatzwirtschaftlichen Verbundenheitsverhältnissen aus. Ein Beispiel einer tiefergehenden objektbezogenen Untergliederung zeigt Abbildung 9.40, der Elemente sowohl der erzeugnisbezogenen als auch der organisationsbezogenen Unterteilung zugrunde liegen.

Zeitraum-bezogene Bezugs-größen

Die zeitraumbezogene Zurechnung der Kosten ist weniger für die Leistungskosten als vielmehr für die Bereitschaftskosten (Fixkosten) zu lösen. Entwickelt man die in Abbildung 9.39 angegebene zeitbezogene Gliederung weiter, so lassen sich nach der Zurechenbarkeit auf bestimmte Perioden von unterschiedlicher Dauer z. B. Schicht-, Tages-, Wochen-, Monats-, Quartals-, Halbjahres- und Jahreseinzel- bzw. -gemeinkosten (Periodenhierarchie) unterscheiden (vgl. Abbildung 9.41). Sie stellen **Bereitschaftskosten „geschlossener" Perioden** dar. Bei diesen Kosten ist die zeitraumbezogene Verpflichtung fest begrenzt, beispielsweise durch einen zeitlich determinierten Liefer- oder Arbeitsvertrag. **Periodeneinzelkosten** längerer Zeiträume sind **Periodengemeinkosten kürzerer Zeiträume. Bereitschaftskosten „offener" Perioden** entstehen, wenn die Dauer der Unveränderlichkeit der Periodengemeinkosten nicht im Zeitpunkt der Aufstellung der Rechnung, sondern erst nach Ablauf der technischen oder ökonomischen Nutzungsmöglichkeiten der Potentialfaktoren bestimmt werden kann (z. B. Anschaffungsausgaben für langfristig nutzbare Maschinen und Gebäude).

Die Grundrechnung der Kosten stellt eine kombinierte Kostenarten-, Kostenstellen- und Kostenträgerrechnung dar. Eine Kombination dieser drei Grundrechnungsarten der traditionellen Kostenrechnung liegt insofern vor, als die Kosten unmittelbar bei den Kalkulationsobjekten (z. B. Kostenträger, Kostenstelle usw.) und Periodenabschnitten erfaßt werden, denen sie direkt zurechenbar sind. Eine Kostenstellenrechnung zur Verteilung von Kostenträgergemeinkosten auf Kostenstellen und eine Kostenträgerrechnung zur Schlüsselung dieser Kosten auf Kostenträger ist daher nicht erforderlich. Um den Zusammenhang mit den traditionellen Kostenrechnungssystemen zu gewährleisten, werden bei der Darstellung der Grundrechnung die klassischen Begriffe der Kostenarten-, Kostenstellen- und Kostenträgerrechnung soweit wie möglich beibehalten.

Kostenarten-rechnung

In der Kostenartenrechnung werden bei einer Istkostenrechnung alle in einer Periode effektiv anfallenden und bei einer Plankostenrechnung alle geplanten Kosten erfaßt. „Die Unterschiede in der Kostenerfassung gegenüber der herkömmlichen Kosten-

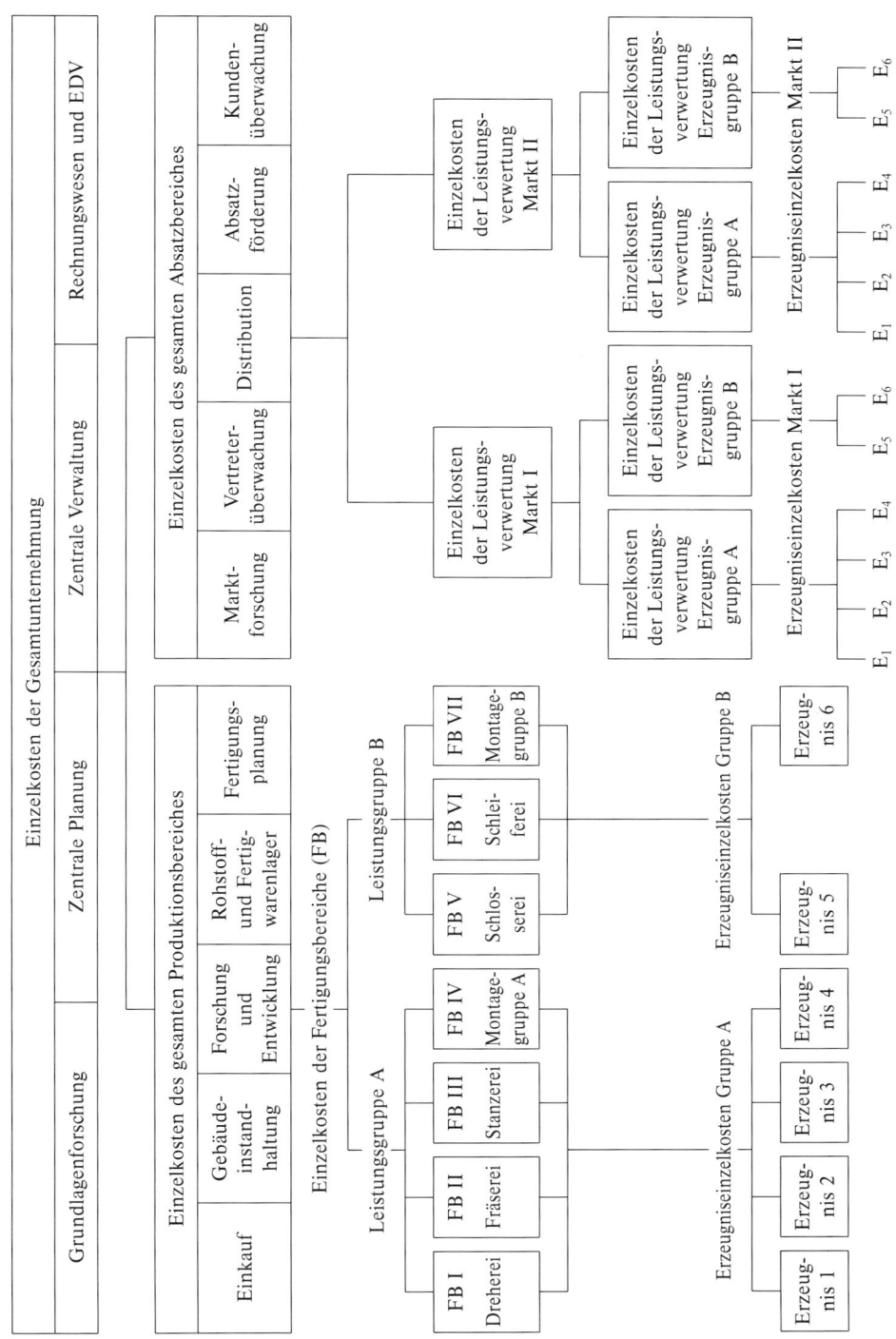

Abbildung 9.40: Objektbezogene Bezugshierarchie

1271

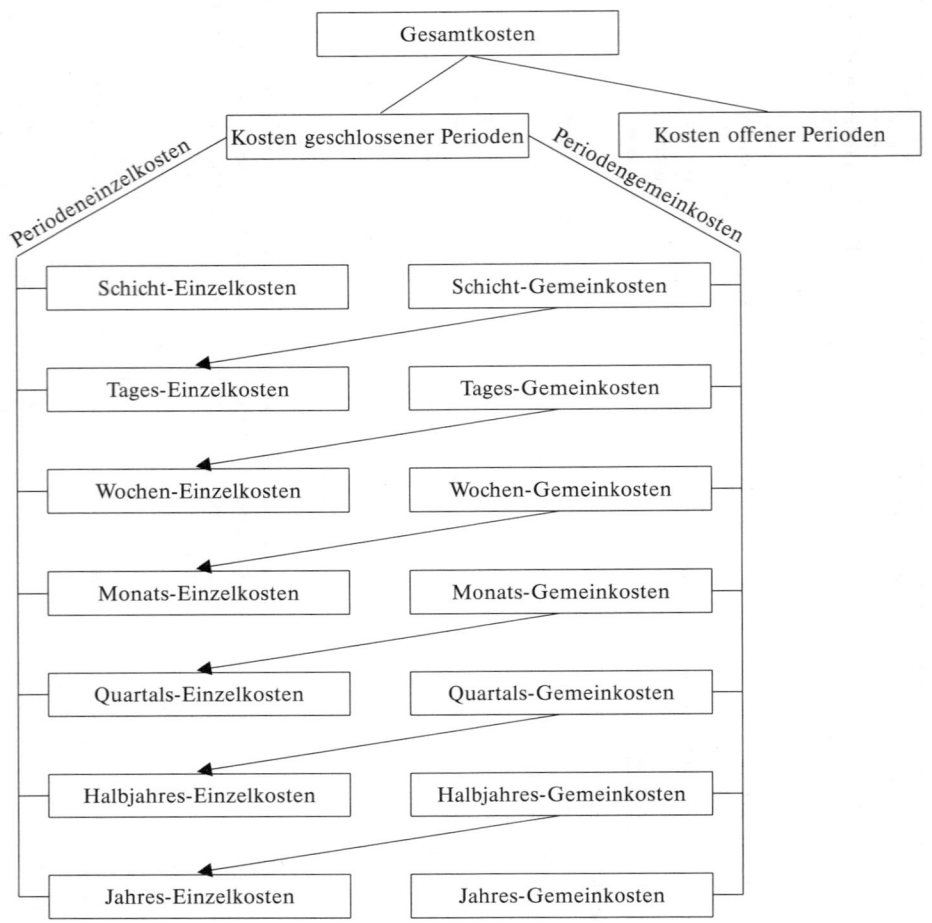

Abbildung 9.41: Zeitraumbezogene Bezugsgrößenhierarchie

rechnung liegen einmal darin, daß **schon bei der Erfassung** und erst recht bei der Zusammenfassung in der Kostenartenrechnung die **Zugehörigkeit zu den einzelnen Kostenkategorien** beachtet werden muß und zum anderen, daß zu den übrigen Kostenstellen und Kostenträgern noch **weitere Bezugsgrößen** hinzukommen können, z. B. ‚Sortenwechsel an sich', ‚Aufträge an sich', (d. h. ohne die in den Positionen enthaltenen Leistungsmengen), Verkaufsbezirke, Kundengruppen, Absatzwege usw." (Riebel 1990, S. 150). Die Einteilung der Kosten in die Kategorien Leistungskosten, Bereitschaftskosten und Mischkosten ergibt das in Abbildung 9.42 vereinfacht dargestellte Kostenartenschema für das Rechnen mit relativen Einzelkosten.

Kostenstellen-rechnung   Da die Kostenarten bereits differenziert nach Bezugsgrößen zu erfassen sind, ist in der Kostenstellenrechnung eine Umverteilung auf Kostenstellen nicht mehr notwen-

1272

Abbildung 9.42: Vereinfachtes Schema für die Kostenartenrechnung
mit relativen Einzelkosten

dig. Der erste Schritt der Kostenstellenrechnung ist also bereits im Rahmen der Kostenartenrechnung vollzogen. Diese Kombination von Kostenarten- und Kostenstellenrechnung wird zweckmäßig wiederum mit Hilfe einer Art BAB (Kostensammelbogen) durchgeführt, bei dem in der Kopfzeile die Bezugsgrößen (Kostenträger, Kostenstellen, gemeinsame Zurechnungsbereiche usw.), in der Kopfspalte die Kostenarten bzw. Kostenkategorien aufgeführt sind. Hinsichtlich der Kostenstellengliederung kann dabei die funktionale Einteilung der traditionellen Kostenrechnung grundsätzlich beibehalten werden; der Grundsatz der Kostenstellenbildung nach Verantwortungsbereichen rückt an die erste Stelle, wenn die betriebliche Kontrolle im Vordergrund steht.

Von den Schritten der traditionellen Kostenstellenrechnung bleibt also im System der Deckungsbeitragsrechnung mit relativen Einzelkosten im wesentlichen nur die **innerbetriebliche Leistungsverrechnung.** Diese kommt nur für **meßbare** innerbetriebliche Leistungen in Betracht, deren Verzehr unmittelbar bei den empfangenden Kostenstellen erfaßt wird. Die Höhe der Einzelkosten, die der empfangenden Kostenstelle zugerechnet werden, bemißt sich nach den Kosten, die aufgrund der Entscheidung über die innerbetriebliche Leistungslieferung bei der liefernden Stelle entstanden sind. Es erfolgt demnach auch hier eine Bewertung zu relativen Einzelkosten.

Mit der innerbetrieblichen Leistungsverrechnung ist die Grundrechnung der Kosten im wesentlichen abgeschlossen. Eine „Kalkulation" im klassischen Sinne erfolgt nicht mehr. Diese ist auch gar nicht notwendig, da die den Kostenträgern zurechenbaren Einzelkosten der Grundrechnung bzw. noch detaillierteren Uraufschreibungen unmittelbar entnommen werden können, andere Kosten nicht auf die Kostenträger verteilt werden (Ausnahme: Schlüsselung unechter Gemeinkosten ist möglich) und im übrigen auch für Lagerbestandsveränderungen eine Bewertung zu echten Einzelkosten zu erfolgen hat. Lediglich erzeugungsabhängige Kosten, die zunächst aus Kontrollgründen bei den Kostenstellen ausgewiesen wurden, sind noch auf die Erzeugnisse weiter zu verrechnen. Abbildung 9.43 gibt eine vereinfachte Grundrechnung der Kosten wieder, die die Jahresgemeinkosten nicht ausweist.

Kostenträger-rechnung

Kostenkategorien (Spalte ganz links, von oben nach unten):
Leistungskosten = absatzabhängige Kosten (Zeilen 1–5) und erzeugungsabhängige Kosten (Zeilen 6–13), Σ Zeile 14 — Bereitschaftskosten (Zeilen 15–28), Σ Zeile 29.

Spaltenüberschriften (Kostenstellen): I = Hilfsstelle (H); II–IV = Fertigungsstellen (F_1, F_2, F_3); V = Material-stelle (M); VI = Verwalt.-stelle (VW); VII = Vertriebs-stelle (V); VIII = Gesamtunternehmen (G). Kostenträger (Erzeugnisarten): IX–XIII = P_1, P_2, P_3, P_4, P_5; XIV = Σ.

Nr.	Kostenkategorie	Kostenarten (Beispiele)	I H	II F_1	III F_2	IV F_3	V M	VI VW	VII V	VIII G	IX P_1	X P_2	XI P_3	XII P_4	XIII P_5	XIV Σ
1	absatzwertabhängige Kosten	Verkaufsprovision									20	10	5	15	10	60
2		Umsatzlizenzen										5	15		20	40
3		Zölle									5		–	10	5	20
4	von sonstigen Faktoren abhängige Kosten	Ausgangsfrachten							80							80
5		Verpackungskosten							50							50
6	losgrößenunabhängige Kosten	Materialverluste		5	–	5										10
7		Energie		30	15	20										65
8	erzeugungsmengenabhängige Kosten	Rohstoffe	30								60	75	100	50	70	385
9		Hilfsstoffe	50								10	10	20	5	15	110
10		Energie									5	10	15	10	5	45
11		Lizenzen									10			15		25
12		Überstunden-Löhne			10			5			5	10		10	15	55
13		Personal-Leasing-Kosten						10				5	5			20
14	Σ	Leistungskosten	80	35	25	25	–	15	130	–	115	125	160	115	140	965
15	Monatseinzelkosten	Fertigungslöhne	10	80	85	70									10*)	255
16		Betriebsstoffe	5	10	10	5	5	5	15							55
17		Fremddienste	5	–	5	10	10	10	5							45
18		Büromaterial	5	5	10	5	5	10	10							50
19		Heizmaterial	5	10	5	10	5	5	5							45
20	Quartalseinzelkosten	Miete								30		5*)				35
21		Versicherung								10						10
22		Gehälter	10	20	30	25	30	40	30						10*)	195
23	Jahreseinzelkosten	Miete								20						20
24		Vermögensteuer								50						50
25		Grundsteuer								5						5
26		Gewerbekapitalsteuer								10						10
27		Pacht								10						10
28		Pauschallizenzen													5*)	5
29	Σ	Bereitschaftskosten	40	125	145	125	55	70	65	135		5			25	790
30	Σ	Gesamtkosten (Zeile 14 + Zeile 29)	120	160	170	150	55	85	195	135	115	130	160	115	165	1755

*) Hier werden Einzelkosten der Produktart als Ganzes (und nicht Einzelkosten einer Leistungseinheit der jeweiligen Produktart) ausgewiesen.

Abbildung 9.43: Der Aufbau der Grundrechnung im System der Einzelkosten- und Deckungsbeitragsrechnung

(Beispiel einer Jahres-Grundrechnung der Kosten, entnommen aus Hummel/Männel 1983, Kostenrechnung 2, S. 67)

2. Grundrechnung der Erlöse

Zurechnungshierarchien für die Erlöse richten sich objektbezogen vorrangig an der Struktur der Teilmärkte und der Absatzorganisation aus. Bei der zeitraumbezogenen Zurechnung der Erlöse ist zu berücksichtigen, daß Leistungen, für die die Erlöse erzielt worden sind, während eines ganzen Zeitabschnitts und nicht zu einem Zeitpunkt entstanden sind. Wenn daher die Produktion eines Auftrags über mehrere Perioden hinweg erfolgt, sind die erzielten Erlöse allen diesen Perioden gemeinsam zuzurechnen. Auch bei den Erlösen gilt, daß eine Erfassung auf der untersten Ebene der Bezugsgrößenhierarchie zu erfolgen hat, bei der dies noch direkt möglich ist.

Die Grundrechnung der Erlöse „ist nach Art einer mehrdimensionalen Umsatzstatistik aufgebaut, die die Erlöse nach zahlreichen Merkmalen gruppiert, die für Absatzkontrolle und -planung relevant sind: etwa nach Artikelgruppen, Auftragsarten und -größenklassen, Kundengruppen, Absatzgebieten, Absatzwegen und anderen Teilmärkten" (Riebel 1990, S. 395). Erlösabhängigkeiten und Erlösminderungen sind entsprechend zu berücksichtigen; bei Planerlösrechnungen sind auch die sich ergebenden Abweichungen einzubeziehen.

3. Auswertungsrechnungen

Durch Einbeziehen der Erlöse wird die Rechnung mit relativen Einzelkosten zur Deckungsbeitragsrechnung. Die für die Durchführung der Deckungsbeitragsrechnung notwendigen Daten erhält man durch Auswertung der Grundrechnung der Kosten und der Grundrechnung der Erlöse. **Die Auswertung der Grundrechnungen für Ermittlungs-, Vorgabe-, Prognose- und Kontrollzwecke kann im Hinblick auf alle Kalkulationsobjekte und -zeiträume erfolgen, die in die Bezugsgrößenhierarchien als relevante Einflußgrößen der Kosten- und Erlösentstehung eingehen.** Aus der Gegenüberstellung der bezugsgrößenorientierten Erlöse und Kosten ergeben sich neben vielfältigen Kennzahlen die Deckungsbeiträge der untersuchten Kalkulationsobjekte und/oder der zugrunde gelegten Perioden.

Deckungsbeitragsrechnung

Ist die Erzeugniseinheit Kalkulationsobjekt, so läßt sich in der Deckungsbeitragsrechnung mit relativen Einzelkosten analog dem Produktdeckungsbeitrag im Direct Costing ein Stückbeitrag errechnen. Allerdings werden anders als im Direct Costing vom Nettoerlös nur die echten Einzelkosten, nicht die zugeschlüsselten echten variablen Gemeinkosten subtrahiert. Um die Transparenz und Genauigkeit der Rechnung zu erhöhen, werden in einem zweiten Schritt die unechten Gemeinkosten, die aus Wirtschaftlichkeitserwägungen nicht als Einzelkosten erfaßt werden, gesondert angesetzt, so daß sich zwei Stückbeiträge ergeben (vgl. Abbildung 9.44).

Stückdeckungsbeitrag

```
    Nettopreis
  - direkt erfaßte preisabhängige Kosten (z. B. Provisionen)
  - direkt erfaßte sonstige absatzabhängige Kosten (z. B. Transport)
  - direkt erfaßte erzeugungsabhängige Kosten (z. B. Einsatzstoffe, Energie)
  ─────────────────────────────────────────────────────────────────────
  = Stückbeitrag I (über die direkt erfaßten Einzelkosten)
  - zugeschlüsselte unechte Gemeinkosten
  ─────────────────────────────────────────────────────────────────────
  = Stückbeitrag II (über sämtliche wesensmäßige Einzelkosten)
```

Abbildung 9.44: Ermittlung von Stückbeiträgen

Spezifische   Darüber hinaus ist in der Deckungsbeitragsrechnung mit relativen Einzelkosten die
Deckungs-   Ermittlung von Deckungsbeiträgen möglich, die im klassischen Direct Costing nicht
beiträge   gebildet werden können. So wird z. B. häufig nicht ein einzelnes Produkt an einen
Kunden abgesetzt, sondern ein Auftrag, der sich aus Produkten verschiedener Art
und Menge zusammensetzt. Nach dem Direct Costing würden auch in diesem Fall
produktspezifische Deckungsbeiträge errechnet. Für das hier betrachtete Deckungs-
beitragssystem können solche produktspezifischen Deckungsbeiträge allenfalls Zwi-
schenschritte zur Berechnung des Auftragsbeitrages darstellen. **Denn gemäß dem
Identitätsprinzip müssen die Einzelerlöse und Einzelkosten des Auftrages insgesamt
einander gegenübergestellt werden.** Wäre der Auftrag nicht zustande gekommen, so
wären die produktspezifischen Deckungsbeiträge der Auftragskomponenten auch
nicht angefallen. Es ist also nur konsequent, mit der Erfolgsbetrachtung auf der
Ebene des Auftrages und nicht des einzelnen Produkts anzusetzen und somit einen
auftragsspezifischen Deckungsbeitrag zu errechnen.

Kurzfristige   Beim Übergang von der objekt- zur zeitraumbezogenen Deckungsbeitragsrechnung
Erfolgs-   **(kurzfristige Erfolgsrechnung)** müssen nicht nur die Nettoumsätze und Einzelkosten
rechnung   aller in die Abrechnungsperiode fallenden Produkte, Produktgruppen und der Abteilungen einbezogen werden, sondern auch die der Abrechnungsperiode zurechenbaren Periodeneinzelkosten. Werden diese von den Umsatzbeiträgen der abgesetzten
Erzeugnisse subtrahiert, so ergibt sich der Periodenbeitrag, der zur Abdeckung von
Gemeinkosten der Periode und Bereitschaftskosten offener Perioden zur Verfügung
steht. Ein ausführliches Beispiel für die Periodenerfolgsrechnung findet sich in Abbildung 9.45.

Mit dieser hier nur prinzipiell angedeuteten Vorgehensweise können Erfolgsrechnungen für Abrechnungsperioden unterschiedlicher Dauer, beispielsweise täglich,
monatlich und/oder jährlich geplant, ex post dargestellt und analysiert werden. Die
Deckungsbeitragsrechnung mit relativen Einzelkosten erweist sich somit als vieldimensionales, zeitlich fortschreitendes System von einzelnen Deckungsbeitragsrechnungen, in denen die sich jeweils entsprechenden Kosten- und Erlösanteile einander
gegenübergestellt werden.

1276

	Erzeugnisgruppe A				Erzeugnisgruppe B	
	Erzeug-nis 1	Erzeug-nis 2	Erzeug-nis 3	Erzeug-nis 4	Erzeug-nis 5	Erzeug-nis 6
	in Tsd	in Tsd	in Tsd	in Tsd	in Tsd	in Tsd
Bruttoerlös der Periode	600	400	800	900	600	500
— Erzeugniseinzelkosten der Leistungsverwertung	120	80	100	170	90	60
Nettoerlös	480	320	700	730	510	440
— Erzeugniseinzelkosten der Leistungserstellung	200	180	350	400	205	180
Deckungsbeitrag der Erzeugnisse über die Einzelkosten	280	140	350	330	305	260
— Vertriebseinzelkosten der Erzeugnisgruppen		280			110	
— Fertigungseinzelkosten der Erzeugnisgruppen (Fertigungsstellen und Fertigungsbereiche)						
Fertigungsstelle I Dreherei		60				
Fertigungsstelle II Fräserei		70				
Fertigungsstelle III Stanzerei		60				
Fertigungsstelle IV Montage Gruppe A		110				
Fertigungsstelle V Schlosserei					40	
Fertigungsstelle VI Schleiferei					70	
Fertigungsstelle VII Montage Gruppe B					30	
Deckungsbeitrag der Erzeunigsgruppe über die Fertigungs- und Vertriebseinzelkosten		520			315	
— Einzelkosten des gesamten Absatzbereichs			100			
— Einzelkosten des gesamten Produktionsbereichs			75			
— Einzelkosten der Gesamt-unternehmung			360			
Periodenergebnis			300			

Abbildung 9.45: Beispiel einer Periodenerfolgsrechnung im System der Deckungs-beitragsrechnung mit relativen Einzelkosten

Wählt man das Jahr als längsten Zeitraum, für den noch eine Periodenerfolgsrechnung durchgeführt wird, so sind diejenigen Ausgaben noch unberücksichtigt, die Gemeinkosten eines betrachteten Jahres darstellen. Dies sind z. B. Investitionsausgaben mit noch offener Nutzungsdauer, Ausgaben oder Ausgabenverpflichtungen für bekannte, aber mehrjährige Nutzungsdauern (z. B. aufgrund eines mehrjährigen nicht kündbaren Vertrages) oder Ausgaben für Nutzungspotentiale, deren Bindung zumindest über die Jahresgrenze hinausreicht. Für sie schlägt Riebel (1990, S. 96 f.) die Durchführung einer **„überjährigen Zeitablaufrechnung"** vor. In ihr werden diese Kosten kumuliert und den kumulierten Deckungsbeiträgen der einzelnen Jahre gegenübergestellt. Diese Rechnung zeigt, inwieweit getätigte Ausgaben bzw. bestehende Ausgabenverpflichtungen insgesamt von den bislang erwirtschafteten Periodendeckungsbeiträgen bereits abgedeckt sind. Abbildung 9.46 soll den Grundgedanken dieser Rechnung verdeutlichen. Die Höhe der entstandenen Ausgaben bzw. bestehenden Ausgabenverpflichtungen wird dabei durch die Ordinatenwerte, nicht durch die Flächen angegeben. Diese Rechnung endet im Zeitpunkt der Unternehmensliquidation, zu dem der Totalerfolg festgestellt werden kann.

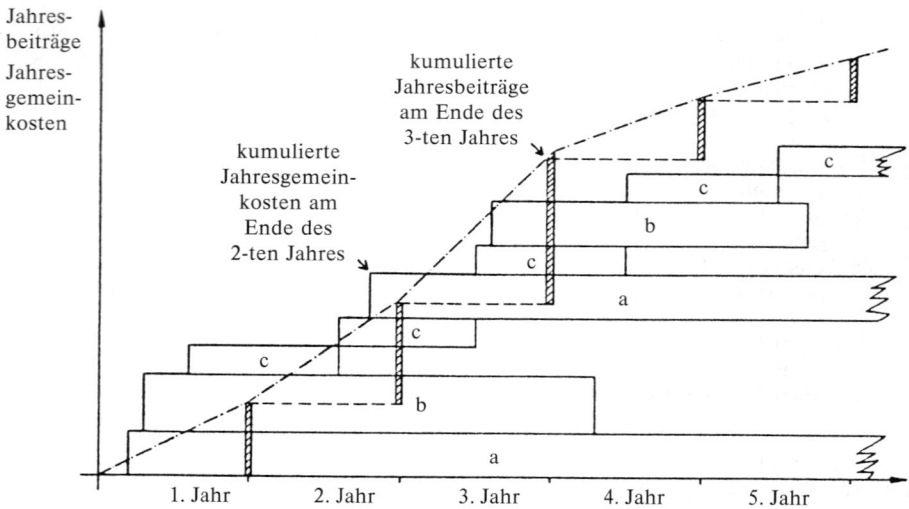

Abbildung 9.46: Überjährige Zeitablaufrechnung nach Riebel

4. Zur Beurteilung des Systems

Der Gedanke, möglichst zweckneutrale Grundrechnungen der Kosten und der Erlöse als „Datenbanken" aufzubauen, erfordert die Erfassung und Speicherung einer Vielzahl zusätzlicher Merkmale der erhobenen Kosten- und Erlösdaten. Eine wirtschaftlich tragbare Realisierung dieses Konzeptes ist wohl nur mit Hilfe der EDV möglich. Der Einsatz der EDV trägt zwar auch hier zur Erleichterung und Vereinfachung bei (insbesondere bei Verwendung des Konzeptes der relationalen Datenbank; vgl. Sinzig 1990 und Teil 3, S. 360 ff.), jedoch in erster Linie in technisch-organisatorischer Hinsicht. Die Mehrfachzuordnung der Daten in einem mehrdimensionalen Klassifikationssystem, d. h. die „Kontierung" der mitzuspeichernden Merkmalsausprägungen, erfordert Entscheidungen der „vor Ort" mit dieser Aufgabe betrauten

Mitarbeiter, auch wenn ihnen automatisierte Systeme der Betriebsdatenerfassung einen Teil dieser Arbeit abnehmen können.

Ob das Identitätsprinzip hierfür ein hinreichend operationales Entscheidungskriterium darstellt, erscheint zumindest für die Erfassung der Istdaten fraglich. Die nachträgliche Identifizierung der Bezugsgrößen, denen Kosten und/oder Erlöse so zugeordnet werden können, daß sie bei Auswertungsrechnungen zur Verfügung stehen, dürfte angesichts der Komplexität des betrieblichen Entscheidungsgefüges erhebliche Schwierigkeiten bereiten. Das Denken in Veränderungen, die durch eine bestimmte Disposition ausgelöst werden (marginalanalytisches Denken), ist zwar für Vorteils-Nachteils-Abwägungen und damit für die Entscheidungsfindung unerläßlich, bezieht sich jedoch unter diesen Voraussetzungen auf Erwartungsgrößen. Eine detaillierte Rekonstruktion des tatsächlichen Betriebsgeschehens nach dem gleichen Denkmuster dürfte die Betroffenen vor kaum lösbare Probleme stellen. Da eine derartige Rekonstruktion auch im Rahmen von Kontrollen getroffener Entscheidungen für die Entdeckung von Planungsfehlern erforderlich ist, stellt dieses Problem letztlich auch die Eignung der Einzelkosten- und Deckungsbeitragsrechnung zur Erfüllung der Planungsfunktion in Frage.

Wie bei anderen Teilkostenrechnungssystemen sind auch bei der Einzelkosten- und Deckungsbeitragsrechnung Vorkehrungen gegen die Versuchung zu treffen, bei Einzelentscheidungen (z. B. Entscheidungen über die Annahme von Aufträgen) den Gemeinkostendeckungsbedarf zu vernachlässigen. Zu diesem Zweck werden **Deckungsbudgets** bestimmt. Ihre Festlegung ist von der Gemeinkostenverteilung in anderen Kostenrechnungssystemen, insbesondere den Vollkostenrechnungen, streng zu unterscheiden. Sie hat mit rein kostenrechnerischen Überlegungen zur verursachungsgerechten Zuordnung von Kosten und Leistungen nichts mehr zu tun. Welcher Teil der Kosten in welchem Zeitraum durch Verkaufserlöse gedeckt (oder nachträglich als bereits gedeckt betrachtet) werden sollte, kann nicht durch Rechentechniken bestimmt werden. Sicherlich müssen bei der Formulierung von Deckungsbedarfen und damit Verkaufspreisen **finanzwirtschaftliche Erfordernisse** eine entscheidende Rolle spielen. Andererseits können Deckungsbedarfe nicht an den **marktlichen Möglichkeiten** vorbei definiert werden. Deckungsbudgets sind also **unternehmenspolitisch** zu bestimmende Vorgaben vor dem Hintergrund von Prämissen und Erwartungen, die weit über die mit dem Zahlenmaterial der Kosten- und Leistungsrechnung darstellbaren Sachverhalte hinausreichen. Es kann als ein besonderes Verdienst der Rechnung mit relativen Einzelkosten und -erlösen angesehen werden, auf den allen Versuchen der Gemeinkostenschlüsselung innewohnenden Umstand hingewiesen zu haben, daß mit diesen Schlüsselungen nicht zuletzt eine oft als solche nicht bewußte, zumindest aber unreflektierte Preispolitik betrieben wird. Die Bezeichnung „Deckungsbudget" legt dies sehr viel weniger nahe als das Wort „Kosten".

Ein weiteres, in Teilkostenrechnungssystemen allgemein bestehendes Problem ergibt sich aus der Verrechnung von innerbetrieblichen Leistungen. Die Systemkonzeption der Einzelkosten- und Deckungsbeitragsrechnung steht einer Belastung von Leistungsempfängern mit höheren als den Einzelkosten dieser Leistungen ausdrücklich

Deckungsbudget

Innerbetriebliche Leistungsverrechnung

entgegen. Dies kann zu einem Nachfrageverhalten der Leistungsempfänger führen, das eine ständige Aus- oder gar Überlastung der leistenden Bereiche bewirkt und die Forderung nach Kapazitätserweiterungen laut werden läßt.

Die Deckungsbeitragsrechnung auf der Basis relativer Einzelkosten und -erlöse stellt ein theoretisch weit entwickeltes Kostenrechnungssystem dar. Die Berücksichtigung der diesem System zugrundeliegenden Prinzipien trägt dazu bei, Fehlinterpretationen und Fehldispositionen zu vermeiden, die sich aus einer unkritischen Verwendung von Vollkosteninformationen und aus einer unkritischen Verrechnung von Kosten auf Perioden in Teilkostenrechnungen auf der Basis der Trennung fixer und variabler Kosten ergeben können. Inwiefern sich ein Kostenrechnungssystem bewähren kann, das die betriebliche Realität möglichst exakt abbilden möchte, kann nur die Anwendung in der Praxis zeigen.

VI. Kosteninformationen als Grundlage der Entscheidungsfindung

Im folgenden werden ausgewählte Anwendungsbereiche der Kostenrechnung exemplarisch dargestellt. Aus der Vielfalt betriebswirtschaftlicher Entscheidungsprobleme seien die folgenden herausgegriffen:
- Problem der Bestandsbewertung
- Festsetzung von Preisuntergrenzen und Preisobergrenzen
- Programmplanung auf der Grundlage prognostizierter Deckungsbeiträge
- Verfahrensvergleich
- Eigenfertigung oder Fremdbezug
- Ermittlung von Verrechnungspreisen.

Dabei ist zu beachten, daß die Kostenrechnung jeweils nur einen Teil der insgesamt benötigten Informationen liefern kann. Endgültige Entscheidungen können nur unter Berücksichtigung aller übrigen Teilbereiche des Betriebs getroffen werden.

1. Problem der Bestandsbewertung

Die Kostenrechnung soll Informationen für die Bewertung von unfertigen und fertigen Erzeugnissen sowie sonstigen Eigenleistungen (z. B. selbsterstellte Anlagen) liefern.

Im Rahmen der Kosten- und Leistungsrechnung ist dies für die Ermittlung des kalkulatorischen Betriebsergebnisses erforderlich. Sie muß aber auch die für die Bewertung von Beständen und Bestandsveränderungen in der handels- und steuerrechtlichen Rechenschaftslegung benötigten „Herstellungskosten" (genauer: Herstellungsaufwendungen) liefern, da sie das Instrumentarium für die Verteilung von Aufwandsarten auf die Ergebnisse des Herstellungsprozesses bereithält.

Diese Art von Bewertung ist vom handelsrechtlichen Vorsichtsprinzip geprägt. Der Wert der Lagerbestände kann nicht höher sein als der Wert der Produktionsfaktoren, die zu ihrer Herstellung verbraucht werden mußten. Dabei entsteht die Frage, inwieweit Voll- bzw. Teilkostenrechnungssysteme für diese Aufgabe geeignet sind. Es liegt in der Systemlogik, die Bestände nach den gleichen Prinzipien zu bewerten, die auch bei der Ermittlung von Stückkosten angewandt werden: in einer Vollkostenrechnung werden volle Kosten angesetzt, in einer Teilkostenrechnung die für zurechenbar gehaltenen Kostenbestandteile (variable Kosten oder Einzelkosten). Die unterschiedlichen Auswirkungen von Voll- und Teilkostenrechnungen bei der Bestandsbewertung werden im Beispiel der Abbildung 9.47 unter Zugrundelegung des Gesamtkostenverfahrens verdeutlicht.

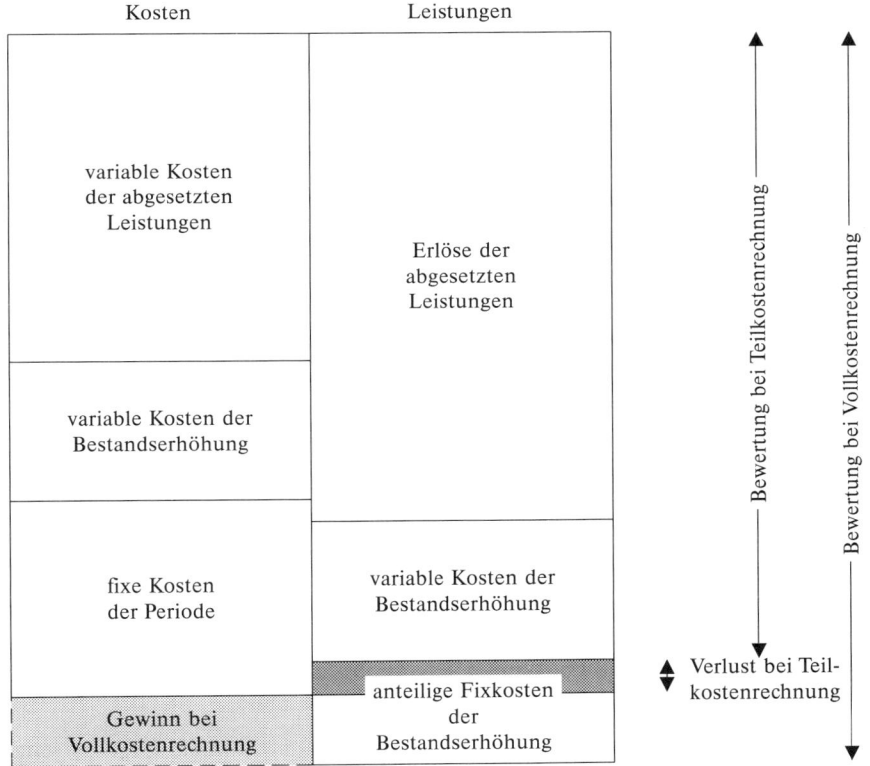

Abbildung 9.47: Bewertung von Bestandsänderungen in der kurzfristigen Erfolgsrechnung (hier Bestandserhöhung)

Im Beispiel der Abbildung 9.47 weist die kurzfristige Erfolgsrechnung auf Teilkostenbasis einen Verlust aus, da der Deckungsbeitrag geringer ist als die fixen

Kosten. Bei Vollkostenbewertung der Bestandserhöhung dagegen wird ein Gewinn ausgewiesen, da die den Bestandsänderungen zugerechneten Fixkosten nicht als Kosten behandelt werden, die von den Erlösen dieser Periode zu decken sind, sondern als Bestandteil des Wertes derjenigen Erzeugnismengen, die erst in späteren Perioden zu Erlösen führen. Bei der Beurteilung dieses Effektes darf jedoch nicht vernachlässigt werden, daß sich die obige Darstellung auf nur eine Periode bezieht. Betrachtet man zwei und mehr **aufeinanderfolgende Perioden** mit gleich hohen Endbeständen, so wird die Kompensation in den Folgeperioden deutlich. Nur eine fiktive erste und letzte Periode weisen dann (sich insgesamt jedoch ebenfalls kompensierende) Unterschiede in der Höhe des Periodenergebnisses bei Voll- und bei Teilkostenbewertung auf. Schwankt die Höhe der Periodenbestände jedoch sehr stark, so unterscheiden sich die Periodenergebnisse von Periode zu Periode entsprechend dem praktizierten Kostenrechnungssystem.

Handelsrecht

Das Handelsrecht überläßt dem bilanzierenden Kaufmann die Wahl des anzuwendenden Verfahrens.

Die Novellierung des HGB durch das Bilanzrichtliniengesetz hat auch die alte Streitfrage erledigt, ob Untergrenze des Wertansatzes die variablen oder gar nur die Einzelkosten seien. Der Gesetzgeber hat sich für die Einzelkosten entschieden (vgl. Teil 10, S. 1392).

Steuerrecht

Aus der Sicht der Steuerbilanz ist eine Bewertung der Bestände an unfertigen und fertigen Erzeugnissen zu variablen Kosten nicht zulässig.

Die Gründe hierfür liegen sowohl in der mangelnden Auseinandersetzung der Steuerbehörden mit dem Fixkostenproblem als auch in der Traditionsgebundenheit des Steuerrechts. **Die Bestandsbewertung ist daher auf Vollkostenbasis durchzuführen.**

2. Festsetzung von Preisuntergrenzen und Preisobergrenzen

Für die Preispolitik eines Unternehmens ist die Kenntnis der eigenen Kostensituation zwar eine wichtige, jedoch nur eine von vielen entscheidungsrelevanten Informationen. Mindestens ebenso bedeutsam sind Informationen über Umfang und Struktur der Nachfrage (Preis-Absatz-Funktionen), Konkurrenzpreise und Preispolitik der Konkurrenten, absehbare Innovationen usw. (vgl. dazu Teil 5, S. 682 ff.).

Zweifellos ist ein Unternehmen, das längerfristig gesehen nicht in der Lage ist, seine gesamten Kosten durch Verkaufserlöse zu decken und für die Eigenkapitalgeber eine marktgerechte Verzinsung ihres Kapitals zu erwirtschaften, vom Untergang bedroht. Aus diesem Sachverhalt läßt sich jedoch nicht kurzschlüssig folgern, die Teilkostenrechnungssysteme seien eher akademisch-theoretische Verirrungen und in der Unternehmensrealität müßten Vollkostenrechnungen angewandt werden, weil nur durch sie die immer wieder beschworene Forderung, „langfristig müssen selbstverständlich die vollen Kosten gedeckt werden", erfüllt werden könne. Die Deckung der „vollen", d. h. aller Kosten wird nicht dadurch gewährleistet, daß Produkte nicht zu Preisen pro Mengeneinheit verkauft werden, die unter den in einer Vollkostenrechnung für die jeweilige Betrachtungsperiode berechneten „Vollkosten" pro Mengeneinheit liegen.

Bei seiner Preispolitik darf sich ein Unternehmen nicht ausschließlich an seiner aktuellen Kostensituation orientieren, sondern muß vielmehr beispielsweise den **Lebenszyklus des Produktes, Sortimentsinterdependenzen, Markterschließungs- oder auch Rückzugsstrategien u. ä.** berücksichtigen. Aber auch kurzfristig betrachtet ist die Erzielung eines positiven Deckungsbeitrags beispielsweise durch einen Auftrag, bei dem der Preis die – wie auch immer ermittelten – sogenannten vollen Kosten nicht deckt, durchaus ein **Beitrag zur Deckung der gesamten Kosten des Unternehmens.** Würde ein solcher Auftrag abgelehnt, so bliebe ein Teil der Fixkosten ungedeckt. Die Nutzung solcher Chancen ist selbstverständlich nur dann unbedenklich, wenn daraus keine negativen Konsequenzen für das zukünftige allgemeine Marktpreisniveau der betreffenden Produkte zu erwarten sind. Bei der Bestimmung einer kurzfristigen Preisuntergrenze können kostenwirtschaftliche, absatzwirtschaftliche, produktionswirtschaftliche und/oder finanzwirtschaftliche Überlegungen eine Rolle spielen. Daher wird zwischen einer kostenbestimmten, einer engpaßorientierten, einer erfolgsbestimmten und einer liquiditätsbestimmten kurzfristigen Preisuntergrenze unterschieden.

Die kostenbestimmte Preisuntergrenze ergibt sich aus der Summe der Kosten eines Erzeugnisses, die vermeidbar sind, wenn die Herstellung dieses Produktes unterbleibt. Sie müßte genau genommen Stillegungs-Preisuntergrenze für die zukünftige Produktion unter kostenbestimmtem Aspekt heißen (Heraeus 1963). Diese für den Einproduktbetrieb gültige Feststellung gilt grundsätzlich auch für den Mehrproduktbetrieb, sofern die Produktarten keine gemeinsamen variablen Kosten aufweisen. Fallen jedoch variable Kosten für mehrere Erzeugnisarten gemeinsam an, wie z. B. bei allen Fällen der Kuppelproduktion, kann die Preisuntergrenze nur für die Gesamtheit der Produktarten ermittelt werden, die kostenrechnerisch durch die variablen Trägergemeinkosten verbunden sind. Die kurzfristige Preisuntergrenze spielt außerdem bei der Entscheidung über die Annahme von Zusatzaufträgen eine Rolle. Jede Preisstellung über der Preisuntergrenze erbringt einen Deckungsbeitrag bzw. Gewinn.

Kostenbestimmte Preisuntergrenze

Aufgrund ihrer Konzeption sind die Systeme der Teilkostenrechnung in der Lage, die kurzfristige kostenbestimmte Preisuntergrenze zu ermitteln. Voraussetzung dafür ist die getrennte Ermittlung und Berechnung der vermeidbaren und der unvermeidbaren Kosten. Bei kurzfristiger Betrachtung decken sich die unvermeidbaren Kosten mit dem Fixkostenblock, die vermeidbaren mit den variablen Kosten. **Demnach entspricht die kostenbestimmte Preisuntergrenze p_i^k eines Produktes i den variablen Stückkosten k_{vi} dieses Produktes.**

$$(9.22) \qquad p_i^k = k_{vi}$$

Der Genauigkeitsgrad der auf diese Weise ermittelten Preisuntergrenze bestimmt sich nach der Genauigkeit der Kostenspaltung in kurzfristig vermeidbare oder variable und kurzfristig unvermeidbare oder fixe Kosten.

Für einen Industriebetrieb, dessen Produktionskapazitäten ausgelastet sind und kurzfristig auch nicht erweitert werden können, reicht es in der Regel nicht aus, die variablen Stückkosten v_i als kurzfristige Preisuntergrenze anzusetzen. Vielmehr ist zu berücksichtigen, daß die Produktion einer Erzeugniseinheit im Falle der Vollbeschäftigung einen Verzicht auf andere Erzeugnisarten bedeutet. Die infolge dieses Verzichts entgangenen Deckungsbeiträge sind in Form von Opportunitätskosten in die Ermittlung der kostenbestimmten Preisuntergrenze einzubeziehen.

Entscheidet sich ein vollbeschäftigter Industriebetrieb für die Herstellung zusätzlicher Einheiten eines Erzeugnisses i, so ist als Preisuntergrenze der hierdurch entgangene Deckungsbeitrag (Db) derjenigen Einheiten des Erzeugnisses j anzusetzen, auf deren Fertigung aus Kapazitätsgründen verzichtet werden muß. Bei der Ermittlung dieser Preisuntergrenze ist darauf zu achten, daß die betreffende Engpaßeinheit (z. B. Maschinenstunden, Arbeitsstunden) von den jeweiligen Erzeugnisarten in unterschiedlich hohem Maße beansprucht werden. Bezeichnet man die von einer Einheit des Erzeugnisses i (bzw. j) in Anspruch genommenen Engpaßeinheiten mit m_i (bzw. m_j), errechnet sich die engpaßorientierte Preisuntergrenze für Produkt i wie folgt

$$(9.23) \qquad p_i^{eng} = \frac{DB_j}{m_j} \, m_i$$

Diese Fragestellung steht in engem Zusammenhang mit Programmentscheidungen in Engpaßsituationen (vgl. S. 1287).

Die kostenbestimmte Preisuntergrenze ist nur von untergeordneter Bedeutung, wenn im Mehrproduktbetrieb der Absatz eines Gutes den Absatz anderer Güter des Produktionsprogramms der Unternehmung beeinflußt. Ist ein **Absatzverbund** dieser Art gegeben, kann das preispolitische Ziel der Unternehmung nicht mehr darin bestehen, für jedes einzelne Produkt den größtmöglichen Erfolg zu erzielen. An seine Stelle muß bei Sortimentsverbund das Streben nach dem bestmöglichen Gesamterfolg aus der Verwertung des gesamten Leistungsprogramms treten. Es ist durchaus denkbar, daß steigende Deckungsbeiträge aus dem Verkauf einzelner Produktarten sinkende oder fehlende Deckungsbeiträge aus der Verwertung anderer Produktarten ausgleichen, auch wenn diese langfristig unter ihren variablen Kosten verkauft werden. Die Festlegung der Preisuntergrenze der Produkte wird in diesem Sinne vom Erfolg bestimmt. Unter der vereinfachenden Annahme, daß von Produkt i nur ein Stück abgesetzt wird, gilt: **Die erfolgsbestimmte Preisuntergrenze p_i^e des Produktes i ist dann erreicht, wenn die durch die Preissenkung erwartete Erlöseinbuße $\hat{e}_i$ dieses Produktes gerade noch durch die dadurch bei den anderen Produkten verursachten erwarteten Deckungsbeitragszunahmen $\hat{z}_j$ kompensiert wird.**

$$(9.24) \qquad p_i^e = k_{vi} - \hat{e}_i; \quad \hat{e}_i = \sum_{\substack{j=1 \\ j \neq i}}^{m} \hat{z}_j.$$

Die Ablehnung einer Preissenkung bei einem Produkt kann wegen des bestehenden Sortimentsverbundes aber auch zu Deckungsbeitragseinbußen bei den übrigen Produkten führen. Dann ergibt sich $\hat{e}_i$ als Summe der vermeidbaren Deckungsbeitragsabnahmen bei den anderen Produkten. Soll die Preissenkung für mehrere (z. B. einen bestimmten Auftrag) oder alle Produkteinheiten von i gelten, so ist zur Ermittlung der stückbezogenen Größe $\hat{e}_i$ der Gesamtbetrag der zu erzielenden Deckungsbeitragszunahmen bzw. der zu vermeidenden Deckungsbeitragsabnahmen durch die Gesamtzahl der von der Preissenkung betroffenen Mengeneinheiten von i zu dividieren.

Da die Größe $\hat{e}_i$ erwartungsabhängig ist, kann als erfolgsbestimmte Preisuntergrenze nur ein Bereich, nicht jedoch ein fester Wert angegeben werden.

Bei den bisherigen Überlegungen blieben die Zusammenhänge zwischen der Preisstellung und der Aufrechterhaltung der Liquidität unberücksichtigt. Die betriebliche Leistungserstellung und -verwertung berührt die dispositive Liquidität der Unternehmung. Daraus wird vielfach der Schluß gezogen, daß die Auszahlungswirksamkeit der Kosten bei der Preisstellung zu beachten sei. **Danach sind kurzfristig die Preise der Erzeugnisse so zu setzen, daß zumindest die kurzfristig zu Auszahlungen werdenden Kosten gedeckt** sind, wenn sich die Unternehmung in einer Liquiditätskrise befindet. Voraussetzung für die Ermittlung einer liquiditätsorientierten Preispolitik ist es daher, die Kostenarten einzuteilen in: *Liquiditäts- bestimmte Preisunter- grenze*

(1) Kosten, die keine Auszahlungen verursachen (z. B. kalkulatorische Eigenkapitalzinsen),
(2) Kosten, die Auszahlungen verursachen:
    a) kurzfristig zu Auszahlungen werdende Kosten (z. B. variable Kosten wie Materialkosten, fixe Kosten wie Zeitlöhne, Gehälter, Monatsmieten),
    b) Kosten, die auf vorab geleistete Auszahlungen zurückgehen (z. B. Abschreibungen, vorausbezahlte Mieten),
    c) längerfristig zu Auszahlungen werdende Kosten (z. B. Steuern, Versicherungsprämien).

Die liquiditätsorientierte Preisgrenze p_i^l ist gleich der kurzfristigen kostenbestimmten Preisuntergrenze k_{vi}, vermehrt um die kurzfristig auszahlungswirksamen proportionalisierten Fixkosten $k_i^{f,a}$ und vermindert um die vorab geleisteten stückbezogenen Auszahlungen k_i^b.

$$(9.25) \qquad p_i^l = k_{vi} + k_i^{f,a} - k_i^b.$$

Liquiditätsorientierte Preisentscheidungen der Unternehmung sind daher so zu fällen, daß die zu Auszahlungen führenden Kosten durch die Erlöse der erwarteten Verkaufsmengen gedeckt sind. Unter kurzfristigen Aspekten können die langfristig auszahlungswirksamen Kosten außer acht gelassen werden.

Die liquiditätsorientierte Preisuntergrenze kann jedoch nur Ausgangsdatum für die Preisbestimmung sein. Sie gewährleistet weder die Aufrechterhaltung der Liquidität der Unternehmung, noch führt eine Unterschreitung dieser Preisschwelle in jedem Fall zur Illiquidität, da die Liquidität der Unternehmung primär von Zahlungseingängen und -ausgängen abhängt, die oft nur mittelbar mit dem Produktions- und Absatzprozeß verknüpft sind (z. B. Kreditaufnahme und -tilgung). Daher kann die liquiditätsorientierte Preisuntergrenze allenfalls als ergänzendes Instrument bei der Liquiditätsüberwachung betrachtet werden.

Der Ermittlung von Preisuntergrenzen für den Produktabsatz steht die Bestimmung von **Preisobergrenzen bei der Beschaffung** gegenüber. Hierbei unterscheidet man zwischen verwendungsorientierter und kostenersparnisorientierter Preisobergrenze (vgl. Hummel/Männel 1983, S. 110 ff.).

*Verwendungs-
orientierte
Preisober-
grenze*

Kommt als einzige Alternative zur Beschaffung der Verzicht auf die Weiterverabeitung in Frage, errechnet sich die (kurzfristige) verwendungsorientierte Preisobergrenze nach den Grundsätzen der relativen Einzelkosten- und Deckungsbeitragsrechnung als Differenz zwischen Einzelerlös (EE) und Einzelkosten (EK) der Weiterverarbeitung des betreffenden Vorproduktes i.

$$(9.26) \qquad p_i^v = EE_i - EK_i$$

*Kosten-
ersparnis-
orientierte
Preisober-
grenze*

Ist neben dem Fremdbezug auch die Selbsterstellung des betreffenden Vorproduktes möglich, leitet sich die Obergrenze des Einkaufspreises aus den Einsparungen bei Verzicht auf Eigenfertigung ab. Diese kostenersparnisorientierte Preisobergrenze entspricht bei nicht ausgelasteten Kapazitäten den kurzfristig variablen Kosten (Leistungskosten) der Selbsterstellung.

$$(9.27) \qquad p_i^k \text{ (bei Unterbeschäftigung)}$$

Bei Vollbeschäftigung sind zu den variablen Kosten noch die durch Inanspruchnahme der knappen Produktionskapazitäten entstehenden Kosten (Ka_i) zu addieren.

$$(9.28) \qquad p_i^k = k_{vi} + Ka_i \text{ (bei Vollbeschäftigung)}$$

Die Preisobergrenzen lassen sich nicht immer in Form einer einfachen Gleichung ermitteln. Die Möglichkeiten der Weiterverarbeitung oder Kapazitätserhöhung führen häufig zu unterschiedlich hohen Überschüssen bzw. Kosteneinsparungen. In diesen Fällen sind sogenannte Preisobergrenzenfunktionen zu ermitteln.

3. Programmplanung auf der Grundlage prognostizierter Deckungsbeiträge

*Programm-
entschei-
dungen*

Für Entscheidungen über die art- und mengenmäßige Zusammensetzung des Fertigungsprogramms gilt in besonderem Maße, daß sie nur bei simultaner Berücksichtigung beschaffungspolitischer, produktionstechnischer, absatz- und finanzwirtschaftlicher Ziele und Nebenbedingungen getroffen werden können. Wenn dennoch im folgenden die Produktbeurteilung und Programmwahl hauptsächlich auf der Basis von Kostenzahlen erfolgt, so sind die Ergebnisse der Kostenrechnung als Teil einer umfassenden Analyse zu verstehen, die neben kostenrechnerischen alle übrigen entscheidungsrelevanten Aspekte der betrieblichen Funktionsbereiche einbeziehen muß.

Im Rahmen der Programmplanung ist von einer gegebenen Ausstattung und somit von gegebenen Kosten der Betriebsbereitschaft auszugehen.

Wird davon ausgegangen, daß bei gegebener Kapazität keine aktuellen Engpässe vorhanden sind, so sind die Stück-Deckungsbeiträge für jede Produktart (bzw. die Dek-

kungsbeiträge für Produktgruppen) das Entscheidungskriterium für die Zusammenstellung des Produktionsprogramms.

Die absolute Höhe des Bruttogewinns pro Stück besagt, wie hoch sein Beitrag zur Deckung der fixen Kosten und zur Gewinnerzielung ist. Das Periodenergebnis verbessert (verschlechtert) sich mit jeder zusätzlich (weniger) hergestellten und abgesetzten Einheit um diesen Betrag. Ist kein aktueller Engpaß im Beschaffungs-, Produktions-, Absatz- und Finanzierungsbereich gegeben, so sind die Produkte in der Rangfolge der Höhe ihrer Deckungsbeiträge in der Fertigung und im Absatz zu forcieren (vgl. zu einem Beispiel S. 1255 f.).

Bei Auftreten von aktuellen Engpässen kommt dem spezifischen oder engpaßbezogenen Deckungsbeitrag für die Entscheidung über die Zusammensetzung des Produktionsprogramms eine zentrale Bedeutung zu. Er ergibt sich aus der Division des Deckungsbeitrages eines Produktes durch die von ihm in Anspruch genommenen Einheiten des Engpaßsektors.

$$(9.29) \qquad \frac{\text{Deckungsbeitrag je Einheit}}{\text{des Engpaßsektors}} = \frac{\text{Stückpreis ./. variable Stückkosten}}{\text{Engpaßbelastung pro Stück}}$$

Als Beispiele können spezifische Deckungsbeiträge je Maschinenlaufzeit-, je Arbeitszeiteinheit oder je Einheit des Engpaßrohstoffes angeführt werden. **Solange nur ein Engpaß vorliegt, läßt der spezifische Deckungsbeitrag erkennen, welche Verwendungsart des Engpasses den größten Gewinn verspricht.** Daraus folgt, daß die Programmwahl nach der Rangfolge der spezifischen Deckungsbeiträge vorgenommen wird. Verlagert sich der Engpaß auf einen anderen Unternehmungsbereich, so kann sich die Reihenfolge der Produkte ändern.

Bei mehreren Engpässen läßt sich die Reihenfolge der Produkte nur mit Hilfe der linearen Programmierung bestimmen. Die Programmplanung wird im folgenden an einem Beispiel aufgezeigt.

Das potentielle Produktionsprogramm eines Fertigungsbetriebes besteht aus den Produkten A, B und C. Die Fertigung erfolgt in mehreren Stufen, wobei alle Produkte die Fertigungsbereiche Dreherei und Fräserei mit unterschiedlichen Fertigungsstückzeiten beanspruchen, während die Schmiede nur für die Erstellung der Produkte A und C benötigt wird. Es sei zunächst angenommen, daß nur ein Engpaß im Produktionsbereich gegeben ist, und zwar in der Dreherei mit maximal 600 Fertigungsstunden. Wird weiterhin unterstellt, daß für alle Produkte unbeschränkte Absatzmöglichkeiten bestehen, so wird die Unternehmung bei angestrebter Maximierung des Bruttogewinns nur das Erzeugnis C produzieren, da der auf seine Engpaßeinheit (Fertigungsstunde der Dreherei) bezogene Deckungsbeitrag von C am größten ist (vgl. Abbildung 9.48). Bildete die Fräserei den Engpaß, so würde unter sonst gleichen Annahmen nur Produkt B hergestellt. Im Engpaßbereich Schmiede würde Produkt A bevorzugt.

Es soll nun die Annahme unbeschränkter Absatzmöglichkeiten aufgehoben und angenommen werden, daß von Produkt A maximal 400, von Produkt B maximal 500

Produktart	A	B	C
Erlös pro Stück	20	50	40
variable Kosten	6	33	32
DB/Stück	14	17	8

Produktart / Fertigungsbereich	Fertigungszeit/Stück (Stunden)			Maximale Kapazität in Stunden
	A	B	C	
Dreherei	0,6	1,0	0,2	600
Fräserei	0,8	0,7	1,6	560
Schmiede	0,5	–	0,5	300

Produktart / Fertigungsbereich	spezifische Deckungsbeiträge (vgl. Formel 9.29)		
	A	B	C
Dreherei	23,33	17	40
Fräserei	17,5	24,29	5
Schmiede	28	–	16

Abbildung 9.48: Ausgangsdaten der optimalen Programmplanung (Beispiel)

und von C maximal 1 000 Einheiten abgesetzt werden können. Zugleich wird unterstellt, daß nur die Dreherei den Engpaßsektor bildet. Das Ziel ist nun, den höchstmöglichen Deckungsbeitrag dadurch zu erreichen, daß der Betrieb sein Produktionsprogramm optimal gestaltet.

Nach der Rangfolge der engpaßbezogenen Deckungsbeiträge würde sich beispielsweise die maximale Fertigungszeit des Engpaßsektors wie folgt aufteilen:

$$1\,000 \cdot 0,2 = 200 \text{ Stunden für C}$$
$$400 \cdot 0,6 = 240 \text{ Stunden für A}$$
Rest: $160 \cdot 1,0 = \underline{160 \text{ Stunden für B}}$
$$600 \text{ Stunden}$$

Solange nur ein Produktionsengpaß in die Entscheidungsüberlegungen einbezogen wird, müssen alle übrigen Faktoren so reichlich vorhanden sein, daß eine Änderung der Zusammensetzung des Produktionsprogramms keine neuen Engpässe entstehen läßt. Liegen dagegen *mehrere* Kapazitätsbeschränkungen gleichzeitig vor, so läßt sich die Ermittlung des optimalen Produktionsprogramms nicht mehr allein durch einfaches Rechnen durchführen. Eine Lösung kann sich dann nur mit Hilfe mathematischer Optimierungsrechnungen ergeben.

Programm-entscheidung bei mehreren Engpässen

Ein wertvolles Hilfsmittel stellt in diesem Zusammenhang die lineare Programmierung dar, mit deren Hilfe das vorliegende Entscheidungsproblem gelöst werden kann (vgl. dazu auch Teil 4, S. 485 ff.). Vereinfachend sei dabei angenommen, daß nur die Erzeugnisse A und B die Produktionsalternativen bilden.

Ausgehend von den absoluten Deckungsbeiträgen der beiden Produkte läßt sich unter der Annahme unbeschränkter Absatzmöglichkeiten das **Zielkriterium** (Deckungsbeitrag), das zu maximieren ist, in einer linearen Gleichung definieren:

Zielfunktion

$$14\,x_A + 17\,x_B = \text{DB der Periode} \rightarrow \max!$$

(x_A: Menge des Gutes A; x_B: Menge des Gutes B).

Dabei sind die Engpässe im Produktionsbereich in Form von Nebenbedingungen zu berücksichtigen. Die Fertigungszeit des gesamten Produktionsprogramms darf die maximalen Periodenkapazitäten der drei Werkstätten nicht übersteigen:

Neben-bedingungen

Dreherei: $0,6\,x_A + 1,0\,x_B \leq 600$
Fräserei: $0,8\,x_A + 0,7\,x_B \leq 560$
Schmiede: $0,5\,x_A \qquad\quad\ \leq 300$

Für die mathematische Lösung ist zusätzlich zu beachten, daß x_A und x_B keine negativen Werte annehmen dürfen (Nicht-Negativitätsbedingung).

Die Lösung des dargestellten einfachen Optimierungsproblems läßt sich graphisch ermitteln. Dazu werden in einem Koordinatensystem die maximal möglichen Herstellmengen der Produkte A und B für die Engpaßsektoren Dreherei ($x_{A,\,max}^D$; $x_{B,\,max}^D$), Fräserei ($x_{A,\,max}^F$; $x_{B,\,max}^F$) und Schmiede ($x_{A,\,max}^S$) auf der Ordinate bzw. Abszisse abgetragen und durch Geraden (Kapazitätslinien) verbunden (vgl. Abbildung 9.49). Die Kapazitätslinien stellen für jeden Engpaßsektor den geometrischen Ort alternativer Mengenkombinationen bei vollständiger Ausnützung der verfügbaren Kapazität dar; sie entsprechen den oben dargestellten Gleichungen. Die durch die Kapazitätslinien begrenzte schraffierte Fläche ergibt das Feld möglicher Lösungen. Durch Einbeziehen der Zielfunktion in Form einer Geraden AA′ (Deckungsbeitragslinie), deren Steigung durch das Verhältnis der Deckungsbeiträge von A und B bestimmt wird (Auflösung der Zielfunktion nach x_B), läßt sich die optimale Lösung graphisch darstellen. Zu diesem Zweck wird die Gerade AA′ parallel so weit ver-

Graphische Lösung

schoben, bis sie das schraffierte Feld tangiert. Das vom Tangentialpunkt T auf die x_A- und x_B-Achse gefällte Lot bestimmt die Mengenkombination für das optimale Produktionsprogramm.

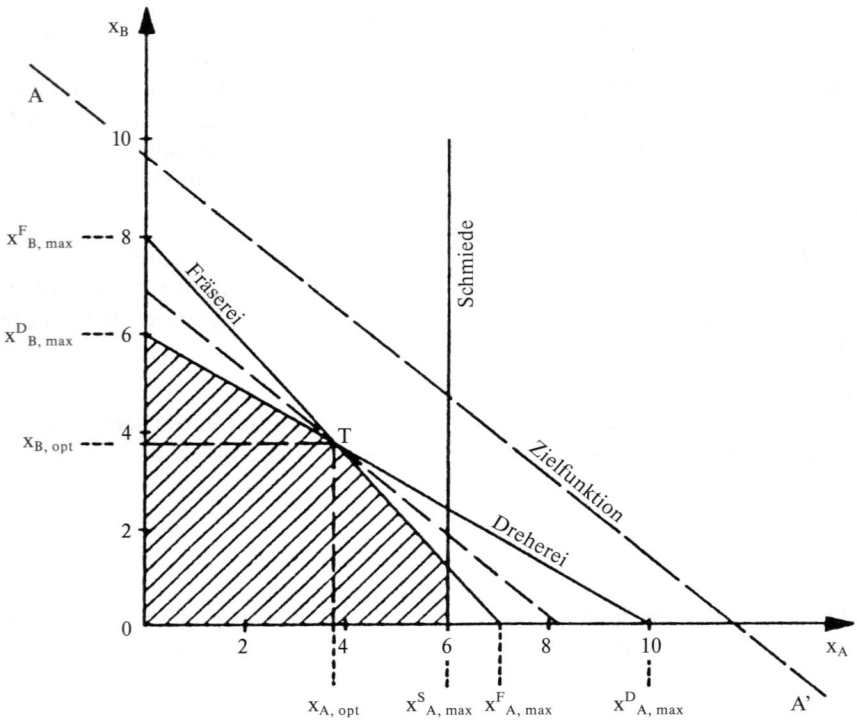

Abbildung 9.49: Graphische Lösung der optimalen Programmplanung (Beispiel)

Die graphische Methode läßt sich allerdings zur Lösung von linearen Programmierungsaufgaben nur einsetzen, solange nicht mehr als zwei Grundvariablen (hier: zwei Produkte) gegeben sind. Bei drei und mehr Grundvariablen ist die graphische Lösung nicht mehr möglich. Die Lösung des linearen Ansatzes erfolgt in diesem Falle mit Hilfe analytischer Verfahren. Einen häufig angewandten Algorithmus zur Bewältigung linearer Planungsaufgaben stellt die Simplex-Methode dar.

4. Verfahrensvergleich

Ein weiterer Anwendungsbereich der Kostenrechnung liegt im kostenmäßigen Vergleich von Produktionsverfahren. Dabei sind der **Verfahrensvergleich im Falle der Neuanschaffung** und der **Verfahrensvergleich auf Basis vorhandener Kapazitäten** zu unterscheiden.

1290

Ist die Alternative Neuanschaffung relevant, so handelt es sich um eine Fragestellung, bei der nicht mehr sinnvoll zwischen Kostenrechnung und Investitionsrechnung unterschieden werden kann (vgl. S. 1160 f.).

Stehen im Fall der Neuanschaffung zwei Anlagen zur Wahl, die sich bis auf die Struktur der beschäftigungsfixen und der beschäftigungsvariablen Kosten nicht voneinander unterscheiden (d. h. insbesondere gleiche Anschaffungskosten), so muß der Kostenstrukturvergleich als Entscheidungshilfe dienen. Abbildung 9.50 verdeutlicht den Zusammenhang. *Neuanschaffung*

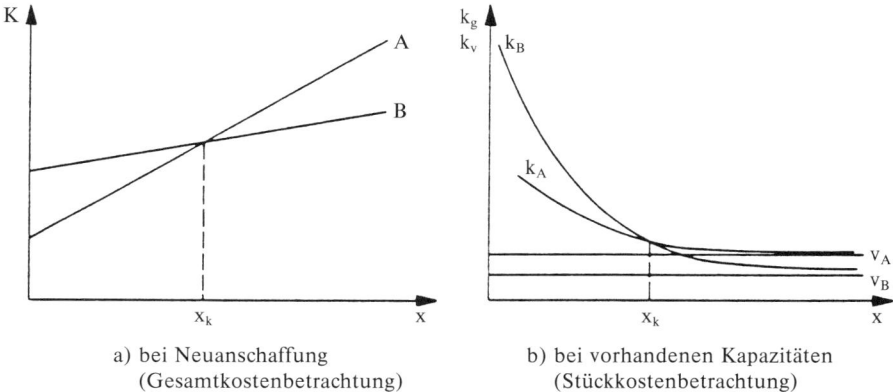

a) bei Neuanschaffung
(Gesamtkostenbetrachtung)

b) bei vorhandenen Kapazitäten
(Stückkostenbetrachtung)

Abbildung 9.50: Verfahrensvergleich

Wird langfristig eine durchschnittliche Auslastung der Anlage von $x < x_k$ erwartet, so ist offensichtlich die Alternative A kostengünstiger; wird dagegen mit einer höheren Auslastung gerechnet als x_k ($x > x_k$), so liegt die Gesamtkostenhöhe bei Alternative B niedriger, so daß B gewählt wird. x_k stellt in diesem Fall die **kritische Beschäftigungsmenge** dar, bei der die eine Anlage von den Gesamtkosten her betrachtet günstiger bzw. ungünstiger wird als die andere. **Im Falle der Neuanschaffung von Anlagen ist also eine Gesamtkostenbetrachtung unter Berücksichtigung der erwarteten Beschäftigung sinnvoll.**

Stehen dagegen zwei Verfahrensalternativen im Betrieb bereits zur Verfügung und ist zu entscheiden, ob für einen kurzfristigen innerbetrieblichen Fertigungsauftrag die Inanspruchnahme von Anlage A oder Anlage B kostengünstiger ist, so führt die Gesamtkostenbetrachtung zu Fehlentscheidungen. Es ist in diesem Falle nämlich zu berücksichtigen, daß die beschäftigungsfixen Kosten der Anlagen ohnehin anfallen, unabhängig von ihrer Auslastung. Daher sind nur die von der Beschäftigungsentscheidung abhängigen Kosten, also die Einzelkosten dieser Entscheidung, in die Vergleichsrechnung einzubeziehen. Das sind in diesem Fall (vgl. Abbildung 9.50) die beschäftigungsvariablen Stückkosten. **Es ist folglich das Verfahren zu wählen, das die geringsten variablen Stückkosten bewirkt** – im Beispiel also das Verfahren B ($V_B < V_A$). **Diese Entscheidung ist bei linearem Kostenverlauf (im Gegensatz zur Voll-** *Vorhandene Kapazitäten* kostenbetrachtung bei Neuanschaffung) unabhängig von der Ausbringungsmenge. Denn ob nun mehr oder weniger als x_k Stücke auf einer bestehenden und freien Anlage produziert werden – in jedem Falle entstehen durch diese Entscheidung nur zusätzliche Kosten in Höhe der mit der produzierten Menge multiplizierten variablen Stückkosten, und diese Größe ist im Beispiel für Verfahren B immer geringer als für Verfahren A.

Bei einem Vergleich bestehender Verfahren auf der Basis von gesamten Stückkosten (k) kann es zu Fehlentscheidungen kommen, da die Fixkosten auf die Produktmenge anteilig verteilt werden. Hier würde erst bei einer Auftragsmenge von mehr als x_k das Verfahren B gegenüber A vorgezogen; zuvor würde fälschlicherweise Verfahren A favorisiert, da es geringere Stückvollkosten aufweist (vgl. Abbildung 9.50). An dem dargestellten Problem wird die Notwendigkeit einer Teilkostenbetrachtung besonders deutlich. Nur die durch die Entscheidungsalternativen veränderbaren Kosten können als Entscheidungsgrundlage dienen, nicht dagegen solche, die bei genauer Betrachtung mit dem zu lösenden Problem nichts zu tun haben.

5. Eigenfertigung oder Fremdbezug

Endprodukt-fertigung

Ähnlich wie beim Verfahrensvergleich ist bei Entscheidungen über Eigenfertigung oder Fremdbezug von **Endprodukten** auszugehen. Sind **Kapazitäten** frei, so dürfen nur die variablen Kosten pro Endprodukt der Eigenfertigung dem Beschaffungsmarktpreis gegenübergestellt werden. **Sind dagegen die vorhandenen Kapazitäten ausgelastet** und ist die Eigenfertigung nur bei einer Ausstattungsänderung möglich, so sind auch die fixen Kosten in die Überlegung einzubeziehen. Auch hier handelt es sich (wie beim Verfahrensvergleich) um ein Problem, das in die Zuständigkeit von Investitionsrechnungsverfahren hineinreicht.

Zwischen-produkt-fertigung

Spezifische Probleme ergeben sich, wenn sich für mehrere **Vor- oder Zwischenprodukte** die Frage stellt, ob sie auf eigenen Anlagen gefertigt oder vom Markt bezogen werden sollen. Geht man von der Annahme aus, daß einige dieser Produkte – und nur diese – die gleiche Eigenfertigungskapazität beanspruchen und diese Kapazität begrenzt ist, so ergibt sich ein Engpaßproblem, das formal dem der Absatzprogrammplanung gleicht. Allerdings – und dies ist das Besondere – besteht nun nicht die Möglichkeit, einen Deckungsbeitrag pro Stück (Preis ./. Einzelkosten) zu errechnen, diesen auf die Engpaßeinheit zu beziehen und als Entscheidungskriterium für die Vorziehenswürdigkeit eines Produktes in der Eigenfertigung zu benutzen. Die zu fertigenden Vor- und Zwischenprodukte haben nämlich im allgemeinen keinen Absatzpreis, der eine solche Berechnung erlaubt. Sie sind vielmehr Bestandteil marktfähiger Produkte von übergeordneten Produktionsstufen. Eine Erlöszurechnung auf die Produkteinzelteile ist aber nach den Regeln der Zurechnungslogik nicht möglich.

Ersparnis-beiträge

Eine Möglichkeit, trotz fehlender Deckungsbeiträge eine kostenorientierte Entscheidung vorzubereiten, besteht in der Ableitung von **Ersparnisbeiträgen** pro Stück. Als Ersparnisbeitrag ist dabei die Differenz zwischen dem Beschaffungsmarktpreis pro Stück und den Einzelkosten pro Stück in der Eigenfertigung definiert, wenn die

1292

Einzelkosten pro Stück geringer sind als der Beschaffungspreis. Indem man diesen Ersparnisbeitrag auf die Engpaßeinheit der Eigenfertigungskapazität bezieht, läßt sich auch hier ähnlich wie im Falle der Absatzprogrammplanung ein spezifischer oder engpaßbezogener Beitrag, genauer gesagt ein Ersparnisbeitrag pro eigengefertigtem Stück einer Produktart errechnen. Dieser wird zur Grundlage der Entscheidung über die Belegung des Eigenfertigungsengpasses gemacht. Die nicht mehr zum Zuge kommenden Produktarten und/oder -mengen werden vom Markt beschafft. Auf diese Weise kann eine kostenoptimale Entscheidung über Eigenfertigung und Fremdbezug für die Materialdisposition bzw. die Fertigungsvorbereitung getroffen werden.

Die alleinige Orientierung der Entscheidung zwischen Eigenfertigung und Fremdbe- *Kritik* zug an kostenrechnerischen Gesichtspunkten ist aus mehreren Gründen problematisch (vgl. Picot 1991a, S. 341 f.).
- Es werden nur die extremen Alternativen Eigenerstellung und Fremdbezug betrachtet. Mischformen (z. B. Kooperationen) bleiben unberücksichtigt.
- Werden längerfristige (strategische) Entscheidungen allein aufgrund kurzfristig variabler Kosten getroffen, kommt es zu einer systematischen Bevorzugung der Eigenfertigung.
- Die der Kostenrechnung zugrundeliegende Datenbasis wird häufig durch die Verfolgung von Abteilungsinteressen verzerrt (z. B. Ansatz zu geringer Einkaufskosten durch die Einkaufsabteilung), wodurch die Kalkulation der Eigenerstellungskosten verfälscht wird.
- Die Gefahr in eine Lieferantenabhängigkeit zu geraten wird vernachlässigt.
- Schließlich bleiben andere Gesichtspunkte, wie z. B. Flexibilitätsüberlegungen, „indirekte Kosten" (Koordinations- und Managementkosten, sog. Transaktionskosten) der internen oder externen Produktion etc., unberücksichtigt.

Diese Kritikpunkte relativieren die Eignung der Kostenrechnung für die Entscheidung zwischen Eigenfertigung und Fremdbezug (vgl. hierzu auch Teil 3, S. 305 ff., Teil 4, S. 422 ff., sowie Teil 8, S. 1118 ff.).

6. Ermittlung von Verrechnungspreisen

In **divisionalisierten** Industriebetrieben (vgl. Teil 2, S. 89 f.) ist es erforderlich, innerbetriebliche Verrechnungspreise zu ermitteln, da
- zwischen den einzelnen Divisionen (Sparten) häufig intensive **Lieferbeziehungen** bestehen,
- **Serviceleistungen** von Zentralabteilungen für Sparten durchgeführt werden
- und zwischen internen und externen Lieferanten ein **Konkurrenzverhältnis** geschaffen werden soll.

Die Bildung innerbetrieblicher Verrechnungspreise erfüllt zwei wichtige Funktionen. *Funktionen* Zum einen tragen Verrechnungspreise zur Lenkung des Ressourceneinsatzes im Sinne *innerbetrieb-* der Gesamtunternehmung unter Beibehaltung der dezentralen Autonomie bei **(Allo-** *licher Verrech-*
nungspreise

kationsfunktion). Zum anderen ermöglichen Verrechnungspreise die Ermittlung des Spartenerfolgs **(Erfolgsermittlungsfunktion).** Sie bilden somit eine wichtige Bewertungs- und Motivationsgrundlage der Spartengeschäftsführung. Darüber hinaus kann den innerbetrieblichen Verrechnungspreisen unter Berücksichtigung steuerlicher Aspekte auch die Funktion der Gewinnverlagerung zukommen.

Bestimmung von Verrechnungspreisen

Wie Abbildung 9.51 zeigt, erfordern Lenkungs- und Erfolgsermittlungsfunktion jeweils situationsabhängig unterschiedliche Wertansätze. Solange für die betreffenden Güter und Dienstleistungen **externe Märkte** existieren, sind die jeweiligen **Marktpreise** als relevante Verrechnungspreise anzusehen. Da jede Sparte die zu verrechnenden Leistungen zum geltenden Marktpreis extern beschaffen bzw. absetzen kann, erfüllen Beschaffungs- bzw. Absatzmarktpreise die Lenkungs- und Ermittlungsfunktion. Ist **kein externer Markt** vorhanden, muß bei der Bildung innerbetrieblicher

Situation / Ziel/Funktion	Externer Markt vorhanden und verfügbar	Kein externer Markt vorhanden, keine unternehmungsinternen Beschränkungen		Kein externer Markt vorhanden, innerbetriebliche Engpässe (Lieferbeschränkungen)	
		bei kurzfristiger Disposition	bei langfristiger Disposition	bei kurzfristiger Disposition	bei langfristiger Disposition
Allokationsziel (Lenkungsfunktion)	Marktpreise	Grenzkosten	Vollkostenpreise (simulierte Marktpreise)	Knappheitspreise = Grenzkosten + Grenzerfolg	Vollkostenpreise (simulierte Marktpreise)
Erfolgsermittlungsfunktion	Marktpreise	Grenzkosten problematisch, entweder Zusammenfassung von Sparten oder marktähnliche Verrechnungspreise (gespaltene Verrechnungspreise) oder Führung der Liefersparte als cost center	Vollkostenpreise (simulierte Marktpreise)	Knappheitspreise problematisch, entweder Zusammenfassung von Sparten oder marktähnliche Verrechnungspreise (gespaltene Verrechnungspreise) oder Führung der Liefersparte als cost center	Vollkostenpreise (simulierte Marktpreise)

Abbildung 9.51: Übersicht über die sich theoretisch ergebenden Verrechnungspreise in verschiedenen Situationen bei unterschiedlichen Zielsetzungen

Verrechnungspreise auf andere Wertansätze zurückgegriffen werden. Dabei ist zu unterscheiden, ob es sich um kurzfristige oder langfristige Dispositionen handelt. Bei **langfristiger Betrachtungsweise** haben alle Kosten variablen Charakter. Ihre Inkaufnahme ist nur dann gerechtfertigt, wenn sie in voller Höhe gedeckt sind. Als interne Verrechnungspreise sind deshalb die als „simulierte Marktpreise" interpretierbaren **Vollkostenpreise** anzusetzen.

Große Schwierigkeiten bereitet die Ermittlung der Verrechnungspreise bei **kurzfristigen Entscheidungen.** Auf kurze Sicht können nur die **Grenzkosten** (variable Kosten) beeinflußt werden. Sie erfüllen die Lenkungsaufgabe unter der Bedingung, daß keine unternehmensinternen Beschränkungen vorliegen. Sofern allerdings innerbetriebliche Kapazitätsengpässe auftreten, reicht es nicht mehr aus, die Ressourcenverwendung allein unter Kostengesichtspunkten zu disponieren. Würde man sich ausschließlich an der Höhe der entscheidungsrelevanten Kosten orientieren, würde der Engpaßsektor stets zur Bereitstellung derjenigen Leistungen genutzt, die die geringsten Grenzkosten verursachen. Das hätte zur Folge, daß innerbetriebliche Leistungen mit geringen Grenzkosten und vergleichsweise geringem Grenzerfolg solchen mit etwas höheren Grenzkosten und u. U. wesentlich höherem Grenzerfolg vorgezogen würden. Um dies zu vermeiden, muß **in Engpaßsituationen neben den Grenzkosten auch der Grenzerfolg** zur Bildung innerbetrieblicher Verrechnungspreise herangezogen werden.

Die genannten Wertansätze erfüllen bei kurzfristigen Entscheidungssituationen die Lenkungs- aber nicht die Erfolgsermittlungsfunktion, da die liefernde Sparte durch den Ansatz von Grenzkosten bzw. **Knappheitspreisen** (Grenzkosten + Grenzerfolg) regelmäßig benachteiligt würde. Die belieferte Sparte würde nur im Umfang der Grenzkosten bzw. des Grenznutzens belastet, könnte sich ihrerseits aber, sofern für die von ihr erbrachten Leistungen Marktpreise bestehen, diesen in voller Höhe gutschreiben. Hier ist unter Erfolgsermittlungsgesichtspunkten nach alternativen Lösungsmöglichkeiten zu suchen (z. B. Zusammenlegung der betroffenen Sparten).

VII. Ansätze zur Handhabung der Gemeinkostenproblematik

Die Frage, ob – und wenn ja unter welchen Prämissen und mit welchen Verfahren – Gemein- und darunter insbesondere Fixkosten auf Leistungseinheiten verteilt werden dürfen, ist trotz der Entwicklung der Rechnung mit relativen Einzelkosten und Einzelerlösen von ungebrochener Aktualität. Standen dabei vorübergehend diejenigen Unternehmensbereiche im Vordergrund, die von den Wertschöpfungsstufen Beschaffung, Produktion und Verkauf relativ weit entfernt sind (wie z. B. die meisten Stabsabteilungen, die Bereiche Forschung und Entwicklung, Marktforschung, Werksverwaltung, Finanz-, Rechnungs-, Personal- und Rechtswesen u. ä.), gehen neue Diskussionsanstöße gerade von den Bereichen Produktion und Logistik aus. Anlaß hierfür sind neue Produktions- und Steuerungsmöglichkeiten, deren Entstehung vor allem auf der Anwendung der Computertechnologie beruht. Schlagworte wie CIM (Computer-Integrated-Manufacturing) und JIT (Just-In-Time) (vgl. dazu Teil 4, S. 578 ff.) sind für diese Entwicklung zentral.

Längere Zeit ging man davon aus, daß im Produktionsbereich die Kostensenkungspotentiale weitgehend ausgeschöpft bzw. durch existierende fortschrittliche Plankostenrechnungssysteme unter Kontrolle seien. Andererseits wuchs die Bedeutung der obengenannten produktionsfernen Bereiche in der Vergangenheit erheblich und mit entsprechenden Auswirkungen auf die Höhe der Gemeinkosten. Dies hat zur Entwicklung von Methoden der Gemeinkostensenkung geführt, die nicht als permanent zu betreibenden Systeme installiert werden, wie etwa die laufende Kosten- und Leistungsrechnung oder Finanzbuchführung, sondern als **Projekte** mit definierbarem Beginn und Ende.

Ob die in jüngerer Zeit immer stärker diskutierten Vorschläge zur Gewinnung von Informationen, die die konventionelle Kostenrechnung nicht liefern kann, die jedoch wegen der in vielen Branchen stattfindenden technologischen Neuorientierungen gefordert werden, zur Umgestaltung der Kostenrechnung, zur Einrichtung einer Art von auch permanent betriebenem Parallelsystem oder ebenfalls zu – von Zeit zu Zeit neu durchzuführenden – Projekten der Kostenanalyse führen werden, läßt sich gegenwärtig kaum abschätzen. In Absicht und Vorgehensweise unterscheiden sich diese Vorschläge jedoch von den **Gemeinkostensenkungsprojekten**. Sie streben eine **Gemeinkostenverteilung** an, die der Forderung nach verursachungsgerechter Kostenzurechnung besser entspricht als dies in der herkömmlichen Vollkostenrechnung der Fall ist, und erwarten sich hiervon **längerfristig** gesehen entweder eine **effizientere Nutzung** der vorhandenen gemeinkostenverursachenden Kapazitäten, deren **Abbau**, oder aber **preispolitische Konsequenzen** für gemeinkostenintensive Produkte oder Produktvarianten. Die Implementierung eines solchen Gemeinkostenverteilungsverfahrens kann daher – unabhängig davon, ob es zu dem gewünschten Ergebnis führt – als eine Strategie zur besseren Nutzung von Unternehmensressourcen angesehen werden.

Unabhängig von den Gemeinkostenentstehungsbereichen treten Zurechnungsprobleme vor allem bei kurzfristiger Betrachtung aus folgenden Gründen auf:

- Die Gewinnung sinnvoller Leistungsmaßstäbe ist nicht oder nur unter großen Schwierigkeiten möglich.
- Selbst in den Teilbereichen, in denen valide Leistungsindikatoren aufgefunden werden können, lassen sich oftmals keine Input/Outputbeziehungen herstellen.
- Meist ist es nicht oder nur innerhalb sehr weiter Grenzen möglich, vom geplanten Fertigungsprogramm auf den hierzu nötigen Umfang der Leistungserstellung im Gemeinkostenbereich zu schließen.

Hieraus ergeben sich vor allem zwei Konsequenzen. Zunächst sind dem teilweise geforderten Einsatz herkömmlicher (Plan-)Kostenrechnungssysteme in diesem Bereich (Verwaltungskostenrechnung, Informationskostenrechnung) enge Grenzen gezogen. Wo Leistungen nicht gemessen werden können und keine klaren Beziehungen zwischen Leistungsentstehung und hierfür erforderlichem Wertverzehr identifizierbar sind, läßt sich die Wirtschaftlichkeit der Leistungserstellung nicht mit Hilfe von Soll-Ist-Vergleichen kontrollieren. *Eignung der Kostenrechnung*

Aber selbst in Teilbereichen, in denen dies gelingen könnte, ist der Nutzen solcher Informationen oft gering. Weitaus wichtiger wäre eine Antwort auf die Frage, ob die wirtschaftlich erstellte Leistung vom Leistungsempfänger in der gelieferten Quantität und Qualität überhaupt benötigt wird.

1. Gemeinkostensenkungsprojekte

Zur Kostensenkung im Gemeinkostenbereich wurden und werden – insbesondere bei akuter Kostensenkungsnotwendigkeit – **pauschale Kürzungen der Kostenvorgaben** (Budgets) vorgeschlagen. Derartige Pauschalkürzungen sind aus mehreren Gründen problematisch. Zum einen berücksichtigen sie nicht die meist unterschiedlichen Reduktionspotentiale in einzelnen Bereichen, zum anderen haben die Leistungsersteller die Möglichkeit, auf sie mit Einschränkungen der Leistungserbringung in einer Weise zu reagieren, die (zumindest kurzfristig) nicht offensichtlich wird. Hieraus können sich unter Umständen erhebliche Risiken für die Gesamtunternehmung ergeben. *Pauschale Budgetkürzung*

Nicht zuletzt wegen der mangelnden Eignung pauschaler Budgetkürzungen zur Eindämmung der Kostenentwicklung im Gemeinkostenbereich wurden von Theorie und Praxis eine Reihe von Verfahren zur Kostensenkung (und Mittelumverteilung) entwickelt (vgl. Picot 1979 b, Picot und Rischmiller 1981, Wegmann 1982). Hierbei haben die **Gemeinkosten-Wertanalyse (GWA)** der Unternehmungsberatungsgesellschaft McKinsey und das im deutschsprachigen Raum von A. T. Kearny propagierte **Zero-Base-Budgeting (ZBB)** die größte Bedeutung erlangt.

Die GWA zielt in erster Linie auf eine Kostensenkung durch den Abbau nicht (unbedingt) notwendiger Leistungen. Sie unterscheidet sich damit von anderen wertanalytischen Ansätzen (z. B. administrative Wertanalyse), die vorrangig eine rationellere Leistungserstellung anstreben. Zur Erreichung des Abbauzieles ist es notwendig, die Leistungsbeziehungen zu identifizieren und die jeweiligen Leistungsempfänger in Kosten-Nutzen-Überlegungen einzubeziehen. Hauptbeteiligte der GWA sind demnach die Leiter der liefernden Bereiche sowie sämtliche als Empfänger interner Leistungen in Frage kommende Führungskräfte. *Gemeinkostenwertanalyse*

Der Ablauf der GWA läßt sich grob in die eigentliche Analysephase und die Realisationsphase einteilen. Die **Analysephase** besteht aus den folgenden fünf Schritten:

1. Festlegung der **Untersuchungseinheiten.** Sie werden in der Regel mit den bestehenden Abteilungen (Kostenstellen) identisch sein. Dies ist jedoch nicht zwingend.
2. Jeder Leiter einer Untersuchungseinheit hat anzugeben, welche Arten von **Leistungen** seine Untersuchungseinheit für welche Leistungsempfänger **erbringt** und welche **Leistungen** sie zur Erfüllung der eigenen Aufgaben von anderen Abteilungen **bezieht.** Darüber hinaus hat er die gesamten Kosten für jede in seiner Untersuchungseinheit erstellte Leistung abzuschätzen.
3. In Arbeitsgruppen, die von Repräsentanten der liefernden und der empfangenden Stellen vergleichbarer Leistungen gebildet werden, sind **Kosteneinsparungsideen** in vorgegebener Höhe (z. B. 40%) zu entwickeln.
4. Die entwickelten Einsparungsideen werden in den einzelnen Arbeitsgruppen hinsichtlich ihrer **Konsequenzen** (erzielbare Kostensenkung, Risiken bei Wegfall der Leistung) untersucht und gemäß ihrer Attraktivität in eine Rangordnung gebracht.
5. Die oberste Führungsebene entscheidet über die durchzuführenden Maßnahmen und legt die Termine für deren Realisation fest.

Welcher Zeitraum für die **Realisierung** der verabschiedeten Maßnahmen angesetzt wird, hängt grundsätzlich davon ab, für wie dringlich eine Kostensenkung in der jeweiligen Unternehmung gehalten wird. Je nachdem, wie diese Beurteilung ausfällt, kann der Abbau erkannter personeller Überkapazitäten durch Verzicht auf Wiederbesetzung frei werdender Stellen, vorzeitige Pensionierungen, innerbetriebliche Umsetzungen bzw. Personalfreisetzungen erfolgen.

Während die **GWA** vorrangig auf eine **Kostensenkung** im Gemeinkostenbereich abzielt, trägt das **ZBB Kostensenkungs- und Umverteilungsnotwendigkeiten** gleichermaßen Rechnung. Die Notwendigkeit zur Umverteilung von Mitteln im Gemeinkostenbereich ergibt sich daraus, daß zur Erreichung insbesondere der strategischen Unternehmensziele eine verbesserte Ausstattung einzelner Teilbereiche des Gemeinkostenbereichs nötig sein kann. Soll bzw. kann trotz zusätzlichen Mittelbedarfs die Mittelzuweisung für den Gemeinkostenbereich reduziert bzw. zumindest nicht erhöht werden, dann müssen durch Reduktionsmaßnahmen in einzelnen Teilbereichen die für die Aufstockung anderer Teilbereiche notwendigen Mittel beschafft werden. Erwägungen solcher Art können auch bei der GWA in die Diskussion zwischen den Beteiligten einfließen. Die Umverteilungsentscheidungen werden durch dieses Verfahren jedoch nicht gestützt, da es keine Informationen darüber liefert, ob und gegebenenfalls in welchem Umfang die Erreichung der Unternehmungsziele eine verbesserte Ausstattung einzelner Teilbereiche des Gemeinkostenbereichs erfordert.

Zero-Base-Budgeting

Das **Zero-Base-Budgeting** ist vor allem in den Vereinigten Staaten verbreitet. Die deutsche Beratungspraxis sieht in ihm eine Planungs- und Analysetechnik mit dem Ziel der Senkung der Gemeinkosten und des wirtschaftlichen Einsatzes der verfügbaren Ressourcen im Gemeinkostenbereich (vgl. Meyer-Piening 1980). Der Grundgedanke dieser Methode besteht darin, von der Fiktion eines Neubeginns auszugehen. Die Planung der Budgets für die einzelnen Einheiten des Gemeinkostenbereichs soll – im Gegensatz zur herkömmlichen Budgetierung – nicht auf bestehenden

Budgetansätzen aufbauen, sondern von der Basis „Null" ausgehen; d. h. alle Budget-
ansätze sind immer wieder in Frage zu stellen und neu zu rechtfertigen.

**Die Anwendung des ZBB erfordert zwingend eine ausdrückliche Formulierung strate-
gischer und operativer Ziele.** Der auf ihrer Grundlage ablaufende ZBB-Prozeß kann
grob in vier Phasen eingeteilt werden:

1. Bildung von **Entscheidungseinheiten** (decision units) und Bestimmung eines verantwortlichen Mitarbeiters je Entscheidungseinheit (decision unit manager).

   Zu Entscheidungseinheiten sind inhaltlich zusammengehörige Aktivitäten zusammenzufassen. Dabei kann es sich um bestehende Abteilungen oder Kostenstellen,
   aber auch um Gruppen von Mitarbeitern, Funktionen, Projekten etc. handeln.

2. Formulierung von **Entscheidungspaketen** (decision packages). Dabei geht es im
   wesentlichen um die Beschreibung der Entscheidungseinheiten auf eine Weise, die
   eine effiziente Mittelzuweisungsentscheidung ermöglicht. Entscheidungspakete
   müssen somit Informationen über die (aus den operativen Zielen abzuleitenden)
   Ziele der Entscheidungseinheit, alternative Verfahren zur Erreichung dieser Ziele,
   Vor- und Nachteile der ausgewählten Alternativen, Konsequenzen bei einer Ablehnung des Entscheidungspakets und benötigte Mittel für die Durchführung des
   Entscheidungspaketes enthalten. Die Gewinnung dieser Informationen obliegt
   den Managern der **Entscheidungseinheit.** Für die Allokationszielsetzung des ZBB
   ist es wesentlich, daß **pro Entscheidungseinheit unterschiedliche Stufen der Leistungserfüllung (Leistungsniveaus)** festgelegt, und in Entscheidungspaketen beschrieben werden. Regelmäßig erfolgt eine Beschränkung auf drei Leistungsniveaus: Das aktuelle Leistungsniveau (als gegenwärtiges qualitatives und
   quantitatives Gesamtarbeitsergebnis einer Entscheidungseinheit), ein niedrigeres
   Leistungsniveau, mit dem sich die Ziele der Entscheidungseinheit gerade noch
   erreichen lassen, und ein höheres Leistungsniveau mit verbesserter Zielerreichung,
   aber meist auch höherem Mittelbedarf.

   **In den niedrigsten Leistungsniveaus findet das Kostensenkungsziel des ZBB seinen
   Ausdruck.** Sie entsprechen sowohl hinsichtlich des Inhalts als auch hinsichtlich
   ihrer Ermittlung weitgehend der GWA. Analog dazu äußert sich das Allokations-
   ziel des ZBB in der Formulierung von Entscheidungspaketen für die höheren
   Leistungsniveaus.

3. Erstellung einer **Rangordnung der Entscheidungspakete.** Für jedes Entscheidungs-
   paket ist festzulegen, ob es für die Erreichung der Unternehmensziele wichtiger
   oder weniger wichtig ist als die übrigen Pakete. Der Rangordnungsprozeß läuft in
   mehreren Stufen ab; er beginnt bei den für die Entscheidungseinheiten Verantwortlichen und setzt sich durch die gesamte Unternehmenshierarchie bis zur
   Unternehmensspitze fort.

4. Entscheidung über die **Mittelzuteilung (Budgetschnitt).** In dieser Phase werden die
   verfügbaren Mittel auf die einzelnen Entscheidungspakete gemäß deren Priorität
   aufgeteilt. Der Budgetschnitt erfolgt an der Stelle, an welcher das gesamt verfügbare Mittelvolumen aufgebraucht ist. Entscheidungspakete mit geringer Priorität

werden nicht mehr genehmigt. Über die Höhe des insgesamt verfügbaren Ressourcenvolumens sagt das ZBB selbst nichts aus. Sie ist das Ergebnis politischer Entscheidungsprozesse. Soll dieses Verfahren (auch) zur Kostensenkung im Gemeinkostenbereich eingesetzt werden, so ist es nötig, das bisher zur Verfügung stehende Mittelvolumen um einen der beabsichtigten Einsparung entsprechenden Prozentsatz zu vermindern.

Mit der Entscheidung über die Mittelzuteilung ist zwar eine Zuteilung auf Entscheidungspakete erfolgt, Budgets im herkömmlichen Sinne existieren damit jedoch noch nicht. Um die Durchführung der in den genehmigten Entscheidungspaketen enthaltenen Maßnahmen überwachen zu können, ist es u. U. erforderlich, die Entscheidungspakete in das vorhandene Planungs- und Kontrollsystem zu überführen.

Informations- und Beteiligungs- erfordernisse

Ebenso wie die GWA basiert auch das ZBB wesentlich auf der Mitwirkung von Entscheidungsträgern unterer und mittlerer Hierarchieebenen. Diese sind nicht nur am Prozeßablauf beteiligt, sondern gleichzeitig von den durch das Verfahren induzierten Maßnahmen auch potentiell betroffen.

In der offenen und ausführlichen Unterrichtung aller Beteiligten und möglicherweise Betroffenen sowie in deren Absicherung gegen wirtschaftliche und soziale Härten ist somit eine wesentliche Voraussetzung für die erfolgreiche Ein- und Durchführung dieser Verfahren zu sehen.

2. Gemeinkostenverteilungsverfahren mit längerfristigem Planungshorizont

Anwachsen- der Gemein- kostenanteil

Die aus massiver – insbesondere US-amerikanischer – Kritik (vgl. z. B. Johnson/ Kaplan 1987) an sogenannten konventionellen oder traditionellen Formen des „cost accounting" entstandenen Ideen zur Verbesserung oder gar Revolutionierung der Kosten- und Leistungsrechnung entzünden sich vor allem an den keineswegs neuartigen, im Zusammenhang mit den neuen Produktionstechnologien jedoch noch deutlicher werdenden Problemen der Zurechenbarkeit von Kosten auf Leistungen (vgl. Raas 1989). **Der Anteil produktmengenvariabler,** noch für einzelne Mengeneinheiten als **Einzelkosten direkt meßbarer Wertverzehre an den Gesamtkosten wird immer geringer.** Allenfalls rohstoffintensive Unternehmen weisen noch einen bemerkenswerten Anteil an Einzelkosten auf. Haben sich solche Unternehmen jedoch gegenüber ihren Lieferanten vertraglich auf feste Abnahmemengen für einen längeren Zeitraum verpflichtet, so besteht auch in diesen Fällen nur scheinbar eindeutige Mengenvariabilität und Einzelerfaßbarkeit von Materialkosten im Hinblick auf Erzeugnis(mengen)einheiten. Die abzunehmenden Mengen können physisch oder wirtschaftlich verderblich sein.

Zurechnungs- problematik

In einer Situation relativ unbedeutender Einzelkostenanteile liefern konventionelle Vollkostenrechnungen Zahlen, die sowohl für kurz- als auch für längerfristige Ent-

1300

scheidungen weitestgehend untauglich sind. Gemeinkosten, deren größerer Anteil in der Regel beschäftigungsfix ist, werden in konventionellen Systemen der Vollkostenrechnung in einer Weise auf Kostenträger verteilt, die mit den Gründen für die Entstehung dieser Kosten allenfalls zufällig etwas zu tun hat. Andererseits wird dieser „Mangel" als grundsätzlich nicht behebbar angesehen, weil der zugrundeliegende Verursachungszusammenhang unbekannt, d. h. die Größe des Fehlers gar nicht abschätzbar ist. Eine aus unternehmenspolitischen Gründen vorzuhaltende Betriebsbereitschaft führt zur Entstehung fixer Kosten und jede Aufteilung dieser Kosten im Verhältnis von festgestellten Inanspruchnahmen der bereitstehenden Kapazitäten (z. B. nach anteiligen Arbeitszeiten, Maschinenlaufzeiten oder anderen Indikatoren für die Kapazitätsinanspruchnahme) wäre willkürlich, weil sie von der **jeweils aktuellen Mischung der Inanspruchnahmearten** und der **aktuellen Gesamtauslastung** dieser Kapazitäten abhängt.

Beispielhaft sei folgender Fall angenommen: Ein Vertriebsdisponent setze, zur Kompensation einer in der Produktion aufgetretenen Störung, seine ganze Energie, Erfahrung, seine Beziehungen und seine ganze Nervenkraft ein, um eine Lieferung eines bestimmten Erzeugnisses an einen wichtigen Kunden termingerecht bis zum Ladeschluß eines vor dem Auslaufen stehenden Frachtschiffes zum Hafen zu bringen. Es drohe u. a. auch der Verfall eines Akkreditives, wenn das betreffende Schiff nicht erreichbar wird. Angenommen, die erforderliche organisatorische „Blitzaktion" müsse bis 11.00 vormittags abgeschlossen sein, andernfalls wäre sie gescheitert. Unabhängig von ihrem Erfolg kann man davon ausgehen, daß die Leistungsfähigkeit des Disponenten am Nachmittag erheblich von der Intensität seiner Inanspruchnahme am Vormittag beeinflußt wird. Er macht u. U. Fehler, verrechnet sich, benötigt mehr Zeit für die Abwicklung von „normalen" Aufträgen für andere Erzeugnisse. Eine Aufteilung seines Gehaltes auf die von ihm bearbeiteten Aufträge (und die in ihnen enthaltenen Erzeugnisarten) im Verhältnis der benötigten Bearbeitungszeiten würde zu keinen sinnvollen Ergebnissen führen. Nur wenn man davon ausgehen könnte, daß so ermittelte Kosten **repräsentativ** im Sinne **längerfristig gültiger Durchschnittswerte** für die Erledigung solcher Aufgaben für ein bestimmtes Erzeugnis des Unternehmens sind – unabhängig von aktuellen Programmvarianten und damit verbundenen unterschiedlichen Intensitäten – hätte eine solche Kostenaufteilung Bedeutung für die **Einschätzung der längerfristigen Wettbewerbsfähigkeit** des Unternehmens im Hinblick auf seine Kostensituation und seine Preisspielräume. Sind die Kapazitäten nicht ausgelastet, ist eine solche Information für kurzfristige Entscheidungen irrelevant. Bei ausgelasteten Kapazitäten steht das Instrument des engpaßspezifischen Deckungsbeitrags zur Verfügung.

Daraus wird die **Konsequenz der Teilkostenrechnungssysteme** gezogen, **auf eine Gemeinkostenverteilung ganz zu verzichten**, zumindest soweit es sich um fixe Gemeinkosten handelt. Dies führt jedoch dazu, daß variable Kosten oder Einzelkosten wegen ihres geringen Anteiles an den Gesamtkosten ebenso wie die mit ihrer Hilfe ermittelten Deckungsbeiträge nur mehr in Ausnahmesituationen Entscheidungskriterien sein können. Eine starke Relativierung der Entscheidungsrelevanz herkömmlicher Kostenrechnungssysteme scheint sich abzuzeichnen, eine Lösung des Problems, brauchbare quantitative Informationen zur Unterstützung von Entscheidungen zu gewinnen, scheint weiter entfernt zu sein denn je.

Zur Kritik an der Eignung von Informationen aus konventionellen Kostenrechnungssystemen für die Unterstützung von Entscheidungen mit kurzen Planungshorizonten kommt der Vorwurf, diese Systeme lieferten auch **für langfristige oder gar strategische Entscheidungen keine geeigneten Informationen.** Sieht man einmal davon ab, daß sich diese Kritik im allgemeinen auf die Einfachform einer Vollkostenrechnung zu Istkosten bezieht, d. h. beispielsweise die Möglichkeit des Ausbaues einer Grenzplankostenrechnung zu einer Parallelrechnung mit Vollkosten ähnlich der Fixkostendeckungsrechnung nicht zum Thema machen will, so werden hier Anforderungen an eine Kosten- und Leistungsrechnung formuliert, zu deren Erfüllung diese Systeme bislang nicht vorgesehen waren. Insoweit könnte diese Kritik als irrelevant abgetan werden.

Prozeß-orientierte Zurechnung

Verbesserungen und Verfeinerungen bekannter moderner Kostenrechnungssysteme durch weniger pauschale, d. h. stärker prozeßorientierte Zurechnungen von Gemeinkosten auf Leistungen könnten durchaus zu verursachungsgerechteren Ergebnissen führen. Im Gegensatz zur vollkostenorientierten Prozeßkostenrechnung liegt den modernen Systemen der Kosten- und Leistungsrechnung das Teilkostendenken zugrunde. Nicht zuverlässig zurechenbare Kosten sollten bei dieser Denkweise auch nicht zugerechnet werden; beschäftigungsfixe Kosten sind für kurzfristige Entscheidungen nicht relevant und daher auf keinen Fall auf Leistungseinheiten zuzurechnen. Eine **verursachungsgerechtere Verteilung nur der variablen Gemeinkosten** löst das Problem jedoch nicht.

Damit stellt sich zum einen die Frage, ob zwischen der auf kurze Frist mit relativ gut ermittelbaren Zahlen arbeitenden Kosten- und Leistungsrechnung nach bisherigem Verständnis und der zu relativ groben Annahmen verurteilten Investitionsrechnung eine Lücke bei der Befriedigung existierender Informationsbedürfnisse klafft und ob zum anderen diese Lücke mit Hilfe einer vollkostenorientierten Kosten- und Leistungsrechnung sinnvoll geschlossen werden kann.

Die Verfechter der **Prozeßkostenrechnung** (activity based accounting) bringen recht deutlich ihre Überzeugung zum Ausdruck, „cost accounting" sei nicht auf kürzere Zeithorizonte bis zu maximal 1 Jahr zu beschränken. Dies mag z. T. auch darauf zurückzuführen sein, daß das Wort „cost" im angelsächsischen Sprachgebrauch nicht wie das Wort „Kosten" nur zur Bezeichnung von Wertverzehr im Sinne der Kostentheorie verwendet wird, sondern auch Aufwand im Sinne der Rechenschaftslegung oder Ausgabe und Auszahlung bedeuten kann. Dort kann auch die Investitionsrechnung unter der Überschrift „cost accounting" thematisiert werden. Sich diesem weniger differenzierten Sprachgebrauch anzuschließen, erscheint angesichts der langen Tradition der Bemühungen in der Betriebswirtschaftslehre, die Rechengrößen der verschiedenen Teile des Rechnungswesens zu präzisieren, nicht sinnvoll. Darüber hinaus findet sich auch im angelsächsischen Sprachraum nicht selten der Terminus „**Management Accounting**" als Oberbegriff für die verschiedenen Bestandteile eines betrieblichen Rechnungswesens im weitesten Sinne.

Nicht zu leugnen ist jedoch, daß der Zeithorizont von nicht mehr als einem Jahr, innerhalb dessen Veränderbarkeit in Abhängigkeit von der Beschäftigung stehen muß, wenn Kosten als variabel angesehen werden sollen, mehr oder weniger willkürlich angesetzt ist. **Je länger die Betrachtungsperiode gewählt wird, um so mehr Bestandteile der Kosten werden variabel.**

Darüber hinaus ist – unabhängig von der Länge der Betrachtungsperiode – die Frage nach dem Teil der Gesamtkosten, der für einen bestimmten, gerade interessierenden Teil der Gesamtleistung eines Unternehmens in Kauf genommen wird, auch dann legitim, wenn gar nicht die Absicht besteht, fixe Kostenbestandteile durch evtl. nur auf längere Sicht wirksame Entscheidungen abzubauen (wie z. B. qualifiziertes Personal, Grundstücke, Gebäude). Wenn es gelingt, in sinnvoller, d. h. einigermaßen verursachungsgerechter Weise Vollkosten für Teile des Leistungsprogrammes zu bestimmen, so dürfen diese zwar nicht unbedacht für kurzfristige Entscheidungen verwendet werden, können aber – wenngleich nicht mit unbezweifelbarer Exaktheit – nützliche Informationen über die Aufteilung der Wertverzehre auf die Bestandteile des Leistungsprogrammes liefern, wenn sie über längere Zeiträume hinweg ermittelt, um eventuelle außergewöhnliche Ereignisse bereinigt und als Durchschnittswerte berechnet werden. Sie können beispielsweise **Veränderungen der Art der Nutzung der vorhandenen Produktionsfaktoren** oder **preispolitische Maßnahmen** nahelegen, wenn festgestellt wird, daß bestimmte Produkte, Modelle, Varianten u. ä. die Kapazitäten stärker beanspruchen als andere und dadurch in bis dahin nicht erkanntem Umfang Erfolgserzielungsmöglichkeiten verdrängen. Theoretisch und in einfacheren Fällen auch praktisch kann dieses Ergebnis auch durch die Berechnung und Berücksichtigung engpaßspezifischer Deckungsbeiträge erzielt werden. In komplexen mehrstufigen Leistungserstellungsprozessen dürfte dies kaum mehr praktikabel sein, nicht zuletzt auch deswegen, weil in den Gemeinkostenbereichen die Messung von Engpaßkapazitäten und deren Beanspruchung durch Leistungen besonders schwierig ist.

Wünschenswert wäre es auch, die Kosten derjenigen **innerbetrieblichen Leistungen** zu ermitteln, die üblicherweise nicht in der innerbetrieblichen Leistungsverrechnung erfaßt werden, wie z. B. die der Planungs-, Dispositions-, Prüftätigkeiten u. ä. Da davon auszugehen ist, daß unterschiedliche Produkte diese Leistungen in unterschiedlichem Umfang in Anspruch nehmen, ist eine Verteilung der Kosten dieser Leistungen, die proportionale Beziehungen zu der nicht nur mengen- sondern auch wertorientierten Zuschlagsbasis Einzelkosten unterstellt, nicht geeignet, die tatsächliche Inanspruchnahme solcher Kapazitäten durch unterschiedliche Erzeugnisse und Erzeugnisvarianten kostenmäßig abzubilden. Eine solche Abbildung wäre jedoch wünschenswert, wenngleich aus so ermittelten Vollkosten für kurzfristige Entscheidungen falsche Schlüsse gezogen werden könnten.

Beispielsweise ist davon auszugehen, **daß komplexe Produkte und Produktionsverfahren** solche innerbetrieblichen Leistungen in größerem Umfang in Anspruch nehmen als einfache Produkte und Produktionsprozesse. Die Untermauerung dieser Vermutung durch Kostenbeträge könnte erhebliche Auswirkungen auf die **längerfristige Sortimentspolitik**, aber auch auf die **grundlegende strategische Orientierung** einer Unternehmung haben. Die strategischen Optionen eines Unternehmens werden u. a. durch seine Stärken und Schwächen bestimmt. Dazu zählt auch seine Kostenposition im Vergleich zu den Wettbewerbern. Ob der Versuch der Erringung oder Verteidigung der **Kostenführerschaft** aussichtsreich ist, ob die Kunden die Kosten der **Differenzierung** oder der **Qualitätssicherung** durch adäquate Preise honorieren: Die Beantwortung solcher und ähnlicher, längerfristiger Planungshorizonte unterstellender Fragen vermag die konventionelle Kosten- und Leistungsrechnung in der Tat nicht durch Zahlen zu unterstützen. Es mangelt somit an einem Instrument zur längerfristigen und auch strategisch ausgerichteten **Investitionserfolgskontrolle**, das die strategische Kostenposition des Unternehmens in interessierenden Marktsegmenten aufzuzeigen in der Lage ist und nicht erst dann sinnvolle Alarmzeichen aussendet, wenn negative Deckungsbeiträge ermittelt werden. Ein solches Instrument könnte Signale geben für einen rechtzeitigen Rückzug aus einem bestimmten Geschäft oder für die Notwendigkeit grundlegender qualitativer Veränderungen der Produktionsfaktoren wegen drohender längerfristiger Kostennachteile gegenüber Konkurrenten oder drohender Verluste wegen der zu erwartenden Kosten- und Preisentwicklungen. Solche Anregungen liefert die heutige Kosten- und Leistungsrechnung nur sehr beschränkt. Auch eine Investitionsrechnung im Sinne eines bei der Investitionsrechnung angesiedelten Plan-Ist-Vergleiches dürfte in der Praxis nur selten in systematischer und permanenter Form durchgeführt werden (die dabei außerdem auf Daten aus der Istkostenrechnung angewiesen wäre).

Eine solche nicht auf die kurzfristige Steuerung, sondern auf die längerfristige Investitionserfolgskontrolle unter der Perspektive weiterreichender Änderungsmöglichkeiten der Betriebsbereitschaft und/oder ihrer Nutzung abstellende Rechnung wäre allerdings wenig sinnvoll, wenn es nicht gelänge, Gemeinkosten anders als über Zuschlagssätze auf Lohn- und Materialeinzelkostenbasis aufzuteilen. Es muß vielmehr die Frage, welcher Teil der Kosten auf welchen Teil der Leistung und der Umstände ihres Entstehungsprozesses zurückzuführen ist, dadurch zu beantworten versucht werden, daß man nach dem Teil der Wertverzehre fragt, der entfallen würde, wenn man den gerade interessierenden Teil der Gesamtleistung ganz aus dem Programm nähme bzw. auf eine andere Weise produzierte. Antworten auf derartige Fragen können in der Regel nicht ohne Schätzungen erfahrener Mitarbeiter gefunden werden. Von ihnen hängt die Güte der Ergebnisse ab. Schätzfehler können durch eine systematische Vorgehensweise reduziert, aber nicht ausgeschlossen werden. Andererseits können solche Schätzungen durchaus zu Werten im Sinne einer **Standardkostenrechnung** führen, die auf durchschnittlichen oder auf mit längerfristig durchhaltbarer Anspannung beruhenden Leistungsgraden basieren.

Die **Prozeßkostenrechnung** wird als eine der herkömmlichen Vollkostenrechnung weit überlegene Methode zur Bestimmung verursachungsgerechter Vollkosten propagiert und auch angewandt. Allerdings kann von der Prozeßkostenrechnung schlechthin (noch) nicht gesprochen werden. Die Grundidee, aus der die Namensgebung resultiert, findet sich jedoch in allen Varianten. Will man Gemeinkosten „verursachungsgerechter" als bisher zurechnen, so darf dies nicht mehr über pauschale Schlüsselungen erfolgen. Die in den Gemeinkostenbereichen anfallenden Kosten resultieren aus

Ausgangs-
punkt

1304

den dort zu verrichtenden Tätigkeiten oder **Aktivitäten** bzw. den zu ihrer Verrichtung bereitgestellten Kapazitäten. Aktivitäten in diesem Sinne sind z. B. Angebote einholen, Bestellungen aufgeben, Materialeingang überprüfen, Kundenanfrage bearbeiten, Fertigungsauftrag erteilen u. ä.

Aktivitäten sind meist nur Elemente von umfassenderen Aufgabenbündeln. Wie fein Einzelaufgaben voneinander unterschieden werden, ist eine Frage der Zweckmäßigkeit. Prinzipiell könnten auch Elementarkombinationen im Sinne der Produktionsfunktion vom Typ C als Aktivitäten definiert werden. Je nach Aggregationsgrad werden Aktivitäten als **Teil- oder Hauptprozesse** (z. B. Bedarf ermitteln und disponieren) oder **Prozeßbereiche** (z. B. Lieferungen beschaffen und lagern) bezeichnet. Prozesse können in unterschiedlichen Kombinationen kettenartig miteinander verknüpfbar sein. Es gilt herauszufinden, wovon die Anzahl der Prozesse innerhalb jeder Prozeßart und damit die Anzahl der kostenverursachenden Aktivitäten „letztlich" abhängt. Diese „Ursachen" werden **Kostentreiber** (cost drivers) genannt. Sie entsprechen den **Bezugsgrößen mit doppelter Funktion** (zur Wirtschaftlichkeitskontrolle und Produktkalkulation; vgl. Kilger (1988), S. 324 ff.) in der Grenzplankostenrechnung. Beispiele sind etwa die Anzahl von Bestellungen, die Anzahl von Rüstvorgängen, die Anzahl von Aufträgen u. ä. Um diese Kostentreiber und die von ihnen abhängigen Kosten identifizieren zu können, müssen innerbetriebliche Analyseeinheiten analog zu den Kostenstellen herkömmlicher Systeme der Kosten- und Leistungsrechnung abgegrenzt werden. Geht man bei der Analyse von einer bereits bestehenden konventionellen Kostenstellenstruktur aus, so kann es innerhalb einer Kostenstelle unterschiedliche Prozeßarten geben. Es kann dann sinnvoll sein, in unterschiedlichen Kostenstellen ablaufende, jedoch miteinander verbundene Prozesse als Teilprozesse eines kostenstellenübergreifenden Hauptprozesses zu betrachten, wenn dieser stets in mehr oder weniger gleichartigen Kombinationen von Teilprozessen vollzogen wird.

Aktivitäten

Ziel der Prozeßbetrachtung ist es nämlich, Vollkosten pro einmaligem Prozeßvollzug zu ermitteln und letztlich die Erzeugnisse oder sonstigen Marktleistungen des Unternehmens jeweils entsprechend der Anzahl in Anspruch genommener Prozeßvollzüge mit den Kosten der Prozeßerstellung zu belasten. Zu diesem Zweck müssen die Kosten der Prozeßerstellung insgesamt festgestellt und durch die Anzahl der realisierten Prozesse dividiert werden.

Zielsetzung

Aktivitäten, Prozesse und Hauptprozesse stehen zueinander in einer hierarchischen Beziehung. Wird ein Hauptprozeß stets in der gleichen Weise beansprucht und erstellt, so reduziert sich die Komplexität, wenn sofort die Kosten pro einmaligem Vollzug des Hauptprozesses berechnet werden.

Meist ist die **Anzahl der Prozeßvollzüge nicht proportional zum Produkt- und Verkaufsvolumen.** Dies gilt insbesondere für Unternehmen mit gemischter auftragsorientierter Einzel-, Kleinserien- und gelegentlich auch Mittel- und Großserienfertigung, wie sie bei flexiblen Fertigungssystemen möglich ist. In den Gemeinkostenbereichen Material und Fertigung löst möglicherweise ein Auftrag über eine mittelgroße Menge eines bestimmten Erzeugnisses bestimmte Prozesse bei der Materialbeschaffung oder Auftragsplanung nicht häufiger aus als ein Auftrag über ein Stück, nämlich nur einmal.

Um die unterschiedlichen Inanspruchnahmen der Prozesse durch die Erzeugnisse in Abhängigkeit von der Auftragsgröße bei **prozeßorientierten Produktkalkulationen** zu berücksichtigen, werden schließlich die Kosten der in Anspruch genommenen Prozesse durch die Anzahl der Produktmengeneinheiten des Auftrages dividiert und so miteinander verglichen.

Die zum Zweck der Berechnung eines „**Prozeß-Kostensatzes**" („**Prozeß-Stückkosten**") notwendige Aufteilung von Kosten einer Kostenstelle auf unterschiedliche Prozeßarten und die gelegentlich formulierte These, man könne für alle Prozesse Kostentreiber bzw. Bezugsgrößen finden, die auf die Endleistungen bezogen sind, stellen die gegen Kritik am schlechtesten verteidigbaren Schwachstellen dieser Konzeption dar. Trotz des „Schlachtrufes" der Anhänger der Prozeßkostenrechnung: „besser annähernd richtig, als exakt, aber mit Sicherheit falsch" lassen sich unterschiedlich weitreichende Anwendungsvorschläge ausmachen, die jeweils unterschiedliche Probleme zu lösen und andere zu vermeiden versuchen.

Vertriebs-/ Verwaltungs- gemeinkosten

Es fällt auf, daß Beispiele zur Verdeutlichung der Prozeßkostenidee besonders häufig den Entstehungsbereichen von Material- und Fertigungsgemeinkosten entnommen werden. Aktivitäten, Prozesse und Kostentreiber aus dem Vertriebsgemeinkostenbereich sind selten, Verwaltungsgemeinkosten fehlen fast gänzlich. Dies könnte ein Hinweis darauf sein, daß sich die Forderung von Cooper/Kaplan (1988), außer den Leerkosten von Überkapazitäten und den Forschungs- und Entwicklungskosten für gänzlich neue Produkte sämtliche Kosten in die Prozeßkostenrechnung einzubeziehen, nicht oder nur unter Inkaufnahme anderer Arten, mehr oder weniger willkürlicher Schlüsselungen realisieren läßt.

Darstellungen empirischer Fälle zeigen nicht selten, daß eine prozeßorientierte Gemeinkostenzurechnung für alle oder für Teile der Material- und Fertigungsgemeinkosten vorgenommen und dann mit Zuschlagssätzen für Verwaltungs- und Vertriebsgemeinkosten auf die Herstellkosten weiterkalkuliert wird. Dies ist nicht verwunderlich, wenn man sich die bereits in der Grenzplankostenrechnung ausführlich diskutierten Probleme der Identifizierung sinnvoller Verursachungszusammenhänge zwischen Art und Menge der Produkte einerseits und Höhe der Verwaltungs- und Vertriebsgemeinkosten andererseits vor Augen führt. Besondere Skepsis ist daher angebracht, wenn die Prozeßkostenrechnung als ein Instrument angepriesen wird, das für eine verursachungsgerechtere Zurechnung gerade der von den Materialbeschaffungs- und Transformationsprozessen relativ weit entfernten Verwaltungs- und Vertriebsaktivitäten und deren Kosten besonders geeignet sei. Die Formulierung solcher Ansprüche, oft nach begründeter Kritik an der konventionellen Vollkostenrechnung angesichts neuerer Fertigungstechnologien, nährt die Vorbehalte gegenüber undifferenzierten Verkündigungen einer neuen kostenrechnerischen Heilslehre.

Verhältnis zwischen Prozeßkosten- rechnung und traditionellen

Neben der Frage nach der inhaltlichen Reichweite der Prozeßkostenidee stellt sich auch die nach ihrem **Verhältnis zur herkömmlichen Kostenrechnung.** Prozeßkostenorientierte Kostenanalysen von **Fall zu Fall**, d. h. in gewissen Zeitabständen oder für wechselnde Geschäftsfelder sind mit Sicherheit nicht weniger sinnvolle Maßnahmen als eine GWA oder ein ZBB. Die herkömmliche konventionelle Voll-, besser aber eine moderne Teilkostenrechnung bliebe dabei als permanentes System bestehen. Die prozeßorientierte Kostenanalyse müßte ihr Datenmaterial dem permanenten System entnehmen und entsprechend aufbereiten. Auch bei einer solchen Konzeption sind Rückwirkungen auf die **permanente Kostenrechnung** zu erwarten, weil diese „bessere" Gemeinkostenzurechnungen nicht ignorieren könnte. Im Direct Costing oder in der Grenzplankostenrechnung beträfe dies beispielsweise die **variablen Gemeinkosten.** Die Erwartungen der Anhänger der Prozeßkostenrechnung scheinen jedoch auf die **Installierung eines zusätzlichen Systems** gerichtet zu sein, dessen Verknüpfung mit dem konventionellen System noch unklar ist. Die Bereitschaft von Unternehmen, Kosten der Informationsgewinnung in Kauf zu nehmen, kollidiert jedoch mit der Notwendigkeit, Ressourcen für die Schaffung gewinnbringender Leistungen für den Markt einsetzen zu müssen. Nicht zu überhören sind Prognosen und Forderungen unter der Überschrift (eines neu betrachteten) „Management-Accounting", die die **Zukunft der Kosten- und Leistungsrechnung in der Unterstützung strategischer Planungen und Kontrollen** (z. B. bereits in der Entwicklungsphase eines Produktes) sehen und die Probleme der **kurzfristigen Steuerung** eher mit Hilfe von unbewerteten Kennzahlen wie **Durchlaufzeit, Termintreue, Anzahl der Reklamationen, Anzahl der Teile, aus denen das Erzeugnis besteht**, lösen wollen. Es wird berichtet, daß einige US-amerikanische Unternehmen ihre bisherige konventionelle Kosten- und Leistungsrechnung bereits abgeschafft hätten. Die Forderung nach einem solchen Schritt machen sich die Anhänger der Prozeßkostenrechnung bislang nicht explizit zu eigen, vielmehr plädieren sie für eine Erweiterung der herkömmlichen Kosten- und Leistungsrechnung um eine Prozeßkostenrechnung. Zum Verhältnis zweier unterschiedlicher Systeme der Kosten- und Leistungsrechnung zueinander lassen sich gegenwärtig nur Spekulationen anstellen. Denkbar wäre jedoch eine Integration in der Weise, daß in eine moderne Teilkostenrechnung der Grundgedanke der Prozeßkostenrechnung soweit als möglich übernommen wird, um die variablen Gemeinkosten verursachungsgerechter verteilen zu können und daß vollkostenorientierte Kostenanalysen auf der Grundlage eines solchen permanenten Systems der Kosten- und Leistungsrechnung je nach Bedarf vorrangig prozeßorientiert durchgeführt werden. Auch Unternehmen, die sich den Zurechnungsregeln der LSP unterwerfen müssen, könnten aus solchen Analysen Erkenntnisse gewinnen, die zu einer Modifikation dieser Regeln führen müßten.

In japanischen Unternehmen dominieren die durch Gemeinkostenzurechnungen ausgelösten Verhaltenswirkungen das Problem der verursachungsgerechten Kostenzurechnung. In der auf die Neuartigkeit von Ideen fixierten Literatur wird allerdings die Komplementarität dieser beiden Zwecksetzungen nicht nur nicht gesehen, sondern sogar als Gegensatz zwischen antiquierter konventioneller und revolutionärer neuer Denkweise dargestellt. Es ist aber unmittelbar einsichtig, daß Kostenvorgaben, die die Entstehungsursachen von Kosten ignorieren, die mit diesen Vorgaben bezweckten Verhaltenswirkungen nur zufällig erreichen können. Auch die von japanischen Autoren (vgl. z. B. Hiromoto 1988, Monden/Sakurai 1989) berichtete Verteilungsverfahren beruhen auf Ursache-Wirkungs-Annahmen, allerdings solchen globalerer Art. So werden beispielsweise in einem Unternehmen Gemeinkosten nach der Art der Einzelteile, aus denen die Erzeugnisse bestehen, verteilt, weil die Vermutung besteht,

Kosten-rechnungs-systemen

Japanische Ansätze

1307

die sich in der Teilezahl äußernde Komplexität führe zu höheren Gemeinkosten. Die „Bestrafung" mit einem entsprechend hohen Gemeinkostenanteil soll zur Vereinfachung motivieren, von der auf längere Sicht auch eine Gemeinkostenreduzierung erwartet wird.

Ein anderes Beispiel ist die gezielte Verteilung der Gemeinkosten im Verhältnis der Einzelkosten, die von den Anhägern der Prozeßkostenrechnung als entscheidender Mangel der konventionellen Kosten- und Leistungsrechnung kritisiert wird. Sie wird begründet mit der Überzeugung, daß Kostensenkung langfristig und dauerhaft nur durch Automatisierung möglich und die Existenz von Lohneinzelkosten der Beweis für noch nicht ausgeschöpfte Automatisierungsmöglichkeiten sei.

Ähnliche Überlegungen liegen der Berücksichtigung von Qualitätsindikatoren (z. B. Ausschuß, Zahl der nachzubearbeitenden Stücke, Stillstandszeiten u. ä.) bei der Gemeinkostenverteilung zugrunde. Durch solche Zurechnungsmodalitäten wird nicht versucht, längerfristige produktspezifische Kostendeckungsbedarfe mit entsprechenden Preis- und Sortimentsgestaltungsfolgerungen zu ermitteln, sondern vielmehr in den für die Wettbewerbsposition des Unternehmens strategisch wichtigen Bereichen Anreize und Sanktionen für ein strategiekonformes Entscheidungsverhalten zu schaffen. Der Nachweis der Pfenniggenauigkeit wird dabei nicht erwartet.

Kommentiertes Literaturverzeichnis:

Umfassende und ausführliche Darstellungen der Kosten- und Leistungsrechnung mit z. T. unterschiedlichen Schwerpunkten finden sich in DELLMANN (1990), HEINEN (1975b), KILGER (1987), SCHWEITZER/KÜPPER (1991), WEBER H. K. (1991) und in PLINKE (1989) (mit Schwerpunkt industrielle Kostenrechnung), KILGER (1988) (mit Schwerpunkt Grenzplankostenrechnung und Kostenplanung) sowie RIEBEL (1990) (mit Schwerpunkt Rechnung mit relativen Einzelkosten und -erlösen).

Eine umfassende Darstellung der kostentheoretischen Grundlagen gibt HEINEN (1966a, 1966b, 1975c und 1983). MEFFERT (1968) untersucht die Zusammenhänge zwischen Kostentheorie und Kostenrechnung.

CHMIELEWICZ (1981) und (1982) behandelt den Inhalt des Begriffes „Betriebliches Rechnungswesen", Aufgaben und Verfahren der Teilbereiche und die zwischen ihnen bestehenden Wechselbeziehungen grundlegend und erschöpfend.

Sehr problemorientiert und für das Selbststudium geeignet ist die Darstellung der Kosten- und Leistungsrechnung bei HUMMEL/MÄNNEL (1986) und (1983).

Eine gute Übersicht über Zielsetzungen und Vorgehensweisen von Gemeinkostensenkungsprojekten liefert WEGMANN (1982); informative deutschsprachige Beiträge zu Prozeßkostenrechnung / Activity Accounting sind HORVATH/MAYER (1989), COOPER (1990), COENENBERG/FISCHER (1991) sowie – kritisch – FRANZ (1990). Die Bedeutung der Kosten- und Leistungsrechnung für die Unternehmensführung beschreibt HAHN (1985).

1308

Fragen und Aufgaben zur Selbstkontrolle und Vertiefung

Fragen

1. Welche Aufgaben erfüllt die Kostenstellenrechnung bei Teilkostenrechnungssystemen?

2. Vergleichen Sie Inhalt und Aussagefähigkeit von Stückgewinnen und Deckungsbeiträgen pro Stück!

3. Beurteilen Sie die Leistungsfähigkeit der Deckungsbeitragsrechnung für preispolitische Entscheidungen!

4. Welche Anwendungsmöglichkeiten der Deckungsbeitragsrechnung sehen Sie im Bereich der Fertigungssteuerung?

5. Nennen Sie Beispiele, in denen der Kostenstellenleiter für beschäftigungsfixe Kosten verantwortlich gemacht werden kann!

6. Welche Ursachen haben Fixkostenüber- und -unterdeckungen im Rahmen der Plankostenrechnung auf Vollkostenbasis?

7. Inwiefern lassen sich spezifische Deckungsbeiträge als Kostenwerte für den Verzehr der Engpaßaggregate interpretieren?

8. Nehmen Sie Stellung zu der Behauptung: „In der Vollkostenrechnung wird mit Einzel- und Gemeinkosten, in der Teilkostenrechnung mit fixen und variablen Kosten gerechnet!"

9. In welchen Fällen und aus welchen Gründen werden in der Kostenrechnung Zusatzkosten angesetzt?

10. Erläutern Sie die Beziehungen zwischen kalkulatorischen Kosten und Zusatzkosten!

11. Inwiefern unterscheiden sich die Aufgaben von Kostenarten-, Kostenstellen- und Kostenträgerrechnung in den verschiedenen Kostenrechnungssystemen?

12. Für welche speziellen betrieblichen Entscheidungen kann die Kostenrechnung Informationen liefern?

13. Sind die Begriffe „Grenzkosten" und „proportionale" Kosten identisch?

14. Grenzen Sie den wertmäßigen Kostenbegriff von ausgabenorientierten Kostenbegriffen ab!

15. Liegt eine Doppelerfassung desselben Tatbestandes vor, wenn kalkulatorische Eigenkapitalzinsen und zugleich kalkulatorische Abschreibungen in der Kostenrechnung verrechnet werden?

16. Unter welchen Bedingungen führen Umsatzkostenverfahren und Gesamtkostenverfahren zum gleichen Gewinnausweis?

17. Diskutieren Sie die Aussagefähigkeit von Voll- und Teilkostensystemen bei Entscheidungen über Eigenfertigung und Fremdbezug oder bei Verfahrenswechseln!

18. Probleme der Kostenrechnung bei flexiblen Fertigungssystemen.

Aufgaben

Aufgabe 1: Materialkostenermittlung

Die Materialbuchhaltung eines Industriebetriebes weist für die vergangene Abrechnungsperiode die dargestellten Lagerbewegungen eines bestimmten Werkstoffs aus.

Datum	Zugang	Abgang	Preis (DM/Stück)
15. 01.		2 300	
10. 02.	5 000		3,60
03. 03.		1 500	
13. 04.		4 000	
29. 05.		2 000	
19. 07.	3 000		3,75
11. 08.		5 500	
13. 08.	7 000		3,10
29. 10.		500	
16. 11.		1 500	

Der Anfangsbestand am 1. 1. betrug 8 300 Stück (Preis: DM 3,–).

a) Ermitteln Sie den rechnerischen Endbestand dieses Werkstoffs.

b) Bewerten Sie die Abgänge des Werkstoffs in der Periode entsprechend der hypothetischen Verbrauchsfolge, wenn angenommen wird

   aa) die zuletzt beschafften Werkstoffmengen werden zuerst verbraucht,
   bb) die zuerst beschafften Werkstoffmengen werden zuerst verbraucht.

c) Bewerten Sie die Abgänge des Werkstoffes unter der Annahme, daß keine bestimmte Verbrauchsfolge unterstellt wird.

Aufgabe 2: Korrektur von Fehlschätzungen der Nutzungsdauer bei der Ermittlung kalkulatorischer Abschreibungen

Eine Maschine mit dem Anschaffungswert von DM 220 000,– wird kalkulatorisch auf die erwartete Nutzungsdauer von 8 Jahren linear abgeschrieben. Nach Ablauf des 5. Jahres wird festgestellt, daß die Maschine 2 Jahre länger wirtschaftlich sinnvoll nutzbar ist, als ursprünglich angenommen wurde. Wie wirkt sich dieser Sachverhalt auf die vorzunehmende Abschreibung aus, wenn von Veränderungen der Wiederbeschaffungswerte abgesehen wird?

Aufgabe 3: Berücksichtigung steigender Wiederbeschaffungspreise bei der Ermittlung kalkulatorischer Abschreibungen

Eine Maschine mit der zu erwartenden Nutzungsdauer von 10 Jahren habe einen Anschaffungspreis von 100 000,–. Dem Schrottwert stehen Abbruchkosten in gleicher Höhe gegenüber; deshalb muß kein Resterlös berücksichtigt werden. Nach 10 Jahren sei eine identische Ersatzinvestition geplant. Während dieses 10-jährigen Zeitraumes beträgt die jährliche Preissteigerungsrate im Investitionsgütersektor durchschnittlich 5%.

Welcher Betrag an kalkulatorischen Abschreibungen ist jährlich zu verrechnen, damit unter der Voraussetzung des vollständigen Rückflusses der Abschreibungsgegenwerte die Maschine nach 10 Jahren wiederbeschafft werden kann?

Aufgabe 4: Innerbetriebliche Leistungsverrechnung mit dem Gleichungsverfahren

Zwischen zwei Fertigungsstellen FSt 1 und FSt 2, in denen die Produkte P1 und P2 hergestellt werden, bestand in einer Periode der folgende gegenseitige Leistungsaustausch:

FSt 1 lieferte an FSt 2   40 Einheiten von P1.
FSt 2 lieferte an FSt 1   20 Einheiten von P2.

Weiterhin ist bekannt:

FSt 1 produzierte in der Periode insgesamt 120 Einheiten von P1, FSt 2 hingegen 80 Einheiten von P2.

An primären Kosten entstanden in FSt 1 3 200,– DM und in FSt 2 3 040,– DM.

Berechnen Sie die Beträge, um die beiden Kostenstellen für empfangene (gelieferte) innerbetriebliche Leistungen zu belasten (entlasten) sind.

Auf welche Höhe belaufen sich die Kosten der Kostenstellen nach Abschluß der innerbetrieblichen Leistungsverrechnung?

Aufgabe 5: Äquivalenzziffernrechnung

Ein Industriebetrieb stellt aus den gleichen Ausgangsmaterialien mit Hilfe gleichartiger Fertigungsverfahren drei verschiedene Sorten A, B und C eines Produktes her.

Aufgrund eingehender Analysen des Produktionsprozesses kann unterstellt werden, daß sich die Kosten für die Erzeugung der unterschiedlichen Produktarten annähernd proportional zueinander verhalten. Man kann davon ausgehen, daß die Kosten für 1 Tonne der Sorte A die Hälfte und für 1 Tonne der Sorte C das 1,8fache der Kosten für 1 Tonne der Sorte B betragen.

In einer Abrechnungsperiode wurden

19 000 t der Sorte A,
17 100 t der Sorte B und
13 000 t der Sorte C

hergestellt.

Die Gesamtkosten betrugen in der Abrechnungsperiode DM 1 500 000,–.

Bestimmen Sie die Kosten je Tonne der einzelnen Sorten mit Hilfe der Äquivalenzziffernrechnung.

Aufgabe 6: Programmentscheidung bei einem Kapazitätsengpaß

In einem Betrieb werden drei Erzeugnisse produziert. Es besteht lediglich **ein** Kapazitätsengpaß. In der folgenden Tabelle wird die Belastung des Engpasses durch die drei Produkte angegeben.

	Produkt 1	Produkt 2	Produkt 3
Engpaßbelastung (Minuten je Stück)	8	2	1

Die Maximalkapazität des Engpaßaggregats beträgt in der Planungsperiode 480 Minuten. Darüber hinaus gelten die folgenden Daten:

	Produkt 1	Produkt 2	Produkt 3
Preis je Stück	160	100	80
variable Stückkosten	60	50	40
Absatzhöchstmengen	40	90	300

Ermitteln Sie das gewinnoptimale Produktionsprogramm in der Planungsperiode.

Aufgabe 7: Eigenfertigung oder Fremdbezug von Zwischenprodukten

Für einen bestimmten Produktionsprozeß werden fünf Arten von Zwischenprodukten z_i (i = 1, 2, ... 5) benötigt, die entweder auf eigenen Anlagen gefertigt oder vom Markt bezogen werden können. Diese fünf Zwischenprodukte müssen bei Eigenfertigung eine bestimmte Produktionsstufe durchlaufen, deren Kapazität auf maximal 5 000 Fertigungsminuten/Periode beschränkt ist. Weitere Fertigungsengpässe existieren nicht.

Folgende Daten sind bekannt:

	benötigte Zwischenproduktmenge pro Periode	Beschaffungspreis pro St.	Einzelkosten pro St. bei Eigenfertigung	benötigte Fertigungsminuten pro St.
	(1)	(2)	(3)	(4)
z_1	200	9,—	6,—	5
z_2	350	10,70	6,50	6
z_3	500	8,60	5,40	4
z_4	250	6,—	6,30	5,5
z_5	150	12,—	9,—	7,5

Bestimmen Sie die selbst zu fertigenden Zwischenproduktmengen, falls Kostenminimierung angestrebt wird.

Zehnter Teil

Rechnungslegung

Von Edmund Heinen und Peter Uwe Kupsch

1315

I. Rechtliche Grundlagen des Jahresabschlusses

1. Verpflichtung zur Aufstellung des Jahresabschlusses

Jeder **Kaufmann** ist nach den Vorschriften des HGB über Handelsbücher (§§ 238 ff. HGB) zur Buchführung sowie zur Aufstellung eines Inventars und eines Jahresabschlusses verpflichtet. Dieser Verpflichtung unterliegen der **Mußkaufmann**, der ein in § 1 II HGB aufgeführtes Handelsgewerbe betreibt, sowie der **Sollkaufmann**, der ein handwerkliches oder ein sonstiges gewerbliches Unternehmen unterhält, das keine Grundhandelsgeschäfte nach § 1 II HGB zum Gegenstand hat, jedoch nach Art und Umfang einen in kaufmännischer Weise eingerichteten Geschäftsbetrieb erfordert. Die Rechnungslegungspflicht beginnt beim Mußkaufmann mit der Aufnahme seiner handelsgewerblichen Tätigkeit und beim Sollkaufmann ab dem Zeitpunkt, zu dem die Verpflichtung zur Eintragung in das Handelsregister entstanden ist (§ 262 HGB).

Die für Kaufleute geltenden Vorschriften sind auch auf **Handelsgesellschaften** anzuwenden. **Personengesellschaften** (OHG, KG) sind Kaufleute, weil sie ein Handelsgewerbe betreiben. **Kapitalgesellschaften** (GmbH, AG, KGaA) sind unabhängig von der Art ihrer Tätigkeit **Kaufmann kraft Rechtsform**; ebenso gelten **Genossenschaften** als Kaufleute (§ 17 II GenG). Die Pflicht zur Buchführung und zur Aufstellung von Inventar und Jahresabschluß setzt bei Handelsgesellschaften als Formkaufleuten mit der Eintragung in das Handelsregister ein. Soweit ein Betrieb der Land- und Forstwirtschaft einen kaufmännischen Geschäftsbetrieb erfordert oder mit einem Nebenbetrieb (z. B. Mühle) verbunden ist, **kann** eine Eintragung in das Handelsregister herbeigeführt werden (§ 3 HGB). Diese **Kannkaufleute** unterliegen ebenfalls der Rechnungslegungspflicht. Nicht davon erfaßt werden dagegen der Minderkaufmann nach § 4 HGB, der keinen in kaufmännischer Weise eingerichteten Geschäftsbetrieb benötigt, sowie der Scheinkaufmann nach § 5 HGB.

Die Verpflichtung zur Rechnungslegung umfaßt drei Elemente: Buchführungspflicht (§ 238 HGB), Aufstellung eines Inventars (§ 240 HGB) sowie Aufstellung des Jahresabschlusses (§ 242, § 264 HGB).

Elemente der Rechnungslegung

Buchführungspflicht bedeutet, daß die Geschäftsvorfälle des betrieblichen Güter- und Geldkreislaufs laufend in Büchern aufzuzeichnen sind. Aus den Büchern müssen Entstehung und Abwicklung der Geschäftsvorfälle nachvollziehbar sein. Als allgemeine Anforderung an die Organisation der Buchführung und die damit verbundene Aufzeichnungstechnik verlangt das Gesetz, daß die Buchführung einem sachverständigen Dritten innerhalb angemessener Zeit einen Überblick über die Geschäftsvorfälle und über die Lage des Unternehmens vermitteln soll (§ 238 I HGB). Dieser allgemeine Informationszweck der Buchführung wird durch spezielle Regelungen über die **Aufzeichnungstechnik** (§ 239 HGB) sowie hinsichtlich der **Aufbewahrung** von Buchführungsunterlagen (§ 257 HGB) und der Buchhaltungsdaten (§ 239 IV, § 261 HGB) präzisiert.

Buchführungspflicht

Das **Inventar** ist ein Verzeichnis der Vermögensgegenstände und Schulden, das der Kaufmann zu Beginn seines Handelsgewerbes und zum Schluß eines jeden Geschäftsjahres aufzustellen hat. In das Vermögensverzeichnis sind grundsätzlich alle Vermögensgegenstände und Schulden nach Art, Menge und Wert aufzunehmen. Die körperliche Erfassung der Vermögensgegenstände durch Zählen, Messen und Wiegen der Bestände sowie die Ermittlung der Schulden wird als **Inventur** bezeichnet. Nach dem Zeitraum der Durchführung der Bestandsaufnahme, der Art der Tätigkeit und dem Umfang der erfaßten Objekte können **unterschiedliche Inventurverfahren** gekennzeichnet werden (vgl. Streim 1988, S. 41). Unter bestimmten Voraussetzungen kann anstatt der Inventur am Schluß des Geschäftsjahres eine Bestandsaufnahme zu einem anderen Zeitpunkt durchgeführt werden, wenn Menge oder Wert der Vermögensgegenstände zum Jahresende ermittelt werden können. Ebenso ist eine **Stichprobeninventur** zulässig, soweit der Aussagewert des Inventars einem durch Vollerhebung aufgestellten Inventar entspricht. Voraussetzungen und Art der **Inventurvereinfachungsverfahren** sind in § 241 HGB geregelt. Für immaterielle Vermögenswerte sowie Forderungen und Schulden sind Art, Menge und Wert nur aus den Buchhaltungsunterlagen zu ermitteln. Die körperliche Bestandsaufnahme wird bei diesen Objekten durch eine **buchmäßige Inventur** ersetzt.

Die Verpflichtung zur Aufstellung des Jahresabschlusses ist rechtsformspezifisch und ergänzend in Abhängigkeit von der Unternehmensgröße ausgestaltet. Nach § 242 HGB umfaßt der Jahresabschluß des Kaufmanns die **Bilanz** zum Schluß des Geschäftsjahres sowie die **Gewinn- und Verlustrechnung** für dieses Geschäftsjahr. Die Bilanz ist eine zweiseitige Aufstellung des Vermögens und der Schulden. Die Gewinn- und Verlustrechnung (GuV-Rechnung) stellt eine Gegenüberstellung der Aufwendungen und Erträge einer Abrechnungsperiode dar.

Der Jahresabschluß der Kapitalgesellschaft und der Genossenschaft besteht aus der Bilanz, der GuV-Rechnung und dem **Anhang** (§ 264 I, § 336 I HGB). Der Anhang als dritter Bestandteil des Jahresabschlusses kann als ein Bericht über gesetzlich vorgeschriebene Ergänzungsinformationen zur Bilanz und GuV-Rechnung gekennzeichnet werden. Daneben sind Kapitalgesellschaften und Genossenschaften zur Aufstellung eines **Lageberichtes** verpflichtet (§ 289, § 336 I HGB), der jedoch kein Element des Jahresabschlusses ist.

Die nach Rechtsformen differenzierte Aufstellungspflicht des Jahresabschlusses wirkt sich auch auf weitere Verpflichtungen im Rahmen der Rechnungslegung aus. Kapitalgesellschaften müssen ihren Jahresabschluß einschließlich Lagebericht veröffentlichen. Art und Umfang der **Offenlegung** gegenüber Dritten richten sich nach der Größe der Kapitalgesellschaft. Zu unterscheiden sind die **Handelsregisterpublizität** und die **Bundesanzeigerpublizität**. Im ersten Fall sind der Jahresabschluß und weitere Unterlagen (Bericht des Aufsichtsrats, Gewinnverwendungsbeschluß) zum Handelsregister des Sitzes der Kapitalgesellschaft einzureichen. Die Einreichung ist im Bundesanzeiger bekanntzumachen. Bei Bundesanzeigerpublizität sind die Unterlagen zunächst im Bundesanzeiger zu veröffentlichen. Diese Bekanntmachung ist anschließend unter Beifügung des Jahresabschlusses und der sonstigen Unterlagen zum Handelsregister einzureichen.

Die Offenlegung des Jahresabschlusses ist grundsätzlich mit dessen **Prüfung** verbunden. Der Jahresabschluß großer und mittelgroßer Kapitalgesellschaften unterliegt einer Ordnungsmäßigkeitsprüfung durch einen Abschlußprüfer hinsichtlich der Beachtung der gesetzlichen Vorschriften und ergänzender Satzungsbestimmungen. Die Abschlußprüfung soll gewährleisten, daß der veröffentlichte Jahresabschluß den gesetzlichen Informationsanforderungen entspricht und als Entscheidungshilfe für die Adressaten außerhalb der Unternehmung verwendbar ist.

Die **Rechtsformabhängigkeit** der Rechnungslegung bezieht sich nicht nur auf den Umfang des Jahresabschlusses und die Prüfungs- und Offenlegungspflichten. Unterschiede bestehen auch bezüglich des **Inhalts des Jahresabschlusses** bei der Verrechnung bestimmter Aufwendungen, die von Kapitalgesellschaften als Bilanzierungshilfen behandelt werden können (§ 269, § 274 II HGB), bei der Bilanzierung steuerfreier Rücklagen (§ 273 HGB), bei der Bewertung von Vermögensgegenständen, bei der Gliederung des Jahresabschlusses (§ 266, § 275 HGB) sowie bei der Aufstellungsfrist. Diese materiellen Unterschiede ergeben sich aus der Struktur der gesetzlichen Vorschriften zum Jahresabschluß. Das dritte Buch des HGB regelt in einem ersten Abschnitt (§§ 238–263 HGB) abschließend die Rechnungslegung für den Einzelkaufmann und die Personengesellschaften. Die darin enthaltenen Vorschriften bilden gleichzeitig die Grundlage für den Jahresabschluß von Kapitalgesellschaften. Ergänzend müssen Kapitalgesellschaften die Vorschriften des zweiten Abschnitts (§§ 264 ff. HGB) beachten, die zusätzliche Anforderungen an deren Jahresabschluß stellen.

Inhalt und Umfang der Rechnungslegung sind größenabhängig ausgestaltet. Zusätzlich gelten für Kapitalgesellschaften noch spezielle Regelungen. Als Größenkriterien werden Bilanzsumme, Umsatz und Anzahl der Arbeitnehmer herangezogen (vgl. Abbildung 10.1).

	Publizitäts-gesetz	Rechnungslegungspflicht nach HGB		
		Kleine Kapital-gesellschaft	Mittelgroße Kapital-gesellschaft	Große Kapital-gesellschaft
Bilanzsumme (DM)	> 125 Mio	≤ 3,9 Mio	> 3,9 Mio ≤ 15,5 Mio	> 15,5 Mio
Umsatz (DM)	> 250 Mio	≤ 8 Mio	> 8 Mio ≤ 32 Mio	> 32 Mio
Arbeitnehmer	> 5 000	≤ 50	> 50 ≤ 250	> 250

Abbildung 10.1: Größenmerkmale

Für **Einzelkaufleute, Personengesellschaften** und einige spezielle Unternehmensformen (z. B. wirtschaftlicher Verein, rechtsfähige Stiftung mit Gewerbe) gelten nach dem Publizitätsgesetz (PublG) verschiedene Vorschriften des zweiten Abschnitts im Dritten Buch des HGB sinngemäß, soweit zwei der nachfolgenden drei Größenmerkmale in drei aufeinanderfolgenden Geschäftsjahren überschritten werden: DM 125 Mio Bilanzsumme, DM 250 Mio Umsatz, jahresdurchschnittlich 5 000 Beschäftigte. Einzelkaufleute und Personengesellschaften müssen jedoch keinen Anhang und keinen Lagebericht aufstellen (§ 5 II PublG). Der Jahresabschluß unterliegt der Prüfungspflicht (§ 6 PublG) und ist mit den sonstigen Unterlagen im Bundesanzeiger zu veröffentlichen und zum Handelsregister einzureichen.

Kapitalgesellschaften werden nach § 267 HGB in kleine, mittelgroße und große Gesellschaften differenziert. Kleine Kapitalgesellschaften überschreiten an zwei aufeinanderfolgenden Bilanzstichtagen mindestens zwei der folgenden Schwellenwerte **nicht:** DM 3,9 Mio Bilanzsumme, DM 8 Mio Umsatzerlöse, jahresdurchschnittlich 50 Arbeitnehmer. Für große Kapitalgesellschaften sind folgende Schwellenwerte verbindlich: DM 15,5 Mio Bilanzsumme, DM 32 Mio Umsatzerlöse, jahresdurchschnittlich 250 Arbeitnehmer. Mittelgroße Kapitalgesellschaften überschreiten mindestens zwei **der** für kleine Kapitalgesellschaften und höchstens eines der für große Kapitalgesellschaften geltenden Größenmerkmale.

Kleine Kapitalgesellschaften können bei der Bilanz und der GuV-Rechnung ein verkürztes Gliederungsschema anwenden und unterliegen mit ihrem Jahresabschluß einer eingeschränkten Handelsregisterpublizität (§ 326 I HGB). Der Jahresabschluß ist auch nicht prüfungspflichtig (§ 316 I HGB). **Mittelgroße Kapitalgesellschaften** können ebenfalls eine vereinfachte Gliederung ihrer GuV-Rechnung anwenden. Bei der Offenlegung des Jahresabschlusses können sie außerdem eine verkürzte Bilanzgliederung zum Handelsregister einreichen. Zusätzlich bestehen für kleine und mittelgroße Kapitalgesellschaften Erleichterungen bei der Aufstellung und Offenlegung des Anhangs. Für die Offenlegung des Jahresabschlusses großer Kapitalgesellschaften ist die Bundesanzeigerpublizität vorgeschrieben (§ 325 II HGB).

Zusammenfassend läßt sich die Verpflichtung zur Aufstellung des Jahresabschlusses unter Berücksichtigung rechtsformspezifischer und größenbezogener Unterschiede wie folgt darstellen (vgl. Abbildung 10.2):

2. Zweckstruktur des Jahresabschlusses

a) Jahresabschluß als zweckabhängiges Instrument

Die unterschiedlichen durch Rechnungslegung verfolgten Aufgaben bedingen eine zweckgerichtete Gestaltung des Jahresabschlusses. Die Ziele des Jahresabschlusses ergeben sich aus den wirtschaftlichen Tatbeständen, die durch Bilanz und GuV-Rechnung abgebildet werden sollen. **Bilanztheorien** sind darauf gerichtet, ausgehend von bestimmten Abbildungszielen Bilanzierungs-, Bewertungs- und Gliederungsregeln für die Aufstellung des Jahresabschlusses zu entwickeln.

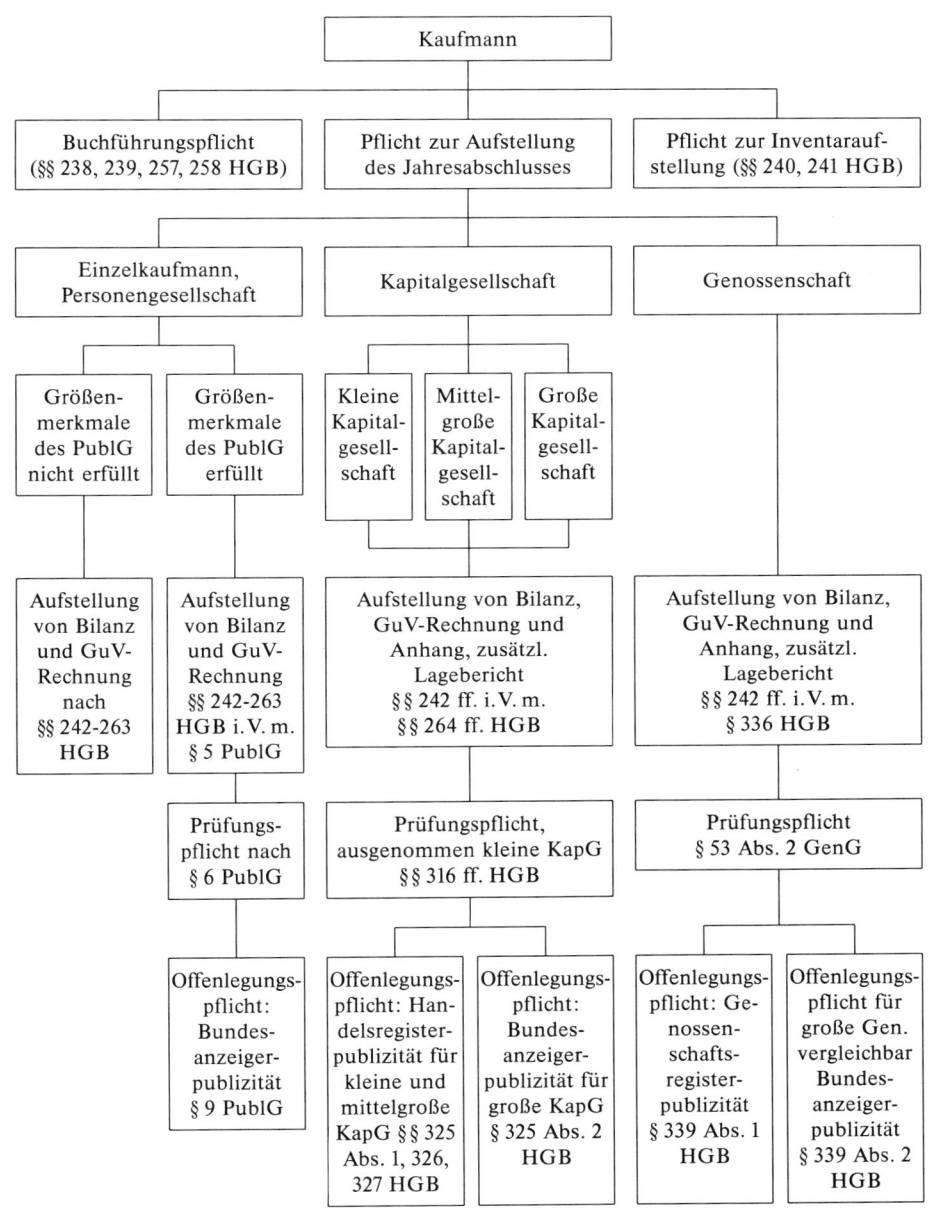

Abbildung 10.2: Rechtliche Grundlagen der Aufstellung des Jahresabschlusses

Die statischen Bilanztheorien stellen die Ermittlung des Vermögens eines Kaufmanns zum Zweck der **Schuldendeckungskontrolle** in den Mittelpunkt. Sie unterscheiden sich hinsichtlich der Art des abzubildenden Vermögens. Die **ältere Zerschlagungsstatik** weist der Bilanz die Aufgabe zu, das Vermögen unter der **Fiktion einer Unternehmungsliquidation** zu bestimmen. Das in der Bilanz ermittelte Zerschlagungsvermögen repräsentiert als Gläubigerzugriffsvermögen den Betrag, der für die Gläubiger im Liquidationsfall zur Deckung ihrer Ansprüche verfügbar ist. Soweit das Zerschlagungsvermögen die Gläubigeransprüche (Schulden) bei unterstellter Liquidation der Unternehmung deckt, verfügt der Kaufmann über ein positives Reinvermögen, so daß eine Überschuldung und damit eine Konkurslage des Unternehmens nicht gegeben ist. Die Zerschlagungsorientierung der Bilanz liefert Informationen über das Schuldendeckungspotential des Kaufmanns im Interesse des Gläubigerschutzes.

Die **neuere Fortführungsstatik** strebt die Ermittlung des Fortführungsvermögens an. In der Bilanz soll das Kaufmannsvermögen abgebildet werden. Es entspricht einem **stichtagsbezogenen Unternehmenswert** aus der Sicht des Kaufmanns, der durch additive Zusammenfassung der einzelnen Vermögenswerte abzüglich der Schulden bestimmt wird.

Wenn die Bilanz die Aufgabe der Schuldendeckungskontrolle durch Ermittlung des Zerschlagungsvermögens hat, sind in die Bilanz nur solche Vermögensgegenstände aufzunehmen, die im Liquidationsfall einzeln veräußert werden können. Als Schulden sind die rechtlichen Verpflichtungen zum Bilanzstichtag einschließlich der zerschlagungsbedingten Verbindlichkeiten anzusetzen. Die Ermittlung des Zerschla-

gungsvermögens erfordert eine **Bewertung der Vermögensteile mit dem Einzelveräußerungspreis**, während für die **Schulden** der voraussichtliche **Erfüllungsbetrag** maßgeblich ist.

Bei der Fortführungsstatik wird der Umfang der bilanzierungsfähigen Vermögensgegenstände nicht zwangsläufig durch das Kriterium der Einzelveräußerbarkeit begrenzt. Auch rein wirtschaftliche Güter, die weder Sachen noch Rechte sind, können in die Bilanz aufgenommen werden, wenn sie gegen Entgelt von Dritten erworben sind. Grundsätzlich sind bei der **Bewertung der Bilanzpositionen zur Ermittlung des Fortführungsvermögens die subjektiven Wertvorstellungen des Kaufmanns maßgebend.** Die zur Veräußerung vorgesehenen Güter sind mit den subjektiv erzielbaren Veräußerungspreisen zu bewerten. Für die zum Gebrauch in der Unternehmung bestimmten Vermögensgegenstände bilden die Anschaffungs- oder Herstellungskosten die maßgeblichen Wertansätze, die um Abschreibungen verkürzt werden.

Mit dem Übergang auf die Anschaffungskosten wird die dem inhaltlichen Zweck der statischen Bilanz zugrunde liegende Wertkonzeption aufgegeben. Für die Ermittlung des Fortführungsvermögens aus der Sicht des Kaufmanns müßten die Gebrauchsgüter mit subjektiven Gebrauchswerten angesetzt werden. Die Ableitung des subjektiven Gebrauchswerts aus den Anschaffungsausgaben entspricht dem Bestreben nach Objektivierung (Nachprüfbarkeit) des Bewertungsvorgangs.

Der für erforderlich gehaltene Grad der Objektivierung bei der Abbildung von wirtschaftlichen Sachverhalten im Jahresabschluß stellt eine wesentliche Nebenbedingung bei der Umsetzung der Jahresabschlußaufgaben durch zweckadäquate Bilanzierungs- und Bewertungsregeln dar. Die Beschränkung des Mengengerüstes bei der Ermittlung des Zerschlagungsvermögens auf einzelveräußerungsfähige Vermögensgegenstände und Schulden im Sinne rechtlicher Verpflichtungen weist ein hohes Maß an Nachprüfbarkeit auf. Die Bewertung der Vermögenspositionen mit Zerschlagungswerten ist dagegen nur schwer nachprüfbar, da Liquidationswerte in Abhängigkeit von der Zerschlagungsdauer und -intensität eine relativ große Spannbreite aufweisen.

Nachprüf-barkeit

Die Ermittlung des Fortführungsvermögens mit Einschluß von wirtschaftlichen Gütern, die durch einen Anschaffungsvorgang erworben wurden, weist einen beträchtlichen Unbestimmtheitsgrad auf, weil im Einzelfall schwierig zu entscheiden ist, ob durch die jeweilige Ausgabe ein vermögenswerter Vorteil erlangt worden ist. Ebenso entzieht sich die Bewertung von Veräußerungsgütern mit subjektiven Verkaufspreisen einer eindeutigen Nachprüfbarkeit. Durch die Bezugnahme auf **Anschaffungskosten**, die bei der Bewertung von Gebrauchsgütern an die Stelle der aus dem Beschaffungs- oder Absatzmarkt abgeleiteten Zeitwerte oder anderweitig bestimmbarer subjektiver Gebrauchswerte treten, **wird der Informationszweck der Bilanz zwar objektiviert, in seinem Inhalt jedoch eingeschränkt.** Insoweit können zwischen dem jeweiligen Zweck des Jahresabschlusses und der Nebenbedingung einer unterschiedlichen Objektivierung bzw. Nachprüfbarkeit der Jahresabschlußinformation konfliktäre Beziehungen bestehen (vgl. Ordelheide 1990, S. 234).

Ermittlung des Fort-führungs-vermögens

Bewertung des Fort-führungs-vermögens

Die primäre Vermögensorientierung statischer Bilanzen bedeutet nicht, daß auf die Ermittlung des Periodenerfolges verzichtet wird. Zwar bildet die GuV-Rechnung lediglich eine verrechnungstechnisch mit der Bilanz verbundene Nebenrechnung, die Vermögensminderungen und -mehrungen einer Periode als Aufwendungen und Erträge enthält. Da sich die Erfolgskonzeption aus der inhaltlichen Abgrenzung der im Jahresabschluß abzubildenden Vermögensgröße ableitet, **liegt den statischen Bilanztheorien jeweils eine spezielle Ergebnisgröße zugrunde. Gewinn als Reinvermögenszuwachs entspricht nach der Zerschlagungsstatik einer Mehrung des Gläubigerzugriffsvermögens.** Der Erfolg der Fortführungsstatik ergibt sich aus der Veränderung des Fortführungsvermögens des Kaufmanns. Insoweit ist die richtige Erfolgsermittlung aus statischer Sicht ein Nebenprodukt der richtigen Vermögensermittlung.

Erfolgser-mittlung nach der statischen Bilanztheorie

Im Gegensatz zu den statischen Bilanztheorien stellt die dynamische Bilanztheorie die Erfolgsermittlung durch den Jahresabschluß in den Vordergrund. **Ziel der dynamischen Bilanz ist die Bestimmung des Periodenerfolges zur Kontrolle der Betriebsgebarung** (vgl. Schmalenbach 1956, S. 36 f.). Durch einen Zeitvergleich der Periodenerfolge soll die Wirtschaftlichkeit des Handelns in der Unternehmung überprüft werden. Die dynamische Bilanz als erfolgsorientierte Unternehmensrechnung dient primär internen Informationszwecken. Durch die Ermittlung von im Zeitablauf vergleichbaren Periodenerfolgen sollen die Veränderungen der Vermögenslage sichtbar gemacht werden. Insoweit **unterstützt die dynamische Bilanz im Rahmen einer Selbstinformation des Kaufmanns über die Erfolgsentwicklung auch die Konkursvorsorge und den Gläubigerschutz** (vgl. Moxter 1984, S. 29). Allerdings wird die Zielkomplemen-

Dynamische Bilanztheorie

Überprüfung der Wirt-schaftlichkeit

tarität von Vermögens- und Erfolgsermittlung verneint. Da die Bilanz zur Abbildung des tatsächlichen Kaufmannsvermögens im Sinne eines Unternehmensgesamtwertes ungeeignet ist, gilt die These „Erfolgs- statt Vermögensermittlung" (vgl. Moxter 1984, S. 31). Deshalb kann die Gewinnkonzeption der dynamischen Bilanztheorie nicht mit dem Erfolg als Reinvermögensänderung gemäß statischer Auffassung gleichgesetzt werden. Der Gewinnbegriff der dynamischen Bilanztheorie wird einerseits durch Regeln für die Ertrags- und Aufwandsrealisation und andererseits durch kasuistische Bewertungsregeln für die Bilanzpositionen bestimmt.

Gewinnbegriff

*Erfolgs-
ermittlung
nach der
dynamischen
Bilanztheorie*

Der Erfolg der dynamischen Bilanztheorie ist der Unterschiedsbetrag zwischen Aufwand und Ertrag einer Periode, der an Einnahmen und Ausgaben gemessen wird. Da der Jahresabschluß eine Periodenrechnung darstellt, ist die bei einer Totalrechnung über die Lebensdauer der Unternehmung bestehende Identität von erfolgswirksamen Ausgaben und Aufwand einerseits sowie von erfolgswirksamen Einnahmen und Ertrag andererseits nicht mehr gegeben. Folglich müssen zum Zweck der Ergebnisermittlung die erfolgswirksamen Periodenausgaben und -einnahmen des Abrechnungszeitraums von den übrigen Zahlungen abgegrenzt werden, die in anderen Perioden erfolgswirksam sind.

*Bilanz als
Abgrenzungs-
rechnung*

Die **Bilanz** übernimmt aus dynamischer Sicht die **Funktion einer Abgrenzungsrechnung** für diejenigen Einnahmen und Ausgaben, die in der Abrechnungsperiode noch nicht erfolgswirksam sind (nachzurechnende Zahlungen) sowie für solche Einnahmen und Ausgaben, die in der abzurechnenden Teilperiode erfolgswirksam sind, obwohl die Zahlungsvorgänge erst später stattfinden (vorzurechnende Zahlungen).

*Inhalt der
Bilanz*

Die **Aktivposten** der Bilanz umfassen neben dem Zahlungsmittelbestand Ausgabenvorleistungen, die später aufwandswirksam werden (z. B. Ausgaben für Maschinen) oder erst in der Zukunft zu Einnahmen führen (z. B. gewährtes Darlehen) sowie ertragswirksame Einnahmen, bei denen die Zahlung in späteren Perioden erfolgt. Die **Passivposten** enthalten abgesehen vom Eigenkapital Nachleistungen in der Form aufwandswirksamer zukünftiger Ausgaben (z. B. Verbindlichkeiten für verbrauchte Waren) sowie Einnahmen, die zukünftige Erträge (z. B. Kundenanzahlungen) oder Ausgaben (z. B. erhaltenes Darlehen) auslösen.

*Realisations-
prinzip*

Auf der Grundlage des Realisationsprinzips können Regeln für die erfolgswirksame Periodisierung von Einnahmen und Ausgaben abgeleitet werden. Grundsätzlich sind Einnahmen erfolgswirksam zu verrechnen, soweit der Kaufmann eine Marktleistung gegenüber Dritten erbracht hat. Für die Ertragsrealisation kommt es nicht darauf an, in welcher Periode die Gegenleistung des Dritten zugeht. Die mit der Ertragsrealisation verbundenen (geleisteten oder künftigen) Ausgaben sind in der gleichen Periode erfolgswirksam als Aufwand zu verrechnen. Ausgaben, die den Betriebsleistungen nur mittelbar zugeordnet werden können, sind entweder in die Herstellungskosten der Betriebsleistungen einzubeziehen oder als Aufwand im Zeitpunkt des Güter- und Dienstleistungsverbrauchs zu verrechnen.

*Aufwands-
verrechnung*

Die Problematik der Abgrenzung des Bilanzinhalts besteht in der inhaltlichen Fixierung geleisteter Ausgaben, denen eine zukünftige Ertragswirksamkeit zuerkannt wird

1326

(nachzuverrechnende Ausgaben, z. B. Werbeausgabe mit positiver Umsatzwirkung) und derjenigen Ausgaben, die als Nachleistungen für bereits realisierte Erträge zu qualifizieren sind (vorzuverrechnende Ausgabe, z. B. für Großreparatur in der Zukunft). Im Gegensatz zur statischen Bilanz, die an Vermögensgegenstände und rechtlich begründete Schulden anknüpft, **bildet die Erfolgswirksamkeit der Ausgaben kein objektiviertes Abgrenzungskriterium.** Die Nachprüfbarkeit bezüglich des Ansatzes von Bilanzposten wird erhöht, wenn nur Ausgaben bilanziert werden, die durch einen Zugang von Vermögensgegenständen verursacht sind (Aktivposten) oder durch die Entstehung rechtlicher Verpflichtungen begründet sind (Passivposten).

Nachprüf-barkeit

Die dynamische Bilanztheorie verwendet keinen einheitlichen Bewertungsmaßstab. Die Bewertung beruht auf einer Reihe von Prinzipien, die sich aus der Konkretisierung des Bilanzzwecks „Ermittlung vergleichbarer Periodenerfolge zur Unternehmenssteuerung" ergeben. Es handelt sich dabei um **die objektivierungsbedingte Sicherheit der Rechnung** sowie um **das Vergleichbarkeits- und das Vorsichtsprinzip.** Für das Anlagevermögen sind grundsätzlich die **Anschaffungs- und Herstellungskosten** maßgeblich, die auch die Basis für die Verrechnung vorsichtig bemessener Abschreibungen bilden. Bei der Bewertung des Umlaufvermögens ist das **strenge Niederstwertprinzip** zu beachten. Ausgehend von den Anschaffungs- oder Herstellungskosten als Bewertungsobergrenze ist jeweils durch Gegenüberstellung der Marktpreise am Bilanzstichtag und der Verwertungspreise abzüglich Verkaufsposten der niedrigste Wert zu ermitteln und anzusetzen. Zur Vermeidung eines Ausweises von Scheinerfolgen werden gebundene Vorräte, die für die Aufrechterhaltung der Unternehmung im bisherigen Umfang erforderlich sind, mit einem Festwert bewertet. Zusätzlich spekulative Bestände sind mit ihrem Zeitwert anzusetzen.

Bewertungs-prinzipien

Bewertung des Anlage-vermögens

Bewertung des Umlauf-vermögens

Im Gegensatz zur statischen Bilanztheorie **setzt der Ausweis von Vermögensmehrungen in der dynamischen Bilanz grundsätzlich eine Ertragsrealisation voraus.** Die Entstehung von Gewinn ist an Umsatzvorgänge gebunden, während in der statischen Theorie Werterhöhungen der Vermögensgegenstände Bestandteile des Unternehmenserfolges sind. Durch die Beachtung des Realisationsprinzips wird eine (partielle) Objektivierung der Erfolgskonzeption erreicht.

Bei der dynamischen Bilanztheorie bildet die GuV-Rechnung den Kern des Jahresabschlusses. Sie enthält als Zeitraumgrößen die Aufwands- und Ertragsposten der Abrechnungsperiode. Der Bilanz kommt lediglich die Funktion eines umfassenden Abgrenzungskontos zu.

Bei einer aus Zahlungsgrößen abgeleiteten Gewinnermittlungsbilanz oder einer Vermögensermittlungsbilanz, in der Vermögensgegenstände mit Anschaffungs- und Herstellungskosten bewertet sind, **entspricht der Periodenerfolg dem Unterschied zwischen dem Eigenkapital am Ende des Abrechnungszeitraums und dem Eigenkapitalbestand am Periodenanfang.** Der Ausweis des Periodenerfolges zeigt an, in welchem Umfang sich die investierten Bilanzmittel verändert haben. Diese Information ist wichtig, wenn, wie bei Kapitalgesellschaften, die Rückgewähr von Einlagen im Hinblick auf die Erhaltung des Haftungskapitals nicht zulässig ist (§ 57 AktG, §§ 30, 32 GmbHG).

Ermittlung des Perioden-erfolges

Nominal-kapital-erhaltung	Die Erhaltung des nominalen Eigenkapitals sagt noch nichts darüber aus, ob die Unternehmung in ihrer mengenmäßigen Substanz erhalten geblieben ist. Ebenso bedeutet Nominalkapitalerhaltung nicht, daß das Konsumpotential des investierten Eigenkapitals unverändert vorhanden ist.
Substanz-erhaltung	Die Gewinnung diesbezüglicher Kontrollinformationen kann durch die Einbeziehung von Substanz- oder Kapitalerhaltungskonzeptionen in die Definition des Periodenerfolges erreicht werden (vgl. Börner 1975). Dadurch werden preissteigerungsbedingte Scheingewinne aus dem Unternehmensergebnis eliminiert. **Gewinn wird erst dann ausgewiesen, wenn sich die Unternehmenssubstanz oder die Kaufkraft des in der Unternehmung eingesetzten Eigenkapitals erhöht hat.**
Organische Bilanztheorie	Die organische Bilanztheorie weist dem Jahresabschluß die Aufgabe einer **zeitwertorientierten Vermögens- und Erfolgsermittlung** zu. **Das in der Bilanz ermittelte Fortführungsvermögen wird mit Tagesbeschaffungswerten bewertet und entspricht dem Reproduktionswert der Unternehmung** (vgl. Moxter 1984, S. 58). Die Differenzen zwischen den Tageswerten und den Anschaffungswerten bei der Bewertung einzelner
Wertände-rungskonto	Vermögensposten werden erfolgsneutral in einem Wertänderungskonto erfaßt, das als Substanzerhaltungsrücklage dem Eigenkapital zugeordnet wird.
Aufwandsum-bewertung	In der Gewinn- und Verlustrechnung findet eine Umbewertung derjenigen Aufwendungen statt, denen ein Realgüterverbrauch zugrunde liegt (z. B. Materialaufwand, Abschreibungen). Die Bewertung dieser Aufwendungen erfolgt zu den Wiederbeschaffungskosten der verbrauchten Güter am Umsatztag oder vereinfachend mit den durchschnittlichen Wiederbeschaffungskosten der Abrechnungsperiode. Durch die Aufwandsumbewertung wird das Periodenergebnis bei steigenden Preisen um jenen Betrag verringert, der in der Nominalerfolgsrechnung als Scheingewinn ausgewiesen wird und im Falle einer Ausschüttung zu einer Verminderung der Unternehmenssubstanz führt (vgl. Ordelheide 1990, S. 235).
	Die organische Bilanztheorie strebt die Sicherung der relativen Stellung der Unternehmung in dem Organismus der Volkswirtschaft durch eine **reproduktive Substanzerhaltung** an. Soweit die Geldverbindlichkeiten der Unternehmung größer sind als das Nominalvermögen, werden bei steigenden Preisen durch das negative Nettogeldvermögen Kaufkraftgewinne erzielt. **Den Wertverlusten der nominellen Vermögenswerte infolge geringerer Kaufkraft (Gläubigerverluste) stehen Kaufkrafterfolge auf der Schuldenseite gegenüber (Schuldnergewinne)**, da für die Erfüllung der Verbindlichkeiten ein
Brutto-substanz-erhaltung	kleineres Realgüteräquivalent benötigt wird. Im Rahmen der Bruttosubstanzerhaltung wird der entstandene Kaufkrafterfolg aus einem negativen Nettogeldvermögen nicht als Ertrag verrechnet. Die Wiederbeschaffung der verbrauchten Güter wird durch die bei der Aufwandsumbewertung absorbierten Umsatzerlöse gedeckt, so daß sich das Eigenkapital des Unternehmens laufend erhöht. Die einbehaltenen Erfolgsbestandteile werden der nicht ausschüttbaren Substanzerhaltungsrücklage zugeführt.
Netto-substanz-erhaltung	Soweit der Substanzwert der geleisteten Kapitaleinlagen erhalten werden soll, können Kaufkrafterfolge aus einem negativen Nettogeldvermögen als Ertrag ausgewiesen werden (Nettosubstanzerhaltung). Bei der Wiederbeschaffung des Güterver-

1328

brauchs entsteht ein zusätzlicher Finanzmittelbedarf, dessen Deckung durch Fremd-kapital die bestehende Kapitalstruktur unverändert läßt.

Die zeitwertorientierte Vermögens- und Gewinnermittlung trägt dem Objektivie-rungserfordernis nur ungenügend Rechnung. Da in den Reproduktionswert des Unternehmens auch immaterielle Kostenwerte einbezogen werden, die keine Vermö-gensgegenstände sind, besteht ein erheblicher Ermessensspielraum bei der Abgren-zung des Bilanzinhalts. Auch die Ermittlung der Wiederbeschaffungswerte ist nicht eindeutig nachprüfbar.

Im Gegensatz zur güterwirtschaftlich ausgerichteten Substanzerhaltung wird bei der Realkapitalerhaltung die kaufkraftbezogene Erhaltung des Eigenkapitals angestrebt. Der Nominalerfolg wird um Kaufkraftverminderungen als Folge der allgemeinen Preissteigerung bereinigt. Eine Anpassung der Bilanzwerte an inflationäre Geldwert-änderungen ist auch in der dynamischen Bilanztheorie verankert. **Ein Periodenerfolg wird erst dann ausgewiesen, wenn ein Kaufkraftzuwachs des Eigenkapitals erzielt wor-den ist.** Bilanziell werden die Wertansätze für die Realvermögensgegenstände und das Eigenkapital durch Indexierung an die Veränderung der Kaufkraft angepaßt. Die Umbewertung der Aufwendungen in der GuV-Rechnung geschieht nicht mit den güterbezogenen Preisveränderungen, sondern mit einem einheitlichen Geldwert-index. Hinsichtlich der Verrechnungstechnik besteht zwischen der Realkapitalerhal-tung und der Nettosubstanzerhaltung kein materieller Unterschied.

Realkapital-erhaltung

Indexierung der Wert-ansätze

Der handelsrechtliche Jahresabschluß folgt keiner bestimmten Bilanztheorie. Die Regelungen für die Bilanzierung entsprechen weitgehend der statischen Bilanzauf-fassung, die den Bilanzinhalt auf Vermögensgegenstände und Schulden im Rechts-sinne beschränkt. Bei der Ermittlung des Fortführungsvermögens können jedoch neben rechtlichen Verpflichtungen **auch wirtschaftliche Lasten** angesetzt werden, so daß der Umfang der bilanziellen Passivposten weiter gefaßt ist als bei der statischen Bilanztheorie. Bei der Vermögensbewertung dominiert das **Anschaffungswertprinzip**. Subjektive Veräußerungswerte für Veräußerungsgegenstände werden wegen ihrer mangelnden Nachprüfbarkeit und wegen der Beschränkung des Periodenerfolges auf realisierte Erträge grundsätzlich nicht angesetzt. Die dem handelsrechtlichen Jahres-abschluß zugrunde liegende Erfolgskonzeption läßt weder eine Realkapital- noch eine Substanzerhaltung zu, sondern folgt dem **Nominalwertprinzip**.

Bedeutung der Bilanz-theorien für den handelsrecht-lichen Jahres-abschluß

b) Zweckstruktur des handelsrechtlichen Jahresabschlusses

Durch die Buchführungspflicht sowie durch die Aufstellung des Inventars und des Jahresabschlusses wird der Kaufmann zur Aufzeichnung und Ermittlung von Infor-mationen und in Abhängigkeit von der Rechtsform zur Übermittlung der im Jahresabschluß verdichteten Informationen an Dritte verpflichtet. Die gesetzlichen Vorschriften enthalten keine Angaben über die mit der Rechnungslegung verfolgten Zwecke, sondern beschränken sich auf allgemeine Aussagen zur Kennzeichnung der Elemente der Rechnungslegung. Ergänzend werden global formulierte Informations-ziele für die Buchführung und den Jahresabschluß aufgeführt (vgl. Abbildung 10.3).

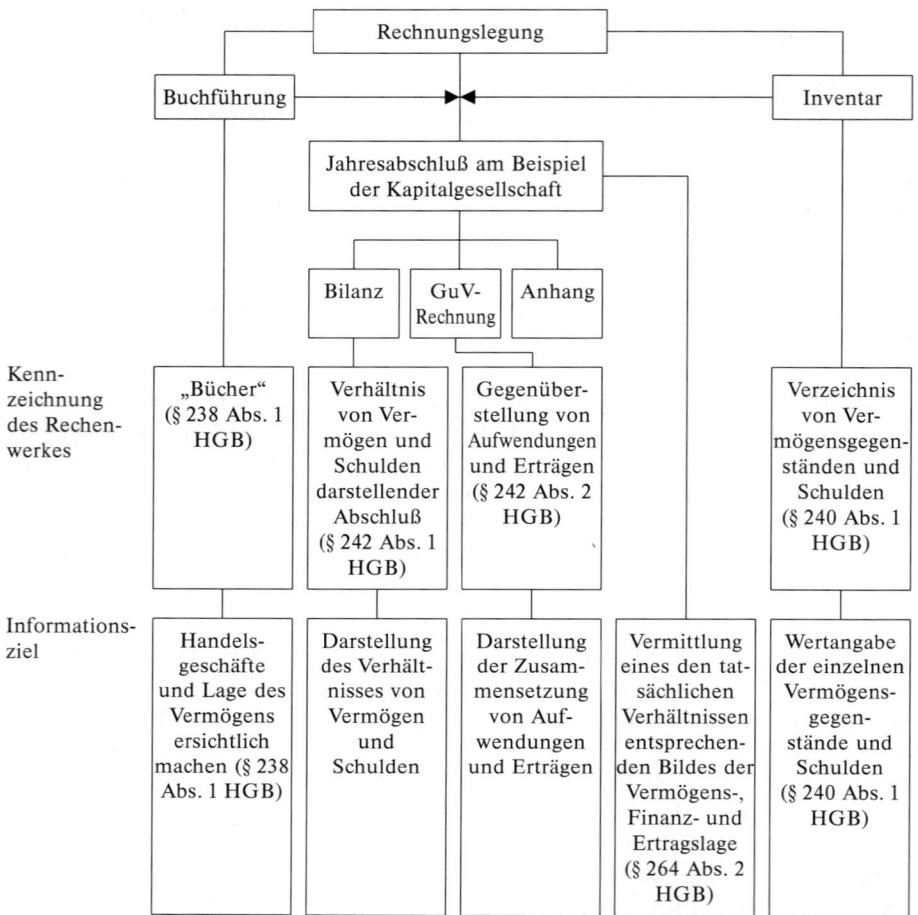

Abbildung 10.3: Gesetzliche Kennzeichnung und Informationsziele der Elemente der Rechnungslegung

Das Gesetz gibt der Buchführung den Informationszweck vor, die Handelsgeschäfte und die Vermögenslage des Kaufmanns ersichtlich zu machen (§ 238 I HGB). Mit der Aufstellung des Inventars wird unter anderem der Zweck verfolgt, den Wert der einzelnen Vermögensgegenstände und Schulden anzugeben (§ 240 I HGB). Aus der Kennzeichnung der Bilanz des Kaufmanns resultiert die Forderung, das Verhältnis von Vermögen und Schulden für den Schluß des Geschäftsjahres darzustellen (§ 242 I HGB). Die Gegenüberstellung der Aufwendungen und Erträge im Rahmen der GuV-Rechnung vermittelt einen Einblick in die Struktur der positiven und negativen Ergebniskomponenten des Geschäftsjahrs.

Die weit gefaßte **Informationsfunktion des Jahresabschlusses der Kapitalgesellschaft** besteht in der Vermittlung eines den tatsächlichen Verhältnissen entsprechenden Bildes der Vermögens-, Finanz- und Ertragslage der Gesellschaft (§ 264 II HGB).

Eine Präzisierung der rudimentären gesetzlichen Zwecke der Rechnungslegung hat sich an den **Adressaten** der Jahresabschlußinformationen sowie an dem durch die Rechnungslegungsvorschriften konkretisierten **Informationsinhalt** zu orientieren.

Die grundlegenden Zwecke der Rechnungslegung sind approximative Insolvenzkontrolle, Dokumentation und Rechenschaft.

Grundlegende Zwecke der Rechnungslegung

Erfüllt der Kaufmann im Konkursfall seine Buchführungs- und Bilanzierungspflichten nicht ordnungsgemäß, so kann er nach § 283 StGB wegen Vorliegens eines Buchführungs- und Bilanzdeliktes belangt werden. Das höchste Strafmaß droht, wenn die Buchführungsdelikte in einer Unternehmenskrise, d. h. bei Überschuldung oder Zahlungsunfähigkeit, begangen werden oder wenn die Verletzung der Rechnungslegungspflichten die Krise verursacht hat. Eine Bestrafung erfolgt auch, wenn zum Zeitpunkt der Nichterfüllung von Rechnungslegungspflichten keine Krisensituation bestand und zwar unabhängig davon, ob die Delikte für die Krise ursächlich waren. Da Handelsbücher und Jahresabschlüsse bei Kaufleuten, die keine Kapitalgesellschaft sind, nicht veröffentlicht werden, läßt sich aus den Strafbestimmungen ableiten, daß der Kaufmann selbst Adressat der Rechnungslegung sein soll (vgl. Maul 1978, S. 1759; Kupsch 1990b, Einf. B, Tz 67 ff.). Durch **Selbstinformation** soll der Kaufmann zur Kontrolle der Insolvenztatbestände Überschuldung und Zahlungsunfähigkeit angehalten werden. Informationen über den Verschuldungsgrad liefert die Gegenüberstellung der einzelnen Vermögensgegenstände als Schuldendeckungspotential und der Schulden, die Zahlungsverpflichtungen darstellen. In der Bilanz sind zwar die Vermögensgegenstände nicht mit Liquidationswerten angesetzt und es sind auch die anläßlich einer Liquidation entstehenden Verbindlichkeiten nicht enthalten, jedoch können durch die periodische Ermittlung des Verhältnisses von Fortführungsvermögen und Schulden globale Hinweise über das Überschuldungsrisiko und eine drohende Zahlungsunfähigkeit abgeleitet werden. Kaufmann und Geschäftsführung werden durch die Informationen des Jahresabschlusses veranlaßt, bei einer ungünstigen Vermögenslage die jeweilige Schuldendeckung der Unternehmung durch das vorhandene Betriebsvermögen (auf der Grundlage von Sonderrechnungen) und die Zahlungsfähigkeit durch Erstellung eines Finanzplans zu überprüfen. Da Überschuldungsrisiko und drohende Zahlungsunfähigkeit nicht unmittelbar dem Jahresabschluß entnommen werden können, liefert er lediglich Hinweise für eine **approximative Insolvenzkontrolle**. Die Kenntnisnahme dieser globalen Kontrollinformationen wird durch die Verpflichtung zur Rechnungslegung und durch Strafvorschriften für den Fall ihrer Verletzung sichergestellt.

Approximative Insolvenzkontrolle

Der Rechnungslegungszweck Selbstinformation zur approximativen Insolvenzkontrolle dient dem **Schutz der Gläubiger** des Unternehmens. Diese sollen durch eine laufende Überprüfung der möglichen Insolvenztatbestände vor Vermögensverlusten geschützt werden.

*Dokumen-
tation*

Die Rechnungslegung des Kaufmanns stellt eine gesetzliche Verpflichtung dar, die im öffentlichen Interesse liegt und dem Schutz der Allgemeinheit vor unsolidem Geschäftsgebaren dient. Durch Buchführung, Inventar und Jahresabschluß werden Urkundenbeweise zur Schlichtung von Streitfällen durch Gerichte geschaffen. Im Konkursfall sollen Dritte vor der Schmälerung ihrer Ansprüche durch ungerechtfertigten Entzug von Vermögen bewahrt werden. Die Bündelung von Buchführungszahlen im Jahresabschluß bedeutet in Verbindung mit den Formvorschriften über die Aufzeichnung von Geschäftsvorfällen eine Sicherung der Urkundenbestände gegen nachträgliche Änderungen (vgl. Stützel 1967, S. 323). Dieser **Dokumentationszweck** der Rechnungslegung ermöglicht eine **potentielle Fremdinformation** der Gerichte sowie der Konfliktparteien bei möglichen Streitfällen über frühere Geschäftsvorgänge.

Nur die vollständige Ermittlung und Fortschreibung von Vermögen und Schulden gewährleistet einen Schutz vor Vermögensmanipulationen durch Beseitigung von Vermögenswerten oder durch den Ansatz fingierter Verbindlichkeiten.

*Rechen-
schafts-
funktion*

Die Trennung von Geschäftsführung und Eigentum birgt die Gefahr in sich, daß die mit der Geschäftsführung beauftragten Personen eigennützig und nicht im Interesse der Eigentümer handeln. Die Wahrscheinlichkeit für ein den Interessen der Eigentümer zuwiderlaufendes Verhalten der Geschäftsführer ist umso größer, je mehr die Zielvorstellungen der Geschäftsführer und Eigentümer hinsichtlich der Verwendung der im Unternehmen erwirtschafteten Mittel voneinander abweichen, je größer der Informationsvorsprung der Geschäftsführer gegenüber dem Eigentümer ist und je geringer die Kontrolle der Eigentümer über die Mitteldispositionen der Geschäftsführer ist. Die Interessenwahrung der Eigentümer, die nicht an der Geschäftsführung beteiligt sind, erfordert eine **Rechenschaftslegung** der Geschäftsführer gegenüber den Eigentümern. Die Rechenschaft hat sich in erster Linie darauf zu erstrecken, welche verfügbaren finanziellen Mittel der Dispositionsbefugnis der Geschäftsführung entzogen werden können und für die Eigentümer verfügbar sind.

Die Entnahmeregelungen für die Eigentümer eines Unternehmens sind grundsätzlich gewinnabhängig ausgestaltet. Nach § 122 I HGB sind die Gesellschafter einer OHG grundsätzlich berechtigt, die Auszahlung ihres Gewinnanteils des letzten Jahres zu verlangen. Ebenso haben die Kommanditisten der KG nach § 169 I HGB Anspruch auf Auszahlung ihres Gewinnanteils. Den Gesellschaftern der GmbH steht nach § 29 I GmbHG der Bilanzgewinn zu, soweit dieser Betrag nicht nach Gesetz, Gesellschaftsvertrag oder durch Gewinnverwendungsbeschluß von der Verteilung unter den Gesellschaftern ausgeschlossen ist. Die Aktionäre einer AG partizipieren ebenfalls nach § 58 IV AktG vorbehaltlich der gesetzlichen und satzungsmäßigen Restriktionen sowie der durch Hauptversammlungsbeschluß einbehaltenen Gewinnanteile am Bilanzgewinn. **Rechenschaft** als Zweck des Jahresabschlusses beinhaltet die in-

*Gewinn-
ermittlung*

tersubjektiv nachprüfbare **Ermittlung** einer als „Gewinn" bezeichneten **Ausschüttungsgröße** sowie die Vermittlung der entsprechenden Informationen an die Eigentümer. Insoweit dient der Jahresabschluß der Kompetenzabgrenzung zwischen Geschäftsführern und Eigentümern über die Verwendung der erwirtschafteten finanziellen Mittel (vgl. Schildbach 1991, S. 29). Die Vermittlung der Jahresabschluß-

1332

informationen an die Eigentümer wird durch Kontrollrechte der von der Geschäftsführung ausgeschlossenen Gesellschafter (§§ 118, 166 HGB) sowie bei Kapitalgesellschaften durch Auskunfts- und Einsichtsrechte (§ 51a GmbHG, § 131 AktG) in Verbindung mit der Offenlegung des Jahresabschlusses gesichert.

Rechenschaft durch Ermittlung einer nachprüfbaren Ausschüttungsrichtgröße bedarf der Konkretisierung durch Regeln für die Gewinnermittlung. Die gesetzlichen Bilanzierungs- und Bewertungsvorschriften präzisieren die Rechengrößen „Vermögen" und „Schulden" und damit auch die Höhe des Gewinns als Reinvermögensmehrung. Aus dem **Realisationsprinzip** gemäß § 252 I Nr. 4 HGB folgt, daß Gewinn nicht durch Wertänderung von Vermögensgegenständen, sondern durch Umsätze (Lieferungen und Leistungen des Unternehmens an Dritte) entsteht. Das Realisationsprinzip ist mit einer Bewertungsobergrenze für Vermögensgegenstände verknüpft, die von den Anschaffungs- und Herstellungskosten gebildet wird. Damit ist eine Gewinnschöpfung durch Werterhöhungen beim Vermögen über die Anschaffungs- und Herstellungskosten hinaus ausgeschlossen. Die Ermittlung des **realisierten Umsatzgewinns** wird durch das **Vorsichtsprinzip** geprägt. Erkennbare drohende Verluste aus schwebenden Geschäften sind durch einen unter der Bewertungsobergrenze liegenden Wertansatz für Vermögensgegenstände oder als Verlustantizipation durch Rückstellung zu berücksichtigen. Im übrigen sind die Wertansätze für Vermögen und Schulden nach dem Prinzip vorsichtiger Schätzung zu ermitteln.

Da die Bilanzierungs- und Bewertungsvorschriften zahlreiche Wahlrechte enthalten, ist die Nachprüfbarkeit der Ausschüttungsrichtgröße nur teilweise gewährleistet. Außerdem besteht zwischen dem Prinzip vorsichtiger Schätzung und der Nachprüfbarkeit von Jahresabschlußinformationen ein Konflikt, da bei der Anwendung des Vorsichtsprinzips subjektive Wertungen der Geschäftsführer in die Gewinnermittlung einfließen. Den gesetzlichen Regelungen kann jedoch insgesamt entnommen werden, daß sich die Rechenschaft durch den Jahresabschluß auf die Ermittlung einer nachprüfbaren, umsatzgebundenen und vorsichtig bemessenen Gewinngröße bezieht (vgl. Moxter 1987b, S. 368).

Rechenschaft durch Ermittlung einer Ausschüttungsgröße dient nicht nur der Kompetenzabgrenzung zwischen Geschäftsführung und Eigentümer, sondern regelt auch den Mindestumfang des in der Unternehmung verbleibenden Vermögens. Daraus ergibt sich eine **Ausschüttungsbegrenzung** im Gläubigerinteresse. Wenn Kommanditisten über ihren Gewinnanteil hinaus Mehrentnahmen tätigen, so daß Einlagen zurückgezahlt werden, lebt die Haftung des Kommanditisten wieder auf (§ 172 IV HGB). Zahlungen, die an die Anteilseigner von Kapitalgesellschaften geleistet werden, obwohl das Reinvermögen geringer ist als das Grund- bzw. Stammkapital, lösen unter bestimmten Voraussetzungen (§ 31 GmbHG, § 62 AktG) eine Rückzahlungspflicht der empfangenen Leistungen aus. Insoweit ist die Rechenschaft über den erzielten Gewinn mit einer Ausschüttungssperrfunktion verbunden, deren Verletzung gläubigerschützende Rechtsfolgen begründet.

*Kontrolle der
Geschäfts-
führung*

Die wegen der Trennung von Geschäftsführung und Eigentum notwendige Rechenschaft der Geschäftsführung muß sich nicht auf die Ermittlung des Gewinns beschränken. Sie kann zu einer umfassenden **Leistungskontrolle** von Geschäftsführungsentscheidungen ausgebaut werden. Eine derartige Leistungskontrolle kann für die Adressaten Anhaltspunkte für die Prognose der zukünftigen Unternehmensentwicklung liefern und damit Entscheidungen über die Gestaltung ihrer zukünftigen Beziehungen zur jeweiligen Unternehmung unterstützen. Dem Jahresabschluß der Kapitalgesellschaften ist der Zweck „Kontrolle der Unternehmensentwicklung" ausdrücklich vorgegeben. Nach § 264 II HGB hat der Jahresabschluß ein den tatsächlichen Verhältnissen entsprechendes Bild der Vermögens-, Finanz- und Ertragslage zu vermitteln. Die drei Lageelemente bilden die wesentlichen globalen Indikatoren der Unternehmensentwicklung. Durch detaillierte Gliederungsvorschriften für Bilanz und GuV-Rechnung sowie durch erläuternde Angaben im Anhang soll für unternehmensexterne Adressaten die Interpretation der Zahlen des Jahresabschlusses unterstützt und der Einfluß besonderer Maßnahmen auf die Veränderungen der Vermögens-, Finanz- und Ertragslage bei der Beurteilung der Unternehmensentwicklung erkennbar werden.

*Grenzen der
Leistungs-
kontrolle*

Die für die Gewinnermittlung verwendeten Bilanzierungs- und Bewertungskonventionen erlauben es nicht, den tatsächlichen Unternehmenswert zu bestimmen, die laufende Zahlungsfähigkeit des Unternehmens zu beurteilen und die zukünftigen Ausschüttungen zu ermitteln. Vielmehr werden lediglich **Hilfsgrößen** über die Vermögenslage (Kennzahlen der bilanziellen Vermögens- und Kapitalstruktur), Finanzlage (Fristigkeiten der Forderungen und Verbindlichkeiten, Liquidierbarkeitsgrade der Vermögensteile) sowie über die Ertragslage (Gegenüberstellung der Aufwendungen und Erträge, globale Erfolgsspaltung) durch den Jahresabschluß zur Verfügung gestellt. Die Leistungskontrolle zur Prognose der Unternehmensentwicklung bezieht sich lediglich auf Indikatoren des Unternehmungsvermögens, der Zahlungsfähigkeit und des zukünftigen Ausschüttungspotentials sowie auf deren Veränderungen gegenüber der Vorperiode. Die Prognoseeignung dieser Größen und ihrer Veränderungen bezüglich der Unternehmensentwicklung hängt wesentlich davon ab, ob eine **Trendextrapolation** der vergangenheitsbezogenen Indikatoren möglich ist. Voraussetzung dafür ist die stetige Ermittlung der einzelnen Indikatoren im Zeitablauf, eine Berichterstattung über Sondereinflüsse (steuerliche und bilanzpolitische Maßnahmen), die Veränderungen der Indikatoren ausgelöst haben, sowie die Annahme, daß die Determinanten für die Vermögens-, Finanz- und Ertragslage bezüglich ihrer zukünftigen Entwicklung den gleichen Gesetzmäßigkeiten wie bisher unterliegen.

Eine umfassende Rechenschaft zur Leistungskontrolle wird durch das Interesse der Geschäftsführung an der Geheimhaltung von Informationen gegenüber der Konkurrenz und durch die erheblichen Informationskosten begrenzt. Deshalb ist der Umfang der offenlegungspflichtigen Jahresabschlußinformationen bei Kapitalgesellschaften größenabhängig geregelt (§§ 326, 327 HGB).

Die Zweckstruktur des Jahresabschlusses kann zusammenfassend wie folgt gekennzeichnet werden (vgl. Abbildung 10.4):

1334

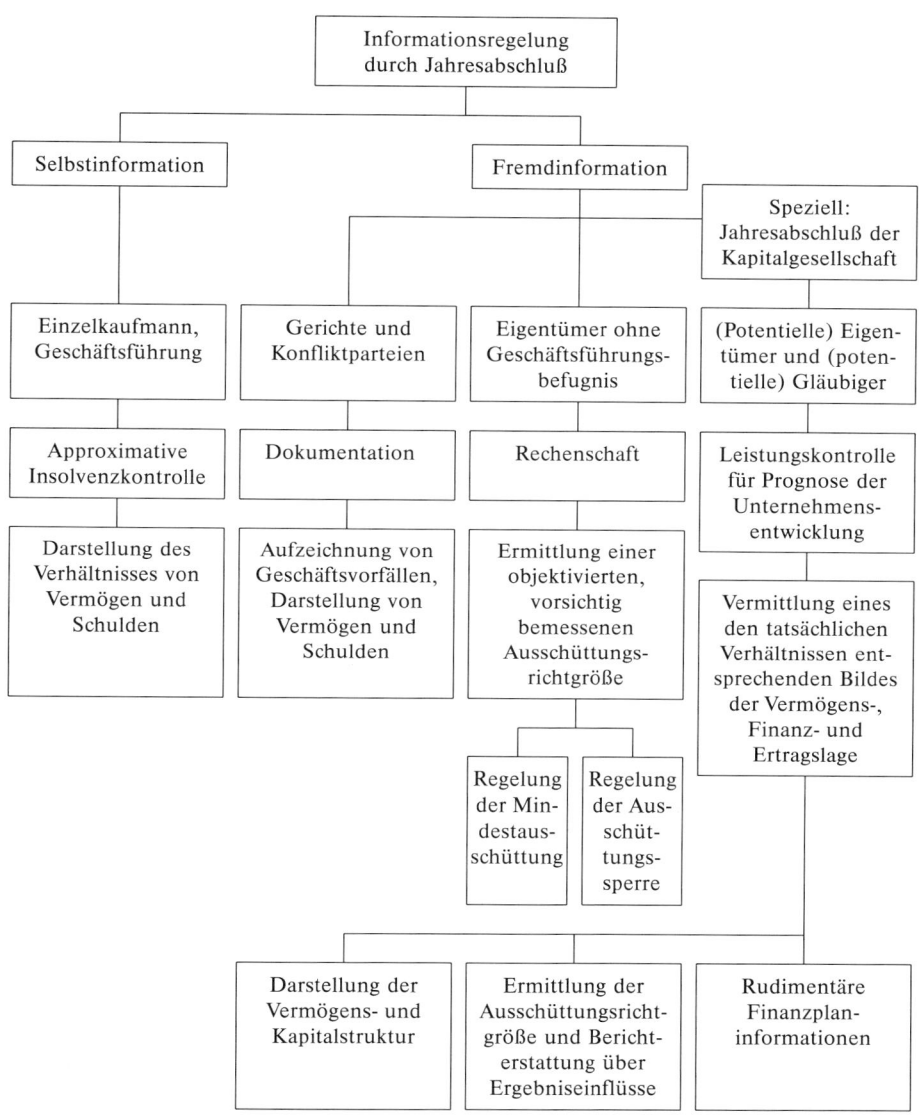

Abbildung 10.4: Zweckstruktur des Jahresabschlusses

c) Maßgeblichkeit der Handels- für die Steuerbilanz

Von dem handelsrechtlichen Jahresabschluß ist die sich aus den steuergesetzlichen Vorschriften ergebende Aufstellung des steuerlichen Jahresabschlusses (Steuerbilanz) zu unterscheiden. Die Steuerbilanz wird in § 60 II Satz 2 EStDV als eine den steuerlichen Vorschriften entsprechende Vermögensübersicht bezeichnet. **Das Steuerrecht**

Keine eigenständige Steuerbilanz

geht aber nicht von einer eigenständigen Steuerbilanz aus, sondern knüpft an die handelsrechtliche Rechnungslegung an. Steuerbilanz ist die nach den handelsrechtlichen Regelungen und GoB erstellte Bilanz, bei deren Aufstellung die steuerlichen Vorschriften beachtet sind. **Demnach stellt die Steuerbilanz eine nach steuerlichen Vorschriften korrigierte Handelsbilanz dar** (abgeleitete Steuerbilanz).

Aufstellung der Steuerbilanz Einheitsbilanz

Die im Vergleich zur Handelsbilanz aufgrund der steuerlichen Vorschriften notwendigen Korrekturen können bei der Aufstellung der Handelsbilanz berücksichtigt, außerhalb der Handelsbilanz in einer besonderen Nebenrechnung erfaßt oder auch in einer gesonderten Steuerbilanz durchgeführt werden. Einzelunternehmen, Personengesellschaften und kleinere Kapitalgesellschaften sehen häufig von der Aufstellung einer eigenständigen Steuerbilanz ab und beziehen bereits bei der Aufstellung des handelsrechtlichen Jahresabschlusses die steuerlichen Vorschriften ein (Einheitsbilanz).

Mehr- oder Weniger-Rechnung

Wird die Handelsbilanz ohne Bezugnahme auf die steuerlichen Vorschriften aufgestellt, werden die Korrekturen in einer Anlage zur Handelsbilanz in Form von Hinzurechnungen und Abrechnungen bei den Positionen der Handelsbilanz vorgenommen (Mehr- oder Weniger-Rechnung).

Gesonderte Steuerbilanz

Bei umfangreichen Abweichungen bezüglich Ansatz und Bewertung der Bilanzpositionen ist die Aufstellung einer gesonderten Steuerbilanz neben der Handelsbilanz zweckmäßig. In der Praxis ergibt sich die Notwendigkeit der Aufstellung einer gesonderten Steuerbilanz insbesondere bei großen Kapitalgesellschaften.

Zweckstruktur der Steuerbilanz

Da die handels- und steuerrechtlichen Bilanzierungs- und Bewertungsvorschriften divergieren, **liegt der Steuerbilanz wegen der Zweckabhängigkeit der Gestaltung von Jahresabschlüssen eine gegenüber dem handelsrechtlichen Jahresabschluß modifizierte Zweckstruktur zugrunde.** Im Gegensatz zum handelsrechtlichen Jahresabschluß ist der Adressatenkreis der Steuerbilanz auf den Fiskus und den bilanzierenden Kaufmann beschränkt. **Die zentrale Aufgabe der Steuerbilanz liegt in der periodengerechten Gewinnermittlung** für Zwecke der Einkommen-, Körperschaft-, und Gewerbeertragsteuer.

Allgemeine Besteuerungsgrundsätze

In diesem Zusammenhang sind die allgemeinen Besteuerungsgrundsätze zu beachten. Der **Grundsatz der Gleichmäßigkeit** der Besteuerung erfordert eine gleiche Besteuerung von gleichartigen Sachverhalten und damit die Gleichbehandlung aller Steuerpflichtigen. Nach dem **Leistungsfähigkeitsprinzip** ist die Steuerbelastung nach der Fähigkeit des Steuerpflichtigen zu bemessen, Steuerleistungen erbringen zu können. Hieraus leitet sich das steuerliche Postulat ab, alle betrieblichen Reinvermögensänderungen des bilanzierenden Kaufmanns zu erfassen. **Mit beiden Besteuerungsprinzipien sind Bilanzierungs- und Bewertungswahlrechte in dem für die Handelsbilanz eingeräumten Umfang unvereinbar.** Durch die Ausübung von Gestaltungsfreiheiten im Jahresabschluß wird die Ermittlung der ertragsteuerlichen Bemessungsgrundlagen teilweise in das Ermessen des Kaufmanns gestellt. Durch bilanzpolitische Entscheidungen kann über die Beeinflussung von Steuerbemessungsgrundlagen die steuerliche Leistungsfähigkeit unterschiedlich festgelegt werden, so daß zumindest befristete Steuerbelastungsunterschiede gegenüber anderen Steuerpflichtigen auftreten. Deshalb ist der Grundsatz der Gleichmäßigkeit der Besteuerung nicht gewahrt. **Folglich sind Anzahl und Umfang der Bilanzierungs- und Bewertungswahlrechte in der**

Steuerbilanz eingeschränkt, soweit von speziellen, wirtschaftspolitisch motivierten steuerlichen Vergünstigungen abgesehen wird.

Aus der Sicht des Kaufmanns und der Finanzbehörden stellt die Steuerbilanz ein Mittel zur Erfüllung der gesetzlich auferlegten Mitwirkungspflicht im Rahmen der Steuererhebung und zum Nachweis des der Besteuerung zugrunde zu legenden Gewinns dar (steuerlicher Dokumentationszweck). Gleichzeitig wird wegen der vorhandenen Gestaltungswahlrechte mit der Aufstellung der Steuerbilanz auch der Zweck verfolgt, die zu ermittelnden Steuerbemessungsgrundlagen entsprechend den steuerlichen Zielen durch Einsatz des Instrumentariums der Steuerbilanzpolitik zu beeinflussen. Häufig wird die Steuerbilanz auch zum Nachweis der Vermögens- und Ertragslage gegenüber kreditprüfenden Banken verwendet, die der Steuerbilanz aufgrund der restriktiveren steuerlichen Vorschriften einen größeren Informationswert als der Handelsbilanz beilegen. *Steuerlicher Dokumentations-Zweck*

Da die Steuerbilanz eine aus der Handelsbilanz abgeleitete Bilanz ist, sind Handels- und Steuerbilanz keine isolierten Rechenwerke, sondern durch das Maßgeblichkeitsprinzip verbunden. **Nach dem in § 5 I EStG kodifizierten Grundsatz der Maßgeblichkeit der Handels- für die Steuerbilanz müssen buchführende Kaufleute zum Zwecke der steuerlichen Gewinnermittlung zum Schluß des Wirtschaftsjahres das Betriebsvermögen ansetzen, das nach den handelsrechtlichen GoB auszuweisen ist.** Deshalb sind die handelsrechtlichen Bilanzierungsgebote und -verbote für Vermögensgegenstände, Schulden und Rechnungsabgrenzungsposten auch für die Steuerbilanz verbindlich, soweit keine expliziten steuerlichen Ansatzvorschriften bestehen (z. B. Rückstellungen für Schutzrechtsverletzungen gemäß § 5 III EStG; Jubiläumsrückstellungen gemäß § 5 IV EStG). Steht einem handelsrechtlichen Ansatzgebot ein steuerliches Wahlrecht gegenüber, ist für die steuerliche Wahlrechtsausübung das handelsrechtliche Ansatzgebot maßgeblich (z. B. Pensionsrückstellungen gemäß § 249 I HGB, § 6a EStG). Handelsrechtliche Bilanzansatzwahlrechte sind nach der Auslegung des Maßgeblichkeitsprinzips durch die Steuerrechtsprechung (BFH v. 3. 2. 1969, BStBl II 1969, S. 291) grundsätzlich nicht auf die Steuerbilanz übertragbar. **In der Steuerbilanz ist eine Aktivierung zwingend geboten, wenn für die Handelsbilanz ein Aktivierungswahlrecht besteht. Ein Ansatz von Passivposten darf in der Steuerbilanz nicht erfolgen, wenn ein handelsrechtliches Passivierungswahlrecht eingeräumt ist (z. B. Aufwandsrückstellung gemäß § 249 II HGB).** Nicht maßgeblich für die Steuerbilanz sind die handelsrechtlichen Bilanzierungshilfen (z. B. Ingangsetzungsaufwand § 269 HGB, aktive latente Steuern § 274 II HGB). Diese Aktivierungswahlrechte beziehen sich nicht auf Vermögensgegenstände (Wirtschaftsgüter) oder auf Rechnungsabgrenzungsposten. In der Steuerbilanz darf deshalb kein Aktivposten angesetzt werden. Ein entgeltlich erworbener Geschäftswert (§ 255 IV HGB) wird handelsrechtlich als Bilanzierungshilfe qualifiziert. Die Steuerrechtsprechung betrachtet dagegen den entgeltlich erworbenen Geschäftswert als immaterielles Wirtschaftsgut, das in der Steuerbilanz angesetzt werden muß. *Maßgeblichkeitsprinzip* *Handelsrechtliche Bilanzierungswahlrechte* *Geschäftswert*

Der Maßgeblichkeitsgrundsatz gilt grundsätzlich auch für den Ansatz der einzelnen Bilanzpositionen der Höhe nach, soweit nicht der steuerliche Bewertungsvorbehalt (§ 5 VI EStG) eingreift (z. B. Gebäudeabschreibungen nach § 7 IV EStG). Ist für die Steuerbilanz keine abweichende Bewertung vorgeschrieben, sind die in der Handelsbilanz gewählten Wertansätze für die Steuerbilanz verbindlich. Modellrechnungen zu den steuerlichen Auswirkungen des Maßgeblichkeitsprinzips behandelt Kloock (1989b).

Wertansätze in der Handelsbilanz, die auf der Grundlage von Bewertungswahlrechten gemäß den Regelungen im HGB ermittelt worden sind, müssen in die Steuerbilanz übernommen werden, sofern keine abweichenden steuerrechtlichen Bewertungsvorschriften bestehen. Liegt der konkrete Wert für Vermögensgegenstände außerhalb des steuerrechtlichen Bewertungsrahmens, dann muß der handelsrechtliche Wert an die abweichenden Bewertungsregelungen für die Steuerbilanz angepaßt werden. Insoweit fallen Handels- und Steuerbilanz auseinander.

Steuer-rechtliche Bewertungs-wahlrechte

Steuerrechtliche Bewertungswahlrechte sind gemäß § 5 I Satz 2 EStG in Übereinstimmung mit der Handelsbilanz auszuüben. So ist z. B. für die Wahl zwischen linearer und degressiver Abschreibung bei beweglichen Wirtschaftsgütern des Anlagevermögens (§ 7 I–III EStG) oder für den Ansatz des mit dem niedrigeren beizulegenden Wert übereinstimmenden steuerlichen Teilwerts (§ 6 I Nr. 1 Satz 2, Nr. 2 Satz 2 EStG) bei Vermögensgegenständen grundsätzlich der Wertansatz in der Handelsbilanz für die Steuerbilanz maßgeblich. Dies gilt auch für die handelsrechtliche Wertaufholung gemäß §§ 253 V bzw. 280 HGB, die sich in der Steuerbilanz gewinnerhöhend auswirkt. Deshalb können Kapitalgesellschaften von einer grundsätzlich gebotenen Zuschreibung bei Vermögensgegenständen in der Handelsbilanz im Fall des Wegfalls der Gründe für eine Wertminderung absehen, soweit für die Steuerbilanz ein Wertaufholungswahlrecht (§ 6 I Nr. 1 Satz 4, Nr. 2 Satz 3 EStG) gegeben ist.

Steuer-subventionelle Bewertungs-vergün-stigungen

Zusätzliche Bewertungsabweichungen zwischen Handels- und Steuerbilanz könnten auftreten, wenn steuersubventionelle Bewertungsvergünstigungen in der Steuerbilanz geltend gemacht werden. Derartige Vergünstigungen sind häufig als Wahlrechte zur Durchführung von Sonderabschreibungen für bestimmte Wirtschaftsgüter (z. B. für dem Umweltschutz dienende Wirtschaftsgüter, § 7d EStG) oder als Ansatzwahlrechte zur Bildung von steuerfreien Rücklagen (z. B. Rücklage für Ersatzbeschaffung nach Abschn. 35 EStR, Rücklage nach § 6b EStG) ausgestaltet. Das Maßgeblichkeitsprinzip der Handels- für die Steuerbilanz führt allerdings in Verbindung mit den Ansatzwahlrechten bezüglich steuerrechtlich zulässiger Werte und der Möglichkeit zur Bildung von Sonderposten mit Rücklageanteil in der Handelsbilanz zu einem Gleichklang zwischen Handels- und Steuerbilanz. **Der Umstand, daß die Inanspruchnahme der steuersubventionellen Passivierungswahlrechte und Wertansätze wegen § 5 I Satz 2 EStG an die Voraussetzung der Übernahme in die Handelsbilanz gebunden ist, wird als umgekehrte Maßgeblichkeit bezeichnet.** Das Prinzip der umgekehrten Maßgeblichkeit erzwingt folglich die Einbeziehung der steuerrechtlichen Wertansätze in die Handelsbilanz. Diese Transformation wird für Kaufleute durch § 247 III HGB und § 254 HGB und für Kapitalgesellschaften durch §§ 273 und 254 i. V. mit § 279 II HGB gewährleistet.

Die Regelung der umgekehrten Maßgeblichkeit beeinträchtigt den Informationsgehalt des handelsrechtlichen Jahresabschlusses erheblich. Dieser Sachverhalt wird nicht zu Unrecht als „Deformierung des handelsrechtlichen Jahresabschlusses durch die Steuerbilanz" umschrieben.

1338

II. Verrechnungstechnische Grundlagen des Jahresabschlusses

1. Finanzbuchhaltung

a) Aufzeichnung der Geschäftsvorfälle

Aufgabe der Finanzbuchhaltung ist die Aufzeichnung von Geschäftsvorfällen, die eine Veränderung des Vermögens oder des Kapitals eines Unternehmens ausgelöst haben. Die Bilanz ist eine zusammengefaßte Gegenüberstellung der Vermögensgegenstände und der Schulden einer Unternehmung. Die linke Seite der Bilanz **(Aktivseite)** zeigt das vorhandene Vermögen, auf der rechten Seite **(Passivseite)** werden die zugeführten Mittel (Eigen- und Fremdkapital) verzeichnet. Die Erfassung eines Geschäftsvorfalls in der Buchführung hängt grundsätzlich davon ab, ob eine Wertänderung von Bilanzpositionen eingetreten ist. Da der Umfang des zur Finanzierung von Vermögen eingesetzten Kapitals zu jedem Zeitpunkt dem vorhandenen Vermögen entspricht, ist die Bilanz stets ausgeglichen. Jeder buchhaltungspflichtige Vorgang verändert deshalb mindestens zwei Bilanzpositionen. Die Finanzbuchhaltung liefert durch die Aufzeichnung der Geschäftsvorfälle einen vollständigen Nachweis über die Vermögens- und Kapitalveränderungen eines Abrechnungszeitraums.

Bilanz

Geschäftsvorfälle

Nach den Wirkungen der Geschäftsvorfälle auf die Bilanz können vier Grundtypen von Geschäftsvorfällen unterschieden werden:

1. <u>Aktivtausch</u>:	Der Geschäftsvorfall bewirkt eine Vermögensumschichtung, ohne daß sich Vermögens- und Bilanzsumme verändern (z. B. Barkauf einer Schreibmaschine).
2. <u>Passivtausch</u>:	Der Geschäftsvorfall bewirkt eine Kapitalumschichtung, ohne daß sich Kapital- und Bilanzsumme verändern (z. B. Lieferantenverbindlichkeit wird durch Schuldwechsel bezahlt).
3. <u>Bilanzverlängerung</u>:	Der Geschäftsvorfall führt zu einer Zunahme des Vermögens und des Kapitals um den gleichen Betrag (z. B. Kauf von Rohstoffen auf Ziel).
4. <u>Bilanzverkürzung</u>:	Der Geschäftsvorfall löst eine Verringerung des Vermögens und des Kapitals in gleicher Höhe aus (z. B. Bezahlung einer Lieferantenverbindlichkeit durch Überweisung von Bankguthaben).

Abbildung 10.5: Typen von Geschäftsvorfällen

Die angeführten Geschäftsvorfälle sind erfolgsunwirksam, weil nur aktive/oder passive Bilanzpositionen mit Ausnahme der Position Eigenkapital verändert werden. Das **Eigenkapital** als Summe der Kapitalzuführungen der Unternehmungseigentümer entspricht der Differenz von Bilanzvermögen abzüglich Fremdkapital. Es repräsentiert das bilanzielle Reinvermögen der Eigentümer. Jede Eigenkapitalveränderung, ausgenommen Eigenkapitalzuführungen oder -rückzahlungen der Eigentümer, bedeutet grundsätzlich eine erfolgswirksame Reinvermögensänderung. **Eigenkapitalmehrungen** sind mit einer Vermögensvermehrung oder Fremdkapitalminderung verbunden. Sie stellen **Ertrag** dar. Es handelt sich um eine erfolgswirksame Bilanzverlängerung oder um einen erfolgswirksamen Passivtausch. Umgekehrt ist eine **Eigenkapitalminderung**, die auf eine Reduzierung des Vermögens oder eine Erhöhung des Fremdkapitals zurückzuführen ist, eine erfolgswirksame Bilanzverkürzung oder ein erfolgswirksamer Passivtausch. Die Eigenkapitalminderung stellt **Aufwand** dar.

Wird von Eigenkapitalzuführungen (Einlagen) oder -rückzahlungen (Entnahmen) der Eigentümer abgesehen, so können die Auswirkungen der Geschäftsvorfälle auf die Bilanz wie folgt gekennzeichnet werden (vgl. Abbildung 10.6):

V_i (i = 1, ... n):   Vermögenspositionen auf der Aktivseite der Bilanz
Fk_j (j = 1, ... m):   Fremdkapitalpositionen auf der Passivseite der Bilanz
Ek: Eigenkapital auf der Passivseite der Bilanz
$+ \triangle Ek = Er$:   Ertrag als positive Eigenkapitaländerung
$- \triangle Ek = Au$:   Aufwand als negative Eigenkapitaländerung
$\triangle Ek^E$:   Erfolg

Auflösung
der Bilanz
in Konten
Die Fortschreibung der Bilanz bei jeder durch einen Geschäftsvorfall bedingten Bestandsveränderung ist aus Praktikabilitätsgründen unzweckmäßig. Deshalb wird die Bilanz in Einzelrechnungen zerlegt, in denen die während einer Abrechnungsperiode erfolgten Geschäftsvorfälle gleicher Art verrechnet werden. Die zweiseitigen Einzelrechnungen werden als **Konten** bezeichnet. Die Aufgabe der Konten besteht darin, den Bestand und die Veränderungen der Vermögens- und Kapitalpositionen zu erfassen. Die einzelnen Konten können zu jedem Zeitpunkt wieder zu einer Bilanz zusammengefaßt werden.

1340

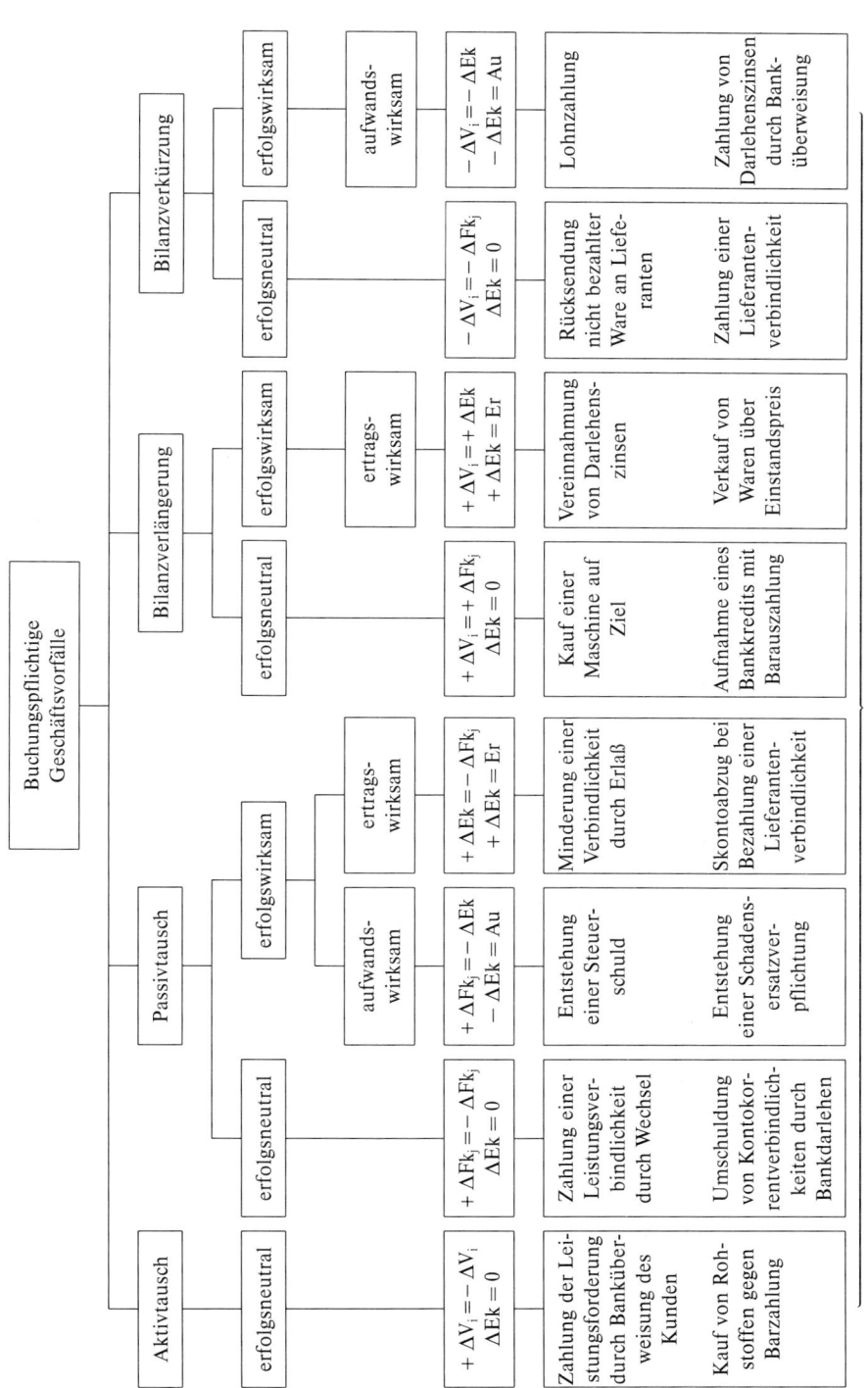

Abbildung 10.6: Buchungspflichtige Geschäftsvorfälle

1341

*Vermögens-
konten*

Die Auflösung der Bilanz erfolgt durch **Bestandskonten**. Die Bestandskonten für Vermögenswerte (aktives Bestandskonto, Vermögenskonto) übernehmen auf der linken Seite (Soll-Seite) den Anfangsbestand der jeweiligen Vermögensposition. Zugänge werden ebenfalls auf der Soll-Seite, Abgänge auf der rechten Seite (Haben-Seite) aufgezeichnet. Der Endbestand zum Schluß der Abrechnungsperiode entspricht der Differenz (Saldo) zwischen der Summe von Anfangsbestand und Zugängen sowie den Abgängen. Die Bestandskonten für das Kapital (passives Bestands-

Kapitalkonten

konto, Kapitalkonto) enthalten auf der Haben-Seite den Anfangsbestand der jeweiligen Kapitalart, auf der auch die Zugänge verrechnet werden. Ein Abgang wird auf der Soll-Seite verrechnet. Der Endbestand als Saldo von Anfangsbestand und Zugängen einerseits und Abgängen andererseits ist auf der Soll-Seite verzeichnet.

Auf den Bestandskonten werden die Bestände an Vermögen und Kapital sowie ihre Veränderungen im Zeitablauf aufgezeichnet. Eine Bestandsveränderung auf einem Konto (z. B. $+\Delta V_i$) ist zwingend mit einer Bestandsveränderung auf einem anderen Konto mit gleichen Vorzeichen (z. B. $+\Delta Fk_j$) oder mit umgekehrtem Vorzeichen (z. B. $-\Delta V_i$) verbunden. In beiden Fällen werden bei einem Geschäftsvorfall jeweils die zwei Seiten der Konten mit übereinstimmenden Beträgen berührt (Soll-Seite: $+\Delta V_i$, $-\Delta Fk_j$; Haben-Seite: $-\Delta V_i$, $+\Delta Fk_j$).

Die Auflösung der Bilanz in Bestandskonten und die Verrechnung von Geschäftsvorfällen ergibt folgendes Schema:

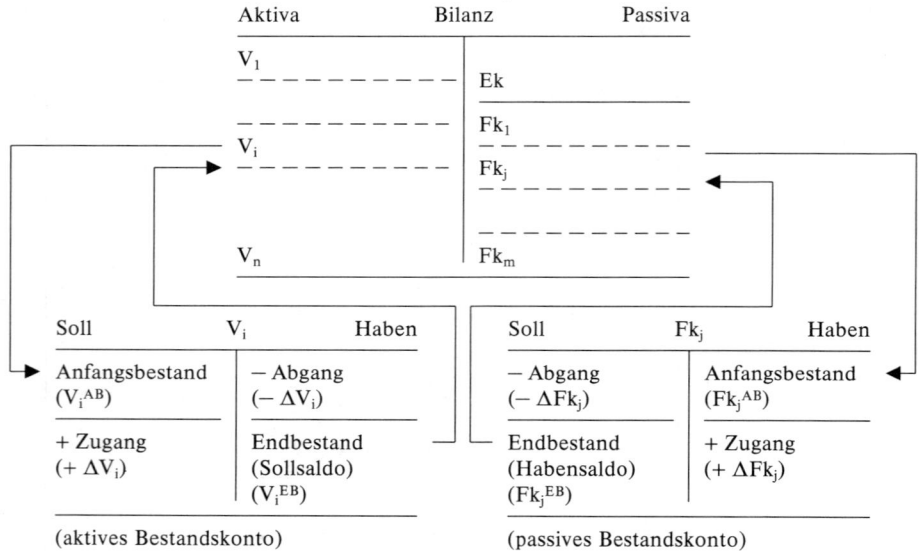

Abbildung 10.7: Auflösung und Zusammenfassung der Bestandskosten

*Zusammen-
fassung der*

Die Endbestände der Bestandskonten werden wieder in einer neuen Bilanz zusammengefaßt, die rechnerisch auf beiden Seiten ausgeglichen sein muß, da jeder

1342

Bewegung auf einem Bestandskonto (z. B. Zugang auf der Soll-Seite) eine Bewegung auf einem anderen Konto in gleicher Höhe (Zugang der Haben-Seite, Abgang der Soll-Seite) gegenübersteht. *Bestands-konten*

Das Eigenkapital wird durch erfolgswirksame Geschäftsvorfälle (Aufwendungen und Erträge) sowie durch Eigenkapitalzuführungen und -rückzahlungen der Eigentümer (Einlagen und Entnahmen) verändert. Das Eigenkapital wird ebenfalls als passives Bestandskonto geführt. Da in einer Abrechungsperiode zahlreiche erfolgswirksame Geschäftsvorfälle auftreten, würde das Eigenkapitalkonto rasch unübersichtlich werden, wenn alle Vorgänge auf diesem Konto verrechnet werden würden. Außerdem ist eine Trennung der erfolgsneutralen Einlagen und Entnahmen von den erfolgswirksamen Geschäftsvorfällen erforderlich, um die durch die betrieblichen Aktivitäten verursachte Eigenkapitaländerung ermitteln zu können. Deshalb wird für jede inhaltlich abgegrenzte Aufwands- und Ertragsart ein gesondertes **Erfolgskonto** eingerichtet. Die Erfolgskonten werden zum Ende der Abrechnungsperiode auf einem Sammelkonto (Gewinn- und Verlustkonto) zusammengefaßt, dessen Saldo auf dem Eigenkapitalkonto verrechnet wird. Die erfolgsneutralen Einlagen und Entnahmen werden entweder direkt auf dem Eigenkapitalkonto oder auf gesonderten Unterkonten zum Eigenkapitalkonto (Privatkonten) verrechnet. Die Struktur des Eigenkapitalkontos kann wie folgt dargestellt werden: *Eigenkapital*

Erfolgskonten

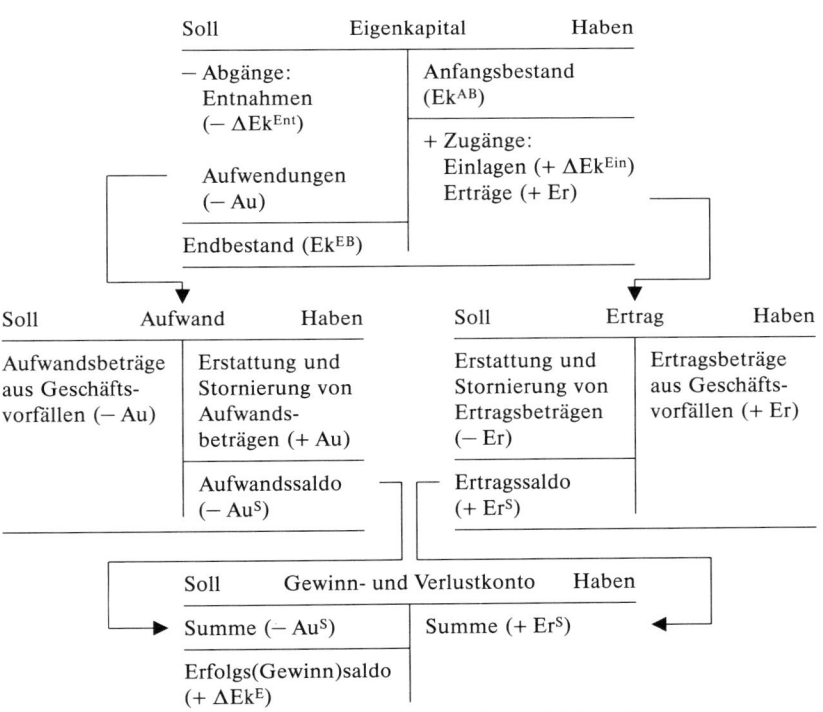

Abbildung 10.8: Verrechnung von Eigenkapitaländerungen

Typ des Geschäftsvorfalls	Geschäftsvorfall (Beispiel)	Buchungssatz	Kontendarstellung			
1. Erfolgsneutraler Aktivtausch	Kunde bezahlt Leistungsforderung in Höhe von DM 1 000 durch Banküberweisung	Bank an Leistungsforderungen DM 1 000	S Bank H	S Forderungen H	1 000 $(+\Delta V_i)$	1 000 $(-\Delta V_i)$
2. Erfolgsneutraler Passivtausch	Zahlung einer Leistungsverbindlichkeit in Höhe von DM 5 000 durch Schuldwechsel	Verbindlichkeiten an Schuldwechsel DM 5 000	S Verbindlichkeiten H	S Schuldwechsel H	5 000 $(-\Delta Fk_j)$	5 000 $(+\Delta Fk_j)$
3. Erfolgswirksamer Passivtausch (aufwandswirksam)	Kunde stellt eine berechtigte Schadensersatzforderung in Höhe von DM 2 000 aus einer mangelhaften Lieferung des Vorjahres	periodenfremder Aufwand an sonstige Verbindlichkeiten DM 2 000	S periodenfremder Aufwand H	S sonstige Verbindlichkeiten H	2 000 $(-\Delta Ek = Au)$	2 000 $(+\Delta Fk_j)$
4. Erfolgswirksamer Passivtausch (ertragswirksam)	Eine Lieferantenverbindlichkeit von DM 3 000 wird zur Hälfte erlassen	Lieferantenverbindlichkeit an außerordentlichen Ertrag DM 1 500	S Verbindlichkeiten H	S a. o. Ertrag H	1 500 $(-\Delta Fk_j)$	1 500 $(+\Delta Ek = Er)$
5. Erfolgsneutrale Bilanzverlängerung	Kauf einer Maschine zu einem Preis von DM 10 000 auf Ziel	Maschine an Verbindlichkeiten DM 10 000	S Maschine H	S Verbindlichkeiten H	10 000 $(+\Delta V_i)$	10 000 $(+\Delta Fk_j)$
6. Erfolgswirksame Bilanzverlängerung	Darlehensnehmer zahlt Zinsen in Höhe von DM 500 durch Banküberweisung	Bank an Zinsertrag DM 500	S Bank H	S Zinsertrag H	500 $(+\Delta V_i)$	500 $(+\Delta Ek = Er)$
7. Erfolgsneutrale Bilanzverkürzung	Zahlung einer Lieferantenverbindlichkeit durch Banküberweisung mit DM 3 000	Verbindlichkeiten an Bank DM 3000	S Verbindlichkeiten H	S Bank H	3 000 $(-\Delta Fk_j)$	3 000 $(-\Delta V_i)$
8. Erfolgswirksame Bilanzverkürzung	Lohnzahlung per Banküberweisung DM 6 000	Löhne an Bank DM 6 000	S Löhne H	S Bank H	6 000 $(-\Delta Ek = Au)$	6 000 $(-\Delta V_i)$

Abbildung 10.9: Buchungssätze für Geschäftsvorfälle

Anstatt Aufwendungen und Erträge unmittelbar auf dem Eigenkapitalkonto zu verrechnen, werden sie auf den Aufwands- und Ertragskonten erfaßt. Da die Erfolgskonten lediglich erfolgswirksame Eigenkapitalveränderungen enthalten, haben sie keinen Anfangs- und Endbestand. Die Aufwands- und Ertragssalden werden auf dem Gewinn- und Verlustkonto zusammengefaßt. Sein Saldo gibt den durch die Geschäftstätigkeit bewirkten Erfolg an, der als erfolgswirksame Eigenkapaländerung auf das Eigenkapitalkonto übertragen wird. *GuV-Konto*

In der Buchhaltung werden die Geschäftsvorfälle durch „**Buchungssätze**" verrechnet. *Buchungs-*
Der Buchungssatz enthält diejenigen Konten, die durch den Geschäftsvorfall berührt *sätze*
werden, wobei das Konto, auf dessen Soll-Seite die Buchung erfolgt, zuerst genannt wird. Zusätzlich wird der Betrag aufgeführt, der auf den Konten verrechnet wird.

Die buchungspflichtigen Geschäftsvorfälle werden wie in Abbildung 10.9 dargestellt auf Konten verrechnet.

Die **buchhalterische Erfassung des Warenverkehrs** und der **Herstellung von Erzeugnissen** weisen einige Besonderheiten auf.

Es ist grundsätzlich möglich, Wareneinkauf und -verkauf einer bestimmten Warengruppe auf einem Konto zu erfassen. Bei isolierter Betrachtung ist der Wareneinkauf *Verrechnung*
eine Vermögensmehrung, der Warenverkauf eine Vermögensminderung. Zu- und Ab- *des Waren-*
gänge werden jedoch mit unterschiedlichen Werten eingebucht (Einkaufs- und Ver- *verkehrs*
kaufspreise), so daß der Warenverkauf neben einem erfolgsneutralen Vermögensabgang (verkaufte Menge zu Einkaufspreis) auch eine erfolgswirksame Eigenkapitalveränderung (Preisdifferenz der verkauften Menge) einschließt. Zur Vermeidung gemischter Konten wird deshalb ein **gesondertes Wareneinkaufs- und ein Warenverkaufskonto** geführt. Das Einkaufskonto ist ein Bestandskonto und erfaßt den Anfangsbestand und die Zugänge. In der Regel werden die Abgänge durch Warenverkauf nicht auf dem Wareneinkaufskonto verbucht. Der Endbestand der vorhandenen Waren wird durch Inventur ermittelt, so daß sich der gesamte Warenverbrauch aus der Differenz von Anfangsbestand und Zugängen abzüglich Endbestand ergibt. Das Warenverkaufskonto wird als Ertragskonto geführt. Der Ertrag entspricht dem Umsatz in Höhe der mit dem Verkaufspreis bewerteten Verkaufsmengen, wobei die Gegenbuchung auf einem Bestandskonto erfolgt (vgl. Abbildung 10.10).

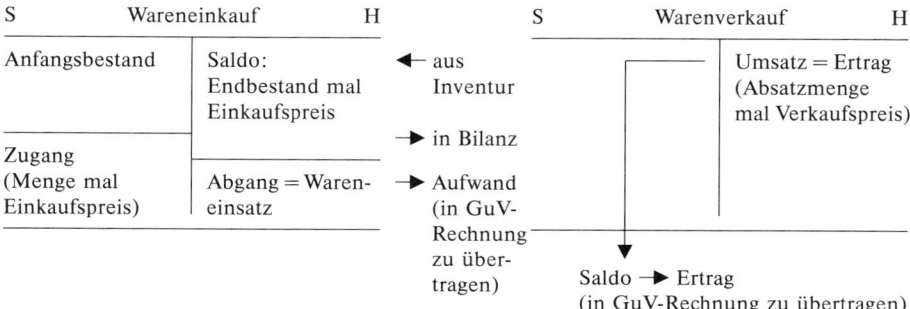

Abbildung 10.10: Verrechnung des Warenverkehrs

Aus der Gegenüberstellung des im Wareneinkaufskonto ermittelten rechnerischen Warenverbrauchs und der im Warenverkaufskonto verrechneten Umsätze wird der **Nettoerfolg des Warenverkehrs** ermittelt. Der Saldo des Warenverkaufskontos stellt in Höhe der Nettoumsätze Ertrag dar. Der Materialverbrauch und Umsatz werden auf das Gewinn- und Verlustkonto übertragen.

Verrechnung eigen- gefertiger Erzeugnisse

Beim Warenverkehr mit eigengefertigten Erzeugnissen ergeben sich hinsichtlich der buchhalterischen Erfassung der Umsätze gegenüber den Erlösen mit Handelswaren keine Besonderheiten. Unterschiede bestehen jedoch bei der Aufzeichnung der produzierten Erzeugnisbestände. Die **buchhalterische Verrechnung der unfertigen und fertigen Erzeugnisse** kann unterschiedlich ausgestaltet sein. Eine detaillierte Ermittlung der hergestellten Erzeugnisse kann in der Weise erfolgen, daß die in die Herstellungskosten der Erzeugnisse eingehenden Einzel- und Gemeinkosten auf einem Herstellkonto auf der Soll-Seite gebucht werden. Die Gegenbuchungen erfolgen auf der Haben-Seite der einzelnen Aufwandsartenkonten (z. B. Fertigungslöhne) und der Rohstoffbestandskonten. Die mit den Herstellungskosten bewerteten Fertigerzeug-

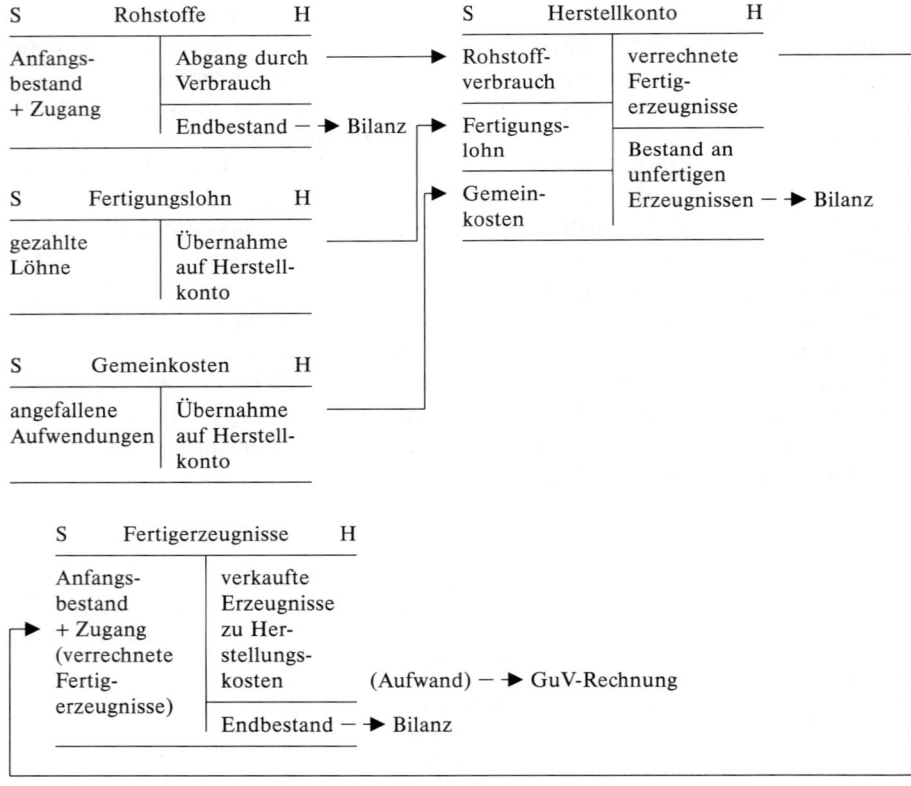

Abbildung 10.11: Verrechnung unfertiger und fertiger Erzeugnisse

1346

nisse einer Abrechnungsperiode werden als Zugang auf der Soll-Seite des Kontos Fertigerzeugnisse übernommen und als Abgang auf dem Herstellkonto verbucht. Durch Verkäufe erfolgte Abgänge werden auf der Haben-Seite des Fertigerzeugniskontos verrechnet. Die Salden der Herstell- und Erzeugniskonten werden als Endbestände in die Bilanz übernommen (vgl. Abbildung 10.11).

Eine vereinfachte Verrechnung der unfertigen und fertigen Erzeugnisse verzichtet auf die laufende buchhalterische Erfassung der Erzeugnisbestände. Die angefallenen Aufwendungen für Rohstoffe werden als Differenz des um Zugänge erhöhten Anfangsbestandes und des Endbestandes verrechnet. Gleiches gilt für die sonstigen in den Herstellungskosten enthaltenen Aufwendungen. Der durch Inventur ermittelte Endbestand der unfertigen und fertigen Erzeugnisse wird mit Herstellungskosten bewertet und auf Erzeugnisbestandskonten verbucht, wobei die Differenz gegenüber den Anfangsbeständen erfolgswirksam als Aufwand bzw. Ertrag in die Gewinn- und Verlustrechnung übernommen wird (vgl. Abbildung 10.12).

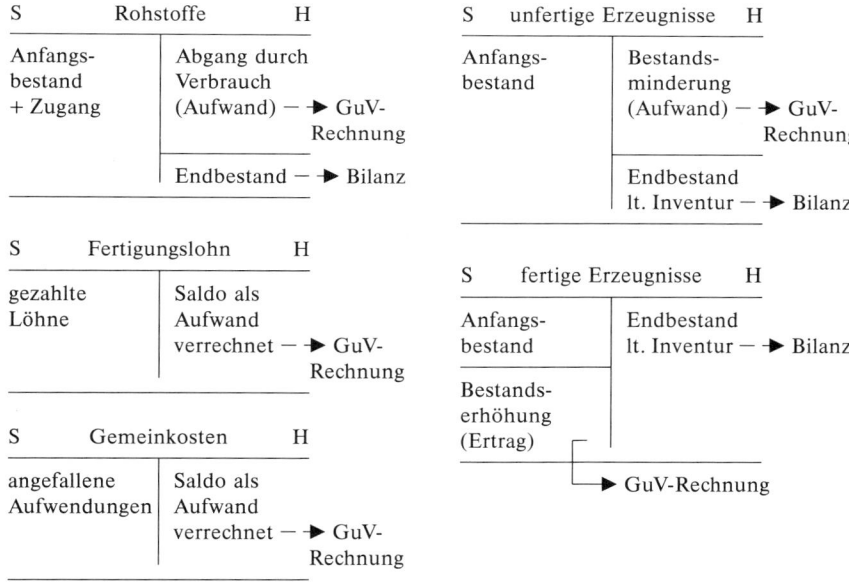

Abbildung 10.12: Vereinfachte Verrechnung unfertiger und fertiger Erzeugnisse

Die Auflösung der Anfangsbilanz in Bestandskonten sowie der Abschluß der Bestands- und Erfolgskonten erfolgt ebenfalls durch Buchungssätze. Für die Zerlegung der Bilanz in einzelne Konten wird ein **Eröffnungsbilanzkonto** als Hilfskonto eingerichtet. Die aktiven und passiven Bilanzbestände werden durch folgende Buchungssätze als Anfangsbestände auf den Bestandskonten erfaßt:
– aktive Bestandskonten an Eröffnungsbilanzkonto
– Eröffnungsbilanzkonto an passive Bestandskonten

Eröffnungs-buchungen

1347

Nach Durchführung der Eröffnungsbuchungen sind die Anfangsbestände der Bestandskonten auf der Aktivseite (V_i^{AB}) und auf der Passivseite (Fk_j^{AB}, Ek^{AB}) verrechnet. Das ausgeglichene Eröffnungsbilanzkonto enthält spiegelbildlich die Eröffnungsbilanz. Eröffnungsbuchungen für die Erfolgskonten erübrigen sich wegen fehlender Anfangsbestände.

Abschluß-
buchungen

Der **Abschluß der Bestandskonten** erfolgt in umgekehrter Weise durch die Buchungen:
– Schlußbilanzkonto an aktive Bestandskonten
– passive Bestandskonten an Schlußbilanzkonto

Die Schlußbuchungen in Höhe der Endbestände (V_i^{EB}, Fk_j^{EB}, Ek^{EB}) gleichen die Bestandskonten aus, so daß auf dem Schlußbilanzkonto die jeweiligen Endbestände verzeichnet sind.

Die **Salden der Erfolgskonten** werden auf dem Gewinn- und Verlustkonto gesammelt. Die Buchungen lauten:
– GuV-Konto an Aufwandskonten
– Ertragskonten an GuV-Konto

Durch die Abschlußbuchungen wird der rechnerische Ausgleich der Erfolgskonten erreicht. Die Aufwendungen sind auf der Soll-Seite, die Erträge auf der Haben-Seite des Gewinn- und Verlustkontos verzeichnet. Die Differenz zwischen den Erträgen und Aufwendungen ist der **Jahreserfolg**. Der Saldo des GuV-Kontos wird in die Bilanz als Eigenkapitaländerung übertragen.

Ermittlung
des Jahres-
erfolgs

Die doppelte Buchhaltung ermittelt den Jahreserfolg auf zweifache Weise. Der **Gewinn** entspricht der Differenz des Eigenkapitals am Ende der Abrechnungsperiode gegenüber dem Anfangsbestand, soweit keine Entnahmen und Einlagen durchgeführt wurden (Vermögensvergleich). Der Unterschiedsbetrag des Eigenkapitals entspricht der Summe der Vermögens- und Fremdkapitaländerungen während des Rechnungszeitraums:

$$G = Ek^{EB} - Ek^{AB}$$

Für das Eigenkapital am Periodenanfang gilt:

$$Ek^{AB} = \Sigma V_i^{AB} - \Sigma Fk_j^{AB}$$

Das Eigenkapital am Periodenende setzt sich wie folgt zusammen:

$$Ek^{EB} = \Sigma V_i^{AB} + \Sigma (+\Delta V_i) - \Sigma (-\Delta V_i) - \Sigma Fk_j^{AB} - \Sigma (+\Delta Fk_j) + \Sigma (-\Delta Fk_j)$$

Da Entnahmen und Einlagen erfolgsneutrale Eigenkapitaländerungen sind, muß die darauf entfallende Eigenkapitaldifferenz eliminiert werden, um den aus der Unternehmenstätigkeit erwirtschafteten Gewinn zu ermitteln. Entnahmen schlagen sich als Vermögensminderungen oder Fremdkapitalerhöhungen nieder, Einlagen sind Vermögensmehrungen oder Fremdkapitalminderungen. Bezeichnet ΔEk^{Ent} die Summe der Entnahmen und ΔEk^{Einl} den Gesamtbetrag der Einlagen, so muß für die Ermittlung des Periodengewinns das um erfolgsneutrale Änderungen berichtigte Eigenkapital zum Periodenende dem Eigenkapital am Periodenanfang gegenübergestellt werden:

$$G = Ek^{EB} - Ek^{AB} + \Delta Ek^{Ent} - \Delta Ek^{Einl}$$

Da Aufwendungen und Erträge erfolgswirksame Eigenkapitalveränderungen repräsentieren, gilt gleichzeitig für den Jahreserfolg:

$$G = \Sigma Er_e - \Sigma Au_m$$

Das betragsmäßige Buchungsvolumen der Geschäftsvorfälle einer Abrechnungsperiode entspricht der Summe der Einzelverrechnungen auf der Soll- und Haben-Seite der Bestands- und Erfolgskonten (ohne Eröffnungs- und Schlußbuchungen):

$$\Sigma (+\Delta V_i) + \Sigma (-\Delta Fk_j) + \Delta Ek^{Ent} + \Sigma Au_m$$
$$= \Sigma (-\Delta V_i) + \Sigma (+\Delta Fk_j) + \Delta Ek^{Einl} + \Sigma Er_e$$

oder:

$$\Sigma (+\Delta V_i) - \Sigma (-\Delta V_i) + \Sigma (-\Delta Fk_j) - \Sigma (+\Delta Fk_j) + \Delta Ek^{Ent} - \Delta Ek^{Einl}$$
$$= \Sigma Er_e - \Sigma Au_m$$

Die betragsmäßige Identität der Buchungssummen hat zwingend die zahlenmäßige Übereinstimmung von Aktiv- und Passivseite der Schlußbilanz zur Folge.

b) Organisatorische Grundlagen der Finanzbuchhaltung

Anforderungen an das Buchführungssystem

Die gesetzliche Verpflichtung der Kaufleute zur Buchführung gemäß § 238 I HGB sowie die ergänzenden steuerrechtlichen Vorschriften enthalten allgemeine Anforderungen an die materielle (sachliche) und formale **Ordnungsmäßigkeit** der Buchführung. Sie schreiben kein bestimmtes Buchführungssystem vor. Das gewählte Buchführungssystem muß jedoch die vollständige Erfassung aller Geschäftsvorfälle sowie des Vermögens und der Schulden gewährleisten. Sämtliche Geschäftsvorfälle sind zeitnah und geordnet aufzuzeichnen. In formaler Hinsicht müssen die Bücher so geführt werden, daß sie für einen sachverständigen Dritten innerhalb angemessener Zeit nachprüfbar sind. Nachprüfbarkeit der aufgezeichneten Geschäftsvorfälle beinhaltet die Beachtung des Belegprinzips (keine Buchung ohne Beleg), die Sicherung der Aufzeichnungen gegen nachträgliche Änderungen, eine geordnete und fristgerechte Aufbewahrung der Belege sowie die Verwendung einer lebenden Sprache. Die Eintragungen in den Büchern und die sonstigen Aufzeichnungen müssen vollständig, richtig, zeitgerecht und geordnet vorgenommen werden (§ 239 II HGB).

Die Einzelanforderungen an die Ordnungsmäßigkeit der Buchführung sind formale Grundsätze ordnungsmäßiger Buchführung, denen jedes Buchhaltungssystem genügen muß. Bestandteile der Buchführung sind die Grundbücher, das Hauptbuch, die Nebenbücher und das Belegwesen.

Grundbücher

Auf der Grundlage der Belege werden die Geschäftsvorfälle in den Grundbüchern zeitlich geordnet aufgezeichnet. Die Zahl der Grundbücher hängt von den technischen und organisatorischen Gegebenheiten der Unternehmung ab. Durch die unterschiedliche Aufteilung der Grundbücher ergeben sich verschiedene Methoden der doppelten Buchführung. Für die unbaren Geschäftsvorfälle wird ein nach Gläubigern und Schuldnern unterteiltes Kontokorrentbuch geführt, um laufend den Stand der Forderungen und Verbindlichkeiten feststellen zu können. Dieser Zweck kann auch durch die Führung besonderer Personenkonten oder durch die Ablage offener Rechnungen (Offene Posten-Buchhaltung) erfüllt werden. Weitere wichtige Grundbücher sind das Kassenbuch und das Bankbuch.

Hauptbuch Die Verrechnung der Geschäftsvorfälle nach sachlichen Ordnungsprinzipien erfolgt im Hauptbuch auf den durch einen Kontenplan systematisch gegliederten Sachkonten, die sämtliche Bestands- und Erfolgskonten umfassen. Alle Buchungen im Grundbuch, die sachlich zusammengehören, werden auf dieselben Konten übertragen. Der Abschluß der Sachkonten ergibt die Bilanz sowie die GuV-Rechnung.

Nebenbücher Grund- und Hauptbücher werden durch Nebenbücher ergänzt, die außerhalb des Kontensystems bestimmte Konten erläutern. Hierzu zählen das Wechselbuch, das Lohn- und Gehaltsbuch sowie das Waren- oder Lagerbuch. Die Nebenbücher werden häufig als Karteien geführt.

Belegwesen Das Belegwesen umfaßt externe Belege, die auf Geschäftsvorfälle zwischen der Unternehmung und Dritten zurückzuführen sind, sowie interne Belege, die innerhalb der Buchführung erstellt werden. Erforderlich ist eine geordnete Belegablage, wobei die Ordnung der Belege nach sachlichen Merkmalen (z. B. Kunde, Lieferant, Kassenbeleg) unter fortlaufender Numerierung vorgenommen wird.

Buchführungssystem Als Buchführungssystem ist in der Praxis die **doppelte Buchführung** gebräuchlich. Die Geschäftsvorfälle werden im Unterschied zur einfachen Buchhaltung nicht nur in zeitlicher Reihenfolge in den Grundbüchern aufgezeichnet, sondern auch in sachlicher Ordnung im Hauptbuch erfaßt.

EDV-Buchführungssysteme Hinsichtlich der **Buchführungstechnik** dominieren wegen der großen Datenmengen EDV-Buchführungssysteme. Die Ergebnisse der Finanzbuchhaltung werden entweder ausgedruckt (EDV-gestützte Buchhaltung) oder mit Ausnahme der Bilanz auf externen Speichern zum Ausdruck bereitgehalten (Speicherbuchführung). Die verarbeitungsfähige Speicherung der Buchhaltungsdaten erfüllt die Grundbuchfunktion, wenn die Daten ausgedruckt und für eine kontenmäßige Verbuchung weiterverarbeitet werden können. Die Speicherung des Buchungsstoffes, die eine Sortierung der Daten nach den Sachkonten und getrennt nach Soll und Haben ermöglicht und eine Übernahme der Daten auf Konten gestattet, gewährleistet die Hauptbuchfunktion.

Für EDV-Buchführungssysteme werden in Abhängigkeit von Art und Größe der EDV-Anlagen zahlreiche Standard-Anwendungsprogramme angeboten, die Struktur und Umfang der Ausdrucke und Auswertungen von Buchhaltungsdaten determinieren.

Kontenrahmen Die systematische Gliederung der Sachkonten (Bestands- und Erfolgskonten) wird in einem **Kontenplan** auf der Grundlage eines Kontenrahmens festgelegt. Der **Kontenrahmen** ist ein überbetrieblicher Organisations- und Gliederungsplan für das gesamte

1350

	Klasse 0	Klasse 1	Klasse 2	Klasse 3	Klasse 4	Klasse 5	Klasse 6	Klasse 7	Klasse 8	Klasse 9
Gemeinschaftskontenrahmen (GKR)										
	Rechnungskreis Jahresabschluß				Rechnungskreis Kosten- und Leistungsrechnung					Rechnungskreis Jahresabschluß
	Anlagevermögen und langfristiges Kapital	Finanz-, Umlaufvermögen, kurzfristige Verbindlichkeiten	Neutrale Aufwendungen und Erträge	Roh-, Hilfs- und Betriebsstoffe, Wareneinkauf	Kostenarten	Verrechnungskonten	Kostenstellenrechnung	Kostenträger	Erlöskonten	Abschlußkonten
Industriekontenrahmen (IKR)										
	Rechnungskreis Jahresabschluß									Rechnungskreis Kosten- und Leistungsrechnung
	Materielle Vermögensgegenstände und Sachanlagen	Finanzanlagen	Umlaufvermögen und aktive Rechnungsabgrenzung	Eigenkapital und Rückstellungen	Verbindlichkeiten und passive Rechnungsabgrenzung	Erträge	Betriebliche Aufwendungen	Weitere Aufwendungen	Ergebnisrechnung	Kosten- und Leistungsrechnung

Abbildung 10.13: Kontenklassen von GKR und IKR

1351

Rechnungswesen. Neben dem vom Bundesverband der Deutschen Industrie entwickelten Gemeinschaftskontenrahmen (GKR) existiert als Nachfolgemodell der Industriekontenrahmen (IKR), der sich jedoch in der Praxis noch nicht allgemein durchgesetzt hat. Beide Kontenrahmen sind nach dem dekadischen System aufgebaut. Sie enthalten 10 Kontenklassen, die weiter in Kontengruppen und Kontenuntergruppen aufgeteilt werden.

GKR

Der GKR ist nach dem Prozeßgliederungsprinzip aufgebaut. Die ersten vier Kontenklassen erfassen die Vorbereitung der Leistungserstellung, die nächsten vier Klassen erstrecken sich auf die Durchführung der Produktion. Kontenklasse 8 bezieht sich auf die Leistungsverwertung, während Kontenklasse 9 die Abschlußkonten umfaßt (vgl. Abbildung 10.13).

IKR

Dem IKR liegt die Trennung von Finanz- und Betriebsbuchhaltung zugrunde. Die der Finanzbuchhaltung zugeordneten neun Kontenklassen entsprechen der Gliederung des Jahresabschlusses. Die Kontenklasse 9 dient der Betriebsabrechnung. Sie ist nach dem Prozeßgliederungsprinzip unterteilt (vgl. Abbildung 10.13).

2. Inventar

a) Inhalt des Inventars

Die Grundlage für die Eröffnungsbilanz und die Buchhaltung bildet das Inventar. Es ist ein außerhalb der Buchführung erstelltes Verzeichnis, das sämtliche Vermögensgegenstände und Schulden zu einem Stichtag in art-, mengen- und wertmäßiger Hinsicht enthält. Die Aufstellung des Inventars ist nicht nur zu Beginn des Handelsgewerbes als Ausgangspunkt für die Aufstellung der Eröffnungsbilanz gesetzlich vorgeschrieben, sondern sie muß für den Schluß eines jeden Geschäftsjahres durchgeführt werden (§ 240 II HGB). Die jährliche Aufstellung des Inventars ermöglicht eine Kontrolle der in der Buchhaltung fortgeschriebenen Bestandswerte mit den tatsächlich erfaßten Vermögensgegenständen und Schulden.

Unabhängig vom Aufstellungszeitpunkt sind im Bestandsverzeichnis nur diejenigen Bestandsmengen nachzuweisen, die am Bilanzstichtag vorhanden sind. Bei vom Bilanzstichtag abweichenden Aufnahmezeitpunkten muß durch die Anwendung geeigneter Fortschreibungs- und Rückrechnungsverfahren die Wertermittlung der Vermögens- und Schuldbestände zum Stichtag gewährleistet sein. Die in das Inventar aufzunehmenden Vermögensgegenstände und Schulden sind vollständig und einzeln zu erfassen und zu bewerten. Der Grundsatz der Vollständigkeit erfordert die Aufnahme sämtlicher Vermögensgegenstände und Schulden, die in der Bilanz auszuweisen sind. Maßgebend für die Einbeziehung von Vermögensgegenständen in das Inventar ist deren **wirtschaftliche Zugehörigkeit** zum Betriebsvermögen. Die wirtschaftliche Zugehörigkeit bestimmt sich in erster Linie nach dem sog. **wirtschaftlichen Eigentum** (§ 39 II AO). Soweit ein Dritter den Eigentümer durch Ausübung der tatsächlichen Herrschaft dauerhaft von der Einwirkung auf den Vermögensgegen-

Grundsatz der Vollständigkeit

stand wirtschaftlich ausschließen kann, ist der Vermögensgegenstand dem Dritten wirtschaftlich zuzurechnen. Unter Eigentumsvorbehalt gelieferte oder sicherungsübereignete Gegenstände sind deshalb nicht dem rechtlichen, sondern dem wirtschaftlichen Eigentümer zuzuordnen, sofern eine Inanspruchnahme des Sicherungsrechts nicht zu erwarten ist. Aus dem Vollständigkeitsprinzip folgt weiter, daß auch abgeschriebene Vermögensgegenstände und Güter ohne Marktgängigkeit („Ladenhüter") mit einem Merkposten angesetzt werden müssen.

Geringwertige bewegliche Vermögensgegenstände des Anlagevermögens, deren Anschaffungs- und Herstellungskosten DM 800,– nicht übersteigen, brauchen nicht in das Inventar aufgenommen zu werden, wenn sie im Zugangsjahr vollständig abgeschrieben und auf einem besonderen Konto bzw. in einem gesonderten Verzeichnis erfaßt werden.

Der Grundsatz der Einzelerfassung und -bewertung bei der Aufstellung des Inventars besagt, daß die Vermögensgegenstände und Schulden artmäßig gegliedert, mengenmäßig aufgenommen und grundsätzlich isoliert bewertet werden müssen. Vom Grundsatz der strikten Einzelerfassung und -bewertung gibt es jedoch gesetzlich geregelte Ausnahmen. Bei der Stichprobeninventur erstreckt sich die Einzelerfassung der Bestände lediglich auf die in die Stichprobe einbezogenen Vermögenswerte. Ebenso können für Vermögensgegenstände des Sachanlagevermögens sowie für Roh-, Hilfs- und Betriebsstoffe mit einem Gesamtwert von geringer Bedeutung Festwerte angesetzt werden, wobei nur alle drei Jahre eine körperliche Bestandsaufnahme durchgeführt werden muß.

Grundsatz der Einzelerfassung und -bewertung

Die Einzelbewertung von Vermögenspositionen kann unter bestimmten Voraussetzungen durch den Ansatz von **Festwerten** oder durch eine **Gruppenbewertung** gleichartiger Vermögensgegenstände des Vorratsvermögens oder annähernd gleichwertiger beweglicher Vermögensgegenstände mit gewogenen Durchschnittswerten ersetzt werden (§ 240 III und IV HGB).

Die Bewertung der Vermögensgegenstände und Schulden richtet sich nach den Bewertungsvorschriften für die Bilanzpositionen. Bei Vermögensgegenständen sind grundsätzlich die Anschaffungs- und Herstellungskosten anzusetzen. Wertmindernden Umständen wird durch eine Bewertung zum niedrigeren Zeitwert Rechnung getragen.

Die Differenz zwischen dem Gesamtwert der Vermögensgegenstände und der Summe aller Schulden ergibt das **Reinvermögen** der Unternehmung. Die Ermittlung des Reinvermögens ist jedoch nicht der Zweck des Inventars. Die Funktion des Inventars ist lediglich der mengen- und wertmäßige Bestandsnachweis aller Vermögenswerte und Schulden.

b) Inventurverfahren

Die Inventurverfahren sind **Methoden der Bestandsaufnahme**. Sie können nach Umfang, Zeitpunkt und Art der Bestandsaufnahme wie folgt systematisiert werden:

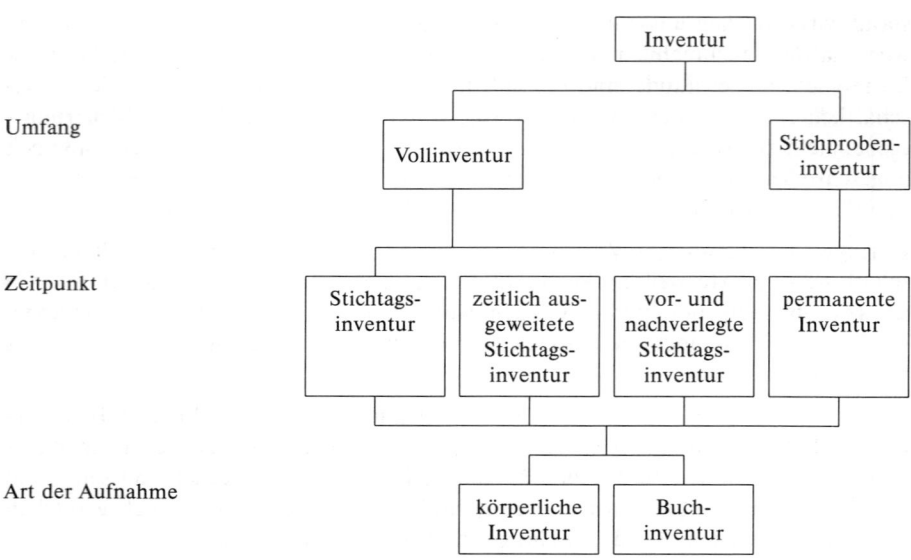

Abbildung 10.14: Inventurverfahren

Bei der **Vollinventur** werden sämtliche Vermögens- und Schuldbestände erfaßt. Die **Stichprobeninventur** beschränkt sich auf eine Teilerhebung der Bestände. Sie wird hauptsächlich bei der Aufnahme des Vorratsvermögens angewendet. Nach § 241 I HGB ist ein Verfahren der Stichprobeninventur zulässig, wenn es anerkannte mathematisch-statistische Methoden anwendet, den Grundsätzen ordnungsmäßiger Buchführung entspricht und wenn der Aussagewert des so erstellten Inventars dem Informationsgehalt eines Inventars auf der Grundlage der Vollinventur entspricht. Die Stichprobeninventur kann als freie Mittelwertschätzung, als gebundenes Schätzverfahren oder als Annahmestichprobe ausgestaltet sein.

Methoden der Stichproben- inventur

Freie Mittel- wert- schätzung

Bei der **freien Mittelwertschätzung** wird der Schätzwert für den wertmäßigen Inventurbestand auf der Grundlage der Stichprobenergebnisse hochgerechnet. Aus der Grundgesamtheit von N Lagerpositionen werden n Positionen in die Stichprobe einbezogen sowie mengen- und wertmäßig vollständig erfaßt. Für jede Lagerposition i (i = 1, 2 . . . n) mit m_i Einheiten und einem Durchschnittswert von p_i errechnet sich ein Inventurwert von $x_i = p_i \cdot m_i$. Der arithmetische Mittelwert aller in die Stichprobe einbezogenen Bestandseinheiten beträgt

$$\bar{x} = \frac{\sum\limits_{i=1}^{n} p_i \cdot m_i}{n}$$

Der Schätzwert für das Inventar mit dem nicht bekannten tatsächlichen Lagerwert X errechnet sich durch Multiplikation von Stichprobenmittelwert und Gesamtzahl der Einzelbestände: $\bar{X} = N \cdot \bar{x}$.

1354

Der für die Hochrechnung erforderliche Stichprobenumfang richtet sich nach dem gewünschten Sicherheitsgrad der Schätzung, dem festgelegten Stichprobenfehler und der geschätzten Standardabweichung, die entweder aus den Inventurwerten der Stichprobe oder aus den Lagerbuchwerten des Gesamtbestandes ermittelt wird.

Bezeichnet t den Funktionswert der Normalverteilung für den verlangten Sicherheitsgrad (t = 1,96 für den Sicherheitsgrad von 95%), e den Stichprobenfehler und σ die Standardabweichung der Inventurwerte der Stichprobe, so gilt für den notwendigen Stichprobenumfang

$$n = \frac{t^2 \sigma N^2}{t^2 \sigma^2 + e^2 \ (N-1)}.$$

Ein der Vollinventur entsprechender Aussagewert für den Gesamtwert wird bei der Stichprobeninventur angenommen, wenn der Sicherheitsgrad der Schätzung mindestens 95% beträgt und der relative Stichprobenfehler 1% nicht überschreitet. Die erforderliche Aussagenäquivalenz bezüglich der Einzelnachweise für Art, Menge und Wert der einzelnen Inventarpositionen setzt eine bestandszuverlässige Lagerbuchhaltung ohne größere Abweichungen zwischen Buch- und Inventurwerten voraus. Festgestellte Abweichungen zwischen dem Gesamtbuchwert der Lagerbuchhaltung und dem geschätzten Inventurwert sind nach Einzelkorrektur der Stichprobenbestände als Ausgleichsposten in das Inventar einzustellen (vgl. IdW 1981, S. 483).

Der notwendige Stichprobenumfang wird reduziert, wenn ein **geschichtetes Stichprobenverfahren** für die Mittelwertschätzung verwendet wird. Voraussetzung für die Verfahren der geschichteten Mittelwertschätzung ist eine Strukturanalyse der Lagerbestände, um eine Schichtenbildung durchführen zu können. Sie erstreckt sich in der Regel auf eine Gliederung der Inventurpositionen nach Wertklassen oder auf die Werte der einzelnen Mengeneinheiten (Artikel) in den Bestandspositionen. Aus Gründen der Wirtschaftlichkeit wird in der Praxis die geschichtete Mittelwertschätzung mit proportionaler oder optimaler Aufteilung der Stichprobe auf die einzelnen Schichten bevorzugt.

Geschichtete Stichprobenverfahren

Bei den **gebundenen Schätzverfahren** werden neben den aus Zufallsstichproben ermittelten Informationen zusätzliche Hilfsinformationen aus der Lagerbuchhaltung ausgewertet. Häufig angewendet wird die Methode der Differenzenschätzung. Dieses Verfahren ermittelt durch Stichproben die Differenzen zwischen Buchwerten und Inventurwerten, um ausgehend von den Buchwerten der Lagerbestände den Inventurwert des gesamten Lagers zu schätzen. Bei einem durchschnittlichen Buchwert der Lagerpositionen $\bar{X}$ lautet die Schätzfunktion für die Ermittlung des durchschnittlichen Inventurwertes der Lagerpositionen

Gebundene Schätzverfahren

$$\bar{Y} = \bar{X} + \bar{d}.$$

$\bar{d}$ repräsentiert die Differenz zwischen dem durchschnittlichen Inventurwert der in die Stichprobe einbezogenen Lagerpositionen $\bar{y}$ und dem durchschnittlichen Buchwert dieser Positionen $\bar{x}$: $\bar{d} = \bar{y} - \bar{x}$. Für den Inventurwert gilt dann:

$$Y = \bar{Y} \cdot N$$

Die weiteren Verfahren der gebundenen Schätzung (Verhältnisschätzung, Regressionsschätzung) beruhen auf anderen Verknüpfungen zwischen den durch Stichproben gewonnenen Durchschnittswerten und den Buchwerten der Lagerpositionen.

Die Stichprobeninventur kann auch als Testverfahren für die Verwendung der Lagerbuchführung als Inventar dienen. Es wird nicht der unbekannte Lagerbestandswert geschätzt, sondern die Bestandszuverlässigkeit der Lagerbuchführung geprüft. Auf der Grundlage der Hypothese, daß die Buchwerte den wahren Lagerbestandswerten entsprechen, wird der Lagerbuchhaltung die Funktion des Inventars zuerkannt, wenn das Stichprobenergebnis nicht mehr als 2% vom Gesamtwert der Lagerbuchführung abweicht. Wird die Prüfhypothese nicht verworfen, dann werden die in der Lagerbuchführung nach Art, Menge und Wert ausgewiesenen Bestände als Inventar übernommen. Auf die Verrechnung festgestellter Differenzen zwischen Buch- und Inventurwert wird verzichtet.

Die Verfahren der Stichprobeninventur beziehen sich nicht auf alle Lagerpositionen. Im Rahmen einer Strukturanalyse des Lagers erfolgt eine Untergliederung in eine Vollerhebungsschicht und in die Stichprobenschichten. Bei der Mittelwertschätzung ist die Ausgliederung wertvoller Bestände und ihre vollständige körperliche Aufnahme zweckmäßig, um die Streuung der Stichprobenmittelwerte abzubauen und damit den Umfang der Stichproben zu reduzieren. Der Vollerhebungsanteil beschränkt sich wegen der Konzentration hoher Bestandswerte auf wenige Positionen und auf eine relativ geringe Anzahl von Lagerbeständen, die einen erheblichen Anteil des Lagergesamtwertes ausmachen. Außerdem werden schwer kontrollierbare Bestände in die Vollerhebungsschicht einbezogen, um eine stichtagsbezogene Erfassung von Qualitäts- und Mengenverminderungen im Lagerbestand zu gewährleisten.

GoB-Entsprechung der Stichprobeninventur

Neben der geforderten Aussagenäquivalenz gegenüber der Vollinventur muß die Stichprobeninventur den Grundsätzen ordnungsmäßiger Buchführung genügen und auf anerkannten mathematisch-statistischen Verfahren beruhen. GoB-Entsprechung bedeutet, daß die Grundsätze der Vollständigkeit, Richtigkeit und Nachprüfbarkeit gewahrt sind (vgl. IdW 1981, S. 479). Vollständigkeit liegt vor, wenn alle Lagerpositionen in der Grundgesamtheit enthalten sind und die Stichprobenelemente vollständig aufgenommen und bewertet sind. Die Richtigkeit der Inventur wird durch die Festlegung des Sicherheitsgrades von 95% bei einem relativen Stichprobenfehler von 1% des Gesamtwertes einschließlich der Vollaufnahmeschicht gewahrt. Im Hinblick auf die Nachprüfbarkeit ist der Nachweis zu führen, welche Vermögensgegenstände nach Art, Menge und Wert im Inventar erfaßt sind. Ferner sind das angewendete Stichprobenverfahren und die durchgeführten Rechenoperationen für Dritte nachvollziehbar zu dokumentieren. Die Anwendung anerkannter mathematisch-statistischer Verfahren setzt eine eindeutige Abgrenzung des Lagergesamtbestandes nach sachlichen, örtlichen und zeitlichen Kriterien sowie die Bestimmung der Stichprobenelemente nach Zufallsauswahlverfahren voraus.

Zeitpunkt der Inventur

Nach dem Zeitpunkt der Inventur können verschiedene Inventurverfahren unterschieden werden. Bei der **Stichtagsinventur** erfolgt die Aufnahme der Vermögensbestände am Abschlußstichtag. Die Stichtagsinventur wird für Lagerpositionen durchgeführt, deren Güter einem unkontrollierbaren Schwund oder häufigen und nicht vorhersehbaren Qualitätsminderungen unterliegen. Auch besonders wertvolle Bestände werden in der Regel am Abschlußstichtag körperlich aufgenommen. Die Inventur für den Abschlußstichtag muß nicht an diesem Tag durchgeführt werden.

Bei der **zeitlich ausgeweiteten Stichtagsinventur** werden die Bestände lediglich zeitnah innerhalb einer Frist von zehn Tagen vor oder nach dem Stichtag erfaßt. Dabei muß sichergestellt sein, daß die Bestandsveränderungen zwischen Abschlußstichtag und Zeitpunkt der Aufnahme nach Art, Menge und Wert belegmäßig nachgewiesen werden, um die stichtagsbezogenen Bestandsdaten ermitteln zu können. *Zeitlich ausgeweitete Stichtags-Inventur*

Bei der **vor- oder nachverlegten Stichtagsinventur** wird der Zeitraum für die Bestandsaufnahme auf drei Monate vor oder zwei Monate nach dem Abschlußstichtag ausgeweitet (§ 241 III HGB). Die abweichend vom Abschlußstichtag aufgenommenen Bestände sind in einem besonderen Inventar zu verzeichnen, das nicht Bestandteil des allgemeinen Inventars für den Schluß eines Geschäftsjahres ist. Durch Fortschreibung bzw. Rückrechnung muß gesichert sein, daß die zeitlich abweichend erfaßten Bestände zum Abschlußstichtag ordnungsgemäß bewertet werden können. Es genügt eine zuverlässige wertmäßige Fort- bzw. Rückrechnung der Bestandswerte auf den Abschlußstichtag. Eine Aufzeichnung der art- und mengenmäßigen Bestandsveränderungen ist nicht erforderlich. Für Bestände, die im Rahmen der Stichtagsinventur aufgenommen werden müssen (Bestände mit unkontrollierbaren Abgängen, wertvolle Bestände) ist eine Ausweitung des Inventurzeitraumes nicht zulässig. *Vor- oder nachverlegte Stichtags-Inventur*

Kennzeichnend für die **permanente Inventur** ist die Verteilung der Zeitpunkte der Bestandsaufnahme auf das ganze Geschäftsjahr. Die einzelnen Lagerpositionen können zu unterschiedlichen Zeitpunkten körperlich erfaßt werden. Voraussetzung für die Anwendung der permanenten Inventur ist eine art-, mengen- und wertmäßige Feststellung der Bestände durch ein GoB-konformes Fortschreibungsverfahren. Im Gegensatz zur vor- oder nachverlagerten Stichtagsinventur müssen die Bestände laufend art- und mengenmäßig in einer Lagerbuchführung erfaßt werden. Dabei sind folgende Anforderungen an die Lagerbuchführung einzuhalten (Abschn. 30 II EStR): *Permanente Inventur*

- Alle Bestände sowie Zu- und Abgänge sind einzeln nach Tag, Art und Menge in Lagerbüchern oder Lagerkarteien einzutragen und belegmäßig nachzuweisen.
- Jährlich muß mindestens einmal durch körperliche Bestandsaufnahme die Übereinstimmung von Buchbestand und tatsächlichem Bestand der einzelnen Lagerpositionen unter Angabe des Tages der körperlichen Bestandsaufnahme in der Lagerbuchhaltung geprüft werden. Der Buchbestand ist an den tatsächlichen Bestand anzupassen.
- Durchführung und Ergebnis der körperlichen Bestandsaufnahme müssen in Protokollen dokumentiert werden, die 10 Jahre lang aufzubewahren sind.

In das Inventar zum Bilanzstichtag werden die Buchbestände übernommen, die in der Lagerbuchhaltung zu diesem Zeitpunkt verzeichnet sind.

Die körperliche Inventur wird generell für das Vorratsvermögen durchgeführt. Für andere Vermögensgegenstände, die nicht körperlich aufgenommen werden müssen oder die einer körperlichen Bestandsaufnahme nicht zugänglich sind (z. B. Forderungen, immaterielle Werte) sowie für Schulden erfolgt die Erfassung der Bestände durch Buchinventur. Bei der Buchinventur werden die Bestände durch Buchhaltungsunterlagen und gesonderte Aufzeichnungen art-, mengen- und wertmäßig nachgewiesen. Der Nachweis immaterieller Werte und des Sachanlagevermögens wird durch ein Bestandsverzeichnis erbracht. Anstatt einer körperlichen Bestandsaufnahme werden die Zu- und Abgänge laufend in das Bestandsverzeichnis aufgenommen, so daß die am Stichtag vorhandenen Gegenstände durch das fortlaufende Bestandsverzeichnis nachgewiesen werden. Gleiches gilt für Gegenstände des Finanzanlagevermögens, die in besonderen Verzeichnissen (Beteiligungskartei, Wertpapierbuch) erfaßt werden. Der Bestandsnachweis für Forderungen und Verbindlichkeiten erfolgt durch Saldenlisten, die auf der Grundlage der für die einzelnen Kunden und Lieferanten geführten Personenkonten erstellt werden.

Obwohl für Gegenstände des Sachanlagevermögens eine körperliche Inventur möglich ist, wird sie in der Regel durch eine Buchinventur in der Form einer fortlaufenden Führung des Bestandsverzeichnisses ersetzt. Für steuerliche Zwecke ist die Anwendung der Buchinventur ausdrücklich zugelassen (Abschn. 31 VI EStR). Diese Regelung ist auch für die Aufstellung des Inventars als Grundlage für die Handelsbilanz anwendbar. Theoretisch kann die Buchinventur auch für einen vom Abschlußstichtag abweichenden Zeitpunkt durchgeführt werden. Praktisch entspricht die laufende Registrierung der Zu- und Abgänge in den besonderen Bestandsverzeichnissen einer Stichtagsinventur. Die Saldenlisten der Forderungen und Verbindlichkeiten werden ebenfalls regelmäßig auf den Abschlußstichtag erstellt.

III. Aufstellung des Jahresabschlusses

1. GoB als Rahmenbedingungen für die Aufstellung des Jahresabschlusses

Grundsätze ordnungsmäßiger Buchführung (GoB) sind Normen, deren Einhaltung eine zweckgerechte Rechnungslegung gewährleisten soll. Ihre Anwendung schützt den Aufsteller des Jahresabschlusses vor Fehlverhalten und möglichen Sanktionen und stellt sicher, daß die Informationsansprüche der Jahresabschlußadressaten im gesetzlich geforderten Umfang erfüllt werden (vgl. Ballwieser 1989, B 105 Tz 3).

Die gesetzlichen Vorschriften über Handelsbücher verweisen mehrfach auf die GoB. Die GoB sind bei der Buchführung (§§ 238 I, 239 IV HGB), bei der Aufstellung des Inventars (§ 241 HGB) und bei der Aufbewahrung von Unterlagen (§ 257 III HGB) zu beachten. Daneben wird für die Aufstellung der Eröffnungsbilanz und des Jahresabschlusses auf die GoB Bezug genommen (§§ 243 I, 264 II HGB). **Die GoB sind folglich die Gesamtheit der die Gesetzeskonformität der Rechnungslegung sichernden Regelungen, die sich auf die laufende Buchführung, die Erstellung des Inventars und auf die Aufstellung des Jahresabschlusses beziehen.** Die Teilmenge der GoB, die bei Aufstellung des Jahresabschlusses anzuwenden ist, wird häufig als **Grundsätze ordnungsmäßiger Bilanzierung** bezeichnet. Es handelt sich um eine Konkretisierung von GoB, die als Rahmenbedingungen für den Jahresabschluß gelten kann, während die GoB insgesamt einen breiteren Anwendungsbereich aufweisen.

Der Begriff „GoB" ist ein unbestimmter Rechtsbegriff, der auslegungsbedürftig ist. Die GoB sind für alle Kaufleute unabhängig von der Rechtsform verbindlich. Teilweise sind GoB als allgemeine Bewertungsgrundsätze (§ 252 HGB) gesetzlich geregelt. Auch die gesetzlich aufgeführten Prinzipien der Klarheit (§ 243 II HGB) und der Vollständigkeit des Jahresabschlusses (§ 246 I HGB) gehören zu den GoB. Die Bezugnahme auf die GoB bei der Aufstellung des Jahresabschlusses beinhaltet die generelle Forderung nach Einhaltung aller gesetzlich angeführten Grundsätze und außergesetzlicher Normen, die für die Erstellung zweckgerechter Jahresabschlüsse vom Kaufmann zu beachten sind.

Die Funktion der auf den Jahresabschluß bezogenen GoB gebietet grundsätzlich eine **deduktive Bestimmung** ihres Inhalts, die von den gesetzlichen Zwecken des Jahresabschlusses ausgeht. Ausgangspunkt sind die aus dem Gesetz durch Auslegung konkretisierten Rechnungslegungszwecke, aus denen der Inhalt der GoB abzuleiten ist. Andernfalls wäre die Zweckbezogenheit der Rechnungslegung durch die Beachtung der einschlägigen GoB nicht sichergestellt.

Ermittlung der GoB

Die deduktive Ermittlungsmethode für GoB schließt nicht aus, daß bei der Ableitung von GoB auch auf die beobachtbare Bilanzierungspraxis der Kaufleute zurückgegriffen wird. Bei der **induktiven Methode** wird von den tatsächlich praktizierten Bilanzierungsweisen auf den Inhalt von GoB geschlossen. Dieses Vorgehen ist problematisch, weil es auf einer an den Interessen der Kaufleute orientierten Rechnungslegungspraxis beruht, die Abweichungen von gesetzeszweckkonformen Jahresabschlüssen aufweisen kann. Andererseits kann die empirisch feststellbare Bilanzierungspraxis, insbesondere bei neuen Bilanzierungsproblemen, Anhaltspunkte für den Inhalt von GoB liefern, die jedoch auf ihre Vereinbarkeit mit den gesetzlichen Jahresabschlußzwecken überprüft werden müssen.

Für die Gewinnung von GoB auf der Grundlage gesetzlicher Rechnungslegungszwecke wird eine eindeutige Deduktionsbasis benötigt, die jedoch aus den Rechungslegungsvorschriften nicht unmittelbar entnommen werden kann. Die gesetzlichen Jahresabschlußzwecke und ihr Verhältnis untereinander sind inhaltlich unbestimmt (vgl. Schneider 1983, S. 141 ff.). Der Jahresabschluß beruht auf Rechnungslegungsvorschriften, die kein widerspruchfreies System repräsentieren. Deshalb sind die Rechnungslegungsvorschriften durch die Anwendung juristischer Auslegungsmethoden unter Berücksichtigung ihres Bedeutungszusammenhangs in ein Gefüge von Bilanzrechtsprinzipien zu transformieren, das auf der Zweckstruktur des Jahresabschlusses fußt. Die Ermittlung der GoB erfordert eine Auslegung jener Gesetzesvor-

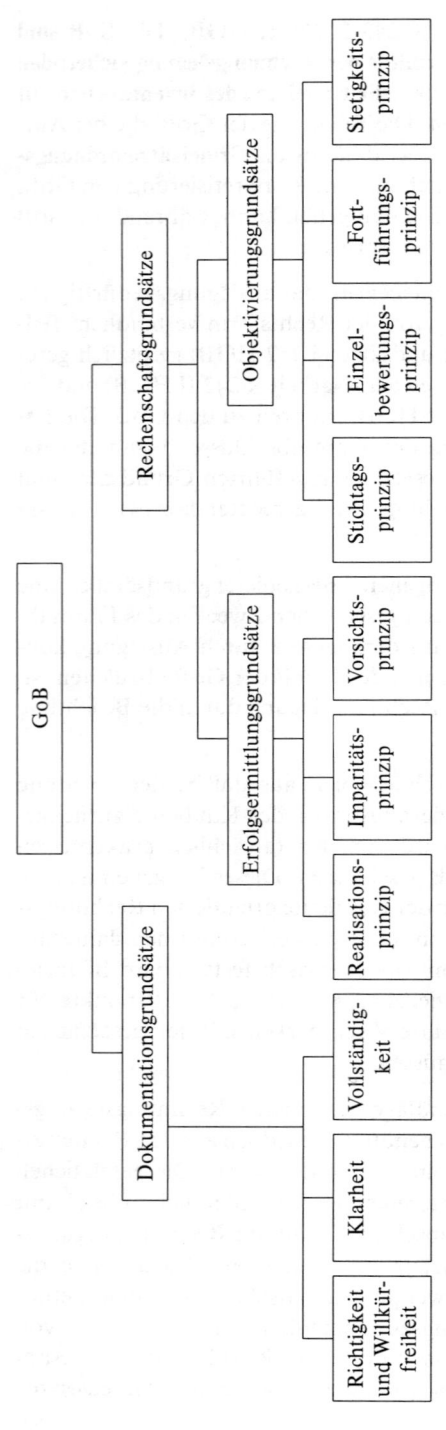

Abbildung 10.15: GoB für die Aufstellung des Jahresabschlusses

1360

schriften, die einzelne GoB oder einen allgemeinen Verweis auf die GoB enthalten. Wegen der Problematik der Ableitung gesetzlicher Jahresabschlußzwecke aus der Gesamtheit der Rechnungslegungsvorschriften werden GoB unterschiedlich systematisiert (vgl. Leffson 1987, S. 179 ff.; Ballwieser 1987, S. 9 ff.; Baetge 1990, Kap. II Tz 112 ff.). Ausgehend vom Dokumentationszweck des Jahresabschlusses umfassen die GoB Dokumentationsgrundsätze, welche die Anforderungen an die Ordnungsmäßigkeit des Buchführungssystems und des Inventars präzisieren. Die elementaren Dokumentationsgrundsätze sind auch bei der Aufstellung des Jahresabschlusses zu beachten. Daneben beziehen sich die Grundsätze ordnungsmäßiger Bilanzierung auf den Rechenschaftszweck, der dem Jahresabschluß die grundsätzliche Aufgabe zuweist, eine vorsichtig bemessene und von Dritten nachprüfbare Ausschüttungsrichtgröße zu ermitteln. Die GoB für den Jahresabschluß können wie folgt systematisiert werden (vgl. Abbildung 10.15):

Die elementaren **Dokumentationsgrundsätze** sind notwendige Bedingungen jeder Informationsvermittlung (vgl. Baetge 1990, Kap. II Tz 122). Der Grundsatz der Richtigkeit und Willkürfreiheit besagt, daß der Jahresabschluß den kodifizierten und den nicht gesetzlich geregelten Normen entsprechen soll, so daß das Zahlenwerk für denjenigen, der die Regelung kennt, intersubjektiv nachprüfbar ist (vgl. Leffson 1987, S. 97). Soweit Schätzwerte in den Jahresabschluß eingehen, wird der Grundsatz der Richtigkeit durch das Prinzip der Willkürfreiheit ergänzt. Es verlangt, daß der Bilanzaufsteller nur solche Werte wählt, die aus realitätsnahen und von ihm für zutreffend gehaltenen Hypothesen gewonnen werden, so daß eine subjektiv richtige Aussage über die der Bilanzierung zugrunde liegenden Sachverhalte getroffen wird (vgl. Leffson 1987, S. 203). Die Dokumentationsgrundsätze der Klarheit und Vollständigkeit sind gesetzlich normiert. Der Grundsatz der Klarheit (§ 243 II HGB) verlangt eine eindeutige Bezeichnung und hinreichende Aufgliederung der Rechnungsposten, wobei diese so zuzuordnen sind, daß der Jahresabschluß verständlich und übersichtlich ist. Der Grundsatz der Vollständigkeit ist gewahrt, wenn sämtliche Vermögensgegenstände und Schulden sowie Aufwendungen und Erträge im Jahresabschluß enthalten sind (§ 246 I HGB).

Grundsatz der Richtigkeit

Grundsatz der Willkürfreiheit

Grundsatz der Klarheit

Die Rechenschaftsgrundsätze können in Erfolgsermittlungs- und Objektivierungsgrundsätze unterteilt werden, wobei letztere teilweise aus den Erfolgsermittlungsgrundsätzen ableitbar sind (vgl. Ballwieser 1989, B 105, Tz 58 ff.). Das in § 252 I Nr. 4 HGB aufgeführte Realisationsprinzip verknüpft die Erfolgsentstehung mit der Durchführung von Umsatzvorgängen. Erfolgsbeiträge entstehen grundsätzlich erst durch Lieferungen und sonstige Leistungen an Dritte. Deshalb sind Beschaffungs- und Herstellvorgänge erfolgsneutral zu verrechnen. Daraus folgt das Anschaffungswertprinzip für die Bewertung von Vermögensgegenständen. Das Realisationsprinzip bestimmt nicht nur den Zeitpunkt der Verrechnung von Umsatzerlösen, sondern auch den Zeitpunkt der Aufwandsrealisation. Es verlangt eine umsatzbezogene Ausgabenabgrenzung, so daß die mit den abgesetzten Leistungen verbundenen Ausgaben periodengleich den entsprechenden Umsatzerlösen gegenüberzustellen sind.

Realisationsprinzip

Das Imparitätsprinzip durchbricht das Realisationsprinzip. Verluste, die nach dem Realisationsprinzip erst durch Umsatzvorgänge in späteren Perioden entstehen, sind gemäß § 252 I Nr. 4 HGB zu antizipieren. Die Vorwegnahme drohender Verluste führt zum Ansatz von Rückstellungen für drohende Verluste und zu einer verlustfreien Bewertung von Vermögensgegenständen durch Anwendung der Niederstwertvorschriften.

Das Vorsichtsprinzip kann einerseits als globaler Erfolgsermittlungsgrundsatz verstanden werden, der das Realisations- und das Imparitätsprinzip als Prinzipien vorsichtiger Erfolgsermittlung einschließt. Andererseits ist das Vorsichtsprinzip ein Bewertungsgrundsatz, der bei der Ermittlung von Schätzwerten für die Aktiva einen Wertansatz im unteren Bereich des Schätzrahmens und für Passiva eine Bewertung im oberen Bereich der Schätzbandbreite fordert. Außerdem folgt aus dem Vorsichtsprinzip, daß die Bewertungsgrundlagen für die Ermittlung von konkreten Wertansätzen (z. B. Nutzungsdauer von Anlagen, Ansatz erwarteter Verkaufspreise für Erzeugnisse bei verlustfreier Bewertung) so zu bestimmen sind, daß Aktiva mit eher zu niedrigen Werten und Passiva mit tendenziell höheren Werten angesetzt werden.

Objektivierungsprinzipien bewirken eine Einschränkung des subjektiven Ermessens bei der Erfolgsermittlung und ergänzen damit gleichzeitig die Erfolgsermittlungsgrund-
sätze. Das Stichtagsprinzip fordert eine Bewertung der Vermögensgegenstände und Schulden sowie die Antizipation drohender Verluste nach den Wertverhältnissen des Bilanzstichtages. Mögliche Chancen und Risiken in der Zukunft, die lediglich Erwartungen des Bilanzaufstellers widerspiegeln, ohne daß sie auf wertbegründende Ereignisse bis zum Bilanzstichtag zurückgeführt werden können, dürfen bei der Bewertung nicht berücksichtigt werden. Umgekehrt sind wertaufhellende Informationen zwischen Bilanzstichtag und Aufstellungszeitpunkt des Jahresabschlusses, die lediglich die am Bilanzstichtag bestehenden Wertverhältnisse konkretisieren, in die Bewertung einzubeziehen.

Der Grundsatz der Einzelbewertung nach § 252 I Nr. 3 HGB dient der Abgrenzung von Bewertungseinheiten im Jahresabschluß. Aus Objektivierungsgründen erfolgt keine Gesamtbewertung des Unternehmens oder von Unternehmensteilen, sondern eine Bewertung einzelner Vermögensgegenstände und Schulden. Der Grundsatz der Einzelbewertung stellt außerdem die Basis für die Anwendung des Realisationsprinzips dar und ergänzt das Imparitätsprinzip, weil mögliche Mehrwerte, die aus der Kombination von Vermögensgegenständen und Schulden resultieren (z. B. Zweigbetrieb), im Rahmen der Ermittlung eingetretener Wertminderungen bei einzelnen Vermögensgegenständen nicht erfaßt werden dürfen.

Beispiel zur Einzelbewertung:
Einem Unternehmen gehören zwei unbebaute Grundstücke, deren Werte sich wie folgt entwickeln:

	Grundstück A DM		Grundstück B DM
Anschaffungskosten	100 000		250 000
Verkehrswert	200 000		150 000
Wertänderung	+ 100 000	$\longleftrightarrow$ keine Saldierung	– 100 000
neuer Bilanzansatz	100 000		150 000

Das Fortführungsprinzip (going concern) gemäß § 252 I Nr. 2 HGB schließt den Ansatz liquidationsbedingter Schulden (z. B. Sozialplanverpflichtungen) und eine Bewertung der Vermögensgegenstände mit Zerschlagungswerten sowie der Schulden mit Ablösebeträgen vor deren Fälligkeit aus. Bilanzansätze und Bewertung in der Handelsbilanz sollen auf der Grundlage eines fortgeführten Geschäftsbetriebs bestimmt werden. Die Anwendung der Fortführungsprämisse dient der Objektivierung der Bewertung (vgl. Moxter 1980, S. 348 ff.), da die Ermittlung von Zerschlagungswerten schwierig nachzuprüfen ist. Lediglich wenn tatsächliche oder rechtliche Gegebenheiten einer Fortsetzung der Unternehmenstätigkeit entgegenstehen, ist das Fortführungsprinzip nicht mehr anzuwenden.

Fortführungs-prinzip

Auch das Stetigkeitsprinzip ist ein Objektivierungsgrundsatz (vgl. Moxter 1987b, S. 367). Es fordert nach § 252 I Nr. 6 HGB die Beibehaltung der gewählten Bewertungsmethoden und schließt somit die unterschiedliche Ausübung von Ermessensspielräumen und Bewertungswahlrechten bei vergleichbaren Bewertungssachverhalten für die Erfolgsermittlung im Zeitablauf aus.

Stetigkeits-prinzip

2. Aufstellung der Bilanz

a) Bilanzierung dem Grunde nach

Die Bilanzierung dem Grunde nach betrifft die Abgrenzung des Bilanzinhalts. Die allgemeine Kennzeichnung des Inhalts des Jahresabschlusses bestimmt in Verbindung mit den speziellen **Ansatzvorschriften, welche mit Einnahmen und Ausgaben verbundenen Sachverhalte in die Bilanz aufgenommen werden müssen oder dürfen und für welche Geschäftsvorfälle ein Bilanzierungsverbot besteht.**

Nach § 246 I HGB muß die Bilanz sämtliche Vermögensgegenstände, Schulden und Rechnungsabgrenzungsposten enthalten, soweit gesetzlich nichts anderes bestimmt ist. Neben diesen Bilanzposten ist auch das Eigenkapital anzusetzen und gesondert auszuweisen. Vermögensgegenstände, Schulden, Eigenkapital und Rechnungsabgrenzungsposten sind bilanzierungspflichtig, falls das grundsätzliche Ansatzgebot nicht durch ein gesetzliches Bilanzierungsverbot oder -wahlrecht verdrängt wird.

Bilanzinhalte

Bei den Vermögensgegenständen sind nach § 248 II HGB nicht entgeltlich erworbene immaterielle Vermögensgegenstände des Anlagevermögens mit einem Bilanzierungsverbot belegt. Die Bilanzierung von Schulden ist für Rückstellungen außerhalb der gesetzlich bezeichneten Zwecke gemäß § 249 III HGB ausgeschlossen. Für einzelne bilanzielle Schulden (Aufwandsrückstellungen, Altpensionszusagen, mittelbare und pensionsähnliche Altersversorgungsverpflichtungen) bestehen Ansatzwahlrechte.

Weitere Bilanzansatzwahlrechte sind für Sachverhalte gesetzlich geregelt, die den Kategorien Vermögensgegenstand, Schuld und Rechnungsabgrenzungsposten nicht oder nicht eindeutig zugeordnet werden können. Dabei ist zwischen rechtsformindifferenten und rechtsformabhängigen Bilanzansatzwahlrechten zu unterscheiden.

Rechtsformindifferente Bilanzansatzwahlrechte beziehen sich auf den Geschäftswert (§ 255 IV HGB) und auf rechnungsabgrenzungsähnliche Sachverhalte (§ 250 I Nr. 1 und 2, III HGB) sowie auf die für ertragssteuerliche Zwecke gebildeten Passivposten (§ 247 III HGB). Daneben können Kapitalgesellschaften wahlweise konkret umschriebene Bilanzierungshilfen (Aufwendungen für Ingangsetzung und Erweiterung des Geschäftsbetriebes, § 269 HGB; aktive latente Steuern, § 274 II HGB) in die Bilanz aufnehmen.

Die gesetzliche Regelung der Bilanzierung dem Grunde nach liefert schematisch folgende Abgrenzung des Bilanzinhalts (vgl. Abbildung 10.16).

b) Bilanzierung der Aktiva

Vermögensgegenstände

(1) Merkmale des Vermögensgegenstandes

*Vermögens-
gegenstände*
Der Begriff „Vermögensgegenstand" ist **gesetzlich nicht definiert**. Es handelt sich um einen auslegungsbedürftigen, unbestimmten Rechtsbegriff. Die Konkretisierung derjenigen Begriffsmerkmale des Vermögensgegenstandes, die als Aktivierungskriterien für wirtschaftliche Güter maßgebend sind, ist strittig. Zu den Vermögensgegenständen zählen Sachen als körperliche Gegenstände und Rechte. Die Problematik der Abgrenzung der Vermögensgegenstände von nicht bilanzierungsfähigen wirtschaftlichen Vorteilen entsteht bei immateriellen wirtschaftlichen Gütern, die nicht mit einem Recht verbunden sind. Das Erfordernis einer intersubjektiv nachprüfbaren Rechnungslegung und der damit verbundene Gläubigerschutz verbieten den Ansatz nicht hinreichend konkretisierter wirtschaftlicher Güter. Um den Ausweis von fiktivem Vermögen in der Bilanz zu vermeiden, muß der durch eine Ausgabe erworbene Gegenwert einen nachweisbaren („greifbaren") Vermögensvorteil darstellen. Ein solcher Nachweis kann erbracht werden, wenn der wirtschaftliche Vorteil die Voraussetzungen der selbständigen Bewertbarkeit und der selbständigen Verkehrsfähigkeit erfüllt.

*Selbständige
Bewertbarkeit*
Die selbständige Bewertbarkeit besagt, daß dem Vermögensgegenstand im Rahmen der Bewertung als Vermögenszugang Anschaffungs- oder Herstellungskosten zugeordnet werden können und daß sich bei der Folgebewertung in späteren Perioden ein

1364

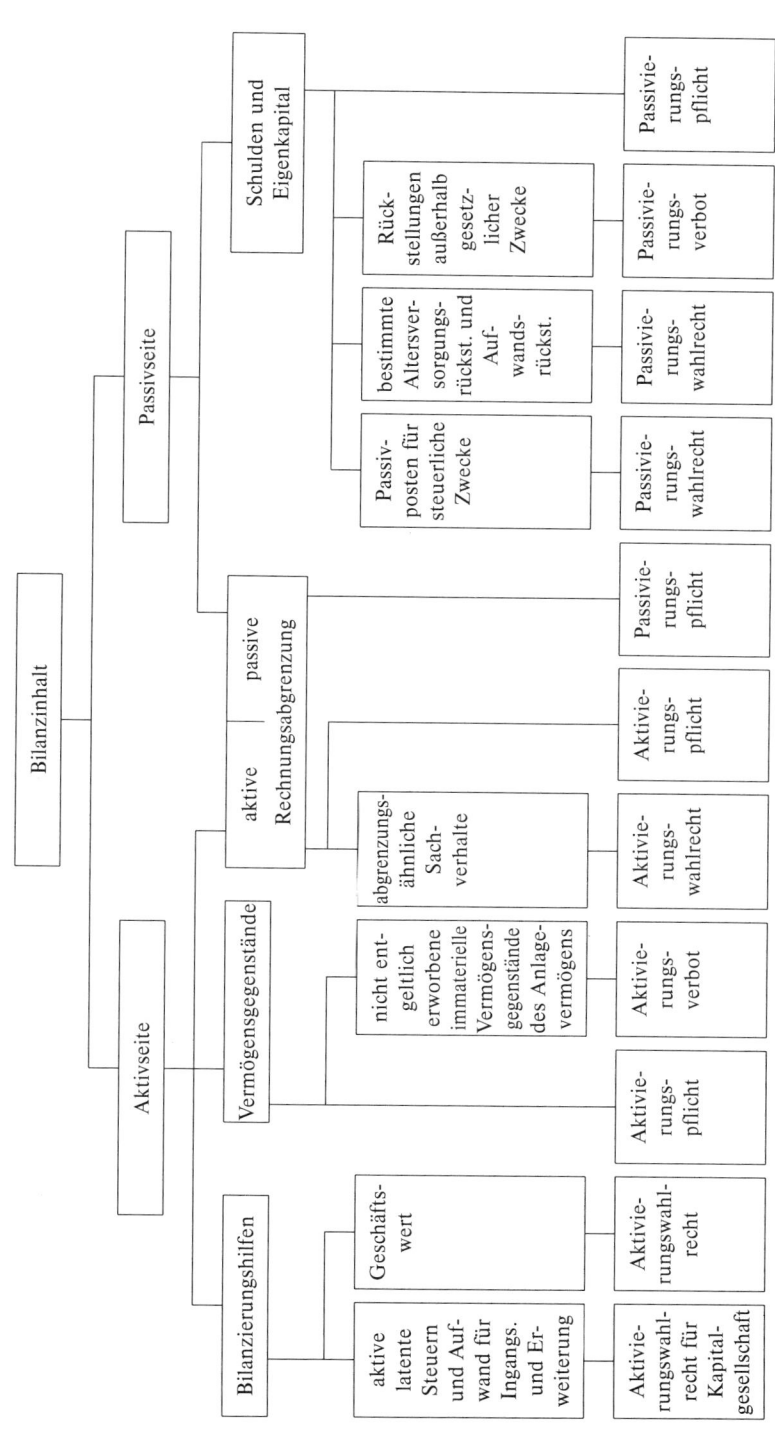

Abbildung 10.16: Kennzeichnung des Bilanzinhalts

1365

möglicherweise niedrigerer Wert auch feststellen läßt (vgl. Moxter 1986, S. 22 f.). Eine spätere Bewertung muß zumindest die Feststellung erlauben, ob das wirtschaftliche Gut überhaupt noch vorhanden ist (vgl. Moxter 1985, S. 36).

Selbständige Verkehrs-fähigkeit

Bei der selbständigen Verkehrsfähigkeit als Aktivierungskriterium für Vermögensgegenstände können mehrere Ausprägungen unterschieden werden (vgl. Kußmaul 1987, S. 2053). **Konkrete Einzelveräußerbarkeit** erfordert, daß der einzelne Vermögensgegenstand auf einen Dritten übertragen werden kann und keinen diesbezüglichen Verfügungsbeschränkungen unterliegt. **Abstrakte Einzelveräußerbarkeit** liegt vor, wenn das wirtschaftliche Gut unabhängig von vertraglichen oder gesetzlichen Veräußerungsverboten seiner Natur nach isoliert übertragbar ist (vgl. Knobbe-Keuk 1989, S. 76). Das Kriterium der selbständigen Verkehrsfähigkeit bezieht neben der Veräußerung auch andere Formen der Einzelverwertung eines Vermögensgegenstandes gegenüber Dritten ein (z. B. entgeltliche Nutzungsüberlassung). Für das Vorliegen eines Vermögensgegenstandes genügt die selbständige Einzelverwertbarkeit des wirtschaftlichen Gutes. Obwohl das Merkmal der konkreten Einzelveräußerbarkeit als Bilanzierungskriterium eines Vermögensgegenstandes den Aspekt des Gläubigerschutzes und der vorsichtigen Darstellung der Vermögenslage besonders betont, wird überwiegend die abstrakte Einzelveräußerbarkeit unter Einschluß anderer Verwertungsformen als maßgebliches Aktivierungskriterium für Vermögensgegenstände gewählt. Ein Vermögensgegenstand im bilanzrechtlichen Sinne ist gegeben, wenn das wirtschaftliche Gut selbständig bewertbar ist und durch Einzelverwertung einen Beitrag zur Schuldendeckung leisten kann.

Die höchstrichterliche Finanzrechtsprechung folgt der handelsrechtlichen Abgrenzung des Vermögensgegenstandes nicht. Für den BFH ist die selbständige Verkehrsfähigkeit unerheblich (vgl. Schmidt 1990, § 5 Tz 16 b). Es genügt, wenn der wirtschaftliche Vorteil seiner Art nach zusammen mit dem Betrieb übertragen werden kann. Entscheidend sei im Hinblick auf die selbständige Bewertbarkeit, ob ein fiktiver Erwerber des Unternehmens im gesamten Kaufpreis ein gesondertes Entgelt für den Vermögensgegenstand ansetzen würde.

Neben der selbständigen Bewertbarkeit und der Einzelverwertbarkeit müssen Vermögensgegenstände für die konkrete Bilanzierung zwei Eigenschaften erfüllen. Es handelt sich um die Merkmale der **Betriebszweckbezogenheit** und der **wirtschaftlichen Vermögenszugehörigkeit**.

Betriebs-zweck-bezogenheit

Das erste Merkmal ist für die Abgrenzung des Bilanzvermögens von Einzelkaufleuten bedeutsam. Nach § 242 I HGB bezieht sich die Bilanz als Aufstellung des Vermögens und der Schulden auf das Handelsgewerbe des Kaufmanns, wobei gemäß § 247 I HGB das Anlage- und das Umlaufvermögen gesondert auszuweisen sind. Zum **Bilanzvermögen** gehören deshalb nur diejenigen Vermögensgegenstände, die vom Kaufmann dazu bestimmt sind, seinem Geschäftsbetrieb zu dienen. Vermögensgegenstände, die mit dem Betriebszweck in keinem Zusammenhang stehen, stellen **Privatvermögen** dar. Sie können nicht in die Bilanz aufgenommen werden. Bei der Zweckwidmung von Vermögensgegenständen zum Betriebs- oder zum Privatvermögen hat der Kaufmann einen Ermessensspielraum. Vermögensgegenstände, die objektiv erkennbar weder zum

1366

unmittelbaren Einsatz im Betrieb bestimmt sind noch ausschließlich privaten Zwecken dienen, können wahlweise dem Betriebsvermögen des Handelsgewerbes zugeordnet werden. Steuerrechtlich liegt **gewillkürtes Betriebsvermögen** vor. Die Behandlung von Vermögensgegenständen als gewillkürtes Betriebsvermögen erfordert eine Zurechnungsentscheidung des Kaufmanns, die durch die Aufnahme der betreffenden Vermögensgegenstände in die Bilanz dokumentiert wird.

Bei Personengesellschaften gehört das Gesamthandsvermögen der Gesellschaft zum Bilanzvermögen. Nicht zum Gesamthandsvermögen zählen Vermögensgegenstände, die Eigentum der Gesellschafter sind, auch wenn sie der Gesellschaft zur Nutzung überlassen wurden. Ebenso wie Personengesellschaften haben Kapitalgesellschaften kein gewillkürtes Betriebsvermögen, da bei diesen Rechtsformen Gesellschafts-Privatvermögen nicht vorhanden ist. Die Betriebszweckbezogenheit des Vermögensgenstandes folgt unmittelbar aus der Zugehörigkeit zum Gesellschaftsvermögen.

Das Merkmal der **wirtschaftlichen Vermögenszugehörigkeit** stellt sicher, daß nur solche Vermögensgegenstände in die Bilanz aufgenommen werden, die gemäß § 242 I HGB Vermögen des Kaufmanns sind. Ob ein Vermögensgegenstand zum Bilanzvermögen gehört, bestimmt sich grundsätzlich nach der zivilrechtlichen Zuordnung, denn nur der Eigentümer bzw. Rechtsinhaber kann über Vermögensgegenstände uneingeschränkt verfügen. Die zivilrechtliche Zuordnung wird jedoch in den Fällen durchbrochen, in denen die formale Eigentumsposition oder Inhaberschaft eines Rechts zugunsten der Verfügungsmacht eines Dritten in der Weise beschränkt ist, daß der Eigentümerposition keine wesentliche Bedeutung mehr zukommt. Gleiches gilt, wenn der Eigentumserwerb zwar noch nicht abgeschlossen ist, der endgültige Eigentumsübergang jedoch nicht mehr gegen den Willen des Kaufmanns verhindert werden kann (vgl. Knobbe-Keuk 1989, S. 59). Diese Zuordnung von Vermögensgegenständen auf der Grundlage der **tatsächlichen Sachherrschaft** des Kaufmanns ist maßgebend für die Frage des wirtschaftlichen Eigentums. **Wirtschaftliches Eigentum ist gegeben, wenn die tatsächliche Sachherrschaft über einen Vermögensgegenstand in der Weise ausgeübt werden kann, daß der zivilrechtlich Berechtigte wirtschaftlich auf Dauer von der Einwirkung auf den Vermögensgegenstand ausgeschlossen ist.**

Wirtschaftliche Vermögenszugehörigkeit

In folgenden Fällen erfolgt eine Zuordnung von Vermögensgegenständen nach ihrer wirtschaftlichen Vermögenszugehörigkeit:

Fälle wirtschaftlicher Vermögenszugehörigkeit

- unter Eigentumsvorbehalt gelieferte Vermögensgegenstände werden beim Erwerber bilanziert;
- durch Sicherungsübereignung übertragene Vermögensgegenstände werden dem Vermögen des Sicherungsgebers zugerechnet;
- abgetretene Forderungen werden unverändert von demjenigen aktiviert, der sie abgetreten hat;
- bei Kommissionsgeschäften werden die Kommissionsgüter dem Auftraggeber (Kommittent) zugerechnet;
- bei echten Pensionsgeschäften, die eine befristete Übertragung von Vermögensgegenständen mit Rückübertragungsanspruch zum Gegenstand haben, bilanziert der ursprüngliche Eigentümer (Pensionsgeber);

- treuhänderisch übertragene Vermögensgegenstände werden grundsätzlich dem Treugeber zugerechnet;
- bei Leasingverträgen, die als Finanzierungsgeschäfte in der Form eines Ratenkaufs unter Eigentumsvorbehalt ausgestaltet sind, liegt das wirtschaftliche Eigentum beim Leasingnehmer.

Obwohl die wirtschaftliche Vermögenszugehörigkeit als Zuordnungskriterium für Vermögensgegenstände zum Bilanzvermögen in der Bilanzierungspraxis allgemein anerkannt wird, ist sie inhaltlich nicht eindeutig bestimmt, so daß die Abgrenzung des wirtschaftlichen Eigentums in Einzelfällen mit Unsicherheit behaftet ist.

(2) Systematisierung von Vermögensgegenständen

Vermögensgegenstände des Bilanzvermögens können nach unterschiedlichen Kriterien systematisiert werden. Bilanziell ist die Unterscheidung von Anlage- und Umlaufvermögen wesentlich, da auf die beiden Vermögenskategorien unterschiedliche Bewertungsregeln anzuwenden sind.

(2.1) Anlagevermögen

Das Anlagevermögen umfaßt Vermögensgegenstände, die dauernd dem Geschäftsbetrieb zu dienen bestimmt sind (§ 247 II HGB). Das **Kriterium der dauernden betrieblichen Widmung** richtet sich nach der Art und der tatsächlichen Verwendung der Güter (vgl. Richter 1990, Abt. II/1 Tz 17).

Gebrauchs-güter

Vermögensgegenstände, die als Gebrauchsgüter im Produktionsprozeß eingesetzt werden, sind dauernd dem Geschäftsbetrieb gewidmet und deshalb dem Anlagevermögen zuzuordnen. Gebrauchsgüter sind Nutzungs- und Abnutzungsgüter, die für die Aufrechterhaltung der Produktionsbereitschaft des Betriebes erforderlich sind (vgl. Albach 1974, S. 286 f.). Demgegenüber gehen Verbrauchsgüter entweder in das durch die Fertigung entstehende Erzeugnis ein oder werden durch den Produktionsablauf unmittelbar in ihrem Bestand vollständig entwertet bzw. verzehrt.

Die dauernde Verwendung für den Geschäftsbetrieb bestimmt sich nicht allein nach zeitlichen Maßstäben. Sie ist funktional aus der Eignung eines Vermögensgegenstandes als Gebrauchsgut abzuleiten, so daß auch kurzlebige Vermögensgegenstände mit einer Nutzungsdauer von weniger als einem Jahr zum Anlagevermögen gehören, soweit sie entsprechend ihrer tatsächlichen Verwendung als Gebrauchsgüter zu qualifizieren sind. Dies gilt auch, wenn erworbene Vermögensgegenstände nach einem relativ kurzen Gebrauchszeitraum veräußert werden.

Die Unterscheidung von Gebrauchs- und Verbrauchsgütern der Produktion kann im Einzelfall schwierig sein. Abgrenzungsprobleme treten insbesondere bei Formen, Werkzeugen, Modellen und Vorrichtungen auf. Auftragsgebundene Vermögensgegenstände, die bei Durchführung eines Kundenauftrags innerhalb kurzer Zeit verbraucht werden, sind grundsätzlich dem **Umlaufvermögen** zuzuordnen. Stehen die betreffenden Vermögensgegenstände nicht unmittelbar mit einem speziellen Auftrag im Zusammenhang, sondern können für mehrere Aufträge eingesetzt werden, dann sind sie als Sonderanlagen dem Anlagevermögen zuzurechnen.

Leasingobjekte, die im Hinblick auf das wirtschaftliche Eigentum dem Leasingnehmer zuzurechnen sind, gehören als Gebrauchsgüter der Produktion zu dessen Anlagevermögen. Aus der Sicht des Leasinggebers stellt der Abschluß von Leasingverträgen für die von ihm hergestellten Produkte lediglich eine gegenüber dem Verkauf abweichende Vertriebsform dar. Deshalb würde sich eine Zuordnung der dem Leasinggeber zuzurechnenden Leasingobjekte zum Umlaufvermögen anbieten. Leasinggegenstände werden jedoch auch in diesem Fall dem Anlagevermögen zugerechnet. Die Produktionsleistung des Leasinggebers besteht in der Überlassung von Nutzungspotential gegen Entgelt. Wegen der Erbringung dieser Leistung werden die Leasingobjekte als Gebrauchsgüter des Leasinggebers qualifiziert, so daß sie in dessen Bilanz als Anlagevermögen auszuweisen sind.

Leasingobjekte

Aus Vereinfachungsgründen können nach kaufmännischer Übung Gegenstände des Anlagevermögens mit geringem Wert im Zeitpunkt ihrer Anschaffung oder Herstellung als Aufwand verrechnet werden. Die Bilanzierungspraxis folgt dem steuerlichen Wahlrecht, Güter mit einem Wert bis zu DM 100 nicht als Anlagevermögen anzusetzen (Abschn. 31 EStR).

Geringwertige Wirtschaftsgüter

Entsprechend der Bilanzgliederung für Kapitalgesellschaften setzt sich das Anlagevermögen aus drei unterschiedlichen Vermögensposten zusammen, die weiter untergliedert werden können (vgl. Abbildung 10.17).

Gliederung des Anlagevermögens

Das gemeinsame Merkmal der Vermögensgruppen immaterielle Vermögensgegenstände und Sachanlagen ist deren dauerhafte und unmittelbare Zweckwidmung im Unternehmen. Im Gegensatz dazu führen die als Finanzanlagen bezeichneten Investitionen zu einer Mittelverwendung außerhalb des Unternehmens. Sie dienen jedoch ebenfalls dauerhaft dem Geschäftsbetrieb des Unternehmens.

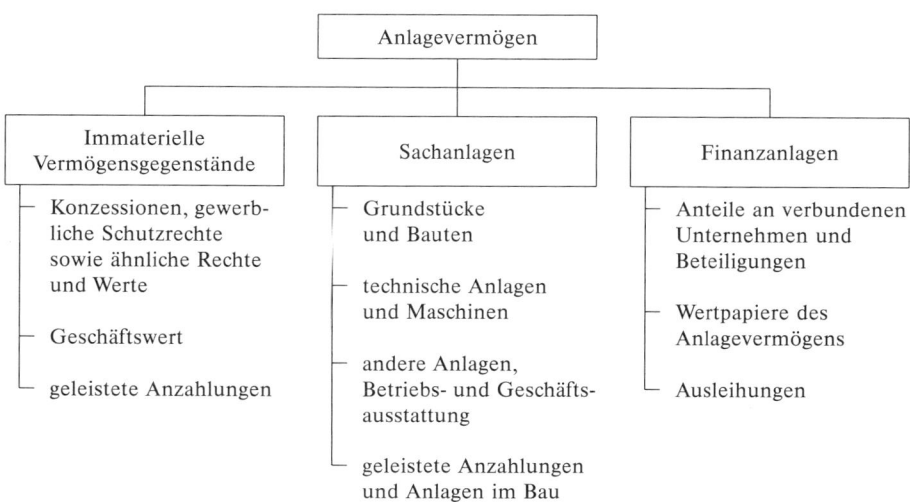

Abbildung 10.17: Gliederung des Anlagevermögens

1369

Immaterielle Vermögensgegenstände	Die immateriellen Vermögensgegenstände des Anlagevermögens bestehen in erster Linie aus Konzessionen und gewerblichen Schutzrechten (z. B. Patenten, Lizenzen, Marken- und Warenzeichen; vgl. Teil 8, S. 1103 ff.), ähnlichen Rechten (z. B. Zuteilungsquoten, Belieferungsrechten, EDV-Software) und ähnlichen Werten (z. B. Know-how, Rezepten, Kundenkarteien). Der Kreis der immateriellen Vermögensgegenstände des Anlagevermögens ist wegen der Einbeziehung ähnlicher Werte, die keine Rechte sind, nicht eindeutig bestimmbar. Bei den ähnlichen Werten kann die Einzelbewertbarkeit im Sinne einer Folgebewertung nach Zugang des immateriellen Gutes zweifelhaft sein, weil nicht mit Sicherheit festgestellt werden kann, ob der durch Ausgaben erlangte Vermögensvorteil in späteren Perioden noch vorhanden bzw. werthaltig ist. Dieses Problem wird dadurch verstärkt, daß die Steuerrechtsprechung für das Vorliegen eines Vermögensgegenstandes nicht dessen Einzelverwertbarkeit, sondern lediglich die Übertragbarkeit des Vermögensgegenstandes zusammen mit dem Unternehmen verlangt, wobei der übertragene Wert als Kaufpreisdeterminante in Erscheinung treten muß. Ob ähnliche Werte als Bestandteile des immateriellen Anlagevermögens bei einer fiktiven Unternehmensveräußerung einen positiven Kaufpreisfaktor darstellen, läßt sich nicht mit Sicherheit feststellen und ist an die Prognose zukünftiger Gewinnwirkungen gebunden, die auf den jeweiligen immateriellen Wert zurückzuführen sind (vgl. Moxter 1979, S. 1107).

Problematik „ähnlicher Werte"

Aktivierungsverbot für selbsterstellte immaterielle Werte	Das Ziel einer hinreichend objektivierten Rechnungslegung sowie der Schutz externer Rechnungslegungsadressaten vor einer zu günstigen Darstellung der Vermögenslage begründen die Notwendigkeit, den Ansatz unsicherer immaterieller Werte des Anlagevermögens auszuschließen. Dies wird zumindest teilweise dadurch erreicht, daß selbst geschaffene immaterielle Werte in der Bilanz nicht aktiviert werden dürfen. Die Bilanzierungspflicht erstreckt sich auf die von Dritten entgeltlich erworbenen immateriellen Werte. Entgeltlicher Erwerb setzt voraus, daß eine Gegenleistung aus dem Vermögen des Erwerbers an den Veräußerer erbracht worden ist. Dabei gilt als unerheblich, ob der Vermögensgegenstand erst durch das Erwerbsgeschäft selbst entstanden ist (z. B. Einräumung eines Belieferungsrechts) oder sich schon vorher im Vermögen des Veräußerers befand (z. B. Erwerb eines Patents).

Geschäftswert	Der Geschäftswert als Ausdruck für die Gewinnaussichten eines Unternehmens, die nicht in einzelnen Vermögensgegenständen verkörpert sind, ist wegen fehlender selbständiger Bewertbarkeit und Einzelverwertbarkeit kein immaterieller Vermögensgegenstand des Anlagevermögens, sondern eine Bilanzierungshilfe, die gliederungstechnisch dem Anlagevermögen zugeordnet ist.

Soweit immaterielle Vermögensgegenstände beschafft werden sollen, gehören die geleisteten Anzahlungen zum Anlagevermögen.

Sachanlagen	Sachanlagen sind **materielle Gebrauchsgüter zur Herstellung von Betriebsleistungen**, die in artmäßiger Hinsicht weiter aufgegliedert werden können. Bei Grundstücken und Gebäuden handelt es sich um unbewegliche Sachanlagen. Die beweglichen Gegenstände des Sachanlagevermögens können in technische Anlagen und Maschinen einerseits sowie andere Anlagen einschließlich der Betriebs- und Geschäftsausstattung andererseits unterteilt werden. Technische Anlagen und Maschinen sind Ge-

1370

brauchsgüter, die ihrer Art nach unmittelbar dem betrieblichen Produktionsprozeß dienen (vgl. ADS 1990, § 266 Tz 49). Die anderen Anlagen sowie die Betriebs- und Geschäftsausstattung umfassen als Sammelbegriff alle sonstigen beweglichen Vermögensgegenstände des Sachanlagevermögens.

Geleistete Anzahlungen für erworbene Sachanlagen gehören ebenso zum Anlagevermögen wie die angefallenen Herstellungskosten für eigenerstellte Sachanlagen.

Finanzanlage-vermögen

Das Finanzanlagevermögen besteht aus Vermögensgegenständen, die durch Kapitalüberlassung an andere Unternehmen entstanden sind. Da die Kapitalüberlassung als Beteiligungs- oder Darlehensfinanzierung durchgeführt werden kann, setzt sich das Finanzanlagevermögen grundsätzlich aus Beteiligungen und Forderungen zusammen.

Beteiligungen

Beteiligungen können unter Zugrundelegung verschiedener Merkmale weiter differenziert werden. Bilanzrechtlich sind Beteiligungen nach § 271 I HGB **Anteile an anderen Unternehmen, die bestimmt sind, dem eigenen Geschäftsbetrieb durch Herstellung einer dauernden Verbindung zu jenen Unternehmen zu dienen.** Neben dem Miteigentum an einem anderen Unternehmen erfordert das Vorliegen einer Beteiligung die Möglichkeit einer Einflußnahme auf die Geschäftspolitik des Beteiligungsunternehmens. Diese Voraussetzung ist bei Beteiligungen an Personengesellschaften grundsätzlich erfüllt. Sie wird bei Anteilen an Kapitalgesellschaften bei einer Beteiligungshöhe von mehr als 20% widerlegbar unterstellt.

Anteile an denjenigen Unternehmen, die zusammen mit dem die Beteiligung haltenden Unternehmen in einen Konzernabschluß einbezogen sind, stellen Anteile an verbundenen Unternehmen dar. Sonstige verbriefte Anteilsrechte gehören ebenso wie Forderungswertpapiere zu den Wertpapieren des Anlagevermögens.

Unverbriefte langfristige Kapitalforderungen werden als **Ausleihungen** bezeichnet. Die Zuordnung dieser Kapitalforderungen zum Finanzanlagevermögen richtet sich nach den allgemeinen Abgrenzungskriterien für das Anlagevermögen.

(2.2) Umlaufvermögen

Ausgehend von der Definition des Anlagevermögens umfaßt das Umlaufvermögen im Umkehrschluß alle Vermögensgegenstände, die nicht dauernd dem Geschäftsbetrieb zu dienen bestimmt sind. **Zum Umlaufvermögen gehören also diejenigen Vermögensgegenstände, die zum Verbrauch und zur Weiterveräußerung vorgesehen sind und die durch Umsatzprozesse im laufenden Geschäftsverkehr entstanden sind.** Das Umlaufvermögen setzt sich entsprechend der Bilanzgliederung für Kapitalgesellschaften aus verschiedenen Posten zusammen (vgl. Abbildung 10.18).

Vorrats-vermögen

Die Unterteilung des Vorratsvermögens entspricht dem Ablauf des betrieblichen Transformationsprozesses. Roh-, Hilfs- und Betriebsstoffe sind Verbrauchsgüter für die Leistungserstellung, die unmittelbar in das Erzeugnis eingehen (Roh- und Hilfsstoffe) oder mittelbar für die Herstellung (Betriebsstoffe) der Produkte benötigt werden. Während Rohstoffe die Hauptbestandteile von Produkten sind, stellen Hilfs-

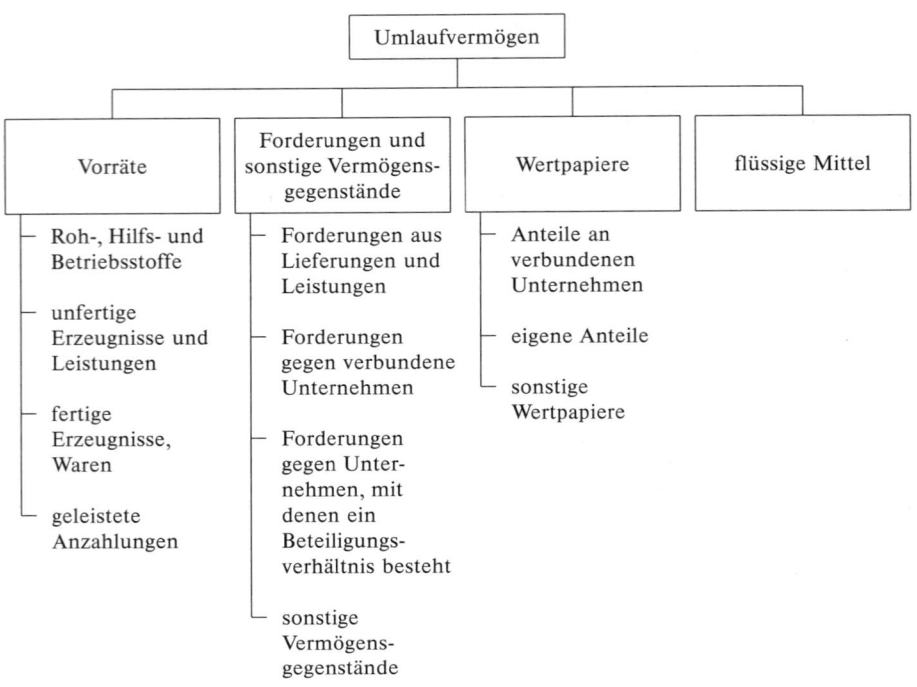

```
                              ┌──────────────────┐
                              │  Umlaufvermögen  │
                              └──────────────────┘

┌──────────────┐  ┌──────────────────┐  ┌──────────────┐  ┌──────────────┐
│              │  │ Forderungen und  │  │              │  │              │
│   Vorräte    │  │ sonstige Vermögens-│ │ Wertpapiere  │  │ flüssige Mittel │
│              │  │ gegenstände      │  │              │  │              │
└──────────────┘  └──────────────────┘  └──────────────┘  └──────────────┘

├ Roh-, Hilfs- und     ├ Forderungen aus      ├ Anteile an
  Betriebsstoffe         Lieferungen und        verbundenen
                         Leistungen             Unternehmen
├ unfertige
  Erzeugnisse und      ├ Forderungen          ├ eigene Anteile
  Leistungen             gegen verbundene
                         Unternehmen          └ sonstige
├ fertige                                        Wertpapiere
  Erzeugnisse,         ├ Forderungen
  Waren                  gegen Unter-
                         nehmen, mit
└ geleistete             denen ein
  Anzahlungen            Beteiligungs-
                         verhältnis besteht

                       └ sonstige
                         Vermögens-
                         gegenstände
```

Abbildung 10.18: Gliederung des Umlaufvermögens

stoffe untergeordnete Teile der Erzeugnisse dar. Betriebsstoffe (z. B. Brennstoffe) werden im Rahmen der Produktion verbraucht, ohne daß sie in die hergestellten Produkte eingehen. Unfertige Erzeugnisse und Leistungen sind unvollendete Betriebsleistungen des Produktionsprozesses, die auf den einzelnen Fertigungsstufen anfallen und noch nicht absatzfähig sind. Fertige Erzeugnisse und Waren sind verkaufsbereite Güter, wobei Waren von Dritten bezogene Erzeugnisse darstellen, die ohne wesentliche Be- und Verarbeitung zur Weiterveräußerung bestimmt sind. Ebenso wie beim Anlagevermögen werden Anzahlungen für die Beschaffung von Vorratsgegenständen dem Vorratsvermögen zugeordnet.

Forderungen aus Lieferungen und Leistungen

Der Prozeß der Leistungsverwertung führt zur Transformation der Erzeugnisse in Geld. Forderungen aus Lieferungen und Leistungen sind Ansprüche aus gegenseitigen Verträgen, bei denen das Unternehmen seine Leistungsverpflichtung erfüllt hat, während die Gegenleistung noch aussteht. Die Forderungen aus Lieferungen und Leistungen korrespondieren grundsätzlich mit den Umsatzerträgen (vgl. Matschke 1990, § 266 Tz 100). Forderungen, die nicht in unmittelbarem Zusammenhang mit Umsatzvorgängen stehen und nur eine indirekte Beziehung zum Gegenstand des Unternehmens aufweisen, sind als sonstige Vermögensgegenstände zu bilanzieren.

Sonstige Vermögensgegenstände

Flüssige Mittel

Zu den flüssigen Mitteln, die i. d. R. am Ende des Leistungsverwertungsprozesses anfallen, zählen Schecks, der Kassenbestand und Guthaben bei Kreditinstituten.

Den Wertpapieren des Umlaufvermögens fehlt die dauernde Widmung zum Geschäftsbetrieb. Diese Wertpapiere sind grundsätzlich zur Veräußerung oder zur kurzfristigen sonstigen Übertragung an Dritte (z. B. eigene Aktien) bestimmt. Auch wenn eigene Anteile auf Dauer gehalten werden, ist ihre Zuordnung zum Umlaufvermögen geboten (vgl. Sarx/Pankow 1990, § 266 Tz 138), obwohl sie ihrer Zweckbestimmung nach zum Anlagevermögen gehören.

Wertpapiere des Umlaufvermögens

Aktive Rechnungsabgrenzungsposten

Die bilanzierungspflichtigen Rechnungsabgrenzungsposten auf der Aktivseite der Bilanz sind nach § 250 I HGB Ausgaben vor dem Bilanzstichtag, soweit sie Aufwand für eine bestimmte Zeit nach diesem Tag darstellen. Der Zweck der aktiven Rechnungsabgrenzungsposten besteht darin, geleistete Ausgaben derjenigen Abrechnungsperiode zuzuordnen, auf die sie sich wirtschaftlich beziehen. Sie betreffen insbesondere ausgabenwirksame Vorleistungen im Rahmen gegenseitiger Verträge, denen eine zeitlich nachgelagerte Gegenleistung des anderen Vertragspartners gegenübersteht. Deshalb verlagert der Ansatz eines aktiven Rechnungsabgrenzungspostens die Verrechnung der Ausgabe als Aufwand in die Periode, in der die Gegenleistung verbraucht wird. Typische Abgrenzungsposten sind Vorauszahlungen für Mieten, Zinsen und Versicherungsprämien.

Zweck aktiver Rechnungsabgrenzungsposten

Da bei der Aufzählung der Elemente des Bilanzinhalts neben den Vermögensgegenständen und Schulden die Rechnungsabgrenzungsposten in § 246 I HGB gesondert aufgeführt werden, können sie nicht als Vermögensgegenstände eingestuft werden, obwohl sie häufig Sachleistungsforderungen repräsentieren. Ausgaben, die einen Anspruch auf zeitraumbezogene Gegenleistung begründen, sind folglich keine Nutzungsrechte oder Forderungen im bilanzrechtlichen Sinne.

Voraussetzung für die Entstehung eines aktiven Rechnungsabgrenzungspostens ist ein Zahlungsvorgang vor dem Abschlußstichtag (Auszahlung, Einbuchung einer Verbindlichkeit), der zu Aufwand für eine bestimmte Zeit nach der abgelaufenen Rechnungsperiode führt. Ob Ausgaben als Aufwand für das abgelaufene Geschäftsjahr oder für eine spätere Periode zu qualifizieren sind, richtet sich danach, ob die **wirtschaftliche Verursachung** der Ausgabe in der Vergangenheit oder in der Zukunft liegt. Als maßgeblich für die wirtschaftliche Verursachung der Ausgabe gilt dabei der Zeitraum, in dem die Gegenleistung zu bewirken ist. Folglich ist für eine am 1. Juli vorausgezahlte Jahresmiete bei einem mit dem Kalenderjahr übereinstimmenden Wirtschaftsjahr die Hälfte der Mietzahlung zum Bilanzstichtag aktiv abzugrenzen, da sie sich auch auf das erste Halbjahr des folgenden Abrechnungszeitraums erstreckt.

Die Ansetzbarkeit aktiver Rechnungsabgrenzungsposten hängt davon ab, wie das Erfordernis der zeitlichen Bestimmtheit der Erfolgswirksamkeit interpretiert wird. Unumstritten ist, daß die kalenderzeitmäßige Bestimmtheit der Ausgabe (z. B. bei Zinsen, Mieten, Versicherungsprämien) den Ansatz eines Rechnungsabgrenzungspostens gebietet. Das Merkmal der bestimmten Zeit ist jedoch auch dann erfüllt, wenn

Erfordernis der zeitlichen Bestimmtheit

der Zeitraum nach dem Abschlußstichtag zwar nicht kalendermäßig fixiert, aber rechnerisch bestimmbar ist. Selbst die statistisch belegbare Lebenserwartung eines Menschen oder die vertragliche Vereinbarung eines Mindestzeitraums für die noch ausstehende Gegenleistung (z. B. Mietzahlung für die Überlassung eines Gegenstandes für mindestens 2 Jahre oder länger) genügen dem Erfordernis der bestimmten Zeit. Fiktive zeitliche Festlegungen, die nur durch Schätzung konkretisierbar sind, reichen jedoch zur Begründung eines aktiven Rechnungsabgrenzungspostens nicht aus.

Gesetzliche Quasi-Abgrenzungsposten

Neben den bilanzierungspflichtigen Ausgaben, die der Definition aktiver Rechnungsabgrenzungsposten entsprechen, ist in § 250 I HGB ein Bilanzierungswahlrecht für bestimmte Ausgaben verankert, die den Anforderungen aktiver Abgrenzungsposten nicht genügen. Ihr Ansatz in der Bilanz führt zu einem Aktivposten eigener Art. Wegen ihrer aus steuerlichen Gründen veranlaßten Zuordnung zu den aktiven Rechnungsabgrenzungsposten können sie als gesetzliche Quasi-Abgrenzungsposten bezeichnet werden.

Dabei handelt es sich erstens um die Aktivierung von Zöllen und Verbrauchsteuern auf die in der Bilanz ausgewiesenen Vermögensgegenstände des Vorratsvermögens, die das Merkmal der Aufwandswirksamkeit für eine bestimmte Zeit nach dem Abschlußstichtag nicht erfüllen. Zweitens betrifft dies die Bilanzierung der als Aufwand verrechneten Umsatzsteuer auf erhaltene Anzahlungen. Die Einräumung eines Ansatzwahlrechts ermöglicht eine Angleichung der Handels- an die Steuerbilanz, da steuerlich gemäß § 5 V S. 2 EStG ein Bilanzierungsgebot für beide Positionen besteht. Der Ansatz von Quasi-Abgrenzungsposten kann in der Handelsbilanz entfallen, wenn die Zölle und Verbrauchsteuern in die Anschaffungs- oder Herstellungskosten des Vorratsvermögens einbezogen werden und eine Verrechnung der erhaltenen Anzahlungen ohne Umsatzsteuer mit gleichzeitigem Ausweis der Steuerschuld durchgeführt wird.

Unterschiedsbetrag bei Verbindlichkeiten

Ein weiteres Bilanzierungswahlrecht ist gemäß § 250 III HGB für die Differenz zwischen höherem Rückzahlungsbetrag und Ausgabebetrag von Verbindlichkeiten gegeben. Der Unterschiedsbetrag bei Verbindlichkeiten kann in den aktiven Rechnungsabgrenzungsposten aufgenommen werden. Er beruht auf einem Ausgabedisagio, Rückzahlungsagio oder auf einem Damnum bei Hypothekendarlehen und kann als Nebenkosten deklarierte Aufwendungen für die Kapitalüberlassung einschließen. Wirtschaftlich handelt es sich bei dem Unterschiedsbetrag um vorausgezahlten Zins, der jedoch nicht zeitablaufbezogen, sondern zeitraumbezogen für die vereinbarte Laufzeit des Darlehens ausgestaltet ist. Wegen dieser Besonderheit ist abweichend von der Bilanzierungspflicht aktiver Rechnungsabgrenzungsposten ein Ansatzwahlrecht gerechtfertigt. Soweit bei vorzeitiger Rückzahlung des Darlehens ein anteiliger Erstattungsanspruch des geleisteten Disagios entsteht, sind bezüglich des Unterschiedsbetrags alle Merkmale eines aktiven Rechnungsabgrenzungspostens nach § 250 I HGB erfüllt.

Bilanzierungshilfen

Bilanzierungshilfen sind weder Vermögensgegenstände noch Rechnungsabgrenzungsposten, sondern **Ausgaben, deren Aufnahme in die Bilanz durch spezielle Ansatzvorschriften geregelt wird.** Sie können unterteilt werden in **rechtsformunabhängige und rechtsformabhängige Bilanzierungshilfen**, wobei letztere mit einer sogenannten Ausschüttungssperre versehen sind (vgl. Abbildung 10.19).

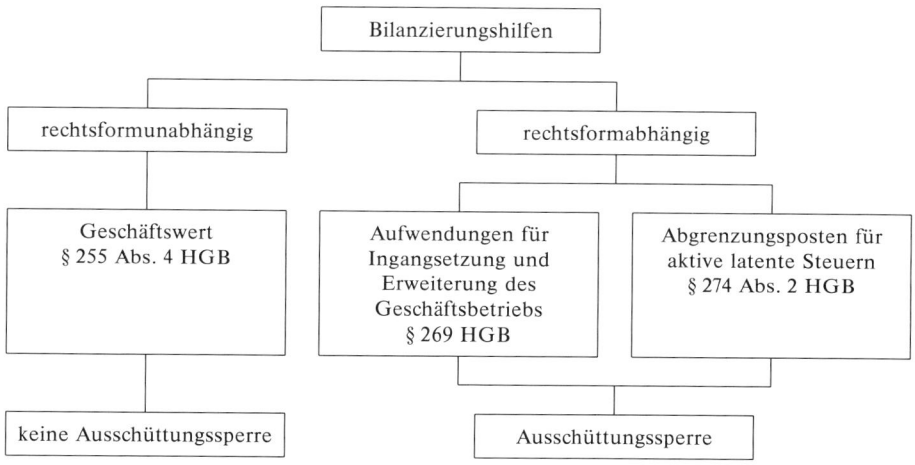

Abbildung 10.19: Systematisierung von Bilanzierungshilfen

Als Geschäftswert wird der Betrag bezeichnet, um den der Unternehmenswert die Summe der Verkehrswerte aller Vermögensgegenstände abzüglich der Schulden übersteigt. Er repräsentiert die nicht im Bilanzvermögen verkörperten Erfolgsaussichten des Unternehmens und umfaßt die nicht bilanzierungsfähigen Ertragsfaktoren wie Wert der Organisation, Fertigungs- und Verfahrenstechniken, Kundenbeziehungen, Standortvorteile sowie Fähigkeitspotential und Ausbildungsstand der Belegschaft.

Geschäftswert als rechtsformunabhängige Bilanzierungshilfe

Ebenso wie die eigenerstellten immateriellen Werte des Anlagevermögens unterliegt der selbst geschaffene Geschäftswert einem Bilanzierungsverbot, so daß sich die Unsicherheit bei seiner Ermittlung nicht auf die Bilanz auswirkt. Nach § 255 IV HGB ist nur der entgeltlich erworbene Geschäftswert bilanzierungsfähig. Er errechnet sich aus der Differenz zwischen dem für den Unternehmenserwerb gezahlten Kaufpreis und dem Zeitwert des bilanziellen Reinvermögens.

Obwohl der Geschäftswert gliederungstechnisch den immateriellen Vermögensgegenständen des Anlagevermögens zugeordnet ist, stellt er keinen Vermögensgegenstand dar. Der Geschäftswert ist nicht einzelverwertungsfähig, sondern kann nur zusammen mit dem Unternehmen übertragen werden. Außerdem fehlt ihm das Merkmal der selbständigen Bewertungsfähigkeit, da sich der Wert der Gewinnaussichten nur aus einer Differenzbetrachtung ableiten läßt.

Das Ansatzwahlrecht für den entgeltlich erworbenen Geschäftswert ermöglicht es, den Unterschiedsbetrag zwischen Gesamtkaufpreis für ein Unternehmen und bilanziellem Reinvermögen auf mehrere Perioden zu verteilen, so daß eine sofortige Aufwandsverrechnung dieser Restgröße unterbleiben kann.

Auch der Kauf von Unternehmensteilen (z. B. Betriebsstätten, Niederlassungen), die mit wirtschaftlicher Selbständigkeit ausgestaltet und nicht lediglich als Summe von Vermögensgegenständen zu betrachten sind, kann mit einem Geschäftswert verbunden sein (vgl. ADS 1990, § 255 Tz 302). In den Fällen des Anteilserwerbs anläßlich der Übernahme eines Unternehmens ist ein bezahlter Geschäftswert nicht gesondert bilanzierungsfähig, sondern ein nicht abgrenzbarer Bestandteil der Anschaffungskosten für die Unternehmensanteile.

Aufwendungen für die Ingangsetzung und Erweiterung des Geschäftsbetriebs

Die rechtsformabhängigen Bilanzierungshilfen können grundsätzlich nur in der Bilanz von Kapitalgesellschaften angesetzt werden. Nach § 269 HGB sind die Aufwendungen für die Ingangsetzung und Erweiterung des Geschäftsbetriebes aktivierungsfähig. Es handelt sich um Ausgaben für den erstmaligen Aufbau des Unternehmens und für Maßnahmen zur Ausweitung des Geschäftsbetriebes in produktionsmäßiger sowie marktlicher und räumlicher Hinsicht. Das Bilanzierungswahlrecht erstreckt sich nicht auf jene Vermögensgegenstände, die anläßlich der Ingangsetzung und Erweiterung erworben werden. Ferner sind durch ein ausdrückliches Ansatzverbot Aufwendungen für die Gründung des Unternehmens und für die Eigenkapitalbeschaffung nach § 248 I HGB von der Bilanzierung ausgeschlossen.

Aktive latente Steuern

Der Abgrenzungsposten für aktive latente Steuern gemäß § 274 II HGB resultiert aus der Anpassung des auf der Basis steuerrechtlicher Bemessungsgrundlagen ermittelten Steueraufwandes an das im handelsrechtlichen Jahresabschluß ausgewiesene Ergebnis. Ist das steuerpflichtige Einkommen aufgrund abweichender bilanzsteuerrechtlicher Vorschriften größer als der handelsrechtliche Jahresüberschuß, so wird der Ertragsteueraufwand bezogen auf das Ergebnis in der Handelsbilanz zu hoch ausgewiesen. Ist zu erwarten, daß sich die Ergebnisabweichung der Vergangenheit in späteren Perioden mit umgekehrtem Vorzeichen ausgleicht (Steuerbilanzgewinn kleiner als Jahresüberschuß), dann kann die resultierende Ertragsteuerbelastung (Kör-

Beispiel: aktive latente Steuern

Periode	01 TDM	02 TDM	Σ TDM
Jahresüberschuß	100	200	300
Steuerbilanzgewinn	200	100	300
Differenz	− 100	100	0
KSt (Steuersatz 50%)	100	50	150
latente Steuern (GuV)	− 50	50	0
Steueraufwand	50	100	150
Steuerabgrenzungsposten	50	0	50

perschaft- und Gewerbesteuer) durch Bildung eines Aktivpostens neutralisiert werden, so daß sich der Steueraufwand vermindert. Bei der späteren Umkehrung des Ergebnisunterschiedes wird die aktive Steuerabgrenzung aufgelöst. Dadurch erhöht sich in späteren Perioden der Steueraufwand entsprechend dem positiven Ergebnisunterschied zwischen Handels- und Steuerbilanz. Gleichen sich Ergebnisabweichungen in der Zukunft nicht wie angenommen aus (permanente Differenzen), ist das Konzept der Steuerabgrenzung nicht anwendbar, weil sich in diesem Fall der aktive steuerliche Abgrenzungsposten nicht auflöst.

Die Einräumung rechtsformspezifischer Bilanzierungshilfen wird unterschiedlich begründet. Der Ansatz der Aufwendungen für Ingangsetzung und Erweiterung des Geschäftsbetriebs vermeidet oder verringert einen Verlustausweis. Er ist jedoch nicht geeignet, die Auslösung des Insolvenztatbestandes Überschuldung zu verhindern, da die aktivierten Aufwendungen keinen Beitrag zur Schuldendeckung leisten können. Außerdem bewirkt die Bilanzierung und Abschreibung dieser Ausgaben eine Nivellierung des Ergebnisausweises im Zeitablauf, so daß die Darstellung der Ertragslage im Zeitablauf tendenziell verbessert wird. Ebenso wird durch die Anpassung des Steueraufwandes an das handelsrechtliche Ergebnis dem Prinzip der periodengerechten Erfolgsermittlung Rechnung getragen. *Begründung rechtsformspezifischer Bilanzierungshilfen*

Der Ansatz rechtsformspezifischer Bilanzierungshilfen ist mit einer Ausschüttungssperre verknüpft. Gewinne können nicht ausgeschüttet werden, soweit den aktivierten Werten nicht mindestens in gleicher Höhe jederzeit auflösbare Gewinnrücklagen zuzüglich eines Gewinnvortrags und abzüglich eines Verlustvortrags gegenüberstehen. Diese Ausschüttungsbegrenzung dient dem Gläubigerschutz und verhindert Dividendenzahlungen, durch die der Gesamtbetrag des gezeichneten Kapitals einschließlich gebundener Rücklagen nicht mehr durch Bilanzvermögen gedeckt wäre. *Ausschüttungssperre*

Die Rechtsformabhängigkeit der Bilanzierungshilfen ist dadurch begründet, daß die entsprechenden Regelungen in den ergänzenden Vorschriften für Kapitalgesellschaften enthalten sind. Auch die Ausschüttungssperre kann nur bei Kapitalgesellschaften wirksam werden. Dennoch werden die Bilanzierungshilfen auch bei Einzelkaufleuten und Personengesellschaften für anwendbar gehalten (vgl. ADS 1990, § 269 Tz 7; Budde/Karig 1990, § 269 Tz 21). Es ist zweifelhaft, ob für die Erweiterung des Anwendungsbereichs ein praktisches Bedürfnis besteht und ob der Ansatz dieser Bilanzierungshilfen mit der Verpflichtung zur Aufstellung eines den GoB entsprechenden Jahresabschlusses (§ 243 I HGB) vereinbar ist.

c) Bilanzierung der Passiva

Eigenkapital

Bei formaler Betrachtung entspricht das Eigenkapital **der Differenz zwischen der Summe der bilanziellen Aktivposten und den passivierten Schulden einschließlich steuerlicher Sonderposten mit Rücklageanteil sowie passiver Rechnungsabgrenzungsposten.**

Das ausgewiesene Eigenkapital stimmt mit dem bilanziellen Reinvermögen des Unternehmens überein.

Einzelkaufleute und Personengesellschaften

Abgesehen von der Verpflichtung zum gesonderten Ausweis und einer hinreichenden Aufgliederung des Eigenkapitals nach § 247 I HGB ist die Bilanzierung des Eigenkapitals beim Einzelkaufmann und für Personengesellschaften gesetzlich nicht geregelt. Für Kapitalgesellschaften ist im gesetzlichen Gliederungsschema der Bilanz eine gesonderte Darstellung verschiedener Elemente des Eigenkapitals vorgesehen.

Der Ansatz des Eigenkapitals erfolgt bei Einzelkaufleuten und Personengesellschaften durch die Bilanzierung von Kapitalkonten für den Unternehmer bzw. für die Gesellschafter. Die Eigenkapitalkonten werden durch Gewinnanteile und Einlagen erhöht und durch Verlustanteile sowie Entnahmen vermindert. Während das Eigenkapital der Einzelunternehmen grundsätzlich in einer Kapitalposition ausgewiesen wird, richtet sich die Bilanzierung des Eigenkapitals bei Personengesellschaften nach den gesellschaftsrechtlichen Vereinbarungen. Die rechtsformabhängige Mindestgliederung des Eigenkapitals stellt sich wie folgt dar (vgl. Abbildung 10.20):

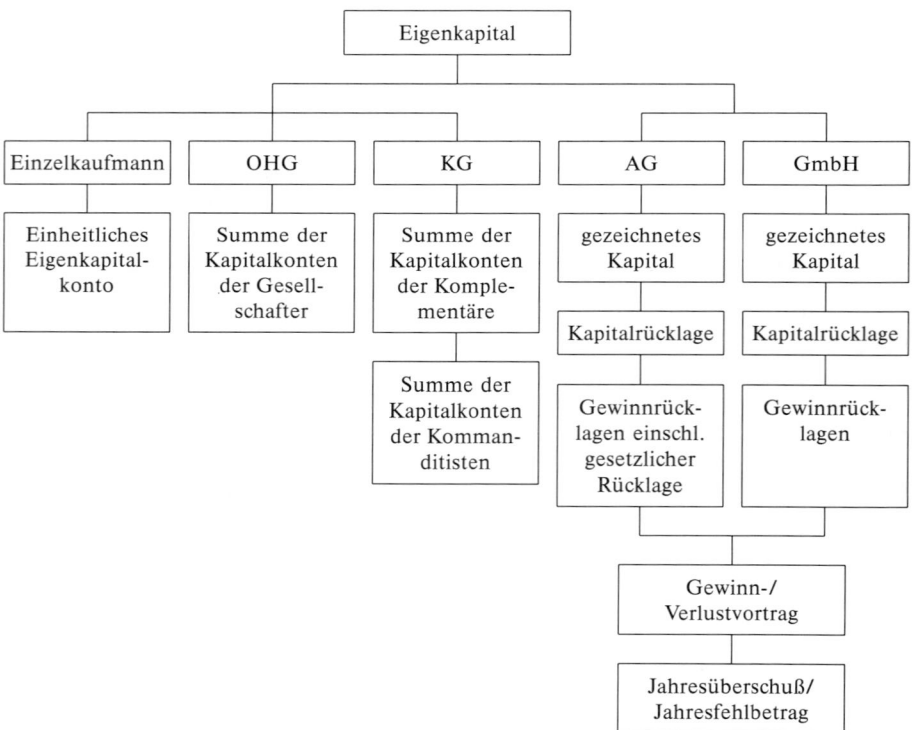

Abbildung 10.20: Mindestgliederung des Eigenkapitals

Der Ausweis des Eigenkapitals von Personengesellschaften ist in mehrfacher Hinsicht erweiterungsfähig. Statt einer Zusammenfassung kann eine gesonderte Darstellung der durch die Kapitalkonten zahlenmäßig fixierten Beteiligungsrechte der Gesellschafter durchgeführt werden. Zusätzlich können die durch Einlagen, Entnahmen und Ergebnisanteile bewirkten Veränderungen der Eigenkapitalkonten ausgewiesen werden.

Häufig werden bei Personengesellschaften für jeden Gesellschafter **zwei Kapitalkonten** eingerichtet. Auf dem **festen Kapitalkonto** wird die im Gesellschaftsvertrag festgelegte Einlage verrechnet, die für den Umfang der Beteiligungsrechte maßgebend ist. Das **variable Kapitalkonto** dient der Verbuchung der Ergebnisanteile sowie der sonstigen Einlagen und Entnahmen. Zusätzlich können aus dem Gewinn gebildete **Rücklagenkonten** geführt werden. Durch den gesonderten Ausweis der unterschiedlichen Kapitalkonten wird der Einblick in die Struktur des bilanziellen Eigenkapitals verbessert.

Die neben den festen Kapitalkonten bestehenden Gesellschafterkonten sind dem Eigenkapital nur zuzuordnen, wenn es sich um haftendes Kapital handelt, das mit künftigen Verlusten verrechenbar ist. Da Gesellschafter für nicht entnommene Gewinne bei entsprechender gesellschaftsrechtlicher Vereinbarung auch Gläubiger sein können, ist in diesem Fall eine Zuordnung der Ergebnisanteile zum Fremdkapital notwendig (vgl. Sarx 1990, § 247 Tz 160).

Negative
Eigenkapital-
konten

Die Verrechnung von Verlustanteilen löst grundsätzlich keine zusätzliche Einlageverpflichtung der Gesellschafter aus. Deshalb können negative Eigenkapitalkonten entstehen, die bei unbeschränkt haftenden Gesellschaftern lediglich einen rechnerischen Ausgleichsposten darstellen, da sie keine Sperre für die Entnahme späterer Gewinnanteile und sonstiger Beträge begründen. Ein negatives Kapitalkonto des Kommanditisten führt grundsätzlich zu einem Entnahmeverbot. Es muß durch zukünftige Gewinnanteile bis zum Betrag der vereinbarten Einlage aufgefüllt werden. Das negative Kapitalkonto des Kommanditisten ist lediglich eine Verrechnungsgröße für die Höhe späterer nicht entnahmefähiger Gewinngutschriften. Ausstehende Pflichteinlagen sind auf der Aktivseite auszuweisen oder von den Kapitalanteilen offen abzusetzen, soweit sie eingefordert sind. Nicht eingeforderte Pflichteinlagen müssen nicht bilanziert werden, so daß ein entsprechend verringertes Kapitalkonto ausgewiesen wird.

Kapital-
gesellschaften

Bei Kapitalgesellschaften ist die Darstellung der Struktur des Eigenkapitals gesetzlich geregelt. Das **gezeichnete Kapital** ist nach § 272 I Satz 1 HGB das Kapital, auf das die Haftung der Gesellschafter für die Verbindlichkeiten der Gesellschaft gegenüber den Gläubigern beschränkt ist. Zum bilanziellen Eigenkapital gehören auch die Rücklagepositionen, die in Kapitalrücklage und Gewinnrücklagen unterteilt werden. Vermögensmehrungen im Zusammenhang mit der Beschaffung von Kapital sind der Kapitalrücklage zuzuführen. Nach § 272 II HGB gehören folgende Positionen zur Kapitalrücklage:

Kapital-
rücklage

– der Betrag, der bei der Ausgabe von Anteilen einschließlich von Bezugsanteilen über den Nennbetrag hinaus erzielt wird (Ausgabeagio),

- der Betrag, der bei der Ausgabe von Schuldverschreibungen für Wandlungs- und Optionsrechte zum Erwerb von Anteilen erzielt wird,
- der Betrag von Zuzahlungen, die Gesellschafter gegen Gewährung eines Vorzugs für ihre Anteile leisten,
- der Betrag anderer Zuzahlungen, die Gesellschafter in das Eigenkapital leisten.

Die in die Kapitalrücklage eingestellten Beträge sind Vermögensmehrungen, die nicht auf die betriebliche Tätigkeit zurückzuführen sind, sondern Kapitalmehrungen, die der Gesellschaft von außen zufließen. Das der Kapitalrücklage zugeführte Eigenkapital unterliegt mit Ausnahme der anderen Zuzahlungen bei Aktiengesellschaften den Verwendungsbeschränkungen der gesetzlichen Rücklage nach § 150 AktG.

Gewinn-rücklagen Gewinnrücklagen sind Eigenkapital, das im abgelaufenen Geschäftsjahr oder in einer früheren Periode aus dem Ergebnis gebildet worden ist. Hierunter fällt in erster Linie die bei AG's vorgeschriebene **gesetzliche Rücklage**, die in Höhe von 5% des um einen Verlustvortrag geminderten Jahresüberschusses solange zu bilden ist, bis gesetzliche Rücklage und Kapitalrücklagen nach § 272 II Nr. 1 bis 3 HGB insgesamt 10% des gezeichneten Kapitals erreichen. Darüberhinaus sind Gewinnrücklagen für eigene Anteile sowie für satzungsmäßige Zwecke zu bilden. Die **Rücklage für eigene Anteile** entspricht dem Wertansatz der auf der Aktivseite auszuweisenden eigenen Anteile. Durch die Bildung dieser Rücklage entsteht eine Ausschüttungssperre, die eine Rückzahlung von Eigenkapital und von gebundenen Rücklagen an die Gesellschafter während der Besitzdauer der eigenen Anteile verhindert.

Die **anderen Gewinnrücklagen** enthalten aus dem Jahresüberschuß zugeführte Beträge, die bei der Feststellung des Jahresabschlusses auf der Grundlage gesetzlicher oder satzungsmäßiger Regelungen gebildet worden sind. Bei der AG liefert § 58 II AktG die maßgebliche Rechtsgrundlage. Bei der GmbH können andere Gewinnrücklagen auf gesellschaftsvertraglicher Grundlage oder durch Gesellschafterbeschluß über die Gewinnverwendung gebildet werden.

Weitere Bestandteile des Eigenkapitals von Kapitalgesellschaften sind der Gewinn- und Verlustvortrag sowie das erzielte Jahresergebnis. Ausstehende Einlagen der Gesellschafter sind auf der Aktivseite der Bilanz auszuweisen. Soweit die Einlagen nicht eingefordert sind, können sie offen vom gezeichneten Kapital abgesetzt werden. Die ausstehenden Einlagen sind einerseits Korrekturposten zum Eigenkapital und andererseits Forderungen der Gesellschaft an ihre Gesellschafter.

Soweit das Eigenkapital durch Verluste aufgezehrt ist, wird der Überschuß der Passivposten über die Aktivposten gesondert auf der Aktivseite als nicht durch Eigenkapital gedeckter Fehlbetrag ausgewiesen.

Sonderposten mit Rücklageanteil

Die Zuführung und die Auflösung von Rücklagen beeinflussen den Jahresüberschuß im allgemeinen nicht. Die Zuführung von Teilen des Gewinns in die Rücklage stellt eine Art der Gewinnverwendung dar. Ebenso erhöht die Auflösung von Rücklagen den Bilanzgewinn, nicht aber das Periodenergebnis. Abweichend davon gestatten steuerrechtliche Vorschriften in bestimmten Einzelfällen die Bildung steuerfreier Rücklagen zu Lasten des Jahresergebnisses. Durch die spätere Auflösung der Rücklage wird das Ergebnis erhöht. **Die als Sonderposten mit Rücklageanteil bezeichneten steuerfreien Rücklagen ermöglichen eine Aufwandsvorverlagerung (z. B. Rücklage für Sonderabschreibungen auf zukünftige Investitionen in bestimmten Fördergebieten) oder eine zeitliche Verschiebung der Ertragsverrechnung (z. B. Rücklage für Veräußerungsgewinne nach § 6b EStG, für Zuschüsse bei Anlagegütern nach Abschn. 34 EStR, für Ersatzbeschaffung nach Abschn. 35 EStR) bis zum Zeitpunkt der Rücklagenauflösung.** Soweit die Rücklage auf Vermögensgegenstände übertragen wird, erhöht sich der Gewinn durch die geringeren Abschreibungen während der Nutzungsdauer oder durch die Erfassung eines höheren Veräußerungsgewinns im Zeitpunkt des Verkaufs des Vermögensgegenstandes. Damit hat die Bilanzierung der Sonderposten mit Rücklageanteil nur eine befristete Ergebnisverschiebung zur Folge, die aufgrund der eingetretenen Steuerstundung grundsätzlich nur einen Zins- und Liquiditätsvorteil auslöst. Endgültige Steuerersparnisse werden jedoch erzielt, wenn die Steuerbelastung der späteren Gewinnaufstockung bei Auflösung des steuerlichen Passivpostens wegen zwischenzeitlicher Tarifänderungen geringer ausfällt als im Zeitraum der Rücklagenbildung.

Steuerfreie Rücklagen

Nach § 5 I Satz 2 EStG ist das steuerliche Wahlrecht der Bildung eines Sonderpostens mit Rücklageanteil in Übereinstimmung mit der handelsrechtlichen Bilanz auszuüben. Der Ansatz einer steuerfreien Rücklage in der Steuerbilanz zwingt folglich zu einer entsprechenden Bilanzierung in der Handelsbilanz. Die Zulässigkeit der Bildung von Sonderposten mit Rücklageanteil in der Handelsbilanz ist durch § 247 III HGB gewährleistet. Soweit in Ausnahmefällen die Inanspruchnahme der Steuervergünstigung nach steuerlichen Vorschriften nicht von einem gleichzeitigen Ansatz in der Handelsbilanz abhängt (z. B. bis 1989 befristete Bildung einer Preissteigerungsrücklage für Vorratsvermögen nach § 74 EStDV), können Nichtkapitalgesellschaften einen steuerlichen Passivposten wahlweise in der Bilanz berücksichtigen. In der Bilanz von Kapitalgesellschaften ist bei fehlender Verpflichtung zur korrespondierenden Bilanzierung der Ansatz einer steuerfreien Rücklage nach § 273 HGB nicht gestattet.

Die steuerfreien Rücklagen enthalten einen Eigenkapital- und einen Fremdkapitalanteil. Das Eigenkapital entspricht dem Bilanzwert des Passivpostens abzüglich der Steuerlast auf die bei seiner Auflösung eintretende Ergebnisaufstockung. Die Steuerschuld stellt Fremdkapital dar. Wegen ihrer Eigenschaft als Mischposten dürfen steuerfreie Rücklagen nicht als Eigenkapital angesetzt werden. Sie sind gesondert auszuweisen.

Verbindlichkeiten

Verbindlichkeiten sind eine Teilmenge derjenigen Sachverhalte, die unter den bilanzrechtlichen Oberbegriff „Schulden" fallen. Im Gegensatz zu den als Rückstellungen bezeichneten unsicheren Schulden sind Verbindlichkeiten **bezüglich ihres Bestehens und ihrer Höhe sichere Schulden.**

Der Inhalt der bilanziellen Verbindlichkeiten stimmt nicht mit der zivilrechtlichen Begriffsfassung überein. Jede Leistungsverpflichtung eines Schuldners, die in einem Tun oder Unterlassen bestehen kann, ist eine Verbindlichkeit. Bilanzielle Verbindlichkeiten schließen jedoch einerseits Verpflichtungen ein, die keine zivilrechtlichen Verbindlichkeiten darstellen (z. B. verjährte Verbindlichkeiten, die das Unternehmen trotz der Verjährung zu begleichen beabsichtigt), andererseits dürfen nicht sämtliche rechtlichen Verpflichtungen passiviert werden (z. B. Verpflichtungen aus schwebenden Geschäften).

Bilanzielle Verbindlichkeiten sind anzusetzen, wenn am Bilanzstichtag eine Verpflichtung zu einer der Höhe nach bestimmten Leistung gegenüber einem Dritten besteht, die eine wirtschaftliche Vermögensbelastung darstellt. Die Leistungsverpflichtung muß aus Sicht des Kaufmanns erzwingbar sein. Eine **erzwingbare Leistung** kann nicht nur bei einer zivilrechtlichen Verpflichtung, sondern auch bei einer faktischen oder öffentlich-rechtlichen Verpflichtung gegeben sein. Während sich die zivilrechtliche Verpflichtung aus einem Schuldverhältnis gemäß § 241 BGB ergibt, liegt eine faktische Verpflichtung vor, wenn sich der Kaufmann aus wirtschaftlichen Gründen der Leistungserfüllung nicht entziehen kann, obwohl er dazu rechtlich nicht verpflichtet ist (vgl. Hüttemann 1990, Abt. III/8 Tz 4).

Voraussetzung für die Bilanzierung einer Verbindlichkeit ist, daß sie am Bilanzstichtag mit einer Vermögensbelastung verbunden ist. Die Verpflichtung muß deshalb am Bilanzstichtag wirtschaftlich verursacht sein, ohne daß ein Anspruch auf Gegenleistung besteht, der eine durch Erfüllung der Verpflichtung entstandene Vermögensminderung wieder ausgleicht. Verbindlichkeiten aus gegenseitigen Verträgen sind mit vermögensmindernder Wirkung entstanden, sobald der Vertragspartner seine Gegenleistung erbracht hat. Der Vermögenszugang anläßlich der erfüllten Gegenleistung ist durch einen zukünftigen Vermögensabfluß bei Erbringung der eigenen Verpflichtung belastet. Diese zukünftige Vermögensminderung, der kein entsprechender Vorteil mehr gegenübersteht, ist in der Bilanz als Verbindlichkeit anzusetzen. Verpflichtungen aus beiderseits noch nicht erfüllten schwebenden Verträgen finden deshalb in der Bilanz grundsätzlich keinen Niederschlag, da der eigenen Verpflichtung eine Gegenleistung des Vertragspartners gegenübersteht, so daß durch den Vertragsabschluß noch keine Vermögensbelastung entstanden ist.

Öffentlich-rechtliche Verpflichtungen sind wirtschaftlich verursacht und lösen damit eine wirtschaftliche Vermögensbelastung aus, wenn der Tatbestand, an den das Gesetz die Zahlungsverpflichtung knüpft, verwirklicht ist. Sonstige Verpflichtungen ohne Gegenleistungen (z. B. Schadensersatzverpflichtung) stellen eine Vermögensminderung dar, wenn das Ereignis eingetreten ist, das die Entstehung der Verbindlichkeit zur Folge hat. In allen Fällen setzt der Ansatz einer Verbindlichkeit nicht voraus, daß der Anspruch des Gläubigers zum Bilanzstichtag fällig ist.

Aufschiebend bedingte Verbindlichkeiten sind grundsätzlich erst im Zeitpunkt des Bedingungseintritts in der Bilanz anzusetzen. Ist der Eintritt der Bedingung am Bilanzstichtag sicher, muß die Verbindlichkeit passiviert werden. Als aufschiebend bedingte Verbindlichkeiten kommen insbesondere Eventualverbindlichkeiten, Verpflichtungen aus einer Bürgschaftsübernahme oder die wechselseitige Rückgriffshaftung in Betracht (vgl. Knobbe-Keuk 1989, S. 98). Soweit die Inanspruchnahme nicht wahrscheinlich ist, erfolgt keine Passivierung. Muß mit der Erfüllung der Verpflichtung gerechnet werden, ist eine Rückstellung zu bilden. Bei Sicherheit der Inanspruchnahme liegt eine Verbindlichkeit vor. *Aufschiebend bedingte Verbindlichkeit*

Auflösend bedingte Verpflichtungen sind in der Bilanz anzusetzen, bis die auflösende Bedingung eingetreten ist. *Auflösend bedingte Verbindlichkeit*

Wie bei Vermögensgegenständen ist auch bei Verbindlichkeiten eine Abgrenzung betrieblich veranlaßter und privater Schulden erforderlich. Nur die betrieblichen Verbindlichkeiten sind in die Bilanz aufzunehmen.

Verbindlichkeiten können nach unterschiedlichen Kriterien abgegrenzt und systematisiert werden. Das Gliederungsschema der Bilanz für Kapitalgesellschaften verwendet die Abgrenzungsmerkmale Verbriefung, Entstehungsgrund und Gläubiger der Verbindlichkeit. Daraus läßt sich folgendes Schema ableiten (vgl. Abbildung 10.21):

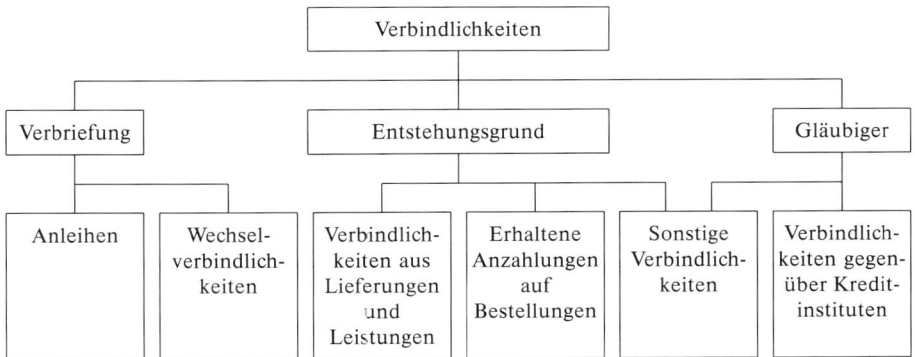

Abbildung 10.21: Systematisierung der Verbindlichkeiten

Anleihen der Gesellschaft sind langfristige Darlehen, die auf dem öffentlichen Kapitalmarkt in der Regel durch Ausgabe von Teilschuldverschreibungen (Obligationen) und deren Sonderformen aufgenommen werden. Die Obligationen sind grundsätzlich verbrieft. Auch die **Wechselverbindlichkeiten** sind in Wertpapieren verbrieft und gesondert auszuweisen. *Verbriefung der Verbindlichkeit*

Nach dem Entstehungsgrund sind **Verbindlichkeiten aus Lieferungen und Leistungen** sowie **erhaltene Anzahlungen** auf Bestellungen gesondert anzusetzen. Zu den Verbindlichkeiten aus Lieferungen und Leistungen gehören Verpflichtungen aus vom Vertragspartner bereits erfüllten Umsatzgeschäften, bei denen die eigene Leistung noch *Entstehungsgrund* aussteht. Erhaltene Anzahlungen auf Bestellungen betreffen Vorleistungen des Vertragspartners auf eine von der Gesellschaft noch nicht erbrachte Lieferung oder Leistung.

Gläubiger

Verbindlichkeiten gegenüber Kreditinstituten werden nach der Art des Gläubigers abgegrenzt. Unter diese fallen sämtliche Verbindlichkeiten gegenüber Banken und Sparkassen.

Sonstige Verbindlichkeiten sind eine Sammelposition für die nicht unter einem anderen Posten gesondert auszuweisenden Verpflichtungen. Typische sonstige Verbindlichkeiten sind Darlehen von Nichtbanken, öffentlich-rechtliche Verbindlichkeiten, Verbindlichkeiten aus der Lohn- und Gehaltsabrechnung, Verbindlichkeiten aus Schadensersatz und Kostenerstattung sowie antizipativ abgegrenzte Ausgaben der ablaufenden Periode (z. B. rückständige Mieten und Zinsen).

Rückstellungen

Als Rückstellungen werden einerseits **ungewisse Schulden** und andererseits **Eigenverpflichtungen** des Kaufmanns ohne erzwingbare Leistungspflicht gegenüber Dritten erfaßt. Rückstellungen für ungewisse Verbindlichkeiten erfüllen mit Ausnahme der Sicherheit des Eintritts einer wirtschaftlichen Vermögensbelastung die bilanzrechtlichen Kriterien einer Verbindlichkeit. Bei den Rückstellungen für Eigenverpflichtungen fehlt die erzwingbare Leistung durch Dritte. Die Eigenverpflichtungen betreffen zukünftige Ausgaben, die in den abgelaufenen Perioden durch den Leistungsvollzug verursacht sind und deren spätere Zahlung durch die Fortführung des Geschäftsbetriebes wirtschaftlich bedingt ist.

*Rück-
stellungen
für ungewisse
Verbindlich-
keiten*

Die Ungewißheit der Verbindlichkeitsrückstellungen bezieht sich auf den Bestand und/oder die Höhe der Verbindlichkeit. Eine erzwingbare Vermögensbelastung durch Dritte liegt auch vor, wenn bei der Abwicklung zweiseitiger Verträge ein negativer Erfolgsbeitrag entsteht, weil der Wert der eigenen Leistung die Höhe der Gegenleistung übersteigt. Während noch von keiner Seite erfüllte schwebende Verträge, die ein positives Ergebnis erwarten lassen, bilanziell nicht berücksichtigt werden, da der Gewinn erst durch Erbringung der eigenen Leistung realisiert wird, gebietet das Imparitätsprinzip im Interesse des Gläubigerschutzes eine Antizipation der erwarteten Verluste durch Rückstellungsbildung.

Rückstellungen für ungewisse Verbindlichkeiten und für drohende Verluste aus schwebenden Geschäften können als **Rückstellungen für Drittverpflichtungen** den **Rückstellungen für Eigenverpflichtungen** gegenübergestellt werden. Während die Rückstellungen für Drittverpflichtungen grundsätzlich passivierungspflichtig sind, besteht für die meisten Rückstellungen für Eigenverpflichtungen ein Bilanzierungswahlrecht. Gemäß § 249 HGB i. V. m. Art. 28 EGHGB ist der Bilanzansatz für Rückstellungen wie folgt geregelt (vgl. Abbildung 10.22).

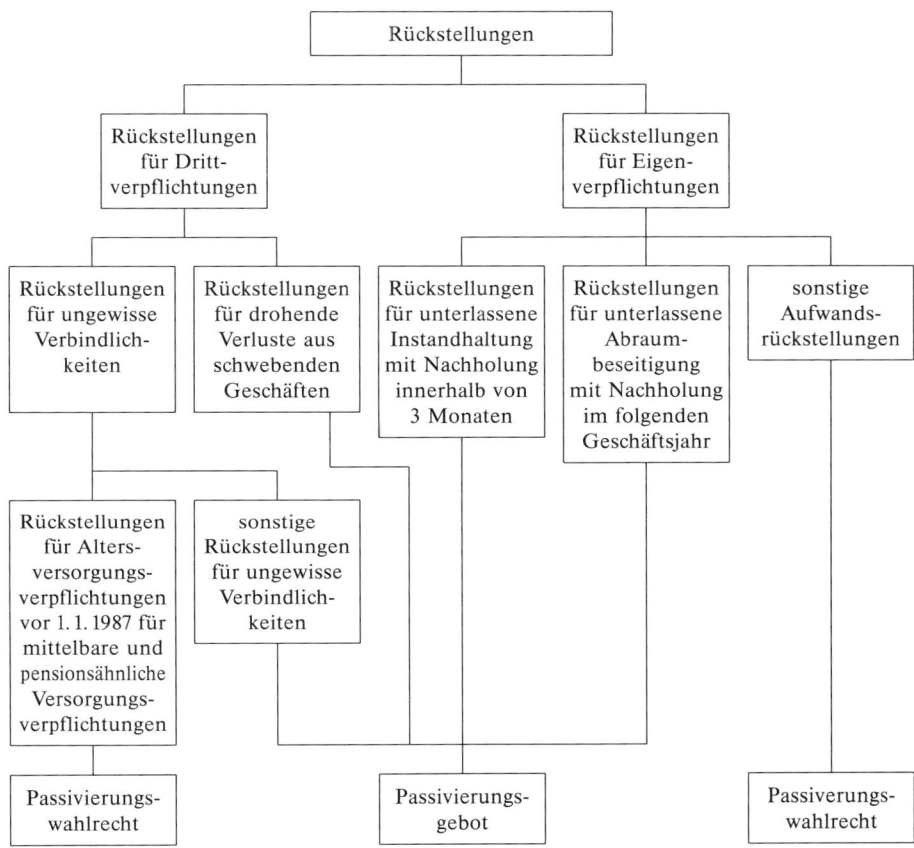

Abbildung 10.22: Ansatzregelung für Rückstellungen

Der Ansatz von Rückstellungen für ungewisse Verbindlichkeiten setzt ebenso wie bei sicheren Schulden die wirtschaftliche Verursachung der Drittverpflichtung voraus. Dies ist der Fall, wenn die Schuld durch die Herstellung von Betriebsleistungen oder durch ein Umsatzgeschäft in der abgelaufenen Periode ausgelöst worden ist. Das zweite, auf die Ungewißheit bezogene Bilanzierungskriterium verlangt, daß eine hinreichend große Wahrscheinlichkeit für das Bestehen oder Entstehen der Verbindlichkeit sowie für eine Inanspruchnahme aus dieser Verpflichtung vorliegen muß. Davon ist auszugehen, wenn auf der Grundlage des vorhandenen Informationsstandes über die Wertverhältnisse zum Bilanzstichtag mehr Gründe für eine zukünftige Vermögensminderung als dagegen sprechen. In gleicher Weise erfordert die Bilanzierung einer Drohverlustrückstellung eine hinreichend konkretisierte Verlusterwartung in Form eines Aufwandsüberschusses sowie eine überwiegende Wahrscheinlichkeit für den Verlusteintritt.

Alters-versorgungs-verpflichtung

Die Passivierungspflicht der Rückstellungen für ungewisse Verbindlichkeiten ist für bestimmte, eng begrenzte Sachverhalte bei den Altersversorgungsverpflichtungen durchbrochen. Altersversorgungsverpflichtungen, die vor dem 1. 1. 1987 begründet wurden, sowie mittelbare Versorgungsverpflichtungen, die auf einer Einstandspflicht des Trägerunternehmens bei nicht ausreichendem Vermögen einer zwischengeschalteten Unterstützungs- oder Pensionskasse beruhen, müssen nicht angesetzt werden. Gleiches gilt für lediglich pensionsähnliche Versorgungsverpflichtungen (z. B. freiwillige Übergangszahlungen bei Eintritt in den Ruhestand).

Rückstellungen für ungewisse Verbindlichkeiten umfassen zahlreiche unterschiedliche Sachverhalte. Dazu gehören neben Altersversorgungsverpflichtungen Rückstellungen für Gratifikationen, Tantiemen und rückständige Urlaubsansprüche der Belegschaft für das abgelaufene Geschäftsjahr, Garantieverpflichtungen, Rückstellungen für Konventionalstrafen, Boni und Rabatte sowie Rückstellungen für Verpflichtungen aus öffentlich-rechtlichen Vorschriften (z. B. Steuern, Beiträge und Aufwendungen für die Aufstellung des Jahresabschlusses, Rekultivierungs- und gesetzliche Entsorgungsverpflichtungen).

Rück-stellungen für drohende Verluste aus schwebenden Beschaffungs-geschäften

Drohverlustrückstellungen unterliegen ausnahmslos der Passivierungspflicht. Sie sind zu bilden für erwartete Verluste aus Absatzgeschäften aller Art und aus Beschaffungsgeschäften von Vermögensgegenständen. Bei Beschaffungsverträgen werden durch die Bildung einer Drohverlustrückstellung Dispositionsverluste erfaßt, die sich ergeben, wenn der Vermögensgegenstand nach den Verhältnissen des Bilanzstichtages günstiger als vertraglich vereinbart beschafft werden kann. Die Bildung einer Drohverlustrückstellung antizipiert die bei Zugang des Vermögensgegenstandes notwendige außerplanmäßige Abschreibung auf den wegen gesunkener Marktpreise niedrigeren beizulegenden Wert. Umstritten ist, ob Drohverlustrückstellungen auch bei Dauerschuldverhältnissen des Beschaffungsmarktes (z. B. Arbeits-, Darlehens- und Mietverträge) zu passivieren sind. Während nach herrschender Meinung auch in diesen Fällen Bilanzierungspflicht angenommen wird, lehnt die Steuerrechtsprechung mit Wirkung für die Handelsbilanz den Ansatz von Drohverlustrückstellungen hier grundsätzlich ab. Dies begründet sie damit, daß den beschaffungsmarktorientierten Dauerschuldverhältnissen kein direkter negativer Erfolgsbeitrag zurechenbar ist und keine Möglichkeit einer späteren außerplanmäßigen Abschreibung besteht.

Rückstellungen für drohende Verluste aus schwebenden Absatz-geschäften

Drohverlustrückstellungen sind nicht nur zu bilden bei gegenseitigen Verträgen, die auf eine einmalige Absatzleistung gerichtet sind, sondern auch bei Dauerschuldverhältnissen des Absatzbereichs. Zu passivieren ist der Verpflichtungsüberschuß in Höhe der Differenz zwischen dem Wert der eigenen Leistungsverpflichtung und dem Anspruch gegenüber dem Vertragspartner. Obwohl dabei grundsätzlich auf die gesamte Laufzeit abgestellt wird, dürfen nur schwebende, d. h. buchmäßig noch nicht abgeschlossene Geschäftsvorgänge berücksichtigt werden. Eine Verrechnung von bereits realisiertem Gewinn mit in der Zukunft entstehenden Verlusten würde das Imparitätsprinzip gemäß § 252 I Nr. 4 HGB verletzen.

Aufwands-rückstel-lungen

Die Rückstellungen für Eigenverpflichtungen werden häufig als Aufwandsrückstellungen bezeichnet. Damit wird zum Ausdruck gebracht, daß eine wahrscheinliche

Vermögensbelastung im Rahmen einer Verpflichtung gegenüber Dritten nicht gegeben ist. Allerdings ist diese Kennzeichnung insofern mißverständlich, als die Bilanzierung jeder Rückstellung eine aufwandswirksame Gegenbuchung zur Folge hat.

Rückstellungen für Eigenverpflichtungen sind grundsätzlich nur passivierungsfähig. Die Ansatzkriterien sind in § 249 II HGB normiert. Neben einer genauen Aufwandsumschreibung und eines wahrscheinlichen Ausgabenanfalls ist eine Bilanzierung nur zulässig, wenn die Zukunftsausgaben dem abgelaufenen oder einem früheren Geschäftsjahr zuzuordnen sind. Die wirtschaftliche Verursachung der Eigenverpflichtung ist, wie bei den Verbindlichkeiten, danach zu beurteilen, ob sie mit der Leistungserstellung oder mit Umsätzen der abgelaufenen Perioden in einem unmittelbaren Zusammenhang stehen. Unterlassene Forschungs- und Werbeausgaben sind nicht rückstellungsfähig, da sie für die Erzielung zukünftiger Umsätze geleistet werden. Aufwandsrückstellungen können z. B. für freiwillige Entsorgungsmaßnahmen, unterlassene Instandhaltung und Großreparaturen sowie für Stillegungsmaßnahmen, zeitanteilige freiwillige Prüfungs- und Inspektionsausgaben sowie für freiwillige Sozialleistungen gebildet werden.

Unterlassene Aufwendungen für Instandhaltungsmaßnahmen und für Abraumbeseitigung müssen ausnahmsweise als Rückstellungen in der Bilanz angesetzt werden, wenn die Maßnahmen innerhalb bestimmter Fristen nachgeholt werden. Diese Sonderregelung sichert die gewinnmindernde Wirkung der betreffenden Rückstellungen in der Steuerbilanz, die bei einem Bilanzierungswahlrecht nicht gegeben wäre. *Rückstellungen für unterlassene Instandhaltungen*

Ein Sonderfall der Rückstellungsbilanzierung betrifft die nach § 274 I HGB gebotene Abgrenzung passiver latenter Steuern für Kapitalgesellschaften durch Bildung einer Rückstellung für ungewisse Verbindlichkeiten. Analog zu den aktiven latenten Steuern, die einen Abgrenzungsposten eigener Art bilden, kommt eine passive Steuerabgrenzung in Betracht, wenn der Steuerbilanzgewinn niedriger als der Jahresüberschuß ist und sich die Differenz in späteren Jahren wieder ausgleicht, so daß mit einer gemessen am Jahresüberschuß höheren Steuerbelastung zu rechnen ist. Soweit die zukünftige Umkehrung der Ergebnisdifferenz eine Steuerzahlung auslöst (z. B. Auflösung eines steuerlichen Passivpostens in der Steuerbilanz, der in der Handelsbilanz *Passive latente Steuern*

Beispiel: passive latente Steuern

Periode	01 TDM	02 TDM	Σ TDM
Jahresüberschuß	200	100	300
Steuerbilanzgewinn	100	200	300
Differenz	100	– 100	0
KSt (Steuersatz 50%)	50	100	150
latente Steuern (GuV)	50	– 50	0
Steueraufwand	100	50	150
Steuerabgrenzungsposten	50	0	50

nicht anzusetzen ist), ist der Ansatz einer Steuerrückstellung für Unternehmen aller Rechtsformen zwingend (vgl. Kupsch/Eder 1988, S. 521 ff.; Knobbe-Keuk 1989, S. 110).

Eigenständige Bedeutung hat die Passivierung latenter Steuern nur in den Fällen, in denen Ergebnisdifferenzen entstehen, ohne daß Steuernachzahlungen die Folge sind. Werden Bilanzierungshilfen aktiviert (z. B. Ingangsetzungsaufwand nach § 269 HGB), so treten temporäre Ergebnisdifferenzen zwischen Handels- und Steuerbilanz auf, die jedoch keine spätere Erhöhung des Steueraufwandes auslösen, so daß die Voraussetzungen für eine Rückstellungsbildung nicht erfüllt sind. Die erforderliche Abgrenzung passiver latenter Steuern führt lediglich zu einem besonderen Abgrenzungsposten, der nach Saldierung mit den aktiven latenten Steuern wie eine Rückstellung bilanzierungspflichtig ist.

Passive Rechnungsabgrenzungsposten

Die passiven Rechnungsabgrenzungsposten beziehen sich auf **Einnahmen, die erst nach dem Bilanzstichtag erfolgswirksam werden.** Eine Passivierung vorgeleisteter Einnahmen ist bei dem empfangenden Unternehmen unter den gleichen Voraussetzungen geboten wie bei den aktiven Rechnungsabgrenzungsposten. Der Ansatz als passiver Rechnungsabgrenzungsposten erstreckt sich auf denjenigen Teil der Einnahme, für den die zeitablaufbezogene Sachgegenleistung des Unternehmens noch aussteht (z. B. am 30. 9. erhaltene Zins- oder Mietzahlungen für ein halbes Jahr).

Das Abgrenzungsmerkmal der bestimmten Zeit für die vorgeleisteten Einnahmen ist in gleicher Weise inhaltlich festgelegt wie bei den aktiven Rechnungsabgrenzungsposten. Der Auffassung, daß bei passiven Rechnungsabgrenzungsposten der zeitliche Bezug der Einnahmen weiter auszulegen sei als bei vorgeleisteten Ausgaben, so daß auch lediglich geschätzte Zeiträume eine Einnahmenverteilung zur Folge haben (vgl. z. B. ADS 1990, § 250 Tz 115; Sarx/Fricke 1990, § 250 Tz 26), steht die gleichlautende gesetzliche Definition aktiver und passiver Rechnungsabgrenzungsposten entgegen.

d) Bewertung der Bilanzpositionen

Allgemeine Bewertungsgrundsätze

Die allgemeinen Bewertungsgrundsätze sind globale Leitlinien für die Bewertung der in der Bilanz ausgewiesenen Vermögensgegenstände und Schulden. Von diesen darf nur in begründeten Ausnahmefällen abgewichen werden. Die Bewertungsgrundsätze decken sich inhaltlich teilweise mit den GoB. Insoweit handelt es sich um kodifizierte GoB-Elemente.

Nach § 252 I HGB sind folgende Bewertungsgrundsätze zu beachten:

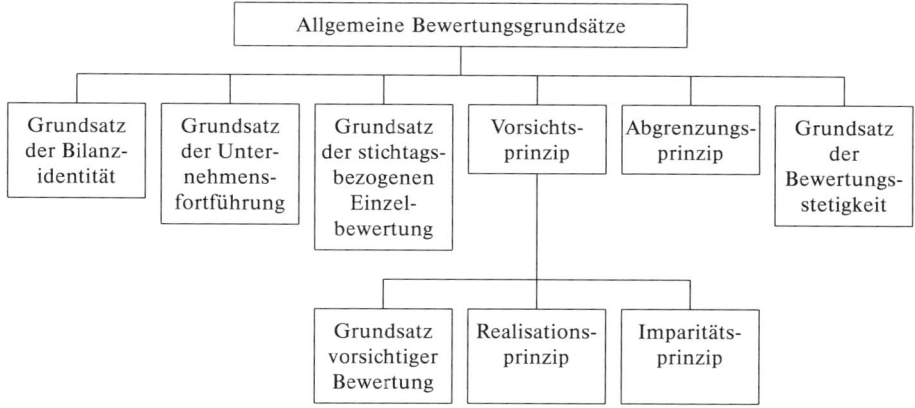

Abbildung 10.23: Allgemeine Bewertungsgrundsätze nach § 252 I HGB

Der Grundsatz der Bilanzidentität verknüpft die Schlußbilanz der abgelaufenen Rechnungsperiode mit der Eröffnungsbilanz des neuen Abrechnungszeitraums und fordert deren inhaltliche Übereinstimmung. Die Gleichheit von Schlußbilanz und Eröffnungsbilanz ist im System der doppelten Buchführung vorgesehen. Die Salden sämtlicher Bestandskonten werden am Ende der Periode in der Schlußbilanz zusammengefaßt. Dem Grundsatz der Bilanzidentität entsprechend sind die Bestandskontensalden auf die Bestandskonten der Folgeperiode zu übernehmen. Die Aufstellung einer gesonderten Eröffnungsbilanz zum Beginn des Folgejahres ist nicht erforderlich. Der Grundsatz der Bilanzidentität kann aus den Grundsätzen der Vollständigkeit und der Richtigkeit abgeleitet werden. Die Einbeziehung nur eines Teils der Salden von Bestandskonten in die neue Periode würde gegen das Vollständigkeitsprinzip verstoßen. Ebenso würde der Grundsatz der Richtigkeit nicht gewahrt, wenn zusätzliche (fingierte) Bestandswerte in die Buchführung der Folgeperiode aufgenommen würden. Als Bewertungsprinzip beschränkt sich der Grundsatz der Bilanzidentität lediglich auf die Übereinstimmung der Wertansätze von Schlußbilanz und Eröffnungsbilanz. Die allgemeinen GoB der Vollständigkeit und Richtigkeit sichern die Identität des Bilanzinhalts auch für die Bilanzierung dem Grunde nach.

Grundsatz der Bilanzidentität

Eine Durchbrechung des Prinzips der Bilanzidentität ist nur in Sonderfällen zulässig. Soweit in der Schlußbilanz ein noch nicht verteiltes Jahresergebnis ausgewiesen wird, kann ein vorliegender Gewinnverwendungsbeschluß bereits bei der Übertragung des Ergebnisvortrags, der Salden von Kapitalkonten sowie der Rücklagen berücksichtigt werden. Ebenso können Verschmelzungen von Gesellschaften, die in der juristischen Sekunde zwischen altem und neuem Geschäftsjahr wirksam werden sollen, in der Eröffnungsbilanz der übernehmenden Gesellschaft erfaßt werden. Das im Wege der Gesamtrechtsnachfolge übertragene Vermögen wird auf den Bestandskonten der übernehmenden Gesellschaft erfaßt. Für die übernehmende Gesellschaft besteht unabhängig von der Aufnahme der Wertansätze der übertragenden Gesellschaft die Verpflichtung, die Wertansätze aus ihrer Schlußbilanz unverändert fortzuführen (vgl. ADS 1990, § 252 Tz 14 f.).

Der Wert der Vermögensgegenstände und Schulden hängt davon ab, ob die Unternehmenstätigkeit fortgesetzt oder eingestellt wird. Der **Grundsatz der Unternehmensfortführung beinhaltet die Forderung, bei der Bewertung von der Weiterführung des Unternehmens auszugehen, soweit dieser Annahme nicht tatsächliche oder rechtliche Gegebenheiten entgegenstehen.** Es sind die Fortführungswerte für Vermögensgegenstände und Schulden nach den Bewertungsvorschriften gemäß §§ 253 bis 256 HGB bzw. §§ 279 bis 283 HGB anzusetzen und nicht Liquidationswerte, die bei Beendigung der Unternehmungsaktivitäten maßgeblich sind.

Der Grundsatz der Unternehmensfortführung schränkt als allgemeiner GoB insbesondere den Ansatz unter den Anschaffungs- und Herstellungskosten liegender niedrigerer Werte für Vermögensgegenstände ein. Die bei einer Liquidation erzielbaren Veräußerungserlöse für Gegenstände des Anlage- und Umlaufvermögens sind häufig geringer als die nach den allgemeinen Bewertungsvorschriften ermittelten Fortführungswerte. Insoweit begrenzt das Prinzip der Unternehmensfortführung als Objektivierungsgrundsatz das Imparitätsprinzip, das die Vorwegnahme drohender Verluste beinhaltet. Verluste, die bei der liquidationsbedingten Veräußerung von Vermögensgegenständen oder bei einer durch Unternehmenseinstellung veranlaßten Ablösung von Schulden entstehen, dürfen nicht berücksichtigt werden, solange die Prämisse der Fortsetzung der Unternehmenstätigkeit zutrifft.

Der Grundsatz der stichtagsbezogenen Einzelbewertung umfaßt zwei Bewertungsprinzipien. Einerseits sind die Wertverhältnisse des Abschlußstichtags maßgeblich; andererseits ist jeder Vermögensgegenstand und jeder Schuldposten grundsätzlich für sich zu bewerten. Die Bezugnahme der Bewertung auf die zum Abschlußstichtag herrschenden Wertverhältnisse ergibt sich aus der Stichtagsbezogenheit der Bilanz. Alle vor dem Bilanzstichtag eingetretenen Ereignisse, die den Wertansatz eines Bewertungsobjekts in positiver oder negativer Hinsicht beeinflussen, müssen berücksichtigt werden. Ausgangspunkt für die Bewertung ist nicht der Informationsstand des Bilanzaufstellers zum Bilanzstichtag, sondern seine bis zur Bilanzaufstellung erworbenen Kenntnisse über die Wertverhältnisse am Bilanzstichtag. **Wertaufhellende Informationen** (z. B. Konkurs eines Schuldners), die sich auf bisher nicht bekannte Determinanten für einen Bewertungssachverhalt (z. B. Forderung) beziehen, sind zu berücksichtigen. **Informationen über wertbegründende Ereignisse**, die eine Änderung der Wertverhältnisse nach dem Bilanzstichtag anzeigen, dürfen nicht in die Bewertung einfließen.

Im konkreten Einzelfall ist die Abgrenzung von werterhellenden und wertbegründenden Ereignissen schwierig, insbesondere wenn eine allmähliche Veränderung der Wertverhältnisse stattfindet. Außerdem wird der Informationsstand über die Wertverhältnisse zum Bilanzstichtag durch die Länge des Bilanzaufstellungszeitraums beeinflußt. Bestehende Ermessensspielräume sind unter Beachtung des Vorsichtsprinzips auszufüllen.

Der Grundsatz der Einzelbewertung folgt bereits aus § 240 I HGB. Die gesonderte Bewertung der einzelnen Vermögensgegenstände und Schulden dient der Objektivierung der Rechnungslegung und dem Vorsichtsprinzip. Durch das Prinzip der Einzelbewertung wird verhindert, daß Wertminderungen und -erhöhungen bei einzelnen Bewertungsobjekten gegeneinander aufgerechnet werden. Im Gegensatz zu den Schulden ist die Abgrenzung von Vermögensgegenständen als Einzelbewertungsobjekte insbesondere beim Sachanlagevermögen nicht immer eindeutig möglich, weil häufig Sachgesamtheiten vorhanden sind, die sich aus mehreren bilanzierungsfähigen Vermögensbestandteilen zusammensetzen. *Grundsatz der Einzelbewertung*

Für die Bestimmung von Bewertungseinheiten ist nicht der zivilrechtliche Begriff der Sache, sondern eine wirtschaftliche Betrachtungsweise maßgebend. Ein körperlicher Gegenstand (Sache) kann bilanzrechtlich mehrere Vermögensgegenstände umfassen (z. B. Boden und Gebäude) und umgekehrt kann sich ein Vermögensgegenstand aus mehreren Sachen zusammensetzen, wenn diese eine wirtschaftliche Einheit bilden (vgl. ADS 1990, § 252 Tz 49). Als wesentliches Kriterium für Bewertungseinheiten wird das von der Steuerrechtsprechung entwickelte Merkmal des einheitlichen Nutzungs- und Funktionszusammenhangs verwendet. Sachen, die selbständig genutzt werden und eine eigenständige Funktion besitzen, sind einzeln zu bewerten. Das Abgrenzungsmerkmal des einheitlichen Nutzungs- und Funktionszusammenhangs ist nicht trennscharf und kann bei unterschiedlichen Nutzungsdauern der als Einheit zusammengefaßten Vermögenselemente zu einer Überbewertung des Vermögens führen. Deshalb kann als zusätzliches Abgrenzungsmerkmal die Nutzungsdauer der einzelnen Vermögenswerte herangezogen werden (vgl. ADS 1990, § 252 Tz 55; Budde/Geißler 1990, § 252 Tz 24). Ferner kann insbesondere bei einer Gesamtheit von Gegenständen (z. B. Stühle, Gerüstteile) die selbständige Nutzungsfähigkeit für die Separierung von Vermögensgegenständen bedeutsam sein. Selbständige Nutzungsfähigkeit liegt vor, wenn ein Gegenstand ohne wesentliche Veränderungen aus seinem bisherigen Nutzungszusammenhang gelöst und in einen anderen Funktionszusammenhang gestellt werden kann. Werden zwei bewegliche Vermögensgegenstände zusammengefügt, so ist nach der allgemeinen Verkehrsauffassung zu entscheiden, ob ein einheitlicher Vermögensgegenstand vorliegt. Als Beurteilungsmerkmale sind die Festigkeit der Verbindung (§ 93 BGB), die Zeitdauer, auf die die Verbindung angelegt ist, und das äußere Erscheinungsbild vor und nach der Verbindung von Bedeutung (BFH vom 28. 9. 1990; BStBl. II 1991, S. 181).

Ausnahmen vom Grundsatz der Einzelbewertung sind möglich, wenn die individuelle Wertermittlung für die Bewertungsobjekte einen hohen Zeit- und Kostenaufwand erfordert. Insoweit sind pauschale Wertermittlungsmethoden für mehrere Vermögensgegenstände und Schulden zulässig. Weitere Abweichungen vom Einzelbewertungsprinzip sind die gesetzlich geregelten Verfahren der Gruppenbewertung und der Bewertung mit Festwerten für bestimmte Kategorien von Vermögensgegenständen.

Das Vorsichtsprinzip als zentraler GoB für die Erfolgsermittlung ist auch bei der Bewertung zu berücksichtigen. Im allgemeinen Vorsichtsprinzip sind nach § 252 I Nr. 4 HGB mehrere Bewertungsgrundsätze zusammengefaßt. Es enthält das Prinzip vorsichtiger Bewertung sowie das Realisations- und das Imparitätsprinzip. Das Prinzip vorsichtiger Bewertung stellt eine grundlegende Bewertungsregel bei Ermessensspielräumen dar, die durch Schätzungen ausgefüllt werden müssen. Nach diesem *Vorsichtsprinzip*

Prinzip vorsichtiger Bewertung

Grundsatz sind bei der Wertbemessung alle Aspekte, die für die Bewertung von Bedeutung sein können, vollständig zu erfassen. Unter Berücksichtigung erkennbarer Verluste und Risiken ist ein Wert anzusetzen, der bei Vermögensgegenständen „in der Nähe" des unteren Grenzwertes und bei Schulden „nahe" beim oberen Grenzwert des Schätzrahmens liegt. Der Grundsatz vorsichtiger Bewertung beinhaltet nicht, daß für die Bewertung stets die ungünstigste mögliche Wertentwicklung zugrunde zu legen ist, sondern verlangt lediglich, daß eine angemessene Risikovorsorge durchgeführt wird.

Realisations-
prinzip

Eine weitere Ausprägung des allgemeinen Vorsichtsprinzips ist das Realisationsprinzip, das den Ausweis von Erfolgsbeiträgen aus einzelnen Geschäften an die Voraussetzung eines Umsatzvorgangs knüpft. Die Realisierung eines Erfolges durch Umsatz bestimmt sich nach dem Zeitpunkt der Leistungsbewirkung. Beim Verkauf von Vermögensgegenständen muß die Sachleistung erbracht, der Anspruch auf Gegenleistung entstanden und die Preisgefahr auf den Käufer übergegangen sein. Ebenso ist der Erfolgsbeitrag aus einem Werkvertrag oder einem Dienstvertrag bilanzrechtlich entstanden, wenn die vereinbarte Leistung vollständig bewirkt und der Anspruch auf Gegenleistung realisiert ist. Bei langfristiger Fertigung ist unter bestimmten Voraussetzungen eine Gewinnvereinnahmung zulässig, auch wenn der Auftrag noch nicht vollständig abgewickelt ist. Diese nach § 252 II HGB zulässige Ausnahmeregelung gestattet eine frühere Erfolgsrealisierung, wenn der aus dem Fertigungsauftrag erwartete Gewinn sicher ermittelt und die Gesamtleistung in selbständig abrechenbare Teilleistungen aufgeteilt werden kann. Dies gilt soweit die bis zur Beendigung des Auftrags noch anfallenden Aufwendungen durch die zukünftigen Erlöse gedeckt sind. In diesem Fall kann bei einem über die Dauer des Geschäftsjahres hinausreichenden Auftrag der auf die erbrachten Teilleistungen entfallende Gewinn vorzeitig ausgewiesen werden.

Da das Realisationsprinzip den Zeitpunkt der Gewinnvereinnahmung determiniert, regelt es nicht nur die Verrechnung der Umsatzerlöse, sondern auch der mit dem Umsatzvorgang verbundenen Aufwendungen. Den durch die Leistungserbringung bewirkten Umsatzerlösen müssen diejenigen Aufwendungen gegenübergestellt werden, die der Lieferung oder sonstigen Leistung zumindest unmittelbar zugerechnet werden können (Einzelkosten). Deshalb sind diejenigen Ausgaben der Abrechnungsperiode, die der Periodenleistung weder unmittelbar noch mittelbar (als Gemeinkosten) zurechenbar sind, grundsätzlich zu bilanzieren, soweit sie für Vermögensgegenstände oder als Rechnungsabgrenzungsposten angefallen sind. Ebenso werden zukünftige Ausgaben aufwandswirksam erfaßt, die durch die Leistungen des vergangenen Abrechnungszeitraums entstehen. Deshalb transformiert das Realisationsprinzip als allgemeines Abgrenzungsprinzip die Einnahmen-Ausgaben-Rechnung in eine Rechnung über Aufwendungen und Erträge (vgl. Moxter 1987b, S. 366).

Imparitäts-
prinzip

Das Imparitätsprinzip bestimmt, daß vorhersehbare Risiken und Verluste des abgelaufenen oder eines früheren Geschäftsjahres zu berücksichtigen sind, auch wenn diese Umstände erst zwischen Abschlußstichtag und Aufstellungszeitpunkt des Jahresabschlusses erkennbar werden. Die Antizipation der bis zum Bilanzstichtag entstandenen Verluste bedeutet eine imparitätische Behandlung zukünftiger Gewinn- und Verlustbeiträge. Während Gewinne erst durch einen Umsatzvorgang verwirk-

1392

licht werden, genügt zur Verrechnung erwarteter Verluste ihre voraussichtliche Entstehung. Das Imparitätsprinzip ist durch die Verpflichtung zur Bilanzierung von Rückstellungen für drohende Verluste sowie durch das in den Bewertungsvorschriften für Vermögensgegenstände geregelte Niederstwertprinzip näher konkretisiert.

Das in § 252 I Nr. 5 HGB verankerte Abgrenzungsprinzip schreibt vor, daß Aufwendungen und Erträge unabhängig vom Zeitpunkt der entsprechenden Zahlungen im Jahresabschluß zu verrechnen sind. Die Unabhängigkeit der Aufwands- und Ertragserfassung von den Zahlungsvorgängen folgt grundsätzlich bereits aus dem Realisationsprinzip (vgl. Ballwieser 1989, B 105, Tz 58). Eine eigenständige Bedeutung kommt dem Abgrenzungsprinzip nur für solche (nicht leistungsbezogenen) Erträge und Aufwendungen zu, die vom Realisationsprinzip nicht erfaßt werden. Kriterium für die periodenbezogene Verrechnung der Erfolgskomponenten ist die wirtschaftliche Verursachung, nicht die rechtliche Entstehung oder Abwicklung der Geschäftsvorfälle (vgl. Budde/Geißler 1990, § 252 Tz 52). Zeitraumbezogen anfallende Erträge und Aufwendungen werden den Rechnungsperioden pro rata temporis zugeordnet (vgl. Leffson 1987, S. 330). Außerordentliche Aufwendungen und Erträge, die nachträglich oder aufgrund außergewöhnlicher Ereignisse entstehen, werden in die Rechnungsperiode eingestellt, in der sie angefallen sind.

Abgrenzungsprinzip

Das Abgrenzungsprinzip enthält keine konkreten Angaben über die anzuwendenden Periodisierungsprizipien. Da die Zwecksetzung des Jahresabschlusses in der Ermittlung eines umsatzbezogenen Periodenerfolges besteht, ist grundsätzlich eine Periodenzurechnung der Aufwendungen und Erträge nach dem Realisationsprinzip und hilfsweise nach dem Kriterium der wirtschaftlichen Periodenverursachung geboten. Daneben wird das Abgrenzungsprinzip durch verschiedene Einzelvorschriften ergänzt (z. B. Aktivierungsverbot unentgeltlich erworbener immaterieller Anlagewerte, § 248 II HGB; Methodenwahlrecht zur Einbeziehung von Gemeinkosten in die Herstellungskosten, § 255 II HGB), die teilweise eine Durchbrechung dieses Prinzips darstellen (z. B. Bilanzierungswahlrecht: § 247 III, § 249 II HGB).

Der Grundsatz der Bewertungsstetigkeit fordert bei der Bewertung der Vermögensgegenstände und Schulden die **Beibehaltung der auf den vorhergehenden Jahresabschluß angewandten Bewertungsmethoden.** Das Stetigkeitsprinzip soll die Vergleichbarkeit der Jahresabschlüsse im Zeitablauf gewährleisten und willkürliche Ergebnisverlagerungen verhindern. Die damit verbundene Einschränkung des Bewertungsspielraums dient der Objektivierung der Rechnungslegung im Rahmen der Bewertung. Das Prinzip der Bewertungsstetigkeit schließt Bilanzansatzwahlrechte nicht ein. Sie können im Zeitablauf unterschiedlich ausgeübt werden.

Grundsatz der Bewertungsstetigkeit

Unter einer **Bewertungsmethode** ist ein bestimmtes in seinem Ablauf definiertes Verfahren der Wertfindung für Bewertungsobjekte zu verstehen (vgl. IdW 1988, S. 49). Das Prinzip der Bewertungsstetigkeit wird wirksam, wenn mehrere Verfahren der Bewertung zulässig sind oder wenn die Bewertung mit Ermessensspielräumen verbunden ist. Die Verpflichtung zur Bewertungsstetigkeit bezieht sich nicht nur auf Bilanzposten des vorangegangenen Jahresabschlusses, sondern auch auf die in der folgenden Bilanz neu enthaltenen Vermögensgegenstände und Schulden. Die Fortführung der bisherigen Bewertungsmethoden bei neu zugegangenen Vermögensgegenständen setzt voraus, daß die Bewertungsobjekte gleichartig sind und vergleichbare Bewertungsbedingungen gegeben sind. Die Anwendung einer Bewertungsmethode umfaßt die Ausübung von **Wertansatzwahlrechten** (z. B. gemildertes Niederstwertprinzip, Wertaufholungswahlrecht) und von **Methodenwahlrechten** zur zahlenmäßigen Fixierung eines bestimmten Wertmaßstabes (z. B. Herstellungskosten). Während die einheitliche Anwendung von Methodenwahlrechten ohne Einschränkung dem Stetigkeitsgebot unterliegt, ist zweifelhaft, ob Wertansatzwahlrechte ebenfalls im Zeitablauf unverändert auszuüben sind. Wegen der durch das Stetigkeitsgebot angestrebten Vergleichbarkeit von Jahresabschlüssen ist eine unveränderte Ausübung von Wertansatzwahlrechten nicht geboten, da diese Wahlrechte an fallweise auftretende veränderte Bewertungsbedingungen geknüpft sind. Der Eintritt wertmindernder Einflüsse und ihr Wegfall sind diskontinuierliche Ereignisse, die je nach Umfang der davon betroffenen Vermögensgegenstände zu unterschiedlichen Auswirkungen auf den Vermögens- und Ergebnisausweis führen. Deshalb würde die Forderung nach einer einheitlichen Inanspruchnahme von Wertansatzwahlrechten im Zeitablauf einerseits eine unterschiedliche Berücksichtigung des Vorsichtsprinzips zur Folge haben und andererseits der Vergleichbarkeit der Jahresabschlüsse in zeitlicher Hinsicht entgegenstehen (vgl. Kupsch 1987, S. 1103 f.).

Eine Abweichung vom Stetigkeitsgrundsatz ist als Ausnahmefall zulässig, um die Bewertung veränderten Verhältnissen anpassen zu können. Typische Gründe sind Änderungen von Gesetz und Rechtsprechung, Einleitung von Sanierungsmaßnahmen, Änderung der Konzernzugehörigkeit, Übergang oder Verzicht auf Bewertungsvereinfachungsverfahren, wesentliche Veränderungen in der Gesellschafterstruktur, Übergang von globalen zu differenzierten Bewertungsmethoden. Der Inhalt des Stetigkeitsprinzips läßt sich wie folgt darstellen:

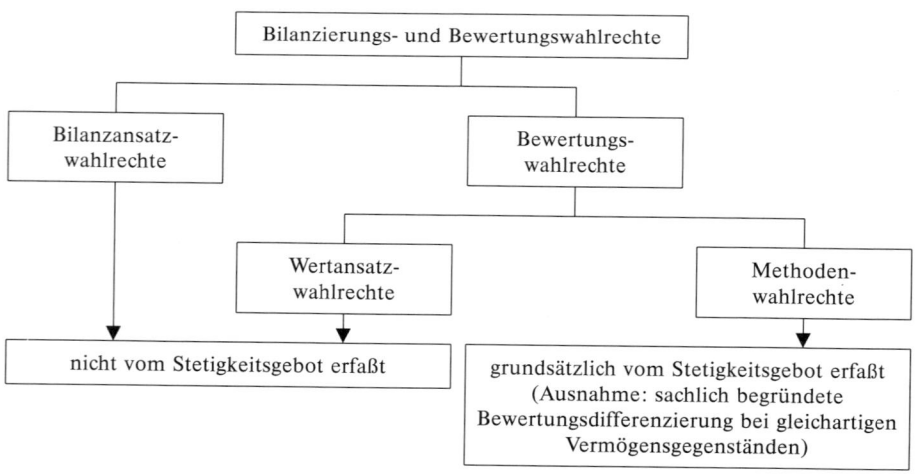

Abbildung 10.24: Inhalt des Stetigkeitsprinzips

1394

Bewertungsmaßstäbe für Vermögensgegenstände

(1) Anschaffungskosten

Die Anschaffungskosten sind der regelmäßige Wertmaßstab für die Zugangsbewertung aller fremdbezogenen Vermögensgegenstände. Bei der Folgebewertung ist die Bewertung der von Dritten erworbenen Vermögensgegenstände so lange mit diesem Wertmaßstab durchzuführen, wie nicht die Bewertungsvorschriften (§§ 253, 254 HGB) eine niedrigere Bewertung vorschreiben oder zulassen. **Die Anschaffungskosten stellen deshalb die Bewertungsobergrenze für die fremdbezogenen Vermögensgegenstände dar.**

Die Bewertung von Vermögensgegenständen mit den Anschaffungskosten folgt aus dem Realisationsprinzip. Die Funktion der Anschaffungskosten als zentraler Wertmaßstab für die Zugangsbewertung ist unabhängig von der Rechtsform der Unternehmung und gilt gleichermaßen in der Handels- und Steuerbilanz.

Nach § 255 I HGB umfassen die Anschaffungskosten jene geleisteten Ausgaben, die anfallen, um einen Vermögensgegenstand zu erwerben und ihn in einen betriebsbereiten Zustand zu versetzen, soweit sie dem Vermögensgegenstand einzeln zugeordnet werden können.

Die Bewertung mit Anschaffungskosten gewährleistet eine **erfolgsneutrale Behandlung** des Beschaffungsvorgangs. Durch den Ansatz der Gegenleistung bei der Ermittlung der Anschaffungskosten für einen zugegangenen Vermögensgegenstand wird die Verrechnung von Erträgen und Aufwendungen anläßlich eines Erwerbsvorgangs vermieden.

Die erfolgsneutrale Behandlung des Beschaffungsvorgangs erfordert die Einbeziehung aller diesem Vorgang zuzurechnenden Ausgaben in die Anschaffungskosten. Der Beschaffungsvorgang ist ein **zeitraumbezogener Prozeß**, der mit der ersten Handlung zum Erwerb eines bestimmten Gegenstandes beginnt und mit der Herstellung seiner Betriebsbereitschaft endet. Die Betriebsbereitschaft ist erreicht, wenn das Beschaffungsobjekt für betriebliche Zwecke einsatzfähig ist.

Die Anschaffungskosten umfassen die dem Vermögensgegenstand einzeln zurechenbaren Ausgaben, die im Beschaffungszeitraum entstanden sind. Sie können wie folgt aufgegliedert werden (vgl. Abbildung 10.25):

Der Anschaffungspreis ist der Betrag, der als Kaufpreis für den zu erwerbenden Gegenstand bezahlt wird. Er stimmt grundsätzlich mit dem in der Eingangsrechnung ausgewiesenen Betrag ohne Umsatzsteuer überein. *Anschaffungspreis*

Die Anschaffungsnebenkosten setzen sich aus den **Erwerbsnebenkosten** und den **Ausgaben zur Herstellung der Betriebsbereitschaft** zusammen. Erwerbsnebenkosten sind Ausgaben zur Überführung des Vermögensgegenstandes in die eigene wirtschaftliche Verfügungsmacht. Hierzu zählen Vermittlungs- und Maklergebühren, Notariatskosten, Kommissionskosten und Provisionen sowie Steuern und Abgaben, die anläßlich *Anschaffungsnebenkosten*

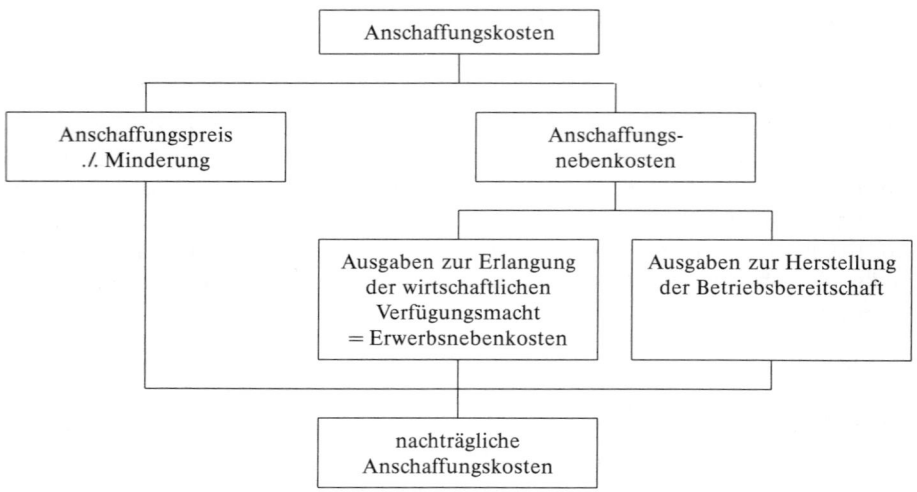

Abbildung 10.25: Elemente der Anschaffungskosten

des Erwerbsvorgangs angefallen sind. Der Anschaffung vorgelagerte Aufwendungen zur Vorbereitung der Beschaffungsentscheidung stehen nicht in unmittelbarem Zusammenhang mit dem Erwerbsvorgang. Die Höhe dieser Aufwendungen ist unabhängig davon, ob der betreffende Vermögensgegenstand später beschafft wird oder nicht.

Ausgaben zur Herstellung der Betriebsbereitschaft werden im Rahmen des Anschaffungsvorgangs getätigt, um den Gegenstand in einen Zustand zu versetzen, der seine bestimmungsgemäße Nutzung ermöglicht. Es handelt sich dabei um Ausgaben für die Anlieferung, Montage und Installation, für die Fundamentierung und den Umbau sowie die Überprüfung, Inbetriebnahme und Abnahme von Gebäuden und Anlagen.

Die Ausgaben zur Herstellung der Betriebsbereitschaft können gegenüber Dritten oder unternehmensintern anfallen. Bei unternehmensexternen Anschaffungsnebenkosten ist die direkte Zurechenbarkeit zum Beschaffungsobjekt in der Regel gegeben. Bei unternehmensinternen Kosten für betriebliche Leistungen muß die direkte Zurechenbarkeit besonders geprüft werden (vgl. Wohlgemuth 1990, Abt. I/9 Tz 23). Einzubeziehen sind diejenigen Ausgaben, die bei betrieblichen Eigenleistungen dem erworbenen Gegenstand als Einzelkosten zurechenbar sind. Die Kosten der zum Beschaffungsbereich gehörenden Kostenstellen (z. B. Einkauf, Wareneingang, Lagerhaltung) sind in der Regel Gemeinkosten und können deshalb nicht in die Anschaffungskosten einbezogen werden. Innerbetriebliche Leistungen (z. B. Aufträge für Fundamente, Montage und Installation) sind mit den Material- und Lohneinzelkosten als Anschaffungskosten zu verrechnen.

1396

Anschaffungspreisminderungen verringern den Umfang der Anschaffungskosten. Abzusetzen sind insbesondere Rabatte, Boni und Skonti. Obwohl gesetzlich nicht ausdrücklich geregelt, sind auch Minderungen der Anschaffungsnebenkosten zu berücksichtigen. Andernfalls wäre die Erfolgsneutralität des Beschaffungsvorgangs nicht gewahrt, weil die angesetzten Anschaffungskosten nicht der tatsächlichen Gegenleistung entsprechen würden. *Anschaffungspreisminderungen*

Die ursprünglich ermittelten Anschaffungskosten können sich nach Beendigung des Beschaffungsvorgangs noch erhöhen. Sofern die nachträglichen Ausgaben in einem zeitlichen Zusammenhang mit der Beschaffung eines Vermögensgegenstandes stehen, werden sie als Bestandteil der Gegenleistung und damit als Anschaffungskosten behandelt. Nachträgliche Anschaffungskosten liegen vor, wenn der Kaufpreis oder die Anschaffungsnebenkosten rückwirkend erhöht worden sind (vgl. Kupsch 1990a). *Nachträgliche Anschaffungskosten*

Neben den **zeitlich nachträglich entstandenen Ausgaben**, die zu einer Aufstockung der ursprünglichen Anschaffungskosten führen, gehören zu den nachträglichen Anschaffungskosten auch Ausgaben, die erst längere Zeit nach dem Erwerb eines Vermögensgegenstandes geleistet werden und eine andere Nutzung oder lediglich eine Werterhöhung des bereits beschafften Gegenstandes zur Folge haben. Typische Fälle derartiger **wertmäßig bestimmter nachträglicher Anschaffungskosten** sind z. B. bei Grundstücken Straßenanlieger- und Erschließungsbeiträge sowie Kanalanschlußgebühren. Ebenso findet bei Beteiligungen durch die Gewährung von Zuschüssen und durch sonstige verdeckte Einlagen eine Erhöhung des Beteiligungswertes statt. Deshalb stellen diese Ausgaben nicht Aufwand, sondern nachträgliche Anschaffungskosten der Beteiligung dar. Bei wertmäßig bestimmten nachträglichen Anschaffungskosten ist die Zweckbeziehung des Ausgabenanfalls zum Beschaffungsvorgang nicht mehr unmittelbar gegeben. Ihre Einbeziehung in die Anschaffungskosten wird damit begründet, daß für unbebaute Grundstücke und Beteiligungen begrifflich keine Herstellungskosten entstehen können.

Für die Ermittlung von Anschaffungskosten kommen mehrere Methoden in Betracht. Neben der Einzelfeststellung aller einem Vermögensgegenstand zurechenbaren Anschaffungsausgaben kann eine Durchschnittsbewertung oder eine pauschale Ermittlung der Anschaffungsnebenkosten durchgeführt werden. Daneben sind Bewertungsvereinfachungsmethoden im Rahmen von Verbrauchsfolgeunterstellungen oder Gruppenbewertungen sowie der Ansatz von Festwerten zulässig. *Methoden zur Ermittlung der Anschaffungskosten*

(2) Herstellungskosten

Für selbst hergestellte Vermögensgegenstände sind die Herstellungskosten der maßgebliche Wertmaßstab für die Zugangsbewertung. Ebenso wie die Anschaffungskosten sind die Herstellungskosten bei der Folgebewertung fortzuführen, soweit nicht die Bewertungsvorschriften den Ansatz eines niedrigeren Wertes fordern oder gestatten. Die Herstellungskosten erfüllen bei eigenerstellten Vermögensgegenständen die gleiche Funktion wie die Anschaffungskosten. Durch den Ansatz von Herstellungskosten soll die im Herstellungsprozeß stattfindende Wertumschichtung erfolgsneutral verrechnet werden. Die erfolgsneutrale Behandlung des Herstellungsvorgangs leitet sich ebenfalls aus dem Realisationsprinzip ab.

Nach der allgemeinen Definition gemäß § 255 II HGB sind **Herstellungskosten** diejenigen **Aufwendungen, die durch den Verbrauch von Gütern und Dienstleistungen für die Herstellung eines Vermögensgegenstandes, seine Erweiterung oder für eine über seinen ursprünglichen Zustand hinausgehende wesentliche Verbesserung entstehen.**

Der Umfang der als Herstellungskosten erfolgsneutral zu verrechnenden Ausgaben hängt davon ab, welche Anforderungen an die finale Beziehung zwischen Ausgabenentstehung und Herstellung gestellt werden und wie der Herstellungsvorgang abgegrenzt wird.

Die Zuordnung der für die Herstellung eines Vermögensgegenstandes entstandenen Ausgaben ist in § 255 II HGB in der Weise geregelt, daß die dem Vermögensgegenstand direkt zurechenbaren Material- und Fertigungseinzelkosten einschließlich der Sondereinzelkosten der Fertigung zwingend als Herstellungskosten anzusetzen sind. Sie sind unmittelbar zweckbezogene Ausgaben des Herstellungsprozesses. Bezüglich der Material-, Fertigungs- und Verwaltungsgemeinkosten besteht ein Einbeziehungswahlrecht. Da die Entstehung von Gemeinkosten nicht direkt durch die Herstellung eines bestimmten Leistungsobjekts verursacht ist, wird ein Ermessensspielraum bei der erfolgsneutralen Behandlung von Herstellungsvorgängen eingeräumt. Der Umfang der Herstellungskosten läßt sich wie folgt veranschaulichen:

Mindestumfang (Wertuntergrenze)	● Materialeinzelkosten ● Fertigungseinzelkosten ● Sondereinzelkosten der Fertigung

Höchstumfang (Wertobergrenze)	● angemessene Teile der auf den Zeitraum der Herstellung entfallenden
	  – notwendigen Materialgemeinkosten
	  – notwendigen Fertigungsgemeinkosten
	  – Werteverzehr des Anlagevermögens, soweit durch Fertigung veranlaßt
	● auf den Zeitraum der Herstellung entfallende Aufwendungen für
	  – die allgemeine Verwaltung
	  – soziale Betriebseinrichtungen
	  – die betriebliche Altersversorgung
	● zurechenbare Fremdkapitalzinsen, soweit sie auf den Zeitraum der Herstellung entfallen

Abbildung 10.26: Elemente der Herstellungskosten

Für die Bestimmung des Umfanges der zwingend oder wahlweise in die Herstellungskosten einzurechnenden Ausgaben ist die **funktionale Abgrenzung des Herstellungsvorgangs** von Bedeutung. Sie wird bilanziell weit gefaßt und schließt neben dem Fertigungsbereich auch die vorgelagerten Prozesse des Beschaffungsbereichs ein. Deshalb können die in den Beschaffungskostenstellen angefallenen pagatorischen Kosten als Materialgemeinkosten in die Herstellungskosten einbezogen werden. Ein

Ansatzwahlrecht besteht auch für die Gemeinkosten der Fertigungskostenstellen. Die enge Verbindung zwischen Produktions- und Verwaltungsbereich wird in der Weise berücksichtigt, daß die Kosten für die allgemeine Verwaltung fakultativ als Verwaltungsgemeinkosten in die Herstellungskosten eingerechnet werden können. Die wahlweise einzubeziehenden Gemeinkostenbestandteile enthalten auch den Wertverzehr des in den einzelnen Kostenstellen vorhandenen Anlagevermögens sowie die Aufwendungen für soziale Betriebseinrichtungen, freiwillige soziale Leistungen und für die betriebliche Altersversorgung. Die Vertriebskosten sind von der Erfassung als Herstellungskosten ausgeschlossen.

Die Zuordnung der Material- und Fertigungsgemeinkosten zu den Herstellungskosten wird dadurch begrenzt, daß nur angemessene Teile der notwendigen Gemeinkosten einbezogen werden dürfen. Außerdem ist die Zurechnung der Gemeinkosten insoweit beschränkt, als nur solche Kosten berücksichtigt werden dürfen, die auf den Zeitraum der Herstellung entfallen. Die Notwendigkeit einbeziehungsfähiger Material- und Fertigungsgemeinkosten betrifft nicht die Höhe der jeweiligen Gemeinkosten, sondern sie ist ein Abgrenzungskriterium dafür, ob die Aufwendungen ihrer Art nach zwingend mit dem Herstellungsvorgang verbunden sind.

Eine Begrenzung der Höhe von einrechenbaren Gemeinkosten ergibt sich aus dem **Angemessenheitsprinzip** und aus der **Beschränkung auf den Herstellungszeitraum.** Das Einbeziehungswahlrecht für angemessene Teile der Gemeinkosten bedeutet, daß nur diejenigen Gemeinkosten Bestandteil der Herstellungskosten sein können, die nach betriebswirtschaftlichen Kriterien der Herstellung eines bestimmten Produkts zurechenbar sind. Während außerordentliche und neutrale Aufwendungen bereits im Hinblick auf ihre fehlende Notwendigkeit aus den Herstellungskosten auszusondern sind, müssen außergewöhnlich hohe Aufwendungen und Kosten der Unterbeschäftigung im Hinblick auf ihre fehlende Angemessenheit eliminiert werden.

In erster Linie sind bei den Fertigungsgemeinkosten einschließlich des Wertverzehrs von Anlagevermögen die Kosten der Unterbeschäftigung bei einer dauerhaften Unterauslastung der Kapazität aus den Herstellungskosten auszugliedern. Nach dem Angemessenheitsprinzip können nur Gemeinkosten auf der Basis eines betriebsgewöhnlichen Beschäftigungsgrades (Normalbeschäftigung) als Herstellungskosten verrechnet werden. Die Einbeziehung von Unterbeschäftigungskosten verstößt gegen das Vorsichtsprinzip; diese sind deshalb auszugliedern. Es handelt sich bei ihnen um Leerkosten in Höhe der Differenz zwischen den Gemeinkosten bei Normalbeschäftigung und den proportionalisierten Fixkosten auf Basis des Unterschäftigungsgrades (vgl. Freidank 1984, S. 29 ff.). Auszuscheiden sind ebenfalls die Gemeinkosten für Anlagen, die in der Fertigung nicht eingesetzt werden und keine notwendigen Reserveanlagen sind. Unter der Annahme, daß die Gemeinkosten in der Fertigung ausschließlich aus Fixkosten bestehen, läßt sich die Aussonderung der unangemessenen Gemeinkostenanteile wie folgt veranschaulichen:

Angemessenheitsprinzip

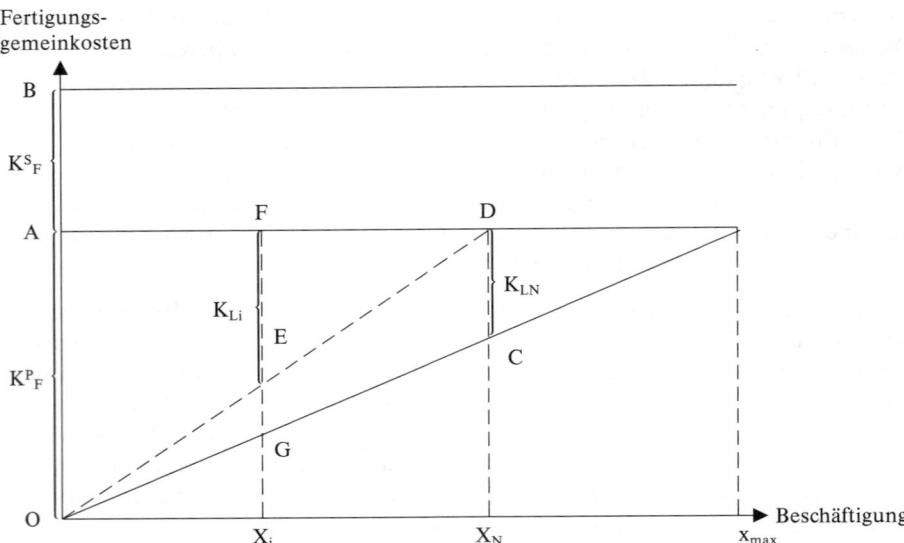

Abbildung 10.27: Eliminierung unangemessener Gemeinkostenanteile

Der Kostenblock der fixen Fertigungsgemeinkosten setzt sich aus den Kosten für die produzierenden Anlagen K_F^P (Strecke OA) und den Kosten für stillgelegte Anlagen K_F^S (Strecke AB) zusammen. Die Gemeinkostenschicht für die stillgelegten Anlagen ist zu eliminieren, da sie für die Herstellung nicht notwendig ist.

Bei **Normalbeschäftigung** X_N entstehen Fertigungsgemeinkosten in Höhe von K_F^P. Bezogen auf die Maximalbeschäftigung X_{max} ergeben sich Leerkosten K_{LN} (Strecke CD) in Höhe von $K_F^P (1-(X_N/X_{max}))$. Diese Kosten müssen nicht aus den Herstellungskosten herausgerechnet werden, da die angefallenen Gemeinkosten bei Normalbeschäftigung grundsätzlich als angemessen einzustufen sind. Sinkt die Beschäftigung auf X_i, so sind die Unterbeschäftigungskosten des Istbeschäftigungsgrades K_{Li} in Höhe von $K_F^P (1-(X_i/X_N))$ auszuscheiden (Strecke EF). Eine Eliminierung der gesamten Leerkosten $K_F^P (1-(X_i/X_{max}))$ ist nicht erforderlich (Strecke GF), weil die angemessenen Gemeinkosten bei Normalbeschäftigung auch die rechnerischen Leerkosten bezogen auf die Maximalbeschäftigung enthalten. Diese rechnerischen Leerkosten dürfen anteilig im Verhältnis von Ist- und Normalbeschäftigung $K_F^P (1-(X_N/X_{max})) X_i/X_N$ in die Herstellungskosten einbezogen werden (Strecke GE).

Zeitliche Begrenzung

Die zeitliche Begrenzung der Herstellungskosten beschränkt die Verrechnung auf diejenigen Gemeinkosten, die im Herstellungszeitraum angefallen sind. Das bedeutet, daß für die Ermittlung von Gemeinkostenzuschlägen die tatsächlichen Bezugsgrößen des Herstellungszeitraums verwendet werden müssen (z. B. Fertigungslöhne, Maschinenstunden). Aufwendungen, die dem Fertigungszeitraum vor- oder nachgelagerte Perioden betreffen, können nicht als Herstellungskosten angesetzt werden. Der maßgebliche Herstellungszeitraum erstreckt sich von dem Zeitpunkt, in dem

1400

erstmals Aufwendungen im sachlichen Zusammenhang mit der Leistungserstellung entstanden sind (z. B. auftragsgebundene Planungskosten), bis zur Fertigstellung des Vermögensgegenstandes, die beim Anlagevermögen mit der Betriebsbereitschaft und bei Erzeugnissen mit ihrer Absatzfähigkeit erreicht ist (vgl. ADS 1990, § 255 Tz 203 f.).

Finanzierungskosten werden grundsätzlich durch Finanzierungsmaßnahmen und nicht durch den Herstellungsvorgang verursacht. Trotz der finalen Abgrenzung der Herstellungskosten ist nach § 255 III HGB die Einbeziehung von Fremdkapitalzinsen möglich, soweit sie auf den Zeitraum der Herstellung entfallen. Die Verrechnung von Zinsaufwendungen ist bei langfristigen Fertigungsvorgängen üblich, soweit ein tatsächlicher Zusammenhang zwischen Fremdkapitalaufnahme und Fertigung eines Vermögensgegenstandes gegeben ist.

Die Herstellungskosten werden auf der Grundlage der Kostenrechnung (vgl. Teil 9) ermittelt, wobei grundsätzlich die kalkulatorischen Kosten auszuscheiden sind, da diesen keine Ausgaben gegenüberstehen. Die auf der Basis der tatsächlich entstandenen Kosten im Rahmen der Vollkostenrechnung ermittelten Herstellungskosten stellen die Obergrenze dar, soweit nicht Unterbeschäftigungskosten eliminiert werden müssen. Auch der Ansatz von Normalkosten oder Plankosten ist zulässig. Die angesetzten Herstellungskosten dürfen jedoch die Istkosten nicht überschreiten, weil sonst nicht realisierte Erträge entstehen. *Kostenrechnung*

Bei der Ableitung der Herstellungskosten aus der Plankostenrechnung können die Wertansätze auf der Grundlage der Normalbeschäftigung oder eines optimalen Beschäftigungsgrades bestimmt werden.

Der Definition der Herstellungskosten liegt das Schema der **Zuschlagskalkulation** zugrunde. Auch wenn Unternehmen andere Kalkulationsmethoden anwenden, muß sichergestellt sein, daß die Unter- und Obergrenze der Herstellungskosten beachtet werden. Bei der **Divisionskalkulation** werden den Erzeugniseinheiten die in der Periode angefallenen Kosten nach dem Durchschnittsprinzip zugerechnet. Für die Bestimmung der Wertuntergrenze sind das Fertigungsmaterial, die Fertigungslöhne und die Sondereinzelkosten der Fertigung auf die Produktionsmenge zu verteilen. Bei der Bewertung auf Vollkostenbasis müssen die Unterbeschäftigungskosten bei der Durchschnittskostenermittlung ausgeschieden werden. Schwankende Bestände unfertiger Erzeugnisse auf den einzelnen Fertigungsstufen erfordern eine Kostenstellenbildung, wobei die Herstellungskosten der einzelnen Stufen auf die Leistungseinheiten der jeweiligen Produktionsstufen verteilt werden. Soweit Verwaltungsgemeinkosten in die Herstellungskosten verrechnet werden, können sie im Verhältnis der Kostenbeträge auf den einzelnen Fertigungsstufen aufgeteilt werden. In gleicher Weise können die Herstellungskosten bei der **Äquivalenzziffernkalkulation** bestimmt werden. An die Stelle der Erzeugnismenge tritt die Summe der mit den Äquivalenzziffern gewichteten Erzeugniseinheiten. Voraussetzung ist dabei, daß die Äquivalenzziffern einen geeigneten Schlüssel für die Zurechnung der Einzelkosten darstellen. *Kalkulationsverfahren*

1401

Bei der **Kuppelproduktion** werden die angefallenen Kosten ebenfalls durch Schlüsselgrößen auf die Kuppelerzeugnisse verteilt. Sie können auch bei der Ermittlung der
Wertuntergrenze bezüglich der Verrechnung von Material- und Fertigungseinzelkosten verwendet werden. Für die Zuordnung der einbeziehbaren Gemeinkosten sind
die gleichen Maßstäbe oder andere Verrechnungskriterien zugrunde zu legen, soweit
sie sich für eine sachlich begründete Schlüsselung der Gemeinkosten eignen.

*(3) Bewertungsvereinfachungsverfahren zur Ermittlung von Anschaffungs- oder
Herstellungskosten*

Für bestimmte Arten von Vermögensgegenständen ist nach § 256 HGB abweichend
vom Grundsatz der Einzelbewertung eine vereinfachte Ermittlung der Anschaffungs-
oder Herstellungskosten gestattet (vgl. Abbildung 10.28).

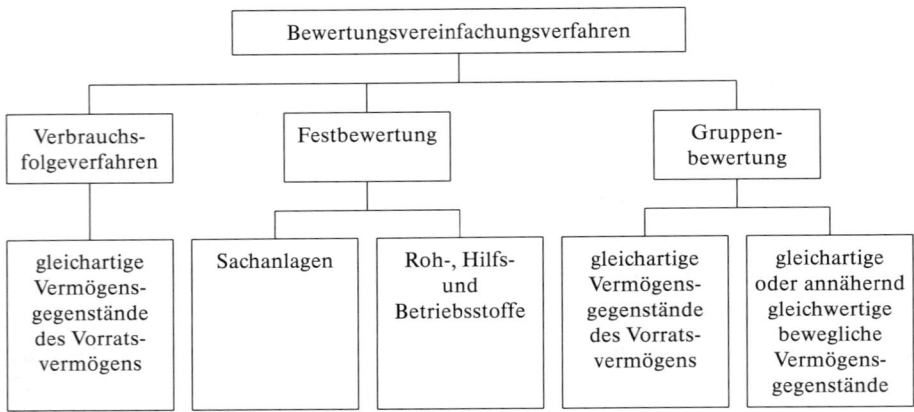

Abbildung 10.28: Bewertungsvereinfachungsverfahren und deren
Anwendungsbereiche

*Verbrauchs-
folge-
verfahren*

Bei den Verbrauchsfolgeverfahren kann für den Wertansatz gleichartiger Vermögensgegenstände des Vorratsvermögens eine bestimmte Reihenfolge des Verbrauchs oder
der Veräußerung unterstellt werden. Die zulässigen Verbrauchsfolgen können auf
zeitlichen Kriterien (Zeitfolgen) oder auf anderen objektiven Maßstäben (sachliche
Verbrauchsfolgen) beruhen. Als Zeitfolgeverfahren kommen das Fifo-Prinzip (First
in – first out) und das Lifo-Prinzip (Last in – first out) zur Anwendung. Gemäß dem
Fifo-Verfahren wird angenommen, daß die zuerst angeschafften oder hergestellten
Güter auch zuerst aus dem jeweiligen Güterbestand ausscheiden. Da sich durch diese
Verbrauchsfiktion der Bestand aus den letzten Zugängen zusammensetzt, sind für die
Bestandsbewertung die Anschaffungs- oder Herstellungskosten der zuletzt zugegan-
genen Gütermengen anzusetzen.

*Zeitfolge-
verfahren
Fifo*

Lifo

Das Lifo-Verfahren geht von einer umgekehrten Verbrauchsfolge aus. Es wird unterstellt, daß die zuletzt zugegangenen Gütermengen zuerst veräußert oder ver-

1402

braucht werden. Daraus ergibt sich eine Bewertung des Güterverbrauchs mit gegenwartsnahen Werten, während der verbleibende Endbestand mit den Anschaffungs- oder Herstellungskosten früherer Lieferungen und deshalb mit zeitlich unter Umständen weit zurückliegenden Werten angesetzt wird.

Das Lifo-Verfahren kann als fortlaufendes (permanentes) oder als periodenbezogenes Bewertungsvereinfachungsverfahren ausgestaltet sein. Beim permanenten Lifo-Prinzip wird der Güterabgang fortlaufend während des ganzen Jahres erfaßt, wobei die Verbrauchsmengen mit den Werten der letzten Bestandszugänge bewertet werden. Ist der Lagerabgang geringer als der letzte Bestandszugang, so sind die Werte der letzten Zugangsmenge maßgebend. Überschreitet der Güterabgang mengenmäßig den Umfang des letzten Zugangs, so wird die verbleibende Mengendifferenz mit den Wertansätzen des vorletzten Zugangs verrechnet. Deshalb ist beim permanenten Lifo-Verfahren eine laufende mengen- und wertmäßige Aufzeichnung der Lagerbewegungen notwendig.

Permanentes Lifo

Beispiel: Permanentes Lifo-Verfahren

	Datum	Einheiten DM	Preis je Einheit DM	Gesamtpreis DM
Anfangsbestand	1. 1.	80	10	800
+ Zugang	20. 1.	40	14	+ 560
= Bestand	20. 2.	120		1 360
./. Verbrauch	4. 4.	20	14	− 280
= Bestand	4. 4.	100		1 080
+ Zugang	4. 9.	90	15	+ 1 350
= Bestand	4. 9.	190		2 430
./. Verbrauch	1. 11.	120	90 · 15 20 · 14 10 · 10	− 1 730
Endbestand	31. 12	70		700

Beispiel: Perioden-Lifo-Verfahren mit EB < AB

	Datum	Einheiten	Preis je Einheit DM	Gesamtpreis DM
Anfangsbestand	1. 1.	80	10	800
+ Zugang	20. 2.	40	14	560
+ Zugang	4. 9.	90	15	1 350
= Buchbestand	31. 12.	210		2 710
EB < AB lt. Inventar	31. 12.	70	10	700
Verbrauch	1. 1.–31. 12.	140		2 010

Im Rahmen des Perioden-Lifo-Verfahrens wird lediglich der Endbestand zum Bilanzstichtag bewertet. Stimmen Anfangs- und Endbestand mengenmäßig überein, wird der Bilanzansatz der Vorperiode übernommen. Bei einem geringeren Endbestand wird der anteilige Vorjahresansatz fortgeführt.

Soweit der Endbestand den Anfangsbestand übersteigt, wird zunächst der Wertansatz des Anfangsbestandes übertragen.

Beispiel: Perioden-Lifo-Verfahren mit EB > AB

	Datum	Einheiten	Preis je Einheit DM	Gesamtpreis DM
Anfangsbestand	1. 1.	80	10	800
+ Zugang	20. 2.	40	14	560
+ Zugang	4. 9.	90	15	1 350
= Buchbestand	31. 12.	210		2 710
EB > AB	31. 12.	100	80 · 10	a) 1 080
lt. Inventar			20 · a) 14	b) 1 093,80
			b) 14,69 → alter-nativ	c) 1 100
			c) 15	
Verbrauch	1. 1.–	110		a) 1 630
	31. 12.			b) 1 616,20
				c) 1 610

Der Mehrbestand kann mit den tatsächlichen Anschaffungs- oder Herstellungskosten in der Reihenfolge des Zugangs (Alt. a), mit dem Durchschnittswert aller Zugänge des Geschäftsjahres (Alt. b) oder mit den tatsächlichen Werten der zuletzt angeschafften oder hergestellten Zugangsmengen (Alt. c) bewertet werden (vgl. ADS 1990, § 256 Tz 39).

Bei höheren Endbeständen können die Mehrbestände als Ableger (Layer) getrennt vom Anfangsbestand bewertet und fortgeführt werden. Sie werden in umgekehrter Reihenfolge ihrer Bildung als Materialverbrauch verrechnet, wenn der Endbestand in den Folgejahren gegenüber dem Anfangsbestand der Abrechnungsperiode absinkt.

Die sachlichen Verbrauchsfolgeverfahren knüpfen an Preismerkmale oder an die Herkunft der Vermögensgegenstände an. Das Hifo-Prinzip (Highest in – first out) geht davon aus, daß die Zugänge mit den höchsten Werten zuerst verbraucht werden. Es kann ebenfalls als permanentes oder periodenbezogenes Verfahren angewendet werden. Die Zulässigkeit dieser Verbrauchsfolgeunterstellung, die dem Vorsichtsprinzip besonders Rechnung trägt, wird damit begründet, daß § 256 HGB neben zeitlichen Verbrauchsfolgen ausdrücklich auch andere inhaltlich bestimmte Verbrauchsfiktionen zuläßt. Das Gegenstück zum Hifo-Prinzip beruht auf der Annahme, daß die billigsten Zugangsmengen zuerst verbraucht werden. Dieses Lofo-Verfahren (Lowest in – first out) verletzt den Grundsatz vorsichtiger Bewertung und ist deshalb nicht zulässig.

Verbrauchsfolgen, die an die Herkunft der Vermögensgegenstände anknüpfen, sind das Kifo-Verfahren und das Kilo-Verfahren (Konzern in – first bzw. last out). Die Verbrauchsfiktionen legen die Abgänge der Vermögensgegenstände in Abhängigkeit von Lieferanten fest. Güterzugänge, die von Konzernunternehmen stammen, werden als zuerst oder zuletzt verbraucht unterstellt. Beide Verfahren sind in erster Linie für die Konzernrechnungslegung (vgl. S. 1459 ff.) bedeutsam.

Kifo/Kilo

Die Verbrauchsfolgeverfahren können für die Bewertung gleichartiger Vermögensgegenstände des Vorratsvermögens herangezogen werden. Das Merkmal der Gleichartigkeit ist erfüllt, wenn die Vermögensgegenstände zur gleichen Warengattung gehören oder wenn sie funktionsgleich sind. Eine annähernde Preisgleichheit ist nicht erforderlich (vgl. Sarx 1990, § 253 Tz 25). Ob die Verbrauchsfolgeverfahren auch auf andere Gegenstände des Umlaufvermögens ausgedehnt werden dürfen (insbesondere Wertpapiere und Devisenbestände), ist umstritten.

Die in § 240 III HGB geregelte und nach § 256 Satz 2 HGB zulässige Bewertung der Gegenstände des Sachanlagevermögens sowie der Roh-, Hilfs- und Betriebsstoffe mit einem Festwert dient ebenfalls der vereinfachten Ermittlung von Anschaffungs- oder Herstellungskosten. Beim Festwertverfahren wird für einen bestimmten Bestand von Vermögensgegenständen eine Festmenge zu Festpreisen bewertet. Der Festwert wird in der Bilanz unter gleichbleibenden Voraussetzungen für mehrere Geschäftsjahre unverändert fortgeführt (vgl. Sarx 1990, § 240 Tz 73). Dabei wird angenommen, daß sich Zugänge und Abgänge einschließlich eventueller planmäßiger Abschreibungen wertmäßig ausgleichen. Der Ansatz eines Festwertes ist jedoch nur dann möglich, wenn der Gesamtwert der Festbewertung für das Unternehmen von nachrangiger Bedeutung ist und die jeweiligen Vermögensgegenstände regelmäßig ersetzt werden.

Festwert-verfahren

Bei Roh-, Hilfs- und Betriebsstoffen ist für die erstmalige Bildung eines Festwertes eine körperliche Bestandsaufnahme erforderlich. Der Festwert errechnet sich aus den mit den tatsächlichen Anschaffungskosten bewerteten Beständen. Die Bestände dürfen in mengen- und wertmäßiger Hinsicht sowie in ihrer Zusammensetzung nur geringe Veränderungen aufweisen. Mehr- und Mindermengen bei der körperlichen Bestandsaufnahme, die in der Regel alle drei Jahre durchzuführen ist, machen eine Anpassung des Festwertes notwendig. Eine Korrektur des Festwertes ist auch bei wesentlichen Wertänderungen sowie bei einer veränderten Zusammensetzung des Bestandes vorzunehmen.

Bei Festwerten für Sachanlagen sind neben den Anschaffungs- oder Herstellungskosten die planmäßigen Abschreibungen auf den Bestand in die Bewertung einzubeziehen. Dies liegt darin begründet, daß die notwendige geringe wertmäßige Veränderbarkeit des Bestandes nur gegeben ist, wenn sich wertmäßige Zugänge und wertmäßige Abgänge einschließlich Abschreibungen weitgehend entsprechen. Deshalb bilden die Buchwerte der in einem Festwert zusammengefaßten Bestände den Ausgangspunkt für die Ermittlung des Festwertes.

Bei der Neugründung eines Betriebes sind die laufend angeschafften Gegenstände mit den Anschaffungskosten abzüglich planmäßiger Abschreibungen anzusetzen, bis der

Festwert erreicht ist. Übersteigen die fortgeführten Anschaffungskosten den Festwert, ist eine außerplanmäßige Abschreibung erforderlich.

Beispiel: Festwert für Sachanlagen

Ein neu gegründeter Handwerksbetrieb benötigt regelmäßig Gerüst- und Schalungsteile im Neuwert von DM 60 000. Die Nutzungsdauer beläuft sich auf 5 Jahre. Der Festwert wird bei linearer Abschreibung mit 40% angenommen.

Periode	01 DM	02 DM	03 DM	04 DM	05 DM	Bilanz- ansatz 31. 12. DM
Anschaffung	25 000					
− Abschreibung	5 000					
	20 000					20 000
Anschaffung		15 000				
− Abschreibung	5 000	3 000				
	15 000	12 000				27 000
außerplanmäßige Abschreibung zum Erreichen des Festwertes						3 000
Festwert 02:						24 000
Anschaffung			10 000			
− Abschreibung			10 000			
Festwert 03			0			24 000
Anschaffung				6 000		
− Abschreibung				6 000		
Festwert 04				0		24 000
Anschaffung					4 000	
− Abschreibung					4 000	
Festwert 05					0	24 000

Gruppen- bewertung

Bei der Gruppenbewertung nach § 240 IV HGB werden die in Gruppen zusammengefaßten gleichartigen Vermögensgegenstände des Vorratsvermögens sowie andere gleichartige oder annähernd gleichwertige bewegliche Vermögensgegenstände mit einem gewogenen Durchschnittswert angesetzt. Das Verfahren dient ebenfalls der vereinfachten Ermittlung von Anschaffungs- oder Herstellungskosten. Der gewogene Durchschnittswert ergibt sich aus der Bewertung von Anfangsbestand und Zugängen mit ihren jeweiligen Anschaffungs- oder Herstellungskosten. Mit dem ermittelten Betrag pro Mengeneinheit wird der Endbestand bewertet und in der Bilanz angesetzt. Zulässig ist auch eine gleitende Durchschnittsbewertung, bei deren

Anwendung allerdings der angestrebte Vereinfachungseffekt verlorengeht. Der Anwendungsbereich der Gruppenbewertung geht über denjenigen der Festbewertung hinaus, da neben Erzeugnissen und Waren auch ungleichartige, jedoch annähernd gleichwertige bewegliche Vermögensgegenstände mit Durchschnittswerten bewertet werden können. Ein Preisintervall bis zu 20% zwischen dem niedrigsten und dem höchsten Preis steht dem Erfordernis der annähernden Gleichwertigkeit nicht entgegen.

(4) Fortgeführte Anschaffungs- und Herstellungskosten für Gegenstände des Anlagevermögens

Die um planmäßige Abschreibungen verminderten Anschaffungs- und Herstellungskosten für abnutzbare Gegenstände des Anlagevermögens werden als fortgeführte Anschaffungs- und Herstellungskosten bezeichnet. Die Abschreibung gemäß § 253 II Satz 1 HGB erfolgt auf der Grundlage eines Abschreibungsplans, der die Anschaffungs- oder Herstellungskosten auf die voraussichtliche Nutzungsdauer des Vermögensgegenstandes verteilt.

Ein Abschreibungsplan enthält folgende Elemente: Abschreibungsbasis, Abschreibungsvolumen, voraussichtliche Nutzungsdauer und Abschreibungsmethode.

Abschreibungsplan

Die Anschaffungs- oder Herstellungskosten stellen die Abschreibungsbasis dar. Die Höhe der Abschreibungsbasis stimmt mit dem Abschreibungsvolumen überein, soweit bei der Bemessung der Abschreibungen kein Restwert berücksichtigt wird. Andernfalls ergibt sich das Abschreibungsvolumen aus der Differenz von Abschreibungsbasis und Restwert. Obwohl durch planmäßige Abschreibungen die Anschaffungs- und Herstellungskosten auf die voraussichtliche Nutzungsdauer zu verteilen sind, ist ein Restwert zu berücksichtigen, da durch Abschreibungen nur der tatsächlich entstehende Aufwand erfaßt werden soll. In der Regel wird jedoch wegen des Prinzips vorsichtiger Bewertung der Restwert mit 0 angesetzt. Aufgrund steigender Umweltschutzanforderungen und damit häufig verbundener Entsorgungskosten können zukünftig vermehrt auch „negative Restwerte" auftreten. Ist ein Restwert im Vergleich zu den Anschaffungs- und Herstellungskosten von erheblicher Bedeutung, kann er nicht vernachlässigt werden. Als Restwert ist der erwartete Veräußerungserlös des Vermögensgegenstandes abzüglich der bei seinem Ausscheiden noch entstehenden Aufwendungen (z. B. Ausbaukosten) anzusetzen.

Abschreibungsbasis

Abschreibungsvolumen

Die voraussichtliche Nutzungsdauer ist unter Einbeziehung der technischen und wirtschaftlichen Gegebenheiten zu schätzen. Die technische Nutzungsdauer eines Anlagegegenstandes wird durch dessen Fähigkeit bestimmt, betrieblich nutzbare Leistungen abzugeben. Die wirtschaftliche Nutzungsdauer ist derjenige Zeitraum, in dem die erbrachte Leistung unter Kosten- oder Rentabilitätsaspekten nicht günstiger als durch den Einsatz des jeweiligen Anlagegegenstandes produziert werden kann. Dabei stellt die technische Nutzungsdauer die zeitliche Obergrenze dar. In der Regel ist die wirtschaftliche Nutzungsdauer kürzer zu veranschlagen als der technisch mögliche Zeitraum für die Abgabe betrieblich nutzbarer Leistungen. Auch wenn die wirtschaftliche Nutzungsdauer wegen unterlassener Investitionen infolge finanzieller

Nutzungsdauer

Beschränkungen überschritten wird, ist sie in den Abschreibungsplan einzubeziehen (vgl. ADS 1990, § 253 Tz 34; Hofbauer 1990, § 253 Tz 97), soweit die Abschreibungen während der Restnutzungsdauer nicht durch Erlöse abgedeckt sind.

Die wirtschaftliche Nutzungsdauer ist vorsichtig zu schätzen. Anhaltspunkte für die Bestimmung der betriebsindividuellen Nutzungsdauer von Anlagegegenständen sind betriebliche oder wirtschaftszweigbezogene Erfahrungswerte für vergleichbare Anlagen und die steuerlichen Abschreibungstabellen (AfA-Tabellen). Besteht ein Anlagegegenstand aus Teilen mit unterschiedlicher Lebensdauer, so ist der Abschreibungszeitraum nach der Nutzungsdauer des Anlageteils zu bemessen, das nach der Verkehrsauffassung als wichtigster Bestandteil des Anlagegegenstandes angesehen wird (vgl. ADS 1990, § 253 Tz 355). Bei einem Einsatz von Anlagen im Mehrschichtbetrieb ist die Nutzungsdauer zu verkürzen. Die steuerlichen Abschreibungstabellen sehen eine Reduzierung der Nutzungsdauer im Zweischichtbetrieb um 25% und bei Dreischichtbetrieb um 50% vor.

Abschreibungsmethode

Die Art der Verteilung der Anschaffungs- und Herstellungskosten auf die wirtschaftliche Nutzungsdauer wird durch die Abschreibungsmethode festgelegt. Die Wahl der Abschreibungsmethode liegt im Ermessen des bilanzierenden Kaufmanns.

Lineare Abschreibungsmethode

Die lineare Abschreibungsmethode verteilt die Anschaffungs- oder Herstellungskosten in gleichen Beträgen über die Nutzungsdauer. Der Abschreibungsbetrag errechnet sich durch die Anwendung eines aus der Nutzungsdauer abgeleiteten konstanten Prozentsatzes auf das Abschreibungsvolumen. Bei linearer Abschreibung wird eine kontinuierliche Abnutzung der Anlagen im Zeitablauf unterstellt. Soweit bei technischen Anlagen das Risiko einer wirtschaftlichen Überholung durch technischen Fortschritt erheblich ist, muß die dadurch bewirkte mögliche Verkürzung der Nutzungsdauer durch eine vorsichtige Bemessung des Abschreibungszeitraums kompensiert werden.

Degressive Abschreibung

Geometrisch-degressive Abschreibungsmethode

Bei der degressiven Abschreibung werden im Zeitablauf fallende Abschreibungsbeträge verrechnet. Zur Ermittlung der jährlichen Abschreibungen sind zwei Verfahren gebräuchlich. Die geometrisch-degressive Abschreibungsmethode wendet einen gleichbleibenden Prozentsatz auf den jeweiligen Buchwert der Anlagen an (Buchwertabschreibung). Im ersten Jahr bilden die Anschaffungs- oder Herstellungskosten die Bezugsbasis für den Abschreibungssatz. In den Folgeperioden sind die fortgeführten Anschaffungs- oder Herstellungskosten maßgebend. Der Abschreibungsverlauf wird durch den Abschreibungssatz zu Beginn der Nutzungsdauer bestimmt. Bei Anwendung der geometrisch-degressiven Abschreibungsmethode wird ein Restwert von DM 0 erst nach unendlich vielen Perioden erreicht. Um die Verrechnung von Abschreibungen auf die voraussichtliche Nutzungsdauer zu beschränken, gibt es mehrere Möglichkeiten, beispielsweise wird ein verbleibender Restwert in die Abschreibung des letzten Nutzungsjahres einbezogen. Eine andere Möglichkeit besteht darin, den Restwert durch eine fiktive Aufstockung der Abschreibungsbasis zu eliminieren. Zulässig und gebräuchlich ist auch ein Übergang auf die lineare Abschreibung in der Periode, in der sich bei gleichmäßiger Verteilung des Restwertes auf die verbleibende Restnutzungsdauer höhere Abschreibungsbeträge ergeben als bei Fortführung der geometrisch-degressiven Abschreibung.

Die Festlegung des Abschreibungssatzes im ersten Jahr der Nutzung hat sich am voraussichtlichen Entwertungsverlauf der Anlagen zu orientieren (vgl. Pankow et al. 1990, § 253 Tz 243). Einen wichtigen Anhaltspunkt stellen die höchstzulässigen steuerlichen Abschreibungssätze dar, die weder 30% noch das Dreifache der linearen Abschreibungsbeträge übersteigen dürfen (§ 7 II Satz 2 EStG).

Die Restwertproblematik wird bei der Anwendung der arithmetisch-degressiven Abschreibungsmethode vermieden, bei der die jährlichen Abschreibungsbeträge um einen konstanten Betrag vermindert werden. Die wichtigste Form der arithmetisch-degressiven Abschreibung ist die sog. digitale Abschreibung. Der Degressionsbetrag errechnet sich mittels Division des Abschreibungsvolumens durch die Summe der von 1 bis n numerierten Nutzungsjahre. Der Abschreibungsbetrag der einzelnen Jahre wird durch Multiplikation des Degressionsbetrags mit der Restnutzungsdauer in Jahren bestimmt. Im letzten Nutzungsjahr stimmen Abschreibungsbetrag und Degressionsbetrag überein. Steuerlich wird die arithmetisch-degressive Abschreibung nicht anerkannt.

Arithmetisch-degressive Abschreibungsmethode

Die Anwendung degressiver Abschreibungsmethoden wird mit dem Argument befürwortet, daß häufig ein fallender Entwertungsverlauf bei Anlagen gegeben ist und daß durch die Verrechnung relativ hoher Abschreibungsbeträge dem wirtschaftlichen Entwertungsrisiko besser Rechnung getragen wird als bei linearer Abschreibung. Wegen der Vielzahl technischer Entwertungsfaktoren und der Komplexität ihres Zusammenwirkens läßt sich eine degressive Wertentwicklung für Sachanlagen empirisch nur schwierig nachweisen. Außerdem ist nicht auszuschließen, daß durch vorsichtige Bemessung der Nutzungsdauer einerseits und Verrechnung fallender Abschreibungsbeträge andererseits das wirtschaftliche Entwertungsrisiko zu stark gewichtet wird, zumal unvorhergesehene wirtschaftliche Nutzungsrisiken durch außerplanmäßige Abschreibungen auf den niedrigeren beizulegenden Wert zu berücksichtigen sind.

Eine weitere gebräuchliche Abschreibungsmethode ist die leistungsbedingte Abschreibung, die steuerrechtlich auf bewegliche Anlagegegenstände beschränkt ist. Dabei wird die voraussichtliche Gesamtleistung (z. B. Stück, Stunden, gefahrene Kilometer) dem Abschreibungsvolumen gegenübergestellt. Der jährliche Abschreibungsbetrag errechnet sich aus dem Abschreibungsaufwand pro Leistungseinheit, der mit den pro Periode abgegebenen Leistungseinheiten multipliziert wird. Die leistungsbedingte Abschreibung kann mit der linearen Abschreibung in der Weise kombiniert werden, daß die lineare Abschreibung als Mindestabschreibung die zeitlich bedingte Entwertung erfaßt, während den leistungsbedingten Wertminderungen der Anlagen durch variable Abschreibungsbeträge Rechnung getragen wird.

Leistungsbedingte Abschreibungen

Progressive Abschreibungen als Umkehrung der degressiven Abschreibungsmethode sind nur in Ausnahmefällen zulässig, weil eine steigende Nutzungsminderung bei Anlagen im Zeitablauf nur selten anzutreffen ist.

Beispiel: Abschreibungsarten

Kauf einer Maschine zum 1. 1. 01:		DM 100 000	
geschätzter Restwert:		Null	
Nutzungsdauer:		4 Jahre	
linearer Abschreibungssatz:		25%	
geometrisch-degressiver Abschreibungssatz:		30%	

arithmetisch-degressiver
Abschreibungssatz: $\dfrac{4}{1 + 2 + 3 + 4}$ ⇒

0,4 in 01
0,3 in 02
0,2 in 03
0,1 in 04

Abschreibungsmethode:	linear	geometrisch-degressiv	arithmetisch-degressiv
Periode (31. 12.)	DM	DM	DM
Anschaffungskosten	100 000	100 000	100 000
01 Abschreibung	25 000	30 000	40 000
Buchwert	75 000	70 000	60 000
02 Abschreibung	25 000	21 000	30 000
Buchwert	50 000	49 000	30 000
03 Abschreibung	25 000	14 700	20 000
Buchwert	25 000	34 300	10 000
04 Abschreibung	25 000	10 290	10 000
Buchwert	0	24 010	0

Im Jahr 02 ist es günstiger von der geometrisch-degressiven auf die lineare Abschreibung überzugehen. Der jährliche Abschreibungsbetrag lautet dann DM 23 333,33 (= DM 70 000/3 Jahre).

Verein-
fachungs-
regeln

Für die Bemessung der jährlichen Abschreibungsbeträge werden häufig Vereinfachungsregeln angewendet. Geringwertige Wirtschaftsgüter mit Anschaffungs- oder Herstellungskosten bis zu DM 800 können steuerlich nach § 6 II EStG im Zugangsjahr vollständig abgeschrieben werden. Die Möglichkeit der Sofortabschreibung wird auch in der Handelsbilanz praktiziert.

Anstatt einer Ermittlung zeitanteiliger Abschreibungsbeträge im Zugangsjahr entspricht es kaufmännischer Übung, für abnutzbare bewegliche Anlagegüter, die in der ersten Hälfte des Geschäftsjahres zugegangen sind, den vollen jährlichen Abschreibungsbetrag zu verrechnen, während für Zugänge in der zweiten Jahreshälfte nur die halbe Abschreibung abgesetzt wird.

Einen zusammenfassenden Überblick über die Abschreibungsverfahren gibt Abbildung 10.29.

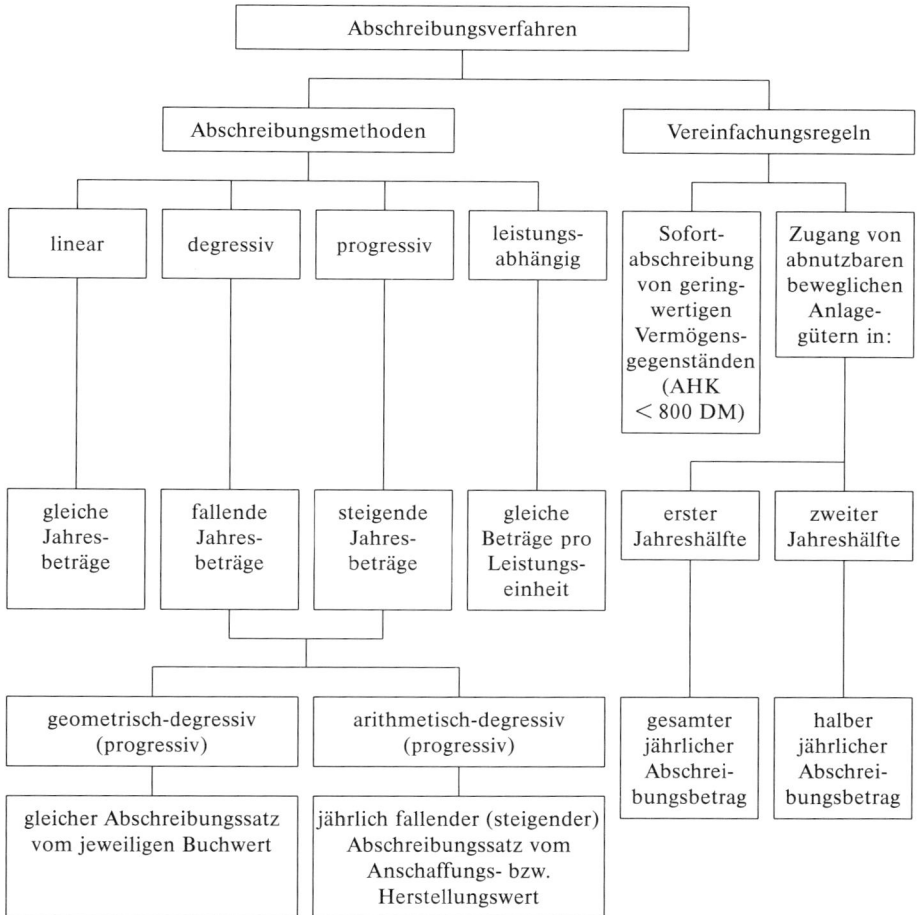

Abbildung 10.29: Abschreibungsverfahren

(5) Obligatorische niedrigere beizulegende Werte

Bei Wertminderungen der Vermögensgegenstände kann oder muß ein unter den (fortgeführten) Anschaffungs- oder Herstellungskosten liegender Wertmaßstab angesetzt werden. Das strenge Niederstwertprinzip fordert als Folge des Imparitätsprinzips zwingend eine durch außerplanmäßige Abschreibungen realisierte Bewertung mit niedrigeren Werten.

Gegenstände des Anlagevermögens sind nach § 253 II Satz 3 HGB bei einer voraussichtlich dauerhaften Wertminderung mit dem niedrigeren beizulegenden Wert am

Abschlußstichtag zu bewerten. Unabhängig von der Dauer der Wertminderung sind Gegenstände des Umlaufvermögens gemäß § 253 III Satz 1 HGB mit dem aus dem Börsen- oder Marktpreis resultierenden niedrigeren Wert anzusetzen. Bei fehlendem Börsen- oder Marktpreis tritt an die Stelle des daraus abgeleiteten Wertes ebenfalls der niedrigere beizulegende Wert am Abschlußstichtag (§ 253 III Satz 2 HGB). Der aus dem Börsen- oder Marktpreis abgeleitete Wert ist lediglich ein Spezialfall des niedrigeren beizulegenden Wertes am Abschlußstichtag.

Ermittlung des beizu- legenden niedrigeren Wertes

Die Ermittlung des niedrigeren beizulegenden Wertes ist gesetzlich nicht geregelt. Sie ist in Abhängigkeit von der Art und der geplanten Verwendung des Vermögensgegenstandes sowie unabhängig von der Ursache der Wertminderung durchzuführen (vgl. Abbildung 10.30).

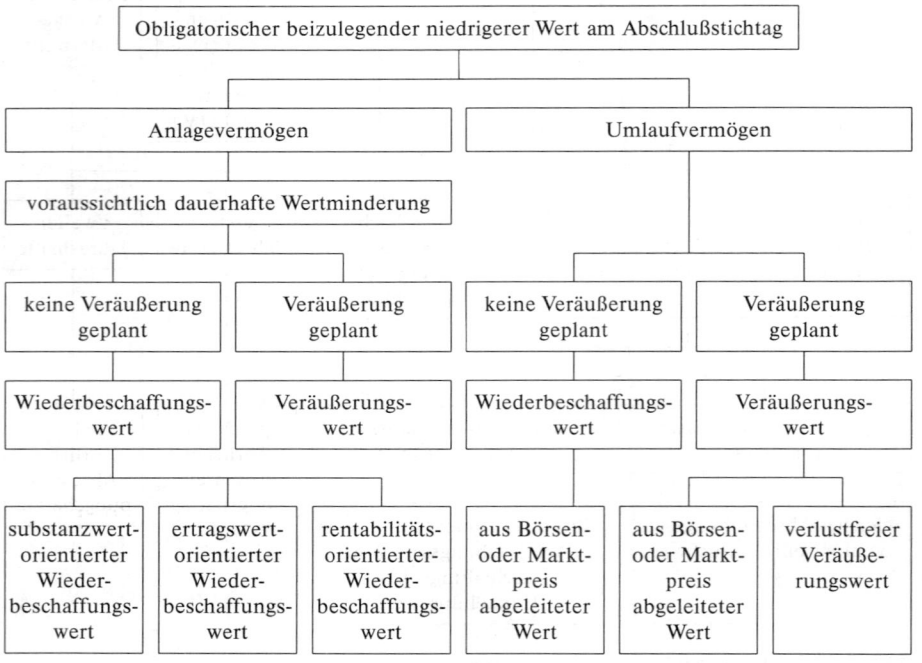

Abbildung 10.30: Systematik obligatorischer beizulegender niedrigerer Werte am Abschlußstichtag

Anlage- vermögen

Da Gegenstände des **Anlagevermögens** bei Unternehmensfortführung im allgemeinen nicht zur Veräußerung bestimmt sind, ist der niedrigere beizulegende Wert grundsätzlich aus dem **Wiederbeschaffungswert** abzuleiten. Unter die Anschaffungs- und Herstellungskosten gesunkene Wiederbeschaffungswerte bringen in der Regel eine Wertminderung zum Ausdruck, die zu Kostennachteilen gegenüber Konkurrenzunternehmen führt, weil höhere planmäßige Abschreibungen auf der Basis der Ursprungswerte verrechnet werden. Deshalb ist nach dem Prinzip vorsichtiger Bewertung bei dauerhafter Wertminderung eine außerplanmäßige Abschreibung erforderlich. Bei der Ermittlung des niedrigeren Wiederbeschaffungswertes ist der Wiederbeschaffungszeitwert maßgeblich. Soweit Wiederbeschaffungszeitwerte nicht vorhanden sind, muß auf den Wiederbeschaffungsneuwert abzüglich planmäßiger Abschreibungen zurückgegriffen werden. Zwischenzeitliche technische Neuerungen dürfen bei der Bestimmung des Wiederbeschaffungsneuwertes nicht berücksichtigt werden. Da die Wiederbeschaffungszeitwerte und Wiederbeschaffungsneuwerte für Sachanlagen den Substanzwert von Vermögensgegenständen zum Bewertungsstichtag repräsentieren, handelt es sich um **substanzwertorientierte Wiederbeschaffungswerte**. Bei immateriellen Anlagewerten und Beteiligungen wird der Wiederbeschaffungswert in der Regel durch deren Ertragswert bestimmt. Soweit der Barwert zukünftiger Einnahmenüberschüsse (z. B. bei Beteiligungen) oder der Barwert zukünftiger Kosteneinsparungen (z. B. bei Patenten und Lizenzen) nachhaltig unter den (fortgeführten) Anschaffungskosten liegt, sind **ertragswertorientierte Wiederbeschaffungswerte** anzusetzen.

Rentabilitätsorientierte Wiederbeschaffungswerte sind bei Anlagen zu ermitteln, bei denen wegen technischer Veralterung oder wegen zu großer Kapazitäten (Überdimensionierung) infolge der damit verbundenen Kostennachteile Verluste entstehen. Ist die fehlende Rentabilität der Unternehmung eindeutig auf bestimmte Anlagen zurückzuführen, so muß die Bewertung mit einem niedrigeren Wert erfolgen, der die Kostennachteile durch geringere planmäßige Abschreibungen ausgleicht. Bei überdimensionierten Anlagen sind die Wiederbeschaffungswerte für einen vergleichbaren Vermögensgegenstand mit angepaßter Kapazität anzusetzen.

Ein niedrigerer **Veräußerungswert** ist für die Bewertung von Gegenständen des Anlagevermögens maßgebend, wenn der Verkauf einer Anlage kurzfristig geplant ist. Der Ansatz von Veräußerungswerten kommt auch für stillgelegte Anlagen in Betracht, soweit eine erneute Inbetriebnahme in absehbarer Zeit nicht erwartet werden kann (vgl. ADS 1990, § 253 Tz 415). Der Veräußerungswert entspricht dem voraussichtlichen Verkaufserlös abzüglich der anfallenden Veräußerungskosten.

Bei Gegenständen des Umlaufvermögens sind die niedrigeren **Wiederbeschaffungswerte** anzusetzen, soweit die Vermögensgegenstände auf dem Beschaffungsmarkt erworben werden können. Diese Voraussetzung ist bei Roh-, Hilfs- und Betriebsstoffen, unfertigen Erzeugnissen mit Fremdbezugsmöglichkeit und für Waren erfüllt. Die Wiederbeschaffungswerte werden aus bestehenden Börsen- oder Marktpreisen zuzüglich der Wiederbeschaffungsnebenkosten abgeleitet. *Umlaufvermögen*

Eine Bewertung mit niedrigeren beizulegenden Werten nach den **Verhältnissen des Absatzmarktes** wird für jene Vermögensgegenstände des Umlaufvermögens durchgeführt, die zur Veräußerung bestimmt sind. Der unter den Anschaffungs- oder Herstellungskosten liegende niedrigere beizulegende Wert wird entweder aus dem Börsen- oder Marktpreis oder aus dem vorsichtig ermittelten Veräußerungserlös jeweils nach Abzug der noch anfallenden Veräußerungskosten abgeleitet. Nach dieser Bewertungsmethode, die eine verlustfreie Bewertung der absatzfähigen Güter gewährleistet, ist bei Überbeständen an Roh-, Hilfs- und Betriebsstoffen, fertigen

Erzeugnissen und Waren zu verfahren. Für die absatzmarktorientierte Bewertung unfertiger Erzeugnisse sind zusätzlich die bis zur Veräußerung entstehenden Selbstkosten von den Absatzpreisen bzw. Veräußerungswerten abzuziehen.

Vereinzelt wird bei unfertigen und fertigen Erzeugnissen wahlweise eine Bewertung mit den niedrigeren Wiederherstellungskosten zugelassen, auch wenn ein Fremdbezug nicht möglich ist. Da kein zwingender Anlaß besteht, gesunkene Wiederherstellungskosten zu berücksichtigen (vgl. Sarx 1990, § 253 Tz 526) und zukünftig erwartete Verluste im Rahmen der absatzmarktorientierten retrograden Bewertung antizipiert werden, ist für den fakultativen Ansatz von Wiederherstellungskosten keine gesetzliche Grundlage vorhanden.

Wertansatz von Forderungen

Forderungen sind mit dem Betrag des voraussichtlichen Geldeingangs anzusetzen. Dieser Wertansatz entspricht dem Nennwert abzüglich des als Wertberichtigung erfaßten voraussichtlichen Forderungsausfalls.

Die **Wertberichtigung von Forderungen** kann grundsätzlich einzeln oder pauschal vorgenommen werden. Eine Einzelwertberichtigung bedeutet, daß jede Forderung bezüglich Ausfallrisiko einzeln zu beurteilen und ggf. zu bewerten ist. Handelsrechtlich wird bei einem größeren Bestand an Forderungen aus Gründen kaufmännischer Vorsicht eine Wertberichtigung mit einem pauschalen Satz vorgenommen. Die Höhe einer solchen **Pauschalwertberichtigung** kann auf Basis von Erfahrungswerten geschätzt werden. Es können nur Forderungen pauschal wertberichtigt werden, für die keine Einzelwertberichtigung in Betracht kommt. Eine Berichtigung der Umsatzsteuer nach § 17 II Nr. 1 UStG ist nur möglich, wenn die Uneinbringlichkeit der Forderung gegeben ist.

Beispiel: Wertberichtigungen bei Forderungen

Forderungen (Gesamtbestand)	DM 114 000, ohne USt	100 000 DM
davon eine zweifelhafte Forderung:	DM 45 600, ohne USt	40 000 DM
Bemessungsgrundlage für pauschale Wertberichtigung:		60 000 DM
Pauschalwertberichtigung (3%)		1 800 DM
Einzelwertberichtigung (Ausfallrisiko 40% von DM 40 000)		16 000 DM
Wertberichtigungen insgesamt		17 800 DM

(6) Fakultative niedrigere Werte

Die Bewertung von Vermögensgegenständen kann unter bestimmten Voraussetzungen **wahlweise** mit Werten erfolgen, die geringer sind als die Anschaffungs- und Herstellungskosten. Diesbezügliche Wertansatzwahlrechte bestehen einerseits beim Anlagevermögen im Falle einer vorübergehenden Wertminderung und andererseits für das Anlage- und Umlaufvermögen, ohne daß eine Wertminderung vorliegen muß.

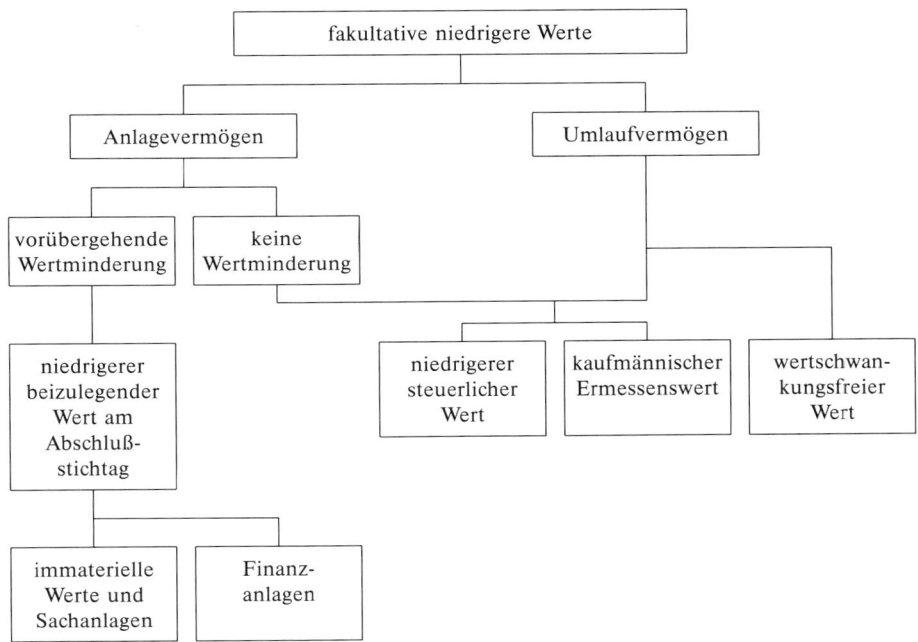

Abbildung 10.31: Systematik fakultativer niedrigerer Wertansätze

För Gegenstände des Anlagevermögens kann bei einer vorübergehenden Wertminderung am Abschlußstichtag nach § 253 II Satz 3 HGB eine Bewertung mit dem niedrigeren beizulegenden Wert durchgeführt werden. Der niedrigere Wertansatz stimmt inhaltlich mit dem niedrigeren Wiederbeschaffungswert überein. Eine vorübergehende Wertminderung liegt zweifelsfrei vor, wenn der Wiederbeschaffungswert am Bilanzstichtag niedriger ist als die (fortgeführten) Anschaffungs- oder Herstellungskosten, jedoch bis zur Aufstellung des Jahresabschlusses wieder eine Werterhöhung stattgefunden hat.

Anlagevermögen

Vorübergehende Wertminderung

Eine derartige Wertentwicklung kommt nicht selten bei Wertpapieren vor, wenn deren Kurswert zum Abschlußstichtag unter den Buchwert gesunken ist und kurze Zeit danach wieder ansteigt. Schwierig ist die Prognose einer nur vorübergehenden Wertminderung, wenn auch im Zeitraum der Aufstellung des Jahresabschlusses der Wiederbeschaffungswert unter den Anschaffungs- und Herstellungskosten liegt. Die bloße Möglichkeit einer zukünftigen Wertsteigerung reicht für die Annahme einer vorübergehenden Wertminderung nicht aus. Vielmehr müssen zum Zeitpunkt der Jahresabschlußaufstellung konkrete Anhaltspunkte für eine spätere Werterhöhung vorhanden sein. Grundsätzlich muß beim Sachanlagevermögen eine dauerhafte Wertminderung unterstellt werden, wenn zum Aufstellungszeitpunkt keine konkreten Hinweise auf eine steigende Wertentwicklung vorliegen, welche die Annahme einer nur vorübergehenden Wertminderung rechtfertigen.

Das **Wertansatzwahlrecht** für Gegenstände des Anlagevermögens bei vorübergehender Wertminderung ist **rechtsformspezifisch** ausgestaltet. Für Nichtkapitalgesellschaften ist es auf alle Anlagegegenstände anwendbar. Bei Kapitalgesellschaften ist der wahlweise Ansatz niedrigerer beizulegender Werte bei vorübergehender Wertminderung nach § 279 I HGB auf Finanzanlagen beschränkt.

Ohne Wertminderung Niedrigerer steuerlicher Wert

Niedrigere Wertmaßstäbe kommen auch in Betracht, wenn keine Wertminderung der Vermögensgegenstände gegeben ist. Nach § 254 HGB können Vermögensgegenstände grundsätzlich mit niedrigeren steuerlichen Werten angesetzt werden. Bei Kapitalgesellschaften ist dieses Wahlrecht gemäß § 279 II HGB an die Voraussetzung gebunden, daß der Ansatz des steuerlichen Wertes in der Steuerbilanz eine entsprechende Bewertung in der Handelsbilanz erfordert. Da nach § 5 I Satz 2 EStG steuerrechtliche Wahlrechte bei der Erfolgsermittlung in Übereinstimmung mit dem handelsrechtlichen Jahresabschluß auszuüben sind, gilt für die Bewertung mit niedrigeren steuerlichen Werten die umgekehrte Maßgeblichkeit der Steuerbilanz für die Handelsbilanz. Folglich hat die gesetzliche Einschränkung des Wertansatzwahlrechts bezüglich der steuerlichen Werte in der Handelsbilanz der Kapitalgesellschaften keine materielle Bedeutung.

Das Abschreibungswahlrecht zur Übernahme von unter den handelsrechtlichen Wertmaßstäben liegenden steuerlichen Werten erstreckt sich auf Abzüge und Wertabschläge von den Anschaffungs- und Herstellungskosten, die nach steuerrechtlichen Vorschriften zulässig sind (z. B. Abzug von Veräußerungsgewinnen bei Reinvestitionsobjekten gemäß § 6b EStG, Importwarenabschlag nach § 80 EStDV) sowie auf erhöhte Abschreibungen und Sonderabschreibungen, die im Rahmen steuerlicher Fördermaßnahmen in Anspruch genommen werden können.

Teilwert

In Einzelfällen kann der **steuerliche Teilwert** als niedrigerer steuerlicher Wert angesetzt werden. Teilwert ist nach § 6 I Nr. 1 Satz 3 EStG der Betrag, den der Erwerber eines Betriebes im Rahmen des Gesamtkaufpreises für ein einzelnes Wirtschaftsgut im Fall einer Betriebsfortführung ansetzen würde. Die nicht operationale Teilwertdefinition ist von der Steuerrechtsprechung durch Teilwertvermutungen konkretisiert worden. Der unter den Anschaffungs- oder Herstellungskosten liegende Teilwert stimmt nur partiell inhaltlich mit dem niedrigeren beizulegenden Wert überein. So ist bei der verlustfreien Bewertung von Erzeugnissen im Rahmen der retrograden Bewertung in der Steuerbilanz auch der durchschnittliche Gewinnzuschlag abzugsfähig (BFH v. 5. 5. 1966, BStBl 1966 III, S. 370), während in der Handelsbilanz vom Veräußerungserlös lediglich die bis zum Verkaufszeitpunkt noch anfallenden Aufwendungen abzusetzen sind. Unterschiede beim Anlagevermögen können sich ergeben, da der Teilwertansatz eine dauerhafte Wertminderung nicht voraussetzt. Soweit ein unter dem niedrigeren beizulegenden Wert liegender Teilwertansatz steuerlich zulässig ist, eröffnet § 254 HGB ein spezielles Wertansatzwahlrecht für die Handelsbilanz.

Kaufmännischer Ermessenswert

Für Nichtkapitalgesellschaften besteht nach § 253 IV HGB die Möglichkeit, Abschreibungen im Rahmen vernünftiger kaufmännischer Beurteilung vorzunehmen. Der Ansatz eines unter den Anschaffungs- oder Herstellungskosten liegenden kaufmännischen Ermessenswertes ist für alle Vermögensgegenstände zugelassen.

1416

Kapitalgesellschaften sind wegen § 279 I Satz 1 HGB von diesem Wahlrecht ausgeschlossen.

Die Bewertung von Vermögensgegenständen mit dem kaufmännischen Ermessenswert ermöglicht die Bildung stiller Rücklagen als Vorsorge im Hinblick auf das allgemeine Unternehmensrisiko. Obwohl sich aus der gesellschaftlichen Treuepflicht für den die Bilanz aufstellenden Gesellschafter einer Personengesellschaft eine Beschränkung bei der Ausübung des Bewertungswahlrechts ergibt und eine willkürlich niedrige Bewertung des Vermögens unzulässig ist, eröffnet die Zulässigkeit des Ansatzes niedrigerer kaufmännischer Ermessenswerte einen erheblichen Bewertungsspielraum, der für eine Regulierung des periodischen Ergebnisausweises genutzt werden kann.

Beschränkt auf Gegenstände des Umlaufvermögens darf nach § 253 III Satz 3 HGB rechtsformunabhängig ein niedrigerer wertschwankungsfreier Wert angesetzt werden. Dieses Wertansatzwahlrecht erlaubt im Rahmen einer vernünftigen kaufmännischen Beurteilung die Verrechnung von Abschreibungen. Dies soll eine zukünftige Änderung des Wertansatzes der Vermögensgegenstände wegen bereits absehbarer, nach dem Bilanzstichtag auftretender Wertschwankungen, vermeiden. Die Unterschreitung der Anschaffungs- und Herstellungskosten durch den Ansatz eines wertschwankungsfreien Wertes bedeutet eine Durchbrechung des Prinzips der Stichtagsbewertung, die mit dem Vorsichtsprinzip begründet wird. Die Antizipation künftiger Wertminderungen ist gestattet, soweit eine negative Preis- bzw. Wertentwicklung in der nächsten Zukunft erwartet wird. Dabei kann ein Prognosezeitraum von bis zu zwei Jahren zugrunde gelegt werden. Für die Ermittlung des wertschwankungsfreien Wertes sind nur objektive, in den tatsächlichen Verhältnissen begründete Anhaltspunkte heranzuziehen, die in unmittelbarem Zusammenhang mit dem Bewertungsobjekt stehen (vgl. ADS 1990, § 253 Tz 513). Beispiele sind Marktpreisschwankungen bei Rohstoffen sowie konkretisierte Risiken bei der zukünftigen Verwertung von Erzeugnissen, die eine sinkende Preistendenz erwarten lassen.

Wertschwan-
kungsfreier
Wert

Sonstige Wertansatzwahlrechte bei der Bewertung von Vermögensgegenständen

Wertansatzwahlrechte für die Vermögensbewertung sind einerseits durch die Zulässigkeit des Ansatzes fakultativ niedrigerer Wertansätze begründet. Sie ergeben sich andererseits aus der Möglichkeit der Beibehaltung niedrigerer Werte, wenn die Gründe für die niedrigere Bewertung später entfallen. Insoweit kann zwischen Wahlrechten einer niedrigeren Bewertung und Beibehaltungswahlrechten unterschieden werden (vgl. Abbildung 10.32).

Die Wahlrechte einer niedrigeren Bewertung entsprechen den gesetzlich eingeräumten Möglichkeiten, Vermögensgegenstände mit fakultativ niedrigeren Wertmaßstäben zu bewerten.

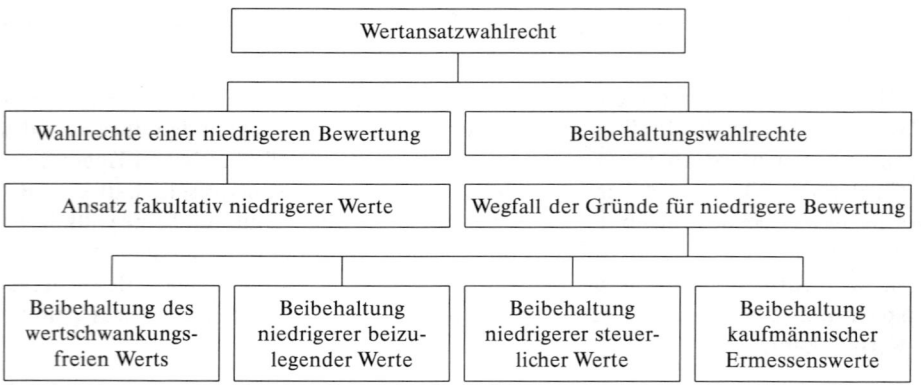

Abbildung 10.32: Wertansatzwahlrechte bei der Vermögensbewertung

Beibehal-
tungswahl-
rechte

Beibehaltungswahlrechte entstehen dadurch, daß trotz des Wegfalls der Gründe für eine wahlweise oder zwingende niedrigere Bewertung eine Fortführung der niedrigeren Wertansätze zugelassen wird. § 253 V i. V. m. § 254 Satz 2 HGB räumt Nichtkapitalgesellschaften generell ein Beibehaltungswahlrecht für die niedrigeren Wertansätze ein, auch wenn die Gründe für die niedrigere Bewertung nicht mehr bestehen.

Beispiel: Die Kosten einer am Anfang der ersten Periode angeschafften Stanzmaschine betragen DM 120 000. Die Nutzungsdauer beläuft sich auf 8 Jahre. Es wird linear abgeschrieben.

Anschaffungskosten	120 000 DM
Planmäßige Abschreibung	− 15 000 DM
31. 12. 01	105 000 DM
Planmäßige Abschreibung	− 15 000 DM
Abschreibung auf niedrigeren beizulegenden Wert	− 18 000 DM
31. 12. 02	72 000 DM
Planmäßige Abschreibung (DM 72 000 / 6 Jahre)	− 12 000 DM
31. 12. 03	60 000 DM
Planmäßige Abschreibung	− 12 000 DM
Wegfall des Grundes für die außerplanmäßige Abschreibung: Zuschreibungswahlrecht auf max. DM 60 000 (= DM 120 000 − [DM 15 000 × 4 Jahre])	+ 12 000 DM
31. 12. 04	60 000 DM

Beibehaltung
niedrigerer
beizulegender
Werte

Die Fortführung niedrigerer beizulegender Werte für Gegenstände des Anlage- und Umlaufvermögens nach Wegfall der Wertminderung ist für Kapitalgesellschaften grundsätzlich unzulässig, weil nach § 280 I HGB eine Wertaufholung unter Berücksichtigung zwischenzeitlich durchzuführender (planmäßiger) Abschreibungen erfolgen muß. Der Zuschreibungszwang entfällt jedoch wegen § 280 II HGB, soweit der niedrigere Wertansatz bei Ausübung eines Beibehaltungswahlrechts in der Steuerbilanz auch in der Handelsbilanz angesetzt werden muß. Da bei abnutzbaren Gegenständen des Anlagevermögens gemäß § 6 I Nr. 1 EStG der niedrigere Teilwert fortgeführt werden kann und auch bei den übrigen Vermögensgegenständen nach § 6 I Nr. 2 EStG die Beibehaltung des Teilwerts gestattet ist, wird das handelsrechtliche Zuschreibungsgebot wegen § 280 II HGB praktisch kaum wirksam, soweit steuerlicher Teilwert und niedrigerer beizulegender Wert übereinstimmen. Lediglich die außerplanmäßigen Abschreibungen auf Beteiligungen an Personengesellschaften sind bei einer Werterhöhung zu berichtigen, da die Abwertung der Anteile an Personengesellschaften das Jahresergebnis der Steuerbilanz nicht mindert.

Umstritten ist, ob eine Wertaufholung nur im Jahr des Wegfalls der Gründe für eine Wertminderung oder auch in späteren Perioden durchgeführt werden kann. Wird das Prinzip der Bewertungsstetigkeit weit gefaßt, so daß es auch die Fortführung bisheriger Wertansätze bei unveränderten Wertverhältnissen einschließt, dann kann eine Wertaufholung nur in der Periode erfolgen, in der die Gründe für die niedrigere Bewertung weggefallen sind. Andernfalls würde das Willkürverbot verletzt.

Die Ableitung eines Beibehaltungswahlrechts für niedrigere steuerliche Werte bereitet Schwierigkeiten. Die Fortführung der nur steuerlich zulässigen Wertansätze im Jahresabschluß von Nichtkapitalgesellschaften ist nach § 254 Satz 2 HGB gestattet. Ebenso wird bei Kapitalgesellschaften das grundsätzliche Wertaufholungsgebot durch § 280 II HGB verdrängt, da die Beibehaltung des niedrigeren steuerlichen Wertes in der Steuerbilanz eine korrespondierende Bewertung in der Handelsbilanz voraussetzt. Soweit die steuerrechtlichen Voraussetzungen für die Vornahme von erhöhten Abschreibungen oder Sonderabschreibungen nachträglich entfallen, ist die Bedingung der Zulässigkeit des steuerrechtlichen Wertansatzes nach § 254 HGB nicht mehr gegeben. Folglich muß eine Wertaufholung erfolgen. Ein Beibehaltungswahlrecht besteht weder für Nichtkapitalgesellschaften noch für Kapitalgesellschaften. Nach anderer Ansicht ist der Wegfall der steuerlichen Voraussetzungen für die Vornahme einer nur steuerrechtlich zulässigen Abschreibung ein Anwendungsfall des für Kapitalgesellschaften zu beachtenden Wertaufholungsgebots nach § 280 I HGB. Demgegenüber können Nichtkapitalgesellschaften das Beibehaltungswahlrecht gemäß § 254 Satz 2 HGB ausüben.

Beibehaltung niedrigerer steuerlicher Werte

Für Nichtkapitalgesellschaften besteht ein Beibehaltungswahlrecht auch für den kaufmännischen Ermessenswert gemäß § 253 IV HGB. Da Kapitalgesellschaften keine im Rahmen vernünftiger kaufmännischer Beurteilung zulässige Abschreibungen vornehmen können, kommt dieses Wertansatzwahlrecht für sie nicht in Betracht.

Beibehaltung kaufmännischer Ermessenswerte

Nichtkapitalgesellschaften haben nach § 253 V HGB die Möglichkeit, den für das Umlaufvermögen zulässigen wertschwankungsfreien Wert gemäß § 253 III Satz 3 HGB fortzuführen, auch wenn die erwarteten Wertschwankungen, mit denen die niedrigere Bewertung begründet wurde, nicht eintreten. Da der wertschwankungsfreie Wert in der Steuerbilanz nicht angesetzt werden darf, greift bei Kapitalgesellschaften das Wertaufholungsgebot des § 280 I HGB. Folglich kann der wertschwankungsfreie Wert nicht beibehalten werden.

Beibehaltung des wertschwankungsfreien Wertes

Bewertungsmaßstäbe für Schulden

Die Bewertungsvorschriften für Schulden sind weniger differenziert ausgestaltet als die Regelungen für Vermögensgegenstände. Sie enthalten keine expliziten Wertansatzwahlrechte. Für die Bewertung der Schulden sind folgende Bewertungsmaßstäbe anzuwenden:

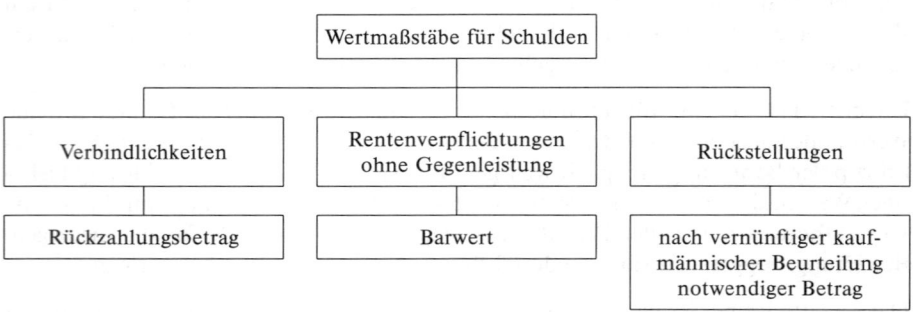

Abbildung 10.33: Bewertungsmaßstäbe für Schulden

Verbindlich-
keiten

Verbindlichkeiten sind nach § 253 I Satz 2 HGB mit dem **Rückzahlungsbetrag** zu bewerten. Der Rückzahlungsbetrag entspricht dem Betrag, den der Schuldner zur Erfüllung seiner Verpflichtung leisten muß (Erfüllungsbetrag). Er stimmt in der Regel mit dem Nominalwert der Schuld überein. Abweichungen zwischen Rückzahlungs- und Nennbetrag können auftreten, wenn im Nominalwert ein verdeckter Zinsanteil enthalten ist. In diesem Fall bestimmt sich der Rückzahlungsbetrag nach dem Nennbetrag abzüglich des Zinsanteils. Unterliegt der Rückzahlungsbetrag in der Zukunft Veränderungen, weil sich der Erfüllungsbetrag von Sachleistungsverpflichtungen oder von Fremdwährungsverbindlichkeiten nachträglich erhöht, so ist der zum Bilanzstichtag gestiegene Rückzahlungsbetrag anzusetzen. Die Bewertung mit dem höheren Erfüllungsbetrag folgt aus dem Imparitätsprinzip. Ein gegenüber der Einbuchung der Verbindlichkeit gesunkener Rückzahlungsbetrag kann grundsätzlich nicht angesetzt werden, weil andernfalls ein nicht realisierter Gewinn aus der Abwertung der Verbindlichkeiten ausgewiesen würde.

Auch überverzinsliche Verbindlichkeiten sind mit dem Rückzahlungsbetrag zu bewerten. Ob der Barwert der gegenüber dem Marktzinsniveau höheren Zinsbelastung als Rückstellung für drohende Verluste erfaßt werden kann, ist strittig. Die Steuerrechtsprechung hat mit Wirkung für die Handelsbilanz die Bildung einer Rückstellung abgelehnt.

Rentenver-
pflichtungen
ohne Gegen-
leistungen

Für Rentenverpflichtungen, denen keine Gegenleistungen gegenüberstehen, stellt der **Barwert** den maßgebenden Wertmaßstab dar. Renten sind periodisch wiederkehrende, gleichmäßige Leistungen, die für eine bestimmte Dauer aufgrund eines einheitlichen Rentenstammrechts erbracht werden. Der Barwert einer Rentenverpflichtung hängt von der Höhe und der Laufzeit der Rente sowie vom Zinssatz ab. Bei Leibrenten wird die Laufzeit auf der Grundlage von Sterbetafeln bestimmt. Der Barwert wird unter Berücksichtigung von Zinseszinsen nach versicherungsmathematischen Grundsätzen ermittelt. Als Zinssatz ist grundsätzlich der fristadäquate Marktzinssatz zugrunde zu legen. Die Bilanzierungspraxis verwendet häufig den steuerlichen Basiszinssatz von 5,5%, der nach dem Bewertungsgesetz vorgegeben ist.

Während der Laufzeit ist der Barwert der Rentenverpflichtung zu jedem Bilanzstichtag neu zu berechnen. Bei einem gestiegenen Marktzinssatz ist der ursprünglich gewählte Zinssatz weiter anzuwenden, weil eine Abwertung der Verpflichtung gegen das Realisationsprinzip verstößt. Unterschreitet der Marktzinssatz den bisherigen Rechnungszinsfuß, dann ist der Barwert auf der Grundlage des niedrigeren Marktzinssatzes zu ermitteln.

Nach § 253 I Satz 2 HGB sind Rückstellungen mit dem **nach vernünftiger kaufmännischer Beurteilung notwendigen Betrag** zu bewerten. Dieser Wertmaßstab entspricht dem vorsichtig ermittelten Erfüllungsbetrag, wobei die vernünftige kaufmännische Beurteilung das maßgebliche Kriterium für die Ableitung des konkreten Wertansatzes bildet. Dieser leitet sich aus einem Schätzrahmen der möglichen Inanspruchnahmen und aus der jeweiligen Verpflichtung ab.

Rückstellungen

Das Schätzkriterium der vernünftigen kaufmännischen Beurteilung verlangt einerseits, daß die Bandbreite möglicher Wertansätze aus den objektiven Gegebenheiten schlüssig und unter Abwägung aller Risiken und Chancen festgelegt wird. Andererseits muß der konkrete Betrag unter Beachtung des Vorsichtsprinzips ermittelt werden. Auf der Grundlage des Schätzkriteriums können allgemeine Regeln für die Bemessung des Rückstellungsbetrages entwickelt werden, deren Umsetzung im konkreten Einzelfall wegen des unvermeidbaren subjektiven Ermessensspielraums jedoch keine eindeutige betragsmäßige Fixierung des Rückstellungswertes zuläßt:

Regeln zur Ermittlung des Rückstellungsbetrags

- Bei Rückstellungen für wiederkehrende gleichartige Ereignisse ist der Betrag anzusetzen, der die größte Wahrscheinlichkeit der Inanspruchnahme aufweist (z. B. bei Rückstellungen für Wechselobligo und für Gewährleistungen bei Serienfertigung). Dabei kann auf unternehmensbezogene Erfahrungswerte der Vergangenheit zurückgegriffen werden.
- Rückstellungen, bei denen der Betrag der Inanspruchnahme relativ genau ermittelt werden kann, sind mit dem errechneten Wert anzusetzen (z. B. Rückstellungen für Steuern, Boni und Tantiemen).
- Rückstellungen für einmalige Sachverhalte sind ebenfalls mit dem wahrscheinlichsten Betrag der Inanspruchnahme zu bewerten. Sind mehrere Werte innerhalb des Schätzrahmens gleich wahrscheinlich, ist der höchste Betrag für die Bewertung maßgebend.
- Bei Rückstellungen für Verpflichtungen, die dem Grunde nach unsicher, in ihrer Höhe jedoch eindeutig bestimmt sind (z. B. Rückstellungen für Schadensersatzverpflichtungen), ist der volle Betrag anzusetzen (vgl. Clemm/Nonnenmacher 1990, § 253 TZ 155).

Als Wertansatz der Rückstellungen für Sach- und Dienstleistungsverpflichtungen ist der Geldbetrag der für die Erfüllung der Leistungsverpflichtungen erforderlichen Aufwendungen anzusetzen. Dabei sind grundsätzlich die Vollkosten maßgebend. Wenn die vorhandenen Kapazitäten durch die Erstellung der Sachleistungen nicht ausgelastet werden, ist eine Bewertung mit variablen Kosten zulässig (vgl. ADS 1990, § 253 Tz 198).

Abzinsung von Rück-stellungen

Bei langfristigen Rückstellungen stellt sich die Problematik der Abzinsung. Da Rückstellungen grundsätzlich wie Verbindlichkeiten bewertet werden, ist eine Abzinsung nicht gerechtfertigt. Bei Sach- und Dienstleistungsverpflichtungen kann kein verdeckter Zinsanteil unterstellt werden, der eine Abzinsung rechtfertigen würde. Lediglich bei Geldleistungen kommt eine Abzinsung in Betracht, soweit im Erfüllungsbetrag verdeckte Zinszahlungen enthalten sind. Ist diese Annahme nicht begründet, würde eine Abzinsung des Rückstellungsbetrages eine Verletzung des Realisationsprinzips bedeuten.

Bewertung von Pensions-rück-stellungen

Rückstellungen für Pensionsverpflichtungen gehören zu den Rückstellungen für ungewisse Verbindlichkeiten. Laufende Pensionsverpflichtungen und Pensionsanwartschaften ausgeschiedener Mitarbeiter werden mit dem Barwert bewertet, wobei als Rechnungszinsfuß häufig der steuerliche Zinssatz von 6% zugrunde gelegt wird.

Die Werte der Rückstellungen für Pensionsanwartschaften ausgeschiedener Anwärter werden nach versicherungsmathematischen Grundsätzen ermittelt. Die zu erwartenden künftigen Zahlungen sind auf den Abschlußstichtag abzuzinsen. Sie werden auf der Grundlage biometrischer Wahrscheinlichkeiten für Todesfall und Invaliditätsrisiko bestimmt, wobei in der Regel in Richttafeln tabellierte Werte verwendet werden.

Die Bewertung von Rückstellungen für Pensionsanwartschaften tätiger Mitarbeiter kann nach dem Teilwertverfahren (§ 6a III Nr. 1 EStG) oder nach dem Gegenwartsverfahren durchgeführt werden. Der **Teilwert** der Pensionsrückstellungen wird nach Erteilung der Pensionszusage ab Diensteintritt als Differenz des Barwerts der zukünftigen Leistungen und des Barwerts der zukünftigen Gegenleistungen (fiktive Nettoprämien) errechnet.

Beim **Gegenwartsverfahren** wird der Rückstellungswert ab dem Zusagezeitpunkt ermittelt. Der Gegenwartswert ergibt sich ebenfalls als Unterschiedsbetrag des Barwerts künftiger Leistungen und zu erwartender Gegenleistungen. Zeitlicher Bezugspunkt ist jedoch nicht der Diensteintritt des Berechtigten, sondern der Zeitpunkt der Pensionszusage.

Häufig wird die Bewertung der Pensionsrückstellungen nach den steuerrechtlichen Regelungen gemäß § 6a EStG durchgeführt. Danach werden die Pensionsrückstellungen mit einem Zinssatz von 6% nach einem eingeschränkten Teilwertverfahren bewertet, wobei mit der Bildung der Rückstellung in dem Wirtschaftsjahr begonnen wird, in dessen erster Hälfte der Berechtigte das 30. Lebensjahr vollendet hat. Der normierte Rückstellungsbeginn berücksichtigt pauschal einen Fluktuationsabschlag für das Ausscheiden von Arbeitnehmern vor Eintritt des Versorgungsfalls.

Rückstellungen für drohende Verluste aus schwebenden Geschäften sind in Höhe der Differenz zwischen dem Wert der eigenen Leistung und dem Wert der Gegenleistung zu bemessen. Der Wert der eigenen Leistung ist grundsätzlich auf Vollkostenbasis zu ermitteln. Lediglich bei nicht ausgelasteten Kapazitäten ist eine Teilkostenermittlung zulässig. Eine Abzinsung mehrperiodiger drohender Verluste kommt wegen des fehlenden Zinsanteils im Verpflichtungsüberschuß nicht in Betracht. Bei Drohverlusten aus schwebenden Beschaffungsgeschäften sind die Grundsätze der verlustfreien Bewertung für Gegenstände des Umlaufvermögens sinngemäß anzuwenden. Deshalb ist die Drohverlustrückstellung mit dem Differenzbetrag zwischen Anschaffungskosten und niedrigerem beizulegenden Wert zu bewerten. Bei der Beschaffung von Gegenständen des Anlagevermögens entspricht die Drohverlustrückstellung der Höhe der vorzunehmenden außerplanmäßigen Abschreibung nach erfolgtem Zugang zum Betriebsvermögen.

Rückstellungen für drohende Verluste

Wertansätze für Rechnungsabgrenzungsposten und Bilanzierungshilfen

Für die Bewertung von Rechnungsabgrenzungsposten gibt es keine ausdrücklichen Bewertungsvorschriften. Der anzusetzende Betrag für die aktiven und passiven Rechnungsabgrenzungsposten ergibt sich durch die Aufteilung der vorgeleisteten Ausgaben und Einnahmen nach dem Verhältnis der noch ausstehenden Gegenleistung zur gesamten Gegenleistung. In der Bilanz ist der zeitanteilige Betrag einzustellen, für den die Gegenleistung noch nicht erbracht ist. Die gleiche Regelung gilt für den Unterschiedsbetrag einer Verbindlichkeit. Die Differenz zwischen höherem Rückzahlungsbetrag und dem Ausgabebetrag einer Verbindlichkeit wird auf deren Laufzeit oder auf einen kürzeren Zeitraum (z. B. Mindestlaufzeit) verteilt. Daneben wird wegen des Ansatzwahlrechts für den Unterschiedsbetrag auch die Vornahme außerplanmäßiger Abschreibungen für zulässig gehalten.

Rechnungs-abgrenzungs-posten

Zölle und Verbrauchssteuern, die auf am Abschlußstichtag auszuweisende Vermögensgegenstände des Umlaufvermögens entfallen, sowie **die als Aufwand verrechnete Umsatzsteuer auf erhaltene Anzahlungen** sind bei einem wahlweisen Ansatz in der Bilanz in Höhe des jeweiligen Steuerbetrages auszuweisen.

Bilanzierte Aufwendungen für die Ingangsetzung und Erweiterung des Geschäftsbetriebes und ein **aktivierter Geschäfts- oder Firmenwert** sind grundsätzlich in jedem auf den Ansatz folgenden Jahr mit mindestens einem Viertel abzuschreiben. Eine Abschreibung kann auch bereits im Zugangsjahr vorgenommen werden. Abweichend davon kann die Abschreibung für den Geschäftswert nach § 255 IV Satz 3 HGB auch auf die Geschäftsjahre verteilt werden, in denen er voraussichtlich genutzt wird. Zur Vermeidung von Abweichungen zwischen Handels- und Steuerbilanz wird die voraussichtliche Nutzungsdauer häufig mit dem steuerrechtlichen Abschreibungszeitraum von 15 Jahren gleichgesetzt. Eine außerplanmäßige Abschreibung auf den Geschäftswert ist durchzuführen, soweit sich der Wert des bezahlten Geschäftswerts vermindert hat. Dies ist der Fall, wenn eine für die Höhe des Geschäftswerts maßgebliche Bestimmungsgröße vorzeitig entfallen ist oder sich stärker verringert hat als die durch planmäßige Abschreibungen unterstellte Wertminderung des Geschäftswerts.

Geschäftswert

1423

Bei der aktiven Steuerabgrenzung bemißt sich der anzusetzende Betrag nach der voraussichtlichen Steuerentlastung in den künftigen Geschäftsjahren. Die Höhe des aktiven Steuerabgrenzungspostens wird durch die Wahl des Steuersatzes beeinflußt. Bei der Ermittlung der aktiven Steuerabgrenzung sind vereinfachte Ermittlungsmethoden üblich. Dafür spricht erstens die Problematik bei der Ermittlung der zukünftigen Steuerbelastung im Hinblick auf die Abhängigkeit des Körperschaftsteueraufwandes von der Ausschüttungspolitik und der Struktur des für Ausschüttungszwecke verwendbaren Eigenkapitals sowie zweitens die unterschiedlichen gewerbesteuerlichen Hebesätze, die bei Unternehmen mit mehreren Betriebsstätten berücksichtigt werden müssen. In Betracht kommen durchschnittliche Steuersätze in der Vergangenheit oder der niedrigste Steuersatz, der auf die künftigen Ergebnisdifferenzen entfällt.

Für einen passiven Steuerabgrenzungsposten, der zumindest teilweise eine Steuerschuld darstellen kann, wird entweder ein Durchschnittssteuersatz oder der höchste Steuersatz für die Ermittlung der künftigen Steuerbelastung angesetzt (vgl. Baumann 1990, § 274 Tz 30).

e) Ausweis der Bilanzpositionen

Allgemeine Gliederungsgrundsätze

Die Gliederung von Bilanzpositionen setzt voraus, daß die Posten eindeutig bezeichnet und auf der Grundlage eines Gliederungsschemas systematisch angeordnet werden. **Die formale Darstellung der Bilanzpositionen ist rechtsform- und größenabhängig geregelt.** Während für Nichtkapitalgesellschaften in § 247 I HGB lediglich eine Mindestgliederung der Bilanz vorgegeben ist, müssen Kapitalgesellschaften ausführliche Ausweisvorschriften beachten, die ein detailliertes Gliederungsschema für die Bilanz enthalten. Um das Informationsziel der Vermittlung eines zutreffenden Bildes der Vermögens-, Finanz- und Ertragslage für den Jahresabschluß der Kapitalgesellschaft zu sichern, sind in § 265 HGB **allgemeine Gliederungsgrundsätze** aufgeführt, die grundsätzlich für alle Bestandteile des Jahresabschlusses verbindlich sind (vgl. Abbildung 10.34).

Grundsatz
der Klarheit
und Über-
sichtlichkeit
Der Grundsatz der Klarheit und Übersichtlichkeit erfordert eindeutige Postenbezeichnungen in der Bilanz und in der GuV-Rechnung, die den Inhalt der einzelnen Rechnungspositionen kennzeichnen, sowie eine sachgerechte Gliederung der beiden Rechenwerke, die im Bedarfsfall zu erweitern ist (vgl. Leffson 1984b, Abt. I/2 Tz 39 f.). Die Verpflichtung, Rechnungsposten eindeutig und zutreffend zu bezeichnen, kommt in der Vermerkpflicht der Mitzugehörigkeit zu anderen Posten bei derjenigen Position zum Ausdruck, unter der die Vermögensgegenstände oder Schulden ausgewiesen sind. Bei mehreren Geschäftszweigen, die jeweils eine unterschiedliche Gliederung bedingen (z. B. Kreditinstitute, Versicherungen, Krankenhäuser, Wohnungsbauunternehmen), ist der Jahresabschluß nach der Gliederung eines Geschäftszweigs

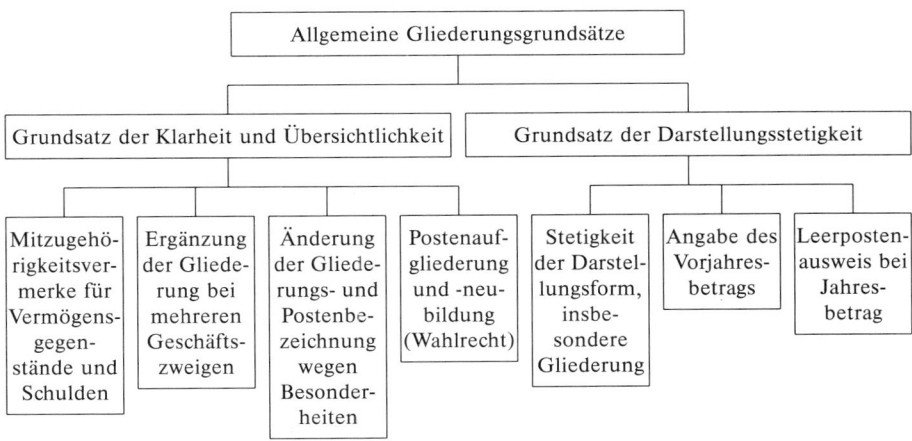

```
                    ┌─────────────────────────────────┐
                    │  Allgemeine Gliederungsgrundsätze │
                    └─────────────────────────────────┘
              ┌──────────────────────────┴──────────────────────────┐
 ┌─────────────────────────────────────┐      ┌──────────────────────────────────┐
 │ Grundsatz der Klarheit und           │      │ Grundsatz der Darstellungsstetigkeit │
 │ Übersichtlichkeit                     │      └──────────────────────────────────┘
 └─────────────────────────────────────┘
```

| Mitzugehörigkeitsvermerke für Vermögensgegenstände und Schulden | Ergänzung der Gliederung bei mehreren Geschäftszweigen | Änderung der Gliederungs- und Postenbezeichnung wegen Besonderheiten | Postenaufgliederung und -neubildung (Wahlrecht) | Stetigkeit der Darstellungsform, insbesondere Gliederung | Angabe des Vorjahresbetrags | Leerpostenausweis bei Jahresbetrag |

Abbildung 10.34: Allgemeine Gliederungsgrundsätze

aufzustellen und nach der für die anderen Geschäftszweige vorgeschriebenen Gliederung zu ergänzen. Bei Unternehmen mit wirtschaftszweigspezifischen Besonderheiten (z. B. Bauindustrie, Dienstleistungsunternehmen) ist eine begrenzte Abweichung vom gesetzlichen Gliederungsschema und von den Postenbezeichnungen geboten, um den besonderen betrieblichen Verhältnissen Rechnung zu tragen. Außerdem ist wahlweise eine weitere Untergliederung sowie die Einfügung neuer Posten möglich, soweit der Inhalt nicht von den vorgeschriebenen Posten des Gliederungsschemas gedeckt ist.

Postenaufgliederung und -neubildung

Die wegen der Klarheit und Übersichtlichkeit notwendigen oder zulässigen Änderungen der Gliederung und Postenbezeichnungen sind entweder wahlweise oder zwingend im Anhang anzugeben und ggf. zu begründen.

Grundsatz der Darstellungsstetigkeit

Der Grundsatz der Darstellungsstetigkeit verlangt die Beibehaltung der äußeren Form und der Gliederung aufeinanderfolgender Jahresabschlüsse. Abweichungen wegen besonderer Umstände müssen im Anhang vermerkt und begründet werden. Die durch die Darstellungsstetigkeit angestrebte Vergleichbarkeit der Jahresabschlüsse wird durch die Pflicht zur Angabe von Vorjahresbeträgen für die einzelnen Rechnungspositionen gefördert. Der Ausweis eines Leerpostens kann nur unterbleiben, wenn für den betreffenden Posten im vorangegangenen Geschäftsjahr kein Wert auszuweisen war.

Bilanzgliederungsschema

Kapitalgesellschaften müssen ihre Bilanz in **Kontoform** aufstellen. Große und mittelgroße Kapitalgesellschaften sind verpflichtet, die Posten des in § 266 HGB vorgegebenen Gliederungsschemas gesondert und in der vorgeschriebenen Reihenfolge auszuweisen. Kleine Kapitalgesellschaften können die Bilanzgliederung durch Zusammen-

1425

fassung der mit arabischen Zahlen versehenen Bilanzpositionen verkürzen. Die Bilanz der Kapitalgesellschaft ist nach folgendem Gliederungsschema aufzustellen:

Aktivseite

A. Anlagevermögen:

    I. Immaterielle Vermögensgegenstände:

        1. Konzessionen, gewerbliche Schutzrechte und ähnliche Rechte und Werte sowie Lizenzen an solchen Rechten und Werten;

        2. Geschäfts- oder Firmenwert

        3. geleistete Anzahlungen;

    II. Sachanlagen:

        1. Grundstücke, grundstücksgleiche Rechte und Bauten einschließlich der Bauten auf fremden Grundstücken;

        2. technische Anlagen und Maschinen;

        3. andere Anlagen, Betriebs- und Geschäftsausstattung;

        4. geleistete Anzahlungen und Anlagen im Bau;

    III. Finanzanlagen:

        1. Anteile an verbundenen Unternehmen;

        2. Ausleihungen an verbundene Unternehmen;

        3. Beteiligungen;

        4. Ausleihungen an Unternehmen, mit denen ein Beteiligungsverhältnis besteht;

        5. Wertpapiere des Anlagevermögens;

        6. sonstige Ausleihungen.

B. Umlaufvermögen:

    I. Vorräte:

        1. Roh-, Hilfs- und Betriebsstoffe;

        2. unfertige Erzeugnisse, unfertige Leistungen;

        3. fertige Erzeugnisse und Waren;

        4. geleistete Anzahlungen;

    II. Forderungen und sonstige Vermögensgegenstände:

        1. Forderungen aus Lieferungen und Leistungen;

        2. Forderungen gegen verbundene Unternehmen;

        3. Forderungen gegen Unternehmen, mit denen ein Beteiligungsverhältnis besteht;

        4. sonstige Vermögensgegenstände;

    III. Wertpapiere:

        1. Anteile an verbundenen Unternehmen;

        2. eigene Anteile;

        3. sonstige Wertpapiere:

    IV. Schecks, Kassenbestand, Bundesbank- und Postgiroguthaben, Guthaben bei Kreditinstituten.

C. Rechnungsabgrenzungsposten

1426

Passivseite

A. Eigenkapital:
    I. Gezeichnetes Kapital;
    II. Kapitalrücklage;
    III. Gewinnrücklage:
        1. gesetzliche Rücklage;
        2. Rücklage für eigene Anteile;
        3. satzungsmäßige Rücklagen;
        4. andere Gewinnrücklagen;
    IV. Gewinnvortrag/Verlustvortrag;
    V. Jahresüberschuß/Jahresfehlbetrag.

B. Rückstellungen:
    1. Rückstellungen für Pensionen und ähnliche Verpflichtungen;
    2. Steuerrückstellungen;
    3. sonstige Rückstellungen.

C. Verbindlichkeiten:
    1. Anleihen,
       davon konvertibel;
    2. Verbindlichkeiten gegenüber Kreditinstituten;
    3. erhaltene Anzahlungen auf Bestellungen;
    4. Verbindlichkeiten aus Lieferungen und Leistungen;
    5. Verbindlichkeiten aus der Annahme gezogener Wechsel und der Ausstellung eigener Wechsel
    6. Verbindlichkeiten gegenüber verbundenen Unternehmen;
    7. Verbindlichkeiten gegenüber Unternehmen, mit denen ein Beteiligungsverhältnis besteht;
    8. sonstige Verbindlichkeiten, davon aus Steuern, davon im Rahmen der sozialen Sicherheit.

D. Rechnungsabgrenzungsposten

Abbildung 10.35: Bilanzgliederung

Die Gliederung der Vermögensposten beruht auf unterschiedlichen Kriterien. Neben **funktionalen Merkmalen**, die sich auf den innerbetrieblichen Wertefluß sowie auf die Art und die Zweckwidmung von Vermögensgegenständen beziehen, berücksichtigt das Gliederungsschema auch **Rechtsverhältnisse und Liquiditätsaspekte** als zusätzliche Ordnungsmerkmale. *Gliederungskriterien für Vermögensposten*

Die funktionale Gliederungsebene auf der Grundlage des innerbetrieblichen Werteflusses unterteilt die Vermögensposten in **Anlage- und Umlaufvermögen** und spaltet das Umlaufvermögen in Vorräte und sonstiges Umlaufvermögen auf. Auch die Aufgliederung des Vorratsvermögens in Roh-, Hilfs- und Betriebsstoffe sowie unfertige und fertige Erzeugnisse und der gesonderte Ausweis von Forderungen und flüssigen *Funktionale Gliederungsebene*

Mitteln beim übrigen Umlaufvermögen orientiert sich am innerbetrieblichen Wertefluß.

Die zusätzliche Aufgliederung des Anlage- und Umlaufvermögens richtet sich nach
den funktionalen Kriterien Art und Zweckwidmung der Vermögensgegenstände. Der
Dreiteilung des Anlagevermögens in immaterielle Vermögensgegenstände, Sachanlagen und Finanzanlagen liegt eine Gliederung nach der Art der Vermögensgegenstände zugrunde. Dies gilt teilweise auch für die weitere Aufteilung dieser Vermögensgruppen sowie für die Differenzierung der Forderungen und Wertpapiere innerhalb
des Umlaufvermögens. Die Zuordnung geleisteter Anzahlungen zu den Postengruppen des Anlagevermögens und zum Vorratsvermögen folgt aus der Zweckwidmung
der Vermögensgegenstände. Dies gilt auch für die Trennung von Finanzanlagen als
Bestandteil des Anlagevermögens und von Wertpapieren des Umlaufvermögens.

Rechtsver-
hältnisse

Die **Gliederungsebene nach Rechtsverhältnissen** grenzt bestimmte Vermögenspositionen nach dem Merkmal bestehender Beteiligungsbeziehungen von anderen Vermögensposten ab. Vermögensgegenstände des Finanzanlagevermögens, Forderungen
und teilweise auch Wertpapiere des Umlaufvermögens sind gesondert auszuweisen,
soweit sie mit Unternehmen, mit denen ein Beteiligungsverhältnis besteht, oder mit
verbundenen Unternehmen in Zusammenhang stehen.

Liquiditäts-
merkmale

Die **Gliederung nach Liquiditätsmerkmalen** überschneidet sich teilweise mit der funktionalen Gliederung nach dem innerbetrieblichen Wertefluß. Eine eigenständige
Bedeutung erlangt die Gliederung nach Liquiditätsmerkmalen dadurch, daß bei den
im Umlaufvermögen ausgewiesenen Forderungen der Betrag mit einer Restlaufzeit
von mehr als einem Jahr gesondert zu vermerken ist.

Gliederungs-
kriterien der
Passivposten

Auf der **Passivseite** der Bilanz bilden die **Rechtsverhältnisse** das **primäre Gliederungskriterium**. Daraus ergibt sich die grundlegende Unterscheidung von **Eigen- und
Fremdkapital**. Ergänzend werden die Verbindlichkeiten nach Beteiligungsbeziehungen abgegrenzt. Das Eigenkapital umfaßt neben dem gezeichneten Kapital und den

Rechtsver-
hältnisse

Rücklagen den Ergebnisvortrag und das Jahresergebnis. Durch die Unterscheidung
von Kapital- und Gewinnrücklagen werden die Quellen der Eigenkapitalbildung
außerhalb der Zuführung von gezeichnetem Kapital offengelegt. Während Kapitalrücklagen durch ergänzende Eigenkapitaleinzahlungen entstehen, werden Gewinnrücklagen grundsätzlich durch Einbehalt von Teilen des Jahresüberschusses gebildet.

Die Aufteilung des Fremdkapitals in Rückstellungen und Verbindlichkeiten orientiert sich, wie auch die weitere Aufgliederung dieser Postengruppen, an der Art der
Schulden. Ebenso wie Forderungen sind **Verbindlichkeiten** zusätzlich **nach Liquiditätsmerkmalen zu untergliedern**. Beträge mit einer Restlaufzeit bis zu einem Jahr sind
für jede ausgewiesene Verbindlichkeitsposition gesondert anzugeben.

Liquiditäts-
merkmale

Das Gliederungsschema der Bilanz ist zu ergänzen, wenn bestimmte Sachverhalte
vorliegen oder spezielle Vermerkpflichten beachtet werden müssen. Ist das gezeichnete Kapital noch nicht vollständig eingezahlt, dann sind die ausstehenden Einlagen
auf der Aktivseite vor dem Anlagevermögen auszuweisen. Eingeforderte Einlagen
müssen gesondert vermerkt werden. Wahlweise können die nicht eingeforderten Ein-

lagen offen vom gezeichneten Kapital abgesetzt und die eingeforderten Einlagen gesondert als Forderungen ausgewiesen werden.

Beispiel: Ausweisalternativen nach § 272 I Sätze 2 und 3 HGB

– gezeichnetes Kapital	DM 800 000
– eingefordertes Kapital:	DM 680 000
– nicht einbezahltes Kapital:	DM 180 000

Nach § 272 I HGB bestehen folgende Ausweisalternativen:

Alternative I (§ 272 I Satz 2 HGB)

Lösung 1:	DM	DM		DM
A. Ausstehende Einlagen auf das gezeichnete Kapital		180 000	A. Eigenkapital I. Gezeichnetes Kapital	800 000
– davon eingefordert	60 000			
Lösung 2:				
A. Ausstehende Einlagen auf das gezeichnete Kapital				
– eingefordert	60 000			
– nicht eingefordert	120 000	180 000		

Alternative II (§ 272 I Satz 3 HGB)

	DM		DM	DM
B. Umlaufvermögen		A. Eigenkapital		
II. Forderungen und sonstige Vermögens-gegenstände		I. Gezeichnetes Kapital	800 000	
		– nicht eingefor-derte Einlagen	120 000	
4. Eingefordertes, noch nicht einge-zahltes Kapital	60 000	eingefordertes Kapital		680 000

Nach § 247 III HGB sind Sonderposten mit Rücklageanteil gesondert auszuweisen. Der Ausweis hat vor den Rückstellungen zu erfolgen.

Vermerk-pflichten

Die Vermerkpflichten in der Bilanz dienen der **Erläuterung bestimmter Bilanzpositionen** und **liefern ergänzende Informationen über die Finanzlage**. Nach § 152 AktG bestehen **rechtsformspezifische Vermerkpflichten für das gezeichnete Kapital und für die Rücklagen** im Jahresabschluß der AG. Teilweise können die Angaben in den Anhang verlagert werden. Die Bilanz der GmbH ist gemäß § 42 GmbHG um den gesonderten Ausweis eingeforderter Nachschüsse von Gesellschaftern unter den Forderungen zu ergänzen. Ausleihungen, Forderungen und Verbindlichkeiten gegenüber Gesellschaftern müssen grundsätzlich auch als zusätzliche Posten in der Bilanz angesetzt werden, soweit sie nicht im Anhang gesondert angegeben werden.

Rechtsformunabhängig ist die **Vermerkpflicht für Eventualverbindlichkeiten** im Anschluß an die Bilanz, wobei gewährte Sicherheiten anzugeben sind. Die Angabepflicht erstreckt sich gemäß § 251 HGB auf Verbindlichkeiten aus der Begebung und Übertragung von Wechseln und Bürgschaften sowie auf Gewährleistungsverträge und Haftungsverhältnisse aus der Bestellung von Sicherheiten für fremde Verbindlichkeiten. Die Eventualverbindlichkeiten sind aufschiebend bedingte Verbindlichkeiten, bei denen mit dem Eintritt der Bedingung nicht gerechnet wird. Ist der Bedingungseintritt wahrscheinlich, sind diese Verbindlichkeiten als Schulden zu bilanzieren. Die Vermerkpflicht kann auch im Anhang erfüllt werden.

Horizontale Aufgliederung

Für das **Anlagevermögen** einer Kapitalgesellschaft und für die **Rücklagen** in der Bilanz einer AG ist eine horizontale Aufgliederung der Bilanzpositionen vorgeschrieben, die in der Bilanz oder im Anhang durchzuführen ist. Sie dient der Darstellung der buchmäßigen Entwicklung der ausgewiesenen Bilanzwerte durch eine Kennzeichnung der in der Abrechnungsperiode eingetretenen Veränderungen gegenüber dem Vorjahr.

Anlagen-spiegel

Der Anlagenspiegel zeigt die Entwicklung der Posten des Anlagevermögens und der Aufwendungen für die Ingangsetzung und Erweiterung des Geschäftsbetriebs. Ausgangspunkt sind die gesamten historischen Anschaffungs- und Herstellungskosten der Vermögensgegenstände zu Beginn des Geschäftsjahres. Dieser Wert wird durch Einbeziehung der Zu- und Abgänge, Umbuchungen und Zuschreibungen des Geschäftsjahres sowie der insgesamt bis zum Abschlußstichtag aufgelaufenen Abschreibungen am Periodenende fortgerechnet. Die Abschreibungen des Geschäftsjahres sind gesondert anzugeben. Die Struktur des Anlagenspiegels kann wie folgt gestaltet werden:

Anschaffungs- oder Herstellungskosten	Zugänge	Zuschreibungen	Umbuchungen	Abgänge	gesamte Abschreibungen	Abschreibung Geschäftsjahr	Buchwert 31. 12. Geschäftsjahr	Buchwert 31. 12. Vorjahr
1	2	3	4	5	6	7	8	9
vertikale Gliederung der Posten des Anlagevermögens und der Aufwendungen für Ingangsetzung und Erweiterung des Geschäftsbetriebes								

Abbildung 10.36: Struktur des Anlagenspiegels

1430

Durch den Ausweis der historischen Anschaffungs- oder Herstellungskosten wird das im Anlagevermögen insgesamt investierte Kapital gezeigt. Die Gegenüberstellung der kumulierten Abschreibungen bzw. des Buchwertes zum Bilanzstichtag vermittelt einen Überblick über den Abnutzungsgrad des langfristig gebundenen Vermögens.

In der Bilanz der AG sind nach § 150 AktG die Veränderungen der Rücklagen während des Geschäftsjahres anzugeben, soweit diese Berichtspflicht nicht in den Anhang verlagert wird. Die Entwicklung der Rücklagen über den Berichtszeitraum kann durch einen Rücklagenspiegel dargestellt werden (vgl. Abbildung 10.37).

	Stand 1. 1.	Einstellung durch Hauptversammlung aus Bilanzgewinn	Einstellung aus dem Jahresüberschuß	Einstellung während des Geschäftsjahrs	Entnahmen für das Geschäftsjahr	Stand 31. 12.
Kapitalrücklage	x			x	x	x
Gewinnrücklage	x	x	x	x	x	x

Abbildung 10.37: Struktur des Rücklagenspiegels

Die Rücklagenbewegungen können auch in einer Vorspalte der Bilanz oder in Fußnoten zur Bilanz ausgewiesen werden.

Die Gliederung des Eigenkapitals ist davon abhängig, ob die Bilanz ohne Berücksichtigung der Verwendung des Jahresergebnisses oder unter Einbeziehung der vollständigen oder teilweisen Verwendung des Jahresergebnisses aufgestellt wird. Die Posten **Gewinnvortrag/Verlustvortrag** und **Jahresüberschuß/Jahresfehlbetrag** werden nur in einer **Bilanz ohne Ergebnisverwendung** ausgewiesen. Bei der Aufstellung der **Bilanz mit teilweiser Ergebnisverwendung** werden die beiden Posten durch die Position **Bilanzgewinn/Bilanzverlust** ersetzt. Eine teilweise Ergebnisverwendung beruht auf gesetzlichen oder satzungsmäßigen Vorschriften, die Einstellungen in Gewinnrücklagen regeln (z. B. Bildung der gesetzlichen Rücklage nach § 150 II AktG, Rücklage für eigene Anteile nach § 272 IV HGB). Ist ein Gewinnverwendungsbeschluß gefaßt, kann die Bilanz unter Berücksichtigung der vollständigen Ergebnisverwendung aufgestellt werden. Die **vorgesehene Ausschüttung an die Anteilseigner wird als Verbindlichkeit angesetzt**. Ein verbleibender Ergebnisrest ist als Bilanzgewinn auszuweisen (vgl. Matschke 1990, § 268 Tz 15).

Ergebnisverwendung

3. Aufstellung der Gewinn- und Verlustrechnung

a) Gestaltungsalternativen der Gewinn- und Verlustrechnung

Die **GuV-Rechnung** enthält die Vermögensmehrungen und -minderungen einer Periode als Erträge und Aufwendungen und weist als Saldo das Jahresergebnis aus. Sie ist notwendiger **Bestandteil des Jahresabschlusses**. Während in der Bilanz das Reinvermögen stichtagsbezogen dargestellt und der Jahreserfolg vor der Ergebnisverwendung summarisch ausgewiesen wird, informiert die GuV-Rechnung im Rahmen einer systematischen Gegenüberstellung der Aufwendungen und Erträge über Art und Umfang der Erfolgselemente. Sie vermittelt dadurch einen **Überblick über die Zusammensetzung des Jahresergebnisses.**

*Gestaltungs-
alternativen
der GuV-
Rechnung*

Für die Aufstellung der GuV-Rechnung bestehen grundsätzlich **Gestaltungsalternativen in materieller und formaler Hinsicht**. Die materielle Gestaltung bezieht sich auf die Abgrenzung der in die GuV-Rechnung aufzunehmenden Rechengrößen. Die formale Gestaltung betrifft die äußere Form der Ordnung der abgegrenzten Rechengrößen.

*Materielle
Gestaltung*

Bei der materiellen Gestaltung sind das Abgrenzungsprinzip für Betriebsleistung und Periodenaufwand sowie die Gliederungsprinzipien für Erträge und Aufwendungen festzulegen.

Ein Abgrenzungsproblem bezüglich Betriebsleistung und Periodenaufwand tritt auf, wenn die Betriebsleistung nicht mit dem Umsatzvolumen übereinstimmt. Es können einerseits Produktions- und Absatzmenge einer Periode differieren und andererseits Leistungen von der Unternehmung selbst hergestellt werden, deren Aufwendungen sich im Periodenaufwand niederschlagen. Wird der **gesamte Periodenaufwand** in der GuV-Rechnung verrechnet, so müssen Bestandsveränderungen bei unfertigen und fertigen Erzeugnissen und die investitionsbedingten Eigenleistungen als Leistungselemente neben den Umsatzerlösen in die GuV-Rechnung aufgenommen werden. Bei **Angleichung der Betriebsleistung** an den Periodenaufwand wird die GuV-Rechnung nach dem **Gesamtkostenverfahren** aufgestellt.

Wird die **Abgrenzung der Betriebsleistung auf die Umsatzerlöse beschränkt**, so muß der Periodenaufwand um diejenigen Aufwendungen korrigiert werden, die auf die Bestandsveränderungen der Erzeugnisse und die sonstigen betrieblichen Eigenleistungen entfallen. Diese Methode entspricht dem **Umsatzkostenverfahren**. Sie führt zu dem gleichen Ergebnis wie die GuV-Rechnung nach dem **Gesamtkostenverfahren.**

Aufbau und Informationsgehalt der GuV-Rechnung werden durch die jeweiligen Gliederungsprinzipien für Aufwendungen und Erträge geprägt. **Die betrieblichen Aufwendungen können nach primären Aufwandsarten gegliedert werden.** In diesem Fall werden der betrieblichen Gesamtleistung oder den Umsatzerlösen die Material- und Personalaufwendungen sowie die Abschreibungen und die sonstigen Aufwendungen gegenübergestellt. Die Aufwendungen können alternativ entsprechend ihrer Entstehung in den einzelnen Betriebsbereichen aufgegliedert werden. Die **funktionale Aufwandstrennung** führt zu einer **Unterteilung in Herstellungs-, Verwaltungs- und Vertriebsaufwand**. Deshalb kann zwischen einer GuV-Rechnung mit artbezogener und einer mit funktionaler Aufwandsgliederung unterschieden werden.

Unabhängig vom gewählten Gliederungsprinzip kann das Aufwands- und Ertragsvolumen unterschiedlich tief gegliedert werden. Bei maximaler Gliederungstiefe werden die in der Finanzbuchhaltung geführten Aufwands- und Ertragsarten ohne Zusammenfassung in die GuV-Rechnung übernommen. Im Gegensatz zu einer **unverdichteten GuV-Rechnung**, bei der die Aufwendungen artmäßig und funktional und die Erträge nach Umsatzkategorien und sonstigen Merkmalen aufgespalten sind, werden bei einer **verdichteten GuV-Rechnung** Aufwands- und Ertragsarten gruppenweise zusammengefaßt. Unverdichtete und stark aggregierte GuV-Rechnungen mit wenigen Rechnungsgrößen verletzen das Prinzip der Klarheit und Übersichtlichkeit, da im ersten Fall eine große Informationsmenge und bei der zweiten Ausprägung ein erheblicher Informationsverlust entsteht.

Der Informationsgehalt der GuV-Rechnung wird wesentlich dadurch bestimmt, ob und inwieweit bei der Gliederung der Rechnungsposten auf Kriterien der Erfolgsspaltung Bezug genommen wird. Die **betriebswirtschaftliche Erfolgsspaltung** trennt nach dem Merkmal der Betriebszugehörigkeit zwischen **Betriebserfolg und Finanzerfolg** und nach dem Kriterium der Regelmäßigkeit zwischen **ordentlichem und außerordentlichem Ergebnis** (vgl. Coenenberg 1990, S. 319). Das außerordentliche Ergebnis setzt sich aus periodenfremden und außergewöhnlichen Ergebniselementen zusammen. Je nachdem, in welchem Umfang bei der Abgrenzung der Rechnungsposten Kriterien der Erfolgsspaltung berücksichtigt werden, **kann eine GuV-Rechnung ohne Erfolgsspaltung oder mit partieller bzw. vollständiger Ergebnisspaltung aufgestellt werden**. Bei der GuV-Rechnung ohne Erfolgsspaltung werden die finanzbezogenen und die außerordentlichen Ergebniselemente nicht getrennt. Sie sind in den sonstigen Erträgen und Aufwendungen enthalten. Eine GuV-Rechnung mit partieller Erfolgsspaltung weist entweder die Aufwendungen und Erträge des Finanzbereichs oder die außerordentlichen Erfolgskomponenten gesondert aus. In einer GuV-Rechnung mit vollständiger Erfolgsspaltung werden die Aufwendungen und Erträge sowohl hinsichtlich der Betriebsbezogenheit als auch nach dem Merkmal des regelmäßigen Anfalls gegliedert.

Erfolgs-
spaltung

Die formale Gestaltung der GuV-Rechnung bezieht sich auf die Art der Gegenüberstellung der positiven und negativen Erfolgskomponenten sowie auf die Beachtung des Bruttoprinzips. Die Zuordnung der Aufwendungen und Erträge kann in **Konto- oder Staffelform** durchgeführt werden. Bei der Kontoform werden Aufwendungen und Erträge horizontal gegenübergestellt. Das Jahresergebnis wird entweder als Ertragsüberschuß auf der Aufwandsseite oder als Aufwandsüberschuß auf der Ertragsseite der GuV-Rechnung ausgewiesen.

Formale
Gestaltung

Kontoform

Bei der Staffelform werden die Aufwendungen und Erträge vertikal angeordnet. Ausgehend von den Umsatzerlösen wird durch stufenweise Verrechnung der übrigen Erträge und der Aufwendungen das Jahresergebnis abgeleitet. Dabei können die

Staffelform

Ergebniselemente hinsichtlich Betriebsbezogenheit und Regelmäßigkeit gesondert ausgewiesen werden.

Bruttoprinzip Bei strenger Beachtung des Bruttoprinzips werden alle Rechengrößen unsaldiert in der GuV-Rechnung aufgeführt. Während die GuV-Rechnung nach dem Gesamtkostenverfahren alle positiven und negativen Erfolgselemente ausweist, findet beim Umsatzkostenverfahren eine teilweise Saldierung von Teilen der Betriebsleistung mit den auf sie entfallenden Aufwendungen statt. Eine weitere Abweichung vom Bruttoprinzip ergibt sich bei einer Verrechnung gleichartiger Aufwendungen und Erträge (z. B. Zu- und Abschreibungen beim Anlagevermögen, Zinsaufwand und -ertrag), so daß nur deren Saldo in der GuV-Rechnung erscheint. Umfangreiche Saldierungen gleichartiger Rechengrößen verletzen jedoch den Grundsatz der Klarheit und Übersichtlichkeit.

b) Aufbau der Gewinn- und Verlustrechnung

Für die Aufstellung der GuV-Rechnung im Rahmen des Jahresabschlusses von **Nichtkapitalgesellschaften** fehlen gesetzliche Vorschriften. Diese Kaufleute sind lediglich verpflichtet, eine GuV-Rechnung aufzustellen, die **klar und übersichtlich** ist. Zusätzlich muß das **Saldierungsverbot** von Aufwendungen und Erträgen beachtet werden.

Kapitalgesellschaften müssen bei der Aufstellung der GuV-Rechnung die **allgemeinen Gliederungsgrundsätze** einhalten und insbesondere das Prinzip der **Darstellungsstetigkeit** befolgen. Die Gliederungsvorschriften für die Erfolgsrechnung der Kapitalgesellschaften sind in § 275 HGB festgelegt. Sie enthalten zwingende Mindestgliederungen für die GuV-Rechnung. Die GuV-Rechnung der Kapitalgesellschaft ist in Staffelform aufzustellen. Dabei steht den Unternehmen für die materielle Gestaltung der Erfolgsrechnung ein Wahlrecht zu. Sie können die GuV-Rechnung nach dem Gesamtkostenverfahren oder nach dem Umsatzkostenverfahren aufstellen (vgl. Abbildung 10.38).

Gesamt- Die Gliederungsalternativen der GuV-Rechnung unterscheiden sich nicht nur in be-
kosten- zug auf die Angleichung von Betriebsleistung und Periodenaufwand, sondern auch
verfahren hinsichtlich der Abgrenzung der Aufwandsposten. **Das Gesamtkostenverfahren folgt dem Primärgliederungsprinzip nach Aufwandsarten.** Materialaufwand, Personalaufwand und Abschreibungen werden gesondert ausgewiesen. Die übrigen Aufwendungen werden in der Sammelposition sonstige betriebliche Aufwendungen zusammen-
Umsatz- gefaßt. **Bei Anwendung des Umsatzkostenverfahrens wird der Periodenaufwand**
kosten- **funktional in Herstellungs-, Vertriebs- und Verwaltungskosten aufgeteilt.** Da mittel-
verfahren große und große Kapitalgesellschaften im Anhang den Materialaufwand und den Personalaufwand des Geschäftsjahres angeben müssen und die Periodenabschreibungen aus dem Anlagespiegel entnommen werden können, ist eine vergleichende Betrachtung der Grundstruktur der Aufwendungen unterschiedlicher Unternehmen unabhängig vom gewählten Verfahren der GuV-Rechnung möglich. Ein Vergleich der

1434

Gesamtkostenverfahren § 275 II HGB

1. Umsatzerlöse
2. Erhöhung oder Verminderung des Bestands an fertigen und unfertigen Erzeugnissen
3. andere aktivierte Eigenleistung
4. sonstige betriebliche Erträge
5. Materialaufwand:
   a) Aufwendungen für Roh-, Hilfs- und Betriebsstoffe und für bezogene Waren
   b) Aufwendungen für bezogene Leistungen
6. Personalaufwand:
   a) Löhne und Gehälter
   b) soziale Abgaben und Aufwendungen für Altersversorgung und für Unterstützung, davon für Altersversorgung
7. Abschreibungen:
   a) auf immaterielle Vermögensgegenstände des Anlagevermögens und Sachanlagen sowie auf aktivierte Aufwendungen für die Ingangsetzung und Erweiterung des Geschäftsbetriebs
   b) auf Vermögensgegenstände des Umlaufvermögens, soweit diese die in der Kapitalgesellschaft üblichen Abschreibungen überschreiten
8. sonstige betriebliche Aufwendungen
9. Erträge aus Beteiligungen, davon aus verbundenen Unternehmen
10. Erträge aus anderen Wertpapieren und Ausleihungen des Finanzanlagevermögens, davon aus verbundenen Unternehmen
11. sonstige Zinsen und ähnliche Erträge, davon aus verbundenen Unternehmen
12. Abschreibungen auf Finanzanlagen und auf Wertpapiere des Umlaufvermögens
13. Zinsen und ähnliche Aufwendungen, davon an verbundene Unternehmen
14. Ergebnis der gewöhnlichen Geschäftstätigkeit
15. außerordentliche Erträge
16. außerordentliche Aufwendungen
17. außerordentliches Ergebnis
18. Steuern vom Einkommen und vom Ertrag
19. sonstige Steuern
20. Jahresüberschuß/Jahresfehlbetrag

Umsatzkostenverfahren § 275 III HGB

1. Umsatzerlöse
2. Herstellungskosten der zur Erzielung der Umsatzerlöse erbrachten Leistungen
3. Bruttoergebnis vom Umsatz
4. Vertriebskosten
5. allgemeine Verwaltungskosten
6. sonstige betriebliche Erträge
7. sonstige betriebliche Aufwendungen
8. Erträge aus Beteiligungen, davon aus verbundenen Unternehmen
9. Erträge aus anderen Wertpapieren und Ausleihungen des Finanzanlagevermögens, davon aus verbundenen Unternehmen
10. sonstige Zinsen und ähnliche Erträge, davon aus verbundenen Unternehmen
11. Abschreibungen auf Finanzanlagen und auf Wertpapiere des Umlaufvermögens
12. Zinsen und ähnliche Aufwendungen, davon an verbundene Unternehmen
13. Ergebnis der gewöhnlichen Geschäftstätigkeit
14. außerordentliche Erträge
15. außerordentliche Aufwendungen
16. außerordentliches Ergebnis
17. Steuern vom Einkommen und vom Ertrag
18. sonstige Steuern
19. Jahresüberschuß/Jahresfehlbetrag.

Abbildung 10.38: Gliederungsalternativen der GuV-Rechnung

auf die Gesamtleistung einer Kapitalgesellschaft bezogenen primären Aufwandsarten ist jedoch nicht durchführbar. Bei großen Kapitalgesellschaften werden die Umsatzerlöse gesondert ausgewiesen. Die Bestandsveränderungen im Erzeugnisbereich können auch bei Anwendung des Umsatzkostenverfahrens aus einem Bilanzvergleich mit dem Vorjahr ermittelt werden, soweit fertige Erzeugnisse und Waren nicht in einer Position zusammengefaßt sind. Die beim Gesamtkostenverfahren ausgewiesenen aktivierten Eigenleistungen sind jedoch weder aus der GuV-Rechnung nach dem Umsatzkostenverfahren noch aus der Bilanz zu ermitteln, da die Zugänge zum Anlagevermögen, die auf aktivierten Eigenleistungen beruhen, im Anlagespiegel nicht gesondert aufgeführt sind.

Das gesetzliche Verrechnungsverbot wird bei der Aufstellung der GuV-Rechnung nach dem **Umsatzkostenverfahren** teilweise gelockert, da wegen der Kürzung der Gesamtleistung um Bestandsveränderungen und Eigenleistungen und der Eliminierung der darauf entfallenden Aufwendungen praktisch eine **saldierte Ergebnisrechnung** aufgestellt wird (vgl. Castan 1990, S. 248). Außerdem ist es kleinen und mittelgroßen Kapitalgesellschaften gestattet, die Betriebsleistung einschließlich der sonstigen betrieblichen Erträge mit dem Materialaufwand zu verrechnen und in einem Posten „Rohergebnis" zusammenzufassen. Beim Umsatzkostenverfahren ist eine ähnliche Verdichtung unter Einbeziehung der auf die Umsatzerlöse entfallenden Herstellungskosten möglich. **Das Rohergebnis in beiden Verfahren der GuV-Rechnung stimmt jedoch nicht überein**, da nach dem Gesamtkostenverfahren weder Personal- noch Abschreibungsaufwand in das Rohergebnis eingehen. Beim Umsatzkostenverfahren vermindern die in den Herstellungskosten enthaltenen anteiligen Personal- und Materialaufwendungen das Rohergebnis.

Die vertikale Anordnung der Aufwendungen und Erträge ermöglicht den **Ausweis von Zwischenergebnissen**. Beide Verfahren der GuV-Rechnung weisen ein Ergebnis der gewöhnlichen Geschäftstätigkeit und ein außerordentliches Ergebnis aus. Trotz der gesonderten Angabe der beiden Zwischenergebnisse ist in beiden Verfahren der GuV-Rechnung nur eine **partielle Erfolgsspaltung** verwirklicht.

Außerordent-
liche Aufwen-
dungen und
Erträge

Die unvollständige Ergebnisspaltung ist in erster Linie auf die enge Abgrenzung des außerordentlichen Ergebnisses zurückzuführen. Nach § 277 IV HGB sind nur Erträge und Aufwendungen, die außerhalb der gewöhnlichen Geschäftstätigkeit anfallen, als **außerordentliche Posten** zu qualifizieren. Es handelt sich dabei um **Ertrags- und Aufwandselemente, die ihrer Art nach ungewöhnlich sind und selten auftreten** (z. B. Sanierungsgewinne, außerplanmäßige Abschreibungen anläßlich außergewöhnlicher Schadensfälle). **Periodenfremde Aufwands- und Ertragsposten werden grundsätzlich nicht dem außerordentlichen Ergebnis zugeordnet.** Ebenso werden Erfolgskomponenten, die zwar unregelmäßig anfallen, jedoch dem normalen Geschäftsbetrieb zuzurechnen sind, nicht in das außerordentliche Ergebnis einbezogen (z. B. Veräußerungserfolge beim Anlagevermögen, Erträge aus der Auflösung von Rückstellungen und aus Zuschreibungen). Sie sind Bestandteil des Ergebnisses der gewöhnlichen Geschäftstätigkeit.

Das **Ergebnis der gewöhnlichen Geschäftstätigkeit** setzt sich aus dem **Betriebsergebnis** und dem **Finanzergebnis** zusammen. Das Betriebsergebnis umfaßt bei der GuV-Rechnung nach dem Gesamtkostenverfahren die Betriebsleistungskomponenten Umsatzerlöse, Bestandsveränderungen und aktivierte Eigenleistungen einschließlich der sonstigen betrieblichen Erträge abzüglich der primären Aufwandsarten und der sonstigen betrieblichen Aufwendungen (§ 275 II Nr. 1–8 HGB). Beim Umsatzkostenverfahren werden zur Ermittlung des Betriebsergebnisses die Umsatzerlöse den funktional gegliederten Aufwendungen sowie den sonstigen betrieblichen Erträgen und Aufwendungen gegenübergestellt (§ 275 III Nr. 1–7 HGB).

Eine exakte Trennung von Betriebsergebnis und Finanzergebnis ist ohne eine Ergänzung des Gliederungsschemas ebenfalls nicht möglich, da in den sonstigen betrieblichen Aufwendungen und Erträgen auch Buchgewinne und -verluste sowie Zuschreibungserträge von Finanzanlagen enthalten sind, so daß die zum Finanzbereich gehörenden Ergebniselemente nicht vollständig gesondert erfaßt sind. Allerdings kann durch eine freiwillige Ausgliederung der Veräußerungserfolge und der Zuschreibungserträge bei Finanzanlagen aus den sonstigen betrieblichen Aufwendungen und Erträgen das Finanzergebnis vervollständigt dargestellt werden.

4. Anhang

a) Funktion und Struktur des Anhangs

Der Anhang ist ein **Berichtsinstrument im Rahmen des Jahresabschlusses einer Kapitalgesellschaft.** Er bildet mit der Bilanz und der GuV-Rechnung eine Einheit. Die Verpflichtung zur Aufstellung des Anhangs ist in § 264 I HGB geregelt. Funktion und Struktur des Anhangs leiten sich aus der in § 264 II HGB normierten allgemeinen Informationsfunktion des Jahresabschlusses in Verbindung mit den zahlreichen obligatorischen und fakultativen Angaben ab, die in den Anhang aufgenommen werden.

Der globale Zweck des Anhangs besteht darin, im Rahmen der Informationsfunktion des Jahresabschlusses einen integrativen Beitrag zur **Vermittlung eines den tatsächlichen Verhältnissen entsprechenden Bildes der Vermögens-, Finanz- und Ertragslage unter Beachtung der GoB** zu leisten. Die speziellen Informationsaufgaben des Anhangs resultieren aus den gesetzlichen Berichtpflichten, die dem Anhang verschiedene Teilaufgaben zuweisen. Dabei kann zwischen einer Erläuterungsfunktion, Korrekturfunktion, Entlastungsfunktion und einer Ergänzungsfunktion unterschieden werden (vgl. Russ 1986, S. 18 ff., ADS 1990, § 284 Tz 12 ff., Kupsch 1990 c, Abt. IV/4 Tz 9) (vgl. Abbildung 10.39).

Funktionen des Anhangs

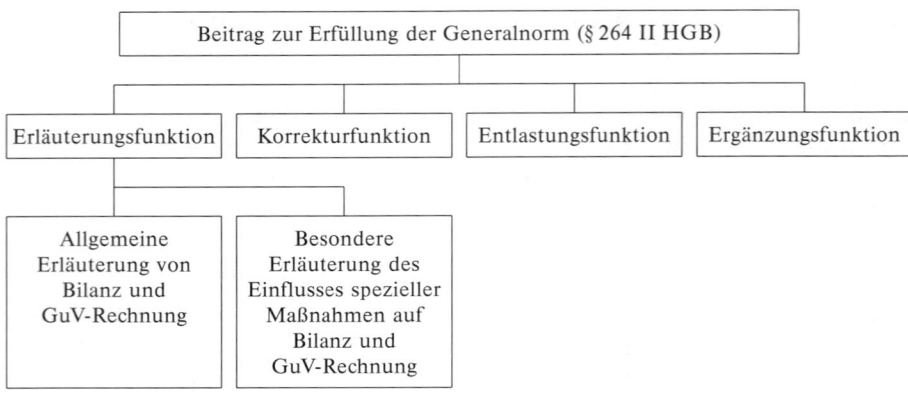

Abbildung 10.39: Informationsfunktionen des Anhangs

<table>
<tr><td>

Erläuterungs-
funktion

Allgemeine
Erläuterungs-
funktion

</td><td>

Die Erläuterungsfunktion des Anhangs erlaubt eine vertiefende Interpretation der Bilanz und GuV-Rechnung und liefert ergänzende Informationen für die Beurteilung der Vermögens-, Finanz- und Ertragslage. Die Erläuterungsfunktion erstreckt sich auf **allgemeine Anhangsangaben,** die sich hauptsächlich auf die Umsetzung der allgemeinen Gliederungsgrundsätze für die Bilanz und die GuV-Rechnung sowie auf die angewandten Bilanzierungs- und Bewertungsmethoden einschließlich der Abweichungen gegenüber dem Vorjahr beziehen. Der allgemeinen Erläuterung von Bilanz und GuV-Rechnung dienen auch Angaben über postenbezogene Aufgliederungen nach unterschiedlichen Kriterien, Erläuterungen einzelner Bilanzposten sowie Angaben über spezielle Bewertungsinformationen bei einzelnen Bilanzposten.

</td></tr>
</table>

Besondere
Erläuterungs-
funktion

Angaben im Rahmen der besonderen Erläuterungfunktion stellen die Auswirkungen spezieller Maßnahmen auf die Vermögens-, Finanz- und Ertragslage dar und tragen dadurch zu einer relativierenden Beurteilung der Unternehmenslage bei. Dies gilt insbesondere für die Angabe des Einflusses der Abweichungen von den angewandten Bilanzierungs- und Bewertungsmethoden auf die Vermögens-, Finanz- und Ertragslage (§ 284 II Nr. 3 HGB) sowie für die Berichtspflicht über das Ausmaß der Ergebnisbeeinflussung durch die Anwendung steuerrechtlicher Bewertungsvorschriften (§ 285 Nr. 5 HGB). Angaben über den Betrag der nach steuerrechtlichen Vorschriften vorgenommenen Abschreibungen (§ 281 II Satz 1 HGB) sowie über den Betrag der aus steuerrechtlichen Gründen unterlassenen Zuschreibungen verweisen auf den Umfang steuerlich bedingter stiller Reserven im Bilanzvermögen und liefern Hinweise für eine relativierende Beurteilung der Vermögenslage.

Korrektur-
funktion

In Einzelfällen ist dem Anhang eine Korrekturfunktion zugewiesen. Kann der Jahresabschluß wegen besonderer Umstände ein den tatsächlichen Verhältnissen entsprechendes Bild der Vermögens-, Finanz- und Ertragslage nicht vermitteln, dann sind nach § 264 II Satz 2 HGB zusätzliche Angaben in den Anhang aufzunehmen.

Die Einbeziehung des Anhangs in den Jahresabschluß ermöglicht eine informationsverlustfreie Verlagerung von Angaben in den Anhang. Die gesetzlich eingeräumten

1438

Wahlrechte der Übernahme von Informationen aus der Bilanz und der GuV-Rechnung in den Anhang begründen seine Entlastungsfunktion, die in zahlreichen **Ausweiswahlrechten** ihren Niederschlag gefunden hat. Allerdings wird durch die unterschiedliche Ausübung der Zuordnungswahlrechte für bestimmte Angaben die zwischenbetriebliche Vergleichbarkeit der Jahresabschlüsse erschwert.

Entlastungsfunktion

Die Ergänzungsfunktion des Anhangs bezieht sich auf die **Bereitstellung zusätzlicher Informationen über nicht bilanzierungsfähige Sachverhalte.** Die Ergänzungsangaben erstrecken sich auf finanzielle Verhältnisse (wesentliche finanzielle Verpflichtungen, die nicht in der Bilanz enthalten sind, § 285 Nr. 3 HGB), Angaben zur Personalstruktur (§ 285 Nr. 7 HGB) und über Leitungsorgane (§ 285 Nr. 9, 10 HGB) sowie auf Informationen über Unternehmensverbindungen (§ 285 Nr. 11, 14 HGB) und auf rechtsformspezifische Angaben (§§ 160 AktG, 42 III GmbHG).

Ergänzungsfunktion

Die **Grundstruktur des Anhangs** wird durch die gesetzlich vorgeschriebenen Pflichtangaben determiniert. Daneben ist für den Aufbau des Anhangs von Bedeutung, in welchem Umfang Wahlpflichtangaben in den Anhang verlagert und freiwillige Anhangsangaben als ergänzende Informationen aufgenommen werden. Zusätzlich wird der Inhalt des Anhangs durch die Größe der Kapitalgesellschaft und die Rechtsform des Unternehmens beeinflußt. Kleine und mittelgroße Kapitalgesellschaften können nach § 288 HGB bestimmte Pflichtangaben unterlassen. Die rechtsformabhängigen Angaben einer AG umfassen zusätzliche Informationen zum Eigenkapital und über Beteiligungsbeziehungen (§ 160 AktG) sowie Angaben anläßlich einer Kapitalherabsetzung (§ 240 Satz 3 AktG) und einer Sonderprüfung wegen unzulässiger Unterbewertung (§ 261 I AktG).

Nach § 286 HGB kann die Berichterstattung im Anhang beschränkt werden, soweit der Kapitalgesellschaft durch die Aufnahme bestimmter Angaben ein erheblicher Nachteil entsteht. Angaben sind zu unterlassen, wenn dies im staatlichen Interesse erforderlich ist.

b) Pflichtangaben

Die Pflichtangaben des Anhangs sind im wesentlichen in §§ 284, 285 HGB aufgeführt. Nach § 284 I HGB sind diejenigen Angaben in den Anhang aufzunehmen, die zu den einzelnen Posten der Bilanz oder der GuV-Rechnung vorgeschrieben sind und die in Ausübung eines Ausweiswahlrechts in den Anhang einbezogen werden. Die Pflichtangaben, die von dieser Regelung erfaßt werden, sind in verschiedenen Einzelvorschriften enthalten. Daneben sind in § 284 II HGB und § 285 HGB weitere Pflichtangaben geregelt (vgl. Abbildung 10.40).

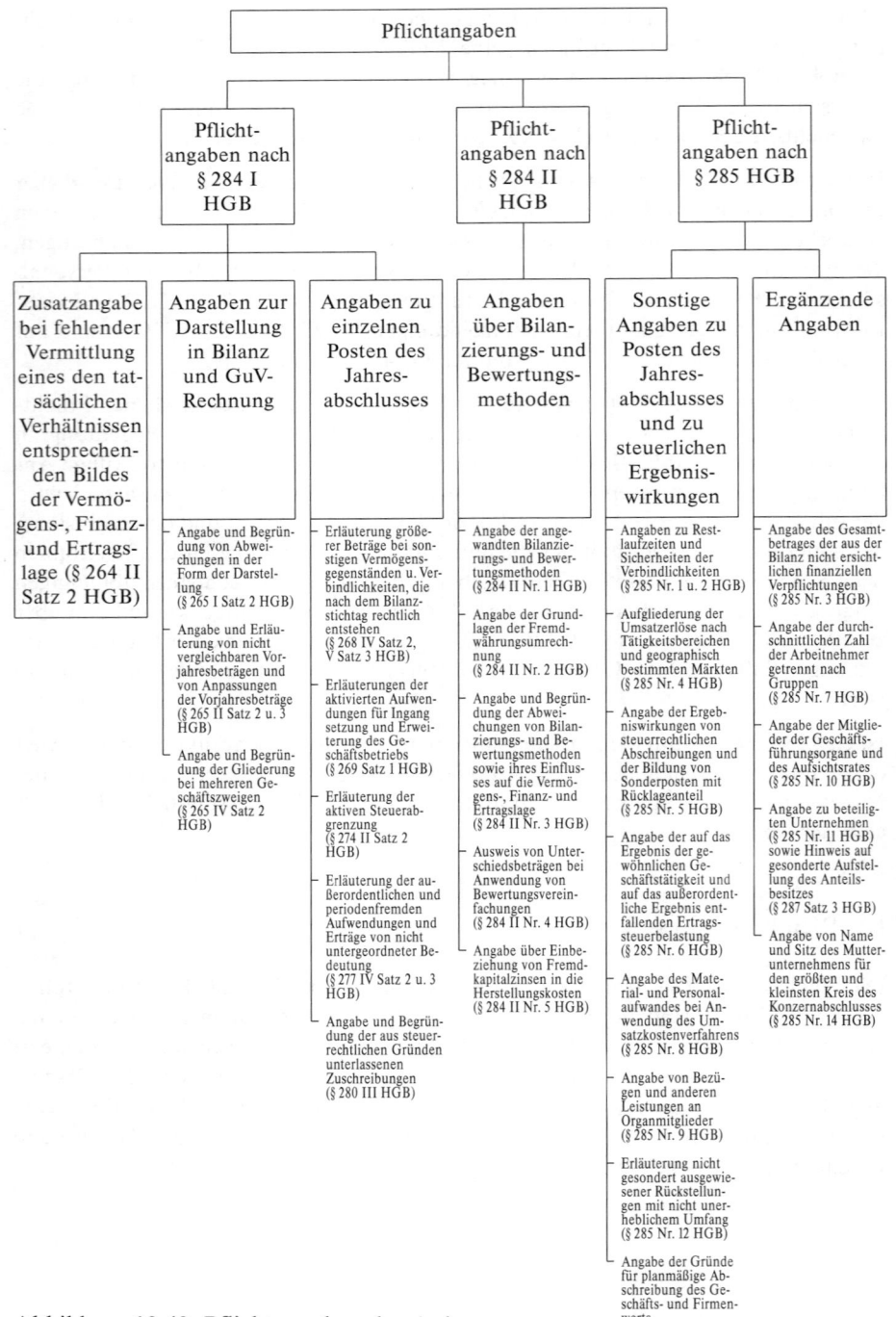

Abbildung 10.40: Pflichtangaben des Anhangs

Die in §§ 284, 285 HGB verankerten Berichtspflichten werden ergänzt durch Anhangsangaben, die in anderen Vorschriften geregelt sind. Neben der Pflichtangabe der von der Konzernrechnungslegung befreiten Unternehmen nach § 291 II Nr. 3 HGB sind weitere Angaben anläßlich des Übergangs auf das geltende Bilanzrecht sowie rechtsformspezifische Berichtspflichten gesetzlich normiert.

c) Wahlpflichtangaben

Da für einzelne Jahresabschlußposten geforderte Angaben und Aufgliederungen wahlweise in den Anhang übernommen werden können, ergibt sich aus dieser Verlagerung eine Entlastungsfunktion des Anhangs. Bei diesen Angaben handelt es sich um Wahlpflichtangaben bezüglich der Ausübung allgemeiner Ausweiswahlrechte, die sich auf mehrere Jahresabschlußposten beziehen sowie um Informationen über die Wahrnehmung spezieller Ausweiswahlrechte für einzelne Jahresabschlußposten. Neben den **rechtsformunabhängigen Wahlpflichtangaben** existieren auch **rechtsformabhängige Berichtspflichten**, die dem Anhang zugeordnet werden können (vgl. Abbildung 10.41).

Das Wahlrecht, die Berichtspflichten entweder in der Bilanz bzw. in der GuV-Rechnung zu erfüllen oder auf den Anhang zu übertragen, muß nicht einheitlich für alle Wahlpflichtangaben ausgeübt werden. **Für jede Wahlpflichtangabe besteht ein gesondertes Wahlrecht.**

d) Gestaltung des Anhangs

Die Einbeziehung des Anhangs in den Jahresabschluß der Kapitalgesellschaft hat zur Folge, **daß die allgemeinen Grundsätze für die Aufstellung des Jahresabschlusses auch für den Anhang zu beachten sind.** Die in § 243 I HGB verankerte GoB-Entsprechung des Jahresabschlusses und die Forderung nach Vermittlung eines den tatsächlichen Verhältnissen entsprechenden Bildes der Vermögens-, Finanz- und Ertragslage stellen die Rahmenbedingungen einer gewissenhaften und getreuen Rechenschaft dar. Deshalb muß der Anhang den Grundsätzen der **Richtigkeit und Willkürfreiheit**, der **Vollständigkeit** sowie der **Klarheit und Übersichtlichkeit** genügen.

Wegen der gesetzlichen Dreiteilung des Jahresabschlusses der Kapitalgesellschaft ist der Anhang als geschlossenes Berichtsinstrument aufzustellen, soweit nicht einzelne Angaben wegen ihres sachlichen Bezuges zu bestimmten Jahresabschlußpositionen als Fußnoten in den jeweiligen Rechnungen vermerkt werden. Der Anhang ist als solcher zu kennzeichnen, um ihn vom Lagebericht oder sonstigen Berichterstattungen abzugrenzen. Für die Gliederung des Anhangs besteht ein Gestaltungsspielraum, der durch den Grundsatz der Klarheit und Übersichtlichkeit begrenzt wird. Die wesentlichen Bestandteile des Anhangs, die durch eine entsprechende Gliederung abgegrenzt werden, sind ein gemeinsamer **Berichtsteil** für die Bilanz und die GuV-

Bestandteile des Anhangs

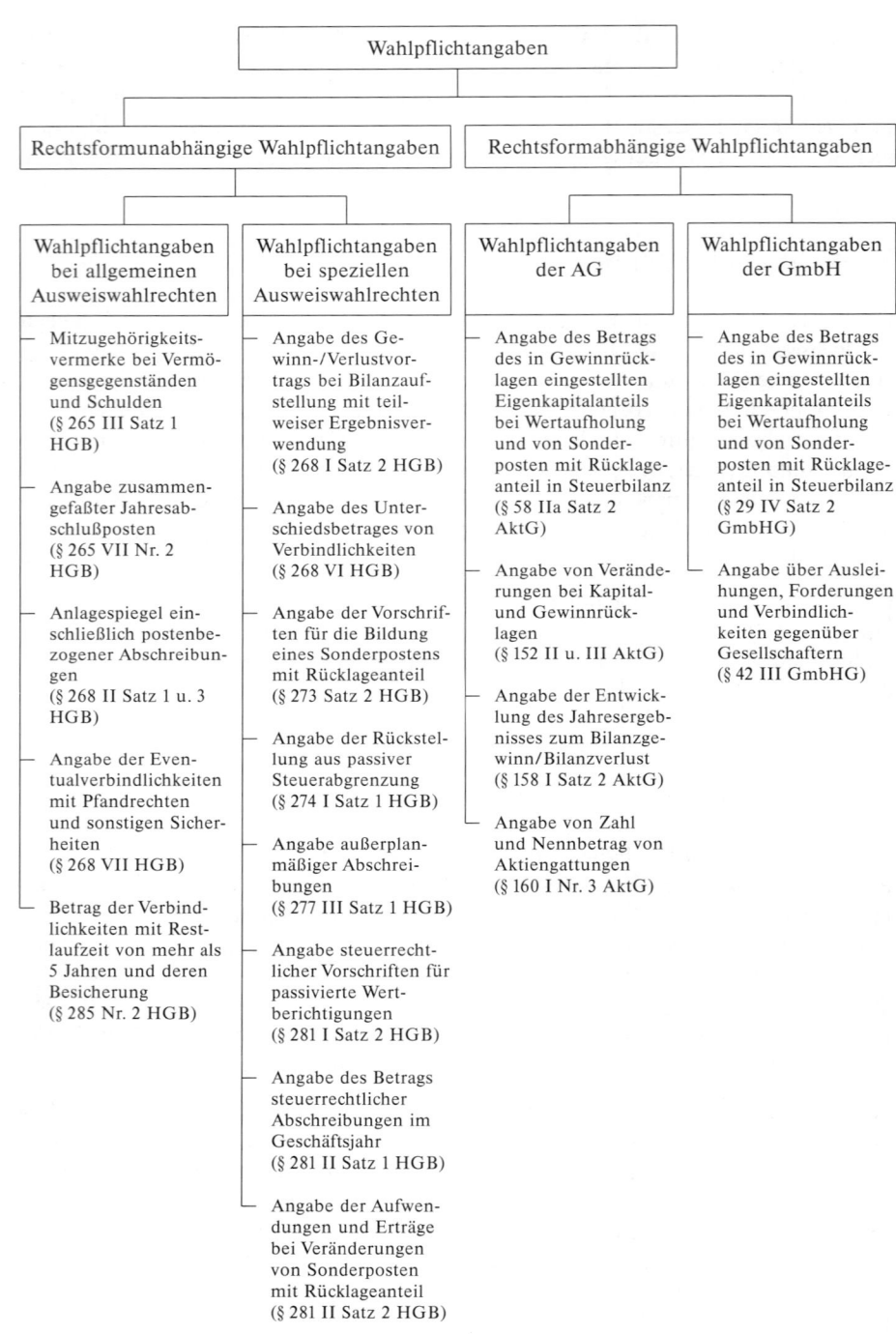

Abbildung 10.41: Wahlpflichtangaben des Anhangs

1442

Rechnung, der positionsübergreifend allgemeine Angaben zur Gliederung und Bewertung enthält, ein **Erläuterungsteil** für die Positionen der Bilanz und der GuV-Rechnung sowie ein Ergänzungsbericht, der die sonstigen Angaben zusammenfaßt.

Aus den Auswertungen veröffentlichter Jahresabschlüsse geht hervor, daß der Umfang der in den Anhang aufgenommenen freiwilligen Angaben relativ begrenzt ist. Sie erstrecken sich in erster Linie auf Angaben zur Gewinnverwendung sowie auf die Erstellung einer Kapitalflußrechnung, die teilweise durch Kennzahlen zur Finanzanlage ergänzt wird (vgl. Weber, C.-P. 1988, S. 4 f.).

5. Lagebericht

a) Funktion des Lageberichts

Kapitalgesellschaften sind nach § 264 I Satz 1 HGB zur Aufstellung eines Lageberichts verpflichtet. Der Lagebericht ist **nicht Bestandteil des Jahresabschlusses, sondern ein eigenständiges Instrument der Rechnungslegung**, das zusätzliche Informationen über die wirtschaftliche Lage der Gesellschaft liefert und insoweit den Jahresabschluß ergänzt.

Gemäß § 289 I HGB sind im Lagebericht **zumindest der Geschäftsverlauf** und die **Lage der Gesellschaft** so darzustellen, daß ein den tatsächlichen Verhältnissen entsprechendes Bild vermittelt wird. Zusätzlich soll der Lagebericht nach § 289 II HGB auf **Vorgänge von besonderer Bedeutung, die nach dem Schluß des Geschäftsjahres eingetreten sind**, auf die **voraussichtliche Entwicklung der Kapitalgesellschaft** und auf den Bereich der **Forschung und Entwicklung der Kapitalgesellschaft** eingehen.

Aus der gesetzlichen Kennzeichnung des Inhalts geht hervor, daß **der Lagebericht die im Jahresabschluß enthaltenen Informationen über die Vermögens-, Finanz- und Ertragslage des Unternehmens in sachlicher und zeitlicher Hinsicht erweitert**. Die sachliche Ergänzung besteht darin, daß durch die Erläuterung des Geschäftsverlaufs und der Lage der Gesellschaft eine Gesamtbeurteilung der wirtschaftlichen Situation des Unternehmens ermöglicht werden soll (vgl. Matschke 1990, § 289 Tz 10, ADS 1990, § 289 Tz 19). Die Darstellung von Geschäftsverlauf und Lage der Gesellschaft beinhaltet in erster Linie die Vermittlung qualitativer Informationen, in die auch subjektive Einschätzungen der Unternehmensleitung einfließen. Die Informationen beziehen sich nicht auf die einzelnen Posten des Jahresabschlusses, sondern sollen Aufschluß über die wirtschaftliche Gesamtentwicklung der Gesellschaft und ihrer marktlichen Beziehungen geben.

Sachliche Ergänzung

Die zeitliche Ergänzung der Jahresabschlußinformationen durch den Lagebericht betrifft die Berichterstattung über wesentliche Ereignisse nach dem Bilanzstichtag sowie über die voraussichtliche Entwicklung der Kapitalgesellschaft. Während der Jahresabschluß grundsätzlich Rechenschaft über die abgelaufene Periode gibt, ist der

Zeitliche Ergänzung

Lagebericht teilweise zukunftsbezogen, da die angestrebte Gesamtbeurteilung der tatsächlichen wirtschaftlichen Verhältnisse ohne Einbeziehung zukünftiger Entwicklungstendenzen unvollständig bleiben muß.

Die sachliche Erweiterung durch die Vermittlung zusätzlicher vergangenheitsbezogener Informationen weist dem Lagebericht eine **ergänzende Rechenschaftsfunktion** zu. Daneben soll der Lagebericht eine zukunftsorientierte Erläuterungs- und Korrekturfunktion erfüllen.

b) Inhalt und Gestaltung des Lageberichts

Die **allgemeinen Berichtspflichten** des Lageberichts umfassen die Darstellung von Geschäftsverlauf und Lage der Gesellschaft, so daß ein den tatsächlichen Verhältnissen entsprechendes Bild vermittelt wird. Angaben über den Geschäftsverlauf und zur Lage der Gesellschaft überschneiden sich weitgehend, zumal die einzelnen Gegenstände der Berichterstattung nicht gesetzlich konkretisiert sind.

Darstellung des Geschäfts- verlaufs

Die Darstellung des Geschäftsverlaufs soll einen Überblick über die Unternehmenstätigkeit des abgelaufenen Geschäftsjahres geben. Zu berichten ist über die allgemeinen wirtschaftlichen Rahmenbedingungen der Geschäftsaktivitäten, über die Ergebnisentwicklung einschließlich der Veränderungen der Erlös- und Aufwandstruktur sowie über Entwicklungen und wesentliche Veränderungen in den einzelnen betrieblichen Funktionsbereichen (z. B. Umsatzstruktur und Auftragsentwicklung, wesentliche Investitionen und Veränderungen der Finanzausstattung, Auslastung der Produktion, Entwicklung der Beschaffungsaktivitäten). Berichtspflichtig sind auch Vorgänge von besonderer Bedeutung, die den Geschäftsverlauf wesentlich beeinflußt haben (z. B. Abschluß von Unternehmensverträgen, wesentliche Organisationsmaßnahmen, sonstige rechtliche Vorgänge von wesentlicher Bedeutung).

Darstellung der Lage

Die Darstellung der Lage der Gesellschaft ist eng verbunden mit der Berichterstattung über den Geschäftsverlauf, so daß in der Regel beide Berichtsobjekte gemeinsam erläutert werden. Da der Lagebegriff gesetzlich nicht definiert wird, ist die Berichterstattung über die Lage der Gesellschaft inhaltlich nicht eindeutig bestimmt.

Eine eigenständige Bedeutung kommt der Lagedarstellung in zeitlicher Hinsicht zu. Die Lage der Gesellschaft ist nicht nur zeitpunktbezogen darzustellen. Während die Erläuterung des Geschäftsverlaufs die historische Entwicklung des Geschäftsjahres zum Gegenstand hat, sind bei der Darstellung der Unternehmenslage auch die Auswirkungen der dargestellten Ereignisse und Entwicklungen auf die zukünftigen wirtschaftlichen Aktivitäten einzubeziehen.

Die Darstellung von Geschäftsverlauf und Lage der Gesellschaft stellt den Mindestinhalt der allgemeinen Berichtspflichten im Lagebericht dar. Zusätzlich können freiwillige Angaben in den Lagebericht aufgenommen werden. Da für die Abgrenzung der Berichtsobjekte Geschäftsverlauf und Lage der Gesellschaft ein erheblicher

Ermessensspielraum besteht, kommt der Möglichkeit einer erweiterten Berichterstattung keine besondere materielle Bedeutung zu (vgl. Matschke 1990, § 289 Tz 42).

Die speziellen Berichtspflichten erstrecken sich auf drei Einzelangaben, auf die im Lagebericht eingegangen werden soll.

Spezielle Berichts-pflichten

Die **Angabepflicht über Vorgänge von besonderer Bedeutung, die nach dem Schluß des Geschäftsjahres eingetreten sind**, liefert Informationen über solche Ereignisse, die geeignet sind, die Beurteilung der Lage der Gesellschaft, wie sie durch den Jahresabschluß und die allgemeinen Berichtspflichten des Lageberichts vermittelt wird, wesentlich zu beeinflussen (vgl. ADS 1990, § 289 Tz 111). Dabei handelt es sich um Vorgänge, die für die Bewertung der Zukunftsaussichten und der Wettbewerbsfähigkeit der Gesellschaft wesentlich sind.

Vorgänge von besonderer Bedeutung

Die Darstellung der voraussichtlichen Entwicklung der Gesellschaft umfaßt Prognosen der Geschäftsleitung über die zukünftigen Vermögens-, Finanz- und Ertragsverhältnisse. Dabei sind die der Prognose zugrunde gelegten Annahmen über die relevanten Einflußgrößen offenzulegen. Die Erläuterungen zur zukünftigen Entwicklung sind in erster Linie verbale Angaben. Eine Veröffentlichung von Prognoserechnungen und Unternehmensplänen wird nicht verlangt. Für die zukunftsbezogenen Angaben kann die Länge des Prognosezeitraums nicht generell bestimmt werden. Im allgemeinen soll sich der Entwicklungsbericht auf etwa zwei Geschäftsjahre beziehen (vgl. Krawitz 1990, § 289 Tz 80).

Voraussicht-liche Entwicklung der Gesellschaft

Die Angaben über den Forschungs- und Entwicklungsbereich ergänzen die Beurteilungsgrundlagen über die wirtschaftliche Lage der Unternehmung. Der Forschungs- und Entwicklungsbereich ist funktional abzugrenzen, wobei nur solche Forschungs- und Entwicklungsaktivitäten in die Berichterstattung einzubeziehen sind, die sich auf das aktuelle und potentielle Produktionsprogramm erstrecken. Welche Sachverhalte berichtspflichtig sind, ist nicht geregelt. Die Erläuterungen können neben verbalen Beschreibungen der Forschungs- und Entwicklungstätigkeiten Mengen- und Wertangaben über den Faktoreinsatz und/oder über die Ergebnisse der Forschung und Entwicklung enthalten. Im Hinblick auf die Geheimhaltungsinteressen der Unternehmung sind nur globale Angaben über die Ziele, vorhandene Einrichtungen, Mitarbeiter und Investitionen sowie über den Forschungsaufwand insgesamt erforderlich.

Forschungs- und Entwick-lungsbereich

Eine Ergänzung des Lageberichts durch freiwillige Angaben ist zulässig. Der Umfang der freiwilligen Angaben wird durch den Grundsatz der Klarheit und Übersichtlichkeit begrenzt. Die freiwilligen Angaben dürfen nicht zu einer Informationsüberlastung führen, so daß die Informationsfunktion des Lageberichts bezüglich der Pflichtangaben beeinträchtigt wird.

Ergänzung des Lage-berichts durch freiwillige Angaben

Eine **inhaltliche Einschränkung des Lageberichts** kann durch die Schutzinteressen der Gesellschaft geboten sein. Obwohl für den Lagebericht im Gegensatz zum Anhang keine Schutzklausel besteht, kann sie auf die Aufstellung des Lageberichts übertragen werden. Außerdem ist die Regelung der Nachteilsvermeidung durch Unterlassung von Angaben gemäß § 286 II HGB ebenfalls auf den Lagebericht anwendbar.

Wegen der fehlenden eindeutigen Abgrenzung der Berichtsobjekte und der Möglichkeit freiwilliger Angaben können sich Überschneidungen des Lageberichts mit der Berichterstattung im Anhang ergeben. Soweit Angaben auf die allgemeine Entwicklung der Gesellschaft eingehen, sind sie dem Lagebericht zuzuordnen. Freiwillige Informationen, die speziell der Erläuterung der Vermögens-, Finanz- und Ertragslage dienen, sind in den Anhang aufzunehmen.

Form des
Lageberichts
Die Form des Lageberichts ist gesetzlich nicht festgelegt. Die Berichterstattung über Geschäftsverlauf und Lage der Gesellschaft hat in der Weise zu erfolgen, daß ein den tatsächlichen Verhältnissen entsprechendes Bild vermittelt wird. Diese Anforderung ist erfüllt, wenn die Grundsätze einer gewissenhaften und getreuen Rechenschaftslegung beachtet werden. Dies setzt voraus, daß die Angaben den Grundsätzen der Richtigkeit, Vollständigkeit sowie der Klarheit und Übersichtlichkeit entsprechen.

Auch für den Lagebericht gelten die in § 265 HGB angeführten Gliederungsgrundsätze. Dabei ist insbesondere der Grundsatz der **Darstellungsstetigkeit** einzuhalten, weil andernfalls die Vergleichbarkeit mit der Darstellung des Vorjahres nicht gewahrt ist, so daß die Informationsfunktion des Lageberichts beeinträchtigt wird. Deshalb sind die Abgrenzung der Berichtsobjekte sowie die Bezeichnung und Gliederung der Angaben im Zeitablauf beizubehalten, soweit nicht wegen besonderer Umstände Abweichungen erforderlich sind.

IV. Prüfung und Offenlegung des Jahresabschlusses

1. Prüfung des Jahresabschlusses

Die Rechenschaftsfunktion des Jahresabschlusses setzt voraus, daß die durch ihn vermittelten Informationen den gesetzlichen Vorschriften entsprechen. Die Richtigkeit der Jahresabschlußinformationen kann von den Gesellschaftern einer Personengesellschaft durch Ausübung der ihnen zustehenden Kontrollrechte (§§ 118, 166 HGB) geprüft werden. Gesellschafter der GmbH haben neben einem Auskunftsrecht gegenüber der Geschäftsführung ein Einsichtsrecht in die Bücher und Schriften der Gesellschaft (§ 51 a GmbHG). Den Anteilseignern einer AG steht lediglich ein Auskunftsrecht zu. Die Eigenprüfung des Jahresabschlusses durch die Gesellschafter verursacht erhebliche Kontrollkosten. Sie ist bei einem großen Gesellschafterkreis umständlich und mit technischen Problemen verbunden, wenn jeder Gesellschafter sein Kontrollrecht zu verschiedenen Zeitpunkten und mit unterschiedlicher Intensität ausübt. Für die Aktionäre einer AG ist die Möglichkeit einer Eigenprüfung grundsätzlich ausgeschlossen. Potentiellen Eigentümern und den Gläubigern als weiteren Adressaten des Jahresabschlusses steht die Möglichkeit einer Eigenprüfung wegen der Schutzinteressen der Unternehmung ohnehin nicht zur Verfügung.

1446

Zur Bestätigung der Glaubwürdigkeit von Jahresabschlußinformationen ist für bestimmte Unternehmen eine Abschlußprüfung durch eine externe Prüfinstanz gesetzlich vorgeschrieben. Der Prüfungspflicht unterliegen die **Jahresabschlüsse großer und mittelgroßer Kapitalgesellschaften** (§ 316 HGB), publizitätspflichtiger Einzelunternehmen und Personengesellschaften (§ 6 PublG) sowie der Genossenschaften (§ 53 GenG). Abschlußprüfer sind Wirtschaftsprüfer und Wirtschaftsprüfungsgesellschaften. Mittelgroße Kapitalgesellschaften in der Rechtsform der GmbH können ihren Jahresabschluß durch vereidigte Buchprüfer und Buchprüfungsgesellschaften prüfen lassen. Die Jahresabschlußprüfung erstreckt sich nach § 317 HGB auf die Buchführung, den Jahresabschluß und den Lagebericht. Sie ist, abgesehen von der Pflichtprüfung der Genossenschaften, keine Prüfung der wirtschaftlichen Verhältnisse des Unternehmens, sondern eine **formelle Prüfung der Gesetzeseinhaltung und Ordnungsmäßigkeit**, die auf die Einhaltung der gesetzlichen Vorschriften und der ergänzenden Bestimmungen des Gesellschaftsvertrags oder der Satzung gerichtet ist.

Prüfungspflicht

Das Prüfungsergebnis wird im Prüfungsbericht und im Bestätigungsvermerk zum Jahresabschluß dokumentiert. Der Adressatenkreis des **Prüfungsberichts** ist auf die gesetzlichen Vertreter des Unternehmens (Vorstand bzw. Geschäftsführer, Aufsichtsrat) beschränkt. Der Prüfungsbericht enthält neben den Feststellungen zur Gesetz- und Ordnungsmäßigkeit der Prüfobjekte eine Aufgliederung und Erläuterung der Jahresabschlußposten sowie gegebenenfalls Aussagen über nachteilige Veränderungen der Vermögens-, Finanz- und Ertragslage gegenüber dem Vorjahr sowie über Verluste, die das Jahresergebnis nicht unwesentlich beeinflußt haben. Zu berichten ist auch über bestandsgefährdende oder wesentliche, die Entwicklung des Unternehmens beeinträchtigende Tatsachen und über schwerwiegende Verstöße der gesetzlichen Vertreter gegen Gesetz, Gesellschaftsvertrag oder Satzung.

Prüfungsbericht

Der Bestätigungsvermerk zum Jahresabschluß informiert die Öffentlichkeit über die Gesetz- und Ordnungsmäßigkeit von Buchführung, Jahresabschluß und Lagebericht. Er stellt eine formelhafte Verdichtung des Prüfungsergebnisses dar, das im Prüfungsbericht erläutert ist. **Der Bestätigungsvermerk repräsentiert das zusammengefaßte Gesamturteil des Abschlußprüfers über die durchgeführte Abschlußprüfung.** Sind gegen den Jahresabschluß keine Einwendungen zu erheben, ist der Bestätigungsvermerk uneingeschränkt mit dem in § 322 I HGB normierten Wortlaut zu erteilen. Bei wesentlichen Beanstandungen erfolgt eine Einschränkung oder Versagung des Bestätigungsvermerks.

Bestätigungsvermerk

Ein prüfungspflichtiger Jahresabschluß, der nicht geprüft wird, kann nicht festgestellt werden. **Ein ohne vorhergehende Prüfung festgestellter Jahresabschluß ist nichtig.**

2. Offenlegung des Jahresabschlusses

Durch eine verpflichtende Veröffentlichung des Jahresabschlusses wird der Adressatenkreis von Jahresabschlußinformationen über die Geschäftsführung und die Gesellschafter hinaus erweitert. Neben den Anteilseignern werden potentielle Eigentümer, aktuelle und zukünftige Gläubiger, Konkurrenten und die allgemeine Öffentlichkeit über die wirtschaftliche Situation der Unternehmung unterrichtet. Bei börsennotierten Aktiengesellschaften ist eine diesbezügliche Informationsversorgung potentieller Anteilseigner für einen funktionsfähigen Kapitalmarkt notwendig. Für andere Unternehmen besteht kein unmittelbarer Anlaß, mögliche Interessenten durch eine Veröffentlichung des Jahresabschlusses über die Entwicklung des Unternehmens zu informieren.

Die Publizität von Jahresabschlußinformationen dient dem Gläubigerschutz. Zwar können Banken als Großgläubiger ihre Informationsbedürfnisse wegen ihrer Machtposition auch ohne Jahresabschlußpublizität beim Schuldnerunternehmen durchsetzen, jedoch steht dieser Weg gegenwärtigen und zukünftigen Lieferanten sowie den sonstigen Gläubigern nicht zur Verfügung. Allerdings kann die Information der Öffentlichkeit auch nicht unerhebliche Nachteile für das Unternehmen und die Gesellschafter mit sich bringen, wenn Lieferanten und Kunden über die wirtschaftliche Entwicklung ihres Vertragspartners informiert werden. Ebenso können Konkurrenten durch Jahresabschlußinformationen veranlaßt werden, in Tätigkeitsfelder und Marktbereiche des Unternehmens einzudringen oder den Wettbewerb auf sonstige Weise (z. B. Preiskampf) zu verschärfen.

Der Vorrang des Gläubigerschutzes vor den Gesellschaftsinteressen bezüglich der Veröffentlichung des Jahresabschlusses kann bei Kapitalgesellschaften damit begründet werden, daß die Haftung dieser Unternehmen auf das Gesellschaftsvermögen beschränkt ist, während bei Personengesellschaften und Einzelunternehmen auch das Privatvermögen der Gesellschafter dem Gläubigerzugriff unterliegt. Allerdings kann im Hinblick auf rechtsformbezogene Gestaltungen (z. B. GmbH & Co. KG) oder wegen tatsächlicher Gegebenheiten (Komplementär mit geringem Privatvermögen) nicht generell unterstellt werden, daß Nichtkapitalgesellschaften wegen der Einbeziehung von Privatvermögen in die Haftung grundsätzlich mit größerer Haftungssubstanz ausgestattet sind.

Umfang veröffentlichungspflichtiger Informationen

Zur Offenlegung des Jahresabschlusses sind Kapitalgesellschaften sowie Einzelunternehmen und Personengesellschaften, die dem Publizitätsgesetz unterliegen, und Genossenschaften verpflichtet. **Der Umfang der veröffentlichungspflichtigen Informationen ist rechtsform- und größenabhängig ausgestaltet.**

Für kleine und mittelgroße Kapitalgesellschaften ist die Offenlegung des Jahresabschlusses in der Form der Registerpublizität geregelt. Große Kapitalgesellschaften und nach dem Publizitätsgesetz offenlegungspflichtige Unternehmen fallen unter die Bundesanzeigerpublizität. Gleiches gilt für Genossenschaften. Bei der **Registerpublizität** werden der Jahresabschluß und weitere Unterlagen zum Handelsregister des Sitzes der Kapitalgesellschaft eingereicht. Die Einreichung der Unterlagen ist unter Angabe des Handelsregisters und der Nummer, unter der die Unterlagen offengelegt sind, im Bundesanzeiger bekanntzumachen. Bei der **Bundesanzeigerpublizität** werden die Unterlagen zunächst im Bundesanzeiger veröffentlicht. Die Bekanntmachung ist unter Beifügung der Unterlagen zum Handelsregister einzureichen.

1448

Die Offenlegung erstreckt sich bei großen Kapitalgesellschaften auf den Jahresabschluß und den Lagebericht einschließlich des Bestätigungsvermerks, wobei die Aufstellung des Anteilsbesitzes als Bestandteil des Anhangs (§ 285 Nr. 11 HGB) nur zum Handelsregister eingereicht werden muß. Ferner sind Ergebnisverwendungsvorschlag und -beschluß sowie der Bericht des Aufsichtsrats zu veröffentlichen.

Kleine und mittelgroße Kapitalgesellschaften müssen einen größenabhängig verkürzten Jahresabschluß zum Handelsregister einreichen. Bei kleinen Kapitalgesellschaften bestehen zusätzliche Erleichterungen. Sie können auf die Veröffentlichung der GuV-Rechnung einschließlich der sich darauf beziehenden Anhangsangaben und auf die Offenlegung des Anhangs verzichten.

Die **Frist zur Offenlegung** beträgt bei kleinen Kapitalgesellschaften 12 Monate und bei den übrigen Unternehmen 9 Monate. Genossenschaften müssen die offenlegungspflichtigen Unterlagen unverzüglich nach der Generalversammlung zum Genossenschaftsregister einreichen. *Fristen*

Die Verpflichtung zur Offenlegung des Jahresabschlusses kann gegenüber den publizitätspflichtigen Unternehmen nur unter bestimmten Voraussetzungen durchgesetzt werden. Nach § 335 HGB wird auf Antrag eines Gesellschafters, eines Gläubigers oder des Betriebsrates vom Registergericht gegen die Mitglieder des vertretungsberechtigten Organs ein **Zwangsgeld** festgesetzt, wenn die Pflicht zur Veröffentlichung nicht befolgt wird. Weitere Folgen zieht die fehlende Veröffentlichung des Jahresabschlusses nicht nach sich. Während große Kapitalgesellschaften in der Regel ihrer Verpflichtung zur Offenlegung des Jahresabschlusses wegen der zu erwartenden negativen Öffentlichkeitswirkungen bei unterlassener Publizität nachkommen, erfüllt die Mehrzahl der übrigen Kapitalgesellschaften ihre Offenlegungsverpflichtungen nicht. *Sanktionsmöglichkeiten*

V. Jahresabschluß als Gegenstand der Unternehmenspolitik

1. Ziele der Jahresabschlußpolitik

Gesetzlich eingeräumte Wahlrechte bei der Abbildung von Geschäftsvorfällen in der Buchhaltung und bei ihrer Verdichtung im Jahresabschluß sowie die Möglichkeiten einer zeitlichen Verlagerung von Geschäftsvorfällen und ihre Gestaltung hinsichtlich erfolgs-, finanz- und vermögensbezogener Wirkungen eröffnen **Handlungsalternativen zur Beeinflussung von Jahresabschlüssen**. Die zielgerichtete Gestaltung von Jahresabschlüssen stellt einen Teilbereich der Unternehmenspolitik dar, der als Jahresabschlußpolitik (**Bilanzpolitik**) bezeichnet wird.

Die durch Bilanzpolitik angestrebte unternehmenszielkonforme Gestaltung des Jahresabschlusses umfaßt einerseits **die Informationspolitik** zur Beeinflussung des Verhaltens von Jahresabschlußadressaten und andererseits **die Rechtsfolgengestaltung** hinsichtlich der Ausschüttungsregelung und der Steuerbelastung (vgl. Abbildung 10.42).

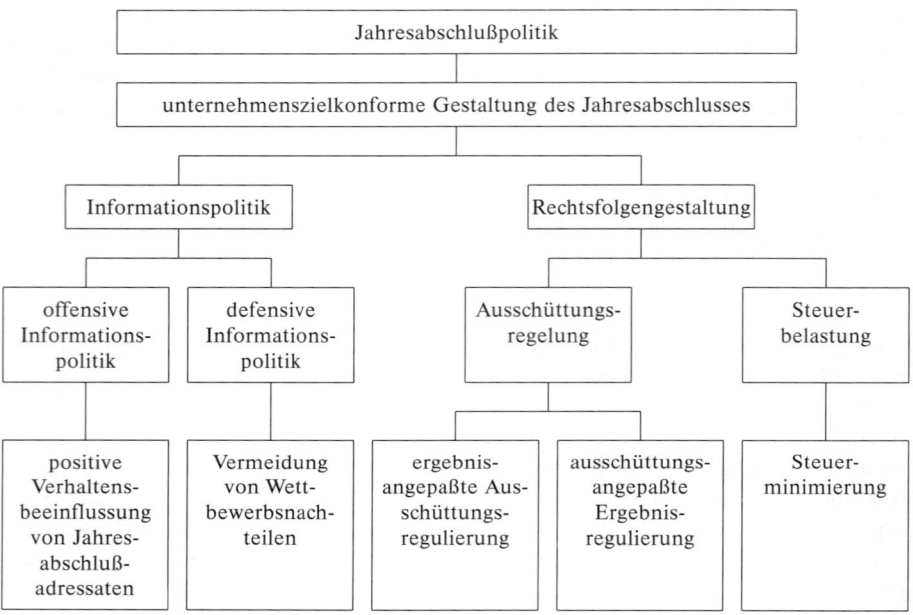

Abbildung 10.42: Zielelemente der Jahresabschlußpolitik

Offensive Informationspolitik

Im Rahmen der Informationspolitik sind offensive und defensive Strategien zu unterscheiden. Offensive Informationspolitik bezweckt die aktive Beeinflussung von Jahresabschlußadressaten in Richtung auf ein von der Unternehmensleitung erwünschtes Verhalten. Durch den Ausweis eines den Erwartungen externer Adressaten entsprechenden positiven Jahresergebnisses und durch die Vermittlung von Vermögens- und Kapitalstrukturinformationen, die bei externen Adressaten zu einer positiven Beurteilung des Unternehmens und der Tätigkeit der Geschäftsführung führen können, sollen Beteiligungs- und Kreditvergabeentscheidungen sowie die Beziehungen zu Lieferanten und Kunden positiv beeinflußt werden. Zur offensiven Informationspolitik gehört auch eine freiwillige Berichterstattung im Anhang oder im Lagebericht.

Defensive Informationspolitik

Defensive Informationspolitik ist dadurch gekennzeichnet, mögliche Wettbewerbsnachteile zu vermeiden, die durch eine Veröffentlichung des Jahresabschlusses entstehen können. Das Ziel defensiver Informationspolitik besteht darin, den Umfang der publizitätspflichtigen Informationen zu minimieren und mögliche, als negativ eingestufte Reaktionen der Marktteilnehmer (Konkurrenten, Lieferanten, Kunden)

1450

zu vermeiden. Abgesehen von der Nichterfüllung der Offenlegungspflicht kann der Publizitätsumfang wegen seiner Abhängigkeit von der Unternehmensgröße durch Maßnahmen zur Verminderung der Größenmerkmale (Bilanzsumme, Umsatzerlöse und Arbeitnehmerzahl) reduziert werden. Weitere Begrenzungen des Umfangs der veröffentlichten Jahresabschlußinformationen resultieren aus der restriktiven Ermessensausübung bei Anhangsangaben. Ferner können Anhangsangaben unter Berufung auf die Härteklauseln in § 286 HGB unterlassen werden.

Die Aufstellung des Jahresabschlusses löst Rechtsfolgen hinsichtlich Gewinnausschüttungen und Steuerzahlungen aus. Diese Rechtsfolgen werden ebenfalls durch die Bilanzpolitik beeinflußt. Die Ausschüttungsansprüche der Gesellschafter sind grundsätzlich ergebnisabhängig geregelt. Soweit der ausgewiesene Gewinn die Höhe der Ausschüttungen bestimmt, kann die Unternehmensleitung durch Regulierung des Ergebnisausweises den Abfluß finanzieller Mittel steuern. Bei einer gleichbleibenden Ausschüttungsquote löst eine Steigerung des Unternehmensergebnisses höhere Dividendenzahlungen aus, während eine Minderung des Jahresüberschusses eine Verringerung der Ausschüttungen zur Folge hat. *Rechtsfolgengestaltung*

Die Unternehmensleitung kann aber auch bestrebt sein, durch eine ausschüttungsangepaßte Ergebnisregulierung den Ausschüttungserwartungen der Anteilseigner Rechnung zu tragen. Die bei Publikumsaktiengesellschaften häufig zu beobachtende Dividendenstabilität weist darauf hin, daß die Beibehaltung der Ausschüttungshöhe als Mindesterwartung der Anteilseigner von der Unternehmensleitung akzeptiert und durch einen entsprechenden Ergebnisausweis erfüllt wird. *Ausschüttungsangepaßte Ergebnisregulierung*

Da Handelsbilanz und Steuerbilanz durch das Maßgeblichkeitsprinzip verknüpft sind (§ 5 I EStG), wirken sich bilanzpolitische Maßnahmen auf die ergebnisabhängige Steuerbelastung aus. **Steuerliche Bilanzierungs- und Bewertungswahlrechte sind bei der Gewinnermittlung in Übereinstimmung mit der handelsrechtlichen Jahresbilanz auszuüben.** Die Steuerrechtsprechung hat die Abgrenzung des für steuerliche Zwecke anzusetzenden Betriebsvermögens in der Weise präzisiert, daß handelsrechtliche Aktivierungswahlrechte, die sich nicht auf den Ansatz von Bilanzierungshilfen beziehen, in der Steuerbilanz als Ansatzgebote und Passivierungswahlrechte als Bilanzierungsverbote zu behandeln sind. Deshalb sind in der Steuerbilanz der Unterschiedsbetrag bei Verbindlichkeiten sowie der Geschäftswert (§§ 250 III, 255 IV HGB) bilanzierungspflichtig, während die in der Handelsbilanz passivierungsfähigen Aufwandsrückstellungen (§ 249 I Satz 3, II HGB) nicht angesetzt werden dürfen. Obwohl wegen des **steuerlichen Bewertungsvorbehalts** nach § 5 VI EStG in der Steuerbilanz teilweise spezielle Bewertungsvorschriften anzuwenden sind, bestehen bei den Bewertungswahlrechten erhebliche Überschneidungen, so daß die Bewertung in der Handelsbilanz weitgehend auch die Höhe des Steuerbilanzergebnisses determiniert. *Maßgeblichkeitsprinzip*

Abgesehen von den steuerlich erzwungenen Ergebnisabweichungen und den ergänzenden Regelungen über die Nichtabzugsfähigkeit bestimmter im handelsrechtlichen Jahresabschluß verrechneter Aufwendungen (nicht abziehbare Betriebsausgaben nach § 4 V EStG, nicht abziehbare Aufwendungen nach § 10 KStG), richtet sich die Höhe der Steuerbelastung nach dem ausgewiesenen Jahreserfolg. Durch Ergebnisregulierung im Rahmen der Bilanzpolitik kann folglich die Höhe der Steuerzahlungen gestaltet werden.

Bei Kapitalgesellschaften führt der Ausweis möglichst geringer Jahresergebnisse bei einer feststehenden Ausschüttungsquote zu einer Minimierung der periodischen Ertragsteuerbelastung. Unter dem Aspekt der Reduzierung der Steuerbelastung kann für Einzelunternehmen und Personengesellschaften ein Ergebnisausweis innerhalb eines Mehrperiodenzeitraums angestrebt werden, der den Barwert der Steuerzahlungen einschließlich der Einkommensteuerbelastung der Gesellschafter minimiert.

Zwischen den bilanzpolitischen Zielelementen der Informationspolitik und der Rechtsfolgengestaltung bestehen teilweise konkurrierende Beziehungen. Die Verhaltensbeeinflussung der Jahresabschlußadressaten durch den Ausweis eines als positiv eingeschätzten (hohen) Jahresergebnisses widerspricht einer ergebnisangepaßten Ausschüttungsregulierung. Diese ist bestrebt, durch den Ausweis eines niedrigeren Jahresüberschusses die Dividendenzahlungen und die Steuerbelastung zu reduzieren. Ebenso kann eine ausschüttungsangepaßte Ergebnisregulierung zwar den Erwartungen der Anteilseigner entsprechen und insoweit eine positive Verhaltensbeeinflussung externer Jahresabschlußadressaten bewirken, jedoch wird dadurch die Minimierung der Steuerbelastung verfehlt. Folglich bilden die von der Geschäftsleitung im konkreten Einzelfall verfolgten bilanzpolitischen Zielvorstellungen einen Kompromiß zwischen den divergierenden Eigeninteressen der Unternehmensleitung und den Interessenlagen der unterschiedlichen Gruppen externer Jahresabschlußadressaten.

2. Aktionsparameter der Jahresabschlußpolitik

a) Systematisierung der Aktionsparameter

Bilanzpolitische Aktionsparameter können nach Art, Ergebniswirkung und Zeitpunkt ihrer Anwendung systematisiert werden (vgl. Abbildung 10.43).

Nach dem Zeitpunkt der Durchführung bilanzpolitischer Maßnahmen ergibt sich die Unterscheidung von Aktionsparametern für die Bilanz und Aktionsparametern in der Bilanz. Bilanzpolitische Aktivitäten für die Bilanz bezwecken eine Beeinflussung des Ergebnisausweises im Jahresabschluß durch Sachverhaltsgestaltung. Diese besteht in der zeitlichen Vor- oder Nachverlagerung von Geschäftsvorfällen, um durch eine zeitliche Gestaltung der damit verbundenen Aufwendungen und Erträge eine Veränderung des Jahreserfolges herbeizuführen. Zusätzlich können durch bilanzpolitische Maßnahmen spezielle Geschäftsvorfälle ausgelöst werden, um insbesondere durch **Auflösung stiller Reserven** eine Verbesserung der Ertragslage zu erreichen. Weitere bilanzpolitisch begründete Sachverhaltsgestaltungen sind die **Wahl des Bilanzstichtags und die Verlängerung oder Verkürzung des Zeitraums für die Aufstellung des Jahresabschlusses.**

1452

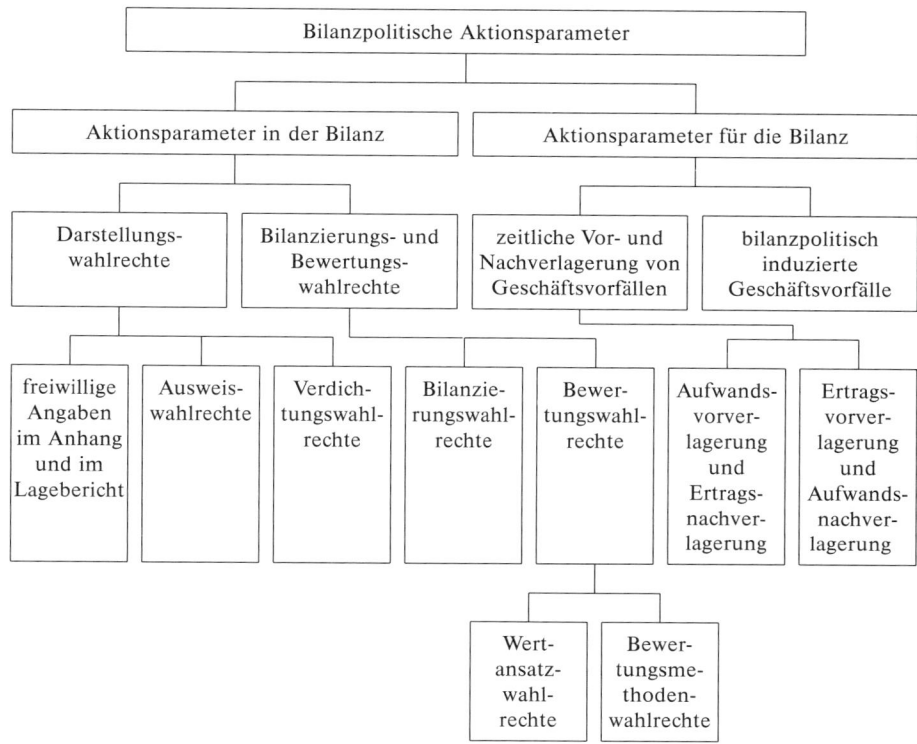

Abbildung 10.43: Systematisierung bilanzpolitischer Aktionsparameter

*Aktionspara-
meter in der
Bilanz
Darstellungs-
wahlrechte*

Die Aktionsparameter in der Bilanz beziehen sich auf die **Informationsdarbietung** und die **Gestaltung der Vermögens-, Finanz- und Ertragslage im Jahresabschluß**. Die Ausübung von Darstellungswahlrechten ist auf die Art der Präsentation von Jahresabschlußinformationen gegenüber externen Adressaten gerichtet. Sie wirkt sich nicht auf die Höhe des ausgewiesenen Jahresergebnisses aus.

*Bilanzie-
rungs- und
Bewertungs-
wahlrechte*

Bilanzierungs- und Bewertungswahlrechte in der Bilanz eröffnen Freiheitsgrade für eine zweckgerichtete Regulierung des Ergebnisausweises mit unmittelbaren Auswirkungen auf die Darstellung der Vermögens- und Finanzlage. Diese Wahlrechte beruhen entweder auf gesetzlichen Regelungen (gesetzliche Wahlrechte) oder sie haben ihre Grundlage in Ermessensspielräumen, die aus der mangelnden Präzision der Ansatz- und Bewertungsvorschriften resultieren.

b) Aktionsparameter für die Bilanz

Bei der bilanzpolitischen Sachverhaltsgestaltung wird die Abwicklung von Geschäftsvorfällen mit unmittelbaren oder mittelbaren Erfolgswirkungen entsprechend den bilanzpolitischen Zielvorstellungen in zeitlicher Hinsicht angepaßt. Durch die

Vorverlagerung von aufwandswirksamen Geschäftsvorfällen in die Abrechnungsperiode und die **Verschiebung ertragswirksamer Sachverhalte in die Zukunft** wird das ursprünglich auszuweisende **Jahresergebnis verringert**. Eine unmittelbare Erhöhung des Periodenaufwandes wird z. B. durch vorgezogene Reparatur- und Wartungsmaßnahmen im Produktionsbereich oder durch die beschleunigte Abwicklung sonstiger Leistungsverträge erreicht, die nicht mit einem Zugang von Vermögensgegenständen verbunden sind. Auch die **Vorverlagerung geplanter Investitionen von abnutzbaren Gegenständen des Anlagevermögens** führt mittelbar über zusätzliche Abschreibungen in der Investitionsperiode zu einer Aufstockung des Aufwandsvolumens. In gleicher Weise wirkt sich die **zeitliche Verschiebung von Umsatzvorgängen oder sonstigen Veräußerungsgeschäften** aus, weil dadurch der Ertrag erst in der Folgeperiode realisiert wird.

Spiegelbildlich kann das Jahresergebnis verbessert werden, wenn unmittelbar aufwandswirksame Geschäftsvorfälle oder geplante Investitionen auf die nächste Periode verlagert und Umsätze und Verkaufsvorgänge vorzeitig abgewickelt werden.

Gegenstand einer bilanzpolitisch begründeten Sachverhaltsgestaltung kann auch die Durchführung von Geschäftsvorfällen sein, die vorrangig auf eine Veränderung des Jahresabschlusses ausgerichtet sind, wobei häufig verbundene Unternehmen innerhalb eines Konzerns Vertragspartner sind. Dabei wird hauptsächlich eine verbesserte Darstellung der Finanzlage und/oder ein höherer Ergebnisausweis angestrebt. Ein günstigerer Ausweis der bilanziellen Liquiditätsverhältnisse ergibt sich beispielsweise durch das Aufschieben von Zahlungen bei gleichzeitiger Beschränkung des Bezugs von Rohstoffen kurz vor dem Bilanzstichtag, durch den Verkauf von Forderungen oder durch unechte Pensionsgeschäfte, weil durch diese Maßnahmen der Umfang der flüssigen Mittel erhöht wird. Dadurch werden die Kennzahlenwerte verbessert, die als Beurteilungskriterien für die wirtschaftliche Entwicklung der Unternehmung herangezogen werden.

Durch die **Auflösung der im Anlage- und Umlaufvermögen enthaltenen stillen Reserven** anläßlich von Veräußerungsgeschäften findet neben einer Aufstockung flüssiger Mittel auch eine Erhöhung des Jahresergebnisses statt. Eine vorzeitige Gewinnrealisierung in Verbindung mit einem Mittelzufluß wird z. B. dadurch erreicht, daß unfertige Erzeugnisse an Kunden veräußert werden und die Fertigstellung später im Lohnauftrag des Abnehmers durchgeführt wird (vgl. Pfleger 1982, S. 2200). Häufig werden auch bilanzpolitisch begründete Veräußerungen von Gegenständen des Anlagevermögens vorgenommen, um stille Reserven aufzudecken und das ausgewiesene Ergebnis zu verbessern. Der Verkauf von Anlagevermögen an Dritte wirft keine besonderen Probleme auf, wenn es sich nicht um betriebsnotwendige Gegenstände handelt. Bei betriebsnotwendigen Vermögensteilen sind kompliziertere Gestaltungen erforderlich, z. B. „**sale-and-lease-back**". Bei dieser Leasing-Variante werden Anlagegegenstände unter Auflösung der stillen Reserven veräußert und anschließend vom Veräußerer gemietet, so daß die Sachanlagen unverändert weiter genutzt werden. In vergleichbarer Weise können nicht aktivierungsfähige immaterielle Anlagewerte für eine Ergebnisregulierung eingesetzt werden, indem z. B. Patente veräußert und anschließend mit dem Erwerber Lizenzverträge abgeschlossen werden, die eine zukünftige Nutzung der verkauften Werte sicherstellen. Ein mit Gewinnrealisation verbundener Abgang von Gegenständen des Anlagevermögens kann auch dadurch erreicht werden, daß Immobilien oder Produktionsanlagen als Sacheinlage gegen Gewährung von Anteilen an einer Beteiligungsgesellschaft eingebracht werden.

c) Aktionsparameter in der Bilanz

Darstellungswahlrechte

Darstellungswahlrechte werden zur Gestaltung der Informationspolitik gegenüber externen Jahresabschlußadressaten eingesetzt. Da der **Inhalt des Anhangs und des Lageberichts nicht abschließend gesetzlich geregelt** ist, können die beiden Rechnungslegungsinstrumente durch freiwillige Angaben angereichert werden. Häufig wird der Lagebericht durch Angaben über die sozialen Verhältnisse und Leistungen der Gesellschaft (**Sozialbericht**) ergänzt. Diese Darstellung kann auch alternativ in den Anhang aufgenommen werden. Daneben werden verschiedentlich **Wertschöpfungsrechnungen** oder **Sozialbilanzen** veröffentlicht, die Art und Umfang der Beziehungen zwischen Unternehmung und Umwelt verdeutlichen. In den Anhang können freiwillige Angaben aufgenommen werden, die einzelne Posten der Bilanz und der GuV-Rechnung ergänzend erläutern oder zusätzliche Informationen über Lageelemente der Gesellschaft zum Gegenstand haben. Für eine zusammenfassende Darstellung der Finanzlage wird zumindest bei großen Unternehmen verschiedentlich eine **Kapitalflußrechnung** in den Anhang oder in den Lagebericht aufgenommen.

Freiwillige Angaben

Für die Gliederung von Bilanz und GuV-Rechnung sowie bei der Gestaltung des Anhangs stehen verschiedene Ausweiswahlrechte zur Verfügung. Zulässig ist eine Untergliederung der Jahresabschlußposten und die Hinzufügung neuer Posten, soweit ihr Inhalt nicht von einem vorgeschriebenen Posten der gesetzlichen Gliederungsschemata abgedeckt wird. Außerdem können **Mitzugehörigkeitsvermerke** je nach Zuordnung des Vermögensgegenstandes und der Schuld zu einer bestimmten Bilanzposition unterschiedlich ausgeübt werden. Ein wichtiges Ausweiswahlrecht in der Bilanz bezieht sich auf die **nach steuerrechtlichen Vorschriften zulässigen Abschreibungen**. Sie können entweder von den Vermögensgegenständen aktivisch abgesetzt (**direkte Verrechnung**) oder nach § 281 I HGB auf der Passivseite in einen Sonderposten mit Rücklageanteil eingestellt werden (**indirekte Verrechnung**). In den Folgejahren wird der Passivposten in Höhe der Abschreibungsminderung durch Inanspruchnahme der steuerrechtlichen Abschreibungsvergünstigung ertragswirksam aufgelöst. Während bei der direkten Abschreibungsverrechnung stille Reserven gebildet werden, deren Entwicklung trotz der Anhangsangaben (§§ 281 II Satz 1, 285 Nr. 5 HGB) nicht vollständig festgestellt werden kann, deckt ein passivischer Ausweis der steuerrechtlichen Abschreibungen den Umfang steuerlich begründeter Reserven auf. Zugleich wird durch die indirekte Abschreibungsverrechnung die Höhe des Eigen- und Fremdkapitals korrigiert und der Ausweis der Erfolgsstruktur in der

Ausweiswahlrechte

GuV-Rechnung verbessert, da die steuerrechtlichen Abschreibungen nicht als Abschreibungen oder als Funktionsaufwand erfaßt werden, sondern in den sonstigen betrieblichen Aufwendungen enthalten sind.

Weitere Ausweiswahlrechte ergeben sich aus den **Wahlpflichtangaben zu Posten der Bilanz und der GuV-Rechnung**. Sie können entweder den jeweiligen Rechnungen oder dem Anhang zugeordnet werden. Daneben sind ermessensbedingte Ausweiswahlrechte für die Gestaltung des Anhangs vorhanden. Während für einen Teil der Anhangsangaben die Berichtspflicht bereits bei Vorliegen eines bestimmten Sachverhalts entsteht, setzt sie bei anderen Angaben erst ein, wenn das Berichtsobjekt „wesentlich" ist. **Wesentlichkeitsbedingte Angaben** sind mit einem Ermessensspielraum bezüglich der Beurteilung verbunden, ob ein Sachverhalt erheblich oder von nicht untergeordneter Bedeutung ist und damit die gesetzliche Berichtspflicht auslöst.

Verdichtungs-wahlrechte

Bei Aufstellung und bei Offenlegung des Jahresabschlusses sind Verdichtungswahlrechte auszuüben. Nach § 265 VII HGB können bestimmte Posten der Bilanz und der GuV-Rechnung wegen Geringfügigkeit oder zur Vergrößerung der Klarheit und Übersichtlichkeit zusammengefaßt werden. Im zweiten Fall müssen die zusammengefaßten Posten im Anhang aufgegliedert werden. In der Praxis sind häufig mit einer Verbesserung der Klarheit und Übersichtlichkeit begründete Zusammenfassungen von Rechnungsposten anzutreffen.

Größenbedingte Verdichtungswahlrechte bestehen bei der Aufstellung der Bilanz für kleine Kapitalgesellschaften sowie bei der Aufstellung der GuV-Rechnung für kleine und mittelgroße Kapitalgesellschaften. In der GuV-Rechnung dürfen gemäß § 276 HGB mehrere Ertrags- und Aufwandsposten zum **Rohergebnis** zusammengefaßt werden. Mit Verdichtungswahlrechten vergleichbar sind die gesetzlich eingeräumten Wahlrechte, bestimmte Anhangsangaben wegen untergeordneter Bedeutung oder zur Vermeidung von Nachteilen zu unterlassen (§ 286 II und III HGB). Kleine und mittelgroße Kapitalgesellschaften können bestimmte Angaben im Anhang nach § 288 HGB weglassen.

Verdichtungswahlrechte bestehen auch bei der Offenlegung für mittelgroße Kapitalgesellschaften hinsichtlich der Bilanzgliederung und der Anhangsangaben nach § 327 HGB. Kleine Kapitalgesellschaften brauchen die auf die GuV-Rechnung bezogenen Angaben nicht in den Anhang aufzunehmen (§ 326 Satz 3 HGB).

Bilanzierungs- und Bewertungswahlrechte

Im Gegensatz zu den Darstellungswahlrechten können Bilanzierungs- und Bewertungswahlrechte eingesetzt werden, um die Höhe des ausgewiesenen Jahresergebnisses zu regulieren, wobei gleichzeitig die Darstellung der Vermögens- und Finanzlage beeinflußt wird.

Gesetzlich geregelte Bilanzierungswahlrechte umfassen Ansatzwahlrechte auf der Aktivseite und auf der Passivseite der Bilanz. Aktivierungswahlrechte gestatten den Ansatz von Bilanzierungshilfen und eines entgeltlich erworbenen Geschäftswertes. Außerdem sind der Unterschiedsbetrag von Verbindlichkeiten sowie als Aufwand verrechnete Zölle und Verbrauchssteuern auf das Vorratsvermögen einschließlich der Umsatzsteuer auf Anzahlungen als Rechnungsabgrenzungsposten bilanzierungsfähig. Die Aktivierung der **Aufwendungen für die Ingangsetzung und Erweiterung des Geschäftsbetriebs** und **aktiver latenter Steuern** erhöht zwar das Jahresergebnis, nicht jedoch das Ausschüttungspotential. Bei einem bilanziellen Ausweis der Bilanzierungshilfen dürfen Gewinne nur ausgeschüttet werden, wenn die nach einer Ausschüttung verbleibenden auflösbaren Gewinnrücklagen einschließlich des Ergebnisvortrags den angesetzten Bilanzwerten mindestens entsprechen. Die übrigen Aktivierungswahlrechte sind nicht mit einer Ausschüttungssperre verbunden, so daß durch die Ergebnisaufstockung gleichzeitig das Ausschüttungsvolumen vergrößert wird. *Bilanzierungswahlrechte*

Aktivierungswahlrechte

Einzelunternehmen können Vermögensgegenstände, die objektiv geeignet sind, dem Betrieb des Kaufmanns zu dienen, als gewillkürtes Betriebsvermögen wahlweise in der Bilanz ansetzen. Die Widmung als Betriebsvermögen muß durch eine entsprechende Aufnahme der Vermögensgegenstände in die Buchhaltung dokumentiert sein. Für Vermögensgegenstände, die privat genutzt werden, ist eine wahlweise Zurechnung zum Betriebsvermögen möglich, wenn der betriebliche Nutzungsanteil zwischen 10% und 50% liegt. *Gewillkürtes Betriebsvermögen*

Gegenstand von Passivierungswahlrechten sind die Aufwandsrückstellungen gemäß § 249 I Satz 3 und II HGB, Pensionsverpflichtungen, die vor dem 1. 1. 1987 begründet wurden (Altzusagen) sowie mittelbare und pensionsähnliche Verpflichtungen (Art. 28 I EGHGB). Durch die unterlassene Bilanzierung der Verpflichtungen werden Jahresergebnis und Ausschüttungspotential erhöht. *Passivierungswahlrechte*

Steuerlich begründete Passivierungswahlrechte betreffen die Bilanzierung von Sonderposten mit Rücklageanteil. Da die Inanspruchnahme steuerlicher Vergünstigungen wegen des Maßgeblichkeitsprinzips grundsätzlich eine entsprechende Vorgehensweise in der Handelsbilanz voraussetzt, ist damit eine Ergebnisminderung im handelsrechtlichen Jahresabschluß verbunden.

Ermessensbedingte faktische Bilanzansatzwahlrechte kommen bei Rückstellungen für ungewisse Verbindlichkeiten und bei Drohverlustrückstellungen vor. Im Einzelfall kann zweifelhaft sein, ob eine Verpflichtung oder ein drohender Verlust eine wirtschaftliche Belastung darstellt, weil unsicher ist, ob eine Schuld besteht und/oder eine Inanspruchnahme aus der Verpflichtung bzw. ein Verpflichtungsüberschuß aus einem schwebenden Geschäft zu erwarten ist. Die Abgrenzung einer bilanzierungspflichtigen Schuld von nicht passivierungsfähigen Risiken kann je nach bilanzpolitischer Zielsetzung unterschiedlich ausfallen.

Bewertungswahlrechte setzen sich aus Wertansatzwahlrechten und Bewertungsmethodenwahlrechten zusammen. Wertansatzwahlrechte eröffnen Freiheitsgrade bei *Bewertungswahlrechte*

Wertansatz- *wahlrechte*	der Bewertung von Gegenständen des Anlagevermögens mit niedrigeren beizulegenden Werten im Falle einer vorübergehenden Wertminderung sowie bei der Bewertung von Umlaufvermögen mit dem wertschwankungsfreien Wert nach § 253 III Satz 3 HGB. Außerdem kann eine Bewertung von Vermögensgegenständen mit niedrigeren steuerrechtlich zulässigen Werten durchgeführt werden. Nichtkapitalgesellschaften können zusätzlich nach § 253 IV HGB Abschreibungen im Rahmen vernünftiger kaufmännischer Beurteilung vornehmen. Auch die Beibehaltungswahlrechte für niedrigere Wertansätze bei Wegfall der Gründe für die niedrigere Bewertung stellen Wertansatzwahlrechte dar.
Bewertungs- *methoden-* *wahlrechte*	Bewertungsmethodenwahlrechte umfassen Freiheitsgrade bei der Ermittlung der einzelnen Wertmaßstäbe für die Bewertung der Vermögensgegenstände und Schulden. **Gesetzlich geregelte Bewertungsmethodenwahlrechte** sind das Einbeziehungswahlrecht von Gemeinkosten und Fremdkapitalzinsen in die Herstellungskosten, die Wahl der Abschreibungsmethode bei abnutzbaren Gegenständen des Anlagevermögens und des Geschäftswerts sowie das Wahlrecht, Bewertungsvereinfachungsverfahren nach § 256 HGB anzuwenden.
Ermessens- *bedingte Be-* *wertungs-* *methoden-* *wahlrechte*	Neben gesetzlich eingeräumten Bewertungsmethodenwahlrechten existieren zahlreiche ermessensbedingte Bewertungsmethodenwahlrechte. Sie betreffen die Bestimmung des niedrigeren beizulegenden Wertes für Vermögensgegenstände, die Ableitung des nach vernünftiger kaufmännischer Beurteilung notwendigen Betrages für den Ansatz von Rückstellungen sowie die Ermittlung des Barwerts für Rentenverpflichtungen. Ermessensspielräume sind auch bei der Schätzung der Nutzungsdauer abnutzbarer Gegenstände des Anlagevermögens und bei der Fremdwährungsumrechnung von Forderungen und Verbindlichkeiten auszufüllen. Sie sind darauf zurückzuführen, daß die gesetzlichen Bewertungsvorschriften nicht immer eindeutige Vorgaben für die Bestimmung der relevanten Wertmaßstäbe enthalten und daß die Quantifizierung von Bewertungsdeterminanten bei unsicheren Informationen Schätzungen notwendig macht.
Bewertungs- *stetigkeit*	Der bilanzpolitische Gestaltungsspielraum durch die zweckgerichtete Ausübung von Bewertungsmethodenwahlrechten wird durch das **Prinzip der Bewertungsstetigkeit** eingeschränkt. Allerdings ist die Anwendung des Grundsatzes der Bewertungsstetigkeit auch mit einem Ermessensspielraum hinsichtlich der Beurteilung verbunden, ob unter Berufung auf einen begründeten Ausnahmefall vom Stetigkeitsprinzip abgewichen werden kann.
	Die Inanspruchnahme der Bilanzierungs- und Bewertungswahlrechte bewirkt eine Ergebnisregulierung und eine Veränderung der dargestellten Vermögens- und Finanzlage. **Die angestrebten bilanzpolitischen Wirkungen der Bilanzierungs- und Bewertungsentscheidungen werden durch die Berichtspflichten im Anhang teilweise relativiert,** weil die externen Adressaten durch die Anhangsangaben über die angewandten Bilanzierungs- und Bewertungsmethoden sowie über den Einfluß der Abweichungen von Bilanzierungs- und Bewertungsmethoden auf die Vermögens-, Finanz- und Ertragslage informiert werden müssen.

VI. Konzernabschluß

1. Zweck des Konzernabschlusses

Unternehmen können ihre Erfolgs-, Wachstums- und Bestandssicherungsziele durch den Einsatz von Autonomie- oder Kooperationsstrategien zu erreichen versuchen. Bei Anwendung von Autonomiestrategien soll die wirtschaftliche Selbständigkeit des Unternehmens gewahrt werden. Der Geschäftsführung steht die alleinige Entscheidungskompetenz für die Gestaltung des Leistungsprozesses und der marktlichen Beziehungen zu.

Kooperationsstrategien sind auf den Aufbau von Unternehmensverbindungen gerichtet, wobei der Einfluß der Geschäftsführung entsprechend den getroffenen gesellschaftsrechtlichen oder vertraglichen Beziehungen auf andere Unternehmen ausgedehnt oder durch andere Unternehmen eingeschränkt wird. Während bei **aktiver Kooperation** eine Erweiterung der Einfluß- und Interessensphäre der Geschäftsleitung bezüglich der Einwirkung auf die wirtschaftlichen Aktivitäten anderer Unternehmen angestrebt wird, erfolgt bei **passiver Kooperation** eine Einschränkung der wirtschaftlichen Selbständigkeit des Unternehmens.

Kooperationsstrategien

Unternehmensverbindungen weisen unterschiedliche Ausprägungen auf. Sie können sich auf Teilbereiche wirtschaftlichen Verhaltens oder auf die gesamten Unternehmensaktivitäten beziehen und auf vertraglichen Regelungen beruhen oder durch informale Abstimmung der Verhaltensweisen entstehen.

Eine wesentliche Form der Unternehmensverbindung ist der Konzern (vgl. auch Teil 2, S. 212 ff.). Er ist dadurch gekennzeichnet, daß die zu ihm gehörenden Unternehmen rechtlich selbständig sind, jedoch ihre Aktivitäten koordinieren und deshalb eine wirtschaftliche Einheit bilden. Nach § 18 I AktG bildet die Zusammenfassung eines herrschenden mit einem oder mehreren abhängigen Unternehmen unter einheitlicher Leitung des herrschenden Unternehmens einen Konzern. Die einzelnen rechtlich selbständigen Unternehmen sind Konzernunternehmen.

Konzern

Die Zusammenfassung eines herrschenden Unternehmens mit abhängigen Unternehmen unter einheitlicher Leitung stellt einen Unterordnungskonzern dar. Gleiches gilt für Unternehmen, die durch einen Beherrschungsvertrag (§ 291 AktG) oder durch Eingliederung (§ 319 AktG) verbunden sind.

Unterordnungskonzern

Sind rechtlich selbständige Unternehmen unter einheitlicher Leitung zusammengefaßt, ohne daß zwischen ihnen ein Abhängigkeitsverhältnis besteht, so bilden sie ebenfalls einen Konzern, der als Gleichordnungskonzern bezeichnet wird. Wegen der Leitungsbefugnis kann das herrschende Unternehmen in einem Konzern die Leistungsbeziehungen zwischen Konzernunternehmen beeinflussen sowie durch Finanztransaktionen und die Gestaltung von Beteiligungsbeziehungen den Inhalt des Jahresabschlusses von Konzernunternehmen erheblich verändern. Es können Ergeb-

Gleichordnungskonzern

nisverlagerungen und Liquiditätsverschiebungen zwischen Konzernunternehmen und Regulierungen des Vermögensausweises stattfinden (vgl. Heinen 1986, S. 367).

Problematik der Einzel- abschlüsse

Aufgrund der Möglichkeit einer Steuerung durch die Konzernleitung sind die geschäftlichen Beziehungen zwischen den einzelnen Konzernunternehmen wirtschaftlich anders zu beurteilen als der Geschäftsverkehr zwischen rechtlich und wirtschaftlich selbständigen Unternehmen. Die Jahresabschlüsse der Konzernunternehmen vermitteln deshalb nur ein unvollkommenes Bild der tatsächlichen Vermögens-, Finanz- und Ertragslage. Ebenso kann durch die additive Zusammenfassung von Einzelabschlüssen der Konzernunternehmen kein vollständiger Überblick über die wirtschaftlichen Verhältnisse des Konzerns als wirtschaftliche Einheit gewonnen werden.

Vorteil des Konzern- abschlusses

Dagegen liefert die Aufstellung eines Konzernabschlusses, der den gleichen Informationsanforderungen wie der Einzelabschluß unterliegt, ein den tatsächlichen Verhältnissen entsprechendes Bild der Vermögens-, Finanz- und Ertragslage des Konzerns und ermöglicht damit auch eine relativierende Beurteilung der wirtschaftlichen Verhältnisse der in den Konzern einbezogenen Unternehmen.

Der Konzernabschluß ist ein ergänzendes Rechnungslegungsinstrument, das die Einzelabschlüsse der Konzernunternehmen nicht ersetzt, sondern ergänzt. Er erfüllt lediglich eine Informationsfunktion und dient weder der Bemessung von Ausschüttungen noch von Steuerzahlungen (vgl. Busse v. Colbe 1985, S. 761). Da der Konzernabschluß keine Rechtswirkungen entfaltet, wird er im Gegensatz zum Einzelabschluß nicht förmlich festgestellt, sondern lediglich dem Aufsichtsrat und der Hauptversammlung bzw. der Gesellschafterversammlung der Konzernobergesellschaft zur Kenntnisnahme vorgelegt.

Adressaten des Konzern- abschlusses

Durch eine zusammenfassende Darstellung der Vermögens-, Finanz- und Ertragslage soll in erster Linie den Anteilseignern und Gläubigern eine Beurteilung der zukünftigen Entwicklung der Konzernunternehmen unter Einbeziehung der wirtschaftlichen Verhältnisse des Konzerns ermöglicht werden. Wegen der engen Beziehungen zwischen den Konzernunternehmen und der begrenzten Entscheidungsbefugnisse der Geschäftsführung untergeordneter Konzernunternehmen ist für die Gläubiger einzelner Konzerngesellschaften zur Beurteilung der Sicherheit ihrer finanziellen Ansprüche die Gesamtlage des Konzerns von wesentlicher Bedeutung. Auch die Anteilseigner der Obergesellschaft und der abhängigen Konzernunternehmen benötigen für ihre Anlageentscheidungen neben dem Einzelabschluß Informationen über die wirtschaftliche Situation des Konzerns, die durch den Konzernabschluß zur Verfügung gestellt werden. Daneben kann die Konzernleitung einen **Konzernabschluß als Instrument zur internen Steuerung und Kontrolle des Konzerns als finanzwirtschaftliche Einheit einsetzen.**

Der Informationszweck des Konzernabschlusses besteht nach § 297 II HGB darin, unter Beachtung der GoB ein den tatsächlichen Verhältnissen entsprechendes Bild der Vermögens-, Finanz- und Ertragslage des Konzerns zu vermitteln. Dabei ist das Ergebnis der wirtschaftlichen Aktivitäten der Konzernunternehmen so darzustellen, als ob die Konzernunternehmen ein einziges Unternehmen wären. Die Konzeption

1460

des Konzerns als einheitliches Unternehmen macht die Bereinigung von konzerninternen Einflüssen notwendig, die sich wegen bestehender Schuld- und Beteiligungsverhältnisse sowie aus Lieferungs- und Leistungsbeziehungen zwischen Konzernunternehmen in deren Jahresabschlüssen niedergeschlagen haben. Bei der Aufstellung des Konzernabschlusses werden die konzerninternen Beziehungen durch Konsolidierungsmaßnahmen im Rahmen der Zusammenfassung der Einzelabschlüsse eliminiert.

Bereinigung von konzerninternen Einflüssen

Beteiligungsbeziehungen werden durch die Kapitalkonsolidierung ausgeschaltet, wobei der Beteiligungswert in der Bilanz der Obergesellschaft mit dem auf diese Beteiligung entfallenden Eigenkapital der Untergesellschaft aufgerechnet wird. Bei konzerninternen Forderungen und Schulden wird im Rahmen der Schuldenkonsolidierung eine Verrechnung der korrespondierenden Bilanzposten durchgeführt, um eine Aufblähung der Konzernbilanz zu vermeiden.

Kapitalkonsolidierung

Schuldenkonsolidierung

Die Summe der in den Einzelabschlüssen ausgewiesenen Jahresergebnisse stimmt nicht mit dem Gesamterfolg des Konzerns überein. Innerhalb des Konzerns als Wirtschaftseinheit können aus Lieferbeziehungen zwischen den Konzernunternehmen keine Gewinne oder Verluste entstehen. Die durch den Leistungsverkehr zwischen Konzerngesellschaften in den Einzelabschlüssen ausgewiesenen Erfolge sind erst realisiert, wenn eine Lieferung an Dritte außerhalb des Konzerns durchgeführt wird. Deshalb sind im Rahmen der **Zwischenerfolgseliminierung** die noch nicht realisierten Ergebnisse auszuscheiden, die bei den einzelnen Konzernunternehmen angefallen sind. Außerdem ist eine Aufwands- und Ertragskonsolidierung vorzunehmen, wobei die in den GuV-Rechnungen enthaltenen konzerninternen Aufwendungen und Erträge aufgerechnet werden.

Aufwands- und Ertragskonsolidierung

2. Verpflichtung zur Aufstellung eines Konzernabschlusses

Der Konzernabschluß umfaßt eine **Konzernbilanz**, eine **Konzern-GuV-Rechnung** sowie einen **Konzernanhang**. Die Verpflichtung zur Konzernrechnungslegung erstreckt sich auch auf die Aufstellung eines **Konzernlageberichts**, dessen Inhalt bezogen auf den Konzern die gleichen Berichtselemente aufweist wie der Lagebericht der Kapitalgesellschaft.

Bestandteile des Konzernabschlusses

Die Verpflichtung zur Aufstellung eines Konzernabschlusses ist durch Vorschriften des HGB und des Publizitätsgesetzes (PublG) geregelt, die unterschiedliche Rechtsformen von Unternehmen einbeziehen und spezielle Voraussetzungen für die Konzernrechnungslegungspflicht enthalten.

Pflicht zur Konzernrechnungslegung

Die gesetzlichen Vorschriften enthalten keine ausdrückliche Definition des Konzernbegriffs, sondern kennzeichnen lediglich Konzernverbindungen durch bestimmte

Merkmale der Unternehmensbeziehungen zwischen einem Mutterunternehmen und seinen Tochterunternehmen.

Nach § 290 I HGB und § 11 I PublG bildet die einheitliche Leitung eines inländischen Mutterunternehmens gegenüber einem Tochterunternehmen das maßgebliche Kriterium für die Aufstellung eines Konzernabschlusses. Nach dem HGB setzt die **Konzernrechnungslegungspflicht** zusätzlich voraus, daß das Mutterunternehmen eine Kapitalgesellschaft ist und eine Beteiligung an dem Tochterunternehmen hält. Abgesehen von der Beteiligungsvermutung bei einem Anteilsbesitz von mehr als 20% am Stamm- bzw. Grundkapital müssen die Anteile dauerhaft der Herstellung einer wirtschaftlichen Verbindung mit dem Beteiligungsunternehmen dienen.

Einheitliche Leitung

Der **Begriff der einheitlichen Leitung** ist gesetzlich unbestimmt. Die einheitliche Leitung ist ein tatsächliches Verhältnis und setzt nicht zwingend ein Weisungsrecht voraus. Sie ist gegeben, wenn das Mutterunternehmen die Geschäftspolitik des Tochterunternehmens und sonstige grundsätzliche Fragen seiner Geschäftsführung aufeinander abstimmt und das Ergebnis der Koordination durch die Zielsetzungen der Konzernleitung bestimmt wird.

Beherrschung

Die Kennzeichnung des Konzerns durch das Konzept der einheitlichen Leitung wird gemäß § 290 II HGB dadurch erweitert, daß auch bestimmte rechtlich gesicherte Beherrschungsmöglichkeiten unabhängig vom Merkmal der einheitlichen Leitung einen Konzern begründen (Control-Konzept). Ein Mutterunternehmen in der Rechtsform der Kapitalgesellschaft mit Sitz im Inland ist auch dann zur Konzernrechnungslegung verpflichtet, wenn ihm bei einem anderen Unternehmen

- die Mehrheit der Stimmrechte der Gesellschafter zusteht,
- das Recht zusteht, die Mehrheit der Mitglieder des Verwaltungs-, Leitungs- oder Aufsichtsorgans zu bestellen oder abzuberufen und es gleichzeitig Gesellschafter ist,
- das Recht zur Ausübung eines beherrschenden Einflusses auf der Grundlage eines Beherrschungsvertrages oder durch Satzungsbestimmung dieses Unternehmens zusteht.

Während bei einem Konzern nach dem Leitungskonzept die einheitliche Leitung tatsächlich ausgeübt werden muß, genügt für das Vorliegen eines Konzerns nach dem Control-Konzept lediglich die Möglichkeit einer beherrschenden Einflußnahme auf das andere Unternehmen.

Mehrstufige Konzernverbindungen

Befreiende Konzernabschlüsse

Im Gegensatz zur einheitlichen Leitung, die nur von einem Mutterunternehmen unteilbar ausgeübt werden kann, sind die Möglichkeiten des beherrschenden Einflusses bei mehrstufigen Konzernverbindungen auf jeder einzelnen Ebene gegeben, so daß ein Konzernunternehmen unterhalb der Obergesellschaft gleichzeitig Mutter- und Tochterunternehmen ist. Um die Aufstellung einer Vielzahl von (Teil-)Konzernabschlüssen zu vermeiden, können nach §§ 291, 292 HGB befreiende Konzernabschlüsse auf den oberen Konzernstufen aufgestellt werden. Ein Konzernunternehmen ist als Mutterunternehmen von der Konzernrechnungslegung befreit, wenn das übergeordnete Mutterunternehmen, zu dem es in einer Tochter-Mutter-Beziehung steht, einen konsolidierten Abschluß aufstellt. Hat das betreffende Mutterunternehmen seinen Sitz in einem EG-Staat, dann muß der Abschluß dem Recht des Sitzstaates entsprechen, das befreite Mutterunternehmen und dessen Tochterunternehmen einbezogen und von einem Abschlußprüfer geprüft worden sein. Außerdem ist im Anhang des befreiten Mutterunternehmens Name und Sitz der Obergesellschaft anzugeben und ein Hinweis auf den Befreiungstatbestand aufzunehmen. Vergleichbare Regelungen gelten für Mutterunternehmen mit Sitz außerhalb der EG, wobei zusätzlich eine Offenlegung des befreienden Konzernabschlusses im Land des von der Konzernrechnungslegung entbundenen Mutterunternehmens gefordert wird. Nach § 291 I Satz 2 HGB ist die Aufstellung eines befreienden Konzernabschlusses von der Rechtsform des oberen Mutterunternehmens unabhängig.

Neben der Aufstellung befreiender Abschlüsse wird die Konzernrechnungslegungspflicht durch Größenmerkmale des Konzerns begrenzt (vgl. Abbildung 10.44). Nach § 293 I HGB sind Mutterunternehmen von der Aufstellung eines konsolidierten Jahresabschlusses befreit, wenn an zwei Abschlußstichtagen zwei von drei Schwellenwerten bezüglich Bilanzsumme, Umsatzerlösen und durchschnittlicher Beschäftigtenzahl nicht überschritten werden. Die Größenkriterien für die Bilanzsumme und die Umsatzerlöse können dabei auf der Grundlage eines fiktiven Konzernabschlusses oder durch Addition der Einzelwerte der einzubeziehenden Konzernunternehmen ermittelt werden. In gleicher Weise bestehen größenabhängige Befreiungsregelungen gemäß § 11 I PublG für die Mutterunternehmen, die keine Kapitalgesellschaften sind.

Größenmerkmale des Konzerns

3. Grundsätze der Konzernrechnungslegung

Die Grundsätze der Konzernrechnungslegung umfassen die Beachtung der Einheitstheorie, das Vollständigkeitsprinzip, die Einheitlichkeit des Stichtags der einzubeziehenden Einzelabschlüsse, die Einheitlichkeit der Bilanzierung und Bewertung, die Stetigkeit der Konsolidierungsmethoden und das Prinzip der Wirtschaftlichkeit.

Der Grundsatz der **Beachtung der Einheitstheorie** ist in § 297 III HGB verankert. Im Konzernabschluß ist die Vermögens-, Finanz- und Ertragslage der einbezogenen Unternehmen so darzustellen, als ob diese Unternehmen insgesamt ein einziges Unternehmen wären. Im Rahmen der Einheitstheorie wird der Konzern nicht nur als wirtschaftliche, sondern auch als rechtliche Einheit betrachtet. Die Konzernunternehmen sind lediglich unselbständige Abteilungen des Gesamtkonzerns.

Einheitstheorie

Die Gesellschafter des fiktiven einheitlichen Unternehmens sind nicht nur die Anteilseigner der Muttergesellschaft, sondern auch die Minderheitsgesellschafter der untergeordneten Tochterunternehmen. Aus der Einheitstheorie ist das Prinzip der Vollkonsolidierung abzuleiten. Danach werden die Posten der Einzelabschlüsse im Rahmen der Kapitalkonsolidierung unabhängig von der Beteiligungsquote des Mut-

Prinzip der Vollkonsolidierung

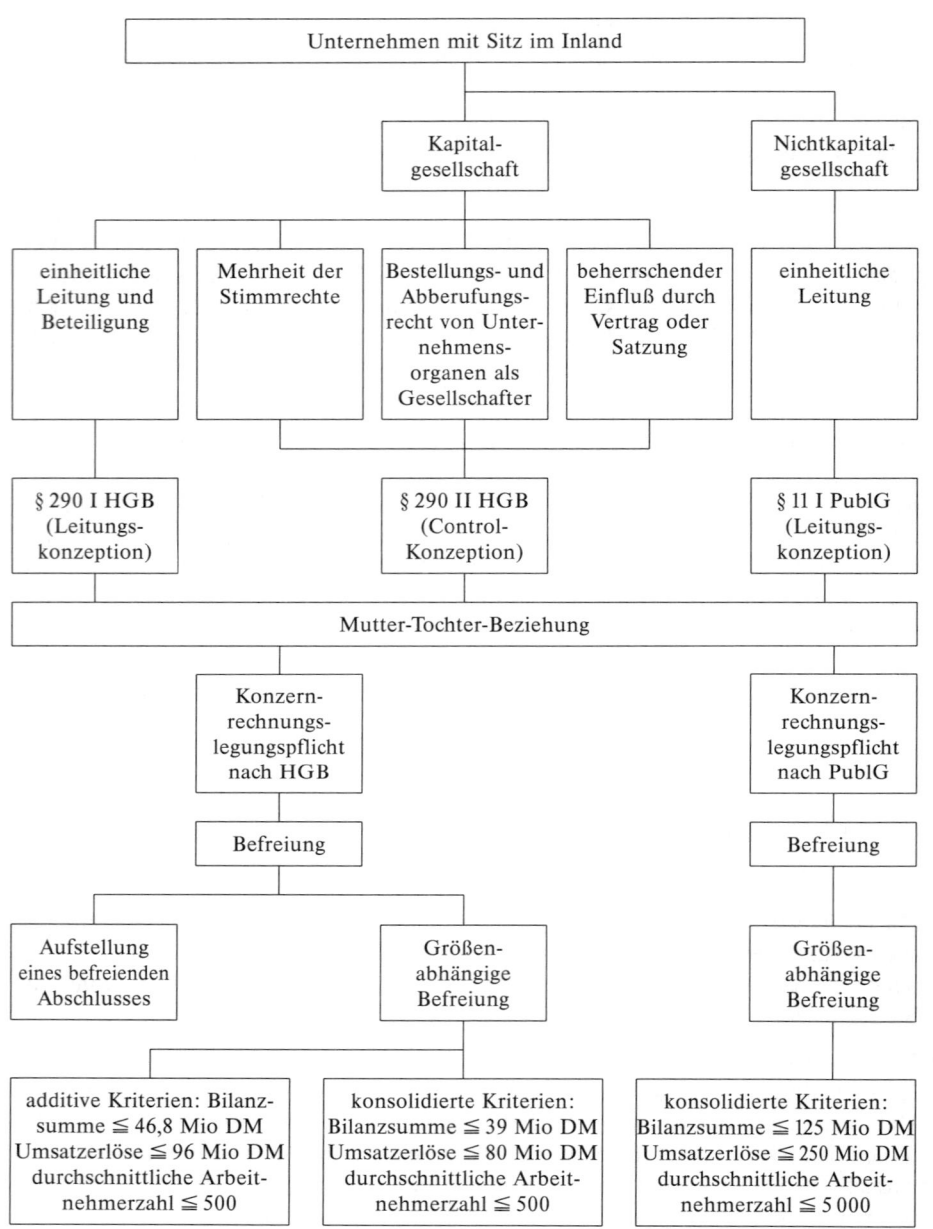

Abbildung 10.44: Verpflichtung zur Konzernrechnungslegung

1464

terunternehmens in den Konzernabschluß übernommen. Soweit die Anteile an den Tochterunternehmen nicht der Muttergesellschaft gehören, wird nach § 307 HGB ein **Ausgleichsposten für die Anteile anderer Gesellschafter am Kapital** gebildet und innerhalb des Eigenkapitals in der Konzernbilanz ausgewiesen.

Die Beachtung der Einheitstheorie steht im Gegensatz zur Interessentheorie, die Minderheitsgesellschafter der Tochterunternehmen Gläubigern gleichstellt. Bei Anwendung der Interessentheorie ist der Konzernabschluß lediglich ein erweiterter Jahresabschluß der Obergesellschaft zur Information der Gesellschafter der Konzernspitze. Die Folge ist eine Quotenkonsolidierung der Einzelabschlüsse, bei der die Bilanzposten nur in Höhe des auf die Obergesellschaft entfallenden Anteils in die Konzernbilanz übernommen werden.

Interessen- theorie

Prinzip der Quotenkon- solidierung

Da nach der Einheitstheorie die Minderheitsgesellschafter als Eigentümer qualifiziert werden, enthält die Konzernbilanz nicht nur das auf die Gesellschafter der Obergesellschaft entfallende anteilige Reinvermögen und ihre Ergebnisanteile, sondern sie weist das sämtlichen Gesellschaftern zustehende Vermögen und den gesamten Jahreserfolg aus.

Der Konzernabschluß kann seiner Informationsfunktion nur dann gerecht werden, wenn sämtliche Konzernunternehmen in den Jahresabschluß einbezogen werden. Das **Vollständigkeitsprinzip** gewährleistet die Vermittlung eines den tatsächlichen Verhältnissen entsprechenden Bildes der Vermögens-, Finanz- und Ertragslage des Konzerns und trägt der Einheitstheorie des Konzerns Rechnung. Deshalb sind die gesetzlichen Wahlrechte und Verbote für die Einbeziehung von Tochterunternehmen in den Konzernabschluß restriktiv auszulegen.

Prinzip der Voll- ständigkeit

Aus dem Grundsatz der Fiktion der rechtlichen Einheit des Konzerns ergibt sich die Notwendigkeit eines **einheitlichen Abschlußstichtags** der einbezogenen Unternehmen. Ist diese Voraussetzung nicht erfüllt, dann können Vermögens- und Erfolgsverlagerungen zwischen den Konzernunternehmen auftreten, die den Informationsgehalt des Konzernabschlusses beeinträchtigen und dem Grundsatz der Vollständigkeit widersprechen. Aus Vereinfachungsgründen kann nach § 299 II HGB bei abweichenden Stichtagen auf einen Zwischenabschluß verzichtet werden, wenn der Abschlußstichtag eines einbezogenen Konzernunternehmens nicht mehr als drei Monate vor dem Stichtag des Konzernabschlusses liegt. In diesem Fall müssen jedoch wesentliche Veränderungen der Vermögens-, Finanz- und Ertragslage bis zum Stichtag des Konzernabschlusses in der Konzern-GuV-Rechnung berücksichtigt oder im Anhang angegeben werden (§ 299 III HGB).

Einheitlich- keit des Abschluß- stichtags

Da der Konzernabschluß bei Beachtung der Einheitstheorie als Einzelabschluß des Konzerns zu konzipieren ist, sind bei dessen Aufstellung **einheitliche Bilanzierungs- und Bewertungsvorschriften** anzuwenden. Die Übernahme der Bilanzpositionen in den Konzernabschluß richtet sich gemäß § 300 II HGB nach den für das Mutterunternehmen geltenden Ansatzvorschriften. Außerdem müssen die einbezogenen Vermögensgegenstände und Schulden nach den auf den Jahresabschluß des Mutterunternehmens anwendbaren Bewertungsmethoden einheitlich bewertet werden (§ 308 I

Einheitlich- keit der Bilanzierung und Bewertung

HGB), wobei im konsolidierten Jahresabschluß dieselben Wahlrechte und Spielräume für den Ansatz und die Bewertung bestehen wie für den Einzelabschluß. Sind die Einzelabschlüsse der Konzernunternehmen nach abweichenden Vorschriften aufgestellt oder entsprechen sie nicht den einheitlich angewendeten Bewertungsmethoden im Konzernabschluß, ist eine Angleichung durch Aufstellung einer angepaßten Handelsbilanz (**Handelsbilanz II**) für die Konzernunternehmen notwendig, die dem Prinzip der Bewertungseinheitlichkeit Rechnung trägt.

Stetigkeit der Konsolidierungsmethoden

Da die gesetzlichen Regelungen für die Aufstellung des Konzernabschlusses verschiedene Wahlrechte enthalten, kann der konsolidierte Jahresabschluß seine Informationsaufgabe nur dann erfüllen, wenn die darin enthaltenen Informationen im Zeitablauf vergleichbar sind. Voraussetzung dafür ist die Beachtung des Stetigkeitsprinzips bei der Anwendung der Konsolidierungsmethoden. Deshalb sind nach § 297 III HGB die auf den vorhergehenden Konzernabschluß angewandten Konsolidierungsmethoden beizubehalten. Die kontinuierliche Fortführung der Konsolidierungsmethoden bezieht sich auf die Kapital- und Schuldenkonsolidierung, die Aufwands- und Ertragskonsolidierung und auf die Zwischenerfolgseliminierung. Sie schließt auch die **Stetigkeit bei der Abgrenzung des Konsolidierungskreises** ein.

Prinzip der Wirtschaftlichkeit

Erleichterungen des Konzernabschlusses

Das **Prinzip der Wirtschaftlichkeit** der Konzernrechnungslegung soll ein angemessenes Verhältnis zwischen den Kosten einer Informationsrechnung und dem Nutzen der durch sie vermittelten Informationen gewährleisten (vgl. Busse v. Colbe/Ordelheide 1984, S. 45). Da eine konsequente Anwendung der allgemeinen Grundsätze für die Konzernrechnungslegung einen hohen Rechenaufwand erfordert, der durch den erreichten Informationswert nicht aufgewogen wird, enthalten die gesetzlichen Regelungen verschiedene Erleichterungen bei der Aufstellung des Konzernabschlusses. Hierzu zählen

- der Verzicht auf die Einbeziehung von Tochterunternehmen in den Konzernabschluß bei erheblichen Kosten oder bei untergeordneter Bedeutung (§ 296 I Nr. 2, II HGB),
- Wahlrechte bei der Bilanzgliederung und der Aufstellung des Anhangs (§ 298 II, III Satz 1 HGB),
- Ausnahmen bei der Stichtagseinheitlichkeit (§ 299 II HGB), der Schuldenkonsolidierung (§ 303 II HGB), der Zwischenerfolgseliminierung (§ 304 II, III), der Aufwands- und Ertragskonsolidierung (§ 305 II HGB) sowie bei der Einheitlichkeit der Bewertung (§ 308 II HGB).

Da für die Beurteilung der Angemessenheit des Verhältnisses von Informationsgewinnungsaufwand und Informationswert eindeutige Maßstäbe fehlen, eröffnen die im Hinblick auf das Wirtschaftlichkeitsprinzip eingeräumten Wahlrechte einen nicht unerheblichen Ermessensspielraum bei der Aufstellung des Konzernabschlusses und für die Beeinflussung seines Informationsgehalts.

4. Konsolidierungskreis

Der Konsolidierungskreis regelt den Umfang der in den Konzernabschluß einzubeziehenden Unternehmen. Nach § 294 I HGB sind das Mutterunternehmen und alle Tochterunternehmen unabhängig von deren Sitz in den Konzernabschluß aufzunehmen. Die grundsätzliche Einbeziehungspflicht erstreckt sich auf alle inländischen und ausländischen Unternehmen, die eine Konzernbeziehung gemäß § 290 HGB aufweisen. Bei der Definition des Mutter-Tochterverhältnisses werden im Rahmen der Control-Konzeption (§ 290 II HGB) dem Mutterunternehmen nach § 290 III HGB auch Rechte zugeordnet, die einer Tochtergesellschaft oder einem für deren Rechnung handelnden Dritten zustehen. Daher sind nicht nur die unmittelbaren Tochterunternehmen, sondern auch die Tochterunternehmen auf den unteren Stufen mehrstufiger Konzerne in den konsolidierten Jahresabschluß aufzunehmen. Da eine Änderung des Konsolidierungskreises die Vergleichbarkeit der Konzernabschlüsse im Zeitablauf einschränkt, ist bei einer veränderten Zusammensetzung der Tochterunternehmen eine Berichtspflicht im Konzernabschluß vorgesehen (§ 294 II HGB), durch die ein sinnvoller Zeitvergleich ermöglicht werden soll. *Grundsätzliche Einbeziehungspflicht*

Die grundsätzliche Einbeziehungspflicht von Tochterunternehmen wird durch das Einbeziehungsverbot bei Unternehmen mit einer vom Konzern abweichenden Tätigkeit (§ 295 HGB) und durch Einbeziehungswahlrechte (§ 296 HGB) modifiziert. Diese Abweichungen dienen einerseits der Sicherung der Aussagefähigkeit des Konzernabschlusses und sind andererseits Ausfluß des Wirtschaftlichkeitsprinzips.

Nach § 295 HGB darf ein Tochterunternehmen nicht in den Konzernabschluß eingehen, wenn sich seine Tätigkeit von den Aktivitäten der anderen Unternehmen derart unterscheidet, daß die Einbeziehung mit dem Informationszweck des Konzernabschlusses unvereinbar ist. Die Anwendung des Einbeziehungsverbots ist im Konzernanhang anzugeben. Zusätzlich muß der Jahresabschluß der nicht aufgenommenen Tochtergesellschaft zusammen mit dem Konzernabschluß zum Handelsregister eingereicht werden, wenn er nicht der Publizitätspflicht unterliegt. *Einbeziehungsverbot*

Eine Tochtergesellschaft kann gemäß § 296 II HGB wahlweise aus dem Konsolidierungskreis eliminiert werden, wenn die Darstellung der Vermögens-, Finanz- und Ertragslage des Konzerns wegen der geringen Bedeutung dieses Unternehmens nicht beeinträchtigt wird. Erfüllen mehrere Gesellschaften diese Voraussetzung, so ist die geringe Bedeutung für die Gesamtheit dieser Unternehmen zu beurteilen. Daneben kann die Einbeziehung von Tochterunternehmen in den Konzernabschluß aus materiellen Gründen entfallen. Dazu berechtigen nach § 296 I HGB Beschränkungen bei der Ausübung der Rechte bezüglich Vermögen oder Geschäftsführung durch das Mutterunternehmen, hohe Kosten oder Verzögerungen bei der Ermittlung der für den Konzernabschluß erforderlichen Angaben sowie die Veräußerungsabsicht von Anteilen der Tochtergesellschaft. Wird von der Aufnahme der Tochtergesellschaften abgesehen, so ist die Ausübung des Wahlrechts im Konzernanhang anzugeben und zu begründen (§ 296 III HGB). Die Abgrenzung des Konsolidierungskreises kann wie folgt zusammengefaßt werden: *Einbeziehungswahlrecht*

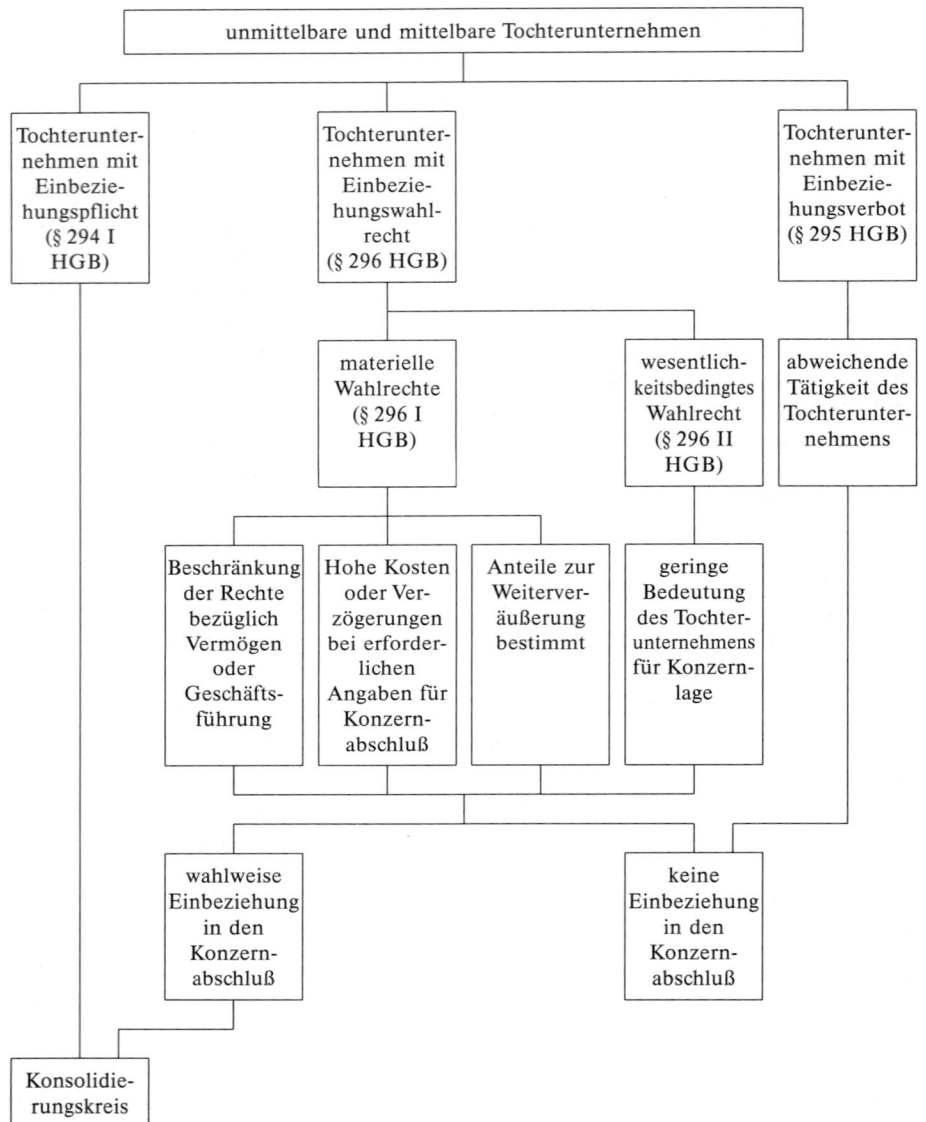

Abb. 10.45: Abgrenzung des Konsolidierungskreises

1468

5. Voraussetzungen für die Aufstellung des Konzernabschlusses

a) Organisatorische Voraussetzungen

Die Zusammenfassung der Einzelabschlüsse von Konzernunternehmen zum konsolidierten Abschluß setzt eine organisatorische Gestaltung der Aufstellung und Kontrolle des Konzernabschlusses voraus. Die notwendigen organisatorischen Regelungen werden durch die Organisationsstruktur des Konzerns bestimmt. Sie umfassen Richtlinien für die Aufstellung der einzubeziehenden Einzelabschlüsse der Tochtergesellschaften, einen Zeitplan für Mutter- und Tochterunternehmen sowie die Führung einer Konzernbuchhaltung.

Da die Erfassung und Verarbeitung von Daten im Rechnungswesen der einzelnen Unternehmen innerhalb eines Konzerns unterschiedlich ausgestaltet sein kann, ist eine Angleichung der externen Rechnungslegung erforderlich. Außerdem muß die Berichterstattung der für den Konzernabschluß notwendigen Daten der Tochtergesellschaften an das Mutterunternehmen geregelt werden. Die Vereinheitlichung der einzubeziehenden Jahresabschlüsse geschieht durch interne **Konzernrichtlinien**, die auch Art und Umfang der Berichterstattung festlegen. Auf der Grundlage der Konzernrichtlinien wird der Einzelabschluß der Tochterunternehmen mit seinen rechtlich bedingten sowie größen- und rechtsformspezifischen Besonderheiten (Handelsbilanz I) so verändert, daß er in den Konzernabschluß einbezogen werden kann (Handelsbilanz II).

Interne Richtlinien zur Aufstellung des Konzernabschlusses

Die materielle und formale Übereinstimmung bei der Verrechnung von Geschäftsvorfällen und der Jahresabschlußposten wird durch die Vergabe eines einheitlichen Kontenplanes und durch die Anwendung einheitlicher Gliederungsschemata erreicht. Die Berichterstattung über Jahresabschlußposten sowie über deren Zusammensetzung und Veränderungen einschließlich der notwendigen Konsolidierungsangaben wird auf der Grundlage einheitlicher Bilanzansatz- und Bewertungsregelungen durchgeführt.

Die Konzernrichtlinien regeln auch die Kompetenzverteilung für die Aufstellung des Konzernabschlusses, wobei Aufgabenbereiche und Verantwortlichkeiten für die einzelnen Arbeitsstufen im Rahmen der Abschlußerstellung festgelegt werden. Die Zuordnung von Aufgabenträgern zu einzelnen Konsolidierungsbereichen wird durch einen Terminplan ergänzt, der den zeitlichen Ablauf der einzelnen Arbeitsschritte determiniert.

Die einheitliche Anwendung und Kontrolle der in den Konzernrichtlinien enthaltenen Regelungen wird durch Koordinierungsstellen des Mutterunternehmens übernommen.

Für die Aufstellung des Konzernabschlusses wird in der Regel eine Konzernbuchführung eingerichtet. Ihre Aufgabe besteht darin, konzerninterne Geschäftsvorfälle

Konzernbuchführung

zu eliminieren und bestimmte Umgliederungen durchzuführen (vgl. Everling 1990, S. 171). Die Einzelaufzeichnungen der Konzernbuchhaltung werden grundsätzlich tabellarisch (statistisch) geführt und beziehen sich praktisch auf alle Posten der Konzernbilanz und der Konzern-GuV-Rechnung. Organisatorisch ist die Konzernbuchführung in der Regel dem Mutterunternehmen zugeordnet.

b) Anpassung der Einzelabschlüsse für die Einbeziehung in den Konzernabschluß

Vereinheitlichung des Bilanzinhalts und der Bewertung

Die für den Einzelabschluß geltenden Vorschriften für Bilanzansatz, Bewertung und Gliederung sind nach § 298 I HGB auch auf den Konzernabschluß anzuwenden, soweit nicht spezielle Regelungen für den konsolidierten Abschluß Abweichungen erzwingen. Für die Abgrenzung des Inhalts der Konzernbilanz schreibt § 300 II HGB vor, daß die Vermögensgegenstände, Schulden und Rechnungsabgrenzungsposten sowie die Erträge und Aufwendungen der in den Konzernabschluß einbezogenen Unternehmen vollständig aufgenommen werden müssen, soweit nach dem Recht des Mutterunternehmens nicht ein Bilanzierungsverbot oder ein Bilanzierungswahlrecht besteht. **Bilanzierungswahlrechte können abweichend von der Festlegung im Einzelabschluß ausgeübt werden.** Maßgebend sind wegen der allgemeinen Regelung des § 298 I HGB die Ansatzvorschriften für Kapitalgesellschaften. Sie gelten auch, wenn eine Nichtkapitalgesellschaft als Mutterunternehmen einen befreienden Konzernabschluß nach § 291 HGB aufstellt.

Inhalt der Konzernbilanz

Die konzerneinheitliche Abgrenzung des Bilanzinhalts kann zwingend oder wahlweise eine Anpassung der Einzelabschlüsse von Konzernunternehmen auslösen. Zu unterscheiden sind folgende typischen Fälle:

- wahlweise Anpassung der Bilanz des Mutterunternehmens wegen geänderter Ausübung von Bilanzansatzwahlrechten (z. B. Bilanzierungshilfen, Aufwandsrückstellungen),
- wahlweise Anpassung der Bilanz von Tochterunternehmen wegen geänderter Ausübung von Bilanzansatzwahlrechten (z. B. Aufwandsrückstellungen) oder der Inanspruchnahme von Bilanzierungshilfen, die Kapitalgesellschaften vorbehalten sind (z. B. Ingangsetzungsaufwand nach § 269 HGB),
- zwingende Anpassung der Bilanz ausländischer Tochterunternehmen wegen abweichender Bilanzierungsgebote oder -verbote nach ausländischem Recht,
- wahlweise Anpassung der Bilanz ausländischer Tochtergesellschaften wegen geänderter Ausübung von Bilanzansatzwahlrechten.

Neben den wahlweisen oder zwingenden Änderungen bei der Abgrenzung des Bilanzinhalts von Einzelabschlüssen kann die Eigenart des Konzernabschlusses zu einer systembedingten Anpassung der in die Konzernbilanz aufzunehmenden Vermögenspositionen führen. Sie ist dann notwendig, wenn Sachverhalte nach der

1470

Einheitstheorie für den Konzernabschluß anders zu beurteilen sind als aus der Sicht des Konzernunternehmens. Wenn Tochterunternehmen A ein von Tochterunternehmen B entwickeltes Patent erwirbt, ist der in der Bilanz von A aktivierte immaterielle Anlagewert zu eliminieren, da für den Konzern als Unternehmenseinheit ein entgeltlicher Erwerb nicht vorliegt.

Bei der Ausübung der Bilanzierungswahlrechte braucht das Stetigkeitsgebot nicht beachtet zu werden, da dies weder eine Bewertungsmethode noch eine Konsolidierungsmethode darstellt. Deshalb kann weder eine kontinuierliche noch eine einheitliche Ausübung gleichartiger Ansatzwahlrechte verlangt werden.

Aus der Einheitstheorie des Konzerns folgt zwingend der Grundsatz der Bewertungseinheitlichkeit. Das in § 308 HGB geregelte Prinzip der Bewertungseinheitlichkeit besagt, daß die in den Konzernabschluß übernommenen Vermögensgegenstände und Schulden nach den auf den Jahresabschluß des Mutterunternehmens anwendbaren Methoden einheitlich zu bewerten sind. Gleiche Sachverhalte dürfen nicht unterschiedlich behandelt werden, wobei der Grundsatz der Bewertungseinheitlichkeit nicht weiter auszulegen ist als im Einzelabschluß. *Grundsatz der Bewertungseinheitlichkeit*

Die Ausübung der Bewertungswahlrechte ist nicht an die Festlegungen im Einzelabschluß gebunden. Wenn sich die einheitliche Bewertung von den im Einzelabschluß des Mutterunternehmens festgelegten Wertansatz- und Bewertungsmethodenwahlrechten unterscheidet, müssen die Abweichungen gemäß § 308 I HGB im Konzernanhang angegeben und begründet werden.

Ausnahmen vom Prinzip der Bewertungseinheitlichkeit sind die Möglichkeit der Beibehaltung steuerrechtlich zulässiger Werte und die zulässige Unterlassung der einheitlichen Bewertung, wenn ihre Auswirkungen auf den Informationszweck des Konzernabschlusses von untergeordneter Bedeutung sind. *Ausnahmen vom Prinzip der Bewertungseinheitlichkeit*

Die Bewertungseinheitlichkeit ist auf der Grundlage der Bewertungsvorschriften für Kapitalgesellschaften umzusetzen. Dies gilt grundsätzlich auch für den Jahresabschluß nach dem PublG, der allerdings die Anwendung einzelner Regelungen (§§ 279 I, 280 HGB) ausschließt.

Aus dem Postulat der Bewertungseinheitlichkeit resultiert eine Anpassung der Bilanz des Mutterunternehmens, wenn für den Konzernabschluß von den bisher angewandten Bewertungsregeln abgewichen wird. Ebenso sind die Einzelabschlüsse von Tochterunternehmen zu korrigieren, soweit die Bewertung der Vermögensgegenstände und Schulden nicht mit den gewählten Bewertungsmethoden in Einklang steht.

Währungsumrechnung

Bei der Einbeziehung ausländischer Unternehmen müssen deren Einzelabschlüsse in Inlandswährung umgerechnet werden. Im Rahmen der gesetzlich nicht geregelten Währungsumrechnung ist die Art des Umrechnungskurses sowie sein zeitlicher Bezug festzulegen.

Art des Wechselkurses	Nach der Art des Wechselkurses können **Geld-, Brief- und Mittelkurs** unterschieden werden. Die Währungsumrechnung der einzelnen Bilanzposten kann sich an der Richtung der durch sie ausgelösten Zahlungsströme orientieren. Ist eine Zuordnung künftiger Zahlungen zu den Jahresabschlußposten nicht möglich, ist eine Umrechnung zum Mittelkurs zweckmäßig. Aus Vereinfachungsgründen wird im allgemeinen der Mittelkurs aus Geld- und Briefkurs gewählt (vgl. ADS 1990, § 298 Tz 67).
Zeitlicher Bezug des Wechselkurses	Nach dem zeitlichen Bezug des Wechselkurses kommen für die Währungsumrechnung der **historische Kurs** zum Anschaffungs- oder Zahlungszeitpunkt und der am Stichtag des Konzernabschlusses bestehende **Stichtagskurs** in Betracht.
Methoden der Währungsumrechnung	Die verschiedenen Methoden der Währungsumrechnung unterscheiden sich hauptsächlich in ihrer Zuordnung zeitbezogener Wechselkurse für die Jahresabschlußposten. Als Kriterium für die Auswahl eines Währungsumrechnungsverfahrens ist das **Äquivalenzprinzip** anzuwenden (vgl. Busse v. Colbe/Ordelheide 1984, S. 314 ff.). Nach diesem Grundsatz muß die Umrechnung im Hinblick auf die Einheitstheorie unter der Fiktion durchgeführt werden, daß alle Transaktionen der ausländischen Tochterunternehmen beim Mutterunternehmen und in deren Währung abgerechnet werden, so daß die Zahlen des Konzernabschlusses in gleicher Weise wie die Werte des Einzelabschlusses interpretiert werden können (vgl. Coenenberg 1990, S. 435; Heinen 1986, S. 463).
	Die wichtigsten Umrechnungsverfahren sind die Fristigkeitsmethode, die Nominal-/Sachwertmethode, die Umrechnung zu Stichtagskursen und die Zeitbezugsmethode.
Fristigkeits-methode	Bei der Fristigkeitsmethode werden langfristig gebundene Bilanzposten und das gezeichnete Kapital mit historischen Kursen zum Zugangszeitpunkt in der Bilanz umgerechnet, während dem Umlaufvermögen und den kurzfristigen Verbindlichkeiten der Tageskurs zum Bilanzstichtag zugeordnet wird. Aufwands- und Ertragspositionen werden mit Ausnahme der zum historischen Kurs umgerechneten Abschreibungen zum Durchschnittskurs des Geschäftsjahres angesetzt. Die Fristigkeitsmethode ist mit dem Äquivalenzprinzip unvereinbar, weil bei einer Aufwertung der Inlandswährung das Niederstwertprinzip nicht beachtet wird und bei einer Abwertung der Inlandswährung unrealisierte Gewinne ausgewiesen werden.
Nominal-/Sachwert-methode	Den gleichen Einwänden ist die Nominal-/Sachwertmethode ausgesetzt. Nach diesem Verfahren erfolgt eine Umrechnung der Nominalwerte und Schulden mit dem Tageskurs, während für Sachwerte und Eigenkapital der historische Kurs angesetzt wird. Die GuV-Rechnung wird auf der Grundlage von Durchschnittskursen erstellt, wobei für Abschreibungen und Materialaufwand allerdings die historischen Kurse der entsprechenden Vermögensgegenstände maßgeblich sind.
Stichtags-kursmethode	Bei der einfach durchzuführenden Stichtagskursmethode werden alle Bilanzpositionen zum Kurs am Bilanzstichtag umgerechnet. Auch dieses Verfahren steht mit dem Äquivalenzprinzip nicht in Einklang, da bei einer Abwertung der Inlandswährung unrealisierte Gewinne und bei einer Aufwertung der Konzernwährung erhebliche Unterbewertungen der Vermögensgegenstände entstehen.

Die Zeitbezugsmethode beachtet den Zusammenhang zwischen Anschaffungswerten und historischen Kursen einerseits und Tageswerten und Stichtagskursen andererseits, so daß ein erweitertes Niederstwertprinzip eingeführt wird. Liegt bei Vermögensgegenständen der mit dem Stichtagskurs bewertete Tageswert (Wiederbeschaffungswert) unter den mit dem historischen Kurs angesetzten Anschaffungs- oder Herstellungskosten, so ist der niedrigere Wertansatz in die Konzernbilanz zu übernehmen, soweit die Bewertungsvorschriften im Inland die Beachtung des strengen Niederstwertprinzips verlangen. *Zeitbezugs-methode*

Gleich hohe Forderungen und Verbindlichkeiten mit übereinstimmenden Restlaufzeiten sind einheitlich zum Tageskurs am Bilanzstichtag umzurechnen, da sich Kursgewinne und -verluste gegenseitig kompensieren. Eine zeitbezogene Umrechnung ist nur für die verbleibenden Forderungs- und Verbindlichkeitsbeträge im Einzelabschluß durchzuführen. Das Eigenkapital einschließlich Kapitalrücklagen ist mit den historischen Kursen im Zugangszeitpunkt umzurechnen. Der Ansatz von Gewinnrücklagen und Bilanzgewinn erfolgt mit dem Stichtagskurs im Entstehungsjahr.

In der GuV-Rechnung findet eine Bewertung der Aufwendungen aus dem Verbrauch von Vermögensgegenständen (Abschreibungen, Materialeinsatz) mit den für die betreffenden Vermögensgegenstände anzusetzenden Umrechnungskursen statt. Für die übrigen Aufwendungen und für Erträge werden in der Regel Durchschnittskurse angesetzt.

Bei der Währungsumrechnung des Jahresabschlusses mit differenzierten Kursen entstehen Umrechnungsdifferenzen. In der Bilanz tritt eine Umrechnungsdifferenz auf, wenn die unterschiedlichen Werte der Aktiv- und Passivposten mit verschiedenen Kursen angesetzt werden. In der GuV-Rechnung ergeben sich Umrechnungsdifferenzen gegenüber dem umgerechneten Jahresergebnis, soweit die einzelnen Aufwands- und Ertragsposten teilweise mit abweichenden Kursen bewertet werden. Bei wirtschaftlicher Betrachtung sind die Umrechnungsdifferenzen Bestandteil des Eigenkapitals, da sie den Wert des im ausländischen Unternehmen gebundenen investierten Kapitals beeinflussen (vgl. ADS 1990, § 298 Tz 53; Busse v. Colbe/Ordelheide 1984, S. 365 f.). *Umrech-nungsdiffe-renzen*

Verrechnungstechnisch können die Umrechnungsdifferenzen erfolgsneutral oder erfolgswirksam behandelt werden. Bei erfolgsneutraler Verrechnung wird die bilanzielle Umrechnungsdifferenz ohne Berührung der GuV-Rechnung in der Bilanz als Korrekturposten zum Eigenkapital ausgewiesen, während der Ergebnisunterschied aus der differenzierten Umrechnung der Aufwendungen und Erträge in der GuV-Rechnung entweder als Sonderposten ausgewiesen oder in den sonstigen betrieblichen Aufwand bzw. Ertrag eingestellt wird. *Erfolgs-neutrale Verrechnung*

Bei erfolgswirksamer Verrechnung wird die Veränderung des bilanziellen Unterschiedsbetrages in der GuV-Rechnung unter den sonstigen Aufwendungen oder Erträgen gesondert erfaßt (vgl. IdW 1986, S. 667). In Höhe der erfolgswirksam verrechneten bilanziellen Umrechnungsdifferenz ist ergänzend eine Einstellung oder eine *Erfolgs-wirksame Verrechnung*

Entnahme aus den Rücklagen vorzunehmen. Der Ergebnisunterschied in der GuV-Rechnung gegenüber dem einheitlich umgerechneten Jahreserfolg wirkt sich unmittelbar bei der differenzierten Umrechnung der Erträge und Aufwendungen aus. Die GuV-Rechnung weist folglich den Jahreserfolg als Saldo aller umgerechneten Erträge und Aufwendungen einschließlich der auf die Abrechnungsperiode entfallenden Veränderung der bilanziellen Umrechnungsdifferenz aus.

In der Praxis überwiegt die erfolgswirksame Verrechnung der Umrechnungsdifferenzen, wobei sich wegen der Methodenfreiheit zahlreiche Mischformen herausgebildet haben, die sich hinsichtlich der differenzierten Behandlung positiver und negativer Unterschiede einerseits sowie bilanzieller und erfolgsrechnerischer Differenzen andererseits unterscheiden.

6. Aufstellung der Konzernbilanz

a) Konsolidierungsvorgänge

Die Zusammenfassung der aufbereiteten Einzelabschlüsse der Konzernunternehmen erfolgt im Rahmen eines Konsolidierungsprozesses, der sich aus mehreren Konsolidierungsvorgängen zusammensetzt.

Kapitalkon-solidierung

Bei der Kapitalkonsolidierung werden die Beteiligungswerte an den Tochterunternehmen, die in der Bilanz des Mutterunternehmens ausgewiesen sind, mit dem auf die Beteiligungen entfallenden Eigenkapital in der Bilanz der Tochterunternehmen aufgerechnet. Dadurch wird eine Doppelerfassung der Beteiligungswerte und der ihnen entsprechenden Vermögenswerte sowie der auf sie entfallenden Eigenkapitalanteile vermieden.

Schuldenkon-solidierung

Die Einheitstheorie erfordert auch eine Eliminierung der zwischen den einbezogenen Unternehmen bestehenden Forderungen und Schulden, da der Konzern als Einheit keine Ansprüche und Verpflichtungen gegen sich selbst in diesem Jahresabschluß ausweisen kann. Deshalb muß eine Schuldenkonsolidierung durchgeführt werden.

Zwischen-erfolgs-eliminierung

Aus der Einheitstheorie folgt weiterhin, daß aus internen Lieferungen und Leistungen zwischen Konzernunternehmen keine Erfolgsbeiträge realisiert werden, die in das Jahresergebnis eingehen. Deshalb sind Zwischenerfolge auszuscheiden, die in den Vermögensposten der Einzelbilanzen enthalten sind. Die Eliminierung der Zwischenerfolge ist ein Konsolidierungsvorgang, der sich auf die Bilanz und auf die GuV-Rechnung des Konzernabschlusses auswirkt.

Aufwands-und Ertragskon-solidierung

Schließlich sind im Rahmen der Aufwands- und Ertragskonsolidierung die internen Umsätze der in den Konzernabschluß einbezogenen Unternehmen mit den auf sie entfallenden Aufwendungen sowie die sonstigen Erträge und Aufwendungen aus Leistungsbeziehungen zwischen den Konzernunternehmen auszuscheiden.

1474

b) Kapitalkonsolidierung

Bei der Kapitalkonsolidierung werden die Anteile, die Konzernunternehmen an einbezogenen Gesellschaften besitzen, gegen das konsolidierungspflichtige Kapital dieser Unternehmen aufgerechnet. Nach § 301 I HGB erfolgt eine Verrechnung der Wertansätze von Anteilen an einbezogenen Tochterunternehmen mit dem auf diese Anteile entfallenden Betrag des Eigenkapitals der Tochterunternehmen. An die Stelle des Wertansatzes der Beteiligung gehen die Vermögensgegenstände und Schulden der Tochterunternehmung in den Konzernabschluß ein. Für die nicht im Besitz eines Mutterunternehmens stehenden Anteile wird ein Ausgleichsposten für die Anteile der anderen Gesellschafter in Höhe ihres Eigenkapitalanteils unter entsprechender Bezeichnung innerhalb des Eigenkapitals gesondert angesetzt (§ 307 I HGB).

Die **erstmalige Einbeziehung** der Bilanzpositionen aus dem Einzelabschluß der Tochterunternehmen in die Konzernbilanz beruht auf der Fiktion, daß alle Vermögensgegenstände und Schulden durch den Konzern einzeln erworben wurden. Den anzusetzenden Bilanzposten sind deshalb Konzernanschaffungskosten zuzuordnen, die grundsätzlich mit dem Tageswert der jeweiligen Vermögensgegenstände und Schulden übereinstimmen (vgl. Coenenberg 1990, S. 455). Deshalb wird die Kapitalkonsolidierung als **Erwerbsmethode** bezeichnet. Da die Buchwerte in den Einzelbilanzen der Tochterunternehmen in der Regel von den Tageswerten abweichen, werden abweichende Wertansätze in die Konzernbilanz eingestellt.

Erwerbsmethode

Eine Umbewertung der Bilanzposten der Tochterunternehmen kann wegen des unterstellten Anschaffungsprinzips nur bis zur Höhe der Anschaffungskosten des Mutterunternehmens für die Anteile durchgeführt werden, die dem Beteiligungswert in der Bilanz des Mutterunternehmens entsprechen.

In den Folgeperioden nach Erwerb der Anteile von Tochterunternehmen kann der Buchwert der Beteiligung nur gegen das anteilige Eigenkapital der Tochtergesellschaft zum Erwerbszeitpunkt unverändert aufgerechnet werden. Die im Rahmen der Erstkonsolidierung ermittelten Wertansätze werden in den Folgeperioden fortgeführt. Bei abnutzbaren Vermögensgegenständen stellen die Konzernanschaffungskosten die neue Abschreibungsbasis dar. Abgänge des umbewerteten Umlaufvermögens beeinflussen den Jahreserfolg des Konzerns in Höhe der Wertdifferenzen aus der Neubewertung.

Bewertung in den Folgeperioden

Bei der Aufrechnung von Beteiligungsbuchwert des Mutterunternehmens und anteiligem Eigenkapital der Tochterunternehmen sind alle Anteilsrechte einzubeziehen, die dem Mutterunternehmen oder einem einbezogenen Tochterunternehmen gehören und die von Dritten für Rechnung eines Konzernunternehmens gehalten werden. Das anteilige Eigenkapital umfaßt sämtliche Eigenkapitalposten einschließlich des anteiligen Jahreserfolgs bis zum Erwerbszeitpunkt.

Die Kapitalkonsolidierung kann verrechnungstechnisch nach der Buchwertmethode oder der Neubewertungsmethode durchgeführt werden, die sich bei 100%-Beteiligungen im Ergebnis nicht unterscheiden.

Verrech-
nungstechni-
sche Durch-
führung der
Kapitalkon-
solidierung

Buchwert-
methode

Nach der Buchwertmethode gemäß § 301 I Nr. 1 HGB wird der Beteiligungsbuchwert mit dem anteiligen Eigenkapital des Tochterunternehmens verrechnet, das in dessen Einzelbilanz ausgewiesen ist. Ein positiver Unterschiedsbetrag wird den Wertansätzen der in die Konzernbilanz aufzunehmenden Vermögensgegenstände zugeschrieben oder von den Schulden abgesetzt, soweit deren Wert höher oder niedriger ist als der bisherige Buchwert in der Einzelbilanz. Ein verbleibender Unterschiedsbetrag wird auf der Aktivseite der Konzernbilanz als Geschäftswert ausgewiesen. Eine negative Differenz wird auf der Passivseite als Unterschiedsbetrag aus der Kapitalkonsolidierung ausgewiesen.

Ein **positiver Unterschiedsbetrag** ist auf folgende Ursachen zurückzuführen:
– stille Reserven in Vermögensgegenständen (oder Schulden) der Tochtergesellschaft; der Ausgleich erfolgt durch höhere (niedrigere) Wertansätze der Bilanzpositionen;
– Gegenwert nicht bilanzierter immaterieller Vermögensgegenstände, soweit im Kaufpreis abgegolten; die Differenz wird durch deren Ansatz beseitigt;
– positiver Geschäftswert; in Höhe der Differenz wird ein Geschäftswert in der Konzernbilanz ausgewiesen.

Ein **negativer Unterschiedsbetrag** kann sich ergeben bei:
– Überbewertung des Vermögens und der Schulden der Tochtergesellschaft; der Unterschiedsbetrag wird durch eine Wertberichtigung ausgeglichen;
– Vorliegen eines negativen Geschäftswerts; die Differenz wird durch Ansatz eines passiven Konsolidierungspostens ausgeglichen;
– günstigem Kauf des Tochterunternehmens; der Ausgleich erfolgt durch einen passiven Konsolidierungsausgleichsposten.

Das **Strukturprinzip der Kapitalkonsolidierung** nach der Buchwertmethode kann wie folgt veranschaulicht werden, wobei unterstellt wird, daß der Beteiligungsbuchwert des Mutterunternehmens (MU) den Wert des anteiligen Eigenkapitals des Tochterunternehmens (TU) übersteigt. MU ist an TU zu 100% beteiligt.

$$B_{MU}: A_1 + A_2 + BW_{TU} \qquad\qquad = Ek_{MU} + V_{MU}$$
$$B_{TU}: A_3 + A_4 \qquad\qquad\qquad\qquad = Ek_{TU} + V_{TU}$$

$$B_k: A_1 + A_2 + A_3 + A_4 + \Delta A_3 + \Delta A_4 + GW \qquad = Ek_{MU} + V_{MU} + V_{TU}$$

B_{MU} und B_{TU} repräsentieren die Bilanzgleichungen des Mutterunternehmens und der Tochtergesellschaft. Bei der Zusammenfassung der beiden Bilanzen zur Konzernbilanz (B_k) wird auf der Aktivseite der Beteiligungsbuchwert BW_{TU} gegen das Eigenkapital des Tochterunternehmens EK_{TU} aufgerechnet. Folglich werden neben den Aktiva (A_1; A_2), dem Eigenkapital (EK_{MU}) und den Verbindlichkeiten (V_{MU}) des Mutterunternehmens nur die Aktiva der Tochtergesellschaft (A_3, A_4) und deren Verbindlichkeiten (V_{TU}) in die Konzernbilanz aufgenommen. Da der Beteiligungsbuchwert (Anschaffungskosten für das Reinvermögen von TU) größer ist als das Eigenkapital der Tochtergesellschaft, wird der Ausgleich in der Konzernbilanz durch eine Auflösung der in dem Vermögen von TU enthaltenen stillen Reserven (ΔA_3, ΔA_4) und gegebenenfalls durch den Ausweis eines Geschäftswerts (GW) herbeigeführt. $A_3 + \Delta A_3$ sowie $A_4 + \Delta A_4$ repräsentieren die Konzernanschaffungskosten der Aktiva von TU.

Es gilt folglich:

$$BW_{TU} = EK_{TU} + \Delta A_3 + \Delta A_4 + GW.$$

Neubewertungsmethode

Bei der in § 301 I Nr. 2 HGB geregelten Neubewertungsmethode werden die stillen Reserven und Lasten im Vermögen der Tochtergesellschaft vor der Kapitalaufrechnung aufgedeckt. Die Bewertung der Vermögensgegenstände und Schulden erfolgt mit den Tageswerten zum Erwerbszeitpunkt. Durch die Umbewertung entspricht das Eigenkapital den Zeitwerten des Reinvermögens. Die daraus resultierende Eigenkapitaländerung geht in die Rücklagen des Tochterunternehmens ein oder wird als Sonderposten zum Eigenkapital ausgewiesen.

Die Zusammenfassung der Bilanzen von Mutter- und Tochterunternehmen nach der Neubewertungsmethode beeinflußt lediglich die Bilanzgleichung der Tochtergesellschaft und stellt sich wie folgt dar:

$$B_{MU}: A_1 + A_2 + BW_{TU} = Ek_{MU} + V_{MU}$$
$$B_{TU}: (A_3 + \Delta A_3) + (A_4 + \Delta A_4) = Ek_{TU} + \Delta Ek_{TU} + V_{TU}$$

$$B_k: A_1 + A_2 + (A_3 + \Delta A_3) + (A_4 + \Delta A_4) + GW = Ek_{MU} + V_{MU} + V_{TU}$$

Da nach § 301 I Satz 4 HGB das Eigenkapital von TU ($Ek_{TU} + \Delta Ek_{TU}$) nicht mit einem höheren Wert als den Anschaffungskosten der Beteiligung (BW_{TU}) angesetzt werden darf, gilt:

$$BW_{TU} = Ek_{TU} + \Delta Ek_{TU} + GW = (A_3 + \Delta A_3) + (A_4 + \Delta A_4) - V_{TU} + GW$$

Differenzen bei Buchwert- und Neubewertungsmethode

Unterschiede entstehen je nach angewandter Methode, wenn das Mutterunternehmen eine Beteiligung unter 100% an der Tochtergesellschaft hält. In diesem Fall ist dem Beteiligungsbuchwert das der Beteiligungsquote entsprechende anteilige Eigenkapital gegenüberzustellen. Auch in diesem Fall werden die Bilanzposten der Tochtergesellschaft vollständig in die Konzernbilanz übernommen. Die Aufnahme der Vermögensgegenstände und Schulden in voller Höhe trotz einer **Minderheitsbeteiligung** wird als Vollkonsolidierung bezeichnet und ist Ausfluß der Einheitstheorie. Das den anderen Gesellschaftern zustehende Eigenkapital des Tochterunternehmens ist gemäß § 307 I Satz 1 HGB innerhalb des Eigenkapitals gesondert auszuweisen.

Wird unterstellt, daß MU an TU mit einem Anteil a beteiligt ist und repräsentieren ΔA_3 und ΔA_4 die gesamten stillen Reserven von TU, die anteilig im Beteiligungsbuchwert BW_{TU} enthalten sind, dann gilt bei der **Buchwertmethode** folgender Zusammenhang:

$$B_{MU}: A_1 + A_2 + BW_{TU,a} \qquad\qquad = Ek_{MU} + V_{MU}$$
$$B_{TU}: A_3 + A_4 \qquad\qquad\qquad\qquad = Ek_{TU} + V_{TU}$$

$$B_k: A_1 + A_2 + A_3 + A_4 + a\,(\Delta A_3 + \Delta A_4) + GW = Ek_{MU} + (1-a)\,Ek_{TU}$$
$$+ V_{MU} + V_{TU}$$

Die Aufrechnung von $BW_{TU,a}$ mit dem auf das Mutterunternehmen entfallenden anteiligen Eigenkapital aEk_{TU} führt zu einem Unterschiedsbetrag in Höhe der anteiligen stillen Reserven, der durch eine Zurechnung auf die Aktiva der Tochtergesellschaft ausgeglichen wird.

$$BW_{TU,a} = aEk_{TU} + a\,(\Delta A3 + \Delta A4) + GW$$

Das auf die anderen Gesellschafter entfallende Eigenkapital (Ek_{MG}) beträgt folglich:

$$Ek_{MG} = (1-a)\,Ek_{TU}$$

Im Rahmen der **Neubewertungsmethode** werden sämtliche stillen Reserven aufgelöst. Für die Kapitalkonsolidierung gelten folgende Beziehungen:

$$B_{MU}: A_1 + A_2 + BW_{TU,a} \qquad\qquad = Ek_{MU} + V_{MU}$$
$$B_{TU}: (A_3 + \Delta A_3) + (A_4 + \Delta A_4) \qquad = Ek_{TU} + \Delta Ek_{TU} + V_{TU}$$

$$B_k: A_1 + A_2 + (A_3 + \Delta A_3) + (A_4 + \Delta A_4) + GW = Ek_{MU} + (1-a)\,(Ek_{TU}$$
$$+ \Delta Ek_{TU}) + V_{MU} + V_{TU}$$

Da in der Konzernbilanz die Vermögensgegenstände der Tochtergesellschaft mit den Tageswerten zum Erwerbsstichtag angesetzt sind und sich das Eigenkapital des Tochterunternehmens um diesen Betrag erhöht ($\Delta Ek_{TU} = \Delta A_3 + \Delta A_4$), muß das auf die anderen Gesellschafter entfallende anteilige Eigenkapital im Vergleich zur Buchwertmethode um die ihnen zustehenden anteiligen stillen Reserven $(1-a)\,(\Delta A_3 + \Delta A_4) = (1-a)\,\Delta Ek_{TU}$ erhöht werden, um die Konzernbilanz auszugleichen. Das anteilige Eigenkapital der Minderheitsgesellschafter beträgt somit:

$$Ek_{MG} = (1-a)\,(Ek_{TU} + \Delta Ek_{TU})$$

Sind andere Gesellschafter an einem Tochterunternehmen beteiligt, führt die Neubewertungsmethode zu einem höheren Vermögens- und Eigenkapitalausweis in der Konzernbilanz als die Buchwertmethode. In den Folgeperioden ergeben sich wegen des höheren Wertansatzes bei abnutzbaren Gegenständen des Anlagevermögens höhere Abschreibungen, die das ausgewiesene Konzernergebnis stärker mindern als im Fall der Buchwertmethode.

Besonderheiten bei mehrstufigen Konzernen

Die Kapitalkonsolidierung entwickelt sich bei komplexen Konzernstrukturen zu einem komplizierten Verrechnungsproblem. Bei **mehrstufigen Konzernen** werden die Beteiligungen gegen das konsolidierungspflichtige Eigenkapital stufenweise aufgerechnet, wobei zuerst das unterste Konzernunternehmen mit der ihm unmittelbar übergeordneten Muttergesellschaft konsolidiert wird. Anschließend erfolgt die Verrechnung des anteiligen Eigenkapitals dieses Mutterunternehmens mit dem Beteiligungswert des Konzernunternehmens auf der nächst höheren Ebene. Statt der **Sukzessivkonsolidierung** kann mit mathematischen Lösungsverfahren eine **Simultankonsolidierung** durchgeführt werden. Bei großen Konzernen ist der Einsatz spezieller EDV-Programme zur Durchführung der Kapitalkonsolidierung gebräuchlich. Bei **gegenseitigen Beteiligungen** zwischen Tochterunternehmen und vorhandenen Minderheitsgesellschaftern muß berücksichtigt werden, daß diese über ihren Kapitalanteil einen **direkten Anspruch** auf das Reinvermögen der Konzerngesellschaft und über die Rückbeteiligung dieser Gesellschaft an dem anderen Konzernunternehmen auch einen **indirekten Anspruch** an dieser Tochtergesellschaft besitzen. **Rückbeteiligungen an der Obergesellschaft des Konzerns** sind dagegen als eigene Anteile in der Konzernbilanz auszuweisen. Für die Durchführung der Kapitalkonsolidierung bei komplexen Konzernstrukturen stellt die Matrizenrechnung geeignete Lösungsansätze zur Verfügung.

Im Gegensatz zur Erstkonsolidierung ist die Kapitalkonsolidierung in den Folgeperioden gesetzlich nicht geregelt. Für die Fortschreibung der Wertkorrekturen aus der Erstkonsolidierung müssen Nebenrechnungen im Rahmen der Konzernbuchhaltung durchgeführt werden. Die Fortschreibungen beziehen sich auf die planmäßigen Abschreibungen der den Vermögensgegenständen zugeordneten stillen Reserven, die wegen des für die Konzernbilanz geltenden Niederstwertprinzips durch die Vornahme außerplanmäßiger Abschreibungen zu ergänzen sind. Ebenso wird ein ausgewiesener **Geschäftswert** in den folgenden Jahren zu Lasten des Konzernerfolgs abgeschrieben. Alternativ läßt § 309 I Satz 3 HGB eine offene Absetzung von den Rücklagen zu. Dadurch wird das Eigenkapital in der Konzernbilanz vermindert und eine zukünftige Ergebnisbelastung vermieden, da die Geschäftswertabschreibung entfällt.

Kapitalkonsolidierung in den Folgeperioden

Bei Veräußerungsvorgängen sind den Erlösen die im Konzernabschluß zugeordneten Tageswerte gegenüberzustellen, so daß der Veräußerungserfolg aus Konzernsicht vom Einzelabschluß abweicht (vgl. Ordelheide 1989, C 402 Tz 9). Beim Verbrauch von Vorräten fließen die den jeweiligen Vermögensgegenständen zugeordneten Werte in den Materialverbrauch oder in die Bestandsveränderung ein. In gleicher Weise sind abweichende Wertansätze fortzuschreiben und gegebenenfalls erfolgswirksam zu eliminieren. Während bei der Buchwertmethode die gesondert erfaßten Wertkorrekturen die Grundlage für Folgekonsolidierungen darstellen, wird bei Anwendung der Neubewertungsmethode die neu bewertete Einzelbilanz fortgeschrieben.

1479

Beispiel: Kapitalkonsolidierung und Folgekonsolidierung

Kapitalkonsolidierung nach der **Buchwertmethode** unter Berücksichtigung von Minderheiten Beteiligung 60%.

Dem Beispiel liegen die Bilanzen des Mutterunternehmens (MU) und des Tochterunternehmens (TU) zugrunde. Es wird unterstellt, daß in den verschiedenen Aktiva des Tochterunternehmens stille Reserven in Höhe von DM 10 000,– enthalten sind.

	Bilanz 31.12.01 Mutterunternehmen		Bilanz 31.12.01 Tochterunternehmen		Konsolidierung		Verteilung des Unterschiedsbetrags		Minderheiten		Konzernbilanz 31.12.01	
	Aktiva	Passiva	Aktiva	Passiva	Soll	Haben	Soll	Haben	Soll	Haben	Aktiva	Passiva
Verschiedene Aktiva	60 000,–		22 000,–				6 000,–				88 000,–	
Anteile an verbundenen Unternehmen	15 000,–					15 000,–						
Geschäftswert							3 000,–				3 000,–	
Unterschiedsbetrag					9 000,–			9 000,–				
Eigenkapital – gez. Kapital – Rücklagen/		37 000,–		9 000,–	5 400,–				3 600,–			37 000,–
Bilanzgewinn		3 000,–		1 000,–	600,–				400,–			3 000,–
Verschiedene Passiva		35 000,–		12 000,–								47 000,–
Ausgleichsposten für Anteile anderer Gesellschafter										4 000,–		4 000,–
	75 000,–	75 000,–	22 000,–	22 000,–	15 000,–	15 000,–	9 000,–	9 000,–	4 000,–	4 000,–	91 000,–	91 000,–

Kapitalkonsolidierung nach der **Neubewertungsmethode** unter Berücksichtigung von Minderheiten
Dem Beispiel liegen die gleichen Daten wie dem vorhergehenden Beispiel zugrunde. Die in den verschiedenen Aktiva des Tochterunternehmens enthaltenen stillen Reserven wurden aufgelöst und die Rücklagen entsprechend erhöht.

	Bilanz 31. 12. 01 Mutterunternehmen		Bilanz 31. 12. 01 Tochterunternehmen		Konsolidierung		Minderheiten		Konzernbilanz 31. 12. 01	
	Aktiva	Passiva	Aktiva	Passiva	Soll	Haben	Soll	Haben	Aktiva	Passiva
Verschiedene Aktiva	60 000,–		32 000,–						92 000,–	
Anteile an verbundenen Unternehmen	15 000,–					15 000,–				
Geschäftswert					3 000,–				3 000,–	
Eigenkapital – gez. Kapital		37 000,–		9 000,–	5 400,–		3 600,–			37 000,–
– Rücklagen/ Bilanzgewinn		3 000,–		11 000,–	6 600,–		4 400,–			3 000,–
Verschiedene Passiva		35 000,–		12 000,–						47 000,–
Ausgleichsposten für Anteile anderer Gesellschafter								8 000,–		8 000,–
	75 000,–	75 000,–	32 000,–	32 000,–	15 000,–	15 000,–	8 000,–	8 000,–	95 000,–	95 000,–

Folgekonsolidierung:

Für die Folgekonsolidierung werden folgende Annahmen getroffen:
– Die verschiedenen Aktiva und die Rücklagen haben sich um DM 4 000,– erhöht.
– Die in den verschiedenen Aktiva enthaltenen stillen Reserven werden auf eine Restnutzungsdauer von 5 Jahren verteilt.
– Der Geschäftswert wird gemäß § 309 I HGB zu 25% abgeschrieben.
– Die Abschreibungen werden vereinfacht mit dem Bilanzgewinn verrechnet.

Folgekonsolidierung nach der **Buchwertmethode:**

	Bilanz 31. 12. 02 Mutterunternehmen		Bilanz 31. 12. 02 Tochterunternehmen		Konsolidierung		Verteilung des Unterschiedsbetrags		Minderheiten		erfolgswirksame Buchungen		Konzernbilanz 31. 12. 02	
	Aktiva	Passiva	Aktiva	Passiva	Soll	Haben	Soll	Haben	Soll	Haben	Soll	Haben	Aktiva	Passiva
Verschiedene Aktiva	60 000,–		26 000,–				6 000,–					1 200,–	90 800,–	
Anteile an verbundenen Unternehmen	15 000,–					15 000,–								
Geschäftswert							3 000,–					750,–	2 250,–	
Unterschiedsbetrag					9 000,–			9 000,–						
Eigenkapital – gez. Kapital		37 000,–		9 000,–	5 400,–				3 600,–					37 000,–
– Rücklagen/ Bilanzgewinn		3 000,–		5 000,–	600,–				2 000,–		1 950,–			3 450,–
Verschiedene Passiva		35 000,–		12 000,–										47 000,–
Ausgleichsposten für Anteile anderer Gesellschafter										5 600,–				5 600,–
	75 000,–	75 000,–	26 000,–	26 000,–	15 000,–	15 000,–	9 000,–	9 000,–	5 600,–	5 600,–	1 950,–	1 950,–	93 050,–	93 050,–

Folgekonsolidierung nach der **Neubewertungsmethode**:

	Bilanz 31.12.02 Mutterunternehmen		Bilanz 31.12.02 Tochterunternehmen		Konsolidierung		Minderheiten		erfolgswirksame Buchungen		Konzernbilanz 31.12.02	
	Aktiva	Passiva	Aktiva	Passiva	Soll	Haben	Soll	Haben	Soll	Haben	Aktiva	Passiva
Verschiedene Aktiva	60 000,–		36 000,–							2 000,–	94 000,–	
Anteile an verbundenen Unternehmen	15 000,–					15 000,–						
Geschäftswert					3 000,–					750,–	2 250,–	
Eigenkapital – gez. Kapital		37 000,–		9 000,–	5 400,–		3 600,–					37 000,–
– Rücklagen/Bilanzgewinn		3 000,–		15 000,–	6 600,–		6 000,–		1 950,–			3 450,–
Verschiedene Passiva		35 000,–		12 000,–								47 000,–
Ausgleichsposten für Anteile anderer Gesellschafter								9 600,–	800,–			8 800,–
	75 000,–	75 000,–	36 000,–	36 000,–	15 000,–	15 000,–	9 600,–	9 600,–	2 750,–	2 750,–	96 250,–	96 250,–

Eine Sonderform der Kapitalkonsolidierung bildet die Interessenzusammenführungsmethode (Pooling of Interests). Bei dieser in § 302 HGB geregelten Methode findet eine vereinfachte erfolgswirksame Verrechnung des Beteiligungsbuchwerts gegen das gezeichnete Kapital der Tochtergesellschaft statt, wobei ein Unterschiedsbetrag gegen die Rücklagen des Mutterunternehmens verrechnet wird. Eine Neubewertung der Bilanzpositionen entfällt. Anwendbar ist die Pooling of Interests-Methode bei Tochtergesellschaften, deren Anteile mindestens zu 90% von Mutterunternehmen gehalten werden und durch Ausgabe von Anteilen eines im Konzernabschluß einbezogenen Unternehmens erworben wurden, wobei eine ergänzende Barzahlung 10% des Nennbetrags der ausgegebenen Anteile nicht übersteigen darf.

c) Schuldenkonsolidierung

Da der Konzern als einheitliches Unternehmen keine Forderungen und Verbindlichkeiten gegenüber sich selbst haben kann, ergibt sich bei Zusammenführung der Einzelbilanzen zur Konzernbilanz die Notwendigkeit, die zwischen den einbezogenen Unternehmen bestehenden Forderungen und Schulden zu eliminieren.

Bei der Schuldenkonsolidierung gemäß § 303 HGB werden alle Bilanzpositionen mit Forderungscharakter und sämtliche konzerninternen Schuldposten aufgerechnet. Darin eingeschlossen sind auch Eventualverbindlichkeiten, die im Anschluß an die Bilanz ausgewiesen werden, sowie die im Anhang angegebenen sonstigen finanziellen Verpflichtungen, die nicht bilanziert sind und auch keine vermerkpflichtigen Haftungsverhältnisse darstellen.

Stehen sich Forderungen und Schulden zwischen Konzernunternehmen in gleicher Höhe gegenüber, so sind die betreffenden Bilanzposten wegzulassen. Bei der Zusammenfassung der Einzelbilanzen tritt lediglich eine erfolgsneutrale Bilanzverkürzung ein. Unterschiedliche Wertansätze bei eliminierungspflichtigen Forderungen und *Unechte Auf-* Schulden beruhen auf unechten oder echten Aufrechnungsdifferenzen. Eine unechte *rechnungs-* Aufrechnungsdifferenz liegt bei fehlerhaften Buchungen oder zeitlichen Buchungs- *differenzen* unterschieden vor (z. B. Forderungseinbuchung aus Lieferungen und Leistungen und noch nicht gebuchte Verbindlichkeit wegen noch nicht erfolgtem Übergang des wirtschaftlichen Eigentums an der Ware). Die festgestellte Aufrechnungsdifferenz ist bei der Konsolidierung zu berichten, so daß die Schuldenkonsolidierung ebenfalls erfolgsneutral durchgeführt wird.

Echte Aufrechnungsdifferenzen sind auf Bewertungsunterschiede der Forderungen und Schulden in den Einzelabschlüssen zurückzuführen. Typische Ursachen sind:

- der Ansatz von Rückstellungen (z. B. für Gewährleistung) in der Einzelbilanz, der keine Forderung in der Bilanz des anderen Unternehmens gegenübersteht;
- Abzinsung von Forderungen oder Ansatz einer Pauschalwertberichtigung bei gleichzeitiger Bewertung der korrespondierenden Verbindlichkeiten zum Rückzahlungsbetrag;

– Gewährung eines Darlehens mit Disagio und Aufwandsverrechnung des Disagios beim Darlehensnehmer;
– unterschiedliche Umrechnungskurse bei Fremdwährungsforderungen und -verbindlichkeiten.

In seltenen Fällen übersteigen die Forderungen den Wert der entsprechenden Schulden. Eine derartige Konstellation ist bei der Einbeziehung ausländischer Tochterunternehmen oder beim Erwerb von Schuldverschreibungen eines Konzernunternehmens zu einem Überparikurs durch ein anderes Unternehmen möglich (vgl. Gross et al. 1987, S. 162). Durch die Verrechnung höher (niedriger) bewerteter Schulden mit den entsprechenden Forderungen entstehen passive (aktive) Aufrechnungsdifferenzen. Es entspricht der **Einheitstheorie**, die **Aufrechnungsdifferenzen im Konzernabschluß erfolgswirksam zu verrechnen**. Um einen periodengerechten Ausweis des Konzernerfolgs zu gewährleisten, können die Aufrechnungsdifferenzen nur in den Perioden ihrer Entstehung und Auflösung den Konzernerfolg beeinflussen. Nur in diesen Zeiträumen sind die in den Einzelabschlüssen ausgewiesenen Erträge und Aufwendungen in der Höhe der Unterschiedsbeträge korrekturbedürftig. Deshalb sind in jeder Abrechnungsperiode nur die Veränderungen der Unterschiedsbeträge gegenüber dem Vorjahr erfolgswirksam. Eine Aufstockung des passiven Unterschiedsbetrags verbessert das Konzernjahresergebnis, eine Reduzierung führt zu einer Verminderung des Konzernerfolgs. Die Gesamtdifferenz nach dem Stand des Vorjahres wird als Erhöhung bzw. Minderung des Ergebnisvortrags oder als Gewinnrücklage mit dem Eigenkapital verrechnet.

Erfolgswirksame Verrechnung echter Aufrechnungsdifferenzen

Beispiel: Verrechnung von Aufrechnungsdifferenzen aus der Schuldenkonsolidierung (Geschäftsjahr 01 ist das Jahr der Erstkonsolidierung)

Geschäftsjahr	01	02	03	04
	TDM	TDM	TDM	TDM
Forderungen an einbezogene Unternehmen	730	650	710	770
Verbindlichkeiten gegenüber einbezogenen Unternehmen	960	740	860	950
Aufrechnungsdifferenz	230	90	150	180
Summe der Jahreserfolge der einbezogenen Unternehmen	750	750	750	750
Änderung der Aufrechnungsdifferenz im Geschäftsjahr	+ 230	- 140	+ 60	+ 30
Konzernjahresüberschuß	980	610	810	780
Aufrechnungsdifferenz nach dem Stand am Ende des Vorjahres (Verrechnung mit dem Ergebnisvortrag oder mit dem Eigenkapital)	–	+ 230	+ 90	+ 150

Die Bildung und Auflösung von Aufrechnungsdifferenzen löst im Konzernabschluß eine zeitlich befristete Ergebnisdifferenz gegenüber der Summe der Einzelergebnisse der einbezogenen Unternehmen aus. Deshalb ist die **erfolgswirksame Schuldenkonsolidierung** mit einer **Abgrenzung latenter Steuern** gemäß § 305 HGB verbunden. Wegen des **Wesentlichkeitsprinzips** kann nach § 303 II HGB eine Schuldenkonsolidierung unterbleiben, wenn die aufzurechnenden Beträge für die Erreichung des dem Konzernabschluß vorgegebenen Informationszwecks von untergeordneter Bedeutung sind. Für die Beurteilung der Wesentlichkeit ist die Summe der in die Schuldenkonsolidierung einzubeziehenden Forderungen und Schulden maßgebend.

d) Konsolidierung der Zwischenerfolge

Realisations-
prinzip

Das an Umsatzvorgänge anknüpfende Realisationsprinzip im Einzelabschluß ist bei konzerninternen Lieferbeziehungen nicht mit der Einheitstheorie des Konzerns vereinbar, wenn die Vermögensgegenstände den Konzern noch nicht verlassen haben. Die aus den Liefergeschäften resultierenden Erfolgsbeiträge sind aus der Sicht des Konzerns erst realisiert, wenn die Lieferung an Dritte außerhalb des Konsolidierungskreises erfolgt ist. Aus der Einheitstheorie folgt, daß ein **„erweitertes" Realisationsprinzip** anzuwenden ist. Es gebietet eine Korrektur der Wertansätze für die aus konzerninternen Leistungsgeschäften stammenden Vermögensgegenstände, die in den Einzelabschlüssen der einbezogenen Konzernunternehmen bilanziert sind. Die Wertansätze sind um die darin enthaltenen Zwischenerfolge zu berichtigen. In Höhe der Zwischenergebnisse verändert sich die Summenbilanz, wobei gleichzeitig eine Anpassung des Konzernergebnisses erfolgen muß, soweit sich der Gesamtbetrag der ausgeschiedenen Zwischenerfolge gegenüber dem Vorjahr geändert hat.

Der Umfang der Zwischenerfolge wird durch einen Vergleich zwischen den Einzelbilanzwerten der aus Konzernlieferungen stammenden Vermögensgegenstände mit den aus Konzernsicht ansetzbaren Werten bestimmt. Bei einem **Zwischengewinn** übersteigt der Einzelbilanzwert den zulässigen Konzernwert. Ist der Konzernwert höher als der Einzelbilanzwert, liegt ein **Zwischenverlust** vor. Bei der Ermittlung der Konzernwerte sind die für die Anschaffungs- und Herstellungskosten geltenden allgemeinen Regelungen des § 255 HGB unter der Annahme anzuwenden, daß die in den Konzernabschluß einbezogenen Unternehmen auch rechtlich ein einziges Unternehmen bilden würden.

Konzern-
anschaffungs-
kosten

Die Konzernanschaffungskosten umfassen folglich sämtliche Aufwendungen, die vom Konzern als Unternehmenseinheit geleistet werden, um den Vermögensgegenstand zu erwerben und ihn in einen betriebsbereiten Zustand zu versetzen, soweit es sich um Einzelkosten handelt.

Konzern-
herstellungs-
kosten

Sind die konzernintern gelieferten Vermögensgegenstände von einem Konzernunternehmen hergestellt worden, sind die Konzernherstellungskosten zu ermitteln, wobei das Bewertungsmethodenwahlrecht bezüglich der Einbeziehung von Gemeinkosten auch für den Konzernabschluß gilt. Wegen der Bandbreite zulässiger Werte bei der Ermittlung der Konzernherstellungskosten ergibt sich ein Mindestwert und ein

Höchstwert für die Konzernherstellungskosten, so daß die aus dem Vergleich mit den Wertansätzen in den Einzelbilanzen abgeleiteten Zwischenerfolge in eliminierungspflichtige und eliminierungsfähige Bestandteile aufgeteilt werden können. Der eliminierungspflichtige Zwischengewinn entspricht der Differenz zwischen dem Einzelbilanzwert und dem geringeren Höchstwert der Konzernherstellungskosten. Umgekehrt stellt der Unterschiedsbetrag zwischen dem Einzelbilanzwert und dem höheren Mindestwert der Konzernherstellungskosten den konsolidierungspflichtigen Zwischenverlust dar. Eliminierungsfähig sind die Gemeinkostenbestandteile der Herstellungskosten. Bei Gegenüberstellung des Einzelbilanzwertes und des Mindestwertes der Konzernherstellungskosten erhöht sich der Umfang der Zwischengewinne um die aus den Herstellungskosten eliminierten Gemeinkosten. In gleicher Weise vergrößert sich ein Zwischenverlust, wenn anstatt des Mindestwertes der Konzernherstellungskosten deren Höchstwert in den Wertevergleich einbezogen wird.

Bei der Ermittlung der Konzernherstellungskosten sind **Aufwandsmehrungen und -minderungen** zu berücksichtigen. Herstellungskostenmehrungen entstehen dadurch, daß im Vergleich zu den Herstellungskosten des liefernden Konzernunternehmens aus Konzernsicht zusätzlich Aufwendungen anfallen, die als Einzelkosten aktivierungspflichtig sind oder als Gemeinkosten in die Konzernherstellungskosten einbezogen werden dürfen. Typische zusätzliche Aufwendungen sind Einzel- und Gemeinkosten des konzerninternen Transports sowie die zusätzlichen Abschreibungen auf das der Fertigung dienende Anlagevermögen, die auf die anläßlich der Kapitalerstkonsolidierung aufgedeckten stillen Reserven verrechnet werden.

Konzern-herstellungs-kosten-mehrungen

Als Herstellungskostenminderungen kommen Aufwendungen des Konzernunternehmens in Betracht, die keine Kosten des Konzerns als Betriebseinheit gegenüber Dritten sind. Auszuscheiden sind z. B. konzerninterne Stücklizenzen (Einzelkostenminderung) oder an ein anderes Konzernunternehmen gezahlte Mieten und Pachten

Konzern-herstellungs-kosten-minderungen

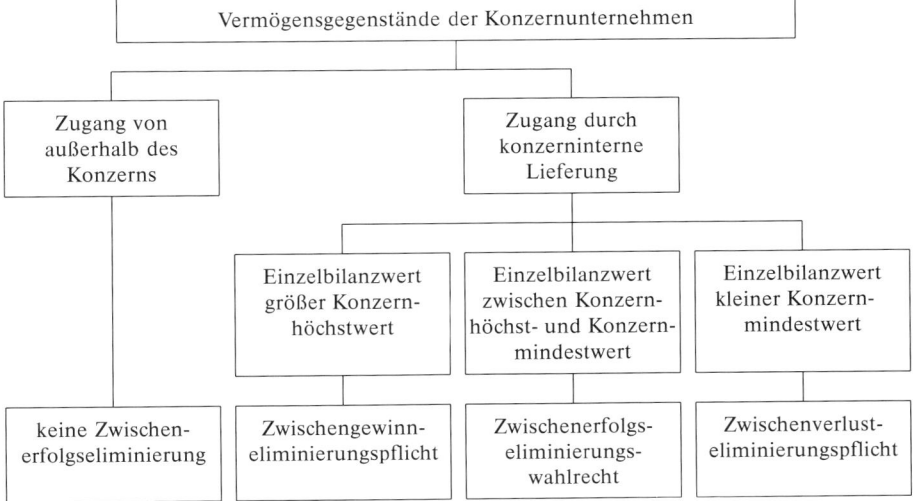

Abbildung 10.46: Voraussetzung der Zwischenerfolgseliminierung

1487

(Gemeinkostenminderung). Abbildung 10.46 veranschaulicht die Struktur der Zwischenerfolgseliminierung.

Für den Umfang der Zwischenerfolgseliminierung gelten folgende Beziehungen:

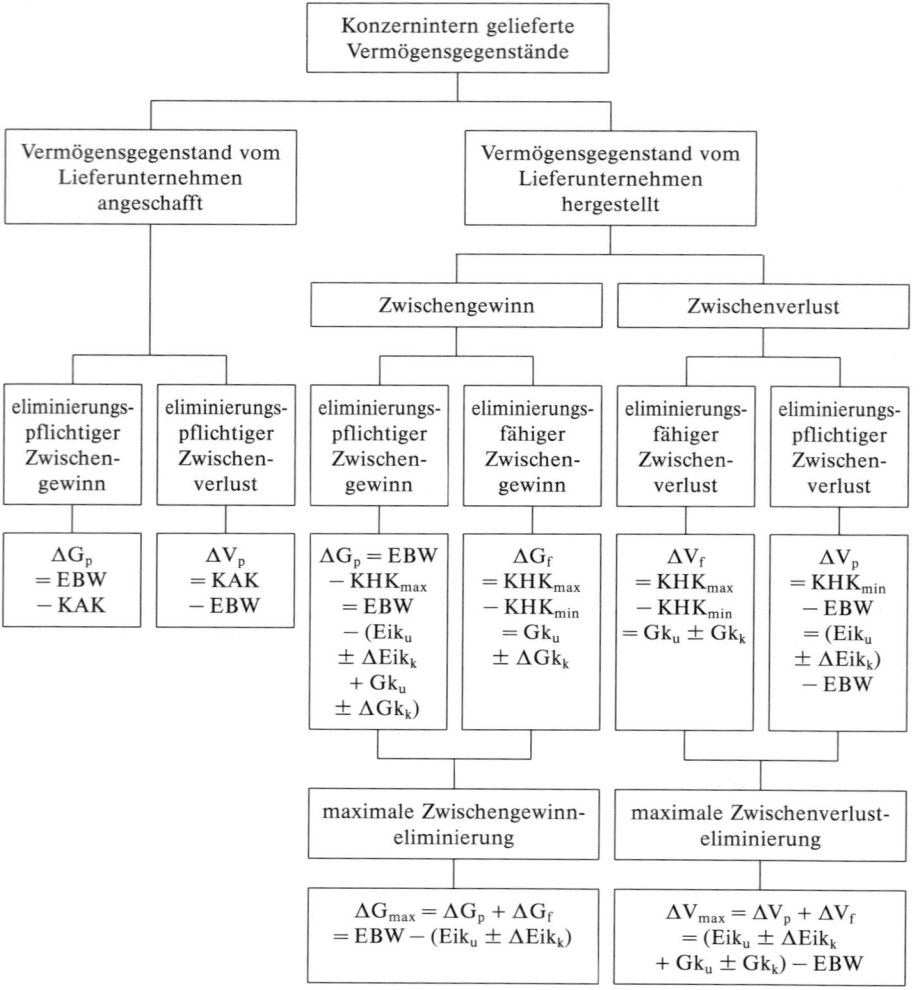

Abbildung 10.47: Abgrenzung eliminierungspflichtiger und -fähiger Zwischenerfolgselemente

ΔG: Zwischengewinn
ΔV: Zwischenverlust
EBW: Einzelbilanzwert
KAK: Konzernanschaffungskosten
KHK: Konzernherstellungskosten

1488

Eik$_u$: Einzelkosten der Konzernunternehmung
GK$_u$: Gemeinkosten der Konzernunternehmung
ΔEik$_k$: Einzelkostenveränderung aus Konzernsicht
ΔGk$_k$: Gemeinkostenveränderung aus Konzernsicht

Das Wahlrecht bei der Eliminierung von Zwischenerfolgen wird durch die Verpflichtung zur einheitlichen Bewertung im Konzernabschluß begrenzt. Da für gleichartige Vermögensgegenstände einheitliche Bewertungsmethoden anzuwenden sind, muß auch bei der Zwischenerfolgseliminierung für die jeweils gleichartigen Vermögensbestände in den einzelnen Konzernunternehmen eine einheitliche Regelung angewendet werden. Ergänzend muß bei der Zwischenverlustkonsolidierung das Imparitätsprinzip beachtet werden. Soweit der niedrigere Einzelbilanzwert auf eine Abwertung auf den niedrigeren beizulegenden Wert zurückzuführen ist, entfällt eine Zwischenverlusteliminierung, weil sonst das Niederstwertprinzip verletzt würde.

Beispiel: Ermittlung von Zwischengewinnen

Bei der Produktion einer Werkzeugmaschine sind in dem Konzernunternehmen A neben den Einzelkosten in Höhe von DM 4 000,– auch Material- und Fertigungsgemeinkosten in Höhe von jeweils DM 1 000,– entstanden. Das Konzernunternehmen A veräußert diese Maschine zum Preis von DM 8 500,– an das Konzernunternehmen B. Im Einzelabschluß des Konzernunternehmens B wird die Maschine mit den Anschaffungskosten aktiviert.

Höchstwert für die Konzernherstellungskosten:	DM
Einzelkosten	4 000,–
+ Materialgemeinkosten	1 000,–
+ Fertigungsgemeinkosten	1 000,–
	6 000,–
Einzelbilanzwert	8 500,–
./. Konzernhöchstwert	6 000,–
eliminierungspflichtiger Zwischengewinn	2 500,–

Der eliminierungsfähige Zwischengewinn beträgt DM 2 000,–
(Gemeinkostenbestandteile der Herstellungskosten).

Die Verrechnung der Zwischenerfolge hängt davon ab, ob die Zwischenergebnisse Lieferungen des abgelaufenen Geschäftsjahres betreffen oder ob sie aus Vermögensbeständen der Vorjahre eliminiert wurden. Der Vorgang der Zwischenerfolgskonsolidierung beeinflußt den Konzernjahreserfolg nur im Umfang der in der abgeschlossenen Rechnungsperiode neu entstandenen sowie der durch Bewertungsmaßnahmen oder Umsätze realisierten Zwischenerfolge. Ist der positive Saldo der eliminierten Zwischengewinne und -verluste gestiegen, so muß die Summe der Einzelerfolge um den Unterschiedsbetrag verringert werden. Ein Abbau der positiven Zwischenerfolgssumme wirkt sich in einer Erhöhung des Konzernjahresergebnisses aus.

Verrechnungen von Zwischenergebnissen aus Vorjahresbeständen	Die Zwischenergebnisse aus den Vorjahresbeständen werden erfolgsneutral mit dem Eigenkapital durch Anpassung der Gewinnrücklagen oder des Ergebnisvortrags verrechnet. Da eine Aufteilung der Zwischenerfolgssumme praktisch kaum durchführbar ist, wird die Veränderung des Saldos pauschal erfolgswirksam und der Betrag der Zwischenerfolge aus dem Vorjahr erfolgsneutral in den Konzernabschluß einbezogen.

Verrechnungen von Zwischenergebnissen aus Vorjahresbeständen

Die Zwischenergebnisse aus den Vorjahresbeständen werden erfolgsneutral mit dem Eigenkapital durch Anpassung der Gewinnrücklagen oder des Ergebnisvortrags verrechnet. Da eine Aufteilung der Zwischenerfolgssumme praktisch kaum durchführbar ist, wird die Veränderung des Saldos pauschal erfolgswirksam und der Betrag der Zwischenerfolge aus dem Vorjahr erfolgsneutral in den Konzernabschluß einbezogen.

Steuerabgrenzung

Da durch die Zwischenerfolgskonsolidierung das Konzernjahresergebnis korrigiert wird, ist gemäß § 306 HGB eine Steuerabgrenzung für zeitlich befristete Ergebnisdifferenzen vorzunehmen. Bei der erfolgswirksamen Eliminierung von Zwischengewinnen wird der Konzernerfolg verringert, so daß der ausgewiesene Steueraufwand durch Bildung einer aktiven Steuerabgrenzung anzupassen ist.

Verzicht auf Zwischenerfolgskonsolidierung

Unter bestimmten Voraussetzungen kann auf eine Zwischenerfolgskonsolidierung verzichtet werden. Abgesehen von geringfügigen Zwischenergebnissen berechtigt ein hoher Ermittlungsaufwand der Konzernwerte bei marktgerecht abgewickelten Lieferungen und Leistungen zu einer Unterlassung der Zwischenerfolgseliminierung.

7. Aufstellung der Konzern-GuV-Rechnung

a) Auswirkungen bilanzieller Konsolidierungsvorgänge auf die Konzern-GuV-Rechnung

Die Aufstellung der Konzern-GuV-Rechnung erfolgt ebenso wie bei der Konzernbilanz grundsätzlich durch eine Addition der GuV-Rechnungen aus den Einzelabschlüssen des Konzernunternehmens. **Die Summen-GuV-Rechnung erfährt jedoch in zweifacher Hinsicht eine Modifizierung. Einerseits sind die erfolgswirksamen Auswirkungen bilanzieller Konsolidierungsvorgänge in der Konzern-GuV-Rechnung zu berücksichtigen und andererseits sind die Aufwendungen und Erträge konzerninterner Geschäftsbeziehungen zu eliminieren, die nicht angefallen wären, wenn die einbezogenen Konzerngesellschaften ein einziges Unternehmen bilden würden.**

Erfolgswirksame Kapitalkonsolidierung

Erfolgswirksame Änderungen, die den Umfang der in der Konzern-GuV-Rechnung ausgewiesenen Aufwendungen und Erträge beeinflussen, werden **durch die Kapitalkonsolidierung** ausgelöst. Abgesehen von der erfolgsneutralen erstmaligen Aufrechnung des Beteiligungsbuchwerts gegen das anteilige Eigenkapital ergeben sich in den Folgeperioden durch die Fortrechnung des Unterschiedsbetrags Veränderungen bei den Aufwendungen und Erträgen. Dies gilt unabhängig von der angewandten Konsolidierungsmethode, wenngleich bei Minderheitsbeteiligungen die Höhe der Aufwands- und Ertragsanpassung im Rahmen der Neubewertungs- und der Buchwertmethode unterschiedlich ausfällt. Da der Unterschiedsbetrag aus der Kapitalkonsolidierung durch eine Zuordnung stiller Reserven und stiller Lasten auf die Bilanzpositionen sowie durch den Ausweis eines Geschäftswertes oder eines passiven

Unterschiedsbetrags ausgeglichen wird, sind folgende Wirkungen in den späteren Rechnungsperioden zu verzeichnen:

– Verrechnung zusätzlicher (geringerer) Abschreibungen auf die den abnutzbaren Gegenständen des Anlagevermögens zugeordneten stillen Reserven (stillen Lasten),
– Veränderungen von Aufwendungen und Erträgen im Zusammenhang mit dem Abgang von Schulden, denen stille Reserven oder stille Lasten zugeordnet wurden,
– Erhöhung bzw. Verringerung des Materialeinsatzes und der Bestandsveränderungen bei unfertigen und fertigen Erzeugnissen beim Verbrauch und Verkauf von Gegenständen des Vorratsvermögens, denen stille Reserven bzw. stille Lasten zugerechnet waren,
– Verrechnung zusätzlicher Abschreibungen (Erträge) auf einen ausgewiesenen Geschäftswert (passiven Ausgleichsposten).

Bei der erfolgswirksamen Schuldenkonsolidierung ergeben sich ebenfalls Differenzen, die auf die Konzern-GuV-Rechnung einwirken: *Erfolgswirksame Schuldenkonsolidierung*

– Verrechnung der Veränderung von Aufrechnungsdifferenzen gegenüber dem Vorjahr als sonstige betriebliche Erträge oder Aufwendungen,
– Verrechnung latenter Steuern aus der erfolgswirksamen Schuldenkonsolidierung,
– Verrechnung der Aufrechnungsdifferenz des Vorjahres als Veränderung des Ergebnisvortrags oder der Gewinnrücklagen bei der Ergebnisverwendung in der GuV-Rechnung.

Die Eliminierung von Zwischenerfolgen führt ebenfalls zu einer Anpassung der Summen-GuV-Rechnung an die Konzern-GuV-Rechnung: *Eliminierung von Zwischenerfolgen*

– Verrechnung erfolgswirksam eliminierter Zwischenerfolge bei den sonstigen betrieblichen Aufwendungen und Erträgen, aktivierten Eigenleistungen und Bestandsveränderungen,
– Verrechnung veränderter Abschreibungen als Folge der Zwischenerfolgseliminierung im abnutzbaren Anlagevermögen,
– Verrechnung latenter Steuern aus der Zwischenerfolgskonsolidierung,
– Verrechnung der Zwischenerfolge des Vorjahres als Veränderung des Ergebnisvortrags oder der Gewinnrücklagen bei der Ergebnisverwendung in der GuV-Rechnung.

Die Ermittlung der für die Anpassung der Summen-GuV-Rechnung erforderlichen Daten wird im Rahmen der Konzernbuchhaltung durchgeführt.

b) Aufwands- und Ertragskonsolidierung

Das aus der Einheitstheorie des Konzerns abgeleitete Prinzip der Vollkonsolidierung erfordert eine Verrechnung derjenigen Aufwendungen und Erträge, die auf konzerninterne Vorgänge zurückzuführen sind. Diesem Ziel dient die in § 305 HGB geregelte Aufwands- und Ertragskonsolidierung. Sie erstreckt sich erstens auf die **Verrechnung der konzerninternen Umsatzerlöse mit den auf sie entfallenden Aufwendungen**, soweit nicht nur eine Umgliederung in Betracht kommt, sowie zweitens auf die **Eliminierung sonstiger Aufwendungen und Erträge aus konzerninternen Transaktionen**. Ergänzend müssen **Beteiligungserträge**, die ein Mutterunternehmen durch Dividendenausschüttung eines anderen einbezogenen Unternehmens erzielt, ausgeschieden werden, da sie aus Konzernsicht keinen Ertrag im Ausschüttungsjahr darstellen.

Eliminierung von Umsatzerlösen

Da innerhalb eines Unternehmens keine Umsätze getätigt werden können, sind die in den Einzel-GuV-Rechnungen ausgewiesenen Umsatzerlöse bei der Aufstellung der Konzern-GuV-Rechnung zu eliminieren, soweit sie auf Lieferungen und Leistungen an Konzernunternehmen entfallen. In welcher Form dies geschieht, hängt von der Verrechnung der Umsatzgeschäfte in den Erfolgsrechnungen des liefernden und des empfangenden Konzernunternehmens ab. Maßgebend hierfür ist, ob die konzernintern gelieferten Güter

- dem Umlaufvermögen oder dem Anlagevermögen des empfangenden Unternehmens zugeführt werden,
- bei Zugang zum Umlaufvermögen in der Lieferperiode als Aufwand verrechnet (Verbrauch) oder als Vermögensbestand bilanziert werden,
- vom Lieferer hergestellt oder angeschafft worden sind.

Je nach Ausprägung der Lieferbeziehungen ergeben sich folgende Konsolidierungsvorgänge für die Ausschaltung der Innenumsatzerlöse des leistenden Konzernunternehmens:

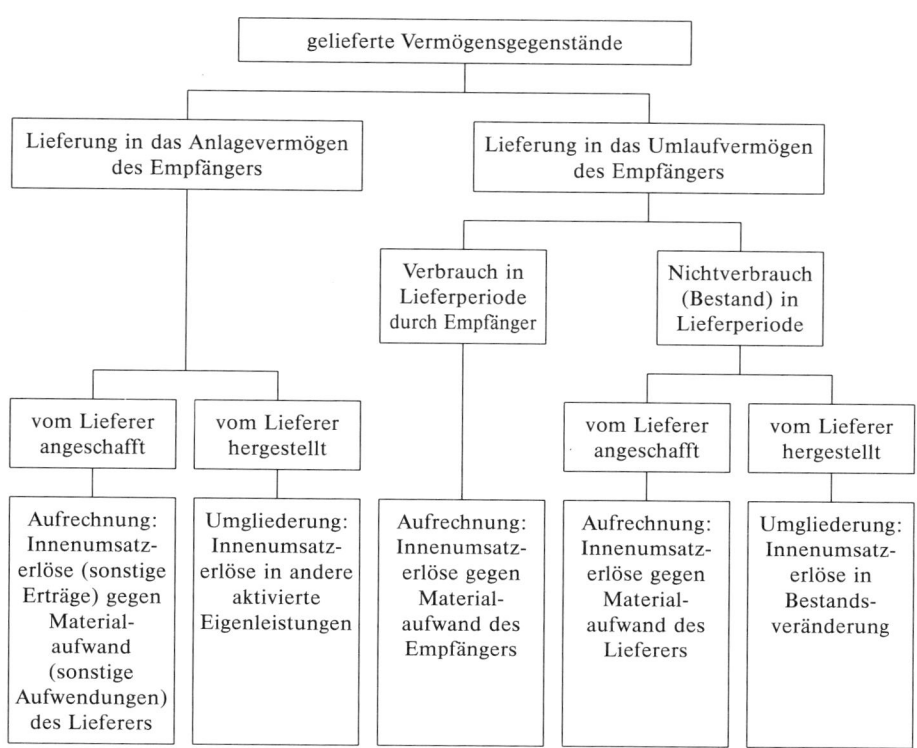

Abbildung 10.48: Typische Ausprägungen der Konsolidierung von
Innenumsatzerlösen

Bei **konzerninternen Lieferungen von Vermögensgegenständen, die beim empfangenden Unternehmen Zugänge zum Anlagevermögen darstellen**, handelt es sich aus der Sicht des Konzerns entweder um eigenerstellte oder von Dritten angeschaffte Investitionen. Die vom Lieferunternehmen hergestellten Vermögensgegenstände sind für den Konzern andere aktivierte Eigenleistungen, so daß die Umsatzerlöse des Lieferanten entsprechend umzugliedern sind. Hat das Lieferunternehmen die Vermögensgegenstände angeschafft, müssen die Umsatzerlöse mit dem Materialaufwand in der Einzel-GuV-Rechnung des Lieferanten verrechnet werden. Soweit die Lieferung außerhalb des üblichen Leistungsverkehrs stattgefunden hat und die Erfolgskomponenten des Liefergeschäfts in den sonstigen betrieblichen Aufwendungen und Erträgen erfaßt sind, werden die betreffenden Aufwands- und Ertragspositionen aufgerechnet.

Lieferung in das Anlagevermögen des Empfängers

Bei **Lieferungen in das Umlaufvermögen und gleichzeitigem Verbrauch** in der Abrechnungsperiode erhöht sich der Materialaufwand des empfangenden Unternehmens. Folglich sind die Innenumsätze des Lieferanten mit dem Materialaufwand des Empfängers zu verrechnen.

Lieferung in das Umlaufvermögen des Empfängers

Sind die **in das Umlaufvermögen gelieferten Güter noch nicht verbraucht**, berührt deren Anschaffung die GuV-Rechnung des Empfängerunternehmens nicht. Bei Fremdbezug der Gegenstände durch das Lieferunternehmen werden die Innenumsatzerlöse mit dem Materialaufwand des Lieferers saldiert. Hat das Lieferunternehmen die Güter hergestellt, liegt aus Konzernsicht eine Bestandserhöhung unfertiger oder fertiger Erzeugnisse vor. Daraus resultiert eine entsprechende Umgliederung der Innenumsatzerlöse.

Leistungs-
erlöse und
andere
Erträge des
Liefer-
unternehmens

In gleicher Weise wie Innenumsätze aus der Lieferung von Vermögensgegenständen sind grundsätzlich auch **Erlöse aus sonstigen Leistungen** zu behandeln, die beim liefernden Unternehmen entweder als Umsatz oder Ertrag ausgewiesen werden. Sie sind mit den auf sie entfallenden Aufwendungen des Empfängers zu verrechnen oder als Bestandsveränderung bzw. aktivierte Eigenleistung umzugliedern (vgl. Abbildung 10.49).

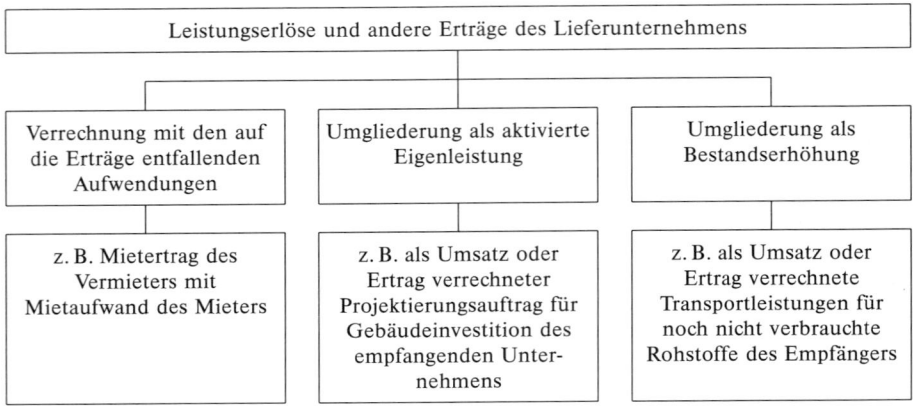

Abbildung 10.49: Konsolidierung von Leistungserlösen und anderen Erträgen

Soweit die Voraussetzungen für eine Zwischenerfolgseliminierung erfüllt sind, ist bei der Konsolidierung der Innenumsatzerlöse und der anderen Erträge gleichzeitig eine Verrechnung der Zwischenergebnisse mit dem Konzernjahreserfolg durchzuführen.

Konsolidie-
rung aus
Ergebnisaus-
schüttungen

In die Aufwands- und Ertragskonsolidierung sind auch **Ergebnisausschüttungen innerhalb des Konzerns** einzubeziehen. Sind zwischen den einbezogenen Unternehmen Ergebnisübernahme- und Ergebnisabführungsverträge abgeschlossen, so können die aus der Ergebnisübernahme entstehenden Aufwendungen und Erträge wegen ihres periodengleichen Ausweises in den GuV-Rechnungen der betroffenen Unternehmen unmittelbar aufgerechnet werden. Soweit keine vertraglichen Beziehungen bestehen, fallen Gewinnerzielung und Gewinnausschüttung zeitlich auseinander. Da das ausgewiesene Ergebnis der Tochtergesellschaft den Konzernerfolg in der Periode der Gewinnentstehung erhöht, muß der in der nächsten Periode ausgewiesene Beteiligungsertrag der Muttergesellschaft neutralisiert werden, um eine Doppelerfassung zu vermeiden. Der Beteiligungsertrag aus Konzernsicht repräsentiert weder einen aus-

1494

geschütteten noch einen in die Rücklage eingestellten Gewinn. Daher ist er aus dem Konzernerfolg zu eliminieren und dem Gewinnvortrag zuzuführen.

Wie bei anderen Konsolidierungsvorgängen kann die Aufwands- und Ertragskonsolidierung entfallen, wenn die aufzurechnenden Beträge von untergeordneter Bedeutung sind (§ 305 II HGB).

8. Behandlung assoziierter Unternehmen im Konzernabschluß

a) Abgrenzung der assoziierten Unternehmen

Für den Konzernabschluß gilt ebenso wie im Einzelabschluß grundsätzlich das Anschaffungswertprinzip. Bei bestimmten Beteiligungen ist jedoch im Konzernabschluß **eine vom Anschaffungswertprinzip abweichende Bewertung** in Höhe des anteiligen Eigenkapitals des Beteiligungsunternehmens vorgeschrieben. Voraussetzung ist, daß ein in den Konzernabschluß einbezogenes Unternehmen eine Beteiligung an einem assoziierten Unternehmen hält. Ein **assoziiertes Unternehmen** liegt nach § 311 I HGB vor, wenn ein in den Konzernabschluß einbezogenes Unternehmen einen **maßgeblichen Einfluß** auf die Geschäfts- und Finanzpolitik eines nicht in den Konzernabschluß einbezogenen Unternehmens (assoziiertes Unternehmen) ausübt, an dem es eine Beteiligung nach § 271 I HGB hält. Welche Voraussetzungen für die Ausübung eines maßgeblichen Einflusses erfüllt sein müssen, ist nicht festgelegt. Ein maßgeblicher Einfluß wird nach § 311 I Satz 2 HGB vermutet, wenn das beteiligte Unternehmen über mindestens 20% der Stimmrechte verfügt. Der Tatbestand der Assoziierung ist nur gegeben, wenn der maßgebliche Einfluß auch tatsächlich geltend gemacht wird. Deshalb kann die Vermutung für das Vorliegen eines assoziierten Unternehmens widerlegt werden. Andererseits kann auch bei einem geringeren Stimmrechtsanteil ein assoziiertes Unternehmen vorliegen. *Kriterien eines maßgeblichen Einflusses*

Der maßgebliche Einfluß auf das Beteiligungsunternehmen kann auf verschiedene Weise ausgeübt werden. Für ihn ist kennzeichnend, daß er über die alleinige Wahrnehmung von Beteiligungsrechten hinausgeht (vgl. Budde/Raff 1990, § 311 Tz 15). Indizien sind insbesondere die Mitgliedschaft in Leitungsorganen, die Mitwirkung an geschäftspolitischen Entscheidungen, die Durchführung wesentlicher Geschäfte zwischen beiden Unternehmen sowie der Austausch von Führungskräften und die Bereitstellung fachlicher Informationen. *Abgrenzung assoziierter Unternehmen von Konzernunternehmen*

Da der **maßgebliche Einfluß eine schwächere Form des die Konzernvermutung begründenden beherrschenden Einflusses** ist, erfüllen die nicht in den Konzernabschluß einbezogenen Konzernunternehmen die Merkmale eines assoziierten Unternehmens. Ebenso ist bei einem **Gemeinschaftsunternehmen**, das von einem einbezogenen Konzernunternehmen gemeinsam mit einem oder mehreren anderen Unternehmen geleitet wird, ein maßgeblicher Einfluß des Konzernunternehmens vorhanden. Gemeinschaftsunternehmen sind deshalb auch als assoziierte Unternehmen anzusehen.

b) Bewertung der Beteiligungen an assoziierten Unternehmen nach der Equity-Methode

Grundzüge der Equity-Methode

Die Beteiligung an einem assoziierten Unternehmen ist gemäß § 312 HGB nach der **Equity-Methode** zu bewerten, soweit das assoziierte Unternehmen nicht von untergeordneter Bedeutung ist oder für Gemeinschaftsunternehmen nicht die Quotenkonsolidierung gewählt wird. **Bei der Equity-Methode werden einerseits die im Beteiligungswert enthaltenen stillen Reserven gesondert erfaßt und fortgeschrieben sowie andererseits die erfolgswirksamen Vermögensänderungen des assoziierten Unternehmens in der Periode ihrer Entstehung mit dem Wertansatz der Beteiligung verrechnet.** Dadurch erfolgt eine **zeitkongruente Vereinnahmung der Beteiligungserträge**, so daß der Beteiligungswert keine stillen Reserven aus der Gewinnthesaurierung des assoziierten Unternehmens enthält.

Das Grundprinzip der Equity-Methode entspricht einer vereinfachten Form der erfolgswirksamen Kapitalkonsolidierung. **Im Ergebnis wird eine Bewertung der Beteiligung des assoziierten Unternehmens mit dessen anteiligem Eigenkapital angestrebt.** Die Equity-Methode unterscheidet sich jedoch von der Kapitalkonsolidierung dadurch, daß nur eine **partielle Konsolidierung** vorgesehen ist, wobei die auftretenden Unterschiedsbeträge nicht einzelnen Bilanzposten der Konzernbilanz, sondern dem Beteiligungswert des assoziierten Unternehmens zugeordnet werden.

Wertansatz der Beteiligung

Im Regelfall setzt sich der **Beteiligungswert (BW) eines assoziierten Unternehmens** aus dem anteiligen buchmäßigen Eigenkapital (aEk), den anteiligen stillen Reserven in den Bilanzpositionen (ΔA) und einem Geschäftswert (GW) zusammen.

$$BW = aEk + \Delta A + GW$$

Buchwertmethode

Für die Aufteilung des Beteiligungswertes sind gemäß § 312 HGB die Buchwert- und Kapitalanteilsmethode anwendbar, die sich in der Regel nur im Bilanzausweis der Beteiligung unterscheiden. Nach der Buchwertmethode wird die Beteiligung beim erstmaligen Ausweis in der Konzernbilanz mit dem Bilanzwert laut Einzelabschluß des Konzernunternehmens angesetzt. Der **Unterschiedsbetrag** zwischen Beteiligungsansatz und buchmäßigem anteiligen Eigenkapital wird **bei erstmaliger Anwendung der Buchwertmethode** in der Konzernbilanz vermerkt oder im Anhang angegeben. Der Unterschiedsbetrag beträgt

$$UB = BW\text{-}aEk$$
$$= \Delta A + GW$$

Für die **Folgekonsolidierung muß der Unterschiedsbetrag in anteilige stille Reserven und Geschäftswert aufgeteilt werden.** In einer Nebenrechnung werden die anteiligen stillen Reserven den einzelnen Bilanzposten zugeordnet. Ihre Höhe ergibt sich aus der anteilig, d. h. der Beteiligungsquote entsprechenden Differenz der Zeitwerte der Bilanzposten abzüglich der Buchwerte in der Bilanz des assoziierten Unternehmens. Soweit das anteilige Eigenkapital einschließlich anteiliger stiller Reserven geringer ist als der Beteiligungswert, stellt der verbleibende Unterschiedsbetrag den anteiligen Geschäftswert dar. Erworbene stille Reserven und ein anteiliger Geschäftswert werden in den Folgejahren fortgeführt, abgeschrieben oder aufgelöst. Allerdings kann ein Geschäftswert bei der Erstkonsolidierung mit den Konzernrücklagen verrechnet werden, so daß spätere Abschreibungen entfallen. In diesem Fall wird der Buchwert der Beteiligung an dem assoziierten Unternehmen erfolgsneutral um den anteiligen Geschäftswert verringert (vgl. Budde/Raff 1990, § 312 Tz 13).

Kapital-anteils-methode

Die Kapitalanteilsmethode unterscheidet sich von der Buchwertmethode dadurch, daß das **anteilige Eigenkapital zu Zeitwerten** und nicht der Beteiligungsbuchwert den **Ausgangspunkt für die Fortschreibung des Beteiligungsansatzes** bildet. Deshalb ist die Höhe des Unterschiedsbetrages (UB_k) auf den Geschäftswert beschränkt. Es gelten folgende Beziehungen:

$$UB_k = BW-(aEk + \Delta A)$$
$$= GW.$$

Der Ansatz der Beteiligung in der Konzernbilanz bei der erstmaligen Anwendung der Kapitalanteilsmethode erfolgt in Höhe des anteiligen Eigenkapitals zu Zeitwerten ($\Delta Ek + \Delta A$), soweit die Anschaffungskosten der Beteiligung nicht überschritten werden. Der verbleibende Unterschiedsbetrag ist in der Konzernbilanz gesondert auszuweisen oder im Anhang anzugeben. Ebenso wie bei der Buchwertmethode müssen die im anteiligen Eigenkapital erfaßten stillen Reserven im Zeitablauf fortgeführt, abgeschrieben oder aufgelöst werden. Bei der Behandlung des Geschäftswertes besteht ebenfalls kein Unterschied zur Buchwertmethode.

Auflösung des passiven Unterschieds-betrages

Ist der Beteiligungsbuchwert geringer als das anteilige Eigenkapital, entsteht ein **passiver Unterschiedsbetrag**. Soweit dieser auf stille Lasten zurückzuführen ist, wird er wie im Falle stiller Reserven fortgeführt und aufgelöst. Ein verbleibender, den einzelnen Bilanzposten nicht zurechenbarer Unterschiedsbetrag darf ergebniserhöhend aufgelöst werden, wenn die durch die niedrigen Anschaffungskosten der Beteiligung an dem assoziierten Unternehmen antizipierten Belastungen eingetreten bzw. entfallen sind.

Erfassung der Eigen-kapitalver-änderungen

Der durch die Equity-Methode ermittelte Wertansatz der Beteiligung wird nach § 312 IV HGB entsprechend den auf die Beteiligung entfallenden Eigenkapitalveränderungen fortgeschrieben. Gewinnausschüttungen auf die Beteiligung sind abzusetzen. Die Erfassung der jährlichen Eigenkapitalveränderungen beim assoziierten Unternehmen ergänzt die ergebniswirksame Fortrechnung des Unterschiedsbetrages. Die vom assoziierten Unternehmen erwirtschafteten Jahresüberschüsse führen in Höhe des auf die Beteiligung entfallenden Anteils zu einer Aufstockung des Beteiligungsansatzes. Anteilige Jahresfehlbeträge wirken sich als erfolgswirksame Minderungen des Eigenkapitals aus. Ergänzend sind Eigenkapitalzuführungen und -rückzahlungen bei der Fortschreibung zu berücksichtigen. Nach Einbeziehung der Eigenkapitalveränderungen ergibt sich der in der Konzernbilanz auszuweisende Beteiligungsansatz für ein assoziiertes Unternehmen wie folgt:

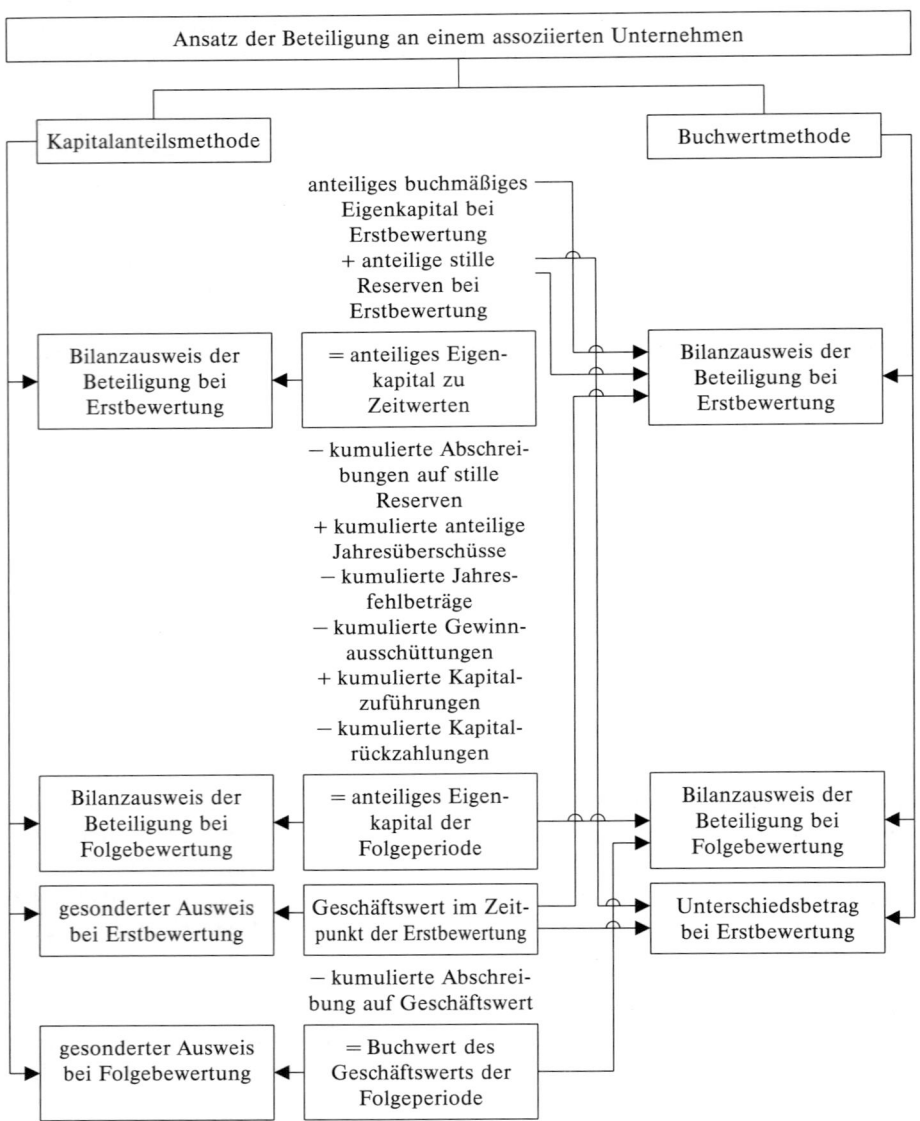

Abbildung 10.50: Wertansatz der Beteiligung an einem
assoziierten Unternehmen bei der Equity-Methode

Die Ergebnisanteile assoziierter Unternehmen sind in der Konzern-GuV-Rechnung unter einem gesonderten Posten auszuweisen. Sie umfassen die anteiligen Jahres-

1498

erfolge der assoziierten Unternehmen, die anteiligen Ausschüttungen und die anteiligen Abschreibungen auf die stillen Rücklagen einschließlich Geschäftswertabschreibung. Die anteiligen Jahresergebnisse assoziierter Unternehmen wirken sich in der Konzernbilanz in einer Veränderung des Beteiligungsansatzes und in der Konzern-GuV-Rechnung als „Ergebnis aus assoziierten Unternehmen" aus. Da vereinnahmte Gewinnausschüttungen in der Erfolgsrechnung des beteiligten Unternehmens als Beteiligungsertrag in Erscheinung treten, muß zur Vermeidung einer Doppelverrechnung der Beteiligungswert zu Lasten des Ergebnisses aus assoziierten Unternehmen gekürzt werden.

Ausweis der Ergebnisanteile assoziierter Unternehmen

Nach § 312 V HGB sind bei der Bewertung von Beteiligungen nach der Equity-Methode grundsätzlich die Zwischenerfolge aus Lieferungen und Leistungen zwischen Konzerngesellschaft und assoziiertem Unternehmen zu eliminieren. Die Zwischenerfolgskonsolidierung ist allerdings an die Voraussetzung geknüpft, daß die zu deren Durchführung maßgeblichen Sachverhalte bekannt oder zugänglich sind. Die Ausschaltung der Zwischengewinne und -verluste kann **quotal** entsprechend der Beteiligungshöhe **oder vollständig** durchgeführt werden. Wegen der praktischen Informationsprobleme wird die Zwischenerfolgseliminierung bei assoziierten Unternehmen nicht häufig vorkommen.

Zwischenerfolgskonsolidierung

Sofern die relevanten Informationen verfügbar sind, können bei Lieferungen und Leistungen des assoziierten Unternehmens an den Konzern (**upstream-Lieferung**) die (anteiligen) Zwischenerfolge unmittelbar durch eine Korrektur der Wertansätze bei den gelieferten und in der Konzernbilanz angesetzten Vermögensgegenständen berücksichtigt werden. Bei Lieferungen von Konzerngesellschaften an assoziierte Unternehmen (**downstream-Lieferung**) ist eine unmittelbare Durchführung der Zwischenerfolgseliminierung nicht möglich, da die gelieferten Güter nicht in der Konzernbilanz enthalten sind. Die Eliminierung der Zwischenergebnisse kann jedoch in der Weise erfolgen, daß die Zwischengewinne und -verluste direkt mit dem Wertansatz der Beteiligung verrechnet werden.

Beispiel: Zur Bewertung von Beteiligungen an assoziierten Unternehmen nach der Equity-Methode

Ein Konzernunternehmen ist in Höhe von 30% an einem assoziierten Unternehmen beteiligt.
Die Anschaffungskosten für die Beteiligung betragen DM 2 000,–.

Aktiva	vorläufige Konzernbilanz		Passiva
Beteiligungen	2 000,–	gezeichnetes Kapital	8 500,–
sonstige Aktiva	20 000,–	Rücklagen	2 500,–
		Bilanzgewinn	1 000,–
		sonstige Passiva	10 000,–
	22 000,–		22 000,–

Aktiva		assoziiertes Unternehmen	Passiva
Grundstücke	2 000,–	gezeichnetes Kapital	2 000,–
sonstige Aktiva	8 000,–	Rücklagen	1 500,–
		Bilanzgewinn	500,–
		sonstige Passiva	6 000,–
	10 000,–		10 000,–

Erstbewertung nach der Buchwertmethode

Ermittlung des Unterschiedsbetrages:

Buchwert der Beteiligung	2 000,–
./. anteiliges Eigenkapital (30% von 4 000,–)	1 200,–
	800,–

Bei Anwendung der Buchwertmethode ergibt sich folgende Konzernbilanz:

Aktiva		Konzernbilanz	Passiva
Beteiligungen an assoziierten Unternehmen (davon Unterschiedsbetrag DM 800,–)*	2 000,–	gezeichnetes Kapital Rücklagen Bilanzgewinn	8 500,– 2 500,– 1 000,–
sonstige Aktiva	20 000,–	sonstige Passiva	10 000,–
	22 000,–		22 000,–

* oder gesonderte Angabe im Anhang

Erstbewertung nach der Kapitalanteilsmethode

Für die Berechnung des neubewerteten anteiligen Eigenkapitals des assoziierten Unternehmens werden folgende Annahmen getroffen:

	Buchwert DM	Tageswert DM	stille Reserven DM
Grundstücke	2 000,–	2 600,–	600,–
sonstige Aktiva	8 000,–	8 400,–	400,–
			1 000,–

Das anteilige Eigenkapital nach der Neubewertung beträgt:	DM
Anteiliges Eigenkapital lt. Handelsbilanz (30% von DM 4 000,–)	1 200,–
+ anteilige stille Reserve (30% von DM 1 000,–)	300,–
	1 500,–

1500

Bei Anwendung der Kapitalanteilsmethode ergibt sich folgende Konzernbilanz:

Aktiva		Konzernbilanz	Passiva
Beteiligungen an		gezeichnetes Kapital	8 500,–
assoziierten Unternehmen	1 500,–	Rücklagen	2 500,–
Geschäftswert	500,–	Bilanzgewinn	1 000,–
sonstige Aktiva	20 000,–	sonstige Passiva	10 000,–
	22 000,–		22 000,–

Für die <u>Folgebewertung</u> der Beteiligung an dem assoziierten Unternehmen werden zusätzlich folgende Annahmen getroffen:

- Die in den sonstigen Aktiva aufgedeckten stillen Reserven werden über eine Restnutzungsdauer von 5 Jahren verteilt.
- Der Geschäftswert wird gemäß § 309 Abs. 1 HGB zu 25% abgeschrieben.
- Der Bilanzgewinn des assoziierten Unternehmens aus dem Vorjahr in Höhe von DM 500,– wird ausgeschüttet.
- Der Jahresüberschuß (DM 1 200,–) des assoziierten Unternehmens im laufenden Geschäftsjahr wird in Höhe von DM 800,– in die Rücklagen eingestellt. Der Restbetrag von DM 400,– wird ausgeschüttet.

Die Beteiligung an dem assoziierten Unternehmen wird bei der Folgebewertung nach der <u>Buchwertmethode</u> mit folgendem Wert in der Konzernbilanz ausgewiesen:

	DM
Bilanzausweis der Beteiligung bei Erstbewertung	2 000,–
./. kumulierte Abschreibungen auf stille Reserven	
(20% von anteiligen stillen Reserven in sonstigen Aktiva DM 120,–)	24,–
+ kumulierte anteilige Jahresüberschüsse (30% von DM 1 200,–)	360,–
./. kumulierte anteilige Gewinnausschüttung (30% von DM 500,–)	150,–
./. kumulierte Abschreibung auf Geschäftswert (25% von DM 500,–)	125,–
Bilanzausweis der Beteiligung bei Folgebewertung	2 061,–

Der Unterschiedsbetrag aus der Erstbewertung (DM 800,–) ist bei der Folgebewertung um die Abschreibungen auf die stillen Reserven (DM 24,–) und den Geschäftswert (DM 125,–) zu vermindern.

Bei Anwendung der <u>Kapitalanteilsmethode</u> ergibt sich für die Beteiligung und den Geschäftswert folgender Bilanzausweis:

	DM
Bilanzausweis der Beteiligung bei Erstbewertung	1 500,–
./. kumulierte Abschreibungen auf stille Reserven	24,–
+ kumulierte anteilige Jahresüberschüsse	360,–
./. kumulierte anteilige Gewinnausschüttung	150,–
Bilanzausweis der Beteiligung bei Folgebewertung	1 686,–

Daneben ist der Geschäftswert im Zeitpunkt der Erstbewertung (DM 500,–) vermindert um die Abschreibungen (DM 125,–) gesondert in Höhe von DM 375,– auszuweisen.

c) Sonderregelungen für Gemeinschaftsunternehmen

Gemeinschaftsunternehmen zeichnen sich dadurch aus, daß sie unter **gemeinsamer Führung eines Konzernunternehmens und mindestens eines anderen Unternehmens** stehen. Da das Konzernunternehmen wegen der gemeinsamen Führung einen maßgeblichen Einfluß ausübt, sind Gemeinschaftsunternehmen assoziierte Unternehmen, die grundsätzlich den gleichen Regelungen wie andere assoziierte Unternehmen unterliegen. Alternativ zur Bewertung der Beteiligung an einem Gemeinschaftsunternehmen gestattet § 310 HGB jedoch eine anteilsmäßige Kapitalkonsolidierung entsprechend der Beteiligungshöhe des Konzernunternehmens, wobei die Vorschriften über die Kapital- und Schuldenkonsolidierung, über die Zwischenerfolgseliminierung sowie über die Aufwands- und Ertragskonsolidierung entsprechend anzuwenden sind. Ebenfalls zu beachten ist der Grundsatz der einheitlichen Bewertung, für dessen Anwendung bei assoziierten Unternehmen nach § 312 V HGB ein Wahlrecht besteht.

Quoten-kapitalkonsolidierung

Die anteilsmäßige (Quoten-)Kapitalkonsolidierung entspricht inhaltlich weitgehend der Vollkonsolidierung jedoch mit dem Unterschied, daß nur die anteiligen Vermögenswerte und Schulden in die Konzernbilanz übernommen werden. Dadurch erübrigt sich auch der Ausweis eines Ausgleichspostens für Anteile anderer Gesellschafter. Für die Aufrechnung des Beteiligungswerts mit dem anteiligen Eigenkapital des Gemeinschaftsunternehmens stehen ebenfalls wahlweise die Buchwertmethode und die Neubewertungsmethode zur Verfügung. Im Unterschied zur Vollkonsolidierung können bei der Neubewertungsmethode wegen der anteiligen Übernahme der Bilanzposten auch die stillen Reserven in den Vermögensgegenständen und Schulden nur anteilig angesetzt werden.

Quotale Schuldenkonsolidierung

Bei der **Schuldenkonsolidierung gilt ebenfalls eine quotale Verrechnung**. Die in die Schuldenkonsolidierung einzubeziehenden Positionen in der Bilanz des Gemeinschaftsunternehmens werden in Höhe des Beteiligungsanteils mit den entsprechenden Forderungen und Schulden des Konzerns verrechnet. Die nicht konsolidierten Forderungen und Schulden gegenüber dem Gemeinschaftsunternehmen werden aus der Einzelbilanz des Konzernunternehmens in den Konzernabschluß übernommen. Durch die quotale Konsolidierung ist der Umfang des erfolgswirksam zu verrechnenden Unterschiedsbetrags ebenfalls auf den der Beteiligung entsprechenden Betrag begrenzt.

Auch die **Zwischenerfolgskonsolidierung** beschränkt sich auf die **Eliminierung der anteiligen Zwischengewinne und -verluste** und zwar unabhängig davon, ob es sich um Lieferungen eines Konzernunternehmens (downstream-Lieferung) oder des Gemeinschaftsunternehmens (upstream-Lieferung) handelt. Die auf die Fremdbeteiligung entfallenden Ergebnisanteile gelten im Konzernabschluß als realisiert (vgl. Gross et al. 1987, S. 179). Im Hinblick auf das Wahlrecht einer anteiligen oder vollständigen Zwischenerfolgseliminierung bei der Equity-Bewertung wird auch eine volle Eliminierung der Zwischenergebnisse für zulässig gehalten (vgl. Budde/Suhrbier 1990, § 310 Tz 66). Der Grundsatz der quotalen Verrechnung ist grundsätzlich auch auf die Aufwands- und Ertragskonsolidierung anzuwenden.

Anteilige Zwischenerfolgskonsolidierung

Aufwands- und Ertragskonsolidierung

9. Konzernanhang und Konzernlagebericht

a) Konzernanhang

Die Zweckstruktur des Konzernanhangs stimmt grundsätzlich mit den Informationsfunktionen des Anhangs als Element des Einzelabschlusses überein. Seine allgemeine Aufgabe besteht darin, durch zusätzliche quantitative und qualitative Informationen, die in Konzernbilanz und Konzern-GuV-Rechnung nicht unmittelbar enthalten sind, eine an der Generalnorm des Konzernabschlusses orientierte Interpretation der wirtschaftlichen Lage des Konzerns zu ermöglichen (vgl. Heinen 1986, S. 474).

Aufgabe des Konzernanhangs

Im Gegensatz zur Konzernbilanz und zur Konzern-GuV-Rechnung beruht der Konzernanhang nicht auf einer modifizierten Aggregation der Anhänge der einbezogenen Konzerngesellschaften. Der Verweis in § 298 I HGB auf die für den Konzernabschluß entsprechend anzuwendenden Vorschriften schließt die speziellen Berichtspflichten des Anhangs im Rahmen des Einzelabschlusses gemäß §§ 284, 285 HGB nicht mit ein. An ihre Stelle treten konzernspezifische Berichtspflichten, die in den §§ 313, 314 HGB geregelt sind. Sie sind teilweise den Angaben im Einzelabschluß nachgebildet, beziehen sich jedoch auf die Konzernbilanz, Konzern-GuV-Rechnung sowie auf den Konzern als einheitliches Berichtsobjekt. Andererseits ergibt sich aus dem gesetzlichen Verweis auf die Vorschriften des Einzelabschlusses, daß Einzelangaben zu Jahresabschlußpositionen in den Konzernanhang aufzunehmen sind, soweit sie auf den Konzernabschluß übertragbar sind.

Konzernspezifische Berichtspflichten

Neben den analog anwendbaren Angaben zu Konzernabschlußposten und den speziellen Pflichtangaben gemäß § 313, 314 HGB enthalten die Einzelvorschriften zum

Konzernabschluß (§§ 290 ff. HGB) einen weiteren Bereich von Berichtspflichten. Anzugeben sind insbesondere die Ausübung von Wahlrechten bei der Abgrenzung des Konsolidierungskreises und bei der Festlegung des Stichtags für den Konzernabschluß sowie bei der Durchführung der einzelnen Konsolidierungsvorgänge.

Aufstellungs-
grundsätze
für den
Konzern-
anhang

Für den Konzernanhang gelten grundsätzlich die gleichen Aufstellungsgrundsätze wie beim Einzelabschluß. Das **Gebot der Klarheit und Übersichtlichkeit** erfordert eine systematische Gliederung des Anhangs, die dem Grundsatz der Darstellungsstetigkeit unterliegt. Über den gesetzlich vorgeschriebenen Inhalt hinaus sind freiwillige Anhangsangaben zulässig.

Eine Besonderheit bei der Aufstellung des Konzernanhangs besteht darin, daß er zur Vermeidung redundanter Informationen gemäß § 298 III HGB mit dem Anhang des Jahresabschlusses der Muttergesellschaft zusammengefaßt werden kann. Bei Anwendung dieses Wahlrechts sind der Konzernabschluß und der Jahresabschluß des Mutterunternehmens gemeinsam offenzulegen.

b) Konzernlagebericht

Der Konzernlagebericht ist kein Bestandteil des Konzernabschlusses. Ebenso wie beim Lagebericht der Kapitalgesellschaft werden in § 315 HGB nur die Mindestpflichten der Lageberichterstattung geregelt, so daß ergänzend freiwillige Angaben in den Konzernlagebericht aufgenommen werden können. Die gesetzlich vorgeschriebenen Berichtssachverhalte entsprechen denjenigen des Lageberichts der Kapitalgesellschaft. Sie beziehen sich jedoch nicht auf die einzelnen Konzernunternehmen, sondern auf den Konzern als Berichtsobjekt. Der Umfang der Erläuterungspflichten deckt sich deshalb mit den Berichtspflichten zum Einzelabschluß. Ebenso wie beim Konzernanhang kann nach § 315 III HGB der Konzernlagebericht mit dem Lagebericht des Mutterunternehmens zusammengefaßt werden.

10. Prüfung und Offenlegung des Konzernabschlusses

Im Hinblick auf die Informationsfunktion des Konzernabschlusses, die sich vorrangig auf eine Unterrichtung externer Konzernabschlußadressaten richtet, ist für den Konzernabschluß eine Abschlußprüfung vorgeschrieben. Der Konzernabschluß unterliegt außerdem der Publizitätspflicht. Die Vorschriften über die Abschlußprüfung und die Offenlegung sind für den Einzelabschluß der Kapitalgesellschaft und für den Konzernabschluß einheitlich geregelt.

Prüfung des
Konzern-
abschlusses

Die Konzernabschlußprüfung ist ebenso wie die Prüfung des Einzelabschlusses eine Gesetz- und Ordnungsmäßigkeitsprüfung, die ausschließlich von Wirtschaftsprüfern oder Wirtschaftsprüfungsgesellschaften durchgeführt wird. Der Abschlußprüfer des

Konzernabschlusses wird von den Gesellschaftern des Mutterunternehmens gewählt. Wird kein anderer Prüfer bestellt, so obliegt die Prüfung des Konzernabschlusses dem Prüfer des Jahresabschlusses der Muttergesellschaft. Gegenstand und Umfang der Konzernabschlußprüfung unterscheiden sich grundsätzlich nicht von der Prüfung des Einzelabschlusses. Allerdings werden bei der Konzernabschlußprüfung die im Konzernabschluß zusammengefaßten Einzelabschlüsse der Konzernunternehmen auf ihre Entsprechung mit den GoB geprüft, soweit bisher keine Prüfung stattgefunden hat.

Ebenso wie bei der Einzelabschlußprüfung wird das Prüfungsergebnis im Prüfungsbericht an die gesetzlichen Vertreter des Mutterunternehmens und durch den Bestätigungsvermerk an die externen Adressaten übermittelt.

Der Konzernabschluß ist offenlegungspflichtig. Die Publizitätspflicht ist von den gesetzlichen Vertretern des Mutterunternehmens zu erfüllen. Die Offenlegung hat innerhalb von neun Monaten nach dem Abschlußstichtag durch Bekanntmachung im Bundesanzeiger zu erfolgen. Soweit der Anhang und/oder der Lagebericht des Konzerns und des Mutterunternehmens zusammengefaßt werden, sind der Konzernabschluß und der Jahresabschluß des Mutterunternehmens gemeinsam zu veröffentlichen.

Offenlegung des Konzernabschlusses

11. Konzernabschlußpolitik

a) Ziele der Konzernabschlußpolitik

Das gesetzliche Informationsziel des Konzernabschlusses ist die Vermittlung eines den tatsächlichen Verhältnissen entsprechenden Bildes der Vermögens-, Finanz- und Ertragslage des Konzerns. Die Erfüllung dieses Informationszwecks dient dem Schutz konzernexterner Adressaten. Potentielle und aktuelle Anteilseigner und Gläubiger von Konzernunternehmen sowie die interessierte Öffentlichkeit sollen durch die im Rahmen der Offenlegung des Konzernabschlusses vermittelten Informationen über die wirtschaftliche Lage des Konzerns bei ihren Entscheidungen über Transaktionen mit Konzernunternehmen unterstützt werden. Im Gegensatz zum Einzelabschluß löst der Konzernabschluß keine unmittelbaren Rechtsfolgen für die Ausschüttung und die Steuerbelastung der Konzernunternehmen aus. Da dem Konzernabschluß primär eine **nach außen gerichtete Informationsfunktion** zukommt, besteht für das Mutterunternehmen die Möglichkeit, den Informationsinhalt der Konzernrechnungslegung zu gestalten, um das Verhalten der externen Adressaten entsprechend den Zielvorstellungen der Unternehmensleitung des Mutterunternehmens zu beeinflussen, ohne daß unmittelbare finanzielle Folgewirkungen für den Konzern auftreten.

Externe Informationsfunktion

Die Außenorientierung des Konzernabschlusses schließt nicht aus, daß er als Instrument für die interne Konzernsteuerung verwendet wird. Unter diesem Aspekt wird eine möglichst unverzerrte Darstellung der Vermögens-, Finanz- und Ertragslage des Konzerns und der Ergebnisbeiträge von Konzernunternehmen angestrebt. Insoweit können sich partielle Zielkonflikte zwischen dem internen Steuerungszweck und dem Ziel der Verhaltensbeeinflussung externer Adressaten ergeben, die bei einer stärkeren Gewichtung des Lenkungs- und Kontrollzwecks den Gestaltungsbereich der Konzernabschlußpolitik begrenzen.

Welche Einzelinformationen und Informationskombinationen bestimmte, aus der Sicht der Konzernleitung vorteilhafte Reaktionen der externen Adressaten auslösen und mit welcher Intensität und Geschwindigkeit dies geschieht, kann nicht generell bestimmt werden. Jedoch stellen das Konzernjahresergebnis und das bilanzielle Eigenkapital wichtige Daten dar, da sie wesentliche Kriterien für die globale Beurteilung der wirtschaftlichen Lage des Konzerns sind und in zahlreiche Kennzahlen für den Konzernabschluß eingehen. Der Erfolgsausweis kann entweder an die Erwartungen externer Adressaten angepaßt oder durch Vorgaben der Konzernleitung festgelegt werden. Die **Erfolgsregulierung** ist deshalb ein zentrales Unterziel der Konzernabschlußpolitik. Gleiches gilt für den Eigenkapitalausweis. Daneben kann durch die Konzernabschlußpolitik eine ergänzende Informationspolitik betrieben werden, die sich auf spezielle Informationselemente des Konzernanhangs und des Konzernlageberichts bezieht. Während durch eine erwartungsangepaßte Konzernabschlußpolitik die Verhaltensweisen der Transaktionspartner des Konzerns stabilisiert werden, soll ein nach anderen Kriterien festgelegter Ergebnis- und Eigenkapitalausweis die Informationsempfänger zu einer Verstärkung positiver Reaktionen oder zu einer Verhaltensänderung veranlassen.

Obwohl der Konzernerfolg nicht Gegenstand der Ergebnisverwendung ist, **kann der Ergebnisausweis im Konzernabschluß zukünftige Ausschüttungen indirekt beeinflussen**. Liegt der Konzernerfolg über dem Jahresergebnis des Mutterunternehmens, dann haben die übrigen Konzernunternehmen mit ihren Ergebnissen zu einer Verstärkung der Substanz des Konzerns beigetragen, so daß die Anteilseigner des Mutterunternehmens in der Zukunft höhere Ausschüttungen erwarten. Wenn umgekehrt das Mutterunternehmen ein höheres Ergebnis ausweist als der Konzern, kann eine negative wirtschaftliche Entwicklung des Konzerns unterstellt werden. Soweit das Mutterunternehmen einen höheren Betrag als das ausgewiesene Konzernergebnis ausschüttet, wird ein Teil der Ausschüttung aus der Substanz des Konzerns finanziert (vgl. Scheren 1989, Kap. I Tz 88). In beiden Fällen kann eine Ergebnisregulierung im Konzernabschluß angestrebt werden, die den Konzernerfolg an das Jahresergebnis des Mutterunternehmens anpaßt, um einerseits höhere Ausschüttungserwartungen und andererseits eine negative Beurteilung der wirtschaftlichen Entwicklung des Konzerns zu vermeiden. Als Indiz für die angestrebte Harmonisierung von Konzernjahresüberschuß und Jahresergebnis des Mutterunternehmens ist die Tatsache zu werten, daß in der Praxis nicht selten der Bilanzgewinn im Abschluß des Mutterunternehmens und der Konzernbilanzgewinn in gleicher Höhe ausgewiesen werden (vgl. Busse v. Colbe/Ordelheide 1984, S. 36; Klein 1989, S. 53). Zwischen den informationspolitischen Zielelementen Ergebnisregulierung und Ausweis einer günstigen Relation von Eigen- und Fremdkapital bestehen in mehrfacher Hinsicht konfliktäre Beziehungen. Der Ausweis eines möglichst hohen Eigenkapitalanteils widerspricht dem Bestreben, die Höhe des Ergebnisausweises im Konzern zu begrenzen. Auch die Ausübung verschiedener Wahlrechte bei Konsolidierungsvorgängen führt zu Zielkonkurrenzen. Ein hoher **Eigenkapitalausweis im Rahmen der erstmaligen Kapitalkonsolidierung** führt in den Folgeperioden zu größeren Ergebnisbelastungen wegen der höheren Abschreibungen auf aufgelöste stille Reserven und auf den Geschäftswert. Bei der **Zwischenerfolgseliminierung** bewirkt die Ausschaltung hoher Zwischenverluste einen größeren Eigenkapitalausweis mit nachfolgend höheren Ergebnisbelastungen, wenn die Zwischenverluste ergebniswirksam werden. Eine Eliminierung von möglichst geringen Zwischengewinnen verstärkt zwar ebenfalls den Eigenkapitalausweis, jedoch fallen die späteren Ergebnisentlastungen bei Realisierung der Zwischengewinne entsprechend geringer aus.

Die Adressatenbeeinflussung durch Ergebnisregulierung und Eigenkapitalausweis im Konzernabschluß kann durch eine ergänzende Informationspolitik unterstützt werden. Dies geschieht durch eine über die gesetzlichen Vorgaben hinausgehende **freiwillige Berichterstattung im Konzernanhang und im Konzernlagebericht**. Die Darstellung günstiger zukünftiger Entwicklungstendenzen im Konzernlagebericht sowie die Vermittlung zusätzlicher Informationen im Konzernanhang mit dem Ziel der Relativierung einer ungünstigen Ergebnisentwicklung können dazu beitragen, positive Einstellungen des Adressatenkreises gegenüber dem Konzern zu erzeugen oder zu stabilisieren. Im Gegensatz zur offensiven ergänzenden Informationspolitik bezweckt die defensive Informationspolitik eine Minimierung der den externen Adressaten zur Verfügung gestellten Informationen, indem von den Wahlrechten für Anhangsangaben (§§ 313 IV, 315 II HGB) Gebrauch gemacht und die Lageberichterstattung auf das Mindestmaß beschränkt wird.

Ergänzende Informationspolitik

Minimierung der den externen Adressaten zur Verfügung gestellten Informationen

b) Aktionsparameter der Konzernabschlußpolitik

Da der Konzernabschluß grundsätzlich durch Zusammenfassung der Einzelabschlüsse von Konzernunternehmen aufgestellt wird, wirken sich die für die Gestaltung der Einzelabschlüsse getroffenen bilanzpolitischen Entscheidungen teilweise auch auf den Konzernabschluß aus. Soweit bilanzpolitische Maßnahmen für den Einzelabschluß auch für die Beeinflussung des Konzernabschlusses eingesetzt werden, stellen sie **mittelbare einzelabschlußbezogene Aktionsparameter der Konzernabschlußpolitik** dar.

Mittelbare Aktionsparameter

Bei der Addition der Einzelabschlüsse müssen die einbezogenen Konzernunternehmen abgegrenzt und bezüglich der Bewertung vereinheitlicht werden. Außerdem sind im Hinblick auf die Einheitstheorie interne Beziehungen zwischen Konzernunternehmen zu eliminieren, die in den Einzelabschlüssen ihren Niederschlag gefunden haben. Freiheitsgrade bei der Abgrenzung und Vereinheitlichung der Einzelabschlüsse sowie die verschiedenen Wahlrechte bei der Durchführung der Konsolidierungsvorgänge bilden die **unmittelbaren Aktionsparameter der Konzernabschlußpolitik**. Hierzu zählen auch die Darstellungswahlrechte des Konzernabschlusses, die sich auf die Gliederung von Konzernbilanz und Konzern-GuV-Rechnung sowie auf die Gestaltung des Anhangs beziehen. Ausgehend von den Zielen der Konzernabschlußpolitik können die mittelbaren und unmittelbaren Aktionsparameter weiter aufgegliedert werden:

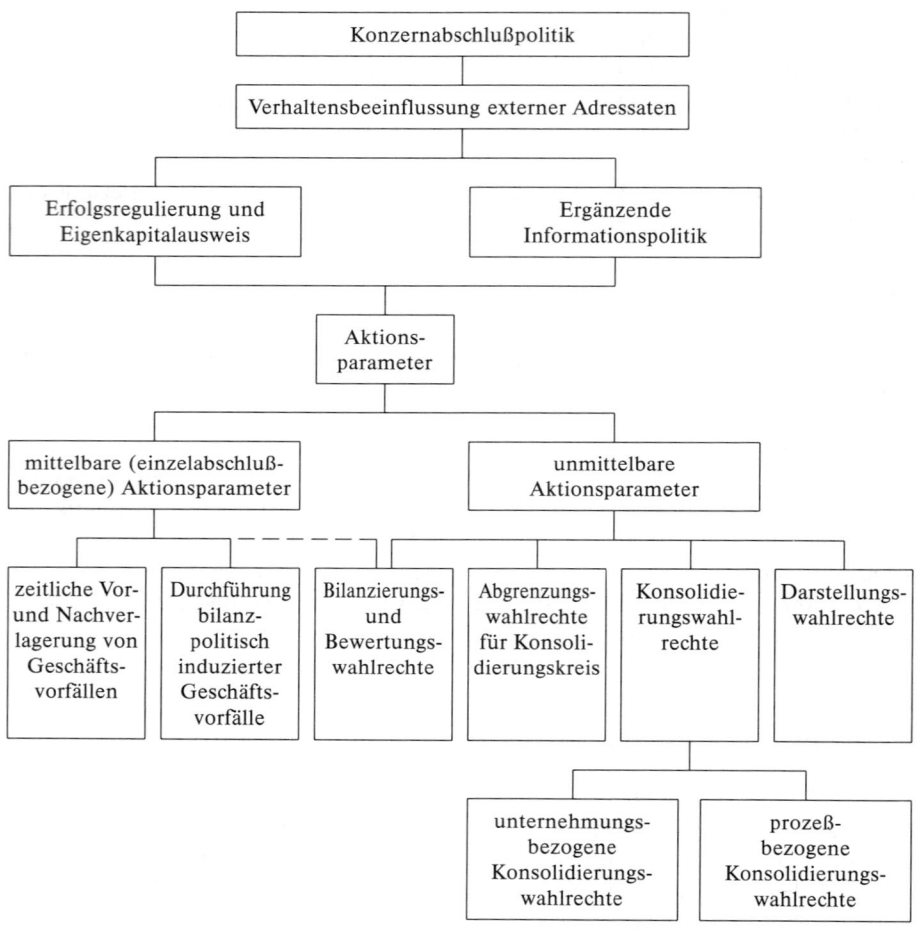

Abbildung 10.51: Ziele und Aktionsparameter der Konzernabschlußpolitik

Die **mittelbaren Aktionsparameter** betreffen Maßnahmen zur Gestaltung der im Konzernabschluß einbezogenen **Einzelabschlüsse**. Die zeitliche Vor- und Nachverlagerung von Geschäftsvorfällen bei der Durchführung von Investitionen, der Beschaffung von Vorräten und der Abwicklung von Umsatzgeschäften bewirkt über Aufwands- und Ertragsverschiebungen im Einzelabschluß eine Beeinflussung des ausgewiesenen Jahresergebnisses. Diese kann sich auch im Konzernabschluß niederschlagen. Aller-

1508

dings wird die Vorverlegung von Periodenaufwand (z. B. vorgezogene Investitionen im abnutzbaren Anlagevermögen, Vorziehung von Instandhaltungsmaßnahmen) ebenso wie die zeitliche Verschiebung von Ertrag (z. B. spätere Abwicklung von Aufträgen) nur dann uneingeschränkt wirksam, wenn die Geschäftsvorfälle mit Unternehmen außerhalb des Konzerns durchgeführt werden. Gleiches gilt für eine Nachverlagerung von Periodenaufwand oder für eine vorgezogene Ertragsverrechnung. Bei vorgezogenen Instandhaltungsmaßnahmen innerhalb des Konzerns findet eine Aufwands- und Ertragskonsolidierung statt, so daß wegen der Verkürzung der sonstigen betrieblichen Aufwendungen einerseits und der Umsatzerlöse beim leistenden Konzernunternehmen andererseits lediglich die Selbstkosten der Wartungsmaßnahme den Konzernerfolg vermindern. Ebenso wird die Ergebnisverbesserung des liefernden Konzernunternehmens bei vorgezogener Auftragsabwicklung gegenüber einer anderen Konzerngesellschaft in Höhe der zu eliminierenden Zwischenerfolge neutralisiert. In gleicher Weise wirkt sich die Ergebnisregulierung bei Durchführung bilanzpolitisch induzierter Geschäftsvorfälle auf den Konzernabschluß nur dann in voller Höhe aus, wenn an den Transaktionen Unternehmen außerhalb des Konzerns beteiligt sind. Die Veräußerung von nicht betriebsnotwendigem Vermögen zur Realisierung von Buchgewinnen ist wegen der Zwischenerfolgseliminierung nur möglich, wenn der Erwerber nicht dem Konzern angehört. Grundsätzlich wirken sich Liquiditäts- und Ergebnisverlagerungen zwischen Konzernunternehmen nicht im Konzernabschluß aus.

Durchführung bilanzpolitisch induzierter Geschäftsvorfälle

Da die Zusammenfassung der Einzelbilanzen unter dem Vorbehalt einer **konzerneinheitlichen Bewertung** (§ 308 HGB) steht, ist die jeweilige Ausübung von Bewertungswahlrechten im Einzelabschluß für den Konzernabschluß unbeachtlich. Eine Ausnahme stellt lediglich die zulässige Übernahme der in den Einzelabschlüssen angesetzten niedrigeren steuerrechtlich zulässigen Wertansätze bzw. der Sonderposten mit Rücklageanteil dar. Auch die in den Einzelabschlüssen ausgeübten Bilanzansatzwahlrechte sind nicht für die Konzernbilanz verbindlich. Sie können gemäß § 300 II HGB unabhängig von der Handhabung im Einzelabschluß bei der Aufstellung der Konzernbilanz neu ausgeübt werden.

Bilanzierungs- und Bewertungswahlrechte als mittelbare Aktionsparameter

Größere Bedeutung kommt den Bilanzierungs- und Bewertungswahlrechten in der Einzelbilanz für die Ermittlung der Schwellenwerte für die größenabhängige Befreiung von der Konzernrechnungslegung zu. Nach § 293 I Nr. 1 HGB beträgt der Grenzwert für die Bilanzsumme der zusammengefaßten Einzelbilanzen 46,8 Mio DM und für die Umsatzerlöse 96 Mio DM. Soweit im Konzern nicht mehr als 500 Arbeitnehmer beschäftigt sind und durch die Ausnutzung von Bilanzansatz- und Bewertungswahlrechten der Schwellenwert für die Bilanzsumme unterschritten wird, entfällt die Verpflichtung zur Konzernrechnungslegung. In diesem Zusammenhang kann auch die zeitliche Verlagerung von Umsatzgeschäften wirksam werden, wenn dadurch die Umsatzerlöse unter den Schwellenwert sinken.

Unmittelbare Aktionsparameter der Konzernabschlußpolitik sind die Bilanzierungs- und Bewertungswahlrechte für die Konzernbilanz. Sie können einerseits zur Vermeidung der Konzernrechnungslegungspflicht genutzt werden, soweit der in § 293 I Nr. 2

*Bilanzie-
rungs- und
Bewertungs-
wahlrechte
als unmittel-
bare Aktions-
parameter*
HGB aufgeführte Grenzwert für die Bilanzsumme (39 Mio DM) und ein weiteres Größenkriterium nicht erreicht werden. Andererseits wird der Ergebnis- und Eigenkapitalausweis durch die im Konzernabschluß angewendeten Bilanzierungs- und Bewertungswahlrechte beeinflußt. Die einzelnen Aktionsparameter erstrecken sich auf die unabhängig vom Einzelabschluß auszuübenden Bilanzansatzwahlrechte, die Anwendung der für das Mutterunternehmen zulässigen Bewertungswahlrechte sowie auf die Beibehaltung der steuerrechtlich zulässigen Wertansätze in den Einzelbilanzen. Allerdings wird der Bewertungsspielraum in der Konzernbilanz durch den Grundsatz der Bewertungseinheitlichkeit bei art- und funktionsgleichen Bewertungsobjekten sowie durch das Prinzip der Bewertungsstetigkeit in zeitlicher Hinsicht eingeschränkt.

Der Inhalt des Konzernabschlusses wird maßgeblich durch die **Abgrenzung des Konsolidierungskreises** bestimmt. Neben den expliziten Einbeziehungswahlrechten von Konzernunternehmen wegen beschränkter Ausübung der Gesellschaftsrechte, hoher Kosten bei der Informationsbeschaffung der benötigten Angaben, Veräußerungsabsicht der Anteile oder wegen ihrer geringen Bedeutung (§ 296 I und 2 HGB) enthält auch das Einbeziehungsverbot von Konzernunternehmen im Hinblick auf ihre unterschiedliche Tätigkeit (§ 295 HGB) einen Ermessensspielraum, der für die Konzernabschlußpolitik nutzbar ist. Die jeweilige Abgrenzung des Konsolidierungskreises führt zu einem unterschiedlichen Eigenkapitalausweis des Konzerns und wirkt sich auch auf das Konzernjahresergebnis aus.

Erhebliche Gestaltungsfreiheiten enthalten die **Konsolidierungswahlrechte**. Bei der Kapitalkonsolidierung sind unternehmungsbezogene und prozeßbezogene Konsolidierungswahlrechte zu unterscheiden. **Unternehmensbezogene Wahlrechte** knüpfen an die Ausgestaltung von Konsolidierungsvorgängen in Abhängigkeit von Unternehmensmerkmalen an. Für Konzernunternehmen mit einer Anteilsquote von mindestens 90%, deren Anteile durch Ausgabe von Anteilen eines Konzernunternehmens erworben wurden, kann die **vereinfachte Kapitalkonsolidierung nach der Methode der Interessenzusammenführung** durchgeführt werden. Durch die Verrechnung des Anteilswertes mit dem gezeichneten Kapital sowie des Unterschiedsbetrages mit den Rücklagen erfolgt die Kapitalkonsolidierung grundsätzlich erfolgsneutral, wobei der Eigenkapitalausweis bei der Erstkonsolidierung geringer ausfällt als bei der regulären Kapitalkonsolidierung, soweit stille Reserven vorhanden sind. Ein weiteres Konsolidierungswahlrecht betrifft bei **Gemeinschaftsunternehmen** die Anwendbarkeit der **Quotenkonsolidierung** anstatt einer Beteiligungsbewertung der für assoziierte Unternehmen vorgesehenen Equity-Methode. Da bei der Quotenkonsolidierung die Vorschriften über die einheitliche Bewertung und die Zwischenerfolgseliminierung entsprechend anzuwenden sind, dagegen bei der Equity-Methode eine einheitliche Bewertung unterbleiben kann und die Zwischenerfolgseliminierung anteilig oder vollständig durchgeführt werden kann, sind bei der Equity-Methode größere Gestaltungsspielräume vorhanden als bei der Quotenkonsolidierung.

Prozeßbezogene Aktionsparameter bei der Kapitalkonsolidierung beziehen sich auf die Wahl zwischen Buchwert- und Neubewertungsmethode, auf die Verrechnungsmöglichkeiten eines aktivischen Unterschiedsbetrags sowie auf den Zeitpunkt der Wertermittlung zur Kapitalkonsolidierung. Bei Minderheitsbeteiligungen werden im Rahmen der Neubewertungsmethode auch die Anteile der anderen Gesellschafter an den stillen Reserven erfaßt. Deshalb ergibt sich im Jahr der Erstkonsolidierung ein höherer Eigenkapitalausweis im Konzernabschluß als bei der Buchwertmethode. In den Folgeperioden entstehen wegen der höheren Abschreibungen auf die Vermögensgegenstände des Anlagevermögens sowie als Folge geringerer Veräußerungsgewinne höhere Belastungen des Konzernergebnisses.

Prozeßbezogene Konsolidierungswahlrechte

Die **unterschiedlichen Verrechnungsmodalitäten des als Geschäftswert auszuweisenden aktivischen Unterschiedsbetrages** wirken sich ebenfalls auf den Eigenkapitalausweis und das Konzernergebnis in späteren Perioden aus. Bei der Aktivierung des Unterschiedsbetrages ist der Eigenkapitalausweis höher als bei offener Verrechnung mit den Gewinnrücklagen. In den Folgejahren schmälern die Abschreibungen zu mindestens einem Viertel des bilanzierten Betrages die zukünftigen Konzernjahresergebnisse.

Darstellungswahlrechte

Gemäß § 301 II HGB können **für die Wertermittlung bei der Kapitalkonsolidierung unterschiedliche Zeitpunkte** gewählt werden. Neben dem Erwerbszeitpunkt kommt der Zeitpunkt der erstmaligen Einbeziehung des Tochterunternehmens oder der Zeitpunkt der erstmaligen Tochterunternehmenseigenschaft bei sukzessivem Anteilserwerb in Betracht. Sind zwischen Erwerbszeitpunkt und Konsolidierungszeitpunkt Änderungen des Beteiligungsbuchwertes und/oder des anteiligen Eigenkapitals des Tochterunternehmens eingetreten, so werden nicht nur die Ansätze in der Konzernbilanz bei der Erstkonsolidierung modifiziert, sondern auch die Konzernergebnisse späterer Geschäftsjahre. Während ein niedriger Beteiligungsbuchwert oder ein höheres anteiliges Eigenkapital wegen geringerer Abschreibungen den Konzernerfolg in der Zukunft weniger belastet, löst ein höherer Wertansatz oder ein reduziertes Eigenkapital einen gegenteiligen Effekt aus.

Die **Schuldenkonsolidierung** sowie die **Aufwands- und Ertragskonsolidierung** enthalten keine wesentlichen Gestaltungsspielräume. In begrenztem Umfang kann das Jahresergebnis beeinflußt werden, wenn die erfolgswirksame Schuldenkonsolidierung wegen geringer Bedeutung wahlweise unterlassen wird (§ 303 II HGB).

Bei der **Zwischenerfolgseliminierung** hängt der Umfang der zu konsolidierenden Zwischengewinne und -verluste von der Wahl des maßgeblichen Konzernwertes ab. Grundsätzlich sind die im Konzern hergestellten Vermögensgegenstände, die Gegenstand konzerninterner Lieferbeziehungen waren, mit einem Wert anzusetzen, der in die Bandbreite zwischen Konzernhöchstwert und Konzernmindestwert fällt. Während sich der eliminierungspflichtige Zwischengewinn nach der Differenz zwischen Einzelabschlußwert und Konzernhöchstwert bemißt, entspricht der konsolidierungspflichtige Zwischenverlust dem Unterschiedsbetrag zwischen Konzernmindestwert und Einzelbilanzwert. Überwiegen Zwischengewinne, reduziert sich das Jahresergebnis zusätzlich, wenn anstatt des Konzernhöchstwertes ein geringerer Wertansatz für den Konzernabschluß gewählt wird. Umgekehrt ist bei vorhandenen Zwischenverlusten eine zusätzliche Ergebnisaufstockung realisierbar, wenn die Verlustermittlung

Spielräume bei der Zwischenerfolgseliminierung

auf höheren Werten als den Konzernmindestwerten beruht. Zusätzlich kann der Umfang der Zwischenerfolgseliminierung durch Verbrauchsfolgeunterstellungen (z. B. Kifo-Methode: Konzern in, first out) beeinflußt werden. Bei Anwendung der Verbrauchsfolgefiktion, die zuerst den Abgang konzernintern gelieferter Güter unterstellt, kann eine Ergebnisminderung wegen zusätzlicher Zwischenerfolge abgeschwächt oder vermieden werden. Ebenso reduziert sich bei Anwendung des Kifo-Verfahrens eine Ergebniserhöhung durch Zwischenverlusteliminierung.

Wahlrechte
für assoziierte
Unternehmen
Die für **assoziierte Unternehmen** anzuwendende **Equity-Methode** bei der Bewertung von Beteiligungen enthält ebenfalls mehrere Wahlrechte. Ein Ermessensspielraum besteht bei der Beurteilung der Frage, ob der Konzern einen maßgeblichen Einfluß auf die Geschäfts- und Finanzpolitik des Beteiligungsunternehmens ausübt. Soweit ein maßgeblicher Einfluß verneint wird, entfällt die Anwendung der Equity-Methode. Liegt ein assoziiertes Unternehmen vor, kann wahlweise auf eine einheitliche Bewertung und bei fehlenden Informationen auf die Zwischenerfolgseliminierung verzichtet werden. Weitere Wahlrechte betreffen die quotale oder vollständige Eliminierung von Zwischenerfolgen, die Abgrenzung des Umfangs der Zwischenergebnisse sowie die erfolgsneutrale oder erfolgswirksame Verrechnung des Geschäftswertes. Die unterschiedlichen Wertansätze der assoziierten Unternehmen und das ihnen zugeordnete Ergebnis beeinflussen ebenfalls den Ergebnisausweis und den Eigenkapitalanteil im Konzernabschluß.

Da nach § 298 I HGB die Gliederungsvorschriften des Einzelabschlusses von Kapitalgesellschaften auch für den Konzernabschluß gelten, sind die Darstellungswahlrechte für die Bilanz und die GuV-Rechnung auf den Konzernabschluß zu übertragen. Daneben ergeben sich aus den konzernspezifischen Besonderheiten zusätzliche Ausweiswahlrechte. Weitere Darstellungswahlrechte beziehen sich auf die Gestaltung des Konzernanhangs und des Konzernlageberichts.

Kommentierte Literaturhinweise

Zur Erarbeitung der Grundlagen und wichtigsten Teilgebiete des Jahresabschlusses eignen sich besonders die bewährten Lehrbücher von COENENBERG (1990), HEINEN (1986), HEINHOLD (1988), SCHILDBACH (1991), STREIM (1988), WEBER (1988) und WÖHE (1990). In den Lehrbüchern von BÄHR/FISCHER-WINKELMANN (1990) und BUCHNER (1990) wird daneben auch das Grundwissen der Buchführung dargestellt. Steuerbilanz und damit verbundene steuerliche Fragen behandelt ausführlich BIERGANS (1988).

Vertiefende Beiträge über die Grundsätze der Bilanzierung und Bewertung sowie zu den einzelnen Positionen des Jahresabschlusses bzw. zu Teilen des Lageberichts enthalten das von CASTAN et al. (1989) herausgegebene BECK'SCHE HANDBUCH DER RECHNUNGSLEGUNG (Beck HdR), das von COENENBERG/V. WYSOCKI (1983) herausgegebene HANDWÖRTERBUCH DER REVISION (HWRev), das von KOSIOL et al. (1981)

herausgegebene Handwörterbuch des Rechnungswesens und das von v. Wysocki/
Schulze-Osterloh (1990) herausgegebene Handbuch des Jahresabschlusses
(HdJ) in Einzeldarstellungen. Umfassend werden die Vorschriften zum Einzelab-
schluß einschließlich der Sonderfragen der Rechnungslegung von Banken, Versicherungen und öffentlichen Unternehmen in dem als Nachschlagewerk konzipierten
Wirtschaftsprüferhandbuch, herausgegeben vom Institut der Wirtschaftsprüfer
(IDW) (1985), erläutert. Zur Vertiefung und Beurteilung bilanzrechtlicher Einzelfra-
gen ist die Benutzung von Kommentaren erforderlich. Zu den einschlägigen Bilanzkommentaren gehören: Der Standardkommentar von Adler/Düring/Schmaltz
(ADS) (1990), der von Budde et al. (1990) herausgegebene Beck'sche Bilanzkommentar sowie die beiden Bilanzkommentare: Bonner Handbuch Rechnungslegung (BHR), herausgegeben von Hofbauer et al. (1990) und Handbuch der
Rechnungslegung, herausgegeben von Küting/Weber (1990).

Zur Einführung in die Konzernrechnungslegung werden die Lehrbücher von v. Wy-
socki/Wohlgemuth (1986) und Busse v. Colbe/Ordelheide (1984) empfohlen.
Vertiefende Beiträge zu den Bereichen der Konzernrechnungslegung enthält das
Beck'sche Handbuch der Rechnungslegung und das Wirtschaftsprüferhandbuch. Detailfragen der Konzernrechnungslegung werden in den oben aufgeführten
Bilanzkommentaren und in dem von Küting/Weber (1989) herausgegebenen Handbuch der Konzernrechnungslegung (HdK) behandelt.

Fragen zur Selbstkontrolle und Vertiefung

1. Wie wirkt sich das Imparitätsprinzip bei der Bewertung des Vorratsvermögens
   aus?

2. Worin unterscheiden sich Gesamtkosten- und Umsatzkostenverfahren in ihrer
   grundsätzlichen Vorgehensweise und welche Vorteile beinhalten beide Verfahren?

3. Was versteht man unter dem Begriff des wirtschaftlichen Eigentums und welche
   Bedeutung kommt diesem bei der Bilanzierung zu?

4. Erörtern Sie den Grundsatz der Vorsicht!

5. Im abgelaufenen Geschäftsjahr hat die X-GmbH einen Werbefeldzug durchgeführt und dafür DM 600 000 aufgewendet. Ist dieser Betrag als Vermögensgegenstand, Bilanzierungshilfe oder als Rechnungsabgrenzungsposten zu bilanzieren?

6. Erläutern Sie die Ursachen, Arten und Wirkungen stiller Rücklagen in der Handelsbilanz!

7. Kennzeichnen Sie Ober- und Untergrenze der Herstellungskosten nach geltendem Handelsrecht. Gehen Sie dabei auf Probleme der Unterbeschäftigung bzw.
   Teilstillegung ein.

8. Welche Funktionen werden dem Anhang zugeordnet?

9. Worüber ist im Lagebericht zu berichten?

10. Wie ist die Offenlegung ausgestaltet?

11. Was versteht man unter einer „Ausschüttungssperre"?

12. Wie entstehen Kapitalrücklagen?

13. Was versteht man unter einem „Sonderposten mit Rücklageanteil"?

14. Nennen Sie Beispiele für bilanzpolitische Maßnahmen, die vor dem Bilanzstichtag durchgeführt werden können!

15. Welche Unterschiede gibt es bei der Kapitalkonsolidierung zwischen Neubewertungsmethode und Buchwertmethode? Führen beide Methoden zum gleichen Ergebnis?

16. Erklären Sie die Begriffe eliminierungspflichtiger und eliminierungsfähiger Zwischenerfolg.

17. Stellen Sie die Konsolidierungsmethode dar, die bei assoziierten Unternehmen zur Anwendung kommt.

18. Bewertung des Anlagevermögens. Die Y-GmH hat am 20. 3. 01 eine Stanzmaschine gekauft. Der Listenpreis beträgt DM 500 000 zuzüglich 14% Umsatzsteuer. Im Zusammenhang mit dem Erwerb der Stanzmaschine sind Frachtkosten für einen Spediteur von DM 15 000 zuzüglich 14% Umsatzsteuer angefallen. Die Y-GmbH überweist den Rechnungsbetrag für die Stanzmaschine abzüglich 3% Skonto. Die Nutzungsdauer der Maschine beträgt 10 Jahre. Es wird die lineare Abschreibungsmethode gewählt.

   a) Mit welchem Wert ist die Stanzmaschine in der Bilanz der Y-GmbH am 31. 12. 01 anzusetzen? Begründen Sie Ihre Antwort!
   b) Welche Abschreibungsmethoden können in der Handelsbilanz für die Stanzmaschine angewendet werden?
   c) Welche Auswirkungen ergeben sich für die Handelsbilanz am 31. 12. 03, wenn im Jahr 03 festgestellt wird, daß die Stanzmaschine voraussichtlich dauerhaft nicht mehr eingesetzt werden kann? Begründen Sie Ihre Antwort!
   d) Wie kann in der Handelsbilanz verfahren werden, wenn sich aufgrund von Marktveränderungen im Jahr 05 herausstellt, daß die Stanzmaschine doch wieder ohne Einschränkung eingesetzt werden kann?

19. Wie ist eine Forderung aus Lieferungen und Leistungen gegenüber dem Kunden X-GmbH in Höhe von DM 114 000 (incl. 14% USt) in der Bilanz der Y-GmbH am 31. 12. 01 zu bewerten, wenn am 30. 1. 02 bekannt wird, daß die X-GmbH am 20. 1. 02 Konkurs angemeldet hat? Begründen Sie Ihre Antwort!

1514

20. Mit welchem Wert sind in der Unternehmung gefertigte Erzeugnisse in der Handelsbilanz mindestens (höchstens) zu aktivieren, wenn Ihnen folgende Informationen zur Verfügung stehen:

Fertigungslöhne:	40 DM pro Stunde
Fertigungsgemeinkosten (ohne Wertminderung der Fertigungsanlagen):	120% der Fertigungslöhne
Fertigungszeit:	5 Stunden pro Erzeugnis
kalkulatorische Abschreibungen:	10 DM pro Stunde
bilanzielle Abschreibung:	20 DM pro Stunde
Materialeinzelkosten:	100 DM pro Erzeugnis
Materialgemeinkosten:	10% der Materialkosten
Vertriebskosten:	50 DM pro Erzeugnis
Sondereinzelkosten der Fertigung:	10 DM pro Erzeugnis

21. Beurteilen Sie die Zulässigkeit folgender Wertansätze und Einstellungen in die Bilanz. Geben Sie eine kurze Begründung mit Hinweis auf die konkrete Behandlung.

a) Für Handelswaren, die zu Anschaffungskosten in Höhe von DM 10 000 erworben wurden, beträgt der Marktpreis am Bilanzstichtag (31. 12.) DM 8 500. Da am 30. 12. ein Lieferauftrag für die Handelswaren zum Marktpreis eingeht, bildet die Unternehmung Rückstellungen für drohende Verluste aus schwebenden Geschäften in Höhe von DM 1 500.

b) Die Unternehmung erwartet den Umsatzbonus eines Lieferanten (5% des Umsatzes) in Höhe von DM 8 000, den sie auch in den vorangegangenen Jahren erhalten hat. Sie bildet daher einen Rechnungsabgrenzungsposten in Höhe von DM 8 000.

c) Der Kurswert der Wertpapiere des Anlagevermögens hat sich gegenüber dem Vorjahr erheblich verändert. Einige Papiere sind unter den Anschaffungswert gesunken, andere sind stark gestiegen. Da sich Kursgewinn und Kursverluste in etwa ausgleichen, wird der Aktienbestand mit dem gleichen Wert wie im Vorjahr angesetzt.

d) Ein Teil der Forderungen aus Lieferungen und Leistungen wurde zur Sicherung eines Kredits an eine Bank abgetreten und deshalb nicht aktiviert.

e) Kurz vor dem Bilanzstichtag ist die Lieferung an einen Kunden mit der Rechnung abgegangen. Da der Kunde die Lieferung noch nicht erhalten und bezahlt hat, wird die Ware unter der Position Fertigerzeugnisse aktiviert.

f) Im September wurden in einer Halle 6 Heizgeräte von Betriebsangehörigen eingebaut. Der Wert der Geräte beträgt DM 750 pro Einheit. An Löhnen muß das Unternehmen insgesamt DM 600 zahlen. Die Beschaffungs- und Installationskosten wurden als Aufwendungen in der Gewinn- und Verlustrechnung berücksichtigt.

g) Im Laufe des Jahres wurde eine DV-Anlage für 5 Jahre gemietet. Die dafür im Unternehmen entwickelte Software (Herstellungskosten DM 20 000) wird aktiviert.

h) Am 31. 12. 01 ging eine Lieferung von 10 t Rohstoffe unter Eigentumsvorbehalt ein. Da die Rechnung erst am 2. 01. 02 eintraf, erfolgte am 31. 12. 01 keine Buchung.

i) Am Jahresende besitzt die Unternehmung ein Guthaben von DM 26 500 gegenüber der X-Bank. Diese hat der Unternehmung einen langfristigen Investitionskredit eingeräumt, der am Jahresende DM 150 000 beträgt. Es wird beabsichtigt, das Guthaben mit der Verbindlichkeit zu saldieren und nur den Restbetrag von DM 123 500 als Verbindlichkeit auszuweisen.

22. Die Muttergesellschaft M ist an der Tochtergesellschaft T mit 40% beteiligt. Die stillen Reserven in den Aktiva von T betragen 600 TDM. T hat an M Waren geliefert, die aus Konzernsicht Gewinne in Höhe von 400 TDM enthalten. Die Waren sind am Bilanzstichtag noch bei M vorhanden. Der Bilanzposten Forderungen in der Bilanz von M enthält Forderungen gegenüber T in Höhe von 800 TDM, die bei T in gleicher Höhe als Verbindlichkeiten erfaßt sind.

Erstellen Sie die Konzernbilanz!

Die Einzelbilanzen von M und T zum 31. 12. t_0 enthalten folgende Zahlen:

Bilanz von M zum 31. 12. t_0

Aktiva	TDM	Passiva	TDM
Sachanlagevermögen	10 000	gezeichnetes Kapital	10 000
Anteile an verbundenen Unternehmen	5 000	Rücklagen	5 500
Vorräte	3 500	Gewinn	2 000
Forderungen	2 000	Verbindlichkeiten	3 500
sonstiges Umlaufvermögen	2 500	sonstige Passiva	2 000
Summe	23 000		23 000

Bilanz von T zum 31. 12. t_0

Aktiva	TDM	Passiva	TDM
Sachanlagevermögen	7 400	gezeichnetes Kapital	5 000
Vorräte	3 000	Rücklagen	3 200
Forderungen	1 800	Gewinn	1 000
sonstiges Umlaufvermögen	2 300	Verbindlichkeiten	3 300
		sonstige Passiva	2 000
Summe	14 500		14 500

Literaturverzeichnis

ABERNATHY, W. J./WAYNE, K. (1974), Limits of the learning curve, in: Harvard Business Review, Heft 5, 1974, S. 109–119.

ADAM, D. (1988), Aufbau und Eignung klassischer PPS-Systeme, in: ADAM, D. (1988), Hrsg., Fertigungssteuerung I: Grundlagen der Produktionsplanung und -steuerung, Wiesbaden 1988, S. 5–21.

ADAM, D. (1990), Produktionsdurchführungsplanung, in: JACOB, H. (1990), Hrsg., Industriebetriebslehre, 4. Aufl., Wiesbaden 1990, S. 673–909.

ADAM, S. (1989), Optimierung der Anlageninstandhaltung, Berlin 1989.

ADLER/DÜRING/SCHMALTZ (ADS) (1990), Rechnungslegung und Prüfung der Unternehmen, in: FORSTER, K.-H./GOERDELER, R./HAVERMANN, H./SCHMALTZ, K.-H. (1990), Hrsg., Kommentar, 5. Aufl., Stuttgart (Loseblatt: Stand Nov. 1990).

AGTHE, K. (1963), Kostenplanung und Kostenkontrolle im Industriebetrieb, Baden-Baden 1963.

AHARONI, Y. (1966), The Foreign Investment Decision Process, Boston 1966.

AKERLOF, G. A. (1970), The market for 'lemons': Qualitative uncertainty and the market mechanism, in: Quarterly Journal of Economics, 84, 1970, S. 488–500.

ALBACH, H. (1974), Steuerliche Probleme der Abgrenzung von Anlage- und Umlaufvermögen, in: Steuerberater-Jahrbuch, 1973/74, Köln 1974, S. 265–299.

ALBACH, H. (1978), Strategische Unternehmensplanung bei erhöhter Unsicherheit, in: ZfB, 48, 1978, S. 702–715.

ALBACH, H. (1989), Innovationen als Fetisch und Notwendigkeit, in: ZfB, Ergänzungsheft 1, Innovationsmanagement – Theorie und Praxis im Kulturvergleich, 1989, S. 97–108.

ALBACH, H./GABELIN, TH. (1977), Mitarbeiterführung – Text und Fälle, Wiesbaden 1977.

ALBACH, H./HUNDSIEK, D./KOKALJ, L. (1986), Finanzierung mit Risikokapital, Stuttgart 1986.

ALBERS, S./EGGERS, S. (1991), Organisatorische Gestaltungen von Produktinnovations-Prozessen – Führt der Wechsel des Organisationsgrades zu Innovationserfolg? in: ZfbF, 43, 1991, S. 44–64.

ALBRECHT, W./GREWE, W./HOFBAUER, A./KUPSCH, P./SCHERRER, G. (1990), Hrsg., Bonner Handbuch der Rechnungslegung (BHR). Aufstellung, Prüfung und Offenlegung des Jahresabschlusses, Bonn (Loseblatt: Stand Dez. 1990).

ALCHIAN, A. A. (1984), Specifity, Specialization and Coalitions, in: Zeitschrift für die gesamte Staatswissenschaft, 140, 1984, S. 34–49.

ALLEN, T. J. (1970), Communication Networks in R&D Laboratories, in: Journal of R&D Management, 1, 1970, S. 14–21.

ALLEN, T. J. (1977), Managing the flow of technology: Technology transfer and the dissemination of technological information within the R&D organization, Cambridge 1977.

ALPERT, M. J. (1971), Pricing Decisions, London 1971.

ALTROGGE, G. (1979), Netzplantechnik, Wiesbaden 1979.

ALTROGGE, G. (1988), Investition, Oldenburg 1988.

ANDERSON, E./WEITZ, B. A. (1986), Make-or-Buy Decisions: Vertical Integration and Marketing Productivity, in: Sloan Management Review, 28, Heft 1, 1986, S. 3–19.

ANDREAE, M. (1982), Portfolio-Management in der Führungspraxis: Information, Motivation, Organisation, Kontrolle, in: Arbeitsgemeinschaft Planungsrechnung (AGPLAN) (1982), Hrsg., Portfolio Management, Berlin 1982, Ziff. 4837.

ANDREAS, D./REICHLE, W. (1989), Selbst Fertigen oder Kaufen? – Strategische Überlegungen – Rechen- und Entscheidungsschemata, Frankfurt/M. 1989.

ANSOFF, H. I. (1960), A Quasi-Analytic Method for Long Range Planning, in: Management Sciences, Models and Techniques, Proceedings of the 6. International Meeting of the Institute of Management Sciences, Bd. 2, Oxford 1960, S. 229–251.

ANSOFF, H. I. (1966), Management-Strategie, München 1966.

ANSOFF, H. I. (1976), Managing Surprise and Discontinuity – Strategic Response to Weak Signals. Die Bewältigung von Überraschungen – Strategische Reaktionen auf schwache Signale, in: ZfbF, 28, 1976, S. 129–152.

ANTHONY, R. N. (1988), The Management Control Function, Boston/Mass. 1988.

Arbeitsring der Arbeitgeberverbände der Deutschen Chemischen Industrie (1975), o.T., Wiesbaden 1975.

ARGYRIS, CH. (1976), Single-loop and double-loop models in research on decision making, in: Administrative Science Quarterly, 21, 1976, S. 363–375.

ARGYRIS, CH./SCHÖN, D. A. (1975), Organizational Learning: A Theory of Action Perspective, Reading/Mass. u. a. 1975.

ARNOLD, U. (1982), Strategische Beschaffungspolitik, Frankfurt/M. 1982.

ARNOLDS, H./HEEGE, F./TUSSING, W. (1988), Materialwirtschaft und Einkauf, 6. Aufl., Wiesbaden 1988.

ARROW, K. J. (1974), The Limits of Organization, New York 1974.

ASTLEY, W. G./VAN DE VEN, A. H. (1983), Central Perspectives and Debates in Organization Theory, in: Administrative Science Quarterly, 28, 1983, S. 245–273.

AWF (1985), Computer Integrated Manufacturing, Begriffe Definitionen Funktionszuordnungen, AWF-Empfehlungen, Eschborn 1985.

BACKHAUS, K. (1979), Fertigungsprogrammplanung, Stuttgart 1979.

BACKHAUS, K. (1990), Investitionsgütermarketing, 2. Aufl., München 1990.

BACKHAUS, K./SANDROCK, O./SCHILL, J./UEKERMANN, H. (1990), Hrsg., Projektfinanzierung, Stuttgart 1990.

BAETGE, J. (1990), Allgemeine Bilanzierungsfragen. Grundzüge ordnungsmäßiger Buchführung, in: KÜTING, K./WEBER, C.-P. (1990), Hrsg., Handbuch der Rechnungslegung (HdR), 3. Aufl., Stuttgart 1990, S. 193–232.

BÄHR, G./FISCHER-WINKELMANN, W. (1990), Buchführung und Jahresabschluß, 3. Aufl., Wiesbaden 1990.

BAILY, P. J. H. (1980), Purchasing and Supply Management, 4. Aufl., London 1980.

BAKU, K./MEYER, E. (1982), Wirtschaftliche Fertigungsorganisation für Automobilzulieferer mit Fortschrittszahlen, in: Zeitschrift für wirtschaftliche Fertigung, 67, 1982, S. 476–480.

BALLWIESER, W. (1978), Kassendisposition und Wertpapieranlage, Wiesbaden 1978.

BALLWIESER, W. (1987), Grundsätze ordnungsmäßiger Buchführung und neues Bilanzrecht, in: ZfB, Ergänzungsheft 1, Bilanzrichtlinien-Gesetz, 1987, S. 3–24.

BALLWIESER, W. (1989), Grundsätze ordnungsgemäßer Bilanzierung, in: CASTAN, E./HEYMANN, G./MÜLLER, E./ORDELHEIDE, D./SCHEFFLER, E. (1989), Hrsg., Beck'sches Handbuch der Rechnungslegung (Beck HdR), München (Loseblatt: Stand Juli 1989), B 105.

BALLWIESER, W. (1990), Unternehmensbewertung und Komplexitätsreduktion, 3. Aufl., überarb., Wiesbaden 1990.

BALZERT, H. (1991a), Hrsg., CASE: Systeme und Werkzeuge, 3. Aufl., Mannheim 1991.

BALZERT, H. (1991b), Ein Überblick über die Methoden und Werkzeuglandschaft, in: BALZERT, H. (1991a), Hrsg., CASE: Systeme und Werkzeuge, 3. Aufl., Mannheim 1991, S. 21–85.

BAMBERG, G./COENENBERG, A. G. (1989), Betriebswirtschaftliche Entscheidungslehre, 5. Aufl., München 1989.

BARNARD, CH. I. (1938), The Functions of the Executive, Cambridge/Mass. 1938.

BARTÖLKE, K. (1980), Organisationsentwicklung, in: GROCHLA, E. (1980), Hrsg., Handwörterbuch der Organisation, 2. Aufl., Stuttgart 1980, Sp. 1468–1481.

BARTÖLKE, K./KAPPLER, E./LASKE, ST./NIEDER, P. (1978), Hrsg., Arbeitsqualität in Organisationen, Wiesbaden 1978.

BAUER, E. (1976), Marktsegmentierung als Marketing-Strategie, Berlin 1976.

BAUMANN, K.-H. (1990), Kommentierung zu § 274 HGB, in: KÜTING, W./WEBER, C.-P. (1990), Hrsg., Handbuch der Rechnungslegung (HdR), 3. Aufl., Stuttgart 1990, S. 1463–1482.

BAUMOL, W. J./WOLFE, P. (1958), A Warehouse Location Problem, in: Operations Research, 6, 1958, S. 252–263.

BAUMOL, W. J./WOLFE, P. (1967), A Warehouse-Location Problem, in: MARKS, N. E./ TAYLOR, R. M. (1967), Hrsg., Marketing Logistics: Perspectives and Viewpoints, New York u. a. 1967, S. 83–90.

BAUR, C. (1990), Make-or-Buy-Entscheidungen in einem Unternehmen der Automobilindustrie: empirische Analyse und Gestaltung der Fertigungstiefe aus transaktionskostentheoretischer Sicht, München 1990.

BAUR, H. (1967), Neue Wege der betrieblichen Planung, Berlin u. a. 1967.

BEA, F. X. (1979), Verfahrenswahl, in: KERN, W. (1979), Hrsg., Handwörterbuch der Produktionswirtschaft, Stuttgart 1979, Sp. 2093–2109.

BEA, F. X./DICHTL, E./SCHWEITZER, M. (1988), Allgemeine Betriebswirtschaftslehre, Bd. 3: Leistungsprozeß, 3. Aufl., Stuttgart, New York 1988.

BEA, F. X./DICHTL, E./SCHWEITZER, M. (1989), Allgemeine Betriebswirtschaftslehre, Bd. 2: Führung, 4. Aufl., Stuttgart, New York 1989.

BEA, F. X./DICHTL, E./SCHWEITZER, M. (1990), Allgemeine Betriebswirtschaftslehre, Bd. 1: Grundfragen, 5. Aufl., Stuttgart, New York 1990.

BECHTE, W. (1980), Steuerung der Durchlaufzeit durch belastungsorientierte Auftragsfreigabe bei Werkstattfertigung, Diss., Hannover 1980.

BECKER, B. (1989), Öffentliche Verwaltung, Lehrbuch für Wissenschaft und Praxis, Percha b. München 1989.

BECKER, F. G. (1987a), Anreizsysteme für Führungskräfte im Strategischen Management, 2. Aufl., Bergisch Gladbach 1987.

BECKER, F. G. (1987b), Innovationsfördernde Anreizsysteme, in: Zeitschrift für Personalforschung (ZfP), 1, 1987, S. 29–60.

BECKER, J. (1988), Marketing-Konzeption, Grundlagen des strategischen Marketing-Managements, 2. Aufl., verb. u. erw., München 1988.

BECKURTS, K. H./REICHWALD, R. (1984), Kooperation im Management mit integrierter Bürotechnik, München 1984.

1520

BEHRBOHM, P. (1985), Flexibilität in der industriellen Produktion, Frankfurt/M. u. a. 1985.

BEHRENS, K. CH. (1971), Allgemeine Standortbestimmungslehre, 2. Aufl., Köln, Opladen 1971.

BELLGARDT, P. (1987), Flexible Arbeitssysteme: Entwicklung und Einführung, Heidelberg 1987.

BELLMANN, K. (1989), Kostenoptimale Arbeitsteilung im Büro – Der Einfluß neuer Informations- und Kommunikationstechnik auf Organisationen und Kosten der Büroarbeit, Berlin 1989.

BELLMANN, K./WITTMANN, E. (1991), Modelle der organisatorischen Arbeitsstrukturierung – Ökonomische und humane Effekte, in: BULLINGER, H. J. (1991), Hrsg., Handbuch des Informationsmanagements im Unternehmen, Bd. 1, München 1991, S. 375–414.

BENNIS, W. (1972), Organisationsentwicklung, Baden-Baden, Bad Homburg v. d. H. 1972.

BEREKOVEN, L./ECKERT, W./ELLENRIEDER, P. (1989), Marktforschung, 4. Aufl., neubearb., Wiesbaden 1989.

BERG, C. C. (1979), Materialwirtschaft, Stuttgart, New York 1979.

BERGER, H./BLANKART, C. B./PICOT, A. (1990), Hrsg., Lexikon der Telekommunikationsökonomie, Heidelberg 1990.

BERLINER, C./BRIMSON, J. A. (1988), Cost Management for Today's Advanced Manufacturing, Boston 1988.

BERNDT, R. (1990), Marketing, Berlin 1990.

BERNHARDT, W./KRASSER, R. (1986), Lehrbuch des Patentrechts, 4. Aufl., München 1986.

BERTHEL, J. (1982), Innovationsorientierung von Unternehmensführung und Personal-Management, in: BFuP, 34, 1982, S. 302–322.

BERTHEL, J. (1989), Personal-Management – Grundzüge für Konzeptionen betrieblicher Personalarbeit, 2. Aufl., Stuttgart 1989.

BERTHEL, J./KOCH, H.-E. (1985), Karriereplanung und Mitarbeiterförderung, Sindelfingen 1985.

BIERFELDER, W. H. (1987), Innovationsmanagement, München, Wien 1987.

BIERGANS, E. (1988), Einkommensteuer und Steuerbilanz, 4. Aufl., München 1988.

BISANI, F. (1990), Personalwesen: Grundlagen, Organisation, Planung, 3. Aufl., unveränd. Nachdr., Wiesbaden 1990.

BITZ, M. (1981), Entscheidungstheorie, München 1981.

BITZ, M. (1989), Investition, in: BITZ, M./DELLMANN, K./DOMSCH, M./EGNER, H. (1989), Hrsg., Vahlens Kompendium der Betriebswirtschaftslehre, Bd. 1, 2. Aufl., München 1989, S. 501–560.

BLAKE, R. R./MOUTON, J. (1980), Verhaltenspsychologie im Betrieb. Das neue Grid-Management-Konzept, Düsseldorf, Wien 1980.

BLAKE, R. R./SHEPARD, H. A./MOUTON, J. S. (1964), Managing Intergroup Conflict in Industry, Houston 1964.

BLEICHER, F. (1990), Effiziente Forschung und Entwicklung, Wiesbaden 1990.

BLEICHER, K. (1961), Ausschüsse in der Organisation, in: SCHNAUFER, E./AGTHE, K. (1961), Hrsg., Organisation, Berlin, Baden-Baden 1961, S. 311–338.

BLEICHER, K. (1980), Kompetenz, in: GROCHLA, E. (1980), Hrsg., Handwörterbuch der Organisation, 2. Aufl., Stuttgart 1980, Sp. 1056–1064.

BLEICHER, K. (1981), Organisation – Formen und Modelle, Wiesbaden 1981.

BLOECH, J. (1970), Optimale Industriestandorte, Würzburg, Wien 1970.

BLOECH, J. (1990), Industrieller Standort, in: SCHWEITZER, M. (1990), Hrsg., Industriebetriebslehre, München 1990, S. 61–145.

BLOECH, J./LÜCKE, W. (1981), Produktionswirtschaft, Göttingen 1981.

BLOHM, H./LÜDER, K. (1988), Investition, 6. Aufl., München 1988.

BLOHM, H./BEER, TH./SEIDENBERG, U./SILBER, H. (1987), Produktionswirtschaft, Herne, Berlin 1987.

BLOMEYER, K. (1986), Exportfinanzierung, 2. Aufl., Wiesbaden 1986.

BODE, K.-J./GRABNER, E. R. (1990), Jubiläums-Rückstellungen nach dem Steuerreformgesetz 1990, in: DB, 43, 1990, S. 2061–2064.

BÖCKER, F. (1988), Marketing-Kontrolle, Stuttgart u. a. 1988.

BÖCKER, F. (1990), Marketing, 3. Aufl., erw. u. überarb., Stuttgart u. a. 1990.

BÖCKER, F./THOMAS, L. (1981), Marketing, Stuttgart 1981.

BÖHLER, H. (1977), Methoden und Modelle der Marktsegmentierung, Stuttgart 1977.

BÖHM-BAWERK, E. v. (1902), Capital und Capitalzins, Bd. 2: Positive Theorie des Capitals, 2. Aufl., Innsbruck 1902.

BÖRNER, D. (1961), Direct Costing als System der Kostenrechnung, Diss. München 1961.

BÖRNER, D. (1968), Allgemeine Grundlagen der Kostenrechnung, unveröffentlichtes Manuskript, Universität Regensburg 1968.

BÖRNER, D. (1975), Kapitalerhaltung und Substanzerhaltung, in: GROCHLA, E./ WITTMANN, W. (1974), Handwörterbuch der Betriebswirtschaft, Bd. II, Stuttgart 1975, 4. Aufl., Sp. 2096–2113.

BOHR, K./EBERWEIN, R. D. (1989), Die Organisationsform Fertigungsinsel. Begriff und Vergleich mit der Werkstattfertigung, in: WiSt, 18, 1989, S. 218–223.

BOHR, K./DRUKARCZYK, J./DRUMM, H.-J./SCHERRER, G. (1981), Hrsg., Unternehmensverfassung als Problem der Betriebswirtschaftslehre, Berlin 1981.

BOLEN, W. H. (1981), Advertising, New York u. a. 1981.

BOLKART, W. (1987), Programmiersprachen der vierten und fünften Generation, Hamburg 1987.

BRATSCHITSCH, R. (1974), Funktionen, betriebliche, in: GROCHLA, E./WITTMANN, W. (1974), Hrsg., Handwörterbuch der Betriebswirtschaft, Bd. I, 4. Aufl., Stuttgart 1974, Sp. 1556–1603.

BRAUN, G. (1988), Theorie der Direktinvestition, Köln 1988.

BREALEY, R. A./MYERS, S. C. (1988), Principles of Corporate Finance, 3. Aufl., New York u. a. 1988.

BRINKMANN, E. (1986), Das Gruppenvorschlagswesen als Teil des Ideenmanagements, in: STAUDT, E. (1986a), Hrsg., Das Management von Innovationen, Frankfurt/M. 1986, S. 457–469.

BROCKHOFF, K. (1977), Prognoseverfahren für die Unternehmensplanung, Bd. 1, Wiesbaden 1977.

BROCKHOFF, K. (1988), Forschung und Entwicklung, München, Wien 1988.

BROCKHOFF, K. (1989a), Schnittstellenmanagement. Abstimmungsprobleme zwischen Marketing und Forschung und Entwicklung, Stuttgart 1989.

BROCKHOFF, K. (1989b), Forschung und Entwicklung, in: BITZ, M./DELLMANN, K./ DOMSCH, M./EGNER, H. (1989), Hrsg., Vahlens Kompendium der Betriebswirtschaftslehre, Bd. 1, 2. Aufl., München 1989, S. 163–191.

BROCKHOFF, K./PICOT, A./URBAN, CH. (1988), Hrsg., Zeitmanagement in Forschung und Entwicklung, ZfbF, Sonderheft 23, 1988.

BROSE, P. (1982), Planung, Bewertung und Kontrolle technologischer Innovationen, Berlin 1982.

BROX, H./RÜTHERS, B. (1965), Arbeitskampfrecht, Stuttgart 1965.

BRUGGEMANN, A. P./GROSKURTH, U./ULRICH, E. (1975), Arbeitszufriedenheit, Bern u. a. 1975.

BUCHNER, R. (1981), Grundzüge der Finanzanalyse, München 1981.

BUCHNER, R. (1990), Buchführung und Jahresabschluß, 2. Aufl., München 1990.

BUDDE, W. D./GEISSLER, H. (1990), Kommentierung zu § 252 HGB, in: BUDDE, W. D./CLEMM, H./PANKOW, M./SARX, M. (1990), Hrsg., Beck'scher Bilanzkommentar, 2. Aufl., München 1990.

BUDDE, W. D./KARIG, K. (1990), Kommentierung zu § 269 HGB, in: BUDDE, W. D./CLEMM, H./PANKOW, M./SARX, M. (1990), Hrsg., Beck'scher Bilanzkommentar, 2. Aufl., München 1990.

BUDDE, W. D./RAFF, I. (1990), Kommentierung zu §§ 311, 312 HGB, in: BUDDE, W. D./CLEMM, H./PANKOW, M./SARX, M. (1990), Hrsg., Beck'scher Bilanzkommentar, 2. Aufl., München 1990.

BUDDE, W. D./SUHRBIER, H. (1990), Kommentierung zu § 310 HGB, in: BUDDE, W. D./CLEMM, H./PANKOW, M./SARX, M. (1990), Hrsg., Beck'scher Bilanzkommentar, 2. Aufl., München 1990.

BUDDE, W. D./CLEMM, H./PANKOW, M./SARX, M. (1990), Hrsg., Beck'scher Bilanzkommentar, 2. Aufl., München 1990.

BÜHLER, W. (1988), Rationale Bewertung von Optionsrechten auf Anleihen, in: ZfbF, 40, 1988, S. 851–883.

BÜHNER, R. (1985a), Strategie und Organisation. Analyse und Planung der Unternehmensdiversifikation mit Fallbeispielen, Wiesbaden 1985.

BÜHNER, R. (1985b), Arbeitsbewertung und Lohnfindung bei neuen Fertigungstechniken, in: WiSt, 14, 1985, S. 433–438.

BÜHNER, R. (1986), Personalentwicklung für neue Technologien in der Produktion, Stuttgart 1986.

BÜHNER, R. (1987), Management-Holding, in: DBW, 47, 1987, S. 40–49.

BÜHNER, R. (1989), Betriebswirtschaftliche Organisationslehre, 4. Aufl., München, Wien 1989.

BÜHNER, R. (1990), Erfolg von Unternehmenszusammenschlüssen in der Bundesrepublik Deutschland, Stuttgart 1990.

BÜSCHGEN, H. (1986), Internationales Finanzmanagement, Frankfurt/M. 1986.

BÜSCHGEN, H. (1988), Zinstermingeschäfte, Frankfurt/M. 1988.

BÜSCHGEN, H./RICHOLT, K. (1989), Handbuch des internationalen Bankgeschäfts, Wiesbaden 1989.

BULLINGER, H. J., Hrsg. (1991), Handbuch des Informationsmanagements im Unternehmen – Technik, Organisation, Recht, Perspektiven, 2 Bde., München 1991.

BURGHARDT, M. (1989), Projektmanagement, Berlin, München 1989.

BURKARD, R. E. (1987), Ganzzahlige Optimierung, in: GAL, T. (1987), Hrsg., Grundlagen des Operations Research, Bd. 2, Berlin u. a. 1987, S. 361–445.

BURRELL, G./MORGAN, G. (1979), Sociological Paradigms and Organizational Analysis, London 1979.

BURWICK, H. (1980), Projektmanagement, computergestütztes, in: GROCHLA, E. (1980), Hrsg., Handwörterbuch der Organisation, 2. Aufl., Stuttgart 1980, Sp. 1953–1960.

BUSSE VON COLBE, W. (1966), Aufbau und Informationsgehalt von Kapitalflußrechnungen, in: ZfB, 36, Ergänzungsheft 1, 1966, S. 82–114.

BUSSE VON COLBE, W. (1985), Der Konzernabschluß im Rahmen des Bilanzrichtlinien-Gesetzes, in: ZfbF, 37, 1985, S. 761–782.

BUSSE VON COLBE, W./LASSMANN, G. (1988), Betriebswirtschaftstheorie, Bd. 1: Grundlagen, Produktions- und Kostentheorie, 4. Aufl., Berlin u. a. 1988.

BUSSE VON COLBE, W./ORDELHEIDE, D. (1984), Konzernabschlüsse. Rechnungslegung für Konzerne nach betriebswirtschaftlichen Grundsätzen und gesetzlichen Vorschriften, 5. Aufl., Wiesbaden 1984.

BUSSMANN, K. F./MERTENS, P. (1968), Operations Research und Datenverarbeitung bei der Instandhaltungsplanung, Stuttgart 1968.

CANGELOSI, V. E./DILL, W. R. (1965), Organizational Learning: Observations Toward a Theory, in: Administrative Science Quarterly, 10, 1965, S. 175–203.

CARNAP, R. (1959), Induktive Logik und Wahrscheinlichkeit (bearbeitet von W. STEGMÜLLER), Wien 1959.

CASTAN, E. (1990), Rechnungslegung der Unternehmung, 3. Aufl., München 1990.

CASTAN, E./HEYMANN, G./MÜLLER, E./ORDELHEIDE, D./SCHEFFLER, E. (1989), Hrsg., Beck'sches Handbuch der Rechnungslegung (Beck HdR), München (Loseblatt: Stand Juli 1989).

CHEN, P. P. (1976), The Entity-Relationship Model: Towards a Unified View of Data, in: Association for Computing Machinery – ACM Transactions on Database Systems, 1, 1976, S. 9–36.

CHMIELEWICZ, K. (1976), Betriebliche Finanzwirtschaft I, Berlin, New York 1976.

CHMIELEWICZ, K. (1979), Produktgestaltung, in: KERN, W. (1979), Hrsg., Handwörterbuch der Produktionswirtschaft, Stuttgart 1979, Sp. 1450–1465.

CHMIELEWICZ, K. (1981), Betriebliches Rechnungswesen, Bd. 2, 2. Aufl., Opladen 1981.

CHMIELEWICZ, K. (1982), Betriebliches Rechnungswesen, Bd. 1, 3. Aufl., Opladen 1982.

CHMIELEWICZ, K. (1990), Gesetzliche Änderungen der Mitbestimmung, in: DBW, 50, 1990, S. 643–663.

CHRISTMANN, K. (1973), Gewinnverbesserung durch Wertanalyse, Stuttgart 1973.

CHURCHMAN, C. W./ARNOFF, E. L. (1971), Operations Research, 5. Aufl., Wien, München 1971.

CIBORRA, C. U. (1987), Reframing the Role of Computers in Organizations – The Transaction Costs Approach, in: Office Technology and People, Heft 3, 1987, S. 17–38.

CLARK, K. B. (1989), High Performance Product Development in the World Auto Industry, Arbeitspapier, International Forum on Technology Management, La Hulpe 1989.

CLARK, K. B./FUJIMOTO, T. (1989), Product Development and Competitiveness, Arbeitspapier, OECD International Seminar on Science, Technology, and Economic Growth, Paris 1989.

CLEMM, H./NONNENMACHER, R. (1990), Kommentierung zu § 253 HGB, in: BUDDE, W. D./CLEMM, H./PANKOW, M./SARX, M. (1990), Hrsg., Beck'scher Bilanz-kommentar, 2. Aufl., München 1990.

COASE, R. H. (1937), The Nature of the Firm, in: Economica, 4, 1937, S. 386–405.

CODD, E. F. (1970), Relational Model, A Relational Model for Large Shared Data Banks, in: Communications of the ACM, 13, 1970, S. 377–387.

COENENBERG, A. (1990), Jahresabschluß und Jahresabschlußanalyse, 11. Aufl., Landsberg/Lech 1990.

COENENBERG, A. G./FISCHER, TH. M. (1991), Prozeßkostenrechnung – Strategische Neuorientierung in der Kostenrechnung, in: DBW, 51, 1991, S. 21–38.

COENENBERG, A. G./GÜNTHER, T. (1990), Der Stand des strategischen Controlling in der Bundesrepublik Deutschland, Ergebnisse einer empirischen Untersuchung, in: DBW, 50, 1990, S. 459–470.

COENENBERG, A. G./WYSOCKI, K. V. (1983), Hrsg., Handwörterbuch der Revision, Stuttgart 1983.

COOPER, R. (1990), Activity-Based-Costing – Was ist ein Activity-Based Cost-System?, in: Kostenrechnungspraxis, Hefte 4–6, 1990, S. 210–220, 271–279, 345–351.

COOPER, R./KAPLAN, R. S. (1988), Measure Costs Right: Make the Right Decisions, in: Harvard Business Review, Heft 5, 1988, S. 96–103.

COPELAND, TH. E./WESTON, J. R. (1988), Financial Theory and Corporate Policy, 3. Aufl., Reading/Mass. u. a. 1988.

CORSTEN, H. (1986), Auswirkungen der Automatisierung auf die Mitarbeiter, in: WiSt, 15, 1986, S. 209–210.

CORSTEN, H. (1990), Produktionswirtschaft: Einführung in das industrielle Produktionsmanagement, München, Wien 1990.

CROTT, H./KUTSCHKER, M./LAMM, H. (1977), Verhandlungen, 2 Bde., Stuttgart u. a. 1977.

CROZIER, M./FRIEDBERG E. (1979), Macht und Organisation, Königstein/Ts. 1979.

CYERT, R. M./MARCH, J. G. (1964), A Behavioral Theory of the Firm, 2. Aufl., Englewood Cliffs/N. J. 1964.

DACHLER, H. P./WILPERT, L. (1976), On the Theoretical Dimensions and Boundaries of the Concept of Partizipation within Organizations. Implications for Research and Practice, Reprint, Berlin 1976.

DAHRENDORF, R. (1962), Industrie- und Betriebssoziologie, 2. Aufl., Berlin 1962.

DATE, C. J. (1990), An Introduction to Database Systems, Bd. 1 u. 2, 5. Aufl., Reading/Mass. 1990.

DE JONG, J. R. (1974), Tendenzen zur Partizipation. Erweiterung der Arbeitsinhalte und ihre Beziehung zu Prozessen beruflicher Ausbildung, Hannover 1974.

DE PAY, D. (1989), Kulturspezifische Determinanten der Organisation von Innovationsprozessen, in: ZfB, Ergänzungsheft 1, Innovationsmanagement – Theorie und Praxis im Kulturvergleich, 1989, S. 131–176.

DELLMANN, K. (1975), Entscheidungsmodelle für die Serienfertigung, Opladen 1975.

DELLMANN, K. (1980), Betriebswirtschaftliche Produktions- und Kostentheorie, Wiesbaden 1980.

DELLMANN, K. (1990), Kosten- und Leistungsrechnungen, in: BITZ, M./DELLMANN, K./DOMSCH, M./EGNER, H. (1990), Hrsg., Vahlens Kompendium der Betriebswirtschaftslehre, Bd. 2, 2. Aufl., München 1990, S. 305–369.

DER BUNDESMINISTER FÜR FORSCHUNG UND TECHNOLOGIE (1988), Bundesbericht Forschung, Bonn 1988.

DICHTL, E./SCHOBERT, R. (1979), Mehrdimensionale Skalierung, München 1979.

DICHTL, E./RAFFEE, H./NIEDETZKY, H. M. (1981), Reisende oder Handelsvertreter, München 1981.

DIN (1987), Normung von Schnittstellen für die rechnerintegrierte Produktion (CIM), Standortbestimmung und Handlungsbedarf (DIN-Fachbericht 15), Berlin, Köln 1987.

DOMSCH, M. (1980), Systemgestützte Personalarbeit, Wiesbaden 1980.

DOMSCH, M. (1989), Personal, in: BITZ, M./DELLMANN, K./DOMSCH, M./EGNER, H. (1989), Hrsg., Vahlens Kompendium der Betriebswirtschaftslehre, Bd. 1, 2. Aufl., München 1989, S. 501–560.

1527

DOMSCH, M./GERPOTT, T. J. (1986), Personalplanung im F + E-Bereich, in: STAUDT, E. (1986 a), Hrsg., Das Management von Innovationen, Frankfurt/M., 1986, S. 329–343.

DOMSCH, M./GERPOTT, H./GERPOTT, T. J. (1989), Technologische Gatekeeper in der industriellen F&E, Stuttgart 1989.

DOMSCHKE, W. (1975), Modelle und Verfahren zur Bestimmung betrieblicher und innerbetrieblicher Standorte – Ein Überblick, in: Zeitschrift für Operations Research, 19, Serie B, 1975, S. 13–41.

DRUCKER, P. F. (1986), Innovations-Management für Wirtschaft und Politik, 3. Aufl., Düsseldorf, Wien 1986.

DRUKARCZYK, J. (1980), Finanzierungstheorie, München 1980.

DRUKARCZYK, J. (1989), Finanzierung, 4. Aufl., Stuttgart 1989.

DRUMM, H. J. (1989), Personalwirtschaftslehre, Berlin u. a. 1989.

DUFEY, G. (1989), Finanzinnovationen heute – Bestandsaufnahme und Ausblick, in: BURGER, K.-M. (1989), Hrsg., Finanzinnovationen – Risiken und ihre Bewältigung, Stuttgart 1989, S. 13–21.

DUNNING, J. H. (1981), International Production and the Multinational Enterprise, London 1981.

DYCKE, A./SCHULTE, C. (1986), Cafeteria-Systeme, in: DBW, 46, 1986, S. 577–589.

EASON, K. D. (1982), The Process of Introducing Information Technology, in: Behaviour and Information Technology, 1, 1982, S. 197–213.

ECKARDSTEIN, D. v. (1986), Entlohnung im Wandel – Zur veränderten Rolle industrieller Entlohnung in personalpolitischen Strategien, in: ZfbF, 38, 1986, S. 247–269.

ECKARDSTEIN, D. v. (1989), Betriebliche Personalpolitik. Überblick über die Grundfragen der Personalpolitik, 4. Aufl., München 1989.

ECKARDSTEIN, D. v./FREDECKER, I./GREIFE, W./JANISCH, R./ZINGSHEIM, G. (1988), Die Qualifikation der Arbeitnehmer in neuen Entlohnungsmodellen, Frankfurt 1988.

EDELMANN, F. (1981), The management of informations resources – A challenge for American business, in: MIS Quarterly, 5, 1981, S. 17–27.

EHRLENSPIEL, K. (1985), Kostengünstig Konstruieren, Berlin u. a. 1985.

EIDENMÜLLER, B. (1989), Die Produktion als Wettbewerbsfaktor: Herausforderung an das Produktionsmanagement, Köln u. a. 1989.

EILENBERGER, G. (1987), Finanzierungsentscheidungen multinationaler Unternehmungen, 2. Aufl., Heidelberg 1987.

1528

EILENBERGER, G. (1990), Betriebliches Rechnungswesen. Eine Einführung in Grundlagen – Jahresabschluß, Kosten- und Leistungsrechnung, 5. Aufl., München 1990.

ELLINGER, T./HAUPT, R. (1982), Produktions- und Kostentheorie, Stuttgart 1982.

ELLINGER, TH./WILDEMANN, H. (1978), Planung und Steuerung der Produktion, Wiesbaden 1978.

ELTON, E. J./GRUBER, M. J. (1987), Modern Portfolio Theory and Investment Analysis, 3. Aufl., New York u. a. 1987.

EMMERICH, V. (1980), Öffentliche Produktion, II: Rechtsformen (einschließlich Bundesbahn und Bundespost), in: ALBERS, W. u. a. (1980), Hrsg., Handwörterbuch der Wirtschaftswissenschaft (HdWW), Bd. 5, Stuttgart u. a. 1980, S. 457–464.

EMMERICH, V./SONNENSCHEIN, J. (1977), Konzernrecht, 2. Aufl., München 1977.

ENGELHARDT, W. H./GÜNTER, B. (1981), Investitionsgüter-Marketing, Stuttgart u. a. 1981.

ESSER, K./FALTLHAUSER, K. (1974), Beteiligungsmodelle, München 1974.

EVERLING, W. (1990), Konzernrechnungslegung. Mutter- und Tochterunternehmen im neuen Recht, Herne, Berlin 1990.

EVERSHEIM, W. (1980), Organisation in der Produktionstechnik, Bd. 3: Arbeitsvorbereitung, Düsseldorf 1980.

FACKELMEYER, A. (1979), Technische Materialflußsysteme in Betrieb und Lager – innerbetrieblicher Transport, in: ENGEL, K. H. (1979), Hrsg., Handbuch der neuen Techniken des Industrial Engineering, 3. Aufl., München 1979, S. 1087–1122.

FAHN, E. (1972), Die Beschaffungsentscheidung, ein Beitrag zur integrativen Betrachtung interorganisatorischer Beschaffungs- und Absatzaktivitäten, Diss., München 1972.

FAHRION, R. (1989), Wirtschaftsinformatik, Heidelberg 1989.

FANDEL, G. (1990), Industrielle Produktionsentwicklung. Eine empirisch-deskriptive Analyse ausgewählter Branchen, Berlin u. a. 1990.

FANDEL, G. (1991), Produktion I: Produktions- und Kostentheorie, 3. Aufl., Berlin u. a. 1991.

FAYOL, H. (1929), Allgemeine und industrielle Verwaltung, München, Berlin 1929.

FELDMAN, M. S./MARCH, J. G. (1981), Information in Organizations as Signal and Symbol, in: Administrative Science Quarterly, 26, 1981, S. 171–186.

FESTINGER, L. (1957), A Theory of Cognitive Dissonance, Stanford 1957.

FIEDLER, F. E. (1967), A Theory of Leadership Effectiveness, New York u. a. 1967.

FIEDLER, F. E./CHEMERS, M. M. (1973), Leadership and Effective Management, Glenvier/Ill. 1973.

FIEDLER, F. E./CHEMERS, M. M./MAHAR, L. (1976), Improving Leadership Effectiveness: The Leader Match Concept, New York 1976.

FIEDLER, F. E./CHEMERS, M. M./MAHAR, L. (1979), Der Weg zum Führungserfolg, Stuttgart 1979.

FITTING, K./AUFFARTH, F./KAISER, H./HEITHEN, F. (1987), Betriebsverfassungsgesetz, Handkommentar, 15. Aufl., München 1987.

FLEISHMAN, E. A./HARRIS, E. F. (1972), Muster des Führungsverhaltens und die Beschwerde- und Fluktuationsrate von Arbeitnehmern, in: KUNCZIK, M. (1972), Hrsg., Führung, Düsseldorf, Wien 1972, S. 246–259.

FORD, L. R./FULKERSON, D. R. (1962), Flows in Networks, Princeton 1962.

FOTILAS, P. (1983), Mikroelektronik im Industriebetrieb. Betriebswirtschaftlich-organisatorische Auswirkungen auf Produktentwicklung und Produktionsprozeß, Berlin 1983.

FRANCIS, R. L./WHITE, I. A. (1974), Facility Layout and Location: An Analytical Approach, Englewood Cliffs/N. J. 1974.

FRANCK, E. (1991), Künstliche Intelligenz, Tübingen 1991.

FRANCK, R. (1986), Rechnernetze und Datenkommunikation, Berlin 1986.

FRANK, U. (1990), Termingeschäfte, Wiesbaden 1990.

FRANKE, G./HAX, H. (1990), Finanzwirtschaft des Unternehmens und Kapitalmarkt, 2. Aufl., Berlin u. a. 1990.

FRANZ, K.-P. (1990), Die Prozeßkostenrechnung – Darstellung und Vergleich mit der Plankosten- und Deckungsbeitragsrechnung, in: AHLERT, F. D./FRANZ, K.-P./GÖPPL, H. (1990), Hrsg., Finanz- und Rechnungswesen als Führungsinstrument, Festschrift zum 65. Geburtstag von H. VORMBAUM, Wiesbaden 1990, S. 108–136.

FREIDANK, C.-C. (1984), Bilanzierungsprobleme bei unterausgelasteten Kapazitäten im handels- und steuerrechtlichen Jahresabschluß der Aktiengesellschaft, in: BB, 39, 1984, S. 29–36.

FRENCH, J. R. P. JR./RAVEN, B. (1968), The Bases of Social Power, in: CARTWRIGHT, D./ZANDER, A. (1968), Hrsg., Group Dynamics, 3. Aufl., New York u. a. 1968, S. 259–269.

FRENCH, W. L./BELL, D. H. JR. (1990), Organisationsentwicklung, 3. Aufl., Bern, Stuttgart 1990.

FRESE, E. (1980), Projektorganisation, in: GROCHLA, E. (1980), Hrsg., Handwörterbuch der Organisation, 2. Aufl., Stuttgart 1980, Sp. 1960–1974.

FRESE, E. (1987), Unternehmensführung, Landsberg/Lech 1987.

FRESE, E. (1988), Grundlagen der Organisation. Die Organisationsstruktur der Unternehmung, Wiesbaden 1988.

FRESE, E. (1989), Organisationstheoretische Anmerkungen zur Diskussion um CIM-fähige Unternehmungen, in: WILDEMANN, H. (1989), Hrsg., Gestaltung CIM-fähiger Unternehmungen, München 1989, S. 161–184.

FRESE, E. (1991), Hrsg., Handwörterbuch der Organisation, 3. Aufl., 1991 (in Vorbereitung).

FRESE, E./NOETEL, W. (1990), Kundenorientierte Organisationsstrukturen in Produktion und Vertrieb – Konzeption und ausgewählte Ergebnisse einer empirischen Untersuchung, in: ZAHN, E. (1990), Hrsg., Organisationsstrategie und Produktion, München 1990, S. 15–58.

FURUBOTN, E. G./PEJOVICH, S. (1972), Property Rights and Economic Theory: A Survey of Recent Literature, in: Journal of Economic Literature, 10, 1972, S. 1137–1162.

GÄLWEILER, A. (1982), Die finanzielle Quantifizierung der Portfolio-Wirkungen als Grundlage des Portfolio-Managements, in: Arbeitsgemeinschaft Planungsrechnung (AGPLAN) (1982), Hrsg., Portfolio Management, Berlin 1982, Ziff. 4836.

GÄLWEILER, A. (1990), Strategische Unternehmensführung, 2. Aufl., Frankfurt/M., New York 1990.

GAITANIDES, M. (1976), Industrielle Arbeitsorganisation und technische Entwicklung, Berlin, New York 1976.

GAL, T. (1987), Lineare Optimierung, in: GAL, T. (1987), Hrsg., Grundlagen des Operations Research, Bd. 2, Berlin u. a. 1987, S. 56–254.

GALTUNG, J. (1978), Methodologie und Ideologie, Frankfurt/M. 1978.

GAUGLER, E./WEBER, W. (1991), Hrsg., Handwörterbuch des Personalwesens, 2. Aufl., Stuttgart 1991.

GAUGLER, E./KOLB, M./LINK, B. (1977), Humanisierung der Arbeitswelt und Produktivität, 2. Aufl., Mannheim 1977.

GAUGLER, E./KOLVENBACH, H./LAY, G./RIPKE, M./SCHILLING, W. (1978), Leistungsbeurteilung in der Wirtschaft, Baden-Baden 1978.

GEBERT, D./ROSENSTIEL, L. V. (1989), Organisationspsychologie, 2. Aufl., Stuttgart u. a. 1989.

GEHLE, F. (1950), Internationale Tagung über Arbeitsbewertung in Genf, in: REFA-Nachrichten, 3, 1950, S. 32–34.

GERKE, W./PHILIPP, F. (1985), Finanzierung, Stuttgart u. a. 1985.

GERYBADZE, A. (1982), Innovation, Wettbewerb und Evolution, Tübingen 1982.

GERYBADZE, A. (1991), Innovatives Unternehmertum im Rahmen internationaler Joint Ventures – Eine kritische Analyse, in: LAUB, U. D./SCHNEIDER, DIETRAM (1991), Hrsg., Innovation und Unternehmertum, Wiesbaden 1991, S. 137–164.

GESCHKA, H. (1970), Forschung und Entwicklung als Gegenstand betrieblicher Entscheidungen, Meisenheim am Glan 1970.

GIRGENSOHN, G. (1977), Arbeitsrecht für Wirtschaftwissenschaftler, Stuttgart 1977.

GLADE, A. (1986), Rechnungslegung und Prüfung nach dem Bilanzrichtlinien-Gesetz. Systematische Darstellung und Kommentar, Herne, Berlin 1986.

GLASER, H. (1986), Material- und Produktionswirtschaft, 3. Aufl., Düsseldorf 1986.

GLASER, H./GEIGER, W./ROHDE, V. (1991), PPS – Produktionsplanung und -steuerung, Wiesbaden 1991.

GLASL, F. (1980), Konfliktmanagement, Bern, Stuttgart 1980.

GOMEZ, P./WEBER, B. (1989), Akquisitionsstrategie: Wertsteigerung durch Übernahme von Unternehmungen, Stuttgart 1989.

GOOSSENS, F. (1981), Personalleiterhandbuch, 7. Aufl., Landsberg/Lech 1981.

GORDON, J. J. (1961), The Development of Creative Capacity, New York 1961.

GRABOWSKI, H. (1983), CAD/CAM – Grundlagen und Stand der Technik, in: Fortschrittliche Betriebsführung/Industrial Engineering, 32, 1983, S. 224–233.

GRAY, P. (1987), Group Decision Support System, Amsterdam 1987.

GROCHLA, E. (1969), Betriebsverbindungen, Berlin 1969.

GROCHLA, E. (1978), Grundlagen der Materialwirtschaft, 3. Aufl., Wiesbaden 1978.

GROCHLA, E. (1980), Hrsg., Handwörterbuch der Organisation, 2. Aufl., Stuttgart 1980.

GROCHLA, E. (1982), Grundlagen der organisatorischen Gestaltung, Stuttgart 1982.

GROCHLA, E./ KUBICEK, H. (1976), Zweckmäßigkeit einer umfassenden betriebswirtschaftlichen Beschaffungslehre, in: ZfbF, 28, 1976, S. 257–275.

GROETSCHEL, E. (1989), Matrixprojektorganisation, München 1989.

GROSS, G./SCHRUFF, L./WYSOCKI, K. v. (1987), Der Konzernabschluß nach neuem Recht. Aufstellung – Prüfung – Offenlegung, 2. Aufl., Düsseldorf 1987.

GROSS, H. (1968), Neues Wirtschaftsdenken. Erfolg durch Marketing, 2. Aufl., Düsseldorf 1968.

GRÜN, O. (1966), Informale Entscheidungen in der Betriebsorganisation, Berlin 1966.

GÜMBEL, H. (1985), Handel, Markt und Ökonomik, Wiesbaden 1985.

GÜNTHER, H.-O. (1989), Produktionsplanung bei flexibler Personalkapazität, Stuttgart 1989.

GUILLET DE MONTHOUX, P. (1981), Anarchie-Macht-Ordnung, München 1981.

GUTBERLET, K.-L. (1984), Alternative Strategien der Forschungsförderung, Tübingen 1984.

GUTENBERG, E. (1962), Unternehmensführung, Organisation und Entscheidungen, Wiesbaden 1962.

GUTENBERG, E. (1979), Grundlagen der Betriebswirtschaftslehre, Bd. 2, Der Absatz, 16. Aufl., Berlin u. a. 1979.

GUTENBERG, E. (1980), Grundlagen der Betriebswirtschaftslehre, Bd. 3: Die Finanzen, 8. Aufl., Berlin u. a. 1980.

GUTENBERG, E. (1983), Grundlagen der Betriebswirtschaftslehre. Bd. 1: Die Produktion, 24. Aufl., Berlin u. a. 1983.

HABERMAS, J. (1968), Technik und Wissenschaft als Ideologie, Frankfurt/M. 1968.

HABERMAS, J. (1981), Theorie des kommunikativen Handelns, 2 Bde., Frankfurt/M. 1981.

HABERMAS, J./LUHMANN, N. (1971), Theorie der Gesellschaft oder Sozialtechnologie – Was leistet die Systemforschung?, Frankfurt/M. 1971.

HACKSTEIN, R. (1977), Arbeitswissenschaft im Umriß, 2 Bde., Essen 1977.

HACKSTEIN, R. (1989), Produktionsplanung und -steuerung (PPS), 2. Aufl., Düsseldorf 1989.

HAHN, D. (1975), Produktionsverfahren (Produktionstypen), in: GROCHLA, E./WITTMANN, W. (1975), Hrsg., Handwörterbuch der Betriebswirtschaft, Bd. II, 4. Aufl., Stuttgart 1975, Sp. 3156–3164.

HAHN, D. (1985), Planungs- und Kontrollrechnung – PuK: Integrierte ergebnis- und liquiditätsorientierte Planungs- und Kontrollrechnung als Führungsinstrument in Industrieunternehmungen mit Massen- und Serienproduktion, 3. Aufl., überarb., Wiesbaden 1985.

HAHN, D./LASSMANN, G. (1990), Produktionswirtschaft, Controlling industrieller Produktion, Bd. 1, Grundlagen, Führung und Organisation, Produkte und Produktprogramm, Material und Dienstleistung, 2. Aufl., Heidelberg, Wien 1990.

HAHN, O. (1990), Allgemeine Betriebswirtschaftslehre, München 1990.

HALEY, CH. W./SCHALL, L. D. (1979), The Theory of Financial Decisions, 2. Aufl., New York u. a. 1979.

HANAU, P./ULMER, P. (1981), Mitbestimmungsgesetz (Kurzkommentar), München 1981.

HANKER, J. (1990), Die strategische Bedeutung der Informatik für Organisationen, Stuttgart 1990.

HANSEN, H. R. (1987), Wirtschaftsinformatik I, 5. Aufl., Stuttgart 1987.

HANSEN, U./STAUSS, B./RIEMER, B. (1982), Hrsg., Marketing und Verbraucherpolitik, Stuttgart 1982.

HANSMANN, K.-W. (1974), Entscheidungsmodelle zur Standortplanung der Industrieunternehmen, Wiesbaden 1974.

HANSMANN, K.-W. (1987), Industriebetriebslehre, 2. Aufl., München, Wien 1987.

HANSSMANN, F. (1990), Quantitative Betriebswirtschaftslehre, 3. Aufl., München, Wien 1990.

HARMON, P./KING D. (1989), Expertensysteme in der Praxis, München 1989.

HARRINGTON, J. (1973), Computer Integrated Manufacturing, New York 1973.

HARTMANN, H. (1988), Der Make-or-Buy-Entscheid, in: io-Management-Zeitschrift, 57, 1988, S. 463–465.

HARVEY, D. F./BROWN, D. R. (1976), An Experiential Approach to Organizational Development, Englewood Cliffs/N. J. 1976.

HASEBORG, F. (1979) Optimale Lagerhaltungspolitik für Ein- und Mehrproduktläger, Göttingen 1979.

HAUN, P. (1987), Entscheidungsorientiertes Rechnungswesen mit Daten- und Methodenbanken, Berlin u. a. 1987.

HAUPT, R. (1987), Produktionstheorie und Ablaufmanagement, Stuttgart 1987.

HAUSCHILDT, J./SACHS, G./WITTE, E. (1981), Finanzplanung und Finanzkontrolle, München 1981.

HAUSTEIN, H.-D. (1969), Wirtschaftsprognose: Grundlagen, Elemente, Modelle, Berlin 1969.

HAX, K. (1977), Personalpolitik der Unternehmung, Reinbek bei Hamburg 1977.

HAX, K. (1985), Investitionstheorie, 5. Aufl., Würzburg u. a. 1985.

1534

HAYEK, F. A. v. (1945), The Use of Knowlegde in Society, in: American Economic Review, 35, 1945, S. 519–530.

HAYEK, F. A. v. (1969), Freiburger Studien – Gesammelte Aufsätze, Tübingen 1969.

HEDBERG, B. L. T. (1981), How organizations learn and unlearn, in: NYSTROM, P. C./STARBUCK, W. H. (1981), Hrsg., Handbook of Organizational Design, Bd. 1, Oxford 1981, S. 3–27.

HEDBERG, B. L. T./NYSTROM, P. C./STARBUCK, W. H. (1976), Camping on seesaws: prescriptions for a self-designing organization, in: Administrative Science Quarterly, 21, 1976, S. 41–65.

HEDRICH, P. (1983), Flexibilität in der Fertigungstechnik durch Computereinsatz, München 1983.

HEINEN, E. (1958), Reformbedürftige Zuschlagskalkulation, in: Zeitschrift für handelswissenschaftliche Forschung 1958, S. 1–27.

HEINEN, E. (1966 a), Zum Problem der Kostenremanenz, in: ZfB 1966, S. 1–18.

HEINEN, E. (1966 b), Das Kapital in der betriebswirtschaftlichen Kostentheorie, Wiesbaden 1966.

HEINEN, E. (1973), Determinanten des Konsumentenverhaltens – Zur Problematik der Konsumentensouveränität, in: KOCH, H. (1973), Hrsg., Zur Theorie des Absatzes, ERICH GUTENBERG zum 75. Geburtstag, Wiesbaden 1973, S. 82–130.

HEINEN, E. (1975 a), Kostenanalyse, in: GROCHLA, E./WITTMANN, W. (Hrsg.), Handwörterbuch der Betriebswirtschaft, 4. Aufl., Stuttgart 1975, Sp. 2290–2303.

HEINEN, E. (1975 b), Kostenrechnung, in: GROCHLA, E./WITTMANN, W. (Hrsg.), Handwörterbuch der Betriebswirtschaft, 4. Aufl., Stuttgart 1975, Sp. 2313-2331.

HEINEN, E. (1975 c), Kosten und Kostenrechnung, Wiesbaden 1975.

HEINEN, E. (1976 a), Grundlagen betriebswirtschaftlicher Entscheidungen. Das Zielsystem der Unternehmung, 3. Aufl., Wiesbaden 1976.

HEINEN, E. (1976 b), Betriebliche Zahlungsströme, in: BÜSCHGEN, H. E. (1976), Hrsg., Handwörterbuch der Finanzwirtschaft, Stuttgart 1976, Sp. 143–159.

HEINEN, E. (1976 c), Grundfragen der entscheidungsorientierten BWL, München 1976.

HEINEN, E. (1983), Betriebswirtschaftliche Kostenlehre, Kostentheorie und Kostenentscheidungen, 6. Aufl., Wiesbaden 1983.

HEINEN, E. (1984), Führung als Gegenstand der Betriebswirtschaftslehre, in: HEINEN, E. (1984), Hrsg., Betriebswirtschaftliche Führungslehre. Grundlagen – Strategien – Modelle. Ein entscheidungsorientierter Ansatz, 2. Aufl., Wiesbaden 1984, S. 17–49.

HEINEN, E. (1985a), Einführung in die Betriebswirtschaftslehre, 9. Aufl., Wiesbaden 1985.

HEINEN, E. (1985b), Wandlungen und Strömungen in der Betriebswirtschaftslehre, in: PROBST, G./SIEGWART, H. (1985), Hrsg., Integriertes Management, Bern, Stuttgart 1985.

HEINEN, E. (1986), Handelsbilanzen, 12. Aufl., Wiesbaden 1986.

HEINEN, E. (1987), Hrsg., Unternehmenskultur, München 1987.

HEINEN, E./DIETEL, B. (1976), Zur „Wertfreiheit" in der Betriebswirtschaftslehre, in: ZfB, 46, Heft 1 u. 2, 1976, S. 1–26 und 101–122.

HEINEN, E./PICOT, A. (1974), Können in betriebswirtschaftlichen Kostenauffassungen soziale Kosten berücksichtigt werden?, in: BFuP, 26, 1974, S. 345–366.

HEINEN, H. (1982), Ziele multinationaler Unternehmen – Der Zwang zu Investitionen im Ausland, Wiesbaden 1982.

HEINHOLD, M. (1988), Der Jahresabschluß, 2. Aufl., München, Wien 1988.

HEINHOLD, M. (1989), Investitionsrechnung, 5. Aufl., München 1989.

HEINRICH, L./BURGHOLZER, P. (1987), Systemplanung I, München 1987.

HEINRICH, L./BURGHOLZER, P. (1988a), Systemplanung II, München 1988.

HEINRICH, L./BURGHOLZER, P. (1988b), Informationsmanagement, München 1988.

HELBERG, P. (1987), PPS als CIM-Baustein, Gestaltung der Produktionsplanung und -steuerung für computerintegrierte Produktion, Berlin 1987.

HELMER, O./GORDON, TH. (1967), 50 Jahre Zukunft, Hamburg 1967.

HENDERSON, B. D. (1984), Die Erfahrungskurve in der Unternehmensstrategie, 2. Aufl., Frankfurt/M., New York 1984.

HENNING, K./MAI, M. (1990), Hrsg., Automatisierung in der industriellen Produktion, Opladen 1990.

HENTZE, J. (1989), Personalwirtschaftslehre, Bd. 1: Grundlagen, Personalbedarfsermittlung, -beschaffung, -entwicklung, -bildung, und -einsatz, 4. Aufl., Bern, Stuttgart 1989.

HENTZE, J. (1990), Personalwirtschaftslehre, Bd. 2: Personalerhaltung und Leistungsstimulation, Personalfreistellung und Personalinformationswirtschaft, 4. Aufl., Bern, Stuttgart 1990.

HENZLER, H. (1988), Hrsg., Handbuch Strategische Führung, Wiesbaden 1988.

HENZLER, R. (1962), Betriebswirtschaftliche Probleme des Genossenschaftswesens, Wiesbaden 1962.

HERAEUS, J. Y. (1963), Direct Costing als Grundlage kurzfristiger Unternehmensentscheidungen, Diss., München 1963.

HERSEY, P./BLANCHARD, K. H. (1977), Management of Organizational Behaviour, 3. Aufl., Englewood Cliffs/N. J. 1977.

HERSEY, P./BLANCHARD, K. H. (1982), Management of Organizational Behaviour: Utilising Human Resources, Englewood Cliffs/N. J. 1982.

HERZBERG, F. (1966), Work and the Nature on Man, Cleveland 1966.

HERZBERG, F./MAUSNER, B./SNYDERMAN, B. (1959), The Motivation to Work, 2. Aufl., New York u. a. 1959.

HESS-KINZER, D. (1975), Fertigungssteuerung mit Modularprogrammen, 2. Aufl., Berlin u. a. 1975.

HEYDT, K.-E. v. D. (1989), Europäische wirtschaftliche Interessenvereinigung (EWIV), in: DBW, 49, 1989, S. 252–255.

HIELSCHER, U. (1990), Investmentanalyse, München 1990.

HILL, W./FEHLBAUM, R./ULRICH, P. (1989), Organisationslehre, 2 Bde., 4. Aufl., Bern, Stuttgart 1989.

HIPPEL, E. v. (1988), The Sources of Innovation, New York 1988.

HIROMOTO, T. (1988), Another Hidden Edge – Japanese Management Accounting, in: Harvard Business Review, Heft 4, 1988, S. 22–26.

HOFBAUER, M. A. (1990), Kommentierung zu § 253 HGB, in: HOFBAUER, M. A./ KUPSCH, P. (1990), Hrsg., Bonner Handbuch der Rechnungslegung (BHR). Aufstellung, Prüfung und Offenlegung des Jahresabschlusses, Bonn (Loseblatt: Stand Dez. 1990).

HOFBAUER, M. A./KUPSCH, P. (1990), Hrsg., Bonner Handbuch der Rechnungslegung (BHR). Aufstellung, Prüfung und Offenlegung des Jahresabschlusses, Bonn (Loseblatt: Stand Dez. 1990).

HOFSTÄTTER, P. R. (1976), Gruppendynamik, Hamburg 1976.

HOITSCH, H. J. (1985), Produktionswirtschaft. Grundlagen einer industriellen Betriebswirtschaftslehre, München 1985.

HONKO, J. (1990), Internationale Vergleiche der Stärken und Schwächen der Innovationstätigkeit einiger Industrieländer, in: ZfB, 60, 1990, S. 1315–1340.

HOPFENBECK, W. (1989), Allgemeine Betriebswirtschaftslehre und Managementlehre – Das Unternehmen im Spannungsfeld zwischen ökonomischen, sozialen und ökologischen Interessen, Landsberg/Lech 1989.

HORVÁTH, P. (1990), Controlling, 3. Aufl., München 1990.

HORVÁTH, P./MAYER, R. (1989), Prozeßkostenrechnung, in: Controlling, 1, 1989, S. 214–219.

HOSS, K. (1965), Fertigungsablaufplanung mittels operationsanalytischer Methoden, Würzburg, Wien 1965.

HOWARD, J. A./SHETH, J. N. (1969), The Theory of Buyer Behavior, New York u. a. 1969.

HUBMANN, H.-E. (1989), Elektronisierung von Beschaffungsmärkten und Beschaffungshierarchien: Informationsverarbeitung im Beschaffungsmanagement unter dem Einfluß neuer Informations- und Kommunikationstechniken, München u. a. 1989.

HUECK, A. (1983), Gesellschaftsrecht, 18. Aufl., München 1983.

HÜGLER, G. L. (1988), Controlling in Projektorganisationen, München 1988.

HÜTTEMANN, U. (1990), Die Verbindlichkeiten, in: WYSOCKI, K.v./SCHULZE-OSTERLOH, J. (1990), Hrsg., Handbuch des Jahresabschlusses in Einzeldarstellungen (HdJ), Köln 1990, Abt. III/8.

HÜTTNER, M. (1989), Grundzüge der Marktforschung, 4. Aufl., Wiesbaden 1989.

HUMMEL, S./MÄNNEL, W. (1983), Kostenrechnung 2, 3. Aufl., Wiesbaden 1983.

HUMMEL, S./MÄNNEL, W. (1986), Kostenrechnung 1, 4. Aufl., Wiesbaden 1986.

HUMMELTENBERG, W. (1981), Optimierungsmethoden zur betrieblichen Standortwahl, Würzburg, Wien 1981.

HUSE, E. F. (1975), Organization Development and Change, St. Paul u. a. 1975.

HUSSEY, D. (1974), Corporate Planning, Oxford u. a. 1974.

IdW (1981), Stellungnahme HFA 1/1981, Stichprobenverfahren für die Vorratsinventur zum Jahresabschluß, in: WPg, 34, 1981, S. 479–491.

IdW (1985), Hrsg., Wirtschaftsprüfer-Handbuch 1985/86. Handbuch für Rechnungslegung, Prüfung und Beratung, Bd. I, 9. Aufl., Düsseldorf 1985.

IdW (1986), Stellungnahme SABI 2/1986, Zum Übergang der Rechnungslegung auf das neue Recht, in: WPg, 39, 1986, S. 667–670.

IdW (1988), Stellungnahme SABI 2/1987, Zum Grundsatz der Bewertungsstetigkeit (§ 252 Abs. 1 Nr. 6 HGB) und zu den Angaben bei Abweichungen von Bilanzierungs- und Bewertungsmethoden (§ 284 Abs. 2 Nr. 3 HGB), in: WPg, 41, 1988, S. 48–50.

IHDE, G. B. (1970), Lernprozesse in der betriebswirtschaftlichen Produktionstheorie, in: ZfB, 40, 1970, S. 451–468.

JABLIN, F. M./PUTNAM, L. L./ROBERTS, K. H./PORTER, L. W. (1987), Hrsg., Handbook of Organizational Communication, Newsbury Park 1987.

JACOB, H. (1971), Preispolitik, 2. Aufl., überarb. u. erw., Wiesbaden 1971.

JACOB, H. (1990), Industriebetriebslehre, Handbuch für Studium und Praxis, 4. Aufl., Wiesbaden 1990.

JARILLO, J. C. (1988), On Strategic Networks, in: Strategic Management Journal, 9, 1988, S. 31–41.

JEHLE, E./MÜLLER, K./MICHAEL, H. (1986), Produktionswirtschaft. Eine Einführung mit Anwendungen und Kontrollfragen, 2. Aufl., Heidelberg 1986.

JENSEN, M. C./MECKLING, W. H. (1976), Theory of the Firm: Managerial Behavior, Agency Costs and Ownership Structure, in: Journal of Financial Economics, 3, 1976, S. 305–360.

JESERICH, W. (1989), Mitarbeiter auswählen und fördern: Assessment-Center-Verfahren, 4. Aufl., München 1989.

JETTER, T. (1987), Cash-Management-Systeme, Wiesbaden 1987.

JOCHMANN, W. (1991), Einzel-Assessment und Assessment-Center im Methodenvergleich, in: Personalführung, Heft 4, 1991, S. 262–270.

JOHANSEN, R. R. (1988), Groupware: Computer Support for Business Teams, New York 1988.

JOHNSON, H. T/KAPLAN, R. S. (1987), Relevance Lost: The Rise and Fall of Management Accounting, Boston/Mass. 1987.

JONES, CH. P. (1988), Investments: Analysis and Management, 2nd. Ed., New York u. a. 1988.

JOST, W./KELLER, G./SCHEER, A. W. (1991), Konzeption eines DV-Tools im Rahmen der CIM-Planung, in: ZfB, 61, 1991, S. 33–64.

JÜNEMANN, R. (1989), Materialfluß und Logistik. Systemtechnische Grundlagen mit Praxisbeispielen, Berlin u. a. 1989.

KAAS, K. P. (1973), Diffusion und Marketing. Das Konsumverhalten bei der Einführung neuer Produkte, Stuttgart 1973.

KAAS, K. P. (1977), Empirische Preisabsatzfunktionen bei Konsumgütern, Berlin 1977.

KAAS, K. P. (1990), Marketing als Bewältigung von Informations- und Unsicherheitsproblemen im Markt, in: DBW, 50, 1990, S. 539–548.

KAAS, K. P. (1991), Marktinformationen: Screening und Signaling unter Partnern und Rivalen, in: ZfB, 61, 1991, S. 357–370.

KAHLE, E. (1986), Produktion, Lehrbuch zur Planung der Produktion und Materialbereitstellung, 2. Aufl., München, Wien 1986.

KAISER, K. (1991), Kosten- und Leistungsrechnung bei automatisierter Produktion, Wiesbaden 1991.

KALUZA, B. (1989), Erzeugniswechsel als unternehmenspolitische Aufgabe. Integrative Lösungen aus betriebswirtschaftlicher und ingenieurwissenschaftlicher Sicht, Berlin 1989.

KAPPICH, L. (1989), Theorie der internationalen Unternehmungstätigkeit – Behandlung der Grundprobleme des internationalen Engagements aus koordinationskostentheoretischer Perspektive, München 1989.

KAPPLER, E. (1972), Systementwicklung – Lernprozesse in betriebswirtschaftlichen Organisationen, Wiesbaden 1972.

KAPPLER, E. (1979), Die Aufhebung der Berater-Klienten-Beziehung in der Aktionsforschung, in: WUNDERER, R. (1979), Hrsg., Humane Personal- und Organisationsentwicklung, Festschrift für G. FISCHER zu seinem 80. Geburtstag, Berlin 1979, S. 41–62.

KAPPLER, E. (1981), Ökonomische Beurteilung der Mitbestimmung – Gutachten zur Vorlage beim Bundesverfassungsgericht, Arbeitspapiere des Fachbereichs Wirtschaftswissenschaft der Gesamthochschule Wuppertal, Nr. 58, Wuppertal 1981.

KAPPLER, E. (1987), Entscheidungsspielraum für Führungskräfte, in: KIESER, A./ REBER, G./WUNDERER, R. (1987), Hrsg., Handwörterbuch der Führung, Stuttgart 1987, Sp. 242–260.

KAPPLER, E. (1989), Komplexität verlangt Öffnung, in: KIRSCH, W./PICOT, A. (1989), Hrsg., Die Betriebswirtschaftslehre im Spannungsfeld zwischen Generalisierung und Spezialisierung, Wiesbaden 1989, S. 59–79.

KAPPLER, E./SODEUR, W./WALGER, G. (1979), Versuche zur sprachanalytischen Erfassung von „Zielkonflikten", in: DLUGOS, G. (1979), Hrsg., Unternehmensbezogene Konfliktforschung, Stuttgart 1979, S. 137–164.

KARGL, H. (1990), Industrielle Datenverarbeitung, in: SCHWEITZER, M. (1990), Hrsg., Industriebetriebslehre, München 1990, S. 895–1014.

KASPER, H. (1987), Organisationskultur, Wien 1987.

KATZ, D./KAHN, R. L. (1967), The Social Psychology of Organizations, 3. Aufl., New York u. a. 1967.

KELLEY, J. E. (1961), Critical Path Planning and Scheduling: Mathematical Basis, in: Operations Research, 9, 1961, S. 296–320.

KERN, H./SCHUMANN, M. (1990), Ende der Arbeitsteilung? – Rationalisierung in der industriellen Produktion, 4. Aufl., München 1990.

KERN, N. (1969), Netzplantechnik. Betriebswirtschaftliche Analyse von Verfahren der industriellen Terminplanung, Wiesbaden 1969.

KERN, W. (1984), Hrsg., Handwörterbuch der Produktion, ungekürzte Sonderausgabe, Stuttgart 1984.

KERN, W. (1990), Industrielle Produktionswirtschaft, 4. Aufl., Stuttgart 1990.

KERN, W./SCHRÖDER, H.-H. (1977), Forschung und Entwicklung in der Unternehmung, Reinbek bei Hamburg 1977.

KETTERN, T. (1987), Cash Management und Bankenwahl, München 1987.

KIENER, J. (1980), Marketing-Controlling, Darmstadt 1980.

KIESER, A. (1986), Unternehmenskultur und Innovation, in: STAUDT, E. (1986a), Hrsg., Das Management von Innovationen, Frankfurt/M. 1986, S. 42–50.

KIESER, A./KUBICEK, H. (1978a), Organisationstheorien, Bd. 1: Wissenschaftstheoretische Anforderungen und kritische Analyse klassischer Ansätze, Stuttgart 1978.

KIESER, A./KUBICEK, H. (1978b), Organisationstheorien, Bd. 2: Kritische Analysen neuerer sozialwissenschaftlicher Ansätze, Stuttgart 1978.

KIESER, A./KUBICEK, H. (1983), Organisation, 2. Aufl., Berlin, New York 1983.

KIESER, A./REBER, G./WUNDERER, R. (1987), Hrsg., Handwörterbuch der Führung, Stuttgart 1987.

KILGER, W. (1973), Optimale Produktions- und Absatzplanung, Opladen 1973.

KILGER, W. (1987), Einführung in die Kostenrechnung, 3. Aufl., Wiesbaden 1987.

KILGER, W. (1988), Flexible Grenzplankostenrechnung und Deckungsbeitragsrechnung, 9. Aufl., Wiesbaden 1988.

KIRSCH, W. (1977), Einführung in die Theorie der Entscheidungsprozesse, 2. Aufl., Wiesbaden 1977.

KIRSCH, W. (1981), Unternehmenspolitik: Von der Zielforschung zum Strategischen Management, München 1981.

KIRSCH, W. (1988), Die Handhabung von Entscheidungsproblemen, 3. Aufl., Herrsching 1988.

KIRSCH, W. (1990), Unternehmenspolitik und strategische Unternehmensführung, München 1990.

KIRSCH, W./BÖRSIG, C. A. H. (1980), Reorganisationsprozesse, in: GROCHLA, E. (1980), Hrsg., Handwörterbuch der Organisation, 2. Aufl., Stuttgart 1980, Sp. 2027–2043.

KIRSCH, W./KLEIN, H. K. (1977), Management Informationssysteme II. Auf dem Weg zu einem neuen Taylorismus?, Stuttgart 1977.

KIRSCH, W./MAASSEN, H. (1989), Managementsysteme – Planung und Kontrolle, München 1989.

KIRSCH, W./PICOT, A. (1989), Hrsg., Die Betriebswirtschaftslehre im Spannungsfeld zwischen Generalisierung und Spezialisierung, Festschrift für E. HEINEN zum 70. Geburtstag, Wiesbaden 1989.

KIRSCH, W./BRUDER, W./GABELE, E. (1978), Personalschulung, München 1978.

KIRSCH, W./ESSER, W.-M./GABELE, E. (1978), Reorganisation, München 1978.

KIRSCH, W./ESSER, W.-M./GABELE, E. (1979), Das Management des geplanten Wandels von Organisationen, Stuttgart 1979.

KIRSCH, W./BAMBERGER, I./GABELE, E./KLEIN, K. H. (1973), Betriebswirtschaftliche Logistik, Systeme, Entscheidungen, Methoden, Wiesbaden 1973.

KIRZNER, J. (1978), Wettbewerb und Unternehmertum, Tübingen 1978.

KISTNER, K. P. (1981), Produktions- und Kostentheorie, Würzburg, Wien 1981.

KLEIN, H.-D. (1989), Konzernbilanzpolitik, Heidelberg 1989.

KLEIN, H. K. (1971), Heuristische Entscheidungsmodelle, Wiesbaden 1971.

KLEINALTENKAMP, M. (1990), Der Einfluß der Normung und Standardisierung auf die Diffusion technischer Innovationen, Arbeitspapier des SFB, Nr. 187, Neue Informationstechnologien und flexible Arbeitssysteme – Entwicklung und Bewertung von CIM-Strukturen auf der Basis teilautonomer flexibler Fertigungsstrukturen, Ruhr-Universität Bochum, Bochum 1990.

KLIS, M. (1970), Überzeugung und Manipulation – Grundlagen einer Theorie betriebswirtschaftlicher Führungsstile, Wiesbaden 1970.

KLOOCK, J. (1969), Betriebswirtschaftliche Input-Output-Modelle. Ein Beitrag zur Produktionstheorie, Wiesbaden 1969.

KLOOCK, J. (1989a), Produktion, in: BITZ, M./DELLMANN, K./DOMSCH. M./EGNER, H. (1989), Hrsg., Vahlens Kompendium der Betriebswirtschaftslehre, Bd. 1, 2. Aufl., München 1989, S. 253–310.

KLOOCK, J. (1989b), Bilanzpolitik und Maßgeblichkeitsprinzip aus handelsrechtlicher Sicht, in: BFuP, 41, 1989, S. 141–158.

KNIGHT, F. H. (1921), Risk, Uncertainty and Profit, New York 1921.

KNOBBE-KEUK, B. (1989), Bilanz- und Unternehmenssteuerrecht, 7. Aufl., Köln 1989.

KNOLMAYER, G. (1991), Die Auslagerung von Servicefunktionen als Strategie des IS-Managements, in: HEINRICH, L. J./POMBERGER, G./SCHAUER, R. (1991), Hrsg., Die Informationswirtschaft im Unternehmen, Tagungsband der 53. Wissenschaftlichen Jahrestagung des Verbandes der Hochschullehrer für Betriebswirtschaft e. V., Linz 1991 (in Vorbereitung).

KNOPPE, H. (1985), Betriebsverpachtung, Betriebsaufspaltung, 7. Aufl., Düsseldorf 1985.

KOCH, H. (1966), Grundprobleme der Kostenrechnung, Köln, Opladen 1966.

KOCH, H. (1982), Integrierte Unternehmensplanung, Wiesbaden 1982.

Köhler, R. (1981), Grundprobleme der strategischen Marketingplanung: Planung, Organisation, Controlling, in: Geist, M. N./Köhler, R. (1981), Hrsg., Die Führung des Betriebes, Festschrift für Curt Sandig zu seinem 80. Geburtstag, Stuttgart 1981, S. 261–291.

Köhler, R. (1988), Möglichkeiten zur Förderung der Produktinnovation in mittelständischen Unternehmen, in: ZfB, 58, 1988, S. 812–827.

Köhler, R. (1991), Beiträge zum Marketing-Management, 2. Aufl., erw., Stuttgart 1991.

Koffler, J. R. (1987), Neuere Systeme zur Produktionsplanung und -steuerung, München 1987.

Kolb, R. W. (1988), Principles of Finance, Glenview u. a. 1988.

Kompa, A. (1989), Assessment Center – Bestandsaufnahme und Kritik, München 1989.

Koontz, H./O'Donell, C./Weihrich, H. (1984), Principles of management: An analysis of managerial functions, 8. Aufl., New York 1984.

Korte, R.-J. (1977), Verfahren der Wertanalyse. Betriebswirtschaftliche Grundlagen zum Ablauf wertanalytischer Entscheidungsprozesse, Berlin 1977.

Kosiol, E. (1962), Leistungsgerechte Entlohnung, 2. Aufl., Wiesbaden 1962.

Kosiol, E. (1976), Organisation der Unternehmung, 2. Aufl., Wiesbaden 1976.

Kosiol, E./Chmielewicz, K./Schweitzer, M. (1981), Hrsg., Handwörterbuch des Rechnungswesens, 2. Aufl., Stuttgart 1981.

Kossbiel, H. (1974), Arbeitsteilung, betriebliche, in: Grochla, E./Wittmann, W. (1974), Hrsg., Handwörterbuch der Betriebswirtschaft, Bd. I, 4. Aufl., Stuttgart 1974, Sp. 256–262.

Kossbiel, H. (1976), Personalbereitstellung und Personalführung, Wiesbaden 1976.

Kotler, P. (1974), Marketing, Decision Making, A Model Building Approach, London 1974.

Kotler, P. (1982), Marketing-Management, 4. Aufl., Stuttgart 1982.

Kraft, A./Kreutz, P. (1979), Gesellschaftsrecht, 3. Aufl., Frankfurt/M. 1979.

Krallmann, H. (1987), Hrsg., Betriebswirtschaftliche Informations- und Kommunikationssysteme, Wiesbaden 1987.

Krawitz, N. (1990), Kommentierung zu § 289 HGB, in: Hofbauer, M. A./Kupsch, P. (1990), Hrsg., Bonner Handbuch der Rechnungslegung (BHR). Aufstellung, Prüfung und Offenlegung des Jahresabschlusses, Bonn (Loseblatt: Stand Dez. 1990).

KRCMAR, H. A. O. (1983), Gestaltung von Computer-am-Arbeitsplatz-Systemen, München 1983.

KRCMAR, H. A. O. (1988), Computerunterstützung für Gruppen – neue Entwicklungen bei Entscheidungsunterstützungssystemen, in: Information Management, 3, Heft 3, 1988, S. 8–14.

KRCMAR, H. A. O. (1990a), Bedeutung und Ziele von Informationssystem-Architekturen, in: Wirtschaftsinformatik, 32, 1990, S. 395–402.

KRCMAR, H. A. O. (1990b), Entscheidungsunterstützungssysteme: Hilfsmittel und Werkzeuge, in: KURBEL, K./STRUNZ, H. (1990), Hrsg., Handbuch der Wirtschaftsinformatik, Stuttgart 1990, S. 403–418.

KREIKEBAUM, H. (1989), Strategische Unternehmensplanung, 3. Aufl., Stuttgart u. a. 1989.

KREILKAMP, E. (1987), Strategisches Management und Marketing, Berlin u. a. 1987.

KROEBER-RIEL, W. (1975), Beschaffung und Lagerung – Betriebswirtschaftliche Grundfragen der Materialwirtschaft, 2. Aufl., Wiesbaden 1975.

KROEBER-RIEL, W. (1990), Konsumentenverhalten, 4. Aufl., wesentlich ern. u. erw., München 1990.

KRÜGER, W. (1984), Organisation der Unternehmung, Stuttgart u. a. 1984.

KRÜGER, W./PFEIFFER, P. (1988), Strategische Ausrichtung, organisatorische Gestaltung und Auswirkungen des Informations-Management, in: Information Management, 3, Heft 3, 1988, S. 6–15.

KRULIS-RANDA, J. S. (1977), Marketing-Logistik, Bern, Stuttgart 1977.

KRUSCHWITZ, L. (1990), Investitionsrechnung, 4. Aufl., Berlin, New York 1990.

KUBICEK, H. (1987), Mit integrierten Fernmeldenetzen auf dem Weg in die postindustrielle Gesellschaft? in: DBW, 47, 1987, S. 451–470.

KUEHN, A. A./HAMBURGER, M. J. (1967), A Heuristic Program for Locating Warehouses, in: MARKS, N. E./TAYLOR, R. M. (1967), Hrsg., Marketing Logistics: Perspectives and Viewpoints, New York u. a. 1967, S. 91–109.

KÜPPER, H.-U. (1980), Interdependenzen zwischen Produktionstheorie und der Organisation des Produktionsprozesses, Berlin 1980.

KÜPPER, H.-U. (1981), Dynamische Produktionsfunktionen als Grundlage für eine Analyse von Interdependenzen in der Produktion, in: BRATSCHITSCH, R./SCHNELLINGER, W. (1981), Hrsg., Unternehmenskrisen – Ursachen, Frühwarnung, Bewältigung, Stuttgart 1981, S. 225–239.

KÜPPER, H.-U. (1982), Ablauforganisation, Stuttgart, New York 1982.

KÜPPER, H.-U. (1985), Investitionstheoretische Fundierung der Kostenrechnung, in: ZfbF, 37, 1/1985, S. 26–46.

KÜPPER, H.-U. (1988), Koordination und Interdependenz als Bausteine einer konzeptionellen und theoretischen Fundierung des Controlling, in: LÜCKE, W. (1988), Hrsg., Betriebswirtschaftliche Steuerungs- und Kontrollprobleme, Wiesbaden 1988, S. 163–183.

KÜPPER, H.-U. (1990), Industrielles Controlling, in: SCHWEITZER, M. (1990), Hrsg., Industriebetriebslehre, München 1990, S. 781–891.

KÜPPER, W./LÜDER, K./STREITFERDT, L. (1975), Netzplantechnik, Würzburg, Wien 1975.

KÜTING, K./WEBER, C.-P. (1989), Hrsg., Handbuch der Konzernrechnungslegung (HdK), Stuttgart 1989.

KÜTING, K./WEBER, C.-P. (1990), Hrsg., Handbuch der Rechnungslegung (HdR), 3. Aufl., Stuttgart 1990.

KUPSCH, P. (1973), Das Risiko im Entscheidungsprozeß, Wiesbaden 1973.

KUPSCH, P. (1987) Einheitlichkeit und Stetigkeit der Bewertung gemäß § 252 Abs. 1 Nr. 6 HGB, Teil I u. II, in: DB, 40, 1987, S. 1101–1105 u. S. 1157–1161.

KUPSCH, P. (1990a), Zur Problematik der Ermittlung von Anschaffungskosten. Zuwendungen, Abgrenzung von Anschaffungsnebenkosten und von nachträglichen Aufwendungen, in: Steuerberater-Jahrbuch 1989/90, Köln 1990, S. 93–127.

KUPSCH, P. (1990b), Einführung B, in: HOFBAUER, M. A./KUPSCH, P. (1990), Hrsg., Bonner Handbuch der Rechnungslegung (BHR). Aufstellung, Prüfung und Offenlegung des Jahresabschlusses, Bonn (Loseblatt: Stand Dez. 1990).

KUPSCH, P. (1990c), Der Anhang, in: WYSOCKI, K. v./SCHULZE-OSTERLOH, J. (1990), Hrsg., Handbuch des Jahresabschlusses in Einzeldarstellungen (HdJ), Köln 1990, Abt. IV/4.

KUPSCH, P./EDER, D. (1988), Anmerkungen zu Grundsatzfragen der Steuerabgrenzung, in: WPg, 41, 1988, S. 521–528.

KURBEL, K./STRUNZ, H. (1990), Hrsg., Handbuch der Wirtschaftsinformatik, Stuttgart 1990.

KURBEL, P./MERTENS, P./SCHEER, A.-W. (1989), Hrsg., Interaktive betriebswirtschaftliche Informations- und Steuerungssysteme, Berlin, New York 1989.

KUSSMAUL, H. (1987), Sind Nutzungsrechte Vermögensgegenstände bzw. Wirtschaftsgüter?, in: BB, 42, 1987, S. 2053–2065.

KUTTNER, K. (1988), Mittel- und langfristige Exportfinanzierung, Wiesbaden 1988.

LACHMANN, L. M. (1984), Marktprozeß und Erwartungen, München, Wien 1984.

LANGE, CH. (1989), Jahresabschlußinformationen und Unternehmensbeurteilung, Stuttgart 1989.

LANGEN, H. (1971), Unternehmensplanung mit Verweilzeitdauern, Berlin 1971.

LASSMANN, G. (1968), Die Kosten- und Erlösrechnung als Instrument der Planung und Kontrolle in Industriebetrieben, Düsseldorf, 1968.

LATTMANN, C. (1982), Die verhaltenswissenschaftlichen Grundlagen der Führung der Mitarbeiter, Bern, Stuttgart 1982.

LATTMANN, C. (1989), Hrsg., Das Assessment-Center-Verfahren der Eignungsbeurteilung, Heidelberg 1989.

LAWLER, E. E. (1971), Pay and Organizational Effectiveness: A Psychological View, New York u. a. 1971.

LAWLER, E. E. (1977), Motivierung in Organisationen, Bern, Stuttgart 1977.

LAZER, W./KELLEY, E. (1973), Hrsg., Social Marketing, Perspectives and Viewpoints, London 1973.

LEDER, M. (1989), Innovationsmanagement. Ein Überblick, in: ZfB, Ergänzungsheft 1, Innovationsmanagement – Theorie und Praxis im Kulturvergleich, 1989, S. 1–54.

LEDERER, K. G. (1984), EDV-unterstützte Kommunikationssysteme in der Automobilindustrie, in: Fortschrittliche Betriebsführung/Industrial Engineering, 33, 1984, S. 23–29.

LEFFSON, U. (1984a), Bilanzanalyse, 3. Aufl., Stuttgart 1984.

LEFFSON, U. (1984b), Bedeutung und Ermittlung der Grundsätze ordnungsmäßiger Buchführung, in: WYSOCKI, K. v./SCHULZE-OSTERLOH, J. (1984), Hrsg., Handbuch des Jahresabschlusses in Einzeldarstellungen (HdJ), Köln 1984, Abt. I/2.

LEFFSON, U. (1987), Grundsätze ordnungsmäßiger Buchführung, 7. Aufl., Düsseldorf 1987.

LEITHERER, E. (1989), Betriebliche Marktlehre, 3. Aufl., Stuttgart 1989.

LEITHERER, E. (1991), Industrie-Design, Stuttgart 1991.

LEVIATAN, U./ROSNER, M. (1982), Hrsg., Work and Organization in Kibbutz-Industry, Norwood/Pa. 1982.

LEVITAN, K. B. (1982), Information Ressources as "Goods" in the Life Cycle of Information Production, in: Journal of the American Society for Information Science, 33, 1982, S. 44–54.

LEWANDOWSKI, R. (1974), Prognosemodelle und Informationssysteme und ihre Anwendungen, Bd. 1, Berlin, New York 1974.

LIKERT, R. (1961), New Patterns of Management, New York u. a. 1961.

LINDNER, T. (1983), Strategische Entscheidungen im Beschaffungsbereich, Diss., München 1983.

1546

LITTLE, A. D. (1988), Innovation als Führungsaufgabe, Frankfurt/M. 1988.

LOISTL, O. (1986), Grundzüge der betrieblichen Kapitalwirtschaft, Berlin u. a. 1986.

LOISTL, O. (1989), Computergestütztes Wertpapiermanagement, 3. Aufl., München u. a. 1989.

LOISTL, O. (1990), Zur neueren Entwicklung der Finanzierungstheorie, in: DBW, 50, 1990, S. 47–84.

LOISTL, O. (1991), Kapitalmarkttheorie, München 1991.

LÜBBEN, H. (1991), Tarifpolitische Perspektiven der Entlohnung an modernen Produktionsanlagen, in: SCHANZ, G. (1991), Hrsg., Handbuch Anreizsysteme, Stuttgart 1991, S. 245–255.

LÜCKE, W. (1970), Produktions- und Kostentheorie, 2. Aufl., Würzburg, Wien 1970.

LÜDER, K. (1990), Standortwahl – Verfahren zur Planung betrieblicher und innerbetrieblicher Standorte, in: JACOB, H. (1990), Hrsg., Industriebetriebslehre, 4. Aufl., Wiesbaden 1990, S. 24–100.

LUHMANN, N. (1969), Kommunikation, soziale, in: GROCHLA, E. (1969), Hrsg., Handwörterbuch der Organisation, Stuttgart 1969, Sp. 831–838.

LUHMANN, N. (1973), Zweckbegriff und Systemrationalität, Tübingen 1973.

LUHMANN, N. (1976), Funktionen und Folgen formaler Organisation, 3. Aufl., Berlin 1976.

LULLIES, V./BOLLINGER, H./WELTZ, F. (1990), Konfliktfeld Informationstechnik – Innovation als Managementproblem, Frankfurt/M. 1990.

MACHARZINA, K. (1985), Hrsg., Finanz- und bankwirtschaftliche Probleme bei internationaler Unternehmenstätigkeit, Stuttgart 1985.

MACHARZINA, K./ENGELHARD, J. (1987), Internationales Management, in: DBW, 47, 1987, S. 319–344.

MACHARZINA, K./WELGER, M. K. (1989), Hrsg., Handwörterbuch Export und Internationale Unternehmung, Stuttgart 1989.

MADAUSS, B. J. (1984), Projektmanagement, München 1984.

MÄNNEL, W. (1976), Wesen, Aufgaben und Bedeutung der Beschaffungsplanung, in: Journal für Betriebswirtschaft, 26, 1976, S. 219–240.

MÄNNEL, W. (1981), Die Wahl zwischen Eigenfertigung und Fremdbezug: theoretische Grundlagen, praktische Fälle, 2. Aufl., Stuttgart 1981.

MÄNNEL, W. (1983), Wenn Sie zwischen Eigenfertigung und Fremdbezug entscheiden müssen, in: io-Management-Zeitschrift, 52, 1983, S. 301–307.

MÄNNEL, W. (1988), Hrsg., Integrierte Anlagenwirtschaft, Köln 1988.

MAG, W. (1990), Grundzüge der Entscheidungstheorie, München 1990.

MAIER, M. (1990), Theoretische Bezugsrahmen und Methoden zur Gestaltung computergestützter Informationssysteme, München 1990.

MAIER-ROTHE, C./BUSSE, K./THIELE, R. (1983), Computerverbundsysteme planen, steuern und kontrollieren den Produktionsprozeß, in: Maschinenmarkt, 89, 1983, S. 106–109.

MARCH, J. G. (1965), Hrsg., Handbook of Organizations, Chicago 1965.

MARCH, J. G./OLSEN, J. P. (1979), Ambiguity and Choice in Organizations, 2. Aufl., Bergen 1979.

MARCH, J. G./SIMON, H. A. (1958), Organizations, New York 1958.

MARCH, J. G./SIMON, H. A. (1976), Organisation und Individuum – Menschliches Verhalten in Organisationen, Wiesbaden 1976.

MARKOWITZ, H. M. (1952), Portfolio Selection, in: Journal of Finance, 7, 1952, S. 77–91.

MARR, R. (1973), Innovation und Kreativität, Wiesbaden 1973.

MARR, R. (1976), Budgetplanung bei Forschungs- und Entwicklungsprojekten, in: BÜSCHGEN, H. E. (1976), Hrsg., Handwörterbuch der Finanzwirtschaft, Stuttgart 1976, Sp. 232–240.

MARR, R. (1979), Das Sozialpotential betriebswirtschaftlicher Organisationen, Berlin 1979.

MARR, R. (1987), Hrsg., Arbeitszeitmanagement-Grundlagen und Perspektiven der Gestaltung flexibler Arbeitssysteme, Berlin 1987.

MARR, R. (1989), Mitarbeiterorientierte Unternehmenskultur, Berlin 1989.

MARR, R. (1991), Innovationsmanagement, in: DBW, 51, 1991, S. 355–371.

MARR, R./KÖTTING, M. (1991), Implementierung, organisatorische in: FRESE, E. (1991), Hrsg., Handwörterbuch der Organisation, 3. Aufl., 1991 (in Vorbereitung).

MARR, R./STITZEL, M. (1991), Personalwirtschaft, Ein konfliktorientierter Ansatz, 2. Aufl., München 1991 (in Vorbereitung).

MARSHALL, A. (1961), Principles of Economics, 1. Aufl., London 1890, 9. Aufl., London 1961.

MARTIN, J. (1987), Managing the Data-Base Environment, 4. Aufl., London 1987.

MARTIN, T. (1990), Das Verhältnis von Mensch und Automatisierung in der Produktion – am Beispiel CIM, in: HENNING, K./SÜTHOFF, M./MAI, M. (1990), Hrsg., Mensch und Automatisierung – eine Bestandsaufnahme, Opladen 1990, S. 91–106.

MARX, A. (1969/71), Hrsg., Personalführung, 4 Bde., 1969/71.

MASLOW, A. H. (1954), Motivation und Personality, New York u. a. 1954.

MATSCHKE, M. (1990), Kommentierung zu §§ 266, 268, 269, in: HOFBAUER, M. A./ KUPSCH, P. (1990), Hrsg., Bonner Handbuch der Rechnungslegung (BHR). Aufstellung, Prüfung und Offenlegung des Jahresabschlusses, Bonn (Loseblatt: Stand Dez. 1990).

MAUL, K.-H. (1978), Handelsrechtliche Rechnungslegung. Eine Einführung in die Bilanzlehre, Frankfurt/M. 1978.

MAYER-MALY, T. (1975), Arbeitsrecht, in: HWP, Stuttgart 1975, Sp. 339–357.

McGREGOR, D. (1960), The Human Side of Enterprise, New York u. a. 1960.

McGREGOR, D. (1966), Leadership and Motivation, Cambridge/Mass. 1966.

McMENAMIN, S. M./PALMER, J. F. (1988), Strukturierte Systemanalyse, München u. a. 1988.

MEFFERT, H. (1968), Betriebswirtschaftliche Kosteninformationen, Wiesbaden 1968.

MEFFERT, H. (1971), Modelle des Käuferverhaltens und ihr Aussagewert für das Marketing, in: Zeitschrift für die gesamte Staatswissenschaft, 127, 1971, S. 326–353.

MEFFERT, H. (1986), Marketing, Grundlagen der Absatzpolitik, 7. Aufl., Wiesbaden 1986.

MEFFERT, H. (1989), Globalisierungsstrategien und ihre Umsetzung im internationalen Wettbewerb, in: DBW, 49, 1989, S. 445–463.

MEFFERT, H./STEFFENHAGEN, H. (1977), Marketing-Prognosemodelle: Quantitative Grundlagen des Marketing, Stuttgart 1977.

MEISER, M./WAGNER, D./ZANDER, E. (1991), Personal und neue Technologien, München, Wien 1991.

MELLEROWICZ, K. (1977), Neuzeitliche Kalkulationsverfahren, 6. Aufl., Freiburg i. Br. 1977.

MENGER, C. (1971), Grundsätze der Volkswirtschaftslehre, Wien 1971.

MERKEL, H. (1986), Von PPS- zu MRP II- orientierten Systemen, in: CIM-Management, 2, Heft 4, 1986, S. 35–41.

MERTENS, P. (1987), Hrsg., Lexikon der Wirtschaftsinformatik, Berlin 1987.

MERTENS, P. (1988), Industrielle Datenverarbeitung, Bd. 1, 7. Aufl., Wiesbaden 1988.

MERTENS, P./GRIESE, J. (1991), Integrierte Informationsverarbeitung, Bd. 2, Wiesbaden 1991.

MERTENS, P./BORKOWSKI, V./GEIS, W. (1990), Betriebliche Expertensystemanwendungen, Berlin 1990.

MERTENS, P./BODENDORF, F./KÖNIG, W./PICOT, A./SCHUMANN, M. (1991), Grundzüge der Wirtschaftsinformatik, Berlin u. a. 1991.

MEYER, M. (1987), Die Beurteilung von Länderrisiken der internationalen Unternehmung, Berlin u. a. 1987.

MEYER-PIENING, A. (1980), Gemeinkosten senken – aber wie?, in: ZfB, 50, 1980, S. 691–698.

MICHAELIS, E. (1985), Organisation unternehmerischer Aufgaben – Transaktionskosten als Beurteilungskriterium, Frankfurt/M. 1985.

MILES, L. D. (1964), Value Engineering. Wertanalyse, die praktische Methode zur Kostensenkung, München 1964.

MILES, R. E./SNOW, C. C. (1978), Organizational Strategy, Structure and Process, New York u. a. 1978.

MILES, R. E./SNOW, C. C. (1986), Network Organizations: New Concepts for New Forms, in: California Management Review, 28, 1986, S. 62–73.

MILLER, G. (1967), The Magical Number Seven, Plus or Minus Two: Some Limits on Our Capacity for Processing Information, in: ALEXIS, M./WILSON, C. (1967), Hrsg., Organizational Decision Making, Englewood Cliffs/N. J. 1967, S. 107–121.

MINTZBERG, H. (1973), The Nature of Managerial Work, New York u. a. 1973.

MINTZBERG, H. (1989), Mintzberg on Management, New York, London 1989.

MIRANI, A. (1987), Kosten- und Investitionsmanagement für moderne Industrieanlagen, in: Kostenrechnungspraxis, Heft 6, 1987, S. 225–230.

MISES, L. v. (1933), Grenzprobleme der Nationalökonomie, Jena 1933.

MODIGLIANI, F./MILLER, M. H. (1958), The Cost of Capital Corporation Finance and the Theory of Investment, in: American Economic Review, 48, 1958, S. 261–297.

MONDEN, Y./SAKURAI, M. (1989), Hrsg., Japanese Management Accounting – A World Class Approach to Management Accounting, Cambridge/Mass. 1989.

MORENO, I. L. (1974), Die Grundlagen der Soziometrie, 3. Aufl., Opladen 1974.

MORGAN, G. (1986), Images of Organization, Beverly Hills 1986.

MORRIS, C. (1973), Zeichen, Sprache und Verhalten, Düsseldorf 1973.

MORRIS, W. C./SASHKIN, M. (1976), Organization Behavior in Action, St. Paul u. a. 1976.

MOXTER, A. (1979), Immaterielle Bilanzwerte im neuen Bilanzrecht, in: BB, 34, 1979, S. 1102–1109.

MOXTER, A. (1980), Ist bei drohendem Unternehmenszusammenbruch das bilanz-rechtliche Prinzip der Unternehmensfortführung aufzugeben?, in: WPg, 33, 1980, S. 345–351.

MOXTER, A. (1984), Bilanzlehre, Bd. I: Einführung in die Bilanztheorie, 3. Aufl., Wiesbaden 1984.

MOXTER, A. (1985), Bilanzrechtsprechung, Tübingen 1985.

MOXTER, A. (1986), Bilanzlehre, Bd. II: Einführung in das neue Bilanzrecht, 3. Aufl., Wiesbaden 1986.

MOXTER, A. (1987), Zum Sinn und Zweck des handelsrechtlichen Jahresabschlusses nach neuem Recht, in: HAVERMANN, H. (1987), Hrsg., Bilanz- und Konzern-recht, Festschrift für R. GOERDELER, Düsseldorf 1987, S. 361–374.

MOXTER, A. (1990), Grundsätze ordnungsmäßiger Unternehmensbewertung, 2. Aufl., Wiesbaden 1983.

MROSEK, D. (1983), Zurechnungsprobleme in einer entscheidungsorientierten Kostenrechnung, Wiesbaden 1983.

MÜLLER, G. (1981), Strategische Frühaufklärung, München 1981.

MÜLLER, G. (1987), Strategische Suchfeldanalyse, Wiesbaden 1987.

MÜLLER-BÖLING, D./MÜLLER, M. (1986), Akzeptanzforschung der Bürokommuni-kation, München u. a. 1986.

MÜLLER-MERBACH, H. (1973), Operations Research, 3. Aufl., München 1973.

MUMFORD, E. (1983), Designing Human Systems for New Technology – The ETHICS Method, Manchester 1983.

MUMFORD, E., WELTER, G. (1984), Benutzerbeteiligung bei der Entwicklung von Computersystemen: Verfahren zur Steigerung der Akzeptanz und Effizienz des EDV-Einsatzes, Münster 1984.

MYERS, ST. C. (1984), The Capital Structure Puzzle, in: Journal of Finance, 39, 1984, S. 575–592.

NADDOR, E. (1971), Lagerhaltungssysteme, Frankfurt/M., Zürich 1971.

NAKAJIMA, S. (1989), TPM Development Program: Implementing Total Productive Maintenance, Cambridge/Mass., Norwalk/Connecticut 1989.

NASTANSKY, L. (1990), Betriebsinformatik, in: BITZ, M./DELLMANN, K./DOMSCH, M./EGNER, H. (1990), Hrsg., Vahlens Kompendium der Betriebswirtschafts-lehre, Bd. 2, 2. Aufl., München 1990, S. 371–411.

NEUBERGER, O. (1974), Theorien der Arbeitszufriedenheit, Stuttgart u. a. 1974.

NEUBERGER, O. (1976), Führungsverhalten und Führungserfolg, Berlin 1976.

NEUBERGER, O. (1977), Organisation und Führung, Stuttgart u. a. 1977.

NEUBERGER, O. (1984), Führung Ideologie-Struktur-Verhalten, Stuttgart 1984.

NEUBERGER, O. (1985), Arbeit, Stuttgart 1985.

NEUMANN, K. (1987a), Graphen und Netzwerke, in: GAL, F. (1987), Hrsg., Grundlagen des Operations Research, Bd. 2, Berlin u. a. 1987, S. 1–164.

NEUMANN, K. (1987b), Netzplantechnik, in: GAL, T. (1987), Hrsg., Grundlagen des Operations Research, Bd. 2, Berlin u. a. 1987, S. 165–261.

NEWELL, A./SHAW, J. C./SIMON, H. A. (1960), A Variety of Intelligent Learning in a General Problem Solver, in: YOVITS, M. C./CAMERON, S. (1960), Hrsg., Self-Organizing Systems, Oxford u. a. 1960, S. 153–187.

NIEDER, P. (1977), Hrsg., Führungsverhalten im Unternehmen, München 1977.

NIEDEREICHHOLZ, C. (1979), Innerbetriebliche Materialflußplanung, Darmstadt 1979.

NIER, D./SCHUSSER, U. (1990), Innovationsfördernde Faktoren, in: zfo, 59, 1990, S. 274–276.

NIESCHLAG, R./DICHTL, E./HÖRSCHGEN, H. (1991), Marketing, 16. Aufl., Berlin 1991.

NIPPA, M. (1988), Gestaltungsgrundsätze für die Büroorganisation, Berlin 1988.

NIPPA, M./REICHWALD, R. (1990), Theoretische Grundüberlegungen zur Verkürzung der Durchlaufzeit in der industriellen Entwicklung, in: REICHWALD, R./ SCHMELZER, H. J. (1990), Hrsg., Durchlaufzeiten in der Entwicklung, München, Wien 1990, S. 65–114.

NORTON, E. (1989), Determinants of Capital Structure: a Survey, in: LEE, CH. F., Hrsg., Advances in Financial Planning and Forecasting, London 1989, S. 323–350.

NYSTROM, P. C./STARBUCK, W. H. (1981), Hrsg., Handbook of Organizational Design, 2 Bde., Oxford 1981.

OECHSLER, W. A. (1990), Personal und Arbeit. Einführung in die Personalwirtschaft, 4. Aufl., München, Wien 1990.

ÖSTERLE, H./BRENNER, W./HILBERS, K. (1991), Unternehmensführung und Informationssystem: Der Ansatz des St. Galler Informationssystem-Managements, Stuttgart 1991.

ÖSTERLE, H./GUTZWILLER, TH. (1991a), Konzepte angewandter Analyse- und Design-Methoden, Bd. 1, Methoden: Ein Referenz-Metamodell für die Analyse und das Systemdesign, Hallbergmoos 1991.

ÖSTERLE, H./GUTZWILLER, TH. (1991b), Konzepte angewandter Analyse- und Design-Methoden, Bd. 2, Methoden: Ein Beispiel für die Analyse und das Systemdesign, Hallbergmoos 1991.

OETTLE, K. (1966a), Unternehmerische Finanzpolitik: Elemente einer Theorie der Finanzpolitik industrieller Unternehmungen, Stuttgart 1966.

OETTLE, K. (1966b), Über den Charakter öffentlich-wirtschaftlicher Zielsetzungen, in: ZfbF, 18, 1966, S. 241–259.

OLSON, M. H., (1989), Hrsg., Technological Support for Work Group Collaboration, Hillsdale 1989.

O'REILLY, C. A. (1983), The Use of Information in Organizational Decision Making: A Model and Some Propositions, in: Research in Organizational Behavior, 5, 1983, S. 103–139.

O'REILLY, C. A./CHATMAN, J. A./ANDERSON, J. C. (1987), Message Flow and Decision Making, in: JABLIN, F. M./PUTNAM, L. L./ROBERTS, K. H./PORTER, L. W. (1987), Hrsg., Handbook of Organizational Communication, Newsbury Park 1987, S. 600–623.

ORDELHEIDE, D. (1990), Externes Rechnungswesen, in: BITZ, M./DELLMANN, K./ DOMSCH, M./EGNER, H. (1990), Hrsg., Vahlens Kompendium der Betriebwirtschaftslehre, Bd. 2, 2. Aufl., München 1990, S. 209–304.

ORTMANN, G. (1976), Unternehmungsziele als Ideologie, Köln 1976.

ORTMANN, G./WINDELER, A./BECKER, A. (1990), Computer und Macht in Organisationen, Opladen 1990.

OSBORN, A. F. (1953), Applied Imagination: Principles and Procedures of Creative Thinking, New York 1953.

OUCHI, W. G. (1980), Markets, Bureaucracies and Clans, in: Administrative Science Quarterly, 25, 1980, S. 129–141.

OXENFELDT, A. E. (1975), Pricing Strategies, New York 1975.

o. V. (1987), Dialog, in: DBW, 47, 1987, S. 223–244.

PANKOW, M./LIENAU, A./FEYEL, J. (1990), Kommentierung zu § 253 HGB, in: BUDDE, W. D./CLEMM, H./PANKOW, M./SARX, M. (1990), Hrsg., Beck'scher Bilanzkommentar, 2. Aufl., München 1990.

PAPMEHL, A. (1990), Personal-Controlling, Heidelberg 1990.

PAUSENBERGER, E./VÖLKER, H. (1985), Praxis des internationalen Finanzmanagement, Wiesbaden 1985.

PERRIDON, L./STEINER, M. (1988), Finanzwirtschaft der Unternehmung, 5. Aufl., München 1988.

PERROW, CH. B. (1970), Organizational analysis: a sociological view, Belmont/Cal. 1970.

PFEIFFER, W./METZE, G./SCHNEIDER, W./AMLER, R. (1987), Technologie-Portfolio zum Management strategischer Zukunftsgeschäftsfelder, Göttingen 1987.

PFOHL, H.-C. (1981), Planung und Kontrolle, Stuttgart u. a. 1981.

PFOHL, H.-C. (1990), Hrsg., Betriebswirtschaftslehre der Mittel- und Kleinbetriebe, 2. Aufl., Berlin 1990.

PICOT, A. (1977 a), Betriebswirtschaftliche Umweltbeziehungen und Umweltinformationen, Berlin 1977.

PICOT, A. (1977 b), Prognose und Planung – Möglichkeiten und Grenzen, in: DB, 30, 1977, S. 2149–2156.

PICOT, A. (1979 a), Organisationsprinzipien, in: WiSt, 8, 1979, S. 480–485.

PICOT, A. (1979 b), Rationalisierung im Verwaltungsbereich als betriebswirtschaftliches Problem, in: ZfbF, 31, 1979, S. 1145–1165.

PICOT, A. (1981 a), Strukturwandel und Unternehmensstrategie, Teil 1 u. 2, in: WiSt, 10, 1981, S. 527–532 u. 563–571.

PICOT, A. (1981 b), Der Beitrag der Theorie der Verfügungsrechte zur ökonomischen Analyse von Unternehmensverfassungen, in: BOHR, K./DRUKARCZYK, J./ DRUMM, H.-J./SCHERRER, G. (1981), Hrsg., Unternehmensverfassung als Problem der Betriebswirtschaftslehre, Berlin 1981.

PICOT, A. (1981 c), Kosten, volkswirtschaftliche, in: KOSIOL, E./CHMIELEWICZ, K./ SCHWEITZER, M. (1981), Hrsg., Handwörterbuch des Rechnungswesens, 2. Aufl., Stuttgart 1981, Sp. 974–980.

PICOT, A. (1982 a), Transaktionskostenansatz in der Organisationstheorie – Stand der Diskussion und Aussagewert, in: DBW, 42, 1982, S. 267–284.

PICOT, A. (1982 b), Der Verbraucher in der sozialen Rechnungslegung, in: HANSEN, U./STAUSS, B./RIEMER, M. (1982), Hrsg., Marketing und Verbraucherpolitik, Stuttgart 1982, S. 509–528.

PICOT, A. (1985), Kommunikationstechnik und Dezentralisierung, in: BALLWIESER, W./BERGER, U.-H. (1985), Hrsg., Information und Wirtschaftlichkeit, Wiesbaden 1985, S. 377–402.

PICOT, A. (1986 a), Informationsmanagement und Unternehmensstrategien, in: 3. Europäischer Kongreß über Büro-Systeme & Informationsmanagement (Tagungsband), München 1986, S. 757–796.

PICOT, A. (1986 b), Transaktionskosten im Handel – zur Notwendigkeit einer flexiblen Strukturentwicklung in der Distribution, in: BB, Beilage 13 zu Heft 27, 1986, S. 1–16.

PICOT, A. (1987 a), Dezentralisierung – Ein Code-Wort für die Büro-Automatisierung? in: Rationalisierungskuratorium der Deutschen Wirtschaft (RKW) – IPS 2 – Productivity and the Future of the Work, 1987, S. 151–158.

PICOT, A. (1987 b), Neue Informations- und Kommunikationstechniken als Quelle von Risiken und als Mittel zu ihrer Bewältigung, in: Bayerische Rückversicherung, Hrsg., Gesellschaft und Unsicherheit, Karlsruhe 1987, S. 139–155.

PICOT, A. (1989), Zur Bedeutung allgemeiner Theorieansätze für die betriebswirtschaftliche Information und Kommunikation: Der Beitrag der Transaktionskosten- und Principal-Agent-Theorie, in: KIRSCH, W./PICOT, A. (1989), Hrsg., Die Betriebswirtschaftslehre im Spannungsfeld zwischen Generalisierung und Spezialisierung, Wiesbaden 1989, S. 361–379.

PICOT, A. (1990 a), Organisation, in: BITZ, M./DELLMANN, K./DOMSCH, M./EGNER, H. (1990), Hrsg., Vahlens Kompendium der Betriebswirtschaftslehre, Bd. 2, 2. Aufl., München 1990, S. 99–163.

PICOT, A. (1990 b), Organisation von Informationssystemen und Controlling, in: Controlling, 2, 1990, S. 296–305.

PICOT, A. (1991 a), Ein neuer Ansatz zur Gestaltung der Leistungstiefe, in: ZfbF, 43, 1991, S. 336–357.

PICOT, A. (1991 b), Ökonomische Theorien der Organisation – Ein Überblick über neuere Ansätze und deren betriebswirtschaftliches Anwendungspotential –, in: ORDELHEIDE, D./RUDOLPH, B./BÜSSELMANN, E. (1991), Hrsg. , Betriebswirtschaftslehre und ökonomische Theorie, Stuttgart 1991, S. 143–170.

PICOT, A. (1991 c), Daten und ihre Integration, in: MERTENS, P./BODENDORF, F./ KÖNIG, W./PICOT, A./SCHUMANN, M. (1991), Hrsg., Grundzüge der Wirtschaftsinformatik, Berlin u. a. 1991.

PICOT, A./DIETL, H. (1990), Transaktionskostentheorie, in: WiSt, 19, 1990, S. 178–184.

PICOT, A./FRANCK, E. (1988), Die Planung der Unternehmensressource Information (I), in: WISU, 17, 1988, S. 544–614.

PICOT, A./FRANCK, E. (1991), Informationsmanagement, in: FRESE, E. (1991), Hrsg., Handwörterbuch der Organisation, 3. Aufl., 1991 (in Vorbereitung).

PICOT, A./KAULMANN, TH. (1985), Industrielle Großunternehmen im Staatseigentum aus verfügungsrechtlicher Sicht – Theoretische Aussagen und empirischer Befund, in: ZfbF, 37, 1985, S. 956–980.

PICOT, A./KAULMANN, TH. (1989), Comparative Performance of Government-owned and Privately-owned Industrial Cooperations – Empirical Results from six Countries, in: Jite, 145, 1989, S. 298–316.

PICOT, A./REICHWALD R. (1986), Der informationstechnische Einfluß auf Arbeitsteilung und Zentralisierungsgrad in Büro- und Verwaltungsorganisationen, in: HERMANNS, A. (1986), Hrsg., Neue Kommunikationstechniken. Grundlagen und wirtschaftliche Perspektiven, München 1986, S. 85–94.

PICOT, A./REICHWALD, R., (1987), Bürokommunikation – Leitsätze für den Anwender, 3. Aufl., München 1987.

PICOT, A./RISCHMÜLLER, G. (1981), Planung und Kontrolle der Verwaltungskosten in Unternehmungen, in: ZfbF, 33, 1981, S. 331–346.

PICOT, A./SCHNEIDER, DIETRAM (1988), Unternehmerisches Innovationsverhalten, Verfügungsrechte und Transaktionskosten, in: BUDÄUS, D./GERUM, E./ZIMMERMANN, G. (1988), Hrsg., Betriebswirtschaftslehre und Theorie der Verfügungsrechte, Wiesbaden 1988, S. 93–118.

PICOT, A./LAUB, U. D./SCHNEIDER, DIETRAM (1989), Innovative Unternehmensgründungen – Eine ökonomisch-empirische Analyse, Berlin, u. a. 1989.

PICOT, A./NEUBURGER, R./NIGGL, J. (1991), Ökonomische Perspektiven eines „Electronic Data Interchange", in: Information Management, 6, Heft 2, 1991, S. 22–29.

PICOT, A./REICHWALD, R./NIPPA, M. (1988), Zur Bedeutung der Entwicklungsaufgabe für die Entwicklungszeit – Ansätze für die Entwicklungszeitgestaltung, in: ZfbF, Sonderheft 23, Zeitmanagement in Forschung und Entwicklung, 1988, S. 112–137.

PICOT, A./REICHWALD, R./SCHÖNECKER, H. G. (1985), Eigenerstellung oder Fremdbezug von Organisationsleistungen – Ein Problem der Unternehmensführung, in: Office Management, 33, Heft 9 u. 10, 1985, S. 818–821 und 1029–1034.

PIEPER, R. (1990), Human Resource Management: An International Comparison, Berlin, New York 1990.

PLATZ, J. (1986), Projektplanung, in: PLATZ, J./SCHMELZER, H. J. (1986), Hrsg., Projektmanagement in der industriellen Forschung und Entwicklung, Berlin u. a., 1986, S. 131–159.

PLINKE, W. (1985), Erlösplanung im industriellen Anlagengeschäft, Wiesbaden 1985.

PLINKE, W. (1989), Industrielle Kostenrechnung für Ingenieure, Berlin u. a. 1989.

POENSGEN, O. H. (1973), Geschäftsbereichsorganisation, Opladen 1973.

POPALL, M. (1991), EPOS – Die offene Entwicklungsumgebung zur Projektabwicklung, in: BALZERT, H. (1991 a), Hrsg., CASE: Systeme und Werkzeuge, 3. Aufl., vollst. überarb. u. erw., Mannheim u. a. 1991.

POPP, K. (1989), Rationelles Kreditmanagement in Handel und Industrie, Landsberg/Lech 1989.

PORTER, M. E. (1986), Hrsg., Competition in Global Industries, Boston 1986.

PORTER, M. E. (1988), Wettbewerbsstrategie: Methoden zur Analyse von Branchen und Konkurrenten, 5. Aufl., Frankfurt/M. u. a., 1988.

PORTER, M. E. (1989), Wettbewerbsvorteile. Spitzenleistungen erreichen und behaupten, Sonderausgabe, Frankfurt/M. u. a. 1989.

PORTER, M. E./MILLAR, V. E. (1985), How information gives you competitive advantage, in: Harvard Business Review, Heft 4, 1985, S. 149–160.

PRAHALAD, C. K./HAMEL, G. (1990), The Core Competence of the Corporation, in: Harvard Business Review, Heft 3, 1990, S. 79–91.

PRATT, J. W./ZECKHAUSER, R. J. (1985), Principals and Agents: An Overview, in: PRATT, J. W./ZECKHAUSER, R. J. (1985), Hrsg., Principals and Agents: The Structure of Business, Boston 1985, S. 1–35.

PRESSMAR, D. B. (1975), Einsatzmöglichkeiten der elektronischen Datenverarbeitung für die simultane Produktionsplanung, in: HANSEN, H.-R. (1975), Hrsg., Informationssysteme im Produktionsbereich, München, Wien 1975, S. 215–255.

PRESSMAR, D. B. (1979), Verbrauchsfunktionen, in: KERN, W. (1979), Hrsg., Handwörterbuch der Produktion, Stuttgart 1979, Sp. 2067–2077.

PRESSMAR, D. B. (1990), Hrsg., Büroautomation, Wiesbaden 1990.

PROBST, G. J. B. (1987), Selbstorganisation, Ordnungsprozesse in sozialen Systemen aus ganzheitlicher Sicht, Berlin, Hamburg 1987.

Projektgruppe im WSI (1981), Vorschläge zum Unternehmensrecht – Arbeitnehmerrecht, Arbeitnehmerinteressen und Unternehmensorganisation, Köln 1981.

RAAS, F. (1989), Auswirkungen neuer Produktionstechnologien auf betriebliches Rechnungswesen und operatives Controlling, Diss. St. Gallen, Bamberg 1989.

RAFFEE, H. (1974), Grundprobleme der Betriebswirtschaftslehre, Göttingen 1974.

RAFFEE, H./WIEDMANN, K. P. (1982), Sozio-Marketing (Social Marketing), in: DBW, 42, 1982, S. 465–466.

RAISCH, P. (1973), Unternehmensrecht 1, Unternehmensprivatrecht: Handels- und Gesellschaftsrecht, Reinbek bei Hamburg 1973.

RAISCH, P. (1974), Unternehmensrecht 2, Aktien- und Konzernrecht, Mitbestimmung und Fusionskontrolle, Reinbek bei Hamburg 1974.

RAPPAPORT, A. (1986), Creating Shareholders Value, New York 1986.

RAULEFS, P. (1982), Expertensysteme, in: BIBEL, W./SIEGMANN, J. H. (1982), Hrsg., Künstliche Intelligenz, Berlin u. a. 1982, S. 61–98.

REDDIN, W. J. (1970), Management Effectiveness, New York 1970.

REDDIN, W. J. (1981), Das 3-D-Programm zur Leistungssteigerung des Management, Landsberg/Lech 1981.

REESE, J. (1980), Standort und Belegungsplanung für Maschinen in mehrstufigen Produktionsprozessen, Berlin u. a. 1980.

REHKUGLER, H. (1989), Finanzplanung als Instrument der strategischen Unternehmensführung, in: Finanzielle Führung von mittelständischen Unternehmen, Witten, Herdecke 1989, S. 10–54.

REHKUGLER, H./PODDIG, TH. (1990), Bilanzanalyse, 2. Aufl., München 1990.

REHKUGLER, H./SCHINDEL, V. (1989 a), Entscheidungstheorie: Erklärung und Gestaltung betrieblicher Entscheidungen, 4. Aufl., München 1989.

REHKUGLER, H./SCHINDEL, V. (1989 b), Finanzierung, 4. Aufl., München 1989.

REICHMANN, T. (1967), Die betrieblichen Anpassungsprobleme im Lagerbereich, in: ZfbF, 19, 1967, S. 762–774.

REICHMANN, T. (1979), Lagerhaltungspolitik, in: KERN, W. (1979), Hrsg., Handwörterbuch der Produktionswirtschaft, Stuttgart 1979, Sp. 1060–1073.

REICHWALD, R. (1977), Arbeit als Produktionsfaktor, München, Basel 1977.

REICHWALD, R. (1984), Produktivitätsbeziehungen in der Unternehmensverwaltung – Grundüberlegungen zur Modellierung und Gestaltung der Büroarbeit unter dem Einfluß neuer Informationstechnologie, in: PACK, L./BÖRNER, D. (1984), Hrsg., Betriebswirtschaftliche Entscheidungen bei Stagnation, Wiesbaden 1984, S. 197–213.

REICHWALD, R. (1988), Arbeitsorganisatorische und wirtschaftliche Aspekte neuer Technologien – dargestellt am Beispiel des Einsatzes neuer Informations- und Kommunikationstechnik, in: ZINK, K. J. (1988), Hrsg., Arbeitswissenschaft und neue Technologien, Eschborn 1988, S. 77–103.

REICHWALD, R. (1989), Die Entwicklung der Arbeitsteilung unter dem Einfluß von Technikeinsatz im Industriebetrieb – Ein Beitrag zum betriebswirtschaftlichen Rationalisierungsverständnis, in: KIRSCH, W./PICOT, A. (1989), Hrsg., Die Betriebswirtschaftslehre im Spannungsfeld zwischen Generalisierung und Spezialisierung, Wiesbaden 1989, S. 299–322.

REICHWALD, R. (1990 a), Kommunikation, in: BITZ, M./DELLMANN, K./DOMSCH, M./EGNER, H. (1990), Hrsg., Vahlens Kompendium der Betriebswirtschaftslehre, Bd. 2, 2. Aufl., München 1990, S. 413–459.

REICHWALD, R. (1990 b), EDV-gestützte Werkzeuge der Organisationsanalyse, in: ZAHN, E. (1990), Hrsg., Organisationsstrategie und Produktion, München 1990, S. 389–423.

REICHWALD, R. (1990 c), Zur Wirtschaftlichkeit der Büroautomation, kostentheoretische und strategische Aspekte, in: PRESSMAR, D. B. (1990), Hrsg., Büroautomation, Wiesbaden 1990, S. 112–150.

REICHWALD, R. (1991 a), Kommunikation und Kommunikationsmodelle, in: WITT-
MANN, E. u. a. (1991), Handwörterbuch der Betriebswirtschaftslehre, 4. Aufl.,
Stuttgart 1991.

REICHWALD, R. (1991 b), Innovative Anwendungen neuer Telekommunikationsformen in der industriellen Forschung und Entwicklung, in: HEINRICH, L. J./
POMBERGER, G./SCHAUER, R. (1991), Hrsg., Die Informationswirtschaft im
Unternehmen, Tagungsband der 53. Wissenschaftlichen Jahrestagung des Verbandes der Hochschullehrer für Betriebswirtschaft e. V., 1991 (in Vorbereitung).

REICHWALD, R./BEHRBOHM, P. (1983), Flexibilität als Eigenschaft produktionswirtschaftlicher Systeme in: ZfB, 53, 1983, S. 831–853.

REICHWALD, R./BELLMANN, K. B. (1991), Optimale Arbeitsteilung in Büroorganisa-
tionen. Der Einfluß neuer Informations- und Kommunikationstechniken –
eine kostentheoretische Betrachtung, in: ZfB, 61, 1991, S. 621–639.

REICHWALD, R./NIPPA, M. (1988), Die Büroaufgabe als Ausgangspunkt erfolgreicher Anwendungen neuer Informations- und Kommunikationstechnik, in:
Information Management, 3, Heft 2, 1988, S. 16–23.

REICHWALD, R./NIPPA, M. (1991), Informations- und Kommunikationsanalyse, in:
FRESE, E. (1991), Hrsg., Handwörterbuch der Organisation, 3. Aufl., 1991 (in
Vorbereitung).

REICHWALD, R./RUPPRECHT, M. (1991), Einsatz von Informations- und Kommuni-
kationstechnologien im Rahmen zwischenbetrieblicher Kooperation, in: HER-
MANNS, A./FLEGEL, V. (1991), Hrsg., Electronic Marketing – Handbuch der
Informations- und Kommunikationstechnik im Marketing, München 1991.

REICHWALD, R./SCHMELZER H. J. (1990), Hrsg., Durchlaufzeiten in der Entwicklung:
Praxis des industriellen F&E-Managements, München, Wien 1990.

REICHWALD, R./STRASSBURGER, F. X. (1989), Innovationspotentiale von ISDN, in:
DBW, 49, 1989, S. 337–352.

REICHWALD, R./STAUFFERT, T. (1987), Bürokommunikationstechnik und Führung,
in: KIESER, A./REBER, G./WUNDERER, R. (1987), Hrsg., Handwörterbuch der
Führung, Stuttgart 1987, Sp. 115–128.

REMER, A. (1978), Personalmanagement – Mitarbeiterorientierte Organisation und
Führung von Unternehmen, Berlin, New York 1978.

REMER, A. (1989), Organisationslehre. Eine Einführung, Berlin, New York 1989.

REUSCH, P. (1984), Aufbau und Einsatz betrieblicher Informationssysteme, Zürich
1984.

Reve, T. (1990), The Firm as a Nexus of Internal and External Contracts, in: Aoki, M./Gustafsson, B./Williamson, O. E. (1990), Hrsg., The Firm as a Nexus of Treaties, London u. a. 1990, S. 133–161.

Richards, M. D./Greenlaw, P. S. (1966), Management Decision Making, Homewood/Ill. 1966.

Richter, M. (1990), Das Sachanlagevermögen, in: Wysocki, K. v./Schulze-Osterloh, J. (1990), Hrsg., Handbuch des Jahresabschlusses in Einzeldarstellungen (HdJ), Köln 1990, Abt. II/1.

Riebel, P. (1981), Teilkostenrechnung (insbesondere Deckungsbeitragsrechnung), in: Kosiol, E./Chmielewicz, K./Schweitzer, M. (1981), Handwörterbuch des Rechnungswesens, 2. Aufl., Stuttgart 1981, 1547–1570.

Riebel, P. (1990), Einzelkosten- und Deckungsbeitragsrechnung, 6. Aufl., Wiesbaden 1990.

Riebel, P./Pandtke, H./Zscherlich, W. (1973), Verrechnungspreise für Zwischenprodukte, Opladen 1973.

Rieckmann, H. (1982), Auf der grünen Wiese . . . Organisationsentwicklung einer Werkserneuerung, Bern, Stuttgart 1982.

Rieckmann, H./Sievers, B. (1978), Lernende Organisation – Organisiertes Lernen. Systemveränderung und Lernen in sozialen Organisationen, in: Bartölke, K./Kappler, E./Laske, St./Nieder, P. (1978), Hrsg., Arbeitsqualität in Organisationen, Wiesbaden 1978, S. 259–276.

Rinza, P./Schmitz, H. (1977), Nutzwert-Kosten-Analyse, Düsseldorf 1977.

Rockart, J. F. (1979), Chief executives define their own data needs, in: Harvard Business Review, Heft 2, 1979, S. 81–93.

Rockart, J. F./DeLong, D. W. (1988), Executive Support Systems, Homewood/Ill. 1988.

Rödl, H./Winkels, H. (1983), Kreditmanagement in der Praxis, Stuttgart 1983.

Roethlisberger, F. J./Dickson, W. J. (1939), Management and the Worker, Cambridge u. a. 1939.

Rogers, E. M. (1983), Diffusion of Innovations, 2. Aufl., New York 1983.

Rohloff, M. (1991), Entwicklung eines verteilten Systems zur Produktionsplanung und -steuerung, unveröffentlichtes Manuskript, München 1991.

Rombach, H. (1973), Entscheidung, in: Krings, H./Baumgartner, H. M./Wild, Ch. (1973), Hrsg., Handbuch philosophischer Grundbegriffe, Bd. I, München 1973, S. 361–373.

Rose, O. (1989), Ein Überblick über die ISO/OSI-Management-Architektur, in: Praxis für Informationsverarbeitung und Kommunikation, 12, 1989, S. 150–159.

ROSENSTIEL, L. v. (1986), Grundlagen der Organisationspsychologie, 2. Aufl., Stuttgart 1986.

ROTERING, C. (1990), Forschungs- und Entwicklungskooperationen zwischen Unternehmen, Stuttgart 1990.

ROVENTA, P. (1981), Portfolio-Analyse und Strategisches Management, 2. Aufl., München 1981.

RUDOLPH, B. (1979), Kapitalkosten bei unsicheren Erwartungen, Berlin u. a. 1979.

RÜHLI, E. (1973), Beiträge zur Unternehmensführung und Unternehmenspolitik, Bd. 1, Bern, Stuttgart 1973.

RÜHLI, E. (1978), Beiträge zur Unternehmensführung und Unternehmenspolitik, Bd. 2, Bern, Stuttgart 1978.

RÜTHERS, B. (1975), Arbeitskampf und Arbeitskampfrecht, in: HWP, Stuttgart 1975, Sp. 176–186.

RUSS, S. (1986), Der Anhang als dritter Teil des Jahresabschlusses. Eine Analyse des bisherigen und der zukünftigen Erläuterungsvorschriften für das Aktiengesetz, 2. Aufl., Bergisch-Gladbach 1986.

SAAD, K. N./ROUSSEL, P. A./TIBY, C. (1991), Management der F&E Strategie, Wiesbaden 1991.

SARX, M. (1990), Kommentierung zu § 240, 247, 253 HGB, in: BUDDE, W. D./CLEMM, H./PANKOW, M./SARX, M. (1990), Hrsg., Beck'scher Bilanzkommentar, 2. Aufl., München 1990.

SARX, M./FRICKE, F. (1990), Kommentierung zu § 250 HGB, in: BUDDE, W. D./CLEMM, H./PANKOW, M./SARX, M. (1990), Hrsg., Beck'scher Bilanzkommentar, 2. Aufl., München 1990.

SARX, M./PANKOW, M. (1990), Kommentierung zu § 266 HGB, in: BUDDE, W. D./CLEMM, H./PANKOW, M./SARX, M. (1990), Hrsg., Beck'scher Bilanzkommentar, 2. Aufl., München 1990.

SCHANZ, G. (1978), Verhalten in Wirtschaftsorganisationen, München 1978.

SCHANZ, G. (1982), Organisationsgestaltung, München 1982.

SCHANZ, G. (1991), Hrsg., Handbuch Anreizsysteme, Stuttgart 1991.

SCHEREN, M. (1989), Grundlagen des neuen Konzernbilanzrechts. Möglichkeiten und Grenzen der Konzernbilanzpolitik, in: KÜTING, K./WEBER, C.-P. (1989), Hrsg., Handbuch der Konzernrechnungslegung (HdK), Stuttgart 1989, S. 43–81.

SCHEER, A.-W. (1988), Entwurf eines Unternehmensdatenmodells, in: Information Management, 3, Heft 1, 1988, S. 14–23.

Scheer, A.-W. (1990a), Wirtschaftsinformatik: Informationssysteme im Industriebetrieb, 3. Aufl., Berlin u. a. 1990.

Scheer, A.-W. (1990b), EDV-orientierte Betriebswirtschaftslehre, 4. Aufl., Berlin u. a. 1990.

Scheer, A.-W. (1990c), CIM: Der computergesteuerte Industriebetrieb, 4. Aufl., Berlin u. a. 1990.

Scheer, A.-W. (1991), Architektur integrierter Informationssysteme – Grundlagen der Unternehmensmodellierung, Berlin u. a. 1991.

Schiemenz, B. (1980), Automatisierung der Produktion, Göttingen 1980.

Schildbach, T. (1991), Der handelsrechtliche Jahresabschluß, 2. Aufl., Herne, Berlin 1991.

Schilling, H. (1968), Standortfaktoren für die Industrieansiedlung. Ein Katalog für die regionale und kommunale Entwicklungspolitik sowie die Standortwahl von Unternehmungen, in: Österreichisches Institut für Raumplanung, Hrsg., Veröffentlichung Nr. 27, Stuttgart u. a. 1968.

Schindel, V. (1978), Risikoanalyse, 2. Aufl., München 1978.

Schlageter, G./Stucky, W. (1983), Datenbanksysteme: Konzepte und Modelle, 2. Aufl., Stuttgart 1983.

Schmalen, H. (1982), Preispolitik, Stuttgart, New York 1982.

Schmalen, H. (1984), Kommunikationspolitik, Stuttgart 1984.

Schmalenbach, E. (1947/48), Pretiale Wirtschaftslenkung, 2 Bde., Bremen 1947/48.

Schmalenbach, E. (1956), Dynamische Bilanz, 12. Aufl., Köln, Opladen 1956.

Schmalenbach, E. (1963), Kostenrechnung und Preispolitik, 8. Aufl., Köln, Opladen 1963.

Schmeisser, W. (1986), Systematische Erfindungsförderung als Unternehmensaufgabe: Wege zur Steigerung der Kreativität und zu erfolgreichen Innovationen, Berlin 1986.

Schmelzer, H. J. (1986), Einführung in das Projektmanagement von Forschungs- und Entwicklungsprojekten, in: Platz, J./Schmelzer, H. J. (1986), Hrsg., Projektmanagement in der industriellen Forschung und Entwicklung, München 1986, S. 1–54.

Schmelzer, H. J. (1990), Steigerung der Effektivität und Effizienz durch Verkürzung von Entwicklungszeiten, in: Reichwald, R./Schmelzer, H. J. (1990), Hrsg., Durchlaufzeiten in der Entwicklung, München, Wien 1990, S. 27–63.

Schmidt, L. (1990), Einkommensteuergesetz, 9. Aufl., München 1990.

1562

SCHMIDT, R. H. (1986), Grundzüge der Investitions- und Finanzierungstheorie, 2. Aufl., Wiesbaden 1986.

SCHNEEWEISS, C. (1987), Einführung in die Produktionswirtschaft, 2. Aufl., Berlin u. a. 1987.

SCHNEIDER, DIETER (1983), Rechtsfindung durch Deduktion von Grundsätzen ordnungsmäßiger Buchführung aus gesetzlichen Jahresabschlußzwecken?, in: Steuer und Wirtschaft, 60, 1983, S. 141–160.

SCHNEIDER, DIETER (1987), Allgemeine Betriebswirtschaftslehre, 3. Aufl., München 1987.

SCHNEIDER, DIETER (1990), Investition, Finanzierung und Besteuerung, 6. Aufl., Wiesbaden 1990.

SCHNEIDER, DIETRAM (1991), Die unternehmerische Produktion von Erstmaligkeit und ihre Konsequenzen für die Evolution ökonomischer Transaktionsbeziehungen, in: LAUB, U. D./SCHNEIDER, DIETRAM (1991), Hrsg., Innovation und Unternehmertum, Wiesbaden 1991, S. 341–367.

SCHNEIDER, DIETRAM/ZIERINGER, C. (1991), Make-or-Buy-Strategien für F&E, Wiesbaden 1991.

SCHÖNECKER, H./NIPPA, M. (1990), Hrsg., Computerunterstützte Methoden für das Informationsmanagement, Baden-Baden 1990.

SCHOLL, W. (1991), Informationspathologien, in: FRESE, E. (1991), Hrsg., Handwörterbuch der Organisation, 3. Aufl., 1991 (in Vorbereitung).

SCHOLZ, C. (1989), Personalmanagement: Informationsorientierte und verhaltenstheoretische Grundlagen, München 1989.

SCHOMBURG, E. (1980), Entwicklung eines betriebstypologischen Instrumentariums zur systematischen Ermittlung der Anforderungen an EDV-gestützte Produktions-, Planungs- und Steuerungssysteme im Maschinenbau, Aachen 1980.

SCHREYÖGG, G. (1984), Unternehmensstrategie. Grundfragen einer Theorie strategischer Unternehmensführung, Berlin, New York 1984.

SCHRÖDER, H.-H. (1990), Entwicklungsstand und -tendenzen bei Produktionsplanungs- und -steuerungssystemen: eine kritische Bestandsaufnahme, in: Information Management, 5, Heft 4, 1990, S. 62–75.

SCHULER, H. (1986), Hrsg., Biographische Fragebogen als Methode der Personalauswahl, Stuttgart 1986.

SCHULTZ, R. (1981), Einführung in das Personalwesen, Würzburg, Wien 1981.

SCHULZ VON THUN, S. (1981), Miteinander reden – Störungen und Klärungen – allgemeine Psychologie der Kommunikation, Reinbek bei Hamburg 1981.

1563

SCHULZ, D./FRITZ, W./SCHUPPERT, D./SEIWERT, L. J./WALSH, J. (1989), Outplacement, Personalfreisetzung und Karrierestrategie, Wiesbaden 1989.

SCHUMPETER, J. A. (1926), Theorie der wirtschaftlichen Entwicklung: eine Untersuchung über Unternehmergewinn, Kapital, Kredit, Zins und den Konjunkturzyklus, 2. Aufl., neubearb., München, Leipzig 1926.

SCHWARZ, H. (1969), Kostenträgerrechnung und Unternehmensführung, Berlin 1969.

SCHWARZE, J. (1986), Netzplantechnik, 5. Aufl., Herne, Berlin 1986.

SCHWEITZER, M. (1990), Hrsg., Industriebetriebslehre, München 1990.

SCHWEITZER, M./KÜPPER, H.-U. (1974), Betriebswirtschaftliche Produktions- und Kostentheorie, Reinbek bei Hamburg 1974.

SCHWEITZER, M./KÜPPER, H.-U. (1991), Systeme der Kostenrechnung, 5. Aufl., München 1991.

SEDRAN, T. (1991), Wettbewerbsvorteile durch EDI?, in: Information Management, 6, Heft 2, 1991, S. 16–21.

SEELBACH, H. (1980), Hrsg., Finanzierung, München 1980.

SEESER, G. (1990), Strategische Planung von Technologien zur Unterstützung des Entwicklungsprozesses, München 1990.

SEICHT, G. (1990), Industrielle Anlagenwirtschaft, in: SCHWEITZER, M. (1990), Hrsg., Industriebetriebslehre, München 1990, S. 331–437.

SEIDLMEIER, H. (1991), Kostenrechnung und wissensbasierte Systeme – theoretische Überlegungen und Entwicklung eines prototypischen Anwendungssystems, München 1991.

SEILER, A. (1985), Marketing – Impulsgeber für F + E?, in: Die Unternehmung, 39, 1985, S. 289–307.

SERVATIUS, H.-G. (1986), Methodik des strategischen Technologie-Managements, 2. Aufl., Berlin 1986.

SERVATIUS, H.-G. (1988), New Venture Management – Erfolgreiche Lösung von Innovationsproblemen für Technologie-Unternehmen, Wiesbaden 1988.

SEYFFERT, R. (1966), Werbelehre. Theorie und Praxis der Werbung, Stuttgart 1966.

SHANNON, C. E./WEAVER, W. (1949), The mathematical theory of communication, Urbana 1949.

SHARPE, W. F. (1964), Capital Asset Prices: A Theory of Market Equilibrium under Conditions of Risk, in: Journal of Finance, 19, 1964, S. 425–442.

SHARPE, W. F. (1970), Portfolio theory and capital markets, New York u. a. 1970.

SIMON, H. (1976), Preisstrategien für neue Produkte, Opladen 1976.

SIMON, H. (1982), Preismanagement, Wiesbaden 1982.

SIMON, H. A. (1957), Models of Man, New York, London 1957.

SIMON, H. A. (1976), Administrative Behaviour. A Study of Decision-Making Processes in Administrative Organization, 3. Aufl., New York 1976.

SINZIG, W. (1990), Datenbankorientiertes Rechnungswesen, 3. Aufl., Berlin u. a. 1990.

SMITH, C. W. (1990), Hrsg., The Modern Theory of Corporate Finance, 2. Aufl., New York u. a. 1990.

SMITH, J. M./SMITH, D. C. P. (1977), Database Abstraction: Aggregation and Generalization, in: Association for Computing Machinery – ACM Transactions on Database Systems, 2, 1977, S. 105–133.

SNEED, H. M. (1986), Software Entwicklungsmethodik, 5. Aufl., Köln 1986.

SNEED, H. M. (1988), Software Qualitätssicherung, Köln 1988.

SPREMANN, K. (1991), Investition und Finanzierung, 4. Aufl., München 1991.

SPUR, G./KRAUSE, F.-L. (1984), CAD-Technik. Lehr- und Arbeitsbuch für die Rechnerunterstützung in der Konstruktion und Arbeitsplanung, München, Wien 1984.

STAEHLE, W. H. (1990), Management. Eine verhaltenswissenschaftliche Perspektive, 5. Aufl., München 1990.

STAERKLE, R. (1961), Stabsstellen in der industriellen Unternehmung, Bern 1961.

STAFFELBACH, B. (1986), Strategisches Personalmanagement, Bern u. a. 1986.

STAHLKNECHT, P. (1989), Einführung in die Wirtschaftsinformatik, 4. Aufl., Berlin 1989.

STAUDT, E. (1986a), Hrsg., Das Management von Innovationen, Frankfurt/M. 1986.

STAUDT, E. (1986b), Innovation durch Partizipation: Möglichkeiten und Grenzen von Qualitätszirkeln, in: STAUDT, E. (1986a), Hrsg., Das Management von Innovationen, Frankfurt/M. 1986, S. 469–481.

STAUDT, E./BOCK, J./MÜHLMEYER, P./KRIEGESMANN, B. (1990), Anreizsysteme als Instrument des betrieblichen Innovationsmanagements, in: ZfB, 60, 1990, S. 1183–1204.

STEFFEN, R. (1983), Produktions- und Kostentheorie, Stuttgart u. a. 1983.

STEFFEN, R. (1991), Verbindung computergestützter Erzeugniskonstruktion (CAD) mit der Kosten- und Erlösrechnung in CIM-Konzepten, in: ZfbF, 43, 1991, S. 359–375.

STEGMÜLLER, W. (1974), Das ABC der modernen Logik und Semantik. Der Begriff der Erklärung und seine Spielarten, Berlin u. a. 1974.

STEINER, M. (1989), Konstituierende Entscheidungen, in: BITZ, M./DELLMANN, K./ DOMSCH, M./EGNER, H. (1989), Hrsg., Vahlens Kompendium der Betriebswirtschaftslehre, Bd. 1, 2. Aufl., München 1989, S. 115–162.

STEINLE, C. (1978), Führung. Grundlagen, Prozesse und Modelle der Führung in der Unternehmung, Stuttgart 1978.

STEINMANN, H. (1969), Das Großunternehmen im Interessenkonflikt, Stuttgart 1969.

STEINMANN, H./GERUM, E. (1978), Reform der Unternehmensverfassung, Köln u. a. 1978.

STEINMANN, H./SCHREYÖGG, G. (1990), Management, Wiesbaden 1990.

STICKEL, E. (1991), Datenbankdesign: Methoden und Übungen, Wiesbaden 1991.

STITZEL, M. (1987), Der gleitende Übergang in den Ruhestand: interdisziplinäre Analyse einer alternativen Pensionierungsform, Frankfurt/M. 1987.

STOCK, U. (1990), Das Management von Forschung und Entwicklung, München 1990.

STOGDILL, R. M. (1974), Handbook of Leadership, New York, London 1974.

STOMMEL, H.-J./KUNZ D. (1973), Untersuchungen über Durchlaufzeiten in Betrieben der metallverarbeitenden Industrie mit Einzel- und Kleinserienfertigung, Opladen 1973.

STÖPPLER, S. (1975), Dynamische Produktionstheorien, Opladen 1975.

STRASSBURGER, F. X. (1990), ISDN – Chancen und Risiken eines integrierten Telekommunikationskonzeptes aus betriebswirtschaftlicher Sicht, München 1990.

STREBEL, H. (1980), Umwelt und Betriebswirtschaft. Die natürliche Umwelt als Gegenstand der Unternehmenspolitik, Berlin 1980.

STREBEL, H. (1984), Industriebetriebslehre, Stuttgart u. a. 1984.

STREBEL, H. (1990), Industrie und Umwelt, in: SCHWEITZER, M. (1990), Hrsg., Industriebetriebslehre, München 1990, S. 697–779.

STREIM, H. (1975), Heuristische Lösungsverfahren – Versuch einer Begriffserklärung, in: Zeitschrift für Operations Research, 19, 1975, S. 143–162.

STREIM, H. (1988), Grundzüge der handels- und steuerrechtlichen Bilanzierung, Stuttgart 1988.

STÜTZEL, W. (1967), Bemerkungen zur Bilanztheorie, in: ZfB, 37, 1967, S. 314–340.

SÜCHTING, J. (1989), Finanzmanagement: Theorie und Politik der Unternehmensführung, 5. Aufl., Wiesbaden 1989.

SUHR, D. (1975), Bewußtseinsverfassung und Gesellschaftsverfassung, Berlin 1975.

SUHR, D. (1976), Entfaltung der Menschen durch die Menschen, Berlin 1976.

SWOBODA, P. (1986), Investition und Finanzierung, 3. Aufl., Göttingen 1986.

SWOBODA, P. (1991), Betriebliche Finanzierung, Würzburg, Wien 1991.

SZYPERSKY, N. (1980), Informationssysteme, computergestützte, in: GROCHLA, E. (1980), Hrsg., Handwörterbuch der Organisation, 2. Aufl., Stuttgart 1980, Sp. 919–934.

SZYPERSKI, N. (1989), Hrsg., Handwörterbuch der Planung, Stuttgart 1989.

SZYPERSKI, N./ROTH, P. (1982), Hrsg., Beschaffung und Unternehmensführung, Stuttgart 1982.

TANNENBAUM, A. S. (1989), Computer Networks, London 1989.

TANNENBAUM, A. S./KARCIC, B./ROSNER, M./VIANELLO, M./WIESER, G. (1974), Hierarchy in Organizations, San Francisco u. a. 1974.

TAYLOR, F. W. (1911), The Principles of Scientific Management, New York 1911.

TAYLOR, F. W. (1913), Die Grundsätze wissenschaftlicher Betriebsführung, München, Berlin 1913.

TESCH, P. (1980), Bestimmungsgründe des internationalen Handels und der Direktinvestition, Berlin 1980.

THEISEN, M. (1988), Vorüberlegungen zu einer Konzernunternehmenslehre, in: DBW, 48, 1988, S. 279–297.

THEISEN, P. (1970), Grundzüge einer Theorie der Beschaffungspolitik, Berlin 1970.

THOM, N. (1980), Grundlagen des betrieblichen Innovationsmanagements, 2. Aufl., Königstein/Ts. 1980.

THOM, N. (1986), Das betriebliche Vorschlagswesen, in: STAUDT, E. (1986a), Hrsg., Das Management von Innovationen, Frankfurt/M. 1986, S. 445–456.

THOME, R. (1977), Produktionskybernetik – Informationsfluß zur Steuerung und Regelung von Produktionsprozessen, Berlin 1977.

THOME, R. (1990), Wirtschaftliche Informationsverarbeitung, München 1990.

THOMPSON, J. D./TUDEN, A. (1964), Strategies, Structures and Processes of Organizational Decisions, in: LEAVITT, H. J./PONDY, L. R. (1964), Hrsg., Readings in Managerial Psychology, Chicago, London 1964, S. 496–515.

THÜNEN, J. H. v. (1930), Der isolierte Staat in Beziehung auf Landwirtschaft und Nationalökonomie, Jena 1930.

TIETZ, B. (1974), Hrsg., Handwörterbuch der Absatzwirtschaft, Stuttgart 1974.

TIETZ, B. (1989), Marketing, 2. Aufl., Düsseldorf 1989.

TOBIN, J. (1958), Liquidity Preference as Behavior Toward Risk, in: Review of Economic Studies, 25, No. 67, 1958, S. 65–86.

TÖPFER, A. (1986), Innovationsmarketing, in: STAUDT, E. (1986a), Hrsg., Das Management von Innovationen, Frankfurt/M. 1986, S. 544–560.

TOPRITZHOFER, E./MOSER, R. (1990), Das Exportgeschäft – Seine Abwicklung und Absicherung, 7. Aufl., Wien 1990.

TROMMSDORFF, V./SCHNEIDER, P. (1990), Grundzüge des betrieblichen Innovations-management, in: TROMMSDORFF, V. (1990), Hrsg., Innovationsmanagement in kleinen und mittleren Unternehmen, München 1990, S. 1–26.

TRUX, W. R. (1972), Einkauf und Lagerdisposition mit Datenverarbeitung, 2. Aufl., Frankfurt/M., München 1972.

TRUX, W. R./MÜLLER-STEWENS, G./KIRSCH, W. (1988), Das Management strategi-scher Programme, 1. Halbband, 3. Aufl., München 1988.

TÜRK, K. (1989), Neuere Entwicklungen in der Organisationsforschung, Stuttgart 1989.

ULICH, E./GROSKURTH, P./BRUGGEMANN, A. (1973), Neue Formen der Arbeitsge-staltung. Möglichkeiten und Probleme einer Verbesserung der Qualität des Arbeitslebens, Frankfurt/M. 1973.

ULRICH, H. (1949), Betriebswirtschaftliche Organisationslehre, Bern 1949.

ULRICH, H. (1978), Der systemorientierte Ansatz in der Betriebswirtschaftslehre, in: SCHWEITZER, M., Hrsg., Auffassungen und Wirtschaftsziele der Betriebswirt-schaftslehre, Darmstadt 1978, S. 270–291.

VDI (1976), Elektronische Datenverarbeitung bei der Produktionsplanung und -steuerung VI: Begriffszusammenhänge, Begriffsdefinitionen, Düsseldorf 1976.

VETTER, M. (1987), Aufbau betrieblicher Informationssysteme, Stuttgart 1987.

VETTER, M. (1990), Konzeptionelle Datenmodellierung, in: KURBEL, K./STRUNZ, H. (1990), Hrsg., Handbuch der Wirtschaftsinformatik, Stuttgart 1990, S. 383–401.

VORMBAUM, H. (1990), Finanzierung der Betriebe, 8. Aufl., Wiesbaden 1990.

VROOM, V. H. (1967), Work and Motivation, 3. Aufl., New York u. a. 1967.

VROOM, V. H./YETTON, P. (1973), Leadership and Decision-Making, Pittsburgh 1973.

WÄCHTER, H. (1974), Praxis der Personalplanung, Herne, Berlin 1974.

1568

WÄCHTER, H. (1983), Mitbestimmung: politische Forderung und betriebliche Reaktion, München 1983.

WAGNER, D. (1986), Möglichkeiten und Grenzen des Cafeteria-Ansatzes in der Bundesrepublik Deutschland, in: BFuP, 38, 1986, S. 16–27.

WAGNER, D./SCHUMANN, R. (1991), Die Produktinsel – Leitfaden zur Einführung einer effizienten Produktion in Zulieferbetrieben, Köln 1991.

WAGNER, F. W./DIRRIGL, H. (1980), Die Steuerplanung der Unternehmung, Stuttgart, New York 1980.

WAGNER, G. (1968), Netzplantechnik in der Fertigung, München 1968.

WAHREN, H. K. (1987), Zwischenmenschliche Kommunikation und Interaktion in Unternehmen, Berlin 1987.

WÄSCHER, G. (1984), Innerbetriebliche Standortplanung – Modelle bei einfacher und mehrfacher Zielsetzung, in: ZfbF, 36, 1984, S. 930–958.

WATZLAWICK, P./BEAVIN, J. H./JACKSON, D. D. (1990), Menschliche Kommunikation, 8. Aufl., Bern, u. a. 1990.

WEBER, A. (1909), Über den Standort der Industrien, 1. Teil: Reine Theorie des Standorts, Tübingen 1909.

WEBER, A. (1923), Industrielle Standortlehre. Allgemeine und kapitalistische Theorie des Standortes, in: Grundriß der Sozialökonomik, 2. Aufl., Bd. VI, Tübingen 1923.

WEBER, C.-P. (1988), Das Bilanzrichtlinien-Gesetz in der praktischen Anwendung, in: DB, 41, 1988, S. 1–10.

WEBER, H. K. (1988), Betriebswirtschaftliches Rechnungswesen, Bd. 1: Bilanz und Erfolgsrechnung, 3. Aufl., München 1988.

WEBER, H. K. (1991), Betriebswirtschaftliches Rechnungswesen, Bd. 2: Kosten- und Leistungsrechnung, 3. Aufl., München 1991.

WEBER, M. (1968), Gesammelte Aufsätze zur Wissenschaftslehre, 3. Aufl., Tübingen 1968.

WEBER, M. (1972), Wirtschaft und Gesellschaft, 5. Aufl., Tübingen 1972.

WEBER, W. (1975), Personalplanung, Stuttgart 1975.

WEBSTER, F. E./WIND, Y. (1972), Organizational Buying Behavior, Englewood Cliffs/N. J. 1972.

WEDEKIND, H. (1981), Datenbanksysteme, 2. Aufl., Mannheim 1981.

WEDEKIND, H./ORTNER, E. (1980), Systematisches Konstruieren von Datenbankanwendungen, München u. a. 1980.

WEGMANN, M. (1982), Gemeinkostenmanagement, München 1982.

WEICK, W. E. (1985), Der Prozeß des Organisierens, Frankfurt/M. 1985.

WEIGAND, K. H. (1983), Mensch – Maschine – Kommunikation als innovative Medienleistung, Frankfurt u. a. 1983.

WEILENMANN, P. (1990), Management Accounting und moderne Technologien, in: Controlling, 2, 1990, S. 288–295.

WEIZSÄCKER, E. U. (1974), Erstmaligkeit und Bestätigung als Komponenten der Pragmatischen Information, in: WEIZSÄCKER, E. U. (1974), Hrsg., Offene Systeme I – Beiträge zur Zeitstruktur, Entropie und Evolution, Stuttgart 1974, S. 82–113.

WELCKER, J./THOMAS, E. (1981), Finanzanalyse, München 1981.

WELGE, M. K. (1976), Synergie, in: GROCHLA, E./WITTMANN, W. (1976), Hrsg., Handwörterbuch der Betriebswirtschaft, Bd. III, 4. Aufl., Stuttgart 1976, Sp. 3800–3810.

WELGE, M. K. (1985), Unternehmensführung, Bd. 1: Planung, Stuttgart 1985.

WELGE, M. K. (1987), Unternehmensführung, Bd. 2: Organisation, Stuttgart 1987.

WELGE, M. K. (1988), Unternehmensführung, Bd. 3: Controlling, Stuttgart 1988.

WELTERS, K./WINAND, U. (1980), Beschaffung und strategische Unternehmensführung, Zwischenergebnisse einer Delphi-Untersuchung, in: ZfbF, 32, 1980, S. 585–610.

WELTZ, F. (1987), Information als Fetisch, in: zfo, 56, 1987, S. 355–357.

WELTZ, F./BOLLINGER, H./ORTMANN, R. E. (1989), Qualitätsförderung im Büro – Konzepte und Praxisbeispiele, Frankfurt/M. 1989.

WENGER, E. (1981), Unternehmenserhaltung und Gewinnbegriff, Wiesbaden 1981.

WERMUTH, D./OCHYNSKI, W. (1987), Strategien an den Devisenmärkten, 3. Aufl., Wiesbaden 1987.

WESTERLUND, G./SJÖSTRAND, S.-E. (1981), Organisationsmythen, Stuttgart 1981.

WHEELRIGHT, S. C./MAKRIDAKIS, S. G. (1985), Forecasting methods for management, 4. Aufl., New York 1985.

WIBBE, J. (1966), Arbeitsbewertung – Entwicklung, Verfahren und Probleme, 3. Aufl., München 1966.

WIEDERHOLD, G. (1980), Datenbanken, Bd. 1, München 1980.

WIENDAHL, H.-P. (1987), Belastungsorientierte Fertigungssteuerung, München, Wien 1987.

WIENDAHL, H.-P. (1988), Die belastungsorientierte Fertigungssteuerung, in: ADAM, D. (1988), Hrsg., Fertigungssteuerung, Bd. II: Systeme zur Fertigungssteuerung, Wiesbaden 1988, S. 50–88.

WIENDAHL, H.-P. (1989), Betriebsorganisation für Ingenieure, 3. Aufl., München, Wien 1989.

WIESE, H. (1990), Netzeffekte und Kompatibilität, Stuttgart 1990.

WIGHT, O. (1983), The Executive Guide to successfull MRP II, New York 1983.

WILD, J. (1974), Grundlagen der Unternehmungsplanung, Reinbek bei Hamburg 1974.

WILD, J. (1975), Methodenprobleme in der Betriebswirtschaftslehre, in: GROCHLA, E./WITTMANN, W. (1975), Hrsg., Handwörterbuch der Betriebswirtschaft, Bd. II, 4. Aufl., Stuttgart 1975, Sp. 2654–2677.

WILDEMANN, H. (1984), Flexible Werkstattsteuerung durch Integration von Kanban-Prinzipien, München 1984.

WILDEMANN, H. (1988), Die modulare Fabrik, Kundennahe Produktion durch Fertigungssegmentierung, München 1988.

WILDEMANN, H. (1990a), Einführungsstrategien für die computerintegrierte Produktion, München 1990.

WILDEMANN, H. (1990b), Das Just-In-Time-Konzept – Produktion und Zulieferung auf Abruf, 2. Aufl., München 1990.

WILENSKY, H. L. (1967), Organizational Intelligence, Knowledge and Policy in Government and Industry, New York 1967.

WILLIAMSON, O. E. (1975), Markets and Hierarchies: Analysis and Antitrust Implications. A Study in the Economics of Internal Organization, New York, London 1975.

WILLIAMSON, O. E. (1985), The Economic Institutions of Capitalism, New York 1985.

WILLIAMSON, O. E. (1990), Die ökonomischen Institutionen des Kapitalismus, Tübingen 1990.

WILLIAMSON, O. E. (1991), Comparativ Economic Organization, in: ORDELHEIDE, D./RUDOLPH, B./BÜSSELMANN, E. (1991), Hrsg., Betriebswirtschaftslehre und ökonomische Theorie, Stuttgart 1991, S. 30–72.

WILSON, J. Q. (1966), Innovations in Organization: Notes Toward a Theory, in: THOMPSON, J. D. (1966), Hrsg., Approaches to Organizational Design, S. 193–218.

WITTE, E. (1973), Organisation für Innovationsentscheidungen. Das Promotorenmodell, Göttingen 1973.

WITTE, E. (1981), Nutzungsanspruch und Nutzungsvielfalt, in: WITTE, E. (1981), Hrsg., Der praktische Nutzen empirischer Forschung, Tübingen 1981, S. 13–40.

WITTE, E. (1988), Phasen-Theorem und Organisation komplexer Entscheidungsverläufe, in: WITTE, E./HAUSSCHILDT, J./GRÜN, O. (1988), Hrsg., Innovative Entscheidungsprozesse, Tübingen 1988, S. 202–226.

WITTE, E./HAUSCHILDT, J. (1966), Die öffentliche Unternehmung im Interessenkonflikt, Berlin 1966.

WITTE, E./THIMM, A. (1977), Entscheidungstheorie, Wiesbaden 1977.

WITTE, E./HAUSCHILDT, J./GRÜN, O. (1988), Hrsg., Innovative Entscheidungsprozesse, Tübingen 1988.

WITTGEN, R. (1977), Währungsrisiko und Devisenkurssicherung, Frankfurt/M. 1977.

WITTMANN, E. (1990), Neue Informations- und Kommunikationstechnik und Macht in der Unternehmung – eine Analyse der machtpolitischen Veränderungen aus individueller und organisatorischer Perspektive, München 1990.

WITTMANN, W. (1959), Unternehmung und unvollkommene Information, Köln, Opladen 1959.

WÖHE, G. (1990), Die Handels- und Steuerbilanz, 2. Aufl., München 1990.

WÖHE, G./BILSTEIN, J. (1986), Grundzüge der Unternehmensfinanzierung, 4. Aufl., München, 1986.

WOHLGEMUTH, M. (1990), Die Anschaffungskosten in der Handels- und Steuerbilanz, in: WYSOCKI, K. v./SCHULZE-OSTERLOH, J. (1990), Hrsg., Handbuch des Jahresabschlusses in Einzeldarstellungen (HdJ), Köln 1990, Abt. I/9.

WOLFF, M. R. (1988), Entscheidungsunterstützende Systeme im Unternehmen, München 1988.

WOLFF, R. (1982), Der Prozeß des Organisierens, Spardorf 1982.

WOLLNIK, M. (1988), Ein Referenzmodell für das Informations-Management, in: Information Management, 3, Heft 3, 1988, S. 34–43.

WOLLNIK, M. (1989), Anpassung der Organisation der DV-Abteilung zur Nutzung neuer Technologien, in: Information Management, 4, Heft 3, 1989, S. 12–19.

WOMACK, J. P./JONES, D. T./ROOS, D. (1990), The Machine that Changed the World, New York u. a. 1990.

WRIGHT, G. H. v. (1984), Erklären und Verstehen, 2. Aufl., Königstein/Ts. 1984.

WUNDERER, R./GRUNWALD, W. (1980), Führungslehre, 2 Bde., Berlin, New York 1980.

WYSOCKI, K. v. (1962), Das Postulat der Finanzkongruenz als Spielregel, Stuttgart 1962.

WYSOCKI, K. v./SCHULZE-OSTERLOH, J. (1991), Hrsg., Handbuch des Jahresabschlusses in Einzeldarstellungen (HdJ), Köln (Loseblatt: Stand Jan. 1991).

WYSOCKI, K. v./WOHLGEMUTH, M. (1986), Konzernrechnungslegung, 3. Aufl., Düsseldorf 1986.

ZÄPFEL, G. (1979), Programmplanung, mittelfristige, in: KERN, W. (1979), Hrsg., Handwörterbuch der Produktionswirtschaft, Stuttgart 1979, Sp. 1699–1713.

ZÄPFEL, G. (1982), Produktionswirtschaft. Operatives Produktions-Management, Berlin, New York 1982.

ZÄPFEL, G. (1989a), Strategisches Produktions-Management, Berlin, New York 1989.

ZÄPFEL, G. (1989b), Taktisches Produktions-Management, Berlin, New York 1989.

ZAHN, E. (1986), Hrsg., Technologie- und Innovationsmanagement, Berlin, München 1986.

ZAHN, E. (1987), Produktionsstrategien als Element internationaler Wettbewerbsstrategien, in: DICHTL, E./GERKE, W./KIESER, A. (1987), Hrsg., Innovation und Wettbewerbsfähigkeit, Wiesbaden 1987, S. 475–496.

ZAHN, E. (1990), Organisationsstrategie und Produktion, München 1990.

ZANDER, E./KNEBEL, H. (1978), Taschenbuch für Arbeitsbewertung, Heidelberg 1978.

ZANDER, E./KNEBEL, H. (1980), Taschenbuch für Leistungsbewertung und Leistungszulagen, Heidelberg 1980.

ZANGL, H. (1987), Durchlaufzeiten im Büro. Prozeßorganisation und Aufgabenintegration als effizienter Weg zur Rationalisierung der Büroarbeit mit neuen Bürokommunikationstechniken, 2. Aufl., Berlin 1987.

ZEIGERMANN, J. R. (1970), EDV in der Materialwirtschaft, Stuttgart 1970.

ZENTES, J. (1984), Hrsg., Neue Informations- und Kommunikationstechnologien in der Marktforschung: Informationstagung 18. Jan.1983, Frankfurt, veranst. vom Gottlieb-Duttweiler-Institut für Wirtschaftliche u. Soziale Studien, Berlin u. a. 1984.

ZENTES, J. (1987), EDV-gestütztes Marketing, Berlin 1987.

ZENTES, J. (1988), Grundbegriffe des Marketing, 2. Aufl., überarb. u. erw., Stuttgart 1988.

ZEY-FERRELL, M./AIKEN, M. (1981), Hrsg., Complex Organizations: Critical Perspectives, Glenview/Ill. 1981.

ZIEREN, W. (1989), Unternehmensrechtsformwahl: Analyse einer empirischen Bestandsaufnahme des mittelständischen Handwerks, Bergisch Gladbach 1989.

ZIERUL, H. (1974), Die menschliche Arbeit in einer dynamischen Produktionstheorie, Köln 1974.

ZIMMERMANN, G. (1988), Produktionsplanung variantenreicher Erzeugnisse mit EDV, Berlin u. a. 1988.

ZIMMERMANN, G. (1989), Neue Ansätze zur Strukturierung von PPS-Systemen, in: Fortschrittliche Betriebsführung und Industrial Engineering, 38, Heft 2, 1989, S. 72–77.

ZINK, K. J. (1985), Personalwirtschaftliche Aspekte neuer Technologien, Berlin 1985.

ZINK, K. J. (1988), Hrsg., Arbeitswissenschaft und neue Technologien, Eschborn 1988.

ZINK, K. J. (1990), Stand und Entwicklungstendenzen eines rechnerunterstützten Qualitätsmanagements in der Bundesrepublik Deutschland, in: ZAHN, E. (1990), Hrsg., Organisationsstrategie und Produktion, München 1990, S. 349–388.

ZINK, K. J./SCHICK, G. (1984), Quality Circles (Problemlösungsgruppen) Qualitätsförderung durch Mitarbeitermotivation, München, Wien 1984.

ZORN, J. (1966), Die optimale Layoutplanung für gemischte Fertigungen, Diss., München 1966.

ZÜLCH, G. (1990), Systematisierung von Strategien der Fertigungssteuerung, in: ZAHN, E. (1990), Organisationsstrategie und Produktion, München 1990, S. 151–178.

ZWEHL, W. V. (1973), Kostentheoretische Analyse des Modells der optimalen Bestellmenge, Wiesbaden 1973.

ZWICKY, F. (1966), Entdecken, Erfinden, Forschung im marktpolitischen Weltbild, München u. a. 1966.

Stichwortverzeichnis

1590

1601

Entscheidungsorientierte Betriebswirtschaftslehre

Weitere Werke von Edmund Heinen

Betriebswirtschaftliche Führungslehre

Grundlagen – Strategien – Modelle
Ein entscheidungsorientierter Ansatz
2., verbesserte und und erweiterte
Auflage 1984, 381 Seiten,
gebunden DM 78,—
ISBN 3-409-31693-0

Betriebswirtschaftliche Kostenlehre

Kostentheorie und
Kostenentscheidungen
6., verbesserte und erweiterte
Auflage 1983, Nachdruck 1985
662 Seiten, gebunden DM 98,—
ISBN 3-409-33629-X

Einführung in die Betriebswirtschaftslehre

9., verbesserte Auflage 1985,
285 Seiten, gebunden DM 64,80
ISBN 3-409-32750-9

Grundfragen der entscheidungsorientierten Betriebswirtschaftslehre

1. Auflage 1976, 478 Seiten,
Broschur DM 16,—
ISBN 3-409-33471-8

Grundlagen betriebswirtschaftlicher Entscheidungen

Das Zielsystem der Unternehmung
3. Auflage 1976, 279 Seiten,
gebunden DM 37,—
ISBN 3-409-32288-4

Handelsbilanzen

12. Auflage 1986, 643 Seiten,
gebunden DM 96,—
ISBN 3-409-16709-9

Kosten und Kostenrechnung

1. Auflage 1975, 242 Seiten,
Broschur DM 28,—
ISBN 3-409-21071-7

Zu beziehen über den Buchhandel
oder den Verlag.

Stand der Angaben und Preise:
1.10.1991
Änderungen vorbehalten.

GABLER

BETRIEBSWIRTSCHAFTLICHER VERLAG DR. TH. GABLER, TAUNUSSTRASSE 54, 6200 WIESBADEN